LES
LIVRES SACRÉS
DE
TOUTES LES RELIGIONS,
SAUF LA BIBLE,

TRADUITS, OU REVUS ET CORRIGÉS

PAR MM. PAUTHIER ET G. BRUNET.

L'Asie fut le foyer d'où s'échappa la lumière qui vint éclairer nos climats. (D. FERNON.)

PUBLIÉS

PAR M. L'ABBÉ MIGNE,

ÉDITEUR DE LA BIBLIOTHÈQUE UNIVERSELLE DU CLERGÉ,

ou

DES COURS COMPLETS SUR CHAQUE BRANCHE DE LA SCIENCE ECCLÉSIASTIQUE.

TOME SECOND,

Comprenant les Livres sacrés des Indiens; les Livres religieux des Bouddhistes, les Livres religieux des Parsis, les Livres religieux des Chinois et les Livres religieux des divers peuples.

2 VOL. PRIX : 15 FRANCS.

S'IMPRIME ET SE VEND CHEZ J.-P. MIGNE, ÉDITEUR,
AUX ATELIERS CATHOLIQUES, RUE THIBAUD, 20, AU PETIT-MONTROUGE,
AUTREFOIS BARRIÈRE D'ENFER DE PARIS, MAINTENANT DANS PARIS.

1866

LES

LIVRES SACRÉS

DE TOUTES LES RELIGIONS,

SAUF LA BIBLE.

AVIS IMPORTANT.

D'après une des lois providentielles qui régissent le monde, rarement les œuvres au-dessus de l'ordinaire se font sans contradictions plus ou moins fortes et nombreuses. Les *Ateliers Catholiques* ne pouvaient guère échapper à ce cachet divin de leur utilité. Tantôt on a nié leur existence ou leur importance; tantôt on a dit qu'ils étaient fermés ou qu'ils allaient l'être. Cependant ils poursuivent leur carrière depuis 27 ans, et les productions qui en sortent deviennent de plus en plus graves et soignées : aussi paraît-il certain qu'à moins d'événements qu'aucune prudence humaine ne saurait prévoir ni empêcher, ces Ateliers ne se fermeront que quand la *Bibliothèque du Clergé* sera terminée en ses 2,000 volumes in-4°. Le passé paraît un sûr garant de l'avenir, pour ce qu'il y a à espérer ou à craindre. Cependant, parmi les calomnies auxquelles ils se sont trouvés en butte, il en est deux qui ont été continuellement répétées, parce qu'étant plus capitales, leur effet entraînait plus de conséquences. De petits et ignares concurrents se sont donc acharnés, par leur correspondance ou leurs voyageurs, à répéter partout que nos Éditions étaient mal corrigées et mal imprimées. Ne pouvant attaquer le fond des Ouvrages, qui, pour la plupart, ne sont que les chefs-d'œuvre du Catholicisme reconnus pour tels dans tous les temps et dans tous les pays, il fallait bien se rejeter sur la forme dans ce qu'elle a de plus sérieux, la correction et l'impression ; en effet, les chefs-d'œuvre même n'auraient qu'une demi-valeur, si le texte en était inexact ou illisible.

Il est très-vrai que, dans le principe, un succès inouï dans les fastes de la Typographie ayant forcé l'Éditeur de recourir aux mécaniques, afin de marcher plus rapidement et de donner les ouvrages à moindre prix, quatre volumes du double *Cours d'Écriture sainte et de Théologie* furent tirés avec la correction insuffisante donnée dans les imprimeries à presque tout ce qui s'édite; il est vrai aussi qu'un certain nombre d'autres volumes, appartenant à diverses publications, furent imprimés ou trop noir ou trop blanc. Mais, depuis ces temps éloignés, les mécaniques ont cédé le travail aux presses à bras, et l'impression qui en sort, sans être du luxe, attendu que le luxe jurerait dans des ouvrages d'une telle nature, est parfaitement convenable sous tous les rapports. Quant à la correction, il est de fait qu'elle n'a jamais été portée si loin dans aucune édition ancienne ou contemporaine. Et comment en serait-il autrement, après toutes les peines et toutes les dépenses que nous subissons pour arriver à purger nos épreuves de toutes fautes? L'habitude, en typographie, même dans les meilleures maisons, est de ne corriger que deux épreuves et d'en conférer une troisième avec la seconde, sans avoir préparé en rien le manuscrit de l'auteur.

Dans les *Ateliers Catholiques* la différence est presque incommensurable. Au moyen de correcteurs blanchis sous le harnais et dont le coup d'œil typographique applique tout et sans pitié pour les fautes, on commence par préparer la copie d'un bout à l'autre sans en excepter un seul mot. On lit ensuite en première épreuve avec la copie ainsi préparée. On lit en seconde de la même manière, mais en collationnant avec la première. On fait la même chose en tierce, en collationnant avec la seconde. On agit de même en quarte, en collationnant avec la tierce. On renouvelle la même opération en quinte, en collationnant avec la quarte. Ces collationnements ont pour but de voir si aucune des fautes signalées au bureau par MM. les correcteurs, sur la marge des épreuves, n'a échappé à MM. les corrigeurs sur le marbre et le métal. Après ces cinq lectures entières contrôlées l'une par l'autre, en dehors de la préparation ci-dessus mentionnée, vient une révision, et souvent il en vient deux ou trois ; puis l'on cliche. Le clichage opéré, par conséquent la pureté du texte se trouvant immobilisée, on fait, avec la copie, une nouvelle lecture d'un bout de l'épreuve à l'autre, on se livre à une nouvelle révision, et le tirage n'arrive qu'après ces innombrables précautions.

Aussi y a-t-il à Montrouge des correcteurs de toutes les nations et en plus grand nombre que dans vingt-cinq imprimeries de Paris réunies ! Aussi encore, la correction y coûte-t-elle autant que la composition, tandis qu'ailleurs elle ne coûte que le dixième ! Aussi enfin, bien que l'assertion puisse paraître téméraire, l'exactitude obtenue par tant de frais et de soins, fait-elle que la plupart des Éditions des *Ateliers Catholiques* laissent bien loin derrière elles celles même des célèbres Bénédictins Mabillon et Montfaucon et des célèbres Jésuites Petau et Sirmond. Que l'on compare, en effet, n'importe quelles feuilles de leurs éditions avec celles des nôtres qui leur correspondent, en grec comme en latin, on se convaincra que l'invraisemblable est une réalité.

D'ailleurs, ces savants éminents, plus préoccupés du sens des textes que de la partie typographique et n'étant point correcteurs de profession, lisaient, non ce que portaient les épreuves, mais ce qui devait s'y trouver, leur haute intelligence suppléant aux fautes de l'édition. De plus les Bénédictins, comme les Jésuites, opéraient presque toujours sur des manuscrits, cause perpétuelle de la multiplicité des fautes, pendant que les *Ateliers Catholiques*, dont le propre est surtout de ressusciter la Tradition, n'opèrent le plus souvent que sur des imprimés.

Le R. P. De Buck, Jésuite Bollandiste de Bruxelles, nous écrivait, il y a quelque temps, n'avoir pu trouver en dix-huit mois d'étude, *une seule faute dans notre Patrologie latine*. M. Denzinger, professeur de Théologie à l'Université de Wurzbourg, et M. Reissmann, Vicaire Général de la même ville, nous mandaient, à la date du 19 juillet, n'avoir pu égal ment surprendre *une seule faute*, soit dans le latin soit dans le grec de notre double *Patrologie*. Enfin, Son Éminence le cardinal Pitra, Bénédictin de Solesme, et M. Bonetty, directeur des *Annales de philosophie chrétienne*, mis au défi de nous convaincre d'une seule erreur typographique, ont été forcés d'avouer que nous n'avions guère pu présumer de notre parfaite correction. Dans le Clergé se trouvent de bons latinistes et de bons hellénistes, et, ce qui est plus rare, des hommes très-positifs et très-pratiques, eh bien ! nous leur promettons une prime de 10 centimes par chaque faute véritable qu'ils découvriront dans n'importe lequel de nos volumes, surtout dans les grecs.

Malgré ce qui précède, l'Éditeur des *Cours complets*, sentant de plus en plus l'importance et même la nécessité d'une correction parfaite pour qu'un ouvrage soit véritablement utile et estimable, se livre depuis plus d'un an, et est résolu de se livrer jusqu'à la fin à une opération longue, pénible et coûteuse, savoir, la révision entière et universelle de ses innombrables clichés. Ainsi chacun de ses volumes, au fur et à mesure qu'il le remet sous presse, est corrigé mot pour mot d'un bout à l'autre. Quarante hommes y sont ou y seront occupés pendant 10 ans, et une somme qui ne saurait être moindre d'un demi-million de francs est consacrée à cet important contrôle. De cette manière, les Publications des *Ateliers Catholiques*, qui déjà se distinguaient entre toutes par la supériorité de leur correction, n'auront de rivales, sous ce rapport, dans aucun temps ni dans aucun pays ; car quel est l'éditeur qui pourrait et voudrait se livrer APRÈS COUP à des travaux si gigantesques et d'un prix si exorbitant? Il faut certes être bien pénétré d'une vocation divine à cet effet, pour ne reculer ni devant la peine ni devant la dépense, surtout lorsque l'Europe savante proclame que jamais volumes n'ont été édités avec tant d'exactitude que ceux de la *Bibliothèque universelle du Clergé*. Le présent volume est du nombre de ceux révisés, et tous ceux qui le seront à l'avenir porteront cette note. En conséquence, pour juger les productions des *Ateliers Catholiques* sous le rapport de la correction, il ne faudra prendre que ceux qui porteront en tête l'avis ici tracé. Nous ne reconnaissons que cette édition et celles qui suivront sur nos planches de métal ainsi corrigées. On croyait autrefois la stéréotypie immobilisant les fautes, attendu qu'un cliché de métal n'est point élastique; pas du tout, on introduit la perfection, car on a trouvé le moyen de le corriger jusqu'à extinction de fautes. L'Hébreu a été revu par M. Drach, le Grec par des Grecs, le Latin et le Français par les premiers correcteurs de la capitale en ces langues.

Nous avons la consolation de pouvoir finir cet *avis* par les réflexions suivantes : Enfin, notre exemple a fini par ébranler les grandes publications en Italie, en Allemagne, en Belgique et en France, par les *Canons grecs* de Rome, le *Gerdil* de Naples, le *Saint Thomas* de Parme, l'*Encyclopédie religieuse* de Munich, le recueil des *déclarations des rits* de Bruxelles, les *Bollandistes*, les *Suarez* et le *Spicilege* de Paris. Jusqu'ici, on n'avait su réimprimer que des ouvrages de courte haleine. Les in-4°, où s'engloutissent les in-folio, faisaient peur, on n'osait y toucher, par crainte de se noyer dans ces abîmes sans fond et sans rives; mais on a fini par se risquer à nous imiter. Bien plus, sous notre impulsion, d'autres Éditeurs préparent, sous notre patronage et notre direction, un *Bullaire universel*, une *Histoire générale des Conciles*, aux *Décisions de toutes les congrégations*, à une *Biographie* et à une *Histoire universelle* etc., etc. Malheureusement, la plupart des éditions déjà faites ou qui se font, sont sans autorité, parce qu'elles sont sans exactitude, la correction semble en avoir été faite par des aveugles, soit qu'on n'en ait pas senti la gravité, soit qu'on ait reculé devant les frais; mais patience ! une reproduction correcte surgira bientôt, ne fût-ce qu'à la lumière des écoles qui se sont faites ici et qui se feront encore.

LES
LIVRES SACRÉS
DE
TOUTES LES RELIGIONS,
SAUF LA BIBLE,

TRADUITS OU REVUS ET CORRIGÉS

PAR MM. PAUTHIER ET G. BRUNET.

> L'Asie fut le foyer d'où s'échappa la lumière qui vint éclairer nos climats. (D. FERNON.)

PUBLIÉS

PAR M. L'ABBÉ MIGNE,

ÉDITEUR DE LA BIBLIOTHÈQUE UNIVERSELLE DU CLERGÉ,

ou

DES COURS COMPLETS SUR CHAQUE BRANCHE DE LA SCIENCE ECCLÉSIASTIQUE.

TOME SECOND,

Comprenant les Livres sacrés des indiens; les Livres religieux des Bouddhistes, les Livres religieux des Parsis, les Livres religieux des Chinois et les Livres religieux des divers peuples.

2 VOL. PRIX : 15 FRANCS.

S'IMPRIME ET SE VEND CHEZ J.-P. MIGNE, ÉDITEUR,
AUX ATELIERS CATHOLIQUES, RUE THIBAUD, 20, AU PETIT-MONTROUGE,
AUTREFOIS BARRIÈRE D'ENFER DE PARIS, MAINTENANT DANS PARIS.

1866

SOMMAIRE

DES MATIÈRES CONTENUES DANS LE TOME SECOND DES LIVRES SACRÉS DE TOUTES LES RELIGIONS.

Livres sacrés des Indiens. Page	7
Livres religieux des Bouddhistes.	473
Livres religieux des Parsis.	714
Livres religieux des Chinois.	781
Livres religieux des divers peuples.	796

PRÉFACE.

Nous offrons au public un nouveau volume comprenant les *Livres sacrés* de divers peuples de l'Orient et faisant suite au recueil déjà publié en 1843 sous la direction de M. G. Pauthier, dans une collection connue sous le nom de *Panthéon littéraire*.

Ce recueil, digne de l'intérêt avec lequel il a été accueilli par les lecteurs sérieux, présentait des traductions bien faites et accompagnées d'éclaircissements nécessaires, de divers ouvrages d'une haute importance.

On y rencontra les livres sacrés de la Chine que les efforts si dignes d'éloges d'illustres missionnaires appartenant à la Société de Jésus avaient fait passer dans notre langue.

On y trouva les lois de Manou, ce code si curieux de l'ancienne société indienne.

L'islamisme y fut représenté par une version fidèle de l'Alcoran, accompagnée d'un travail étendu sur Mahomet et sur ses doctrines.

Quelque important qu'il fût, le volume publié en 1843 était bien loin d'offrir un tableau complet des livres où se trouvent les doctrines religieuses de l'Orient; les Védas, ces collections d'hymnes qui sont depuis tant de siècles, l'image fidèle du culte des habitants des bords du Gange n'y figuraient nullement; le bouddhisme, cette religion qui domine dans d'immenses contrées, n'avait pas obtenu la plus légère mention; les écrits attribués à Zoroastre et qui forment le code de la croyance des Guèbres ou Parsis, avaient été complétement passés sous silence. Il n'avait pas été dit un seul mot des ouvrages qui au Tibet et au Japon sont l'objet de la vénération publique.

Loin de nous l'idée de signaler d'aussi graves lacunes comme entachant le mérite du travail publié par M. Pauthier; le cadre que s'était tracé le savant éditeur l'avait contraint à se renfermer dans des limites rigoureuses; ajoutons que depuis une vingtaine d'années les études orientales ont accompli d'immenses progrès et qu'on possède maintenant d'excellentes éditions, de bonnes traductions d'ouvrages religieux qui alors n'existaient qu'à l'état de manuscrits accessibles à un nombre excessivement réduit de savants.

Nous nous sommes proposé de mettre le lecteur français en mesure de connaître des productions publiées en diverses langues étrangères et d'autant moins répandues chez nous qu'elles sont presque toutes d'un prix excessif.

Nous adoptons l'ordre chronologique, celui qui nous semble le plus rationnel; nous commençons par les Védas ou livres des Indiens et par les ouvrages qui s'y rattachent; nous passons ensuite au bouddhisme, c'est-à-dire, à la doctrine qui, vers le VI° siècle avant l'ère chrétienne, s'éleva contre les principes du brahmanisme; nous arrivons en troisième lieu aux écrits où se place le tableau des dogmes des Parsis; une quatrième partie est consacrée à des ouvrages émanant de la Chine; enfin une cinquième partie renfermera les notions relatives aux livres religieux de quelques peuples appartenant soit à l'antiquité, soit à des temps plus modernes, tels que les Égyptiens, les Druses, etc.

Nous faisons précéder chacun des livres que nous plaçons dans notre recueil d'une introduction que nous nous sommes efforcés de rendre courte et substantielle; il était indispensable, lorsqu'il s'agit de productions si peu connues de la masse des lecteurs, si étrangères à toutes les idées habituelles aux Européens, de les accompagner de quelques explications, sans lesquelles elles n'offriraient que des énigmes incompréhensibles.

Nous avons dû placer, aux passages obscurs, des notes, dont nous nous sommes attachés à limiter le nombre et à resserrer l'étendue.

On pourrait écrire des volumes entiers si on se laissait aller à la discussion des questions que soulève à chaque instant la lecture des Védas ou des livres bouddhiques; tel n'était pas notre but; nous avons voulu offrir une reproduction aussi fidèle que possible des textes originaux, et ne pas aborder l'examen de questions qu'il faut laisser agiter dans des ouvrages spéciaux et qui, pour être traitées en entière connaissance de cause, exigent d'ailleurs que les études orientales aient fait encore de nouveaux progrès dans la carrière qu'elles poursuivent avec honneur.

Bien des absurdités se rencontrent dans les livres religieux des nations de l'Orient, on y trouve aussi parfois des idées remarquables à divers titres; la mythologie souvent puérile, toujours étrange de ces peuples y est exposée dans tous ses détails. Nous n'aurons pas à retracer ici un tableau de toutes ces aberrations de l'esprit humain abandonné à ses écarts; ce serait nous écarter du but que nous nous sommes proposé, et qui, nous le répétons, consiste à présenter une partie des livres sacrés de l'Orient en n'y joignant que d'indispensables éclaircissements.

Nous disons une partie, car il existe en effet chez les Asiatiques une foule d'ouvrages regardés comme canoniques et qui ne sont pas encore parvenus en Europe ou qui n'y ont encore trouvé ni éditeur, ni traducteurs. Plusieurs de ces productions sont d'une étendue démesurée; nous aurons à signaler sous ce rapport celles qui font loi chez les Tibétains. Au Japon, chez les Birmans, en Cochinchine, à Siam, circulent des livres religieux à l'égard desquels l'Europe ne possède encore que quelques vagues notions tout à fait insuffisantes.

Le plan que nous nous sommes tracé est vaste et semé de difficultés; nous savons bien que nous ne les avons pas toutes surmontées, mais nous espérons, pour prix d'un travail long et persévérant, avoir réussi à terminer un volume qui tiendra dans les bibliothèques, une place honorable à côté de celui dont il est le complément.

LES
LIVRES SACRÉS
DE TOUTES LES RELIGIONS,
SAUF LA BIBLE.

PREMIÈRE PARTIE.
LIVRES SACRÉS DES HINDOUS.

PREMIERE SECTION.
LES VÉDAS.

AVANT-PROPOS.

§ I. — *Origine et caractère des Védas.*

Le nom de *Védas* est donné, chez les Hindous, à des compositions qu'ils regardent comme ayant été révélées par Brahma lui-même et comme ayant été conservées par la tradition, jusqu'à ce qu'elles fussent arrangées dans leur état actuel par un sage, qui obtint ainsi le surnom de Vyasa, ou Véda-Vyasa, c'est-à-dire compilateur des Védas. C'est la plus vieille et la plus singulière production du génie indien, elle mérite bien l'attention dont elle est l'objet de la part de l'érudition moderne.

Composés à une époque immémoriale, les Védas représentent dans l'histoire de l'esprit humain une phase inconnue qui a servi de point de départ aux principales idées dominant dans l'antiquité classique. Ce sont des recueils d'hymnes composés pour des tribus qui, venant du vaste plateau de l'Asie centrale, descendirent vers les sources de l'Oxus et de l'Indus et s'établirent au milieu des plaines qu'arrose le Gange. Il y avait chez ce peuple qui appartenait à la grande branche de la race humaine connue sous le nom d'*Arya*, une civilisation simple et douce; ses mœurs étaient patriarcales; il parlait une langue harmonieuse et polie qui est restée la mère de la plupart des dialectes modernes en usage dans la vaste péninsule de l'Inde et qui a présenté, à l'érudition moderne, d'incontestables ressemblances avec le grec, avec le latin, avec l'allemand, avec le persan. Non-seulement on a déterminé un grand nombre de radicaux essentiels qui se trouvent communs à tous ces idiomes, mais encore la grammaire est fondamentalement la même. En s'établissant dans l'Inde, les Aryas refoulaient devant eux des populations plus barbares, qui se réfugiaient dans les bois et sur les montagnes, et qui durent à leurs coutumes sauvages et à leurs déprédations meurtrières, de devenir le type de ces génies malfaisants, de ces démons souvent mentionnés dans les Védas. La religion simple de ces peuples agriculteurs et bergers ignorait

Toutes ces légendes compliquées, si souvent indécentes et absurdes, qui se développèrent plus tard sur le sol de l'Inde et qui, inscrites dans les livres sacrés, connus sous le nom de Puranas (1), sont encore regardées comme vérités incontestables depuis l'Indus jusqu'au Gange, et de l'Himalaya à Ceylan.

Les Védas ne fournissent pas d'ailleurs de matériaux pour l'histoire positive des anciens habitants de l'Inde, circonstance qui a provoqué de la part d'un oriental distingué (M. J. Möhl, *Journal asiatique* juillet 1849) une observation que nous devons placer ici. « On a vu des critiques européens reprocher aux Védas de ne pas contenir des faits ; et il est vrai que ces livres ne parlent ni de batailles, ni de conquêtes, ni de tout ce catalogue de calamités qui forme le fond des chroniques, mais on y voit le tableau des origines de la société civilisée, on y observe les premières formes des idées que l'Inde et la Grèce ont élaborées plus tard. Ce sont là des faits plus considérables que tous les faits matériels, ce sont des faits moraux qui ont exercé une influence plus grande et plus durable que tous les événements politiques. »

Pendant bien longtemps les Védas ont été ignorés de l'Europe ; les auteurs du xvii° et du xviii° siècle, qui s'occupèrent de l'Inde, n'en soupçonnèrent pas l'existence ; la connaissance de ces livres vénérés, écrits dans une langue morte, était réservée aux seuls Brahmanes, et les préjugés de caste ne permettaient pas qu'on communiquât à des Européens regardés comme des infidèles détestés, les mystères de la religion indienne. Vers la fin du xviii° siècle, à mesure que les Anglais, devenus maîtres de l'Hindoustan, commençaient à étudier la langue et la littérature de leurs nouveaux sujets, quelques travailleurs zélés, Polier, Wilkins, William Jones, eurent connaissance de quelques parties de ces écrits. On s'en procura des copies incomplètes, on tenta quelques essais de traduction nécessairement bien imparfaits d'abord ; ce ne fut qu'en 1805 que le monde savant commença à posséder des notions exactes sur ces antiques productions.

A l'époque que nous venons de signaler, un illustre indianiste, Colebrooke, publia, dans le 8° volume des *Recherches asiatiques* de la société de Calcutta, un remarquable mémoire sur les Védas. Il les avait lus tous avec leurs commentaires, immense travail que personne peut-être n'a depuis achevé d'une manière aussi complète.

Colebrooke établissait d'abord que, dans les croyances indiennes, les Védas sont d'origine divine, c'est Brahma lui-même qui en a fait part à la race humaine, la tradition les a conservés ; le sage Vyasa les arrangea plus tard, et les divisa en quatre parties, le Rig, le Yadjousch, le Sâman et l'Atharva. Les trois premiers sont les principaux ; le quatrième paraît un peu plus moderne que les autres, mais il renferme des parties qui ne sont pas moins curieuses, et les Brahmanes le regardent comme tout aussi authentique. Chaque Véda est formé de deux parties distinctes, les Mantras ou prières, les Brahmanas ou préceptes. La collection particulière d'un Véda reçoit le nom particulier de Sanhita ou recueil ; le reste du Véda s'appelle Brahmana, c'est-à-dire, suivant la définition des auteurs indiens, le recueil des préceptes qui prescrivent les devoirs religieux, des maximes qu'impliquent ces préceptes et des arguments qui se rapportent à la théologie.

A la suite des Védas viennent les Oupanishads, habituellement extraits des Brahmanas. Parfois ils renferment des prières ou Mantras, mais c'est à l'état de citations. Le Véda, proprement dit, est formé des Mantras et des formules liturgiques ; les doctrines de la théologie indienne se trouvent dans les Oupanishads.

Le premier, le plus vénéré des Védas est le Rig-Véda.

La racine sanscrite *Ritch*, d'où dérive le nom de *Rig-Véda*, signifie *louer* ; un *Ritch* est un hymne, une prière que le prêtre adresse à un Dieu pour le célébrer, pour réciter ses louanges. On comprend ainsi qu'il peut très-bien y avoir des *Ritchas* ou hymnes ailleurs que dans le Rig-Véda, mais celui-ci est plus spécialement un recueil d'hymnes de ce genre. Le nom du *rishi* ou du poète qui a composé l'hymne, et le nom du dieu qu'il célèbre forment donc un élément essentiel du Rig Véda. Ces noms ont été conservés dans des tables fort anciennes, dont on ne conteste point l'autorité ; elles signalent aussi le mètre particulier dans lequel l'hymne est écrit et le nombre de syllabes que contient chaque Ritch. Observons que d'après les Indiens, les hymnes du Véda n'ont point été composés par des hommes ; Brahma les a montrés à des

---

(1) Nous aurons l'occasion de reparler avec détail de ces ouvrages ; M. Langlois y voit avec raison des recueils informes de fragments échappés au temps et aux ravages du fanatisme, et composés ou plutôt maladroitement arrangés par des compilateurs modernes ; mais, si la forme de ces livres est comparativement nouvelle, le fond est souvent ancien, et sous ce rapport ils méritent d'être examinés. (*Mémoire sur Krichna* dans le Recueil de l'Académie des inscriptions, t. XVI (1850), p. 211.)

SECT. I. — LES VEDAS. — AVANT-PROPOS.

sages qui les ont transcrits pour l'édification de l'humanité. Parmi ces intermédiaires de la révélation, on trouve des rois et des princes.

Des divinités nombreuses sont invoquées dans le Rig-Véda; il faudrait les réduire à trois, le feu, l'air et le soleil, d'après les commentateurs indiens; mais comme ils sont d'une époque comparativement moderne, leur témoignage n'est pas décisif.

Un laborieux érudit contemporain, M. Barthélemy Saint-Hilaire, a consacré une série d'articles insérés dans le *Journal des savants*, 1853, à une étude développée sur l'origine et le caractère des Védas. Qu'il nous soit permis de reproduire ici quelques extraits de ce savant travail.

« Le monde des Védas n'est pas seulement un monde tout nouveau pour nous; c'est pour les Indiens eux-mêmes un monde très-obscur, où les traditions quelque riches qu'elles soient, ne portent pas une suffisante lumière. Ce n'est pas seulement une langue éteinte et transformée depuis plusieurs milliers d'années, dont il faut percer les ténèbres; c'est toute une civilisation qu'il faut ressusciter, toute une mythologie, tout un ordre de croyances et d'idées absolument étrangères aux nôtres et qui répondent à un âge de l'humanité enseveli sans retour.

« Il est à peine besoin de le remarquer, l'intérêt qui s'attache aux Védas est immense. Ce sont les livres sacrés d'une nation qui tient une très-grande place dans le passé de l'esprit humain, qui subsiste encore aujourd'hui, après quatre ou cinq mille ans de durée, avec ses dogmes et ses superstitions et qui, tout en changeant de maîtres et en se livrant en proie à qui veut la conquérir, n'a pas perdu un seul des traits essentiels qui font son individualité dans la famille humaine.

« Ces monuments si antiques et si vénérés nous sont parvenus complets et sans lacunes. L'Ecriture sainte des Indiens ne se compose pas seulement des livres appelés Védas; elle contient de plus des ouvrages moitié liturgiques, moitié théologiques qui se nomment des Brahmanas, et qui sont beaucoup plus volumineux que les Védas eux-mêmes. Il faut y joindre divers traités qui, sans être sacrés comme les Védas et les Brahmanas, ne s'en séparent point cependant pour l'orthodoxie brahmanique et qu'on appelle des Oupanishads. Les Oupanishads ne se distinguent guère des Brahmanas, ni par le sujet, ni par la forme; ils expliquent, comme eux, par des discussions philosophiques et par des récits, le dogme et la liturgie; la seule différence peut-être, c'est qu'ils sont rédigés dans un style un peu moins concis et plus populaire. »

Sans doute, les Védas seront très-loin de justifier toujours la réputation de haute sagesse qu'on leur a faite; plus d'une fois, ils exciteront la surprise et même le dédain, mais ils offriront aussi à l'observateur impartial de grandes beautés poétiques, des idées métaphysiques très-profondes, et, en somme, l'un des spectacles les plus curieux et les plus grands que puisse présenter l'esprit humain.

Mille dix-sept hymnes de longueur inégale composent le Rig-Véda, et il ne comprend pas moins de onze mille Slokas ou distiques. Cette Sanhita, ou recueil d'hymnes, est accompagnée de deux Brahmanas, l'Aitareya-Brahmana et le Kavushitaki-Brahmana; chacun d'eux est suivi d'un supplément appelé Aranyakam, ou livre qui doit être lu dans la forêt, par les sages retirés dans les bois. Il y a cinq livres dans l'Aranyakam de l'Aitareya Brahmana; il y en a trois dans le Kavushitaki, mais on n'est pas sûr de posséder celui-ci en totalité. Tous les Indiens s'accordent à regarder les Brahmanas comme faisant partie des Védas, mais comme le remarque fort bien M. Barthélemy Saint-Hilaire, « il y a de telles différences entre les hymnes du Rig-Véda et les Brahmanas qu'il semble impossible de réunir des œuvres si disparates en une seule, et de confondre sous un même nom les inspirations les plus hautes de la poésie avec les légendes les plus bizarres et parfois les plus absurdes, racontées dans le style le plus humble et parfois le plus naïf. » Les critiques les plus judicieux pensent avec raison qu'en dépit des assertions des Brahmes, l'Aitareya ne fait point partie des Védas, et ne doit point se joindre aux livres du canon des Hindous.

Tous les hymnes du Rig-Véda ont un caractère religieux, sauf très-peu d'exception La moitié, à peu près, s'adressent au dieu du feu, Agni, et à Indra, le dieu du ciel. L'autre moitié s'adresse à des dieux inférieurs, Vayou, dieu du vent, Varouna, dieu de l'eau, les Aswins, dieux jumeaux, tantôt sur un char, tantôt sur un vaisseau, les Marouts, dieux des airs, portés sur un char brillant que traînent des biches, armés d'un fouet et couverts d'armes éclatantes. D'autres hymnes qui peuvent compter parmi les plus beaux, célèbrent les grands phénomènes de la nature, le soleil et surtout l'aurore, la nuit, le ciel et la terre, les fleuves, etc. Quelques hymnes, en très-petit nombre, présentent des idées métaphysiques au milieu d'une mythologie toute naturaliste qui semble déjà très-développée. Enfin, d'autres hymnes sont des invocations en quelque sorte personnelles, et parfois des formules d'invocations pour rappeler un mort à la vie, pour recouvrer la santé perdue, pour faciliter l'avortement d'une femme enceinte, pour donner la victoire, pour sacrer un roi, etc., tantôt c'est un épithalame pour les noces d'une princesse ou d'une déesse, tantôt c'est l'éloge de la libéralité ou de la bienfaisance dont l'auteur, par une coïncidence factice, est un bhikshou, c'est-à-dire, un mendiant; tantôt c'est une apostrophe à la voix sainte, à l'arbre de la bienfaisance sacrée, aux instruments du sacrifice.

Après avoir considéré le Rig-Véda dans ses deux caractères principaux de poésie religieuse et métaphysique, M. Barthélemy Saint-Hilaire l'envisage sous un aspect très-différent, mais fort remarquable en son genre; il s'agit de ces incantations qui n'ont pour objet que de satisfaire des passions toutes personnelles, de ces exorcismes qui doivent apaiser des craintes, consoler des regrets, assurer des biens ou éloigner des maux. Ces hymnes sont en petit nombre dans le Rig-Véda et ils sont presque tous relégués vers la fin. On peut en citer deux qui semblent d'une beauté peu commune, surtout le premier, tout déplacé qu'il peut paraître dans un livre réputé divin; c'est un hymne adressé au dieu du jeu, qu'un joueur, dans ses désirs effrénés, supplie de lui être favorable tout en le maudissant. La passion du jeu ne saurait trouver des accents plus naturels et plus énergiques. Dans une scène de haute comédie, ce monologue tiendrait admirablement sa place. Jamais joueur, accablé de honte et de remords, en même temps que transporté de désirs, n'a mieux parlé pour s'excuser lui-même et déplorer ses fautes, tout en étant prêt à y retomber.

Un érudit dont nous avons plusieurs fois signalé les travaux, M. Edélestand du Méril, a fait paraître, dans la *Revue contemporaine* (livraison du 15 mars 1853, t. VI, p. 321 et suiv.), une *Étude historique et littéraire sur le Rig-Véda*. Ce travail remarquable présente les résultats d'un examen le plus attentif de ces livres, objet de la vénération la plus profonde; leur usage en était réservé à la caste des Brahmanes, comme son plus beau privilége; elle y consacrait de longues années; la négligence, à cet égard, pouvait faire descendre jusqu'aux castes les plus viles un homme appartenant à la race la plus élevée.

« Dans le Rig-Véda, » observe M. Ed. Du Méril, « les hymnes sont restés tels que l'inspiration du poète les avait composés; ils ont gardé leur indépendance, leur esprit tout lyrique, leur développement naturel et complet. Tous les témoignages reconnaissent sa prééminence; c'est le seul des Védas qui fut, dès l'origine, consacré aux dieux, le seul dont la composition remontât jusqu'au ciel et auquel on attachât un caractère si saint, qu'il suffirait d'en réciter quelques passages pour effacer certaines fautes et se racheter une nouvelle innocence. Sa sainteté l'a préservé des altérations de la fantaisie, des corruptions de la mémoire, des interpolations de l'esprit de secte; il a pu traverser trois mille années sans subir aucune variante; seul immuable quand tout changeait autour de lui, même la langue dont il s'est servi et les croyances qu'il a exprimées.

« On manque de termes de comparaison pour les époques reculées de la naissance des sociétés humaines; on ne saurait donc déterminer la chronologie même du Véda, mais bien avant les temps sur lesquels les écrits bouddhistes et les écrivains grecs, depuis Alexandre, fournissent quelques renseignements, l'esprit qui souffle dans les hymnes des Védas était éteint. C'est vers le milieu du xiv° siècle avant notre ère, que l'érudition moderne a cru pouvoir fixer l'époque de la rédaction de cette œuvre si digne d'attention. »

Après le Rig-Véda, on place le Yadjour-Véda. *Yadj* signifie *adorer*; ce Véda est le recueil des formules de l'adoration dans tous ses détails, c'est-à-dire, du sacrifice (en sanscrit *yadjnya*), il se partage en deux parties, le Yadjour-Véda blanc et le Yadjour-Véda noir. La Sanhita du Yadjour-Véda blanc se nomme plus spécialement Vadjasancyà-Sanhita; elle renferme des instructions et des prières de longueur inégale partagées en quarante lectures, lesquelles se composent de treize à cent dix-sept Slokas (distiques). Chaque vers forme une section (*kandika*), et il y a en tout mille neuf cent quatre-vingt-sept Slokas. Chacune des quarante lectures a été analysée successivement par Colebrooke; les deux premières présentent les prières pour la nouvelle et la pleine lune, et celles qu'on adresse aux mânes des ancêtres; d'autres sont relatives à la consécration du feu perpétuel, au sacrifice des victimes au sacre des rois. Colebrooke a traduit la trente-deuxième lecture; elle se compose de seize Slokas, et elle doit se réciter dans la cérémonie du Sarvamedha, ou sacrifice offert pour obtenir le succès des entreprises en général.

La seconde partie du Yadjour-Véda blanc est un Brahmana appelé Catapatha-Bràhmana; il est d'une bien plus grande étendue que la Sanhita. Il comprend quatorze livres divisés en cent lectures. Les préceptes, ou Brahmanas proprement dits, sont au nombre de quatre cent quarante; ils suivent l'ordre que la Vadjasaneya-Sanhita suit elle-même pour les prières. Le quatrième et dernier livre du Catapatha-Bràmana forme un Oupanischad composé, en grande partie, de dialogues où figure, comme principal interlocuteur Yadjnya valkya, auquel on attribue la rédaction de l'Yadjour-Véda blanc. Cet Oupanischad qui porte le nom de Vrihad-Aranyaka, jouit d'une grande autorité parmi les Indiens. Colebrooke en a traduit des morceaux d'une étendue assez considérable.

Les noms donnés aux deux divisions du Yadjour s'expliquent par une légende extravagante qu'il faut placer ici, afin de donner une idée des singularités dont s'occupent les écoles de l'Inde.

Dans sa forme primitive, le Yadjour-Veda fut enseigné par Veysampâyana, à vingt-sept élèves. L'un d'eux, nommé Yâdjnyavalkya, reçut du maître la mission de diriger les études de ses condisciples, mais il encourut un jour la disgrâce du professeur, parce qu'il refusa de partager avec lui l'expiation d'un meurtre involontaire; il fut contraint de renoncer à la science qu'il avait acquise, et il dut la rendre par la bouche sous une forme matérielle. Veisampâyana ordonna à ses autres disciples de reprendre le Véda que venait de rejeter la bouche d'Yâdjnyavalkya; pour exécuter cet ordre ils se métamorphosèrent en perdrix. Les textes souillés qu'ils avalèrent reçurent, pour ce motif, le nom de *noir*, et le Véda fut appelé *Taittiriya*, du mot *titteri*, perdrix. Yâdjnyavalkaya désespéré d'avoir perdu la science qu'il avait acquise, eut recours au soleil, afin de réparer cette perte; il obtint une révélation nouvelle du Yadjour qui fut surnommé *blanc* ou *pur* par opposition à l'autre qui avait été profané. Il faut observer que l'index du Yadjour noir fournit une explication moins bizarre du nom de *Taittâriya*, lequel, d'après lui, aurait été donné à cette composition, parce qu'Yuska, l'un des disciples de Veisampâyana l'aurait enseignée à un sage nommé *Titteri*.

L'Yadjour-Véda noir ou Taitteriya-Yadjour-Véda présente des Mantras ou prières plus longues que celles du Yadjour-Véda blanc, et n'ayant pas cependant les dimensions de celles du Rig-Véda; elles sont plus confuses et présentent peu de suite. La Sanhita est partagée en sept livres, chaque livre contient de cinq à huit lectures; la première section du Yadjour-Véda noir correspond à celle du blanc, mais ensuite la ressemblance cesse, les mêmes sujets sont cependant traités quelquefois. On r marque que dans l'Yadjour-Véda noir ce ne sont plus des hommes qui sont signalés comme les auteurs des prières, elles sont attribuées à des divinités, elles portent le nom d'Agni, dieu du feu, de Pradjapati, ou souveraine des créatures, etc. La seconde partie de l'Yadjour-Véda noir se compose, comme celle du blanc, de Brahmanas et d'Oupanischads que Colebrooke ne put se procurer en totalité. Les deux Yadjours traitent des mêmes sujets, mais d'une façon différente.

Le blanc a trouvé, pour éditeur un savant prussien, M. Max Muller qui, grâce au puissant patronage de la Compagnie des Indes, a pu entreprendre cette publication aussi difficile que dispendieuse.

Le Sâma-Véda se divise en deux parties (Poûrvârtchikam et Outtarârtchikam). La première se partage en six Prapathakas ou livres, cinq duçatis ou dizains, mais les vers de chaque dizain ne sont pas toujours au nombre de dix; il y en a quelquefois plus, quelquefois moins; ils sont toujours séparés; chacun forme un sens complet. L'Outtarârtchikam offre une division différente. Les Prapathakas ou livres, sont partagés, les cinq premiers en deux Ardhas chacun; les quatre autres en trois. Les vers ne sont plus distribués en dizains, et il y en a de vingt-sept à quatre-vingt-quatorze dans les différents Ardhas. Il y a en tout trois cents quatre-vingt-dix-huit hymnes dans l'Outtarârtchikam. Parfois ils se composent de trois ou quatre vers seulement; parfois même, ils n'en ont qu'un seul. Il est facile de reconnaître que ce ne sont que des fragments de poëmes plus étendus. Une recension du Sâma-Véda, célèbre dans l'Inde, celle de la Neigueya Cakha, le divise d'une façon toute autre que celle adoptée dans l'édition de M. Benfey, et en ajoutant un septième livre au Pourvartchikam, elle porte à 641 vers, au lieu de 585.

On n'est pas d'accord sur le nombre des Brahmanas du Sâma-Véda; Colebrooke (*Essais*, t. I, p. 82), les portait à quatre; M. Weber croit pouvoir les réduire à deux (*Indische studien*, t. I, p. 31; et *Academisch Vorlesungen*, p. 66); M. Max Muller en compte huit, et il paraît que quelques autres élèvent au vingt le nombre de ces brahmanas. Quant aux Oupanischads, il n'y en a que deux, le Tchandoguya et le Kena; le premier est beaucoup plus étendu et plus important que le second. Ils ont été publiés tous deux dans la *Bibliotheca Indica*, t. II, III et VIII. Le Tchandoguya sous le nom de Tchekandonk, est le premier des Oupanischads, dans l'*Oupnekhat* d'Anquetil Duperron, où il est d'ailleurs souvent défiguré, puisqu'il ne s'y montre que sous la forme de la traduction latine d'une version persane. M. Barthélemy Saint-Hilaire en a traduit un fragment. (*Journal des Savants*, 1853, p. 628.)

Nous aurons d'ailleurs occasion de reparler du Sâma-Véda, notre recueil en donnera la traduction.

Il nous reste à parler du quatrième et dernier des Védas.

L'Atharva-Véda est incontestablement le plus récent des Védas; Manou et les anciens législateurs n'en parlent pas; les Brahmanas les mentionnent assez souvent dans leurs parties les plus nouvelles; les Oupanishads s'y appuient comme sur une autorité sacrée; les Pouranas, qui ont la prétention de passer pour le cinquième Véda, l'admettent comme le quatrième. Les formes grammaticales de son style, ses procédés, sa marche habituelle, témoignent d'une date moins reculée que le Rig-Véda; il faut cependant reconnaître qu'il renferme des fragments, en très-petit nombre, il est vrai, qui remontent aux temps védiques les plus reculés.

Atharvan, dont il porte le nom, en est supposé un des auteurs; l'ouvrage est divisé en vingt livres (*kandas*), et en trente-huit chapitres (*prapathakas*), entre lesquels se répartissent 760 hymnes ou Souktas; le tout formé de 6015 Ritchas, qui sont ordinairement des distiques ou des vers d'une extrême longueur. Une autre division partage l'Atharva-Véda en quatre-vingt-dix chapitres (*anouvakas*). Ce Véda a d'ailleurs, bien moins que les autres, exercé les commentateurs.

Un tiers à peu près de ce que contient l'Atharva est emprunté au Rig-Véda; d'autres emprunts ont été faits aux autres Védas, mais il y a aussi des morceaux originaux, et à côté des vers, on trouve quelques fragments en prose comme dans le Yadjour-Véda blanc.

Le Brahmana de l'Atharva-Véda se nomme le *Gopâtha*, c'est-à-dire *chemin des vaches*. Il est presque inconnu, et les divisions diffèrent dans le petit nombre de manuscrits qui ont été dans les mains des savants européens. D'après Colebrooke, les Oupanischads de l'Atharva-Véda sont au nombre de cinquante-deux; d'après M. Weber, il y en a davantage; mais il faut remarquer que, parfois, au gré des copistes, on compte pour des Oupanischads entiers des parties séparées d'un même Oupanischad. Quel qu'en soit le nombre, leur étendue est fort variable, et parfois elles sont en vers. Plusieurs ont une grande importance, parce qu'elles ont été adoptées par l'école védantas, et qu'elles sont le fondement de sa théologie, c'est-à-dire de l'orthodoxie brahmanique. Il n'est d'ailleurs qu'un petit nombre de ces traités qui n'aient été commentés. Ils sont évidemment de date différente, et n'ont pas tous le même but.

M. Barthélemy Saint-Hilaire (*Journal des Savants*, 1853, p. 764) a traduit un passage du premier et du plus intéressant de ces Oupanischads. Il a pour titre spécial *Moundaka*, mot qui signifie *rasoir*, l'action de raser, le barbier. Cela veut dire que le Moundaka rase les péchés de l'âme, la nettoie, la purifie. Des traits empreints de cette bizarrerie de mauvais goût sont communs dans les livres indiens.

§ II. — *Doctrine religieuse des Védas.*

L'adoration des forces de la nature domina durant une époque primitive : c'est la religion des Védas. Des tribus de pâtres et d'agriculteurs, connus sous le nom d'Aryas, rendent un culte naïf à la terre, à l'eau, à l'aurore, à la lumière, à la foudre. On observe, çà et là, quelques phénomènes naturels, quelques forces physiques, qui commencent à se personnifier, qui revêtent une forme humaine. La doctrine développée dans ces livres, et leur composition elle-même, ne doivent pas être attribuées à une seule et même époque. Le caractère commun qui s'y montre, c'est la tendance à l'unité, mais il y a de grandes différences dans la manière de la concevoir; le Rig Véda rapporte tout aux astres, aux éléments, à un élément ou à un astre unique, tandis que dans la plupart des Oupanischads on expose l'absorption de toutes choses dans l'esprit, dans l'intelligence, dans l'Etre qui est la raison de tout, et qui seul subsiste par lui-même.

Agni ou le feu, Vayou, l'air, Varouna, le génie de l'eau, Indra, le tonnerre, tels sont les êtres surnaturels que célèbrent constamment les hymnes védiques. Les Devatas, ou bons génies, président aux phénomènes; les Arouras sont des démons ou mauvais génies; le plus malfaisant de tous, Vritra, à la forme de serpent, fut foudroyé par Indra. Puis viennent les huit Vasous, puis les onze Roudras (les cinq souffles de vie supérieurs et les cinq inférieurs), plus Djivatma, l'âme individuelle qui a son siége au cœur), et enfin les douze Adityas habitant chacun un des signes du zodiaque.

Entrons dans quelques détails à l'égard de chacun de ces personnages de la plus antique des mythologies.

Indra, le premier des huit Vasous, ou êtres célestes, est immédiatement au-dessous de Brahma; c'est le dieu de l'éther et du jour, le maître des nuages, de la pluie et de la foudre. Parmi ses surnoms est celui de Marouta (l'air). Agni ou Aghni est le dieu du feu, et surtout du feu utile et bienfaisant : il s'identifie avec la lumière solaire ; on ne saurait lui offrir trop de sacrifices. Varouna préside à la mer et aux eaux pluviatiles ; c'est le bienfaiteur des hommes ; il irrigue et fertilise la terre ; il donne la vie aux plantes et aux arbres. Vaïou ou Marouta gouverne l'air et les vents ; on peut le regarder comme la respiration et presque comme l'âme universelle. Il a sous ses ordres un grand nombre de génies subalternes, nommés, ainsi que lui, Marouts. Parmi les autres Vaçous, Iama ou Yama préside à la nuit, à la mort, aux enfers ; Paoulastia, aux profondeurs centrales du globe ; Nerouti est le chef des mauvais génies.

Les Adityas sont les fils d'Atditi (le jour, le soleil), et de Kaiaapa (l'espace), ils sont au nombre de douze, et on les regarde comme autant de soleils. Les Apsaras sont des fées ou des nymphes. Ces divinités inférieures dont il n'existe pas moins de six cents millions, ont en partage la beauté et la grâce ; elles peuplent l'air, les cieux, les bois, les montagnes, les bords des fleuves, mais elles échappent aux yeux des mortels. Gandharva est le soleil envisagé comme musicien ; d'autres Gandharvas, musiciens subalternes, l'accompagnent dans ses évolutions.

Les Aswins ou gémeaux de l'Inde sont une incarnation de Brahma Souria (Brahma en tant que soleil). Ils reçurent le jour d'une cavale, que les rayons de l'astre imprégnèrent par les narines. Doués d'une jeunesse et d'une beauté éternelle, ils parcourent à cheval la surface du globe, guérissant les maladies du corps et de l'âme. On a personnifié en eux deux états, deux apparences du ciel. Ils peuvent être considérés comme les deux crépuscules. Les commentateurs sanscrits les confondent avec le ciel et la terre, quelquefois avec le soleil et la lune.

Les Rishis ou Richis sont des êtres surnaturels d'une sainteté parfaite. On leur donne aussi les noms de Mounis et de Pradjapatis. Leur physionomie semi-céleste, semi-humaine, indique des pénitents, des patriarches maintenant absorbés dans la divinité. On en compte habituellement sept, dont voici les noms : Kaciapa, Atri, Varichtha, Viçouamitra, Gotama, Bharadouadja, Djamadagni. Ils sont, chez les Hindous, un élément essentiel de la hiérarchie divine. Des notions astronomiques se lient d'ailleurs aux idées qu'ils réveillent ; ils forment la constellation de la grande ourse (2).

Au-dessous d'eux sont les *Pitris* ou patriarches, génies paisibles qui résident dans l'orbite de la lune, et auxquels on attribue l'origine du monde entier, des animaux et des végétaux.

Les Roudras, au nombre de onze, sont autant de formes dans lesquelles se métamorphosa le premier Roudra, sorti du front de Brahma.

On compte quatorze Menous : sept ont paru, sept sont encore à paraître. A leur tête est Menou, fils de Brahma, premier législateur, premier patriarche ; les autres sont d'un rang secondaire.

Les Rakshasas sont des génies malfaisants ; on les représente comme des géants, comme des êtres avides de sang. Ils ne peuvent se distinguer des Asouras ou Daityas, génies doués d'une force extraordinaire, et qui soutiennent des luttes acharnées contre les dieux.

Diverses hymnes du Rig-Véda célèbrent une classe de divinités nommés Apris ; ce sont des formes du dieu Agni, des personnifications divines des choses qui concourent au sacrifice.

Les Ribhous sont au nombre de trois. Ribhou, Vibhwan et Vadja. On reconnaît en eux des mortels élevés au rang des dieux. Il est très-vraisemblable que ces patriarches établirent des cérémonies religieuses et modifièrent quelques anciens usages, et on a conjecturé qu'ils établirent une espèce de culte en l'honneur des rayons du soleil. Les hymnes védiques leur attribuent d'avoir rendu la jeunesse à leurs vieux parents, et d'avoir ressuscité une vache, ce qui, dégagé du voile allégorique en usage dans l'Inde, signifie le rétablissement du sacrifice du matin, qui donne la vie au ciel et à la terre, et la réorganisation des sacrifices. M. Langlois pense qu'on pourrait voir dans les Ribous, non d'anciens sages divinisés, mais les rites eux-mêmes, les cérémonies déifiées.

M. Wilson a mis en tête de sa traduction du Rig-Véda des considérations judicieuses et qui venant d'un écrivain si bien au fait du sujet qu'il traite, méritent une attention particulière. Nous en reproduirons quelques passages :

(2) Les noms des Richis, en tant qu'auteurs des hymnes, méritent l'attention de la critique. Il y en a un certain nombre qui, sans doute, n'ont jamais eu d'existence réelle ; souvent les divinités parlent en leur propre nom ; souvent il est évident que la tradition véritable s'était perdue et que les Brahmanes qui ont recueilli les Védas n'ont consulté que leur imagination, lorsqu'il s'est agi de mettre un nom. Mais ces cas sont exceptionnels et une critique judicieuse peut les reconnaître. La masse des hymnes porte des noms réellement historiques. Parmi ces noms, les uns appartiennent à des individus qui se font connaître suffisamment eux-mêmes en se nommant personnellement ; les autres sont évidemment la propriété de quelques *Giotras* ou familles qui s'en servaient, depuis un temps immémorial, dans les cérémonies de leur culte.

Le culte que décrivent les Suktas comprend des offrandes, des prières et des louanges ; les offrandes se composent d'oblations et de libations faites avec du beurre clarifié versé sur le lait et avec le jus retiré du soma et fermenté, offert aux déités invoquées ; la manière d'offrir ce liquide n'est pas exactement précisée ; il paraît qu'on le versait tantôt sur le feu, tantôt sur la terre ou plutôt sur l'herbe sacrée, appelée kusa (*poa cynosuroides*) qui était étendue sur le sol ; dans tous les cas, on en conservait une portion que les assistants buvaient. La cérémonie a lieu dans la demeure de l'adorateur ; elle se célèbre dans une chambre installée dans ce but et dans laquelle il est probable qu'un feu perpétuel était allumé ; il faut cependant convenir que des allusions fréquentes à la cérémonie d'allumer le feu ne s'accordent pas avec cette pratique que d'autres passages semblent confirmer (notamment l'hymne LXXXIII, v. 4, où il est dit que les hommes conservaient dans leurs demeures le feu constamment allumé).

On ne rencontre nulle allusion à des temples, à des lieux consacrés au culte, et il est évident que les cérémonies religieuses étaient uniquement domestiques. Il ne paraît pas que l'adorateur, l'*Yajamana*, ait été tenu de prendre personnellement part à la cérémonie, mais il est fait mention d'un bon nombre de prêtres qui interviennent, et qui parfois au nombre de sept, d'autres fois de seize, accomplissent les divers rites et récitent les Mantras ou prières. Quelques allusions obscures font supposer que des victimes étaient offertes en certaines occasions, et le second Ashtaka renferme deux hymnes au sujet d'un Aswamedha ou sacrifice d'un cheval (voir la traduction de M. Langlois, lecture III, hymne 5 et 6) ; il est même permis de conjecturer d'après quelques passages, que les sacrifices humains n'étaient pas absolument inconnus, mais tout ceci forme des exceptions, et les offrandes habituelles se bornaient aux substances que nous avons indiquées. Le Sukta réunit presque invariablement les attributs de la prière et de la louange ; la puissance, l'étendue, la générosité, la bonté et même la beauté personnelle de la divinité invoquée, tels sont les objets de descriptions qui prennent le ton de panégyriques pompeux ; les exploits du Dieu sont relatés et glorifiés ; on le supplie d'agréer les offrandes et les libations qu'on lui présente, on lui demande d'assister aux cérémonies célébrées en son honneur et, en récompense des hommages qu'on lui rend, on le conjure de répandre ses bénédictions sur la personne qui a institué le sacrifice ; parfois aussi, mais plus rarement, on invoque les bienfaits du Dieu en faveur du personnage qui a composé la prière ou qui la récite. Les bénédictions qu'on sollicite s'appliquent à des avantages personnels et terrestres ; on demande de posséder des trésors, des aliments, du bétail, des vaches, des chevaux ; on sollicite une longue vie et une postérité nombreuse ; le suppliant prie pour être vainqueur de ses ennemis et quelquefois pour qu'ils soient détruits, surtout lorsqu'ils sont représentés comme ennemis de la célébration des rites. Il existe quelques traces d'un espoir dans l'immortalité et dans un bonheur futur, mais elles ne sont ni fréquentes, ni généralement bien claires, quoique l'immortalité des dieux soit reconnue et quoique la possibilité pour les mortels d'atteindre au rang de ces mêmes dieux soit proclamée, et qu'on en cite, comme exemple, les Ribhous élevés, à cause de leur piété, au niveau des divinités. On demande aussi la protection céleste contre les Rakshasas ou esprits malfaisants.

Il n'y a guère d'exemples dans les Védas de prières faites pour obtenir des avantages moraux ; un petit nombre de passages expriment la haine du mensonge et l'horreur pour le péché ; l'espoir est énoncé que le coupable puisse se repentir et expier ses fautes, et dans un hymne, les dieux sont suppliés pour que leur adorateur soit délivré de toute espèce de péché.

Le ton des demandes adressées aux dieux indique une confiance complète dans l'obtention des vœux qu'on émet ; les faveurs des dieux sont un juste retour des services qu'on leur rend en leur offrant des sacrifices qui augmentent leur force et en leur adressant des louanges qui leur procurent une satisfaction toute particulière ; on ne remarque cependant point de traces de cette toute-puissance de la prière qui joue un grand rôle dans la mythologie plus moderne des Hindous et qui représente les dieux comme étant dans la nécessité absolue d'accorder ce que demande un pénitent qui s'est livré à de longues et rudes austérités et qui acquiert ainsi une puissance à laquelle les dieux sont soumis.

Une question se présente ici ; qui sont les dieux auxquels sont adressées les prières et les louanges contenues dans les Védas ?

On remarque sans peine une différence frappante entre le système religieux des Védas et celui qui a plus tard constitué le fond des doctrines de l'Inde. Les divinités qui sont invoquées dans les poésies védiques ne sont point oubliées dans les ouvrages plus récents, mais elles ne jouent dans ces derniers qu'un rôle subalterne, et par contre les divinités célèbres dans la mythologie répandue aujourd'hui ne sont point nommées dans les Védas, ou bien à peine y sont-elles indiquées. Les noms de Siva, de Mahadeva, de Durga, de Kali, de Rama, de Krishna, ne se présentent jamais, nous le croyons, dans les Védas; il y est question d'un Rudra qui, plus tard, s'identifie avec Siva, mais qui, même dans les Puranas, est un personnage peu connu et d'une origine fort obscure, tandis que dans les Védas, il est décrit comme étant le père des vents et il est évidemment une forme d'Agni ou d'Indra; il ne se présente nulle part la moindre allusion à l'emblème grossier (le *Linga*) sous lequel, depuis dix siècles au moins, Siva reçoit les adorations des Hindous; il n'y a pas le plus léger vestige d'un point important de la religion actuelle de l'Inde, la Trimourti ou trinité formée de Brahma, de Vishnou et de Siva; Agni et Indra sont les dieux les plus puissants que célèbrent les Védas, et le premier c'est le feu.

Le soleil, *Surga* ou *Savitri*, occupe dans le culte védique un rang inférieur à celui qu'on aurait été tenté de lui supposer. Il n'y a dans le premier livre du Rig que trois suktas qui lui soient adressés individuellement, et ils ne contiennent point de proclamation de sa suprématie. De même qu'Agni et qu'Indra, le soleil donne à ceux qui l'adorent des avantages temporels; il est la source de la lumière; il se meut avec une rapidité indicible entre le ciel et la terre dans un char traîné par deux chevaux blancs; on fixe quelquefois à sept le nombre de ses coursiers; c'est une allusion aux sept jours de la semaine. On le représente comme ayant des cheveux et des mains d'or. Mais il est aujourd'hui presque impossible d'apprécier l'exacte signification et les différences des noms qu'on donnait à cet astre.

Parmi les dieux d'un rang secondaire, il faut placer les Marouts ou vents, soumis à Indra et qui sont fréquemment invoqués; il est rarement question de Vayou, le dieu des vents; et les commentateurs des Védas l'identifient avec Indra; mais il est souvent parlé des Marouts, les alliés d'Indra, ses auxiliaires dans la lutte contre Vritra; ils reçoivent les noms d'enfants de Prisni, la terre, et de fils de Rudra; parfois ils sont les associés d'Agni. Tout cela peut s'expliquer par des allégories faciles à comprendre. Leur rôle dans la production de la pluie, leur naturel impétueux sont des représentations figurées des phénomènes naturels. Ils sont représentés comme ayant d'abord été sujets à la mort; c'est pour avoir adoré Agni qu'ils ont obtenu l'immortalité.

Les esprits malfaisants sont, dans les idées des Védas, la personnification de quelque phénomène naturel qui affaiblissait la lumière. Comme le nuage (*vritra*) se reproduisait plus souvent que les autres, on en fit un ennemi des dieux et on célébra les victoires qu'Indra remportait sur lui.

Les Adityas ou soleils subalternes sont les fils d'Aditi, mère des dieux, identifiée parfois avec la terre, parfois avec l'univers. Il est dit peu de chose des Adityas collectivement, mais parfois quelques-uns d'entre eux sont invoqués en particulier. Il n'y a point d'hymne spécial en l'honneur de Vichnou, mais il est mentionné sous le nom de *Trivikrama* ou celui qui fit trois pas, et l'on peut voir dans cette épithète le germe d'une légende qui se produisit plus tard et dont nous aurons l'occasion de reparler.

Mitra n'est jamais invoqué séparément, il paraît, soit parmi les Viswadevas ou dieux réunis, soit associé avec Varouna et Aryaman; les commentateurs disent que ce dieu préside au jour et que de concert avec Varouna, il fait tomber la pluie. Il paraît avoir été surtout un dispensateur de la chaleur, le feu vivifiant.

Varouna occupe dans les hymnes védiques une place assez importante; il est représenté comme le dieu qui préside à la nuit; la lune se meut d'après ses ordres. Le titre de roi ou de monarque (*raja* ou *samrat*) est très-souvent attaché à son nom; il est appelé avec Mitra le seigneur de la lumière, il la supporte au haut des airs, il fraye la route que doit parcourir le soleil; il accorde la fortune, il détourne le mal et protége les bestiaux; les Védas ne font point mention du rôle de souverain des eaux que lui a assigné la mythologie plus moderne. Un passage un peu obscur dit que, résidant dans l'Océan, il connaît la direction que suivent les navires, mais en même temps, il est représenté comme étant instruit du vol des oiseaux et de la succession périodique des mois (3).

Aryaman n'est jamais nommé seul; il est presque toujours avec Mitra et Varouna; un passage l'identifie avec le soleil, et les commentateurs disent qu'il préside sur le crépuscule.

Poushan est nommé à diverses reprises, et dans le premier livre un hymne lui est spécialement adressé, dans le but de solliciter sa protection durant un voyage, surtout contre les voleurs; il est représenté comme étant le dieu ou plutôt l'*Aditya*, le soleil qui préside à la terre. La liaison de l'aurore personnifiée, *Usha* ou plutôt de nombreuses aurores, *Ushasas*, avec le soleil, forme une portion du culte rendu à cet astre;

---

(3). M. Edélestand du Méril observe avec raison que Varouna se retrouve évidemment dans *Uranus*, cet obscur dieu hellénique qui personnifiait à la fois le ciel et la mer entourant le monde, et qui, quoique aïeul de tous les dieux, n'occupait qu'une place insignifiante dans la mythologie grecque.

plusieurs hymnes sont adressés à Usha, et les circonstances de l'apparition de la lumière du jour y sont parfois décrites avec poésie et d'une manière pittoresque.

Il est souvent fait mention dans les Védas des Aswins, deux demi-dieux que la mythologie moderne représente comme étant les fils du soleil, circonstance qui n'est point formellement indiquée dans les hymnes; il est dit seulement que leur mère est *Sindhou* (la mer) : ils portent les noms de *Nasatyas* (exempts de fausseté) et *Dasras* (destructeurs des ennemis ou des maladies, car ils sont les médecins des dieux). Ils sont représentés comme toujours jeunes, toujours beaux, voyageant sur un char à trois roues et de forme triangulaire traîné par des ânes, s'occupant des affaires humaines, répandant des bienfaits sur leurs adorateurs, les mettant à même de triompher de leurs ennemis, les assistant dans leurs besoins, les arrachant aux périls qui les menacent. Ils semblent avoir plus à faire sur la terre que dans le ciel, et ils appartiennent, d'après leurs exploits, à la mythologie héroïque plutôt qu'à la mythologie céleste ou solaire. Divers passages les identifient avec la lumière du soleil : on les représente aussi comme les précurseurs de l'aurore et comme devant, en ce moment, recevoir pour hommage des libations de jus de soma. L'opinion générale des commentateurs indigènes est que les Aswins ont été des princes divinisés en souvenir de leurs enseignements agricoles.

Le sabéisme des Hindous (si du moins on peut employer cette expression) diffère entièrement de celui des Chaldéens, en omettant le culte des planètes; les constellations ne sont jamais nommées comme objets dignes de vénération ou comme devant recevoir un culte; la lune paraît quelquefois désignée sous le nom de Soma, et surtout lorsque ce nom s'applique à un être qui chasse les ténèbres, mais ce nom et cette adoration s'adressent d'une manière beaucoup plus certaine au soma, à l'*asclépias* acide ou *sarcostema viminalis*.

Cette liqueur spiritueuse surexcite les forces en échauffant le sang et en précipitant son cours. On attribua cette action à l'influence d'un dieu bienfaisant digne d'un culte particulier; de nombreux hymnes du Rig-Véda lui furent adressés, et le Sâma-Véda que nous plaçons dans notre recueil, lui est spécialement consacré. On finit par le proclamer comme le créateur du monde et comme ayant expulsé les ténèbres ; on ne douta pas que les libations faites avec ce breuvage enivrant ne dussent flatter agréablement le palais des dieux et accroître leur pouvoir.

Indra et Savitri ont leurs satellites respectifs; Agni ne semble pas posséder des subalternes qui lui soient attachés; il n'est question en ce genre que de divinités mal définies et singulières, les *Apris*, parmi lesquelles on range des objets inanimés, tels que les portes des salles où se célèbrent les sacrifices. Quelques vers adressés à *Brahmanaspati* semblent l'identifier avec Agni, en lui décernant l'attribut spécial de présider aux prières, mais ce sont des points qui ne sont nullement exprimés d'une façon précise.

Le caractère de Roudra est également équivoque; on peut douter qu'il possède cette énergie, cette impétuosité que la mythologie moderne a donnée à ce dieu; on l'appelle, il est vrai, le destructeur des héros, mais cette épithète est également décernée à Indra; on le supplie de ne pas faire sentir aux hommes et aux animaux les effets de sa colère, mais on l'invoque aussi comme étant sage et bienfaisant, comme l'auteur de la fertilité, comme répandant le bonheur; il préside aux plantes médicales, il chasse les maladies; ce sont les attributs d'une divinité bienveillante, et non d'un être irascible et méchant. Les Marouts ou vents sont appelés ses fils, et cette circonstance l'identifierait avec Indra ; il est vrai qu'un hymne le signale comme ne faisant qu'un avec le *redoutable Agni*. Au milieu de ces incertitudes on pourrait regarder Indra comme une forme ou une dénomination du feu.

D'autres personnifications divines jouent un rôle trop secondaire pour mériter une mention spéciale; ce sont celles que crée sans peine toute mythologie, des personnifications de la terre, de la nuit, de l'océan, des choses inanimées.

En somme, l'absence, des mythes compliqués du système religieux des Hindous, la personnification des forces de la nature, la grande simplicité des rites ont paru à quelques savants des motifs suffisants pour croire que la religion des Védas n'était qu'un panthéisme symbolique. Cette opinion ne saurait être regardée comme définitive, car tous les textes védiques ne sont pas encore connus, et il restera d'ailleurs le problème à peu près insoluble de déterminer ce qui appartient en propre aux Védas et ce qui revient aux transformations qu'ils ont subies dans le cours des siècles.

Les divinités auxquelles s'adressent les hymnes que nous offrons à nos lecteurs sont donc, après tout, au nombre de trois, Agni ou le feu, Indra ou le firmament, et Surya ou le soleil ; on pourrait même

SECT. I. — LES VEDAS. — AVANT-PROPOS.

les réduire à deux, en regardant le soleil comme une des manifestations du feu. Des dénominations nombreuses s'appliquent aux diverses fonctions de chacun de ces dieux ou servent à exprimer sa grandeur. Les divers commentateurs des Védas observent que tous les dieux ne sont que des parties d'un *atma*, ou âme, subordonnée à la variété des louanges qu'on lui adresse, dans l'immensité et la variété de ses attributs. Cette doctrine de la Grande Ame (*Mahan Atma*), qui est la divinité unique, est fréquente chez les interprètes des Védas, mais elle paraît ne s'être introduite que longtemps après la composition des suktas.

Quelques érudits ont attribué les Védas à une population nomade de pasteurs, c'est une erreur ; des allusions fréquentes à des demeures stables, à des villages, à des villes, prouvent que les Aryas n'étaient point nomades; ils se livraient à l'agriculture, ainsi que le démontrent leurs supplications pour obtenir des pluies abondantes et la fertilité de la terre; ils connaissaient l'art du tisserand, celui du charpentier et la manipulation des métaux tels que l'or et le fer; ils étaient même navigateurs, car il est fait mention de marchands s'embarquant avec empressement dans l'espoir de réaliser des bénéfices, et d'une expédition contre une île ou un continent étranger (*dwipa*) qu'un naufrage rendit infructueuse. Ils avaient fait quelques progrès dans les calculs astronomiques, puisqu'il est question de l'adoption d'un mois intercalaire destiné à faire concorder les années solaire et lunaire. Tout ceci indique un degré de civilisation assez élevé, mais qui est encore bien loin du développement religieux, social et littéraire de l'époque des Brahmanes.

L'origine septentrionale des Aryas se révèle lorsque dans les prières dont le but est de solliciter une longue vie, on demande cent hivers (*himas*), idée qui ne se serait pas présentée à l'esprit d'un peuple qui n'aurait jamais habité que des climats chauds. Ils étaient bien moins bruns que les habitants primitifs de l'Inde qu'ils expulsèrent, car il est dit qu'Indra partagea les champs parmi ses amis au visage blanc.

Ce que l'on sait sur la situation politique se réduit à quelques noms de princes qui ne se trouvent, en général, que dans le Védas et qui sont souvent représentés comme étant en hostilité les uns avec les autres. Un petit nombre de ces noms se rencontrent dans les poèmes héroïques et dans les Puranas, mais cette nomenclature est antérieure à la construction des dynasties solaire et lunaire qui occupent une large place dans les écrits d'une date plus récente.

Rien de bien explicite au sujet d'un point capital dans l'organisation de la société hindoue, la distinction des castes. Les allusions sont trop vagues pour qu'on puisse rien décider à cet égard.

L'unité d'essence de tous les êtres, cette doctrine si répandue dans les livres sanscrits se retrouve au fond dans les Védas; il s'ensuit un véritable respect pour les animaux, mais le plus précieux, le plus saint de tous, c'est la vache, les idées de douceur et de fécondité qui se rattachent à son nom l'investirent d'un caractère sacré qu'elle conserve encore.

Un savant contemporain, M. Alfred Maury, a fait paraître dans une publication périodique estimée, (*Revue archéologique*, 9ᵉ année, p. 589 et 717; 10ᵉ année, p. 127, un *Essai historique sur la religion des Aryas*.) Ce travail étendu, que nous n'avons pas le droit de reproduire ici, ne saurait être oublié; nous lui empruntons quelques lignes qui donnent une juste idée des divinités que célèbrent les Védas. « Les hymnes sacrés de ce peuple offrent ses conceptions religieuses dans la simplicité primitive. On reconnaît de suite que la naturalisation, c'est-à-dire la divinisation de la nature physique constituent le fondement du culte des Aryas... Les phénomènes humains, les agents qui leur donnent naissance, le soleil, le feu, les étoiles, l'éclair et tous les effets qui s'y rattachent, l'aurore, la nuit, la foudre, les nuages, tels ont été, par excellence, les objets du culte de l'Arya. Il en suit attentivement toutes les formes, toutes les relations ; il en personnifie tous les instincts, toutes les particularités. Le plus grand des dieux védiques, c'est Indra, le dieu du ciel, de l'air azuré, de la foudre, tantôt considéré comme la personnification de la voûte céleste, tantôt simplement comme l'être mystérieux et impénétrable qui y habite. Les Aryas l'invoquent comme le dieu éternel, premier-né, dont la puissance est invisible et sans borne; plein de force et d'équité, il est l'auteur de tout ce qui existe.

« Agni occupe dans le Panthéon védique le premier rang après Indra. Le pâtre de la Bactriane et de l'Inde, voyant briller au firmament les feux mystérieux du soleil et des étoiles et rapprochant de ces feux celui qui brûlait dans son foyer et qu'il avait obtenu par le frottement du bois, crut qu'il possédait dans sa demeure une émanation des êtres célestes. Le feu du foyer devint, sous le nom d'Agni, une divinité, la divinité terrestre par excellence, car c'était, selon la croyance arya, le feu même du ciel qui descendait habiter parmi les hommes... L'entretien du feu devint le fondement du culte védique. La combustion du foyer sacré s'offrit comme le principal moyen d'honorer les divinités célestes, de les mettre en relations avec la terre. Agni fut considéré comme le médiateur, comme le ministre des vœux et des prières des fidèles. En entrenant le feu divin, le chantre célébra Agni comme son protecteur, son parent, son ami, son guide, son dieu tutélaire... Les diverses phases du sacrifice donnent les divers actes de la vie d'Agni. La poésie sanscrite lui composa toute une histoire mythique ayant pour fondement les métaphores à l'aide desquelles elle peignait les différents moments du sacrifice.

« Varouna occupe parmi les dieux du ciel le rang le plus élevé après Indra. C'est, comme ce dieu, une autre personnification de la voûte céleste, ainsi que l'indique l'étymologie de son nom (*Varouna* signifie *celui qui embrasse, qui comprend*). Cette personnification finit par ne plus représenter que la nuit, les étoiles, la voûte céleste en l'absence de la lumière. Le vulgaire ne pouvant s'expliquer comment le soleil disparaissant du firmament, imagina que cet astre arrivé à l'extrémité de l'Occident avec sa face lumineuse, retournait par la même route à l'Océan avec une face obscure. De la sorte, Arouna devint le soleil de nuit.

« Mitra représente le soleil du jour, maître de la lumière pure, dieu sauveur, prêtre, héraut, sacrificateur; l'œil sans cesse fixé sur les hommes qu'il soutient par ses bienfaits, il est l'adversaire par excellence du méchant.

« L'Arya se représentait les nues épaisses qui souvent portent dans leurs flancs l'orage, comme des êtres méchants, des esprits malfaisants qui s'efforçaient d'éteindre la lumière du jour, comme des agents de mort et de destruction qui mettaient en péril la nature et qu'Indra était sans cesse occupé à combattre. Les ténèbres ont été pour toutes les populations primitives l'image de la mort; c'est ainsi que prit naissance le mythe des Asouras; ces Asouras sont les forces de la nature qui semblent lutter contre les dieux. Quand les vents de leur souffle bienfaisant chassaient du firmament le nuage funeste, quand le soleil, précédé de l'aurore, faisait fuir devant lui les ténèbres, l'Arya voyait là l'image d'un combat, d'une victoire. Rempli d'allégresse au spectacle du triomphe d'Indra et de ses compagnons, les Marouts ou les vents, il chantait dans ses hymnes toute l'histoire de ce combat glorieux et la défaite de Vritra (l'obscurité), qui est à la tête des esprits malfaisants et pervers qui habitent les nues.

« Les Rakshasas, génies méchants dont la peur peuple les nuits, sorte de larves, de farfadets, de démons avec lesquels le timide Arya confond tout ce qu'il déteste ou tout ce qu'il craint, sont l'animal immonde, la bête nocturne, l'ennemi caché ou en embuscade, l'impie qui profane le culte.

« Dans la légende des vaches dérobées, il faut voir les feux du soleil couchant, l'Arya les appelle des vaches; comme les bestiaux composent toute sa richesse, il transporte leur nom à tout ce qui fait son bonheur et lui procure un avantage.

« L'Arya n'avait de la constitution et de la forme du monde que des idées les plus enfantines, les plus grossières, il se représente la terre appuyée sur des montagnes. »

§ III. — *Bibliographie des Védas.*

La première notion qu'on rencontre sur les Védas se trouve dans les *Voyages* de Bernier, qui, en 1668, les vit à Bénarès; il en donne les quatre titres qui ne sont pas tout à fait méconnaissables, quoiqu'il les ait défigurés. Un siècle plus tard, deux Anglais, Howel et Dow, n'en savaient guère plus que Bernier; ils avaient eu dans les mains des exemplaires des Védas, mais ils ignoraient le sanscrit. Le premier orientaliste qui se soit livré sérieusement à l'étude de cette langue admirable, William Jones, parvint enfin à lire ces antiques compositions, et, dans la préface qu'il mit en tête de sa traduction anglaise, des *Lois de Manou*, il cite un hymne entier de l'Atharva-Véda.

Nous avons déjà fait mention des travaux de Colebrooke; un quart de siècle devait s'écouler encore avant que l'on n'entreprît la publication des textes originaux; dès 1830, M. Rosen publia à Londres un Rig-Véda spécimen, qui ouvrit une carrière où d'autres érudits s'élancèrent avec ardeur. Ce spécimen d'une édition du texte sanscrit des livres sacrés des Brahmanes est accompagné d'une traduction latine; une mort prématurée empêcha le jeune érudit de terminer son œuvre, mais, selon M. Barthélemy Saint-Hilaire, cet ouvrage inachevé est un modèle et un chef-d'œuvre; il ne contient que le premier livre ou Asthaka du Rig-Véda, avec des notes qui ne vont pas au delà des quarante premiers hymnes. Mais ces notes, quelque courtes qu'elles soient, et cette traduction fidèle dans ses moindres

SECT. I. — LES VEDAS. — AVANT-PROPOS.

détails, élégantes, pleines de goût autant que d'exactitude, attestent la plus parfaite intelligence du texte.

Le R̂g-Véda Sanhyta a été édité en sanscrit par M. Max Müller, aux frais de la compagnie des Indes. Ce texte, mis sous presse à l'imprimerie de l'Université d'Oxford, est le premier ouvrage sanscrit qui ait été exécuté dans cet établissement célèbre. Il offre sans traduction le commentaire de Madhava. Le premier volume du texte de l'Atharva-Véda, mis au jour par MM. Roth et W.-D. Whitney, a paru à Berlin en 1855, et le second en 1857. Les éditeurs se réservent de joindre à leur travail une introduction et des notes : ils ne parlent pas de l'accompagner d'une traduction.

L'Yadjour-Véda blanc a été publié en entier à Berlin par M. Weber, qui a reproduit les hymnes et les instructions qui les accompagnent, en y joignant des extraits des commentateurs les plus célèbres, et la Sanhita de l'Yadjour noir, élité par M. Roer à Calcutta en 1854, remplit quatre cahiers de la *Bibliotheca Indica* (n°ˢ 92, 117, 119 et 122).

N'oublions pas le Védanta ou précis des Védas, dont il représente la partie essentielle et qui se compose de dix Oupanischads. Les Brahmanes l'attribuent également à Vyasa. Nous en connaissons deux éditions :

Védanta-Sara ou quintessence du Véda, volume tout sanscrit publié à Calcutta en 1822 ; Védanta-Sara ou *Elements of theology according to the Vedas*, Calcutta, 1829, in-4°. Un précis de la doctrine du Védanta porte le titre de *Balabodhani*; il est attribué au philosophe Sancara. M. J.-N. Windischmann l'a publié à Bonn en 1833 avec des notes : *Sancara, sive de theologumenis Vedanticorum*.

M. Stevenson, après avoir donné à Bombay une édition du Sâma-Véda, en a fait paraître, à Oxford, en 1842, une traduction anglaise. M. Théodore Benfey a mis au jour, en 1848, le texte sanscrit de ces mêmes hymnes, en y joignant une traduction allemande aussi concise et aussi sévèrement littérale que possible, et en l'accompagnant d'un glossaire, de variantes, de la discussion des mètres. Ce travail important forme un volume in-4° de 60, 290 et 309 pages (1) ; mais ni M. Stevenson ni M. Benfey ne se sont exercés sur les Brahmanas ou instructions en prose métrique, qui accompagnent le Sâma-Véda.

Les Oupanischads, qui forment un complément indispensable des Védas, n'ont pas été, jusqu'à présent en Europe, le sujet d'un travail d'ensemble au niveau des progrès de la science. Dans la troisième section de notre recueil de livres religieux des Hindous, nous aurons l'occasion de mentionner les recherches d'Anquetil Duperron qui sont restées peu répandues.

Sir William Jones, sentant l'importance des Oupanischads, s'était exercé à en traduire quelques-uns ; des védantistes hindous en imprimèrent plusieurs ; ils servirent de base à un travail qui a vu le jour en Europe, et qui a été lithographié sous le titre de *Collection des Opanischats extraits des Védas, traduits du sanscrit en français*, par L. Poley, mais qui est resté presque inconnu.

On a publié à Calcutta le texte sanscrit de sept des ces productions (*Katha, Kena, Mandaka, Mandakya, Airateya, Vajsaneya Oupanischads*).

M. le baron d'Eckstein a inséré dans le journal de l'Institut historique (t. III, 3ᵉ livraison), une *Analyse du Kathaka-Oupanischat*, extrait du *Iadschour-Véda*. M. Roer a donné, en 1848, à Calcutta, le *Brihaa Aranyaka upanishad*, avec le commentaire d'Acharya, la glosse d'Ananda-giri et une version anglaise du texte et du commentaire. Ce travail remplit dix-sept cahiers de la *Bibliotheca Indica*. (Voy. numéros 5 à 13, 16, 18, 27, 38.)

Le même savant a publié, dans le même recueil, les *Taittariya, Aittareya* et *Swestawatara upanishads*, accompagnés du commentaire et de la glosse ci-dessus indiqués (numéros 22, 23 et 34) ; d'autres Upanischads forment aussi six cahiers de cette Bibliothèque (numéros 24, 26 et 28 à 31). Le *Chhandogya upanishad*, également accompagné du commentaire, est reproduit en sanscrit dans les cahiers 14, 15, 17, 20, 23, 25. Nous donnerons la traduction de ces divers écrits.

Au point de vue général, en consultant sur les Vedas Colebrooke, Mémoire inséré dans les *Asiatic Researches*, t. VIII, p. 369 et suiv., et traduit avec quelques abréviations dans les *Livres religieux de*

---

(1) L'édition que M. Benfey a donnée de la Sanhita du Sâma-Véda est aussi complète qu'on la puisse désirer : elle est certainement un des travaux les plus estimables et les plus utiles que les études sanscrites aient produits dans ces derniers temps. Ainsi s'exprime M. Barthélemy Saint-Hilaire :

l'Orient, 1843, p. 307-330; Lanjuinais, *la Religion des Indous selon les Vedah, ou analyse de l'Oupnekhat*, publié par Anquetil-Duperron, Paris, 1823, in-8° (travail superficiel et peu exact); O. Frank, *Vjasa, oder Philosophie, Mythologie, Sprache und Litteratur der Hindus*, Leipzig, 1826, in-8.

N'oublions pas le travail de M. R. Roth, *Zur literatur und geschichte der Weda*, Stuttgart, 1846, in 8°. Essai plein d'une rare sagacité, au dire d'un juge bien compétent (M. Eugène Burnouf, qui s'exprime ainsi dans sa traduction du *Lotus de la bonne loi :* « M. Roth a porté, dans de délicates questions de critique, un savoir très-solide et la clarté d'un esprit parfaitement droit. J'ose présenter la dissertation sur les Védas, et sa préface aux Nirukta, comme des modèles en ce genre de recherches »).

On peut consulter encore l'*Encyclopédie moderne*, F. Didot, t. XXVII; A. Régnier, *Etudes sur l'idiome des Védas*, Paris, 1855, in-4°. (Voir sur cet ouvrage un article de M. Barthélemy Saint-Hilaire, dans le *Journal des savants*, mai 1857.)

Nous ne devons pas omettre l'ouvrage publié par un Brahmane qui a joui de quelque célébrité et qui fit un voyage en Angleterre, Radja-Rammohun-Roy, *Translation of several principal books, passages and texts of the Veds and of some controversial works of brahminical theology*. M. Burnouf en a rendu compte dans le *Journal des savants*, décembre 1832, p. 705. Cet ouvrage a pour but de ramener la religion brahmanique à ce que l'auteur regardait comme sa pureté primitive. Il a voulu établir que les livres qui en contiennent les dogmes fondamentaux, loin d'être favorables au polythéisme moderne des Hindous, enseignent, au contraire, de la manière la plus positive l'unité de Dieu. Entre autres traductions, il a donné le *Moundaka upanishad* de l'Atharveda, d'après la glosse de Shankaratchârya. Le texte sanscrit du *Moundaka*, imprimé à Calcutta, est resté inconnu en Europe. M. Burnouf n'a pu en juger que d'après la traduction latine donnée par Anquetil Duperron, sur un texte persan, dans son *Oupnekhat*, et d'après des fragments de la glosse de Shankara, qui est dans un manuscrit de la Bibliothèque impériale de Paris; mais qui est malheureusement tellement mêlée avec le texte original que ce dernier ne peut en être facilement distingué. M. Burnouf croit que parfois l'avantage de la fidélité appartient à Anquetil Duperron; ces passages métaphysiques et obscurs sont d'ailleurs difficiles à saisir, difficiles à rendre avec quelque clarté. Divers Brahmanes ont écrit contre les doctrines de Rammohun-Roy, et ont soutenu les anciennes traditions de leur caste. Cette polémique est étrangère à notre sujet; nous renvoyons, à cet égard, aux détails que donne M. Burnouf dans l'article que nous venons d'indiquer.

M. J. Mohl, dans son rapport sur la marche des études orientales, inséré dans le *Journal asiatique*, (1849, t. XIV, p. 52), donnait sur les efforts relatifs aux compositions qui nous occupent quelques renseignements qui peuvent trouver place ici : « De grands travaux ont été consacrés aux Védas, et ce zèle rend enfin accessible un monument aussi antique et aussi important de l'histoire de l'esprit humain. »

« La Compagnie des Indes a confié à M. Maximilien Muller une édition du Rig-Véda; la Société asiatique de Calcutta, qui avait préparé une édition du même livre, y a renoncé et s'est contentée de publier une partie de Rig-Véda accompagnée de la traduction de M. Roer. Ce spécimen remplit les quatre premiers cahiers de la *Bibliotheca indica* de la Société du Bengale.

« La traduction française du Rig-Véda, due à M. Langlois, mérite une attention spéciale.

M. Langlois s'efforce de remplir dans la traduction même les lacunes que le style des hymnes laisse dans la liaison des idées et des expressions. C'est une licence que tout traducteur des Védas sera obligé de prendre, parce que toute traduction est nécessairement une interprétation et que le style abrupt des hymnes provoque des intercalations destinées à rendre plus intelligible la pensée de l'original.

« Le second des Védas, le Yadjour, a trouvé un éditeur, M. Weber de Berlin. Il existe de ce livre deux rédactions qui diffèrent considérablement entre elles, le Yadjour blanc et le Yadjour noir; ce sont jusqu'à un certain degré deux liturgies collatérales destinées aux mêmes cérémonies, ayant la même base et contenant en général les mêmes hymnes et prières, mais placées dans un autre ordre et accompagnées d'autres instructions. M. Weber a choisi le Yadjour blanc qu'il publie en entier, c'est-à-dire les Hymnes, les Brahmanas, ou instructions théologiques, et les Soutras ou axiomes; chaque partie est accompagnée d'extraits des commentateurs les plus célèbres. Le texte formera trois volumes, la traduction et les dissertations de M. Weber paraîtront plus tard.

Le Sâma-Véda a été publié par M. Théodore Benfey, de Gottingue (*Die Hymnen des Sama-Veda herausgegeben und übersetzt, mit Einleitung und Glossar*, Leipzig, 1848, in-4°, xvi, 290 et 309 p.) Le travail de M. Benfey est supérieur à celui de M. Stevenson; c'est une édition critique accompagnée de la description des manuscrits que l'éditeur avait à sa disposition, d'un glossaire, de variantes, de la discussion des mètres et de certaines particularités grammaticales.

Les Védas sont le point de départ d'une civilisation qui s'est bien développée et qui a appuyé sur eux de vastes systèmes de théologie et de métaphysique. L'étude des doctrines védiques appelle l'examen des Upanischads, ouvrages théologiques dont plusieurs sont attachés à chaque Véda et en font presque partie. Ce sont les premiers essais d'expositions dogmatiques auxquels succèdent plus tard les exposés systématiques des écoles de philosophie et des livres mythologiques.

En parlant des Védas, on ne peut passer sous silence les Pratyçakhyas, ou grammaires d'un genre spécial s'appliquant aux diverses parties dont les livres sacrés se composent; ces manuels, où, selon les expressions d'un érudit distingué (*Journal des Savants*, décembre 1857), la science est déjà régulière et profonde, représentent dans le développement de l'esprit indien, une phase aussi importante qu'inattendue, et dans l'histoire générale de la philologie, ils doivent tenir une place très-importante qui n'appartient qu'à eux. Il n'est point d'autre peuple où un tel phénomène se soit produit, et où des études savantes de grammaire, à côté des inspirations de la poésie primitive, soient nées aussitôt et aient été poussées aussi loin.

Ces écrits, si dignes d'attention, ne sont connus que depuis fort peu de temps. Colebrooke les ignorait lorsqu'il composa son Mémoire sur les Védas et sa Grammaire sanscrite. Frédéric Rosen ne les avait pas sous les yeux quand il publia, en 1830, un spécimen du Rig-Véda. En 1845, M. Rudolph Roth en signala enfin l'importance et fit connaître, par l'analyse du Pratiçakhya du Rig-Véda, la haute valeur de ces ouvrages dont la date remonte très-haut, sans qu'on puisse la fixer d'une manière précise. En 1852, cet érudit, poursuivant ses profondes études, publia à Gottingue en allemand le Nighantou, ou petit commentaire de la Sanhita du Rig-Véda, et le Neroukta, qui est lui-même un commentaire du Nighantou.

En 1856, deux savants qui avaient choisi à la fois et à l'insu l'un de l'autre, le Pratiçakhya du Rig-Véda pour but de leurs travaux, ont commencé la publication de cet écrit. M. A. Regnier, membre de l'Institut, l'insère dans le *Journal asiatique*, M. Max. Muller le joint à son édition du Rig-Véda. Ces investigations simultanées, dues à des hommes de talent, se complètent au lieu de se nuire. Un autre indianiste, M. Albrecht Weber, vient d'entreprendre dans le 4ᵉ volume du recueil qu'il publie à Berlin, sous le titre d'*Etudes indiennes* (*Indische Studien*), la publication d'un second Pratiçakhya, celui de la Vadjasaneyi; les deux autres Pratiçakhyas qui restent à connaître, ceux des Tattiriya et de l'Atharva, trouveront sans doute bientôt leurs éditeurs. On possédera alors les monuments les plus complets du génie grammatical de l'Inde, et il sera juste de reconnaître chez lui une grande supériorité sur les travaux semblables auxquels la Grèce s'est livrée.

§ IV. — *Du Rig-Véda en particulier.*

Le Rig-Véda, tel qu'il est venu jusqu'à nous, n'est point sans doute ce qu'il était à l'époque de sa composition, lorsqu'il fut longtemps confié à la mémoire. A des époques différentes et inconnues, des personnages pieux et savants ont, vraisemblablement, reçu de quelque prince l'invitation de recueillir et de ranger dans un certain ordre les hymnes que récitaient les familles sacerdotales. Les nombreuses répétitions qui existent dans les idées et dans les mots montrent de quelle manière s'est accompli ce travail. Les anciens bardes s'étaient fait de mutuels emprunts, les compilateurs des époques plus récentes les ont soigneusement reproduits.

Chaque Véda est divisé en deux parties principales, la partie lyrique appelée Sanhita ou Mantra; la partie exégétique qui porte le nom de Brahmana; cette dernière est fort peu connue en Europe, et bien qu'elle soit fort utile pour comprendre les Védas, sa date bien plus récente la prive d'autorité pour apprécier en elles-mêmes les idées des textes originaux.

La partie lyrique se subdivise en *suktas* ou hymnes.

La Sanhita du Rig-Véda a reçu deux divisions différentes : d'après la plus répandue, elle se compose de huit livres appelés Archtakas (huitièmes) ou Khandas (portions); chaque livre est formé de huit Adhyayas (lectures) qui comprennent divers Suktas; et chaque sukta se compose de plusieurs Vargas, ou chapitres, ordinairement de cinq stances. D'après la seconde division, le Rig-Véda est formé de dix Mandalas (livres) comprenant en tout un peu plus de cent Anuvakas (chapitres), entre lesquels se répartissent les hymnes qui maintiennent leur division en distiques (5). Le nombre des hymnes est à peu près de mille, celui des stances de dix mille. Les auteurs mentionnés comme ayant composé les hymnes sous l'influence de l'inspiration divine sont fort nombreux ; on les appelle Kichis, et on cite leurs noms. Ces hymnes s'adressent dans une répartition fort inégale aux dieux de la religion védique. Indra en revendique quarante-cinq sur les cent vingt-un hymnes de la première archtaka, et Agni trente-sept ; le reste est réparti entre les autres divinités, et plusieurs d'entre elles sont quelquefois invoquées dans le même hymne. Quoique d'un caractère essentiellement liturgique, les Védas comprennent parfois quelques compositions d'un autre genre ; on y rencontre des dialogues où figurent différents dieux, ou bien c'est le poëte qui se nomme lui-même et qui exprime ses sentiments et ses désirs personnels.

Les hymnes du Rig-Véda sont écrits dans une langue plus antique que le sanscrit ordinaire, et qui, dans la simplicité de ses formes, garde une grande rudesse. Bien des mots ne sont plus en usage, bien des formes sont insolites ; la langue gothique du VIIIe siècle ne diffère guère plus de l'allemand du moyen âge que ce vieux dialecte ne diffère du sanscrit classique. Les difficultés de ce texte sont donc bien grandes ; on trouve heureusement quelque secours dans les explications que fournit un glossaire appelé Neroukta, composé par le grammairien Yasca, quatre ou cinq siècles avant l'ère chrétienne ; on peut surtout s'aider du commentaire perpétuel composé par un savant *atcharia* nommé Sayana, frère de Madhava, premier ministre de Vira Bakka-Raya ; ce souverain du Vijayanagara vivait au XIVe siècle, et fut le protecteur zélé de la littérature hindoue. Ces deux frères se sont rendus célèbres par leur érudition, et on leur attribue de nombreux et importants ouvrages sur la grammaire et sur la jurisprudence, indépendamment de leurs travaux sur les Védas.

Les scolies de Sayana sur le texte du Rig-Véda comprennent trois portions distinctes : la première interprète le texte original, ou plutôt elle le traduit en sanscrit plus moderne, elle supplée les ellipses, elle raconte en détail les légendes auxquelles il est fait allusion ; la seconde partie du commentaire est une analyse grammaticale du texte ; la troisième est une explication de l'accentuation de divers mots ; ces deux dernières parties sont trop techniques pour qu'il soit possible de les faire passer dans une langue de l'Europe ; mais la première offre d'importantes ressources. Sayana écrivait à une époque où le véritable esprit des Védas avait disparu au milieu des croyances nouvelles et des opinions des écoles philosophiques ; il a donc pu se tromper parfois, mais il possédait néanmoins des connaissances qu'un Européen ne saurait acquérir, et il pouvait réunir toutes les explications qu'avait conservées une tradition remontant à des temps bien éloignés.

Le travail de M. Wilson avait été précédé par les tentatives de MM. Stevenson et Roer, mais le premier s'était contenté de faire passer en anglais les trois premiers hymnes que contient la troisième des huit lectures ou sections qui forment le premier livre ou Ashtaka ; M. Roer s'en est tenu à deux sections ou trente-deux hymnes. Ces traductions, imprimées dans l'Inde, sont d'ailleurs rares en Europe. Un savant allemand, le docteur Rosen, a traduit en latin tout le premier livre ; mais sa mort l'empêcha d'y joindre le commentaire qu'il préparait. Exécutée avec une scrupuleuse exactitude et une grande connaissance de l'idiome sanscrit, cette version suit le texte avec une fidélité littérale qui en rend la lecture fort difficile et pénible.

M. Langlois, membre de l'Institut, a traduit de son côté, le Rig-Véda (Paris, Firmin Didot, 1848) ; mais, selon M. Wilson, le système du savant français est tout autre que celui adopté par le docteur Rosen. M. Langlois a voulu (et il ne s'en est pas caché) donner aux passages vagues et mystérieux de l'original une interprétation claire, simple et intelligible. Il a admirablement atteint son but, mais on peut penser qu'il n'a pas toujours été assez attaché à son texte, et qu'il s'est parfois écarté du sens qu'assignent les commentaires hindous. La valeur du Rig Véda vient de la fidélité du tableau qu'il fournit du plus ancien système religieux et social de l'Inde ; ce n'est pas comme composition littéraire qu'il faut l'envisager. Observons aussi que M. Langlois a travaillé sur des manuscrits, circonstance qui ajoute au mérite qu'il a eu de vaincre de grandes difficultés ; mais tous les manuscrits sont plus ou moins défectueux, et si le traducteur avait pris pour guide une édition soigneusement collationnée, il aurait fait passer en notre langue un texte plus digne de confiance (6).

---

(5) M. Muller a suivi dans son édition la seconde division, parce qu'elle se rapporte au contenu du Véda, tandis que la première ne se rapporte qu'à un ordre numérique.

(6) M. Edelestand du Méril exprime au fond la même idée que le savant indianiste anglais: « Le vague de l'ex-

A la suite de chaque section, M. Langlois a placé des notes, la plupart fort courtes, et qui donnent seulement les éclaircissements nécessaires à l'intelligence des noms propres et des termes techniques sans entrer dans aucun détail circonstancié. Ces notes occupent 111 pages sur 585 dont se compose par exemple le premier volume, en tête duquel se trouve une brève préface de 16 pages.

La division des Védas n'est pas toujours la même dans les divers manuscrits qui circulent dans l'Inde M. Wilson a suivi la division la plus ordinaire, dans les manuscrits sanscrits. Les *Ashtakas* (ou sections) renferment chacun huit Adhyayas (lectures ou chapitres), et ceux-ci se partagent en *suktas* ou hymnes ; chaque adhyaya contient de trois à douze Suktas.

L'autre division en Mandalas, en Anuvakas et en Vargas dont nous avons déjà parlé, laisse intacte le partage du texte en Hymnes ou Suktas ; c'est toujours la base des Védas.

M. Langlois a conservé les grandes divisions admises par M. Wilson, mais il a un peu modifié les sous-divisions ; la première lecture de la première section de la traduction contient dix-neuf hymnes, il ne fait pas mention des anuvakas que nous avons conservées.

Le texte original du Rig-Véda est écrit en divers mètres dont nous avons reproduit les noms. La Trishtoubh est un composé de quarante-quatre syllabes, on le divise en quatre ou cinq lignes ; la Gayatri, un des mètres les plus fréquemment employés, est un vers de vingt-quatre syllabes ; on le partage d'ordinaire en trois lignes de huit syllabes ; la Pankti est un vers de quarante syllabes ; la Djagati en compte quarante-huit, et l'Anoushtoubh vingt-huit. Il y a trente-six syllabes dans la Vrihati.

pression et le mystérieux des idées ont pris sous la plume de M. Langlois une forme transparente et vraiment française ; sa traduction est devenue le commentaire perpétuel du texte ; ce n'était qu'à cette condition qu'elle était possible, mais il devait en résulter aussi quelques inconvénients : le style a beaucoup perdu de sa rapidité, de sa hardiesse, de son éclat ; la couleur orientale a singulièrement pâli ; l'esprit original lui même s'est un peu effacé. Dans cette nécessité de donner un sens clair à toutes les métaphores, le traducteur s'est trouvé forcé souvent de consulter son intelligence plutôt que son érudition, et, quel que soit le bonheur habituel de ses conjectures, peut-être n'est-il pas toujours resté suffisamment indien, peut-être même n'a-t-il pas toujours rencontré la vraie pensée de son texte. » M. Langlois a justifié de son côté le parti qu'il a adopté, il écrit : « Mon système de traduction peut être erroné, mais il est consciencieux et réfléchi. Ma première ambition a été d'être clair au lieu de rester dans un sens vague et mystérieux ; j'ai cherché sous des mots obscurs une pensée que j'ai crue vraie. »

RIG-VEDA.

PREMIER ASHTAKA.

PREMIER ADHYAYA.

ANUVAKA I.

SUKTA I.

(*Le premier sukta ou hymne est adressé à Agni. Le rishi ou auteur est Madhachhandas, fils de Viswamitra.*)

1. Je glorifie Agni, le grand prêtre du sacrifice, le devin, l'officiant, celui qui présente l'offrande aux dieux et qui est possesseur d'une grande richesse.

2. Puisse cet Agni que doivent célébrer les sages tant anciens que modernes, conduire ici les dieux.

3. C'est par le moyen d'Agni que celui qui adore obtient cette abondance qui s'accroît chaque jour, qui est la source de la renommée, et qui fait multiplier la race humaine.

4. Agni, le sacrifice qui s'effectue sans obstacles

et que tu protéges de tout côté (7), parvient sûrement jusques aux dieux.

5. Puisse Agni, qui présente les offrandes, venir ici avec les dieux ; c'est lui qui possède la science, qui est fidèle, renommé et divin.

6. Accorde, Agni, à celui qui fait l'offrande, tout le bien que tu pourras lui donner ; il reviendra vers toi, Angiras (8).

7. Nous nous approchons de toi, Agni, en te rendant dans nos pensées, le matin et le soir, un hommage respectueux.

8. Tu es l'éclatant, le protecteur des sacrifices, celui qui éclaire constamment la vérité ; tu t'accrois dans ta propre demeure.

9. Agni, approche-toi volontiers de nous comme un père de son fils ; sois toujours présent avec nous pour notre bien.

SUKTA II.

(Par le rishi Madhachhandas.)

1. Vaya, dont la vue est agréable, approche-toi de nous ; ces libations sont préparées pour toi ; bois-en ; écoute notre invocation.

2. Vaya, ceux qui te louent t'adressent de saintes louanges, ayant répandu le jus du soma et connaissant la saison propice.

3. Vaya, tes paroles d'approbation arrivent à celui qui fait (la libation) et à beaucoup (d'autres qui t'invitent) à boire le jus du soma.

4. Indra et Vaya, ces libations sont versées (pour vous) ; venez ici, apportant (pour nous) de la nourriture ; vraiment les gouttes (du jus du soma) vous attendent tous deux ; venez prendre les mets que nous vous offrons (9).

5. Indra et Vaya, qui résidez dans la cérémonie des sacrifices, vous savez que ces libations sont préparées ; venez tous deux promptement ici.

6. Vaya et Indra, venez à la cérémonie que célèbre le sacrificateur ; car c'est ainsi qu'elle sera promptement et heureusement terminée.

7. J'invoque Mitra doué d'une pure vigueur, et Varuna (10) qui dévore ses ennemis ; ils accomplissent ensuite l'acte qui accorde l'eau (à la terre).

8. Mitra et Varuna, vous qui augmentez l'eau et qui dispensez l'eau, vous faites que cette cérémonie parfaite reçoive sa juste récompense.

9. Sages Mitra et Varuna, faites prospérer notre sacrifice, et augmentez notre force ; vous êtes nés pour rendre service à beaucoup d'hommes, vous êtes le refuge des multitudes.

SUKTA III.

(Composé, ainsi que les deux précédentes, par le rishi Madhachhandas.)

1. Aswins, vous qui aimez les actes de piété, vous dont les bras sont longs, acceptez les viandes offertes en sacrifice et que nos mains étendues vous présentent.

2. Aswins, qui abondez en actes puissants, et qui êtes les guides (de la piété), qui êtes doués de courage, écoutez nos louanges d'un esprit attentif.

3. Aswins, destructeurs des ennemis, exempts de fausseté, et qui marchez à la tête des héros, venez aux libations répandues sur l'herbe sacrée.

4. Indra, dont la splendeur est admirable, viens aussi ici ; ces libations, toujours pures, exprimées par les doigts (des prêtres), te désirent.

5. Indra, que l'intelligence conçoit et que les sages apprécient, approche et accepte la prière du prêtre lorsqu'il répand la libation.

6. Rap'de Indra aux coursiers azurés, viens ici aux prières (du prêtre), et accepte, en cette libation, la nourriture que nous t'offrons.

7. Dieux universels, protecteurs et soutiens des hommes, vous qui distribuez (les récompenses), venez aux libations de ceux qui vous adorent.

8. Puissent les dieux universels, au mouvement rapide et qui répandent la pluie, venir à nos libations, comme les rayons solaires vont rapidement aux jours.

9. Puissent les dieux universels, exempts de décadence, sachant tout, sans malice et distributeurs des richesses, accepter le sacrifice.

10. Puisse Saraswati (*la déesse de la parole*), qui purifie (le cœur), qui distribue la nourriture et qui donne l'opulence pour récompenser le culte qu'on lui rend, puisse-t-elle être appelée à nos cérémonies par les offrandes qui lui sont présentées.

11. Saraswati, qui inspire ceux qui aiment la

---

(7) Allusion aux feux qui, dans un sacrifice, doivent être allumés aux quatre points cardinaux.

(8) C'est-à-dire que la richesse accordée à l'yajamana, la personne qui accomplit le sacrifice ou en faveur de laquelle il est célébré, la mettra à même de multiplier ses offrandes, et Agni en retirera ainsi un surcroît de satisfaction. Quant aux mots d'Angiras, c'est dans les écrits des Brahmanes celui d'un des fils de Brahma, et les Védas s'en servent pour désigner un rishi, un sage, fondateur d'une école. Les commentaires sanscrits ont rapproché ce nom de celui d'*angaras*, charbon ; le Mahabharata renferme des légendes assez obscures d'après lesquelles Agni s'étant livré à la pénitence et négligeant ses devoirs, le Muni Angiras se chargea de les remplir, et lorsqu'il eut décidé Agni à les reprendre, il devint son fils ; ses descendants, les Angirasas, sont ainsi appelés les descendants d'Agni, et sont autant d'Agnis ou feux.

(9) Les mets offerts dans les sacrifices et dont il est souvent question dans ces hymnes, étaient composés de beurre (*ghrita*) et de caillé mêlé avec de la farine ; c'étaient des sortes de gâteaux.

(10) Nous avons déjà dit qu'on peut regarder Mitra et Varuna comme deux formes du jour astronomique, ou du soleil ; l'un est le soleil du jour, l'autre de la nuit, car les Arias supposaient que, pendant l'obscurité, le soleil venait reprendre sa place à l'orient.

vérité et qui instruit l'homme dont l'esprit est droit, a accepté notre sacrifice.

12. Saraswati manifeste par ses actes une rivière puissante, et elle éclaire toutes les intelligences.

ANUVAKA II.

SUKTA I.

(Composé par le même rishi et adressé à Indra.)

1. Nous invoquons chaque jour celui qui fait de bonnes œuvres pour nous protéger; nous l'appelons comme le pasteur appelle pour la traire une bonne vache laitière.

2. Toi qui bois le jus du soma, viens à nos cérémonies et prends part à la libation; tu distribues les richesses, et ta satisfaction est vraiment ce qui fait obtenir du bétail.

3. Nous te reconnaissons au milieu des justes qui sont les plus près de toi; viens vers nous; ne passe pas devant nous pour te révéler (à d'autres).

4. Adorateur, va vers le sage et puissant Indra qui accorde à ses amis les meilleures (des bénédictions); consulte-le sur (la capacité) du prêtre savant (qui récite ses louanges).

5. Que nos ministres célébrant ses rites avec ferveur s'écrient : « Impies, éloignez-vous d'ici et de tout autre endroit (où il est adoré). »

6. Destructeur des ennemis, que nos adversaires disent que nous sommes heureux; que les hommes nous félicitent; puissions-nous résider toujours dans la félicité (qui dérive de la faveur) d'Indra.

7. Offrez à Indra le jus qui est préparé pour la cérémonie, qui est l'honneur du sacrifice, et qui réjouit les mortels; il est le favori de cet Indra qui donne le bonheur à celui qui lui fait des offrandes.

8. Ayant bu, ô Satakrata *(un des noms d'Indra)*, ce jus du soma, tu combats Vritra (11) et tu le tues, en triomphant dans cette bataille.

9. O Satakrata, puissant dans les combats, nous t'offrons des aliments en sacrifice, afin que tu nous accordes des richesses, ô Indra.

10. Chantez cet Indra qui est le protecteur de la richesse; il est puissant et il accomplit de bonnes actions; il est l'ami de celui qui offre la libation.

SUKTA II.

(Composé par le même rishi et adressé au même dieu.)

1. Hâtez-vous, amis, de venir ici en offrant des louanges; asseyez-vous et repétez les louanges d'Indra.

2. Quand la libation est versée, louez tous Indra, qui triomphe de nombreux ennemis, qui distribue de nombreux bienfaits.

3. Puisse-t-il nous accorder ce que nous désirons; puisse-t-il nous faire obtenir des richesses, puisse-t-il nous aider à acquérir la science; puisse-t-il venir à nous avec des aliments.

4. Chantez Indra; ses ennemis n'attendent pas les coursiers attelés à son char.

5. Ces jus purs du soma sont versés pour la satisfaction de celui qui boit les libations.

6. Indra, toi qui accomplis de bonnes œuvres, tu as soudain acquis une vigueur plus grande en buvant la libation, et tu restes le plus ancien (ou le chef des dieux).

7. Indra, qui es l'objet des louanges, que ces jus pénétrants du soma entrent en toi; puissent-ils servir à te faire obtenir l'intelligence supérieure.

8. Nos chants t'ont glorifié, Satakrata; nos hymnes t'ont glorifié; que nos louanges te glorifient.

9. Puisse Indra, le protecteur sans rival, jouir de ces offrandes où résident toutes les propriétés mâles.

10. Indra, qui es l'objet des louanges, ne permets pas qu'on nuise à nos personnes; tu es puissant; préserve-nous contre la violence.

SUKTA III.

(Composé par le même rishi, adressé à Indra et aux Maruts, ou vents.)

1. Les (habitants des trois mondes) rangés en cercle s'associent avec Indra, le puissant soleil, le feu indestructible, le vent rapide et les lumières qui brillent au firmament.

2. Ils attachent à son char ses deux brillants coursiers ardents, porteurs des hommes.

3. Mortels, vous devez votre naissance de chaque jour à Indra, qui, avec les rayons du matin, donne des sens à celui qui n'en a pas, et qui donne une forme à ce qui est sans forme.

4. Ceux qui portent les noms invoqués dans les rites sacrés (les Maruts), ayant vu la pluie prête à être engendrée, l'engagèrent à reprendre (dans les nuages) sa forme primitive.

5. Associé aux Maruts qui traversent des lieux d'un accès difficile, tu as découvert, ô Indra, les vaches cachées dans la caverne (12).

---

(11) Nous avons dit dans notre introduction que Vritra, cet ennemi d'Indra, dont il est si souvent question dans les Védas, c'est l'obscurité des nuages que dissipe la puissance du dieu du ciel. Quant au mot *Satakrata*, il signifie celui qui accomplit cent sacrifices ou qui est l'objet de cent sacrifices; cent étant pris comme nombre indéterminé.

(12) Allusion à une légende souvent mentionnée dans les Védas. Des Asuras ou démons, appelés Panis, avaient dérobé les vaches des dieux (un, selon une autre version des Angirasas) et les avaient cachées dans une caverne, où Indra, aidé par la chienne Sarama, les découvrit. Quelques passages montrent Indra enlevant de force les vaches avec

6. Ceux qui récitent des louanges louent la puissante (réunion des Maruts) qui possèdent le pouvoir de distribuer la richesse

7. Montrez-vous, Maruts, accompagnés de l'intrépide Indra, ayant une splendeur égale et livrés à l'allégresse.

8. Cette cérémonie s'accomplit pour adorer le puissant Indra, ainsi que la réunion aimable et irréprochable des Maruts qui se dirigent vers le ciel.

9. Venez ici, ô Maruts, soit de la région du firmament, soit de la sphère solaire; car, dans cette cérémonie, le prêtre récite vos louanges.

10. Nous invoquons Indra, soit qu'il vienne de cette région terrestre ou du firmament qui est au-dessus, ou de l'immensité des cieux; nous le supplions de nous donner la richesse.

SUKTA IV.

(Composé par le même rishi et adressé au même dieu.)

1. Ceux qui chantent (le Sama-Véda) célèbrent Indra par leurs chants; ceux qui récitent le Rig le célèbrent par leurs prières; ceux qui récitent l'Yajoush le glorifient en récitant des textes.

2 Indra le protecteur de toutes choses vient avec ces coursiers qui sont attelés d'après son ordre, Indra, aux riches ornements, celui qui brandit la foudre.

3. Indra, pour rendre toutes choses visibles, a élevé le soleil dans le ciel et a chargé les nuées d'une eau abondante.

4. Invincible Indra, protége-nous dans les batailles qui abondent en dépouilles; accorde-nous une défense insurmontable.

5. Nous invoquons Indra pour obtenir une grande abondance, nous invoquons Indra pour qu'il nous donne la richesse; il est notre allié, et il lance la foudre contre nos ennemis.

6. Toi qui répands la pluie et qui accordes tous les désirs, ouvre ces nuages. Tu ne manques jamais d'exaucer nos demandes.

7. Toutes les louanges éminentes qu'on donne aux autres divinités sont également dues à Indra qui tient le tonnerre; je ne connais pas de louange égale à sa grandeur.

8. Celui qui répand la pluie, le seigneur puissant, toujours propice à nos vœux, couvre les hommes de sa force, de même qu'un taureau défend un troupeau.

9. Indra qui seul règne sur les hommes, sur les richesses et sur les cinq classes des habitants de la terre.

10. Nous invoquons pour vous Indra qui est partout parmi les hommes; puisse-t-il être exclusivement à nous.

ANUVAKA III.

SUKTA I.

(Composé par le même rishi et adressé au même dieu.)

1. Indra, toi qui es la source de la victoire et qui humilies nos ennemis, apporte pour notre protection les richesses les plus abondantes.

2. Afin qu'elles nous mettent à même de repousser nos ennemis, soit que nous les rencontrions dans un combat corps à corps ou à cheval; protége-nous constamment.

3. Défendus par toi, Indra, nous possédons une arme redoutable et nous pouvons triompher entièrement de nos ennemis.

4. T'ayant pour allié, Indra, et aidé par des héros qui lancent des traits, nous pouvons vaincre nos ennemis rangés en bataille contre nous.

5. Indra est puissant et suprême; que la grandeur appartienne toujours à celui qui tient la foudre; que ses fortes armées soient toujours aussi vastes que le ciel.

6. Toutes les fois que les hommes ont recours à Indra dans les batailles ou pour acquérir de la postérité, ils obtiennent ce qu'ils demandent, ainsi que les sages qui désirent obtenir l'intelligence.

7. Le ventre d'Indra, qui boit abondamment le jus du soma, s'enfle comme l'Océan, et il est toujours arrosé comme les montagnes le sont par les torrents.

8. Vraiment les paroles qu'Indra adresse à celui qui l'adore sont sincères et dignes de respect; elles procurent des vaches; elles sont comme une branche chargée de fruit mûr.

9. Vraiment, Indra, tes gloires protégent en tout temps ceux qui t'adorent comme moi.

10. Vraiment, il faut chanter et réciter les louanges d'Indra, afin qu'il puisse boire le jus du soma.

SUKTA II.

(Composé par le même rishi et adressé au même dieu.)

1. Viens, Indra, et régale-toi de nos offrandes et de nos libations, et ensuite, puissant dans ta force, sois victorieux (de tes ennemis).

2. La libation étant préparée, présentez le bois son efficace et fortifiante à Indra qui donne la joie et qui accomplit toutes choses.

3. Indra au beau menton, reçois avec plaisir les louanges que nous t'adressons et qui t'animent; ô

---

le secours des Maruts. Ce récit, qui n'est pas sans analogie avec la fable de Cacus, paraît allégorique; les vaches sont les rayons du jour renfermés dans l'obscurité; le dieu du ciel (qui commence à s'éclairer) les délivre

toi que tous les mortels doivent vénérer, viens à ces sacrifices.

4. Je me suis adressé à toi, Indra, à toi qui répands les bénédictions, qui protéges tes adorateurs; je t'ai adressé des louanges qui sont venues jusqu'à toi et que tu as approuvées.

5. Place devant nous, Indra, de précieuses et abondantes richesses, car les trésors que tu possèdes sont immenses.

6. Opulent Indra, encourage-nous dans ces cérémonies faites pour obtenir la richesse, car nous sommes opulents et renommés.

7. Accorde-nous, Indra, une richesse au delà de tout calcul ou de toute mesure, qui soit inépuisable, qui soit la source du bétail, de la nourriture, de toute la vie.

8. Indra, accorde-nous une grande renommée et de la richesse acquise de mille moyens, donne-nous ces produits alimentaires que l'on apporte des champs dans des chariots.

9. Nous invoquons pour la préservation de notre propriété Indra, le seigneur de la richesse, l'objet des vers sacrés, celui qui vient à l'endroit du sacrifice; nous lui adressons nos louanges.

10. Le sacrificateur, répandant d'abondantes libations, glorifie la puissance d'Indra qui réside dans une demeure éternelle.

SUKTA III.

(*Composé par le même rishi et adressé au même dieu.*)

1. Ceux qui chantent (le *Sama Véda*) te célèbrent par leurs hymnes, ô Satakrata; ceux qui récitent le Rig te louent, car tu es digne de louanges; les Brahmanas t'élèvent en l'air comme une tige de bambou (13).

2. Indra, le distributeur des bienfaits, connaît le but de celui qui l'adore, et qui a accompli beaucoup d'actes pieux avec la plante soma recueillie sur les pentes des montagnes; Indra vient avec la troupe des Maruts.

3. Indra, toi qui bois le soma, attelle tes vigoureux chevaux à la longue crinière, et viens écouter nos louanges.

4. Viens, Vasa, à nos cérémonies, réponds à nos hymnes, écoute nos louanges, exauce nos prières; sois propice, Indra, à notre sacrifice, et répands sur nous une nourriture abondante.

5. L'hymne doit être répété en l'honneur d'Indra qui repousse de nombreux ennemis, afin que Sakra (ou *le puissant*, épithète d'*Indra*) puisse parler avec bonté à nos fils et à nos amis.

6. Nous avons recours à Indra en implorant son amitié pour qu'il nous accorde la richesse et un pouvoir sans rival; le puissant Indra, qui donne la richesse, est en état de nous protéger.

7. Indra, c'est toi qui rends partout la nourriture abondante, parfaite et facile à se procurer; ô toi qui tiens le tonnerre, ouvre les pâturages et procure-nous d'amples richesses.

8. Le ciel et la terre ne peuvent te soutenir lorsque tu détruis tes ennemis, tu peux commander aux eaux du ciel; donne-nous de grands troupeaux.

9. O toi, dont les oreilles entendent toutes choses, écoute promptement mes supplications, retiens mes louanges dans ton cœur; garde près de toi mon hymne, comme si c'étaient les paroles d'un ami.

10. Nous te connaissons, toi qui répands avec libéralité les bienfaits, et qui entends notre appel dans les batailles; nous invoquons ta protection mille fois profitable.

11. Viens promptement, Indra, fils de Kusika (14), viens boire avec plaisir la libation; prolonge la vie qui mérite des louanges; accorde-moi de grands biens, à moi qui suis un rishi.

12. Que nos louanges soient en toutes occasions autour de toi, qui mérites d'être loué; puissent-elles augmenter ta puissance, toi qui possèdes une longue vie, et après t'avoir été agréables, puissent-elles être pour nous une source de délices.

SUKTA IV.

(*Composé par le rishi Jetri, fils de Madhacchanda et adressé à Indra.*)

1. Que toutes nos louanges glorifient Indra, étendu comme l'Océan et le plus vaillant des guerriers qui combattent dans des chariots, le seigneur de la nourriture, le protecteur des hommes vertueux.

2. Soutenus par ton amitié, puissant Indra, nous n'avons rien à craindre et nous te glorifions, vainqueur invincible.

3. L'ancienne générosité d'Indra et sa protection ne feront pas défaut à celui qui présente des aliments et des bestiaux en abondance à ceux qui récitent les hymnes.

4. Indra naquit pour acquérir les villes; toujours jeune et toujours sage, il a une force sans borne; il protége tous les actes pieux, il brandit la foudre, il reçoit de nombreuses louanges.

5. O toi qui tiens la foudre, c'est toi qui ouvris

---

(13) La fin de cette stance est assez obscure. M. Lang'ois la rend ainsi : « comme on élève la hampe d'un drapeau. » Le commentateur sanscrit dit que les prêtres ont élevé Indra comme les sauteurs élèvent un bambou à l'extrémité duquel ils se balancent, divertissement dont l'Inde offre souvent le spectacle. Rosen traduit : *Te arundinis instar erigunt.*

(14) Kasika était un des monarques descendant du soleil. Il désira un fils dont le pouvoir ne fût pas inférieur à celui d'Indra; et Indra daigna le prendre pour père; dans cette incarnation, il porta le nom de Gadhi.

la caverne où Vala (15) avait caché les troupeaux, et les dieux qu'il avait opprimés n'eurent plus de crainte lorsqu'ils t'eurent obtenu pour allié.

6. Attiré par tes largesses, je viens vers toi, ô héros; je célèbre ta libéralité en répandant cette libation; ceux qui accomplissent la cérémonie s'approchent de toi, car ils connaissent ta munificence.

7. Tu as tué, ô Indra, par tes stratagèmes, le rusé Sashna (16); les sages ont connu ta grandeur; répands sur eux des aliments en abondance.

8. Ceux qui récitent les hymnes sacrés louent de tout leur pouvoir Indra, le maître du monde, dont les dons se comptent par milliers et même au delà.

ANUVAKA IV.

SUKTA I.

(Composé par le rishi Medhatithi, fils de Kanwa et adressé à Agni.)

1. Nous choisissons Agni, le messager des dieux, le possesseur de toutes les richesses, celui qui accomplit cette cérémonie.

2. Ceux qui présentent l'offrande adressent leurs invocations à Agni, le maître des hommes; c'est lui qui apporte les offrandes et que chérit la multitude.

3. Agni, qui engendres le frottement (17), conduis les dieux vers l'herbe sacrée qui est étendue ici; c'est toi qui les invoques pour nous, et nous devons t'adorer.

4. Puisque tu remplis l'emploi de messager, appelle les dieux qui désirent des offrandes, assieds-toi avec eux sur l'herbe sacrée.

5. Eclatant Agni, que nous invoquons avec des libations de beurre clarifié, consume nos adversaires qui ont pour défenseurs les malins esprits.

6. Agni, toujours jeune et toujours sage, gardien de la maison du sacrificateur, c'est toi qui allumes la bouche de celui qui apporte les offrandes.

7. Louez dans vos sacrifices Agni, le sage, l'observateur de la vérité, le radieux Agni qui chasse les maladies.

8. Eclatant Agni, sois le protecteur de celui qui apporte les offrandes et qui t'adore, ô messager des dieux.

9. Sois propice, Pravaka, à celui qui, en présentant des offrandes pour satisfaire les dieux, s'approche d'Agni.

10. Agni, le brillant et le purificateur, amène les dieux à nos sacrifices et à nos offrandes.

11. Célébré par nos hymnes les plus nouvelles, accorde-nous des richesses et de la nourriture, source d'une race nombreuse.

12. Agni, toi qui brilles d'une splendeur pure et qui es chargé de toutes les invocations adressées aux dieux, reçois nos louanges.

SUKTA II.

(Composé par le même rishi; adressé à diverses divinités qui sont pour la plupart des formes d'Agni.)

1. Agni, toi qui es susamidetha (*complétement embrasé*), l'invocateur et le purificateur, amène ici les dieux auprès de ceux qui présentent l'offrande, et célèbre le sacrifice.

2. Sage Agni, toi qui es Tanapapat (*celui qui dévore le beurre clarifié*), présente aujourd'hui aux dieux pour leur nourriture, notre sacrifice dont la saveur est agréable.

3. J'invoque Narasansa (*celui que les hommes louent*), le bien-aimé dont la langue est douce, celui qui présente des offrandes.

4. Agni, qui est Ilita (*l'adoré*), amène ici les dieux dans un char aux mouvements faciles, car tu es celui auquel les hommes adressent leurs invocations.

5. Prêtres savants, répandez l'herbe sacrée attachée en paquets et arrosée de beurre clarifié, semblable à l'ambroisie.

6. Que les portes brillantes qui veillent sur le sacrifice soient ouvertes, car assurément le sacrifice doit avoir lieu aujourd'hui.

7. J'invoque la nuit aimable et l'aurore pour m'asseoir sur l'herbe sacrée.

8. J'appelle les deux sages, éloquents adorateurs des dieux, afin qu'ils célèbrent notre sacrifice.

9. Que les trois déesses immortelles qui donnent le bonheur, Ila, Saraswati et Mahi, s'asseyent sur l'herbe sacrée.

10. J'invoque le puissant Twashtri aux formes nombreuses; puisse-t-il être exclusivement à nous.

11. Présente, divin Vanaspati, notre offrande aux dieux, et que la sagesse véritable soit la récompense de celui qui fait cette offrande.

12. Accomplissez le sacrifice offert par Swaha (18) à Indra dans la maison de celui qui adore; c'est pourquoi j'appelle ici les dieux.

---

(15) Vala était le chef des Asuras qui volèrent les vaches des dieux; Indra les reprit et châtia les déprédateurs.

(16) Sashna est signalé par les commentateurs comme un Asura tué par Indra, mais c'est un exploit métaphorique. Sashna veut dire celui qui dessèche, et Indra, en donnant la pluie, en délivre le monde.

(17) Les Aryas faisaient, dans leurs cérémonies, naître Agni, le feu, par le frottement rapide de deux morceaux de bois, et c'était au bois de la *Premna spinosa* qu'ils avaient recours dans ce but.

(18) Swaha, comme étant l'exclamation employée en versant l'offrande sur le feu, peut être identifié avec Agni. Le Mahabarhata donne ce nom à la fille de Vrihaspati, fils d'Angiras. Dans les Pouranas, elle est la fille de Daksha et la femme d'Agni.

SUKTA III.

(Composé par le même rishi et adressé à Agni et à d'autres divinités.)

1. Viens, Agni, lorsque nous t'adorons, viens avec tous les dieux boire le jus du soma et offrir le sacrifice.

2. Les enfants de Kanwa (19) t'invoquent, sage Agni, et ils glorifient tes actions; viens ici avec les dieux.

3. Sacrifiez à Indra, à Naya, à Vrihaspati, à Mitra, à Agni, à Pushan, à Bhaya, aux Adityas et à la réunion des Maruts.

4. C'est pour vous tous que sont versés ces jus agréables et doux qui tombent en gouttes ou qui sont recueillis dans les cuillers (20).

5. Les sages prêtres qui désirent la protection (des dieux) ayant étendu l'herbe sacrée, te louent en présentant des offrandes et en offrant des ornements.

6. Que les coursiers dont le dos est brillant et qui sont attelés selon tes ordres, apaisent les dieux qui boiront le jus du soma.

7. Agni, fais que ces objets dignes de vénération et favorables aux actes de piété participent aux offrandes ainsi que leurs femmes; donne-leur, ô toi dont la langue est brillante, à boire du jus de soma.

8. Que ces objets dignes de vénération et de louange boivent, avec ta langue, le jus du soma au moment de la libation.

9. Que le sage qui invoque les dieux amène ici de la brillante sphère du soleil toutes les divinités qui s'éveillent avec l'aurore.

10. Bois, Agni, le doux jus du soma avec tous les dieux, avec Indra, Vayu et les gloires de Mitra.

11. Agni, désigné par l'homme comme celui qui invoque les dieux, tu es présent aux sacrifices; présente nos offrandes.

12. Attache, divin Agni, à ton char tes juments rapides et puissantes, et amène ainsi les dieux ici.

SUKTA IV.

(Composé par le même rishi et adressé à Ritu et à quelques autres divinités nommées dans chaque stance.)

1. Indra, bois avec Ritu le jus du soma; que ses gouttes agréables entrent en toi et qu'elles y résident.

2. Maruts, buvez avec Ritu dans le vase du sacrifice; consacrez la cérémonie, car vous êtes généreux.

3. Neshtri, recommande, avec ton épouse, notre sacrifice aux dieux; bois avec Ritu, car tu es possesseur de grandes richesses.

4. Agni, amène ici les dieux, range-les en trois endroits (21), bois avec Ritu.

5. Bois, Indra, le jus de soma dans le précieux vase du Brahmana après Ritu pour lequel ton amitié est constante.

6. Mitra et Varuna, vous qui êtes propices aux actes de piété, soyez, avec Ritu, présents à notre sacrifice, qui est efficace et que les ennemis ne troublent pas.

7. Les prêtres désireux d'avoir de la richesse et tenant des pierres en leurs mains (22), louent le divin (Agni) Dravinodas (*qui donne l'opulence*) dans tous leurs sacrifices.

8. Que Dravinodas nous donne des richesses qui soient célèbres; nous les demandons pour les dieux.

9. Dravinodas désire boire avec les Ritus dans la coupe de Neshtri; hâtez-vous, prêtres, de vous rendre à la salle des offrandes et de présenter les vôtres.

10. Nous t'adorons, Dravinodas, pour la quatrième fois avec Ritu; répands sur nous tes bienfaits.

11. Aswins qui accomplissez des actes pieux et qui brillez de l'éclat des feux des sacrifices, vous qui, avec Ritu, acceptez nos sacrifices, buvez la douce liqueur.

12. Toi qui donnes les récompenses, Agni, identifié avec le feu du ménage et qui, avec Ritu, prends part au sacrifice, adore les dieux pour que celui qui leur rend un culte soit récompensé.

SUKTA V.

(Composé par le même rishi, et adressé à Indra.)

1. Indra, toi qui exauces les vœux qu'on t'adresse, que tes coursiers brillants t'apportent ici pour boire le jus du soma; que les prêtres, radieux comme le soleil, célèbrent ta présence.

2. Que les coursiers d'Indra l'apportent ici dans un char aux mouvements faciles, lorsque ces grains (d'orge mondé) trempés dans du beurre clarifié, sont répandus (sur l'autel).

3. Nous invoquons Indra dans les cérémonies du matin; nous l'invoquons dans le sacrifice qui les accompagne; nous invitons Indra à boire le jus du soma.

---

(19) Kanwa est le nom d'un ancien sage, issu d'une race royale; il se voua au service des dieux, et ses descendants furent aussi des prêtres.

(20) Le mot sanscrit *tchamou* ou *tchamasa* désigne le vase qui contient le soma, et parfois la cuiller avec laquelle on le sert. On emploie aussi ce mot pour exprimer le filtre de peau à travers lequel on fait passer la boisson qu'on veut clarifier.

(21) Allusion aux trois cérémonies célébrées dans la journée, le matin, à midi et le soir, ou aux trois feux allumés lors du sacrifice.

(22) Ces pierres servent à écraser la plante qui donne le soma.

4. Viens, Indra, assister à nos offrandes avec tes chevaux à la longue crinière; nous t'invoquons après avoir versé la libation.

5. Accepte nos louanges, viens à nos sacrifices pour lesquels la libation est préparée; bois comme un cerf altéré.

6. Les jus du soma sont versés sur l'herbe sacrée; bois-en, Indra, pour raffermir ta vigueur.

7. Que notre hymne, touchant ton cœur, te soit agréable; bois la libation que nous versons.

8. Indra, le destructeur des ennemis se rend certainement à toutes les cérémonies où la libation est répandue, afin de boire le jus du soma.

9. O Satakrata, accomplis nos désirs en nous donnant du bétail et des chevaux; nous te louons, en nous livrant à une profonde méditation.

SUKTA VI.

(Composé par le même rishi, adressé à Indra et à Varuna.)

1. Je recherche la protection des maîtres souverains, Indra et Varuna; puissent-ils tous deux nous être favorables.

2. Vous êtes toujours prêts, protecteurs des mortels, à accorder la protection que réclame un ministre tel que moi.

3. Accordez-nous, ô Indra et Varuna, la richesse que nous désirons; nous souhaitons vous avoir toujours auprès de nous.

4. Les libations répandues dans nos rites pieux, les louanges de nos prêtres dont l'esprit est pur, sont prêtes; puissions-nous être compris parmi ceux qui donnent la nourriture.

5. Indra est plus généreux que ceux dont les générosités se comptent par milliers; Varuna doit être loué parmi ceux qui méritent des éloges.

6. Grâce à leur protection, nous possédons des richesses, nous les entassons, et il y a encore de l'abondance.

7. Je vous invoque tous deux, Indra et Varuna; rendez-nous vainqueurs de nos ennemis.

8. Indra et Varuna, répandez promptement le bonheur sur nous, car nos esprits vous sont dévoués.

9. Que les louanges ferventes que je vous adresse, ô Indra et Varuna, parviennent jusqu'à vous; en acceptant ces louanges, vous les rendez précieuses.

ANUVAKA V.

SUKTA I.

(Composé par le même rishi et adressé aux mêmes divinités.)

1. Brahmanaspati (23), rends celui qui offre les libations illustre parmi les dieux, comme Kakshivat, le fils d'Usi (24).

2. Que celui qui est opulent, qui guérit les maladies, qui acquiert les richesses, qui augmente la nourriture, qui accorde promptement des récompenses, nous soit toujours favorable.

3. Protége-nous, ô Brahmanaspati, et que la calomnie de l'homme malveillant ne nous touche pas.

4. L'homme libéral que protégent Indra, Brahmanaspati et Soma, ne périt jamais.

5. O Brahmanaspati, et vous, Soma, Indra et Dakshina (25), protégez cet homme en éloignant de lui le péché.

6. Je sollicite l'intelligence, la demandant à Sadasaspati, l'admirable, l'ami d'Indra, le désirable, le généreux.

7. Sans son appui le sacrifice du juste lui-même n'est pas accompli; il pénètre dans l'association de nos pensées.

8. Il récompense celui qui présente les offrandes, il amène le sacrifice à sa conclusion; c'est par lui que notre invocation atteint les dieux.

9. J'ai vu Varasana, le plus résolu et le plus brillant des êtres, radieux comme les cieux.

SUKTA II.

(Composé par le même rishi, adressé à Agni et aux Maruts.)

1. Nous t'invoquons avec ferveur pour que tu assistes à ce rite parfait; viens, Agni, avec les Maruts pour boire le jus du soma.

2. Il n'est pas de dieu ni de mortel qui ait du pouvoir sur un rite qui t'est consacré, ô toi qui es puissant; viens, Agni, avec les Maruts.

3. Ils sont tous divins et exempts de malice; ils savent comment causer la descente des grandes eaux; viens, Agni, avec les Maruts.

4. Ils sont braves et ils font tomber la pluie, et il n'est personne qui les surpasse en vigueur; viens, Agni, avec les Maruts.

5. Ils sont brillants et doués de formes effrayantes; ils possèdent de grandes richesses et dévorent leurs ennemis; viens, Agni, avec les Maruts.

---

rien de bien clair touchant ce dieu. On pense qu'il faut y voir la divinité qui présidait aux prières, et spécialement à la récitation des Védas; mais on ne sait trop si c'est un personnage distinct ou une forme nouvelle donnée à quelqu'un des dieux des Arias, et surtout à Agni.

(24) Il s'agit d'une légende qu'on trouve dans quelques-uns des Pouranas et dans le Mahabharata. Kakshivat était le fils du sage Dirghatamas et d Usij, esclave de l'épouse du roi Kalinga. Ce prince engagea son épouse, qui n'avait point d'enfant, à avoir commerce avec Dirghatamas, mais elle se substitua son esclave.

(25) Dakshina, personnifiée ici comme une déesse, est, à proprement parler, la rémunération ou cadeau qu'on fait aux Brahmanes à la fin de quelque cérémonie religieuse.

(23) Les commentateurs sanscrits ne nous apprennent

6. Ils sont des dieux qui résident dans le ciel radieux au-dessus du soleil; viens, Agni, avec les Maruts.

7. Ils dispersent les nuages et agitent la mer en faisant soulever les vagues; viens, Agni, avec les Maruts.

8. Ils parcourent le firmament avec les rayons du soleil, et leur force agite l'Océan; viens, Agni, avec les Maruts.

9. Je verse les doux sucs du soma pour que tu les boives comme jadis; viens, Agni, avec les Maruts.

DEUXIEME ADHYAYA.

ANUVAKA V (suite).

SUKTA III..

(Composé par le même rishi, adressé aux mortels déifiés nommés Ribhus (26).)

1. Cet hymne, qui donne les richesses, a été adressé par la bouche des sages à la classe des divinités qui ont pris naissance

2. Ceux qui ont créé mentalement pour Indra les chevaux qui sont attelés selon ses ordres, ont pris part aux sacrifices accomplis avec des actes pieux.

3. Ils ont construit pour les Nasatyas un char qui se meut avec facilité et en tout lieu, et une vache qui donne du lait.

4. Les Ribhus, prononçant des prières d'une efficacité certaine, doués de la justice et réussissant dans tous les actes pieux, ont rendu jeunes leurs (vieux) parents.

5. Ribhus, les sucs fortifiants (du soma) vous sont offerts ainsi qu'à Indra qu'accompagnent les Maruts et la troupe brillante des Adityas.

6. Les Ribhus ont divisé en quatre la coupe nouvelle, l'œuvre du divin Twashtri (27).

7. Puissent-ils, émus par nos louanges, donner à celui qui offre la libation beaucoup de choses précieuses et accomplir trois fois les sept sacrifices.

8. En offrant les sacrifices, ils furent en possession (d'une existence mortelle); ils ont obtenu, par leurs actes pieux, une part du sacrifice avec les dieux.

SUKTA IV.

(Composé par le même rishi, et adressé à Indra et à Agni.)

1. J'invoque ici Indra et Agni, auxquels nous désirons présenter nos louanges; qu'ils acceptent la libation, eux qui boivent de grandes quantités du jus du soma.

2. Louez, ô mortels, Indra et Agni dans les sacrifices; décorez-les avec des ornements et célébrez-les par vos hymnes.

3. Nous invoquons Indra et Agni pour le bien de notre ami (celui qui a institué cette cérémonie); nous les invitons, eux qui boivent le suc du soma, à boire cette libation.

4. Nous les invitons, eux qui sont redoutables à leurs ennemis, à venir à la cérémonie où la libation est préparée; Indra et Agni, venez en ces lieux.

5. Qu'Indra et Agni, qui sont puissants et qui protégent cette assemblée, mettent les Rakshasas hors d'état de nuire, et que ceux qui dévorent (les hommes) n'aient pas de postérité.

6. Que ce sacrifice vous rende vigilants, Indra et Agni, à nous protéger; donnez-nous la science qui fait connaître l'effet des actes commis, et accordez-nous le bonheur.

SUKTA V.

(Composé par le même rishi et adressé à diverses divinités.)

1. Eveillez les Aswins associés pour le sacrifice du matin; qu'ils viennent tous deux ici boire le jus du soma.

2. Nous invoquons les deux Aswins qui sont tous deux divins, et qui, guidant avec une habileté parfaite un char divin, atteignent le ciel.

3. Aswins, agitez le sacrifice avec votre fouet qui est trempé de l'écume (de vos chevaux) et qui retentit avec fracas.

4. La demeure de celui qui offre l'offrande n'est pas loin de vous, Aswins; venez dans votre char.

5. J'invoque Savitri (28) à la main d'or afin qu'il me protège; il déterminera la place de ceux qui l'adorent.

6. Glorifiez Savitri, qui n'est pas ami de l'eau;

---

(26) Plusieurs ouvrages sanscrits fournissent des explications sur les Ribhus, les trois fils de Sudhanwan, descendant (en fils) d'Angiras, ils se nommaient Ribhu, Vibha et Vaja; on les appelle collectivement Ribhu, du nom de l'aîné d'entre eux. En s'appliquant avec zèle à la pratique des bonnes œuvres, ils obtinrent la divinité, furent en possession d'un pouvoir surnaturel, et devinrent dignes d'être adorés. On suppose qu'ils résident dans la sphère solaire, et quelques passages assez vagues tendent à les identifier avec les rayons du soleil. (M. Nève, *Essai sur le mythe des Ribhavas*)

(27) Dans la mythologie sanscrite Twashtri est l'artisan ou le charpentier des dieux. Son rôle est d'ailleurs assez obscur. Quant à la coupe dont il est question ici, c'est celle qui est en bois, et qui sert pour les sacrifices; en sanscrit *tch masa*.

Un commentateur dit qu'Agni venant à un sacrifice que célébraient les Ribhus, devint comme l'un d'eux.

(28) Savitri est un des noms du soleil. L'épithète de celui qui a la main d'or (*suvarna hasta*) s'explique, soit par la libéralité avec laquelle Savitri donne l'or à ceux qui l'invoquent, soit par une légende védique qui dit qu'à un sacrifice offert par les dieux, Surya ne se plaça point au poste qu'il aurait dû occuper; il toucha une offrande, et en punition de la faute qu'il commettait, sa main se trouva aussitôt coupée; les prêtres la remplacèrent par une en or.

implorez sa protection; nous désirons célébrer son culte.

7. Nous invoquons Savitri, qui éclaire les hommes et qui accorde l'opulence.

8. Asseyez-vous, amis; il est juste que nous louions Savitri, car c'est lui qui donne les richesses.

9. Agni, amène ici les épouses chéries des dieux et Twashtri, afin de boire le jus du soma.

10. Jeune Agni, amène ici pour nous protéger les femmes (des dieux) Hotras, Bharati, Varatri et Dhishana.

11. Que les déesses dont les ailes ne sont pas rognées et qui protégent la race humaine, nous accordent leur protection et une félicité entière.

12. Je vous convie ici, Indra, Varuna et Agni, pour notre bonheur et pour boire le jus du soma.

13. Que le vaste ciel et que la terre veuillent bien mêler ce sacrifice (avec leurs propres rosées) et nous remplir de nourriture.

14. Les sages, dans le lieu où règne Gandharva (29), recueillent par leurs prières le lait du ciel et de la terre.

15. Terre, étends-toi au loin dégagée d'épines, et sois notre séjour; donne-nous un grand bonheur.

16. Que les dieux nous préservent (de cette portion) de la terre où Vishnou s'est élancé, animé par nos invocations de sept genres différents.

17. Vishnou traversa ce monde; trois fois il plaça son pied, et le monde entier fut réuni dans la poussière (30).

18. Vishnou, protecteur invincible, lui qui veille sur les devoirs sacrés, fit trois pas et termina ainsi sa carrière.

19. Voyez les actes de Vishnou au moyen desquels l'adorateur a accompli des vœux pieux; il est le digne ami d'Indra.

20. Le sage contemple toujours cette station suprême de Vishnou, comme l'œil embrasse le ciel.

21. Le sage, toujours vigilant et empressé, allume le feu du sacrifice et glorifie par ses chants ce qui est la station suprême de Vishnou.

SUKTA VI.

(Composé par Medhatithi, fils de Kanwa, et adressé à diverses divinités.)

1. Les sucs abondants (du soma) qu'accompagnent nos prières sont tout préparés, viens, Vayu, et bois-en lorsqu'on te les présente.

2. Nous invitons les dieux qui résident dans le ciel, Indra et Vayu, à boire le jus du soma.

3. Les sages invoquent la protection d'Indra et de Vayu qui sont rapides comme la pensée, qui ont un millier d'yeux (31) et qui agréent les actes pieux.

4. Nous invoquons Mitra et Varuna, qui sont présents au sacrifice et qui sont doués d'une force pure, afin qu'ils boivent le jus du soma.

5. J'invoque Mitra et Varuna, qui disent la vérité et qui encouragent les actes pieux; ils sont les seigneurs de la lumière véritable.

6. Puisse Varuna être notre protecteur spécial; puisse Mitra nous défendre de toutes les manières; puissent-ils nous rendre opulents.

7. Nous invitons Indra, qu'accompagnent les Maruts, à boire le suc du soma; puisse-t-il être satisfait, ainsi que ses compagnons.

8. Divins Maruts, dont Indra est le chef et Pushan (*le soleil*) le bienfaiteur, écoutez tous mes invocations.

9. Vous qui dispensez vos dons avec libéralité, unissez-vous avec le puissant Indra pour détruire Vritra, et que les méchants ne prévalent pas contre nous.

10. Nous invoquons tous les divins Maruts qui sont redoutables et qui ont pour mère la terre aux nombreuses couleurs; nous les invitons à boire le suc du soma.

11. Lorsque, ô chefs des hommes, vous acceptez une offrande propice, alors le cri des Maruts s'étend et retentit comme celui des conquérants.

12. Que les Maruts, nés de l'éclair brillant, nous protégent en tous lieux et nous rendent heureux.

13. Resplendissant Pushan aux mouvements rapides, apporte du ciel le jus du soma combiné avec l'herbe sacrée, comme l'homme rapporte un animal qui était perdu.

14. Le brillant Pushan a trouvé le suc royal du soma, quoiqu'il fût caché en un lieu secret, étendu parmi l'herbe sacrée.

15. Vraiment il m'a apporté successivement les six saisons réunies aux gouttes du suc du soma, comme un cultivateur laboure à plusieurs reprises la terre pour obtenir de l'orge.

16. Les eaux, qui sont nos mères et qui désirent prendre part au sacrifice, viennent à nous en suivant leurs voies et nous distribuent leur lait.

(29) Gandharva est chez les auteurs sanscrits, une épithète donnée au soleil, parfois aussi un des noms d'Agni.

(30) On peut voir ici une allusion à une légende qui s'est plus tard développée dans l'Inde et qui représente Vishnou comme s'incarnant sous la figure d'un nain et parcourant en trois pas toute l'étendue de la terre. Quelques commentateurs sanscrits, identifiant Vishnou avec le soleil, voient en ces trois pas l'emblème de la marche du soleil, à son lever, au sommet de sa course et à son coucher.

(31) Ce n'est que par suite de la construction grammaticale que le texte donne ici un millier d'yeux à Vayu; cette circonstance n'est relatée qu'au sujet d'Indra, et elle fait allusion, soit à l'immense étendue du ciel, soit aux constellations dont il est parsemé.

17. Que ces eaux qui sont contiguës au soleil, et que celles auxquelles le soleil est associé, soient propices à nos rites.

18. J'invoque les eaux divines où boivent nos troupeaux ; faites des offrandes aux eaux courantes.

19. L'ambroisie est dans les eaux, les herbes médicinales sont dans les eaux ; soyez donc prêts à les louer, ô prêtres divins.

20. Le Soma m'a déclaré ceci : « Tous les médicaments, aussi bien qu'Agni, le bienfaiteur de l'univers, sont dans les eaux ; » les eaux contiennent toutes les herbes qui guérissent.

21. Eaux, amenez à la perfection tous les remèdes qui chassent les maladies, afin que mon corps éprouve vos heureux effets et que je puisse longtemps voir le soleil.

22. Eaux, enlevez tout ce qui a pu se trouver en moi de péché, tout ce que j'ai fait de mal, soit que j'aie prononcé des imprécations contre les hommes saints, soit que j'aie avancé des mensonges.

23. Je suis ce jour entré dans les eaux ; nous nous sommes mêlés avec leur essence ; Agni, qui résides dans les eaux, approche-toi de moi et remplis-moi de vigueur.

24. Agni, accorde-moi de la force, de la postérité et une longue vie, afin que les dieux puissent connaître le sacrifice de celui qui m'emploie, et qu'Indra le connaisse avec les rishis.

ANUVAKA VI.

SUKTA I.

(*Cet hymne est attribué à Sunahsepas* (32), *fils d'Ajigartta ; il est adressé à diverses divinités.*)

1. Quelle est la divinité dont nous invoquerons le nom propice ? Qui nous donnera à la grande Aditi (la terre) pour que je puisse revoir mon père et ma mère ?

2. Invoquons le nom propice d'Agni, la première des divinités parmi les immortels, afin qu'il nous donne à la grande Aditi, et afin que je revoie mon père et ma mère.

3. Savitri, dont la protection est constante, nous sollicitons de toi la portion qui nous revient ; tu es le seigneur de l'abondance.

4. Cette richesse qui a été retenue en tes mains et qui est digne d'éloges comme exempte d'envie et de reproche.

5. Nous nous appliquons à atteindre le sommet de l'abondance, grâce à ta protection ; tu es le possesseur de ces richesses qui donnent le bonheur.

6. Ces oiseaux qui volent à travers les airs n'ont pas obtenu, Varuna, ta force ou ton audace, et ils ne sont pas capables de soutenir ta colère ; ces eaux qui coulent sans relâche et le vent ne te surpassent point en rapidité.

7. Le royal Varuna, doué d'une vigueur pure, résidant dans le firmament sans base, soutient un amas de lumière dont les rayons se dirigent en bas, tandis que leur base est en haut ; puissent-ils se concentrer en nous comme les sources de l'existence.

8. Le royal Varuna a vraiment élargi la route que suit le soleil en parcourant chaque jour l'espace sans bornes ; puisse-t-il chasser tout ce qui affligerait notre cœur.

9. O roi, tu possèdes contre nos maux de bien nombreux remèdes ; que ta faveur, étendue et profonde, soit avec nous ; tiens éloignée de nous Niritti (*la divinité du péché ou la mort*) au regard irrité ; délivre-nous de tous les péchés que nous pourrions avoir commis.

10. Ces constellations visibles la nuit et qui le jour vont ailleurs, sont les actes saints de Varuna, et, selon son ordre, la lune se meut avec éclat pendant la nuit.

11. En te louant par mes prières ferventes, je t'implore pour que tu accordes cette vie que celui qui a institué le sacrifice réclame par ses offrandes ; songe à nous, Varuna, et n'enlève pas notre existence, ô toi qui es l'objet de louanges multipliées.

12. Ils me répètent nuit et jour ta louange ; cette science parle à mon cœur ; puisse celui que le Sunahsepas captif a invoqué, puisse le royal Varuna nous mettre en liberté.

13. Sunahsepas, saisi et lié à l'arbre aux trois pieds, a invoqué le fils d'Aditi ; puisse le royal Varuna, sage et irrésistible, le délivrer ; puisse-t-il briser ses liens.

14. Varuna, nous cherchons à détourner ta colère par nos prosternations, par nos sacrifices, par nos offrandes ; toi qui chasses le malheur, qui es sage et illustre, sois présent parmi nous et adoucis les maux que nous avons commis.

15. Varuna, brise les liens qui nous serrent d'en haut, d'en bas et du milieu ; c'est ainsi, fils d'Aditi, qu'étant exempts de faute dans le culte que nous te rendons, nous serons délivrés du péché.

---

(32) L'histoire de Sanahsepas se trouve dans le Ramayana ; il est fils du Rishi Richika, et son père le vend pour le prix de cent vaches à Ambarisha, roi de Ayodhya, afin de servir de victime dans un sacrifice humain ; mené au lieu où il doit périr, il rencontre Viswamitra auprès du lac de Pushkara et il implore son secours ; il apprend ainsi une prière, et lorsqu'il la récite au moment de périr, Indra vient et le délivre. Il est fait mention de cette légende dans les *Lois de Manou* (x, 105) où il est dit que le père ne fut point blâmable de livrer ainsi son fils, puisque c'était pour se préserver, ainsi que sa famille, de périr de faim. Ce récit se retrouve, mais avec quelques changements dans les circonstances, chez divers anciens auteurs sanscrits. Voy. le Rig-Véda de M. Wilson, note, t. I, p 59.

SUKTA II

(Composé par Sunahsepas et adressé à Varuna.)

1. De même que tous les hommes commettent des erreurs, nous défigurons chaque jour ton culte par nos imperfections, ô divin Varuna.
2. Ne nous livre pas à la mort par suite de ton indignation funeste, par l'effet de ton déplaisir que nous provoquons.
3. Nous apaisons ton esprit, Varuna, par nos louanges, de même que le conducteur d'un char délasse, en lui adressant la parole, son cheval fatigué.
4. Mes méditations reviennent au désir de la vie, comme les oiseaux voltigent autour de leur nid.
5. Quand est-ce que, pour notre bonheur, nous amènerons ici Varuna, dont la force est éminente et qui est le guide des hommes?
6. Prenez part, Mitra et Varuna, à l'offrande commune; soyez propices à celui qui donne et qui célèbre ce rite pieux.
7. C'est lui qui connaît la route des oiseaux qui volent dans les airs; c'est lui qui, résidant dans l'Océan, connaît aussi la route des navires.
8. C'est lui qui, agréant les cérémonies faites en son honneur, connaît les douze mois et leurs productions, et la marche du mois qui achève l'année.
9. C'est lui qui connaît le chemin du vent gracieux et excellent, et il connaît les lieux où résident les dieux.
10. Varuna, qui agrée les cérémonies saintes et qui accomplit de bonnes actions, s'est assis parmi la race divine afin d'exercer la domination suprême.
11. C'est par lui que le sage contemple toutes les merveilles qui ont été ou qui s'accompliront.
12. Puisse ce très-sage fils d'Aditi nous maintenir, pendant tous nos jours, dans le droit chemin et prolonger nos vies.
13. Varuna revêt d'une armure d'or son corps bien nourri; les rayons s'y réfléchissent et se répandent à l'entour.
14. Il est un être divin que les ennemis n'osent pas offenser; les oppresseurs des mortels, les méchants n'osent pas lui déplaire.
15. C'est lui qui a distribué aux hommes, et spécialement à nous, une nourriture illimitée.
16. Mes pensées se tournent vers celui que tous les yeux contemplent, comme les vaches retournent aux pâturages.
17. Proclamons ensemble que mon offrande a été préparée, et que vous l'acceptez avec satisfaction.
18. J'ai vu celui dont l'aspect est gracieux pour tous; j'ai vu son char sur la terre; il a accepté mes louanges.
19. Écoute mes invocations, ô Varuna; rends ce jour heureux; je t'ai adressé ma voix, espérant ta protection.
20. Toi qui possèdes la sagesse, tu brilles sur le ciel, sur la terre et sur le monde entier; écoute mes prières et réponds-y par des promesses de prospérité.
21. Brise les chaînes qui nous attachent d'en haut, d'en bas et du milieu, afin que nous puissions vivre.

SUKTA III.

(Attribué à Sunahsepas et adressé à Agni.

1. Seigneur vénérable, maître des mets offerts en sacrifice, prends tes vêtements de lumière et offre notre sacrifice.
2. Rendu propice par des accents brillants, ô Agni toujours jeune deviens notre prêtre entouré de splendeur.
3. O Agni, tu es vraiment ce qu'un tendre père est à un fils, ce qu'un parent est à un parent, un ami à un ami.
4. Que Varuna, Mitra et Aryaman s'asseyent sur notre herbe sacrée, comme ils le firent au sacrifice de Mana.
5. O sacrificateur, sois satisfait de notre sacrifice et de notre amitié, et écoute les louanges que nous t'offrons.
6. Toutes les offrandes abondantes et réitérées que nous présentons à toute autre divinité, te sont assurément offertes.
7. Que le seigneur des hommes, le prêtre sacrificateur, le gracieux, l'élu, nous soit propice; puissions-nous, nous qui possédons les feux sacrés, être chéris de toi.
8. De même que les prêtres brillants présentent les mets destinés aux sacrifices, nous continuerons d'adresser à Agni nos supplications.
9. Immortel Agni, que les louanges des mortels soient dorénavant les sources du bonheur pour toi et pour nous.
10. Agni, fils de la force (33), accepte ce sacrifice et nos louanges, et accorde-nous une nourriture abondante.

SUKTA IV.

(Attribué au même rishi et adressé à Agni, à l'exception de la dernière stance.)

1. Je t'invoque, seigneur, souverain des sacrifices, et je t'adresse des louanges, car tu disperses nos ennemis, comme un cheval chasse les mouches par le mouvement de sa queue.

---

(33) Allusion à la force avec laquelle il faut frotter l'un contre l'autre les morceaux de bois sec qui s'enflamment et d'où jaillit Agni, le feu. Parfois aussi cette épithète se donne à Indra.

2. Que le fils de la force qui se meut partout avec rapidité nous soit propice, et qu'il répande sur nous ses bénédictions.

3. Agni, toi qui vas en tous lieux, protége-nous constamment, soit de loin, soit de près, contre les hommes qui voudraient nous faire tort.

4. Agni, annonce aux dieux notre offrande et nos hymnes les plus nouveaux.

5 Procure-nous la nourriture qui est dans le ciel et dans les airs, et accorde-nous la richesse qui est sur la terre.

6. O Chitrabhanu, tu es le distributeur des richesses comme les vagues d'une rivière sont partagées par les îles qui se trouvent dans son lit; tu répands toujours des récompenses sur celui qui te fait des offrandes.

7. Les mortels que tu protéges, Agni, dans les combats, et que tu soutiens, obtiendront toujours des aliments.

8. Personne ne sera le vainqueur de celui qui t'adore; il triomphera de ses ennemis, et sa valeur est éclatante.

9. Que celui que tous les hommes adorent, nous transporte avec ses chevaux au milieu du combat; puisse-t-il, rendu propice par les prêtres, nous accorder ses bienfaits.

10. Jarabodha, entre dans l'offrande pour rendre complet le sacrifice qui est avantageux à tous les mortels; celui qui t'adore t'offre des louanges qui te sont agréables, ô redoutable Agni.

11. Qu'Agni vaste, sans limite, resplendissant et ayant une bannière de fumée, soit satisfait de nos cérémonies, et qu'il nous accorde des aliments.

12. Qu'Agni, aux brillants rayons, le seigneur des hommes, et le messager des dieux, écoute nos hymnes comme un prince entend les bardes.

13. Respect aux grandes divinités, respect aux moindres, respect aux jeunes, respect aux anciennes; nous adorons tous les dieux aussi bien que nous le pouvons; puissé-je ne pas omettre les louanges des anciennes divinités.

SUKTA V.

(Composé par le rishi Sunahsepas, adressé à Indra et à divers objets.)

1. Indra, lorsque la pierre à large base est élevée pour exprimer le suc du soma, viens et prends ta part de la boisson préparée dans le mortier.

2. Indra, dans la cérémonie où les deux bassins peuvent contenir le jus, aussi larges que les hanches d'une femme, viens prendre ta part de la boisson préparée dans le mortier.

3. Indra, dans la cérémonie où la maîtresse de la maison, entre et sort à diverses reprises (de la chambre où s'accomplit le sacrifice), agrée le suc qui s'écoule du mortier et prends-y part.

4. Lorsqu'on lie le bâton avec une corde (34), semblable aux rênes d'un cheval, Indra, agrée le suc qui s'écoule du mortier et prends-y part.

5. O mortier, si tu es présent en chaque maison, fais entendre (dans cette cérémonie) un son joyeux comme le tambour d'une armée victorieuse.

6. Seigneur de la forêt, comme le vent souffle doucement devant toi, ainsi, ô mortier, prépare le suc du soma pour le breuvage d'Indra.

7. Les instruments du sacrifice donnent la nourriture et rendent un son bruyant; ils jouent comme les chevaux d'Indra qui foulent aux pieds le grain.

8. O vous deux, seigneurs des forêts, à la forme gracieuse, préparez avec des libations agréables notre doux suc du soma pour Indra.

9. Apportez les restes du suc du soma, versez-le sur les tiges de l'herbe Kusa et placez le reste sur la peau de vache.

SUKTA VI.

(Composé par le rishi Sunahsepas, et adressé à Indra.)

1. Véridique buveur du suc du soma, ô Indra, dont la richesse est infinie, accorde-nous, quoique nous en soyons indignes, des milliers de chevaux et de vaches excellentes.

2. Ta bienveillance, beau et puissant seigneur de la nourriture, est continuelle; Indra, dont la richesse est infinie, accorde-nous des milliers de chevaux et de vaches excellentes.

3. Plonge dans le sommeil les deux messagers femelles d'Yama, qui se regardent l'une l'autre; elles dorment sans jamais s'éveiller; Indra, dont la richesse est infinie, accorde-nous des milliers de chevaux et de vaches excellentes.

4. Que ceux qui sont nos ennemis dorment, et que ceux, ô héros, qui sont nos amis, s'éveillent; Indra, dont la richesse est infinie, accorde-nous des milliers de chevaux et de vaches excellentes.

5. Indra, détruis cet âne (notre adversaire), qui te loue d'une voix odieuse; Indra, dont la richesse est infinie, donne-nous des milliers de chevaux et de vaches excellentes.

6. Que le vent, chassant loin de nous l'orage, le fasse tomber sur la forêt; Indra, dont la richesse est infinie, donne-nous des milliers de chevaux et de vaches excellentes.

7. Détruis tous ceux qui nous attaquent, fais périr tous ceux qui nous font du tort; Indra, dont la richesse est infinie, donne-nous des milliers de chevaux et de vaches excellentes.

(34) On introduit dans une petite ouverture faite dans une pièce de bois un bâton court que deux personnes font tourner avec rapidité au moyen d'une corde ou lanière, et l'on obtient ainsi le feu nécessaire au sacrifice.

SUKTA VII.

(Attribué à Sunahsepas, adressé en grande partie à Indra).

1. Nous qui désirons des aliments, satisfaisons notre Indra qui est puissant, comblons-le d'offrandes et des gouttes du suc du soma, comme un puits est rempli d'eau.

2. Que celui qui reçoit cent libations pures et mille libations distillées, vienne à notre cérémonie comme l'eau se rend dans les endroits bas.

3. Toutes ces libations, accumulées pour satisfaire le puissant Indra, sont contenues dans son ventre comme l'eau est contenue dans l'Océan.

4. Cette libation est préparée pour toi; tu t'en approches comme un pigeon s'approche de sa compagne occupée à couver, et tu acceptes notre prière.

5. O héroïque Indra, seigneur de l'abondance et qui acceptes la louange, qu'une prospérité véritable soit la récompense de celui qui te célèbre.

6. Lève-toi, Satakrata, pour nous défendre en ce combat; nous parlerons ensemble des autres objets.

7. En toute occasion, en tout engagement, nous invoquons le puissant Indra pour qu'il nous protège.

8. S'il entend nos prières, qu'il vienne vers nous avec des dons abondants, et qu'il nous accorde des aliments en grande quantité.

9. J'invoque celui qui, sortant de son antique demeure, visite ses nombreux adorateurs; j'invoque Indra, que mon père invoquait jadis.

10. Nous t'implorons comme notre ami, toi qui es l'objet d'invocations unanimes; ô protecteur des habitations, sois favorable à ceux qui t'adorent.

11. Toi qui bois le suc du soma et qui tiens la foudre, accorde-nous, à nous qui sommes tes amis et qui buvons le jus du soma, des vaches en abondance.

12. O toi qui bois le jus du soma et qui tiens la foudre, toi qui es notre ami, accorde-nous toujours ce que nous désirons.

13. O Indra, prends plaisir avec nous, et fais que nous ayons des vaches robustes, donnant du lait en abondance et avec lesquelles nous serons heureux.

14. O Dhrishnu, qu'un dieu tel que toi, écoutant nos sollicitations, accorde promptement de grands biens à ceux qui te louent, comme tourne l'axe des roues (d'un char).

15. Satakrata, accorde à ceux qui te louent toutes les richesses qu'ils désirent, c mme l'axe (tourne) avec les mouvements (du char).

16. Indra a toujours enlevé des richesses (à ses ennemis) avec ses coursiers hennissants, bondissants et frémissants; il est généreux et libéral en ses actes, il nous a fait un don comme celui d'un chariot d'or.

17. Venez en ces lieux, Aswins, avec des viandes apportées sur de nombreux coursiers. Dasras, que notre demeure soit remplie de bétail et d'or.

18. Dasras, votre char est impérissable; il traverse l'océan de l'air, ô Aswins.

19. Vous avez une roue sur le sommet de la montagne solide, tandis que l'autre tourne dans le ciel.

20. Ushas, qui aime la louange (35), quel est l'homme qui est en ce jour l'objet de ta prédilection? Quel est celui que tu viens visiter, ô brillante déesse?

21. Ushas brillante, aux teintes nombreuses et merveilleuses, nous ne connaissons pas tes limites; nous ignorons si elles sont rapprochées ou lointaines.

22. Fille du ciel, approche; nos offrandes t'invitent, et perpétue notre richesse.

ANUVAKA VII.

SUKTA I.

(Composé par Hiranyastupa, fils d'Angiras et adressé à Agni.)

1. Agni, tu fus le premier rishi fils d'Angira; tu fus l'ami fortuné des divinités. Dans ton cœur saint sont nés les sages Maruts qui discernent toutes choses et dont les armes sont brillantes.

2. Agni, le premier et le chef des Angiras, tu embellis le culte des dieux; tu es sage, tu prends des formes nombreuses pour le bonheur de l'univers, tu es intelligent, tu es le rejeton de deux mères, et tu reposes en diverses façons pour le profit de l'homme.

3. Agni, élevé au-dessus du vent, manifeste-toi à celui qui t'adore, afin de témoigner que tu approuves son culte. Ton pouvoir fait trembler le ciel et la terre; tu as soutenu le fardeau dans la cérémonie pour laquelle le prêtre fut désigné; ô Vasa, tu as adoré les (dieux) vénérables.

---

(35) Ushas, la fille du ciel, l'aurore. M. Rosen, dans sa version latine du Rig-Véda, rend ce nom par *Aurora*, mais M. Wilson juge, avec raison, ce nous semble, qu'il vaut mieux conserver l'expression du texte, car la divinité indienne n'a, si ce n'est sous le rapport du temps, rien de commun avec la mythologie classique.

4. Agni, tu as annoncé le ciel à Manu; tu as demandé que les Pururavas te rendissent hommage. Lorsque tu es mis en liberté par le frottement de tes parents, ils te portent d'abord à l'est, ensuite à l'ouest (de l'autel).

5. Agni, tu augmentes la prospérité de tes adorateurs, tu satisfais leurs désirs; on doit t'invoquer lorsque la cuiller est élevée; ô toi qui donnes l'existence, tu as accordé la lumière d'abord à celui qui comprend parfaitement l'invocation et qui fait l'offrande, ensuite à tous les hommes.

6. Agni, dont la sagesse est excellente, tu diriges l'homme qui suit de mauvaises voies vers des actes qui sont propres à le ramener au bien; c'est toi qui dans le combat des héros, où le guerrier recueille avec joie un butin répandu au loin, fais que le faible reste vainqueur du fort.

7. Tu soutiens, Agni, par une nourriture journalière, le mortel qui t'adore; tu accordes le bonheur et les moyens de vivre au sage qui désire les deux naissances.

8. Agni, toi que nous louons, rends illustre celui qui accomplit la cérémonie; puissions-nous améliorer nos actions pieuses par des rejetons nouveaux (que tu auras donnés). Ciel et terre, veillez sur nous avec les autres dieux.

9. Irréprochable Agni, dieu vigilant parmi les dieux, toi qui résides auprès de tes parents et qui nous accordes la prospérité, éveille-nous. Sois favorable à celui qui te présente l'offrande, car, généreux Agni, c'est toi qui accordes toutes les richesses.

10. Agni, tu es bien disposé pour nous; tu es notre protecteur et celui qui nous donne la vie; nous sommes tes parents, Agni, au-dessus de toute attaque; des centaines et des milliers de trésors t'appartiennent, et tu es le défenseur des actes pieux.

11. Les dieux ont fait de toi jadis, ô Agni, le général de Nahusha (36), lorsque tu pris la forme humaine: ils ont créé Ila (37), pour l'instruction de Manou, lorsque le fils de mon père fut né.

12. Agni, toi qui es digne de louanges, protége-nous, nous que tes libéralités ont rendus opulents; protége aussi nos fils; tu es le défenseur du bétail pour le fils de mon fils qui est toujours assidu à te louer.

13. Agni, aux quatre yeux, tu brilles comme le protecteur de celui qui t'adore; tu t'approches pour veiller à ce que la cérémonie ne soit pas interrompue, tu reçois avec plaisir la prière de celui qui te présente l'offrande.

14. Agni, tu désires que celui qui t'adore puisse acquérir cette richesse; on t'appelle le protecteur favorable à ton adorateur qui a toujours besoin de ton secours. O toi qui es infiniment sage, instruis ton disciple et définis les points de l'horizon (38).

15. Agni, tu protéges de tout côté, comme une armure parfaite, l'homme qui fait des présents aux prêtres. L'homme qui garde dans sa demeure des aliments choisis et qui les partage avec ses hôtes, accomplit le sacrifice de la vie et il est la ressemblance du ciel.

16. Agni, pardonne-nous nos négligences et les erreurs que nous avons commises en nous écartant de la bonne voie; tu dois être invoqué comme le protecteur et le soutien de ceux qui t'offrent des libations convenables; tu es celui qui accomplis le but des cérémonies; tu te rends visible aux mortels.

17. O pur Agni, qui vas (pour recevoir des offrandes), rends-toi à la salle des sacrifices comme firent jadis Manou, les Angiras, Yayati et d'autres encore; conduis ici les personnages divins, fais-les asseoir sur l'herbe sacrée et offre-leur un sacrifice agréable.

18. Agni, acquiers des forces par la prière que nous t'adressons au mieux de notre habileté et selon nos connaissances; conduis-nous à la richesse et donne-nous une intelligence droite qui nous assure une nourriture abondante.

SUKTA II.

(Composé par le même rishi et adressé à Indra.)

1. Je proclame les exploits qu'a accomplis Indra, le tonnant; il fendit les nuées, il répandit les eaux (sur la terre); il fraya un chemin pour les torrents de la montagne.

2. Il fendit le nuage qui cherchait un refuge sur la montagne; Thwashtri aiguisa ses traits qui frappent au loin; les eaux jaillissantes accoururent vers l'Océan comme des vaches accourent auprès de leurs veaux.

3. Impétueux comme un taureau, il but le jus du soma, il but la libation au triple sacrifice. Maghavan saisit son dard, la foudre, et il en frappa le premier-né des nuages.

4. En partageant le premier-né des nuages, tu as,

---

(36) Nahusha était le fils d'Ayus, fils de Pururavas, qui fut élevé au ciel comme égal à Indra, mais il en fut ensuite précipité en punition de son insolence.

(37) De nombreux passages des Védas attribuent à Ila, fille de Manu Waivaswata l'institution du cérémonial des sacrifices M. Burnouf observe qu'Ila désigne la parole, la faculté du discours, que les dieux choisirent pour être l'institutrice de l'homme. (Introduction au Bhagavata-Purana, t. III, p. LXXXIV.)

LIVRES SACRÉS. II.

(38) Allusion à une légende d'après laquelle les dieux, voulant offrir un sacrifice, étaient embarrassés pour déterminer les points cardinaux; Agni les tira d'embarras en indiquant de quel côté était le sud.

ô Indra, détruit les illusions des imposteurs, et en engendrant le soleil, le crépuscule, le firmament, tu n'as pas laissé un ennemi qui pût s'opposer à toi.

5. Indra frappa de sa foudre destructrice le sombre et mutila Vritra ; de même que le tronc des arbres est mutilé par la hache, ainsi Ahi reste étendu sur la terre.

6. L'arrogant Vritra défia Indra, le puissant héros, le destructeur de ses ennemis; il n'a pas échappé au sort des ennemis d'Indra. L'ennemi d'Indra a écrasé les bords des rivières (en grossissant les eaux).

7. N'ayant ni pieds, ni mains, il défia Indra qui le frappa de la foudre sur ses épaules semblables à des montagnes; il resta comme un homme privé de virilité; Vritra, mutilé et privé d'un grand nombre de ses membres, s'endormit.

8. Les eaux qui font les délices des esprits (des hommes) coulent sur lui qui est couché sur cette terre, comme un fleuve rompt ses rives brisées. Ahi a été étendu au-dessous des pieds des eaux que Vritra avait arrêtées, par sa puissance.

9. La mère de Vritra se penchait sur son fils, lorsqu'Indra frappa son dos avec ses traits; ainsi la mère était dessus et le fils dessous, et Dana reposa avec son fils comme une vache avec son veau.

10. Les eaux emportent le corps sans nom de Vritra, entraîné au milieu des torrents qui ne s'arrêtent jamais, qui ne se reposent jamais. L'ennemi d'Indra a dormi durant une longue période de ténèbres.

11. Les eaux, les femmes du destructeur, gardées par Ahi, étaient captives comme les vaches que recélait Panin, mais en tuant Vritra, Indra ouvrit la caverne qui les retenait.

12. Quand le resplendissant Vritra rendit le coup (qui lui avait été porté) par ton tonnerre, tu devins furieux, Indra, et tu t'agitas comme un cheval agite sa queue (pour chasser les mouches). Tu as recouvré les vaches ; tu as gagné, ô héros, le jus du soma; tu as laissé couler les sept rivières.

13. Ni l'éclair, ni le tonnerre (lancé par Indra), ni la pluie qu'il versa, ni la foudre, ne blessèrent Indra lorsque lui et Ahi se mesurèrent, et Maghavat triompha aussi d'autres assaillants.

14. Lorsque la peur entra dans ton cœur (39), Indra, lorsque tu étais au moment de tuer Ahi, tu traversas quatre-vingt-dix courants comme un épervier rapide.

(39) Des commentateurs disent que la crainte qu'éprouvait Indra venait de l'incertitude où il était s'il tuerait Vritra; dans les Puranas, Indra est représenté comme redoutant la puissance de son ennemi et se cachant dans un lac; on prétend aussi qu'après avoir tué Vritra, Indra s'imagina qu'il avait commis un grand péché et s'enfuit au loin.

15. Alors Indra qui tient la foudre, devint le souverain de tout ce qui se meut et de tout ce qui est immobile, des bestiaux avec ou sans cornes. Lui qui est le souverain des hommes, embrasse toutes choses comme le cercle d'une roue en embrasse les rayons.

TROISIÈME ADHYAYA.
ANUVAKA VII (suite).

SUKTA III.

(Composé par Hiranyastapa comme précédemment, et adressé à Indra.)

1. Allons vers Indra, car il est exempt de malice et il réjouit nos esprits; il nous accordera une connaissance parfaite de cette richesse qui consiste en bestiaux.

2. Semblable à un épervier qui fuit vers le nid qu'il chérit, je me réfugie auprès de cet Indra que ses adorateurs doivent invoquer, en glorifiant par des hymnes excellents celui qui est invincible et qui donne la richesse.

3. Le chef de l'armée entière a lié son carquois sur son dos ; le seigneur guide le bétail à la demeure de celui qui lui plaît. Puissant Indra, répandant sur nous une richesse abondante, ne te conduis pas à notre égard comme un marchand avide.

4. En vérité, Indra, tu as frappé de ton trait de diamant l'opulent barbare, en l'attaquant seul, quoique tu eusses auprès de toi des auxiliaires (les Maruts). Apercevant les effets destructeurs et redoutables de ton arc, les Sanakas, qui négligent le sacrifice, ont péri.

5. Ceux qui négligent les sacrifices ont combattu contre les sacrificateurs, et ont fui en détournant le visage. Indra, terrible et redoutable seigneur des coursiers, ils ont disparu lorsque tu as chassé du ciel, de la terre et du firmament, ceux qui méprisaient la religion.

6. Les partisans de Vritra ont rencontré l'armée de l'irréprochable Indra ; des hommes d'une vie sainte l'encourageaient. Dispersés devant lui, certains de leur infériorité, comme des eunuques qui lutteraient contre des hommes, ils ont fui précipitamment.

7. Tu les as détruits, Indra, soit qu'ils pleuraient ou qu'ils riaient, sur les frontières les plus extrêmes de ton empire; tu as consumé le larron, après l'avoir arraché du ciel, et tu as reçu les louanges de tes adorateurs qui te glorifient et t'offrent des libations.

8. Décorés d'or et de bijoux, ils se répandaient sur la surface de la terre, mais quelque puissants qu'ils fussent, ils n'ont pas triomphé d'Indra ; il les a dispersés avec le soleil levant.

9. Indra, tu jouis du ciel et de la terre, les remplissant de ta grandeur ; tu as chassé le voleur avec

les prières qui sont récitées en faveur de ceux qui ne les comprennent pas.

10. Quand les eaux ne descendirent pas sur les extrémités de la terre, alors Indra saisit son dard et avec son éclat il fit jaillir les eaux hors des ténèbres.

11. Les eaux coulèrent pour procurer des aliments à Indra, mais Vritra reprenait ses forces au milieu des rivières navigables; alors Indra, avec son dard fatal et puissant, tua Vritra dont les pensées étaient toujours tournées vers lui.

12. Indra rendit la liberté aux eaux qu'avait enfermées Vritra endormi dans les cavernes de la terre, il tua celui qui a des cornes et qui dessèche la terre; ô Maghavan, avec autant de rapidité que de force, tu tuas de ta foudre l'ennemi qui te défiait au combat.

13. Le trait d'Indra tomba sur son adversaire; avec son dard aigu il détruisit leurs villes; il frappa Vritra de sa foudre, et en le tuant, il fut rempli de joie.

14. Indra, tu as protégé Kutsa (40) en reconnaissance des louanges qu'il t'adressait; tu as défendu l'excellent Dasadyu engagé dans le combat; la poussière soulevée par les pieds de tes coursiers est montée jusqu'au ciel; le fils de Switra s'éleva, grâce à ton appui, pour lutter encore contre des héros.

15. Tu as protégé, Maghavan, l'excellent fils de Switra lorsqu'il combattait pour la défense de ses domaines; tu l'as encouragé lorsqu'il était plongé dans l'eau; inflige des peines rigoureuses à ceux qui ont des sentiments hostiles contre nous, et qui depuis longtemps sont nos ennemis.

SUKTA IV.
(Composé par le même rishi et adressé aux Aswins.)

1. Sages Aswins, soyez présents avec nous trois fois par jour; votre char est aussi vaste que votre munificence; votre union est comme celle du jour brillant et de la nuit qu'arrose la rosée; laissez-vous retenir par les prêtres savants.

2. Les roues solides de votre char qui porte l'abondance sont au nombre de trois, comme tous (les dieux) l'ont reconnu lorsqu'ils accompagnaient Vena, la bien-aimée de Soma (41); les colonnes placées au-dessus de lui comme soutiens sont au nombre de trois; et vous venez trois fois la nuit et trois fois le jour.

3. Trois fois dans un jour entier vous réparez les fautes de vos adorateurs; trois fois par jour vous arrosez de douceur l'offrande, et trois fois, le matin et le soir, vous nous accordez, ô Aswins, des aliments qui donnent la force.

4. Visitez trois fois, ô Aswins, notre demeure et l'homme qui est dans de bonnes dispositions à votre égard; rendez-vous trois fois auprès de celui qui mérite votre protection et instruisez-nous dans une triple science; accordez-nous trois fois des récompenses satisfaisantes; répandez trois fois sur nous des aliments comme Indra verse la pluie.

5. Aswins, accordez-nous trois fois des richesses, approchez-vous trois fois de la cérémonie divine; préservez trois fois nos intelligences; accordez-nous trois fois de la prospérité et des aliments. La fille du soleil est montée sur votre char aux trois roues.

6. Accordez-nous trois fois, ô Aswins, les médicaments du ciel, ceux de la terre et ceux du firmament; donnez à mon fils la prospérité de Sanyu; vous qui aimez les herbes salutaires, préservez le bien-être des trois humeurs (du corps).

7. Aswins qu'il faut adorer trois fois chaque jour, reposez sur la triple couche d'herbe sacrée étendue sur la terre (qui forme l'autel); Nasatyas, portés dans des chars, venez vers ces trois autels élevés par nous; venez comme l'air vital qui anime les corps.

8. Aswins, venez trois fois avec les eaux qui sont les mères des sept fleuves; les trois rivières sont prêtes; la triple offrande est préparée; vous élevant au-dessus des trois mondes, vous défendez le soleil dans le ciel qui est établi la nuit comme le jour.

9. Où, Nasatyas, sont les trois roues de votre char triangulaire? où sont les trois sièges et les nœuds qui retiennent la tente qui les recouvre? Quand attellerez-vous à votre char l'âne robuste, afin que vous puissiez venir au sacrifice?

10. Venez, Nasatyas, au sacrifice; l'offrande est faite; buvez le suc avec des bouches qui goûtent la douce saveur. Avant l'aurore Savitri envoie pour vous amener ici, votre char merveilleux, brillant de beurre clarifié.

11. Venez, Nasatyas, avec les trois fois onze divinités (42); venez, Aswins, boire l'offrande; prolongez nos vies, effacez nos fautes, domptez nos ennemis.

12. Portés dans votre char qui traverse les trois mondes, apportez-nous, Aswins, de la richesse accompagnée par des rejetons mâles; je vous invoque tous deux pour que vous me protégiez; fortifiez-nous dans le combat.

SUKTA V.
(Composé par le même rishi et adressé à Savitri.)

1. J'invoque d'abord la protection d'Agni; j'in-

---

(40) Kutsa est signalé dans les Védas comme un Richi, fondateur d'une *gotra*, ou école religieuse; il est mentionné comme l'ami particulier d'Indra et même comme son fils; plusieurs hymnes lui sont attribués. Quant à Dasadyu, il n'en est pas fait mention dans les Puranas.

(41) Il n'est pas question de cette légende dans les Puranas.

(42) On trouve dans les Puranas la liste des trente-trois personnages divins dont il est fait mention ici : elle comprend les huit Vasus, onze Rudras, douze Adityas, Prajapati et Vashatkara.

voque la protection de Mitra et de Varuna ; j'invoque la nuit qui apporte le repos au monde ; j'invoque le divin Savitri pour qu'il me protége.

2. Le divin Savitri, tournant à travers le firmament obscurci, éveillant les mortels et les immortels, voyage dans son chariot d'or et contemple les divers mondes.

3. Le divin Savitri voyage en suivant une route qui monte et qui descend ; digne d'adoration, il voyage avec deux chevaux blancs, il vient ici effaçant tous les péchés.

4. L'adorable Savitri aux nombreux rayons, ayant le pouvoir de chasser les ténèbres de dessus le monde, est monté sur son char décoré de nombreux ornements d'or et garni de jougs d'or.

5. Ses coursiers aux pieds blancs, attelés à son char avec un joug d'or, ont donné la lumière aux hommes. Tous les mortels et toutes les régions sont constamment en présence du divin Savitri.

6. Les sphères sont au nombre de trois ; deux sont dans le voisinage de Savitri, une conduit les hommes à la demeure de Yama (43). Les astres immortels dépendent de Savitri comme un char est soutenu par son essieu ; que celui qui connaît la grandeur de Savitri le proclame.

7. Suparna (le rayon solaire) aux mouvements rapides et qui donne la vie, a éclairé les trois mondes. Où est maintenant Surya ? qui sait à quelle sphère ses rayons se sont étendus ?

8. Il a éclairé les huit points de l'horizon, les trois régions des êtres vivants, les sept rivières ; puisse Savitri aux yeux d'or venir ici, accordant à celui qui présente l'offrande, des richesses désirables.

9. Savitri aux yeux d'or et qui voit tout, voyage entre les deux régions du ciel et de la terre ; il chasse les maladies, et il s'approche du soleil.

10. Puisse Savitri à la main d'or, qui donne la vie, qui est notre guide, qui est opulent et qui nous procure la joie, puisse-t-il être présent au sacrifice ; le dieu, si on l'adore le soir, est près de nous ; il chasse les Rakshasas et les Yatadhanas.

11. Tes chemins, ô Savitri, sont préparés depuis longtemps, sont exempts de poussière et sont bien placés dans le firmament ; viens près de nous par ces routes faciles à suivre ; protége-nous aujourd'hui et daigne nous parler.

ANUVAKA VIII.
SUKTA I.

(Composé par le rishi Kanwa, fils de Ghora, et adressé à Agni.)

1. Nous implorons avec des hymnes sacrés le puissant Agni que d'autres rishis louent aussi, et

(43) Yama, le souverain des morts.

qu'ils invoquent pour le bonheur de la multitude qui adore les dieux.

2. Les hommes ont recours à Agni qui augmente la vigueur ; nous t'adorons en te présentant des offrandes ; ô toi qui donnes avec libéralité la nourriture, sois bien disposé aujourd'hui pour nous et sois notre protecteur.

3. Nous te choisissons, Agni, messager des dieux, toi qui possèdes toute science. Tes flammes, répandues autour de tes rayons, touchent le ciel.

4. Les dieux Varuna, Mitra et Aryaman t'enflamment, toi qui es leur ancien messager. L'homme qui t'a présenté des offrandes obtient, par ton entremise, ô Agni, la richesse universelle.

5. O Agni, tu es celui qui donne le bonheur, tu es le messager des dieux et celui qui les invoque, tu es le protecteur des mortels ; toutes les actions bonnes et durables qu'accomplissent les dieux sont réunies en toi.

6. Jeune et fortuné Agni, quelle que soit l'offrande qui t'est présentée, porte-la vers les dieux, ô toi qui es bien disposé à notre égard.

7. Les hommes pieux t'adorent, toi qui brilles de ta propre splendeur. Les hommes, avec sept prêtres, font leurs offrandes à Agni, toujours victorieux.

8. Les divinités destructives ont tué Vritra ; elles ont fait de la terre, du ciel et du firmament la vaste résidence des créatures vivantes ; puisse Agni, qui possède la richesse, être le bienfaiteur de Kanwa.

9. Prends ton siége, Agni, sur l'herbe sacrée, car tu es puissant ; brille, car tu es dévoué aux dieux ; adorable et excellent Agni, répands la fumée ondoyante et gracieuse.

10. Porteur des offrandes, tu es celui que les dieux retinrent en faveur de Manou, celui que retint Kanwa, qui donnait l'hospitalité aux hommes pieux, celui qu'Indra retint et que (maintenant) quelque autre adorateur a retenu.

11. Les rayons de cet Agni que Kanwa rend plus brillant que le soleil, jettent un éclat extraordinaire ; louons-le, célébrons-le par nos hymnes.

12. Agni, toi qui donnes la nourriture, complète nos trésors, car c'est par toi que s'obtient l'amitié des dieux. Tu es le souverain des aliments excellents ; rends-nous heureux, car tu es grand.

13. Lève-toi pour nous protéger comme le grand Savitri ; lève-toi ; tu es celui qui donne la nourriture, pour laquelle nous t'invoquons avec des parfums, ainsi que les prêtres qui te présentent des offrandes.

14. Lève-toi, préserve-nous du péché en nous donnant la science ; détruis tout esprit malfaisant ; élève-nous pour que nous puissions passer à travers le monde, et porte aux dieux les trésors de nos offrandes.

15. Jeune et brillant Agni, protége-nous contre les esprits méchants et contre l'homme qui ne fait

pas de présents ; protége-nous contre les animaux nuisibles et contre ceux qui cherchent à nous tuer.

16. Agni aux rayons brûlants, détruis entièrement nos ennemis, brise-les comme de la poterie est fracassée par un coup de massue ; que nos ennemis et que l'homme qui nous attaque avec des armes aiguës ne prévalent pas contre nous.

17. Agni est supplié de donner l'abondance qui procure le pouvoir ; il a accordé la prospérité à Kanwa, il a protégé nos amis aussi bien que le sage qui était l'hôte des saints, et que tout autre adorateur qui a eu recours à lui pour obtenir des richesses.

18. Nous invoquons de loin Agni, Turvasa, Yadu et Ugradeva ; qu'Agni, qui arrête le voleur, amène ici Navavastwa, Brihadratha et Tarviti.

19. Manu t'a retenu, Agni, afin de donner la lumière aux diverses races des hommes. Né pour le sacrifice et rassasié d'offrandes, tu as brillé pour Kanwa, toi que les hommes vénèrent.

20. Les flammes d'Agni sont lumineuses, puissantes. Détruis entièrement les puissants esprits du mal et tous nos autres adversaires.

SUKTA II.

(*Composé par le rishi Kanwa et adressé aux Maruts.*)

1. Célébrez, fils de Kanwa, la force réunie des Maruts, sans chevaux, mais brillants dans leur char.

2. Qui, portés par des daims tachetés, naquirent radieux avec des armes, des cris de guerre et des parures.

3. J'entends le craquement des fouets dans leurs mains ; ce bruit inspire dans les combats un courage merveilleux.

4. Adressez la prière donnée par les dieux à ceux qui sont votre force, les destructeurs des ennemis, les puissants héros qui possèdent une gloire éclatante.

5. Louez le pouvoir irrésistible des Maruts qui naquirent parmi les troupeaux et dont la force a été nourrie par l'usage du lait.

6. Quel est le chef qui domine parmi vous, qui agitez le ciel et la terre et qui faites tout trembler autour de vous, comme la cime d'un arbre ?

7. L'homme, craignant votre approche violente et redoutable, a planté un boulevard solide ; la montagne aux pics nombreux est brisée devant vous.

8. A votre approche impétueuse, la terre tremble comme un monarque affaibli que glace l'effroi que lui inspirent ses ennemis.

9. Le lieu de leur naissance (le ciel) est stable ; les oiseaux sont cependant capables de s'élancer hors de la sphère de leurs parents ; votre force est partout divisée entre les deux régions du ciel et de la terre.

10. Ils engendrent le discours ; ils répandent les eaux ; ils poussent le bétail à entrer (dans l'eau) jusqu'aux genoux afin de boire.

11. Ils poussent devant eux dans leur course le vaste nuage chargé de pluie.

12. Maruts qui avez de la force, donnez de la vigueur aux mortels ; faites sentir votre force aux nuages.

13. Partout où passent les Maruts, ils remplissent le chemin de clameur ; chacun entend leur bruit.

14. Venez promptement avec vos chars légers ; les offrandes des fils de Kanwa sont préparées ; agréez-les.

15. L'offrande est préparée pour votre satisfaction ; nous vous adorons afin de pouvoir vivre durant une longue suite d'années.

SUKTA III.

(*Composé par le même rishi et adressé aux mêmes dieux.*)

1. Maruts, qui aimez la louange et pour lesquels l'herbe sacrée est préparée, quand nous prendrez-vous par les deux mains comme un père prend son fils ?

2. Où êtes-vous ? quand arriverez-vous ? Venez, non de la terre, mais du ciel. Ceux qui vous adorent ne crient-ils pas après vous comme les vaches crient (après les pâturages) ?

3. Où sont vos nouveaux trésors, ô Maruts ? où sont vos richesses ? où sont vos présents ?

4. Afin que vous deveniez mortels, ô fils de Prisni, et que celui qui vous loue devienne immortel.

5. Que votre adorateur ne soit jamais indifférent pour vous, comme un adorateur n'est jamais indifférent pour les pâturages et qu'il ne puisse suivre la voie d'Yama.

6. Que le puissant et indestructible Nirriti ne puisse nous détruire ; qu'il périsse avec nos mauvais désirs.

7. Les brillants et vigoureux Maruts, que chérit Rudra, font tomber la pluie sur le désert.

8. Le tonnerre rugit comme une vache qui appelle son veau, et la pluie est mise en liberté par les Maruts.

9. Ils obscurcissent la clarté du jour par un nuage qui apporte la pluie, et ils inondent ainsi la terre.

10. Au rugissement des Maruts, toute demeure sur la terre frémit et les hommes tremblent.

11. Maruts aux mains puissantes, venez ici auprès de ces rivières dont les eaux coulent sans obstacles entre des rives agréables.

12. Que les rayons de vos roues soient fermes ; que vos chars et leurs coursiers soient fermes, et que vos doigts soient habiles (à tenir les rênes).

13. Elevez la voix en notre présence, prêtres habitués à louer Agni, Brahmanaspati et le beau Mitra.

14. Récitez le vers qui est dans vos bouches, répandez-le comme un nuage qui verse la pluie, chantez l'hymne mesuré.

15. Glorifiez l'armée des Maruts, brillante, digne de louange et d'adoration ; puissent-ils être glorifiés par le culte que nous leur rendons.

SUKTA IV.

(Composé par le même rishi et adressé aux mêmes dieux.)

1. Maruts, qui faites trembler toutes choses, lorsque vous dirigez votre vigueur redoutable, la lançant comme un rayon lumineux, quel est l'homme qui vous attire par le sacrifice qu'il célèbre, par les louanges qu'il vous donne? vers quel lieu de sacrifice, vers quel mortel vous rendez-vous ?

2. Vos armes sont fortes pour chasser vos ennemis, elles sont fermes pour leur résister; votre force est celle qui mérite des louanges, ce n'est pas la vigueur d'un mortel perfide.

3. Maruts, lorsque vous renversez ce qui est solide, lorsque vous enlevez ce qui est pesant, vous vous frayez un chemin à travers les arbres des forêts qui couvrent la terre, et à travers les défilés des montagnes.

4. Destructeurs des ennemis, il n'existe point pour vous d'adversaire au-dessus des cieux, ni sur la terre; puisse votre vigueur réunie s'exercer bientôt, fils de Rudra, pour humilier vos ennemis.

5. Ils font trembler les forêts, ils renversent les arbres. Allez, divins Maruts, où vous portera votre volonté; allez avec tous vos descendants, comme vont les gens plongés dans l'ivresse.

6. Vous avez attelé à votre char les daims tachetés; le daim rouge attelé entre eux aide à traîner le char; le firmament écoute pour entendre votre arrivée et les hommes sont alarmés.

7. Rudras, nous avons recours à votre assistance en faveur de nos descendants, venez rapidement auprès du timide Kanwa, comme vous êtes venus autrefois pour nous protéger.

8. Si quelque ennemi nous attaque, privez-le de vigueur et de nourriture et ne l'assistez pas.

9. Prachetasas, dignes d'une adoration universelle, protégez Kanwa, le sacrificateur; venez vers nous, Maruts, en nous accordant toute votre assistance.

10. Bienfaiteurs généreux, vous jouissez d'une force qui ne diminue point; vous possédez une vigueur inaltérable vous qui faites trembler la terre; Maruts, dirigez votre colère, comme une flèche, contre l'odieux ennemi des rishis.

SUKTA V.

(Composé également par Kanwa et adressé à Brahmanaspati.)

1. Lève-toi, Brahmanaspati, nous t'invoquons, nous qui sommes dévoués aux dieux; généreux Maruts, soyez près de nous; Indra, prends part à la libation.

2. L'homme te célèbre, fils de la force, pour obtenir les richesses abandonnées par l'ennemi. Maruts, puisse celui qui vous loue obtenir des richesses.

3. Que Brahmanaspati s'approche de nous; que la déesse qui dit la vérité s'approche de nous; que les dieux chassent tout adversaire; qu'ils nous conduisent au sacrifice qui est avantageux pour l'homme et qui abonde en offrandes respectueusement présentées.

4. Celui qui présente au prêtre qui officie des dons dignes d'être acceptés, jouit d'une richesse inépuisable, c'est pour lui que nous adorons Ila qu'accompagnent de braves guerriers.

5. Vraiment Brahmanaspati proclame la prière sacrée où les dieux Indra, Varuna, Mitra et Aryaman ont fait leur séjour.

6. Récitons cette prière heureuse et exempte de fautes; si vous désirez l'entendre, que tout ce qui sera dit arrive jusqu'à vous.

7. Qui peut approcher de l'homme qui est dévoué aux dieux et qui étend l'herbe sacrée? Celui qui présente l'offrande s'est rendu avec les prêtres (à la salle du sacrifice); car il a une demeure où abondent les choses précieuses.

8. Que Brahmanaspati concentre sa force; associé aux divinités royales, il tue l'ennemi; au moment du danger, il garde son poste; armé de la foudre, il ne trouve ni vainqueur ni supérieur dans quelque combat que ce soit.

SUKTA VI.

(Composé par Kanwa et adressé à diverses divinités.)

1. L'homme que le sage Varuna, que Mitra et Aryaman protègent, subjugue promptement ses ennemis.

2. Celui qu'ils comblent (de richesses) comme si elles étaient (amassées) par ses propres bras, et qu'ils protégent contre les méchants, n'a rien à craindre et est sûr de prospérer.

3. Les rois (Varuna, Mitra et Aryaman) détruisent les ennemis de ceux (qui les adorent) et ils écartent (les effets de) leurs mauvaises actions.

4. Adityas qui venez au sacrifice, le chemin est pour vous facile et exempt d'épines; il ne se prépare pas ici d'offrande qui soit indigne de vous.

5. Adityas, que le sacrifice auquel vous venez par un droit chemin, soit pour vous un objet de satisfaction.

6. Le mortel (que vous favorisez), exempt de mal, obtient de précieuses richesses et des descendants qui lui sont semblables.

7 Comment, mes amis, réciterons-nous des

louanges (dignes) de la gloire éclatante de Mitra de Varuna et d'Aryaman ?

8. Je ne vous recommande pas celui qui attaque ou outrage l'homme dévoué aux dieux ; je cherche à vous rendre propices en vous présentant mes offrandes.

9. Votre adorateur n'aime pas à dire du mal de qui que ce soit ; il le craint au contraire, comme un joueur craint son adversaire qui tient les quatre dés jusqu'à ce qu'ils soient jetés.

SUKTA VII.

(Composé par le même rishi et adressé à Pushan.)

1. Pushan (44), sois notre guide sur cette route ; écarte le méchant qui nous ferait obstacle ; fils du nuage, va devant nous.

2. Si un ennemi perfide, un voleur ou un homme qui se plaît au mal, nous indique (la route que nous ne devons pas suivre), chasse-le du chemin.

3. Chasse loin de la route celui qui veut mettre obstacle à notre voyage, le voleur et le trompeur.

4. Foule aux pieds le corps de ce voleur aux desseins perfides, quel qu'il soit, qui emploie contre nous la ruse ou la violence.

5. Sagace et beau Pushan, nous sollicitons de toi cette protection avec laquelle tu as encouragé les patriarches.

6. Toi qui possèdes toute prospérité et qui es muni d'armes d'or, accorde-nous des richesses pour qu'elles puissent être libéralement distribuées.

7. Mène-nous hors de la portée de nos adversaires ; conduis-nous par un chemin facile ; sache, Pushan, nous protéger pendant ce voyage.

8. Conduis-nous aux lieux où il y a des fourrages abondants ; qu'il n'y ait pas une chaleur extrême pendant le voyage ; sache, Pushan, nous protéger pendant ce voyage.

9. Sois-nous favorable, prodigue-nous l'abondance, donne-nous tout ce qui est bon ; fortifie-nous, remplis nos ventres. Sache, Pushan, nous protéger pendant ce voyage.

10. Nous ne blâmons pas Pushan ; nous le célébrons par nos hymnes ; nous l'implorons pour qu'il nous donne des richesses.

SUKTA VIII.

(Composé par le même rishi et adressé à diverses divinités.)

1. Quand pourrons-nous répéter un hymne agréable au sage, au très-généreux et puissant Rudra, que nos cœurs chérissent ?

---

(44) Pushan est ordinairement un synonyme du soleil, il est un des douze Adityas. Le commentaire sanscrit le représente comme le dieu qui préside à la terre et qui fait subsister le monde, de là son nom, *push*, nourrir. Ici il est envisagé comme le dieu qui préside spécialement aux voyages.

2. Un hymne qui engage la terre à accorder à nos bestiaux, à notre peuple, à nos vaches et à nos descendants les dons de Rudra.

3. Et qui, satisfaisant Mitra, Varuna, Rudra et tous les dieux, nous fasse obtenir leurs faveurs.

4. Nous demandons la félicité à Sanyu, à Rudra qui encourage les hymnes, qui protège les sacrifices, qui possède les remèdes féconds en délices.

5. Qui est aussi brillant que Sanyu qui, tel que l'or, cause la satisfaction la plus vive, Sanyu, le meilleur des dieux, celui qui donne des habitations ;

6. Qui accorde une félicité aisément obtenue à nos coursiers, à nos béliers, à nos brebis, à nos hommes, à nos femmes et à nos vaches ?

7. Soma, accorde-nous une prospérité plus que suffisante pour cent hommes, et une grande quantité d'aliments qui donnent la force.

8. Que les adversaires de Soma, que nos ennemis ne puissent nous nuire ; Indra, donne-nous une nourriture abondante.

9. Soma, toi qui es immortel et qui résides dans une demeure excellente, sois favorable à tes sujets, lorsqu'à leur tête, dans la salle des sacrifices, tu les vois occupés à t'orner.

ANUVAKA IX.

SUKTA I.

(Composé par Praskanwa, fils de Kanwa, et adressé à Agni.)

1. Agni qui es immortel et qui connais toutes les choses créées, accorde à celui qui fait l'offrande des richesses de toute sorte et une excellente demeure ; amène aujourd'hui en ces lieux les dieux qui s'éveillent avec le matin.

2. Car c'est toi, Agni, qui es le messager des dieux, le porteur des offrandes, le véhicule des sacrifices ; associé à Ushas, aux Aswins, répands sur nous une nourriture abondante et fortifiante.

3. Nous choisissons aujourd'hui Agni, le messager, celui qui donne la lumière et que beaucoup d'hommes chérissent, celui qui a une bannière de fumée, et qui protège le culte rendu par l'adorateur au point du jour.

4. Je loue au point du jour Agni, le meilleur et le plus jeune des dieux, l'hôte de l'homme, celui qu'on invoque universellement ; il est l'ami de l'homme qui présente des offrandes, et il connaît toutes les choses qui ont été créées : je le supplie d'amener ici les autres divinités.

5. Agni, immortel soutien de l'univers, porteur des offrandes, toi qui mérites d'être adoré, je te louerai, toi qui es exempt de la mort et qui es le sauveur et le sacrificateur.

6. Jeune Agni, dont les flammes sont pleines de charmes, toi qui es universellement invoqué et que

nous louons pour le bonheur de ton adorateur, exauce nos souhaits, et en accordant à Praskanwa une longue vie, rends honneur à l'homme divin.

7. Tous les peuples t'allument, Agni sacrificateur; tu connais toutes choses; ô Agni qu'invoquent les multitudes, conduis promptement ici les sages divinités.

8. Objet des rites saints, amène ici, quand le crépuscule suit la nuit, Savitri, Ushas, les Aswins et Bhaga; les fils de Kanwa versent des libations, allument les feux où ils doivent répandre leurs offrandes.

9. Agni, tu es le protecteur des sacrifices des hommes et le messager des dieux; amène ici les dieux qui s'éveillent à l'aurore, et qui contemplent le soleil, afin qu'ils boivent le suc du soma.

10. Resplendissant Agni, visible pour tous, tu as brillé après bien des crépuscules; tu protéges l'habitant des villages, tu es l'associé de l'homme placé à l'est de l'autel.

11. Nous te plaçons, Agni, comme Manu te plaça, toi qui es le complément du sacrifice, l'invocateur, le prêtre officiant, très-sage, destructeur des ennemis, immortel, messager des dieux.

12. Lorsque toi, qui chéris tes amis, tu es présent à un sacrifice et que tu t'acquittes de ta mission envers les dieux, alors tes flammes grondent comme les flots tumultueux de l'Océan.

13. Agni aux oreilles vigilantes, écoute-moi; que Mitra, Aryaman et autres divinités matinales, accompagnés de tous les dieux qui apportent les offrandes, s'asseoient sur l'herbe sacrée et assistent au sacrifice.

14. Que les généreux Maruts, qui ont des langues de feu, et qui encouragent le sacrifice, entendent nos prières; que Varuna qui accomplit les rites, vienne avec les Aswins et avec Ushas, et qu'il boive le suc du soma.

SUKTA II.
(Composé par le même rishi, et adressé au même dieu.)

1. Agni, adore les Vasas, les Rudras, les Adityas ou tout autre être vivant.

2. Vraiment les dieux donnent des récompenses à l'homme qui présente des offrandes; seigneur des coursiers rouges, rendu propice par nos louanges, amène ici les trente-trois divinités.

3. Agni, qui accomplis des actes solennels et qui connais toutes les créatures qui sont nées, entends les invocations de Praskanwa, comme tu as entendu celles de Priyamedha, d'Atri, de Virupa, des Angiras.

4. Ceux qui accomplissent de grandes cérémonies, ceux qui offrent des sacrifices agréables, ont invoqué la protection d'Agni, qui brille d'un éclat pur parmi les solennités.

5. Invoqué par nos offrandes, écoute, ô toi qui donnes des récompenses, écoute ces louanges que les fils de Kanwa t'adressent pour obtenir ta protection.

6. Agni qui accordes une nourriture abondante et qui es chéri par la multitude, les fils des hommes t'invoquent, ô toi dont la chevelure est brillante, pour que tu portes les offrandes aux dieux.

7. Les sages t'ont placé, Agni, dans leurs sacrifices comme celui qui invoque, comme le prêtre officiant, comme le dispensateur d'une grande richesse; tu entends de loin et ta gloire est répandue en tout lieu.

8. Les sages, répandant des libations de suc de soma, t'ont appelé, vaste et puissant Agni, à prendre part aux aliments offerts en sacrifice, lorsqu'ils élèvent l'offrande de la part de l'individu qui la présente.

9. Toi qui engendres la force, qui donnes des récompenses et qui fournis des habitations, place aujourd'hui ici sur l'herbe sacrée les divinités qui se meuvent le matin, et les autres êtres déifiés pour boire le suc du soma.

10. Adore, Agni, avec des invocations réunies l'être présent déifié; divinités généreuses, voici le suc du soma; buvez-en, car il a été exprimé hier.

SUKTA III.
(Composé par le même rishi et adressé aux Aswins.)

1. La bien-aimée Ushas, inaperçue jusqu'à présent, chasse les ténèbres loin du ciel; Aswins, je vous loue avec ferveur.

2. Vous, qui êtes divins, d'un aspect agréable, enfants de la mer, dispensateurs libéraux de la richesse, et qui accordez des demeures comme récompense des actes pieux.

3. Depuis que votre char avance, traîné par vos coursiers, au-dessus des cieux glorieux, nous proclamons vos louanges.

4. Aswins, le soleil qui fait évaporer les eaux, qui nourrit, qui protége, qui contemple les rites sacrés, nourrit les dieux de nos offrandes.

5. Nasatyas, acceptez nos louanges et prenez part au suc excitant du soma, à celui qui anime vos esprits.

6. Aswins, accordez-nous cette nourriture fortifiante qui peut nous satisfaire, après avoir chassé les ténèbres du besoin.

7. Venez comme un navire pour nous porter au-dessus d'un océan de louanges; attelez votre char, ô Aswins.

8. Votre navire, plus vaste que le ciel, s'arrête sur le bord de la mer; les gouttes du suc du soma sont exprimées pour vous rendre hommage.

9. Fils de Kanwa, demandez aux Aswins: comment les rayons (du soleil procèdent-ils) du ciel? Comment l'aurore se lève-t-elle dans la région des eaux? où désirez-vous manifester vos personnes?

10. Il y avait de la lumière pour faire briller l'aurore ; le soleil (se leva) comme de l'or ; le feu brilla avec des flammes assombries.

11. Un chemin convenable fut tracé par le soleil, afin qu'il allât au delà des limites de la nuit ; la splendeur de l'astre du jour devint visible.

12. Celui qui adore reconnaît toutes les faveurs qu'il reçoit des Aswins rassasiés du jus du soma.

13. Vous qui donnez la félicité, et qui cohabitez avec celui qui vous adore, comme avec Manu, venez ici boire le jus du soma et accepter nos louanges.

14. Puisse Ushas suivre le lustre de votre approche, et puissiez-vous être satisfaits des offrandes qui vous sont présentées pendant la nuit.

15. Aswins, puissiez-vous tous deux boire les libations, et nous accorder le bonheur, grâce à votre irréprochable protection.

QUATRIÈME ADHYAYA.

ANUVAKA IX (suite).

SUKTA IV.

(Composé par le rishi Praskanwa, et adressé aux Aswins.)

1. Aswins, qui encouragez le sacrifice, ce doux suc du soma est exprimé pour vous ; buvez celui qui a été exprimé hier, et accordez des richesses à celui qui vous l'offre.

2. Venez, Aswins, avec votre char triangulaire aux trois colonnes ; les fils de Kanwa répètent vos louanges au moment du sacrifice ; daignez écouter leurs supplications.

3. Aswins, qui encouragez le sacrifice, buvez ce doux suc du soma ; approchez-vous aujourd'hui de celui qui présente l'offrande, vous qui êtes d'un aspect agréable et qui apportez la richesse.

4. Aswins, qui savez tout, et qui êtes placés sur l'herbe sacrée empilée trois fois, arrosez d'un doux suc le sacrifice ; les illustres enfants de Kanwa vous invoquent en répandant des libations.

5. O vous qui aimez les actes pieux, accordez-nous la protection que vous avez jadis donnée à Kanwa ; buvez le suc du soma, vous qui encouragez les sacrifices.

6. Aswins, au doux visage, vous avez apporté dans votre char l'opulence à Sudas (45) ; apportez-nous aussi, soit du firmament, soit du ciel qui est au delà, les richesses que les hommes ambitionnent.

7. Nasatyas, soit que vous résidiez au loin ou tout près de nous, venez vers nous, avec les rayons du soleil, dans votre char d'une construction parfaite.

8. Que vos coursiers vous amènent pour assister

---

(45) Fils de Pijavana ; les Puranas l'appellent Soudâsa.

à notre sacrifice ; ô guides des hommes, vous qui accordez des aliments à l'homme pieux et libéral qui présente l'offrande, asseyez-vous sur l'herbe sacrée.

9. Venez, Nasatyas, avec votre char que recouvre le soleil, et dans lequel vous avez toujours apporté l'opulence à celui qui présente l'offrande, venez boire le doux suc du soma.

10. Nous invoquons par nos hymnes les généreux Aswins, afin qu'ils se tiennent près de nous et qu'ils nous protègent. N'avez-vous jamais bu le suc du soma dans la demeure heureuse des fils de Kanwa.

SUKTA V.

(Composé par le même rishi et adressé à Ushas.)

1. Ushas, fille du ciel, fais luire sur nous des richesses ; toi qui répands la lumière, fais luire sur nous une nourriture abondante ; déesse bienfaisante, fais luire sur nous l'abondance des troupeaux.

2. Possédant en abondance des chevaux et des vaches, distribuant des richesses de toute sorte, les déesses du matin ont à leur disposition tout ce qui est nécessaire pour les habitations des hommes ; Ushas, adresse-moi de douces paroles ; envoie-nous l'opulence.

3. La divine Ushas a les cieux pour résidence ; puisse-t-elle briller aujourd'hui, celle qui excite les chariots attelés à sa venue, comme ceux qui aspirent à la richesse envoient des navires à la mer.

4. Ushas, lorsque tu arrives, les sages tournent leurs pensées vers les hommages qu'ils doivent te rendre ; le très-sage Kanwa proclame la renommée de ces hommes.

5. Ushas, qui nourrit tous les êtres, vient chaque jour comme une matrone qui dirige les travaux du ménage ; à son arrivée tout bipède s'agite, et elle éveille les oiseaux.

6. Elle anime les hommes diligents et envoie des clients à leurs patrons ; elle qui répand les rosées, ne connait pas de retard ; ô toi qui accordes la nourriture, à ta venue, les oiseaux ne suspendent plus leur vol.

7. Ushas a au loin attelé son char au-dessus du lever du soleil ; elle vient glorieusement vers l'homme avec plus de cent chars.

8. Tous les êtres vivants l'adorent afin qu'elle soit visible ; elle éclaire le monde et apporte le bien ; l'opulente fille du ciel chasse les méchants et disperse ceux qui absorbent l'humidité.

9. Brille, Ushas, répands autour de toi une clarté favorable, apporte chaque jour beaucoup de bonheur, et dissipe les ténèbres.

10 Lorsque tu te montres, ô toi qui apportes les bonnes choses, le souffle et la vie de toutes les

créatures reposent en toi ; viens vers nous dans ton char spacieux, ô toi qui répands la lumière ; écoute nos prières, ô toi qui possèdes une opulence merveilleuse.

11. Ushas, accepte la nourriture qui, partagée en bien des espèces, existe parmi la race humaine ; conduis à la cérémonie les hommes pieux qui te louent en présentant des offrandes.

12. Ushas, amène du haut du firmament tous les dieux pour boire le suc du soma, et répands sur nous une nourriture excellente et fortifiante ; donne-nous aussi des bestiaux et des chevaux.

13. Que cette Ushas dont les rayons brillants et favorables sont visibles tout autour de nous, nous accorde des richesses désirables et faciles à obtenir.

14. Adorable Ushas que les sages anciens invoquaient pour en obtenir la protection et de la nourriture, ô toi qui brilles d'une lueur pure, agrée nos offrandes et accepte nos louanges.

15. Ushas, puisque tu as aujourd'hui ouvert les deux portes du ciel en les illuminant, accorde-nous une habitation spacieuse et sûre, accorde-nous, ô déesse, des bestiaux et de la nourriture.

16. Adorable Ushas, rends-nous possesseurs d'abondantes richesses variées ; donne-nous des troupeaux nombreux, une renommée qui confonde tous nos ennemis, et des aliments salutaires.

SUKTA VI.
(Composé par le même rishi et adressé à la même divinité.)

1. Ushas, viens de la brillante région du firmament, que les vaches couleur de pourpre te portent à la demeure de celui qui offre le jus du soma.

2. Ushas, viens aujourd'hui dans l'ample et superbe char qui te porte ; viens, fille du ciel, auprès de l'homme pieux qui te présente l'offrande.

3. Ushas, au teint blanc, à ton arrivée, les animaux et les hommes s'agitent, et les oiseaux s'envolent depuis les extrémités du ciel.

4. Ushas, tu disperses les ténèbres et tu illumines l'univers de tes rayons ; les fils de Kanwa, aspirant à la richesse, te louent par leurs hymnes.

SUKTA VII.
(Composé par le même rishi et adressé à Surya, le soleil.)

1. Les coursiers du soleil divin et qui sait tout, l'élèvent au haut des cieux, afin qu'il puisse être aperçu de tous (les mondes).

2. A l'approche du soleil qui éclaire tout, les constellations s'éloignent avec la nuit, comme des voleurs.

3. Ses rayons brillants éclairent les hommes en succession comme des feux ardents.

4. O Surya, tu dépasses en rapidité tous les autres êtres ; tu es visible à tous ; tu es la source de la lumière ; tu brilles à travers le firmament entier.

5. Tu t'élèves en la présence des Maruts, tu t'élèves en la présence des mortels, de manière à être aperçu dans la région entière du ciel.

6. Avec cette lumière avec laquelle, ô purificateur et protecteur contre le mal, tu regardes ce monde couvert de créatures.

7. Tu traverses les vastes espaces de l'éther, mesurant les jours et les nuits et contemplant tout ce qui a pris naissance.

8. Divin Surya, qui répands la lumière, tes sept coursiers t'apportent dans ton char, ô toi qui as la chevelure brillante.

9. Le soleil a attelé les sept juments qui traînent son char, et il vient avec elles.

10. En voyant la lumière qui s'élance au-dessus des ténèbres, nous approchons du divin soleil ; *il* est, parmi les dieux la lumière excellente.

11. Brillant d'une clarté bienfaisante, se levant aujourd'hui et montant au-dessus des cieux, chasse, ô soleil, la maladie loin de mon cœur et la teinte jaune loin de mon corps (46).

12. Transférons la couleur jaune de mon corps aux perroquets, aux oiseaux des bois ou à l'arbre Haritala (47).

13. Cet Aditya s'est levé avec toute sa puissance, détruisant mon adversaire, car je suis incapable de résister à mon ennemi.

ANUVAKA X.
SUKTA I.
(Composé par le rishi Surya, fils d'Angiras et adressé à Indra.)

1. Indra qu'adore la foule, que célèbrent les hymnes et qui es un océan de richesses, anime ce bélier (48) par les louanges ; tes œuvres bienfaisantes s'étendent au loin pour le bonheur des mortels, comme les rayons du soleil ; adorez le puissant

---

(46) Ce vers et les deux suivants forment un Tricha ou tercet, et les Hindous pensent qu'en le récitant avec des formalités convenables, on est guéri des maladies qu'on peut avoir. Surya, célébré de la sorte par Praskanwa, le guérit d'une maladie cutanée ou d'une lèpre dont il était atteint. On regarde aussi ces vers comme un antidote contre le poison et comme pouvant procurer le bonheur et la libération finale. M. Reynaud, dans ses *Mémoires sur l'Inde*, montre que lorsque les Musulmans envahirent l'Inde pour la première fois, ils y trouvèrent le culte du soleil ou de Surya basé sur la prétendue guérison de Suneba, fils de Krishna, délivré par cet astre de la lèpre dont il était atteint.

(47) On ne sait trop s'il existe un arbre ainsi nommé ; *haritala* est le nom donné d'ordinaire à l'orpiment jaune, *hurdrava*, poudre jaune végétale. M. Langlois rend le mot sanscrit par fleur de l'haridrava, et met en note : *Nauclea cadamba*.

(48) Allusion à une légende qui représente Indra comme venant sous la forme d'un bélier à un sacrifice célébré par Medhatithi et comme y ayant bu le jus du soma.

et sage Indra, afin de jouir d'une grande prospérité.

2. Les Ribhus, qui nous protégent et nous assistent, se sont hâtés de se rendre auprès d'Indra dont les mouvements sont agréables et qui remplit le firmament de ses rayons ; doué d'une grande vigueur, il humilie ses ennemis, il accomplit cent actes pieux, et les voix qui montent jusqu'à lui l'encouragent.

3. Tu as ouvert le nuage pour les Angiras, tu as montré la voie à Atri renfermé dans les prisons aux cent portes (49), tu as accordé à Vimada la richesse et la nourriture ; tu brandis ta foudre pour défendre ton adorateur engagé dans un combat.

4. Tu as ouvert le réceptacle des eaux ; tu as retenu dans la montagne le trésor des méchants ; quand tu as tué Vritra le destructeur, tu as rendu le soleil visible dans les cieux.

5. Tu as humilié les trompeurs qui présentaient des offrandes à leurs propres bouches (50) ; propice aux hommes, tu as détruit les cités de Pipra et tu as défendu Rijiswan dans les combats où tu as détruit les voleurs.

6. Tu as défendu Kutsa dans des combats funestes avec Sushna ; tu as détruit Sambhara en défendant Atithigwa ; tu as foulé aux pieds le grand Arbuda ; depuis des temps éloignés, tu es né pour la destruction des oppresseurs.

7. En toi, Indra, toute vigueur est concentrée ; tu te délectes à boire le jus du soma ; nous savons que la foudre est déposée en tes mains ; ôte toute force à notre ennemi.

8. Fais la distinction entre les Aryas et les Dasyas ; frappe ceux qui ne célèbrent point les rites religieux et oblige-les à se soumettre à celui qui accomplit les sacrifices ; encourage le sacrificateur, toi qui es puissant ; je désire célébrer tous tes exploits par des sacrifices qui te donnent de la satisfaction.

9. Indra humilie ceux qui négligent les actes saints et favorise ceux qui les observent ; il punit ceux qui s'écartent de son culte ; Vamra (51), en le louant, celui qui est à la fois jeune et vieux et qui s'étend dans toute l'étendue des cieux, peut enlever les matériaux accumulés pour le sacrifice.

10. Si l'Asuras (52) voulait exercer sa vigueur contre la tienne, alors ta puissance terrifierait, par son intensité, le ciel et la terre. Ami de l'homme, que tes chevaux te portent en ces lieux avec la rapidité du vent, afin que tu prennes part à la nourriture offerte en sacrifice.

11. Quand Indra est satisfait du chant des hymnes, il monte sur son char traîné par des coursiers à la marche sinueuse ; le dieu terrible arrache les eaux du nuage qui passe et il les fait jaillir en torrent ; il a inondé les vastes cités de Sushna.

12. Tu montes volontiers sur ton char, Indra, afin de boire les libations, telles que celles que tu te plaisais à voir répandues dans le sacrifice de Suryata (53) ; agrée le suc du soma versé à nos sacrifices, et tu obtiendras dans le ciel une gloire impérissable.

13. Tu as donné, Indra, la jeune Vrichaya au vieux Kakshivat qui te louait et t'offrait des libations ; ô Satakrata, tu fus Mena, la fille de Vrishunaswa ; toutes les actions que tu as accomplies doivent être récitées dans le culte qu'on te rend.

14. Indra a été invoqué afin qu'il assiste les hommes pieux dans leurs difficultés. Loué par les Pajras (54), il est aussi stable que le pilier qui soutient une porte. Indra, qui donne les richesses, qui possède des chevaux, des troupes et des chars, est ici présent.

15. Nous adorons celui qui répand la pluie, celui qui brille d'un vif éclat et qui possède une grande puissance ; puissions-nous, ô Indra, être aidés dans ce combat par de nombreux héros et résider dans une habitation heureuse que tu nous auras donnée.

SUKTA II.

(Composé par le même rishi et adressé au même dieu.)

1. Adorez ce bélier qui fait connaître le ciel et que cent adorateurs s'appliquent à la fois à louer. J'implore Indra pour qu'il monte sur son char et qu'il accoure, comme un coursier rapide, vers le sacrifice offert pour ma protection.

2. Quand Indra qui fait ses délices de la nourriture offerte en sacrifice, eut tué Vritra qui arrêtait le cours des eaux, il resta ferme, comme une montagne, parmi les torrents, et possesseur de mille

---

(49) Atri était un ancien Richi. Les Asuras s'emparèrent de lui et le renfermèrent dans une prison qui avait cent portes et où il était tourmenté par une chaleur excessive ; il fut miraculeusement soulagé par une pluie qu'Indra et les Aswins firent tomber.

(50) Selon des légendes védiques les Asuras (ou démons) méprisant les dieux, refusèrent de leur offrir des sacrifices et dévorèrent les offrandes.

(51) Nom d'un Richi objet de diverses légendes dans les récits védiques ; on le représente comme ayant été enterré dans des fourmilières gigantesques qui existent dans les régions tropicales.

(52) Usunus ou Suisa est regardé comme le précepteur des Asuras ; ce nom est celui de la planète Vénus.

(53) D'après les commentateurs sanscrits, Suryata était un prince de la race de Manu, et le quatrième fils de Vaivaswata ; il donna sa fille en mariage au rishi Chyavana, et à cette occasion il y eut un sacrifice solennel où Indra et les Aswins assistèrent, Chyavana s'appropria la portion de l'offrande destinée aux Aswins ; Indra en fut très-irrité, et, pour l'apaiser, il fallut préparer une nouvelle offrande. Cette légende est racontée tout au long dans le Bhagavata et dans le Padma-Purana.

(54) Nom d'une famille descendue d'Angiras ; grâce à d'abondants sacrifices offerts aux dieux, elle obtint de nombreux troupeaux.

moyens de protéger ceux qui l'implorent, sa vigueur augmenta.

3. Celui qui est le vainqueur de ses ennemis, qui est répandu dans le firmament, la racine du bonheur que réjouit le suc du soma, c'est lui que d'accord avec les prêtres savants, j'invoque, le généreux Indra qui accorde une nourriture abondante.

4. Les libations répandues sur l'herbe sacrée remplissent Indra dans le ciel comme les rivières qui courent vers l'Océan pour le remplir; les Maruts qui sèchent l'humidité, qui ne rencontrent pas d'obstacles et dont les formes sont stables, accompagnaient Indra, comme ses auxiliaires, à la mort de Vritra.

5. Ses alliés, animés par les libations, le précédaient, combattant celui qui retenait la pluie, comme des rivières se précipitent le long des hauteurs. Indra, fortifié par la nourriture, brisa les défenses de Vala, comme Trita brisa ce qui couvrait le puits (55).

6. Indra, lorsque tu eus frappé de la foudre la joue du colossal Vritra qui, ayant retenu les eaux, reposait dans la région au-dessus du firmament, ta renommée se répandit au loin, ta valeur devint célèbre.

7. Les hymnes qui te glorifient, ô Indra, parviennent à toi comme les ruisseaux se jettent dans un lac. Twashtri a augmenté ta vigueur; il a donné à tes traits un pouvoir irrésistible.

8. Indra, qui accomplis des actes saints et qui as tué Vritra, tu as rendu la liberté aux eaux, tu as pris en tes mains tes traits de fer et tu as rendu le soleil visible dans les cieux.

9. Tes adorateurs redoutant Vritra, récitèrent l'hymne du Brihat soma qui donne la force et qui monte au ciel; ses alliés, les Maruts, qui combattent pour les hommes et qui leur donnent la vie, animèrent Indra à le détruire.

10. Le ciel fut déchiré par la frayeur que causa le cri de cet Ahi, lorsque tu fus inspiré, Indra, en buvant le suc du soma; ta foudre brisa la tête de Vritra qui opprimait le ciel et la terre.

11. Lors même que la terre serait dix fois plus vaste et que les hommes se multiplieraient chaque jour, ta valeur serait également renommée; les exploits accomplis par ta présence se répandraient jusqu'aux cieux.

12. Intrépide Indra, toi qui résides au delà des limites du vaste firmament, tu as formé la terre pour nous préserver; tu as été le modèle de la vigueur; tu as entouré le firmament et les cieux jusqu'à leur extrémité.

13. Tu es le type de la terre étendue; tu es le seigneur de l'immense région que fréquentent les dieux; tu remplis tout le firmament et il n'existe nul être tel que toi.

14. Indra, toi dont le ciel et la terre n'ont pas atteint la grandeur, toi dont les cieux des cieux n'ont pas atteint les limites, toi dont le courage en luttant contre celui qui arrêtait les pluies est resté sans égal, toutes choses dépendent de toi.

15. Les Maruts t'adorèrent en cette rencontre; tous les dieux prirent part à ton triomphe lorsque tu eus frappé la face de Vritra de ton trait angulaire et fatal (56).

SUKTA III.

(*Composé par le même rishi et adressé au même dieu.*)

1. Nous offrons toujours de justes louanges au puissant Indra, dans la demeure de son adorateur; grâce à ces louanges, le dieu a promptement acquis des richesses, comme un voleur enlève rapidement les biens d'un homme endormi. Des louanges mal exprimées ne sont pas estimées parmi les êtres généreux.

2. C'est toi, Indra, qui donnes des chevaux, du bétail, de l'orge; c'est toi qui es le maître et le protecteur de la richesse, le modèle de la libéralité; tu ne désappointes point les désirs qu'on t'adresse; tu es l'ami de nos amis; tel est l'Indra que nous louons.

3. Sage et brillant Indra, qui accomplis de grandes actions, les richesses répandues à l'entour sont connues pour t'appartenir; après les avoir réunies, apporte-les-nous, toi qui es vainqueur de tes ennemis, ne désappointe pas l'attente de ton adorateur qui met en toi sa confiance.

4. Rendu propice par ces offrandes et par ces libations, chasse la pauvreté en nous donnant des troupeaux et des chevaux; puissions-nous, subjuguant nos adversaires et délivrés de nos ennemis, grâce au secours d'Indra, satisfait de nos libations, puissions-nous jouir d'une nourriture abondante.

5. Indra, puissions-nous posséder des richesses et des aliments; puissions-nous, doués de cette énergie qui fait le bonheur des hommes et de la renommée, obtenir une grande prospérité, grâce à ta faveur divine, la source du courage, des troupeaux et des chevaux.

6. Ceux qui étaient tes alliés (les Maruts) t'ont procuré de la satisfaction; protecteur des hommes pieux, les libations et les offrandes (faites en ton honneur quand tu tuas Vritra) t'ont procuré de la satisfaction, lorsque, vainqueur de tes ennemis, tu

(55) Tout ceci se rapporte à des légendes védiques peu connues. Vala est un Asura, ou démon. Trita est la libation personnifiée du soma placée dans la coupe du sacrifice; elle expulse les Asuras qui sont venus pour empêcher la célébration de la cérémonie religieuse

(56) Selon les commentateurs hindous, la foudre (*vajra*) d'Indra a huit angles, ou peut-être huit lames.

détruisis les dix mille obstacles opposés à celui qui te louait et te présentait des offrandes.

7. O toi qui humilies tes adversaires, tu vas de combat en combat, et tu détruis, par ta puissance, les cités l'une après l'autre ; avec ton compagnon qui terrasse l'ennemi (avec le tonnerre) tu as tué de loin, Indra, le perfide Namuchi.

8. Tu as tué Karanja et Parnaya, les frappant de ton glaive brillant ; tu as sans aide, détruit les cent villes de Vangrida qu'assiégeait Rijiswan (57).

9. Illustre Indra, tu as renversé sous la roue de ton char les vingt rois des hommes qui étaient venus contre Susravas, et leurs soixante mille et quatre-vingt-dix-neuf compagnons.

10. Indra, tu as préservé Susravas ainsi que Turvayana en leur donnant ton secours ; tu as rendu Kutsa, Atithigwa et Ayu soumis au puissant quoique jeune Susravas.

11. Protégés par les dieux, nous restons, Indra, à la fin du sacrifice, tes heureux amis ; nous te louons en jouissant, grâce à toi, d'une excellente postérité et d'une vie longue et prospère.

SUKTA IV.
(Composé par le même rishi et adressé au même dieu.)

1. Ne nous pousse pas, Maghavan, à cette iniquité, à ces combats injustes, car la limite de ta force ne peut être surpassée ; tu as poussé un cri et tu as fait rugir les eaux des rivières ; comment est-il possible que la terre ne fût pas remplie d'effroi ?

2. Offrez vos adorations au sage et puissant Sakra ; glorifiez Indra, louez celui qui, par sa puissance irrésistible, purifie le ciel et la terre, qui envoie les pluies et qui, par sa munificence, gratifie nos désirs.

3. Offrez vos louanges au grand et illustre Indra, sa renommée est éclatante ; c'est lui qui donne la pluie, qui repousse nos ennemis, qui est obéi de ses coursiers et qui répand sur nous ses libéralités, s'empresse de venir ici.

4. Tu as agité le sommet du vaste ciel, tu as tué Sambara ; tu as lancé avec résolution la foudre aiguë et aux rayons brillants contre les Asuras assemblés.

5. Depuis que tu as versé la pluie sur le front du vent et sur la tête du soleil, qui t'empêchera de faire aujourd'hui ce que tu voudras, toi dont l'esprit est ferme et résolu ?

6. Tu as protégé Narya, Turvasa, Yadu et Turviti de la race de Vayya ; tu as protégé leurs chars et leurs chevaux au milieu des combats ; tu as renversé les quatre-vingt-dix-neuf cités de Sambara.

(57) On ne trouve point ailleurs de détails relatifs à Karanja, à Parnava et à Vangrida ; ce sont tous des Asuras ou démons.

7. Le personnage éminent qui chérit les hommes pieux, travaille à sa prospérité, lorqu'il célèbre les louanges d'Indra en lui présentant des offrandes et en récitant des hymnes ; le généreux Indra fait pour lui tomber la pluie du ciel.

8. Sa puissance est sans égale ; sa sagesse est sans égale ; puissent ceux qui boivent le suc du soma devenir ses égaux par leurs actes de piété, car ceux qui te présentent des offrandes, ô Indra, augmentent ta force considérable et ta vigueur virile.

9. Ce copieux jus du soma exprimé par des pierres et contenu dans des cuillers est préparé pour toi ; il est la boisson d'Indra ; apaise ton appétit et fixe ensuite ta pensée sur la richesse qui doit nous être accordée.

10. L'obscurité arrêta le courant des eaux, le nuage était dans le ventre de Vritra, mais Indra précipita toutes les eaux que le tyran avait cachées jusque dans les profondeurs de la terre.

11. Accorde-nous, Indra, une renommée toujours croissante ; accorde-nous une force considérable et qui subjugue nos ennemis ; maintiens-nous dans l'abondance, chéris ceux qui sont sages et accorde-nous cette opulence d'où procèdent une excellente postérité et des aliments.

SUKTA V.
(Composé par le même rishi et adressé au même dieu.)

1. L'étendue d'Indra était plus vaste que celle du ciel ; la terre n'était pas comparable à lui sous le rapport du volume ; formidable et puissant, il a toujours frappé les ennemis de ceux qui l'adorent ; il aiguise sa foudre comme un taureau ses cornes.

2. Indra, qui réside dans le firmament, saisit les vastes eaux et les retient comme l'Océan reçoit les rivières ; il se précipite avec l'impétuosité d'un taureau, pour boire le suc du soma ; il désire que nos louanges reconnaissent ses exploits guerriers.

3. Indra, tu n'as point frappé le nuage pour ton propre plaisir ; tu règnes sur ceux qui possèdent de grandes richesses ; nous savons que tu surpasses en vigueur tous les autres dieux ; le fier Indra l'emporte sur tous les dieux en raison de ses exploits.

4. Il est vraiment glorifié par les sages qui l'adorent dans la forêt ; il proclame sa vigueur parmi les hommes ; il exauce les souhaits de ceux qui l'implorent, il encourage ceux qui désirent l'adorer, lorsque l'homme riche qui jouit de sa protection et qui présente des offrandes, récite ses louanges.

5. Indra, le guerrier, s'engage avec une bravoure irrésistible, dans un grand nombre de combats pour le bonheur des hommes ; lorsqu'il lance son trait fatal, chacun a foi dans le brillant Indra.

6. Ambitieux de renommée, détruisant les demeures bien bâties des Asuras, et rendant la liberté

aux astres du ciel, il fait couler les eaux pour le bien-être de ceux qui l'adorent.

7. O toi, qui bois le suc du soma, puisse ta résolution te porter à exaucer nos désirs, que tes coursiers soient présents à notre sacrifice; des ennemis rusés ne peuvent l'emporter contre toi.

8. Tu tiens en tes mains une richesse inépuisable, tu as une force irrésistible; tes membres sont entourés de glorieux exploits comme des puits (sont entourés par ceux qui viennent y chercher de l'eau).

SUKTA VI.
(Composé par le même rishi et adressé au même dieu.)

1. Le vorace Indra s'est levé avec l'ardeur d'un cheval qui s'approche d'une jument, pour prendre part aux copieuses libations du sacrifice; il a arrêté son char splendide et bien attelé, et lui, qui se distingue par d'héroïques actions, il prend part à la boisson.

2. Ses adorateurs, portant des offrandes, se pressent autour de lui, comme des marchands avides de gain se pressent sur les navires qui doivent les porter sur l'Océan; montez promptement en chantant les louanges du puissant Indra qui protége le sacrifice solennel; montez comme les femmes gravissent une montagne (58).

3. Il est puissant et rapide dans ses actions; sa bravoure destructive brille au loin dans les combats comme le sommet d'une montagne; revêtu d'une armure de fer, il triompha du rusé Sushna.

4. Une force divine accompagne Indra comme le soleil suit l'aurore; il frappe rudement ses ennemis auxquels la douleur arrache de grands cris.

5. Indra, lorsque tu distribuas dans les divers quartiers du ciel les eaux qui soutiennent la vie et qui avaient été cachées, animé par le suc du soma, tu courus au combat, tu tuas Vritra et tu fis tomber un océan d'eau.

6. Puissant Indra, fais tomber du ciel sur les royaumes de la terre la pluie qui soutient le monde; animé par le jus du soma, tu as chassé les eaux des nuages et tu as écrasé Vritra sous un rocher solide.

SUKTA VII.
(Composé par le même rishi et adressé au même dieu.)

1. J'offre des louanges spéciales à l'excellent, au généreux, à l'opulent, au puissant Indra; son impétuosité irrésistible est comme celle de l'eau qui se jette dans un précipice, et ses vastes trésors sont ouverts à ceux qui l'adorent.

2. Le monde entier, Indra, s'appliquait à te rendre hommage; les offrandes du sacrificateur coulaient comme de l'eau tombant dans un gouffre; la foudre terrible d'Indra, lancée contre l'ennemi, ne dormit pas sur la montagne.

3. Belle Ushas, présente notre offrande au redoutable Indra, dont la splendeur glorieuse et vivifiante le pousse de çà et de là, à la recherche des mets offerts en sacrifice, comme le conducteur d'un char guide ses chevaux dans des directions diverses.

4. Opulent Indra, objet de bien des louanges, nous nous approchons de toi, en comptant sur ta faveur; nul autre que toi ne reçoit nos éloges; agrée nos supplications; puisses-tu avoir pour nous l'amour que la terre a pour ses créatures.

5. Grand est ton courage, ô Indra; nous sommes à toi; satisfais les désirs de celui qui t'invoque; les vastes cieux ont reconnu ta puissance, et la vigueur a fait courber la terre.

6. Tu as frappé de ton dard la nuée vaste et massive, tu l'as brisée en morceaux et tu as fait couler la pluie qui y était renfermée; vraiment toi seul possèdes toute puissance.

ANUVAKA XI.
SUKTA I.
(Composé par le rishi Nodhas, fils de Gotama, et adressé à Agni.)

1. L'immortel et puissant Agni s'élance avec rapidité lorsqu'il invoque les dieux, et il est le messager de celui qui les adore; suivant des routes bien choisies, il a fait le firmament, et il adore les divinités en leur présentant des offrandes lors des sacrifices.

2. Agni qui ne peut déchoir, combinant sa nourriture (avec sa flamme) et la dévorant rapidement, monte dans le bois sec; la flamme de l'élément destructeur bondit comme un coursier agile et mugit comme un nuage qui gronde au haut du ciel.

3. L'immortel et resplendissant Agni, qui porte les offrandes et qui est honoré par les Rudras et les Vasas, qui invoque les dieux, qui préside aux offrandes et qui est le distributeur des richesses, accepte les offrandes qui sont successivement présentées.

4. Excité par le vent et mugissant avec force, Agni pénètre facilement dans le bois; lorsque tu te précipites comme un taureau parmi les arbres des forêts, ton chemin est noirci.

5. Agni aux armes de flamme et excité par le vent attaque avec toute sa vigueur l'humidité contenue dans les arbres; il s'agite triomphant dans la forêt, tel qu'un taureau; toutes les créatures le redoutent.

6. Les fils de Bhrigou (59), voulant perpétuer

---

(58) Les commentateurs ajoutent: pour cueillir des fleurs.

(59) Le sage Bhrigou eut des descendants nombreux qui jouent un grand rôle dans l'histoire fabuleuse de l'Inde.

parmi les hommes les naissances divines, t'ont chéri comme un trésor précieux ; Agni, tu sacrifies pour les hommes, tu invoques les dieux, tu es l'hôte bienvenu aux sacrifices, et tu dois être estimé tel qu'un ami affectueux.

7. J'adore cet Agni que les sept prêtres qui font les invocations invitent comme celui qui invoque les dieux, il est bien digne d'adoration et il donne toutes les richesses ; je sollicite de lui l'opulence.

8. Fils de la force, Agni à l'éclat favorable, accorde à ceux qui t'adorent une félicité non interrompue ; préserve de la souillure du péché celui qui te loue, protége-le comme une armure de fer.

9. Agni qui brille de splendeurs diverses, protége celui qui te loue ; donne la prospérité aux riches qui te font des offrandes ; préserve du péché tes adorateurs ; puisse Agni, qui est riche en actions équitables, venir rapidement vers nous le matin.

SUKTA II.

(*Composé par le rishi Nodhas et adressé à Agni.*)

1. Quels que soient les feux qui existent, ce ne sont que tes ramifications, Agni, mais ils se réjouissent tous en toi, être immortel ; ô Vaiswanara, tu es le nombril des hommes et tu les supportes comme une colonne profondément enfoncée (soutient le toit d'une maison).

2. Agni, tête du ciel et nombril de la terre, devint le maître de la terre et du ciel ; tous les dieux t'ont engendré, Vaiswanara (60), sous la forme de la lumière.

3. Des trésors furent déposés en Vaiswanara, comme les rayons permanents (de la lumière) dans le soleil ; tu es le souverain de tous les trésors qui existent dans les montagnes, dans les plantes, dans les eaux ou parmi les hommes.

4. Le ciel et la terre s'étendirent comme pour leur fil. Le sacrificateur expérimenté récite de nombreuses et anciennes louanges adressées au vigoureux Vaiswanara, au mouvement gracieux et guide de toutes choses.

5. Vaiswanara, tu connais tout ce qui a reçu la naissance et ta grandeur a dépassé celle du ciel ; tu es le monarque des hommes descendus de Manu, tu as reconquis pour les dieux, dans les combats, les richesses (qu'avaient enlevées les Asuras).

6. Je célèbre la grandeur de celui qui fait tomber la pluie et que les hommes glorifient comme le vainqueur de Vritra ; Vaiswanara tua celui qui dérobait les eaux ; il les fit tomber sur la terre et déchira le nuage (61).

7. Vaiswanara est, par sa grandeur, l'humanité tout entière ; il doit être adoré comme celui qui répand une lumière abondante, en retour des offrandes qu'on lui fait avec des mets nourrissants. Agni, qui dit la vérité, loue avec de grands éloges Puranitha, le fils de Satavani.

SUKTA III.

(*Composé par le même rishi et adressé à Agni.*)

1. Matariswan a amené à Bhriga, comme un ami, le renommé Nahni, qui éclaire les sacrifices, qui protége avec soin ses adorateurs, le rapide messager des dieux, le rejeton de deux parents ; il doit être pour lui un trésor précieux.

2. Les dieux et les hommes sont les adorateurs de ce souverain ; le seigneur des hommes, le distributeur (des récompenses désirées) fut placé par les prêtres sur l'autel avant que le soleil ne fût dans le firmament.

3. Puisse notre cérémonie la plus nouvelle venir devant cet Agni dont la langue est douce et qui doit être engendré dans le cœur ; c'est lui que les hommes descendants de Manu invoquent au moment du combat, en lui présentant des offrandes.

4. Agni, le purificateur qui donne des demeures, l'excellent Agni qui invoque les dieux, a été placé (sur l'autel) parmi les hommes ; puisse-t-il frapper nos ennemis, protéger nos habitations et garder les trésors qui sont en cette maison.

5. Nous qui sommes de la race de Gotama, nous te louons, Agni, et t'adressons des hymnes comme au seigneur des richesses ; nous te frottons, ô toi qui porte les offrandes, comme (un cavalier frotte) un cheval ; puisse celui qui a acquis de la richesse par les hymnes sacrés venir ici rapidement le matin.

SUKTA IV.

(*Composé par le même rishi et adressé à Indra.*)

1. J'adore ce puissant, rapide et grand Indra ; je lui offre des hommages qu'il reçoit avec plaisir et des offrandes qui lui sont aussi agréables que les aliments le sont pour un homme affamé.

2. J'offre à Indra des offrandes aussi agréables que la nourriture à un homme affamé ; j'élève vers lui des exclamations qui peuvent être efficaces pour mettre en fuite mes ennemis ; d'autres aussi adorent Indra de cœur, d'esprit et d'intelligence.

3. J'offre avec ma bouche une exclamation retentissante en prononçant des éloges puissants et purs, afin de glorifier celui qui est le type de toutes choses, celui qui donne des objets précieux, le grand et le sage.

4. Je prépare des louanges pour lui, comme un charpentier construit un char, afin que celui qui le

---

(60) Ce mot vient de *wisna*, tout, *nara*, homme ; il désigne un feu commun à toute la race humaine, et ici il s'applique au feu, c'est-à-dire à la chaleur naturelle qui est le principal élément de la digestion.

(61) Vaiswanara est ici identifié avec Indra, ce qui n'est point contraire à la théogonie des Védas qui réduit toutes les divinités à trois, le Feu, l'Air et le Soleil, et qui les ramène parfois à une seule, le Soleil.

guide obtienne ainsi de la nourriture; je présente des louanges à celui qui en est si digne, et des offrandes excellentes au sage Indra.

5. Afin de rendre Indra propice, je célèbre ses louanges, et je glorifie l'héroïque et généreux Indra qui donne la nourriture et qui détruit les cités (des Asuras).

6. C'est pour Indra que Twashtri aiguisa la foudre redoutable; avec cette arme terrible, le puissant souverain trancha les membres de Vritra.

7. Buvant avec rapidité les libations et dévorant les aliments présentés dans les trois sacrifices journaliers consacrés au créateur du monde, celui qui pénètre l'univers déroba les trésors des Asuras; le vainqueur de ses ennemis, celui qui lance le tonnerre, perça le nuage.

8. C'est à cet Indra que les femmes épouses des dieux adressèrent leurs louanges, lors de la destruction d'Ahi; il parcourt le ciel et la terre; ils ne surpassent pas ton étendue.

9. Sa grandeur excède vraiment celle du ciel, de la terre et des cieux; Indra que nul exploit n'étonne, et qui est habile dans le combat, lutte avec un ennemi digne de lui.

10. Indra, par sa vigueur, tailla en pièces Vritra, le frappant de son tonnerre, et il rendit la liberté aux eaux, semblables à des vaches recouvrées des mains des voleurs; Indra, exauçant les désirs de celui qui lui présente une offrande, lui accorde de la nourriture.

11. Grâce à son pouvoir les rivières se jouent, puisqu'il leur a ouvert une route avec sa foudre; il a établi sa suprématie et il récompense celui qui lui fait une offrande, il a préparé un lieu de repos pour Turviti.

12. Indra, seigneur agile et puissant de toutes choses, lance ta foudre contre Vritra; sépare ses membres comme les bouchers séparent ceux d'une vache, afin que les pluies puissent lui échapper et que les eaux coulent sur la terre.

13. Proclamez avec des hymnes nouveaux les anciens exploits de ce rapide Indra lorsque, maniant ses armes dans le combat, il rencontre et détruit ses ennemis.

14. Les montagnes restent immobiles, tant est grande la crainte qu'il inspire; le ciel et la terre tremblent par suite de l'effroi que cause son aspect; que Nodhas, en célébrant le pouvoir préservateur du bien-aimé Indra, soit promptement fortifié.

15. Nous avons célébré celui qui est le vainqueur de ses ennemis et le possesseur de vastes richesses; il aime à recevoir les louanges de ceux qui l'invoquent. Indra a défendu le pieux sacrificateur Etura lorsqu'il combattait contre Surga, le fils de Swasha.

16. Indra qui attèles les chevaux, les descendants de Gotama t'ont invoqué pour obtenir ta présence parmi eux; accorde-leur toute sorte d'abondance. Puisse celui qui a acquis de la richesse par des actes pieux, venir promptement ici le matin.

CINQUIÈME ADHYAYA.
ANUVAKA IX (suite).
SUKTA V.
(Composé par Nodhas et adressé à Indra.)

1. Nous invoquons le puissant Indra digne de louanges; nous méditons, comme Angiras, les chants que nous avons à réciter en son honneur, ses adorateurs doivent lui adresser des prières efficaces afin de l'amener à la cérémonie.

2. Prêtres, offrez au vaste et puissant Indra des hommages profonds et un chant fait pour être récité hautement; c'est grâce à lui que nos ancêtres les Angiras, en l'adorant et en reconnaissant la trace des pas, ont recouvré les troupeaux dérobés.

3. Lorsque Indra et les Angiras commencèrent à pied leur chasse, Surama assura de la nourriture pour ses petits, alors Brihaspati tua le malfaiteur et recouvra les vaches, et les dieux proclamèrent hautement leur joie.

4. Puissant Indra que doit glorifier l'hymne récité à haute voix par les sept prêtres, soit qu'ils soient engagés pour neuf mois ou pour dix (62), tu as terrifié par ta voix le nuage que tu as brisé.

5. Destructeur de tes ennemis, loué par les Angirasas, tu as chassé les ténèbres en employant l'aurore et les rayons du soleil; tu as redressé les élévations de la terre; tu as fortifié les fondements de la région céleste.

6. Les exploits de ce gracieux Indra sont admirables; son triomphe est glorieux; il a rempli les quatre rivières d'eau douce répandue sur la surface de la terre.

7. Celui dont on ne peut s'emparer par violence, mais que se rendent facilement propice ceux qui l'invoquent avec des hymnes sacrés, a partagé les sphères éternelles et unies (du ciel et de la terre); le gracieux Indra, protecteur du ciel et de la terre, maintient le soleil au haut du firmament.

8. Le jour et la nuit de complexion diverse, renaissant à diverses reprises, mais toujours jeunes, ont, depuis une période ancienne, traversé alternativement, dans leurs révolutions, le ciel et la terre, la nuit au corps sombre, l'aurore aux membres lumineux.

9. Le fils de la force, assidu aux bonnes œuvres,

---

(62) Ce passage est obscur dans le texte sanscrit; le sens que nous rendons est celui qu'a adopté M. Wilson; il indique deux espèces de prêtres dont les uns faisaient des sacrifices pendant neuf mois et les autres pendant dix mois. Une autre explication que M. Langlois a préférée (*Voy.* sa traduction du Rig-Véda, t. I, p. 121 et note, p. 274) distingue ces prêtres en deux classes, dont l'une chante sur des mesures de neuf syllabes, l'autre sur des mesures de dix syllabes

appliqué aux cultes pieux, garde son ancienne amitié (pour son adorateur) Indra.

10. Depuis longtemps les doigts agiles et infatigables pratiquent des milliers d'actes de dévotion à l'égard d'Indra, et, comme les épouses des dieux, les sœurs protectrices adorent celui qui est sans blâme.

11. Bel Indra, toi qu'on doit louer par des hymnes saints, les hommes pieux attachés aux cérémonies saintes, ceux qui désirent des richesses et ceux qui sont sages, se rendent vers toi avec vénération ; puissant Indra, leurs esprits s'attachent à toi comme des épouses affectionnées à un mari qui les aime.

12. Bel Indra, les richesses qui depuis longtemps sont en tes mains, n'ont subi aucune diminution. Indra, tu es illustre, résolu et appliqué aux bonnes œuvres ; enrichis-nous par les actions, toi qui es infatigable.

13. Puissant Indra, Nodhas, fils de Gotama, a composé pour toi ce nouvel hymne, il te l'adresse, ô toi qui es à jamais, qui attelles tes coursiers à ton char et qui es le guide de tous. Puisse celui qui a acquis la richesse par des actes pieux, venir rapidement ici le matin.

SUKTA VI.

(*Composé par le même rishi et adressé au même dieu.*)

1. Indra, tu es l'être puissant qui, te manifestant à l'heure des alarmes, soutiens par ton énergie le ciel et la terre ; toutes les créatures, les montagnes et tous les objets grands et solides tremblèrent devant toi comme les rayons du soleil.

2. Indra, lorsque tu attelles tes chevaux, celui qui te loue place ta foudre en tes mains ; tu attaques tes ennemis et tu détruis leurs nombreuses cités.

3. Indra, le meilleur des êtres, toi qui attaques et humilies tes ennemis, toi qui es le chef des Ribhus et l'ami des hommes, tu aidas le jeune et illustre Kutsa, et tu tuas Sushna après un terrible combat.

4. Tu t'animas à acquérir une renommée semblable à celle que tu as acquise lorsque tu tuas Vritra, ô toi qui envoies la pluie et qui tiens la foudre, et lorsque, héros généreux qui triomphes de tes ennemis, tu mis en fuite les Dasyas.

5. Indra, toi qui ne veux faire tort à aucun mortel résolu, ouvre tous les quartiers de l'horizon aux chevaux de ceux qui te louent ; ô toi qui tiens le tonnerre, écrase nos ennemis comme avec une massue.

6. Les hommes t'invoquent au milieu des combats qui procurent la richesse. Que ton secours, ô puissant Indra, ne manque jamais à nos guerriers.

7. Indra qui tiens la foudre, en combattant en faveur de Purukutsa, tu renversas les sept cités ; tu le saisis pour Sudas de la richesse d'Anhas, comme si elle eût été une touffe d'herbe sacrée, et tu la donnas à celui qui te rassasiait de ses offrandes.

8. Donne-nous, divin Indra, une nourriture abondante ; répands-la sur la terre comme l'eau que tu fais couler de tout côté et qui soutient l'existence.

9. Des louanges t'ont été adressées, ô Indra par les fils de Gotama ; elles te sont parvenues lorsque tes coursiers t'ont apporté ici ; donne-nous des aliments de divers genres. Puisse celui qui a acquis de la richesse par des actes pieux, venir rapidement ici le matin.

SUKTA VII.

(*Composé par le même rishi et adressé aux Maruts.*)

1. Offre, Nodhas, des louanges ferventes à la réunion des Maruts, qui envoient la pluie, qui font mûrir le fruit et qui méritent notre adoration. Recueilli et les mains étendues, je prononce les prières que conçoit mon esprit, qui sont efficaces dans les rites sacrés (et qui coulent aussi promptement) que les eaux.

2. Ils naquirent beaux et vigoureux les fils de Rudra, vainqueurs de leurs ennemis, exempts de péché, purifiant tout, radieux comme des soleils, puissants comme des esprits malfaisants, faisant tomber la pluie et ayant un aspect effrayant.

3. Jeunes Rudras, vous qui détruisez ceux qui n'adorent pas les dieux et qui êtes inébranlables comme des montagnes, vous êtes disposés à exaucer les vœux de ceux qui vous adorent, et, par votre force, vous agitez toutes les substances, soit du ciel, soit de la terre.

4. Ils ont décoré leurs personnes d'ornements divers, ils ont placé de brillantes guirlandes sur leurs poitrines ; des lances sont sur leurs épaules ; ils naissent du ciel, radieux et dignes d'éloges.

5. Enrichissant ceux qui les adorent, agitant les nuages, détruisant leurs ennemis, ils ont, par leur pouvoir, créé les vents et les éclairs ; les Maruts pressent les mamelles célestes, et ils arrosent la terre d'une onde féconde.

6. Les généreux Maruts versent les eaux nourrissantes, comme les prêtres répandent, dans les sacrifices, le beurre clarifié ; ils amènent le nuage rapide et chargé de pluie, comme les esclaves amènent un cheval.

7. Vous qui possédez la science et la splendeur, qui êtes stables comme des montagnes et rapides dans vos mouvements, vous brisez les forêts comme des éléphants.

8. Les sages Maruts rugissent comme des lions ; eux qui savent tout sont gracieux comme le daim tacheté ; ils détruisent leurs ennemis et font les délices de ceux qui les adorent ; doués dans leur colère d'une force mortelle, ils viennent avec leurs

antilopes et leurs armes pour protéger les sacrificateurs contre toute interruption.

9. Maruts qui êtes des héros et qui êtes bienveillants pour les hommes, vous dont la force est irrésistible, vous faites résonner le ciel et la terre quand vous arrivez ; votre gloire brille comme l'éclair éblouissant, ô vous qui êtes assis dans des chars garnis de siéges.

10. Les Maruts qui savent toutes choses et qui possèdent la richesse, qui subjuguent leurs ennemis et qui sont les guides des hommes, tiennent le dard en leurs mains.

11. Ils fendent avec des roues d'or les nuages comme un troupeau d'éléphants brise les arbres qui se trouvent sur sa route ; ils visitent les salles où s'offrent les sacrifices et, renversant ce qui est stable, ils portent des armes brillantes.

12. Nous invoquons et célébrons la réunion des Maruts purificateurs, répandant l'eau et vainqueurs de leurs ennemis ; prêtres, pour obtenir la prospérité, ayez recours aux puissants Maruts qui soulèvent la poussière, et qui, recevant les libations versées des vases sacrés, répandront sur vous des bienfaits.

13. Maruts, l'homme que vous protégez surpasse promptement en force tous les autres hommes ; il acquiert de la nourriture et des richesses ; il accomplit les cérémonies requises et il prospère.

14. Maruts, accordez à votre adorateur un fils éminent en bonnes œuvres, invincible dans les combats, illustre, vainqueur de ses ennemis, et digne de louanges ; puissions-nous durant cent hivers chérir un tel fils et un tel petit-fils.

15. Accordez-nous, Maruts, des richesses durables et une prospérité qui désole nos ennemis ; donnez-nous des trésors qui s'accroissent sans cesse. Puissent ceux qui ont acquis la richesse par des actes pieux, venir promptement ici le matin.

ANUVAKA XII.

SUKTA I.

Composé par le rishi Garasura, fils de Sakti, et adressé à Agni.

1. Les divinités fermes et sages te suivirent, Agni, à la trace de tes pas, lorsque tu te cachais dans la profondeur des eaux comme un voleur ; toutes les divinités dignes de nos adorations s'asseyent près de toi qui demandes des offrandes et qui les portes aux dieux.

2. Les dieux suivirent la trace du fugitif ; ils le cherchèrent partout ; les eaux s'enflèrent pour cacher celui qui était agrandi par les louanges dont il avait été l'objet et qui se manifestait au sein des eaux, source des mets offerts en sacrifice.

3. Agni est agréable comme la nourriture et vaste comme la terre ; il produit des végétaux comme une montagne ; il est délicieux comme l'eau ; il est comme un cheval poussé à la charge dans un combat et comme des eaux rapides ; qui peut l'arrêter ?

4. Il est le parent des eaux, affectionné comme un frère pour ses sœurs ; il consume la forêt comme un roi détruit ses ennemis, lorsqu'excité par le vent, il traverse les bois et arrache les cheveux de la terre.

5. Il respire parmi les eaux comme un cygne ; éveillé à l'aurore, il rappelle les hommes à l'existence ; il est créateur comme le soma ; né du sein des eaux où il était couché comme un animal qui a replié ses membres, il s'agrandit, et sa lumière se répandit au loin.

SUKTA II.

(Composé par le même rishi et adressé au même dieu.)

1. Agni qui est comme un trésor merveilleux, comme le soleil qui voit tout, comme le souffle vital, comme un fils respectueux, comme un coursier qui porte son cavalier, comme une vache qui donne du lait, Agni, qui est pur et radieux, consume les forêts.

2. Il protège les demeures, il détruit ses ennemis, il loue les dieux, et de même qu'un cheval intrépide court au combat, il se rend avec transport à la salle des sacrifices ; puisse-t-il nous accorder de la nourriture.

3. Agni, dont la splendeur est incomparable, est tel qu'un sacrificateur ; il décore la salle des sacrifices comme une femme orne une demeure ; lorsqu'il brille d'un éclat merveilleux, il est comme le soleil ou comme un char d'or parmi les hommes.

4. Il effraye ses adversaires comme une armée envoyée (contre un ennemi), ou comme le trait à la pointe brillante que lance un archer. Agni, comme Yama, est tout ce qui a reçu la naissance et tout ce qui la recevra, il est l'amant des vierges, le mari des femmes.

5. Approchons de cet Agni étincelant en apportant nos offrandes, comme les vaches s'empressent de se rendre à leurs étables. Il a poussé sa flamme en toute direction comme des courants d'eau ; ses rayons se mêlent à la splendeur qui se montre aux cieux.

SUKTA III.

(Composé par le même rishi et adressé au même dieu.)

1. Agni, né dans les bois et l'ami des hommes, protège celui qui l'adore comme un roi favorise un homme éminent ; que celui qui invoque les dieux et qui porte les offrandes nous soit propice.

2. Tenant en sa main tous les trésors des sacrifices et se cachant dans les eaux, il remplit les dieux d'alarme ; les dieux reconnaissent Agni lorsqu'ils ont récité les prières conçues dans le cœur.

3. Comme le soleil qui n'a point eu de naissance, il soutient la terre et le firmament; Agni aime les endroits agréables aux animaux.

4. Celui qui connaît Agni caché dans les profondeurs, celui qui s'en approche comme du défenseur de la vérité, celui qui répète ses louanges, sont tous assurés qu'il leur donnera l'abondance.

5. Les sages adorent Agni comme celui qui a donné aux plantes leurs vertus, et qui, source de la science et de l'existence, réside dans les eaux.

SUKTA IV.
(Composé par le même rishi et adressé au même dieu.)

1. Agni, qui porte les offrandes, monte au ciel et revêt toutes choses, même la nuit, de lumière; radieux parmi les divinités, il comprendra, lui, les vertus de toutes les substances.

2. Divin Agni, lorsque tu nais du bois sec, alors tous tes adorateurs t'adressent des hymnes qui arrivent jusqu'à toi, qui es immortel.

3. On adresse des louanges au dieu qui est venu à la cérémonie; on présente des offrandes à celui qui est venu au sacrifice; en lui est toute existence. Agni, toi qui connais les pensées de tes adorateurs, accorde des richesses à celui qui te présente des offrandes ou qui désire t'en offrir.

4. Tu as résidé avec les descendants de Manu comme celui qui invoque les dieux; tu es en effet le maître de leur domaine; ils ont désiré que tu misses dans leurs corps la semence de la vie, et réunis à leur postérité accomplie, ils contemplent sans trouble toutes choses.

5. Se hâtant d'accomplir les ordres d'Agni comme des fils soumis aux volontés de leur père, ils célèbrent son culte; Agni met devant eux des trésors qui sont les portes du sacrifice, et celui qui se plaît dans la salle des sacrifices a garni le ciel de constellations.

SUKTA V.
(Même observation.)

1. Agni, qui brille comme le soleil, illumine toutes choses et remplit de clarté le ciel et la terre; il est radieux comme le flambeau céleste. Aussitôt que tu te manifestes, tu embrasses le monde entier, le remplissant d'actes de piété; tu es à la fois le père et le fils des dieux.

2. Le sage, l'humble et le prudent Agni donne la saveur aux aliments comme les vaches donnent la douceur au lait; invité à la cérémonie, il s'assoit dans la chambre des sacrifices, répandant le bonheur parmi les mortels comme un homme bienfaisant.

3. Il répand le bonheur dans une maison comme un fils nouveau-né; il renverse ses adversaires comme un coursier fougueux; quels que soient les êtres divins que nous puissions invoquer en cette cérémonie, tu prends, ô Agni, toutes leurs natures célestes.

4. Que des esprits malins n'interrompent jamais la cérémonie où tu as donné l'espoir de récompenser tes adorateurs, et s'ils veulent troubler ton culte, expulse-les au loin.

5. Qu'Agni, possesseur d'une lumière immense, considère les désirs de son adorateur; ses rayons, portant spontanément l'offrande, ouvrent les portes de la salle des sacrifices et se répandent dans tout le ciel visible.

SUKTA VI.
(Composé par le même rishi et adressé au même dieu.)

1. Nous sollicitons une nourriture abondante. Agni, dont on s'approche par la méditation et qui brille d'une lumière pure, assiste à tous les rites pieux; il connaît les actes adressés aux divinités et (ceux qui règlent) la naissance de la race humaine.

2. On présente des offrandes sur la montagne ou dans les maisons à cet Agni qui est dans l'intérieur des eaux, dans l'intérieur des bois, dans l'intérieur de toutes choses, soit qu'elles se meuvent, soit qu'elles soient immobiles; il est immortel, et accomplit des actes pieux comme un prince bienveillant au milieu de ses sujets.

3. Agni, le seigneur de la nuit, accorde des richesses à celui qui l'adore avec des hymnes sacrés; Agni, qui sait toutes choses et qui connaît l'origine des dieux et des hommes, protége tous les êtres qui résident sur la terre.

4. Agni, que beaucoup de crépuscules aux teintes variées font grandir, et qui, investi de la vérité, s'accroît par l'effet de toutes les choses mobiles ou stables, Agni nous est propice; il est assis auprès de l'endroit où se célèbrent les rites pieux; il est celui qui invoque les dieux, et il fait que tous les actes pieux obtiennent une récompense.

5. Agni, protége nos troupeaux et que tous les hommes nous payent tribut; en t'offrant de nombreux sacrifices, les hommes obtiennent de toi des richesses comme celles que des fils obtiennent de leur vieux père.

6. Puisse Agni, qui réussit en ses entreprises et qui acquiert ce qu'il desire, et qui est comme un guerrier qui est un dard, puisse Agni, redoutable dans les combats, être notre ami.

SUKTA VII.
(Composé par le même rishi et adressé au même dieu.)

1. Les doigts unis ensemble aiment l'affectueux Agni comme des femmes aiment leurs maris; ils lui plaisent par leurs offrandes et l'honorent par leurs gestes, comme les rayons du soleil sont assidus à servir l'aurore qui, dissipant par degrés les ténèbres, finit par briller avec éclat.

2. Nos ancêtres, les Angisaras, en s'appliquant à louer Agni, effrayèrent par le chant de leurs hymnes le robuste et audacieux Pani, le vorace démon; ils tracèrent pour nous un chemin vers le vaste ciel; ils obtinrent celui qui montre le jour (*le soleil*) et les vaches (qui avaient été volées).

3. Ils placèrent Agni dans la salle des sacrifices; ils firent de son culte la source de l'opulence; de fervents adorateurs préservent ses feux et l'honorent dans leurs rites; libres de tout autre désir, assidus à l'adorer et soutenant, par leurs offrandes, les dieux et les hommes, ils viennent en sa présence.

4. Lorsque le souffle vivifiant excite Agni, il brille et se montre en chaque demeure, et celui qui institue la cérémonie, l'engage à accomplir les fonctions de messager comme un roi envoie un ambassadeur au monarque dont il est devenu l'ami.

5. Lorsque celui qui t'adore présente ses offrandes à son glorieux protecteur, le démon avide te reconnaît, ô Agni, et s'éloigne; mais tu lances contre lui une flèche brûlante partie de ton arc redoutable.

6. Lorsque celui qui t'adore t'allume en sa demeure et te présente une offrande, alors, Agni, tu augmentes sa richesse; puisse celui que tu conserves dans son char au combat, revenir chargé de butin.

7. Tous les aliments offerts en sacrifice se concentrent en Agni comme les sept grandes rivières se jettent dans l'Océan; ô toi qui sais toutes choses, fais connaître nos désirs aux dieux.

8. Que la facilité avec laquelle Agni s'assimile la nourriture soit le partage de l'illustre et pieux protecteur des prêtres comme la source de la vigueur virile; puisse Agni naître comme son fils, robuste, irréprochable, intelligent et jeune, et le porter à des actes d'adoration).

9. Le Soleil qui traverse seul le chemin du ciel avec la rapidité de la pensée, est le maître de tous les trésors; les deux rois Mitra et Varuna, aux mains généreuses, sont les gardiens de la précieuse ambroisie de nos troupeaux.

10. Ne romps pas, Agni, l'amitié qui t'unissait à nos ancêtres, car tu connais le passé aussi bien que le présent; de même que la lumière parcourt le ciel, l'infirmité se saisit de mon corps; pense à moi avant que cette source de destruction ne l'emporte.

SUKTA VIII.

1. Agni, tenant en ses mains une foule de choses bonnes pour les hommes, s'approprie les prières adressées au créateur éternel. Agni est le seigneur des richesses, et s'empresse d'accorder les dons les plus précieux à ceux qui le louent.

2. Tous les immortels et les Maruts, cherchant celui qui nous était cher comme un fils, ne le découvrirent pas; et instruits de ses actions, ils s'arrêtèrent au dernier endroit où Agni s'était caché.

3. Agni, les Maruts qui sont purs t'adoreront, toi qui es également pur, en versant, pendant trois ans, du beurre clarifié, ils obtinrent ainsi des noms dignes d'être répétés hors des sacrifices, et étant régénérés, ils obtinrent des corps célestes.

4. Les dieux dignes d'adoration, cherchant Agni entre la terre et le ciel immense, récitèrent des hymnes consacrés à Rudra; les Maruts, avec Indra qui partage la moitié de l'offrande, sachant où Agni était caché, le trouvèrent dans son excellente retraite.

5. Les dieux l'ayant découvert, s'assirent, et avec leurs femmes, ils te rendirent à genoux leurs hommages. Tes amis, les dieux, certains d'être protégés, en revoyant leur ami, abandonnèrent le reste de leur corps en sacrifice.

6. Des hommes pieux, en état d'offrir des sacrifices, ont connu les rites mystiques contenus en toi et qui sont au nombre de trois fois sept (63), et ils t'ont adoré; porte-leur une affection égale, protège leurs troupeaux et tout ce qui leur appartient.

7. Agni, toi qui sais toutes choses, procure aux hommes pour les faire subsister des aliments qui dissipent le chagrin; tu seras ainsi le porteur diligent des offrandes et le messager des dieux, connaissant les routes entre le ciel et la terre par lesquelles ils voyagent.

8. Les sept rivières pures qui coulent du ciel sont dirigées par toi, ô Agni; c'est par toi que les prêtres, instruits dans les sacrifices, connurent les portes de la caverne où le trésor était caché; c'est pour toi que Sarama découvrit le lait abondant des vaches qui forme encore la nourriture de l'homme, descendant de Manu.

9. Tu as été nourri par des offrandes, Agni, depuis que les Adityas cherchant une route vers l'immortalité, ont institué tous les rites sacrés qui les empêchaient de tomber, et Aditi (la terre) déployait sa force pour soutenir le monde, avec ses puissants enfants.

10. Ceux qui présentent les offrandes ont placé en Agni les honneurs gracieux (de cette cérémonie) et les deux portions de beurre clarifié qui sont les deux yeux (du sacrifice); alors les immortels viennent du ciel, et les flammes brillantes, Agni, s'étendent dans toutes les directions comme des rivières qui se précipitent; les dieux les voient et s'en réjouissent.

SUKTA IX.

(*Composé par le même rishi et adressé au même dieu.*)

1. Agni, comme la richesse patrimoniale, est ce qui donne la nourriture; il est le directeur comme les instructions d'un homme versé dans les Ecri-

---

(63) Ce nombre est mystérieux; les Arias attribuaient au feu sept rayons; ils les appelaient ses sept langues et leur dressaient sept offrandes ou libations; le foyer du sacrifice était formé de vingt-une bûches.

tures ; il repose dans la chambre des sacrifices comme un hôte reçu avec plaisir, et tel qu'un prêtre qui officie, il amène la prospérité sur la maison de celui qui l'adore.

2. Celui qui est comme le divin soleil et qui connaît la vérité des choses, préserve par ses actions ses adorateurs en toute rencontre; comme la nature, il est immuable, et comme l'âme, il est la source du bonheur; il doit toujours être chéri.

3. Celui qui, tel que le soleil divin, est le soutien de l'univers, réside sur la terre comme un prince qu'entourent des amis fidèles ; en sa présence les hommes s'assoient comme des fils dans la demeure d'un père; il ressemble en pureté à une épouse irréprochable et chérie.

4. Agni, les hommes te conservent constamment allumé en leurs demeures, dans des lieux sûrs, et ils t'offrent en sacrifice d'abondants aliments; ô toi en qui est toute existence, apporte des richesses pour notre avantage.

5. Puissent tes opulents adorateurs, Agni, obtenir une nourriture abondante; puissent les savants (qui te louent) et qui te présentent (des offrandes) obtenir une longue vie; puissions-nous enlever dans les combats du butin à nos ennemis, et acquérir la gloire en présentant aux dieux ce que nous aurons conquis.

6. Les vaches aiment Agni qui est venu à la salle des sacrifices, et partageant sa splendeur, elles apportent pour breuvage leurs mamelles pleines de lait. Les rivières, sollicitant sa bonne volonté, ont coulé dans le voisinage des montagnes.

7. Les dieux qui ont droit à nos adorations, sollicitant ta bonne volonté, t'ont confié, resplendissant Agni, la nourriture offerte en sacrifice, et ils ont fait la nuit et le matin de différentes couleurs, noir et pourpre.

8. Puissions-nous devenir opulents, nous que tu as instruits à offrir des sacrifices; ô toi qui remplis le ciel, la terre et le firmament de ta splendeur, tu protéges le monde entier.

9. Puissions-nous, Agni, être défendus par toi; que mes chevaux détruisent les chevaux de mes ennemis, que mes fils détruisent leurs fils, et que mes fils devenus savants et héritants des richesses de leurs maîtres, vivent cent hivers.

10. Que mes louanges, sage Agni, soient agréables à ton cœur et à ton esprit; puissions-nous avoir la force de supporter le poids de tes richesses bienfaisantes en offrant aux dieux leur part dans les mets qui composent le sacrifice.

ANUVAKA XIII.

SUKTA I.

(Composé par le rishi Gotama, fils de Rahugana, et adressé à Agni.)

1. Hâtons-nous de nous rendre au sacrifice, et répétons nos prières à Agni qui nous entend de loin.

2. Agni, qui existe depuis longtemps, a réservé des richesses pour le sacrificateur lorsque les hommes malveillants sont réunis ensemble.

3. Que les hommes louent Agni aussitôt qu'il est engendré, Agni qui a tué Vritra, et qui gagne du butin dans de nombreuses batailles.

4. Le sacrificateur dans la maison duquel tu es le messager des dieux et dont tu portes les offrandes pour la nourriture, offre un sacrifice que tu rends acceptable.

5. C'est lui, Angiras, le fils de la force, que les hommes appellent heureux dans ses sacrifices et dans ses offrandes

6. Amène ici, radieux Agni, les dieux, afin qu'ils reçoivent nos louanges et que nos offrandes leur servent de nourriture.

7. En quelqu'endroit que tu te rendes, Agni, chargé d'une mission des dieux, le hennissement des chevaux de ton char rapide n'est pas entendu.

8 Celui qui était autrefois sujet à un supérieur a été l'objet de ta protection, ô Agni ; il se tient maintenant en ta présence, comme présentant des offrandes ; il est sans honte et il possède des aliments.

9. Vraiment, divin Agni, tu désires accorder des trésors et une vigueur brillante à celui qui présente aux dieux (des offrandes).

SUKTA II.

(Composé par le même rishi et adressé au même dieu.)

1. O toi qui rends propice les dieux et qui acceptes nos offrandes dans ta bouche, écoute mes prières ferventes.

2. Très-sage Agni, chef des Angiras, puissions-nous t'adresser une prière que tu agrées et qui te fasse plaisir?

3. Quel est, Agni, ton parent parmi les hommes? Qui est digne de t'offrir un sacrifice? Qui es-tu, en vérité, et où résides-tu?

4. Adore pour nous Mitra et Varuna; adore pour nous tous les dieux, célèbre un grand sacrifice; sois présent en ta propre demeure.

SUKTA III.

(Composé par le même rishi et adressé au même dieu.)

1. Comment nous approcher de toi, ô Agni? quel effet peuvent avoir cent éloges? qui, par des sacrifices, a obtenu ta puissance?

2. Viens en ces lieux, ô Agni, assoois-toi, toi qui invoques les dieux; précède-nous, car tu es irrésistible; puissent le ciel sans bornes et la terre te défendre, afin que tu puisses adorer les dieux à leur grande satisfaction.

3. Consume entièrement tous les Rakshasas et

défends nos sacrifices contre toute interruption. Amène ici (Indra), le gardien du suc du soma, avec ses coursiers, afin que nous puissions témoigner notre hospitalité à celui qui nous donne ce qui est bon.

4. Je t'invoque, toi qui, par tes flammes, porte les offrandes; je t'adresse un hymne qui procure de la postérité à ton adorateur; assieds-toi avec les dieux, et toi, qui es digne de louange, remplis l'office d'Hotri ou de Gotri, et éveille-nous, toi qui es le dépositaire et le créateur des richesses.

5. De même qu'au sacrifice du saint Manu, toi, sage parmi les sages, tu adores les dieux en leur présentant des offrandes, ainsi Agni, toi qui invoques de bonne foi les dieux, présente aujourd'hui les offrandes dans la coupe qui donne l'allégresse.

SUKTA IV.
(Composé par le même rishi et adressé au même dieu.)

1. Quelles offrandes pouvons-nous offrir à Agni? quelle louange est adressée au radieux Agni qui ne soit agréable aux dieux? Agni est immortel et fidèle à la vérité; il invoque les dieux, il accomplit les sacrifices, et, présent parmi les hommes, il porte des offrandes aux divinités.

2. Conduisez ici, en chantant ses louanges, celui qui est très-assidu aux sacrifices, qui observe la vérité et qui invoque les dieux; lorsqu'Agni se rend vers les dieux de la part d'un homme, il connaît les déités qui méritent d'être adorées, et il les adore avec vénération.

3. Il est celui qui accomplit les rites, il détruit et il ranime toutes choses, et, tel qu'un ami, il distribue d'amples richesses; tous les hommes qui respectent les dieux et approchent d'Agni, répètent d'abord son nom dans les cérémonies saintes.

4. Puisse Agni, qui est le principal directeur des sacrifices et qui détruit ses ennemis, accepter nos louanges et nos offrandes; puissent ceux qui possèdent de grandes richesses, qui sont doués de la force et qui ont préparé la nourriture offerte en sacrifice, éprouver le désir d'offrir leurs adorations.

5. C'est ainsi qu'Agni, qui célèbre les sacrifices et auquel toutes choses sont connues, a été célébré dans les hymnes des pieux descendants de Gotama; il leur a donné à boire le brillant suc du soma, et, satisfait de notre dévotion, il obtint de la nourriture (pour lui-même).

SUKTA V.
(Composé par le même rishi et adressé au même dieu.)

1. Toi qui connais et qui vois tout ce qui existe, Agni, Gotama te célèbre et te loue; nous te glorifions par nos hymnes élogieux.

2. Agni, toi que Gotama, désireux d'obtenir des richesses, adore et loue, nous te glorifions par nos hymnes élogieux.

3. Nous t'invoquons, toi qui donnes une nourriture abondante, de la même manière que t'invoqua Angiras; nous te louons et te glorifions par nos hymnes.

4. Nous te célébrons, toi, qui es le destructeur de Vritra et qui mets en fuite les Dasyas.

5. Les descendants de Rahagana ont récité à Agni de doux discours; nous le louons par nos hymnes élogieux.

SUKTA VI.
(Composé également par Gotama; adressé à Agni considéré sous divers de ses caractères.)

1. Agni, à la chevelure d'or, agite les nuages quand tombe la pluie, et se mouvant avec la vélocité du vent, il brille avec éclat les matins. Alors les aurores ne connaissent plus les pluies; elles ressemblent à des femmes laborieuses, qui, munies d'aliments, se livrent avec zèle à leurs travaux.

2. Tes rayons, en tombant et accompagnés par les Maruts agiles, frappent (contre le nuage); le noir dispensateur de la pluie a rugi; ensuite, la pluie tombe en gouttes délicieuses et souriantes; la pluie descend, les nuages tonnent.

3. Quand Agni nourrit le monde avec le lait de la pluie et qu'il le conduit par les voies les plus directes à jouir des bienfaits de l'eau, alors Mitra, Aryanian, Varuna et la réunion des Maruts qui parcourent le monde, percent les membranes qui entourent le sein de la nuée.

4. Agni, fils de la force, seigneur de la nourriture et des troupeaux, donne-nous une nourriture abondante; tu sais tout ce qui existe.

5. Le brillant Agni, qui est sage et qui donne des demeures, doit être loué par des hymnes. O toi, dont la bouche brille de flammes abondantes, sois-nous propice et fais que des richesses donnant des aliments, soient notre partage.

6. Brillant Agni, chasse par toi-même ou par tes serviteurs ceux qui tenteraient, soit de jour, soit de nuit, de troubler nos cérémonies; Agni, au visage aigu, détruis entièrement les Rakshavas.

7. Agni, qui doit être loué dans toutes les cérémonies, accorde-nous ta protection et que la récitation de ces hymnes versifiés te rende propice.

8. Accorde-nous, Agni, des richesses qui chassent la pauvreté et que nos ennemis ne puissent nous enlever.

9. Accorde-nous, Agni, des richesses qui nous donnent le bonheur et qui nous soutiennent durant notre vie; accorde-nous aussi une intelligence droite.

10. Gotama, désirant des richesses, offre à Agni aux flammes poignantes des prières pures et des louanges.

11. Que celui qui nous inquiète, Agni, soit de loin, soit de près, périsse; sois-nous propice et donne-nous la prospérité.

12. Agni, aux mille yeux et qui voit tout, chassé les Rakshalas, et, loué par nos hymnes saints, toi qui invoques les dieux, célèbre leurs louanges.

SUKTA VII.

(Composé également par le rishi Gotama et adressé à Indra.)

1. Puissant dieu, armé de la foudre, lorsque le prêtre t'eût célébré par ses louanges et que le jus enivrant du soma eût été bu, tu chassas, par ta vigueur, Ahi de la terre et tu manifestas ta souveraineté.

2. Ce suc enivrant du soma, qui fut apporté (du ciel) par l'épervier (64), t'a tellement animé par ses joyeuses libations que, dans ta vigueur, tu frappas Vritra, le chassant du ciel, et tu manifestas ta souveraineté.

3. Hâte-toi, attaque, subjugue; ta foudre ne peut user ta vigueur; Indra, détruis les hommes; tue Vritra et empare-toi des eaux en manifestant ta souveraineté.

4. Tu as frappé Vritra, l'expulsant du ciel et de la terre; maintenant lâche la pluie que retenait le vent et qui soutient la vie; manifeste ta souveraineté.

5. Indra a frappé de sa foudre la mâchoire du tremblant Vritra; il a rendu aux eaux leur cours, et il a manifesté sa souveraineté.

6. Indra l'a frappé à la tempe avec sa foudre aux cent tranchants; il s'occupe, dans son triomphe, de procurer à ses amis des moyens de subsistance et manifeste sa souveraineté.

7. Indra, porté par les nuages et qui tient la foudre, vraiment ta valeur est incontestée, depuis que tu as tué ce démon perfide, en manifestant ainsi ta souveraineté.

8. Tes foudres furent répandues sur quatre-vingt-dix-neuf rivières; grande est ta puissance; la force est déposée en tes bras et tu manifestes ainsi ta souveraineté.

9. Mille mortels l'adorent ensemble; vingt ont célébré ses louanges dans leurs hymnes, cent sages le glorifient sans cesse; Indra, l'offrande est élevée vers toi et manifeste ta souveraineté.

10. Indra accable sous ta vigueur la force de Vritra; grand est son pouvoir; après avoir tué Vritra, il lâcha les eaux, manifestant ainsi sa souveraineté.

11. Le ciel et la terre tremblaient à l'aspect de ta colère, lorsque suivi par les Maruts, tu tuas Vritra, et tu manifestas ta souveraineté.

12. Vritra n'effraya point Indra par ses clameurs; la foudre aux nombreux tranchants de fer tomba sur lui lorsqu'Indra manifesta sa souveraineté.

13. Indra, lorsque tu frappas Vritra de ta foudre, la force que tu déployas se montra dans les cieux et tu manifestas ta souveraineté.

14. En entendant ta voix, ô toi qui tiens le tonnerre, toutes les choses qui se meuvent ou qui sont immobiles, tremblèrent; Gwashtri lui-même frémit d'effroi devant ta colère, ô Indra, lorsque tu manifestas ta souveraineté.

15. Nous ne connaissons pas avec certitude Indra qui embrasse toutes choses; qui est-ce qui le connaît, lui qui réside au loin en sa force? les dieux ont concentré en lui les richesses, le culte et la puissance, manifestant ainsi sa souveraineté.

16. Atharvan (65), Manu, notre père, et Dadhyanch (66), se sont jadis appliqués à des actes de piété, mais leurs prières et leurs hymnes étaient constamment réunis en cet Indra, manifestant sa souveraineté.

SIXIEME ADHYAYA.

ANUVAKA XIII *(suite)*.

SUKTA VIII.

(Composé par le même rishi et adressé également à Indra.)

1. Indra, le vainqueur de Vritra, a augmenté en force et en satisfaction par suite de l'adoration des hommes; nous l'invoquons dans les grands combats ainsi que dans les petits; puisse-t-il nous défendre dans les batailles.

2. O héroïque Indra, tu es à toi seul une armée; tu es celui qui donnes un butin abondant; tu exaltes l'humble mortel; tu accordes des richesses à celui qui t'adore et qui te présente des offrandes, car ton opulence est grande.

3. Quand des batailles s'élèvent, la richesse revient au vainqueur; attelle tes chevaux qui humilient l'orgueil de l'ennemi afin que tu puisses détruire l'un et enrichir l'autre; Indra, procure-nous l'abondance.

4. Puissant par l'effet des sacrifices, formidable pour ses ennemis, Indra a augmenté sa force; son aspect est agréable, il a un beau menton et possède de brillants coursiers; il saisit la foudre de fer en ses mains qui nous donnent la prospérité.

5. Il a rempli de sa gloire l'étendue de la terre et le firmament; il a fixé les constellations dans le ciel; personne de semblable à toi, ô Indra, n'a ja-

---

(64) Il y a dans le texte *Syena*, c'est le nom de l'épervier et celui d'un mètre poétique. On peut y voir une allusion à la rapidité avec laquelle les offrandes, accompagnées de chants, arrivent aux dieux.

(65) C'est le nom d'un rishi ou sage auquel on a attribué un quatrième Véda.

(66) Nom d'un rishi dont les os servirent d'armes contre Vritra. M. Langlois observe fort bien que ces armes formées des os du sage sont les prières employées dans les sacrifices pour obtenir la pluie, ou, suivant le langage mythologique, la victoire sur Vritra.

mais reçu le jour et ne le recevra jamais; tu as soutenu l'univers.

6. Puisse, Indra, le protecteur qui rapporte à celui qui donne des offrandes, la nourriture propre aux mortels, nous accorder une semblable nourriture; distribue tes richesses qui sont abondantes de manière que je puisse en obtenir une portion.

7. Celui qui accomplit des actes pieux nous donne des troupeaux, lorsqu'il reçoit de nos libations des jouissances fréquentes; prends à deux mains, Indra, des trésors de toute espèce; aiguise nos intelligences; apporte-nous des richesses.

8. Jouis avec nous, ô héros, de la libation versée pour accroître notre force et nos richesses; nous savons que tu possèdes de vastes trésors; nous t'adressons nos désirs, sois notre protecteur.

9. Indra, tes créatures chérissent l'offrande à laquelle elles peuvent toutes prendre part; seigneur de toutes choses, tu sais quelles sont les richesses de ces hommes qui ne font pas d'offrandes; apporte-nous leurs richesses.

SUKTA IX.

(*Même observation que pour l'hymne précédent.*)

1. Approche, Maghavan, et écoute nos louanges; ne sois pas différent de ce que tu as été jusqu'ici; depuis que tu nous as inspiré les paroles sincères que nous t'adressons, nous ne cessons de t'exprimer notre reconnaissance; Indra, attelle promptement tes chevaux.

2. Tes adorateurs ont mangé les aliments que tu as donnés; ils se sont réjouis et leurs corps ont tremblé; les sages t'ont glorifié en récitant les chants les plus heureux; Indra, attelle promptement tes chevaux.

3. Nous te louons, Maghavan, toi qui regardes avec bonté toutes choses; objet de nos louanges, rends-toi dans ton char, rempli de trésors, auprès de ceux qui désirent ta présence; Indra, attelle promptement tes chevaux.

4. Puisse-t-il monter sur ce chariot qui fait pleuvoir les bénédictions, et qui accorde des troupeaux et qui donne le vase rempli du mélange fait avec le suc du soma et avec du grain; Indra, attelle promptement tes chevaux.

5. O toi qui accomplis beaucoup d'actes pieux, que tes chevaux soient attelés à droite et à gauche, et, animé par les aliments offerts en sacrifice, rends-toi dans ton char auprès de ton épouse chérie; Indra, attelle promptement tes chevaux.

6. J'attelle avec des prières sacrées tes chevaux à la longue crinière; pars, prends les rênes en tes mains; les sucs enivrants qui ont été répandus t'ont animé, ô toi qui tiens le tonnerre; rempli de nourriture, réjouis-toi avec ton épouse.

SUKTA X.

(*Composé par le même rishi et adressé au même dieu.*)

1. L'homme que tu protèges avec soin, Indra, et qui habite dans une maison où il y a des chevaux, est le premier qui va (à celle où il y a) des vaches; répands sur lui des richesses abondantes comme les rivières coulent en toutes directions vers l'Océan.

2. De même que les eaux brillantes coulent vers le lieu du sacrifice, de même les dieux abaissent leurs regards sur nos cérémonies; lorsque la lumière descend vers la terre, les dieux l'apportent, désireux qu'elle leur soit présentée par des mouvements successifs vers l'autel, et se remplissant des libations, ils sont aussi impatients que de jeunes époux.

3. Tu as associé, Indra, les paroles d'une louange sainte avec le grain et le beurre de l'offrande, placés ensemble dans des cuillers et qui te sont présentés conjointement, de sorte que le sacrificateur se livre sans trouble aux soins de ton culte et qu'il reste prospère; un pouvoir est accordé au sacrificateur qui répand devant toi des offrandes.

4. Les Angirasas préparèrent d'abord pour Indra la nourriture du sacrifice, et, le feu étant allumé, ils l'adorèrent en lui rendant un culte très-saint; les instituteurs de la cérémonie acquirent toutes les richesses de Pani, comprenant des chevaux, des vaches et d'autres animaux.

5. Atharvan fut le premier qui découvrit par des sacrifices le chemin (suivi par les troupeaux dérobés); alors naquit le brillant soleil, qui se plaît aux actes de piété. Atharvan reprit les troupeaux; Kavya (Usanas) s'associa (67) à lui. Adorons l'immortel Indra qui naquit pour dompter (les Asuras).

6. Soit que l'herbe sacrée soit coupée pour le rite qui fait descendre les bénédictions, soit que le prêtre répète le vers sacré dans le (sacrifice) brillant, soit que la pierre (qui exprime le suc du soma) résonne comme le prêtre qui répète l'hymne, en toutes ces occasions Indra se réjouit.

SUKTA XI.

(*Même observation que pour l'hymne précédent.*)

1. Le suc du soma a été exprimé pour toi, ô Indra; approche, toi qui humilies tes ennemis; puisse la libation te remplir de vigueur comme le soleil remplit le firmament de ses rayons.

2. Que les chevaux d'Indra, dont la puissance est irrésistible, l'apportent afin de recevoir les louanges et les sacrifices des hommes et des sages.

---

(67) M. Langlois regarde le nom de Kavya comme celui d'un personnage peut-être imaginaire, et il pense que le texte pourrait être rendu par les mots : « Digne d'être chanté par le poëte. » Sur ce nom on peut consulter la préface du second volume du *Bhagavata Purana*, traduit par M. Burnouf.

3. O toi qui as tué Vritra, monte sur ton char, car les chevaux ont été attelés par la prière; puisse la pierre qui broie le soma, attirer, par son bruit, ton esprit vers nous.

4. Bois, Indra, cette libation excellente et immortelle; les gouttes de ce breuvage limpide coulent vers toi dans la chambre des sacrifices.

5. Offrez promptement vos hommages à Vritra; récitez des hymnes à sa louange; que les gouttes répandues le réjouissent; adorez sa force supérieure.

6. Indra, lorsque tu as attelé tes coursiers, il n'y a pas de meilleur conducteur que toi; personne ne t'égale en vigueur; pas un homme n'a pu t'atteindre quel que fût le mérite de ses chevaux.

7. Celui qui seul accorde l'opulence à l'homme qui lui fait des offrandes, est le souverain auquel on ne résiste pas; viens, ô Indra.

8. Quand foulera-t-il aux pieds, comme un serpent replié sur lui-même, l'homme qui ne lui présente point d'offrandes? quand Indra écoutera-t-il nos louanges? viens, ô Indra.

9. Indra accorde une force formidable à celui qui l'adore, ayant des libations préparées; viens, ô Indra.

10. Les vaches blanches boivent le doux suc du soma ainsi versé, et elles sont associées au généreux Indra; résidant dans leurs étables, elles attendent la souveraineté.

11. Désirant son contact, ces vaches, colorées de teintes diverses, délayent avec leur lait le doux jus du soma; les vaches laitières qu'aime Indra dirigent contre ses ennemis sa foudre destructive; résidant dans leurs étables, elles attendent la souveraineté.

12. Ces vaches intelligentes respectent sa puissance et lui font hommage de leur lait; elles célèbrent ses nombreux exploits; résidant dans leurs étables, elles attendent la souveraineté.

13. Indra, avec les os de Dadhyanch (68), tua quatre-vingt-dix fois neuf fois Vritras.

14. Désirant la tête du cheval cachée dans les montagnes, il la trouva à Saryanavat.

15. Les rayons du soleil trouvèrent en cette occasion la lumière de Twashtri cachée dans la demeure de la lune.

16. Elle attelle aujourd'hui au char d'Indra ses coursiers vigoureux et brillants dont la fureur est irrésistible, qui ont des flèches dans leurs bouches, qui foulent aux pieds les cœurs de leurs ennemis et qui donnent du bonheur à leurs amis. Le sacrificateur qui loue la manière dont ils s'acquittent de leurs devoirs, obtient une longue vie.

17. Quel est celui que met en fuite la crainte

(68) Nous avons déjà expliqué ce que sont les os de ce sage.

d'un ennemi lorsqu'Indra est près de lui? quel est celui qui peut être frappé par ses antagonistes, si Indra le protége? quel est celui qui sait si ce dieu est proche? quel besoin est-il qu'un homme importune Indra pour son fils, son éléphant, sa propriété, sa personne ou son peuple?

18. Qui loue le feu du sacrifice allumé pour Indra, ou qui l'adore, en lui présentant, à des époques régulières, des offrandes de beurre clarifié? quel est l'homme auquel les dieux apportent promptement la richesse qui a été demandée? quel sacrificateur, occupé de présenter des offrandes et favorisé par les dieux, connaît complétement Indra?

19. Puissant Indra, sois compris du mortel qui t'adore et sois lui favorable; il n'y a que toi qui donnes la félicité; Indra, je récite tes louanges.

20. O toi qui accordes des demeures, que tes trésors, que tes bienfaits ne soient jamais pour nous une occasion de dommage. Ami des mortels, apporte-nous toutes sortes de richesses à nous qui connaissons les prières.

ANUVAKA XIV.

SUKTA I.

(Composé par le rishi Gotama et adressé aux Maruts.)

1. Les Maruts qui s'avancent se parent comme des femmes; ils glissent à travers l'air, les fils de Rudra, qui font de bonnes œuvres, par le moyen desquelles ils développent la prospérité du ciel et de la terre; ces héros, qui brisent les rocs solides, font leurs délices des sacrifices.

2. Arrosés par les dieux d'une eau sainte, les fils de Rudra ont établi leurs demeures au-dessus du ciel; en glorifiant Indra qui mérite d'être glorifié, ils lui ont donné de la vigueur; les fils de Prisni ont acquis la domination.

3. Quand les fils de la terre se décorent d'ornements, leur personne jette un vif éclat; ils écartent tout adversaire; les eaux suivent le chemin qu'ils prennent.

4. Ils sont dignes d'adoration et brillent munis d'armes diverses; incapables d'être renversés, ils renversent les montagnes; Maruts, rapides comme la pensée et auxquels a été confié le devoir de répandre la pluie, attelez à vos chars les daims tachetés.

5. Maruts, lorsque, poussant devant vous les nuages afin de donner (aux hommes) la nourriture, vous avez attaché les daims à vos chars, les gouttes tombent du soleil radieux et arrosent la terre.

6. Que vos coursiers rapides vous apportent ici; arrivez promptement les mains (pleines de bonnes choses); asseyez-vous, Maruts, sur le large siége d'herbe sacrée et régalez-vous avec les doux aliments offerts en sacrifice.

7. Confiant en leur propre force, ils ont augmenté en puissance; ils ont atteint le ciel par leur grandeur et ils se sont fait pour eux une vaste résidence; puissent-ils venir près de nous, rapides comme des oiseaux, et s'asseoir sur l'herbe sacrée.

8. Tels que des héros, tels que des combattants, tels que des hommes avides de nourriture, les rapides Maruts se sont engagés dans les combats; tous les êtres craignent les Maruts qui sont les conducteurs de la pluie, et dont l'aspect est terrible comme celui des princes.

9. Indra tient la foudre d'or, aux lames nombreuses, que l'habile Twashtri a faite pour lui, afin qu'il accomplisse de grands exploits. Il a tué Vritra et il a fait tomber un océan d'eau.

10. Usant de leur puissance, ils élevèrent le puits et fendirent la montagne qui les arrêtait (69); les généreux Maruts, faisant retentir leurs instruments, ont accordé, lorsque le suc du soma les a réjouis, des dons désirables.

11. Ils ont porté le puits tortueux à l'endroit où était le Muni et ils ont répandu l'eau sur Gotama altéré; les Maruts aux rayons variés sont venus à son secours, satisfaisant le désir du sage avec les eaux qui soutiennent la vie.

12. Vous donnez à celui qui vous présente des offrandes et qui célèbre vos louanges, tous les trésors contenus dans les trois mondes et qui sont à votre disposition; accordez-nous aussi, ô Maruts, des richesses d'où provienne la félicité.

SUKTA II.
(Même observation que pour l'hymne précédent.)

1. L'homme dans la maison duquel vous descendez du ciel, brillants Maruts, et où vous buvez la libation, a d'excellents protecteurs.

2. Maruts, porteurs des offrandes, écoutez les invocations et les louanges de celui qui vous adore, en vous offrant, ou non, des sacrifices.

3. Puisse celui pour lequel les prêtres ont invoqué les Maruts se promener dans des pâturages remplis de troupeaux.

4. La libation est versée pendant le sacrifice pour la troupe des héros, l'hymne est récité et leur joie est excitée.

5. Puissent les Maruts, victorieux de tous les hommes, entendre les louanges de leur adorateur; puisse celui qui les loue obtenir une nourriture abondante.

6. Jouissant de votre protection, ô vous qui voyez toutes choses, nous vous avons présenté, ô Maruts, des offrandes pendant bien des années.

7. Maruts, dignes d'une adoration spéciale, puisse l'homme dont vous acceptez les offrandes jouir d'une prospérité continuelle.

8. Possesseurs de la vigueur véritable, connaissez les désirs de celui qui vous loue et qui travaille à vous servir, désireux d'obtenir votre faveur.

9. Possesseurs de la force véritable, vous avez déployé votre puissance que vous avez fait briller de tout son lustre en détruisant les Rakshasas.

10. Dissipez les ténèbres qui cachent la lumière; chassez tout ennemi féroce; montrez-nous la lumière que nous souhaitons.

SUKTA III.
(Même observation que pour l'hymne précédent.)

1. Vous qui détruisez vos adversaires, qui êtes doués d'une grande force, qui poussez de grands cris, vous qui partagez l'offrande du soir et qui conduisez les nuages, Maruts, vous brillez au ciel comme les rayons du soleil.

2. Maruts, fuyant comme des oiseaux le long d'un certain chemin du ciel, vous réunissez les nuages qui passent dans les portions voisines du firmament, et lorsqu'ils viennent ensuite en collision avec vos chars, ils laissent tomber l'eau; répandez sur celui qui vous adore la pluie couleur de miel.

3. Quand ils assemblent les nuages, la terre tremble comme une épouse dont le mari est éloigné; capricieux, munis d'armes brillantes et agitant les rocs solides, ils manifestent leur puissance.

4. Les Maruts toujours jeunes et légers, amenés par leurs daims (rapides), sont maîtres de cette terre; ô vous qui êtes vrais dans vos promesses et irréprochables, vous qui faites tomber la pluie, soyez les protecteurs de nos cérémonies.

5. Nous déclarons par notre naissance, comme disciples de notre ancien père, que la langue (de la louange) accompagne les invocations adressées aux Maruts lorsque le soma est versé; ils se sont tenus auprès d'Indra, l'encourageant pendant la lutte, et ils ont ainsi acquis des noms qui doivent être récités aux sacrifices.

6. Combinés avec les rayons du soleil, ils ont volontiers répandu la pluie pour le bonheur des hommes; célébrés par les hymnes des prêtres, ils ont pris part avec plaisir à la nourriture offerte en sacrifice; se mouvant avec rapidité et exempts de craintes, ils sont devenus possesseurs d'une demeure agréable et vraiment digne d'eux.

SUKTA IV.
(Même observation que ci-dessus.)

1. Venez, Maruts, avec vos chars brillants, légers

---

(69) D'après les légendes védiques, le sage Gotama étant tourmenté par la soif, invoqua les Maruts; ceux-ci enlevèrent l'eau d'un étang qui était proche et la versèrent dans une auge qu'ils creusèrent auprès du saint. On raconte aussi qu'ils enlevèrent un puits et le transportèrent dans le lieu retiré où Gotama vivait en hermite; une montagne se trouva sur leur chemin, ils la fendirent.

et bien attelés; vous qui faites de bonnes œuvres, descendez comme des oiseaux, et apportez-nous une nourriture abondante.

2 Vers quel adorateur des dieux se dirigent-ils avec ces coursiers jeunes et rougeâtres qui entraînent leur char? Brillants comme de l'or et armés de la foudre, ils sillonnent la terre avec les roues de leur char.

3. Maruts, des armes menaçantes sont sur vos personnes; on élève pour vous des sacrifices hauts comme de grands arbres; ô Maruts, c'est pour vous que d'opulents possesseurs enrichissent la pierre (qui broie le soma).

4. Des jours heureux sont venus pour vous, fils de Gotama, lorsque vous étiez altérés, et ils ont donné de l'éclat à des cérémonies pour lesquelles l'eau était indispensable; les fils de Gotama, présentant des offrandes avec des hymnes sacrés, ont élevé le puits installé pour leur demeure.

5. Cet hymne est le même que celui que Gotama récita en votre honneur, ô Maruts, lorsqu'il vous vit assis dans vos chars dont les roues sont d'or, munis d'armes de fer, vous précipitant çà et là et détruisant vos ennemis les plus puissants.

6. C'est cette louange, Maruts, qui, appropriée à vos mérites, glorifie chacun de vous. Le discours du prêtre vous a glorifiés dans ses vers sacrés depuis que vous avez placé de la nourriture en nos mains.

SUKTA V.

(Composé par le rishi Gotama et adressé aux Viswadevas.)

1. Que des cérémonies agréables aux dieux se célèbrent de tout côté sans troubles et sans obstacles, afin de nous assurer la victoire sur nos ennemis! Puissent les dieux, ne se détournant pas de nous, mais nous accordant chaque jour leur protection, être constamment avec nous.

2. Puisse la faveur bienveillante des dieux s'appliquer à nous; puissions-nous obtenir leur amitié, et qu'ils daignent nous accorder une longue vie.

3. Nous invoquons, en récitant un ancien texte, Bhaga, Mitra, Aditi, Daksha, Ashridi, Aryaman, Varuna, Soma et les Aswins; puisse le gracieux Saraswati nous accorder le bonheur.

4. Puisse le vent porter vers nous le gracieux médicament; puisse la terre, notre mère, et le ciel, notre père, nous l'apporter; puissent les pierres qui expriment le suc du soma, et qui conduisent au plaisir, nous l'apporter; Aswins, qu'il convient d'honorer, écoutez nos demandes.

5. Nous invoquons le seigneur des êtres vivants, Indra, que des cérémonies pieuses rendent favorable; Pushan a toujours été notre défenseur et a augmenté nos richesses; puisse-t-il continuer de veiller sur notre bien-être.

6. Qu'Indra, qui reçoit de nombreuses louanges, veille sur notre bien-être; que Pushan, qui connaît toutes choses, veille sur notre bien-être; que Tarkshya, dont les armes sont irrésistibles, veille sur notre bien-être.

7. Puissent les Maruts, dont les coursiers sont des daims tachetés et qui sont les fils de Prisni, qui ont des mouvements gracieux et qui fréquentent les sacrifices, assis sur la langue d'Agni, et brillants comme le soleil, puissent-ils venir avec tous les dieux pour nous secourir.

8. Entendons de nos oreilles, ô dieux, ce qui est bon; objets du sacrifice, voyons de nos yeux ce qui est bon; occupés à vous louer, puissions-nous jouir, avec des membres agiles et un corps vigoureux, du terme de la vie fixé par les dieux.

9. Cent ans ont été fixés (pour la vie de l'homme); n'intervenez pas, ô dieux, au milieu de notre existence en infligeant des infirmités à nos corps, de manière que nos fils deviennent nos maîtres.

10. Aditi est le ciel; Aditi est le firmament; Aditi est la mère, le père et le fils; Aditi est tous les dieux; Aditi est les cinq classes des hommes; Aditi est la génération et la naissance.

SUKTA VI.

(Composé par le même rishi et adressé à diverses divinités.)

1. Puissent Varuna et le sage Mitra nous conduire par des voies droites, ainsi qu'Aryaman, se réjouissant avec les dieux.

2. Ils distribuent les richesses et, toujours vigilants, ils remplissent chaque jour leurs fonctions.

3. Puissent les immortels nous accorder à nous autres mortels le bonheur et détruire nos ennemis.

4. Puissent l'adorable Indra, les Maruts, Pushan et Bhaga diriger nos chemins, afin qu'ils conduisent à l'obtention de dons heureux.

5. Pushan, Vishnu, Maruts, faites que nos cérémonies protégent nos troupeaux; donnez-nous la prospérité.

6. Les vents apportent de douces récompenses au sacrificateur; les rivières apportent de douces eaux; puissent les herbes nous donner de la douceur.

7. Puissent la nuit et le matin être doux; puisse la région de la terre être pleine de douceur; puisse le ciel protecteur être doux pour nous.

8. Puisse Vanaspati se montrer doux à notre égard; puisse le soleil être imbu de douceur; puisse nos troupeaux être doux pour nous.

9. Que Mitra nous soit propice; que Varuna et Aryaman nous soient propices; qu'Indra et Brihaspati nous soient propices, que Vishnu aux grandes enjambées nous soit propice.

SUKTA VII.

(Composé également par Gotama et adressé à Soma.)

1. Soma, notre intelligence te comprend entièrement; tu nous mènes par une voie droite; c'est par ta direction, Indra, que nos pères ont obtenu l'opulence.

2. Soma, tu es celui qui accomplis de bonnes œuvres; tu es doué d'une énergie puissante et tu connais toutes choses; tu fais pleuvoir des bienfaits par un effet de ta grandeur; guide des hommes, les offrandes des sacrifices t'ont nourri.

3. Tes actes, ô Soma, sont comme ceux du royal Varuna; ta gloire est grande et profonde; tel que le bien-aimé Mitra, tu purifies tout, et tel qu'Aryaman, tu augmentes toutes choses.

4. Doué de toutes les gloires que tu déploies dans le ciel, sur la terre, dans les montagnes, dans les plantes, dans les eaux, tu es bien disposé à notre égard, illustre Soma; accepte nos offrandes.

5. Soma, tu es le protecteur, le souverain des hommes pieux et même le vainqueur de Vritra; tu es le sacrifice saint.

6. Soma, qui aimes la louange et qui es le maître des plantes, tu es pour nous la vie; si tu veux, nous ne mourrons pas.

7. Tu accordes, Soma, à celui qui t'adore, qu'il soit jeune ou vieux, des richesses pour qu'il puisse en jouir et vivre.

8. Défends-nous, royal Soma, de tous ceux qui cherchent à nous nuire; l'ami d'un être tel que toi ne peut jamais périr.

9. Soma, sois notre protecteur; accorde-nous cette assistance qui est une source de richesses pour celui qui fait des offrandes.

10. Accepte notre sacrifice et nos louanges; approche, Soma, et protége nos rites.

11. Nous connaissons les hymnes et nous élevons la voix pour te louer; approche-toi de nous, toi qui es bon.

12. Soma, donne-nous des richesses, chasse les maladies, procure-nous de la nourriture, sois pour nous un ami excellent.

13. Soma, réside heureux en nos cœurs, comme le bétail en un gras pâturage.

14. Le sage expérimenté loue le mortel qui te loue, divin Soma, par affection pour toi.

15. Protége-nous, Soma, contre la calomnie, préserve-nous du péché; sois content de nos services et sois notre ami.

16. Soma, que la vigueur te vienne de tout côté; sois diligent pour nous fournir de la nourriture.

17. Grand et fortuné Soma, avec toutes les plantes qui s'entrelacent à l'entour, sois pour nous un ami; bien approvisionnés de nourriture, nous prospérerons.

18. Que le suc laiteux coule autour de toi; que les offrandes et la vigueur soient concentrées dans le destructeur des ennemis; accorde-nous, Soma, dans le ciel une nourriture excellente qui nous donne l'immortalité.

19. Viens à nos demeures, Soma, toi qui accordes la richesse et qui, accompagné par de vaillants héros, triomphes des difficultés.

20. A celui qui lui fait des offrandes, Soma donne une vache abondante en lait, un cheval rapide et un fils habile en affaires, appliqué au culte divin, éminent parmi les hommes et faisant honneur à son père.

21. Nous nous réjouissons, Soma, en te contemplant, toi qui es invincible dans les combats, qui triomphes de tes ennemis, qui donnes la pluie, qui conserves la force, toi qui, né parmi les sacrifices, occupes une brillante demeure, et qui es renommé et victorieux.

22. Soma, tu as engendré toutes les plantes, l'eau et les vaches; tu as étendu le firmament; tu as dissipé les ténèbres.

23. Divin et puissant Soma, accorde-nous une portion de tes trésors; que nul adversaire ne t'inquiète; ta valeur te fait triompher de tous tes antagonistes; défends-nous dans les combats contre nos ennemis.

SUKTA VIII.

(Composé par Gotama, adressé à Ushas, et à la fin aux Aswins.)

1. Ces divinités du matin ont répandu la lumière sur le monde; elles ont montré la lumière dans la région orientale du firmament, éclairant toutes choses comme des guerriers qui polissent leurs armes.

2. Leurs rayons couleur de pourpre se sont élancés sans obstacle; elles ont attelé à leur char des vaches dociles et rougeâtres; les divinités de l'aurore ont rappelé les créatures au sentiment de l'existence et elles ont accompagné le glorieux soleil.

3. Les conductrices diligentes de l'aurore illuminent de leur éclat les parties les plus éloignées (du ciel), comme des guerriers aux armes brillantes qui marchent à la tête des armées; elles apportent toute espèce d'aliments à celui qui accomplit de bonnes œuvres, à l'homme généreux et à l'adorateur qui présente des offrandes.

4. Ushas abat les ténèbres accumulées comme un barbier abat le poil; elle découvre son sein comme une vache présente ses mamelles à celui qui veut la traire; de même que les troupeaux courent vers les pâturages, elle s'empresse de se rendre à l'orient, et, répandant la lumière sur le monde entier, elle dissipe les ténèbres.

5. Sa lumière brillante se montre d'abord du côté

de l'orient; elle dissipe les ténèbres épaisses; la fille du ciel attend le soleil glorieux.

6. Nous avons passé la limite des ténèbres; Ushas rappelle à l'existence les êtres vivants; elle sourit comme un flatteur qui demande une faveur; aimable dans tout son éclat, elle a, pour notre bonheur, avalé la lumière.

7. La fille brillante du ciel, celle qui excite des voix agréables, reçoit les louanges des descendants de Gotama. Ushas, accorde-nous une nourriture qu'accompagne une postérité nombreuse; donne-nous des chevaux et des vaches.

8. Puissé-je obtenir, Ushas, cette ample richesse qui procure la renommée, la postérité, des troupes d'esclaves, et qui est caractérisée par la possession de nombreux chevaux.

9. La divine Ushas, ayant illuminé le monde entier, s'étend vers l'ouest en disséminant ses rayons et en éveillant toutes les créatures pour qu'elles reprennent leurs travaux; elle entend les discours de tous les êtres doués de la pensée.

10. La divine et ancienne Ushas, dont les naissances se reproduisent sans cesse, et qui brille de couleurs qui ne changent pas, attaque la vie d'un mortel comme la femme d'un chasseur coupant et divisant les oiseaux.

11. Elle s'est montrée, illuminant les limites du ciel et chassant devant elle la nuit qui se retire spontanément et qui disparaît; emportant les traces de la race humaine, elle brille comme la fiancée du soleil.

12. L'adorable et opulente Ushas a répandu ses rayons comme (un pâtre mène) les bestiaux (aux pâturages); elle s'étend comme l'eau qui coule et se montre associée aux rayons du soleil.

13. Ushas, toi qui possèdes la nourriture, donne-nous une opulence qui nous mette à même de soutenir nos fils et nos petits-fils.

14. Brillante Ushas, qui possèdes des vaches et des chevaux et qui dis la vérité, éclaire aujourd'hui cette cérémonie qui doit nous donner la richesse.

15. Ushas, toi qui possèdes la nourriture, attelle aujourd'hui tes chevaux de couleur pourpre et apporte-nous tout ce qui est bon.

16. Aswins qui détruisez vos ennemis, tournez vers notre demeure, avec une intention favorable, votre char qui contient du bétail et de l'or.

17. Aswins qui avez envoyé du ciel à l'homme une lumière adorable, apportez-nous la force.

18. Que les coursiers éveillés dès l'aurore apportent ici, pour boire le suc du soma, les divins Aswins qui donnent le bonheur et qui, assis dans un char d'or, détruisent leurs ennemis.

SUKTA IX.

(*Composé par Gotama, adressé à Agni et à Soma.*)

1. Agni et Soma, qui accordez ce que l'on désire, écoutez favorablement mon invocation; acceptez gracieusement mon hymne et donnez le bonheur à celui qui présente l'offrande.

2. Agni et Soma, accordez à celui qui vous adresse cette prière, du bétail en abondance, de bons chevaux et une force durable.

3. Agni et Soma, puisse celui qui vous présente des offrandes de beurre clarifié, jouir d'une force durable et d'une postérité nombreuse.

4. Agni et Soma, nous connaissons le courage qui vous a mis à même de reprendre les vaches qui étaient la nourriture de Pani; vous avez tué le rejeton de Brisaya, et vous avez conquis une des lumières (le soleil) pour le bonheur de la multitude.

5. Agni et Soma, vous deux agissant ensemble, avez soutenu les constellations dans le ciel; vous avez délivré les rivières qu'avait souillées une accusation calomnieuse.

6. Agni et Soma, le vent a apporté du ciel l'un de vous; un épervier enleva de force l'autre sur le sommet de la montagne; grandis par la louange, vous avez agrandi le monde pour accomplir les sacrifices.

7. Agni et Soma, prenez part à l'offrande qui est présentée; soyez-nous propices, protecteurs vigilants; accordez au sacrificateur la santé et l'exemption de tout ce qui est mal.

8. Agni et Soma, protégez le sacrifice et préservez de tout mal celui qui vous adore en vous présentant du beurre clarifié et des offrandes; accordez à l'homme livré à la piété une félicité suprême.

9. Agni et Soma, doués d'une richesse égale et invoqués conjointement, partagez nos louanges, car vous avez (toujours) été les chefs des dieux.

10. Agni et Soma, donnez d'amples récompenses à celui qui présente à vous deux ce beurre clarifié.

11. Agni et Soma, agréez nos offrandes et venez ensemble vers nous.

12. Agni et Soma, protégez nos chevaux, et que nos vaches qui donnent le lait utile pour les offrandes soient bien nourries; donnez-nous de la force pour accomplir les rites religieux, et faites que notre sacrifice nous produise des richesses.

ANUVAKA XV.
SUKTA I.

(*Composé par le rishi Kutsa et adressé à Agni.*)

1. Nous construisons dans notre esprit un hymne en l'honneur de celui qui est digne de louange et qui sait toutes choses, comme un ouvrier construit

un char; notre intelligence est heureuse lorsque nous adorons Agni; que son amitié nous préserve de tout mal.

2. Celui pour qui tu sacrifies échappe à toute attaque et jouit de l'opulence, source de la vigueur; il prospère et la pauvreté n'approche jamais de lui; que ton amitié, ô Agni, nous préserve de tout mal.

3. Puissions-nous être capables de l'allumer, pour que les dieux prennent part, grâce à ton entremise, à l'offrande présentée; amène ici les Adityas, car nous les aimons; que ton amitié, ô Agni, nous préserve de tout mal.

4. Nous apportons du combustible, nous présentons des offrandes; complète la cérémonie afin de prolonger nos vies; que ton amitié, ô Agni, nous préserve de tout mal.

5. Ses flammes qui préservent les mortels, s'étendent à l'entour; ses rayons comme les bipèdes et les quadrupèdes, brillent de clartés diverses, et illuminent (le monde durant la nuit); tu es supérieur à l'aurore; que ton amitié, ô Agni, nous préserve de tout mal.

6. Tu es le prêtre qui sacrifie et qui invoque; tu es celui qui présente les offrandes, tu diriges les cérémonies et tu les accomplis; versé dans toutes les fonctions sacerdotales, tu t'acquittes parfaitement des rites; que ton amitié, ô Agni, nous préserve de tout mal.

7. Tu es d'une forme gracieuse et belle de tout côté, de loin comme de près; quoique éloigné, tu brilles comme si tu étais proche; tes regards percent les ténèbres de la nuit; que ton amitié, ô Agni, nous préserve de tout mal.

8. O dieux, que le char de celui qui offre la libation, soit toujours le premier; que nos accusations accablent les méchants; comprends et accomplis mes paroles; que ton amitié, ô Agni, nous préserve de tout mal.

9. Frappe de tes armes terribles les méchants et les impies qui sont nos ennemis de près ou de loin, et procure une route facile pour le sacrificateur qui te loue; que ton amitié, ô Agni, nous préserve de tout mal.

10. Quand tu as attelé à ton char les chevaux rouges et brillants, rapides comme le vent, ton rugissement est comme celui d'un tintement, tu enveloppes d'une bannière de fumée les arbres de la forêt; que ton amitié, Agni, nous préserve de tout mal.

11. Les oiseaux eux-mêmes sont épouvantés quand tu rugis; lorsque tes flammes consument l'herbe, se sont étendues dans toutes les directions, le bois est d'un accès facile pour toi et pour tes chariots; que ton amitié, Agni, nous préserve de tout mal.

12. Puisse celui qui t'adore, jouir de l'appui de Mitra et de Varuna; admirable est la furie des Maruts; habitant la région au-dessous des cieux, ils nous encouragent; puissent-ils être pleins de bienveillance pour nous; que ton amitié, ô Agni, nous préserve de tout mal.

13. Brillant Agni, tu es l'ami particulier des dieux; toi qui es gracieux dans le sacrifice, tu donnes toutes les richesses; puissions-nous être présents dans la vaste salle où s'offre le sacrifice; que ton amitié, ô Agni, nous préserve de tout mal.

14. Tu te plais à recevoir les louanges (des prêtres), lorsqu'allumé dans ta demeure, on t'offre des libations; rempli de satisfactions, tu donnes des richesses à celui qui t'adore et tu le récompenses; que ton amitié, ô Agni, nous préserve de tout mal.

15. Heureux celui qui t'adore, lorsque tu le préserves de tout péché et que tu lui donnes une vigueur bienfaisante, ô indivisible Agni, possesseur des richesses; que ton amitié, ô Agni, nous préserve de tout mal.

16. Divin Agni, toi qui sais ce qu'est le bonheur, prolonge notre existence, et que Mitra, Varuna et Aditi nous protégent.

SEPTIEME ADHYAYA.
ANUVAKA XV (Suite).
SUKTA II.

(Composé par Kutra et adressé à Agni.)

1. Deux femmes, d'une complexion différente, marchent à leur but d'un pas rapide, et chacune d'elles, tour à tour, nourrit un fils (70); dans l'une, Hari est celui qui reçoit les offrandes; dans l'autre, se montre le brillant Agni.

2. Les dix jeunes et vigilants (ministres) engendrèrent ce jeune Agni (71) qui est inhérent à toutes choses, dont les traits sont tranchants, dont la renommée est universelle et qui brille parmi les hommes; ils le conduisent à chaque demeure.

3. Ils contemplent trois endroits où il est né, l'un dans l'Océan, l'autre dans le ciel, l'autre dans le firmament, et divisant les saisons de l'année pour le profit des créatures terrestres, il forma, dans une suite de révolutions régulières, le quartier de l'Orient.

4. Qui de vous discerne Agni lorsqu'il se cache (au milieu des eaux)? il était nouveau-né, et, par la vertu des offrandes, il engendre ses propres mères; germe d'eaux abondantes, il sort de l'Ocean; il est sage et puissant, il reçoit des offrandes.

(70) M. Langlois explique ainsi ce passage obscur: Deux mères de couleur différente désignent la nuit et l'aurore. Quand la nuit va finir, on allume le feu du sacrifice, qui paraît naître de la nuit même. Bientôt apparaît l'aurore, suivie du soleil; on dirait qu'elle vient de l'enfanter.

(71) Ces dix ministres, ce sont les dix doigts qui travaillent à allumer le feu par le frottement du bois.

SECT. I. — LES VEDAS. — RIG-VEDA.

5. Paraissant parmi les eaux, le brillant Agni s'accroît, s'élevant au-dessus des flammes agitées et répandant sa gloire; le ciel et la terre sont alarmés lorsque le radieux Agni vient à naître, et, s'approchant du lieu, ils lui rendent hommage.

6. Ses deux compagnes fidèles (le jour et la nuit) veillent sur lui comme deux gardes dévouées et comme des vaches suivent leurs veaux qu'elles aiment ; il a été le seigneur de la force parmi les plus puissants; c'est sur lui que les prêtres répandent leurs offrandes au côté droit de l'autel.

7. Comme le soleil, il étend ses bras, et le formidable Agni, embellissant de son éclat le ciel et la terre, travaille à s'acquitter de ses devoirs ; il retire de chaque chose les vapeurs salutaires, et il revêt la terre de vêtements nouveaux.

8. Associé dans le firmament avec les eaux, il prend une forme excellente et brillante; le sage, appui de toutes choses, balaie la source des pluies, et, dans ses jeux, il répand au loin et de tout côté la lumière qu'il a concentrée.

9. Ta vaste et radieuse splendeur remplit le firmament; Agni, toi que nous avons allumé, protége-nous.

10. Il fait couler les eaux en torrent à travers le ciel et il inonde la terre de ces vagues pures; il rassemble dans l'estomac toutes les substances qui peuvent servir à l'alimentation, et, dans ce but, il séjourne dans les germes des végétaux.

11. Agni, toi qui es le pacificateur, et qui crois avec le combustible que nous te fournissons, brille afin de nous procurer des aliments, à nous qui possédons la richesse; que Mitra, Varuna et Aditi nous conservent ce que nous possédons.

SUKTA III.

(Composé par le même rishi et adressé à Agni.)

1. Engendré par la force, Agni s'approprie vraiment, aussitôt qu'il est né, les offrandes des sages ; les eaux et la voix le rendent leur ami; les dieux le retiennent comme celui qui donne la richesse des sacrifices.

2. Rendu propice par l'hymne élogieux d'Aya, il créa la race des Manus, et il remplit les cieux et le firmament de sa splendeur qui pénètre partout; les dieux le retiennent comme celui qui donne la richesse des sacrifices.

3. En s'approchant de lui, que tous les hommes adorent Agni, le chef (des dieux), celui qui accomplit les sacrifices, que les offrandes satisfont et que les louanges rendent propice; le rejeton de la nourriture, celui qui soutient (tous les hommes) et qui fait des dons continuels ; les dieux le retiennent comme celui qui donne la richesse des sacrifices.

4. Puisse Agni, qui réside dans le firmament, qui nous accorde d'abondants bienfaits, qui nous donne le *swarga* (le paradis), qui protége les mortels, qui est le père du ciel et de la terre; puisse-t-il instruire mes fils dans la bonne voie; les dieux le retiennent comme celui qui donne la richesse des sacrifices.

5. La nuit et le jour, effaçant mutuellement leur complexion réciproque, donnent, en se combinant, de la nourriture à un enfant qui brille radieux, entre le ciel et la terre; les dieux le retiennent comme celui qui donne la richesse des sacrifices.

6. Celui qui est la source de l'opulence, et qui accorde les richesses, le directeur des sacrifices, exauce les désirs des hommes qui ont recours à lui; les dieux le retiennent comme celui qui donne la richesse des sacrifices.

7. Les dieux retiennent Agni comme celui qui donne l'opulence qui est maintenant et qui a été jadis; il est le séjour des richesses, le réceptacle de tout ce qui a été et de tout ce qui sera ; il préserve tout ce qui existe et tout ce qui reçoit l'existence.

8. Que Dravinodha nous accorde des richesses mobilières; que Dravinodha nous accorde des richesses immobilières; que Dravinodha nous donne une nourriture abondante et de la postérité; que Dravinodha nous accorde une longue vie.

9. Agni, toi qui es le purificateur, et qui crois avec le combustible que nous te fournissons, brille afin de nous procurer des aliments, à nous qui possédons la richesse; que Mitra, Varuna et Aditi nous conservent ce que nous possédons.

SUKTA IV.

(Composé par le même rishi et adressé à Agni.)

1. Puisse notre péché, Agni, être effacé par le repentir; donne-nous des richesses ; puisse notre péché être effacé par le repentir.

2. Nous t'adorons parce que tu nous accordes des champs fertiles, de bonnes routes et des richesses ; puisse notre péché être effacé par le repentir.

3. De même que parmi tes adorateurs, Kutsa est le plus éminent de tes panégyristes, ainsi les éloges que nous t'adressons sont les plus distingués de tous; puisse notre péché être effacé par le repentir.

4. Puisque ceux qui t'adorent ont le bonheur d'avoir de la postérité, puissions-nous, en répétant tes louanges, obtenir des descendants ; puisse notre péché être effacé par le repentir.

5. Puisque les flammes victorieuses d'Agni pénètrent en tout lieu, puisse notre péché être effacé par le repentir.

6. Toi, dont la contenance est tournée de tout côté, sois notre défenseur ; puisse notre péché être effacé par le repentir.

7. Toi, dont la contenance est tournée de tout

côté, éloigne nos adversaires comme s'ils étaient dans un navire envoyé vers le côté opposé de l'Océan; puisse notre péché être effacé par le repentir.

8. Conduis-nous, dans un navire, à travers la mer pour notre bonheur; puisse notre péché être effacé par le repentir.

SUKTA V.
(Composé par le même rishi, adressé à Vaiswanara ou à Agni.)

1. Puissions nous continuer de jouir de la faveur de Vaiswanara, car il est vraiment l'auguste souverain de tous les êtres; aussitôt qu'il est engendré de ce bois, il contemple l'univers; il accompagne le soleil levant.

2. Agni, qui est présent dans le ciel et présent sur la terre, a pénétré en toutes les plantes; puisse l'Agni Vaiswanara, qui est présent et qui est fort, nous garder nuit et jour contre nos ennemis.

3. Vaiswarana, que l'adoration que nous t'offrons, soit suivie de fruits réels; que de précieux trésors soient notre partage, et puissent Mitra, Varuna et Aditi, nous maintenir dans leur possession.

SUKTA VI.
(Composé par le rishi Kasyapa, fils de Marichi, et adressé à Agni dans le caractère de Jatavedas.)

1. Nous offrons des offrandes de soma à Jatavedas; puisse-t-il consumer la richesse de ceux qui éprouvent de l'inimitié contre nous; puisse-t-il nous faire triompher de toutes les difficultés; puisse Agni nous transporter au delà de toute méchanceté, comme s'il nous faisait passer une rivière dans un bateau.

SUKTA VII.
(Composé par les Varshagiras ou les cinq fils du roi Vrishagir, et adressé à Indra.)

1. Puisse celui qui exauce les désirs, qui cohabita avec toutes les énergies, qui est le maître suprême du vaste ciel et de la terre, qui fait tomber la pluie et qui doit être invoqué dans les combats; puisse Indra, associé aux Maruts, être notre protecteur.

2. Puisse celui dont le cours, semblable à celui du soleil, ne peut être atteint, qui, dans chaque combat, détruit ses ennemis et qui avec ses mains agiles (les vents) est le plus généreux des bienfaiteurs, puisse Indra, associé aux Maruts, être notre protecteur.

3. Puisse celui dont les puissants rayons, s'avançant tels que ceux du soleil, détruisent les nuages, puisse celui qui, triomphant par sa mâle énergie, est vainqueur de ses adversaires, puisse Indra, associé aux Maruts, être notre protecteur.

4. Il est le plus agile des agiles, le plus généreux des généreux, un ami parmi les amis et digne de respect parmi les plus vénérables; puisse Indra, associé aux Maruts, être notre protecteur.

5. Puissant avec les Rudras comme avec ses fils, victorieux de ses ennemis dans les combats, il fait tomber les eaux qui procurent la nourriture; puisse Indra, associé aux Maruts, être notre protecteur.

6. Puisse-t-il, lui qui dompte la colère des ennemis, lui qui est l'auteur de la guerre et qu'invoque la multitude, partager en ce jour avec notre peuple la lumière du soleil; puisse Indra, associé aux Maruts, être notre protecteur.

7. Ses alliés, les Maruts, l'animent au combat; les hommes le regardent comme le défenseur de leur propriété; lui seul préside à tous les actes du culte religieux; puisse, Indra, associé aux Maruts, être notre protecteur.

8. C'est lui qui guide la victoire que ses adorateurs invoquent pour obtenir son appui et des richesses; il leur accorde la lumière (des conquêtes) au milieu des ténèbres (du combat); puisse Indra, associé aux Maruts, être notre protecteur.

9. De sa main gauche, il arrête les méchants, de sa droite, il reçoit les offrandes des sacrifices; il est celui qui donne les richesses lorsqu'il est propice à celui qui le célèbre; puisse Indra, associé aux Maruts, être notre protecteur.

10. De concert avec ses compagnons, il est notre bienfaiteur; tous les hommes le reconnaissent promptement aujourd'hui à ses chars; sa mâle énergie le rend vainqueur d'adversaires fougueux; puisse Indra, associé aux Maruts, être notre protecteur.

11. Invoqué par la multitude, il se rend au combat, il assure le triomphe de ceux qui mettent en lui leur confiance, de leurs fils et de leurs petits-fils; puisse Indra, associé aux Maruts, être notre protecteur.

12. Il tient la foudre, il détruit les voleurs; puissant et redoutable, sachant beaucoup de choses, objet de nombreux éloges, il inspire, semblable au suc du soma, de la vigueur aux cinq classes des êtres; puisse Indra, associé aux Maruts, être notre protecteur.

13. Sa foudre provoque les clameurs de ses ennemis; il fait tomber les eaux salutaires, brillantes comme l'astre du ciel; c'est lui qui encourage les actes de munificence; les bienfaits et les trésors sont sur ses pas; puisse Indra, associé aux Maruts, être notre protecteur.

14. Que ce maître, dont les qualités divines sont au-dessus de celles des dieux, et dont la force est au-dessus de toute mesure, accueille avec bonté nos hommages et nous délivre de tous maux, puisse Indra, associé aux Maruts, être notre protecteur.

15. Ni les dieux, ni les hommes, ni les eaux,

n'ont atteint la limite de la force de ce dieu bienfaisant, car il surpasse la terre et le ciel par son pouvoir qui consume ses ennemis; puisse Indra, associé aux Maruts, être notre protecteur.

16. Les coursiers rouges et noirs, aux membres longs, bien caparaçonnés et célestes, sont attelés au char qui porte, pour enrichir Rijraswa, celui qui distribue ses bienfaits et qui est reconnu parmi les armées humaines.

17. Indra, qui répands les bienfaits, les Varshagiras, Rijraswa et ses compagnons Ambarisha, Sahadeva, Bhayamana et Suradhas t'adressent cette louange propitiatoire.

18. Indra qu'invoque la multitude et qu'accompagnent les Maruts rapides, ayant attaqué les Dasyas et les Symias, les tua en les frappant de sa foudre; il partagea ensuite les champs avec ses amis au teint blanc; il délivra le soleil et rendit la liberté aux eaux.

19. Puisse Indra être chaque jour notre vengeur, puissions-nous jouir sans obstacle d'une abondante nourriture; puissent Mitra, Varuna et Aditi nous en garantir la possession.

SUKTA VIII.

(*Composé par Kutsa, fils d'Angiras, et adressé à Indra.*)

1. Offrez vos adorations et vos offrandes à celui qui aime la louange, à celui qui, avec Rijraswa, détruisit les épouses enceintes de Krishna (72); désirant ta protection, nous t'invoquons pour que tu deviennes notre ami, toi qui répands des bienfaits et qui, accompagné des Maruts, tiens la foudre en ta main droite.

2. Nous invoquons Indra qu'accompagnent les Maruts, afin qu'il soit notre ami; c'est lui qui, dans un accès de courroux, tua le mutilé Vritra ainsi que Sambara et l'inique Pipru, et qui détruisit Sushna, qu'on ne peut absorber.

3. Nous invoquons Indra qu'accompagnent les Maruts, afin qu'il soit notre ami; sa grande puissance remplit le ciel et la terre; Varuna et Surya sont assidus à le servir, et les rivières obéissent à ses commandements.

4. Qui est le seigneur qui commande à tous les chevaux et aux troupeaux, qui est indépendant, qui, rendu propice par nos louanges, est constant en tous ses actes, et qui tue son adversaire obstiné? Nous invoquons Indra qu'accompagnent les Maruts, afin qu'il soit notre ami.

5. Il est le seigneur de toutes les créatures qui se meuvent et qui respirent; il recouvra pour les Brahmanes les vaches volées et il tua les Dasyas humiliés. Nous invoquons Indra qu'accompagnent les Maruts, afin qu'il soit notre ami.

6. Il doit être invoqué par les braves et par les timides, par les vaincus et par les vainqueurs; tous les êtres le placent devant eux (dans leurs rites); nous invoquons Indra qu'accompagnent les Maruts, afin qu'il soit notre ami.

7. Le radieux Indra s'avance (le long du firmament) avec la manifestation des Rudras; grâce aux Rudras, la parole se répand avec une vélocité nouvelle, et le langage glorifie l'illustre Indra; nous invoquons Indra qu'accompagnent les Maruts, afin qu'il soit notre ami.

8. Accompagné par les vents, en quelque endroit que tu ailles, ô toi qui donnes la véritable richesse, soit que tu désires résider dans un palais splendide ou dans une modeste demeure, viens à notre sacrifice; désireux de jouir de ta présence, nous te ferons des offrandes.

9. Nous te désirons, Indra, toi qui possèdes une force excellente, et nous versons devant toi des libations; nous te désirons, toi qu'on obtient par la prière, et nous te présentons des offrandes; ô toi, possesseur des chevaux, assieds-toi avec plaisir sur l'herbe sacrée, et, accompagné des Maruts, viens à notre sacrifice.

10. Réjouis-toi, Indra, avec les coursiers que tu guides, ouvre la bouche, dilate ta gorge (pour boire le jus du soma); que tes chevaux t'apportent ici, toi qui as un beau menton, et, plein de bienveillance à notre égard, agrée nos offrandes.

11. Protégé par ce destructeur des ennemis auquel s'adressent des louanges unies à celles décernées aux Maruts, nous pourrons avoir l'appui d'Indra; puissent Mitra, Varuna et Aditi nous la conserver.

SUKTA IX.

(*Composé par le même rishi et adressé au même dieu*).

1. Je t'adresse cet hymne excellent, ô toi qui es puissant, car ton intelligence a été satisfaite par ma louange; les dieux ont comblé de leurs louanges Indra, qui est en possession de toutes les prospérités et de tous les trésors.

2. Les sept rivières déploient sa gloire; le ciel, la terre et le firmament déploient sa forme visible; le soleil et la terre, Indra, accomplissent leurs révolutions, afin que nous puissions voir, et avoir foi en ce que nous voyons.

3. Maghavan, envoie ton char pour nous apporter des richesses, ce char victorieux que nous aimons à voir dans les combats, ô Indra, toi qui es l'objet de nos vives louanges en temps de guerre; ô Maghavan, accorde le bonheur à ceux qui te sont dévoués.

4. Puissions-nous, t'ayant pour allié, défaire nos

---

(72) Krishna est le nom d'un Asura; ce mot signifie noir; tout ceci est une allégorie; des nuages noirs et gros de tempêtes sont percés par la foudre.

ennemis en toute rencontre ; défends nos possessions, fais que nous puissions sans peine obtenir des richesses ; affaiblis nos ennemis, ô Maghavan, et détruis leur vigueur.

5. Nombreux sont les hommes qui invoquent ta protection ; monte sur ton char pour nous apporter de la richesse, car ton esprit, Indra, est calme et résolu à triompher.

6. Tes armes s'emparent des troupeaux, ta sagesse est sans bornes ; tu es parfait, et tu accordes cent appuis dans toute cérémonie ; l'auteur de la guerre est irrésistible ; ô Indra, tu es le type de la force, et c'est pourquoi les hommes qui désirent la richesse t'invoquent de diverses manières.

7. La nourriture, ô Maghavan, que tu dois donner aux hommes, peut être plus que suffisante pour cent et même pour plus de mille hommes ; de grandes louanges t'ont glorifié, ô toi qui es sans limite et qui détruis tes ennemis.

8. Fort comme un câble formé de trois cordages entrelacés, tu es le type de la vigueur ; protecteur des hommes, tu es capable de soutenir plus que les trois sphères, que les trois lumières et que tout l'univers ; Indra, depuis ta naissance, tu n'as jamais eu de rival.

9. Nous t'invoquons, Indra, toi qui es le premier des dieux ; tu as été le vainqueur dans les combats ; puisse Indra guider dans les combats notre char impétueux, redoutable et prêt à briser tous les obstacles.

10. Tu triomphes et tu ne gardes point le butin ; dans les combats, soit sérieux, soit insignifiants, nous t'aiguisons pour notre défense, redoutable Maghavan ; inspire-nous une valeur invincible.

11. Puisse Indra être chaque jour notre vengeur ; puissions-nous jouir d'une nourriture abondante et ne connaître aucun revers, et puissent Mitra, Varuna et Aditi, nous la conserver.

SUKTA X.

(Même observation que pour l'hymne précédent.)

1. Les sages ont jadis possédé la puissance suprême, Indra, comme si tu étais présent au milieu d'eux ; une lumière brille sur la terre, l'autre dans le ciel, et toutes deux sont unies ensemble comme une bannière.

2. Il soutient et il a étendu la terre ; ayant frappé (les nuages), il en a retiré les eaux, il a tué Ahi, il a percé Rauhina, il a détruit, par son courage, Vritra, le mutilé.

3. Armé de sa foudre et se confiant en sa force, il est allé détruire les cités des Dasyas. Ô toi qui tiens la foudre, exauce les prières (de ceux qui t'adorent) ; lance, pour les protéger, ton dard contre les Dasyas, et augmente la vigueur et la puissance des Aryas.

4. Maghavan, possesseur d'un nom qu'il faut glorifier, protége celui qui le célèbre pendant le cours des siècles que traverse la race humaine ; celui qui tient la foudre et qui disperse (ses ennemis) étant allé combattre les Dsayas, a obtenu un nom célèbre (pour ses exploits glorieux).

5. Voyez la vaste et irrésistible puissance d'Indra ; ayez confiance en sa valeur ; il a recouvré le bétail, il a recouvré les chevaux, les plantes, les eaux, et les bois.

6. Nous offrons les libations du soma à celui qui accomplit de nombreux exploits, qui est le meilleur des dieux, qui est celui qui répand les bienfaits, qui est possesseur d'une véritable force, le héros qui, appréciant la valeur de la richesse, l'enlève à celui qui n'accomplit pas de sacrifice, comme un voleur dépouille un voyageur, et qui la donne à l'homme qui sacrifie.

7. Tu accomplis, Indra, un acte glorieux, lorsque tu éveillas avec ta foudre Ahi qui sommeillait ; alors les épouses des dieux, les Maruts et tous les dieux imitèrent ton transport.

8. Indra, puisque tu as tué Sushna, Pipru, Kuyava, et Vritra, puisque tu as détruit les cités de Sambara (73), puissent Mitra, Varuna et Aditi nous accorder (ce que nous désirons).

SUKTA XI.

(Composé par le même rishi, et adressé également à Indra.)

1. L'autel a été élevé, Indra, pour te servir de siège ; hâte-toi d'y prendre place comme un cheval hennissant s'empresse de se rendre à son écurie ; lâche les rênes et rends la liberté à tes chevaux qui, à la saison du sacrifice, te portent nuit et jour.

2. Ces personnes sont venues auprès d'Indra pour (solliciter) sa protection ; puisse-t-il les diriger promptement sur la bonne voie ; puissent les dieux réprimer la colère du destructeur et conduire à notre solennité celui qui remédie au mal.

3. L'Asura connaissant la richesse des autres, l'enlève lui-même ; présent dans l'eau, il enlève l'écume ; les deux femmes de Kuyava se baignent avec l'eau ; puissent-elles être noyées dans les abîmes de la rivière Sipha.

4. La résidence du vagabond Kuyava était cachée (au milieu) de l'eau ; le héros doit sa grandeur aux eaux jadis enlevées, et il est renommé dans le monde entier ; les rivières Anjasi, Kalisi et Vira-Patni, lui offrant leurs ondes agréables, le soutiennent de leurs ondes.

5. Depuis que nous avons eu la trace du chemin

---

(73) Les divers noms contenus dans cette strophe s'appliquent aux Asuras ; ils désignent les formes diverses que prennent les nuages.

qui conduit à la demeure des Dasyas, comme une vache connaît la route qui mène à son étable, ô Maghavan, protége-nous contre sa violence; ne nous jette pas loin de toi, comme un prodigue jette ses richesses.

6. Excite en nous, Indra, de la vénération pour le soleil, pour les eaux et pour ceux qui, exempts de péché, sont dignes de la louange des êtres vivants; veille sur nos enfants lorsqu'ils sont encore dans le sein de leur mère, car nous mettons notre confiance en ta grande puissance.

7. Indra, je médite sur toi; nous avons mis notre confiance en ton pouvoir; ô toi, qui répands les bienfaits, conduis-nous à une grande richesse; toi qu'invoque la multitude, ne nous consigne pas à une demeure misérable; donne, Indra, des aliments à ceux qui sont affamés.

8. Ne nous fais pas de mal, Indra, ne nous abandonne pas; ne nous prive pas des jouissances qui nous sont chères; ne nuis point, ô puissant Sakra, à nos enfants encore à naître; ne fais pas de mal à ceux qui ne sont capables que de se traîner sur leurs genoux.

9. Viens en notre présence; ils t'ont appelé, toi qui aimes le jus du soma; il est préparé; bois-en et livre toi à la joie; toi dont les membres sont gigantesques, étends ton estomac, et lorsque nous t'invoquons écoute-nous comme un père écoute les paroles de son fils.

SUKTA XII.

(Adressé aux Viswadevas et composé par Trita ou Kutsa.)

1. La lune aux mouvements gracieux parcourt avec rapidité la région moyenne du firmament; brillants rayons dorés, mes yeux ne voient pas votre séjour. O vous, ciel et terre, soyez témoins de mon affliction (74).

2. Ceux qui cherchent la richesse la trouvent; une femme jouit de la présence de son mari et leur union engendre des descendants. O vous, ciel et terre, soyez témoins de mon affliction.

3. O dieux! que nos ancêtres résidant là-haut dans le ciel, n'en soient jamais expulsés; puissions-nous n'être jamais privés de fils, motifs de joie pour leurs parents, et ayant droit à des libations de jus de soma. O vous, ciel et terre, soyez témoins de mon affliction.

(74) D'après les commentateurs sanscrits des Védas, le rishi Trita, voyageant avec deux autres sages, arriva auprès d'un puits; ses compagnons l'y précipitèrent afin de s'emparer de ses effets; dans cette situation critique et ne pouvant plus apercevoir les rayons de la lune, Trita adressa aux dieux ce chant afin d'obtenir sa délivrance. Sous ce récit se cache une allégorie; Trita, le fils des eaux, Soma personnifié, aspire à être délivré, c'est-à-dire retiré du bassin qui le renferme et jeté dans le foyer.

4. J'implore le premier des dieux, l'objet du sacrifice, afin qu'il devienne mon messager et qu'il instruise (les autres divinités de ma situation). Où, Agni, est ton ancienne bienveillance? Quel nouvel être la possède? O vous, ciel et terre, soyez témoins de mon affliction.

5. Dieux, qui êtes présents dans les trois mondes, et qui résidez dans la lumière du soleil, où est maintenant votre fidélité, où est l'ancienne invocation (que je vous ai adressée)? O vous, ciel et terre, soyez témoins de mon affliction.

6. O dieux, où est votre observation de la vérité? Où est la bienveillance de Varuna? où est le chemin du puissant Aryaman, afin que nous puissions triompher de nos ennemis? O vous, ciel et terre, soyez témoins de mon affliction.

7. Je suis celui, ô dieux, qui récitais autrefois vos louanges, lorsque la libation était versée; cependant le chagrin s'empare maintenant de moi, comme un loup se jette sur un daim altéré. O vous, ciel et terre, soyez témoins de mon affliction.

8. Les douleurs poignantes m'entourent de tous côtés, comme les femmes d'un seul époux, dans leur rivalité jalouse; le souci me consume, Satakrata, quoique je sois ton adorateur, comme un rat ronge les fils d'un tisserand. O vous, ciel et terre, soyez témoins de mon affliction.

9. Mon nombril s'étend en ceux qui sont les sept rayons du soleil; Trita, le fils des eaux, sait qu'il en est ainsi, et il les loue afin d'obtenir sa délivrance. O vous, ciel et terre, soyez témoins de mon affliction.

10. Que les cinq (divinités) qui répandent des bienfaits et qui résident au centre des vastes cieux, ayant promptement apporté mes prières aux dieux, reviennent avec rapidité. O vous, ciel et terre, soyez témoins de mon affliction.

11. Les rayons du soleil résident dans le centre du ciel; ils chassent le loup qui traverse les grandes eaux (75). O vous, ciel et terre, soyez témoins de mon affliction.

12. Une vigueur nouvelle et digne de louanges est assise en vous, ô dieux; c'est par elle que les rivières poussent leurs eaux et que le soleil répand sa lumière constante. O vous, ciel et terre, soyez témoins de mon affliction.

13. Agni, ta parenté avec les dieux est digne de louanges; ô toi qui es éminent en sagesse, assieds-toi à notre solennité et adore (les dieux) comme au sacrifice de Manou. O vous, ciel et terre, soyez témoins de mon affliction.

14. Que le prudent et libéral Agni, un sage parmi les dieux, assis à notre solennité, comme au sacrifice de Manou, invoque les divinités et leur fasse

(75) Les commentateurs sanscrits disent que ce loup est une expression figurée qui désigne la lune; les grandes eaux sont les vagues célestes.

des offrandes. O vous, ciel et terre, soyez témoins de mon affliction.

15. Varuna accomplit la cérémonie qui donne le salut; nous désirons l'avoir pour nous guider dans notre route; c'est à lui que s'adressent nos louanges sortant du fond de notre cœur; puisse celui qui a droit à des éloges devenir notre véritable (soutien). O vous, ciel et terre, soyez témoins de mon affliction.

16. Le soleil qui a été créé pour être avec tant de gloire le voyageur céleste, est digne, ô dieux, de tous vos égards; mais vous, ô hommes, vous ignorez qui il est. O vous, ciel et terre, soyez témoins de mon affliction.

17. Trita, tombé dans le puits, invoque le secours des dieux; Brihaspati qui délivre beaucoup d'hommes du péché, entendit ses supplications. O vous, ciel et terre, soyez témoins de mon affliction.

18. Un loup furieux m'aperçut une fois, tandis que je m'avançais sur mon chemin, et m'ayant vu, il se jeta sur moi en se dressant comme se relève un charpentier, fatigué et souffrant d'avoir été longtemps courbé sur son ouvrage. O vous, ciel et terre, soyez témoins de mon affliction.

19. Puissions-nous, en récitant cet hymne, posséder Indra, et fortifiés, par des descendants nombreux, triompher de nos ennemis dans les combats; puissent Mitra, Varuna et Aditi nous seconder pour nous faire obtenir ce que nous demandons.

ANUVAKA XVI.

SUKTA I

(*Composé par le rishi Kutsa, et adressé à tous les dieux.*)

1. Nous invoquons pour notre préservation, Indra, Mitra, Varuna, Agni, la puissance des Maruts et Aditi; puissent les divinités qui sont généreuses et qui accordent des demeures, nous retirer de tous péchés, comme un conducteur habile retire un char d'un défilé.

2. Fils d'Aditi, venez au combat avec toutes vos armées; soyez pour nous la cause du succès dans les batailles; puissent les divinités qui sont généreuses et qui accordent des demeures, nous retirer de tous péchés, comme un conducteur habile retire un char d'un défilé.

3. Puissent les Pitras dignes de louanges, nous protéger; puissions-nous avoir la protection des deux déités, le ciel et la terre, qui encouragent les sacrifices, et dont les autres dieux ne sont que des rejetons; puissent les divinités qui sont généreuses et qui accordent des demeures, nous retirer de tous péchés comme un conducteur habile retire un char d'un défilé.

4. En engageant à assister à cette cérémonie celui qui est l'objet des louanges des hommes, et qui donne la nourriture, nous adressons aussi nos louanges et nos supplications à celui qui est le destructeur des héros, et le pacificateur; puissent les divinités qui sont généreuses et qui accordent des demeures, nous retirer de tous péchés, comme un conducteur habile retire un char d'un défilé.

5. Brihaspati, accorde-nous une félicité constante; nous invoquons de ta part cette faculté que t'a donnée Manou de soulager la souffrance et de détourner le péril; puissent les divinités qui sont généreuses et qui accordent des demeures, nous retirer de tous péchés, comme un conducteur habile retire un char d'un défilé.

6. Kutsa, le rishi, précipité dans un puits, a appelé à son secours Indra qui tue les ennemis et qui encourage les bons cœurs; puissent les divinités qui sont généreuses et qui accordent des demeures, nous retirer de tous péchés, comme un conducteur habile retire un char d'un défilé.

7. Puisse la déesse Aditi nous protéger ainsi que les dieux, et puisse notre défenseur radieux (le soleil) être vigilant pour nous prêter son appui; puissent les divinités qui sont généreuses et qui accordent des demeures, nous retirer de tous péchés, comme un conducteur habile retire un char d'un défilé.

SUKTA II.

(*Composé par Kutsa et adressé à tous les dieux.*)

1. Que nos sacrifices donnent de la satisfaction aux dieux; Adityas, soyez-nous favorables, et puissent vos bonnes intentions se diriger vers nous, afin d'être pour les pauvres une source abondante de bien-être.

2. Puissent les dieux qui désirent célébrer les hymnes des Agirasas, venir ici pour notre protection; puissent Indra, avec ses trésors, puissent les Maruts, avec le souffle de l'air qui donne la vie, et Aditi avec les Adityas, nous accorder la félicité que nous leur demandons.

3. Puissent Indra, Varuna, Agni, Aryamana et Saviti nous accorder cette nourriture que nous sollicitons; puissent Mitra, Varuna et Aditi nous maintenir en leur possession.

SUKTA III.

(*Composé également par Kutsa, adressé à Indra et à Agni.*)

1. Indra et Agni, vous qui êtes assis ensemble dans votre char merveilleux qui éclaire tous les êtres, approchez et buvez le suc répandu du soma.

2. Puisse ce soma satisfaire vos désirs, Indra et Agni, et avoir, pour vous servir de boisson, toute l'étendue de l'univers et toute sa profondeur.

3. Vous avez rendu célèbres vos noms associés,

depuis que, vainqueurs de Vritra, vous vous êtes ligués pour donner la mort à cet ennemi ; assis ensemble sur l'autel, vous répandez les bienfaits ; recevez votre portion des libations.

4. Les feux étant allumés, les deux prêtres se tiennent auprès, versant le beurre clarifié qui s'écoule des cuillers qu'ils élèvent, et étendant l'herbe sacrée devant l'autel; ô Indra et Agni, venez devant nous pour nous satisfaire, et soyez attirés par les sucs stimulants du soma répandus tout à l'entour.

5. Quelques soient les exploits héroïques que vous avez accomplis, quelles que soient les formes que vous ayez créées, quels que soient les bienfaits que vous ayez versés, quelles que soient les anciennes et heureuses amitiés que vous ayez contractées, venez et buvez le jus du soma répandu ici.

6. Venez et soyez témoins de la foi sincère avec laquelle je vous promets la libation ; buvez de ce jus répandu, car le suc du soma est préparé par les prêtres.

7. Adorable Indra et Agni, si vous avez jamais trouvé plaisir aux libations faites dans votre demeure, dans celle d'un brahmane ou dans celle d'un prince, alors vous qui répandez des bienfaits, venez ici, de quelqu'endroit où vous vous trouverez, et buvez la libation répandue.

8. Si vous êtes parmi des hommes qui sont sans malice ou qui vivent pour accomplir les devoirs de l'existence, et qui reçoivent les fruits des bonnes œuvres, alors, vous qui répandez des bienfaits, venez ici de quelqu'endroit où vous vous trouverez, et buvez la libation répandue.

9. Soit que vous soyez dans la plus basse région de l'univers, ô Indra et Agni, ou dans la moyenne, ou dans la plus haute, ô vous qui répandez des bienfaits, venez ici de quelque endroit où vous vous trouverez, et buvez la libation répandue.

10. Arrivez, ô Indra et Agni, de quelque endroit de l'univers où vous vous trouverez, et buvez la libation répandue.

11. Soit que vous soyez dans le ciel ou sur la terre, Indra et Agni, dans les montagnes, dans les herbes ou dans les eaux, ô vous qui répandez les bienfaits, venez ici de quelque endroit où vous vous trouverez, et buvez la libation répandue.

12. Vous pouvez, Indra et Agni, vous trouvant au milieu du firmament, lorsque le soleil se lève, être transportés de joie par l'aspect de votre splendeur ; cependant, ô vous qui répandez des bienfaits, venez ici de quelque endroit où vous vous trouverez et buvez la libation répandue.

13. Indra et Agni, buvant à longs traits cette libation, accordez-nous des richesses de toute espèce,

et puissent Mitra, Varuna et Aditi nous les conserver.

SUKTA IV.

(Composé par le même rishi et adressé aux mêmes dieux.)

1. Indra et Agni, je désire obtenir des richesses et je vous considère en mon esprit comme des parents et des amis ; nul autre que vous ne saurait donner l'intelligence nette que vous m'avez donnée ; muni de ces présents, j'ai composé cet hymne que je vous adresse, et je vous fais connaître mes vœux.

2. J'ai appris, Indra et Agni, que vous êtes plus généreux en vos dons qu'un fiancé indigne ou que le frère de la mariée ; c'est pourquoi, en vous offrant une libation, je vous adresse un hymne nouveau.

3. Puisse n'être jamais tranchée la longue ligne de notre postérité ; en implorant des descendants qui possèdent la vigueur de leurs ancêtres, ceux qui vous adorent, Indra et Agni, réclament de vous le bonheur ; ô vous qui détruisez les ennemis, écoutez nos vœux.

4. La prière sacrée qui implore votre présence vous offre à tous deux, Indra et Agni, la libation de suc de soma ; ô vous qui avez des chevaux, de belles armes et des mains gracieuses, venez promptement, et mêlez la libation aux eaux.

5. Lorsque vous assistiez à la répartition du trésor parmi vos adorateurs, j'ai appris, Indra et Agni, que vous aviez déployé une grande vigueur pour détruire Vritra ; ô vous qui voyez toutes choses, et qui êtes assis sur l'herbe sacrée, assistez à ce sacrifice.

6. Accourant lorsqu'on vous appelle au moment du combat, vous surpassez tous les hommes ; vous êtes plus vastes que la terre, que le ciel, que les rivières, que les montagnes ; vous surpassez tout ce qui existe.

7. Apportez des trésors, vous qui tenez la foudre et donnez-les nous ; protégez-nous, Indra et Agni, par vos exploits ; puissent ces rayons du soleil qui ont conduit nos pères à une région céleste, briller aussi sur nous.

8. Indra et Agni, vous qui tenez la foudre et qui renversez les cités, accordez-nous la richesse ; défendez-nous dans les combats, puissant Mitra, Varuna et Aditi.

SUKTA V.

(Composé par le rishi Kutsa et adressé aux Ribhus.)

1. Ribhus, la cérémonie que j'ai jadis célébrée, je la répète devant vous, et l'hymne mélodieux est

récité pour votre louange; en cette cérémonie, le suc du soma est suffisant pour tous les dieux (76).

2. Ribhus, lorsque vous étiez parmi nos ancêtres, sans être encore consommés dans la sagesse, mais désireux de jouir des libations du soma, vous vous retirâtes dans les forêts pour accomplir une austère pénitence; alors, fils de Sudhanwan, grâce à la plénitude des actes de dévotion que vous accomplîtes, vous vîntes à la salle de votre adorateur Savitri.

3. Alors Savitri vous accorda l'immortalité, lorsque vous vîntes vers celui qui ne peut être caché, et lorsque vous exprimâtes votre désir de prendre part aux libations, vous voulûtes qu'il y eût quatre cuillers pour les mets du sacrifice, au lieu de celle que l'Asura avait formée.

4. Associés aux prêtres et accomplissant promptement les rites sacrés, ils acquirent l'immortalité, et les fils de Sudhawan, les Ribhus, brillants comme le soleil, furent associés aux cérémonies (appropriées aux diverses saisons) de l'année.

5. Objet des louanges des assistants, les Ribhus partagèrent, avec une arme tranchante, la nappe du sacrifice, comme la charrue partage un sol qui a été mesuré; ils sollicitèrent les meilleures libations, désirant participer, parmi les dieux, aux mets offerts en sacrifice.

6. Nous présentons le beurre clarifié aux directeurs du sacrifice, qui habitent dans le firmament; nous louons ces Ribhus qui, ayant égalé la rapidité du protecteur (de l'univers, le soleil), montèrent à la région du ciel.

7. Ribhu, l'accompli, est notre défenseur; Ribhu, qui fait des présents de nourriture et de richesses, est notre asile; puisse-t-il, ô dieux, nous accorder ses dons, grâce à votre protection; puissions-nous, dans une occasion favorable, renverser les armées de ceux qui n'offrent pas de libations.

8. Ribhus, vous avez couvert la vache avec un cuir, et vous avez réuni la mère avec le veau (77); fils de Sudhawan, directeur du sacrifice, vous avez, par vos bonnes œuvres, rendu la jeunesse à vos vieux parents.

9. Indra, associé aux Ribhus, donne-nous de la nourriture et daigne nous accorder des richesses admirables, et puissent Mitra, Varuna et Aditi nous les conserver.

(76) Les Ribhus, ainsi que l'observe M. Langlois, (note, p. 259) ont été élevés à la qualité de dieux; ils ont eu dans les sacrifices leur part d'offrandes et d'invocation. On les a identifiés avec les rayons du soleil. Ne seraient-ils pas les rites employés pour faire passer les clartés d'Agni dans le soleil? Ne seraient-ils pas ces rayons du sacrifice partant pour aller illuminer le disque solaire?

(77) D'après une ancienne légende, la vache d'un rishi étant morte, le sage, affligé de voir le veau privé de sa mère, s'adressa aux Ribhus. Ceux-ci firent une autre vache et la couvrirent de la peau de celle que le rishi avait perdue.

SUKTA VI.

(Composé par le même rishi et adressé aux mêmes dieux.)

1. Les Ribhus, possédant une grande habileté dans leurs travaux, ont construit pour les Aswins un char merveilleux; ils ont formé les vigoureux coursiers qui portent Indra; ils ont rendu la jeunesse à leurs parents; ils ont rendu au veau sa mère.

2. Préparez en abondance, pour notre sacrifice, une nourriture resplendissante; préparez, pour nos cérémonies et pour nous fortifier, des aliments qui soient pour nous la cause d'une postérité nombreuse, afin que nous vivions entourés de descendants vigoureux; accordez-nous des richesses qui nous rendent heureux.

3. Ribhus, conducteurs du sacrifice, accordez-nous et à nos chevaux d'amples moyens de subsistance; que chacun reconnaisse tous les jours notre opulence victorieuse; puissions-nous triompher dans les combats de tous nos ennemis.

4. J'invoque la protection du puissant Indra; j'invite les Ribhus, les Vajas et les Maruts à boire le suc du soma; j'invoque aussi Mitra, Varuna et les Aswins; puissent-ils nous conduire à l'opulence, aux rites sacrés et à la victoire.

5. Que Ribhu nous fournisse l'opulence qui assure le succès à la guerre; que Vaja, victorieux dans les combats, nous protége, et que Mitra, Varuna et Aditi exaucent nos prières.

SUKTA VII.

(Composé par Kutsa et adressé à diverses divinités.)

1. Je loue le ciel et la terre dans les premiers chants que je médite; je loue le radieux Agni lorsque les Aswins arrivent : ô vous qui faites résonner dans les combats votre conque marine, afin d'obtenir votre part dans le butin, ô Aswins, venez auprès de nous.

2. Des adorateurs fervents se tiennent, Aswins, autour de votre char, afin de profiter de votre générosité; c'est ainsi que des disciples écoutent les paroles de leurs maîtres afin de s'instruire.

3. La vigueur que renferme le nectar céleste vous rend capables, ô chefs des sacrifices, de régner sur les êtres qui peuplent les trois mondes; montrez de rechef la puissance qui vous a permis de donner du lait à une vache stérile; ô Aswins, venez auprès de nous.

4. Le vent qui tournoie est doué de la vigueur de son fils qui mesure les deux mondes et il est le plus rapide des objets rapides : il embellit toutes choses par sa puissance, et c'est par elle que Kakshivat de-

vint habile dans les trois genres de sacrifice ; ô Aswins, venez auprès de nous.

5. Vous avez retiré de l'eau Rebha qui avait été jeté garrotté dans un puits ; vous avez rendu à Vandana, qui avait subi un pareil traitement, les moyens de revoir le ciel ; vous avez protégé Kanwa lorsqu'il desirait contempler la lumière ; ô Aswins, venez auprès de nous.

6. Vous avez sauvé Antaka, lorsqu'il était précipité dans un étang profond et qu'il était menacé d'être détruit ; vous avez protégé Bhujyu, Karkhandu et Vayya ; venez, ô Aswins, auprès de nous.

7. Vous avez enrichi Suchanti et vous lui avez donné une somptueuse habitation; vous avez tempéré en faveur d'Atri les feux d'une chaleur dévorante; vous avez sauvé Prisnigu et Purukutsa ; venez auprès de nous, ô Aswins.

8. O vous qui répandez des bienfaits, vous avez mis en état de marcher Paravrij, qui était impotent; vous avez fourni à Rijraswa l'aveugle les moyens de voir et au paralytique Srona la faculté de se mouvoir ; vous avez délivré la caille qu'un loup avait saisie (78); venez, ô Aswins, auprès de nous.

9. Vous avez fait couler un doux torrent qui a sauvé Vasishtha ; ô vous qui êtes toujours jeunes, vous avez protégé Kutsa, Srutarya et Narya ; venez, ô Aswins, auprès de nous.

10. Vous avez mis l'opulente Vispala, qui était hors d'état de se mouvoir, à même d'aller au combat où elle s'enrichit de mille dépouilles ; vous avez protégé le vieux Vasa, fils d'Aswa ; venez, ô Aswins, auprès de nous.

11. O vous, dieux beaux et généreux, vous avez ordonné au nuage de verser ses douces eaux en faveur du marchand Dirghasravas, fils d'Urjis (79), et vous avez protégé le pieux Kakshivat ; venez, ô Aswins, auprès de nous.

12. Vous avez rempli d'eau le lit desséché du fleuve ; vous avez poussé à la victoire un char privé de chevaux et vous avez fait revenir à Trisoka les bestiaux qui lui avaient été dérobés; venez, ô Aswins, auprès de nous.

13. Vous avez, à l'horizon lointain, débarrassé le soleil des ténèbres qui l'éclipsaient ; vous avez protégé Manthatri dans l'exercice de ses fonctions souveraines, et vous avez conservé le sage Bharadwaja (80) ; venez, ô Aswins, auprès de nous.

14. Vous avez protégé le puissant et hospitalier Divodasa, lorsqu'ayant entrepris de donner la mort à Sambara, il se cacha au sein des eaux, par suite de l'effroi que lui inspiraient les Asuras ; vous avez assisté Trasadasyu dans les combats ; venez, ô Aswins, auprès de nous.

15. Vous avez suivi Vamira, objet des louanges de tous ceux qui l'entouraient, lorsqu'il buvait les rosées de la terre ; vous avez protégé Kali lorsqu'il eut pris une femme, et Prithi lorsqu'il eut perdu son cheval ; venez, ô Aswins, auprès de nous.

16. Vous qui dirigez les sacrifices, vous avez assisté Sayu, Atri, et dans les temps éloignés Manu ; vous vous êtes empressés de leur montrer la voie pour échapper au mal ; vous avez percé de vos flèches les ennemis de Syumarasmi.

17. Grâce à votre secours, Patharvan brilla plein de force dans les combats, semblable à un brasier ardent ; vous avez défendu Sarvata au milieu de la mêlée ; venez, ô Aswins, auprès de nous.

18. Satisfaits des louanges qu'on vous donne, vous avez précédé les dieux se rendant à la caverne pour recouvrer les troupeaux qui avaient été volés ; vous avez soutenu l'héroïque Manou en lui donnant de la nourriture; venez auprès de nous, ô Aswins.

19. Vous avez donné une épouse à Vimada ; vous avez reconquis les vaches rouges, vous avez accordé à Sudas les trésors les plus précieux ; venez auprès de nous, ô Aswins.

20. Vous accordez le bonheur à celui qui vous présente des offrandes ; vous avez protégé Bhujyu et Adhrigu ; vous avez accordé des aliments nourrissants et délicieux à Ritastubh ; venez auprès de nous, ô Aswins.

21. Vous avez protégé Krisanu dans les combats ; vous avez soutenu la course rapide du cheval du jeune Purukutsa, et vous livrez le doux miel aux abeilles ; venez auprès de nous, ô Aswins.

22. Vous avez protégé votre adorateur engagé dans les combats afin d'acquérir du bétail ; vous l'aidez à acquérir des maisons et des trésors ; vous préservez ses chèvres et ses chevaux ; venez, ô Aswins, auprès de nous.

23. Vous qu'honorent des cérémonies nombreuses, vous avez protégé Kutsa, le fils d'Arjuna (*un des noms d'Indra*), ainsi que Turviti, Dhabhiti et Purushanti ; venez, ô Aswins, auprès de nous.

24. Aswins, sanctifiez nos paroles par des œuvres ; ô vous qui répandez des bienfaits et qui subjuguez les ennemis, fortifiez notre intelligence (pour qu'elle s'applique à l'étude des choses sacrées) ; nous vous invoquons tous deux à la dernière veille de la nuit, afin que vous nous protégiez ; augmentez nos approvisionnemens de nourriture.

25. Aswins, versez jour et nuit sur nous des bienfaits qui ne diminuent jamais ; puissent Mitra, Varuna et Aditi exaucer mes prières.

---

(78) D'après les commentateurs sanscrits, le loup, nous l'avons déjà fait remarquer, c'est la lune ; la caille c'est le crépuscule que cet astre veut dévorer mais que les Aswins délivrent.

(79) Dirghasravas se fit, à une époque de sécheresse et de famine, marchand pour obtenir les moyens de vivre ; les Aswins lui accordèrent une pluie abondante.

(80) D'après une ancienne légende, Bharadwadja fut nourri par une alouette.

HUITIÈME ADHYAYA.

ANUVAKA XVI (suite).

SUKTA VIII.

(Composé par Kutsa, adressé à Ushas (l'aurore).

1. Ce luminaire, le plus excellent de tous, est arrivé; l'être admirable qui manifeste toutes choses est né, de même que la nuit est le rejeton du soleil.

2. L'aurore, à la blanche splendeur, la mère du soleil, est arrivée; la sombre nuit a regagné son séjour; alliées au même soleil, immortelles, se succédant mutuellement et effaçant tour à tour leur couleur, elles traversent les cieux.

3. Le chemin que suivent ces sœurs n'a pas de terme; elles le parcourent alternativement, guidées par le soleil radieux; combinant leurs desseins, quoique de formes différentes, la nuit et l'aurore, donnant naissance à toutes choses, ne se gênent pas l'une l'autre et ne restent jamais immobiles.

4. Guide brillant de ceux qui disent la vérité, l'aurore aux teintes nombreuses est reconnue par nous; elle a ouvert nos portes; ayant illuminé le monde, elle a manifesté nos richesses. Ushas rend toutes les régions que la nuit avait avalées.

5. L'opulente aurore éveille et anime au travail l'homme courbé dans le sommeil; elle appelle un autre aux plaisirs, un autre à la dévotion, un autre à la poursuite des richesses. Elle a mis ceux qui étaient presque privés de la vue à même d'y voir distinctement. Ushas a rendu toutes les régions à la lumière.

6. L'aurore éveille un homme pour qu'il acquière de la richesse, un autre pour qu'il se procure de la nourriture, un autre pour qu'il se consacre aux sacrifices; elle éclaire tous les hommes, afin qu'ils se livrent aux divers moyens de soutenir leur vie. Ushas a rendu toutes les régions à la lumière.

7. La fille du ciel, jeune, couverte d'une robe blanche, la maîtresse de tous les trésors terrestres, se montre et dissipe les ténèbres. Ushas brille aujourd'hui sur nous dans cette salle des sacrifices.

8. Marchant sur les traces des matins qui sont passés et la première des matins sans fin qui sont à venir, Ushas, qui disperse les ténèbres, ranime les êtres vivants et éveille tous ceux qui gisaient comme morts.

9. Ushas, puisque tu as allumé le feu sacré, puisque tu as éclairé le monde avec la lumière du soleil, et que tu as éveillé les hommes pour qu'ils accomplissent des sacrifices, tu as rendu aux dieux de bons services.

10. Depuis quelle époque l'aurore s'est-elle levée? Pendant quelle période se lèvera-t-elle encore? Animée du désir de nous apporter la lumière, Ushas continue à remplir les fonctions des aurores qui l'ont précédée, et, conservant toute sa splendeur, elle sera imitée de celles qui viendront après elle.

11. Les mortels qui ont vu jadis naître la splendeur d'Ushas ont passé; elle est maintenant visible pour nous, et ceux qui pourront la voir dans les temps à venir s'approchent.

12. Les êtres hostiles (aux actes de piété) se retirent maintenant, car elle est la protectrice des rites sacrés; elle donne le bonheur; elle éveille des voix joyeuses, et elle procure des aliments pour les dieux; Ushas éclaire aujourd'hui la salle des sacrifices.

13. La divine Ushas brillait sans cesse dans les temps passés; source de la richesse, elle s'élève encore sur ce monde; elle continuera dans l'avenir de donner la lumière, car, exempte de vieillesse et de mort, elle continue de jouir de sa splendeur.

14. La divine Ushas éclaire de ses rayons les divers quartiers du ciel; elle a rejeté la figure sombre qu'elle avait prise, et éveillant (ceux qui dorment), elle vient dans son char traîné par des coursiers couleur de pourpre.

15. Apportant avec elle des bienfaits qui soutiennent la vie et rendent le sentiment de l'existence à ceux qui ne l'ont plus, elle répand sur le monde son éclat admirable. Elle est pareille aux aurores qui l'ont précédée, et elle brille pareille aux aurores qui la suivront toujours.

16. Lève-toi; la vie renaît; l'obscurité a disparu; la lumière approche. Ushas a ouvert la route où voyage le soleil; rendons-nous auprès de ceux qui distribuent la nourriture.

17. Celui qui offre des louanges et qui récite des louanges, célèbre la brillante Ushas, en répétant les paroles bien arrangées (des *Védas*). Toi qui possèdes l'abondance, éclaire aujourd'hui celui qui te loue, accorde-nous de la nourriture.

18. Puisse celui qui a offert la libation, obtenir en terminant ses prières énoncées comme le vent avec rapidité, la faveur de ces filles d'Ushas qui donnent des chevaux, des troupeaux et des descendants, et qui verseront la lumière sur les mortels qui leur présentent des offrandes.

19. Mère des dieux, rivale d'Aditi, toi qui éclaires le sacrifice, puissante Ushas, brille, répands ton éclat sur nous, en approuvant nos prières. O toi qui es chérie de tous, rends-nous éminents parmi les peuples.

20. Tous les trésors que distribuent les filles d'Ushas sont des bienfaits pour le sacrificateur et pour celui qui récite les louanges. Puissent Mitra, Varuna et Aditi, être favorables à nos prières.

SUKTA IX.

(Composé par le rishi Kutsa et adressé à Rudra.)

1. Nous offrons ces louanges au puissant Rudra aux cheveux tressés, le destructeur des héros; nous

l'invoquons pour que la santé reste entière chez les bipèdes et chez les quadrupèdes, et pour que tous les êtres, en ce village, soient bien nourris et exempts de maladie.

2. Sois gracieux pour nous, Rudra ; accorde-nous du bonheur, car nous te faisons des offrandes, ô destructeur des héros, et nous t'adorons ; puissions-nous, grâce à ton appui, Rudra, obtenir cette exemption de maladies et cette sauvegarde contre les dangers que notre ancêtre Manou nous accorda.

3. Rudra, toi qui répands les bienfaits, puissions-nous, en adorant les dieux, obtenir ta faveur, ô toi qui es le vainqueur des héros ; viens vers nos descendants avec l'intention de faire leur bonheur, tandis que nous, ayant nos fils en sûreté, nous te présentons nos offrandes.

4. Nous invoquons, pour nous défendre, l'illustre Rudra, qui accomplit les sacrifices, qui est sage, qui est sinueux en ses voies ; puisse-t-il écarter loin de nous sa colère, car nous sollicitons avec ferveur sa protection.

5. Nous invoquons avec respect celui qui est dans le ciel, qui a des aliments excellents, qui est radieux et qui a les cheveux tressés, qui est brillant, celui qui tient dans sa main de précieux médicaments et qu'on parvient à connaître en se livrant à l'étude des choses sacrées ; puisse-t-il nous accorder la santé, une armure défensive et une demeure où nous soyons en sécurité.

6. Cette louange, la plus douce de toutes et motif de prospérité pour celui qui la récite, est adressée à Rudra, le père des Maruts ; ô immortel Rudra, accorde-nous une nourriture suffisante pour les mortels, et répands le bonheur sur moi, sur mon fils et mon petit-fils.

7. Ne fais pas de mal, ô Rudra, à ceux d'entre nous qui sont jeunes ou vieux, à ceux qui ont donné le jour, et à ceux qui l'ont reçu ; préserve-nous de toute affliction.

8. Ne nous fais pas de mal, ô Rudra, dans nos fils ou petits-fils, dans nos troupeaux, ni dans nos chevaux ; enflammé de colère, ne détruis pas nos valeureux guerriers, car, en te présentant du beurre clarifié, nous t'invoquons continuellement.

9. Je te rends les louanges qui te reviennent, comme un berger (rend des moutons à leur propriétaire) ; père des Maruts, accorde-moi le bonheur, ta bonté est la source de la félicité qui peut être le lot d'un mortel ; c'est pourquoi nous sollicitons spécialement ta protection.

10. Vainqueur des héros, que ton arme qui tue des vaches ou des hommes, soit loin de nous ; que la félicité que tu accordes soit notre partage ; favorise-nous ; parle, brillant héros, en notre faveur, et accorde-nous la prospérité, toi dont la puissance s'étend sur les deux (royaumes du ciel et de la terre).

11. Désirant sa protection, nous avons manifesté notre respect pour lui ; puisse Rudra, avec les Maruts, entendre nos invocations ; puissent Mitra, Varuna et Aditi, exaucer notre prière.

SUKTA X.

(Composé par Kutsa et adressé à Surya.)

1. L'admirable armée des rayons s'est levée ; l'œil de Mitra, de Varuna et d'Agni, le soleil, l'âme de tout ce qui se meut ou de ce qui est immobile, a rempli (de sa gloire) le ciel, la terre et le firmament.

2. Le soleil suit la divine et brillante Ushas comme un homme suit une femme (jeune et élégante) ; en cette saison, les hommes pieux accomplissent les (cérémonies établies depuis des) siècles, adorant le soleil bienfaisant, dans l'espoir d'obtenir une ample récompense.

3. Les chevaux rapides du soleil, nobles, bien faits et vigoureux, méritent d'être célébrés dans nos chants ; ils sont l'objet de notre respect ; ils sont montés au sommet du ciel, et ils ont rapidement fait le tour du ciel et de la terre.

4. Telle est la divinité, telle est la majesté du soleil que, lorsqu'il a accompli la moitié de sa course, il retire en lui-même la lumière qu'il avait versée sur la route qu'il n'a pas parcourue en entier ; lorsqu'il a détaché les coursiers attelés à son char, alors la nuit étend l'obscurité.

5. Le soleil, en vue de Mitra et de Varuna, déploie sa forme splendide au milieu des cieux, et ses rayons étendent, d'un côté, sa puissance infinie et brillante, de l'autre, en s'éloignant, ils amènent les ténèbres de la nuit.

6. Délivrez-nous aujourd'hui, ô dieux, dès le lever du soleil, du péché détestable, et puissent Mitra, Varuna, Aditi, être favorables à nos prières.

ANUVAKA XVII.

SUKTA I.

(Composé par le rishi Kakshivat et adressé aux Aswins.)

1. De même que celui qui adore étend, pour les Nasatyas, l'herbe sacrée, de même je proclame leurs louanges, comme le vent pousse devant lui les nuages ; ils ont donné une épouse au jeune Vimada et ils l'ont emportée dans leur char, devançant l'armée ennemie.

2. Nasatyas, emportés par des coursiers vigoureux et rapides et pressés par les encouragements des dieux, l'âne qui vous appartient, excité de la sorte, renversa un millier d'ennemis dans le combat, lors de la guerre agréable à Yama.

3. O Aswins, Tugra envoya en vérité son fils Bhujyu à la mer (81) comme un mourant se sépare de ses richesses, mais vous l'avez ramené dans des vaisseaux vous appartenant, flottant sur l'Océan et se tenant au-dessus des eaux.

4. Pendant trois jours et trois nuits, o Nasatyas, vous avez transporté Bhujyu dans trois chars rapides ayant cent roues (82) et traînés par six chevaux.

5. Vous avez, ô Aswins, accompli cet exploit sur l'Océan où il n'y a rien ; vous avez rapporté à la maison de son père Bhujyu naviguant sur un navire à cent rames.

6. Aswins, le cheval blanc que vous avez donné à Pedu, dont les chevaux étaient indestructibles, fut toujours pour lui un motif de succès ; il faut toujours célébrer ce don précieux de votre générosité ; le cheval de Pedu, qui disperse les ennemis, doit toujours être invoqué.

7. O vous qui dirigez le sacrifice, vous avez donné à Kakshivat, de la race de Pajra, des connaissances variées ; vous avez rempli cent jarres de vin, les tirant du sabot de votre vigoureux coursier, comme d'une futaille.

8. Vous avez arrosé avec de l'eau froide les flammes ardentes qui entouraient Atri (83), et vous lui avez donné une vigueur soutenue par des aliments abondants ; vous l'avez retiré, ô Aswins, de la sombre caverne où il avait été précipité, et vous l'avez rendu à toute sorte de bien-être.

9. Nasatyas, vous avez soulevé un puits et, le renversant, vous avez de sa base fait son ouverture, de sorte que l'eau sortit pour servir de boisson à Gotama altéré.

10. Nasatyas, vous avez dépouillé le vieux Chyavana de sa peau entière, comme si elle avait été une cotte de maille ; vous avez renouvelé, ô Dasras, la vie du sage qui était sans parents et vous en avez fait l'époux d'un grand nombre de vierges (84).

11. Nasatyas, vous avez accompli un exploit glorieux, digne de nos adorations et de nos louanges, lorsque vous avez retiré Vandana du puits qui était visible aux voyageurs, et où il était caché comme un trésor enfoui (85).

12. O vous qui dirigez le sacrifice, afin d'acquérir la richesse, je proclame cet acte inimitable que vous avez accompli, comme le tonnerre annonce la pluie, Dadhyanch, fils de Athawan, ayant reçu de vous la tête d'un cheval, vous enseigna la science mystique (86).

13. L'intelligent Vadhrimati vous invoqua, Nasatyas, vous qui satisfaites les désirs de nombreux mortels et qui les protégez ; sa prière fut entendue comme les instructions d'un professeur, et vous, Aswins, vous donnâtes à la femme d'un mari impuissant Hiranyahasta pour fils.

14. Nasatyas, vous avez délivré la caille de la bouche du chien qui l'avait saisie, et vous qui êtes les bienfaiteurs d'un grand nombre de mortels, vous avez accordé au sage qui vous loue de voir (la vraie sagesse).

15. Le pied de (Vispala, la femme de) Khela fut coupé comme l'aile d'un oiseau dans un engagement pendant la nuit ; vous lui avez donné immédiatement une jambe de fer, afin qu'elle pût marcher.

16. Lorsque Rijraswa donnait à une louve cent moutons coupés en morceaux, son père le rendit aveugle ; vous, Dasras, médecins (des dieux), vous lui avez donné des yeux.

17. La fille du soleil monta sur votre char (87) comme un coureur qui s'élance vers un but ; lorsque vous gagnâtes (le prix de la course) avec votre cheval rapide, tous les dieux regardaient, le cœur plein d'anxiété, et vous, Nasatyas, vous fûtes couverts de gloire.

18. Aswins, lorsque vous vous rendîtes à la demeure de Divodasa qui vous avait invités, votre char porta des trésors et des aliments, et le taureau et la tortue furent attelés ensemble.

19. Nasatyas, qui donnez la force et la richesse,

---

(81) Tugra était un roi qui, poursuivi dans une île par ses ennemis, voulait mettre en sûreté son fils Bhujyu ; il le fit embarquer sur un navire qui périt dans des parages éloignés avec tous ceux qu'il portait. La protection des Aswins préserva le jeune prince ; il se sauva par la route de l'air avec ses compagnons, et, au bout de trois jours et trois nuits, fut rendu à son père. Il y a lieu de croire que ces légendes sont des allégories. M. Langlois suppose que Bhujyu est le soleil, peut-être le soleil durant la nuit.

(82) On ne sait trop pourquoi le poëte donne ici au char des Aswins six chevaux et cent roues. Le nombre cent est probablement un chiffre indéterminé, représentant un grand nombre. C'est ainsi qu'Indra est représenté comme le dieu qui a achevé cent exploits et comme tenant la foudre aux cent tranchants.

(83) « Il me semble, » dit M. Langlois, « que la légende d'Atri représente la saison des pluies venant succéder à la saison des chaleurs. »

(84) Tchyavana est un rishi ; il épousa la fille du roi Varyata. M. Langlois ne le regarde pas comme un personnage historique ; il y voit le soleil *tombant*, le vieux soleil rajeunissant pour épouser l'année suivante ou la journée du lendemain.

(85) Le rishi Vandana fut retiré par les Aswins du fond d'un puits où les Asuras l'avaient précipité en se saisissant de lui dans une forêt déserte.

(86) La légende indienne raconte que Dadyanch avait appris les mystères les plus profonds de la théologie, mais il devait perdre la tête s'il les révélait. En faveur des Aswins il manqua à sa promesse, et il subit la punition qu'il avait encourue. Les Aswins remplacèrent sa tête par celle d'un cheval. Plus tard, Indra eut besoin, dans ses combats contre les Rakshasas, des os de cette tête ; Dadyanch consentit à mourir afin de les lui fournir. Ces légendes bizarres sont allégoriques, ainsi que les autres récits contenus dans les Védas.

(87) Les commentateurs sanscrits racontent que la fille du soleil qu'ils appellent Surya, était destinée à devenir l'épouse de Soma. Les autres dieux la voulurent aussi pour épouse. Il fut convenu qu'elle serait le prix d'une course qui aurait pour but le soleil ; les Aswins furent les vainqueurs, et ils firent monter Surya sur leur char.

ainsi que la postérité et la nourriture qui soutient la vigueur, vous vintes auprès de la famille de Jahnu.

20. Nasatyas, qui ne pouvez vieillir, vous avez emporté, pendant la nuit, dans votre char qui renverse vos ennemis, Jahusha que des adversaires entouraient de tous côtés, et vous l'avez conduit dans des montagnes inaccessibles.

21. Aswins, vous avez conservé Vasa, afin qu'il pût obtenir en un seul jour mille présents précieux ; ô vous qui répandez les bienfaits et qui êtes associés à Indra, vous avez détruit les ennemis acharnés de Prithusravas.

22. Vous avez élevé l'eau depuis le fond du puits afin qu'elle étanchât la soif de Sara, fils de Richitka ; c'est par votre puissance, Nasatyas, que vous avez rempli de lait la vache stérile afin d'assister Sayu accablé de fatigue.

23. Nasatyas, par vos actes vous avez rendu à Viswaka, fils de Krishna, son fils Vishnapu ; il sollicitait votre protection, il vous adorait, et aimait la justice ; son fils réjouit sa vue comme le fait l'aspect d'un animal qui a été égaré.

24. Aswins, vous avez élevé Rebha comme on élève du soma en une cuiller ; pendant dix nuits et neuf jours, il était resté dans un puits, lié de fortes cordes, blessé et incommodé par l'eau.

25. C'est ainsi, ô Aswins, que j'ai proclamé vos exploits ; faites que je devienne le maître (de ces lieux), ayant des troupeaux abondants et des descendants nombreux, conservant ma vue et jouissant d'une longue vie ; puissé-je entrer dans la vieillesse comme un maître entre dans sa maison.

SUKTA II.

(Composé par le même rishi et adressé aux mêmes divinités.)

1. Aswins, votre ancien adorateur vous rend hommage et répand pour vous satisfaire l'agréable jus du soma ; l'offrande est versée sur l'herbe sacrée, l'hymne est prêt à être répété ; venez, Nasatyas, apportez-nous des aliments et de la vigueur.

2. Aswins, directeurs des sacrifices, venez à notre demeure, avec ce char qui, rapide comme la pensée et traîné par de bons chevaux, paraît devant les hommes, et avec lequel vous vous rendez auprès des hommes vertueux.

3. O directeurs des cérémonies, vous avez délivré le sage Atri, qui était l'objet de la vénération des cinq classes des hommes, de la prison où il était renfermé avec ses enfants ; vous avez détruit ses ennemis et vous avez déjoué, ô vous qui répandez des bienfaits, les embûches des Dasyas perfides.

4. Vous qui dirigez les sacrifices et qui répandez les bienfaits, vous avez, grâce à votre science dans l'art de guérir, délivré Rebha jeté dans l'eau par des ennemis ; vos exploits ne s'effacent pas de notre souvenir.

5. Vous avez retiré, ô Dasras, le sage Vandana jeté dans un puits ; il était tel qu'un riche et splendide ornement dérobé à tous les yeux, tel qu'un homme endormi sur le sein de la terre, ou comme le soleil qui disparaît dans l'obscurité.

6. O vous qui dirigez le sacrifice, vos exploits méritent d'être célébrés ; Kakshivat, de la race de Pajra, chante votre gloire ; c'est vous qui avez rempli, pour l'homme que vous protégiez, cent vases d'une douce liqueur provenant du sabot de votre coursier rapide.

7. Vous avez restitué, vous qui dirigez les sacrifices, Vishnapu à son père Viswaka, fils de Krishna, qui l'avait perdu ; vous avez accordé, ô Aswins, un mari à Ghosha qui devenait vieille, et qui restait confinée dans la maison de son père (88).

8. Vous avez donné, ô Aswins, une aimable épouse à Syava ; vous avez donné la vue à Kanwa qui était incapable de trouver son chemin ; ô vous qui répandez des bienfaits, l'action que vous fîtes en donnant l'ouïe au fils de Nrishada, doit être glorifiée.

9. Aswins, qui prenez beaucoup de formes, vous avez donné à Pedu un cheval rapide, porteur de mille trésors, puissant, irrésistible, destructeur des ennemis, objet de nos louanges et qui nous porte au-dessus des dangers.

10. Généreux Aswins, vos exploits doivent être célébrés, et la prière qui résonne doit vous rendre propices, lorsque vous résidez dans le ciel et sur la terre ; lorsque les descendants de Pajra vous invitent, ô Aswins, venez avec de la nourriture, et accordez de la force au sage qui vous adore.

11. Aswins, que glorifient les louanges de vos adorateurs et qui nourrissez les hommes, vous avez donné des aliments au sage Bharadwaja et vous avez protégé Vispala.

12. Où alliez-vous, fils du ciel, lorsque cheminant vers la demeure de Kavya, pour recevoir ses adorations, vous avez rendu à la lumière Rebha, le dixième jour, comme un vaisseau enterré et rempli d'or ?

13. Vous avez, par un effet de votre puissance, rendu, ô Aswins, la jeunesse au vieux Chyavana ; la fille du soleil, Nasatyas a embelli vos chars.

14. Vous qui dissipez l'affliction, vous aviez été jadis l'objet des louanges de Tugra ; il vous adora de rechef, lorsque, sur des vaisseaux rapides et sur

---

(88) Ghosha était fille du rishi Kakshnawi ; atteinte de la lèpre, elle restait dans la maison de son père, mais, ayant été guérie par les Aswins, elle se maria.

des chevaux agiles, vous lui ramenâtes Bhujyu, arraché à l'Océan agité.

15. Le fils de Tugra, ramené par vous à son père, ô Aswins, vous glorifia, lorsqu'il eut traversé l'Océan en sûreté, et vous le portâtes en lieu sûr dans votre char bien attelé et rapide comme la pensée.

16. La caille vous glorifia, ô Aswins, lorsque vous l'eûtes sauvée de la gueule du loup; vous avez porté dans votre char triomphant Jahusha au sommet de la montagne, et vous avez percé d'une flèche empoisonnée le fils de Viswanch.

17. Vous avez rendu la vue à Rijraswa qui, en présentant cent moutons à une louve, avait été condamné à la cécité par son père irrité, et vous avez donné à l'aveugle la lumière qui permet de voir toutes choses.

18. Désirant que la jouissance qui résulte de la perfection des sens fût rendue à l'aveugle, la louve vous invoqua en disant : « Aswins, vous qui répandez des bienfaits, qui dirigez les sacrifices, Rijraswa, aussi prodigue qu'un jeune amoureux, m'a donné cent-un moutons, les coupant en morceaux. »

19. Aswins, votre protection puissante est la source du bonheur, ô vous qui êtes dignes d'éloges; aussi l'intelligent Ghosha s'est adressé à vous; ô vous qui répandez les bienfaits, apportez-nous votre appui.

20. Dasras, vous avez rempli de lait la vache de Syu qui était stérile et maigre; vous avez, par un effet de votre puissance, conduit auprès de Vimada la fille de Purumitra, pour qu'elle fût son épouse.

21. Aswins, en faisant semer l'orge dans les champs qu'avait préparés la charrue, en faisant tomber l'eau des nuages pour assister Manou, en détruisant avec la foudre le Dasyas, vous avez accordé à l'Arya une brillante lumière.

22. Vous avez remplacé, ô Aswins, par la tête d'un cheval la tête de Dadhyanch, fils d'Atharvan, et fidèle à ses promesses, il vous révéla la science mystique qu'il avait apprise de Twashtri.

23. O sages Aswins, je sollicite toujours votre faveur; protégez tous mes devoirs religieux, et accordez à Nasatyas d'abondantes richesses et de la postérité.

24. Généreux Aswins, directeurs des sacrifices, vous avez donné à Vadhrimati son fils Hiranyahasta; vous avez rappelé à la vie Syava mutilé trois fois.

25. Nos ancêtres ont célébré vos exploits, ô Aswins, et nous vous offrons nos adorations, ô vous qui répandez des bienfaits; accompagnés de nos serviteurs, nous répétons vos louanges.

SUKTA III.

(Composé par le même rishi et adressé aux mêmes dieux.)

1. Puisse votre char élégant et riche, rapide comme un épervier, venir en notre présence, ô Aswins; il est surmonté de trois colonnes, léger comme le vent.

2. Venez vers nous avec votre char triangulaire à trois colonnes et à trois roues; remplissez nos vaches de lait; donnez de la vigueur à nos chevaux, ô Aswins, et augmentez notre postérité.

3. Lorsque vous serez venus sur votre char rapide et bien construit, écoutez cet hymne récité par une personne qui vous vénère; est-ce que les anciens sages ne disent pas, ô Aswins, que vous vous empressez d'écarter la pauvreté loin de celui qui vous adore?

4. Puissent les coursiers rapides et fougueux, agiles comme des éperviers, attelés à votre char, vous apporter ici, ô Aswins; prompts comme l'eau qui tombe ou comme des vautours qui traversent l'air, ils vous conduisent au sacrifice.

5. Chefs des sacrifices, la jeune fille de Surya monta avec délices sur votre char; puissent vos coursiers vigoureux, légers, brillants, vous apporter auprès de nous.

6. O Dasras, vous avez, par vos exploits, relevé Vandana; ô vous qui répandez des bienfaits, vous avez porté le fils de Tugra au delà de la mer, et vous avez rendu la jeunesse à Chyavana.

7. Vous avez secouru Atri emprisonné en calmant la chaleur dévorante, et vous l'avez nourri avec des aliments agréables; désireux d'être l'objet de justes louanges, vous avez donné la vue à Kanwa, aveuglé par les ténèbres.

8. Vous avez rempli de lait la vache du vieux Sayu, lorsqu'il implorait votre appui; vous avez délivré la caille du péril (qui la menaçait); vous avez donné une jambe à Vispala.

9. Vous avez donné à Pedu, ô Aswins, le coursier blanc et foulant aux pieds ses ennemis que vous aviez reçu d'Indra; il hennit fortement dans les batailles, il défie les ennemis, il est intrépide et vigoureux, et il conquiert mille trésors.

10. Nous invoquons avec ferveur votre appui, ô Aswins, directeurs des sacrifices; satisfaits de nos louanges, venez vers nous avec votre char opulent pour nous apporter la félicité.

11. Venez vers nous, généreux Nasatyas, avec la vélocité de l'épervier; apportant une offrande, je vous invoque, ô Aswins, au lever de l'aurore toujours constante.

SUKTA IV.

(Composé par le même rishi et adressé aux mêmes divinités.)

1. Désirant de la nourriture, je vous invoque, ô

Aswins, afin de soutenir ma vie ; votre char merveilleux, rapide comme la pensée, traîné par des chevaux agiles, est digne de vénération ; de nombreuses bannières le décorent ; il apporte la pluie, contient la richesse, répand en abondance le plaisir et procure l'opulence.

2. Lorsqu'il s'est mis en mouvement, nos esprits ont élevé les accents de la prière ; nos hymnes parviennent aux Aswins. Je prépare l'offrande ; les assistants approchent ; Urjani (la fille du soleil) est montée sur votre char, ô Aswins.

3. Quand des hommes pieux et innombrables, vainqueurs dans les combats, luttent ensemble pour obtenir les trésors (qui sont le prix de la victoire), votre char, ô Aswins, se montre dans sa course, et vous apportez d'excellents trésors à celui qui vous adore.

4. Vous avez ramené à ses ancêtres Bhujya, qui, entraîné par ses coursiers, avait péri, et vous allâtes à sa demeure éloignée, vous qui répandez des bienfaits ; grand fut le secours que vous avez porté à Divodasa.

5. Aswins, vos chevaux admirables ont porté le char que vous avez préparé au but (que les dieux avaient fixé), et la jeune fille, qui était le prix (du combat), vint à vous, pleine d'affection, et elle vous reconnut pour époux, en disant : « Vous êtes mes maîtres. »

6. Vous avez préservé Rebha de la violence qui l'entourait, vous avez étanché avec de la neige la chaleur brûlante qui accablait Atri ; vous avez engendré du lait dans la vache de Sayu, et, grâce à vous, Vandana reçut une vie prolongée.

7. Habiles Dasras, vous avez restauré Vandana, lorsqu'il était affaibli par la vieillesse, comme un charpentier répare un char usé ; ému par ses louanges, vous avez fait sortir du sein de sa mère le sage Vamadeva ; puissent vos glorieux exploits se manifester pour celui qui, en cet endroit, vous offre ses hommages.

8. Vous vous rendîtes auprès de celui qui, affligé de l'abandon de son propre père, vous louait de loin, c'est pourquoi tous les hommes ont désiré que vos secours prompts et admirables fussent à leur disposition.

9. Cette abeille qui cherche du miel murmura aussi vos louanges ; le fils d'Usij vous invoque, et vous invite à goûter le jus enivrant du soma ; vous vous êtes concilié l'esprit de Dadhyanch, de sorte que, muni de la tête d'un cheval, il vous enseigna (la science mystique).

10. Aswins, vous donnâtes à Pedu le (cheval) blanc, objet des désirs de beaucoup d'hommes, celui qui renverse les combattants, qui brille, que ses ennemis ne peuvent dompter dans les combats ; il est propre à toute besogne, et, comme Indra, il est le vainqueur des hommes.

SUKTA V.

(Composé par le même rishi et adressé aux mêmes divinités.)

1. Quelles sont les louanges qui vous rendent propices, ô Aswins ? qui est-ce qui peut vous satisfaire tous deux ? comment un homme ignorant peut-il vous rendre des hommages dignes de vous ?

2. Un homme ignorant doit s'informer des moyens d'adorer les dieux dont la sagesse est immense, car tout autre que les Aswins, est dépourvu de connaissance ; ils étendent promptement leur faveur sur l'homme qui les adore.

3. Nous vous invoquons, vous qui connaissez toutes choses ; puissiez-vous nous faire savoir aujourd'hui quelles sont les louanges qui vous seront agréables ; je désire votre présence et je vous rends hommage en vous présentant des offrandes.

4. Je n'invite pas les dieux qui sont dénués de puissance, mais vous, Dasras, buvez de cette offrande admirable et qui donne la vigueur, et rendez-nous forts.

5. Puissant est l'hymne qui fut répété par le fils de Ghosha et par Bhriga, et que les Angirasas redisent en vous adorant ; Puisse le sage Kakshivat, désireux de nourriture, en obtenir abondamment.

6. Écoutez le chant de l'aveugle qui trébuche (89), car je vous glorifie, ô Aswins ; vous qui protégez les bonnes œuvres, vous m'avez rendu mes yeux.

7. Vous avez donné de grandes richesses et vous les avez fait disparaître ; ô vous qui donnez des demeures, soyez nos protecteurs ; défendez-nous contre des voleurs perfides.

8. Ne nous livrez pas, ô Aswins, à nos ennemis ; que nos vaches, qui nous nourrissent de leur lait, ne s'égarent jamais loin de nos demeures, séparées de leurs veaux.

9. Ceux qui vous adorent obtiennent des richesses pour soutenir leurs amis ; conduisez-nous à l'opulence, en nous accordant des aliments.

10. J'ai obtenu, sans chevaux, le char des Aswins qui accordent la nourriture, et je m'attends qu'il me fera gagner de grandes richesses.

11. Voici celui qui l'a obtenu, ô char qui portes la richesse ; augmente ma prospérité ; puisse ce char délicieux apporter aux Aswins le soma, breuvage des hommes.

12. Maintenant, je dédaigne le sommeil, et l'homme riche qui ne répand pas ses bienfaits sur d'autres, car l'un et l'autre (le sommeil du matin et le riche égoïste) périssent promptement.

---

(89) Cet aveugle dont il est parfois question dans les Védas ne paraît point frappé d'une cécité réelle ; on peut y voir une allusion à la lumière qu'enlève la nuit et que restitue le sacrifice du matin.

ANUVAKA XVIII.

SUKTA I.

(Composé par le rishi Kakshivat, adressé à Indra ou aux Viswadevas.)

1. Quand est-ce qu'Indra, le protecteur des hommes, celui qui accorde la richesse, écoutera les louanges qu'on récite au sujet des Angirasas qui sont dévoués aux dieux? Lorsqu'il aperçoit les ministres du maître de la maison, et lorsqu'il doit être l'objet auquel s'adressera l'adoration des sacrificateurs, il se livre à la joie.

2. Il est le soutien du ciel; lui, qui brille et qui est le conducteur du troupeau qui avait été dérobé, répand les eaux afin de procurer des aliments; le puissant Indra se manifeste après sa propre fille (*l'aurore*); il a fait de la femelle d'un cheval la mère de la vache (90).

3. Puisse-t-il, en illuminant l'aurore couleur de pourpre, écouter les supplications qui lui sont adressées et répandre chaque jour la richesse sur la race des Angirasas; il a aiguisé son trait fatal; il a soutenu le ciel pour l'avantage des hommes et des animaux.

4. Animé par le suc du soma, tu as repris le célèbre troupeau caché dans la caverne et tu l'as rendu aux Angirasas, pour qu'il servît au sacrifice; lorsqu'Indra, à la triple crête, s'engage dans la mêlée, il ouvre les portes des tyranniques descendants de Manou.

5. Lorsque vos parents (le ciel et la terre) protecteurs du monde, ont apporté l'offrande qui nourrit et fortifie, ô toi qui es rapide dans tes actions, tu acceptes le lait pur et précieux qui t'est offert.

6. Maintenant Indra s'est manifesté; puisse-t-il, lui qui triomphe de ses ennemis, nous accorder le bonheur, lui qui brille avec éclat comme le soleil dès son lever; puisse l'excellent soma, répandu à l'instant du sacrifice, nous remplir de joie.

7. Lorsque la hache, à la lame brillante, est prête à faire son ouvrage, le prêtre qui dirige le sacrifice doit avoir la victime attachée auprès de lui. Indra, quand tu brilles sur les jours qui sont consacrés aux rites sacrés, alors le succès accompagne l'homme qui va avec son char (chercher du combustible), ainsi que le conducteur du bétail et le berger actif.

8. Envoie ici les chevaux qui boivent la libation enivrante; détruis, ô guerrier, l'adversaire qui pille nos trésors; prends ta part de la boisson que nous retirons des plantes que nous broyons entre des pierres; pour augmenter ta force, bois le suc délicieux, fortifiant du soma, ô toi qui es plus rapide que le vent.

9. Tu lanças ton trait de fer contre l'Asura aux mouvements rapides; cette arme, qui détruit tes ennemis, l'avait été apportée par Ribhu du haut du ciel; toi qu'adore la multitude, en frappant Sushna, tu le perças d'armes fatales et innombrables.

10. Lorsque le soleil fut sorti de sa lutte avec les ténèbres, tu brisas, ô toi qui tiens le tonnerre, le nuage qui lui avait opposé un obstacle, et tu fendis les liens nombreux dont Sushna l'avait enveloppé.

11. Alors la terre et le ciel, vastes, puissants et inébranlables, t'animèrent, Indra; tu te livras à des actes glorieux et tu précipitas dans les eaux en le frappant de ta foudre puissante, Vritra, le destructeur, se répandant de tous côtés.

12. Indra, ami de l'homme, monte sur les chevaux que tu chéris, qui sont rapides comme le vent, qui sont faciles à atteler et qui portent bien leur fardeau; tu as aiguisé la foudre qui détruit les ennemis et qui a percé Vritra; Usanas, fils de Kavi, t'a donné cette arme.

13. Arrête, Sura, tes chevaux jaunes, car c'est Etasa, ô Indra, qui traîne la roue; après avoir conduit ceux qui n'offrent pas de sacrifices à la rive opposée des quatre-vingt-dix rivières, tu les forces à faire ce qu'ils doivent accomplir.

14. Indra, toi qui portes la foudre, préserve-nous de cette pauvreté qu'il est si difficile de détruire, et du malheur à la guerre; accorde-nous des richesses; donne-nous des chars et des chevaux; fais que notre gloire se répande ainsi que la renommée de notre loyauté.

15. Indra, renommé pour l'abondance de tes biens, que ta faveur ne nous abandonne jamais; puissent des aliments nous soutenir toujours; opulent Maghavan, rends-nous possesseurs de bétail, et puissions-nous, toujours appliqués à t'adorer, être heureux avec nos familles

---

(90) Voici l'explication que M. Langlois donne de cette image énigmatique. La vache, dans le style des Védas, c'est souvent le nuage. Le nuage est enfanté par une vapeur aqueuse qui s'élève et qui marche avec la rapidité du cheval. Indra fait son épouse de cette vapeur, et elle devient mère pour le bonheur de la terre.

ASHTAKA II.

PREMIER ADHYAYA.
ANUVAKA XVIII (suite).
SUKTA II.
(Composé par le rishi Kakshivat et adressé aux Viswadevas.)

1. Présentez, prêtres respectueux et humbles, les mets que vous avez préparés à Rudra qui répand ses récompenses. Je loue celui qui, avec ses héroïques compagnons, comme les flèches prises dans un carquois, a chassé (les Asuras) du ciel et (je loue) les Maruts (qui résident) entre le ciel et la terre.

2. Animés par nos louanges variées, hâtez-vous, le Matin et la Nuit, de vous rendre à notre première invocation, comme une femme accourt dès que son mari l'appelle, et puisse l'aurore venir à notre cérémonie matinale, elle qu'embellit l'éclat du soleil levant et qui, telle que le soleil, revêt sa vaste taille de rayons d'or.

3. Puisse la divinité qui fait le tour du monde (Agni), et qui prend diverses formes, nous accorder le bonheur ; puisse le vent qui répand la pluie, nous accorder le bonheur ; ô Indra et Gawata (91), aiguisez notre intelligence, et que tous les dieux nous soient favorables.

4. Chaque fois que moi, le fils d'Usij, j'adore par mes offrandes ces deux Aswins, qui mangent et boivent (les offrandes et les libations), au moment où l'aurore blanchit le monde, alors, prêtres, glorifiez Agni, le petit-fils des eaux (92), et rendez (les divinités du jour et de la nuit) mères (pour ainsi dire) de l'homme qui répète leurs louanges.

5. Moi, le fils d'Usij, je vous adresse, ô Aswins, des louanges respectueuses; de même que Gosha vous loua pour lui avoir ôté sa peau de couleur blanche, je glorifie, ô dieux, ce généreux Pushan qui vous est associé, et je proclame la magnificence d'Agni.

6. Mitra et Varuna, écoutez mes invocations; prêtez l'oreille à celles qui sont exprimées dans la salle des sacrifices; puisse Sandhu, le glorieux distributeur de la richesse, nous entendre et fertiliser nos vastes campagnes en les arrosant.

7. Je vous loue, Mitra et Varuna, pour les dons de nombreux troupeaux que vous avez faits au descendant de Pajra; puissent d'abondants aliments être le résultat de ces louanges. Puissent les dieux en accordant de la nourriture, venir rapidement et sans obstacle, chacun dans leur char favori et célèbre.

8. Je loue les trésors de cette opulente (assemblée des dieux); puissions nous y avoir part, nous autres qui avons une postérité excellente; l'assemblée qui confère aux fils de Pajra une nourriture abondante, m'accorde ses bienfaits; elle m'a rendu possesseur de chevaux et de chars.

9. L'homme qui vous fait tort, ô Mitra et Varuna, et qui vous nuit, n'importe de quelle manière, celui qui ne vous présente pas d'offrandes, contracte pour lui-même un mal qui pénétrera en son cœur; mais celui qui pratique votre culte et qui vous adresse ses louanges, obtient ce qu'il demande.

10. Traîné par des chevaux bien dressés, doué d'une force victorieuse, renommé parmi les hommes, généreux dans ses dons, il se meut comme un héros, toujours exempt de frayeur dans tous les combats, même contre les adversaires les plus puissants.

11. Vous qui donnez le bonheur, écoutez les supplications de celui qui vous adore, et venez ici afin que vous, qui traversez les cieux, soyez rendus propices par la grandeur des offrandes que vous présente les sacrificateurs; il ne reconnaît pas d'autre protection que la vôtre.

12. Les dieux ont parlé ainsi : « Nous accordons la vigueur à celui qui nous adore et nous invoque à prendre part à la libation répétée dix fois. » Puis-

---

(91) M. Wilson observe que Parvata est un nom donné à Indra e mime régulateur des *Parvas*, sections ou périodes du jour et de l'année. Il se retrouve ailleurs; Sukta. vi, stance 6, etc. D'après M. Langlois, *Parvata* est dérivé du verbe *purva* qui signifie *remplir* ou de *parvan*, nœud, comme qui dirait rempli de nœuds. Cette dernière explication rappelle la forme du nuage dont les diverses parties paraissent comme nouées ensemble, et Parvata serait le nuage personnifié et invoqué avec Indra.

(92) Cette épithète se retrouvera souvent comme donnée à Agni; elle vient de ce que les arbres sont le produit de l'humidité ou de l'eau et de ce que le feu (Agni) s'obtenait chez les Arias par le frottement de deux morceaux de bois.

sent tous les dieux en qui abondent la splendeur et les richesses, nous accorder des aliments abondants lors des sacrifices solennels.

13. Nous nous réjouissons de ce que, pour la satisfaction des dix (organes des sens), les prêtres portant les offrandes sacrées se rendent à l'autel. Que peut Ishtaswa? que peut Ishtaswa? que peuvent ceux qui sont maintenant les maîtres de la terre?

14. Puissent tous les dieux nous favoriser en nous donnant des boucles d'oreilles en or et des colliers en bijoux; puisse la réunion des divinités dignes de respect, être rendues propices pour les louanges qui sortent (de la bouche de l'adoration); puissent nos offrandes leur être agréables, et puissent les dieux être satisfaits de nos offrandes.

15. Les quatre fils de Masarsura, les trois fils d'Ayavasa, le monarque victorieux (93) m'inquiétant. Que votre char spacieux et aux rayons brillants, ô Mitra et Varuna, brille (devant eux) comme le soleil (les faisant périr d'effroi).

SUKTA III.

(Composé par le rishi Kakshivat et adressé à Ushas.)

1. Le char spacieux de la gracieuse Ushas a été attelé; les dieux immortels y sont montés; la belle Ushas s'est levée sortant des ténèbres portant la santé aux habitations humaines.

2. Elle est la première qui s'éveille en ce monde, et elle triomphe de l'obscurité passagère; puissante et répandant d'en haut sa lumière, elle voit toutes choses; toujours jeune, toujours renaissante, elle vient la première.

3. Divine Ushas, toi qui protèges les mortels, quelle que soit la part de lumière que tu apportes aujourd'hui aux hommes, puisse le radieux Savitri (*le soleil*) être disposé à confirmer tes dons et à nous déclarer exempts de péché, afin de venir à la salle de nos sacrifices.

4. Ahanas (*synonyme d'Ushas*), chargée d'une lumière qui descend, va chaque jour de maison en maison; elle vient, répandant perpétuellement la lumière et animée du désir de distribuer des bienfaits; elle accepte les potions de choix des trésors des sacrifices.

5. Ushas, douée de vérité, toi qui es la sœur de Bhaya, la sœur de Varuna, sois la première des divinités qui célèbrent nos hymnes, et que celui qui commet l'iniquité s'éloigne, car, avec l'appui de ton secours, notre char l'atteindra.

6. Que des paroles de vérité soient exprimées, que des œuvres de sagesse soient accomplies; que

des feux brillants s'élèvent et que la radieuse Ushas manifeste les précieux trésors que voile l'obscurité.

7. Le jour double (*la nuit et le jour*) marche sans être séparé, une partie allant en avant, l'autre en arrière; une de ces deux parties qui se succèdent alternativement, est cause que tous les objets sont cachés, mais l'aurore les illumine de son char radieux.

8. La même aujourd'hui, la même demain, l'aurore irréprochable devance de trente yojanas le cours éloigné de Varuna (94), et elle accomplit en des périodes successives l'emploi qui lui est assigné.

9. L'aurore, tirant son éclat d'elle-même, commençant la déclinaison de la première (portion) du jour, naît et sort des ténèbres en jetant une blanche splendeur; précédant la lumière du soleil, elle n'affaiblit pas son éclat, mais elle ajoute chaque jour de la beauté à son lustre.

10. Déesse, toi qui te manifestes sous les traits d'une vierge, tu te rends vers le soleil resplendissant et magnifique, et telle qu'une jeune épouse (devant son mari) tu découvres en souriant ton sein en sa présence.

11. Radieuse comme une jeune épouse que sa mère a parée, tu te montres volontiers aux regards. Aurore fortunée, dissipe les ténèbres qui enveloppent la terre, car d'autres aurores que toi ne sauraient chasser les ténèbres.

12. Possédant des vaches et des chevaux, existant dans tous les temps, rivalisant avec les rayons du soleil (pour dissiper les ténèbres) les aurores fortunées, répandant des bienfaits sur les mortels, passent et retournent.

13. O toi qui coopères avec les rayons du véritable (soleil), confirme en nous tous nos actes pour implorer la faveur céleste; ô toi que nous invoquons avec ferveur aujourd'hui, disperse, ô Ushas, l'obscurité afin que l'opulence puisse être notre partage.

SUKTA IV.

(Composé par le même rishi et adressé à la même divinité.)

1. Lorsque le feu sacré est allumé, Ushas répand une lumière abondante, qui, telle que le soleil levant, disperse l'obscurité; puisse le divin Savitri nous accorder, pour notre usage, d'amples trésors et des troupeaux nombreux.

2. L'aurore n'empêche point les rites divins, quoi qu'elle emporte les âges des mortels; elle brille sem

---

(93) On ne possède aucun renseignement sur les deux princes nommés dans cette stance, et il n'en est pas question dans les autres ouvrages sanscrits. Ce passage, ainsi que le reste de cet hymne, est fort obscur et rempli d'ellipses.

(94) Varuna est ici identifié avec le soleil qui, selon les anciens commentateurs des Védas, tourne chaque jour autour du mont Merou le centre de la terre, en faisant un circuit de 5059 yojanas. Selon les Puranas, le soleil parcourt dans chaque vingt-quatre heures 94 millions et demi de yojanas. Tous ces points sur lesquels les auteurs sanscrits ne sont pas d'accord ne sauraient nous arrêter ici. — *Voy.* Bentley, *Hindu astronomy*, p 185, cité par M. Wilson, Rig-Véda, t. II, p. 8. L'yojana est d'ailleurs mesure fort incertaine.

blable aux aurores qui ont passé, à celles qui seront à jamais; elle est la première de celles qui doivent survenir.

3. La fille du ciel se montre à l'orient, gracieuse et vêtue de lumière; elle parcourt avec fermeté le chemin du soleil, comme si elle connaissait (la volonté de cet astre), et elle n'endommage pas les divers quartiers (de l'horizon).

4. Elle se montre près de nous radieuse comme la prêtresse de celui qui illumine le monde (*le soleil*); comme Nodhas (95), elle a montré de nombreux objets agréables; telle qu'une matrone, elle éveille ses enfants endormis; et de toutes les femmes qui sont matinales, elle est la plus infatigable et elle réitère ses apparitions.

5. Née dans la région orientale du vaste firmament, elle déploie une bannière de rayons de lumière. Placée dans les bras de ses deux parents (*le ciel et la terre*) les remplissant (de splendeur) elle jouit d'une renommée répandue au loin.

6. Vraiment Ushas, qui se répand au loin, ne néglige pas de donner la joie de la vue aux êtres qui lui sont semblables et à ceux qui sont d'une autre nature; visible dans ses formes irréprochables et brillant avec éclat, elle illumine les plus petits objets aussi bien que les plus grands.

7. Elle va vers l'occident comme une femme, qui n'a pas de frères, se rend vers ses parents mâles, et telle qu'une personne qui monte dans la salle de la justice afin de recouvrer sa propriété, elle monte dans le ciel afin de réclamer son lustre. Telle qu'une femme qui désire plaire à son mari, Ushas se revêt de sa plus belle parure, et elle déploie en souriant, ses charmes.

8. La sœur (*la nuit*) a préparé un lieu natal pour sa sœur aînée (*le jour*), et elle paraît après lui en avoir donné connaissance. Ushas disperse l'obscurité par le moyen des rayons du soleil et elle éclaire le monde, telle que des éclairs assemblés.

9. Parmi toutes ces sœurs qui ont déjà passé devant nous, chacune succède journellement à celle qui l'a précédée. Que de nouvelles aurores, apportant, comme les anciennes, des jours fortunés, brillent sur nous et nous donnent des richesses.

10. Eveille, ô Ushas qui abondes en trésors, éveille ceux qui font leurs délices des offrandes saintes; que les marchands indolents, qui ne se réveillent qu'avec répugnance pour de pareils desseins, continuent de dormir. Lève-toi, opulente Ushas, qui apportes la richesse au généreux adorateur des dieux; toi qui dis la vérité et qui détruis lentement l'existence des créatures vivantes, lève-toi et apporte la richesse à celui qui te loue.

11. La jeune Ushas vient de l'orient; elle attelle à son char ses bœufs couleur de pourpre; elle qui montre le jour au firmament, dispersera certainement les ténèbres; le feu sacré est allumé dans chaque demeure.

12. Lorsque tu parais, Ushas, les divers oiseaux quittent leurs nids, et les hommes qui ont à gagner leur pain quittent leur maison. O divine Ushas, tu apportes d'amples richesses à l'homme généreux qui est présent dans la salle des sacrifices.

13. Aurores dignes de louanges, que mon hymne vous glorifie; soyez-nous propices, augmentez notre prospérité; puissions-nous obtenir, ô déesses, grâce à votre faveur, de la richesse multipliée cent et mille fois.

SUKTA V.

(*Composé par Kakshivat, comme témoignage de reconnaissance pour la libéralité de Raja Swanaya* [96].)

1. Venu le matin de bonne heure, Swanaya présente des trésors précieux qu'il sait dignes d'être acceptés; après les avoir agréés, Kakshivat les apporte à son père, et celui-ci ayant des fils excellents et soutenant sa race, passe sa vie à jouir de l'abondance.

2. Puisse le monarque posséder beaucoup de vaches, d'or et de chevaux; puisse Indra accorder une nourriture abondante à celui qui le retient par des cadeaux précieux, lorsque tu reviens le matin à ta demeure, comme un chasseur arrête les animaux errants par les pièges qu'il leur tend.

3. Désireux de te revoir (97), je t'ai obtenu aujourd'hui, toi qui as accompli le matin une action méritoire; ô toi qui viens au sacrifice dans un char rempli de trésors, rafraîchis-toi avec le jus répandu du soma enivrant, et augmente la prospérité du chef d'une race florissante.

4. Les vaches qui donnent le bonheur en accordant un lait abondant, distillent ce lait pour la célébration du sacrifice du soma, et pour celui qui a entrepris ce sacrifice; des ruisseaux nourrissants de beurre coulent vers lui de tous côtés; il obtient la faveur de ses maîtres, et il est le bienfaiteur des mortels.

(95) Tout ce qu'on sait à l'égard de Nodhas, c'est qu'il était un rishi.

(96) Selon une légende citée par les écrivains sanscrits, Kakshivat, ayant terminé ses études et pris congé de son précepteur, retournait dans sa patrie, lorsque la nuit vint, et il s'endormit à côté de la route. Le rajah Swanaya, fils de Bhavayyava, passa en cet endroit de grand matin, accompagné de sa suite. Le brahmane se réveilla, le rajah l'accosta avec beaucoup de cordialité, et frappé de sa bonne mine, il résolut, s'il était de bonne naissance, de lui donner ses filles en mariage. Il l'amena donc en son palais, et ayant pris des renseignements satisfaisants, il lui fit épouser ses dix filles, lui donnant en même temps cent *nishkas* d'or, cent chevaux, cent taureaux, mille soixante vaches et onze chars traînés par quatre chevaux. Kakshivat revint avec tous ces trésors auprès de son père. Dirghatamas et lui en firent hommage, en récitant l'hymne dans lequel il célèbre la libéralité de Swanaya.

(97) Cette stance et la suivante sont placées dans la bouche de Dirghatamas, père de Kakshivat.

5. Celui qui se rend les dieux propices, donne aux dieux, et il est assis à son aise sur le sommet du ciel; c'est à lui que les eaux courantes portent leur essence; c'est à lui que la terre fertile donne une abondance continuelle.

6. Ces récompenses merveilleuses sont vraiment destinées à ceux qui présentent de pieuses donations; c'est pour ceux qui font de pieux présents que le soleil brille dans le ciel; ceux qui font des dons pieux obtiennent l'immortalité; ils prolongent leur existence mondaine.

7. Puissent ceux qui se rendent les dieux propices ne jamais commettre de péchés dégradants; puissent ceux qui louent les dieux et qui observent des vœux sacrés, ne jamais éprouver l'infortune, et puisse l'affliction frapper celui qui ne se rend pas les dieux propices.

SUKTA VI.

(Composé par le rishi Kakshivat et adressé au roi Bhavayavya.)

1. Je répète avec une bonne volonté extrême les louanges de Bhavya, qui réside sur les bords du Sindhu; ce prince d'une puissance sans égale et avide de renommée, m'a mis en état de célébrer un million de sacrifices.

2. Ce prince généreux me pressait d'accepter ses dons, et moi, Kakshivat, j'ai, sans hésiter, accepté de lui cent *nishkas* (pièces d'or), cent vigoureux coursiers, et cent taureaux; il a ainsi étendu dans le ciel sa renommée impérissable.

3. Dix chariots traînés par des chevaux bais et transportant mes femmes, étaient auprès de moi; Swanaya me les avait donnés; mille soixante vaches suivaient; après un court intervalle, Kakshivat les remit à son père.

4. Quarante chevaux attelés aux chars marchent en tête du cortège qu'accompagnent mille serviteurs. Les fils de Pajra, les parents de Kakshivat, frottent les coursiers fougueux, que décorent des harnachements d'or.

5. J'ai accepté déjà en don pour vous, ô mes parents, huit et trois chars attelés et des bestiaux d'une valeur incalculable; puissent les fils de Pajra, tels que des parents affectueux, éprouver le désir d'acquérir de la renommée par leurs abondantes offrandes.

6. Celle qui m'embrasse étroitement, lorsque j'ai souscrit à ses desirs et qui est toujours disposée à me plaire, me procure un plaisir extrême.

7. Approche (98), ô mon époux; ne me regarde pas comme une jeune enfant; je suis couverte de duvet comme une brebis du pays de Gandhava.

ANUVAKA XIX.

SUKTA I.

(Composé par le rishi Paruchchepa, et adressé à Agni.)

1. Je vénère Agni qui invoque les dieux et qui est plein de munificence; il donne des demeures, il est le fils de la force; il connaît tout ce qui existe, il est le divin régénérateur des sacrifices; sa piété respectueuse et élevée fait qu'il desire pour les dieux la flamme que donne le beurre clarifié, lorsqu'il est versé comme offrande sur le bûcher (99).

2. Nous qui instituons la cérémonie, nous t'invoquons, Agni, toi qui mérite d'être adoré et qui est l'ami des Angirasas; nous t'adorons par le moyen des prières que récitent les prêtres, ô toi qui, pareil à celui qui traverse les cieux (*le soleil*), invoque les dieux en faveur des hommes; ô toi dont la chevelure est brillante et qui répands les bienfaits, une foule nombreuse s'approche pour obtenir tes faveurs qui procurent la félicité.

3. Vraiment, cet Agni qui brille d'une vigueur radieuse, est le destructeur de ses ennemis, semblable à une hache qui abat les arbres; les choses les plus solides et les plus stables fondent comme de l'eau à son contact; il se joue de ses ennemis, et ne cesse de travailler à les détruire, tel qu'un archer qui ne quitte point le champ de bataille.

4. Ils lui ont présenté de riches donations, comme ils donnent des richesses à un sage, et lui, magnifique dans ses récompenses, nous protége et nous sauve; Agni, s'emparant des nombreuses offrandes qui lui sont faites, les consume aussi rapidement qu'il consume des forêts; il fait mûrir le grain par l'effet de sa puissance; il détruit, par l'effet de sa puissance, tout ce qui lui est hostile.

5. Nous plaçons près de l'autel les mets du sacrifice destinés à celui qui brille la nuit plus que le jour; nous faisons des offrandes à celui qui est à peine en vie dans le jour; il accepte les mets du sa-

---

(98) La stance 6 est, selon l'opinion des commentateurs sanscrits que cite M. Wilson, adressée par Bhavya à sa femme, et la stance 7 est la réponse de l'épouse: mais ces deux stances n'ont pas de rapport avec ce qui précède, le mètre en est différent, et il faut y voir un fragment de quelque ancienne chanson assez étrangement interpolée dans le Rig-Véda. M. Langlois, pag. 311, donne une traduction assez éloignée de celle du savant Anglais, et il met les deux stances dans la bouche de Lomasa, femme de Kakshivat, s'adressant à son beau-père. Quant au pays de Gandhava, on croit que c'est le Candahar moderne, et il est célèbre pour ses troupeaux.

(99) Ce sukta et les douze suivants sont écrits dans un mètre particulier (l'Atyashti, ou stances de quatre vers, contenant 68 syllabes), et rempli de mots qui riment ensemble en des vers qui sont répétés. Il est entièrement impossible de donner dans une traduction une idée de ces enjolivements du texte original. Du reste, les treize Suktas composés par Paruchchepa sont fort obscurs, très-difficiles à comprendre nettement, et les divers interprètes ne se flattent point d'avoir toujours bien saisi et rendu la pensée de l'auteur.

crifice avec l'empressement que met un fils à accepter la demeure que lui donne un père; ces feux impérissables servent à distinguer l'homme pieux de l'impie, mais ils accordent leur protection à l'un comme à l'autre, et acceptant les offrandes de l'homme pieux, ils sont exempts de toute décadence.

6. Agni fait entendre sa voix comme le mugissement des vents dans les cérémonies des solennités sacrées; il mérite d'être adoré pour les victoires qu'il a remportées sur les armées ennemies; il reçoit les offrandes, il accomplit le sacrifice, il dévore les mets qui lui sont présentés; aussi tous les hommes, qui recherchent leur bien, suivent le chemin d'Agni qui, plein de satisfaction, rend contents ceux qui l'adorent.

7. Les descendants de Bhrigou célèbrent Agni sous chacune de ses deux formes; ils le glorifient et lui rendent hommage, en chantant ses louanges; ils frottent le bois qui doit allumer la flamme qui consumera l'offrande. Le radieux Agni, gardien de tous les trésors, a le pouvoir de les distribuer. Puisse-t-il, celui qui reçoit les sacrifices, prendre part aux offrandes présentées à satiété; puisse-t-il, celui qui reçoit les sacrifices, prendre part aux mets que nous lui offrons.

8. Nous t'invoquons, protecteur du peuple entier, le même pour tous, le défenseur de nos maisons; nous te conjurons d'accepter nos offrandes, toi qui portes aux cieux notre prière infaillible; nous t'invoquons, toi qui es l'hôte des hommes et auquel tous les mortels s'adressent pour recevoir leur nourriture comme un fils s'adresse à un père; nous t'invoquons, toi auquel les prêtres présentent des offrandes parmi tous les dieux.

9. O Agni, toi qui par ta vigueur détruis tes ennemis et qui possèdes une grande splendeur, tu es né dans le but de sacrifier aux dieux, de même que les richesses sont engendrées afin d'offrir les moyens de faire des sacrifices aux dieux; rien de brillant comme la joie que tu procures et rien n'est comparable à la renommée qu'obtient celui qui t'adore; immortel Agni, les sacrificateurs t'accompagnent comme des envoyés accompagnent un prince, car tu préserves de toute infortune ceux qui te sont dévoués.

10. O prêtres, puissent vos louanges être agréables à Agni qui mérite des hommages, qui possède la force nécessaire pour dompter les plus forts et qui s'éveille dès l'aurore. Celui qui présente l'offrande se rend avec assiduité auprès de chaque autel, et le prêtre, bien au fait des louanges pieuses, glorifie Agni comme le premier des dieux qui assistent au sacrifice, comme un héraut récite les louanges des hommes illustres.

11. Agni, deviens visible et montre-toi près de nous; prends part, avec une intention bienveillante aux mets du sacrifice que se partagent les dieux, et accorde-nous, dans ta bonté, des richesses abondantes. Très-puissant Agni, rends-nous illustres afin que nous puissions contempler cette terre et en jouir; ô toi qui possèdes l'opulence, qui détruis tes ennemis et qui es fort comme un géant redoutable, accorde à ceux qui te louent des richesses et une postérité glorieuse.

SUKTA II.

(Composé par le même rishi et adressé au même dieu.)

1. Cet Agni qui invoque les dieux et qui offre assidûment les sacrifices, c'est l'homme qui l'engendre afin d'accomplir le devoir imposé à ceux qui désirent obtenir le fruit des rites pieux; il accorde toute sorte de bonheur à celui qui désire son amitié, et il est un grand trésor pour celui qui cherche de la nourriture; il présente sans obstacles les offrandes et s'asseoit, entouré par les prêtres, sur l'endroit le plus sacré de la terre, sur la trace du pied d'Ila.

2. Nous rendons hommage à ce directeur du sacrifice; nous lui offrons du beurre clarifié et nous le vénérons; il accepte nos offrandes et, dans sa bonté, il ne quitte pas nos cérémonies jusqu'à ce qu'elles soient finies; il est le dieu que le vent amena de loin pour le service de Manu; puisse-t-il venir assister à notre sacrifice.

3. Agni que nos hymnes doivent toujours célébrer, qui donne la nourriture et qui répand les bienfaits, vient aussitôt que nous l'invoquons; il s'approche de l'autel en faisant entendre un grand bruit; le rapide et divin Agni, excité par la louange, se manifeste lui-même cent fois par ses flammes; Agni, qui réside dans des lieux élevés, se rend avec rapidité aux pieuses cérémonies.

4. Agni, qui accomplit les actes saints et qui est le prêtre de la famille, pense, en chaque demeure, à l'impérissable sacrifice; celui qui accorde les récompenses convenables, accepte toutes les offrandes qui sont présentées, dans de pieuses cérémonies, pour le profit de celui qui l'adore; il est devenu comme un hôte abondamment nourri de beurre; celui qui présente les offrandes est ainsi devenu le distributeur des récompenses accordées aux hommes qui rendent un culte pieux.

5. Tous les hommes offrent, dans de pieuses cérémonies, des aliments aux flammes brûlantes d'Agni; celui qui l'adore lui fait des présents proportionnés à l'étendue de ses moyens; il nous préserve du péché et du malheur, il nous protége contre la malice de nos ennemis.

6. L'universel, le puissant et l'impérieux Agni tient des richesses en sa main droite, mais, tel que le soleil, il ouvre la main en faveur de ceux qui

l'adorent, quoiqu'il ne se relâche pas du désir qui l'anime pour les mets du sacrifice. Vraiment, Agni, tu portes l'offrande à chacun des dieux qui la désirent; Agni accorde ses bienfaits à tout homme pieux qui l'adore et il lui ouvre les portes du ciel.

7. Agni offre dans les sacrifices une amitié secourable à la faiblesse humaine; tel qu'un prince victorieux, ce protecteur chéri descend sur les offrandes que les hommes ont placées sur l'autel; il nous défend contre la malignité de Varuna, contre la malignité du puissant dieu.

8. Les hommes pieux louent Agni qui invoque les dieux et qui possède l'opulence, qui est chéri et pensif; ils ont recours à lui comme à un souverain; ils ont recours à lui comme à celui qui porte les offrandes; il est la vie de tous les êtres vivants, il connaît toutes choses; il est sage et adorable; les prêtres saints, désireux de l'abondance, murmurent ses louanges afin d'obtenir sa protection, et ils le célèbrent dans leurs hymnes.

SUKTA III.

(Composé par le même rishi et adressé à Indra.)

1. Indra, toi qui fréquentes les sacrifices, accorde promptement l'accomplissement des désirs de l'homme auprès duquel tu te rends en ton char afin de recevoir l'offrande; lorsqu'il est pieux et mûr en son intelligence, tu es plein de bonté pour lui, ô toi qui es sans faute. Accepte son offrande, toi qui es prompt à étendre ta faveur sur ceux qui te rendent un culte pieux et agrée nos hommages.

2. Entends nos invocations, ô Indra, toi qui, dans divers combats, uni aux Maruts, fut animé par leurs encouragements, toi qui, joint aux Maruts, es capable de détruire les ennemis; tu es celui qui, secondé par des héros, donne la victoire; c'est toi qui donnes la nourriture lorsque des hommes pieux te louent; c'est toi que les maîtres de la prière célèbrent comme te rendant au sacrifice avec la rapidité d'un cheval agile qui s'élance vers les pâturages.

3. Toi qui triomphes de tes ennemis, tu perces tout nuage qui retient la pluie; tu poursuis et atteins les nuées fugitives, et tu ne les abandonnes qu'après leur avoir enlevé l'eau qu'elles contenaient; je te loue, ô Indra, de tes glorieux exploits; je loue aussi le ciel, et Rudra qui se glorifie lui-même, et Mitra, car ils sont tous les bienfaiteurs des mortels.

4. O prêtres, nous desirons qu'Indra soit présent à votre sacrifice; c'est lui qui est notre ami, qui assiste à toutes les cérémonies, qui subjugue ses ennemis, qui est l'allié de ses adorateurs, qui attend avec patience les mets du sacrifice; ô Indra, veille sur nos cérémonies sacrées et protége-nous; car, en quelques combats que tu puisses être engagé, nul ennemi auquel tu t'opposes ne saurait prévaloir contre toi, et tu triomphes de tous tes adversaires.

5. Humilie l'adversaire de quiconque t'adore, redoutable Indra, et prête à tes amis ton appui comme un chemin radieux vers la gloire; guide-nous, ô héros, comme tu as guidé nos ancêtres, car tu es l'objet d'hommages universels; Indra, toi qui soutiens le monde, tu effaces les péchés de tous les hommes; tu es présent à notre sacrifice et tu es celui qui apporte les bonnes choses.

6. Puissé-je être en état de joindre mes louanges à la libation du soma qui soutient l'existence et qui, telle que la divinité que nous invoquons, accompagne chaque cérémonie sacrée, apportant partout une nourriture abondante; puisse cette libation réprimer l'insolence de celui qui nous insulte, que le voleur tombe à la renverse et périsse comme un filet d'eau qui descend sur la pente d'un rocher.

7. Nous te célébrons et te louons, Indra, en faisant connaître ta gloire; ô toi qui donnes des trésors, nous sollicitons de toi la richesse qui produit la force, qui est agréable, durable et qui soutient une postérité nombreuse. Puissions-nous posséder toujours des aliments abondants, grâces aux louanges que nous te donnons, ô toi qu'il est difficile d'honorer d'une manière suffisante. Puissions-nous nous rendre propice l'adorable Indra par des invocations sincères et ferventes et par l'offrande des mets du sacrifice.

8. Indra est puissant, il nous accorde son appui pour vaincre nos ennemis; il met en pièces ceux qui veulent nous nuire; l'armée impétueuse que des ennemis acharnés avaient envoyée contre nous pour nous détruire, a été elle-même détruite; elle ne nous atteindra pas, elle ne nous fera point de mal.

9. Viens vers nous, Indra, et apporte-nous des richesses abondantes, en suivant un chemin exempt de tout mal et qui n'est point infesté par des Rakshasas; protége-nous à quelque distance de nous que tu te trouves; procure-nous les objets de nos désirs, et daigne combler tous nos vœux.

10. Indra, accorde-nous une opulence qui met l'homme au-dessus des attaques du malheur; les actions de grâces que nous te rendons augmentent ta puissance déjà si considérable; immortel Indra, notre protecteur et notre sauveur, monte sur ton char et viens ici; toi qui dévores nos ennemis, repousse tous ceux qui nous attaquent.

11. Indra, si digne de louanges, préserve-nous des souffrances, car tu es toujours celui qui châtie les méchants ligués contre nous; tu punis ceux qui veulent nous nuire; tu extermines les féroces Rakshasas, et tu protéges tes pieux adorateurs tels que moi. Refuge de tous les hommes, c'est dans ce but que le créateur de toutes choses t'a engendré.

SUKTA IV.

(Composé par le même rishi et adressé au même dieu.)

1. Viens auprès de nous, Indra, lors même que tu serais loin de nous; viens comme le pieux instituteur des sacrifices ou comme le souverain des constellations lorsqu'il se rend au lieu de son repos. Nous apportons des offrandes, et réunis aux prêtres, nous t'invoquons pour que tu acceptes les sucs répandus, comme des fils incitent leur père à prendre part à la nourriture qu'ils ont préparée; nous t'invoquons, toi qui es digne de vénération, à accepter les mets du sacrifice.

2. Bois, Indra, le suc du soma qui a été exprimé par les pierres et répandu sur l'herbe sacrée; bois comme un bœuf altéré ou un homme altéré accourt vers un puits. Bois pour ta satisfaction, bois pour te fortifier et pour développer ta grandeur; que tes chevaux t'apportent aussi, comme le soleil est apporté par les siens, lorsque, chaque jour, ils lui font parcourir le ciel.

3. Indra trouva le trésor du soma qui avait été apporté du ciel et caché comme le nid d'un oiseau dans les rochers; il avait été placé au milieu de montagnes entourées de bois; désirant prendre part à cette boisson, le dieu qui tient la foudre la découvrit comme le chef des Angirasas découvrit l'endroit où avaient été cachées les vaches; il ouvrit les portes des eaux, les sources de la nourriture qui étaient fermées dans les nuages, et il les répandit sur la terre.

4. Saisissant à deux mains sa foudre redoutable, Indra l'agita pour la lancer sur ses ennemis, comme l'eau (d'une imprécation); il l'agita pour détruire Ahi. Indra, toi qui es doué d'une force extraordinaire et d'un pouvoir immense, tu mets nos ennemis en pièces comme un bûcheron abat les arbres d'une forêt; tu les mets en morceaux comme avec une hache.

5. Tu as sans effort créé les rivières qui doivent couler vers la mer, pareilles à des chars qui te portent aux sacrifices; tu les as créées comme ceux qui désirent aller aux combats construisent des chars; les ruisseaux qui coulent ici ont réuni toutes leurs ondes dans un but commun, comme les vaches qui procurèrent toutes choses à Manu, qui procurent toutes choses aux hommes.

6. Les hommes qui ambitionnent la richesse ont récité tes louanges, comme un homme résolu et prévoyant prépare un char lorsqu'il veut entreprendre un voyage; ils t'ont rendu propice afin d'assurer leur bonheur; ils t'ont glorifié, sage Indra, impétueux dans les combats; ils t'ont loué comme les hommes louent un conquérant. Nous te louons afin d'obtenir la force, l'opulence et l'abondance de tout ce qui est nécessaire, c'est ainsi que les hommes louent un cheval excellent pour les combats.

7. C'est pour Puru qui donne les offrandes, c'est pour le riche Divodasa, que toi, Indra, qui danses (de plaisir au milieu des combats), tu as détruit quatre-vingt-dix villes; tu les as détruites avec ta foudre, pour rendre service à celui qui te faisait des offrandes. C'est pour protéger Atithigwa que le redoutable Indra précipita Sambara du haut de la montagne, en accordant à ce prince d'immenses trésors conquis par sa bravoure (100).

8. Indra protège dans les combats ceux qui l'adorent et défend en toute occasion l'Arya qui lui est fidèle; il punit ceux qui négligent les rites religieux; il arrache la peau noire de l'aggresseur (101); il consume l'homme pervers qui est comme dévoré par une flamme ardente; il consume entièrement celui qui se plaît dans la cruauté.

9. Doué d'une vigueur nouvelle, il dirigea contre les ennemis la roue (du char) du soleil (102) et il les priva de l'existence; il les détruisit, lui, le seigneur souverain. Sage Indra, toi qui vins de loin pour secourir Usanas, viens promptement vers nous, apportant tout ce qui est bon; viens chaque jour auprès de nous.

10. Toi qui répands des bienfaits et qui détruis les villes, écoute nos chants nouveaux et récompense-nous en nous prodiguant tes dons; Indra, que glorifient les descendants de Divodasa, augmente en pouvoir, comme le soleil lorsque les jours se succèdent.

SUKTA V.

(Composé par le même rishi et adressé également à Indra.)

1. Le ciel qui repousse le méchant s'est incliné devant Indra; la terre immense a offert ses hommages à Indra; l'adorateur d'Indra lui a adressé ses louanges afin de recevoir des aliments; tous les dieux ont cédé le pas à Indra; que tous les sacrifices soient appliqués à Indra, que toutes les offrandes lui soient présentées.

2. Désirant prendre part à tes largesses, tes ado-

---

(100) Il a déjà été question de ces divers exploits d'Indra; ajoutons que Sambura est un asura (*démon*) dont il est également question dans les Puranas et qui fit la guerre à Krishna; il finit par périr, ainsi que ses six cents fils, sous les coups de Pradyumna, petit-fils de Krishna. (Voy. l'*Harivansa*, publié par M. Langlois, t. III, p. 169.)

(101) Selon la légende, un Asura appelé Krishna (le noir) se rendit, suivi de dix mille de ses compagnons, dans le pays qu'arrose l'Ansumati, et il y commit d'effroyables dévastations; Indra, avec les Maruts, fut envoyé par Brihaspati contre l'aggresseur qui fut vaincu et écorché.

(102) D'après une légende qui ne paraît pas remonter à la haute antiquité des doctrines hindoues, les Asuras obtinrent de Brahma la promesse que la foudre d'Indra ne pourrait les exterminer; ils le défièrent alors, mais le dieu lança contre eux une roue du char du soleil, et ce projectile leur fut fatal.

rateurs se hâtent de célébrer des cérémonies afin de te rendre hommage et d'attirer sur eux tes faveurs. Nous méditons sur toi qui soutiens notre force, comme un bateau porte des passagers d'une rive à l'autre; les mortels qui connaissent Indra, se le rendent propice par des hymnes et des sacrifices.

3. Les couples (*mariés*), désirant te satisfaire et te présentent ensemble des offrandes, célèbrent ton culte afin d'obtenir de nombreux troupeaux; tu sais qu'ils désirent des troupeaux, qu'ils désirent le ciel; ô toi, Indra, qui brandis la foudre et qui répands les bienfaits, exauce leurs prières.

4. Les anciens ont connu le courage que tu déployas, Indra, pour détruire les cités séculaires des Asuras; tu les a détruites en humiliant leurs défenseurs. O maître de la force, tu as châtié le mortel qui n'offre pas de sacrifices, tu as reconquis la vaste étendue de la terre et les eaux.

5. Tes adorateurs ont répandu des libations pour augmenter ta vigueur, afin que, dans ton ivresse, ô toi qui répands des bienfaits, tu puisses défendre ceux qui aspirent à ta faveur, afin que tu protéges ceux qui désirent ton amitié, car tu as poussé un cri pour les animer au combat; ils obtiennent de toi des bienfaits multipliés; ils obtiennent de toi la nourriture qu'ils demandent avec anxiété.

6. Indra, daigne assister à notre cérémonie du matin; accepte l'offrande que nous te présentons avec les rites prescrits et dans l'espoir d'obtenir le ciel; tu sais détruire les méchants, ô toi qui tiens la foudre et qui répands des bienfaits; écoute les louanges que je t'adresse, moi, ton adorateur fervent, mais novice encore.

7. Indra, doué des qualités les plus excellentes, toi qu'exaltent nos louanges et qui es bien disposé à notre égard, fais périr l'homme qui nous est hostile; frappe-le de la foudre, ô héros, détruis celui qui pêche contre nous, sois toujours prompt à nous exaucer; que toutes les tentatives des malveillants à notre égard soient déjouées.

SUKTA VI.

(*Composé par le même rishi et adressé également à Indra.*)

1. Nous qui possédons depuis longtemps l'opulence grâce à ta bonté, ô Maghavan, et qui profitons, ô Indra, de ta protection, fais que nous triomphions de ceux qui sont ligués contre nous, fais que nous puissions vaincre nos ennemis. Le sacrifice est prêt; parle favorablement à celui qui présente l'offrande. Puissions-nous, en cette cérémonie, t'apporter des offrandes qui te soient agréables, ô toi qui es vainqueur à la guerre et que nous adorons.

2. Dans les combats qui assurent la possession du ciel, Indra suit les traces du guerrier valeureux et il détruit l'adversaire de celui qui se lève au point du jour et qui célèbre les cérémonies pieuses; il faut l'adorer en courbant la tête, tout comme on marque le respect qu'on a pour un sage en s'inclinant profondément devant lui. O Indra, que tes trésors s'accumulent sur nous, et que tes faveurs nous procurent une opulence sans bornes.

3. Indra, tu te trouves en tout lieu où les prêtres ont placé sur l'autel les mets du sacrifice qui te sont destinés; agrée nos hommages afin que les hommes puissent contempler le firmament qu'illuminent les rayons du soleil; Indra qui cherche la pluie, cherche aussi le bétail afin de faire le bien de ses adorateurs, et il connaît la saison où doit tomber la pluie.

4. Tes exploits, Indra, méritent d'être glorifiés, maintenant aussi bien qu'autrefois, lorsque tu ouvris le nuage en faveur des Angirasas, leur rendant leurs troupeaux; combats pour nous, triomphe pour nous, comme tu combattis pour eux; humilie, en faveur de celui qui présente des libations, celui qui ne te fait pas d'offrandes et qui est animé contre nous.

5. Le héros (*Indra*) juge équitablement les hommes d'après leurs actes, et les hommes pieux qui lui offrent des sacrifices se trouvent en état, grâce aux secours qu'il leur accorde, de triompher de leurs ennemis. Désireux d'obtenir de la nourriture, ils lui rendent des hommages fervents; les aliments des sacrifices qu'on lui offre procurent à ceux qui l'adorent une postérité nombreuse; les hommes l'adorent afin d'être à même de triompher de leurs ennemis. De pieux sacrificateurs jouissent d'une résidence dans le ciel d'Indra; de pieux sacrificateurs sont comme en présence des dieux.

6. Indra et Parvata, les premiers au combat, détruisent tous ceux qui sont ligués contre nous; la foudre d'Indra frappe tous ses adversaires et les atteint à quelque distance qu'ils se soient enfuis, ou dans quelque lieu qu'ils se soient cachés. O héros, tu mets nos ennemis en pièces, la foudre les brise en morceaux.

SUKTA VII.

(*Composé également par le rishi Paruchchepa et adressé à Indra.*)

1. Je purifie à la fois le ciel et la terre par mes sacrifices; je brûle les vastes régions de la terre qui sont privées d'Indra et qui sont le séjour des méchants; les ennemis ont été exterminés partout où ils se sont réunis, et ils dorment dans une fosse profonde.

2. Toi qui détruis tes ennemis, écrase la tête de ces méchants, broie-les sous ton pied large et puissant.

3. Détruis, ô Maghavan, la puissance de ceux qui nous sont hostiles; précipite-les dans le vaste et horrible abîme.

4. Tu as détruit par ta valeur cent cinquante ennemis formidables ; c'est un exploit digne de toi, quoique tu le regardes comme de peu d'importance.

5. O Indra, détruis les Pisachis à la couleur fauve et qui poussent des rugissements effrayants ; anéantis tous les Rakshasas.

6. Ecoute nos supplications, ô Indra ; le ciel, comme la terre, est ému à cause de l'effroi que lui cause la famine ; ô toi dont la puissance et l'énergie sont extrêmes, tu portes, Indra, des coups terribles aux nuages, et, sans faire aucun tort à l'homme, tu l'avances contre tes ennemis, ô héros invincible qu'accompagnent trois ou sept compagnons (103).

7. Celui qui t'adore en offrant des libations, obtient un sûr asile ; en offrant des libations, il détruit ses ennemis renversés, il détruit les ennemis des dieux ; possesseur d'aliments abondants et triomphant de ses adversaires, il espère obtenir des richesses sans limites, car Indra accorde à celui qui lui offre des libations tout ce qu'il désire ; il lui donne des trésors accumulés.

ANUVAKA XX.
SUKTA I.

(Composé par le rishi Paruchchepa et adressé à Vayu.)

1. Que tes coursiers rapides, Vayu, t'amènent promptement ici, afin que tu puisses être le premier des dieux qui prendront part à la libation du soma. Que nos louanges sincères et ferventes te soient agréables ; viens prendre part à la libation qui t'est offerte ; viens, Vayu, afin de nous accorder ce que réclame le culte que nous te rendons.

2. Que les gouttes enivrantes de la libation t'animent, ô Vayu ; le suc du soma, convenablement préparé, administré opportunément et rendu efficace par nos prières, coulera au moment convenable ; c'est dans ce but que tes coursiers agiles et dociles, les Niyuts, t'apporteront à la salle du sacrifice, afin d'accepter les offrandes qui servent à exprimer les désirs des prêtres pieux.

3. Vayu attelle à son char ses deux chevaux rouges ; Vayu attache ses coursiers couleur de pourpre ; Vayu attelle ses deux coursiers qui portent leur fardeau sans jamais éprouver de fatigue. Eveille, Vayu, le sacrificateur intelligent comme un amoureux éveille sa maîtresse endormie ; appelle le ciel et la terre ; illumine l'aurore afin de recevoir les mets du sacrifice.

4. C'est pour toi que les brillantes aurores, se levant au loin, étendent leur vêtement fortuné, formé de rayons variés et glorieux ; c'est pour toi, que la vache qui donne l'ambroisie cède son lait dans lequel sont contenus tous les trésors ; tu engendras les Maruts (*les vents*) du firmament, afin de répandre la pluie, afin de remplir les rivières.

5. C'est pour toi que les sucs du soma purs et brillants coulent avec rapidité vers le feu du sacrifice et aspirent un nuage qui répand les eaux. L'adorateur timide et inquiet te loue, toi qui es secourable, et te supplie de chasser les voleurs ; tu nous défends contre tous nos ennemis, nous récompensant ainsi de notre justice ; tu nous préserves de la crainte des esprits méchants, récompensant ainsi notre justice.

6. Vayu, toi que nul ne précède, tu as le droit de boire le premier à nos libations ; tu as le droit de prendre part à toutes les libations et à toutes les offrandes que présentent les hommes ; c'est pour toi que leurs vaches donnent du lait, c'est pour toi quelles donnent du beurre.

SUKTA II.
(Composé par le même rishi, adressé à Vayu et à Indra.)

1. Approche-toi, ô Vayu, avec tes mille coursiers, de l'herbe que nous avons étendue ; viens prendre part à la nourriture que nous avons préparée pour le maître des chevaux ; approche-toi, avec des centaines de chevaux, du sacrifice que nous t'offrons ; les dieux s'écartent devant toi, car tu as le droit d'être le premier à boire la libation ; les doux sucs répandus et destinés à te satisfaire sont tout prêts.

2. C'est pour toi que les sucs du soma, purifiés par les pierres qui broient la plante, et vêtus d'une splendeur digne d'envie, coulent vers leur réceptacle ; ce soma, revêtu d'une splendeur brillante, t'est offert comme étant ce qui te revient parmi les hommes et parmi les dieux ; après l'avoir reçu, attelle tes chevaux et pars en conservant pour nous de bonnes dispositions ; pars, satisfait et prêt à nous être favorable.

3. Viens à notre sacrifice avec des centaines et des milliers de coursiers ; viens prendre ta part des mets du sacrifice ; viens, Vayu, prendre part aux offrandes : voici la portion qui te revient ; elle est radieuse dès le lever du soleil ; les sucs qu'apportent les prêtres sont préparés ; les sucs purs sont préparés, ô Vayu.

4. Que le char traîné par les Niyuts vous apporte tous deux, Indra et Vayu, au sacrifice, afin que vous nous protégiez et que vous preniez part aux viandes consacrées, afin que vous preniez part aux offrandes ; buvez le doux breuvage, car c'est à vous deux qu'il revient d'en boire les premiers, Indra et Vayu, venez avec l'opulence qui donne la joie ; Vayu et Indra, venez avec l'opulence.

5. Les pieuses cérémonies qui vous ont été adres-

---

(103) On peut supposer ici une allusion aux sept plats qu'on offre aux Maruts à chacune des trois cérémonies de chaque jour.

sées ont augmenté l'efficacité de nos sacrifices; c'est pour vous que les prêtres filtrent ce suc qui coule avec rapidité; ils imitent les palefreniers qui frottent un rapide coursier; buvez leurs libations et venez ici, bien disposés à notre égard et prêts à nous protéger; buvez les sucs qui ont été exprimés sur les pierres, car vous donnez tous deux la nourriture.

6. Les sucs du soma, versés dans nos cérémonies et apportés par les prêtres, sont préparés pour vous deux; ces sucs purs sont préparés, ô Indra et Vayu; ces sucs puissants ont passé pour vous deux à travers le filtre oblique; les sucs du soma qui vous sont destinés traversent la toison laineuse; les sucs du soma sont inépuisables.

7. Passe, Vayu, auprès de tes nombreux adorateurs endormis, et va, avec Indra, à la maison où résonne la pierre; Indra et Vayu, allez à cette demeure; allez à l'endroit où la parole de la vérité se manifeste; allez à l'endroit où coule le beurre; rendez-vous tous deux au sacrifice avec vos chevaux bien nourris; Indra et Vayu, accourez au sacrifice.

8. Acceptez les libations du doux suc répandu au sacrifice pendant lequel les prêtres triomphants se tiennent autour de la plante née sur le rocher; puissent-ils toujours remporter pour nous la victoire; c'est pour vous deux que les vaches distillent leur lait; l'offrande de l'orge est préparée; les vaches ne maigriront jamais pour toi, Vayu; les bestiaux ne seront jamais emmenés par des voleurs.

9. Tes chevaux, divin Vayu, sont jeunes et pleins de force; leurs membres sont vigoureux; ils l'emportent à travers l'espace entre le ciel et la terre; ils grossissent et deviennent aussi forts que des bœufs; ils ne sont point perdus dans le firmament, mais ils poursuivent leur course, sans que des paroles de reproches puissent les arrêter; il est difficile de les retenir de force.

SUKTA III.

(Composé par le même rishi et adressé à Mitra et à Varuna.)

1. Offrez de fervents et nombreux hommages, présentez des offrandes respectueuses à ces deux divinités qui existent depuis longtemps, qui accordent le bonheur à ceux qui les adorent et qui font leurs délices des libations les plus douces. Ce sont des souverains en l'honneur desquels le beurre est répandu comme offrande, et que chaque sacrifice glorifie; il n'y a nul moyen de s'opposer à leur puissance; leur pouvoir divin est irrésistible.

2. La divine Aurore s'est montrée lorsqu'elle se rendait à la cérémonie; ses rayons ont éclairé le chemin du soleil; les yeux des hommes ont été ouverts par les rayons de Bhaya; la brillante demeure de Mitra, d'Aryaman, de Varuna, a été éclairée par ses rayons; acceptez, ô dieux, l'offrande abondante et digne que nous vous présentons; elle est copieuse et digne d'éloges.

3. Celui qui vous adore a préparé pour l'autel un espace exempt de tout défaut et qui rayonne des feux du sacrifice; venez ici ensemble chaque jour, vous qui êtes vigilants; recevez chaque jour dans nos sacrifices une vigueur nouvelle, ô fils d'Aditi, seigneurs de la munificence; Mitra est celui qui anime les mortels, Varuna en fait de même, ainsi qu'Aryaman.

4. Puisse cette libation du soma être agréable à Mitra et à Varuna, afin qu'ils en boivent avec délices; c'est un breuvage divin et dont il convient que les dieux prennent part; puissent tous les dieux l'accepter aujourd'hui avec satisfaction; ô divinités puissantes, faites ce que nous vous demandons; exaucez nos vœux, vous qui êtes toujours fidèles.

5. Quel que soit celui qui adore Mitra ou Varuna, préservez-le entièrement de tout mal; protégez le mortel qui vous présente des offrandes; puisse Aryaman veiller sur celui qui est sincère dans sa dévotion, et qui adore Mitra et Varuna en leur adressant ses prières et en les honorant par ses louanges.

6. Je proclame ma vénération pour le puissant soleil, pour le ciel et la terre, pour Mitra, pour le bienveillant Varuna, pour celui qui donne le bonheur et qui répand les bienfaits. Louez Indra, Agni, le brillant Aryaman et Bhaya afin que, jouissant d'une longue vie, nous ayons une postérité nombreuse; puissions-nous être heureux, grâces aux vertus protectrices du soma.

7. En adorant Indra et en obtenant la faveur des Maruts, puissions-nous compter sur la protection des dieux; puissions-nous, jouissant d'une abondance due à leur générosité, être en possession du bonheur qu'Agni, Mitra et Varuna sont disposés à nous accorder.

DEUXIÈME ADHYAYA.

ANUVAKA XX (suite)

SUKTA IV.

(Composé par le rishi Paruchchepa, adressé à Mitra et à Varuna.)

1. Venez à notre sacrifice, Mitra et Varuna; nous exprimons avec des pierres le suc du soma; ce suc, mêlé avec du lait, inspire la joie; venez auprès de nous, divinités royales, qui résidez dans le ciel et qui nous protégez; ce suc est mélangé avec du lait pour vous être offert, Mitra et Varuna; il est pur et mélangé avec du lait.

2. Venez, car le jus du soma qui tombe du filtre est mêlé avec du caillé; soit que nous le préparions pour vous au lever de l'aurore, ou que nous

le réunissions aux rayons du soleil, nous le versons pour Mitra et pour Varuna, afin qu'assistant au sacrifice, ils boivent la suave libation.

5. On broie pour vous avec des pierres cette plante pleine de suc et semblable à une vache abondante en lait; on exprime avec des pierres le suc du soma; venez vers nous comme nos protecteurs; soyez avec nous pour boire le suc du soma, ce suc qui a été répandu pour vous deux, Mitra et Varuna; il a été versé pour que vous le buviez.

SUKTA V.

(Composé par le même rishi et adressé à Pushan.)

1. L'étendue de la puissance du grand Pushan est l'objet de louanges unanimes; personne ne contredit les éloges qu'on lui donne, personne n'en est mécontent. Désirant d'être heureux, j'adore celui dont la protection est toujours proche; celui qui est la source de la fidélité, et qui, lorsqu'il est adoré avec ferveur, s'unit aux pensées de l'homme qui lui rend hommage; quoiqu'il soit un dieu, il s'unit au sacrifice.

2. Je te célèbre, ô Pushan, en te rendant hommage, afin que tu accoures au sacrifice comme un coursier court au combat, et afin que tu nous fasses traverser la bataille, tel qu'un homme porte un fardeau; je t'invoque et je sollicite ton amitié, toi qui es le divin dispensateur du bonheur et qui rends nos prières efficaces; fais qu'elles nous assurent le succès dans les combats.

3. Grâce à ton amitié, ô Pushan, ceux qui s'appliquent à te louer et qui t'adorent avec ferveur, jouissent de l'abondance; en te rendant un culte persévérant, ils obtiennent la richesse; nous sollicitons de ta générosité des trésors immenses. O toi qui es exempt de colère et qui a droit à de grandes louanges, sois toujours accessible pour nous; sois notre chef en toute rencontre.

4. O toi qui es exempt de colère et qui es libéral en tes dons, sois près de nous, Asjawa, et accepte notre offrande; sois près de ceux qui sollicitent des aliments; nous avons recours à toi, destructeur de tes ennemis, et nous t'adressons des hymnes pieux, o Pushan, qui accepte les offrandes; je ne cesse jamais de songer à toi, je n'oublie jamais le prix de ton amitié.

SUKTA VI.

(Composé par le même rishi, et adressé à diverses divinités sous la dénomination collective de Viswadevas.)

1. Que nos prières soient exaucées. Je place avec respect Agni devant moi; nous avons recours à sa puissance céleste; nous avons recours à Indra et à Vayu; nous avons adressé un nouvel hymne au nombril radieux (de la terre); puissent nos pieuses cérémonies parvenir jusqu'aux dieux; puissent-elles arriver en leur présence.

2. Mitra et Varuna, accordez-nous en abondance cette eau inépuisable, que vous obtenez de votre énergie; puissions-nous ainsi voir dans nos salles de sacrifice vos formes dorées qui y sont conduites par nos sacrifices suivis par nos pensées fixées sur vous, et constamment appliquées à offrir les libations du soma.

3. Aswins, les hommes qui désirent vous glorifier avec leurs hymnes, font entendre leurs prières, et vous présentent des offrandes qui vous rendent propices, ils obtiennent une nourriture abondante et des trésors de toute espèce de vous qui possédez une opulence universelle. Les rayons des roues de votre char d'or laissent tomber le miel dont il est chargé.

4. Votre projet est connu; vous voulez vous rendre au ciel; les conducteurs de vos chars attellent vos coursiers; ces chevaux vous porteront sans accident dans ce voyage céleste. O vous qui humiliez (les ennemis) et qui êtes les principaux distributeurs de la pluie, nous vous avons placés dans un char se rendant au ciel par une voie facile.

5. Accordez-nous, de jour et de nuit, toutes sortes de biens, par suite de nos actes pieux; que nos cérémonies saintes nous procurent la richesse; que vos dons ne nous manquent jamais.

6. Indra, toi qui répands les bienfaits, c'est pour te servir de boisson que ces jus sont exprimés par des prières et qu'ils jaillissent des plantes des montagnes; ces libations sont répandues pour toi; puissent-elles te satisfaire comme une offrande présentée dans l'espoir de recevoir de grandes et merveilleuses richesses; ô toi, qui agrées les louanges, viens auprès de nous et que nos hymnes te glorifient; viens avec plaisir auprès de nous.

7. Agni, écoute attentivement les louanges que nous te donnons, et répète ces louanges auprès des dieux qui sont dignes d'être adorés; les dieux ont donné aux Angirasas la vache qu'Aryaman vint traire pour toi (104); c'est lui qui, d'accord avec les dieux, a fait toutes choses; il connaît cette vache ainsi que moi.

8. Maruts, puisse votre glorieuse énergie ne jamais se diriger contre nous; puissent nos richesses ne jamais diminuer, et nos cités ne jamais tomber en décadence; puissions-nous devenir possesseurs de tout ce qui est admirable et immortel, de tout ce qui est utile aux mortels et qui vous a appartenu de siècle en siècle; accordez-nous tout

---

(104) D'après la légende, les Angirasas, s'étant rendu les dieux propices, sollicitèrent le don d'une vache; les dieux leur donnèrent la vache de l'abondance, mais ils ne furent pas en état de la traire, et ils s'adressèrent à Aryaman; celui-ci tira de la vache le lait qui, converti en beurre, fournit la matière employée dans les sacrifices.

ce qu'il est difficile de se procurer et tout ce qui est précieux.

9. Les sages antiques, Dadhyanch, Angiras, Priyamedha, Kanwa, Atri, Manou, ont connu ma naissance; ils ont su qui étaient mes ancêtres, car ils ont joui d'une longue vie parmi les dieux, et en eux est notre existence; j'adore les dieux dont la puissance est suprême, et je leur présente mes louanges; j'adore et célèbre Agni et Indra.

10. Que celui qui invoque les dieux offre le sacrifice : et puissent-ils, aspirant aux offrandes, prendre part à la libation qui leur est agréable; Brihaspati lui-même, désirant la libation, célèbre la cérémonie de l'adoration en répandant des libations, d'abondantes et parfaites libations. Nous entendons de loin le bruit des pierres que celui qui accomplit les actes pieux a employées pour arrêter les eaux des nuages, et lui qui accomplit des actes pieux a mis de nombreuses demeures à l'abri du danger.

11. Dieux qui êtes au nombre de onze dans le ciel, qui êtes au nombre de onze sur la terre et qui, au nombre de onze, habitez avec gloire au milieu des airs, puisse notre sacrifice vous être agréable.

ANUVAKA XXI.

SUKTA I.

(Composé par le rishi Dirghatamas, fils d'Uchattya, et adressé à Agni.)

1. Préparez une place convenable au radieux Agni qui est assis sur l'autel et qui aime cette place; couvrez de l'herbe sacrée, comme d'un vêtement, cette place éclatante et qui chasse les ténèbres.

2. Agni, engendré deux fois, dévore les trois mets du sacrifice, et, quand l'année expire, il renouvelle ce qui a été mangé; celui qui répand des bienfaits est fortifié, sous une de ses formes, en mangeant avec la langue d'une autre, et, sous une autre forme, celui qui maîtrise toutes choses, consume les arbres de la forêt.

3. Ses deux mères réunies, noircies (par la combustion), sont en mouvement et donnent naissance à un enfant dont la langue de feu brille du côté de l'orient et dissipe les ténèbres; il grandit rapidement et se développe; il est toujours digne d'amour, et il accroît la prospérité de son père *(celui qui a institué la cérémonie)*.

4. Les flammes d'Agni se meuvent avec rapidité; elles sont capricieuses et sans repos; excitées par le vent, elles s'étendent au loin; elles s'allument pour le bonheur de l'homme pieux qui respecte les prêtres saints.

5. Elles s'étendent dans toutes les directions, dissipant l'obscurité et répandant une grande lumière sur le chemin des ténèbres, lorsqu'Agni illumine la terre entière et qu'il s'élance en tonnant et en rugissant.

6. Il se courbe parmi les buissons comme s'il les embellissait de son éclat, et il se précipite en rugissant comme un taureau parmi un troupeau de vaches; augmentant d'intensité, il redouble d'énergie; il est aussi difficile de l'arrêter qu'il le serait de dompter un animal furieux qui brandirait ses cornes.

7. Tantôt caché, tantôt déployé, il s'empare des matières combustibles, comme s'il comprenait le projet de celui qui l'adore; les flammes surgissent et accourent au sacrifice; elles jettent de la lumière sur les formes de leurs parents *(le ciel et la terre)*.

8. Les jets des flammes se recourbant comme des doigts embrassent Agni et s'élèvent pour recevoir leur maître; il vient au bruit et il leur donne une énergie plus intense et une vie qu'on ne saurait détruire.

9. Le rapide Agni, léchant le vêtement vert de la mère de toutes choses, avance au milieu des cris des êtres animés; il accorde des moyens d'existence à toute créature ayant des pieds; il consume ce qui est combustible, et une trace noircie marque le chemin qu'il a suivi.

10. Brille, Agni, dans nos opulentes demeures; répands sur nous tes bienfaits, toi qui es généreux et qui donnes la vie; brille avec énergie, et tel qu'une cotte de mailles, repousse nos ennemis dans les combats.

11. Que cette offrande, ô Agni, soigneusement placée sur une pile de combustible, te soit agréable; que la pure clarté de ta personne brille avec splendeur, et accorde-nous l'opulence.

12. Agni, accorde à notre excellent patron, une barque toujours munie de rames et de pieds (105) et qui porte les mortels au port au-delà de l'océan de la vie.

13. Agni, que nos ferventes louanges te soient agréables; que le ciel, la terre et les fleuves coulent sans relâche, nous donnant les produits des champs et des troupeaux; que les coursiers couleur de pourpre (de l'aurore), nous accordent pendant de longs jours une nourriture abondante.

SUKTA II.

(Composé par le même rishi et adressé au même dieu.)

1. Vraiment, cette splendeur visible du divin Agni a été aperçue de tous : puisse-t-elle contribuer au bien de nos corps : c'est en ce but qu'elle a été engendrée par la vigueur corporelle, afin que mon esprit puisse comprendre et saisir cette splendeur; les assistants présentent à Agni des offrandes accompagnées de prières.

---

(105) D'après les anciens commentateurs, la barque est le sacrifice, les rames sont les prêtres ou les objets offerts en sacrifice; les pieds sont les prières adressées aux dieux.

2. D'abord, il repose sur la terre comme la faculté digestive; il accepte les aliments, lui qui est éternel; secondement, il habite parmi les sept mères de la fertilité; troisièmement, les régions associées l'engendrent, trouvant leur plaisir dans les dix quartiers de l'espace, afin de trouver celui qui répand la pluie.

3. Des prêtres puissants attirent, par la force de leurs prières Agni hors de sa demeure primitive, afin que sa forme puissante se développe; le vent l'éveille lorsqu'il repose caché sur l'autel.

4. Agni est le produit de l'excellence des aliments offerts en sacrifice; il se montre, et les branches s'élèvent parmi les flammes; celui qui institue la cérémonie et le prêtre se réunissent pour le produire; il est engendré pur, radieux et jeune.

5. Le brillant Agni est donc entré dans les régions maternelles de l'espace; pur et exempt de tout mal, il a grandi; il est monté sur les buissons placés devant lui et il court rapidement parmi les branches inférieures et desséchées.

6. De pieux adorateurs offrent leurs hommages à celui qui invoque les dieux; ils cherchent à se rendre propices les habitants des cieux, comme les hommes recherchent la faveur d'un prince puissant; Agni, si digne de louanges, et qui soutient toutes choses, sait pour quels actes pieux et quelles œuvres il faut amener ensemble les dieux et l'homme qui les adore, dans le but d'obtenir des bienfaits mutuels.

7. L'adorable Agni, poussé par le vent, se répand en directions diverses, tel qu'un homme bavard, sans sincérité et sans frein qui exprime des louanges dépourvues de discernement; le monde s'applique à l'adorer, lui qui consume toutes choses, dont la vie est sombre, dont la naissance est pure, et qui suit différents chemins.

8. Tel qu'un char traîné par des cordes, Agni mis en mouvement par ses propres membres (*les flammes*), se rend vers le ciel; les chemins qu'il traverse sont noircis par la fumée; les bêtes et les curieux fuient devant sa splendeur comme les ennemis fuient devant la valeur d'un héros.

9. C'est toi, Agni, qui anime Varuna, observateur zélé de ses devoirs, et Mitra et Aryaman, divinités généreuses; tu es roi, les comprenant tous dans leurs diverses fonctions, et les renfermant comme la circonférence renferme les rayons d'une roue.

10. Jeune Agni, c'est pour le bonheur de celui qui te loue et qui te présente des offrandes, que tu rends ces précieuses offrandes agréables aux yeux des dieux; nouveau-né de la force, nous te glorifions, toi qui es digne d'éloges, toi auquel on présente de riches offrandes; nous te glorifions dans nos hymnes comme les hommes célèbrent un prince puissant.

11. De même que tu nous donnes des richesses, tu nous accordes un fils doué de bonnes dispositions, énergique et docile, rempli de science et de mérite, accomplissant les cérémonies saintes.

12. Puisse-t-il nous écouter, celui qui est avec la lumière, qui possède des chevaux rapides et qui invoque les dieux, celui qui est plein de joie et qui est porté dans un char d'or; puisse l'irrésistible et compatissant Agni nous conduire, par les moyens les plus efficaces, au but vers lequel nous aspirons.

13. Agni qui possède les titres les plus éminents pour la souveraineté suprême, a été célébré dans nos hymnes; nos pieuses cérémonies l'ont glorifié. Que tous ceux qui sont ici présents se joignent à nous qu'ont enrichis les faveurs d'Agni; célébrons ses louanges avec un bruit égal à celui du tonnerre lorsque le soleil frappe le nuage qui retient la pluie.

SUKTA III.

(*Composé par le rishi Dirghatamas, adressé aux Apris ou à Agni, dans leurs personnifications.*)

1. Agni, toi qui est Samiddha, amène aujourd'hui les dieux près du sacrificateur dont le nciller est levé; étends le mérite des sacrifices anciens à celui qui présente l'offrande et qui répand les libations du soma.

2. Tanunapat, sois présent à ce sacrifice d'une odeur suave et nourri de beurre; c'est l'offrande d'un pieux adorateur qui te glorifie.

3. Narasansa, admirable, pur et purifiant, dieu adorable parmi les dieux, est descendu du ciel; il mêle trois fois le sacrifice avec le doux jus du soma.

4. Agni, toi qui es Ilita, amène ici Indra, l'admirable et le chéri; c'est devant toi, dont la langue est brillante, que je récite mes louanges.

5. Les prêtres portant des cuillers, étendent l'herbe sacrée dans ce sacrifice saint, afin de préparer à Indra un séjour convenable et fréquenté par les dieux.

6. Que les portes brillantes (106) qui augmentent le sacrifice, qui purifient les cérémonies et qui sont l'objet des désirs de beaucoup d'hommes, soient ouvertes, afin que les dieux entrent.

7. Nuit et matin, vous qui avez tant de beauté, vous que nos louanges célèbrent sans cesse et qui êtes toujours réunis, enfants du temps, parents du sacrifice, asseyez-vous de votre plein gré sur l'herbe sacrée.

8. Que les deux êtres à la langue agréable et qui

---

(106) Il s'agit des portes de la salle ou enceinte destinée aux sacrifices; elles reçoivent une sorte de consécration qui, selon les Indiens, les élèvent au rang des divinités.

reçoivent les louanges, que les êtres divins et sages qui intercèdent auprès des dieux, officient aujourd'hui à notre sacrifice, car il procure des récompenses et atteint le ciel.

9. Que le pur Hotra, placé parmi les dieux, que Bharati, parmi les Maruts, que l'adorable Ila, Saraswati et Mahi s'asseyent sur l'herbe sacrée.

10. Que Twashtri, favorablement disposé à notre égard, nous envoie, pour nous nourrir et nous rendre prospères, une eau abondante et admirable, tombant avec rapidité du centre du nuage et produisant de grands biens.

11. Vanaspati, toi qui assiste ici volontairement, apporte nos offrandes aux dieux; le divin et intelligent Agni accepte les offrandes présentées aux dieux.

12. Prêtres, présentez à Indra votre offrande lorsqu'il prend la forme de Gayatra, présentez-la à Swahi; présentez-la aussi à Pushan et aux Maruts, ainsi qu'aux dieux rassemblés et à Vaya.

13. Approche, Indra, prends part aux offrandes faites à Swahi (un des *Apris*); approche et entends les invocations de ceux qui t'appellent au sacrifice.

SUKTA IV.

(Composé par le rishi Dirghatamas et adressé à Agni.)

1. J'offre dévotement à Agni, le fils de la force, un sacrifice nouveau et fortifiant; j'adore Agni, le petit-fils des eaux, qui est le prêtre bienveillant et sacrificateur, et qui est assis sur l'autel avec beaucoup de choses précieuses.

2. Dès sa naissance, Agni se manifesta à Matariswan dans l'atmosphère le plus élevé, et sa splendeur, allumée par de vigoureux efforts, se répandit sur le ciel et la terre.

3. Sa splendeur ne peut diminuer; les rayons de celui dont l'aspect est agréable, sont partout visibles et toujours brillants; les rayons d'Agni pénètrent en tous lieux, brillent du plus vif éclat, et ne cessent jamais de remplir leurs fonctions.

4. Conduisez à sa résidence cet Agni qui possède toutes les richesses, et que les descendants de Bhrigou ont placé sur le nombril de la terre; tel que Varuna, il règne en sa qualité d'unique souverain de tous les trésors.

5. Tel que le rugissement des vents, tel qu'une armée victorieuse, tel que la foudre dans le ciel, Agni ne peut être arrêté dans sa course; il dévore nos ennemis et les détruit avec ses dents aiguës; de même qu'un guerrier renverse ses adversaires, Agni ravage les bois.

6. Puisse Agni désirer toujours nos louanges; puisse celui qui donne la richesse combler nos vœux les plus chers; puisse celui qui inspire nos dévotions conduire nos cérémonies à leur parfait achèvement. Je glorifie Agni aux membres étincelants et lui adresse mes vœux.

7. Celui qui allume le feu du sacrifice se rend propice Agni, dont la forme est éclatante; tel qu'un ami, il soutient notre cérémonie; le feu bien pourvu d'aliments brille avec éclat à nos pieuses cérémonies; il éclaire nos rites sacrés.

8. Agni, ne nous oublie jamais; veille sur nous avec un zèle secourable et qui nous donne une satisfaction sincère; protège-nous, toi qui es l'objet de tous les désirs; étends aussi sur nos enfants ta vigilance, qui ne s'endort jamais, et qui ne connaît aucun obstacle.

SUKTA V.

(Composé par le même rishi, et adressé au même dieu.)

1. Le prêtre instruit par l'expérience et possédant une dévotion fervente, s'avance pour célébrer le culte d'Agni; après avoir fait le tour de l'autel, il prend les cuillers qui doivent servir les premières à présenter l'offrande.

2. Les gouttes de pluie qui enveloppent les rayons solaires, se renouvellent dans la demeure du divin soleil, le lieu de leur naissance; lorsqu'Agni réside sur le sein des eaux, alors le monde boit la pluie bienfaisante avec laquelle Agni (comme étant l'éclair) s'associe.

3. Les deux prêtres, égaux en dignité et également assidus, travaillent naturellement dans un but commun; ils combinent (dans leurs fonctions respectives) les formes d'Agni; celui auquel l'offrande doit être présentée, réunit les gouttes (de beurre clarifié) comme Bhaga (accepte les hommages de tous les hommes), ou comme un conducteur (saisit les rênes des chevaux) qui traînent (le char).

4. C'est lui que les deux prêtres doués d'un pouvoir égal, résidant au même endroit, et occupés de la même cérémonie, adorent nuit et jour; c'est lui qui a été engendré pour le bien des mortels; il accepte de nombreuses offrandes et il ne saurait déchoir.

5. Les dix doigts entrelacés rendent propice ce divin Agni dont nous autres, mortels, nous invoquons la protection; il lance ses rayons semblables aux flèches légères que décoche un arc; il accepte les nouvelles louanges prononcées par ceux qui se pressent autour de l'autel.

6. Agni, tu règnes sur les habitants du ciel et sur ceux de la terre; ta domination est comme celle d'un pasteur sur son troupeau; le ciel et la terre radieux, vastes, adorables, bienfaisants et répandant un son agréable, prennent part à l'offrande.

7. Agni, toi qui confères le bonheur, qui accueilles nos offrandes, qui es né pour le sacrifice et qui accomplis les bonnes œuvres, daigne agréer nos louan-

gers et écouter nos prières ; tu es en présence du monde entier, tu es visible à tous les hommes, tu charmes leurs regards et tu es leur refuge, comme distribuant des aliments avec une généreuse munificence.

SUKTA VI.
(Composé par le même rishi et adressé au même dieu.)

1. Demandez à Agni ce que vous désirez, car il va en cent lieux ; il connaît toutes choses ; il sait ce qu'il convient de faire, et c'est à lui que ses adorateurs doivent avoir recours ; c'est lui qui a le pouvoir de réprimer les désirs contraires à la raison ; c'est lui qui a le pouvoir de distribuer le bonheur ; c'est lui qui donne la force et la nourriture, lui qui protége les puissants.

2. Les hommes font des demandes à Agni, mais ces demandes ne sont pas indiscretes ; le sage répond aux sollicitations qu'on lui adresse, selon les déterminations qu'il a prises en son esprit ; Agni ne veut pas qu'on annonce à l'avance ce qu'il répondra, et ne souffre point qu'on lui réplique ; celui qui est dépourvu d'arrogance jouit de sa protection.

3. C'est vers lui que se dirigent les cuillers employées dans les sacrifices ; c'est à lui que nos louanges s'adressent ; lui seul entend toutes nos prières ; il est l'instrument du sacrifice ; il protége constamment tous les mortels ; doux comme un enfant et en possession de ce qui est nécessaire au sacrifice, il accepte l'offrande.

4. Quand le prêtre s'occupe de montrer Agni, le dieu se manifeste soudain, et, aussitôt qu'il est engendré, il s'associe aux objets qui l'entourent ; il s'occupe de satisfaire les vœux de ses adorateurs, tranquillement livrés à la libation des rites sacrés ; les offrandes dont on lui fait hommage lui parviennent lorsqu'il assiste au sacrifice.

5. Il réside dans les bois, et il a été placé au milieu du combustible comme sur une peau qui l'enveloppe ; le sage et véridique Agni, qui apprécie les sacrifices, a révélé aux mortels la connaissance de leurs devoirs religieux.

SUKTA VII.
(Composé par le même rishi et adressé au même dieu.)

1. Glorifiez Agni aux trois têtes (107) et aux sept rayons ; il n'est sujet à aucune diminution ; assis dans les lieux de ses parents (*le ciel et la terre*), il satisfait tous nos désirs ; la splendeur universelle du divin Agni, soit qu'il s'agite, soit qu'il reste immobile, se répand au loin.

2. Celui qui répand ses bienfaits avec abondance, a pénétré dans les deux mondes ; exempt de vicissitude et adorable, il est toujours présent, et il nous accorde sa protection ; il place son pied sur le sommet de la terre, et ses flammes radieuses lèchent le firmament.

3. Voici deux vaches laitières qui s'approchent ensemble de leur rejeton commun (108) et qui lui donnent une nourriture abondante, signalant les chemins où il ne se rencontre rien de ce qu'il faut éviter, et possédant au-delà de l'intelligence nécessaire à son développement.

4. Des sages expérimentés conduisent l'invincible Agni ; ils lui témoignent de diverses façons l'attachement que leurs cœurs conservent pour lui ; désirant se le rendre propice, ils adorent le généreux Agni, et il se manifeste à eux comme le soleil.

5. Il veut se montrer dans les dix régions de l'espace, lui qui est le vainqueur, l'adorable, la source de la vie pour les grands et les petits ; l'opulent possesseur des mets du sacrifice qui est visible à tous, est le parent de cette pieuse progéniture.

SUKTA VIII.
(Composé par le même rishi et adressé au même dieu.)

1. Tes rayons brillants, et qui pompent l'humidité ont soutenu l'existence des mortels, ô Agni, et nous ont procuré des aliments ; tes fervents adorateurs, entourés de leurs enfants et petits-enfants, peuvent ainsi répéter les hymnes du sacrifice.

2. Jeune Agni, auquel des offrandes sont dues, apprécie les louanges que je t'adresse avec respect et ferveur ; il y a des hommes qui t'outragent, d'autres qui obtiennent ta faveur ; moi je t'adore et te glorifie.

3. Tes rayons bienfaisants, ô Agni, tombant sur l'aveugle (109), fils de Mamatu, le délivrèrent de cette infirmité ; celui qui connaît toutes choses, protége les hommes pieux, et leurs ennemis sont hors d'état de leur nuire.

4. Lorsqu'un homme pervers, infecté de la double malignité (de la pensée et de la parole), veut s'opposer à nos sacrifices et qu'il nous outrage, que ses vœux retombent sur lui, et que les suites de sa parole coupable accablent sa personne.

5. Fils de la Force, lorsqu'un homme habile dans

---

(107) Les trois têtes d'Agni sont les trois espèces de feu que reconnaissent les auteurs sanscrits. On peut dire aussi qu'Agni brille dans les trois mondes, ou qu'on l'allume à trois moments de la journée. Quant aux sept rayons de la flamme, c'est aussi une de ces allégories qui abondent dans ces hymnes. Les commentateurs y retrouvent les sept espèces de rithme sur lesquels se composent les chants sacrés.

(108) M. Langlois observe avec raison qu'il faut entendre par ces deux vaches qui nourrissent Agni les deux espèces d'offrandes, l'une liquide, l'autre solide, les boissons et les mets.

(109) Presque tous ces rishis ou vieux sages sont indiqués comme étant aveugles. Faut-il supposer une cécité réelle ou croire qu'il n'est question que de l'obscurité de la nuit, dissipée par Agni ?

l'art de tromper attaque un autre homme avec une prière doublement malveillante, alors, ô Agni, protège celui qui t'adore contre toute tentative dirigée contre lui ; ne nous abandonne pas à l'infortune.

SUKTA IX.

(Composé par le même rishi et adressé au même dieu.)

1. Le vent, pénétrant dans les matières combustibles, a excité Agni qui invoque les dieux, qui a des formes nombreuses, et qui est le ministre de toutes les déités ; elles l'ont établi parmi les mortels qui les adorent, le chargeant d'accomplir le sacrifice comme étant le soleil admirable et doué de rayons variés.

2. Que mes ennemis ne l'emportent pas contre moi, lorsque je présente des offrandes qui méritent d'être acceptées ; car Agni désire les hommages que je lui rends, et tous les dieux sont satisfaits de mes actes de piété, lorsque je récite leurs louanges et que je célèbre le sacrifice.

3. Ceux qui adorent Agni s'emparent de lui dans son séjour éternel ; ils le retiennent par leurs louanges ; on le porte avec promptitude au lieu du sacrifice, de même que des coursiers rapides, attachés à un char, l'amènent bien vite à sa destination.

4. Agni détruit de nombreux arbres qu'atteignent ses flammes ; il brille d'un vif éclat dans la forêt ; le vent le favorise et fait voler les flammes comme les flèches que décoche un archer.

5. L'homme sans intelligence et privé de la vue ne diminue en rien sa gloire ; aucun ennemi, aucun adversaire ne peut lui nuire, même lorsqu'il est encore à peine né, car ses amis constants le défendent.

SUKTA X.

(Composé par le même rishi et adressé au même dieu).

1. Agni, possesseur d'une grande opulence, toi qui satisfais les vœux de tes adorateurs, viens à l'endroit où s'opère le sacrifice ; le seigneur des seigneurs se rend à l'endroit où règne l'abondance (à l'autel) ; les prêtres préparent pour lui les libations lorsqu'il approche.

2. Celui auquel les hommes, ainsi que le ciel et la terre doivent leur existence, réside auprès de nous entouré de toute sa gloire ; il est celui qui engendre toutes les créatures.

3. Celui qui est sage et qui, tel que le vent rapide, se rend rapidement où il veut, a éclairé le lieu délicieux (*l'autel*), et se présentant, toujours le même, sous un grand nombre de formes diverses, il est radieux comme le soleil.

4. Celui qui est né deux fois et qui illumine les trois régions brillantes, celui qui brille au-dessus de toutes sphères splendides, celui qui invoque les dieux, est présent à l'endroit où les eaux sont réunies.

5. Celui qui est né deux fois présente les offrandes ; plein de désir pour les mets du sacrifice, il a sous sa garde toutes les choses précieuses ; l'homme qui lui présente des offrandes est le père d'une race excellente.

SUKTA XI.

(Composé par le même rishi et adressé au même dieu.)

1. Te présentant de nombreuses offrandes, je t'adore, Agni, et j'arrive devant toi comme un serviteur se montre devant un maître puissant.

2. Je te demande de priver de ta faveur deux personnages impies ; l'homme riche qui, ne te reconnaissant point pour son maître, est avare dans les dons qu'il fait lors des cérémonies sacrées, et l'homme qui loue rarement les dieux.

3. Sage Agni, le mortel qui obtient tes bonnes grâces, devient une lune dans le ciel, la plus éminente des grandes déités ; puissions-nous toujours t'adorer avec ferveur.

SUKTA XII.

(Composé par le même rishi ; adressé à Mitra et à Varuna.)

1. Le ciel et la terre ont été épouvantés par la force et le bruit de celui que de pieux adorateurs, désireux d'acquérir du bétail, ont engendré par leurs actes sacrés parmi les eaux du firmament et au moment du sacrifice ; c'est un ami qui veille à la conservation des êtres vivants ; c'est le bienfaiteur des hommes, et il a droit à nos adorations.

2. Puisque les prêtres ont préparé pour vous, Mitra et Varuna, une libation du suc abondant du soma, consentez à venir au rite que célèbre celui qui vous adore, et écoutez les prières du chef de famille, ô vous qui répandez les bienfaits.

3. Afin d'obtenir une grande vigueur, les hommes glorifient votre naissance ; elle doit être l'objet de tous les éloges, car vous accordez à celui qui vous adore tout ce qu'il désire afin de le récompenser du sacrifice qu'il célèbre, et vous agréez les cérémonies qui sont accompagnées d'offrandes et d'actes d'adoration.

4. Puissantes divinités, ce lieu vous est agréable : proclamez, ô vous qui acceptez le sacrifice, que la grande cérémonie est régulièrement terminée ; vous effectuez la liaison des rites pieux avec le ciel, et ce sont eux qui le supportent, comme une vache porte un fardeau placé sur son dos.

5. Vous conduisez les troupeaux à leurs pâturages favoris, et protégées contre tout péril, grâce à votre puissance, les vaches qui donnent le lait, re-

tournent à leur étable; elles adressent leurs cris vers le soleil au haut des cieux.

6. Vous amenez les troupeaux en d'excellents pâturages d'où les vaches abondantes en lait retournent à leurs étables; elles poussent des cris vers le soleil le matin et le soir, comme celui qui découvre un voleur élève la voix avec force.

7. La chevelure d'Agni (*les flammes*) embellit le sacrifice qui vous est offert, Mitra et Varuna; daignez nous envoyer la pluie et accueillez nos offrandes, car vous exercez un empire souverain sur les louanges des hommes pieux.

8. Venez vers votre pieux adorateur qui, vous glorifiant et procurant tout ce qui est convenable, vous présente des offrandes; acceptez son sacrifice; soyez bien disposés à notre égard et agréez nos louanges.

9. Vous qui acceptez les sacrifices, vous êtes les premiers que les adorateurs cherchent à se rendre propices, en présentant des offrandes, en offrant les produits de la vache; des hymnes inspirés par des pensées appliquées à méditer sur vous, célèbrent vos louanges; accordez-nous vos faveurs et donnez-nous des richesses.

10. Vous distribuez la nourriture accompagnée par l'opulence; vous nous accordez à nous, qui célébrons le sacrifice, d'amples trésors défendus par votre protection; les jours avec les nuits n'ont pas atteint votre divinité; ni les rivières ni les Asuras n'ont atteint votre splendeur.

SUKTA XIII.

(*Composé par le même rishi et adressé aux mêmes dieux.*)

1. Energiques Mitra et Varuna, vous portez des vêtements de lumière; nous devons vous regarder comme sans défauts; vous anéantissez toute fausseté, vous vous associez au sacrifice.

2. Parmi ceux qui vous servent, l'homme qui observe la vérité, qui est prudent, qui est l'objet des louanges des sages, pèse soigneusement les moyens qu'il doit employer pour vaincre ses ennemis et pour amener la perte des impies, quelque puissants qu'ils soient, qui blasphèment contre les dieux.

3. Le sage sait, Mitra et Varuna, que c'est grâce à vous que l'aurore privée de pieds (110) précède les êtres doués de pieds; il sait que votre enfant (*le soleil*) soutient le fardeau de ce monde; il répand la vérité de la lumière et dissipe la fausseté de l'obscurité.

4. Nous voyons l'amant des aurores virginales (*le soleil*) toujours en mouvement, ne s'arrêtant jamais un seul instant, entouré d'une splendeur qui est inséparable de lui, et qui, se répandant au loin, est le séjour de prédilection de Mitra et de Varuna.

5. Sans coursiers, sans véhicule, il est cependant emporté avec rapidité et avec fracas; il voyage s'élevant de plus en plus, unissant le mystère incompréhensible (*des rites sacrés*) avec la splendeur qui réside en Mitra et en Varuna, et que les hommes glorifient.

6. Puisse la vache, propice aux pieux fils de Mamata, posséder du lait en abondance; que celui qui sait quelles cérémonies il faut célébrer, demande pour sa nourriture le reste de l'offrande, et qu'en vous adorant tous deux, il complète la cérémonie prescrite.

7. Divins Mitra et Varuna, puissiez-vous accepter l'offrande que je vous offre avec respect, et en vous adressant mes prières; puisse la cérémonie sacrée nous mettre en état de triompher dans les combats, et puisse la pluie céleste nous offrir les moyens de satisfaire nos besoins.

SUKTA XIV.

(*Composé par le même rishi et adressé aux mêmes divinités.*)

1. Puissants Mitra et Varuna, vous qui distribuez le beurre, nous vous adorons et nous vous présentons nos offrandes en nous livrant à la joie et en vous rendant de pieux hommages; puissent nos prêtres vous rendre propices en vous offrant nos adorations.

2. En vous adorant, Mitra et Varuna, j'accomplis un devoir et je contribue à votre gloire; quand le prêtre vous présente des offrandes et célèbre un sacrifice, l'homme pieux qui a le désir de vous adorer, obtient la félicité.

3. Que la vache abondante de lait fournisse, ô Mitra et Varuna, une alimentation copieuse à l'homme pieux qui vous présente des offrandes, de même que (*le roi*) Ratahavya en vous glorifiant, obtient votre faveur.

4. Que les vaches divines et que les eaux vous fournissent les mets du sacrifice, pour contribuer à la prospérité du peuple que vous favorisez; puisse Agni, l'ancien protecteur de notre patron, présenter l'offrande; mangez, ô dieux, ce beurre et ce caillé, buvez le lait des vaches.

SUKTA XV.

(*Composé par le même rishi et adressé à Vishnou.*)

1. Je célèbre avec zèle les exploits de Vishnou, qui a fait les trois mondes, qui a soutenu l'assemblage sublime des sphères célestes, les tournant trois fois, et qui est l'objet des louanges des sages.

2. Vishnou est glorifié, car il est aussi redoutable qu'un animal féroce et affamé qui parcourt les

---

(110) Pourquoi l'aurore n'a-t-elle pas de pieds? Il faut pour saisir cette idée, bien comprendre l'allégorie perpétuelle de la poésie sanscrite. Vive et légère, l'aurore est arrêtée par le soleil et elle disparaît en ses rayons, elle perd ses pieds.

montagnes, et en trois pas il parcourt l'univers entier (111).

3. Puisse une vigueur irrésistible être l'apanage de Vishnou dont l'asile est la prière, et que célèbrent les hymnes d'une foule d'hommes; c'est lui qui répand des bienfaits et qui, seul, a créé en trois pas ce vaste et redoutable groupe des trois mondes.

4. Ses trois pas impérissables, remplis d'ambroisie, charment les humains auxquels il donne la nourriture sacrée; c'est vraiment lui qui soutient les trois éléments, le ciel et la terre.

5. Puissé-je atteindre son chemin favori où se plaisent les hommes qui cherchent les dieux, le chemin de ce Vishnou aux enjambées immenses, et dont la station sublime est la source d'une félicité qui s'écoule sans interruption; il est l'ami divin des hommes pieux.

6. Nous invoquons Vishnou pour que vous puissiez tous deux parvenir à ces régions où s'étendent les rayons de lumière aux pointes nombreuses et se répandant au loin; c'est là que réside au milieu d'une splendeur éblouissante, celui qui répand des bienfaits, celui qui célèbre les hymnes de la multitude.

SUKTA XVI.

(Composé par le même rishi, adressé à Vishnou et à Indra.)

1. Offrez ces aliments subtantiels au puissant héros (*Indra*) qui aime la louange, et à Vishnou; ces deux divinités invincibles sont placées sur le sommet radieux des nuages comme sur un coursier bien dressé.

2. Indra et Vishnou, l'homme pieux qui vous adore glorifie votre radieuse approche; vous satisfaites les désirs et vous accordez au mortel qui vous adore une récompense immédiate, en distribuant ce feu qui distribue d'abondants bienfaits.

3. Ces offrandes augmentent la puissante énergie d'Indra; elle le met à même de rendre féconds les parents de toutes choses (*le ciel et la terre*); c'est ainsi que dans la région supérieure du firmament, le fils a un nom supérieur et un inférieur, et il a aussi un troisième nom, celui de père.

4. Nous célébrons la puissance de ce maître en toutes choses, de ce sauveur qui traversa en trois pas les trois régions afin de maintenir l'existence des êtres divers.

5. L'homme qui glorifie Vishnou, parcourt deux des pas qu'a faits ce dieu; mais il ne peut le suivre dans le troisième, et les oiseaux au vol rapide sont hors d'état d'en atteindre le terme.

6. Il cause par ses révolutions circulaires quatre-vingt quatorze révolutions périodiques, tel qu'une roue immense qui se meut en diverses directions; toujours jeune, mais sans être un enfant, il vient quand nous l'invoquons.

SUKTA XVII.

(Composé par le même rishi et adressé à Vishnou.)

1. Vishnou, sois pour nous un ami, qui nous donne le bonheur; ô toi qui acceptes les offrandes, étends sur nous ta protection; le sage ne saurait assez redire tes louanges, et celui qui présente les offrandes, doit célébrer ton culte.

2. Celui qui présente des offrandes à Vishnou, le créateur, né de lui-même et à la fois jeune et vieux, celui qui célèbre la grande puissance de ce dieu puissant, possède réellement l'abondance, et il atteint une place que tous doivent rechercher.

3. Chantres, célébrez Vishnou qui, vous le savez, est le germe du sacrifice; instruits de sa grandeur, célébrez son nom; puissions-nous, ô Vishnou, jouir de ta faveur.

4. Le royal Varuna s'associe au sacrifice du pieux adorateur qu'assiste la réunion des prêtres; les Aswins s'y joignent; Vishnou avec son ami (Indra) possède la puissance qui confère le ciel et repose sur les nuages.

5. Le divin Vishnou, celui qui accomplit les bonnes-œuvres les plus parfaites, est venu vers le pieux instituteur de la cérémonie afin d'assister à sa célébration; il connait les désirs de son adorateur, et assistant aux trois périodes de la cérémonie, il étend ses faveurs sur l'Arya et il admet l'auteur de la cérémonie à prendre une portion du sacrifice.

ANUVAKA XXII.

SUKTA I.

(Composé par le rishi Dirghatamas et adressé aux Aswins.)

1. Agni s'éveille sur la terre; le soleil se lève; l'aurore, dont l'éclat répand une joie universelle, a dissipé les ténèbres; attelez donc votre char, ô Aswins, afin de venir au sacrifice, et afin que le divin Savitri puisse animer tous les êtres, les excitant à accomplir leurs devoirs respectifs.

2. Aswins, lorsque vous attelez votre char qui répand l'abondance, rafraîchissez nos forces en nous donnant du miel tombant goutte à goutte; accordez à notre nation une nourriture abondante; faites que nous puissions acquérir des richesses dans la lutte des héros.

3. Puisse le char à trois roues des Aswins, traîné par des coursiers rapides, chargé de miel, rempli de trésors et répandant le bonheur, puisse-t-il venir en notre présence et apporter la prospérité à notre peuple et à notre bétail.

4. Aswins, apportez-nous la vigueur, animez-

---

(111) Les trois pas de Vishnou, célébrés dans les légendes de l'Inde sont les stations du soleil, lorsqu'il se lève, lorsqu'il est au plus haut du ciel et lorsqu'il se couche.

nous grâce à vos discours pleins de miel ; prolongez notre existence, effacez nos péchés ; détruisez nos ennemis ; soyez toujours nos associés.

5. Aswins, vous soutenez le germe dans toutes les créatures qui se meuvent ; vous êtes dans l'intérieur de tous les êtres ; ô vous qui répandez les bienfaits, veillez pour nous sur l'eau, sur le feu et sur les arbres de la forêt.

6. Vous êtes deux médecins très-instruits dans les vertus de tous les médicaments ; vous roulez dans un char que traînent des chevaux bien dressés ; ô dieux puissants, protégez toujours celui qui vous adore, et qui, d'un cœur dévoué, vous présente des offrandes.

TROISIÈME ADHYAYA.
ANUVAKA XXII (suite).
SUKTA II.
(Composé par le rishi Dirghatamas et adressé aux Aswins.)

1. Dasras, vous qui répandez des bienfaits, qui donnez des maisons, qui chassez le péché ; vous qui connaissez beaucoup de choses, qui gagnez en pouvoir par suite des louanges qu'on vous donne, et qui remplissez les désirs, voici qu'Uchatthya vous offre de riches sacrifices ; accordez nous tout ce que nous demandons, vous qui protégez vos adorateurs de la manière la plus efficace.

2. Divinités généreuses, puissions-nous vous faire des offrandes qui vous soient pleinement agréables ; alors, ô objets de notre adoration, vous viendrez de vous-mêmes auprès de l'autel, et pleins de bonnes intentions à notre égard, vous comblerez tous nos vœux et vous nous accorderez des vaches abondantes en lait.

3. Aswins, votre char, traîné par de puissants chevaux, traversa les mers et fut placé au milieu de l'eau afin de sauver le fils de Tugra (112) ; puissé-je aussi obtenir votre protection bienfaisante ; accordez la moi avec l'empressement qu'un héros victorieux met à revenir à sa demeure.

4. Puissent les louanges qui vous sont adressées, ô Aswins, sauver le fils d'Uchatthya ; que les jours et les nuits qui se succèdent ne m'épuisent pas ; que le feu allumé dix fois ne me consume point, et qu'il n'advienne pas que celui qui vous est soumis se trouve garrotté et contraint de mordre la terre.

5. Que les eaux maternelles ne m'engloutissent pas, depuis que les esclaves ont renversé ce débile vieillard ; de même que Traitana s'est blessé à la tête, l'esclave a blessé la sienne, et il a frappé sa poitrine et ses épaules.

6. Dirghatamas, le fils de Mamata, a vieilli après

que la dixième yuga s'est écoulée ; il est le brahma de ceux qui cherchent à obtenir la récompense de leurs actes de piété ; il est le conducteur de leur char.

SUKTA III.
(Composé par le même rishi et adressé au Ciel et à la Terre.)

1. Je glorifie, dans des rites sacrés, le Ciel et la Terre, ces puissants soutiens du sacrifice ; on ne doit, dans les cérémonies saintes, les contempler qu'avec respect ; chérissant comme leurs enfants ceux qui les adorent, ils sont l'objet de la vénération des hommes pieux, et versant sur nous leur faveurs, ils nous prodiguent des dons désirables.

2. Je rends propice, par mes invocations, l'esprit du père bienveillant et j'obtiens l'affection vive et spontanée de la mère (de tous les êtres) ; les parents ont assuré, grâce à leur protection, l'immortalité de leur race.

3. Vos enfants qui accomplissent de bonnes œuvres, vous reconnaissent comme leurs parents ; ils ont fait l'expérience de vos bontés pour eux ; conservez une stabilité non interrompue dans les fonctions de votre race ; qu'elle soit ou non douée de la faculté de se mouvoir, c'est de vous seul qu'elle peut attendre les moyens d'exister.

4. Des sœurs unies et intelligentes (*les rayons de la lumière*), conçues dans le même sein, toujours unies ensemble et résidant dans la même demeure, s'étendent sur toutes choses ; connaissant leurs fonctions et répandant une vive splendeur, elles se répandent dans toutes les directions, à travers le firmament radieux.

5. Nous sollicitons aujourd'hui du divin Soleil l'opulence qui fait le but des vœux des hommes, nous implorons sa faveur. O Ciel et Terre, pleins de bienveillance, accordez-nous une richesse formée de maisons et de nombreux troupeaux.

SUKTA IV.
(Composé par le même rishi et adressé aux mêmes dieux.)

1. Le Ciel et la Terre, ces objets divins, répandent le bonheur sur tous les êtres ; ils encouragent la vérité ; ils sont capables de soutenir l'eau des pluies ; leur naissance est fortunée et leur action énergique ; c'est dans l'intervalle qui les sépare que le pur et divin Soleil s'avance pour remplir ses devoirs.

2. Vastes et s'étendant au loin, le père et la mère (de toutes choses) préservent les mondes. Le Ciel et la Terre sont pleins de résolution pour le bien des êtres doués de corps, et le père a donné à toutes choses des formes visibles.

3. Le fils pur et courageux de semblables parents, celui qui porte les récompenses, sanctifie les mondes par son intelligence aussi bien que par la vache

---

(112) Il a déjà été question de cette légende ; un roi, fils de Tugra, tomba au pouvoir de ses ennemis, qui le chargèrent de liens et le jetèrent à la mer. Il implora le secours des Aswins qui le soulevèrent sur leur char.

laitière (*la terre*) et le vigoureux taureau (*le ciel*), et il recueille chaque jour le lait transparent (du ciel).

4. Le plus divin parmi les dieux, le plus pieux parmi les pieux, c'est celui qui a donné naissance au Ciel et à la Terre qui font la joie de toutes choses; il les a mesurés l'un et l'autre, et en vue des cérémonies saintes, il les a soutenus avec des piliers inébranlables.

5. Ciel et Terre que nous glorifions, accordez-nous une nourriture abondante et une grande vigueur; faites que nous soyons les auteurs d'une postérité nombreuse; accordez nous une force puissante.

SUKTA V.

(*Composé par Dirghatamas et adressé aux Ribhus.*)

1. Est-il plus jeune ou plus vieux que nous celui qui est venu parmi nous? Est-il venu nous apporter un message des dieux? Qu'est-ce que nous avons à lui dire? O Agni, notre frère, nous ne distinguons pas la cuiller qui est d'une race élevée; nous maintenons la dignité des ustensiles de bois (qui servent au sacrifice).

2. D'une unique cuiller faites-en quatre; c'est l'ordre que donnent les dieux; c'est dans ce but que je suis venu, fils de Sudhanwan; si vous accomplissez cette œuvre, vous aurez droit à recevoir des sacrifices tout comme les dieux.

3. Ils répondirent à Agni, le messager des dieux, et ils dirent : « Soit qu'il ait fallu faire un char, ou faire un cheval, ou faire une vache, ou rendre la jeunesse à deux vieux parents, nous l'avons fait, et nous sommes, ô Agni notre frère, tout prêts à faire encore ce que tu nous indiqueras. »

4. Vous demandâtes, ô Ribhus : « quel est celui qui est venu vers nous comme un messager? » Quand Twashtri observa que la cuiller unique était devenue quadruple, il se perdit immédiatement parmi les femmes.

5. Quand Twashtri dit : « Tuons ceux qui ont profané la cuiller faite pour offrir aux dieux leur boisson, » alors ils firent usage d'autres noms, lorsque la libation fut répandue, et la vierge (mère) se le rendit propice.

6. Indra a caparaçonné ses chevaux; les Aswins ont attelé leur char; Brihaspati a accepté la vache qui a toutes les formes; allez donc vers les dieux, Ribhu, Vibhwa et Vaua, vous qui accomplissez de bonnes œuvres; jouissez de la part qui vous revient dans les sacrifices.

7. Fils de Sudhanwan, vous avez changé une vache écorchée en un animal vivant; grâce à vos faits merveilleux, vous avez rajeuni vos vieux parents; d'un cheval vous en avez fait un autre; attelez maintenant votre char et rendez-vous parmi les dieux.

8. Les dieux ont dit : « Fils de Sudhanwan, buvez de cette boisson (*le jus du soma*), buvez ce liquide qui a été filtré à travers l'herbe *munja*, et si ni l'un ni l'autre ne vous plaisent, rassasiez-vous de celui qui se boit au troisième sacrifice du jour. »

9. Les eaux sont ce qu'il y a de plus excellent, dit l'un d'eux; Agni est ce qu'il y a de plus excellent, dit un autre; le troisième déclara que la terre était ce qu'il y avait de plus excellent, et c'est ainsi qu'en disant la vérité, les Ribhus divisèrent la cuiller.

10. On verse l'eau rouge (*le sang*) sur le sol; on coupe la chair divisée en fragments par l'instrument tranchant; un troisième sépare l'excrément des autres parties; de quelle manière les parents du sacrifice peuvent-ils assister leurs fils?

11. Ribhus, conducteurs des pluies, vous avez fait croître l'herbe sur les montagnes; vous avez fait couler l'eau dans les vallées; puisque vous vous êtes reposés quelque temps dans la demeure du soleil à laquelle l'homme ne peut atteindre, n'interrompez pas aujourd'hui l'accomplissement de vos fonctions.

12. Lorsque vous glissez enveloppant de nuages les régions, où sont les parents du monde? Maudit soit celui qui arrête votre bras; réprimandez sévèrement celui qui vous parle d'une façon irrespectueuse.

13. Ribhus, reposant dans l'orbite solaire, vous dites : « Qui est-ce qui nous réveille, ô soleil inaccessible, et nous rappelle à l'emploi de répandre la pluie? » Le Soleil réplique : « Celui qui vous réveille est le vent, et l'année étant finie, vous éclairez de rechef le monde aujourd'hui. »

14. Fils de la force, les Maruts, désirant être arrivés, s'avancent du haut des cieux; Agni vient de la terre pour vous recevoir; le vent traverse le firmament, et Varuna vient avec les ondes qui s'agitent.

SUKTA VI.

(*Composé par le rishi Dirghatamas pour célébrer l'Aswameda ou sacrifice d'un cheval.*)

1. Que ni Mitra, ni Varuna, ni Aryaman, ni Agni, ni Indra, ni Ribhukshin, ni les Maruts ne nous blâment, lorsque nous proclamons dans ce sacrifice les vertus du cheval rapide issu des dieux (113).

2. Quand les prêtres apportent les offrandes toutes préparées en présence du cheval, qui a été lavé et décoré de riches harnais, la chèvre aux diverses couleurs qui va devant lui en bêlant, devient une offrande agréable à Indra et à Pushan.

3. Cette chèvre est la portion qui revient à

---

(113) Le sacrifice du cheval était une des plus grandes cérémonies du culte des Aryas. On croyait que le cheval sacrifié devenait un coursier céleste; on l'identifiait avec le soleil appelé *aswa* (cheval), à cause de sa rapidité.

Pushan, elle convient à tous les dieux; elle est amenée d'abord avec le coursier rapide, de sorte que Twashtri peut la préparer avec le cheval, comme une offrande préliminaire bonne pour les mets du sacrifice.

4. Quand le prêtre, à l'époque des cérémonies, conduit trois fois autour du feu du sacrifice, le cheval, offrande consacrée aux dieux, alors la chèvre, la portion de Pushan, va la première, annonçant aux dieux le sacrifice.

5. Celui qui invoque les dieux, celui qui officie à la cérémonie, celui qui présente l'offrande, celui qui allume le feu, celui qui broie la plante soma, celui qui dirige la cérémonie, le sage qui préside à tous nos actes, sont présents; remplissez les rivières grâce à ce sacrifice bien ordonné et bien conduit.

6. Les uns coupent les poteaux du sacrifice ou apportent ces poteaux; d'autres y fixent les anneaux auxquels le cheval est lié ou disposent les vases dans lesquels se prépare la nourriture du cheval; que leurs efforts à tous répondent à notre attente.

7. Que mes désirs soient accomplis tels que je les ai formés, lorsque j'ai demandé que le coursier au poil poli vînt pour satisfaire l'attente des dieux; nous l'avons mis en sûreté pour servir de nourriture aux dieux; que les sages saints se réjouissent.

8. Que les liens qui retiennent la tête et les jambes du coursier rapide, que les sangles et les autres parties du harnais, que l'herbe qui a été mise dans sa bouche, que toutes ces choses soient avec lui parmi les dieux.

9. Que la chair que les mouches pourront manger, que la graisse qui restera attachée à la hache ou qui demeurera sur les doigts et les ongles du sacrificateur, que tout cela soit avec toi, ô cheval, parmi les dieux.

10. Si quelque partie d'herbe non digérée tombe de son ventre, s'il reste quelque partie de chair brute, que les sacrificateurs débarrassent l'offrande de tout défaut, et qu'ils la préparent de façon qu'elle soit entièrement pure.

11. Si quelque portion de ton corps tombe à terre lorsqu'elle est au moment d'être rôtie par le feu, qu'elle ne soit point abandonnée sur le sol ou sur l'herbe sacrée, mais qu'elle soit toute donnée aux dieux qui la désirent.

12. Qu'ils tournent à notre bonheur, les efforts de ceux qui surveillent la cuisson du corps du cheval, qui disent: « Il répand une bonne odeur, donnez-nous en donc un peu; » qui considère comme une aumône une portion de la chair du cheval.

13. Le bâton qui est enfoncé dans le chaudron où la chair est bouillie, le vase qui distribue la bouillie, les couverts des plats, les couteaux, les aiguilles, tout fait honneur (au cheval).

14. Que la place que le cheval a traversée et que celle où il a roulé sur l'herbe; que les liens qui ont attaché le pied du cheval; que l'eau qu'il a bue, que l'herbe qu'il a mangée, que tout cela soit à toi parmi les dieux.

15. Qu'Agni, sentant la fumée, ne te pousse pas, ô cheval, à émettre du bruit; que le chaudron bouillant et dont le contenu répand au loin une odeur suave ne soit point renversé; les dieux acceptent un cheval qui a été choisi (pour le sacrifice), qui a été conduit autour du feu, qui a été dévotement offert, et qui a été consacré par l'exclamation *Vashat!*

16. L'étoffe qu'ils étendent pour servir de couverture au cheval, les harnais d'or avec lesquels ils le décorent, les cordes qui lient sa tête et ses pieds, tout cela est présenté aux dieux comme une offrande agréable.

17. Si quelqu'un t'a frappé du fouet ou du pied pour te faire avancer, tandis que tu te cabrais en résistant avec force, je répands ces vexations avec des prières saintes comme on répand avec une cuiller l'offrande (de beurre clarifié).

18. La hache pénètre dans les trente-quatre côtes du coursier rapide; les (sacrificateurs) aimés des dieux découpent le cheval avec habileté, de sorte que les membres ne soient point percés.

19. Il existe un sacrificateur du cheval radieux et c'est le Temps; il en est deux qui le tiennent avec force; ceux de tes membres que je coupe au moment convenable, je les offre, façonnés en boulettes de viande sur le feu.

20. Que ton corps précieux ne s'afflige pas, car tu vas véritablement vers les dieux; que la hache ne languisse pas en ton corps; que le sacrificateur avide et maladroit, manquant de frapper sur les membres, ne mutile pas inutilement tes membres avec le couteau.

21. Vraiment en ce moment tu ne meurs pas et tu ne reçois point de mal, car tu te rends auprès des dieux en suivant une route heureuse. Les chevaux d'Indra, les coursiers des Maruts seront attelés à leurs chars, et un coursier sera placé au timon où est lié l'âne des Aswins, afin de te porter au ciel.

22. Puisse ce cheval nous apporter une opulence qui nous soutienne; puisse-t-il nous procurer en abondance des vaches et des chevaux et nous assurer une postérité nombreuse; puisse le coursier fougueux nous procurer d'être exempts de toute malice; puisse ce cheval offert en sacrifice, nous procurer la vigueur du corps.

SUKTA VII.
(Composé par le même rishi et se rapportant également au sacrifice du cheval.)

1. Ta haute naissance, ô cheval, est digne d'être glorifiée, soit que tu t'élances du firmament ou hors

de l'eau ; tu as henni d'une manière heureuse, car tu as les ailes du faucon et les membres du daim.

2. Trita attela le cheval qui était un don d'Yama ; Indra le monta le premier et Gandharba saisit ses rênes. Vous avez, ô Vasus, fabriqué le cheval, prenant sa matière dans le soleil.

3. O cheval, tu es Yama, tu es Aditya, tu es Trita par suite d'un acte mystérieux ; tu es associé avec Soma. Les sages ont dit qu'il existe dans le ciel trois liens qui te retiennent.

4. Ils ont dit qu'il existe pour toi trois liens dans le ciel, trois sur la terre et trois dans le firmament. Tu me déclares, ô cheval, toi qui es un avec Varuna, quelle a été ta naissance qualifiée d'excellente.

5. J'ai vu, ô cheval, tes régions qui purifient ; j'ai vu les impressions de tes pieds, ô toi qui as part au sacrifice, et voici tes rênes fortunées qui protégent les rites sacrés que nous célébrons.

6. Je reconnais en mon esprit quelle est ta figure que j'aperçois de loin ; elle sort de la terre pour s'élever vers le soleil. Je vois la tête qui se dresse, elle monte rapidement par des chemins libres de tout obstacle, et la poussière ne la souille pas.

7. Je te vois lorsque tu viens avec empressement pour recevoir ta nourriture dans ta place sainte de la terre ; lorsque celui qui te soigne t'amène auprès de la nourriture qui fait tes délices, tu es affamé et tu la dévores avidement.

8. Le char te suit, ô cheval ; les hommes t'accompagnent ; les vierges les plus aimables forment ton escorte ; des troupes de demi-dieux qui te suivent ont recherché ton amitié ; les dieux eux-mêmes ont admiré ta vigueur.

9. Sa crinière est d'or ; ses pieds sont de fer ; il est aussi rapide que la pensée, et il surpasse Indra en vélocité. Les dieux sont venus pour en prendre leur part, lorsqu'il a été présenté comme l'offrande du sacrifice ; le premier qui a monté ce cheval est Indra.

10. Les fougueux coursiers du soleil ont les hanches larges et le poitrail étroit ; ces chevaux célestes galopent, rapides comme des cygnes.

11. Ton corps, ô cheval, est fait pour le mouvement ; ton esprit est aussi rapide dans ses intentions que le vent ; les crins de ta crinière se répandent en diverses directions et brillent avec éclat dans les forêts.

12. Le cheval rapide s'approche de l'endroit où il doit être immolé, son esprit est livré à des méditations dont les dieux sont l'objet ; la chèvre qui lui est attachée est conduite devant lui ; après lui viennent les prêtres et les chantres.

13. Le cheval se rend à l'assemblée dont le mérite est parfait ; il se rend en présence de son père et de sa mère (le ciel et la terre). Va, ô cheval, vers les dieux, réjouis-toi ; le sacrifice rapportera de grands avantages à celui qui l'offre.

SUKTA VIII.

(*Composé par le rishi Dirghathamas et adressé, en majeure partie, aux Viswadevas.*)

1. J'ai vu le Seigneur des hommes avec sept fils ; cette divinité bienveillante, l'objet de nos invocations a un second frère qui pénètre en tous lieux, et un troisième frère que nourrissent les offrandes de beurre (114).

2. Ils attellent les sept chevaux au char à une roue, un cheval nommé Sept l'entraîne ; la roue a trois moyeux (115).

3. Les sept êtres qui président sur ce char à sept roues sont les sept chevaux qui le traînent ; sept sœurs y montent ensemble, et c'est là que sont déposées les sept formes du discours

4. Qui a vu l'être primitif au moment de sa naissance ? Quel est l'objet doué de substance et que soutient ce qui n'a pas de substance ? Le souffle et le sang viennent de la terre, mais où est l'âme ? qui peut se rendre auprès du sage pour le lui demander ?

5. Moi, dont l'intelligence n'est pas mûre, dont l'esprit ne saurait discerner la vérité, je m'informe des choses qui sont cachées même aux dieux ; quels sont les sept fils que les sages ont étendus (116) afin d'envelopper le soleil, dans lequel toutes choses résident ?

6. Dans mon ignorance, je m'informe auprès des sages qui connaissent (la vérité) ; je demande, dans le but d'acquérir une connaissance solide : quel est cet être unique qui a soutenu ces six sphères ?

7. Que celui qui est instruit de cette vérité la révèle promptement ; qu'il dise la condition mystérieuse du soleil splendide et dont le mouvement est continuel. Les rayons ont répandu leur lait autour de sa tête élevée, enveloppant sa figure d'un vif éclat ; ils ont bu l'eau par les sentiers le long desquels ils étaient venus.

8. La mère (la terre) rend hommage au père (au soleil) par des rites sacrés afin d'obtenir l'eau, mais il a devancé ses besoins en son esprit ; désireuse d'avoir de la progéniture, elle est fécondée par les rayons qui la pénètrent et tous les êtres, dans l'attente de l'abondance, échangent des paroles de félicitation.

9. Le père (le ciel) se joignit pour soutenir le fardeau de celle qui accomplit les désirs (la terre) ;

(114) Il s'agit ici d'Agni ou du feu céleste ; ses deux frères sont le feu solaire et le feu du sacrifice. Toute cette hymne est d'ailleurs une allégorie perpétuelle qu'il serait trop long de vouloir exposer en tous ses détails, mais qu'on comprend sans peine lorsqu'on a une idée nette du système religieux des Aryas.

(115) La roue, selon les commentateurs sanscrits, c'est l'année ou le disque solaire. Les trois moyeux sont trois saisons.

(116) Ces sept fils sont les sept espèces de mètres sur lesquels se composent les hymnes.

SECT. I. — LES VEDAS. — RIG-VEDA.

l'embryon (*l'eau*) repose dans le sein des nuages; alors le veau se mit à nager et vit la vache qui prend toutes les formes dans les trois états où elle apparaît.

10. L'être unique (*le soleil*) ayant trois mères et trois pères s'élève en haut; personne ne l'a jamais devancé; il ignore la fatigue. Les dieux, au sommet du ciel, tiennent conseil à son égard dans un langage qui comprend toutes choses, mais qui ne parvient pas à tous.

11. La roue aux douze rayons de l'être véridique (*le soleil*) tourne autour des cieux et ne saurait périr; sept cent vingt enfants rangés par couples y font leur demeure.

12. Le nom de Purishin a été donné à leur père qui a cinq pieds et douze formes, lorsqu'il se trouve dans l'hémisphère la plus reculée du ciel; on l'a aussi appelé Arpita lorsqu'il est dans la portion cachée du ciel, brillant dans son char à sept roues, chacune d'elles ayant six rayons.

13. Tous les êtres résident dans cette roue à cinq rayons; l'essieu lourdement chargé n'est jamais échauffé; le moyeu, fermement attaché, ne s'use jamais.

14. La roue, garnie d'une jante impérissable, tourne et retourne; dix êtres unis sur la surface supérieure portent le monde; l'orbe du soleil avance, investi d'eau; tous les êtres sont déposés en lui.

15. De ceux qui sont nés ensemble, six sont des jumeaux et doivent leur naissance aux dieux; le septième est né seul. Leurs propriétés désirables, placées séparément dans leurs séjours respectifs, sont également de formes diverses et elles accomplissent leurs révolutions pour l'avantage de ce qui est stationnaire.

16. On a qualifié de mâles celles qui sont des femmes vertueuses; celui qui a des yeux voit; l'aveugle ne discerne rien; le fils qui est un sage comprend ces choses, et s'il en a l'intelligence, il est le père de son père.

17. La vache, abaissant son veau avec ses pieds de devant et le relevant avec ses pieds de derrière, s'est levée; où est elle allée? vers qui s'est-elle retournée au milieu de son chemin? où porte-t-elle son petit? Ce n'est point parmi le troupeau.

18. Celui qui connaît la protection de ce monde et comment le supérieur est associé à l'inférieur et l'inférieur au supérieur est un sage; mais qui, en ce monde, peut exposer ces choses? d'où l'esprit divin est-il engendré en sa suprématie?

19. Ce que les sages ont nommé descente, ils l'ont aussi appelé montée, et ce qu'ils ont appelé montée ils l'ont aussi nommé descente; ces orbites que vous avez faits, Soma et Indra, portent le monde comme des bœufs attelés à un char.

20. Deux oiseaux associés ensemble et unis par l'amitié, cherchent un refuge dans le même arbre: l'un d'eux mange la douce figue; l'autre, s'abstenant de nourriture, se borne à regarder.

21. A l'endroit où les rayons glissent doucement et instruits de leur devoir, ils distillent la portion impérissable de l'ambroisie. C'est là que le seigneur et le protecteur zélé de tous les êtres m'a placé, quoique je sois encore dépourvu de sagesse.

22. Dans l'arbre où les rayons se glissant doucement et se nourrissant du doux produit, entrent pour en retirer la lumière qu'ils répandent sur toutes choses, ils ont appelé le fruit doux; mais celui qui ne connaît pas la protection de l'univers n'y participe pas.

23. Ceux qui savent quelle est la station d'Agni sur la terre, la station de Vayu qui a été créé dans le firmament, et la station du soleil qui a été placé dans le ciel, obtiennent l'immortalité.

24. Il construit la prière avec le mètre Gayatri; avec la prière il construit le soma, et avec le mètre Trishtubh, il forme le tercet; avec le tercet il construit l'hymne de vers formant deux ou quatre distiques, et avec les syllabes il forme les sept mètres.

25. Avec les stances dans le mètre Jagati, il fixa la pluie dans le ciel, et avec le Rathantara il a suivi le soleil dans son cours. On a déterminé les trois divisions du mètre Gayatri; c'est pourquoi il surpasse tous les autres en force et en majesté.

26. J'invoque la vache qu'il est facile de traire et qui donne son lait à celui qui doit le recueillir; puisse Savitri accepter notre excellente libation, afin que sa chaleur augmente; c'est en ce but que je l'invoque avec ferveur.

27. La vache vient en beuglant, abondante en riches produits et désirant son veau; puisse-t-elle donner son lait aux Aswins; puisse-t-elle prospérer pour notre avantage.

28. La vache appelle son veau qui se tient devant elle en clignant ses yeux (à peine ouverts); elle lui lèche le front; elle pousse un cri, signe d'inquiétude, en voyant l'humidité aux coins de sa bouche, et elle le nourrit de son lait (117).

29. Il mugit aussi et la vache pousse des sons inarticulés, lorsqu'elle se rend avec lui à l'étable; influencée par son instinct, elle agit comme un être humain, et radieuse, elle manifeste sa nature.

30. La vie, douée de respiration, empressée à remplir ses fonctions, repose avec fermeté au milieu des séjours qui sont convenables pour elle; la vie du corps mortel devient immortelle, soutenue par les offrandes funéraires.

31. J'ai vu le protecteur de l'univers (*le soleil*)

---

(117) Tout ceci est une allégorie: la vache est le nuage qui laisse tomber la pluie; le veau, c'est la terre; sa tête, ce sont les montagnes.

ignorant la fatigue, voyager en montant et en descendant sur divers chemins ; investi d'une splendeur qu'il concentre et qu'il verse au loin, il se meut au milieu des régions.

32. Celui qui a fait (cet état de choses) ne le comprend pas ; il est caché à celui qui l'a vu ; encore enveloppé dans le sein de sa mère, il est assujetti à de nombreuses naissances et il est au pouvoir du mal.

33. Le Ciel est mon père ; il m'a engendré ; le nombril (de la terre) est mon parent ; la Terre spacieuse est ma mère ; le sein qui renferme tous les êtres est entre les deux cuillers élevées (où est le jus du soma [*le Ciel et la Terre*]) ; c'est en lui que le père a déposé le germe de la fécondité de la fille.

34. Je te demande où est l'extrémité la plus reculée de la terre ; je te demande où est le nombril du monde. Je te demande quel est le pouvoir fécondant du coursier qui répand la pluie ; je te demande quel est le ciel suprême de la parole sainte.

35. Cet autel est l'extrémité la plus reculée de la terre ; ce sacrifice est le nombril du monde ; ce suc de soma est le pouvoir fécondant du coursier qui répand la pluie ; ce Brahma est le ciel suprême de la parole sainte.

36. Les sept (rayons solaires) qui soutiennent durant la moitié d'une année l'embryon (*la pluie*) élément qui féconde le monde, résident dans les diverses fonctions de Vishnou. Par leur intelligence, ils pénètrent tout ce qui est autour d'eux.

37. Je ne sais si je sais toutes ces choses ; car je suis embarrassé et ma pensée est enchaînée : lorsque les premières perceptions de ces vérités arriveront à moi, j'obtiendrai une portion de l'intelligence de sa parole sacrée.

38. L'immortel, parent du mortel, affecté par le désir du plaisir, va dans la sphère supérieure ou dans l'inférieure ; les hommes les voyant associés, allant partout ensemble, ont compris l'un, mais n'ont pas compris l'autre.

39. Tous les dieux ont pris place sur ce ciel suprême, texte impérissable du Véda ? Que fera du Véda celui qui ne connaît pas ces choses ? Mais ceux qui ne les connaissent pas sont parfaits.

40. Vache, sois abondante en lait, grâce à d'abondants fourrages, afin que nous aussi nous soyons riches ; mange de l'herbe en toutes saisons, erre en liberté et bois de l'eau pure.

41. Le son des nuées s'est fait entendre, fabriquant les eaux et ayant un, deux, quatre, huit ou neuf pieds en s'étendant à l'infini dans le ciel le plus élevé.

42. C'est de lui (*le tonnerre*) que les nuées reçoivent et versent une pluie abondante, aidant ainsi à subsister les habitants des quatre parties (du monde) ;

l'humidité s'étend jusqu'au grain et l'univers peut exister.

43. J'ai vu près de moi la fumée d'un feu nourri de fiente de vache et j'ai découvert la cause d'où provenait (la flamme) ; les prêtres ont paré le bœuf Soma, car tels sont leurs premiers devoirs.

44. Les trois êtres aux belles tresses regardent la terre à leurs diverses saisons ; un d'eux, lorsque l'année est finie, nettoie le sol ; un autre protège l'univers par ses actes ; le nom de l'un est visible, mais sa forme ne l'est pas.

45. Les degrés réguliers du discours sont au nombre de quatre ; les Brahmanes qui sont sages les connaissent ; trois, déposés en secret, n'indiquent pas de sens ; les hommes s'expriment d'après le quatrième degré.

46. Ils l'ont appelé (le soleil) Indra, Mitra, Varuna, Agni ; il est le *garutmat* céleste aux fortes ailes (espèce de *vautour*) ; les prêtres savants donnent divers noms à l'être unique ; ils l'appellent Agni, Yama, Matariswan.

47. Les rapides porteurs (de la pluie [*les rayons solaires*]) revêtissant les eaux d'un nuage sombre, montent au ciel ; ils descendent de nouveau du séjour de la pluie, et la terre est immédiatement arrosée.

48. La roue est unique, les rayons sont au nombre de douze et les moyeux de trois, mais qui connaît ces choses ? Dans cette roue sont trois cent soixante rayons qui sont comme immobiles dans leur mobilité.

49. Saraswati, ton sein est la source des plaisirs, il contient l'opulence et il donne le bonheur ; ouvre pour nous ton sein dans cette saison afin de nous nourrir.

50. Les dieux ajoutent sacrifices sur sacrifices, car tels sont leurs premiers devoirs ; ces êtres puissants résident dans le ciel, séjour des divinités qu'il faut se rendre propices par les cérémonies sacrées.

51. L'eau monte et descend tandis que les jours s'écoulent ; les nuages réjouissent la terre ; les feux réjouissent le ciel.

52. J'invoque la protection du (Soleil) céleste, majestueux, rapide, aux ailes puissantes ; il est le germe des eaux, il déploie les herbes, il anime les lacs et il remplit de pluie les étangs.

ANUVAKA XXIII.

SUTRA I.

(*Cet hymne est destiné à reproduire un entretien entre Indra, Agastya et les Maruts.*)

1. INDRA. — Sous quels auspices heureux les Maruts, égaux en âge, en dignité et n'ayant qu'un même séjour, ont-ils arrosé la terre ? quelle était leur intention ? d'où sont-ils venus ? Ils répandent la pluie et respectent la force que les pluies engendrent dans le monde et qui produit la richesse.

2. Quelles sont les offrandes qu'apportent les bons Maruts? qui est-ce qui les attire au sacrifice qu'ils célèbrent? à quels puissants éloges devons-nous recourir pour nous les rendre propices, eux qui errent au milieu des nuées?

3. LES MARUTS. — Indra, Seigneur de tout ce qui est bien, où vas-tu seul, toi qui as des droits aux respects de tous? que signifie cette absence de cortége? lorsque tu nous as à ta suite, tu réclames ce qui est juste. Maître des chevaux rapides, dis-nous, en de douces paroles, ce que tu as à nous dire.

4. INDRA. — Les cérémonies sacrées sont à moi; de saintes louanges me font plaisir; les libations me reviennent; ma foudre vigoureuse, lancée contre mes ennemis, frappe son but; c'est moi que de pieux adorateurs invoquent; des hymnes me sont adressés; ces chevaux nous portent auprès de ceux qui m'adorent.

5. LES MARUTS. — C'est aussi pour ce motif qu'ornant nos personnes, nous sommes prêts avec nos coursiers rapides, à te suivre à ces cérémonies avec toute la splendeur qui nous appartient; vraiment, Indra, tu t'appropries notre part dans les mets du sacrifice.

6. INDRA. — Quand est-ce qu'il vous a été accordé, ô Maruts, une part dans ces mets offerts en sacrifice et qui m'ont été donnés à moi seul comme récompense de la destruction d'Ahi? Je suis redoutable et puissant, et j'ai renversé tous mes ennemis, les frappant de dards qui donnent la mort.

7. LES MARUTS. — O toi qui répands les bienfaits, tu as fait de grandes choses, mais elles ont été l'effet de nos forces égales et réunies; nous aussi, très-puissant Indra, avons accompli des exploits glorieux, et, grâce à nos succès, nous sommes ce que nous devions être.

8. INDRA. — O Maruts, c'est grâce à mon courage que je tuai Vritra, moi qui suis puissant dans ma colère; armé de ma foudre, je créai toutes ces eaux claires et pures qui coulent doucement pour le bien de l'homme.

9. LES MARUTS. — Vraiment, Maghavan, toutes les choses que tu fais sont d'une utilité extrême; il n'est pas de divinité aussi sage que toi; nul être déjà né ou devant naître dans l'avenir ne surpasse les glorieux exploits que tu as accomplis, ô puissant Indra.

10. INDRA. — Puisse ma valeur être la seule qui soit irrésistible; puissé-je accomplir promptement tout ce que mon esprit se propose. Vraiment, Maruts, je suis redoutable et plein de sagacité, et, quels que soient les objets vers lesquels je dirige mes pensées, j'en suis le maître et j'exerce sur eux la domination.

11. Vos louanges, à cette occasion, me charment, ô Maruts; les éloges que les hommes m'adressent doivent être entendus de tous les êtres. C'est donc à Indra qui répand des bienfaits et qui est l'objet de pieux sacrifices, c'est à moi qui suis doué de formes nombreuses que vous, qui êtes mes amis, vous offrez des sacrifices destinés à nourrir ma personne.

12. Maruts, vraiment, en me glorifiant et en jouissant d'une renommée immense, en obtenant, grâce à ma faveur, des aliments en abondance, vous me procurez en revanche une célébrité éclatante, ô vous qui êtes de la couleur de l'or et qui êtes en possession d'une illustration méritée.

13. AGASTYA. — Quel est le mortel, ô Maruts, qui vous adore en ce monde? Hâtez vous, mes amis, de vous rendre en présence de vos amis; divinités admirables, procurez-leur les moyens d'acquérir des richesses, et ne restez pas dans l'ignorance de mon mérite.

14. L'intelligence d'un sage vénérable et expérimenté s'est employée pour nous; le sage est en état de vous décerner les louanges que vous méritez à si juste titre; ô vous, Maruts, venez en présence du pieux adorateur qui vous glorifie et qui vous adore au moyen de ces cérémonies sacrées.

15. O Maruts, cette louange est pour vous; cet hymne est pour vous; c'est l'œuvre d'un auteur vénérable et en état de prononcer des louanges qui charment ceux auxquels elles sont adressées. Puissent ces éloges arriver jusqu'à vous et vous être utiles; puissions nous par là obtenir des aliments, de la force et une longue vie.

QUATRIEME ADHYAYA.
ANUVAKA XXIII (suite).
SUKTA II.

(Composé par le rishi Agastya et adressé aux Maruts.)

1. Nous proclamons avec empressement, ô Maruts, votre antique grandeur, afin de vous amener à vous montrer promptement à nous, et à vous approcher ainsi de nous, ô vous qui répandez des bienfaits. Puissants Maruts, à la voix retentissante, vous déployez votre énergie en vous rendant au lieu du sacrifice avec autant d'empressement que si vous accouriez à un combat.

2. Accueillant la douce libation comme ils accueilleraient un fils bien-aimé, ils jouent gaîment à l'endroit des sacrifices, repoussant tous ceux qui voudraient troubler la cérémonie sainte; les Rudras viennent vers celui qui présente des offrandes et qui récite les prières; ils demandent sa protection, et, quelque puissants qu'ils soient, ils ne lui font pas de mal.

3. C'est à celui qui présente les offrandes que les Maruts bienveillants et immortels, satisfaits de ses hommages, ont donné des richesses abondan-

tes; ceux qui accordent le bonheur deviennent les amis de celui qui les adore et ils répandent sur le pays des torrents d'une eau bienfaisante.

4. Vos coursiers traversent l'espace dans leur élan rapide; ils vont sans avoir besoin de guide; tous les mondes, toutes les habitations sont dans l'alarme, car votre arrivée est pleine de merveilles; l'effroi que vous inspirez est égal à celui qui se répand lorsque les lances brillent au milieu d'un combat.

5. Lorsque vos brillants coursiers font retentir les échos des montagnes, et lorsqu'amis de l'homme ils traversent les échos des firmaments, alors tous les souverains des forêts sont alarmés à votre approche, et les buissons s'agitent de côté et d'autre, comme une femme secouée dans un char.

6. Redoutables Maruts, exempts de malveillance, pleins pour nous de pensées amicales, donnez suite à vos bonnes intentions à notre égard, lorsque l'éclair que vous lancez fend les nuages comme un trait décoché d'une main sûre va blesser un chevreuil.

7. Vous qui donnez avec libéralité et qui possédez des trésors inépuisables, vous qu'on glorifie toujours dans les sacrifices, vous rendez hommage à l'adorable Indra, dans le but de boire le jus du soma, car vous connaissez les exploits de ce glorieux héros.

8. Maruts, accordez une félicité complète à l'homme que vous protégez contre le péché qui dégrade; puissants, redoutables et glorifiés comme vous l'êtes, défendez cet homme contre la calomnie et pourvoyez à la nourriture de ses descendants.

9. Maruts, toutes les bonnes choses sont dans vos chars; une force redoutable réside en vos épaules; des rafraîchissements sont préparés sur les endroits où vous vous arrêtez en votre chemin; l'essieu des roues de votre char lui procure une grande solidité.

10. Maruts, une foule de choses utiles sont dans vos bras propices à l'homme; des ornements d'or, brillants et splendides, décorent votre poitrine; des guirlandes blanches pendent sur vos épaules; le tranchant de vos armes est acéré; les Maruts ont des ornements divins tout comme les oiseaux ont des plumes aux couleurs nombreuses.

11. Maruts, doués d'une grande puissance, vous qui pénétrez partout et qui vous montrez au loin comme les dieux se révèlent par les constellations, vous dont le langage est plein de douceur et qui, associés à Indra, prenez part à sa gloire, venez nous protéger.

12. Maruts, votre grandeur est telle que votre munificence dure tout autant que la fonction que remplit Aditi; Indra ne surpasse point en libéralité celle dont vous faites preuve en faveur de l'homme pieux qui vous adore.

13. Votre alliance avec nous, ô Maruts, est de longue durée; acceptez, ô immortels, les louanges ferventes que nous vous adressons, et, après avoir agréé nos hommages, prenez plaisir, ô vous qui êtes les chefs du sacrifice, à nos actes pieux; manifestez à notre égard la disposition favorable qui vous anime en faveur des mortels.

14. Maruts aux mouvements rapides, nous célébrons la cérémonie qui a lieu à l'occasion de votre imposante approche et qui donne aux hommes le triomphe dans les combats. Puissions-nous, grâce à nos sacrifices, jouir de votre présence, objet de nos désirs.

15. Ces éloges sont pour vous, ô Maruts; cet hymne est pour vous; c'est l'œuvre d'un auteur vénérable et qui, par ses louanges, est en état de causer une vive satisfaction; puissent ces louanges vous parvenir et nous être profitables, et puissions-nous en retour obtenir des aliments, de la force et une longue vie.

SUKTA III

(Composé par le rishi Agastya; adressé d'abord à Indra, ensuite aux Maruts.)

1. Puissent les milliers de bienfaits dont tu disposes, ô Indra, se répandre sur nous; puissent des aliments de mille espèces différentes venir en abondance en notre pouvoir, ô Seigneur des chevaux; puissent des trésors de mille espèces venir nous combler de joie; puissent des milliers de chevaux être à nous.

2. Puissent les Maruts venir en notre présence et nous combler de bienfaits; puissent-ils, ceux qui possèdent la science, nous apporter de brillants et précieux trésors, car leurs glorieux chevaux, les Niyutas, recueillent la richesse même sur les rivages les plus éloignés de la mer.

3. L'éclair couleur d'or et qui répand l'eau est justement déposé en lui (*Indra*) comme un collier de nuages se mouvant dans le firmament, pareil à la femme d'un homme éminent couverte de riches parures, et qui, dans les assemblées, se distingue comme l'hymne du sacrifice.

4. Les Maruts radieux et toujours en mouvement se sont joints à leur compagne (*l'éclair*), de même que les jeunes gens se réunissent avec des femmes; ces divinités redoutables n'inondent pas le ciel et la terre, mais elles travaillent, dans leur attachement pour eux, à leur procurer le bonheur.

5. Rudasi, la compagne de ceux qui dispersent les nuages, les invite à se joindre à elle; les tresses de ses cheveux sont en désordre, et son esprit est tout dévoué à ses maîtres. Elle est montée radieuse sur le char des infatigables Maruts comme Surya est montée sur le char des Aswins, et elle vient ici avec la rapidité du soleil.

6. Les jeunes Maruts ont placé la jeune Eclair dans leurs chars radieux ; elle se joint à eux et déploie sa force pour répandre la pluie à l'occasion des sacrifices qui sont célébrés, lorsque votre adorateur, ô Maruts, présentant des offrandes et faisant des libations de jus de soma, récite les hymnes sacrés.

7. Je célèbre la grandeur des Maruts qui est véritable et qui est digne d'éloges, car leur compagne magnanime, fière et patiente, est le soutien d'une progéniture nombreuse.

8. Mitra, Varuna et Aryaman, éloignez de ce sacrifice tout ce qui pourrait être nuisible, et détruisez tous ceux qui sont indignes d'y prendre part. Vous faites tomber les pluies qui inondent la terre, lorsque la saison qui donne l'eau vient rendre la prospérité à ce monde.

9. Aucun de nous, ô Maruts, n'a approché, même de loin, de la limite de votre force ; augmentant en énergie et en vigueur, vous renversez vos ennemis comme l'Océan brise tous les obstacles.

10. Nous qui sommes l'objet de l'affection d'Indra, glorifions-le aujourd'hui, glorifions-le demain, glorifions-le constamment, en lui rendant les hommages qu'on lui rend depuis longtemps, et obtenons aussi que Ribhukshin nous soit toujours favorable parmi les hommes.

11. Ces éloges sont pour vous, ô Maruts ; cet hymne est pour vous : c'est l'œuvre d'un auteur vénérable et en état de prononcer des louanges qui causent un grand plaisir ; puissent ces éloges arriver jusqu'à vous et nous être profitables, afin que nous obtenions de la nourriture, de la force et une longue vie.

SUKTA IV.

(Composé par le même rishi et adressé aux mêmes dieux.)

1. Maruts, vous vous rendez à tous les sacrifices avec un empressement égal ; vous vous acquittez de toutes vos fonctions pour être utiles aux dieux ; je vous invite par des hymnes sacrés à venir ici, afin d'obtenir votre puissante protection qui s'étend sur le ciel et la terre.

2. Ne devant qu'à eux-mêmes leur puissance et leur vigueur toujours en mouvement, ils ont été engendrés pour nous procurer une nourriture abondante et les joies du ciel ; ils sont aussi nombreux que les ondulations de l'eau ; ils ont droit à nos louanges, lorsqu'ils sont près de nous, répandant l'eau comme des vaches qui donnent du lait.

3. Ils sont comme les plantes du soma dont les branches sont bien nourries et qui donnent le liquide répandu en libations ; ils résident, comme des adhérents dévoués, dans les cœurs des hommes ; une lance est sur leurs épaules, et leurs mains brandissent une épée.

4. Se soutenant mutuellement, ils descendent du ciel avec rapidité ; immortels Maruts, animez-nous (à vous louer) par vos propres paroles. Exempts de fatigue, présents à de nombreux sacrifices, les Maruts, dont les yeux sont brillants, ont ébranlé les montagnes les plus solides.

5. Maruts, armés de l'éclair, quel est celui qui, placé parmi vous, vous met en mouvement comme la langue met en mouvement les mâchoires ? De même que la pluie est nécessaire pour la production des aliments, de même ceux qui aspirent à posséder des moyens d'existence, vous excitent de diverses façons ; c'est ainsi qu'un cheval est soumis à des exercices journaliers.

6. Maruts, où se trouve la limite de la vaste région d'où vous venez ? où est le commencement de la région vers laquelle vous vous dirigez ? vous éparpillez les vapeurs épaisses comme si c'était une herbe légère, et vous frappez de la foudre les nuages chargés de pluie.

7. Maruts, votre générosité est égale à votre opulence ; vous êtes les dispensateurs des libéralités d'Indra ; vous êtes brillants et favorables au cultivateur ; vous êtes comme des hommes riches et bienfaisants toujours prêts à donner, et vous êtes semblables à la force insurmontable des Asuras (118).

8. Les rivières sont arrêtées par la foudre lorsqu'elle fait retentir la voix des nuages, mais les éclairs sourient au firmament lorsque les Maruts répandent l'eau sur la terre.

9. Prisni mena la troupe brillante des agiles Maruts pour le grand combat (avec les nuages), et les mortels aperçurent immédiatement la nourriture désirée.

10. Ces louanges sont pour vous, ô Maruts ; cet hymne est pour vous : c'est l'œuvre d'un auteur vénérable et en état de prononcer des louanges qui causent un grand plaisir ; puissent ces éloges arriver jusqu'à vous et nous être profitables, afin que nous obtenions ainsi de la nourriture, de la force et une longue vie.

SUKTA V.

(Composé par le rishi Agastya et adressé à Indra.)

1. O Indra, tu es puissant et tu as les facultés de ceux dont tu es le protecteur, ô créateur des Maruts, ô toi qui es favorablement disposé à notre égard, accorde-nous les grâces qui te sont le plus chères.

2. Maîtres de tous les hommes et poussant vers la terre les nuages qui répandent l'eau, les Maruts se

---

(118) Les Asuras, ou esprits méchants, prennent à l'un pour donner à l'autre ; les Maruts, ou vents dépouillent les nuages pour enrichir la terre.

joignent à toi, ô Indra ; ils se réjouissent de ce que tu as acquis l'opulence qui procure le ciel.

3. Tes armes, ô Indra, sont sous ta main et prêtes à nous être utiles ; les Maruts font tomber la pluie longtemps accumulée ; Agni brille pour la cérémonie ; les offrandes l'entourent comme l'eau entoure une île.

4. Indra, accorde-nous promptement la richesse dont tu es possesseur, car nous faisons plaisir à celui qui nous donne de très-beaux présents ; nous t'adressons nos éloges et nous t'offrons, ô toi qui es plein de générosité, les louanges qui te rendent propice ; les prêtres te nourrissent avec les mets du sacrifice, de même que le sein d'une femme est rempli de lait.

5. Tes richesses, ô Indra, nous comblent de joie ; elles animent ceux qui s'empressent de t'offrir des sacrifices ; puissent les Maruts nous être propices ; ces êtres divins ont été pleins d'anxiété pour se rendre les premiers à la cérémonie.

6. Va, Indra, vers les conducteurs des nuages, vers les distillateurs de la pluie ; livre-toi à tes efforts dans la demeure aérienne ; leurs coursiers aux larges pieds se tiennent fermes comme un combattant rempli d'énergie sur le champ de bataille.

7. Le bruit des formidables et sombres Maruts aux mouvements rapides, résonne partout ; le bruit de ceux qui abattent par leurs coups terribles les ennemis réunis contre eux ; ils triomphent de tous leurs adversaires.

8. Associés aux Maruts, perce, ô Indra, les réservoirs des eaux ; ce sera pour toi un titre d'honneur et pour tous les mortels un grand bienfait ; tu es glorifié par les divinités qui sont l'objet de justes éloges ; puissions-nous obtenir de toi des aliments, de la force et une longue vie.

SUKTA VI.

(Composé par le même rishi et adressé au même dieu, mais sous la forme d'un dialogue entre eux.)

1. INDRA. — Ce qu'aujourd'hui ou demain doit nous amener est une chose incertaine ; qui peut comprendre ce mystère ? Vraiment, l'esprit de tout être est bien peu éclairé, et ce qui a été l'objet d'une étude approfondie finit par être effacé de la mémoire.

2. AGASTYA. — Indra, pourquoi as-tu le projet de nous détruire ? les Maruts sont tes frères : partage avec eux en paix l'offrande ; ne nous détruis pas dans ta colère.

3. INDRA. — O Agastya, ô mon frère, pourquoi toi qui es mon ami me traites-tu sans égard ? Vraiment, nous savons ce qui est dans ton esprit ; tu n'as pas le projet de nous faire des présents.

4. AGASTYA. — Que les prêtres décorent l'autel ; qu'ils allument le feu du côté de l'Orient et consument tous deux le sacrifice qui inspire une sagesse éternelle.

5. O Vasupati, tu es le seigneur des richesses ; ô Mitrapati, tu es notre appui solide, car nous sommes tes amis ; déclare, Indra, d'accord avec les Maruts, que tu approuves nos actes, et prends part à l'offrande qui est présentée au moment convenable.

SUKTA VII.

(Composé par le rishi Agastya et adressé aux Maruts.)

1. Je m'approche de vous, ô Maruts, avec des hommages respectueux ; je vous adresse un hymne en implorant votre faveur contre des ennemis acharnés ; que nos louanges vous apaisent ; domptez votre colère et lâchez vos chevaux.

2. Ces éloges, accompagnés d'offrandes, sont pour vous, ô Maruts ; nous vous les présentons du fond de nos cœurs ; acceptez-les favorablement et venez volontiers recevoir nos hommages, car vous donnez de l'accroissement aux mets offerts en sacrifice.

3. Puissent les Maruts, que nos chants célèbrent, nous accorder le bonheur ; puisse Maghavan, que nous glorifions, nous être propice ; Maruts, que tous les jours que nous avons à attendre soient pour nous pleins de satisfaction.

4. O Maruts, tremblant devant le terrible Indra, je fuis loin de lui ; les offrandes qui avaient été préparées pour vous ont été mises de côté ; prenez cependant patience.

5. Les rayons des aurores qui se succèdent sans cesse et que ta vigueur favorise, ô puissant Indra, rappellent le monde à l'existence au moment où ils brillent ; ô toi qui répands les bienfaits, toi qui es l'ancien des jours, toi qui donnes la force et qu'accompagnent les redoutables Maruts, accorde-nous une nourriture abondante.

6. Indra, chéris les vigoureux conducteurs des pluies ; ne conserve pas de l'animosité à l'égard des Maruts ; d'accord avec ces dieux intelligents, détruis nos ennemis et assiste-nous, afin que nous obtenions des aliments, de la force et une longue vie.

SUKTA VIII.

(Composé par le même rishi et adressé aux mêmes dieux.)

1. Maruts, dont la splendeur est impérissable et qui êtes nos bienfaiteurs généreux, venez nous protéger.

2. Que vos traits, ô généreux Maruts, ne soient pas dirigés contre nous ; que la pierre que vous lancez soit loin de nous.

3. Maruts pleins de libéralité, protégez mon peuple, quoique je sois personnellement aussi insigni-

fiant que l'herbe; élevez-nous afin que nous puissions vivre.

SUKTA IX.
(Composé par le rishi Agastya et adressé à Indra.)

1. Les prêtres chantent l'hymne qui s'élève vers le ciel; tu le sais, car de pareilles louanges sont la cause de l'augmentation de ton pouvoir, et elles nous procurent le ciel; les vaches rendent sans obstacles leurs hommages (119) au divin Indra qui est assis sur l'herbe sacrée.

2. Celui qui offre le sacrifice, celui qui répand les libations, est assisté par les prêtres qui présentent les offrandes qu'il a lui-même fournies; il adore Indra et se hâte de se rendre à la cérémonie sacrée comme un chevreuil altéré accourt vers une fontaine; le mortel qui adore les dieux, ô puissant Indra, te présente une double offrande et glorifie les divinités qui sont avides de louange.

3. Celui qui invoque les dieux parcourt les stations indiquées autour de l'autel, et accepte l'offrande qui est le germe de l'année et de la terre; de même qu'un chevreuil hennit lorsqu'il apporte les offrandes à Indra, qu'un taureau mugit comme un messager qui proclame son message entre le ciel et la terre.

4. Nous offrons à Indra nos hommages les plus fervents; les adorateurs des dieux lui présentent des sacrifices substantiels; puisse-t-il agréer nos adorations, lui dont l'éclat est splendide et qui se tient debout dans son char, aussi léger dans son mouvement que les Aswins.

5. Glorifiez cet Indra qui est un héros puissant et qui possède des richesses abondantes; il combat vaillamment contre ses adversaires; c'est lui qui tient la foudre et qui disperse les ténèbres qui enveloppent toutes choses.

6. Le ciel et la terre sont insuffisants pour former la ceinture de cet Indra qui gouverne les chefs du sacrifice; de même que l'atmosphère enveloppe la terre, il enveloppe les trois mondes, et, maître de la pluie, il soutient le ciel aussi bien que le firmament et la terre.

7. Ces peuples qui adorent ensemble Indra s'efforcent avec zèle de mériter tes faveurs, ô héros puissant qui donne la force aux combattants et qui guide les hommes dans la droite voie; ils lui fournissent, pour le satisfaire, les mets du sacrifice.

8. Les offrandes qu'on te présente sont vraiment la cause du bonheur, car les eaux divines répandues dans le firmament pour le bien des mortels, te procurent une vive satisfaction. Toute louange, ô Indra, t'est agréable, et tu récompenses avec discernement ceux qui te louent.

(119) Ces vaches sont les pluies; il ne faut pas perdre de vue le langage figuré et les allégories dont ces hymnes abondent.

9. Puissions-nous être tes amis dévoués, ô Seigneur, et puissions-nous obtenir l'objet de nos vœux comme ceux qui, en louant les princes, obtiennent leurs faveurs. Puisse Indra, rendu propice par nos éloges, être amené, grâce à nos hymnes, au lieu du sacrifice.

10. Qu'Indra, qui tient la foudre, soit notre ami, nous qui le louons avec émulation; de même que les habitants d'une cité s'efforcent de se concilier les bonnes grâces de leur chef, de même nos représentants rendent Indra propice en lui offrant des sacrifices.

11. Un homme se rend Indra propice en augmentant sa valeur par des sacrifices; un autre, dépourvu de sincérité, l'adore en ayant l'esprit porté vers des pensées mondaines. Indra est pour le premier ce qu'un lac près d'un lieu sacré est pour un pèlerin fatigué; pour le second, il est comme une longue route qui retarde le terme d'un pénible voyage.

12. Indra, associé avec les Maruts pour combattre les nuages, ne nous abandonne pas; une portion des offrandes est mise de côté pour toi, ô dieu puissant; c'est à toi, qui répands la pluie et qui acceptes les offrandes, que le sacrifice est présenté, tandis que les hymnes sont adressés aux Maruts.

13. Cet hymne, ô Indra, t'est adressé. Qu'il t'enseigne, ô Seigneur des chevaux, la route vers notre sacrifice; viens-y pour notre bien, et puissions-nous obtenir ainsi des aliments, de la force et une longue vie.

SUKTA X.
(Composé par le même rishi et adressé au même dieu.)

1. Indra, tu es roi; ceux qui sont dieux te sont assujettis; protége-nous, nous qui sommes mortels, ô toi qui disperses les ennemis; tu es le soutien des bons, tu possèdes la richesse, tu nous retires du péché; tu es sincère, tu répands ton éclat sur toutes choses, et tu donnes la force.

2. Tu as humilié les peuples qui imploraient leur pardon après que tu eus détruit leurs sept cités nouvelles; toi qui es irréprochable, tu as dispersé les eaux courantes; tu as détruit Vritra afin de sauver le jeune Parakutsa.

3. Va dans les cités habitées par les Rakshasas et de là au ciel, toi qui reçois de nombreux sacrifices; tu auras pour cortège ceux qui te rendent hommage. Défends comme un lion Agni l'indompté aux mouvements rapides, afin qu'il puisse séjourner en sa demeure, remplissant ses fonctions.

4. Que tes ennemis, ô Indra, humiliés par la puissance de ta foudre, restent à la place qui leur est assignée; lorsque tu te mets en mouvement en brandissant ton arme, tu fais tomber les eaux; arrête tes chevaux et augmente, par ton pouvoir, l'abondance des aliments.

5. Indra, amène avec tes chevaux dociles aussi légers que le vent, le sage Kutsa (120) à cette cérémonie à laquelle tu désires le conduire; que le soleil fasse passer auprès la roue de son char, et que celui qui est armé du tonnerre avance contre ses antagonistes.

6. Indra, seigneur des chevaux, fortifié par nos louanges, tu as anéanti ceux qui ne te font pas d'offrandes et qui troublent tes adorateurs; mais ceux qui te regardent comme leur protecteur et qui sont associés pour présenter les mets du sacrifice, obtiennent de toi une nombreuse postérité.

7. Le sage te loue, ô Indra, pour le don que tu fais d'une nourriture désirable, car tu as fait de la terre le lit de l'Asura; Maghavan a rendu par ses dons les trois régions admirables, et, protégeant le prince Duryoni, il a combattu et détruit l'asura Kuyavacha.

8. Les sages ont célébré tes exploits immortels; en les accomplissant, tu as eu beaucoup à souffrir lorsque tu as mis fin à la guerre; vraiment tu as détruit les cités ennemies et impies; tu as brisé la foudre de l'impie Asura.

9. Indra, tu jettes la terreur parmi tes ennemis; tu as fait déborder sur la terre les eaux tremblantes; ô héros, lorsque tu as rempli l'Océan, tu as protégé Turvasa et Yadu.

10. Sois toujours, ô Indra, notre vigilant défenseur; protége notre peuple; accorde la force à tous nos fidèles amis; fais que nous obtenions des vivres, de la force et une longue vie.

SUKTA XI.
(Composé par le rishi Agastya et adressé à Indra.)

1. Seigneur des chevaux, tu es plein d'animation lorsque le jus sacré du soma a été versé sur toi comme dans un vase convenable; c'est pour toi, qui répands les bienfaits, qu'est préparé ce breuvage enivrant et fortifiant qui donne tous les plaisirs, qui est aussi agréable qu'une nourriture substantielle et qui est une source de délices.

2. Puissent nos libations de soma parvenir jusqu'à toi, car elles sont enivrantes, elles sont précieuses et du plus grand prix; jouis-en, ô immortel Indra, toi qui triomphes de tes ennemis.

3. Tu es un héros et un bienfaiteur; accélère le mouvement du véhicule qui porte l'homme au ciel; détruis, ô puissant Indra, les impies Dasyus, comme le feu détruit un vase de bois.

4. O sage Indra, tu as emporté, par un effet de ta vigueur, une roue du char du soleil. Prends ton dard pour le trépas de Sushna et rends-toi auprès de Kutsa avec tes chevaux aussi rapides que le vent.

5. Ton ivresse est profonde, néanmoins tes actions en vue de notre bien sont pour nous de bien précieux avantages. Tu désires, ô toi qui distribues généreusement des chevaux, que ton ivresse et ta bienveillance soient les moyens de détruire tes ennemis et de répartir des richesses.

6. Indra, tu as donné le bonheur à ceux qui jadis ont célébré tes louanges; tu as été pour eux ce qu'est l'eau pour un homme altéré; je répète constamment tes louanges afin d'obtenir ainsi des aliments, de la force, et une longue vie

SUKTA XII.
(Composé par le même rishi et adressé au même dieu.)

1. Soma, enivre Indra lors du sacrifice que nous offrons afin d'obtenir de la richesse; pénètre en lui car, lorsque tu as été absorbé, tu détruis les ennemis, et tu ne souffres pas qu'un seul adversaire reste en ton voisinage.

2. Fais pénétrer nos louanges dans celui qui est le seul soutien des hommes, celui auquel l'offrande est présentée et qui fait fleurir chaque désir comme de l'orge. C'est dans ses mains que sont tous les trésors que peuvent désirer les cinq classes des hommes; detruis, Indra, celui qui nous opprime, tue-le comme si tu étais toi-même la foudre céleste.

4. Tue tous ceux qui ne font pas d'offrandes, quelle que soit leur puissance; tue tous ceux qui ne mettent pas en toi leur satisfaction; accorde-nous leurs richesses, car les hommes pieux qui t'adorent en sont dignes.

5. Soma, tu protèges celui dont les prières doublement pieuses offrent la combinaison de l'offrande et de la supplication; protège spécialement Indra à la guerre; protège le vigoureux Indra dans les combats.

6. Indra, tu as donné le bonheur à ceux qui jadis ont célébré tes louanges; tu as été pour eux ce qu'est l'eau pour un homme altéré; je répète constamment tes louanges afin d'obtenir ainsi des aliments, de la force et une longue vie.

SUKTA XIII.
(Composé par le même rishi et adressé au même dieu.)

1. Puisse Indra, qui aime les hommes et qui est le maître et le bienfaiteur des mortels, venir vers nous, lui qui est l'objet d'adorations nombreuses. Indra, que nous louons et qui es avide d'offrandes, attelle tes vigoureux coursiers et descends vers moi pour me protéger.

2. Monte, Indra sur tes coursiers qui sont jeunes

---

(120) Il a déjà été question à plusieurs reprises de ce personnage. M. Langlois observe que Kutsa était l'ami d'Indra, qui le prit dans son char dans sa guerre contre Suchna. Des deux roues du soleil, Indra en prit une pour lui et donna l'autre à Kutsa. On peut voir dans cette légende une allusion à la foudre d'Indra.

et vigoureux, dociles et attelés à un char qui répand l'abondance; descends avec eux auprès de nous. Nous t'invoquons, Indra, en répandant les libations.

3. Monte sur ton char qui répand l'abondance, car c'est pour toi qu'est versé le soma délicieux; c'est pour toi que les douces libations sont préparées, généreux Indra. Attelle tes coursiers et viens pour le bonheur des mortels; viens, dans ton char rapide, en ma présence.

4. Voici le sacrifice offert aux dieux; voici l'offrande de la victime; voici les prières; voici, Indra, le suc du soma; l'herbe sacrée est étendue; viens rapidement, ô Indra; assieds toi, bois les libations, détèle tes coursiers.

5. Indra que nous glorifions, viens en notre présence afin d'accepter les prières du sage vénérable qui te présente l'offrande; fais que nous jouissions, grâce à ta protection, d'une prospérité durable; fais nous obtenir des aliments, de la force et une longue vie.

SUKTA XIV.

(Composé par le même rishi et adressé au même dieu.)

1. Indra, la louange qui t'engage à étendre ta protection sur tes adorateurs est entendue de tous les hommes; ne rends pas sans efficacité le désir que nous avons de parvenir à la grandeur; puissé-je obtenir, grâce à toi, toutes les choses auxquelles un mortel peut prétendre.

2. Que le royal Indra ne rende pas vains nos efforts que deux sœurs *(la nuit et la journée)* dirigent vers leur objet. Puissent ces offrandes fortifiantes nous le rendre propice, afin qu'il nous accorde une faveur efficace et une nourriture abondante.

3. Indra, héros victorieux dans les combats et accompagné des chefs de ses armées *(les Maruts)* écoutera les supplications que lui adresse son adorateur, et lorsqu'il sera disposé à accepter ses louanges, il conduira lui-même son char auprès de celui qui lui présente l'offrande.

4. En vérité, Indra, avide des mets du sacrifice, dévore ce que lui présentent ses adorateurs et il triomphe des adversaires de celui qu'il aime. Dans la bruyante assemblée des hommes, Indra, fidèle à ses préceptes et louant la piété de ses adorateurs, agrée les aliments qu'on lui présente.

5. Puissions-nous, grâce à ton secours, opulent Indra, vaincre nos puissants et formidables ennemis; sois favorable à notre prospérité afin que nous puissions obtenir des aliments, de la force et une longue vie.

SUKTA XV.

(Composé par Agastya sous la forme d'un dialogue entre divers interlocuteurs)

1. LOPAMUDRA. — Je t'ai servi avec zèle nuit et jour durant bien des années qui m'ont amenée à la vieillesse; l'âge a maintenant détruit les beautés de mes membres; que faut-il faire maintenant? Que les maris s'approchent de leurs femmes (121).

2. Les anciens sages qui ont prêché la vérité et qui conversaient avec les dieux, ont engendré une postérité nombreuse et n'ont point par là violé leur vœu de continence; que les maris s'approchent de leurs femmes.

3. AGASTYA. — La pénitence n'a pas été pratiquée en vain; puisque les dieux nous protègent, nous pouvons satisfaire tous nos désirs; nous pouvons en ce monde triompher dans de nombreuses rencontres si nous faisons de valeureux efforts.

4. Tandis que j'étais livré à la prière et au soin de réprimer mes passions, le désir, produit par une cause ou par une autre, s'est emparé de moi. Que Lopamudra s'approche de son mari; la femme volage séduit l'homme ferme et résolu.

5. LE DISCIPLE. — Je supplie le jus du soma qui a été bu en mon cœur afin qu'il expie pleinement le péché que nous avons commis; l'homme est sujet à beaucoup de désirs.

6. AGASTYA. — Un sage vénérable, travaillant avec les outils nécessaires et désirant de la postérité et de la force, a pratiqué les deux classes d'obligations, et il a reçu des dieux de véritables bénédictions.

ANUVAKA XXIV.

SUKTA I.

(Composé par le rishi Agastya et adressé aux Aswins.)

1. Aswins aux chevaux traversant les trois régions (de l'univers), lorsque votre char se rend au lieu désiré, les rayons dorés de vos roues accordent tout ce qu'on souhaite; buvant le suc du soma, vous participez aux cérémonies du matin.

2. Dirigez en bas le cours de votre char rapide, ami de l'homme et digne de vénération, lorsque votre sœur *(l'Aurore)* se prépare pour votre approche, et que l'instituteur de la cérémonie vous adore, vous qui buvez le suc du soma afin d'obtenir des aliments et de la force.

3. Vous avez rendu le lait à la vache; vous avez conduit dans ses mamelles jusqu'alors desséchées le liquide bienfaisant; l'homme pieux qui présente l'offrande vous adore, vous dont les formes sont la

---

(121) Cet hymne, ainsi que l'observe M. Langlois, est une invitation qu'Agastya fait à son épouse Lopamudra, pour le sacrifice; c'est au fond un dialogue allégorique entre la prière et la libation : le mot *vricham*, qu'on peut traduire par mari, signifiant aussi *breuvage sacré*. Lopamudra commence par se plaindre de ses travaux, parce qu'à l'époque du sacrifice, les femmes indiennes étaient chargées de préparer les libations et d'aller chercher sur les montagnes la plante qui donnait le soma. Pour comprendre les Védas, il faut avoir une idée des usages des peuples anciens qui récitaient ces chants sacrés.

vérité; il est aussi vigilant au milieu de la cérémonie qu'un voleur caché au milieu d'un buisson.

4. Vous avez rendu la chaleur aussi agréable à Atri que le beurre le plus doux ; vous avez, afin de le secourir, donné à l'eau une fraîcheur égale à celle de l'eau ; c'est donc pour vous, Aswins, chefs des cérémonies, qu'est faite l'offrande placée sur le feu ; c'est pour vous que les sucs du soma coulent comme un char qui se précipite le long d'une pente (escarpée).

5. Dasras, puissé-je vous conduire ici, sur le char de mes prières, afin que vous m'accordiez votre appui comme au fils infirme de Tugra ; le ciel et la terre se réunissent pour vous adorer ; puisse le vieillard qui vous invoque, adorables Aswins, jouir d'une longue vie exempte de péché.

6. Divinités généreuses, lorsque vous attelez vos chevaux, vous remplissez la terre d'aliments ; puisse votre adorateur être aussi rapide que les vents pour vous rendre propices et pour vous plaire, afin que, grâce à votre protection, il obtienne une nourriture abondante.

7. Nous qui sommes vos adorateurs sincères, nous vous louons de diverses manières. Le vase qui doit recevoir le jus du soma a été placé, irréprochables Aswins qui répandez les bienfaits ; buvez librement de ce suc en présence des dieux.

8. O Aswins, Agastya, éminent parmi les chefs des hommes, vous éveille chaque jour pour des inventions nombreuses, comme un instrument sonore, afin d'obtenir une abondante provision de pluie.

9. Lorsque, par la vertu de votre char, vous venez au sacrifice et lorsque, comme le prêtre qui officie, après avoir accompli ses fonctions, vous parlez en vous éloignant doucement, vous donnez à l'homme pieux qui vous adore, une récompense qui consiste parfois en une quantité de bons chevaux ; puissent vos faveurs nous enrichir, ô Nasatyas.

10. Nous invoquons aujourd'hui, ô Aswins, votre char digne d'éloges, et nous lui adressons nos hymnes ; ses roues sont exemptes de tout dommage et elles traversent le ciel ; nous le célébrons afin d'obtenir des aliments, de la force et une longue vie.

SUKTA II.

(*Composé par le même rishi, adressé aux mêmes dieux.*)

1. Aswins bien-aimés, vous portez au ciel les matériaux qui forment les aliments et les richesses, et en retour, désireux d'obtenir des sacrifices, vous faites tomber la pluie ; les sacrifices que nous offrons sont pour vous un acte d'adoration, vous qui donnez l'opulence et qui protégez les hommes.

2. Aswins, puissent-ils vous amener ici, vos chevaux sans tache et qui boivent la pluie, nés du ciel, légers comme le vent, rapides comme la pensée, vigoureux et radieux.

3. Aswins, excellents et fermes, puisse votre char vaste comme la terre, large, rapide comme la pluie, prompt comme la pensée et adorable, venir ici pour notre bien.

4. Nés ici et là (*dans la moyenne région et dans la supérieure*), vous êtes glorifiés ensemble comme n'ayant aucun défaut dans vos formes et comme réunissant les qualités accomplies ; un de vous est le fils victorieux (du firmament), le pieux instigateur du sacrifice sacré ; l'autre est le fils fortuné du Soleil ; chacun de vous soutient le monde (122).

5. Aswins, puisse le char couleur d'or de l'un de vous, traversant à volonté les régions de l'espace, venir à nos demeures ; puissent les hommes encourager les chevaux de l'autre par des aliments, par des frictions et par des cris.

6. Un de vous qui disperse les nuages et qui, tel qu'Indra, annihile ses ennemis, est avide d'offrandes et s'avance en distribuant une nourriture abondante. Pieux adorateurs, soutenez avec les mets du sacrifice les facultés de l'autre, afin d'obtenir les grâces qui couleront sur nous comme des rivières débordées.

7. Aswins créateurs, l'hymne perpétuel et triple qui vous est adressé a été prononcé afin de s'assurer de faveurs durables de votre part ; glorifiés de la sorte, protégez celui qui implore votre générosité et, soit qu'il reste immobile ou qu'il s'agite, écoutez ses supplications.

8. Puissent les louanges données à vos formes éclatantes procurer la prospérité à ceux qui les répètent dans la salle du sacrifice, jonchée d'une triple couche d'herbe sacrée et qui dirigent le sacrifice. Que le nuage qui verse la pluie s'arrête sur l'homme et, humectant le sol, qu'il produise une nourriture abondante.

9. Le sage qui, tel que Pushan, présente des offrandes, vous loue, ô Aswins, tout comme il louerait Agni et Ushas au moment où je vous invoque ; je vous loue avec ferveur, afin de pouvoir ainsi obtenir des aliments, de la force et une longue vie.

SUKTA III.

(*Même observation que ci-dessus.*)

1. Sages prêtres, la nouvelle est arrivée ; le char des Aswins, le char qui répand toutes sortes de biens, est venu jusqu'ici ; soyez prêts à célébrer ses louanges ; rendez-vous propices les divinités qui témoignent leur faveur à celui qui accomplit de bonnes œuvres ; toute louange est due aux Aswins riches et bienveillance pour les mortels, petits-fils du Ciel et observateurs des rites sacrés.

2. Dasras, vous qui êtes vraiment souverains et

---

(122) Ces deux fils sont le soleil et la lune ; le soleil éclaire le monde, la lune exerce son influence sur l'élément humide.

adorables, plus légers que les vents et éminents en bonnes œuvres, vous qui dirigez avec une habileté consommée le char qui vous porte, amenez-le ici, ce char rempli d'ambroisie, et venez avec lui, Aswins, auprès de celui qui vous présente l'offrande.

3. Que faites-vous ici, ô Aswins? pourquoi vous arrêtez-vous en des lieux où l'homme qui ne fait pas d'offrandes est respecté? Humiliez-le; frappez de mort celui qui s'endort dans l'indolence; accordez la lumière à l'homme pieux qui s'efforce d'énoncer vos louanges.

4. Anéantissez, ô Aswins, les chiens qui aboient contre nous ; détruisez ceux qui nous font la guerre ; vous savez quels moyens ils ont pour nous nuire; faites que chaque parole de celui qui vous loue lui rapporte des récompenses précieuses ; ô Nasatyas, agréez, l'un et l'autre, nos hommages.

5. Vous avez construit pour le fils de Tugra une barque agréable, solide et ailée, portée sur les eaux de l'Océan; vous l'avez protégé, et, descendant rapidement du ciel, vous avez fait pour lui un chemin à travers les grandes eaux.

6. Quatre navires lancés au milieu du réceptacle des eaux (123) et envoyés par les Aswins, ont amené en sûreté au port le fils de Tugra que ses ennemis avaient précipité dans les flots et qu'ils avaient plongé dans des ténèbres inextricables.

7. Quel était l'arbre qui avait été placé au milieu de l'Océan et auquel s'accrocha le fils de Tugra, comme un animal, dans sa chute, se retient aux feuilles d'un arbre? Vous l'avez, ô Aswins, ramené en sûreté et ce fut pour vous un grand sujet d'honneur.

8. Puissent les louanges qu'ont récitées vos pieux adorateurs vous être agréables, ô Nasatyas ; chefs des rites sacrés, que les libations de notre assemblée vous rendent aujourd'hui propices, afin que nous puissions obtenir de la nourriture, de la force et une longue vie.

SUKTA IV.
(Même observation que ci-dessus.)

1. Vous qui répandez les bienfaits, attelez le char qui a trois bancs, trois roues et qui est aussi rapide que la pensée; il est décoré de trois sortes de métaux (124) et c'est sur lui que vous venez à la demeure de l'homme pieux qui vous adore; vous voyagez ainsi comme un oiseau avec ses ailes.

---

(123) Ce passage, de même que bien d'autres, est fort obscur, et les Indianistes les plus éclairés ne savent trop quel sens lui donner. L'interprétation de M. Roth diffère de celle de M. Wilson. Ces allusions à des traditions anciennes et presque effacées ne sauraient être éclaircies aujourd'hui d'une façon satisfaisante.

(124) Ces trois métaux sont l'or, l'argent et le cuivre, selon les commentateurs sanscrits. On peut aussi y voir une allusion aux trois stations du soleil.

2. Votre char aux mouvements faciles descend sur la terre, et favorables aux rites sacrés, vous vous arrêtez pour prendre part aux mets du sacrifice; puisse cet hymne qui contribue à votre bien-être, vous être agréable, vous qui vous unissez avec l'aurore, la fille du ciel.

3. Montez dans votre char qui roule et s'approche du rite sacré que célèbre celui qui présente l'offrande ; c'est en ce char que vous avez le dessein de venir au sacrifice et de vous rendre à la demeure de celui qui vous adore, afin de lui accorder des rejetons et de la félicité.

4. Que le loup et que sa femelle ne me nuisent pas, moi qui suis sous votre protection; ne m'abandonnez pas et ne me livrez pas à un ennemi. Votre part dans l'offrande est préparée ; cette prière vous est adressée, ô Dasras; ces trésors de jus de soma sont pour vous.

5. Gotama, Purumilha, Atri, vous présentent des offrandes et chacun d'eux invoque votre protection; Dasras, venez directement à ma demeure, comme un voyageur qui se dirige par le chemin le plus court et le plus direct vers le but qu'il se propose.

6. Aswins, c'est grâce à votre aide que nous franchissons cette limite des ténèbres ; c'est à vous que notre hymne a été adressé; venez ici par les chemins que traversent les dieux, afin que nous puissions obtenir des aliments, de la force et une longue vie.

CINQUIÈME ADHYAYA.

ANUVAKA XXIV (suite)
SUKTA V.
(Composé par le rishi Agastya et également adressé aux Aswins.)

1. Nous vous invoquons tous deux aujourd'hui, ô Aswins ; nous vous invoquons tous les jours; lorsque brille l'aurore, l'homme pieux qui récite l'hymne vous invoque en quelque endroit que vous soyez, ô Nasatyas, petit-fils du Ciel; il vous invoque en faveur de l'homme généreux qui présente l'offrande.

2. Vous qui versez les bienfaits et qui vous réunissez dans nos libations, rendez-nous heureux et détruisez l'homme insouciant qui ne fait pas d'offrandes ; prêtez l'oreille aux louanges que je vous adresse avec des paroles pures, car vous êtes avides d'éloges et vous aimez qu'on vous célèbre.

3. Divins Aswins, chez qui il n'y a point de mensonge, vous qui vous élancez comme des flèches pour acquérir de la gloire et pour enlever Surya, c'est à vous que sont adressées les prières qui sont récitées aux pieuses cérémonies, pour l'accomplissement du sacrifice non interrompu et qui efface les péchés, sacrifice célébré comme dans les temps anciens.

4. Vous qui recevez l'offrande, puisse votre libéralité se déployer à notre égard; agréez l'hymne composé par un auteur vénérable, afin que les hommes puissent honorer l'instituteur de la cérémonie comme ils vous honorent, ô divinités généreuses.

5. Aswins, possesseurs de la richesse, cet hymne qui efface les péchés, vous a été adressé avec des offrandes respectueuses ; Nasatyas, soyez favorables à Agastya ; venez à sa demeure pour lui donner du bonheur et de la postérité.

6. C'est grâce à votre aide, ô Aswins, que nous trouverons la limite des ténèbres ; c'est à vous que notre hymne a été adressé ; venez ici par les chemins que traversent les dieux, afin que nous puissions obtenir des aliments, de la force et une longue vie.

SUKTA VI.

(Composé par le même rishi, et adressé au Ciel et à la Terre.)

1. Quel est le plus ancien de vous deux, Ciel et Terre ? Comment avez-vous été engendrés ? Dites-le, vous, sages qui connaissez ce mystère. En vérité, vous soutenez l'univers, et les jours et les nuits tournent successivement comme s'ils étaient sur des roues.

2. Sans pieds et sans mouvement, ils soutiennent des races nombreuses et munies de pieds ; c'est ainsi qu'un enfant repose dans les bras de ses parents ; protégez-nous, Ciel et Terre, contre tout danger.

3. Je sollicite d'Aditi une opulence qui ne diminue point, qui soit à l'abri de tout dommage, qui procure une jouissance complète comme celle du ciel, et qui me donne une nourriture abondante ; accordez, Ciel et Terre, une semblable richesse à celui qui vous loue ; protégez-nous contre tout danger.

4. Puissions-nous être toujours dévoués au Ciel et à la Terre qui sont au-dessus de toute attaque, qui donnent des aliments à tous les êtres, qui ont pour fils les dieux et les hommes, et qui sont tous deux doués de la double condition des jours et des nuits divines ; protégez-nous, Ciel et Terre, contre tout danger.

5. Vous allez toujours ensemble, toujours jeunes ; une même fin vous attend, ô vous sœurs unies, placées dans les bras du monde comme dans ceux d'un parent affectionné ; protégez-nous, Ciel et Terre, contre tout danger.

6. J'appelle au sacrifice, pour la préservation des dieux et des hommes, les deux grands et puissants parents (de la pluie et des grains), ces soutiens de toutes choses ; doués d'une grande beauté, ils soutiennent les ondées de l'ambroisie ; protégez-nous, Ciel et Terre, contre tout danger.

7. Je glorifie avec respect, en ce sacrifice, les deux êtres qui sont vastes, infinis, fortunés, doués de formes nombreuses et qui soutiennent tous les êtres par leur générosité ; défendez-nous, Ciel et Terre, contre tout danger.

8. Puisse ce sacrifice être le moyen d'expier les offenses que nous avons commises contre les dieux, contre un ami, à quelque époque que ce fût, contre un gendre, protégez-nous, Ciel et Terre, contre tout danger.

9. Qu'agréant nos louanges, et, pleins de faveurs pour les hommes, ils nous soient propices ; puissent-ils s'unir pour nous protéger et veiller sur nous ; nous vous adorons, divinités puissantes, vous offrant les mets du sacrifice et désirant une grande opulence, afin de faire des dons avec libéralité.

10. Doué d'intelligence, je répète les prières adressées au Ciel et à la Terre, afin qu'elles soient entendues autour de moi ; puissent le père (le Ciel) et la mère (la Terre) nous préserver de toute iniquité répréhensible et étendre toujours sur nous leur protection.

11. Puisse cet hymne vous être agréable, ô Ciel et Terre, ô père et mère ; je vous l'adresse à l'un et à l'autre en cette occasion ; soyez toujours près de ceux qui vous louent, afin de les protéger, et accordez-nous des aliments, de la force et une longue vie.

SUKTA VII.

(Composé par le rishi Agastya, et adressé aux Viswadevas.)

1. Puisse le divin Savitri, le bienfaiteur de tous les hommes, venir à notre solennité avec toutes les divinités de la terre, et vous, qui toujours jeunes, assistez volontiers à notre sacrifice, comblez-nous de joie comme vous en comblez l'univers entier.

2. Puissent tous les dieux triomphants, Mitra, Aryaman et Varuna, être également satisfaits et venir à notre cérémonie ; puissent-ils tous nous être propices ; puissent-ils ne pas nous laisser privés de nourriture, après la défaite de nos ennemis.

3. O dieux, je loue par mes chants, Agni, votre hôte bien-aimé, qui est prompt à prendre part à l'offrande et qui est très-satisfait de vous ; puisse ainsi Varuna nous gorger de nourriture ; c'est lui qui est en possession de la gloire, qui subjugue les ennemis et qui anime les hommes.

4. Je m'approche de vous, ô dieux, avec respect, la nuit et le jour, dans l'espoir de triompher du péché ; je viens aussi volontiers qu'une vache docile s'approche de celui qui veut la traire ; je mêle pour vous, au jour convenable, les mets du sacrifice, formés de préparations diverses d'un lait sorti des mêmes mamelles.

5. Puisse Ahirbudhnya (125) nous donner le bonheur ; puisse Sindhu venir ici, nous nourrissant comme une vache nourrit son veau ; par là nous nous rendrons propice Agni, le petit-fils des eaux, que portent les nuages rapides comme la pensée.

6. Puisse Twashtri venir à ce sacrifice, satisfait de ceux qui le louent durant les cérémonies saintes auxquelles il est présent ; que le très-puissant Indra, protecteur des hommes et vainqueur de Vritra, vienne à la solennité que nous célébrons.

7. Nos esprits, attelés ensemble comme des chevaux, se dirigent vers Indra toujours jeune, comme des vaches vers leurs veaux ; les louanges que les hommes lui adressent portent des fruits délicieux, comme les femmes donnent des enfants à leurs époux.

8. Puissent les Maruts, unis dans leurs intentions, venir du ciel ou de la terre à notre sacrifice ; ils sont forts comme une armée nombreuse ; ils ont des chevaux de diverses couleurs et détruisent leurs ennemis ; qu'ils viennent auprès de nous comme des divinités amies.

9. Vraiment, leur grandeur est bien connue, car ils remplissent avec zèle leur emploi ; ils versent la pluie sur tout terrain aride, comme la lumière, en un beau jour, se répand en tout lieu.

10. Rendez propices les Aswins et Pushan, afin qu'ils me protégent ; rendez propices ces divinités qui sont indépendantes dans leur puissance ; invoquez Vishnou, exempt de haine, Vayu et Ribhukshin (*un des noms d'Indra*) ; puissé-je décider les dieux à venir ici contribuer à ma félicité.

11. Objet digne d'admiration, que cette splendeur, qui se manifeste parmi les dieux et qui répand l'abondance, anime notre existence et donne de la stabilité à nos demeures, afin que nous puissions ainsi obtenir des aliments, de la force et une longue vie.

SUKTA VIII.

(*Composé par le rishi Agastya, et adressé à Pitou (126), le dieu qui préside à l'alimentation.*)

1. Je glorifie Pitou, le dieu grand et fort, dont le pouvoir fortifiant mit Trita à même de tuer Vritra mutilé (par Indra).

---

(125) Ce nom est celui d'une divinité qui préside au firmament, et il se trouve dans d'autres ouvrages sanscrits, dans le Vishnou Purana ; Ahirvradhna qui est sans doute le même personnage, est signalé comme l'un des Rudras. Le dictionnaire d'Hemachandra signale Ahirbradhna comme l'un des noms de Siva. M. Langlois pense qu'Ahirbudhna est le nom du nuage ou d'Indra lui-même, qui a ce nuage pour base de son séjour.

(126) D'après les commentateurs sanscrits, cet hymne doit être récité par une personne au moment de prendre son repas ; sa nourriture devient alors saine et agréable ; en récitant cet hymne et en y joignant des offrandes et des prières, on est certain de ne pas manquer d'aliments, et si on a pris du poison, il faut la redire en silence : ce sera un excellent antidote.

LIVRES SACRÉS. II.

2. Aimable et doux Pitou, nous t'adorons ; sois notre protecteur.

3. Viens vers nous, Pitou ; prête-nous un appui favorable ; tu es pour nous une source de plaisir, un ami respecté, et tu n'as que des qualités agréables.

4. Tes odeurs, ô Pitou, sont répandues dans les diverses régions comme les vents sont répandus dans le ciel.

5. Pitou, les hommes qui jouissent de tes largesses sont ceux qui te distribuent aux autres.

6. Les pensées des dieux puissants sont fixées sur toi, ô Pitou ; c'est grâce à ton concours obligeant et intelligent qu'Indra tua Ahi.

7. Pitou, lorsque (la pluie), ce produit des nuages abondant en eau, survient, sois alors près de nous, aimable Pitou, avec des ressources suffisantes pour notre alimentation.

8. Puisque nous jouissons de l'abondance des eaux et des plantes, tu peux t'engraisser, ô corps.

9. Puisque nous jouissons, ô soma, de ton mélange avec du lait bouilli ou de l'orge bouillie, tu peux t'engraisser, ô corps.

10. Gâteau végétal de viande grillée, sois substantiel, sain et fortifiant ; tu peux t'engraisser, ô corps.

11. Nous obtenons de toi, Pitou, par nos louanges (les mets du sacrifice), comme les vaches cèdent le beurre destiné aux offrandes ; tu réjouis les dieux ; tu nous réjouis aussi.

SUKTA IX.

(*Composé par Agastya ; adressé à Agni, considéré sous diverses de ses formes.*)

1. Tu brilles aujourd'hui, allumé par les prêtres, ô vainqueur divin de milliers d'ennemis ; porte aux dieux nos offrandes, ô toi qui es leur sage messager.

2. L'adorable Tanunapat (*un des noms d'Agni*) se rend à la cérémonie et se mêle à l'offrande en apportant au sacrificateur une abondance infinie d'aliments.

3. Agni, toi qui es digne d'être glorifié, toi que nous invoquons, amène ici les dieux adorables, car tu es celui qui fais des dons à des milliers d'hommes.

4. Ils ont, par le pouvoir de leurs prières, étendu l'herbe sacrée qui sert de siége à une foule de héros et qui est dirigée vers l'Orient ; c'est là, Adityas, que vous vous manifestez.

5. Ils ont répandu de l'eau sur les portes (de la salle où se fait le sacrifice) ; elles sont nombreuses, parfaites, et elles jettent un éclat varié et brillant.

6. Que le Jour et la Nuit, ces êtres radieux qu'illumine un éclat incomparable, prennent place ici (*sur l'herbe sacrée*).

8

7. Que ces deux chefs, habiles à bien dire, que ces sages divins, qui invoquent les dieux, accomplissent notre sacrifice.

8. Bharati, Ila, Saraswati (127), je vous invoque tous, afin que vous puissiez nous conduire à la prospérité.

9. Twashtri (*le feu vital*), qui est habile dans l'art de créer les formes des êtres, a fait tous les animaux distincts les uns des autres ; accorde-nous, ô Twashtri, que les créatures qui nous sont utiles, se multiplient.

10. Vanaspati (128), remets spontanément la victime aux dieux, afin qu'Agni puisse goûter l'offrande.

11. Agni, qui précède les dieux, est caractérisé par le rhythme appelé gayatri ; il brille lorsque les offrandes sont présentées.

SUKTA X.

(Composé par le rishi Agastya et adressé à Agni.)

1. Agni, qui possèdes toutes sortes de connaissances, conduis-nous à la richesse par de bonnes routes ; éloigne de nous le péché qui nous égarerait, afin que nous puissions t'offrir les adorations les plus étendues.

2. Adorable Agni, conduis-nous, grâce à des actes suivis d'adoration, au-delà de toutes les voies mauvaises ; puisse notre cité être spacieuse, notre terre étendue ; sois celui qui répand le bonheur sur nos fils, sur notre postérité.

3. Agni, écarte de nous la maladie ; éloigne les hommes qui sont nos ennemis ; adorable divinité, visite, pour notre bonheur, la terre avec toutes les divinités.

4. Montre ton attachement pour nous, ô Agni, par les largesses continuelles ; brille toujours en ton séjour favori ; que nul danger n'atteigne aujourd'hui celui qui t'adore, ô le plus jeune des dieux ; que nul péril ne le menace en aucune autre saison.

5. Ne nous abandonne pas, Agni, à la colère d'un ennemi impie et féroce ; ne nous livre point à celui qui a des griffes et qui mord, ni à celui qui est dépourvu de dents ; ne nous laisse pas, ô puissant Agni, tomber dans l'infortune.

6. Agni, né pour le sacrifice, l'homme qui te loue, toi qui es parfait, devient semblable à toi ; se délivre lui-même de tous ceux qui sont portés à lui nuire ou à l'outrager ; tu es, ô Agni, l'adversaire décidé de ceux qui font le mal.

7. Adorable Agni, tu es sagace et tu discernes facilement tes adorateurs de ceux qui ne t'honorent point ; approche-toi au moment convenable de celui qui t'adore et accomplis ses désirs, de même que celui qui institue la cérémonie est guidé par les désirs des prêtres.

8. Nous t'adressons nos pieuses prières, ô Agni, fils de la prière et vainqueur des ennemis ; puissions-nous obtenir, par ces supplications sacrées, une richesse infinie, afin d'obtenir ainsi des aliments, de la force et une longue vie.

SUKTA XI.

(Composé par le rishi Agastya et adressé à Brihaspati [129].)

1. Prêtres, augmentez par vos hymnes le pouvoir de Brihaspati qui n'abandonne pas ses adorateurs ; c'est lui qui répand des bienfaits, qui a la voix douce et qui est adorable ; les dieux et les hommes, ministres de celui qui institue le sacrifice et pleins d'émulation dans leurs chants sacrés, proclament sa louange.

2. Les hymnes de la saison pluvieuse sont adressés à celui qui est vraiment le créateur de la pluie et qui l'a accordée aux prières des hommes pieux ; Brihaspati est celui qui manifeste toutes choses, c'est le vent qui, répandant les bienfaits, a été produit pour la diffusion de l'eau.

3. Il est prêt à accepter la louange qui lui est offerte, l'hommage qui lui est présenté, l'hymne récité lorsque le soleil est au moment de darder ses rayons ; c'est par suite des actes de celui auquel les Rakshasas ne s'opposent pas, que le soleil existe, et il est aussi fort qu'un redoutable animal carnassier.

4. La gloire de ce Brihaspati se répand dans l'étendue du ciel et de la terre comme le soleil ; recevant les hommages des hommes et leur donnant l'intelligence, il accorde les récompenses du sacrifice ; de même que les armes des chasseurs frappent le gibier, les armes de Brihaspati tombent chaque jour sur ceux qui font le mal.

5. Divin Brihaspati, tu n'accordes pas la richesse désirée à ces hommes stupides qui, pécheurs et vils, existent en ne te considérant que comme un vieux bœuf, toi qui es généreux, mais tu favorises celui qui t'offre des libations.

6. Sois un chemin agréable pour celui qui marche dans le bien et qui, faisant des offrandes, est semblable à l'ami dévoué d'un souverain qui réprime les méchants ; puissent les hommes exempts de péché qui nous instruisent, quoique enveloppés dans l'ignorance, être dégagés des liens qui les retiennent.

7. C'est vers toi que les louanges se dirigent comme les hommes s'assemblent autour d'un maître, et comme les fleuves, roulant entre leurs rives, se portent à l'Océan ; ô sage Brihaspati,

---

(127) D'après les commentateurs sanscrits, ces trois déesses sont des formes différentes de l'essence d'Aditya ; Bharati appartient au ciel, Ila à la terre, Saraswati à l'air.

(128) Ce mot signifie le maître du bûcher ; c'était un des noms d'Agni.

(129) Un des noms d'Agni.

avide de pluie et immobile dans la région intermédiaire, tu contemples à la fois l'eau et le lac.

8. C'est ainsi que le puissant et bienfaisant Brihaspati a été glorifié; puisse-t-il, lui qui reçoit nos éloges, nous donner de la postérité et des troupeaux, afin que nous possédions de la nourriture, de la force et une longue vie.

SUKTA XII.

(Composé par le rishi Agastya et adressé à l'Eau, à l'Herbe et au Soleil considérés comme des divinités.)

1. Quelques créatures ayant peu de venin, quelques créatures ayant beaucoup de venin, quelque reptile aquatique venimeux, des créatures de deux espèces, l'une et l'autre funestes à la vie, des créatures venimeuses inaperçues, m'ont frotté de leur poison (130).

2. L'antidote, venant à la personne mordue, détruit les créatures venimeuses inaperçues; en partant, il les détruit; privé de substance, il les détruit (par son odeur); broyé, il les pulvérise.

3. Des tiges d'herbe sara, de kusara, de dharba, de sairya, de munja, de verana (131), repaires de créatures venimeuses inaperçues, m'ont frotté de leur venin.

4. Les vaches se sont couchées dans leurs étables; les bêtes sauvages se sont retirées dans leurs tanières; les sens des hommes étaient livrés au repos, lorsque les créatures venimeuses inaperçues m'ont frotté de leur venin.

5. Elles peuvent être aperçues dans l'obscurité comme des voleurs dans l'ombre du crépuscule; quoiqu'elles soient inaperçues, elles voient tout; ô hommes, soyez donc vigilants.

6. Serpents, le Ciel est votre père, la Terre votre mère, le Soma votre frère, Aditi votre sœur; vous qu'on ne voit pas, mais qui voyez tout, restez dans vos demeures; goûtez-y le plaisir qui vous revient.

7. Ceux qui se meuvent avec leurs épaules, ceux qui se meuvent avec leurs corps, ceux qui piquent avec leur aiguillon acéré, ceux qui sont doués d'un poison virulent, que font-ils ici? Éloignez-vous tous de nous, vous que nos yeux n'aperçoivent pas.

8. Le soleil qui voit tout se lève à l'Orient; il est le destructeur des créatures inaperçues; il chasse au loin toutes les créatures venimeuses et les esprits impurs.

9. Le soleil s'est levé au haut des cieux, détruisant tous les poisons; Aditya, qui voit tout et qui détruit les créatures inaperçues, se lève pour le bien des êtres vivants.

10. Je dépose le poison dans l'orbe solaire comme une bouteille de cuir dans la maison d'un marchand de liqueurs fortes; vraiment cet adorable soleil ne meurt jamais, et, grâce à sa faveur, nous ne mourrons pas des effets du venin; quoiqu'il soit bien loin de nous, il atteindra le poison, car les coursiers qui le traînent sont rapides; la science des antidotes t'a converti, ô poison, en ambroisie.

11. Ce petit oiseau insignifiant (132) a avalé ton poison; il ne meurt pas et nous ne mourrons point; quoique le soleil soit bien loin de nous, il atteindra le poison, car les coursiers qui le traînent sont rapides; la science des antidotes t'a converti, ô poison, en ambroisie.

12. Puissent les vingt-sept étincelles d'Agni consumer l'influence du poison; en vérité, elles ne périssent pas et nous ne mourrons point; quoique le soleil soit bien loin de nous, il atteindra le poison, car les coursiers qui le traînent sont rapides, la science des antidotes t'a converti, ô poison, en ambroisie.

13. Je récite les noms de quatre-vingt-dix-neuf rivières qui détruisent le poison; quoique le soleil soit bien loin de nous, il atteindra le poison, car les coursiers qui le traînent sont rapides; la science des antidotes t'a converti, ô poison, en ambroisie.

14. Puissent les trente-sept paons et les sept rivières sœurs emporter le poison loin de toi, ô corps, comme les jeunes filles emportent l'eau dans des cruches.

15. Puisse l'insignifiante mangouste (133) emporter ton venin; sinon j'écraserai la vile créature avec une pierre; que le poison quitte mon corps et aille dans des régions éloignées.

16. Se hâtant de se rendre aux ordres d'Agastya, la mangouste parla ainsi: le venin du scorpion est inoffensif; scorpion, ton venin est inoffensif.

SIXIÈME ADHYAYA.
ANUVAKA I.
SUKTA I.

(Composé par le rishi Gritsamada (134) et adressé à Agni.)

1. Souverain des hommes, Agni, tu es né pour

---

(130) Les commentateurs sanscrits disent qu'Agastya récita cet hymne dans un moment où il croyait être empoisonné, et que c'est un puissant antidote contre toute espèce de venin; en le répétant en silence, on peut braver la morsure des serpents, des scorpions, etc.

(131) Ces plantes sont le *sauhurum sara*, la *poa cynosuroides*, la *barleria cristata*, etc. Voy. la note de M. Langlois, p. 471.

(132) Cet oiseau n'est pas nommé dans le texte, mais selon les commentateurs sanscrits, c'est le kapinjala, ou francolin.

(133) M. Langlois pense que le mot *kushumbhako* qu'offre le texte désigne Indra dont la foudre sépare les nuages pour en extraire l'eau. Un commentateur sanscrit croit que c'est un asura, chef présumé des ténèbres. On a supposé aussi que c'était le nom donné au prêtre qui fait une conjuration dont l'effet doit être salutaire.

(134) Gritsamada est un personnage important dans les légendes de l'Inde. Membre de la famille des Angiras,

les jours du sacrifice; tu es sorti pur et radieux des eaux, des pierres, des arbres et des plantes.

2. Agni, tu remplis l'office de l'Hotri, du Potri, du Ritwy, du Neshtri; tu es l'Agnidhra de l'homme pieux; la fonction du Prasastri t'appartient, tu es l'Adhwaryu et le Brahman (135).

3. Agni, tu es Indra, celui qui répand ses libéralités sur l'homme de bien; tu es l'adorable Vishnou que célèbrent les chants d'une foule nombreuse; tu es Brahma, le possesseur des richesses; tu es associé avec la sagesse, toi qui es l'auteur de diverses conditions.

4. Tu es, ô Agni, le royal Varuna, l'observateur des vœux sacrés; tu es l'adorable Mitra, le destructeur des ennemis; tu es Aryaman, le protecteur des hommes vertueux, dont la libéralité fait la jouissance de tous les hommes; tu es une portion du soleil; distribue, ô divin Agni, les choses utiles lors de notre sacrifice.

5. Agni, tu es Twashtri, et tu donnes une grande opulence à celui qui t'adore; ces louanges sont à toi; accorde-nous l'appui de ton pouvoir bienveillant; donne-nous de nombreux et d'excellents chevaux, toi qui es prompt à nous encourager; toi qui abondes en richesses, tu es la force des hommes.

6. Agni, tu es Rudra qui chasse les ennemis de l'étendue du ciel; tu es la force des Maruts; tu exerces une domination suprême sur les mets du sacrifice; ô toi qui as pris comme une demeure qui t'est agréable, la salle du sacrifice, tu es porté par les coursiers aussi rapides que le vent; comme Pushan, tu chéris ceux qui te rendent hommage.

7. Agni, tu es Dravinodas (136) pour celui qui t'honore; tu es le divin Savitri, possesseur de trésors précieux; protecteur des hommes, tu es Bhaga et tu domines sur la richesse; tu aimes celui qui t'adore en sa demeure.

8. Les peuples t'adorent, ô Agni, car tu étends ta protection sur leurs demeures; ils t'invoquent comme un souverain bienfaisant; chef d'une armée nombreuse, tu es le dominateur de toutes les offrandes; tu distribues les bonnes choses par dizaines, par centaines et par milliers.

9. Les hommes pieux t'adorent, ô Agni, comme étant leur père; ils te chérissent comme un frère, toi qui protèges leur corps par tes actes bienveillants; tu es comme un fils pour celui qui t'invoque, et tu nous défends comme un ami fidèle et ferme.

10. Agni, tu es toujours resplendissant et digne d'être glorifié; tu domines sur toutes les richesses et sur tous les aliments renommés; tu brilles avec éclat et tu consumes l'offrande pour celui qui la présente; tu es celui qui accomplit le sacrifice et qui en distribue la récompense.

11. O divin Agni, tu es Aditi pour celui qui donne l'offrande; tu es Hotra et Bharati, et tu profites des louanges qu'on te décerne; tu es l'Ila de cent hivers pour celui qui te fait des dons; ô maître de la richesse, tu es le destructeur de Vritra.

12. Agni que nous chérissons, c'est toi qui donnes des aliments excellents; tes couleurs diverses abondent de beauté; tu es la nourriture, tu nous transportes au-delà du péché; tu es le puissant; tu es répandu partout.

13. Les Adityas, ô Agni, ont fait de toi leur bouche; les divinités pures ont fait de toi leur langue, ô Kavi; les dieux qui donnent la richesse ont recours à toi à l'époque des sacrifices; c'est par ton entremise qu'ils mangent l'offrande qui leur est présentée.

14. Tous les dieux immortels t'emploient, comme leur bouche, pour manger l'offrande qui leur est présentée; les mortels goûtent, par ton entremise, la saveur de toutes les viandes; tu es né pur, toi qui es l'embryon des plantes.

15. Tu es associé, ô Agni, avec les dieux par l'effet de ta vigueur; ô divin Agni, tu les surpasses en force, car les aliments offerts en sacrifice et qui sont préparés ici, sont, par l'effet de ton pouvoir, disséminés ensuite dans les deux régions du ciel et de la terre.

16. Les hommes pieux sont ceux qui présentent en don à ceux qui récitent tes louanges, une excellente vache et un excellent cheval; Agni, conduis-nous avec eux à la meilleure des demeures (au ciel), afin que nous et nos dignes descendants nous puissions t'adresser la prière solennelle répétée lors de la célébration du sacrifice.

SUKTA II.
(Composé par le même rishi, et adressé au même dieu.)

1 Célébrez dans vos sacrifices Agni, qui connaît tout ce qui a reçu la naissance; adorez-le en lui présentant des offrandes et d'amples louanges, lui qui est resplendissant et bien nourri, lui qui porte les offrandes et qui donne la vigueur.

---

i fut enlevé par les Asuras tandis qu'il accomplissait un sacrifice, mais Indra le rendit à la liberté. Il composa un grand nombre d'hymnes contenus dans le Rig-Véda. Les auteurs sanscrits sont loin d'être d'accord sur ce qui le concerne, mais ces détails sont de peu d'intérêt, et nous renverrons au Rig-Véda de M. Wilson, t. II, p. 207.

(135) Les noms indiqués dans cette stance sont ceux de huit des seize prêtres employés dans des cérémonies d'une solennité exceptionnelle; on les partage en quatre classes formée chacune de quatre prêtres. Celui qui institue le sacrifice doit, selon les commentateurs sanscrits, leur donner cent vaches, réparties de la façon suivante : douze à chaque prêtre de la première classe, six à chaque prêtre de la seconde classe, quatre à chaque prêtre de la troisième classe, trois à chaque prêtre de la quatrième classe. Il y a d'ailleurs quelques variantes dans les noms et dans les fonctions que les auteurs sanscrits attribuent à ces divers prêtres. Voir la note de M. Wilson, Rig-Véda, t. II, p 209, pour de plus amples détails qui seraient ici superflus.

(136) Celui qui donne des richesses, un des noms d'Agni.

2. Le matin et le soir sont toujours aussi désireux de t'adorer, Agni, que les vaches le sont de revoir leurs veaux; adoré par la multitude, tu es vraiment répandu dans tout le firmament; tu es présent à toutes les cérémonies sacrées, et tu brilles la nuit avec éclat.

3. Les dieux ont placé à la racine du monde (*c'est-à-dire sur l'autel*) cet Agni qui est d'une apparence agréable, et qui parcourt le ciel et la terre; il doit être considéré comme un char qui porte les hommes au but de leurs désirs; il brille d'une splendeur pure, et il est digne d'hommages comme étant l'ami des mortels.

4. Ils ont placé dans sa demeure solitaire celui qui répand l'humidité sur la terre, et qui, resplendissant comme l'or, traverse le firmament qu'il anime de ses flammes; il se répand sur les deux parents de toutes choses (*le ciel et la terre*) comme une eau rafraîchissante.

5. Puisse celui qui présente les offrandes aux dieux assister à tous les sacrifices; les hommes l'invoquent en lui présentant des offrandes et en le louant lorsqu'il secoue ses tresses radieuses parmi les plantes et qu'il éclaire de ses étincelles le ciel et la terre, comme le ciel est éclairé par les étoiles.

6. Agni, tu es celui qui, pour notre bien, possède des richesses; allumé par nous, tu brilles comme celui qui nous distribue libéralement des trésors; fais que le ciel et la terre nous soient propices; fais, divin Agni, que les dieux prennent part aux offrandes de celui qui a institué la cérémonie.

7. Accorde-nous, Agni, des propriétés infinies; accorde-nous des milliers de têtes de bétail et d'esclaves; ouvre-nous, pour ta gloire, les portes de l'abondance; fais que le ciel et la terre, rendus propices par la prière sacrée, nous soient favorables, et puissent les aurores t'éclairer comme le soleil.

8. Allumé lorsque se montre la belle aurore, Agni brille, comme le soleil, d'un éclat radieux; célébré dans les hymnes de celui qui l'adore, Agni, le roi des hommes, vient, comme un hôte agréable, auprès de celui qui institue le sacrifice.

9. Nos louanges s'adressent à toi, ô Agni, qui es le premier parmi les glorieux immortels; puisses-tu être pour nous un bienfaiteur généreux, accordant à celui qui t'adore toutes sortes de biens, comme une vache docile donne son lait.

10. Puissions-nous montrer notre force parmi les hommes, ô Agni, grâce aux aliments et au coursier que tu nous as donnés; puisse notre richesse briller comme le soleil au dessus de celle des cinq classes des êtres.

11. Vigoureux Agni, entends nos prières, car tu es celui qu'il convient de louer, celui auquel les prêtres instruits adressent leurs hymnes; ceux qui présentent l'offrande s'approchent de toi qui rayonne de splendeur dans ta demeure, et t'invoquent avec confiance pour obtenir une postérité nombreuse.

12. Agni, qui connais tout ce qui est né, puissions-nous tous, prêtres ou adorateurs, être à toi, afin de jouir d'une félicité entière; accorde-nous l'opulence en maisons, en troupeaux et en esclaves; donne-nous beaucoup d'or et une postérité nombreuse.

13. Les hommes pieux sont ceux qui présentent en don, à ceux qui récitent tes louanges, une vache excellente et un beau cheval; conduis-les, ainsi que nous, ô Agni, à la meilleure des demeures (*au ciel*), afin que nous et nos dignes représentants, nous puissions, au moment des sacrifices, t'adresser la prière solennelle.

SUKTA III.
(*Composé par le même rishi et adressé aux Apris.*)

1. Agni, radieux et placé sur l'autel de terre, se tient en la présence de tous les êtres; c'est lui qui invoque les dieux; il est l'intelligent et divin purificateur; que le vénérable Agni soit au service des dieux.

2. Puisse le brillant Narasansa, illuminant les lieux où se dépose l'offrande, et manifestant par sa grandeur les trois régions, satisfaire les dieux en disséminant l'offrande au moment du sacrifice.

3. Agni, toi qui es le vénérable fils d'Ila, offre aujourd'hui aux dieux le sacrifice, en présence du prêtre qui officie, et avec un esprit favorablement disposé à notre égard; amène ici la troupe des Maruts et l'immortel Indra auquel vous devez offrir vos hommages, vous prêtres assis sur l'herbe sacrée.

4. Que les Vasas, que les Viswadevas, que les adorables Adityas s'asseoient sur cette herbe florissante et fortifiante, répandue sur cet autel pour nous faire avoir l'opulence, et arrosée de beurre.

5. Qu'elles soient ouvertes, les portes divines, spacieuses et d'un accès facile, devant lesquelles il faut se prosterner; qu'elles soient célébrées comme étant à l'abri de toute injure, et comme conférant la sainteté à une classe illustre d'adorateurs qui possèdent des descendants vertueux.

6. Le jour et la nuit, continuellement respectés, entrelacent de concert, comme deux tisserands habiles, le fil étendu, afin de compléter la trame du sacrifice.

7. Que les deux êtres divins qui invoquent les dieux et qui, dignes de tout respect, doués d'une sagesse accomplie et de formes irréprochables, adorent sincèrement, en récitant les textes sacrés et en présentant leurs hommages au moment convenable; qu'ils présentent les offrandes sur les trois places élevées sur le nombril de la terre.

8. Que les trois déesses, Saraswati qui perfectionne notre intelligence, la divine Ila et la souveraine Bharati, viennent à notre demeure, et qu'elles

protégent ce sacrifice irréprochable, offert pour nous procurer le bonheur.

9. Qu'un fils de couleur brune, robuste, actif, adorateur sincère des dieux, naisse pour nous; que Twashtri prolonge la série de nos descendants, et que la nourriture des dieux vienne aussi vers nous.

10. Qu'Agni, approuvant nos cérémonies, s'approche de nous et qu'il s'applique à préparer la victime; puisse le divin sacrificateur apporter aux dieux l'offrande consumée sur les flammes, et qu'il saura avoir été consacrée trois fois.

11. J'arrose le beurre, car c'est dans le beurre qu'il a pris naissance; il est arrivé par le beurre; le beurre est son éclat; Agni qui répands les bienfaits, amène les dieux auprès de l'offrande qui leur est présentée; réjouis-les, porte-leur l'offrande qui a été respectueusement sanctifiée.

SUKTA IV.

(Composé par le rishi Somahuti et adressé à Agni.)

1. J'invoque en votre faveur le radieux Agni, exempt de péché, l'hôte des mortels, celui qui accepte les mets du sacrifice, et qui, connaissant tout ce qui à reçu la naissance, est pour nous un ami, soutien de tous les êtres, depuis les hommes jusqu'aux dieux.

2. Les Bhrigus, en adorant Agni, l'ont fait connaître deux fois, d'abord dans le séjour des eaux, ensuite parmi les fils des hommes; puisse cet Agni, souverain des cieux et monté sur son coursier rapide, triompher constamment de tous nos ennemis.

3. Les dieux, voulant résider dans le ciel, ont laissé parmi la race humaine, comme un ami fidèle, cet Agni qui, présent dans la salle du sacrifice, est généreux pour celui qui donne les offrandes, et qui brille la nuit lorsqu'on souhaite sa présence.

4. Aimer Agni est aussi agréable que s'aimer soi-même; son aspect est agréable, lorsque, se répandant au loin et consumant ce qu'il touche, il brandit sa flamme parmi les buissons et s'agite comme un cheval attelé à un char agite sa queue.

5. Mes collègues célèbrent hautement sa grandeur; il a manifesté aux prêtres sa forme réelle; on le reconnaît, lors des offrandes, à son éclat varié, et, quoiqu'il vieillisse, il se rajeunit constamment.

6. Il brille parmi les forêts comme s'il se gorgeait de nourriture; il se précipite comme l'eau le long d'une pente rapide, et il roule avec fracas comme un char de guerre; destructeur, mais délicieux, il est regardé comme le ciel qui sourit parsemé de constellations.

7. Il est en beaucoup d'endroits; il parcourt la terre entière comme un animal qui est sans maître et qui court au gré de son caprice; Agni, qui brille avec éclat, consume les buissons desséchés, et noircissant ainsi les arbres, il en pompe toute l'humidité.

8. Vraiment, nous avons récité les louanges au troisième sacrifice journalier; donne-nous, Agni, des aliments abondants et parfaits, des descendants et une opulence qui nous fournisse les moyens d'entretenir de nombreux esclaves.

9. Fais, ô Agni, que les Gritsamadas, répétant tes louanges, deviennent, grâce à toi, possesseurs des secrets précieux; fais qu'ils aient des serviteurs accomplis et qu'ils puissent triompher de leurs ennemis; donne à tes pieux adorateurs et à celui qui te glorifie une nourriture abondante.

SUKTA V.

(Même observation que pour l'hymne précédent.)

1. Un homme qui invoque les dieux, celui qui nous instruit et nous protège, est né pour la préservation de nos patrons; puissions-nous, en possession des mets du sacrifice, être à même d'acquérir des richesses considérables et assurées.

2. C'est en lui, comme étant le directeur du sacrifice, que les sept rayons se manifestent; il officie à la huitième place afin d'accomplir tous les rites divins.

3. Quelque offrande que présente le prêtre, quelque prière qu'il récite, Agni les connaît toutes; il comprend tous les actes sacerdotaux comme la circonférence d'une roue en comprend les rayons.

4. Le pur régulateur du sacrifice est vraiment né avec l'acte saint; le sage adorateur accomplit successivement tous les rites prescrits par Agni; de même les branches sortent successivement du même tronc.

5. Les doigts qui sont frères sont comme des vaches appartenant au *Nashtri* (*l'un des seize prêtres qui accomplissent la cérémonie*), et ils se combinent de diverses façons dans ce but, à travers les trois (feux sacrés).

6. Quand la sœur (*c'est-à-dire le vase*), portant le beurre clarifié est placé près de la mère (*l'autel*), l'Adhwaryu se réjouit de leur approche comme l'orge se réjouit de la chute de la pluie.

7. Puisse le prêtre officiant accomplir le rôle du prêtre à sa propre cérémonie; puissions-nous répéter dignement sa louange et lui offrir un sacrifice.

8. Fais, ô Agni, que ce sage adorateur offre à toutes les divinités des louanges qu'elles agréent; fais que le sacrifice que nous offrons soit aussi accompli en toi.

SUKTA VI.

(Même observation que pour l'hymne précédent.)

1. Agni, accepte mon offrande, accepte le combustible que j'apporte; écoute avec plaisir les louanges que je t'adresse.

2. Puissions-nous te rendre propice, Agni, par cette offrande; petit-fils de la force, toi qui aimes

un prompt sacrifice, puissions-nous te charmer par nos hymnes.

3. O toi qui accordes les richesses, puissions-nous, nous qui t'adorons, te rendre propice ; tu désires les mets du sacrifice, et tu mérites bien que nos éloges s'adressent à toi.

4. Seigneur de la richesse, toi qui donnes la richesse et qui possèdes des trésors, toi qui es sage, entends nos prières et disperse nos ennemis.

5. Car tu es celui qui donne la pluie venant du ciel ; tu es celui qui nous donne une force immortelle, celui qui nous donne une abondance infinie d'aliments.

6. O toi, qui es le plus jeune des dieux et leur messager, toi qui mérites l'adoration la plus vive, viens vers celui qui t'offre ses hommages et qui désire ta protection.

7. Sage Agni, tu pénètres dans les secrets de l'homme ; tu connais la naissance de celui qui adore et de celui qui est adoré ; tu es un messager favorable aux hommes et surtout à tes amis.

8. Agni, toi dont la sagesse est parfaite, accomplis nos désirs ; adore les dieux, ô toi qui es intelligent, et assieds-toi sur cette herbe sacrée.

SUKTA VII.
(Même observation que précédemment.)

1. Agni, le plus jeune des dieux, toi qui descends de Bharata et qui donnes des demeures, accorde-nous une opulence parfaite, splendide, et digne d'envie.

2. Que nul ennemi, qu'il soit un dieu ou un homme, ne l'emporte sur nous ; protège-nous contre tout adversaire.

3. Puissions-nous, grâce à ton appui, renverser tous nos ennemis, comme un torrent d'eau rapide (renverse tous les obstacles).

4. Agni, purificateur saint et adorable, tu brilles d'un éclat extraordinaire lorsqu'on t'offre, pour t'adorer, des offrandes de beurre.

5. Agni, qui descends de Bharata, tu es entièrement à nous lorsqu'on te sacrifie des vaches grosses, ou des vaches stériles, ou des taureaux.

6. O toi, qui te nourris de matières combustibles et auquel on offre le beurre, tu es le fils de la force, l'admirable, le parfait, notre intercesseur auprès des dieux.

SUKTA VIII.
(Même observation.)

1. Hâtez-vous de louer, comme un homme désireux de nourriture, le char du glorieux et généreux Agni.

2. Sagace, invincible et se mouvant avec grâce, Agni détruit l'ennemi de celui qui se le rend propice et qui lui présente des offrandes.

3. Investi de splendeur, il brille comme le soleil dans tout son lustre ; ses flammes impérissables répandent la lumière sur tous les objets.

4. Doué de couleurs nombreuses, il est glorifié, le matin et le soir, dans nos demeures ; son culte n'est jamais négligé.

5. Nos louanges ont accru la splendeur du brillant Agni qui dévore toutes choses ; il possède une gloire infinie.

6. Puissions-nous, exempts de tout mal, rester dans la sécurité, sous la protection d'Agni, d'Indra, de Soma et des dieux ; puissions-nous, pleins de confiance dans les combats, triompher de tous nos ennemis.

SEPTIÈME ADHYAYA.
ANUVAKA XXV (suite).
SUKTA XI.
(Composé par le même rishi et adressé au même dieu.)

1. Puisse Agni, qui invoque les dieux, et qui est doué d'intelligence et de splendeur, s'asseoir parmi les prêtres qui l'invoquent ; il est puissant, il sait préserver de toute interruption les rites sacrés, et il répand son affection sur des milliers d'hommes.

2. Agni, toi qui répands les bienfaits, sois notre messager auprès des dieux ; préserve-nous du mal ; apporte-nous l'opulence ; sois le protecteur de nos fils, de nos petits-fils et de nos personnes ; entends nos prières, toi qui es toujours vigilant et radieux.

3. Nous t'adorons, Agni, dans le lieu le plus élevé de ta naissance ; nous t'adressons des hymnes dans la station inférieure ; j'adore ce siège d'où tu es sorti ; les prêtres t'ont présenté des offrandes lorsque tu as été allumé.

4. Agni, toi qui es le chef des sacrificateurs, adore les dieux en leur apportant nos offrandes, et recommande-leur avec zèle les mets du sacrifice qui doivent leur être donnés ; tu es vraiment le seigneur souverain des richesses ; tu es l'appréciateur de notre pieuse prière.

5. Brillant Agni, tes deux demeures (*le ciel et la terre*) ne périssent jamais, et tu nais chaque jour ; accorde à celui qui te loue une nourriture abondante ; fais-le possesseur de richesses qui puissent soutenir une postérité vertueuse.

6. Sois-nous secourable, ô toi qu'accompagne une foule de serviteurs ; protège-nous, ô toi qui adores spécialement les dieux ; préserve-nous de toute infortune ; répands sur nous tout le bonheur et l'opulence.

SUKTA X.
(Même observation que pour l'hymne précédent.)

1. L'adorable Agni, le premier (des dieux) et celui qui les nourrit lorsque l'homme l'allume sur l'autel, celui qui est vêtu de splendeur, est immortel et puissant ; il est plein de discernement, et il donne la nourriture ; il est digne d'adorations.

2. Puisse Agni, qui est immortel, dont la sagesse est sans bornes et dont la splendeur est merveil-

leuse, écouter mes supplications que j'accompagne de mes louanges ; des chevaux bruns, rouges ou pourpres traînent son char ; il a été porté dans diverses directions.

3. Ils ont engendré Agni, lorsqu'il dormait profondément sur sa couche retournée ; cet Agni, qui est à l'état d'embryon dans beaucoup de formes végétales et qui, manifesté par l'offrande, se montre avec éclat durant la nuit sans que l'obscurité l'enveloppe.

4. Je présente des offrandes de beurre à Agni qui se répand dans toutes les régions, qui prend une forme comprenant toutes choses, et qui, nourri des mets du sacrifice, brille avec puissance.

5. Je présente des offrandes à Agni, qui est présent à tous les sacrifices ; puisse-t-il les accepter : elles sont offertes sans hésitation à celui qui est le refuge de l'homme, qui est doué de quelque forme que l'on puisse désirer, et qui brille avec une splendeur qu'il n'est pas possible d'endurer.

6. Accablant de ton éclat tes ennemis, puisses tu reconnaître la portion qui te revient ; puissions-nous, t'ayant pour messager, réciter des louanges comme Manou ; désireux de richesses, je te présente des offrandes avec la cuiller du sacrifice, et en récitant tes louanges ; j'adore cet Agni qui ne manque jamais de récompenser celui qui lui offre le doux fruit du sacrifice.

SUKTA XI.

(Composé par le même rishi et adressé à Indra.)

1. Indra, écoute mes supplications, ne les repousse pas ; puissions-nous te paraître dignes que tu nous fasses don de tes trésors ; ces offrandes, faites dans le but d'obtenir l'opulence et coulant abondamment comme les rivières, t'apportent un accroissement de vigueur.

2. O héroïque Indra, tu as rendu la liberté aux eaux abondantes qu'avait autrefois arrêtées Ahi et que tu as distribuées ; fortifié par les hymnes des hommes, tu as renversé et jeté au loin l'esclave qui, dans son arrogance insensée, se croyait immortel.

3. O héroïque Indra, c'est à toi que s'adressent ces brillantes louanges sous forme d'hymnes qui font tes délices et que récitent tes adorateurs ; nous espérons ainsi t'amener à notre sacrifice.

4. Nous augmentons par nos louanges ta force brillante, et nous plaçons la foudre en tes mains ; ô Indra radieux, augmentant en force et encouragé par le soleil, accable, pour notre bien, la nation servile (ennemie de nos sacrifices).

5. O héroïque Indra, tu as tué, grâce à ta valeur, l'insolent Ahi, qui se cachait dans une caverne, et qui restait ainsi soustrait aux regards, couvert par les eaux au milieu desquelles il résidait et arrêtant les pluies dans le ciel.

6. Nous glorifions, ô Indra, les exploits dont tu t'es acquitté jadis ; nous glorifions tes actions d'éclat plus récentes ; nous louons la foudre qui brille en tes mains, et nous célébrons les chevaux qui sont les signes d'Indra comme du soleil.

7. Tes chevaux rapides, ô Indra, ont rendu un son vigoureux qui annonce la pluie ; la terre attend avec impatience sa chute, lorsque le nuage aura passé.

8. Le nuage, ne méconnaissant point son emploi, est suspendu dans les airs ; il s'est étendu, et les eaux maternelles l'ont fait résonner ; les vents, augmentant le bruit à l'horizon lointain, ont promulgué ce qu'avait dit Indra.

9. Le puissant Indra a brisé le coupable Vritra qui reposait dans les nuages ; le ciel et la terre frémirent alarmés de l'arme redoutable dont était muni le dieu.

10. La foudre d'Indra, l'ami de l'homme, rugit avec fracas lorsque le dieu voulut détruire l'ennemi de la race humaine. Buvant le jus du soma, Indra déjoua les plans de l'impie Danava.

11. Bois le soma, ô héroïque Indra ; puissent les jus enivrants de cette boisson faire tes délices ; puissent-ils, en gonflant tes flancs, augmenter ton courage, et que, de cette façon, la libation répandue satisfasse Indra.

12. Puissions-nous résider en toi, nous qui sommes tes pieux adorateurs ; approchant de toi avec dévotion, puissions-nous jouir de la récompense de nos hommages ; désirant ta protection, nous méditons sur les moyens de te glorifier ; puissions-nous être toujours jugés dignes du don de tes trésors.

13. Puissions-nous, grâce à ta faveur, ô Indra, être comptés parmi ceux qui augmentent ta vigueur par leurs louanges et qui obtiennent ta protection ; ô divin Indra, tu accordes l'opulence que nous désirons ; elle est la source d'une grande puissance et d'une postérité nombreuse.

14. Tu accordes une habitation ; tu nous accordes des amis ; tu nous accordes, ô Indra, la force des Maruts qui, pleins de joie et favorables aux hommes, boivent copieusement la première offrande du suc du soma.

15. Que ceux en qui tu mets tes délices s'approchent de la libation ; bois avec confiance, ô Indra, le soma qui rassasie ; toi qui nous délivres du mal et qui es associé aux puissants et adorables Maruts, augmente notre prospérité et celle du ciel.

16. Tu protèges ceux qui t'adorent en t'adressant des hymnes pieux, ô toi qui donnes le bonheur ; tu les fais rapidement grandir ; tu accordes, pour ceux et pour leurs familles, une nourriture abondante à ceux qui, en ton honneur, étendent l'herbe sacrée.

17. O héroïque Indra, toi qui prends plaisir aux

cérémonies saintes qui durent trois jours (137), bois le jus du soma, et, secouant ta barbe pour faire tomber les gouttes qui y seraient restées, viens, traîné par tes chevaux chéris, viens boire la libation répandue.

18. O héroïque Indra, garde la force avec laquelle tu as écrasé Vritra, cet être semblable à l'araignée et fils de Danu; ouvre la lumière à l'Arya; le Dasyu a été placé à l'écart et à ta gauche.

19. Honorons ces hommes qui, grâce à ta protection, surpassent tous leurs rivaux comme les Aryas surpassent les Dasyus; c'est pour nous que tu as accompli une œuvre semblable; tu as tué Viswarupa, le fils de Twashtri, par suite de ton attachement pour Trita.

20. Fortifié par la libation de Trita qui t'offrait le soma, tu as anéanti Arbuda; Indra, aidé par les Angira-as, a fait tourner sa foudre comme le soleil fait tourner sa roue, et il a tué Bala.

21. Les dons généreux que tu accordes, Indra, procurent à celui qui te loue tout ce qu'il désire; accorde-nous l'objet de tous nos vœux, à nous qui te célébrons; ne repousse pas nos prières, toi vers qui se dirigent nos adorations, afin que, possédant de dignes descendants, nous puissions te glorifier par nos sacrifices.

ANUVAKA XXVI.

SUKTA I.

(Composé par le même rishi et adressé au même dieu.)

1. Celui qui, aussitôt qu'il est né, est le premier des dieux; celui qui a fait honneur aux dieux par ses exploits; celui dont la puissance est un objet d'effroi pour le ciel et la terre; celui qui fait reconnaître la grandeur de sa force, apprenez, ô mortels, que c'est Indra (138).

2. Celui qui a arrêté et fixé la terre dans sa course, celui qui a apaisé les montagnes agitées (139), celui qui a étendu le firmament spacieux, celui qui a consolidé le ciel, apprenez, ô mortels, que c'est Indra.

(137) M. Langlois copie le mot *tricadrom* qu'offre le texte et observe qu'il s'agit de trois sacrifices, les jours où ils arrivent sont appelés *tricadrouca*. Les commentateurs donnent à ces sacrifices les noms de *djyotih*, *goh* et *ayouh*, mais ils ne fournissent pas d'autres détails.

(138) Mentionnons ici une légende racontée avec quelques variantes, mais dont voici le fond: Gritsamada avait, par sa piété, acquis une taille aussi colossale que celle d'Indra, et elle était à la fois visible dans les trois mondes. Deux asuras, nommés Dhuni et Chumuri, le prenant pour Indra, allaient l'attaquer, lorsqu'il les arrêta en récitant cet hymne et en déclarant ainsi qu'il n'était pas Indra. On dit aussi qu'Indra prit la figure de Gritsamada pour échapper à la colère de ses ennemis et que le sage montra, en récitant ces vers, qu'il n'était pas le dieu comme on le supposait.

(139) Les légendes hindoues rapportent que les montagnes avaient autrefois des ailes et qu'elles se transportaient d'elles-mêmes à travers les airs. La foudre d'Indra les condamna à l'immobilité en tranchant ces ailes.

3. Celui qui, ayant détruit Ahi, a mis en liberté les sept rivières; celui qui a recouvré les vaches retenues par Bala, qui a engendré le feu dans les nuages, qui est invincible dans les combats, apprenez, ô mortels, que c'est Indra.

4. Celui qui a fait toutes ces régions périssables, celui qui a relégué dans des cavernes les tribus basses et serviles, celui qui s'empare en triomphateur des trésors les plus précieux de l'ennemi, semblable au chasseur qui frappe sa proie, apprenez, ô mortels, que c'est Indra.

5. Celui qui est terrible et qu'on invoque en disant: Où est-il? quoiqu'on ne puisse dire avec vérité qu'il est dans quelque endroit déterminé; celui qui, infligeant de justes châtiments, ravit les trésors de ses ennemis, ayez foi en lui et apprenez, ô mortels, que c'est Indra.

6. Celui qui encourage le pauvre comme le riche, et le prêtre qui récite ses louanges; celui dont le visage est gracieux et qui protège l'homme qui, au moyen des pierres qu'il a préparées, extrait le jus du soma, apprenez, ô mortels, que c'est Indra.

7. Celui sous la domination duquel sont les chevaux, les troupeaux, les villages et tous les chars; celui qui donne naissance au soleil et à l'aurore; celui qui est le conducteur des eaux, apprenez, ô mortels, que c'est Indra.

8. Celui que deux armées invoquent au moment de se heurter, celui auquel s'adressent tous adversaires, éminents ou humbles, celui qu'invoquent aussi deux conducteurs qui se tiennent dans un même char, apprenez, ô mortels, que c'est Indra.

9. Celui sans lequel les hommes ne peuvent triompher; celui dont ils invoquent l'appui lorsqu'ils sont engagés dans les combats; celui qui est le prototype de l'univers et qui renverse l'ennemi qui ne recule pas, apprenez, ô mortels, que c'est Indra.

10. Celui qui a détruit avec la foudre beaucoup d'hommes qui commettaient de grands péchés et qui ne lui rendaient point d'hommages; celui qui n'accorde pas de sursis à l'homme présomptueux, celui qui est le vainqueur des Dasyus, apprenez, ô mortels, que c'est Indra.

11. Celui qui découvrit Sambara qui résida pendant quarante ans dans les montagnes, celui qui tua Ahi qui croissait en vigueur, ainsi que le fils endormi de Danu, apprenez, ô mortels, que c'est Indra.

12. Celui qui a sept rayons, qui est puissant, qui fit couler les sept rivières, qui, armé de la foudre, écrasa Rauhina lorsqu'il escaladait le ciel, apprenez, ô mortels, que c'est Indra.

13. Celui devant lequel le ciel et la terre s'inclinent, celui dont la puissance frappe d'effroi les montagnes, celui qui boit le jus du soma, dont les

armes sont de diamant, et qui brandit la foudre, apprenez, ô mortels, que c'est Indra.

14. Celui qui protége l'adorateur qui offre la libation ou qui prépare le mélange de caillé et de beurre en répétant ses louanges et en sollicitant son appui, celui dont la vigueur est augmentée par la prière sainte, par l'offrande du suc de soma et par la présentation des mets du sacrifice ; apprenez, ô mortels, que c'est Indra.

15. Indra, dont il est difficile d'approcher, tu es un bienfaiteur véritable qui accorde une nourriture abondante à celui qui t'offre des libations et qui prépare le mélange de caillé et de beurre ; puissions-nous, en jouissant de ta faveur et en obtenant une postérité nombreuse, répéter chaque jour tes louanges dans nos sacrifices.

SUKTA II.
(Composé par le même rishi et adressé au même dieu.)

1. La saison des pluies donne naissance à la plante soma, qui, aussitôt qu'elle est née, entre dans les eaux où elle croît ; c'est pourquoi elle est propre à être broyée comme renfermant l'essence de l'eau, et le suc du soma est spécialement digne de louanges *(comme étant la libation qui convient à Indra).*

2. Les courants d'eau s'étant réunis arrivent, portant en tout lieu les ondes qui donnent leur substance dont l'asile des eaux (*l'Océan*) a besoin ; le même chemin est assigné à tous les courants qui descendent à leur suite, et comme étant celui qui leur a assigné leur cours, tu mérites, Indra, des louanges toutes particulières.

3. Un prêtre annonce l'offrande que présente (celui qui a institué le rite) ; un autre accomplit l'acte qui répartit les membres (de la victime) ; un troisième corrige les erreurs que l'un ou l'autre aurait pu commettre, et comme étant celui qui a réglé ces diverses fonctions, tu mérites, Indra, des louanges toutes particulières.

4. Distribuant de la nourriture à leurs enfants, les pères de famille résident dans leur demeure, comme s'ils offraient à un hôte une ample et bienfaisante opulence ; construisant des ouvrages utiles, un homme mange avec ses dents les aliments que lui a donnés son protecteur ; comme étant celui qui a ordonné que ces diverses choses fussent accomplies, tu mérites, Indra, des louanges toutes particulières.

5. Tu as rendu la terre visible pour le ciel et tu as ouvert un chemin aux rivières en tuant Ahi ; aussi les dieux t'ont rendu divin par leurs louanges, comme les hommes fortifient un cheval en l'abreuvant ; tu es, ô Indra, digne d'éloges.

6. Tu es celui qui accorde la nourriture et la croissance ; tu tires de son enveloppe humide le grain sec et nourrissant ; tu es celui qui donne des richesses à l'adorateur fervent, et tu es le seul souverain de l'univers ; tu es celui qu'il faut louer.

7. Tu es celui qui a fait répandre par la culture sur les champs les plantes nourrissantes ; c'est toi qui as engendré les astres divers qui éclairent le ciel, et dans ta grande étendue, tu comprends des corps immenses ; tu es celui qu'il faut louer.

8. Tu es célèbre par la multiplicité de tes exploits, et tu as pris aujourd'hui une physionomie exempte de tout nuage comme étant préparé à tuer Sahavasu, fils de Arimara (140), le frappant de ta foudre tranchante, afin de défendre les mets du sacrifice et de détruire les Dasyus ; tu es celui qu'il faut louer.

9. Toi, pour le plaisir duquel mille coursiers sont prêts, toi qui pourvois à la nourriture de tous (les êtres) et qui protéges celui qui a institué le sacrifice ; toi qui, pour sauver Dabhiti, as réduit les Dasyus en servitude et dont tous doivent approcher (avec respect), tu es celui qu'il faut louer.

10. Tu es celui dont la virilité a donné naissance à toutes les rivières, celui auquel les hommes pieux ont présenté des offrandes, celui auquel ils ont présenté l'opulence, ô toi qui accomplis de grandes choses ; tu es celui qui a réglé les sept objets susceptibles d'expansion ; tu es le protecteur des cinq races qui élèvent leurs regards vers toi ; tu es celui qu'il faut louer.

11. Ton héroïsme doit être glorifié ; car, par un seul effort, tu as acquis l'opulence, et tu as ainsi assuré la nourriture qui doit être offerte dans toute cérémonie solennelle ; toutes les actions que tu as accomplies, ô Indra, te signalent comme étant celui qu'il faut louer.

12. Tu as procuré à Turviti et à Vayya les moyens de traverser facilement les eaux qui courent avec rapidité ; te rendant célèbre, tu as retiré de l'abattement de son affliction Paravry aveugle et boiteux ; tu es celui qu'il faut louer.

13. Possesseur des richesses, déploie tes ressources afin de verser sur nous l'opulence, car les trésors dont tu disposes sont immenses ; puisses-tu, ô Indra, être disposé à nous accorder une richesse constante et des plus considérables, afin que, ayant autour de nous de dignes descendants, nous puissions te glorifier dans tous nos sacrifices.

SUKTA III.
(Composé par le même rishi et adressé au même dieu.)

1. Prêtres, apportez pour Indra la libation du soma, répandez avec des cuillers ce breuvage enivrant ; le héros est toujours désireux de cette boisson ; offrez la libation à celui qui répand les bienfaits, car vraiment il la désire.

(140) On ne connaît rien de relatif à ces deux Asuras, et leurs noms sont significatifs : *saha*, avec, *vasa*, opulence ; *ari*, homme, *mura*, qui tue.

2. Prêtres, offrez la libation à celui qui tua Vritra, tout comme il abat un arbre avec la foudre ; offrez-la à celui qui la désire ; Indra est digne de cette boisson.

3. Prêtres, offrez cette libation qui, telle que le vent du firmament, est la cause de la pluie ; offrez-la à celui qui tua Dribhika (141), qui détruisit Bala et qui détruisit les vaches ; couvrez Indra du suc de soma comme un vieillard est couvert de vêtements.

4. Prêtres, rendez propice par l'offrande du soma cet Indra qui tua Urana, en déployant quatre-vingt-dix-neuf bras et qui précipita au loin Arbuda.

5. Prêtres, offrez la libation de soma à cet Indra qui a tué Swasna et Sushna l'inabsorbable, et Vritra le mutilé, qui a détruit Pipru, Namuchi et Rudhikra.

6. Prêtres, présentez la libation de soma à celui qui, armé de la foudre aiguë comme le diamant, a démoli les cent anciennes cités de Sambara et qui a terrassé les cent mille descendants de Varchin.

7. Prêtres, offrez la libation de soma à celui qui, tuant des centaines et des milliers d'Asuras, en jonche la terre, qui détruisit les assaillants de Kutsa, d'Ayu et d'Atithigwa.

8. Prêtres, qui dirigez la cérémonie, puissiez-vous, portant rapidement l'offrande à Indra, obtenir la récompense que vous désirez ; offrez, en célébrant le sacrifice, à l'illustre Indra la libation de soma purifiée.

9. Prêtres, offrez-lui la libation désirée ; élevez-la dans la cuiller après l'avoir purifiée avec l'eau ; il désire la recevoir de vos mains ; présentez à Indra le jus enivrant du soma.

10. Prêtres, remplissez de vos libations le généreux Indra comme la mamelle d'une vache est pleine de lait ; l'adorable Indra comprendra ainsi pleinement la libéralité de celui qui désire lui présenter un don, et il lui dira : « Je reconnais la vertu secrète de ce breuvage. »

11. Prêtres, remplissez de vos libations Indra qui est le seigneur des richesses du ciel, de l'air et de la terre ; remplissez-le comme un grenier est rempli d'orge, et puissent vos actes pieux être pour votre bien.

12. Possesseur des richesses, emploie ton activité à répandre sur nous l'opulence, car tes trésors sont immenses ; puisses-tu, Indra, être disposé à nous accorder chaque jour une opulence extrême, afin qu'entourés d'une postérité parfaite, nous puissions te glorifier en nos sacrifices.

SUKTA IV.
(Composé par le même rishi et adressé au même dieu.)

1. En vérité, je proclame les grandes et authentiques actions du puissant et véridique Indra, de celui qui boit les jus répandus du soma lors des fêtes qui durent trois jours, et qui, dans son transport, tua Ahi.

2. C'est lui qui a fixé le ciel dans un espace qui n'a point de soutien ; c'est lui qui a rempli de lumière le firmament et la terre ; c'est lui qui a soutenu la terre et qui l'a rendue célèbre ; Indra a fait toutes ces choses dans le transport où le jetait l'enivrant soma.

3. C'est lui qui a mesuré les régions de l'Orient comme on mesure une chambre ; c'est lui qui a creusé avec la foudre les lits des rivières et qui les a fait courir dans de longs sentiers ; Indra a fait toutes ces choses dans le transport où le jetait l'enivrant soma.

4. Rencontrant les Asuras qui enlevaient Dabhiti, il a brûlé toutes leurs armes, et il a enrichi le prince de leurs dépouilles ; il lui a donné ses troupeaux, leurs chevaux et leurs chars ; Indra a fait toutes ces choses dans le transport où le jetait l'enivrant soma.

5. Il calma ce grand fleuve afin qu'on pût le traverser ; il transporta au delà en sûreté les sages qui n'avaient pu le franchir et qui l'ayant traversé, allèrent se mettre en possession de l'opulence qu'ils cherchaient ; Indra a fait toutes ces choses dans le transport où le jetait l'enivrant soma.

6. Il a, par un effet de sa grande puissance, tourné le Sindhu vers le nord ; il a, avec sa foudre, mis en pièces le char de l'aurore, dispersant avec ses forces rapides l'ennemi attardé ; Indra a fait toutes ces choses dans le transport où le jetait l'enivrant soma.

7. Instruit de ce que les jeunes filles avaient disparu, le rishi Parivrij se releva (142) ; le boiteux les rejoignit, l'aveugle les vit ; Indra a fait toutes ces choses dans le transport où le jetait l'enivrant soma.

8. Loué par les Angirasas, il a détruit Bala ; il enfonça les portes solides de la montagne qui étaient fermées ; il brisa leurs défenses artificielles ; Indra a fait toutes ces choses dans le transport où le jetait l'enivrant soma.

9. Tu as détruit les Dasyus, Chumuri et Dhuni, les ayant plongés dans un profond sommeil ; tu as protégé Dabhiti, tandis que son serviteur se rendait maître dans ce conflit, de l'or des Asuras ; Indra a fait toutes ces choses dans le transport où le jetait l'enivrant soma.

10. Ces dons opulents qui viennent de toi, ô

---

(141) Nom d'un Asura ; il en est de même des noms qu'on trouve à la cinquième stance.

(142) Une légende dit que de jeunes filles s'étant moquées de ce rishi, qui était aveugle et boiteux, il invoqua Indra et recouvra l'usage de ses yeux et de ses jambes. Les commentateurs sanscrits voient dans ce récit une allusion au soleil qui revient de l'extrémité de l'horizon ; il est aveugle et boiteux pendant la nuit ; il voit et il marche pendant le jour.

Indra, procurent certainement à celui qui te loue les avantages qu'il désire ; accorde-nous les bienfaits, à nous qui t'adorons ; ne dédaigne pas nos prières, toi qui es l'objet de nos louanges, afin qu'entourés de descendants accomplis, nous puissions te glorifier en nos sacrifices.

SUKTA V.

(Composé par le même rishi et adressé au même dieu.)

1. J'apporte pour vous au meilleur des dieux des libations qui doivent être répandues sur le feu allumé, et je lui adresse des prières convenables ; nous invoquons la protection d'Indra, toujours jeune, impérissable et abreuvé du suc du soma.

2. Sans ce puissant Indra le monde ne serait rien ; c'est en lui que toute puissance est réunie ; il reçoit en son estomac le jus du soma, et son corps montre de la force et de la vigueur ; il porte la foudre dans sa main et la sagesse dans sa tête.

3. Ta puissance, ô Indra, ne saurait être surpassée par celle du ciel et de la terre ; ton char ne saurait être arrêté ni par les mers ni par les montagnes ; personne ne peut échapper à la foudre, lorsque, traîné par tes chevaux rapides, tu traverses de vastes contrées.

4. Tous les hommes offrent leurs hommages à cet adorable, puissant et généreux Indra qui est digne de toute louange ; ô toi, mortel libéral et doué d'une grande sagesse, adore-le en lui présentant des offrandes ; bois le suc du soma, ô Indra, d'accord avec le soleil, le grand distributeur des bienfaits.

5. Le suc du soma enivrant et délicieux, anime ceux qui le boivent et coule vers celui qui répand les bienfaits, vers celui qui dispense la nourriture ; les deux prêtres qui répandent l'offrande et les pierres qui expriment le jus offrent le soma au plus parfait des dieux.

6. Ta foudre, Indra, fait pleuvoir les bienfaits, ton char répand l'abondance ; tes deux chevaux comblent tous les désirs ; tu règnes sur le breuvage enivrant qui procure toutes sortes de délices ; rassasie-toi, Indra, de ce soma qui donne le bonheur.

7. Victorieux dans le combat, grâce à ta faveur, je m'approche de toi et je t'honore par mes prières dans les cérémonies sacrées ; ô toi, qui aimes la louange, tu es pour moi comme une barque pour me faire traverser le malheur ; puisse Indra écouter attentivement nos paroles ; nous répandons nos libations, les offrant à Indra dans lequel les trésors sont réunis comme l'eau dans un puits.

8. Conduis-nous à l'avance loin du mal, comme une vache, qui paît dans une prairie, conduit son veau loin de tout péril ; puissions-nous, Satakratu, t'envelopper, ne fût-ce qu'une fois, de louanges qui te seraient agréables ; puissions-nous t'être chers comme de jeunes époux le sont à leurs femmes.

9. Les dons généreux qui viennent de toi assurent, ô Indra, à celui qui te prie l'accomplissement de tous ses vœux ; accorde-nous les présents, à nous qui sommes tes adorateurs ; ne repousse pas nos prières, toi qui es l'objet de notre culte, et, entourés de pieux descendants, nous te glorifierons dans nos sacrifices.

SUKTA VI.

(Composé par le même rishi et adressé au même dieu.)

1. O vous, adorateurs de cet Indra dont l'énergie redoutable s'est manifestée depuis longtemps, adressez-lui un hymne nouveau, selon l'usage des Angirasas ; c'est lui qui, dans le transport où l'avait mis le suc du soma, a brisé les nuages, solide obstacle placé devant lui.

2. Qu'il soit célébré, cet Indra, qui, manifestant sa vigueur, a déployé sa puissance dès qu'il eut bu pour la première fois le suc du soma ; ce héros protégea dans les combats sa propre personne, et, par sa grandeur, il soutint le ciel sur sa tête.

3. Vraiment, Indra, tu as déployé tout ton courage lorsque, rendu propice par les prières de ton adorateur, tu as montré en sa présence ta redoutable énergie, et quand les ennemis des dieux s'enfuirent dispersés devant toi, debout sur ton char.

4. Indra, devenant par sa puissance le souverain de tous les mondes, régna sur toutes choses, et soutenant le ciel et la terre, il les inonda de splendeur et dispersa les ténèbres malveillantes.

5. Il a fixé par sa force les montagnes qui étaient errantes (143) ; il a dirigé en bas le cours des eaux ; il a soutenu la terre, mère de toutes les créatures, et, grâce à son habileté, il a empêché la terre de tomber.

6. Il suffisait pour protéger ce monde qu'il avait fabriqué avec ses deux bras en faveur des mortels sur lesquels il régnait ; lui, dont la voix est forte, ayant frappé Krivi (144) de sa foudre, le livra à un sommeil (éternel) sur la terre.

7. De même qu'une jeune fille vertueuse qui, vieillissant dans la maison de ses parents, réclame d'eux les moyens de subsister, je viens vers toi pour réclamer l'opulence ; fais qu'elle soit brillante, apporte-la-moi, donne une portion suffisante pour soutenir mon corps et telle que celle dont tu récompenses tes adorateurs.

8. Nous t'invoquons, Indra, toi qui accordes la jouissance ; tu accordes la nourriture afin de rémunérer les actes pieux ; protège-nous, Indra, en toute circonstance et de toute manière ; Indra, toi qui répands les bienfaits, rends-nous opulents.

---

(143) Le sens de ce passage a déjà été signalé.
(144) Nom d'un Asura.

9. Les dons généreux qui viennent de toi assurent, ô Indra, à celui qui te prie l'accomplissement de tous ses vœux ; accorde-nous tes présents, à nous qui sommes tes adorateurs ; ne repousse pas nos prières, toi qui es l'objet de notre culte, et, entourés de pieux descendants, nous te glorifierons dans nos sacrifices.

SUKTA VII.

1. Un sacrifice louable et pur a été institué au moment de l'aurore ; il a quatre couples de pierres pour broyer le soma, trois tons pour la prière, sept mesures et dix vaisseaux ; il est profitable à l'homme, il procure le ciel et les prières ; les cérémonies solennelles le sanctifient.

2. Ce sacrifice est suffisant pour Indra, qu'il soit offert pour la première, pour la seconde ou pour la troisième fois ; il apporte à l'homme toutes sortes de bien : d'autres prêtres engendrent l'embryon d'un rite différent ; mais ce sacrifice victorieux qui répand des bienfaits, s'unit avec d'autres cérémonies.

3. J'attelle rapidement et facilement les chevaux au char d'Indra afin qu'il effectue son voyage ; un grand nombre de sages adorateurs sont présents ici ; que nul autre instituteur de rites sacrés ne te détourne de nous, au moyen de prières nouvelles et bien récitées.

4. Indra, viens, lorsque nous t'invoquons, avec deux chevaux, ou avec quatre, ou avec six, ou avec dix (145) ; viens boire le suc du soma ; ô toi qui es l'objet de nos hommages, le suc est versé ; ne dédaigne pas la libation.

5. Viens en notre présence, Indra, après avoir attelé à ton char vingt, trente ou quarante chevaux, ou cinquante coursiers bien dressés ; viens avec soixante ou soixante-dix chevaux, Indra, afin de boire le jus du soma.

6. Viens, Indra, auprès de nous, apporté par quatre-vingts, quatre-vingt-dix ou cent chevaux ; le soma a été versé dans le vase, Indra, afin de te combler de plaisir.

7. Viens, Indra, après avoir entendu ma prière ; attelle à ton char tes deux coursiers universels ; tu as été l'objet des invocations multipliées d'une foule d'adorateurs ; maintenant, ô héros, que notre sacrifice t'exalte.

8. Que l'amitié qui me joint à Indra ne soit jamais rompue ; que sa libéralité nous accorde toujours tout ce que nous désirons ; puissions-nous être sous l'appui tutélaire de ses armes victorieuses ; puissions nous être vainqueurs dans tous les combats.

(145) Tout ceci est allégorique ; ces coursiers sont le nombre de syllabes que contient chaque vers des invocations.

9. Les dons généreux qui viennent de toi assurent, ô Indra, à celui qui te prie l'accomplissement de tous ses vœux ; accorde-nous tes présents, à nous qui sommes tes adorateurs ; ne repousse pas nos prières, toi qui es l'objet de notre culte, et, entourés de pieux descendants, nous te glorifierons dans nos sacrifices.

SUKTA VIII.

(Même observation que pour l'hymne précédent.)

1. Indra a pris part à ces aliments agréables offerts en sacrifice et aux libations répandues par ses fervents adorateurs ; fortifié par ce liquide bienfaisant, il a accordé une demeure convenable où résident ceux qui dirigent le sacrifice.

2. Dans le transport causé par le soma, Indra, armé de la foudre, brisa le nuage qui retenait la pluie ; les eaux des rivières se dirigèrent alors vers la mer, comme des oiseaux se dirigent vers leurs nids.

3. L'adorable Indra, le destructeur d'Ahi, a fait couler vers l'océan le torrent des eaux ; il a engendré le soleil ; il a recouvré les troupeaux ; il a effectué la manifestation des jours par la lumière.

4. Indra donne à celui qui présente la libation une foule de présents que rien n'égale ; il a tué Vritra ; c'est lui qui a été l'arbitre, parmi ses adorateurs, lors du conflit pour la possession du soleil.

5. Le divin Indra, étant loué par Etasa, humilia le soleil en faveur du mortel qui lui offrit la libation, car le généreux Etasa lui présenta des trésors mystérieux et inestimables comme un père donne à son fils la part qui lui revient.

6. Le radieux Indra soumit à Kutsa, conducteur de son char, les Asuras Sushna, Asuska et Kuyava, et en faveur de Divodasa, il démolit les quatre-vingt-dix-neuf cités de Sambara.

7. Désireux de nourriture, contribuant à augmenter ta valeur, nous t'adressons spontanément nos louanges, ô Indra ; puissions-nous compter avec sécurité sur ton amitié ; lance ta foudre contre l'impie Piyu.

8. Les Gritsamadas ont arrangé des louanges pour toi, ô Indra, comme ceux qui désirent voyager construisent une route ; puissent ceux qui te rendent un culte, adorable Indra, obtenir des aliments, de la force, des demeures et le bonheur.

9. Les dons généreux qui viennent de toi assurent, ô Indra, à celui qui te prie, l'accomplissement de tous ses vœux ; accorde-nous tes présents, à nous qui sommes tes adorateurs ; ne repousse pas nos prières, toi qui es l'objet de notre culte, et, entourés de pieux descendants, nous te glorifierons dans nos sacrifices.

SUKTA IX.

(Même observation.)

1. Nous t'apportons de la nourriture, ô Indra, comme un homme voulant posséder des aliments prépare son chariot pour les emporter; regarde-nous avec bienveillance, lorsque nous te glorifions, te rendant illustre par nos louanges et sollicitant, pour nous mener au bonheur, un guide tel que toi.
2. Défends-nous, Indra, en nous accordant ta protection, car tu es celui qui défend contre leurs ennemis les hommes qui comptent sur toi; tu es le soutien et l'ami de celui qui offre la libation, et tu veilles sur celui qui t'adore.
3. Puisse le jeune et adorable Indra être toujours notre ami et notre bienfaiteur; qu'il nous protége, nous qui l'adorons; il peut combler les vœux de celui qui lui adresse des prières et des éloges, qui prépare l'offrande et qui le célèbre dans ses chants.
4. Je loue Indra, je glorifie celui qui a donné depuis longtemps la prospérité à ses adorateurs et qui a dispersé leurs ennemis; puisse-t-il accomplir les vœux que forme celui qui l'adore avec respect.
5. Exauçant les prières des Angirasas, Indra leur accorda leurs demandes et les dirigea sur le chemin qu'ils devaient suivre pour recouvrer leurs troupeaux; chassant les aurores par la lumière du soleil, il renversa les antiques cités d'Asna.
6. Que le gracieux et glorieux Indra, qui est véritablement divin, soit à côté des hommes; qu'il brise la tête de l'hostile Dasa, lui qui triomphe de ses ennemis.
7. Indra, qui a tué Vritra, qui a détruit les villes, a dispersé les bandes serviles de ses noirs ennemis, il a engendré la terre et les eaux pour Manou; puisse-t-il exaucer toutes les prières du sacrificateur.
8. Indra a reçu une vigueur perpétuelle de la part de ses adorateurs qui lui présentent des offrandes afin d'obtenir de la pluie; c'est pourquoi ils ont placé dans ses mains la foudre avec laquelle il a tué les Dasyus et détruit leurs cités de fer.
9. Les dons généreux qui viennent de toi assurent, ô Indra, à celui qui te prie, l'accomplissement de tous ses vœux; accorde-nous tes présents, à nous qui sommes tes adorateurs; ne repousse pas nos prières, toi qui es l'objet de notre culte, et, entourés de pieux descendants, nous te glorifierons dans nos sacrifices.

SUKTA X.

(Composé par le même rishi et adressé au même dieu.)

1. Apportez le soma désiré à l'adorable Indra, le seigneur de toutes choses, le seigneur du ciel, le maître de la richesse, le seigneur perpétuel, le seigneur de l'homme, le seigneur de la terre, le seigneur des chevaux, le seigneur du bétail, le seigneur de l'eau.
2. Présentez vos offrandes à Indra le vainqueur, le destructeur, le généreux, l'invincible, le créateur, l'adorable, celui qui soutient toutes choses, celui qu'on ne saurait attaquer et qui est toujours victorieux.
3. Je proclame les puissants exploits de cet Indra qui est toujours victorieux, le bienfaiteur des hommes, le vainqueur de ses ennemis puissants; c'est lui qui est satisfait de nos libations, qui nous accorde nos désirs, qui subjugue nos antagonistes et qui est le refuge du peuple.
4. D'une libéralité que rien n'égale, Indra, le destructeur des impies, est profond, puissant, robuste et d'une taille immense; c'est lui qui distribue la prospérité et qui accomplit les actes pieux; il a donné naissance à la lumière du matin.
5. Les sages fils d'Usa, célébrant ses louanges, ont obtenu de celui qui envoie l'eau, et par le moyen de leurs sacrifices, la connaissance du chemin qu'avaient suivi leurs troupeaux; en recherchant l'aide d'Indra et en célébrant ses louanges, ils ont acquis de précieux trésors.
6. Indra, accorde-nous une opulence désirable; donne-nous la science nécessaire à la célébration des rites sacrés; accorde-nous la prospérité, l'accroissement de notre fortune, la sécurité de nos personnes, la douceur des paroles et la félicité de l'existence.

SUKTA XI.

(Composé par le même rishi et adressé au même dieu.)

1. L'adorable et puissant Indra, partageant le soma mêlé avec de l'orge, a bu avec Vishnou tout autant qu'il le devait; cette boisson a engagé le grand et puissant Indra à accomplir des exploits admirables. Puisse ce divin soma inspirer le divin Indra (146).
2. Le radieux Indra a, par son courage, triomphé de Krivi; il a rempli de sa splendeur le ciel et la terre, et il a été fortifié par l'efficacité de cette boisson; il en a pris pour lui une portion et il a distribué l'autre aux dieux. Puisse ce divin soma inspirer le divin Indra!
3. O toi qui es puissant et qui accomplis des œuvres de piété, tu désires supporter l'univers; doué d'une énergie héroïque, tu triomphes des impies; tu distingues celui qui fait le bien de celui qui fait le mal; tu donnes à celui qui te loue l'opulence qu'il désire. Puisse ce divin soma inspirer le divin Indra!

---

(146) Tous les vers de cet hymne se trouvent épars dans le Soma-Véda; une des épithètes données à Indra et qu'on peut rendre par *adorable*, signifie dans son sens littéral, buffle.

4. Indra, les délices de tous les hommes, le premier acte que tu as accompli autrefois a été pour le bien de l'espèce humaine, et t'a valu une juste renommée dans le ciel, lorsqu'arrêtant de force le souffle de l'ennemi des dieux, tu fis tomber la pluie. Puisse Indra triompher par sa vaillance de tous les impies; puisse Satakratu obtenir de la force; puisse-t-il jouir des mets offerts en sacrifice.

ANUVAKA III.

SUKTA I.

(Composé par le rishi Gritsamada et adressé à Brahmanaspati.)

1. Nous t'invoquons, Bramanaspati, chef des armées célestes, sage des sages, abondant outre mesure en aliments de toute espèce, maître souverain de la prière : entends nos supplications, sois notre protecteur et assieds-toi dans la chambre des sacrifices.

2. Brihaspati, destructeur des Asuras, c'est par ton entremise que les dieux intelligents ont obtenu la portion qui leur revient dans les sacrifices; de même que le soleil adorable engendre par sa splendeur les rayons solaires, tu es le générateur de toutes les prières.

3. Ayant repoussé les mépris et dispersé les ténèbres, tu te tiens debout, Brihaspati, sur le char radieux du sacrifice qui est formidable aux ennemis; tu es le destructeur des esprits méchants, tu déchires les nuages et tu attires le ciel.

4. Tu aides les hommes, Brihaspati, par des instructions vertueuses ; tu les préserves du malheur; le péché n'atteindra jamais celui qui te présente des offrandes ; tu punis celui qui hait les prières saintes ; tu punis la colère, tant ton pouvoir est étendu.

5. L'homme que tu protéges et que tu défends avec bonté, est exempt, ô Bhahmanaspati, de tout dommage que pourraient lui causer le chagrin et le péché, ou ses ennemis ; car tu éloignes de lui tout ce qui pourrait lui nuire.

6. Tu es, Brihaspati, notre protecteur et le guide de notre chemin; tu es celui qui discerne toutes choses; nous t'adorons en t'adressant nos louanges; que la malice téméraire de celui qui veut nous tromper le plonge dans la destruction.

7. Détourne du vrai chemin, ô Brihaspati, l'homme sauvage et arrogant qui s'avance pour nous faire tort, nous qui sommes inoffensifs ; maintiens-nous dans la droite voie pour que nous accomplissions la présentation de cette offrande aux dieux.

8. Brihaspati, toi qui écartes la calamité, nous t'invoquons, toi qui protéges nos personnes, qui prononces des paroles encourageantes et qui es bien disposé à notre égard ; détruis les impies ennemis des dieux; que les méchants n'arrivent pas à la félicité suprême.

9. Puissions-nous obtenir par ton entremise, ô Brahmanaspati, qui es notre bienfaiteur, des richesses enviables ;. détruis nos ennemis perfides, qu'ils soient loin ou près de nous ; ne permets pas qu'ils l'emportent sur nous.

10. Brihaspati, toi qui accomplis nos désirs, toi qui es pur et associé avec nous, nous possédons, grâce à toi, des aliments excellents ; que l'homme méchant qui désire nous tromper ne soit pas notre maître, mais fais qu'appliqués à de pieuses louanges, nous arrivions à la prospérité.

11. O Brahmanaspati, toi dont la munificence est immense et qui répands des bienfaits, c'est toi qui vas au combat, toi qui détruis les ennemis, toi qui es vainqueur dans les batailles ; tu es véridique, tu payes les dettes, tu humilies les arrogants et les superbes.

12. Empêche, Brihaspati, d'arriver jusqu'à nous l'arme meurtrière de l'homme qui, animé par l'injustice, s'efforce de nous nuire, et qui, dans son orgueil cruel, veut tuer tes adorateurs ; puissions-nous tromper la colère de celui qui fait le mal.

13. Brihaspati doit être invoqué dans les combats; il ne faut approcher de lui qu'avec respect ; c'est lui qui s'agite au milieu des combattants et qui est le distributeur de l'opulence ; Brihaspati a renversé tous nos adversaires, qui sont comme des chars renversés dans la mêlée.

14. Frappe de tes armes les plus éclatantes les Rakshasas, qui ont méprisé la valeur dont ils avaient été les témoins ; déploie ta force, Brihaspati, comme elle s'est jadis manifestée, et détruis ceux qui parlent contre toi.

15. Brihaspati, né de la vérité, accorde-nous ce trésor merveilleux qui met l'homme pieux en mesure de t'adresser des hommages continuels ; donne-lui cette richesse qui brille parmi les hommes, qui fournit les moyens d'accomplir les cérémonies saintes et qui donne de la force à celui qui la possède.

16. Ne nous livre pas aux esclaves, à ces ennemis qui se plaisent à la violence et qui s'emparent des aliments d'autrui ; défends-nous contre ceux dont le cœur est porté à abandonner les dieux et qui ne connaissent pas l'étendue de ton pouvoir contre les malins esprits.

17. Twashtri t'engendra le chef de tous les êtres, et c'est ainsi que tu récites un grand nombre d'hymnes saints : Brahmanaspati se reconnaît le débiteur de celui qui accomplit une cérémonie sacrée; il acquitte cette dette et il détruit l'oppresseur (de celui qui l'adore).

18. Lorsque Parvata eut caché le troupeau, c'est toi, Brihaspati, descendant d'Angiras, qui lui rendis la liberté, et, t'associant à Indra, tu fis descendre (sur la terre) la masse des eaux qui avaient été enveloppées par les ténèbres.

19. Brahm, toi qui es le régulateur de ce monde, comprends le but de notre hymne et accorde-nous la prospérité; celui que les dieux protégent est certain de prospérer; puissions-nous ainsi, entourés de descendants accomplis, te glorifier en nos sacrifices.

SUKTA II.
(Composé par le même rishi; adressé à Brahmanaspati et à Brihaspati.)

1. Brihaspati, toi qui règnes sur toutes choses, exauce nos supplications; nous t'adorons en t'adressant un hymne nouveau et solennel; ton ami, qui est notre bienfaiteur te célèbre; accorde-nous tout ce que nous désirons.

2. Tu es ce Brahmanaspati qui, par sa puissance, a humilié ceux qui méritaient d'être abaissés et qui, dans sa colère, a déchiré les nuages, qui a fait descendre les eaux, et qui a ouvert la caverne dans les montagnes où était renfermé un nombreux troupeau.

3. Ce fut l'exploit accompli pour le plus divin des dieux; les portes solides et bien fermées furent ainsi brisées; les fortes barrières furent détruites par celui qui remit les vaches en liberté et qui, par le pouvoir de la parole sacrée, triompha de Bala; il dispersa les ténèbres, il fit éclater la lumière.

4. Ce nuage solide, semblable à un rocher, chargé d'eau, que Brahmanaspati avait divisé par un effet de sa force, a été pompé par les rayons solaires, mais ils ont répandu de nouveau la pluie qui arrose et fertilise.

5. C'est pour vous, adorateurs de Brahmanaspati, que la munificence constante de ce dieu ouvre durant des mois et des années les portes de la pluie; il a réglé ces résultats de la prière que les deux régions (le ciel et la terre) accomplissent mutuellement et sans effort.

6. Ces sages qui, cherchant de tout côté, ont découvert le trésor précieux (le troupeau) caché dans la caverne des Panis (147), se sont de force frayé une entrée, ayant percé du regard les illusions mensongères de l'Asura.

7. Ces sages, d'une véracité éminente, ayant percé du regard les illusions mensongères de l'Asura, ont continué jusqu'ici leur route, et ils ont de leurs mains jeté contre le rocher le feu destructeur qui n'y était pas jusqu'alors.

8. Brahmanaspati atteint infailliblement le but vers lequel il dirige le trait rapide que lance son arc; saintes sont les flèches qu'il décoche; elles sont destinées pour les yeux des hommes, et elles ont leur séjour dans l'oreille (148).

---
(147) Tout ceci est encore une allégorie; les vaches cachées dans les cavernes sont les eaux retenues dans les nuages et qui tombent sur la terre par l'effet des prières et des offrandes des sages.

(148) Les flèches sont les offrandes que l'on voit et les prières que l'on entend.

9. Brahmanaspati est celui qui réunit et subjugue toutes choses; il est le prêtre de la famille des dieux; il est renommé dans les combats; il voit toutes choses; il donne les aliments et les trésors désirés qui font que le soleil radieux brille sans effort.

10. Des richesses immenses et inappréciables sont au pouvoir du généreux Brihaspati qui fait tomber la pluie; elles sont données comme cadeaux par l'adorable distributeur des aliments, et tous ceux qui viennent ici l'adorer jouissent de l'abondance.

11. Celui qui pénètre partout et qui donne le bonheur a la volonté de soutenir son noble adorateur et de lui accorder son appui; il n'est pas moins bienveillant pour celui qui est dans la détresse; Brahmanaspati est grandement renommé parmi les dieux, et il est le maître suprême de tous les êtres.

12. Toute vérité est en vous, maîtres de l'opulence (*Indra et Brahmanaspati*); les eaux ne troublent pas vos cérémonies; venez en notre présence afin de recevoir nos offrandes comme un couple de coursiers pour recevoir leur nourriture.

13. Les chevaux extrêmement rapides de Brahmanaspati écoutent notre invocation; le prêtre de l'assemblée offre, avec ses louanges, les mets du sacrifice; puisse Brahmanaspati, qui hait l'oppresseur, accepter le payement de la dette selon son plaisir; puisse-t-il agréer les offrandes que nous lui offrons en cette cérémonie.

14. Le dessein de Brahmanaspati, engagé dans une grande œuvre, a réussi selon ses désirs; c'est lui qui a recouvré les troupeaux dérobés et qui les a rendus aux habitants du ciel; ils ont pris d'eux-mêmes diverses directions, comme les branches d'un fleuve puissant.

15. Puissions-nous, ô Brahmanaspati, posséder chaque jour une richesse bien réglée et qui donne une abondante nourriture; ajoute pour nous des descendants à des descendants, pour que toi, qui es le maître de toutes choses, tu agrées les supplications que je t'adresse en te présentant les mets du sacrifice.

16. Brahmanaspati, toi qui es le souverain de ce monde, comprends le but de notre hymne; accorde-nous de la postérité; celui que les dieux protégent jouit d'une prospérité continue; puissions-nous, entourés d'une postérité accomplie, te glorifier à ce sacrifice.

SUKTA III.
(Composé par le même rishi et adressé au même dieu.)

1. Puisse l'adorateur, en allumant le feu, disperser les impies qui voudraient troubler la cérémonie sacrée; puisse-t-il, en répétant les prières et chargé d'offrandes, jouir d'une prospérité continuelle; ce-

SECT. I. — LES VEDAS. — RIG-VEDA.

lui que Brahmanaspati choisit pour associé, vit pour voir le fils de son fils.

2. Entouré de ses descendants, puisse-t-il triompher des descendants pervers de ses ennemis, car il est renommé pour la grande richesse de ses troupeaux, et son intelligence est vaste; les fils et les petits-fils de celui que Brahmanaspati choisit pour associé, jouissent d'une grande prospérité.

3. De même qu'un fleuve mine et emporte ses rives, le pieux adorateur de Brahmanaspati terrasse par sa vigueur ses ennemis, comme un taureau renverse un bœuf; on ne peut pas plus arrêter la flamme poussée par le vent, qu'on ne peut arrêter celui que Brahmanaspati choisit pour associé.

4. C'est pour lui que descendent sans obstacles les pluies du ciel; le premier parmi les hommes pieux, il acquiert la richesse en possédant de nombreux troupeaux; celui que Brahmanaspati choisit pour associé, est doué d'une vigueur irrésistible et détruit ses ennemis dans les combats.

5. C'est vraiment pour lui que toutes les rivières coulent; c'est lui qu'attendent des plaisirs nombreux et non interrompus; celui que Brahmanaspati choisit pour associé, jouit d'une prospérité constante et de la félicité des dieux.

SUKTA IV.

(Composé par le même rishi et adressé au même dieu.)

1. Puisse celui qui loue avec ferveur Brahmanaspati, triompher de tous ses ennemis; puisse l'adorateur des dieux vaincre complètement l'homme impie; puisse celui qui se rend Brahmanaspati propice, terrasser l'antagoniste qui est redoutable dans les combats; puisse celui qui offre des sacrifices s'emparer de la nourriture de celui qui n'en offre pas!

2. Offrez vos hommages, ô mortels, à Brahmanaspati; avancez avec résolution contre ceux qui méditent contre vous des pensées hostiles; gardez toute votre fermeté en combattant vos ennemis; présentez des offrandes qui vous procurent la prospérité; nous sollicitons également la protection de Brahmanaspati.

3. Celui qui adore, avec une ferveur sincère, Brahmanaspati, le père des dieux, et qui lui présente des offrandes, reçoit vraiment des aliments, ainsi que ses fils, ses parents, ses descendants et tout son peuple, et il obtient de grandes richesses.

4. Brahmanaspati conduit, par une route facile, à une juste récompense celui qui l'adore et qui lui présente des offrandes de beurre; il le garde contre le péché; il le protège contre ses ennemis et contre le malheur; dans sa puissance admirable, il lui accorde de nombreuses faveurs.

SUKTA V.

(Composé par le rishi Gritsamada ou par son fils Kurma, et adressé aux Adityas.)

1. Je présente continuellement aux divins Adityas, avec la cuiller du discours, ces hymnes tombant comme des offrandes; que Mitra, Aryaman, Bhaga, Varuna présent en tout lieu et le puissant Ansa nous entendent.

2. Que Mitra, Aryaman et Varuna, égaux par leurs exploits, agréent aujourd'hui les louanges que je leur adresse; les Adityas radieux, purifiés par les ondées, n'abandonnent aucun de leurs adorateurs; ils sont sans reproche et au-dessus de toute attaque.

3. Les Adityas, puissants, profonds, ayant un grand nombre d'yeux, voient les pensées les plus intimes des hommes, des bons comme des méchants, de ceux qui sont près comme de ceux qui sont éloignés.

4. Les divins Adityas soutiennent toutes choses mobiles ou immobiles; ils sont les protecteurs de l'univers, ils sont prudents dans leurs actes, ils rassemblent la pluie, ils sont possesseurs de la vérité et ils acquittent nos dettes.

5. Puissé-je être l'objet, ô Adityas, de votre protection qui est la cause du bonheur et qui préserve du péril; Aryaman, Mitra et Varuna, puissé-je, guidé par vous, échapper aux périls qui sont comme des pièges placés sur ma route!

6. Aryaman, Mitra et Varuna, le chemin que vous nous indiquez est facile, agréable et exempt d'épines; conduisez-nous-y, ô Adityas; parlez-nous favorablement, et accordez-nous un bonheur difficile à troubler.

7. Qu'Aditi, la mère de fils royaux, nous place hors des atteintes de la malice de nos ennemis; qu'Aryaman nous conduise par une route facile, puissions-nous, entourés de descendants nombreux et préservés de tout mal, atteindre à la félicité suprême de Mitra et de Varuna!

8. Ils soutiennent les trois mondes et les trois cieux, et, dans leurs sacrifices, trois cérémonies sont comprises; c'est la vérité, ô Adityas, qui a produit votre grande puissance que rien ne saurait surpasser, ô Aryaman, Mitra et Varuna.

9. Les Adityas, décorés d'ornements d'or, brillants, purifiés par des ondées, ne dorment jamais et ne ferment jamais leurs paupières; ils sont au-dessus de toute attaque et ils reçoivent les louanges d'une foule nombreuse; ils soutiennent les trois brillantes régions célestes pour le profit de l'homme juste.

10. Varuna, destructeur des ennemis, tu es le souverain de tous les êtres, qu'ils soient des dieux ou des mortels; accorde-nous de voir cent années

LIVRES SACRÉS. II.

et de jouir d'une vie telle que celle dont les anciens sages ont joui.

11. Nous ne connaissons, ô Adityas, ni la main droite ni la main gauche; nous ne discernons ni ce qui est devant nous, ni ce qui est derrière. O vous qui donnez des demeures, faites que moi qui suis dépourvu de science et timide d'esprit, j'obtienne, guidé par vous, la lumière qui est exempte de crainte.

12. Celui qui présente des offrandes aux divins et véridiques Adityas, jouit de leurs faveurs constantes; riche, renommé, libéral et honoré, il se rend dans son char au sacrifice.

13. Pur et paisible, possédant des aliments en abondance et entouré de descendants nombreux, il habite parmi des eaux qui répandent la fertilité; nul ne peut nuire à l'homme qui est en sûreté sous la sage direction des Adityas.

14. Aditi, Mitra, Varuna, ayez pitié de nous, lors même que nous vous aurions offensés; puissé-je obtenir, Indra, cette grande lumière qui est exempte de péril; que les ténèbres de la nuit ne nous enveloppent pas en se prolongeant.

15. Le ciel et la terre chérissent celui que les Adityas protégent; il jouit d'une prospérité véritable, et les pluies du ciel lui procurent l'abondance; victorieux dans les combats, il défend sa demeure et il attaque celle de son ennemi; les deux parties de la création (*le ciel et la terre*) lui sont propices.

16. Adorables Adityas, puissé-je passer dans votre char, garanti des illusions que vous causez afin d'égarer les méchants; puissé-je éviter les pièges que vous tendez aux impies, comme un cavalier évite les dangers qu'il trouve sur sa route, et puissions-nous jouir ainsi en paix d'une sécurité infinie!

17. Puissé je ne jamais avoir à représenter à Varuna l'état de détresse d'un parent qui m'est cher et qui jadis aurait été opulent et généreux; puissé-je, ô divin Varuna, ne manquer jamais de trésors enviables; puissions-nous, entourés de descendants accomplis, te glorifier en ce sacrifice!

SUKTA VI.

(*Composé par le même rishi et adressé à Varuna.*)

1. L'adorateur répète les louanges du sage et radieux Aditya; puisse-t-il présider sur tous les êtres; j'implore le puissant Varuna, qui se montre favorable à ceux dont il agrée les hommages.

2. Puissions-nous, Varuna, jouir d'une prospérité entière, en méditant profondément sur toi, en t'invoquant avec ferveur et en nous adonnant à ton culte; nous te glorifions chaque jour, comme les feux qui sont allumés en ton honneur à la venue de l'aurore lumineuse.

3. Varuna, directeur souverain des hommes, puissions-nous résider en ta félicité, toi qui es doué d'une valeur extrême et qu'une foule nombreuse glorifie; fils divins d'Aditi, vous qui êtes au-dessus des attaques de vos ennemis, ayez compassion de nous, étendez sur nous votre bienveillance.

4. Le fils d'Aditi est notre soutien; il a créé toute cette eau; c'est par un effet de la puissance de Varuna que les rivières coulent, sans jamais se fatiguer, sans jamais s'arrêter; elles descendent avec rapidité, comme les oiseaux qui viennent se poser sur la terre.

5. Ecarte loin de moi le péché, ô Varuna, comme si c'était une corde destinée à me lier; fais que nous obtenions de toi un canal rempli d'eau; ne coupe pas mon fil lorsque je suis occupé à tisser des œuvres de piété; ne frappe pas les germes des rites saints avant la saison de leur maturité.

6. Ecarte tout danger loin de moi, ô Varuna; monarque suprême et véridique, accorde-moi ta faveur; jette loin de moi le péché comme on jette le lien qui attachait un veau; nul, s'il se sépare de toi, ne peut gouverner, quand ce ne serait que pendant la durée d'un clignement d'yeux.

7. Ne nous frappe pas, ô Varuna, de ces armes destructives qui détruisent celui qui commet le mal durant tes sacrifices, ô toi qui es le vainqueur de tes ennemis; fais que nous ne quittions pas, avant que notre temps ne soit venu, les régions de la lumière; disperse les méchants afin que nous puissions vivre.

8. Nous t'avons jadis rendu nos hommages, ô Varuna, de la même manière que nous te les rendons aujourd'hui; puissions-nous aussi te les rendre dans l'avenir, à toi qui es présent en tout lieu; tous les actes saints sont réunis en toi, comme sur une montagne immense, et ils ne peuvent en être séparés.

9. Acquitte, Varuna, les dettes contractées par mes ancêtres et celles que je contracte maintenant; fais aussi que je ne sois pas inquiété pour les dettes d'un autre; nombreux sont les matins pour lesquels il n'y a pas eu d'aurores; rends-nous la vie, Varuna, afin que nous puissions jouir des beaux jours.

10. Protége-nous, Varuna, contre tout péril dont me menacerait un ami ou un parent plongé dans le sommeil; protége-nous contre un voleur ou un loup qui essayerait de nous détruire.

11. Puissé-je n'avoir jamais à représenter à Varuna la détresse d'un parent jadis opulent et généreux; puissé-je, ô divin Varuna, n'être jamais privé de richesses assurées, et puissions-nous, entourés de descendants accomplis, te glorifier en nos sacrifices!

SUKTA VII.

(Composé par le même rishi et adressé aux Viswadevas.)

1. Adityas, protecteurs des actes pieux, vous qui méritez que tous les hommes vous recherchent, éloignez loin de moi le péché, comme une femme délivrée en secret (éloigne son enfant); je sais, Mitra et Varuna, quel est le bien qui résulte pour nous de ce que vous écoutez nos prières; j'invoque votre protection.

2. O dieux, vous êtes l'intelligence, vous êtes la vigueur; chassez nos insolents ennemis, détruisez-les entièrement, et accordez-nous la félicité maintenant et dans l'avenir.

3. Que pouvons-nous faire pour vous, ô dieux, maintenant ou à l'avenir? que pouvons-nous faire, ô Vasus, par des actes continuels de piété? O vous, Mitra, Varuna, Aditi, Indra et Maruts, maintenez notre bien-être.

4. O dieux, vous êtes vraiment nos parents; accordez la félicité à un suppliant tel que moi; que votre char ne soit pas lent à venir au sacrifice; ne nous fatiguons jamais d'avoir des parents tels que vous.

5. Seul parmi vous, j'ai commis beaucoup d'offenses; corrigez-les comme un père corrige un enfant gâté; loin de moi, ô dieux, le péché et les entraves; ne saisissez pas votre fils comme un oiseleur se saisit d'un oiseau.

6. Déités adorables, soyez présentes aujourd'hui, afin que, redoutant le danger, je puisse être certain de recevoir de vous un appui cordial; protégez-nous, ô dieux, contre la rapacité du loup; défendez nous contre l'homme qui voudrait travailler à notre malheur.

7. Puissé-je ne jamais avoir à représenter à Varuna l'état de détresse d'un parent qui m'est cher et qui jadis aurait été opulent et généreux; puissé-je, ô divin Varuna, ne manquer jamais de trésors enviables; puissions-nous, entourés de descendants accomplis, te glorifier en ce sacrifice!

SUKTA VIII.

(Composé par le rishi Gritsamada et adressé à divers dieux.)

1. Les eaux ne cessent de couler en libations offertes au divin Indra qui envoie la pluie, qui anime toutes choses, et qui a tué Ahi; chaque jour le torrent des eaux s'écoule; à quelle période ont-elles été créées?

2. Sa mère (*Aditi*) lui a déclaré quel était l'homme qui avait offert des sacrifices à Vritra; obéissant à sa volonté, les rivières, se frayant une route, coulent chaque jour vers leur but (*l'Océan*).

3. Lorsqu'il eut plané au-dessus du firmament, Indra lança contre Vritra sa foudre redoutable; enveloppé dans un nuage, Vritra se jeta sur Indra; mais le dieu qui manie l'arme aiguë triompha de son ennemi.

4. Perce, ô Brihaspati (*c'est-à-dire Indra*), d'un trait radieux les fils de l'Asura qui gardent ses portes; détruis maintenant notre ennemi, comme tu as jadis tué Vritra.

5. O toi qui résides dans les hauteurs, lance du ciel la foudre tranchante comme le diamant, avec laquelle tu as jadis tué ton adversaire; donne-nous l'abondance; fais que nous ayons beaucoup de fils, de petits-fils et de troupeaux.

6. Indra et Soma, détruisez l'homme qui fait le mal et qui encourt votre haine; encouragez les hommes pieux et généreux qui instituent les cérémonies; protégez-nous contre tout péril, et faites que la crainte soit expulsée du monde.

7. Qu'Indra veille sur moi et étende sur moi sa bienveillance; puissions-nous ne jamais dire à un autre: « Ne répands pas la libation du soma; » c'est Indra qui accomplira mes vœux, qui me donnera des richesses, qui exaucera mes prières et qui me récompensera en me donnant du bétail, à moi qui lui offre des libations.

8. Saraswati, protége-nous; associé aux Maruts et ferme en tes desseins, détruis tes ennemis, tandis qu'Indra tue le chef des Sandikas qui, plein d'une confiance arrogante en sa force, avait osé défier le dieu.

9. Découvre celui qui nous tend des embûches et qui se propose de nous tuer; perce-le, Brihaspati, de ta foudre tranchante; frappe nos ennemis de tes armes; lance, ô souverain, tes traits redoutables contre l'oppresseur.

10. Achève, ô héros, de concert avec nos héroïques compagnons, les exploits par lesquels tu dois te signaler; nos ennemis ont été longtemps gonflés d'orgueil; détruis-les et mets-nous en possession de leurs trésors.

11. Désireux d'obtenir la félicité, je vous glorifie, ô Maruts, et vous rends hommage; je célèbre votre force, afin que nous puissions jouir chaque jour d'une opulence brillante, accompagnée de descendants nombreux.

SUKTA IX.

(Composé par le même rishi et adressé aux mêmes dieux.)

1. Mitra et Varuna, associés aux Adityas, aux Rudras et aux Vasus, protégez le char du sacrifice lorsqu'il va d'un endroit à l'autre, comme des oiseaux qui voltigent, cherchant de la nourriture, se livrant à la joie et se reposant dans les bois.

2. Divinités qui nous êtes propices, protégez notre char lorsqu'il va chercher des aliments parmi le peuple et lorsqu'il est traîné par des chevaux rapides qui, frappant de leurs pieds les lieux élevés

de la terre, soulèvent la poussière sous leurs pas.

3. Puissant Indra qui vois tout et qui accomplis de grandes choses, en joignant ta vigueur à celle des Maruts, puisses tu, en descendant du ciel, couvrir notre char d'une protection invincible, afin que nous possédions d'amples trésors et une richesse abondante.

4. Puisse le divin Twashtri, le défenseur du monde, presser la marche de notre char, d'accord avec les femmes des dieux, satisfaites de nos hommages ; puissent-ils, le radieux Bhaga, le Ciel et la Terre, le sagace Pushan et les Aswins, les deux maris de Surya, presser la marche de notre char!

5. Puissent le Jour et la Nuit, êtres divins et favorables, qui se contemplent mutuellement et qui animent toute la création, le presser aussi ; ô vous, Ciel et Terre, je vous loue par un hymne nouveau, et je vous fais une offrande de froment.

6. Nous désirons, ô dieux, répéter vos louanges, car les éloges qu'on vous donne vous rendent propices ; puissent Ahirbudhnya, Aja-Ekapad (*Indra*), Pritus (*Agni*), Ribhukshin (*Indra*) et Savitri, nous accorder des aliments, et puisse le rapide petit-fils des eaux (*Agni*) être satisfait de nos louanges et de notre culte!

7. O dieux adorables, je désire que mes ferventes louanges vous satisfassent ; des hommes desirant obtenir de vous de la nourriture et de la force, ont composé des hymnes afin de vous célébrer ; puissiez-vous vous hâter de vous rendre à notre pieuse cérémonie avec la vélocité d'un coursier rapide !

SUKTA X.
(*Composé par le même rishi et adressé à diverses divinités.*)

1. Ciel et Terre, soyez mes protecteurs ; je cherche à obtenir vos faveurs par mes hommages, car vous pouvez, l'un et l'autre, distribuer une nourriture abondante ; désirant des richesses, je vous glorifie et je vous célèbre en vous adressant de grandes louanges.

2. Que les mauvaises intentions de nos ennemis ne nous soient funestes ni le jour ni la nuit ; ne nous abandonne pas, ô Indra, à la malveillance des méchants ; ne nous écarte pas de ton amitié; regarde-nous d'un œil favorable ; c'est la grâce que nous implorons de toi.

3. Amène-nous, dans ta bienveillance, la vache bien nourrie et aux membres régulièrement formés qui donne du lait en abondance et qui donne le bonheur ; je te glorifie chaque jour, toi que la multitude adore, qui es rapide dans tes pas et actif en tes actions.

4. J'invoque, par des louanges convenables, Raka (149) qu'il convient d'adorer ; puisse-t-elle,

(149) Nom donné à la pleine lune ; la nouvelle lune est désignée par l'expression de Caichû, et le jour qui la précède s'appelle Sinivali.

elle qui donne le bonheur, nous écouter et comprendre d'elle-même notre dessein ; puisse-t-elle coudre son ouvrage avec une aiguille infaillible ; puisse-t-elle nous accorder des descendants opulents et accomplis!

5. Raka, approche-toi de nous aujourd'hui avec ces intentions bienveillantes qui te portent à donner des richesses à celui qui te fait des offrandes, toi qui es pleine de bonté et qui répands des milliers de bienfaits.

6. Sinivali aux larges hanches, toi qui es la sœur des dieux, accepte l'offrande que nous te présentons et accorde-nous, ô déesse, de la progéniture.

7. Présentez l'offrande à Sinivali, la protectrice des mortels, qui a de beaux bras et de beaux doigts, qui est la mère de beaucoup d'enfants.

8. J'invoque celle qui est Gaṇgu (*la nouvelle lune*), qui est Sinivali, qui est Raka, qui est Saraswati ; j'invoque Indra pour avoir sa protection, et Varuna pour qu'il assure mon bien-être.

ANUVAKA IV.

SUKTA I.
(*Composé par le même rishi et adressé à Indra.*

1. Père des Maruts, puisse ta félicité s'étendre jusqu'à nous ; ne nous bannis pas de la présence du Soleil ; fais que nos vaillants descendants puissent triompher de leurs ennemis ; fais, ô Rudra, que nous soyons reproduits dans une postérité nombreuse.

2. Nourri des végétaux salutaires que tu donnes (aux hommes), puissé-je vivre cent ans exempt de péchés et d'infirmités, triomphant de nos ennemis!

3. O Rudra, tu es le chef de tous les êtres ; toi qui tiens la foudre, tu surpasses en puissance les plus puissants ; transporte-nous en sûreté au delà de l'océan du péché ; repousse tous les assauts de l'iniquité.

4. Que nos hommages ne provoquent pas ta colère, ô Rudra, par leurs imperfections ; que nos louanges indignes de toi ne nous attirent pas ton mécontentement ; donne de la vigueur à nos fils par tes plantes médicales, car je sais que tu es le médecin suprême parmi les médecins.

5. Puissé-je apaiser par mes louanges ce Rudra qu'on invoque par des prières et des offrandes ; que celui qui est d'une couleur brune, qui a le ventre doux et le menton bien formé ne nous retire pas sa protection et ne me livre pas ainsi à la destruction.

6. Puisse celui qui répand des bienfaits et qui est le seigneur des Maruts, accorder une nourriture fortifiante à celui qui l'invoque ; puissé-je, exempt de péché, me rendre Rudra propice et arriver à sa félicité, comme un homme accablé par la chaleur trouve du soulagement à l'ombre!

7. Où est, Rudra, ta main qui distribue la joie et qui guérit toutes choses ? Ô toi qui répands les bienfaits et qui chasses le péché, aie promptement compassion de moi.

8. J'adresse des louanges ferventes et infinies à celui qui répand des bienfaits, qui chérit tous les hommes et qui est d'une complexion blanche; adorez en vous prosternant celui qui consume le péché; nous glorifions l'illustre nom d'Indra.

9. Doué de membres robustes, prenant des formes nombreuses, il brille de l'éclat de ses ornements d'or; la vigueur est inséparable de Rudra, le maître suprême et le seigneur de ce monde.

10. Toi qui es digne de respect, tu portes des flèches et un arc; tu portes un collier adorable et aux formes multiples; tu préserves tout ce vaste univers, et nul ne te surpasse en puissance.

11. Glorifiez l'illustre Rudra qui avance dans son char, toujours jeune, destructeur, redoutable comme un animal féroce. Rudra, que la louange rend propice, accorde le bonheur à celui qui te loue, et que tes armées détruisent celui qui est notre adversaire.

12. Je m'incline devant toi, ô Rudra, lorsque tu t'approches de notre cérémonie, comme un fils s'incline devant son père qui va le bénir; je te glorifie, toi qui donnes des richesses abondantes et qui es le protecteur des hommes vertueux; accorde-moi des herbes qui soient contre les maux un remède efficace.

13. Maruts, je sollicite de vous ces médicaments qui sont purs et ceux qui donnent une vive satisfaction; ceux qui procurent le bonheur et que chérissait Manou (150) notre père, les médicaments de Rudra qui sont un soulagement dans les maladies et une défense contre le danger.

14. Puisse le javelot de Rudra nous épargner; puisse le déplaisir de ce dieu radieux passer loin de nous; ô toi qui répands les bienfaits, détourne de ceux qui présentent des offrandes ton arc redoutable, et verse le bonheur sur nos fils et nos petits-fils.

15. Toi qui aimes le monde et qui sais toutes choses, divin Rudra, écoute nos invocations; ne t'irrite pas contre nous et ne nous détruis pas; fais qu'entourés de descendants accomplis, nous te glorifiions à ce sacrifice.

SUKTA II.

(Composé par le même rishi et adressé aux Maruts.)

1. Les Maruts qui répandent les ondées et qui, semblables à des lions formidables, sont doués d'une puissance irrésistible, resplendissent comme du feu, et chargés d'eau, ils dispersent par leur souffle les nuages errants et font tomber la pluie qui y était réunie.

2. Maruts à la poitrine d'or, depuis que le vigoureux Rudra vous engendra dans le sein pur de Prisni (151), vous qui détruisez vos ennemis, vous brillez de l'éclat de vos ornements comme les cieux brillent du lustre des constellations, et, faisant tomber la pluie, vous étincelez comme l'éclair, enfant des nuages.

3. Les Maruts arrosent d'eau de vastes régions comme les hommes arrosent des chevaux qui se sont échauffés dans les combats; ils s'inclinent rapidement sur l'extrémité des nuages qui résonnent; Maruts au casque d'or et qui agitez les arbres, venez avec votre daim tacheté, afin de recevoir les mets du sacrifice.

4. Les généreux Maruts accordent toujours à celui qui leur offre des sacrifices, comme à un ami, toutes les eaux qui soutiennent l'existence du monde; ce sont eux qui ont pour coursiers des daims tachetés, qui possèdent des richesses inépuisables et qui, assis dans leurs chars, s'avancent parmi les nuages comme des chevaux qui courent droit au but.

5. Maruts qui êtes bien unis et qui êtes armés de lances brillantes, venez avec des vaches fécondes et en suivant des chemins sans obstacle, prendre part aux libations de l'enivrant jus de soma; venez comme des cygnes courent vers leurs nids.

6. Maruts qui êtes bien unis, venez vers les aliments qui sont offerts en nos sacrifices comme vous venez pour entendre les louanges des hommes; nourrissez la vache (le nuage), afin qu'elle soit comme une jument féconde; faites que les pieuses cérémonies procurent une abondante nourriture à celui qui vous adore.

7. Accordez-nous, ô Maruts, ce fils qui jouira de l'abondance et qui répétera chaque jour vos louanges, afin de vous engager à venir; donnez des aliments à ceux qui vous louent et à celui qui vous glorifie dans les combats; accordez-lui la libéralité, l'intelligence et une force invincible.

8. Quand les généreux Maruts à la poitrine d'or attellent leurs chevaux à un char, lors d'une occasion favorable, ils répandent une nourriture abondante sur celui qui leur présente des offrandes comme une vache donne du lait à son veau.

9. Maruts qui donnez des demeures, protégez-nous contre la malice de l'homme qui entretient

---

(150) Prisni peut se traduire par ce qui est de diverses couleurs. Ce nom se donne à la terre et à l'air. M. Langlois pense qu'ici il doit se rapporter au nuage. Des légendes postérieures aux Védas rapportent que Rudra, transformé en taureau, engendra les Maruts, dont la mère fut Prisni, qui avait pris la forme d'une vache; ce récit ne serait pas déplacé dans les *Métamorphoses* d'Ovide.

(151) C'est sans doute une allusion aux graines de végétaux que, selon le Mahabharata, Manou reçut l'ordre de prendre avec lui dans le vaisseau où il fut préservé à l'époque du déluge; tradition remarquable et où l'on peut voir un reflet de l'histoire de Noé.

contre nous une animosité semblable à celle d'un loup ; frappez-le de maux brûlants ; détournez loin de nous son arme meurtrière.

10. Maruts, on connaît votre énergie lorsque, saisissant la mamelle du ciel, vous en avez exprimé le lait (*la pluie*); vous avez détruit celui qui outrageait votre adorateur, et vous êtes venus, ô fils irrésistibles de Rudra, auprès de Trita (*la libation personnifiée*), afin d'anéantir ses ennemis.

11. Nous vous invoquons, divins Maruts, vous qui fréquentez des sacrifices tels que celui-ci, afin d'être présents à l'offrande des libations désirables ; élevant nos cueillers, nous sollicitons des puissants Maruts couleur d'or une opulence parfaite, et nous répétons leurs louanges.

12. Puissent-ils, eux qui, les premiers célébrèrent, les rites de dix mois, accomplir ce sacrifice de nous animer de rechef au lever de l'aurore ; de même que l'aurore chasse la nuit avec ses rayons de pourpre, de même ils dissipent les ténèbres par leur grande et pure splendeur.

13. Les Rudras, munis de luths harmonieux et décorés d'ornements couleur de pourpre, se plaisent dans les demeures des eaux ; dispersant les nuages par leur vigueur rapide, ils sont doués de formes délicieuses et belles.

14. En implorant d'eux leur appui et des richesses considérables, nous les glorifions en récitant leurs louanges, comme les cinq grands prêtres que Trita retint pour accomplir le sacrifice et pour le protéger avec leurs armes.

15. Maruts, puisse la protection qui emporte votre adorateur au delà du péché et qui préserve d'outrage celui qui récite vos louanges, être toujours avec nous ; puissent vos bonnes dispositions se diriger sur nous comme une vache se dirige vers son veau.

SUKTA III.

(*Composé par le même rishi et adressé à Apamnapat.*)

1. Désireux de nourriture, je récite cet hymne ; puisse le rapide et brillant petit-fils (152) des eaux m'accorder une nourriture abondante, à moi qui l'adore ; puisse-t-il nous procurer le bien-être, car les éloges le rendent propice.

2. Adressons-lui la prière qui est conçue en nos cœurs, et puisse-t-il en comprendre entièrement le but ; lui, le seigneur, le petit-fils des eaux, a engendré tous les êtres par la grandeur de sa puissance.

3. Quelques eaux provenant de la pluie se réunissent ; d'autres, déjà réunies sur la terre, se joignent à elles ; formant des rivières, elles coulent ensemble

afin de se rendre propice le feu de l'Océan (153) ; les eaux pures sont réunies autour des petits-fils purs et brillants des eaux.

4. Les eaux jeunes et modestes s'empressent autour du jeune homme et s'appliquent à le laver ; quant à lui, nettoyé avec du beurre clarifié, il brille, jetant ses rayons parmi les eaux, afin que nous jouissions de l'abondance.

5. Trois divinités femelles (154) présentent des aliments à cette divinité qui est à l'abri de toute injure ; elles s'étendent comme si elles étaient formées dans les eaux, et il boit l'ambroisie du premier élément qui ait été créé.

6. En lui est l'origine du cheval (155) ; c'est de lui que vient l'origine du monde ; ô petit-fils des eaux, protège tes pieux adorateurs contre la malveillance de ceux qui veulent les opprimer. Ceux qui ne font pas d'offrandes et qui s'adonnent au mensonge, ne parviennent pas jusqu'à la divinité incompréhensible qui réside dans les eaux.

7. Le petit-fils des eaux qui réside dans sa propre demeure, augmente le nectar des cieux et mange les aliments des sacrifices ; c'est de lui que vient la vache facile à traire ; prenant des forces au milieu des eaux, il brille dans le but de distribuer ses richesses à ses adorateurs.

8. Tous les autres êtres ne sont que des branches de celui qui, véridique, éternel et vaste, brille parmi les eaux d'un éclat pur et divin ; les végétaux, ainsi que leurs produits, sont nés de lui.

9. Le petit-fils des eaux est monté sur le firmament, au-dessus de la région des nuages qui se meuvent dans des voies tortueuses ; les fleuves larges et couleur d'or se répandent à l'entour, portant sa gloire dans toutes les directions.

10. Le petit-fils des eaux a la couleur et la teinte de l'or ; il brille assis sur un trône d'or ; ceux qui donnent de l'or aux rites solennels, lui présentent des aliments.

11. Belle est la figure, beau est le nom du petit-fils des eaux ; il fleurit quoique caché (par les nuages) ; les jeunes eaux soutiennent dans le firmament le dieu couvert d'or, car l'eau est sa nourriture.

12. C'est à lui, qui est notre ami et le premier parmi beaucoup de dieux, que nous offrons des sacrifices ; nous nous prosternons devant lui ; je le nourris avec du combustible ; je le soutiens avec les mets du sacrifice ; je le glorifie par mes hymnes.

13. Plein de vigueur, il s'est engendré lui-même tel qu'un embryon dans ces eaux ; il est leur enfant ;

---

(152) Agni est souvent appelé dans les Védas petit-fils des eaux. Voici comment s'explique cette généalogie. L'eau du ciel fait naître le bois, et le bois donne la vie au feu, à Agni.

(153) Le texte porte le feu, *ourva*, ce qui peut s'entendre du feu des volcans sous-marins.
(154) Il en a déjà été question ; ce sont Ila, Saraswati et Bharati.
(155) Les légendes sanscrites disent que le cheval (d'Indra) prit naissance au milieu de l'onde ; mais, sous ce rapport, elles sont demeurées obscures.

il les nourrit ; elles le couvrent de moiteur ; le petit-fils des eaux, dont la splendeur ne peut être ternie, est descendu sur cette terre sous la forme du feu.

14. Les eaux abondantes soutiennent leur petit-fils ; elles coulent autour de lui avec des mouvements spontanés, lorsqu'il réside dans sa sphère suprême et qu'il répand chaque jour l'éclat de ses rayons impérissables.

15. Je suis venu vers toi, ô Agni, toi qui donnes de bonnes demeures ; je t'adresse des hymnes en faveur des hommes opulents qui te présentent des offrandes ; puisse tout le bien que les dieux répartissent être à nous, afin qu'entourés de descendants accomplis, nous puissions te glorifier dignement à ce sacrifice.

SUKTA IV.

(Composé par le même rishi et adressé à divers dieux.)

1. La libation qui doit t'être présentée, comprend, ô Indra, les produits de la vache et l'eau consacrée ; les directeurs de la cérémonie l'ont exprimée avec des pierres et l'ont fait passer à travers des filtres de laine. Indra, toi qui es le premier des dieux et qui gouvernes le monde, bois le soma que t'offre l'hotri, et qui est sanctifié par les exclamations de Swaha et de Vashat.

2. Maruts qu'on adore ensemble par des sacrifices, vous qui êtes debout et radieux dans le char traîné par des juments tachetées, et qui, tenant vos lances, avez des ornements splendides, ô fils de Bharata, conducteurs dans le firmament, assis sur l'herbe sacrée, buvez le soma que vous présente le Potri.

3. Vous, que nous invoquons avec ferveur, venez ensemble auprès de nous, et assis sur l'herbe du sacrifice, jouissez de votre repos ; alors Twashtri, toi qui es le chef d'une cohorte brillante, viens avec les dieux et avec leurs femmes, et réjouis-toi en prenant plaisir aux mets du sacrifice.

4. Sage Agni, conduis ici les dieux et offre-leur un sacrifice ; ô toi qui invoques les dieux qui nous sont propices, assieds-toi sur les trois autels ; accepte la libation de soma que t'offre l'Agnidhra et sois satisfait de ta portion.

5. Cette libation, ô Indra, augmente ta vigueur ; elle est favorable à l'énergie de tes armes auxquelles on ne peut résister ; elle est répandue pour toi, ô Maghavan ; elle t'est apportée du Brahmana ; bois et sois satisfait.

6. Mitra et Varuna, soyez l'un et l'autre satisfaits du sacrifice et écoutez mon invocation lorsque le pieux hotri récite successivement les anciennes louanges ; les mets du sacrifice, entourés par les prêtres, attendent le couple royal ; buvez tous deux la douce libation de soma offerte par le Prasastri.

HUITIÈME ADHYAYA.
ANUVAKA IV. *(Suite.)*

SUKTA V.

(Composé par le même rishi et adressé à divers dieux).

1. O Dravinodas, soyez satisfaits des mets du sacrifice qui vous sont présentés comme l'offrande de l'hotri ; il désire, ô prêtres, une ample libation ; présentez-la-lui, et il sera votre bienfaiteur ; buvez, ô Dravinodas, buvez avec les Ritous le soma, offrande de l'hotri *(le prêtre qui offre le sacrifice)*.

2. Celui que j'invoquais autrefois et que j'invoque maintenant est vraiment digne qu'on l'invoque, car il est renommé pour ses bienfaits ; la libation de soma a été apportée par les prêtres ; buvez, ô Dravinodas, buvez avec les Ritous le soma, offrande de l'hotri.

3. Puissent ceux qui te portent être satisfaits ; maître des forêts, sois ferme, et persévérant dans tes résolutions ; ne faisant de mal à personne, viens et sois-nous favorable. Buvez, ô Dravinodas, buvez avec les Ritous le soma, offrande de l'hotri.

4. Soit qu'il ait bu le soma offert par l'hotri, soit qu'il ait été transporté par l'offrande du Gotri, soit qu'il ait été satisfait des mets du sacrifice présentés par le Neshtri, que les Dravinodas boivent la coupe remplie d'un liquide délicieux et non filtré, la quatrième offerte par le prêtre.

5. Attelez aujourd'hui, ô Aswins, le char qui vous amène, ô directeurs de la cérémonie, et, vous plaçant devant nous, mêlez les offrandes avec le doux suc ; venez, vous qui possédez une nourriture abondante, et buvez le soma.

6. Agni, sois satisfait du combustible ; sois satisfait de l'offrande ; sois satisfait de la prière sacrée qui est bonne pour l'homme ; sois satisfait des louanges saintes, asile de tous les hommes ; Agni, toi qui désires accepter l'offrande, fais que tous les dieux puissants aient la même intention ; viens avec eux et avec les Ritous, boire l'offrande.

SUKTA VI.

(Composé par le même rishi et adressé à Savitri.)

1. En vérité, le divin Savitri, qui porte le monde, a continuellement été présent, pour la génération des mortels, car tel est son emploi ; en vérité, il accorde l'opulence à ses pieux adorateurs ; puisse-t-il accorder à celui qui lui présente cette offrande, tout ce dont il a besoin pour son bien-être !

2. Le divin Savitri, aux vastes mains, s'étant levé, étend ses bras pour faire les délices de tous les hommes ; les eaux purifiantes coulent pour l'accomplissement de ses rites, et l'air circule et se joue dans le firmament.

3. Le soleil, toujours en mouvement, est délivré

par ses rayons rapides ; il a vraiment arrêté celui qui était au moment de partir ; il réprime les désirs qu'ont les guerriers pour les combats, car la nuit suit la cessation de l'emploi de Savitri.

4. La nuit enveloppe le monde comme une femme qui tisse un vêtement; l'homme prudent met de côté, au milieu de son travail, l'ouvrage qu'il est capable d'exécuter ; mais tous se lèvent et sortent de leur repos quand le divin soleil, qui ne connaît pas la fatigue et qui a partagé les saisons, se montre de rechef.

5. La splendeur d'Agni se répand à travers les diverses demeures et préside sur toutes sortes de mets destinés au sacrifice ; la mère (l'aurore), a assigné à son fils (Agni), la meilleure portion dans les sacrifices.

6. Le guerrier, ardent pour la victoire et qui a été combattre, revient, car tous les êtres doués de mouvement, aiment le lieu où ils habitent ; abandonnant son travail à demi exécuté, le laboureur revient à sa demeure lorsque la fonction du divin Savitri est suspendue.

7. Les animaux cherchent dans des places sèches l'élément aqueux que tu as rassemblé dans le firmament ; tu as assigné les bois aux oiseaux ; personne ne met obstacle aux fonctions du divin Savitri.

8. Varuna (le soleil nocturne ou caché), toujours en mouvement, accorde à toutes les créatures animées un lieu de repos frais, accessible et agréable, lorsque se ferment les yeux du divin Savitri ; chaque oiseau et chaque animal se retire à son gîte lorsque Savitri a dispersé tous les êtres de divers côtés.

9. J'invite, avec un profond respect, à venir pour mon bien, en cet endroit, ce divin Savitri, dont les fonctions ne sont troublées ni par Indra, ni par Varuna, ni par Mitra, ni par Aryaman, ni par Rudra, ni par les ennemis (des dieux).

10. Puisse celui qu'adorent les hommes et qui est le protecteur des femmes des dieux, veiller sur nous; nous l'adorons, car il nous est favorable ; il est l'objet de nos méditations, et sa sagesse est infinie; puissions-nous être aimés du divin Savitri, afin de jouir du bonheur que procurent de grandes richesses et de nombreux troupeaux !

11. Puisse l'opulence désirable que tu nous accordes, ô Savitri, venir à nous du ciel, des eaux, de la terre ; puisse le bonheur qui appartient à la race de ceux qui te louent être mon partage, car je répète avec zèle tes louanges.

SUKTA VII.

(Composé par le même rishi et adressé aux Aswins.)

1. Aswins, descendez, comme des pierres qui tombent, afin de détruire nos ennemis ; hâtez-vous, comme des vautours se dirigeant vers un arbre, de vous rendre en la présence de vos adorateurs; soyez présents au sacrifice comme deux brahmanes répètent des hymnes ; venez comme deux messagers royaux que le peuple accueille avec transport.

2. Vous mettant en mouvement dès l'aurore comme deux héros dans un char, comme une paire de chèvres, comme deux femmes de formes gracieuses ou comme un mari et sa femme, venez ensemble parmi les hommes, vous qui savez de quelle façon les rites sacrés doivent être célébrés, et répandez le bonheur sur celui qui vous adore.

3. Venez vers nous, avant les autres dieux, comme un couple de chevaux ou de bœufs qui suivent une route, comme un couple de Tchakravakhas (156) attendant le jour ; ô vous, qui êtes les vainqueurs de vos ennemis et qui êtes comme des guerriers portés sur des chars et capables d'accomplir toutes choses, venez en notre présence.

4. Transportez-nous au delà de la mer de la vie comme deux navires ; transportez-nous au delà d'endroits difficiles comme les essieux et les roues d'un char ; soyez comme deux chiens écartant de nous toute attaque, et protégez-nous comme deux cottes de maille.

5. Irrésistibles comme deux ouragans, rapides comme deux fleuves, soyez vigilants pour maintenir le bien-être de nos corps, et conduisez-nous à l'acquisition d'une opulence accomplie.

6. Comme deux livres qui disent de douces paroles, comme deux seins qui fournissent l'aliment nécessaire à notre existence, soyez pour nous comme deux nez protégeant nos personnes et comme deux oreilles pour entendre des sons agréables.

7. Aswins, soyez comme deux mains et donnez-nous toujours de la vigueur ; comme le ciel et la terre, répandez sur nous la pluie ; donnez du tranchant aux louanges qui vous sont adressées, comme on aiguise une hache sur une meule.

8. Les Gritsamadas ont composé cette prière pour vous célébrer, ô Aswins ; soyez-nous propices, ô directeurs de la cérémonie sacrée, et venez ici, afin qu'entourés de descendants accomplis, nous puissions dignement vous glorifier en ce sacrifice.

SUKTA VIII.

(Composé par le même rishi ; adressé à Soma et à Pushan.)

1. Soma et Pushan (157), vous êtes tous deux les générateurs des richesses, les générateurs du ciel et de la terre ; dès votre naissance, vous êtes les gardiens du monde entier ; les dieux ont fait de vous la source de l'immortalité.

(156) Tchacravâcas, vie rouge, an is catarca.
(157) Pushan, le soleil qui brille dans le ciel ; l'expression de Soma paraît, en divers passages de cet hymne, désigner la lune.

2. Les dieux révèrent ces deux divinités au moment de leur naissance, car elles chassent les ténèbres désagréables; c'est avec Soma et Pushan qu'Indra engendre le lait que donnent les génisses (*c'est-à-dire la pluie que répandent les nuages*).

3. Soma et Pushan, vous qui répandez les bienfaits, dirigez vers nous le char à sept roues, la mesure des sphères, existant en tout lieu, guidé par cinq rênes et que la pensée doit atteler.

4. Un d'eux (*Pushan*) a établi sa demeure dans le ciel; l'autre (*Soma*) a fixé la sienne sur la terre et dans le firmament; puissent-ils tous deux nous accorder d'amples richesses et de nombreux troupeaux, source de plaisirs.

5. Un de vous (*Soma*) a engendré tous les êtres; l'autre va contemplant l'univers; ô Soma et Pushan, protégez nos pieuses cérémonies; puissions-nous, grâce à vous, triompher de toutes les armées de nos ennemis.

6. Que Pushan, qui est le bienfaiteur de tous les hommes, soit propice à cette pieuse cérémonie; que Soma, le seigneur de la richesse, nous accorde l'abondance; qu'Aditi, qui n'a point d'adversaire, nous protège, afin qu'entourés de descendants accomplis, nous puissions dignement vous glorifier en ce sacrifice.

SUKTA IX.
(*Composé par le rishi Gritsamada et adressé à diverses divinités.*)

1. Vayu, toi qui es le possesseur de mille chars et des coursiers Niyut, viens boire le suc du soma (158).

2. Vayu, possesseur des coursiers Niyut, approche; tu as accepté ce jus brillant, car tu te rends à la demeure de celui qui présente l'offrande.

3. Directeurs des rites, Indra et Vayu, maîtres des coursiers Niyut, venez et buvez aujourd'hui le mélange de lait et de pur jus du soma.

4. Cette libation vous est offerte, Mitra et Varuna, qui aimez la vérité; écoutez les supplications que je vous adresse.

5. Souverains qui n'exercez point l'oppression, asseyez-vous dans cette salle élégante et vaste que supportent mille colonnes!

6. Puissent ces deux monarques universels, fils d'Aditi, nourris de beurre clarifié et seigneurs de la libéralité, être favorables à leur adorateur.

7. Aswins, chez qui il n'y a pas de mensonge, Rudras, allez par une route directe au sacrifice où les directeurs du rite sacré boivent la libation, et que celui qui l'offre reçoive sa récompense en vaches et en chevaux.

8. Vous, qui répandez la richesse, apportez-nous des trésors que les méchants, nos ennemis, ne pourront nous enlever.

9. Courageux Aswins, apportez-nous des richesses de diverses sortes et des trésors engendrant d'autres trésors.

10. Puisse Indra éloigner de nous tout danger sérieux; il est résolu et il voit toutes choses.

11. Si Indra veille à notre bonheur, le mal ne viendra pas derrière nous, le bien sera devant nous.

12. Qu'Indra, qui voit toutes choses et qui est le vainqueur de ses ennemis, nous envoie une sécurité qui nous entoure de toutes parts.

13. Venez ici, dieux universels; écoutez mes prières; asseyez-vous sur l'herbe sacrée.

14. Ce breuvage savoureux et enivrant est préparé pour vous par les Sunahotras; buvez-en à votre gré.

15. Maruts, dont Indra est le chef, divinités dont Pushan est le bienfaiteur, écoutez nos supplications.

16. Saraswati, la meilleure des mères, la meilleure des rivières, la meilleure des déesses, nous sommes dépourvus de toute renommée; accorde-nous de la distinction.

17. C'est en toi, divine Saraswati, que toutes les existences sont réunies; réjouis-toi, ô déesse, parmi les Sunahotras; accorde-nous de la postérité.

18. Saraswati, qui abondes en nourriture, qui abondes en eau, sois nous propice et accepte les offrandes que les Gritsamadas te présentent comme devant l'être agréables, comme étant précieuses aux yeux des dieux.

19. Que les deux divinités (*le Ciel et la Terre*) qui rendent le sacrifice efficace, se rendent auprès de l'autel; nous vous implorons l'une et l'autre, pour que vous veniez, ainsi qu'Agni, qui apporte les offrandes.

20. Ciel et Terre, apportez aujourd'hui aux dieux notre sacrifice qui aspire au ciel et qui donne les moyens d'arriver à la béatitude.

21. Puissent les dieux adorables et dépourvus de malice, s'asseoir aujourd'hui auprès de vous afin de boire le suc du soma!

SUKTA X.
(*Composé par le même rishi et adressé à un oiseau ou à Indra sous la forme d'un oiseau.*)

1. Le Kapinjala (159) pousse des cris répétés et annonce d'avance ce qui doit arriver; il donne à sa voix une direction convenable, comme un pilote

---

(158) Cette stance, ainsi que plusieurs autres de cet hymne, se retrouve dans l'*Yajourh-Véda*. Quelques-unes sont aussi dans le *Soma-Véda*.

(159) Le francolin. Les Hindoux supposent que cet oiseau se nourrit de l'eau du nuage et l'appelle par son cri; il annonce ainsi la pluie et il peut se comparer à Indra qui vit dans l'air tout comme ce volatile, et qui, par le bruit du tonnerre, présage la pluie.

garde une embarcation ; sois, ô oiseau, un présage de bonheur et que nulle calamité ne t'atteigne.

2. Que nul épervier, que nul aigle ne te tue ; que nul archer ne te frappe de ses flèches ; poussant des cris répétés dans la région des Pitris, sois un présage de bonheur ; ô toi, qui annonces la félicité, parle-nous en cette occasion.

3. Oiseau qui es le présage du bonheur et qui annonces la félicité, crie du côté sud de nos demeures ; qu'aucun voleur, aucun malfaiteur, ne nous nuise, et, qu'entourés de descendants accomplis, nous puissions dignement te louer en ce sacrifice.

SUKTA XI.
(Même observation.)

1. Que les oiseaux, cherchant leur nourriture selon la saison, proclament leurs allées et venues, comme ceux qui célèbrent les rites sacrés ; il élève la voix comme celui qui chante les vers du Soma (Veda) s'énonçant en rhythmes divers, charme ses auditeurs.

2. Tu chantes, ô oiseau, comme l'Udyatri qui chante le soma ; tu murmures comme le Brahmaputra, lors des sacrifices ; de même qu'un cheval qui hennit en s'approchant d'une jument, tu nous annonces hautement de tout côté la prospérité ; annonce-nous hautement le bonheur de tout côté.

3. En élevant la voix, oiseau, proclame la prospérité ; lorsque tu gardes le silence, conserve des pensées qui nous soient favorables ; lorsque tu cries en volant, que le son de ta voix soit comme un luth (160), afin qu'entourés de descendants accomplis, nous puissions dignement te louer en ce sacrifice.

NEUVIÈME ADHYAYA.
ANUVAKA V.
SUKTA I.

(Composé par le rishi Viswamitra (161) et adressé à Agni.)

1. Donne-moi de la force, ô Agni, puisque tu as fait de moi celui qui porte le soma, afin de te l'offrir lors du sacrifice ; honorant les dieux qui sont présents, je saisis la pierre (afin d'exprimer le jus), et je les invoque ; Agni, accorde-moi ta protection.

2. Nous avons accompli, Agni, un sacrifice heureux ; que nos louanges te glorifient lorsque je te rends hommage ; les dieux désirent, du haut du ciel, les adorations des hommes pieux qui s'empressent à célébrer le puissant Agni.

3. Les dieux ont découvert le puissant Agni caché parmi les eaux des rivières, afin de servir aux actes sacrés ; Agni est intelligent, robuste et amical ; dès sa naissance, il a accordé le bonheur au ciel et à la terre.

4. Les sept grandes rivières (162) augmentèrent en puissance le pur et radieux Agni aussitôt qu'il fut né, de même que des juments soignent le poulain qui vient de recevoir la vie ; les dieux ont veillé sur le corps d'Agni dès sa naissance.

5. Etendant dans le firmament ses membres radieux, sanctifiant les cérémonies par son énergie intelligente et pure, revêtu de splendeur, Agni accorde à ceux qui l'adorent une nourriture abondante et une prospérité immense et constante.

6. Agni se dirige de tout côté vers les eaux qui ne dévorent pas et qui ne sont pas dévorées ; le vaste rejeton du firmament n'est point vêtu et il n'est pas nu ; les sept rivières éternelles et toujours jeunes, sorties de la même source, ont reçu Agni comme leur enfant commun.

7. Réunis dans le sein des eaux, ses rayons s'étendirent au loin en ayant toutes les formes ; ils sont ici d'une grande efficacité pour répandre le doux jus, de même que les vaches fécondes donnent du lait en abondance ; le ciel et la terre, ces dieux puissants, sont les dignes parents du gracieux Agni.

8. Fils de la force, toi que toutes choses soutiennent, tu brilles en possédant des rayons étincelants et rapides ; quand le robuste Agni est glorifié par les louanges qu'on lui décerne, alors descendent les torrents d'une douce pluie.

9. A sa naissance il connut le sein de sa mère ; il laissa tomber les torrents de la pluie et il fit entendre le tonnerre de sa voix ; personne ne pouvait le découvrir lorsqu'il était caché dans les profondeurs avec ses heureux compagnons (*les vents*) et les eaux abondantes du firmament.

10. Il chérit le germe du père (*le firmament*) et du générateur du monde ; lui seul consume un grand nombre de plantes florissantes ; les épouses (du soleil [*c'est-à-dire le ciel et la terre*]) qui sont bienveillantes pour l'homme sont toutes deux pa-

(160) C'est ainsi que M. Wilson rend le mot du texte *corcari*. M. Langlois suppose qu'il peut être question d'un instrument semblable à un tambour.

(161) Viswamitra est un personnage important dans les légendes de l'Inde ; il descendait de Kusa, roi de la dynastie lunaire, et il en fut même un monarque ; il fut l'ancêtre d'un grand nombre de saints et de souverains, il appartenait à la caste des Kshatryas (ou guerriers) et, par ses austérités, il força Brahma à l'admettre dans l'ordre des brahmanes, où il voulait se placer afin d'être l'égal de Vasishtha avec lequel il s'était querellé ; quelques puranas parlent de ces circonstances, mais c'est dans le Ramayana (ch. 51-65, édition de Schlegel) qu'elles sont racontées avec le plus de détail.

(162) On n'est pas d'accord sur les noms modernes des sept grandes rivières dont il est question dans les antiques poésies sanscrites. On pense cependant en général qu'il s'agit de sept cours d'eau formant les embouchures du Gange : l'Hougly, la Mullah, etc. Chose assez remarquable, les Romains connaissaient cette circonstance on lit dans l'Enéide, ix, 30 :

Ceu septem surgens sedatis omnibus altus
Per tacitum Ganges. .

(VIRG. *Æneid.* ix, 30, 31.)

SECT. I. — LES VEDAS. — RIG-VEDA.

rentes de ce dieu pur qui répand des bienfaits ; ô Agni, protége-les toujours.

11. Le grand Agni s'étend sur le firmament vaste et sans bornes, car les eaux fournissent une nourriture abondante ; il dort tranquille dans la patrie des eaux, afin de servir les rivières qui sont sœurs.

12. L'invincible Agni, qui aime ceux dont la bravoure éclate dans les combats, est vu de tous les êtres, et il brille par son propre lustre ; il est le générateur du monde, l'embryon des eaux, le chef des directeurs, le puissant ; c'est lui qui a engendré les eaux pour le profit de celui qui offre la libation.

13. Le bois favorable a engendré le gracieux embryon des eaux et des plantes, celui dont les formes sont nombreuses ; les dieux se sont approchés de lui avec respect ; ils ont adoré dès sa naissance l'adorable et puissant Agni.

14. De puissants soleils, semblables à des éclairs lumineux, s'associent à Agni qui brille de lui-même et qui est puissant dans sa résidence comme dans une profonde caverne ; ils retirent l'ambroisie de l'Océan sans limites.

15. Je t'adore en te faisant des offrandes, moi qui ai institué la cérémonie ; aspirant à ta faveur, j'implore ton amitié ; accorde, ainsi que les dieux, ta protection à celui qui te loue ; préserve-nous avec tes rayons bien réglés.

16. En approchant de toi, bienveillant Agni, et en accomplissant tous les actes saints qui sont la cause de l'opulence, en te présentant avec ferveur d'abondantes offrandes, puissions-nous triompher des armées ennemies qui sont sans dieux !

17. O Agni, toi qui es le vénérable héraut des dieux et qui es au fait de tous les rites sacrés, tu résides paisiblement au milieu des mortels et, tel que le conducteur d'un char, tu suis les dieux en accomplissant leurs désirs.

18. L'être immortel s'est assis dans la demeure des mortels qui accomplissaient leurs sacrifices ; Agni, qui connaît tous les rites sacrés, brille avec plus d'éclat et grandit lorsqu'il est nourri de beurre clarifié.

19. Viens à nous avec bienveillance, accorde-nous ton puissant appui, toi qui es grand et qui pénètres partout ; accorde-nous d'amples richesses à l'abri de toute attaque, toi qui es renommé.

20. Je m'adresse à toi, ô Agni, qui existes depuis longtemps ; je te présente ces supplications éternelles aussi bien que les anciennes ; ces sacrifices solennels sont offerts à celui qui répand des bienfaits et qui, à chaque naissance, est établi parmi les hommes ; il possède la connaissance de tout ce qui existe.

21. Le Jatavédas impérissable qui, à chaque naissance, est établi parmi les hommes, est allumé par les Wiswamitras ; puissions-nous, jouissant de sa faveur, être toujours l'objet du bon vouloir de cette déité adorable !

22. Puissant Agni, toi qui accomplis les bonnes œuvres, apporte avec joie notre sacrifice aux dieux ; toi qui les invoques, accorde-nous une nourriture abondante ; accorde-nous, ô Agni, une grande richesse.

23. Accorde, ô Agni, à celui qui présente l'offrande, les moyens de célébrer beaucoup de rites pieux et de les rendre perpétuels ; puissent des fils et des petits-fils nombreux naître dans notre race, et puisse ta bonne volonté être toujours sur nous !

SUKTA II.
(*Composé par Wiswamitra, adressé à Agni sous le nom de Vaiswanara.*)

1. Nous offrons à Agni, qui est Vaiswanara, qui fait augmenter les eaux, des louanges aussi douces que le lait pur clarifié ; les prêtres et l'adorateur excitent par leurs rites pieux celui qui invoque les dieux à s'acquitter de sa double fonction (163), comme un charpentier fabrique un char.

2. Il éclaira par sa naissance le ciel et la terre ; il fut le fils digne d'éloges ; l'impérissable Agni qui porte les offrandes et qui donne la nourriture, est le guide des hommes ; une grande splendeur l'environne.

3. Les dieux doués d'intelligence ont donné naissance à Agni, lors des cérémonies variées ; ils ont, dans ce but, fait usage d'une vigueur conservatrice. Désireux de nourriture, je loue le grand Agni qui brille de la splendeur du soleil et qui est vigoureux comme un cheval.

4. Désirant une nourriture abondante et saine, nous sollicitons les dons de l'adorable Vaiswanara, d'Agni, le bienfaiteur des Bhrigus, l'objet de nos désirs ; il connaît le passé tout entier, et il brille d'une splendeur céleste.

5. Des hommes ayant étendu l'herbe sacrée et tenant leurs cuillers élevées, placent devant eux en cette solennité, et dans le but d'obtenir le bonheur, Agni qui donne la nourriture et qui est resplendissant, le bienfaiteur de tous les dieux, celui qui écarte le chagrin et qui accomplit les actes saints du sacrificateur.

6. Agni, doué d'un pur éclat et qui invoque les dieux, des hommes désireux de l'adorer ont étendu l'herbe sacrée ; viens au séjour qui te convient auprès des sacrifices ; donne l'opulence à ceux qui t'adorent.

7. Il a rempli le ciel, la terre et le vaste firmament, celui qu'ont saisi, dès sa naissance, les hom-

---

(163) Allumer le *garhapatya*, ou feu domestique, et le *ahavaniga*, ou feu du sacrifice.

mes qui accomplissent les rites sacrés ; lui, le sage et le distributeur des aliments, est conduit comme un cheval auprès du sacrificateur, dans le but d'obtenir des aliments.

8. Respectez celui qui porte les offrandes aux dieux, celui dont le sacrifice est acceptable ; adorez celui qui fait connaître tout ce qui existe et qui est favorable à nos demeures ; Agni est le conducteur du grand sacrifice, c'est lui qui voit tout et qui a été placé en face des dieux.

9. Les immortels désirant sa présence, ont sanctifié les trois splendeurs que jette le puissant Agni ; ils ont placé l'une d'elles dans le monde des mortels, afin de nourrir tous les êtres ; les deux autres ont été (transportées) dans la sphère voisine.

10. Les mortels, désirant la richesse, ont donné par leurs louanges de l'éclat au maître des hommes, au sage Agni, de même qu'ils augmentent le lustre d'une hache en la polissant ; se répandant de tous côtés, il traverse également les endroits élevés et ceux qui sont bas, et il a pris dans ces régions la forme d'un enfant dans le sein de sa mère.

11. Celui qui répand des bienfaits et qui est engendré dans des lieux nombreux, fleurit, en rugissant en divers endroits comme un lion ; Vaiswanara le resplendissant, l'immortel, donne de précieux trésors à celui qui lui présente des offrandes.

12. Glorifié par ses adorateurs, Vaiswanara monta jadis au ciel qui est au-dessus du firmament ; il donne aujourd'hui la richesse à ses adorateurs comme il le fit autrefois ; il suit, toujours vigilant, le chemin commun aux dieux.

13. Nous implorons, pour posséder des richesses, le brillant Agni, qui se meut en de nombreux endroits et qui répand des rayons étincelants, Agni, puissant, vénérable, sage, adorable et résidant dans le ciel ; le vent l'a apporté sur la terre.

14. Nous implorons le puissant et généreux Agni qui donne la nourriture et qui est assis sur le seuil du ciel ; il brille lors du sacrifice ; c'est lui que tous les hommes doivent chercher et qui voit tout ; il est l'emblème du ciel, il réside dans la lumière et doit se réveiller à l'aurore.

15. Nous demandons l'opulence à l'adorable Agni qui invoque les dieux, qui est pur, libéral, digne d'éloges, qui voit toutes choses, qui, tel qu'un chariot, a de nombreuses couleurs, qui est élégant dans sa forme et qui est toujours l'ami de l'homme.

SUKTA III.

(Composé par le même rishi et adressé au même dieu.)

1. Adorateurs intelligents, offrez au puissant Vaiswanara des objets précieux aux cérémonies saintes, afin qu'elles puissent être agréables aux dieux, car l'immortel Agni adore les dieux ; que personne ne viole les devoirs éternels.

2. Le gracieux messager des dieux va entre le ciel et la terre ; assis sur l'autel et placé devant les hommes, il orne de ses rayons les vastes salles (du sacrifice) ; il abonde en sagesse et il est l'organe des dieux.

3. Le sage adore dans de pieuses cérémonies, Agni qui est le signe des sacrifices ; ceux qui récitent les louanges d'Agni multiplient leurs actes de piété dans la cérémonie d'où sort l'espoir du bonheur.

4. Le parent des sacrifices, celui qui fortifie le sage, qui est le but du rite et l'instruction du prêtre, Agni, qui s'est répandu dans le ciel et la terre sous des formes nombreuses et qui est l'ami de l'homme, possède la sagesse et la splendeur ; il est glorifié par celui qui l'adore.

5. Les dieux ont placé en ce monde le délicieux Agni dans un char délicieux ; c'est lui qui est Vaiswanara de couleur brune, assis dans les eaux, sachant tout, pénétrant partout, illustre et doué d'une énergie puissante.

6. Accomplissant dans toutes ses parties le sacrifice qu'offre aux dieux, de concert avec les prêtres, celui qui les adore, Agni, rapide et humble, le destructeur de ses ennemis, passe entre le ciel et la terre.

7. Agni, loue les dieux, afin que nous puissions jouir de descendants accomplis et d'une longue vie ; rends-les propices par des libations ; accorde-nous des récoltes abondantes ; toujours vigilant, accorde des aliments au respectable instituteur de cette cérémonie ; tu es celui que désirent les dieux ; tu es l'objet des actes fervents de l'homme pieux.

8. Les directeurs des rites saints louent, en se prosternant, le puissant maître du peuple, l'hôte des hommes, celui que désirent les prêtres, celui qui est l'exposition du sacrifice et qui est doué d'une énergie divine.

9. Le resplendissant et adorable Agni, monté sur un char fortuné, s'est par sa vigueur saisi de la terre entière ; glorifions avec des louanges convenables les actes de cet ami de l'espèce humaine.

10. Vaiswanara, je célèbre ta puissance ; tu connais toutes choses ; aussitôt que tu es né, Agni, tu as occupé les domaines de l'espace, le ciel et la terre, et tu as compris en toi-même tous ces objets.

11. Une grande opulence dérive des actes qui sont agréables à Vaiswanara ; le sage Agni accorde seul la récompense du zèle déployé dans son culte ; adorant ses deux amis prolifiques, le ciel et la terre, Agni naquit.

SUKTA IV.

(*Composé par le même rishi et adressé aux Apris.*)

1. Agni, allumé à diverses reprises, éveille-toi dans des dispositions favorables; toi qui brilles avec éclat, conserve l'intention de nous accorder des richesses; amène, divin Agni, les dieux au sacrifice, ô toi qui es l'ami des dieux, rends un service à tes amis.

2. Tanunapat, que les dieux Mitra, Varuna et Agni adorent trois fois chaque jour, fais que ce sacrifice qui engendre la pluie, nous procure de l'eau en abondance.

3. Puisse toute louange convenable arriver à celui qui invoque les dieux; qu'il vienne adorer celui qui répand les bienfaits; que l'adorable Agni, pressé par nos instances, adore les dieux.

4. Un chemin qui s'élève a été préparé pour vous deux dans les sacrifices; les offrandes s'enflamment et montent dans les airs; celui qui invoque les dieux s'est assis au centre de la salle radieuse; étendons l'herbe sacrée pour qu'elle serve de siége aux dieux.

5. Les dieux qui donnent la pluie à l'univers sont présents aux sept offrandes des prêtres lorsqu'on les invoque avec sincérité; puissent les nombreuses divinités qui sont engendrées sous des formes sensibles lors des sacrifices, venir à nos cérémonies!

6. Puissent le Jour et la Nuit, objets d'adoration, réunis ou séparés, se manifester sous une forme corporelle, de sorte que Mitra, Varuna et Indra, accompagnés par les Maruts, nous réjouissent par leur gloire.

7. J'adore ces deux êtres divins qui invoquent les dieux; les sept personnes qui offrent les mets des sacrifices dans l'attente de l'eau, font plaisir à Agni en lui présentant des offrandes; les illustres observateurs des rites sacrés l'ont salué en toute cérémonie comme s'identifiant véritablement avec l'eau.

8. Puisse Bharati (*le soleil*) associé avec les Bharatis (*les rayons solaires*), Ila (*la terre*) avec les dieux et les hommes, et Saraswati (*le ciel*) avec les Saraswatas (*les régions inférieures du firmament*), puissent ces trois êtres divins s'asseoir sur l'herbe sacrée étendue devant eux!

9. Divin Twashtri, sois satisfait de nous et accorde-nous un fils robuste, pieux maniant les pierres qui écrasent le soma et plein de respect pour les dieux.

10. Vanaspati, amène les dieux près de nous; puisse Agni, le sacrificateur, préparer la victime; que celui qui est la vérité, officie comme le prêtre, car il connaît réellement la naissance des dieux.

11. Agni, allumé et flamboyant, viens près de nous dans le même char qu'Indra et que les dieux qui se meuvent avec agilité; qu'Aditi, la mère de fils accomplis, s'asseye sur l'herbe sacrée, et que les dieux immortels soient satisfaits de l'offrande qui leur est présentée avec respect.

SUKTA V.

(*Composé par le même rishi et adressé à Agni.*)

1. Le sagace Agni, qui connaît l'aurore, s'éveille pour suivre les chemins des sages; le lumineux Vahni, allumé par les hommes pieux, a enfoncé les portes de l'obscurité.

2. L'adorable Agni est agrandi par les hymnes, les prières, les éloges de ses adorateurs; émule des diverses gloires du soleil, le messager des dieux brille quand l'aurore commence à luire.

3. Agni, l'embryon des eaux, l'ami des hommes pieux, accomplit avec fidélité tous les désirs; il a été placé par les dieux parmi les hommes, descendants de Manou; digne de désir et d'adoration, il a pris sa place sur un lieu élevé où le sage Agni doit recevoir les offrandes des hommes pieux.

4. Agni, lorsqu'il est allumé, est Mitra, et comme Mitra, il invoque les dieux; Varuna est Jatavedas; Mitra est le prêtre qui officie; Damunas est l'agitateur (Vayu); Mitra est l'associé des rivières et des montagnes.

5. Le gracieux Agni protége la place primitive de la terre mise en mouvement; il protége de sa puissance le chemin du soleil; il protége la troupe à sept têtes des Maruts, dans la région centrale, entre le ciel et la terre; il protége les offrandes enivrantes des dieux.

6. Le puissant et divin Agni, connaissant toutes les choses qu'il est possible de savoir, a voulu que l'eau belle et digne d'éloges fût sa peau brillante, son asile, tandis qu'il s'étend pour se livrer au sommeil, et, toujours vigilant, il la préserve.

7. Agni a fixé sa demeure dans un asile brillant, digne d'éloges et qui désire le recevoir autant qu'Agni aspire à y pénétrer; rayonnant, pur, vaste et purifiant, il renouvelle à diverses reprises ses parents (*le ciel et la terre*).

8. Dès sa naissance, il est élevé par les plantes qui tirent de l'humidité leur croissance et leur beauté; puisse-t-il nous protéger tant qu'il est dans le sein de ses parents!

9. Nourri par le combustible et recevant nos éloges, le puissant Agni, placé sur l'autel qui est le nombril de la terre, sous la forme du firmament, a brillé avec un vif éclat; puisse le bienveillant et adorable Agni qui respire au milieu du ciel et qui est le messager des dieux, les amener au sacrifice!

10. Le puissant Agni est la plus parfaite des lumières célestes; il a soutenu le ciel de son éclat lorsque le vent faisait flamboyer celui qui apportait les offrandes jusqu'alors cachées dans une caverne et soustraite aux regards des Bhrigus.

11. Accorde, Agni, à celui qui te présente des offrandes, des troupeaux nombreux, moyen de célébrer un grand nombre de cérémonies pieuses et de les rendre perpétuelles; fais que des fils et des petits-fils naissent dans notre race, et que ton bon vouloir soit toujours sur nous.

SUKTA VI.

1. Prêtres fervents, vous qu'inspire la prière, apportez ici la cuiller destinée au culte des dieux et qui doit être placée au côté sud de l'autel et qui, dirigée vers l'orient, remplie des mets du sacrifice, contenant l'offrande et pleine de beurre liquéfié, se rend vers Agni.

2. Agni remplit, dès sa naissance, le ciel et la terre; ô toi, auquel le sacrifice est offert, tu excèdes en grandeur le ciel et la terre; puissent tes feux à sept langues être glorifiés!

3. Le firmament, la terre et les dieux adorables désirent tes faveurs pour que le sacrifice soit complet, chaque fois que les pieux descendants de Manou, apportant des offrandes, glorifient ta flamme radieuse.

4. Le grand et adorable Agni est fermement assis sur son trône spacieux entre le ciel et la terre; les puissantes épouses du soleil, impérissables et au-dessus de tout dommage (*le Ciel et la Terre*) sont les deux vaches laitières de l'immense Agni.

5. Grandes, ô Agni, sont les œuvres de ta puissance; tu as étendu au loin le ciel et la terre; tu as été le messager des dieux, et aussitôt que tu es né, tu es devenu le chef des hommes.

6. Attelle à ton char tes chevaux à la longue crinière, afin de venir au sacrifice; conduis ici tous les dieux, ô divin Jatavedas, et fais qu'ils accueillent favorablement nos offrandes.

7. Agni, lorsque tu résides dans les bois, consumant à ton gré les eaux, alors tes rayons illuminent les cieux, et tu brilles comme autant d'aurores radieuses; les dieux eux-mêmes louent la splendeur de celui qui est leur messager et qui est digne d'éloges.

8. Les déités qui séjournent dans le vaste firmament, celles qui sont dans la sphère lumineuse du ciel, les adorables Umas, qui viennent lorsqu'on les invoque, les chevaux, Agni, qui conviennent à ton char;

9. Mène-les tous auprès de nous, Agni, dans un seul char ou dans plusieurs chars; conduis ici les trente-trois dieux avec leurs épouses, afin de prendre part aux mets du sacrifice; charme-les tous avec le suc du soma.

10. Celui qui invoque les dieux et que le Ciel et la Terre glorifient dans des sacrifices répétés, c'est Agni; chargés d'eau, ils attendent les cérémonies saintes qui seront propices à la présence de celui qui est né de la vérité.

11. Accorde, Agni, à celui qui te présente des offrandes, des troupeaux nombreux, moyens de célébrer un grand nombre de cérémonies pieuses et de les rendre perpétuelles; fais que des fils et des petits-fils naissent de notre race, et que ton bon vouloir soit toujours sur nous.

LE SAMA-VEDA.

AVANT-PROPOS

Les détails dans lesquels nous sommes déjà entré à l'égard du Sama-Veda en parlant des Védas en général, nous permettent de ne dire que peu de mots relativement à la composition dont nous allons faire passer sous les yeux de nos lecteurs la première traduction française qui ait été entreprise. On sait que ce recueil d'hymnes doit son nom à ce que le sama ou soma, le jus de l'*asclepias*, forme la base des offrandes présentées dans les cérémonies que célèbrent ces chants.

Un érudit moderne a pu dire avec raison : « Le mythe du soma joue un rôle très-important dans l'histoire de la religion védique; ce jus versé sans cesse en l'honneur des dieux s'éleva au rang d'une divinité de premier ordre, confondue avec Agni et devenant Agni libation.

« On invoque Soma comme le prince immortel du sacrifice, comme le précepteur des hommes, le maître du salut, l'ami des dieux et l'exterminateur des méchants. Ainsi personnifié, il prend place à côté d'Agni, il partage ses offrandes et ses invocations; en lui se personnifie la divinité suprême dont il était destiné, dans le principe, à honorer la grandeur et à obtenir l'appui. Il est le tout-puissant; c'est lui qui a enfanté la lumière; il est le sentier du ciel et de la terre; il voit tout...; il est un véritable médiateur entre le ciel et la terre; c'est un dieu incarné, car il est regardé comme un être humain, quoiqu'il ne soit que le jus d'une plante; il donne la vie, la santé, la protection; il conduit à l'immortalité; cette idée n'est elle-même que la personnification d'une autre plus simple qui tient le jus du *sarcostemma viminalis* pour une boisson salutaire, fortifiante, enivrant au besoin celui qui cherche le plaisir. » (Alfred MAURY, *Revue archéologique*.)

Signalons une circonstance remarquable qui avait échappé à l'attention de Colebrooke, mais que les érudits allemands ont constatée. Le Sama-Véda est presque entièrement composé de passages pris dans les autres Védas ; mais il est souvent difficile de reconnaître ces emprunts, car maintes fois le Sama ne reproduit que la moitié ou le quart d'un vers et il soude ce lambeau à un autre fragment tout aussi court, en y mêlant des variantes très-nombreuses, de sorte que ces reproductions échappent sans peine aux regards les plus attentifs.

Les variantes du Sama-Véda présentent des formes grammaticales qu'on reconnaît comme plus anciennes que celles du Rig-Véda ; mais on ne saurait dire si le Sama a été composé avant l'autre Véda et si, dans l'intervalle, la langue a subi des modifications.

PREMIERE PARTIE.

PREMIER PRAPATHAKA.

PREMIER DASATI.

Rich. 1. (*Premier verset récité*) par Bharadwaja, rishi. Viens, ô Agni, au banquet de celui qui célèbre ta louange, afin de présenter l'offrande. Héraut (des dieux), assieds-toi sur l'herbe sacrée.

2. O Agni, tu as été solennellement chargé par les dieux pour assister à tous les sacrifices accomplis dans le monde qu'habitent les hommes.

3. Par Medhatithi. Nous invoquons Agni, le messager et le héraut des dieux, le possesseur de toute richesse, afin qu'il puisse diriger heureusement ce sacrifice.

4. Par Bharadwaja. Agni a toujours été le destructeur de nos ennemis. Il est le possesseur de la richesse ; il est célébré dans beaucoup de cantiques qui disent ses louanges ; il est la divinité brillante et éclatante, l'objet qu'invoquent nos hymnes.

5. Par Usana. O Agni, je te loue, toi notre hôte chéri, qui m'es cher comme un ami ; tu es comme un chariot (*pour la rapidité*), et digne d'être regardé comme la source de la sagesse.

6. Par Purumidha. O Agni, sauve-nous, en nous donnant ton secours puissant ; préserve-nous de tout ennemi et de tout homme ayant de la haine contre nous.

7. Par Bharadwaja. O Agni, toi que je célèbre maintenant avec des intonations, qu'elles soient justes ou fausses, j'ai l'intention de te louer. Viens donc et grandis en buvant le jus de cette plante de la lune.

8. Par Vatsa. O Agni, moi, Vatsa, captivant ton esprit, je désire ta présence en célébrant tes louanges ; viens donc vers moi, même du plus haut des cieux.

9. Par Bharadwaja. O Agni, le rishi Atharvan t'a amené en ces lieux, dès le principe et du haut du firmament, pour l'avantage de quiconque offre un sacrifice.

10. Par Vamadeva. O Agni, destructeur des ténèbres, viens vers nous pour nous préserver d'une manière efficace et pour nous accorder une audience, car tu es un personnage divin.

DASATI II.

1. Par Ahi. O divin Agni, ces hommes te louent afin de pouvoir acquérir de la force ; détruis leurs ennemis et guéris-les de leurs maladies.

2. Par Vamadeva. Je t'implore par mes prières, ô toi qui es le messager des dieux, le possesseur de toute richesse, celui qui présente les offrandes, l'immortel, le grand sacrificateur.

3. En ta présence immédiate sont rangées tes sœurs (164) qui dévorent le sacrifice, accordent la richesse et vont en tous lieux.

4. Par Madhuchhanda. O Agni, qui dissipe les ténèbres, de jour en jour nous approchons de toi avec des esprits éclairés, faisant nos prosternations.

5. Par Sunahsepha, lorsqu'il a l'ordre de louer Rudra. O Agni, toi qui connais la méthode pour louer les dieux, tu sais quel est le genre de louange qui procure la faveur de Rudra, lequel mène à la perfection tout sacrifice accompli dans la demeure des hommes.

6. Par Medhatithi. Tu es invité au sacrifice excellent pour boire le jus de la plante de la lune ; viens donc, Agni, accompagné par les Maruts (*les vents*).

7. Par Sunahsepha. Je désire t'adorer avec des rites religieux, toi qui es comme un cheval de guerre et qui brilles au-dessus des sacrifices.

8. Comme Aurva et Bhrigu t'appelèrent, ainsi j'appelle le pur Agni qui réside dans l'Océan.

9. Que l'homme qu'éclaire Agni accomplisse le sacrifice avec un esprit attentif. Je suis l'homme qu'éclaire Agni avec des offrandes qui dissipent les ténèbres.

10. Par Vatsa. Les hommes regardent maintenant la lumière admirable qui jadis était unie aux eaux et qui brille aujourd'hui dans le firmament.

DASATI III.

1. J'aspire vers toi, Agni, toi qui acquiers une grandeur dominante au milieu des sacrifices, afin que tu puisses fortifier nos enfants.

2. Par Bharadwaja. Agni, par ses terribles

rayonnements, réprime tout ennemi cannibale; Agni nous donne une richesse égale à nos désirs.

3. Par Vamadeva. O Agni, tu es grand et tu mets en mouvement tout ce qui t'entoure ; accorde le bonheur au peuple qui désire offrir des sacrifices aux dieux. Viens et prends ton siége sur l'herbe sacrée.

4. Par Vasishtha. O divin Agni, préserve-nous du péché ainsi que du meurtre, et consume par tes flammes brûlantes quiconque ne célèbre pas tes louanges.

5. Par Bharadwaja. O divin Agni, attelle tes chevaux, ces excellents coursiers qui transportent rapidement ton chariot et qui se montrent dans toutes les directions.

6. Par Vasishtha. O Agni, seigneur du monde et le sujet de nos invocations, lorsque nous avons mis les mains sur toi tout resplendissant et d'un héroïsme suréminent, nous te plaçons (dans ta niche sacrée).

7. Par Virupa. Agni, tel que le chef des armées célestes, est prédominant comme la bosse sur le cou d'un taureau. Il est aussi le seigneur de la terre et il nous rafraîchit avec les eaux du ciel.

8. Par Sunahsepha. Fais mention de notre offrande, ô Agni, parmi les dieux et répète-leur notre hymne immortel à leur louange.

9. Par Gopavana. O Agni, toi qui maintiens notre chaleur corporelle, le rishi Gopavana t'a le premier invoqué par ses chants. O toi qui nous purifies, écoute nos invocations.

10. Par Vamadeva. Le seigneur des provisions, le sage Agni, apporte les offrandes aux dieux et confère de riches récompenses aux sacrificateurs.

11. Par Kanwa. Les rayons vivifiants amènent en vue de tous le divin soleil, le père de la lumière.

12. Par Medhatithi. Louanges à Agni le sage, le divin, dont les actions sont guidées par l'équité, qui accorde des dons en échange du sacrifice et qui détruit les maladies.

13. Par Sindhudwipa et Ambarisha. Que les déesses des eaux deviennent pour nous des sources de plaisir en nous fournissant l'eau nécessaire pour les ablutions ; qu'elles nous fournissent l'eau pour étancher notre soif, et qu'elles fassent descendre sur nous le bonheur comme une pluie abondante.

14. O seigneur des hommes saints, quel est celui dont tu remplis maintenant de plaisir l'âme agrandie? celui dont la voix est employée à te louer durant ce sacrifice de la plante de la lune?

DASATI IV.

1. Par Bharadwaja. Nous vous célébrons en chaque sacrifice et en chaque cantique, vous le puissant Agni, l'immortel, le père de la richesse et qui nous est cher comme un ami.

(164) Ces sœurs sont les flammes. (*Note du traducteur anglais.*)

2. Par Bharga. Sauve-nous, ô Agni, par le premier (livre [*c'est-à-dire par le Rig-Véda*]); sauve-nous par le second (livre [*c'est-à-dire par l'Yajour-Véda*]); sauve-nous, ô seigneur des provisions, par les chants des trois (livres) ; sauve-nous, ô possesseur de la richesse, par celles des quatre (Védas).

3. Par Trinpani. O Agni, la source des irradiations multipliées ; ô divinité entourée d'une splendeur sans tache, de même que tu manifestes ta gloire dans le Bharadwaja-Rishi, de même, ô possesseur des richesses, toi qui nous purifies et qui es doué d'une jeunesse continuelle, répands tes rayons sur moi.

4. Par Vasishta. O Agni, qui prends la forme de l'oblation sacrée, que les sages qui t'invoquent te soient chers et qu'ils viennent chargés de choses propres aux sacrifices, et qu'ils divisent parmi eux les vastes troupeaux de vaches donnés par l'armée aux sacrifices (165).

5. Par Bhavadwaja. O divin Agni, tu es celui qui exprime nos louanges, le souverain des hommes, terrible dans tes dispositions et veillant toujours sur les Rakshasas. O seigneur des maisons, tu es le puissant gardien des cieux, et tu aimes les résidences des hommes.

6. Par Praskanwa. O immortel Agni, origine de la richesse, apporte ce matin les trésors variés et qui dissipent les ténèbres, pour le bénéfice du sacrificateur; apporte-les aux dieux qui se lèvent dès le point du jour.

7. Par Trinpani. O mine de la richesse, tu possèdes toutes les gloires diverses; accorde-nous la richesse ainsi que ta protection. O Agni, tu es celui qui nous procure l'opulence ; souviens-toi aussi de nous donner de profondes citernes d'eau pour nos fils.

8. Par Bharga. O Agni, tu es vraiment grand en tout lieu ; tu es le conservateur, le fidèle et le sage. O toi dont la splendeur et la bonté sont infinies, que les savants brahmanes résident toujours à côté de toi.

9. Par Bharga. O Agni, notre purificateur et notre créateur, accorde-nous avec libéralité une richesse qui accroisse la nourriture et qui nous fasse honorer, telle que beaucoup la désirent, et qu'elle soit accompagnée par la plus haute renommée.

10. Par Saubhari. Celui qui invite les dieux et que tous les hommes louent, accorde toute la richesse que chacun possède. Les mets principaux du doux liquide (*le jus de la plante de la lune*) sont réservés pour Agni, et que ces chants soient aussi dédiés à la même divinité.

(165) Douze cents vaches doivent former le lot d'un seul brahmane, d'après le Bhashia. (*Note du traducteur anglais.*)

DASATI V.

1. Par Vasishtha. Je t'invite par ce culte, Agni, le petit-fils de la nourriture, le bien-aimé, toi qui sais tout et qui te rends à la salle des sacrifices, toi qui conduis les sacrifices à une heureuse issue, toi qui es le héraut désigné pour le bénéfice de tous les immortels.

2. Par Bharga. Que les hommes t'allument afin que tu brilles d'un vif éclat pour le bonheur de leurs descendants et pour obtenir ces eaux primitives dont le monde est sorti. Toi, plein d'activité, tu emportes l'offrande et les louanges qui l'accompagnent, et tu brilles parmi les dieux.

3. Par Saubhari. Celui dans les mains duquel les dieux ont placé tous les rites sacrés, est éminemment habile dans l'art de discerner la justesse de la musique sacrée ; que nos voix répandent donc au loin les louanges d'Agni, qui a été produit dans des circonstances propices, et qui exalte l'instituteur des rites des sacrifices.

4. Par Manu. Durant les récits sacrés et durant l'offrande des oblations, je te supplie, en vers élogieux, d'obtenir pour nous une protection spéciale, ô Agni, le grand prêtre, toi qui soulèves le mortier et qui es assis sur l'herbe sacrée ; j'invoque aussi les Maruts, Brahmanaspati et les autres dieux.

5. Par Parumidha. (O mon âme), célèbre dans des chants élogieux Agni, dont la tête est entourée de gloire, afin qu'il puisse te protéger. O Parumidha, afin d'obtenir la richesse et de procurer des dons excellents à votre famille, célébrez le fameux Agni qui prend la forme humaine.

6. O Agni, ouvre les oreilles, et écoutez, ô vous, divinités, qui l'accompagnez et qui recevez les sacrifices. Que Mitra et Aryama, d'accord avec tous les dieux qui vont à nos cérémonies matinales, s'asseoient sur l'herbe sacrée durant le sacrifice.

7. Par Saubhari. Le divin Agni, amené par Divodasa, s'emploie auprès de la Terre, mère des hommes, avec son énergie puissante, d'après la manière d'Indra, et il se dirige vers les demeures célestes.

8. Par Medhatithi. O possesseur de tout mérite, viens de la terre ou des cieux élevés et brillants ; obtiens, par mes chants, de l'accroissement dans les proportions de ton corps, et satisfais les désirs de nos enfants.

9. Par Viswamitra. O Agni, lorsque tu es loué, tu viens aux bois sacrés et aux eaux maternelles et tu n'es point sujet à la destruction quand tu disparais à nos yeux, car tu es encore présent avec nous et tu nous accordes tes bienfaits.

10. Par Praskanwa. O Agni, Kanwa Manu t'a établi, toi qui possèdes les rayons de la lumière, il t'a placé dans un sanctuaire comme un objet digne à jamais de l'adoration des hommes ; alors toi, né des offrandes et qui embrasses toutes choses, toi que les hommes adorent, tu as déployé ta splendeur.

DASATI VI.

1. Par Vasishtha. Le divin Agni, celui qui confère la richesse, aspire à vos cuillers bien remplies (de suc de soma), versez-les donc sur le feu sacré, après les avoir remplies, afin que le dieu puisse vous donner la prospérité (166).

2. Par Kanwa. Que Brahmanaspati vienne ; que la déesse à la voix douce vienne, pour obtenir le sacrifice qui produit des héros et qui conserve les hommes, le sacrifice dans lequel le péritoine est offert, et que les dieux emportent pour eux notre sacrifice.

3. Par Kanwa. Lève-toi pour nous protéger, comme le soleil divin se lève pour nous accorder de la nourriture, lorsque nous l'implorons dans des hymnes sublimes et par nos prêtres qui présentent des offrandes.

4. Par Saubhari. O possesseur des richesses, l'homme qui, pour obtenir l'opulence, ôte du réduit sacré de sa maison pour te placer dans le réduit des sacrifices, et qui te donne des offrandes, celui-là, ô Agni, reçoit un fils héroïque, un adepte dans les chants sacrés et le soutien de milliers (d'êtres).

5. Par Kanwa. Nous t'invoquons, seigneur souverain des multitudes dont les esprits s'appliquent à l'accomplissement du sacrifice. Nous te louons par nos hymnes ; qu'Agni brille dans toute sa splendeur.

6. Par Trayukil. C'est Agni qui confère la puissance vitale ; il confère le bonheur ; il donne la richesse, des descendants renommés et des troupeaux de vaches ; il a aussi le pouvoir d'accorder la destruction de nos ennemis.

7. Dans nos sacrifices, tu es le maître de la maison, tu es celui qui invoque les dieux et qui prépares l'offrande ; tu es l'objet des louanges de tous et tu possèdes une sagesse qu'on ne peut scruter ; tu sais les dieux et tu demandes des richesses pour nous accorder des faveurs.

8. Par Viswamitra. Nous, les hommes qui sont tes amis, nous te prions, toi dont l'éclat est universel, de nous accorder ton secours ; tu es le petit fils de l'élément de l'eau ; tu possèdes tous les genres précieux de richesses ; tu accomplis d'illustres actions ; tu détruis nos ennemis, et tu es exempt de péché.

DASATI VII.

1. Par Vamadeva. Présentez des offrandes au

---

(166) Agni, comme seigneur de la nourriture ; la déesse dont il est ensuite fait mention est sa femme.

héros des dieux et au maître du ménage du sacrificateur; purifiez-le et placez-le, avec des hymnes de louange, dans sa niche à l'autel de l'offrande. Servez cet Agni qui reçoit ces offrandes et qu'on adore par des sacrifices; servez aussi les dieux du ménage.

2. Par Upastuta. Elle est vraiment admirable, la façon d'agir que déploie celui qui reçoit la louange et qui est toujours jeune; il ne s'adresse pas à sa mère pour être nourri, mais ainsi que le bois dépourvu de sein l'a produit, il se saisit aussitôt de l'offrande, et arrivant à la fois à la virilité, il accomplit son devoir comme messager des dieux.

3. Par Vrihadukta. O Agni, fais que ton premier et ton principal rayonnement qui produit l'éclair, que ton second rayonnement qui réside dans le soleil, et que ton troisième (né de la terre) entrent dans leurs places convenables en notre enclos sacré. Continue d'être le tout resplendissant et le bien-aimé des dieux; manifeste-toi aussi dans notre sacrifice.

4. Par Kutsa. Nous t'adressons cet hymne de louange, toi qui es digne de toute adoration, le père des richesses, et nous te les adressons avec autant d'empressement que le conducteur du chariot qui presse ses chevaux. O Agni, tu es présent en cette assemblée, comme le dispensateur des bonnes choses, et notre cœur est porté à célébrer ta louange. Puissions-nous jamais n'être coupables de l'éteindre.

5. Par Bharadwaja. Afin d'avoir une tête, les dieux produisirent Agni, l'infatigable voyageur depuis la terre jusqu'au ciel, qui réside dans tous les mortels, qui est amené dans les sacrifices, le tout sage, le tout brillant, l'hôte des dieux, notre seigneur.

6. Par Bharadwaja. O Agni, les divins Brahmanes obtiennent de toi la richesse par leurs chants, comme les vents obtiennent l'eau contenue dans les réservoirs des nuages. O toi qui reçois la louange, nous venons vers toi en t'adressant nos cantiques, avec autant d'empressement que des chevaux de guerre accourent sur le champ de bataille.

7. Par Vamadeva. Assurez-vous de l'approbation de votre propre Agni, le seigneur des sacrifices, celui qui cause l'affliction, celui qui invite les dieux et qui offre fidèlement le sacrifice pour les deux mondes, celui qui existait avant les nuages, mais sans vitalité, et qui brille en jetant des rayons d'or.

8. Par Vasishtha. Le seigneur radieux brille quand il est loué, et sa bouche, le réceptacle des offrandes de beurre clarifié, est célébrée par les sacrificateurs qui présentent les offrandes. C'est cet Agni qui manifeste sa splendeur à l'endroit où naissent les clartés de l'aube du jour.

9. Par Trisiras. Agni traverse les deux mondes par l'effet de sa grande puissance, et quand il fait tomber la pluie, il fait entendre ses puissants rugissements depuis l'extrémité la plus reculée du ciel jusqu'à la plus rapprochée; grand dans son pouvoir, il devient plus grand encore dans la demeure (céleste) des eaux.

10. Par Vasishtha. O prêtres, apportez par le travail de vos mains, dessus le bois sacré, Agni qui est répandu partout, et qui, porté sur les mains des prêtres, paraît de loin; il est le protecteur de la famille du sacrificateur et il vient à ses solennités.

DASATI VIII.

1. Par Budhagarishti. Agni possède toute sagesse; il vient avec sa splendeur vers les sacrificateurs comme une vache laitière le matin, et ses rayonnements montent vers les cieux comme des troupes d'oiseaux de passage.

2. Par Vatsapriya. Les Brahmanes se saisissent du puissant Agni qui subjugue la terre, qui est saisi par les doigts des prêtres, qui, quoique dans la compagnie des fous, demeure exempt de folie; c'est lui qui détruit les villes des ennemis et qu'on se rend propice par des sacrifices, lui qui possède un excellent jugement, qui a des moustaches vertes et une habitation qui lui appartient, et auquel on offre des produits précieux.

3. Par Bharadwaja. O Agni, comme le soleil, tu as un lustre qui est blanc et un autre qui est rouge; tu te manifestes dans les deux formes du jour et de la nuit, et tu t'étends comme la voûte du ciel. O possesseur de la nourriture, tu préserves les intelligences de tous les hommes. O soleil nourricier, accorde que nous puissions recevoir, en ce sacrifice, des présents qui causent la prospérité.

4. Par Viswamitra. O Agni, accorde-nous, à nous les sacrificateurs, les choses qui sont nécessaires pour accomplir les rites sacrés; accorde-nous aussi des vaches qui restent toujours profitables. O Agni, puissions-nous avoir des fils et des petits-fils, être les pères d'une race nombreuse, et que tes regards favorables soient toujours sur nous.

5. Par Vatsapriya. Le héraut des dieux qui est né dans toute la vigueur de la virilité, et qui connaît les cieux, va aux logements des hommes ainsi qu'aux régions des eaux; il nous donne des richesses, il se saisit des plantes de la lune et des remèdes destinés aux sacrifices; il détruit les ténèbres, il possède la richesse et il est le protecteur du corps.

6. Par Vasishtha. Agni fait ses délices du prêtre doué d'excellentes qualités, qui chante les louanges du dieu illustre, éclatant, qui donne la vie, qui est animé de dispositions très-bienveillantes à l'égard

de l'homme, qui est digne de toute louange et dont les actes sont comme ceux du puissant Indra.

7 Par Viswamitra. Agni, qui produit la richesse, qui est enfermé dans le bois sacré, comme le fœtus qui se développe en une femme enceinte, est chaque jour l'objet des louanges de prêtres vigilants.

8. Par Saga. O Agni, tu as tué les Yatudhanas, ces anciens géants, et les Rakshasas ne peuvent te vaincre. Extermine les fous pleins de malice qui s'élèvent contre nous : mais ceux qui mangent la chair ne doivent point être délivrés par toi ; ils sont réservés pour être mis à mort par les dieux (167).

DASATI IX.

1. Par Garga. O Agni, nul obstacle ne peut être opposé à ton allure ; apporte-nous des provisions qui donnent la force, conduis-nous dans la voie d'acquérir de la richesse et d'abondants approvisionnements de nourriture.

2. Par Vamadeva. Si un homme éclaire Agni et qu'il lui présente régulièrement des offrandes, il devient prospère, et il jouira de la félicité dans une demeure céleste.

3. Par Bharadwaja. Ces grandes masses de fumée blanche se développent et montent vers les cieux ; toi qui purifies, lorsque tu es loué, tu brilles comme le soleil, dans tout ton éclat.

4. Par Bharadwaja. O Agni, tel qu'un ami, tu donnes la renommée qui s'étend, aussi vaste que le monde, sur ceux qui t'adorent. O toi qui vois toutes choses, de même que tu leur donnes de la nourriture, fournis aussi à nos besoins.

5. Par Dwaïta. Agni est chéri de beaucoup d'hommes et loué par les mortels ; tous les hommes font brûler des offrandes dans son feu immortel ; il est ce matin notre hôte.

6. Par Vasuyava. O toi qui possèdes tous les trésors variés, applaudis grandement aux hymnes d'invocation qu'on adresse à Agni ; que des richesses, que l'abondance t'accompagnent toujours, comme la reine accompagne le roi.

7. Par Gopavana. Avec des paroles et des hymnes de louange proférés de tout mon pouvoir , je te loue, Agni, l'hôte de tous les sacrifices, toi l'objet de la vive affection de celui qui offre les viandes des sacrifices, et qui es présent au sacrifice célébré en dehors des portes.

8. Par Puru. Apportez en abondance de la nourriture pour Agni, le dieu éclatant ; que les mortels, le regardant comme un ami, le placent dans le sanctuaire du côté de l'Est afin de célébrer son culte.

9. Par Gopavana. Nous approchons d'Agni qui détruit nos ennemis, l'ancien et l'incarné, qui jeta

(167) Ce passage est obscur ; les mots « ceux qui mangent la chair » peuvent s'appliquer, soit à des cannibales, à des pécheurs endurcis sur lesquels tombera la vengeance divine, soit à de pieux Brahmanes qui prennent part aux viandes offertes en sacrifice et qui ne sortent de la vie qu'à l'appel des dieux.

tant d'éclat sous la forme de Srutavana, le fils d'Arksha.

10. Par Vamadeva. Agni qui est le produit du plus excellent de tous les rites, est d'une manière spéciale présent à ce même rite avec les autres dieux. Il est aussi le père de Kasiapa, doué de toute fidélité, la mère de la race humaine, le législateur suprême, doué de la sagesse universelle.

DASATI X.

1. Par Vamadeva. Nous nous réfugions auprès du roi Soma, Varuna, Agni, Aditya, Vishnou, Surya, Brahma et Vrihaspati.

2. Par Vamadeva. Ces hommes qui conquièrent la terre s'élèvent, depuis ce monde inférieur, aux hautes régions du ciel, comme les descendants d'Angiras sont montés au ciel.

3. Par Vamadeva. Nous t'éclairons, ô Agni, afin que tu puisses nous accorder de grandes richesses. Toi qui fais pleuvoir les bénédictions, applaudis à nos viandes excellentes, propres aux sacrifices et qui sont le produit du ciel et de la terre.

4. Par Gritsamada. Ce que nous avons exprimé, Agni s'y applique de cœur ; il sait où sont servies les viandes des sacrifices. De même que le ciel entoure la roue, ainsi Agni inspire tous nos cantiques.

5. Par Payu. O Agni, détruis de tout côté par ta splendeur, la splendeur funeste de nos ennemis ; brise la puissance et la force de la race géante d'Yatudhana.

6. Par Praskanwa. O Agni, prépare ici un excellent sacrifice pour les Vasus, les Rudras, les Adityas, et pour les autres dieux, descendants de Manu, pour ceux qui donnent la pluie.

DEUXIÈME PRAPATHAKA.

PREMIER DASATI.

1. Par Dirghatama. O Agni, je te présente de nombreuses offrandes. Je t'invoque, seigneur des sacrifices. Je suis à toi, comme tout ce qu'il y a dans la maison d'un homme puissant est à lui.

2. Par Viswamitra. Satisfaites le sage Agni, le héraut des dieux, celui qui tient la lumière destinée à détruire les ténèbres ; chantez de nombreux cantiques à sa louange.

3. Par Gautama. O Agni, tu es le seigneur de la nourriture et des vaches, et le rejeton de la force. O toi, père des richesses, accorde nous des provisions en abondance.

4. Par Viswamitra. O Agni, offre aux dieux l'offrande en ce sacrifice solennel pour le bénéfice de ceux qui désirent les faveurs divines ; tu es renommé comme celui qui présente les offrandes qui invite aux rites sacrés, qui reçoit les louanges et qui détruit les démons meurtriers.

5. Par Trita. Les sept mères implorent la sagesse des sacrificateurs, pour la prospérité d'Agni qui

est inébranlable, et qui connaît le lieu où sont les richesses.

6. Par Trimati. Puissions-nous rester chaque jour sous l'influence de la bénédiction d'Agni, et puisse la sage Aditi (*la mère des dieux*) venir nous protéger ; puisse-t-elle, elle qui accorde le bonheur, nous mettre en possession de la félicité et détruire les meurtriers de nos enfants.

7. Par Viswamanas. Louez le sacrifice qui se répand partout et qui est offert à celui qui est le père de la richesse, à celui qui distingue sa fumée errante et qui possède des rayons irrésistibles.

8. Par Viswamanas. Les ennemis ne peuvent l'emporter sur la sagesse de l'homme qui donne à Agni, sur la sagesse de l'homme qui lui présente des offrandes.

9. Par Rigiswana. O Agni, seigneur des hommes saints, écarte loin de nous cet ennemi repoussant, larron, abominable, et rends-nous possesseurs du ciel.

10. Par Viswamanas. O héroïque Agni, seigneur des hommes, écoute mes nouveaux cantiques, et que la chaleur ardente consume les perfides Ratkshasas.

DASATI II.

1. Par Saubhari. O vous qui venez pour exprimer des louanges, célébrez Agni, le dispensateur bienfaisant, celui qui accorde l'eau, celui dont la puissance est grande et qu'entoure une splendeur éclatante.

2. Par Saubhari. O Agni, tu soutiens tes amis en produisant la nourriture ; ils sont sauvés par ton appui et par des descendants héroïques.

3. Par Saubhari. O mon âme, loue celui qui, tel que le soleil, a été chargé par les dieux de distribuer leurs dons ; loue le messager rapide qui présente les offrandes aux dieux.

4. Par Saubhari. Agni est le possesseur de la richesse ; à lui s'adressent les louanges ; c'est le messager des dieux et celui qui présente les sacrifices ; qu'il ne s'irrite pas contre nous ou contre nos hôtes.

5. Par Saubhari. O possesseur de toutes les choses précieuses, qu'Agni, désigné pour être le messager des dieux, nous soit propice, et qu'il fasse que nos offrandes soient accueillies, que les rites splendides de nos sacrifices prospèrent, ainsi que nos cantiques.

6. Par Saubhari. Nous te louons, toi qui offres le sacrifice, qui distribues les présents, immortel messager des dieux daigne rendre le sacrifice prospère.

7. Par Saubhari. Apporte, ô Agni, une nourriture telle que, dans la salle des sacrifices, elle subjuguera les Rakshasas cannibales et la rage des méchants.

8. Par Wiswamanas. Agni, le seigneur des hommes et le bienfaisant, toi qui es propice aux descendants d'un homme tel que je suis, tu ne manqueras pas certainement de détourner tous les Rakshasas.

(*Ici se terminent les louanges d'Agni.*)

DASATI III.

1. Par Bharadwaja. Tandis que le sacrifice de la plante de la lune s'accomplit, chante, ô mon âme, d'accord avec les autres (chanteurs), célèbre le bonheur d'Indra qu'adorent des multitudes, qui accorde les bienfaits ; loue-le avec l'empressement que met le cultivateur à vanter l'état heureux d'un puissant taureau.

2. Par Srutakaksha. O Indra, qui accomplis cent sacrifices, (divinité) brillante qui prend plaisir aux hymnes de ceux qui célèbrent ta louange, accorde-leur une joie semblable à la tienne.

3. Par Haryata. O ma voix, célèbre la divinité à forme de nuage dont les deux oreilles sont ornées de pendants d'or ; célèbre aussi la terre qui fournit de l'eau pour notre sacrifice.

4. Par Srutakaksha. O fils de Srutakaksha, célébrez de toute votre âme les louanges des dieux afin d'obtenir des vaches ; célébrez-les de toute votre âme afin d'obtenir une place dans le ciel d'Indra.

5. Par Srutakaksha. Nous présentons des viandes sacrées à cet Indra qui est le meurtrier de Vritra. Puisse-t-il, comme un taureau, faire tomber sur nous la pluie.

6. Par Devajomya. O Sukti, toi qui envoies la pluie, tu l'emportes par ta propre force intérieure, par l'aide des puissances étrangères et par la patience qui subjugue tout ; tu fais aussi pleuvoir sur nous les bénédictions.

7. Par Goshukta et Sukti. Notre sacrifice glorifie Indra qui tourne autour de la terre et qui cause le tonnerre dans les cieux.

8. Par les mêmes. O Indra, de même que tu es le seigneur de la richesse, puissé-je en devenir le seul monarque, et puisse celui qui chante à mes solennités devenir le possesseur de troupeaux de vaches.

9. Par Medhatithi. O vous qui accomplissez le sacrifice de la plante de la lune, célébrez de tout votre pouvoir les louanges du joyeux Indra et le sacrifice offert au héros dont la prospérité est universelle.

10. Par Medhatithi. O possesseur de la richesse, bois du jus de cette plante de la lune et mange pour la satisfaction les viandes des sacrifices. O toi qui ne connais pas la peur, nous mangeons pour te plaire.

DASATI IV.

1. Par Sakaksha. O Soleil, tu te présentes à Indra, fameux par ses richesses, qui fait tomber la pluie, qui fait prospérer les rites des hommes et qui détruit les ennemis.

2. Par Sukaksha. O toi qui as tué Vritra, tu portes dans tes cieux tout ce qui peut être produit aujourd'hui en notre sacrifice; car, ô Indra, tout ce monde est soumis à ton autorité.

3. Par Bharadwaja. Ce jeune Indra qui conduit au loin et près d'ici, sous sa direction assurée, Turvasa et Yada, est notre ami.

4. Par Sukaksha. O Indra, toi qui es le conducteur et le directeur des grandes expéditions, que nos ennemis ne l'emportent pas sur nous, mais fais que nous puissions, grâce à ton secours, remporter sur eux la victoire.

5. Par Madhuchhanda. O Indra, accorde-nous pour nous protéger une richesse digne d'être acceptée par nous, une richesse qui subsiste toujours et qui augmente sans cesse, afin que, par son moyen, nous puissions complétement vaincre nos ennemis.

6. Par Madhuchhanda. En toute grande bataille et en tout moindre conflit, nous invoquons Indra qui lance la foudre, afin qu'il soit notre allié dans notre combat avec nos ennemis.

7. Par Trisoka. Indra boit le jus de la plante de la lune de Kadru (*la femme de Kasyapa*) dans l'assemblée complète (*des dieux*); célébrez la puissance d'Indra.

8. Par Vasishtha. O Indra, toi qui donnes la pluie et qui possèdes la richesse, nous qui aspirons à ta faveur, nous te louons avec un zèle particulier. Agrée le sacrifice que nous t'offrons en ce moment.

9. Par Trisoka. Heureux sont ceux qui allument Agni et qui étendent en même temps l'herbe sacrée, et dont Indra, toujours jeune, est l'ami.

10. Par Sasoka. Fends en deux tous ceux qui nous haïssent et qui nous oppriment; tue ceux qui s'opposent à nous dans la guerre, et, ô possesseur de la richesse, apporte avec toi l'objet de nos désirs.

DASATI V.

1. Par Kanwa. Le bruit du fouet qu'ils tiennent dans leurs mains se fait entendre jusqu'ici aussi bien que le bruit de leurs chariots peints de diverses couleurs.

2. Par Trisoka. O Indra, toi qui bois le jus de la plante de la lune, que tes amis ici présents te regardent avec l'affection avec laquelle le possesseur d'un troupeau regarde son bétail.

3. Par Vatsa. Tous les sacrificateurs s'occupent d'apaiser Indra, et ils lui rendent hommage comme les rivières le rendent à la mer.

4. Par Kusidina. Nous prions les dieux, qui font tomber la pluie, de nous accorder, afin de nous sauver, leur protection toute-puissante.

5. Par Medhatithi. O seigneur de la nourriture, fais pour moi qui chante au banquet de la plante de la lune, ce que tu as fait pour Kakshivan, le fils d'Usij.

6. Par Sukaksha. Que le meurtrier de Vitra apporte la science à mon esprit, et que le possesseur de beaucoup d'excellentes qualités, que le puissant Indra m'entende.

7. Par Sukaksha. O divin Savita (*le soleil*) accorde-nous d'abondantes richesses, ainsi que des descendants nombreux, et écarte loin de nous celui qui cause le réveil fatal de la mort.

8. Par Pragatha. Quel que soit l'endroit où prenne sa résidence celui qui envoie la pluie, qui est toujours jeune, qui embrasse tout et qui ne peut être vaincu, c'est là que le prêtre qui officie accomplit son service.

9. Par Vatsa. C'est dans la région des nuages rassemblés et dans l'endroit où se réunissent les grandes eaux, que le sage Indra fut produit par l'Intelligence.

10. Par Irimiri. Elevez la voix pour louer Indra, le roi des hommes, qui est digne de toute louange, qui l'emporte sur les héros et qui distribue les dons.

DASATI VI.

1. Par Srutakaksha. Indra, dont les traits (168) ont une grâce divine, a toujours été dans l'habitude de partager les viandes fortifiantes propres aux sacrifices et offertes par moi, ainsi que de boire le jus de la plante de la lune avec de l'orge.

2. Par Medhatithi. O possesseur d'immenses richesses, nos voix qui prononcent toujours tes louanges, te plaisent comme les voix des vaches laitières charment les troupeaux des veaux.

3. Par Gautama. Sans doute lorsque le soleil se couche, les rayons de la lumière s'inclinent respectueusement vers le monde supérieur, la région de la lune.

4. Par Bharadwaja. Partout où va Indra, le dispensateur de pluies abondantes, il apporte avec lui l'abondance des eaux, et, en agissant ainsi, il est rejoint par Pusha (*le nourricier, un des noms du soleil*).

5. Par Yutadakshna. La mère des Maruts (*des vents*) qui possèdent la richesse et qui aiment les chariots, désire elle-même la renommée et s'unit à ses fils qu'elle amène hors de leur résidence; elle fait tomber la pluie.

6. Par Sukaksha. Viens, ô seigneur du jus qui inspire la joie, viens à notre banquet de la plante de la lune; amène avec toi tes chevaux nommés Hari. Viens avec tes chevaux à notre banquet de la plante de la lune.

7. Par Sukaksha. Préparez pour ce sacrifice d'agréables offrandes, telles que celles qui glorifient Indra. Préparez aussi de tout votre pouvoir l'offrande qui expie les défauts (de ce sacrifice).

8. Par Vatsa. J'ai embrassé la sagesse qui dérive

---

(168) Il y a dans l'original, *dont le nez*.

de mon père fidèle à la vérité (Kanwa), et comme le soleil, j'ai contemplé toutes choses.

9. Par Sanahsepha. Que nos louanges qui procurent la richesse et d'abondantes provisions, s'adressent à Indra, toujours animé d'une joie pure, car nous désirons par leur moyen, obtenir la renommée.

10. Par Vamadeva. Soma et Pusha connaissent tous deux toutes les demeures bienheureuses, et ils sont chargés de porter aux dieux l'offrande du sacrificateur et de sa femme.

DASATI VII.

1. Par Srutakaksha. Buvez le jus préparé de la plante de la lune, et célébrez Indra, le victorieux, qui accomplit cent sacrifices et qui accorde des dons aux hommes.

2. Par Vasishtha. Célébrez, mes amis, le jus qui inspire la joie à Indra ; c'est Indra qui guide les chevaux couleur d'or ; c'est lui qui boit le jus de la plante de la lune.

3. Par Medhatithi. Nous, les descendants de Kanwa, tes amis, nous qui accomplissons ce sacrifice et qui sommes empressés à t'adorer, nous te célébrons, ô Indra, dans des hymnes sacrés.

4. Par Srutakaksha. Que nos voix louent le jus de la plante de la lune offert au joyeux Indra, et que nos prêtres sacrificateurs adorent le dieu Soma.

5. Par Trisni. O Indra, ce jus de la plante de la lune a été purifié pour toi et placé sur l'herbe du sacrifice ; viens promptement et bois-en.

6. Par Madhuchhanda. O toi qui accomplis des actes méritoires, nous t'appelons nuit et jour comme les hommes appellent les vaches pour les traire.

7. Par Soka. O dispensateur de la pluie, je prépare pour toi ce jus de la plante de la lune afin que tu le boives dans ce sacrifice. Partages-en et jouis des délices (qu'il inspire).

8. Par Kusidina. O Indra, le jus de la plante de la lune a été exprimé pour toi des vases nombreux et sous de nombreux pressoirs. Bois-en, car tu es le seigneur de toutes choses.

9. Par Sunahsepha. O mes amis, nous invoquons, à toutes les époques de guerre, le secours d'Indra, supérieur en puissance ; nous avons recours à lui en tout engagement.

10. Par Madhuchhanda. O mes amis, vous qui offrez la louange, asseyez-vous sans retard et chantez pour honorer Indra.

DASATI VIII.

1. Par Viswamitra. O seigneur de la richesse, digne de toute louange, bois de ce jus de la plante de la lune préparé par le pouvoir (inhérent aux sacrificateurs).

2. Par Madhuchhanda. Indra est célébré pour sa puissance dès les temps reculés ; que celui qui tient la foudre nous accorde donc la puissance, car sa vigueur est égale aux cieux sous le rapport de la grandeur.

3. Par Kusidina. O Indra, ayant saisi le vase de ta puissante main droite, bois notre jus renommé et bouillonnant de la plante de la lune ; il est vraiment digne que tu l'acceptes.

4. Par Priyamedhas. Ma voix célèbre autant que ma connaissance le permet, Indra, le seigneur du banquet de la plante de la lune, le fils de la vérité, le seigneur des hommes saints.

5. Par Vamadeva. Que celui qui possède une multitude d'excellentes vertus, qui s'accroît toujours et qui est notre ami, soit avec nous pour nous protéger, en accélérant ce sacrifice.

6. Par Srutakaksha. (O mon âme), tu approches pour la protection d'Indra, toujours victorieux, et que célèbre la voix de tous les hommes.

7. Par Medhatithi. Je demande la richesse à Indra, le seigneur de l'assemblée sacrée, le bien-aimé et le gracieux qui reste près (du sacrificateur).

8. Par Vamadeva. Quelles que soient tes courses sous les cieux élevés et quelles que soient les routes dans lesquelles, tel qu'un cheval rapide, tu accomplis tes mouvements, que nos louanges, nées sur la terre, arrivent à ton oreille.

9. Par Sukaksha. O Indra, toi qui accomplis cent sacrifices, apporte-nous en abondance d'excellente nourriture et des boissons, car c'est par ce moyen que tu nous accordes le bonheur.

10. Par Putakaksha. Ici se place le jus des plantes de la lune quand elles ont été pressées ; que les Maruts en boivent, et que les fils jumeaux d'Aswin s'unissent pour goûter le breuvage royal.

(*Fin des hymnes de louange adressées à diverses divinités.*)

DASATI IX.

1. Par Devaja. Nos louanges, qui se dirigent vers Indra, vont résider en lui et réclament de lui une puissance supérieure.

2. Par Godha. O dieux, nous n'égorgeons pas de victimes, nous n'employons pas le poteau du sacrifice ; nous vous adorons en répétant les vers sacrés.

3. Par Vamadeva. Je suis venu lorsque la nuit ne faisait que nous quitter. O toi qui offres les louanges, chante d'une voix forte et juste ; ô toi qui te promènes dans l'enclos sacré, loue le dieu Sarita.

4. Par Praskanwa. L'aimable et incomparable aurore vient de venir pour prendre sa résidence dans les cieux. O fils jumeaux d'Aswin, je vous loue de tout mon pouvoir.

5. Par Gotama. L'invincible Indra a tué quatre-vingt-dix fois neuf de ses ennemis avec les os qu'il obtint de la tête du rishi Dadhicha (169).

(169) On dit que ce rishi donna sa vie afin que les os de

6. Par Madhuchhanda. Viens, Indra ; fais tes délices de notre nourriture, ainsi que de nos préparations du jus de la plante de la lune, car tu es le dieu puissant doué d'une force conquérante.

7. Par Vamadeva. O Indra, toi qui tues nos ennemis, viens à notre enceinte sacrée. O dieu puissant, viens avec des aides irrésistibles.

8. Par Vatsa. Sa puissance entoure le ciel et la terre, comme la peau entoure le corps ; elle paraît en toute sa splendeur.

9. Par Sanahsepha. Tu approches du sacrifice avec autant d'empressement que le pigeon mâle met à chercher sa compagne ; que mes prières entrent dans ton oreille.

10. Par Ullovatayana. Qu'il vienne comme notre remède, et comme celui qui donne le bonheur et qui inspire de la vigueur à nos poitrines, et qu'il soulage nos vies.

DASATI X.

1. Par Kanwa. L'homme que Varuna distingue pour sa science et que protégent Mitra et Aryama, ne peut jamais être tué par qui que ce soit.

2. Par Vatsa. Influencés par le désir d'avoir des vaches, des chevaux et des chariots, nous te louons comme jadis, car tu es digne de recevoir les louanges de tous ceux qui offrent des sacrifices.

3. Par Vatsa. Ces hymnes de louange doivent être chantées pour toi, lorsqu'on prépare le beurre clarifié et qu'on le mêle au jus de la plante de la lune.

4. Par Sukaksha. Dans cette cérémonie sacrée, nous t'adorons, ô toi qui subjugues les armées et qui reçois les louanges d'une multitude d'adorateurs ; tu es présent à tout sacrifice de la plante de la lune.

5. Par Madhuchhanda. Que Saraswati, qui nous purifie et qui entretient la force par les viandes des sacrifices et qui protége les rites sacrés, accorde son affection à nos sacrifices.

6. Par Vamadeva. Quel est ici celui qui satisfera Indra avec les rites appelés *Nahusha* ; je me joindrai à lui pour offrir au dieu le jus de la plante de la lune ; en même temps qu'Indra veuille bien nous combler de richesses.

7. Par Irimi. O Indra, viens au banquet du jus de la plante de la lune dont l'odeur est suave, et qui est placé ici sur l'herbe sacrée, au milieu de la sainte assemblée.

8. Par Satyadhriti. Puissé-je avoir l'aide glorieux et irrésistible de Mitra, d'Aryama et de Varuna.

9. Par Vatsa. O Indra, possesseur de richesses sans limite, toi qui subjugues les ennemis et qui es le seigneur des chevaux, puissions-nous toujours

sa tête puissent servir à détruire l'Asura Kalasunta. (*Note du traducteur anglais.*)

continuer à célébrer les louanges d'un dieu tel que toi.

TROISIÈME PRAPATHAKA.

PREMIER DASATI.

1. Par Pragatha. Que ces plantes de la lune te remplissent de délices, ô toi qui tiens la foudre ; procure-nous la richesse, et en même temps tue roide tous ceux qui haïssent les brahmanes.

2. Par Viswamitra. O Indra, toi qui reçois les louanges, sauve-nous, et puisque tu prends part à nos libations de jus de la plante de la lune, et puisque toutes nos provisions sont un don de toi (viens à nos solennités).

3. Par Vamadeva (*s'adressant à ses fils et petits-fils*). Votre Indra est l'agent qui opère sans cesse ; il est toujours secourable ; c'est une divinité bienfaisante, digne de la reconnaissance de tous (les êtres) ; toujours victorieux, il est le seigneur suprême.

4. Par Srutakaksha. O Indra, que le jus de la plante de la lune coule en toi comme les rivières coulent en la mer, puisqu'il n'y a pas de dieux qui te surpassent.

5. Par Madhuchhanda. Les chantres (du Sama-Véda) célèbrent hautement Indra ; les chantres (du Rig-Véda) célèbrent Indra par leurs vers sacrés, et (les prêtres du Yajour-Véda) célèbrent Indra par leurs chants.

6. Par Sukaksha. Puisse Indra nous donner, avec la nourriture, le trésor d'une race illustre et douée de talents ; puisse-t-il, le dieu rapide, nous accorder des chevaux.

7. Par Gritsamada. Indra dissipe rapidement la frayeur dont je suis saisi ; car il est immuable, et il observe toutes les actions des hommes.

8. Par Sanyu. O toi qui reçois les louanges, nos voix t'environnent toujours en tout sacrifice des plantes de la lune, comme les vaches laitières environnent leurs veaux.

9. Par Bharadwaja. O Indra, pour obtenir ton amitié et pour satisfaire nos besoins, nous te supplions de venir promptement avec Pusha (*le soleil*), afin de recevoir nos viandes offertes en sacrifice.

10. Par Vamadeva. O Indra, il n'est pas de dieu qui te soit supérieur ; il n'en est pas qui soit plus puissant que toi ; il n'en est même pas, ô toi qui as tué Vritra, qui puisse être mis sur le même rang que toi.

DASATI II.

1. Par Virupa. Je te loue, toi qui détruis les hommes qui nous haïssent, et qui ne manques pas de nous procurer de la nourriture et des vaches.

2. Par Madhuchhanda. O Indra, que les louanges que je t'ai présentées dans l'intention de te plaire, s'élèvent vers toi, qui fais tomber la pluie et qui es le seigneur de toutes choses.

3. Par Vatsa. C'est l'homme dont la conduite est vertueuse et qui est sans malice, que les Maruts, Aryuma et Mitra protégent.

4. Par Trijoka. O Indra, en quelque lieu que soit déposé un trésor, soit dans une forte caisse, ou dans quelque colline, ou dans un puits, apporte-le-nous.

5. Par Sukaksha. Je viens vers toi, te priant de m'accorder de grandes richesses, toi destructeur célèbre de Vritra, plus puissant que tout autre membre de la race des héros.

6. Par Vamadeva. O Indra, nous venons vers toi avec un amas de viandes offertes en sacrifice et préparées pour toi. O brave Sakra, dans notre sacrifice solennel, nous venons avec une grande abondance de viandes destinées à un dieu tel que toi.

7. Par Viswamitra. O Indra, accepte ce matin nos sacrifices, accompagnées de riz, de caillé, de gâteaux doux et de louanges.

8. O Indra, avec l'écume de l'eau tu coupas la tête du Daitya Namuchi, lorsque tu tuas le reste sur le champ de bataille.

9. Par Vamadeva. O Indra, ces plantes de la lune, dignes d'être soumises à l'envasement souterrain pour toi, ô possesseur de richesses immenses, satisfais-toi avec elles.

10. Par Vamadeva. O Indra, toi qui possèdes une richesse éclatante, ces plantes de la lune sont placées pour toi sur l'herbe sacrée régulièrement étendue; accorde le bonheur à ceux qui célèbrent tes louanges.

DASATI III.

1. Par Sunahsepha. Nous t'adorons, Indra, et nous voulons te plonger dans le jus de la plante de la lune, comme les hommes arrosent la route qui mène au puits; c'est toi qui accomplis cent sacrifices et qui distribues des dons abondants (170).

2. Par Sutakksha. O Indra, descends du ciel en notre présence avec toute ta célérité; apporte-nous de la nourriture consistant en viandes de mille espèces différentes.

3. Par Trijoka. Celui qui perce les nuages, au moment qu'il fut né, saisissant une flèche, dit à sa mère : Qui sont les hommes de violence et qui sont les héros qui possèdent de la renommée?

4. Par Medhatithi. Nous t'appelons à notre aide, Indra, objet de beaucoup d'éloges et doué de longs bras; nous t'appelons pour nous protéger, ô toi qui as tué Vritra (171).

5. Par Saunaka. Que Varuna et le sage Mitra, et Aryama avec les autres dieux prennent plaisir en nous, et qu'ils nous conduisent sur la voie droite.

(170) Allusion à l'usage encore en vigueur, d'arroser chaque matin avec de l'eau où l'on a délayé de la bouse de vache, le chemin qui conduit au puits.

(171) C'est-à-dire, le destructeur de Vritra. Toute la légende de l'Asura Vritra paraît une description allégorique de l'éclair qui passe d'un nuage à un autre et des autres circonstances qui accompagnent le tonnerre.

6. Par Vrismatithi. La déesse l'Aurore vient des régions éloignées de la lune vers ce monde inférieur, et elle répand sa splendeur tout à l'entour.

7. Par Viswamitra. O Mitra et Varuna, qui accomplissez des actes méritoires, arrosez les pâturages et faites tomber des eaux rafraîchissantes sur les deux mondes.

8. Par Niranyasthupa. Les fils de Prishni, les Maruts envoient d'en haut leurs voix et les onlées au moment de notre sacrifice, et désireux de nos offrandes, ils agissent ainsi avec la plus grande promptitude afin de pouvoir obtenir une réception favorable.

9. Par Medhatithi. Vishnou traversa le monde ne faisant que trois pas, et il couvrit de son pied ce globe terrestre.

DASATI IV.

1. Par Medhatithi. O Indra, viens vers moi, qui prépare le jus excellent de la plante de la lune; viens avec l'empressement que tu mets à te rendre auprès des autres qui écrasent la plante; bois le jus de la plante de la lune que nous t'offrons.

2. Par Vamadeva. Pourquoi célébrons-nous les louanges de celui qui est d'une sagesse supérieure et qui est le dieu puissant? C'est afin que nos louanges contribuent à augmenter sa gloire.

3. Par Medhatithi. Le possesseur de la richesse n'écoutera pas ses louanges chantées par un homme qui parle d'une voix difficile à distinguer; il n'écoutera pas un hymne mal récité; il veut des hymnes chantés avec force.

4. Par Vamadeva. Nos hymnes célèbrent grandement Indra; c'est lui qui donne la nourriture; il est le seigneur des provisions, le possesseur des chevaux nommés Hari; il aime le jus de la plante de la lune.

5. Par Srutakaksha. Viens en notre présence pour partager le jus de la plante de la lune et les autres viandes. Ne t'irrite pas contre nous, mais agis avec patience à notre égard, comme un homme agit à l'égard d'une jeune femme.

6. Par Sumitra. O possesseur de la richesse, quand est-ce que la louange qui t'est offerte, à toi qui aimes la gloire, est reçue comme l'eau est reçue dans les conduits où elle se déverse? C'est lorsque nous accomplissons notre long sacrifice pour obtenir la pluie.

7. Par Medhatithi. Viens et bois, en toute saison, le jus de la plante de la lune dans la coupe d'or des Brahmanes, car ton amitié empêche que notre sang ne soit versé.

8. Par Medhatithi. O Indra, toi qui reçois la louange, nous sommes les personnes qui te célèbrent. O toi qui bois le jus de la plante de la lune, comble-nous de biens.

9. Par Vamadeva. O Indra, informe-nous en quel sacrifice tu accordes la richesse. O seigneur tou-

jours victorieux et très-redoutable, donne de la force à nos corps.

10. Par Srutakaksha. O Indra, tu dois être adoré, car tu aimes celui qui te fait des offrandes; tu es courageux et inébranlable, et ton cœur fait ses délices de l'adoration divine.

(*Fin de la première moitié de l'invocation.*)

DASATI V.

1. Par Vasishtha. O héroïque Indra, nous te louons, toi qui es le soleil de ce monde, le seigneur de toutes choses animées et inanimées; nous avons pour toi l'affection avec laquelle des vaches qui ont récemment mis bas, appellent leurs veaux.

2. Par Sanyu. O Indra, nous qui chantons tes louanges, nous t'invitons afin que nous puissions obtenir de la richesse et de la nourriture, et pour le reste des prêtres; nous t'invoquons, toi qui protéges les hommes saints, afin que tu détruises nos ennemis et que tu nous donnes une provision de pluie tombant des nuages.

3. Par Vamadeva. Je te loue, Indra, toi qui donnes la richesse, car tu es habile en toutes les sciences, libéral pour ceux qui chantent tes louanges, et tu possèdes d'amples richesses que tu accordes de mille façons.

4. Par Nandhasa. Nous t'adressons nos louanges dans la salle des offrandes, ô toi le seigneur suprême qui détruis nos ennemis, qui subjugues les armées de nos adversaires, toi qui manges la nourriture offerte en sacrifice, et procures la richesse avec l'empressement que la vache laitière met à appeler son veau.

5. Par Kaleya. Moi et les prêtres qui m'assistent et qui chantent à haute voix durant le banquet de la plante de la lune, nous implorons la protection d'Indra qui acquiert la richesse par son propre mérite; nous l'implorons avec l'empressement que, sur le champ de bataille, le guerrier met à défier son adversaire.

6. Par Vasishtha. L'artiste suprême veut nous donner de la nourriture ainsi qu'une sagesse consommée; j'élève donc la voix pour glorifier cet Indra qu'adore une multitude d'hommes pieux; je le glorifierai comme le charpentier augmente l'éclat d'un bois de grande beauté et du poli sant.

7. Par Medhatithi. O Indra, bois de ce jus savoureux de la plante de la lune; rassasie-t'en et écoute-nous dans notre assemblée réunie avec joie pour t'offrir un sacrifice; que ta sagesse aide à nous protéger.

8. Par Bharga. Viens à moi, toi qui possèdes la sagesse; connais ma richesse; fais pleuvoir des bénédictions sur ceux qui aiment les vaches et sur ceux qui aiment les chevaux.

9. Par Vasishthi. Je ne connais pas vos mouvements; cependant que les aimables Maruts boivent aujourd'hui avec tous les dieux à notre banquet du jus de la plante de la lune.

10. Par Pragatha. Ne célébrez aucun autre dieu, ô mes amis; ne vous détruisez pas vous-mêmes. Louez toujours Indra qui donne la pluie; offrez-lui constamment le sacrifice de la plante de la lune, et célébrez-le en des hymnes sacrés.

DASATI VI.

1. Par Puruhanman. Aucun ennemi ne saurait réussir à tuer celui qui présente des offrandes et qui, par ses sacrifices, se fait un ami d'Indra; c'est Indra qui favorise toujours ses adorateurs, qui fait périr tous ses ennemis, Indra le puissant, l'invincible et qui doit à la force qui est en lui d'être constamment vainqueur.

2. Par Pragatha. Nous louons Indra le riche, le possesseur d'une opulence immense, celui qui a réparé la fissure dans le *vajra*, toujours présent aux sacrifices, lorsqu'il avait été endommagé par des coups donnés sur les épaules (172), et qui le réunit parfaitement après qu'il eut été brisé.

3. Par Pragatha. O Indra aux cheveux flottants, que tes centaines et que tes milliers de chevaux qui aiment la nourriture propre aux sacrifices, soient attachés au chariot d'or et qu'ils te portent au banquet de la plante de la lune.

4. Par Viswamitra. Viens, ô Indra, avec tes chevaux au hennissement sonore, dont le poil est marqué comme des plumes de paon (173). Que personne, n'imitant l'oiseleur, ne se hasarde à te tendre des piéges et à empêcher ta venue, ou si quelqu'un a cette audace, marche contre lui avec ton arc, et honore-nous de ta présence.

5. Par Gautama. O tout-puissant Indra, tu es le dieu qui rend un homme vraiment illustre. Possesseur de la richesse, il n'est personne, si ce n'est toi, qui puisse donner le bonheur. Indra, je célébrerai tes louanges en tout lieu.

6. Par Purumidha. O Indra, tu es le possesseur de la nourriture (*ou de la renommée*), tu es le surintendant de la purification du jus de la plante de la lune, le seigneur de la force corporelle; toi seul et sans aide tu tues tes ennemis intimidés par *vajra* aux formes multiples, objet de grandes louanges et saisi par une main guerrière.

7. Nous invitons Indra à venir à la fête des dieux, Indra qui est toujours prêt à venir aux sacrifices. Nous invoquons Indra, renommé pour son amour

---

(172) Ce passage est obscur ainsi que le remarque le traducteur anglais qui observe que le mot *vajra* se rend d'ordinaire dans le sens de la foudre. C'est une espèce de massue terminée par une boule garnie de pointes; les rakshas, à un sacrifice, se sert de cet instrument pour écarter les importuns. « Je n'ai pu découvrir autre chose, » ajoute M. Stevenson, « au sujet de la légende à laquelle le texte fait allusion.»

(173) Ceci semble indiquer que les chevaux d'Indra sont une image de l'arc-en-ciel.

pour le jus de la plante de la lune, afin qu'il soit auprès de nous dans le combat, nous l'invoquons pour qu'il nous donne la richesse.

8. Par Medhatithi. O possesseur de richesses incalculables, agrée les cantiques dans lesquels nos âmes célèbrent tes louanges, et vous qui apportez les viandes consacrées, prêtres savants et glorieux, chantez en vos hymnes les louanges d'Indra.

9. Par Medhatithi. Vraiment, nos chants si doux, si mélodieux, si pleins de louange monteront vers toi avec la rapidité de chariots toujours triomphants, chargés de trésors, et volant avec sécurité et rapidité.

10. Par Medhatithi. De même que le cerf de couleur claire, ayant quitté le désert, s'approche des étangs lorsqu'il est altéré, de même tu es roi au moment de notre banquet et tu bois avec nos sages.

DASATI VII.

1. Par Bharga. Accorde-nous la richesse et toute espèce de protection, car, ô héros, nous t'adorons comme celui qui fournit la nourriture et qui possède l'opulence.

2. Par Ritu. O Indra, apporte ces provisions que possèdent tous les riches Asurs. O possesseur des richesses, donne-les-moi pour ma nourriture, à moi qui chante tes louanges et à tous ceux qui sont assis sur l'herbe régulièrement disposée pour ton sacrifice.

3. Par Jamadagni. Chantez les resplendissants Mitra, Varuna et Argama (*Indra*) qui donne des richesses en récompense des sacrifices qu'on lui offre; adressez-leur des chants mélodieux d'adoration et de louange.

4. Par Medhatithi. O Indra, ceux qui préparent le sacrifice, nos chantres harmonieux réunis ici, unissent leurs voix afin de t'inviter au banquet offert de grand matin et qu'accompagnent des hymnes de louanges; ils te célèbrent, ô dieu des âges reculés.

5. Par Purumedhas. O prêtres fervents, offrez les viandes des sacrifices au puissant Indra, qui a tué Vritra, et qui accomplit cent sacrifices; il est toujours prêt à frapper de son tonnerre qui détruit les armées, notre ennemi à forme de nuage.

6. Par Medhatithi. O prêtres fervents, célébrez les louanges du puissant Indra, le chef de ceux qui massacrent nos ennemis; c'est lui qui a produit la lumière; c'est lui qui maintient les rites sacrés; c'est lui qui, d'accord avec le dieu Soma, remplit véritablement le rôle d'une divinité, et qui est toujours vigilant pour les intérêts de ses adorateurs.

7. Par Sakti. O Indra, montre-nous l'affection qu'un père a pour son fils et apporte-nous la sagesse; ô toi, l'objet des hommages d'une multitude d'adorateurs, exauce-nous, dans cette assemblée des dieux réunis pour le sacrifice, et accorde-nous l'illumination divine, à nous qui possédons la vie naturelle.

8. Par Ibhi. Ne nous rejette pas, ô Indra; tu es la seule source de nos délices et de celles de milliers d'êtres animés; tu es notre protecteur; nous devons obtenir tes faveurs; ô Indra, ne nous rejette pas.

9. Par Medhatithi. O toi qui détruis nos ennemis, nous qui accomplissons le sacrifice de la plante de la lune, qui prenons nos sièges sur l'herbe du sacrifice avec les prêtres qui consacrent le sacrifice, nous chantons tes louanges, et nous t'entourons comme les eaux entourent les rivages des continents.

10. Par Sanyu. O Indra, apporte avec toi tout ce qui peut se trouver de pouvoir et de richesse parmi les descendants de Nahusha et des autres êtres, et de tout ce qui se trouve dans les cinq divisions de la terre; en même temps accorde-nous toutes les forces du corps.

DASATI VIII.

1. Par Medhatithi. O toi qui fais pleuvoir les bénédictions, tu es vraiment notre protecteur ainsi que le visiteur de l'univers. O dieu puissant qui fais tomber la pluie, ta voix s'entend dans les régions les plus éloignées, tandis que ta renommée se répand dans notre voisinage, dans ce monde intérieur.

2. Par Rebhas. O Indra, qui détruis tes ennemis et qu'accompagnent toujours tes chevaux à la longue crinière, tu es tout-puissant dans les régions éloignées du ciel aussi bien que dans les régions inférieures, et celui qui accomplit le sacrifice de la plante de la lune ne cesse de t'adresser ses hommages et de chanter des hymnes à ta louange.

3. Par Vatsa. Au milieu de l'heureux banquet des viandes sacrées, louez à haute voix et avec des sentiments correspondants à vos paroles, louez le nom d'Indra, le héros dont la sagesse est infinie, le dieu renommé et tout-puissant.

4. Par Sanyu. O Indra, accorde-moi pour mon bien-être un séjour composé des trois éléments et des trois destinations, et d'une magnificence comme celle dont jouissent les personnes opulentes, et ne chasse point par tes foudres ces choses loin de nous.

5. Par Trimedhas. De même que les rayons de la lumière procèdent du soleil comme de leur centre, ainsi les trésors aquatiques d'Indra sont distribués au loin par son pouvoir efficace et pour le bienfait des existences qui subsistent déjà ou qui commencent; de même que nous offrons (aux mânes de nos pères) une portion de la nourriture sacrée, de même nous lui en offrons une.

6. Par Puruhanman. O âme toujours patiente, l'homme qui ne donne pas ne peut recevoir de nour-

riture, mais l'homme généreux conduit les chevaux bien assortis de son chariot, comme Indra qui guide ses coursiers couleur d'or.

7. Par Trimedhas. Prenez pour ornement sur chaque champ de bataille l' (image de l') adorable Indra. O toi qui détruis nos ennemis, qui es toujours victorieux et digne des plus grands éloges, viens prendre part aux viandes que nous t'offrons dans nos trois sacrifices journaliers.

8. Par Vasishtha. O Indra, tu produis les métaux les plus précieux aussi bien que ceux d'une valeur inférieure; ils sont à toi et tu es leur maître souverain, mais il n'est rien qui puisse ajouter à ta gloire, ô berger des hommes

9. Par Pragatha. Quelles régions traverses-tu? où peut-on te trouver? car ton esprit est en un si grand nombre d'endroits divers. O héros belliqueux, triomphant à la guerre et destructeur des villes de tes ennemis, en quelque endroit que tu ailles, nos chants te célébreront.

10. Par Kali. Nous nous approchons aujourd'hui de celui qui tient la foudre. Apportez pour lui aujourd'hui le jus de la plante de la lune, et célébrons de nouveau le possesseur de toute renommée.

DASATI IX.

1. Par Puruhanman. Je loue ce chef des guerriers qui est le roi des hommes, qui accomplit des voyages en chariots, le voyageur incomparable qui subjugue tous les êtres et qui détruit nos ennemis.

2. Par Garbha. O Indra, depuis que nous te craignons, tu nous as préservés de toute autre crainte. O possesseur des richesses, c'est pour notre salut que nous t'invoquons. Tue tous ceux qui nous haïssent et qui veulent combattre contre nous.

3. Par Miri. O seigneur des demeures, tu es la poutre qui soutient notre maison, tu es la cotte de maille de celui qui accomplit le sacrifice de la plante de la lune, le dieu qui est arrosé du jus de la plante de la lune, le conquérant des cités, le chef de nombreuses armées, l'ami dévoué des sages.

4. Par Jamadagni. Tu es réellement puissant, ô soleil, tu es vraiment puissant, descendant d'Aditi; nous adorons la splendeur de ton essence, ta majesté et ta gloire, car tu es puissant, ô divin (soleil).

5. Par Devatithi. O Indra, ton ami, celui qui accomplit le sacrifice de la plante de la lune, le possesseur des coursiers, qui conduit son chariot et qui est de l'aspect le plus séduisant, vient avec ses chevaux de voyage à ton assemblée solennelle, apportant avec lui cette nourriture que tu es toujours prêt à accepter et avec laquelle ton service s'accomplit toujours.

6. Par Puruhanman. O Indra qui manies la foudre, y eût-il une centaine de cieux et une centaine de terres, et de plus un millier de soleils, ils ne pourraient te contenir, car tu entoures le ciel et la terre.

7. Par Devatithi. O Indra, que les mortels invoquent à l'Est, au Sud, au Nord et à l'Ouest, tu voies l'abondance à des multitudes d'hommes pour leurs enfants; ô glorieux directeur des vents, envoie l'abondance au roi Turvasa.

8. Par Vasishtha. Quel est l'homme qui peut surmonter celui dont tu es le trésor, ô Indra? Sans doute, ô possesseur des richesses, celui qui prépare les viandes du sacrifice pour obtenir le ciel, est regardé comme étant particulièrement à toi.

9. Par Bharadwaja. O Indra et Agni, le Matin privé de pieds s'avance, dépouillant toutes les tribus des hommes et le soleil lui-même, avec sa voix argentine (174) et son pas rapide et continu; il franchit en trente pas l'espace des cieux (175).

10. Par Medhatithi. Approche-toi de nous, Indra, apportant avec toi le secours qui résulte des sacrifices aux esprits des défunts. Viens, ô divinité fortunée, viens avec ces êtres bienheureux auxquels nous présentons des offrandes d'une manière toute spéciale. Viens, ô grand Père, avec les esprits de nos pères.

DASATI X.

1. Par Trimedhas. Nous implorons ta protection, toi qui ne peux déchoir, toi qui tues nos ennemis, l'immuable, le rapide, le victorieux, l'illustre conducteur de chariots, l'invulnérable, celui qui augmentes les approvisionnements d'eau.

2. Par Vasishtha. Que le lieu où tu te livres habituellement au plaisir et à la distraction ne soit pas loin de nos sacrificateurs; au contraire, viens des régions éloignées jusqu'à notre assemblée qui aime la divinité; habite parmi nous et écoute nos prières.

3. Par Vasishtha. Offrez le jus obtenu de la plante de la lune à Indra qui aime le jus de la plante de la lune et qui manie la foudre. Préparez pour sa nourriture les viandes des sacrifices, soumettez-les aux purifications nécessaires et satisfaites sa joie avec les offrandes qui le contentent.

4. Par Sanyu. Nous invoquons Indra qui est toujours le destructeur de nos ennemis, qui surveille toutes les créatures, qui est puissant dans sa splendeur (*ou dans sa colère*), dont le pouvoir est irrésistible et qui est le seigneur des saints. Sois présent pour nous soutenir en tout combat.

5. Par Puruchhesha. O fils d'Aswini, que vos actes méritoires ont rendus riches, accordez-nous comme le fruit de nos rites solennels, nuit et jour, tout ce

---

(174) Allusion au chant des oiseaux dès le point du jour.

(175) Les Hindous partagent en trente *muhurtas* la durée d'un jour et d'une nuit.

que nous désirons, et ne détruisez jamais, de quelque manière que ce soit, le don que nous vous offrons.

6. Par Vamadeva. Que le prêtre qui chante les vers sacrés, célèbre partout les louanges d'Indra qui fait tomber les eaux, qui protége les diverses espèces de rites religieux; qu'il célèbre ses louanges à haute voix.

7. Par Vatsa. O Indra, toi qui es un hôte à notre sacrifice, garde pour toi la nourriture offerte en sacrifice avec l'agréable jus de la plante de la lune, Indra, le possesseur des chevaux de diverses couleurs, et toi qui tiens la foudre d'or.

8. Par Bharga. Qu'Indra écoute nos louanges et nos prières jusqu'à ce qu'il nous accorde nos désirs, et que le propriétaire, toujours en mouvement de la richesse et puissant par les mérites, vienne au banquet de la plante de la lune.

9. Par Pragatha. O toi qui tiens le tonnerre, tu n'es point appauvri par un présent splendide et d'une générosité éclatante, ni par un cadeau de la valeur de dix mille pièces, ni par un cadeau de la valeur de dix mille, ni même, ô possesseur de la richesse, par un semblable cadeau cent fois répété.

10. Par Pragatha. O Indra, tu te tiens plus près de moi qu'un père ou qu'un frère généreux; tu me protéges comme une tendre mère; ainsi, puisque tu as fixé ton séjour auprès de nous, entoure-nous de toute ta richesse.

QUATRIÈME PRAPATHAKA.

PREMIER DASATI.

1. Par Vasishtha. Ce jus bien pressé de la plante de la lune, mêlé à du caillé est pour Indra. O toi qui tiens le tonnerre, viens à la demeure du sacrificateur, avec tes deux chevaux, pour participer au banquet qui inspire la joie.

2. Par Vamadeva. Ces plantes de la lune, accompagnées d'hymnes sacrés, sont préparées pour tes délices, ô Indra. Bois ce jus agréable, écoute nos chants et accorde au chantre ce qu'il te demande, ô toi qui es l'objet de nos éloges.

3. Par Soma. J'invite Indra à se trouver avec nous aujourd'hui, car il est la vache qui produit l'eau de la vie et se manifeste dans la forme du vers sacré des Brahmanes. Il est l'excellente vache laitière, l'inépuisable, le fournisseur de provisions pour le sacrifice; il répand d'amples ruisseaux de lait, et de riches ornements le décorent.

4. Par Nodha. Les puissantes et inaccessibles montagnes ne te retiennent pas, Indra, lorsque tu viens accorder la richesse à celui qui, comme moi, célèbre ta louange; rien ne peut détruire ce qui a été acquis grâce à la bénédiction.

5. Par Medhatithi. Quel est celui qui, après moi, connaît Indra? Viens avec tes eaux qui l'accompagnent, boire le jus de la plante de la lune que j'ai préparé, car quel autre que toi prépare la nourriture, ou donne la vie? Indra, par sa puissance, réduit en poussière les cités. Puisse-t-il être satisfait des viandes que nous lui offrons, lui qui est renommé pour sa belle contenance.

6. Par Taurasravasa. Tandis qu'Indra, le possesseur des richesses, punit ceux qui négligent les rites sacrés, en les chassant hors de l'enceinte de l'assemblée sacrée, qu'il conduise en même temps à une heureuse issue ce sacrifice, objet de nos désirs.

7. Par Twishta. Que le divin artiste nous conserve le don divin du langage, et que Brahmanaspati nous donne de la pluie, et qu'Aditi nous préserve, ainsi que nos fils et nos petits-fils, de la violence malicieuse et des reproches de nos ennemis.

8. Par Vamadeva. O possesseur des richesses, tu es le seigneur suprême, et tu viens cependant régulièrement auprès du sacrificateur, et le don précieux qu'envoie ta majesté divine, arrive sans faute à sa destination.

9. Par Medhatithi. O Indra, puissant destructeur de nos ennemis, possesseur des richesses, ô toi qui inspires la crainte, attelle tes chevaux couleur d'or, et viens en toute rapidité en notre présence afin de boire le jus de la plante de la lune.

10. Par Nrimedha. O Indra, toi qui tiens le tonnerre, nos sacrificateurs aux moments actifs, te célèbrent aujourd'hui; Indra, ceux qui t'offrent des louanges sont ici présents; écoute leurs chants et viens en notre demeure.

DASATI II.

1. Par Vasishtha. L'Aurore, la fille du ciel, commence à se montrer; elle avance le long des cieux, versant au loin sa lumière, subjuguant avec son œil brillant les puissances de l'obscurité, et unie à des troupes d'hommes illustres, elle fait briller le jour.

2. Par Vasishtha. Ces sacrifices qui méritent le ciel vous appellent, ô fils jumeaux d'Aswin, comme la vache appelle son veau, et puisque vous êtes prêts à venir à tous, vous qui accordez la richesse comme récompense du mérite, mon âme appelle aussi votre protection.

3. Par Aswina. O fils divins d'Aswin, quel est l'homme ou qu'elle est sa demeure, qui, tourmenté par une famine destructive, s'est en vain adressé à vous et qui vous a inutilement offert un sacrifice avec le jus de la plante de la lune?

4. Par Kutsa. O fils jumeaux d'Aswin, ce jus délicieux des plantes de la lune écrasées est préparé pour vous dans un sacrifice qui mérite le ciel. Étant venus ce jour à notre sacrifice, buvez-en, ô fils jumeaux d'Aswin, et ensuite accordez des dons précieux à notre hôte qui préside aux solennités.

5. Par Pragatha. Je t'invite toujours, ô Indra, par le bruit des gouttes du jus de la plante de la

lune, lorsqu'elles tombent, aussi bien que par des sons articulés; pourquoi alors te livrerais tu à la fureur au moment du sacrifice, comme un lion irrité? qui est-ce qui ne t'adressera pas ses prières, à toi qui es le seigneur suprême.

6. Par Devatithi. O prêtres qui officiez, Indra désire boire le jus de la plante de la lune, et avec ses puissants chevaux couleur d'or attelés à son chariot, le destructeur de l'ennemi vient en notre présence.

7. Par Vasishtha. O opulent Indra, accorde-moi, à moi qui suis d'un rang inférieur, une portion considérable, car tu es le possesseur des richesses et le dieu invoqué dans toutes les guerres.

8. Par Vasishtha. O Indra, je suis le maître d'autant de trésors que toi, et j'assiste celui qui chante les louanges (des dieux). Distributeur des richesses, je donne aussi sans aucune mauvaise intention.

9. Par Nrimedha. O Indra, tu es toujours prêt à détruire tes ennemis, et tu terrasses tous ceux qui te font la guerre. O toi qui détruis les impies, notre père, toi qui extermines tes ennemis, tu tues tous ceux qui désirent te tuer.

10. Par Medha. Grâce à ta grande puissance, tu détruis tes ennemis, et, de ta demeure céleste, comme un nuage de poussière, tu enveloppes la terre, et tes embrassements entourent le monde entier.

DASATI III.

1. Par Vasishtha. Moi qui prépare le sacrifice pour les dieux, j'offre en ces rites solennels le produit de la vache et les autres viandes à Indra qui, dès le commencement, a aspiré à nos louanges. O possesseur des chevaux couleur d'or, nous t'invoquons par ces offrandes; reçois nos chants sacrés que nous te présentons avec ces douces viandes.

2. Par Vasishtha. O Indra, qu'adorent des multitudes de fidèles, viens à l'enclos sacré construit par les prêtres en ta salle. Puisque tu es celui qui nous protège et nous nourrit, accorde-nous la richesse et satisfais-nous avec le jus de la plante de la lune.

3. Par Gritsamada. Celui qui déchire les nuages et qui crée les eaux, celui qui envoie ou qui retient la pluie, et qui distribue les dons, c'est Indra; il forme les puissants nuages et fait tomber des torrents d'eau; il distribue les bénédictions; c'est le dieu qui ne périt point.

4. O Indra, possesseur des richesses, nous te louons lorsque nous préparons le jus des plantes de la lune; nous te louons lorsque nous présentons l'offrande de la nourriture sacrée. Donne-nous une postérité ayant une richesse qui vienne de toi; accorde que, par ta protection, nous puissions maintenir nos inférieurs dans la soumission et triompher de nos ennemis.

5. Par Sahago. Nous qui aspirons à la possession des richesses, nous pressons ta main droite, o Indra, seigneur de la richesse. Nous savons, ô Dieu puissant, que tu es le seigneur du bétail; accorde-nous cette richesse qui consiste en vaches qui donnent de grands approvisionnements de lait.

6. Par Vasishtha. Les hommes appellent Indra, lorsqu'ils sont engagés dans une guerre, afin qu'ils puissent obtenir du mérite et s'assurer ainsi du succès. Accorde (Indra) aux hommes illustres qui assistent au sacrifice, d'avoir leurs étables remplies de belles vaches.

7. Par Gauriviti. O vous, rayons rapides qui, tels que des oiseaux, montez au séjour de votre maître qui aime les sacrifices, vous qui observez toutes choses et présentez nos demandes, voilez les eaux et déployez les ténèbres; accordez-nous une vue claire, et délivrez-nous du piège dans lequel nous sommes retenus.

8. Par Vena. Ceux qui désirent, du fond de leur cœur, l'union avec l'Être divin, dans le ciel et dans le sein d'Yama, te contemplent avec bonheur, toi qui es glorieux en ton appareil et qui marches avec un plumage doré, toi, le messager de Varuna, le puissant, le magnifique.

9. Par Kula. Le glorieux Brahma, premier-né, a depuis longtemps répandu au loin ses rayons brillants jusqu'aux limites les plus reculées de l'espace; il les verse maintenant sur les régents des points différents dans les cieux; ce sont eux qui donnent la forme aux choses de ce monde, et ils résident partout dans le sein de la vérité et de la fausseté (176).

10. Par Suhotra. Que tous les hymnes nouvellement inventés ou approuvés depuis longtemps et causant du plaisir soient chantés en l'honneur du puissant, de l'héroïque, du redoutable dieu grand de corps et qui détruit ses ennemis; c'est lui qui tient le tonnerre et qui est l'ancien des jours.

DASATI IV.

1. Par Dyutana. L'eau qui réside dans la rivière Ansumati, noire à cause de ses gouffres, ressemblant au jus de la plante de la lune et qui ne peut être approchée que par des dizaines de milliers d'adorateurs, vint à Indra, celui qui subjugua ses ennemis par l'accumulation de ses mérites, lorsqu'il arriva à l'armée meurtrière par le courant de la rivière, car Indra regarde avec faveur ceux qui accomplissent les rites sacrés.

2. Par Dyutana. O Indra, lorsque fuyant la colère de l'Asura Vritra tous les dieux, tes amis, t'abandonnèrent, toi seul, avec les Maruts (les vents), tu vainquis l'armée de l'ennemi. Que ton amitié se manifeste à nous.

3. Par Brihadukta. Je loue celui qui soutient ic

(176) Cette expression signifie l'état actuel des choses.

monde, celui qui se saisit de la multitude entière de son troupeau de bétail devant le combat et qui, quoique âgé, est toujours jeune. Voyez la sagesse du dieu Indra ; même en ce jour, c'est lui qui arrête le souffle de la vie.

4. Par Dyutana. O Indra, tu devins celui qui donne le bonheur, lorsque tu fus amené par les sept rishis bienveillants. Tu sortis alors de l'endroit où tu étais caché, te manifestant aux cieux et à la terre, et tu entras sur le champ de bataille pour le bien des habitants des régions terrestres et célestes.

5. Par Vamadeva. Je te loue, toi qui tiens le tonnerre, toi qui parles comme le dieu de l'éloquence, toi qui portes la couronne et qui es le possesseur d'immenses richesses, le seigneur de toutes choses, toi qui participes constamment à nos sacrifices, qui habites dans le ciel et qui tuas le démon Vritra à forme de nuées ; désireux de prévenir mes ennemis, je te loue, toi qui es le seigneur suprême et qui détruis nos ennemis.

6. Par Vasishtha. Quant à vous, prêtres, apportez des offrandes pour l'être puissant qui, pour son bénéfice intellectuel, exalte grandement le sacrificateur, et, en même temps, chantez vos meilleurs cantiques ; et quant à toi qui contentes les besoins des mortels, viens vers nos compagnons qui se tiennent tout à l'entour.

7. Par Viswamitra. En cette guerre, j'invoque Indra qui donne le bonheur, le possesseur de la richesse, le plus grand des héros, qui entend nos prières et qui s'empresse de nous distribuer les provisions de nos ennemis et de nous aider dans le combat, car c'est lui qui tue nos ennemis et qui, par sa victoire, détruit leur richesse.

8. Par Vasishtha. O Vasishtha, envoie à Indra les viandes du sacrifice et loue-le dans la guerre, car c'est lui qui, par sa puissance, préserve partout les rites religieux et qui entend les louanges que nous faisons monter vers lui de tout côté.

9. Par Gauri. Ce cercle (177) fixé dans les eaux et qui s'élève jusqu'aux cieux sollicite pour les habitants de ce monde le doux liquide qui réside dans les rayons de la lumière et qu'Indra distribue pour que l'on ait de la nourriture.

DASATI V.

1. Par Tarkshya. J'invoque celui qui donne la nourriture, le conducteur des dieux qui existe par sa propre puissance, celui qui détruit les chariots de nos ennemis, qui possède le tonnerre indestructible, le victorieux sur le champ de bataille, Indra qui est toujours en mouvement ; je le conjure de se hâter de venir ici pour notre bonheur et notre repos.

(177) L'emblème brahmanique de Vishnou. Il s'agit ici de l'arc-en-ciel.

2. Par Gurga. J'invoque, en toute contestation, Indra le libérateur, le sauveur qui mérite d'être spécialement invoqué, l'héroïque, le puissant, qui est adoré par toutes les nombreuses tribus des hommes. Que cet Indra, possesseur de la richesse, partage nos offrandes.

3. Par Vemada. Nous adorons Indra qui saisit de sa main droite, qui conduit les excellents chevaux couleur d'or, qui est cause que les cheveux de ses ennemis se hérissent d'effroi et qui leur inspire la crainte, car ses armées se saisissent de leurs richesses.

4. Par Vamadeva. Nous adorons Indra qui tue toujours ses ennemis et qui les subjugue comme un puissant héros, Indra le grand, le sans-pareil, le suprême, l'éminent possesseur de la foudre, le destructeur du démon à forme de nuée, celui qui accepte la nourriture des sacrifices et qui donne la richesse, l'opulent, le possesseur des précieux et excellents approvisionnements.

5. Par Vamadeva. L'homme qui nous tue et qui accorde nos biens à d'autres, et qui, quoiqu'il ne soit qu'un misérable meurtrier, se vante de sa libéralité, je le détruirai, ô Indra, soit dans une bataille, soit par ma force corporelle. C'est ce que je suis résolu d'exécuter avec ton aide, ô seigneur suprême.

6. Par Vamadeva. C'est Indra que les guerriers invoquent lorsqu'ils combattent contre leurs ennemis ; c'est lui qu'invoquent ceux qui s'élèvent dans des chariots, ceux qui se tiennent sur le champ de bataille et ceux qui désirent de la pluie ; c'est à lui que les savants Brahmanes présentent leurs offrandes.

7. Par Viswamitra. O Indra et Parvata, venez dans votre spacieux chariot à la maison de celui qui vous invite à prendre part aux viandes des sacrifices, et celui qui, avec ses fils et petits-fils, prend part à la nourriture sacrée. O vous, dieux ! que nos hymnes louent et qui êtes satisfaits de la nourriture qui vous est offerte, grandissez par les dons présentés dans notre sacrifice.

8. Par Rinu. L'adorateur fait monter vers Indra beaucoup d'hymnes de louange pour obtenir l'eau, et Indra, du sommet des cieux, se tournant de tous côtés, rend le ciel et la terre stables, comme le charpentier rend stables les roues d'un chariot en les joignant à l'essieu.

9. Par Vasu. Les prêtres ici présents et nos amis se trouvent vraiment en contact avec toi, ô Indra, par leurs services dévoués ; ô possesseur de l'eau, viens à nous, fais-la tomber en torrents ; arrive, seigneur très-sage, avec la rapidité d'un fils qui vient sauver son père, tandis qu'il protège les trésors accumulés dans la maison.

10. Par Gautama. Qui est le premier des hommes ?

SECT. I. — LES VEDAS. — SAMA-VEDA.

C'est celui qui fortifie avec de la nourriture un bétail qui travaille rudement, qui méprise l'ennemi, qui donne la pluie, qui cause la satisfaction, et qui est attelé au joug du chariot d'Indra.

DASATI VI.

1. Par Madhuchhanda. Les chantres du Soma-Véda chantent tes louanges; les chantres du Rig-Véda célèbrent le dieu des chants, et les prêtres qui célèbrent le rite du Yajour-Véda te glorifient, ô Indra, toi qui accomplis cent sacrifices avec l'empressement qu'ils mettent à glorifier tes maîtres.

2. Par Yata. Que chaque voix célèbre Indra qui est répandu de tout côté comme l'Océan, qui est le plus excellent conducteur des chariots, le seigneur de la nourriture, et le protecteur des saints.

3. Par Gautama. O Indra, bois cet ancien jus de la plante de la lune qui donne l'immortalité et qui enivra Sukra (178). Que les ruisseaux du sacrifice coulent en toi dans l'enceinte sacrée.

4. Par Atri. O Indra, tu es de diverses couleurs, et il n'y a rien en ma maison qui soit digne de t'être présenté. O toi qui tonnes et qui possèdes la richesse, donne-nous des richesses à deux mains.

5. Par Tiraschi. O Indra, écoute mes supplications, lorsque je viens pour t'invoquer en offrant le sacrifice de la plante de la lune. Donne-moi des richesses qui me contentent, car tu es de disposition généreuse.

6. Par Gautama. O Indra, dieu puissant qui subjugues tes ennemis, que les plantes pressées du jus de la lune accordent de la satisfaction à tes sens, comme le soleil contente de ses rayons le monde soumis à son influence.

7. Par Medhatithi. O Indra, possesseur de trésors brillants, viens avec tes chevaux couleur d'or; descends des cieux pour entendre nos chants excellents comme ceux du rishi Kanwa, et de ce monde, dirige-toi ensuite vers les cieux du directeur suprême.

8. Par Tiraschi. O toi qui es digne de toute louange, que nos cantiques t'arrêtent auprès de nous avec autant de fermeté qu'en a le conducteur de chariot assis dans son char, et que leur symphonie sonne devant toi comme les mugissements des vaches qui ont récemment mis bas et qui appellent leurs veaux.

(178) L'histoire de l'ivrognerie de Sukra se trouve tout au long dans le Matsya Purana. Afin de détruire entièrement Kacha, le fils de Vrihaspati, et de l'empêcher de ressusciter, les Asuras le tuèrent, brûlèrent son corps et en mêlèrent les cendres avec des boissons spiritueuses qu'ils firent boire à Sukra. Mais tout fut inutile. Sukra rendit la vie à Kasha dans son propre corps, il lui enseigna le *Mantra* (invocation) qui ressuscite, il se fit ouvrir le ventre, en fit tirer Kasha et se fit rendre la vie à lui-même par le moyen du Mantra. Vexé de toute cette affaire, il maudit tous ceux qui boivent des spiritueux.

9. Par Viswamanas. Nous devons louer cet Indra qui élève grandement ceux qui l'adorent en lui adressant des cantiques de louange et des airs sacrés. Puisse-t-il, lui qui boit le jus sacré de la plante de la lune, puisse-t-il boire jusqu'à se trouver rempli.

10. Par Sanya. O opulent Indra qui es supérieur à tous en fait de richesses et qui possèdes la plus grande quantité de viande sacrée, seigneur de la nourriture qui est offerte aux mânes, ce jus des plantes de la lune t'est offert; bois-en jusqu'à te trouver rempli.

DASATI VII.

1. Par Bharadwaja. Apportez tous les vaisseaux, car le sage Indra qui désire nos offrandes sous forme de boissons, est un dieu héroïque; il traverse l'espace avec puissance; il va et il retourne.

2. Par Vamadeva. Tu méprisas complètement le nuage immobile (*Vritra*) reposant sur le sommet de la montagne, et le puissant sacrificateur, et les paroles injurieuses de tes ennemis.

3. Par Priyamedha. Nous nous empressons de t'adorer, ô Indra, doué d'une grande force corporelle, afin d'obtenir ton secours; augmente notre bonheur comme le mouvement d'un chariot, car tu es celui qui accomplis beaucoup d'actes méritoires, celui qui subjugue les armées et qui est le protecteur des saints.

4. Par Prayatha. Il tient la première place parmi les riches, celui qui se rend remarquable par l'accomplissement des sacrifices, celui qu'Indra, notre patriarche et notre père, distingue parmi les dieux; c'est Indra dont la faveur nous procure les moyens d'accomplir notre sacrifice.

5. Par Vamadeva. Quel que soit l'endroit où les chevaux rapides et brillants l'emportent en ton chariot, ils y boivent le jus savoureux et ils préparent les provisions sacrées.

6. Par Sanya. Je te loue, toi qui es indestructible et le seigneur de la force, toi qui subjugues tous les êtres, héros qui possèdes de grands amas de provisions et qui possèdes toute science.

7. Par Vamadeva. Je célèbre celui qui dompte une multitude de chevaux, et je célèbre ses coursiers rapides et victorieux. Puisse-t-il nous accorder toutes les choses excellentes qui donnent le bonheur et qui nous conservent la vie.

8. Par Jeta. C'est Indra qui détruit les villes des Asuras; c'est lui qui est toujours jeune, dont la puissance est incalculable, lui qui soutient toutes les œuvres de l'homme, lui qui tient le tonnerre et qui reçoit les louanges des multitudes.

DASATI VIII.

1. Par Pramedha. J'offre de tout mon cœur le chant de louange trois fois sacré au seigneur

tout resplendissant, tandis que mon âme emploie tout son savoir à accomplir le sacrifice et à préparer l'offrande.

2. Par Kasyapa. Le couple de courageux chevaux d'Indra appartient, dit-on, à la création de Kasyapa, dieu de toute sagesse et qui procure la gloire à tous nos rites et à nos sacrifices.

3. Par Priyamedha. O mes amis, ô fils de Pryamedha, louez, oh! louez Indra, et que nos petits-fils se joignent aussi à nous pour le louer avec tout le feu qu'un homme puissant déploie pour attaquer un ennemi redoutable.

4. Par Madhuchhanda. Nous offrons nos chants de gloire à Indra, qui renverse des armées d'ennemis ; nous les lui offrons avec l'affection que ce dieu puissant éprouve pour nos offrandes de plantes de la lune.

5. Par Priyamedha. Je t'invoque, seigneur de toutes choses, toi qui conserves une force qui ne diminue point et qui possèdes toutes les choses désirables ; je t'invoque pour la protection de nos fantassins et de nos chariots.

6. Par Bharadwaja. Celui qui loue de tout son cœur le héros indestructible, est l'homme qui triomphe de ses ennemis, et qui, glorieux en lui-même, échappe, grâce à ton aide, à tout ennemi formidable et à tout péché.

7. Par Atri. O Indra, notre maître, toi qui accomplis des actes méritoires, accorde-nous de grands dons venant de tes trésors. Par-dessus tout, ô divinité très-généreuse et qui vois tout, accorde-nous la richesse.

8. Par Praskanwa. De même que les oiseaux qui volent avec rapidité dès que l'aube du jour se montre, tu visites toutes les tribus des bipèdes et des quadrupèdes, et tu te meux à travers toutes les périodes du temps, en tournant le ciel entier.

9. Par Trita. O vous, dieux qui êtes stationnés dans le firmament brillant, cette invocation longtemps continuée vous est adressée de bon droit où il y a un adorateur sincère et où l'eau de la vie est préparée pour vous.

10. Nous sommes adorés par des hymnes et par des chants de louange par celui qui accomplit ces rites. Il présente un sacrifice pour les dieux dans la brillante assemblée des prêtres.

DASATI IX.

1. Par Trisoka. Toutes les armées et les héros vont vers Indra qui subjugue nos ennemis, l'indestructible, celui qui inspire l'effroi, le possesseur d'une grande force corporelle, le rapide, le sauveur. Préparez et offrez l'excellent et glorieux sacrifice dans l'endroit sacré.

2. Par Sumedha. Je t'offre un sacrifice, à toi le chef des armées brillantes. Tu tues le démon à forme de nuage, et tu répands l'eau pour le bénéfice des mortels. Les deux mondes brillants et la terre viennent à toi avec crainte et respect à cause de ta puissance, ô toi qui tiens la foudre.

3. Par Vamadeva. Arrivez tous et unissez-vous pour louer celui qui, par suite de sa puissance, est seigneur du ciel, et qui seul est honoré comme un hôte par tous les hommes. Désirant avec anxiété de venir au sacrifice récemment préparé, il vient le premier à l'endroit où les solennités doivent avoir lieu.

4. Par Satya. O Indra, toi qui reçois les louanges de myriades d'hommes, nous nous approchons de toi sans trouver d'obstacles. O possesseur d'une grande richesse, ô toi qui es digne de louange, il n'y a personne qui mérite autant d'hommages que toi ; tu te plais à entendre nos hymnes, comme un homme trouve du plaisir à entendre les louanges de son ami.

5. Par Viswamitra. Nos chants nombreux et irréprochables se font entendre chaque jour pour glorifier Indra, celui qui protége les mortels, l'opulent, le protecteur de l'accroissement, celui qu'adorent des myriades, qui est immortel et digne de recevoir les louanges de tous.

6. Par Krishta. Nos esprits dirigés par le ciel s'élèvent tous à l'unisson afin de louer Indra dont ils désirent la faveur ; ils comptent sur lui, l'opulent fils d'Aditi, afin d'avoir sa protection, comme une femme compte sur son mari.

7. Par Angira. Efforcez-vous de contenter parfaitement cet Indra qui prit la forme d'un bélier, qu'invoquent des myriades d'hommes et qui est loué dans leurs chants ; c'est Indra qui est l'océan de la richesse, auquel les deux mondes adressent leurs supplications, le tout-puissant, le bien-aimé. Louez-le, lui qui possède la richesse, afin que vous puissiez obtenir le bonheur.

8. Par Satya. Adorez le bélier (*Indra*) qui habite le ciel ; beaucoup d'hommes s'unissent pour le louer dans des centaines de cantiques ; apportez les viandes des sacrifices comme les hommes apportent du grain à leurs chevaux ; adressez des hymnes irréprochables à cet Indra qui vient dans son chariot se rendant au sacrifice, afin de nous donner sa protection.

9. Par Bharadwaja. La terre puissante qui reçoit l'eau pour le soutien de toutes choses, les deux mondes, les distillateurs de l'eau et d'une forme excellente, sont dissous par l'opération de Varuna et prennent la forme d'or et d'eau, et cependant ils continuent d'être affranchis de tout dommage.

10. Par Medhatithi. O Indra, tu répands l'eau parmi les deux mondes comme le matin répand la lumière. L'excellente déesse mère t'a produit pour être le seigneur des armées célestes et l'illustre dominateur des hommes.

11. Par Kutsa. Adorez dans vos chants de louange le joyeux Indra qui pousse avec un mouvement rapide les sombres nuages gros d'orages; désirant avec empressement de l'eau, nous invoquons celui qui envoie la pluie et qui tient le tonnerre en sa main droite, celui qui est le seigneur des Maruts (*des vents*); nous l'invoquons afin que nous puissions jouir de son amitié.

DASATI X.

1. Par Narada. Indra va à l'endroit où sont les plantes de la lune pressées, car il est d'une disposition généreuse, et il sait quel est le genre de sacrifice que j'offre, moi qui célèbre les dieux.

2. Par Gosukti. Chantez de toute votre voix les louanges d'Indra qu'adorent des myriades et que célèbrent des myriades. Venez et asseyez-vous en suppliants devant le dieu puissant.

3. O toi qui tiens le tonnerre, nous parlons en ton honneur, toi qui possèdes toutes les joies, toi qui envoies la pluie, qui subjugues les armées et qui façonnes les mondes.

4. Par Parvata. Nous t'adorons, ô Indra, parce qu'accompagné de Vishnu, de Trita, d'Apta et des Maruts, tu bois à ta satisfaction le jus de la plante de la lune.

5. Par Viswamanas. O prêtres sacrificateurs, versez le jus qui, plus que l'alcool, inspire les délices, et servez-le avec les viandes des sacrifices, car il est destiné au héros qui donne toujours la prospérité à ceux qui célèbrent sa louange.

6. Par Viswamanas. Versez l'agréable jus de la plante de la lune, car le dieu, poussé par sa disposition bienveillante, nous envoie de la richesse en abondance.

7. O mes amis, louons Indra, le héros qui est digne de toute louange et qui seul subjugue toutes les armées de ses ennemis.

8. Par Nrimedha. Chantez hautement les louanges du puissant et sage Indra, le créateur de la nourriture, le possesseur de la science, qui est altéré de nos louanges.

9. C'est lui seul, Indra, l'invincible seigneur, qui donne la richesse en abondance à l'homme qui accomplit le sacrifice.

10. Par Viswamanas. O mes amis, nous prions Indra, qui tient la foudre, afin qu'il nous accorde de la nourriture. Je loue celui qui agit avec beaucoup d'humanité à notre égard et qui subjugue nos ennemis.

CINQUIÈME PRAPATHAKA.

PREMIER DASATI.

1. Par Pragatha. O Indra, dans cette assemblée des dieux, je loue ta force incomparable qui t'a aidé à tuer le démon à forme de nuage.

2. Par Bharadwaja. Lorsque tu eus bu l'esprit exprimé de cette plante de la lune, tu tuas le géant Sambara, et c'est cette même liqueur que je t'offre maintenant. Bois-en donc, ô Indra.

3. Par Nrimedha. O toi qui es toujours victorieux et plein de mérite, viens vers nous, car, tel qu'une montagne, tu présentes ton large front de tout côté, et tu es le seigneur des cieux.

4. O très-puissant Indra, nous désirons que la joyeuse sensation qui résulte d'abondantes boissons du jus de plante de la lune, charme ton esprit tel qu'il était sous l'influence de cette liqueur, lorsque tu tuas le cannibale Atrina.

5. Par Irimiri. O descendant d'Aditi, digne de recevoir des offrandes, fais que notre existence soit prolongée et que nous jouissions d'une longue vie; favorise nos descendants et accrois notre prospérité.

6. Par Viswamanas. O toi, dans les mains de qui est la foudre, assure-nous de la défaite de la troupe des démons qui apportent la mort, de la même manière que le soleil levant nous assure chaque jour que toutes les tribus des êtres animés se disperseront au loin.

7. Par Irimiri. O fils d'Aditi, tu chasses au loin la maladie et tout ennemi méchant et nuisible; sépare nous de toute chose qui est répréhensible.

8. Par Vasishtha. O Indra, bois le jus de la plante de la lune et qu'il fasse tes délices, ô possesseur des chevaux couleur d'or; c'est moi, le directeur du sacrifice, qui ai ordonné que cette plante fût écrasée avec des pierres par les bras des prêtres, joints ensemble comme des chevaux attachés au même joug.

DASATI II.

1. Par Saubhari. O Indra, tu es uni en famille et associé dans la guerre avec celui qui est sans inimitié et qui est exempt de péché, et c'est avec un tel homme que tu formes l'alliance la plus intime.

2. Par Saubhari. O mes amis, je loue cet Indra dont la venue a longtemps été l'objet de vos désirs et des nôtres; je le conjure de nous protéger

3. Par Saubhari. Venez à notre sacrifice; ne permettez pas à aucune calamité de tomber sur nous; ne vous tenez pas éloignés, ô Maruts qui marchez contre nos ennemis, qui brillez d'un lustre égal et qui détruisez les puissantes armées de nos adversaires.

4. Par Saubhari. Seigneur des chevaux, seigneur des vaches et seigneur de la terre, viens à ce sacrifice splendide. Seigneur de la plante de la lune, bois le jus de cette plante.

5. Par Prayaga. O seigneur, unis à vous, nous pouvons parler à celui qui profère contre nous des menaces, et nous pouvons livrer bataille à la tribu qui dérobe des vaches.

6. Par Saubhari. De même que les rayons de la

lumière, vous êtes tous, ô Maruts, d'une splendeur égale, unis comme des frères dans le lien le plus étroit, et habitants de tous les quartiers du monde. Soutenez ceux qui accomplissent le sacrifice.

7. Par Nrimedha. O Indra, plein de mérite et observateur de toutes choses, apporte-nous la force, apporte-nous la richesse, et amène-nous des héros qui écrasent nos ennemis dans la bataille.

8. O Indra, digne de toute louange, nous te prions de nous accorder toutes les choses désirables, et nous te préparons ce sacrifice avec le zèle que le marchand met à s'embarquer sur les eaux.

9. Par Saubhari. O Indra, tandis que nous sommes en ta présence, nous t'adressons des louanges, réunis comme des oiseaux dans leur nid, pour boire le jus doux et enivrant, qui inspire l'éloquence et qui est mêlé au produit de la vache.

10. O toi qui tiens le tonnerre et qui n'as jamais eu ton pareil, nous qui désirons la faveur des dieux, nous qui sommes comme ceux qui amènent des chars de grains, nous t'invoquons, toi qui possèdes une splendeur éclatante.

DASATI III.

1. Par Gotama. Les délicieux et brillants rayons de lumière qui accompagnent le seigneur qui dissipe la pluie, boivent le jus suave et doux offert en ce sacrifice, et ils satisfont l'univers entier soumis à leur domination.

2. Par Mada. Le brahmane prépare, selon la forme consacrée, le jus fortifiant contenu dans la plante de la lune, qui inspire les délices. O possesseur d'une grande force corporelle, toi qui tiens le tonnerre, fais descendre les cieux mobiles, et disperse sur ton empire entier les nuages qui portent la pluie.

3. Par Gotama. Nous appelons cet Indra qui grandit par le doux jus de la plante de la lune, et qui, par sa puissance, tue Vritra et tous nos ennemis; nous le supplions de venir nous protéger dans nos grandes guerres, et de nous défendre en tout combat.

4. O Indra, toi qui tiens la foudre, ceux qui écrasent la plante de la lune, célèbrent ta force sans égale; c'est par elle, unie à la sagesse, que tu as tué le rusé Mrigasur, accordant ainsi un grand bienfait à tous tes Etats.

5. Par Gotama. Viens promptement, ô Indra, subjugue et foule aux pieds nos ennemis, puisque tes armes sont irrésistibles. A toi appartiennent la richesse et la puissance; tue le démon à forme de nuage, et fournis-nous de l'eau, en bénissant tes Etats.

6. Par Gotama. Lorsque, ô Indra, ceux qui viennent t'adorer t'invoquent, lorsqu'ils te plaisent en t'offrant les viandes des sacrifices, et en célébrant les cérémonies employées pour obtenir la victoire sur nos ennemis, alors tu attelles tes chevaux qui vont au banquet, et ayant tué quelque ennemi, et saisi sa richesse, tu nous en fais don.

7. Par Gotama. Les mânes chéries de nos ancêtres, qui précédemment tremblaient de faim, ont mangé maintenant et sont satisfaits. Ils sont l'objet de nos louanges, ils brillent d'une lumière non empruntée; ils ont une grande sagesse, et ils sont célébrés par toutes les personnes capables de faire l'éloge de leurs actions. O Indra, attelle tes chevaux couleur d'or.

8. O Indra, qui possèdes la richesse, viens et écoute nos chants; ne sois pas comme ceux qui se hâtent de parler. Tu es prêt à nous enrichir, nous qui t'offrons la plante de la lune, et tu désires des sacrifices; attelle tes deux chevaux couleur d'or.

9. La lune, entourée de rayons de lumière, et enveloppée par l'eau comme dans un cercle, poursuit dans le ciel sa course constante. O éclairs à roues d'or, les hommes ne vous regardent pas toujours, admirant votre rapidité. O ciel et terre, entendez les éloges que je vous offre.

10. Par Ausasya. O fils jumeaux d'Aswin, le rishi qui célèbre vos louanges décore avec ses cantiques, votre chariot chéri qui cause la pluie et qui apporte la richesse; ô vous que nos libations rendent joyeux, écoutez mon invitation.

DASATI IV.

1. Par Vatsa. O Agni, nous t'enflammons par nos louanges jusqu'à ce que ton bois sacré illumine les cieux. Apporte tes approvisionnements glorieux et inépuisables pour nos prêtres qui chantent tes louanges.

2. Nous t'invoquons, ô Agni, toi qui imites les dieux, qui t'asseois sur l'herbe Kusa, quand elle est coupée, et qui possèdes une splendeur pure; je t'invite à te placer sur le siège préparé avec de l'herbe Kusa, afin de prendre part dans ce sacrifice à nos liqueurs enivrantes.

3. Que la fille resplendissante du soleil nous éveille pour avoir la richesse, comme elle éveilla le roi Satyasrava, issu d'une noble race, et qui se plaisait dans les chevaux.

4. Accorde-nous une intelligence heureuse et sûre; accorde-nous aussi la sagesse et la nourriture, afin que nous puissions nous assurer ton amitié; fais tes délices de nos liqueurs spiritueuses comme les vaches font les leurs de gras pâturages.

5. Nous approchons de toi avec respect, afin d'obtenir de la nourriture pour soutenir notre force et afin que tu nous accordes la prospérité. O toi, qui es puissant, dont l'esprit est beau, toi qui possèdes des chevaux couleur d'or, et qui tiens en tes deux mains des armes d'acier, sois-nous favorable.

6. Celui qui fait briller le vase bien rempli de grains et offert aux chevaux couleur d'or, est

SECT. I. — LES VEDAS. — SAMA-VEDA.

l'homme qui occupera la première place devant son chariot qui amène la pluie et qui procure des vaches. O Indra, attelle maintenant tes chevaux.

7. Chaque jour, quand vient le soir, nous adorons avec respect cet Agni qui nous donne la richesse avec l'empressement que les vaches et les chevaux rapides mettent le soir à revenir à leur demeure. O Agni, apporte de la nourriture pour ceux qui célèbrent tes louanges.

8. Aryama, Mitra et Varuna (179), dieux de la même race, n'embrassent pas le péché qui apporte une mort misérable, et ils dispersent entièrement nos ennemis.

DASATI V.

1. Le doux jus du soma va à Indra, Mitra, Pusha et Bhaga. Ainsi Indra, et vous tous, dieux qui buvez le jus obtenu de la plante de la lune, venez à cet heureux sacrifice.

2. Tu viens avec empressement recevoir nos viandes sacrées; tu détruis nos ennemis méchants, et lorsque nous fuyons, tu viens pour nous sauver.

3. O puissant Soma (180), père des dieux, toi qui t'étends partout comme la mer, viens à cet endroit sacré.

4. O Soma, notre purificateur, rapide comme un cheval, viens et accorde-nous une richesse heureuse.

5. Le divin Soma, gracieux et sage, a été produit dans la présence des liquides propres aux sacrifices, afin de causer de la joie et de procurer de la renommée.

6. Nous t'offrons le jus extrait de la plante de la lune, afin d'accomplir le sacrifice renommé des Brahmanes; car, ô héros célèbre par ta rapidité, tu es celui qui donne toute espèce de nourriture.

7. Ne connais-tu pas les héroïques Maruts, visibles aux lieux qu'ils habitent, les enfants de Rudra aux chevaux splendides?

8. O Agni, nous cherchons aujourd'hui à te plaire, toi qui es favorable et qui charmes le cœur; nous t'offrons des louanges et des offrandes dans la salle des sacrifices; de même les hommes cherchent à satisfaire leurs chevaux en leur offrant de la nourriture.

9. O Soma, les prêtres t'approchent en chantant et ils t'invoquent pour avoir leur nourriture avec l'empressement que les chevaux rapides du dieu qui conserve tout mettent à monter dans les cieux.

10. O puissant Soma, notre purificateur, viens promptement à la fameuse et douce libation, car tu es le seigneur des chantres des hymnes sacrés.

(179) Ces noms, de même que ceux de Pusha et Bhaga, qu'on trouve un peu plus loin, sont des désignations du soleil.

(180) La plante de la lune personnifiée est regardée comme l'essence primitive et comme l'esprit qui se répand partout.

DASATI VI.

1. O toi qui accordes constamment des dons, accorde-nous des richesses de toute espèce; c'est ce que nous implorons de toi, ô possesseur de tout pouvoir.

2. Moi, le prêtre qui préside au sacrifice, je loue le célèbre et renommé Indra.

3. Les prêtres adorent Indra en lui adressant des hymnes de louange; ils le louent afin qu'il veuille leur accorder des dons et tuer leurs ennemis.

4. O toi que louent des myriades, le charpentier fit le chariot pour tes chevaux, et le dieu artiste fit pour toi la foudre étincelante.

5. Indra, lorsque son culte est négligé, n'accorde ni séjour heureux, ni richesses; il ne nous permet pas même de prendre aucune part à la distribution de ses trésors vivement désirés.

6. Les purs et divins rayons de la lumière qui soutiennent toutes choses restent toujours sans tache.

7. Viens, ô Indra, avec toute ta suite, comme le troupeau de vaches réuni à l'étable.

8. O Indra, nous qui habitons la salle où le doux jus est placé, nous te l'offrons pour te plaire, et nous méditons sur ton opulence.

9. Les prêtres, avec leurs enchantements propices, adorent Arka (le soleil), et Indra renommé et toujours jeune, reçoit leurs louanges.

10. Chantez les louanges du sage Indra, qui est renommé pour faire périr nos ennemis, et que vous êtes maintenant occupés à adorer.

DASATI VII.

1. Agni, qui présente le sacrifice, connaît toutes choses; il est vraiment le chariot de la sagesse.

2. O Agni, tu es pour nous le chef des dieux, notre sauveur, celui qui accorde le bonheur, le sujet de nos plus vives louanges.

3. Agni, tel que le soleil avec ses couleurs diverses, possède les bijoux de tous les puissants de la terre.

4. Tu fus, dès le commencement, l'objet des louanges de tous les hommes, et tu es sans doute encore le même pour tous les habitants de ce monde.

5. La déesse du matin, d'une naissance distinguée, agit vers la nuit, très-célébrée, comme vers une sœur.

6. En quelque endroit que ce soit que nous disposions les matériaux du sacrifice, Indra et tous les dieux y sont présents.

7. De même que tous les sentiers se réunissent au grand chemin, de même toutes les richesses se réunissent en toi.

8. Nous, les possesseurs de fils héroïques, destinés à vivre cent hivers, nous obtenons la nourri-

ture placée ici par les dieux, et nous sommes remplis de joie.

9. La déesse de l'eau et Mitra et Varuna (181), font gonfler le grain ; ainsi, ô Indra, envoie-nous en abondance de la nourriture solide.

10. Indra se montre plein de gloire dans le monde entier.

DASATI VIII.

1. Le puissant Indra, possesseur d'une grande force, but à votre entière satisfaction, et pendant les chants à sa louange répétés trois fois, dans un vase contenant la liqueur mêlée d'orge ; il but avec délices le jus retiré de la plante de la lune et préparé par les prêtres. Lorsque le puissant héros se fut ainsi rendu alègre et disposé à accomplir de grandes actions, il tua le redoutable géant. C'est ainsi que le fidèle et divin Soma, et que le fidèle et divin Indra s'embrassèrent mutuellement l'un l'autre.

2. Indra, qui veille sur des milliers d'êtres humains, qui est l'intelligence du sage, et qui est plein de gloire, qui accomplit beaucoup d'actes religieux, le puissant héros qui connaît la demeure du matin, envoie les eaux purifiantes, claires, nées de la terre et donnant la vie.

3. Viens, ô Indra, vers nous, à quelque distance que tu en sois ; que le préservateur des hommes saints entoure notre sacrifice, et que le seigneur des saints agisse comme le roi qui réside en de nombreux palais. Nous qui nous livrons au sacrifice de la plante de la lune, nous appelons le puissant héros pour recevoir nos viandes, comme les fils appellent un père pour recevoir la nourriture offerte aux mânes.

4. J'invoque Indra, le possesseur de l'opulence, le protecteur toujours fidèle des saints, et contre lequel on ne peut porter aucune accusation. Travaille avec celui qui accorde les richesses avec la libéralité la plus grande et qu'on adore avec des cantiques de louange. Que celui qui tient le tonnerre aplanisse tous nos pas pour obtenir la richesse.

5. O Agni que je place maintenant dans ton sanctuaire sacré du côté du sud, écoute les vers sacrés que je chante à ta gloire. O Indra et Vaya, je vous invoque tous deux pour m'accorder une force divine ; je vous invoque pour que vous m'accordiez des dons nouveaux et excellents, puisque vous êtes les principaux agents dans le monde, puisque vous résidez partout et que vous remplissez la voûte du ciel, car assurément tous les sacrifices montent en la présence des dieux comme font les différents Maruts.

6. Nos intelligences, fortifiées par de saints cantiques, s'approchent du puissant Vishnou et de Marudgana, et c'est dans cette intention que moi, Ma-

(181) Nous avons déjà dit que c'était des noms du soleil.

rut, je viens demander un pouvoir surnaturel afin de me mettre à même d'offrir un sacrifice, d'obtenir le bonheur et de rendre mes offrandes propices, et afin aussi de terminer le sacrifice que j'ai le dessein d'accomplir.

7. Le purifiant Agni, entouré de son éclat d'une grande blancheur et suivi des prêtres qui célèbrent son culte, échappe à tout péché ; tel que le soleil, lorsqu'avec ses rayons, tous purs et rouges et brillants, il s'élève en son éclat de derrière le nuage pluvieux, de même, avec les sept prêtres chantant des hymnes, tu entoures toutes les formes créées.

8. J'adore le dieu Savita, père du ciel et de la terre, qui préside au sacrifice des sages, qui fait prospérer les rites sacrés, qui accorde des présents, qui se fait aimer par la possession de l'intelligence et dont les rayons venant d'en haut, à travers les paroles du sage, brillent parmi le lieu du sacrifice, tandis que le dieu à la main d'or qui accomplit les actes qui donnent le mérite, se rend au ciel de la miséricorde.

9. Je médite sur Agni, qui invite les dieux au sacrifice, et qui donne la richesse, Agni, le fils de la force, le possesseur de la richesse, doué d'une sagesse égale à celle d'un Brahmane ; il est un dieu qui se révèle sous la forme d'un sacrifice propice, la lumière des autres dieux, la miséricorde elle-même, brillant de tous côtés par le moyen du liquide brillant qui cause la flamme, et par l'offrande du beurre clarifié.

10. Cette fête extraordinaire est la tienne, ô Indra, toi que des actions qui sauvèrent les hommes ont jadis rendu célèbre dans le ciel. Avec ta puissance divine, tu es le destructeur des Asuras, tu es celui qui accomplis tout acte pieux. Accorde-nous, avec la force, toutes les choses qui conviennent aux mortels. O toi qui accomplis beaucoup de sacrifices, accorde-nous de la nourriture en abondance.

DASATI IX.

(Ce qui suit sont les vers employés dans la consécration du liquide)

1. La terre sacrée reçoit chaque jour les viandes du sacrifice qui t'est offert, ô Agni ; elle reçoit cette nourriture excellente, fortifiante, adorable.

2. O Soma, conserve pour la boisson d'Indra, le jus exprimé de la plante de la lune par le procédé enivrant et savoureux de la distillation.

3. O toi qui répands l'eau, consacre le jus enivrant pour les Marudganas, qui soutiennent toutes choses par leur puissance.

4. Consacre pour toi-même cette liqueur enivrante qui satisfait les dieux, et qui détruit ceux qui font l'éloge du péché.

5. Le sacrificateur élève ces supplications trois fois répétées ; alors, avec l'empressement que les vaches mettent à appeler leurs veaux, Indra vient avec les tonnerres au bruit rauque.

6. Consacrez à Indra et aux Marudganas le jus enivrant de la plante de la lune, et je m'assoirai auprès du sein de la divinité brillante (c'est-à-dire *auprès du vaisseau où fermente la liqueur*).

7. Il s'assoit auprès des plantes resplendissantes de la lune; elles ont été soigneusement purifiées avec de l'eau; il a toute l'agilité que met l'épervier des montagnes à se poser sur sa perche.

8. O Indra, consacre la liqueur spiritueuse préparée par notre activité pour la boisson des dieux et pour la boisson des Marudganas et de Vayu.

9. La plante de la lune cueillie sur les montagnes et écrasée distille son jus dans l'endroit sacré. O Soma, tu es dans la gaieté où te met l'ivresse, celui qui soutient toutes choses.

10. Le bien-aimé, le céleste, le sage, le savant directeur du sacrifice, placé par les rites de la consécration dans le ciel et sur la terre, à travers toutes les périodes de son existence, vient vers nous au moyen du sacrifice de la plante de la lune écrasée.

DASATI X.

1. Les plantes de la lune que j'ai distillées pour nous procurer de la nourriture et les plantes pressées par les riches instituteurs de ces rites sacrés, sont montées au banquet du sacrifice.

2. O Brahmanes, d'abondantes provisions de la plante de la lune nous fournissent du liquide en abondance, de même que les buffles nous apportent d'abondantes richesses.

3. O toi qui envoies la pluie, consacre les plantes de la lune que nous écrasons; donne-nous de la renommée dans le monde, et extermine ceux qui nous haïssent.

4. O toi qui envoies la pluie et qui es saint, tu es étroitement uni au soleil. Nous t'invoquons, œil brillant du ciel.

5. La plante de la lune consacrée est vivifiante et chérie; elle inspire le poète; nous la préparons avec la rapidité que le conducteur de chariot met à préparer ses chevaux.

6. Nous préparons le sacrifice de la brillante plante de la lune, et les viandes faciles à digérer qui procurent des vaches, des chevaux et des héros.

7. Consacrez le sacrifice, et que la liqueur divine et enivrante qui conserve la vie monte vers Indra; que, par nos rites solennels, elle s'élève vers Indra.

8. Le pur Vaiswanara produit par la lumière (*Agni*) est adoré au moyen de nombreux rites variés, et il s'étend de tous les côtés comme le ciel.

9. Les plantes de la lune sont pressées au milieu de nos chants afin de fournir la liqueur enivrante; la douce liqueur se distille en tombant sans cesse.

10. Le sage (*Soma*), soutenu par les vagues de la mer, s'avance, et assiste le préparateur du sacrifice, objet d'un vif amour.

SIXIÈME PRAPATHAKA.

PREMIER DASATI.

1. Les dieux viennent vers les plantes de la lune réunies pour le sacrifice, mêlées d'eau et du produit de la vache, après qu'elles ont été pressées et convenablement préparées.

2. Le dieu qui voit tout et qui purifie est devant nous en toutes nos guerres, et (les mêmes feux divins) rendent le Brahmane glorieux par le moyen des rites sacrés.

3. Tous les jus pressés sont entrés dans la coupe du sacrifice; les plantes favorables sont distillées; le jus de la plante de la lune est tout préparé pour Indra.

4. Avec autant de rapidité qu'on attelle les chevaux des chariots, nos prêtres écrasent les plantes dans l'endroit saint, sur le cuir du taureau et sur la peau de la chèvre.

5. Les rayons errants, radieux, toujours en mouvement, s'avancent tuant la nuit noire.

6. Le jus enivrant de la plante de la lune produit par le sacrifice purifie ceux qui ont été souillés par des guerres destructives. O Agni, écarte loin de nous la tribu des impies.

7. Accepte nos offrandes, et avec cette aspersion du liquide des sacrifices, purifie les eaux dans le monde des êtres humains, de même que par elle tu fais briller le soleil.

8. O toi qui fournis de la nourriture à l'illustre Indra pour le mettre à même de tuer Vritra, purifie aussi les eaux puissantes.

9. O plante de la lune, ceux qui ont été arrosés de ton jus éclatant et qui l'ont bu dans leurs coupes enivrantes, ont tué la bande des Rakshasas, dont le nombre était de quatre-vingt-dix fois neuf.

10. Apporte-nous une richesse brillante et permanente; répands sur nous des provisions et donne-nous, dans ce lieu saint, ce qui peut servir de nourriture propre au sacrifice.

DASATI II.

1. Celui qui fait tomber la pluie (182), qui est couleur d'or et qui voit au loin, qui est doué d'une grande puissance, qui est notre ami, et qui est célèbre pour la force de ses hennissements, le dispute en éclat au soleil.

2. Nous désirons aujourd'hui la présence, ô Agni, puisque tu es la divinité agile qui reçois les offrandes de nos sacrifices; c'est toi qui nous protèges et qui es l'objet d'une grande affection.

3. O prêtres qui officiez, faites, par l'opération des pierres, couler dans le vase sacré le jus des plantes de la lune que vous écrasez, et purifiez-le afin qu'Indra le boive.

---

(182) Le cheval d'Indra.

4. Cette plante salutaire nous purifie par son ruisseau de liqueur propre aux sacrifices. Cette plante salutaire nous purifie.

5. O Soma, purifie notre richesse qui est comptée par des millions et maintiens notre héroïsme. Préserve aussi nos approvisionnements de nourriture.

6. Les anciens sages foulèrent autrefois le sol sur lequel les hommes marchent maintenant, et ils produisirent le soleil dans le dessein de donner de la lumière.

7. Ecrasez la plante de la lune, et que son jus étincelant résonne dans le vase qui la reçoit. Assieds-toi dans l'yoni (*le vase sacré*) parmi les liquides.

8. O Soma, qui fais pleuvoir (les bénédictions), tu es un dieu brillant. O dieu, qui fais pleuvoir (des bénédictions), tu es servi par des ruisseaux liquides. O toi qui fais pleuvoir (les bénédictions), tu acceptes les offrandes que nous le présentons.

9. Purifiez l'endroit où notre nourriture se prépare avec les ruisseaux (du liquide sacré). O Indra, que reconnaissent les sages parmi les hommes, viens ici avec ta gloire.

10. O Soma qui fais pleuvoir (les bénédictions), purifie-nous avec ta liqueur enivrante, purifie avec tes eaux salutaires ceux qui aiment les dieux et ceux qui nous aiment.

11. O puissant et enivrant Soma, tu es hautement glorifié par ces rites solennels, et tu arroses (les prêtres qui les célèbrent).

12. Ce feu saint qui voit tout et qui est toujours en mouvement, déposé dans son sanctuaire avec les rites consécratoires, apporte en haut avec lui le puissant liquide (de la plante de la lune).

13. O plante de la lune, tu es distillée pour notre bien, afin que tu puisses satisfaire le dieu puissant. C'est le jus si vivement désiré par les dieux qui nous soutient, lorsqu'il est produit avec une telle abondance qu'il vient comme une vague de la mer.

14. La plante de la lune, avec un esprit meurtrier, tue les amis de la guerre pour le bien de l'homme saint, et elle va au lieu où elle est préparée et que visite Indra.

DASATI III.

1. O Soma, le purificateur, qui, t'étendant sur les eaux, les arroses de tes distillations, détenteur de toutes les choses précieuses, dieu de la fontaine d'or, assois-toi dans l'yoni du sacrifice.

2. O prêtres, répandez l'eau du sacrifice tout à l'entour sur les plantes écrasées de la lune; elles fournissent l'offrande la plus excellente qui, produite pour le bien de l'homme, a été obtenue au moyen des pierres du sacrifice.

3. O Soma, que louent les pierres retentissantes du sacrifice, tu es placé sur les deux peaux de chèvre, comme des hommes assis sur un siège fait de deux cuirs de bœuf, et le cheval Hari (*le cheval d'Indra*) entre et prend son siège parmi les vaisseaux du liquide préparé.

4. O Soma, viens à la fête des dieux, où le jus étincelant déborde comme les eaux de la mer, car en reposant dans ton vase qui reçoit l'esprit distillé, tu enivres et tu calmes à la fois.

5. Le jus de la plante de la lune que célèbrent nos cantiques, tombe avec bruit dans les vases placés sur les peaux de chèvre; il vient en un torrent avec la rapidité d'un cheval, il vient en un torrent enivrant.

6. O Soma, moi et mes amis nous te louons. O plante de la lune, moi et mes amis nous te louons chaque jour. Les Rakshasas sont tout à l'entour; sauve-nous, laisse les autres, et viens en notre enclos (185).

7. O plante de la lune, préparée et à la main ouverte, tu étends ta voix à travers l'océan du jus. O Soma purifié, tu répands l'abondance du trésor jaune très-désiré.

8. Les sages, les amants du jus enivrant, les distillateurs du liquide enivrant que donne la plante de la lune, purifient les esprits enivrants dans le séjour de l'homme, au-dessus du vase sacré qui reçoit cette liqueur.

9. O Soma, toi qui nous purifies et qui es enfermé dans les vaisseaux qui reposent sur les deux peaux de chèvre, tu possèdes l'intelligence. Prépare pour nous un sacrifice digne du rishi Angiras.

10. Le jus enivrant de la plante de la lune doit être purifié et tamisé, et tandis qu'il tombe en mille canaux, les hommes le consacrent sur les peaux de chèvre.

11. Toi qui reçois les provisions, enivrant Soma, toi qui, dans l'origine, donnas une forme au monde pour le profit des dieux, purifie-nous avec l'élément liquide.

12. Les plantes de la lune, qui purifient et qui enivrent, sont aimées des Marudgana, d'Indra et de ses chevaux; elles coulent sans interruption, surpassant toutes choses en sainteté.

DASATI IV.

1. O divinité purifiante, assois-toi promptement parmi nos hôtes; étends le liquide fortifiant, ô toi qui donnes la nourriture; les purificateurs te conduisent avec des cordes à l'endroit où l'herbe sacrée est étendue, de même que les hommes conduisent un cheval.

2. Le dieu, qui est un orateur (*Soma*), raconte tes actions illustres aussi bien que Sukra lui-même, et lui, qui accomplit de grandes actions, le frère

(185) Le texte original emploie le mot *parichi*, qui signifie la palissade en bois de palmier placée en dehors de l'enclos sacré et que rien d'impur ne doit franchir.

des purs, le purificateur, celui qui prend la forme d'un sanglier, marche vers nous à pied, en chantant des hymnes.

3. Agni, la divinité qui préside aux sacrifices, produisit les trois Védas, le rite du sacrifice et les enchantements des Brahmanes, et de même que les vaches s'approchent du maître du troupeau, de même les intelligences qui cherchent et qui aiment le bien, s'approchent du dieu Soma.

4. Le dieu qui désire passionnément le sacrifice, le purificateur, celui qui est d'or et qui, de concert avec les dieux, prépare la liqueur et le jus pressé, celui qui chante les hymnes du sacrifice et qui invite les dieux, vient à son état de pureté avec l'empressement que le prêtre qui officie met à aller à la maison où se fait le sacrifice d'un animal.

5. Soma est purifié (184), il est le père des intelligences, le père du ciel, le père du feu, le père du soleil, le père d'Indra, le père même de Vishnou.

6. La plante de la lune doit être arrosée d'eaux aussi abondantes que celles de la mer dans le lieu où sont les trois sacrifices journaliers qui procurent la pluie, la pluie qui soutient l'yoni et qui pourvoit aux besoins des multitudes; c'est dans ce lieu que sont les voix aimables des chantres et les dons très-désirés.

7. La grande mer abondante et indestructible du jus de la plante de la lune se montra dans le commencement, créant et produisant toutes choses. Elle est le maître du monde, produite sur les sommets des montagnes, et tombant auprès des peaux de chèvre sacrées qui causent l'accroissement.

8. Le jus purifiant de la plante de la lune est de couleur verte; il exprime ses propres éloges, et il réside dans sa retraite imprégnée d'eau; lorsque les hommes l'en retirent, il est préparé pour nos solennités, et alors il apporte l'intelligence aussi bien qu'il soutient la vigueur corporelle.

9. O Indra, cette plante de la lune à l'odeur aromatique est à toi; elle abreuve celui qui abreuve la terre, et elle va être distillée dans le réceptacle sacré; elle donne des milliers aussi bien qu'elle donne des centaines de biens; elle donne des présents multipliés; elle est placée sur l'herbe du sacrifice qui est éternelle et qui fournit la nourriture.

10. O liquide doux et inspirateur de la vérité, ô Soma qui nous couvres de ton ombre, sois purifié, toi qui es produit sur les montagnes et préparé sur les peaux de chèvre; ô douce et enivrante liqueur dont Indra se désaltère, descends dans le réceptacle sacré.

DASATI V.

1. O Agni, comme le brave général, le directeur des chariots de la guerre, lorsqu'il arrive, distribue les richesses qu'a aujourd'hui le ciel, de sorte que son armée est livrée à la joie, de même le dieu Soma apporte pour ses amis des robes qui charment celui qui les voit.

2. Lorsque, ô saint Soma, créant les deux ruisseaux liquides, tu approches des peaux de chèvre, alors, ô esprit purificateur, par une nouvelle production, tu sanctifies la place des eaux, et tu satisfais le soleil avec des provisions que tu fournis.

3. Célébrez les dieux par des chants distingués. O Soma, viens ici pour acquérir d'amples richesses. Que le dieu Soma, dont le goût paraît doux aux hommes saints, s'associe au réceptacle sacré du liquide placé sur les peaux de chèvre.

4. Le père du ciel et de la terre nous aime, et il vient comme un chariot apportant des provisions; il se rend vers Indra, aiguisant les armes de la guerre et tenant toutes les richesses en ses mains.

5. La parole de l'Ancien qui a établi le ciel et la terre, éclaire l'esprit, et lorsqu'au commencement de toutes choses, elle produisit l'illustre et vénérable seigneur Soma, elle le conduisit au réceptacle sacré des eaux enivrantes.

6. Lorsque les dix sœurs (*les dix doigts*) de nos héros sont occupées à exprimer le liquide purifié, le jus aqueux de couleur verte s'écoule de tous côtés, de même que la fille du soleil (*l'eau*) s'étend de tous côtés dans le vase sacré, ou de même que des chevaux rapides entourent une ville.

7. De même que l'émulation se produit parmi les rois ou parmi les savants dans l'assemblée des sages ou parmi les villageois, de même est ce sacrifice où le liquide, mis sous un couvercle, doit être purifié, moi, comme le Brahmane, ami du bâton des sacrifices, je chante des vers pour procurer l'accroissement de notre bétail.

8. Le jus nourrissant de la plante de la lune doit être purifié; les troupeaux des vaches tuent les Rakshasas et s'opposent à l'ennemi. Que Soma, réuni à nous, contente Indra avec son jus enivrant et nous procure une grande abondance de richesses, se montrant lui-même glorieux au milieu de tous ses adversaires.

9. Sois sanctifié, ô Soma, par cette opération purifiante. Tu passes bravement à cheval à travers l'eau; ta rapidité est égale à celle du vent, et comme le rishi Paramedira, tu sauves les hommes lorsqu'ils tombent dans le péché.

10. L'adorable Soma fit cette puissante essence lorsque l'abîme de l'Océan recouvrait tous les dieux; lui, le purificateur, plaça en Indra toute sa puissance, et le même Soma produisit les rayons du soleil.

11. C'est avec la rapidité d'un agile cheval de

---

(184) Soma, ou la plante de la lune, est ici personnifié et représenté comme l'Esprit suprême.

chariot que le prêtre, avec une résolution ferme et un effort mental, prépare le sacrifice ; les dix sœurs purifient le jus séduisant qui était produit sur le sommet des montagnes et préparé sur les peaux de chèvre dans nos maisons.

12. De même que les vagues de la mer se suivent l'une l'autre, de même les hôtes qui vont au banquet de la plante de la lune s'approchent du vénérable enclos resplendissant et pénètrent en son enceinte.

DASATI VI.

1. Préparez en la battant avec des pierres cette viande qui donne la victoire ; préparez-la avec l'empressement que les hommes mettent à battre un chien à la langue longue.

2. Ce Soma procure la richesse et la prospérité ; il purifie et il est le seigneur de toutes choses, l'âme du monde en la personne du soleil ; il éclaire le ciel et la terre.

3. Les plantes de la lune sont saintes, enivrantes et délicieuses ; elles doivent être pressées ; que la liqueur spiritueuse qui en provient entre dans les dieux.

4. Les plantes de la lune, brillantes et pressées, les richesses de la terre, bienfaisantes et dépourvues de toute qualité nuisible, sont d'un goût agréable et elles préparent la route du ciel ; elles vont être préparées.

5. Distillez pour nous la viande substantielle que désirent des centaines d'hommes et qui a satisfait des milliers ; elle est d'un grand prix, et elle possède une splendeur brillante.

6. Les Brahmanes, dépourvus de malice, chantent des hymnes de louange en la présence chérie et très-désirée d'Indra avec l'affection que les vaches mettent à lécher leurs veaux au jour de leur naissance.

7. De même que la vache met tout son pouvoir dans l'action qu'elle chérit de nettoyer son veau, de même le jus de la plante de la lune purifié et soigneusement mêlé, arrive devant les sages afin de procurer le bonheur et l'intelligence.

8. Les prêtres purifient sur les peaux de chèvre le Soma très-désiré et de couleur verte ; il va de tous côtés vers les dieux avec la boisson enivrante.

9. Cet homme désire de la nourriture afin qu'il puisse préparer un sacrifice, et les prêtres célèbrent la louange divine avec une voix aussi forte que celle d'un chien éloigné qu'on chasse loin d'un sacrifice.

DASATI VII.

1. En présence des noms aimés (des instruments du sacrifice) ce jus puissant (de la plante de la lune) est placé avec des rites conservatoires ; il est purifié et s'élève supérieur à tout le reste. Ce jus puissant, observateur de toutes choses, monte sur le chariot rapide du puissant soleil.

2. Que le jus bien pressé et résonnant de la plante de la lune, qui est l'objet des affections des dieux puissants, vienne à nous ; qu'il soit pour nous un seigneur qui nous fortifie, nous comble de plaisir et qui détruise nos ennemis, et qu'il accepte nos services.

3. Le jus agréable résonne dans le ruisseau sacré. Il est comme la foudre d'Indra, ce qu'il y a de plus brillant parmi ce qui brille. A nos sacrifices, les vaches gracieuses donnent le lait qui fournit le beurre.

4. La plante de la lune entre en union avec Indra. L'ami alors ne tue pas celui qui est livré par son ami, pas plus qu'un homme ne tue une jeune femme. Maintenant la plante de la lune se distille elle-même à travers le tamis dans le vase sacré.

5. Celui qui supporte les cieux, au moment de devenir un liquide, celui qui fortifie les dieux, l'herbe enivrante et verte n'est pas préparée en vain par les saints ; elle procure de la nourriture et de l'eau.

6. Le distillateur de l'intelligence, la brillante plante de la lune, qui préserve le jour, qui appelle au dehors les rayons du matin, verse du jus liquide, dans le vaisseau et elle entre dans le sein d'Indra de compagnie avec les sages.

7. Les sept vaches laitières ont donné, dans ce lieu sacré, le lait du jus mêlé et sans souillure de la plante de la lune aux trois sacrifices journaliers, et Soma fit les quatre mondes brillants et leurs dépendances que nous exaltons en accomplissant les sacrifices qui tendent à développer l'entendement.

8. O Soma, que le jus de la plante de la lune pressé et tamisé qui détruit les maladies, soit gardé pour Indra ; que les Rakshasas ne prennent point part à ce jus enchanteur. Que les plantes de la lune rangées tout à l'entour sur les deux peaux soient présentes avec nous.

9. La plante verte de la lune, privée de sang et pressée, distille un jus doux, et, de même qu'un roi couvert d'ornements éclatants, elle fait entendre sa voix avant que l'éclair ne brille, et le sacrificateur vient comme un épervier auprès des peaux de chèvre pour s'étendre à côté du vase sacré qui contient le liquide.

10. Les plantes de la lune enivrantes, placées sur l'herbe sacrée et émettant un son convenable, donnent maintenant leur jus en présence des dieux, comme la vache donne son lait à son veau, et le rayonnement produit par la plante de la lune élève l'intelligence.

11. Agni qui conserve l'or, brille, lance ses flammes, entoure le sacrifice, l'allume, et lèche de sa langue le puissant Océan qui se gonfle ; il est le premier qui goûte le jus du soma.

12. O seigneur de la nourriture, tu entoures le sacrifice riche et saint ; le seigneur au corps froid et exempt de maladie se répand autour des sacri-

fices qui viennent de tous les côtés, et les plantes dépouillées de feuilles et apportées au loin distillent leur essence dans le vase sacré.

DASATI VIII.

1. Ces plantes de la lune, vertes, pressées, mènent au ciel, et préparées, elles viennent en la présence d'Indra, le distributeur de la pluie.

2. O vigilant Soma, prépare pour Indra la plante de la lune; apporte la liqueur étincelante qui fortifie.

3. O mes amis, asseyez-vous et chantez, afin d'obtenir la faveur du purificateur. Ornez-le de votre sacrifice, comme une mère orne son enfant.

4. O mes amis, célébrez le purificateur pour sa qualité enivrante; nourrissez-le avec de riches et délicieuses offrandes comme une mère nourrit son enfant.

5. Comme le veau s'entrelace autour de la vie de la vache, de même tu t'attaches à la flamme du sacrifice, et toutes les choses délicieuses dont les hommes ont l'expérience sont inférieures au Soma à la double couleur (185).

6. O Soma aromatique, purifie par ta puissance les plantes de la lune pour le banquet des dieux avec des ruisseaux liquides; assois-toi devant notre ruisseau sacré.

7. Soma, le purificateur, sanctifie par son jus les peaux de chèvre, et celui qui accomplit les rites consécratoires élève sa voix tandis que nos hymnes sont chantés.

8. Les louanges s'adressent au sanctificateur, à Soma, le possesseur de l'intelligence, afin qu'en récompense nous soyons remplis de sagesse et animés du désir de voir célébrer son culte.

9. O plante pressée de la lune, toi qui possèdes des troupeaux de vaches et qui es entourée de chevaux, plante toute-puissante et qui distribues les dons, prends, pour notre bien, ta pure couleur blanche en la présence du produit de la vache.

10. Louez pour nous, de toute la force de votre voix, celui qui possède les richesses. Nous couvrons la flamme blanche avec le produit de la vache.

11. Celui qui enlève le péché de l'homme qui cueille la plante Soma, est purifié sur les peaux de chèvre. Distille promptement la richesse pour les descendants héroïques de ceux qui célèbrent ta louange.

12. Le Soma purifié est distillé dans le vaisseau d'où s'écoule un doux liquide; louez-le dans les sept espèces de vers avec les paroles des rishis.

DASATI IX.

1. O Soma, purifie pour Indra la liqueur spiritueuse d'une grande douceur et richement préparée, la liqueur puissante qui répand la lumière.

2. O seigneur de la nourriture, augmente nos provisions et notre puissante renommée. O Dieu, mêle la coupe du milieu du jour aimée par les dieux.

3. Louez et répandez de tout côté comme vous feriez pour un cheval, le jus de la plante de la lune qui procure le salut, qui parcourt le monde, qui est répandu dans les eaux et purifié par le mélange avec d'autres liquides.

4. Ce Soma, qui distille des liqueurs spiritueuses, qui s'écoule en mille canaux et qui scelle les cieux, est le possesseur de toute espèce de richesses.

5. Je loue ce Soma qui apporte des trésors, qui apporte des richesses, qui donne la nourriture et qui forme des héros intrépides.

6. O divin Soma, toi qui accordes les saintes naissances futures, tu es céleste et tu es loué, parce que tu procures l'immortalité.

7. Ce jus enivrant, retiré de la plante de la lune, est purifié par les eaux et plein de gaieté, il se joue comme les vagues de la mer.

8. Les taureaux et les vaches qui ont la force de fendre même un rocher, se réunissent autour de l'étable. O Savita, toi qui soutiens toutes choses, donne-nous pour notre portion, la possession des vaches et des chevaux.

(Fin des hymnes de la consécration.)

SECONDE PARTIE.

PREMIER ADHYAYA.

1. O mes héros, chantez devant ce jus de la plante de la lune qui est préparé pour être offert aux dieux. O Soma, les sages saints se préparent à célébrer ta divinité aimée par les dieux et à offrir le doux produit de la vache à la divinité (à Indra). O déesse resplendissante, distille en pureté le bonheur pour nos chevaux et le bonheur pour nos produits végétaux.

2. Le jus blanc de la plante de la lune, mêlé au produit de la vache, se distingue par son éclat radieux et son cours comme celui d'un ruisseau qui murmure sans cesse. Le puissant Soma, animé par

---

(185) Ces deux couleurs sont le vert et le jaune, c'est-à-dire la couleur de la plante lorsqu'elle fleurit, et celle qu'elle présente quand elle est desséchée.

des cantiques stimulants et placé dans son sanctuaire, procède au combat du sacrifice avec l'ardeur de braves soldats entrant sur le champ de bataille, O Soma dont la sagesse est sans bornes et qui, par un chemin céleste, vient souvent nous accorder la félicité, ô toi dont la puissance est grande et qui est la source de toute prospérité, fais que tes eaux pures s'écoulent en notre présence.

3. O divinité d'une sagesse infinie, source de la nourriture, les ruisseaux de jus qui sont extraits de ton essence purifiée et qui désirent s'unir aux viandes du sacrifice, coulent avec la rapidité de chevaux qui viennent d'être délivrés de leurs liens. Nos doigts ont souvent manifesté le désir de manier le doux jus distillé qui s'écoule à travers le tamis en poil de chèvre dans le vase disposé pour le recevoir. Le jus de la plante de la lune descend dans l'Océan, qui reçoit le liquide avec l'empressement que les vaches qui ont de jeunes veaux mettent à retourner à leur demeure.

4. O Agni, lorsque tu reçois nos louanges, viens à notre banquet, afin de transmettre les sacrifices aux dieux. Assieds-toi, ô héraut, sur l'herbe sacrée. O fils d'Angiras, nous augmentons ta grandeur par nos offrandes de beurre clarifié et qui donne une flamme brillante. O toi qui es toujours jeune, brille dans toute ta splendeur. O divinité resplendissante, brillant Agni, accorde-nous une richesse abondante qui procure la renommée et qui dure toujours.

5. O Mitra et Varuna, vous qui accomplissez des actes méritoires, rafraîchissez par d'abondantes ondées les pâturages de nos troupeaux, et, avec de douces influences célestes, le séjour qui nous est destiné (*dans un monde futur*). O vous qui faites des actions saintes, vous que louent les multitudes et que de nombreuses voix mélodieuses célèbrent par des hymnes sacrés, gouvernez par la grandeur de votre puissance. O vous qui fûtes loués par Jamadagni et qui accordez des bienfaits en récompense des sacrifices, asseyez vous sur le siége des sacrifices et buvez le jus de la plante de la lune.

6. Viens, ô Indra, et bois le jus de la plante de la lune que nous avons exprimé pour toi. Assieds-toi sur le tapis d'herbe sacrée que nous avons préparé. Que les chevaux à la longue crinière qui sont attelés par la seule prononciation d'un mot magique, t'amènent en notre présence, et écoute nos chants sacrés. O Indra, nous Brahmanes, qui préparons et qui offrons le jus exprimé de la plante de la lune, nous t'invoquons dans nos cantiques, toi qui bois le breuvage.

7. O Indra et Agni, attirés par nos chants, descendez du ciel et venez au splendide banquet de la plante de la lune, et buvez de ce jus aromatique. O Indra et Agni (*Soma*), qui (dans le dessein de récompenser ses œuvres) est uni à celui qui offre la louange, qui se manifeste dans les sacrifices et qui stimule les sens, Soma vient maintenant pour votre compte. Attirés par nos invitations, buvez ce jus. En offrant le sacrifice, nous adorons Indra et Agni qui récompensent ceux qui célèbrent leurs louanges. Qu'ils se rassasient avec le jus de la plante de la lune que nous avons préparé

8. L'origine de ton jus (ô Soma) vient d'en haut; et les grandes ressources que tu offres pour réjouir et alimenter l'homme, quoique ayant leur siége dans le ciel, sont encore à l'usage des habitants de la terre. O purificateur de ceux qui acquièrent des richesses, arrose de ton jus notre Indra et Varuna, ainsi que les Maruts. Désireux d'obtenir ta faveur, nous t'adorons, car tous les matériaux nécessaires pour les sacrifices procèdent de toi.

9. O Soma, après avoir séjourné sur les eaux et purifié par la distillation, tu t'écoules. O détenteur de tous les trésors désirables, divinité dorée, fontaine continuelle des eaux, tu es assis sur le vase sacré du sacrifice. Le divin Soma qui inspire la joie et les délices, qui est l'aliment primitif et le purificateur, a son siége dans le firmament. O esprit divin, tu es digne d'être invoqué et saisi, car, lorsque tu as été lavé par les mains de nos prêtres, alors, toi qui observes toutes choses, tu te distilles comme celui qui donne la nourriture.

10. O Soma, assieds-toi promptement sur le vase qui reçoit le jus, et, purifié par les prêtres, distille-toi à l'endroit où les viandes sacrées sont déposées. Les hommes dont le devoir est de l'épurer, te conduisent tel qu'un puissant cheval, avec leurs doigts en forme de corde, au lieu où s'opère le lavage et où est étendue l'herbe sacrée. Le dieu Soma qui est couvert d'une splendide armure et qui a tué les Rakshasas, va être purifié. Il est le père et le protecteur des dieux; il préserve de tout malheur, il possède une force irrésistible; il soutient le ciel et il supporte la terre. Le sage doué d'une vue perçante et auquel la préséance était accordée, Ushana, après s'être grandement distingué parmi les hommes par ses chants poétiques, obtint le lait caché, trésor contenu en ces belles vaches.

11. O vaillant Indra, nous t'offrons nos hommages avec une affection égale à celle que les vaches mettent à appeler les jeunes veaux qui viennent de naître; tu es le dieu qui connaît tout, le gouverneur de toutes les choses animées et le seigneur de toutes les choses inanimées. O céleste Indra, il n'est rien ni dans le ciel, ni sur la terre qui puisse t'être comparé, rien de ce qui existait dans les temps passés et rien de ce qui existera dans les temps à venir. Ainsi nous t'invoquons, nous qui désirons ardemment des chevaux, des vaches et des provisions.

12. Avec quelle offrande ou avec quel rite solen-

nel accompli avec toute la science sacrée, le glorieux et bienveillant Indra, qui grandit toujours, sera-t-il amené à nous favoriser de sa présence? Que Soma qui, parmi ceux qui produisent l'ivresse, est toujours fidèle et qui est digne d'une estime toute spéciale parmi les viandes des sacrifices, ouvre de force pour toi, ô Indra, les trésors bien gardés de nos ennemis. O Indra, protecteur de nos amis qui célèbrent ta louange, tu es toujours présent pour nous assister de cent façons diverses.

13. O prêtres, nous louons durant tout le jour l'illustre Indra qui détruit nos ennemis et qui s'enivre avec le breuvage des sacrifices, placé dans les vases sacrés; nous le louons avec une voix aussi forte que celle des vaches qui appellent leurs veaux. Indra, nous te prions de nous donner promptement une nourriture d'une origine céleste, entourée de majesté comme une montagne l'est de nuages, capable de nourrir des multitudes, digne d'être louée en cent et en mille manières différentes; fais-nous aussi jouir de nombreux troupeaux de vaches (186).

14. O vous, prêtres qui chantez à la louange d'Indra, les longs vers du Soma, durant le banquet de la plante de la lune, et qui célébrez Indra qui connaît la place des richesses et qui, pour vous accorder sa protection, vient avec ses chevaux rapides, je vous appelle à ce sacrifice, comme un serviteur appelle celui qui soutient la famille afin d'accomplir ce qu'il désire. Ni les démons, ni les dieux, ni les hommes ne peuvent l'emporter sur Indra à la contenance gracieuse et qui, lorsqu'il a reçu avec respect le breuvage fortifiant avec la viande du sacrifice, confère une richesse abondante au sacrificateur qui le célèbre et qui fait retentir sa louange.

15. O Soma, fais tomber dans sa pureté et dans ta distillation qui donne l'allégresse, le jus de la plante de la lune pour la boisson d'Indra. Soma, qui tue les Rakshasas et qui contemple toutes choses, se plaît à s'asseoir sur l'yoni, qui est battu par des doigts ornés de bagues d'or et sur lequel est placé le vase qui reçoit le jus. O toi, le plus riche des possesseurs de l'opulence, accorde-nous avec générosité ce que nous demandons; empresse-toi de détruire nos ennemis, et donne-nous les richesses qu'ils possèdent.

16. O Soma, tu es très-agréable au goût, tu es toujours prêt à favoriser nos cérémonies, tu es la cause de l'allégresse, tu es puissant et toujours brillant, tu donnes l'ivresse; fais couler pour Indra ton jus pur. Lorsque nous avons bu de toi, alors celui qui fait pleuvoir les bienfaits les fait tomber en abondance. Lorsque nous avons bu de toi, alors celui qui voit toutes choses, le dieu qui surpasse en intelligence tous les êtres, se saisit avec empressement des provisions de nos ennemis et nous les apporte, semblable à un cheval de guerre qui s'élance au combat.

17. Que ces ruisseaux verts et promptement préparés du jus de la plante de la lune trouvent entrée en la présence d'Indra, qui fait pleuvoir les bénédictions. Ce jus retiré de la plante de la lune est purifié pour Indra, et il est nécessaire que nous l'adorions pour être protégés à la guerre. Soma connaît aussi intimement Indra toujours victorieux qu'il est connu par quelque intelligence que ce soit. Lorsqu'il a bu, Indra saisit son arc adorable, facile à manier, et celui qui combattit contre le serpent céleste, se saisit de sa foudre qui dispense la pluie.

18. O mes amis, chassez le chien à la longue langue, le chien d'un démon qui voudrait approcher des viandes du sacrifice qui donnent toujours la victoire et qui sont placées à côté du jus qui cause l'allégresse. Le jus de la plante de la lune qui se distille lui-même en ruisseaux purifiés, et avec la rapidité d'un cheval, va être préparé. Que nos héros s'appliquent avec ferveur à tous les rites nécessaires pour le sacrifice de l'indestructible Soma.

19. La nourriture consacrée se purifie en présence des liquides adorables qui procurent des délices, et le tout-puissant Soma grandit parmi les eaux du ciel; ce dieu puissant qui examine toutes choses, est monté sur un chariot qui ne s'arrête jamais, celui du puissant soleil. La langue du sacrifice, l'orateur, le protecteur de ce rite solennel, l'indestructible Soma purifie le jus agréable qui cause l'allégresse. Le fils prend maintenant son troisième nom (187) dont ses parents ne reconnaissent pas, mais sous lequel il est devenu illustre dans le ciel. Le jus brillant résonne sur le vaisseau sacré, et les hommes l'enferment dans un vase de couleur jaune. Ceux qui expriment le jus en cette solennité élèvent leurs voix, tandis que toi, Soma, tu brilles au sacrifice du matin.

20. Agni nous procure la prospérité et nous le célébrons par nos sacrifices venant après d'autres sacrifices et par nos hymnes qui accompagnent d'autres hymnes. Nous louons celui qui est immortel, qui est le parent de la richesse et qui est chéri comme un ami. Nous louons le rejeton des offrandes des sacrifices, car il nous aime. Nous présentons nos offrandes à celui qui porte aux dieux nos oblations. Qu'il soit notre protecteur à la guerre, qu'il nous donne la prospérité et qu'il préserve nos enfants.

21. O Agni, écoute les hymnes divins de louange que, dans ma sincérité, j'exprime harmonieuse-

---

(186) Les Brahmanes qui célèbrent ces cérémonies, doivent tous porter une espèce de bague d'or aplatie.

(187) Ce troisième nom est Somayaji. Le premier nom est celui qu'il porte; le second est celui de la constellation sous laquelle il naquit; on y ajoute son nom sacerdotal, circonstance dont ses parents n'ont pas le droit de se mêler.

ment devant toi. Grandis par notre offrande de la plante de la lune. En quelque endroit que soit ton esprit, tu t'empares de l'excellente offrande qui donne de la force et tu y prépares une place pour la production du jus sacré. Sois le préservateur des moins habiles parmi ceux qui préparent le sacrifice afin qu'ils ne tombent pas dans le péché de détruire ta splendeur, et accepte leur service.

22. O toi qui saisis le tonnerre, nous qui offrons les viandes sacrées et qui désirons être préservés de tout mal, nous t'invoquons, toi qui te manifestes en ce sacrifice comme les dieux invoquent un héros puissant. O toi qui accomplis pour notre préservation les rites sacrés, ô Indra, toujours jeune et terrible, toi qui saisis l'ennemi, puissions-nous, grâce à ton entremise, être mis à l'abri du péril. Nous qui sommes tes amis, nous t'adorons, seigneur, préservateur, divinité digne d'adoration.

23. O toi qui es célébré en hymnes de louange, nous aussi approchons maintenant de toi pour toutes les choses adorables que nous désirons avec la vivacité que des voyageurs mettent à prendre l'eau qui leur est offerte. O héros qui saisis la foudre, de même que les mers sont nourries par les rivières, ainsi nos louanges te grandissent chaque jour. Ceux qui célèbrent tes louanges présentent des offrandes aux deux puissants chevaux Hari, qui appartiennent à Indra qui voyage avec rapidité; ces chevaux sont joints par un mot magique au joug pesant du chariot; ce sont ceux qui nous amènent Indra, et ils connaissent les routes du ciel.

DEUXIÈME ADHYAYA.

1. Louez Indra, qui boit le jus offert dans les sacrifices, Indra qui soutient toutes choses, qui accomplit les œuvres méritoires et qui accorde des richesses aux hommes. Célébrez les louanges d'Indra auquel des multitudes offrent des sacrifices, que des myriades célèbrent, qui est digne d'être glorifié en vos chants et qui est célèbre dans des âges éternels. Indra est véritablement celui qui accorde de riches présents, celui qui fait mouvoir toutes choses, et qui, dans sa puissance, met en notre possession tout ce qui est précieux.

2. O mes amis, chantez Indra qui boit le jus de la plante de la lune et qui possède les chevaux Hari. Que nos autres héros adressent un hymne splendide à celui qui accorde des dons splendides, à celui qui donne la véritable richesse. O Indra, donne-nous une nourriture égale à nos désirs; ô toi qui accomplis beaucoup d'actes méritoires, donne-nous un bétail égal à nos désirs; donne-nous l'or que nous souhaitons, car c'est toi qui fixes notre demeure.

3. Nous qui sommes tes amis, nous désirons ta faveur et nous te louons dans des hymnes sacrés comme les fils de Kanwa avaient l'habitude de le faire. O toi qui tiens la foudre, nous et louons et non un autre, dans ce nouveau sacrifice qu'accompagnent des rites variés, et nous te reconnaissons aussi en nos louanges. Les dieux aiment l'instituteur des sacrifices; ils ne permettent jamais qu'il tombe dans l'indigence.

4. Que nos cantiques célèbrent de tout côté le jus exprimé pour la satisfaction d'Indra, et que les chantres des hymnes célèbrent le vénérable Soma. Nous invitons à ce jus exprimé cet Indra en lequel toute gloire réside spécialement et que les sept prêtres comblent de plaisir. C'est pour Indra que les dieux préparent dans le sacrifice Trékadraka les rites qui donnent la sagesse ; c'est lui que nos voix célèbrent.

5. O Indra, le jus purifié de la plante de la lune est placé pour toi sur l'herbe sacrée; viens promptement et bois-en. O toi qui fais descendre la lumière, ce jus brillant et adorable fait tes délices. Toi qui détruis nos ennemis, nous t'invitons spécialement à ce sacrifice. O Shringa, rejeton de Vrisha, la liqueur qui te soutient, lorsqu'elle est répandue hors des vaisseaux, est celle sur laquelle l'esprit se repose spécialement.

6. O Indra, tu possèdes une main puissante; étends-la donc afin de saisir pour nous des richesses qui soient dignes de nos louanges et dignes que nous les acceptions. Nous te connaissons comme celui qui accomplit beaucoup de rites religieux, comme celui qui est généreux en ses dons, l'opulent, le très-adorable, le dieu qui est accompagné d'une force qui protège tout. Ni les dieux ni les hommes ne peuvent essayer de s'opposer à toi, pas plus qu'on ne voudrait s'opposer à un taureau redoutable.

7. O toi qui envoies la pluie, nous pressons la plante de la lune afin de te préparer un breuvage. Prends part à cette boisson qui satisfait le cœur et qui donne l'allégresse. Ne détruits pas des hommes ignorants qui désirent que tu les sauves et ne les rends pas des objets de mépris ; n'épargne pas ceux qui haïssent les Brahmanes. Que le jus de la plante de la lune, préparé en notre sacrifice, avec le produit de la vache, soit pour toi un objet de délices, de manière à nous procurer de grandes richesses. Bois-en comme le daim boit de l'eau du lac.

8. O Indra, toi qui nous donnes une demeure, bois de cette liqueur nourrissante que nous avons exprimée et satisfais-toi. Nous te la présentons à toi qui n'es susceptible d'aucune crainte. Le jus exprimé, lavé par les prêtres et purifié par les pierres et par le poil de chèvre, devient propre comme un cheval lavé dans un fleuve. En mêlant l'offrande d'orge avec le produit de la vache, nous préparons le breuvage délicieux. Indra, nous t'in-

vitons à la fête qu'accompagne la liqueur qui donne l'allégresse.

9. O seigneur des richesses, ce jus exprimé par la force de nos prêtres est préparé de la manière convenable. Bois-en, ô toi qui reçois la louange. Introduis ton corps dans les viandes du sacrifice que Soma prépare pour toi. O toi qui bois le jus de la plante de la lune, qu'il produise en toi ses effets qui réjouissent. Que le jus de la plante de la lune remplisse les deux côtés. Que ce jus accompagné de chants se répande en ton corps, et alors viens à nous avec tes deux bras chargés de richesses.

10. O mes amis, qui célébrez les louanges d'Indra, arrivez promptement, asseyez-vous et adressez-lui vos cantiques. Pendant que le sacrifice de la plante de la lune pressée s'accomplit, célébrez la gloire d'Indra, qui détruit les armées de nos ennemis et qui possède les trésors les plus précieux. Qu'il soit présent avec nous, par suite de notre union avec lui ; qu'il nous accorde des richesses et une intelligence éclairée. Qu'il vienne sans faute auprès de nous, nous apportant toute espèce de nourriture.

11. O mes amis, après des réunions successives et des combats multipliés, nous accomplissons le sacrifice et nous invoquons la protection du puissant Indra. Je l'appelle avec instance, pour qu'il vienne de sa résidence, afin d'être présent à de nombreux sacrifices ; c'est lui que mon père invoquait autrefois. Lorsqu'il entend aujourd'hui notre invitation, qu'il vienne avec des milliers d'auxiliaires et avec d'amples provisions de nourriture.

12. O Indra, dans ce sacrifice de la plante de la lune, tu purifies celui qui apporte les offrandes et qui célèbre ta louange dans le but d'obtenir une force qui s'accroisse, car tu es doué d'une grande puissance. C'est Indra qui élève le sacrificateur au ciel le plus élevé ainsi que dans l'assemblée des dieux ; il l'emporte au milieu de toutes les difficultés ; il lui fournit de la nourriture en abondance ; il est le conquérant des puissances aériennes. J'invoque le puissant Indra afin qu'il nous donne de la nourriture, et qu'il nous assiste dans cet engagement. Qu'il soit très-près de nous lorsque nous chantons des hymnes sacrés, et que, tel qu'un ami, il nous donne la prospérité.

13. J'invite, par cet hymne, Agni qui donne la force, le bien-aimé, l'intelligent, qui assiste aux sacrifices, qui se manifeste dans des rites propices, qui invite à toutes les cérémonies sacrées et qui est immortel. Qu'il attache au joug ses chevaux rouges protecteurs de toutes choses, et, lorsqu'il est invoqué, qu'il se hâte d'amener les dieux. Il est le dieu qui reçoit la louange et auquel le sacrifice est offert ; c'est lui qui accomplit les actes méritoires ; aussi la richesse des habitants du monde est offerte à cette divinité resplendissante.

14. L'aurore qui dissipe l'obscurité, la fille du ciel, paraît, et acquérant de la puissance, elle dissipe les ténèbres avec ses yeux brillants et celle qui apporte des bénédictions introduit la lumière. Le soleil, s'unissant avec ses rayons, s'avance et embellit toutes les constellations qui sont répandues dans le ciel. En même temps, aidés par la lumière du soleil et de la lune, nous nous assemblons avec les viandes de nos sacrifices.

15. O fils radieux d'Aswin, ces offrandes qui désirent le ciel vous invoquent. J'invoque aussi tous les possesseurs du mérite uni à la richesse. Allez à chaque individu parmi eux, ô héros, saisissez les amas de provisions et envoyez-les à ceux qui chantent vos louanges. Arrêtez votre chariot à notre porte et buvez la douce liqueur de la plante de la lune.

16. Les Brahmanes préparent le lait blanc et resplendissant qui forme le corps primitif de ce sacrifice de la plante de la lune, lait qui procure des dons de tout genre et qui observe tout. Ce Soma, de même que le soleil, qui surveille toutes choses, coule dans les trente vaisseaux (188) au sacrifice de midi, et comme les sept rivières, il a sa source dans les cieux ; de même que le divin soleil, ce Soma est placé au-dessus de tous les mondes.

17. Ce jus de la plante de la lune brillant et couleur d'or, est produit pour le service des dieux par une naissance primitive, et il est maintenant distillé dans le lieu sacré. Cette divinité brillante, accompagnée de l'hymne intellectuel, ce sage uni à l'instituteur de ce sacrifice, accomplit ce rite jusqu'à sa consommation pour le bénéfice des dieux. O Soma, en quelque endroit sacré que ton jus primitif est exprimé et distillé, tu renais en la présence des dieux.

18. O purificateur, amène nos amis auprès de nous et inspire la crainte à nos ennemis ; accorde-nous leurs richesses. Les dieux arrivent auprès du jus liquide de la plante de la lune nouvellement produit et destructeur de nos ennemis. Chantez des hymnes de louange devant lui, ô mes héros.

19. Les ruisseaux de la plante de la lune aiguisent l'intelligence et se rendent aux eaux qui doivent les recevoir, comme les cerfs robustes courent vers les forêts. Le jus brillant et couleur de cendre coule pour le sacrifice, nous procurant de la nourriture et des troupeaux de vaches. Que le jus de la plante de la lune pressée coule pour Indra, Vayu, les Maruts et Vishnou.

20. O brillant Soma, au moyen de l'eau pure, tu es mis en état d'être servi comme boisson au banquet des dieux, de même que la mer est bue (sous la forme de l'eau pure). Et maintenant, Soma emi-

---

(188) Allusion aux trente Ghatikas qui forment la division d'un jour, selon les Hindous.

vrant et toujours vigilant, sous la forme du jus de la plante écrasée, tu accomplis ton chemin vers le vaisseau qui reçoit le doux liquide distillé. Le Soma, très-désiré, chéri comme un fils, blanc et arrosé d'eau, se montre avec avantage par ses mouvements variés, et les doigts des deux Aswins l'envoient dans les eaux qui résonnent avec la rapidité que des guerriers mettent à conduire leurs chariots vers les champs de bataille.

21. Les plantes de la lune qui distillent le doux jus, pressé pendant le sacrifice, avancent afin de procurer de la nourriture pour nos prêtres officiants. Soma entre dans l'esprit de tous ses adorateurs lorsque, tel qu'un cheval, il a été arrosé d'eau. Vraiment les doigts du rishi Trita font couler pour la boisson d'Indra le jus des plantes vertes de la lune, au moyen des pierres qui les écrasent.

22. O Soma, remplis de ce torrent ceux qui désirent la présence des dieux; descends à l'endroit où, résonnant à travers le lieu saint, tu te meus de tout côté. Le ruisseau très-désiré de jus est produit, le soma couleur d'or est purifié; il lave avec rapidité les méchants et il distille pour ceux qui chantent les louanges d'Indra la renommée qu'obtient une troupe de héros. Qu'aucun de ceux qui insultent les rites sacrés n'entendent même le son des liquides nourrissants et propres au sacrifice. Que tous les chiens qui souilleraient le sacrifice soient chassés comme les fils de Bhrigu chassèrent le chien Makka.

TROISIÈME ADHYAYA.

1. O Soma, toi qui tiens la première place parmi les dieux, purifie nos fils par tes secours variés et reçois tous nos cantiques sacrés. O toi qui vois toutes choses et qui es le premier des dieux, lorsque tu as fait monter nos hymnes de louange, fais que des torrents de pluie arrivent du ciel. O toi qui présides à tous les rites religieux, tous les mondes existent pour ta gloire, et pour toi les vaches accourent au vase qui reçoit leur lait.

2. O Soma, qui fais pleuvoir les bénédictions, distille-toi, rends-nous illustres sur la terre et tue tous ceux qui nous haïssent. O Soma, remplis de ton jus excellent et nourricier, avec ton aide, nous subjuguerons tous nos ennemis. Emploie pour nous les armes aiguës et redoutées, faites pour tuer nos ennemis, et sauve-nous de tous ceux qui nous haïssent.

3. O Soma, qui fais pleuvoir les bénédictions, tu es glorieux; ô divinité brillante, tu produis la pluie; ô toi qui fais pleuvoir les bénédictions, tu soutiens les rites religieux. O toi qui fais pleuvoir les bénédictions, ta puissance cause la pluie, ton adoration cause la pluie, ton jus cause la pluie, et, ô toi qui fais pleuvoir les bénédictions, ta personne cause la pluie. O toi qui fais pleuvoir les bénédictions, tu fais un bruit comme celui d'un cheval. O Soma, envoie-nous des vaches, envoie-nous des chevaux, ouvre-nous la porte de la richesse.

4. O Soma purifiant, tu fais pleuvoir les bénédictions ; nous t'invoquons, toi qui vois tout et qui possèdes une gloire immense à cause de ta splendeur innée. Lorsque tu es arrosé d'eau et purifié par des mortels et reçu dans le vase sacré, tu remplis de ton arome la salle entière de l'assemblée. O Soma, qui marches, couvert de ta propre armure, viens ici sans faute, et, montrant ta satisfaction, donne-nous des descendants pleins de valeur.

5. Nous désirons vivement ton amitié, toi qui te distilles avec pureté et qui arroses le vaisseau sacré qui te reçoit. Tes vagues inondent de leur courant le vaisseau sacré; elles nous réjouissent, ô Soma. O purificateur, seigneur de l'univers, apporte-nous de la richesse et de la nourriture, et donne-nous de braves descendants.

6. Nous adorons Agni, qui est le héraut des dieux et qui les invite, Agni qui possède toute richesse, qui coopère glorieusement au sacrifice. Les hommes qui chantent continuellement des hymnes t'invoquent toujours dans leurs vers sacrés, ô Agni, en te donnant un nom ou un autre; tu es le seigneur des hommes, celui qui apporte les sacrifices et celui qu'animent les armées célestes. O Agni, toi qui es produit par la friction de deux morceaux de bois inflammable, amène les dieux auprès des prêtres assis sur l'herbe sainte coupée, car tu es celui qui invite les dieux pour nous, et tu es digne de toutes les louanges.

7. Nous vous appelons au banquet de la plante de la lune, Mitra et Varuna, vous qui vous manifestez en notre présence, pleins d'une puissance sainte. J'invoque Mitra et Varuna qui, par leur parole fidèle, font prospérer les rites saints et qui sont les seigneurs de la pure lumière. Que Varuna soit notre défenseur d'accord avec Mitra et qu'il nous accorde toute espèce de protection; qu'ils nous donnent des richesses de tout genre.

8. Les chanteurs louent Indra en chantant les hymnes du Sama-Véda; les chanteurs le louent en chantant les hymnes du Rig, et les prêtres de l'Yajour le louent avec leurs voix. Indra est toujours accompagné de ses deux chevaux qui sont attelés par un seul mot de commandement. Indra est armé de la foudre, et il est couvert d'ornements d'or. O invincible Indra, sois présent avec nous avec tes aides puissants; assiste-nous en tout combat et en toute guerre. Indra, pour donner de la lumière à toujours, a fait monter le soleil dans le ciel, afin d'éclairer de ses rayons le monde couvert de montagnes.

9. Nous adressons à Indra et à Agni la nourri-

SECT. I. — LES VEDAS. — SAMA-VEDA.

ture du sacrifice qui cause l'accroissement ; nous lui adressons nos hymnes bien achevés, et nous lui adressons, avec nos offrandes, des chants qui donnent le lait de la louange. Une multitude de sages les louent de cette manière afin d'obtenir leur protection, et ceux qui sont engagés à la guerre le font dans le but d'obtenir de la nourriture. Nous qui célébrons vos louanges, nous qui portons les viandes sacrées et qui désirons la richesse, nous vous invoquons tous deux, vous qui recevez les offrandes des sacrifices.

10. O toi qui fais pleuvoir les bénédictions, arrive, dans ton pur ruisseau, au vase qui doit te recevoir ; sois une cause d'allégresse pour Indra, le compagnon des Maruts, et donne-nous, par ton pouvoir, toute espèce d'objets précieux. O toi qui es le purificateur, nous te faisons entrer dans les viandes de nos sacrifices, toi qui soutiens le ciel et la terre, qui vois tout et dont la puissance est grande. Ayant pris avec vos doigts la plante verte de la lune, faites-en couler un ruisseau saint, et envoyez notre ami à la guerre.

11. De même qu'un taureau rouge mugit à l'aspect des vaches, ainsi tu t'approches du ciel et de la terre, et de même que la voix d'Indra est entendue à la guerre, de même, toi qui donnes la sagesse, tu viens à l'endroit où se fait entendre la voix de la chute du jus sacré. O délicieux Soma, toi qui es bu avec le produit de la vache, lorsque tu te mêles au doux jus, tu fais entendre ta voix, et lorsque tu es arrosé comme l'auteur de la pureté, tu fais couler vers Indra un ruisseau non interrompu. O Soma enivrant, fais tomber dans ce vase, pour notre bonheur, le nuage qui contient la pluie, et que celui qui distille la pluie sous le coup de la main d'Indra qui déchire les nues, se courbe sur nous. O Soma, lorsque tu es répandu, tu prends ta couleur blanche, et, désirant le produit de nos vaches, tu te répands sur nous de tous côtés.

12. Nous qui célébrons ta louange, nous t'invoquons afin d'avoir de la nourriture. Nos combattants à pied t'appellent, ô Indra, le défenseur des saints, lorsqu'ils sont entourés par nos ennemis, et ceux qui sont au poste de la cavalerie t'invoquent. O vénérable Indra, toi qui tiens en ta main le tonnerre et qui prends la forme de l'éclair, tu es le puissant soutien de l'univers ; c'est toi que nous louons. Donne-nous, ô Indra, des vaches et des chevaux propres aux chariots, avec la libéralité que tu mets à donner toute espèce de nourriture à ceux qui remportent la victoire.

13. Présentez toutes ces excellentes viandes des sacrifices à Indra, puisqu'il est connu pour être mon ami, à Indra qui est entouré de tous les objets précieux, qui donne de riches bijoux par milliers, et qui est généreux pour ceux qui célèbrent sa louange. De même qu'un homme puissant marche contre cent ennemis, ainsi Indra va tuer les ennemis de l'homme qui accomplit le sacrifice, et les présents de celui qui donne la nourriture coulent comme les eaux réunies sur les montagnes.

14. O toi qui tiens la foudre, les héros qui remplissent le vase sacré te présentent aujourd'hui la liqueur. O Indra, écoute-moi, moi qui t'offre mes louanges, et viens en ma demeure. O Indra dont le visage brille de beauté, possesseur des deux chevaux Hari, toi qui reçois la louange et qui es grandement célébré, nous désirons ta présence lorsqu'après avoir bu, tu es orné de ta richesse, et lorsqu'au banquet de la plante de la lune, tu es entouré de provisions en abondance, telle qu'elle donne lieu à un proverbe.

15. O Soma, ton jus est agréable aux dieux ; il fait périr les Rakshasas, il donne une allégresse extrême et il est digne de servir de nourriture à tous les hommes. Distille ton essence avec pureté. Tu as tué Vritra, notre ennemi, et tu es chaque jour adoré sur le champ de bataille. Tu es aussi celui qui accorde des vaches et des chevaux. Mêlé avec le produit de la vache, qui est accompagné de nos cantiques, tu t'assieds comme un épervier sur le vase sacré, et tu déploies ta splendeur.

16. Cet adorable Soma, le nourricier, celui qui donne la richesse, s'écoule lorsqu'il est purifié. Il est le seigneur de toutes les créatures, et il éclaire les deux mondes ; des voix chéries te louent à l'envi, afin d'obtenir ton breuvage qui réjouit, et le jus de la plante de la lune, lorsqu'il est purifié et brillant, prépare la voie pour l'objet de nos désirs. Apporte ce jus glorieux et purifié dont le son charme l'oreille, et par lequel nous demandons la richesse pour les cinq tribus des hommes.

17. Soma, qui observe tout et qui fait pleuvoir les bénédictions chez les possesseurs de la richesse, est au moment d'être purifié. Celui qui maintient la succession des jours, du lever de l'aurore et des mouvements solaires, qui se meut sur la face des eaux, fait entendre maintenant sa voix dans le vase qui le reçoit, et il entre dans la poitrine d'Indra avec nos hymnes de louange. Nos sages purifient le vénérable, le sage Soma, qui, lorsqu'il est pressé par les prêtres, coule de tous côtés dans le vaisseau qui le reçoit, produisant et distillant la douce liqueur sacrée qui fait souffler le vent, et qui procure l'amitié d'Indra, seigneur des trois mondes. Le Soma enivrant, lorsqu'il est purifié, brille à l'aube du jour, et celui qui de ses ruisseaux liquides tire son accroissement, devient le soutien du monde. Lorsque les mains des prêtres ont achevé de traire les vingt et une vaches, Soma distille le lait qu'il est beau de voir, et qui est propre à entrer dans la poitrine d'Indra.

18. O Indra, puisque sans doute tu es un héros puissant et inébranlable, tes qualités intellectuelles doivent être l'objet de l'adoration de tous. O possesseur de richesses multipliées, que la richesse soit la possession de celui qui (par le sacrifice) soutient les dieux, et ensuite, ô Indra, favorise-nous de la société. O seigneur de la nourriture, toi qui jouis d'un repos parfait, qui ressembles au Brahmane, montre-toi toujours bon pour nous, en te plaisant à boire le jus que nous retirons de la plante de la lune, mêlé au produit de la vache.

19. Tous nos cantiques tombent comme une ondée sur Indra qui remplit le firmament, qui est le plus habile des conducteurs de chariot, le seigneur des provisions et le protecteur des saints. O Indra, seigneur de la force, que ceux qui offrent la nourriture sacrée pour obtenir ton amitié, ne soient pas effrayés. Nous t'adorons spécialement, toi le victorieux et l'invincible. Les nombreux et anciens dons d'Indra, et la protection qu'il nous accorde, ne sont point l'objet de notre mépris, lorsque notre hôte accorde à ceux qui chantent ses louanges, la richesse et des vaches donnant la nourriture.

QUATRIÈME ADHYAYA.

1. Ces gouttes du jus de la plante de la lune, se mouvant obliquement (189) pour arriver à l'état de purification, et donnant rapidement naissance à toutes les choses désirables, sont préparées pour l'usage des hommes. Ces puissantes plantes de la lune détruisent beaucoup de péchés; elles procurent pour nos fils des présents précieux, et pour nous des corps de cavalerie. Elles produisent des richesses et des vaches et de la nourriture comme présents qui nous sont donnés, et elles accourent entendre nos hymnes de louange.

2. Le Soma resplendissant, le purificateur, durant les sacrifices qu'accomplissent les hommes, marche à travers l'air, accompagné par les hymnes du sage. O Soma, qui es renommé pour fournir de la nourriture aux dieux, apporte-nous cette force qui est unie à la rapidité du mouvement, et donne-nous une forme qui nous procurera de la dignité. O toi, qui brilles avec éclat, apporte-nous, pour nous protéger, les richesses de centaines de vaches, de grands amas de provisions, des troupes de beaux chevaux et une opulence qui nous fasse respecter.

3. Afin de nous mettre à même d'accomplir convenablement nos rites sacrés, nous t'invoquons, toi qui habites dans les régions du ciel puissant, qui possèdes toutes les richesses et qui es toujours favorable; toi qui tailles en pièces les puissants, qui es grandement célébré; toi qui accomplis des actes puissants, l'enivrant, le destructeur de centaines de cités. O toi qui accomplis des œuvres qui donnent le mérite, que l'épervier t'apporte de ces cieux toute richesse éblouissante et impérissable. Ensuite, y mettant ton esprit, élève-toi à une puissance supérieure, ô toi qui accordes les objets de nos désirs, et qui observes tous les hommes. Et que l'oiseau apporte sans faute celui qui envoie la pluie, le gardien du sacrifice qui a été réglé pour le bénéfice commun de tous les dieux.

4. O Soma, lorsque, purifié par les sages prêtres, tu sanctifies notre nourriture en tombant goutte à goutte, apporte-nous des provisions qui donnent la santé et viens auprès de nos vaches. O Soma, objet de grandes louanges, toi qui es de couleur blanche, lorsque, durant ta préparation, tu t'écoules avec pureté et que tu vas te mêler avec le produit de la vache, prépare de la richesse et de la nourriture pour le peuple. Brillant à côté des viandes du sacrifice, ô toi qui es disposé pour le bien des mortels et qui es purifié pour le banquet des dieux, viens au lieu préparé pour Indra. L'Agni (du ménage), joint à l'Agni qui reçoit des offrandes, le sage, le préservateur des familles, Agni toujours jeune, qui achève le sacrifice et dont la bouche est en forme de cuiller, Agni brille en son éclat. O divin Agni, le héraut des dieux, l'instituteur du sacrifice t'adore; montre-toi son protecteur spécial. Toutes les fois que l'instituteur d'un sacrifice s'assoira en présence d'Agni, afin de préparer le banquet des dieux, ô toi, notre purificateur, donne-lui le bonheur.

5. J'invoque Mitra, qui possède une puissance sainte, et Varuna, le destructeur de nos ennemis, car, tous deux, ils nous fournissent une provision d'eau en faisant tomber la pluie. Apportant sans faute les récompenses du sacrifice, ô Mitra et Varuna, vous qui augmentez l'eau et qui envoyez la pluie, vous vous répandez dans le sacrifice, le complétant en toutes ses parties.

6. Mitra et Varuna sont des sages produits pour le bénéfice des mortels; ils ont une résidence dont les dimensions sont considérables; ils augmentent aussi notre force, et ils protégent nos rites sacrés.

7. Les bandes des Maruts, avançant avec Indra qui ne connaît pas la crainte, se montrent à nos regards. Eux et lui sont pleins de joie et brillent d'une splendeur égale. Chaque année, ils ne manquent pas de féconder les nuages, et ils nous envoient la pluie, et ils ont obtenu le droit de mériter une part dans le sacrifice. C'est avec les Maruts qui brisent et qui déchirent que tu entras, ô Indra, dans les retranchements, et que tu emmenas les vaches qui avaient été enfermées dans la caverne (190).

_____

(189) C'est-à-dire se meuvent à travers le tamis de poil de chèvre.

(190) Les vaches des dieux furent volées par un Asura (ou démon) nommé Pani, et reprises par Indra. Ce mythe est évidemment le même que celui de l'Hercule grec.

SECT. I. — LES VEDAS — SAMA-VEDA.

8. O Indra et Agni, je vous invoque ; c'est vous qui suivant les hymnes des sages, avez formé l'univers ; vous ne me détruirez pas, moi qui vous adore. Nous vous invoquons, redoutables Indra et Agni, vous qui anéantissez nos ennemis ; ayez pitié de nous dans nos embarras actuels. O vous] préservateurs des saints, par le moyen des sacrificateurs vertueux, détruisez nos ennemis, détruisez les esclaves qui s'élèvent contre nous, anéantissez tous ceux qui nous haïssent.

9. Les gouttes du jus de la plante de la lune s'écoulent et distillent avec pureté leur essence enivrante, qui inspire les délices ; elles donnent aussi le jus vivifiant qui distille les délices et qui éclaircit l'entendement ; il s'écoule dans le vase qui le reçoit et qui est placé dans le lieu saint. Le purificateur, le brillant, le resplendissant Soma, la grande réalité, s'écoule rapidement dans le vase qui le reçoit, et la grande réalité va se saisir de Mitra et de Varuna. Il est pressé par les hommes, et il est l'objet du désir, le roi éclatant et qui voit tout, il est produit dans les cieux et il va être préparé (par nos mains).

10. Celui qui apporte les matériaux pour le sacrifice fait chanter les hymnes des trois Védas, les hymnes qui soutiennent les rites du sacrifice, qui découvrent les qualités du dieu qui pénètre tout. De même que les vaches, lorsqu'elles sont appelées, se rendent auprès du maître du troupeau, de même les esprits de ceux qui désirent le bonheur, accourent vers Soma. Les vaches laitières désirent les plantes de la lune ; les Brahmanes, par leurs hymnes savantes, demandent le jus de la plante de la lune. Le jus pressé de la plante de la lune se distille et se tamise, et nos vers se mêlent avec le jus de la plante de la lune. O Soma, qui es arrosé et purifié en ces vaisseaux, distille en pureté pour nous le bonheur et la paix. Entre dans Indra avec ta puissance qui cause la joie, augmente la gloire de la parole sainte et produis en nous un développement de l'intelligence.

11. O Indra, existât-il cent cieux, ils n'émettraient pas un éclat comme le tien ; cent terres, ni même un millier de soleils, ni toutes les créatures dans les deux mondes ne pourraient émettre, ô toi qui tiens la foudre, une splendeur égale à la tienne. O toi qui fais pleuvoir les bénédictions, tout-puissant Indra, tu nous procures en grande abondance toutes les facultés descendues du ciel. O possesseur des richesses, ô toi qui tiens la foudre, sauve-nous par ton aide puissant, tandis que nous défendrons nos étables à vaches.

12. O toi qui as tué Vritra, nous nous réunissons comme les gouttes du jus exprimé de la plante de la lune, lorsqu'elles tombent dans le lieu sacré, tandis que les chanteurs, assis tout à l'entour sur l'herbe coupée du sacrifice, te célèbrent. O toi qui détermines nos résidences, les chanteurs te célèbrent, lorsque tu te mêles au jus de la plante de la lune. Chaque fois que tu seras altéré du jus de la plante de la lune, viens en cet endroit et écoute, en t'approchant, nos cris de supplication, émis avec la constance d'objets qui résonnent perpétuellement. O toi qui soutiens toutes choses, tu donnes aux descendants de Kanwa mille portions de nourriture. O toi qui donnes les richesses et qui surveilles l'univers, nous désirons maintenant que tu nous procures de l'or et des vaches.

13. Celui qui s'occupe avec activité de chanter des hymnes de louange, obtient de la nourriture, ainsi qu'une intelligence développée. J'élève la voix pour louer le glorieux Indra ; je le loue avec l'empressement que le charpentier met à plier sur la roue l'anneau de métal flexible (191). Le chantre insouciant n'est point loué parmi ceux qui donnent la richesse, et les richesses ne coulent pas sur les impies qui négligent de louer les dieux ; mais, ô possesseur des richesses, l'opulence m'est donnée à moi qui, dans les jours heureux, chante les hymnes d'une manière gracieuse.

14. Les prêtres chantent les hymnes des trois Védas avec l'affection que les vaches laitières mettent à appeler leurs veaux, et les gouttes du jus de la plante de la lune tombent avec un bruit qui résonne. Les puissantes hymnes des Brahmanes accompagnent le sacrifice ; elles célèbrent Soma, l'enfant du ciel. O Soma, fais rouler sur nous la richesse des quatre mers et amène vers nous de tout côté des milliers de trésors.

15. O Soma, le jus agréable et doux de la plante de la lune donne la gaieté ; il est purifié et il coule doucement. Que votre jus, qui cause l'allégresse, entre dans les dieux. Les dieux des Brahmanes ont dit qu'Indu (*le jus de la plante de la lune*) est distillé pour Indra. Soma, le seigneur de la parole, le seigneur de toute puissance, va recevoir nos adorations. Soma, le possesseur de mille ruisseaux qui coulent ensemble, lui qui inspire les chants sacrés, le seigneur des hommes riches, l'ami d'Indra, va être distillé aujourd'hui.

16. O Soma, seigneur des enchantements, ton essence sainte se répand en tous lieux. O auteur de l'être, tu enveloppes chaque membre de notre corps. Les hommes dépourvus de ferveur et imparfaitement instruits dans les choses religieuses, ne peuvent embrasser ton essence, mais les sacrificateurs, qui sont comme du pain complètement cuit, l'embrassent. O Soma, toi qui consumes nos ennemis, ton essence est répandue sur la région céleste, et ses portions brillantes se montrent séparément à

---

(191) Jeu de mots sur l'expression *nema* qui signifie plier et 1/2 ange.

la vue; se mouvant avec rapidité, elles pénètrent dans les cieux, grâce à leur splendeur. Le très-illustre (Soma), dans la personne du soleil au matin, brille avec éclat, et désireux des viandes du sacrifice, celui qui répand l'eau, la fait tomber en abondance sur la terre. Ce fut par sa sagesse que les dieux, possesseurs de la sagesse, accomplirent l'acte de la création, et les patriarches établirent la race de l'homme.

17. O chantres, célébrez Agni, qui fait des présents, qui assiste au sacrifice, le puissant Agni, possesseur d'une splendeur pure. Agni, le riche, le possesseur de la lumière, celui qui reçoit les sacrifices, accorde, avec des descendants, des provisions qui donnent la renommée. Que l'esprit aimable d'un dieu tel que lui, digne de notre société, vienne en notre présence, avec des approvisionnements de nourriture et de l'eau en abondance.

18. O Indra, toi qui tiens la foudre, nous louons ce jus qui t'appartient et qui produit la joie, qui est la cause de la pluie, qui subjugue les armées, qui forme les mondes et qu'adorent tes chevaux couleur d'or; c'est par lui que tu étendis ta lumière sur Manu, le fils d'Urvasi, et te réjouissant en ce sacrifice, tu déployas ton éclat. Les chantres célèbrent, comme ils l'ont déjà fait, cette essence qui est à toi; ils la louent dans leurs cantiques qui alternent. M.prise chaque jour les eaux qui sont la cause de la pluie.

19. O Indra, écoute les invocations de Toraschi qui accomplit ton service solennel. Satisfais-le avec les trésors d'une progéniture vaillante et avec des vaches en abondance, car tu es magnanime. Donne une intelligence d'une sagacité extrême, conforme à l'ancien et véritable modèle, s'accroissant sans cesse; donne-la à celui qui produit le chant nouveau qui inspire la joie. Nous louons cet Indra que nos voix et que les hymnes sacrés célèbrent, et désireux d'adorer sa grande puissance, nous nous prosternons devant lui.

CINQUIÈME ADHYAYA.

1. O purifiant Soma, les ruisseaux du jus bien-aimé, pénétrant partout, laiteux et descendus du ciel, sont produits au-dessus du vase qui le reçoit; les prêtres te purifient, de sorte que tes grosses gouttes tombent à travers l'air à l'heure de midi, ô toi qui es la portion des rishis. Les ruisseaux du purificateur immuable, et qui conservent la vie, s'écoulent dans toutes les directions vers les deux mondes, tandis que la plante verte est purifiée en l'endroit convenable, et elle s'assied sur le vaisseau qui la reçoit au-dessus du sein qui engendre ce liquide spiritueux. O toi qui vois toutes choses et qui grandis toujours, tes puissants rayons procèdent de tout côté vers la demeure universelle (*le corps des dieux*), tandis que toi, ô Soma qui pénètres partout, tu es, dans ton jus indestructible, versé avec pureté, et tu règnes d'une manière suprême sur tout pays.

2. Le purificateur, s'élançant du ciel et plein de merveilles comme un éclair, paraît dans une flamme brillante appelée Vaiswanara (*l'ami des hommes*). O brillant purificateur l'essence de ton jus qui chasse les Rakshasas et qui enivre, coule purifiée à travers le tamis du poil de chèvre; le jus brillant et qui donne le bonheur t'appartient, ô toi qui nous purifies; il déploie sa splendeur, et toi qui vois toutes choses, tu étends ton éclat tout à l'entour.

3. De même que les vaches vont avec joie à leur étable, de même ces plantes de la lune, brillantes, se mouvant avec rapidité et avançant toujours, sont dépouillées de leur noire enveloppe (à l'endroit où elles doivent être). Nous louons ces plantes excellentes dépourvues de leur écorce; elles domptent les Rakshasas, elles sont difficiles à obtenir, endurent beaucoup et engendrent l'ivresse. La voix du puissant purificateur se fait entendre lorsqu'elle descend comme une ondée de pluie, et ses rayons brillent dans les cieux. O Soma, répands pour nous en abondance une nourriture pure; joins-y en abondance des vaches, de l'or, des chevaux et des fils héroïques. O toi qui vois toutes choses, distille pour nous ton jus avec pureté, et satisfais les deux mondes, comme le soleil distille le matin par ses rayons. O Soma, tu nous enveloppes de tout côté avec tes rayons d'or, comme la terre est entourée d'eau de tout côté.

4. O Soma, toi qui possèdes un esprit exalté après avoir pris ton corps, que les dieux chérissent, tu vas de tout côté, en disant : Je vais où les dieux sont. Consacrant ce qui n'est pas consacré, et procurant de la nourriture au peuple, fais tomber du ciel des ondées de pluie. Celui qui se meut avec rapidité dans les cieux les plus élevés, distille des déluges d'eau lorsqu'il est assis dans l'endroit convenable. Lorsque tu es pressé, tu viens promptement en ton état saint, accompagné de la puissance, et en possession de ton éclat, voyant toutes choses et éclairant les dieux. Lorsqu'il est pressé, soit qu'il soit près de nous ou éloigné, Soma qui nous entend nous protége. Le soma au goût du miel doit être tamisé, afin d'être rendu pur et de servir de boisson à Indra.

5. Les sœurs qui sont toujours ensemble (*les doigts*), désirant accomplir le grand ouvrage (d'écraser les plantes), mettent (sous les pierres) le seigneur magnanime, le puissant Indu (*la plante de la lune*). O divinité purifiée, qui brilles sans cesse, lorsque tu es pressée pour les dieux, tu apportes parmi nous tous tes trésors. O purificateur, verse sur nous une pluie digne de nos louanges, afin de nous mettre en état de servir les dieux, et

qu'elle se rassemble autour de nous, afin de nous procurer de la nourriture.

6. Le préservateur des hommes, Agni, toujours vigilant et possesseur d'une puissance merveilleuse, fut produit afin de donner une grande prospérité à ceux qui l'adorent, et le dieu pur et brillant, élevé par les prêtres avec du beurre clarifié, brille avec une flamme intense qui embrasse le ciel. O Agni, le Rishi Angiras te trouva lorsque tu étais caché comme dans une caverne sous le couvert de chaque arbre dans la forêt, et tu sortis, lorsque tu fus pressé par sa vigueur puissante. De là, ô toi qui émets la chaleur, tu as reçu le nom de soleil de la force. Les prêtres te font briller dans l'assemblée pleine de joie, ô Agni, toi qui éclaires le sacrifice, le premier-né, toi qui fus placé en ton sanctuaire dès les temps reculés, et qui voyages avec ton chariot sur la même ligne qu'Indra et que les dieux. Qu'Agni, le héraut des dieux et celui qui fait prospérer nos actes religieux, s'asseye sur l'herbe sacrée afin de prendre part au sacrifice.

7. O Mitra et Varuna, vous qui faites prospérer les rites des sacrifices, ces plantes de la lune ont été pressées par nous; écoutez donc mon invocation en ce sacrifice. O possesseurs de la lumière, vous qui êtes sans haine, inébranlables, très-excellents, vous qui entrez dans la salle de l'assemblée qui est supportée par mille piliers, venez ici. Les deux monarques universels, dont la nourriture est le beurre fondu et le jus de la plante de la lune, les fils d'Aditi qui donne la richesse, protégent les sacrificateurs exempts de faute.

8. Indra, qui ne dit pas un mot contre ses adorateurs, tua, avec les os du rishi Dadhicha, quatre-vingt-dix fois neuf de ses ennemis. Désireux de la tête de cheval du rishi qui était placée parmi les montagnes, il la découvrit dans un lac (192). Lorsque le temps du départ du soleil qui se meut toujours est arrivé, la lumière avance pour prendre son séjour dans la région de la lune.

9. Ce cantique abondant en louanges fut produit par les hymnes célébrées en votre honneur, ô Indra et Agni, et il descend comme les ondées de pluie tombent du ciel. O Indra et Agni, écoutez tous deux l'invocation des chants, et acceptez ses louanges. O vous qui êtes nos amis, donnez-nous la récompense entière de nos services religieux. O Indra et Agni, ô héros, ne nous abandonnez pas au malheur, et ne permettez pas que nos ennemis fassent de nous le sujet de leurs chants.

10. O toi qui éloignes le péché, toi qui donnes la force et qui enivres, répands ton jus pur pour les dieux, afin qu'il leur serve de boisson, et pour le Maruts et pour Vayu. Soma brille avec éclat parmi les dieux, assis sur le vase sacré, comme celui qui fait pleuvoir la félicité, qui révèle les énigmes, qui est armé, qui suit le procédé de la purification et qui est incapable de recevoir du tort. O toi qui es soumis à la purification, toi dont on se saisit dans l'acte de l'exprimer et qui coules avec un bruit qui résonne, entre dans le vase sacré; par le moyen de cette cérémonie, entre dans le vaisseau qui engendre l'air.

11. O Soma, j'aspire chaque jour à ton amitié. O dieu de couleur grise, de nombreux Rakshasas se jettent sur moi; anéantis-les tous. Pour obtenir ton amitié, ô Soma de couleur grise, toi qui distilles ton jus lorsque tu es pressé de jour et de nuit, nous t'apportons ici et nous approchons de toi qui brilles avec une splendeur qui surpasse celle du soleil; nous en approchons comme les tribus des aigles s'approchent de l'astre du jour.

12. Soma le purificateur, et qui voit au loin celui qui détruit tous nos ennemis meurtriers, le possesseur d'une vaste intelligence, obtient de la gloire, grâce aux rites des sacrifices de nos prêtres. Lorsqu'il va à son siége, alors Indra, qui fait pleuvoir les bénédictions, va boire le jus pressé, et ensuite il part pour le séjour immuable des dieux. O Soma, répands sur nous une grande richesse, comme celle que désirent des millions d'hommes, et qui a été recueillie dans toutes les régions du monde.

13. O Indra, bois le jus de la plante de la lune; qu'il te donne l'allégresse, ô possesseur des chevaux Hari; les pierres écrasent la plante qui donne ce jus par les bras des prêtres qui se saisissent de toi comme un homme se saisit d'un cheval. O Indra, possesseur des chevaux nommés Hari, que la liqueur enivrante qui est ton bien et par laquelle tu tues nos ennemis, te procure d'extrêmes plaisirs, ô possesseur de vastes trésors. O possesseur des richesses, moi, Vasishtha, je te célèbre dans mes chants que tu accueilles avec bonté. Accepte les viandes qui te sont offertes en sacrifice.

14. Nos héros réunis ensemble et brillants se montrent afin de nous donner de la gloire, et de nous procurer des richesses impérissables et de nature à faire avoir de la renommée aux hommes lorsqu'ils auront accompli le sacrifice; ô Indra, toi qui subjugues les armées ennemies, toi qui détruis nos adversaires, le redoutable, le puissant, l'ancien, le rapide, viens nous protéger Les Brahmanes, aussi-

---

(192) Le Rishi en question avait appris le kavacha-vidya (*la science qui donne toute protection*) avec la menace, s'il la révélait à qui que ce soit, qu'il aurait la tête coupée. Fatigué des prières des Aswins Kumaras, il leur révéla ces secrets, et il subit le châtiment qui avait été annoncé, mais ceux qui étaient la cause de son malheur, prirent une tête de cheval et l'ajustèrent sur ses épaules. Quand les Rakshasas entrèrent en lutte avec Indra, celui-ci dut prier ce Rishi de renoncer à la vie, afin que les os de sa tête nouvelle pussent lui fournir des armes, les seules qui fussent en état de détruire ses ennemis.

tôt qu'ils voient Indra, qui embrasse tout et qui prit la forme d'un bélier, tombent devant lui, afin de célébrer ses louanges. O chantres glorieux qui êtes exempts de malice et qui êtes toujours empressés à réciter les cantiques sacrés, célébrez les louanges d'Indra, faites retentir les hymnes à ses oreilles. Les chantres s'unissent pour célébrer Indra afin qu'il puisse venir au banquet de la plante de la lune lorsque le seigneur du ciel, celui qui soutient les rites sacrés pour la prospérité de ses adorateurs, vient en sa puissance et avec ses aides.

15. Je loue cet Indra qui est le roi des hommes, qui voyage en un chariot, lequel ne varie jamais en sa course, qui est le sauveur de toutes nos armées, la divinité primitive et qui a tué Vritra. O Purohanna, dans la substance duquel réside une double qualité (193), pour ta propre préservation rends glorieux ton Indra, puisque c'est lui qui tient la foudre, qui est digne d'être approché avec respect, lui qui est puissant et radieux comme le soleil.

16. Le sage Soma, qui est écrasé entre les deux planches et qui est renommé pour l'accomplissement des rites sacrés, revient avec les sacrificateurs; sa rapidité surpasse celle des oiseaux les plus fameux. Soma illumine (le ciel et la terre), le fils puissant, la mère puissante, le rejeton pur, le parent, celui qui fait prospérer le sacrifice. O Soma, tu procures une nourriture excellente et salutaire à l'homme qui vit en un endroit dépourvu de malice, et qui chante tes louanges; viens donc appelé par nos cantiques.

17. O purificateur divin, tu es le plus brillant des êtres; viens, en rendant un son agréable, apporter l'immortalité aux dieux. C'est pour toi que le rishi Dadhyang, au moment d'accomplir un sacrifice de dix mois, élargit sa porte pour les dieux; c'est grâce à toi que les Brahmanes obtiennent ce qu'ils désirent, que nos hôtes obtiennent de la nourriture ainsi que de la postérité; c'est toi qui apportes l'eau pour la satisfaction des dieux.

18. Soma, le purificateur, coule en gouttes nombreuses à travers le tamis en poil de chèvre, et, par là même, il rend un son en présence des chanteurs. Les poëtes, par leurs hymnes, purifient le puissant Soma qui est assis au-dessus du tissu sacré en poil de chèvre, et les sages, dans les trois sacrifices particuliers, s'unissent pour le louer de tous côtés. Celui qui désire la nourriture, va être recueilli dans le vase destiné à la recevoir, et, comme un cheval qui s'élance au combat, le purificateur, faisant entendre sa voix, s'élance en avant.

19. Soma s'écoule avec pureté; il est le créateur de l'intelligence, le créateur du ciel, le créateur de la terre, le créateur du feu, le créateur du soleil, le créateur d'Indra (194). Soma, lorsqu'il va, en rendant un son agréable, vers sa place sacrée, est Brahma parmi les dieux; il fixe leurs mérites respectifs parmi les poëtes; il est le buffle parmi les animaux à cornes, l'épervier parmi la tribu des vautours, l'épée parmi les instruments tranchants. Soma, le purificateur, avec un mouvement volontaire, nous inspire des chants et des hymnes qui émeuvent l'âme; il répand, tel que les rivières, un torrent de son. Soma, qui est l'âme intérieure et qui fait pleuvoir la félicité, s'assied parmi nous avec sa force sans égale, et il est habile en ce qui concerne les vaches (195).

20. Venez en présence de votre Agni qui grandi au-dessus des offrandes et qui est un protecteur très-puissant. Que cet Agni soit présent avec nous comme le charpentier l'est avec les bois auxquels il va donner une forme, et devenons fameux par sa sagesse. C'est cet Agni qui, parmi les dieux, va à l'endroit où sont réunies toutes les choses précieuses; qu'il vienne à nous apportant des provisions.

21. Bois, ô Indra, ce jus de la plante de la lune, car c'est un breuvage excellent, qui inspire la joie et qui ne donne point la mort. Que les ruisseaux de la liqueur éclatante se distillent en toi dans la salle des sacrifices. Il n'y a point de conducteurs de chariot tel que toi, ô Indra, toi qui conduis tes deux chariots couleur d'or; il n'est personne qui l'égale en puissance, et il n'y a point de chevaux tels que les tiens. Servez Indra avec empressement, chantez les hymnes sacrés, et inclinez-vous avec respect. Que le jus de la plante de la lune s'apprête pour toi qui tiens la première place parmi les dieux.

22. O Indra, possesseur des chevaux Hari, viens, accepte notre sacrifice et emporte-le. O toi, dieu resplendissant et qui donnes la joie, bois de ce jus agréable à l'âme comme le miel, et puis, pour égayer les sens, Indra, remplis ton corps du jus de la plante de la lune; il est doux comme s'il était distillé des rayons célestes; que la liqueur qui rend un son agréable et qui procure la joie, trouve une place avec toi. Indra, tel qu'un ami, s'avança au premier rang du combat et tua Vritra. Tel qu'un héros, il abattit les armées des Danavas, et tel qu'un protecteur, il subjugua nos ennemis, lorsqu'il eut bu la liqueur de la plante de la lune.

SIXIÈME ADHYAYA.

1. Versez dans sa pureté le jus de la plante de la lune qui produit des vaches, qui produit les richesses, qui produit de l'or et qui est mêlé avec les eaux. O Soma, tu es une divinité très-héroïque; nos prêtres se sont assis pour accomplir ton

---

(193) C'est-à-dire celles de défendre ses amis et de détruire ses ennemis.

(194) Soma est identifié avec ce que les Hindous appellent maintenant Brahma.

(195) C'est-à-dire il sait procurer un accroissement à nos troupeaux.

adoration; ô toi qui sais tout, ô Soma, les hommes te désirent en tous lieux; tu es le purificateur, celui qui fait pleuvoir les eaux, auxquelles tu te rends en gouttes nombreuses; qu'il fasse pleuvoir de l'or pour nous avec toute espèce de richesses, et puissions-nous être destinés à vivre (longtemps) sur la terre. O impérial Soma, ayant attelé tes chevaux verts à l'allure rapide, tu te rends auprès de tous les habitants du monde. Que tes chevaux distillent le délicieux liquide brillant. O Soma, les prêtres qui officient sont occupés à accomplir les rites.

2. O Soma qui sais tout, tes ruisseaux purificateurs, semblables aux rayons du soleil, coulent avec abondance. O Soma, c'est en toi que les doux jus résident et qui nous procurent la sagesse; tu distilles de tout côté toutes les formes précieuses venant du firmament, et tu les fais descendre sur nous. Tu te manifestes, ô purificateur, comme le soleil radieux, et tu te rends au vaisseau qui te reçoit en faisant entendre ta voix.

3. Les gouttes radieuses et purifiées du jus de la plante de la lune avancent dans leur course, et mêlées au produit de la vache, elles se joignent aux eaux saintes. Les jus mis en mouvement s'avancent comme des torrents vers les terres basses, et les liquides purifiants entourent Indra (et l'amènent au sacrifice). O Soma purificateur, toi qui donnes l'allégresse à Indra, tu avances sur la route, et pressé par les prêtres, tu es présenté aux dieux comme une offrande. Soma, lorsqu'il est pressé par les pierres, prend sa forme sacrée et se meut dans le corps d'Indra. O Soma, toi qui réjouis les hommes, toi dont les hommes se saisissent, coule dans ta pureté et fais entendre des chants de louange. O toi, puissant destructeur de nos ennemis, toi qui es fort en toi-même et qui purifies les autres, adoucis le jus, préserve les dieux et châtie les pécheurs.

4. O Soma infiniment sage, toi qui deviens pur en coulant avec le tamis de poil de chèvre, pour le banquet des dieux, tu es le rémunérateur qui subjugue tous nos ennemis. Lui, le purificateur, donne, sans faute, de la nourriture, en quantité mille fois plus grande qu'on ne le désire; il la donne, accompagnée de troupeaux de vaches, à ceux qui célèbrent ses louanges. C'est toi, ô Soma, qui purifies et qui fais couler nos louanges. Que Soma nous donne de la nourriture et toute espèce de richesses. Répands pour les sacrificateurs une opulence qui donne la gloire et qui ne diminue pas, et apporte de la nourriture pour les chantres. O Soma purificateur, c'est toi qui, sous la forme du merveilleux Agni, glorieux comme un roi, te mêles à nos chants. Soma lui-même, quoique la principale divinité dans le sacrifice lorsqu'il est parmi les eaux, est affligé dans le but de sauver les autres, et, après avoir été pressé en sa pureté par les mains des prêtres, il prend son siège dans le ruisseau qui le reçoit. O Soma, tu te montres en gaieté comme quelqu'un qui demande un présent; tu arrives à ton état de pureté, et tu accordes à celui qui célèbre ta louange une force qui procure la prospérité.

5. Répands en grande abondance et sans jamais cesser, répands ton jus en un ruisseau nourrissant et accorde-nous tout ce qui est précieux. O Soma, puisque la puissance t'appartient ainsi que les provisions que tu produis sous la forme de celui qui donne la nourriture, assieds-toi sur l'herbe sacrée qui produit l'amour. O Soma, fais couler pour nous ton ruisseau qui purifie, et accorde-nous, par les moyens les plus prompts, la richesse qui consiste en vaches et en chevaux. O toi qui subjugues des centaines d'ennemis, toi qui conquiers et qui n'es jamais conquis, et qui, aussi souvent que tu es attaqué, détruis tes ennemis, coule avec pureté pour nous.

6. Les ruisseaux des doux jus sont préparés pour nous préserver; assieds-toi avec eux sur l'herbe sacrée. Lorsque tu es pressé, distille-toi pour la boisson d'Indra, procédant par tes divers chemins variés et t'asseyant sur l'yoni (196) du sacrifice. O Soma, très-agréable au goût, toi qui donnes des richesses, verse pour les descendants d'Angiras la liqueur éclatante.

7. Tes gloires, ô Agni, se manifestent comme les éclairs qui sortent d'un nuage pluvieux, ou comme les rayons du matin lorsqu'ils tombent sur des champs de blé ou sur des forêts. Toi-même tu mets la nourriture à nos bouches. O Agni, lorsque, agité par le vent, tu tombes avec rapidité sur le bois qui brille, tu t'avances, entourant la nourriture qui t'est préparée, et de même que les conducteurs de chariot vont, séparés l'un de l'autre, vers le champ de bataille, de même vont les rayons que tu émets, ô divinité qui ne décroît point. O Agni, nous et les prêtres assistants, nous t'adorons et aucun autre que toi, afin de pouvoir obtenir une part dans les oblations offertes en ce bas monde. O toi, puissante divinité, toi qui donnes l'intelligence, qui fais prospérer le sacrifice, toi qui contemples les dieux, qui subjugues nos ennemis et qui es la source de la sagesse.

8. O Mitra et Varuna, votre protection se manifeste sans faute en nous donnant l'abondance, et vos dispositions en notre faveur sont assurément dignes de notre adoration. O Mitra et Varuna, dépourvus d'inimitié, nous chantons vos louanges en votre présence, afin d'obtenir de la nourriture et une demeure; puissions-nous, par votre entremise,

---

(196) Le mot *yoni* qui signifie ordinairement *matrice*, *uterus*, est pris dans le Veda, dans le sens du vase qui reçoit le jus et où se dégage le spiritueux.

obtenir la prospérité. Préservez-nous, ô Mitra et Varuna, et étendez sur nous toute espèce de protection. O sauveurs illustres, sauvez-nous, et accordez-nous que, par le moyen de fils nombreux, nous puissions subjuguer nos ennemis.

9. O Indra, lorsque tu te tiens près de nous dans ta force puissante, ton visage entier est agité par l'effet de la boisson de la plante de la lune. O Indra, lorsque tu combattais nos ennemis, les yeux de tous, dans le ciel et sur la terre, étaient fixés avec crainte sur toi, mais leur effroi s'évanouit lorsque tu eus remporté la victoire sur nos ennemis. J'entends la voix qui s'étend aux huit régions de la terre et qui s'étend même jusqu'à la neuvième (*la région du zénith*) et qui fait prospérer les sacrifices; elle reste encore bien au-dessous des louanges d'Indra.

10. O Indra et Agni, nos chants vous célèbrent; vous qui donnez le bonheur, louez le jus obtenu par la pression. O héros, il y a en votre possession cent mille chevaux très-désirés et destinés à l'usage de l'institution du sacrifice. Venez, ô Indra et Agni, amenez-les avec vous. O héros, Indra et Agni, venez avec eux à ce sacrifice, afin de boire le jus de la plante de la lune.

11. Laissant dans la forêt ton siége primitif, ô très-glorieux Soma, tu viens vers le vase qui te reçoit, en faisant continuellement un grand bruit. Que les gouttes du jus de la plante de la lune, s'incorporant avec les eaux, se distillent pour Indra, pour Varuna, pour les Maruts et pour Vishnou. O Soma, tandis que tu nous donnes de la nourriture pour nos fils, fais couler vers nous de tous côtés cette opulence qui se compte par milliers (197).

12. Soma, lorsqu'il est pressé, coule avec la rapidité d'une jument à travers la plaine élevée de poil de chèvre (198); il forme un ruisseau enivrant de couleur d'or. Celui qui s'unit au produit de la vache, coule pour se mêler à ce produit, et le jus de la plante de la lune se combine avec le lait. De même que les eaux coulent dans la mer, la nourriture sacrée se rend dans le ruisseau qui le reçoit, et le soma enivrant est pressé, afin de produire une satisfaction vive.

13. O Soma, ô purificateur, apporte-nous une richesse céleste et terrestre, telle qu'elle soit digne de louange et qu'elle mérite l'admiration. O toi qui fais pleuvoir les bénédictions, qui délivres du mal la vie des hommes pieux, assieds-toi sur ton siége primitif, et tandis qu'avec ta teinte dorée tu résonnes sur l'herbe du sacrifice, puisque vous, Indra et Soma, vous êtes les possesseurs de toutes choses, les protecteurs des troupeaux de vaches et les seigneurs souverains, partagez le jus qui vous est offert dans nos rites sacrés.

(197) C'est-à-dire donne-nous des trésors immenses.
(198) Il y a dans le texte un jeu de mots, le tamis qui sert à filtrer le jus du soma est comparé à une montagne.

14. Indra, qui a tué Vritra, est l'objet des hymnes de nos héros qui veulent obtenir de la force et de la gaieté. Nous l'invoquons pour nous aider en toutes nos grandes luttes, et puisse-t-il nous seconder de son aide en tout conflit moins considérable. Puisque, ô Indra, tu es un héros et que tu es toi-même une armée, apporte-nous sans être observé les vastes trésors de l'ennemi, et puisque tu relèves ceux qui sont abaissés, accorde des dons nombreux à l'instituteur du sacrifice. Lorsque nos armées vont au combat, puissent-elles remporter la victoire et revenir chargées de richesses pour celui qui accomplit ton sacrifice.

15. Les vaches (célestes) qui brillent en compagnie d'Indra, boivent le doux jus préparé pour le sacrifice et accompagnent celui qui envoie la pluie; elles éprouvent un grand plaisir et elles s'arrêtent afin de jouir des bienfaits de son gouvernement, aimant à ce qu'il les frappe et étant de diverses couleurs, elles mêlent leur lait avec le jus de la plante de la lune. Ces vaches, aimées d'Indra, lancent la foudre destructive, et fixées en leur place, elles désirent vivre sous le règne d'Indra. En possession de l'intelligence, elles maintiennent la force d'Indra par la nourriture (qu'elles lui procurent), et elles font connaître ses nombreux dons purifiants afin d'amener (nos ennemis à bien réfléchir avant qu'ils ne nous attaquent.)

16. La plante de la lune habite les montagnes, et lorsqu'elle est pressée pour produire le breuvage qui cause la joie, elle atteint dans les eaux le terme de son développement, et elle est assise comme un épervier, sur le ruisseau qui la reçoit. Les vaches rendent agréable par leur lait le breuvage brillant, purifié par les hommes et objet des désirs des dieux. Et de même qu'ils essayent un cheval qu'ils envoient au combat, de même les prêtres rendent glorieux ce doux jus qu'ils apportent au sacrifice afin d'empêcher la mort.

17. O seigneur de la nourriture, fais briller parmi nous la liqueur resplendissante, puissante, nourrissante, désirée par les dieux, et mets-nous en contact avec le trésor liquide qui flotte au milieu des airs. O toi qui possèdes une puissance sainte et qui es pressé par les planches, toi qui, tel qu'un roi, es le soutien de tes sujets, viens vers nous et fais tomber du ciel sur nous de pures ondées de pluie se répandant de tous côtés; sois propice aux rites accomplis par notre hôte qui désire des vaches avec empressement.

18. Soma donne la vie au sacrifice; il est le fils des eaux respectées, il introduit dans les sacrifices sa personne resplendissante, et, placé en divers endroits, s'étend à travers les oblations très-désirées. Lorsque Soma entre dans la chambre sacrée de Trita Rhisi, il s'incline avec respect dans le lieu où sont les planches écrasantes aussi dures que des

pierres, et ensuite les prêtres le louent, lui leur dieu bien-aimé; ils le louent dans les sept mètres sacrés. Au moyen de ses ruisseaux, il fait venir Indra, le distributeur de la richesse, aux trois sacrifices journaliers que j'accomplis avec Trita, et qui sont accompagnés d'hymnes de paix, car notre chantre intelligent sait choisir les hymnes convenables.

19. O Soma, lorsque tu es pressé et doué de toute ta douceur immense, verse par ruisseaux ton jus purifié pour Indra, pour Vishnou et pour tous les dieux, afin qu'ils puissent se joindre à notre banquet. Les doigts innocents (*des prêtres*) pressent ta personne blonde, ô purificateur, dans le saint sacrifice consistant en rites divins, de même que la vache presse son veau nouveau-né en le léchant. O toi qui accomplis des actes puissants, tu soutiens le ciel et la terre. O purificateur, lorsque tu as grandi, tu rejettes ta peau (198*).

20. La liqueur purifiante et éclatante de la lune, le torrent liquide en mouvement, qui donne de la force à Indra, est purifié afin de le remplir d'une allégresse délicieuse. En même temps le seigneur de la force détruit les Rakshasas et anéantit tout ennemi, tandis qu'il procure de la richesse aux sacrificateurs. Après avoir été pressé par les prières, le jus de la plante de la lune, se frayant obliquement un chemin à travers le tamis de poil, s'écoule dans un pur et doux ruisseau, et maintenant, une divinité enivrante et brillante obtient l'amitié d'Indra et coule pour remplir le dieu d'allégresse. Le dieu Soma resplendissant et qui rend saints nos rites, est purifié; au moyen de son jus, il vient en contact avec les dieux et il couvre de son ombre les rites préservateurs durant le sacrifice, tandis que les dix doigts, le faisant avancer, le mènent de la montagne à l'endroit où est placé le tamis de poil de chèvre.

21. O divin Agni, nous t'éclairons, divinité brillante et indestructible. Dans quelque partie des cieux que tes flammes, dignes de toute louange, jettent leur éclat, tu apportes de la nourriture pour ceux qui célèbrent ta louange. O Agni, souverain de la lumière, le sacrifice accompagné des hymnes sacrés t'est offert, dieu radieux. O possesseur de toute joie, destructeur des ennemis, seigneur des hommes, toi qui emportes l'offrande, elle t'est présentée; apporte de la nourriture à ceux qui célèbrent ta louange. O possesseur de toute joie, seigneur des hommes, tu reçois à la fois à ta bouche la cuiller qui présente l'offrande et son couvercle. O seigneur de la force, durant le chant des hymnes, exauce nos vœux et apporte de la nourriture à ceux qui célèbrent ta louange.

22. O chantres, chantez les grands cantiques de purification, à l'honneur des sages, du puissant et intelligent Indra qui procure la nourriture et qui aime la louange. O Indra, tu subjugues nos ennemis, tu éclaires le soleil, tu es le créateur de toutes choses, la divinité universelle. O Indra, tu portes avec ton éclat, illuminant les cieux et le soleil. Tous les dieux, grâce à ton amitié, accomplissent nos désirs.

23. La plante de la lune est broyée pour toi, ô Indra. O possesseur de la puissance, destructeur de nos ennemis, remplis-nous de vigueur comme le soleil remplit les cieux de ses rayons. O toi qui as tué Vritra, monte dans ton chariot traîné par tes chevaux couleur d'or, qui sont attelés par la prononciation d'une formule magique. Que la pierre qui broie amène par le son qu'elle rend, ton esprit en notre présence. Que ses chevaux couleur d'or amènent Indra, dont le pouvoir est indomptable, auprès du sacrifice accompli par les Rishis et par les hommes, et accompagné d'hymnes de louanges.

SEPTIEME ADHYAYA.

1. La lumière du sacrifice, la liqueur douce et chérie se distille avec pureté; c'est elle qui préserve les dieux, qui crée le bonheur et qui est la source d'une grande richesse. C'est cette liqueur qui inspire la joie, qui est très-enivrante et qui charme les sens; c'est elle qui nous apporte les trésors du ciel et des régions intermédiaires. Le possesseur de toutes les choses, le Seigneur du ciel, celui qui voit tout, qui se meut en cent ruisseaux, s'écoule dans le ruisseau qui le reçoit avec un bruit qui résonne, et la divinité couleur d'or s'assied dans la maison de son ami; elle est purifiée par les poils du tamis qu'elle traverse, et elle fait pleuvoir sur lui les bienfaits. O Soma, lorsque tu es purifié, tu t'écoules et tu te meus en présence des eaux, et tu es doué d'une grande facilité de parole; et lorsque tu es adoré comme le personnage principal, tu te meus en face des régions de la terre. Couvert d'une armure complète, tu brilles sur le champ de bataille, et tu fais ta retraite en emportant les dépouilles de nos ennemis, aussi souvent que tu es pressé par ceux qui accompagnent le sacrifice de la lune.

2. Les gouttes rapides, brillantes du jus de la plante de la lune, sont répandues partout; elles demandent des vaches, des chevaux et des héros; elles sont préparées. Rendues brillantes par les prêtres ou purifiées par leurs bras, elles tombent pures à travers le tamis de poil de chèvre. O Soma, fais qu'elles versent avec pureté tous les trésors célestes ou terrestres, et natifs de l'air, sur ton hôte qui t'offre un sacrifice.

3. Répands promptement et dans sa pureté, ô Soma, le jus saint donné par les dieux, et, ô jus brillant, pénètre dans Indra. O toi qui fais pleuvoir la félicité, très-illustre Soma, fais venir à nous les puissantes

(198*) Il y a là probablement une allusion au serpent. Soma ou la liqueur alcoolique, laisse la plante de la lune et se mêle aux eaux.

eaux, et assieds-toi sur ton siège sacré, car tu es notre soutien. Soma, qui accomplis des actions glorieuses, fait couler le jus doux et délicieux, le ruisseau qui produit la richesse, et alors il couvre de son ombre les ondes sacrées. Lorsque, ô Soma, tu es enveloppé avec le produit de la vache, les eaux purifiantes qui s'écoulent, tombent en toi, dont la puissance est grande. Le collecteur des liquides, celui qui soutient toutes choses, celui qui supporte le ciel, Soma, désireux de s'unir à nous, combiné avec de l'eau, se purifie dans l'endroit sacré. Celui qui fait pleuvoir les félicités; hôte puissant et couleur d'or, qui ressemble à un roi et qui est digne d'adoration, brille avec un lustre égal à celui du soleil. Les chants qui accompagnent les rites sont rendus saints par ton pouvoir, ô Soma, et ils te désirent pour ton œuvre d'allégresse. Nous implorons la puissance du sauveur du monde, afin de produire en nous l'excitation qui détruira nos ennemis et nous désirons te préserver pour ta propre glorification. Tu es celui qui donnes des vaches, ô Soma, qui donnes des chevaux, qui donnes des héros et qui donnes la nourriture, l'eau du sacrifice qui ne change point depuis les temps anciens; verse pour nous, Soma, en un doux torrent et comme des ondées de pluie, le jus qui stimule les sens.

4. O Soma purifiant, puissant distillateur de la nourriture, accorde-nous tes dons et subjugue les Rakshasas et ensuite donne-nous la prospérité. Accordenous de la force, de la sagesse et du mérite; fais périr nos ennemis homicides et accorde-nous ensuite la prospérité. Les prêtres expriment le jus purifié de la plante de la lune pour qu'il serve à la boisson d'Indra, ensuite accorde nous la prospérité. (*Cette dernière phrase est répétée à la suite de chacune de celles qui constituent ce paragraphe.*) — Fais, par tes plans sagement ordonnés et par ta protection, que nous atteignions le monde du Soleil. — Fais que, par tes plans sagement ordonnés et par ta protection, nous naissions avec le soleil dans tous les âges. — O Soma, possesseur d'une armure splendide, fais pleuvoir sur nous en abondance la richesse des deux mondes. — O Soma, qui es incapable de subir du mal sur le champ de bataille, et qui subjugues tes ennemis, fais pleuvoir sur nous la richesse. — O purificateur, dans cette cérémonie qui procure des récompenses multipliées, tu as été glorifié par les rites des sacrifices, accorde-nous donc la prospérité. — O Soma, apporte-nous une richesse digne d'être célébrée et qui, accompagnée de chevaux, remue toutes choses.

5. Le préservateur, celui qui donne la joie, s'écoule en un ruisseau de liquide pressé et nourrissant. Le préservateur, celui qui donne la joie, coule. La déesse qui accorde de la richesse sait bien sauver l'homme qui offre le sacrifice. Nous prenons possession des milliers de trésors amassés qui appartiennent à Drusrya et à Purushanta.

6. Ces plantes de la lune, le sujet de nos hymnes de louange, coulent en un ruisseau de liqueur délicieuse, afin de nous procurer de la force. O purificateur, tu distilles pour le banquet des dieux des ruisseaux de lait enrichissant; coule pour nous comme un liquide nourrissant; distille pour nous le produit nourrissant de la vache qui est louée en tout lieu et qui donne toute satisfaction; distille-le aussi souvent que tu es célébré par moi, Jamadagni.

7. Nous adressons cet hymne de louange au producteur honoré de la richesse avec toute l'attention persévérante que le charpentier emploie à polir un chariot, car notre chantre convenablement dirigé est toujours dans d'heureuses dispositions au milieu de l'assemblée sacrée. O Agni, accorde-nous par le moyen de ton amitié, que nous ne puissions jamais être massacrés. Nous apportons le bois qui doit servir à allumer le sacrifice, et nous présentons l'offrande lorsque nous nous souvenons de toi, semaine après semaine. Fais prospérer grandement nos rites afin de nous procurer une longue vie. O Agni, nous sommes en mesure de t'allumer et de mener à bonne fin nos rites sacrés; c'est par toi que les dieux mangent les offrandes qui leur sont présentées, amène-nous donc les fils d'Aditi. O Agni, accorde-nous que, par le moyen de ton mérite, nous ne puissions jamais être massacrés.

8. Chaque jour, au lever du soleil, je vous loue réunis et séparés, Mitra, Varuna et Aryama, le destructeur de nos ennemis. Que cet hymne de louange nous fasse avoir votre protection contre nos ennemis, et une force accompagnée de trésors d'or, et qu'elle fasse obtenir une part dans le sacrifice. O nous qui sommes à toi, resplendissant Mitra, et à toi, Varuna, puissions-nous vivre heureusement, et obtenir du pain et de l'eau aussi bien que nos prêtres qui chantent les hymnes.

9. O Indra, fends en deux tous ceux qui nous haïssent, tue à la guerre tous ceux qui s'opposent à nous et apporte-nous une santé digne de nos désirs. Chacun sait le montant de la richesse que tu as donnée à beaucoup d'hommes et les présents successifs que tu leur a faits. O Indra, apporte-nous cette richesse digne d'être désirée, qui est déposée dans un trésor inébranlable et qui ne peut être brisé.

10. O Indra et Agni, puisqu'à chaque saison, vous êtes les préparateurs de nos sacrifices, et puisque, lorsque vous êtes purifiés, vous vous engagez dans le combat des sacrifices, regardez nos offrandes. O Indra et Agni, destructeurs de nos ennemis, vous qui voyagez en des chariots, et qui êtes invincibles, acceptez mes offrandes. O Indra et Agni, ceux qui offrent le sacrifice ont préparé pour vous ce jus doux qui donne la joie; acceptez donc nos offrandes.

11. O Soma, tu es délicieux au goût; mais ayant pris place sur le siége respecté qui produit l'esprit, distille le pur pour Indra et pour les Maruts. Les savants instruits dans les lois de libération te glorifient; celui qui soutient toutes choses et nos prêtres s'unissent pour te purifier. O toi qui présides sur les rites sacrés, que Mitra, Aryama et les Maruts boivent du jus que tu donnes, lorsque tu es distillé.

12. O Soma à la belle main, lorsque tu es purifié, tu te rends dans le ruisseau qui te reçoit. O Soma purifié, c'est toi qui distilles le trésor jaune, abondant, très-désiré. O Soma purifié, toi qui es rendu pur en filtrant à travers le tamis de poils de chèvre, tu fais un bruit semblable à celui d'un taureau qui se plonge dans les eaux. O Soma purifié, tu vas brillant avec le produit de la vache, aux demeures bien construites des dieux.

13. Les dix doigts purifient ce Soma dont la mère est les eaux, et il s'avance avec les dieux. Le jus de la plante de la lune pressée accompagne à l'endroit sacré Indra, Vayu et les rayons solaires. O Soma aromatique et qui porte la fortune, distille-toi en notre sacrifice pour Bhaya, pour Vayu, pour Pusha, pour Mitra et pour Varuna.

14. Ayons des vaches nombreuses qui produisent en abondance de la nourriture, et qu'Indra se plaise avec nous, afin que nous, possesseurs des richesses, nous nous réjouissions à leur sujet. O toi qui soutiens toutes choses, lorsque nous pouvons nous saisir d'un être tel que toi, auquel nous pouvons présenter nos demandes, tu répands les objets de nos désirs avec une constance égale à celle que les moyeux d'une roue mettent à tendre à l'essieu. O toi qui accomplis beaucoup d'actes qui prouvent du mérite, tu répands la richesse désirée par les chantres avec une constance égale à celle que tous les moyeux d'un char mettent à se réunir à l'essieu.

15. O toi qui accomplis des actes dignes de louange, chaque jour nous t'invoquons, avec la régularité que l'on met à appeler les vaches laitières pour les traire. O toi qui bois le jus de la plante de la lune, viens à nos trois sacrifices journaliers, et bois le jus de Soma. Que ton plaisir, ô toi qui possèdes toutes les richesses, égale celui de l'homme qui présente des vaches aux Brahmanes. Ne nous quitte point pour te montrer ailleurs.

16. O Indra, de même que l'aurore radieuse, tu remplis les deux mondes de ta splendeur. La mère divine te produisit, toi qui es le supérieur de tous les pouvoirs supérieurs et le seigneur des hommes; la mère propice t'apporta. O toi doué de toute sagesse, tu as la force de la baguette de fer qui guide l'éléphant. O possesseur des richesses, de même qu'une chèvre se saisit avec son pied de devant des branches d'arbre, de même tu renverses tes ennemis. Détruis la puissance de l'homme qui voudrait nous tuer et nous causer de la peine, et place sous nos pieds celui qui voudrait nous rendre ses esclaves.

17. Le jus sacré et couleur d'or de la plante de la lune tombe de tous côtés dans l'endroit sacré. O Soma, tu distribues toutes choses parmi les prêtres pleins de joie. Tu es plein d'affection pour nous, tu es très-intelligent et tu nous donnes la douce liqueur que produit le grain. Tous les dieux qui s'aiment l'un l'autre ont obtenu en toi une boisson abondante.

18. C'est Soma qui apporte à celui qui offre le sacrifice des trésors et de la richesse en abondance, et qui lui donne une résidence convenable. Nous préparons le jus de la plante de la lune que boivent Indra, les Maruts, Aryama et Bhaga, et avec lequel nous aurons en notre présence Mitra, et Varuna, et Indra, pour nous apporter des secours efficaces.

19. O mes amis, célébrez le purificateur qui est manifesté pour le plaisir des dieux; satisfaites-le par vos offrandes et vos hymnes comme une nourrice contente son enfant; de même que les veaux brillent lorsqu'ils sont léchés par leurs mères, de même les plantes de la lune sont rendues brillantes, lorsqu'elles sont arrosées d'eau, et le préservateur des dieux, celui qui donne la joie, est glorifié par nos hymnes. Ce jus de la plante pressé et qui fait nos délices est préparé pour la nourriture, pour la force, pour le banquet céleste et pour les dieux.

20. Les gouttes du jus de la plante de la lune, brillantes, enivrantes et rapides dans leur descente, bienveillantes, innocentes et habiles dans la narration sacrée, et qui tendent au ciel, sont distillées pour notre profit. Ces gouttes du jus de la plante de la lune qui donne la sagesse, qui se meut à travers les eaux sacrées, qui est impérissable et qui est comme le soleil, sont dignes de notre adoration. Se mouvant dans un sentier tortueux, bien pressé par les pierres et reconnu par sa position sur le cuir du taureau, Soma, qui procure la richesse, élève sa voix assez haut pour être entendu de tous côtés lorsqu'il nous apporte des provisions.

21. O Soma, verse pour nous dans leur pureté, dans ce ruisseau sacré qui est à toi, les diverses espèces de richesses en présence de ceux qui célèbrent tes louanges, et descends dans le ruisseau qui contient le liquide; car c'est vers cela qu'Aditya, l'origine de toutes choses, et Indra, celui qui accomplit de nombreux sacrifices, dirigent leurs pas. Puisse Soma nous donner des héros! Fais couler en pureté pour nous en un clair ruisseau, ta propre essence, digne de toute louange dans l'endroit saint où ton bruit est entendu, et que le destructeur de nos ennemis, nous donnant la victoire sur le champ de bataille, fasse tomber pour nous des milliers de trésors comme des fruits tombent d'un arbre vivement secoué. Que ses actes puissants, destructeurs des ennemis et qui donnent la joie, se manifestent parmi ceux qui combattent à cheval et parmi ceux qui sont engagés

dans un combat corps à corps ; qu'ils fassent dormir nos ennemis du sommeil de la mort, qu'ils mettent nos ennemis en fuite, et qu'ils chassent ceux qui négligent les rites sacrés.

22. O Agni, approche-toi de nous pour nous entourer comme notre sauveur et comme celui qui nous accorde le bonheur. O Agni tout resplendissant, toi qui nous assignes un lieu de séjour, qui as répandu dans la nourriture, montre-toi en notre présence et donne-nous des aliments.

23. Puissions-nous obtenir toutes les substances matérielles et puisse Indra et tous les dieux être à notre disposition. Qu'Indra de concert avec les Adityas, nous accorde les matériaux pour le sacrifice, la force du corps et des rejetons. Qu'Indra d'accord avec les Adityas et les Maruts, et suivi de ses compagnons nous fournissent des substances médicinales.

24. Accomplissez avec zèle en notre présence le service d'Indra.

HUITIÈME ADHYAYA.

1. De même que le rishi Urana récite ses compositions poétiques, puisse de même notre prêtre divin raconter avec soin la naissance des dieux! Celui qui accomplit des actes puissants et qui possède une lumière pure, avance comme un sanglier, élevant la voix et dispersant la terre avec ses pieds. La pieuse compagnie des sages, appelé par le bruit qui résulte de l'arrosement des plantes, se rend rapidement à la maison où le sacrifice est offert, et nous célébrons avec des intonations convenables le dieu digne de notre hôte, l'invincible et pur Soma. Soma s'élevant sur son coursier célèbre, voyage comme pour s'amuser et sans aucun effort, et nul ne peut le joindre. Le possesseur d'une lumière pénétrante, répand de la splendeur en abondance, se montrant d'une couleur d'or pendant le jour et lumineux pendant la nuit.

2. Durant le temps que l'on écrase les plantes de la lune, les gouttes de leur jus résonnant comme un chariot ou comme un cheval qui désire de la nourriture, accourent afin de procurer de la richesse aux sacrificateurs. Lorsqu'ils marchent avec la rapidité d'un chariot (vers la salle des offrandes), les bras des prêtres soutiennent Soma, comme ceux des travailleurs supportent leurs fardeaux ; de même que les rois sont glorifiés par des hymnes de louange et par un sacrifice offert par les sept prêtres, ainsi Soma l'est par le produit de la vache. Les diverses plantes de la lune, lorsqu'elles sont pressées, laissent couler un ruisseau, et élèvent la voix afin de produire l'ivresse. Les jus coulent avec bruit pour le glorieux Indra qui donne sa splendeur au matin. Les chantres des hymnes sacrées, les hommes qui apportent le jus de celui qui fait pleuvoir la félicité, ferment maintenant les anciennes portes, comme les sept prêtres en faisant des offrandes entourent la place de Soma, et même ses compagnons s'efforcent de lui plaire. Afin de pouvoir contempler de mes yeux le soleil, je place Soma, le nombril du sacrifice sur mon nombril, et je fais couler le jus de celui qui rend prospère toutes nos œuvres. Indra voit de ses yeux, ô Soma, la manifestation chérie de ta glorieuse personne, lorsqu'elle est placée dans la cavité du corps humain.

3. Des quantités de jus de la plante de la lune, amenant la prospérité et sachant ce qui est propre à ce sacrifice, sont en voie de préparation, et elles entrent par la voie du rite solennel, au service des dieux. Le puissant Soma dont le goût est doux, est adoré par des offrandes, et il va se baigner dans les eaux sacrées. Celui qui élève sa voix est digne d'être offert aux dieux ; le souverain, celui qui fait pleuvoir la félicité, le fidèle, l'indestructible, lorsqu'il se rend à son séjour, émet un son sur les eaux sacrées. Lorsque celui qui sait comment accomplir tous les rites et qui répand pour nous notre pouvoir en sa pureté, se rend à l'endroit où le chant sacré est entendu ; celui qui procure la nourriture y est présent, désirant nos aliments. Le pur Soma s'avance contre nos ennemis, comme un roi contre ses sujets rebelles, et ceux qui accomplissent les rites sacrés l'envoient en avant. Le bien-aimé Soma, couleur d'or, mêlé avec les eaux, est assis sur le poil de chèvre et, rendant lui-même un son, il est adoré par nos chants. Celui qui est rempli de joie par l'accomplissement de ce rite sacré, va avec satisfaction, afin de servir Vayu, Indra et les fils jumeaux d'Aswin. Des torrents d'un doux jus coulent en Mitra, Varuna et Bhaga. Ceux qui connaissent Soma s'approchent d'eux avec plaisir. O ciel et terre, afin d'obtenir le doux jus nourrissant, mettez en notre possession de la richesse, des provisions et de nombreux troupeaux.

4. O Soma, nous rendons hommage à ta puissance très-désirée, qui produit le plaisir et qui réunit la richesse. Nous t'adorons, toi qui causes la joie, l'éminent, le sage, le célèbre, le préservateur, le très désiré. O possesseur de grandes richesses, le grand et le sage, nous demandons pour nos fils de la richesse et de l'intelligence, tandis que nous t'adorons, toi le préservateur très-désiré.

5. Les dieux sacerdotaux produisent Agni, le chef des cieux qui monte de la terre, qui habite dans le ciel, qui est né à cause du sacrifice, qui est plein de la science des légendes, le dieu brillant qui est l'hôte des hommes, la bouche des dieux et notre sauveur. Lorsque tu es produit, ô Agni, tous les dieux se dirigent vers toi comme un père vers son fils, et, ô Vaiswanara, ami de tous les hommes, lorsque tu brilles comme le préservateur de toutes choses, les Brahmanes obtiennent l'immortalité au moyen de tes rites. Nos dieux te donnent de grandes louanges, ô nombril du sacrifice, séjour de la richesse, puissant receveur des offrandes ; ils te produisent, toi

qui demeures en tous les hommes, qui es le chariot des offrandes et le fondateur du sacrifice.

6. O vous prêtres, célébrez Mitra et Varuna, en vos chants et de toute la force de votre voix, et vous deux, qui possédez une grande force, venez au sacrifice prolongé durant un temps considérable. Vous qui êtes les seigneurs de l'univers, la matrice des eaux, divinités puissantes parmi les dieux, vous pouvez nous accorder l'immense richesse du ciel et de la terre; nous adorons votre grand pouvoir qui est grand même parmi les divinités.

7. Viens, ô Indra, fameux pour tes rayons variés; ces gobelets remplis de jus de la plante de la lune attendent ta venue; ils ont été sanctifiés aujourd'hui par les doigts des prêtres officiants. Viens, ô Indra, et écoute les hymnes sacrés de ceux qui offrent le jus retiré de la plante de la lune et mis en mouvement par nos rites solennels et par l'adoration des Brahmanes. Indra, possesseur des chevaux couleur d'or, viens promptement entendre nos hymnes sacrés; accepte notre jus de la plante de la lune et les viandes des sacrifices.

8. Louez cet Agni qui, lorsqu'il entoure toutes les forêts de sa flamme radieuse, les noircit en les touchant de sa langue. Celui qui jette dans la divinité brillante des offrandes propices pour Indra, recevra de lui des pluies agréables et salutaires pour produire d'abondantes récoltes de froment. Indra et Agni, donnez-nous une nourriture fortifiante et des chevaux rapides, afin que nous puissions vous fournir des offrandes.

9. O Soma, tu te rends dans le corps d'Indra doué d'une grande beauté, et comme ton ami, tu remplis sans déborder la cavité résonnante. De même qu'un mâle parmi les femelles, ainsi Soma se rend par cent sentiers détournés (199) dans le vase qui doit le recevoir. Les chantres adonnés à la méditation, amis de la joie et de la louange, se meuvent dans la salle des offrandes couverte en chaume, et ils célèbrent le jus couleur d'or que les vaches rendent, par leur lait, plus propre à l'usage. O brillant Soma, fais couler pour nous des torrents d'abondants amas de provisions et de nourriture liquide, et qu'une race puissante et intrépide de héros renommés soit pour nous le fruit des trois sacrifices journaliers où coule cette nourriture liquide.

10. Celui-là seul qui accomplit le sacrifice obtient l'amitié d'Indra qui donne toujours la prospérité à celui qui l'adore, qui est loué de tous, qui est invincible, qui subjugue ses ennemis grâce à sa grande puissance et qui est capable, dans l'engagement, de vaincre son adversaire. Je loue Indra qui subjugue nos ennemis et qui est terrible et irrésistible dans la guerre où il déploie sa majesté, et où

(199) C'est-à-dire en passant à travers les poils du tamis.

ceux qui mettent leurs délices dans le sacrifice l'adorent, tandis que le ciel et la terre s'inclinent devant lui.

11. O mes amis, asseyez-vous et adressez des hymnes au purificateur; adorez-le et présentez-lui vos offrandes, afin que vous puissiez l'orner comme un père orne son fils avec des bijoux. Amenez à sa perfection dans les eaux maternelles ce jus, le produit de votre maison, le préservateur des dieux, celui qui cause la joie, qui donne la force aux deux mondes, de même que la vache apporte ses veaux. Purifiez le jus fortifiant afin de procurer de la rapidité dans les mouvements et de la nourriture aux dieux, et puisqu'il donne de grands avantages, préparez-le pour Mitra et Varuna.

12. Le soma fortifiant coule obliquement à travers le tamis sacré de poils de chèvre. Le jus fortifiant et doué de la plus grande énergie coule, mêlé avec les eaux et rendu propre à l'usage par le produit de la vache. O Soma, broyé par les pierres et filtré par les prêtres, tu descends dans le corps d'Indra.

13. Ces portions du jus de la plante de la lune qui sont préparées loin d'ici, et celles qui sont préparées tout près de nous, et celles qui abondent dans le lac Saryanavat, sont toutes pour toi, ô Indra, et celles qui sont préparées dans le pays d'Arjika et de Kritwa, et sur les bords des rivières (Saraswati, etc.) et par les cinq tribus des hommes. Que ces ruisseaux pressés et brillants du jus de la plante de la lune fassent descendre pour nous du ciel de la pluie et une armée de héros.

14. O Agni, moi, Vatsa, je désire faire descendre ton esprit des cieux élevés et brillants. Je désire t'attirer ici par un chant qui soit délicieux à l'âme. Ton œil est fixé sur de nombreuses régions, et tu es le seigneur de toutes ces régions, nous t'invoquons ainsi dans tous nos combats. Désireux de nourriture, nous appelons en tous nos combats à notre aide Agni qui possède des trésors accumulés en ses guerres.

15. O Indra, qui accomplis beaucoup d'actes méritoires et qui vois toutes choses, apporte-nous de la puissance et de la richesse. Nous invoquons le héros qui fait tomber la pluie. O Indra, tu es pour nous un père, tu es pour nous une mère. O toi qui nous assignes notre résidence et qui accomplis de nombreux actes méritoires, nous désirons la félicité qui réside en toi. O puissant Indra, qu'invoquent une multitude d'adorateurs et qui donne la force, nous t'appelons lorsque nous sommes engagés à la guerre; accorde-nous des armées héroïques.

16. O Indra, glorieux accompagnateur des sacrifices, je ne possède en aucun endroit de ce monde la richesse que tu peux donner. O possesseur des richesses, apporte des trésors en tes deux mains. O Indra, apporte cette nourriture que tu regardes

comme très-digne de louange, afin que nous puissions recevoir les dons de ta bonté. Au moyen de cet esprit inflexible, puissant, renommé, très-célèbre que tu possèdes, ô toi qui assistes aux sacrifices, présente-nous des provisions pour que nous les acceptions.

NEUVIÈME ADHYAYA.

1. Les Maruts vont en troupes; ils purifient et ils ornent le jeune Agni nouveau-né et intelligent. Et le barde, car par la régularité du son qu'il fait entendre, Soma se montre un barde, vient en résonnant vers le vaisseau sacré. Le possesseur d'un esprit qui observe tout et qui se manifeste lui-même aux hommes, celui qui est adoré par des milliers d'êtres et qui rectifie les méprises des prêtres, le vénérable Soma, objet de grandes louanges et qui désire habiter dans le troisième monde (*le céleste*) entouré de gloire le glorieux Indra. L'épervier très-loué et le puissant faucon, Soma, se mouvant entre les planches qui le broient, assis dans le mortier du sacrifice et se livrant à la gaieté, le consommateur du produit de la vache, se mouvant avec rapidité, se saisit de ses armes, et lorsqu'il est adoré, le dieu vénérable honore de sa présence le ciel qui fait tomber les eaux, aussi bien que la quatrième région (*celle de la lune*).

2. Ces plantes de la lune distillent le jus qu'Indra aime beaucoup et elles augmentent sa vigueur. Les gouttes purifiantes du jus contenues dans le mortier se rendent vers Vayu et vers les fils d'Aswin. Puissent-elles nous donner une vigueur abondante. O pur Soma, envoie, afin de nous procurer de la richesse, l'esprit d'Indra, car je me suis assis sur le siége sacré des dieux. Les dix doigts te font filtrer dans ta pureté, les sept prêtres te font avancer, et les chantres savants t'inspirent une vive satisfaction. Nous te consacrons pour l'allégresse des dieux, et te mêlons au produit de la vache, lorsque nous avons bien préparé ta félicité nouvellement produite. La divinité brillante et couleur d'or se voile complétement sous des vêtements formés du produit de la vache. O Soma, verse sur nous l'opulence des riches, détruis tous ceux qui nous haïssent, et procure pour nous l'amitié d'Indra. Nous obtenons de la nourriture et des rejetons, lorsque nous te rendons hommage, ô toi qui observes les hommes, qui vois toutes choses et qui es la boisson d'Indra. O Soma, fais tomber la pluie du ciel, couvre la terre de blé, et donne-nous de la force dans les combats.

3. Soma, le purificateur, avec ses milliers de ruisseaux qui passent à travers le poil de chèvre, tombe dans le vaisseau bien nettoyé de Vayu et d'Indra. O vous qui désirez être préservés (des périls), célébrez la liqueur purifiante de la plante de la lune; elle donne la sagesse et elle est bien préparée pour le banquet des dieux. Les gobelets de liqueur de la plante de la lune, en possession d'un pouvoir extraordinaire, et célébrés en nos hymnes sacrés, sont consacrés pour le banquet des dieux, afin d'obtenir pour nous de la nourriture. O Soma, afin que nous puissions obtenir des provisions, distille pour nous des aliments en abondance et une vigueur corporelle extraordinaire qui fera briller nos visages. De même que des chevaux rapides poussés vers le champ de bataille par leurs cavaliers, de même les ruisseaux du jus de la plante de la lune, se mouvant avec rapidité, sont préparés par les prêtres au-dessus du filtre de poil de chèvre, afin que nous puissions obtenir de la nourriture. Que ces plantes pressées et brillantes distillent pour nous des milliers de trésors et une vigueur corporelle triomphante. Les gouttes résonnantes du jus de la plante de la lune coulent avec la rapidité que les vaches mettent en mugissant à courir vers leurs veaux, et elles sont portées par les bras des prêtres. C'est pour l'entière satisfaction d'Indra que le jus purifiant préparé pour lui élève sa voix. O Soma, fais périr tous nos ennemis. Et vous, destructeurs de ceux qui refusent d'offrir le sacrifice, vous qui voyez tout, asseyez-vous sur le siége du sacrifice.

4. Afin de former une partie du sacrifice, ces gobelets du jus délicieux de la plante de la lune sont préparés pour Indra. Nos sages invoquent Indra dans leurs hymnes; ils l'appellent pour qu'il vienne boire le soma, comme les vaches appellent leurs veaux. Le soma distillant l'alcool est assis sur son siége sur la vague de la mer sacrée, et, comme le dieu de la sagesse, il fait entendre sa voix. Soma qui voit tout, dont la sagesse est infinie, et qui fait prospérer toutes nos œuvres, reçoit nos adorations, au nombril du ciel, parmi le poil de chèvre. Lorsque le jus de la plante de la lune est mis dans le vase sacré qui le reçoit, le dieu Soma y fait son entrée. Lorsque le dieu Soma entre dans le vase contenant le doux jus, il rend un son qui, passant au milieu de l'air, frappe en haut les cieux. Lorsqu'il est loué chaque jour, le dieu des forêts, qui envoie des auxiliaires aux hommes, boit le jus de la louange que lui offrent nos sages. O Soma purificateur, verse sur moi un torrent de trésors multipliés, brillants et donnant le bonheur. O toi qui accomplis des actes glorieux, Soma intelligent et pressé, tu nous regardes de la place éloignée où tu es dans les cieux, et tu nous envoies comme un torrent toutes les choses délicieuses.

5. Tu envoies ta voix rapide, comme le bruit des vagues de la mer ou comme le son d'une flèche en son vol. Les voix des chantres des trois Vedas, désireux de prendre part au sacrifice, s'élèvent aussi souvent que toi, désirant une naissance mortelle, tu montes dans le filtre de poil de chèvre qui a été

élevé. Les prêtres, le faisant passer dans le filtre en poil de chèvre, font couler de tout côté le liquide chéri, vert, purifiant et doux. O Dieu qui causes une vive allégresse, ô conservateur des rites religieux, verse dans le vaisseau sacré ton jus en un ruisseau qui puisse entrer dans le corps d'Indra, l'objet de notre adoration. O dieu très-enivrant, distille-toi en ta pureté, et embelli par le brillant produit de la vache, entre dans le corps d'Indra.

6. Distillez en cette cérémonie du jus pour le banquet d'Indra qui, par suite de sa puissance, tua, en un combat, par les mains d'Indra, quatre-vingt-dix fois neuf de ses ennemis. En un jour Soma tua Sambara et détruisit ses cités en faveur de Divodasa, le protecteur des rites religieux ; il subjugua ensuite Divasa, Turvasa et Yada. O Soma, possesseur des chevaux, envoie-nous de la cavalerie et une opulence consistant dans l'abondance des vaches et de l'or, et répands sur nous d'abondantes provisions de divers genres.

7. Soma ayant tué nos ennemis féroces et ceux qui ne donnent point de présents, se rend vers le vaisseau bien nettoyé d'Indra et coule en sa pureté. O Soma purifiant, apporte-nous une grande richesse, tue nos ennemis féroces, accorde-nous la renommée qui accompagne des descendants héroïques. O Soma, des centaines d'ennemis ne peuvent te tuer lorsque tu es désireux d'apporter la richesse, et, purifié, tu viens pour donner des présents.

8. O Soma, descends avec ce ruisseau avec lequel tu domines le soleil ; descends et envoie de l'eau pour l'usage de l'homme. C'est Soma qui attelle les chevaux du soleil lorsqu'il est au moment de se mouvoir à travers les cieux au-dessus du séjour de l'homme. Soma est mon maître, dit le soleil, et il attelle à son chariot ses chevaux couleur d'or, afin de se mettre en route.

9. O dieux, faites que votre brillant Agni qui est servi par tous les autres dieux, et qui est digne de recevoir des offrandes, prenne sa forme de messager dans ce sacrifice exempt de défauts ; car il fixe son séjour parmi les hommes, il est celui qui reçoit les offrandes ; son éclat calcine ; il est nourri de beurre clarifié et il est notre purificateur. Emettant un bruit comme un cheval lorsqu'il est satisfait de l'herbe qu'il broute, la puissante divinité, brisant ses liens, s'établit dans quelque place convenable, et alors, ô Agni, ton éclat s'avance, en suivant la route du vent, et la route que tu suis est obscurcie. O Agni, l'éclat immortel et brillant de tes flammes nouvellement nées et qui envoient la pluie, s'élève, et toi, Agni, sous la forme de la flamme et de la fumée, comme le messager des dieux, tu montes au ciel, et tu entres dans la présence des divinités.

10. Nous rendons Indra puissant afin qu'il tue notre ennemi Vritra. Que celui qui fait pleuvoir la félicité fasse pleuvoir sur nous la richesse. Indra fut créé pour donner des présents. Il est l'être très-puissant destiné à résider dans le puissant Soma. Il est un dieu très-illustre, celui qui reçoit les louanges, et il est digne de boire le jus de la plante de la lune. Les louanges l'aiguisent comme un dard acéré, et le héros redoutable, puissant et triomphant, retourne sans blessure, et désire donner des présents.

11. O vous, prêtres, apportez le jus de la plante de la lune pressé par les pierres dans le vaisseau sacré, et purifiez-le pour les besoins d'Indra. O Soma, ces dieux et les Maruts consument ta nourriture douce et purifiante. O Soma, fais couler pour Indra qui tient la foudre, le jus excellent et délicieux de la plante de la lune.

12. Celui qui soutient les cieux s'écoule et demande à être produit de nouveau, tandis qu'il prend la forme du jus. Celui qui infuse de la force dans les dieux et qui reçoit de l'homme des délices, le dieu couleur d'or, lorsqu'il est produit, dépense sa force à s'animer parmi les eaux sacrées, comme un cheval joue avec son cavalier. De même qu'un guerrier prend ses armes en ses mains, de même Soma, désirant de douces offrandes et montant sur son chariot, se rend aux pâturages où sont les vaches (afin de donner le lait nécessaire aux sacrifices). Celui qui répand de la force dans Indra est mis par nos rites sacrés dans la nourriture sainte, et les hymnes de nos prêtres savants le décorent. O pur Soma, prenant toute ta grandeur, entre dans le corps d'Indra en une vague puissante, et, de même que l'éclair descend des nuages, coule sur les deux mondes et répartis-nous, en raison de nos semences, d'abondantes provisions.

13. Quoique tu sois invoqué, par les hommes, à l'est, à l'ouest, au nord et au sud, cependant, ô Indra, dieu puissant, tu es présent au sacrifice du roi Anu, et subissant l'influence des mérites de tant de nos prêtres, ô vainqueur de nos ennemis, tu es présent aussi avec le roi Turvasa. Oui, lors même que tu te plairais au banquet du roi Ruma, ou de Rasama, ou de Syavaka, ou de Kripa (200), lorsque les fils de Kanu, qui portent les viandes sacrées, te pressent de venir ici, rends-toi près de nous, ô Indra.

14. Qu'Indra écoute les hymnes de notre Rig-Veda et de notre Soma-Veda ; elles sont chantées en sa présence ; que le puissant Indra, poussé par sa magnanimité, vienne boire du jus de la plante de la lune. Tu brilles de ton propre éclat et tu fais tomber la pluie sur les deux mondes ; leurs habitants s'approchent de toi en suppliants, tandis que tu es

---

(200) Ces noms paraissent s'appliquer à des nations établies sur les frontières de l'Hindoustan.

15. O divin Soma, répands ton jus, et que ta puissance inspirant l'allégresse, entre en Indra doué d'une longue vie, et, en même temps, qu'il monte dans Vayu avec ton jus fortifiant. O Soma purifiant, tu te saisis de la richesse très-vantée de nos ennemis, et, lorsque tu les as tués, tu coules avec pureté.

16. O toi qui accordes une résidence, nous désirons une portion de ta richesse, objet de grandes louanges. O toi qui l'avances avec fermeté, accorde-nous, à nous qui mettons en toi nos délices, d'être toujours près de tes amas de provisions. Soma, qui distille à travers le poil de chèvre un jus qui donne l'allégresse, s'écoule de tout côté lorsqu'il est pressé, et celui qui se plaît dans le produit de la vache, élevé en haut, se meut en un ruisseau durant le sacrifice, comme un déluge de la lumière.

17. O Soma, dieu puissant, la mer (où l'esprit se rassemble), le père de tous, distille-toi avec pureté pour la nourriture de tous les corps des dieux. O Soma, divinité brillante, coule pour les dieux, et pour le ciel et la terre, et pour le bonheur de l'homme. Sois le soutien du ciel, digne d'être employé comme un breuvage et comme une divinité puissante; répands-toi donc avec pureté en ce sacrifice régulièrement accompli.

18. O Agni, je te loue, mon hôte bien-aimé, aussi cher qu'un ami, aussi précieux qu'un char. O dieux (terrestres), vous qui avez placé avec des rites solennels Agni dans ses deux demeures, louez-le, et qu'il vous célèbre à son tour, comme deux poëtes se célèbrent mutuellement. O dieu, toi qui es toujours jeune, préserve les héros qui appartiennent à celui qui a organisé ce sacrifice; écoute nos chants, et veille sur nos personnes et sur nos enfants.

19. Indra bien-aimé, vainqueur des ennemis, élevé comme une montagne, supérieur à tout autre être et maître du ciel, toi qui bois le jus de la plante de la lune et qui domines au ciel comme sur la terre, tu glorifies l'instituteur du sacrifice. Tu es le destructeur de toutes les villes des ennemis, le vainqueur des Rakshasas, le protecteur des hommes et le maître du ciel.

20. Tu as été le destructeur des villes, tu es toujours jeune; ton intelligence et ta force sont sans bornes, Indra; tu maintiens tous les rites sacrés et tu tiens la foudre. Tu as pénétré dans la caverne du voleur des vaches (*Bala*); les dieux effrayés trouvèrent un refuge auprès de toi. Célébrez dans vos hymnes et louez Indra, dont les dons sont répandus par milliers et même en plus grande abondance.

DIXIÈME ADHYAYA.

1. Celui qui réunit les eaux s'étend autour de nous; le dieu protecteur, qui éleva les eaux dans le principe et qui créa les tribus des hommes, fait maintenant pleuvoir la félicité; le puissant Soma, soutien de toutes choses, est dans l'endroit sacré; il est placé sur le filtre de poil de chèvre. O divin Soma, purificateur, réjouis Mitra et Varuna, afin qu'ils nous donnent de la nourriture et des richesses; réjouis les puissants Maruts, réjouis tous les dieux, le ciel et la terre. L'adorable Soma, lorsqu'il honore les dieux de sa présence, accomplit une grande œuvre. C'est ce dieu purificateur, qui donna de la puissance à Indra; c'est cette divinité brillante qui engendra dans le soleil ses rayons lumineux. Ce Dieu immortel, semblable à un oiseau, accourt vers sa demeure, dans le vase qui reçoit le suc. Ce dieu resplendissant plonge dans les eaux lorsqu'il est loué par les savants Brahmanes, et il accorde des dons précieux à l'instituteur du sacrifice. Ce Soma pur et héroïque, tel qu'un guerrier qui va au combat, désire obtenir pour nous des trésors de toute espèce. Ce dieu désire un char pour venir au sacrifice; il veut déployer sa libéralité à notre égard, et il élève hautement la voix.

2. Le divin Soma est orné par nos hymnes comme un cheval de bataille est décoré par son maître. Il ne souffre aucun dommage sous les doigts des prêtres, et il détruit tous nos ennemis; lui qui purifie, se fraie un chemin vers le ciel, laissant la terre derrière lui. Il fait prospérer les sacrifices, et on ne peut lui donner la mort; il s'élève au ciel, laissant la terre derrière lui. Cette divinité, brillante et couleur d'or, dont la naissance remonte aux anciens temps, a été pressée pour les dieux et se distille dans le lieu saint. Celui qui accomplit des cérémonies nombreuses, qui a été soumis à une naissance mortelle et qui produit les mets du sacrifice, est maintenant pressé, et il coule avec pureté.

3. L'héroïque Soma, pressé par les doigts des prêtres dans le rite solennel, se rend, dans son char rapide, à la demeure d'Indra. Il fait célébrer des cérémonies nombreuses pour le banquet splendide auquel s'empressent les dieux. Les mortels le font couler dans le vase qui le reçoit, et il leur fournit une nourriture fortifiante. Il est d'abord consacré, ensuite conduit à travers l'assemblée par une route sainte; le prêtre qui le porte le répand ensuite comme une offrande. Le dieu puissant, le seigneur des fluides, s'avance en jetant de brillants rayons d'or. Il agite ses cornes aiguës comme un taureau chef de troupeau, et il réunit pour nous des richesses par son pouvoir. Il met entièrement en déroute les Rakshasas et il disperse leurs bandes meurtrières. Ses dix doigts amènent ce dieu couleur d'or

et qui, couvert d'une armure, continue son voyage en causant une grande joie.

4. Le dieu rapide qui fait pleuvoir la félicité, traverse le filtre de poil de chèvre afin de produire d'amples approvisionnements de nourriture diverse. Les doigts des sages pressent au moyen des pierres le suc couleur d'or, la boisson d'Indra; descendant avec la célérité d'un épervier, il fixe son séjour parmi les tribus des hommes. Cet esprit enivrant est le fils du ciel; le dieu couleur d'or qui soutient toutes choses, coule avec bruit dans son asile bien-aimé.

5. Le dieu rapide, qui sait toutes choses, traverse en diverses directions le filtre de poil de chèvre. Il coule pour les dieux et il entre dans leurs corps. Ce dieu immortel, vainqueur de Vritra, brille à la place qui lui revient. Emettant un son lorsqu'il est pressé par les dix doigts, il court avec rapidité vers le vase qui le reçoit; c'est lui qui a illuminé le soleil dont la place est dans les cieux; il est le seigneur qui enveloppe toutes choses, le dieu qui résonne et qui ne peut éprouver aucun mal; le soleil resplendissant le dépose dans le lieu sacré.

6. Le dieu sage, objet de grandes louanges, est placé dans l'endroit sacré, et, après avoir été purifié, il tue tous ceux qui nous haïssent. Celui qui produit la force et qui conquiert toutes choses, est répandu dans l'endroit sacré pour Soma et pour Vayu. Celui qui est le chef du ciel et qui fait pleuvoir la félicité, Soma qui sait tout, est porté dans les vases qui le reçoivent. Le dieu pur et resplendissant qui aime le produit des vaches, qui triomphe de ses ennemis et qui est lui-même invincible, élève sa voix. Celui qui est le dieu puissant, le Soma couleur d'or, tombe avec pureté à travers l'air afin de rencontrer Indra. Le puissant Soma, incapable de recevoir quelque injure, coule comme étant le protecteur des dieux et le destructeur des méchans.

7. Soma qui fait pleuvoir la félicité coule dans l'endroit sacré; il est le destructeur des Rakshasas et l'ami des dieux. Le dieu couleur d'or, qui voit tout et qui soutient le monde, est distillé dans l'endroit sacré, et émettant un bruit, il se rend vers le vase qui doit le recevoir. Le dieu agile qui éclaire le ciel, le purificateur qui détruit les Rakshasas, s'avance en passant à travers le filtre de poil de chèvre. Celui qui nous purifie dans le sacrifice éclaira le soleil de ses rayons. Soma, le vainqueur de Vritra, fait pleuvoir la félicité et donne la richesse; incapable de recevoir aucun mal, il avance comme un cheval de guerre. Le Soma resplendissant et doué d'une sagesse infinie, avance vers le vase afin de témoigner son respect à Indra.

8. L'homme qui récite les vers relatifs au purificateur et contenant l'essence présentée par les rishis, mange la nourriture sainte, d'une pureté parfaite, et ayant obtenu, par l'action de l'air, un goût délicieux. C'est pour lui que Saraswati, déesse qui entoure tout, fait couler le beurre clarifié et le doux jus de la plante de la lune. Que ces vers relatifs au purificateur, nous apportent la prospérité, qu'ils distillent pour nous du beurre et qu'ils nous procurent des trésors. Le suc a été offert par les rishis et ils répandent en nous, Brahmanes, l'eau de la vie. Que ces vers relatifs au dieu purificateur, lorsque les déesses sont assemblées avec les dieux, nous mettent en possession de ce monde et de l'autre, et nous conduisent au but de nos désirs. Que ces vers relatifs au dieu purificateur versent sur nous ce liquide mille fois saint avec lequel les dieux purifient nos personnes. Au moyen de ces vers qui procurent la prospérité, un homme atteint le paradis, jouissant, en obtenant de la nourriture, de la récompense de son mérite, et il va ensuite au séjour de l'immortalité.

9. Nous approchons avec un profond respect de cet Agni qui brille dans sa résidence, qui est toujours jeune, qui, placé entre le ciel et la terre, reçoit beaucoup d'offrandes précieuses et qui se manifeste de tout côté. Agni, qui subjugue par sa puissance toutes nos habitudes vicieuses, reçoit nos louanges comme étant l'origine de la richesse; qu'il écoute nos prières, qu'il nous préserve de tout vice et de tout reproche, et qu'il écarte toute souillure de nos sacrifices. O Agni, les fils de Vasishtha te célèbrent; accordez-nous en tout temps, ô dieux, votre puissante protection.

10. Le puissant Indra augmente en puissance par les louanges de Vatsa avec la rapidité d'un nuage chargé de pluie. Lorsque les fils de Kanwa célèbrent Indra, le protecteur des sacrifices, ils privent de toute force les armes de leurs ennemis. Lorsque les prêtres d'un rang inférieur remplissent avec empressement les vases, les élèvent et emportent le produit du rite solennel, les savants Brahmanes présentent à Indra des louanges accumulées.

11. Les ruisseaux du suc pacificateur, couleur d'or qui dissipe les ténèbres, coulent rapidement pour réjouir les dieux. Le purificateur, entouré d'une splendeur incomparable et qui vient sur des chars rapides, accourt, accompagné des Maruts. O toi qui donnes libéralement la nourriture, entoure-nous de tes rayons, et accorde à celui qui célèbre tes louanges des descendants illustres.

12. Prêtres, répandez l'eau sur le suc de la plante de la lune, la plus parfaite des offrandes, et qui, mise en mouvement par les hommes, chemine à travers les eaux. Celui qui est incapable de subir la moindre des injures et dont l'odeur est exquise, s'écoule de tout côté à travers les filtres de poil de chèvre. Nous qui te mêlons avec de la farine et avec le produit de la vache, nous t'adressons des chants

joyeux lorsque tu es broyé entre les pierres et lorsque tu es mêlé à l'eau. Le dieu radieux qui voit tout et qui satisfait toutes les autres divinités, coule avec pureté.

13. Le Soma brillant, couleur d'or, distributeur de la pluie, et digne de respect tout comme un roi, se rend, en élevant la voix, vers l'élément liquide. Après avoir été purifié, tu passes, ô Soma, avec la rapidité de l'épervier, à travers le filtre de poil de chèvre. O possesseur de toute sagesse, tu te rends au lieu sacré par amour pour le sacrifice, et de même qu'un cheval, après avoir été lavé, s'élance vers la mêlée, tu cours au combat. Soma, aie compassion de nous lorsque tu vas au vase sacré, te mêler avec les eaux.

14. De même que les rayons de la lumière entourent le soleil, vous devez entourer avec adoration le vaste trésor d'Indra. Partout où il se manifeste, sa puissance produira tous les trésors, et de même qu'après sa mort un père reçoit les offrandes de son fils, nous recevrons ces trésors. Louez Indra, qui donne la richesse et qui est généreux envers l'homme exempt de péché; il ne rejettera pas la prière de celui qui accomplit le sacrifice.

15. O Indra, protége-nous contre ceux que nous redoutons. O possesseur des richesses, anéantis ceux qui nous haïssent et qui se lèvent contre nous. O Indra, seigneur de l'opulence, tu es vraiment le possesseur d'amples trésors et de séjours délicieux. O dieu de la richesse, objet de nos louanges, nous t'invoquons, nous qui pressons la plante de la lune.

16. O Soma, tu es le dieu qui aime à distribuer des richesses, et ta puissance est grande. Coule avec pureté dans nos cérémonies solennelles. Tu es plein d'un esprit excellent, tu soutiens le sacrifice, tu es enivrant, tu es le vainqueur d'une multitude d'hommes et tu es invincible. Broyé par les pierres, tu coules en émettant un bruit agréable, et en nous apportant une puissance qui procure la renommée et qui détruit nos ennemis.

17. Coule, ô Soma, pour le banquet des dieux; prends ton siége sur le vase qui te reçoit. Les gouttes de ton suc qui va rapidement chercher l'eau, excitent dans Indra une joyeuse ivresse. Les dieux te boivent pour acquérir l'immortalité, toi qui es délicieux. Le liquide pur et brillant, dont la puissance est universelle, nous apporte l'opulence.

18. Nous purifions, au moyen du filtre de poil de chèvre, le dieu désirable, couleur d'or, qui, étant lui-même un dieu, réjouit tous les dieux. Les dix doigts réunis lavent le mortier chéri d'Indra. O Soma, tu es purifié pour servir de boisson à Indra, destructeur de Vritra, et afin que tu puisses accorder tes dons à l'homme qui est assis dans la salle des offrandes.

19. O Soma, coule avec la rapidité d'un cheval bien lavé; hâte-toi de nous donner abondance de force et de richesses. Ceux qui pressent la plante de la lune purifient ton jus. Les prêtres consacrent, en répandant le soma, l'enfant des eaux, le nouveau-né couleur d'or, le dieu brillant.

20. Les dieux s'assemblent en présence de Soma qui se mêle avec les eaux et qui détruit nos ennemis. Que nos voix célèbrent Soma qui prend possession du cœur d'Indra; chérissons-le comme une mère chérit son enfant. O Soma, objet de nos hymnes sacrés, fais pleuvoir le bonheur sur nos troupeaux; donne-nous des aliments en abondance, et remplis d'eau nos réservoirs.

21. Ceux qui allument avec empressement Agni et qui ont pour ami Indra, toujours jeune, étendent avec ordre l'herbe sacrée, en commençant du côté de l'Orient; ils connaissent beaucoup d'hymnes; leur massue (pour écarter les profanes) est pesante; ils sont l'objet de l'attachement d'Indra, toujours jeune et vainqueur de tous ses ennemis.

22. Indra, le dieu suprême contre lequel nul n'ose élever la voix, donne l'opulence à l'homme qui offre le sacrifice. Il donne promptement de la puissance à tout homme qui, assis sur l'herbe sacrée, assiste aux cérémonies saintes. Indra fait périr en un instant, comme on écrase un reptile, l'homme qui refuse de fournir les matériaux nécessaires pour le sacrifice; il écoute avec une extrême attention nos chants de louange.

23. Les chantres du Sama-Véda chantent tes louanges; les chantres du Rig-Véda célèbrent le glorieux Indra; les prêtres qui récitent l'Yajour-Véda te glorifient, ô toi qui accomplis des actes méritoires. Lorsque celui qui institue le sacrifice monte au sommet de la montagne (afin de cueillir les plantes), Indra connaît son dessein, et le dieu qui donne la pluie accompagné des Marouts, fait trembler toutes choses; il attelle ensuite à son char ses chevaux à la longue crinière, et Indra, qui boit le suc de la plante de la lune, vient entendre nos voix qui chantent ses louanges.

ONZIÈME ADHYAYA.

1. Resplendissant Agni, amène les dieux à ce sacrifice, purifie-le et présente toi-même l'offrande. O toi dont la sagesse est infinie et qui préserves nos corps, porte aujourd'hui notre offrande aux dieux. J'invoque, en cette cérémonie, Agni que les hommes louent et chérissent, et dont la parole est douce; Agni, conduis les dieux auprès de nous dans un char splendide, car c'est toi que les hommes invoquent pour que tu intercèdes pour eux auprès des dieux.

2. Que Mitra exempt de toute faute, qu'Aryama, Savita et Bahga nous envoient successivement, au lever du soleil, tout ce que nous désirons. O toi qui occupes des demeures parfaites, sois notre protec-

leur, lorsque les dieux, distributeurs de dons de toute espèce, viendront enlever tous nos péchés. Maîtres de toutes choses, vous présidez, avec votre mère Aditi, aux cérémonies impérissables, et vous possédez d'immenses trésors.

3. O Indra, toi qui tiens la foudre, que nos chants te comblent de joie; accorde-nous des aliments et extermine tous ceux qui haïssent les Brahmanes. Foule aux pieds les tribus de voleurs qui n'offrent pas de sacrifices, car tu es puissant, et il n'existe nul être comme toi. O Indra, tu es le maître de tous les hommes.

4. Soma, le purificateur, toujours vigilant et instructeur des prêtres, s'est assis au lieu du sacrifice; les prêtres se saisissent de lui en méditant sur ce qu'ils accomplissent, et en portant l'offrande dans leurs mains pures. Le dieu qui remplit les deux mondes et qui détruit les ténèbres, se rend auprès d'Indra. Il nous protége comme des maîtres protégent leurs serviteurs; puisse-t-il nous envoyer des richesses! Soma, qui fait pleuvoir la félicité et qui, grandissant toujours lui-même, fait augmenter toutes choses, nous préserve par son éclat. C'est grâce à lui que nos ancêtres, qui suivirent à la piste les vaches volées et qui connaissaient toutes choses, apprirent à se diriger vers la montagne où les vaches étaient cachées.

5. O mes amis, ne louez pas d'autre être qu'Indra; pourquoi voudriez-vous attirer sur vous la destruction? Louez Indra, le distributeur de la pluie, pendant le sacrifice de la plante de la lune; chantez et répétez ses hymnes sacrés. Louez celui qui, tel qu'un taureau furieux, est terrible en sa colère, qui subjugue ses ennemis, qui punit et qui pardonne; digne de toute vénération, il protége les êtres animés et inanimés.

6. Nos voix mélodieuses s'élèvent comme des chars vainqueurs et irrésistibles. De même que les chantres, fils de Kanwa, entourent le lieu sacré, et que les rayons de la lumière enveloppent le soleil, ainsi les fils de Bhrigu entourent Indra qui comprend toutes choses; et les hommes qui sont les fils de Priyamedha, l'adorent, en lui adressant des hymnes et en élevant leurs voix.

7. Rends-toi aussi rapidement que possible à la guerre, ô dieu, et, incapable d'être vaincu, combats contre nos ennemis; c'est toi qui vas anéantir ceux qui nous haïssent. O purificateur, tu créas, par un effet de ta puissance, le soleil dans l'élément liquide; tu te rends promptement vers nous, nous apportant le développement de l'intelligence, et nous amenant des vaches en abondance.

8. O divinité brillante, enivrant Soma, coule avec pureté, afin de nous assurer l'immortalité et une demeure splendide. Qu'Indra boive, ô Soma, ton suc exprimé, et que tous les autres dieux en boivent, afin d'obtenir l'intelligence et la force.

9. Semblable aux brillants rayons du soleil, le suc (du soma) enivrant et nouvellement produit coule de tout côté à travers le filtre, et ne va point en un autre endroit que le corps d'Indra. Le suc doux et purifiant est exprimé, et le dieu rapide s'écoule à travers le filtre. Lorsque le taureau mugit, la vache accourt vers lui, de même nos chants sacrés s'unissent autour du vase purifié qui reçoit le suc de la plante divine; passant à travers le filtre de poil blanc de la chèvre, Soma se répand de tout côté pour produire le liquide protecteur, qui agit comme une cotte de mailles.

10. O héros, donnez naissance à Agni par le mouvement de vos doigts; Agni, l'illustre seigneur des familles, Agni qui voit au loin, tombe dans vos mains lorsque vous frottez le bois (201*). Les prêtres ont pris leur place et entretiennent Agni afin qu'il nous préserve de tout danger; éternel et digne d'adoration, Agni se trouve toujours dans le lieu où il réside. Brille avec éclat, Agni, dieu toujours jeune, et que les mets que nous t'offrons soient absorbés dans ta substance immortelle.

11. Cette splendeur, qui se meut de tout côté, vient de l'Orient et prend son siége sur la terre qui est sa mère; elle se rend ensuite vers le ciel qui est son père. Ses rayons se meuvent avec l'homme, et ce même dieu puissant illumine le firmament. Les manifestations du soleil, dans le jour et la nuit, illuminent par leur éclat les trente demeures des heures, et la voix de nos chantres soutient les manifestations du soleil.

DOUZIÈME ADHYAYA.

1. Nous qui approchons du sacrifice sans faute, nous chantons la liturgie sacrée d'Agni que nous célébrons, même lorsqu'il est à une distance, cet ancien Agni qui fond sur les hommes qui voudraient nous nuire, et qui préserve les propriétés de ceux qui offrent le sacrifice. Que le possesseur de toute félicité préserve la richesse que nous possédons, et qu'il nous sauve de nos péchés. Que tous les êtres vivants célèbrent cet Agni qui est le destructeur de Vritra (*le démon à forme de nuage*), et qui, dans chaque bataille, emporte triomphalement la richesse des ennemis.

2. O brillant Agni, attelle tes chevaux rapides et bien dressés, et qu'ils amènent ici ton char splendide. Viens en notre présence, et, ayant égard aux viandes offertes, amène les dieux à la fête, au banquet de la plante de la lune. O Agni, toi qui te saisis du sacrifice, toi qui possèdes une grande splen-

(201*) Rappelons que, pour obtenir Agni ou le feu sacré, les Brahmanes frottaient avec rapidité deux morceaux de bois sec, et recevaient, sur du coton étendu dans leurs mains, l'étincelle qui jaillissait de cette friction.

deur et qui es indestructible, répands ton éclat qui jette partout sa splendeur.

3. Que la bande des malfaiteurs n'entende point le son que fait en tombant le liquide qui nourrit le sacrificateur. Expulsez ce chien qui ne donne rien pour le sacrifice, comme les fils de Bhrigu chassèrent (le chien) Makka. Le compagnon des dieux se répand dans l'endroit sacré, comme un fils s'appuie sur le bras de son père, et il se rend rapidement à son siége dans le vaisseau sacré qui le reçoit, de même qu'un amant accourt vers sa maîtresse, ou un mari vers sa femme. Le héros puissant, celui qui fournit la force, se répand sur le ciel et sur la terre. Le dieu couleur d'or, de même qu'un sacrificateur dans sa propre maison, s'avance rapidement pour s'asseoir sur le vaisseau sacré, dans l'endroit saint.

4. O Indra, toi qui, par ta naissance, es élevé au dessus de tout ennemi, toi que nul ne peut contraindre, et qui es sans égal, tu choisis toujours dans leurs guerres tes adorateurs pour en faire tes frères. Tu ne veux pas admettre dans ton amitié le riche avare, ni ces ivrognes qui cherchent à faire du mal. Lorsque tu fais entendre seulement le son inarticulé de l'approbation, tu apportes ton opulence avec toi, et nous le recevons avec empressement, comme nous recevrions les mânes d'un père.

5. Que les centaines et les milliers de chevaux à longue crinière, qui appartiennent au tout parfait Indra, soient attelés au chariot d'or, et qu'ils le conduisent au banquet de la plante de la lune. Que les deux chevaux à queue de paon, dont le dos est blanc, et qu'on appelle Hari, t'amènent dans un chariot d'or pour boire la divine liqueur, si digne d'éloges, et pour prendre part à nos viandes. O toi qui reçois la louange, bois de ce jus liquide bien préparé, exprimé avec l'empressement du vent qui boit d'abord sa portion. Ce jus agréable est fameux par sa qualité qui donne l'allégresse.

6. Pressez et arrosez d'eau de tout côté Soma, rapide comme un cheval, l'objet de nos louanges, celui qui envoie l'eau et qui répand la clarté, celui qui tombe en gouttes comme l'eau et qui se mêle à l'élément liquide, celui qui s'écoule en mille ruisseaux, qui fait pleuvoir les bénédictions, qui est exprimé comme du lait, et que toute la race des dieux chérit. La glorieuse divinité radieuse est le produit de l'eau, et elle s'augmente par l'eau; pressez donc les plantes sacrées, et obtenez le puissant et fidèle Soma.

7. Agni qui désire les viandes du sacrifice ainsi que les hymnes de louange, Agni qui se montre avec éclat, est la divinité brillante qui reçoit les offrandes ; elle dissipe les ténèbres et détruit tous nos ennemis qui nous enveloppent. Il est aussi le gardien radieux du père (le ciel) ; il réside dans le sein immortel de la mère (la terre), et il s'assied dans l'enclos sacré réservé pour le sacrifice. O toi qui connais la nature de tous les êtres et qui vois toutes choses, apporte-nous de la nourriture, et donne-nous des descendants qui puissent être illustres, même dans le ciel.

8. La glorieuse divinité, qui est purifiée par la pression des doigts ornés de chaînes d'or, apporte son jus en contact avec les dieux, et lorsqu'elle est pressée, elle se meut à travers le filtre sacré, en émettant un son comme celui de l'homme qui invoque les dieux, lorsqu'il va à la maison nouvellement construite où un animal est réservé pour le sacrifice. O toi, le dieu puissant, qui vois au loin et qui es revêtu d'un appareil guerrier, toi qui élèves ceux qui répètent tes louanges et qui te célèbrent, toi, le purificateur qui veille sur toutes choses, divinité toujours vigilante, pé être entre les planches qui broient pour le banquet divin les plantes sacrées. Le plus illustre parmi les illustres, celui qui s'étend sur toute la terre, le bien-aimé qui est élevé sur le filtre de poil de chèvre, est purifié pour nous. O toi qui soutiens et qui purifies, élève ta voix de tous côtés, et préserve-nous toujours en nous accordant ta protection secourable.

9. Hâtons-nous de louer Indra toujours prospère, qui a été purifié (de la tache du meurtre des Rakshasas) par la psalmodie purifiante et par les hymnes liturgiques qui purifient. Que Soma, qui soutient toutes les substances purifiantes, devienne ses délices. O Indra purifié, viens à nous toi-même purifié avec les Maruts qui t'accompagnent, et qui sont également purifiés. O toi qui bois le jus de la plante de la lune, établis-nous en possession de la richesse, et jouis de ce jus enivrant. O Indra, lorsque tu es purifié, tu nous accordes des trésors ; lorsque tu es purifié, tu donnes à l'instituteur du sacrifice sa récompense ; lorsque tu es purifié, tu extermines nos ennemis, et tu aimes à nous envoyer de la nourriture.

10. Nous qui désirons les viandes du sacrifice et qui nous saisissons du ciel, nous chantons les cantiques du resplendissant Agni, car ils donnent le mérite. Agni présente les sacrifices accomplis dans le monde de l'homme ; qu'il accepte nos chants et qu'il apporte le sacrifice à la famille des dieux. O Agni, tu acquiers de la grandeur de tous côtés ; tu es l'objet de notre affection, et tu mérites toute louange, car c'est par ton secours que le sacrifice est rendu complet en toutes ses parties.

11. Les voix des prêtres s'emploient à louer celui qui est adoré dans les trois sacrifices journaliers, qui fait pleuvoir la félicité, qui donne la nourriture et qui est la divinité qui rend un son bruyant. S'étendant sur les eaux, comme Va una

s'étend sur la mer, il accorde des bijoux bien désirables. Coule avec pureté, toi qui es accompagné par les braves et entouré par les héros, toi qui es le vainqueur et le conquérant, toi qui possèdes la richesse et qui tiens les armes aiguës, qui es invincible dans la guerre et qui terrasses toujours les ennemis dans le combat. O toi qui accomplis des voyages immenses, toi qui procures de la sécurité à tes adorateurs et qui donnes le bonheur au ciel et à la terre, coule dans la pureté, toi qui aimes à rencontrer les eaux au lever de l'aurore, lorsque le soleil est au méridien, et lorsque les rayons du soleil disparaissent, toi qui nous procures une nourriture fortifiante.

12. O préservateur de la force, quand tu es joint à Soma le saint, tu possèdes une célébrité immense. O toi qui es invincible, et qui par toi-même seul soutiens les hommes, tu tues les indomptables Rakshasas. Nous te demandons maintenant des richesses, nous t'en demandons en tout temps, comme les mânes (*des morts*) demandent la portion qui leur est réservée. Tes demeures dans le ciel, ô Indra, sont aussi étendues que la voix de la renommée. Que des flots de bonheur venant de toi nous entourent de toutes parts.

13. Nous avorons le dieu qui, même parmi les déités, est digne d'adoration, celui qui invite les dieux, l'immortel, celui qui amène le sacrifice au degré de perfection, celui qui préserve les liquides (202) et qui possède de brillants trésors, le tout resplendissant Agni qu'entoure une splendeur admirable. Qu'il offre la liqueur qui fait les délices de Mitra et de Varuna dans la salle brillante des sacrifices.

14. O Agni, que d'inépuisables amas de provisions arrivent aux hommes que tu protéges dans le combat et que tu envoies à la guerre. O destructeur des ennemis, rien de ce qui appartient à l'homme que tu défends ne peut lui être enlevé, et sa force est partout fameuse. Que le seigneur de tous les hommes nous préserve dans les guerres au moyen de troupes de chevaux, et qu'il devienne le distributeur de toutes les choses précieuses par le moyen des sacrifices de nos Brahmanes savans.

15. Lorsque les dix sœurs unies et purifiantes (*les doigts*) pressent le puissant Soma, le jus couleur d'or s'écoule comme les rayons du soleil; il se répand avec la rapidité d'un cheval agile dans le vase destiné à le recevoir. Le jus de la plante de la lune, désiré des dieux, qui fait pleuvoir le bonheur et qui reçoit de grandes louanges, est saisi par les eaux sacrées comme l'enfant l'est par sa mère, et il court avec empressement vers le séjour qui lui est réservé dans le vase qui reçoit, et où il se mêle avec le produit de la vache. Vraiment Soma a bu le lait de la vache indestructible, et lui-même, doué d'une intelligence extrême, il coule en ruisseaux nombreux; les vaches enveloppent de leur lait, comme de vêtements nouvellement lavés, la divinité suprême.

16. O Indra, bois à ton entière satisfaction de ce jus savoureux, mêlé au produit de la vache. Et lorsque tu as bu et que tu es sous l'influence de la liqueur, récompense-nous en nous accordant la prospérité, et que tes regards favorables nous protégent. Puissions-nous, nous qui fournissons les viandes du sacrifice, être maintenus dans une situation d'esprit favorable, et ne pas être abandonnés en proie à nos ennemis; préserve-nous avec tes secours merveilleux, et conserve-nous toujours en paix.

17. Les vingt et une vaches laitières lui donnent le lait véritable dans le lieu excellent du sacrifice, et les quatre liquides (203) délicieux sont produits pour la purification des hommes aussi souvent qu'ils sont amenés à la perfection dans le sacrifice. Les deux mondes sont élevés par les hymnes qui font l'éloge de l'eau purifiée et délicieuse de la vie. Soma, avec sa puissance, entoure les eaux brillantes, toutes les fois que les préparateurs des viandes sacrées entrent dans la demeure du dieu radieux. Que les rayons excitants, immortels, inextinguibles de la lumière tendent à la préservation des habitants des deux mondes, et qu'avec eux Soma envoie une nourriture pure, fortifiante et divine; que nos hymnes de louange s'élèvent ensuite vers le dieu resplendissant.

18. O toi, purificateur très-illustre, approche pour le banquet de Vayu, de Mitra, de Varuna et du héros Indra, qui est rapide comme la pensée, qui se tient debout dans un char, qui est le producteur de la pluie et qui manie la foudre. O divin Soma, accorde-nous des vêtements pour nous couvrir, donne-nous des vaches laitières pures, des ornements d'or qui apportent la joie, et des chevaux propres aux chariots. O purificateur, fais pleuvoir sur nous toute espèce de richesse céleste et terrestre; puissions-nous, par ton entremise, entrer en possession d'une opulence digne des Rishis, et telle que celle que possédait Jamadagni!

19. O propriétaire sans égal, toi qui as été produit pour la destruction des Rakshasas, tu as simultanément rendu la terre habitable et élevé les piliers du ciel. C'est pour toi que les sacrifices furent institués, et que furent composés les hymnes qui inspirent la joie. Tu es le créateur de toutes les choses qui ont été, ou qui doivent être. O toi

---

(202) Peut-être faut-il lire, petit-fils des liquides, *napadam. nepotum.*

(203) Des interprètes croient que ces vingt et une vaches sont les douze mois, les cinq saisons, les trois mondes et le soleil.

qui as élevé le soleil dans les cieux, répands la fertilité dans nos vaches laitières. Et vous, prêtres, échauffez le cœur d'Indra, l'objet de nos louanges, en chantant les hymnes bien cadencés du grand Sama, comme d'autres le font avec les vers touchants du Sama ordinaire.

20. De même que l'adorable Soma, qui cause des délices enivrantes, s'écoule dans le vaisseau, de même, ô possesseur des chevaux Hari, bois et livre-toi à l'allégresse. Celui qui fait pleuvoir les bénédictions, le brillant Soma, celui qui nourrit et qui donne des milliers de présents, est préparé pour celui qui fait tomber la pluie. O Indra, qu'elles nous parviennent, ces ondées excitantes, qui apportent des bénédictions, qui détruisent les ennemis, qui donnent l'immortalité. Tu es brave ; tu es celui qui distribue les présents ; envoie-nous le chariot des mortels (le sacrifice), afin de nous porter au ciel. En même temps, ô Dieu qui subjugues tout, consume, tout comme tu consumerais un vase de bois, le misérable qui néglige les rites sacrés.

TREIZIÈME ADHYAYA.

1. O Soma, verse sur nous de la pluie en abondance, répands des flots d'eau de tout côté et donne-nous d'amples provisions d'aliments salutaires. Coule en ruisseaux tels que les vaches de nos ennemis viennent à nos demeures. O le plus chéri des dieux, répands sur nous de l'eau en abondance. Que Soma nous fournisse avec le liquide pur filtré à travers le tissu de poil de vache, toute l'eau nécessaire à nos besoins, et que les dieux entendent son approche. Le dieu purificateur, détruisant les Rakshasas et versant des torrents de lumière, descend sur nous en des flots de pluie.

2. Prêtres, apportez la boisson qu'Indra boit avec délice ; ce dieu connaît toutes choses et s'agite de tout côté ; il vient assister au sacrifice et s'avance à la tête des divinités. Approchez-vous d'Indra qui boit le suc de la plante de la lune et qui triomphe de ses ennemis ; apportez-lui des vases remplis de la boisson brillante, et le dieu qui connaît toutes choses, qui assiste à nos sacrifices et qui disperse nos ennemis, nous accordera tout ce que nous désirons. Offrez-lui, ô prêtres, la boisson nourrissante, afin que nous ne connaissions jamais le malheur d'être subjugués par nos ennemis.

3. Adressez vos chants à Soma couleur de rose qui subsiste par un effet de sa propre puissance et qui touche le ciel. Purifiez le doux liquide broyé par les pierres et versez-y le doux lait. O Soma, toi qui fournis aux dieux l'objet de leurs désirs et qui disperses nos ennemis, toi qui vois tout, répands la félicité sur nos troupeaux. O seigneur des esprits, tu es versé pour charmer Indra. Soma éclatant et pur, accorde-nous, de concert avec Indra, de la richesse accompagnée de la force du corps.

4. Dieu puissant, tu apportes avec toi de précieux trésors, tu fais pleuvoir la félicité et tu es le refuge de l'homme. Que l'invincible destructeur de Vritra, que celui qui renversa quatre-vingt-dix-neuf villes par la force de son bras, nous accorde l'opulence. Qu'Indra, notre ami, qui donne le bonheur, fasse couler sur nous comme un torrent de richesses formées de chevaux, de vaches et d'orge.

5. Que le soleil glorieux boive l'esprit puissant de la liqueur de la plante de la lune et qu'il accorde à l'instituteur du sacrifice une vie exempte d'adversité. L'astre qui préserve le monde par un effet de sa puissance et qui nourrit tous ses habitants, celui qui répand des flots de lumière et qui extermine les impies, s'est manifesté. Il surpasse toutes choses, il triomphe de tous les ennemis et il procure l'opulence. Le glorieux et puissant soleil répand son influence indestructible, afin de donner la lumière au monde.

6. O Indra, protége nos cérémonies saintes, accorde-nous des richesses avec le même empressement qu'un père donne à son fils. O toi qui es glorifié en ce sacrifice, accorde-nous de voir chaque jour la lumière du soleil. O héros intrépide, que nos ennemis féroces et ignorants ne puissent nous surprendre, puisque nous accomplissons les rites pieux. Lorsque nous nous embarquons, protége-nous aussi, afin que nous traversions les eaux en sûreté.

7. Indra, protége-nous aujourd'hui, demain et toujours. Tu protéges les hommes saints et ceux qui chantent tes louanges ; veille sur nous la nuit et le jour. O héros, destructeur des ennemis et dieu des richesses, toi qui mêles le suc qui produit la vigueur, toi qui accomplis beaucoup d'actes méritoires et qui fais pleuvoir la félicité, que tes deux mains saisissent ta foudre.

8. Nous qui désirons avoir des épouses et des fils, nous nous rendons au lieu du sacrifice et, apportant des dons somptueux, nous invoquons Saraswan, le dieu des mers. Que Saraswati, la rivière déesse, chérie d'une affection extrême par les sept rivières sœurs, déesses dignes de tout éloge, reçoive nos louanges.

9. Nous méditons sur la lumière adorable du père divin (des êtres). Qu'il guide notre intelligence. Nous possédons des aliments excellents que nous a fournis le soleil resplendissant. Qu'il fasse prospérer nos rites sacrés.

10. O Mitra et Varuna, dieux jumeaux, qui êtes sans haine et qui prospérez continuellement, secourez les prêtres qui accomplissent le sacrifice désiré, afin de nous donner de l'eau.

11. O vous qui résidez dans les cieux pluvieux et qui faites tomber la pluie, vous qui êtes les maîtres de la nourriture, renommés pour votre libéra-

fié, montez sur votre char puissant. Les habitants des trois mondes lient, par leurs rites sacrés, Indra sous la forme du Soleil, du Feu et du Vent. Les étoiles qui brillent au ciel ne sont que des formes d'Indra.

12. Ces coursiers puissants, bien assortis et chéris, doivent être attelés à ton char, ô Indra! Ô héros, tu te manifestes chaque jour avec les rayons du soleil, tu donnes la vie aux créatures engourdies, tu rends la forme aux créatures qui n'en avaient plus.

13. Indra, c'est pour toi qu'est exprimé et qu'est versé ce breuvage ; c'est toi qui as formé la brillante plante de la lune qui se meut avec la rapidité d'un cheval, et tu l'as couverte de ton ombre, afin qu'elle pût produire la boisson qui fortifie et qui excite. Ce dieu puissant, tel qu'un char qui porte de riches trésors, les amène ici pour vous les donner. O toi qui donnes la force, déploie une énergie égale à celle des Maruts, à celle des armées célestes ou à celle des eaux qui se précipitent. Purifie notre esprit, ô toi qui te manifestes en mille ruisseaux ; ô vainqueur des armées, tu mérites bien d'avoir une part dans le sacrifice.

14. O Agni, les dieux t'ont consacré en te désignant pour leur offrir tous les sacrifices accomplis dans le monde des hommes. Tu présentes aux objets de nos adorations les offrandes que nous leur présentons au moyen de ta langue brûlante. Tu conduis les dieux auprès de nous et tu leur présentes nos offrandes. O Agni, tu es celui qui institue et qui conduit à leur perfection tous les rites qui procurent le mérite. Tu connais intimement toutes les routes et tous les sentiers des rites du sacrifice ; sers-nous donc de guide.

15. Celui qui porte aux dieux les offrandes, celui qui distribue les dons, l'immortel Agni se présente au commencement de nos cérémonies. Ce puissant guerrier est le sujet de nos méditations pendant nos campagnes, et c'est lui qui nous fournit tout ce qui est nécessaire pour les sacrifices. L'objet de notre adoration, Agni, établi par nos cérémonies, soutient le sein où est renfermé l'Être, et la fille de Daksha (*la terre consacrée*) le soutient à son tour.

16. Versez le beurre clarifié et mêlé d'eau sur Agni qui soutient le ciel et la terre ; saisissez-vous des dons de celui qui répand la félicité au milieu de ses fêtes. De même que les vaches savent retourner à leurs demeures, que les veaux suivent leur mère et que les sœurs marchent unies à leurs frères, de même tous les mets offerts en sacrifice traversent l'air se rendant vers Indra et Agni, et tombent dans les mâchoires du dieu qui consomme toutes choses.

17. Cette essence primitive possède seule une existence réelle parmi tous les êtres. C'est elle qui a produit le soleil radieux. Lorsqu'il se manifeste, il détruit tous nos ennemis, et toutes les créatures se reposent en lui avec joie. Il extermine les méchants et répand la frayeur parmi ses vils ennemis. Il est le purificateur de toutes les créatures animées et inanimées. Lorsque tu es satisfait, ô dieu, toutes les créatures que tu supportes cherchent un refuge en toi. Donne-nous, ô Indra, un héritier plus désirable que les choses les plus dignes d'envie.

18. Indra puissant et vénérable, bois au gré de tes désirs et d'accord avec Vishnou, le suc de la plante de la lune mêlé d'orge. Ce fut vraiment le puissant Soma qui animait Indra lorsqu'il accomplit le plus glorieux de ses exploits, lorsqu'il tua Vritra. O Indra, tu es né en possession d'un grand mérite, et grâce à ton pouvoir, tu portes le monde ; ta puissance est immense ; tu détruis tes ennemis ; tu es le dieu qui sait tout, tu possèdes une sagesse parfaite ; tu accordes à ceux qui célèbrent tes louanges l'opulence qu'ils désirent avec ardeur. Puisse le divin et fidèle Soma entourer le fidèle Indra ! Indra tua Kravi et rendit la prospérité au ciel et à la terre que ce démon avait remplis de sa puissance. Indra reçoit en son corps la moitié du breuvage de la plante de la lune et envoie l'autre moitié aux dieux. Puisse le divin et fidèle Soma entourer le fidèle Indra !

QUATORZIÈME ADHYAYA.

1. Célébrez avec la plus grande attention dans des chants de louange, célébrez Indra, le seigneur du bétail, car il est capable d'apprécier vos services, il est le fils du sacrifice et il protège les hommes saints. Que les chevaux brillants et couleur d'or d'Indra se présentent sur l'herbe sacrée où nous louons Indra. Les vaches donnent leur doux lait afin qu'il soit mêlé au jus de la plante de la lune pour Indra qui tient la foudre, lorsque la liqueur est, de tous côtés, apportée en sa présence.

2. Disposez en un ordre élégant nos viandes du sacrifice ainsi que les liquides, devant Indra qui reçoit les offrandes, en chaque combat où il est engagé. O toi qui tuas Vritra et qui manies admirablement l'arc, toi que les louanges rendent propice, accomplis nos désirs. Tu es le principal distributeur de la richesse, le possesseur de la renommée, doué d'une fidélité continuelle ; nous demandons ce qui convient à la majesté du possesseur d'abondants trésors et à celle du fils d'une force puissante.

3. Les habitants célestes font couler dans le puissant firmament l'ancienne liqueur louée dans les âges passés, et, les yeux tournés vers Indra, ils célèbrent le jus nouvellement produit. Ensuite ces protecteurs divins et qui voient tout, louent leur parent (Soma) avant que le brillant soleil n'ait dissipé l'obscurité. Et toi, ô Soma purifiant, tu deviens l'ornement du ciel et de la terre et de toutes

les créatures, par le moyen de ta grande puissance, de même qu'un taureau est l'ornement du troupeau parmi lequel il est placé.

4. Agni, ne manque pas de répéter parmi les dieux ce nouveau cantique de louange qui accompagne nos offrandes et qui est récité auprès de ton sanctuaire du côté de l'est. O Agni, toi qui possèdes une splendeur variée, tu es le distributeur de l'opulence, et, de même qu'une vague de la mer en face de l'embouchure d'une rivière y envoie une portion de ses eaux, de même tu fais pleuvoir le bonheur sur celui qui institue un sacrifice. Distribue-nous des provisions du plus haut des cieux et des régions de l'air mitoyen, et accorde-nous les richesses de ce monde inférieur.

5. Je suis la personne qui en vérité s'empare de l'intelligence de celui qui préserve les sacrifices; j'ai une origine resplendissante comme celle du soleil. Né comme Kanwa dans les anciens jours, j'adore Indra avec mes cantiques, et ils l'excitent à déployer sa force puissante. Il y en a qui ne font aucun effort pour te plaire, et il y avait des rishis qui te plaisaient parfaitement; lorsque moi (qui n'appartiens ni à l'une ni à l'autre de ces classes) je te loue complétement, manifeste toute ta grandeur.

6. O Agni, accepte avec tous les feux qui t'accompagnent, accepte nos offrandes qui donnent la force et, avec tous les feux qui existent parmi les dieux et les hommes, reçois favorablement nos hymnes de louange. Puisse cet Agni, auquel les prêtres font des offrandes, venir en notre présence avec tous les feux qui l'accompagnent, entourés d'amas de provisions pour nous-mêmes, nos fils et nos petits-fils! O Agni, avec tous les feux qui t'accompagnent, élève en haut nos hymnes de louange aussi bien que nos sacrifices. Envoie-nous des hommes vertueux pour offrir des libations aux dieux et pour nous accorder la richesse.

7. O Soma des premiers âges, toi qui es assis sur des nattes d'herbe Kusa coupée, les sacrificateurs t'inspirent l'intention d'accorder en abondance des aliments et du pouvoir. O héros, inspire-nous de l'héroïsme. Tu es coupé pour servir au breuvage nourrissant du sacrifice comme quelque inépuisable réservoir d'eau ou comme l'eau par les doigts de la main de celui qui l'élève. O immortel Soma, tu deviens pour les mortels le soleil dans le firmament qui supporte les eaux immortelles et pures qui réjouissent le cœur, et tu accompagnes continuellement par rapport à nos guerres les dieux qui honorent le sacrifice.

8. Distillez pour Indra la liqueur éclatante; qu'il boive de la douce essence de la plante de la lune, car c'est lui qui, par son pouvoir, nous envoie de la richesse. Je célèbre le seigneur des chevaux Hari, celui qui donne la richesse; qu'il entende maintenant la louange du fils d'Aswa qui le célèbre! O toi, dieu des premiers âges, personne n'a jamais été produit qui te fût égal en héroïsme; personne ne peut se comparer à toi pour la richesse ni pour l'empressement à nous accorder ta protection et à recevoir gracieusement nos chants de louange.

9. Tu désires (ô mon hôte) le produit de la vache; j'invoque ainsi le producteur des rayons du matin qui fait résonner les eaux lorsqu'elles se mêlent ensemble, le protecteur de la vache, de l'animal auquel on ne peut nuire sans crime.

10. Que le divin Agni, celui qui donne la richesse, aspire à la cuiller allongée avec sa pleine offrande de liquide. Versez et remplissez, car réellement le divin (Agni) vous supporte. Les dieux formèrent Agni qui donne l'intelligence, qui invite aux sacrifices et qui emporte les offrandes. Agni donne des bijoux accompagnés de héros à l'homme qui offre le sacrifice selon le mode institué.

11. Qu'Agni qui connaît toutes les routes où se concentrent les rites sacrés, se manifeste lui-même et que nos chants se frayent une route vers Agni, qui a été heureusement conduit à l'existence et qui fait prospérer les hommes des familles sacerdotales. Puisque les mortels tremblent devant ceux qui accomplissent les rites sacrés, adorez en ce sacrifice Agni, qui donne des milliers de présents, et apportez des offrandes selon votre pouvoir. Agni, appelé par Divodasa, avec sa voix puissante, ne quitta pas les dieux pour errer sur la terre mère, mais les rassemblant, brillant et glorieux, il quitta sa maison dans les cieux.

12. Nous, les cinq tribus, invoquons Agni qui est glorifié par les dieux puissants, car Agni voit tout; il est le purificateur, le protecteur des cinq tribus et le premier consacré. O Agni, qui accomplis des actes saints, verse pour nous de la gloire accompagnée de puissance, et donne-nous de la richesse et des provisions.

13. O Agni, purificateur et brillant, avec ta langue resplendissante, amène ici les dieux et apporte-leur l'offrande. O toi qui es nourri avec du beurre fondu et qui possèdes une splendeur qui surpasse tout, nous désirons ta présence, car tu observes toutes choses. Conduis les dieux au banquet. O Agni, dont la sagesse est infinie, nous t'allumons en ce sacrifice, toi qui te plais aux offrandes et qui es une divinité puissante et radieuse.

14. O Agni, l'objet de notre adoration en tous les rites sacrés, et en lequel entre le flot continuel des hymnes poétiques, sauve-nous par ton secours protecteur. Sauve-nous, ô Agni, apporte-nous de la richesse, toi qui détruis la pauvreté, qui es digne d'être glorifié et qui ne peux jamais nous être enlevé par nos ennemis en quelque guerre que ce soit. O Agni, apporte-nous pour nous soutenir une

richesse qui charme le cœur, qui produise le bonheur et qui dure autant que nos vies.

15. Nos rites sacrés pressent Agni vers le sacrifice comme des cavaliers poussent à la guerre un cheval rapide. Par son moyen nous pouvons acquérir par la conquête toute espèce d'opulence. O Agni, envoie-nous un secours suffisant, afin que nous puissions obtenir des troupeaux de vaches ; donne-nous aussi ton aide pour acquérir de la richesse. O Agni, apporte-nous du ciel une grande opulence qui augmente toujours et qui soit accompagnée de chevaux et de vaches ; illumine les cieux et combats contre nos ennemis. O Agni, tu es la cause que le soleil immortel et toujours en mouvement prend sa place au haut des cieux, afin de pouvoir donner la lumière aux enfants des hommes. O Agni, tu illumines tout, tu es le bien-aimé qui s'assied a nos sacrifices pour y présider. Honore (nos hymnes) de ton regard et fournis de la nourriture aux chantres.

16. O Agni, tu es le chef des dieux, tu dépasses les cieux ressemblant à l'éminence sur les épaules d'un bœuf ; tu es le seigneur de la terre, celui qui inspire les délices à tous les êtres animés et inanimés. O Agni, seigneur du ciel, tu es le seigneur de la richesse, digne d'être louée et d'être accordée. C'est toi qui accordes le bonheur ; que je célèbre donc tes louanges, ô Agni ; tes rayons purs, blancs et brillants, lancent au loin tes flammes brillantes.

QUINZIÈME ADHYAYA.

1. Qui, parmi les hommes, ô Agni, est digne d'être regardé comme ton frère, car autrement qui peut t'offrir un sacrifice digne d'être accepté ? Qui connaît ton essence ou qui sait où est ta demeure secrète ? O Agni, tu es le frère, l'ami de nous autres hommes et l'objet de notre amour. Tu es, tel qu'un ami, digne d'être loué par nos amis. Présente nos offrandes à Mitra et à Varuna, offre au reste des dieux le grand sacrifice, et dans ce but, rends-toi à ton sanctuaire sacré.

2. Celui qui est digne de toute louange et d'être adoré par tous les hommes, l'ennemi des ténèbres, celui dont on doit approcher avec respect, et qui fait pleuvoir la félicité, Agni, brille en ce moment. Il fait pleuvoir le bonheur, et tel qu'un cheval, il nous apporte les dieux ; que les sacrificateurs lui adressent des éloges. O toi qui fais pleuvoir la félicité, nous qui faisons pleuvoir les offrandes, nous te faisons briller, ô resplendissant Agni, qui fais tomber la pluie.

3. O radieux Agni, tes rayons puissants, blancs et brillants montent en haut. O Agni très-désiré, que nos cuillers allongées contenant du beurre fondu, entrent en toi, et honore nos offrandes en les acceptant. Je loue Agni qui cause l'allégresse, qui invite les dieux, qui reçoit les offrandes, qui possède une splendeur variée et des trésors brillants ; qu'il écoute nos chants.

4. Sauve-nous, ô Agni, par un chant sacré ; sauve-nous aussi par deux. O seigneur de la nourriture, sauve-nous par trois cantiques. O toi qui fixes notre résidence, sauve-nous par quatre cantiques. Défends-nous, Agni, contre les tentations des Rakshasas ; protége-nous dans nos batailles, car nous t'entourons, toi qui es toujours très-près de nous et de nos frères, pour nous aider dans les offrandes que nous faisons aux dieux et pour accroître notre prospérité.

5. O roi brillant, tu es regardé comme le seigneur, comme le seul qui ait accès auprès des dieux, comme la divinité radieuse qui effraye les ennemis pour procurer la prospérité à ceux qui t'adorent et qui sont d'une naissance illustre. Le possesseur de toute science vient, tandis que la nuit dure encore, et déploie sa blanche splendeur. Lorsqu'il subjugue la nuit noire qui se retire et qu'il amène à la lumière la vierge, fille du puissant luminaire protecteur, il avance avec ses rayons qui enveloppent le ciel, et il brille, fixant en haut la splendeur du soleil. Le vénérable Agni vient pour développer notre prospérité, et ensuite, comme le destructeur (de l'obscurité), il va à la demeure de sa sœur. Agni, se présentant avec ses rayons célestes et de couleur blanche, s'oppose aux ténèbres nocturnes.

6. O Agni, fils des combustibles et arrière-petit-fils des aliments offerts en sacrifice (204), avec quels hymnes te louerons-nous suffisamment, toi, l'illustre destructeur des ennemis ? O fils de la force, quel genre d'offrande te présenterons-nous, lorsque nous t'offrons cet hymne d'adoration ? Fais ensuite que tous nos hymnes de louange nous procurent des résidences désirables et de la richesse unie à des aliments.

7. O Agni, viens avec les feux qui t'accompagnent, car nous aspirons après toi, qui invites les dieux. Que l'offrande présentée par les prêtres t'arrose sur ton siége sur l'herbe sacrée, ô toi qui es l'objet de notre adoration. O fils de la force, les cuillers allongées courent vers toi durant le sacrifice, et nous adressons nos prières à Agni, l'arrière-petit-fils de la nourriture, le possesseur d'une chevelure brillante.

8. Que nos hymnes de louange viennent devant le dieu qui possède un éclat qui consume et qui est digne qu'on s'en approche avec vénération ; que nos sacrifices, offerts par tes adorateurs, entrent en toi qui as la possession d'une grande opulence et que célèbrent de nombreux cantiques. Nous prions Agni, le fils de la force, le père de la richesse, afin qu'il puisse nous donner toute sorte de biens pré-

(204) Cette généalogie s'explique ainsi. Les offrandes procurent de la pluie ; la pluie nourrit les arbres ; Agni, ou le feu, s'obtient du bois par la friction.

cieux, lui qui paraît dans un double caractère comme un dieu immortel, et parmi les hommes, comme un sacrificateur fervent parmi les prêtres.

9. Agni, qui conduit toutes les tribus des hommes (dans les sentiers de la religion), qui est prompt (à assister ses adorateurs), et qui, tel qu'un chariot (pour emporter les offrandes), est toujours produit de nouveau (avec le bois de l'arani), Agni est incapable d'être tué par qui que ce soit. L'homme qui offre le sacrifice, obtient de la nourriture par le moyen de celui qui emporte (les offrandes), il obtient une demeure que lui accorde le dieu qui possède une splendeur pure. Agni, qui subjugue tous les ennemis ligués contre nous et qui nourrit les dieux immortels, possède d'immenses amas de provisions.

10. Qu'Agni, lorsqu'il reçoit des provisions, nous soit propice ; que notre don soit propice, que notre sacrifice soit propice, et que nos hymnes de louange soient propices. Rends notre esprit propice au milieu des attaques de nos ennemis, afin que tu puisses, par notre entremise, vaincre à la guerre. Subjugue les nombreuses et vigoureuses bandes de nos ennemis, puisque nous t'adorons pour obtenir l'objet de nos désirs.

1. O Agni, fils de la force, père de l'opulence, seigneur des provisions jointes à des vaches, donne-nous la nourriture en abondance. Lui, le dieu resplendissant, celui qui nous assigne une résidence, le dieu dont la sagesse est infinie, celui que célèbrent nos voix et qu'accompagnent beaucoup de flammes qui inspirent les délices, s'avance brillant pour nous comme celui qui apporte des provisions accompagnées de l'opulence. O Agni resplendissant, abats les Rakshasas, montre ta force, et que ta bouche embrasée les brûle tous.

12. Tous les hommes qui désirent de la nourriture adorent Agni le bien-aimé et notre hôte chéri ; moi aussi, afin d'obtenir la félicité, j'emploie ma voix à louer Agni qui a été placé en votre maison, et je lui adresse mes hymnes. Les hommes qui offrent des sacrifices célèbrent en leurs cantiques celui qui offre aux dieux le beurre clarifié. Nous louons Agni, le père de la richesse, qui aime l'institution des sacrifices et qui, en ces solennités, élève au ciel les offrandes préparées.

13. Je loue en ce sacrifice avec ma voix qui embrase l'embrasé Agni. Je pousse en avant celui qui est pur lui-même et qui est le purificateur des autres et stable comme le pôle. J'adore avec des hymnes qui inspirent le délire le possesseur de la sagesse, celui qui invite les dieux, qui est glorifié par des multitudes, et qui est sans malice, le dieu infiniment sage qui a une connaissance intime de toute créature vivante. O Agni, les dieux et les hommes t'ont consacré dans des âges successifs, comme le héraut des dieux, l'immortel, le préservateur, comme le dieu qui présente les offrandes et qui doit être célébré ; ils t'ont adoré comme le seigneur des hommes, toujours vigilant et répandu partout. O Agni, toi qui rends glorieux les deux mondes durant l'accomplissement de nos rites, tu avances et tu recules à travers les deux mondes comme le messager des dieux ; puisque nous nous appliquons aux rites sacrés et aux hymnes sacrés, manifeste-toi comme celui qui donne la propriété aux trois régions habituelles (*la terre, l'air et le ciel*).

14. Nos voix qui sont sœurs s'élèvent pour le bonheur de celui qui présente l'offrande ; et, célébrant tes perfections, elles s'élèvent en ta présence, tandis que tu es emporté par le vent. Les eaux de l'air touchent le siège de celui qui s'asseoit sur l'herbe sacrée, attachée d'abord et déliée ensuite. Le siège du dieu resplendissant qui fait pleuvoir la félicité doit être religieusement gardé par notre protection amicale, et lorsqu'Agni se montre, il doit être adoré avec la même vénération que le soleil.

SEIZIÈME ADHYAYA.

1. O Indra, les hommes mortels t'invitent par leurs hymnes à venir recevoir la première rasade du jus de la plante de la lune, les Ribhus réunis te célèbrent et les Rudras t'adressent leurs chants, ô divinité primitive! Indra accroît la vigueur de celui qui institue ce sacrifice, en lui faisant boire le jus exprimé, de sorte que, tout son corps étant raffermi, les hommes louent maintenant la puissance d'Indra comme ils le faisaient jadis.

2. Les prêtres, qui chantent les hymnes et qui sont habiles dans les chants sacrés, adorent Indra et Agni. Moi aussi, je le célèbre, afin d'obtenir des provisions. O Indra et Agni, d'un seul coup vous renversez soudainement les quatre vingt-dix villes serviles qui protègent nos ennemis. O Indra et Agni, les prêtres qui se saisissent du jus de la plante de la lune, afin de faire des offrandes, s'emploient dans nos rites solennels. O Indra et Agni, la force et la nourriture qui se produisent mutuellement l'un l'autre sont avec vous, et en vous aussi sont accumulées des provisions d'eau.

3. O Indra, mari de Sachi, viens avec tes auxiliaires (*les Maruts*), afin de nous accorder l'objet de nos désirs, car, ô puissant héros, nous t'adorons, ô divinité renommée qui, en accordant des dons, es égale à la fortune. O divinité, c'est toi qui nous satisfais en nous donnant des chevaux et qui nous accordes des vaches en abondance ; tu es la divinité dorée et joyeuse. Avec toi, on ne manque point de présents ; accorde nous tout ce que nous demandons.

4. Viens réellement pour le bonheur de nos enfants, et mets-toi en possession de la richesse, afin

SECT. I. — LES VEDAS. — SAMA-VEDA.

de nous assister. O Indra, possesseur de l'opulence, fais pleuvoir sur nous qui désirons des vaches, et sur nous qui désirons des chevaux (les objets de nos désirs). O Indra, tu accordes à ceux qui instituent le sacrifice des centaines et des milliers de troupeaux de bétail. Nous qui chantons tes louanges de toute la force de nos voix, afin de nous procurer ton assistance, nous t'amenons en notre présence, ô toi qui es le destructeur des cités.

5. Celui qui invite les dieux, le joyeux Agni, accorde toute la richesse que les hommes possèdent. Comme c'est lui qui boit les premiers gobelets de la liqueur de la plante de la lune, de même qu'Agni boive nos louanges. O seigneur de toutes choses, toi qui mérites qu'on s'approche de toi avec respect, ceux qui présentent des offrandes et qui désirent la faveur des dieux t'ornent avec leurs louanges, de même que les hommes orneraient un cheval. Fais pleuvoir sur nos fils et sur nos petits-fils la richesse des gens les plus opulents.

6. O Varuna, entends mon invitation et aie pitié de moi, car, moi qui désire ton aide, je m'adresse spécialement à toi. O toi qui fais pleuvoir la félicité, quelle est ta marche préservatrice avec laquelle tu viens pour nous rendre joyeux ? et quelle est celle avec laquelle tu viens, apportant des dons à celui qui chante tes louanges ?

7. Nous, les adorateurs d'Indra, nous l'appelons au banquet des dieux ; nous l'invitons tandis que le sacrifice se prépare et tandis qu'il se termine. Nous invoquons Indra, afin qu'il nous accorde de la richesse. Indra, par la grandeur de sa puissance, développa le ciel et la terre, et il fit monter le soleil à la place qui lui est assignée. Tous les êtres se concentrent en Indra, et les gobelets de la liqueur de la plante de la lune trouvent en lui une place.

8. O Viswakarma (205), créateur de toute chose, toi qui arrivas à ton élévation en accomplissant le sacrifice, accomplis en ma personne le service de cet Agni consacré. Que tous les autres hommes se livrent à des passions insensées, mais qu'Indra soit présent avec nous, comme étant celui qui accorde des richesses et qui conduit au ciel.

9. Soma, le purificateur, par son ruisseau couleur d'or et étincelant, et par les rayons qui l'accompagnent, détruit tous ceux qui nous haïssent, de même que le soleil chasse, par ses rayons, les ténèbres odieuses. Le ruisseau du jus de la plante de la lune possède une splendeur extrême, et le purificateur couleur d'or qui, avec sa bouche étendue sept fois et avec ses rayons, entoure tous les corps étoilés, devient radieux. Le sage Soma s'avance vers la glorieuse région de l'Orient ; son chariot divin, dont il ne faut approcher qu'avec respect, vient avec les rayons solaires. Les hymnes sacrés récités par les hommes arrivent à Indra et réjouissent le conquérant, et la foudre en même temps vient en sa main. Soyez, ô Soma et Indra, invincibles dans le combat et toujours invincibles.

10. C'est toi, ô Soma, qui, en réalité, trouvas le trésor caché par les Pânis (206), au moyen des eaux naturelles qui te supportent et qui sont employées dans le sacrifice. De même que la voix de celui qui chante le Sama est entendue à une grande distance, de même le son des pierres qui broient la plante sacrée, son qui réjouit ceux qui les manient, est entendu au loin. Le brillant Soma, avec ses rayons brillants qui soutiennent les trois mondes, nous envoie de la nourriture ; vraiment il nous en envoie.

11. Accordez-nous pour notre conservation de l'intelligence, afin que nous obtenions des vaches, des chevaux, des vivres et des héros.

12. O Maruts, héros qui possédez une puissance efficace, accordez au chantre qui récite des hymnes, qui s'agite et qui est en sueur, accordez-lui l'objet de ses désirs.

13. Puissent les fils de l'immortalité entendre nos chants et nous être propices !

14. Nous faisons concentrer nos vives louanges dans vos cieux brillants et dans la terre, et nous approchons dans le but de louer votre pure divinité. Vous deux, avec vos personnes et aussi avec votre pouvoir, vous purifiez à la fois le sacrifice et le sacrificateur, et même vous présentez l'offrande ; vous qui êtes puissants, vous fournissez à notre ami (le chantre) ce qu'il désire. Vous préservez et vous fournissez la nourriture, et vous êtes le soutien du sacrifice.

15. O Indra, ce jus de la plante de la lune est pour toi, et tu en approches comme le pigeon approche de sa compagne. C'est à cause de lui aussi que tu as égard à nos cantiques de louange. O héros, seigneur de la richesse, toi qui es loué par nos voix et dont la renommée est comme nous l'avons célébrée, la magnificence et la gloire combinent l'excellence avec la réalité. O toi qui accomplis beaucoup d'actes qui confèrent le mérite, tiens-toi au-dessus de nous pour nous préserver en ce combat ; en même temps nous recherchons ton appui en toutes nos affaires.

16. O vous qui donnez du lait, approchez du puissant héros Indra, car, durant le sacrifice, le lait de la vache et celui de la chèvre doivent être fournis en abondance au dieu dont les deux oreilles sont décorées d'anneaux d'or. Les prêtres qui président au sacrifice se sont mis à verser en abondance la douce liqueur dans le vaste vaisseau, lors

---

(205) Il est fort possible que ce nom soit une épithète d'Indra.

(206) Ce fut Indra qui trouva les vaches, c'est-à-dire le trésor dont il est parlé ici ; mais il avait bu le jus du Soma, autrement il n'aurait pu accomplir cet exploit.

de la cérémonie de prendre congé de l'offrande personnifiée. En vous inclinant avec respect, arrosez l'offrande personnifiée (207), avec le cercle sur son front et sa porte au-dessous, et qui, répan'ue partout, est impérissable.

17. Puissions-nous, grâce à ton amitié, vivre exempts de frayeur et délivrés de toute souffrance, et voir les œuvres puissantes, destructives des ennemis, se montrer comme elles furent offertes à Turvasa et à Yada. O toi qui fais pleuvoir la félicité, tu couvres de ton ombre toute la division du monde où s'accomplit le sacrifice, et nul combattant qui abat nombre de guerriers ne peut te nuire. Les douces plantes de la lune, qui donnent du lait et qui rivalisent avec l'abeille, sont arrosées d'eau; viens promptement, hâte toi et bois leur jus.

18. Que mes chants, ô Indra, te glorifient, toi qui possèdes une grande richesse, tandis que nos prêtres purs et savants, glorieux comme la flamme brillante, te célèbrent en des hymnes de louange. Indra, ayant sa puissance accrue par les chants de mille rishis, enflamme la mer, et la même divinité toujours propice voit sa puissance et sa force célébrées durant le sacrifice par la glorieuse psalmodie des Brahmanes.

19. Ton sacrifice, gardien des trésors, tourne au profit de tous, du maître comme de l'esclave, et les objets offerts en sacrifice et apportés pour toi existaient déjà (dans la pensée) du maître de toutes choses (Brahma), père de Saraswati. Les Brahmanes agiles adorent le vénérable Indra auquel de doux liquides sont offerts et pour lesquels le beurre fondu est versé; que les matières utiles au sacrifice nous soient données en abondance.

20. O plante de la lune, source de toute prospérité, lorsque tu es pressée, apporte-nous une opulence accompagnée de vaches et de chevaux; que j'obtienne le doux suc de couleur blanche mêlé avec les produits de la vache. O seigneur de toutes les choses, couleur d'or, très-brillant Soma, préparé par les hommes, viens vers nous pour notre gloire et avec une vive amitié. Établis avec nous ton ancienne liaison, éloigne tous les (démons) impies et destructeurs. Soma, qui subjugues tout, détruis nos adversaires, anéantis les misérables au visage double.

21. Les Brahmanes orent sans relâche et apaisent le possesseur de la puissance; ils développent sa gloire avec leurs douces liqueurs; ils purifient avec leurs doigts ornés de bagues d'or celui qui se meut dans les régions aqueuses du ciel, qui descend ensuite et qui, parmi les eaux, veille sur toutes choses. Chantez le dieu intelligent et purificateur qui fait tomber les aliments comme une forte pluie; tel qu'un serpent, il jette sa vieille peau, et, bondissant comme un cheval, il s'avance comme faisant pleuvoir la félicité. Celui qui brille dans les eaux et qui est produit pendant le jour, le dieu couleur d'or, baigné d'une onde pure et dont le char est formé des rayons de la lumière, le possesseur de toute opulence, qui a été domicilié auprès de nous, est au moment d'être purifié.

DIX SEPTIÈME ADHYAYA.

1. O Agni, fils de la force, accepte nos sacrifices et nos louanges et donne-nous des aliments; quoique nous adorions tous les autres dieux, c'est en toi que nous jetons nos offrandes. O seigneur de toutes choses, divinité joyeuse et renommée, montre ton attachement pour nous, afin que nous, les amis d'Agni, nous t'aimions.

2. O mes amis, adorons Indra pour le bonheur de tout le peuple. Puisse-t-il ne se manifester qu'à nous! O toi qui distribues tous les dons et qui envoies la pluie, ouvre le trésor des nuages et parle pour nous, puisque nul n'ose te répliquer. Celui qui fait pleuvoir la félicité s'approche des tribus des hommes comme leur maître et comme un redoutable taureau s'approche du troupeau; nul n'ose lui répliquer.

3. O toi qui prends ton séjour avec nous et qui es digne qu'on s'approche de toi avec vénération, envoie-nous des richesses, car tu es, Agni, celui qui les apporte en ce monde. Donne aussi de la renommée à nos fils, ô Agni; sauve nos fils et nos petits-fils en leur prêtant ton secours invincible. Éloigne de nous la colère des dieux et la violence meurtrière des hommes.

4. Quel est, ô Vishnou, ton nom sacré que tu prononces quand tu dis : « Je suis tout glorieux? » Ne nous cache pas ta force radieuse et sois avec nous sur les champs de bataille. O seigneur tout glorieux et qui connais toutes les sciences, je loue ton nom. Je te célèbre, toi qui résides loin de ce monde terrestre. O Vishnou, lorsque je prononce pour toi le nom de Vahat, alors tu acceptes mon offrande. Que mes hymnes te célèbrent, et préservemoi toujours.

5. O Vayu, je désire le ciel; j'ai été glorifié par l'accomplissement des rites sacrés, et je viens vers toi en t'apportant le doux jus de la plante de la lune. O dieu digne de toute vénération, viens, traîné par ton million de chevaux, à notre banquet. O Indra et Vayu, vous êtes dignes de boire de ce suc, car les courants de liquides coulent naturellement vers vous comme l'eau vers un fossé. O Vayu et Indra, dieux puissants, maîtres de la puissance, venez à notre banquet dans votre char traîné par un million de chevaux, et protégez-nous.

---

(207) C'est de la farine d'orge façonnée de manière à avoir la forme d'une tête humaine, qui est ornée et adorée comme l'indique le texte.

6. Quand la nuit se retire, Soma vient produire les aliments, et les efforts de ceux qui préparent le sacrifice le mettent en mouvement ; il avance vers le vase qui doit le recevoir. Nous apportons sa pure essence, la liqueur bue si abondamment par Indra et que boivent aussi ceux qui récitent les chants sacrés. Les prêtres louent le purificateur dans leurs hymnes anciens, et les doigts s'étendent, afin d'élever l'offrande présentée aux dieux.

7. Je me prépare à implorer, par mes chants d'adoration, Indra, maître souverain des sacrifices et semblable à un cheval belliqueux et à longue queue. Puisse-t-il, lui qui est le seigneur de la force, lui dont la bonté est grande et qui voyage sans cesse, répandre sur nous la félicité ! Puisse-t-il, lui qui va en tout lieu, nous défendre toujours contre nos ennemis, proches ou éloignés !

8. O toi qui tues les ennemis, tu subjugues dans les guerres tous nos antagonistes ; tu es le destructeur du pouvoir du Daitya, et tu as produit celui des dieux ; tu détruis tous nos ennemis et tu anéantis ceux qui se lèvent contre nous. O Indra, le ciel et la terre se réfugient en ta force comme un enfant cherche un refuge auprès de sa mère, et lorsque tu frappes les ennemis qui t'entourent, chacun de tes adversaires est glacé d'effroi à l'aspect de ton courroux.

9. Le sacrifice fait grandir Indra, de sorte qu'il se manifeste sur la terre, faisant voir les nuages au-dessous des cieux. Excité par la boisson de la plante de la lune, Indra frappe le puissant nuage. Il a ramené aux fils d'Angiras leurs vaches, les faisant sortir de la caverne où elles étaient cachées, et il a terrassé Bala.

10. Célébrez Indra qui est le vainqueur des armées et toujours entouré de chants qui le louent ; amenez-le ici pour qu'il nous protège ; il ne peut être ni vaincu ni tué, et sa valeur est irrésistible. O Indra, trésor de louange, toi dont la sagesse est infinie, donne-nous des trésors en abondance ; défends-nous contre nos ennemis.

11. Ta vigueur est grande, ta valeur est toute-puissante ; le ciel célèbre ton héroïsme, la terre publie ta gloire ; les eaux et les montagnes te servent comme leur maître. Le puissant Vishnou, Mitra et Varuna te louent ; les bandes puissantes des Maruts te chérissent.

12. O brillant Agni, les hommes expriment le langage de l'adoration, afin d'obtenir de la force. Détruis nos ennemis, donne-nous des trésors en abondance, accorde-nous d'amples approvisionnements, ô toi qui es le maître de l'abondance. Ne nous rejette pas en cette guerre comme on rejette un fardeau, mais amène en notre possession la richesse qui couvre nos ennemis.

13. Toutes les tribus se courbent devant la colère d'Indra comme toutes les rivières se courbent pour se rendre à la mer. Avec son arme à cent pointes, cause de la pluie, il a frappé à la tête Vritra qui faisait trembler la terre. Sa puissance s'est glorieusement montrée ; Indra roule et étend le ciel et la terre comme les hommes étendent un tapis.

14. Que tes chevaux intelligents et dociles, porteurs des richesses, viennent à nous. O toi dont la figure est agréable et qui fais tomber la pluie, approche-toi de tes chevaux splendides qui nous apporteront l'objet que nous adorons. Recevez les bénédictions sur vos têtes, car Indra qui montre le bonheur avec ses dix doigts, se tient debout au milieu des eaux du sacrifice.

DIX-HUITIÈME ADHYAYA.

1. Hâtez-vous d'apprêter le breuvage digne de toute louange, fait avec la plante de la lune et destiné au vaillant héros (Indra). Que les deux puissants chevaux qui prennent part aux mets du sacrifice nous amènent Indra qui agit à notre égard comme un ami et que célèbrent nos chants. Que celui qui boit le suc de la plante de la lune, que le vainqueur de Vritra vienne, et une fois venu, qu'il ne nous quitte plus et qu'il détruise nos ennemis.

2. Que les plantes de la lune entrent en toi, Indra, comme les rivières dans la mer, car il n'est rien qui te surpasse. O toi qui répands la félicité, vigilant Indra, tu t'es manifesté en la puissance, afin de prendre part à ce jus du soma qui se répand en tout ton abdomen. O vainqueur de Vritra, que le suc de la plante de la lune se répande abondamment en toi, et que les flots de la liqueur brillante se répandent dans les corps glorieux des dieux.

3. O Agni, auquel on adresse des chants de louange, entre dans le lieu sacré pour le bonheur de tous les sacrificateurs et pour la prospérité des rites sacrés. Puisse ce dieu puissant, sans bornes, toujours joyeux et reconnu à sa bannière fumante, nous combler de satisfaction et nous donner l'abondance ! Puisse cet Agni, maître de toutes choses et possesseur d'un vif éclat, nous écouter lorsque nous récitons les chants sacrés !

4. Tandis que le sacrifice s'accomplit en l'honneur de l'illustre vainqueur de ses ennemis, récitez les chants qui font à ce dieu puissant autant de plaisir que l'herbe à une vache. Indra répandu en tous lieux ne nous retire pas ses dons, lorsqu'il entend nos chants ; c'est lui qui est entré dans l'étable du redoutable Pani, et, montrant sa puissance, il a ramené les vaches à la lumière.

5. Vishnou, lorsqu'il fit le tour du monde, ne fit que trois pas, et il couvrit la terre entière de la plante poudreuse de son pied. L'infatigable Vishnou fit le voyage en trois pas et maintint ainsi l'accomplissement des rites sacrés. Considérez bien les œuvres de Vishnou, car ce sont elles qui font que vous

pouvez célébrer les cérémonies saintes. Il est le compagnon et l'ami intime d'Indra. Les sages contemplent les pas de Vishnou comme la splendeur répandue dans les cieux. Les Brahmanes, qui chantent les hymnes de louange, glorifient les traces des pas du puissant Vishnou. Puisque Vishnou a fait ce voyage sur les sept régions de la terre, que les dieux nous accordent leur protection.

6. Que tes prêtres ne se livrent pas loin de nous à l'accomplissement de leurs devoirs délicieux, et si tu es loin de nous, viens à notre joyeuse assemblée, demeure en notre présence et écoute nos chants de louange. Ceux qui chantent les hymnes sacrés sont parmi les vases remplis du suc de la plante de la lune comme une mouche dans un pot de miel et, désireux de richesses, ils mettent leur confiance en Indra comme un homme met le pied sur un char.

7. C'est lui qui reçoit la louange; chantez donc l'ancienne parole solennelle de Brahma; récitez les vers anciens et nombreux convenables au sacrifice; procurez aux chantres une intelligence supérieure. Qu'Indra fasse pleuvoir sur nous des trésors abondants, qu'il nous donne des terres et nous rende glorieux comme le soleil, car nos libations blanches et pures de suc de la plante de la lune mêlées aux produits de la vache, font le bonheur d'Indra.

8. O Soma, tu es répandu pour servir de boisson à Indra, le vainqueur de Vritra; c'est lui qui distribue les présents; c'est le dieu qui, tel qu'un héros, se tient dans l'assemblée des hommes. O vous, mes savants amis, prenez part avec nous au puissant Soma qui brille du plus vif éclat et qui renferme la nourriture.

9. O possesseur des richesses, fais prospérer, dans ces guerres, ceux qui te donnent les mets délicieux du sacrifice. O maître des chevaux Hari, puissions-nous avec nos fils échapper à toutes nos difficultés, grâce aux chants par lesquels nous t'adorons! O vous, prêtres, répandez pour Indra le doux suc de la plante douce et nourrissante, car ce dieu héroïque, que les sacrifices font toujours grandir, est l'objet de nos louanges.

10. O Indra, personne n'est en état de te louer comme tu le mérites. Désirant de la nourriture, nous invoquons Indra, seigneur des approvisionnements; il grandit par l'effet de nos sacrifices accomplis par des hommes appliqués à leurs devoirs.

11. Célébrez celui qui porte au ciel le sacrifice, car les dieux de la terre s'approchent de leur maître divin, et toi, Agni, tu portes le sacrifice au milieu des dieux. Chantre, loue Agni qui distribue l'opulence avec une extrême libéralité, qui se manifeste dans une splendeur variée et qui est le dieu primitif, celui qui reçoit cette offrande du suc de la plante de la lune, afin que le sacrifice puisse être prospère quand tous les rites sont accomplis.

12. O Soma, quand, pressé par les pierres, tu te meus à travers le filtre de poil de chèvre où entre ton suc vert, tu prends ensuite ton séjour dans les eaux, comme un homme s'établit dans l'enceinte d'une ville. Soma, désirant fournir de la nourriture, est purifié en traversant le filtre; il se montre comme un cheval fougueux, et il est purifié par les prêtres savants et par les hymnes sacrés.

13. Nous offrons le breuvage à celui qui tient la foudre. Apportez le jus destiné à l'offrande, et que le dieu vienne nous honorer de sa présence en écoutant les hymnes sacrés. Etant lui-même un voleur, il écoute les voleurs, et quoiqu'il tue les voyageurs, il est adoré avec respect sur les grandes routes. Daigne accepter ce breuvage, ô Indra, et viens vers nous en nous comblant de tes faveurs.

14. O Indra et Agni, qui éclairez le ciel, vous vous montrez avec gloire dans les guerres; votre pouvoir y brille avec éclat. (*Il y a ici une lacune dans le manuscrit.*)

15. De même qu'un éléphant, poursuivant un ennemi, laisse couler de ses tempes un suc embaumé, de même un pur liquide, produit de libations multipliées, distille du corps d'Indra. Personne, ô dieu puissant, ne peut te résister, et quand tu as bu le suc de la plante de la lune, tu t'agites de tout côté en ta puissance. Le puissant et invincible Indra, toujours ferme, armé pour la guerre, possesseur des richesses, ne s'éloigne jamais de nous lorsqu'il entend les prières que lui adresse le chantre des hymnes, mais il vient en sa présence.

16. Les vases brillants et purifiés qui doivent contenir le suc de la plante de la lune se préparent tandis que tous les hymnes saints se récitent. Le suc purifiant descend du ciel et du milieu des airs, il se prépare sur la terre. Les ruisseaux d'un suc blanc et brillant, destructeurs de tous ceux qui nous haïssent, vont être préparés.

17. J'invoque Indra et Agni, qui dispersent et détruisent nos ennemis; toujours victorieux et invincibles, ils donnent la nourriture.

18. Employés à fournir les mets du sacrifice, nous préparons en ta présence, ô Agni, produit par la puissance de l'homme, un chant agréable et divin. O Agni dont l'aspect est celui de l'or fourbi, nous nous approchons de ta personne radieuse comme un voyageur fatigué cherche l'ombre. Agni est le destructeur de nos ennemis; il est comme un taureau rapide aux cornes aiguës. O Agni, c'est toi qui détruisis les cités (208).

(208) La légende rapporte que l'asura Tripu avoit trois cités, une de fer, une d'argent et une d'or, et que Siva les brûla, en lançant contre elles des flèches enflammées. Or, Siva est identifié avec Rudra, et celui-ci avec Agni

19. Nous désirons la présence de l'ami fidèle de tous les hommes, de celui qui maintient les flammes du sacrifice, du dieu indestructible et brillant. C'est lui qui défend le monde contre toute espèce de maux par les rites des sacrifices et qui a créé les divers saisons. Agni, l'objet des désirs de tout ce qui a reçu et de tout ce qui recevra l'existence, brille comme le souverain suprême de tous les mondes dont il fait le bonheur.

DIX NEUVIÈME ADHYAYA.

1. Agni, qui accomplit des œuvres merveilleuses, se décore avec l'hymne antique qui va se réciter; il grandit par le concours des savants Brahmanes. J'invoque Agni, investi d'un pur éclat, afin qu'il soit présent à ce sacrifice indestructible. O Agni, toi qui es digne de tout honneur de la part de tes amis, assieds-toi sur l'herbe sacrée.

2. O Soma écrasé par les pierres, ta puissance qui détruit les Rakshasas prend ici son poste. Disperse tous ceux qui combattent contre nous. Tu es le vainqueur de nos ennemis, je te loue afin que tu places dans mon char les trésors de mes antagonistes. Tes solennités ne peuvent être troublées par les Rakshasas malveillants. Mets en pièces ceux qui combattent contre toi. Le prêtre répand dans les eaux sacrées le suc qui donne la joie et la puissance.

3. Viens, Indra, avec tes chevaux semblables à des plumes de paon. Que nul piége ne te détourne de nous; viens avec la célérité du voyageur qui traverse la terre de Dhanera (*pays dépourvu d'eau*). Indra, qui a détruit Vritra et Bala, qui a renversé les cités et qui a versé l'eau, monte sur son char quand ses chevaux hennissent et enlève d'assaut les retranchements de l'ennemi. Tu nourris celui qui institue le sacrifice comme un pâtre nourrit ses vaches, et les ruisseaux du suc (du soma) coulent en toi comme les fleuves dans la mer.

4. De même que le cerf rouge (lorsqu'il est altéré) se rend vers le lac débarrassé de mousse et de roseaux, tu viens promptement à nous qui avons obtenu ton amitié et ta bois avec les fils de Kanwa. O Indra, possesseur des richesses, que le suc de la plante de la lune fasse tes délices, afin que tu puisses donner l'opulence à celui qui a institué le sacrifice. C'est quand tu bus en cachette le suc du soma versé dans la cuiller que tu devins possesseur de ta puissance primitive.

5. O toi qui possèdes une grande puissance, tu es l'objet des louanges des hommes comme étant un dieu rempli de gloire. O possesseur de l'opulence, tu es celui qui donne le bonheur, c'est pourquoi je t'adresse des hymnes de louange; que tes richesses n'aient jamais de terme. O dieu qui nous assignes notre résidence, que tes auxiliaires (*les Maruts*) ne nous fassent jamais défaut. O toi qui aides les hommes, les sages te reconnaissent comme le distributeur de trésors de toutes espèces.

6. La fille du ciel, qui détruit l'obscurité et qui est la mère des travaux actifs, celle qui apporte avec bonté la lumière à tous les êtres, l'Aurore brille en succédant à sa sœur la Nuit. Rapide comme un cheval, la mère des rayons lumineux, l'amie des sacrifices, l'Aurore est l'amie des Aswins. Vraiment tu es la mère des rayons lumineux et tu exerces la souveraineté sur l'opulence.

7. L'Aurore chérie, manifestée depuis peu et détruisant l'obscurité, descend du ciel. O fils d'Aswin, je loue votre puissance; vous méritez qu'on approche de vous avec respect, vous qui avez la mer pour mère et qui, par votre intelligence, gagnez des richesses; vous nous donnez une richesse fixe. Tandis que votre char roule dans le firmament admirable, nous célébrons votre gloire.

8. Aurore, toi qui prends part aux mets du sacrifice, apporte-nous des trésors accumulés qui nous feront obtenir des fils et des petits-fils. O toi qui possèdes des vaches et des chevaux, toi qui répands la splendeur et qui es renommée pour tes paroles gracieuses et fidèles, éloigne aujourd'hui l'obscurité de cet endroit où nous célébrons les cérémonies qui procurent les richesses. Attelle tes brillants chevaux et apporte-nous tout ce qui donne le bonheur.

9. O fils d'Aswin, destructeurs des ennemis, donnez-nous une opulence qui nous fournisse les moyens d'exister, montez sur votre char et venez auprès de nous. O dieux qui chassez les maladies et qui possédez un char d'or, que vos chevaux, prêts dès le matin, vous apportent ici afin de boire le suc de la plante de la lune. Vous avez produit dans le ciel pour l'utilité des hommes la lumière, objet de grandes louanges; que les fils d'Aswin nous apportent une nourriture fortifiante.

10. Je célèbre Agni, ce refuge protecteur où se retirent les vaches ainsi que les chevaux rapides et les hommes qui offrent les sacrifices journaliers. O dieu, apporte des aliments pour ceux qui célèbrent tes louanges. Agni, devenu propice, fais couler sur nous les richesses qui produisent la renommée.

11. Brillante Aurore, éclaire nos esprits comme tu nous as éclairés jadis, afin que nous puissions aujourd'hui obtenir d'amples trésors. O toi dont l'origine est glorieuse et dont l'assistance nous fait obtenir des chevaux, Satiasravas, fils de Vayya, exauce-moi. O toi qui détruis l'obscurité, fille du ciel, puissante déesse, donne-nous une résidence assurée.

12. O fils d'Aswin, les rishis ornent de leurs hymnes votre char bien-aimé qui fait pleuvoir la félicité et qui donne la richesse. O vous qui êtes versés dans toutes les sciences, écoutez nos supplications. Venez auprès de nous, afin que nous ayons

toujours l'avantage sur tous nos ennemis. O vous qui percez le cœur de vos adversaires et qui montez dans un char d'or, vous qui faites marcher les rivières, écoutez nos supplications et apportez-nous des trésors.

13. Agni est révélé par le feu du sacrifice quand vient le matin, et les flammes s'élèvent en avançant vers leur séjour céleste avec le bruit que font de puissants taureaux parmi les branches des arbres d'une forêt. Agni s'élève bien disposé à notre égard et avec la puissance d'un dieu redoutable, il délivre le monde de l'obscurité. Lorsqu'il brise les sombres chaînes des peuples du monde, le radieux Agni brille avec éclat. Ensuite, les ruisseaux du suc (de soma) coulant avec rapidité, tombent dans le vase qui les reçoit, et Agni les boit avec empressement.

14. La plus parfaite des lumières vient, se révélant dans sa gloire et se répandant au loin; l'Aurore brillante, fille du Soleil, avance, et la sombre Nuit lui cède sa demeure. Ces deux parentes immortelles se succèdent mutuellement chaque jour et se détruisent l'une l'autre dans leur passage sur la terre. De formes diverses, elles n'empiètent jamais l'une sur l'autre et ne s'arrêtent jamais.

15. Agni brille avant l'aurore, car les voix des Brahmanes, qui aiment les dieux, se sont élevées. O fils d'Aswin, vous qui marchez contre nos ennemis, venez au sacrifice splendide et complet en toutes ses parties. O fils d'Aswin, voyageurs infatigables, ne rejetez pas le sacrifice, vous qui êtes les objets de nos louanges. Accourez quand le jour se montre et apportez le bonheur au maître de la cérémonie. Venez au lever du jour, à midi et quand le soleil est à son déclin, car le banquet ne peut avoir lieu sans vous.

16. Les rayons du matin donnent l'intelligence et répandent la lumière au-dessus de la région orientale des airs; ils avancent comme des hommes robustes et couverts d'armures; ils s'attellent d'eux-mêmes au char (de l'Aurore). Toutes les créatures s'éveillent alors, et les rayons de la brillante déesse rendent hommage au soleil radieux. L'Aurore ne manque pas d'apporter des aliments au maître pieux et libéral du banquet de la plante de la lune.

17. Le feu terrestre est allumé, le soleil radieux se lève. La joyeuse Aurore enveloppe toutes choses de sa splendeur. Que les fils d'Aswin attellent leur char pour venir au banquet, et que le soleil mette en mouvement toutes les forces contenues dans le monde. O fils d'Aswin, lorsque vous attelez votre char qui apporte la pluie, donnez-nous de la vigueur tout en versant sur nous l'eau bienfaisante. Envoyez-nous la nourriture qui est dans le camp des ennemis; faites que, dans la lutte des héros, nous obtenions des richesses. O fils d'Aswin, que votre char à trois roues, rapide, resplendissant et traîné par des coursiers légers, apporte le bonheur en notre présence.

18. Que les gouttes séparées (ô Soma) apportent en notre présence des aliments multipliés comme les gouttes de pluie qui tombent du ciel. La divinité couleur d'or qui écoute tous les hymnes qui inspirent la joie, distille la vapeur qui chasse les Rakshasas. Il (Soma) produit des actions vertueuses lorsqu'il est purifié par les mortels, et tel qu'un roi sans peur, il plane, semblable à un épervier, sur les eaux sacrées. Purifié par une résidence dans le ciel, tu te manifestes sur la terre, ô Soma; apporte-nous tout ce que nous désirons.

VINGTIÈME ADHYAYA.

1. Les ruisseaux du suc qui plaisent aux dieux nous versent le pouvoir. Les chantres et les prêtres qui accomplissent les rites sacrés purifient le suc rapide, brillant, digne de louanges. O possesseur d'abondantes richesses, remplis de tes glorieuses émanations le vase qui est élevé en l'air.

2. Je loue cet Indra qui est renommé parmi les dieux, qui fait développer toutes choses et qui se manifeste en toute saison. O seigneur de la puissance, nos chants qui ne sont pas d'un mérite ordinaire cherchent un accès vers toi.

3. O toi qui possèdes une grande puissance et qui accomplis des actes méritoires, toi qui es digne d'un culte divin, tu te manifestes dans ton pouvoir qui embrasse tout. Déploie ta puissance, et que tes deux mains saisissent la foudre d'or qui enveloppe la terre.

4. Celui qui connaît toutes les choses anciennes, lorsqu'il vient à l'endroit où est la réunion pour le sacrifice, brille en s'élançant dans les cieux et se manifestant sous ses cent formes; il étale une splendeur comme celle du soleil. Celui qui a deux naissances et dont les flammes s'élèvent de trois endroits, en éclairant tous les êtres vivants, celui qui porte aux dieux les offrandes, prend place sur le séjour des eaux. Celui qui fait des dons au dieu qui a une double naissance et qui possède d'amples trésors qu'il distribue en échange des mets du sacrifice, celui-là obtiendra un fils vertueux.

5. O Agni, nous te louons aujourd'hui en répandant à flots nos chants, car tu emportes nos sacrifices avec la rapidité d'un cheval; tu es pour nous un bienfaiteur zélé, et tu es l'objet des désirs de tous nos cœurs. Vraiment, Agni, tu as porté cette offrande propice, comblant les désirs et faite convenablement. O Agni, brillant comme le soleil, viens en notre présence entouré de tout ton éclat.

6. O immortel Agni, toi qui connais le séjour de tous les êtres, apporte-nous des régions du matin et pour servir aux sacrifices, une opulence qui procure une demeure parfaite; conduis auprès de nous les dieux qui aiment à venir le matin. O Agni, tu es le

but de nos cérémonies, le héraut des dieux, celui qui leur porte l'offrande, le char qui amène les dieux au sacrifice. Accorde-nous la vigueur du corps et des aliments en abondance.

7. Voyez l'habileté et la puissance de ce dieu ; il (Agni) meurt aujourd'hui, demain il revit. Il est puissant, rouge de figure, doué d'ailes splendides ; il est éternel et sans résidence fixe. Il accomplit tout ce qu'il projette, il n'entreprend rien en vain ; et ce qu'il acquiert par la conquête, il le distribue généreusement. Uni aux Maruts, celui qui tient la foudre, le vainqueur d'Indra, fait tomber les pluies. Ces dieux se mettent à l'œuvre afin de produire, par leur puissance, de l'eau dans le firmament.

8. Le jus de la plante de la lune a été enfermé ; que les Maruts qui brillent d'un éclat non emprunté et que les fils d'Aswin en boivent. Mitra, Aryama et Varuna, boivent aussi du jus nouveau purifié par le filtre. Indra exprime sa satisfaction d'une manière spéciale et daigne accepter, de grand matin, ce jus mêlé au produit de la vache.

9. Tu es vraiment puissant, ô Surya. Tu es vraiment puissant, ô Aditya (209), et ta puissance est au-dessus de tout éloge. O divinité glorieuse, ô dieu puissant, grande est ta renommée. Tu détruis les Asuras et tu instruis les dieux dont la splendeur indestructible s'étend de tous côtés.

10. O seigneur des boissons enivrantes, viens en notre présence avec tes deux chevaux, viens au banquet (de Soma), ô Indra, vainqueur de Vitra, toi qui accomplis des actes méritoires, viens près de nous. Tu es le vainqueur de Vritra, et tu bois le suc de la plante de la lune.

11. Apportez votre offrande au puissant Indra, afin d'obtenir d'abondantes richesses ; récitez des chants joyeux de louanges, afin d'obtenir une plus grande intelligence. O Indra, bienfaiteur des hommes, accours vers ceux qui te présentent des offrandes : Brahmanes, préparez les hymnes et les chants du sacrifice, rendez hommage au puissant Indra qui occupe un espace immense.

12. Les voix des chantres s'élèvent pour célébrer Indra dont personne ne peut soutenir la colère et qui est maître de toutes choses ; nous le supplions de subjuguer nos ennemis. Célébrez-le ; je suis possesseur de tout ce qu'Indra possède ; je puis dire, ô toi qui donnes la richesse, assiste celui qui chante les louanges des dieux, et je ne l'abandonnerai jamais à la pauvreté. (Quand Indra dit :) « J'accorde la richesse à celui qui m'adore chaque jour, quel qu'il soit, » (le Brahmane réplique) : « O possesseur des richesses, il n'est personne qui accorde des dons tels que les tiens ; personne n'est digne d'être loué comme toi ; personne ne nous chérit comme toi d'une affection paternelle.

(209) Aditya et Surya sont des noms du soleil.

13. Ecoute, ô Indra, le bruit que rendent les pierres lorsque j'écrase les tiges de la plante de la lune ; écoute les chants du Brahmane qui t'adore, et que les hommages que je te rends me conduisent à la prospérité. Connaissant le pouvoir de celui qui a tué les Asuras, je ne cesse de le louer, et de proclamer sa gloire. Au contraire, je la publie constamment, ô toi qui es en possession d'une juste célébrité. O dieu qui distribues les richesses, les hommes t'invitent à de nombreux banquets où le Soma est répandu ; nombreuses sont les hymnes de louange qui sont chantées pour te plaire ; ne tarde pas à venir et ne t'éloigne jamais beaucoup de nous.

14. Louez la puissance de cet Indra qui est assis sur le devant du char, qui fait que nous restons fermes au milieu de la mêlée, qui tue les nuages ennemis et qui distribue les richesses ; qu'il écoute nos chants et qu'il fasse que les armes de nos ennemis tombent en morceaux. Tu crées la pluie qui donne la fertilité, tu frappes le nuage qui s'étend sur toutes choses, tu conserves tout ce qui est précieux. Lance, ô Indra, ton arme redoutable contre les ennemis qui veulent nous tuer, donne-nous la richesse en nous accordant leurs dépouilles.

15. Que les louanges adressées à un dieu riche et célèbre tel que toi, ne restent pas sans récompense, et que le dieu qui hait ceux qui ne s'appliquent pas à la musique sacrée, accepte nos chants récités avec harmonie. O Indra, ne nous abandonne pas à nos ennemis féroces, ne permets pas que nous soyons vaincus, mais enseigne-nous à vaincre.

16. Viens, Indra, écouter les chants que t'adresse Kanwa, et lorsque tu règnes sur le firmament, monte au ciel en t'unissant à l'offrande sacrée. Les pierres qui écrasent les tiges (de Soma) le font trembler comme un loup fait trembler un troupeau. Que le cri de ces pierres t'amène auprès de nous.

17. O Soma délicieux et enivrant, coule pur pour Indra. Ton suc blanc donne la sagesse et coule avec bruit. Les hommes prêts à recevoir des aliments comme un chariot est prêt à recevoir son chargement, préparent le suc pour le banquet des dieux.

18. Je loue Agni libéral en ses dons, le fils de la force, connaissant toutes choses ; il porte au ciel les offrandes, il embrasse la libation brillante et pure de beurre fondu. O dieu très-intelligent, nous présentons nos offrandes à celui qui en est bien digne, au plus ancien descendant d'Angiras que nous chérissons et que nous invoquons par des hymnes sacrés, il va en tous lieux comme le soleil ; il demande aux dieux le bonheur des hommes ; il répand la félicité, déployant avec éclat sa puissance ; il tue ceux qui nous haïssent, il les tue comme s'il les frappait d'une hache d'armes. Une forteresse impénétrable ne l'arrête pas plus qu'un faible ruisseau, il atta-

que ses ennemis et ne recule jamais, tel qu'un brave archer qui ne cède jamais de terrain.

VINGT ET UNIÈME ADHYAYA.

1. O Agni, possesseur de brillants trésors, ton opulence est renommée, ta splendeur est sans égale. O sage, à qui appartiennent les rayons lumineux, c'est toi qui accordes à ceux qui instituent le sacrifice, des aliments dignes de souvenir. Viens vers nous dans tout ton éclat, sauve-nous et conserve les deux mondes. O toi qui connais toutes choses, prends plaisir à nos chants et sois satisfait de nos œuvres. Les mets nombreux du sacrifice te sont offerts; accorde-nous, immortel Agni, une nourriture abondante; accorde-nous la récompense de nos cérémonies. Nous te célébrons, toi qui possèdes toute sagesse et qui distribues des dons renommés; c'est toi qui donnes des aliments en abondance. Les hommes t'ont placé en ton asile afin d'obtenir le bonheur; d'autres hommes élèvent alternativement leurs voix vers toi, ô puissant, véridique et vénérable associé des dieux.

2. O Agni, c'est par ton secours que le sacrificateur auquel tu accordes le bienfait de ton amitié, triomphe de tous les obstacles. La libation brillante et aqueuse est répandue devant toi. Tu es aimé de l'aurore, car tu brilles au milieu des ténèbres de la nuit.

3. Les tribus des végétaux se saisissent d'Agni lorsqu'il est caché dans le sein des saisons, et les eaux maternelles l'amènent au dehors. De même, à toute époque, les arbres et les buissons lui donnent naissance.

4. Agni répand son offrande pour Indra; il brille dans le firmament d'une blanche splendeur et comme la femelle du buffle; il donne l'abondance (aux dieux).

5. Les hymnes saints plaisent à celui qui est toujours vigilant; les chants sacrés l'environnent, la liqueur de la plante de la lune lui dit : «Saisis-toi de moi, car c'est pour obtenir ton amitié que je suis ici.»

6. Nous nous prosternons devant les divinités favorables qui ont pris leurs places ici avant le sacrifice; nous nous prosternons devant les dieux assis ici. Je m'applique maintenant à l'hymne qui a cent mesures et qui va par cent chemins différents. Les chantres récitent les chants écrits sur divers rhythmes, et les dieux fixent ici leur séjour.

7. Agni est la lumière, et la lumière est Agni; Indra est la lumière, et la lumière est Indra. Le soleil est la lumière, et la lumière est le soleil. O Agni, ne te lasse pas de nous donner de la vigueur, des aliments et une longue vie; sauve-nous de nos péchés. Donne-nous des richesses; fais couler tout autour de nous des ruisseaux qui nous donnent le bonheur.

8. Indra, lorsque je posséderai une opulence telle que la tienne, alors celui qui récitera nos hymnes saints possédera des vaches en abondance. O dieu tout-puissant, lorsque je posséderai de grands troupeaux de vaches, je ferai de riches cadeaux à celui qui récitera les chants sacrés. Ma voix invoque de toi, ô dieu puissant, des dons de vaches et de chevaux pour celui qui a institué ce sacrifice.

9. Eaux, soyez pour nous la distribution du bonheur; soyez à nos actes pour nous procurer des provisions et une prévoyance fortunée. Que vos ondes salutaires nous soient fournies avec le soin que de tendres mères mettent à soigner leurs enfants. O vous qui rendez nos demeures agréables, nous nous approchons de vous avec respect; procurez-nous une postérité illustre.

10. O vent, que ton souffle délicieux entre en nos poitrines, et étends grandement la durée de notre vie. Tu es pour nous comme un père, comme un frère, comme un ami intime. Travaille avec nous pour nous montrer le sacrifice qui conserve la vie. O vent, accorde-nous, pour que nous puissions subsister, une portion de ces trésors soigneusement déposés en ta demeure.

11. La divinité redoutable étend ses ailes, et s'emparant du bois couleur d'or et enveloppé de flammes, elle se revêt de la splendeur du soleil et se manifeste dans tous les sacrifices. Étendant sa gloire à travers les cieux, elle se nourrit de la liqueur sacrée qui fait pleuvoir la félicité, et distribuant libéralement ses dons par milliers et par centaines, elle soutient le ciel et protège les habitants de la terre.

12. O Garada, les hommes dont la poitrine est remplie de sentiments de piété, te voient lorsque tu agites gracieusement tes ailes dans le ciel; tu es radieux comme l'or, tu es le messager de Varuna, et l'oiseau qui produisit dans le sein d'Yama le tout-puissant Agni; c'est toi qui nourris les hommes. Garada qui conserve l'eau et qui s'élève dans les cieux, se place devant nous, prend son armure de couleurs variées et, venant semblable au soleil, avec son glorieux plumage, il donne naissance aux pluies. Objet de nos vœux et de notre amour, couvert de gouttes d'eau dans le ciel et brillant de la lumière du soleil qui rassemble les eaux, il va vers le nuage qui reçoit les fluides, et le soleil, brillant d'un pur éclat, fait tomber dans les trois mondes la pluie délicieuse.

VINGT-DEUXIÈME ADHYAYA.

1. Le rapide Soma, terrible comme un taureau aux cornes aiguës, tue ses ennemis, dompte toutes les créatures et ne ferme jamais les yeux; quoique seul, il disperse cent armées. O guerriers, vous obtenez la victoire, grâce à l'appui d'Indra, l'infatigable conquérant qui subjugue les ennemis et dont la main, armée de flèches, distribue la pluie. Indra tient dans

ses mains des dards et des épées nues; il se précipite dans la mêlée, disperse ses antagonistes, boit le suc de la plante de la lune, et les flèches que lance son arc toujours tendu donnent la mort à ses ennemis.

2. O Vrihaspati, entoure-nous de ton char; car tu détruis les Rakshasas, tu disperses les armées, tu donnes la victoire et tu préserves nos chars. O Indra, toi qui connais le siége des eaux, tu possèdes un pouvoir immense et une bravoure invincible; tu subjugues tous les êtres et tu te tiens debout sur ton char de triomphe. O mes amis, vous qui êtes les compagnons de ma jeunesse, célébrez alternativement dans vos chants l'héroïsme d'Indra; invoquez-le, lui qui distribue l'eau, lui qui sait où sont les nuages qui le renferment et qui est toujours vainqueur de ses ennemis.

3. Qu'Indra qui perce les nuages, que ce héros terrible en sa colère préserve nos armées dans les combats. Qu'Indra, le conducteur des dieux, que Vrihaspati et Soma qui fait prospérer les sacrifices, marchent de front; que les Maruts avancent aussi à la tête de l'armée des dieux. Que l'énergie puissante d'Indra, dispensateur de la pluie, du radieux Varuna et des Maruts descendus de la mère des dieux, se manifeste. Un cri de victoire s'élève de la part des dieux puissants et vainqueurs qui font trembler la terre.

4. O possesseur des richesses, aiguise nos armes, réjouis l'esprit de nos soldats. O toi qui as tué Vritra, que les cris de nos cavaliers rapides s'élèvent dans les airs. Sois avec nos gens, ô Indra, lorsqu'ils sont auprès des étendards de l'ennemi, et que nos flèches gagnent la victoire; que nos héros l'emportent et que les dieux nous défendent dans les combats. O Maruts, enveloppez cette armée qui avance contre nous dans une obscurité qui paralyse les forces de nos ennemis et qui les empêche de se reconnaître mutuellement.

5. O déesse du péché, éloigne-toi de nous, saisis-toi des membres de nos ennemis et trouble leurs pensées; consume leur cœur de chagrin, et que de sombres ténèbres les enveloppent. Héros, allez à la victoire et qu'Indra vous donne la félicité; que votre bras soit ferme et invincible; préparez vos flèches destructives et lancez-les contre les ennemis, marchez sur eux d'un pas rapide et n'en laissez pas subsister un seul.

6. Que les hérons au vol rapide viennent vers nos ennemis, ô Indra; que leur armée soit la proie des vautours. Que nul n'échappe, pas même l'homme pieux : quant au pécheur, il ne peut être sauvé; que les oiseaux se rassemblent et s'en nourrissent. O possesseur des richesses, que l'armée de nos ennemis soit entourée d'adversaires; détruisez-les entièrement, Indra et Agni, et que Brahmanaspati et Adytia nous donnent la prospérité.

7. O vainqueur de Vritra, détruis les Raksabas et tous ceux qui combattent contre nous; brûle les ennemis qui nous environnent; déjoue la colère de ceux qui veulent nous nuire. Abats ceux qui veulent conduire une armée contre nous. Lorsque le combat s'engage, implorez le secours des deux bras d'Indra qui sont puissants, irrésistibles, forts comme l'éléphant qui supporte le monde; ce sont eux qui ont brisé la puissance des Asuras.

8. Je couvre d'une cotte de maille toutes les parties vitales de mon corps. O Varuna, dieu victorieux, que les dieux te mettent en possession d'une grande félicité. Que nos ennemis soient aveugles comme un serpent décapité, et qu'Indra donne la mort à tous les chefs de nos ennemis. Que tous les dieux fassent périr l'odieux ennemi qui nous tend des embûches et qui veut notre mort, et que l'hymne saint soit une cotte de maille qui me protège.

9. Indra, terrible comme un lion qui laisse sur les montagnes qu'il parcourt les traces effrayantes de ses pas, viens vers nous, même des régions les plus éloignées. Aiguise tes traits redoutables, détruis nos ennemis, et mets en fuite ceux qui combattent contre nous. O dieux qui recevez le sacrifice, faites que nous puissions n'entendre et ne voir que ce qui est favorable; puissions-nous, nous qui rendons les dieux propices, arriver, sans diminution dans nos facultés de corps et d'esprit, à l'âge fixé par les dieux. Qu'Indra, auquel sont offerts les mets nombreux du sacrifice, nous accorde la prospérité. Que le soleil nourricier qui connait toutes choses, nous accorde la prospérité. Que le rishi Tarkshya, possesseur d'un char dont le cercle de la roue ne pouvait être coupé, nous accorde la prospérité. O divinité triple et une ! Que Vrihaspati nous accorde la prospérité. O divinité triple et une, accordez-nous la prospérité (210).

---

(210) Il y a dans le texte sanscrit la célèbre syllabe *Om* ou *Aum*, dont nous aurons occasion de parler. M. Stevenson la traduit comme nous l'indiquons, s'appuyant sur l'autorité des Brahmanes, qui la regardent comme l'expression de l'esprit unique formé des trois dieux, Brahma, Vishnou et Siva. C'est d'ailleurs incontestablement une interpolation ajoutée au Véda et plus récente que lui.

DEUXIÈME SECTION.
LES POURANAS.

AVANT-PROPOS.

§ 1⁽ʳ⁾. *Aperçus généraux sur les Pouranas* (211).

Les *Pouranas* sont des recueils immenses dont l'objet principal est la mythologie et surtout la vie de Krishna (l'une des incarnations de Vishnou), mais dans lesquels on a trouvé moyen d'encadrer des traditions de tout genre, de l'histoire, de la généalogie, des dogmes, de la métaphysique, des descriptions poétiques de toute espèce; ce sont des livres qui n'ont d'analogie avec aucun autre dans aucune littérature, et où tout se tient parce que tout est sorti du mouvement unique d'une civilisation qui n'avait jamais subi d'influence étrangère. Une grande partie des matériaux des Pouranas est ancienne, mais la forme dans laquelle nous les possédons, paraît être l'expression du brahmanisme après sa lutte avec le bouddhisme, de sorte qu'on y trouve des débris de toutes les époques de la civilisation indienne et des réminiscences de tous les temps. Ces livres n'ont pas l'autorité sacrée des Védas et des Upanischads, mais la religion du peuple est entièrement basée sur eux, et leur influence sur les croyances, les sentiments et la morale des Hindous est immense.

Les Pouranas dérivent évidemment du système religieux qui a inspiré les grandes épopées connues sous le nom de Ramayana et de Mahabbharata; nous aurons l'occasion de reparler de ces vastes compositions qui appartiennent à la période mytho-héroïque des croyances indiennes. Les Pouranas offrent toutefois des particularités qui démontrent qu'ils sont le produit d'une époque plus récente et d'une modification notable dans la marche de l'opinion. Ils répètent la cosmogonie fantastique des poètes épiques; ils développent et ils systématisent les calculs chronologiques; ils tracent un tableau plus défini et plus complet des fictions mythologiques et des traditions historiques. On reconnaît une influence plus moderne dans la supériorité du rôle qu'ils assignent à certaines divinités, dans la variété des rites et des cérémonies destinés à les honorer, et dans l'invention de légendes nouvelles qui font ressortir la puissance de ces mêmes divinités et l'efficacité de la dévotion particulière qu'elles inspirent. Siva et Vishnou sont presque les seuls objets qui, dans les Pouranas, réclament les hommages des Hindous, qui, s'éloignant du culte domestique recommandé dans les Védas, montrent une ferveur intolérante et un esprit de secte qu'on ne rencontre point dans le Ramayana et qui ne se montre qu'à un faible degré dans le Mahabbharata.

Les Pouranas ne sont donc pas l'expression de l'ensemble de la croyance des Hindous; ils reproduisent simplement les doctrines parfois opposées de quelques écoles, et ils ont pour but de recommander le culte, souvent exclusif, de Siva et de Vishnou.

Il est possible que les Pouranas, tels que nous les possédons, ne soient que la reproduction imparfaite de compositions plus anciennes. L'identité des légendes qui forment un grand nombre d'entre eux, parfois l'identité des mots (car de longs passages sont identiques), montrent qu'en pareil cas, il est venu jusqu'à nous des copies diverses d'un autre ouvrage semblable, ou bien la transcription d'un texte original et plus ancien. Parfois des légendes sont mentionnées, mais ne sont pas racontées, circonstance qui établit que leur narration se trouvait ailleurs.

Le mot lui-même de Pourana signifie vieux, et montre que ces compositions étaient destinées à reproduire d'antiques traditions, but qu'elles ne remplissent aujourd'hui que d'une façon très-imparfaite.

D'après les anciens écrivains de l'Inde, chaque Pourana traite des cinq objets suivants : 1° la création

---

(211) Nous avons fait usage dans cet aperçu du travail de M. Nève, les *Pouranas*, étude sur les derniers monuments de la littérature sanscrite, Paris, 1852, in-8°, 55 pages.

SECT. II. — LES POURANAS. — AVANT-PROPOS.

du monde, ses âges et son renouvellement ; 2° la génération des dieux et des héros ; 3° la chronologie d'après un système mythique ; 4° l'histoire des demi-dieux et des héros ; 5° la cosmogonie, avec une histoire mythique et héroïque.

Les Pouranas, très-répandus dans l'Inde, sont la lecture habituelle des populations peu instruites ; ils ont été traduits dans tous les dialectes vulgaires de la presqu'île ; ils remplacent, pour les classes inférieures, les Védas dont la lecture est interdite au peuple.

Le Dictionnaire sanscrit d'Amara Singha, rédigé un demi-siècle avant l'ère chrétienne (212), stipule expressément quels sont les objets sur lesquels roulent les Pouranas ; cette exposition ne convient plus aux ouvrages que nous possédons ; le Vishnou-Pourana est celui qui s'en éloigne le moins. On ne peut donc attribuer aux Pouranas qui circulent dans l'Inde une antiquité très-reculée ; mais il faut y reconnaître un fond de traditions fort anciennes sur lequel sont venus se placer des détails d'époque plus moderne.

La doctrine qui domine dans les Pouranas est le panthéisme ; un être suprême, infini, incompréhensible, se manifeste sous la forme de quelque divinité particulière, telle que Vishnou ou Siva ; mais il n'en reste pas moins la cause de tout ce qui existe ; il est tout ce qui est. A certains égards, la théorie des Indiens sur ce point, se rattache aux opinions qui prévalurent chez les néo-platoniciens ; on sait qu'il existait, par la voie de la mer Rouge, des rapports commerciaux actifs entre l'Inde et l'Egypte ; les idées s'introduisirent aussi ; saint Epiphane et Eusèbe mentionnent Scythianus comme ayant, au second siècle, apporté de l'Inde des livres sur les sciences occultes et des opinions qui conduisaient au manichéisme ; mais ce n'est point ici que nous avons à nous occuper de l'impression qu'exercèrent dans les écoles grecques et alexandrines les idées venues de l'extrême Orient.

Tous les Pouranas ont la forme d'un dialogue : un individu fait des demandes ; un sage expose longuement ce que le néophyte désire connaître. Parfois certaines questions amènent l'intercalation d'autres dialogues qui ont eu lieu en semblables circonstances. Le principal interlocuteur est habituellement Lomaharshana ou Romaharshana, disciple de Vyasa ; il est supposé répéter ce qu'il a appris de son maître ; le nom de Vyasa est un terme générique qui signifie compilateur ou arrangeur.

I. Passons rapidement en revue les dix-huit Pouranas. Le *Brahma Pourana* doit son nom à ce que Brahma en récita le contenu au sage Marichi : il se composait de dix mille stances ; il est placé, au dire des anciens poètes, le premier dans l'énumération des Pouranas ; mais aujourd'hui il n'en offre que sept ou huit mille ; on l'a quelquefois appelé le Saura Pourana, parce qu'il s'occupe spécialement du culte à rendre au soleil (*Suria*). Lomaharshana récite aux rishis ou aux sages réunis autour de lui cette longue composition telle qu'elle sortit de la bouche de Brahma. Les premiers chapitres de l'ouvrage donnent la description de la création du monde, le récit de ce qui s'est passé pendant les Manwantaras et l'histoire des dynasties solaire et lunaire jusqu'au temps de Krishna ; ensuite viennent une courte description de l'univers et une série de chapitres se rapportant à la sainteté du pays d'Orissa, de ses temples et de ses bois sacrés dédiés au soleil, à Siva et à Jugannath. Le culte de Jugannath, l'une des incarnations de Krishna, est ainsi un des buts principaux de ce Pourana. On trouve plus loin une Vie de Krishna, qui est, mot pour mot, la même que celle que renferme le Vishnou-Pourana, et l'ouvrage se termine en donnant le détail de la manière dont il faut s'appliquer à l'Yoga ou dévotion contemplative dont Vishnou est l'objet. Des circonstances historiques et géographiques placées dans ce Pourana montrent qu'il ne remonte pas au delà du XII° ou XIII° siècle. Le *Journal de la Société royale asiatique*, t. V, p. 63, en renferme une analyse.

II. Le *Padma Pourana* contient le récit de tout ce qui advint dans le cours de la période pendant laquelle le monde était un lotus d'or (padma) ; il contient cinquante-cinq mille stances. C'est en effet une œuvre très étendue, et le chiffre ci-dessus indiqué n'est pas très-éloigné de la vérité. Cette masse de vers est partagée en cinq livres ou khandas : 1° le srishti khanda, qui roule sur la création ; 2° le bhûmi khanda, description de la terre ; 3° le swarga khanda, qui traite du ciel ; 4° le patala khanda, consacré aux régions placées au-dessous de la terre ; 5° enfin l'uttara khanda, qui forme une sorte d'appendice. On y joint parfois une sixième section, le krya yoga Sara, qui traite de la pratique de la dévotion.

Entrons dans quelques détails particuliers sur chacun de ces livres ; ils ne seront pas inutiles pour donner sur la littérature religieuse des Hindous quelques notions précises.

---

(212) Ce Dictionnaire, connu sous le nom d'*Amara-Kosha* (trésor d'Amara), est divisé en trois livres et dix-huit chapitres. Quelques portions ont été publiées en Europe ou dans l'Inde ; en 1837, M. Loiseleur-Deslongchamps lit paraître le texte sanscrit avec une traduction française (Paris, 1839, voir la *Revue de bibliographie analytique*, 1840, p. 56). Consulter également l'article consacré à Amara dans la *Nouvelle Biographie générale* (Paris, Firmin Didot, 1852, t. II, col. 291).

Dans le premier livre, c'est Ugrasravas, fils de Lomaharshana, qui est le narrateur : son père l'envoie aux rishis réunis à Naimisharanya, afin de leur communiquer le Pourana qui contient l'histoire du lotus (padma) où Brahma apparut lors de la création. Ugrasravas répète ce que Brahma a communiqué à Pulastya et ce que celui-ci a redit à Bhishma. Les premiers chapitres exposent la cosmogonie et la généalogie des familles patriarcales dans un style tout à fait analogue à celui du Vishnou-pourana, quelquefois dans les mêmes mots; arrive ensuite un récit nouveau et sans authenticité, même au point de vue brahmanique; son but est de célébrer les mérites du lac de Pushkara, but d'un pèlerinage fameux dans l'Inde entière, et qui se trouve dans la province radjhoute d'Adjmère.

Le bhûmi khanda ou section de la terre, ne s'occupe de décrire notre globe qu'après avoir rempli cent vingt-sept chapitres de légendes qui, pour la plupart, ne se trouvent point dans les autres Pouranas ; les lieux sacrés, qu'on peut visiter en pèlerinage, occupent une large place dans ces narrations fabuleuses.

Le swarga khanda décrit, dans ses premiers chapitres, la position respective des lokas, ou des sphères au-dessus de la terre; il place au sommet de toutes le vaikuntha ou sphère de Vishnou. Des détails assez confus, relatifs à divers princes, viennent ensuite; ils sont suivis de règles de conduite pour les diverses castes et pour les divers âges de la vie. Le reste du livre est rempli de légendes accumulées sans méthode; quelques-unes, telles que celle qui a rapport au sacrifice de Daksha, remontent à une date reculée, mais la plupart sont modernes.

Le patala khanda consacre d'abord une courte introduction à la description des régions de Patala, habitées par les dieux serpents; le nom de Rama ayant été prononcé par le narrateur, amène l'histoire de ce héros et de ses descendants. Les aventures d'un cheval que Rama veut offrir en sacrifice comptent un grand nombre de chapitres, et il est permis d'y voir l'œuvre d'une main moderne. Au moment d'être immolé, ce cheval se trouve être un brahmane, forcé, par suite d'une imprécation du sage Duwasas, de prendre cette forme, et qui, sanctifié par ses rapports avec Rama, est délivré de cette triste métamorphose; il obtient même d'être envoyé dans le ciel comme un esprit de lumière.

A la suite de ce long épisode, où le compilateur paraît avoir pris pour guide le Raghuvamça qu'on attribue à Calidasa, on trouve le récit de ce qui se passa durant la jeunesse de Krishna et des recommandations relatives au mérite d'adorer Vishnou. L'uttara khanda est une très-volumineuse réunion d'objets fort hétérogènes. Vient d'abord un dialogue entre le roi Dilipa et le mouni Vasishtha ; ils discutent sur le mérite des bains durant le mois de maghu, et sur la puissance de la prière adressée à Lakshmi Narayana. La foi en Vishnou, les légendes des incarnations de ce dieu, celles de Rama, la construction des images de Vishnou, sont des objets trop sublimes pour qu'une bouche humaine les exprime; c'est donc le dieu Siva que le poëte hindou adopte pour les exposer; ce dieu instruit Parvati de toutes ces choses, et l'adoration de Vishnou par les autres divinités termine cette longue digression, après laquelle reparaissent comme interlocuteurs le roi et le sage que nous avons déjà nommés; le sage expose pourquoi Vishnou est le seul dieu de la triade indienne qui soit digne de respect; il est pur, tandis que Siva se livre à la licence et Brahma à l'orgueil. Vasishtha raconte ensuite un grand nombre de légendes; plusieurs d'entre elles ont pour but d'exalter la sainteté du mois kartika : quelques-uns de ces récits sont d'origine ancienne; la plupart sont modernes et ne se trouvent que dans ce Pourana.

Enfin, dans le kriyo-Yoga-Sara, des sages demandent comment il est possible d'obtenir des mérites religieux durant l'âge kali, lorsque l'homme est devenu incapable de ces pénitences et de cette abstraction qui fait arriver à la libération finale. Le parti à prendre en pareil cas est la dévotion à Vishnou ; répéter ses divers noms, porter ses marques, l'adorer dans ses temples, voilà ce qui tient lieu de toute autre œuvre méritoire.

On voit que le Padma Pourana, tel que les Brahmes le possèdent aujourd'hui, se compose de l'agglomération d'ouvrages séparés, et qui, individuellement, ne répondaient pas à la définition exacte du mot pourana. Tel qu'il existe, il ne paraît rien renfermer d'antérieur au xiie siècle, et vers la fin, où l'on reconnaît une œuvre rédigée au Bengale, il descend jusqu'au xve ou xvie siècle.

Des fragments du Padma Pourana se trouvent dans le sixième volume du *Journal asiatique*. Un orientaliste allemand, A.-E. Wollheim, a mis au jour, à Berlin, en 1831, in 4°, un travail intitulé : *De nonnullis Padma-Purani capitibus*. Le texte sanscrit de quelques fragments de ce Pourana est accompagné d'une traduction latine et de notes.

III. Le Vishnou Pourana est celui dont la traduction complète se trouvera plus loin. Nous en reparlerons après avoir achevé l'énumération des Pouranas.

IV. Le *Vayou Pourana* se composait de vingt-quatre mille stances; mais aujourd'hui il est moins étendu. C'est le sage Vyou qui parle aux rishis assemblés. L'ouvrage a une division qui lui est particulière; il est partagé en quatre *padas* ayant chacun des noms différents.

1° Le Prakriya ne contenant que quelques chapitres qui roulent principalement sur la création des éléments et sur les premières évolutions des êtres; c'est le même sujet que celui que traite le Vishnou-Pourana; mais dans cette dernière composition le style est plus clair et plus méthodique.

2° L'Upodghata renferme la description des divers kalpas ou époques durant lesquelles le monde a subsisté. Trente-trois de ces époques ou âges sont exposés; le dernier est le sweta kalpa, ou l'âge blanc; il tire son nom de ce que, durant son cours, Siva naquit avec un teint d'une grande blancheur. La généalogie des patriarches, la description de l'univers, les incidents des six premiers Manwantaras, sont les sujets traités dans la suite de cette section; il s'y mêle des légendes et de longs détails sur les pitris ou progéniteurs, et sur les rishis ou sages, qui travaillèrent à faire connaître les Védas.

3° L'Anashanga débute par l'histoire des sept rishis et de leurs descendants; on trouve ensuite le récit de l'origine des créatures qui procèdent des filles de Daksha, le tout avec une profusion de noms propres qui ne se rencontre point dans les autres pouranas. Pour le fond des choses il y a conformité avec le Vishnou-Pourana. Ce même accord se montre dans l'histoire des dynasties solaire et lunaire, dans celle des rois à venir et dans les calculs chronologiques.

4° L'Ypasanhara décrit succinctement les Manwantaras futurs, les mesures de l'espace et du temps, la fin du monde, l'efficacité de la contemplation et la gloire du séjour de Siva, dieu auquel l'ascète doit se réunir.

Ce Pourana est un des plus anciens et des plus authentiques; c'est celui qui conserve le mieux le cachet de ce qu'étaient primitivement de semblables compositions. Les copies manuscrites qui circulent dans l'Inde ne sont pas complètes; celles qui ont le plus d'étendue comprennent environ douze mille vers; il en est qui n'en renferment pas au delà de six ou sept mille.

V. Le *Sri Bhagavata* raconte la mort de l'Asura Vritra et retrace l'histoire des immortels et des hommes durant le Kalpa Saraswata; il est composé de dix-huit mille stances. La célébrité de ce Pourana est grande dans l'Inde entière; il exerce plus d'influence que les autres. Il se divise en trois cent trente-deux chapitres qui se partagent eux-mêmes en douze skandhas ou livres. Le nom de Bhagavata lui vient de ce qu'il est consacré à la glorification de Bhagavat ou Vishnou.

Ce Pourana a la forme d'une communication que Suta fait aux rishis; mais le narrateur se borne à raconter ce que Suka, le fils de Vyasa, relata à Parikshit, roi d'Hastinapoura, petit-fils d'Arjuna. Ayant encouru la malédiction d'un ermite qui le condamna à mourir, dans le délai de sept jours, par suite de la morsure d'un serpent venimeux, le roi, afin de se préparer à cet événement, se rend aux bords du Gange; les dieux et les sages arrivent aussi dans le dessein d'assister à son trépas. Suka est du nombre de ces visiteurs, et c'est en réponse à une question de Parikshit (comment doit se comporter l'homme qui est au moment de mourir?) qu'il raconte le Bhagavata, tel qu'il l'a entendu de la bouche de Vyasa, car rien n'assure aussi certainement la félicité définitive, que de mourir en ayant toutes ses pensées concentrées sur Vishnou.

Une édition du Bhagavata Pourana, accompagnée d'un commentaire, a été donnée à Calcutta, en 1830, en caractères bengalis. M. Eugène Burnouf a fait de ce Pourana l'objet d'un travail très-important dont nous reparlerons.

D'Obsonville publia, en 1788, une traduction française de ce Pourana, d'après une version tamoule fort abrégée et sous le titre de Bagavadam. Ce volume ne donne qu'une idée tout à fait fausse et insuffisante de l'ouvrage sanscrit; il n'est plus possible d'y recourir aujourd'hui.

M. Pavie, voulant offrir aux lecteurs européens l'histoire mythologique de Krishna dans une forme plus concise que ne le sont les récits des Pouranas, a donné, d'après la rédaction populaire faite en dialecte hindi par Lalatch Kab, la traduction du dixième livre du Bhagavata. (*Krishna et sa doctrine*, Paris, 1832, 8°, LX et 420 p.)

VI. Le *Narada Pourana* comprend, selon les auteurs sanscrits, vingt-cinq mille stances. Il ne paraît pas s'être conservé. M. Wilson avait une copie qui ne comprenait que trois mille stances; d'autres copies plus étendues ne dépassent point trois mille cinq cents. Selon les Brahmanes, le nom de Narada donné à ce Pourana est celui du sage qui le récite; il contient l'histoire du Vrihat Kalpa; mais dans les copies modernes, il ne s'agit que de la dévotion qu'il faut avoir pour Vishnou. Elles présentent un assemblage de prières adressées aux diverses formes de ce dieu, des détails sur les fêtes et sur les cérémonies en son honneur, des légendes, les unes assez anciennes, d'autres plus modernes destinées à montrer son pouvoir. Parmi ces légendes est celle de Mohini, fille du roi Rakmangada et née par un effet de sa volonté ; le roi, se laissant abuser par elle, promet de faire tout ce qu'elle désirera. Elle lui demande de violer la loi du jeûne le onzième jour de la quinzaine (jour consacré à Vishnou), ou de mettre son fils à mort ; il tue son fils, se décidant ainsi à commettre le péché qui lui semble le moins grand. Ce trait suffit pour faire apprécier l'esprit qui a présidé à une œuvre semblable. Il y est fait mention de Suka et de Parikshit, interlocuteurs dans le Bhagavata, et à la fin on recommande de ne point lire ce Pourana en présence de ceux qui tuent les vaches et qui méprisent les dieux. C'est sans doute une allusion aux musulmans. On peut regarder cette composition comme ayant été rédigée au xvi° ou au xvii° siècle.

Quelques Hindous appliquent aussi le nom de Narada Pourana à une production que d'autres appellent le Vrihunavaradiya. C'est un écrit du même genre et de la même époque que celui que nous venons de faire connaître. Il ne contient guère que des prières et des louanges adressées à Vishnou, et des recommandations pour observer certains rites et célébrer certaines fêtes en l'honneur de ce dieu. Quelques légendes s'ajoutent à cet ordre d'idées ; la plupart sont des inventions puériles et bien éloignées de l'esprit du plus ancien système religieux de l'Inde.

VII. Le *Markanda* ou *Markandyia Pourana*. Il comprend neuf mille stances et commence par l'histoire des oiseaux qui avaient la science du bien et du mal. Son nom vient de ce qu'il est formé, en majeure partie, d'un récit placé dans la bouche du sage Markandeya. Diverses copies qui circulent dans l'Inde ne dépassent pas six mille neuf cents stances. Elles se terminent d'ailleurs d'une manière un peu brusque et semblent indiquer de l'existence d'une continuation que les Indianistes ne connaissent pas encore.

Voici le sujet de cette œuvre.

Jaimini, élève de Vyasa, s'adresse à Markandeya, afin de connaître la nature du dieu Vasadiva et afin d'avoir des éclaircissements sur quelques points racontés dans le Mahabharata, poëme dont l'ambroisie a arrosé le monde entier.

Markandeya s'excuse en disant qu'il a une cérémonie religieuse à accomplir et il envoie Jaimini à quelques oiseaux merveilleux qui résident sur la montagne Vindhya et dont l'origine est céleste ; le mouni Samika les a trouvés au moment de leur naissance et les a emportés ; grâce à leur parenté surnaturelle et aux instructions du mouni, ils sont devenus très-habiles dans la connaissance des Védas et de la vérité spirituelle. Ces détails sont empruntés au Mahabharata et sont un peu embellis. Jaimini a recours à l'oiseau Pingaksha et à ses frères ; il leur pose diverses questions : « Pourquoi Vasadeva est-il né comme un mortel ? Comment Draupani fut-elle la femme des cinq Pandus ? Comment Baladeva fit-il pénitence pour avoir tué un Brahme ? Pourquoi les enfants de Draupani furent-ils détruits, lorsqu'ils avaient pour défenseurs Krishna et Arjuna ? » Les réponses faites à ces demandes occupent un grand nombre de chapitres et forment un supplément au Mahabharata. Les légendes de la mort de l'Asura Vitra, de la pénitence de Baladeva, de l'élévation d'Harischandra au ciel, et de la querelle entre Varishtha et Viswamitra, sont suivies d'une discussion relative à la naissance, à la mort et au péché ; il en résulte une description des enfers plus étendue que celle qui est dans les autres Pouranas. Une description du monde vient ensuite et contient bien des fables ; elle est accompagnée des récits relatifs aux divers Manwanturas. Celui qui subsiste actuellement, le Vaivaswata Manwantaras est très-rapidement indiqué, mais celui qui le suit, le premier des Manwantaras futurs, renferme un long épisode, l'histoire des actions de la déesse Dourga ; c'est la partie la plus importante de ce Pourana et le fondement de la foi des adorateurs de Dourga, Kali ou Chaudi dans le Bengale. Le récit des victoires de la déesse sur les divers Asuras ou esprits malins est lu chaque jour dans les temples de cette divinité et fournit l'occasion des grandes fêtes que célèbre la population bengalie. Après les détails relatifs aux Manwantaras, on trouve une série de légendes touchant le soleil, sa postérité et divers personnages célèbres dans la mythologie des Hindous. Bien des circonstances exposées dans ce Pourana ne se trouvent pas ailleurs, et de fait, il offre un caractère spécial. Il n'a guère de couleur religieuse ; les prières qu'il renferme sont rares et courtes. Il s'occupe peu de morale et de liturgie ; il ne donne point de préceptes : il est presque exclusivement narratif. Il est impossible, dans l'état actuel des études sur l'Inde, de remonter à l'origine de ces légendes, et d'affirmer si elles sont, en grande partie du moins, le fruit de l'imagination de l'auteur. On ne saurait non plus assigner à cette production une date positive, mais il est très-probable qu'elle est antérieure à la plupart des autres Pouranas ; on pourrait attribuer sa rédaction au ix° et au x° siècle.

La note 8 du premier livre de la traduction française de l'ouvrage de Creuzer sur les *Religions de* l'antiquité (t. I, p. 619) renferme quelques détails fournis par M. Burnouf sur la *Tchandika* ou *Devi-Mahatmya* (grandeur de Devi), épisode du Markandeya Pourana. La nature divinisée y est célébrée sous tous les noms imaginables.

Le second et le troisième chants décrivent les luttes de Devi contre Mahicha, homme à tête de taureau, qui est le chef des Asuras. Indra et les divas qu'il gouverne venaient d'être chassés du ciel par ces redoutables ennemis; Vishnou accourt pour les secourir; les gloires de Brahma et de Siva apparaissent soudain suivies des gloires de tous les autres dieux, mais celle de Siva était la plus brillante de toutes; seule, elle remplissait le monde de sa lumière et elle prit la forme d'une femme. Devi avance, et tous les mondes tremblaient sous ses pas. Vaincus à plusieurs reprises, les Asuras ne perdent point courage; l'affreux Mahicha, sous sa forme la plus redoutable, renverse tout ce qui est devant lui; Devi se présente et lui lance une chaîne dans les replis de laquelle elle le serre fortement. Il se transforme en lion, en éléphant, etc.; sa tête renaît tout autant de fois que la déesse l'abat. Devi l'enivre enfin, l'immole, et sa victoire est célébrée par les chants des dieux.

Dans le cinquième chant, les dieux ont été vaincus par les Asuras, et, retirés au pied de l'Himalaya, ils implorent l'appui de la déesse. Les chants six et dix sont remplis du récit des victoires réitérées de Dourga contre ses ennemis. Après des luttes multipliées, la multiple et formidable divinité triomphe de l'Asura Soumbha, qui était demeuré le dernier de ses adversaires. La fin de cette guerre rend la paix au monde; après son dernier succès, Devi prédit aux dieux, sous la conduite d'Agni, ses incarnations futures.

Il a paru à Berlin, en 1831, 4°, un fragment du Pourana qui nous occupe, sous le titre suivant : *Devimahatmyam Markandeyi Pourani sectio ; edidit, latinam interpretationem annotationesque adjecit Lud. Poley.*

VIII. L'*Agni Pourana*. Il comprend, selon les Brahmanes, seize mille stances et il relate les événements survenus dans le Kalpa Isura. C'est Agni, le dieu du feu, qui le récita à Vasishtha pour l'instruire dans la foi de Brahma. Vasishtha en fit part à Vyasa; celui-ci le raconta à Suta, lequel le redit aux rishis assemblés à Naimisharanya. Cette production contient de douze à quinze mille stances dans les divers manuscrits que nous possédons. On n'y trouve guère de traces d'originalité ; une grande partie de son contenu se rencontre dans d'autres écrits. Les premiers chapitres racontent les Avatars ou incarnations des dieux, l'histoire de Rama et de Krishna a pris pour guide le Ramayana et le Mahabharata. De longs détails sont consacrés à l'accomplissement de certaines cérémonies religieuses. Tout cela est mêlé de légendes, de fragments de description de la terre où se reproduisent des idées énoncées dans le Vishnou-Pourana. On trouve plus loin des chapitres sur les devoirs des rois et sur l'art de la guerre; ils paraissent empruntés à quelque ouvrage plus ancien. Un exposé de la distribution et de l'arrangement des Védas et des Pouranas est un abrégé de ce qu'on lit dans le Vishnou-Pourana. Un traité de médecine est une compilation faite sans jugement. Enfin, après une série de chapitres sur le culte mystique de Siva et de Devi, l'ouvrage se termine par un sommaire de rhétorique, de prosodie et de grammaire, d'après Pingala et Panini.

Ce caractère encyclopédique s'éloigne du vrai sens donné au mot Pourana, et montre que celui-ci ne remonte point à une date bien ancienne. Il est évidemment postérieur au culte de Devi dont l'origine n'est pas bien fixée, mais qu'on croit n'avoir été introduit que longtemps après notre ère. Les matériaux mis en œuvre dans ce Pourana sont toutefois d'une époque assez reculée; les chapitres sur l'usage des armes et sur l'autorité royale sont tout à fait hindous et ont précédé la conquête des musulmans. Quoique assez récente, cette compilation offre donc de l'intérêt, puisqu'elle a conservé des travaux anciens. M. Wilson en a donné une analyse dans le *Journal de la Société asiatique du Bengale*, mars 1832.

IX. Le *Bhavishya Pourana* contient, selon les Brahmanes, quatorze mille cinq cents stances, et, selon la même autorité, Brahma, après avoir décrit la grandeur du soleil, explique à Manu l'existence du monde et les caractères de tous les objets créés dans le cours de l'Aghora Kalpa ; étant consacré au récit des événements futurs, ce livre doit à son genre prophétique le titre qu'il porte (*Bhavishyati*, ce qui sera). Les manuscrits que l'on possède ne s'accordent pas avec l'idée que donne l'écrivain hindou ; ils offrent un ouvrage divisé en cent vingt-six courts chapitres que Samanta récite au roi Satanika. Après avoir parlé de la création, il se borne à expliquer les rites et les cérémonies ; il y est fort question des initiations, des diverses sectes, des jeûnes et des obligations attachées à certains jours lunaires. Quelques légendes rompent la monotonie de ces préceptes. Celle du sage Chyavana est narrée en détail; elle est empruntée au Mahabharata. De longues conversations entre Krishna, son fils Sambadivenou, lépreux par suite d'une malédiction lancée contre lui, et divers autres personnages, roulent sur la puissance et la gloire du soleil et sur l'adoration qu'il faut lui rendre. Beaucoup de cérémonies indiquées dans cette production sont tombées en désuétude ou ont subi des changements considérables : cette circonstance sert du moins à jeter du jour sur divers points de la religion des Hindous avant l'invasion des sectateurs de Mahomet.

X. Le *Brahma Vaivarta Pourana* est consacré au récit de la grandeur de Krishna et aux évènements dont le Kalpa Rathantara doit être le théâtre ; il contient, selon les Brahmanes, dix-huit mille stances, nombre qui se retrouve en effet dans les copies conservées dans l'Inde (215). Divisé en quatre khandas ou livres, il se rapporte à Brahma, à Devi, à Ganesa, et surtout à Krishna ; c'est l'œuvre des sectaires qui s'attachent avec une ferveur toute spéciale à l'adoration de ce personnage divin à l'époque de sa jeunesse, et l'on sait que ce culte ne remonte pas à une date fort éloignée.

Quelques légendes d'une époque assez ancienne se trouvent dans ce Pourana, mais il est rempli surtout d'ennuyeuses descriptions du Vrindavan et du Goloka (résidence de Vrishna sur la terre et dans le ciel) ; il abonde en répétitions de prières adressées à ce dieu et en détails sur sa jeunesse et sur son histoire, détails qui sont, au fond, les mêmes que ceux que l'on trouve dans le Vishnou-Pourana et dans le Bhagavata ; ces histoires absurdes sont abrégées pour faire place à des incidents encore plus puérils et plus fatigants. Cette composition ne mérite donc pas, selon M. Wilson, le nom de Pourana ; elle doit rester dans l'oubli où les Européens l'ont laissée.

Le Brahma-Vaivarta Pourana, malgré ce jugement sévère, a été l'objet des travaux d'un indianiste allemand, M. A.-J. Stenzler, qui en a publié à Berlin, en 1819, in-4°, 54 pages, un spécimen en latin. M. Langlois a rendu compte de cette publication dans le *Journal des Savants*, octobre 1832, pag. 612. Il signale cette tentative comme fort digne d'encouragement, car les Pouranas offrent à exploiter une mine des plus fécondes ; M. Stenzler n'a eu à sa disposition qu'un fragment de manuscrit incomplet ; son zèle n'en mérite que plus d'éloges. Le Pourana dont il s'est occupé est divisé en quatre sections ; il semble destiné à développer l'idée contenue dans le dix-septième distique du neuvième livre du *Bhagavad-githa*, où Krishna dit qu'il est le père, la mère, le nourricier, l'aïeul de tout ce qui existe. Ce livre traite de la naissance des dieux et des déesses qui ne sont que les énergies personnifiées de Brahma. Le mot *vivarta* signifie *assemblage*, *collection*, ou bien *mouvement par lequel on tourne autour d'une chose*. Il désigne aussi l'erreur, en fait de science divine, et le défaut de jugement par lequel on confond le vrai et le faux, et l'on se trompe sur les objets non réels qu'on prend pour véritables ; tel est, par exemple, le mirage. C'est là précisément ce qui arrive à ceux qui ne conçoivent pas Brahma, qui ne comprennent pas qu'il est tout, principe actif et passif, physique et immatériel.

Quant à la légende que M. Stenzler a eue sous les yeux, elle se rapporte à un des épisodes de l'histoire de Krishna ; il n'est pas facile d'en saisir l'ensemble, et il faudrait, pour la faire comprendre, entrer dans de longues explications qui ne seraient pas ici à leur place. Nous renverrons donc à l'article de M. Langlois ceux de nos lecteurs qui voudraient avoir, à cet égard, de plus amples détails.

XI. Le *Linga Pourana* renferme près de onze mille stances. Les Hindous attribuent sa composition à Brahma lui-même ; le linga est une colonne de feu où réside Maheswara. L'ouvrage commence par un exposé succinct de la création ; c'est Siva et non Vishnou qui est présenté comme la cause de tous les êtres, cause dont aucune description ne saurait donner l'idée. Le récit des incarnations de Siva et de ses aventures pendant les différents Kalpas ne présente guère d'intérêt. Dans l'intervalle d'une des créations du monde, Vishnou et Brahma se disputent la palme de la suprématie et commencent même à se battre ; le linga enflammé surgit tout d'un coup entre eux ; telle est son étendue qu'après avoir, l'un monté, l'autre descendu pendant une période de mille années, ni l'un ni l'autre dieu ne peut arriver aux extrémités de cette masse de flammes. Le monosyllabe sacré OM se lit sur le linga ; les Védas en procèdent ; Brahma et Vishnou reconnaissent leur erreur et ils célèbrent la gloire et la supériorité de Siva. Celui-ci fait alors l'histoire de ses vingt-huit incarnations ; c'est la contre-partie des vingt-quatre incarnations de Vishnou dont le récit se trouve dans le Bhagavata.

Une description de l'univers, une énumération des dynasties royales, reproduit jusqu'au temps de Krishna, en substance et parfois mot pour mot ce qu'on lit dans d'autres Pouranas. Ensuite l'ouvrage

---

(215) Parmi les manuscrits laissés par M. Eugène Burnouf et mentionnés dans le *Journal des Savants*, septembre 1852, on trouve une transcription en lettres latines de ce pourana, accompagnée d'une traduction aussi en latin Ce travail s'étend jusqu'au neuvième livre.

reprend son caractère spécial; il raconte des légendes en l'honneur de Siva; il prescrit les rites et indique les prières qui procurent la faveur de ce dieu. Tout cela est mystique et spirituel ; rien ne se rapporte au culte impur du *Lingam* répandu dans la population ignorante et abrutie de l'Inde qui a voulu avoir un emblème de la puissance créatrice de Siva, tandis que le sage, dédaignant toute image, ne s'attache qu'au type invisible et incompréhensible qui est Siva lui-même. On ne saurait dire au juste à quelle époque le Linga Pourana a été composé; mais les idées religieuses qu'il renferme sont celles de l'école Yoga qui fleurissait vers le huitième ou le neuvième siècle de notre ère. (Voy. *Asiatic Researches*, vol. XVII p. 187.) Le Pourana en question pourrait être d'une époque bien plus récente; il conserve quelques légendes assez anciennes, mais les rites qu'il recommande ne remontent pas à une grande antiquité.

XII. Le *Varaha Pourana* est signalé comme formé de vingt-quatre mille stances; la gloire du grand Varana y domine; il fut révélé à la Terre par Vishnou. Tel que nous le possédons, ce Pourana ne dépasse pas six mille stances : Varana ou le sanglier, sous la forme duquel s'est incarné Vishnou, le récite afin de résoudre les perplexités de la Terre. On y trouve peu de détails sur la création du monde et sur l'histoire des rois; c'est un manuel de religion, consacré presque entièrement à des formules de prières et à des pratiques de piété en l'honneur de Vishnou; le tout est entremêlé de légendes; les unes sont empruntées au fond commun des traditions anciennes, d'autres ne se trouvent que dans ce Pourana. Une portion considérable de l'œuvre est consacrée à décrire les lieux de pèlerinage qu'il faut fréquenter. Rien n'a rapport à l'adoration spéciale de Krishna, et l'on peut attribuer cette œuvre au XII° siècle.

XIII. Le *Skanda Pourana* doit son nom à ce qu'il renferme le récit fait par Skanda, la divinité aux six faces, des événements qui doivent s'accomplir durant le Kalpa Tatpurusha; selon les Brahmanes, il contient quatre-vingt-un mille cent stances; de fait si on réunissait les diverses portions qui circulent dans l'Inde comme faisant partie de ce Pourana, on arriverait peut-être à un chiffre encore plus élevé. Un des plus célèbres de ces fragments est le Kasi-Khanda qui contient une description très-minutieuse des temples de Siva à Benarès ou aux environs, le tout mêlé de légendes parmi lesquelles il en est de puériles, et d'autres qui possèdent un intérêt historique. Le Kasi-Khanda renferme quinze mille stances; l'Utkala-Khanda, autre fragment du même genre, est consacré à la description du temple de Jugannatha, dont il célèbre la sainteté. D'autres fragments ont également pour objet de vanter le mérite de tel ou tel endroit regardé comme sacré chez les Hindous, et leur origine intéressée se manifeste au premier coup d'œil. Ces divers écrits ne sauraient donc être regardés comme faisant partie du véritable Skanda Pourana, dont il n'existe nulle copie complète et authentique, et qui a été beaucoup trop défiguré pour que la critique européenne ait tenté de lui restituer sa physionomie primitive.

XIV. Le *Vamana Pourana* est, selon les anciens auteurs, celui qui contient dix mille stances et dans lequel le Brahma aux quatre visages enseigne les trois objets de l'existence. L'œuvre que conservent les Hindous et à laquelle ils donnent le titre en question ne va point au delà de sept milles stances; elle raconte l'incarnation de Vishnou sous la forme d'un nain. Une série de questions, faites brusquement et avec peu de liaison entre elles par Narada, provoque, de la part de Pulastya, des réponses qui roulent sur divers objets classés sans ordre. Il est longuement question du culte du Linga, et surtout de la sainteté de certains endroits sacrés, situés, pour la plupart, dans la région qui s'étend au nord-ouest de Delhi. Entre autres légendes on rencontre un long récit du mariage de Siva avec Uma et de la naissance de Kartikiya. Il est fort peu question de la création et des Manwantaras. Vers la fin de l'ouvrage, on trouve l'histoire de Bali, devenu le souverain des Daityas et le maître de l'univers, ayant les dieux eux-mêmes pour sujets ; ce qui amène la naissance de Krishna sous la forme d'un nain afin d'humilier, par l'emploi de la ruse, le monarque contre lequel la force serait impuissante (214). On trouve dans ce Pourana plus de tolérance que dans la plupart des autres; il partage assez impartialement l'hommage entre Siva et Vishnou. M. Wilson conjecture que la compilation de cette œuvre a pu amuser, il y a trois ou quatre siècles, les loisirs de quelque Brahmine à Benarès.

XV. Le *Kurma Pourana* contient dix-sept mille stances, au dire des Brahmanes. Janardanna, sous la forme d'une tortue, dans les régions inférieures de la terre, y explique les objets de la vie, le devoir, la richesse,

---

(214) Voici le précis de cette incarnation de Vishnou. Le géant Bali avait obtenu la souveraineté des trois mondes; son orgueil, sa tyrannie avaient provoqué la colère des dieux. Vishnou prit la figure d'un brahmane extrêmement petit, d'un nain nommé Vamana; il se présenta devant le despote et le pria de lui donner trois pas de terrain. Bali voulut bien les lui promettre. Alors Vamana, développant son corps prodigieux, mesura la terre d'un pas, le ciel de l'autre et, du troisième, il allait embrasser les enfers, quand le géant, tombant à ses genoux, reconnut humblement le pouvoir du dieu suprême, et Vishnou lui laissa la souveraineté des sombres royaumes.

le plaisir et la délivrance. Nous n'avons pas besoin de dire que Janardanna est le nom d'une des incarnations de Vishnou ; on pourrait donc s'attendre à une production émanant d'un des adorateurs de ce dieu, mais de fait elle se rattache au culte de Siva. Elle est divisée en deux parties d'une longueur à peu près égale. La première partie présente des détails sommaires et parfois dans des termes identiques à ceux qu'emploie le Vishnou-Pourana, sur la création, sur les incarnations de Vishnou, sur les dynasties solaire et lunaire jusqu'au temps de Krishna, sur l'univers et sur les Manwantaras. Des hymnes adressés à Mahesuara par Brahma et d'autres divinités s'entremêlent à ces récits, ainsi que diverses légendes appartenant à la secte des adorateurs de Siva. La seconde partie ne renferme point de légendes ; elle se partage en deux sections ; l'une, l'Isuara Gita enseigne la connaissance de Dieu, c'est-à-dire de Siva, par la dévotion contemplative ; l'autre, le Vyara Gita, roule sur l'obtention du même but au moyen des bonnes œuvres, ou de l'observation des préceptes des Védas et des cérémonies.

La date du Kurma-Pourana ne peut être fort éloignée, car il y est fait mention de sectes qui ne subsistent que depuis plusieurs siècles.

XVI. Le *Matsya Pourana* s'annonce lui-même comme étant composé de seize mille stances et comme ayant été raconté par Vishnou dans le but de promulguer les Védas ; il contient l'histoire de sept Kalpas. On ne trouve dans de bonnes copies que quatorze à quinze mille strophes. Vishnou, sous la forme d'un poisson, adresse la parole à Manou. De là vient son nom ; Matsya signifie poisson. Afin de ne pas laisser périr les créatures qui habitent le monde, Vishnou a placé dans une arche le roi Manou et les germes de toutes les créatures ; il les préserve ainsi de l'inondation qui, à périodes égaux, recouvre la terre. Semblable histoire se trouve mentionnée dans le Mahabharata et l'autorité du Matsya Pourana est invoquée à cet égard ; le Pourana serait donc antérieur à l'épopée. Il est toutefois certain que celle-ci est, en grande partie, plus ancienne que tous les Pouranas que l'on possède aujourd'hui et qui ont subi des modifications importantes. L'incarnation de Vishnou, sous la forme d'un poisson, est racontée dans le Mahabharata avec une simplicité qui a un caractère bien plus antique que les extravagances mystiques du Matsya Pourana tel que les Indiens le lisent maintenant. Il y a moins de merveilleux dans le poëme ; c'est ainsi qu'il raconte qu'un câble fait de cordages attachait l'arche à la corne du poisson, tandis que dans le Pourana, les grands serpents viennent s'offrir pour former ce lien.

Tandis que l'arche flotte entraînée par le poisson divin, le roi Manou entre en conversation avec lui ; ses questions, les réponses de Vishnou forment la substance de l'ouvrage. Il s'agit d'abord de la création de Brahma et des patriarches, ensuite de l'histoire des dynasties royales ; on trouve plus loin des chapitres sur les devoirs des diverses castes. A propos des obligations d'un maître de maison, on mentionne comme une des plus importantes celle de faire des dons aux Brahmanes, et on insiste sur le mérite de posséder des copies des Pouranas et de les distribuer. On dit au sujet du Matsya : « Quiconque le donne lors de l'un des équinoxes avec un poisson doré et une vache laitière, donne la terre entière, » c'est-à-dire il recueille une récompense égale dans la première transmigration qu'il effectuera après sa mort. La recommandation de ces devoirs et des actes de piété, est entremêlée de légendes ; on trouve ensuite une description de l'univers et un assemblage de légendes appartenant aux dogmes de Siva, telles que la destruction de l'Asura Tripura, la guerre des dieux avec Taraka et les Daityas, la naissance de Kartikeya, les diverses circonstances de la naissance et du mariage d'Uma, la destruction de Kamadera, la défaite des Asuras, Maya et Andhaka. Après quelques chapitres sur les lois et la morale, arrive le précis de l'histoire des rois des périodes futures, et l'ouvrage se termine par un chapitre sur les dons.

Cette analyse succincte montre que le Matsya Pourana est une compilation qui a pu emprunter à divers ouvrages non-seulement le fond des idées, mais encore les expressions employées. Des chapitres d'histoire et de généalogie sont tout à fait comme certains passages du Vishnou-Pourana ; d'autres sont précisément ce qu'on lit dans le Padma. De grands emprunts ont de même été faits au Mahabharata ; entre autres exemples, on peut citer l'histoire de Savitri, l'épouse dévouée de Satyavat, qui se trouve dite de la même manière, mais abrégée dans le Matsya Pourana.

On reconnaît dans cette production la main d'un adorateur de Siva, mais doué d'un certain jugement et sachant éviter les absurdités qui s'offrent dans le Kurma et dans le Linga Pourana. Le Padma Pourana y est cité, ce qui démontre que le Matsya n'est venu que plus tard et n'est donc pas fort ancien.

XVII. Le *Garuda Pourana* est, selon le Matsya, celui que Vishnou récita durant le Kalpa de Garuda et se rapporte surtout à la naissance de Garuda ; il contient dix-neuf mille stances. Selon M. Wilson, l'ouvrage qui circule chez les Hindous sous le titre de Garuda Pourana ne comprend que sept mille stances ;

SECT. II. — LES POURANAS. — AVANT-PROPOS.

c'est Brahma qui le récite à Indra, et il n'y est point question de la naissance de Garuda. On y lit une courte narration de la création, mais la majeure partie est consacrée à décrire des cérémonies religieuses, à parler des fêtes, des lieux sacrés dédiés au soleil, à reproduire des prières adressées au soleil, à Siva et à Vishnou. Il contient aussi des traités sur l'astrologie, la chiromancie et les pierres précieuses; un autre, plus étendu, roule sur la médecine. La dernière partie, intitulée Prétakalpa, est remplie d'instructions concernant la célébration des rites funéraires.

XVIII. L' *Brahmanda Pourana*, fut, dit-on, révélé par Brahma lui-même; il contient douze mille cinq cents stances, et il célèbre la magnificence de l'œuf de Brahma; il contient aussi l'histoire des Kalpas futurs. Ce Pourana se trouve aujourd'hui dans une circonstance semblable à celle du Skanda Pourana; il ne se rencontre plus sous forme collective, mais il est représenté par une variété de fragments et de morceaux qui passent pour en avoir été détachés. On comprend qu'il en résulte une grande facilité pour faire passer des écrits apocryphes comme en faisant partie; mais l'absurdité des légendes qu'on essaye ainsi de couvrir de l'autorité d'un nom connu, le but intéressé dans lequel elles sont fabriquées, ne permettent guère de s'y tromper. M. Wilson se procura deux copies qui étaient indiquées comme reproduisant ce Pourana; l'une était formée de cent vingt-quatre chapitres, mais un examen attentif montre que c'était tout simplement le Vayou-Pourana avec quelques fragments; l'autre présente une composition originale dont voici rapidement le sujet:

Agastya se rend à la ville de Kanchi (Conjuveram) où Vishnou se montre à lui sous la forme d'Hayagriva, et, en réponse à ses demandes, il lui expose les moyens de salut, l'adoration de Parusakti. Comme explication de ce culte, vient le récit des exploits de Lalita Devi, forme prise par la déesse Dourga qui détruit le démon Bhoundou. Cette production ne rentre pas absolument dans la classe des écrits auxquels convient strictement le nom de Pourana.

Les Upa-Pouranas sont peu connus, mais on sait qu'ils roulent sur les mêmes sujets que les Pouranas et qu'ils ne sont guère moins étendus. Le Matsya Pourana n'en énumère que quatre, et il dit que le second de ceux qu'il nomme, le Narasinha contient dix-huit mille stances; le Devi Bhagarata signale dix-huit de ces Pouranas; le Riva Khunda en mentionne également dix-huit et les fait connaître sous d'autres titres. Il n'est pas facile de se procurer des copies complètes de ces ouvrages; M. Wilson en avait obtenu. Le Siva Upa Pourana comprend six mille stances divisées en deux parties. Il est récité par Samatkumara à Vyasa et aux rishis rassemblés à Naimisharanga; des questions auxquelles il fournit des réponses en donnent une idée de l'esprit dans lequel il est conçu: « Enseigne-nous » disent les rishis, « les règles qui président à l'adoration du Linga et au culte du dieu des dieux représenté sous cet emblème; décris-nous ses formes diverses, les lieux qu'il a sanctifiés et fais-nous connaître les prières qu'il faut lui adresser. » En réponse à ces demandes, Samatkumara répète le Siva Pourana contenant la naissance de Vishnou et de Brahma; il raconte la création et la division de l'univers, l'origine de l'universalité des choses qui procèdent du Linga, les règles pour l'adorer ainsi que Siva, la sainteté des temps, des lieux et des objets qui lui sont consacrés, le mérite qu'il y a à faire au Linga des offrandes de fleurs et d'autres objets, la gloire de la cité de Benarès, etc. La première partie contient fort peu de légendes, mais dans la seconde il y en a un grand nombre; elles ont rapport au culte de Siva; ce sont la défaite de Fripurasura, le sacrifice de Daksha, la naissance de Kartikeya et de Ganesa, fils de Siva, et autres récits du même genre.

Le Kalika Pourana contient neuf mille stances environ et il est partagé en quatre-vingt-dix-huit chapitres; c'est le seul ouvrage de cette série qui ait pour but de recommander le culte de l'épouse de Siva, sous l'une ou l'autre des formes nombreuses qu'elles a prises, telles que Girija, Devi, Bhadrakali, Kali, Mahamaya. Cette composition appartient à cette modification du culte hindou qui se manifeste par l'adoration de la puissance femelle des divinités. L'influence de ce culte se montre dès les premières pages du Kalika Pourana; elles racontent la passion incestueuse de Brahma pour ses filles Sandhya, et rien de semblable ne se rencontre dans les autres Pouranas.

Le mariage de Siva et de Parvati est un des traits narrés dès le commencement de l'ouvrage, ainsi que le sacrifice de Daksha et la mort de Sati; Siva porte le cadavre en divers endroits du monde; telle est l'origine des Pitasthunas, c'est-à-dire des lieux où furent dispersés les divers membres du défunt et où des Lingas furent élevés. Suit une légende relative à la naissance de Bhairava et de Vetala dont la dévotion aux diverses formes prises par Devi fournit occasion de décrire fort en détail les cérémonies et les prières dont ce culte se compose. Une des particularités de cette production, c'est une description trèsprolixe d'un grand nombre de rivières et de montagnes à Kamarupa-tirtha dans l'Asam, lieux qu'a sanctifiés le célèbre temple de Dourga dans ce pays.

On ne connaît pas d'ailleurs bien au juste quels sont les ouvrages qui peuvent rentrer dans la classe des Upas-Pouranas. Dans la collection du colonel Mackensie, on trouve une portion du Bhargava Pourana et le Madgala Pourana qui est probablement le même que le Ganesa Upa-Pourana, cité par le colonel Vans Kennedy (*Ancient and Hindu Mythology.* p. 251). Ce dernier Pourana a pour but de célébrer la grandeur de Ganesa et de faire connaître les prières qui doivent lui être adressées. Il a sans doute pris son origine parmi la secte Ganaputya ou des adorateurs de Ganesa. On cite aussi un Pourana de peu d'étendue appelé Adi, en premier, mais il n'a pas d'importance et se borne à offrir le récit des jeux de Krishna pendant sa jeunesse.

Le précis des sujets traités dans les Pouranas que conservent les Hindous montre que ces écrits ne doivent être consultés qu'avec réserve comme autorité faisant connaître la religion des Brahmanes à une époque un peu éloignée. On y trouve sans doute beaucoup de notions et de traditions anciennes, mais il s'y est mêlé beaucoup de détails apocryphes destinés à favoriser la popularité d'un culte particulier ou de quelques points spéciaux de doctrine; on ne peut donc y voir l'image fidèle de ce que les Pouranas étaient dans leur origine.

Les sources les plus pures pour la connaissance des antiques légendes des Hindous sont, après les Védas, les deux grands poèmes, le Mahabharata et le Ramayana. Le dernier ne présente qu'un petit nombre de ces légendes, mais elles sont d'un caractère primitif. Le Mahabharata est plus fertile en fictions, mais elles sont bien mélangées et souvent sans authenticité et sans date précise. Il y a cependant nombre de circonstances qui remontent à une époque éloignée, et on doit y voir la source de la presque totalité des Pouranas; c'est d'ailleurs ce que cette épopée donne clairement à entendre lorsqu'elle déclare qu'il n'existe pas une histoire répandue dans le monde qui ne dérive point du Mahabharata.

N'oublions pas un ouvrage de quelque étendue qui s'annonce comme une portion du Mahabharata, mais qui peut se placer parmi les compositions du genre des Pouranas, auxquelles on ne doit assigner ni une grande authenticité ni une date éloignée. Le Hari-Vasa ou histoire de la famille de Hari, est surtout consacré au récit des aventures de Krishna ; mais comme introduction à cette époque, il donne une relation de la création du monde et des dynasties patriarcales et royales. Cette tâche est d'ailleurs remplie avec négligence et inexactitude.

M. Langlois a publié en 1834-36, deux volumes in-4°, une traduction de l'Hari-Vansa d'après l'original sanscrit; elle a été mise au jour sous les auspices du comité des traductions orientales. L'ouvrage original a peu de mérite, selon M. Wilson; il le regarde (page 751) comme l'œuvre d'un compilateur ignorant et négligent.

§ II. *Le Vishnou-Pourana.*

Avant d'offrir à nos lecteurs la traduction du Vishnou-Pourana, il est indispensable de placer ici une courte analyse de cette composition ; il n'en est guère qui réponde plus exactement à la définition que les anciens Hindous donnent d'un Pourana, et quoiqu'il s'y soit glissé quelques détails étrangers inspirés par l'esprit de secte, la chose a eu lieu avec sobriété et avec un jugement plus sûr que celui auquel il faut s'attendre en lisant les ouvrages de ce genre.

Le premier des quatre livres qui composent ce Pourana a surtout pour but l'exposé des détails de la création primitive (Sarga) et secondaire (Pratisarya). La première explique comment l'univers procède de Prakriti ou la matière brute éternelle; la seconde montre de quelle façon les formes des choses se développent par la modification des substances élémentaires et comment elles apparaissent de nouveau après leur destruction temporaire. Ces deux créations sont périodiques, mais la fin de la première n'arrive qu'à l'expiration d'un âge de Brahma lorsque non-seulement tous les dieux et toutes les autres formes sont anéantis, mais lorsque les éléments sont de même replongés dans la substance première, hors de laquelle il n'existe qu'un être spirituel; la seconde création arrive à la fin de chaque Kalpa ou jour de Brahma; elle affecte seulement les formes des créatures inférieures et des mondes de rang secondaire; elle ne touche ni les sages ni les dieux. L'explication de ces événements amène une description des périodes de temps qui en occasionnent le retour. Il ne faut pas oublier que ces immenses calculs chronologiques appartiennent à un système purement mythologique, n'ayant aucun rapport à une histoire réelle ou supposée de l'Inde et ne s'appliquant qu'aux révolutions infinies et éternelles de l'univers.

La manière dont s'effectue la création, l'action dont une puissance supérieure agit sur la matière inerte, est exposée d'une façon assez confuse et d'après un mélange des doctrines philosophiques des écoles San-

SECT. I. — LES POURANAS. — AVANT-PROPOS.

khya et Vedanta, combinées avec le panthéisme des Pouranas. Il est déclaré à plusieurs reprises que Vishnou ne faisant qu'un avec l'être suprême, est non-seulement l'esprit, mais la matière brute, qu'il est toute substance visible et le temps.

Le monde ayant été rendu propre à recevoir des créatures vivantes, il est peuplé par les fils engendrés par la volonté de Brahma, les Prajapatis ou patriarches et leur postérité. Il paraît qu'une tradition primitive représentait chez les Hindous le genre humain comme descendant de sept personnages d'une sainteté éminente, mais plus tard cette donnée est compliquée d'amplifications souvent contradictoires. Pour que ces sept patriarches eussent de la postérité, il fallait leur fournir des épouses. On imagina alors la légende de Manou-Swambhava et de sa femme Saratapa, ou bien on fit de Brahma un être double, mâle et femelle, et on eut ainsi des filles qui épousèrent les Prajapatis. Sur cette base reposent diverses légendes relatives à Brahma; quelques-unes sont sans doute fort anciennes; les circonstances destinées à donner plus de précision et d'intérêt à ces récits sont évidemment allégoriques ou mystiques, et, plus tard, sont tombées dans une grossièreté qui est étrangère à la légende originale. Tout ceci est d'ailleurs une suite d'emblèmes. Swayambhuva, le fils de l'être incréé et sa femme Saratapa aux cent formes, ont pour filles la Foi, la Dévotion, la Satisfaction, l'Intelligence, etc., qui deviennent les femmes des rishis. Le patriarche Daksha (le Talent) a pour filles des Vertus, des Passions ou des circonstances astronomiques, qui sont les mères de tous les êtres vivants.

Les personnages royaux du Manwantara de Swayambhava sont en petit nombre; mais ils sont mentionnés comme gouvernant la terre au début de la société, et comme introduisant l'agriculture et la civilisation. Il peut y avoir là des traces de traditions qui remontent à des temps antérieurs à l'établissement dans l'Inde des institutions brahmaniques. Les légendes du Dhruva et du Pruhlava, qui sont mêlées à ces particularités, sont très-probablement anciennes, mais elles sont simplifiées par des prières et des détails dont le but est de célébrer la puissance de Vishnou. On peut regarder ces deux histoires comme n'ayant pas dans le principe fait partie du Pourana qui nous occupe.

Le second livre débute par la continuation de l'histoire des rois du premier Manwantara; Bharata est signalé comme ayant donné son nom à l'Inde, qui fut appelée d'après lui Bharata-Varrha. Ceci conduit à l'exposition du système géographique des Pouranas, avec le mont Merou, les sept continents circulaires et leurs océans qui les environnent jusqu'aux limites du monde; il n'y a là que des fictions mythologiques, et l'on aurait tort de supposer que quelques circonstances conformes à la vérité préoccupaient l'écrivain. En ce qui concerne le Bharata ou l'Inde, le cas est cependant différent; les montagnes, les rivières, les villes, les peuples qui sont nommés peuvent être reconnus malgré l'altération des noms. Le système planétaire et céleste qu'offre ce livre est également fantastique, sauf un petit nombre de détails où l'on trouverait peut-être quelque chose s'approchant de la vérité. La légende du roi Bharata, devenu après sa mort un Brahmane, et, durant une existence nouvelle, se trouvant en possession de la sagesse parfaite, termine ce second livre; c'est évidemment une invention mise en œuvre par le compilateur : on la chercherait vainement ailleurs.

Le troisième livre commence par décrire l'arrangement des Védas et autres livres sacrés, bases de la foi et des pratiques religieuses des Hindous. Le sage Vyasa est représenté, non comme l'auteur, mais comme le compilateur des Vedas, des Ityasas et des Pouranas. Son nom signifie arrangeur ou distributeur; il n'y a rien d'impossible à ce qu'il ait existé en effet divers Vyasas qui aient remanié les livres des Hindous; les intervalles fabuleux qui séparent leurs travaux sont un jeu de l'imagination. Les Indiens parlent d'un collège de Brahmanes qui travaillaient à recueillir et à mettre en ordre les livres sacrés, et il est très-vraisemblable qu'une institution de ce genre exista peu avant l'époque où l'Inde fut connue des auteurs grecs. Depuis, d'autres Vyasas, d'autres Brahmanes restés inconnus, ont remanié certaines portions des Védas et des Pouranas; c'est ce dont on ne peut douter, mais il est également certain que les légendes dont ces écrits portent l'empreinte, et que l'état social qu'ils retracent, remontent au moins à trois siècles avant l'ère chrétienne, et qu'ils étaient les restes de traditions qui se perdent dans la nuit des temps.

Le surplus du troisième livre décrit les institutions qui dominent chez les Hindous : les devoirs des castes, les obligations des divers états de la vie, la célébration des rites funéraires, tout cela est exposé avec simplicité et brièveté, et d'une manière qui est en harmonie avec les lois de Manou. Un trait remarquable du Vishnou-Pourana, une preuve de sa haute antiquité, c'est que, différent des autres écrits du même genre, il ne prescrit point de pratiques propres à telle ou telle secte, il ne recommande point les mortifications volontaires et souvent si rigoureuses qui sont devenues communes dans l'Inde moderne; il se tait sur les fêtes et la nativité de Krishna, sur les nuits consacrées à Lakshmi ; il ne demande point de sacrifices ni de modes d'adoration en dehors de ce qu'enjoignent les Védas. Il s'abstient de donner des légendes ridicules des temples consacrés à Vishnou. C'est une sagesse dont il faut lui savoir gré, car les livres hindous sont, en général, bien loin d'offrir cette réserve.

On trouve dans le quatrième livre tout ce que les Hindous possèdent de leur ancienne histoire. C'est une liste assez claire de dynasties et d'individus; c'est une sèche chronique. Il est très-vraisemblable qu'il y a là, sinon des événements exacts, du moins bien des personnages historiques. On reconnaît au premier coup d'œil l'absurdité de la durée énorme de la vie des princes des anciennes dynasties; les détails relatifs à bon nombre d'entre eux sont des fables puériles; il y a toutefois assez de simplicité sans art dans ce récit, assez de vraisemblance dans quelques-unes de ses parties pour qu'on doive supposer que tout n'est pas sans fondement. D'ailleurs, en l'absence de toute autre information, ces récits, tels qu'ils sont, ne méritent pas d'être laissés de côté ; il serait toutefois inutile de prétendre y chercher un système chronologique un peu raisonnable; les quatre-vingt-trois princes de la dynastie solaire, les quarante-cinq de la dynastie lunaire peuvent fort bien être, en grande partie, des personnages chimériques, mais il ne serait pas impossible qu'il y eût, dans ces listes, des monarques qui ont réellement existé et qu'on pourrait faire remonter à deux mille ans avant l'ère chrétienne. L'incorrection des manuscrits, la brièveté des notions qu'ils présentent rendent impossible d'établir sur des bases un peu certaines, l'histoire de l'Inde à ces périodes éloignées.

Le récit de la vie de Krishna occupe en entier le cinquième livre du Vishnou-Pourana. Krishna, comme personnage dans lequel Vishnou s'est incarné, figure dans le Mahabharata, mais il s'y présente sous une idée assez confuse. Le rôle qu'il joue est ordinairement celui d'un simple mortel. Il est fait mention des jeux de sa jeunesse, de ses amusements avec les pâtres, de sa victoire sur les Asuras envoyés pour le tuer. Ces épisodes ont tous une couleur moderne; ils ne s'accordent pas avec le ton des anciennes légendes, qui est grave et habituellement majestueux; ils figurent non-seulement dans le Vishnou-Pourana, mais aussi dans le Brahma-Pourana et dans le Bhayarata-Pourana ; ce dernier présente quelques additions, mais le style plus simple du Vishnou-Pourana donne lieu de supposer qu'il a le mérite de la priorité. L'histoire de Krishna, telle qu'elle est racontée dans l'Hari-Vansa et dans le Brahma-Vaivasta, est incontestablement d'une date plus récente. Le dernier livre offre le tableau de la destruction du monde dans le grand et le petit cataclysme, en annonçant que toutes choses doivent être anéanties par le feu et par l'eau, et qu'elles doivent perpétuellement se renouveler. Il émet des opinions généralement répandues dans l'antiquité. L'anéantissement métaphysique de l'univers par l'affranchissement de l'esprit délivré de l'existence corporelle, offre des analogies avec les doctrines de Pythagore, de Platon et des néo-platoniciens.

Le Vishnou-Pourana offre peu de données d'après lesquelles on peut déterminer la date de sa composition. Il cite les Védas, il mentionne le Mahabharata qui l'a donc précédé. Il parle des Baudhas et des Jaïns ; les premiers subsistèrent dans quelques portions de l'Inde jusqu'au XIIe siècle, et il est probable que le Pourana fut compilé avant cette époque. Les rois Gupta régnèrent au VIIe siècle ; l'œuvre qui nous occupe est donc venue après cette période; quelques allusions semblent indiquer les premières invasions des mahométans, qui eurent lieu durant le VIIIe siècle. Ces circonstances et quelques autres qu'il serait trop long d'exposer en détail, amènent M. Wilson à conjecturer que le Vishnou-Pourana a été rédigé pendant le XIe siècle.

Les écrivains qui, à la fin du siècle dernier et au commencement de celui-ci, ont voulu débrouiller l'histoire ancienne et la mythologie de l'Inde, sont des autorités bien peu sûres. Sir William Jones, homme intelligent, instruit et zélé, prit la plume lorsque l'étude du sanscrit était encore dans l'enfance. Le P. Paulin de Saint-Barthélemy connaissait fort peu cette langue et ses monuments littéraires; une érudition confuse et hors de propos est étalée dans son *Systema brahmanicum*. Romæ, 1791, 4°.

Les documents que Wilford mit en œuvre dans les mémoires dont il grossit les *Asiatic Researches* sont pour la plupart apocryphes, et lorsqu'ils renferment quelque chose d'authentique, sont défigurés par une foule d'additions fantastiques et d'extravagances. Les travaux de Ward (*Account of the Hindus*, 1811, 4 vol. 4°) ont eu à souffrir des idées systématiques de cet écrivain, qui avait d'ailleurs recours aux traductions ou aux explications verbales des pandits du Bengale, gens assez médiocrement instruits dans les doctrines antiques du Brahmanisme. C'est également à des sources peu sûres que Polier puisa les matériaux qu'il mit en œuvre dans sa *Mythologie des Hindous*, où se trouve un mélange de légendes populaires avec celles qui dérivent des Pouranas et qui est loin d'être exempt de récits dépourvus de toute authenticité, de sorte

SECT. II. — LES POURANAS. — AVANT-PROPOS.

qu'il ne faut consulter cet ouvrage qu'avec une extrême circonspection. Les recherches de Maurice (*Indian Antiquities*, 1806, 7 vol. in-8°) et de Fabre (*The Origin of pagan idolatry*, Londres, 1816, 3 vol. in-4°) ne sont pas non plus basées sur la connaissance des textes originaux, et M. Wilson en dit autant du travail de M. Creuzer, de sorte que les conclusions de ces divers auteurs sont souvent erronées, et que les tableaux qu'ils retracent des doctrines brahmaniques sont infidèles. Il ne pouvait en être autrement, puisque ce n'est que depuis peu de temps qu'une faible partie des ouvrages qui forment, s'il est permis de s'exprimer ainsi, la Bible des Hindous, est mise à la portée des lecteurs européens ; quelques textes sanscrits ont été imprimés, mais combien y a-t-il de personnes en état de les lire? La majeure partie des Védas, leurs commentaires indispensables à étudier, tous les Pouranas, à l'exception de deux ou trois, gisent encore à l'état de manuscrits presque indéchiffrables dans l'immense région qui s'étend du Gange à l'Indus.

M. Wilson a traduit le Vishnou-Pourana après avoir établi son texte sur huit manuscrits différents lui appartenant ou faisant partie de la bibliothèque de la Compagnie des Indes. Toutes ces copies se ressemblent ; les variantes sont insignifiantes et proviennent surtout de l'inattention des copistes. Quatre de ces exemplaires étaient accompagnés d'un commentaire qui au fond est le même, mais que les manuscrits attribuent à des auteurs différents, Sridhara Yati et Ratnayarbhou Bhatta. Ce dernier intitule son travail : *Le clair de lune de la dévotion à Vishnou*. Des explications plus anciennes sont citées, entre autres celle composée par Chit-Sukha-Yoni. Rien ne fait connaître avec quelque certitude à quelle époque ces commentaires ont été rédigés.

Le texte du Vishnou-Pourana ne présente pas d'ailleurs de grandes difficultés à une personne déjà versée dans l'étude du sanscrit. Le style est aisé et sans emphase ; la narration est simple et sans prétention. Ce n'est que dans les invocations adressées aux divinités, dans les considérations sur la nature divine, dans les discussions métaphysiques qu'il se présente des obscurités qui résultent de la nature des questions traitées et du laconisme avec lequel il en est fait mention. Le savant traducteur anglais a ajouté à sa version des notes fort multipliées et parfois d'une assez grande étendue, où il éclaircit, au moyen des ressources de sa vaste érudition, ce qui se rapporte aux circonstances, aux personnages, aux localités indiquées dans le Vishnou-Pourana. Nous ne lui avons emprunté qu'un très-petit nombre de ces annotations, nous bornant à celles qui signalaient quelques circonstances des mythes hindous.

Un juge dont l'autorité est du plus grand poids, M. Burnouf, dans un article du *Journal des Savants* (mai 1840) où il rendait compte du travail de M. Wilson, s'est exprimé de la façon la plus favorable sur le mérite de cette savante publication et il a en même temps émis sur les Pouranas une appréciation qu'il ne sera pas hors de propos de reproduire : « Ce volume contient non-seulement une traduction exacte et complète d'un des Pouranas les plus importants, mais il résume encore, dans la préface et dans les notes qui accompagnent cette traduction, les résultats d'une immense lecture. En écrivant cette préface, l'auteur s'est proposé de décrire d'une manière générale la classe d'ouvrages à laquelle appartient le Vishnou-Pourana, afin de mieux faire apprécier la classe qu'occupe cet ouvrage dans la classe des compositions religieuses et légendaires connues sous le nom de Pouranas. Elles reposent manifestement sur le même fond que les deux grandes épopées du Ramayana et du Mahabharata ; elles appartiennent, par leur origine, à l'âge mythico-héroïque du brahmanisme, mais elles présentent des caractères à l'aide desquels on découvre qu'ils sont le produit d'une époque où d'importants changements avaient eu lieu dans les idées. Ils reproduisent les cosmogonies théoriques des Védas et des grandes épopées, ils développent et systématisent les périodes et les divisions imaginaires du temps ; ils exposent avec plus de précision et de suite les fictions de la mythologie et les traditions de l'histoire. Mais à ces éléments qui sont certainement anciens, ils en joignent d'autres d'un caractère évidemment beaucoup plus moderne, tels que l'importance exclusive qu'ils accordent à telle ou telle divinité, le développement des observances et des pratiques dont ils surchargent le rituel, l'invention de nouvelles légendes propres à mettre en lumière la grandeur et la bonté des dieux dont ils recommandent exclusivement le culte ; enfin la grande et souveraine efficacité qu'ils attribuent à la dévotion et à la foi. Siva et Vishnou, sous l'une et l'autre de leurs diverses formes, y sont presque les seuls objets qui aient droit aux hommages des Hindous. Ces livres s'éloignent donc du culte domestique et de la religion élémentaire des Védas, en même temps qu'ils offrent, à chaque pas, des traces d'un esprit de secte tout à fait étranger au Ramayana et encore assez rare dans le Mahabharata. Aussi ne sont-ils plus, comme les ouvrages qui les ont précédés, des autorités unanimement reconnues par la société indienne tout entière. Composés dans des vues exclusives et partiales, ils sont admis par les uns et repoussés par les autres et ils représentent ainsi exactement l'état du brahmanisme tels que l'ont transformé les nombreuses sectes qui s'en sont partagé les croyances et les dogmes fondamentaux. »

M. Burnouf pense comme M. Wilson, qu'on a de très-bonnes raisons de croire que ces livres renferment des éléments qui appartiennent à des époques fort différentes les unes des autres, et qu'on aurait tort d'en fixer uniformément la date d'après celle des idées et des systèmes qu'y ont fait dominer des sectes modernes. Tout porte à penser qu'il a existé une classe ancienne de Pouranas dont les livres que nous possédons aujourd'hui ne sont, selon toute apparence, que des transformations. L'identité des légendes et des expressions même qu'on trouve répétées dans les plus importants de ces livres, semble prouver qu'ils ont été rédigés tous d'après un type unique et plus ancien. Les faits y sont souvent rapportés sur la seule autorité de quelque vieille stance que cite le compilateur, ce qui démontre l'existence de sources antérieures auxquelles il se réfère. Le nom même de *Pourana* qui signifie *ancien* montre, ainsi que nous l'avons déjà remarqué, que l'objet principal des ouvrages ainsi nommés était de recueillir les traditions anciennes. Or, cet objet n'est que très-imparfaitement rempli dans les Pouranas actuels.

Distinguer les éléments anciens d'avec les additions en apparence modernes qui occupent maintenant une si grande place dans ces compilations, serait sans contredit une étude aussi curieuse que profitable ; il sortirait de précieux documents pour l'histoire des opinions religieuses et philosophiques du brahmanisme, mais cette recherche ne sera possible que lorsque les Pouranas seront bien mieux connus qu'ils ne le sont aujourd'hui.

L'examen attentif de ces livres ne confirme pas les prétentions des sectaires qui en reportent la rédaction dans la plus haute antiquité. Mais il ne faudrait pas conclure que ce sont des faussaires qui ont à dessein brouillé les données dont on aurait besoin pour dater avec précision les Pouranas et qui, par des falsifications volontaires, ont effacé la trace des modifications récentes qu'ils ont fait subir à des ouvrages dont le fond était ancien. Il est plus juste et plus rationnel de dire que certains Pouranas émanent de sectes qui y ont fait prédominer à leur profit le culte de la divinité qu'elles avaient adoptée à l'exclusion de toute autre. Les additions légendaires et les développements destinés à mettre en lumière le but tout spécial de ces livres sont bien faciles à reconnaître. Résumons-nous ; les Pouranas sont des ouvrages formés d'éléments appartenant à des époques et à des sources diverses ; on doit les placer, quant à leur rédaction, dans la période de la religion indienne pendant laquelle la foi et la dévotion à une divinité particulière avaient prédominé sur le culte primitif des Védas ; mais ils n'en conservent pas moins fidèlement de précieux souvenirs du système religieux qui remplaça celui de ces anciens livres, qui greffa le culte des héros sur leur rituel plus simple et qui était déjà adopté, et selon toute apparence universellement établi dans l'Inde, au temps de l'invasion d'Alexandre.

Aucun des Pouranas ne semble avoir reçu la forme qu'il a aujourd'hui avant le grand réformateur Camkara Atcharya, c'est-à-dire avant le VIIIe ou le IXe siècle de notre ère. D'autres réformateurs, tels que Ramanadja au XIIe, Madvatcharya au XIIIe et Vallabha au XVIe, paraissent avoir influé directement sur la rédaction des Pouranas, dont l'histoire se lie intimement à celle des sectes modernes. Les chapitres qui, dans quelques Pouranas, sont consacrés à la prédiction des événements futurs, nous forcent encore de faire descendre la rédaction dernière de ces compilations jusqu'à des temps de beaucoup postérieurs à l'ère chrétienne. Ces divers indices de remaniement moderne n'affectent d'ailleurs que la forme extérieure des Pouranas ; ils ne diminuent en rien la confiance qu'on doit avoir dans l'ancienneté et l'authenticité des matériaux qui en constituent le fond primitif.

La tradition a gardé un souvenir vague des travaux auxquels se livrèrent divers Brahmanes, parmi lesquels le nom de Romaharchava s'est conservé, pour rassembler et classer les légendes anciennes. Un passage du Vishnou-Pourana parle d'une série de compilations qu'exécutèrent les principaux disciples de ce sage, mais on n'a encore retrouvé aucune trace de ces compilations anciennes, et l'on ne peut davantage déterminer quel est le rapport des dix-huit Pouranas actuels avec les quatre Pouranas primitifs dont le Vishnou cite les auteurs. Tout ce qu'on apprend par cet ouvrage, c'est qu'il se donne comme le résumé des quatre anciennes collections.

Deux Pouranas, le Matsya et le Padma, parlent encore d'une autre classification des Pouranas d'après lesquelles les dix-huit ouvrages de ce nom seraient classés suivant la qualité philosophique et morale qui domine dans chacun d'eux. C'est ainsi que les uns appartiennent à la qualité de la bonté ou de la vertu, les autres à celle de l'obscurité ou de l'ignorance, une troisième classe enfin appartient à la qualité de la

SECT. II. — LES POURANAS. — AVANT PROPOS.

passion ou de l'action ; mais il est permis d'attacher peu d'importance à cette classification dont l'authenticité est contestable et dont l'origine est inconnue.

Une particularité singulière et qui prouve bien que les Pouranas doivent avoir été remaniés à des époques postérieures à celle de leur rédaction primitive, c'est que chacun de ces ouvrages renferme la liste complète des dix-huit Pouranas. Cependant la liste ne pouvait être entière tant que l'ouvrage qui la donne n'était pas achevé, et ce n'est que dans un Pourana seulement, dans le dernier de la série, que nous devrions nous attendre à la rencontrer. Il résulte de là que le passage qui énumère les dix-huit Pouranas a été introduit après coup dans chacun des livres qui portent ce titre, mais il est aujourd'hui impossible de découvrir lequel de ces livres est réellement le plus récent.

Avant de placer ici le Pourana qui nous occupe, il est indispensable de dire quelques mots du personnage qui en est le héros. Expliquons ce qu'est Vishnou.

Brahma, le créateur du monde, la première personne de la *Trimourti* ou trinité hindoue, vint révéler aux hommes une religion pure et simple, mais ce culte pur et touchant, apanage d'une époque d'innocence où les mortels n'offraient d'autre sacrifice que les prémices de leurs fruits et le lait de leurs troupeaux, ne pouvait durer sur la terre ; les hommes, devenus méchants, en effacèrent jusqu'à la dernière trace : alors parut Siva, la seconde incarnation, apportant le lingam, image de la vie et de la mort ; les fêtes pures et simples de l'antique brahmanisme firent place à de sauvages orgies et à de sanglants sacrifices. Vishnou, la troisième incarnation, parut ensuite ; il amortit le feu dévorant du sivaï-me, il modifia et purifia, en le spiritualisant, le culte du lingam. La civilisation sembla remonter vers sa source première, l'antique doctrine reparut, mais les partisans de Vishnou n'ont pas triomphé de ceux de Siva ; les deux sectes se partagent encore des millions d'Hindous.

Les monuments de l'Inde montrent Vishnou couché sur une feuille de lotus et dans l'attitude de la contemplation ; il nage à la surface des eaux, sous la figure d'un jeune enfant qui porte ses pieds vers sa bouche. Parfois, tandis qu'il repose sur son élément, une tige de lotus sort tout à coup de son nombril, et Brahma paraît, assis sur le calice de cette belle fleur, pour accomplir la création. Quelquefois aussi, Vishnou, représenté comme l'être éternel antérieur à toute création, est couché sur le grand serpent, *Secha*, durée, *Adisecha, Ananta*, sans fin, dont les têtes innombrables se réduisent ordinairement à sept, ou à cinq ou à trois dans les représentations figurées. (*Voir* SONNERAT, *Voyage aux Indes*, t. I, p. 171 et 293.) Des lotus s'élèvent de toutes parts du milieu des eaux ; ce sont autant d'emblèmes de la reproduction de la vie, de l'éternité du monde, en un mot, de l'infini.

Les images de Vishnou le montrent souvent les mains élevées et répandant les bénédictions sur les mortels. Une couronne à trois étages s'élève sur sa tête ; au milieu de sa poitrine étincelle un magnifique diamant en qui toutes choses se reflètent et dont les feux illuminent toutes choses. Sa monture ordinaire est le roi des oiseaux, le *Garoudha* ou *Garoura*, réunion fantastique de l'homme, de l'épervier et de l'aigle. Le dieu porte aussi le surnom d'Achyuta, l'impérissable.

Les diverses incarnations de Vishnou forment une des portions les plus considérables de la mythologie indienne. La première eut lieu sous la forme d'un poisson : c'est celle que raconte le Matsya Pourana. Deux autres s'effectuèrent sous celle d'une tortue et d'un sanglier ; elles paraissent, comme la première, se rapporter à quelque grande révolution du globe par les eaux ; on y retrouve la tradition du déluge.

La quatrième incarnation en homme lion fut provoquée par l'impiété arrogante du géant Hiranya que le monstre divin terrassa. Nous avons déjà parlé au sujet du quatorzième des Pouranas (le Vamana) de l'incarnation qui eut lieu sous la forme d'un nain. Dans la sixième incarnation, Vishnou parut pour châtier l'insolence des rois de la race solaire (ou selon d'autres de la caste des *Kshatriyas* ou guerriers) sous la forme d'un brahmane armé d'une hache. Il détruisit cette race impie et combla de biens les Brahmanes. La septième incarnation, celle où Vishnou prit la forme de Rama, est l'objet d'un poëme célèbre, le Ramayana.

La huitième, la plus éclatante et la plus célèbre de toutes, fut celle de Krishna ; nous en ferons l'objet d'un chapitre spécial ; disons seulement qu'elle est double en quelque sorte ; Krishna eut pour frère aîné un autre Rama appelé Bala-Rama ou Balabhadra, lequel joue un rôle important dans le Vishnou-Purana. Ce fut un héros pieux, bienfaiteur de l'humanité, grand promoteur de l'agriculture ; ses nombreuses épithètes sont empruntées de divers instruments aratoires, et on le voit ordinairement portant un soc de charrue dont il se servit pour exterminer un géant à mille bras.

Quant à Boudha, la neuvième incarnation, la dernière de celles qui se sont accomplies, il y a de grandes variations, soit sur son caractère, soit sur son époque; nous n'avons pas ici à nous en occuper.

La dixième incarnation, *Calkiavatara*, est encore à venir; à la fin de l'âge présent, Vishnou paraîtra monté sur un coursier d'une blancheur éclatante, avec un glaive resplendissant à l'égal d'une comète, et il mettra fin aux crimes de la terre. (*Voir* un récit plus développé de ces incarnations dans Creuzer : *Religions de l'antiquité*, t. I, p. 181-191, et dans l'article *Vishnou* (*Biographie universelle*, partie mythologique, t. LV, p. 605). Nous ferons observer que ces incarnations ont lieu de mille en mille années divines, ou, ce qui revient au même, à des intervalles de trois cent mille années humaines.

Vishnou est révéré dans l'Inde comme l'Éternel lui-même se manifestant dans la puissance unie à la bonté. Une secte rivale, celle des adorateurs de Siva, ne lui accorde que le second rang, mais elle n'en professe pas moins pour lui un profond respect. Son culte est plus épuré que celui de Siva qui conserve des traces de l'ancienne barbarie et qui est souvent souillé par une immoralité révoltante.

Les légendes relatives à Vishnou ne sont pas d'ailleurs restées confinées dans la péninsule indienne ; elles ont pénétré dans les îles de la Sonde ; le tome XXIV de la *Société des arts et des sciences de Batavia* (1852, in-4°) renferme, sous le titre de *Boma Kawja*, un poëme mythologique en langue kawi (215) sur un fils de Vishnou et de la Terre ; on voit reparaître dans cette production un grand nombre de personnages du Mahabharata.

(215) Le vaste et important travail de Guillaume de Humboldt, *Über die Kawi Sprache auf der Insel Java*, Berlin 1836, 3 vol. in-4°, ne saurait être oublié ici.

VISHNOU-POURANA

LIVRE PREMIER.

CHAPITRE PREMIER.

Invocation. Maitreya demande à son maître, Parasara, l'origine et la nature de l'univers. Parasara accomplit une cérémonie pour détruire les démons; il y renonce, étant blâmé par Vasishtha; Pulastya paraît et lui accorde la connaissance divine; il répète le Vishnou-Pourana. Vishnou, l'origine, l'existence et la fin de toutes choses.

Om ! (216) gloire à Vasadeva (217) ! Victoire à toi, Pundarikaksha (*ayant des yeux semblables au lotus*); adoration à toi, Viswabhavana (*créateur de l'univers*); gloire à toi, Hrishikesa (*seigneur des sens*), Mahapurusha (*esprit suprême*), et Purvaja (*produit avant la création*).

Que Vishnou nous accorde l'intelligence, la richesse et l'émancipation finale, lui qui est l'existant, l'impérissable, Brahma, qui est Iswara, (*c'est-à-dire la divinité dans sa nature active*); qui est l'esprit; qui, avec les trois qualités, est la cause de la création, de la préservation et de la destruction; qui est le parent de la nature, de l'intelligence et des autres ingrédients de l'univers.

Ayant adoré Vishnou, le seigneur de toutes choses, et ayant offert mes respects à Brahma et aux autres, ayant aussi salué le précepteur spirituel, je raconterai un pourana égal aux Védas en sainteté.

Maitreya (218) salua avec vénération Parasara, le sage accompli, le petit-fils de Vasishtha, qui était versé dans l'histoire traditionnelle et dans les Pou-

(216) Ce monosyllabe dont l'usage est commun aux brahmanes et aux bouddhistes et qui s'écrit également *aum*, est le symbole de l'être triple dont il représente les trois termes réunis en un seul signe ; c'est ce que l'on nomme les *trois précieux*, c'est-à-dire les trois êtres honorables, adorables, dignes de vénération. (*Voy.* Abel Rémusat, *Mélanges asiatiques*, t. V, p. 26.)

Dans les Pouranas, on trouve souvent cette expression en tête des formules d'invocation ou d'adoration. On la regarde comme l'emblème des trois sphères du monde, des trois pas de Vishnou, etc. En s'appliquant à la méditer, en la récitant fréquemment, on obtient d'être affranchi de l'existence en ce monde. Dans le Padma Pourana, Siva, s'adressant à Dourga, s'exprime ainsi : « La syllabe Om, le nom mystérieux, ô Brahma, est le guide de toutes les prières; qu'elle soit donc, ô déesse au visage aimable, employée au commencement de toutes les prières. » (*Voir* plus loin, livre III, ch. 4.)

(217) Vasadeva est un des noms de Vishnou ou Krishna.

— Les noms qui suivent sont des épithètes de Vishnou. La dernière rappelle le *protogonos* des hymnes orphiques. On trouvera plus loin, livre V, ch. 18, cinq autres épithètes appliquées à Vishnou et analogues à celle-ci.

(218) Maitreya est le disciple de Parasara qui lui raconte le Vishnou-Pourana; il est aussi un des principaux interlocuteurs dans le Bhagavata, et il en est fait mention dans le Mahabharata comme d'un rishi ou sage éminent qui annonce la mort de Duryodhana. Le Bhagavata lui donne aussi le nom de Kusharavi ou fils de Kusharava.

ranas, qui connaissait les Védas et les branches de la science qui en dépendent, qui était instruit dans la loi et dans la philosophie, et qui avait accompli les rites pieux du matin.

Maitreya dit ensuite : Maître, tu m'as instruit en enseignant tous les Védas et les institutions de la loi et de la science sacrée; les autres hommes, fussent-ils mes ennemis, ne peuvent m'accuser d'avoir mis de la négligence à acquérir la science. Je désire maintenant savoir de toi, qui es profond en piété, comment ce monde a été et comment il sera à l'avenir; quelle est sa substance, et d'où procèdent les choses animées et inanimées; comment il a déjà été détruit et comment sa destruction s'opérera encore? comment les éléments se sont manifestés? d'où procèdent les dieux et les autres êtres? quelle est la situation et quelle est l'étendue de l'Océan et des montagnes, de la terre, de la mer et des planètes; quelles sont les familles des dieux, les périodes appelées Manwantaras, celles appelées Kalpas, leurs subdivisions dans les quatre âges, les événements qui s'accomplissent à la fin d'un kalpa et le terme des divers âges; l'histoire des dieux, des sages et des rois; comment les Védas ont été divisés en branches (ou *écoles*) après avoir été arrangés par Vyasa, les devoirs des Brahmanes et des autres tribus, ainsi que des hommes qui passent à travers les divers rangs de la vie. Je désire apprendre toutes ces choses de toi, petit-fils de Vasishtha. Incline avec bienveillance tes pensées vers moi, afin que je puisse, grâce à ta faveur, être informé de tout ce que je désire connaître.

Parasara répondit : Tu fais bien d'adresser ces questions, ô pieux Maitreya. Tu rappelles à mon souvenir ce que racontait jadis le père de mon père, Vasishtha. J'avais appris que mon père avait été dévoré par un Rakshas employé par Viswamitra; une violente colère s'empara de moi, et je commençai un sacrifice pour la destruction des Rakshasas; des centaines d'entre eux furent réduits en cendres par cette cérémonie : mais, au moment où ils allaient être entièrement anéantis, mon grand prêtre Vasishta me parla ainsi : C'est assez, mon fils; que ta colère s'apaise; les Rakshasas ne sont pas coupables; la mort de ton père fut l'ouvrage de la destinée. La colère est la passion des insensés; elle ne convient pas à un sage. Chaque homme recueille les conséquences de ses actions. La colère est la destruction de tout ce que l'homme obtient par des efforts soutenus et par de pieuses austérités; elle est l'ennemie de la gloire et elle empêche d'obtenir le ciel ou l'émancipation. Les sages l'évitent toujours; ne sois pas, mon fils, assujetti à son influence. Qu'aucun de ces inoffensifs esprits des ténèbres ne soit désormais consumé. La miséricorde est la puissance du juste (219).

Etant ainsi averti par mon vénérable aïeul, j'interrompis aussitôt la cérémonie, obéissant à ses injonctions, et Vasishtna, le plus excellent des sages, fut content de moi. Alors arriva Pulastya, le fils de Brahma, et mon grand-père l'accueillit avec les marques ordinaires de respect. L'illustre frère de Pulaha dit : Puisque, lorsque tu étais emporté par la violence de l'animosité, tu as écouté les paroles de ton aïeul et que tu as été clément, tu deviendras à l'avenir habile en toute science, et puisque tu t'es abstenu, malgré ta colère, de détruire ma postérité, je t'accorderai une récompense et tu deviendras l'auteur d'un sommaire des Pouranas; tu connaîtras la véritable nature des divinités, et soit que tu accomplisses les rites religieux ou que tu t'abstiennes de t'y livrer, ton intelligence, grâce à ma faveur, sera parfaite et exempte de doutes. Et mon grand-père Vasishtha dit : Tout ce que Pulastya t'a dit, arrivera infailliblement.

Maintenant tout ce que j'ai entendu autrefois du sage Pulastya et de Vasishtha a été rappelé à mon souvenir, par suite de tes questions, et je te raconterai tout ce que tu as demandé. Ecoute le résumé entier des Pouranas selon leur teneur. Le monde a été produit de Vishnou; il existe en lui; il est la cause de sa durée et de sa cessation; il est le monde (220).

(219) Ceci se rapporte à une légende racontée plus en détail dans le Mahabharata. Le roi Kalmashapada rencontra Sakti, fils de Vasishtha, dans un sentier étroit au milieu d'une forêt et lui ordonna de céder la place. Sakti refusa; le monarque irrité le frappa de son fouet; Sakti le maudit et lui enjoignit de devenir un Rakshas ou un démon anthropophage. Ainsi transformé, le roi tua et dévora son ennemi et tous les autres fils de Vasishtha. Sakti laissait enceinte sa femme Adrisyanti; elle donna le jour à Parasara qui fut élevé par son aïeul. Lorsqu'il eut grandi et qu'il fut instruit de la mort de son père, il institua un sacrifice pour obtenir la destruction de tous les Rakshasas, mais Vasishtha et d'autres sages le détournèrent de l'exécution de ce dessein. Le Mahabharata ajoute que lorsqu'il interrompit le sacrifice qu'il avait commencé, Parasara dispersa les restes du feu qu'il avait allumé, sur le côté nord des monts Himalaya où, à l'époque des phases de la lune, ils brûlent encore, consumant les forêts, les montagnes et les villages. Cette idée semble liée à l'existence de quelques volcans. La circonstance du meurtre de Sakti par le roi Kalmashapada fait partie de divers ouvrages sanscrits. Elle est racontée dans le Linga-Pourana; il y est fait allusion dans le Bhagavata. (Livre III, c. 8.)

(220) On remarquera l'identité de cette doctrine avec celle de l'école pythagoricienne et de quelques autres philosophes grecs qui enseignaient que le monde matériel ne faisait qu'un avec la Divinité dont il tirait son origine. Telle est aussi l'opinion développée dans les hymnes orphiques qui reproduisent les idées des néoplatoniciens et que Brucker (*Historia philosophiæ*, t. I, p. 388) résume d'une façon qui rappelle notre Pourana : *Continuisse Jovem* (lisez, si vous voulez, *Vishnum*), *sive summum deum, in se omnia, omnibus ortum ex se dedisse, omnia ex se genuisse, et ex sua produxisse essentia. Spiritum esse universi qui omnia regit, vivificat, estque, ex quibus necesse sit sequitur omnia in eum reditura*.

CHAPITRE II.

Prière de Parasara à Vishnou. Narration successive du Vishnou-Pourana. Explication de Vasudeva; son existence avant la création; ses premières manifestations. Description du Pradhana ou du principe des choses. Cosmogonie. De Prakrita ou de la création matérielle du temps. De la cause active. Développement des effets; Mahat; Ahankara; Tanmatras; éléments; sens; l'œuf du monde. Vishnou le même que Brahma le créateur; Vishnou le conservateur; Roudra, le destructeur.

Parasara dit : Gloire à Vishnou, l'immuable, le saint, l'éternel, le suprême seigneur de toute la nature, et dont la puissance surpasse toutes les autres; gloire à celui qui est Hiranygarbha, Hari et Sankara (221), le créateur, le conservateur et le destructeur du monde; gloire à Vasudeva, le libérateur de ceux qui l'adorent; à celui dont l'essence est à la fois simple et multiple; qui est à la fois subtil et corporel, indiscret et discret; à Vishnou, la cause de l'émancipation finale. Gloire au suprême Vishnou, la cause de la création, de l'existence et de la fin de ce monde; qui est la racine du monde, et qui se compose du monde.

Ayant glorifié celui qui est le soutien de toutes choses, qui est le plus petit des petits, qui est dans toutes les choses créées, l'immense, l'impérissable Purushottama (222), qui est un avec la vraie sagesse, éternel et incorruptible, et qui est connu à travers de fausses apparences par la nature des objets visibles; ayant salué Vishnou, le destructeur et le seigneur de la création et de la préservation; le maître du monde, celui qui n'est pas né, qui est impérissable et qui ne périt point, je te raconterai ce qui, dans l'origine, a été révélé par le souverain père de tous (Brahma), en réponse aux questions de Daksha et d'autres sages vénérables, et ce qu'ils ont répété à Purukutsa, roi qui régnait sur les bords de la Narmada. Il raconta ensuite ces choses à Saraswata, et c'est de celui-ci que je les tiens.

Qui peut décrire celui que les sens ne peuvent comprendre, qui est la meilleure de toutes les choses? l'âme suprême, existant par elle-même; qui n'a aucun des caractères distinctifs de caste ou de complexion, qui est exempt de naissance, de vicissitude, de mort ou de décroissance; qui est toujours et seul; qui existe partout et en qui toutes choses ici existent, et qui, pour ce motif, est appelé Vasudeva? Il est Brahma, seigneur suprême, éternel, impérissable; essence unique, toujours pur et exempt de défauts, lui, ce Brahma, était toutes choses, comprenant dans sa propre nature l'indiscret et le discret. Il existait sous les formes de Purusha et de Kala. Purusha (*l'esprit*) est la première forme du suprême; ensuite deux autres formes procédèrent; le temps (*Kala*) fut la dernière. Ces quatre formes, à savoir la Pradhana (*matière primitive ou brute*), le Purusha (*l'esprit*), le Vyakta (*la substance visible*), et le Kala (*la temps*), sont regardées par les sages comme étant la condition pure et suprême de Vishnou. Ces quatre formes, dans leurs proportions convenables, sont les causes de la production des phénomènes de la création, de la préservation et de la destruction. Vishnou, réunissant ces diverses formes, se divertit comme un enfant folâtre, comme tu l'apprendras en entendant le récit de ses actions.

Le premier principe (*Pradhana*) reçoit aussi des sages le nom de Prakriti (*nature*); il est subtil, uniforme et comprend ce qui est et ce qui n'est pas (*ou les causes et les effets*); il est durable, sans limite stable et exempt de décadence; dépourvu de son ou de tact et ne possédant ni couleur ni forme; il est doué de trois qualités; il est la mère du monde; il est sans commencement, et toutes les choses créées se résolvent en lui (223). Par ce principe, toutes choses ont été produites dans la période qui a suivi la dernière destruction de l'univers. Les Brahmanes, instruits dans les Védas et enseignant leur vraie doctrine, expliquent les passages tels que le suivant, comme se rapportant à la production du principe suivant (*Pradhana*). Il n'y avait ni jour ni nuit, ni ciel ni terre, ni ténèbres ni lumière, ni aucune autre chose, si ce n'est l'Unique, inaccessible à l'intelligence, ou celui qui est Brahma et Puman (*l'esprit*), et Pradhana (*la matière*). Les deux formes, qui sont autres que l'essence de Vishnou non modifié, sont Pradhana (*la matière*) et Purusha (*l'esprit*), et son autre forme, par laquelle ces deux formes sont réunies ou séparées, s'appelle Kala (*le temps*). La divinité comme Temps est sans commencement, et sa fin n'est pas connue; de là découlent sans interruption la révolution de la création, de la durée et de la destruction. Le Brahma suprême, l'âme suprême, la substance du monde, le seigneur de toutes les créatures, l'âme universelle, étant entré, par un effet de sa volonté, dans la matière et dans l'esprit, agite les principes muables et immuables, et l'époque de la création arrive de la même manière qu'un parfum affecte l'esprit par sa proximité et non par quelque opération

---

(221) Ce sont les trois personnes de l'Etre suprême. Hari c'est Vishnou; Sankara c'est Siva, et Hiranygarbha, celui qui est né de l'œuf d'or, est un des surnoms de Brahma. Nous avons déjà parlé des diverses fonctions de ces personnages divins.

(222) C'est un des noms de Vishnou; il se compose des mots uttama (suprême, meilleur) et Parasha (esprit).

(223) Renvoyons à une longue note de M. Wilson, page 10, sur les idées que la philosophie indienne a développées au sujet du premier principe et de la matière. Ces discussions d'une métaphysique subtile nous écarteraient de notre sujet.

immédiate sur l'esprit. Parushatta est à la fin l'agitateur et l'objet agité ; il est présent dans l'essence de la matière dans son expansion comme dans sa contraction. Vishnou, le suprême des suprêmes, est de la nature des formes décrites dans les productions atomiques, Brahma et les autres (*les dieux, les hommes,* etc.). Alors, de cet équilibre des qualités (*Pradhana*), présidé par l'âme, procède le développement inégal de ces qualités (*constituant le principe Mahat ou l'intelligence*), au temps de la création. Le principe souverain s'empare alors de ce grand principe l'intelligence, et il devient triple, suivant qu'il est affecté par la qualité de la bonté, de la difformité, ou des ténèbres.

CHAPITRE III.

Mesure du temps. Moments ou Kashthas ; le jour et la nuit ; quinzaine, mois, année divine. Yugas ou âges ; Manayuga ou grand âge ; jour de Brahma ; période des Manous ; un Manwantara ; nuit de Brahma et destruction du monde ; une année de Brahma, sa vie ; un Kalpa ; un Pararddha ; le passé ou Padma Kalpa ; le présent ou Varaha

MAITREYA. — Comment l'action créatrice peut-elle être attribuée à Brahma qui est dépourvu de qualités et de limites, pur et exempt d'imperfection ?

PARASARA — Les propriétés essentielles des choses existantes sont des objets d'observation qu'on ne peut connaître à l'avance ; la création et des centaines de propriétés appartiennent à Brahma et sont inséparables de son essence, comme la chaleur est inhérente au feu. Écoute donc comment la déesse Narayana, dans la personne de Brahma, le père du monde, créa toutes les choses qui existent.

On dit que Brahma est né ; c'est une phrase familière qui signifie sa manifestation ; la mesure particulière de sa présence, une centaine d'années, est, dans le langage ordinaire, ce qu'on appelle sa vie ; cette période s'appelle aussi Param et la moitié Pararddham ; je t'ai déjà annoncé, ô Brahmane exempt de péché, que le temps est une forme de Vishnou ; apprends maintenant comment il s'applique à mesurer la durée de Brahma et de tous les autres êtres animés, aussi bien que de ceux qui, tels que les montagnes et les mers, sont dépourvus de sentiment.

O le meilleur des sages, apprends que quinze clignements de l'œil font un kashtha ; trente kashthas font un kala, et trente kalas un muhurtta. Trente muhurttas constituent un jour et une nuit des mortels ; trente de ces jours font un mois divisé en deux demi-lunes ; six mois font un ayana (*période de la marche du soleil au nord ou au sud de l'écliptique*) ; deux ayanas composent une année. L'ayana du sud est une nuit, et l'ayana du nord un jour des dieux. Douze mille années divines composées chacune de trois cent soixante de ces jours constituent la période des quatre yugas ou âges. Ils sont ainsi divisés : l'âge krita a quatre mille années divines, l'âge treta trois mille, le dwapara deux mille, et le kali mille ; c'est ainsi que l'ont déclaré les savants versés dans l'antiquité. La période qui précède un yuga s'appelle un sandhya, et elle est d'autant de centaines d'années qu'il y en a de milliers dans le yuga ; la période qui suit un yuga et qui est appelée sandhyansa est d'une durée semblable. Les quatre âges, krita, treta, dwapara et kali constituent par leur réunion un grand âge ; mille grands âges font un jour de Brahma et quatorze Manous règnent pendant cette période. Écoute la division du temps qu'ils mesurent (224).

Sept rishis, certaines divinités (*secondaires*), Indra, Manou, et les rois ses fils sont créés et périssent dans une période, et l'intervalle appelé un manwantara, est égal à soixante-onze fois le nombre d'années contenues dans les quatre yugas avec quelques années additionnelles ; c'est la durée du Manou, des divinités (*secondaires*) et du reste qui est égale à 852,000 années divines et à 306 millions 720,000 années des mortels, indépendamment de la période additionnelle. Quatorze fois cette période constitue un jour de Brahma. A la fin de ce jour, l'univers est détruit ; les trois mondes, la terre et les régions de la science, sont consumés par le feu. Les habitants de Maharloka (*la région habitée par les saints qui survivent au monde*) tourmentés par la chaleur, se rendent au Janaloka (*la région des saints après leur mort*). Lorsque les trois mondes ne sont qu'un vaste Océan, Brahma, qui est un avec Narayana, assouvi par la destruction de l'univers, s'endort sur son lit de serpents, contemplé par les pieux habitants du Janaloka ; son sommeil dure une nuit égale à son jour ; ensuite il crée de nouveau. C'est de ces jours et de ces nuits que se compose une année de Brahma, et cent de ces années constituent sa vie entière. Un Pararddham ou la moitié de son existence, a expiré, se terminant avec le Maha Kalpa, appelé Padma. Le kalpa (*ou jour de Brahma*), appelé Varaha, est le premier de la seconde période de l'existence de Brahma.

CHAPITRE IV.

Narayana se montre, au commencement du Kalpa, sous la forme d'un Varaha ou sanglier. Prithivi (la

(224) Ces calculs se retrouvent dans les divers Pouranas sans différences essentielles. En théorie, les kalpas sont infinis ; on lit dans le Bhavashya : « Excellent sage, des milliers de millions de kalpas ont passé, et il en reste encore autant à venir. » Le Linga-Pourana et autres écrits appartenant à l'école des sectateurs de Siva, nomment trente kalpas différents et entrent dans les détails à l'égard de certains d'entre eux, mais ce sont là des additions apocryphes.

terre) s'adresse à lui; il soulève le monde de dessous les eaux; Sanandana et les Yogis lui adressent des hymnes. La terre flotte sur l'Océan; elle est divisée en sept zones. Les sphères inférieures du monde restaurées. La création renouvelée.

MAITREYA.—Dis-moi, puissant sage, comment, au commencement du présent Kalpa, Narayana (225), qui porte le nom de Brahma, créa toutes les choses qui existent.

PARASARA.—Tu vas entendre de quelle manière le divin Brahma, qui est un avec Narayana, a créé le monde.

A la fin du Kalpa passé, le divin Brahma, doué de la qualité de la bonté, se réveilla de sa nuit de sommeil, et vit l'univers vide. Lui, le suprême Narayana, l'incompréhensible, le souverain de toutes les créatures, investi de la forme de Brahma, le dieu sans commencement, le créateur de toutes choses; lui, à l'égard duquel on répète ce vers : les eaux sont appelées Nara parce qu'elles furent le rejeton de Nara (*l'esprit suprême*), et comme c'est en elles que sa première carrière, dans le caractère de Brahma, eut lieu, il est appelé Narayana (*celui qui fut en mouvement sur les eaux*); lui, le seigneur, pensant que la terre était cachée sous les eaux, et désirant la soulever, créa une autre forme dans ce but; pendant les différents Kalpas, il avait pris la forme d'un poisson ou d'une tortue; dans celui-ci, il prit celle d'un sanglier. Ayant adopté une forme composée des sacrifices des Védas pour la préservation de la terre entière, l'éternel et suprême créateur de tous les êtres, loué par Sanaka et par les autres saints qui habitent dans la sphère des saints, le soutien des êtres spirituels et matériels, plongea dans l'Océan. La déesse la Terre, le voyant ainsi descendre aux régions souterraines, s'inclina dans une adoration fervente et glorifia le dieu en disant :

« Salut à toi, qui es toutes les créatures, à toi qui tiens la massue et la coquille; élève-moi comme tu m'as élevée jadis. C'est de toi que je procède, c'est en toi que je consiste, ainsi que les cieux et toutes les autres choses qui existent. Salut, esprit de l'esprit suprême, âme des âmes, toi qui es un avec les éléments et avec le temps. Tu es le créateur de toutes choses, leur conservation et leur destruction, sous les formes de Brahma, de Vishnou et de Roudra, aux époques de la création, de la durée et de la destruction. Quand tu as dévoré toutes choses, tu te reposes sur l'Océan qui recouvre le monde. Personne ne connait ta vraie nature, et les dieux t'adorent seulement sous la forme qu'il t'a plu de prendre. Ceux qui désirent la libération finale t'adorent comme le Brahma suprême; et quel est celui qui, n'adorant pas Vasadeva, obtiendra l'émancipation? Tout ce que l'intelligence peut comprendre, tout ce que l'esprit peut discerner, n'est qu'une de tes formes. Tu m'as créée, et c'est vers toi que je me réfugie; dans cet univers, je suis désignée comme Madhavi (*la fiancée de Madhava ou Vishnou*). Gloire à l'essence de toute sagesse, à l'immuable et à l'impérissable; gloire à l'éternel, à l'essence des êtres, à celui qui est la cause et l'effet, qui est l'univers, le seigneur du sacrifice et exempt de péché. Tu es le sacrifice, tu es l'offrande, tu es l'Omkara mystique, tu es le feu du sacrifice, tu es les Védas et les sciences qui en dépendent; tu es Hari, l'objet de toute adoration. Le soleil, les étoiles, les planètes, le monde entier, tout ce qui est sans forme ou tout ce qui a une forme, tout ce qui est visible ou invisible, tu es toutes ces choses. Salut donc à toi, et salut réitéré! Gloire, gloire immortelle à toi. »

PARASARA. — Le protecteur du monde, ét nt ainsi l'objet des chants de la terre, émet un faible murmure, semblable à la récitation du Sama Véda, et le puissant sanglier, dont les yeux sont comme le lotus et dont le corps, vaste comme la montagne Nila, était de la couleur sombre des feuilles du lotus (226), souleva sur ses redoutables défenses la terre, depuis les plus basses régions. Lorsqu'il leva la tête, les eaux qui s'écoulèrent de son front purifièrent les grands sages Sanandana et autres, résidant dans la sphère des saints. Les eaux se précipitèrent dans les mondes inférieurs avec un bruit comme celui du tonnerre en passant par les trous qu'avaient faits ses pieds. Les pieux habitants de Janaloka furent dispersés devant son souffle et les Mounis cherchèrent un abri parmi les poils hérissés sur le dos du sanglier, tremblant lorsqu'il se leva soutenant la terre et tout ruisselant d'eau. Alors les grands sages et autres habitants de la sphère des saints, furent remplis d'allégresse et s'inclinant profondément, ils louèrent le redoutable soutien de la terre.

LES YOGIS. — Gloire à toi, seigneur suprême des seigneurs; Kesava, souverain de la terre, toi qui tiens la massue, la coquille, le disque et l'épée,

---

(225) Narayana « qui se meut sur les eaux. » On lit dans les Lois de Manou, I, 8 : « Les eaux sont appelées Nara, parce qu'elles sont la production de Nara ou de l'esprit de Dieu. » Cette idée se retrouve dans plusieurs Pouranas et elle est au fond la même que celle qu'énonce la Génèse.

(226) D'autres Pouranas sont bien plus complets dans la description qu'ils donnent du sanglier dont Vishnou prit la forme. Selon le Vayou-Pourana, il avait dix yojanas de largeur et mille yojanas de hauteur; sa couleur était celle d'un nuage sombre; son rugissement était comme le tonnerre; ses défenses étaient blanches, aiguës et formidables; un feu pareil à des éclairs jaillissait de ses yeux, et il était radieux comme le soleil; sa démarche était celle d'un puissant lion. Le Matsya-Pourana s'exprime à peu près dans les mêmes termes. Le Bhagavata a onte divers détails qui révèlent une composition plus moderne; il représente le sanglier divin comme sorta t des narines de Brahma et n'ayant d'abord que la grosseur du pouce, mais s'élevant bientôt à la taille d'un éléphant.

cause de la production, de la destruction et de l'existence. Tu es, ô dieu! il n'y a pas d'autre condition suprême que toi. Tu es la personne du sacrifice, car tes pieds sont les Védas; tes défenses sont le poteau auquel ta victime est liée; dans tes dents sont les offrandes; ta bouche est l'autel, ta langue est le feu, et les poils de ton corps sont l'herbe du sacrifice. Tes yeux, ô tout-puissant, sont le jour et la nuit; ta tête est le siège de toutes choses; ta crinière est l'hymne des Védas, tes narines sont toutes les offrandes; ô toi qui es éternel et qui es de la hauteur d'une montagne, sois-nous propice. Nous te reconnaissons, ô toi qui as traversé le monde et qui es la forme universelle, pour être le commencement, la continuation et la fin de toutes choses. Tu es le dieu suprême; aie pitié de nous, ô souverain de tous les êtres. Le globe de la terre est assis sur tes défenses comme si tu t'étais joué dans un lac où flotte le lotus et que tu eusses enlevé des feuilles couvertes de terre. L'espace entre le ciel et la terre est occupé par ton corps, ô toi dont la gloire est sans égale, et qui brilles de la puissance de pénétrer dans l'univers entier pour le bien de toutes les créatures. Tu es le but de toutes choses. Il n'y a pas d'autres que toi, souverain du monde, et ton pouvoir s'étend sur toutes choses fixes ou sujettes à déplacement.

Ceux qui n'ont pas pratiqué la dévotion, ont des idées erronées sur la nature du monde. L'ignorant qui n'aperçoit pas que cet univers est de la nature de la sagesse et qui en juge seulement comme d'un objet qui tombe sous les sens, est perdu dans l'océan de l'ignorance spirituelle. Mais ceux qui connaissent la vraie sagesse et dont l'esprit est pur, contemplent le monde entier comme étant un avec la sagesse divine, comme étant un avec toi, ô Dieu! Sois favorable, ô esprit universel; élève la terre pour qu'elle serve d'habitation aux êtres créés. Divinité qu'on ne peut scruter et dont les yeux sont comme des lotus, donne-nous la félicité. O seigneur, tu es doué de la qualité de la bonté; élève cette terre pour le bonheur général. Accorde-nous le bonheur, ô toi dont les yeux sont comme le lotus. Salut et gloire à toi.

Parasara.—L'être suprême, étant ainsi loué, souleva rapidement la terre et la plaça sur le sommet de l'Océan, où elle flotte comme un puissant vaisseau, et, par suite de sa surface étendue, elle ne s'enfonce pas au-dessous des eaux. Ayant ainsi aplani la terre, la grande déité éternelle la divisa en portions par les montagnes; celui qui ne veut jamais en vain, créa de nouveau, par sa puissance irrésistible, ces montagnes qui avaient été consacrées à la destruction du monde. Ayant ainsi divisé la terre en sept grandes portions ou continents comme elle était précédemment, il construisit de la même manière les quatre sphères inférieures, la terre, le firmament, le ciel et la sphère des sages. C'est ainsi qu'Hari, le dieu aux quatre faces, investi de la qualité d'activité et prenant la forme de Brahma, accomplit la création; mais Brahma est seulement la cause instrumentale des choses qui doivent être créées; les choses qui sont capables d'être créées s'élèvent de la nature comme une cause ordinaire matérielle; à l'exception d'une seule cause instrumentale, il n'y a pas besoin d'aucune autre cause, car la substance qu'on ne peut pas voir, devient perceptible, suivant la puissance dont elle a été originellement imbue.

CHAPITRE V

Vishnou, comme Brahma, crée le monde. Caractères généraux de la création. Brahma médite et donne l'origine à toutes les choses immuables, aux animaux, aux dieux et aux hommes. Création spécifique de neuf espèces d'êtres. Origine des différents êtres sortis du corps de Brahma, et des Védas sortant de ses bouches. Toutes choses créées telles qu'elles existaient dans un kalpa antérieur.

Maitreya.—Explique-moi, ô Brahmane, comment cette déité créa les dieux, les sages, les démons, les hommes, les animaux, les arbres et tous les autres êtres qui résident sur la terre, dans l'air ou dans l'eau; comment Brahma à la création, détermina les qualités, les caractères et les formes des choses.

Parasara. — Ecoute attentivement, ô Maitreya, comment cette déité, souveraine sur toutes choses, créa les dieux et les autres êtres.

Tandis qu'autrefois Brahma, au commencement des kalpas, méditait sur la création, il apparut une création commençant avec l'ignorance et formée de ténèbres. De ce grand être apparut une ignorance quintuple, consistant de l'obscurité, de l'illusion, de l'extrême illusion, des ténèbres complètes. La création du créateur plongé ainsi dans l'abstraction fut le monde quintuple (*incapable de mouvement*) sans intelligence ni réflexion, privé de perception ou de sensation, incapable de sentiment et dépourvu de notion. Brahma considérant que cette première création était défectueuse, résolut d'en faire une autre, et tandis qu'il méditait ainsi, la création animale se manifesta. Ainsi vinrent les bêtes, les oiseaux, etc., et le caractère de leur création fut celui des ténèbres, car ils sont dépourvus de connaissance, non réglés dans leur conduite et prenant l'erreur pour la sagesse; ils sont soumis aux vingt-huit sortes d'imperfection et s'associent ensemble suivant leurs espèces.

En voyant cette création qui était aussi imparfaite, Brahma médita encore, et une troisième création parut abondante en bonne qualité. Les êtres ainsi produits étaient capables de recevoir du plaisir et lumineux au dedans et au dehors. Cette création, appelée celle des immortels, fut la troisième que fit Brahma, qui, bien qu'il en fût satisfait, ne la trouva pas susceptible de remplir entièrement son but. Continuant sa méditation, la création appelée Arvaksrotasas, jaillit en conséquence de son dessein infaillible. Les êtres créés alors possèdent en abondance la lumière de la science, mais les qualités de l'obscurité et de la difformité prédominent. Ils sont affligés par le mal et sont poussés à agir. Ils ont la connaissance intérieure et extérieure, et ils sont les instruments pour accomplir l'objet de la création (la délivrance de l'âme). Ces créatures furent les hommes.

Je t'ai expliqué les six créations. La première fut celle de Mahat ou de l'Intelligence qui est appelée aussi la création de Brahma La seconde fut celle des principes rudimentaux (Tanmatras), appelée de là la création élémentaire. La troisième fut la forme modifiée de l'être, appelée création organique ou des sens. La quatrième fut celle des corps inanimés. La cinquième celle des animaux. La sixième celle des divinités. Enfin la septième fut celle des hommes Il y en a aussi une huitième, appelée Anugraha, qui possède à la fois les qualités de la bonté et des ténèbres. De ces créations, cinq sont secondaires et trois sont primaires. Mais il y en a une neuvième, la création Kaumara (227), qui est à la fois primaire et secondaire. Ces neuf créations du souverain père de toutes choses sont les causes radicales du monde, procédant du créateur souverain. Qu'est ce que tu désires encore apprendre?

MAITREYA. — O chef des sages, tu as succinctement relaté la création des dieux et des autres êtres ; je désire recevoir de plus amples détails sur leur création.

PARASARA. — Les êtres créés sont détruits dans leurs formes individuelles, aux périodes de la dissolution de l'univers, mais ils ne sont jamais exempts des conséquences des actions bonnes ou mauvaises commises dans leur existence antérieure, et quand Brahma crée le monde de nouveau, ils sont les rejetons de sa volonté dans la quadruple condition de dieux, d'hommes, d'animaux et de choses inanimées. Brahma, désireux de créer les quatre ordres de choses appelés dieux, démons, progéniture et hommes, concentra son esprit en lui-même. Pendant qu'il était ainsi recueilli, la qualité des ténèbres pénétra dans son corps, et de là les démons (Asuras) naquirent les premiers, sortant de sa cuisse. Brahma abandonna alors cette forme qui était composée des rudiments des ténèbres et qui, lorsqu'il l'eut abandonnée, devint la nuit. Continuant de créer, mais prenant une forme différente, il éprouva du plaisir, et alors de sa bouche sortirent les dieux doués de la qualité de bonté. La forme qu'il avait abandonnée devint le jour où domine la bonne qualité, et c'est de là que, pendant le jour les dieux sont plus puissants, et durant la nuit les démons. Il adopta ensuite une autre forme où dominait aussi le principe de bonté, et fixant sa pensée sur lui-même comme le père du monde, les progéniteurs (Pitris) naquirent de son côté. Le corps qu'il abandonna devint le Sandhya (le crépuscule du soir), l'intervalle entre le jour et la nuit. Brahma prit alors une autre forme où dominait le principe de la difformité, et c'est de là que dérivent les hommes où dominent les passions mauvaises. Il quitta promptement ce corps qui devint l'aurore ou le crépuscule du matin. A l'aspect de cette lumière du matin, les hommes se sentent plus vigoureux, tandis que c'est le soir que les progéniteurs ont le plus de puissance. C'est de cette manière que Jyotsna (l'aurore), Ratri (la nuit), Ahar (le jour), et Sandhya (le soir), sont les quatre corps de Brahma investis des trois qualités (228).

Ensuite Brahma ayant pris une forme composée de la qualité de difformité, il sortit de lui la faim d'où naquit la colère, et le dieu produisit, dans les ténèbres, des êtres amaigris par la faim, ayant un aspect hideux et de longues barbes. Ils s'empressèrent d'accourir vers la déité. Ceux qui s'écrièrent: « Oh! préserve-nous, » furent appelés Rakshahas; d'autres qui crièrent : « Mangeons, » furent nommés Yakshas. Quand Brahma les vit aussi hideux, ses cheveux se hérissèrent et tombèrent de sa tête, et en tombant ils devinrent des serpents. Le créateur du monde, étant irrité, créa alors des êtres cruels qui furent appelés des démons malfaisants (Bhutas) et anthropophages. Les Gandharbas naquirent ensuite, et ils durent leur nom à leur parole harmonieuse, et comparable à la boisson de la déesse du discours.

Le divin Brahma, ayant créé ces êtres, en fit d'autres par un effet de sa volonté. Il forma les oiseaux de sa vigueur vitale ; les moutons sortirent de sa poitrine, les chèvres de ses muscles, les bœufs de son ventre et de ses côtés, les chevaux, les éléphants, les mulets, les chameaux, les antilopes et autres animaux de ses pieds, tandis que des poils de

---

(227) Cette création est l'œuvre de Roudra ou Nilahabita, une des formes de Siva. M. Wilson, page 36, entre à son égard dans quelques détails empruntés aux autres Pouranas et qu'il suffit d'indiquer.

(228) Ce récit des formes que prend Brahma se retrouvant dans d'autres Pouranas, il est plus simple dans le Kurma ; il est plus étendu dans le Padma, le Linga et le Vayou. Le Bhagavata se livre, selon son usage, à des amplifications ; c'est ainsi qu'il représente Sandhya (le crépuscule du soir) comme une femme ayant les yeux enflammés par la passion, tandis que ses pieds, semblables à des lotus, résonnaient du son des ornements ; un voile léger, retenu par une ceinture d'or, couvrait son sein ; son nez était élégant, sa langue belle ; son visage était embelli par le sourire, et elle le cachait modestement avec les plis de sa robe, tandis que les boucles de ses cheveux noirs jouaient autour de son front.

son corps sortirent les herbes, les racines et les fruits.

Brahma, ayant créé au commencement du Kalpa, diverses plantes, les employa en sacrifice au commencement de l'âge tréta. Les animaux furent rangés en deux classes, domestiques et sauvages : la première comprit la vache, la chèvre, le porc, le mouton, le cheval, l'âne, le mulet ; la seconde toutes les bêtes de proie et beaucoup d'animaux à pied fourchu, l'éléphant et le singe. Le cinquième ordre fut les oiseaux, le sixième les animaux aquatiques, et le septième les reptiles et les insectes.

De sa bouche orientale Brahma créa alors le mètre Gayatri, le Rig-Véda, la collection d'hymnes appelée Trivrit, la portion Rathantara du Sama Véda et le sacrifice Agnishtoma ; de sa bouche méridionale, il créa l'Yajour-Véda, le mètre Trishtubh, la collection d'hymnes appelée Panchadasa, le Vrihat Sama et la portion du Sama-Véda appelée Uktha ; de sa bouche occidentale, il créa le Sama-Véda, le mètre Jagati, la collection d'hymnes appelée Saptadasa, la portion du Sama appelée Vairupa et le sacrifice Atiratra ; il créa enfin de sa bouche nord la collection Ekavinsa d'hymnes, l'Atharva-Véda, le rite Aptoryama, le mètre Anushtubh et la portion Vaijara du Sama-Véda.

De cette manière, toutes les créatures, grandes ou petites, procédèrent de ses membres. Le grand progéniteur du monde ayant formé les dieux, les démons et les Pitris, créa au commencement du Kalpa les Yakshas, les Pisachas (*lutins*), les Gandharbas et les troupes d'Apsarasas, ou nymphes des cieux, les Naras (*ou centaures*) et les Kinnaras (*êtres à têtes de chevaux*), les Rakshasas, les oiseaux, les bêtes, les serpents, et toutes choses permanentes ou passagères, mobiles ou immobiles. Ainsi fit le divin Brahma, le premier créateur et seigneur de toutes choses, et ces choses une fois créées, s'acquittèrent des mêmes fonctions que celles qu'elles avaient remplies dans une création précédente, soit qu'elles fussent méchantes ou douces, bonnes ou mauvaises, sincères ou trompeuses, et leur conduite sera conforme à l'impulsion que leur donnent leurs penchants. Et le créateur déploya une variété infinie dans les propriétés des êtres vivants et dans la forme de leurs corps ; il détermina au commencement, par l'autorité des Védas, les noms, les formes et les fonctions de toutes les créatures et des dieux, et les noms et les offices des Rishis, tels qu'ils sont aussi indiqués dans les Védas. De la même manière que les produits des saisons indiquent par leur retour périodique les produits des saisons, de même des circonstances identiques montrent le retour du même âge (*Yuga*), et c'est ainsi qu'au commencement de chaque Kalpa, Brahma crée de nouveau le monde, possédant le pouvoir qui est dérivé de la volonté de créer et assisté par la faculté naturelle et essentielle de l'objet à créer.

CHAPITRE VI.

Origine des quatre castes ; leur état primitif. Progrès de la société. Différentes espèces de grains. Efficacité du sacrifice. Devoirs des hommes ; régions qui leur sont assignées après la mort.

MAITREYA. — Tu as rapidement enseigné, ô sage illustre, la création de l'espèce humaine ; explique-moi plus amplement comment Brahma l'accomplit, comment il créa les quatre différentes castes (229), quels devoirs il assigna aux Brahmanes et aux autres.

PARASARA.—Jadis, lorsque Brahma méditant la vérité, avait le désir de créer le monde, il sortit de sa bouche des êtres spécialement doués de la qualité de bonté ; d'autres sortirent de sa poitrine, et la qualité de la malice prévalait en eux ; d'autres sortirent de ses cuisses où prévalaient la méchanceté et l'obscurité, et d'autres de ses pieds et l'obscurité prévalait en ceux-ci. C'est ainsi que furent successivement produits les êtres des diverses castes : Brahmanes, Kshatryas, Vaisyas et Soudras. Il les créa pour accomplir les sacrifices, les quatre castes étant les instruments convenables de leur célébration. O toi qui connais la vérité, tu sais que c'est par les sacrifices que les dieux sont nourris et que les mortels sont alimentés par la pluie qu'ils procurent (230) ; c'est ainsi que les sacrifices, source du bonheur, sont accomplis par les hommes pieux, attachés à leurs devoirs, attentifs à s'acquitter des obligations prescrites et marchant dans les chemins de la vertu. Les hommes acquièrent, par les sacrifices, les jouissances célestes ou la félicité finale, et ils vont après leur mort à la sphère à laquelle ils aspirent.

Les êtres appartenant aux quatre castes et que Brahma créa, étaient d'abord doués d'une justice et d'une foi parfaite ; ils résidaient où ils voulaient sans être arrêtés par aucun obstacle ; leurs cœurs étaient exempts du mal ; ils étaient purs et sans souillures parce qu'ils observaient les institutions sacrées. Hari résidait dans leurs esprits sanctifiés, et ils étaient remplis d'une sagesse parfaite par

(229) Selon divers auteurs indiens, Narayana a produit les quatre castes, savoir : les Brahmanes, de sa bouche ; les Kshatryas, de ses bras ; les Vaysias, de son estomac, et les Soudras, de ses pieds : de son nombril sortit un grand lotus, sur lequel est né Brahma ; Brahma a produit toutes choses, et Narayana est aussi le maître de Brahma, l'être suprême et excellent, l'éternel, et l'unique cause de toutes choses. (Abel Rémusat, *Mélanges asiatiques*, t. V, p. 14.)

(230) Selon la doctrine indienne, exposée dans les Védas et dans les lois de Manou, les offrandes faites dans les sacrifices s'élèvent vers le soleil et le nourrissent : de là vient la pluie qui tombe sur la terre et en fait naître les produits ; les sacrifices sont donc indispensables à l'alimentation des hommes.

laquelle ils contemplaient la gloire de Vishnou (250*). Mais après qu'une certaine période de l'âge treta se fut écoulée, cette portion d'Hari qui était jointe à Kala (au temps) répandit chez les hommes le péché, tel que la colère et les autres vices; faibles d'abord, ils devinrent formidables; les obstacles de la délivrance de l'âme, le germe de l'iniquité, sortirent de l'obscurité et du désir. La perfection innée dans la nature humaine se trouva étouffée; les huit espèces de perfection furent attaquées, et les vices acquérant une force nouvelle, les mortels furent en butte à diverses souffrances, telles que la chaleur et le froid. Ils se construisirent alors des refuges, protégés par des arbres, par des montagnes ou par l'eau; ils entourèrent leur demeure d'un fossé ou d'une muraille, et ils se munirent d'abris contre le soleil ou le froid. Ayant ainsi cherché à se préserver des rigueurs des saisons, les hommes se livrèrent au travail pour y trouver des moyens de subsistance; ils cultivèrent les dix-sept espèces de grains utiles, et il y a quatorze espèces de grains qu'on peut offrir en sacrifice (251).

Le sacrifice, cause de la pluie, est aussi l'origine des grains, et le grain est, avec le sacrifice, la grande cause de la durée de la race humaine, comme le comprennent ceux qui savent distinguer les causes et les effets. C'est ainsi que le sacrifice rend des services essentiels au genre humain, et il expie les fautes de ceux qui l'offrent. Mais les hommes, dans les cœurs desquels le germe du péché dérivé de Kala s'était développé davantage, refusèrent de sacrifier et ils blasphémèrent contre les dieux et contre les observations des Védas, et s'éloignant du chemin des devoirs présents, ils se plongèrent dans l'iniquité.

Brahma, ayant procuré des moyens de subsistance aux êtres qu'il avait créés, prescrivit des lois conformes à leur situation et à leurs facultés; il fixa les devoirs des diverses castes et des ordres, et les régions réservées aux hommes des diverses castes qui auront observé leurs devoirs. Le ciel des Pitris est la région des pieux Brahmanes. La sphère d'Indra est pour les Kshatryas qui n'abandonnent pas le champ de bataille. La région des vents est assignée aux Vaisyas qui sont zélés dans leurs travaux et soumis. Les Indras sont élevés à la sphère des Gandharbas. Les Brahmanes qui mènent une vie pieuse vont au monde des quatre-vingt-quatre mille saints, et celui des sept Rshis est le séjour des anachorètes et des ermites. Le monde des ancêtres est celui des propriétaires vertueux, et la religion de Brahma est l'asile des religieux mendiants. La région impérissable des Yogis est le séjour le plus élevé; là ils méditent perpétuellement sur l'Être suprême, leur esprit s'appliquant uniquement à lui; les dieux eux-mêmes ne peuvent voir la sphère où ils résident. Le soleil, la lune, les planètes seront, cesseront d'être et seront de nouveau, mais ceux qui répètent intérieurement l'adoration mystique de la divinité, ne connaîtront jamais de décadence. Quant à ceux qui négligent leurs devoirs, qui insultent les Védas et qui entravent les rites religieux, la place qui leur est assignée après la mort est la région terrible des ténèbres profondes et de la frayeur extrême, l'enfer redoutable des épées aiguës, des fouets et d'une mer sans vagues (252).

CHAPITRE VII.

Suite de la création. Production des fils, enfants de l'esprit de Brahma; des Prajapatis, de Samandana, de Roudra et des onze Roudras, du Manou Swayambhoura et de sa femme Sataroupa, de leurs enfants. Les filles de Daksha, leur mariage avec Dharma et autres. Descendants de Dharma et d'Adharma. Succession perpétuelle des mondes et divers modes de leurs destructions.

PARASARA. — Brahma continuant de méditer, il naquit de lui des êtres nés de son esprit, ayant des formes et des facultés dérivées de sa nature corporelle, des esprits ayant un corps et produits de la personne de cette déité toute sage. Tous ces êtres, depuis les dieux jusqu'aux êtres inanimés, parurent, comme je l'ai dit, étant le séjour des trois qualités; mais, comme ils ne se multipliaient pas eux-mêmes, Brahma créa d'autres fils tels que lui, nés de son esprit, à savoir: Brighou, Pulastya,

---

(250*) Cette description d'une race primitive et pure n'est pas dans tous les Pouranas. Elle semble ici être l'abrégé d'un récit plus étendu qui se présente dans le Brahmanda, dans le Vayou et dans le Markandeya. D'après ces divers Pouranas, Brahma crée, au commencement d'un Kalpa, mille couples de chacune des quatre castes qui composent la race humaine; ils jouissent d'un bonheur parfait pendant toute la durée de l'âge Krita, et ils deviennent graduellement sujets aux infirmités à mesure que l'âge treta ou le second âge avance.

(251) Le texte original du Vishnou-Pourana énumère ces dix-sept plantes, et le Vayou-Pourana, ainsi que le Markandeya, reproduit cette énumération, où il est d'ailleurs difficile d'établir une synonymie exacte entre les noms sanscrits et ceux des botanistes modernes. On croit toutefois que le *Musha* est le *Phaseolus radiatus*, le *Masura*, l'*Ervum hirsutum*; le *Kulattha*, le *Dolichos biflorus*; le *Chanaka*, le *Cicer arietinum*, et le *Sana*, la *Crotolaria*.

(252) Les sept mondes dont il est question seront plus loin l'objet d'une description détaillée; ce sont les sept Lokas ou sphères au-dessus de la terre; voici leurs noms: 1° Prajapatya ou Pitri Loka, le monde des maîtres; 2° Indra Loka ou Swerga, le firmament; 3° Marut Loka, le ciel; 4° Gandharba Loka, la région des esprits célestes; 5° Dana Loka ou la sphère des saints; 6° Tapa Loka, le monde des sept sages; 7° Brahma Loka ou Satya Loka, le monde de la sagesse intime et de la vérité. Des sectaires ont, à une date peu reculée, ajouté un huitième monde, celui de Vishnou; il en est question dans le Bhagavata-Pourana qui l'appelle le Vaikuntha, et dans le Brahma-Vaivartta où il reçoit le nom de Goloka, mais c'est une idée étrangère à l'ancienne orthodoxie brahmanique.

Poulaha, Kratou, Angiras, Marichi, Daksha, Atri et Vasishtha; ce sont les neuf Brahmas (ou Brahma-Rishis), célèbres dans les Pouranas (253). Sanandana et les autres fils de Brahma furent auparavant créés par lui, mais ils étaient sans désir, ni passion, inspirés par la sagesse sainte, séparés de l'univers et ne désirant point d'avoir des descendants. Quand Brahma le vit, il fut rempli d'une colère capable de consumer les trois mondes et dont la flamme entoura comme une guirlande le ciel, la terre et l'enfer. Alors, de son front assombri par des froncements irrités, s'élança Roudra, radieux comme le soleil à midi (254), colossal et d'une figure qui était moitié mâle, moitié femelle : « Sépare-toi, » lui dit Brahma, et, ayant dit ces mots, il disparut. Obéissant à cet ordre, Roudra devint double, ses deux natures se séparant. Il divisa derechef son être mâle en onze personnages dont les uns étaient d'un aspect agréable et d'autres hideux, les uns doux et les autres cruels, et il multiplia également sa nature femelle en des créatures nombreuses dont les unes étaient blanches et les autres noires; alors Brahma, dans le but de protéger les êtres créés, créa lui-même le Manou Swayambhouva, né de lui et identique avec lui-même, et de la portion femelle de lui-même, il constitua Sataroupa que l'austérité purifia du péché et que le divin Manou Swayambhouva prit pour femme. Ils donnèrent naissance à deux fils, Priyavrata et Uttanapada, et à deux filles nommées Prasouti et Akouti, douées d'amabilité et de mérites élevés (255).

Il donna Prasouti à Daksha après avoir donné Akouti au patriarche Rouchi qui l'épousa.

Akouti eut deux jumeaux, Yajna et Daksha, qui devinrent ensuite mari et femme, et qui eurent douze fils, les déités appelées Yamas. Le patriarche Daksha eut de Prasouti vingt-quatre filles (256); écoute leurs noms que je vais réciter devant toi : Sraddha (la foi); Lakshmi (la prospérité); Dhriti (la fermeté); Toushti (la résignation); Poushti (l'industrie); Medha (l'intelligence); Kriya (l'action,

(253) La liste que nous venons de donner n'est pas la même dans tous les Pouranas; plusieurs d'entre eux bornent à sept le nombre de ces fils de Brahma; le Mahabharata en désigne huit. (Voy. la note de M. Wilson, p. 49.)
(254) La plupart des Pouranas racontent, avec quelques différences dans les détails, la naissance de Roudra. Le Kurma-Pourana le montre sortant de la bouche de Brahma tandis que le dieu méditait sur la création. Le Varaha Pourana dit que ce fut la suite d'une promesse que Brahma avait faite à Siva.
(255) Le Bhagavata-Pourana ajoute à ces deux filles une troisième, Devahuti, dans le but d'amener une longue légende qu'on ne trouve nulle part ailleurs et qui est relative au rishi Kardama qui fut l'époux de Devahuti, et à leur fils Kapila.
(256) Les noms de toutes ces créatures allégoriques se retrouvent dans les divers Pouranas avec des variantes qu'il serait fort inutile de relever ici. (Voy. la note de M. Wilson, p. 54.)

la dévotion); Bouddhi (la compréhension); Lajja (la modestie); Vapou (le corps); Santi (l'expiation); Siddhi (la perfection); Kirtti (la célébrité); Dharma (le droit, la justice) prit ces treize filles de Daksha pour ses épouses. Les onze autres filles du patriarche, plus jeunes et aux yeux brillants, furent : Khyati (la renommée); Sati (la vérité), Sambhouti (la convenance); Smriti (la mémoire); Priti (l'affection); Kshama (la patience); Sannati (l'humilité); Anasouya (la charité); Urjja (l'énergie), avec Swaha (l'offrande) et Swadha (l'oblation). Ces jeunes filles devinrent les épouses des Mounis, Brighou, Bhava, Marichi, Angiras, Poulastya, Poulaha, Kratou, Atri et Vasishtha, de Vahni (le feu), et des Pitris (progéniteurs).

Voici quels furent les enfants que Dharma eut des filles de Daksha; il eut de Sraddha, Kama (le désir); de Lakshmi, Darpa (l'orgueil); de Dhriti, Niyama (le précepte); de Toushti, Santosha (la satisfaction); de Poushti, Lobha (la cupidité); de Medha, Sruta (la tradition sacrée); de Kriya, Danda, Naya et Vinaya (la correction, la politesse et la prudence); de Bouddhi, Bodha (l'intelligence); il eut de Lajja, Vinaya (la bonne conduite); de Vapou, Vyavasaya (la persévérance); Santi donna naissance à Kshema (la prospérité); Siddhi à Soukha (la jouissance), et Kirtti à Yasas (la réputation). Tels furent les enfants de Dharma; un d'eux, Kama, eut de sa femme Nandi (les délices), une fille appelée Hersha (la joie).

La femme d'Adharma (le vice) fut Hinsa (la violence), de laquelle il engendra un fils, Anrita (le dol, la fausseté), et une fille, Nikriti (l'immoralité); ils se marièrent ensemble et ils eurent deux fils, Bhaya (l'effroi) et Naraka (l'enfer); ils eurent aussi deux filles qui furent jumelles de ces enfants, Maya (la fourberie) et Vedana (la torture), et ces fils épousèrent leurs sœurs. Le fils de Bhaya et de Maya fut le destructeur des créatures vivantes ou Mrityou (la mort), et Dukha (la souffrance) fut le rejeton de Naraka et de Vedana. Les enfants de Mhrityou furent Vyadhi (la maladie), Jara (l'infirmité), Soka (le chagrin), Trishna (l'avidité) et Krodha (la colère). Ils sont tous appelés ceux qui infligent le malheur et sont les enfants du vice (Adharma); ils sont tous sans femmes, sans postérité, sans la faculté de créer; ils sont les formes effrayantes de Vishnou et ils opèrent perpétuellement comme les causes de la destruction de ce monde. Au contraire, Daksha et les autres rishis, les amis de la race humaine, tendent perpétuellement à seconder son renouvellement, tandis que les Manous, et leurs fils, les héros doués d'un puissant pouvoir et marchant dans le chemin de la vérité, contribuent constamment à sa conservation.

MAITREYA. — Dis-moi, Brahmane, quelle est la nature essentielle de ces révolutions, préservation perpétuelle, création perpétuelle et destruction perpétuelle ?

PARASARA. — Madhousoudana, dont l'espèce est incompréhensible, est dans la forme des patriarches et des Manous, l'auteur des vicissitudes non interrompues de la création, de la préservation et de la destruction. La dissolution de toutes choses est de quatre sortes : Naimittika, occasionnelle ; prakritika, élémentaire ; atyantika, absolue ; nitya, perpétuelle. La première, appelée aussi la dissolution de Brahma, arrive lorsque le souverain du monde se livre au sommeil. Dans la seconde, l'œuf du monde se résout dans l'élément primaire d'où il était dérivé. La non-existence absolue du monde est l'absorption du sage, par la connaissance, dans l'esprit suprême. La destruction perpétuelle est la disparition constante, jour et nuit, de tous les êtres qui sont nés. Les productions de Prakrati forment la création qui est appelée élémentaire (*prakrita*). La création qui suit une destruction (incomplète) est appelée la création éphémère, et la génération journalière des choses vivantes est appelée, par ceux qui sont versés dans les Pouranas, création constante. De cette manière, le puissant Vishnou, dont l'essence est les éléments, réside dans tous les corps et répand la production, l'existence et la dissolution. Les facultés de Vishnou pour créer, pour conserver et pour détruire, opèrent successivement dans tous les êtres corporels et dans toutes les saisons, et celui qui se délivre de l'influence de ces trois facultés qui sont essentiellement composées des trois qualités, va à la sphère suprême d'où il ne revient jamais.

CHAPITRE VIII.

Origine de Roudra ; il devient huit Roudras ; leurs femmes et leurs enfants. La postérité de Bhrigou. Sri ; ses rapports avec Vishnou. Sacrifice de Daksha.

PARASARA. — Je t'ai exposé, ô grand Mouni, la création de Brahma où domina la qualité de l'obscurité. Je t'exposerai maintenant la création de Roudra.

Au commencement du kalpa, comme Brahma avait l'intention de créer un fils qui serait tel que lui, un jeune homme, de complexion pourpre, apparut, poussant de petits cris et courant de côté et d'autre. Brahma, le voyant ainsi affligé, lui dit : « Pourquoi pleures-tu ? » Le jeune homme répondit : « Donne-moi un nom. — Que Roudra soit ton nom, » répondit le père suprême de toutes les créatures ; « calme-toi ; cesse de pleurer. » Mais après avoir entendu ces mots, l'enfant pleura sept fois de suite, et, à chaque fois, Brahma lui donna un nom, et ces huit personnes ont des contrées qui leur servent de séjour, des femmes et de la postérité. Les huit manifestations sont appelées Roudra, Bhava, Surva, Isana, Pasoupati, Bhima, Ugra et Mahadeva ; ces noms leur furent donnés par le progéniteur suprême. Il leur assigna aussi leurs résidences respectives, le soleil, l'eau, la terre, l'air, le feu, l'éther et la lune. Les femmes du soleil et des autres manifestations dont je t'ai dit les noms, furent Souverchala, Usha, Vikesi, Siva, Swaha, Disa, Diksha et Rohini. Ecoute maintenant le récit de leurs descendants dont les générations successives ont peuplé ce monde. Leurs fils ont été Sanaischara (*Saturne*), Soukra (*Vénus*), Mars au corps enflammé, Manojava, Skanda, Swarga, Santana et Boudha (*Mercure*.)

Roudra épousa Sati, qui abandonna son existence corporelle par suite des déplaisirs de Daksha. Elle devint ensuite la fille d'Himavan (*le mont neigeux*), époux de Mena, et ce fut sous cette forme que le puissant Bhava l'épousa derechef. Bhrigou eut de Khyati deux filles, les divinités Dhata et Vidhata, et une fille Sri, qui fut la femme de Narayana, le dieu des dieux.

MAITREYA. — On dit communément que la déesse Sri naquit de la mer de lait lorsqu'elle fut battue pour faire de l'ambroisie ; comment peux-tu dire alors qu'elle fut fille de Bhrigou et de Khyati ?

PARASARA. — La fiancée de Vishnou, la mère du monde, est éternelle, impérissable ; de même qu'il pénètre en tout, elle est présente partout. Vishnou est la signification, elle est le discours ; Hari est la sagesse, elle est la prudence. Vishnou est l'entendement ; elle est l'intelligence. Il est la justice ; elle est la dévotion. Il est le créateur ; elle est la création. Sri est la terre ; Hari son soutien. Il est le désir ; Sri est le souhait. Il est le sacrifice ; elle est le don offert en sacrifice (*Dakshina*). La déesse est l'invocation qui accompagne l'offrande ; Janardanna est l'offrande. Lakshmi est la chambre où les femmes sont présentes (*dans une cérémonie religieuse*). Madhousudana est l'appartement des hommes de la famille. Lakshmi est l'autel ; Hari le poteau (*auquel la victime est attachée*). Sri est le combustible ; Hari l'herbe sainte (*Kusa*). Il est le soma-véda personnifié ; la déesse ayant le lotus pour trône, est le ton qui en règle le chant. Lakshmi est la prière de l'offrande ; Vasadeva, le seigneur du monde, est le feu du sacrifice. Sauri (*Vishnou*) est Sankara (*Siva*) et Sri est la fiancée de Siva (*Gauri*). Kesara est le soleil, et la déesse, assise sur le lotus, est son éclat.

Vishnou est la tribu des progéniteurs (*Pitrigana*) ; Padma est leur fiancée (*Swadha*), celle qui distribue éternellement la nourriture. Sri est les cieux. Vishnou qui est un avec toutes choses est l'espace s'étendant au loin. Le maître de Sri est la lune ; elle est sa lumière qui ne se ternit pas. Elle est appelée le principe moteur du monde ; lui, le vent qui souffle partout. Govinda est l'Océan, Lakshmi son rivage ; Lakshmi est la compagne d'Indra. Celui qui tient le disque (*Vishnou*) est Yama (*le souverain des enfers*); la déesse qui a le lotus pour trône est sa brune épouse. Sri est l'opulence; Sridahra (*Vishnou*) est lui-même le dieu des richesses. Lakshmi est Gauri, et Kesava est la déité de l'Océan (*Varuna*). Sri est l'armée des cieux (*Devasena*), la déité de la guerre; son seigneur est Hari. Lakshmi est la lumière, et Hari, qui est tout et seigneur de tout, est la lampe. Elle, la mère du monde, est la vigne grimpante, et Vishnou est l'arbre autour duquel elle grimpe. Elle est la nuit; le dieu qui est armé de la massue et du disque, est le jour. Lui, le dispensateur des bienfaits, est l'époux; la déesse qui a le lotus pour trône, est l'épouse. Le dieu est un avec tous les mâles; la déesse est une avec toutes les femelles. La déité aux yeux de lotus est l'étendard; la déesse assise sur son lotus est la bannière. Lakshmi est la cupidité; Narayana, le maître du monde, est l'avidité. O toi qui sais ce qu'est la justice, Govinda est l'amour et Lakshmi, sa douce épouse, est le plaisir. Mais pourquoi exposer si au long leur présence? Il suffit de dire, en un mot, que Hari est tout ce qu'on appelle mâle parmi les dieux, les animaux et les hommes; et Lakshmi tout ce qu'on appelle femelle; il n'est rien autre qu'eux.

SACRIFICE DE DAKSHA (237).

Il y avait autrefois un pic du mont Mérou, nommé Savitra, abondant en pierres précieuses. Radieux comme le soleil et célébré dans les trois mondes, il était d'une étendue immense et d'un accès difficile, et il était l'objet d'une vénération universelle. C'est sur cette hauteur glorieuse, riche de trésors minéraux, que la déesse Siva reposait comme sur une couche splendide; elle était accompagnée de la fille du souverain des montagnes, et entourée des puissants Adityas, des redoutables Vasous, et des médecins célestes, les fils d'Aswini; elle avait auprès d'elle Kouvera, escorté de sa suite de Guhyakas, le seigneur des Yakshas, qui habite sur Kailasa. Il y avait aussi le grand Mouni Usanas; il y avait des rishis du premier ordre, avec Sana.koumara à leur tête; Viswavasou, avec ses chœurs de chantres célestes; les sages Narada et Parvata, et une foule innombrable de nymphes célestes. Une brise douce, pure et parfumée, soufflait sur la montagne; les arbres étaient ornés de fleurs qui fleurissaient en toutes saisons. Les Vidyadharas et les Siddhas, d'une dévotion fervente, accompagnaient Mahadeva, le seigneur des créatures vivantes, et beaucoup d'autres êtres, de diverses formes, lui rendaient hommage. Des Rakshasas d'un aspect effrayant, et des Pisachas d'une grande force et de formes différentes, porteurs d'armes diverses et brillant comme le feu, étaient charmés d'être présents, comme étant de la suite du dieu. Là était le royal Nandi, élevé dans la faveur de son maître, armé d'un trident flamboyant, et le meilleur des fleuves, Ganga, la réunion de toutes les eaux saintes, se tenait en adoration devant la puissante déité. Ainsi, objet de l'adoration du plus excellent des sages et des dieux, résidait le tout-puissant et tout glorieux Mahadeva.

Dans les temps anciens, Daksha commença un sacrifice saint sur le côté de l'Himavan, à l'endroit sacré de Gangadwara, fréquenté par les rishis Les dieux, désireux d'assister à ce rite solennel, vinrent auprès de Mahadeva, ayant Indra à leur tête, et ils firent connaître leur intention, et ayant reçu sa permission, ils partirent pour Gangadwara dans leurs splendides chariots, à ce que raconte la tradition. Ils trouvèrent Daksha, le plus parfait des hommes pieux, entouré des chantres et des nymphes du ciel ainsi que d'une foule de sages; il était assis à l'ombre d'arbres touffus et de plantes grimpantes, et tous, soit qu'ils habitassent la terre, l'air ou les régions au-dessus des cieux, approchaient du patriarche avec des signes d'un profond respect. Les Adytias, les Vasous, les Roudras, les Marouts, ayant tous le droit de prendre part aux offrandes, étaient présents. Les quatre classes de Pitris, Ushmapas, Somapas, Ajyapas et Dhoumapas, et ceux qui font leur nourriture de la flamme, du jus acide, du beurre ou de la fumée des offrandes, les Aswins et les progéniteurs vinrent avec Brahma. Des créatures de toutes espèces, mammifères, ovipares ou végétales vinrent à leur invocation, ainsi que tous les dieux avec leurs épouses qui, dans leurs chariots resplendissants, brillaient comme autant de feux.

En les voyant ainsi assemblés, le sage Dadhicha fut rempli d'indignation et dit : « L'homme qui adore ce qui ne doit pas être adoré ou qui ne témoigne pas son respect à ce qui est digne de vénération, est, très-certainement, coupable d'un péché odieux. » Alors s'adressant à Daksha, il lui dit : « Pourquoi n'as-tu pas rendu hommage au dieu qui est le seigneur de la vie (*Pasoubhartri*)? » Daksha dit : « J'ai déjà beaucoup de Roudras ici présents, armés de tridents, portant les cheveux tressés et existant sous onze formes diverses; je ne reconnais pas d'autre Mahadeva. » Dadhicha répondit : « L'invocation qui n'est

---

(237) Cette légende offre quelque intérêt au point de vue historique. Elle a évidemment pour but de faire allusion à une lutte entre les adorateurs de Siva et ceux de Vishnou, lutte dans laquelle l'avantage qui semble d'abord se déclarer pour les premiers, finit par rester aux seconds. Elle offre un sujet souvent reproduit dans les monuments hindous, et principalement dans ceux élevés par les sectateurs de Siva; on le retrouve dans les bas-reliefs d'Elephanta et d'Ellora. Voy. les *Transactions of the Bombay society*, vol. I et III, et Wilson, note, p. 61. Plusieurs autres Pouranas racontent avec des détails plus étendus l'histoire de ce sacrifice célèbre, mais le récit que nous reproduisons, et qu'on retrouve presque textuellement dans le Brahma-Pourana, est celui qui paraît appartenir à la rédaction la plus ancienne.

pas adressée à Isa, n'est, après tout, qu'un acte solitaire (et imparfait). Comme je ne vois pas d'autre divinité supérieure à Soukara, ce sacrifice de Daksha ne sera pas terminé. » Daksha dit : « J'offre, dans une coupe d'or cette oblation entière qui a été consacrée par beaucoup de prières, comme une offrande toujours due à Vishnou qui n'a point d'égal et qui est le souverain seigneur de toutes choses. »

En même temps, la vertueuse fille du roi des montagnes, remarquant le départ des divinités, s'adressa à son seigneur, le dieu des êtres vivants, et dit : « Seigneur, pour quel endroit sont partis les dieux, précédés par Indra? Dis-le-moi, ô toi qui connais toute vérité, car un grand doute me trouble. » Maheswara dit : « Illustre déesse, l'excellent patriarche Daksha célèbre le sacrifice d'un cheval, et les dieux se rendent pour y assister. » Devi dit : « Pourquoi alors, ô puissant dieu, ne te rends-tu pas aussi à cette solennité? » Maheswara répondit : « Puissante reine, les dieux ont voulu que dans tous les sacrifices, il ne me fût pas assigné de portion. En conséquence d'un arrangement conclu jadis, ils ne permettent pas que je participe aux offrandes des sacrifices. » Devi répondit : « Le seigneur dieu vit dans toutes les formes corporelles, et sa puissance éminente se manifeste à travers ses facultés supérieures; nul ne peut le surpasser, ni en approcher en splendeur, en gloire et en pouvoir. L'idée qu'il soit exclu de sa part dans les offrandes me remplit d'un profond chagrin et un tremblement agite mon corps. Me livrerai-je à des œuvres de charité ou à des actes de mortification pour que mon seigneur, qui est incompréhensible, puisse obtenir une portion du sacrifice (238)? »

Alors le dieu puissant et incompréhensible, rempli de satisfaction, parla à son épouse ainsi livrée à l'émotion et dit : « Reine des dieux, toi dont le corsage est mince, tu ne sais pas à quoi tend ce que tu dis, mais je le sais. O toi qui as de grands yeux, car les saints déclarent toutes choses par la méditation, ta perplexité confond aujourd'hui tous les dieux, ainsi que Mahendra et tous les trois mondes. Dans mon sacrifice, ceux qui m'adorent répètent mes louanges et récitent le chant Ruthantara du Samaveda; mes prêtres m'adorent dans le sacrifice

(238) D'autres Pouranas racontent différemment ces circonstances: dans le Kurma-Pourana, Daksha se regarde comme ne recevant pas de son gendre tout le respect qui lui est dû, et lorsque sa fille Sati vient le voir, il la chasse de chez lui, en s'emportant contre son mari. Elle se donne la mort dans un accès de désespoir. Siva vient alors vers Daksha, et le condamne à renaître sous la forme d'un Kshetriya et à avoir un fils de sa propre fille. Le Linga et le Matsya-Pourana font également allusion à la querelle entre Daksha et Sati, et au suicide de cette dernière. Le Bhagavata en parle de même. Le Kasi Kanda représente Sati comme se précipitant volontairement dans les flammes allumées pour le sacrifice, et cette addition révèle l'œuvre d'une période moins ancienne que les autres rédactions

de la véritable sagesse où il n'est besoin de nul Brahmane et c'est là qu'ils m'offrent la part qui m'appartient. » Devi répondit : « Le seigneur est la racine de toutes choses, et assurément, en toute assemblée du monde femelle, il se lève ou se cache selon sa volonté. » Mahadeva dit : « Reine des dieux, je ne me loue pas moi-même: approche et vois celui que je créerai dans le but de réclamer ma part dans la cérémonie (du sacrifice). »

Ayant ainsi parlé à son épouse bien-aimée, le puissant Maheswara créa de sa bouche un être comme le feu du destin, un être divin ayant mille têtes, mille yeux et mille pieds; brandissant mille massues et mille dards, tenant la coquille, le disque, la massue, et portant un arc étincelant et une hache d'armes; terrible et intrépide, brillant d'une splendeur redoutable et ayant pour ornement le croissant de la lune; vêtu d'une peau de tigre dégouttante de sang, ayant un vaste estomac et une bouche énorme armée de défenses formidables; ses oreilles étaient droites, ses lèvres étaient pendantes, sa langue était éclair, sa main brandissait la foudre; des flammes ruisselaient de sa chevelure; un collier de perles entourait son cou; une guirlande de flammes descendait sur sa poitrine; il éblouissait et ressemblait au feu qui doit consumer le monde et le détruire. Quatre défenses formidables sortaient de sa bouche qui s'étendait d'une oreille à l'autre; il était d'une taille et d'une force colossales, le destructeur de l'univers et en circonférence tel qu'un grand figuier; brillant comme cent lunes à la fois, ayant quatre têtes, des dents blanches et aiguës, une activité et un courage sans égal; son éclat était comme celui de mille soleils flamboyant à la fin du monde; sa taille était comme celle du mont Himadri ou du mont Merou, recouvert d'herbes brillantes; irascible, les yeux menaçants et d'une contenance brûlante comme le feu, vêtu de la peau d'un éléphant et de celle d'un lion, et ayant des serpents pour ceinture; portant un turban sur la tête, une lame sur le front; quelquefois féroce, quelquefois doux; ayant sur la tête une guirlande de diverses fleurs, arrosée de divers onguents et ornée de nombreux bijoux, et roulant les yeux avec rage. Parfois il dansait; parfois il poussait des éclats de rire; parfois il restait plongé dans la méditation, quelquefois il foulait la terre sous ses pieds, quelquefois il chantait, parfois il pleurait abondamment, et il était doué des facultés de la sagesse, de la compassion, de la puissance, du repentir, de la vérité, de la patience, du courage, de la domination et de la connaissance de soi-même.

Cet être s'agenouilla sur la terre, et élevant respectueusement ses mains à sa tête, il dit à Mahadeva : « Souverain des dieux, donne-moi des ordres et dis-moi ce que je dois faire pour toi. » Mahadeva répondit : « Goûte le sacrifice de Daksha. » Alors le puissant Virabhadra, ayant entendu la volonté de son maître, inclina sa tête aux pieds de Prajapati, et bondissant comme un lion affranchi de ses liens, il renversa le sacrifice de Daksha, sachant qu'il avait été créé par le déplaisir de Devi. Elle, de son côté, pleine de colère comme la redoutable déesse Roudrakali, l'accompagna avec toute sa suite, afin d'être témoin de ses actions. Le redoutable Virabhadra, résidant dans la région des esprits, est le ministre de la colère de Devi. Il créa, des pores de sa peau, de puissants demi-dieux, les compagnons de Roudra, ayant une valeur et une force égales, et ils surgirent à la vie par centaines et par milliers. Alors une clameur bruyante et confuse remplit toute l'étendue de l'éther et jeta l'effroi dans les habitants du ciel. Les montagnes chancelèrent et la terre trembla ; les vents rugirent et les profondeurs de la mer furent troublées ; les feux perdirent leur éclat et le soleil pâlit ; les planètes du firmament cessèrent de briller et les étoiles de donner leur lumière ; les rishis interrompirent leurs hymnes, et les dieux et les démons furent muets, et une obscurité épaisse éclipsa les chariots des cieux.

Alors de ces ténèbres sortirent des formes nombreuses et redoutables, poussant le cri de bataille ; elles brisèrent et renversèrent aussitôt les colonnes des sacrifices, foulèrent aux pieds les autels et dansèrent parmi les offrandes. Courant çà et là avec la rapidité du vent, elles dispersèrent les instruments et les vases du sacrifice qui brillaient comme des étoiles précipitées des cieux. Les amas d'aliments et de boissons destinés aux dieux qui avaient été entassés comme des montagnes, les rivières de lait, les masses de beurre, de miel et de sucre, les épices répandant toute espèce de parfum, les liqueurs célestes, tout fut dévoré, souillé ou jeté au loin par les esprits de colère. Tombant ensuite sur l'armée des dieux, ces puissants et irrésistibles Roudras les battirent ou les effrayèrent, insultèrent les nymphes et les déesses et firent publiquement cesser les cérémonies pieuses quoiqu'elles fussent défendues par tous les dieux ; ils étaient les ministres de la colère de Roudra et semblables à lui.

Quelques-uns poussèrent un cri terrible et d'autres hurlèrent lorsque Yajna fut décapité. Le divin Yajna, le seigneur du sacrifice, se mit à s'enfuir vers le ciel, ayant pris la forme d'un cerf ; mais Virabhadra le saisit et lui abattit la tête, lorsqu'il était monté au ciel. Le patriarche Daksha, voyant son sacrifice détruit, fut accablé de terreur et perdit tout courage, il tomba sur la terre et sa tête servit de jouet aux pieds du redoutable Virabhadra (239).

(239) Cette circonstance se retrouve dans d'autres écrits avec des détails accessoires. Le Linga et le Bhagavata Pourana disent que Virabhadra coupa la tête de Daksha et la jeta dans le feu. Lorsque le combat fut ter-

Les divinités furent attachées avec un lien de feu par leur ennemi, semblable à un lion, et elles l'implorèrent en disant : « Roudra, aie pitié de tes serviteurs ; ô seigneur, calme ta colère. » Ainsi parlèrent Brahma et les autres dieux, et le patriarche Daksha ; et élevant leurs mains, ils disaient : « O être puissant, déclare qui tu es. » Virabhadra répondit : « Je ne suis pas un dieu ni un Aditya, et je ne suis pas venu ici pour ma satisfaction, ni par curiosité pour voir les chefs des divinités ; sachez que je suis venu pour détruire le sacrifice de Daksha et que je m'appelle Virabhadra, le rejeton de la colère de Roudra. Bhadrakali qui est issus de la colère de Roudra l'emporte sur la protection des autres dieux. »

Le pieux Daksha ayant entendu les paroles de Virabhadra, implora le dieu puissant Maheswara, qui tient le trident. Le sacrifice, abandonné par les Brahmanes, avait été consumé ; Yajna avait été métamorphosé en antilope ; les feux de la colère de Roudra avaient été allumés, les acolytes blessés par les tridents des serviteurs du dieu, poussaient des cris de douleur ; les poteaux du sacrifice étaient déracinés, et leurs fragments brisés gisaient çà et là ; les débris des viandes offertes avaient été enlevés par les bandes de vautours affamés et de jackals hurlants. Prenant une posture favorable à la méditation, Daksha se recueillit en sa pensée. Alors le dieu des dieux apparut, sortant de l'autel et brillant comme mille soleils, et il dit en souriant : « Daksha, ton sacrifice a été détruit par l'entremise de la science sacrée ; je suis content de toi. » Il sourit encore et dit : « Que ferai-je pour toi ? déclare-moi tes désirs. »

Alors Daksha, effrayé et agité, ses yeux remplis de larmes, leva avec respect ses mains jusqu'à son front et dit : « Seigneur, si tu es satisfait, si j'ai trouvé faveur à tes yeux, si je dois être l'objet de ta bienveillance, si tu veux me conférer un don, voici ce que je sollicite : fais que toutes ces provisions destinées au sacrifice solennel qui ont été réunies avec beaucoup de peine et de temps, et qui ont maintenant été dévorées, bues, brûlées et dispersées, n'aient pas été rassemblées en vain. — Qu'il en soit ainsi, répondit Hari, le vainqueur d'Indra. » Alors Daksha s'agenouilla sur la terre et loua, avec des sentiments de reconnaissance, l'auteur de la justice, Mahadeva, le dieu au triple œil, en répétant

miné, et que Siva rappela les morts à la vie et rendit leurs membres aux personnages qui avaient été mutilés, la tête de Daksha ne put se retrouver ; elle fut remplacée par celle d'une chèvre, ou, selon le Kasi-Khanda, par celle d'un bélier. D'après le Kurma-Pourana, Brahma intervient et sépare les combattants. Le Kasi-Khanda du Skanda-Pourana représente Vishnou comme vaincu et à la merci de son adversaire qui ne l'épargne que pour obéir à une voix du ciel ; dans l'Harivansa, Vishnou force Siva à s'enfuir après l'avoir saisi à la gorge et l'avoir presque étranglé.

les huit mille noms de la divinité dont le taureau est l'emblème.

CHAPITRE IX.

Légende de Lakshmi. Durvasas donne une guirlande à Indra ; il montre peu de respect et il est maudit par le Mouni. Le pouvoir des dieux est brisé ; ils sont opprimés par les Danavas et ils ont recours à Vishnou. Louanges de Sri.

PARASARA. — Quant à la question que tu m'as faite au sujet de l'histoire de Sri, écoute le récit que j'ai entendu de la bouche de Marichi. Durvasas, une portion de Sankara (*Siva*) errait sur la terre, lorsqu'il aperçut dans les mains d'une nymphe de l'air une guirlande de fleurs cueillies sur les arbres du ciel, dont l'odeur parfumée se répandait dans la forêt entière et charmait tous ceux qui habitaient sous son ombre. Le sage qui était alors possédé par une pieuse frénésie, voyant cette guirlande, la demanda à la gracieuse nymphe aux grands yeux ; elle s'inclina avec respect et la lui présenta immédiatement. Il plaça, comme dans un accès de frénésie, la guirlande sur son front et reprit sa marche, lorsqu'il vit Indra, l'époux de Sachi, le souverain des trois mondes qui s'approchait, assis sur son éléphant furieux Airavata et que les dieux escortaient.

Le sage, prenant sur sa tête la guirlande de fleurs parmi lesquelles les abeilles récoltaient l'ambroisie, la jeta au roi des dieux qui la saisit et qui la suspendit sur la tête d'Airavata où elle brilla comme la rivière Jahnavi lorsqu'elle resplendit sur le sombre sommet de la montagne de Kailasa. L'éléphant, dont les yeux étaient troublés par l'ivresse, attiré par l'odeur de la guirlande, la saisit avec sa trompe et la jeta par terre. Durvasas, le chef des sages, fut grandement courroucé de ce que son présent était traité avec aussi peu de respect, et il dit avec colère au souverain des immortels : « Enflammé de l'ivresse du pouvoir, et doué d'un esprit vil, tu es un insensé de ne pas respecter la guirlande que je t'ai présentée et qui était le signe de Sri (*la Fortune*). Tu n'as pas reconnu que c'était une largesse ; tu ne t'es pas incliné devant moi ; tu n'as pas placé la couronne sur ta tête tandis que ta contenance rayonnait de plaisir ; comme tu n'as pas mis un prix infini à la guirlande que je t'ai donnée, la souveraineté sur les trois mondes sera renversée. Tu me confonds, Sakra, avec les autres Brahmanes, et c'est pourquoi je n'ai éprouvé de ton arrogance que du mépris, mais de même que tu as jeté sur la terre la guirlande que je t'avais donnée, de même ta domination sur le monde sera renversée. Tu as offensé par ton orgueil excessif celui dont la colère est un sujet d'effroi pour toutes les créatures. »

Mahendra, descendant avec précipitation de son éléphant, entreprit d'apaiser Durvasas, exempt de péché, mais le Mouni répondit aux excuses et aux prosternations du dieu aux mille yeux : « Je n'ai pas le cœur compatissant, et le pardon des injures est étranger à ma nature. D'autres Mounis peuvent s'abaisser, mais apprends, Sakra, que je suis Durvasas. Tu as en vain été rendu insolent par Gautama et par d'autres ; apprends, Indra, que je suis Durvasas, dont la nature est étrangère au remords. Vasishtha et d'autres saints au cœur tendre t'ont flatté ; leurs louanges t'ont rendu tellement arrogant que tu m'as insulté. Mais qui, dans l'univers peut, sans trembler, contempler mon visage lorsqu'il exprime la colère et lorsqu'il est entouré de mes cheveux étincelants ? A quoi bon parler davantage ? Je ne te pardonnerai pas, quels que soient les témoignages d'humilité que tu me prodigues. »

Ayant parlé de la sorte, le brahmane s'éloigna, et le roi des dieux, remontant sur son éléphant, retourna à sa capitale d'Amaravati. Depuis ce moment, les trois mondes et Sakra perdirent leur vigueur, et tous les végétaux, les plantes et les herbes séchèrent et moururent ; il n'y eut plus de sacrifices offerts, plus d'exercices de piété pratiqués ; les hommes ne furent plus adonnés à la charité ou à quelque obligation morale ou religieuse ; tous les êtres furent dépourvus de fermeté ; toutes les facultés de la raison furent paralysées par la cupidité, et les désirs des hommes furent excités par des objets frivoles. Où il y a de l'énergie, il y a de la prospérité, et la prospérité repose sur l'énergie. Comment ceux qui sont abandonnés par la prospérité peuvent-ils avoir de l'énergie ? Ils sont sans courage et sans force, et ils deviennent l'objet du mépris général.

Les trois régions étant ainsi dépourvues de prospérité et d'énergie, les démons et les fils de Diti déployèrent leur force contre les dieux qui étaient incapables de fermeté et agités par l'ambition. Ils s'engagèrent dans une guerre contre les faibles et malheureuses divinités ; Indra et les autres, réduits à prendre la fuite, se réfugièrent auprès de Brahma, précédés par le dieu de la flamme (Hutasana). Quand le père suprême de l'univers eut entendu le récit de tout ce qui s'était passé, il dit aux divinités : « Recourez à la protection du dieu des régions supérieures et inférieures, de celui qui dompte les démons, qui, sans avoir de cause, est la cause de la création, de la préservation et de la destruction, le progéniteur des progéniteurs, l'immortel et l'immuable Vishnou, la cause de la matière et de l'esprit, celui qui dissipe les chagrins de tous ceux qui s'humilient devant lui ; il vous assistera. » Ayant ainsi parlé aux dieux, Brahma se rendit avec eux à la côte septentrionale de la mer de lait et il adressa en termes de respect ses prières à Hari :

SECT. II. — LES POURANAS. — VISHNOU POURANA.

« Nous glorifions celui qui est toutes choses, le seigneur suprême de tous les êtres, qui n'a point eu de naissance et qui est impérissable; le protecteur des créatures les plus puissantes, Narayana, qui ne peut être ni aperçu ni deviné; le plus petit des plus petits éléments et le plus grand des plus grands; en qui sont toutes choses et de qui sont toutes choses, qui était avant l'existence; le dieu qui est tous les êtres, qui est le terme des derniers objets, qui est au delà de l'esprit final et qui est un avec l'âme suprême, qui est regardé comme la cause de la libération finale par les sages aspirant à être libres, en qui ne se trouvent pas les qualités de bonté, de méchanceté ou d'obscurité qui appartiennent à la nature non développée. Que le plus pur de tous les purs esprits nous soit aujourd'hui propice. Qu'Hari nous soit propice, lui dont la puissance est indépendante de l'enchaînement progressif des moments ou des jours qui constituent le temps. Puisse celui qui est appelé le dieu suprême et qui n'a pas besoin d'assistance, Hari, l'âme de toutes les substances corporelles, nous être favorable! Hari est à la fois la cause et l'effet; il est la cause de la cause, l'effet de l'effet; il est l'effet des effets successifs, il est l'effet de l'effet de l'effet lui-même, le produit de l'effet de l'effet de l'effet ou la substance élémentaire; c'est devant lui que je m'incline.

« Hari est le créateur de la créature, il est l'agent et l'effet; je m'incline devant lui. La nature intelligente de Vishnou est pure, intelligente, perpétuelle, immuable, inscrutable, inépuisable; elle n'a point eu de naissance et ne peut déchoir; elle n'est ni matérielle, ni impalpable, ni capable d'être définie; c'est devant cette nature sainte de Vishnou que je m'incline. La faculté de créer l'univers ne réside que dans un dix-millionième de son être; il est un avec l'esprit suprême inépuisable. Je m'incline devant la glorieuse nature du Vishnou suprême, que ni les dieux, ni les sages, ni moi, ni Sankara ne comprennent, devant cette nature que les Yogis, après des efforts incessants, effaçant à la fois le mérite et le démérite moral, contemplent dans le monosyllabe mystique Om (240). Je m'incline devant la gloire suprême de Vishnou, qui est le premier de tous et dont la triple énergie, quoiqu'il soit dieu unique, est une avec Brahma, Vishnou et Siva. O seigneur de toutes choses, grande âme de toutes choses, asile de tous, toi qui ne peux déchoir, aie pitié de tes serviteurs; ô Vishnou, manifeste-toi à nous. »

Parasara continua : Les dieux, ayant entendu la prière faite par Brahma, se prosternèrent et crièrent : « Sois-nous favorable, sois présent à notre vue; nous nous inclinons devant cette glorieuse nature que le puissant Brahma ne connaît point. » Les dieux ayant parlé ainsi, Vrihaspati et les divins Rishis prièrent en ces termes : « Nous nous inclinons devant l'être digne d'être aloué, et qui est le premier objet du sacrifice, qui était avant la première des choses, le créateur du créateur du monde, l'indéfinissable. O seigneur de tout ce qui a été et de tout ce qui doit être, type impérissable du sacrifice, aie pitié de tes adorateurs, apparais devant eux lorsqu'ils se prosternent devant toi. Ici est Brahma; là est Trilochana (*Siva aux trois yeux*) avec les Roudras; Pousha (*le Soleil*) avec les Adityas, et le Feu avec tous les puissants luminaires; ici sont les fils d'Aswin, les Vasous et tous les vents, les Sadhyas les Viswadevas et Indra, le roi des dieux; ils s'inclinent tous profondément devant toi; toutes les tribus des immortels, vaincues par les tribus des démons, ont fui vers toi en implorant ton secours. »

Le dieu suprême, celui qui tient la coquille et le disque, étant invoqué de la sorte, se montra à ceux qui l'imploraient; à l'aspect du seigneur des cieux tenant une coquille, un disque et une massue, et éclatant de lumière, Pitamaha et les autres déités lui rendirent hommage les yeux mouillés de pleurs et lui adressèrent les paroles suivantes : « Salutations répétées à toi qui es indéfinissable; tu es Brahma, tu es celui qui tient l'arc Pinaka (*Siva*); tu es Indra; tu es le feu, l'air, le dieu des cieux, le soleil, le roi de la mort (*Yama*), les Vasous, les Maruts (*les vents*), les Sadhyas, et Viswadevas. Tu es cette assemblée de divinités qui est maintenant venue devant toi; tu es partout, ô créateur du monde. Tu es le sacrifice, la prière de l'offrande, la syllabe mystique Om, le souverain de toutes les créatures; tu es tout ce qui est, peut être connu ou rester inconnu; ô âme universelle, le monde entier consiste de toi. Vaincus par les Daityas, nous avons cherché un refuge auprès de toi, ô Vishnou. Esprit de toutes choses, aie compassion de nous; que ta grande puissance nous protège. Il n'y aura pour nous qu'affliction, trouble et chagrin jusqu'à ce que ta protection nous soit accordée, mais tu es celui qui efface tous les péchés. O toi, qui es pur d'esprit, montre-toi favorable à nous qui nous sommes réfugiés auprès de toi; ô seigneur de toutes choses, protège-nous dans ta grande puissance unie à la bonté qui est la force. »

Hari, le créateur de l'univers, étant ainsi imploré par les dieux prosternés devant lui, sourit et dit : « O dieux, je vous rendrai votre force avec une énergie nouvelle. Faites ce que je vous commande. Que tous les dieux, unis aux Asuras, jettent dans la mer de lait toutes sortes d'herbes médicinales, qu'ils prennent le mont Mandara en l'attachant avec le serpent de Vasouki et qu'ils s'en servent pour battre l'Océan afin d'obtenir l'ambroisie, comme on bat du lait pour obtenir du beurre, comptez alors sur mon assistance. Afin de vous assurer le secours des Dai-

(240) Nous avons déjà parlé de cette formule sacrée.

tyas, il faut que vous soyez en paix avec eux et que vous vous engagiez à leur donner une portion égale du travail que vous aurez fait en commun ; promettez-leur qu'en buvant l'ambroisie que vous avez obtenu de l'Océan agité, ils deviendront puissants et immortels. J'aurai soin que les ennemis des dieux ne prennent point part à cette boisson précieuse ; ils ne prendront part qu'au travail. »

Ayant été ainsi instruites par le dieu des dieux, les divinités entrèrent en alliance avec les démons, et elles entreprirent, d'accord avec eux, d'obtenir le breuvage de l'immortalité. Ils réunirent diverses espèces d'herbes médicinales et les jetèrent dans la mer de lait dont les eaux étaient aussi radieuses que les nuages brillants de l'automne. Ils prirent alors pour servir de batte le mont Mandara, le serpent Vasouki pour servir de corde, et ils commencèrent à battre l'Océan pour obtenir l'ambroisie. Les dieux réunis furent placés par Vishnou à la queue du serpent; les Daityas et les Danavas à sa tête et à son cou. Brûlés par les flammes qui s'échappaient de son capuchon enflé, les démons furent dépouillés de leur gloire, tandis que les nuages poussés vers sa queue par le souffle de sa bouche rafraîchissaient les dieux par des ondées vivifiantes. Au milieu de la mer de lait, Hari lui-même, sous la forme d'une tortue, servait de pivot à la montagne qui battait les flots. Celui qui tient la massue et le disque était présent sous d'autres formes parmi les dieux et les démons, et il aidait à traîner le monarque de la race des serpents, et dans un autre vaste corps, il était assis sur le sommet de la montagne. Avec une portion de son énergie, et pour être vu par les dieux et par les démons, il soutenait le serpent-roi, et il employait l'autre à répandre la vigueur parmi les dieux.

L'Océan étant ainsi battu par les dieux et les Danavas, il en sortit d'abord la vache Sourabhi, la source du lait, adorée par les divinités qu'elle contemple, l'esprit troublé et les yeux étincelants de plaisir. Alors, comme les saints Siddhas dans le ciel se demandaient avec surprise quelle était cette créature, apparut la déesse Varouni (*la déité du vin*), les yeux troublés par l'ivresse. Du tourbillon du liquide agité dans ses profondeurs, s'élança l'astre céleste Paryata, qui fait le charme incroyable du ciel et dont l'odeur suave parfume l'univers; les Apsarasas, les nymphes du ciel, furent ensuite produites, brillantes de grâce et de beauté. La lune aux froids rayons se leva alors; ensuite le poisson fut engendré de la mer dont les divins serpents (*les Nagas*) prennent possession. Dhanwantari, couvert d'une robe blanche et portant en sa main la coupe d'amrita (*d'ambroisie*) vint ensuite; en le voyant, les fils de Diti et de Danou, aussi bien que les Mounis, furent remplis de satisfaction et de plaisir. Alors, assise sur un lotus en pleine fleur, et tenant un lis des eaux en main, la déesse Iri, radieuse de beauté, se leva d'entre les vagues. Les sages, saisis d'un transport irrésistible, la célébrèrent en lui adressant l'hymne consacré à sa louange. Viswavasou et d'autres choristes célestes chantaient, et Ghritachi et d'autres nymphes célestes dansaient devant elle. Ganga et les fleuves saints l'assistaient pour ses ablutions, et leurs eaux pures étaient apportées dans des vases d'or par les éléphants des cieux qui les versaient sur la déesse, la reine du monde entier. La mer de lait en personne lui présenta une guirlande de fleurs qui ne se fanent jamais, et l'artiste des dieux, Wiswakerma, décora sa personne d'ornements célestes. Ainsi baignée, ornée et décorée, la déesse, sous les yeux des êtres célestes, se jeta sur la poitrine d'Hari, et s'y reposant, elle tourna ses regards vers les déités que son aspect transportait de joie. Il n'en était pas ainsi des Daityas qui, avec Viprachitti à leur tête, étaient remplis d'indignation ; Vishnou se détourna d'eux et la déesse de la prospérité (*Laksmi*) les abandonna.

Les puissants Daityas, remplis d'indignation, s'emparèrent par force de la coupe pleine d'ambroisie qui était dans la main de Dhanwantari; mais Vishnou, prenant la forme d'une femme, les fascina et les trompa, et recouvrant la coupe, il la remit aux dieux. Sukra et les autres déités burent l'ambroisie. Les démons irrités, saisissant leurs armes, tombèrent sur eux, mais les dieux, dans lesquels la boisson céleste avait répandu une vigueur nouvelle, les défirent et les mirent en fuite ; ils se sauvèrent à travers les régions de l'espace, et se plongèrent dans les royaumes souterrains de Patala.

Alors les dieux pleins d'allégresse rendirent hommage à celui qui tient le disque et la massue, et reprirent leur empire dans le ciel. Le soleil brilla d'une splendeur nouvelle, et s'acquitta derechef de la tâche qui lui est imposée; les flambeaux célestes circulèrent de nouveau dans leurs orbites respectifs. Le feu éclata dans sa gloire éblouissante, et les esprits de tous les êtres furent agités par le sentiment de la piété. Les trois mondes redevinrent heureux par le retour de la prospérité, et Indra, le chef des dieux, fut restauré en sa puissance (241). As-

(241) Ce mythe ne figure pas dans quelques anciens Pouranas, il n'en est fait qu'une mention fort succincte dans le Siva, le Linga et le Kurma ; le Vayou et le Padma offrent un récit analogue à celui de notre texte ; il en est de même de l'Agni et du Bhagavata : les deux grands poëmes épiques attribuent l'événement au désir des dieux et des Daityas de devenir immortels ; le récit que présente l'Harivansa est obscur et succinct. Le Matsya-Pourana introduit, dans la relation qu'il fait de cette légende, des stances entières du Mahabharata. Il y a de grandes différences dans le nombre et la nature des objets produits par l'Océan ; on en compte depuis neuf jusqu'à treize. *Voy.* la note de M. Wilson, p. 77.

sis sur son trône et revenu au ciel, exerçant la souveraineté sur les dieux, Sakra fit aussi l'éloge de la déesse qui porte un lotus dans la main :

« Je m'incline devant Sri, la mère de tous les êtres, assise sur son trône de lotus et dont les yeux sont comme des lotus épanouis ; elle repose sur la poitrine de Vishnou. Tu es Siddhi (*la puissance surhumaine*) ; tu es Swadha et Swaha ; tu es l'ambroisie (*Soudha*) qui purifie l'univers ; tu es le soir, la nuit et l'aurore ; tu es la puissance, la foi et l'intelligence ; tu es la déesse des lettres (*Saraswati*). O belle déesse, tu es la science de la dévotion, la grande science, la science mystique, et la science spirituelle qui confère la libération éternelle. Tu es la science du raisonnement, les trois védas, les arts et les sciences ; tu es la science de la politique et de la morale. Tu peuples le monde d'images agréables ou rebutantes. Quel autre que toi, ô déesse, est assise sur la personne du dieu des dieux, de celui qui tient la massue et que contemplent les saints solitaires ? Abandonnés par toi, les trois mondes étaient au bord de leur ruine, mais tu les as ranimés. C'est ton regard propice, ô puissante déesse, qui procure aux hommes des femmes, des enfants, des amis, des récoltes, des richesses. La santé et la force, la puissance, la victoire, le bonheur, s'obtiennent facilement lorsque tu accordes ton sourire. Tu es la mère de tous les êtres, comme le dieu des dieux, Hari, est leur père, et ce monde animé ou inanimé, est rempli de toi et de Vishnou. O toi qui purifies toutes choses, n'oublie pas nos trésors, nos greniers, nos demeures, nos serviteurs, nos femmes ; n'abandonne pas nos enfants, nos amis, nos descendants, nos bijoux, ô toi qui reposes sur la poitrine du dieu des dieux. Ceux que tu délaisses sont abandonnés par la vérité, par la pureté et par la bonté, par toute qualité aimable et excellente, tandis que l'être vil et malheureux que tu regardes favorablement, se trouve aussitôt doué de toutes les qualités dignes d'éloge et possède une famille et du pouvoir. Celui vers lequel ton visage est tourné est honorable, aimable, prospère et d'une naissance élevée ; il est un héros dont la bravoure est irrésistible, mais tous ses mérites et ses avantages disparaissent si tu détournes ta figure de lui, ô mère du monde, chérie de Vishnou. Les langues de Brahma sont hors d'état de célébrer ton excellence. Sois-moi propice, ô déesse aux yeux de lotus, et ne m'abandonne plus. »

Sri, objet de cet éloge, Sri, qui réside dans toutes les créatures et qui est entendue de tous les êtres, répondit au dieu des cent rites (*Satakratou*) : « Je suis satisfaite de ton adoration, ô monarque des dieux ; demande-moi ce que tu désires : je suis venue pour accomplir tes désirs. » Indra répondit :

« Déesse, si tu veux exaucer mes prières, si je suis digne d'être l'objet de ta générosité, que ma première demande soit que les trois mondes ne puissent jamais être de nouveau privés de ta présence. Ma seconde supplication, ô fille de l'Océan, aura pour but que tu n'abandonnes pas celui qui célébrera tes louanges en proférant les paroles que j'ai prononcées. » La déesse répondit : « Je n'abandonnerai pas derechef les trois mondes ; ainsi ta première demande est accordée, car je suis satisfaite de tes louanges ; et je ne détournerai jamais mon visage du mortel qui, le matin et le soir, répétera l'hymne que tu m'as adressé. »

C'est ainsi, Maitreya, que jadis la déesse Sri accorda ces avantages au roi des dieux, étant satisfaite de ses adorations ; mais la première fois qu'elle prit naissance, ce fut comme étant la fille de Bhrigou et de Khyati ; ce fut plus tard que la mer la produisit lorsque les démons et les dieux, l'Océan, afin d'obtenir l'ambroisie. De même que le seigneur du monde, le dieu des dieux, Janarddana descend parmi les mortels sous des formes diverses, ainsi fait sa coadjutrice Sri, lorsque Hari naquit sous la forme d'un nain, le fils d'Aditi. Lakshmi apparut comme sortant d'un lotus (*comme Padma ou Kamala*) ; lorsqu'il naquit comme Rama de la race de Bhrigou (*ou Parasourama*), elle fut Dharani ; lorsqu'il fut Raghava (*Ramachandra*) elle fut Sita, et lorsqu'il fut Krishna, elle devint Roukmini. Dans les autres descentes de Vishnou (en ce monde) elle est son associée. S'il prend une forme céleste, elle apparaît comme une divinité ; s'il se montre comme un mortel, elle devient aussi mortelle, transformant sa personne selon tous les rôles qu'il plaît à Vishnou de jouer. Quiconque entend ce récit de la naissance de Lakshmi, quiconque le lit, ne verra jamais la déesse de la Fortune abandonner sa demeure pendant trois générations, et le malheur n'entrera jamais dans les maisons où se répètent les hymnes adressées à Sri.

C'est ainsi qu'en réponse à tes questions, je t'ai raconté comment Lakshmi, autrefois la fille de Bhrigou, sortit de la mer de lait, et le malheur ne visitera jamais les mortels qui récitent chaque jour les louanges de Lakshmi telles que les a prononcées Indra ; elles sont l'origine et la cause de toute prospérité.

CHAPITRE X.

Les descendantes des filles de Daksha deviennent les épouses des rishis (242)

MAITRAYA. O grand Mouni, tu m'as raconté tout

---

(242) Les nombreux noms propres accumulés dans ce chapitre ne sont pas les mêmes dans d'autres Pouranas. Nous ne nous arrêterons pas à tous ces détails d'une généalogie imaginaire. Voir les notes de M. Wilson, p. 82 et suiv.

ce que je t'ai demandé; reprends maintenant le récit de la narration après Bhrigou.

Parasara. Lakshmi, la fiancée de Vishnou, était la fille de Bhrigou et de Khyati. Ils avaient aussi deux fils, Dhatri et Vidhatri, qui épousèrent les deux filles de l'illustre Merou, Ayati et Niryati, et chacune d'elles eut un fils; ils furent nommés Prana et Mrykanda. Ce dernier eut pour fils Markandeya qui fut le père de Vedasiras. Le fils de Prana fut nommé Dyoutimat et son fils fut Rajavat; après lequel la race de Bhrigou se multiplia à l'infini.

Sambbhouti, la femme de Marichi, donna naissance à Paournamasa, dont les fils furent Virajas et Sarvaga. La femme d'Angiras, Smriti, eut des filles nommées Sinivali, Kouhou, Raka et Anoumati (*les phases de la lune*). Anasouya, la femme d'Atri, fut la mère de trois fils exempts de péché, Soma (*la lune*), Darvasas et l'ermite Dattatreya. Poulastya eut de Priti, un fils appelé dans une naissance antérieure ou dans le Swayambhouva Manwantara, Dattoli; il est maintenant connu comme étant le sage Agastya.

La femme de Kratou, Sannati, enfanta les soixante mille Balakhilyas, sages nains, pas plus gros qu'une phalange du pouce, chastes, pieux, brillants comme les rayons du soleil. Vasishtha eut de sa femme Urjja sept fils, Rajas, Gatra, Urddhabahou, Savana, Anagha, Soutapas et Soukra, les sept sages purs. L'agni nommé Abhimani qui est le fils aîné de Brahma eut de Swaha, trois fils d'une splendeur sans égale, Pavaka, Pavanama et Souchi qui boit l'eau; ils eurent quarante-cinq fils, qui avec le fils aîné de Brahma et ses trois descendants, constituent les quarante-neuf feux. Les progéniteurs (*Pitris*) qui, comme je l'ai dit, ont été créés par Brahma, furent les Agnishwattas et les Varhishads; les premiers étant dépourvus de feu, les autres en possédant. Swadha eut d'eux deux filles, Mena et Dharani qui furent toutes deux instruites dans les vérités théologiques et toutes deux adonnées à la méditation religieuse; toutes deux d'une sagesse accomplie et ornées de toutes les qualités estimables. Ainsi a été exposée la généalogie des filles de Daksha. Celui qui en récite avec foi le récit, ne manquera jamais de rejetons.

CHAPITRE XI.

Légende de Dhrouva, fils d'Uttanapada; il est l'objet des mauvais traitements de la seconde femme de son père; il s'adresse à sa mère; conseils qu'il en reçoit; il prend la résolution de se consacrer à des exercices religieux; il voit les sept Rishis, qui lui recommandent de se rendre Vishnou propice.

Parasara continua : « Je t'ai dit que le Manou Swayambhouva avait deux fils héroïques et pieux, Priyavrata et Uttanapada. Le dernier eut de sa femme favorite Sourouchi, un fils qu'il aimait tendrement, Uttama. Il eut aussi de la reine nommée Souniti, auquel il était moins attaché, un fils appelé Dhrouva. Dhrouva voyant un jour son frere dans les bras de son père qui était assis sur son trône, voulut occuper la même place, mais comme Sourouchi était présente, le roi ne se rendit pas aux désirs de son fils, qui manifestait respectueusement le désir d'être placé sur le genou de son père. Sourouchi voyant l'intention de l'enfant de sa rivale, lui dit : « Enfant, pourquoi te laisses-tu aller à des espérances aussi présomptueuses? Tu es né d'une autre mère, et tu n'es pas mon fils; ne prétends donc pas étourdiment à une place qui ne convient qu'à l'excellent Uttama. Il est vrai que tu es le fils d'un raja, mais je ne t'ai pas donné naissance. Ce trône royal, ce siège du roi des rois ne convient qu'à mon fils; pourquoi aspires-tu à l'occuper? pourquoi l'abandonner follement à une ambition aussi élevée, comme si tu étais mon fils? oublies-tu que tu n'es que le rejeton de Souniti? »

L'enfant ayant entendu les paroles de sa marâtre, s'éloigna de son père et se rendit, ému de colère, à l'appartement de sa mère, qui, le voyant courroucé, le prit dans ses bras, et lui souriant avec douceur, lui demanda quelle était la cause de son irritation, et si quelqu'un, oubliant le respect dû à son père, s'était mal conduit à son égard. Dhrouva répondit en répétant tout ce que l'arrogante Sourouchi avait dit en présence du roi. Profondément affligée des paroles de son fils, l'humble Souniti, les yeux baignés de larmes, soupira et dit : « Sourouchi a raison; enfant, ta destinée est malheureuse; ceux qui sont nés pour la prospérité ne sont pas soumis aux insultes de leurs rivaux. Ne t'afflige pas cependant, mon fils, car qui effacera ce que tu as fait jadis ou qui se chargera de ce que tu as laissé inachevé? Le trône royal, le parasol de la royauté, les chevaux et les éléphants appartiennent à celui qui les a mérités par ses vertus. Rappelle-toi cette vérité, mon fils, et console-toi. Les faveurs que le roi accorde à Sourouchi sont la récompense de ses vertus dans une existence antérieure. Le nom de femme seul appartient aux personnes telles que moi qui n'ont pas un mérite égal. Son fils est le rejeton d'une piété accumulée; le mien est celui d'un mérite inférieur. Tu ne dois donc pas t'affliger; un sage est content du degré qui lui revient; si tu continues à être mortifié des paroles de Sourouchi, efforce-toi d'augmenter ce mérite religieux qui procure tous les biens; sois aimable, sois pieux, sois compatissant, montre une bienveillance incessante pour toutes les créatures vivantes, car la prospérité descend sur le mérite modeste, tout comme l'eau s'écoule vers des terrains bas. »

Dhrouva répondit : « Ma mère, les paroles que tu m'as adressées pour me consoler ne trouvent pas de place dans un cœur que l'insulte a brisé. Je m'efforcerai d'arriver à un rang si élevé qu'il sera, pour le monde entier, un motif de respect. Quoique je ne sois pas né de Sourouchi, la favorite du roi, tu seras témoin de ma gloire, toi qui es ma mère. Que mon frère Uttanah possède le trône qu'il obtiendra de mon père ; je ne désire d'autres honneurs que ceux que mes actions me procureront et qui surpasseront les avantages dont mon père aura joui. »

Ayant parlé de la sorte, Dhrouva sortit de la demeure de sa mère ; il quitta la ville et entra dans un bois voisin où il vit sept Mounis assis sur des peaux d'antilope noire qu'ils avaient détachées de leurs corps auxquels elles servaient de vêtement et qu'ils cousent étendues sur l'herbe sainte Koussa. Les saluant avec respect et s'inclinant humblement devant eux, le prince dit : « Voyez en moi, hommes vénérables, le fils d'Uttanapada et de Souniti. Mécontent du monde, je parais devant vous. » Les rishis répondirent : « Tu es le fils d'un roi et tu n'as que quatre ou cinq ans ; il ne peut y avoir de motifs pour que tu sois mécontent de la vie ; tu ne pourrais manquer de quoi que ce soit tant que le roi, ton père, est sur le trône ; nous ne pouvons imaginer que tu éprouves la douleur d'être séparé d'une personne qui t'est chère, et nous n'observons en ta personne aucun signe de maladie. Quelle est donc la cause de ton mécontentement ? Dis-la-nous, si tu la connais toi-même. »

Alors Dhrouva répéta aux rishis ce que Sourouchi lui avait dit, et, quand ils eurent entendu son histoire, ils se dirent l'un à l'autre : « Quelle est surprenante, la véhémence du naturel d'un Kshetrya, puisque le ressentiment éclate même chez un enfant et qu'il ne peut effacer de son esprit les rudes paroles d'une marâtre ! Fils d'un Kshetrya, dis-nous ce que tu te proposes d'accomplir. Si tu désires notre assistance, déclare-le franchement, car nous croyons que tu as le désir de parler. »

Dhrouva dit : « Sages vénérables, je n'aspire pas aux richesses et je ne convoite pas le pouvoir ; je désire une situation telle que personne avant moi ne l'a obtenue. Dites-moi ce que je dois faire pour atteindre ce but, et comment je puis m'élever à une position supérieure à toutes les dignités. » Les rishis répondirent chacun à leur tour.

Marichi dit : « La meilleure des situations ne saurait être atteinte par les hommes qui ne se rendent pas Govinda propice. O prince, adore celui qui ne déchoit pas (*tchyouta*). »

Atri dit : « Celui qui satisfait le premier des esprits, Janarddana, obtient une dignité impérissable. Je te déclare la vérité. »

Angiras dit : « Si tu désires une position élevée, adore Govinda immuable et éternel, en qui est tout ce qui existe. »

Poulastia dit : « Celui qui adore le divin Hari, l'âme suprême, la gloire suprême, qui est le Brahma suprême, obtient ce qu'il est difficile d'acquérir, la libération éternelle. »

Kratou dit : « Janarddana est, dans les sacrifices, l'âme du sacrifice, et, dans la contemplation abstraite, l'esprit suprême, lorsqu'il est satisfait, il n'est rien que l'homme ne puisse acquérir. »

Poulaha dit : « Indra, ayant adoré le seigneur du monde, obtint la dignité du roi des êtres célestes. Adore, ô pieux jeune homme, Vishnou, le seigneur des sacrifices. »

Vasishtha s'écria : « Enfant, tout ce que l'esprit convoite, fût-ce même la situation la plus élevée dans les trois mondes, peut s'obtenir en se rendant propice Vishnou. »

Dhrouva leur répondit : « Vous m'avez dit, lorsque je m'inclinais humblement devant vous, quelle était la divinité qu'il fallait rendre propice ; informez-moi maintenant de la prière que je dois méditer, afin de lui donner satisfaction. Que les grands rishis me regardent d'un œil favorable, m'instruisant de ce que je dois faire pour me rendre le dieu propice. » Les rishis répondirent : « Prince, tu mérites d'entendre comment l'adoration de Vishnou a été accomplie par ceux qui ont été dévoués à son service. Il faut d'abord que l'esprit abandonne toutes impressions antérieures, et il faut le fixer fermement sur cet être en qui est le monde. Quand la pensée est ainsi concentrée sur un seul objet qui la remplit entièrement, la prière que nous t'indiquons doit être répétée avec ferveur : — Om, gloire à Vasoudeva, dont l'essence est la sagesse divine, dont la forme est inscrutable, en qui se manifeste comme Brahma, Vishnou et Siva. — Cette prière fut jadis proférée par ton aïeul, le Manou Swayambhouva, et elle lui attira la faveur de Vishnou qui lui accorda la prospérité qu'il désirait et qui fut sans égale dans les trois mondes ; c'est elle que tu dois réciter. Répète continuellement cette prière, afin de plaire à Govinda. »

CHAPITRE XII.

Dhrouva commence à se livrer à des austérités religieuses. Efforts infructueux d'Indra et de ses ministres, afin de détourner l'attention de Dhrouva ; ils en appellent à Vishnou qui dissipe leurs craintes et qui apparaît à Dhrouva. Dhrouva célèbre Vishnou, et est élevé au ciel comme l'étoile polaire.

Le prince, ayant reçu ces instructions, salua respectueusement les sages et s'éloigna de la forêt, plein de confiance dans l'accomplissement de ses desseins. Il se rendit sur les bords de l'Yamonna, à l'endroit sacré appelé Madhon ou Madhonvana, d'après le démon ainsi nommé qui y séjournait autrefois. Satroughna (*le frère cadet de Rama*), enfant né de Rakshan Lavana, fils de Madhon, fonda une ville en cet endroit, et elle reçut le nom de Mathoura. C'est en ce lieu sacré, qui purifie de tous péchés et qui jouit de la présence du dieu des dieux, que Dhrouva fit pénitence, ainsi que lui avaient recommandé Marichi et les sages; il contempla Vishnou, le souverain de tous les dieux, assis dans sa gloire. Tandis que son esprit était entièrement absorbé par la méditation, le puissant Hari, identique avec tous les êtres et avec toutes les natures, prit possession de son cœur. Vishnou étant ainsi présent à son esprit, la terre, qui soutient la vie des éléments, ne put soutenir le poids du pieux personnage. Tandis qu'il se tenait sur le pied gauche, un hémisphère pliait sous lui, et lorsqu'il se tenait sur le pied droit, l'autre moitié de la terre s'affaissait. Lorsqu'il toucha la terre des doigts de ses pieds, elle trembla avec toutes ses montagnes; les rivières et les mers furent troublées et les dieux prirent part à l'agitation universelle.

Les êtres célestes, appelés Yamas, étant remplis d'alarme, tinrent conseil avec Indra sur ce qu'ils devaient faire pour interrompre les pieux exercices de Dhrouva, et les êtres divins, appelés Koushmandas, en compagnie de leur roi, se livrèrent à des tentatives empressées, afin de détruire ses méditations. Un d'eux, prenant la forme de sa mère Souniti, se tint en pleurant devant lui, et lui dit avec des accents de tendresse : « Mon fils, mon fils, renonce à détruire ta force par cette redoutable pénitence. Je t'ai obtenu, mon fils, après une longue attente pleine d'anxiété ; tu ne peux avoir la cruauté de me quitter, me laissant seule, sans protection et sans appui, en butte à la mauvaise volonté de ma rivale. Tu es mon seul refuge ; je n'ai d'espérance qu'en toi. Quel motif a un enfant de cinq ans, comme toi, pour se livrer à une rigoureuse pénitence? Renonce à ces pratiques terribles ; elles ne produisent point de fruits avantageux. D'abord vient la saison de l'enfance folâtre; lorsqu'elle est passée, il est temps de se livrer à l'étude; ensuite arrive la période des jouissances du monde et enfin celle de la dévotion austère. Tu es dans l'âge de la distraction, mon enfant. Comment as-tu été conduit à te livrer à des pratiques qui menacent de mettre fin à ton existence? Ton premier devoir est ton affection pour moi; les devoirs se règlent sur les époques de la vie. Ne t'égare pas dans de trompeuses erreurs, renonce à des actions qui ne sont pas conformes à la justice. Sinon, si tu ne veux pas renoncer à ces austérités, je mettrai fin à ma vie en ta présence. »

Mais Dhrouva, absorbé dans son dessein de voir Vishnou, ne vit pas sa mère qui pleurait en sa présence et qui l'implorait; le fantôme disparut alors en criant : « Fuis, fuis, mon enfant; les hideux esprits du mal accourent en foule dans cette horrible forêt, et ils brandissent leurs armes. » Alors s'avancèrent de redoutables Rakshasas, brandissant des armes terribles; leurs visages étincelaient de flammes; des démons nocturnes se pressèrent autour du prince, en poussant des hurlements affreux et en agitant leurs armes. Des centaines de jakals dont la bouche vomissait des flammes, lorsqu'ils dévoraient leur proie, rugissaient afin d'épouvanter l'enfant plongé dans ses méditations. Les fantômes criaient : « Tue le, tue-le, coupe-le en morceaux, mange-le; » et des monstres à visages de chameaux, de lions et de crocodiles poussaient des cris et des hurlements horribles, afin d'effrayer le prince. Mais tous ces spectres hideux, ces cris terribles et ces armes menaçantes, ne firent pas d'impression sur ses sens, son esprit étant uniquement appliqué à Govinda. Le fils du monarque de la terre, absorbé par une idée unique, contempla sans interruption Vishnou assis en son âme et ne vit pas d'autre objet.

Les dieux furent plus embarrassés que jamais, lorsqu'ils virent que leurs stratagèmes n'avaient aucun succès. Alarmés de leur défaite et affligés des dévotions de l'enfant, ils s'assemblèrent et invoquèrent l'assistance d'Hari, l'origine du monde, qui est sans commencement ni fin, et ils s'adressèrent à lui en ces termes : « Dieu des dieux, souverain du monde, dieu suprême et esprit infini, nous sommes venus te demander ton secours, car les austérités de Dhrouva nous mettent dans la détresse. De même que l'orbe de la lune s'accroît de jour en jour, de même cet enfant avance sans cesse vers un pouvoir surhumain par l'effet de ses pratiques religieuses. Effrayés de la ferveur du fils d'Uttanapada, nous sommes venus vers toi pour que tu nous secoures. Arrête la profondeur de ses méditations. Nous ne savons à quelle position il aspire, si c'est au trône d'Indra, à la domination de la sphère solaire ou lunaire, ou à la souveraineté des richesses, ou à celle de l'Océan. Aie compassion de nous, seigneur ; écarte cette crainte de nos cœurs ; détourne le fils d'Uttanapada de persévérer dans sa pénitence. »

Vishnou répondit aux dieux : « L'enfant ne désire ni le rang d'Indra, ni la souveraineté du globe solaire, ni celle des richesses ou de l'Océan. Je lui accorderai tout ce qu'il sollicite. Retournez à vos demeures et n'ayez plus d'alarmes; je mettrai un terme à la pénitence de l'enfant dont l'esprit est plongé dans une contemplation si profonde. »

Les dieux, étant ainsi apaisés par le dieu su-

SECT. II. — LES POURANAS. — VISHNOU-POURANA.

prême, le saluèrent avec respect et se retirèrent, et, précédés par Indra, revinrent à leurs habitations; mais Hari, qui est toutes choses, prit la forme d'un être à quatre bras, et se rendant auprès de Dhrouva, il lui parla en ces termes :

« Fils d'Uttanapada, sois prospère. Satisfait de ta piété, je suis ici présent, moi qui confère les biens. Demande-moi ce que tu désires. Tu as complétement détourné ta vue des objets extérieurs et tu as fixé tes pensées uniquement sur moi, c'est pourquoi je suis content de toi. Demande-moi donc la récompense à laquelle tu as droit. »

L'enfant, entendant ces paroles du dieu des dieux, ouvrit les yeux, et quand il se vit en présence d'Hari, qu'il avait déjà vu dans ses méditations et qui portait en ses mains la coquille, le disque, la massue, l'arc et le cimeterre, il courba la tête jusqu'à terre; ses cheveux se dressèrent sur son front, et son cœur fut saisi d'une crainte respectueuse. Il réfléchit comment il devait rendre grâces aux dieux, comment il devait témoigner son adoration, quelles paroles étaient capables d'exprimer les louanges qu'il avait à prononcer. Accablé de perplexité, il eut recours à la déité, et il s'écria : « Si le seigneur est content de ma piété, que ma récompense consiste à savoir le louer selon mes désirs. Comment puis-je, moi qui ne suis qu'un enfant, prononcer les louanges de celui dont le séjour est inconnu à Brahma et aux sages versés dans les Védas? Mon cœur déborde de piété envers toi, ô seigneur ; accorde-moi la faculté d'exprimer les adorations que je veux déposer à tes pieds. »

Govinda, le seigneur du monde, toucha de l'extrémité de la coquille qui était en sa main, le fils d'Uttanapada, humblement prosterné et dont les mains étaient élevées à la hauteur du front; immédiatement, l'enfant royal, le visage rayonnant d'allégresse, loua respectueusement le protecteur impérissable des êtres vivants, et il s'écria :

« Je vénère celui dont les formes sont la terre, l'eau, le feu, l'air, l'éther, l'intelligence, l'élément primitif (*Ahankara*), la nature primitive et l'âme pure et subtile qui pénètre tout et qui surpasse la nature. Hommage à cet esprit qui est dépourvu de qualités, qui est au-dessus de tous les éléments et de tous les objets sensibles, au-dessus de l'intelligence, de la nature et de l'esprit. J'ai cherché un refuge auprès de cette forme pure qui t'appartient, ô être suprême qui es un avec Brahma et qui es l'esprit qui est élevé au-dessus du monde entier. Hommage à cette forme qui, pénétrant et supportant toutes choses, est désignée sous le nom de Brahma, qui est immuable et que les sages contemplent. Tu es l'être mâle à mille têtes, à mille yeux, à mille pieds, qui traverse l'univers et qui passe à une distance de dix pouces au delà de son contact. Tout ce qui a été ou ce qui doit être, c'est toi. De toi sont sortis Virat, Swarat, Samrat et Adhipouronsha. Les parties inférieures, supérieures et moyennes de la terre, dépendent de toi ; de toi provient tout cet univers, tout ce qui a été et tout ce qui sera, et tout ce monde est en toi, prenant cette forme universelle. De toi dérivent le sacrifice et toutes les offrandes et les animaux de l'une et de l'autre classe (*domestiques et sauvages*). De toi viennent le Rig-Véda, le Sama-Véda, les mètres des Védas et l'Yajour-Véda. Les chevaux et les vaches qui n'ont des dents qu'à une seule mâchoire, procèdent de toi, et de toi viennent les chèvres, les moutons, les cerfs. Les Brahmanes sont sortis de ta bouche, les guerriers de tes bras, les Vaisyas de tes cuisses et les Soudras de tes pieds. De tes yeux est venu le soleil, de tes oreilles le vent et de ton esprit la lune ; les airs vitaux sont sortis de ta veine centrale et le feu a jailli de ta bouche ; le ciel de ton nombril et le firmament de ta tête, les régions de tes oreilles et la terre de tes pieds. Tout cet univers est dérivé de toi. De même que le figuier qui se développe avec ampleur est d'abord contenu dans une petite graine, ainsi, au temps de la dissolution, l'univers entier est compris en toi comme en son germe. De même que le figuier germe hors de la graine et qu'il devient d'abord une faible tige pour s'élever ensuite avec magnificence, de même le monde créé procède de toi et s'étend dans son ample étendue.

« Les facultés de l'intelligence qui sont les causes du plaisir et de la peine résident en toi en qui se concentre toute existence, mais les sources du plaisir et de la peine, isolées ou réunies, n'existent pas en toi qui es exempt de toutes qualités. Salut à toi, âme des choses qui existent, et qui es identique avec les grands éléments. Tu es impérissable, et par le moyen de la méditation intérieure, tu es contemplé dans la connaissance spirituelle comme les objets perceptibles, comme la nature, comme l'esprit, comme le monde, comme Brahma, comme Manou. Mais tu es en tout, tu es tout en prenant chaque forme ; tout est de toi et tu es de toi-même. Je te salue, âme universelle ; gloire à toi. Tu es un avec toutes choses ; ô seigneur de tout, tu es présent en toutes choses. Que puis-je dire de toi? tu sais tout ce qui est dans le cœur, ô âme de toutes choses, seigneur souverain de toutes les créatures, origine de toutes choses. Toi qui es toutes choses, tu connais les désirs de toutes les créatures. Le désir qui m'amène a reçu de toi, ô seigneur, sa satisfaction ; ma piété a été récompensée, puisque je t'ai vu. »

Vishnou dit à Dhrouva : « L'objet de ta piété a été atteint véritablement, puisque tu m'as vu, car ma vue, jeune homme, n'est jamais improductive. Demande-moi donc ce que tu désires, car les hommes auxquels je me montre obtiennent tout ce qu'ils souhaitent. »

Dhrouva répondit : « Seigneur, dieu de toutes les créatures, toi qui résides dans le cœur de tous les hommes, comment le vœu que je forme te serait-il inconnu ? Je t'avouerai l'espoir qu'a conçu mon cœur présomptueux, espoir qu'il serait difficile de satisfaire, mais rien n'est difficile pour toi, ô créateur du monde. C'est par un effet de ta faveur qu'Indra règne sur les trois mondes. La reine, compagne de ma mère, m'a dit avec orgueil et arrogance : « Le trône royal n'est pas pour celui qui « n'est pas né de moi. » Je sollicite maintenant de celui qui soutient l'univers une situation élevée, supérieure à toutes les autres et qui dure à jamais. »

Vishnou répondit à Dhrouva : « Tu obtiendras la situation que tu désires, car j'ai autrefois été satisfait de toi dans une existence antérieure. Tu étais autrefois un Brahmane dont les pensées m'étaient toujours attachées ; tu fus toujours respectueux pour tes parents et observateur de tes devoirs. Dans le cours des temps, un prince devint ton ami ; il était dans la période de la jeunesse, il se livrait à tous les plaisirs des sens et il avait une belle figure et un esprit agréable. En le trouvant dans sa société, tu fus témoin des avantages dont il jouissait, et tu formas le désir de naître plus tard comme le fils d'un roi, et, suivant tes souhaits, tu obtins une naissance princière dans l'illustre demeure d'Uttanapada. Mais tu n'as pas regardé comme un grand bonheur ce que d'autres auraient jugé tel, et tu m'as imploré. L'homme qui m'invoque obtient d'être promptement délivré de la vie. Qu'est-ce que le ciel pour celui dont la pensée est fixée sur moi ? Un poste te sera assigné au-dessus des trois mondes, tu soutiendras les étoiles et les planètes, tu seras au-dessus du soleil, de la lune, de Mars, du fils de Soma (*Mercure*), de Vénus, du fils de Surya (*Saturne*) et de toutes les autres constellations, au-dessus des régions des sept rishis et des divinités qui traversent l'atmosphère. Quelques êtres célestes subsistent pendant quatre âges, d'autres pendant le règne d'un Manou ; la durée d'un Ka'pa te sera accordée. Ta mère Souniti habitera près de toi pendant une période égale, dans l'orbite d'une étoile brillante, et tous ceux qui, l'esprit attentif, te glorifieront au moment de l'aurore ou de la venue de la nuit, acquerront un mérite religieux supérieur. »

C'est ainsi que le sage Dhrouva, ayant reçu un don de Janarddana, le dieu des dieux et le seigneur du monde, fut élevé à un rang éminent. En voyant sa gloire, Uranas, le précepteur des dieux et des démons, répéta ces vers : « Admirable est l'efficacité de cette pénitence, merveilleuse est sa récompense, puisque Dhrouva précède ainsi les sept rishis. La pieuse Souniti, sa mère, qui est appelée Sounrita, partage sa gloire. Qui peut célébrer la grandeur de celle qui, ayant donné naissance à Dhrouva, est devenue l'asile des trois mondes, jouissant pendant tout le temps à venir d'une station éminente et élevée au-dessus de toutes choses ? Celui qui désirera dignement la montée de Dhrouva dans le ciel, sera pour jamais exempt de tout péché et il jouira du ciel d'Indra. Quelle que soit sa dignité, soit sur le ciel ou sur la terre, il ne la perdra jamais, mais il jouira longtemps d'une vie comblée de toute bénédiction. »

CHAPITRE XIII.

Postérité de Dhrouva. Légende de Vena, son impiété ; il est mis à mort par les rishis. L'anarchie en est la suite. Production de Nishada et de Prithou ; ce dernier est le premier roi. Origine de Sonta et de Magadha ; ils énumèrent les devoirs des rois. Prithou contraint la terre à reconnaître son autorité ; il l'aplanit, introduit l'agriculture, élève des villes. La terre est, d'après lui, appelée Prithivi ; son emblème est une vache.

Parasara continua. Les fils que Dhrouva eut de sa femme Sambhou, furent Bhavya et Slishti. Souchchaya, la femme du dernier, fut la mère de cinq fils vertueux, Ripou, Ripounjaya, Vipra, Vrikala et Vrikatejas. Le fils que Ripou eut de Vrihati, fut l'illustre Chakshousa, qui engendra le Manou Chakshousa, et qui l'eut de sa femme Poushkarini, la fille du vénérable patriarche Anaranya. Le Manou eut de sa femme Navala, fille du patriarche Vairaja, dix nobles fils, Urou, Pourou, Satadyoumna, Tapaswi, Satyavak, Kavi, Agnisthoma, Atiratra, Soudyoumna et Abhimanyou. Agneyi, la femme d'Urou, lui donna six fils doués d'excellentes qualités, Anga, Soumanas, Swati, Kratou, Angiras et Siva. Anga eut, de sa femme Sounitha, un fils unique nommé Vena dont le bras droit fut frotté par les rishis, afin qu'il produisît des descendants. Du bras de Vena ainsi frotté s'élança un monarque célèbre nommé Prithou, et ce fut lui qui vint jadis traire la terre pour le profit de l'espèce humaine.

Maitreya. — O le meilleur des Mounis, dis comment les sages saints frottèrent la main droite de Vena et comment il en résulta la production de l'héroïque Prithou.

Parasara. — Sounitha fut dans l'origine la fille de Mrityou qui la donna en mariage à Anga. Elle mit au monde Vena qui hérita des mauvais penchants de son grand-père maternel. Lorsque les rishis l'inaugurèrent monarque de la terre, il fit proclamer en tout lieu qu'aucun culte ne pourrait être célébré, aucune offrande offerte, aucun don présenté aux Brahmanes. « Moi, le roi, » dit-il, « je suis le seigneur du sacrifice, car qui, si ce n'est moi, a droit aux offrandes ? » Les rishis s'approchant respec-

SECT. II. — LES POURANAS. — VISHNOU-POURANA.

tueusement du souverain, s'adressèrent à lui en de mélodieux accents et lui dirent : « Gracieux prince, nous te saluons ; écoute ce que nous avons à te faire entendre. Dans le but de préserver ton royaume et ta vie, et afin de contribuer au bien-être de tous tes sujets, permets-nous d'adorer Hari, le seigneur de tous les sacrifices, le dieu des dieux, et de l'invoquer dans des cérémonies prolongées ; une portion des fruits de ce culte te reviendra. Vishnou, le dieu des offrandes, rendu propice par les sacrifices que nous lui offrons, t'accordera, ô roi, tout ce que tu désires. Les princes dans les royaumes desquels Hari, le seigneur des sacrifices, est l'objet d'un culte solennel, voient tous leurs désirs satisfaits. »

Vena s'écria : « Qui est-ce qui est supérieur à moi ? quel est cet Hari que vous appelez le seigneur du sacrifice ? Brahma, Janarddana, Sambhou, Indra, Vayou, Yama, Ravi (le soleil), Houtabhouk (le feu), Varouna, Dhata, Pousha (le soleil), Bhoumi (la terre), le seigneur de la nuit (la lune), tous ces dieux et tous les autres, quels qu'ils soient, qui écoutent nos vœux, sont tous présents dans la personne d'un roi ; l'essence du souverain est tout ce qui est divin. Persuadé de cette vérité, j'ai promulgué mes ordres, et je veillerai à ce que vous vous y soumettiez. Vous ne devez ni célébrer des sacrifices, ni présenter des offrandes, ni donner des aumônes. De même que le premier devoir des femmes est l'obéissance à leurs maris, de même vous êtes tenus, hommes saints, de vous conformer à mes ordres. »

Les rishis répondirent : « Donne des ordres, ô grand Dieu, afin que la piété ne tombe pas en décadence. Tout ce monde n'est qu'une transmutation d'offrandes, et si la dévotion est supprimée, le monde arrive à son terme. »

Mais ce fut en vain que des supplications furent adressées à Vena ; quoique les sages répétassent leurs demandes, il se refusa à donner les ordres qu'ils sollicitaient. Alors ces pieux mounis, remplis de colère, se dirent l'un à l'autre : « Que ce misérable impie périsse. Le méchant qui a blasphémé le seigneur du sacrifice, l'être qui n'a ni commencement, ni fin, n'est pas propre à régner sur la terre. » Et ils se jetèrent sur le roi, et le frappèrent avec des gerbes d'herbe sainte consacrée par la prière, et ils tuèrent celui qui avait d'abord été détruit par son impiété à l'égard de Dieu.

Ensuite les mounis virent une grande poussière qui s'élevait, et ils dirent au peuple qui était près de là : « Qu'est ce que c'est ? » Et le peuple répondit et dit : « Maintenant que le royaume est sans souverain, les méchants ont commencé à s'emparer de la propriété de leurs voisins. La grande poussière que vous voyez, excellents mounis, est soulevée par des bandes de voleurs qui s'empressent de tomber sur leur proie. » Les sages, ayant entendu ces paroles, se consultèrent entre eux, et frottèrent la cuisse du roi qui n'avait pas laissé de postérité, agissant ainsi dans le but de lui faire produire un fils. De la cuisse ainsi frottée, il sortit un être ayant le teint d'une pièce de bois calcinée, les traits aplatis et la taille d'un nain. « Que dois-je faire ? » s'empressa-t-il de demander aux mounis. Ils lui répondirent : « Assieds-toi (Nishada), » et de là vint qu'il reçut le nom de Nishada. Ses descendants, les habitants de la montagne de Viadhya, portent encore aujourd'hui le nom de Nishadas, et ils se distinguent par un aspect hideux qui indique la méchanceté (243). C'est ainsi que l'impiété de Vena fut détruite ; ces Nishadas étant nés de ses péchés et les emportant avec eux. Les Brahmanes se mirent alors à frotter le bras droit du roi, et de cette friction fut engendré l'illustre fils de Vena, nommé Prithou, resplendissant en sa personne comme si l'éblouissant dieu du feu s'était manifesté.

Ce fut alors que tombèrent des cieux l'arc primitif (de Mahadera) nommé Ajagava, les flèches et l'armure célestes. A la naissance de Prithou, toutes les créatures vivantes se réjouirent, et Vena, délivré, par sa naissance, de l'enfer appelé Pout, monta dans les royaumes au-dessus. Les mers et les rivières se montrèrent, apportant de leurs profondeurs des bijoux, et donnant de l'eau afin d'accomplir les ablutions de son installation. Le père suprême de toutes choses, Brahma, réunit les dieux et les descendants des Angiras (les feux), et tous les êtres animés ou inanimés, et il accomplit la cérémonie de la consécration du fils de Vena. Voyant dans sa main droite la marque du disque de Vishnou, Brahma reconnut en Prithou une portion de cette divinité, et il en éprouva une allégresse extrême, car la marque du disque de Vishnou est visible dans la main de celui qui naît pour devenir un empereur universel, et dont le pouvoir ne peut être vaincu, même par les dieux.

Le puissant Prithou, le fils de Véna, étant ainsi investi d'une domination universelle par ceux qui étaient instruits dans les rites, fit bientôt cesser les plaintes du peuple que son père avait opprimé, et, en gagnant leur affection, il obtint le titre de raja et de roi. Les eaux devinrent solides lorsqu'il traversa l'Océan ; les montagnes ouvrirent un chemin devant lui ; sa lumière traversa les forêts sans se briser ; la terre n'avait pas besoin d'être cultivée, et les ali-

(243) Les divers Pouranas, le Bhagavata et le Padma entre autres, font mention de ces êtres de petite taille qui habitent dans les montagnes et les forêts. Ils les décrivent comme ayant les jambes et les bras courts, le teint aussi noir que le corbeau, le nez aplati, les yeux rouges, la bouche grande ainsi que les oreilles, le ventre proéminent. Il est de fait qu'il existe encore dans les lieux écartés de l'Inde et sur les frontières inexplorées, des tribus sauvages, connues sous le nom de Goands, de Koles, de Binls, étrangères à toute civilisation.

ments se trouvaient préparés par un acte seul de la pensée; tous les bestiaux étaient comme la vache de l'abondance; le miel était accumulé en chaque fleur. Au sacrifice de la naissance de Prithou, qui fut accompli par Brahma, l'intelligent Souta (*le héraut* ou *le barde*) fut produit dans le jus de la plante de la lune; ce fut à ce grand sacrifice que fut aussi produit l'accompli Magadha, et les sages saints dirent à ces deux personnages : « Louez le roi Prithou, l'illustre fils de Vena, car c'est votre fonction spéciale, et il est un objet digne de vos louanges. » Mais ils répondirent successivement aux Brahmanes : « Nous ne connaissons pas les actions du roi nouveau-né de la terre; ses mérites nous sont inconnus; sa renommée n'est pas répandue au dehors; informez-nous du sujet sur lequel nous pouvons nous étendre en chantant ses louanges. » Les rishis répondirent : « Louez le roi pour les actes qu'accomplira ce monarque héroïque; louez-le pour les vertus qu'il déploiera. »

Le roi, entendant ces paroles, éprouva une grande satisfaction; il réfléchit que la renommée s'acquiert par de belles actions, et que sa conduite vertueuse serait l'objet des éloges que les chantres étaient au moment de prononcer; il prit la résolution de s'efforcer d'acquérir tous les mérites sur lesquels porterait leur panégyrique, et d'éviter les défauts qu'ils signaleraient comme devant encourir un blâme sévère. Il écouta attentivement lorsque la voix douce des chantres célébra les vertus futures de Prithou, le fils éclairé de Vena.

« Le roi se conforme à la vérité dans ses paroles; il est généreux et observateur de ses promesses, il est sage, bienveillant, patient, courageux et la terreur des méchants; il connaît ses devoirs; il reconnaît les services; il est compatissant et s'exprime avec bonté; il respecte les sages; il accomplit les sacrifices; il vénère les Brahmanes; il chérit les hommes vertueux, et, dans l'administration de la justice, il n'a égard ni à ses amis, ni à ses ennemis. »

Les vertus célébrées de la sorte furent l'objet d'un pieux souvenir de la part du Raja, et il les pratiqua quand l'occasion s'en offrit. Protégeant cette terre, le monarque accomplit un grand nombre de sacrifices solennels, accompagnés de donations libérales. Ses sujets s'approchèrent bientôt de lui, souffrant de la famine qui les affligeait, car toutes les plantes propres à la nourriture avaient péri pendant l'époque de l'anarchie. En réponse aux questions qu'il leur fit sur la cause de leur venue, ils lui dirent que, lors de la période durant laquelle la terre était sans roi, toute végétation avait cessé, et que le peuple périssait ainsi de faim. « Tu es celui qui nous donne la nourriture, » ajoutèrent-ils; « le créateur te désigne comme le protecteur du peuple; accorde-nous des végétaux qui soutiennent la vie de tes sujets; ils périssent de faim. »

En entendant ces paroles, Prithou prit son arc divin Ajatara et ses flèches célestes, et, rempli de courroux, il marcha pour attaquer la Terre. La Terre, prenant la figure d'une vache, s'enfuit précipitamment loin de lui, et elle traversa, émue de frayeur, les régions de Brahma et les sphères célestes; mais partout où alla l'être qui supporte les choses vivantes, il aperçut Vuineja tenant ses armes élevées; enfin, tremblante d'effroi et cherchant avec anxiété à échapper à ses flèches, la Terre s'adressant à Prithou, le héros dont la valeur est irrésistible, dit : « Ne sais-tu pas, roi des hommes, quel crime c'est que de tuer une femme? Pourquoi cherches-tu avec tant d'obstination, à me mettre à mort? » Le prince répliqua : « Lorsque le bonheur de la multitude résulte de la destruction d'un être malfaisant, donner la mort à cet être est un acte de vertu. »

La Terre répondit : « Si, dans le but de favoriser le bien-être de tes sujets, tu mets un terme à mon existence, d'où ton peuple, ô le meilleur des monarques, pourra-t-il retirer ce qui est nécessaire à son existence? — Si je te détruis, » répliqua Prithou, « je soutiendrai mon peuple par l'efficacité de mes propres dévotions. » Alors la Terre accablée d'effroi et tremblante dans chacun de ses membres, s'inclina avec respect devant le roi, et dit : « Toute entreprise réussit, si on emploie, pour l'effectuer, des moyens convenables. Je te procurerai des moyens de succès dont tu pourras faire usage, si tu le veux. Tous les produits végétaux sont vieux, et je les ai détruits, mais, obéissant à tes ordres, je les restaurerai comme étant développés de mon lait. Ainsi, ô le plus vertueux des princes, donne-moi, dans le but de servir les mortels, donne-moi ce veau qui peut me mettre en mesure de sécréter du lait. Aplanis aussi toutes les places, afin que je puisse faire couler en tous lieux à l'entour mon lait, la semence de toute végétation. »

Alors Prithou déracina les montagnes par centaines et par milliers, dans un espace immense, et elles furent dorénavant entassées les unes sur les autres. Avant cette époque, il n'y avait pas, sur la surface irrégulière de la Terre, des limites déterminées de villages et de villes; il n'y avait pas de culture, pas de pâturage, pas d'agriculture, pas de grandes routes pour les marchands; toutes ces choses eurent leur origine sous le règne de Prithou. Le roi engagea ses sujets à fixer leur résidence dans les endroits où le sol était aplani. Avant le temps de ce roi, les fruits et les racines qui formaient la nourriture des peuples ne s'obtenaient qu'avec de grandes difficultés, tous les végétaux ayant été détruits; il fit un veau de Swayambhouva Manou, et, s'occupant de traire la Terre, il reçut le lait dans sa propre main, pour le bonheur de l'espèce humaine. De là procédèrent les grains de toute sorte et les végétaux qui servent maintenant et qui serviront perpétuellement à la subsistance du peuple. En accordant la vie à la Terre, Prithou agit comme un père, et de là vint qu'elle reçut le nom de Prithivi (*la fille de Prithou*). Alors les dieux, les sages, les démons, les Rakshasas, les Gandharbhas, les Yakshasas, les Ritris, les serpents, les montagnes et les arbres prirent un vase approprié à leur espèce, et ils reçurent de la Terre qu'ils vinrent traire tour à tour un lait bienfaisant (244).

La Terre, la mère, la nourrice de tous les êtres existants, celle qui les reçoit et leur donne la nourriture, fut produite de la plante des pieds de Vishnou. Et c'est ainsi que naquit le puissant Prithou, le fils héroïque de Vena, qui fut le seigneur de la Terre, et qui, en gagnant l'affection du peuple, fut le premier auquel le titre de roi (*raja*) fut donné. Quiconque récitera cette histoire de la naissance de Prithou, fils de Vena, ne recevra jamais nul châtiment pour le mal qu'il pourra avoir commis, et telle est la vertu du récit de la naissance de Prithou, que ceux qui l'entendent relater devant eux seront soulagés de leurs afflictions.

CHAPITRE XIV.

Descendants de Prithou. Légende des Prachetasas; leur père les engage à multiplier la race humaine en adorant Vishnou; ils se plongent dans la mer, méditent sur sa grandeur et le louent; il se montre à eux et accorde leurs désirs.

Prithou eut deux fils vaillants, Antarddhi et Pali. Le fils d'Antarddhi et de sa femme Sikhandini fut Havirdhi, qui épousa Dhishana, princesse de la race d'Agni, et qui eut six fils, Prachinaverhis, Soukra, Gaya, Krishna, Vraja et Ajina (245). Le premier de ses fils fut un prince puissant et un patriarche, et ce fut par lui que la race humaine fut multipliée après la mort d'Havirdhana. Il fut nommé Prachinaverhis, parce qu'il plaça sur la terre l'herbe sacrée qui indique la direction de l'Orient. Après une pénitence sévère, il épousa Savarna, fille de l'Océan; elle lui avait déjà été fiancée, et elle eut de lui dix fils qui, tous, furent habiles dans la science militaire; ils observèrent tous les mêmes devoirs, pratiquèrent des austérités religieuses, et restèrent plongés dans le lit de l'Océan pendant dix mille ans.

(244) Ce mythe célèbre dans les écrits indiens, est raconté fort en détail dans divers Pouranas, tels que le Matsya, le Brahma, le Bhagavata et le Padma. Voir la note de M. Wilson, p. 104.

(245) Tous ces détails généalogiques ne sont pas les mêmes que ceux qu'on lit dans le Bhagavata-Pourana et dans le Mahabharata, mais il serait superflu de noter des différences qui, pour un lecteur européen, n'ont aucun intérêt.

MAITREYA. — Tu peux m'informer, grand sage, pourquoi les magnanimes Prachetasas accomplirent cette pénitence dans les eaux de la mer?

PARASARA. — Les fils de Prachanaverhis furent, dans le principe, informés par leur père qui avait été établi comme patriarche et dont l'esprit était appliqué à la multiplication de la race humaine, que Brahma, le dieu des dieux, lui avait recommandé de travailler en ce but et qu'il avait promis d'obéir; il ajouta : « Maintenant, mes fils, favorisez avec zèle l'accroissement de la race humaine; car les ordres du père de toutes les créatures doivent être respectés. » Les fils du roi ayant entendu les paroles de leur père, répondirent : « Qu'il en soit ainsi; » et ils le prièrent de leur expliquer quels moyens ils devaient employer pour accomplir l'augmentation du nombre des hommes. Il leur dit : « Quiconque adore Vishnou, le distributeur du bien, obtient assurément l'objet de ses désirs; il n'y a pas d'autre mode. Que puis-je vous dire de plus? Adorez donc Govinda, qui est Hari, le seigneur de tous les êtres, si vous voulez effectuer l'accroissement de la race humaine, et si vous voulez réussir. Se rendre propice l'immortel Pouroushottama, tel est le but où doivent tendre les efforts de celui qui désire la vertu, la richesse, la jouissance ou la délivrance. Adorez-le; il est impérissable; c'est lui qui a créé le monde, et la race humaine sera certainement multipliée. »

Les dix Prachetasas, instruits par leur père, se plongèrent dans les profondeurs de l'Océan, et s'adonnèrent uniquement à des austérités religieuses pendant dix mille années; leur esprit était complètement fixé sur Narayana, le souverain de l'univers, qui est au delà de tous les mondes; ils louèrent sans relâche Hari, qui, lorsqu'on l'invoque, accorde à ceux qui le louent tout ce qu'ils désirent.

MAITREYA. — O le meilleur des Mounis, tu es en état de me redire les excellentes louanges que les Prachetasas adressèrent à Vishnou lorsqu'ils étaient dans la profondeur des eaux.

PARASARA. — Ecoute, Maitreya, l'hymne que les Prachetasas, plongés dans les eaux de la mer, adressèrent à Govinda, leur nature étant identifiée avec lui.

« Nous saluons celui dont la gloire est le sujet perpétuel de tout discours, celui qui est le premier et le dernier, le seigneur suprême du monde sans limites, qui est la lumière primitive, et qui n'a pas de pareil; il est indivisible et infini, l'origine de toutes les choses qui existent, mobiles ou stationnaires. Adoration à cet être suprême qui est un avec le temps, dont les premières formes, quoiqu'il soit sans forme, sont le jour, le soir et la nuit. Gloire à lui, la vie de tous les êtres vivants, qui est un avec la lune, le réservoir de l'ambroisie que les dieux boivent journellement; gloire à celui qui est un avec le soleil, la cause de la chaleur, du froid et de la pluie; qui dissipe les ténèbres et qui illumine le ciel de son éclat; gloire à celui qui est un avec la terre, l'asyle des objets qui tombent sous les sens, supportant le monde entier par sa solidité. Nous adorons cette forme de la divinité d'Hari, l'eau qui a produit le monde et qui est le germe de tous les êtres vivants. Gloire à Vishnou, qui est un avec le feu, qui est un avec l'air, l'origine de l'éther, existant comme les cinq airs vitaux dans le corps, causant une action vitale constante; gloire à lui qui est identique avec l'atmosphère pure, sans limites, sans forme, séparant toutes les créatures. Gloire à Krishna qui est Brahma dans la forme des objets sensibles, et qui est toujours la direction des facultés des sens. Nous offrons nos hommages à cet Hari suprême qui est un avec les sens et qui est la racine de toute science, à l'âme universelle qui, agissant comme l'intelligence intérieure, délivre à l'âme les impressions reçues par les sens. Gloire à celui qui a les propriétés de Prakriti et dans lequel toutes choses reposent sans fin, duquel toutes choses procèdent, et qui est celui en qui toutes choses se résolvent. Nous adorons ce Pouroushottama, le dieu qui est un pur esprit et qui, dépourvu de qualités, est regardé par les ignorants comme doué de qualités. Nous adorons ce Brahma suprême, la condition définitive de Vishnou, pur, sans naissance, dépourvu de qualités et libre d'accidents; qui n'est ni haut, ni bas, ni volumineux, ni menu; qui n'a ni forme, ni couleur, ni ombre, ni substance, ni affection, ni corps; qui n'est ni éthéré, ni susceptible de contact, d'odeur ou de goût; qui n'a ni yeux, ni oreilles, ni mouvement, ni parole, ni respiration, ni esprit, ni nom, ni race, ni puissance, ni splendeur; qui est sans cause, sans crainte, sans erreur, sans faute; qui est immortel et qui ne décroît point; qui est exempt de passion, qui ne rend point de son, qui ne peut être perçu, qui n'agit point, qui est indépendant de l'espace et du temps; qui exerce une puissance irrésistible et qui est identifié avec tous les êtres, ne dépendant d'aucun. Gloire à cette nature de Vishnou que nulle langue ne peut dire et que nul œil ne peut voir. »

C'est ainsi que glorifiant Vishnou et s'appliquant à méditer sur lui, les Prachetasas passèrent dix mille ans d'austérités dans le vaste Océan; ensuite Hari, satisfait de leur conduite, se montra à leurs yeux, parmi les eaux, sous la forme d'une feuille de lotus épanoui. En le voyant monté sur le roi des oiseaux, Garouda, les Prachetasas inclinèrent leurs têtes dans un pieux hommage, et Vishnou leur dit : « Recevez le don que vous avez désiré, car moi, qui donne la nourriture, je suis content de vous et je suis présent. » Les Prachetasas lui répondirent

avec respect, et lui dirent que c'était pour obéir au commandement de leur père, au sujet de la multiplication de la race humaine, qu'ils s'étaient livrés à leurs pieux exercices. Le dieu leur ayant accordé l'objet de leurs prières, disparut, et ils sortirent des eaux.

CHAPITRE XV.

Le monde est couvert d'arbres; ils sont détruits par les Prachetasas. Soma les apaise et leur donne Marisha pour femme; son histoire. La fille de la nymphe Pramlocha. Légende de Kandou. Daksha, fils des Prachetasas; ses divers caractères; ses fils, ses filles; leurs mariages et leurs descendants.

Tandis que les Prachetasas étaient ainsi absorbés dans leurs exercices de piété, les arbres se répandirent et couvrirent la terre dépourvue de protection, et les hommes périrent; les vents ne pouvaient souffler; l'aspect du ciel était voilé par les forêts, et la race humaine fut, pendant deux mille années, hors d'état de travailler. Lorsque les sages, sortant des profondeurs de la mer, virent cet état de choses, ils furent irrités, et le vent et la flamme sortirent de leurs bouches. Le vent violent déracina les arbres et les laissa renversés et desséchés; le feu les consuma, et les forêts disparurent. Quand Soma (*la lune*), le souverain du monde végétal, vit que tous les arbres étaient détruits, à l'exception d'un petit nombre, il alla vers les Prachetasas, et dit à ces patriarches : « Réprimez votre indignation, princes, et écoutez-moi. Je formerai une alliance entre vous et les arbres. Connaissant d'avance l'avenir, j'ai nourri de mes rayons cette vierge précieuse, la fille des bois. Elle est appelée Marisha, et elle est assurément le rejeton des arbres. Elle sera votre épouse, et elle multipliera la race de Dhrouva. D'une portion de votre lustre et d'une portion du mien, ô sages puissants, naîtra d'elle le patriarche Daksha, qui sera aussi resplendissant que le feu et qui multipliera la race humaine. »

Il y avait autrefois, dit Soma, un sage nommé Kandou, dont la haute sagesse était éminente et qui pratiquait de pieuses austérités sur les bords délicieux de la rivière Gomati. Le roi des dieux envoya la nymphe Pramlocha pour troubler sa pénitence, et la jeune fille au doux sourire détourna le sage de ses austérités. Ils vécurent ensemble pendant cent cinquante ans dans la vallée de Mandara, et durant cette période, l'esprit du Mouni fut entièrement livré au plaisir. A l'expiration de cette période, la nymphe lui demanda la permission de retourner au ciel; mais le Mouni, toujours tendrement attaché à elle, la conjura de rester encore quelque temps avec lui, et elle passa cent autres années avec le sage qu'elle fascinait. Elle renouvela alors sa demande de retourner au séjour des dieux et le Mouni la pria encore de demeurer avec lui. A l'expiration de plus d'un siècle, la nymphe lui dit d'un air souriant : « Brahmane, je pars. » Mais le Mouni, retenant la jeune fille aux beaux yeux, répondit : « Non, reste encore un peu de temps, tu quitteras ensuite ces lieux pour une longue période.» Craignant d'encourir une imprécation, la nymphe gracieuse continua de séjourner avec le sage pendant deux cents ans de plus, lui demandant à diverses reprises la permission d'aller dans la région du roi des dieux, mais chaque fois il lui demandait de ne pas la quitter. Craignant sa malédiction et sachant quelle peine inflige la séparation d'un objet qu'on aime, elle ne quitta point le Mouni dont l'esprit entièrement subjugué par l'amour s'attachait chaque jour davantage à Pramlocha.

Un soir le sage sortait de leur cabane avec une grande précipitation. La nymphe lui demanda où il allait. « Le jour, » répondit-il, « approche de sa fin ; il faut que j'accomplisse l'adoration Sandhya ou un devoir sera négligé. » La nymphe sourit avec gaieté et répliqua : « Pourquoi parles-tu de ce jour comme tirant vers sa fin ? Ton jour se compose de nombreuses années et doit être un motif d'étonnement général ; explique ce que cela signifie. » Le Mouni dit : « Belle jeune fille, tu vins auprès de la rivière au moment de l'aurore ; je te vis et tu entras dans mon ermitage. Maintenant le soir arrive et le jour est fini. Quelle est la signification de ton rire ? Dis-moi la vérité. » Pramlocha répondit : « Tu as raison, vénérable Brahmane, de dire que je vins ici au moment de l'Aurore, mais plusieurs siècles se sont écoulés depuis mon arrivée. Telle est la vérité. » Le Mouni, en entendant ces paroles, fut saisi d'étonnement et il lui demanda pendant combien de temps il avait joui de sa société ; elle répliqua qu'ils avaient vécu ensemble neuf-cent-sept ans, six mois et trois jours. Le Mouni lui demanda si elle disait la vérité ou si elle parlait ainsi par plaisanterie, car il lui semblait qu'ils n'avaient passé qu'un jour ensemble. Pramlocha repartit qu'elle n'oserait jamais manquer à la vérité en parlant à celui qui suivait en sa vie le sentier de la piété, et surtout lorsqu'il lui avait recommandé de dire ce qui s'était passé.

Lorsque le Mouni eut entendu ces paroles et qu'il eut reconnu qu'elles étaient vraies, il se mit à se faire des reproches amers, s'écriant : « Honte, honte sur moi ! ma pénitence a été interrompue ; les trésors du sage et du savant m'ont été dérobés ; mon jugement a été aveuglé ; cette femme a été créée pour me séduire ; Brahma ne saurait être atteint par les hommes qu'agitent les vagues de la faiblesse. J'avais subjugué mes passions et j'étais au moment d'atteindre la sagesse divine. Cela était prévu par celui qui a envoyé ici cette femme. Honte sur la passion qui a paralysé mes dévotions. Toutes les austérités qui auraient conduit à l'acquisition de la sagesse des Védas ont été rendues infructueuses par la passion qui est la route de l'enfer. » S'étant ainsi adressé des reproches à lui-même, le pieux sage se tourna vers la nymphe qui était assise auprès de lui et lui dit : « Va, perfide, va où tu voudras ; tu as rempli le rôle que t'avait assigné le monarque des dieux en troublant ma pénitence par tes fascinations. Je ne te réduirai pas en cendres par le feu de ma colère. Sept pas faits ensemble sont suffisants pour l'amitié des hommes vertueux, mais toi et moi, nous avons habité ensemble. Et en vérité, quelle faute as-tu commise ? pourquoi serais-je en colère contre toi ? Le péché ne vient que de moi seul ; je n'ai pas su dompter mes passions ; cependant, honte à toi qui, pour obtenir la faveur d'Indra, as troublé mes dévotions. »

Pramlocha était debout et tremblante, tandis que le Mouni lui adressait ces paroles ; de grosses gouttes de sueur coulaient de chacun de ses pores ; il dit enfin : « Pars, va-t'en. » Elle quitta alors sa demeure, et, passant à travers les airs, elle essuya avec les feuilles des arbres la sueur qui coulait de son corps. La nymphe alla ainsi d'arbre en arbre, et l'enfant qu'elle avait conçu sortit en gouttes de sueur des pores de sa peau. Les arbres reçurent cette rosée vivante et les vents la recueillirent en une masse. « Je l'ai réchauffée de mes rayons, » continua Soma, « et elle a par degré augmenté de volume jusqu'à ce que, de ces gouttes de sueur tombées sur les feuilles des arbres, l'aimable jeune fille nommée Maricha ait été formée. Les arbres vous la donneront, Prachetasas ; que votre indignation s'apaise. Elle est la progéniture de Kandou, l'enfant de Pramlocha, le nourrisson des arbres, la fille du vent et de la lune. Le saint Kandou, après l'expiration de ses pieux exercices, alla à la région de Vishnou, appelée Pouroushottama, où il dévoua tout son esprit à l'adoration de Hari, se tenant debout, les bras levés et répétant les prières qui comprennent l'essence de la vérité divine. »

Les Prachetasas dirent : « Nous désirons entendre ces prières sublimes que le pieux Kandou récita et qui lui rendirent Kesava propice. » Soma les répéta alors ainsi qu'il suit : « Vishnou est au delà de la limite de toutes choses ; il est l'infini ; il est au delà de ce qui est sans bornes, il est au-dessus de tout ce qui est au-dessus ; il existe comme la vérité finie ; il est l'objet du Véda ; la limite des êtres élémentaires ; inappréciable par les sens ; possesseur d'une puissance sans limites ; il est la cause de la cause ; la cause de la cause de la cause ; la cause de la cause finie et le conservateur de l'univers ; il est Brahma, le seigneur ; Brahma, l'être universel ; Brahma, le progéniteur de tous les êtres et l'impérissable; il est le Brahma éternel qui n'est point né et qui ne décroît point; incapable d'augmentation ou de diminution; Pouroushottama est le Brahma éternel, vénéré, immuable. Puissent les imperfections de ma nature être anéanties par un effet de sa faveur ! » En récitant cet éloge, essence de la vérité divine, et en se rendant Kesava propice, Kandou obtint l'émancipation finale.

Soma continua : « Je vous dirai aussi ce que fut jadis Marisha; le récit de ses actes méritoires aura de l'utilité pour vous. Elle était la veuve d'un prince et elle resta sans enfant à la mort de son mari; elle adora avec zèle Vishnou qui, satisfait de sa ferveur, lui apparut et lui dit de lui adresser une demande; alors elle lui révéla les désirs de son cœur, en disant : J'ai été veuve, seigneur, même depuis mon enfance, et c'est en vain que je suis née; j'ai été malheureuse et inutile, ô souverain du monde. Je te prie de faire que dans mes naissances futures, j'aie des maris qu'on honore et un fils égal à un patriarche parmi les hommes; que je puisse posséder la richesse et la beauté, plaire à tous les yeux d'une façon extraordinaire. Accorde-moi ma prière, ô toi qui es favorable aux personnes pieuses. »

Hrishikesa, le dieu des dieux, le distributeur suprême des bénédictions, invoqué de la sorte, releva Marisha prosternée devant lui et dit : « Dans une autre vie, tu auras dix maris d'un courage éclatant et que leurs glorieuses actions rendront célèbres; tu auras un fils magnanime et vaillant duquel sortiront et se multiplieront les diverses races humaines et dont la postérité remplira tout l'univers. Tu auras une naissance miraculeuse, et tu seras douée de grâce et d'amabilité, charmant les cœurs des hommes. » Ayant ainsi parlé, le dieu disparut, et cette princesse renaquit plus tard de la façon que je vous ai racontée; c'est elle qui vous est donnée pour épouse (246). »

Soma ayant fini, les Prachetasas prirent pour femme Marisha, ainsi qu'il le leur avait enjoint, renonçant à leur indignation contre les arbres, et elle engendra l'éminent patriarche Daksha qui, dans une vie antérieure, était né comme fils de Brahma. Ce sage éminent, obéissant aux ordres de Brahma, veilla à l'accroissement de la race humaine; il créa les objets qui se meuvent et ceux qui sont immobiles, les bipèdes et les quadrupèdes, et, plus tard, par un effet de sa volonté, il donna naissance à des femmes, donnant dix d'ent elles à Dharma, treize à Kasyapa et vingt-sept qui règlent le cours du temps, à la lune. C'est d'elles que naquirent les dieux, les géants, les dieux serpents, les bestiaux et les oiseaux, les chantres et les danseurs des cours du ciel, les esprits du mal et les autres êtres. Depuis cette période, les créatures vivantes ont été engendrées par le concours des deux sexes; avant le temps de Daksha, elles se propageaient de diverses manières : par la volonté, par la vue, par le toucher et par l'influence des austérités religieuses que pratiquaient les hommes sages, pieux et saints.

MAITREYA. — Daksha, à ce que j'ai appris autrefois, était né du pouce droit de Brahma; dis-moi, grand Mouni, comment il fut régénéré comme le fils des Prachetasas. Une grande perplexité s'élève aussi, dans mon esprit, comment celui qui, comme fils de de Marisha, était le petit-fils de Soma, pouvait aussi être son gendre.

PARASARA. — La naissance et la mort sont constantes dans toutes les créatures; les rishis et les sages, en possession de la vision divine, n'éprouvent pas l'embarras que tu ressens : Daksha et les autres éminents Mounis sont présents en tout âge et, dans l'intervalle de la destruction, ils cessent d'être (247); le sage n'a aucun doute à cet égard. Parmi eux il n'y avait autrefois ni plus âgé, ni plus jeune; des pénitences rigoureuses et le pouvoir acquis étaient les seules causes de quelque différence de degré parmi ces êtres plus qu'humains.

MAITREYA. — Raconte-moi tout au long, vénérable Brahmane, la naissance des dieux, des géants, des Gandharbas, des serpents et des esprits.

PARASARA. — Tu sauras comment Daksha créa les créatures vivantes, ainsi que Brahma le lui avait commandé. En premier lieu, il donna l'existence, par un effet de sa volonté, aux déités, aux Rishis, aux choristes du ciel, aux géants et aux dieux-serpents. Trouvant que la race née de sa volonté ne se multipliait pas, il se détermina, afin d'assurer leur accroissement, à établir le commerce des sexes, comme le moyen de la multiplication des races. Dans ce but, il épousa Asikni, fille du patriarche Virana, jeune fille adonnée à de pieuses pratiques. Le père suprême de la race humaine eut d'elle cinq mille fils puissants, et desquels il pouvait attendre la multiplication de leur espèce. Narada, le divin Rishi, s'approcha d'eux et leur dit d'un ton amical : « Illustres Haryaswas, il est évident que votre intention est d'engendrer une postérité, mais considérez d'abord ceci : pourquoi vous qui, tels que des insensés, ne connaissez ni le milieu, ni la

---

(246) Cette portion de la légende est particulière au texte du Vishnou-Pourana; l'histoire de la naissance de Marisha n'est nulle part aussi détaillée; la pénitence des Prachetasas et ses conséquences sont relatées dans plusieurs Pouranas; le Brahma-Pourana fait le récit de ce mythe comme ayant pour origine les austérités de Kandou. M. de Chézy a donné dans le premier numéro du *Journal asiatique* une version de cet épisode.

(247) Les rishis reparaissent à chaque âge du monde; il n'y a que les circonstances de leur origine qui diffèrent; c'est ainsi que Soma naquit comme fils d'Atri dans le Manwantara Swayambhouva, et dans le Chakshousha, il fut produit par le battage de l'Océan.

hauteur, ni la profondeur du monde, propageriez-vous votre race? Lorsque votre intelligence ne sera plus embarrassée par l'intervalle, la hauteur ou la profondeur, alors comment ne contemplerez-vous pas tous le terme de l'univers ? » Les fils de Daksha, ayant entendu les paroles de Narada, se dispersèrent à travers les régions diverses. Et jusqu'à l'époque actuelle, ils ne sont pas revenus, de même que les rivières qui se perdent dans l'Océan ne retournent plus vers leur source.

Les Haryaswas ayant disparu, le patriarche Daksha, engendra de la fille de Virana, un millier d'autres fils. Ils furent nommés Savalaswas, et ils désiraient engendrer de la postérité, mais Narada les en détourna d'une manière semblable. Ils se dirent l'un à l'autre : « Ce que le Mouni a observé est parfaitement juste. Nous devons suivre le chemin que nos frères ont traversé, et lorsque nous aurons reconnu l'étendue de l'univers, nous multiplierons notre race. »

Ils se dispersèrent donc dans les diverses contrées et, semblables à des rivières qui coulent dans la mer, ils ne revinrent pas. Le patriarche Daksha, trouvant que tous ses fils avaient disparu, fut rempli de colère et lança une imprécation contre Narada (248).

Alors on nous dit, Maitreya, que le sage patriarche, s'occupant avec anxiété de peupler le monde, créa soixante filles de la fille de Virana; il en donna dix à Dharma, treize à Kasyapa, vingt-sept à Soma, quatre à Arishtanemi, deux à Bahoupoutra, deux à Angiras, et deux à Krisaswa. Je te dirai leurs noms: Aroundhati, Vasou, Yami, Lamba, Bhanou, Maroutwati, Sankalpa, Mouhourtta, Sadhya et Viswa furent les dix femmes de Dharma, et elles lui donnèrent des enfants. Les fils de Viswa furent les Wiswadevas, et ceux de Sadhia furent les Sadhias. Les Marouts ou les vents furent les enfants de Maroutwati, et les Vasous furent les enfants de Vasou. Les Bhanous (ou soleils) furent les enfants de Bhanou, et les dieux qui président aux moments furent ceux de Mouhourtta. Gosha fut le fils de Lamba (un arc du firmament); Nagavithi (la voix lactée) fut la fille de Yami (la nuit). Les divisions de la terre naquirent d'Aroundhati, et Sankalpa (le pieux dessein) l'âme de toute chose, fut le fils de Sankalpa. Les dieux qu'on nomme Vasous, parce que, précédés par le feu, ils abondent en splendeur et en puissance sont Apa, Dhrouva, Soma, Dhava, (le feu), Anila (le vent), Anala (le feu), Pratyousha (le point du jour) et Prabhasa (la lumière). Les quatre fils d'Upa furent Vaitandya, Srama (la lassitude), Sranta (la fatigue), et Dhour (le fardeau). Soma eut pour fils Varchas (la lumière) qui fut le père de Varchaswi (le rayonnement). Dhava eut de sa femme Manohara (l'amabilité) cinq fils, Dravina, Houthavyavaha, Sisira, Prana et Ramana. Les deux fils qu'Anila (le vent) eut de sa femme Siva, furent Manojuva (léger comme la pensée) et Avynatagoti (mouvement qui ne laisse pas de traces).

Le fils d'Agni (le feu), Kumara, naquit dans une touffe de roseaux dits Sara ; ses fils furent Sakha, Visakha, Naigameya et Pristaja. Le rejeton des Krittikas fut nommé Kartikeya. Le fils de Pratyousha fut le Rischi nommé Devala qui eut deux fils intelligents et instruits dans la philosophie. La sœur de Vachaspati, l'aimable et vertueuse Yogasiddha qui pénètre le monde entier, sans lui être attachée, fut la femme de Prabhasa le huitième des Vasous et elle eut de lui le patriarche Viswakarma, l'auteur d'un millier d'arts, le mécanicien des dieux, celui qui fabrique tous les ornements, le chef des artistes, le constructeur des chariots des dieux, qui se meuvent d'eux-mêmes ; c'est grâce à son habileté que les hommes obtiennent leur subsistance. Ajaikapad, Ahirwradhna, et le sage Roudra Twashtri naquirent; le fils de Twashtri fut le célèbre Viswaroupa. Voici les noms des onze Roupras bien connus comme les seigneurs des trois mondes : Hara, Bahouroupa, Tryambaka, Aparajita, Vrisbakapi, Sambhou, Kaparddi, Raivata, Mrigavyadha, Sarva et Kapali, mais il y a cent désignations différentes des Roudras dont le pouvoir est immense.

Les filles de Daksha qui furent mariées à Kasyapa furent Aditi, Diti, Danou, Sourasa, Sourabhi, Vinata, Tamra, Krodhavasa, Ida, Khasa, Kadrou et Muni ; je te dirai quelle fut leur race. Il y eut, dans un Manwantara antérieur douze déités puissantes, appelées Toushitas, qui à l'approche de la période présente, ou sous le règne du dernier Manou, Chakshousha, se réunirent et se dirent l'une à l'autre : « Allons; entrons promptement dans le sein d'Aditi, afin de pouvoir naître dans le prochain Manwantara, car par là nous jouissons du rang des dieux ; » ils naquirent donc, ayant pour mère Aditi, la fille de Daksha et pour père, Kasyapa, fils de Marichi ; ils furent, d'après le nom de leur mère, appelés les douze Adityas ; leurs noms respectifs sont Vishnou, Sakra, Aryaman, Dhouti, Twashtri, Poushan, Vivaswat, Savitri, Mitra, Varouna, Ansa et Bhaga. C'étaient les dieux appelés les Toushitas dans le Manwantara de Chakshousha, et

---

(248) Cette légende est une des plus anciennes de la mythologie indienne. On la retrouve avec quelques changements dans le Mahabharata. Plusieurs Pouranas, et notamment le Brahma, le Linga, l'Agni et le Bhagavata la répètent parfois avec les mêmes expressions que celles que présente notre texte. D'après le Bhagavata la malédiction lancée contre Narada était une condamnation à marcher sans relâche et sans cesse (ce qui rappelle la fable du Juif-Errant). Le Brahma-Pourana et d'après lui l'Harivansa font de cette légende un récit confus, d'après lequel Daksha fut apaisé par Brama et par les Rishis au moment où il allait lancer l'imprécation ; il fut convenu que Narada renaîtrait comme fils de Kasyapa et d'une des filles de Daksha. Voy. à cet égard une longue note de M. Wilson, p. 118.

ils furent nommés les douze Adityas dans le Manwantara de Vaivawata.

Les vingt-sept filles du patriarche qui devinrent les femmes vertueuses du dieu lune furent toutes connues comme les nymphes des constellations lunaires auxquelles elles donnèrent leurs noms, et elles eurent des enfants qui brillèrent d'une grande splendeur. Les femmes d'Arishtanemi lui donnèrent seize enfants. Les filles de Bahoupoutra furent les quatre éclairs. Les excellents Pratyangirasa Richas furent les enfants des Angiras descendus du sage saint et les armes déifiées des dieux furent les descendants de Krisaswa.

Ces classes de trente-trois divinités sont nées derechef à la fin d'un millier d'âges, selon leur propre gré, et la circonstance de leur apparition et disparution est mentionnée ici comme synonyme de naissance et de mort; mais apprends, Maitreya, que ces personnages divins existent d'âge en âge de la même manière que le soleil se couche et se lève de nouveau.

Il nous a été rapporté que Diti eut de Kasyapa deux fils; l'un fut Hiranyakasipou, l'autre l'invincible Hiranyaksha; elle eut aussi une fille Sinhika, femme de Viprachitti. Hiranyakasipou fut le père de quatre fils puissants, Anouhlada, Hlada, le sage Prahlada et l'héroïque Sanhlada qui accrut la race de Daitya. Le sage Prahlada, regardant toutes choses avec indifférence, dévoua sa foi entière à Janarddana. Les flammes qui furent allumées par le roi des Daityas ne consumèrent pas celui dans le cœur duquel régnait l'amour de Vasoudeva, et la terre entière trembla lorsque, retenu par des liens, il s'avança parmi les eaux de l'Océan. Son corps vigoureux ne fut point blessé par les traits lancés contre lui selon l'ordre du monarque des Daityas, et les serpents envoyés pour le détruire, dirigèrent en vain contre lui le souffle de leurs flammes empoisonnées. Accablé sous des rochers, il demeura exempt de souffrance, car il n'oublia jamais Vishnou, et le souvenir du dieu fut pour lui une armure à toute épreuve. Précipité d'une hauteur considérable par le roi des Daityas, la terre le reçut exempt de blessure. Le vent envoyé pour dessécher son corps fut anéanti par lui, car Madhousoudana était présent en sa personne. Les féroces éléphants des sphères rompirent leurs défenses et épuisèrent leur force contre la ferme poitrine de celui que le seigneur des Daityas leur avait ordonné d'attaquer.

Les prêtres du monarque ne retirèrent aucun résultat de toutes les cérémonies auxquelles ils se livrèrent dans le but de détruire celui qui était fermement attaché à Govinda, et les mille ruses du perfide Samvara demeurèrent sans succès. Il prit sans hésitation et sans qu'il s'ensuivit d'effets visibles, le poison qui lui fut administré par les officiers de son père, car il regardait le monde avec un calme parfait d'esprit et, plein de bienveillance, il considérait toute chose avec une affection égale. Il était juste; il était une mine inépuisable de vérité et un modèle infaillible pour tous les hommes pieux.

CHAPITRE XVI.

Demandes de Maitreya au sujet de l'histoire de Prahlada.

MAITREYA. — Vénérable Mouni, tu as décrit les races des êtres humains et Vishnou l'éternel, la cause de ce monde : mais quel était le puissant Prahlada dont tu m'as parlé en dernier lieu, que le feu ne put brûler, qui ne mourut point lorsqu'il était percé de traits, dont la présence fit trembler les eaux, quoiqu'il fût chargé de liens et qui, accablé sous des rochers, demeura sans blessure? Je désire entendre le récit de la puissance sans égale de ce sage adorateur de Vishnou. Pourquoi fut-il en butte aux attaques des fils de Diti? pourquoi un juste tel que lui fut-il précipité dans la mer? pourquoi fut-il mordu par des serpents venimeux? pourquoi fut-il jeté du sommet d'une montagne? pourquoi les prêtres des Daityas pratiquèrent-ils des cérémonies dans le but de le détruire? pourquoi les mille ruses de Samvara furent-elles un jeu à son égard? pourquoi lui fut administré ce poison qui ne fut pour lui qu'un breuvage inoffensif? Je suis impatient de connaître toutes ces choses, je te demande de me révéler l'histoire du magnanime Prahlada, l'objet de tant de merveilles éclatantes. Il n'est pas surprenant que les Daityas n'aient pu lui nuire, car que peut faire tort à l'homme qui fixe tout son cœur sur Vishnou ? mais il est étrange qu'un homme si vertueux, si constamment occupé à adorer Vishnou ait été l'objet, de la part de ses propres parents, d'une haine aussi acharnée. Tu peux m'expliquer pour quel motif les fils de Diti ont poursuivi un homme aussi pieux, aussi exempt de fautes! Des ennemis dangereux ne font pas la guerre à un être tel que lui, plein de sainteté et excellent à tous égards; comment son propre père a-t-il pu se conduire comme il l'a fait? Dis-moi, illustre Mouni, toute cette histoire en détail; je désire entendre le récit complet de ce qui concerne le souverain de la race de Daitya.

CHAPITRE XVII.

Légende de Prahlada; Hiranyakasipou, le souverain de l'univers; il disperse les dieux ou les réduit en servitude; son fils, Prahlada, reste dévoué à Vishnou; interrogé par son père, il loue Vishnou; Hiranyakasipou ordonne de le mettre à mort mais en vain; il est délivré à plusieurs reprises, et il enseigne à ses compagnons d'adorer Vishnou.

PARASARA. — Ecoute, Maitreya, l'histoire du sage

et magnanime Prahlada, dont les aventures sont toujours intéressantes et instructives.

Hiranyakasipou, le fils de Diti, avait autrefois réduit les trois mondes sous son autorité, se confiant en un don que lui avait accordé Brahma. Il avait usurpé la souveraineté d'Indra et il exerçait lui-même les fonctions du soleil de l'air, du seigneur des eaux, du feu et de la lune. Il était le dieu des richesses, il était le juge des morts et il s'appropriait à lui même sans réserve tout ce qui était offert aux dieux en sacrifice. Les dieux, abandonnant leurs sièges dans le ciel, prirent la fuite, et la frayeur que leur inspirait le Daitya, les mena à errer sur la terre, déguisés sous des formes mortelles.

Ayant conquis les trois mondes, Hiranyakasipou fut enflammé d'orgueil, et recevant les louanges des Gandharbas, il jouit de tout ce qu'il désirait. Les Gandharbas, les Siddhas, et les dieux-serpents étaient tout autour du puissant Hiranyakasipou, lorsqu'il était assis à la table du banquet. Les Siddhas se tenaient debout devant lui; quelques-uns jouant de divers instruments de musique, d'autres chantant des hymnes à sa louange, d'autres poussant des cris de victoire, tandis que les nymphes du ciel dansaient gracieusement dans le palais de cristal où l'Asura vidait avec plaisir la coupe enivrante.

L'illustre fils du roi des Daityas, Prahlada, n'étant encore qu'un enfant, résidait dans la demeure de son précepteur, où il lisait les écrits qu'on étudie dans le premier âge. Dans une occasion il vint, accompagné de son maître, à la cour de son père, et se prosterna aux pieds du roi qui était occupé à boire. Hiranyakasipou lui enjoignit de se relever et lui dit : « Répète, enfant, la substance de ce que tu as appris dans le cours de tes études. » Prahlada répondit : « Écoute, seigneur, car je vais, selon tes ordres, redire la substance de ce que j'ai appris ; prête une oreille attentive à ce qui occupe extrêmement mes pensées : J'ai appris à adorer celui qui n'a ni commencement, ni milieu, ni fin, ni augmentation, ni diminution, le Seigneur impérissable du monde, la cause universelle des causes. »

En entendant ces paroles, le souverain des Daityas, les yeux rouges de colère et la lèvre enflée d'indignation, se tourna vers le précepteur de son fils et lui dit : « Misérable Brahmane, quel est ce panégyrique effronté de mon ennemi que, sans respect pour moi, tu as enseigné à cet enfant ? — Roi des Daityas, » répondit le précepteur, « il n'est pas digne de toi de t'abandonner à la colère ; ce n'est point moi qui ai enseigné à ton fils ce qu'il a répété. »

Alors Hiranyakasipou dit à son fils : « Enfant, qui est-ce donc qui t'a enseigné la leçon que tu as récitée ? ton précepteur déclare que ce n'est point lui. — Mon père, » répondit Prahlada, « Vishnou est celui qui instruit le monde entier ; quel autre, si ce n'est lui, l'esprit suprême, peut enseigner ? — Insensé, » s'écria le roi, « quel est ce Vishnou dont tu répètes avec tant d'insolence le nom devant moi, qui suis le souverain des trois mondes. »

Prahlada répondit : « La gloire de Vishnou doit être l'objet des méditations de l'homme pieux ; elle ne peut être décrite ; il est le seigneur suprême qui est toutes choses et duquel toutes choses procèdent. » Le roi répliqua : « Désires-tu la mort, puisque tu donnes le titre de seigneur suprême à un autre que moi tant que je suis en vie ? » Prahlada répondit : « Vishnou, qui est Brahma, est le créateur et le protecteur non-seulement de ma personne, mais aussi de tous les êtres humains ; c'est également le tien, mon père ; il est le seigneur suprême de toutes choses. D'où vient que tu te regardes comme offensé ? » Hiranyakasipou s'écria alors : « Quel malin esprit est entré dans la poitrine de cet enfant insensé qui profère de tels blasphèmes ? — Ce n'est pas seulement dans mon cœur qu'est entré Vishnou, » dit Prahlada, « il pénètre toutes les régions de l'univers, et par son omniprésence il dirige la conduite de tous les êtres, la mienne, ô mon père, et la tienne. — Loin d'ici, misérable ! » s'écria le roi ; « ramenez-le à la demeure de son précepteur. Qui est-ce qui a pu le porter à répéter les louanges mensongères de mon ennemi ? »

D'après les ordres donnés par son père, Prahlada fut ramené par les Daityas à la demeure de son maître ; là, écoutant avec assiduité les leçons de son précepteur, il fit de continuels progrès dans la sagesse. Après qu'une période considérable se fut écoulée, le souverain des Asuras l'envoya chercher de nouveau, et lorsqu'il fut arrivé en sa présence, il lui demanda de réciter quelque composition poétique. Prahlada commença immédiatement en ces termes :

« O Vishnou, sois-nous favorable, toi qui es l'origine de la matière et de l'âme, toi d'où procède tout ce qui s'agite et tout ce qui est dépourvu de mouvement. » En entendant ces paroles, Hiranyakasipou s'écria : « Tuez ce misérable ! il est indigne de vivre, car il est traître à ses amis, et il souille sa propre race. » Les satellites du roi, obéissant à ses ordres, saisirent leurs armes et se précipitèrent en foule sur Prahlada dans le but de le détruire. Le prince les regarda avec calme et dit : « Daityas, aussi vrai que Vishnou est présent dans vos armes et dans mon corps, vos efforts pour me nuire resteront impuissants. » Il en fut ainsi, et quoique frappé à coups répétés par une centaine de Daityas, le prince ne ressentit pas la moindre souffrance, et sa vigueur fut constamment renouvelée. Son père entreprit alors de le dissuader de glorifier son ennemi et lui promit en ce cas son pardon ; mais Prahlada répliqua qu'il n'éprouvait aucune crainte tant que le protecteur immortel qui le mettait à l'abri de tous les dangers était présent en son esprit ; il ajouta que le souvenir de ce protecteur était seul suffisant pour dissiper tous les périls qui sont la conséquence de la nature humaine et de sa faiblesse.

Hiranyakasipou, exaspéré, ordonna aux serpents de se jeter sur son fils rebelle et de lui donner la mort en le mordant avec leurs crochets empoisonnés ; alors les grands serpents Kouhaka, Takshaka et Andhaka, remplis d'un fatal poison, mordirent le prince en chaque partie de son corps ; mais lui, gardant ses pensées irrévocablement fixées sur Krishna, n'éprouva aucune peine de leurs blessures, étant plongé dans la méditation extatique de cette divinité.

Alors les serpents s'adressèrent au roi et s'écrièrent : « Nos crochets sont brisés, nos crêtes sont rompues, la fièvre est dans nos chaperons et la crainte dans nos cœurs ; mais la peau du jeune homme reste intacte ; aie recours, ô monarque des Daityas, à quelque autre expédient. — O éléphants des cieux, » s'écria alors le démon, « unissez vos défenses et détruisez celui qui abandonne son père et qui conspire avec mes ennemis. C'est ainsi que souvent nos descendants sont les agents de notre destruction, de même que le feu consume le bois d'où il jaillit. »

Le jeune prince fut alors assailli par les éléphants des cieux, aussi gigantesques que les pics des montagnes ; ils le jetèrent par terre, le foulèrent aux pieds et le déchirèrent avec leurs défenses, mais il persista à tenir sa pensée fixée sur Govinda, et les défenses des éléphants s'émoussèrent sur sa poitrine. « Vois, » dit-il à son père, « les défenses des éléphants, aussi dures que le diamant, sont émoussées, mais ce n'est point par un effet de ma force ; invoquer Janarddana est mon moyen de défense contre ces redoutables attaques. »

Alors le roi dit à ses satellites : « Renvoyez les éléphants, et que le feu le consume ; et toi, divinité des vents, attise les flammes afin que ce misérable soit consumé. » Et les Danavas élevèrent autour du prince une haute pile de bois, et ils allumèrent le feu afin de le brûler, ainsi que leur maître le leur avait commandé. Mais Prahlada s'écria : « O mon père, ce feu, quoique attisé par les vents, ne me brûle pas, et tout à l'entour j'aperçois la face des cieux, fraîche et embaumée, avec des lits de fleurs de lotus. »

Alors les Brahmanes, qui étaient les fils de Bhargava, prêtres illustres qui récitaient le Sama-Veda, dirent au roi des Daityas : « Seigneur, réprime la colère qui t'emporte contre ton propre fils. Comment la colère réussira-t-elle à trouver une place dans les demeures célestes ? Quant à cet enfant, nous serons ses instructeurs, nous lui enseignerons à être soumis et à travailler avec zèle à la destruction de tes ennemis ; la jeunesse est la saison de beaucoup d'erreurs, il ne faut donc pas qu'un enfant t'irrite d'une façon implacable. S'il refuse de nous écouter et d'abandonner la cause d'Hari, nous adopterons des moyens infaillibles pour lui donner la mort. » Le roi des Daityas, sollicité de la sorte par les prêtres, commanda que le prince fût délivré du milieu des flammes.

Rentré dans la demeure de son précepteur, Prahlada donna lui-même, dans ses moments de loisir, des leçons aux fils des démons. « Fils des rejetons de Diti, » avait-il coutume de leur dire, « écoutez de moi la vérité suprême ; c'est la seule chose à laquelle il faille s'attacher, la seule qu'il convienne de désirer ici-bas. La naissance, l'enfance et la jeunesse sont le partage de toutes les créatures ; vient ensuite une décadence graduelle et inévitable qui se termine par la mort de tous les êtres, enfants des Daityas ; c'est manifeste pour tous, pour vous comme pour moi. Les textes sacrés garantissent que les morts renaissent et qu'il ne peut en être autrement, mais la production ne peut avoir lieu sans une cause matérielle, et aussi longtemps que la conception et l'enfantement sont les causes matérielles des naissances qui se répètent, aussi longtemps, soyez en sûrs, la souffrance est inséparable de toute période de l'existence. L'ignorant s'imagine, dans son inexpérience, que l'exemption de la faim, de la soif, du froid et des autres douleurs, constitue le plaisir ; mais en vérité cette exemption est pénible, car la souffrance donne du plaisir à ceux dont la vue est obscurcie par l'illusion, de même que la fatigue serait une jouissance pour des membres incapables de se mouvoir. Ce corps misérable est un composé de diverses humeurs. Où sont sa beauté, sa grâce, son odeur suave et autres qualités estimables ? L'insensé qui est épris d'un corps formé de chair, de sang, d'ordures, d'os et de moelle, sera épris de l'enfer La sensation agréable que cause le feu est l'effet du froid ; celle de l'eau est causée par la soif ; celle des aliments par la faim, et c'est ainsi que les objets dérivent leur agrément de ce qui leur est contraire. L'enfant des Daityas qui prend une femme, ne fait qu'introduire la misère en son sein, car les affections d'une créature vivante sont autant d'épines enfoncées en son cœur, et celui qui possède des trésors en sa maison est poursuivi, en quelque lieu qu'il aille, de la crainte qu'ils ne soient perdus, brûlés ou volés. Il y a donc une grande peine à avoir reçu le jour; l'homme mourant est soumis aux tortures infligées par le juge des morts et aux douleurs d'une nouvelle naissance. Vraiment, je vous le dis, dans cet océan du monde, dans cette mer abondante en chagrins, Vishnou est votre seul espoir. Si vous alléguez que vous ne connaissez nullement ces choses-là; si vous dites : « Nous « sommes des enfants; l'esprit enfermé dans des « corps est éternel; la naissance, la jeunesse, la dé- « crépitue, sont les propriétés du corps et non de « l'âme, » vous vous trompez vous-mêmes. Les hommes disent dans leur jeunesse : « Je suis bien jeune « encore, mais quand je deviendrai vieux, je ferai ce « qui est nécessaire au bien de mon âme; » plus tard ils disent : « Je suis vieux maintenant, comment « pourrai-je, lorsque mes facultés m'abandonnent, « accomplir ce qui est resté inachevé lorsque ma « force était entière? »

« C'est ainsi que les hommes, lorsque leurs esprits sont distraits par les plaisirs des sens, font toujours des projets et n'arrivent jamais au bonheur final; ils meurent altérés. S'adonnant dans l'enfance à des jeux futiles, et dans la jeunesse au plaisir, ignorants et impuissants, ils se laissent surprendre par la vieillesse. Il faut donc que, même dans l'enfance, l'esprit renfermé dans le corps acquière une sagesse qui le mette à même de discerner ce qu'il faut faire, et qui soit indépendante des conditions de l'enfance, de la jeunesse ou du grand âge. Vous savez que ce que je vous dis est conforme à la vérité; dirigez donc vos pensées sur Vishnou, qui délivre de toute servitude. Quelle difficulté y a-t-il à penser à celui qui, lorsqu'on se souvient de lui, accorde la prospérité? En dirigeant sur lui sa pensée, le jour et la nuit, l'homme obtient que tous ses péchés soient effacés. Que toutes vos pensées et toutes vos affections soient fixées sur celui qui est présent dans tous les êtres, et vous serez affranchis de toute préoccupation. Le monde entier souffre, livré à une triple affliction. Quel homme sage pourrait ressentir de la haine pour des êtres qui sont des objets de compassion? Si la fortune leur est propice, et si je suis hors d'état de prendre part aux plaisirs qu'ils goûtent, pourquoi aurais-je du mauvais vouloir à l'égard de ceux qui sont plus heureux que je ne le suis? Je dois plutôt sympathiser avec leur bonheur, car la suppression des sentiments de malignité est en elle-même une récompense. Si des êtres sont hostiles les uns aux autres, et s'ils se livrent à la haine, ils sont des objets de pitié pour le sage qui les voit livrés à une illusion profonde. Ces motifs doivent réprimer la haine et s'adaptent à la capacité de ceux qui voient la Divinité distincte de ses créatures. Ecoutez succinctement ce qui influence ceux qui ont approché de la vérité. Ce monde entier n'est qu'une manifestation de Vishnou, lequel est identifié avec toutes choses; le sage doit donc le regarder comme n'étant pas différent de toutes choses, mais comme n'étant qu'un avec elles. Mettons ainsi de côté les passions irascibles de notre race, et efforçons-nous d'obtenir ce bonheur parfait, pur et éternel, qui sera au delà du pouvoir des éléments ou de leurs déités, au delà du feu, du soleil, de la lune, du vent, d'Indra, du souverain de la mer, qui ne sera point troublé par les esprits de l'air ou de la terre, par les Yakshas, les Daityas ou leurs chefs, par les dieux serpents ou par les demi-dieux monstrueux du Swerga, qui ne sera point interrompu par les hommes, ou par les bêtes, ou par les infirmités de la nature humaine; par la maladie corporelle, ou par l'infirmité, ou par la haine, l'envie, la malice, la colère ou le désir; que rien ne molestera, et dont jouira quiconque fixe son cœur entier sur Kesava. Vraiment, je vous le dis, vous n'aurez nulle satisfaction dans les diverses révolutions qu'il faut traverser dans ce monde perfide, mais vous obtiendrez le repos en vous assurant la faveur de Vishnou, dont l'adoration procure un calme parfait. Qu'y a-t-il ici de difficile à obtenir, lorsque tel est son plaisir? La fortune, le plaisir, la vertu, sont des objets de peu d'importance. Soyez certains qu'il sera d'un grand prix, le fruit que vous retirerez de l'approvisionnement inépuisable de l'arbre de la véritable sagesse. »

CHAPITRE XVIII.
Efforts réitérés de Hiranyakasipou pour détruire son fils; ils sont constamment déjoués.

Les Danavas, observant la conduite de Prahlada, en instruisirent le roi, dans la crainte d'encourir son déplaisir. Il envoya chercher ses cuisiniers et il leur dit : « Mon fils pervers et corrompu enseigne aux autres ses doctrines impies; hâtez-vous de mettre fin à son existence. Qu'un poison mortel soit, sans qu'il le sache, mêlé à tous ses aliments. N'hésitez pas, mais détruisez ce misérable sans délai. » Ils firent ce qui leur était commandé et ils administrèrent du poison au vertueux Prahlada, conformément aux ordres qu'ils avaient reçus. Prahlada, répétant le nom de l'Être impérissable, mangea et digéra la nourriture où le poison mortel avait été répandu, et il n'en ressentit aucun mal, ni en son corps, ni en son esprit, car le poison avait été rendu inoffensif par le nom de l'Éternel.

En voyant que ce poison énergique avait été digéré, ceux qui avaient préparé les aliments furent saisis d'effroi : ils s'empressèrent d'aller trouver le roi, et ils tombèrent devant lui et lui dirent : « O roi des Daityas, le poison redoutable que nous avons donné à ton fils a été digéré par lui avec ses aliments, comme la substance la plus inoffensive. »

Hiranyakasipou, entendant ces paroles, s'écria : « Hâtez-vous, hâtez-vous, prêtres de la race des Daityas, accomplissez de suite les cérémonies qui assureront sa destruction. » Alors les prêtres vinrent vers Prahlada, et ayant répété les hymnes du Sama-Veda, ils lui adressèrent ces paroles qu'il écouta respectueusement : « Prince, tu es né dans la famille de Brahma, célèbre dans les trois mondes, tu es le fils d'Hiranyakasipou, fils des Daityas; pourquoi te reconnais-tu comme subordonné aux dieux? Ton père est le soutien de tous les mondes, comme tu le seras à ton tour. Cesse donc de célébrer les louanges d'un ennemi, et souviens-toi que, de tous les précepteurs dignes de respect, un père est le plus vénérable. »

Prahlada répondit : « Illustres Brahmanes, il est vrai que la famille de Marishi est renommée dans les trois mondes; cela est incontestable et j'admets également ce qui ne saurait être nié, que la puissance de mon père s'étend sur l'univers. Vous avez parfaitement raison de dire qu'un père est le plus vénérable de tous les saints précepteurs; il est sans doute digne du plus profond respect. Je n'ai rien à objecter à toutes ces choses; mon esprit s'empresse d'y acquiescer, mais quand vous demandez pourquoi je me soumets aux dieux, vous employez des paroles vides de sens et je ne puis y souscrire. » Ayant parlé de la sorte, il garda un moment le silence, étant retenu par le respect qu'il avait pour leurs fonctions sacrées, mais il ne put s'empêcher de sourire et il reprit, disant : « Ecoutez ce que j'ai à vous dire du Dieu éternel. Les quatre objets que se proposent les hommes sont indiqués comme étant la vertu, le désir, la richesse et l'émancipation finale. Celui qui est la source de toutes ces choses n'est-il pas digne d'être adoré? C'est de l'Etre éternel que Daksha, Marishi et les autres patriarches ont obtenu la vertu qu'ils ont montrée; d'autres ont reçu de lui l'opulence; d'autres la satisfaction de leurs désirs, tandis que ceux qui, par le moyen de la vraie sagesse et de la sainte contemplation, sont parvenus à connaître son essence, ont été relâchés de leur servitude et ont obtenu d'être pour toujours délivrés de l'existence. La glorification d'Hari est la source de toutes les richesses, de la renommée, de la dignité, de la sagesse, de la postérité, de la justice et de la délivrance. La vertu, l'opulence, le désir et même la libération finale, tels sont, Brahmanes, les fruits qu'il accorde. Mais je n'ai pas à en dire davantage; vous êtes mes maîtres vénérables, et que vous désiriez le bien ou le mal, ce n'est pas à mon faible jugement à décider. »

Les prêtres répondirent : « Nous t'avons sauvé lorsque tu étais au moment d'être dévoré par le feu; nous avons l'espoir que tu ne feras plus l'éloge des ennemis de ton père; nous ne savions pas jus-

qu'à quel point tu étais dépourvu de sagesse; mais si tu persistes dans ta folie et si tu repousses nos avis, nous accomplirons les cérémonies qui te détruiront infailliblement. »

Prahlada répondit à leur menace : « Quelle est la créature vivante qui tue ou qui est tuée? Quelle est la créature vivante qui conserve ou qui est conservée? Chaque homme est son propre destructeur ou son propre sauveur, selon qu'il accomplit le bien ou le mal. »

Les prêtres du souverain des Daityas, entendant les paroles du jeune homme furent irrités et eurent immédiatement recours à des enchantements magiques au moyen desquels fut engendrée la forme d'une femme entourée de flammes ardentes : elle était d'un aspect terrible, et la terre se dessécha sous ses pas lorsqu'elle avança vers Prahlada, et le frappa à la poitrine avec un trident enflammé. Ce fut en vain; l'arme tomba sur le sol, brisée en cent morceaux. Une arme bien plus puissante encore que la foudre serait mise en pièces contre la poitrine de celui chez qui réside l'impérissable Hari. La créature magique que les méchants prêtres avaient dirigée contre le vertueux prince, se retourna alors contre eux et disparut, après les avoir promptement détruits. Mais Prahlada, les voyant périr, se hâta d'invoquer le secours de Krishna, l'éternel; il s'écria : « O Janarddana, toi qui es en tout lieu, le créateur et la substance du monde, préserve ces Brahmanes de ce feu magique et intolérable. De même que tu es Vishnou, présent en toutes les créatures et le protecteur du monde, fais que ces prêtres soient rendus à la vie. Si, dévoué à Vishnou, présent en tous lieux, je n'éprouve nul ressentiment contre mes ennemis, que ces prêtres soient rendus à la vie. J'ai regardé comme mes amis ceux qui sont venus pour me tuer, ceux qui m'ont donné du poison, le feu qui m'aurait brûlé, les éléphants qui m'auraient écrasé, les serpents qui m'auraient mordu. Si mon âme est restée inébranlable et si j'ai été sans faute à tes yeux, je t'implore afin que ces prêtres soient rappelés à la vie. »

Lorsqu'il eut ainsi prié, les Brahmanes se levèrent immédiatement, n'ayant aucun mal et livrés à l'allégresse, et s'inclinant devant Prahlada, ils le bénirent et dirent : « Excellent prince, que tes jours soient nombreux; que ta vaillance soit irrésistible; que la puissance et la postérité soient ton partage, et que ta postérité soit glorieuse. » Ayant ainsi parlé, ils se retirèrent et allèrent raconter au roi des Daityas tout ce qui s'était passé.

CHAPITRE XIX.

Dialogue entre Prahlada et son père; il est précipité du haut du palais et n'éprouve aucun mal; il déjoue les enchantements de Samvara; il est jeté dans la mer chargé de chaînes; il loue Vishnou.

Lorsque Hiranyakasipou apprit que les puissants

enchantements de ses prêtres avaient été sans résultat, il envoya chercher son fils et lui demanda le secret de sa puissance extraordinaire. « Prahlada, » dit-il, « tu possèdes un pouvoir merveilleux ; d'où dérive-t-il ? est-il le résultat de cérémonies magiques, ou t'a-t-il accompagné depuis ta naissance ? »

Prahlada, interrogé de la sorte, se prosterna aux pieds de son père et répondit : « Quel que soit le pouvoir que je possède, mon père, il n'est ni le résultat de cérémonies magiques, ni inséparable de ma nature ; ce n'est rien de plus que ce que possèdent tous ceux dans le cœur desquels réside Achyouta. Celui qui ne veut point de mal aux autres, mais qui les regarde comme une partie de lui-même, est exempt des effets du péché, puisque la cause du péché ne subsiste plus ; mais celui qui, par action, par parole ou par pensée, inflige de la peine aux autres, sème le germe de la vie future et le fruit qui l'attend après sa naissance est la souffrance. Je ne désire de mal à personne ; je ne fais et ne dis rien qui puisse nuire, car je considère Kesava dans tous les êtres comme dans ma propre substance. Pourquoi des souffrances corporelles ou des douleurs mentales infligées par les éléments ou par les dieux m'affecteraient-elles, moi dont Kesava a complètement purifié le cœur ? L'affection pour toutes les créatures sera bien forte et permanente chez tous ceux qui sont assez sages pour savoir que Hari est toutes choses. »

Lorsqu'il eut parlé ainsi, le monarque Daitya, le visage assombri par la fureur, commanda à ses satellites de précipiter son fils du sommet du palais qui avait beaucoup de yojanas de hauteur, et de le lancer dans les précipices où son corps devait se briser contre les rochers. Les Daityas précipitèrent donc le jeune homme ; il tomba, chérissant Hari en son cœur, et la Terre, la nourrice de toutes les créatures, reçut doucement celui qui était entièrement dévoué à Kesava, le protecteur du monde.

Voyant que Prahlada n'avait éprouvé aucun mal dans cette chute terrible et que nul de ses os n'était brisé, Hiranyakasipou s'adressa à Samvara, le plus puissant des enchanteurs, et lui dit : « Nous ne pouvons détruire cet enfant rebelle : toi qui es puissant dans les arts du sortilége, trouve quelque moyen pour le détruire. » Samvara répondit : « Je le détruirai ; tu verras, roi des Daityas, le pouvoir de nos sortiléges, les milliers et les myriades d'artifices qu'il peut employer. » L'ignorant Samvara recourut alors à des moyens subtiles pour exterminer Prahlada à l'esprit ferme ; mais celui-ci, le cœur tranquille et exempt de mauvais vouloir à l'égard de Samvara, dirigea sans interruption ses pensées vers le destructeur de Madhou ; celui-ci envoya pour défendre le jeune homme, le bouclier excellent, le Soudarsana flamboyant, et les milliers de machinations de Samvara furent toutes déjouées par ce défenseur du prince. Alors le roi des Daityas commanda au vent desséchant de diriger sur son fils son souffle destructeur, et, obéissant à cet ordre, le vent pénétra immédiatement en son corps, froid, coupant, desséchant et insupportable. Sachant que le vent avait pénétré en son corps, le prince appliqua tout son cœur à l'être puissant qui soutient la terre, et Janarddana, assis sur son cœur, s'émut et but le vent redoutable qui s'était ainsi empressé de courir vers son anéantissement.

Lorsque les ruses de Samvara furent toutes déjouées et que le vent destructeur eut péri, le prince prudent se rendit à la résidence de son précepteur. Son maître l'instruisait journellement dans la science de la politique comme essentielle à l'administration du gouvernement et comme inventée par Usanas pour le bien des rois ; et lorsqu'il pensa que le prince, recommandable par sa modestie, était bien versé dans les principes de la science, il dit au roi que Prahlada était parfaitement au fait des règles du gouvernement, telles qu'elles ont été posées par le descendant de Bhrigou.

Hiranyakasipou fit alors appeler le prince en sa présence et lui demanda de répéter ce qu'il avait appris ; comment un roi devait se conduire à l'égard de ses amis ou de ses ennemis, quelles mesures il devait adopter aux trois périodes (de l'avancement, de la rétrogradation ou de la stagnation), comment il devait traiter ses conseillers, ses ministres, les officiers de son gouvernement et de sa maison, ses émissaires, ses sujets, ses alliés douteux et ses ennemis ; avec qui il devait contracter alliance, contre qui faire la guerre ; quelle sorte de forteresse il devait construire ; comment il fallait s'y prendre pour réduire les tribus sauvages établies dans les bois ou sur les montagnes, comment il fallait déraciner les abus de l'administration intérieure : le jeune homme reçut l'ordre d'expliquer toutes ces choses et toutes celles qu'il avait étudiées. Alors Prahlada s'étant incliné avec affection et avec respect aux pieds de son père, se toucha le front et répondit en ces termes :

« Il est vrai que j'ai été instruit dans tous ces objets par mon vénérable précepteur, et je les ai appris, mais je ne peux les approuver en tout. Il est dit que c'est par la conciliation, les dons, les châtiments et en semant des discordes qu'on réussit à s'assurer des amis ou à triompher de ses ennemis ; mais, pour moi, ô mon père, ne sois pas irrité, je ne connais ni amis ni ennemis, et lorsqu'il n'y a pas d'objet à atteindre, les moyens à employer sont superflus. Il serait absurde de parler d'ami ou d'ennemi à l'égard de Govinda, qui est l'âme suprême, le seigneur du monde, qui se compose du monde et qui est identique avec tous les êtres. Le divin Vishnou est en toi, mon père ; il est en moi et il est dans tous les autres êtres ; comment pourrais-je donc parler d'amis ou d'ennemis comme d'objets distincts de moi-même ? C'est donc perdre le temps que de cultiver des sciences aussi fastidieuses et dénuées de profit ; elles ne sont qu'une fausse connaissance, et toute notre énergie doit s'appliquer à l'acquisition de la véritable sagesse. L'idée que l'ignorance est la connaissance, provient de l'ignorance. Est-ce que l'enfant ne s'imagine pas que la mouche luisante est une étincelle enflammée ? Le devoir consiste à accomplir ce qui tend à notre délivrance ; la science consiste à connaître ce qui nous tire de l'esclavage ; tout autre devoir, toute autre science sont sans résultat. Connaissant ces choses, je regarde comme superflu l'accomplissement de ce qui n'est véritablement pas profitable, et ce qui mérite ce nom, je vais le déclarer ; écoute-moi donc, ô puissant monarque, moi qui suis prosterné devant toi.

« Celui qui ne se soucie point de posséder la richesse, obtiendra certainement la puissance et la richesse dans une vie future. Tous les hommes s'efforcent d'acquérir la grandeur, mais les hommes doivent la grandeur à leur destinée et non à leurs propres efforts. Les royaumes sont les cadeaux du destin qui les accorde à des êtres stupides, ignorants ou lâches, n'ayant nulle connaissance de la science du gouvernement. Que celui qui aspire aux biens de la fortune s'applique donc à la pratique de la vertu ; que celui qui espère la délivrance finale apprenne à regarder toutes choses comme étant égales et comme étant les mêmes. Les dieux, les hommes, les animaux, les oiseaux, les reptiles, ne sont tous que des formes de l'éternel Vishnou, et elles existent comme détachées de lui-même. Celui qui sait ces choses regarde tous les êtres mobiles ou immobiles compris en ce monde, comme étant identiques avec sa propre personne et comme procédant également de Vishnou qui prend une forme universelle. Le dieu glorieux de toutes choses ; le dieu qui n'a ni commencement ni fin, est satisfait de l'homme qui connaît ces choses, et lorsqu'il est satisfait, toute affliction est terminée. »

En entendant ces paroles, Hiranyakasipou s'élança de son trône dans un accès de fureur et frappa violemment de son pied la poitrine de son fils. Brûlant de rage, il se tordit les mains et s'écria : « O Viprachitti ! ô Rahou ! ô Bali ! liez-lui le cou de fortes attaches et jetez-le dans l'Océan, sinon les habitants de toutes les régions, les Daityas et les Danavas seront convertis aux doctrines de ce misérable insensé. En dépit de nos défenses réitérées, il persiste encore à louer nos ennemis. La mort est la juste récompense de la désobéissance. »

Les Daityas lièrent alors le prince avec de fortes cordes, ainsi que leur maître le leur avait commandé, et ils le jetèrent à la mer. Comme il flottait sur les eaux, l'Océan fut violemment agité dans toute son étendue, et il s'éleva en vagues monstrueuses, menaçant de submerger la terre. Lorsque Hiranyakasipou vit cela, il commanda aux Daityas de jeter des rochers dans la mer et de les empiler les uns sur les autres, ensevelissant ainsi sous leur masse celui que le feu ne pouvait brûler, que les dards ne pouvaient percer, que les serpents ne pouvaient mordre, que le vent pestilentiel ne pouvait suffoquer, que le poison et les enchantements magiques ne pouvaient détruire, qui tombait des hauteurs les plus élevées sans éprouver aucun mal, qui déjouait les efforts des éléphants des sphères, un fils au cœur dépravé dont la vie était une malédiction perpétuelle : « Puisqu'il ne peut mourir, » cria le roi, qu'il « vive pendant des milliers d'années au fond de l'Océan, écrasé sous des montagnes. »

Les Davanas et les Daityas précipitèrent donc de lourds rochers sur Prahlâda, lorsqu'il était dans le vaste Océan, et ils les entassèrent sur lui dans un espace de beaucoup de milliers de milles ; mais lui, conservant l'esprit exempt de tout trouble et restant au fond de la mer sous cette pile de montagnes, offrait journellement ses prières à Vishnou, en s'exprimant en ces termes :

« Gloire à toi, dieu à l'œil de lotus ; gloire à toi, le plus parfait des êtres spirituels, gloire à toi, âme de tous les mondes ; gloire à toi, qui manies le disque tranchant ; gloire au meilleur des Brahmanes, à l'ami des Brahmanes et des troupeaux ; gloire à Krishna, le préservateur du monde ; gloire à Govinda. Louange à celui qui, comme Brahma, crée l'univers et qui en conserve l'existence. Adoration à toi qui, à la fin d'un kalpa, prends la forme de Roudra et qui possèdes une triple forme. O Achyouta, tu es les dieux, les Yakshas, les démons, les saints, les serpents, les chantres et les danseurs du ciel, les lutins, les esprits malins, les hommes, les animaux, les oiseaux, les insectes, les reptiles, les plantes et les pierres, la terre, l'eau, le ciel, le feu, le vent, le son, le toucher, l'odeur, le goût, la couleur, l'esprit, l'intelligence, l'âme, le temps et les qualités de la nature ; tu es toutes ces choses et le principal objet d'elles toutes. Tu es la science et l'ignorance, la vérité et la fausseté, le poison et l'ambroisie. Tu es l'accomplissement et la cessation des actes ; tu es l'accomplissement des actions que les Védas recommandent ; tu es celui qui jouit du fruit de tous les actes et le moyen de leur accomplissement. O Vishnou, toi qui es l'âme de toutes choses, tu es le fruit de tous les actes de piété ! Tu es répandu en moi et dans les autres hommes, dans toutes les créatures, dans tous les mondes. De pieux solitaires font de toi l'objet de leurs méditations, des prêtres fervents t'offrent des sacrifices. Toi seul, identique avec les dieux et avec les pères de la race humaine, tu reçois les offrandes livrées aux flammes. L'univers est ta forme intellectuelle ; de là a procédé ce monde qui est ta forme subtile ; de là tu es tous les éléments subtils et les êtres élémentaires et le principe subtil qui est en eux et qui est appelé âme. De là, l'âme suprême de tous les objets distingués comme subtils ou comme grossiers, âme qui ne peut être ni aperçue ni comprise ; elle est une de tes formes. Gloire à toi, Pouroushottama, et gloire à cette forme impérissable qui, âme de toutes choses, est une autre manifestation de ta puissance, l'asile de toutes les qualités qui existent dans toutes les créatures. Je salue cette déesse suprême qui est au delà des sens, que l'esprit et la langue ne peuvent définir, et qui ne peut être distinguée que par l'esprit de l'homme doué de la véritable sagesse. Om ! hommage à Vasoudeva, à celui qui est le seigneur éternel, à celui duquel nul objet n'est distingué et qui est distingué de toutes choses. Gloire derechef et toujours au grand esprit, à celui qui est sans nom et sans forme, et que les habitants du ciel adorent dans les formes manifestées en ses descentes sur la terre, car ils ne contemplent pas sa nature inscrutable. Je glorifie Vishnou, le dieu suprême, le témoin universel, celui dont les regards embrassent en tous lieux le bien et le mal. Gloire à ce Vishnou qui est un avec ce monde. Puisse-t-il, lui sur qui se fixent les méditations comme étant le commencement de l'univers, avoir pitié de moi! puisse-t-il, lui qui supporte toutes choses et en qui toutes choses sont entrelacées, lui qui est impérissable et qui ne peut déchoir, puisse-t-il avoir pitié de moi! Gloire à l'Etre auquel tout retourne et dont tout procède, qui est tout et en qui toutes choses sont, à celui qui est avec moi, et qui est partout. Je suis toutes choses ; toutes choses sont en moi qui suis éternel. Je ne puis périr ; je subsiste toujours ; je suis l'asile de l'esprit suprême. Brahma est mon nom, l'âme suprême qui est avant toutes choses et qui est après la fin de toutes choses. »

CHAPITRE XX.

Vishnou apparaît à Prahlada. Hiaryakasipou s'apaise et se réconcilie avec son fils ; il est mis à mort par Vishnou comme le Nrisinha. Prahlada devient roi des Daityas ; sa prospérité ; fruit que procure l'audition de son histoire.

En méditant ainsi sur Vishnou, comme étant identique avec son esprit, Prahlada devint comme un avec lui, et finalement se regarda lui-même comme la divinité ; il oublia complétement sa propre individualité et il n'eut plus conscience de rien, si ce n'est qu'il était l'âme suprême, éternelle, inépuisable ; en conséquence de l'efficacité de cette conviction d'identité, l'impérissable Vishnou, dont l'essence est la sagesse, devint présent dans son cœur qui fut entièrement purifié du péché. Aussitôt que, par la force de sa contemplation, Prahlada fut devenu un avec Vishnou, les liens qui le garrottaient se rompirent immédiatement ; l'Océan fut violemment agité ; les monstres de la mer furent saisis d'effroi ; la terre trembla avec toutes ses forêts et toutes ses montagnes, et le prince, écartant les rochers que les démons avaient empilés sur lui, sortit du sein des ondes. Lorsqu'il revit le monde extérieur et qu'il contempla la terre et le ciel, il se rappela qui il était et se reconnut comme étant Prahlada, et il adressa de rechef un hymne à Pouroushottama, qui est sans commencement ni fin ; son esprit étant avec fermeté et sans déviation adressé à l'objet de ses prières, et ses discours, ses pensées et ses actes étant soumis au contrôle énergique de sa raison, il s'exprima ainsi :

« Om ! gloire au terme de toutes choses, à toi, seigneur, qui es immatériel et substantiel, immuable et muable, divisible et indivisible, définissable et indéfinissable, le sujet des attributs et dépourvu d'attributs, résidant dans les qualités, quoiqu'elles ne résident pas en toi, mince et étendu, visible et invisible, la laideur et la beauté, l'ignorance et la sagesse, la cause et l'effet, l'existence et la non-existence, comprenant tout ce qui est bien et mal ; essence des aliments périssables et impérissables. Tu es à la fois l'unité et la multiplicité ; gloire à toi, Vasoudeva, première cause de toutes choses. O toi qui es à la fois grand et petit, manifeste et caché, qui es tous les êtres et qui n'es pas tous les êtres et de qui l'univers procède, quoique tu sois distinct de la cause universelle, ô Pouroushottama, toute gloire à toi. »

Tandis que Prahlada, l'esprit fixé sur Vishnou, célébrait ainsi ses louanges, le dieu, vêtu de robes jaunes, parut soudain devant lui. Troublé à cet aspect, Prahlada s'exprimant avec hésitation, répéta les hommages qu'il adressait à Vishnou et dit : « O toi qui écartes tous les chagrins du monde, Kesava, sois-moi propice ; sanctifie-moi, Achyouta, par ta vie. » Le dieu répondit : « Je suis satisfait de l'attachement fidèle que tu m'as montré : demande-moi, Prahlada, tout ce que tu désires. » Prahlada répondit : « Dans tous les milliers de naissances à travers lesquels ma destinée peut me conduire à passer, que ma foi en toi, Achyouta, ne diminue jamais ; qu'une passion aussi persévérante que celle qui porte aux plaisirs des sens l'homme dont l'esprit appartient au monde, anime constamment mon cœur, attaché sans relâche à toi. »

Bhagavan répondit : « Tu m'es déjà dévoué et tu le seras toujours ; choisis maintenant ce que tu désires obtenir de moi. » Prahlada répondit : « J'ai été haï, parce que j'ai assidûment proclamé tes louanges : je te supplie donc, seigneur, de pardonner à mon père le péché qu'il a commis. Des dards ont été lancés contre moi ; j'ai été jeté dans les flammes ; j'ai été mordu par des serpents venimeux et du poison a été mêlé avec ma nourriture ; j'ai été lié et jeté dans la mer, et de lourds rochers ont été entassés sur moi, mais comme j'avais mis ma foi en toi, tout cela et tout ce qui a pu d'ailleurs être dirigé contre moi est demeuré sans force ; grâce à ta miséricorde, j'ai souffert toutes ces attaques sans éprouver aucun mal ; je te supplie donc de délivrer mon père des suites de l'iniquité qu'il a commise. »

Vishnou répliqua : «Tout cela te sera accordé par un effet de ma faveur, mais je te donnerai une autre grâce ; demande-la, fils des Asuras. » Prahlada répondit et dit : « Tous mes désirs, seigneur, ont été accomplis par le don que tu m'as accordé lorsque tu m'as promis que ma foi en toi ne subirait jamais de diminution. L'opulence, la vertu, l'amour sont comme le néant ; la délivrance définitive peut elle-même être obtenue par celui qui a une foi stable en toi, ô racine de l'univers. »

Vishnou dit : « Puisque ton cœur est rempli d'une confiance inébranlable en moi, tu obtiendras, par suite de ma bénédiction, d'être délivré de l'existence. » Ayant dit ces paroles, Vishnou disparut de devant les yeux de Prahlada, et celui-ci se rendit auprès de son père ; il se prosterna devant lui, mais son père le baisa sur le front et le serra dans ses bras, en versant des larmes, et il dit : « Est-ce que tu vis, ô mon fils ? » Et le puissant Asura se repentit de son ancienne cruauté, et il traita son fils avec bonté, et Prahlada, remplissant ses devoirs comme un jeune homme vertueux, continua de servir avec zèle son père et son précepteur. Après que son père eut été mis à mort par Vishnou sous la forme de l'homme lion (249), Prahlada devint le souverain des Daityas, et possédant les splendeurs de la royauté qui résultaient de sa piété, il régna sur un vaste empire et eut une postérité nombreuse. A l'expiration d'une autorité qui était la récompense de ses actions vertueuses, il fut délivré des suites du mérite ou de la culpabilité morale, et il obtint, par l'effet de ses méditations sur la divinité, d'être délivré finalement de l'existence.

(249) Nous avons dans l'introduction de ce Pourana, fait mention de cette incarnation de Vishnou. Elle est indiquée dans plusieurs des Pouranas, mais c'est dans le Bhagavata seul que l'histoire est racontée en détail. Hiranyakasipou demande à son fils pourquoi, si Vishnou est en tous lieux, il n'est pas visible dans l'un des piliers qui soutient la salle où ils sont rassemblés. Il se lève alors et frappe du poing le pilier ; Vishnou en sort, sous la forme d'un être qui n'est ni tout à fait homme, ni tout à fait lion ; il se jette sur Hiranyakasipou, le renverse et le met en pièces.

Tel fut, Maitreya, Prahlada le Daitya, le sage et le fidèle adorateur de Vishnou, dont tu désirais entendre l'histoire, et tel fut son pouvoir miraculeux. Quiconque écoute l'histoire de Prahlada est immédiatement purifié de ses péchés ; les iniquités qu'il a commises pendant le jour ou pendant la nuit seront expiées s'il écoute ou lit une fois l'histoire de Prahlada. La lecture de cette histoire, le jour de la pleine lune, ou celui de la nouvelle lune, ou bien le huitième ou le douzième jour de la lune, produira un fruit égal à la donation d'une vache. De même que Vishnou protégea constamment Prahlada dans toutes les calamités auxquelles il fut exposé, de même ce dieu protégera celui qui écoute ce récit avec une fervente attention.

CHAPITRE XXI.

Familles des Daityas. Descendants de Kasyapa et de Danou. Enfants de Kasyapa et de ses autres femmes. Naissance des Maroutas, les fils de Diti.

Les fils de Sanhrada, fils de Hiranyakasipou, furent Ayoushman, Sivi et Vashkala. Prahlada eut un fils nommé Virochana, dont le fils fut Bali qui eut cent fils, et Bana fut l'aîné.

Hiranyaksha eut aussi beaucoup de fils ; ils furent tous des Daityas d'une grande vaillance ; Jharjhara, Sakouni, Bhoutasantapana, Mahanabha, aux armes puissantes et le vaillant Taraka. Tels furent les fils de Diti.

Les enfants que Kasyapa eut de Danou furent Dwirmoudha, Sankara, Ayomoukha, Sankousiras, Kapila, Samvara, Ekachakra, et un autre puissant Taraka, Swarbhanou, Vrishaparvan, Pouloman et le puissant Viprachetti ; tels furent les célèbres Danavas ou fils de Danou.

Swarbhanou eut une fille nommée Prahba, et Sarmishtha fut la fille de Vrishaparvan, ainsi qu'Upadanavi et Hayasira. Vaiswanara eut deux filles : Pouloma et Kalika, qui furent toutes deux mariées à Kasyapa et qui mirent au monde soixante mille Danavas distingués, appelés Paulamas et Kalakanjas ; ils furent puissants, féroces et cruels.

Les fils de Viprachitti et de Sinhika (fille d'Hiranyakasipou) furent Vyansa, Salya le fort, Nabha le puissant, Vatapi, Namouchi, Ilwala, Khasrima, Anjaka, Naraka et Kalanabha, le vaillant Swarbhanou et le puissant Vaktrayodhi. Ce furent les principaux des Danavas, et la race de Danou fut multipliée par centaines et par milliers dans le cours des générations consécutives.

Dans la famille de Prahlada le Daitya, naquirent les Nivata Kavachas dont les esprits furent purifiés par une austérité rigide (250). Tamra, femme de

(250) Le Mahabharata raconte la destruction des Nivata Kavachas par Arjuna ; ce récit ne se trouve pas ail-

Kasyapa, eut six filles célèbres nommées Souki, Syeni, Bhasi, Sougriei, Souchi et Gridhrika. Souki donna naissance aux perroquets, aux hiboux et aux corbeaux; Syoni aux éperviers, Bhasi aux kites; Gridhika aux vautours, Souchi aux oiseaux aquatiques; Sougrivi aux chameaux, aux chevaux et aux ânes. Telle fut la race issue de Tamra.

Vinata donna à Kasyapa deux fils renommés, Garoudha et Arouna; le premier, appelé également Souparna, fut le roi des tribus de volatiles et l'ennemi acharné de la race des serpents.

Les enfants de Sourasa furent un millier de redoutables serpents doués de têtes nombreuses et traversant le ciel.

La race de Kadrou fut un millier de serpents à têtes nombreuses et doués d'une puissance sans mesure, soumis à Garoudha; les principaux d'entre eux furent Sesha, Vasouki, Takshaka, Sankha, Sweta, Mahapadma, Kambala, Aswatara, Elapatra, Naga, Karkkotta, Dhanunjaya et beaucoup d'autres serpents féroces et venimeux.

La famille de Krodhavasa fut composée entièrement de monstres aux dents aiguës, soit sur la terre, soit parmi les oiseaux ou dans les eaux; ils furent très-adonnés à dévorer de la chair.

Sourhabi fut la mère des vaches et des buffles; Ira celle des arbres, des plantes grimpantes et des herbes de toutes sortes; Khasa des Rakhshasas et des Yakshas; Mouni des Apsarasas, et Arishta des illustres Gandharbas.

Tels furent les enfants de Kasyapa, et leurs descendants se multiplièrent à l'infini dans des générations successives. Cette création, ô Brahman, s'effectua dans le second Manwantara appelé Swarochisha. Dans le présent Manwantara appelé Vaivaswata, Brahma étant appliqué au grand sacrifice institué par Varouna, la création de la postérité survint, car il engendra, comme étant ses fils, les sept Richis qui étaient autrefois engendrés par une opération de l'esprit, et il fut lui-même l'aïeul des Gandharbas, des serpents, des Danavas et des dieux.

Diti ayant perdu ses enfants, invoqua Kasyapa, et le plus parfait des solitaires étant satisfait d'elle, lui promit de lui accorder un don; alors elle demanda un enfant d'une valeur irrésistible et qui détruirait Indra. L'excellent Mouni accorda à sa femme ce qu'elle sollicitait, mais en y mettant une condition : «Tu auras, lui dit-il, un fils qui tuera Indra si, avec des pensées d'une piété complète et conservant ta

leurs avec autant de détails. Les Nivata Kavachas étaient des Danavas au nombre de trente millions, résidant dans les profondeurs de la mer; les Paulomas et les Kalakanjas, dont il est question dans le Bhagavata-Pourana et que des commentateurs identifient avec les Kavachas, étaient les descendants de deux Daityas femelles, qui habitaient Hiranyapoura, cité d'or, flottant dans les airs et célèbre dans la mythologie indienne.

personne entièrement pure, tu portes avec soin l'enfant dans ton sein pendant cent ans.» Ayant ainsi parlé, Kasiapa se retira. Diti conçut, et, durant sa grossesse, elle observa soigneusement les règles de la pureté mentale et corporelle. Lorsque le roi des immortels apprit que Diti portait un fils destiné à le détrôner, il vint vers elle, et il se tint auprès d'elle, lui témoignant l'humilité la plus profonde, et cherchant l'occasion de déjouer ses projets. Enfin, dans la dernière année du siècle, cette occasion se présenta.

Diti se retira une nuit pour se reposer sans accomplir l'ablution de ses pieds prescrite par la loi, et elle s'endormit; alors le dieu qui tient la foudre lança la foudre et partagea en sept morceaux le fœtus qui était dans sa matrice. L'enfant, ainsi mutilé, poussa des cris douloureux, et Indra chercha, à plusieurs reprises, à le consoler et à le faire taire, mais inutilement; alors, le dieu irrité divisa derechef chacun des sept morceaux en sept autres morceaux, et il forma ainsi les Marouts (les vents), ces divinités à la marche légère. Ils reçurent leur nom des mots qu'Indra leur avait adressés : Ma, rodih, (Ne pleure pas); et ils devinrent quarante-neuf dieux secondaires, compagnons du dieu qui tient la foudre.

CHAPITRE XXII.

Domination sur les diverses provinces de la création assignée à des êtres différents. Universalité de Vishnou. Quatre variétés de contemplation spirituelle. Deux auditions de l'esprit. Vishnou est toutes choses. Mérites qui résultent de l'audition du premier livre du Vishnou-Pourana.

Lorsque Prithou fut installé dans le gouvernement de la terre, le père suprême des sphères établit des souverainetés dans les autres parties de la création. Soma fut désigné comme monarque des étoiles et des planètes, des Brahmanes et des plantes, des sacrifices et des pénitences. Vaisravana fut élevé à la dignité de roi des rois; et Varouna devint le maître des eaux. Vishnou fut le chef des Adityas, Paraka celui des Vasous, Daksha celui des patriarches, Vasava celui des vents. Prahlada reçut la domination sur les Daityas et les Danavas, et Yama, le roi de la justice, fut désigné comme le monarque des mânes (Pitris).

Airavata devint le roi des éléphants; Garouda, celui des oiseaux; Indra, celui des dieux. Uchchaisravas fut le chef des chevaux; Vrishabha, des bêtes à cornes. Sesha fut le roi des serpents, le lion fut le souverain des animaux, et le figuier saint fut le souverain des arbres.

Ayant ainsi fixé les limites de chaque autorité, Brahma, le père suprême, plaça des chefs pour protéger les diverses parties du monde; il désigna Soudhanwan, le fils du patriarche Viraja, comme gouverneur de l'Orient, Sankhapada, le fils du patriarche Kardama, comme gouverneur du Midi; l'immortel Ketoumat, fils de Rajas, comme gouverneur de l'Occident, et Hiranyaroman, fils du patriarche Parjanya, comme gouverneur du Nord. La terre entière, avec ses sept continents et les villes qu'elle renferme, est, jusqu'au jour actuel, protégée avec vigilance, selon les limites respectives des diverses régions.

Tous ces monarques et tous ceux, quels qu'ils soient, auxquels Vishnou pourrait donner de l'autorité comme étant les instruments dont il se sert pour la conservation du monde; tous les rois qui ont été et tous ceux qui seront, ne sont tous, très-digne Brahmane, que des portions de l'universel Vishnou. Les maîtres des dieux, les maîtres des Daityas, les maîtres des Danavas et les maîtres de tous les esprits malfaisants; les chefs des animaux, des oiseaux, des hommes, des serpents; les supérieurs des arbres, des montagnes et des planètes, tout ce qui est maintenant ou sera à l'avenir ce qu'il y a de plus parfait en son espèce, tout cela n'est que des portions de l'universel Vishnou. Le pouvoir de protéger les choses créées, la conservation du monde, ne réside que dans Hari, le maître de toutes choses. Il est le créateur qui crée le monde; il est l'éternel qui le maintient en son existence; il est le destructeur qui le détruit; il est investi séparément des qualités de la difformité, de la bonté et de l'obscurité. Janarddhana agit par une quadruple manifestation dans la création, la préservation et la destruction. Sous une de ces formes, comme Brahma, l'invisible prend une forme visible; sous une autre forme, comme Marishi et les autres, il est le père de toutes les créatures; sa troisième forme est le temps; sa quatrième et l'universalité de tous les êtres, et c'est ainsi qu'il devient quadruple dans la création. Dans la conservation du monde, il est à la fois Vishnou, Manou et les autres patriarches, le temps et l'universalité des êtres; et c'est ainsi qu'investi de la faculté de la bonté, Pouroushottama préserve le monde. Lorsqu'à la fin de toutes choses, il prend la qualité de l'obscurité, le dieu qui n'a point eu de naissance devient Roudra, le feu destructeur, le temps et l'universalité des êtres, et c'est ainsi que, sous une forme quadruple, il est le destructeur du monde. Telle est la quadruple condition de la divinité à toutes les époques.

Brahma, Daksha, le temps et toutes les créatures sont les quatre énergies de Hari, qui sont les causes de la création. Vishnou, Manou et les autres patriarches, le temps et l'universalité des créatures sont les quatre énergies de Vishnou qui sont les causes de la durée. Roudra, le feu destructeur, le temps et l'universalité des créatures sont les quatre énergies de Janarddana qui sont mises en jeu pour la destruction universelle. Au commencement du monde et durant sa durée, jusqu'à la période de sa fin, la création est l'œuvre de Brahma, des patriarches et des animaux vivants. Brahma crée au commencement; ensuite les patriarches engendrent des descendants et les animaux multiplient incessamment leurs espèces, mais ni Brahma ni les patriarches, ni les animaux vivants ne sont les agents actifs dans la création, indépendamment du temps. C'est ainsi que dans les périodes de la création et de la durée, les quatre portions du dieu des dieux sont également essentielles. Le corps d'Hari est coopérateur à la naissance de tout être engendré par un être vivant; ainsi tout homme qui détruit, en quelque moment que ce soit, un objet quelconque doué d'existence, soit qu'il soit doué de la faculté de se mouvoir, soit qu'il en soit privé, est la forme que prend Janarddana, comme destructeur, c'est-à-dire celle de Roudra. C'est ainsi que Janarddana est le créateur, le conservateur et le destructeur du monde entier; il prend une triple forme pour accomplir ce triple rôle, mais sa gloire la plus sublime est détachée de toute qualité, car l'essence quadruple de l'esprit suprême est composée de la véritable sagesse; elle pénètre toutes choses; elle ne peut être appréciée que par elle-même, et il n'est rien qui lui soit semblable.

MAITREYA. — Je te prie, ô Mouni, de me donner une description entière des quatre variétés de la condition de Brahma et de me dire en quoi consiste la condition suprême.

PARASARA. — Ce qui, Maitreya, est la cause d'une chose s'appelle les moyens de l'effectuer, et ce que l'âme désire accomplir est la chose à effectuer. Les opérations du Yogi qui aspire à la délivran e et qui sont la suppression de la respiration et autres choses semblables, sont les moyens qu'il emploie; le but est le Brahma suprême d'où il ne retourne plus dans le monde. La science qui distingue et qu'il faut fuir est essentiellement liée avec les moyens qu'emploie le Yogi pour arriver à l'émancipation et elle en dépend; telle est la première variété de la condition de Brahma. La seconde est la science que doit acquérir le Yogi dont le but est d'échapper à la souffrance, ou d'acquérir la félicité éternelle. La troisième variété est la constatation de l'identité de la fin et des moyens, le rejet de la notion de la dualité. La dernière enfin est la suppression des différences quelconques qui pourraient avoir été conçues par les trois variétés de la science, et la contemplation qui en résulte et qui s'attache à la véritable essence de l'âme. La condition suprême de Vishnou est la même chose que la sagesse; c'est la connaissance de la vérité qui ne peut être enseignée, qui se répand intérieurement et qui n'a pas d'égale; son objet est de s'éclairer soi-même; elle ne peut être définie; elle est tranquille, pure, sans crainte, et n'a point besoin de soutien. Les Yogis qui, par l'anéantissement de l'ignorance, sont absorbés dans ce quadruple Brahma, perdent la faculté d'engendrer et ne peuvent plus créer de descendants dans le monde de l'existence mondaine. Telle est la condition suprême qui s'appelle Vishnou, parfaite, perpétuelle, universelle, entière, uniforme et toujours la même; le Yogi qui atteint cet esprit suprême (*Brahma*) ne retourne plus à la vie, car il est délivré de la distinction de la vertu et du vice, de la souffrance et de la souillure.

Il y a deux états de ce Brahma : l'un ayant une forme, l'autre en étant dépourvu ; l'une périssable, l'autre impérissable ; elles sont inhérentes dans tous les êtres. L'impérissable est l'être suprême, le périssable est le monde entier. Le feu qui brûle en un endroit répand à l'entour la lumière et la chaleur : c'est ainsi que le monde n'est rien de plus que la manifestation de l'énergie du Brahma suprême, et de même que la lumière et la chaleur sont plus ou moins fortes, selon que nous sommes plus ou moins éloignés du feu, de même l'énergie de l'être suprême est plus ou moins intense dans les êtres qui sont plus ou moins éloignés de lui. Brahma, Vishnou et Siva sont les énergies les plus puissantes de la divinité; après elles viennent les déités inférieures, ensuite les esprits, puis les hommes, puis les animaux, les oiseaux, les insectes, les végétaux, chacun devenant de plus en plus faible à mesure qu'il s'éloigne de sa source primitive. C'est de cette façon que ce monde entier, quoique impérissable et éternel en son essence, paraît et disparaît, comme s'il était sujet à la naissance et à la mort.

La condition suprême de Brahma sur laquelle les Yogis méditent au début de leur abstraction, en la regardant comme investie d'une forme, c'est Vishnou, composé de toutes les énergies divines et de l'essence de Brahma, avec lequel s'effectue l'union mystique de l'homme pieux dont l'esprit s'applique tout entier à cet objet. Hari, qui est la forme la plus immédiate de toutes les énergies de Brahma, est sa forme couverte d'un corps et composée entièrement de son essence; en lui l'univers est entremêlé ; l'univers provient de lui et est en lui.

MAITREYA. — Dis-moi de quelle manière Vishnou porte le monde entier, résidant en sa nature et caractérisé par des ornements et des armes.

PARASARA. — Ayant offert nos hommages au puissant Vishnou qu'on ne saurait décrire, je te répéterai ce que Vasishtha m'a raconté autrefois.

Le glorieux Hari porte l'âme suprême du monde, exempte de souillure et dépourvue de qualités, telle qu'est la pierre précieuse appelée kaustoubha. Le premier principe des choses (*Pradhana*) est assis sur l'éternel. L'intelligence réside en Madhava, sous la forme de sa massue. Le seigneur (*Iswara*) soutient l'individualité des êtres (*Ahankara*) dans sa double division, comme étant les éléments et les organes des sens ; ses emblèmes sont la conque marine et l'arc du dieu. Dans sa main, Vishnou tient la forme de son disque, l'esprit dont les pensées (de même que cette arme) volent avec plus de rapidité que les vents. Le collier du dieu Vaijayanti, composé de cinq pierres précieuses, est la réunion des cinq rudiments élémentaires. Janarddana porte, dans ses nombreuses flèches, les facultés de l'action et de la perception. L'épée éclatante d'Achyouta est la sagesse sainte cachée, à quelques époques, dans le fourreau de l'ignorance. C'est de cette manière que l'âme, la nature, l'intelligence, les éléments, les sens, l'esprit, l'ignorance et la sagesse sont tous réunis dans la personne d'Hrishikesa. Le suprême et l'éternel Hari est le temps avec ses divisions en secondes, minutes, jours, mois, saisons et années; il est les sept mondes, la terre, le ciel, le firmament, le monde des patriarches, des sages, des saints, de la vérité; sa forme est l'ensemble des mondes; sa naissance devance toutes les naissances; il supporte tous les êtres et se soutient par lui-même; il existe sous des formes multiples, telles que les dieux, les hommes et les animaux; sa forme est l'universalité des choses visibles; il est lui-même sans forme; il est célébré dans les *Védas*. Les *Védas* et leurs divisions, les institutions de Manou et des autres législateurs, les poèmes, les livres saints et tout ce qui est dit ou chanté, c'est le corps du puissant Vishnou prenant la forme du son. Toutes les substances avec ou sans forme, ici ou ailleurs, sont le corps de Vishnou. La cause et l'effet ne procèdent que de lui. L'homme qui connaît ces vérités n'éprouvera jamais derechef l'affliction de l'existence mondaine.

C'est ainsi que la première portion de ce Pourana nous a été révélée; l'écouter expie toutes les offenses. L'homme qui écoute ce Pourana obtient le même fruit que s'il se baignait dans le lac Pouchkara (251) pendant douze années dans le mois de kartik. Les dieux accordent à celui qui écoute cet ouvrage la dignité d'un sage divin, d'un patriarche ou d'un esprit du ciel.

(251) Le célèbre lac de Pokher dans l'Ajmère.

LIVRE DEUXIÈME.

CHAPITRE PREMIER.

Descendants de Priyavrata, fils aîné de Swayambhouva Manou; ses dix fils; trois d'entre eux embrassent la vie religieuse, les autres deviennent rois des sept Dwipas ou îles de la terre. Agnidhra, roi de Jambou-Dwipa, le divise en neuf portions qu'il partage entre ses fils. Nabhi, roi du Sud, a pour successeur Rishabha, lequel est remplacé par Bharata; l'Inde prend le nom de ce dernier. Ses descendants règnent durant le Manwantara Swayambhouva.

MAITREYA. — Tu m'as raconté fort en détail, vénérable maître, tout ce que je désirais savoir touchant la création du monde, mais il y a une portion de ce sujet que je désire encore que tu m'expliques. Tu as dit que Priyavrata et Uttanapada étaient les fils de Swayambhouva Manou, et tu m'as raconté l'histoire de Dhrouva, fils d'Uttanapada; tu n'as pas fait mention des descendants de Priyavrata, et je forme le vœu que tu m'instruises de l'histoire de sa famille.

PARASARA. — Priyavrata épousa Kamya, fille du patriarche Kardama, et il eut d'elle deux filles, Samrat et Koukshi, ainsi que des fils sages, vaillants, modestes et respectueux, appelés Agnidhra, Agnibahou, Vapoushmat, Dyatimat, Medha, Medhatithi, Bhavya, Savala, Poutra et Jyothismat. Tels furent les fils de Priyavrata. Trois d'entre eux, Medha, Poutra et Agnibahou, adoptèrent la vie religieuse; se souvenant des circonstances de leur existence antérieure, ils n'aspirèrent pas à la domination, mais ils pratiquèrent avec ferveur les exercices de piété, agissant avec un désintéressement complet et sans attendre de récompense.

Priyavrata ayant divisé la terre en sept continents, les donna à ses sept autres fils (252). Il attribua le Jambou-Dwipa à Agnidhra et le Plakshadwipa à Medhatithi; il installa Vapoushmat comme souverain du Dwipa de Salmali; il plaça Jyotishmat comme roi du Kousa-Dwipa; il chargea Dyoutimat de régner sur le Kraouncha-Dwipa; Bhavya reçut le Saka Dwipa, et Savala fut nommé monarque du Dwipa de Poushkara. Agnidhra, le roi du Jamba-Jwipa, eut neuf fils égaux en splendeur aux patriarches: ils furent nommés Nabhi, Kimpourousha, Harivarsha, Ilavrita, Ramya, Hiranvat, Kourou, Bhadraswa et Ketoumala, qui fut un prince toujours actif dans la pratique de la piété.

Ecoute, Maitreya, de quelle manière Agnidhra partagea le Jambou-Dwipa entre ses neuf fils. Il donna à Nabhi le pays appelé Hima, au sud de l'Himavat ou des montagnes neigeuses. Il donna à Kimpourousha le pays d'Hemakouta, et à Harivarsha le pays de Nishadha. La région au centre de laquelle s'élève le mont Merou fut accordée à Ilaviata, et les pays placés entre cette région et les montagnes de Nila devinrent le partage de Ramya. Le pays situé au nord de ces montagnes et qui s'appelle Swata fut donné à Hiranvat, et Kousou obtint les régions placées au nord des montagnes Swata et bordées par la chaîne Sringavan. Les pays à l'est du mont Merou furent assignés à Bhadraswa, et Ketoumala fut mis en possession du Gandhamadana qui est à l'ouest de cette montagne. Ayant installé ses fils comme monarques de ces diverses régions, le pieux roi Agnidhra se retira au lieu saint de pèlerinage appelé Salagrama (253) pour y consacrer sa vie à la pénitence.

Les huit Varshas, ou pays, le Kimpourousha et les autres, sont des lieux d'un bonheur parfait que rien n'interrompt ni ne trouble. Il n'y a là nulle vicissitude, nulle crainte des infirmités ou de la mort; il n'y a pas la distinction de la vertu ou du vice, ni de distinction comme meilleur ou pire, ni aucun des effets produits par les révolutions des âges dans la région qu'habitent les hommes.

Nabhi, qui avait pour sa part le pays d'Himahwa, eut de sa femme Merou le magnanime Rishabha; celui-ci eut cent fils; leur aîné fut Bharata. Rishabha ayant gouverné avec dignité et avec sagesse, et ayant célébré des sacrifices fort nombreux, remit la souveraineté de la terre à l'héroïque Bharata, et, se retirant dans l'ermitage de Poulastya, il adopta la vie d'un anachorète, pratiquant des austérités rigoureuses, et se livrant à toutes les cérémonies prescrites, jusqu'à ce que, amaigri par ces mortifications, au point de n'être qu'un assemblage d'ossements et de fibres, il mit un caillou en sa bouche (254) et il prit, nu, la route que suit toute

---

(252) Selon le Bhagavata, il conduisit son char sept fois autour de la terre, et les ornières que tracèrent les roues devinrent les lits des océans qui partagent notre globe en sept divisions ou continents.

(253) Ce lieu de pèlerinage n'est point mentionné dans les autres écrits sanscrits. Le nom de Salagrama s'applique d'ordinaire à une pierre, une ammonite qu'on suppose être l'emblème de Vishnou et dont le culte est recommandé dans l'Uttara-Khanda du Padma-Pourana et dans le Brahma-Vaivarta, autorités peu imposantes et peu anciennes.

(254) Ce caillou devait le contraindre, soit à un silence

chair. Le pays fut appelé Baratha, depuis que le père de ce monarque, le lui abandonnant, s'était retiré dans les bois. Bharata s'étant religieusement acquitté des devoirs de sa situation, remit le gouvernement à son fils Soumati, prince doué d'une grande vertu, et se livrant à des pratiques de piété; il passa le reste de sa carrière à l'endroit sacré de Salagrama; il renaquit plus tard, comme Brahmane, dans une famille d'ascétiques distingués; je te raconterai son histoire.

L'illustre Soumati fut père d'Indradyamna, qui eut pour fils Pratihara, qui eut un fils illustre nommé Pratihartta; son fils fut Bhava, qui engendra Udgitha, qui engendra Prastara, dont le fils fut Prithou. Le fils de Prithou fut Nakta; son fils fut Gaya; son fils fut Nara qui fut père de Virat. Le vaillant fils de Virat fut Dhimat qui engendra Mahanta qui fut père de Manasyou qui eut Twashtri pour fils; le fils de Twashtri fut Viraja qui fut père de Raja, qui fut père de Satajit, qui eut cent fils dont Viswagjyotish fut l'aîné. Sous ces princes, l'Inde (*Bharata-Varsha*) fut divisée en neuf portions, et leurs descendants restèrent maîtres du pays pendant soixante-onze périodes de l'aggrégation des quatre âges (ou *pendant le règne d'un Manou*).

Ainsi eut lieu la création de Swayambhouva-Manou, par lequel la terre fut peuplée, lorsqu'il présidait sur le premier Manwantara, dans le kalpa de Varaha.

CHAPITRE II.

Description de la terre. Les sept Dwipas et les sept mers Jambou-Dwipa. Le mont Merou, son étendue et ses limites. Étendue d'Ilavrita. Bois, lacs et branches du mont Merou. Villes des dieux. Rivières. Formes de Vishnou adorées dans les différents Varshas.

MAITREYA. — Tu m'as raconté, Brahmane, la création de Swayambhouva; je désire maintenant recevoir de toi la description de la terre, savoir quel est le nombre de ses océans et de ses îles, de ses royaumes et de ses montagnes, de ses forêts, et connaître ses rivières, ses dimensions, sa nature et sa forme.

PARASARA. — Tu recevras de moi, Maitreya, un récit succinct de ce qui concerne la terre; je ne pourrais, dans le cours d'un siècle entier, t'en donner une description détaillée.

perpétuel, soit à une abstinence continuelle. Le Bhagavata Pourana raconte la même circonstance, et, entrant dans des détails étendus au sujet de la pénitence de Rishabha, il indique des faits qui ne sont pas dans les autres Pouranas. On y observe des allusions à la secte des gens hérétiques qui méprisaient les Brahmanes et les Védas, et ne pratiquaient point les oblations. Cette secte florissait au XIᵉ ou XIIᵉ siècle, et ce passage du Pourana n'est pas postérieur à cette époque. Voy. la note de M. Wilson, p. 164.

Les sept grands continents insulaires se nomment Jambou, Plaksha, Salmali, Kousa, Kraouncha, Saka et Poushkara; ils sont entourés par les sept grandes mers : La mer d'eau salée (*Lavana*), la mer du jus de la canne à sucre (*Ikshou*), la mer de vin (*Soura*), celle de beurre clarifié (*Sarpi*), celle de caillé (*Dadhi*), celle de lait (*Dougdha*) et celle d'eau fraîche (*Jala*) (255).

Le Jambou-Dwipa est au centre de ces diverses mers, et au centre de ce continent s'élève la montagne d'or appelée Merou; sa hauteur est de quatre-vingt-quatre mille yojanas, et sa profondeur au-dessous de la surface de la terre est de seize mille yojanas. Son diamètre à son sommet est de trente-deux mille yojanas et de seize mille à sa base, de manière que cette montagne est comme le calice du lotus de la terre (256).

Les montagnes qui forment les limites (de la terre) sont l'Himavan, l'Hemakouta et le Nishada qui sont situés au sud du mont Merou, et le Nila, le Sweta et le Sringi qui sont placés au nord. Les deux chaînes centrales, celles qui sont le plus près du mont Merou (le Nishadha et le Nila) s'étendent dans la direction de l'est et de l'ouest dans une longueur de cent mille yojanas. Chacune des autres diminue de dix mille yojanas à mesure qu'elle s'éloigne du centre. Elles ont deux mille yojanas de hauteur et autant de largeur. Les Varshas ou pays situés entre ces chaînes sont le Bharata (l'*Inde*) au sud des monts Himavan; ensuite le Kimpourousha entre l'Himavan et l'Hemakouta; au nord du dernier et au sud de Nishadda est l'Hariversha; au nord du mont Merou est le Ramyaka qui s'étend du Nila ou des montagnes bleues jusqu'au Sweta (ou *montagnes blanches*); l'Hiranmaya est placé entre les chaînes Sweta et Sringi, et l'Uttarakourou est au delà de ce dernier, suivant la même direction que le Bharata. Chacune de ces contrées a une étendue de neuf mille yojanas. Ilavrita est d'une dimension semblable, mais à son centre est la montagne d'or de Merou, et le pays s'étend à neuf mille yojanas dans chaque direction depuis les quatre côtés de la montagne. Il y a quatre montagnes dans ce Varsha; elles sont comme des appuis du mont Merou et chacune d'elles a dix mille yojanas de hauteur; celle du côté

(255) Cette description est la même en substance dans les divers Pouranas. Notre texte se retrouve littéralement dans l'Agni et dans le Brahma-Pourana; le Vayou est plus étendu. Le Bhagavata, que le Padma prend pour guide, diffère dans quelques détails secondaires de la nomenclature. Les notions géographiques contenues dans le Mahabharata ont un fond identique.

(256) Les Pouranas ne s'accordent pas toujours sur la forme du célèbre mont Merou; il a cent angles suivant quelques auteurs, et mille selon d'autres; il a été représenté comme un carré ou comme un octogone. Suivant le Vayou Pourana, ses quatre côtés sont de couleurs différentes; blanc à l'est, jaune au sud, noir à l'ouest, rouge au nord. Le Linga-Pourana signale ces mêmes faces comme ayant les couleurs du rubis, du lotus, de l'or et du corail.

de l'est est appelée Mandara, celle au sud Gandhamadana, celle à l'ouest Vipoula et celle au nord Souparswa ; sur chacune d'elles s'étend un arbre différent, un Kadamba (*Nauclea*), un Jambou (*Eugenia*), un Pipal (*Ficus religiosa*) et un Vata (*Ficus Indica*) ; chacun s'étend sur une surface de onze cents yojanas, et s'élève dans les airs, tel qu'une bannière placée au sommet d'une montagne.

C'est de l'arbre Jambou que le continent insulaire appelé Jambou-Dwipa dérive son nom. Les pommes qui viennent sur cet arbre sont aussi grosses que des éléphants ; lorsqu'elles sont pourries, elles tombent sur la cime de la montagne, et de leur jus se forme la rivière Jambou dont les eaux servent de boisson aux habitants du pays, et, grâce à cette boisson, ils passent leur vie dans l'allégresse et dans une santé parfaite, n'étant sujets ni à la transpiration, ni à de mauvaises odeurs, ni à la décrépitude ni aux infirmités. Le terrain sur les bords de la rivière absorbant ses eaux et étant séché par un vent doux, devient l'or appelé Jambounada, et c'est lui qui sert à fabriquer les ornements des Siddhas.

Le pays de Bhadraswa est placé à l'est du mont Merou et le Ketoumala à l'ouest ; entre eux deux est la région d'Ilavrita. A l'est de ce dernier pays est la forêt de Chaitraratha ; le bois de Gandhamadana est au midi, la forêt de Vaibhraja à l'ouest et celle d'Indra ou de Nandana au nord. Il y a aussi quatre grands lacs dont les eaux servent de boisson aux dieux et qui sont l'Arounoda, le Mahabhadra, le Sitoda et le Manasa.

Les principales chaînes de montagnes qui sortent de la base du mont Merou comme les filaments qui entourent la racine du lotus, sont à l'est Sitanta, Moukounda, Kourari, Malyavan et Vaikanka ; au sud, Trikouta, Sisira, Patanga, Rouchaka et Nishadha ; à l'ouest, Sikhivasas, Vaidourya, Kapila, Gandhamadana et Jaroudhi ; au nord, Sankhakouta, Rishabha, Naga, Hansa et Kalanjara. Ces montagnes, et d'autres encore, sortent comme du cœur du Merou en des intervalles qui se trouvent dans son corps (257).

Au sommet du Merou est la vaste cité de Brahma, s'étendant sur quatorze mille lieues et renommée dans le ciel ; autour d'elle, aux quatre points cardinaux et dans les intervalles, sont situées les somptueuses cités d'Indra et des autres souverains des sphères (258) ; la capitale de Brahma est entourée par la rivière le Gange qui, sortant du pied de Vishnou et arrosant la sphère de la lune, tombe des cieux en cet endroit, et qui, après avoir fait le tour de la cité, se divise en quatre grands fleuves coulant dans des directions différentes. Ces fleuves sont le Sita, l'Alakananda, le Chakshou et le Bhadra. Le premier, tombant sur les sommets des montagnes inférieures du côté est du mont Merou, se rend à l'Océan en traversant le pays de Bhadraswa ; l'Alakananda coule au sud, vers le pays de Bharata, et tombe dans la mer après s'être divisé en sept bras. Le Chakshou tombe aussi dans la mer, après avoir traversé toutes les montagnes occidentales et en passant à travers le pays de Ketoumala, et le Bhadra arrose le pays d'Uttara et se jette dans l'Océan septentrional (259).

Le mont Merou est donc situé entre les monts Nila et Nishadha (au nord et au sud) et les monts Malyavan et Gandhamadana (à l'ouest et à l'est) ; il est placé entre eux comme le péricarpe d'un lotus. Les pays de Bharata, de Ketoumala, de Bhadraswa et d'Uttarakourou, entourent à l'extérieur les montagnes, comme la feuille du lotus du monde. Jathara et Devakouta sont deux chaînes de montagnes qui courent au nord et au sud et qui réunissent les deux chaînes de Nishadha et de Nila. Gandhamadana et Kailasa s'étendent à l'est et à l'ouest sur une largeur de quatre-vingt yojanas et vont d'une mer à l'autre. Nishadha et Pariyatra sont les montagnes qui bordent le Merou à l'ouest ; les montagnes de Trisringa et de Jaroudhi le limitent au nord, s'étendant d'une mer à l'autre.

Je t'ai ainsi fait connaître les montagnes que de grands sages ont décrites comme formant les limites du Merou. Les autres montagnes qui s'étendent autour comme des filaments sont un séjour délicieux ; les vallées qu'elles recèlent sont la résidence favorite des Siddhas et des Charanas ; elles renferment de charmantes forêts et de jolies villes qu'embellissent les palais de Vishnou, de Lakshmi, d'Agni, de Sourya et autres divinités, et que peuplent des es-

(257) Le Vayou-Pourana répète tous ces noms et en ajoute beaucoup d'autres en décrivant en détail les forêts, les lacs, les villes habitées par les dieux et les demi-dieux qui sont placées sur ces montagnes fabuleuses et dans les vallées qui les séparent.

(258) Quelques-uns des Pouranas renferment diverses légendes au sujet de ces montagnes fantastiques ; en voici une extraite du Vamana-Pourana. Le démon Mahisha, fuyant après le combat où Taraka avait été tué par Kartikeya, se réfugia dans une caverne au mont Krauncha. Une dispute s'éleva entre Indra et Kartikeya, touchant leur bravoure ; ils résolurent de décider la question en faisant le tour de la montagne, le prix devant revenir à celui qui s'acquitterait le premier de cette entreprise. N'étant pas d'accord sur le résultat, ils en appelèrent à la montagne elle-même qui, au mépris de la vérité, se prononça en faveur d'Indra. Kartikeya irrité frappa de sa lance la montagne, et du même coup il perça Mahisha.

(259) Le Mahabahrata, ainsi que le Matsya et le Padma Pourana parlent de sept rivières, mais le nombre de quatre est plus fréquent dans les livres sanscrits. M. Faber (*Origin of pagan idolatry*, t. I, p. 315) conjecture que le Merou et les quatre fleuves qui s'en échappent sont une tradition de l'Éden. On pourrait trouver dans tous ces détails géographiques quelque ressemblance avec l'état réel des choses, mais ce serait un examen superflu ici. M. Wilson a, dans ses notes, discuté ce qui avait rapport aux fleuves et aux montagnes que notre Pourana fait connaître

prits célestes, tandis que les Rakshasas, les Yakshas, les Daityas et les Danavas se livrent à leurs amusements dans les vallées. Elles sont enfin les régions du paradis (*Swarga*), le séjour des justes, et où les méchants n'arriveront pas, même après cent naissances.

Dans le pays de Bhadrama, Vishnou réside comme Hayasira (*l'être à tête de cheval*), dans le Ketoumala comme Varaha (*le sanglier*), dans le Bharata il habite comme étant Kourma (*la tortue*), et dans le Kourou, comme Matsya (*le poisson*). Dans sa forme universelle, il est partout, car Hari pénètre en tous lieux; il est le soutien de toutes choses; il est l'universalité des choses. Dans les huit royaumes de Kimpourousha, il n'y a ni chagrin, ni fatigue, ni anxiété, ni faim; les habitants, exempts de toute infirmité et de toute souffrance, vivent dans des plaisirs continuels pendant dix ou douze mille ans. Indra ne fait jamais tomber la pluie sur eux, car la terre abonde en eau. Il n'y a nulle distinction d'âges, et chacun de ces Varshas renferme sept grandes chaînes de montagnes où des centaines de rivières prennent leur source (260).

CHAPITRE III.

Description du Bharata-Varsha (261); *son étendue; ses principales montagnes; neuf divisions; principales rivières et montagnes; principales nations; supériorité de cette région sur les autres Varshas, spécialement comme siège des actes religieux.*

Le pays qui est au nord de l'Océan et au sud des montagnes neigeuses s'appelle Bharata, car c'est là que résident les descendants de Bharata. Il a neuf mille lieues d'étendue, et c'est la terre des actions qui procurent aux hommes l'entrée dans le ciel ou la délivrance finale.

Les sept principales chaînes de montagnes dans le Bharata sont le Mahendra, le Malaya, le Sahya, le Souktimat, le Riksha, le Vindhya, et c'est dans cette région que l'on obtient l'entrée du ciel, et même dans quelques cas la délivrance de l'existence, ou bien de là les hommes passent dans la condition des animaux ou tombent dans l'enfer. Le ciel, l'émancipation, une place dans la région de l'air ou dans le monde souterrain succèdent ici à l'existence, et aucune autre portion de l'univers n'a le titre du monde des actes.

Le Varsha de Bharata est divisé en neuf portions que je vais te nommer; ce sont l'Indra-Dwipa, le Kaseroumat, le Tamravarna, le Gabhastimat, le Naga Dwipa, le Saumya, le Gandharba et le Varouna; le neuvième ou dernier Dwipa est entouré par l'Océan, et, du nord au sud, il a mille yojanas. A l'est du Bharata habitent les Kiratas (*les Barbares*); à l'ouest les Yavanas; au centre les Brahmanes, les Kshetriyas, les Vaisyas et les Soudras, occupés de leurs devoirs respectifs, les sacrifices, les armes, le commerce et le service.

Le Satadrou, le Chandrabhaga et d'autres rivières coulent du pied de l'Himalaya; le Vedasmriti et d'autres fleuves sortent des montagnes de Paripatra; le Narmada et le Sourasa viennent des monts Vindhya; le Tapi, le Payoshni et le Nirvindhya ont leurs sources dans les monts Riksha; le Godaveri, le Bhimarathi, le Krishnaveni et autres rivières viennent des monts Sahya; le Kritamula, le Tamraparni et autres sortent de la chaîne de Malaya; le Trisama, le Rishikoulya, etc., viennent des monts Mahoudra; le Rishikoulya, le Koumari et autres sortent des monts Souktimat. Il y a un nombre infini de fleuves d'un rang secondaire, et beaucoup de nations habitent les pays qu'ils traversent. Les principales nations du pays de Bharata sont les Kourous et les Panchalas dans les districts du centre, les gens de Kamaroupa à l'est; les Poundras, les Kalingas, les Magadhas et autres peuples sont au midi; à l'extrémité, vers l'ouest, on trouve les Saurashtras, les Souras, les Bhiras, les Arboudas, les Karoushas et les Malavas, qui habitent le long des montagnes de Paripatra; les Sauviras, les Saindhavas, les Hounas, les Salwas, les gens de Sakala, les Madras, les Ramas, les Ambashthas, les Parasikas et autres. Ces nations boivent les eaux des rivières ci-dessus nommées, et elles vivent dans le bonheur et la prospérité.

Dans le Bharata-varsha, il est dit que la succession des quatre yougas ou âges, appelés le Krita, le Treta, le Dwapara et le Kali, s'accomplit, que de pieux solitaires se livrent à de rigoureuses pénitences, que des hommes fervents offrent des sacrifices et que des dons sont distribués, le tout en considération d'un autre monde. Dans le Jamboudwipa, Vishnou est l'objet du culte consistant en des sacrifices; ailleurs il est adoré de diverses façons. Le Bharata est ainsi la meilleure des divisions du Jambou-dwipa parce que c'est le pays des actes; les autres ne sont que des lieux de plaisir. Ce n'est qu'après bien des milliers de naissances et après l'accumulation de mérites abon-

---

(260) Divers Pouranas renferment sur les Varshas des détails plus circonstanciés, mais qui sont entièrement imaginaires. C'est ainsi que le Vayou-Pourana dit que dans le Ketoumala-varsha, les hommes sont noirs et les femmes de la couleur du lotus; la vie y dure pendant cent dix mille ans, sans maladies ni infirmités. Ce Pourana nomme sept *kala* ou grandes chaînes de montagnes qui sont dans ce prétendu pays et énumère un grand nombre de fleuves et de pays, qui paraissent complètement fantastiques; il serait donc superflu de comparer leurs noms avec ceux qui peuvent subsister encore.

(261) Cette description de l'Inde, sans être fort exacte, ne s'éloigne pas toujours de la vérité; les noms des fleuves et des nations se retrouvent dans les descriptions modernes; nous n'avons pas jugé nécessaire d'en établir la concordance; M. Wilson s'en est occupé déjà. Ses notes sur ce chapitre et sur ceux qui suivent, épuisent la question.

dants que des êtres vivants naissent quelquefois sous forme d'hommes dans le Bharata. Les dieux eux-mêmes s'écrient : « Heureux sont ceux qui naissent dans le Bharata, perdant même ainsi le rang des dieux, puis que naître de la sorte, c'est entrer dans la voie qui fait obtenir les joies du paradis ou le bonheur encore plus grand de la libération finale. Heureux ceux qui, s'en rapportant au suprême et éternel Vishnou pour la rémunération de leurs actes, obtiennent, comme moyen d'arriver à lui, l'existence dans cette terre des bonnes œuvres. Nous ignorons où notre détention corporelle se renouvellera lorsque les actes, qui nous ont fait obtenir le ciel, auront reçu leur entière récompense, mais nous savons quel est le bonheur des hommes qui ont reçu naissance dans le pays de Bharata avec des facultés parfaites. »

Je t'ai ainsi donné, Maitreya, la description succincte des neuf divisions du Jambou-dwipa qui a cent mille yojanas d'étendue et qui est entouré, comme d'un bracelet, par l'océan d'eau salée dont la dimension est égale.

CHAPITRE IV.

Détails sur les rois, les divisions, les montagnes, les rivières et les habitants des autres Dwipas ; océans qui les séparent ; marées ; confins de la terre ; la montagne de Lokaloka ; étendue de l'ensemble.

De même que le Jambou-dwipa est entouré par un océan d'eau salée, de même l'océan est entouré par le continent insulaire de Plaksha, dont l'étendue est deux fois celle du Jambou-dwipa.

Medhatithi qui fut créé souverain de Plaksha, eut sept fils, Santabhaya, Sisira, Soukhodaya, Ananda, Siva, Kshemaka et Dhrouva ; le dwipa fut partagé entre eux, et chaque division fut nommée d'après le prince auquel elle était soumise. Ces divers royaumes avaient pour limites un nombre égal de chaînes de montagnes, appelées Gomeda, Chandra, Narada, Doundhoubi, Somaka, Soumanas et Vaibhraja. Les habitants de ces montagnes sont exempts de péché et ils habitent constamment avec les esprits célestes et avec les dieux ; elles contiennent beaucoup d'endroits sacrés, et les hommes y vivent durant une longue période, exempts de soucis et de peine, et jouissant d'une félicité non interrompue. Il y a aussi dans les sept divisions du Plaksha sept rivières qui coulent vers la mer et dont les noms seuls sont suffisants pour effacer les péchés, ce sont l'Anoutapta, le Sikhi, le Vipasa, le Tridiva, le Kramou, l'Amrita et le Soukrita. Telles sont les principales rivières et montagnes du Plaksha-dwipa, mais il y en a des milliers d'autres d'une grandeur secondaire. Les hommes qui boivent les eaux de ces rivières sont toujours contents et heureux ; il n'y a parmi eux ni augmentation, ni diminution, et les révolutions des quatre âges ne sont pas connues en ce pays, le caractère du temps est uniformément celui du Treta (*l'âge d'argent*).

Dans les cinq dwipas, de Plaksha à Saka, la longueur de la vie est de cinq mille ans, et le mérite religieux est répandu parmi les diverses castes et les différents ordres de la population. Les castes sont appelées Aryaka, Kourou, Vivasa, et Bhavi ; elles correspondent à celles des Brahmanes, des Kshetriyas, des Vaisyas et des Soudras. Dans ce dwipa, il y a un grand figuier d'une étendue égale à celle de l'arbre Jambou dans le Jambou-dwipa, et ce dwipa se nomme Plaksha d'après le nom de l'arbre. Hari qui est toutes choses et qui est le créateur de toutes choses, est adoré dans ce continent, sous la forme de Soma (*la lune*). Le Plakshadwipa est entouré d'une mer de mélasse d'une étendue égale à celle de la terre ferme. Voilà, Maitreya, une description succincte du Plaksha-Dwipa.

Le héros Vapoushmat fut roi du Salmala Dwipa, proche de celui dont je viens de parler ; ses sept fils donnèrent aussi des désignations aux sept Varshas ou divisions de ce dwipa. Leurs noms sont Sweta, Harita, Jimouta, Rohita, Vaidyouta, Manasa, et Souprabha. La mer de l'Ikshou est entourée par le continent de Salmala qui a deux fois son étendue. Il y a sept chaînes principales de montagnes qui abondent en pierres précieuses et qui séparent les Varshas, et il y a aussi sept fleuves principaux. Les montagnes s'appellent le Koumouda, l'Unnata, le Valahaka, le Drona, fertile en herbes médicinales, le Kanka, le Mahisha, et le Kakkoudwat. Les rivières sont l'Yaouni, le Toya, le Vitrishna, le Chandra, le Soukla, le Vimochani et le Nivritti ; toutes ces eaux effacent les péchés. Les Brahmanes, les Kshetriyas, les Vaisyas et les Soudras de ce dwipa portent les noms de Kapilas, Arounas, Pitas, et Rohitas (*bruns, pourpres, jaunes et rouges*) ; ils adorent l'âme impérissable de toutes choses, Vishnou, sous la forme de Vayou (*le vent*) ; ils célèbrent de pieuses cérémonies, et ils jouissent fréquemment de la société des dieux. Un grand Salmali (*cotonnier*) croît dans ce dwipa et lui donne son nom. Le dwipa est entouré par la mer Soura (*la mer de vin*), qui a la même étendue que lui. La mer de Soura est entourée par le Kousa-dwipa qui est, en tout sens, d'une étendue double de celle du continent précédent. Le roi Iyotishmat eut sept fils, Udbhida, Venouman, Swairatha, Lavana, Dhriti, Prabhakara et Kapila ; ils donnèrent leurs noms aux sept portions ou Varshas de l'île. Les habitants y vivent avec les Daityas et les Danavas, ainsi qu'avec les esprits du ciel et les dieux. Les quatre castes, assidûment dévouées à leurs devoirs respectifs, sont les Danis, les Soushmis, les Snehas et les Mandehas qui, afin d'être exemptés des obligations qui leur sont imposées dans l'exécution de leurs diverses fonctions, adorent Janarddana sous la forme de Brahma, et s'exemptent ainsi des devoirs désagréables qui conduisent à des récompenses temporelles. Les sept principales montagnes de ce dwipa sont le Vidrouma, le Dioutyman, l'Hemasaila, le Poushpavan, le Kousesaya, l'Hari et le Mandara; les sept fleuves sont le Dhoutapapa, le Siva, le Pavitra, le Sammati, le Vidyoudambha, le Mahavanya, le Sarvapapahara; il y a d'ailleurs beaucoup d'autres rivières et montagnes moins importantes. Le Kousa-dwipa doit son nom à un champ d'herbe Kousa (*poa*) qui y croît. Il est entouré par la mer Ghrita (*la mer de beurre*) dont l'étendue est la même que celle du continent.

La mer Ghrita est enveloppée par le Krauncha-dwipa qui est deux fois aussi vaste que le Kousa-dwipa. Le roi de ce dwipa était Dioutyman dont les fils donnèrent leurs noms aux sept Varshas; ils s'appelaient Kousala, Mallaga, Ushna, Pivara, Andhakaraka, Mouni et Doundoubhi. Les sept montagnes qui bordent le dwipa sont le séjour qu'ont choisi les dieux et les esprits célestes; elles se nomment Krauncha, Vamana, Andhakaraka, Devavrit Poundarikavan, Doundoubhi, et Mahasaila; chacune d'elles a successivement deux fois la hauteur de celle qui précède, de la même manière que chaque dwipa est deux fois aussi étendu que celui qui est devant lui. Les habitants vivent sans crainte et jouissent de la compagnie des dieux. Les Brahmanes y sont appelés Poushkaras, et les Kshetriyas Poushkalas; les Vaisyas y portent le nom de Dhanyas et les Soudras, celui de Tishyas. Ils boivent les eaux de rivières innombrables dont les principales sont le Gauri, le Koumoudwati, le Sandhya, le Ratri, le Manojava, le Kshanti et le Poundarika. Le divin Vishnou, protecteur de la race humaine, y est adoré, avec des rites sacrés, sous la forme de Roudra. Le Krauncha-dwipa est entouré par une mer de caillé d'une étendue égale, et celle-ci est à son tour entourée par le Saka-dwipa.

Les fils de Bhavya, roi du Saka-dwipa, donnèrent leurs noms aux sept diverses contrées appelées Jalada, Koumara, Soukoumara, Manichaka, Kousoumoda, Mudaki et Mahadrouma. Les sept montagnes qui séparent ces pays sont l'Udayagiri, le Jaladhara, le Syama, l'Ambikeya, le Ramya, et le Kesari. Il croît dans ce dwipa un grand Saka (*arbre de tek*) que fréquentent les Siddhas et les Gandharbas; le vent que produit l'agitation de ses feuilles est délicieux. Les terres sacrées de ce continent sont peuplées par les quatre castes. Les sept rivières saintes qui effacent tous les péchés sont le Soukoumari, le Koumari, le Nalini, le Dhenouka, l'Ikshou, le Venouka et le Gabhasti. Il y a aussi dans ce dwipa des centaines et des milliers de rivières et de montagnes d'un rang secondaire; les habitants de Jalada et des autres divisions boivent avec plaisir de ces eaux après qu'elles sont retournées à la terre du ciel d'Indra. Dans ces sept districts il n'y a ni vice, ni injustice, ni discorde. La caste de Mriga est celle des Brahmanes, et celle des Magadhas correspond aux Kshetriyas; les Manasas remplacent les Vaisyas, et les Mandagas tiennent lieu des Soudras; ils adorent avec ferveur Vishnou comme le soleil, lui rendant un culte convenable. Le Saka-dwipa est entouré par la mer de lait comme d'un bracelet, et la mer est de la même largeur que le continent qu'elle embrasse.

La mer Kshriroda (*la mer de lait*) est entourée par le septième dwipa ou Poushkara, qui a deux fois l'étendue du Saka-dwipa. Savana, souverain de cette région, n'eut que deux fils, Mahavira et Dhataki; ils donnent leurs noms aux deux contrées qui forment le Poushkara; elles sont séparées par une haute chaîne de montagnes appelées Manasottara qui courent dans une direction circulaire (*formant un cercle intérieur et un cercle extérieur*). Ces montagnes ont cinquante mille yojanas de hauteur et autant de largeur; elles partagent le dwipa en deux parties circulaires; les monts Dhataki forment la ligne qui trace cette circonférence, et la chaîne de Mahavira fait le tour du dwipa qu'elle limite. Ces montagnes sont fréquentées par les esprits célestes et par les dieux; ce sont les seules qui se trouvent dans le Poushkara, lequel ne renferme aucune rivière. Les hommes y vivent mille ans, exempts de maladie et de chagrin, sans que la colère ou les passions viennent troubler leur repos. Il n'y a ni vertu, ni vice, ni meurtre, ni victime, ni jalousie, ni crainte, ni haine, ni avarice, ni aucun défaut moral; il n'y a ni vérité ni fausseté. Les aliments s'y produisent spontanément, et tous les habitants se nourrissent de viandes réunissant toutes les saveurs possibles. Les hommes y sont de la même nature que les dieux, ils ont la même forme et les mêmes habitudes. Il n'y a pas de distinction de caste ou d'ordre, il n'y a ni lois établies ni culte rendu dans le but d'en retirer du profit. Les trois Védas, les Pouranas, la science de la morale et de la politique y sont inconnues. De fait, les deux régions de Poushkara sont un paradis terrestre, et les habitants, exempts de douleur et de maladie, jouissent d'une félicité profonde. Il croît, dans ce dwipa, un nyagrodha (*ficus indica*) qui est le séjour spécial de Brahma; il y réside, adoré par les dieux et les démons. Pouskara est entouré par la mer d'eau fraîche, qui est d'une étendue égale à celle du continent qu'elle enveloppe (262).

(262) Nous ne prendrons pas la peine de comparer la description des divers aurifices avec celles que contiennent les autres Pouranas. Tout cela est fantastique, et on ne peut que sourire en voyant le savant mais trop i-

De cette manière, les sept continents sont entourés successivement par sept océans, et chaque continent, ainsi que chaque océan, a une étendue double de celle du continent ou de l'océan qui le précède; dans chaque océan, l'eau demeure constamment en quantité égale; elle n'augmente ni ne diminue, mais elle s'élève lorsque la lune s'accroît, de même qu'on voit, sous l'influence de la chaleur, bouillir l'eau qui est dans un chaudron. La quantité des eaux demeure la même, mais leur volume s'étend ou s'affaisse. La hausse et la baisse des eaux des diverses mers est de cinq cent dix pouces.

Au delà de la mer d'eau douce est une région d'une étendue double; elle est d'or, et il n'y réside point d'ê res vivants. De là s'étend la montagne de Lokaloka, qui a dix mille yojanas de largeur et autant de hauteur; au delà règnent des ténèbres perpétuelles, et ces ténèbres sont entourées par la coquille de l'œuf.

C'est ainsi, Maitraya, qu'est la terre; avec ses continents, ses montagnes, ses océans et son enveloppe extérieure, elle a cinquante crores (*cinq cent millions*) d'yojanas d'étendue. C'est la mère et la nourrice de toutes les créatures, la base de tous les mondes et le premier des éléments.

CHAPITRE V.

Les sept régions de Patala au-dessous de la terre (265). *Détails sur le serpent Sesha. Le premier maître en fait d'astronomie et d'astrologie.*

PARASARA. — Je t'ai décrit, Maitreya, l'étendue de la surface de la terre. On dit que sa profondeur au-dessous de sa surface est de soixante-dix mille yojanas, chacune des sept régions de Patala ayant dix mille yojanas de profondeur. Ces sept régions se nomment Atala, Vitala, Nitala, Gabhastimat-Mahatala, Soutala et Patala. Leur sol est alternativement blanc, noir, pourpre, jaune, sablonneux, pierreux et d'or. Elles sont décorées de splendides palais où habitent de nombreux Danavas, des Daityas, des Yakshas et de grands dieux-serpents. Le Mouni Narada, après être revenu de ces régions aux cieux, déclara parmi les êtres célestes que le Patala était beaucoup plus délicieux que le ciel d'Indra.

« Qu'est-ce qui peut, » s'écria le sage, « être comparé à Patala, où les Nayas sont ornés de bijoux brillants et magnifiques? Qui ne sera pas charmé dans le Patala, où errent de côté et d'autre les filles aimables des Daityas et des Danavas, fascinant même les sages les plus austères, où les rayons du soleil répandent, le jour, la lumière et non la chaleur, et où la lune brille la nuit et donne une clarté exempte de froid, où les fils de Danou, ayant en abondance des aliments délicieux et des vins exquis, ne savent pas comment le temps s'écoule? Là sont des bois charmants, des ruisseaux et des lacs où croit le lotus. Des ornements splendides, des parfums enivrants, des onguents précieux, le son harmonieux de la flûte et du luth, voilà les jouissances, et bien d'autres encore, réservées aux habitants du Patala. »

Au-dessous des sept Patalas, est la forme de Vishnou, procédant de la qualité des ténèbres qui sont appelées Sesha, et dont ni les Daityas, ni les Danavas, ne peuvent énumérer entièrement les excellences. Cet être est nommé Ananta par les esprits du ciel; les sages et les dieux l'adorent. Il a mille têtes que décore le signe pur et mystique, et les mille bijoux qui ornent ses têtes donnent de la lumière à toutes les régions. Pour assurer le bonheur du monde, il dépouille les Asuras de leur force. Il roule ses yeux avec férocité, comme s'il était enivré. Il porte une seule boucle d'oreille, un diadème et une couronne sur chacun de ses fronts, et il brille comme les montagnes blanches lorsque de leurs sommets s'échappent des jets de flamme. Il est vêtu d'habillements de couleur pourpre, il porte un collier blanc, et il ressemble à un autre Kailasa avec le Gange divin coulant le long de ses précipices. D'une main il tient une charrue, de l'autre un mortier, et il est accompagné de Varouni (*la déesse du vin*), qui est sa splendeur revêtue d'un corps. De ses bouches, à la fin du Kalpa, sort le feu emprisonné qui, personnifié avec Roudra (lequel est le même que Balarama), dévore les trois mondes. Sesha porte le monde entier sur sa tête comme un diadème, et il est la base sur laquelle reposent les sept Patals. Sa puissance, sa gloire, sa forme, sa nature, ne peuvent être décrites, ne peuvent être comprises par les dieux eux-mêmes. Qui racontera la puissance de celui qui porte la terre entière comme une guirlande de fleurs, à laquelle le reflet de l'éclat des bijoux placés sur ses têtes donnent une couleur pourpre? Lorsque Ananta, les yeux troublés par l'ivresse, vient à bâiller, alors la terre tremble, avec toutes ses forêts, ses montagnes, ses mers et ses rivières. Les Gandharbas, les Apsarasas, les Siddhas, les Kinnaras, les Uragas et les Charanas ne sont pas en état de célébrer ses louanges; il est ainsi appelé l'infini (*Ananta*), l'impéris-

---

génieux Wilford s'efforcer de retrouver des notions géographiques exactes au milieu de ces divisions imaginaires. Selon lui, le Jambou est l'Inde, le Kousa (ou Cush de l'Écriture sainte) est l'espace entre l'Inde et la Mésopotamie; Plaksha correspond à l'Asie Mineure, et Salmali à l'Europe orientale; Krauncha, c'est l'Allemagne; Saka, les Îles britanniques, et Poushkara, l'Islande. Peu de personnes admettront la justesse de ces rapprochements.

(265) Aucun des Pouranas ne donne une description fort étendue de Patala. Le Vayou et le Bhagavata-Pourana sont ceux qui s'étendent le plus à cet égard; ce qu'en dit ce dernier est reproduit avec quelques additions dans les premiers chapitres du Patala Khanda du Padma Pourana. Une partie considérable du Vrihat-Katha est consacrée au récit d'événements survenus dans ces régions souterraines.

sable. La poudre du Sandal, broyé par les femmes des dieux-serpents, est répandue au loin par son haleine, et elle embaume les cieux. L'ancien sage Garga s'étant rendu Sesha propice, acquit de là la connaissance des principes de l'astronomie, du mouvement des planètes, et des présages heureux ou funestes que révèle l'aspect des cieux.

La terre, soutenue sur la tête de ce serpent souverain, soutient à son tour la guirlande des sphères avec leurs habitants, les hommes, les démons et les dieux.

CHAPITRE VI.

Des différents enfers en divisions du Naraka au-dessous du Patala ; crimes punis dans chacun d'eux ; efficacité de l'expiation ; la méditation sur Vishnou est la plus efficace des expiations.

PARASARA. — Je vais maintenant, ô Mouni, te faire la description des enfers qui sont situés au-dessous de la terre et au-dessous des eaux, et dans lesquels les pécheurs finissent par être plongés (264).

Les noms des différents Narakas sont comme suit : Raurava, Soukara, Rodha, Tala et Viva-Sana.

Ces enfers et beaucoup d'autres non moins redoutables, sont les provinces terribles du royaume d'Yama ; c'est le séjour du feu et des supplices où sont précipités tous ceux qui se livrent, durant leur vie, à des actes criminels.

L'homme qui rend un faux témoignage ou qui profère un mensonge, est condamné à l'enfer Raurava. Celui qui procure l'avortement, qui pille une ville, qui tue une vache ou qui étrangle un homme, va dans l'enfer Radha. Celui qui a tué un Brahmane, qui a volé de l'or ou qui a bu du vin, va à l'enfer Soukara (*des pourceaux*), ainsi que quiconque a été son complice. Le meurtrier d'une femme appartenant à la seconde ou à la troisième caste, et celui qui s'est rendu coupable d'adultère avec la femme de son maître spirituel, est condamné à l'enfer Tala (*des cachots*). Celui qui a un commerce incestueux avec sa propre sœur ou qui a tué un ambassadeur, va dans l'enfer Taptakoumbha (*des chaudrons chauffés*). L'homme qui vend sa femme, un geôlier, un marchand de chevaux, et celui qui abandonne ses compagnons, est précipité dans l'enfer Taptaloha (*du fer rouge*). Celui qui commet un inceste avec sa fille ou sa belle-fille, est jeté dans l'enfer Mahajwala (*de la grande flamme*). Celui qui manque de respect à son guide spirituel, qui insulte ses supérieurs, qui blasphème contre les Vedas ou qui les vend et qui s'associe avec des femmes à un degré prohibé, tombe dans l'enfer Lavana (*l'enfer du sel*). Le voleur et l'homme qui méprise les ordonnances prescrites, est jeté dans le Vimohana (*le lieu de la confusion*). Celui qui a de la haine pour son père, pour les Brahmanes, pour les dieux, ou qui gâte des pierres précieuses, est châtié dans l'enfer Krimibhaksha (*où les vers lui servent de nourriture*). Celui qui se livre à des pratiques magiques pour nuire aux autres, est puni dans l'enfer Krimisa (*des insectes*). Le misérable qui mange ses repas avant d'offrir de la nourriture aux dieux, aux mânes ou aux hôtes, tombe dans l'enfer Lalabhaksha (*où la salive sert de nourriture*). Celui qui fabrique des flèches, est condamné à l'enfer Vedhaka (*perçant*) ; et celui qui fabrique des lances, des épées et autres armes, au redoutable enfer appelé Visasana (*meurtrier*). Celui qui reçoit des dons prohibés par la loi, tombe dans l'enfer Adhomoukha (*la tête en bas*), ainsi que celui qui offre des sacrifices à des objets non convenables ou qui observe les étoiles (*afin de prédire l'avenir*). Celui qui mange seul des confitures mêlées avec son riz, le Brahmane qui vend de la chair, des liqueurs, du sésame ou du sel, et l'homme qui commet des actes de violence, tombent dans l'enfer Puyavaha (*où la matière flotte*), ainsi que ceux qui élèvent des chats, des coqs, des chèvres, des chiens, des pourceaux ou des oiseaux.

Les acteurs qui jouent en public, les pécheurs, les dénonciateurs, l'homme qui vit de la prostitution de sa femme, celui qui s'occupe d'affaires mondaines les jours des Parvas (*de la pleine ou de la nouvelle lune*, etc.), l'incendiaire, l'ami perfide, le devin, ceux qui vendent l'acide de l'asclépias employé dans les sacrifices, tombent tous dans l'enfer Roudhirandha (*dont les puits sont pleins de sang*). Celui qui détruit une ruche ou qui pille un village, est condamné à l'enfer Vaitarani. Celui qui cause l'impuissance, qui pénètre dans les terres des autres, qui est impur ou qui vit au moyen de la fraude, reçoit son châtiment dans le Krishna (*l'enfer noir*). Celui qui abat des arbres par caprice, tombe dans l'enfer Asipatravana (*où les arbres ont pour feuilles des lames d'épée*). Ceux qui chassent le cerf ou qui mettent au feu des vases de terre pétrie (*les potiers*), sont jetés dans l'enfer Vahnijwala (ou *de la flamme ardente*). Ceux qui violent leurs vœux ou qui transgressent la règle de leur ordre, tombent dans le Sandansa (*l'enfer des tenailles*). Le jeune religieux qui s'endort pendant la journée et qui se trouve souillé sans sa volonté ; ceux qui, à un âge mûr, sont instruits par leurs enfants dans la littérature sacrée, reçoivent leur punition dans l'enfer Swabhojana (*où ils ont des chiens pour nourriture*). Ces enfers, et des centaines, et des milliers d'autres, sont les endroits où les pécheurs subissent le châtiment dû à leur faute. Les enfers où les hommes

---

(264) Un opuscule introuvable en France a été publié à Lund (Londini-Gothorum), en Suède, en 1802 ; c'est une thèse *De inferis indianis*, soutenue par A.-J. Hellestein, in-4°, 12 pages.

sont punis sont aussi nombreux que les fautes qu'ils ont commises, et tous ceux qui s'écartent, en pensée, en parole ou en action, des devoirs que leur impose leur caste ou leur condition, sont condamnés à des châtiments sévères dans les régions des réprouvés.

Les dieux, dans le ciel, sont aperçus par les habitants de l'enfer lorsqu'ils se meuvent avec leurs têtes renversées, tandis que les dieux, en abaissant leurs regards, voient les souffrances de ceux qui sont dans l'enfer. Les divers ordres de l'existence sont les objets inanimés, les poissons, les oiseaux, les animaux, les hommes, les saints, les dieux et les esprits délivrés; chaque ordre est de mille degrés supérieur à celui qui le précède, et les êtres qui sont soit dans le ciel, soit dans l'enfer, sont destinés à traverser ces divers ordres de l'existence jusqu'à ce que l'émancipation finale soit obtenue (265).

Le pécheur qui néglige d'expier son crime tombe dans l'enfer. Des actes d'expiation ont été prescrits par les sages pour tout genre de crimes. Swayambhouva et d'autres sages ont proposé des pénitences rigoureuses pour de grandes fautes, des punitions moins sévères pour des fautes plus légères ; mais la confiance en Krishna est bien plus efficace que les actes expiatoires, tels que des austérités religieuses et autres œuvres de piété. Que celui qui se repent du péché qu'il peut avoir commis ait recours à la meilleure de toutes les expiations, le souvenir d'Hari ; en adressant ses pensées à Narayana au point du jour, à midi, au coucher du soleil et au milieu de la nuit, un homme sera promptement purifié de toutes ses fautes ; l'ennui entier des chagrins du monde est dissipé par la méditation sur Hari, et celui qui l'adore, regardant la jouissance céleste comme un obstacle à la félicité, obtient l'émancipation finale. Celui dont l'esprit est tout dévoué à Hari dans une prière silencieuse, dans l'action de brûler les offrandes et dans l'adoration, celui-là est impatient même de la gloire du roi des dieux. Que sert de monter au sommet du ciel, si de là il est nécessaire de descendre sur la terre? Qu'elle est plus sublime, la méditation sur Vasoudeva, qui est le germe de la liberté éternelle. C'est pourquoi l'homme qui pense nuit et jour à Vishnou ne va pas dans l'enfer après sa mort, car tous ses péchés sont expiés.

Le ciel (*Swarga*) est ce qui charme l'esprit ; l'enfer (*Naraka*) est ce qui lui cause de la peine ; de là vient que le vice est appelé l'enfer, et la vertu le ciel. Mais rien n'est en soi agréable ou pénible ; le plaisir et la peine ne sont que des définitions des divers états de l'esprit.

Je t'ai décrit la sphère de la terre, les régions au-dessous de sa surface et les enfers ; que désires-tu savoir encore ?

CHAPITRE VII.

Étendue et situation des sept sphères, savoir: la Terre, le Ciel, les Planètes, Mahar-Loka, Jana-Loka, Tapo-Loka et Satya-Loka. De l'œuf de Brahma et de ses enveloppes élémentaires. Influence de l'énergie de Vishnou.

MAITREYA. — Tu m'as donné la description de la sphère de la terre entière, docte Brahmane ; je désire maintenant que tu me renseignes sur les diverses sphères qui sont au-dessus de ce monde, sur le Bhovas-loka (*sphère du ciel*), et sur les autres ; sur la situation et les dimensions des luminaires célestes.

PARASARA. — La sphère de la terre (*Bouhr-loka*), comprenant ses océans, ses montagnes et ses rivières, s'étend aussi loin que l'éclairent les rayons du soleil et de la lune, et la sphère du ciel s'étend au-dessus d'elle dans une étendue égale. Le globe solaire est situé à cent mille lieues de la terre, et celui de la lune est à une égale distance du soleil. A un intervalle égal, au-dessus de la lune, se trouve l'orbite de toutes les constellations lunaires. La planète Boudha (*Mercure*) est à deux-cent mille lieues au-dessus des demeures lunaires ; Soukra (*Vénus*) est à une égale distance de Mercure. Angaraka (*Mars*) est également éloigné de Vénus, et il y a un intervalle égal entre Mars et Vrihaspati, le prêtre des dieux (*Jupiter*), tandis que Saturne (*Sani*) est à deux cent cinquante mille lieues au delà de Jupiter. La sphère des sept rishis (*la Grande Ourse*) est à cent mille lieues au delà de Saturne, et à une hauteur égale ; au delà des sept-Rishis est Dhrouva (*l'Étoile Polaire*), le pivot ou l'axe de tout le système planétaire. Telle est l'élévation des trois sphères qui forment la région des conséquences des œuvres. La région des œuvres est la Terre que nous habitons.

Au-dessus de Dhrouva, à une distance de dix millions de lieues, est le Mahar-Loka, la sphère des saints ; ses habitants y résident pendant un kalpa, ou jour de Brahma. A une distance double est le Jana-Loka, où habitent Sanandana et autres enfants de Brahma, doués d'un esprit pur. A une distance quadruple est le Tapo-Loka, sphère de la pénitence, habitée par les déités appelées *vaibhrajas*, que le feu ne peut consumer. Enfin, à une distance sextuple (ou *à cent vingt millions de lieues*) est situé le Satya-Loka, la sphère de la vérité, dont les ha-

---

(265) C'est-à-dire lorsqu'un individu a reçu dans le ciel ou dans l'enfer, un bonheur ou un châtiment correspondant à ses vertus ou à ses crimes, il doit renaître comme herbe ou comme plante et traverser par degrés les conditions inférieures de l'existence jusqu'à ce qu'il redevienne un homme ; son état futur dépend alors de ses actions.

bitants sont constamment exempts de la mort (266). Partout où existe une substance terreuse sur laquelle les pieds peuvent se poser, là est la sphère de la terre dont je t'ai déjà donné la description. La région qui s'étend de la terre au soleil et où se meuvent les Sindhas et autres êtres célestes, est la sphère de l'atmosphère; je t'en ai aussi parlé. L'intervalle entre le soleil et Dhrouva, s'étendant sur quatorze cent mille lieues, est appelée la sphère céleste par ceux qui ont la connaissance du système de l'univers. Ces trois sphères sont qualifiées de transitoires; les trois plus élevées, Jana, Tapa et Satya, sont qualifiées de durables. Mahar-Loka, placé entre ces deux ordres de sphères, a un caractère mixte; quoique abandonné à la fin d'un kalpa, il n'est pas détruit. Ces sept sphères forment, avec les Patalas, l'étude du monde entier.

Le monde est entouré en tous sens, en dessus et en dessous, par la coquille de l'œuf de Brahma, de la même manière que la graine de la pomme de pin est entourée par son enveloppe. Autour de la surface intérieure de la coquille coule de l'eau pendant un espace égal à dix fois le diamètre du monde. Les eaux sont entourées, à l'intérieur, par le feu; le feu par l'air; l'air par l'esprit; l'esprit par l'origine des éléments (*Ahankara*), et celle-ci par l'intelligence; chacune de ces choses a une étendue décuple de celle de la sphère qu'elle enveloppe, et la dernière de toutes est, à son tour, enveloppée par le principe souverain, Prudhana, qui est infini, et dont l'étendue ne saurait être exprimée; on l'appelle aussi la cause suprême, sans limites et sans bornes, de tous les objets existant, la nature suprême (*Prakriti*)), la cause de tous les œufs dont il existe des millions, des dizaines de millions, des millions et des dizaines de millions.

CHAPITRE VIII.

Description du soleil; son chariot, ses deux axes. Son cours. Nature de ses rayons. Longueur du jour et de la nuit. Division du temps; équinoxes et solstices; mois, années: l'yuga ou cycle de cinq ans. Saints sur la montagne Lokaloka. Origine de Ganga; sa séparation sur le sommet du mont Merou en quatre grandes rivières.

PARASARA. — Après avoir décrit le système du monde, en général, je t'expliquerai les dimensions et la situation du soleil et des autres astres.

(266) La description des lokas ou mondes célestes présente quelques différences dans d'autres Pouranas. M. Wilson les a exposées, p. 213. Les écrits de date relativement modernes ajoutent des mondes nouveaux à ceux que mentionnent les anciens textes; c'est ainsi que le Brahma Vaivartha met au dessus de tous le Go-Loka ou monde des vaches. L'idée primitive des sept mondes répandue chez les Hindous s'est conservée parmi les musulmans. Le nombre sept a toujours été un chiffre favori chez divers peuples de l'antiquité; il est peut-être dû aux sept planètes. Les Hindous donnent sept coursiers au char du soleil; ils ont sept sages divins, sept mers, sept continents.

Le chariot du soleil a neuf mille lieues de long; le pôle a deux fois cette longueur; l'essieu a quinze millions sept cent mille lieues de long; il supporte une roue qui a six rayons. Ce chariot a un autre essieu dont la longueur est de quarante-cinq mille cinq cents lieues, et qui est soutenu par l'étoile polaire; les sept chevaux du soleil sont les mètres des Védas.

La cité d'Indra est située au côté oriental de la montagne Manasottara; celle d'Yama au sud, celle de Varouna à l'ouest, et celle de Soma au nord; elles se nomment Vaswokasara, Samyamani, Moukhya et Vibhavari.

Le glorieux soleil s'élance comme une flèche, dans sa course vers le midi; les constellations du zodiaque l'accompagnent. Il cause la différence entre le jour et la nuit, et il est le véhicule divin, le chemin des sages qui ont surmonté les peines du monde. Tandis que le soleil brille à midi sur un continent, il est minuit dans un autre. Lorsque le soleil se montre, on dit qu'il se lève; lorsqu'il disparaît, on dit qu'il se couche; de fait, il n'y a ni lever, ni coucher du soleil, car il est toujours, et ces expressions ne font qu'indiquer sa présence ou son absence.

Lorsque le soleil (*à midi*) passe sur l'une des cités des dieux, sa lumière s'étend sur trois cités et sur deux points intermédiaires; lorsqu'il est situé sur un point intermédiaire, il éclaire deux des cités et trois points intermédiaires. Le soleil répand son éclat de tous côtés, excepté sur le sommet du mont Merou, séjour des immortels, car lorsque ses rayons arrivent à la vue de Brahma, ils sont repoussés par une splendeur supérieure.

La nuit est appelée Usha, le jour Vyushta, et l'intervalle entre eux se nomme Sandhya. Lorsque vient le terrible Sandhya, les effroyables démons, appelés Mandehas, essayent de dévorer le soleil, car Brahma les a maudits et leur a infligé le châtiment de mourir chaque jour, sans pouvoir périr (*et de renaître la nuit*); c'est pourquoi un combat acharné se livre journellement entre eux et le soleil. Alors les pieux Brahmanes répandent l'eau purifiée par l'Omkara mystique et consacrée par le Gayatri, et cette eau, telle que la foudre, consume les démons. Lorsque la première offrande est présentée avec des invocations solennelles dans les rites du matin, la déité aux mille rayons brille avec une splendeur que nul nuage n'obscurcit. Omkara est le puissant Vishnou, la substance des trois Védas, le seigneur de la parole; en le prononçant ces démons sont détruits. Le soleil est une partie principale de Vishnou; la lumière est son essence immuable, et sa manifestation active est stimulée par la syllabe mystique, Om. La lumière que verse la récitation de l'Omkara devient éclatante et consume les démons. L'accomplissement du sacrifice du matin ne doit donc jamais éprouver de retard, car celui qui le néglige est coupable du meurtre du soleil. C'est ainsi que, protégé par les Brahmanes et les sages nains que l'on appelle Balakhilyas, le soleil suit son cours pour donner la lumière au monde.

Quinze clignements d'yeux (*nimeshas*) font un kashtha, trente kashthas font un kala, trente kalas font un mouhourtta (*quarante-huit minutes*); trente mouhourttas font un jour et une nuit; les portions du jour sont plus ou moins longues, mais un sandhya est toujours le même et dure un mouhourtta. Quinze jours de trente mouhourttas chacun font un paksha (*quinzaine lunaire*); deux pakshas font un mois; deux mois font une saison solaire; trois saisons font une déclinaison nord ou sud; deux déclinaisons composent une année. Les années, composées de quatre espèces de mois, sont divisées en cinq espèces, et l'assemblage de toutes les variétés de temps forme un yuga qui comprend cinq années.

La chaîne de montagnes située à l'extrémité septentrionale du Bharata-Varsha, porte le nom de Sringavan (*la Cornue*) parce qu'elle a trois pics ou cornes, l'un au nord, l'autre au sud, l'autre au centre; ce dernier est appelé l'équinoxial; le soleil y arrive au milieu des deux saisons de l'été et de l'automne, et les jours et les nuits se trouvent d'une longueur égale. Quand le soleil est au premier degré de la demeure lunaire appelée Krittika, et la lune au quatrième degré de Virakha, ou quand le soleil est au troisième degré de Visakha et la lune à la tête de Krittika, cette saison équinoxiale est appelée la sainte, ou le grand équinoxe (*Mahavishoubha*). Alors des offrandes doivent être offertes aux dieux et aux mânes, et des dons doivent être présentés aux Brahmanes, car ces dons produisent toujours le bonheur. La libéralité, à l'époque de l'équinoxe, est constamment avantageuse à celui qui l'exerce, et le jour de la pleine lune, le jour où elle est invisible, le premier jour où elle se montre, le premier jour où elle disparait, le jour où elle est d'une entière rondeur, et le jour où elle perd un quartier, sont tous des époques où les dons sont méritoires.

Le soleil est dans sa déclinaison septentrionale pendant les mois de Tapas, Tapasya, Madhou, Madhava, Soukra et Souchi; il est dans sa déclinaison méridionale pendant les mois de Nabhas, de Nabhasya, d'Isha, d'Urja, de Sahas, de Sahasya.

C'est sur le mont Lokaloka, que je l'ai déjà décrit, que résident les quatre saints protecteurs du monde; savoir: les deux fils de Kardama, Soudhaman, Sankhapad, Hiranyaroman et Ketumat. Sans être affectés par les contrastes de l'existence, actifs et libres dans leurs mouvements, ils dirigent les sphères et résident aux quatre points cardinaux du mont Lokaloka.

Au nord d'Agastya, et au sud de la ligne de la Chèvre, à l'extérieur du chemin de Vaiswanara, est la route des Pitris. Là résident les grands rishis, ceux qui présentent des offrandes avec le feu, et qui respectent les Védas; c'est d'après leurs ordres que la création commença; ils remplissent les fonctions sacerdotales, et à mesure que les mondes sont détruits et renouvelés, ils instituent de nouvelles règles de conduite et ils rétablissent les rites que prescrivent les Védas et qui ont été interrompus. Descendant mutuellement les uns des autres, le père devenant le fils et réciproquement, pendant la succession alternative des naissances, ils apparaissent tour à tour dans différents lieux et à diverses époques.

Le chemin des dieux est au nord de la sphère céleste, au sud des sept Rishis. Là résident les Siddhas, maîtres de leurs sens, vivant dans la continence et la pureté, et vainqueurs de la mort; quatre-vingt-huit mille de ces êtres habitent la région du ciel, au nord du soleil, jusqu'à la destruction de l'univers; ils jouissent de l'immortalité; ils sont exempts de l'avarice et de la concupiscence, de l'amour et de la haine, ne prennent point de part à la procréation des êtres vivants. Le mot immortalité signifie l'existence jusqu'à la fin d'un Kalpa; une vie égale en durée à celle des trois régions (*le ciel, la terre et l'enfer*) et exempte de la mort réitérée. Les conséquences d'œuvres pieuses ou impies durent pendant une période semblable ou jusqu'à la fin d'un Kalpa; alors tout ce qui est compris dans l'intervalle entre la terre et Dhrouva est détruit.

L'espace entre les sept Rishis et Dhrouva, la troisième région du firmament, est le chemin splendide de Vishnou, et le séjour des saints solitaires qui sont purifiés de toutes souillures et en qui le vice et la vertu sont anéantis. C'est là que se rendent ceux chez lesquels toutes les sources de la souffrance sont éteintes et qui ne connaissent plus le chagrin. Là habitent Dharma, Dhrouva et les autres spectateurs du monde, brillant des facultés surnaturelles de Vishnou, acquises par une méditation religieuse; là est rassemblé tout ce qui est et tout ce qui sera, animé ou inanimé. Le trône de Vishnou est contemplé par la sagesse des Yogis, identifiée avec la lumière suprême. C'est dans cette partie du ciel qu'est placé le splendide Dhrouva, servant de pivot à l'atmosphère. Les sept grandes planètes reposent sur Dhrouva et elles servent d'appui aux nuages. Les pluies sont suspendues dans les nuages, et c'est des pluies que vient l'eau, la nourriture et les délices de tous les êtres, des dieux et des autres; les dieux qui reçoivent les sacrifices et qui ont pour nourriture les offrandes qui sont livrées aux flammes, font tomber la pluie pour faire vivre les êtres créés. Cette résidence sacrée de Vishnou est donc le soutien des trois mondes et la source de la pluie.

De cette troisième région de l'atmosphère ou séjour de Vishnou, tombe le fleuve qui enlève tous les péchés, le Gange, chargé des onguents des nymphes du ciel qui se sont jouées dans ses eaux. Il a sa source dans l'ongle de l'orteil du pied gauche de Vishnou; Dhrouva le reçoit et le soutient pieusement jour et nuit sur sa tête; les sept Rishis se livrent dans ses eaux à leurs austérités, plongeant dans ses ondes leurs cheveux tressés. La sphère de la lune qu'entourent ses flots leur doit un nouvel éclat. Se précipitant de la lune sur le sommet du mont Mérou, le fleuve saint coule vers les quatre parties du monde et les purifie. Le Sita, l'Alakananda, le Chakshou et le Bhadra sont ses quatre bras. Les fautes de tout homme qui se baigne dans ses eaux sacrées sont immédiatement expiées, et une vertu toute nouvelle se produit. Ceux qui offrent dans ce fleuve des sacrifices à Pouroushottama, le seigneur des sacrifices, obtiennent tout ce qu'ils désirent, ici ou dans le ciel. Les saints, qui sont purifiés de toute souillure en se baignant dans ses eaux et dont l'esprit est fixé sur Kesara, acquièrent la délivrance finale. Ce fleuve sacré sanctifie tous ceux qui, de jour ou de nuit, s'y baignent, le voient, le touchent, le célèbrent, en entendent parler ou désirent le voir; ceux qui, même à une distance de cent lieues, s'écrient : Gange! Gange! expient les péchés commis durant trois existences antérieures. L'endroit d'où vient ce fleuve pour la purification des trois mondes, est la troisième division des régions célestes, le séjour de Vishnou.

CHAPITRE IX.

Système planétaire sous le type d'une tortue. La terre est nourrie par le soleil. La pluie, soutien de la végétation et de la vie animale. Narayana, soutien de tous les êtres.

La forme du puissant Hari qui est présent dans le ciel formé de constellations est celle d'une tortue, sur la queue de laquelle est assis Dhrouva. Lorsque Dhrouva se tourne, la lune, le soleil et les étoiles se tournent aussi. La figure de tortue de la sphère céleste est soutenue par Narayana, qui est assis dans son cœur, et la tortue a pour soutien le souverain de toutes choses, Janarddana. La sphère céleste soutient Dhrouva, qui est le point d'appui du soleil, et ce monde, avec ses dieux, les démons et les hommes, dépend du soleil.

Durant huit mois de l'année, le soleil attire les eaux, qui sont l'essence de tout fluide, et il les répand sur la terre, en forme de pluie, durant les quatre autres mois; de la pluie vient le grain, qui fournit la subsistance au monde entier. Le soleil absorbe l'humidité de la terre avec ses rayons brûlants et elle nourrit la lune. La lune communique ses rosées aux nuages qui, étant composés de fumée,

de feu et de vent, peuvent retenir les eaux dont ils sont chargés; lorsque les vents les brisent en morceaux, alors les eaux descendent et rafraîchissent la terre.

Le soleil pompe les fluides dans quatre sources diverses, les mers, les rivières, la terre et les êtres vivants. L'eau que le soleil a tirée du Gange et des cieux, il la répand lorsque ses rayons brillent, sans qu'il y ait un nuage; les hommes que touche cette pluie céleste sont purifiés de la souillure du péché et ne voient jamais l'enfer; c'est ce qu'on appelle l'ablution céleste.

L'eau que les nuages versent sur la terre est l'ambroisie des êtres vivants, car elle donne la fertilité aux plantes, soutiens de l'existence. Elle fait mûrir les végétaux qui fournissent le moyen de prolonger la vie. Les végétaux servent aux sacrifices journaliers que font les hommes qui prennent la loi pour guide, et ils fournissent de la nourriture aux dieux. C'est ainsi que les sacrifices, les Vedas, les quatre castes ayant à leur tête les Brahmanes, toutes les espèces d'animaux, le monde entier enfin, tout est soutenu par les pluies que produisent les éléments. Mais la pluie est aspirée par le soleil, le soleil est soutenu par Dhrouna, Dhrouna est soutenu par la sphère céleste en forme de tortue que maintient Narayana. Ainsi Narayana, l'être éternel existant dès l'origine de toutes choses, Narayana assis au cœur de la sphère étoilée, est le soutien de l'univers entier.

CHAPITRE X.

Noms des onze Adityas. Noms des Rishis, des Gandharbas, des Apsarasas, des Uragas et des Rakshasas qui accompagnent le char du soleil durant chaque mois de l'année. Leurs fonctions respectives.

PARASARA. — Entre les points extrêmes nord et sud, le soleil doit traverser dans un an cent quatre-vingts degrés en montant et en descendant. Son char est accompagné des divins Adityas, des Rishis, des chantres et des nymphes du ciel, des yakshas, des serpents et des Raksharas. L'Aditya Dhatri, le sage Poulastya, le gandharba Toumbourou, la nymphe Kratousthala, l'yaksha Rathakrit, le serpent Vasouki et le Rakhas Heti résident toujours dans le char du soleil pendant le mois de Madhou ou de Chaitra, comme étant ses sept gardiens.

C'est de cette manière, Maitreya, qu'un groupe de sept êtres célestes soutenus par l'énergie de Vishnou, occupe durant les divers mois, l'orbite du soleil. Le sage célèbre les louanges de l'astre, le gandharba chante et la nymphe danse devant lui; le rakshas accompagne ses pas, le serpent attèle ses chevaux et le yaksha dispose les rênes; de nombreux sages pygmées, les Balakhilyas, entourent constamment le char. Ces sept personnages, attachés au char du soleil, sont les agents de la distribution du froid, de la chaleur et de la pluie, à l'époque de leurs saisons respectives.

CHAPITRE XI.

Le soleil est distinct des êtres qui accompagnent son char, et il préside sur eux; il est identique avec les trois Védas et avec Vishnou; ses fonctions.

MAITREYA. — Tu m'as nommé, ô saint précepteur, les sept classes d'êtres qui sont toujours présents dans l'orbite solaire et qui sont les causes du froid et de la chaleur; tu m'as décrit leurs fonctions individuelles, soutenues par l'énergie de Vishnou; mais tu ne m'as pas parlé du rôle du soleil lui-même; si, comme tu l'as dit, les sept êtres qui sont dans sa sphère sont les causes de la chaleur, du froid et de la pluie, comment peut-il être vrai que la pluie procède du soleil, et comment peut-on affirmer que le soleil se lève, atteint le méridien et se couche, si ces situations sont l'acte des sept êtres en question?

PARASARA. Je répondrai à tes demandes, Maitreya. Le soleil, quoique identifié avec les sept êtres qui sont en son orbite, est distinct d'eux, comme étant leur chef. L'entière et puissante énergie de Vishnou, qui s'appelle les trois Védas, est ce qui éclaire le monde et détruit son iniquité. C'est elle qui, durant l'existence des choses, est présente comme Vishnou, occupée avec activité à préserver l'univers. L'astre solaire qui paraît pendant chaque mois n'est pas autre chose que cette énergie suprême de Vishnou, composée des trois Védas et dirigeant les mouvements de la planète; car les hymnes du Rig-Véda brillent le matin, les prières du Yajour-Véda à midi, et les diverses portions du Sama-Véda le soir. Cette triple personnification de Vishnou, distinguée par les titres des trois Védas, est l'énergie de Vishnou qui dirige les positions du soleil.

Mais cette triple énergie de Vishnou n'est pas limitée au soleil seulement; Brahma, Vishnou et Roudra sont composés de la même triple essence. Dans la création, elle est Brahma auquel correspond le Rig-Véda; dans la conservation c'est Vishnou, composé de l'Yajour-Véda; dans la destruction c'est Roudra, formé du Sama-Véda, qu'il est ainsi d'un mauvais présage de réciter.

C'est ainsi que l'énergie de Vishnou, formée des trois Védas et dérivée de la propriété de la bonté, préside dans le soleil, avec les sept êtres qui lui appartiennent; par l'effet de la présence de ce pouvoir, la planète brille d'un éclat splendide, dissipant avec ses rayons les ténèbres qui se répandent sur le monde entier; les mounis le louent, les chantres et les nymphes du ciel chantent et dansent devant lui, des esprits redoutables et des sages saints l'accompagnent. Vishnou, sous la forme de son active énergie, ne se lève et ne se couche jamais; il est le soleil sous ses sept formes et il en est distinct. De même qu'un homme s'approchant d'un miroir y voit sa propre image, de même l'énergie par le reflet de Vishnou n'est jamais séparée du soleil.

Le soleil souverain, cause du jour et de la nuit, tourne perpétuellement, et charme les dieux et les mortels. Caressée par le rayon du soleil qu'on appelle soushoumna, la lune reçoit toute la nourriture dont elle a besoin pendant les quinze jours qu'elle met à croître, et dans la quinzaine de sa décroissance, l'ambroisie de sa subsistance est bue perpétuellement par les immortels jusqu'au dernier jour de la demi-lune. L'humidité de la terre est soutirée par les rayons du soleil; mais il la donne pour fertiliser le grain et pour nourrir toutes les créatures terrestres; c'est ainsi que le soleil est la source de l'existence de toutes les choses animées, des dieux, des hommes et des animaux.

CHAPITRE XII.

Description de la lune. Son chariot, ses chevaux, son cours. Elle est nourrie par le soleil. Les chariots et les chevaux des planètes. Ils sont retenus dans leurs orbites par des chaînes aériennes attachées à Dhrouva. Membres emblématiques de la tortue planétaire. Vasoudeva seul est réel.

PARASARA. — Le chariot de la lune a trois roues; il est traîné par six chevaux de la blancheur du jasmin. Ces chevaux, sortis du sein des eaux, traînent le char durant un kalpa entier, ainsi que les chevaux du soleil. Le soleil qui pompe les eaux, fournit à la lune le moyen de remplacer les boissons qu'elle a fournies aux dieux, car les dieux boivent le nectar et l'ambroisie ainsi mêlés dans la lune durant un demi-mois, et c'est de là que vient leur immortalité. Trente-six mille trois cent trente-trois divinités boivent l'ambroisie lunaire. Lorsqu'il ne lui reste que deux quartiers, la lune entre dans l'orbite du soleil, et elle est plongée dans l'eau pendant un jour et une nuit, et là elle entre dans les branches et les rejetons des arbres, et de là elle va vers le soleil. Ainsi, quiconque coupe une branche d'arbre ou arrache une feuille lorsque la lune est dans les arbres, commet le crime de meurtre d'un Brahmane. La lune nourrit les dieux pendant sa période brillante, les Pitris ou patriarches pendant sa période obscure; elle alimente les végétaux avec les froids atomes du nectar aqueux qu'elle verse sur eux, et en les développant ainsi, elle soutient les hommes, les animaux et les insectes.

Le char du fils de Chandra, Boudha (*Mercure*) est

composé des substances élémentaires de l'air et du feu; il est traîné par huit chevaux bais de la rapidité du vent. Le vaste char de Soukra (*Venus*) est tiré par huit chevaux nés de la terre; il est armé de flèches et orné d'une bannière. Le splendide char de Bhaouma (*Mars*) est d'or, de forme octogone, tiré par huit chevaux nés du feu et ayant la couleur rouge du rubis. Vrihaspati (*Jupiter*), dans un char d'or traîné par huit chevaux blancs, voyage de signe en signe pendant une année; et Sani (*Saturne*), à la démarche lente, s'avance sur un char attelé de chevaux pies. Huit chevaux noirs traînent le char de couleur sombre de Rahou, et, une fois qu'ils y sont attelés, ils y sont attachés pour toujours. Dans les éclipses du soleil ou de la lune, Rahou dirige sa course du soleil vers la lune et revient de la lune vers le soleil. Les huit chevaux du char de Ketou ont la couleur rouge sombre de la laque ou de la fumée de la paille enflammée.

J'ai ainsi décrit les chars des sept planètes; ils sont tous attachés à Dhrouva par des cordes aériennes. Les orbites de toutes les planètes et les étoiles sont attachées à Dhrouva et circulent, retenues à leur place par des liens aériens. Il y a autant de ces liens que d'étoiles, et, en tournant, elles font aussi tourner l'étoile polaire.

La tortue céleste sur laquelle Dhrouna est assis mérite que je t'en parle avec détail, car sa vue est d'une grande efficacité; la voir la nuit expie tous les péchés commis dans le jour, et ceux qui la voient vivent autant d'années qu'il y a d'étoiles en elle et dans le ciel. Uttanapada doit être regardé comme sa mâchoire supérieure, le sacrifice comme sa mâchoire inférieure. Dharma est placé sur son front, Narayana dans son cœur. Les Aswins sont ses deux pieds de devant; Varouna et Aryaman ses jambes de derrière; Agni, Mahendra, Kasyapa et Dhrouva sont successivement placés sur sa queue; les quatre étoiles de cette constellation ne se couchent jamais.

La terre, en forme de lotus, avec ses mers et ses montagnes, fut produite par les eaux qui sont le corps de Vishnou; il est tout ce qui est et tout ce qui n'est pas. Les montagnes, les mers et toutes les variétés de forme que présentent la terre et l'univers sont les illusions de la perception, la science seule est réelle. La science parfaite, pure et éternelle est le suprême Vasoudeva, au delà duquel il n'est rien. Je t'ai communiqué la vérité, tout ce qui y est contraire est faux. Celui qui est soumis à l'influence des œuvres émigre pour toujours dans l'univers que je t'ai décrit, mais celui qui sait que Vasoudeva est éternel, immuable et universel, celui-là peut continuer à effectuer les œuvres, car il entre ainsi dans la divinité.

CHAPITRE XIII.

Légende de Bharata. Il renonce au trône et embrasse la vie cénobitique. Il s'attache à un faon, au point de négliger ses dévotions. Il meurt. Ses naissances successives. Il travaille dans les champs, et il est forcé de porter le palanquin du rajah de Sauvira. Il est réprimandé à cause de sa maladresse. Son dialogue entre lui et le roi.

MAITREYA. — Vénérable maître, tu m'as expliqué la situation de la terre et des astres, il te reste à me raconter, selon ta promesse, l'histoire du roi Bharata, et comment il s'est fait qu'un monarque tel que lui, résidant constamment au lieu saint de Palagrama, et livré à la piété, tenant toujours ses pensées fixées sur Vasadeva, n'ait pas réussi à obtenir l'émancipation finale; comment s'est-il fait qu'il est né une autre fois comme Brahma, et quelles sont les actions qu'il accomplit alors? c'est ce que je désire savoir.

PARASARA. — L'illustre monarque de la terre résida longtemps à Salagrama; sa pensée était complétement consacrée à Dieu; sa conduite était distinguée par la bonté et par toutes les vertus; il obtint enfin, au plus haut degré, d'être maître de son esprit. Le Rajah répétait constamment les noms de Yajnesa, Achyouta, Govindha, Madhava, Ananta, Kesava, Krishna, Vishnou, Hrishikesa; il ne disait pas autre chose, même dans ses rêves, et il ne méditait pas sur d'autres objets que sur ces noms et sur leur signification. Il acceptait du combustible, des fleurs et de l'herbe sainte pour servir au culte des dieux, mais il ne remplissait pas d'autres cérémonies religieuses, étant absorbé par une piété abstraite et désintéressée.

Il vint une fois au Mahanadi pour s'y laver; il s'y baigna et il accomplit les cérémonies ordinaires après le bain. Tandis qu'il était ainsi occupé, survint au même endroit une biche pleine qui était sortie de la forêt pour boire dans le fleuve. Elle étanchait sa soif, lorsque soudain se fit entendre le redoutable rugissement d'un lion; la biche, saisie d'effroi, s'élança sur un rocher, et, dans ce mouvement, le faon qu'elle portait tomba de son corps dans les eaux. Le roi, voyant le petit animal emporté par le courant, s'en saisit et l'empêcha de se noyer. La biche, victime de l'accident qu'elle avait éprouvé, étant tombée morte, le roi prit le faon dans ses bras et l'emporta dans son ermitage; là, il le nourrit et le soigna et le vit grandir sous ses yeux. Le faon bondissait autour de la cellule du solitaire et jouait sur l'herbe; et toutes les fois qu'il éprouvait quelque frayeur, il courait se réfugier sous le toit de feuillage qui servait d'asile à Bharata.

L'esprit du solitaire fut bientôt uniquement préoccupé de l'animal qui tantôt criait à quelque distance, tantôt retournait auprès de son protecteur.

Bharata avait abandonné son royaume, ses enfants, tous ses amis, et maintenant il se laissait absorber par son affection pour un faon. Lorsqu'il était absent un peu plus qu'à l'ordinaire, le roi s'imaginait que son favori était devenu la proie des loups, ou bien qu'il avait été enlevé par un lion ou dévoré par un tigre. « Qu'est devenu, s'écriait-il, qu'est devenu le jeune daim qui est né pour faire le charme de ma vie? Que je serais heureux si je le voyais revenir de la forêt et si je le sentais frotter contre mon bras ses bois naissants! Ces touffes d'herbes sacrées que ses dents nouvelles ont broutées ressemblent à de pieux jeunes garçons chantant les hymnes du Sama-Véda. »

C'est ainsi que s'égaraient les pensées du Rouni lorsque le faon était éloigné de lui, et quand il le voyait à son côté, il le contemplait avec un visage rayonnant de plaisir. Ses méditations étaient interrompues, son esprit perdit toute sa vigueur. Le roi mourut ayant près de lui le faon qui se tenait les yeux remplis de larmes, comme un fils auprès d'un père mourant; il expira, les yeux attachés sur l'animal et ne pensant qu'à lui.

Par suite de ce sentiment exclusif, en un pareil moment, il revint à la vie dans la forêt de Jamboumarga, sous la forme d'un daim, et il eut le privilège de conserver le souvenir de son existence antérieure, ce qui lui inspira un grand dégoût pour le monde; il quitta donc sa mère et revint à l'endroit sacré de Salagrama. Subsistant d'herbes sèches et de feuilles, il expia les fautes qui l'avaient fait condamner à ressusciter sous une pareille forme, et, après sa mort, il renaquit comme Brahmane, conservant toujours la mémoire de sa vie précédente. Il était né dans une famille pieuse et distinguée, où les rites étaient observés avec rigueur. Possesseur de la vraie sagesse et versé dans l'essence de tous les écrits sacrés, il envisageait l'âme comme distincte de la matière. Sa personne était malpropre et il était couvert de haillons. La salive coulait de sa bouche et il était traité avec mépris par le peuple entier. L'attache à la considération du monde est chose fatale au succès de la piété. Le solitaire que les hommes méprisent atteint le but qu'il se propose dans la profondeur de ses méditations. Que l'homme saint suive donc sans murmurer le chemin des hommes justes, et, quoique les hommes le condamnent, qu'il évite de s'associer avec la race humaine.

Le Brahmane eut présent à la pensée ce précepte d'Hiranyarbha, et il acquit aux yeux du monde la réputation d'insensé. Sa nourriture se composait de grains de blé, d'herbes et de fruits sauvages. Il mangeait tout ce qui s'offrait à lui, comme faisant partie d'une nécessité fâcheuse mais passagère. Après la mort de son père, ses frères et neveux l'envoyèrent travailler dans les champs, ne lui donnant que des aliments de la pire espèce; comme il était fort et robuste, et dans ses actes extérieurs d'une simplicité qui allait jusqu'à l'idiotisme, il fut l'esclave de quiconque voulut l'employer, ne recevant pour salaire que les aliments dont il avait besoin.

Le chef des serviteurs du roi de Sanvira, le regardant comme un Brahmane indolent et ignore, pensa qu'il était propre à servir sans être payé, et il le prit comme l'un des porteurs du palanquin du monarque.

Le roi, étant un jour monté dans sa litière, s'avançait vers l'ermitage de Kapila, sur les bords du fleuve Ikshamati, afin de consulter le sage bien instruit des vérités qui mènent à la délivrance, et pour lui demander ce qu'il y avait de plus durable dans un monde rempli de chagrins et de soucis. Parmi ceux qui avaient été mis en réquisition pour porter son palanquin, était le Brahmane qui, se rappelant son existence précédente, se soumettait à cette fatigue comme étant un moyen d'expier ses fautes passées. Il allait lentement tandis que les autres porteurs couraient avec rapidité, et le roi, sentant que sa litière était agitée de mouvements irréguliers, s'écria : « Que faites-vous, porteurs? Réglez votre pas avec ensemble. » Le Brahmane continua toutefois d'aller de travers, et le rajah s'écria derechef : « Qu'est-ce que cela veut dire? Vous allez sans nulle régularité. » Alors les porteurs répondirent : « C'est un homme qui reste en arrière. » Le roi dit alors au Brahmane : « Est-ce que tu es fatigué? Tu parais cependant robuste, et il n'y a que peu de temps que tu portes ton fardeau. » Le Brahmane répondit : « Ce n'est pas moi qui suis robuste, et ce n'est pas moi qui porte cette litière. Je ne suis pas fatigué, et je ne suis pas hors d'état d'éprouver de la fatigue. » Le roi répondit : « Je vois clairement que tu es fort et que tu portes ce palanquin; or, porter un fardeau est une fatigue pour tous les hommes. »

Le Brahmane répliqua : « Dis-moi d'abord ce que tu as vu de ma personne, et tu pourras alors distinguer si je suis faible ou fort. Il n'est pas exact que tu voies le palanquin placé sur moi. Écoute, prince, ce que j'ai à dire : La place des deux pieds est la terre, les jambes sont mues par les pieds, les cuisses reposent sur les jambes, le ventre repose sur les cuisses, la poitrine est soutenue par le ventre, les bras et les épaules sont appuyés sur la poitrine, le palanquin est soutenu par les épaules; comment peut-il donc être considéré comme mon fardeau? Ce corps qui est assis dans le palanquin est appelé toi, celui qui est ailleurs est appelé moi. Toi et moi, et tous les autres hommes, sont formés des éléments; les éléments prennent une forme corporelle, mais les qualités telles que la bonté et autres vertus dépendent des âmes, et les âmes y exercent leur influence sur la condition de tous les êtres. L'âme pure et impérissable, dépourvue de qualités et dominant la nature, est une dans tous les corps, sans augmentation ni diminution. Comment, alors, peux-tu dire que je suis robuste? Le palanquin est soutenu par toi aussi bien que par moi, puisque tous les corps ne font qu'un, et qu'une substance unique, agrégation d'éléments, constitue tous les êtres. »

Ayant parlé de la sorte, le Brahmane garda le silence et continua de porter le palanquin; mais le roi, se levant avec précipitation, courut se jeter aux pieds du Brahmane et dit : « Aie compassion de moi et cesse de porter ce palanquin et dis-moi qui tu es, toi qui es déguisé sous les traits d'un insensé. » Le Brahmane répondit et dit : « Écoute-moi, ô roi; il ne m'est pas possible de dire qui je suis. Tout être vivant prend une forme corporelle afin de recueillir les conséquences de la vertu ou du vice; la cause universelle de tous les êtres vivants est la vertu ou le vice; pourquoi alors demander la cause qui amène la forme sous laquelle je parais? » Le roi dit : « Nul doute que la vertu et le vice ne soient la cause de tous les effets qui existent, et la transmigration successive dans divers corps est le résultat des actions bonnes ou mauvaises, mais je désire que tu m'expliques ce que tu as dit, lorsque tu as avancé qu'il ne t'était pas possible de me faire savoir qui tu étais. Comment est-il impossible à chaque homme de déclarer lui-même ce qu'il est? Il ne peut y avoir d'inconvénient à s'appliquer à soi-même le mot *moi*. »

Le Brahmane dit : « Il est vrai qu'on ne se fait aucun tort en s'appliquant le mot moi, mais cette expression implique une erreur, celle de concevoir comme étant l'être individuel ou âme ce qui n'est pas l'être individuel et ce qui n'est pas l'âme. La langue, aidée par les lèvres, les dents et le palais, articule le mot moi, et ces causes de la production de la parole sont l'origine de l'expression. Si, au moyen de ces instruments, la parole est à même de prononcer le moi, il n'est cependant pas exact d'affirmer que la parole elle même est *moi*. Le corps d'un homme a pour caractères les mains, les pieds et les autres membres; il est formé de diverses parties, auxquelles je puis appliquer convenablement la dénomination de *moi*. Si un autre être était essentiellement différent de moi, alors je pourrais dire : je suis *moi*, et cet être est un autre que *moi*; mais puisqu'une seule âme est répandue dans tous les corps, il devient sans objet de dire : « qui es-tu? que suis-je? » Tu es roi; cet objet est un palanquin; ces hommes sont des porteurs; voici des coureurs, voici tes gardes; il n'est pas cependant exact de dire que tous ces objets sont à toi. Le palanquin où tu es assis est fait de bois provenant d'un arbre, mais est-il appelé arbre ou bois? Non; c'est un assemblage de pièces de bois artificiellement jointes ensemble; juge donc en quoi le palanquin diffère du bois. Un raisonnement pareil s'applique à toi et à moi. Un homme, une femme, une vache, une chèvre, un cheval, un éléphant, un oiseau, un arbre sont assignés à des corps différents qui sont les conséquences des œuvres bonnes ou mauvaises. L'homme n'est ni un Dieu, ni un homme, ni une brute, ni un arbre; ce sont de simples variétés de forme, les effets des actes. L'objet que le monde appelle un roi, ou l'esclave d'un roi auquel il donne tout autre nom, n'est pas une réalité; c'est la créature de notre imagination; car, dans ce monde, sujet à des vicissitudes continuelles, qui est-ce qui, dans le cours des temps, ne se présente pas sous des noms différents? Tu es appelé le monarque du monde, le fils de ton père, l'ennemi de tes adversaires, le mari de ta femme, le père de tes enfants. Comment t'appellerai-je? Où est ta place? Es-tu la tête ou le ventre, ou sont-ils à toi? Es-tu les pieds, ou t'appartiennent-ils? Tu es, ô roi, distinct, dans ta nature, de tous tes membres. Maintenant, comprends bien la question et vois s'il m'est possible, après avoir établi la vérité de l'identité de toutes choses, de reconnaître quelque distinction ou de parler de mon individualité en la désignant par le mot de *moi*. »

CHAPITRE XIV.

Continuation du dialogue. Bharata expose la nature de l'existence, le but de la vie et l'identification de l'individu avec l'esprit universel.

PARASARA. — Le roi, ayant entendu ces paroles pleines d'une civilité profonde, fut très-satisfait du Brahmane, et il lui dit avec respect : « Ce que tu as dit est sans doute véritable, mais, en l'entendant, mon esprit a été extrêmement troublé. Tes assertions que tu ne portes pas le palanquin, que le palanquin ne repose pas sur toi et les autres choses que tu as énoncées, m'ont troublé. Mon esprit se perd dans une grande perplexité lorsque ces doctrines viennent frapper mes oreilles. Mon projet, illustre sage, était de me rendre auprès du rishi Kapila, afin de savoir de lui quel était, en cette vie, l'objet le plus digne d'envie; mais, maintenant que je t'ai entendu, mon esprit se tourne vers toi, afin d'être instruit dans le grand but de l'existence. Le rishi Kapila est une portion du puissant et éternel Vishnou qui est descendu sur la terre, afin de dissiper l'erreur, et c'est assurément lui qui, par sa bonté pour moi, s'est manifesté à moi dans tout ce que tu as dit. Explique-moi donc, je t'en conjure, quelle est la meilleure de toutes les choses, car tu es un océan gonflé des eaux de la sagesse divine. »

Le Brahmane répondit au roi : «Tu me demandes

quelle est la meilleure de toutes les choses et quel est le grand but de l'existence, mais il y a beaucoup de choses qu'on peut regarder comme excellentes, tout comme il y en a beaucoup qui sont les grands buts de la vie. Celui qui, en adorant les dieux, cherche à se procurer la richesse, la prospérité des enfants ou la domination, peut regarder chacune de ces choses comme étant la meilleure. La meilleure est la cérémonie ou le sacrifice qui est récompensé par les plaisirs célestes. La contemplation, telle que la pratiquent constamment de pieux solitaires, est pour eux la meilleure. Mais la meilleure de toutes est l'identification de l'âme avec l'esprit suprême. Des centaines et des milliers de conditions peuvent être appelées les meilleures, mais elles ne sont pas les grands et véritables buts de l'existence. Apprends ce qu'ils sont. La fortune ne peut être le véritable but de la vie, car elle peut être abandonnée par un effet de la vertu, et sa propriété caractéristique, c'est la dépense, afin de satisfaire le désir. Un fils ne saurait être le grand but de la vie, car ce fils devient à son tour le père d'un autre homme. La vérité finale ou suprême n'existerait donc pas en ce monde, car, dans tous ces cas, les objets qu'on qualifierait du nom de buts de la vie sont les effets des causes; et par conséquent ils sont fort bornés. Si tu supposes que les objets qu'on cherche à accomplir par des sacrifices effectués selon les règles posées dans les Védas sont le grand but de la vie, écoute ce que j'ai à dire. Tout effet dont la terre est cause partage le caractère de son origine et consiste lui-même d'argile; ainsi tout acte accompli au moyen d'agents périssables, tels que le combustible, le beurre clarifié et l'herbe koussa, ne peut lui-même avoir qu'un effet temporaire. Le grand but de la vie est regardé par le sage comme devant être éternel, mais il ne serait que passager, s'il était accompli par le moyen d'objets transitoires. Si tu crois que ce grand but est l'accomplissement des actes religieux dont on n'attend pas de récompense, tu es dans l'erreur, car de tels actes sont les moyens d'obtenir la délivrance, et la vérité est le but, non les moyens. La méditation sur soi-même n'est pas la vérité suprême, car l'objet de cette méditation est d'établir la distinction entre le corps et l'âme, et la vérité est exempte de toutes distinctions. L'union de soi-même avec l'esprit suprême est regardée par quelques hommes comme le grand but de toutes choses, mais c'est inexact, car une substance ne peut substantiellement en devenir une autre. Je te dirai succinctement, ô roi, ce qui est le grand but de toutes choses; c'est l'âme, une dans tous les corps, uniforme, parfaite, dominant sur la nature, exempte de naissance, de croissance et de diminution, présente partout, formée de la véritable science, indépendante et sans connexion avec les non-réalités, indépendante de tout nom et de toute espèce, dans le passé, le présent ou l'avenir. La science que cet esprit, essentiellement un, est dans le corps de chaque être et dans tous les corps, est le grand but ou la vraie sagesse de l'homme qui connaît l'unité et les vrais principes des choses. »

CHAPITRE XV.

Bharata raconte l'histoire de Ribhou et de Nidagha. Le dernier, élève du premier, devient un prince; son maître vient bientôt lui expliquer les principes de l'unité.

Parasara continua : « Après avoir énoncé ces vérités, le Brahmane raconta au prince silencieux et plongé dans ses réflexions une histoire qui mettait en lumière les doctrines de l'unité.

« Ecoute, ô roi, dit-il, ce que raconta autrefois Ribhou, lorsqu'il communiquait la science sainte au Brahmane Nidagha. Ribhou était le fils du Brahma suprême, et grâce à ses heureuses dispositions, il était instruit dans la véritable sagesse. Nidagha, le fils de Poulastya, était son disciple et c'est à lui que Ribhou communiqua volontiers la science parfaite, ne doutant pas qu'il ne fût pleinement confirmé dans les doctrines de l'unité, après avoir reçu cette instruction.

« La résidence de Poulastya était Viranagara, grande et belle ville sur les bords du fleuve Devika. Un jardin délicieux situé près d'un ruisseau servait de séjour à l'élève de Ribhou, Nidagha, versé dans les pratiques de la piété. Lorsque mille années divines se furent écoulées, Ribhou alla à la cité de Poulastya afin de rendre visite à son disciple. Se tenant debout près de la porte, il fut reconnu par son élève à la fin d'un sacrifice offert aux Viswadevas; Nidagha se hâta de lui présenter l'offrande accoutumée et le reconduisit dans l'intérieur de la maison; lorsque Ribhou eut lavé ses pieds et ses mains et qu'il se fut assis, Nidagha l'invita avec respect à manger et le dialogue suivant s'établit entre eux :

« Dis-moi, illustre Ribhou, Brahmane, quels aliments il y a en ta maison, car je n'aime pas des viandes de mauvaise qualité.

« NIDAGHA. — Il y a des gâteaux de farine, de riz et d'orge; entre, maître vénérable, et prends ce qui te plaira le mieux.

« RIBHOU. — Je n'aime rien de ce que tu viens de nommer; donne-moi du riz bouilli avec du sucre, des gâteaux de froment et du lait coupé avec de la mélasse.

« NIDAGHA. — Femme, hâte-toi et prépare tout ce qu'il y a de plus délicat dans la maison afin de le servir à notre hôte.

« La femme de Nidagha, exécutant les ordres de

son mari, prépara des aliments doux et savoureux et les plaça devant le Brahmane ; Nidagha se tint devant lui jusqu'à ce qu'il eût mangé ce qu'il avait désiré et il lui dit ensuite avec respect :

« As-tu mangé suffisamment avec plaisir, ô grand Brahmane ? ton esprit a-t-il reçu de la satisfaction de ta nourriture ? où est ta résidence habituelle ? où te proposes-tu d'aller et d'où est-ce que tu viens ? »

Ribhou. — L'homme affamé, Brahmane, est toujours satisfait lorsqu'il a terminé son repas. Pourquoi t'informes-tu si ma faim a été apaisée ? Lorsque l'élément terrestre est desséché par le feu, alors la faim est engendrée, et la soif est produite lorsque l'humidité du corps a été absorbée (par la chaleur intérieure ou digestive). La faim et la soif sont les fonctions du corps et, lorsqu'elles sont dissipées, j'éprouve toujours un sentiment de satisfaction, car lorsque la faim ne se fait plus sentir, le plaisir et la satisfaction de l'esprit sont des facultés de l'intelligence. Tu me demandes où je réside, d'où je viens et où je vais ; voici ma réponse : L'âme humaine va partout, et comme l'éther, elle pénètre en tout lieu ; est-il raisonnable de demander où elle est, où elle va ou de quel endroit elle vient. Je ne viens de nul endroit, je ne vais nulle part, ma demeure n'est pas ou tel ou tel lieu ; tu n'es pas toi et je ne suis pas moi. Si tu veux savoir quelle réponse je ferai à la question que tu m'as adressée, quand tu m'as demandé si je faisais quelque distinction entre des mets préparés ou non avec des substances douces, voici l'explication que je te donnerai : Qu'y a-t-il en réalité de doux ou non pour celui qui mange d'un plat ? Ce qui est doux ne l'est plus lorsque l'on est rassasié, et ce qui ne l'est pas le devient lorsqu'un homme (étant fort affamé) s'imagine que cette douceur existe. De même qu'une maison bâtie d'argile est renforcée avec du plâtre frais, de même ce corps céleste est soutenu par des particules terrestres ; l'orge, le lait, le beurre, l'huile, la mélasse, les fruits et les autres aliments sont composés de particules de terre. Tu dois donc comprendre que l'esprit qui juge de ce qui est doux ou de ce qui ne l'est pas est pénétré de la notion de l'identité, et que cet effet de l'identité tient à la délivrance finale. »

Lorsque Nidagha eut entendu ces mots qui renfermaient la substance de la vérité définitive, il tomba aux pieds de son maître et il dit : « Sois-moi favorable, illustre Brahmane, et dis-moi quel est celui qui est venu ici pour mon bien et dont les paroles ont dissipé les erreurs de mon esprit. » Ribhou répondit : « Je suis Ribhou, ton précepteur, venu ici pour te communiquer la vraie sagesse ; et après t'avoir déclaré qui je suis, je me retirerai. Sache que cet univers entier n'est que la nature unique et indivisible de l'esprit suprême appelé Vasoudeva. »

Après avoir ainsi parlé, Ribhou se retira, tandis que Nidagha, prosterné à ses pieds, lui rendait un fervent hommage.

CHAPITRE XVI.

Ribhou retourne vers son disciple et le perfectionne dans la science divine. Bharata fait au roi de pareilles recommandations et il obtient par là la délivrance finale. Conséquences qui résultent de l'audition de cette légende.

Après l'expiration d'un autre millier d'années, Ribhou se rendit derechef à la ville où résidait Nidagha afin de lui donner une instruction plus approfondie dans la véritable sagesse. En arrivant près de la ville, il aperçut un prince qui y entrait avec une suite splendide, tandis que son élève Nidagha se tenait au loin, évitant la foule, son corps était amaigri par la faim et il portait du bois à brûler et de l'herbe sainte qu'il avait été chercher dans la forêt voisine. Ribhou s'approcha de Nidagha, et, le saluant avec respect comme s'il était un étranger, il lui demanda pourquoi il se tenait dans un endroit aussi écarté. Nidagha répondit : « Une grande foule se presse pour voir l'entrée du roi dans la ville ; je me tiens ici afin de l'éviter. » Ribhou dit alors : « Dis-moi, excellent Brahmane (car je crois que tu es sage), dis-moi quel est le roi et qui sont les autres personnages dans cette réunion ? » Nidagha répondit : Le roi est celui qui est assis sur ce gigantesque éléphant aussi élevé que le sommet d'une montagne ; les autres hommes composent son escorte. « Tu m'as parlé du roi et de l'éléphant. » répondit Ribhou, « mais tu ne m'as pas dit à quels signes on les reconnaissait ; explique-les moi, car je désire savoir qui est le roi et qui est l'éléphant. » Nidalgha répliqua : « Le roi est dessus et l'éléphant au-dessous. Qu'est-ce qui ignore, ô Brahmane, la différence qu'il y a entre celui qui porte et celui qui est porté ? »

Ribhou répondit : « Explique-moi, je t'en prie, ce que je ne comprends pas en tes paroles ; que signifie le mot au-dessus, et quel est le sens de l'expression au-dessous ? » Aussitôt que Ribhou eut prononcé ces paroles, Nidagha sauta sur ses épaules et lui dit : Voilà ma réponse à la question que tu me fais ; je suis dessus comme le roi ; tu es dessous comme l'éléphant. Cet exemple, Brahmane, doit te fournir l'explication que tu demandes. « Très-bien, » dit Ribhou ; il paraîtrait que je suis comme l'éléphant et que tu es comme le roi, mais dis-moi maintenant lequel de nous deux est toi et lequel est moi ? »

En entendant ces paroles, Nidagha tomba aussitôt aux pieds de l'étranger et dit : « Assurément, tu es mon saint précepteur Ribhou ; nul autre homme n'a l'esprit pénétré des doctrines de l'unité, et c'est par là que je te reconnais. » Ribhou répondit : « Je suis en effet Ribhou, ton précepteur, et satisfait

de l'attention avec laquelle tu m'écoutes, je suis déjà venu vers toi, pour t'instruire ; et c'est dans ce but que je t'ai déjà annoncé la vérité divine dont l'essence est la non-dualité de toutes choses. »
Ayant ainsi parlé à Nidagha, le Brahmane Ribhou se retira, laissant son disciple profondément ému de ses leçons et convaincu de la vérité de l'unité. Il considéra dès lors toutes choses comme ne faisant qu'un avec lui-même et, accompli dans la science sainte, il obtient la délivrance finale.

C'est ainsi que toi, ô roi qui connais le devoir, tu dois l'envisager comme ne faisant qu'un avec tout ce qui existe en ce monde. De même que le ciel parait de couleur diverse, bleue ou blanche, de même l'âme, qui, de fait, est unique, parait distincte aux regards abusés ; ils la prennent pour des personnes différentes. Cet être unique qui ici bas est toutes choses, est Achyouta (*Vishnou*) ; il n'y en a pas d'autre que lui. Il est moi ; il est toi ; il est toutes choses ; cet univers est sa forme. Renonce à l'erreur de la distinction. »

Le roi, étant instruit de la sorte, ouvrit ses yeux à la vérité et abandonna la notion de l'existence distincte ; tandis que le Brahmane qui, par suite du souvenir de ses existences antérieures avait acquis la science parfaite, obtint alors d'être exempté d'une naissance future. Quiconque récite ou écoute les leçons contenues dans le dialogue entre Bharata et le roi, a l'esprit éclairé, ne se trompe pas sur la nature de l'individualité, et dans le cours de ses passages sous diverses formes, il devient capable d'obtenir l'émancipation finale.

LIVRE TROISIÈME.

CHAPITRE PREMIER.

SOMMAIRE.

Détails sur les divers Manous et sur les Manwantaras. Swarochisha, le second Manou. Les divinités, l'Indra, les sept rishis de sa période et ses fils. Détails semblables sur Auttami, Tamasa, Raivata, Chakshouasa et Vaivaswata. Formes de Vishnou, comme sauveur, dans chaque Manwantara. Signification de Vishnou.

MAITREYA. — Tu m'as expliqué en détail, vénérable maître, la disposition de la terre et de la mer, le système du soleil et des planètes, la création des dieux et des autres êtres, l'origine des rishis, la génération des quatre castes, la production des animaux et les histoires de Dhrouva et de Prahlada. Je désire maintenant apprendre de toi ce qui concerne la série de tous les Manwantaras et ce qui concerne ceux qui, ayant à leur tête Sakra, le roi des dieux, président aux diverses périodes.

PARASARA. — Je te renseignerai, Maitreya, sur l'ordre que suivent les divers Manwantaras et sur ceux qui sont déjà passés, ainsi que sur ceux qui sont à venir.

Le premier Manou fut Swayambhouva, ensuite vint Swarochisha, puis Auttami, puis Tamasa, puis Raivata, puis Chakshousa ; ces six Manous ont passé. Le Manou qui préside au septième Manwantara, lequel est la période actuelle, est Vaivaswata, le fils du Soleil.

Je t'ai déjà décrit la période du Manou Swayambhouva, au commencement du Kalpa, et je t'ai fait connaître les dieux, les rishis et les autres êtres qui florissaient alors. J'énumérerai maintenant les dieux, les rishis et les fils du Manou, pendant le Manwantara de Swarochisha.

Les déités de cette période ou du second manwantara furent les classes appelées Paravatas et Toushitas, et le roi des dieux fut le puissant Vipaschit. Les sept rishis furent Urja, Stambha, Prana, Dattoli, Rishabha, Nischara et Arvarivat (267) ; les fils de Manou furent Chaitra, Kimpouroucha et autres.

Dans la troisième période ou le manwantara d'Auttami, Sousanti fut l'Indra, le roi des dieux ; les dieux furent les classes d'êtres divins appelées Satyas, Sivas, Prandersanas et Vasavertis; chacune des cinq classes comprenait douze divinités. Les sept fils de Vasishta furent les sept rishis, et les fils du Manou furent Aja, Parasou, Divya et autres.

Dans la période de Tamasa, qui fut le quatrième Manou, les Souroupas, les Haris, les Satyas et les Soudhis furent les classes des dieux, chaque classe étant composée de vingt-sept divinités. Sivi fut l'Indra, et il reçut aussi le nom de Satakraton, parce qu'il avait accompli cent sacrifices. Les sept rishis furent Jyotirdhama, Prithou, Kavya, Chaitra, Agni, Vanaka et Pivara. Les fils de Tamasa furent les puissants monarques Nara, Khyati, Santahaya, Janoujangha et autres.

Durant la cinquième période le Manou fut Raivata, l'Indra fut Vibhou ; les classes des dieux,

---

(267) Les noms des Rishis ne sont pas les mêmes dans quelques autres Pouranas, mais ces détails n'ont pas assez d'importance pour que nous nous y arrêtions. *Voy.* la note de M. Wilson, p. 260.

composées chacune de quatorze divinités, furent les Amitabhas, les Abhoutarajasas, les Vaikounthas et les Soumedhasas ; les sept rishis furent Hiranyaroma, Vedasri, Urddhabahon, Vedabahou, Soudhaman, Parjanya et Mahamouni ; les fils de Raivata furent Balabandhou, Sousambhavya, Satyaka et autres rois intrépides.

Ces quatre Manous, Swarochisha, Auttami, Tamasa et Raivata étaient tous descendants de Priyavrata qui, s'étant attiré la faveur de Vishnou par sa piété, obtint d'avoir pour postérité ces souverains des Manwantaras.

Chaksousha fut le Manou de la sixième période, pendant laquelle Manojava fut l'Indra ; les cinq classes des dieux furent les Adyas, les Prastoutas, les Bhavyas, les Prithougas et les magnanimes Lekhas, huit dans chaque classe ; les sept sages furent Soumedhas, Virajas, Havishmat, Uttama, Madhou, Abhinaman et Sahishnou ; les rois de la terre, les fils de Chaksousha, furent les puissants Urou, Pourou, Satadyoumna et autres. Le Manou de la période actuelle est le sage seigneur des prières, l'illustre rejeton du soleil ; les divinités sont les Adityas, les Vasous et les Roudras ; leur souverain est Pourandara ; les sept rishis sont Vasishtha, Kasyapa, Atri, Jamadagni, Gautama, Viswamitra et Bharadwaja ; les neuf fils pieux du Manou Vaivaswata sont les rois Ikshwakou, Nabhaga, Dhrishta, Sanyati, Narishyanta, Nabhanidishta, Karousha, Prishadhra et l'illustre Vasoumat. L'énergie sans égale de Vishnou, se combinant avec la qualité de la bonté et effectuant la conservation des choses créées, préside sur tous les Manwantaras, sous la forme d'une divinité. C'est d'une portion de cette divinité que naquit Yajna durant le manwantara de Swayambhoura. Dans la période suivante, le divin Yajna naquit de rechef comme Ajita. Dans le troisième manwantara, il naquit comme Satya, et dans la période qui vint après, il devient Hari. Dans le manwantara actuel, Vishnou est né comme Vamouna, fils de Kasyapa et d'Aditi. En trois pas, il a franchi les mondes et il les a remis à Pourandara, libres de tout embarras. Le monde entier est pénétré de l'énergie du dieu, et tous les dieux, les Manous, les Rishis, les fils des Manous, les Indras, souverains des dieux, ne sont tous que des personnifications de la puissance de Vishnou.

CHAPITRE II.

Les sept futurs Manous et les Manwantaras futurs. Histoire de Sanjna et de Chhaya, femmes du Soleil. Savarni, fils de Chhaya, le huitième Manou. Ses successeurs. Divinités de ces différentes périodes. Apparition de Vishnou dans chacun des quatre Yougas.

MAITREYA. — Tu m'as exposé, excellent Brahmane, les particularités des Manwantaras passés ; donne-moi maintenant quelques détails sur ceux qui sont à venir.

PARASARA. — Sanjna, la fille de Viswakarman, fut femme du Soleil, et elle lui donna trois enfants, le manou Vaivaswata, Yama et la déesse Yami (ou *la rivière Yamouna*). Incapable d'endurer les empressements de son mari, Sanjna lui donna Chhaya pour servante, et elle se retira dans les bois pour s'y livrer à des exercices de piété. Le Soleil, supposant que Chhaya était sa femme Sanjna, la rendit mère de ses trois autres enfants, Sanaischara (*Saturne*), un autre manou (*Savarni*) et une fille nommée Tapati (*la rivière Tapti*).

Chhaya, étant, dans une occasion, irritée contre Yama, le fils de Sanjna, lança contre lui une imprécation, et elle révéla ainsi au Soleil et à Yama qu'elle n'était pas Sanjna. Le Soleil, ayant ensuite appris de la bouche de Chhaya que sa femme s'était retirée dans la solitude, la vit, des yeux de la méditation, livrée à des austérités sous la forme d'une jument. Se métamorphosant lui-même en un cheval, il la rejoignit, et il eut d'elle trois autres enfants, les deux Aswins et Revanta ; il ramena ensuite Sanjna en sa demeure. Afin de diminuer l'intensité de l'astre, Viswakarman le plaça sur sa meule, afin de rogner une portion de sa splendeur ; de cette manière il le réduisit d'un huitième : c'était tout ce qu'il était possible d'en séparer.

Les portions de la splendeur divine résidant dans le ciel et rognées par Viswakarman, tombèrent tout enflammées sur la terre ; l'artiste s'en servit pour former le disque de Vishnou, le trident de Siva, l'arme du dieu de la fortune, la lance de Kartikeya et les armes des autres dieux ; Viswakarman fabriqua tous ces objets avec les rayons superflus du soleil.

Le fils de Chhaya, qui fut aussi appelé un manou, fut nommé Savarni parce qu'il était de la même caste (*Savarna*) que son frère aîné, le manou Vaivaswata. Il préside sur le huitième Manwatara : je vais te raconter les particularités relatives à cette période.

Lorsque Savarni sera le Manou, les classes des dieux seront les Soutapas, les Amitabhas et les Moukhyas ; chaque classe étant composée de vingt et une déités. Les sept Rishis seront Dîptimat, Galava, Rama, Kripa, Draouni ; mon fils Vyasa sera le sixième, et le septième sera Rishyasringa. L'Indra sera Bali, le fils exempt de péché de Virochana, lequel, grâce à la faveur de Vishnou, est actuellement souverain d'une partie de Patala. Les descendants royaux de Savarni seront Virajas, Arvarivas, Nirmoha et autres.

Le neuvième Manou sera Daksha-Savarni. Les Paras, les Marigarbhas et les Soudharmas formeront les trois classes de divinités, composées chacune de douze dieux ; leur puissant souverain sera l'Indra Adbhouta. Savana, Dyoutimat, Bhavya, Vasou, Medhatithi, Jyotishman et Satya seront les sept Rishis. Les fils de Manou seront Dhritaketou, Driptiketou, Panchahasta, Nyramaya, Prithousrava et autres.

Dans le dixième Manwantara, le Manou sera Brahma-Savarni ; les dieux seront les Soudharmas, les Virouddhas et les Satasankhyas ; l'Indra sera le puissant Santi ; les rishis seront Havishman, Soukriti, Satya, Apammourthi, Nabhaga, Apratimaujas et Satyaketou ; les dix fils du Manou seront Soukshetra, Uttamaujas, Harishena et autres.

Dans le onzième manwantara, le Manou sera Dharma-Savarni ; les principales classes des dieux seront les Vihangamas, les Kamagamas et les Nirmanaratis, chacune de ces classes étant composée de trente dieux ; Vrisha sera l'Indra ; les rishis seront Nischara, Agnitejas, Vapoushman, Vishnou, Arouni, Havishman et Anagha ; les rois de la terre et les fils du Manou seront Savarya, Sarvadharma, Devanika et autres.

Dans le douzième manwantara, le fils de Roudra, Savarni sera le Manou ; Ritoudhama sera l'Indra ; les Haritas, les Lohitas, les Soumanasas et les Soukarmas seront les classes des dieux, chaque classe étant composée de quinze dieux. Les rishis seront Tapaswi, Soutapas, Tapomourtti, Taporati, Tapodhriti, Tapodyouti et Tapodana. Devavan, Upadeva, Devaseshita et autres seront les fils du Manou et seront de puissants monarques sur la terre.

Dans le treizième Manwantara, le Manou sera Rauchya ; les classes des dieux (*trente-trois dans chaque classe*) seront les Soudhamans, les Soudharmans et les Soukarmans ; leur Indra sera Divaspati ; les rishis seront Nirmoha, Tatwadersin, Nishprakampa, Niroutsouka, Dhritimat, Avyaya et Soutapas ; Chitrasena, Vichitra et autres seront les rois.

Dans le quatorzième Manwantara, Bhaoutya sera le Manou ; Souchi sera l'Indra ; les cinq classes des dieux seront les Chakshousas, les Pavitras, les Kanishthas, les Bhrajiras et les Vavriddhas ; les sept rishis seront Agnibahou, Souchi, Soukra, Magadha, Gridhra, Youkta et Ajita ; les fils du Manou seront Urou, Gabhira, Bradhna et autres qui régnèrent sur la terre.

A la fin de chaque série des quatre âges, les Védas disparaissent, et c'est aux sept Rishis qu'il appartient de descendre du ciel sur la terre afin de les remettre en vigueur. Dans chaque âge Krita, le Manou de cette période est le législateur ou l'auteur de l'ensemble de la loi ; les divinités des diverses classes reçoivent le sacrifice durant le manwatara auquel elles appartiennent, et les fils des Manous eux-mêmes et leurs descendants sont les souverains de la terre pendant toute la durée de cette période. Le Manou, les sept Rishis, les dieux, les fils des Manous qui sont les rois et Indra, tels sont les êtres qui président le monde durant chaque manwatara.

Un Kalpa entier contient mille âges ou quatorze manwantaras ; après lui vient une nuit d'une durée égale, pendant laquelle celui qui est revêtu de la forme de Brahma, Janarddana, la substance de toutes choses, le seigneur et le créateur de toutes choses, enveloppé dans ses propres illusions et ayant englouti les trois sphères, dort sur le serpent Sesha, au milieu de l'Océan. Lorsqu'il s'éveille ensuite, lui qui est l'âme universelle, crée derechef toutes choses comme elles étaient auparavant, se combinant avec la qualité de l'activité, et dans une portion de son essence associée avec la qualité de la bonté, il est le conservateur du monde, agissant comme les Manous, les rois, les dieux et leurs Indras aussi bien que les sept Rishis. Je vais t'expliquer de quelle manière Vishnou, caractérisé par l'attribut de la Providence durant les quatre âges, effectua leur préservation.

Dans l'âge Krita, Vishnou sous la forme de Kapila et d'autres maîtres inspirés, pleins de zèle pour le bonheur de toutes les créatures, leur enseigna la véritable sagesse ; dans l'âge Treta, il retient les méchants sous la forme d'un monarque universel, et il protège les trois mondes. Dans l'âge Dwapara, il divise, dans la personne de Véda-Vyasa, le Véda en quatre parties et il les distribue en des branches innombrables ; à la fin du kali ou quatrième âge, il reparaît comme Kalki et il fait rentrer l'homme injuste dans les voies de l'équité. C'est de cette manière que l'esprit universel conserve, crée et enfin détruit le monde entier.

Je t'ai exposé, ô Brahmane, la véritable nature de ce grand être qui est tous les êtres, et en dehors duquel rien n'existe, n'a existé ou n'existera. Je t'ai fait connaître les manwantaras et ceux qui y président. Que désires-tu savoir de plus ?

CHAPITRE III.

Division des Védas en quatre portions faite par un Vyasa dans chaque âge dwapara. Liste des vingt-huit vyasas du présent manwantara. Signification du mot Brahma.

MAITREYA. — Tu m'as appris comment ce monde est Vishnou, comment il est en Vishnou, comment il vient de Vishnou ; je n'ai plus rien à savoir à cet égard, mais je désire savoir comment les Védas ont été partagés dans les différents âges par ce grand être ayant la forme de Véda-Vyasa ; quels furent les Vyasas de leurs ères respectives, et quelles furent les branches dans lesquelles les Védas furent divisés ?

PARASARA. — Les branches du grand arbre des Védas sont si nombreuses, Maitreya, qu'il est impossible de les décrire tout au long. Je t'en donnerai une explication succincte.

Dans chaque âge Dwapara (ou *troisième âge*) Vishnou, prenant la personne de Vyasa et voulant contribuer au bien des mortels, divise en nombreuses portions le Véda qui ne forme qu'un seul corps; observant combien sont bornées la persévérance, l'énergie et l'application des mortels, il partage le Véda en quatre, afin de mieux l'adapter à leur capacité, et la forme corporelle qu'il prend, afin d'effectuer cette classification, reçoit le nom de Véda-Vyasa. Tu vas recevoir des détails sur les divers Vyasas dans le présent manwantara et sur les branches des Védas qui ont été l'objet de leurs leçons.

Les Védas ont été vingt-huit fois arrangés par les grands rishis dans le Manwantara de Vaivaswata dans l'âge Dwapara, et il en résulte que vingt-huit Vyasas sont déjà passés; chacun d'eux a, dans sa période respective, partagé les Védas en quatre parties. Dans le premier âge Dwapara, la distribution fut faite par Swayambhou (*Brahma*) lui-même; dans le second, l'arrangement des Védas fut réglé par Prajapati (ou *Manou*); dans le troisième il le fut par Usanas; dans le quatrième par Vrihaspati; dans le cinquième par Savitri; dans le sixième par Mritiou (*la mort ou Yama*); dans le septième par Indra; dans le huitième par Vasistha; dans le neuvième par Saraswata; dans le dixième par Tridhaman; dans le onzième par Trivrishan; dans le douzième par Bharadwaja; dans le treizième par Antariksha, dans le quatorzième par Vapra, dans le quinzième par Trayyarouna; dans le seizième par Dhananjaya; dans le dix-septième par Kritanjaya, dans le dix-huitième par Rina; dans le dix-neuvième par Bharadwaja; dans le vingtième par Gottama; dans le vingt-unième par Uttama appelé aussi Haryatma; dans le vingt-deuxième par Vena qui porte aussi le nom de Rajasravas; dans le vingt-troisième par Somasoushmapana ou Tripavindou; dans le vingt-quatrième par Riksha, descendant de Bhrigou qui est connu aussi sous le nom de Valmiki; dans le vingt-cinquième mon père Sakti fut le Vyasa; je fus le Vyasa du vingt-sixième dwapara, et je fus remplacé par Jaratkarou; dans le vingt-huitième qui vint après fut Krishna-Dwaipayana. Tels sont les vingt-huit anciens Vyasas qui ont partagé les Védas en quatre sections pendant les âges dwapara qui ont précédé celui-ci. Dans le prochain dwapara, Draouni (*fils de Drona*) sera le Vyasa, lorsque mon fils, le mouni Krishna Dwaipayana, qui est le Vyasa actuel, cessera d'exister en cette qualité.

La syllabe Om est signalée comme étant l'éternel Brahma monosyllabique. Le mot Brahma dérive de la racine Vriha (*augmenter*) parce qu'il (*l'esprit*) est infini et parce qu'il est la cause qui produit le développement des Védas et de toutes choses. Gloire à Brahma qui, dans la destruction comme dans le renouvellement du monde, est appelé la grande et mystérieuse cause du principe intellectuel (*Mahat*) qui est sans limite dans le temps ou l'espace, et exempt de diminution ou de décadence, et dans lequel réside le but de l'âme (*la délivrance finale*). Il est le refuge de ceux qui sont versés dans la philosophie Sankhya, de ceux qui ont soumis à un contrôle rigoureux leurs pensées et leurs passions. Il est le Brahma invisible, impérissable; variant en sa forme, invariable en sa substance; le principe suprême engendré de soi-même qui éclaire les cavernes du cœur, qui est indivisible, radieux, multiforme, incapable de déchoir. Adoration perpétuelle à ce Brahma suprême.

Sous la forme de Vamadesa qui est un avec l'esprit suprême ou Brahma, et qui, quoique séparé comme triple, est identique, réside le seigneur compris par ceux qui reconnaissent que la variété dans la création est distincte dans toutes les créatures. Composé du Rig-Véda, du Sama-Véda et du Yajour-Véda, il est en même temps leur essence, comme il est l'âme de tous les esprits revêtus d'un corps. Il crée les Védas, les partage en nombreuses subdivisions et il est leurs diverses branches réunies, car lui, le seigneur suprême, est l'essence de la science véritable.

CHAPITRE IV.

Division du Véda dans le dernier âge Dwapara par le Vyasa Krishna Dwaipayana. Paila est désigné comme lecteur du Rig-véda, Vaisampayana de l'Yajour-Véda, Jarimini du Sama-Véda et Soumantou de l'Atharva-Véda. Souta est chargé d'enseigner les poëmes historiques. Origine des quatre parties du Véda.

PARASARA. — Le Véda primitif se composait, dans ses quatre parties, de cent mille stances, et de lui vint le sacrifice de dix façons différentes (268), qui accomplit tous les désirs. Dans le vingt-huitième âge dwapara, mon fils Vyasa partagea les Védas en quatre sections, et cette division fut exactement conforme à celle qui avait été opérée durant les âges antérieurs par tous les précédents Vyasas ainsi que par moi. Tu sauras comment mon fils effectua cette division.

Lorsque Vyasa reçut de Brahma l'ordre de partager les Védas en divers livres, il prit pour disciples quatre personnes bien instruites dans ces

(268) Les Védas admettent cinq sacrifices particuliers: celui qui se compose d'offrandes de beurre clarifié versé sur le feu; celui qu'on célèbre à l'époque de la nouvelle et de la pleine lune; celui qu'on célèbre à chaque trimestre; le sacrifice d'un cheval ou de quelque autre animal; les offrandes ou libations du jus de soma. Chacun de ces sacrifices est simple ou modifié; on obtient ainsi les dix sacrifices indiqués dans notre texte.

livres saints. Il désigna Paila comme lecteur du Rig-Véda, Vayrampayana fut chargé de l'Yajour-Véda, et Jaimini du Sama-Véda ; Soumantou, qui était fort instruit dans l'Atharva-Véda, fut aussi le disciple du savant Vyasa. Il prit également pour élève, dans les traditions historiques et légendaires, Souta, surnommé Lomaharshana.

Il n'y avait qu'un Yajour-Véda, mais en le divisant en quatre parties, Vyasa institua la cérémonie du sacrifice qui est offert par quatre espèces de prêtres ; le devoir de l'Adwaryou fut de réciter les prières, celui de l'Hotri de répéter les hymnes, celui de l'Udgatri de chanter d'autres hymnes, et celui du Brahmane de prononcer les formules appelées Atharva. Alors le mouni, ayant réuni les hymnes appelées Richas, forma le Rig-Véda ; il forma l'Yajour-Véda avec les prières et les préceptes appelés Yajoushas ; il composa le Sama-Véda avec celles qu'on appelle Samas, et avec les Atharvas il composa les règles de toutes les cérémonies prescrites aux rois et déterminant les fonctions des Brahmanes.

Le grand arbre des Védas, étant ainsi divisé en quatre tiges principales, se développa bientôt de façon à former une vaste forêt. D'abord Paila divisa le Rig-Véda en deux Sanhitas ou collections d'hymnes, et il les remit à Indrapramati et à Bashkali. Bashkali subdivisa en quatre portions le Sanhita qui lui était confié, et il en chargea ses disciples Baudhya, Agnimathara, Yajnawalka et Parasara, et ils enseignèrent ces rejetons sortant de la branche primitive. Indrapramati confia son Sanhita à son fils Mandoukeya, et de là ce livre descendit successivement à travers diverses générations. Vedamitra, appelé aussi Sakalya, étudia ce même Sanhita, mais il le divisa de nouveau en cinq sections qu'il répartit entre ses cinq disciples Moudgala, Goswalou, Vatsya, Saliya et Sisira. Sakapourni forma une division différente du Sanhita primitif ; il le partagea en trois parties, et il ajouta une quatrième formée d'un glossaire (*Niroukta*). Ces trois parties furent confiées à ses trois disciples Krauncha, Vaitalaki et Valaka ; le glossaire fut remis à un quatrième disciple nommé Nirouktakrit. C'est ainsi que des rameaux des Védas surgirent d'autres rameaux.

CHAPITRE V.

Divisions de l'Yajour-Véda. Histoire de Yajnawalkya ; forcé de renoncer à ce qu'il a appris, il adore le soleil qui lui communique le Vajasneyi-Yajoush.

PARASARA. — Il existe vingt-sept branches de l'arbre de l'Yajour-Véda ; Vaisampayana, élève de Vyasa, les compila et les enseigna à autant de disciples. Parmi eux, Yajnawalkya, le fils de Brahmarata, se distingua par sa piété et sa soumission envers son maître.

Il avait été jadis convenu entre les mounis que celui qui ne se joindrait pas à une réunion tenue à certaines époques sur le mont Mérou, durant une période de sept nuits, serait aussi coupable que s'il tuait un Brahmane. Vaisampayana seul manqua d'exactitude, et en conséquence il tua, d'un coup de pied donné par accident, l'enfant de sa sœur. Il s'adressa alors à ses disciples et les pria d'accomplir en sa faveur la pénitence qui expie le meurtre d'un Brahmane. Sans aucune hésitation, Yajnawalkya refusa et dit : « Comment me livrerai-je à la pénitence avec ces misérables Brahmanes dépourvus de pouvoir ? » Alors son maître (*ou gourou*) irrité lui enjoignit de renoncer à tout ce qu'il avait appris de lui : « Tu parles avec mépris, » dit-il, « de ces jeunes Brahmanes, mais à quoi est bon un élève qui désobéit à mes ordres ? »

Yajnawalkya répondit : « Je parle avec une bonne foi entière ; quant à ce que j'ai lu sous ta direction, j'en ai assez, le voilà. » Et faisant un mouvement comme s'il voulait le rejeter hors de son estomac, il laissa tomber par terre les textes du Yajour-Véda tachés de sang. Il s'éloigna ensuite. Les autres disciples de Vaisampayana, se transformant en perdrix (*Titeri*), ramassèrent les textes qu'il avait vomis, et cette circonstance fit qu'on leur donna le nom de Taittiriya ; ces disciples reçurent le surnom de Charaka, dérivé du mot Charana qui signifie qu'ils accomplissent les rites expiatoires que leur maître leur avait prescrits.

Yajnawalkya, qui était accompli dans les pratiques de la piété, s'adressa avec ferveur au soleil, car il était très-désireux de rentrer en possession des textes de l'Yajour-Véda. « Gloire au soleil, » s'écria-t-il, « la porte de la délivrance, la fontaine de la splendeur radieuse, la triple source de l'éclat qui se manifeste dans les trois Védas. Gloire à celui qui, comme le feu et la lune, est un avec la cause de l'univers ; gloire au soleil, qui est rempli d'une chaleur rayonnante et qui est un avec la nature du temps, et avec toutes ses divisions en heures, en minutes et en secondes. Gloire à celui sur lequel on doit méditer comme étant la forme visible de Vishnou et la personnification de l'Om mystique. Gloire à celui qui, ayant rempli la lune de ses rayons, nourrit les dieux, qui alimente les pitris avec le nectar et avec l'ambroisie, et les hommes avec la pluie. Gloire à Brahma, le soleil, qui prend la forme des divines saisons, et qui seul dissipe les ténèbres de cette terre dont il est le seigneur souverain ; adoration au dieu qui est revêtu des vêtements de la pureté. Gloire au soleil dont l'apparition rend l'homme capable d'accomplir des actes de piété, et qui, en touchant le monde de ses rayons, le met à même de célébrer les rites religieux; gloire à lui, car il est le centre et la source de la purification. Gloire à Savitri, à Sourya, à Bhaskara, à Vivaswat, à Aditya. J'adore l'œil de l'univers, qui est porté dans un char d'or et dont la bannière répand de l'ambroisie. »

Le soleil, recevant ainsi les éloges d'Yajnawalkya, lui apparut sous la forme d'un cheval et lui dit : « Demande-moi ce que tu désires. » Le sage, s'étant prosterné devant le seigneur du jour, répondit : « Donne-moi connaissance de ces textes de l'Yajour que mon précepteur lui-même ignore. » Le soleil lui accorda en conséquence la science des textes de l'Yajour, appelés Ayatayama (*non étudiés*), qui étaient ignorés de Vaisampayana, et comme ils furent révélés par le soleil sous la forme d'un cheval, les Brahmanes qui étudient cette portion de l'Yajour sont appelés Vajis (*chevaux*). Quinze branches de cette école sont sorties de Kanwa et des autres élèves d'Yajnawalkya.

CHAPITRE VI.

Divisions du Sama Véda et de l'Atharva-Véda. Noms des dix-huit Pouranas. Branches de la science. Classes des Rishis.

Tu apprendras, Maitreya, comment Jaimini, l'élève de Vyasa, divisa les branches du Sama-Véda. Le fils de Jaimini était Soumantou, et son fils était Soukarman; ils étudièrent tous deux le même Sanhita sous Jaimini. Ce dernier composa le Sahasra-Sanhita (ou collection de mille hymnes) qu'il enseigna à ses deux disciples, Hiranyanabha et Paushyinji (269). Quinze disciples de ce dernier furent les auteurs d'autant de Sanhitas; ils furent appelés les chantres septentrionaux du Sama-Véda. Un nombre égal de disciples d'Hiranyanabha reçurent le nom de chantres orientaux du Sama-Véda et formèrent un pareil nombre d'écoles. Lokakshi, Kouthoumi, Koushidi et Langali furent disciples de Paushyinji; beaucoup d'autres branches furent formées par eux et leurs disciples. Un autre élève d'Hiranyanabha, nommé Kriti, enseigna vingt-quatre Sanhitas à tout autant de disciples, et ceux-ci divisèrent à leur tour le Sama-Véda en des branches nombreuses.

Je te dirai maintenant ce qui concerne les Sanhitas de l'Atharva-Véda. L'illustre mouni Soumantou enseigna ce Véda à son élève Kabandha, qui le divisa en deux portions; il les communiqua à ses disciples Devadersa et Pathya. Les disciples de Devadersa furent Maudga, Brahmabali, Saulkayani et Pippalada. Pathya eut trois élèves, Jajali, Koumou-

(269) Le Vayou-Pourana donne les mêmes détails et il y ajoute une légende relative à Soukarman qui enseigna d'abord mille disciples, mais Indra les tua tous pour le punir d'avoir lu un des jours où il est défendu d'étudier.

dadi et Saunaka; et tous trois instituèrent des branches séparées du Véda-Saunaka, ayant divisé son Sanhita en deux parties, il donna l'une à Babhrou et l'autre à Saindhavanayana; de là sortirent deux écoles. Les principaux sujets de discorde entre elles sont les règles concernant l'adoration des planètes, les rites à suivre dans les sacrifices et les prières pour détruire les ennemis et pour détourner le malheur.

Vyasa, parfaitement au fait du contenu des Pouranas, compila le Pauranik-Sanhita, recueil de traditions historiques et légendaires, de prières et d'hymnes. Il eut un disciple éminent, Souta, et le grand mouni lui communiqua les Pouranas. Souta eut six disciples, Soumati, Agnivarchas, Mitrayou, Sansapayana, Akritavrana et Savina. Les trois derniers composèrent trois Sanhitas, et Romaharshana lui-même en compila un quatrième. La substance de ces quatre Sanhitas est recueillie dans le Vishnou-Pourana.

Le premier de tous les Pouranas est celui de Brahma; il y en a ensuite dix-sept : le Padma, le Vaishnava, le Saïva, le Bhagavata, le Naradiya, le Markandeya, l'Agneya, le Bhavishyat, le Brahma-Vaivartta, le Lainga, le Varaha, le Skanda, le Vamana, le Kaurma, le Matsya, le Garouda, le Brahmanda. La création du monde et ses reproductions successives, la généalogie des patriarches et des rois, les périodes des Manous, et les événements accomplis sous les dynasties royales sont racontés dans tous ces Pouranas.

Les quatre Védas et les Pouranas constituent les diverses branches de la science, ainsi que les six Angas (*ou portion subsidiaire des Védas*); ce sont : le Siksha ou règles concernant la récitation des prières, les accents et les tons qu'il faut conserver; le Kalpa ou rituel; le Vyakarana ou la grammaire; le Niroukta ou commentaire lexicographique; le Chhandas ou la métrique et le Jyotish ou astronomie; on y ajoute le Mimausa (*théologie*), le Nyaya (*logique*) et le Dharma (*le code de la loi*). On y joint encore l'Ayour-Véda ou le traité de la science médicale telle que l'enseigne Dhanwantari; le Dhanour-Véda ou la science des armes et du maniement de l'arc enseigné par Bhrigou; le Gandharba-Véda ou le traité sur les arts de la musique, de la danse, etc.; ce fut le mouni Bharata qui en fut l'auteur; enfin, l'Astha Sastram ou la science du gouvernement telle que Vrihaspati l'exposa le premier.

Il y a trois espèces de rishis ou de sages inspirés; les rishis royaux ou les princes qui, tels que Viswamitra, ont embrassé une vie pieuse; les rishis divins ou les sages, qui sont des demi-dieux comme Narada; les rishis Brahmanes ou les sages, qui sont fils de Brahma ou Brahmanes, comme Vasishtha et autres. Je t'ai ainsi fait connaître les diverses branches des Védas, leurs subdivisions et les personnes qui les ont faites; je t'ai dit que c'était à cause de la capacité bien bornée des mortels. Le Véda primitif, celui du père de toutes choses, est éternel; les diverses branches sont ses modifications. Tu as appris ce que tu désirais savoir à cet égard; qu'est-ce que tu désires encore connaître (270)?

CHAPITRE VII.

Bhishma fait connaître à Nakoula par quels moyens les hommes sont exemptés de l'autorité d'Yama. Dialogue entre Yama et un de ses serviteurs. Les adorateurs de Vishnou ne sont pas assujettis à Yama. Comment on peut les reconnaître.

MAITREYA. — Tu m'as expliqué, excellent Brahmane, tout ce que je t'ai demandé, mais je désire apprendre une chose à l'égard de laquelle tu n'as encore rien dit. Cet univers, composé de sept zones, avec ses sept régions souterraines et ses sept sphères, cet œuf entier de Brahma, fourmille de créatures vivantes grandes ou petites, colossales ou imperceptibles; il n'existe pas un espace égal à la huitième partie d'un pouce où elles n'abondent. Maintenant elles sont toutes captives dans la chaîne des œuvres (commises), et à la fin de leur existence elles deviennent esclaves du pouvoir d'Yama, qui les condamne à des punitions pénibles. Délivrées de ces châtiments, elles renaissent dans la condition de dieux, d'hommes, d'animaux et d'autres créatures, et c'est ainsi que les êtres vivants, ainsi que nous l'apprennent les Sastras, tournent dans un cercle perpétuel. Maintenant la question que j'ai à te proposer et à laquelle tu es parfaitement en état de répondre, est celle-ci : Quels sont les actes par lesquels un homme peut s'affranchir de la domination de Yama?

PARASARA. — C'est une question, sage mouni, que Nakoula proposa autrefois à son grand-père Brishma, et je te répéterai la réponse que fit ce dernier.

Brishma dit au prince : « Je reçus un jour la visite d'un de mes amis, un Brahmane qui vint du pays de Kalinga, et qui me dit qu'il avait une fois proposé cette question à un saint mouni qui conservait le souvenir de ses existences antérieures, et qui lui enseigna exactement ce qui était et ce qui devait être. Je priai Brishma, dont les paroles m'inspiraient une foi entière, de me répéter ce que ce pieux personnage lui avait appris; il finit par me le communiquer, et je n'ai jamais rencontré ailleurs ce qu'il me dit alors. »

Nakoula fit un jour au Brahmane de Kalinga la question que tu m'as posée, et celui-ci lui répondit en lui répétant l'histoire que le mouni lui avait dite, le grand mystère qui lui avait été révélé par le pieux sage qui se souvenait de son ancienne existence, un dialogue qui eut lieu entre Yama et un de ses serviteurs.

Yama le voyant tenir dans sa main son nœud coulant, lui dit : « Prends garde aux adorateurs de Madhousoudana; je suis le seigneur de tous les hommes, excepté les Vaishnavas. Je fus désigné par Brahma, que révèrent tous les immortels, pour retenir les mortels et pour régulariser dans l'univers les conséquences du bien et du mal. Mais celui qui obéit à Hari, le reconnaissant pour son guide spirituel, est ici-bas indépendant de moi, car Vishnou a la puissance de me gouverner et de me contrôler. De même que l'or conserve sa substance quoiqu'on lui donne les diverses formes de bracelets, de couronnes ou de boucles d'oreilles, ainsi Hari reste un et le même, quoiqu'il se modifie sous les formes de dieux, d'animaux et d'hommes. De même que les gouttes d'eau que le vent soulève de dessus la terre retombent sur le sol lorsque le vent s'apaise, de même les variétés de dieux, d'hommes et d'animaux qui ont été détachées par l'agitation des qualités sont réunies à l'éternel lorsque ce trouble vient à cesser. Celui qui, par le moyen de la connaissance sainte, adore avec zèle le pied de lotus de cet Hari que respectent les dieux, est délivré de tous les liens du péché, et tu dois l'éviter comme tu éviterais un feu alimenté avec de l'huile. »

Ayant entendu les injonctions d'Yama, le messager s'adressa au seigneur de l'équité et dit : « Dis-moi, maître, comment je dois distinguer l'adorateur d'Hari qui est le protecteur de tous les êtres? »

Yama répondit : « Tu dois considérer comme un adorateur de Vishnou celui qui ne s'écarte jamais des devoirs prescrits à sa caste; celui qui regarde avec une égale indifférence ses amis et ses ennemis, celui qui ne prend jamais ce qui ne lui appartient point, et qui ne fait tort à aucun être. Sache que cette personne dont l'esprit ne mérite nul blâme est un adorateur de Vishnou. Apprends qu'il est un adorateur fervent de Vishnou, l'homme qui a placé Janarddana dans son esprit pur, qui a été affranchi de toute séduction et dont l'âme est exempte de la souillure de l'âge Kali. Sache qu'il est un adorateur de Vishnou, cet homme fervent qui ne fait pas plus de cas de l'or que de l'herbe, et qui consacre toutes ses pensées au seigneur. Il est pur comme une montagne de pur cristal, car comment Vishnou peut-il résider dans les cœurs des hommes livrés à la malice, à l'envie et aux autres mauvaises pas-

---

(270) Le Mahabharata qui donne les mêmes détails y ajoute une légende curieuse. Durant une grande sécheresse, les Brahmanes, absorbés par les soucis de l'existence, délaissèrent l'étude, et les Védas furent perdus. Le rishi Saraswala seul, nourri de poisson par sa mère Saraswati (*personnification de la rivière de ce nom*) persévéra dans l'étude et conserva les livres sacrés. Quand la famine fut passée, les Brahmanes se rendirent auprès de lui pour s'instruire et il communiqua à soixante mille disciples la connaissance des Védas.

sions? La chaleur dévorante du feu ne se trouve pas dans l'assemblage des rayons rafraîchissants de la lune. Celui qui vit pur en ses pensées, exempt de malice, content, menant une vie sainte, éprouvant de la tendresse pour toutes les créatures, parlant sagement et avec bonté, et qui est humble et sincère, celui-là a Vasoudeva toujours présent en son cœur. De même que le jeune arbre Sul déclare par sa beauté l'excellence des sucs qu'il a puisés dans la terre, de même, quand l'Eternel a fixé sa résidence dans le cœur de quelque homme, cet homme est digne d'affection parmi tous les êtres du monde. Hâte-toi de t'éloigner de ces hommes dont les péchés ont été dispersés par le mérite moral ou religieux, dont l'esprit est consacré chaque jour à la déité ineffable, et qui sont exempts d'orgueil, de malice et de dureté. Le péché ne peut rester dans le cœur où réside, armé de l'épée et de la massue, le divin Hari qui n'a ni commencement ni fin, car le péché ne peut habiter avec ce qui le détruit, de même que la lumière ne peut subsister dans le monde lorsque le soleil brille. L'Eternel n'établit pas sa résidence dans le cœur de l'homme qui convoite le bien d'autrui, qui nuit à des créatures vivantes, qui parle avec rudesse et fausseté, qui est fier de ses iniquités et dont l'esprit est livré au mal. Janardanna n'occupe pas les pensées de celui qui envie la prospérité d'un autre, qui calomnie l'homme vertueux, qui ne célèbre jamais de sacrifices, qui ne fait point de dons aux hommes pieux, et qui est plongé dans les ténèbres. Le malheureux qui, par avarice, se montre dur envers ses plus proches parents, envers sa femme, ses enfants, ses serviteurs, n'est pas un adorateur de Vishnou. L'homme pareil à la brute, dont les pensées sont mauvaises, qui est livré à des actes injustes, qui recherche toujours la société des méchants, et qui ne laisse pas passer un seul jour sans commettre un crime, cet homme n'est pas un adorateur de Vasoudeva. Tiens-toi éloigné de ceux dans le cœur desquels est placé Ananta, et de ceux dont l'intelligence sanctifiée regarde Vasoudeva, le maître suprême, comme ne faisant qu'un avec ses adorateurs et avec le monde. Evite ces saints personnages qui invoquent perpétuellement Vasoudeva aux yeux de lotus, Vishnou, l'appui de la terre, l'être immortel armé du disque et de la coquille, l'asile du monde. Evite la présence de celui dans le cœur duquel réside l'âme impérissable, car il est protégé contre ma puissance par le disque du dieu qu'il adore, et il est destiné à un autre monde (*au ciel de Vishnou*). »

Telles furent, dit le Brahmane de Kalinga, les instructions communiquées par le dieu de la justice, le fils du soleil, à ses serviteurs; ce pieux personnage me les répéta, et je te les rapporte fidèlement, chef de la maison de Kourou. Je te communique donc, Nakoula, ce que j'ai appris de mon pieux ami lorsqu'il vint me visiter. Je t'ai expliqué qu'il n'y avait, dans l'océan du monde, d'autre protection que celle de Vishnou, et que les ministres et les satellites d'Yama, le roi de la mort lui-même, et ses supplices, restent tous sans effet contre celui qui place sa confiance en Vishnou.

Je t'ai ainsi rapporté ce que tu désirais apprendre et ce qu'a dit le fils de Vivaserat. Que désires-tu savoir de plus?

CHAPITRE VIII.
Aurva raconte à Sagara de quelle façon Vishnou doit être adoré. Devoirs des quatre castes.

MAITREYA. — Informe-moi, vénérable maître, comment ceux qui doivent subjuguer le monde adorent la déité suprême, Vishnou, le seigneur de l'univers, et quels avantages les hommes qui l'adorent avec assiduité, obtiennent de Govinda qu'ils se rendent propice?

PARASARA. — La question que tu me fais fut jadis posée par Sagara à Aurva (271). Je te redirai la réponse qu'il y fit.

Sagara s'étant incliné devant Aurva, le descendant de Bhrigou, lui demanda quels étaient les meilleurs moyens à employer pour plaire à Vishnou, et quelles seraient les conséquences qui résulteraient de l'obtention de ses faveurs. Aurva répondit : « Celui qui plaît à Vishnou obtient tous les plaisirs de la terre, une place dans le ciel, et, ce qui est préférable à toutes choses, la délivrance finale; il reçoit tout ce qu'il désire et dans l'étendue qu'il le désire, soit petite, soit considérable, si Achyouta est satisfait de lui. Je te dirai, ô roi, puisque tu le désires, de quelle manière on peut obtenir la faveur de ce dieu. »

« Vishnou, le maître de l'univers, est propice à l'homme qui observe l'institution des castes, l'ordre et les cérémonies purifiantes; il n'y a pas d'autre marche à suivre; celui qui murmure des prières l'invoque; celui qui attaque des créatures vivantes l'attaque, car Hari est l'universalité des êtres. Janarddana est donc favorable à l'homme qui ob-

---

(271) Sagara fut un roi de la race solaire; Aurva était un sage, petit-fils de Bhrigou. Lorsque les fils du roi Kritavirya persécutèrent et mirent à mort les enfants de Bhrigou, afin de s'emparer des trésors que leur père leur avait donnés, ils n'épargnèrent pas même les enfants qui étaient dans le sein de leurs mères. Une des femmes de la race de Bhrigou cacha son enfant dans sa cuisse (*uru*) et le sauva ainsi; cet enfant dut à cette circonstance le nom d'Aurva; sa colère fit jaillir une flamme qui menaçait de détruire le monde, mais, d'après le conseil de ses maîtres, il la jeta dans l'Océan, où elle prit la forme d'un cheval. Aurva fut ensuite le précepteur religieux de Sagara et il lui donna l'Agneyastram ou l'arme de feu avec laquelle il expulsa les peuples barbares qui avaient envahi les États de ses ancêtres. Tout ceci est raconté dans le Mahabharata, dans le Harivansa et autres ouvrages sanscrits.

serve les règles établies et qui est fidèle aux devoirs imposés à sa caste.

« Le Brahmane, le Kshatriya, le Vaisya et le Soudra qui se conforment aux règles imposées à leur caste, sont les meilleurs adorateurs de Vishnou. Kesava voit avec plaisir celui qui fait du bien aux autres, qui ne dit jamais d'injure, de calomnie ou de mensonge, qui ne convoite jamais la femme ou la propriété d'un autre, et qui n'a de mauvais vouloir envers personne; qui ne frappe ou ne tue aucun être animé ou inanimé, qui est toujours zélé pour le service des dieux, des Brahmanes et de son précepteur spirituel; qui désire constamment le bonheur de toutes les créatures, qui aspire au bien-être de ses enfants et à la perfection de son âme, et dont le cœur pur ne reçoit nul plaisir des imperfections de l'amour et de la haine. L'homme qui se conforme aux devoirs que prescrit la loi pour chaque caste et pour chaque situation de la vie, est celui qui adore le mieux Vishnou. »

Aurva ayant parlé de la sorte, Sagara lui dit : Explique-moi, vénérable Brahmane, quels sont les devoirs de caste et de condition (272). Je désire les connaître. Aurva répondit : Ecoute avec attention les devoirs que je relaterai comme étant successivement ceux des Brahmanes, des Kshatriyas, des Vaisias et des Soudras. Le Brahmane doit faire des dons, doit adorer les dieux en leur offrant des sacrifices, être assidu à l'étude des Védas, accomplir les ablutions et entretenir la flamme sacrée. Il peut, afin de se procurer les moyens de vivre, offrir des sacrifices en faveur des autres et leur donner l'instruction religieuse; il peut aussi accepter de personnes honorables des présents convenables. Il doit constamment s'efforcer de contribuer au bien des autres hommes et ne faire de tort à personne, car le plus précieux trésor d'un Brahmane est la charité universelle. Il doit regarder comme des cailloux les bijoux des autres, et il doit, à des époques convenables, perpétuer sa race avec sa femme. Tels sont les devoirs d'un Brahmane.

L'homme appartenant à la tribu guerrière doit faire avec plaisir des dons aux Brahmanes, étudier les écritures et accomplir divers sacrifices. Veiller sur son pays est son emploi spécial; en s'acquittant de ce devoir, un roi obtient l'accomplissement de tous ses vœux, et il acquiert une part dans le mérite de tous les sacrifices. En intimidant les méchants et en protégeant les bons, le monarque qui maintient la discipline des différentes castes s'assure les biens qu'il désire.

Brahma, l'auteur suprême de la création, donna aux Vaisyas le soin du commerce, de l'agriculture et de l'éducation des troupeaux; ils doivent aussi observer l'étude des choses sacrées, les sacrifices et les dons.

Les Soudras sont chargés de servir les trois castes régénérées; c'est par là, ou par le commerce et par un travail manuel qu'ils doivent se procurer les moyens de vivre. Ils doivent aussi faire des dons et offrir les sacrifices où des aliments sont présentés.

Indépendamment de ces devoirs particuliers à chaque caste, il y en a qui sont communs à toutes. Tels sont l'acquisition de la propriété, afin de soutenir leur famille; la cohabitation avec leurs femmes, afin d'avoir de la postérité; la tendresse envers toutes les créatures, la patience, l'humilité, la franchise, la pureté, le contentement, la décence dans la conduite, la douceur dans les paroles, l'abstention de l'envie, de l'avarice et de la calomnie. Tels sont les devoirs imposés à chaque condition de la vie.

A des époques de détresse, les fonctions particulières des castes peuvent être modifiées. Un Brahmane peut se livrer aux occupations d'un Kshatriya ou d'un Vaisya; le Kshatriya peut embrasser celles d'un Vaisya, et réciproquement; mais ces deux classes ne peuvent jamais descendre aux emplois que remplissent les Soudras, à moins d'une nécessité insurmontable. Maintenant, ô roi, je vais t'expliquer les devoirs des diverses conditions de la vie.

CHAPITRE IX.

Devoirs de celui qui étudie les choses religieuses, du propriétaire de maison, de l'ermite et du mendiant.

Aurva continua en ces termes : Lorsque le jeune homme a été muni du fil de sa caste, qu'il s'attache avec zèle à l'étude des Védas dans la maison de son maître, s'y appliquant de toutes les forces de son esprit et vivant dans la continence. Il doit accomplir avec régularité les pratiques qui purifient, car la connaissance des Védas est acquise par celui qui est régulier dans l'accomplissement des rites religieux. Il doit saluer le matin le soleil, et le soir, le feu, et s'adresser ensuite à son maître avec respect. Il doit se tenir debout lorsque son maître se tient debout, le suivre quand il marche et s'asseoir au-dessous de lui quand son maître s'assoit; il ne doit jamais se tenir debout, s'asseoir ou marcher lorsque son maître fait l'opposé. Il doit lire avec attention les Védas placés devant son maître, lorsque celui-ci le lui demande, et il doit, après avoir obtenu la permission de son maître, manger les aliments qu'il a obtenus en mendiant. Qu'il se

---

(272) Divers Pouranas, notamment le Padma, l'Agni et le Garouda contiennent des préceptes sur les devoirs des divers états, mais nulle part ce code de morale n'est aussi étendu que dans notre Pourana. Les règles qu'il pose sont conformes aux lois de Manu et parfois en reproduisent les expressions textuelles. M. Wilson a pris soin d'indiquer dans ses notes ces rapprochements qu'il serait superflu de détailler ici.

baigne dans l'eau qui a déjà été employée pour les ablutions de son maître et que, chaque matin, il apporte l'eau, le combustible et tout ce qui peut être nécessaire.

Lorsque les études demandées à l'étudiant ont été terminées et lorsqu'il a quitté son maître, que l'homme régénéré entre dans l'ordre du propriétaire de maison, qu'il prenne, avec les cérémonies enjointes par la loi, une maison et une femme, et qu'il accomplisse de son mieux les devoirs de sa position, satisfaisant les mânes des morts par la distribution de gâteaux funéraires, faisant des offrandes aux dieux, donnant l'hospitalité à ses hôtes, se livrant avec les sages à l'étude sainte, présentant aux esprits les restes des offrandes et ne prononçant jamais que des paroles de vérité. Un chef de famille s'assure le ciel en remplissant fidèlement ces obligations. Il y en a qui, renonçant à leur maison, vivent d'aumônes et mènent une vie errante consacrée à la pénitence. Ils parcourent le monde et ils accomplissent leurs ablutions à des endroits sacrés en suivant les rites prescrits par les Védas ; ils n'ont point de demeures et s'arrêtent pour passer la nuit à l'endroit où ils arrivent le soir. Le propriétaire de maison est pour eux un parent qui leur offre un asile toujours assuré, et qui leur fournit, chaque fois qu'ils se présentent chez lui, de la nourriture, un lit et un siége. Un homme rebuté par un propriétaire qui refuse de l'admettre, lui transporte toutes ses propres fautes et lui enlève tous ses mérites religieux. Dans la maison d'un homme de bien, la discorde, l'injure, l'arrogance l'hypocrisie et la violence sont inconnues, et le propriétaire qui remplit pleinement le grand devoir de l'hospitalité, est affranchi de toute espèce de servitude et obtient après sa mort la plus élevée des places.

Lorsqu'après avoir accompli les actions prescrites par sa position, le chef de famille arrive au déclin de la vie, qu'il confie sa femme aux soins de ses fils et qu'il se retire dans les forêts. Là, qu'il se nourrisse de feuilles, de racines et de fruits; qu'il laisse croître ses cheveux et sa barbe et qu'il tresse sa chevelure au-dessus de son front; qu'il dorme sur le sol, que ses vêtements soient faits de peaux ou de l'herbe Kousa; il doit se baigner trois fois par jour, faire des offrandes aux dieux et au feu, et traiter avec hospitalité tous ceux qui viennent vers lui; il doit demander l'aumône et présenter des aliments à toutes les créatures, il doit se frotter lui-même avec les onguents que les forêts peuvent lui fournir et supporter, dans ses exercices de piété, le froid et la chaleur. Le sage qui se conforme exactement à ces règles et qui mène la vie d'un ermite, consume, comme dans un feu ardent, toutes ses imperfections et fait la conquête des demeures de l'éternité.

Le quatrième ordre des hommes est appelé celui des mendiants ; il est à propos, ô roi, que je t'en parle. Que l'homme, exempt de passion, renonçant à toute affection pour sa femme, ses enfants et ses biens, entre dans cet ordre. Qu'il oublie les trois objets de l'existence humaine (le plaisir, la fortune et la vertu) et que, indifférent à ses amis, il soit l'ami de tous les êtres vivants. Que, livré à la piété, il s'abstienne de faire, en parole, en pensée ou en action, le moindre mal à toute créature humaine ou animale, et qu'il n'ait de l'attachement pour aucune. Qu'il ne séjourne qu'une seule nuit dans un village et qu'il ne passe jamais plus de cinq nuits dans une ville ; qu'il se comporte de manière à se concilier l'amitié de ceux qui le voient et qu'il n'offense personne.

Que pour soutenir son existence, il demande l'aumône à la porte des maisons des trois premières castes lorsque les feux ont été éteints et lorsque les habitants ont mangé. Que le mendiant errant ne nomme aucun objet comme lui appartenant et qu'il supprime le désir, la colère, l'avarice, l'orgueil et la folie. Le sage qui ne donne à nul être vivant des causes d'alarme, ne doit jamais les redouter. Ayant déposé dans sa propre personne, le feu du sacrifice, le Brahmane entretient les flammes vitales avec le beurre qu'il recueille comme aumônes et qu'il dépose sur l'autel de sa bouche, et par le moyen de son feu spirituel, il se rend à sa propre demeure. Mais l'homme né deux fois qui cherche sa délivrance, et qui a la pureté du cœur, celui dont l'esprit a été rendu parfait par la recherche de soi-même, s'assure la possession de la sphère de Brahma, séjour de la paix et qui est comme une flamme brillante n'émettant pas de fumée.

CHAPITRE X.

Cérémonies à observer lors de la naissance d'un enfant et lorsqu'on lui donne un nom. Se marier ou mener une vie religieuse. Choix d'une femme.

Sugara s'adressa ensuite à Aurva et dit : « Tu m'as décrit, vénérable Brahmane, les devoirs des quatre ordres et des quatre castes. Je voudrais maintenant apprendre quelles sont les institutions religieuses que l'homme doit observer, qu'elles soient invariables, occasionnelles ou volontaires. Décris-les moi, car il n'est rien que tu ignores, ô chef de la race de Bhrigou. »

Aurva répondit : « Je vais te faire connaître, ô roi, ce que tu désires connaître; je t'expliquerai les cérémonies invariables ou occasionnelles que les hommes doivent accomplir; écoute-moi.

« Lorsqu'un enfant est né, que son père accomplisse les cérémonies prescrites. Qu'il nourrisse un couple de Brahmanes assis le visage tourné vers l'orient et qu'il offre, selon ses moyens, des sacrifices aux dieux. Qu'il offre aux mânes des boulettes de farine pétries avec du lait caillé, de l'orge et du fruit de jujubier.

« Le dixième jour après la naissance, que le père donne un nom au nouveau-né ; la première partie de ce nom sera le nom d'un dieu et la seconde le nom d'un homme, tel que Sarman ou Varman, le premier nom étant une désignation convenable pour un Brahmane, le second pour un Kshatriya (*un guerrier*), tandis que Gupta et Dara sont mieux appropriés à des noms de Vaisyas et de Soudras. Un nom ne doit pas être dépourvu de signification ; il ne doit être ni indécent, ni absurde, ni de mauvais augure, ni effrayant ; il doit être composé d'un nombre pair de syllabes ; il ne doit être ni trop long, ni trop court, ni trop plein de voyelles longues, mais il doit contenir une juste proportion de voyelles brèves et il doit être d'une articulation facile. Après avoir grandi, l'enfant purifié doit acquérir la science religieuse dans la maison de son guide spirituel selon la manière qui a été décrite.

« Lorsqu'il a fini ses études et donné à son précepteur le cadeau d'adieu, l'homme qui désire mener la vie de chef de maison doit se choisir une femme. S'il n'a pas l'intention de se marier, il doit demeurer auprès de son précepteur, en restant attaché à son service et à celui de ses descendants et en faisant un vœu à cet égard, ou bien il peut embrasser de suite la vie cénobitique ou entrer dans l'ordre des religieux mendiants, selon qu'il est porté par sa vocation.

« S'il se marie, il doit choisir une jeune fille qui ait le tiers de son âge ; il faut qu'elle n'ait ni trop peu ni trop de cheveux, qu'elle n'ait pas le teint jaune ou excessivement noir, et qu'elle ne soit point boiteuse ou contrefaite de naissance. Il ne doit pas épouser une jeune fille vicieuse ou maladive, ou de basse origine, ou ayant été mal élevée, parlant inconsidérément, ayant hérité de quelque maladie de son père ou de sa mère, ayant de la barbe ou un aspect masculin, ayant la voix trop fluette ou trop brusque ou croassant comme un corbeau ; elle ne doit pas tenir les yeux fermés ou avoir les yeux très-proéminents, avoir les jambes velues ou le cou de pied trop gros.

« Un homme sage n'épousera pas une jeune fille qui aura la peau rude, ou des ongles blancs, ou les yeux rouges, ou dont les pieds ou les mains seront très gros ; il n'épousera ni celle qui est une naine, ni celle qui est d'une très-haute taille, ni celle dont les sourcils se joignent, ni celle dont les dents sont très-séparées et ressemblent à des défenses d'éléphant. Il épousera avec les cérémonies prescrites par la loi une femme éloignée de lui de cinq degrés de parenté au moins du côté de sa mère et de sept du côté de son père.

« Les formes de mariage sont au nombre de huit : ce sont celles de Brahma, de Daiva, des Arshas, des Prajapatyas, des Asuras, des Gandharbas, des Rakshasas et des Paisachas ; cette dernière est la pire de toutes ; mais la caste à laquelle des sages inspirés ont enjoint telle ou telle forme doit s'y conformer. Celui qui épouse une femme que rattache à lui la similitude des obligations civiles et religieuses, et qui, d'accord avec elle, s'acquitte des devoirs de sa profession, retire de cette union de grands bienfaits. »

CHAPITRE XI.

Des Sadacharas ou obligations perpétuelles d'un propriétaire de maison. Purifications journalières, ablutions, libations et offrandes ; hospitalité ; rites funéraires ; cérémonies à observer lors des repas et lors du coucher ; culte du matin et du soir.

Sagara dit derechef à Aurva : « Explique-moi, ô sage, quelles sont les règles que doit observer le maître d'une maison et dont l'accomplissement fait qu'il ne sera jamais rejeté ni dans ce monde ni dans l'autre. »

Aurva répondit : « Ecoute, prince, l'énumération de ces règles dont l'observation doit être perpétuelle et auxquelles les deux mondes sont soumis. Ceux qui sont appelés Sadhous (*saints*) sont ceux qui sont exempts de tout défaut ; les pratiques ou règles (*acharas*) qu'ils observent s'appelèrent Sadacharas, c'est-à-dire les institutions ou les pratiques des hommes pieux. Les sept rishis, les Manous, les patriarches, sont ceux qui ont prescrit ces règles et qui les ont observées. Que le sage s'éveille au troisième mouhourtta (*deux heures environ avant le lever du soleil*) et que, d'un esprit calme, il médite sur deux des objets de la vie (*la vertu et la fortune*). Il doit, après s'être levé, offrir ses adorations au soleil, et ensuite du côté du sud-est, à la distance d'une portée de flèche tout au moins du village, expulser de son corps les impuretés de la nature. Il doit jeter dans la cour de la maison l'eau où il a lavé ses pieds. Le sage ne répandra jamais son urine sur son ombre, ni sur celle d'un arbre, ni contre le soleil, ni sur le feu, ni contre le vent ; il ne déposera jamais d'excréments sur un champ labouré, ni sur un pâturage, ni sur un grand chemin, ni dans une rivière, ni sur le bord d'un ruisseau, ni dans tout endroit sacré. Pendant le jour, il satisfera ces besoins avec le visage tourné vers le nord et la nuit avec le visage tourné vers le sud; il le fera avec rapidité et en silence, couvrant sa tête d'une pièce d'étoffe et recouvrant la terre avec de l'herbe. Qu'il ne prenne pas dans un but de propreté de la terre provenant d'une fourmilière ou d'un trou de rat, ni de la terre ayant été retournée par la charrue ou ayant déjà servi à couvrir les murs d'une chaumière.

« Il faut ensuite se rincer la bouche avec de l'eau pure qui ne soit ni fétide, ni mêlée d'écume. Il faut alors se laver deux fois le visage, en touchant avec l'eau les oreilles, les yeux, le nez, le front, le nombril et la poitrine. On doit ensuite nettoyer et parfumer ses cheveux, et s'orner devant une glace, en employant des onguents, des parfums et des guirlandes. L'homme doit alors s'occuper de se procurer, selon l'usage de sa caste, des moyens d'existence, et il doit, ému d'une foi vive, adorer les dieux. Des sacrifices faits avec le jus acide, avec le beurre clarifié et les offrandes de nourriture sont le résultat de la richesse ; il convient donc de travailler à acquérir la fortune pour la consacrer à ces pieux emplois.

« Avant tout acte religieux, le propriétaire d'une maison doit se baigner dans les eaux d'une rivière, dans un étang, dans un cours d'eau naturelle ou dans un torrent venant d'une montagne ; il peut aussi, si ces moyens lui manquent, se baigner dans de l'eau tirée d'un puits ou provenant d'une rivière ou de quelque source. Après s'être baigné et s'être revêtu d'habillements propres, qu'il offre dévotement des libations aux dieux et aux ancêtres. Il doit répandre de l'eau trois fois pour satisfaire les dieux, autant de fois en l'honneur des rishis, trois fois aussi pour invoquer les ancêtres, et une fois pour que Prajapati lui soit favorable. Il peut alors, avec la partie de la main consacrée aux mânes, offrir de l'eau à son aïeul et à son bisaïeul paternel, à son bisaïeul, à son aïeul maternel, et s'il le veut, à sa mère, à son aïeule et à sa bisaïeule, à la femme de son maître, à son maître, à son oncle maternel et à d'autres parents, à un ami et au roi.

« Après ces libations, il faut réciter à voix basse cette prière : « Puissent les dieux, les démons, les « Yakshas, les serpents, les Rakshasas, les Gandhar-« bas, les Pisachas, les Gouhyakas, les Siddhas, les « Koushmandas, les arbres, les oiseaux et les pois-« sons et tous les êtres qui peuplent les eaux, la terre « ou l'air, m'être favorables en raison de l'eau que je « leur ai présentée. Je donne cette eau pour le soula-« gement des peines de tous ceux qui souffrent dans « les royaumes de l'enfer. Que tous ceux qui sont « mes parents, et tous ceux qui ne sont pas mes pa-« rents, et tous ceux qui furent mes parents dans une « vie antérieure, et tous ceux qui attendent de moi « des libations, reçoivent de la satisfaction par suite « de l'eau que je leur offre. Puissent l'eau et le sé-« same dont je fais l'offrande, soulager la soif et la « faim de tous ceux, quels qu'ils soient, qui endurent « de semblables souffrances. » En présentant de l'eau de la manière que je t'explique, ô roi, on donne de la satisfaction au monde entier, et l'homme exempt de péché, qui, dans la sincérité de sa foi, verse ces libations volontaires, obtient le mérite qui découle d'avoir distribué des aliments à toutes les créatures.

« Après avoir lavé sa bouche, le chef de famille doit offrir de l'eau au soleil, en touchant son front de ses deux mains jointes et en disant : « Salut à « Vivaswat, le radieux, la gloire de Vishnou, le pur « illuminateur du monde. » Il doit ensuite accomplir l'adoration de la maison en présentant à sa déité tutélaire de l'eau, des fleurs et de l'encens. Il faut alors qu'il offre à Brahma des offrandes qu'il livrera au feu. Après avoir invoqué Prajapati, il répandra des libations en l'honneur des dieux qui veillent sur son ménage, et en l'honneur de Kasyapa et d'Anoumati. Qu'il offre à la Terre le reste de ses libations et qu'il répande de l'eau aux portes de sa maison en l'honneur de Dhatri et de Vidhatri et au milieu de sa demeure en l'honneur de Brahma. Que le sage fasse aussi des offrandes à Indra, à Yama, à Varouna et à Soma, aux quatre coins de sa maison, en commençant par l'est, et qu'au nord-est il en fasse à Dhanwantari.

« Après avoir adoré les divinités domestiques, le sage offrira aux Viswadevas une part de l'eau qui lui restera ; il fera du côté du nord-ouest une libation en l'honneur de Vayou (le vent) et dans la direction de tous les points de l'horizon, il en fera une autre en l'honneur de Brahma, du soleil, de tous les dieux et des seigneurs des êtres. Prenant ensuite du riz, il le jettera sur un espace de terrain qui aura été nettoyé, faisant ainsi une offrande à tous les êtres et l'âme recueillie, il répétera cette prière : « Que les dieux, les hommes, les animaux, les « oiseaux, les saints, les Yakshas, les serpents, les « démons, les fantômes, les arbres, partagent tous « la nourriture que je leur distribue ; que les vers, « les fourmis, les chenilles et les autres insectes affa-« més et retenus dans les liens qui sont la suite des « actes (d'une existence antérieure) retirent tous de « la satisfaction de la nourriture que je leur donne. « Puissent tous ceux qui n'ont ni père, ni mère, ni « aliments, ni moyens de s'en procurer, être contents « de la nourriture que je leur offre pour apaiser leurs « besoins. Comme tous les êtres, ces aliments, moi et « Vishnou, ne sont point différents, je donne, pour les « soutenir, ces aliments qui ne font qu'un avec le corps « de toutes les créatures. Puissent tous les êtres qui « sont compris dans les quatorze classes des créatures « existantes, être satisfaits de la nourriture que « j'offre pour les contenter. »

« Après avoir prononcé cette prière, le fidèle croyant jettera la nourriture sur la terre afin de servir à l'alimentation de tous les êtres, car il doit être le bienfaiteur de tous. Qu'il répande de la nourriture sur le sol afin de servir aux chiens, aux oiseaux, aux proscrits et à toutes les personnes tombées et dégradées.

« Le maître de maison doit demeurer dans la cour de sa demeure pendant l'espace de temps nécessaire pour traire une vache ou plus longtemps, s'il le veut, afin d'attendre l'arrivée d'un hôte. S'il s'en présente un, il faut le recevoir de la façon la plus courtoise ; un siége doit lui être offert ; il faut laver ses pieds, lui donner libéralement de la nourriture et lui parler avec bonté et politesse, et lorsqu'il part, il faut lui adresser des souhaits pour son heureux voyage. Tout étranger venant d'un pays éloigné et dont le nom est inconnu, ainsi que la famille, doit être accueilli avec empressement. Celui qui se nourrit lui-même et qui néglige les pauvres et les étrangers sans amis et sans ressources, va dans l'enfer. Que le sage qui connaît Brahma reçoive avec égard l'hôte qui lui arrive, sans lui demander quelle est sa race, à quelle école il appartient ni quelles études il a faites.

Le maître de maison doit aussi offrir à un Brahmane instruit dans les Védas quatre poignées d'aliment, mises à part en poussant l'exclamation Hanta ; il doit donner à un étudiant mendiant trois poignées de riz ou davantage s'il en a les moyens. Celui qui donne l'hospitalité aux Brahmanes, aux étudiants et aux mendiants s'acquitte de la dette qu'on doit à ses semblables. L'hôte qui se retire d'une maison avec de justes sujets de mécontentement et qui se rend ailleurs, transfère ses propres péchés au propriétaire qui l'a mal accueilli et lui ôte tous les mérites qu'il pourrait avoir. Brahma, Prajapati, Indra, le feu, les Vasous et le soleil sont présents en la personne d'un hôte et partagent la nourriture qui lui est donnée. Que le sage soit donc assidu à s'acquitter des devoirs de l'hospitalité, car celui qui prend ses aliments sans les partager avec un hôte se nourrit de l'iniquité.

« Le propriétaire d'une maison doit ensuite distribuer des aliments à une femme mariée demeurant dans la maison de son père, aux malades, aux femmes enceintes, aux vieillards et aux enfants ; il peut ensuite manger lui-même. Celui qui mange avant que les personnes que je viens de nommer n'aient reçu les aliments qui leur sont nécessaires, se rend coupable d'une grande faute en cette vie, et après sa mort, il est jeté dans l'enfer où il est nourri d'humeurs impures. Celui qui mange sans avoir accompli ses oblations est nourri d'ordures dans l'enfer, et celui qui ne récite pas ses prières, est nourri de boue et de sang ; celui qui mange des aliments non consacrés est abreuvé d'urine, et celui qui mange, lorsque les enfants et les autres sont à jeun, est étouffé dans l'ordure.

« Ecoute, ô roi des rois comment un chef de famille doit prendre ses repas, de manière à ne commettre aucun péché, à s'assurer une santé inviolable et une vigueur nouvelle et à écarter tous les maux et les machinations hostiles.

« Après s'être baigné, avoir offert des libations aux dieux et aux mânes et après avoir orné ses mains avec des bijoux, qu'il s'occupe de prendre ses repas, après avoir récité les prières préliminaires, après avoir fait les offrandes et avoir donné de la nourriture aux hôtes, aux Brahmanes, à ses vieux parents et à sa famille. Il ne doit point manger n'ayant sur lui qu'un seul vêtement, ou ayant les mains et les pieds humides, mais il doit être couvert d'habillements propres, s'être parfumé et porter des guirlandes de fleurs ; il ne doit point en mangeant avoir le visage tourné vers quelque point intermédiaire de l'horizon, mais il doit regarder en face le nord ou l'est, et alors, avec un air souriant, heureux et attentif, qu'il prenne une nourriture saine, de bonne qualité, apprêtée avec de l'eau pure, qui n'aura point été fournie par une personne vile ni obtenue par des moyens illégaux.

« Après avoir donné une portion à ses compagnons affamés, qu'il prenne sa nourriture en se servant d'un vase fort propre et qui ne soit point placé sur un banc peu élevé ou sur un lit Il ne faut pas manger dans un endroit peu convenable ou dans une attitude incommode. On ne doit jamais manger des substances dont les jus auront été exprimés. Il ne faut pas non plus manger de façon à ne rien laisser. Le sage goûte d'abord ce qui est doux ; au milieu de son repas, il peut employer des choses salées ou acides, et finir avec ce qui est amer et piquant. Celui qui commence et finit son repas avec des substances fluides, plaçant au milieu les substances solides, sera toujours robuste et bien portant. Qu'il se nourrisse en silence, et en étant satisfait de ce qu'il mange. Après avoir mangé suffisamment, qu'il se rince la bouche en ayant le visage tourné vers le nord ou vers l'est, et, après avoir bu une gorgée d'eau, qu'il se lave les mains à partir du poignet. Il doit alors, l'esprit tranquille et satisfait, prendre un siége et rappeler à son souvenir sa déité tutélaire en récitant la prière suivante :

« Que le feu, excité par l'air, convertisse cette nourriture dans les éléments terrestres de mon corps ; puisse-t-elle contribuer à la vigueur de la terre, de l'eau, du feu et de l'air contenus dans mon corps et me procurer une satisfaction entière. Qu'Agni, qu'Ayasti et que le feu sous-marin effectuent la digestion des aliments que j'ai pris, et puisse une santé parfaite animer constamment mon corps. Puisse Vishnou, le premier principe de toutes choses investi d'un corps, me devenir propice par suite de ma foi en lui et diriger l'effet salutaire de la nourriture que j'ai prise, car Vishnou est véritablement celui qui mange et ce qui est mangé, et que, par ma croyance en lui, ce que j'ai mangé me soit salutaire.

« Après avoir récité cette prière, le chef de famille doit se frotter l'estomac avec la main, et il peut ensuite, sans se livrer à l'indolence, se livrer aux amusements qui sont autorisés par les écrits saints et qui ne sont pas incompatibles avec les pratiques de l'homme juste. A l'approche de la nuit, il doit s'adonner à de pieuses méditations et accomplir les rites prescrits avant que le soleil ne soit couché ; le matin, il doit s'y livrer avant que les étoiles n'aient disparu. Le matin et le soir, les rites ne doivent jamais être négligés, excepté à des périodes d'impureté, d'anxiété, de maladie ou d'alarme. Celui qui laisse le soleil se lever avant lui ou qui dort quand le soleil se couche, à moins que ce ne soit pour un motif de maladie ou pour une autre cause légitime, commet une faute qui doit être expiée. Ceux qui ne s'acquittent point des rites du matin et du soir vont, après leur mort, dans l'enfer des ténèbres.

« Le soir, après avoir préparé les aliments, que la femme du chef de famille en donne, sans réciter de prières, aux esprits immondes. Que le chef reçoive le soir, selon ses moyens, l'étranger qui se présentera, lui donnant des aliments, un siège et un lit. Le péché de repousser l'hôte qui arrive après le coucher du soleil, est huit fois plus grand que le péché de même genre commis pendant le jour. Le bon accueil fait à l'étranger qui arrive le soir est agréable à tous les dieux. Il faut donc donner à l'étranger, selon les ressources dont on dispose, des aliments, des légumes, de l'eau, un lit, une natte, ou, si l'on ne peut mieux faire, un coin sur lequel l'hôte pourra dormir.

« Après avoir mangé son repas du soir et s'être lavé les pieds, le maître de maison doit aller se coucher. Son lit doit être entier et fait de bois ; il ne faut pas qu'il soit cassé, sale ou infecté d'insectes ; il faut dormir la tête tournée vers l'est ou le sud, tout autre position est malsaine. Il y a des jours où les parfums, les viandes et le commerce conjugal sont interdits, tels que le huitième et le quatorzième jour de la lune, ceux de la pleine ou de la nouvelle lune, et lorsque le soleil entre dans un signe nouveau. Alors le sage doit réprimer ses désirs et se livrer à l'adoration des dieux, en se consacrant à la méditation et à la prière ; celui qui se conduit différemment tombera dans l'enfer où il sera nourri d'ordure. Que nul homme ne stimule ses désirs par des drogues et qu'il ne les satisfasse pas en public ou dans des endroits sacrés. Qu'il ne convoite pas la femme de son voisin et qu'il songe encore moins à la séduire, car il reviendrait à la vie sous la forme d'un insecte rampant. L'adultère est puni en ce monde et en l'autre, car ici sa vie est tranchée et il tombe ensuite dans l'enfer. »

CHAPITRE DOUZIÈME.
Obligations diverses, morales ou relatives aux purifications et aux cérémonies.

Aurva continua : Qu'un homme honorable, propriétaire d'une maison, respecte toujours les dieux, les Brahmanes, les saints, les vieillards et ceux qui enseignent la religion. Qu'il observe les cérémonies de chaque jour et qu'il fasse des offrandes au feu. Qu'il ne porte point de vêtements déchirés, qu'il fasse usage d'herbes délicates et de fleurs, qu'il porte des émeraudes et autres pierres précieuses, qu'il tienne ses cheveux unis et doux, qu'il parfume son corps et qu'il aille toujours élégamment habillé et avec des guirlandes de fleurs blanches. Qu'il ne s'approprie jamais ce qui appartient à un autre, et qu'il n'emploie jamais la moindre expression désobligeante. Qu'il s'exprime toujours selon la vérité et avec bonté, et qu'il ne fasse jamais connaître les fautes d'un autre. Qu'il ne désire point la propriété d'un autre. Qu'il ne monte pas sur une voiture en mauvais état, et qu'il ne cherche pas un abri sous l'escarpement d'une rivière (de peur d'être écrasé). Le sage ne se liera pas avec un homme qui n'est pas estimé, et il ne marchera pas sur le même chemin ; il évitera également un menteur ou un ivrogne, ou un homme qui a beaucoup d'ennemis, ou celui qui est infecté de vermine ; il fuira les femmes de mauvaise vie et leurs amants, les prodigues, les calomniateurs et les fripons. Il ne se baignera pas contre le courant d'une eau rapide ; il n'entrera pas dans une maison où a éclaté un incendie ; il ne montera pas sur un arbre ; il ne nettoiera pas ses dents en compagnie ; il ne baillera pas sans se couvrir la bouche ; il ne toussera pas ou ne rira point avec fracas ; il ne mordra pas ses ongles ; il ne mettra point sa barbe dans sa bouche ; il ne regardera point les astres, lorsqu'il est dans un état d'impureté. Qu'il ne manifeste point de dégoût à l'aspect d'un cadavre, car l'odeur d'un corps mort est l'effet de la lune.

L'homme de bonne conduite doit toujours éviter pendant la nuit l'endroit où quatre routes se croisent, l'arbre du village, le bois attenant à l'endroit où les corps sont brûlés, et une femme sans mœurs. Il ne passera pas sur l'ombre d'une personne respectable, de l'image d'une divinité ou d'un corps céleste. Qu'il ne voyage pas seul dans une forêt, et qu'il ne dorme pas seul dans une maison déserte. Qu'il repousse loin de lui les os, les épines, les ordures, les cendres, les restes des offrandes, la terre imprégnée de l'eau dans laquelle un autre s'est baigné. Qu'il ne soit pas l'objet de la protection des méchants, et qu'il ne s'attache point à des gens sans humilité. Qu'il ne reste pas au lit lorsqu'il est réveillé et qu'il ne s'expose pas à la fatigue, lorsqu'il est temps de prendre du repos. L'homme prudent se tiendra toujours à une grande distance des animaux munis de défenses et de cornes ; il évitera de s'exposer au froid, au vent et au soleil. Il ne doit ni se baigner, ni dormir, ni laver sa bouche, lorsqu'il est nu ; il ne doit ni faire des offrandes au feu, ni faire des sacrifices aux dieux, ni laver sa bouche, ni saluer un Brahmane, ni réciter une prière, lorsqu'il n'a sur son corps qu'un seul vêtement. Il ne fera jamais sa société de personnes dont la conduite est immorale ; il ne s'engagera jamais dans une querelle avec ses inférieurs ou ses supérieurs ; la controverse et le mensonge ne doivent avoir lieu.

Il ne faut pas, lorsqu'un homme s'est baigné, qu'il essuie ses membres avec une serviette, ni avec ses mains, ni qu'il agite ses cheveux, ni qu'il se rince la bouche avant de s'être lavé. Il ne doit pas, lorsqu'il est assis, étendre un pied devant l'autre, ni étendre ses jambes en présence d'un supérieur, mais il doit se tenir modestement assis dans la posture appelée Virasana (*sur ses genoux*). Il ne faut ni cracher ni rejeter quelque impureté en face de la lune, du feu, du soleil, de l'eau, du vent ou de quelque personne respectable ; il ne faut point répandre de l'urine debout ni sur une grande route ; il ne faut jamais marcher sur des ordures, de l'urine ou du sang ; et il est interdit de cracher lorsqu'on mange, lorsqu'on offre un sacrifice, lorsqu'on prie ou lorsqu'on se trouve en présence de personnes respectables.

Que nul homme ne traite les femmes d'une façon irrespectueuse, et qu'il ne mette point en elles une foi entière. Qu'il n'agisse pas avec elles avec impatience, et qu'il ne leur confie point des affaires importantes. Celui qui est attentif à remplir les devoirs de sa position ne sortira point de sa maison sans saluer les fleurs, les pierres précieuses, le beurre clarifié et les personnes respectables qui peuvent s'y trouver. Il saluera avec respect, à des époques convenables, les endroits où quatre routes se rencontrent lorsqu'il sera occupé à présenter des offrandes avec le feu. Qu'il assiste libéralement les hommes vertueux tombés dans la pauvreté et qu'il respecte ceux qui sont instruits dans les Védas. Celui qui adore les dieux et les sages, qui donne de l'eau et des gâteaux aux mânes et qui exerce l'hospitalité, obtient, après sa mort, les places les plus élevées. Celui qui parle avec sagesse, modération et bonté, va en ces mondes qui sont la source inépuisable du bonheur. Celui qui est intelligent, modeste, pieux, et qui respecte la sagesse, les vieillards et ses supérieurs, va au ciel.

Les jours appelés Parvas, aux périodes d'impureté, lorsque le tonnerre gronde hors de saison et quand il survient des éclipses ou des phénomènes atmosphériques, le sage doit cesser d'étudier les Védas. L'homme pieux qui supprime la colère et l'envie, qui est bienveillant pour tous et qui dissipe les craintes des autres, s'assure, comme la moindre de ses récompenses, le bonheur dans le Swarga. Un homme doit porter un parasol pour se défendre contre le soleil et la pluie ; il doit être muni d'un bâton lorsqu'il chemine la nuit ou qu'il traverse un bois, et il ne doit pas avoir les pieds nus, s'il veut préserver son corps de quelque maladie. En marchant, il ne doit pas regarder en l'air ni autour de lui, ni au loin, mais il doit tenir les yeux fixés devant lui à la distance de quelques pas.

Celui qui évite toutes les sources d'imperfection reste sans péché parmi les pécheurs ; il parle avec amitié de tous les hommes ; son âme entière est pleine de bienveillance : la félicité finale est son partage. La terre est soutenue par la véracité de ceux qui ont subjugué leurs passions et qui, observant la justice, ne sont jamais souillés par le désir, l'avarice ou la colère. Que le sage dise toujours la vérité lorsqu'elle peut être agréable, et qu'il se taise lorsqu'elle causerait de la peine. Qu'il ne dise pas ce qui causerait du dommage ; il vaudrait mieux dire des choses qui offenseraient, mais qui auraient un effet salutaire. L'homme prudent cultivera toujours, dans ses actions, ses paroles et ses pensées, ce qui est profitable pour les êtres humains en ce monde et en l'autre.

CHAPITRE XII.

Des Sraddhas ou rites en l'honneur des ancêtres (273) qu'il faut célébrer aux occasions où l'on se livre à la réjouissance. Cérémonies funèbres. Cérémonies mensuelles et annuelles. Qui est-ce qui doit les célébrer ?

Aurva continua : Quand un enfant est né, son père doit se baigner sans se dépouiller de ses vêtements et il doit célébrer la cérémonie prescrite en pareille circonstance, c'est-à-dire le Sraddha offert dans les occasions heureuses. Le Brahmane, ayant l'esprit calme et libre de toute autre préoccupation, doit faire des offrandes aux dieux et aux ancêtres, et il doit respectueusement faire le tour de sa maison ayant des Brahmanes à sa gauche ; il leur distribuera ensuite des aliments. Se tenant debout, le visage tourné du côté de l'est, il présentera des boulettes de substance alimentaire pétries avec du lait

---

(273) Les offrandes des Hindoux aux Pitris participent du caractère de celles que les Romains faisaient aux Lares et aux mânes, mais elles occupent une plus large part dans le culte. Les lois de Manou disent qu'elles ont plus d'importance que l'adoration des dieux eux-mêmes; cette pensée est reproduite dans le Vayou-Pourana, dans le Matsya et dans le Harivansa. Quant aux diverses espèces de ces cérémonies et quant aux substances qu'il convient d'offrir, nous renverrons aux notes de M. Wilson, p. 311 et suiv.

caillé, du grain non broyé et du jujube, et il doit, à chaque événement heureux, célébrer la cérémonie par laquelle on implore les ancêtres appelés Nandimoukha. Le chef d'un ménage doit adorer avec ferveur les Pitris lors du mariage d'un fils ou d'une fille, lorsqu'il entre dans une nouvelle demeure, qu'il donne un nom à un enfant, lorsqu'il coupe ses cheveux ou accomplit quelque autre cérémonie purificatoire, et lorsque durant la grossesse, les cheveux de sa femme sont attachés.

Écoute maintenant, ô roi, ce qui concerne les cérémonies funèbres.

Après avoir lavé le corps avec de l'eau sainte, l'avoir orné de guirlandes et l'avoir brûlé en dehors du village, les parents, s'étant baignés sans ôter leurs vêtements, doivent se tenir debout le visage tourné vers le sud et offrir des libations au défunt, l'appelant par son nom et ajoutant : « en quelque lieu que tu puisses être. » Ils retournent ensuite au village avec les troupeaux qui reviennent du pâturage, et quand les étoiles se montrent, ils se retirent pour se reposer, dormant sur des nattes étendues par terre. Chaque jour (tant que le deuil dure) un gâteau ou une boule de substances alimentaires doit être placée sur le sol comme une offrande faite au mort, et il faut se nourrir de riz, à l'exclusion de la viande. Les Brahmanes doivent être nourris aussi longtemps que la famille et les amis du défunt le désirent, car l'âme du mort reçoit du contentement en proportion de la satisfaction qu'éprouvent ses amis. Le premier jour, ou le troisième, ou le septième, ou le neuvième après la mort, les parents du défunt doivent changer de vêtements, se baigner hors de leur demeure et offrir une libation d'eau mêlée de graines de sésame. Le quatrième jour, les cendres et les ossements doivent être rassemblés, et alors on peut toucher, sans devenir impur, le corps d'une personne alliée au défunt, et ayant présenté des offrandes. Les parents peuvent alors coucher dans des lits, mais ils doivent s'abstenir d'onguents et de fleurs, et observer la continence, après que les cendres et les os ont été rassemblés (jusqu'à ce que le matin soit passé).

Lorsque le défunt est un enfant, lorsqu'il est mort en un pays éloigné, lorsqu'il a été dégradé ou lorsqu'il a été le précepteur spirituel, la période d'impureté est courte, et les cérémonies avec l'eau et le feu ne sont pas obligatoires.

Un étranger ne peut prendre part pendant dix jours aux repas de la famille du défunt, et pendant cette période, il est interdit de faire ou de recevoir des dons, de sacrifier et d'étudier les livres saints. La durée de la période d'impureté est de dix jours pour un Brahmane, douze pour un Kshatriya, la moitié d'un mois pour un Vaisya, un mois et tiers pour un Soudra. Le jour qui suit la cessation de la période d'impureté, le plus proche parent du mort peut nourrir autant de Brahmanes qu'il le désire, mais leur nombre doit être impair, et il doit offrir au mort une boule de riz, placée sur de l'herbe sainte auprès de ce qui reste des aliments qui auront été distribués. Après que les hôtes ont été nourris, le parent du mort doit, selon sa caste, toucher de l'eau, une arme, un aiguillon ou un bâton ; il est purifié par ce contact. Il peut ensuite reprendre les devoirs prescrits à sa caste et suivre ses occupations habituelles.

La cérémonie funèbre doit se répéter le jour de la mort, une fois par mois durant une année, mais sans les prières et les cérémonies prescrites à la première occasion. Une seule boule de substance alimentaire doit être offerte au défunt, et les Brahmanes doivent recevoir des vivres. Le sacrificateur doit demander aux Brahmanes s'ils sont satisfaits, et sur leur réponse affirmative, il faut réciter la prière : Puisse un tel (*en nommant le défunt*) être aussi satisfait.

La cérémonie à accomplir chaque mois s'appelle Ekoddishta ; à la fin de l'année, on célèbre celle appelée Sapindana. Elle ressemble à celle de chaque mois, mais il faut accomplir une lustration avec quatre vases pleins d'eau, des parfums et du sésame. Un de ces vases est regardé comme consacré au défunt, les trois autres aux ancêtres en général. Le contenu du premier vase est versé dans les autres ; par là le défunt est compris dans la classe des ancêtres. Les personnes aptes à s'acquitter de ces cérémonies sont le fils du mort, le petit-fils, l'arrière petit-fils, les descendants d'un frère ou ceux d'une personne alliée par des offrandes funèbres. En l'absence de toutes ces personnes, la cérémonie peut être accomplie par des personnes alliées aux ancêtres maternels. Si les deux familles sont éteintes dans la race mâle, les derniers devoirs peuvent être rendus par des femmes, ou par les compagnons du défunt dans des institutions religieuses ou sociales ou par celui qui héritera des biens du défunt.

CHAPITRE XIII.

Autres cérémonies funéraires ; quand est-ce qu'elles ont le plus d'efficacité et en quels endroits faut-il les célébrer.

Aurva continua : Que celui qui accomplit avec piété les offrandes aux ancêtres invoque Brahma, Indra, Roudra, les Aswins, le soleil, le feu, les Vasous, les vents, les Viswadevas, les sages, les oiseaux, les hommes, les animaux, les reptiles, les ancêtres et toutes les choses qui existent en leur offrant ses adorations, chaque mois, le quinzième jour du déclin de la lune, et le huitième jour de la même période en certains mois.

Lorsqu'un chef de famille reconnaît qu'une circonstance importante s'est produite ou lorsqu'un hôte de distinction est arrivé, et que les cérémonies en l'honneur des ancêtres sont convenables, il doit les célébrer. Il doit offrir un sacrifice volontaire lorsqu'il arrive quelque phénomène atmosphérique, aux périodes de l'équinoxe et du solstice, aux éclipses du soleil et de la lune, à l'entrée du soleil dans un des signes du zodiaque, lorsqu'il a fait des songes malheureux ou lorsqu'il commence à manger le grain de la récolte de l'année. Les Pitris retirent de la satisfaction pendant huit années des offrandes faites aux mânes le jour de la nouvelle lune lorsque l'étoile de la conjonction est Anouradha, Visakha ou Swati; cette satisfaction dure douze ans lorsque cette étoile est Poushia, Ardra ou Pounarvasou. Il n'est pas facile d'atteindre le but d'honorer les Pitris ou les dieux lorsque, le jour de la nouvelle lune, les étoiles sont Dhanishtha, Pourvabhadrapada ou Satabhisha.

Écoute aussi ce qui regarde une autre classe de cérémonies qui causent une grande satisfaction aux ancêtres, ainsi que Sanatkoumara, le fils de Brahma, l'expliqua au magnanime Pourouravas, lorsque, plein de foi et de dévotion pour les Pitris, il s'informait comment il pouvait leur plaire.

Le troisième jour lunaire du mois vaisakha (*avril-mai*) et le neuvième de kartika (*octobre-novembre*), dans la quinzaine de clarté; le treizième jour de nabha (*juillet-août*), et le quinzième de magha (*janvier-février*) dans la période de ténèbres, sont appelés, d'après les anciens sages, les anniversaires du premier jour d'un youga (*d'un âge*), et ils sont regardés comme spécialement sacrés. Ce jour là, de l'eau mêlée à des graines de sésame doit être offerte aux ancêtres de la race humaine, ainsi qu'à chaque éclipse de soleil ou de lune, aux deux jours qui commencent les solstices, lorsque les jours et les nuits commencent alternativement à diminuer, lorsque le soleil est dans le signe de la chèvre, et chaque fois qu'il se produit quelque phénomène météorique. Un sacrifice offert en ces circonstances satisfait les Pitris pour une période de mille ans; tel est le secret qu'ils ont révélé. De l'eau et des aliments présentés par des hommes appartenant à des familles respectables lorsque la constellation Dhanishtha se combine avec le jour de la nouvelle lune, contente les Pitris pour dix mille ans, tandis qu'ils goûtent du repos pendant un âge entier lorsqu'ils sont satisfaits des offrandes faites le jour de la nouvelle lune quand Ardra est la résidence de la lune.

Celui qui, après avoir offert des aliments et des libations aux Pitris, se baigne dans le Gange, le Satlaj, le Vipasa, le Saraswati, ou dans le Gomati, à Naimisha, expie tous ses péchés. Les Pitris disent aussi : Après avoir reçu de la satisfaction pendant un an, nous en recevrons encore des libations qu'offriront nos descendants à la fin de la quinzaine obscure de Magha, en quelques endroits consacrés aux pèlerinages. Les chants des Pitris respirent la pureté de cœur, l'opulence des saisons heureuses, et une foi fervente, tout ce que l'homme peut désirer. Ecoute les vers qui forment ces chants; en les entendant, tu t'assureras, ô prince, tous ces avantages. « L'homme éclairé qui n'enferme point ses richesses, mais qui nous présente des gâteaux, naîtra dans une famille distinguée. La prospérité et l'opulence seront le partage constant de l'homme qui, pour nous honorer, distribuera aux Brahmanes, s'il est riche, des bijoux, des vêtements, des terres et des présents d'un grand prix ; ou qui, selon ses moyens, leur donnera des aliments, avec foi et humilité. S'il ne peut donner des aliments tout préparés, qu'il offre du grain, ou tout autre don, quelque modique qu'il soit. S'il est même hors d'état de le faire, qu'il présente à un Brahmane, en s'inclinant devant lui, des graines de sésame adhérentes au bout de ses doigts, ou qu'il ramasse de l'herbe et qu'il la donne à une vache ; il nous plaira en agissant ainsi. Enfin, s'il est hors d'état de rien faire de semblable, qu'il aille dans une forêt, et qu'élevant les bras vers le soleil ou vers quelque astre, il dise. « Je n'ai ni argent, ni grain, ni quoi que ce soit pour faire une offrande. Je m'incline devant mes ancêtres, et j'espère qu'ils verront avec plaisir ces bras levés dévotement en l'air. » Ce sont les paroles des Pitris eux-mêmes, et celui qui s'efforce selon les moyens dont il dispose d'accomplir leurs vœux, célèbre le rite appelé Sraddha.

CHAPITRE XIV.

Quels sont les Brahmanes qu'il faut recevoir aux cérémonies des Sraddas. Diverses prières à réciter, Offrandes de nourriture à présenter aux ancêtres décédés.

Aurva continua : Apprends ensuite, ô prince, quels sont les Brahmanes auxquels il convient de distribuer des aliments aux cérémonies funéraires. Ils doivent être versés dans la connaissance des Védas, connaître les six sciences supplémentaires, pratiquer les devoirs prescrits par les Védas, se livrer à la pénitence, savoir réciter les hymnes du Sama-Véda.

Un ami perfide, un homme ayant les ongles sales ou les dents noires, un Brahmane qui néglige l'étude sacrée et le service du feu, celui qui vend l'herbe Soma, un homme accusé d'un crime quelconque, un voleur, un calomniateur, un Brahmane qui accomplit des cérémonies religieuses pour le vulgaire; celui qui enseigne à ses serviteurs l'écriture sainte ou qui l'apprend d'eux, le mari d'une femme qui a jadis été fiancée à un autre, un homme qui se conduit mal envers ses parents, le protecteur du mari d'une femme d'une caste servile ou le mari d'une femme semblable, ne sont pas gens qu'il convienne d'inviter à la cérémonie des offrandes aux ancêtres. Qu'un homme judicieux invite le premier jour d'éminents professeurs des Védas et d'autres Brahmanes, et que, selon leurs conseils, il fixe ce qu'il faut offrir aux dieux et ce qu'il faut présenter aux Pitris.

Que celui qui institue une cérémonie funèbre, s'associant aux Brahmanes, s'abstienne de la colère et de l'incontinence. Celui qui, après avoir mangé dans un Sraddha, avoir nourri des Brahmanes et les avoir chargés de leurs pieux devoirs, se livre à l'incontinence, condamne par là ses ancêtres à de honteuses souffrances.

Il faut d'abord inviter les Brahmanes, mais les hommes saints qui viennent sans invitation, doivent aussi être reçus. Il faut accueillir les hôtes avec de grands égards, et leur donner de l'eau pour se laver les pieds, et celui qui les reçoit, tenant en la main de l'herbe sainte, doit les faire asseoir après qu'ils se sont rincé la bouche. Il faut inviter aux sacrifices offerts aux mânes un nombre impair de Brahmanes; le nombre peut être pair ou impair lorsqu'il s'agit des sacrifices offerts aux dieux.

Ensuite, que le chef de famille, inspiré par la foi religieuse, fasse des offrandes au grand-père maternel, ou qu'il accomplisse la cérémonie appelée Vaiswadeva, qui comprend les offrandes à tous les ancêtres en général. Qu'il nourrisse les Brahmanes célébrant les rites consacrés aux ancêtres du côté maternel et aux dieux, et qui auront le visage tourné vers le nord; ceux qui seront occupés des cérémonies concernant les ancêtres du côté paternel et les ancêtres en général, auront le visage tourné vers l'orient. Après avoir étendu de l'herbe kousa pour servir de siège, et après avoir offert des libations aux dieux, il faut invoquer les dieux avec le concours des Brahmanes présents.

Que l'homme instruit dans le rituel fasse aux dieux des offrandes d'eau et d'orge, après leur avoir présenté des fleurs, des parfums et de l'encens. Qu'il invoque ensuite les mânes en faisant, du côté gauche, une libation d'eau et de sésame. Il peut ensuite, avec la permission des Brahmanes, donner des aliments aux hôtes qui arriveront en ce moment, ou à tout voyageur passant sur la route, car les saints et les solitaires, bienfaiteurs des mortels, passent sur cette terre déguisés sous des formes diverses. L'inattention témoignée à un hôte qui arrive en ce moment, détruit tous les bons résultats d'un sacrifice offert aux ancêtres.

Le sacrificateur doit ensuite jeter dans le feu, à trois reprises différentes et avec le consentement des Brahmanes, des aliments non préparés et sans sel, en s'écriant d'abord : « Au feu, le véhicule des offrandes; aux mânes Swaha. » Il adressera la seconde offrande à Soma, le seigneur des ancêtres, et la troisième à Vaivaswata. Il doit ensuite placer dans les plats des Brahmanes une très-petite portion du reste des offrandes, et ensuite, leur présentant des aliments de choix bien apprêtés et bien assaisonnés, et en abondance, il doit les inviter à en manger à volonté. Les Brahmanes doivent manger en silence, sans distraction et d'un air satisfait. Le sacrificateur doit leur distribuer ces aliments de bonne grâce, sans se presser et avec une foi pieuse. »

Après avoir récité la prière pour chasser les esprits malins, et après avoir répandu sur le sol des graines de sésame, il convient d'adresser aux Brahmanes les paroles suivantes : « Puissent mon père, mon grand-père et mon bisaïeul recevoir de la satisfaction en la personne de ces Brahmanes. Puissent mon père, mon grand-père et mon bisaïeul retirer de la satisfaction des aliments de ces offrandes faites au feu. Puissent-ils trouver de la satisfaction dans les boules de nourriture que je place sur le sol! Puissent-ils trouver à leur gré les offrandes que j'ai faites aujourd'hui. Puissent mon grand-père maternel, et son père, retirer aussi de la satisfaction de mes offrandes! Puissent tous les deux en être satisfaits, et périssent tous les êtres méchants! Que le seigneur du sacrifice, Hari, le dieu impérissable, accepte toutes les offrandes faites aux mânes ou aux dieux, et puissent tous les esprits malins et les ennemis des dieux s'éloigner de cette cérémonie. »

Quand les Brahmanes ont suffisamment mangé, le sacrificateur doit jeter par terre une portion des aliments et présenter à chacun d'eux de l'eau pour se laver la bouche. Il peut ensuite, avec l'assentiment des Brahmanes, placer sur la terre des boules faites de riz bouilli mêlé avec des épices et des graines de sésame. Il offrira, dans ses mains jointes, de l'eau et des graines de sésame aux mânes, et des gâteaux à ses ancêtres maternels. Il offrira à son père la première boule d'aliments, consacrée avec des fleurs et de l'encens; il offrira la seconde à son grand-père, la troisième à son bisaïeul. Il doit ensuite, avec attention et piété, faire des dons aux Brahmanes selon son pouvoir, en sollicitant leur bénédiction. Il faut ensuite qu'il s'adresse aux dieux en disant : « Que les Viswadevas agréent cette offrande. » Il prendra congé des Brahmanes avec un profond respect, les accompagnant jusqu'à ce qu'ils lui disent de s'en retourner.

C'est ainsi que le sage chef de famille célébrera la cérémonie en l'honneur de ses ancêtres qui, satisfaits de ses offrandes, lui accorderont tout ce qu'il désire. Il faut surtout, lors de ces sacrifices, éviter la colère et la précipitation. Les Viswadevas, les ancêtres paternels et maternels, et les membres vivants de la famille, sont tous nourris par celui qui présente des offrandes aux autres.

CHAPITRE XV.
Objets propres à être offerts comme aliments aux ancêtres; objets prohibés. Circonstances qui troublent la cérémonie; comment il faut les éviter. Chant des Pitris entendu par Ikshwakou.

Aurva continua : Les ancêtres sont satisfaits pendant un mois au moyen d'offrandes faites avec du riz ou d'autre grain mêlé de beurre clarifié, avec du poisson ou avec la chair du lièvre, des oiseaux, du porc, de la chèvre, de l'antilope, du mouton, du daim, ou avec le lait de la vache et ses produits. Ils sont satisfaits pour toujours avec de la chair en général, et surtout avec celle de la chèvre blanche à longues oreilles (274). La chair du rhinocéros, l'herbe Kalasaka et le miel sont aussi des sources spéciales de satisfaction pour les ancêtres auxquels on rend les cérémonies funèbres. Les grains qui croissent spontanément, le riz sauvage, les végétaux qui viennent dans les forêts, conviennent aussi pour semblables offrandes; il en est de même du blé, de l'orge, du sésame et de la moutarde. D'un autre côté, il ne faut offrir ni les grains qui ne sont pas consacrés par des cérémonies religieuses, lorsqu'arrive leur maturité, ni le millet, ni les lentilles, ni l'ail, ni l'oignon, ni le sel.

Il ne faut pas se servir d'eau qui ait été apportée pendant la nuit, qui soit fétide ou couverte d'écume, ou en trop petite quantité pour satisfaire une vache. Le lait des animaux à sabots non divisés, celui des femelles des chameaux, des daims ou des buffles, et celui des brebis, ne convient pas dans les offrandes faites aux ancêtres. Si une cérémonie funèbre vient à être vue par un eunuque, par un homme chassé de la société, par un hérétique, par un ivrogne, par un malade, par un solitaire sans vêtement, par un singe, par une femme enceinte ou se trouvant dans une période critique, par un homme impur, par un porteur de cadavres, alors ni les dieux ni les ancêtres ne prendront part aux aliments offerts.

La cérémonie doit toujours avoir lieu dans un endroit soigneusement clos. Que le sacrificateur jette du sésame sur la terre et qu'il chasse les malins esprits. Qu'il ne donne pas de la nourriture qui soit fétide ou souillée par des poils ou par des insectes. Toute nourriture convenable, offerte avec une foi pure, donne de la satisfaction aux ancêtres.

---

(274) Un passage assez obscur du texte sanscrit a fait croire à des commentateurs hindous qu'on pouvait offrir en sacrifice de la chair de vache, et jadis cette pratique a pu exister, mais aujourd'hui, en certains sacrifices, on se borne à lâcher en liberté un animal de la race bovine, et on se garde bien de l'immoler.

Jadis, ô roi de la terre, Ikshwakou, le fils de Manou, entendit dans les bosquets de Kalapa ce chant des Pitris : « Ceux de nos descendants qui nous présenteront avec respect des gâteaux, marcheront dans la voie de la justice. Puisse-t-il naître dans notre race, celui qui nous offrira du lait, du miel et du beurre clarifié le treizième jour du mois de Bhadrapada et de Magha, ou bien lorsqu'il se marie, qu'il met en liberté un taureau noir, ou qu'il accomplit, d'après les règles, quelque cérémonie domestique accompagnée de dons faits aux Brahmanes. »

CHAPITRE XVI.
Des hérétiques ou de ceux qui rejettent l'autorité des Védas. Leur origine telle que Vasishta la raconta à Bhisma. Les dieux, vaincus par les Daityas, louent Vishnou; un être fantastique ou Bouddha est produit de son corps.

PARASARA. — C'est ainsi qu'autrefois Aurva, cet homme saint, parla au puissant monarque Sagara, qui lui avait demandé quels étaient les usages auxquels devaient se conformer les mortels, et je t'ai expliqué ces règles que nul homme ne doit transgresser.

MAITREYA. — Tu m'as dit, maître vénérable, qu'il ne faut pas qu'une cérémonie funèbre frappe les regards de diverses personnes, parmi lesquelles tu as nommé les hérétiques ou apostats. Je désire apprendre à qui s'applique cette désignation, et quelles sont les pratiques qui la font encourir.

PARASARA. — Trois Védas, le Rig, le Yajour et le Sama-Véda, constituent la triple couverture des diverses castes; le pécheur qui les rejette mérite l'épithète de nu (*ou d'apostat*). Les Védas sont le vêtement de toutes les classes d'hommes; lorsqu'on le quitte, on reste dépouillé. Ecoute à cet égard ce que j'ai entendu mon grand-père, le pieux Vasistha, raconter au magnanime Bhisma.

Il y eut autrefois une bataille entre les dieux et les démons pendant la période d'une année divine; les dieux furent vaincus par les démons, qui étaient commandés par Hrada. Ils s'enfuirent, après leur défaite, vers la rive septentrionale de l'Océan de lait, en se livrant à des austérités religieuses. Ils adressèrent à Vishnou la prière suivante : « Puisse le premier des êtres, le divin Vishnou, être satisfait des paroles que nous allons lui adresser, afin de nous rendre propice le seigneur de tous les mondes, celui d'où procèdent toutes les choses créées, et celui dans lequel elles se dissoudront. Qui est en état de déclarer les louanges qu'il mérite? Nous te glorifions, ô toi dont le pouvoir ne saurait être exprimé par des paroles. Tu es la terre, l'eau, le feu, l'éther, l'esprit, la matière brute et l'âme primitive; toute la création, avec ou sans forme visible, est ton corps; tout, depuis Brahma jusqu'à une branche d'arbre, le temps et l'espace constitiant la différence. Gloire à toi, qui es Brahma, ta première forme, épanouie hors du lotus qui sort de ton nombril. Gloire à toi, qui es Indra, qui es le soleil, qui es Roudra, qui es le feu, qui es le vent, et qui es aussi nous-mêmes. Gloire à toi, Govinda, qui es tous les démons, dont l'essence est l'arrogance, le manque de jugement, la privation de la patience et de l'empire sur soi-même. Gloire à toi, qui es les Yakshas, qui sont séduits par la musique et dont le cœur frivole n'admet pas la science parfaite. Gloire à toi, qui es tous les démons qui rôdent la nuit, et qui sont perfides et cruels. Gloire à toi, Janardanna, qui es cette piété qui sert à récompenser les vertus de ceux qui résident dans le ciel. Gloire à toi, qui es un avec les saints dont la nature parfaite jouit d'un bonheur perpétuel, et qui traversent sans obstacles tous les éléments. Gloire à toi, qui es un avec la race des serpents à double langue, impétueux, cruels, avides de jouissance et possesseurs de richesses abondantes. Gloire à toi, qui es un avec les Rishis, dont la nature est exempte de péché ou d'imperfection, et qui es identifiée avec la sagesse et la tranquillité. Gloire à toi, qui as des yeux de lotus et qui es un avec le temps, lequel, à l'expiration d'un kalpa, dévore sans remords toutes les créatures. Gloire à toi, qui es Roudra, qui bondit de joie lorsqu'il a dévoré toutes choses, les dieux et les autres êtres sans distinction.

« Gloire à toi, Janarddana, qui es l'homme, qui es les animaux, qui es cet esprit suprême dont la diversité est répandue dans le monde végétal. Gloire à toi, qui es la cause des causes, et dont la nature primitive est incomparable. Nous te saluons, seigneur, toi qui n'as ni couleur, ni extension, ni volume, et dont l'essence, la plus pure des pures, ne peut être appréciée que par les sages et les saints. Nous nous prosternons devant toi; tu es dans nos corps, dans tous les autres corps et dans toutes les créatures vivantes; au delà de toi, il n'y a rien. Nous glorifions ce Vasoudeva, le seigneur souverain de toutes choses, exempt de souillure, semence de toutes choses, exempt de dissolution, qui n'est point né, qui est éternel, et qui est en essence l'univers entier. »

A la fin de leurs prières, les dieux virent Hari, le dieu souverain, armé de la coquille, du disque et de la massue, et monté sur Garouda. Se prosternant devant lui, ils lui adressèrent ces paroles: « Aie compassion de nous, seigneur, et protége-nous, car nous venons demander ton appui contre les Daityas. Ils se sont emparés des trois mondes, et ils se sont saisis des offrandes qui nous appartiennent. Quoique nous fassions, aussi bien qu'eux, partie de toi dont tous les êtres sont composés, nous voyons cependant le monde livré à l'ignorance de l'unité et à la croyance de l'existence séparée. O toi, dont la sagesse est sans bornes, fais-nous connaître le moyen qui nous permettra d'exterminer les ennemis des dieux.

Quand le puissant Vishnou eut entendu cette prière, il émit de son corps une forme fantastique qu'il donna aux dieux, et il dit: « Ce fantôme triomphera complètement des Daityas; ils s'écarteront du chemin tracé par les Védas et pourront être mis à mort; car tous les dieux, démons et autres, qui s'opposeront à l'autorité des Védas, périront par un effet de ma puissance exercée pour la conservation du monde. Allez donc et ne craignez pas; que ce fantôme nous précède; il vous rendra de grands services, ô dieux! »

CHAPITRE XVII.

Bouddha se rend sur la terre et enseigne aux Daityas à mépriser les Védas. Ses doctrines sceptiques. Il interdit les sacrifices annuels. Les Daityas perdent leur puissance et sont vaincus par les dieux. Signification du mot Nagna. Histoire de Satadhanou et de sa femme Saivya. Il faut éviter tout rapport avec les hérétiques.

PARASARA. — Le fantôme s'étant rendu sur la terre, aperçut les Daityas livrés à des exercices de pénitence sur les bords de la rivière Narmada; il s'approcha d'eux sous la forme d'un mendiant nu, ayant la tête rasée et portant un paquet de plumes de paon, et il leur parla d'une voix douce, leur disant: « Seigneurs de la race des Daityas, pourquoi pratiquez-vous ces pénitences? Est-ce dans le but d'avoir une récompense dans ce monde ou dans l'autre? » Les Daityas répondirent: « O sage, nous nous livrons à ces actes de piété afin d'obtenir plus tard la récompense; comment fais-tu une pareille demande? » — « Si vous désirez obtenir l'émancipation finale, » répondit le prétendu solitaire, « faites attention à mes paroles, car vous êtes dignes d'écouter une révélation qui est la porte conduisant à la félicité définitive. Les devoirs que je vous enseignerai sont le chemin secret qui mène à la délivrance; il n'en existe pas qui leur soient supérieurs; en les suivant, vous obtiendrez ou le ciel ou l'exemption de l'existence future. Etres puissants, vous méritez d'entendre des doctrines aussi élevées. »

Ce fut par de semblables arguments spécieux que le fantôme éloigna les Daityas des préceptes des Védas; ils s'écartèrent des devoirs prescrits et furent séduits par la voix de leur perfide instructeur, qui soutenait que des doctrines contradictoires sont également vraies, et ils reçurent le nom d'Arhathas, parce qu'il s'était adressé à eux en disant: « Vous êtes dignes (Arhathas) de cette grande doctrine; » c'est-à-dire des fausses doctrines qu'il leur persuada d'embrasser.

Les ennemis des dieux étant ainsi amenés à renoncer à la religion des Védas, prêchèrent à leur tour les hérésies qu'ils avaient adoptées, et l'erreur se propageant en tout sens, les Védas furent bientôt abandonnés par la plus grande partie de la race des Daityas. Alors le même imposteur, prenant des vêtements de couleur rouge, adoptant un air bienveillant et parlant d'une voix douce, s'adressa à d'autres êtres de la même famille et leur dit : « O puissants démons, si vous désirez le ciel ou la libération finale, cessez d'égorger injustement des animaux (pour les sacrifices), et écoutez ce que vous avez à faire. Ce monde subsiste sans soutien, et il est livré à la poursuite de l'erreur qu'il prend pour la vérité. » Il amena ainsi par ses arguments répétés et par ses discours persuasifs les Daityas à renoncer à leurs devoirs; après avoir abandonné leur foi, ils persuadèrent à d'autres d'en faire autant, et beaucoup s'éloignèrent des pratiques enjointes par les Védas.

Il y en eut qui parlèrent contre les livres sacrés ; d'autres blasphémèrent les dieux ; d'autres traitèrent avec mépris les sacrifices et les cérémonies pieuses ; d'autres calomnièrent les Brahmanes. Ils disaient : « Tout précepte qui mène à détruire la vie animale est extrêmement répréhensible. Prétendre que du beurre jeté dans le feu procure une récompense est un enfantillage. Si Indra, après avoir obtenu la divinité par des rites multipliés, se nourrit du bois consumé dans les sacrifices, il est au-dessous de la brute qui, du moins, se nourrit des feuilles. Si un animal tué dans un sacrifice, est par là élevé au ciel, ne serait-il pas juste que l'homme qui sacrifie, immolât son propre père, le prenant pour victime? »

Leur perfide précepteur dit : « Il faut d'abord déterminer ce que doit croire la raison du genre humain, et alors vous trouverez que le bonheur résulte de vos instructions. Les paroles de l'autorité ne tombent pas du ciel ; le texte conforme à la raison doit seul recevoir mon assentiment et celui d'êtres tels que vous. » Ce fut ainsi que les Daityas furent pervertis, au point qu'il n'en resta pas un seul qui reconnût l'autorité des Védas.

Quand les Daityas se furent écartés du chemin des écrits saints, les dieux reprirent courage et se réunirent pour livrer bataille. Les démons furent alors défaits et tués par les dieux qui étaient restés fidèles à la vérité, et l'abandon que firent les Daityas des pratiques de la religion fut la cause de leur perte.

C'est ainsi, Maitreya, que tu dois comprendre pourquoi on appelle nus ceux qui se sont écartés de leur croyance primitive, c'est qu'ils ont rejeté le vêtement des Védas. L'homme qui néglige sans motif ses devoirs religieux pendant un jour ou une nuit commet un péché pour un jour ; s'il les néglige durant une quinzaine, il ne peut être purifié que par une expiation pénible. L'homme vertueux, dont le regard a rencontré un homme qui a passé un an sans observer les cérémonies prescrites, doit s'arrêter et regarder le soleil ; s'il l'a touché, il doit se baigner sans quitter ses vêtements ; mais quant au coupable lui-même, nulle expiation n'a été déclarée. Il n'y a pas sur la terre de pécheur plus criminel que celui qui laisse les dieux, les ancêtres et les esprits privés du culte qui leur est dû. Que nul homme ne s'associe, ne séjourne et ne converse avec celui qui s'est rendu coupable d'un tel méfait. Tout rapport avec un homme qui n'a pas, pendant le cours d'une année entière, célébré les cérémonies prescrites, est une faute égale à celle qu'il a commise. La personne qui mange avec cet homme, qui s'assied auprès de lui ou qui dort dans la même maison devient immédiatement aussi coupable. Les Brahmanes et les hommes des autres castes, qui s'écartent des devoirs qui leur sont prescrits, deviennent hérétiques et sont classés avec ceux qui abandonnent les œuvres pieuses. Séjourner dans un endroit où il y a un trop grand mélange des quatre castes porte préjudice à la réputation des justes. Ceux qui ont des rapports avec l'homme qui prend ses repas sans offrir une portion aux dieux, aux sages, aux mânes, aux esprits et aux étrangers, tombent dans l'enfer. Que l'homme prudent évite donc avec soin la conversation et le contact de ces hérétiques qui sont rendus impurs par l'abandon qu'ils ont fait des Védas. Les cérémonies en l'honneur des ancêtres, quoique faites avec zèle et avec foi, ne plaisent ni aux dieux ni aux ancêtres, si un apostat en est témoin.

On raconte qu'il y avait autrefois un roi nommé Satadhanou ; sa femme Saivya était d'une grande vertu. Elle était dévouée à son mari, bonne, sincère, pure, ornée de toutes les qualités que doit avoir une femme humble et discrète. Le roi et sa femme adoraient chaque jour le dieu des dieux, Janarddana ; ils se livraient à de pieuses méditations, faisaient des offrandes au feu, priaient, jeûnaient, faisaient l'aumône et donnaient toutes les autres marques d'une foi entière et d'une dévotion fervente. Un jour, après avoir jeûné lorsque la lune était pleine dans le mois de Kartika, et après s'être baignés dans le Bhagirati, ils aperçurent, en sortant de l'eau, un hérétique qui s'approchait d'eux et qui était l'âme du précepteur militaire de Raja. Le raja, par respect pour son précepteur, entra en conversation avec l'hérétique, mais la princesse n'en fit pas autant ; elle réfléchit qu'elle observait un jeûne et, se détournant de lui, elle éleva les yeux vers le soleil. De retour à leur demeure, le mari et la femme adorèrent Vishnou, selon leur usage et selon les formes prescrites par le rituel. Quelque temps après, le

Raja, victorieux de ses ennemis, mourut, et la princesse monta sur le bûcher funéraire de son mari.

Comme punition de la faute commise par Satadhanou, en parlant à un hérétique lorsqu'il était occupé d'un jeûne solennel, il revint au monde sous la forme d'un chien. Sa femme naquit comme fille du roi de Kasi, avec la connaissance des événements de sa préexistence ; elle était accomplie en toute science et douée de toutes les vertus. Son père désirait ardemment la donner en mariage à quelque époux digne d'elle, mais elle s'opposa constamment à son dessein. Elle savait, par son intelligence naturelle, que son ancien mari était revenu sur la terre sous la forme d'un chien, et, allant un jour à la ville de Vaidisa, elle aperçut un chien qu'elle reconnut pour son mari. Elle le prit dans ses bras et, plaçant sur son cou la guirlande des noces, elle lui fit de tendres caresses, mais lui, mangeant la nourriture délicate qui lui était offerte, exprima sa satisfaction à la manière des animaux de son espèce ; elle en fut fort humiliée et elle lui adressa ces mots : « Rappelle à ta mémoire, illustre prince, la politesse déplacée qui a été cause que tu es revenu à la vie sous la forme d'un chien. C'est parce que tu as parlé à un hérétique après t'être baigné dans une eau sacrée, que tu as été condamné à cette condition abjecte. Ne t'en souviens-tu pas ? » Le roi se souvint alors de ce qu'il avait été, et plongé dans ses réflexions, rempli de honte, il sortit de la ville et alla mourir dans le désert ; il revint ensuite à la vie sous la forme d'un chacal.

Dans le cours de l'année suivante, la princesse sut ce qui était arrivé, et elle se rendit à la montagne de Kolahala pour chercher son mari. L'ayant trouvé, l'aimable fille du roi de la terre dit à son époux métamorphosé en chacal : « Ne te souviens-tu pas, ô roi, d'avoir conversé avec un hérétique, et des circonstances que je t'ai rappelées lorsque tu étais un chien ? » Le roi, interpellé de la sorte, reconnut que ce que la princesse lui disait était vrai, il renonça à prendre de la nourriture et il mourut. Il devint ensuite un loup, mais sa femme le sut et vint vers lui dans la forêt ; elle réveilla ses souvenirs en lui disant : « Tu n'es pas un loup, tu es l'illustre monarque Satadhanou. Tu as été un chien, puis un chacal, et maintenant tu es un loup. » Alors le prince, se ressouvenant de ce qu'il avait été, abandonna la vie et devint un vautour. Sa femme le retrouva encore et lui dit : « Quitte cette forme déplaisante à laquelle tu as été condamné en punition du péché d'avoir conversé avec un hérétique. » Le prince naquit de nouveau sous la forme d'un corbeau, et la princesse le sut et lui dit : « Tu manges le grain que tu peux saisir, toi à qui tous les rois de la terre payaient jadis tribut. » Ayant abandonné son corps en conséquence des souvenirs provoqués par ces mots, le roi devint ensuite un paon ; la princesse le prit avec elle, le soignant et lui donnant la nourriture qu'aiment ces animaux. Le roi de Kasi institua à cette époque le sacrifice solennel d'un cheval. Lors des ablutions qui terminèrent la cérémonie, la princesse fit baigner le paon, en se baignant aussi elle-même, et elle rappela à Satadhanou qu'il était né à diverses reprises sous la forme de différents animaux. Alors il renonça à la vie et naquit derechef comme le fils d'un personnage d'un rang élevé, et la princesse, consentant alors au désir qu'exprimait son père de la voir mariée, le roi de Kasi fit savoir qu'il choisirait un gendre parmi les prétendants qui se présenteraient pour obtenir la main de sa fille. La princesse fit choix de son ancien mari qui se montra parmi les candidats, et elle devint derechef son épouse. Ils vécurent heureux ensemble et, à la mort de son beau-père, Satadhanou régna sur le pays de Vedeha.

Le nouveau monarque célébra beaucoup de sacrifices et il fit de grandes largesses ; il eut des fils et triompha de ses ennemis ; après avoir dignement exercé la puissance souveraine, il mourut dans un combat, ainsi qu'il convenait à sa naissance guerrière. Sa femme le suivit dans la mort, et conformément aux préceptes sacrés, elle monta avec joie sur le bûcher funèbre. Ils s'élevèrent alors tous deux, au delà de la sphère d'Indra, dans les régions où tous les désirs sont à jamais satisfaits.

Telles sont, Maitreya, les suites funestes qui résultent de converser avec un hérétique et tels sont les effets expiatoires d'un bain après le sacrifice solennel d'un cheval. Il faut donc éviter soigneusement tout rapport avec un mécréant, surtout dans les moments consacrés aux exercices de piété. S'il est nécessaire que le sage regarde le soleil après avoir arrêté ses regards sur l'homme qui aura négligé pendant un mois les cérémonies domestiques, à quel point l'expiation doit-elle être plus forte après la rencontre de celui qui a totalement abandonné les Védas ou qui combat les doctrines des livres saints ? Il ne faut donc pas même se montrer courtois dans ses discours avec ceux qui se livrent à des actes défendus, avec les fripons, les sceptiques et les hypocrites. Tout rapport avec ces méchants est une souillure.

Tu comprends maintenant, Maitreya, pourquoi on donne à ces personnages l'épithète de nus ; leur esprit seul détruit l'efficacité d'un sacrifice offert aux ancêtres ; leur parler efface le mérite religieux pendant un jour. Tels sont les hérétiques pervers auxquels il ne faut pas donner un abri. Les hommes tombent dans l'enfer seulement pour avoir conversé avec ceux qui se rasent le sommet de la tête et qui tressent leurs cheveux sans le faire légitimement, avec ceux qui prennent leurs repas sans offrir de la nourriture aux dieux, aux esprits et aux hôtes, et avec ceux qui ne rendent pas hommage aux mânes en présentant des gâteaux et en faisant des libations d'eau.

LIVRE QUATRIÈME.

CHAPITRE PREMIER.

Dynasties des rois. Origine de la dynastie solaire de Brahma. Fils du Manou Vaivaswata. Transformation d'Ila ou de Soudyoumna. Descendants des fils de Vaivaswat ; ceux de Nedishtha. Grandeur de Maroutta. Rois de Vaisali. Descendants de Saryati. Légende de Raivata ; sa fille Revati mariée à Balarama.

MAITREYA. — Tu m'as expliqué, maître vénérable, les cérémonies que doivent accomplir les personnes zelées pour l'accomplissement de leurs devoirs ; tu m'as fait connaître les obligations imposées aux diverses castes et aux différents ordres de la race humaine. Je te prie maintenant de me faire savoir quelles sont les dynasties des rois qui ont régné sur la terre (275).

PARASARA. — Je te répéterai, Maitreya, l'histoire de la famille de Manou qui commence avec Brahma et qui s'honore d'un grand nombre de princes religieux, magnanimes et héroïques. C'est d'elle qu'on a dit : « La postérité de l'homme qui pense chaque jour à la race de Manou, ayant son origine avec Brahma, ne sera jamais éteinte. » Ecoute donc, Maitreya, et connais la série des princes de cette famille, par laquelle tous les péchés sont effacés.

Avant l'évolution de l'œuf du monde existait Brahma, qui était Hiranyagarbha, la forme de ce Brahma suprême qui consiste en Vishnou identifié avec les trois Védas, la cause primitive et non créée des mondes. Du pouce du pied droit de Brahma naquit le patriarche Daksha ; sa fille fut Aditi ; elle fut la mère du soleil ; le manou Vaivaswata fut le fils de l'astre céleste ; ses fils furent Ikshwakou, Nriga, Dhrishta, Saryati, Naryshianta, Pransou, Nabhaga, Nedishta, Karousha et Prishadhra.

Avant leur naissance, le Manou, désirant avoir des fils, offrit dans ce but un sacrifice à Mitra et à Varouna ; mais la cérémonie ayant été troublée par suite d'une erreur commise par le prêtre qui officiait, il naquit une fille qui fut nommée Ila. Grâce à l'intervention des deux divinités invoquées, son sexe fut changé, et elle devint un homme nommé Soudyoumna. Plus tard, devenant sujet aux effets d'une malédiction prononcée jadis par Siva, Soudyoumna fut de rechef transformé en femme, dans le voisinage de l'ermitage de Boudha, le fils du dieu de la lune. Boudha la vit, l'épousa, et il eut d'elle un fils nommé Pourouravas. Après sa naissance, les illustres rishis désirant rétablir Soudyoumna dans son sexe, prièrent le puissant Vishnou, qui est l'essence des Védas, de l'esprit, de toutes choses et du néant, et grâce à sa faveur, Ila devint de nouveau Soudyoumna, lequel eut trois fils, Utkala, Gaya et Vinata, mais qui fut exclu de toute part dans les Etats de son père, parce qu'il avait été une femme ; toutefois son père, à la demande de Vasishta, lui accorda la ville de Pratishthana, et il la donna à Pourouravas.

Quant aux autres fils de Manou, Prishadhra fut dégradé et réduit à la condition d'un soudra, en punition du crime d'avoir tué une vache (276). Ce fut de Karousha que descendirent les puissants guerriers appelés les Karoushas (*les souverains du nord*). Le fils de Medishtha, nommé Nabhaga, devint un Vaysia ; il fut père de Bhalandana, qui fut père du célèbre Vatsapri, qui fut père de Pransou, qui fut père de Prajani, qui fut père de Khanitra, qui fut père du vaillant Chakshoupa, qui fut père de Vinsa, qui fut père de Vivinsati, qui fut père de Khaninetra, qui fut père du puissant, vaillant et riche Karandhama, qui fut père d'Avikshi, qui fut père du puissant Maroutta, à l'égard duquel on récite ces vers bien connus : « On ne vit jamais sur la terre un sacrifice égal au sacrifice de Maroutta ; tous les ustensiles étaient d'or ; Indra fut enivré des abondantes libations du jus de Soma, et les Brahmanes furent dans des transports à la vue des cadeaux qu'ils reçurent. Les vents du ciel entourèrent la cérémonie pour la garder, et les dieux s'assemblèrent pour la contempler. »

Maroutta était un Chakravartti, ou souverain de l'univers ; il eut un fils nommé Narishyanta, qui

---

(275) La plupart des Pouranas contiennent des listes plus ou moins étendues des rois des diverses dynasties. Ces listes ne s'accordent pas toujours avec les indications de notre Pourana. M. Wilson a pris la peine de noter ces différences ; elles sont à leur place dans un travail spécial comme le sien, mais quant à nous, il nous suffira d'y renvoyer.

(276) Ce forfait, un des plus grands qu'on puisse commettre selon les idées des Brahmanes, est raconté avec des détails nouveaux dans les Pouranas d'une époque plus récente. Le Vayou dit que Prishadhra, étant affamé, tua et mangea la vache de son précepteur spirituel Chyavana. Dans le Markendeya, c'est à la chasse et par suite d'une méprise qu'il tua la vache. Le Bhagavata enchérit, selon son usage, sur ces détails ; il dit que Prishadhra avait reçu de son maître Vasistha la mission de veiller sur son bétail. Un tigre s'introduisit la nuit dans l'étable, et le prince, dans sa précipitation, frappa la vache en voulant donner la mort à l'animal féroce. Ces divers récits se terminent toutefois de la même manière : la malédiction du sage réduit Prishadhra à tomber dans la caste des Soudras ; selon le Bhagavata, il se livra à la pénitence, et, périssant dans l'incendie d'une forêt, il obtint la libération définitive.

fut père de Dama (277), qui fut père de Rajyavarddhana, qui fut père de Soudhariti, qui fut père de Nara, qui fut père de Kevala, qui fut père de Bandhoumat, qui fut père de Vegarat, qui fut père de Boudha, qui fut père de Trinavindou, qui eut une fille nommée Ilavila. La nymphe céleste Alamboucha devint éprise de Trinavindou, et il eut d'elle un fils nommé Visala, qui fonda la cité de Vaisali.

Le fils du premier roi de Vaisali fut Hemachandra; son fils fut Souchandra; son fils fut Dhoumraswa; son fils fut Srinjaya; son fils fut Sahadeva; son fils fut Krisaswa; son fils fut Somadatta, qui célébra dix fois le sacrifice d'un cheval; son fils fut Janamejaya; son fils fut Soumati. Tels furent les rois de Vaisali; on a dit d'eux : « Par la grâce de Trinavindou, tous les monarques qui régnèrent à Vaisali vécurent longtemps et furent magnanimes, équitables et courageux. »

Saryati, le quatrième fils de Manou, eut une fille nommée Soukanya, qui épousa le sage Chyavana; il eut aussi un fils nommé Anurtta, et le fils de celui-ci, Revata, régna sur le pays qui porta le nom de son père, et il eut pour capitale Kousaasthali.

Ce prince eut pour fils Raivata, l'aîné de cent frères, lequel eut une fille fort aimable, et ne trouvant personne digne d'aspirer à sa main, il se rendit avec elle au pays de Brahma, afin de consulter le dieu et de savoir où il pourrait trouver un gendre convenable. A son arrivée, les choristes chantaient en présence de Brahma; Raivata attendit qu'ils eussent fini, et il s'imagina que les âges qui s'envolaient durant leurs chants n'étaient qu'un instant. Quand ils eurent fini, Raivata se prosterna devant Brahma et exposa le but de sa venue. « Qui désirerais-tu pour gendre? demanda le dieu; le roi nomma divers individus qui lui convenaient. Secouant doucement la tête et souriant avec bonté, Brahma dit : « La troisième ou la quatrième génération de ceux que tu désignes est déjà éteinte; des siècles se sont écoulés tandis que tu écoutais nos chants; maintenant la vingt-huitième grande période du Manou actuel est presque arrivée à son terme sur la terre, et la période kali est tout proche. Tu dois donc accorder à quelque autre époux le trésor que tu possèdes dans ta fille, car maintenant tu es seul, et tes amis, tes ministres, tes serviteurs, ta femme, tes parents, tes armées, tes trésors ont depuis longtemps été enlevés par la main du temps. »

Accablé d'étonnement et d'alarme, le roi dit alors à Brahma : « Puisque je me trouve placé en de semblables circonstances, dis-moi, seigneur, à qui je dois donner ma fille? » Le créateur du monde, dont le trône est un lotus, répondit avec bonté au prince qui se tenait humblement prosterné devant lui : « L'être dont nous ignorons le commencement, la durée et la fin, l'essence éternelle et omniprésente de toutes choses, celui dont nous ne connaissons pas la nature réelle et infinie et l'essence, c'est le suprême Vishnou. Il est le temps, formé de moments, d'heures et d'années; son influence est la source de changements perpétuels. Il est la forme universelle de toutes choses, depuis la naissance jusqu'à la mort. Il est l'éternel qui n'a ni nom, ni forme. C'est par un effet de la faveur de cet être impérissable que je suis l'agent de son pouvoir dans la création; c'est par un effet de sa colère que Roudra est le destructeur du monde, et Pourousha, la cause de la conservation, procède aussi de lui. Celui qui n'est point né ayant pris ma personne crée le monde; dans sa propre essence, il veille à la conservation de l'univers, et sous la forme de Roudra, il dévore toutes choses. Personnifié comme Indra et comme les autres dieux, il est le gardien de la race humaine; comme le soleil et la lune, il dissipe les ténèbres. Prenant la nature du feu, il donne la chaleur et la maturité; il devient la terre et nourrit tous les êtres. Il est l'air et donne l'activité à l'existence; il est l'eau et il satisfait à tous les besoins. Il est à la fois le créateur et l'objet créé, le conservateur et ce qui est conservé, le destructeur et la chose détruite, et comme l'être indestructible, il est distinct de ces trois vicissitudes. En lui est le monde, et il est le monde. Le puissant Vishnou, qui est au-dessus de tous les êtres, est maintenant en une portion de lui-même sur la terre. Cette cité de Kousasthali, qui était autrefois la capitale et qui rivalisait avec la ville des immortels, est aujourd'hui connue sous le nom de Dwaraka; c'est là que règne une portion de cet être divin dans la personne de Baladeva; présente-lui ta fille; il est digne d'être son époux et elle mérite de l'avoir pour mari. »

Ayant été ainsi instruit par le dieu né du lotus, Raivata revint avec sa fille vers la terre, où il trouva la race humaine réduite en stature et ayant perdu une partie de sa force et de son intelligence. Se rendant à la ville de Kousasthali, qu'il trouva bien changée, le sage monarque donna sa fille sans égale à celui qui maniait le soc de la charrue et dont la poitrine était aussi belle et aussi radieuse que le cristal. En voyant que la jeune fille était d'une taille excessivement élevée, le chef qui a un palmier pour bannière, la toucha de l'extrémité du soc de la charrue; elle devint plus petite, et il l'épousa selon les cérémonies prescrites. Alors le roi Raivata se re-

---

(277) Le Markandeya-Pourana raconte une circonstance singulière de l'histoire de Dama. Il avait épousé Sumana, fille du roi Dasarha, en l'arrachant à ses rivaux. Un d'eux, Bapushmat, tua le père de Dama, le roi Maroutta, qui s'était retiré dans les bois, laissant la couronne à son fils. Celui-ci prit sa revanche en tuant Bapushmat; il fit d'une partie de la chair de son ennemi une offrande funéraire à son père, et il livra l'autre, comme aliment, aux Brahmanes de la race Rakshasa.

tra dans les montagnes de l'Himalaya, et il consacra à une austère pénitence le reste de sa vie.

CHAPITRE II.

Dispersion des descendants de Raivata, ceux de Dhrishta, ceux de Nabhaga. Naissance d'Ishwakou, fils de Vaivaswata; ses fils Légendes de Kakoutsha, de Dhoundhoumara, d'Youvanaswa, de Mandhatri; ses filles sont mariées à Saubhari.

PARASARA. — Tandis que Raivata était absent de son royaume et qu'il était dans la région de Brahma, les esprits malins nommés Pounyajanas détruisaient sa capitale. Ses cent frères, effrayés, s'enfuirent de divers côtés, et leurs descendants, les Kshatriyas, s'établirent en beaucoup de pays.

Le fils de Nabhaga fut Amlarisha, qui fut père de Viroupa, qui fut père de Prishadaswa, qui fut père de Rathinara, duquel il est dit : « Ceux qui étaient des Kshatriyas de naissance, les chefs de la famille de Rathinara, furent appelés Angirasas (*fils d'Angiras*), et ils furent des Brahmanes aussi bien que des Kshatriyas. »

Ikshwakou naquit des narines de Manou lorsqu'il lui arriva un jour d'éternuer. Il eut cent fils; les plus célèbres furent Vikoukshi, Nimi et Danda. Cinquante d'entre eux furent les protecteurs des régions septentrionales et quarante-huit régnèrent dans les contrées du midi.

Un jour, Ikshwakou voulant célébrer la cérémonie en l'honneur des ancêtres, ordonna à Vikoukshi de lui apporter de la viande propre à être présentée comme offrande. Le prince alla dans la forêt et tua beaucoup de daims et d'autres animaux sauvages. Etant fatigué et affamé, il s'assit et mangea un lièvre, et il porta ensuite à son père le reste de sa chasse. Vasishtha, le prêtre attaché à la famille et à la maison d'Ishwakou, fut appelé pour consacrer les aliments; mais il déclara qu'ils étaient impurs, Vikoukshi ayant mangé une partie de ce qu'il avait tué; son père repoussa alors le fils coupable, et le nom de Sasada (*mangeur de lièvre*) lui fut donné. A la mort d'Ikshwakou, la souveraineté de la terre passa à Sasada, lequel eut pour successeur son fils Pouranjaya.

Dans l'âge Treta, une guerre violente éclata entre les dieux et les Asuras; les premiers furent défaits. Ils implorèrent le secours de Vishnou, et ils se le rendirent propice par leurs adorations. Le maître éternel de l'univers eut compassion d'eux et dit : « Ce que vous désirez m'est connu; écoutez comment vos souhaits seront accomplis. Il existe un prince illustre, nommé Pouranjaya, fils d'un sage royal; j'infuserai dans sa personne une portion de moi-même, et, étant descendu sur la terre, je subjuguerai en sa personne tous vos ennemis. Efforcez-vous de vous assurer l'aide de Pouranjaya afin de détruire vos ennemis. »

Les immortels, rendant grâces au dieu, se rendirent auprès de Pouranjaya et lui parlèrent en ces termes : « Illustre Kshatriya, nous sommes venus vers toi pour solliciter ton alliance contre nos ennemis; il ne te conviendra pas de ne point satisfaire nos espérances. » Le prince répondit : « Qu'Indra, le souverain des sphères célestes, le dieu des cent sacrifices, consente à me porter sur ses épaules, et je combattrai vos ennemis. » Les dieux et Indra répondirent : « Qu'il en soit ainsi; » et ce dernier ayant pris la forme d'un taureau, le prince monta sur ses épaules. Fortifié par la puissance du maître éternel de toutes choses, il détruisit, dans la bataille qui suivit, tous les ennemis des dieux, et comme il anéantit l'armée des démons lorsqu'il était assis sur l'épaule ou sur la bosse (*kakoud*) du taureau, il reçut le nom de Kakoutstha (*assis sur la bosse*).

Le fils de Kakoutsha fut Anenas, qui fut père de Prithou, qui fut père de Viswagaswa, qui fut père d'Ardra, qui fut père d'Yuvasnawa, qui fut père de Sravasta, lequel fonda la cité de Sravasti. Le fils de Sravasta fut Vrihadaswa, dont le fils fut Kuvalayaswa. Ce prince, inspiré de l'esprit de Vishnou, détruisit l'Asura Dhoundhou qui avait tourmenté le pieux sage Uttanka, ce qui lui valut le nom de Dhoundhoumara (278). Dans son combat avec le démon, le roi fut assisté par ses fils au nombre de vingt-et-un mille, et tous, à l'exception de trois, périrent dans cette lutte, consumée par l'haleine enflammée de Dhoundhou. Les trois qui survécurent furent Dridhaswa, Chandraswa et Kapilaswa; le fils et successeur fut Haryyaswa, qui fut père de Nikhoumbha, dont le fils fut Sanhataswa, qui fut père de Krisaswa, qui fut père de Prasenajit, dont le père porta aussi le nom d'Yuvanaswa.

Yuvasnawa n'avait pas de fils, ce dont il était fort affligé. Tandis qu'il résidait dans le voisinage des saints Mounis, il leur inspira de la pitié pour sa situation, et ils se livrèrent à de pieuses cérémonies pour qu'il eût de la postérité. Une nuit, pendant le cours de cette cérémonie, les sages ayant placé sur l'autel un vase d'eau consacrée, se retirèrent pour prendre du repos. Il était plus de minuit lorsque le roi se réveilla extrêmement altéré, et ne voulant point troubler les saints personnages qui résidaient auprès de lui, il chercha quelque boisson. Ayant trouvé dans un vase l'eau qui avait été sanctifiée et douée de vertus prolifiques par des textes sacrés, il la but. Lorsque les mounis se levèrent, ils s'aperçurent que l'eau avait été bue, et ils dirent : « La reine qui a bu cette eau donnera naissance à un

---

(278) Cette légende est racontée avec de plus amples détails dans le Brahma-Pourana et dans le Vayou Dhonadou se cacha sous une mer de sable que Kouvalyaswa et ses fils creusèrent sans se laisser intimider par les flammes qui s'opposaient à leurs efforts et qui finirent par les détruire pour la plupart. Il est vraisemblable que l'éruption d'un volcan a donné lieu à cette histoire.

fils puissant et brave. — C'est moi qui l'ai bue par inadvertance, » s'écria le roi. Il s'ensuivit qu'un enfant fut conçu dans le ventre d'Yuvanaswa; il grandit, et à l'époque convenable, il fendit le côté droit du roi, et le roi ne mourut pas.

A la naissance de l'enfant, les Mounis demandèrent: « Qui est-ce qui sera la nourrice? » alors Indra, le roi des dieux, apparut et dit : « Il m'aura pour nourrice (*Mam hasyati*); de là l'enfant fut appelé Mandhatri. Indra mit un de ses doigts dans la bouche de l'enfant qui le suça et qui en retira un nectar céleste; il grandit, devint un puissant monarque et soumit à sa domination les sept zones continentales. On récite à son égard ces vers : « Du lever au coucher du soleil, tout ce qu'éclaire sa présence, est l'empire de Mandhatri, fils d'Yuvanaswa »

Mandhatri épousa Vindoumati, fille de Sasavindou, et il eut d'elle trois fils Pouroukoutsa, Ambarisha et Mouchunkunda; il eut aussi cinquante filles. Saubhari, le sage pieux instruit dans les Védas, avait passé douze ans dans une pièce d'eau; le souverain des poissons qui y résidaient, nommé Sammada, était d'une grande taille et avait une très-nombreuse progéniture. Ses enfants et ses petits-enfants avaient l'habitude de jouer autour de lui dans toutes les directions et il vivait heureusement, jouant avec eux nuit et jour. Saubhari le sage, étant troublé dans ses dévotions par leurs jeux, contempla la félicité patriarcale du monarque du lac et il se dit en y réfléchissant: « Qu'elle est digne d'envie cette créature qui, bien que sa naissance la range parmi les êtres dégradés, joue toujours avec gaieté parmi ses enfants et leurs descendants. Vraiment il éveille en mon esprit le désir de goûter de semblables plaisirs, et je veux aussi me livrer à la joie parmi mes enfants. »

Ayant pris cette résolution, le mouni sortit de l'eau avec précipitation, et désireux d'entrer dans la condition de père de famille, il alla vers Mandhatri afin de lui demander une de ses filles en mariage. Aussitôt que le roi fut informé de l'arrivée du sage, il se leva de son trône, il lui offrit la libation accoutumée et il le traita avec le plus profond respect. Après avoir pris un siége, Saubhari dit au roi : « J'ai résolu de me marier ; ainsi, ô roi, consens à me donner pour épouse une de tes filles; ne laisse pas mon affection sans récompense. Les princes de la race de Kakutstha n'ont pas l'habitude de se refuser à satisfaire les vœux de ceux qui viennent leur demander leur appui. Il existe d'autres monarques qui ont des filles, mais ta famille est renommée, au-dessus de toutes les autres pour la libéralité que tu déploies à l'égard de ceux qui ont recours à toi. Tu as cinquante filles; donne-m'en une, ô roi, et délivre moi de la crainte que j'ai de voir rejeter ma demande. »

En entendant le sage parler ainsi, Mandhatri regarda sa figure altérée par la vieillesse et par les austérités, et il se sentit disposé à refuser, mais craignant d'encourir la colère et la malédiction du saint personnage, il fut dans un grand embarras et, penchant la tête, il resta un moment plongé dans ses pensées. Le Rishi, observant son hésitation, lui dit : « Quel est, ô roi, l'objet de tes réflexions? Je ne t'ai rien demandé que tu ne puisses facilement accorder, et qu'y a-t-il sur la terre à quoi tu ne puisses atteindre, si mes désirs sont satisfaits par l'épouse que tu me donneras?

Le roi, craignant de déplaire au sage, répondit : « Homme vénérable, l'usage constant dans notre famille est de ne donner nos filles en mariage qu'aux personnes qu'elles choisissent elles-mêmes parmi les prétendants d'un rang convenable; ta demande n'étant pas connue de mes filles, il m'est impossible de te dire si elle leur sera aussi agréable qu'à moi. Voilà le motif de ma perplexité, et je suis dans l'embarras sur ce que j'ai à faire. » Cette réponse du roi fut bien comprise par le rishi qui dit : « Ce n'est qu'un prétexte du roi pour se refuser à ce que je demande; il a réfléchi que je suis un vieillard, n'ayant rien de séduisant pour des femmes, et que probablement aucune de ses filles ne voudra accepter; n'importe, je suis bien en mesure de lutter avec lui. »

Il reprit la parole et dit tout haut: « Puisque tel est l'usage, grand roi, donne des ordres pour que je sois admis dans l'intérieur du palais. Si quelqu'une de tes filles veut m'accepter pour époux, elle deviendra ma femme ; si elles refusent toutes, que le blâme retombe sur les années qui se sont accumulées sur moi. » Il se tut après avoir parlé de la sorte.

Mandhatri, ne voulant pas provoquer l'indignation du mouni, fut forcé d'enjoindre à l'eunuque de conduire le sage dans les appartements intérieurs du palais, et, en y entrant, Saubhari prit des traits surpassant en beauté non-seulement tous les hommes, mais encore les esprits célestes. Son conducteur, s'adressant aux princesses, leur dit : « Votre père vous envoie ce sage qui lui a demandé une épouse, et le roi lui a promis qu'il ne lui refusera pas celle de vous qui le choisira pour son mari. »

Lorsque les princesses entendirent ces mots, et lorsqu'elles virent le rishi, elles furent enflammées de passion et elles se mirent à se quereller, se disant les unes aux autres: « C'est moi qui le choisis; il ne sera pas votre époux; Brahma l'a créé pour moi, tout comme j'ai été créée pour être sa femme; je l'ai choisi avant vous; vous n'avez pas le droit de m'empêcher qu'il ne m'épouse. » Il s'éleva ainsi une vive dispute parmi les filles du roi, chacune insistant pour devenir l'épouse du rishi, et tandis qu'il était ainsi l'objet d'une altercation entre les rivales, le surintendant des appartements intérieurs vint, d'un air abattu, instruire le roi de ce qui se passait. Le monarque plus embarrassé que jamais, s'écria : « Qu'est-ce qu'il faut donc que je fasse ? » enfin quoiqu'avec une répugnance extrême, il fut obligé de consentir que le rishi épousât toutes ses filles.

Ayant alors épousé toutes les princesses, conformément à la loi, le sage les conduisit à sa demeure où il employa le premier des architectes, Viswakarman, égal de Brahma lui-même pour le goût et l'habileté, à construire des palais séparés pour chacune de ses femmes ; il lui ordonna de meubler élégamment chaque maison et d'y attacher des jardins et des réservoirs où les cygnes et les canards sauvages joueraient parmi des lits de fleurs de lotus. Le divin artiste obéit à ces ordres ; il construisit des appartements splendides pour les femmes du rishi ; le trésor divin et inépuisable appelé Nanda, y fit son séjour, d'après le commandement de Saubhari, et les princesses offrirent à tous leurs hôtes et à leurs serviteurs des vivres abondants de toute espèce et de la meilleure qualité.

Après que quelque temps se fut écoulé, le cœur du roi Mandhatri se tourna vers ses filles, et il voulut savoir si elles étaient heureuses. S'étant donc mis en chemin pour l'ermitage de Saubhari, il aperçut, à son arrivée, une rangée de somptueux palais de crystal, jetant autant d'éclat que les rayons du soleil et situés parmi de charmants jardins et des réservoirs d'eau transparente. Entrant dans un de ces palais magnifiques, il trouva une de ses filles et il lui dit, tandis que les larmes de l'affection tombaient de ses yeux : « Chère enfant, dis-moi comment tu te trouves ? Es-tu heureuse ici ou non ? Le grand sage te traite-t-il avec tendresse, ou regrettes-tu ton ancien séjour ? » La princesse répondit : « Tu vois, mon père, quelle délicieuse demeure j'habite, entourée de charmants jardins et de lacs où croît le lotus et où murmurent les cygnes sauvages. J'ai ici des aliments exquis, des parfums, des ornements précieux, des vêtements splendides, et tous les plaisirs que peut procurer l'opulence. Pourquoi rappellerai-je alors à ma mémoire le lieu de ma naissance ? Je te dois tout ce que je possède. Je n'ai qu'un motif d'inquiétude ; mon mari n'est jamais absent de ma demeure ; uniquement attaché à moi, il ne va jamais auprès de mes sœurs ; je crains qu'elles ne soient mortifiées de sa négligence ; c'est le seul motif qui puisse me préoccuper. »

Le roi alla visiter une autre de ses filles ; après l'avoir embrassée et s'être assis, il lui fit de semblables questions et il reçut les mêmes détails sur les plaisirs dont la princesse jouissait ; elle se plaignit également de ce que le rishi, tout occupé d'elle négligeait ses sœurs. Dans chaque palais Mandhatri apprit la même histoire de chacune de ses filles, et le cœur plein de surprise et d'allégresse, il se rendit vers le sage Saubhari qu'il trouva seul ; après lui avoir rendu hommage, il lui parla en ces termes : « J'ai été témoin, ô sage saint, de ton merveilleux pouvoir ; je n'ai jamais connu quelqu'un qui possédât les facultés miraculeuses que tu possèdes. Qu'elle est grande, la récompense de tes pieuses austérités ! » Ayant ainsi salué le sage qui le traita avec respect, le roi résida quelque temps avec lui et revint ensuite dans sa capitale.

Dans le cours des années, les filles du roi Mandhatri donnèrent à Saubhari cent-cinquante fils ; chaque jour, son affection pour ses enfants devenait plus vive, et son cœur en était pleinement occupé. « Mes fils, » se disait-il, « me charmeront avec leur babil enfantin ; ils apprendront ensuite à marcher ; ils grandiront ; je les verrai mariés ; ils auront à leur tour des enfants et je pourrai voir les enfants de ces enfants. » Il s'aperçut enfin, en faisant ces réflexions que, dans ses prévisions, il ne tenait pas compte de la marche du temps, et il s'écria : « Insensé que je suis ! Mes désirs n'ont pas de terme. Lors même que j'aurai l'espoir de vivre dix mille ans ou cent mille ans, de nouveaux désirs surgiraient sans cesse. Quand j'aurai vu mes enfants marcher, quand je les aurai vus grandir, se marier, avoir des enfants à leur tour, mes souhaits seraient encore à exaucer, et je voudrai voir les descendants de leurs descendants. Il n'y a donc pas de terme à l'espérance, et la mort seule peut y mettre une fin ; l'esprit, perpétuellement absorbé dans l'attente, ne peut s'attacher aux choses divines. Mes exercices de piété, lorsque j'étais plongé dans l'eau, ont été interrompus par un attachement pour un poisson. Le résultat a été mon mariage, et de là sont venus des désirs sans bornes. La peine qui est la suite de la naissance de mon corps est maintenant augmentée par les soins attachés à cinquante autres, et elle s'augmente en raison des nombreux enfants que les princesses m'ont donnés. Ces sources d'affliction seront renouvelées par leurs enfants, et par les mariages de ces enfants ; elles se développeront ainsi à l'infini ; le mariage est une mine d'inquiétude perpétuelle. Se séparer du monde, voilà le seul chemin qui puisse conduire le sage à la libération finale ; d'innombrables erreurs résultent du commerce avec les mortels. Le solitaire qui s'est consacré à la pénitence déchoit de la perfection en contractant des attachements mondains. Mon intelligence est devenue la proie du désir que j'ai éprouvé de goûter le bonheur du mariage, mais je travaillerai maintenant avec énergie pour le salut de mon âme et pour arriver, exempt des imperfections humaines, à être délivré des souffrances humaines. Dans ce but, je me rendrai favorable par une pénitence sévère, Vishnou, dont la forme ne peut être scrutée, qui est plus petit que l'objet le plus petit et plus grand que le plus grand, la source des ténèbres et de la clarté, le dieu souverain des dieux. Puisse mon esprit tout à fait libre de péché, s'appliquer instamment à son corps éternel, d'une puissance illimitée et identique avec l'univers! puissé-je ainsi ne plus renaître! Je me réfugie vers lui, vers ce Vishnou qui est le maître des maîtres, qui est un avec toutes choses, qui est le seigneur pur et éternel de toutes choses, qui n'a ni commencement, ni milieu, ni fin et en dehors duquel il n'est rien. »

CHAPITRE III.

Saubhari et ses femmes embrassent la vie religieuse. Descendants de Mandhatri. Légendes de Narmada et de l'ouroukoutsa. Légende de Trisankou. Bahou chassé de ses États par les Hayhayas et les Talajanghas. Naissance de Sagara ; il subjugue les barbares et il leur interdit de faire des offrandes au feu et d'étudier les Védas.

Ayant fait ces réflexions, Saubhari abandonna ses enfants, sa maison et toute la splendeur dans laquelle il vivait, et, en compagnie de ses femmes, il entra dans la forêt, où il se livra chaque jour aux pratiques que suivent les anachorètes appelés Vaikhanasas (ou ayant une famille), jusqu'à ce qu'il se fût purifié de tout péché. Lorsque son intelligence eut atteint la maturité, il concentra en son esprit les feux sacrés et devint un religieux mendiant. Alors, ayant remis toutes ses actions à l'esprit suprême, il obtint la condition d'un Achyouta qui ne connaît pas de changement et qui n'est pas soumis aux vicissitudes de la naissance, de la transmigration et de la mort. Quiconque lit, écoute ou médite l'histoire de Saubhari et de son mariage avec les filles de Mandhatri, ne sera jamais, pendant huit naissances successives, soumis à de mauvaises pensées ; il n'agira pas d'une façon contraire à l'équité et ne sera point guidé par des attachements égoïstes.

Revenons à la généalogie des descendants de Mandhatri. Yuvanaswa fut le fils d'Ambarisha, fils de Mandhatri ; il eut pour fils Harita d'où descendirent les Angirasa Haritas.

Le fils de Trisankou fut Harischandra ; son fils Rohitaswa ; son fils fut Harita ; son fils fut Chounchou qui eut deux fils nommés Vijaya et Sadeva.

Ruraka fut le fils de Vijaya et il eut pour fils Vrika qui fut le père de Bahuka. Ce prince fut vaincu par les tribus des Haihayas et des Talajanghas, qui s'emparèrent de ses États ; il s'enfuit dans les forêts avec ses femmes. Une d'elles était enceinte et elle excita la jalousie d'une de ses rivales qui lui donna du poison pour l'empêcher d'être délivrée. Le poison eut le résultat de confiner l'enfant pendant sept ans dans le sein de sa mère. Bahuka étant devenu vieux, mourut près du séjour d'Aurva. Sa femme lui ayant élevé un bûcher, se préparait à y monter afin d'accompagner son mari dans la mort, mais le sage Aurva qui connaissait toutes choses passées, présentes et futures, sortit de son ermitage, et l'en empêcha en disant : « Arrête! arrête! un vaillant prince, un monarque maître de nombreux États, qui offrira beaucoup de sacrifices et qui détruira ses ennemis, un empereur qui gouvernera l'univers, est dans ton sein ; garde-toi de commettre un acte de désespoir. » La reine, fidèle à la voix du sage, renonça à ses projets. Il la conduisit à sa demeure et, quelque temps après, un très-bel enfant naquit. Le poison qui avait été donné à sa mère fut expulsé avec lui, et Aurva, après avoir accompli les cérémonies prescrites lors de la naissance, lui donna le nom de Sagara (*Sa*, avec ; *gara*, poison). Ce saint et sage personnage célébra l'investiture de l'enfant avec la corde de sa classe, l'instruisit pleinement dans les Védas, et lui enseigna l'usage des armes.

Lorsque l'enfant eut grandi et qu'il fut capable de réfléchir, il dit un jour à sa mère : « Pourquoi demeurons-nous en cet ermitage ? où est mon père et quel est-il ? » Sa mère lui répondit en lui racontant tout ce qui s'était passé. Ce récit mit le jeune homme dans une violente colère, et il fit le vœu de reconquérir les États de son père et d'exterminer les Haihayas et les Talajanghas qui s'en étaient emparés. Quand il fut devenu un homme, il mit à mort la presque totalité des Haihayas, et il aurait de même détruit les Sakas, les Yavanas, les Kambojas, les Paradas et les Pahnavas ; mais ils eurent recours à Vasishtha, le prêtre de la famille de Sagara, et ils implorèrent sa protection. Vasishtha, les regardant comme anéantis ou dépourvus de pouvoir, dit à Sagara : « C'est assez, mon fils ; ne poursuis pas davantage ces objets de ta colère ; tu peux les regarder comme n'existant plus. Afin d'accomplir ton vœu, je les ai séparés des devoirs de leur caste et de toute affinité avec les tribus régénérées. » Sagara, soumis aux ordres de son guide spirituel, se contenta d'imposer aux nations vaincues des marques distinctives. Il obligea les Yavanas à se raser entièrement la tête, les Sakas à se raser la partie supérieure de la tête, les Paradas à porter les cheveux longs, et les Pahnavas à laisser croître leur barbe. Il leur interdit, ainsi qu'aux autres races de Kshatriyas, de faire des offrandes au feu et d'étudier les Védas. Après avoir reconquis ses États, Sagara régna sans opposition sur la terre aux sept zones.

CHAPITRE IV.

Descendants de Sagara. Leur malice. Il célèbre un Aswamedha (sacrifice d'un cheval). Le cheval est dérobé par Kapila. Il est retrouvé par les fils de Sagara, qui sont tous détruits par le sage. Le cheval est recouvré par Ansoumat. Ses descendants. Légende de Mitrasaha ou Kalmasapada, fils de Soudasa. Légende de Khatwanga. Naissance de Rama et des autres fils de Dasaratha. Abrégé de l'histoire de Rama. Ses descendants et ceux de ses frères. Race de Kousa. Vrihadbala, le dernier de cette race, est tué dans une grande bataille.

Soumati, fille de Kasyapa, et Kesini, fille du roi Viderbha, furent les deux femmes de Sagara. Le roi, n'ayant pas d'enfant, s'adressa avec ferveur au sage Aurva, et le mouni prononça qu'une des femmes du roi aurait un fils qui serait le soutien de sa race et que l'autre donnerait naissance à soixante mille fils; il les laissa ensuite libres de faire leur choix. Kesini choisit d'avoir le fils unique, Soumati fit choix du grand nombre, et il advint, peu de temps après, que la première mit au monde Asamanjas, prince qui continua la dynastie, tandis que la fille de Vinata eut soixante mille fils. Le fils d'Asamanjas fut Ansoumat.

Asamanjas mena, dès son enfance, une conduite très-irrégulière. Son père espérait qu'en grandissant il se corrigerait; mais, trouvant qu'il persévérait dans son immoralité, Sagara l'abandonna. Les soixante mille enfants de Sagara suivirent l'exemple de leur frère Asamanjas. Le chemin de la vertu et de la piété étant ainsi interrompu dans ce monde par les fils de Sagara, les dieux se rendirent auprès du mouni Kapila, qui était une portion de Vishnou, exempt de fautes et doué de toute sagesse véritable. S'étant approché de lui avec respect, ils dirent : « Seigneur, que deviendra le monde, si ces fils de Sagara ont la permission de persévérer dans les voies mauvaises qu'ils ont apprises d'Asamanjas? Prends une forme visible pour la protection de l'univers affligé. » — « Soyez satisfaits, » répondit le sage, « les fils de Sagara seront tous détruits avant peu. »

Alors Sagara commença la célébration d'un sacrifice solennel d'un cheval qui était gardé par ses propres fils; néanmoins quelqu'un déroba cet animal et l'emporta dans un des abîmes de la terre. Sagara ordonna à ses fils de chercher le coursier, ils le suivirent en se guidant sur les traces de ses pas, et ils arrivèrent à la fente où il était entré; là ils se mirent à creuser la terre, et ils s'enfoncèrent ainsi à une profondeur d'une lieue. Arrivant à Patala, ils virent le cheval qui errait en liberté, et, à peu de distance de lui, ils aperçurent le rishi Kapila assis, la tête penchée, livré à la méditation et jetant dans tout l'espace qui l'entourait un éclat aussi vif que la splendeur d'un soleil d'automne brillant dans un ciel sans nuage. Ils coururent vers lui, en levant leurs armes et en s'écriant : « Voilà le scélérat qui a malicieusement interrompu notre sacrifice et qui a dérobé le cheval; tue-le! tue le!» Le mouni leva lentement les yeux et les regarda un instant; aussitôt ils furent réduits en cendres par la flamme sacrée qui rayonnait de sa personne.

Lorsque Sagara apprit que ses fils qu'il avait envoyés à la poursuite du cheval du sacrifice, avaient été détruits par la puissance du grand rishi Kapila, il envoya Ansoumat, fils d'Ansamanjas, pour recouvrer l'animal. Le jeune homme, se rendant par le chemin profond que les princes avaient creusé, arriva à l'endroit où était Kapila, et, s'inclinant avec respect devant lui, il lui adressa ses prières et se le rendit favorable, en sorte que le saint lui dit : « Va, mon fils, remets le cheval à ton grand-père, et demande-moi une faveur; ton petit-fils fera descendre sur la terre la rivière du ciel. » Ansumat demanda que ses oncles qui avaient péri par suite de la colère du sage, pussent être admis dans le ciel quoiqu'ils en fussent indignes. Kapila répondit : « Je t'ai dit que ton petit-fils fera descendre sur la terre le Gange, le fleuve des dieux, et quand ses eaux laveront les ossements et les cendres des fils de ton grand-père, ils seront élevés jusque dans le ciel. Telle est l'efficacité du fleuve qui sort du doigt du pied de Vishnou qu'il procure le ciel à tous ceux qui s'y baignent volontairement ou qui y tombent par hasard; le ciel sera même accordé à ceux dont les os, la peau, les fibres, les cheveux ou quelque autre partie du corps restera, après leur mort, sur la terre contiguë au Gange. » Après avoir témoigné avec respect sa reconnaissance au sage, Ansumat revint vers son grand-père et lui remit le cheval. Sagara termina alors le sacrifice, et par souvenir affectueux pour ses fils, il donna le nom de Sagara à l'ouverture qu'ils avaient creusée.

Le fils d'Ansoumat fut Dilipa; son fils fut Bhagiratha qui amena le Gange sur la terre; de là vient que ce fleuve est appelé Bhagirathi. Le fils de Bhagiratha fut Sruta; son fils fut Nabhaga; son fils fut Ambarisha; son fils fut Sindhawipa; son fils fut Ayustaswa; son fils fut Ritouparna, l'ami de Nala, fort habile dans la connaissance des dés. Le fils de Ritouparna fut Sarvakama; son fils fut Sudasa; son fils fut Mitrasaha (279).

Le fils de Sudasa, ayant été pour chasser dans une forêt, rencontra un couple de tigres qui avaient détruit tout le gibier qui se trouvait dans la forêt. Le roi tua un de ces tigres d'un coup de flèche. Au

---

(279) Le Bhagavata-Pourana raconte au sujet de Mitrasaha une longue légende qui figure aussi dans le Mahabharata. Ce Brahmane ayant demandé des aliments au roi Kalmashapada, ce monarque ordonna à son cuisinier de préparer de la chair humaine et de la donner au sage, mais celui-ci maudit le tyran et le condamna à devenir un cannibale.

moment d'expirer, l'animal changea de forme, et il prit celle d'un démon aux traits effroyables et à l'aspect hideux. Son compagnon, menaçant le prince de sa vengeance, disparut.

Après quelque intervalle, Sudasa célébra un sacrifice qui fut dirigé par Vasishtha. Quand la cérémonie fut achevée, Vasishtha sortit, et le démon (le *Raksha*), compagnon de celui qui avait été tué lorsqu'il avait la forme d'un tigre, se montra sous les traits de Vasishtha, et il vint dire au roi : « Maintenant que le sacrifice est achevé, il convient que tu me donnes de la viande ; fais-la préparer et je reviens de suite. » Il disparut après avoir dit ces mots, et, prenant la figure d'un cuisinier, il prépara de la chair humaine et il l'apporta au roi qui, la recevant sur un plat d'or, attendit que Vasishtha se montrât derechef. Aussitôt que le mouni revint, le roi lui offrit le plat. Vasishtha, surpris de ce que le roi manquait ainsi aux convenances en lui présentant de la viande à manger, considéra ce qui lui était présenté de la sorte, et, par l'efficacité de ses méditations, il découvrit que c'était de la chair humaine. L'âme agitée de colère, il prononça une malédiction contre le roi, disant : « Tu as offensé tous les saints tels que nous, en me donnant ce qu'il ne faut pas manger ; tu en seras puni, ton appétit devant à l'avenir être excité par une nourriture semblable. »

Le roi répondit au sage irrité : « C'est toi-même qui as commandé de préparer ces aliments. — Moi ! répondit Vasishtha, comment cela pourrait-il être ? » S'appliquant derechef à la méditation, il découvrit toute la vérité. Renonçant alors à tout mécontentement contre le roi, il dit : « La nourriture à laquelle je t'ai condamné ne formera pas à jamais tes aliments ; ce ne sera que pour douze années. » Le roi, qui avait pris de l'eau dans le creux de sa main et qui se préparait à maudire le mouni, considéra alors que Vasishtha était son guide spirituel, et la reine Madayanti lui fit observer qu'il ne convenait pas qu'il lançât l'anathème contre un saint qui était le protecteur divin de sa race ; il abandonna alors son projet, mais ne voulant pas jeter sur la terre l'eau imprégnée de sa malédiction, car il craignit qu'elle ne desséchât les grains, redoutant aussi de la jeter en l'air, de peur qu'elle ne souillât les nuages et ne desséchât leur contenu, il prit le parti de la jeter sur ses propres pieds. Echaudés par la chaleur que la malédiction avait donnée à l'eau, les pieds du roi se trouvèrent couverts de taches noires et blanches ; de là lui vint le nom de Kalmashapada (*Kalmasha*, tachetés ; *pada*, pieds).

En conséquence de la malédiction prononcée par Vasishtha, le roi devint un cannibale à chaque sixième veillée du jour pendant douze ans ; en cet état, il errait dans les forêts et dévorait une multitude de personnes. Un jour, il aperçut un saint personnage qui parlait tendrement à sa propre femme. Aussitôt qu'ils aperçurent sa figure effroyable, ils furent remplis de frayeur et cherchèrent à s'enfuir ; mais le roi les rejoignit et saisit le mari. Alors la femme du Brahmane cessa de fuir, et elle supplia le roi d'épargner son mari, en disant : « O Mitrasha, tu es l'orgueil de la maison royale d'Ikshwakou et non un démon féroce. Il n'est pas dans ta nature, ô toi qui connais les caractères des femmes, d'enlever mon mari et de le dévorer. » Mais ce fut en vain ; sourd à ses supplications, le roi dévora le Brahmane comme un tigre dévore un chevreuil. La femme du Brahmane, émue de fureur, adressa alors au roi ces paroles : « Puisque tu as cruellement troublé les joies d'un ménage, et puisque tu as tué mon mari, ta mort sera la conséquence de tout commerce que tu auras avec la reine. » Après avoir parlé de la sorte, elle se livra aux flammes.

A l'expiration du terme désigné par la malédiction qui l'avait frappé, Sudasa revint en sa demeure. Sa femme Madayanti l'ayant fait souvenir de l'imprécation prononcée par la femme du Brahmane, il s'abstint de tout commerce avec la reine, et demeura ainsi sans enfant ; mais ayant sollicité l'intervention de Vasishtha, Madayanti devint enceinte. L'enfant resta cependant sept années sans venir au monde ; ensuite la reine, devenue impatiente, s'ouvrit le ventre avec une pierre aiguë et fut ainsi délivrée. De là vint que l'enfant reçut le nom d'Asmaka (d'*Asman*, pierre).

Le fils d'Asmaka fut Moulaka, qui, lorsque la tribu des guerriers fut exterminée sur la terre, fut entouré et caché par des femmes, ce qui lui valut le nom de Nasikavacha (ayant des femmes pour armure). Le fils de Moulaka fut Dasaratha ; son fils fut Ilavila ; son fils fut Viswasaha ; son fils fut Khantwanga, appelé aussi Dilipa, qui, dans une bataille entre les dieux et les Asuras, fut invoqué par les premiers et tua un grand nombre de leurs ennemis. Ayant ainsi obtenu l'amitié des habitants du ciel, ils lui dirent de demander une grâce. Il répondit : « Si je dois vous demander une grâce que vous êtes disposés à m'accorder, faites-moi alors la faveur de me révéler quelle doit être la durée de ma vie. » — « La durée de ton existence n'est que d'une heure, » répliquèrent les dieux. Alors Khantwanga, qui était plein d'agilité, descendit dans son chariot rapide vers le monde des mortels. Arrivé là, il pria et dit : « Si mon âme ne m'a jamais été plus chère que les saints Brahmanes, si je n'ai jamais dévié de l'accomplissement de mes devoirs, si je n'ai jamais regardé les dieux, les hommes, les animaux, les végétaux et toutes les choses créées, comme différant de l'être impérisbal le, puis-je alors d'un pas ferme atteindre cet être divin sur lequel les sages méditent? »

Après avoir parlé de la sorte, il fut uni à cet être suprême qui est Vasoudeva, le plus ancien de tous les dieux, qui est l'existence abstraite, et dont la forme ne saurait être décrite. Ce fut ainsi qu'il obtint l'absorption, selon cette stance que répétèrent autrefois les sept Rishis : « Nul sur la terre ne sera comme Khatwanga qui, étant descendu du ciel et étant demeuré une heure parmi les hommes, devint uni aux trois mondes par sa libéralité et par sa connaissance de la vérité. »

Le fils de Khantwanga fut Dirghabaha, son fils fut Raghou, son fils fut Aja, son fils fut Dasaratha. Le dieu du nombril, duquel sort le lotus, se quadrupla pour la protection du monde, dans les quatre fils de Dasaratha, qui se nommaient Rama, Lakshmana, Bharata et Satroughna.

Rama, étant encore enfant, accompagna Viswamitra pour protéger son sacrifice, et il tua Tadaka. Il tua plus tard Maricha, le perçant de ses traits irrésistibles; Soubahou et d'autres périrent sous ses coups. Il purifia Abalya de ses fautes, rien qu'en arrêtant ses regards sur elle. Dans le palais de Tanaka, il brisa facilement l'arc puissant de Maheswara, et il reçut, pour prix de ses exploits, la main de Sita, fille du roi. Il humilia l'orgueil de Parasourama, qui se vantait de ses triomphes sur la race des Haihayas et du carnage qu'à maintes reprises il avait fait de la tribu des Kshatriyas. Soumis aux ordres de son père, et ne regrettant point la perte de la souveraineté, il entra dans la forêt, accompagné de son frère Lakshmana et de sa femme; et il combattit et tua Viradha, Kharaloushana et d'autres Rakshasas, le géant Kabandha qui n'avait pas de tête, et Bali, le roi des Singes. Ayant bâti un pont à travers l'Océan et détruit toute la nation des Rakshasas, il reprit sa fiancée, Sita, que Ravana, le roi à dix têtes des Rakshasas, avait enlevée, et il revint avec elle à Ayodhya, après qu'elle eut été purifiée, par l'épreuve du feu, de la souillure contractée par sa captivité, et après qu'elle eut été honorée par les dieux assemblés qui rendirent témoignage de sa vertu.

Bharata se rendit maître du pays des Gandharbhas après en avoir détruit un grand nombre, et Satroughna ayant tué Lavana, chef des Rakshasas, prit possession de sa capitale Mathoura.

Ayant ainsi, par leur valeur sans égale et par leur puissance, arraché le monde entier à la domination du malin esprit, Rama, Lakshmana, Bharata et Satroughna remontèrent au ciel, et ils furent suivis par ceux des habitants de Kosala qui étaient dévoués avec ferveur à ces portions incarnées du Vishnou suprême.

Rama et ses frères eurent chacun deux fils. Kousa et Lava furent les fils de Rama; ceux de Lakshmana furent Angada et Chandraketa; les fils de Bharata furent Taksha et Poushkara; Soubahou et Sourasena furent les fils de Satroughna.

Le fils de Kousa fut Atithi, dont le fils fut Nishadha, dont le fils fut Nala, dont le fils fut Sabhas, dont le fils fut Poundarika, dont le fils fut Kshemadhanwan, dont le fils fut Devanika, dont le fils fut Ahinagou, dont le fils fut Paripatra, dont le fils fut Dala, dont le fils fut Chhala, dont le fils fut Uktha, dont le fils fut Vajranabha, dont le fils fut Sankhanabha, dont le fils fut Abhyoutthitaswa, dont le fils fut Viswasaha, dont le fils fut Hiranyanabha, qui fut élève du puissant cénobite Jaimini, et qui communiqua la science des exercices spirituels à Yajnawalkya. Le fils de ce roi pieux fut Poushya, son fils fut Dhrouvasandhi, son fils fut Sadawana, son fils fut Agnivarna, son fils fut Sighra, son fils fut Marou qui, par le pouvoir de sa piété, est encore vivant dans le village de Kalapa, et qui, à une époque future, sera le restaurateur de la race des Kshatriyas dans la dynastie solaire.

Mara eut un fils nommé Prasasrouta, son fils fut Sousandhi, son fils fut Amarsha, son fils fut Mahaswat, son fils fut Visatatavat, et son fils fut Vrihadbala, qui fut tué dans la grande guerre par Abhiwanyou, fils d'Anjouna. Tels sont les princes les plus distingués dans la famille d'Ikshwakou; quiconque écoute leur histoire sera purifié de tous ses péchés.

CHAPITRE V.

Rois de Mithila. Légende de Nimi, fils d'Ikshwakou. Naissance de Janaka. Sacrifice de Siradhwaja. Origine de Sita. Descendants de Kousadhwaja. Kriti, le dernier des princes de Maithila.

Le fils d'Ikshwakou, qui se nommait Nimi, institua un sacrifice qui devait durer mille ans, et s'adressa à Vasishtha pour présenter les offrandes. Vasishtha répondit qu'il avait été déjà engagé par Indra pour cinq cents ans, mais que si le roi voulait attendre quelque temps, il viendrait et il officierait comme premier prêtre. Le roi ne fit point de réponse, et Vasishtha se retira supposant qu'il avait consenti. Quand le sage eut accompli les cérémonies qu'il dirigeait pour Indra, il retourna en toute hâte auprès de Nimi, se proposant de lui rendre le même service. Lorsqu'il fut arrivé, il trouva que Nimi s'était adressé à Gautama et à d'autres prêtres afin de présider au sacrifice; il fut alors très-irrité, et prononça une malédiction contre le roi qui était alors endormi, le condamnant à cesser d'exister sous une forme corporelle. Lorsque le roi se réveilla, et qu'il sut ce qui était arrivé, il lança à son tour une imprécation semblable contre Vasishtha qui l'avait maudit sans conférer d'abord avec lui. Nimi abandonna ensuite son corps, et Vasishtha en faisant autant, fut uni pendant une certaine période au esprits de Mitra et de Varouna, jusqu'à ce que, par suite de leur passion pour la nymphe Urvasi, il naquit de nouveau sous une forme différente.

Le corps de Nimi fut préservé de la corruption en étant embaumé avec des huiles parfumées et de la résine, et il demeura aussi entier que s'il était immortel. Quand le sacrifice fut achevé, les prêtres s'adressèrent aux dieux qui étaient venus recevoir leurs portions et les supplièrent d'accorder une grâce à l'auteur du sacrifice. Les dieux consentaient à rendre à Nimi la vie corporelle, mais il refusa, disant : « O dieux qui soulagez toutes les souffrances de ce monde, il n'existe pas un plus juste sujet de douleur que la séparation du corps et de l'âme; je désire donc habiter dans les yeux de tous les êtres, mais ne plus reprendre une forme corporelle. » Les dieux accédèrent à ce désir, et ils placèrent Nimi dans les yeux de toutes les créatures vivantes, dont les paupières s'ouvrent et se ferment toujours, en conséquence de ce qui fut fait alors.

Comme Nimi ne laissait pas de successeur, les mounis, craignant les conséquences qui résulteraient de laisser la terre sans souverain, agitèrent le corps du prince et produisirent un prince qui fut appelé Janaka, parce qu'il était né sans père. Il fut aussi appelé Vaideha, le fils de celui qui n'a point de corps (*Videha*), et il reçut aussi le nom de Mithi, parce qu'il avait été le produit de l'agitation (*Mathana*).

Le fils de Janaka fut Udavasa; son fils fut Nandivarddhana; son fils fut Saketou; son fils fut Devarata; son fils fut Vrihaduktha; son fils fut Mahavirya; son fils fut Satyadhriti; son fils fut Dhrishtaketa; son fils fut Haryyaswa; son fils fut Marou; son fils fut Pratibandhaka; son fils fut Kritaratha; son fils fut Krita; son fils fut Viboudha; son fils fut Mahadhriti; son fils fut Kritirata; son fils fut Maharoman; son fils fut Suvarnaroman; son fils fut Hraswaroman; son fils fut Siradhwaja.

Siradhwaja labourait un jour la terre afin de la préparer pour un sacrifice qu'il organisait, afin d'obtenir des descendants; il sortit du sillon qu'il traçait une jeune fille qui devint sa fille Sita. Le frère de Siradhwaja fut Kusadhwaja, qui fut roi de Kasi; il eut aussi un fils nommé Bhanamat. Le fils de Bhanamat fut Satadyamna; son fils fut Suchi; son fils fut Urjjhava; son fils fut Satyadhwaja; son fils fut Kuni; son fils fut Anjana; son fils fut Ritujit; son fils fut Arishtanami; son fils fut Srutayas; son fils fut Suparswa; son fils fut Sanjaya; son fils fut Kshemari, son fils fut Anenas; son fils fut Minaratha; son fils fut Satyaratha; son fils fut Satyarathi; son fils fut Upagou; son fils fut Srata, son fils fut Saswata; son fils fut Soudhanwan; son fils fut Subhasa; son fils fut Susrata; son fils fut Jaya; son fils fut Vijaya; son fils fut Rita; son fils fut Sanaya; son fils fut Vitahavya; son fils fut Dhriti; son fils fut Bahalaswa; son fils fut Kriti, avec lequel se termina la famille de Janaka. Tels sont les rois de Mithila, versés pour la plupart dans les connaissances spirituelles.

CHAPITRE VI.

Rois de la dynastie lunaire. Origine de Soma (la lune). Il enlève Tara, femme de Vrihaspati; guerre qui en résulte entre les dieux et les Asouras. Elle est apaisée par Brahma. Naissance de Bouddha. Il épouse Ila, fille de Vaivaswata. Légende de son fils Gourouvaras et de la nymphe Urvasi. Il institue les offrandes avec le feu. Il monte à la sphère des Goudharbas.

MAITREYA. — Tu m'as raconté, maître vénéré, l'histoire des rois de la dynastie du soleil; je désire maintenant entendre le récit de ce qui concerne les princes qui font remonter leur origine à la lune, et dont la race est célèbre, grâce à de glorieux exploits.

PARASARA. — Je te dirai ce qui a rapport à l'illustre famille de la lune, qui a donné à la terre de nombreux et célèbres monarques; cette race possède les qualités royales de la force, de la valeur, de la magnificence, de la prudence et de l'activité; elle compte parmi ses princes Nahousha, Yayati, Kartaviryarjouna, et d'autres également renommés.

Atri fut le fils de Brahma, le créateur de l'univers, qui sortit du lotus, lequel jaillit du nombril de Narayana. Le fils d'Atri fut Soma (*la lune*); Brahma l'installa comme souverain des plantes, des Brahmanes et des étoiles. Soma célébra le sacrifice Rajasouya; la gloire qu'il acquit ainsi et la vaste étendue de la domination dont il avait été investi, le rendit arrogant et licencieux; il enleva Tara, femme de Vrihaspati, le précepteur des dieux. Ce fut en vain que Vrihispati chercha à recouvrer sa femme; ce fut en vain que Brahma commanda et que les sages saints firent des remontrances; Soma refusa de la rendre. Usanas, par animosité contre Vrihispati, prit le parti de Soma. Roudra, qui avait étudié sous Angiras, père de Vrihaspati, soutint son camarade d'études. Imitant l'exemple de leur maître Uranas, Jambha, Kujambha et tous les Daityas, les Danavas et autres ennemis des dieux, vinrent appuyer Soma, tandis qu'Indra et tous les dieux furent les alliés de Vrihaspati.

Il s'ensuivit une lutte acharnée; les dieux, conduits par Roudra, lancèrent leurs traits contre leurs adversaires, et les Aityas attaquèrent les dieux avec non moins de résolution. La terre, ébranlée jusqu'à son centre par le combat que se livraient de pareils ennemis, eut recours à Brahma dont elle implora la protection; Brahma intervint, et obligeant les combattants à cesser leurs efforts, il força Soma à rendre Tara à son mari. Trouvant qu'elle était enceinte, Vrihaspati désira qu'elle fût délivrée sans délai, et elle mit au monde un fils qu'elle déposa sur une touffe de l'herbe Munja.

L'enfant, dès le moment de sa naissance, fut doué d'une splendeur qui éclipsa celle de toute déité, et Vrihaspati, ainsi que Soma, fascinés par sa beauté, réclamèrent sa paternité. Les dieux, voulant terminer ce différend en appelèrent à Tara ; elle fut toute honteuse et ne voulut point répondre. Comme elle restait muette malgré leurs demandes réitérées, l'enfant s'irrita et fut au moment de la maudire, en disant : « Si tu ne déclares pas aussitôt qui est mon père, je te condamnerai à subir une destinée qui empêchera à l'avenir toute femme à hésiter à dire la vérité. » Alors Brahma intervint, calma l'enfant, et s'adressant à Tara, il lui dit : « Parle, ma fille ; cet enfant est-il celui de Vrihaspati ou celui de Soma ? » — « De Soma, » répondit Tara en rougissant. Dès qu'elle eut prononcé ces mots, le souverain des constellations, la figure épanouie de plaisir, embrassa son fils en disant : « C'est bien, mon fils, tu es vraiment sage ; » et de là vint que l'enfant reçut le nom de Boudha (*celui qui sait*).

Il a déjà été dit que Boudha eut de sa femme Ila un fils nommé Pourouravas. Ce fut un prince renommé pour sa libéralité, sa dévotion, sa magnificence et son amour de la vérité ; il était aussi d'une très-grande beauté. Urvasi ayant encouru l'imprécation de Mitra et de Varouna, résolut de fixer son séjour dans le monde des mortels ; elle descendit donc sur la terre, et elle aperçut Pourouravas. Dès qu'elle le vit, elle oublia toute réserve, et perdant de vue les plaines du ciel, elle devint vivement éprise du prince. Pourouravas fut également enchanté d'elle ; il la trouva infiniment supérieure à toutes les autres femmes, en grâce, en élégance et en beauté ; tous deux, inspirés par des sentiments semblables, ne pensèrent plus que l'un à l'autre. Plein de confiance en son propre mérite, Pourouravas s'adressa à la nymphe et dit : « Belle créature, je t'aime ; aie compassion de moi et réponds à ma tendresse. » Urvasi, détournant à demi son visage par un sentiment de modestie, répondit : « Je le ferai, si tu observes les conditions que j'ai à te proposer. » — « Quelles sont-elles ? » dit le prince ; « fais-les moi connaître. » — « J'ai deux béliers, » répondit la nymphe, « que j'aime comme des enfants ; il faut qu'ils restent auprès de mon lit et qu'ils ne s'en éloignent jamais ; tu dois aussi prendre garde de ne jamais me voir dépouillée de mes vêtements, et du beurre clarifié doit être ma seule nourriture. » Le roi s'empressa de souscrire à ces conditions.

Ensuite Pourouravas et Urvasi résidèrent ensemble à Alaka, jouant pendant soixante et un mille ans parmi les bosquets et les lacs émaillés de lotus de Chaitraratha. La tendresse de Pourouravas pour son épouse augmentait chaque jour, et celle-ci, le payant de retour, ne se souvint jamais de son séjour parmi les immortels. Il n'en était pas ainsi des esprits qui faisaient partie de la cour d'Indra ; les nymphes, les génies et les choristes regardaient le séjour du ciel lui-même comme fastidieux lorsque Urvasi était absente. Sachant la convention qu'Urvasi avait faite avec le roi, Viswavasa fut chargé par les Gandharbas d'amener la violation de cet arrangement ; il vint la nuit dans la chambre où ils dormaient, et emporta un des béliers. Urvasi fut éveillée par ses cris et s'écria : « Hélas ! qui est-ce qui a emporté un de mes enfants ? Si j'avais un mari, cela ne serait pas arrivé. A qui m'adresserai-je pour avoir du secours ? » Le roi entendit ses lamentations, mais se rappelant qu'il était déshabillé et qu'Urvasi pourrait le voir en cet état, il ne bougea pas de son lit. Alors le Gandharba vint et enleva l'autre bélier, et Urvasi, l'entendant bêler, s'écria que la femme d'un prince assez lâche pour supporter cet outrage n'avait personne pour la protéger. Pourouravas fut très-irrité, et se flattant, comme il faisait nuit, que la nymphe ne le verrait pas, il se leva, saisit son épée et courut après les voleurs, leur criant de s'arrêter et de recevoir le châtiment dû à leurs méfaits. En ce moment, les Gandharbas firent briller un éclair dans la chambre, et Urvasi vit le prince déshabillé. L'accord qui avait été conclu entre eux se trouvait violé, et la nymphe disparut aussitôt. Les Gandharbas, abandonnant les béliers, se retirèrent dans la région des dieux.

Le roi, ayant repris les animaux, revint plein d'allégresse, mais il ne retrouva pas Urvasi, et ne la revoyant nulle part, il erra nu dans le monde comme un insensé. Enfin, arrivé à Karakshetra, il aperçut Urvasi qui jouait avec quatre autres nymphes du ciel, dans un lieu qu'embellissaient des lotus ; il courut vers elle, l'appelant son épouse et la suppliant de revenir auprès de lui. « Puissant monarque, » dit la nymphe, « cesse de te livrer à cette extravagance. Je suis maintenant enceinte ; pars et reviens ici à la fin d'une année, je te remettrai alors un fils ; je resterai quelques heures avec toi. »

Pourouravas consolé retourna à sa capitale, et Urvasi dit à ses compagnes : « Ce prince est un mortel excellent ; j'ai vécu longtemps avec lui dans une union sincère. » — « Il est en effet d'un aspect engageant, » répondirent-elles, « et on pourrait mener toujours avec lui une vie heureuse. »

Quand l'année fut expirée, Urvasi et le monarque se rencontrèrent à Karakshetra, et elle lui remit son premier né Ayous, et ces entrevues annuelles se répétèrent jusqu'à ce qu'elle lui eût donné cinq fils. Elle dit alors à Pourouravas : « Par considération pour moi, tous les Gandharbas ont manifesté leur désir d'accorder à mon maître leur bénédiction; qu'il leur demande donc une grâce. » Le roi répondit : « Mes ennemis sont tous détruits; toutes mes facultés sont entières, j'ai des amis, des parents, des armées et des trésors ; il n'est rien que je ne puisse obtenir, si ce n'est de vivre dans la même région que mon Urvasi. Mon seul désir est donc de passer ma vie avec elle. »

Lorsque le roi eut parlé ainsi, les Gandharbas apportèrent à Pourouravas un vase où il y avait du feu, et ils lui dirent : « Prends ce feu, et, selon les préceptes des Védas, partage-le en trois feux ; puis, fixant ton esprit sur l'idée de vivre avec Urvasi, présente des offrandes et tu obtiendras assurément ce que tu désires. » Le roi prit le vase et partit, et vint dans une forêt. Il réfléchit alors qu'il avait commis une grande folie en prenant ce vase au lieu d'emmener son épouse, et laissant le vase dans les bois, il revint très-affligé en son palais. Au milieu de la nuit, il s'éveilla et il songea que les Gandharbas lui avaient donné ce feu pour le mettre à même d'obtenir le bonheur de vivre avec Urvasi, et qu'il avait fait une chose absurde en le laissant en chemin. Il se leva donc et il alla à l'endroit où il avait laissé le vase, mais il ne le retrouva plus. A sa place, il vit un jeune arbre Aswattha qui sortait d'une plante Sami, et après avoir réfléchi là-dessus, il se dit à lui-même : « J'ai laissé en cet endroit un vase avec du feu; j'y vois maintenant un jeune arbre Aswattha qui sort de la plante Sami. Je porterai dans ma capitale cet emblème du feu, et là, ayant obtenu du feu par leur frottement, je l'adorerai. »

Ayant pris cette résolution, le roi emporta les plantes dans sa capitale et il prépara des morceaux de bois d'autant de pouces de long qu'il y a de syllabes dans un vers Gayatri, et il les frotta l'un contre l'autre. Ayant ainsi obtenu du feu, il en fit trois brasiers séparés, selon les injonctions des Vedas, et il l'employa à faire des offrandes, se proposant, pour but de cette cérémonie, sa réunion avec Urvasi. Célébrant de cette manière beaucoup de sacrifices, selon le rite qui règle les offrandes faites au moyen du feu, Pourouravas obtint une place dans la place des Gandharbas, et il ne fut plus séparé de sa bien-aimée.

CHAPITRE VII.

Fils de Pourouravas. Descendants d'Amavasou. Indra né comme Gadhi. Légende de Richika et de Satyavati. Naissance de Jamadagni et de Viswamitra. Parasourama, fils de Jamadagni, sa légende. Sounahsephas et autres fils de Viswamitra forment la race Kausika.

Pourouravas eut six fils, Ayous, Dhimat, Amavasou, Viswavasou, Satayous et Sroutayous. Le fils d'Amavasou fut Bhima; son fils fut Kanchana; son fils fut Suhotra, dont le nom fut Jahava. Ce prince, en célébrant un jour un sacrifice, vit tout l'endroit où il était inondé par les eaux du Gange. Irrité de cette circonstance et les yeux rouges de colère, il unit avec lui l'esprit du sacrifice par la puissance de sa piété, et il avala la rivière. Alors les dieux et les sages vinrent à lui et apaisèrent son indignation, et ils obtinrent qu'il rendrait le Gange sous la forme de sa fille, ce qui lui valut le nom de Jahnavi.

Le fils de Jahnou fut Soumantou; son fils fut Ajaka; son fils fut Valakaswa; son fils fut Kousa, qui eut quatre fils, Kousamba, Kousanabha, Amourttaya et Amavasou. Kousamba, désirant avoir un fils, se livra à des austérités rigoureuses afin d'en obtenir un qui serait égal à Indra. Observant la ferveur de sa piété, Indra craignit qu'un prince d'un pouvoir égal au sien ne vînt à naître, et il résolut de prendre lui-même le rôle du fils de Kousamba. Il naquit ainsi sous le nom de Gadhi, de la race de Kousa (*Kausika*). Gadhi eut une fille nommée Satyarati. Richika, de la lignée de Bhrigou, la demanda en mariage. Le roi n'avait nul désir de donner sa fille à un vieux Brahmane acariâtre ; il lui demanda, comme présents de noces, mille chevaux qui seraient entièrement blancs, sauf une oreille noire. Richika ayant invoqué Varouna, le dieu de l'Océan, obtint de lui, à l'endroit sacré appelé Aswatirtha, mille chevaux tels que le roi les avait demandés; il les lui donna et épousa sa fille.

Afin d'effectuer la naissance d'un fils, Richika prépara un plat de riz, de lait et de légumes avec du beurre et du lait, pour que sa femme le mangeât, et, à sa demande, il prépara un semblable mélange pour sa mère, afin qu'en le partageant, elle donnât naissance à un fils d'une grande valeur guerrière. Laissant les deux plats à sa femme, après lui avoir expliqué quel était celui qui lui était destiné et quel était celui qui était pour sa mère, le sage alla dans la forêt. Lorsque l'heure du repas fut arrivée, la reine dit à Satyarati : « Ma fille, toute personne désire que ses enfants soient en possession d'excellentes qualités, et serait mortifiée de les voir inférieurs en mérite au frère de leur mère. Il est donc désirable pour toi que tu me donnes le plat que ton mari a mis de côté pour toi, et que tu manges celui qu'il m'a destiné, car le fils que ce mets devrait me procurer est appelé à être le monarque du monde entier, tandis que celui que ton plat te donnerait ne serait qu'un Brahmane dépourvu tout à la fois de richesse, de valeur et de puissance. » Satyarati consentit à la proposition de sa mère, et elles échangèrent leurs plats.

Lorsque Richika revint et qu'il aperçut Satyarati, il lui dit : « Malheureuse ! qu'as-tu fait? Je vois que ton corps a un aspect effroyable. Tu as certainement mangé les aliments consacrés qui étaient préparés pour ta mère; tu as mal fait. J'avais répandu dans ces aliments les propriétés de la puissance, de la force et de l'héroïsme; dans ceux qui étaient pour toi, j'avais mis les qualités convenables à un Brahmane, la douceur, la science et la résignation. Tu as bouleversé mes projets; ton fils sera un guerrier expert dans les combats et dans l'usage des armes. Le fils de ta mère naîtra avec les penchants d'un Brahmane, et il sera adonné à la paix et à la piété. »

Satyata, entendant ces paroles, tomba aux pieds de son mari et dit : « Seigneur, j'ai agi par ignorance; aie compassion de moi; fais que je n'aie pas un fils tel que tu l'as prédit; s'il doit exister, qu'il soit mon petit-fils et non mon fils. » Le mouni, attendri par sa douleur, dit : « Qu'il en soit ainsi. » A l'époque convenable, elle donna donc naissance à Jamadagni, et sa mère mit au monde Viswamitra. Satyarati devint ensuite la rivière Kausiki. Jamadagni épousa Renouka, fille de Renou, de la famille d'Ikshwakou, et elle eut de lui le destructeur de la race des Kshatriyas, Parasourama, qui fut une portion de Narayana, le guide spirituel de l'univers.

Le fils de Visvamitra fut Sounasephas, le descendant de Bhrigou, donné par les dieux, et de là nommé Devarata. Viswamitra eut aussi d'autres fils, parmi lesquels les plus célèbres furent Madouchhandas, Krishajaya, Devadeva, Ashtaka, Kachchapa, et Harita ; ils fondèrent de nombreuses familles qui furent toutes connues sous le nom de Kausikas, et qui s'unirent par des mariages avec les familles de divers rishis.

CHAPITRE VIII.

Fils d'Ayous, lignée de Kshatravriddha ou rois de Kasi. Naissance antérieure de Dhanwantari. Noms divers de Pratarddana. Grandeur d'Alarka.

Ayous, fils aîné de Pourouravas, épousa la fille de Rahou (ou Arahou); il eut d'elle cinq fils, Nahousha, Kshatravriddha, Rambha Raji et Anenas.

Le fils de Kshatravriddha fut Souhotra, qui eut trois fils, Kasa, Lesa et Ghritsamada. Le fils de ce dernier fut Saunaka, qui établit le premier la distinction des quatre castes. Le fils de Kasa fut Kasiraja ; son fils fut Dirgathamas, son fils fut Dhanwantari, dont la nature fut exempte des infirmités humaines, et qui, dans chacune de ses existences, avait possédé la connaissance universelle. Dans sa vie passée, ou lorsqu'il avait été produit par l'agitation de la mer de lait, Narayana lui avait accordé la grâce de renaître dans la famille de Kasiraja, de former le système divisé en huit branches de la science médicale, et d'avoir droit plus tard à une portion des offrandes faites aux dieux. Le fils de Dhanwantari fut Ketoumat; son fils fut Bhimaratha, son fils fut Divodasa; son fils fut Pratarddana, qui détruisit la race de Bhadrasrenya. Il eut divers autres noms, entre autres celui de Satroujit, le vainqueur de ses ennemis, parce qu'il triompha de tous ses adversaires; Vatsa, ou l'enfant, parce son père l'appelait souvent ainsi ; Ritadhwaja, ou celui dont l'emblème est la vérité, parce qu'il avait horreur du mensonge, et Kouvalayaswa, parce qu'il avait un cheval (*aswa*) appelé Kouvalaya. Le prince eut pour fils Alarka, à l'égard duquel on chante encore aujourd'hui ces vers : « Pendant soixante mille et six mille ans, aucun monarque jeune ne régna sur la terre, si ce n'est Alarka. »

Le fils d'Alarka fut Santati; son fils fut Sounitha; son fils fut Souketou; son fils fut Dharmaketou; son fils fut Satyaketou; son fils fut Vibhou; son fils fut Souvibhou; son fils fut Soukoumara; son fils fut Dhrishtaketou; son fils fut Vainahotra; son fils fut Bharga; son fils fut Bhargabhoumi, qui promulgua aussi des règles pour les quatre castes. Tels sont les princes qui sont descendants de Kasa.

CHAPITRE IX.

Descendants de Raji, fils d'Ayous. Indra lui résigne son trône, lequel est, après sa mort, réclamé par ses fils, qui abandonnent la religion des Védas. Indra les détruit. Descendants de Pratikshatra, fils de Kshatravriddha.

Raji eut cinq cents fils, tous d'une audace et d'une vigueur sans égale. Une guerre ayant éclaté entre les démons et les dieux, les deux partis demandèrent à Brahma qui est-ce qui serait victorieux. Le dieu répondit : « Celui en faveur duquel Raji prendra les armes. » Les Daityas s'empressèrent alors de se rendre auprès de Raji afin de solliciter son assistance; il le leur promit à condition qu'ils le reconnaîtraient pour leur Indra après la défaite des dieux. Ils répondirent : « Nous ne pouvons promettre une chose et en vouloir une autre; notre Indra est Prahlada, et c'est pour lui que nous faisons la guerre. » Ayant ainsi parlé, ils se retirèrent; les dieux vinrent alors auprès de Raji, pour réclamer également son concours. Il leur proposa semblables conditions et ils convinrent qu'il serait leur Indra. Raji se joignit alors à l'armée céleste, et par le moyen de ses armes nombreuses et redoutables, il détruisit l'armée des ennemis des dieux.

Lorsque les démons furent dispersés, Indra plaça les pieds de Raji sur sa tête, et dit : « Tu m'as sauvé d'un grand danger et je te reconnais pour mon père; tu es le souverain qui règne sur toutes les regions, et moi, l'Indra des trois sphères, je suis ton fils. » Le Raji sourit et dit : « Qu'il en soit ainsi. La reconnaissance que méritent des paroles flatteuses a une grande puissance, lors même que ce langage procède d'un ennemi; les expressions de sympathie d'un ami doivent donc par-dessus tout gagner notre affection. » Il retourna donc dans sa capitale, et Indra resta comme son député dans le gouvernement du ciel.

Lorsque Raji monta aux cieux, ses fils, à l'instigation de Narada, demandèrent le rang d'Indra comme leur revenant par droit héréditaire, et comme Indra refusa de reconnaître leur suprématie, ils le subjuguèrent par force et ils s'emparèrent de sa place. Après qu'un temps considérable se fut écoulé, le dieu de cent sacrifices, Indra, privé de sa portion dans les offrandes faites aux immortels, se trouva avec Vrihaspati dans un endroit écarté, et lui dit : « Ne pourrais-tu pas me donner un peu du beurre des sacrifices, lors même que ce ne serait pas plus gros que le fruit du jujubier, car j'ai grand besoin de mes soutenir? » Vrihaspati répondit : « Si tu t'étais adressé plus tôt à moi, j'aurais pu faire quelque chose pour satisfaire tes désirs; quoi qu'il en soit, je vais entreprendre de te rétablir en peu de jours dans ta souveraineté. »

Après avoir parlé ainsi, il fit un sacrifice dans le but d'augmenter le pouvoir d'Indra et de faire tomber les fils de Raji dans l'erreur, afin d'amener leur chute. Egarés par leurs illusions, les princes devinrent ennemis des Brahmanes; ils perdirent de vue leurs devoirs et méprisèrent les préceptes des Védas; étant ainsi sans moralité, sans religion, ils furent tués par Indra qui, par l'assistance du prêtre des dieux, reprit sa place dans le ciel. Quiconque écoute cette histoire possédera pour toujours la place qui lui revient et ne sera jamais coupable d'actes répréhensibles.

Rambha, le troisième fils d'Ayous, n'eut pas d'enfants. Kshatravriddha eut un fils nommé Pratitishatra; son fils fut Sanjaya; son fils fut Vijaya; son fils fut Yajnakrit; son fils fut Harshavarddhana; son fils fut Sahadeva; son fils fut Adina; son fils fut Jayasena; son fils fut Sankriti; son fils fut Kshatradharman. Tels furent les descendants de Kshatravriddha. Je signalerai maintenant ceux de Nahusha.

CHAPITRE X.

Les fils de Nahousha; les fils d'Yayati, Sukra le maudit, il émet le vœu que ses fils renonçant à leur vigueur se chargent de ses infirmités. Pourou seul y consent. Yayati lui rend sa jeunesse, il partage la terre entre ses fils sous la suprématie de Pourou.

Les six vaillants fils de Nahousha (280) furent

(280) Le Bhagavata-Pourana indique brièvement l'histoire de Nahousha; elle se retrouve dans le Mahabharata, dans le Padma-Pourana et ailleurs. Il avait obtenu le rang d'Indra, mais, dans son orgueil, il voulut contraindre les Rishis à porter son palanquin; ils le maudirent, le condamnant à perdre son rang et à reparaître sur la terre sous la forme d'un serpent. Il fut délivré de cette humiliante situation par des discussions philosophiques avec Yadhishthira, et il reçut la délivrance finale.

Yati, Yayati, Sanyati, Ayati, Viyati et Kriti. Yati refusa la souveraineté, et Yayati monta ainsi sur le trône. Il eut deux femmes, Devayani, fille d'Usanas, et Sarmishtha, fille de Vrihasparvan; on récite à leur égard ce vers généalogique : « Devayani mit au monde deux fils, Yadu et Tourvasou. Sarmishtha, fille de Vrisharparvan, eut trois fils, Drouhyou, Anou et Pourou. » Par suite de la malédiction d'Usanas, Yayati devint vieux et infirme de bonne heure; mais ayant apaisé son beau-père, il obtint la permission de transférer sa décrépitude à celui de ses fils qui consentirait à s'en charger.

Il s'adressa d'abord à son fils aîné Yadra, et dit : « Ton grand-père maternel m'a frappé d'une faiblesse prématurée, mais il me permet de te la transférer pendant mille ans. Je ne suis pas encore rassasié des plaisirs de ce monde, et je désire y prendre part au moyen de ta jeunesse. Ne refuse pas de m'accorder ce que je demande. » Yadu ne voulut pas toutefois prendre sur lui les infirmités de son père; alors celui-ci lança une imprécation contre lui et dit : « Ta postérité ne sera point en possession de la puissance. » Il s'adressa ensuite successivement à Drouhyou, Tourvasou et Anou, et il leur demanda leur vigueur juvénile. Ils refusèrent tous, et le roi les maudit. Enfin il fit la même demande à Pourou, le plus jeune fils de Sarmishtha, qui s'inclina devant son père et consentit avec joie à lui céder sa jeunesse et à recevoir en échange les infirmités d'Yayati, disant que son père lui avait fait une grande faveur.

Le roi Yayati étant ainsi en possession d'une jeunesse nouvelle, conduisit les affaires de l'Etat pour le bien de son peuple, jouissant des plaisirs qui convenaient à son âge et à sa force, et qui n'étaient pas incompatibles avec la vertu. Il forma une liaison avec la nymphe céleste Viswachi, et il lui fut entièrement attaché, et il ne mit pas de borne à ses désirs qui devenaient toujours de plus en plus ardents; aussi le poëte a-t-il dit : « Le désir n'est pas apaisé par la jouissance; le feu sur lequel on répand l'huile des sacrifices ne fait que s'accroître. Personne n'a jamais trop de riz, ou d'orge, ou d'or, ou de bétail, ou de la société des femmes; abandonne donc tout désir immodéré. Lorsque l'homme ne trouve ni peine, ni satisfaction dans quelque objet que ce soit, et qu'il les regarde tous d'un œil indifférent, alors chaque chose lui procure du plaisir. Le sage qui échappe au désir est rempli de bonheur; l'homme dont l'esprit est faible ne connaît pas cette félicité. Les cheveux blanchissent, les dents tombent à mesure que l'homme avance en âge; mais l'amour de la richesse, l'amour de la vie ne diminuent nullement. »

Yayati se disait : « Mille années se sont écoulées, et mon esprit est encore consacré au plaisir; chaque jour mes désirs sont excités par de nouveaux objets. Je veux donc renoncer à toutes les jouissances des sens et fixer mes pensées sur la vérité spirituelle. Inaccessible aux sensations du plaisir et de la peine, et n'ayant rien que je puisse regarder comme m'appartenant, j'errerai dorénavant dans les forêts avec les bêtes fauves. »

Ayant pris cette détermination, Yayati rendit à Pourou sa jeunesse, il reprit sa décrépitude, installa son plus jeune fils comme souverain, et se retira dans le bois de la pénitence (tapovana). Il confia à Tourvasou les provinces au sul-est de son royaume, à Droubyou celles de l'ouest, à Yadou celles du sud, et à Anou celles du nord, les chargeant de gouverner ces divers pays en qualité de vice-rois soumis à l'autorité de leur jeune frère Pourou, qu'il choisit comme monarque suprême de la terre (281).

CHAPITRE XI.

Descendants d'Yadou. Karttavyria obtient une grâce de Dattatreya; il fait Ravana prisonnier, il est tué par Parasourama; ses descendants.

Je te raconterai l'histoire de la famille d'Yadou, le fils aîné d'Yayati; l'éternel et immuable Vishnou s'incarna en lui, en une portion de son essence, lorsqu'il descendit sur la terre; Vishnou, dont la gloire ne peut être décrite, quoiqu'elle soit l'objet des hymnes perpétuels de tous ceux qui obtiennent ainsi l'accomplissement de tous leurs souhaits, soit qu'ils demandent la vertu, le plaisir, la richesse ou la délivrance finale. Quiconque écoute l'histoire de la race d'Yadou sera délivré de tout péché, car l'esprit suprême qui est sans forme et qui se nomme Vishnou, se manifeste en cette famille.

Yadou eut quatre fils, Sahasrajit, Kroshti, Nala et Raghou. Satajit fut le fils de l'aîné de ces frères, et il eut trois fils, Haihaya, Venou et Haya. Le fils d'Haihaya fut Dharmanetra; son fils fut Kounti; son fils fut Sahanji; son fils fut Mahishmat; son fils fut Bhadrasena; son fils fut Dourdama, lequel eut quatre fils, Kritaviryya, Kritagni, Kritavarman et Kritanjis. Le fils de Kritaviryya fut Arjouna, le monarque aux mille bras, le souverain des sept dwipas.

Arjouna se rendit favorable le sage Dattatreya, le descendant d'Atri qui était une portion de Vishnou,

(281) Les divers écrits sanscrits racontent cette histoire en y ajoutant d'autres détails. D'après le Linga-Pourana, les ministres et le peuple firent des remontrances à Yayati parce qu'il donnait, contrairement à la loi, la suprématie au plus jeune de ses fils, mais il montra qu'il avait raison d'agir ainsi, ses fils aînés devant être écartés à cause de leur manque de respect filial. Le Mahabharata renferme une légende qui montre Yayati donnant une de ses filles à un saint personnage nommé Palava, lequel, par le moyen de sa femme, obtient de différents princes huit cents chevaux blancs ayant une oreille noire, et les donne en cadeau à son précepteur Viswamitra. Yayati, après sa mort et son séjour dans le ciel d'Indra, redescend sur la terre; ses petits-enfants lui cèdent les mérites de leurs austérités et le replacent dans la sphère céleste.

et il sollicita et obtint de lui les faveurs suivantes: avoir mille bras; ne jamais commettre une action injuste; subjuguer le monde par la justice et le gouverner avec équité; remporter la victoire sur ses ennemis; et mourir par la main d'une personne renommée dans les trois régions de l'univers. Il régna sur la terre entière, l'administrant selon la justice, et il offrit dix mille sacrifices. On récite encore ce vers le concernant : « Les rois de la terre ne le surpasseront jamais pour l'étendue des sacrifices, pour la magnificence, la piété, la courtoisie et l'empire sur lui-même. » Durant son règne, rien ne fut perdu, et nul tort ne fut fait à personne; il gouverna ainsi la terre en pleine prospérité, avec un pouvoir absolu et avec une santé constante pendant quatre vingt-cinq mille ans. Pendant qu'il se jouait dans les eaux de la Narmada et qu'il était échauffé par le vin, Ravana vint en triomphateur dans la ville de Mahishmati, et là, celui qui se vantait de renverser les dieux, les Daityas, les Gandharbas et leur roi, fut fait prisonnier par Karttavirya et renfermé comme un animal dompté dans un coin de cette capitale. A l'expiration de son long règne Karttavirya fut tué par Parasourama qui était une portion du puissant Narayana revêtue d'un corps.

Ce roi eut cent fils; les cinq principaux furent Soura, Sourasena, Vrishana, Madhou et Jayadhawaja. Le fils de ce dernier fut Talajangha qui eut aussi cent fils; l'aîné fut Vitihotra; un autre, Bharata, eut deux fils, Vrisha et Soujati. Le fils de Vrisha fut Madhou; il eut de même cent fils dont l'aîné fut Vrishni. Ses descendants furent appelés Madhavas, du nom de Madhou; et toute cette race fut aussi nommée les Yadavas à cause de Yadou, leur ancêtre commun.

CHAPITRE XII.

Descendants de Kroshtri. Affection de Jyamagha pour sa femme Saivya; leurs descendants sont rois de Vidarbha et de Chedi.

Kroshtri, fils d'Yadou, eut un fils nommé Vrijinivat; son fils fut Swahi; son fils fut Roushadrou; son fils fut Chitraratha; son fils fut Sasavindou qui fut roi de quatorze grandes pierres précieuses (282); il eut cent femmes et un million de fils (283). Les plus renommés furent Prithuyasas, Prithukaman, Prithujaya, Prithukirtti, Prithulana et Prithusavas. Le fils de ce dernier fut Tamas; son fils fut Usanas qui célébra cent fois le sa-

(282) Ces quatorze pierres précieuses désignent, chez les poètes hindous, sept objets, les meilleurs de leurs espèces; sept sont animés: une femme, un prêtre, un général, un conducteur de chariots, un cheval, un éléphant, un corps d'éléphants; sept sont inanimés : un chariot, un paraso, un bijou, une épée, un bouclier, une bannière et un trésor.

(283) Ce nombre a paru un peu exagéré, même à des poètes sanscrits, car le Vayou-Pourana cite un vers qui réduit à dix mille les fils de Sasavindou.

crifice du cheval; son fils fut Siteyous; son fils fut Roukmakavacha; son fils fut Paravrit qui eut cinq fils, Roukmeshou, Prithouroukman, Jyamagha, Palita et Harita. On répète encore aujourd'hui ces vers relatifs à Jyamagha : « De tous les maris soumis à leurs femmes qui ont existé ou qui existeront, le plus éminent est le roi Jyamagha qui fut l'époux de Saivya. » Saivya était stérile, mais Jyamagha la craignait tellement qu'il ne prit aucune autre femme. Dans une occasion, le roi, après une lutte désespérée avec des éléphants et des chevaux, défit un ennemi puissant qui s'enfuit, abandonnant sa femme, ses enfants, ses armées, ses trésors et ses Etats. Dans la déroute de l'ennemi, Jyamagha aperçut une princesse qui était abandonnée et qui, les yeux dilatés par l'effroi, s'écriait : « O mon père! ô mon frère, sauvez-moi. » Le roi frappé de sa beauté, se trouva ému d'affection pour elle et il se dit en lui-même : « Voilà qui est heureux; je n'ai point d'enfant, et ma femme est stérile; cette jeune fille est tombée entre mes mains pour me donner de la postérité; je l'épouserai, mais d'abord je vais la prendre dans mon char et la mener à mon palais, car il faut que j'obtienne que la reine consente à mon union. » Il prit donc la princesse dans son char, et il retourna à sa capitale.

Lorsque l'approche de Jyamagha fut annoncée, Saivya vint à la porte du palais, accompagnée par les ministres, les courtisans et le peuple, afin de recevoir le monarque victorieux, mais lorsqu'elle vit la jeune fille placée à la gauche du roi, ses lèvres s'enflèrent et frémirent de ressentiment, et elle dit à Jyamagha : « Qu'est-ce que cette jeune étourdie qui est avec toi dans ton char? » Le roi, qui n'avait pas prévu cette demande, répondit précipitamment et en cédant à la crainte que lui inspirait la reine : « C'est ma belle-fille. » Saivya répliqua : « Je n'ai jamais eu de fils et tu n'as pas d'autres enfants. Quel est donc ce fils dont elle est la femme? » Le roi, troublé par la jalousie et par la colère que manifestaient les paroles de Saivya répondit, afin de prévenir une plus longue discussion : « C'est la fiancée du fils que tu mettras au monde. » Alors Saivya sourit doucement et dit : « Qu'il en soit ainsi, » et le roi entra dans son palais.

Comme cette conversation avait eu lieu dans un moment propice et lors d'une heureuse conjonction des astres, la reine, quoiqu'elle eût passé l'âge où les femmes deviennent mères, se trouva enceinte et mit un fils au monde. Son père le nomma Vidarbha et lui fit épouser la jeune fille qu'il avait ramenée. Ils eurent trois fils, Kratha, Kaisika et Romapada. Le fils de Romapada fut Babhrou, et son fils fut Dhriti. Le fils de Kaisika fut Chedi, dont les descendants furent appelés les rois de Chaidya. Le fils de Khrata fut Kounti; son fils fut Vrishori; son fils fut Nirvriti; son fils fut Dasarka; son fils fut Vyoman; son fils fut Jimouta; son fils fut Vikriti; son fils fut Bhimaratha; son fils fut Navaratha; son fils fut Dasaratha; son fils fut Sakouni; son fils fut Karambhi; son fils fut Devarata; son fils fut Devakshatha; son fils fut Madhou; son fils fut Anavaratha; son fils fut Kourouvatra; son fils fut Anavaratha; son fils fut Pourouhotra; son fils fut Ansou; son fils fut Satwata; et les princes de cette maison reçurent le nom de Satwatas. Telle fut la race de Jyamagha; l'homme qui écoute son histoire est purifié de ses péchés.

CHAPITRE XIII.

Les fils de Satwata. Surga, ami de Satrajit, lui apparaît sous une forme corporelle, lui donnant la pierre Syamantaka; son éclat et ses propriétés merveilleuses. Satrajet la donne à Prasena qui est tué par un lion; le lion est tué à son tour par l'ours Jambavat. Krishna soupçonné d'avoir tué Prasena, va le chercher dans les forêts; il poursuit l'ours jusque dans sa caverne et reste vainqueur après un long combat; il épouse Jambavati, fille de Jambavat, rend la pierre précieuse à Satrajet et épouse sa fille Satyabhama. Satrajit est tué par Satadhanwan; sa mort est vengée par Krishna. Querelle entre Krishna et Balarama. Akroura se rend maître de la pierre et quitte Dwaraka. Calamités publiques. Réunion des Yadavas. Histoire de la naissance d'Akroura; Krishna l'accuse de posséder la pierre Syamantaka; il la montre en pleine assemblée; elle lui demeure; Krishna est justifiée du soupçon de l'avoir dérobée.

Les fils de Satwatha furent Bhajina, Bhajamana, Divya, Andhaka, Devavriddha, Mahabhoja et Vrishni. Bhajamana eut d'une de ses femmes trois fils, Nimi, Krikana et Vrishni; il en eut autant d'une autre; ils furent nommés Satajit, Sahasrajit et Ayoutajit. Le fils de Devariddha fut Babhrou, à l'égard duquel on recite ces vers : « Nous apprenons au loin et nous acquérons de près la certitude que Babhrou est le premier des hommes, et que Devariddha est égal aux dieux : soixante-six personnes qui suivirent les préceptes de l'un, et six mille huit disciples de l'autre, obtinrent tous l'immortalité. »

Mahabhoja fut un prince pieux; ses descendants furent les Bhojas, les princes de Mrittikavati, Vishni eut deux fils, Soumetra et Yuadjit; le premier fut père d'Anamitra et de Sini. Le fils d'Anamitra fut Nighna qui eut deux fils, Prasena et Satrajit. Le divin Aditya, le soleil, fut l'ami de ce dernier.

Un jour, Satrajit se promenant le long de la mer, dirigea sa pensée vers Sourya et chanta ses louanges; alors le dieu lui apparut et se tint devant lui. Satrajit l'apercevant sous une forme mal définie, dit au soleil : « Je t'ai vu, seigneur, dans les cieux comme un globe de feu; fais-moi maintenant la grâce de te montrer sous ta forme réelle. » Le soleil ôta de son arc la pierre précieuse appelée Syamantaka, et la posa près de lui, et Satrajit aperçut le dieu sous la forme d'un nain dont le corps avait la couleur du cuivre bruni et dont les yeux étaient rouges. Il lui présenta ses adorations, et le soleil lui ayant dit de réclamer une grâce, il fit le vœu que la pierre devint sa propriété. Le soleil la lui remit et reprit ensuite sa place dans le ciel. Ayant obtenu la pierre sans taches et précieuse entre toutes, Satrajit la porta à son cou et, devenant ainsi aussi brillant que le soleil lui-même, illuminant toutes les nations par sa splendeur, il revint à Dwanaka. Les habitants de cette ville, le voyant approcher, s'adressèrent à l'éternel Pouroushottama qui, pour soutenir le fardeau de la terre, avait pris une forme mortelle(celle de Krishna), et lui dirent : « Seigneur, assurément, le soleil divin vient pour nous rendre visite. » Mais Krishna sourit et dit : « Ce n'est point le soleil divin ; c'est Satrajit auquel Aditya a donné la pierre Syamantaka, et il la porte maintenant sur lui; allez et voyez-le sans crainte. » Ils partirent alors, et Satrajit, s'étant rendu en sa demeure, déposa la pierre qui produisait chaque jour huit charges d'or, et qui, par sa vertu miraculeuse, préservait de tout danger causé par les bêtes féroces, le feu, les voleurs et la famine.

Achyouta était d'avis que cette pierre admirable devait être la propriété d'Ugrasena, mais quoiqu'il eût le pouvoir de l'ôter à Satrajit, il ne la lui enleva cependant point, afin de ne point occasionner quelque querelle dans la famille. D'un autre côté: Satrajit, craignant que Krishna ne lui demandât ce trésor, le remit à son frère Prasena. Cette pierre avait pour propriété spéciale d'être pour un homme vertueux une source inépuisable d'avantages, mais de causer la mort au méchant qui la portait. Prasena, ayant pris la pierre et l'ayant attachée autour de son cou, monta sur son cheval et alla à la chasse dans les forêts. Il fut tué par un lion qui, prenant la pierre dans sa gueule, était au moment de se retirer lorsqu'il fut rejoint et tué par Jambavat, le roi des ours qui, enlevant la pierre, et se retirant dans sa caverne, la donna à son fils Soukoumara pour lui servir de jouet. Quelque temps s'étant écoulé et Prasena ne reparaissant pas, les Yadavas se mirent à chuchoter entre eux et à dire : « Voilà ce qu'a fait Krishna ; désirant avoir cette pierre et ne l'obtenant pas, il a fait périr Prasena, afin qu'elle tombât en son pouvoir. »

Lorsque ces rumeurs calomnieuses vinrent à la connaissance de Krishna, il rassembla un grand nombre de Yavadas et il alla avec eux chercher Prasena, dont il suivit la marche en se guidant sur les empreintes des pieds de son cheval. Reconnaissant ainsi que le cavalier et le cheval avaient été tous deux tués par un lion, il fut pleinement justifié d'avoir pris part à la mort de Prasena. Animé du désir de rentrer en possession de la pierre, Krishna suivit les traces du lion, et il arriva bientôt à l'endroit où celui-ci avait été mis à mort par le roi des ours. Prenant alors pour guide ces nouvelles traces, il parvint au pied d'une montagne, et il dit aux Yadavas de l'attendre, tandis qu'il continuait à suivre la piste qu'il avait découverte. Il découvrit enfin une caverne, et à peine y était-il entré qu'il entendit la nourrice de Soukoumara adresser ces mots à l'enfant : « Le lion a tué Prasena ; le lion a été tué par Jambavat ; ne pleure pas, Soukoumara ; la pierre Syamantaka t'appartient. » Assuré ainsi de son fait, Krishna pénétra dans la caverne, et il aperçut la gemme éclatante entre la main de la nourrice qui s'en servait comme d'un hochet pour amuser Soukoumara. La nourrice vit Krishna s'avancer, et observant ses yeux fixés sur la pierre précieuse avec l'expression d'un désir ardent, elle poussa de grands cris et implora du secours. Jambavat l'entendit et accourut plein de colère, et il s'engagea entre lui et Achyouta un combat qui dura vingt et un jours. Les Yadavas restés au bas de la montagne attendirent sept ou huit jours, mais ne voyant pas revenir Krishna, ils pensèrent qu'il avait trouvé la mort dans la caverne ; ils retournèrent à Dwaraka, et ils annoncèrent que Krishna avait été tué. Lorsque les parents d'Achyouta apprirent cette nouvelle, ils accomplirent toutes les cérémonies funèbres convenables en semblable circonstance. Les aliments et l'eau offert à Krishna dans ces cérémonies servirent à soutenir son existence et à entretenir sa force dans le combat qu'il livrait, tandis que son adversaire, épuisé par une lutte continuelle avec un ennemi redoutable, accablé de coups, meurtri dans tous ses membres et affaibli par le manque de nourriture, se trouva hors d'état de résister davantage. Accablé par son terrible antagoniste, Jambavat se jeta devant lui et dit : « Etre puissant, tu ne saurais avoir pour vainqueurs tous les démons et tous les esprits du ciel, de la terre et de l'enfer ; tu pourrais bien moins succomber devant de faibles créatures revêtues de la forme humaine ; et à plus forte raison, tu l'emportes sur des êtres tels que nous, dont l'origine est celle des animaux. Tu es certainement une portion de mon seigneur souverain Narayana, le défenseur de l'univers. »

Krishna, interpellé de la sorte, expliqua à Jambavat, qu'il était descendu afin de se charger lui-même du fardeau de la terre, et il soulagea les souffrances que l'on éprouvait par suite de la lutte, en le touchant de sa main. Jambavat se prosterna de nouveau devant Krishna, et lui présenta sa fille Jambavati comme une offrande convenable à un tel hôte. Il lui remit enfin la pierre Syamantaka. Quoiqu'un présent d'un semblable ennemi ne fût pas digne d'être accepté, Krishna prit cependant la pierre dans le but de se justifier. Il revint ensuite à Dwaraka avec sa fiancée Jambavati.

Lorsque les habitants de Dwaraka virent Krishna de retour et plein de vie, ils se livrèrent à la joie au point que ceux qui étaient courbés par les ans recouvrèrent la vigueur de la jeunesse, et tous les Yadavas, hommes et femmes, s'assemblèrent autour d'Anakadoundoubhi, le père du héros, pour le féliciter. Krishna raconta devant tous les Yadavas réunis ce qui était arrivé, et rendant à Satrajit la pierre Syamantaka, il fut justifié du crime dont il avait été accusé à tort.

Quand Satrajit réfléchit qu'il avait été la cause des soupçons jetés sur Krishna, il fut grandement alarmé, et afin de concilier le prince, il lui donna pour femme sa fille Satyabhama. Elle avait déjà été recherchée en mariage par quelques-uns des Yadavas les plus distingués, tels qu'Akroura, Kritavarman et Satadhanwan; ils furent très-irrités de son mariage, et ils se liguèrent contre Satrajit. Leur chef vint avec Akroura et Kritavarman auprès de Satadhanwan, et il dit: « Ce misérable Satrajit nous a grossièrement insultés ainsi que toi, en donnant à Krishna sa fille que nous avions demandée; il ne faut pas qu'il vive; pourquoi ne le tuerais-tu pas et ne prendrais-tu pas possession de la pierre? Si Achyouta devient ton ennemi, nous prendrons ta défense. » D'après cette promesse, Satadhanwan entreprit de tuer Satrajit.

Lorsque la nouvelle survint que les fils de Pandou avaient été brûlés dans la maison de cire, Krishna, qui savait la vérité, partit pour Baranavata, afin d'apaiser l'animosité de Douryodhana et d'accomplir les devoirs que sa parenté réclamait. Satadhanwan profitant de son absence, tua Satrajit pendant que celui-ci dormait et s'empara de la pierre. Lorsque cette nouvelle parvint à Satyabhama, elle monta immédiatement sur son char, et, remplie de fureur à cause du meurtre de son père, elle se rendit à Baranavata, et elle dit à son mari comment Satrajit avait été tué par Satadhanwan, irrité de ce qu'elle avait épousé un autre que lui, et comment il s'était emparé de la pierre miraculeuse; elle le supplia de s'occuper sans retard à punir un pareil forfait. Lorsque Krishna, qui conserve toujours un calme intérieur, fut informé de ces événements, il dit à Satyabhama, tandis que ses yeux brillaient d'indignation: « Ce sont en effet de grands méfaits, mais je ne les endurerai pas de la part d'un misérable aussi vil. Il faut attaquer l'arbre lorsqu'on veut tuer les oiseaux qui y ont fait leur nid. Ne te livre pas à un chagrin excessif; tes plaintes sont superflues pour exciter ma colère. » Retournant aussitôt à Dwaraka, Krishna prit à part Balabova et lui dit: « Un lion a tué Prasena, pendant qu'il chassait dans les forêts, et maintenant Satrajit a été tué par Satadhanwan. Puisqu'ils n'existent plus, la pierre qui leur appartenait nous revient de droit. Monte donc sur ton char et tue Satadhanwan. »

Excité ainsi par son frère, Balarama s'engagea avec résolution dans cette entreprise, mais Satadhanwan, instruit de leurs desseins hostiles, se rendit auprès de Kritavarman et sollicita son secours. Kritavarman refusa toutefois de l'assister, se fondant sur ce qu'il était hors d'état de s'engager dans une lutte contre Baladeva et Krishna réunis; Satadhanwan, déçu dans son esprit, s'adressa alors à Akroura, mais celui-ci dit: « Il faut que tu aies recours à quelque autre protecteur. Comment serais-je en état de te défendre? Parmi les immortels eux-mêmes dont les louanges sont célébrées dans tout l'univers, il n'en est pas un qui soit capable de lutter avec celui qui fait trembler les trois mondes lorsqu'il frappe du pied, celui dont la main a rendu veuves les femmes des Asuras, celui dont nulle armée, quelque puissante qu'elle soit, ne peut soutenir les coups; personne n'est en état de combattre celui qui tient le soc de la charrue, celui qui anéantit la puissance de ses ennemis par les regards de ses yeux qui roulent chargés des joyeuses vapeurs du vin; l'énorme soc de charrue dont il est armé extermine les ennemis les plus redoutables. » Satadhanwan répliqua: « Puisqu'il en est ainsi, et que tu es hors d'état de m'assister, du moins reçois ce joyau et garde-le. » — « J'y consens, » répondit Akroura, « si tu me promets que, même à la dernière extrémité, tu ne diras point qu'il est en ma possession. » Satadhanwan y consentit et Akroura prit la pierre; ensuite Satadhanwan monta sur sa jument très-rapide, qui pouvait parcourir cent lieues en un jour, et s'enfuit loin de Dwaraka.

Lorsque Krishna apprit la fuite de Satadhanwan, il attela à son char ses quatre chevaux, Saivya, Sougriva, Megapuspha et Balahaka, et accompagné par Balarama, il se mit à la poursuite du meurtrier. La jument ne perdit rien de son agilité, mais quand elle atteignit le pays de Mithila, sa force était épuisée et elle tomba sans vie. Satadhanwan continua à fuir à pied. Quand ses adversaires furent parvenus à l'endroit où la jument avait expiré, Krishna dit à Balarama: « Reste dans le char, tandis que je poursuivrai à pied ce scélérat et que je lui donnerai la mort; le terrain est mauvais, et les chevaux ne pourraient y traîner le char. » Balarama resta donc dans le char, et Krishna suivit à pied Satadhanwan; après l'avoir poursuivi quelque temps, il lança son disque, et Satadhanwan eut la tête coupée, quoiqu'il fût à une grande distance. Krishna arrivant auprès de son cadavre, le fouilla pour trouver la pierre Syamantaka, mais il ne la découvrit pas. Il revint alors vers Balabhadra, et lui dit que c'était en vain qu'ils avaient mis à mort Satadhanwan, afin de rentrer en possession de la pierre précieuse, la quintessence de tous les mondes, puisqu'elle n'était pas sur lui. Lorsque Balabhadra entendit ces paroles, il fut transporté de fureur et lui dit à Vasoudeva : « Honte sur toi, puisque tu es ainsi avide de richesses ! Je ne te reconnais point pour mon frère. Je me dirige de ce côté ; va où tu voudras ; je renonce à Dwaraka, à toi, à toute notre maison. Il est inutile de chercher à me tromper au moyen de tes injures. »

S'irritant ainsi contre son frère qui s'efforça vainement de l'apaiser, Balabhadra vint à la ville de Videha où il fut reçu avec empressement par Janaka et où il séjourna. Vasoudeva revint à Dwaraka. Ce fut pendant son séjour chez Janaka que Douryodhana, le fils de Dhritarashtra, apprit de Balabhadra l'art de manier la massue. Trois ans s'étant écoulés, Ugrasena et d'autres chefs des Yadavas, convaincus que Krishna n'avait pas la pierre Syamantaka, allèrent à Videha, dissipèrent les soupçons de Balabhadra et le ramenèrent chez lui.

Akroura, considérant quels trésors la pierre assurait, célébra constamment les cérémonies religieuses; et purifié par de saintes prières, il vécut dans l'abondance pendant cinquante-deux ans ; durant cette période il n'y eut, grâce à la vertu de la pierre (284), ni famine, ni perte dans le pays. A la fin de cette période, Satrouvhna, arrière-petit-fils de Satwata, fut tué par les Bhojas et, comme ils étaient les alliés d'Akroura, il les accompagna lorsqu'ils s'enfuirent loin de Dwaraka. Depuis son départ, diverses calamités commencèrent à peser sur le pays, qui fut livré aux ravages des serpents, de la peste et de la famine, de sorte que celui dont l'emblème est Garouda, réunit les Yadavas avec Balabhadra et Ugrasena, et leur recommanda de rechercher pour quels motifs toutes ces calamités arrivaient à la fois. Alors Andhaka, un des anciens de la race d'Yadhou parla et dit : « Partout où résidait Swaphalka, père d'Akroura, la famine, la peste et les autres fléaux étaient inconnus. La pluie ayant fait défaut dans les Etats du roi Kasiraja, Swaphalka s'y rendit, et l'eau descendit aussitôt du ciel. Il advint aussi que la femme de Kasiraja conçut, et elle était enceinte d'une fille, mais quand vint l'époque de l'accouchement, elle ne put mettre l'enfant au monde. Douze ans se passèrent sans que l'enfant naquît. » Alors Kasiraja parla à l'enfant et dit : « Ma fille, pourquoi ta naissance est-elle ainsi retardée ? viens, je désire te voir ; pourquoi infliges-tu à ta mère ces souffrances prolongées ? » L'enfant répondit : « Mon père, si tu offres chaque jour une vache aux Brahmanes, je pourrai naître au bout de trois ans. » Le roi fit alors chaque jour don d'une vache aux Brahmanes et, après trois ans, l'enfant vint au monde. Son père l'appela Gandini, et plus tard il la donna à Swaphalka, lorsque celui-ci vint en ses Etats. Gandini donna, pendant toute sa vie, une vache aux Brahmanes chaque jour. Akroura fut son fils et celui de Swaphalka, et il eut ainsi deux parents d'un mérite éclatant. Lorsqu'un semblable personnage est loin de nous, n'est-il pas tout simple que nous soyons exposés à la famine, à la peste et aux autres fléaux ? Invitons-le donc à revenir ; les fautes des hommes d'un mérite suprême ne doivent pas être scrutées avec trop de sévérité. »

Conformément à l'avis d'Andhaka, les Yadavas envoyèrent une ambassade, à la tête de laquelle étaient Kesava, Ugrasena et Balabhadra, afin d'assurer Akroura qu'on ne ferait pas attention aux écarts de conduite qu'il aurait pu avoir ; l'ayant convaincu qu'il ne courrait aucun danger, ils le ramenèrent à Dwaraka. Immédiatement après son arrivée, l'effet de la pierre se fit sentir, et la peste, la famine et les autres fléaux disparurent. Krishna, observant cela, réfléchit que la circonstance de ce qu'Akroura était né de Swaphalka et de Gandini était tout à fait hors de proportion avec un pareil effet ; il eut donc l'idée qu'une cause plus puissante devait être en jeu pour arrêter la peste et la famine. « Assurément, » se dit-il à lui-même, « la merveilleuse pierre Syamantaka doit être en son pouvoir, car j'ai appris qu'elle produisait de semblables effets. Akroura a dernièrement offert des sacrifices multipliés ; ses ressources ne lui permettaient pas de faire d'aussi fortes dépenses ; il faut donc qu'il possède la pierre qui donne la richesse. »

Etant arrivé à cette conclusion, Krishna réunit chez lui tous les Yadavas sous prétexte de célébrer quelque fête. Lorsqu'ils furent tous assis, et lorsque la cérémonie pour laquelle ils avaient été réunis eut eu lieu, Krishna entra en conversation avec Akroura, et après avoir ri et plaisanté avec lui, il lui dit : « Mon parent, tu es d'une générosité toute princière, mais nous savons très-bien que Sadhanwan t'a remis l'inappréciable joyau qu'il avait dérobé ; il est maintenant en ton pouvoir, ce qui est un très-grand bonheur pour ce royaume. Garde-le, nous profiterons tous de ses vertus. Mais Balabhara me soupçonne de l'avoir ; par complaisance pour moi, consens, je te prie, à la montrer à cette assemblée. »

Akroura, interpellé de la sorte, fut embarrassé et se dit à lui-même : « Si je nie posséder la pierre miraculeuse, ils me fouilleront, et ils la trouveront cachée dans mes vêtements. Je ne puis me soumettre à une pareille recherche. » Il s'adressa alors à Narayana, la cause du monde entier, et il dit :

---

(284) Les propriétés merveilleuses de cette pierre en rappellent une autre fameuse chez les auteurs orientaux. Les Arabes l'appellent Hijer al mattyr, les Persans Sang Yedjat, et les Turcs Jeddah tash. Celui qui la possède peut à son gré dispenser la pluie et la fertilité ; Noé la donna à Japhet.

« Il est vrai que la pierre Syamantaka me fut confiée par Satadhanwan lorsqu'il partit d'ici. J'attendais chaque jour que tu me la demanderais, et je l'ai gardée, me soumettant ainsi à beaucoup d'embarras. Sa possession me causait une telle anxiété que j'ai été incapable de jouir d'aucun plaisir et que je n'ai jamais connu un moment de tranquillité. Craignant qu'on ne jugeât pas à propos qu'un trésor aussi essentiel au bonheur du royaume restât en mes mains, je me suis abstenu de dire que j'en étais le détenteur, mais maintenant prends-le et confie-le à qui tu voudras. »

Après avoir dit ces paroles, Akroura tira de dessous ses vêtements une petite boîte d'or et il en sortit la pierre. Lorsqu'il la montra aux Yadavas réunis, la chambre entière fut illuminée par sa splendeur. « Voilà, » dit Akroura, « la pierre Syamantaka qui me fut confiée par Satadhanwan ; que celui auquel elle appartient la prenne maintenant. »

Quand les Yadavas aperçurent ce trésor, ils furent remplis d'étonnement, et leurs clameurs attestèrent leur extrême satisfaction. Balabhadra réclama immédiatement le joyau comme étant sa propriété et celle d'Achyouta, ainsi qu'il avait été convenu autrefois, tandis que Satyabhama prétendait y avoir des droits, puisque c'avait été la propriété de son père. Krishna se regardait entre ses prétendants comme un bœuf pris entre les deux roues d'un char, et il adressa ces paroles à Akroura en présence de tous les Yadavas : « Ce joyau a été montré à cette assemblée afin de dissiper les doutes qui pouvaient planer sur ma réputation ; il est à la fois ma propriété et celle de Balabadhra, et il fait partie de l'héritage qui revient à Satyabhama. Mais pour être utile à tout le royaume, il faut que ce trésor soit confié à une personne qui vive dans une continence perpétuelle ; si un individu impur le porte, il recevra la mort. J'ai seize mille femmes ; je ne peux donc être chargé de ce joyau. Il n'est pas probable que Satyabhama souscrive aux conditions qui le mettraient à même de garder cette pierre, et quant à Balabhdra, il est trop adonné au vice et aux plaisirs des sens pour mener une vie entièrement austère. Nous sommes donc tous hors de la question, et nous nous réunissons pour prier le généreux Akroura de rester détenteur du bijou comme il l'a fait jusqu'à présent, pour le bien général ; il réunit les qualités nécessaires, et, en ses mains, ce trésor a produit de grands bienfaits pour le pays. Tu ne dois donc pas te refuser à notre demande. » Akroura, pressé de la sorte, accepta le bijou et le porta à son cou où il brilla de l'éclat le plus vif, et Akroura allait semblable au soleil, portant autour de lui une guirlande de lumière. Celui qui entend cette histoire et qui apprend comment Krishna fut justifié des calomnies lancées contre lui, ne sera jamais en butte à des accusations injustes, et, vivant dans l'exercice entier de ses facultés, il sera purifié de tout péché.

CHAPITRE XIV.

Descendants de Sini, d'Anamitra, de Swaphalka et d'autres. Enfants de Soura ; son fils Vasoudeva ; sa fille Pritha épouse Pandou ; leurs enfants et leurs descendants. Naissance antérieure de Sisoupala.

Le frère puîné d'Anamitra fut Sini ; son fils fut Satyaka ; son fils Yuyudhana qui fut aussi connu sous le nom de Satyaki ; son fils fut Asanga ; son fils fut Touni ; son fils fut Yougandhara. Ces princes furent appelés les Saineyas.

Prisni naquit dans la famille d'Anamitra ; son fils fut Swaphalka, dont le caractère d'une éminente sainteté a déjà été décrit ; le frère cadet de Swaphalka fut Chitraka. Swaphalka eut de sa femme Yandivi des fils nombreux ; il eut aussi une fille Soutara.

Devavat et Upadeva furent les fils d'Akroura ; les fils de Chitrika furent Prithou et Vipritra et beaucoup d'autres. Andhaka eut quatre fils, Kukkura, Bhajamana, Souchi, Kambalavarhish. Le fils de Kukkura fut Vrishtha ; son fils fut Kapotaroman ; son fils fut Viloman ; son fils fut Bhava qui porta aussi le nom de Chandanokakadoundubhi ; il fut l'ami du Gandharba Toumbourou ; son fils fut Hijit ; son fils fut Pournavasou ; son fils fut Ahouka, et il eut aussi une fille nommée Ahouki. Les fils d'Ahouka furent Devaka et Ugrasena. Le premier eut quatre fils, Devavat, Upadeva, Sudeva et Devarakshita, et sept filles, Vrikadiva, Upadeva, Devarakshita, Srideva, Santideva, Sahadeva et Devaki ; toutes ses filles furent mariées à Vasoudeva, les fils d'Ugrasena furent Kansa, Nyagrodha, Sounaman, Kanka, Sankou, Soubhoumi, Rashatrapali, Youdhamoushti et Toushtimat ; ses filles furent Kansa, Kansavati, Soutarou, Rashtrapali et Kanki.

Le fils de Bhajamana fut Vidouratha ; son fils fut Soura ; son fils fut Simin ; son fils fut Pratikhatra ; son fils fut Swayambhoja ; son fils fut Hridika qui eut, entre autres fils, Kritavarman, Satadhanava et Devamidhousha. Soura, fils de ce dernier, épousa Marisha et il eut d'elle dix fils. A la naissance de Vasoudeva qui fut l'un de ses fils, les dieux, auxquels l'avenir est connu, prévirent que l'être divin prendrait une forme humaine dans sa famille, et ils frappèrent avec joie les tambours du ciel ; cette circonstance fit donner à Vasoudeva le nom d'Anakadounboubhi. Ses frères furent Devabhaga, Devasravas, Anadhrishti, Karoundhaka, Vatsabalaka, Srinjaya, Syama, Samika et Gandusha ; ses sœurs furent Pritha, Sroutadeva, Srutakirtti, Sroutasravas et Rajadhidevi.

Soura eut un ami nommé Kountibhoja auquel n'ayant pas de fils, il offrit selon les règles sa fille

Pritha. Elle épousa Pandou, et elle mit au monde Yadhishthira, Bhima et Arjouna qui étaient de fait les fils des dieux Dharma, Vayou (*l'air*) et Indra. Avant son mariage, elle eut aussi un fils nommé Karna, engendré par le divin Aditya (*le soleil*). Pandou eut une autre femme, nommée Madri, qui, des deux fils jumeaux d'Aditya appelés Nasatya et Dasra, eut deux fils, Nakoula et Sahadeva.

Sroutadeva épousa le prince des Karoushas, Vriddhasarman, et elle mit au monde le redoutable Asura, Dantavaktra; Dhrishtaketou roi de Kaikeya, épousa Sroutakirtti et il eut d'elle Santarddana, et quatre autres fils connus sous le nom des cinq Kaikyas. Jayasena, roi d'Avanti, épousa Rajadhidevi; et il eut Vinda et Anavinda; Sroutasravas épousa Damaghosha, roi de Chedi, et elle lui donna Sisoupala. Ce prince avait été dans une existence antérieure l'unique, mais vaillant monarque des Daityas, Hiranyakasipou, qui fut tué par le protecteur divin de la création (sous la forme de l'homme lion). Il fut ensuite le roi Ravana, ayant dix têtes; sa force, sa puissance et sa valeur sans égales succombèrent sous les efforts de Rama, le seigneur des trois mondes. Ayant été tué par le dieu sous la forme de Raghava, il avait longtemps joui de la récompense de ses vertus, en étant exempté de l'existence sous une forme corporelle, mais reçut ensuite derechef la vie comme étant Sisoupala, fils de Damaghosha, roi de Chedi. Il se livra alors avec plus d'animosité que jamais, à ses sentiments hostiles contre le Dieu surnommé Poundharikaksha, une portion de l'être suprême qui était descendu pour alléger la charge de la terre, et il reçut la mort de sa main; mais comme ses pensées avaient toujours été fixées sur l'être suprême, Sisoupala fut réuni à cet être après sa mort, car le seigneur donne à ceux auxquels il est favorable tout ce qu'ils désirent et il accorde une place céleste et éminente même à ceux qu'il tue dans ses déplaisirs.

CHAPITRE XV.

Explication de la raison pourquoi Sisoupala dans ses naissances antérieures comme Hiranyakasipou et Ravana ne fut pas identifié avec Vishnou lorsque celui-ci le tua, et pourquoi il le fut lorsqu'il fut tué comme étant Sisoupala; les femmes de Vasoudeva; ses enfants. Les femmes et les enfants de Krishna. Multitude des descendants d'Yadou.

MAITREYA. — O le plus éminent de tous ceux qui cultivent la piété, je désire que tu m'apprennes comment il advint que ce même être, qui fut tué par Vishnou comme étant Hiranyakasipou et Ravana, obtint une félicité qui, bien que les immortels puissent à peine y atteindre, n'était que passagère, et comment il fut absorbé par l'éternel Hari lorsque, personnifié dans Sisoupala, il fut tué par celui-ci.

PARASARA. — Quand le divin auteur de la création, de la conservation et de la destruction de l'univers, mit à mort Hiranyakasipou, il prit un corps formé de la figure d'un lion et de celle d'un homme, de sorte que Hiranyakasipou ne savait pas que son vainqueur était Vishnou; quoiqu'il eût atteint la qualité de la pureté provenant d'un mérite consommé, son esprit était cependant encore troublé par la prédominance de la propriété de la colère, et l'effet de ce mélange fut que, comme résultat de sa mort par les mains de Vishnou, il ne retira qu'une puissance et une félicité sans limites sur la terre, comme étant Dasanana, le souverain des trois sphères; il n'obtint pas l'absorption dans l'esprit suprême, qui est sans commencement ni fin, parce que son esprit n'était pas entièrement consacré à ce seul objet. Pasanana, entièrement livré à la passion de l'amour et absorbé par l'idée de Janaki, ne put comprendre que le fils de Dasaratha qu'il voyait était en réalité le divin Achyouta. Au moment de sa mort, il avait la persuasion que son adversaire était un mortel; c'est pourquoi le profit qu'il devait retirer de périr de la main de Vishnou, fut borné à ce qu'il naquit dans l'illustre famille des rois de Chedi, et à ce qu'il exerçât une domination étendue. Dans cette situation, bien des circonstances fixèrent son attention sur les noms de Vishnou, et, dans toutes ces occasions, l'animosité, qui s'était accumulée à travers des naissances successives, agît sur son esprit, et, parlant sans cesse d'Achyouta avec mépris, il répétait ces diverses dénominations. Soit qu'il fût en marche ou qu'il fût assis, qu'il mangeât ou qu'il dormit, son courroux ne connaissait pas d'intervalle, et Krishna était toujours présent à sa pensée sous sa forme ordinaire, ayant des yeux aussi beaux que la feuille du lotus, couvert de vêtements d'un jaune brillant, orné d'une guirlande, portant des bracelets sur ses bras et sur ses poignets, et un diadème sur la tête, ayant quatre bras robustes et tenant la coquille, le disque, la massue et le lotus. C'est ainsi que, prononçant les noms de Krishna, même pour le maudire, et méditant sur son image, même par un sentiment d'inimitié, il vit le dieu qui lui donnait la mort, radieux, muni d'armes éblouissantes, brillant en sa propre essence d'une splendeur ineffable, comme étant l'être suprême; alors toute sa colère se dissipa ainsi que sa haine, et il fut purifié de tous ses défauts. Étant tué par le disque de Vishnou, à l'instant où il méditait ainsi, tous ses péchés furent consumés par son divin adversaire, et il fut uni à celui qui l'avait fait périr par un effet de son pouvoir. J'ai ainsi répondu à tes demandes. Celui qui prononce le nom de Vishnou ou qui songe à ce dieu, même dans un sentiment d'inimitié, obtient une récompense à laquelle les démons et les dieux ont peine à arriver; quelle sera donc la grandeur de la récompense réservée à celui qui rend gloire au dieu avec une foi fervente?

Vasoudeva, appelé aussi Anakadandubhi, eut pour femmes Rohini, Pauravi, Bhadra, Madira, Devaki et plusieurs autres. Les fils qu'il eut de Rohini furent Balabhadra, Sarana, Sarou, Dourmada et autres. Balabhadra épousa Revati, et il eut d'elle Nisatha et Ulmouka. Les fils de Sarana furent Marshti, Marshtimat, Sisou, Satyadhriti et autres. Bhadraswa, Bhadrabahou, Dourgama et autres naquirent dans la famille de Rohini (de la race de Pourou). Les fils que Vasoudeva eut de Madira, furent Nanda, Upananda, Kritaka et autres. Bhadra lui donna Upanidhi, Gada et autres. Il eut de sa femme Vaisali un fils nommé Kausika. Devaki lui donna six fils, Kirttimat, Soushena, Udayin, Bhadrasena, Rijoudasa et Bhadradeha; ils furent tous mis à mort par Kansa.

Lorsque Devaki était enceinte pour la septième fois, Yoganidra (*le sommeil de la piété*), envoyé par Vishnou, enleva à minuit le fœtus du sein de sa mère, et le transféra dans celui de Rohini; l'enfant, qui était Balarama, reçut, par suite de cette circonstance, le nom de Sankarshana. Ensuite, le divin Vishnou lui-même, la racine du grand arbre de l'univers, incompréhensible à l'esprit de tous les dieux, de tous les démons, de tous les sages et de tous les hommes passés, présents ou futurs, l'objet des adorations de Brahma et de tous les dieux, celui qui est sans commencement, sans milieu ni fin, fut ému du désir de soulager la terre de son fardeau; il descendit dans le sein de Devaki, et il naquit comme étant son fils Vasoudeva. Yoganidra, fier d'exécuter ses ordres, transporta l'embryon à Yasoda, femme de Nanda le pâtre. A sa naissance, la terre fut délivrée de toute iniquité; le soleil, la lune et les planètes brillèrent d'une splendeur sans nuages; toute crainte de calamité fut dissipée et un bonheur général prévalut. Dès le moment où il parut, tous les mortels furent conduits vers lui dans le chemin de la justice.

Tandis que cet être puissant résidait dans ce monde des mortels, il avait seize mille cent femmes; les principales d'entre elles étaient Roukmini, Satyabhama, Jambavati, Jatahasini et quatre autres. Par leur entremise, la forme universelle, qui est sans commencement, engendra cent quatre-vingt mille fils; treize d'entre eux surtout sont renommés, Pradyoumna, Charoudeshna, Samba et autres. Pradyoumna épousa Kakoudwati, fille de Roukmin, et il eut d'elle Anirouddha. Anirouddha épousa Soubhadra, petite-fille de ce même Roukmin, et elle lui donna un fils nommé Vajra. Le fils de Vajra fut Bahou, et son fils fut Souchara.

De cette façon, les descendants de Yadou se multiplièrent, et il y en eut beaucoup de centaines de milliers; de sorte qu'il serait impossible de répéter leurs noms dans des centaines d'années. Deux vers qui les concernent sont bien connus : « Les instructeurs domestiques des jeunes garçons dans l'usage des armes, montaient à trois crores et quatre-vingts lacs (*trente-huit millions*). Qui énumérera la totalité des héros de la race d'Yadava, qui étaient des dizaines de dix mille, et des centaines de cent mille ? » Ces puissants Daityas, qui furent tués dans les combats entre eux et les dieux, renaquirent sur la terre comme des hommes, comme des tyrans et des oppresseurs, et, afin de mettre un frein à leur violence, les dieux descendirent aussi dans le monde des mortels, et devinrent membres des cent-une branches de la famille d'Yadou. Vishnou leur servit de précepteur et de maître, et tous les Yadavas furent soumis à ses ordres.

Quiconque écoute fréquemment ce récit de l'origine des héros de la race de Vrishni, sera purifié de tout péché et obtiendra une place dans la sphère de Vishnou.

CHAPITRE XVI.

Descendants d'Anou. Régions et villes qui prirent leurs noms.

Anou, le quatrième fils d'Yayati, eut trois fils, Sabhanara, Chakshousa et Paramekshou. Le fils du premier fut Kalanara; son fils fut Srinjaya; son fils fut Pouranjaya; son fils fut Janamejaya; son fils fut Mahamani; son fils fut Mahamanas, lequel eut deux fils, Usinara et Titikshou. Usinara eut cinq fils, Sivi, Trina, Gara, Krimi et Darvan. Sivi eut quatre fils, Vrishadarbha, Souvira, Kaikeya et Madra. Titikshou eut un fils, Ushadratha, lequel fut père d'Ilema, qui eut pour fils Soutapas, qui eut pour fils Bali; celui-ci eut cinq fils, Dirghatama ou Anga, Banga, Kalinga, Souhma et Poundra; leurs descendants et les cinq contrées qu'ils habitèrent furent connues sous les mêmes noms.

Le fils d'Anga fut Para; son fils fut Divaratha; son fils fut Dharmaratha; son fils fut Chitraratha; son fils fut Romapada, qui porta aussi le nom de Dasaratha, parce que, étant sans enfant, Dasaratha, fils d'Aja, lui donna sa fille Santa pour qu'il l'adoptât. Ensuite Romapada eut un fils nommé Chatouranga; son fils fut Pritoulaksha; son fils fut Champa, qui fonda la ville de Champa. Le fils de Champa fut Haryyanga; son fils fut Bhadraratha, lequel eut deux fils, Vrihatkarman et Vrihadratha. Le fils du premier fut Vrihadbanou; son fils fut Vrihanmanas; son fils fut Jayadratha, qui épousa une femme dont le père était de la caste des Kshatryas, et dont la mère était de la caste des Brahmanes; il en eut un fils nommé Vijaya. Celui-ci fut père de Dhriti, qui fut père de Dhritavrata, qui fut père de Satyakarman, qui fut père d'Adhiratha, qui trouva, au bord du Gange, Karna dans un panier, où sa mère Pritha l'avait exposé. Le fils de Karna fut Vrishasena. Tels furent les rois d'Anga. Tu vas apprendre quels furent les descendants de Pourou.

CHAPITRE XVII.

Descendants de Pourou. Naissance de Bharata, fils de Doushyanta. Ses enfants ayant été tués, il adopte Bharadwaja ou Vitatha. Hastin, fondateur de la ville d'Hastinapour. Fils d'Ajamidha et races qui en descendent. Kripa et Kripi, trouvés par Santanou. Descendants de Riksha. Jarasandha et autres rois de Magadha.

Le fils de Pourou fut Janamejaya ; son fils fut Prachinvat ; son fils fut Pravira ; son fils fut Manasyou ; son fils fut Bhayada ; son fils fut Soudyomna ; son fils fut Bahougava ; son fils fut Samyati ; son fils fut Ahamyati ; son fils fut Raudraswa, lequel eut dix fils, Riteyou, Kaksheyou, Sthandileyou, Gritheyou, Jaleyou, Staleyou, Santateyou, Dhaneyou, Vaneyou et Vrateyou. Le fils de Riteyou fut Rantinara, dont les fils furent Tansou, Apratiratha et Dhrouva. Le fils du second d'entre eux fut Kanwa, et c'est de son fils Medhatithi que descendirent les Brahmanes Kanwayanas. Anila fut le fils de Tansou, et il eut quatre fils ; l'aîné fut Doushyanta. Le fils de Doushyanta fut l'empereur Bharata ; les dieux chantent un vers qui explique son nom : « La mère n'est que le réceptacle ; c'est par le père que l'enfant est engendré. Chéris ton fils, Doushyanta ; ne traite pas irrévérencieusement Sakountala. Les fils qu'engendre le père délivrent leurs ancêtres des régions infernales. Tu es le père de cet enfant ; Sakountala a dit la vérité. » Le mot chérir (*Bharaswa*) fit que l'enfant fut appelé Bharata.

Bharata eut de différentes femmes neuf fils, mais ils furent mis à mort par leurs mères, parce que Bharata remarquait qu'ils ne lui ressemblaient pas, ce qui faisait craindre aux femmes que le roi ne les abandonnât. La naissance de ces fils étant ainsi restée sans résultats, Bharata offrit un sacrifice aux Marouts et ils lui donnèrent Bharadwaja, fils de Vrihaspati et de Mamata, femme d'Utathya, expulsé du sein maternel avant l'époque de la délivrance, par un coup de pied que donna Dirghatamas, son demi-frère. Le vers suivant explique le motif auquel il dut son nom : « Femme stupide, dit Vrihaspati, aime cet enfant de deux pères » (*bhava dwa-jam*). Non, Vrihaspati, prends soin de lui, » répliqua Mamata. Ils l'abandonnèrent l'un et l'autre, mais l'expression dont ils s'étaient servis fit qu'il fut appelé Bharadwaja. Il eut pour fils Bhavadmanyon, celui-ci fut père de nombreux enfants ; les principaux d'entre eux furent Vrihatkshatra, Mahaviryya, Nara et Garga. Le fils de Nara fut Saukriti ; ses fils furent Rouchiradhi et Rantideva. Le fils de Garga fut Sini, et leurs descendants appelés Gargyas et Sainyas devinrent des Brahmanes, quoique par leur naissance ils fussent des Kshatriyas.

Le fils de Mahaviryya fut Ouroukshaya, lequel eut trois fils, Trayyarouna, Poushkarin et Kapi ; ce dernier devint un Brahmane. Le fils de Vrihathshatra fut Souhotra dont le fils fut Hastin qui fonda la ville d'Hastinapour, et qui eut pour fils Ajamidha, Dwimidha et Pouroumidha. Un des fils d'Ajamidha fut Kanwa qui fut père de Medhatithi ; son autre fils fut Vrihandishou son fils fut Vrihatharnan ; son fils fut Jayadratha ; son fils fut Viswajit ; son fils fut Senajit, lequel fut père de Rouchiraswa, de Kasya, de Dridhadhanoush et de Vasahanou. Le fils de Rouchiraswa fut Para ; il eut cent fils ; l'aîné, Samara, fut le souverain de Kampilya. Samara eut trois fils, Para, Sampara et Sadaswa ; le fils de Para fut Prithou ; son fils fut Soukriti ; son fils fut Anaha qui épousa Kritwi, fille de Souka, et il eut d'elle Brahmadatta qui fut père de Wiswaksena, qui fut père d'Udaksena, qui fut père de Bhallata. Le fils de Dwimidha fut Yavirana, son fils fut Dhritimat ; son fils fut Satyadhrit ; son fils fut Dridhanemi ; son fils fut Soupanava ; son fils fut Soumati, son fils fut Krita auquel Hiranyanabha enseigna la philosophie du Yoga, et qui compila vingt-quatre Sanhitas (*ou abrégés*) à l'usage des Brahmanes orientaux qui étudient le Sama-Véda ; le fils de Krita fut Ugrayadha qui détruisit par sa vaillance, la race Nipa des Kshatriyas ; son fils fut Kshemya ; son fils fut Nripanjyaya, son fils fut Bahouratha. Ils furent tous appelés les Pauravas.

Ajamidha eut une fille nommée Nilini, et il eut d'elle un fils nommé Nila ; son fils fut Sousanti ; son fils fut Pouroujanou ; son fils fut Chakshou ; son fils fut Haryyaswa qui eut cinq fils, Mougdala, Srinjaya, Vrihadishna, Pravira et Kampilya. Leur père dit : « Mes cinq (*pancha*) fils sont capables (*alam*) de défendre le pays ; » ce qui leur fit donner le nom de Panchalas. C'est de Mougdala que descendent les Brahmanes Maudgalya ; il eut aussi un fils nommé Bahwaswa, lequel fut père de deux enfants jumeaux : un fils nommé Divodasa et une fille appelée Ahalya. Le fils que Saradw eu Gautama eut d'Ahalya fut Satananda ; son fils fut Satyadhriti qui fut habile dans l'art militaire. Etant épris de la nymphe Urvasi, Satyadhriti fut le père de deux enfants, un garçon et une fille. Le roi Santanou trouva, étant à la chasse, ces enfants exposés dans une touffe d'herbe sara ; il eut pitié d'eux et les recueillit. Comme ils avaient été recueillis par pitié (*kripó*), ils furent appelés Kripa et Kripi. Cette dernière devint la femme de Drona et la mère d'Aswatthaman. Le fils de Divodasa fut Mitrayou ; son fils fut Chyavanna ; son fils fut Soudasa ; son fils fut Sahadeva ; son fils fut Soumaka ;

il eut cent fils, Jantou fut l'aîné et Prishata le plus jeune. Le fils de Prishata fut Droupada; son fils fut Dhristaketou.

Un autre fils d'Ajamidha fut nommé Riksha; il fut père de Samvarana qui eut pour fils Kourou, lequel donna son nom au saint district de Kenroukshtra; ses fils furent Soudhanoush, Jahnou Parikshit, et beaucoup d'autres. Le fils de Soudhanoush fut Sanhotra; son fils Chyarana; son fils fut Kritaka; son fils fut Uparichara qui eut sept fils, Vrihadatha, Patryaga, et autres. Le fils de Vrihadatha fut Kousagra qui fut père de Rishabha qui fut père de Poushpavat, qui fut père de Satyadhrita, qui fut père de Soudhanwan, qui fut père de Jantou. Vrihadatha eut un autre fils qui naquit de deux parties qui furent réunies ensemble (*Sandhita*) par un démon femelle nommé Jara; aussi il fut appelé Jarasandha; il eut pour fils Sahadeva qui fut père de Somapi, qui eut pour fils Sroutasravas. Tels furent les rois de Magadha.

CHAPITRE XVIII.

Descendants de Kourou. Devapi abdique le trône dont Santanou s'empare; il est reconnu par les Brahmanes; ses enfants, Naissance de Dhritarashtra, de Pandou et de Vidoura; les cents fils de Dhritarasthra; les cinq fils de Pandou; ils épousent Draupadi; leur postérité. Parikshit, petit-fils du monarque Arjouna.

Parikshit, fils de Kourou, eut quatre fils, Janamejaya, Srooutasena, Ugrasena et Bhimasena. Le fils de Janou fut Souratha; son fils fut Vidouratha; son fils fut Sarvabhama; son fils fut Jayasena; son fils fut Ayutayas; son fils fut Akrodhana; un de ses fils fut Devathithi et un autre fut appelé Riksha; son fils fut Dilipa; son fils fut Pratipa qui eut trois fils Devapi, Santanou et Bahlika. Le premier adopta dès son enfance la vie cénobitique dans les forêts, et Santanou devint roi. Le vers le concernant est répandu sur toute la terre : « Santanou est son nom, parce que, lorsqu'il pose ses mains sur un vieillard, il lui rend la jeunesse, et, grâce à lui, les hommes obtiennent la tranquillité (*Santi*). »

Il se passa douze ans sans qu'il tombât de pluie dans tous les Etats de Santanou. Craignant que le pays ne devînt un désert, le roi assembla les Brahmanes et leur demanda pourquoi la pluie ne tombait pas et quelle faute il avait commise. Ils lui répondirent qu'il était comme un frère cadet marié avant son frère aîné, car il possédait le pays qui revenait de droit à son frère aîné Devapi. « Que faut-il donc que je fasse ? » répondit le roi. Les Brahmanes répondirent : « Le royaume appartient à Devapi jusqu'à ce qu'il encoure le déplaisir des dieux en s'écartant du chemin de la droiture; il faut donc que tu lui rendes le pouvoir suprême. » Lorsque le ministre du roi, Asmarisarin, entendit ses paroles, il réunit un grand nombre de solitaires qui enseignaient des doctrines opposées a celles des Védas, et il les envoya dans les forêts; ils rencontrèrent Devapi et, ignorant l'intelligence de ce prince, ils l'amenèrent à adopter des principes hérétiques. En même temps Santanou, fort inquiet de l'idée qu'il s'était rendu coupable de la faute que lui avaient signalée les Brahmanes, les envoya dans les bois au-devant de lui et s'y rendit lui-même, afin de rendre la couronne à son frère aîné.

Lorsque les Brahmanes arrivèrent à l'ermitage de Devapi, ils l'informèrent que, suivant les doctrines des Védas, la succession au trône se réglait par droit de primogéniture; mais il entra en discussion avec eux et il avança des choses contraires aux Védas. Quand les Brahmanes l'entendirent parler ainsi, ils se tournèrent vers Santanou, et ils dirent: « O roi, tu n'as plus besoin de t'inquiéter; la sécheresse est finie : cet homme est déchu de son rang, car il a fait usage de paroles irrévérencieuses contre l'autorité du Véda éternel et non créé; et quand le frère aîné est déchu, il n'y a pas de péché à ce que le cadet se marie avant lui. » Santanou revint donc à sa capitale et gouverna comme précédemment, son frère aîné Devapi étant déchu de sa caste pour avoir avancé des doctrines contraires aux Védas, et Indra fit tomber une forte pluie qui fut suivie d'abondantes récoltes.

Le fils de Bahlika fut Somadatta qui eut trois fils Bhouri, Bhourisravas et Sala.

Le fils de Santanou fut l'illustre et savant Bhishma, il l'eut de la sainte rivière et déesse Ganga, et il eut de sa femme Satyavati deux fils Chitrangada et Vichitravirya. Chitrangada, encore jeune, fut tué dans un combat avec un Gandharba. Vichitravirya épousa Amba et Ambalika, filles du roi de Kasi; ses excès le firent tomber dans une consomption dont il mourut. D'après l'ordre de Satyavati, son fils Krishna-dwaipayana, toujours soumis aux désirs de sa mère, engendra avec les veuves de son frère les princes Dhritarashtra et Pandou, et avec une esclave il engendra Vidoura. Dhritarashtra eut cent fils parmi lesquels étaient Douryodhana, Dhosassana et autres. Pandou ayant encouru la malédiction d'un cerf dont il avait tué la femelle à la chasse, n'eut pas de postérité; sa femme Kounti mit au monde deux fils engendrés par les dieux Dharma, Vayou et Indra, ils furent nommés Yudhishthira, Bhima et Arjouna; sa femme Madri eut deux fils, Nakoula et Sahadeva, qui eurent pour père les fils célestes d'Aswini; ces fils eurent chacun un enfant de Draupadi. Yudhishthira eut un fils nommé Prativindhya; Bhima fut père de Sroutasoma, et Arjouna de Sroutakirtti; Nakoula eut pour fils Satanika, et Sahadeva eut Sroutakarman.

Yudhishthira eut de sa femme Yaudhacy un fils nommé Devaka. Arjouna eut Iravat de la nymphe serpent Uloupi; Babhrouvahna fut adopté par la fille du roi de Manipoura; dès sa plus tendre jeunesse il fut renommé pour sa valeur et pour sa force, et il brisa dans les combats, les chariots de ses ennemis. Le fils d'Abhimanyou et d'Uttara fut Parikshit, qui, après que les Kurous eurent tous été détruits, fut tué dans le sein de sa mère par l'arme magique de Brahma lancée par Aswatthaman; il fut toutefois rappelé à la vie par la clémence de cet être dont les pieds reçoivent les hommages de tous les démons et de tous les dieux, qui, pour son propre plaisir, avait pris une forme humaine (*Krishna*). Ce prince, Parikshit, exerce maintenant sur le monde entier, un empire sans rival.

CHAPITRE XIX.
Rois futurs, descendant de Parikshit, se terminant à Kshemaka.

J'indiquerai maintenant les rois qui régneront dans les périodes futures. Le monarque actuel Parikshit aura quatre fils, Janamejaya, Sroutasena, Ugrasena et Bhimasena. Le fils de Janamejaya sera Satanika qui étudiera les Védas sous Yadjnyawalkya et la science militaire sous Kripa, mais dégoûté des plaisirs sensuels, il acquerra la connaissance spirituelle dans les instructions de Saunaka et il obtiendra enfin le salut. Son fils sera Aswamedhadatta (*un fils donné par les dieux comme récompense du sacrifice du cheval*); son fils sera Asima-Krishna; son fils sera Nichakra qui transportera sa capitale à Kausambi, parce qu'Hastinapoura aura été détruite par une inondation du Gange; son fils sera Ushna; son fils sera Chitraratha; son fils sera Vrishnimat; son fils sera Soushena; son fils sera Sounitha; son fils sera Richa; son fils sera Nrichakshou; son fils sera Soukhibala; son fils sera Pariplava; son fils sera Sounaya; son fils sera Medhavin; son fils sera Nripanjaya; son fils sera Mridou; son fils sera Tigma; son fils sera Vrihaddratha; son fils sera Vasoudana; son fils sera un autre Satanika; son fils sera Udayana; son fils sera Ahinara; son fils sera Khandapani; son fils sera Niramitra; son fils sera Kshemaka; c'est à son sujet qu'on récite ce vers: « La race qui donna origine aux Brahmanes et aux Kshatriyas et qui fut purifiée par les sages royaux, se termina avec Kesemaka dans l'âge Kali. »

CHAPITRE XX.
Rois futurs de la famille d'Ikswakou, se terminant à Soumitra.

Je vais maintenant te faire connaître les princes futurs de la famille d'Ikshwakou.

Le fils de Vrihadbala sera Vrihatkshana; son fils sera Ourukshepa; son fils sera Vatsa, son fils sera Vatsavyouha; son fils sera Prativyoman; son fils sera Divakara; son fils sera Sahadeva; son fils sera Vrihadaswa; son fils sera Bhanouratha; son fils sera Soupratitha; son fils sera Maroudeva; son fils sera Sounakshatra; son fils sera Kinnara]; son fils sera Antariksha; son fils sera Souvarna; son fils sera Amitrajit; son fils sera Vrihadraja; son fils sera Dharman; son fils sera Kritanjaya; son fils sera Rananjaya; son fils sera Sanjaya; son fils sera Sakya; son fils sera Souddhodana; son fils sera Ratoula; son fils sera Prasenajit; son fils sera Kshoudraka; son fils sera Koundaka; son fils sera Souratha; son fils sera Soumitra. Tels sont les rois de la famille d'Ikshwakou descendus de Vrihadbala. Un vers circule et rappelle leur mémoire: « La race des descendants d'Ikshwakou se terminera avec Soumitra; elle se terminera avec lui dans l'âge Kali. »

CHAPITRE XXI.
Rois futurs de Magadha; descendants de Vrihadratha.

Je te signalerai maintenant les descendants de Vrihadratha qui seront les rois de Magadha. Il y a eu plusieurs princes puissants de cette dynastie; le plus célèbre fut Jarasandha; son fils fut Sahadeva; son fils est Somapi; son fils sera Sroutavat; son fils sera Ayoutayous; son fils sera Niramitra; son fils sera Soukshatra; son fils sera Vipra; son fils sera Souchi; son fils sera Kshemya; son fils sera Souvrata; son fils sera Dharma; son fils sera Dridhsma; son fils sera Soumati; son fils sera Souvala; son fils sera Satyajit; son fils sera Viswajit; son fils sera Ripounjaya; tels seront les Varhadrathas qui régneront mille ans.

CHAPITRE XXII.
Rois futurs de Magadha. Cinq princes de la ligne de Pradyota. Dix Saisounagas. Neuf Nandas. Dix Mauryas. Dix Soungas. Quatre Kanwas Trente Andhrabhrityas. Rois de diverses castes et tribus. Ascendant de la barbarie. Diverses races dans différentes régions. Période d'une iniquité universelle. Venue de Vishnou dans la personne de Kalki. Destruction des méchants et rétablissement des pratiques des Védas. Fin de l'âge Kali et retour de l'âge Krita. Vers chantés par la Terre, et communiqués par Asita à Janaka. Fin du quatrième livre.

Le dernier de la dynastie de Vrihadratha, Ripounjaya, aura un ministre appelé Sounika qui, ayant tué son souverain, placera son fils Pradyota sur le trône; son fils sera Palaka; son fils sera Visakhayoupa; son fils sera Janaka et son fils sera Nandiarddhana. Ces cinq rois de la maison de Pradyota régneront sur la terre pendant cent trente-huit ans.

Le roi qui viendra après eux sera Sisounaga; son fils sera Kakavarna, son fils sera Kshemadharman; son fils sera Kshatraoujas, son fils sera Vidmisara; son fils sera Ajatasatrou; son fils sera Dharbaka; son fils sera Udayaswa, son fils sera aussi Nandivarddhana et son fils sera Mahanandi. Ces dix Saisonnagas seront rois de la terre pendant trois cent soixante-deux ans.

Le fils de Mahananda naîtra d'une femme de la caste Soudra ou servile; son nom sera Nanda, il sera d'une avarice extrême. Il détruira la race des Kshatriyas; après lui les rois de la terre seront des Soudras. Il conservera la terre entière sous un seul parasol; il aura huit fils, Soumalaya et autres qui régneront après lui; son règne et celui de ses fils dureront cent ans. Le Brahmane Kautilya détruira les neuf Nandas.

Après cette race les Mauryas posséderont la terre, car Kantilya placera Chandragoupta sur le trône; son fils sera Vindousara; son fils sera Asokavarddhana; son fils sera Souyasas; son fils sera Dasaratha; son fils sera Sangata; son fils sera Salisouka; son fils sera Somasarmman; son fils sera Sasadharman; son successeur sera Vrihadratha. Tels sont les dix Mauryas qui régneront sur la terre pendant cent trente-sept ans.

La dynastie des Sungas sera ensuite en possession de la souveraineté, car Poushpamitra, général du dernier monarque Maurya, mettra son maître à mort et montera sur le trône; son fils sera Agnimitra; son fils sera Soujyeshtha; son fils sera Vasoumitra; son fils sera Ardraka; son fils sera Poulindaka; son fils sera Ghoshavasou; son fils sera Vajramitra; son fils sera Bhagavata; son fils sera Devabhouti. Tels sont les dix Soungas qui gouverneront pendant cent-douze ans.

Devabhouti, le dernier des princes de la dynastie de Sounga, se livrant à l'inconduite, son ministre le Kanwa, nommé Vasoudeva, l'assassinera et usurpera l'empire; son fils sera Bhoumimitra; son fils sera Narayana; son fils sera Sousarman. Ces quatre Kanwas seront rois de la terre pendant quarante-cinq ans.

Le Kanwa Sousarman sera tué par un de ses sujets nommé Sipraka, personnage puissant de la tribu d'Andhra qui deviendra roi et qui fondera la dynastie des Audhrabhrityas; il aura pour successeur son frère Krishna; son fils sera Satakarni; son fils sera Pournotsanga; son fils sera Satakarni; son fils sera Lambodara; son fils sera Ivilaka; son fils sera Meghaswati; son fils sera Patoumat; son fils sera Arishtakarman; son fils sera Hala; son fils sera Talaka; son fils sera Pravilasena; son fils sera Soundara; son fils sera Chakora; son fils sera Sivaswati; son fils sera Gomatipoutra; son fils sera Poulimat; son fils sera Sivasri; son fils sera Sivashkanda; son fils sera Yajnasri; son fils sera Vijaya; son fils sera Chandrasri; son fils sera Poulomarchisch. Ces trente rois de la dynastie Audhrabhritya régneront pendant quatre cent cinquante-six ans.

Ensuite, il régnera diverses races comme sept Abhiras, dix Garddhabas, seize Sakas, huit Yavanas, quatorze Tousharas, treize Moundas, onze Maunas, en tout soixante-dix-neuf princes qui gouverneront la terre pendant mille trois cent quatre-vingt-dix ans; onze Pauras seront ensuite rois pendant trois cents ans. Après leur destruction, les Kailakila Yavanas seront rois; leur chef sera Vindhyasakti; son fils sera Pouranjaya; son fils sera Ramachandra; son fils sera Adharma; son fils sera père de Varanga, de Kritanandana, de Soudhinandi, de Nandiyasas, de Sisouka et de Pravira; ils gouverneront pendant cent dix ans. D'eux viendront treize fils, ensuite trois Bahlikas, et Poushpamitra, Patoumitra et d'autres, au nombre de treize, régneront sur Mekala.

Un souverain, nommé Viswasphatika établira d'autres tribus dans le pays de Magadha; il détruira les Kshatriyas ou la race guerrière, et il élèvera au pouvoir des pêcheurs et des barbares. Les neuf Nayas régneront à Padmavati, à Kantipouri, et à Mathoura, et les Gouptas de Magadha le long du Gange.

Un prince nommé Devarakshita régnera dans une ville située au bord de la mer sur les Kosalas, les Odras, les Poundras, et les Tamralitas. Les Gouhas posséderont Kalinga, Mahibaka et les montagnes de Mahendra. La race de Manidhanou occupera le pays des Nishadas, des Naimishikas et des Kalatoyas. La nation appelée Kanakas possédera le pays des Amazones, et celui qu'on nomme Mushika. Des hommes des trois castes, mais qui en auront été expulsés, des Abhiras et des Soudras, occuperont Saurashtira, Avanti, Soura, Arbouda et Maroubhouni; des Soudras et des barbares seront maîtres des bords de l'Indus, du Darvika et du Kashmir.

Tous ces monarques qui régneront sur la terre seront d'un caractère violent, étrangers à toute générosité, livrés à la fausseté et à la malice. Ils feront périr des femmes, des enfants et des vaches; ils s'empareront des biens de leurs sujets; ils s'élèveront rapidement et tomberont de même; leur vie sera courte, leurs désirs seront insatiables, et ils ne manifesteront point de piété. Les peuples des divers pays qu'ils gouverneront suivront leur exemple, et les barbares étant puissants par suite de la protection des princes, tandis que les tribus plus pures seront négligées, le peuple périra. La richesse et la piété diminueront de jour en jour jusqu'à ce que le monde soit tout à fait corrompu. Alors la fortune conférera de la distinction; la passion sera le seul motif d'union entre les sexes, le mensonge sera la seule voie employée pour réussir en affaires. La terre ne sera respectée qu'à cause des trésors minéraux qu'elle renferme, la déloyauté sera le moyen universellement employé pour subsister; l'arrogance et l'orgueil tiendront lieu de savoir; une simple ablution sera regardée comme une purification suffisante; des vêtements somptueux seront des dignités. Le plus fort sera le maître et exercera son pouvoir d'une manière très-répréhensible. Le peuple, hors d'état de soutenir les fardeaux que lui imposeront ses avides souverains, se réfugiera parmi les vallées des montagnes et sera heureux de trouver pour se nourrir du miel sauvage, des herbes, des racines, des fruits, des fleurs et des feuilles; il n'aura pour vêtement que l'écorce des arbres, et il sera exposé au froid, au vent, au soleil et à la pluie. La vie humaine ne dépassera pas vingt-trois ans. C'est ainsi que dans l'âge Kali tout ira en dégénérant jusqu'à ce que la race humaine soit près d'être anéantie.

Lorsque les pratiques recommandées par les Védas et les institutions de la loi auront presque cessé, et que le terme de l'âge Kali sera tout proche, une portion de cet être divin qui existe dans sa propre nature spirituelle sous le caractère de Brahma, qui est le commencement et la fin, et qui comprend toutes choses, descendra sur la terre; il naîtra dans la famille de Vishnouyasas, brahmane éminent, habitant le village de Sambhala, et il se montrera sous la forme de Kalki, comme doué des huit facultés surnaturelles. Il détruira, par son pouvoir irrésistible, tous les voleurs et les Mlechchhas, et tous ceux dont l'esprit est dévoué à l'iniquité. Il rétablira la justice sur la terre, et les esprits de ceux qui vivent à la fin de l'âge Kali seront éveillés et deviendront aussi transparents que le cristal. Les hommes qui seront ainsi changés par la vertu de cette époque particulière, seront comme les semences des êtres humains, et donneront naissance à une race qui suivra les lois de l'âge Krita ou de l'âge de la pureté. Comme il est dit: « Lorsque le soleil et la lune et l'astérisme lunaire Tishya, et la planète Jupiter seront dans la même demeure, alors l'âge Krita reviendra. »

C'est ainsi, excellent Mouni, qu'on doit énumérer les rois qui sont passés, qui seront et qui doivent être. Depuis la naissance de Parikshit jusqu'au couronnement de Nanda, il est connu que mille quinze années se sont écoulées. Quand les deux premières étoiles des sept Rishis (la grande Ourse) s'élèvent dans le ciel, et lorsqu'un astérisme lunaire se montre la nuit entre eux à une distance égale, alors les sept Rishis restent stationnaires dans cette conjonction pendant cent années humaines. A la naissance de Parikshit, ils étaient à Magha, et l'âge Kali qui consiste de douze cents années divines commença alors.

Quand la portion de Vishnou, qui était née de Vasoudeva, retourna au ciel, alors l'âge Kali commença. Aussi longtemps que la terre fut touchée de ses pieds sacrés, l'âge Kali resta sans influence. Aussitôt que l'incarnation de l'éternel Vishnou se fut retirée, le fils de Dharma, Youdhishthira, avec ses frères, abdiqua la souveraineté. Observant des présages funestes, résultant de la disparition de Krishna, il plaça Parikshit sur le trône. Lorsque les sept Rishis sont en Pourvashada, alors Naenda commencera à régner, et l'influence de l'âge Kali se fera dorénavant sentir.

Le jour que Krishna aura quitté la terre sera le premier de l'âge Kali dont je vais te dire la durée; il durera trois cent soixante mille années humaines. Lorsque douze cents années divines se seront écoulées, l'âge Krita sera renouvelé.

C'est ainsi que dans des âges successifs, des hommes éminents de toutes les castes ont passé par milliers; je n'ai pas énuméré leurs noms, à cause du temps que prendrait leur histoire et des répétitions qui en résulteraient. Deux individus, de la race de Pourou, et Marou de la famille d'Ikshwakou, resteront vivants pendant la durée entière des quatre âges, et habiteront le village de Kalapa; ils reviendront ici au commencement de l'âge Krita, et devenant membres de la famille de Manou, ils fonderont la dynastie des Kshatriyas. C'est de cette manière que la terre est au pouvoir des enfants de Manou, pendant les trois premiers âges, c'est-à-dire l'âge Krita, l'âge Treta et l'âge Dwapara; quelques-uns restent dans l'âge Kali, afin de servir comme les rudiments des générations renouvelées, de la même manière que Devapi et Marou existent encore.

Je t'ai tracé un récit succinct des souverains de la terre; raconter leur histoire entière serait impossible, disposât-on d'un temps égal à la durée de cent fois la vie humaine. Ces rois et d'autres qui, doués de corps périssables, ont possédé ce monde qui subsiste toujours, et qui, aveuglés par l'illusion de l'orgueil, se sont dit avec complaisance: « Cette terre est à moi; elle est à mon fils, elle appartient à ma dynastie, » ont tous passé. Beaucoup avaient régné avant eux, beaucoup leur succéderont, beaucoup sont à venir; tous ont passé ou passeront. La terre rit, comme si elle était parée des fleurs de l'automne, en voyant que ses rois sont incapables de se maîtriser eux-mêmes. Je te redirai, Maitreya, les stances, qui ont été chantées par la Terre, et que le mouni Arita communiqua à Janaka auquel la vertu servait de bannière. « Qu'elle est grande la folie des princes doués de la raison, lorsqu'ils se livrent à une présomption ambitieuse, eux qui ne sont que l'écume ballottée au sommet d'une vague. Avant qu'ils ne se soient subjugués eux-mêmes, ils cherchent à soumettre à leur autorité leurs ministres et leurs sujets; ils entreprennent ensuite de triompher de leurs ennemis. « C'est ainsi, » disent-ils, « que nous parviendrons à conquérir la terre qu'entoure l'Océan, » et, tout préoccupés de leurs projets, ils ne voient pas la mort qui n'est pas loin d'eux. A quoi servirait de subjuguer toute la terre si l'on ne peut se maîtriser soi-même? L'émancipation de l'existence ne s'obtient qu'en sachant contrôler ses passions. C'est une folie de la part des rois que de vouloir posséder ce que leurs prédécesseurs ont été forcés d'abandonner, ce que leurs pères n'ont pas conservé. »

« Séduits par un amour égoïste pour le pouvoir, les pères luttent contre les fils et les frères contre les frères. La démence a caractérisé tous les rois qui ont dit dans leur vanité : « Toute cette terre est à moi ; toute chose est à moi ; elle restera à jamais dans ma maison, » car ils sont tous morts. Lorsque j'entends un roi faire dire à un autre par un ambassadeur : « Cette terre m'appartient, renonce à toute prétention à son égard, » je suis d'abord forcé à rire violemment, mais je ne tarde pas à changer ce sentiment pour celui de la pitié qu'inspire une semblable extravagance. »

Tels sont les vers, Maitreya, que la terre récita, et lorsqu'on les écoute, l'ambition s'évanouit comme la neige disparait devant le soleil. Je t'ai maintenant raconté toute l'histoire des descendants du Manou, parmi lesquels ont fleuri des rois doués d'une portion de Vishnou et occupés de protéger la terre. Quiconque écoutera avec respect et avec foi cette histoire, sera entièrement purifié de ses péchés, et vivra dans la possession entière de ses facultés, il vivra dans une opulence et une prospérité sans égale. Celui qui a entendu l'histoire des races du soleil et de la lune, d'Ikshwakou, de Jahnou, de Mandhatri, de Sagara et de Raghou qui ont tous péri ; celui qui connaît l'histoire des rois doués d'une puissance immense, d'une valeur irrésistible et d'une opulence sans bornes, qui ont été vaincus par le temps encore plus puissant qu'eux, et qui ne sont plus maintenant qu'un souvenir, celui-là apprendra à être sage, et il cessera de dire que ses enfants, sa femme, sa maison, ses terres ou ses biens sont sa propriété.

Les pénitences rigoureuses qu'ont accomplies des hommes héroïques s'opposant au destin pendant des années innombrables, les cérémonies religieuses et les sacrifices d'une grande efficacité, tout cela est devenu, par suite du temps, simple matière à narration. Le vaillant Prithou a traversé l'univers, triomphant en tout lieu de ses ennemis ; il fut cependant emporté par le souffle du temps comme le léger duvet de l'arbre Simal. Kartaviryya subjugua d'innombrables ennemis et conquit les sept zones de la terre ; il n'est maintenant qu'un sujet de discussion et de contradiction. Honte sur l'empire des fils de Raghou qui triomphèrent de Dasanana et qui étendirent leur domination jusqu'aux extrémités de la terre ; car cet empire ne fut-il pas renversé en un instant par le mécontentement du grand destructeur? Mandhatri, l'empereur de l'univers, ne subsiste plus que dans une légende, et quel est l'homme pieux qui, après l'avoir entendue, sera assez insensé pour conserver en son cœur le sentiment de la convoitise? Bhagiratha, Sagara, Kakoutstha, Dasanana, Rama, Lakshmana, Yudhishthira et d'autres ont existé, mais qu'en reste-t-il? où sont-ils maintenant? nous l'ignorons. Les puissants monarques qui existent aujourd'hui ou qui existeront, et dont je t'ai parlé, tous ceux à l'égard desquels j'ai gardé le silence, sont tous sujets au même destin ; les rois présents et futurs périront et seront oubliés comme leurs prédécesseurs. Persuadé de cette vérité, un homme sage ne sera jamais dirigé par l'influence des principes de la possession individuelle ; il regardera toutes les choses de ce monde comme fugitives et passagères, et il ne regardera point comme lui appartenant ses enfants, ses terres, ses propriétés, toutes choses en un mot qui sont personnelles.

LIVRE CINQUIÈME [285].

CHAPITRE PREMIER.

Mort de Kansa annoncée. La terre opprimée par les Daityas, s'adresse aux dieux. Ils l'accompagnent auprès de Vishnou qui promet de la secourir. Kansa emprisonne Vasoudeva et Devaki. Instructions de Vishnou à Yogmidra.

MAITREYA. — Tu m'as donné un récit complet de toutes les diverses dynasties des rois et des événements qui les concernent. Je désire maintenant

[285] Ce livre est entièrement consacré à l'histoire de Krishna ; elle ne se trouve pas dans quelques Pouranas ; elle joue en d'autres un rôle important. Le Brahma-Pourana la renferme narrée comme dans notre texte. L'Harivansa y ajoute des embellissements qui lui sont particuliers. Une portion du Brahma-Vrivartha-Pourana a pour but de relater l'enfance de Krishna ; le style indique une composition de date peu ancienne. L'Agni et le Padma-Pourana n'offrent que des sommaires compilés d'après d'autres ouvrages. La principale autorité pour les aventures de Krishna, c'est le Bhagavata-Pourana ; le dixième livre est entièrement consacré à ce personnage, et, ayant été traduit dans toutes les langues de l'Inde, il a grandement contribué à répandre ces légendes. Le Mahabharata est l'ouvrage le plus ancien où il est question de Krishna ; ce qu'il en rapporte ne s'accorde pas toujours avec les récits des Pouranas.

connaître des particularités plus étendues au sujet de la portion de Vishnou qui descendit sur la terre et qui naquit dans la famille d'Yadou. Dis-moi quelles actions il accomplit sur la terre comme faisant partie d'une partie de l'être suprême.

Parasara. — Je te ferai connaître, Maitreya, ce que tu désires, je t'instruirai de la naissance d'une partie de Vishnou et des bienfaits que ses actions répandirent sur le monde.

Vasoudeva épousa autrefois la fille de Devaka, l'illustre Devaki, douée d'une beauté céleste. Après leurs noces, Kansa, le protecteur de la race de Bhoja, était le conducteur de leur char. Ils étaient en route lorsqu'une voix dans le ciel se fit entendre avec la force du tonnerre et dit à Kansa : « Insensé que tu es, le huitième enfant de la femme que tu conduis en ce char t'enlèvera la vie. » En entendant ces mots, Kansa tira son épée et il allait tuer Devaki, mais Vasoudeva intervint et dit : « Ne tue pas Devaki, puissant guerrier; épargne sa vie et je te remettrai tous les enfants qui viendront d'elle. » Apaisé par cette promesse et comptant sur la bonne foi de Vasoudeva, Kansa renonça à son projet.

A cette époque la terre, accablée du fardeau qu'elle portait, se rendit au mont Merou où les dieux étaient réunis, ayant Brahma à leur tête; elle leur exposa d'une voix pleine de détresse toutes les souffrances auxquelles elle était en proie. « Agni, » dit-elle, « est le père de l'or, Sourya est celui des rayons de la lumière; mon guide et parent, celui de toutes les sphères, est le tout-puissant Narayana qui est Brahma, le seigneur du seigneur des patriarches, le plus ancien de tous les ancêtres et qui ne fait qu'un avec le temps. Votre assemblée, ô dieux, n'est qu'une part de son être. Le soleil, les vents, les saints, les Roudras, les Vasous, les Aswins, le feu, les patriarches, créateurs de l'univers, (et Atri est le premier d'entre eux), ne sont tous que des formes du puissant et inexplicable Vishnou. Les Yakshas, les Rakshasas, les Daityas, les esprits du mal, les serpents, les chantres et les nymphes du ciel ne sont que des formes du grand esprit Vishnou. Les cieux qui décorent les planètes, les constellations et les étoiles, le feu, l'eau, le vent et moi-même, et toute chose tombant sous les sens, l'univers entier enfin, consiste de Vishnou. Les formes nombreuses de cet être multiple se succèdent l'une à l'autre, la nuit et le jour, comme les vagues de la mer. En ce moment, beaucoup de démons, dont Kalanemi est le chef, ont parcouru la région des mortels et ils l'infestent continuellement. Le grand Asura Kalanemi, qui fut tué par le puissant Vishnou, est revenu à la vie dans la personne de Kansa, fils d'Ugrasna, et il est né dans les palais des rois une foule de démons puissants, tels qu'Arishta Denouka, Kesin, Pralamba, Naraka, Sounda, le redoutable Bana, fils de Bali, et beaucoup d'autres que je ne puis énumérer. D'innombrables armées d'esprits orgueilleux et puissants, chefs de la race des démons, prenant des formes célestes, parcourent maintenant la terre; incapable de soutenir un tel fardeau, je suis venue vers vous afin d'implorer votre secours. O dieux illustres, faites que je sois délivrée de mes charges, afin que dépourvue de toute ressource, je ne tombe pas dans le plus profond des abîmes. »

Lorsque les dieux eurent entendu les plaintes de la Terre, Brahma, se conformant à leurs prières, leur expliqua de quelle manière on pouvait alléger le fardeau dont elle se plaignait. « Etres divins, » dit-il, « tout ce que la Terre vous a dit est d'une vérité incontestable. Moi, Mahadeva, et vous tous, vous n'êtes que Narayana, mais les personnifications de sa puissance varient continuellement, et l'excès en la domination est indiqué par la prédominance du fort et par l'abattement du faible. Allons donc vers la côte septentrionale de la mer de lait, et après avoir rendu gloire à Hari, rapportons-lui ce que nous avons entendu. Lui, qui est l'esprit de toutes choses et qui compose l'univers, descend pour sauver la Terre, en une petite portion de son essence, afin d'établir la justice ici-bas. » Brahma, accompagné des dieux, se rendit donc à la mer de lait, et là, il loua avec ferveur celui dont Garouda est l'emblème.

« O toi, » dit Brahma, « qui es distinct de l'écriture sainte; toi dont la double nature est une double sagesse supérieure et inférieure, et qui est l'essence finale de l'une et de l'autre; toi qui, à la fois pourvu et dépourvu de forme, es le double Brahma, le plus petit des petits et le plus grand des grands; toi qui connais toutes choses, esprit qui est le langage, esprit qui est suprême, qui est Brahma et dont Brahma est composé; tu es les quatre Védas; tu es l'accentuation, le rituel, la signification, la poésie et l'astronomie; tu es l'histoire, la tradition, la grammaire, la théologie, la logique et la loi; tu es la doctrine qui enseigne la distinction entre l'âme, la vie, le corps, et la matière douée de qualités, et cette doctrine n'est autre chose que la nature qui y est inhérente et qui la préside. Tu ne peux être ni perçu, ni décrit, ni conçu; tu es sans nom et sans couleur; tu n'as ni mains, ni pieds; tu es pur, éternel et infini. Tu entends sans avoir d'oreilles, et tu vois sans avoir des yeux. Tu es un et plusieurs. Tu te meus sans avoir de pieds; tu saisis sans avoir de mains. Tu sais toutes choses, mais tous ne peuvent te connaître. Celui qui te regarde comme le plus subtil des atomes n'existant point substantiellement, met un terme à l'ignorance, et l'émancipation finale est la récompense du sage dont l'intelligence ne choisit nul objet si ce n'est toi. Tu es le centre commun de toutes choses, le protecteur du monde et tous les êtres existent en toi; tu es tout ce qui a été et tout

SECT. II. — LES POURANAS. — VISHNOU-POURANA

ce qui sera. Tu es l'atome des atomes, tu es l'esprit; toi seul es distinct de la nature primitive. Comme le Seigneur du feu dans ses quatre manifestations, tu donnes la lumière, et la fertilité à la Terre. Tu es l'œil de toutes choses, tu es revêtu de formes nombreuses et tu traverses sans obstacles les trois régions de l'univers. Comme le feu qui, bien que toujours le même, est allumé de diverses manières, et qui, quoique immuable en son essence, se modifie de façons nombreuses, de même, Seigneur, toi qui es présent en tous lieux, tu prends sur toi toutes les modifications qui existent. Tu es cet état suprême et éternel que le sage aperçoit avec les yeux de la science. Il n'y a rien autre que toi, Seigneur, rien autre n'a été ni ne sera. Tu ne peux ni décroître, ni augmenter; tu es indépendant et sans commencement; tu subjugues toutes choses. Tu ne peux être affecté par la crainte, le désir, la colère ou la négligence. Tu es exempt de souillure, miséricordieu, uniforme, souverain de toutes choses, impérissable et la source de la lumière. »

Hari, universel et sans naissance, ayant entendu des oreilles de l'esprit les louanges qui lui étaient données, fut satisfait et répondit à Brahma : « Dismoi ce que les dieux et toi vous désirez ; parle avec hardiesse et avec certitude de succès. » Brahma, voyant la forme divine et universelle d'Hari, se prosterna promptement et recommença à louer le dieu : « Gloire à toi qui as mille formes et mille bras, toi qui as une foule de visages et de pieds ; à toi, l'auteur sans limites de la création, de la préservation et de la destruction ; tu es la nature, l'intelligence et la compréhension ; sois-moi favorable. Vois, Seigneur, la terre opprimée par les puissants Asuras, et ébranlée jusqu'à la base de ses montagnes ; elle vient vers toi qui es son défenseur invincible, afin que tu la délivres de son fardeau. Tu vois que moi, Indra, les Aswins, Varouna et Yama, les Roudras, les Vasous, les soleils, les vents, le feu et tous les autres êtres célestes, nous sommes prêts à exécuter tout ce que tu commanderas. O toi en qui il n'y a pas d'imperfection, ô souverain des dieux, donne tes ordres à tes serviteurs; ils attendent. »

Lorsque Brahma eut fini, le seigneur suprême arracha deux de ses cheveux, un blanc et un noir, et dit aux dieux : « Ces cheveux descendront sur la terre et la délivreront du fardeau qui l'accable. Que tous les dieux descendent aussi sur la terre et qu'ils combattent les orgueilleux Asuras qui seront détruits jusqu'au dernier. N'en doutez pas, ils périront devant le regard foudroyant de mes yeux. Ce cheveu noir se personnifiera dans la huitième conception de la femme de Vasoudeva, de Devaki qui est telle qu'une déesse, et il tuera Kansa qui est le démon Kalanemi. » Ayant parlé de la sorte Hari disparut,

et les dieux s'inclinant devant lui, quoiqu'il fût invisible, retournèrent au sommet du mont Mérou d'où ils descendirent sur la terre.

Le Mouni Narada informa Kansa que le dieu qui supporte la terre, Vishnou, serait le huitième enfant de Devaki, et sa colère étant excitée par cette nouvelle, il livra Vasoudeva et Devaki à une rude captivité. Ousondeva, fidèle à la promesse qu'il avait faite, livra à Kansa chacun de ses enfants dès qu'ils naissaient. On dit que ces enfants au nombre de six, étaient les enfants du démon Hiranyakaspou, et que, d'après l'ordre de Vishnou, ils furent déposés dans le sein de Devaki, pendant son repos, par la déesse Yoganidra, la grande énergie illusoire de Vishnou qui égare le monde entier. Vishnou lui dit : « Va dans les régions inférieures, et conduis successivement six de leurs princes afin qu'ils soient conçus par Devaki. Lorsque Kansa les aura mis à mort, la septième conception sera formée d'une portion de Sesha qui est une partie de mon être, tu la transformeras avant l'époque de la naissance, en la personne de Rohini qui est une autre femme de Vasoudeva et qui réside à Gokoula. Le bruit se répandra que Devaki a fait une fausse couche, par suite des fatigues de sa captivité et de la cruauté du roi des Bhojas. L'enfant portera le nom de Sankarshana ; il sera vaillant et fort ; il aura la couleur de la cime de la montagne blanche. Je m'incarnerai moi-même dans le huitième enfant de Devaki, et tu prendras immédiatement un personnage semblable comme l'embryon de Vasoda. Je naîtrai dans la nuit de la huitième lunaison de la moitié sombre du mois de Nabhas dans la saison des pluies. Tu viendras au monde dans la neuvième lunaison. Pressé et soutenu par ma puissance, Vasoudeva me portera au lit de Yasoda et il te portera à celui de Devaki. Kansa te saisira et voudra te briser contre une pierre, mais tu échapperas de ses mains et tu te réfugieras dans le ciel où Indra aux cent yeux te recevra, et par respect pour moi t'offrira ses hommages, s'inclinant devant toi et te reconnaissant pour sa sœur. Après avoir tué Soumbha, Nisoumbha et un grand nombre d'autres démons, tu sanctifieras la terre en de nombreux endroits. Tu es l'opulence, la progéniture, la renommée, la patience, le ciel et la terre, la parure, la modestie l'alimentation, l'aurore, en un mot toute forme ou propriété femelle. Ceux qui s'adressent à toi le matin ou le soir avec respect et qui t'appellent Arya, Dourga, Vedagarbha, Ambika, Bhadra, Bhadrakali, Kshemi, Kshemankari, recevront de ma générosité tout ce qu'ils désirent. Satisfait des offrandes de vin, de chair et de vivres diverses qu'on te présentera, tu accorderas aux hommes tout ce que solliciteront leurs prières. Tous les hommes auront foi en toi, parce que je l'aurai voulu ainsi. Certaine de ce que je te dis, va donc, ô déesse, et exécute mes ordres. »

CHAPITRE II.
Conception de Devaki ; elle se montre et elle reçoit les louanges des dieux.

La nourrice de l'univers, Jagaddhâtri, recevant ainsi les ordres du dieu des dieux, apporta successivement les six germes dans le sein de Devaki et transféra le septième dans celui de Rohini ; après quoi Hari s'incarna pour le bonheur des trois régions, comme l'enfant de la première de ces princesses, et Yagonidra s'incarna comme l'enfant d'Yasoda, exactement comme Vishnou, le seigneur suprême l'avait commandé. Lorsque cette portion de Vishnou se fut incorporée sur la terre, les corps planétaires s'avancèrent à travers le ciel dans un ordre brillant, et les saisons furent régulières et bienfaisantes. Personne ne pouvait regarder Devaki à cause de la lumière qui l'enveloppait, et ceux qui contemplaient sa splendeur sentaient leur esprit troublé ; les dieux, invisibles aux mortels, célébraient continuellement ses louanges depuis que Vishnou était renfermé en sa personne. Elles disaient : « Tu es cette Prakriti, infinie et subtile qui porta jadis Brahma en son sein ; tu fus ensuite la déesse de la parole, l'énergie du créateur de l'univers et la mère des Védas. O toi, être éternel, qui comprends en ta substance l'essence de toutes les choses créées, tu étais identique avec la création, tu étais le sacrifice d'où procède tout ce que produit la terre ; tu es le bois qui par son frottement engendre le feu. Comme Aditi, tu es la mère des dieux ; comme Diti, tu es celle des Datyas, leurs ennemis. Tu es la lumière d'où naît le jour, tu es l'humilité, mère de la véritable sagesse ; tu es la politique des rois, mère de l'ordre ; tu es le désir d'où naît l'amour ; tu es la satisfaction d'où dérive la résignation ; tu es l'intelligence, mère de la science ; tu es la patience, mère du courage ; tout le firmament et les étoiles sont tes enfants ; c'est de toi que procède tout ce qui existe. Telles sont, ô déesse, tes facultés et tu en possèdes des milliers d'autres ; innombrables sont les produits de ton sein, ô mère de l'univers. Toute la terre, a ec sa décoration de mers, de rivières, de continents, de cités, de villages et de hameaux, tous les feux, les eaux et les vents, les étoiles, les constellations et les planètes ; le ciel rempli des chariots des dieux, les diverses sphères de la terre, du firmament et du ciel, l'enfer entier de Brahma, avec toutes ses populations de dieux, de démons et d'esprits bons ou malfaisants, de dieux serpents, de fantômes, d'hommes et d'animaux ; toutes les créatures que la vie anime et qui sont comprises en celui qui est leur seigneur éternel et dont la forme réelle, la nature, le nom et les dimensions sont au-dessus de l'intelligence humaine, tous ces êtres enfin sont en toi avec Vishnou. Tu es Swaha ; tu es Swadha ; tu es la sagesse, l'ambroisie, la lumière et le ciel. Tu es descendue sur la terre pour le salut du monde. Aie compassion de nous, ô déesse, et montre-toi favorable à l'univers. Sois fière de porter le dieu qui soutient le monde. »

CHAPITRE III.
Naissance de Krishna ; Vasoudeva le porte à Mathoura et l'échange avec la fille qui vient de naître de Yasoda. Kansa essaye de détruire celle ci qui devient Yoganidra.

Devaki, objet des louanges des dieux, porta en son sein le dieu de la terre, le protecteur du monde. Le soleil d'Achyouta se leva dans l'aurore de Devaki afin de faire épanouir la pétale du lotus de l'univers. Le jour de sa naissance, les diverses parties de l'horizon rayonnaient de joie comme si un clair de lune était répandu sur toute la terre entière. Les hommes vertueux éprouvaient de nouvelles délices ; les vents violents se calmèrent et les rivières coulèrent paisiblement ; lorsque Janarddana était au moment de naître. Les mers avec leurs doux murmures formaient l'harmonie de ce concert, tandis que les esprits et les nymphes du ciel chantaient et dansaient ; les dieux traversant le firmament répandirent des fleurs sur la terre, et les feux sacrés brûlèrent d'une douce flamme. A minuit, lorsque celui qui soutient toutes choses était au moment de naître, les nuages firent entendre des sons mélodieux et laissèrent tomber une pluie de fleurs. Aussitôt qu'Anakadoundoubhi vit l'enfant qui avait un teint de la couleur des feuilles du lotus, quatre bras et la marque mystique appelés Srivatsa sur la poitrine, il s'adressa en lui avec des expressions d'amour et de respect et il lui représenta les craintes qu'il éprouvait au sujet de Kansa. « Tu es né, dit Vasoudeva, ô souverain des dieux, toi qui portes la coquille, le disque et la massue, mais par miséricorde pour nous, voilà la forme céleste que tu as prise ; car Kansa me mettra assurément à mort lorsqu'il saura que tu es descendu en ma demeure » Devaki s'écria aussi : « O dieu des dieux, toi qui es toutes choses, toi qui comprends en ta personne toutes les régions du monde et qui as pris la forme d'un enfant, aie compassion de nous et renonce à cette forme à quatre bras, et que Kansa, le fils impie de Diti, ne connaisse pas ta venue sur la terre. »

Bhagavat répondit à leurs prières et dit : «Princesse, tu m'invoquas jadis et tu m'adoras dans l'espoir d'avoir des descendants ; les prières ont été exaucées, car je suis né comme étant ton fils. »
Il se tut ensuite, et Vasoudeva, prenant l'enfant, l'emporta dans la nuit ; car les gardes furent tous endormis par le pouvoir d'Yoganidra, ainsi que le gardien aux portes de la ville de Mathoura, et ils

ne mirent point obstacle au passage d'Anakadoundoubhi.

Afin de protéger l'enfant contre la forte pluie qui tombait des nuages de la nuit, Sesha, le serpent aux nombreuses têtes, suivit Vasoudeva et étendit ses capuchons au-dessus de leurs têtes, et quand le prince, tenant l'enfant dans ses bras, traversa la rivière Yamouna, profonde et que des tourbillons rendent fort dangereuse, les eaux s'apaisèrent et ne s'élevèrent point au-dessus de son genou. Il vit sur ses bords Nanda et les autres qui étaient venus pour apporter le tribut dû à Kansa, mais ils ne l'aperçurent pas. En même temps, Yasoda étant aussi sous l'influence de d'Yoganidra qu'elle avait amenée comme sa fille, le prudent Vasoudeva l'emmena en mettant son fils à sa place à côté de sa mère; il revint ensuite promptement en sa demeure. Lorsque Yasoda s'éveilla, elle trouva qu'elle avait mis au monde un fils aussi noir que les sombres feuilles du lotus et elle éprouva une grande joie.

Vasoudeva emportant la fille de Yasoda regagna sa demeure sans être observé; il entra et plaça l'enfant dans le lit de Devaki, et resta ensuite comme à l'ordinaire. Les gardes furent éveillés par les cris du nouveau-né, et ils s'empressèrent de faire prévenir Kansa que Devaki était accouchée. Kansa se rendit aussitôt à la demeure de Vasoudeva et il se saisit de l'enfant. Ce fut en vain que Devaki le supplia dans des accès de désespoir d'épargner l'enfant; il le jeta cruellement contre une pierre, mais aussitôt l'enfant se leva vers le ciel, prit une figure gigantesque, ayant huit bras, munis chacun d'une arme redoutable. Cet être formidable se mit à rire hautement et dit à Kansa : « A quoi te sert-il, Kansa, de m'avoir jeté sur la terre en voulant m'écraser? Celui qui te tuera est né; c'est lui qui est puissant parmi les dieux, et qui a été autrefois ton destructeur. Hâte-toi de t'emparer de lui et songe à ta propre sûreté. » Ayant dit ces mots, la déesse, décorée de parfums célestes et de guirlandes, et célébrée par les esprits de l'air, s'évanouit de devant les yeux du roi des Bhojas.

CHAPITRE IV.

Kansa s'adresse à ses amis; il leur annonce le danger qui les menace et ordonne que les enfants mâles soient mis à mort.

Kansa grandement troublé réunit près de lui les vaillants Asuras, Pralamba, Kesin et les autres, et il leur dit : « O vaillants chefs, écoutez mes paroles. Les vils et méprisants habitants du ciel ourdissent continuellement des complots contre ma vie, car ils redoutent mon courage, mais je ne fais aucun cas d'eux. Qu'est-il donné d'accomplir à l'impuissant Indra et au pieux Hari? ce dernier est-il capable de quelque chose, si ce n'est de faire périr ses ennemis en ayant recours à la ruse? Qu'avons-nous à craindre des Adityas, des Vasous, des Agnis ou de tous les autres immortels qui, sans exception, ont été vaincus par mes armes irrésistibles ? N'ai je pas vu le roi des dieux, lorsqu'il se fut aventuré dans le combat, se retirer promptement, recevant mes dards dans le dos et non bravement dans la poitrine? Lorsque dans son ressentiment il priva mon royaume de pluies fertilisantes, mes flèches n'ont-elles pas contraint les nuages à donner leurs eaux? Tous les monarques de la terre, si ce n'est Jarasandha, qui est mon maître, ne sont-ils pas soumis à mes ordres? Chefs de la race des Daityas, je suis résolu à infliger des humiliations encore plus fortes à ces dieux méchants et mal disposés. Que chaque homme renommé pour sa générosité dans les dons offerts aux dieux et aux Brahmanes, ou cité par son empressement à célébrer des sacrifices, soit mis à mort, afin que les dieux soient ainsi privés des moyens qui les font subsister. La déesse qui est née comme l'enfant de Devaki m'a annoncé que celui qui m'avait donné la mort lorsqu'il était un autre être, est revenu à la vie. Qu'une recherche active soit donc faite pour s'emparer de tous les jeunes enfants qu'il peut y avoir sur la terre, et que chaque garçon dans lequel se montrent les signes d'une vigueur extraordinaire soit tué sans miséricorde. »

Après avoir donné ses ordres, Kansa se retira en son palais, et il délivra Vasoudeva et Devaki de leur captivité. « C'est en vain, » leur dit-il, « que j'ai tué tous ces enfants, puisque celui qui est destiné à me donner la mort m'a échappé. Il est inutile de regretter le passé. Les enfants que vous pourrez unir désormais conserveront leur existence jusqu'à ce qu'elle se termine naturellement. » Après les avoir consolés de la sorte, Kansa, plein d'alarme, se retira dans les appartements intérieurs de son palais.

CHAPITRE V.

Krishna renverse un chariot, il abat deux arbres, les Gopas partent pour Vrindavana. Jeux des enfants; description de la saison des pluies.

Un jour que Madhousoudana était endormi au-dessus du chariot, il cria pour avoir du pain, et en agitant ses pieds, il renversa le véhicule, et tous les pots et les vases furent renversés et brisés. Les bergers et leurs femmes accoururent en entendant le bruit, et ils trouvèrent l'enfant dormant et couché sur le dos. « Qui est-ce qui a pu renverser le chariot ? » demandèrent-ils, « c'est un enfant, » répliquèrent d'autres enfants qui avaient été témoins de l'événement, « nous l'avons vu crier et renverser le chariot à coups de pieds. »

Les prêtres furent très-étonnés en entendant ce récit, et Nanda, ne sachant que penser, prit l'enfant, tandis que Yasoda présenta des offrandes de fleurs, de fruits et de grain non broyé aux débris des pots et au chariot.

Les cérémonies de l'initiation prescrites pour les deux enfants furent accomplies par Garga que Vasouleva envoya dans ce but à Gokoula ; il les célébra sans que les pâtres en eussent connaissance, et le sage, éminent parmi les sages, nomma l'aîné Rama et l'autre Krishna. Bientôt ils commencèrent à se traîner par terre, se soutenant sur les mains et les genoux, et se traînant partout, même dans les cendres et les ordures. Ni Rohini, ni Yasoda ne pouvaient les empêcher d'aller dans les étables et de se glisser sous les pieds des veaux qu'ils tiraient par la queue afin de s'amuser. Comme ils désobéissaient aux injonctions de Yasoda, elle s'irrita et, prenant un bâton, elle les suivit, menaçant Krishna, au teint brun, de le fouetter. Attachant une corde autour de son corps, elle le lia au mortier de bois, et elle lui dit, fort en colère : « Maintenant, méchant enfant, sors de là si tu peux. » Aussitôt qu'elle fut partie, Krishna, aux yeux de lotus, s'efforçant de se dégager, traîna le mortier avec lui jusqu'à deux arbres qui croissaient l'un près de l'autre ; le mortier s'engagea entre eux, et Krishna l'ayant tiré fortement à lui, les arbres tombèrent brisés. En entendant le bruit que fit leur chute, les habitants de Vradha vinrent voir ce que c'était, et ils aperçurent les deux grands arbres renversés et l'enfant qui riait et qui montrait ses petites dents blanches. Le plus vieux des pasteurs et Nanda à leur tête regardèrent ces circonstances avec alarme comme étant un mauvais présage. « Nous ne pouvons rester ici, » dirent-ils ; « allons en quelque autre endroit de la forêt, car beaucoup de signes funestes nous menacent ici d'une destruction inévitable ; la mort de Poutanas, la chute du chariot, et la chute des arbres sans que le vent les ait renversés. Partons ainsi sans retard, et allons à Vrindavana où des prodiges ne nous effrayeront plus. »

Ayant pris cette résolution, les habitants de Vraja communiquèrent leurs intentions à leurs familles et leur recommandèrent de partir sans retard. Ils se mirent donc en route avec leurs chariots et leurs bestiaux, poussant devant eux leurs bœufs, leurs vaches et leurs veaux ; ils jetèrent les débris de leur mobilier et de leurs ustensiles de ménage, et en un instant Vraja fut couvert de bandes de corbeaux. Vrindavana fut choisi par Krishna dans le but de fournir ce que réclamait la nourriture des troupeaux, car, dans la saison la plus chaude, l'herbe nouvelle y poussait aussi fraîche que pendant la période des pluies. S'étant donc rendus de Vraja à Vrindavena, les habitants de cette dernière ville rangèrent leurs chariots en forme de croissant (286).

(286) L'Harivansa, ne trouvant pas assez de merveilleux

Lorsque les deux enfants Rama et Damodara grandirent, ils étaient toujours ensemble et occupés à des jeux d'enfants. Ils se faisaient des ornements avec des plumes de paon ; ils tressaient des guirlandes, façonnaient des instruments de musique avec des feuilles et des roseaux, ou jouaient avec les chalumeaux dont se servaient les pâtres ; leurs cheveux étaient rangés comme l'aile du corbeau, et ils ressemblaient à deux jeunes princes, rejetons du dieu de la guerre ; ils étaient robustes et erraient de côté et d'autre, toujours riant et jouant quelquefois l'un avec l'autre, quelquefois avec d'autres enfants, menant, avec les jeunes pâtres, les veaux aux pâturages. C'est ainsi que les deux protecteurs du monde furent gardiens de troupeaux jusqu'à ce qu'ils eussent atteint l'âge de sept ans.

Alors vint la saison des pluies, l'atmosphère fut couverte de nuages épais, et l'horizon obscurci de tous côtés par l'eau qui tombait en abondance. Les rivières s'enflèrent et inondèrent leurs rives, et elles se répandirent au delà de toute limite, comme les esprits des faibles et des méchants transportés par une prospérité soudaine au delà de toute retenue. La pure clarté de la lune fut voilée par des ténèbres, de même que les leçons des écrits saints sont obscurcis par les arrogantes dérisions des incrédules. L'arc d'Indra restait détendu dans le ciel, comme un homme sans mérite qu'un prince dépourvu de jugement appelle aux honneurs. La ligne blanche des cigognes se montrait sur le dos des nuées, semblable au contraste qu'offre la conduite éclatante d'un homme de bien, opposée à celle d'un fripon. Recouverts par les plantes qui croissaient en abondance, les chemins ne pouvaient être distingués, de même que les paroles de l'ignorant ne donne point de signification positive.

A cette époque Krishna et Rama, accompagnés des fils des pâtres, traversaient les forêts qui retentissaient du murmure des abeilles et du cri du paon. Quelquefois ils chantaient en chœur et ils dansaient ensemble ; quelquefois ils cherchaient sous les arbres un abri contre le froid ; ils se paraient de plumes de paon ou de guirlandes ; quelquefois ils se teignaient de diverses couleurs avec les minéraux des montagnes ; ils se reposaient sur des lits de feuillages ou imitaient, pour se divertir, le bruit du tonnerre ; ils excitaient leurs jeunes compagnons à chanter, ou ils imitaient le cri du paon. C'est ainsi que livrés à divers amusements, heureux et contents, et fort attachés l'un à l'autre, ils erraient dans la forêt. Le soir, ils revenaient avec les trou-

dans les prodiges qui avaient effrayé les pâtres, en ajoute un autre qu'on ne trouve pas ailleurs. Afin de déterminer les habitants de Vraja à quitter leur séjour, Krishna métamorphose ses cheveux en autant de loups qui commettent de grands ravages.

peaux, et les deux immortels, de retour aux étables, se joignaient de bon cœur aux divers passe-temps des fils des pasteurs.

CHAPITRE VI.

Krishna combat le serpent Kaliya; effroi de ses parents et de ses compagnons; il triomphe du serpent; il lui commande de quitter la rivière Yamouna et de se rendre à l'Océan.

Un jour Krishna alla à Vrindavan sans être accompagné de Rama, il était suivi d'une troupe de pâtres, et il s'était orné de guirlandes de fleurs sauvages. Il rencontra sur sa route la rivière Yamouna dont les eaux se brisant contre la rive, étaient émaillées d'écume comme si elles souriaient. Dans le lit du fleuve était le redoutable abîme qui servait de résidence au serpent Kaliya et qui bouillonnait des feux du poison; sa fumée desséchait les arbres qui étaient sur le rivage, et lorsque le vent soulevait l'eau à travers les airs, les oiseaux étaient brûlés. En voyant cet endroit redoutable qui était comme une autre bouche de la mort, Madhousoudana réfléchit que le venimeux et méchant Kaliya qu'il avait jadis vaincu (dans la personne de Garouda), et qu'il avait forcé de fuir loin de l'océan où il avait habité l'île de Ramanaka, devait être caché au fond de la rivière, épouse de l'océan, et le souiller, de sorte que ni les hommes, ni les troupeaux, ne pouvaient se servir de ses ondes pour étancher leur soif. Il se décida donc à expulser le reptile et à mettre les habitants de Vraja en mesure de fréquenter sans crainte le voisinage de la rivière; car il regardait la destruction de tous ces violateurs de la loi comme le but principal de sa descente sur la terre. « Voici, » dit-il, « un arbre de l'espèce Kadamba qui est assez proche; je puis y grimper et de là sauter dans l'abîme où réside le serpent. » Ayant pris ce parti, il serra fortement ses vêtements autour de lui, et se précipita hardiment dans les eaux où était le roi des serpents. L'onde agitée jaillit au loin en retombant sur les bords, et les arbres qu'elle atteignit furent immédiatement brûlés par la chaleur de la vapeur empoisonnée, jointe à celle de l'eau; l'horizon entier fut comme embrasé.

Krishna s'étant jeté dans la rivière, frappa ses bras comme par défi, et le roi des serpents entendant ce bruit accourut; ses yeux étaient rouges comme du cuivre et ses chaperons étaient embrasés d'un venin mortel; il était suivi d'un grand nombre d'autres serpents formidables qui se nourrissent d'air, et par des centaines de nymphes-serpents parées de riches bijoux dont les pendants d'oreilles brillaient avec éclat, lorsqu'elles s'agitaient. Se précipitant sur Krishna, ces reptiles le mordirent tous avec des dents d'où découlait un poison mortel. Les compagnons de Krishna, le voyant dans le fleuve et entouré par ces serpents furieux, s'enfuirent vers Vraja en se lamentant et en déplorant hautement son destin. « Krishna, » criaient-ils, « s'est follement précipité dans l'abîme où réside le roi des serpents

et il a été mis en pièces. Venez et voyez ce qui en est. » Les pâtres, leurs femmes et Yasoda, entendant cette nouvelle qui était comme un coup de foudre, furent saisis d'épouvante et coururent vers le fleuve en criant: « Hélas! hélas! où est-il? » Les Gopis furent retardées par Yasoda qui, dans son agitation, chancelait et tombait à chaque pas, mais Nanda, les pâtres et l'invincible Rama se hâtèrent d'arriver aux bords de l'Yamouna, empressés d'assister Krishna. Ils le virent, paraissant au pouvoir du roi des serpents, entouré de hideux reptiles, et s'efforçant de se dégager. Nanda tomba privé de sentiment, aussitôt qu'il eut jeté les yeux sur son fils et, de son côté, Yasoda perdit connaissance. Les Gopis, accablées de douleur, se mirent à pleurer et à invoquer Kesava avec des sanglots convulsifs. « Plongeons-nous toutes » dirent-elles, « avec Yasoda dans l'horrible abîme où séjourne le roi des serpents. Nous ne pouvons retourner à Vraja, car qu'est-ce que le jour sans le soleil? Qu'est la nuit sans la lune? Qu'est un troupeau de béliers privé de son maître? Qu'est Vraja sans Krishna? Sans lui la forêt perdra tous ses charmes; elle sera comme un lac sans eau. Quand cet Hari dont le teint est semblable à la sombre feuille de lotus n'est pas présent, il n'y a pas de joie dans la demeure maternelle. Pauvres pasteurs, comment vivrez-vous au milieu des pâturages lorsque vous n'apercevrez plus les brillants yeux de lotus d'Hari? Nos cœurs ont été charmés par l'harmonie de sa voix. Quoiqu'en ce moment le roi des serpents l'enlace de ses plis, voyez, amis, comme il sourit lorsque nous le regardons. »

Lorsque le vaillant fils de Rohini, Balarama, entendit les exclamations des Gopis, et lorsque son regard dédaigneux aperçut les pâtres saisis d'effroi, Yasoda sans connaissance, et Nanda contemplant d'un œil fixe la contenance de son fils, il parla à Krishna et dit: « Qu'est ceci, ô dieu des dieux! La qualité de mortel a été assez prise par toi. Ne sais-tu pas que tu es éternel? Tu es le centre de la création, de même que l'essieu est le centre des rayons d'une roue. Je suis né ton aîné, étant une portion de ton être. Les dieux, afin de partager tes passe-temps comme homme, sont tous descendus sur la terre sous un déguisement semblable, et les déesses sont venues afin de prendre part à tes jeux. Toi qui es éternel, tu t'es montré le dernier ici-bas. Pourquoi, Krishna, dédaignes-tu ces dieux qui, cachés sous les traits de ces pâtres, sont tes amis et tes parents et ces femmes affligées qui sont aussi de la famille? Tu as pris le rôle d'un homme; tu as montré les jeux de l'enfance; maintenant que ce redoutable serpent, quoique armé de crochets venimeux, soit vaincu par ta vigueur céleste. »

Krishna, étant ainsi rappelé à sa véritable personnalité, sourit avec grâce et se dégagea promptement des étreintes des serpents. Saisissant à deux mains la tête de leur chef, il le renversa, l'étendit à terre et le foula aux pieds. Chaque fois que le serpent voulait se relever, il était de nouveau comprimé sous les pieds de Krishna qui lui infligèrent de nombreuses contusions. Ecrasé par cette vigueur redoutable, le reptile perdit connaissance et vomit une grande quantité de sang. En voyant les blessures faites à la tête et au cou de leur souverain, les femmes du roi des serpents implorèrent la pitié de Madhousoudana. « O dieu des dieux, » s'écrièrent-elles « nous te reconnaissons maintenant; tu es le souverain de toutes choses; tu es la lumière suprême et incompréhensible, tu es le seigneur dont la puissance est sans bornes. Les dieux eux-mêmes sont hors d'état de célébrer dignement tes louanges; comment des femmes pourraient-elles donc proclamer ta gloire? Comment pourrions-nous rendre justice à celui dont une bien faible part forme l'œuf entier de Brahma composé de la terre, du firmament, de l'eau, du feu et de l'air. Des sages saints ont inutilement cherché à connaître ton essence éternelle. Nous saluons celui dont la forme est la plus minime des atomes et la plus volumineuse de toutes les masses; celui dont la naissance n'a pas de créateur, dont la fin ne connaît pas de destructeur, et qui seul est la cause de la durée. Il n'y a pas de colère en toi, car ton but est la protection du monde. Ecoute-nous cependant : Les hommes vertueux doivent regarder les femmes avec compassion; les animaux sont traités avec humanité même par des insensés. Que l'auteur de la sagesse ait compassion de Kaliya. Toi-même, sous la forme d'un serpent, tu soutiens le monde. Kaliya périra bientôt sous les coups. Qu'est ce que faible reptile comparé à toi en qui l'univers repose? Des sentiments d'amitié ou d'aversion peuvent être ressentis pour des égaux ou pour des inférieurs, mais non pour ceux qui sont infiniment au-dessus de nous. Souverain du monde, aie pitié de nous. Ce malheureux serpent est au moment d'expirer; rends-nous notre époux et accomplis ainsi un acte de bonté. »

Lorsqu'elles eurent parlé de la sorte, le Naga lui-même presque privé de vie, répéta faiblement leurs sollicitations pour obtenir miséricorde. « Pardonne-moi, » murmura-t-il, « ô dieu des dieux. Comment m'adresserai-je à toi, toi qui possèdes, par ta propre force et par ton essence, les huit grandes facultés avec un degré d'énergie sans égale. Tu es l'être suprême, et l'esprit suprême; tu es au delà de tous objets finis; comment célébrerai-je tes louanges? Comment puis-je déclarer la grandeur de celui duquel procèdent Brahma, Roudra, Chandra, Indra, les Marouts, les Aswins, les Vasous et les Adityas; de celui dont une petite portion forme le monde entier, destinée à représenter son essence, et dont la nature primitive ou dérivée reste un mystère pour Brahma et pour les dieux? Comment puis-je approcher de celui auquel les dieux offrent de l'encens et des fleurs cueillies dans les bosquets de Nandana, et que le roi des dieux, ignorant sa personnalité réelle, adore toujours sous les formes dont il s'est revêtu en s'incarnant; celui que les sages qui ont retiré leurs sens de tout objet extérieur, adorent en pensée, et plaçant son image dans le plus profond de leurs cœurs, ils lui présentent les fleurs de la sainteté? Je suis entièrement hors d'état, ô dieu des dieux, de t'adorer et de célébrer tes louanges. Ta clémence doit seule te porter à avoir compassion de moi. Le naturel des serpents est d'être sauvages; je fais par ma naissance partie de leur espèce; ce n'est donc pas ma faute, mais celle de mon origine, si je t'ai offensé. C'est toi qui crées le monde ainsi que tu le détruis; l'espèce, la forme et la nature de tous les êtres sont ton ouvrage. Tu m'as créé tel que je suis, et je ne pourrais sans encourir ta punition, m'écarter des lois de ma nature, mais je suis heureux de ce que tu m'as châtié, car une punition de ta part est un bienfait. Je suis maintenant sans force et sans poison; tu m'as vaincu. Epargne ma vie; je n'en demande pas davantage. Prescris-moi ce que je dois faire. »

Krishna répondit en ces termes à Kaliya : « Tu ne dois plus séjourner dans les eaux de l'Yamouna; pars immédiatement avec ta famille et tes serviteurs pour te rendre à la mer; là Garouda, l'ennemi de la race des serpents, ne t'attaquera point, lorsqu'il verra sur ton front les marques de mes pieds. » En parlant ainsi, Hari rendit la liberté au roi des serpents; celui-ci, s'inclinant avec respect devant son vainqueur, se mit en route vers l'océan, abandonnant avec ses femmes, ses enfants et ses esclaves, le lieu où il avait fixé son séjour. Quand le serpent se fut éloigné, les Gopas saluèrent Govinda comme s'il était sorti d'entre les morts; ils l'embrassèrent et baignèrent son front de larmes de joie; d'autres contemplant l'eau de la rivière, maintenant exempte de danger, furent remplis d'admiration et célébrèrent les louanges de Krishna. Ce fut ainsi qu'ayant accompli ces exploits glorieux et objet d'éloges unanimes, Krishna revint à Vraja.

CHAPITRE VII.

Rama détruit le démon Dhenouka.

Kesava et Rama, continuant de garder les troupeaux, erraient dans les bois, et ils parvinrent un jour à un joli bois de palmiers où résidait le terrible démon Dhenouka qui se nourrissait de la chair des cerfs. Voyant les arbres couverts de fruits, les pâtres désirèrent en cueillir et ils crièrent aux deux frères :

« O Rama, ô Krishna, voyez; les arbres qui forment ce bois appartenant au grand Dhenouka sont chargés de fruits mûrs dont l'odeur embaume l'air; nous aimerions à en manger. Voulez-vous en faire tomber? » Aussitôt que les pasteurs eurent prononcé ces paroles, Sankarshana et Krishna secouèrent les arbres et firent tomber les fruits par terre. En entendant le bruit produit par leur chute, le sévère Dhenouka accourut plein de colère et sous la forme d'un âne, et il se mit à frapper Rama sur la poitrine avec ses pieds de derrière. Rama le saisit par les deux jambes, et le faisant tourner jusqu'à ce qu'il expirât, il lança son corps au haut d'un palmier d'où il tomba des fruits en abondance, comme les gouttes d'eau poussées par le vent tombent sur la terre. Les animaux qui étaient de l'espèce de Dhenouka accoururent pour le secourir, mais Krishna et Rama leur firent subir pareil traitement jusqu'à ce que les arbres fussent chargés d'ânes morts, tandis que le sol était jonché de fruits. Depuis cette époque, les bestiaux purent paître sans obstacles dans le bois de palmier et fréquenter des pâturages où ils ne se hasardaient pas auparavant.

CHAPITRE VIII.

Jeux de Rama et de Krishna dans la forêt; l'Asura Pralamba vient auprès d'eux; il est mis à mort par Rama.

Après la destruction du démon qui avait la forme d'un âne et de tous ses compagnons, le bois de palmiers devint le séjour favori des Gopas et de leurs femmes, et les fils de Vasoudeva, très-satisfaits, se rendirent auprès du figuier Bhandira. Ils continuèrent d'errer de côté et d'autre, chantant, poussant des cris et cueillant des fleurs et des fruits, tantôt menant au loin les vaches aux pâturages, tantôt les appelant par leurs noms, tantôt portant sur leurs épaules les cordes qui servaient à attacher les pieds de ces animaux, tantôt ornant les vaches avec des guirlandes de fleurs sauvages; ils avaient l'air de deux jeunes taureaux dont les cornes commencent à se montrer. Couverts l'un de vêtements jaunes, l'autre de vêtements noirs, ils ressemblaient à deux nuages, l'un blanc, l'autre noir, surmontés par l'arc d'Indra (*l'arc-en-ciel*). Ayant pris des formes humaines, et s'étant assujettis aux obligations des hommes, ils erraient dans les bois, s'amusant à des jeux analogues au rôle qu'ils s'étaient imposé, se balançant sur les branches des arbres, luttant ou jetant des pierres.

L'Asura Pralamba, ayant observé les deux enfants qui jouaient de la sorte, forma le projet de les dévorer; il vint parmi les enfants des pâtres, après avoir pris la forme de l'un d'eux, et il se mêla à leurs passe-temps sans exciter de soupçons; il pensait qu'ainsi déguisé, il trouverait sans peine l'occasion de tuer les enfants. Ceux-ci se mirent à sauter ensemble par couples, et ceux qui étaient du côté de Krishna furent vainqueurs. Se portant les uns les autres, ils arrivèrent au figuier de Bhandeva, et de là ceux qui avaient triomphé furent rapportés par les vaincus à l'endroit où la joute avait eu lieu. Pralamba ayant à porter Sankarshana, celui-ci monta sur les épaules du démon, et il ressemblait à la lune se mouvant au-dessus d'une nuage sombre: le démon s'enfuit en l'emportant; mais incapable de soutenir le poids de Balarama, il agrandit son corps au point de ressembler à un nuage noir dans la saison des pluies. Balarama le vit ressemblant à une montagne calcinée par le feu, ayant la tête couronnée d'un diadème, le cou ceint de guirlandes et les yeux aussi grands que les roues d'un chariot; il s'adressa à son frère et dit en criant: « Krishna, je suis enlevé par un démon aussi grand qu'une montagne et déguisé en pâtre; que dois-je faire? dis-le-moi. » Krishna répondit en souriant, car il connaissait bien la puissance du fils de Rohini. « Pourquoi ce prétexte emprunté à une nature purement mortelle? Rappelle-toi que tu es l'âme de toutes choses, la cause du monde entier; tu es né avant toutes choses, et tu restes seul lorsque tout est détruit. Ne sais-tu pas que toi et moi nous sommes l'origine du monde, et que nous sommes venus afin d'alléger son fardeau? Les cieux sont ta tête; les eaux sont ton corps; la terre est tes pieds; ta bouche est le feu éternel; la lune est ton esprit; le vent est ton souffle; tes bras et tes mains sont les quatre régions de l'espace. Tu as, ô puissant Seigneur, un millier de têtes, un millier de mains, de pieds et de corps; un millier de Brahmas sortent de toi qui es avant toutes choses, et que les sages louent sous des myriades de formes. Personne, si ce n'est moi, connaît ta personne divine. Ta personne incarnée est glorifiée par tous les dieux. Ne sais-tu pas qu'à la fin de toutes choses l'univers disparaît en toi? que, soutenu par toi, ce monde soutient les choses animées et inanimées, et que, sous le caractère du temps non créé, tu dévores l'univers? Toi et moi nous ne sommes qu'une même cause de création du monde, quoique, pour le protéger, nous existions dans des individualités distinctes. Rappelle à ta mémoire que tu es l'être, dont le pouvoir est sans limites, et détruis ce démon. »

Le puissant Baladeva se mit à rire, lorsqu'il eut entendu les paroles du magnanime Krishna, et il pressa Pralamba entre ses genoux, le frappant en même temps de ses poignets sur la tête et sur le visage, de sorte qu'il lui creva les yeux. Le démon, vomissant du sang par la bouche et ayant le crâne fracassé, tomba et expira. Les Gopas, le voyant sans vie, furent saisis d'étonnement et, remplis de joie, ils poussèrent des cris et louèrent Balarama, qui accompagné de Krishna, revint à Gokoula.

CHAPITRE IX.

Description de l'automne. Krishna détourne Nanda d'adorer Indra; il lui recommande, ainsi qu'aux Gopas, d'adorer les bestiaux et les montagnes.

Tandis que Kesava et Rama jouaient ainsi, la saison pluvieuse arriva à son terme, et elle fut remplacée par la saison de l'automne lorsque le lotus est épanoui. Les paons, que la passion n'agitait plus, étaient silencieux dans les bois comme de pieux solitaires qui sont parvenus à connaître la non-réalité du monde. Les nuages d'une blancheur éclatante, et ayant perdu leur richesse aquatique, s'éloignaient de l'atmosphère, de même, que les hommes qui ont acquis la sagesse, quittent leurs demeures, subissant l'influence des rayons du soleil de l'automne; les lacs étaient desséchés comme les cœurs des hommes que flétrit le contact de l'égoïsme. Les eaux transparentes des rivières étaient embellies par les lis aquatiques, comme l'esprit des hommes purs est embelli par la perception de la vérité. La lune faisait briller avec éclat dans le ciel étoilé son globe entier, de même que l'homme fervent, qui est arrivé au dernier terme de l'existence corporelle, brille parmi les saints. Les fleuves et les lacs se retiraient lentement loin de leurs rives, de même que le sage s'éloigne par degrés des lieux qui l'attachent à sa famille. Partout les eaux étaient aussi claires et aussi pures que l'esprit du sage qui voit Vishnou en toutes choses. Le ciel de l'automne était exempt de nuages, comme le cœur de l'anachorète dont les soucis ont été consumés par le feu de la dévotion.

Ce fut à cette époque que Krishna, se rendant à Vraja, trouva tous les pâtres fort occupés des préparatifs d'un sacrifice qui devait être offert à Indra; s'approchant des vieillards, il leur demanda, comme obéissant à un sentiment de curiosité, quelle était cette fête d'Indra qui les préoccupait si fort. Nanda répliqua : « Satakratou ou Indra est le souverain des nuages et de l'eau; il envoie les nuées qui font tomber sur la terre l'humidité d'où est produit le grain, nourriture de tous les êtres; c'est avec ce grain et avec l'eau que nous faisons des offrandes agréables aux dieux; c'est ce qui fait vivre ces vaches qui nous donnent des veaux et du lait. Quand les nuages laissent tomber la pluie, la terre n'est point stérile; elle se couvre de verdure, et l'homme n'est point livré aux horreurs de la famine. Indra qui donne l'eau, ayant bu le lait de la terre pompé par les rayons du soleil, le verse derechef sur la terre, afin de servir à la subsistance du monde entier. C'est pourquoi tous les princes souverains offrent avec plaisir des sacrifices à Indra à la fin des pluies, et c'est aussi ce que nous faisons, nous et les autres hommes. »

Lorsque Krishna entendit Nanda parler ainsi du culte rendu à Indra, il résolut d'irriter le roi des dieux, et il répondit : « Mon père, nous ne sommes ni cultivateurs, ni marchands; nous habitons les forêts, et les vaches sont nos divinités. Il y a quatre branches de connaissance; la logique, l'écriture, la pratique et la politique. Écoute-moi exposer ce qu'est la science pratique. L'agriculture, le commerce, l'art d'élever le bétail, voilà la science pratique.

L'agriculture est la subsistance des fermiers; l'achat et la vente constituent celle des marchands, le soin donné à élever le bétail est ce qui nous fait vivre. Chacun doit regarder comme le premier de ses dieux l'objet qu'il cultive; il doit vénérer et adorer ses bienfaiteurs. Celui qui adore le dieu d'un autre homme et qui le prive ainsi de la récompense qui lui est due, n'obtient une situation prospère ni en ce monde, ni dans l'autre. Lorsque la terre cesse d'être cultivée, la forêt commence; la forêt est bornée par les hauteurs; c'est ainsi que nos limites s'étendent. Nous ne nous sommes point enfermés dans des maisons ni retenus entre des murailles; nous n'avons ni champs, ni demeures stables; nous errons heureux, nous transportant dans nos chariots où nous voulons. On dit que les esprits de ces montagnes parcourent les bois, revêtus des formes qu'il leur plaît d'adopter, ou qu'ils jouent sur les hauteurs. S'ils sont irrités contre les habitants des forêts, ils se transforment en lions et en bêtes de proie, et ils les tuent. Nous sommes donc tenus d'adorer les montagnes, d'offrir des sacrifices au bétail. Qu'avons-nous à faire avec Indra? les montagnes et les bestiaux sont nos dieux. Les Brahmanes offrent un culte dont la prière est la base; les cultivateurs de la terre adorent les marques qui indiquent la division des terrains; nous, qui conduisons nos troupeaux dans les forêts et sur les montagnes, nous devons les adorer ainsi que nos troupeaux. Qu'un sacrifice soit donc offert à la montagne Govardhana, et qu'une victime soit immolée selon les règles. Que toute la tribu recueille promptement du lait et qu'elle le distribue aux Brahmanes et à tous ceux qui désireront en prendre part. Quand les offrandes auront été présentées, et que les Brahmanes auront pris leurs repas, que les Gopas tournent autour des vaches ornées de guirlandes de fleurs d'automne. Si les pasteurs suivent ces avis, ils obtiendront la faveur de la montagne, du bétail et la mienne. »

Lorsque Nanda et les autres Gopas entendirent les paroles de Krishna, leurs visages rayonnèrent de plaisir et ils s'écrièrent : « Tu as raison, enfant; nous ferons exactement ce que tu as proposé, et nous offrirons nos adorations à la montagne. » Les habitants de Vraja rendirent donc hommage à la montagne, lui présentant du lait et des viandes; ils nourrirent des milliers de Brahmanes et beaucoup d'autres étrangers qui vinrent à la cérémonie; lorsqu'ils eurent fait leurs offrandes, ils tournèrent autour des vaches et des taureaux qui mugissaient avec un bruit semblable à celui du tonnerre. Krishna se présenta lui-même sur le sommet du Govarddhana, disant : « Je suis la montagne, » et il prit une large part aux aliments présentés par les Gopas, tandis que sous sa forme comme Krishna, il accompagna les bergers et s'adora lui-même. Après leur avoir promis de grandes prospérités, Krishna, personnifié comme montagne, disparut, et la cérémonie étant terminée, les pâtres retournèrent chez eux.

CHAPITRE X.

Indra, offensé d'avoir perdu les offrandes qui lui étaient faites, inonde Gokoula par des pluies abondantes; Krishna soulève le mont Govarddhana afin d'abriter les pâtres et leurs troupeaux.

Indra, étant privé des offrandes qui lui étaient faites, fut très-irrité, et il s'adressa en ces termes à une cohorte de nuages qui formaient sa suite : « Ecoutez-moi, » dit-il, « et exécutez sans délai ce que j'ordonne. L'insensé Nanda et ses compagnons ont cessé de nous présenter les offrandes qu'ils avaient l'usage de nous faire ; ils comptent sur la protection de Krishna. Tourmentons par la pluie et le vent le bétail qui forme leurs moyens d'existence. Monté sur mon éléphant, aussi colossal que la cime d'une montagne, je vous aiderai en soufflant la tempête. »

Alors les nuages dociles aux ordres d'Indra descendirent en torrents de pluie et en tempêtes, afin de détruire le bétail. En un instant la terre, le ciel et l'horizon entier furent obscurcis par les flots d'une pluie incessante. Les nuages rugissaient comme s'ils étaient épouvantés par les coups de l'éclair, et ils versaient des torrents abondants. La terre était enveloppée d'une obscurité impénétrable ; de toutes parts le monde était couvert d'eau. Les bestiaux, en proie à l'orage, tremblaient et retenaient leur haleine ; les uns couvraient de leurs flancs leurs petits ; les autres les voyaient emportés par les flots. Les veaux regardaient piteusement leurs mères et semblaient implorer, par leurs accents plaintifs, l'appui de Krishna.

Hari, voyant que tout Gokoula était livré aux plus grandes alarmes, se dit en lui-même : « Ceci est l'œuvre de Mahendra, courroucé de l'interruption des sacrifices qui lui étaient offerts ; mon devoir est de protéger ces pasteurs ; je vais arracher de sa base cette montagne et je l'étendrai, comme un grand parasol au-dessus des étables. » Ayant pris cette résolution, il saisit la montagne et l'enleva d'une seule main, en disant aux pasteurs : « Placez-vous bien vite sous la montagne ; elle vous préservera de la pluie et vous serez protégés contre le vent ; ne craignez pas que la montagne tombe. » Alors tous les pasteurs avec leurs troupeaux et avec tous leurs biens, cherchèrent un abri sous la montagne que Krishna tenait fermement au-dessus de leurs têtes, et ils le contemplaient avec surprise, et leurs yeux se dilataient d'étonnement, et ils chantaient ses louanges. Pendant sept jours et sept nuits, les nuages envoyés par Indra firent tomber des torrents de pluie pour détruire les pasteurs, mais ceux-ci furent protégés par l'élévation de la montagne, et Indra, déçu dans son projet, ordonna aux nuages de cesser leurs efforts. Les cieux ayant repris leur sérénité, les pasteurs revinrent à leurs demeures, et Krishna, à la grande surprise des habitants des forêts, rétablit à sa place la grande montagne de Govarddhana.

CHAPITRE XI.

Indra se rend à Gokoula ; il loue Krishna et lui donne la souveraineté du bétail. Krishna promet d'assister Arjouna.

Après que Gokoula eut été sauvé par l'élévation de la montagne, Indra eut le désir de voir Krishna. Le vainqueur de ses ennemis monta donc sur Airavata, son puissant éléphant, et il vint à Govarddhana où le roi des dieux vit le puissant Damodara transformé en pâtre et gardant des bestiaux ; au-dessus de sa tête, il aperçut Garouda, le roi des oiseaux, qui, invisible aux mortels, étendait ses ailes afin de protéger la tête d'Hari. Descendant de son éléphant et les yeux brillants de plaisir, Sakra s'adressa en ces termes à Madhousoudana : « Apprends, Krishna, le motif qui m'a amené ici et pourquoi je me suis approché de toi. Toi qui es le soutien de toutes choses, tu es descendu sur la terre pour la délivrer de son fardeau. Irrité de voir mon culte interrompu, j'ai chargé les nuages d'inonder Gokoula ; en élevant la montagne, tu as sauvé le bétail, et je suis vraiment très-satisfait de l'exploit que tu as accompli. Le but que se proposaient les dieux est atteint maintenant, puisque, de ta seule main, tu as soulevé ce souverain des monts. Je viens vers toi, d'après le désir des bestiaux reconnaissants de ce que tu les as sauvés, pour t'installer comme Upendra, et, comme étant l'Indra des vaches, tu seras appelé Govinda. »

Ayant dit ces mots Mahendra prit un vase et avec l'eau sainte qu'il contenait, il accomplit la cérémonie royale de l'aspersion. Aussitôt qu'elle fut terminée, les vaches inondèrent la terre de leur lait.

Indra ayant inauguré Krishna, le mari de Sachi lui dit d'un ton affectueux : « J'ai accompli ce que les vaches m'avaient recommandé. Ecoute maintenant ce que je propose dans le but de faciliter ta tâche. Une portion de mon être a pris naissance comme Arjouna, fils de Pritha ; défends-le constamment, et il t'aidera à porter ton fardeau. Tu dois le chérir, Madhousoudana, comme un autre toi-même. » Krishna répondit : « Je connais ton fils qui est né dans la race de Bharata, et je serai son ami aussi longtemps que j'habiterai sur la terre. Tant que je serai présent, invincible Sakra, personne ne sera à même de vaincre Arjouna. Lorsque le puissant démon Kansa aura été tué, et lorsqu'Arishta, Kesin, Kouvalayapida, Naraka et autres ennemis redoutables, auront été mis à mort, il y aura une grande guerre dans laquelle le fardeau de la terre sera déplacé. Pars maintenant, et ne sois pas inquiet au sujet de ton fils, car nul ennemi ne triomphera d'Arjouna tant que je serai présent. Par égard pour lui je rendrai à Kounti tous ses fils sains et saufs avec Youdhishthira à leur tête, lorsque la guerre du Bharata sera terminée. »

Krishna cessa de parler; Indra et lui s'embrassèrent, et Indra, remontant sur son éléphant, Airavata, retourna aux cieux. Krishna accompagné des pasteurs et des bestiaux, revint à Vraja où les femmes des Gopas attendaient son arrivée.

CHAPITRE XII.
Krishna reçoit les louanges des pasteurs; ses jeux avec les Gopis; la danse Rasa.

Lorsque Sakra se fut éloigné, les pasteurs dirent à Krishna qu'ils l'avaient vu soulevant le mont Govarddhana. « Nous avons échappé, ainsi que nos bestiaux, à un grand péril, grâce à ton secours lorsque tu as soutenu la montagne au-dessus de nous, mais cette action n'est pas de celles que peut accomplir un jeune pasteur, et tout révèle que tu es un dieu. Dis-nous ce que cela signifie. Tu as vaincu et expulsé le serpent Kalia; tu as tué Pralambya; tu as soulevé le mont Govarddhana; nos esprits sont remplis d'admiration. Assurément nous reposons aux pieds d'Hari, ô toi dont la puissance est sans limites, ayant été témoins de ton pouvoir, nous ne croyons plus que tu es un homme. Ton affection pour nos femmes, nos enfants et notre pays; les actions que tu as accomplies et qu'un dieu aurait inutilement tentées, ton enfance et ta valeur, ton humble naissance parmi nous, voilà des contradictions qui nous remplissent d'incertitudes. Mais respect à toi qui que tu sois; dieu ou démon, ou génie bienfaisant, car tu es notre ami. »

Quand ils eurent fini, Krishna garda un moment le silence, comme s'il était offensé, et il dit aux pasteurs : « Bergers, si vous n'êtes pas humiliés de m'avoir pour parent, si j'ai mérité vos louanges, à quoi bon entrer dans des discussions à mon égard? Si vous vous intéressez à moi, sachez que je suis votre parent; je ne suis ni un dieu, ni un démon, ni un génie; je suis né parmi vous, et vous devez me regarder comme l'un des vôtres. » En écoutant cette réponse, les Gopas gardèrent le silence et se retirèrent dans les bois, laissant Krishna conserver un air mécontent Mais Krishna, observant que le ciel était éclairé par la lune d'automne, et que l'air était parfumé de la senteur du lis sauvage dans le calice duquel les abeilles faisaient entendre leurs murmures, voulut se joindre aux jeux des Gopis. Rama et lui commencèrent à chanter des airs doux et mélodieux, tels que les femmes les aiment, et, aussitôt qu'elles entendirent ces mélodies, elles quittèrent leurs demeures et se hâtèrent de se rendre auprès de l'adversaire de Madhou. Une de ces jeunes filles accompagna ses chants, une autre écouta attentivement sa mélodie, une prononça son nom et s'enfuit ensuite toute honteuse, tandis qu'une autre, plus hardie et poussée par l'affection, se pressa à son côté; une autre aperçut en sortant quelques vieillards de sa famille; elle n'osa se rendre près de Krishna, et elle se contenta de penser à lui les yeux fermés, et son regret de ne pas le voir expia tous ses péchés; d'autres, méditant sur le créateur du monde personnifié sous la forme du suprême Brahma, obtinrent par leurs soupirs l'émancipation finale. C'est ainsi qu'entouré des Gopis, Krishna pensa qu'une belle nuit d'automne éclairée par la lune était favorable à la danse Rasa. Un grand nombre de Gopis imitèrent les actions de Krishna, et elles criaient en reproduisant ce qu'il avait fait. « Je suis Krishna, » disait l'une; «voyez l'élégance de mes mouvements. » « Je suis Krishna, » disait une autre, « écoutez ma chanson. » — « Attends, misérable Kalia, » disait une troisième en frappant ses bras comme par défi, « car je suis Krishna; » une quatrième disait : « Pasteurs, ne craignez rien, soyez fermes, le danger dont l'orage vous menaçait n'existe plus, car je soulève le mont Govarddhana pour vous abriter. » Une cinquième disait : « Que les troupeaux paissent maintenant où ils voudront, car j'ai tué Dhenouka. » C'est ainsi que les Gopis soulageaient, en imitant les actions de Krishna, les regrets que leur causait son absence. Regardant la terre, une de ces jeunes filles s'écrie, tandis que tout son corps tremble de joie et que les lutteurs de la guerre se dilatent: « Regardez, voici la trace des pieds de Krishna, lorsqu'il est allé jouer et qu'il a laissé les marques faites par la foudre, le drapeau et l'aiguillon. Ces traces nous indiquent qu'il est monté sur ce rocher pour cueillir des fleurs, mais il est ensuite entré dans la forêt impénétrable aux rayons de la lune, et on ne peut plus distinguer ses pas. »

N'ayant plus l'espoir de rejoindre Krishna, les Gopis revinrent sur les bords de l'Yamouna; là elles répétèrent ses chants, et soudain elles aperçurent le conservateur des trois mondes qui s'avançait vers elles d'un air souriant; alors une d'elles s'écria: «Krishna! Krishna!» elle était incapable d'articuler d'autres mots, une autre affecta de froncer les sourcils comme si elle lavait avec les abeilles de ses yeux le lotus du visage d'Hari; une autre, fermant ses paupières, contempla intérieurement sa figure, comme si elle était livrée à un acte de dévotion. Alors Madhava, venant parmi ces jeunes filles, leur adressa de douces paroles, il dirigea sur quelques-unes d'entre elles des regards bienveillants, et il en prit d'autres par la main.

Le dieu se mit ensuite à se joindre avec les Gopis dans les mouvements de la danse, mais comme chacune d'elles s'efforçait de rester à côté de Krishna, le cercle ne put se former; il les prit alors toutes par la main l'une après l'autre, et les mena à leur place, et comme elles étaient privées en quelque sorte de leurs sens par le charme dans lequel elles étaient plongées, le cercle fut enfin formé. Alors la danse commença accompagnée de la musique que faisaient les bracelets qui s'entre-choquaient, et, avec des chants qui célébraient, en accents convenables, les plaisirs de l'automne, Krishna chanta la lune d'automne, source d'une douce clarté, mais les nymphes répétèrent seulement les louanges de Krishna. Parpis, l'une d'elles, fatiguée des tournoiements de la danse, jetait autour du cou du vainqueur de Madhou, ses bras ornés de bracelets retentissants; une autre, habile dans l'art de chanter ses louanges l'embrassait; les gouttes de sueur qui tombaient des bras d'Hari, étaient comme une rosée féconde qui produisait sur les tempes des Gopis une récolte de duvet. Krishna chantait des airs appropriés à la danse, et les Gopis l'applaudissaient avec transport. Elles le suivaient en tous ses mouvements, réglant les leurs sur les siens. Chaque instant passé loin de lui leur paraissait une myriade d'années, et malgré les défenses de leurs maris, de leurs frères, de leurs pères, elles allaient chaque nuit jouer avec lui. C'est ainsi que l'être sans limites, celui dont la bonté écarte toutes les imperfections humaines, fait le personnage d'un jeune homme parmi les femmes des pasteurs de Vraja, répandant parmi eux et parmi elles son essence qui se dissémine comme le vent; car de même que dans toutes les créatures, sont compris les éléments de l'éther, du feu, de la terre, de l'eau et de l'air, de même Krishna est présent partout et en toutes choses.

CHAPITRE XIII.

Krishna tue le démon Arishta qui avait pris la forme d'un taureau.

Un soir, tandis que Krishna et les Gopis se livraient à l'amusement de la danse, le démon Arishta, transformé en taureau sauvage, vint à l'endroit où ils étaient, après avoir jeté l'alarme dans tout le pays, sa couleur était semblable à celle d'un nuage chargé de pluie; il avait des cornes gigantesques; ses yeux étaient comme deux soleils ardents; il creusait profondément la terre sur laquelle il appuyait ses pas; sa langue léchait continuellement ses lèvres; sa queue était élevée; les muscles de ses épaules étaient fermes, et entre eux s'élevait une bosse de dimension énorme; sa face était couverte de cicatrices qui résultaient de ce qu'il s'était heurté contre les arbres, et il était l'effroi des troupeaux. Ce démon redoutable qui parcourt les forêts sous la forme d'un taureau et qui massacre les solitaires et les ermites, s'avançait vers les pasteurs et vers leurs femmes qui furent remplis de crainte à son aspect; ils appelèrent à grands cris Krishna qui vint à leurs secours, en criant et en agitant ses bras d'un air de défi. Lorsque le Daitya entendit ce bruit, il se retourna vers son adversaire, et fixant ses yeux et dirigeant ses cornes vers le ventre de Krishna, il se précipita sur le jeune homme. Krishna ne quitta point son poste, mais souriant avec dérision, il attendit que le taureau fût tout près de lui : il le saisit alors comme aurait fait un alligator et il le tint fermement par les cornes, tandis qu'il lui serrait les flancs de ses genoux. Après avoir ainsi dompté l'orgueil du taureau, il lui déchira la gorge comme s'il déchirait une pièce d'étoffe mouillée, et lui arrachant une de ses cornes, il s'en servit pour frapper le démon féroce jusqu'à ce que celui-ci expira, vomissant par la bouche des flots de sang. Les bergers le voyant mort, glorifièrent Krishna, comme les assemblées des habitants des cieux célébraient jadis les louanges d'Indra, lorsqu'il triompha de l'Asura Jambha.

CHAPITRE XIV.

Kansa est instruit par Narada de l'existence de Krishna et de Balarama; il envoie Kesin pour les détruire, et Akroura pour les mener à Mathoura.

Lorsque ces choses se furent passées, lorsque Arishta, le taureau-démon, eut été tué ainsi que Dhenouka, Pralamba et le démon femelle Poutana; lorsque le mont Govarddhana eut été soulevé et le serpent Kaliya vaincu, Narada vint auprès de Kansa et lui raconta tout ce qui était arrivé, en commençant son récit par la manière dont l'enfant avait été sauvé. Kansa, en écoutant cette narration, fut très-irrité contre Vasoudeva et il lui fit de grands reproches ainsi qu'à tous les Yadavas dans une assemblée de la tribu. Réfléchissant ensuite à ce qu'il fallait faire, il résolut de faire périr Krishna et Rama, tandis qu'ils étaient encore jeunes et avant qu'ils eussent atteint la vigueur de l'âge viril; il prit ainsi le parti de les inviter à quitter le pays de Vraja sous prétexte d'assister à une fête solennelle, et il voulait les provoquer à faire assaut de force avec ses premiers lutteurs, Chanoura et Moushtika qui les tueraient certainement. « J'enverrai, » dit-il, « le noble Yadou, Akroura, le fils de Swaphalka, afin de les amener ici; j'ordonnerai au redoutable Kasin qui parcourt les forêts de Vrindavan de les attaquer; il est d'une force sans égale et il les tuera certainement; s'ils arrivent ici, et mon éléphant Kouvalayapida foulera sous ses pieds ces deux petits pâtres, fils de Vasoudeva. »

Ayant ainsi arrêté ses plans pour faire périr Rama et Janarddana, l'impie Kansa envoya chercher l'héroïque Akroura et lui dit : « Seigneur des dons libéraux, fais attention à mes paroles, et, par amitié pour moi accomplis mes ordres. Deux misérables garçons sont ici afin d'accomplir ma perte. Je dois, à la quatorzième lunaison, accomplir la fête des armes ; je désire que tu amènes ici ces jeunes gens afin qu'ils prennent part aux jeux, et que le peuple les voie engagés dans un combat avec mes deux habiles athlètes, Chanoura et Mouchtika, ou peut-être mon éléphant Kavalayapida, poussé contre eux par son conducteur, tuera ces deux méchants fils de Vasoudeva. Lorsque je m'en serai défait, je ferai mettre à mort Vasoudeva lui-même, le pâtre Nanda, son père, l'insensé Ugrasena, et je m'emparerai des troupeaux et de tous les biens des Gopas, qui ont toujours été rebelles et en hostilité avec moi. Excepté toi, seigneur de la libéralité, tous les Yadavas sont mes ennemis, mais je formerai des plans pour les anéantir, et alors je serai, de concert avec toi, maître de mes Etats et je ne rencontrerai plus d'obstacles. Fais donc ce que je te recommande, et ordonne aux pâtres d'apporter ici promptement le lait et le beurre qu'ils doivent fournir. »

L'illustre Akroura ayant reçu ces instructions se prépara aussitôt à se rendre auprès de Krishna, et, montant sur son char somptueux, il sortit de la ville de Mathoura.

CHAPITRE XV.

Kesin sous la forme d'un cheval est tué par Krishna ; Narada célèbre la gloire du vainqueur.

Kesin se fiant dans sa force, partit pour la forêt de Vrindavana, lorsqu'il eut reçu l'ordre de Kansa; il était animé de l'intention de tuer Krishna. Il vint sous la forme d'un coursier, frappant la terre de ses pieds, dispersant les nuages par sa crinière et, dans ses bonds, il s'élançait au delà des orbites du soleil et de la lune. Les pâtres et leurs femmes entendant ses hennissements, furent saisis d'effroi et ils s'enfuirent auprès de Govinda, implorant sa protection et le suppliant de les sauver. Krishna leur répondit d'une voix forte comme les mugissements du tonnerre : « Ne redoutez pas Kesin ; est-ce que vos alarmes détruisent la valeur d'un héros? Qu'avez-vous à craindre d'un être dont la puissance est si faible? Ses hennissements sont tout ce qu'il peut employer pour jeter l'épouvante. Viens, misérable; je suis Krishna, et, te traitant comme le dieu qui tient le trident traita Poushan, je briserai toutes tes dents et les ferai entrer dans ta gorge. »

C'est ainsi que, défiant Kesin au combat, Govinda s'avança pour le combattre. Le démon se précipita vers lui, en ouvrant sa gueule, dans laquelle Krishna enfonça son bras dont il augmentait la dimension, et il arracha les dents du monstre qui tombèrent de ses mâchoires comme des fragments de nuages blancs. Le bras de Krishna, plongé dans la gueule du démon, continuait de s'enfler; le monstre vomissait des flots de sang et d'écume; ses yeux roulèrent dans les convulsions de l'agonie ; ses membres s'affaissèrent, il battit la terre de ses pieds ; son corps fut couvert de sueur ; il devint incapable de faire aucun effort. La gueule fendue par le bras de Krishna, il tomba comme un arbre que la foudre brise ; il resta partagé en deux portions, ayant chacune deux jambes, une oreille, un œil, la moitié du dos et de la queue. Krishna resta sans blessure et, souriant après la défaite du démon, entouré par les pâtres qui étaient ainsi que leurs femmes, remplis d'étonnement de la mort de Kesin, et qui glorifièrent l'aimable dieu aux yeux de lotus. Narada, le brahmane, invisible et assis sur un nuage, vit la chute de Kesin, et s'écria avec un transport de joie: « Louange à toi, seigneur de l'univers qui, en te jouant, as détruit Kesin, l'oppresseur des habitants des cieux. Curieux de voir ce grand combat entre un homme et un cheval, cette lutte telle que personne n'en avait encore connue, je suis descendu du ciel Merveilleuses sont les œuvres que tu as faites en ta descente sur la terre; elles ont excité mon étonnement, mais, plus que tout autre, ton dernier exploit me comble de satisfaction. Indra et les dieux vivaient en crainte de ce coursier qui secouait sa crinière, qui hennissait et qui regardait d'en haut les nuages. Puisque tu as tué l'impie Kesin, tu seras connu dans le monde sous le nom de Kesava. Adieu ; je pars. Je te retrouverai dans deux jours combattant Kesin, ô toi qui es le vainqueur de Kesin. Lorsque le fils d'Ugrasena aura péri, ainsi que ses partisans, alors tu auras soulagé la terre de ses fardeaux, ô toi qui soutiens la terre. Nombreuses sont les batailles des rois dont je dois être le témoin et dans lesquelles tu joueras un rôle glorieux. Je pars, ô Govinda ; tu as accompli un exploit brillant et agréable au dieux. Tu m'as comblé de satisfaction, et maintenant je me retire. » Lorsque Narada se fut éloigné, Krishna, nullement étonné, retourna avec les Gopas à Gokoula ; il était le seul but des regards des femmes de Vraja.

CHAPITRE XVI.

Méditation d'Akroura au sujet de Krishna ; il arrive à Gokoula ; son bonheur quand il voit Krishna et son frère.

Akroura étant parti dans son char rapide, alla visiter Krishna aux pâturages de Nanda et, pendant sa route, il se félicitait de l'occasion heureuse qui s'offrait de voir un rejeton de la divinité. « Maintenant » pensait-il « ma vie a porté son fruit; ma nuit est suivie du lever du jour, puisque je dois voir le visage de Vishnou dont les yeux sont comme la fleur épanouie du lotus. Je verrai les traits de Vishnou aux yeux de lotus, ces traits qui, contemplés seulement en imagination, effacent les péchés des hommes. Je verrai aujourd'hui cette gloire des gloires, la bouche de Vishnou d'où sont sortis les Védas et toutes les sciences qui les accompagnent. Je verrai le souverain et le soutien du monde, celui qui est adoré dans les cérémonies des sacrifices, comme le plus parfait des êtres mâles. Je verrai Késava qui est sans commencement, ni fin; c'est en lui rendant hommage, en lui offrant cent sacrifices qu'Indra obtint la souveraineté sur les dieux. Cet Hari dont la nature est inconnue à Brahma, à Indra, à Roudra, aux Aswins, aux Vasous, aux Adityas et aux Marouts, touchera aujourd'hui mon corps; l'âme de toutes choses, celui qui sait toutes choses, qui est toutes choses et qui est présent en toutes choses, celui qui est permanent, qui pénètre tout et qui ne périt point, conversera avec moi. L'être sans naissance qui a sauvé le monde en prenant la forme d'un poisson, d'une tortue, d'un sanglier, d'un cheval et d'un lion, me parlera aujourd'hui. Le souverain de la terre qui prend à sa volonté les formes qu'il veut, s'est revêtu des apparences de l'humanité, afin d'accomplir quelque objet cher à son cœur. Celui qui soutient la terre et qui est descendu sur elle pour la protéger, m'appellera aujourd'hui, par mon nom. Gloire à cet être dont le monde est hors d'état de pénétrer les qualités mystérieuses, gloire à celui qui ne fait qu'un avec la véritable science, qui est incompréhensible et au moyen duquel l'homme fervent, absorbé dans la méditation, traverse le vaste espace de l'ignorance et de l'illusion du monde. Je salue celui qui, par l'accomplissement des rites sacrés, est appelé le mâle du sacrifice, celui que ses pieux adorateurs nomment Vasoudeva et que ceux qui cultivent la philosophie appellent Vishnou. Que celui chez qui la cause, l'effet et le monde entier se renferment, me soit propice; je mets toujours ma confiance en cet Hari éternel et sans commencement; en méditant sur lui l'homme devient le dépôt de toutes les choses bonnes. »

Ayant ainsi l'esprit animé par une foi pieuse et méditant de cette manière, Akroura continua son chemin et arriva à Gokoula un peu avant le coucher du soleil, au moment fixé pour traire les vaches; il vit parmi les troupeaux Krishna, noir comme la feuille du lotus épanoui; ses yeux étaient de la même couleur, et le signe Srivatsa ornait sa poitrine; ses bras étaient longs et sa poitrine large; sa figure aimable était embellie par un sourire de satisfaction; il marchait avec légèreté sur le sol; les ongles de ses pieds étaient teints en rouge; il était couvert de vêtements jaunes et orné d'une guirlande de fleurs des forêts; une couronne de fleurs blanches de lotus ceignait sa tête. Akroura aperçut aussi Ba'abhadra blanc comme le jasmin, comme un cygne ou comme la lune, et couvert de vêtements bleus; ayant des bras grands et robustes, et une contenance aussi radieuse que celle d'un lotus en fleur; il était tel que la montagne Kailasa couverte à son sommet d'un rideau de nuages.

Lorsque Akroura vit ces deux jeunes gens, sa figure se couvrit de satisfaction et les poils de son corps se dressèrent par l'excès de son plaisir; il regarda comme le bonheur suprême et comme le comble de la gloire, cette double manifestation du divin Vasoudeva; il espéra que celui dont le doigt seul suffit pour chasser le péché et pour assurer une félicité impérissable, mettrait sa main sur la sienne, cette main qui lance le disque étincelant de flammes, d'éclairs et destructeur des démons, cette main sur laquelle Bali versa de l'eau et obtint ainsi des jouissances ineffables au-dessous de la terre, et l'immortalité avec la souveraineté au-dessus des dieux pendant un Manwantara entier. « Hélas! » pensa-t-il, « il me méprisera à cause de ma liaison avec Kansa, et comme étant associé avec le mal sans en être souillé. Qu'y a-t-il en ce monde d'inconnu à celui qui réside dans le cœur de tous les hommes, qui existe toujours exempt d'imperfection, et qui est identique avec la véritable sagesse ? Je m'approcherai du seigneur des seigneurs, avec un cœur entièrement consacré à lui; il est une portion de Pourousbhottuma, de Vishnou qui est sans commencement, milieu ni fin. »

CHAPITRE XVII.

Regrets des Gopis lorsque Krishna et Balarama partent avec Akroura. Akroura se baigne dans l'Yamouna; il voit la forme divine des deux jeunes gens, et il loue Vishnou.

En méditant de la sorte, l'Yadava s'approcha de Govinda et lui dit : « Je suis Akroura » et il inclina sa tête jusqu'aux pieds d'Hari, mais Krishna mit sur lui sa main qui portait les marques du drapeau, de la foudre et du lotus, et il l'attira vers lui, et il l'embrassa affectueusement. Alors Kesava et Rama entrèrent en conversation avec lui, et ayant appris tout ce qui s'était passé, ils éprouvèrent une grande joie, et ils le conduisirent à leur demeure; ils interrompirent leurs discours pour lui donner à manger, et ils lui prodiguèrent les soins de l'hospitalité. Akroura leur raconta comment le démon Kansa, plein d'iniquité, avait insulté leur père Anakadoundoubli, la princesse Devaki, et même son propre père Ugrasena; il leur expliqua aussi pour quel motif il avait été envoyé vers eux. Lorsqu'il leur eut dit toutes ces choses, le vainqueur de Kesin lui répondit : « Je savais tout ce que tu m'as raconté, seigneur généreux : Rama et moi, nous irons demain à Mathoura avec toi. Les plus âgés des pâtres nous accompagneront, en portant d'amples offrandes. Repose-toi ici pour cette nuit et chasse toute anxiété. Avant que trois nuits se soient écoulées, je tuerai Kansa et tous ses adhérents. »

Des ordres étant ainsi donnés aux pâtres, Akroura se retira pour se reposer et goûta un sommeil profond dans la demeure de Nanda. Le lendemain, le jour était brillant, et les jeunes gens se préparaient à partir pour Mathoura avec Akroura. Les Gopis, les voyant prêts à se mettre en route, furent très-affligées ; elles pleurèrent amèrement ; leurs bracelets tombaient de leurs bras, et elles exprimèrent leurs regrets dans ces termes qu'elles s'adressaient mutuellement.

« Si Govinda part pour Mathoura, comment reviendra-t-il à Gokoula ? Ses oreilles seront charmées par la conversation mélodieuse et polie des femmes de la ville. Accoutumé au langage des femmes gracieuses de Mathoura, il ne pourra supporter derechef les expressions rustiques des Gopis. Hari, l'orgueil de notre pays, nous quitte, et l'inflexible destinée nous inflige un coup fatal. Des sourires expressifs, un doux langage, des airs gracieux, une démarche élégante, des regards pleins d'expression, tel est l'apanage des femmes de la ville. Hari a été élevé dans les champs ; fasciné par les charmes de ces belles, quelle apparence y a-t-il à ce qu'il retourne dans une société comme la nôtre ? Kesava est monté sur le char pour se rendre à Mathoura ; il a été trompé par le cruel et détestable Akroura. Ce perfide connaît-il l'affection que nous portons tous à Hari, la joie de nos yeux ? il nous enlève Govinda et Rama ; hâtons-nous ! empêchons-le de partir. A quoi nous servirait de dire à nos parents que nous ne pouvons supporter sa perte ? Que peuvent-ils pour nous lorsque nous sommes consumées par les feux de la séparation ? Les Gopis, ayant Nanda à leur tête, se préparent à partir ; personne ne fait le moindre effort pour retirer Govinda. Que le matin qui succède à cette nuit est brillant pour les femmes de Mathoura, car les abeilles de leurs yeux se nourriront du visage de lotus d'Achyouta ! Quelle fête pour les habitants de Mathoura lorsqu'ils verront la personne de Govinda ! Quelle vision fortunée se présentera aux heureuses habitantes de cette ville dont les yeux brillants contempleront, sans obstacle, le visage de Krishna ? Hélas ! les yeux des Gopis ont été privés de cette vue ; l'implacable Brahma, après leur avoir montré ce grand trésor, le leur enlève. A mesure que l'affection d'Hari pour nous décroît, nos membres se flétrissent, nos bracelets s'échappent de nos bras ; le cruel Akroura presse maintenant les chevaux ; tout conspire pour accabler des femmes infortunées. Hélas ! nous ne voyons que la poussière soulevée par les roues de son char, et maintenant il est si loin que cette poussière même a disparu. »

C'est ainsi qu'objets des lamentations des femmes, Kesava et Rama quittèrent le pays de Vraja (287). Voyageant dans un char que traînaient des chevaux rapides, ils arrivèrent à midi sur les bords de la Yamouna, et Akroura leur demanda de se reposer un instant tandis qu'il accomplissait la prière du milieu du jour. Il entra dans le courant, se baigna, se lava la bouche, et se livrant à la méditation sur l'être suprême il aperçut des yeux de l'esprit Balabhadra, ayant un millier de têtes, une guirlande de fleurs de jasmins et de grands yeux rouges ; il avait pour compagnon Vasouki, Rambhas et autres puissants serpents, ornés de fleurs sauvages, portant des vêtements de couleur sombre, ayant des couronnes de lotus, ayant de brillants pendants d'oreilles, et se tenant au fond de la rivière. Il aperçut aussi Krishna, ayant le visage de la couleur d'un nuage noir, de grands yeux, couleur de cuivre ; et quatre bras tenant le disque et d'autres armes, il portait des vêtements de couleur jaune, ornés de fleurs multipliées, et il paraissait comme un nuage embelli des teintes de l'arc d'Indra ; sur sa poitrine était l'empreinte du signe céleste ; ses bras rayonnaient de l'éclat des bracelets ; un diadème brillait sur son front, et il portait pour couronne un lotus blanc ; il était accompagné de Sanandana et, d'autres sages saints qui, fixant les yeux sur l'extrémité de leurs nez, étaient absorbés dans de profondes méditations.

Lorsque Akroura aperçut Balarama et Krishna en cette situation, il fut frappé de surprise, et il ne comprenait pas comment ils avaient pu si promptement descendre du char. Il voulait les interroger, mais Janarddana le priva en ce moment de la faculté de la parole ; sortant de l'eau, il s'approcha du char, et il les trouva paisiblement assis ayant la même forme humaine qu'auparavant. Se replongeant derechef dans l'eau, il les aperçut de nouveau célébrés par les hymnes des Gandharbas, des saints, des sages et des serpents. Comprenant dès lors leur caractère réel, il célébra en ces termes la déité éternelle qui est une avec la véritable connaissance.

« Salut à toi qui n'as qu'une forme unique et qui en

(287) Le Bhagavata-Pourana, l'Harivansa et autres écrits sanscrits racontent, au sujet du séjour de Krishna dans le pays de Vraja, diverses anecdotes qui ne se trouvent pas ici mais qui sont sans intérêt ; le dieu délivre, par exemple, les Gopis de la gueule d'Agashoura qui avait emprunté la forme d'un serpent énorme, et dont elles avaient pris la bouche pour une caverne.

as d'innombrables, esprit suprême qui pénètre partout, et dont la gloire est incompréhensible. Salut à toi, être qu'on ne peut scruter, qui est la vérité et l'essence des offrandes. Salut à toi, seigneur dont la nature est inconnue, qui existe sous cinq formes diverses, étant un avec les éléments, avec les facultés, avec la matière, avec l'esprit vivant, avec l'esprit suprême. Sois-moi favorable, âme de l'univers, essence de toutes choses périssables ou éternelles, quel que soit le nom sous lequel on t'invoque, Brahma, Vishnou, Siva ou tout autre. Je t'adore, ô Dieu dont la nature ne saurait être décrite, dont les desseins sont incompréhensibles, dont le nom même est inconnu. »

« Tu es tout ce qui est et peut être conçu, le Brahma suprême, éternel, immuable, incréé. Tu es le dieu de tous les autres êtres; tu es le monde entier, et hors de toi, il n'existe rien. Tu es l'air, le feu, le souverain des eaux, le dieu de la richesse et le juge des morts; malgré ton unité, tu diriges l'univers par les énergies diverses appliquées à des buts différents. Toute substance élémentaire est formée de tes qualités, et ta forme suprême est exprimée par le mot impérissable *sat* (existence). Je salue celui qui est un avec la véritable science. Gloire à Vasoudeva, à Sankarshana, Pradyoumna et à Anirouddha. »

CHAPITRE XVIII.

Akroura conduit Krishna et Rama auprès de Mathoura et les quitte. Insolence du blanchisseur de Kansa; Krishna le tue. Politesse d'un vendeur de fleurs; Krishna lui donne sa bénédiction.

Ce fut ainsi que l'Yadava Akroura, se tenant dans la rivière, loua Krishna et l'adora, lui offrant en imagination de l'encens et des fleurs. Oubliant tout autre objet, il fixa tout son esprit sur la divinité, et étant demeuré longtemps livré à la contemplation spirituelle, il sortit enfin de son abstraction, et s'éloignant des eaux de l'Yamouna, il alla vers le char, et il y vit Rama et Krishna assis comme précédemment. Ses regards témoignaient de l'étonnement, et Krishna lui dit : « Sûrement, Akroura, tu as vu quelque prodige dans le lit de l'Yamouna, car tes yeux sont ouverts par la surprise. » Akroura répondit : « Le prodige que j'ai vu dans les eaux de l'Yamouna, se présente encore à mes yeux sous une forme corporelle, car celui que j'ai vu avec toi dans l'eau, ô Krishna, c'est la personne merveilleuse dont le monde entier est le développement miraculeux, mais hâtons-nous de nous rendre à Mathoura; je crains que Kansa ne soit irrité de notre retour; telle est la fâcheuse conséquence de manger le pain d'un autre retard. »

Parlant ainsi, il pressa ses coursiers rapides, et ils arrivèrent après le coucher du soleil à Mathoura. Lorsqu'ils furent en vue de la ville, Akroura dit à Krishna et à Rama : « Allez maintenant à pied, tandis que j'irai dans le char, et n'allez pas au logis de Vasoudeva, car Kansa l'a banni à cause de nous. »

Akroura entra alors dans la ville, tandis que Krishna et Rama continuaient de suivre la route royale. Les hommes et les femmes les regardaient avec plaisir, pendant qu'ils cheminaient gaiement comme deux jeunes éléphants. Ils virent un blanchisseur qui colorait des vêtements, et s'approchant en souriant, ils jetèrent à terre quelques-unes de ses belles étoffes. Le blanchisseur était au service de Kansa, et rendu vain par la faveur de son maître, s'emporta contre les deux jeunes gens, leur disant des injures, jusqu'à ce que Krishna le frappant, le fit tomber et le tua. Prenant alors les étoffes, ils s'en allèrent, couverts de vêtements jaunes et bleus, et ils arrivèrent devant la boutique d'un marchand de fleurs. Le marchand les regarda avec surprise, cherchant à deviner qui ils pouvaient être et d'où ils pouvaient venir. Ils s'adressèrent à lui ouvrant leur bouche qui ressemblait à des lotus, et ils lui demandèrent quelques fleurs; il plaça ses mains par terre et toucha le sol avec sa tête, disant : « Seigneurs, vous m'avez fait une grande grâce en venant chez moi, et je dois vous rendre hommage; » et il leur donna les plus belles fleurs qu'il possédait, en se prosternant derechef devant eux. Krishna satisfait de lui, le bénit en lui disant : « Que le bonheur qui dépend de moi, ne t'abandonne jamais; tu ne perdras ni ta force, ni ta richesse, et tes descendants ne s'éteindront point tant que le monde durera. Après avoir longtemps joui de divers plaisirs sur la terre, tu obtiendras enfin, en m'invoquant et en te rappelant à mon souvenir, le séjour céleste. Ton cœur sera toujours attaché à la justice, et la plénitude des jours sera le lot de ta postérité. Tant que le soleil subsistera, tes descendants seront exempts d'infirmités. » Et Krishna et Rama, adorés par le marchand de fleurs, s'éloignèrent de sa demeure.

CHAPITRE XIX.

Krishna et Balarama rencontrent Koubja; celui-ci la guérit; ils se rendent au palais, Krishna brise un arc destiné à éprouver la force des concurrents. Ordres de Kansa à ses serviteurs. Jeux publics. Krishna et son frère entrent dans l'arène; ils luttent, l'un avec Chanoura, l'autre avec Moushika, les lutteurs du roi, qui sont tués tous deux. Krishna attaque et tue Kansa; il rend, ainsi que Balarama, hommage à Vasoudeva et à Devaki; Vasoudeva fait l'éloge de Krishna.

En chemin et le long de la grande route, ils virent venir vers eux une jeune fille qui était contrefaite et qui portait un pot d'onguent. Krishna lui a ressa la parole en badinant et dit : « Pour qui portes-tu cet onguent? dis-le moi franchement, aimable jeune fille. » Koubja, en entendant ces paroles dites d'un ton affectueux, et bien disposée pour Hari dont l'esprit lui plaisait, lui répondit, en plaisantant : « Ne sais tu pas, mon bien-aimé, que je suis l'esclave de Kansa, et que, toute contrefaite que je suis, je suis chargée de préparer ses parfums? Il n'aime pas les onguents préparés par tout autre que moi, et ses récompenses généreuses m'enrichissent. » Krishna dit alors : O fille à la jolie figure, donne-nous de cet onguent parfumé et convenable pour les rois, afin que nous en frottions notre corps. « Prends-en » répondit Koubja, et elle leur donna la quantité d'onguent dont ils avaient besoin; ils en frottèrent diverses parties de leur figure et de leur corps jusqu'à ce qu'ils fussent semblables à deux nuages, l'un blanc et l'autre noir, décorés par l'arc d'Indra riche en diverses couleurs. Alors Krishna, savant dans l'art de guérir, lui appliqua sous le menton le pouce et deux de ses doigts, et lui releva la tête tandis qu'il pressait ses pieds avec les siens.

C'est ainsi qu'il redressa sa taille, lorsqu'elle eut été guérie de son infirmité, elle fut une femme d'une très-grande beauté, et remplie de reconnaissance et d'affection, elle prit Govinda par ses vêtements et l'invita à venir chez elle. Krishna la renvoya en souriant et en promettant d'y aller une autre fois, et il se mit à rire en voyant la contenance de Baladeva.

Couverts d'ornements jaunes et bleus, et frottés d'onguents parfumés, Kesava et Rama se rendirent à la salle des armes qui était décorée de guirlandes. Krishna demanda aux gardiens quel arc il devait essayer, il prit celui qu'on lui désigna et le courba; plié avec force, l'arc se brisa, et tout Mathoura retentit du bruit qu'occasionna sa fracture. Les gardiens s'irritèrent contre Krishna, parce qu'il avait brisé l'arc, il leur répondit avec hauteur et quitta la salle.

Lorsque Kansa apprit que Akrouka était de retour, et que l'arc avait été brisé, il dit à Chanoura et à Moushtika, ses lutteurs : « Deux jeunes pâtres sont arrivés ici : vous essayerez votre force contre eux, et vous les tuerez en ma présence, car ils conspirent contre ma vie. Si vous les faites périr, je vous donnerai tout ce que vous désirerez. Il faut que loyalement ou non, vous me débarrassiez de ces deux ennemis. Le royaume sera à nous en commun lorsqu'ils auront péri. »

Après avoir donné ces ordres, Kansa envoya chercher le conducteur de son éléphant, et il lui ordonna de placer près de la porte de l'arène son grand éléphant Kouvalayapida qui était aussi grand qu'un nuage chargé de pluie; il lui recommanda de le pousser contre les deux jeunes gens, lorsqu'ils entreraient dans l'arène. Après avoir ainsi fait connaître sa volonté Kansa s'assura que toutes les plates-formes destinées à recevoir les spectateurs étaient prêtes, et il attendit le lever du soleil, sans prévoir la mort qui allait le frapper.

De grand matin, les habitants se réunirent sur les plates-formes qui leur étaient réservées (288); les princes avec les ministres et les courtisans, occupèrent les sièges royaux. Les juges des jeux furent placés près du centre du cirque par les soins de Kansa; il était assis sur un trône élevé, les femmes du palais et celles des citoyens avaient des plates-formes réservées pour elles. Nanda et les pâtres avaient aussi des places qui leur avaient été assignées, et à l'extrémité desquelles étaient assis Akroura et Vasoudeva. Parmi les femmes des habitants se montrait Devaki, pleurant pour son fils dont elle aspirait à voir l'aimable visage, même à l'instant où il était menacé de périr. Quand les instruments de musique se furent fait entendre, Chanoura s'élança, le peuple cria. « Hélas ! » et Moushtika frappa sur ses bras en manière de défi.

Couverts de lave et de sang, car ils avaient tué l'éléphant que son conducteur avait dirigé contre eux et ils s'étaient armés de ses défenses, Balabhadra et Janarddana entrèrent dans l'arène, comme deux lions parmi un troupeau de daims. Des cris de pitié et d'étonnement échappèrent à tous les spectateurs, qui criaient : « Voici Krishna! voici Balabhadra! voici celui qui a tué la redoutable Poutana, celui qui a renversé le chariot et déraciné les deux arbres Arjouna. C'est lui qui a foulé aux pieds le serpent Kaliya, qui a soulevé pendant sept nuits le mont Javarddhana, qui a tué, comme en se jouant, le pervers Arishta, Dhenouka et Kesin! Celui que nous voyons est Achyouta ! C'est lui que les sages instruits dans la signification des Pouranas ont annoncé, et qui relèvera la race abattue d'Yadava. C'est une portion de Vishnou qui existe en toutes choses et qui est le créateur de toutes choses; elle est descendue sur la terre, et certainement elle allégera le poids du fardeau que cette terre supporte. »

C'est ainsi que les habitants accueillirent Rama et Krishna lorsqu'ils se présentèrent, tandis que le cœur de Devaki s'enflammait des sentiments de l'affection maternelle, et Vasoudeva, oubliant ses infirmités, se sentait rajeuni en contemplant la contenance de ses fils. Les femmes du palais et les femmes des citoyens ouvraient grandement leurs yeux et les fixaient sur Krishna : « Regardez, » disaient-elles à leurs compagnes, « regardez le visage de Krishna; ses yeux sont rougis par son combat avec l'éléphant, et les gouttes de sueur roulent sur

---

(288) L'Harivansa donne une longue description du cirque élevé par les ordres de Kansa; elle est difficile à comprendre, faute de bien connaître le sens des mots techniques employés dans le texte. M. Wilson en a fait le sujet d'une note qui remplit huit colonnes presque entières, p. 552-555.

ses joues, surpassant en beauté un lotus épanoui en automne et couvert d'une rosée brillante. Remarquez sa poitrine, siège de la splendeur, marquée du signe mystique et ses bras qui menacent ses ennemis d'une prompte destruction. Ne voyez-vous pas Balabhadra couvert de vêtements bleus? Son teint est aussi beau que le jasmin, que la lune, que les fibres de la tige du lotus? Voyez comme il sourit en observant les mouvements de Moushtika et de Chanoura qui vont se jeter sur lui? Voyez maintenant Hari qui s'avance à la rencontre de Chanoura? Quoi! n'y a-t-il pas des anciens vieillards, juges du camp? Comment le délicat Hari, encore au début de l'adolescence, peut-il être regardé comme en état de lutter avec son colossal et robuste adversaire? Deux jeunes gens, à la taille svelte et élégante, sont dans l'arène pour s'opposer à des démons gigantesques commandés par le cruel Chanoura. Les juges du camp ont bien tort de permettre une rencontre entre des jeunes garçons et des hommes faits, doués d'une force extraordinaire. »

Tandis que les femmes conversaient ainsi ensemble, Hari, ayant serré sa ceinture, dansait dans l'arène, ébranlant le sol qu'il foulait de ses pieds. Balabhadra dansait aussi, frappant ses bras en manière de défi. Lorsque le terrain fut ferme, l'invincible Krishna lutta pied contre pied avec Chanoura et Moushtika, le démon plein d'expérience, combattit Balabhadra. Entrelaçant leurs bras, se poussant, se pressant, se frappant avec les bras, les coudes et les poignets, se serrant avec leurs genoux, cherchant à s'accabler de tout leur poids, Hari et Chanoura luttèrent avec acharnement. Le combat fut désespéré, quoique les combattants n'eussent point d'armes; ce fut une lutte de vie ou de mort à la grande satisfaction des spectateurs. A mesure que l'engagement se prolongeait, Chanoura perdait par degrés de sa force; la guirlande qui était sur sa tête tremblait par suite de sa fureur et de sa détresse, tandis que Krishna avait l'air de jouer. Kansa voyant que Chanoura s'affaiblissait et que Krishna allait triompher, fut rempli de fureur, et il ordonna aux musiciens de cesser. Aussitôt que les tambours et les trompettes gardèrent le silence, on entendit dans le ciel un grand nombre d'instruments divins, et les dieux invisibles s'écrièrent: « Victoire à Govinda! Kesava, tue le démon Chanoura. »

Madhousoudana ayant longtemps joué avec son adversaire, l'éleva enfin en l'air et le fit tournoyer avec l'intention de le tuer. Après lui avoir fait faire cent tours jusqu'à ce qu'il eût perdu haleine, Krishna le jeta par terre avec une telle force qu'il brisa son corps en cent fragments et qu'il joncha la terre de cent étangs d'un sang épais. Pendant que cela se passait, le puissant Baladeva était engagé dans une lutte pareille avec le lutteur Moushtika. Le frappant de ses poignets sur la tête et de ses genoux sur la poitrine, il l'étendit par terre, et il le frappa jusqu'à ce qu'il fût mort.

Krishna se mesura ensuite avec Tomalaka, le lutteur du roi, et d'un coup de sa main gauche, il l'étendit par terre. Lorsque les autres athlètes virent que Chanoura, Moushtika et Tomalaka avaient été tués, ils prirent la fuite; Krishna et Sankarshana dansèrent alors victorieux sur l'arène, entraînant de force avec eux les pâtres de leur âge. Kansa, les yeux rouges de colère, cria aux gens qui l'entouraient. « Chassez loin d'ici ces deux jeunes pâtres; saisissez le misérable Nanda et liez-le avec des chaînes de fer: faites périr Vasoudeva dans des tortures rigoureuses; emparez-vous des bestiaux et de tous les objets qui appartiennent aux pâtres compagnons de Krishna. »

En entendant ces paroles, le vainqueur de Madhou se mit à rire, et s'élançant à l'endroit où Kansa était assis, il le saisit par les cheveux et jeta par terre sa couronne; le renversant ensuite, il se précipita sur lui. Écrasé par le poids de celui qui soutient l'univers, le fils d'Ugrasena, le roi Kansa, expira. Krishna traîna par les cheveux ce cadavre au milieu de l'arène, et un profond sillon fut creusé par le corps gigantesque et lourd qui était traîné par Krishna, comme si un torrent d'eau rapide l'avait emporté. Voyant Kansa traité de la sorte, son frère Soumalin vint à son secours, mais il fut repoussé et tué sans peine par Balabhadra. Alors un cri de douleur s'éleva dans l'assemblée lorsqu'elle vit le roi de Mathoura mis à mort et traité ignominieusement par Krishna.

Krishna, accompagné de Balabhadra, vint embrasser les pieds de Vasoudeva et de Devaki, mais Vasoudeva le releva et se rappelant; ainsi que Devaki, ce qu'il avait dit lorsqu'il vint au monde, ils se prosternèrent devant Janarddana, et Vasoudeva lui dit: « Aie compassion des mortels, ô dieu, bienfaiteur et seigneur des déités; c'est par la ferveur dont tu as fait preuve envers nous deux que tu es devenu le soutien du monde. Tu es descendu sur la terre dans ma demeure, te rendant à mes prières, afin de châtier les rebelles, et tu as ainsi sanctifié notre race. Tu es le cœur de toutes les créatures, tu résides en elles toutes; tout ce qui a été et tout ce qui sera émané de toi, ô esprit universel. O toi, Achyouta, qui comprends tous les dieux, tu es éternellement adoré par le moyen des sacrifices; tu es toi-même le sacrifice et celui qui offre le sacrifice. L'affection qui anime pour toi mon cœur et celui de Devaki, n'est qu'une erreur et une grande illusion. Comment la langue d'un mortel tel que moi peut-elle appeler son fils le créateur de toutes choses qui est sans commencement ni fin? Est-il possible que le Seigneur du monde et dont le monde procède soit né de moi, si ce n'est pas une illusion ? Comment celui dans lequel sont contenues toutes les choses immuables ou changeantes, peut-il être né d'une femme? O Seigneur suprême, prends pitié de l'univers. Tu n'es pas mon fils. Tu es ce monde tout entier depuis Brahma jusqu'à un arbre. Pourquoi nous abuses-tu, toi qui es un avec l'esprit suprême ? Egaré par une illusion, je t'ai pris pour mon fils et je redoutais pour toi, qui es au-dessus de toute crainte, le courroux de Kansa; je t'ai donc apporté à Gokoula, où tu as grandi, mais je ne te réclame plus comme étant mon fils. O Vishnou, Seigneur souverain de toutes choses, dont les actions ne peuvent être égalées par Roudra, par Indra, par les Marouts et par les dieux qui en sont les témoins, tu es venu parmi nous pour le bonheur du monde, tu es reconnu et nous ne sommes plus le jouet de l'erreur. »

CHAPITRE XX.

Krishna encourage ses parents ; il place Ugrasena sur le trône, il devient l'élève de Sandipani, et il tue le démon marin Panchajana.

Après avoir accordé à Vasoudeva et à Devaki un aperçu de la science véritable en se révélant par ses actions, Hari répandit derechef les illusions de sa puissance sur eux et sur la tribu d'Yadou. Il leur dit : « O mon vénérable père et ma mère, Sankarshana et moi, nous vous avons longtemps contemplé avec regret et dans la crainte de Kansa. Celui dont la vie ne s'écoule pas dans le respect dû à son père et sa mère, est un être coupable qui ne descend pas de parents vertueux. L'existence de ceux qui respectent leurs parents, leurs guides spirituels, les Brahmanes et les dieux, produit de bons fruits. Pardonne donc, ô mon père, le tort dont nous avons pu être coupables en nous opposant à l'oppression que nous faisait souffrir la violence de Kansa, tandis que nous aurions d'abord dû prendre tes ordres, auxquels nous reconnaissons que nous devons nous soumettre. »

Après avoir parlé de la sorte, ils offrirent leurs hommages aux vieillards de la tribu d'Yadou en suivant l'ordre convenable, et ensuite aux citoyens. Les femmes de Kansa, et celles de son père, entouraient le corps du roi étendu par terre, et déploraient son sort, en donnant les marques d'une vive affliction. Hari exprima de diverses manières le regret que lui inspirait ce qui était arrivé, et, les yeux baignés de pleurs, il s'efforça de les consoler. L'antagoniste de Madhou délivra ensuite Ugrasena de la prison où il était retenu et le plaça sur le trône que la mort de son fils avait laissé vacant. Le souverain des Yadavas, ayant été couronné, rendit les honneurs funèbres à Kansa et aux autres morts. Lorsque la cérémonie fut terminée et qu'Ugrasena eut repris son siége royal. Krishna s'adressa à lui et lui dit : « Seigneur, faisons hardiment ce qui doit se faire. L'anathème lancé par Yayati a declaré que notre race était indigne de dominer, mais en m'ayant pour ton serviteur, tu peux imposer tes volontés aux dieux. Comment les rois pourraient ils donc te désobéir ? »

Après avoir prononcé ces mots, Kesava appela mentalement le dieu du vent qui arriva aussitôt et il lui dit : « Vayou, va vers Indra et demande-lui de laisser de côté sa magnificence et de restituer à Ugrasena son splendide palais de Soudharman ; dis-lui que Krishna lui ordonne d'apporter ici cette résidence princière, chef-d'œuvre qui n'a point d'égal, afin de servir à la réunion des descendants d'Yadou. » Vayou alla porter ces ordres au mari de Sachi, et celui-ci lui remit aussitôt le palais Soudharman ; Vayou l'apporta aux Yadavas dont les chefs possédèrent dès lors ce séjour céleste orné de bijoux et protégé par le bras de Covinda. Les deux jeunes hommes, rejetons éminents de la race d'Yadou, versés dans toutes les connaissances et possesseurs de toute sagesse, se soumirent alors à devenir les élèves de leurs professeurs. Ils se rendirent auprès de Sandipani, lequel, quoique natif de Kasi, résidait à Avanti, afin d'étudier la science des armes ; ils devinrent ses élèves, et ils se montrèrent attentifs à ses leçons et soumis, offrant ainsi un exemple propre à inspirer à tous les hommes le respect des règles établies. Dans une période de soixante-quatre jours, ils étudièrent tous les éléments de l'art militaire, et s'instruisirent dans l'usage des armes ainsi que dans les préceptes relatifs aux enchantements qui assurent l'aide des armes surnaturelles. Sandipani, étonné de leurs progrès et sachant qu'ils dépassaient les facultés humaines, imagina que le soleil et la lune étaient devenus ses écoliers. Lorsqu'ils eurent acquis tout ce qu'il pouvait leur enseigner, ils lui dirent: « Fais-nous savoir à présent quel présent te sera offert, comme la rémunération due à un précepteur. » Le prudent Sandipani observant qu'ils étaient doués de pouvoirs surnaturels leur demanda de lui rendre son fils qui s'était noyé dans la mer de Prabhasa (289). Saisissant leurs armes, ils marchèrent contre l'Océan, mais la mer qui englobe tout, leur dit: « Je n'ai pas tué le fils de Sandipani ; c'est un démon nommé Panchajana qui existe sous la forme d'une coquille qui s'est saisi de ce jeune homme ; il est encore caché sous mes eaux. » En entendant ces mots, Krishna plongea

(289) Prabhasa est un lieu de pèlerinage dans l'ouest de l'Inde sur la côte du Guzerate, près du temple de Somanath. Il est également connu sous le nom de Soma-Tirtha : Soma ou la lune y ayant été *guéri* (cet astre est regardé dans l'Inde comme du sexe masculin) des maladies qu'il étaient la suite de la malédiction lancée contre lui par son beau-père Daksha. Voir le Mahabharata, vol. III, p. 249.

dans la mer, et ayant tué le misérable Panchajana, il s'empara de la coquille qui était formée des os du démon, et il la porta désormais, s'en servant comme d'un cor dont le son remplit d'épouvante les armées des démons, ranime la vigueur des dieux et anéantit l'injustice. Les héros délivrèrent ainsi le jeune homme des souffrances de la mort et le rendirent à son père. Rama et Janarddana retournèrent ensuite à Mathoura où Ugrasena régnait sagement et où était une nombreuse et heureuse population.

CHAPITRE XXI.

Jarasandha assiége Mathoura; il est défait, mais il renouvelle l'attaque.

Le puissant Kansa avait épousé les deux filles de Jarasandha, nommée l'une Asti et l'autre Prapti. Jarasandha était roi de Magadha, et c'était un prince très-puissant; lorsqu'il apprit que Krishna avait tué son gendre, il fut très-irrité, et réunissant des forces considérables, il marcha contre Mathoura, résolu de mettre à mort Krishna et les Yadavas. Il investit ainsi la ville, avec vingt-trois corps d'armées (composés chacun de 109,300 fantassins, 65,610 cavaliers, 21,870 chariots et autant d'éléphants). Rama et Janarddana sortirent de la ville avec une troupe peu nombreuse mais résolue, et ils combattirent bravement contre les armées du roi de Magadha. Les deux jeunes chefs résolurent prudemment d'avoir recours à leurs anciennes armes, et conformément au souhait qu'ils exprimèrent, l'arc d'Hari avec deux carquois remplis de flèches inépuisables, la massue, appelée Kaumodaki et le soc de charrue de Balabhadra descendirent du ciel. Munis de ces armes, ils défirent promptement le roi de Magadha et ses armées, et ils rentrèrent en triomphe dans la ville.

Quoique l'impie souverain de Magadha eût été vaincu, Krishna savait que le triomphe ne serait pas complet, tant que cet ennemi serait vivant, et de fait il revint bientôt avec des forces imposantes, mais il fut derechef forcé de prendre la fuite. Dix-huit fois, le roi de Magadha renouvela son attaque contre les Yadavas, commandés par Krishna, et dix-huit fois il fut mis en déroute. Si les Yadavas ne furent pas accablés par leurs ennemis, ils le durent à la protection du personnage qui était une partie de Vishnou, le dieu armé du disque. Le Seigneur de l'univers, ayant pris la figure de l'homme, se plaisait à lancer des armes diverses contre ses adversaires ; celui dont la volonté crée et détruit le monde n'avait pas besoin de déployer sa puissance pour détruire ses ennemis, mais se soumettant aux coutumes des humains et imitant la conduite des mortels, il formait des alliances avec les bons et il faisait la guerre aux méchants.

CHAPITRE XXII.

Naissance de Kalayavana; il s'avance contre Mathoura. Krishna batit Dwaraka et y envoie la tribu d'Yadava; il conduit Kalayavana dans la caverne de Muchukunda; ce dernier s'éveille, détruit le roi d'Yavana et loue Krishna.

Syala ayant dans une assemblée d'Yadavas raillé le Brahmane Gargya de ce qu'il n'avait point de fils, celui-ci irrité de ce qu'on s'était moqué de lui, se rendit sur les bords de la mer occidentale et se livra à des pénitences austères, afin d'obtenir un enfant qui devint la terreur d'Yadou. Pendant douze ans, il ne se nourrit que de sable et se rendit propice le dieu Mahadeva qui lui accorda ce qu'il demandait. Le roi des Yavanas qui n'avait pas d'enfants devint l'ami de Gargya, et celui-ci eut de sa femme qui était aussi noire qu'une abeille, un fils qui fut nommé Kalayavana (290). Le roi des Yavanas plaça sur son trône ce fils dont la poitrine était aussi ferme que la pointe de la foudre, et il se retira dans les bois. Enorgueilli de sa force, Kalayavana demanda à Narada quels étaient les plus puissants héros sur la terre. Le sage répondit que c'étaient les Yadavas. Kalayavana réunit une multitude immense de Mlechchhas et de barbares, et, suivi d'une foule de fantassins, de cavaliers, d'éléphants et de chariots, il marcha contre la ville de Mathoura et contre les Yadavas, fatiguant chaque jour l'animal qui le portait, mais insensible lui-même à la fatigue.

Lorsque Krishna sut que Kalayavana approchait, il pensa que si les Yadavas rencontraient les Yavanas, ils seraient tellement affligés par cette lutte qu'ils seraient défaits par le roi de Magadha, car leurs forces étaient grandement réduites par cette guerre, tandis que celles de Kalayavana étaient intactes. Il résolut ainsi de construire une citadelle où la tribu d'Yadou trouverait un refuge assuré, et qui serait telle que des femmes même pourraient la défendre. Il demanda à l'océan un espace considérable, et il y éleva la ville de Dwaraka, défendue par des remparts élevés, embellie par des jardins et des réservoirs, et aussi splendide qu'Amaravati, la cité d'Indra. Ce fut là que Janarddana conduisit les habitants de Mathoura et qu'il attendit la venue de Kalayavana.

Quand l'armée ennemie fut campée autour de Mathoura, Krishna sortit sans armes, et il aperçut le roi des Yavanas. Kalayavana, aux bras forts, re-

(290) Cette légende se retrouve dans l'Harivansa qui intercale en cet endroit une longue digression; elle occupe plus de trente chapitres et elle raconte l'origine des Yadavas ainsi que diverses aventures de Krishna et de Rama dans les régions du sud-ouest de l'Inde. Ces anecdotes ne se trouvent point ailleurs et sont des inventions modernes.

connaissant Vasoudeva le poursuivit, lui que les pensées des solitaires de la plus parfaite piété ne ne peuvent atteindre. Krishna étant ainsi poursuivi, entra dans une vaste caverne où Muchukunda, le roi des hommes, était endormi. Le téméraire Yavana entra dans la caverne et y rencontrant un homme livré au sommeil, s'imagina que c'était Krishna et il le frappa du pied; Muchukunda s'éveilla alors et jeta un regard de courroux sur le Yavana, qui fut aussitôt consumé et réduit en cendres. Dans une bataille entre les dieux et les démons, Muchukunda avait contribué à la défaite des derniers et, étant accablé de sommeil, il avait demandé aux dieux qu'il lui fût accordé de jouir d'un long repos. « Dors longtemps et profondément, » lui répondirent les dieux, « et que celui qui troublera ton sommeil, soit aussitôt réduit en cendres par le feu qui jaillira de tes yeux. »

Après avoir détruit l'impie Yavana, Muchukunda voyant l'antagoniste de Madhou, lui demanda qui il était. « Je suis né » répliqua-t-il, « dans la race lunaire, dans la tribu d'Yadou, et je suis le fils de Vasoudeva. » Muchukunda, se rappelant la prophétie du vieux Ganga, se prosterna devant Hari, le seigneur de toutes choses, en disant: « Seigneur, il est connu que tu es une portion de Vishnou, car Ganga a annoncé jadis qu'à la fin du vingt-huitième âge Dwapara, Hari naîtrait dans la famille d'Yadou. Tu es sans doute celui qui a été prédit de la sorte et le bienfaiteur des mortels, car je suis hors d'état de supporter l'éclat de ta gloire. Tes paroles résonnent plus que la pluie tombant à flots des nuages, et la terre plie sous la pression de tes pieds. De même que dans les batailles entre les dieux et les démons, les Asuras furent dans l'impossibilité de soutenir ma splendeur, de même je ne puis contempler ta gloire. Toi seul es le refuge de tout être vivant, tu soulages toutes les infortunes; étends sur moi ta faveur et éloigne de moi tout ce qui est mal. Tu es les mers, les montagnes, les rivières, les forêts; tu es la terre, le ciel, l'air, l'eau et le feu; tu es l'esprit et l'intelligence, le seigneur de la vie, l'âme; tu es tout ce qui est au delà de l'âme; tu es impérissable, sans limites et immuable; tu es ce qu'est Brahma sans commencement ni fin. C'est de toi que procèdent les immortels, les génies, les Yakshas, les Gandharbhas, les Siddhas, les hommes, les animaux, les oiseaux, les reptiles, et tous les végétaux; tout ce qui a été, tout ce qui est et tout ce qui sera vient de toi. Tu es tout ce qui existe, ô créateur du monde, et hors de toi, il n'y a rien. Je viens vers toi comme vers mon refuge final, car tu es le seigneur digne de tout hommage, et celui qui ne t'adore pas n'obtiendra jamais le repos qui dure toujours, ô toi qui es l'origine de tous les mondes! »

CHAPITRE XXIII.

Muchukunda se dispose à accomplir sa pénitence. Krishna s'empare de l'armée et des trésors de Kalayavana et revint à Dwaraka. Balarama se rend à Vraja dont les habitants s'informent de ce qu'est devenu Krishna.

Objet des louanges du sage Muchukunda, le souverain de toutes choses, Hari, le seigneur éternel, lui répondit: « Va dans celle des régions célestes que tu préféreras, ô toi qui es le souverain des hommes, possesseur d'une puissance irrésistible. Lorsque tu auras pleinement joui de tous les plaisirs célestes, tu naîtras dans une famille distinguée, en conservant le souvenir de tes anciennes existences, et tu obtiendras définitivement l'émancipation. »

Après avoir entendu cette promesse, et après s'être prosterné devant Achyouta, le seigneur du monde, Muchukunda, sortit de la caverne, et voyant des hommes d'une petite taille, il apprit que l'âge Kali était arrivé; il se rendit ensuite à Gandhamadana pour s'y livrer à la pénitence.

Krishna ayant par ce stratagème détruit son ennemi, réduisit en captivité son armée puissante par le nombre des chevaux, des chariots et des éléphants; il la conduisit à Dwaraka et la remit à Ugraseda; la race d'Yadou fut ainsi délivrée de toute crainte d'une invasion. Baladeva, désireux de voir ses parents, se rendit, lorsque les hostilités eurent entièrement cessé, aux étables de Nanda et il s'entretint amicalement avec les pâtres et leurs femmes. Les vieillards l'embrassèrent; il embrassa les enfants, et il parla et rit avec les personnes de son âge. Les femmes animées de sentiments de courroux et de jalousie, lui demandèrent des nouvelles de Krishna: « Ce berger, inconstant et volage, » dirent-elles, « amuse sans doute les femmes de la ville en se riant de nos efforts pour lui plaire? Pense-t-il jamais à nous qui chantions en chœur avec lui? Ne reviendra-t-il pas ici pour voir sa mère? N'avons-nous pas abandonné pour lui toute notre famille? C'est un ingrat qui ne nous regarde plus qu'avec dédain. » C'est ainsi que les femmes dont la pensée était toujours fixée sur Krishna, interrogeaient Rama qui les consola en leur communiquant des messages affectueux, modestes et agréables de la part de Krishna. Il causa gaiement avec les pâtres selon son habitude et il eria avec eux sur les terres de Vraja.

CHAPITRE XXIV.

Balarama trouve du vin dans le creux d'un arbre; il s'enivre, il ordonne à la rivière Yamouna de venir à lui et, sur son refus, il la détourne de son cours; Lakshmi lui donne des ornements et des vêtements; il retourne à Dwaraka et épouse Revati.

Tandis que sous la forme d'un mortel, le puissant Sesha qui soutient le monde, errait ainsi dans les bois avec les pasteurs, ayant rendu de grands services à la terre et examinant ce qui restait encore à accomplir, Varouna, voulant lui procurer de l'amusement, dit à sa femme Varouni (la déesse du vin): «Tu es toujours agréable au puissant Ananta; va donc, ô déesse bienfaisante, et contribue à ses plaisirs.» Docile aux ordres de son époux, Varouni alla s'établir dans le creux d'un arbre Kalamba dans les bois de Vrindavana. Baladeva vint en cet endroit dans ses courses vagabondes, et sentant l'odeur aromatique de la boisson, son ancien goût pour les breuvages énergiques se ranima. Le dieu qui tient le soc de la charrue, fut plein de joie en voyant les gouttes vineuses qui découlaient de l'arbre Kalamba; il les recueillit et les but, de compagnie avec les pâtres et leurs femmes, tandis que ceux qui étaient habiles dans l'art de la musique, chantaient ses louanges. Enivré par le vin et les gouttes de sueur roulant comme des perles sur ses membres, il s'écria, ne sachant ce qu'il disait: «Viens ici, rivière Yamouna; je veux me baigner.» La rivière ne fit pas attention à des paroles prononcées dans l'ivresse; alors Rama saisit, dans un accès de rage, le soc de sa charrue et le plongea dans les rives de la rivière, en disant: «Tu ne veux pas venir quand je t'appelle! Va maintenant où tu voudras, si tu le peux.» Parlant ainsi, il força la sombre rivière à s'écarter de son cours ordinaire, et à le suivre partout où il allait à travers les bois.

L'Yamouna, prenant une figure humaine, s'approcha de Balabhadra en donnant les marques de l'affliction la plus vive, et le supplia de lui pardonner et de lui rendre la liberté, mais il répondit: «Je te mènerai dans mille directions diverses, puisque tu as méprisé ma force et ma puissance.» Enfin, apaisé par ses prières réitérées, il la laissa libre, après qu'elle eut arrosé tout le pays.

Lorsque Balabhadra se fut baigné, Lakshmi, la déesse de la beauté, vint et lui donna un beau lotus pour placer à une oreille et un pendant d'oreille pour l'autre; elle lui remit aussi un collier fait avec des fleurs de lotus toutes fraîches et des vêtements d'une couleur bleu sombre, aussi précieux que les richesses de l'océan; portant ces divers ornements, Balarama se montra resplendissant d'attraits. Rama passa ainsi deux mois à Vraja et retourna ensuite à Dwaraka où il épousa Revati, fille du roi Raivatha, et il en eut deux fils, Nishatha et Ulmouka.

CHAPITRE XXV.

Krishna enlève Roukmini; les princes qui viennent la défendre sont repoussés par Balarama. Roukmin est vaincu par Krishna qui épargne sa vie. Roukmini met au monde Pradyoumna.

Bhishmaka était le roi de Vidharbha et résidait à Koundina. Il avait un fils nommé Roukmin et une fille d'une grande beauté appelée Roukmini. Krishna devint épris d'elle et la demanda en mariage, mais son frère haïssait Krishna et s'opposa à cette union. D'après le conseil de Jarasandha, le puissant roi Bhishmarka fiança Roukmini à Sisoupala. Jarasandha et d'autres princes amis de Sisoupala, se réunirent dans la capitale de Vidarbha, afin de célébrer le mariage; Krishna accompagné de Balabhadra et d'un grand nombre d'Yadavas, se rendit à Koundina, afin d'être témoin de ces fêtes. A son arrivée, Hari réussit à enlever la princesse la veille du jour fixé pour les noces, et il laissa Rama et ses parents pour soutenir la colère de ses ennemis. Paundraka, l'illustre Dantavakra, Vidouratha, Sisoupala, Jarasandha, Salya et d'autres rois, irrités de l'insulte faite par Krishna, s'efforcèrent de le tuer, mais ils furent repoussés par Balarama et les Yadavas. Roukmin jura qu'il ne rentrerait jamais à Koundina jusqu'à ce qu'il eût combattu et tué Kesava; il le poursuivit et le rejoignit. Dans le combat qui eut lieu entre eux, Krishna détruisit avec son disque, comme en se jouant, l'armée de Roukmin avec tous ses cavaliers, ses fantassins, ses chariots et ses éléphants; il le terrassa et l'aurait tué s'il n'avait été retenu par les prières de Roukmini. «C'est mon frère unique,» s'écria-t-elle; «il ne faut pas que tu le tues; mets un frein à ta colère, ô seigneur divin, et restitue-moi mon frère.» Krishna céda à ses supplications; il épargna Roukmin qui, fidèle à son vœu, fonda la ville de Bhojakata et y établit son séjour. Après sa victoire, Krishna épousa Roukmini selon les formes consacrées, l'ayant d'abord prise pour femme, selon le rite des Rakshasas. Elle mit au monde l'aimable Pradyoumna, une portion du dieu de l'amour. Le démon Sambara l'enleva, mais il tua le démon.

CHAPITRE XXVI.
Pradyoumna est enlevé par Sambara; il est jeté dans la mer et avalé par un poisson. Il est retrouvé par Mayadevi; il tue Sambara, épouse Mayadevi et retourne avec elle à Dwaraka. Joie de Roukmini et de Krishna.

MAITREYA. — Comment se fit-il, ô mon maître, que le héros Pradyoumna fut enlevé par Sambara, et comment mit-il à mort son puissant ravisseur?

PARASARA. — Pradyoumna n'avait que six jours lorsqu'il fut enlevé de la chambre de sa mère par Sambara, aussi terrible que la mort, car ce démon savait que Pradyoumna le ferait périr s'il vivait. Il jeta donc l'enfant dans l'océan peuplé de monstres, et le précipita dans un abîme d'eaux mugissantes, séjour des gigantesques habitants des mers. Un grand poisson avala l'enfant, mais il ne mourut pas, et il sortit du ventre de ce poisson qui fut pris par des pêcheurs et présenté au grand Asura Sambara. Sa femme Mayadevi, en présidant aux opérations des cuisiniers, lorsque le poisson fut ouvert, y vit un enfant charmant et souriant. Elle resta frappée de surprise et ne comprenait pas comment l'enfant avait pu pénétrer dans le corps du poisson; Narada vint pour satisfaire sa curiosité et il dit: « C'est le fils qui crée et détruit l'univers, le fils de Vishnou; Sambara l'a enlevé et jeté dans la mer. Il est maintenant en ton pouvoir; élève avec soin et avec tendresse ce bijou de la race humaine. »

Mayadevi, docile aux conseils de Narada, prit soin de l'enfant et, charmée de sa beauté, elle l'éleva avec une affection qui ne fit qu'augmenter lorsque Pradyoumna fut orné de la fraîcheur de l'adolescence. Mayavati, aux mouvements gracieux, fixant son cœur et ses yeux sur le magnanime jeune homme, donna toute sa puissance magique à celui qu'elle regardait comme une partie d'elle-même. Le fils de Krishna, observant ces indices d'une affection passionnée, dit à Mayadevi aux yeux de lotus: « Pourquoi te laisses-tu entraîner à des sentiments qui conviennent si peu au caractère d'une mère? » Elle répondit: « Tu n'es pas mon fils; tu es le fils de Vishnou; Sambara t'enleva et te jeta à la mer; tu fus englouti par un poisson, mais je te retirai de son corps. Ta tendre mère, ô mon bien-aimé, pleure encore ta perte. » Quand le vaillant Pradyoumna entendit ces paroles, il fut rempli de fureur et il défia Sambara. Dans un combat qui s'ensuivit, le fils de Madhava extermina l'armée entière de Sambara. Sept fois il déjoua les sortilèges de l'enchanteur, et à la huitième, se rendant maître de son charme, il le tourna contre Sambara et le tua. Grâce à cette même faculté, il s'éleva dans les airs et, se rendant à la maison de son père, il pénétra avec Mayavati dans les appartements intérieurs.

Quand les femmes aperçurent Pradyoumna, elles pensèrent que c'était Krishna lui-même. Roukmini, les yeux baignés de larmes, lui parla avec tendresse et dit: « Heureuse celle qui a un fils tel que toi dans la fleur de la jeunesse! Tel serait l'âge de mon fils Pradyoumna, s'il était vivant encore. Quelle est l'heureuse mère dont tu fais l'ornement? Si j'en juge par ton aspect et par l'affection que je ressens pour toi, tu es certainement le fils d'Hari. »

En ce moment Krishna arriva, accompagné de Narada, et ce dernier dit à Roukmini qui fut remplie de joie: « C'est ton fils; il est venu ici après avoir tué Sambara qui l'avait enlevé après sa naissance. Voici la vertueuse Mayavati, sa femme, et non la femme de Sambara. Lorsque Manmatha, le dieu de l'amour, eut péri, la déesse de la beauté désirant le voir renaître, se métamorphosa et ses charmes séduisirent le démon Sambara. Ton fils que voici est Kama descendu sur la terre, et voici la déesse Rati son épouse. Il n'y a ici aucune incertitude: voici ta belle fille. » Alors Roukmini et Kesava se livrèrent à l'allégresse; la ville entière retentit de cris de joie, et tous les habitants de Duaraka apprirent avec surprise que Roukmini avait recouvré un fils qui avait été perdu pendant si longtemps.

CHAPITRE XXVII.

Femmes de Krishna. Pradyoumna est père d'Anirouddha; celui-ci se marie. Balarama perdant au jeu de dés s'emporte et tue Roukmin et d'autres personnes.

Roukmini donna aussi à Krishna d'autres fils, ce furent Charoudeshna, Soudeshna, Charoudeha, Sushena, Charougupta, Bhadracharou, Chaoninda, Soucharou et le très-puissant Charou; elle eut aussi une fille Charoumati. Krishna eut sept autres femmes d'une grande beauté, Kalindi, Mitravrinda, la vertueuse Nagnajiti, la reine Jambavati, Rohini aux formes accomplies, Madri, l'aimable fille du roi de Madri, Satyabhama, fille de Satrujit, et Lakshmana, au sourire séduisant. Il eut de plus seize mille autres femmes.

L'héroïque Pradyoumna fut l'objet du choix de la fille de Roukmin, lorsqu'elle déclara publiquement qui elle voulait pour époux; il eut d'elle l'intrépide Anirouddha qui fut l'effroi de ses ennemis et le modèle de la bravoure. Kesava demanda pour lui en mariage la petite-fille de Roukmin, et quoique ce dernier fût l'ennemi de Krishna, il consentit aux fiançailles. A l'occasion de ces noces, Rama et d'autres Yadavas accompagnèrent Krishna à Bhojakata, la capitale des Etats de Roukmin. Après la célébration du mariage, plusieurs rois, ayant à leur tête celui de Kalinga, dirent à Roukmin: « Balarama, celui qui tient le soc d'une charrue, ne connaît pas le jeu de dés; on peut profiter de son ignorance; engage-le à jouer. » Le puissant Roukmin goûta ce projet; il invita donc Balarama à jouer avec lui dans son palais. Bientôt Balarama eut perdu mille Nishkas (pièces d'or); il en joua alors mille qu'il perdit aussi, et puis dix mille, et il ne fut pas plus heureux. Le roi de Kalinga se mit alors à rire bruyamment, et Roukmin dit: « Baladava perd parce qu'il ne connaît pas le jeu; aveuglé par sa passion, il s'imagine cependant y être habile. » Halayoudha, irrité de la satisfaction insultante du monarque de Kalinga et des paroles de mépris prononcées par Roukmin, fut très-irrité, et il porta son enjeu à dix millions de Nishkas. Roukmin accepta le défi et jeta les dés. Baladeva gagna et s'écria: « L'enjeu m'appartient. » Mais Roukmin répondit avec non moins de vivacité: « Ne dis point de mensonges, Bala; il est vrai que tu as gagné, mais je n'avais pas consenti à cet enjeu, de sorte que, bien que tu aies gagné, je n'ai point perdu. » Alors on entendit une voix qui venait du ciel, et qui, exaspérant encore plus la colère de Bala, dit: « Bala a loyalement gagné la somme entière, et

Roukmin ne dit pas la vérité ; il n'a pas de vive voix accepté l'enjeu, mais il l'a fait par ses actions (en jetant les dés). » Balarama furieux et les yeux brillants de rage, se leva, frappa Roukmin avec la table sur laquelle ils jouaient et le tua. Se saisissant ensuite du roi tremblant de Kalinga, il lui brisa les dents, que celui-ci avait montrées lorsqu'il riait. S'emparant ensuite d'une colonne d'or, il l'enleva de sa place et s'en servit comme d'une arme pour tuer les princes qui s'étaient rangés du côté de ses adversaires. Alors l'assemblée entière, remplie de frayeur, prit la fuite, afin d'échapper à la colère de Baladeva. Quand Krishna apprit que son frère avait tué Roukmin, il ne dit rien, craignant d'un côté Roukmini, et de l'autre Bala ; mais prenant avec lui Anirouddha, le nouveau marié, et les gens de la tribu d'Yadava, il revint à Dwaraka.

CHAPITRE XXVIII.

Indra vient à Dwaraka et fait part à Krishna de la tyrannie de Naraka. Krishna se rend à sa capitale et le tue. La Terre donne les pendants d'oreilles d'Aditi à Krishna et prononce son éloge. Il délivre les princesses retenues captives par Naraka ; il les envoie à Dwaraka et il se rend à Swarga avec Satyabhama.

Sakra, le seigneur des trois mondes, vint monté sur le redoutable éléphant Airavata, afin de rendre visite à Krishna dans la ville de Dwaraka. Il reçut un accueil empressé de la part de Hari, et il raconta au héros les actions du démon Naraka. « C'est toi, Madhousoudana, seigneur des dieux, » dit Indra, « qui, sous la forme d'un mortel, as adouci toutes les souffrances. Arishta, Denouka, Chanoura, Moushtika, Kesin, qui cherchaient à opprimer l'homme sans défense, ont tous reçu la mort de ta main. Tu as de même fait périr Kansa, Kouvalayapida, Poutana, qui détruisait les enfants, et d'autres oppresseurs du monde. Ta valeur et ta sagesse ont sauvé les trois mondes, et les dieux, obtenant leur part dans les sacrifices qu'offrent les hommes pieux, sont satisfaits. Mais écoute maintenant le motif qui m'amène vers toi. Le fils de la Terre, Naraka, qui règne sur la ville de Pragjyotisha, inflige de grandes douleurs à toutes les créatures. Il enlève les filles des dieux, des saints et des rois, et les enferme dans son palais. Il s'est emparé du parasol de Varouna, impénétrable à l'eau, de la cime du mont Mandara et des pendants d'oreilles de ma mère Aditi, d'où découle le nectar céleste ; il demande maintenant mon éléphant Airavata. Je t'ai fait connaître sa tyrannie ; c'est à toi de voir s'il faut y mettre un terme. »

Après avoir entendu ces paroles, le divin Hari sourit, et, se levant de dessus son trône, il prit Indra par la main ; il appela ensuite celui qui se nourrit de serpents ; Garouda se montra aussitôt, son maître monta sur lui, après avoir fait asseoir Satyabhama sur son dos, et vola vers Pragjyotisha. Indra monta sur son éléphant, et, en présence des habitants de Dwaraka, il monta au séjour des dieux.

Les environs de la cité de Pragjyotisha étaient défendus par des chevaux de frise tranchants comme des rasoirs et placés par le démon Murou ; mais Hari jetant son disque contre eux, les mit en pièces. Murou accourut, mais Kesava le tua, et les flammes sortant du bord de son disque consumèrent, comme autant de papillons, les sept mille fils du démon. Après avoir mis à mort Murou, Hayagriva et Panchajana, le sage Hari atteignit promptement la ville de Pragjyotisha ; là, il soutint un combat acharné avec les troupes de Naraka, et il tua des milliers de démons, et lorsque Naraka lui-même vint attaquer le dieu, faisant pleuvoir sur lui une grêle de dards, le héros, qui est armé du disque, le coupa en deux par un coup de son arme céleste.

Après la mort de Naraka, la Terre, portant les pendants d'oreilles d'Aditi, s'approcha du maître du monde et lui dit : « Seigneur, lorsque tu me soutenais sous la forme d'un sanglier, ce contact engendra mon fils que voici. Celui que tu m'avais donné est mort de ta main ; prends ces deux boucles d'oreilles et montre-toi bienveillant pour moi. O toi, seigneur, dont l'aspect est toujours gracieux, tu es descendu dans cette sphère pour alléger mon fardeau. Tu es le créateur éternel, le créateur et le destructeur de l'univers, l'origine de tous les mondes ; quelles louanges peut-on te donner qui soient dignes de toi ? Tu es l'âme impérissable de tous les êtres ; pardonne les péchés que Naraka a commis. C'est pour la sanctification de ton fils qu'il a péri sous tes coups. »

Le seigneur, qui est la substance de toutes les créatures, répondit à la Terre : « Qu'il en soit ainsi ; » et il alla s'emparer des trésors contenus dans le palais de Naraka. Dans les appartements des femmes, il trouva seize mille cent jeunes filles ; il trouva aussi six mille éléphants de la plus grande taille ayant chacun quatre défenses, et vingt et un *laks* de chevaux des meilleures races ; il les envoya à Dwaraka, les confiant aux soins des esclaves de Naraka. Il reprit aussi le parasol de Varouna et les autres trésors, et, remontant sur Garouda, en se faisant accompagner de Satyabhama, il se rendit au ciel, demeure des dieux, afin de rendre les pendants d'oreilles d'Aditi.

CHAPITRE XXIX.

Krishna rend à Aditi ses pendants d'oreilles ; elle fait son éloge ; il visite les jardins d'Indra et enlève l'arbre Parijata. Sachi exhorte Indra à le reprendre. Combat entre les dieux et Krishna, qui demeure vainqueur. Satyabhama les raille ; ils célèbrent la gloire de Krishna.

Garouda arriva bientôt aux portes du Swarga (*paradis*); Hari sonna alors dans sa conque, et les dieux s'avancèrent pour le recevoir, lui apportant respectueusement des offrandes. Après avoir reçu leurs hommages, Krishna se rendit au palais de la mère des dieux, dont les tours ressemblaient à des nuées blanches; à l'aspect d'Aditi, il la salua avec respect, et lui présentant ses pendants d'oreilles, il l'informa de la mort du démon Naraka. La mère du monde fut remplie de joie, et, fixant ses pensées sur Hari, le créateur, elle prononça ses louanges en ces mots : « Gloire à toi, ô dieu aux yeux de lotus, toi qui écartes toute crainte de ceux qui t'adorent. Tu es l'âme vivante, éternelle et universelle, l'origine de tous les êtres, immuable et exempt de toute vicissitude. Tu es le soir, la nuit et le jour; tu es la terre, l'air, l'eau et le feu. Tu es l'agent de la création, de la conservation et de la destruction. Tu es les dieux, les esprits, les hommes, les animaux, les éléphants, les arbres, les plantes; tu es toutes choses, quelle que soit leur grandeur ou leur petitesse. Gloire à toi, qui tiens le disque et la conque marine, toi qui manies l'arc et la massue; je te vois ainsi sous la forme que tu as prise et que nous pouvons contempler, mais ta forme qui est au delà de la compréhension, nous est inconnue. Aie pitié de moi, ô dieu suprême. »

Vishnou, célébré de la sorte par Aditi, sourit et dit à la mère des dieux : « O déesse mère, montre-toi favorable à mon égard et donne-moi ta bénédiction. » « Qu'il en soit ainsi, » répondit Aditi, « et tant que tu séjourneras parmi les mortels, étant le premier des hommes, tu ne pourras être vaincu ni par les dieux, ni par les démons. » Alors Satyabama accompagné de l'épouse d'Indra, s'adressa respectueusement à Aditi et sollicita sa bénédiction, et Aditi lui répondit : « O toi, dont la beauté est accomplie, tu ne verras jamais tes charmes décroître, et tu seras l'asile de tout ce qui est aimable. »

Indra salua ensuite respectueusement Janarddana, et le conduisit avec Satyabhama dans les riants jardins des dieux; Kesava, le vainqueur de Kesi, y aperçut l'arbre Parijata, le favori de Sachi, qui fut produit lorsque l'Océan fut agité pour produire l'ambroisie; son écorce était d'or, et il était orné d'un jeune feuillage de couleur de cuivre et de tiges portant d'abondantes grappes de fruits parfumés. Quand Satyabhama vit cet arbre, elle dit à son seigneur bien-aimé : « Pourquoi cet arbre ne serait-il pas transporté à Dwaraka ? Si ce que tu dis est vrai, et si je te suis vraiment chère, que cet arbre soit enlevé d'ici et placé dans le jardin, près de ma demeure. Tu m'as dit maintes fois : « Ni Jambavati, ni Roukmini ne me sont aussi chères que toi. » Si tu as parlé avec franchise et non par flatterie, que cet arbre soit l'ornement de ma résidence. Je veux briller parmi mes compagnes, en plaçant ses fleurs dans les tresses de mes cheveux. »

Hari, sollicité de la sorte par Satyabhama, lui sourit, et, prenant l'arbre, il le plaça sur Garouda. Les gardiens du jardin intervinrent et dirent : « Cet arbre appartient à Sachi, l'épouse du souverain des dieux; il ne faut pas l'enlever; il a été créé pour donner à Sachi les fleurs qui la parent. Celui qui voudra s'en emparer ne restera pas impuni. Le roi des dieux châtiera cette audace; c'est lui qui lance la foudre, et les dieux accompagnent ses pas. Ne t'expose donc pas, Krishna, à la colère de tous les dieux. Le sage ne se livre pas à des actions dont les suites peuvent être bien funestes. »

Satyabhama, entendant ces paroles, fut très offensée et dit : « Quel droit a Sachi ou Indra sur cet arbre ? Il fut produit lorsque l'Océan fut battu comme du lait qu'on veut changer en beurre, et il est la propriété de tous les mondes. Pourquoi Indra veut-il en être le seul maître ? De même que le nectar et la lune, il appartient à tous les êtres; si Sachi, mettant sa confiance dans la force du bras de son époux, veut le garder pour elle, je renonce à toute soumission à son égard. Allez, et répétez-lui ce que j'avance; dites-lui que si elle est aimée de son époux, et s'il reconnaît son autorité, qu'il empêche alors mon mari d'enlever cet arbre. Je connais le souverain des dieux, et moi, qui ne suis qu'une mortelle, je m'empare de l'arbre Parijata. »

Les gardes du jardin allèrent auprès de Sachi et lui répétèrent ce qu'avait dit Satyabhama. Elle fut émue de courroux, et, s'adressant à son époux, elle conjura le roi des dieux de venger cet affront. Indra, suivi de l'armée des dieux, s'avança pour attaquer Hari et reprendre l'arbre. Les dieux étaient armés de massues, d'épées et de dards, et Indra brandissait la foudre. Aussitôt que Govinda vit le roi des dieux qui venait vers lui, monté sur son éléphant, il souffla dans sa conque, de sorte que son bruit remplit toutes les régions, et il fit pleuvoir en souriant des myriades de flèches sur ses antagonistes. Les dieux décochèrent contre lui des traits innombrables, mais le vainqueur de Madhou, le seigneur de tous les mondes, les coupa tous en deux avec ses traits comme en se jouant. Le fils de Devaki brisa d'un coup de sa massue celle d'Yama; un regard de ses yeux éclipsa la splendeur du soleil; il partagea avec ses flèches Agni en cent morceaux; son disque trancha les pointes des tridents des Roudras, et il dispersa les Marouts, les Gandharbas et tous les êtres célestes, comme des parcelles de coton qu'emporte le vent. Garouda, de son côté, faisait un rude usage de son bec, de ses ailes et de ses serres, et il mordait et déchirait les dieux qui luttaient contre son maître.

Le roi des dieux et l'ennemi de Madhou se rencontrèrent alors, et lancèrent l'un contre l'autre des traits aussi nombreux que les gouttes de pluie qui tombent de deux sombres nuages. Garouda soutint la lutte contre l'éléphant Airavata, et Janarddana tint tête à tous les dieux. Indra se montra enfin armé de la foudre et Krishna de son disque. Tous les habitants des trois sphères les voyant ainsi prêts à se mesurer, poussèrent des cris de douleur. Indra lança la foudre, mais en vain, car Hari s'en saisit, mais il ne jeta pas son disque contre son adversaire; il dit seulement à Indra de l'attendre. Alors Satyabhamâ, voyant Indra désarmé et son éléphant mis hors de combat par Garouda, dit au dieu qui était au moment de battre en retraite : « O roi de la triple sphère, il ne convient pas au mari de Sachi de s'enfuir. Ornée des guirlandes de l'arbre Parijata, elle s'approchera de toi. A quoi sert l'empire des cieux, si Sachi ne te voit plus avec affection ? Ne fuis pas, tu ne dois pas être humilié ; reprends l'arbre Parijata, et que les dieux ne soient plus ennemis. Sachi, trop fière de son époux, ne m'a pas accueillie avec déférence et offert des présents. Je suis femme, légère dans ma décision et inquiète de la gloire de mon mari; j'ai donc provoqué cette lutte, mais je ne veux point avoir l'arbre Parijata, et je n'aspire point à ce qui appartient à un autre. »

Le roi des dieux se tourna vers Satyabhama et lui dit : « Cesse de m'adresser des reproches amers. Je n'ai point de honte à reconnaître pour mon vainqueur celui qui est l'auteur de la création, de la conservation et de la destruction du monde; celui qui, n'ayant ni commencement ni fin, est la substance de toutes choses et qui comprend l'univers entier. Qui est-ce qui est capable de triompher du seigneur éternel qui, pour le bien du monde, a voulu devenir un mortel ? »

CHAPITRE XXX.

Krishna emporte, avec le consentement d'Indra, l'arbre Parijata à Dwaraka ; il épouse les princesses qu'il a délivrées de la captivité où les retenait Naraka.

Kesava, recevant ainsi les éloges du roi des dieux, sourit et lui dit gravement : « Indra, tu es le souverain des habitants des cieux; nous ne sommes que des mortels; pardonne-nous donc les offenses que nous avons commises à ton égard. Que cet arbre soit remis à sa place. Je l'ai pris pour satisfaire les désirs de Satya. Reprends aussi la foudre que tu m'as lancée, car c'est l'arme qui t'appartient, celle avec laquelle tu détruis tes ennemis. »

Indra répondit : « Tu veux nous abuser en te donnant le nom de mortel; nous savons qui tu es; nous savons que tu travailles à préserver la terre et que tu arraches les épines enfoncées dans son sein, ô destructeur de la race des démons ! Que cet arbre soit transporté à Dwaraka, et qu'il reste sur la terre aussi longtemps que tu séjourneras dans le monde des mortels. » Hari accepta la proposition d'Indra et revint sur la terre, tandis que les saints, les sages et les chantres des cieux célébraient ses louanges.

Lorsque Krishna arriva au-dessus de Dwaraka, il souffla dans sa conque, et tous les habitants furent charmés en entendant ce son. Descendant de dessus Garouda, il se rendit avec Satyabhama dans son jardin et il y planta l'arbre Parijata dont l'odeur suave embauma au loin la terre ; tous ceux qui en approchaient se trouvaient en mesure de se ressouvenir de leur existence antérieure. Krishna reçut ensuite les trésors, les éléphants et les chevaux qu'il avait conquis sur Naraka et que les esclaves de ce démon avaient amenés à Dwaraka ; à une époque propice, il épousa toutes les jeunes filles que Naraka avait enlevées à leurs familles ; à un seul et même moment, il reçut selon les rites consacrés, la main de chacune d'elles dans des habitations différentes. Elles étaient au nombre de seize mille cent ; l'adversaire de Madhou se multiplia sous un nombre égal de figures distinctes, et le créateur du monde, Hari, résidait ainsi dans la maison de chacune de ses femmes.

CHAPITRE XXXI.

Enfants de Krishna. Usha, fille de Bana, voit en songe Anirouddha et en devient éprise.

PARASARA. — Je t'ai entretenu de Pradyoumna et des autres fils de Roukmini. Satyabhama mit au monde Bhanou et Bhairika. Les fils de Rohini furent Diptimat, Tamrapakshi et autres. Le puissant Samba et d'autres fils naquirent de Jambavati. Bhadravinda et d'autres vaillants jeunes gens furent les fils de Nagnajiti. Saivya (ou *Mitravinda*) eut plusieurs fils, dont Sangramajit fut le chef. Vrika et d'autres furent les enfants d'Hari et de Madri. Lakshmana eut Patravat et d'autres fils ; Kalindi eut Srouta et d'autres. Krishna eut aussi des fils de toutes ses autres femmes, et il en eut en tout cent quatre-vingt mille. L'aîné de tous fut Pradyoumna, fils de Roukmini ; son fils fut Anirouddha qui fut père de Vraja ; sa mère fut Usha, fille de Bana ; Anirouddha la conquit dans une guerre, et à cette occasion il s'éleva une grande dispute entre Hari et Sankara et les mille bras de Bana furent tranchés par le disque de Hari.

MAITREYA. — Comment advint-il, vénérable Brahmane, qu'une querelle au sujet de Usha s'éleva entre Siva et Krishna et comment Hari coupa-t-il les mille bras de Bana ? C'est ce que tu es en mesure de nous raconter.

PARASARA. — Usha, fille de Bana, sachant la tendresse de Parvati pour son époux Sambhou, voulut se livrer à une affection semblable. Alors la belle Gauri qui connaît le secret de tous les cœurs, dit à la princesse « Ne t'afflige pas ; tu auras un époux. » — « Mais quand sera-ce et qui sera-t-il ? » demanda Usha. » Parvati répondit : « Celui qui t'apparaîtra en songe dans le douzième jour de la lune, dans la moitié éclairée du mois de Vaisakha, sera ton mari. »

Ainsi que la déesse l'avait prédit, un jeune homme apparut cette nuit en songe à Usha et elle devint éprise de lui. Lorsqu'elle s'éveilla et qu'elle ne le vit plus, elle fut accablée de chagrin, et, sans être retenue par la modestie, elle demanda à sa compagne où il était allé. La compagne et amie de la princesse était Chitralekha, fille de Koubhanda, ministre de Bana. « De qui parles-tu ? » demanda-t-elle à Usha. Mais la princesse, revenant à elle-même, fut honteuse et garda le silence. Chitralekha obtint enfin ses confidences, et Usha lui raconta ce qui s'était passé et ce que la déesse avait prédit, et elle pria son amie de chercher les moyens de l'unir avec la personne qu'elle avait vue pendant son rêve.

Chitralekha traça alors les portraits des plus éminents des dieux, des démons, des esprits et des mortels, et les montra à Usha. Ecartant les images des dieux, des esprits, des dieux-serpents et des démons, la princesse choisit celles des mortels et surtout des héros de la race de Andhaka et de Vishni. Quand elle vint aux portraits de Krishna et de Rama, elle fut toute confuse; elle détourna modestement ses yeux du portrait de Pradyoumna, mais aussitôt qu'elle vit l'image de son fils, l'objet de sa passion, ses yeux se dilatèrent et toute honte fut mise de côté : « Le voici! le voici! » dit-elle à Chitralekha; et son amie qui était en possession d'un pouvoir magique, lui dit d'avoir bon espoir et s'envola à travers les airs pour se rendre à Dwaraka.

CHAPITRE XXXII.

Bana sollicite l'appui de Siva; il trouve Anirouddha dans le palais et le fait prisonnier. Krishna, Balarama et Pradyoumna viennent pour le secourir ; Siva et Skanda assistent Bana; un d'eux est mis hors de combat, l'autre forcé de fuir. Bana rencontre Krishna qui coupe tous ses bras et qui est au moment de le mettre à mort, mais qui épargne sa vie, sur l'intercession de Siva. Siva et Vishnou ne font qu'un.

Avant que ces choses n'advinssent, Bana avait adoré le dieu qui a un triple œil, et lui avait adressé cette prière : « Seigneur, je suis humilié de me trouver, dans un état de paix, en possession de mille bras. Qu'il arrive quelques hostilités où je puisse tirer avantage de mes ressources! Sans la guerre, de quel usage me sont mes bras? ils ne sont pour moi qu'un fardeau. » Sankara répondit :

« Lorsque la bannière de plumes de paon sera brisée, tu auras la guerre ; elle fait les délices des esprits malins qui se nourrissent de la chair des hommes. » Bana, satisfait de cette promesse, adressa des actions de grâces à Sambhou et retourna à son palais où il trouva son étendard brisé, ce qui le combla de joie.

A cette époque la nymphe Chitralekha revint de Dwaraka, et, en employant sa puissance magique, elle ramena Anirouddha avec elle. Les gardiens des appartements intérieurs le découvrirent dans la compagnie d'Usha et ils en informèrent le roi qui envoya immédiatement une troupe de ses serviteurs pour se saisir du prince, mais l'intrépide jeune homme, saisissant une massue de fer, tua ses assaillants ; Bana monta alors sur son char et s'avança contre lui, essayant de le mettre à mort. Trouvant toutefois qu'il ne pouvait triompher d'Anirouddha en employant la force, il suivit le conseil de ses ministres et il eut recours à sa puissance magique, ce qui lui procura le succès ; il s'empara du prince de la race d'Yadou, et l'attacha avec des liens formés de serpents.

Lorsqu'on se fut aperçu à Dwaravati de l'absence d'Anirouddha, les Yadavas se demandèrent l'un à l'autre où il était allé ; Narada vint alors vers eux et leur dit qu'il était prisonnier de Bana, une femme, douée d'une puissance magique, l'ayant transporté à Sonitapoura. Quand ils apprirent cette nouvelle, ils furent satisfaits, car ils croyaient qu'il avait été enlevé par les dieux. Krishna appela alors à lui Garoudha, et montant avec Bala et Pradyouna sur cet oiseau, il partit pour la capitale de Bana. En approchant de la ville, ils furent attaqués par les esprits qui accompagnent Roudra, mais Hari les détruisit promptement, et il arriva avec ses compagnons dans le voisinage de la ville.

Là, le puissant dieu de la Fièvre, émané de Maheswara et ayant trois pieds et trois têtes, livra à Vishnou un combat désespéré pour défendre Bana. Baladiva sur lequel ses cendres furent répandues, fut saisi d'une chaleur brûlante et ses paupières tremblèrent, mais il obtint du soulagement en se cramponnant au corps de Krishna. La Fièvre emanée de Siva et luttant ainsi avec le dieu qui tient l'arc, fut promptement chassée de la présence de Krishna par la Fièvre qu'il engendra lui-même. Brahma voyant la maladie personnifiée toute troublée par les coups portés par les bras de Krishna, demanda à celui-ci de cesser ; l'ennemi de Madhou s'arrêta et s'absorba lui-même dans la fièvre qu'il avait créée. La Fièvre rivale partit alors en disant à Krishna : « Les hommes qui rappelleront à leur manière le combat qui a eu lieu entre nous, seront toujours exempts de maladies fébriles. »

Vishnou vainquit ensuite et détruisit les cinq feux et anéantit sans la moindre difficulté l'armée des Danavas. Alors le fils de Bali (*Bana*) combattit Sauri, avec toute l'armée des Daityas, assisté de Sankara et de Kartikeya. Une lutte terrible eut lieu entre Hari et Sankara ; toutes les régions tremblèrent, brûlées par leurs armes enflammées, et les esprits célestes ne doutèrent pas que la fin du monde ne fût venue. Govinda, avec l'arme du bâillement, fit que Sankara ouvrit grandement la bouche, et alors les démons et les demi-dieux, de la suite de Siva, furent détruits de chaque côté, car Hari, accablé par un bâillement continuel, s'assit dans son char et fut incapable de lutter davantage contre Krishna.

Le dieu de la guerre, Kartikeya, blessé au bras par Garouda, frappé par les armes de Pradyoumna et effrayé par les cris de Hari, prit la fuite. Bana voyant Sankara hors de combat, les Daityas détruits, Gouha en fuite et les satellites de Siva tués, s'avança sur son grand chariot, dont les chevaux avaient été harnachés par Nundisa, et marcha ainsi à la rencontre de Krishna et de ses compagnons Bala et Pradyoumna. Le vaillant Balabhadra, attaquant les soldats de Bana, les frappa de ses flèches et les mit dans une honteuse déroute ; leur souverain les vit abattus sous le soc de charrue de Rama ou écrasés sous les coups de sa massue ou percés des flèches de Krishna ; il attaqua alors Krishna ; les deux ennemis se lancèrent mutuellement des traits qui percèrent leur armure, mais Krishna repoussa tous les dards lancés par Bana. Ils se blessèrent l'un et l'autre, et chacun d'eux, avide de triomphe, acharné à donner la mort à son adversaire, se lancèrent des armes diverses. Krishna, le destructeur de l'armée des démons, saisit son disque Soudarsana rayonnant de l'éclat de cent soleils. Lorsqu'il était au moment de le lancer, Kotavi, la déesse mystique, la science magique des démons, se montra à ses yeux. Krishna lança son arme redoutable, l'effroi des démons, et elle trancha successivement les bras nombreux de l'Asura. L'ennemi de Tripoura (*Siva*) voyant Krishna tenant encore le disque entre ses mains et se préparant à le lancer derechef, afin d'achever Bana, s'adressa respectueusement à lui. L'époux d'Uma voyant le sang qui coulait des bras abattus de Bana, s'approcha de Govinda afin de solliciter une suspension d'hostilités et il lui dit : « Krishna, seigneur du monde, je te connais, toi qui es le premier des esprits, le seigneur suprême, la félicité infinie, sans commencement ni fin et au delà de toutes choses ; sois-moi propice ; j'ai donné à Bana l'assurance qu'il ne périrait point ; ne me fais pas manquer à ma parole. Il a vieilli dans sa dévotion pour moi ; qu'il ne s'expose pas à ton déplaisir ; je te conjure de ne pas faire tomber sur lui ta colère. »

Govinda suspendit alors son ressentiment, regarda avec plaisir le seigneur d'Uma, celui qui tient le trident, et lui dit : « Puisque tu es favorable à Bana, qu'il vive ; par égard pour toi, mon disque est arrêté, et ce que tu as promis, je le tiendrai pareillement. Tu es à même de comprendre que tu n'es pas distinct de moi. Ce que je suis tu l'es, et ce monde avec les dieux, les démons et les hommes, c'est moi et toi. Les hommes s'imaginent qu'il y a des distinctions qui sont le résultat de leur ignorance aveugle. »

Parlant ainsi, Krishna alla à l'endroit où le fils de Pradyoumna était enfermé. Les serpents qui le liaient furent consumés par le souffle de Garouda, et Krishna, se plaçant avec sa femme sur l'oiseau céleste, revint à Dwaraka, ainsi que Pradyoumna et Rama (291).

CHAPITRE XXXIII.

Paundraka usurpe les insignes de Krishna et est soutenu par le roi de Kasi. Khrisna marche contre eux et les détruit. Le fils du roi envoie un être enchanté contre Krishna qui le tue avec son disque et qui livre à l'incendie la ville de Bénarès et ses habitants.

MAITREYA. — Vraiment le divin Sauri ayant pris un corps mortel a accompli de grands exploits en triomphant de Sakra, de Siva et de tous les dieux qui les accompagnaient. Je désire maintenant apprendre de toi, illustre sage, quelles autres actions d'éclat signalèrent celui qui humilia les habitants des cieux.

PARASARA. — Ecoute, excellent Brahmane, avec une respectueuse attention, le récit de l'incendie de Varanasi par Khrisna, dans le cours de ses efforts pour alléger les fardeaux de la terre.

Il y avait un Vasoudeva qui se nommait Paundraka et qui, bien qu'il ne fût pas le Vasoudeva, recevait les hommages des ignorants comme étant le dieu descendu du ciel ; il finit par se persuader qu'il était le Vasoudeva descendu sur la terre. Perdant tout souvenir de son caractère réel, il prit les emblèmes de Vishnou, et il envoya au magnanime Khrisna un ambassadeur chargé de ce message : « Renonce au disque, stupide personnage ; quitte tes insignes et ton nom ; viens me rendre hommage et je daignerai t'accorder les moyens de subsister. » Janarddana se mit à rire et répliqua au messager : « Retourne vers Paundraka et répète-lui

---

(291) Il est très-vraisemblable que cette légende décrit une lutte sérieuse entre les sectateurs de Vishnou et ceux de Siva, lutte dans laquelle, selon le témoignage des premiers, l'avantage leur resta. Le Bhagavata-Pourana renferme un récit analogue à celui de notre texte. L'Harivansa se livre à des amplifications encore plus étendues que de coutume ; sa narration occupe près de soixante-dix pages dans la traduction de M. Langlois.

mes paroles : « Je ne manquerai pas de t'envoyer le disque qui est mon emblème ; je viendrai moi-même te l'apporter dans ta ville. Puisque tu me commandes de venir vers toi, j'exécuterai tes ordres sans retard et tu me verras demain, et je ferai en sorte, ô roi, de n'avoir plus rien à craindre de toi. »

Il renvoya ainsi le messager, et, appelant Garouda, il monta sur lui et partit pour la capitale de Paundraka.

Lorsque le roi de Kasi eut appris les préparatifs de Kesava, il envoya son armée au secours de Paundraka et il y vint lui-même ; le faux Vasoudeva, ayant joint cette armée à la sienne, avança à la rencontre de Krishna. Hari le vit de loin, debout dans son char, tenant en ses mains un disque, une massue, un cimeterre et un lotus ; il était orné d'une guirlande de fleurs, il portait un arc et il avait un étendard fait avec de l'or ; il était couvert de vêtements jaunes, et il avait un diadème et des pendants d'oreilles. Le dieu rit hautement à cet aspect, et il attaqua l'armée ennemie, montée sur des chevaux et des éléphants et armée de cimeterres, de massues, de tridents, d'épieux et d'arcs. Faisant tomber ses flèches sur ses adversaires et jetant sur eux sa massue et son disque, il détruisit promptement l'armée de Paundraka et celle du roi de Kasi. Il dit ensuite à l'insensé qui s'était paré de ses emblèmes : « Paundraka, tu m'as fait demander de te céder mes insignes ; je te les donne ; voici mon disque, voici ma massue et voici Garouda ; qu'il monte sur ton étendard. »

En disant ces mots, Krishna lança le disque et la massue, et Paundraka, mortellement atteint, tomba sur le sol, tandis que sa bannière était mise en pièces par Garouda. Le peuple poussa, à cet aspect, de grands cris de douleur, mais le vaillant roi de Kasi, soutenant l'imposture de son allié, continua le combat jusqu'à ce que Sauri lui abattit la tête, et la lança dans la ville de Kasi à la grande surprise de tous les habitants. Après avoir ainsi défait Paundraka, le roi de Kasi et tous leurs adhérents, Krishna revint à Dwaraka, où il vécut dans la jouissance des plaisirs célestes.

Lorsque les habitants de Kasi virent la tête de leur roi tomber dans leur ville, ils furent saisis de surprise, et ils ne comprenaient ni comment la chose pouvait avoir lieu, ni qui l'avait faite. Le fils du roi ayant appris que son père avait été tué par Krishna, invoqua Sankara, avec le prêtre de la famille, et se rendit propice ce dieu qui lui dit de lui demander une grâce ; alors il répondit : « O seigneur, dieu puissant, que ton esprit mystérieux s'élève et détruise Krishna, le meurtrier de mon père. — Ce que tu demandes aura lieu, » répliqua Sankara, et aussitôt, du feu méridional surgit une femme formidable, brillante d'une lumière éblouissante et ayant des jets de flamme qui se jouaient parmi ses cheveux. Elle appela Krishna avec colère et se rendit à Dwaraka ; les habitants, à son aspect, furent remplis d'épouvante et cherchèrent un asile auprès de Madhousoodana, le refuge de tous les mondes. Celui qui tient le disque, sachant que ce démon avait été produit par le fils du roi de Kasi, adorateur du dieu qui a un taureau pour emblème, était occupé à se divertir et à jouer aux dés ; il dit à son disque : « Tue cette créature cruelle dont les cheveux sont de la flamme tressée. » Alors Soudarsana, le disque de Vishnou, attaqua le démon qui était entouré de flamme. La créature produite par Maheswara n'attendit pas le conflit ; elle s'enfuit rapidement jusqu'à ce qu'elle eût atteint Varanasi et fut vivement poursuivie.

Les troupes de Kasi et l'armée des demi dieux qui accompagnent Siva, sortirent pour s'opposer au disque, mais il les consuma tous par l'éclat de sa splendeur, et il mit ensuite le feu à la ville, où la puissance magique de Siva s'était cachée. C'est ainsi que la cité de Varanasi fut brûlée avec tous ses princes et leurs courtisans, ses habitants, leurs éléphants, leurs chevaux, leurs palais, leurs maisons, leurs greniers et leurs trésors. Toute la cité, qui était inaccessible aux dieux, fut ainsi enveloppée de flammes par le disque d'Hari et fut totalement détruite. Le disque, alors, toujours ardent et ne diminuant point sa colère, revint aux mains de Vishnou sans être satisfait de l'accomplissement d'une tâche aussi facile.

CHAPITRE XXXIV.

Samba enlève la fille de Douryodhana, mais il est fait prisonnier. Balarama demande qu'il soit remis en liberté, et recevant un refus, il traîne vers lui la ville d'Hastinapour, afin de la jeter dans le fleuve. Les chefs Kourou lui rendent Samba et sa femme.

MAITREYA. — J'ai un vif désir, excellent Brahmane, d'entendre le récit des autres exploits de Balarama. Tu m'as raconté comment il amena à lui la rivière d'Yamouna, et tu m'as exposé quelques-unes de ses actions d'éclat ; tu peux m'instruire des autres circonstances de sa vie.

PARASARA. — Ecoute, Maitreya, le récit des exploits accomplis par Rama qui est l'éternel Sesha, sans limites et le soutien de la terre. La fille de Douryodhana fut enlevée par le héros Samba, fils de Jambavati. Il fut poursuivi par Douryadhana, et par Karna, Bhishma, Drona et autres chefs célèbres, irrités de son audace, et ayant été vaincu, il fut fait prisonnier. Quand les Yadavas apprirent cet événement, leur colère fut excitée contre Douryodhana et ses compagnons, ils se préparèrent à prendre les armes contre eux, mais Baladeva les arrêta, et leur adressant des accents interrompus par les effets de l'ivresse, il dit : « J'irai seul vers les fils de Kourou ;

ils délivreront Samba à ma demande. » Il se rendit donc à la ville d'Hastinapour, mais il n'y entra pas, et il prit pour séjour un bois en dehors de la cité. Lorsque Douryodhana et les autres apprirent son arrivée, ils lui envoyèrent en présents, une vache, des fruits, des fleurs et de l'eau. Bala reçut l'offrande selon la manière accoutumée et dit : « Ugrasena vous ordonne de mettre Samba en liberté. » Douryodhana et ses amis furent très-courroucés en recevant ce message, et Bahlika, ainsi que d'autres partisans des descendants de Kourou qui ne regardaient pas la race d'Yadou comme ayant des droits à la dignité royale, dirent à celui qui tient la massue : « Qu'est-ce que tu as dit, Balabhadra ? Quel est l'Yadava qui donnera des ordres aux chefs de la famille de Kourou ? Si Ugrasena a le droit de transmettre des commandements à Douryadhana, nous devons enlever à ce dernier le parasol blanc qu'il a usurpé et qui ne convient qu'à des rois. Pars donc, Balarama ; tu es digne de nos respects, mais Samba s'est rendu coupable et nous ne le mettrons point en liberté, quels que soient les ordres d'Ugrasena ou les tiens.»

Ayant parlé de la sorte, les chefs de la race de Kourou refusèrent unanimement de remettre en liberté le fils de Hari et retournèrent vers la ville. Bala, en proie à l'ivresse et à la colère qu'avait allumée chez lui leur langage insultant, frappa avec fureur la terre du pied ; elle s'entr'ouvrit avec un grand bruit qui retentit dans toutes les régions de l'espace. Les yeux rouges de courroux et le front plissé, il s'écria : « Que d'arrogance dans ces viles créatures ! Indra a le droit de donner des ordres aux dieux et Ugrasena a celui de commander au seigneur de Sachi. N'est-il pas le souverain de la terre, celui qui voit les femmes de ses serviteurs se parer des fleurs de l'arbre Parijata ? Ugrasena sera sans nulle contestation le roi des rois, ou je ne retournerai pas à sa capitale, jusqu'à ce que j'aie délivré le monde des fils de Kourou. Je les détruirai tous avec leurs chevaux, leurs éléphants et leurs chariots. Je délivrerai le héros Samba, et je le ramènerai avec sa femme à Dwaraka où je reverrai Ugrasena et mes autres parents. Autorisé par le roi des dieux à délivrer la terre de ses fardeaux, je me rendrai maître de cette ville et je la jetterai dans la Bhagirathi. »

En parlant ainsi, celui qui tient la massue, Baladeva, les yeux rouges de fureur, plongea le soc de charrue dont il est armé au-dessous des remparts de la ville et les attira vers lui. Les habitants croyant la ville d'Hastinapour au moment de sa ruine, furent remplis d'alarme et s'écrièrent : « Rama, Rama, arrête, calme ton courroux ; aie pitié de nous. Voici Samba et sa femme que nous te rendons. Pardonne-nous les fautes que nous avons commises dans l'ignorance de ton pouvoir merveilleux. »

Samba et sa femme furent ainsi remis au puissant Balarama qui, saluant Bhishma, Drona et Kripa qui s'adressaient à lui en termes de soumission, dit : « Je suis satisfait, » et il s'arrêta. La ville porte encore aujourd'hui les traces du choc qu'elle reçut, tant étaient grandes la force et la puissance de Rama. Les chefs des descendants de Kurus, offrant ensuite leurs hommages à Samba et à Bala, renvoyèrent le premier avec sa femme et une dot.

CHAPITRE XXXV.

L'Asura Dwivida, ayant la forme d'un singe, est tué par Balarama.

Ecoute aussi, Maitreya, le récit d'un autre exploit accompli par le puissant Balarama. Le grand Asura, l'ennemi des amis des dieux, Naraka, avait parmi les singes un ami d'une bravoure extrême, nommé Dwivida, lequel, animé d'une hostilité implacable contre les dieux, jura de venger sur eux tous la mort de Naraka tué par Krishna, en empêchant les sacrifices et en anéantissant la sphère des mortels. Aveuglé par l'ignorance, il interrompit donc tous les rites religieux, bouleversa toutes les cérémonies prescrites et occasionna la mort des êtres vivants ; il mit le feu aux forêts, aux villages et aux villes ; parfois il faisait tomber des rochers qui écrasaient des villes ou des hameaux, ou bien, soulevant des montagnes, il les précipitait dans la mer, et se jetant au milieu des flots, il les agitait jusqu'à ce que l'Océan, franchissant ses limites, submergeait les cités et les villages placés sur ses bords. Dwivida pouvait prendre toutes les formes qui lui plaisaient, et se grossissant dans une proportion énorme, il se roulait parmi les champs de blé, les renversait et détruisait les récoltes. Le monde entier, troublé par ce singe cruel, était privé de l'étude sacrée et du culte religieux et était livré à l'affliction.

Un jour Halayoudha buvait dans les jardins de Raivata avec l'illustre Revati et d'autres femmes d'une grande beauté ; Yadou, en l'honneur de laquelle des chants se faisaient entendre et qui brillait parmi ces femmes douées de beaucoup d'attraits, ressemblait à Kuvera, le dieu des richesses. Le singe Dwivida vint sans bruit auprès de cette société et, dérobant le soc de charrue et la massue de Balarama, il l'insulta en riant, se moqua des femmes et renversa, en les brisant, les coupes remplies de vin.

Balarama, rempli de colère, menaça le singe, mais ce dernier méprisa ses menaces et ricana insolemment ; alors Bala se saisit d'un bâton, et le singe saisit un rocher qu'il lança au héros. Bala dirigea son bâton contre le rocher qui se brisa en mille morceaux. Le singe voyant que Bala était désarmé, se jeta alors sur lui et le frappa violemment à la poitrine avec ses pattes. Bala riposta par un coup de poing sur le front du singe qui roula par terre sans vie et vomissant du sang. Le poids de son corps brisa en cent morceaux la cime de la montagne sur laquelle il tomba; elle fut comme si elle avait été frappée de la foudre. Les dieux firent jeter des fleurs sur Rama et s'approchant de lui, ils le louèrent de l'acte glorieux qu'il venait d'accomplir. « Il est heureux pour le monde, » disent-ils, « que ton courage ait délivré de ce misérable singe qui était l'allié de l'ennemi des dieux. » Ils retournèrent ensuite au ciel remplis d'allégresse. L'illustre Baladeva, la personnification de Sesha, qui soutient le monde, accomplit ainsi beaucoup d'exploits inimitables.

CHAPITRE XXXVI.

Destruction des Yadavas. Samba et d'autres trompent les Rishis. Samba porte un mortier de fer qui est brisé et jeté dans la mer. Les Yadavas vont à Prabhasa, suivant le désir de Krishna; ils se querellent, se battent et périssent tous. Le grand serpent Sesha sort de la bouche de Rama. Krishna est percé d'un trait lancé par un chasseur; il se réunit de nouveau à l'esprit universel (292).

C'est ainsi que Krishna, aidé de Baladeva, détruisait, pour le bien de la terre, les démons et les monarques iniques; d'accord avec Phalgouna (ou Ajouna), il soulagea ainsi la terre, la délivrant de son fardeau, en donnant la mort à d'innombrables armées. Il extermina ensuite, sous prétexte d'une imprécation lancée par des Brahmanes, sa propre race, celle d'Yadava. Quittant ensuite Dwaraka et abandonnant son enveloppe mortelle, celui qui est né de lui-même rentra avec toutes ses émanations, dans sa propre sphère de Vishnou.

MAITREYA. — Dis-moi comment Janarddana effectua la destruction de sa propre race sous le prétexte des anathèmes des Brahmanes, et comment il abandonna son corps mortel.

PARASARA. — Viswamitra, Kanwa, et Narada, le sage éminent, furent rencontrés au lieu saint du pèlerinage de Pindaraka par quelques jeunes garçons de la tribu d'Yadou. Egarés par la légèreté de leur âge et subissant l'influence de la destinée, ils habillèrent avec des vêtements de jeunes filles, Samba le fils de Jambavati, et le conduisant vers les sages, ils s'adressèrent à eux avec les marques habituelles de respect et ils dirent : « Quel est l'enfant qui naîtra de cette femme, l'épouse de Brahma qui désire vivement avoir un fils? » Les sages qui

(292) Le récit de la mort de Krishna se montre sous sa forme la plus ancienne dans le Mausala-Parva du Mahabhârata. Il forme la partie narrative du onzième livre du Bhâgavata-Pourana, après que quelques allusions y ont été faites dans le premier et le troisième livres, et il se trouve aussi, mais succinctement, dans l'Uttara Khanda du Padma-Pourana.

étaient en possession de la sagesse divine, furent très-courroucés d'être ainsi pris pour jouets par des jeunes garçons, et ils dirent : « Elle mettra au monde une massue qui écrasera la race d'Yadava. » Les enfants auxquels les sages avaient ainsi parlé allèrent et rapportèrent à Ugrasena ce qui s'était passé, et, conformément à la prédiction, une massue sortit du ventre de Samba. Ugrasena fit réduire en poussière cette massue qui était de fer, et il fit jeter cette poudre dans la mer, mais les particules dont elle était composée devinrent des roseaux. Il y avait dans la massue un fragment qui était comme la pointe d'une lance et que les Andhakas ne purent briser; elle fut avalée par un poisson; lorsqu'elle eut été jetée dans la mer, le poisson fut pris, la pointe de fer retirée de son corps, passa dans les mains d'un chasseur nommé Jara. Madhousoudana, dont la sagesse et la gloire sont infinies, ne jugea pas à propos de s'opposer à ce que le destin avait déterminé.

Alors un messager envoyé par les dieux, vint trouver Kesava qui était seul dans la retraite, et, s'adressant à lui avec respect, il dit : « Je suis envoyé vers toi, seigneur, par les dieux; écoute ce qu'Indra, d'accord avec les Viswas, les Marouts, les Adityas, les Sadhyas et les Roudras, te fait annoncer avec respect. Plus de cent ans se sont écoulés depuis que tu es descendu sur la terre afin de la délivrer de son fardeau. Les démons ont été exterminés et le fardeau de la terre a été allégé; maintenant que les immortels revoient leur monarque dans le Swarga. Retourne, s'il est ton plaisir, dans le Swarga (paradis) que tu as quitté depuis un siècle. C'est ce que les dieux te demandent, mais si telle n'est pas ta volonté, demeure ici-bas aussi longtemps que tu le voudras. »

Krishna répondit : « Je sais tout ce que tu m'annonces. J'ai commencé à détruire les Yadavas, et jusqu'à ce qu'ils soient anéantis, le fardeau de la terre ne sera pas enlevé. J'achèverai promptement leur destruction; elle sera accomplie en sept nuits. Lorsque j'aurai rendu à l'Océan la terre de Dwaraka et lorsque j'aurai anéanti la race d'Yadou, je reviendrai dans la demeure des habitants des cieux. Annonce aux dieux que je retournerai vers eux, après avoir abandonné mon corps mortel. Les tyrans qui ont opprimé la terre, Jarasandha et les autres ont été mis à mort, et tout rejeton de la race d'Yadou est non moins funeste qu'eux. Après avoir délivré la terre de ce lourd fardeau, j'irai protéger les demeures des dieux. Va leur rapporter mes paroles. »

Le messager des dieux s'inclina et revint vers le roi des immortels, tandis que le puissant Krishna voyait sur la terre et dans le ciel des signes qui pronostiquaient nuit et jour la ruine de Dwaraka. Appelant sur eux l'attention des Yadavas, il dit :

« Voyez ces phénomènes effrayants ; hâtons-nous de nous rendre à Prabhasa, afin de détourner les fardeaux dont ils nous menacent. » Alors le sage Uddhava répondit : « Dis-moi, seigneur, ce qu'il est à propos que je fasse, car il me semble que tu détruiras toute cette race; des signes manifestes n'annoncent rien moins que l'anéantissement de notre tribu. »

Alors Krishna lui dit : « Va à l'endroit sacré de Badarikasrama, sur la montagne sainte de Gandhamadana, résidence de Naranarayana; tu suivras pour y parvenir une route que je te ferai connaître, et c'est en ce lieu que, méditant sur moi, tu obtiendras la perfection. Lorsque la race d'Yadou aura péri, je me rendrai au ciel, et l'Océan submergera Dwaraka quand je m'en serai éloigné. » Uddhava, instruit de la sorte par Kesava, le salua avec vénération et se rendit au séjour de Narayana.

Les Yadavas montèrent ensuite dans leurs chars rapides et se rendirent à Prabhasa, accompagnés de Krishna, de Rama et de leurs autres chefs. Ils s'y baignèrent, et excités par Vasoudeva, les Koukkouras et les Andhakas se livrèrent à la boisson. La flamme destructive de la discorde s'éleva entre eux et elle fut excitée par des injures réciproques. Rendus furieux par l'influence divine, ils s'attaquèrent mutuellement, et lorsqu'ils eurent épuisé leurs dards, ils y suppléèrent par des roseaux qui croissaient aux environs. Ces roseaux, dans leurs mains, devinrent comme la foudre, et ils se portèrent des coups funestes. Pradyoumna, Samba, Kritavarman, Satyaki, Anirouddha, Prithou, Viprithou, Charouvarman, Akroura et bien d'autres, se frappèrent avec les roseaux qui avaient acquis la dureté de la foudre. Kesava intervint pour les calmer, mais ils pensèrent qu'il se rangeait d'un côté ou de l'autre, et ils continuèrent de combattre. Alors Krishna, plein de courroux, saisit une poignée de roseaux afin de détruire les Yadavas, et ces roseaux devinrent dans ses mains une massue de fer avec laquelle il tua un grand nombre de ces furieux, tandis que les autres s'entretuaient mutuellement. Le chariot du dieu qui tient le disque fut rapidement entraîné par ses coursiers agiles et englouti dans la mer sous les yeux de son conducteur Darouka. Le disque, la massue, l'arc, le carquois, la conque marine et l'épée de Kesava ayant tourné autour de leur seigneur, s'envolèrent le long du chemin du soleil. Bientôt il ne resta plus un seul Yadava vivant, si ce n'est le puissant Krishna et Darouka. Allant vers Rama, qui était assis au pied d'un arbre, ils aperçurent un grand serpent qui sortait de sa bouche et qui se rendit ensuite vers l'Océan, célébré par les saints et par d'autres grands serpents. L'Océan, lui présentant avec respect des offrandes, vint le recevoir, et l'être majestueux, adoré par les serpents qui l'accompagnaient, se plongea dans les profondeurs des eaux.

Kesava, voyant le départ de l'esprit de Balabhadra, dit à Darouka : « Il faut que tu racontes toutes ces choses à Vasoudeva et à Ugrasena. Va et informe-les du départ de Balabhadra et de la destruction des Yadavas; dis-leur aussi que je vais me livrer à de pieuses méditations et abandonner mon corps. Informe Ahouka et tous les habitants de Dwaraka que la mer submergera la ville; sois donc préparé à attendre la venue d'Arjouna, et lorsqu'il quittera Dwaraka, n'y séjourne plus, mais va en quelque endroit que se rendra ce descendant de Kourou; va aussi vers le fils de Kounti, et dis-lui que je désire qu'il accorde à toute ma famille tout l'appui dont il pourra disposer. Pars ensuite avec Arjouna et tous les habitants de Dwaravati, et que Vraja soit installé comme le monarque de la tribu d'Yadou. »

Darouka, étant instruit de la sorte, se prosterna à diverses reprises devant Krishna et tourna plusieurs fois autour de lui; il partit ensuite, conformément aux ordres qu'il avait reçus, et ayant conduit Arjouna à Dwaravati, l'intelligent serviteur de Krishna établit Vajra comme roi. Le divin Govinda ayant concentré en lui-même cet esprit suprême qui est un avec Vasoudeva, fut identifié avec tous les êtres.

Respectant les paroles des Brahmanes et les imprécations de Dourvasas, l'illustre Krishna demeura plongé dans la méditation, ayant son pied appuyé sur son genou. Il vint ensuite un chasseur, nommé Jara, dont la flèche était armée d'une pointe faite avec le fragment de la massue qui n'avait pas été réduit en poussière ; apercevant de loin le pied de Krishna, il le prit pour un daim, et lança sa flèche qui alla s'enfoncer dans la plante du pied. S'approchant ensuite, il vit le roi aux quatre bras, et, se prosternant devant lui, il implora son pardon, s'écriant : « J'ai agi involontairement et dans l'idée que j'ajustais une bête fauve. Aie pitié de moi, qui suis consumé par mon crime, car tu as le pouvoir de me réduire en cendres. »

Bhagavat répondit : « N'aie aucune crainte. Va, chasseur, grâce à ma protection, au ciel, séjour des dieux. » Dès qu'il eut parlé de la sorte, un char céleste apparut, et le chasseur y montant, se rendit au ciel. Alors l'illustre Krishna s'étant uni avec son propre esprit pur, spirituel, inépuisable, incompréhensible, impérissable et éternel, qui est un avec Vasoudeva, abandonna son corps mortel.

CHAPITRE XXXVII.

Arjouna se rend à Dwaraka; il brûle les morts et emmène les habitants demeurés en vie. Commencement de l'âge Kali. Des bergers et des voleurs attaquent Arjouna; ils s'emparent des femmes et des trésors. Arjouna expose sa douleur à Vyasa qui le console; il place Parikshit sur le trône et se retire dans les bois. Fin du cinquième livre.

Arjouna ayant trouvé les corps de Krishna et de Rama, accomplit pour eux et pour les autres morts les cérémonies funèbres. Les huit reines, femmes de Krishna, qui ont déjà été nommées, embrassèrent le corps d'Hari et montèrent sur le bûcher des funérailles. Revati, embrassant aussi le corps de Rama, se livra aux flammes qui furent fraîches pour elle, heureuse de sa réunion avec son seigneur. En apprenant ces événements, Ugrasena et Anakadoundubhi, avec Devaki et Rohini, se livrèrent de même aux flammes.

Après ces cérémonies, Arjouna fit quitter la ville par tous ses habitants, et il prit Vajra avec lui. Le fils de Kounti conduisit avec affection et avec soin les milliers de femmes de Krishna et tous les citoyens de Dwaraka, et il voyageat lentement. Le palais Soudharman et l'arbre Parijata, que Krishna avait apportés sur la terre, retournèrent tous deux au ciel, et le même jour qu'Hari quitta la terre, le puissant âge Kali, au corps sombre, descendit. L'Océan se leva et engloutit toute la ville de Dwaraka, excepté la demeure de la déité de la race d'Yadou. La mer n'a pas encore été en état de détruire ce temple, et c'est là que Kesava réside constamment. Quiconque visite ce lieu sacré, est délivré de tous ses péchés.

Le fils de Pritha, Arjouna, fit arrêter dans le pays de Panchanada le peuple qu'il avait emmené de Dwaraka; c'était un pays riche et fertile, mais la cupidité des voleurs du voisinage fut excitée lorsqu'ils virent cette multitude de femmes veuves et ces grands trésors dans la possession d'Arjouna. Ils se réunirent aux Abhiras et dirent à ces brigands : « Arjouna est énormément riche, et il emmène avec lui une foule de femmes dont les maris ont été tués; il traverse hardiment notre pays, c'est un outrage pour tous les braves. Son orgueil est excité par la mort de Bhishma, de Drona, de Jayadratha, de Karna et autres qu'il a tués; il ne connaît pas le courage de villageois tels que nous. Debout, debout; saisissons nos longs bâtons; cet imprudent nous méprise. Pourquoi ne lèverions-nous pas nos bras contre lui? »

Après avoir parlé ainsi, ils se jetèrent, armés de bâtons, sur les gens de Dwaraka, qui étaient sans leur seigneur. Arjouna les rencontra et leur dit avec dérision : « Retirez-vous, misérables, ignorants de ce qui est juste, à moins que vous n'ayez le désir de mourir. » Mais ils ne tinrent point compte de ses menaces, et ils se saisirent de ses trésors et des femmes de Viswaksena. Alors Arjouna se mit à bander son arc céleste Gandiva, irrésistible dans les combats; mais ce fut en vain, car, malgré tous ses efforts, l'arc resta hors d'état de servir, et d'un autre côté, Arjouna ne put se rappeler les enchantements des armes surnaturelles. Perdant toute patience, il lança le mieux qu'il put ses traits sur ses ennemis, mais les dards qui partaient de son arc ne faisaient qu'effleurer la peau. Il s'efforça de se rappeler le pouvoir de Krishna, qui l'avait inspiré lorsqu'il avait détruit de puissants rois, mais ces mêmes flèches restèrent inutiles; elles volaient au hasard sans toucher le but. Il frappa les voleurs avec son arc, mais ils se rirent de ses coups, et les barbares se retirèrent emmenant toutes les femmes des tribus de Vrishni et d'Andhaka.

Jishnou fut alors dans une détresse extrême, et il se lamenta amèrement, s'écriant : « Hélas! hélas! mon seigneur m'abandonne; » et il pleura amèrement, car en ce moment l'arc et les flèches divines, son char et ses coursiers avaient entièrement péri. « Les décrets du destin, » dit-il, « sont irrésistibles; ils m'ont infligé une faiblesse extrême, ils m'ont privé de mon illustre ami, et ils ont donné la victoire à des misérables. Dépourvu de l'appui de Krishna, je suis sans force et sans vigueur, et des paysans triomphent de moi. »

Alors Arjouna se rendit à la ville de Mathoura, et il y installa pour roi Vajra, le prince Yadava. Il y vit Vyasa qui vivait dans un bois, et s'approchant de lui, il le salua avec respect. Le sage le contempla un instant et lui dit : « Comment se fait-il que je te voie dépourvu de ta splendeur? As-tu été coupable d'un commerce illicite avec des femmes, ou de la mort d'un Brahmane, ou bien as-tu souffert quelque grand malheur? D'où vient que tu es tellement abattu? Tes prières pour obtenir des descendants ou pour tout autre objet sont-elles demeurées sans résultat? T'es-tu livré à des passions répréhensibles? Te serais-tu emparé de la substance du pauvre? Un mauvais œil s'est-il fixé sur toi et t'a-t-il donné cet aspect misérable? L'eau tombée d'une cruche s'est-elle répandue sur toi, ou as-tu succombé dans un combat avec tes inférieurs? »

Arjouna, soupirant profondément, raconta à Vyasa toutes les circonstances de son revers, et il ajouta : « Hari, qui était notre force, notre prospérité, notre puissance et notre éclat, nous a abandonnés. Loin de lui, nous sommes devenus aussi faibles que si nous étions de paille. Pourouchottama, qui était la vigueur vivante de mes armes, de mes flèches et de mon arc, m'a délaissé. Aussi longtemps que nous avons pu le contempler, la fortune, l'opulence, la gloire ne nous ont jamais manqué, mais Govinda s'est éloigné. Ce krishna, dont le pouvoir avait détruit Bhishma, Drona, le roi d'Anga, Douryodhana et tant d'autres, a quitté la terre. Ce n'est pas moi seulement qui suis devenu vieux, misérable et sans force, par suite de l'absence du dieu qui tient le disque; la Terre a partagé le même sort. L'arc Gandiva, célèbre dans les trois mondes, a été vaincu par des bâtons de paysans; des voleurs ont enlevé les myriades de femmes dont j'étais le maître; des misérables presque sans armes m'ont arraché presque tout ce que je tenais de Krishna. Il ne faut pas s'étonner si je suis privé de ma splendeur, mais si je vis encore. Je ne suis pas assez insensible à la honte pour survivre à l'affront que j'ai reçu. »

Vyasa répondit à Arjouna et dit : « Ne pense plus à ton malheur, ô mon fils; il ne convient pas que tu t'abandonnes au désespoir. Apprends que le temps soumet à de semblables vicissitudes tous les êtres vivants; il amène la production et la destruction de toutes les créatures; reprends donc ton courage. Les rivières, les mers, les montagnes, l'univers, les dieux, les hommes, les animaux, les arbres, les insectes, tout est créé et tout sera détruit par le temps. Les grandes actions qu'a accomplies Krishna ont toutes été faites dans le but d'alléger le fardeau qui pèse sur la terre; c'est pour ce motif qu'il est descendu du ciel. La terre, accablée sous le poids qui l'opprimait, s'était adressée à l'assemblée des dieux, et Janarddana, qui est un avec le temps, est venu la secourir. Ce but a maintenant été atteint; la race de Vrithi et d'Andhaka est détruite; il ne lui reste plus rien à accomplir. Il est donc parti, ayant exécuté ce qu'il voulait faire. Ne sois pas affligé de ta défaite; les succès des mortels sont l'œuvre du temps. Tu as seul tué Bhishma, Karna et d'autres rois; tu ne dois pas t'étonner d'être vaincu à ton tour. Ta dévotion à Vishnou t'avait fait triompher, et le temps a amené ta défaite par de misérables bandits. Ce dieu, prenant diverses formes, conserve le monde et le détruit à la fin. Au début de ta fortune, Janarddana était ton ami; à son déclin, Kesava a favorisé tes ennemis. Qui aurait cru que tu aurais tué tous les descendants de Kourou et les parents de Ganga? Qui aurait imaginé que des paysans seraient tes vainqueurs? Sois certain, fils de Pritha, que c'est par un jeu de l'universel Hari que tu as détruit les Kauravas et que tu es humilié par des pasteurs. Quant aux femmes qui ont été enlevées par les voleurs, écoute une ancienne histoire qui t'expliquera pourquoi il en a été ainsi :

« Jadis un Brahmane, nommé Ashtavakra, se livrait à de grandes pénitences; il était resté plusieurs années debout dans l'eau, et occupé à méditer sur l'esprit éternel. Par suite de la défaite des Asuras, il y eut une grande fête sur le sommet du mont Merou, et en s'y rendant, Rambha, Tilottama, et des centaines, et des milliers de belles nymphes virent le pieux Ashtavakra, et elles louèrent et célébrèrent sa piété, en s'inclinant devant lui et en disant ce qu'elles jugeaient de plus propre à flatter cet éminent Brahmane. Enfin, Ashtavakra leur dit : « Je suis très-satisfait de vous, illustres jeunes filles; demandez-moi ce que vous voudrez, et je vous le donnerai, quelque difficile que ce soit à obtenir. » Alors toutes ces nymphes, instruites dans les Védas, dirent : « C'est assez pour nous que tu sois satisfait, vénérable Brahmane; qu'avons-nous besoin d'autre chose? » Mais quelques-unes d'entre elles dirent : « Si tu es content de nous, donnes-nous un mari qui soit le plus éminent des hommes et le souverain des Brahmanes. » « Qu'il en soit ainsi, » dit Ashtavakra, et aussitôt il sortit de l'eau. Les nymphes voyant qu'il était très-âgé et difforme en huit endroits, ne purent retenir leur gaieté et elles rirent hautement. Le sage fut très courroucé, il les maudit et il leur dit : « Puisque vous avez eu l'impertinence de rire de ma difformité, je prononce sur vous cette sentence : Vous obtiendrez d'abord pour votre mari le premier des mortels, par suite de la promesse que je vous ai faite, mais vous tomberez ensuite dans les mains d'une bande de voleurs. »

« Lorsque les nymphes entendirent les paroles du Brahmane, elles cherchèrent à l'apaiser, et elles y réussirent si bien, qu'il finit par leur annoncer qu'elles retourneraient dans la sphère des dieux. C'est par suite de cette sentence que les femmes qui ont d'abord été les épouses de Kesava, sont ensuite tombées dans les mains des bandits, et tu n'as pas, Arjouna, sujet de t'en affliger. Tout cela est arrivé par la volonté du Seigneur de toutes choses, et la fin aussi est proche, puisqu'il t'a retiré la force, ta splendeur, ta valeur et ta supériorité. La mort est le destin de quiconque est né, la chute est la conséquence de l'élévation, et l'union aboutit à la séparation. Les sages connaissent ces vérités, et sont étrangers à la joie ou à la douleur. Pénètre-toi donc, grand prince, de ces principes, et ainsi que les frères, renonce à toutes choses et retire-toi dans la forêt sainte. »

Ayant reçu les instructions de Vyasa, Arjouna alla vers les autres fils de Pritha, et il leur raconta tout ce qu'il avait vu, tout ce qu'il avait éprouvé et tout ce qu'il avait entendu. Lorsqu'il leur eut communiqué le message de Vyasa, les fils de Pandou placèrent Parikshit sur le trône et allèrent à la forêt.

Je t'ai ainsi donné, ô Maitreya, le récit détaillé des actions de Vasoudeva, lorsqu'il naquit dans la race d'Yadou.

LIVRE SIXIEME.

CHAPITRE PREMIER.

De la dissolution du monde ; les quatre âges ; le déclin de toutes choses, et la détérioration de la race humaine dans l'âge Kali.

MAITREYA. — Tu m'as raconté en détail, illustre sage, la création du monde, les généalogies des patriarches, la durée des Manwantaras et les dynasties des princes. Je désire maintenant que tu me fasses le récit de la destruction du monde, de son anéantissement final et de ce qui arrive à l'expiration d'un Kalpa.

PARASARA. — Apprends de moi les circonstances exactes de la fin de toutes choses et la dissolution de l'univers qui arrive, soit à la fin d'un Kalpa, soit au terme de la vie de Brahma. Un mois des mortels est un jour et une nuit des progéniteurs ; une année des mortels est un jour et une nuit des dieux; deux mille réunions des quatre âges sont un jour et une nuit de Brahma. Les quatre âges sont le Krita, le Treta, le Dwapara et le Kali ; ils comprennent ensemble douze mille ans des dieux. Il y a des successions infinies de ces âges qui se suivent toujours dans le même ordre ; dans le premier âge, le Krita, s'opère la création faite par Brahma ; dans le dernier âge, le Kali, la destruction du monde s'accomplit.

MAITREYA. — Vénérable sage, tu peux me donner la description de l'âge Kali qui vit accomplir cette destruction universelle.

PARASARA. — Ecoute, Maitreya, l'explication de la nature de l'âge Kali durant lequel toutes choses périssent et qui maintenant est tout près de nous.

L'observation des castes, des lois et des institutions ne sera plus en vigueur dans l'âge Kali, et les cérémonies prescrites par les Védas seront délaissées. Les mariages ne seront plus conformes aux rites ; les devoirs des élèves envers leurs maîtres seront enfreints ainsi que ceux des maris et des femmes entre eux; les offrandes faites aux dieux par le feu auront cessé. Un homme riche et puissant pourra, quelle que soit la famille où il aura vu le jour, épouser des filles de toutes les tribus. Les actes de pénitence qui pourront s'accomplir ne mèneront à aucun résultat. Chaque texte sera de l'Ecriture sainte pour ceux qui voudront en juger ainsi ; tous les dieux seront des dieux pour ceux qui les adoreront. L'abstinence l'austérité, la libéralité pratiquées selon le caprice des individus constitueront alors la justice. L'orgueil de l'opulence sera enfanté par des possessions insignifiantes. L'orgueil de la beauté ne se basera sur d'autres charmes que sur celui de la chevelure. L'or, les bijoux, les diamants, les habits somptueux auront péri, et les femmes n'auront plus pour se parer que leur chevelure. Les femmes abandonneront leurs maris lorsqu'ils tomberont dans la pauvreté, et celui qui distribuera beaucoup d'argent sera le maître des hommes. Des trésors accumulés seront dispersés dans des vues d'ostentation. Les hommes dirigeront toutes leurs pensées vers l'acquisition de la richesse, et la richesse ne sera employée qu'à se procurer des plaisirs égoïstes. Les femmes ne suivront que leurs penchants et seront éprises du plaisir. Les hommes convoiteront l'opulence, fût-elle acquise par des moyens déshonorants. Nul ne voudra se défaire de la plus petite fraction de la plus petite monnaie, fut-elle sollicitée par un ami. Les hommes de tous les degrés s'imagineront présomptueusement être les égaux des Brahmanes Les vaches ne seront estimées qu'en raison du lait qu'elles donnent. Les hommes seront toujours dans la crainte de la sécheresse et de la disette; ils vivront de feuilles, de racines et de fruits, et ils mettront fin à leur existence par suite de la crainte qu'ils auront de la famine et du besoin. De fait il n'y aura jamais abondance pendant l'âge Kali, et les hommes n'y jouiront jamais du plaisir et du bonheur. Ils prendront leurs repas sans faire les ablutions préalables, sans adorer le feu et les dieux, et sans offrir à leurs ancêtres les libations funéraires. Les femmes seront inconstantes, gloutonnes et de petite taille ; se grattant la tête de leurs deux mains, elles ne feront nulle attention aux préceptes de leurs maris ou de leurs parents ; elles seront sales et abjectes ; elles seront menteuses, égoïstes, sans moralité, et elles s'attacheront à des hommes pervers.

Les jeunes gens, méprisant les règles qui président à la conduite des étudiants, liront les Védas. Les chefs de famille n'offriront pas de sacrifices et ne montreront pas de libéralité. Les solitaires vivront de la nourriture que leur donneront des paysans; les princes dépouilleront leurs sujets au lieu de les protéger et, sous prétexte de lever des impôts, ils enlèveront aux marchands leur propriété. Dans l'âge Kali, quiconque aura des chariots, des éléphants et des chevaux sera un prince, et quiconque sera faible sera esclave. Les Vaisyas abandonnant l'agriculture et le commerce, gagneront leur vie par la servitude ou par l'exercice de professions mécaniques. Les Soudras, cherchant dans la mendicité les moyens de vivre et prenant les marques extérieures de religieux mendiants, deviendront les partisans impurs des doctrines impies et hérétiques.

Accablés par la famine et par le poids des impôts, les hommes abandonneront leur patrie et iront dans les pays où croissent des espèces grossières de grain. Le chemin des Védas étant abandonné et les hommes s'étant égarés hors de l'orthodoxie, l'iniquité prévaudra, et la durée de la vie diminuera en conséquence. Par suite de pénitences horribles non prescrites par l'Ecriture et des vices des chefs de l'Etat, les enfants périront dans leur enfance. Les femmes auront des enfants à l'âge de cinq, six ou sept ans, et les hommes les engendreront lorsqu'ils n'auront que huit, neuf ou dix ans. Un homme aura les cheveux gris à l'âge de douze ans, et nulle existence ne dépassera le terme de vingt années. Les hommes posséderont peu de sens, peu de vigueur ou de vertu; ils périront ainsi dans une période très-courte. A mesure que l'hérésie fera de nouveaux progrès, les sages pourront apprécier le développement de l'âge Kali. C'est proportionnellement à cette diminution du nombre des hommes pieux adhérents aux leçons des Védas, au relâchement des personnes attachées à la vertu, et au déclin du respect pour les professeurs des Védas que les sages constateront l'accroissement de l'influence de l'âge Kali.

Alors les hommes égarés par des corrupteurs, cesseront d'adorer Vishnou, le seigneur du sacrifice, créateur et seigneur de toutes choses, et ils diront: « De quelle autorité sont les Védas? Que sont les dieux et les Brahmanes? A quoi bon la purification avec l'eau? » Alors les nuages ne donneront que des pluies insuffisantes, les épis seront pauvres et le grain sans substance, le sami (ou cotonnier, « Bombax heptaphylla ») sera le premier des arbres, les vêtements seront faits des fibres du San (Crotolaria juncea); la caste dominante sera celle des Soudras, le millet sera le plus abondant des grains; le lait le plus en usage sera celui des chèvres. Les hommes dépourvus de raison et sujets à toutes les infirmités du corps et de l'esprit, commettront journellement des péchés; toute chose impure, vicieuse et propre à affliger la race humaine naîtra dans l'âge Kali. Alors quelques pays abandonneront l'étude sainte, les offrandes au feu et l'invocation des dieux. Dans l'âge Kali un homme s'élèvera par de faibles efforts à un degré d'éminence dans la vertu égal à celui qui est le résultat de pénitences rigoureuses, accomplies dans l'âge Krita ou dans celui de la pureté.

CHAPITRE II.

Propriétés de l'âge Kali. La dévotion à Vishnou suffit en cet âge pour le salut de toutes les castes et de toutes les personnes.

Je te dirai, Maitreya, ce que le sage Vyasa m'a annoncé.

Il s'éleva jadis une dispute parmi les sages sur la question de savoir à quelle époque le moindre mérite moral obtenait la plus grande récompense. Afin de terminer la discussion, ils se rendirent auprès de Vyasa afin d'éclaircir leurs doutes. Ils trouvèrent cet illustre Mouni à demi plongé dans les eaux du Gange, et en attendant qu'il eût terminé ses ablutions, ils restèrent sur les bords du fleuve sacré, protégés par un petit bois. Vyasa se p'ongea derechef dans l'eau, il en sortit ensuite et les sages l'entendirent s'écrier: « Excellent, excellent est l'âge Kali. » Il plongea de nouveau et ils l'entendirent qui disait: « C'est bien fait, c'est bien fait, Soudra; tu es heureux. » Enfin après qu'il se fut enfoncé dans l'eau une fois de plus, ils l'entendirent s'écrier: « C'est bien fait, femmes, c'est bien fait; elles sont heureuses; qu'y a-t-il de plus heureux qu'elles? » Il acheva ensuite de se baigner, et les sages furent au-devant de lui lorsqu'il s'approchait pour les recevoir. Après qu'il leur eut donné des sièges et qu'ils lui eurent présenté leurs hommages, le fils de Satyavati leur dit: « Par quel motif êtes-vous venus vers moi? » Ils répondirent: « Nous sommes venus pour te consulter sur un sujet à l'égard duquel nous éprouvons quelques doutes, mais la chose peut être différée. Donne-nous plutôt une explication. Nous t'avons entendu dire: « L'âge Kali est excellent. C'est bien, Soudra! C'est bien, ô femmes! » Nous désirons savoir pourquoi tu t'exprimais ainsi. Dis-le nous à moins que ce ne soit un mystère; nous te ferons connaître ensuite la question qui occupe nos pensées. »

Vyasa étant consulté de la sorte par les sages, sourit et leur dit : « Ecoutez et apprenez le motif qui m'a fait prononcer ces mots. Le fruit de la pénitence, de la continence, de la prière silencieuse et des autres actes vertueux pratiqués dans l'âge Krita pendant dix ans, dans l'âge Treta pendant un an, dans l'âge Dwapara pendant un mois, s'obtient en un jour et une nuit dans l'âge Kali; c'est pourquoi j'ai dit, « excellent, excellent est l'âge Kali. » La récompense qu'un homme obtient dans l'âge Krita par la méditation abstraite, dans l'âge Treta par le sacrifice, dans l'âge Dwapara par l'adoration, il y arrive dans l'âge Kali rien qu'en prononçant le nom de Kesava. Dans l'âge Kali un homme déploie la vertu la plus éminente en se donnant fort peu de peine; c'est pourquoi l'âge Kali m'a paru très-satisfaisant. Autrefois la connaissance des Védas ne s'obtenait que par le renoncement à soi-même, et l'accomplissement des sacrifices conformément au cérémonial prescrit était un devoir. Une irrégularité dans les rites religieux faisait que toutes les actions des Brahmanes étaient infectées de péché; le Soudra, plus heureux, arrive à la place qui lui est assignée, en servant les Brahmanes et en accomplissant seulement les actes préliminaires du sacrifice et qui ne sont pas déterminés par des règles précises. J'ai donc eu raison de vanter le bonheur du Soudra.

« Il faut beaucoup de peine pour acquérir des richesses; on ne les conserve qu'avec beaucoup de soucis; leur perte cause un grand chagrin et leur absence amène une fâcheuse détresse. Les hommes livrés à l'anxiété, n'arrivent dans un repos qu'après de longs travaux et de vives souffrances. Il n'en est pas de même pour les femmes; une femme n'a qu'à honorer son mari dans ses actions et dans ses paroles pour parvenir à la région auquel il est élevé. Elle n'a donc pas grands efforts à faire, et voilà pourquoi je constatai leur bonheur. J'ai répondu à vos demandes; posez-moi maintenant la question que vous vouliez m'adresser et j'y répondrai de mon mieux. »

Les sages dirent alors à Vyasa : « Tu as déjà répondu par avance à la question que nous voulions t'adresser. » Krishna se mit à rire et il répondit aux sages qui étaient venus vers lui et qui étaient saisis d'étonnement : « J'ai aperçu avec les yeux de la science divine la question que vous vouliez m'adresser, et c'est en y faisant allusion que je m'étais écrié : « C'est bien, c'est bien. » Vraiment dans l'âge Kali, les devoirs imposés aux mortels sont accomplis avec une extrême facilité par les hommes dont les fautes sont toutes lavées par l'eau de leur mérite individuel, par des Soudras qui servent les Brahmanes avec zèle et par des femmes qui ne font que le faible effort d'obéir à leurs maris. C'est pourquoi j'ai trois fois exprimé l'admiration que me cause leur bonheur, car dans les autres âges l'accomplissement du devoir était une tâche rude et pénible. Vous savez maintenant ce que c'est que la vertu. Que venez-vous me demander de plus ? »

Les sages saluèrent Vyasa et se retirèrent, instruits de ce qu'ils voulaient savoir. Je t'ai fait connaître, Maitreya, le secret de la grande vertu que possède l'âge Kali vicieux sous d'autres rapports. Je te décrirai maintenant la destruction du monde et l'aggrégation des éléments.

CHAPITRE III.

Trois diverses espèces de dissolution de l'univers. Durée d'un Pararddha. La clepsydre ou vase pour mesurer le temps. La dissolution qui arrive à la fin d'un jour de Brahma.

La destruction des êtres existants est de trois espèces, accidentelle, élémentaire et absolue. L'accidentelle est celle qui se rapporte à Brahma et qui survient à la fin d'un Kalpa; l'élémentaire est celle qui a lieu après deux Pararddhas; l'absolue est la libération finale de l'existence.

MAITREYA. — Dis-moi, excellent maître, quelle est la durée d'un Pararddha.

PARASARA. — Un Pararddha, Maitreya, est le nombre qui se présente lorsque dix-huit chiffres se suivent dans l'ordre de la numération décimale (1). A l'expiration de deux fois cette période, la destruction de toutes choses s'accomplit. La plus courte période de temps est un Matra égal en durée au clignotement de l'œil humain. Quinze Matras font un Kashtha; trente Kashthas font un Kala; quinze Kalas font un Nadika. Un Nadika se constate au moyen d'un vase rempli d'eau et formé avec douze palas et demi de cuivre, au fond duquel est un trou fait avec un tube d'or pesant quatre mashas et long de quatre pouces. Ce vaisseau doit contenir un prashta ou seize palas d'eau. Deux Nadikas font un Muhurtta; trente Muhurttas font un jour et une nuit. Trente périodes semblables forment un mois; douze mois font une année, soit un jour et une nuit des dieux, et trois cent soixante de ces jours constituent une année divine. L'ensemble de quatre âges contient douze mille années divines, et mille périodes d'une étendue semblable forment un jour de Brahma. La période à laquelle quatorze mounis président successivement se nomme aussi un Kalpa, et c'est à son expiration que survient la destruction de Brahma ou la destruction accidentelle. Cette destruction s'opère d'une manière vraiment effrayante; je vais t'en faire le récit.

A la fin de la période des quatre âges, la terre est épuisée. Il s'ensuit une sécheresse universelle qui dure cent ans et qui amène l'affaiblissement d'abord et ensuite la mort de toutes les créatures vivantes par suite du défaut de nourriture. L'éternel Vishnou prend alors le caractère de Roudra le destructeur, et il descend afin de réunir à lui toutes les créatures. Il entre dans les sept rayons du soleil, il absorbe toutes les eaux du globe et fait évaporer toute humidité; les mers, les rivières, les torrents des montagnes, les sources, tout est desséché, ainsi que toutes les eaux du Patala ou de la région située au-dessous de la terre. Alimentés ainsi par une humidité surabondante, les sept rayons solaires s'étendent et deviennent sept soleils dont l'éclat brille de tous côtés et livrent aux flammes les trois mondes et Patala. Les trois mondes consumés par ces soleils, deviennent noirs et remplis de crevas-

(595) Consulter la note de M. Wilson, p. 630, sur ce qui a rapport à cette arithmétique fantastique. Un Pararddha se trouve ainsi représenté par 100,000,000,000,000,000. Le Vayou-Pourana donne les noms de chacune des quantités qui précèdent le Pararddha, depuis le Dasa, 10, jusqu'au Madhyaman, 10,000,000,000,000,000.

ses : la terre, privée d'eau et de verdure, ressemble au dos d'une tortue. Le destructeur de toutes choses, Hari, prenant la forme de Roudra, devient l'haleine dévorante du serpent Sesha et réduit ainsi Patala en cendres. L'incendie qui a dévoré en entier Patala, parvient à la terre et la consume aussi. Un immense tourbillon de flammes monte dans la région de l'atmosphère et à la sphère des dieux, et les détruit. Les trois sphères ressemblent à une poêle à frire placée sur le feu qui consume tous les objets. Les habitants des deux sphères supérieures ayant rempli leurs fonctions et se trouvant incommodés par la chaleur, se retirent dans la sphère qui est au-dessus des autres et qui se nomme Maharlika. Lorsque l'action des flammes s'y fait sentir, ses habitants qui, après le terme entier de leur séjour, désirent monter à des régions plus élevées, partent pour le Janaloka.

Janarddana, dans la personne de Roudra, ayant consumé le monde entier, exhale d'épais nuages qui ressemblent à des éléphants sous le rapport de la grandeur, et couvrent le ciel entier, l'obscurcissant et lançant des éclairs. Quelques-uns sont noirs comme le lotus bleu ; d'autres sont aussi blancs que le lis d'eau ; quelques-uns sont sombres comme la fumée ; il y en a de jaunes ; d'autres sont comme des cendres répandues sur le front ; quelques uns sont d'un bleu foncé comme le lapis-lazuli ; il en est d'azurés comme le saphir, ou de blancs comme le jasmin. Sous le rapport de la forme, ces nuées ressemblent à des montagnes, d'autres à des villes, d'autres sont comme des maisons ou comme des colonnes gigantesques dans leurs dimensions, et faisant entendre un bruit comme le tonnerre, ils rempliront l'espace entier. Faisant tomber des torrents de pluie, ces nuages éteindront les feux terribles qui envelopperont les trois mondes, et la pluie qui tombera sans interruption pendant cent ans, inondera le monde entier. Tombant en gouttes aussi grosses que des dés, elles couvriront la terre, rempliront la région intermédiaire et inonderont le ciel. Le monde est maintenant enveloppé dans l'obscurité, et toutes choses, animées ou inanimées, ayant péri, les nuages continueront à verser leurs eaux pendant plus de cent ans.

CHAPITRE IV.

Suite du récit de la première espèce de destruction du monde. Seconde espèce ou destruction élémentaire ; tous les êtres absorbés dans le principe primitif.

Lorsque les eaux auront atteint la région des sept rishis, et lorsque les trois mondes ne formeront plus qu'un seul Océan, elles s'arrêteront. Le souffle de Vishnou deviendra un vent violent qui soufflera durant plus de cent ans jusqu'à ce que tous les nuages soient dispersés ; le vent est alors réabsorbé, et celui par lequel toutes les choses sont faites, le Seigneur par lequel toutes choses existent, celui qui est incompréhensible et sans commencement, repose, au milieu des eaux, endormi sur Sesha. Hari, le créateur, dort sur l'Océan, sous la forme de Brahma, glorifié par tous les saints qui se sont rendus au Janaloka et contemplé par les pieux habitants du Brahmaloka, qui aspirent à la libération finale ; il est plongé dans un sommeil mystérieux et médite sur son propre esprit ineffable qui est appelé Vasoudeva. Telle est, Maitreya, la destruction qu'on nomme accidentelle, parce que Hari, sous la forme de Brahma, y dort, comme étant la cause accidentelle de cette destruction de l'univers. Lorsque l'esprit universel se réveille, le monde revient à l'existence ; lorsqu'il ferme les yeux, toutes choses retombent sur le lit du sommeil mystique. De même que mille grands âges constituent un jour de Brahma, sa nuit comprend une période semblable pendant laquelle le monde est submergé sur l'Océan. S'éveillant à la fin de sa nuit, Vishnou, dans la personne de Brahma, crée de nouveau le monde de la manière qui t'a jadis été racontée.

Je t'ai décrit la destruction intermédiaire du monde qui arrive à la fin de chaque Kalpa ; je vais maintenant te faire le récit de la destruction élémentaire.

Lorsque tous les mondes et les Patalas sont desséchés par le feu et que les modifications des produits de la nature sont détruites par la volonté de Krishna, l'œuvre de la destruction élémentaire est commencée. Les eaux engloutissent la propriété de la terre qui est le principe de l'odeur, et la terre, privée de cette propriété, marche à sa destruction ; elle se confond avec l'eau, et alors les eaux, fortement augmentées, rugissent et tournoient, remplissant tout l'espace. L'élément du feu absorbe ensuite les eaux, et les flammes couvrent par degrés le monde entier. L'élément du vent absorbe alors le principe de la chaleur, l'air éteint le feu et remplit à son tour les dix régions de l'espace jusqu'à ce qu'il soit détruit par l'éther qui, impalpable et dépourvu de forme, de goût et d'odeur, n'ayant d'autre propriété caractéristique que le son, existe seul, occupant tout l'espace demeuré vide. L'élément primitif dévore alors le son et tous les éléments ainsi que les facultés sont absorbées dans leur principe qui est lui-même englouti par Mahat dont la propriété caractéristique est l'intelligence ; la terre et Mahat sont les limites intérieures et extérieures de l'univers. De même que, dans la création, les sept formes de la nature, Prakriti, se comptèrent depuis Mahat jusqu'à la terre, de même, à l'époque de la destruction élémentaire, ces sept formes rentrent par degrés l'une dans l'autre. L'esprit suprême qui est le maître et le soutien de toutes choses, est glorifié dans les Védas et dans le Védanta sous le nom de Vishnou.

Les œuvres enjointes par les Védas sont de deux espèces, actives (Pravritta) et passives (Nivritta); au moyen des unes et des autres, la personne universelle est l'objet des adorations des mortels. Le seigneur du sacrifice, l'esprit mâle du sacrifice, est adoré de la façon active, par l'accomplissement des rites recommandés dans les Védas. L'âme de la sagesse, la personne de la sagesse, Vishnou, celui qui donne l'émancipation, est adoré par les sages de la façon passive, par de pieuses méditations. L'inépuisable Vishnou est toutes choses désignées par des syllabes longues, ou prolongées; il est aussi tout ce qui est sans nom; il est l'esprit suprême, universel et inépuisable. La nature entière s'absorbe en lui. Une période de deux Pararddhas est, ainsi que je l'ai dit, appelée un jour de ce puissant Vishnou, et lorsque les productions de la nature sont absorbées dans l'esprit qui est leur origine et que lui, à son tour, est absorbé dans l'esprit suprême, cette période est appelée la nuit de Vishnou; elle est d'une durée égale à son jour. Mais au fait, pour cet esprit suprême et éternel, il n'y a ni jour, ni nuit; ces distinctions appliquées au Tout-Puissant ne sont que des figures du discours. Je t'ai expliqué la nature de la destruction élémentaire; je t'expliquerai maintenant ce qui concerne la destruction finale.

CHAPITRE V.

La troisième espèce de destruction du monde. Maux de la vie. Souffrances dans les divers âges de l'existence. Peines de l'enfer. Félicité imparfaite dans les cieux. Les sages regardent comme désirable l'exemption de la vie. Signification des termes Bhagavat et Vasoudeva.

Le sage obtient la destruction finale après avoir approfondi les trois sortes de peines de ce monde et après s'être détaché de tous les objets terrestres. La première de ces trois peines ou l'Adhyatmika, est de deux espèces, souffrances corporelles ou mentales. La peine corporelle se partage en un nombre infini de genres; la fièvre, l'ophtalmie, la dyssenterie, la lèpre et beaucoup d'autres maladies le constituent. Les souffrances mentales sont l'amour, la colère, la peur, la haine, l'avarice, le désespoir, le chagrin, la malice, le dédain, la jalousie, l'envie et beaucoup d'autres passions qu'engendre l'esprit. Ces diverses afflictions sont comprises dans la classe des souffrances humaines qui porte le nom d'Adhyatmika (naturelles et inséparables). Les peines auxquelles on donne le nom d'Adhibhautika (naturelles mais accidentelles) sont celles qu'infligent aux humains des agents extérieurs tels que d'autres hommes ou bien les bêtes féroces, les oiseaux, les reptiles, les démons et les fantômes. Les peines appelées Adhidaivika (ou surhumaines) sont l'ouvrage du froid, de la chaleur, de la pluie, de la foudre et des autres phénomènes atmosphériques; l'affliction se multiplie sous des milliers de formes dans la conception, la naissance, la vieillesse, la mort et l'enfer. L'embryon flotte dans un liquide; il est dans une position forcée et gênante; il souffre durant la période de son développement; étant incommodé par les particules âcres, acides, amères et salines de la mère; il est dans l'ordure, incapable de se mouvoir et de respirer et se rappelant de nombreuses centaines d'existences antérieures. A l'époque de la naissance, il est expulsé avec violence de la situation qu'il occupait, il vient au monde avec des douleurs cruelles, et lorsqu'il vient en contact avec l'air extérieur, il perd connaissance et se trouve en même temps privé de sa connaissance intellectuelle. Incapable de se retourner, il dépend de la volonté des autres pour être lavé et nourri. Placé sur un lit malpropre, il est mordu par des insectes et des moustiques qu'il n'a pas la force de chasser. Nombreuses sont les souffrances qui accompagnent la naissance, qui la suivent et qui tourmentent l'enfance. Plongé dans les ténèbres de l'ignorance, l'homme ne sait alors ni d'où il vient, ni où il va, ni quelle est sa nature, ni ce qu'il faut faire, ni ce qu'il convient d'éviter; il ignore ce qu'il faut dire et ce qu'il faut taire, ce qui est bien ou ce qui est mal, ce qu'est la vertu et ce qu'est le vice. Semblable à une brute et appliqué seulement aux jouissances animales, il souffre les peines qu'occasionne l'ignorance. L'oisiveté, les ténèbres, l'ignorance dirigent les hommes dépourvus des connaissances divines, les œuvres pieuses sont négligées, mais l'enfer est la conséquence de l'abandon des actes religieux, de sorte que l'ignorant a des souffrances à endurer en ce monde et en l'autre.

Lorsque la vieillesse arrive, le corps est informe, les membres sont sans vigueur, le visage est amaigri et ridé, la peau couvre à peine les veines et les muscles; l'œil ne distingue plus qu'à une faible distance; le corps tremble lorsqu'il remue; le dos est voûté, le feu de la digestion est détruit, l'appétit est éteint; tous les mouvements sont douloureux, l'oreille est engourdie, la bouche laisse couler une salive dégoûtante, les sens n'obéissent plus à la volonté, le vieillard est soulevé et habillé par d'autres; il est un objet de mépris pour ses serviteurs, sa femme et ses enfants. Incapable de se tenir propre ou de goûter quelque amusement, il est raillé par ceux qui sont ses inférieurs et délaissé par ses parents; s'attachant aux exploits de sa jeunesse comme aux actes d'une vie passée, il soupire profondément et se livre à la douleur. Telles sont les peines qui accompagnent le grand âge. Je vais te parler de celles qu'amène la mort.

SECT. II. — LES POURANAS. — VISHNOU-POURANA.

Le cou s'abaisse; les mains et les pieds sont sans force, le corps tremble; l'homme se dit avec anxiété: « Que deviendront mes terres, mes enfants, ma femme, ma fortune, mes maisons? » Ses membres sont la proie de tortures cruelles comme s'ils étaient tranchés avec une scie ou percés de la flèche du dieu destructeur; il roule les yeux et agite ses mains et ses pieds; ses lèvres et son palais sont desséchés, sa gorge, obstruée par d'impures humeurs, rend un son rauque; une chaleur brûlante le tourmente; il expire enfin, tourmenté par les serviteurs du juge des morts afin d'éprouver dans un autre corps un renouvellement de ses souffrances. Telles sont les tortures que les hommes éprouvent lorsqu'ils meurent. Je te ferai connaître maintenant celles qu'ils ont à souffrir dans l'enfer.

Les hommes sont liés, dès qu'ils meurent, par les serviteurs du roi de l'enfer; ils sont frappés avec des bâtons, et ils ont à supporter l'effroi qu'inspire l'aspect d'Yama et les horreurs d'un voyage formidable dans les différents enfers. On est soumis à de cruels supplices infligés par le sable brûlant, le feu et des instruments de supplice. Des réprouvés sont coupés avec des scies, d'autres grillés dans des forges, d'autres frappés avec des haches, d'autres enfouis sous terre, d'autres empalés sur des pieux, d'autres sont jetés aux bêtes féroces, dévorés par des tigres, déchirés par des vautours, bouillis dans de l'huile, précipités de grandes hauteurs. Le nombre des punitions infligées comme châtiment du péché est immense.

Ce n'est pas seulement dans l'enfer que les âmes des morts sont soumises à de rudes souffrances; elles y sont également assujetties dans le ciel, car ceux qui y séjournent temporairement sont toujours tourmentés par la pensée de redescendre sur la terre. Il faut qu'ils traversent de nouveau l'existence comme embryon, comme enfant, comme homme ou comme vieillard, selon l'époque où ils rencontrent la mort, qui, un peu plus tôt ou un peu plus tard, est inévitable. Durant toute sa vie, l'homme est plongé dans l'affliction comme la graine du coton est entourée par le duvet qui doit être converti en fil. Tout ce qui concerne l'homme est une semence d'où sort l'arbre du chagrin. Femmes, enfants, serviteurs, maisons, terres, richesses, tout cela contribue beaucoup plus au malheur qu'à la félicité de l'homme. Où pourrait-il, après avoir été brûlé par les feux du soleil de ce monde, chercher le bonheur si ce n'est sous l'ombre que donne l'arbre de l'émancipation? Les efforts des sages doivent donc tendre à parvenir jusqu'à Dieu. Les moyens d'atteindre ce but sont de deux sortes, la science et les œuvres.

La science dérive soit de l'écriture, soit de la réflexion. L'ignorance est l'obscurité dans laquelle la science obtenue au moyen de quelques sens, l'ouïe par exemple, brille comme une lampe, mais la science produite par la réflexion brille comme un soleil. Je te répéterai ce qu'a dit Manou lorsqu'il invoquait le témoignage des Védas sur ce sujet. Il y a deux formes d'esprit en Dieu: l'esprit qui est la parole et l'esprit qui est suprême. Celui qui est pleinement imbu de la parole de Dieu obtient l'esprit suprême. L'être incompréhensible et inépuisable, qui ne peut être décrit, qui n'a ni naissance, ni forme, ni mains, ni pieds, qui est tout-puissant, éternel et présent en tout lieu, la cause de toutes choses étant lui-même sans cause, celui qui pénètre tout et duquel tout procède, c'est l'objet que contemplent les sages, c'est Brahma, c'est le but des méditations de ceux qui aspirent à la délivrance, c'est celui dont parlent les Védas, c'est la condition suprême et immatérielle de Vishnou.

L'essence de cet être suprême s'exprime par le mot *Bhagavat*; ce mot est la désignation de ce Dieu primitif et éternel, et celui qui possède l'intelligence entière de la signification de ce mot, possède la sainte sagesse, la substance des trois Védas. Le mot *Bhagavat* est la forme convenable dont il faut faire usage en adorant cet être suprême auquel nulle expression n'est applicable; ce mot exprime cet esprit suprême qui est individuel, tout puissant, et qui est la cause des causes de toutes choses. La lettre *Bh* désigne celui qui surveille et qui soutient l'univers. La lettre *ga* désigne le créateur du monde. La diphthongue *Bhaga* indique les six propriétés: domination, puissance, gloire, splendeur, sagesse et miséricorde. La lettre *ra* indique enfin cet esprit élémentaire qui existe en toutes choses et dans lequel toutes choses existent. C'est ainsi que ce grand mot Bhagavan est le nom de Vasoudeva, qui est un avec le Brahma suprême.

Le mot Vasoudeva signifie que toutes choses sont dans l'être suprême et qu'il est en tout, ainsi que Kesidhwaja l'expliqua jadis à Khandikya qui lui demandait l'explication de ce nom. Il dit: « Il réside dans l'intérieur de toutes choses, et toutes choses résident en lui, et c'est de là que le seigneur Vasoudeva est le créateur et le préservateur du monde. Quoique, faisant un avec tous les êtres, il est en dehors de la nature matérielle (*Prakriti*), et en dehors de ses productions, de ses propriétés, de ses imperfections; il est au delà de toute substance; il est l'âme universelle; il est un avec toutes les bonnes qualités, et tous les êtres créés ne sont doués que d'une petite portion de son individualité. Prenant à volonté diverses formes, il répand ses bienfaits sur le monde qui a été son œuvre. La gloire, la puissance, la domination, la sagesse, la force et autres attributs sont réunis en lui. Exempt de toute imperfection, tout-puissant, visible et invisible, il est présent en tout lieu. Il n'y a de sagesse que celle qui amène à le concevoir, à le contempler et à le connaître ; tout le reste n'est qu'ignorance. »

CHAPITRE VI.

Moyens d'arriver à la libération. Anecdotes de Khandikya et de Kesidhwaja. Le premier informe le second de ce qui peut expier le meurtre d'une vache.

En se livrant à l'étude et à la méditation, l'homme arrive également à la connaissance de l'esprit suprême. L'étude est un œil avec lequel le sage contemple Brahma ; la contemplation est un autre œil : celui qui s'attache à Brahma ne voit pas avec les yeux de la chair.

MAITREYA. — Maître vénéré, je désire que tu m'apprennes ce que signifie le mot méditation (*yoga*), afin que je parvienne, en m'y appliquant, à contempler l'être suprême qui soutient l'univers.

PARASARA. — Je te répéterai, Maitreya, les explications que Kesidhwaja donna jadis au magnanime Khandikya.

MAITREYA. — Apprends-moi d'abord, Brahmane, ce qu'étaient Kesidhwaja et Khandikya, et comment il advint qu'une conversation s'engagea entre eux sur la pratique de la méditation.

PARASARA. — Le roi Janaka Dharmadhwaja eut deux fils, Amitadhwaja et Kritadhwaja ; ce dernier fut un monarque dont l'attention était toujours fixée sur l'esprit suprême ; il eut pour fils le célèbre Kesidhwaja. Le fils d'Amitadwaja fut Janaka ou Khandikya, lequel s'appliqua aux œuvres méritoires et fut renommé sur toute la terre pour l'accomplissement des rites religieux. Kesidhwaja, d'un autre côté, était doué de la science spirituelle. Ils se firent la guerre, et Khandikya fut chassé de ses États par son adversaire. Il erra avec quelques fidèles serviteurs dans les bois et les montagnes, et il offrit de nombreux sacrifices, espérant ainsi obtenir la connaissance de la vérité divine.

Un jour, tandis que Kesidhwaja, le meilleur des hommes appliqués aux pratiques de piété, était livré à des exercices de dévotion, un tigre tua sa vache. Le roi demanda aux prêtres quelle pénitence pouvait expier ce meurtre. Ils répondirent qu'ils l'ignoraient, et ils le renvoyèrent à Kaserou. Celui-ci, consulté par le roi, répondit qu'il ne connaissait que Sounaka qui fût en mesure de résoudre cette difficulté. Le roi alla vers Sounaka, mais il dit : « Je suis, comme Kaserou, dans l'impossibilité de t'éclairer sur ce que tu veux savoir ; personne sur la terre ne peut te le dire excepté Khandikya, ton ennemi, celui que tu as détrôné. »

En recevant cette réponse, Kesidhwaja dit : « J'irai rendre visite à mon ennemi ; s'il me tue, tant mieux, car j'obtiendrai la récompense qui attend celui qui périt pour une juste cause ; si, au contraire, il me dit quelle pénitence il faut accomplir, alors mon sacrifice sera d'une efficacité sans égale. »

Il monta donc sur son char, s'étant couvert des peaux de daim (*qui constituent le costume de celui qui étudie la religion*), et il se rendit à la forêt où résidait le sage Khandikya. Celui-ci s'étant approché, Kesidhwaja fut plein de fureur, et, saisissant son arc, il lui dit : « Tu t'es couvert de peaux de daim afin de me détruire, t'imaginant que sous ce déguisement, tu pourrais venir en sûreté jusqu'à moi ; mais l'animal sur lequel se voit cette peau peut recevoir la mort de mes mains et des tiennes. Tu ne sortiras pas vivant d'ici, car tu m'as arraché mes États. »

Kesidhwaja répondit : « Je suis venu ici sans nulle intention hostile et seulement pour te demander d'éclaircir mes doutes ; dépose donc tes armes et ta colère. » Khandikya, ayant entendu ces paroles, s'écarta un instant avec ses compagnons, et leur demanda ce qu'il devait faire. Ils lui conseillèrent tous de tuer Kesidhwaja qui était en son pouvoir, et dont la mort le rendrait le souverain de la terre entière ; mais Khandikya leur répondit : « Il est certain qu'en agissant ainsi je deviendrai le maître de la terre entière, mais il aurait pour son partage le monde à venir. En ne le tuant pas, j'acquerrai la possession de l'autre monde, et je lui laisserai la terre ; j'aurai ainsi une souveraineté perpétuelle au lieu d'une qui ne serait que passagère. Je ne le tuerai donc pas, mais je lui dirai ce qu'il veut savoir. »

Retournant alors vers Kesidhwaja, Khandikya lui demanda de proposer la question qui le préoccupait, lui promettant d'y répondre. Kesidhwaja lui raconta alors ce qui était survenu et la mort de la vache, et il voulut savoir quelle pénitence il devait accomplir. Khandikya lui répondit en lui expliquant quelles expiations réclamait cette circonstance, et Kesidhwaja, revenant au lieu du sacrifice, accomplit régulièrement tous les actes nécessaires. La cérémonie étant terminée, Kesidhwaja réfléchit ainsi : « Les prêtres que j'ai appelés ont reçu les honneurs qui leur étaient dus ; tous ceux qui avaient des demandes à m'adresser ont eu leurs vœux accomplis ; pourquoi donc me semble-t-il que mon devoir n'a pas été effectué en entier ? » Il se souvint alors qu'il n'avait pas offert à Khandikya le vin qu'il convient de présenter à un précepteur spirituel, et, remontant sur son char, il se rendit à la forêt où résidait le sage. A son aspect, Khandikya se saisit de ses armes, mais Kesidhwaja s'écria : « Arrête ! je viens t'offrir la rémunération due à celui qui m'a instruit. Tu m'as appris à compléter mon sacrifice ; je veux te faire un don. Demande ce que tu voudras. »

Khandikya demanda derechef à ses compagnons

leur avis sur ce qu'il fallait faire. Ils lui conseillèrent de demander à Kesidhwaja de lui rendre son royaume ; mais le sage répondit en souriant : « Pourquoi un homme tel que moi aspirerait-il à un royaume terrestre? Vraiment vous êtes de sages conseillers dans les affaires de cette vie ; mais vous êtes d'une ignorance profonde dans celles de la vie future. » Il revint ensuite vers Kesidwaja, et lui dit : « Est-il vrai que tu veuilles me faire un don comme à ton précepteur? » « Tell est mon intention, » dit Kesidhwaja. « Alors, » répliqua Khandikya, « puisque tu es connu pour être fort instruit dans la connaissance spirituelle qui enseigne la doctrine de l'âme, communique-la-moi, et tu auras acquitté ce que tu me dois. Dis-moi quels sont les actes dont l'efficacité allège les afflictions de la race humaine. »

CHAPITRE VII.

Kesidwaja expose les bienfaits de la méditation, les moyens de s'y livrer et les divers degrés que traverse le sage qui s'y applique. Méditation sur les formes de Vishnou. Affranchissement final.

Pourquoi, dit Kesidwaja, ne m'as-tu pas demandé la possession paisible de mon royaume? La domination n'est-elle pas la seule chose qu'ambitionne la race guerrière? — Je te dirai, répondit Khandikya, pourquoi je n'ai pas réclamé ce que convoite une ambition ignorante. Le devoir du guerrier est de protéger ses sujets pendant la paix et de tuer ses ennemis pendant la guerre. Tu n'as point commis de faute en t'emparant des Etats de celui qui n'était pas en mesure de les conserver. Solliciter des présents ne convient point à un prince, c'est pourquoi je ne t'ai rien demandé. Il n'y a que ceux dont l'esprit est dépourvu de connaissance et qui sont enivrés du breuvage de la vanité qui désirent des royaumes ; je ne suis point comme eux. »

Kesidhwaja, entendant ces paroles, éprouva une vive satisfaction et s'écria : « C'est bien parlé. » S'adressant ensuite affectueusement à Khandikya, il dit : « Ecoute-moi ; désirant échapper à la mort, j'exerce le pouvoir royal et je célèbre divers sacrifices. Il est heureux pour toi que ton esprit ait voulu parvenir à la véritable science. Ecoute ce que c'est que l'ignorance. La double semence de l'arbre de l'ignorance consiste à regarder comme existant ce qui n'existe pas et à se croire possesseur de ce qu'on ne possède point. L'homme plongé dans les ténèbres et retenu dans un corps formé des cinq éléments dit : « Ceci est moi, » mais peut-on attribuer l'individualité spirituelle à un corps où l'âme est distincte de l'éther, de l'air, du feu, de l'eau et de la terre qui composent ce corps? Un homme intelligent peut-il attribuer à une âme séparée du corps des jouissances matérielles ou la possession d'objets tels que les terres ou les maisons? La souffrance, l'ignorance, l'impureté appartiennent à la nature et non à l'âme. Associée à la nature, l'âme, quoique incorruptible et distincte des propriétés de la nature, se trouve viciée par elle. Il n'existe qu'un moyen de la purifier et de remédier aux peines du monde, c'est la pratique de la piété. »

Khandikya dit alors : « Dans la race des descendants de Nemi, il n'est personne qui ait fait une étude aussi profonde des livres saints où se trouve l'explication de ce qui constitue la pratique de la piété ; instruis-moi donc à cet égard. »

Kesidhwaja répondit : « Ecoute ce que j'ai à t'apprendre au sujet de la piété contemplative qui fournit au sage les moyens d'être absorbé en Brahma et de ne pas revenir à la vie. L'esprit de l'homme est la cause de son esclavage et de son affranchissement ; il devient esclave en se soumettant aux objets des sens ; il s'affranchit en s'en séparant. Le sage sait donc tenir son esprit éloigné de tout ce qui tombe sous les sens et méditer sur l'être suprême, lequel attire vers lui celui qui en fait l'objet de ses méditations, comme l'aimant attire le fer. La piété contemplative, c'est l'union avec Brahma effectuée par la condition de l'esprit qui est arrivé à la perfection au moyen des exercices qui complètent le contrôle de soi-même. »

« Le sage Yogi qui commence à s'appliquer à la piété contemplative, est appelé novice (*Yoga Yuj*) ; lorsqu'il est arrivé à l'union spirituelle, il est appelé adepte. Si les pensées du novice ne sont pas souillées par quelques imperfections, il obtiendra l'affranchissement en s'appliquant à la piété pendant plusieurs vies. L'adepte arrivant à la perfection dans cette existence, y parvient à la délivrance, toutes ses actions étant consacrées par le feu de la dévotion. Le sage qui veut s'appliquer à la contemplation, doit être exempt de tout désir, et observer invariablement la continence, la charité, la vérité, l'humilité et le désintéressement ; il doit tenir son esprit fixé sur le Brahma suprême et s'appliquer à l'étude, à la purification, à la pénitence, au contentement et à l'empire sur soi-même. Il doit s'attacher à réprimer la susceptibilité des organes des sens, afin qu'affranchis des impressions extérieures ils se dirigent entièrement vers les perceptions mentales. Sans un empire parfait sur les sens, la dévotion ne peut être parfaite, et il n'est pas d'autre moyen de maintenir avec fermeté l'esprit dans son asile parfait. »

Khandykia dit alors : « Apprends-moi, illustre sage, quel est cet asyle parfait de l'esprit où il se repose affranchi de toutes les suites de la faiblesse humaine. »

Kesidhwaja répondit : « L'asyle de l'esprit humain, c'est l'esprit suprême ou Brahma qui, de sa nature, est double, comme étant un avec ou sans forme. Sanundiana et d'autres sages parfaits ont été doués du pouvoir de comprendre la nature de Brahma. La véritable science ne reconnaît pas de distinction; elle ne contemple qu'une existence unique, qu'aucun mot ne peut définir. C'est la forme suprême et impérissable de Vishnou qui est sans forme sensible et qui est caractérisée comme une condition de l'âme suprême, diversement modifiée de la condition de la forme universelle. Mais les sages ne peuvent, au début de leurs méditations, contempler la forme sublime d'Hari; ils doivent s'attacher à méditer sur ses formes les plus grossières, comme étant le glorieux Vasava, les vents, les soleils, les planètes, les dieux, les hommes, les animaux, les montagnes, les mers, les rivières, les arbres, tous les êtres et toutes les modifications de la nature, tout cela est la forme d'Hari sujette aux sens. Le monde entier, composé d'objets mobiles ou stationnaires, est pénétré de l'énergie de Vishnou qui émane de la nature du Brahma suprême. Très-petite dans les choses sans vie, cette énergie est plus forte dans les créatures qui vivent mais qui sont sans mouvement; elle est plus abondante dans les insectes, elle augmente par degrés dans les oiseaux, dans les bêtes sauvages, dans les animaux domestiques. L'homme possède cette énergie ou faculté spirituelle en plus grande quantité que les animaux; de là l'empire qu'il exerce sur eux. Cette faculté se trouve ensuite à divers degrés dans les esprits de divers ordres et dans les dieux; elle prédomine par-dessus tout dans Vishnou dont toutes les créatures ne sont que des formes variées.

« La forme de Brahma, indéfinissable et dans laquelle se concentrent toutes les énergies, est appelée par les sages « ce qui est. » Elle doit être l'objet des méditations, car elle détruit tous les péchés. De même que le feu, poussé par le vent, détruit les herbes sèches, de même Vishnou, assis dans le cœur du sage, consume tous les péchés : c'est ainsi que le sage arrive à l'asile parfait de l'intelligence et obtient l'affranchissement.

« Dans ses méditations, le sage doit se représenter la figure de Vishnou, comme ayant un aspect doux et agréable, des yeux tels que la feuille du lotus, des joues unies, un front large et brillant, des oreilles d'une grandeur égale et ornées de riches pendants, une vaste poitrine sur laquelle brille la marque srivatsa, huit bras longs, des jambes fermes et bien faites et des pieds bien formés. Que le sage contemple, aussi longtemps qu'il pourra se maintenir dans une attention profonde, Hari comme vêtu d'une robe jaune, ayant sur la tête un riche diadème, des bracelets brillants autour des bras et tenant en ses mains l'arc, la massue, la conque marine, l'épée, le disque, le lotus et la flèche. Que cette image soit toujours présente à son esprit, soit qu'il marche, soit qu'il soit assis, soit qu'il se trouve livré à toute occupation quelconque. Le sage peut aussi méditer sur Vishnou privé de ses armes et ne tenant qu'un seul objet, ou bien il peut diriger son attention sur quelques-uns des attributs ou des parties du corps du dieu. C'est par six degrés différents qu'on accomplit cette faculté (ou *Dhyana*) de créer dans son esprit une image bien vive de Vishnou à l'exclusion de tout autre objet, et la connaissance parfaite qu'on acquiert ainsi de soi-même se nomme Sumadhi. L'Yogi acquiert par là la connaissance divine et la perfection qui lui promet l'affranchissement de l'existence et l'union avec Brahma. C'est ainsi, Khandikya, que je t'ai appris en quoi consiste la piété contemplative. Que désires-tu savoir encore ? » Khandikya répondit à Kesidhwaja et dit : « L'explication que tu m'as donnée a dissipé tout doute en mon esprit et elle a satisfait à tous mes désirs. En disant : « Ceci est à moi, » je disais une fausseté, ainsi que le reconnaîtront tous ceux qui savent ce qu'il faut connaître. Les mots moi et mien sont le résultat de l'ignorance, mais la vérité suprême ne peut être définie, puisque nulle parole ne peut l'exprimer. Pars donc, Kesidhwaja, tu as fait tout ce qui est nécessaire pour mon bonheur en m'enseignant la piété contemplative, qui procure l'affranchissement de l'existence. »

Le roi Kesidhwaja, ayant reçu les hommages de Khandikya, retourna ainsi à sa capitale. Khandikya, ayant mis son fils sur le trône, se retira dans les forêts pour se livrer à la piété et consacrer toutes ses facultés à Govinda; ses pensées entières s'appliquèrent à un seul objet, et étant purifié par la pratique de l'empire sur soi-même et de la mortification, il obtint d'être absorbé dans l'esprit parfait et pur que l'on nomme Vishnou. Kesidhwaja, cherchant de son côté à obtenir l'affranchissement, se détacha de ses œuvres périssables et vécut parmi les objets matériels sans y faire attention. Il institua des rites religieux sans en attendre aucun avantage pour lui-même. C'est ainsi que, dégagé de tout péché, il obtint cette perfection qui apaise pour toujours toutes les afflictions.

CHAPITRE VIII.
Conclusion du dialogue entre Parasara et Maitreya. Récapitulation du contenu du Vishnou-Pourana; mérites qu'obtient celui qui l'écoute. Louanges de Vishnou. Prière finale.

Je t'ai expliqué, Maitreya, la dernière espèce de la destruction des objets de ce monde, celle qui est absolue et définitive, c'est-à-dire l'affranchissement et l'absorption dans l'esprit éternel. Je t'ai fait le récit de la création primitive et secondaire, des familles des patriarches, des périodes des Manwantaras et des généalogies des rois. Je t'ai répété, puisque tu désirais l'entendre, l'impérissable Vishnou-

Pourana, qui détruit tous les péchés, qui est le plus excellent de tous les livres saints, et qui donne les moyens d'arriver à la grande fin de l'homme. S'il y a quelque autre objet que tu désires savoir, propose-moi tes questions, et j'y répondrai.

MAITREYA. — O mon saint maître, tu m'as raconté tout ce que je désirais savoir, et je t'ai écouté avec une pieuse attention. Je n'ai rien de plus à demander. Tu as dissipé les doutes inséparables de l'esprit de l'homme, et, grâce à tes instructions, je suis instruit de l'origine, de la durée et de la fin de toutes choses; je connais Vishnou sous sa quadruple forme collective, ses trois énergies et les divers moyens d'atteindre le but de la contemplation. Grâce à toi, j'ai acquis cette connaissance, et il n'est nul autre objet qui mérite d'être connu, lorsqu'on sait que Vishnou et que ce monde ne sont pas mutuellement distincts. Je te dois de voir tous mes doutes dissipés, puisque tu m'as instruit dans les devoirs des diverses castes et dans les autres obligations, dans la nature de la vie active et dans les résultats des œuvres. Il n'est rien autre chose que je désire savoir; excuse-moi si tes réponses à mes questions t'ont occasionné quelques fatigues. Pardonne-moi la peine que je t'ai donnée, et montre à mon égard cette aimable bienveillance de l'homme vertueux qui ne fait pas de distinction entre un disciple et un enfant.

PARASARA. — Je t'ai raconté ce Pourana qui est égal aux Védas en sainteté, et celui qui l'écoute voit toutes ses fautes et tous ses péchés effacés. Tu as entendu le récit de ce qui concerne la création primitive et la secondaire, les familles des patriarches, les Manwantaras, les dynasties royales, les dieux, les Gandharbas, les serpents, les Rākshasas, les Yakshas, les Vidyadharas, les Siddhas, les nymphes célestes, les Mounis doués de la sagesse spirituelle; tu as connu les distinctions des quatre castes, les actions des hommes les plus éminents, les lieux saints situés sur la terre, les fleuves sacrés, les légendes des hommes vraiment sages et les obligations prescrites par les Védas. En entendant toutes ces choses, tous les péchés sont effacés. Je t'ai aussi révélé ce qui concerne le glorieux Hari, cause de la création, de la conservation et de la destruction du monde, âme de toutes choses et étant lui-même toutes choses; la répétition de son nom affranchit tout homme de ses péchés, qui fuient loin de lui comme des loups effrayés par un lion. Répéter son nom avec une foi vive détruit les péchés comme le feu purifie le métal. La tache de l'âge Kali, qui assure à l'homme des punitions rigoureuses dans l'enfer, est effacée par une seule invocation adressée à Hari. Celui qui est tout ce qui est, l'œuf entier de Brahma, avec Hiranyagarbha, Indra, Roudra, les Adityas, les Aswins, les vents, les Kinnaras, les Vasous, les Sadhyas, les Viswadevas, les dieux célestes, les Yakshas, les serpents, les Rakshasas, les Siddhas, les Daityas, les Gandharbas, les Danavas, les nymphes, les étoiles, les constellations, les planètes, les sept Rishis, les hommes, les Brahmanes, les animaux, les insectes, les oiseaux, les fantômes, les arbres, les montagnes, les bois, les rivières, les mers et tous les objets qui sont sur la terre, celui qui est toutes choses, qui connaît toutes choses et qui est la forme de toutes choses, n'ayant lui-même aucune forme, celui dont toutes choses se composent, depuis le mont Merou jusqu'à un atome, le glorieux Vishnou, le destructeur de tout péché, est l'objet de ce Pourana.

En entendant ce Pourana, on obtient une récompense égale à celle qui résulte de l'accomplissement du sacrifice Aswamedha ou d'un jeûne accompli aux lieux saints de Prayaga, de Poushkara, de Kurakshetra ou d'Arbouda. Entendre ce Pourana une seule fois, est aussi efficace que faire des offrandes au moyen d'un feu entretenu pendant une année entière. L'homme qui, maître de ses passions, se baigne à Mathoura le douzième jour du mois de Jyeshtha et qui voit l'image d'Hari, obtient une grande récompense; il en est de même de celui qui, l'esprit fixé sur Kesava, récite attentivement ce Pourana. L'homme qui se baigne dans les eaux de l'Yamouna au douzième jour de la lune de la moitié éclairée du mois pendant lequel la lune est dans la demeure Jyeshtha, et qui jeûne et adore Achyouta dans la ville de Mathoura, reçoit la récompense promise au sacrifice Aswamedha. Tout le mérite qu'un homme obtient en adorant Janarddana dans la quinzaine brillante du mois de Jyeshtha et en effectuant la délivrance de ses ancêtres par les offrandes qu'il présente à cette occasion, il y arrive aussi en entendant avec piété une section de ce Pourana. C'est le meilleur des refuges pour ceux qui craignent l'existence humaine, c'est un soulagement assuré contre les souffrances, et c'est le remède contre toutes les imperfections.

Ce Pourana, composé dans l'origine par le rishi Narayana, fut communiqué par Brahma à Rbhou; celui-ci le raconta à Priyavrata, qui en fit part à Bhagouri. Bhagouri le récita à Tamasitra, et celui-ci à Dadicha, qui le donna à Saraswata. Brighou le reçut de ce dernier, et il le communiqua à Pouroukoutsa, qui l'enseigna à Narmada. Cette déesse le remit à Dhritarashtra, roi des Nagas, et à Pourana, prince de la même race, qui le répéta au roi Vasouki. Vasouki le communiqua à Vatra; celui-ci à Aswatara; de là il passa successivement à Kambala et à Elapatra. Lorsque le mouni Vedasiras descendit à Patala, il y reçut de ces Nagas le Pourana entier, et il le communiqua à Pramati; Pramati en fit part au sage Jatoukarna, lequel le fit connaître à beaucoup d'autres saints personnages. Grâce à la faveur de Vasishtha, il est venu à ma connaissance, et je te l'ai communiqué fidèlement. A la fin de l'âge Kali, tu en feras part à Samika.

Quiconque entend ce grand mystère, qui détruit toutes les souillures de l'âge Kali, sera affranchi de tous ses péchés. Celui qui l'entend chaque jour, s'acquitte de ses obligations journalières à l'égard de ses ancêtres, des dieux et des hommes. Le mérite élevé et rarement obtenu auquel parvient l'homme qui donne une vache brune, s'acquiert aussi en entendant dix chapitres de ce Pourana. Celui qui entend la totalité du Pourana en contemplant en son esprit Achyouta, qui est toutes choses et duquel toutes choses sont faites, qui est le soutien de l'univers, qui est la connaissance, qui est sans commencement ni fin, et qui est le bienfaiteur des dieux, celui-là obtient assurément la récompense qui dérive de la célébration non interrompue de la cérémonie Aswamedha. Celui qui lit et retient avec foi dans sa mémoire ce Pourana, au commencement, au milieu et à la fin duquel est décrit le glorieux Achyouta, le seigneur de l'univers entier et le maître de toutes choses, acquiert une pureté supérieure à celle qui existe dans tout monde quelconque. L'homme qui fixe son esprit sur Vishnou ne va pas en enfer, et celui dont Vishnou a pénétré l'âme ne se préoccupe pas du monde extérieur. Vishnou, présent dans l'esprit de ceux dont l'intelligence est exempte de souillure, leur assure l'affranchissement définitif. Qu'y a-t-il donc d'étonnant à ce que les péchés de celui qui répète le nom d'Achyouta soient effacés? Hommage donc à Hari, qui est tout ce qui est et tout ce qui n'est pas, qui est la cause et l'effet, l'être glorieux qui n'a ni commencement ni fin, qui est le séjour de toute puissance spirituelle, dans lequel les limites des choses finies ne peuvent être mesurées, et qui, lorsqu'il entre dans l'oreille, détruit tous les péchés.

Je l'adore, ce premier des dieux, Pouroushottama, qui est sans fin et sans commencement, qui ne connaît ni la croissance, ni la décadence, ni la mort, et dont la substance est étrangère à tout changement. J'adore cet esprit toujours inépuisable qui a pris des qualités sensibles, qui s'est multiplié, quoique n'étant qu'un; qui, bien que pur, est devenu comme impur, en se montrant sous beaucoup de formes diverses, qui est doué de la sagesse divine et qui est l'auteur de la conservation de toutes les créatures. J'adore celui qui est l'essence et l'objet de la sagesse qui médite et de la vertu qui agit; celui qui veille sur le bonheur des hommes, qui, sans éprouver aucun changement, est la cause de l'évolution du monde, et qui existe par sa propre essence, sans jamais déchoir. J'adore constamment celui qu'on nomme le ciel, l'air, le feu, l'eau, la terre et l'éther, celui qui donne tous les objets d'où résulte la satisfaction des sens, celui qui peut être perçu et qui ne peut l'être. Puisse cet éternel Hari, dont la forme est multiple et dont l'essence est composée de la nature et de l'esprit, accorder à toute la race humaine cet état de félicité qui ne connaît ni la naissance, ni la décadence.

MARKANDEYA-POURANA.

AVANT-PROPOS.

Nous avons déjà eu l'occasion de signaler le sujet traité dans ce Pourana.

Un Brahmane converti, à l'anglicanisme, Banerjea, avait commencé en 1851 une édition du Markandyia-Pourana accompagnée d'une traduction anglaise; il n'en a paru qu'un seul cahier. La société asiatique de Calcutta a fait entrer ce Pourana dans la *Bibliotheca indica*, mais sans traduction, et Banerjea a recommencé sa traduction sous cette nouvelle forme (deux cahiers ont paru en 1855). Ce Pourana se distingue des autres en plusieurs points, et le cadre est singulier. Jagmini, le disciple de Vyasa, demande à Markandeya des détails sur quelques personnages du Mahabharata; celui-ci le renvoie à certains oiseaux sacrés auxquels Vyasa avait tout confié. Les oiseaux répondent et fournissent une sorte de supplément au Mahabharata, puis ils s'étendent sur la vie et la mort, sur l'enfer, la création, les Védas et les familles patriarcales, ensuite ils font un long discours sur la déesse Dourga, et cette partie du Markandyia-Pourana est devenue le livre sacré des adorateurs de Kali qui le récitent tous les jours dans leurs temples et qui la représentent dramatiquement dans la grande fête de leur déesse. L'époque de la composition de ce Pourana est encore inconnue.

Nous avons traduit la portion que Banerjea a fait passer en anglais; elle suffira pour donner une idée de cette composition bien étrangère, sous tous les rapports, aux idées qui circulent en Europe.

Dans une courte introduction, l'éditeur fait ressortir l'utilité que présentent les Pouranas au point de vue de l'étude des croyances et de l'histoire de l'Inde. Ces compositions ne sont point des guides qu'on puisse suivre avec confiance. Elles n'offrent rien qui soit digne de foi, et on a rarement abusé de la crédulité d'un peuple autant que l'ont fait les auteurs des Pouranas. Leurs écrits sont toutefois les seuls qui fournissent quelques détails sur des personnages qui ne sont pas tous imaginaires. Les légendes sont absurdes et inventées à plaisir, mais elles ont un cachet de vérité en ce qui touche aux mœurs et aux usages du siècle qui furent les témoins de leur composition. Sita et Draupadi n'ont jamais existé comme épouses de Rama, mais l'histoire de leur mariage est une preuve que les princes hindous ont parfois donné leurs filles à des personnages qui s'étaient distingués par des exploits héroïques. Dasarata n'a peut-être jamais banni son fils; Harischandra ne s'est vraisemblablement jamais réduit au dénûment le plus complet; Sakrisha n'a sans doute point demandé à ses fils d'abandonner leurs corps pour qu'ils servissent de pâture à un oiseau monstrueux, mais ces récits indiquent quelle était la philosophie morale en vigueur chez les Hindous dans ces temps reculés et avec quel empire un sentiment exagéré du respect dû à la parole donnée régnait parmi eux.

Au point de vue littéraire, les Pouranas sont également dignes d'attention. Le sanscrit, cette langue si harmonieuse et si belle, s'y montre avec tous ses avantages. Le style est clair, les auteurs voulaient être compris; leurs vers devaient être récités devant de nombreux auditeurs.

L'éditeur du Markandyia-Pourana a donné de grands soins à son travail; il a collationné les textes sur plusieurs manuscrits, et il indique les variantes qui méritent d'être signalées.

Nous n'avons joint à notre version qu'un très-petit nombre de notes; il aurait fallu un commentaire plus étendu que le texte si nous avions voulu fournir les éclaircissements que pourrait réclamer à chaque instant un lecteur étranger aux légendes indiennes et à l'ordre des idées qui dominent dans la littérature sanscrite.

CHAPITRE PREMIER.

Salutation au seigneur Vasoudeva! Puissent les deux pieds de lotus d'Hari vous purifier; ils sont recherchés et adorés par les hommes pieux et doués d'un esprit sage à cause de leur utilité pour détruire les craintes fâcheuses du monde, et ils ont successivement surpassé la terre, le firmament et les cieux. Puisse-t-il vous préserver, lui qui est en état de faire disparaître tous les péchés, lui dont la forme repose sur le chaperon du serpent à côté de l'océan de lait et au contact duquel l'Océan s'agite d'une façon terrible, l'eau troublée par son haleine s'élevant en écume tourbillonnante. Après avoir salué Narayana, Nara, le meilleur des mâles, Devi, Saraswati et Vyasa, les ouvrages auxquels on donne le nom de Jaya doivent être racontés.

Le resplendissant Jaimini, le disciple de Vyasa, s'informa auprès du grand sage Markandeya, qui était continuellement consacré à l'exercice des austérités religieuses et à l'étude des Védas : « O seigneur, le magnanime Vyasa promulgua le Bharata, comprenant divers Sastras saints et sans taches, composés de vers harmonieux ornés de mots élégants et contenant l'exposition et la solution de bien des difficultés et l'établissement de la véritable doctrine.

Comme Vishnou parmi les dieux, comme le Brahmane parmi les êtres à deux pieds, comme le Chudamani (*bijou placé sur le sommet de la tête*) est le chef de tous les ornements, comme la foudre des armes est l'âme des organes, de même le Mahabharata est le meilleur des Sastras dans l'univers. En lui sont décrits Artha ou la richesse, Dharma ou la vertu, Kama ou le désir, et Maksha ou la béatitude finale, et ils sont mutuellement combinés en lui, tandis que chacun a séparément ses propres facultés, et c'est le meilleur Dharma-Sastra, le meilleur Artha-Sastra, le meilleur Kama-Sastra et le meilleur Maksha-Sastra. O très-fortuné que tu es! Le sage Vedavyasa a communiqué ces choses, les moyens de constater les règles de conduite des hommes dans les quatre états. Le noble Vyasa a composé cet admirable Sastra (*le Bharata*) de manière qu'il n'admet pas de contradiction. Les paroles de Vyasa, semblables à un torrent, s'écoulant de la montagne des Védas et détruisant l'arbre du faux raisonnement, ont purifié la terre de sa poussière (*ou de ses péchés*). Je suis venu vers vous, seigneur, désirant connaître exactement ce récit étendu d'une grande signification, le Bharata de Vyasa; les Védas sont pour lui comme un grand lac, les paroles comme l'étendue des eaux, le grand récit comme l'excellent lotus et le son mélodieux comme la vie. Pourquoi Janarddana, le fils de Vasoudeva, la cause de la production, de l'existence et de la destruction du monde, quoique dépourvu d'attributs, est-il devenu un mortel? Pourquoi Krishna, la fille de Drapana, est-elle devenue elle-même la femme des cinq fils de Pandou? Nous avons un grand doute à cet égard. Pourquoi le puissant Baladeva, armé d'une charrue, fit-il une expiation pour le meurtre d'un Brahmine en entreprenant un pèlerinage aux lieux saints? et comme les fils non mariés de Draupadi, ces magnanimes seigneurs Pandous, avec de grands chars furent-ils tués comme des orphelins (*sans défense*)? Vous êtes compétent pour me raconter pleinement tout cela, vous êtes toujours l'instructeur des ignorants à l'esprit lourd. »

Ayant entendu les paroles de Jaimini, le grand sage Markandeya commença à parler ainsi, étant exempt des dix-huit défauts (du langage). Markandeya dit : « O sage supérieur, le temps de nous livrer à nos rites religieux est venu; ce n'est pas un moment propice pour vous raconter pleinement tout ce que vous demandez; je vais cependant, ô Jaimini, vous dire des choses qui vous expliqueront ce que vous voulez savoir. Des oiseaux résoudront vos doutes, c'est à savoir Pingaksha, Vibodha, Supatra et Sumakha, oiseaux supérieurs qui sont les rejetons de Drona; ils ont la connaissance de la vérité; ils méditent sans cesse sur les Sastras, et ils possèdent la connaissance infaillible des Védas. Ils vivent dans une caverne du mont Vindhya; va près d'eux et fais-leur les questions que tu m'as adressées. »

Lorsque le sage Markandeya eut dit ces mots, le sage supérieur, Jaimini, répliqua, ses yeux se dilatant par suite de sa surprise: « Il est très-étonnant, ô Brahmane, que des oiseaux aient la faculté de parler comme des êtres humains et qu'ils soient doués d'une science si difficile à acquérir. S'ils sont sortis des flancs d'une créature terrestre, comment ont-ils pu atteindre cette science? Pourquoi sont-ils appelés les fils de Drona? Quel est l'être qui s'appelle Drona et dont ils sont les fils? D'où procède la connaissance religieuse que possèdent ces oiseaux accomplis et magnanimes? »

Markandeya répondit: « Ecoute avec attention ce qui se passa entre Sakra, les Apsarases et Narada, lorsqu'ils se trouvèrent ensemble dans la forêt de Nandana. Narada vit Sakra, le roi des dieux, au milieu de courtisanes (*les Apsarases*) sur la figure desquelles ses yeux étaient fixés. Aussitôt que ce sage supérieur se fut montré, Indra se leva et lui offrit respectueusement son propre siége. Ces femmes divines, observant que le destructeur de Bala et de Vritra (*deux démons très-redoutables*) se levait lui-même, saluèrent le sage divin, et se tinrent devant lui dans une humble attitude.

«Quand Indra fut assis, Narada, l'objet du respect de ces courtisanes célestes, commença à discourir sur des sujets délicieux après l'échange ordinaire des civilités. Quand son discours fut fini, Indra dit au grand sage: « Donnez vos ordres à celle de ces danseuses que vous voudrez, que ce soit Rhambha ou Karkasa, Urvasi ou Pilottama, ou que ce soit Ghritachi ou Menaka.

« Narada, l'éminent Brahmane, ayant entendu les paroles d'Indra, dit, après un moment de réflexion, aux Apsarases qui se tenaient debout, pleines de vénération : « Qu'elle danse devant moi, celle qui parmi vous se regarde comme supérieure en beauté, en esprit et en vertu. La danse d'une femme qui est dépourvue de beauté et de vertu n'a pas d'effet; il faut que celle qui danse soit pourvue de tous les charmes, autrement la danse n'est qu'une dérision. »

Makandeya dit: « Lorsque Narada eut parlé ainsi, chacune des danseuses s'empressa de dire: « C'est moi qui l'emporte sous le rapport de l'excellence, » et chacune des autres dit: « Ce n'est pas vous, ce n'est pas vous. » Observant leur querelle, le seigneur Indra dit: « Informez-vous auprès de ce sage à qui revient la supériorité. »

« Apprends de moi, ô Jaimini, les paroles que Narada prononça quand il fut questionné par des femmes de la suite d'Indra : « Je considère comme supérieure parmi vous celle qui est à même, par son pouvoir, d'exciter les passions du meilleur des sages, de Dourvasas, qui se livre à l'exercice des austérités religieuses sur la première des montagnes. » Quand Mankandeya eut dit ces mots, les épaules de toutes les danseuses commencèrent à trembler, et elles se dirent l'une à l'autre: « Nous ne sommes point en état de faire ce qu'il dit. » Une d'elles, nommée Vapa, qui se flattait de pouvoir exciter le sage, dit: « J'irai où est ce sage. Il maîtrise son corps et ses sens comme un conducteur habile est maître de son char et de ses chevaux; mais j'en ferai un conducteur ignorant dont les rênes ont été coupées par les armes de l'amour. Fût-il Brahma, Janarddana ou Nilalohita, je blesserai aujourd'hui son cœur avec les flèches de l'amour. »

Ayant ainsi parlé, Vapa se rendit au mont Himalaya où les bêtes de proie elles-mêmes étaient domptées par l'influence des austérités du sage (Dourvasas). La belle Apsarase, étant alors à une distance peu éloignée, commença à chanter mélodieusement, et sa voix était comme celle d'un kokila mâle. Le sage fut charmé en entendant ces chants, et se rendit à l'endroit où se tenait la séduisante chanteuse. A la vue de la belle Apsarase, le sage, plein de piété, et pensant qu'elle était venue pour le séduire, lui parla ainsi dans un accès de colère : « O nymphe du firmament, enivrée d'orgueil, es-tu venue pour mon malheur et pour me détourner de la pénitence que j'accomplis avec tant de peine? O créature dépourvue de raison! tu seras dégradée par l'effet de mon courroux, et, renaissant dans la famille de Garouda, privée de ta forme réelle, tu vivras pendant seize ans sous celle d'un oiseau. O la plus vile des Apsarases! il naîtra de toi quatre fils, et ils seront percés d'armes meurtrières avant que tu ne regagnes le ciel. Ne fais aucune réponse. » Ayant adressé ces mots terribles à la fille dont les bracelets résonnaient et tintaient, le Brahmane quitta la terre, ses yeux rouges de courroux, et se rendit vers le Ganga céleste qui est agité par des flots toujours bouillonnants, et dont les nombreuses vertus sont bien connues.

CHAPITRE II

Markandeya dit: « Garouda, le roi des oiseaux, naquit ayant pour père Ariatanemi; son fils fut Sumpati, dont le fils fut l'héroïque Suparwa, égal en naissance à Vaya ou au vent. Il engendra Kounti, dont le fils fut Pralolapa, qui eut de son côté deux fils, nommés Kanka et Koudhara.

« Kanka rencontra un Rakshasa sur le sommet du mont Kailaça ; il se nommait Vidyadrapa ; ses yeux ressemblaient aux fleurs du lotus ; il était un des compagnons de Kuvera, il portait des vêtemens sans taches et des guirlandes de fleurs, et il était assis avec sa compagne sur un beau bloc de pierre sans taches, et occupé à boire. Aussitôt que Kanka l'aperçut, le Rakshasa lui dit dans un mouvement de colère : « Pourquoi es-tu venu, toi, la plus vile des créatures ovipares ? Pourquoi t'approches-tu de moi, quand je suis assis en compagnie avec ma femme ? Telle n'est pas la conduite de l'homme intelligent. »

Kanka répondit : « Cette grande montagne est une propriété commune ; elle m'appartient ainsi qu'à toutes les autres créatures, autant qu'à toi ; quel droit particulier as-tu pour la posséder ? » Tandis que Kanka parlait ainsi, ce Rakshasa le tua avec une épée. Kandhara ayant appris que (son frère) Kanka avait été tué et qu'il était étendu palpitant et tout souillé de sang, s'évanouit de rage. Le seigneur des oiseaux résolut aussitôt la destruction de Vidyadrapa, et, allant au sommet de la montagne où Kanka était étendu sans vie, il embrassa d'abord son frère aîné, et ensuite, avec des yeux dilatés de rage et d'impatience, et respirant avec force comme un grand serpent, il se rendit à l'endroit où était le Rakshasa, le destructeur de son frère, ébranlant de grandes montagnes par la force du vent qu'occasionnait le mouvement de ses ailes, et les yeux pleins de sang, repoussant les masses de nuage par sa rapidité. Il arriva pour détruire son ennemi, ayant franchi les montagnes avec ses ailes puissantes, et il vit le Rakshasa occupé à boire ; sa figure et ses yeux étaient d'une couleur de cuivre ; il était étendu sur une couche d'or, ayant ses cheveux ornés de couronnes de fleurs, et décorés de poudre de bois de sandal jaune ; sa figure était rendue effrayante par ses dents qui brillaient comme le milieu des fleurs du Ketuki. Il vit aussi sa compagne aux grands yeux, dont le nom était Madanika, et dont la voix était comme celle d'un kokila mâle, et elle s'appuyait sur la jambe gauche du Rakshasa.

Rempli de colère, Khandara s'adressa ainsi au Rakshasa : « Viens, créature méchante, viens combattre avec moi. De même que tu as tué mon frère aîné, je t'enverrai, misérable au teint cuivré, dans la demeure d'Yama. Mourant aujourd'hui de ma main, tu iras dans les régions de tourments où descendent les homicides, et qui attendent les meurtriers des enfants et des femmes. » Markandeya dit : « Le Rakshasa, entendant les paroles que le seigneur des oiseaux lui adressait en présence de sa femme, fut rempli de fureur, et répliqua (en ces mots) : « Si j'ai tué ton frère, j'ai alors déployé mon courage ; je te tuerai de même aujourd'hui avec ce cimeterre. O le plus vil des oiseaux ! attends un moment, tu ne sortiras pas d'ici. »

Parlant ainsi, il leva un cimeterre brillant, noir comme un collyre (d'antimoine), et un combat sans exemple s'engagea entre le seigneur des oiseaux et l'officier du seigneur des Yakshas, comme celui qui jadis avait eu lieu entre Garouda et Indra. Le Rakshasa, dans sa rage, tira son cimeterre, semblable à du charbon qui aurait été éteint, et il le lança contre l'oiseau céleste, mais celui-ci, sautant un peu au-dessus de la terre, le saisit avec son bec de la même manière que Garouda saisit des serpents, et il le brisa avec son bec et ses jambes, ce qui confondit le Rakshasa. Le cimeterre étant ainsi brisé, ils se mirent à lutter ; enfin l'oiseau, attaquant la poitrine du Rakshasa, déchira ses entrailles, ses mains, ses jambes et sa tête.

Quand le Rakshasa fut tué, sa compagne s'adressa à l'oiseau pour implorer sa protection, et elle dit en tremblant : « Je suis devenue la femme. » L'oiseau divin retourna alors avec elle à sa demeure, ayant vengé la mort de son frère en tuant le Rakshasa Vidyadrapa. La belle Rakshasi, qui était la fille de Menaka, à son arrivée à la maison de l'oiseau, capable comme elle l'était de prendre la forme qui lui convenait, se changea en un oiseau femelle. Kandhara eut de cette compagne une fille qui avait été (dans sa vie ancienne) une Apsarase supérieure, nommée Vapa, consumée par le feu de la dénonciation lancée contre elle par le sage (Dourvasa). L'oiseau la nomma alors Tarkshi.

Mandapala eut quatre fils d'une sagesse sans bornes, dont Jaritari fut l'aîné et Drona le plus jeune, excellents oiseaux. Le dernier, qui était vertueux et bien versé dans les Védas et les Vedanyas, épousa cette belle Tarkshi avec la permission de Kandhara. Quelque temps après, Tarkshi devint enceinte, et après la septième quinzaine qui suivit la conception, elle alla à Kurakshetra, à l'époque où se livrait la terrible bataille entre les Kourous et les Pandavas. Elle entra au milieu de la mêlée, suivant en cela ce qu'avait fixé le destin, et elle vit un combat qui se livra entre Bhagadatta et Kiritin. Le ciel était alors constamment couvert de flèches aussi nombreuses que des sauterelles. En même temps une arme, noire comme un serpent, appelée Bhalla et lancée par l'arc de Partha, vint à tomber sur elle avec une grande vélocité et coupa la peau de son ventre, qui se trouva percé ; quatre œufs, brillants comme la lune, tombèrent par terre, mais comme la période accordée pour leur existence n'était pas accomplie, ils tombèrent comme sur une balle de coton. En même temps, une grande cloche qui pendait à la gorge de Sapratika, le meilleur des éléphants, vint à tomber sur la terre, les liens qui l'attachaient étant coupés par une flèche ; elle couvrit ces œufs parmi les débris dans lesquels ils étaient tombés et s'enfonça dans le sol.

Ensuite, lorsque le roi Bhayadatta eut été tué, le combat dura bien des jours entre les armées des Kourous et des Pandavas. O éminent Brahmane, quand la lutte fut terminée, le fils de Dharma (*Yadhishthira*) s'étant rendu auprès du descendant de Santana, le sage Bhishma, afin de recueillir ses conseils au sujet de diverses vertus, un solitaire, nommé Samika, vint à l'endroit où gisaient ces œufs recouverts par la cloche. Il entendit le piaulement des poussins, qui était inintelligible à cause de leur grande jeunesse, quoiqu'ils fussent doués d'une science transcendante. Ce sage souleva la cloche avec l'aide de ses disciples, et il vit avec étonnement les petits qui étaient sans père, sans mère et sans ailes. L'illustre Mouni Samika les ayant vus étendus par terre, fut saisi de surprise, et il parla ainsi à ses disciples nés deux fois : «L'éminent Brahmane Sakra avait grandement raison de dire aux Daityas, lorsqu'il les vit accablés par les dieux et se livrant à une fuite précipitée : « Ne fuyez pas ; pourquoi lâchez-vous pied, en cédant ainsi à vos craintes? En perdant votre renommée et votre gloire, pensez-vous que vous pourrez éviter la mort? La vie de ceux qui périssent aussi bien que de ceux qui continuent à combattre, s'étend jusqu'aux limites prescrites par Brahma et non jusqu'à celles qu'ils désirent. Les uns meurent dans leur maison, d'autres en fuyant; d'autres expirent au moment où ils mangent du riz ou boivent de l'eau, d'autres lorsqu'ils sont joyeux, folâtres et en parfaite santé. Quelques-uns deviennent sujets du roi de la mort sans être blessés par les armes de guerre, tandis que d'autres ont été enlevés par ses officiers pendant qu'ils s'appliquaient à l'exercice des austérités religieuses. D'autres, quoique dévoués à l'accomplissement de la piété, ne sont pas parvenus à l'immortalité. Le dieu qui lance le tonnerre dirigea un jour ses foudres contre Sambara ; l'Asura, quoique percé au milieu du cœur, ne fut point tué, tandis que d'autres Asuras ont expiré au moment où ils ont été frappés par le même Indra et avec la même arme ; leur temps était venu.»

« Les Daityas s'arrêtèrent alors, abandonnant toute crainte de la mort. Ces paroles de Sakra sont attestées par ces oiseaux, les premiers de leur race, et qui ne sont pas détruits même au milieu d'un combat surhumain. D'où vient, Brahmanes, la chute de ces œufs? D'où vient la chute de la cloche qui est tombée en même temps? Et pourquoi le sol est-il inondé de sang, de moelle et de chair? Ce ne sont pas des oiseaux ordinaires, car la faveur divine est, en ce monde, le signe d'une grande fortune; il faut qu'ils soient quelques Brahmanes. »

Et il répéta : « Ce ne sont pas des oiseaux ordinaires, car la faveur divine est, en ce monde, l'indication d'une grande fortune. »

Ayant ainsi parlé, il les regarda un moment et il parla ensuite comme suit : « Arrêtez, prenez ces jeunes oiseaux et allez à votre logis. Gardez-les dans un endroit où ils n'aient pas à craindre d'être attaqués par des chats, des rats, des éperviers et des belettes. Mais, ô Brahmanes à quoi servent de grandes précautions? Toutes les créatures sont détruites ou conservées par leurs propres actes, comme ces jeunes oiseaux ; toutefois les hommes doivent, en toute occasion, employer tous leurs efforts. Quiconque fait son devoir comme un homme, n'encourt jamais le blâme du sage. »

Les descendants des sages, écoutant les paroles du sage Markandeya, prirent les jeunes oiseaux et vinrent à leur logis, séjour agréable pour des hommes pieux, et où les branches des arbres étaient animées par des essaims d'abeilles noires.

Et le Mouni, le meilleur des Brahmanes, prit lui-même de belles racines sauvages, des fleurs, des fruits et de l'herbe Kusa, et il accomplit les diverses adorations, comme elles sont prescrites dans les Védas, de celui qui tient le disque (*Vishnou*), de Roudra, de Brahma, roi des dieux (*Indra*), de Vaivaswata, de Jatavedas, le seigneur des eaux, de Brihaspati, le trésorier de l'air, de Dhatri et de Vidhatri, et des Vaiswadevous.

CHAPITRE LI.

Markandeya dit : « Le Brahmane saint, le sage excellent donnait chaque jour aux oiseaux avec empressement de la nourriture, de l'eau et un abri. Dans la durée d'un mois, ils vinrent au sentier du char du soleil, à la vue des fils du sage dont les yeux roulaient de plaisir. Ayant vu la terre avec ses grandes cités, les mers et les fleuves qui l'entourent comme la roue d'une voiture, eux, les oiseaux doués d'un esprit élevé, revinrent au logis, leur esprit accablé de fatigue. Leur intelligence se développa aussi par suite de leur énergie. Tournant autour du sage qui leur déclarait leurs devoirs par affection pour ses pupilles, ils adorèrent tous ses deux pieds, disant : « O sage, tu nous as sauvés d'une mort misérable ; tu es notre précepteur et notre père, celui qui nous donne l'abri, la nourriture et l'eau. Notre mère mourut tandis que nous étions encore en son sein ; nous ne fûmes pas élevés par notre père. C'est de toi que nous tenons la vie, toi qui nous as soignés comme tes enfants. Tandis que nous périssions sur la terre comme des vers, toi, dont l'énergie ne diminue point, tu nous as délivrés de notre misère en enlevant la cloche de l'éléphant. O père, nous avons été l'objet de ton affection, et tu as dit en toi-même : Comment grandiront ces faibles créatures?

SECT. II. — LES POURANAS. — MARKANDEYA-POURANA.

Quand est-ce que je les verrai dans le ciel? Quand les verrai-je sur un arbre au-dessus de la terre et volant vers un autre arbre? Quand est-ce que la propreté de ma personne sera détruite par la poussière que soulèvera le vent agité par leurs ailes, lorsqu'ils voleront près de moi? Maintenant nous avons grandi; que ferons-nous lorsque nous aurons atteint l'intelligence? »

Le sage ayant, au milieu de tous ses élèves, avec son fils Sringin, entendu leur discours qui, par suite de leur pratique, était articulé distinctement, exprima un extrême plaisir; le poil de sa chair se dressa sur son corps comme si c'eût été un vêtement, et il dit : « Dites-moi vraiment le motif qui fait que vous employez un langage distinctement articulé. Il convient que vous me disiez maintenant par suite de quelle malédiction vos corps et votre langage ont été ainsi changés. »

Les oiseaux répondirent : « Il vivait jadis un sage excellent, nommé Vipulaswan. Il fut père de deux fils, Sukrisha et Tambara. Nous quatre, nous étions fils du pieux Sukrisha, et remplis de douceur, de foi et de bonne conduite, nous fûmes toujours soumis au sage. Quelle que fût la chose que désirât ce sage, puissant dans l'austérité et maître de ses passions, que ce fût des fleurs ou des rameaux (pour ses offrandes), ou de la nourriture, nous le lui procurions immédiatement. Tandis que notre père et nous, nous habitions ainsi dans la forêt, le seigneur des dieux vint sous la forme d'un oiseau d'une taille gigantesque, avec les yeux d'une teinte cuivrée, les ailes brisées, l'esprit affaibli et dans la décrépitude. Il vint, désireux de faire la connaissance du grand et magnanime sage, notre père, dont la conduite était distinguée par la sainteté, la vérité et la rectification, et il fut la cause de notre malédiction. »

L'oiseau dit : « O seigneur des Brahmanes, il convient que vous me sauviez; je souffre de la faim. J'ai besoin de nourriture. O heureux sage! sois mon refuge incomparable. Tandis que j'étais sur un pic du Vindhya, je fus emporté par un tourbillon de vent causé par les ailes d'un oiseau. Je restai sept jours étendu sur la terre, privé de sentiment et de souvenir. Le huitième jour, je repris mes sens; alors j'éprouvai les douleurs de la faim, et désirant de la nourriture, désolé et l'esprit plein d'anxiété, je suis venu vers toi pour être secouru. O toi dont l'âme est sans tache! prends la ferme résolution de me secourir. Donne-moi, ô excellent Brahmane! de la nourriture qui soutienne mon existence. »

Sukrisha, auquel ces paroles étaient adressées, répondit à Indra, transformé en oiseau : « Je te donnerai la nourriture que tu désires pour ta subsistance. » Et l'excellent Brahmane demanda ensuite à l'oiseau : « Quelle nourriture préparerai-je pour toi? » Et il répondit : « C'est la chair humaine qui me donne le plus de satisfaction. » Le sage dit : « Oiseau, ton enfance est passée, ta jeunesse n'est plus; vraiment tu es à la fin de tes années et dans une période où tous les désirs cessent dans l'homme. Pourquoi conserves-tu dans ta vieillesse un esprit aussi cruel? Où est la chair humaine, et où est la fin de tes jours? Ceux dont les dispositions sont mauvaises sont étrangers à la modération. Mais à quoi bon que je te parle ainsi? Nos esprits sont toujours résolus à donner ce qui a été promis. »

L'excellent Brahmane lui ayant ainsi parlé et ayant formé sa résolution, nous appela promptement, et, nous ayant loué selon nos bonnes qualités, il nous adressa d'un cœur troublé les expressions suivantes et cruelles pour nous, qui nous tenions debout, les mains jointes, pleins de respect, et nous inclinant dans des sentiments d'humilité : « O pieux et excellents Brahmanes, vous satisferez à ma dette, puisque j'ai vu un de leurs fils. Si un maître est, selon vous, adorable, et si l'autorité d'un père est suprême, alors accomplissez avec sincérité ce que je vous dirai. » Et tandis qu'il parlait, nous répondions avec respect : « Quoi que tu puisses dire, tu pourras le regarder comme étant accompli par nous. » Le sage dit : « Cet oiseau, affligé par la faim et la soif, a eu recours à moi. Qu'il soit immédiatement satisfait en mangeant votre chair, et que sa soif soit étanchée avec votre sang. » A ces mots, nous fûmes troublés et nous tremblions d'effroi. Nous dîmes : « C'est dur, c'est dur, » et nous dîmes : « Nous ne voulons point y consentir. Est-ce qu'un homme sensé doit laisser détruire ou endommager son corps en faveur du corps d'un autre? Un père voit en son fils un autre lui-même. Le fils liquide la dette des pères, dieux ou hommes; le fils ne doit pas abandonner son propre corps. Nous ne ferons donc pas une chose qui n'a jamais été faite par les anciens. Un homme s'attire des bénédictions en vivant; il accomplit des actions méritoires en vivant. Le corps d'un homme mort est détruit, et toute vertu cesse ainsi avec lui. Ceux qui connaissent la vertu ont dit qu'il fallait par tous les moyens assurer la conservation de la vie. »

Le sage, entendant ces paroles, et enflammé de fureur, nous parla encore comme s'il voulait nous consumer de ses regards : « Puisque vous n'avez pas accompli la promesse que vous m'avez faite, vous serez consumés par ma malédiction, et vous entrerez dans le corps des brutes. » Nous ayant ainsi parlé, il dit à cet oiseau : « O excellent oiseau, dévore moi sans hésiter, après que j'aurai accompli mes funérailles et les cérémonies posthumes conformément aux Écritures. J'ai livré mon corps pour te servir de nourriture. O prééminent entre les oiseaux, le caractère sacré de Brahmane ne se maintient qu'autant qu'il maintient sa véracité. Un Brahmane peut, par des sacrifices accomplis selon les rites sacrés, ou par quelques autres œuvres, obtenir un aussi grand mérite que celui qu'il obtient en observant la foi qu'il a donnée. »

Indra, déguisé sous la forme d'un oiseau, ayant entendu ces paroles du sage, fut frappé de surprise, et répondit : « O excellent Brahmane ! abandonne ton corps par le pouvoir de la contemplation ; je ne mange jamais de créature vivante. » Le sage, entendant les paroles d'Indra, se recueillit dans une contemplation profonde, et Indra, voyant qu'il était sincère, reprit sa forme et dit : « O excellent Brahmane ! doué d'une haute intelligence, comprends les choses que comprennent les hommes intelligents ; j'ai commis cette faute dans le dessein de t'éprouver, ô homme exempt de péché. Pardonne-moi, sage à l'esprit plein de sainteté. Quel est ton désir, pour que je l'accomplisse ? Je suis très-satisfait de toi, puisque tu t'es ainsi attaché à la sincérité. A l'avenir il sera manifeste pour tous les yeux que tu es doué de la science que mon nom exprime. Tu ne rencontreras plus d'obstacle dans l'accomplissement de tes devoirs sacrés et de tes exercices pieux. »

Indra, ayant ainsi parlé, partit. Notre père était plein de courroux. Nous prosternâmes nos têtes devant le grand sage, et nous parlâmes ainsi : « Tu es à même de nous pardonner, ô père magnanime de créatures misérables qui craignent de mourir parce qu'elles sont attachées à la vie. Notre attachement est fixé à notre corps, assemblage de peau, d'os et de chair, rempli de pus et de sang, et qu'on ne devrait pas aimer. Ecoute.

« Le corps est une grande ville à neuf portes, pleine de douleur ; l'intelligence est sa fortification, les os sont les piliers, la peau les murailles extérieures, la chair et le sang sont le plâtre qui couvrent les muscles. Le Parasha, doué de sentiment (l'âme), y réside comme un roi. Il a deux conseillers qui sont en désaccord, l'esprit (Mayas) et l'entendement (Baddhi), qui s'efforcent de se détruire mutuellement comme deux ennemis. Quatre autres ennemis, la Luxure, la Colère, l'Avarice, la Tromperie, désirent la destruction du monarque. Lorsque le roi ferme ces portes, il reste ferme et fort, et sans anxiété il devient aimable, il est invincible pour ses ennemis. Mais quand il laisse toutes ses portes ouvertes, un ennemi qui envahit tout, et qui s'étend au loin, nommé Passion, entre dans les yeux et les autres ouvertures, et il pénètre par les cinq portes. Les trois autres ennemis formidables suivent la route frayée par la Passion. Etant entrée par les portes connues sous le nom d'organes, la Passion, d'accord avec les autres ennemis, conspire avec l'esprit, et cet ennemi ayant aussitôt subjugué l'esprit et les organes, et ayant occupé les portes, détruit la fortification.

« L'entendement (Baddhi), apercevant que l'esprit est sous le pouvoir de la Passion, périt immédiatement. Le roi, privé de ses ministres, abandonné de ses sujets, et ayant ses armées conquises par l'ennemi, arrive à la destruction. Ainsi les attributs vicieux, la Passion, la Tromperie, l'Avarice et la Colère, la destruction de la mémoire humaine, deviennent de plus en plus forts. De la Passion dérive la Colère, de la Colère l'Avarice, de l'Avarice la Tromperie, de la Tromperie l'égarement de la mémoire ; du dommage de la mémoire la destruction de l'entendement ; de la destruction de l'entendement la destruction de l'âme.

« O excellent sage, aie pitié de nous dont l'entendement a été détruit : nous avons été égarés par la luxure et l'avarice ; nous tenons à la vie. Détourne la malédiction que tu as prononcée ; ô excellent sage, ne nous laisse pas suivre ce sentier sombre et terrible. »

Le sage dit : « Ce que j'ai prononcé ne peut jamais avoir été dit en vain. O mes fils, ma voix n'a jamais, jusqu'à ce jour, prononcé de fausseté. Je considère ici le destin comme irrésistible. Je maudis la puissance funeste qui m'a entraîné forcément à faire ce qui est mal sans y avoir réfléchi. Mais, puisque vous m'avez apaisé par votre obéissance, vous obtiendrez l connaissance la plus parfaite que puisse obtenir votre condition d'animaux dépourvus de raison. Ayant obtenu, par mon entremise, la connaissance essentielle dépourvue de trouble, de péché et de doute, vous atteindrez la perfection suprême. » C'est ainsi que nous subîmes, seigneur, la malédiction de notre père, dans les temps anciens et sous l'empire du pouvoir du destin. Après une longue période, nous naquîmes de nouveau comme des créatures inférieures, au milieu d'une bataille et objet de ton affection. O excellent Brahmane, nous entrâmes ainsi dans la condition des oiseaux. Il n'y a personne en ce monde qui ne subisse les lois du destin. »

Markandeya prit alors la parole, et ayant entendu les discours qui avaient été prononcés, il dit aux Brahmanes qui étaient auprès de lui : « J'ai déjà dit en votre présence que ce n'était pas des oiseaux ordinaires ; il faut que ce soit d'excellents Brahmanes ou oiseaux) (293), qui n'ont pas trouvé la mort même au milieu d'un combat surhumain. » Alors

---

(293) Le mot *Dwija* qui signifie littéralement *né une seule fois*, s'applique aux oiseaux aussi bien qu'aux Brahmanes : les premiers parce qu'ils sont regardés comme naissant deux fois, la première lorsque l'œuf est pondu, la seconde lorsqu'il éclôt ; les seconds, parce qu'on dit qu'ils naissent une deuxième fois lorsqu'ils sont investis du cordon sacré signe de leur caste.

les sages oiseaux, avec le consentement du sage éminent et plein de satisfaction, se rendirent au mont Vindhya, la meilleure des montagnes, couverte d'arbres et de plantes, et ils y vivent encore aujourd'hui, consacrés aux austérités, à la lecture des Védas, et plongés dans la contemplation. Les fils du sage, ainsi changés en oiseaux, et sanctifiés par sa bénédiction, habitent pleins de résignation, sur le penchant du Vindhya, la montagne excellente dont les forêts abondent en eaux très saintes.

CHAPITRE IV.

Markandeya dit à Jaimini : « Les oiseaux, fils de Drona, étant ainsi doués de la science, habitent sur le mont Vindhya. Aie recours à eux, et demande-leur ce que tu désires. »

Jaimini, ayant entendu ces mots du sage Markandeya, vint au sommet du Vindhya où résidaient les saints oiseaux. Quand il approcha de cette montagne, il entendit leurs voix tandis qu'ils lisaient. Jaimini, ayant entendu leurs voix, fut rempli de surprise et pensa en lui-même : « Les excellents oiseaux lisent avec clarté et sans aucune faute. Je regarde comme étonnant que Saraswati n'ait pas abandonné ces fils d'un sage, quoiqu'ils aient passé à la condition des brutes. Des parents et des amis et autres personnes dans la maison peuvent tous abandonner quelqu'un et s'en aller ; mais Saraswati n'abandonne jamais personne. » Réfléchissant ainsi, il entra dans la caverne, et il vit les oiseaux assis sur une plaque de pierre. Les voyant lire sans nul défaut dans leur bouche, il s'adressait à eux tous avec une joie qui ne laissait pas d'être accompagnée de chagrin : « O excellents oiseaux, que la bénédiction soit sur vous. Sachez que je suis Jaimini, le disciple de Vyasa, et que je suis venu avec le désir de vous voir. Il n'est pas à propos de s'affliger, quoique, frappés de la malédiction d'un père irrité, vous soyez devenus des oiseaux. C'est, à tous égards, le résultat du destin. Certains Brahmanes intelligents, ô excellents oiseaux ! nés dans des familles opulentes, ayant perdu leurs biens, furent consolés par un Brahmane d'une naissance obscure, nommé Sabara. Quelques hommes mendient après avoir donné ; d'autres sont tués après avoir tué ; ils tombent après avoir fait tomber les autres. J'ai vu très-souvent de pareilles révolutions. Le monde est continuellement troublé par les vicissitudes de l'existence et de la non-existence. Méditant sur ces choses dans votre esprit, il ne vous convient pas de vous affliger. Le fruit de la science est tel qu'il n'est pas affecté par le chagrin ou par la joie. »

Alors ils adorèrent tous le grand sage Jaimini, avec l'adya et Arghia, s'inclinant devant lui et s'informant de sa santé. Les oiseaux parlèrent à l'éminent ascétique, au disciple de Vyasa, qui était assis à l'aise, rafraîchi par le souffle de l'air qui agitait leurs ailes.

Les oiseaux dirent : « En ce jour, l'objet de notre naissance est accompli, et notre vie est devenue heureuse, puisque nous voyons nos deux pieds de lotus adorés par les dieux. La flamme et la colère de notre père qui s'agite en nos corps, est aujourd'hui enlevée, ô Brahmane ! par l'eau de notre apparence. O Brahmanes ! tout va-t-il bien pour vous, pour votre maison, vos chevreuils et moineaux, en arbres, en plantes, en herbes et en bambous? Peut-être n'est-il pas à propos pour nous de faire pareilles demandes, car comment serait-il possible que les choses qui vous touchent n'allassent pas au mieux ? Voudrais-tu nous dire le motif de ta venue ? Ta société est, comme celle des dieux, la cause d'une prospérité. Tu as été amenés devant nos yeux par quelque grand événement heureux. »

Jaimini dit : « Apprenez, ô éminents Brahmanes! (ou oiseaux), l'objet pour lequel je suis venu à cette caverne délicieuse du mont Vindhya, arrosée par l'écume des eaux du Rova. Ayant certains doutes sur le Mahabharata, je suis venu pour vous consulter à cet égard. Je me suis d'abord informé à ce sujet auprès du magnanime Markandeya, l'espoir de la race de Bhrigou. Lorsque je l'interrogeai, il me dit : Les magnanimes descendants de Drona, sont sur la grande montagne. Écoutez ce que je dis, et, l'ayant entendu, il convient que vous fassiez le récit que je demande. »

Les oiseaux dirent : « Nous te dirons si c'est une chose qui rentre dans nos connaissances. Écoute-nous sans crainte. Pourquoi ne l'expliquerions-nous pas si c'est dans la sphère de notre intelligence ? O excellent Brahmane ! nos enfants sont familiers avec les quatre Védas, les Dharmas, les Shastras et tous leurs suppléments. Cependant nous ne pouvons entreprendre de faire aucune promesse. Parle donc sans hésitation de tes doutes touchant le Mahabharata. Nous les résoudrons, si nous ne sommes pas dans l'erreur. »

Jaimini dit : « Écoutez, vous qui êtes sans tache, mes doutes concernant le Bharatha ; les ayant entendus, il convient que vous en donniez la solution. Pourquoi Janarddana, le fils de Vasoudeva, le soutien de l'univers, la cause de toutes les causes, a-t-il pris la forme humaine, quoique dépourvu de qualités ? Et pourquoi Krishan, la fille de Drupada, est-elle devenue la femme des cinq fils de Pandou ? Il y a de grands doutes au sujet de ces points. Pourquoi le puissant Baladeva, armé d'une charrue, a-t-il expié le meurtre d'un Brahmane en entreprenant un pèlerinage aux lieux saints? Et comment les fils non mariés de Draupadi, ces magnanimes seigneurs Pandou, possesseurs de grands chars, furent-ils tués comme des orphelins sans défense ?

Éclaircissez tous mes doutes au sujet du Bharata, afin que je puisse heureusement retourner dans ma retraite, ayant mes doutes accomplis. »

Les oiseaux dirent : « Saluons d'abord Vishnou, le puissant seigneur des dieux, l'Ame incompréhensible, éternelle et impérissable, à quatre formes diverses, doué des trois qualités, et cependant en étant privé, excellent, suprême, prééminent et immortel ; rien n'est plus petit que lui, et rien n'est plus grand ; c'est par lui, cause incréée de l'univers, que ce monde (qui, assure-t-on, paraît et disparaît) est visible et invisible ; c'est par lui qu'il est créé et qu'il sera détruit à la fin ; saluons aussi dans une contemplation attentive Brahma, le premier dieu qui, exhalant par ses bouches le Rig et le Sama, purifie les trois mondes ; rendons aussi hommage à Indra, dont une seule flèche détruisit les Asuras et rendit libres de troubles les sacrifices des prêtres ; nous rapporterons l'entière opinion de Vyasa, dont les ouvrages sont admirables, et qui a promulgué la vérité (*Dharma*) et les autres grands objets par le moyen du Bharata.

« Nara signifie l'*eau*, comme l'ont dit des sages instruits dans la vérité ; c'était dans l'origine sa demeure ; de là vient qu'il est appelé Narayana. L'illustre seigneur, le divin Narayana, répandu en toutes choses, vit, ô Brahmane, en se perpétuant dans une forme quadruple. Il est investi aussi bien que privé d'attributs. Sa première forme est inscrutable ; le sage seul la voit en sa beauté. Elle est entourée d'une lumière éclatante, et elle est l'objet suprême de la contemplation des hommes pieux. Elle est loin et elle est près, et elle est connue pour être au delà des attributs. Elle est appelée Vasoudeva, et elle ne peut être une que dans l'absence de l'égoïsme. Sa forme et sa couleur ne sont pas réelles, elles sont factices. Elle est toujours pure et la seule forme digne de louange.

« La seconde forme, appelée Sesha, supporte par en bas la terre avec sa tête ; elle est représentée comme composée de la qualité des ténèbres, et elle a passé à la création des brutes. Sa troisième forme est active et consacrée à la préservation des créatures ; elle est considérée comme étant principalement de la qualité de la bonté, et c'est à elle que la vertu doit son institution. Sa quatrième forme, habitant sur l'eau, est étendue sur un serpent comme sur son lit ; son attribut est la colère, et elle crée toujours.

« La troisième forme d'Hari, qui est constamment employée à conserver les créatures, maintient toujours la vertu sur la terre. Elle détruit les orgueilleux Asuras, les exterminateurs de la vertu, et elle protége les dieux et les hommes saints qui s'appliquent à maintenir la justice.

« Elle devint jadis un Varaha (*un sanglier*), et repoussa l'eau avec son visage. La terre fut sauvée par une seule de ses défenses, comme des fleurs de lotus ; elle détruisit Hiranyakasipou dans l'incarnation du Varaha ; Viprachetti et les autres démons de sa suite furent aussi détruits. Je ne puis maintenant me hasarder à énumérer ses autres incarnations, telles que celles sous la forme d'un nain. Son incarnation plus riante, sous la forme de Krishna, eut lieu dans la ville de Mathoura. C'est de cette manière que s'incarne la forme de la bonté divine. Elle est appelée Pradyumnou et elle est consacrée à l'acte de la préservation. Par suite de la volonté de Vasoudeva, elle reste dans un état de divinité et d'humanité aussi bien que dans les créatures animales, et elle participe continuellement de leurs diverses natures.

« Nous t'avons exposé ainsi pourquoi le seigneur Vishnou, quoique vainqueur, prit des formes humaines ; écoute maintenant la suite de notre récit :

CHAPITRE V.

Les oiseaux continuèrent : « O Brahmane, aux jours d'autrefois le fils de Twashtri ayant été tué (par Indra), l'énergie d'Indra, coupable du meurtre d'un Brahmane, fut grandement réduite. Il entra à Dharma par suite de ce crime, et Indra devint dépourvu d'énergie. Twashtri Prajapati, en apprenant que son fils était tué, arracha, dans un transport de colère, une de ses touffes nattées de cheveux et s'écria : « Que les dieux et les trois mondes (*le ciel, la terre et l'enfer*) observent aujourd'hui mon pouvoir, qu'il s'appesantisse surtout sur Indra, ce méchant meurtrier d'un Brahmane, lui qui a tué mon fils appliqué à remplir ses devoirs. » Parlant ainsi les yeux rouges de ressentiment, il jeta dans le feu comme une offrande brûlée, d'où procéda le grand démon Vritra entouré de flammes, possédant une forme considérable, de grandes défenses et paraissant comme un assemblage de collyre en poudre. Il était ennemi d'Indra, son courage était sans bornes, et renforcé par l'énergie de Twashtri, sa stature croissait chaque jour de la grandeur de la portée d'un arc. Indra voyant que ce puissant démon était résolu à le détruire, fut saisi d'effroi, et il envoya les sept sages afin d'exprimer son désir de conclure la paix. Les sages, dévoués au bien-être de toutes les créatures, firent conclure entre le démon et le dieu une trêve sous la foi du serment et ils partirent satisfaits. Ensuite lorsqu'Indra, ne tenant pas compte de la période désignée à son serment, tua Vritra, il perdit sa force, étant coupable du crime de meurtre. La force qui sortit ainsi du corps d'Indra, entra dans le Marata ou air qui pénètre tout, qui est invisible et qui est la divinité douée du pouvoir le plus élevé. Lorsque le roi des dieux prit la forme de Gautuma et qu'il enleva Ahalya, sa beauté disparut. La beauté séduisante de ses membres, abandonnant ce coupable roi des dieux, entrèrent dans les deux Aswinikamaras.

« Les fils de Diti ayant appris que le seigneur des dieux avait ainsi perdu sa vertu, sa gloire, sa force et sa beauté, firent un effort pour le renverser. Le puissant Daityas, le grand sage, prit naissance dans les familles des rois les plus puissants, ayant le dessin de vaincre le roi des dieux. Quelque temps après, la terre affligée de son fardeau, alla au sommet du Mérou, où il y avait une assemblée de dieux. Troublée par ses nombreux fardeaux, elle les instruisit de la cause de son chagrin, occasionné par les Daityas, fils de Dana. « De nombreuses armées de ces puissants Asuras que vous avez détruits, sont tous nés dans la région des mortels, dans les maisons des rois. Je suis tout à fait accablée par leur poids; voyez donc, ô dieux, à trouver les moyens de me soulager. »

Les oiseaux continuèrent : « Alors les dieux descendirent du ciel sur la terre avec une portion de leur énergie pour le bien-être de toutes les créatures et pour soulever le fardeau de la terre. Dharma lui-même apporta à Kunti l'énergie qui avait procédé du corps d'Indra et par laquelle le très-puissant roi Yadhishthira fut engendré. Parana lui apporta la force d'où procéda Bhishma. De la moitié de l'esprit d'Indra lui-même, naquit Dhananjaya Partha. De Madri naquirent de beaux jumeaux avec la beauté d'Indra. Ainsi l'illustre Indra descendit en cinq formes différentes, et sa très-heureuse épouse Krishna, procédant du feu, fut la femme du seul Indra et non d'aucun autre. Les sages consommés dans la perfection ont la faculté de multiplier leurs formes.

« Nous t'avons ainsi expliqué comment une Krishna devint l'épouse de cinq (*Pandavas*), écoute maintenant pourquoi Baladeva alla au Sarasunti. »

CHAPITRE VI.

Les oiseaux continuèrent : « Celui qui tient la charrue, Rama, sentant que Krishna avait une grande amitié pour Partha, réfléchit longtemps à la conduite qu'il était le plus à propos de suivre : « Sans Krishna, dit-il, je n'irai pas chez Dargodhana et comment pourrai-je, en prenant le parti des Pandavas, détruire le roi Dargodhana, qui est mon gendre et mon disciple ? Je n'irai donc ni vers Partha, ni vers le roi Dargodhana. Je ferai des oblations aux lieux de pèlerinage jusqu'à ce que les jours des Kourous et des Pandavas soient terminés. » Après avoir fait part de son désir à Hrishikera, à Partha, et à Dargodhana, il se rendit à Dwaraka entouré de ses forces. En arrivant à Dwaraka, qui était une ville peuplée d'hommes heureux et forts, Rama, armé d'une charrue, but une liqueur spiritueuse avant de partir pour son pèlerinage. Quand il fut ivre, il alla dans la riante forêt de Raivata, tenant par la main ses armes, plein de gaieté, ressemblant aux Apsarases (*nymphes*). Le héros enivré se promena d'un pas chancelant au milieu d'un grand nombre de femmes; il vit la grande et magnifique forêt qui était pleine de fruits et de fleurs de toutes les saisons, remplie de singes, sainte et couverte de lits de fleurs de lotus et de bassins d'eau. En avançant, il entendit le gazouillement joyeux d'heureux oiseaux dont les chants, suaves et doux, charmaient l'oreille. Il aperçut des arbres sur lesquels des oiseaux chantaient mélodieusement et qui appartenaient aux espèces suivantes, savoir, le mango, le cocotier, l'ébène, le grenadier, le citronnier, l'indigo, le diospyros glutinosa (294), le superbe cartamba (*Ixora bandhaca*), le mirobolan jaune, l'ægle marmelos, le carissa carondas.

« Le fils d'Yadou vit ces arbres ainsi que l'aroka, le muscadier, le kalaki, le mimusops elengi, le champa, l'alstonia scholaris, le maluti, le bauhinia variegata, le jujubier, le Bigonia suaveolens, fleurissant et doué d'une grande beauté, le pin, le saule, le palmier, le tamala, le butea frondosa et le grand vanjala. Il vit des forêts peuplées de paons, d'abeilles noires, de perroquets, de kotilas, de pigeons des bois, de faisans, de priyaputras, d'éperviers et divers autres oiseaux dont les chants, pleins de douceur, étaient agréables à l'oreille.

« Il vit aussi les beaux ruisseaux où coulait une eau claire et dont les bords étaient ornés de belles fleurs de lotus, de kumada et de lis de diverses couleurs; ils abondaient en oiseaux aquatiques qui se mouvaient de tous côtés, tels que le plongeur, la mouette à tête noire, le canard, le cygne, la tourterelle. Promenant ses regards sur cette charmante forêt, Sauri ou Baladeva, alla avec ses femmes dans un bosquet charmant couvert de plantes grimpantes. Il y vit d'éminents Brahmanes, versés dans les Védas et les Védanyas; quelques-uns descendaient de Kusika, d'autres de Bhrigou, quelques-uns de Bharadwaja ou de Gotama ; d'autres étaient originaires de diverses races ; tous étaient assis sur d'excellents sièges faits avec de l'herbe Kusa et des peaux de daim; ils s'appliquaient à entendre des récits, et au milieu d'eux il vit Suta racontant l'histoire sacrée des dieux primitifs et des sages telle qu'elle est contenue dans les Pouranas. A l'aspect de Rama dont les yeux étaient rouges par la boisson, les Brahmanes se levèrent d'abord, le prenant pour un ivrogne, mais ensuite tous, excepté Suta, adorèrent celui qui tenait la charrue. Alors

---

(294) Le traducteur anglais désigne quelques-uns de ces arbres par leurs noms anglais, d'autres par leurs noms latins, et pour quelques-uns enfin il emploie les noms hindoux. Nous avons dû le suivre dans cette nomenclature.

le puissant Baladeva qui avait vaincu d'innombrables démons, les yeux bouillants de colère, tua Suta tandis qu'il répétait les paroles des Védas.

« Suta étant ainsi tué, les Brahmanes sortirent de la forêt, vêtus de peaux de daim, tandis que Baladeva, se considérant comme lié à la vie ascétique, pensait en son esprit : « Voici un grand péché que j'ai commis. Suta que j'ai tué est allé au séjour des Brahmanes. Ces Brahmanes se sont tous retirés à ma vue et de mon corps s'exhale une odeur désagréable comme celle du sang. Je me reconnais impur, comme étant le meurtrier d'un Brahmane. Fi de la colère, du vin, de l'orgueil et de la témérité qui m'ont porté à commettre ce crime détestable. Je ferai, comme le meilleur moyen d'expier mon crime, le vœu de passer douze ans dans la pénitence, en avouant ma faute. Ou, puisque j'ai résolu de faire un pèlerinage à des lieux saints, j'irai à celui qu'on appelle Pratiloma Saraswati. »

« C'est pour ce motif que Balarama alla au Pratiloma Saraswati ; écoute maintenant un excellent récit des Pandavas. »

CHAPITRE VII.

Les saints oiseaux continuèrent : «Autrefois il vivait dans l'âge Treta un grand roi qui s'appelait Harischandra. Il gouvernait le monde ; il était illustre et excellent et s'appliquait à la sainteté. Sous la domination de ce roi, il n'y avait ni famine, ni maladie, ni mort inopinée des hommes ; les citoyens ne se livraient point à des inclinations vicieuses et ils n'étaient pas enflés de l'orgueil de la richesse, de la force physique ou des austérités. Et toutes les femmes qui naissaient restaient constamment jeunes.

« Ce monarque aux grands bras chassant un jour un daim dans une forêt, entendit des voix de femmes qui criaient : Au secours! Le roi ayant cessé de poursuivre le daim, dit : « Ne crains pas ; quel est le méchant qui ose commettre l'iniquité tandis que je règne ? » En même temps le terrible Vighna Raj, celui qui obscurcit toutes les intelligences, suivant la direction d'où venaient ces cris, faisait cette réflexion : « Voici l'énergique solitaire Viswamitra qui accomplit des austérités inouïes et qui s'efforce, comme on ne l'a pas fait encore, d'égaler Siva et les autres dieux. Les dieux voyant les mérites du sage, dévoué à la patience, au silence et à l'abnégation, poussent des cris par suite de leur frayeur ; que dois-je faire ? Ils crient à cause de leur effroi : « L'excellent Kausika est puissant, nous sommes faibles en comparaison de lui. » Je crois que c'est très-difficile. Oh! j'entrerai dans ce roi qui répète toujours : « Ne crains rien, et j'accomplirai ainsi mon désir. » Le roi étant ainsi rempli du terrible Vighna Raj, s'écria d'un ton rempli de courroux :

« Qui est cette personne coupable qui attache du feu à l'extrémité de son vêtement, malgré ma présence, moi qui suis son roi, resplendissant de pouvoir et de gloire ? Il entrera aujourd'hui dans un sommeil éternel, tout son corps étant percé de flèches lancées par mon arc et brillantes de tout côté. »
Viswamitra fut courroucé en entendant les paroles du roi, et le grand sage étant irrité, tous les cieux furent pleins de crainte. Le roi, voyant le très-austère Viswamitra, commença soudain à trembler extrêmement par suite de sa frayeur, et à s'agiter comme les feuilles de l'aswatha. Lorsque le Mouni dit : « Arrête, misérable! » le roi s'inclina avec humilité, et répliqua : « O seigneur, c'est mon devoir ; il n'y a point de ma faute ; ô Muni, il ne faut pas que tu t'irrites contre moi qui m'applique à mon devoir. Un roi vertueux doit accorder des largesses, il doit protéger et combattre bravement avec son arc, selon les saints Sastras. »

Viswamitra dit : « O roi, sur qui devrais-tu répandre des largesses, qui devrais-tu protéger, et avec qui devrais-tu combattre ? Dis-le-moi promptement si tu crains de commettre un péché. » Le roi dit : « Les largesses doivent être accordées à d'éminents Brahmanes et aux pauvres ; les timides doivent être protégés et c'est contre les ennemis qu'il faut toujours combattre. » Viswamitra dit : « O roi, si tu t'appliques à remplir tes devoirs, je suis un Brahmane, occupé à accomplir un certain vœu ; que les dons désirés me soient accordés. »

Les oiseaux dirent : «Le roi en entendant ces mots, se réjouit en son esprit, et se considéra comme appelé à une vie nouvelle, il dit à Kausika : « Parle sans crainte, ô seigneur illustre ; qu'est-ce qu'il convient de te donner ? Considère-le comme t'étant déjà octroyé, lors même que ce serait quelque chose de difficile à obtenir, lors même que ce que tu désires fût de l'argent, ou de l'or, ou un fils, ou une femme, ou le corps, ou la vie, un royaume, une ville ou la fortune elle-même » Viswamatra dit au roi : «Le don que tu proposes est accepté. Donne d'abord le cadeau convenable au sacrifice Rajasaya. » Le roi dit : « O Brahmane, je te le donnerai aussi. Demande, ô Brahmane éminent, l'offrande que tu désires. »

Viswamitra dit : « O toi, héros exempt de péché, toi qui es instruit des règles de la vertu, donne-moi ce monde avec ses mers, ses villes, ses cités ; donne-moi l'empire sur tout ce qu'il contient avec ses chariots, ses chevaux, ses éléphants, ses greniers, ses trésors et tout ce qui est à toi à l'exception de ta femme et de ton fils, de ta personne et de ta piété (Dharma) pour que j'en sois le possesseur. A quoi bon d'autres paroles ? Donne-moi tout ce que j'ai désigné. »

Les oiseaux dirent : « Le roi avec un esprit joyeux et une contenance exempte d'altération, ayant entendu les paroles du sage, répliqua, en joignant les mains : « Qu'il en soit ainsi. » Viswamitra dit : « Ô sage royal, lorsque tu m'auras donné tout ce que tu possèdes, ton royaume; le monde, ses forces et ses trésors, qui est ce qui régnera, moi-même n'étant qu'un homme voué à la piété? » Harischandra dit : « Avant que le monde avec son empire, ne te fût donné, tu en étais le maître ; tu l'es bien davantage à présent puisque tu en es le propriétaire. »

Viswamitra dit : « O roi, si tu m'as donné le monde entier, tu dois alors me donner ta ceinture et tous tes ornements, et te couvrant de l'écorce des arbres, partir avec ta femme et ton fils, et t'éloigner de mon territoire. »

Les oiseaux dirent : « Le roi ayant dit : « Qu'il en soit ainsi, » commença à se mettre en route avec sa femme Saivya et son fils. Le sage, arrêtant le roi sur sa route lui dit: « Où vas-tu avant de me payer le salaire convenable pour le sacrifice Rajasaya. »

Le roi dit : « O seigneur, mon royaume t'a déjà été donné sans réserve. Il ne me reste plus que trois personnes (savoir, moi, ma femme et mon fils). »

Viswamitra dit: « Tu me dois encore le salaire du sacrifice. Les promesses faites à des Brahmanes, lorsqu'elles ne sont pas accomplies, ont des suites très-fâcheuses. O roi, dans le sacrifice Rajasuya, une rémunération doit être donnée aux Brahmanes jusqu'à ce qu'ils soient satisfaits. Tu as toi-même reconnu déjà que lorsqu'une chose a été promise, c'est un devoir que de la donner ; avec des ennemis, c'est un devoir de combattre, et c'est un devoir de protéger ceux qui sont dans la détresse. »

Le roi dit : « O seigneur, je n'ai rien maintenant ; je te ferai des dons plus tard ; ô éminent Brahmane, aie une bonne idée de moi, et aie pitié de moi. »

Viswamitra dit : « O roi, combien de temps aurai-je à attendre? Parle promptement; autrement le feu de mon anathème te consumera. » Le roi dit : « O sage Brahmane, je te donnerai dans un mois la rémunération du sacrifice. Maintenant je ne possède plus rien. Tu dois me permettre de m'éloigner. » Viswamitra dit : « Va, ô très-excellent, et garde ta foi. Que les bénédictions t'accompagnent en ta route. Puisses-tu ne pas avoir d'ennemis. »

Les oiseaux dirent : « Ayant la permission de partir, le seigneur du monde se mit en route. Sa femme le suivit, quoiqu'il ne fût pas convenable qu'elle allât à pied. Les habitants, ayant vu leur excellent monarque quitter la cité avec sa femme et son fils, se lamentèrent de même que les princes qui lui étaient soumis se lamentèrent, disant : « Hélas! seigneur, pourquoi nous abandonnes-tu, nous qui souffrons toujours misérablement? O roi tu es appliqué à la vertu et tu montres de la miséricorde à tes sujets. O roi éminent, si tu as égard à la vertu, prends nous aussi avec toi. Reste un moment, ô seigneur des rois, tandis qu'avec nos yeux noirs comme des abeilles, nous buvons le miel de ta figure de lotus. Quand est-ce que nous te reverrons? Celui qui lorsqu'il sortait, voyait des rois marcher devant et derrière lui, n'est maintenant suivi que de sa femme et de son jeune enfant. Celui dont les esclaves avançaient devant lui, montés sur des éléphants, Karischandra lui-même, le maître du monde, est maintenant à pied. Hélas! ô roi, en quelle condition ton visage avec de beaux sourcils, un teint charmant et un nez gracieux se trouvera-t-il réduit lorsqu'il aura enduré la poussière sur la route? Reste, ô excellent roi, reste avec nous, accomplis ton devoir. La douceur est le grand devoir surtout des Kshetriyas. O seigneur, qu'avons-nous à faire de femmes, ou de fils, ou de l'opulence, ou de vivres? Nous avons laissé tout cela, et nous sommes devenus comme ton ombre. Hélas! seigneur, ô grand roi, ô maître, pourquoi nous abandonnes-tu! En quelque endroit que tu sois, nous y sommes aussi. En quelque endroit que tu sois est le bonheur. C'est la ville où tu es ; c'est le ciel où est notre roi. »

« Ayant ainsi entendu les paroles des citoyens, le roi, grandement agité par le chagrin, s'arrêta sur la route par compassion pour eux. Viswamitra, le voyant embarrassé par les paroles des citoyens, vint vers lui et lui dit, les yeux étincelants de rage et d'impatience : « Honte sur toi, méchant et perfide menteur qui, après m'avoir donné le royaume, désire le reprendre. » Le roi interpellé avec cette rudesse, se hâta de s'éloigner, disant en tremblant : « Je m'en vais, » et emmenant sa femme par la main. Tandis qu'il emmenait sa femme délicate et qu'il souffrait de la fatigue, Kausika le frappa soudain avec son bâton. Le roi Harischandra se voyant ainsi frappé, dit avec douleur : « Je m'en vais; » mais il n'ajouta rien de plus.

« Alors les cinq dieux bienveillants appelés Viswadevas dirent : « Ce Viswamitra est un grand pécheur. Quelles régions de tourments mérite-t-il, lui qui expulse de son propre royaume ce monarque excellent qui célèbre des sacrifices? Quel est celui dont la foi sanctifiera maintenant le jus de la plante de la lune au grand sacrifice, afin que nous puissions ou boire et avoir de la gaieté? »

Les oiseaux dirent : « Viswamitra, ayant entendu ce que disaient les Viswa devas, fut rempli d'une fureur extrême, et il les maudit disant : « Vous deviendrez tous des êtres humains. » Ecoutant ensuite leurs prières, le grand sage dit : « Vous n'aurez point de rejetons dans votre condition humaine, et vous n'entrerez pas dans l'état du mariage, mais étant affranchis de l'envie, de la concupiscence et de la colère, vous reviendrez des dieux. »

Les oiseaux dirent : « Ces dieux s'incarnèrent alors partiellement dans la maison de Kourou et naquirent dans le sein de Draupadi comme les cinq fils de Pandou. C'est pourquoi les cinq fils de Pandou, possesseurs de grands chariots, n'entrèrent point dans l'état de mariage, à cause de la malédiction du grand sage. C'est ainsi que toute l'histoire des fils de Pandou a été racontée, et qu'il a été répondu à tes quatre questions. Qu'est-ce que tu désires encore entendre ? »

CHAPITRE VIII.

Jaimini dit : « Mes questions ont obtenu de vous des réponses satisfaisantes. J'éprouve un grand intérêt à l'histoire d'Harischandra. Hélas! quelle a été la grandeur des peines qu'a éprouvées cet homme magnanime! O excellents oiseaux, a-t-il jamais reçu des consolations équivalentes à ce qu'il avait souffert ? »

Les oiseaux dirent : « Le roi affligé ayant entendu les paroles de Viswamitra, s'avança lentement, suivi par sa femme Saivya avec son jeune enfant. Le seigneur du monde, ayant été à la cité impériale de Bénarès, pensait en lui-même : « C'est le siège de Siva ; il ne doit être occupé par aucun homme, » et livré à la douleur, il vint à pied avec sa fidèle compagne. A l'entrée de la ville, il vit devant lui Viswamitra. Harischandra, en apercevant ce grand sage, s'inclina avec humilité et dit, en joignant les mains : « O sage, voici ma vie, voici mon fils et ma femme. Reçois à la fois tout ce que tu juges digne d'être offert, ou s'il y a quelque autre désir que nous ayons à accomplir, il est à propos que tu nous donnes tes ordres. »

Viswamitra dit : « O sage royal, un mois est accompli. Donne-moi ma rémunération par le sacrifice Rajasuya, si tu te rappelles tes propres paroles. Le roi dit : « O Brahmane dont l'austérité ne se dément pas, un mois est accompli ce jour, mais il reste encore la moitié d'un jour ; attends encore ce peu de temps. » Viswamitra dit : « Qu'il en soit ainsi, ô grand roi, je reviendrai. Si tu ne me donnes pas aujourd'hui la rémunération qui m'est due, je prononcerai une malédiction contre toi. »

Les oiseaux dirent : « Le Brahmane ayant ainsi parlé, se retira. Le roi pensa en lui-même : « Comment lui donnerai-je la rétribution que je lui ai promise? Où puis-je trouver de puissants amis ? Où est maintenant mon opulence? Accepter des aumônes serait une grande faute et comment puis-je m'acquitter envers lui? Abandonnerai-je la vie? Où irai-je, moi qui n'ai plus de ressources? Si je péris sans donner ce que j'ai promis, je serai alors le voleur de ce qui appartient aux Brahmanes, je deviendrai un ver coupable, et le plus vil de tous les êtres vils. Ou deviendrai-je un esclave? Ou mieux encore, me vendrai-je moi-même? »

Les oiseaux dirent: « La reine, d'une voix tremblante et entrecoupée de sanglots, répondit au malheureux roi qui était plongé dans la perplexité et l'embarras : « O grand roi, n'aie plus d'inquiétude, maintiens ta fidélité. L'homme qui manque à sa parole doit être évité comme un cimetière. O le plus excellent des hommes, les sages disent qu'il ne peut exister un devoir plus impérieux que celui d'accomplir ce qu'on a promis. Livrer au feu des offrandes, lire les Védas, distribuer des aumônes, toutes ces bonnes œuvres sont sans effet pour celui qui ne tient pas sa parole. Les livres saints parlent souvent de la fidélité aux engagements qu'on a pris comme un moyen de salut pour le sage, et la fausseté est considérée comme le chemin de la perdition pour les méchants. Un roi, nommé Kriti, tomba du ciel pour avoir dit une chose fausse, et il avait cependant sept fois accompli le sacrifice d'un cheval, »

BHAGAVATA-POURANA.

Le Bhagavata-Pourana le plus populaire des Pouranas de l'Inde, mérite, même après ce que nous avons dit des Pouranas en général, d'être l'objet de quelques détails particuliers. Il renferme la vie mythologique de Khrisna, mêlée, selon l'usage du pays, à des spéculations de morale et de philosophie.

Une édition du texte sanscrit de ce Pourana, accompagnée d'une traduction française et de notes, a été, comme nous l'avons dit, entreprise par M. Eugène Burnouf, qu'une mort prématurée a empêché de terminer cet important travail. Le penchant naturel de cet orientaliste illustre le reportait sans cesse vers les Védas, dont l'étude exerçait un attrait irrésistible sur cet esprit avide de remonter à l'origine et à la première expression des idées. Il s'était nourri des Védas ; il aimait à percer cette dure enveloppe dans laquelle les Hindous avaient enfermé leurs premières pensées. Il a préparé des travaux considérables sur les Védas ; il n'en a rien publié, mais toutes ses études sont pénétrées de ses recherches incessantes sur ce sujet (J. Mohl, *Rapport sur les travaux de la Société Asiatique*, 1852).

En attendant qu'il pût mettre au jour les résultats de ses méditations sur les hymnes védiques, il s'exerça sur une composition du plus haut intérêt pour la connaissance des doctrines brahmaniques.

SECT. II. — LES POURANAS. — BHÁGAVATA-POURANA.

Le Bhagavata-Pourana avait exercé sur les opinions et les sentiments du peuple indien une influence plus active qu'aucune autre; à l'expression la plus complète de la croyance des adorateurs de Vishnou, il réunissait la légende qui a servi de base essentielle au culte de Krishna; il s'intitule lui-même le plus mystérieux des Pouranas, celui qui est sans pareil, le flambeau de l'esprit suprême; malgré sa longueur démesurée, malgré ses soixante-douze mille vers, ce fut celui-là que Burnouf choisit.

L'exubérance des images, l'extrême subtilité des abstractions métaphysiques rendaient très-difficile cette reproduction de la pensée religieuse d'un peuple bien ancien, pensée contraire à nos idées, à nos habitudes d'esprit. M. Burnouf a su triompher de tous ces obstacles; son style est net, son expression sûre d'elle-même; la phrase marche à son but avec aisance. Malheureusement il n'a laissé que trois volumes de ce beau travail; le quatrième volume qui devait terminer le Pourana, n'a point paru, et l'on doit surtout regretter le cinquième volume qui devait contenir l'histoire et l'explication du poëme, et dans lequel le savant auteur aurait répandu les vastes connaissances qu'il avait puisées dans la lecture obstinée de livres qu'il était presque seul en état de comprendre.

Nous ne saurions mieux faire que de reproduire ici quelques passages de la remarquable introduction que M. Burnouf a placée en tête de sa traduction de ce Pourana; ils donneront bien mieux que nous ne saurions le faire, une juste idée de ce poëme.

« Je m'abstiens en ce moment d'entrer dans l'examen des questions très-nombreuses et très-difficiles auxquelles donne lieu ce poëme mythologique et philosophique; ce serait employer peu utilement le temps qu'on doit à la traduction des textes sanscrits que de le consacrer à des discussions dont on n'a pas tous les éléments et à des spéculations dont on connaît mal les objets.

« Le Bhagavata est venu après les grandes compositions de la littérature brahmanique dont il résume en mythologie, en philosophie et en histoire, les traits les plus frappants et les plus caractéristiques, réunissant dans une sorte d'unité encyclopédique des éléments dissemblables et d'époques diverses.

Les livres nommés dans l'Inde Pouranas composent un ensemble de dix-huit ouvrages dont les titres sont en général formés du nom d'une divinité, soit que cette divinité passe pour avoir promulgué l'ouvrage qui porte son nom, soit qu'elle y paraisse comme l'objet d'un culte spécial et exclusif. Le Brahma-Pourana, par exemple, est connu ainsi parce que c'est, dit-on, Brahma qui l'a révélé au sage Maritcha, tandis que le Bhagavata tire son nom de Bhagavat à la louange duquel il est consacré. Ces livres sont très-considérables, et il existe un texte répété dans plusieurs d'eux qui porte à 400,000 le nombre total des stances dont se compose leur réunion, ce qui donne la masse énorme de 1,600,000 vers. Ecrits primitivement en sanscrit, ces volumineux ouvrages ont été depuis longtemps traduits dans la plupart des dialectes de l'Inde; ils sont encore aujourd'hui entre les mains des Hindoux de tout rang qui en font leur lecture habituelle.

« On ignore les noms des auteurs des Pouranas et l'époque où ils ont commencé à se répandre, mais cette collection peut être regardée comme plus récente que le grand corps des compositions brahmaniques. Elle offre le développement d'un certain nombre d'idées mythologiques auxquelles les Védas font de fréquentes allusions. Les titres des Pouranas actuels ne se sont jusqu'à présent rencontrés que chez des commentateurs modernes, mais le nom de *Pourana* n'en est pas moins antique dans l'Inde, et on peut croire qu'il existait anciennement dans ce pays, sinon des recueils, du moins des récits destinés à conserver le souvenir des fables cosmogoniques et l'histoire des dieux, des héros et des sages.

« Les Pouranas, comme plusieurs des compositions philosophiques et religieuses des Brahmanes, ont la forme d'un dialogue dans lequel interviennent d'un côté un sage auquel on attribue la connaissance des choses qui font le sujet du livre, et de l'autre des auditeurs qui, par leurs questions, l'invitent successivement à la leur communiquer.

« Un savant qui, par l'abondance des matériaux qu'il a rassemblés et par l'étendue de ses lectures, a plus de droit que personne d'avancer une opinion sur ce sujet, M. Wilson, a plusieurs fois répété que les Pouranas, sous leur forme actuelle, appartiennent à des époques très-diverses, et que, si d'un côté, ils renferment des découvertes d'une antiquité incontestable, ils n'en portent pas moins manifestement l'empreinte de remaniements dont l'influence des sectes modernes a été la principale cause. M. Wilson va jusqu'à dire que, s'il est probable que plusieurs des parties que renferment les Pouranas remontent à une haute antiquité, diverses portions de plusieurs de ces livres, sinon de tous, sont certainement postérieures au XIIe siècle de notre ère.

« Le corps des Pouranas, ou la collection des traditions anciennes peuvent avoir subi, à des époques qu'on ne peut déterminer encore, des modifications dont il est maintenant impossible d'apprécier l'étendue. Ce fait est attesté par le témoignage des Brahmanes qui nous ont conservé sur l'état primitif des Pouranas des détails précieux auxquels ne répond pas exactement la forme actuelle de ces livres. Divers textes sanscrits montrent qu'il n'y eut dans le principe que six ou même que quatre compilations pouraniques dont l'origine est attribuée à Vyasa, le collecteur des Védas. Rien ne nous apprend comment ce nombre a été porté à dix-huit, ni quels sont, parmi les Pouranas actuels, ceux qui reproduisent les quatre ou les six compilations primitives. Entre leur classification primitive conservée par la tradition et celle que nous possédons maintenant, il y a un intervalle que, dans l'état actuel de nos connaissances, il est impossible de combler.

« Il y a bien des siècles entre l'exposition si hardie et si concise, entre le langage encore rude mais solennel des Védas, et la manière facile mais un peu diffuse des Pouranas; entre l'époque, reportée par Colebrooke au xiv° siècle avant notre ère, où les Védas ont reçu la forme qu'ils ont maintenant, et celle où l'on a commencé à rassembler les légendes anciennes sous le titre spécial de Pouranas. »

M. Burnouf expose, d'après divers traités sanscrits, les motifs qui font attribuer le Bhagavata à Vôpadiva, auteur qu'on pense avoir vécu vers le vii° siècle de l'ère chrétienne. C'est d'ailleurs une question fort obscure; et ce qu'il y a de plus vraisemblable, c'est que la rédaction actuelle de ce Pourana a pu avoir lieu vers le commencement du xiv° siècle, mais pour le fond, il est de beaucoup antérieur à cette époque.

Parmi les dix-huit Pouranas, nul ne jouit chez les Hindoux de plus d'estime que le Bhagavata. C'est un point sur lequel s'accordent tous les témoignages des érudits qui ont résidé dans l'Inde. M. Wilson affirme que les Brahmanes ne lisent ordinairement que deux des Pouranas, le Bhagavata et le Vishnou, et notamment le premier. Nul ouvrage n'est plus vénéré parmi les sectateurs de Vishnou. Compilé d'après des matériaux anciens, il a conservé un grand nombre de renseignements qu'on chercherait vainement ailleurs.

Le nom de *Bhagavata*, dérive de Bhagavat, celle des épithètes de Krishna que l'on regarde comme la plus élevée et la plus sainte. Krishna est la plus grande des incarnations de Vishnou, et le nom de Bhagavat qui désigne le possesseur de toutes les perfections, convient à l'un des premiers des dieux de la religion indienne. Le Bhagavata est donc un Pourana consacré à la louange de Vishnou, envisagé sous son caractère le plus glorieux et le plus complet.

« Ce n'est pas seulement à l'histoire de Krishna, désigné spécialement sous le nom de Bhagavat, qu'est consacré le Bhagavata. Quelques soins que l'auteur ait donnés à la partie de son ouvrage qui se rapporte à cette célèbre incarnation de la seconde personne de la triade populaire des Hindous, il n'a pas voulu borner là sa tâche. Il suit Vishnou dans chacune des incarnations sous lesquelles la mythologie aime à le représenter. Il rassemble toutes les légendes relatives à ces incarnations, et il les lie entre elles par une série de dialogues où des sages dévoués à ce dieu s'excitent avec ardeur à chanter sa gloire. Ce but du poëme, qui reparaît à chaque instant et qui remplace ce qui manque au plan sous le rapport de la régularité et de l'ordre, en constitue l'unité véritable. C'est Vishnou, envisagé sous toutes ses faces, qui y est l'objet d'une hymne qui ne s'interrompt que pour passer d'un attribut déjà décrit à un attribut nouveau, dans la contemplation duquel la foi du poëte trouve la matière de chants religieux et philosophiques.... Un lecteur européen peut d'ailleurs s'étonner de la physionomie étrange de ce poëme. Les identifications perpétuelles que le poëte fait de Bhagavat avec les nombreux personnages de la mythologie indienne, la profusion d'épithètes dont il se sert pour exprimer les attributs variés de son dieu, les formes quelquefois si inattendues sous lesquelles il le représente, tout cela est bien fait pour dérouter les lecteurs que les procédés de l'esprit oriental ont accoutumés à ne se plaire qu'au développement successif et régulier des conceptions de l'intelligence.... Mais autant cet ouvrage est imparfait sous le rapport de l'ordre, autant il est curieux du moment qu'on n'y voit plus qu'une collection d'hymnes, de fragments philosophiques et de légendes. Les hymnes qu'annonce d'ordinaire un changement soudain de mètre et de langage, rompent sans doute le fil du récit; ils suspendent la marche de l'action et jettent presque toujours subitement le lecteur dans un ordre d'idées tout à fait nouveau et souvent très-éloigné de celui dont on l'arrache sans préparation; mais il faut y admirer une élévation et une chaleur, une richesse et une variété qu'on ne trouve peut-être pas à un plus haut degré dans les plus belles productions de la littérature indienne. Quoique les hymnes des Védas aient fourni au poëte de nombreux modèles, on doit reconnaître dans ces morceaux lyriques un caractère de vigueur et d'originalité qui donne une idée favorable de son talent. »

Nous avons dit que le Bhagavata, comme tous les autres Pouranas, a la forme d'un dialogue; mais cette forme, qui enveloppe en quelque sorte le poëme, contient en elle-même une multitude d'autres dialogues qui en constituent le fond, car le narrateur principal ne parle jamais en son nom personnel; il rappelle, au contraire, fort régulièrement les interlocuteurs qui paraissent dans les histoires et dans les légendes que la tradition lui a transmises, et dont la réunion forme, à proprement parler, son poëme. Ce mélange et cette variété des noms propres qui paraissent à titre d'interlocuteurs dans le récit, rend la lecture du Pourana quelquefois difficile. Une analyse succincte des trois premiers livres est le meilleur moyen qu'on puisse offrir au lecteur pour s'orienter au milieu de cette foule de personnages dont l'apparition semble à tout instant rompre le fil du récit principal.

Après quelques stances d'introduction, le dialogue s'établit entre le barde Sûta et les solitaires de la forêt de Naimicha, lesquels lui demandent de leur raconter l'histoire de Krishna, fils de Vasoudeva et de Dèvaki. C'est là l'objet du chapitre premier, lequel trace ainsi le cadre général du poëme et en marque distinctement le sujet. Dans le chapitre second, le barde, après avoir interrogé Çuka, fils de Vyasa, répond qu'il est prêt à satisfaire aux questions des sages, et il expose brièvement les avantages qui résultent de l'attention avec laquelle on écoute l'histoire de Krishna, nommé par excellence Bhagavat ; le plus grand de ces avantages et celui qui résume tous les autres, est la dévotion dont on finit par se sentir embrasé pour cet être divin. Ce chapitre annonce d'une manière précise le but du poëme ; c'est un livre qui s'adresse à la secte des Vaichnavas, qui prend Bhagavat pour l'objet spécial de son culte. Ce second chapitre est suivi d'une énumération des vingt-deux incarnations de Bhagavat, lequel n'est autre que Vishnou, énumération qui peut passer pour une table succincte des matières destinées à entrer dans la composition du Pourana. Le barde, après avoir plus d'une fois insisté sur le caractère véritable de ces incarnations qu'il représente comme des espèces de vêtements dont s'enveloppe l'Être suprême, qui n'en est pas moins unique et qui reste toujours indépendant des formes extérieures sous lesquelles il se laisse voir, apprend aux solitaires que c'est Vyasa qui a composé le Pourana dont Bhagavat fait le sujet, et dont le contenu vient d'être résumé en peu de mots. Vyasa en communiqua la connaissance à son fils Çuka, qui, à son tour, le raconta au roi Parikshit, en présence d'une assemblée de sages et de Brahmanes dont le barde qui parle faisait lui-même partie. Après que le barde a ainsi rappelé les circonstances qui l'ont mis en possession du Bhagavata, le Brahmane Çaunaka, qui figure dans les Védas, lui demande d'exposer à quelle occasion Vyasa a composé ce poëme, et comment a eu lieu la rencontre de Çuka, fils de Vyasa, et du roi Parikshit, petit-fils d'Ardjouna.

Çuka répond que c'est après avoir classé les Védas et rédigé les Pouranas, que Vyasa écrivit le Bhagavata ; il rapporte en conséquence, dans les chapitres cinq et six, un dialogue qui eut lieu entre Narada et Vyasa, et où le richi des Devas raconte l'histoire de son existence mortelle avant qu'il eût obtenu la possession de ses prérogatives divines, qu'il présente comme la récompense de sa dévotion à Bhagavat. Le barde dit ensuite que, par suite de cet entretien, Vyasa composa le Bhagavata et le fit lire à son fils Çuka. Il annonce aux solitaires qu'il va leur raconter la naissance, les actions et la mort du roi Parikshit, sujets qui servent d'introduction à l'histoire de Krishna, puisque c'est devant Parikshit, et au moment où ce roi allait quitter la vie, que Çuka fit le récit du Bhagavata. Il donne ensuite un extrait succinct et souvent peu exact de la partie du Mahabharata qui concerne le roi Parikshit. Dans cette partie du Pourana qui commence au chapitre septième, stance treize, et qui remplit la fin du livre premier, Çuka est le narrateur principal d'un récit où les personnages du Mahabharata sont les interlocuteurs pendant de nombreux dialogues qui sont tous, en définitive, placés dans la bouche du barde.

Quand Çuka, au commencement du chapitre dix-huit, a terminé l'histoire de Parikshit et répondu ainsi à la question que lui avait adressée Çaumaka, les Rishis, ou les sages inspirés dont ce Brahmane est le chef, le prient de leur raconter l'histoire de Bhagavat. Le barde expose alors les faits qui attirèrent à Parikshit la malédiction d'un Brahmane, la détermination que prit ce roi de mourir près du Gange, et l'arrivée de Çuka, fils de Vyasa, qui vint s'asseoir au milieu des sages auxquels Parikshit avait fait connaître son dessein. Il dit que le roi, profitant de l'arrivée de ce grand solitaire, lui demanda de lui exposer ce que doit entendre l'homme qui veut mourir. Cette question termine le chapitre dix-neuf du premier livre, et le second livre s'ouvre par la réponse de Çuka, qui déclare à Parikshit que ce qu'il y a de plus important à connaître, c'est l'histoire de Bhagavat, qu'il tient lui-même de Vyasa et qu'il va lui raconter.

Avant d'entrer dans son sujet, Çuka expose à Parikshit les obligations imposées à l'homme qui veut terminer saintement sa vie. Ces obligations consistent dans l'exercice de la méditation ou dans la contemplation de la forme matérielle de Bhagavat, qu'il faut se représenter sous la figure du monde, et dans la pratique de la dévotion qui prend pour l'objet de son amour passionné l'image de Bhagavat.

Çaunaka reprend la parole au chapitre troisième, pour demander à Çuka quelles furent les questions que Parikshit adressa ensuite au fils de Vyasa ; le barde répond que le roi, après avoir complétement renoncé au monde, ainsi que le lui avait recommandé Çuka, pria ce dernier de lui expliquer l'histoire de Bhagavat, en commençant par la création dont Vishnou est le premier auteur.

Çuka, préludant par une hymne en l'honneur du Dieu, dont il va chanter les œuvres, dit au roi que l'histoire qui fait l'objet de ses questions a été enseignée par Bhagavat à Brahma, et par ce dernier à Narada, son fils, qui avait désiré en être instruit. Aussi, le chapitre cinquième nous montre Narada interrogeant Brahma sur le véritable auteur des choses, et Brahma lui répondant que c'est Bhagavat et lui décrivant la création comme l'œuvre de l'Être suprême. S'unissant à sa Maya ou à sa forme illusoire dans le chapitre septième, Brahma expose sous une forme lyrique le résumé des incarnations de Bhagavat, qu'il appelle les jeux de l'Être suprême.

Le roi Parikshit reprend la parole et demande à Çuka comment Narada, auquel Brahma venait de confier le Bhagavata, en répandit la connaissance dans le monde, et, à cette occasion, il résume d'une manière rapide toutes les questions auxquelles donnent lieu toutes les matières religieuses et morales qui font le sujet d'un Pourana. Après cette question, le dialogue se déplace encore, et le barde raconte que Çuka, sollicité par le roi, raconta devant lui le Bhagavata-Pourana que Bhagavat avait révélé à l'origine du monde, à Brahma, qui était embarrassé d'accomplir l'œuvre de la création. Bhagavat, en effet, paraît au chapitre neuvième, et il révèle à Brahma quatre stances (de 32 à 36) qui, selon les commentateurs indiens, sont le germe et comme le principe divin du Bhagavata. En possession de la science que ces stances renferment, Brahma se livre à une rude pénitence et communique à son fils Narada, qui le transmit plus tard à Vyasa, le Pourana qui doit son nom à Bhagavat et qui est marqué de dix caractères propres. Çuka les énumère au dixième chapitre. Çaunaka rappelle alors au barde qu'il a déjà entendu de sa bouche quelques-unes des circonstances de l'histoire de Vidura, entre autres le récit de sa visite aux étangs sacrés et de sa rencontre avec Maitreya. Çaunaka désire connaître ces faits plus en détail, et il demande à Çuka de lui raconter l'histoire de Vidura. Le barde dit que sa réponse sera celle que Çuka fit à Parikshit, et termine ainsi le second livre.

Le troisième livre s'ouvre par la reprise du dialogue entre le fils de Vyasa et le roi Parikshit. Çuka dit que la question relative à Bhagavat que Parikshit lui a faite, a été adressée jadis par Vidura à Maitreya. Il entre dans le détail des faits racontés dans le Mahabharata, qui forcèrent Vidura de quitter sa demeure. Ces événements sont exposés depuis la stance six du premier chapitre jusqu'à la fin du chapitre quatre. Ils sont un peu confusément présentés à cause du mélange des interlocuteurs qui se répètent et s'interrompent trop fréquemment. Le chapitre cinq qui, de même que les précédents, est dans la bouche de Çuka, nous montre Vidura demandant à Maitreya l'histoire de Bhagavat. A partir de ce point, le dialogue se passe entre Vidura qui interroge et Maitreya qui répond, et qui expose ce qui concerne la création. Vidura trouve ainsi l'occasion d'interroger Maitreya sur l'origine et la destruction de l'univers, sur l'état futur de l'homme et sur ses devoirs en ce monde. On peut dire que jusqu'au huitième chapitre du troisième livre le Bhagavata n'offre qu'une série d'introductions présentées sans aucune méthode ; le récit se déroule ensuite avec plus de régularité. Maitreya répond aux questions de Vidura ; il raconte comment Brahmâ naquit de l'essence de l'Être suprême. Brahmâ chante une hymne en l'honneur de Bhagavat, qui lui apparaît, et lui donne le pouvoir de créer. La création primitive commence au chapitre dixième ; au onzième est décrit le temps avec ses divisions ; au douzième, les créations individuelles se développent, et en particulier celle des anciens Richis et du Manou Swayambhuva, qui, s'unissant à Çataràpà, donna naissance aux êtres dont le monde est peuplé. Le Manou prie son père Brahmâ de faire un effort pour retirer la terre du fond de l'Océan où elle est submergée. Pendant que Brahmâ médite sur le moyen de la retirer de l'abîme, apparaît, d'une manière miraculeuse et bizarre, un sanglier, qui n'est autre que l'incarnation de Vishnou. Ce récit fournit à Vidura l'occasion de demander à Maitreya l'histoire de Hiranyaksha, le chef des Daityas, qui fut tué par Vishnou, caché sous cette forme de sanglier, et ce récit occupe six chapitres (14-19).

Le barde reprend ensuite la parole ; il énumère les récompenses promises à celui qui lira cette histoire. Çaunaka lui demande alors comment le Manou Swayambhuva, en faveur de qui la terre avait été retirée de l'abîme, exécuta les ordres de Brahmâ, son père, qui l'avait chargé de peupler le monde. Le Barde, mettant sa réponse dans la bouche de Maitreya, à qui pareille question avait été adressée par Vidura, raconte que Brahmâ donna naissance à une foule d'êtres différents d'instinct et de noms, qu'il fit sortir des principales parties de son corps. De là, il passe à l'histoire de Kardama, l'un des fils de Brahmâ, auquel le Manou donne sa fille Devâhûti. Ce récit forme le fond de trois chapitres (21-23). Au chapitre vingt-quatre, Bhagavat s'incarne dans le sein de Devâhûti, et vient au monde sous le nom de Kapila. Ici reparaît Çaunaka, qui demande à Luta l'histoire de Kapila ; cette histoire, racontée à Vidura par Maitreya, n'est qu'une série de dialogues entre Kapila, auquel le poëte conserve le nom sacré de Bhagavat et Devâhûti, sa mère, qui, désabusée du monde, demande la science à son fils dont elle a reconnu le caractère divin. Kapila expose successivement la nécessité de la dévotion, la connaissance de la nature, les moyens de s'affranchir du monde, la théorie de la dévotion et du *yoga* ou de l'unification. Ces dialogues remplissent cinq chapitres (25-29) ; ils sont suivis d'une description de la vie humaine et du résultat des œuvres, qui, sous le rapport de la profondeur des idées et de la justesse de l'observation, est ce que les trois premiers livres du Bhagavata renferment de plus remarquable. Enfin, le récit se termine par la destruction du corps de Divahuta, dont les éléments grossiers se changent en une sainte rivière, et dont l'âme, éclairée par les enseignements de son fils, parvient à la béatitude suprême.

Pour établir le texte sanscrit qu'il a édité, M. Burnouf se servit de trois manuscrits de la bibliothèque impériale à Paris, et d'une note appartenant à la société asiatique. Il a aussi consulté l'édition brahmanique, imprimée à Calcutta, l'an 1749 de Çaka (1828 de notre ère), et qui est d'une belle exécution quoique d'un caractère trop fin et d'un tirage irrégulier; elle est en général correcte.

En 1788, Foucher d'Obsonville avait publié le *Bagavadan, ou doctrine divine, ouvrage indien canonique*. Ce volume, qui n'a que 348 pages, est la traduction française d'une version tamoule du Bhagavata; son peu d'étendue indique, dès le premier coup d'œil, qu'il ne faut y chercher qu'un abrégé très-succinct du texte original; de plus, les noms propres y sont transcrits d'une manière fort incorrecte; les suppressions paraissent dues à l'interprète tamoul, qui n'avait voulu donner qu'un extrait du Bhagavata; il a retranché presque entièrement la partie poétique, dont l'importance est très-grande dans l'original sanscrit.

M. Burnouf voulait joindre à sa traduction un volume exclusivement consacré aux notes dont elle avait besoin, et à des dissertations dans lesquelles il se proposait d'examiner les diverses questions de critique que soulevait une composition de cette étendue. On ne saurait trop déplorer qu'il n'ait pu réaliser ce projet; quand se présentera-t-il un érudit assez tenace au travail, assez versé dans les secrets de la langue et des croyances de l'Inde pour accomplir ce qui est resté inachevé ?

Nous terminerons ces détails en empruntant à la traduction de M. Burnouf, et comme échantillon un des chapitres du début de l'œuvre : *Le mystère des naissances de Bhagavat*.

« Au commencement, Bhagavat, désireux de créer l'univers, prit la forme de Purucha (*l'Esprit et l'Homme-monde*), forme composée de seize parties de Mahat (*l'Intelligence*) et des autres principes.

« Pendant qu'il reposait sur l'Océan, plongé dans le sommeil de la méditation, de son nombril, comme d'un étang, sortit un lotus, duquel naquit Brahmâ, le chef des architectes de l'univers.

« La forme de Bhagavat, des membres duquel s'est développée l'étendue du monde, est pure, énergique; c'est la bonté même.

« Les hommes qui ont des regards pénétrants voient cette forme merveilleuse, qui a des millions de pieds, de bras, de bouches, des milliers de têtes, d'oreilles, d'yeux, de nez, qui est ornée de milliers de diadèmes, de parures et de pendants d'oreilles.

« C'est cet être divin qui se soumit, sous la forme de Brahma, à une pénitence rude et non interrompue.

« Afin de donner l'existence à ce monde, ce Dieu, chef du sacrifice, revêtit la forme d'un sanglier, pour retirer la terre des profondeurs de l'abîme où elle était tombée.... Sollicité par les Rishis, il prit le corps de Prithou et fit sortir de la terre les herbes bienfaisantes; aussi cette incarnation est-elle particulièrement aimable.

« Après le débordement des eaux, il revêtit la forme d'un poisson, et faisant de la terre un vaisseau, il sauva le Manou Vaivaswata.

« Pendant que les Suras et les Asuras agitaient l'Océan, l'Être suprême prit la forme d'une tortue, et soutint sur son dos la montagne dont ils se servaient pour remuer la mer.

« Sous la forme d'un homme-lion, il mit en pièces le puissant chef des Daityas, lui déchirant la poitrine avec ses ongles aussi facilement qu'un couteau tranche un brin d'herbe.

« Sous la figure d'un nain, il se rendit au sacrifice de Bali, ne demandant que l'étendue de trois pas, mais voulant (*en réalité*) s'emparer des trois mondes.

« Voyant que les rois tyrannisaient les Brahmanes, dans sa fureur, il purgea vingt et une fois la terre de la race des Kschatriyas.

« Prenant le rôle de Dieu des hommes (*de roi*), dans le désir d'être utile aux Suras, il accomplit plusieurs actions héroïques, telle que celle de jeter un pont sur l'Océan....

« Sages Brahmanes, les incarnations de Hari, trésor de bonté, sont sans nombre, comme les mille canaux qui sortent d'un lac inépuisable. »

Il faut d'ailleurs convenir que pour des esprits européens (ainsi que le remarque M. Barthélemy Saint-Hilaire, *Journal des Savants*, septembre 1852, p. 562), la lecture du *Bhagavata-Pourana* est aussi fastidieuse que la pensée en est confuse. La traduction de M. Burnouf, admirable de fidélité et de clarté, n'a pu effacer les défauts de l'original; on peut dire presque qu'elle les fait encore ressortir davantage. Il ne faudrait pas cependant que notre goût s'offensât trop vivement de ces défauts; ce n'est pas pour nous que ce livre a été fait.

TROISIÈME SECTION.
LES UPANISHADS.

AVANT-PROPOS.

On donne ce nom aux dissertations philosophiques attachées aux Védas ; fort différents de date et de valeur, les Upanishads sont en grand nombre, car on en connaît près de cent-quarante. Heureusement, la plupart d'entre eux ne consistent qu'en quelques pages. Le thème dont ils traitent est l'unité de l'âme divine ou humaine, et c'est grâce à eux que la philosophie indienne se rattache aux hymnes sacrés par des liens qui sont encore couverts d'obscurité et qui paraissent bien artificiels.

Ces productions sont le résultat et l'expression du travail théologique que les Brahmanes ont fait sur les hymnes pendant toute la durée de l'époque védique, et peut-être encore plus tard. Ils traitent en partie du culte et des devoirs des Brahmanes, mais surtout de la nature de Dieu et de ses rapports avec le monde. Il s'est conservé environ cent de ces traités, qui forment pour les Brahmanes la règle de leur foi.

Deux volumes in-4°, publiés par Anquetil du Perron, sont tirés d'une traduction persane de cinquante de ces traités ; mais l'obscurité presque impénétrable de cette version, l'étrange latin dans lequel elle est écrite, sont propres à rebuter les lecteurs les plus intrépides et à donner, après tout, une fausse idée de ces monuments des doctrines de l'Inde.

L'ouvage d'Anquetil a pour titre : *Oupnekhat (id est secretum tegendum) opus continens antiquam et arcanam seu theologicam et philosophicam doctrinam ex IV sacris Indorum libris excerptam*. Strasbourg, 1802, 2 vol. in-4° ; cette traduction latine est tellement littérale qu'elle est parfois presque inintelligible ; elle ne reproduit d'ailleurs qu'une traduction persane abrégée.

La version d'Anquetil comprend d'ailleurs tout ce que renfermait la version persane ; quoique informe et insuffisante, elle pourrait être utile en la comparant aux originaux sanscrits.

On trouve dans les Œuvres du comte de Lanjuinais (Paris, 1824, 5 vol. in-8°), t. IV, p. 248-357, une analyse de l'*Oupnekhat*. Ce travail parut dans le *Magasin encyclopédique*, 9ᵉ année, t. III, V et VI. Il fut reproduit dans le *Journal asiatique* en 1823.

Anquetil crut pouvoir conjecturer, d'après plusieurs passages, que l'*Oupnekhat* fut composé plus de deux mille ans avant l'ère chrétienne ; il commença par traduire le texte persan mot à mot en français. Son travail étant barbare et inintelligible, il eut recours au latin qui admet les inversions, et qui lui offrait plus de ressources pour suivre de près le texte original ; mais il n'a pu arriver qu'à donner un ouvrage d'une lecture bien fatigante.

Il mit en tête de sa version une dissertation dans laquelle il se proposa de comparer la doctrine philosophique et théologique des livres indiens avec celle de plusieurs rabbins célèbres, de quelques docteurs de l'Église catholique et des théologiens.

Il expose la doctrine indienne sur les quatre points suivants, qui forment autant d'articles séparés : 1° L'Être suprême, sa nature et ses attributs ; 2° l'origine du monde par émanation ou par création ; 3° l'existence d'un monde naturel et intellectuel de beaucoup supérieur au nôtre ; 4° l'influence des astres sur la terre et sur les corps célestes.

Nous avons dit qu'Anquetil avait fait usage d'une traduction persane de l'*Oupnekhat* ; elle fut faite par le prince Mohamed Dara-Schekouh, frère aîné de l'empereur mogol Aurengzeb, et que celui-ci fit mettre à mort en 1657.

L'*Oupnekhat* est partagé en cinquante sections ; le premier volume de la traduction d'Anquetil n'en contient que six qui occupent 500 pages in-4° ; ces six sections sont partagées en quatre-vingt-six instructions appelées *Bráhmana*. Ce sont autant de morceaux détachés en forme d'historiettes et de dialogues ; ils développent confusément quelques points de la doctrine métaphysique des Hindous, mélange de panthéisme et d'idéalisme. Cet exposé est délayé dans une foule de points d'histoire, de récits mythologiques, de notions scientifiques plus ou moins inexactes, d'abstractions, d'allégories, qu'il est, le plus souvent, fort difficile de comprendre.

Le II° volume publié par Anquetil contient, en 451 pages, les quarante-quatre derniers Oupnekhats et tous les Brâhmanas qui en dépendent, avec des notes et dissertations du traducteur. Dans ces écrits, il y a peut-être un peu moins d'obscurité que dans ceux qu'offre le I° volume, mais c'est toujours le même système d'allégories et d'abstractions réalisées. L'ouvrage entier fourmille de redites et de longueurs ; il y a parfois des contradictions, et surtout ce manque d'ordre, de justesse et de précision, qui forment le cachet des productions des Orientaux.

Les Oupnekhats 7, 8, 9 et 19 ont paru en français, traduits par Anquetil du Perron, dans le I° volume des *Recherches historiques sur l'Inde*, in-4°, Berlin, 1786.

KATHA-UPANISHAD.

AVANT-PROPOS.

Le Katha-Upanishad se compose de deux parties ou Adhyayas ; chacune d'elles est formée de trois chapitres, ou *vallis*. Il en existe plusieurs versions. Ram-Mohun-Roy le fit passer en anglais, et cette traduction parut dans le *Tattvabodhini Pattrika* (tom. I, p. 316-327) ; une traduction en bengali fait partie du même recueil (vol. I, p. 423-456 (295). Windischman en a donné une traduction allemande dans l'ouvrage de son père sur la philosophie, et ses progrès dans l'histoire du monde (*Die Philosophie im Fortgang der Weltgeschichte*, pag. 1706-1717). Poley en a publié une autre traduction allemande dans l'appendice de sa traduction de l'ouvrage de Colebrooke sur les Védas, p. 113-128. Le docteur Weber en a fait l'objet de quelques remarques dans ses *Indische Studien*, vol. II, pag. 197-200. Ce savant pense que l'Upanishad katha se terminait primitivement au troisième *valli* ; il se fonde sur ce que la première partie est complète par elle-même et qu'elle a une conclusion formelle, sur ce que la seconde partie se compose presque entièrement de citations empruntées aux Védas et sur la différence de langage qu'on peut observer entre les deux parties. Ces motifs paraissent fondés ; le sujet dont il est question dans l'Upanishad est traité d'une façon complète dans la première partie ; il n'y a point dans la seconde d'idée nouvelle, mais seulement le développement, qui paraît avoir été composé après coup, de quelques-uns des principes déjà énoncés. Quoique plus récente que la première partie, la seconde remonte toutefois à une période d'une antiquité reculée.

Le katha Upanishad a toujours été regardé comme une des meilleures compositions de ce genre ; l'élévation des pensées, la profondeur des expressions, la beauté des images lui donnent un mérite qu'on rencontre rarement dans les ouvrages sanscrits. La légende par laquelle il débute montre une conception élevée ; c'est la Mort qui répond aux questions les plus hautes que l'esprit humain peut se faire à lui-même ; on remarquera aussi la conviction intime qui anime Nachiketas au sujet de la supériorité infinie de ce qui est bien au-dessus des plaisirs du monde, eussent-ils toute la perfection qui dépend de leur nature ; on remarquera la fermeté que montre le sage parmi toutes les séductions placées devant lui, et qui offre quelque ressemblance avec l'énergie dont Platon fait usage pour prouver dans le second et le troisième livre de sa *République* que la Justice est d'une valeur incomparable et qu'il faut y rester fidèle, dans quelque circonstance que l'on se trouve. La belle comparaison du corps à un char, ayant l'esprit pour conducteur et les sens pour chevaux, rappelle la comparaison du même genre qui se trouve dans le *Phèdre* de l'illustre philosophe grec. Au point de vue philosophique, il y a peu d'éloges à donner à l'Upanishad qui nous occupe ; il y a peu de liaison entre les idées, peu de progrès de l'une à l'autre, de sorte qu'elles semblent plutôt une compilation que la production d'un esprit original. On voudrait un meilleur arrangement dans la discussion du sujet ; les sentences ne se suivent pas dans un ordre logique ; au milieu de l'examen d'une question, un autre ordre se présente sans que la nécessité s'en fasse sentir.

Les sujets traités dans le Katha-Upanishad sont ceux que toute philosophie prend pour thème de ses méditations, mais l'Inde antique les envisageait sous un aspect différent de celui auquel s'attachent les penseurs modernes. Ces sujets peuvent se résumer ainsi : « Quel est l'objet le plus élevé vers lequel doit tendre l'homme ? Quelle est la dernière cause du monde ? Quel rapport a cette cause avec le monde ? Comment la connaissons-nous ? »

Les idées sur le Brahma infini, sur les deux âmes qu'il y a en ce monde (l'âme finie ou renfermée dans le corps, et l'âme infinie ou affranchie du corps) sont conformes aux principes de la métaphysique et de la psychologie des Hindous ; nous n'avons pas à les discuter ici ; elles sont conformes dans l'ensemble aux doctrines des Vedas, et peuvent se résumer ainsi : C'est l'esprit absolu qui est le fondement, la cause du monde ; l'objet de la véritable science est de le reconnaître comme étant le même que toutes les créatures, comme ne faisant qu'un avec l'âme individuelle du croyant qui, par là, atteint le but final vers lequel il faut tendre, l'absorption en Brahma.

(295) Une autre traduction anglaise par le docteur Roër se trouve dans la *Bibliotheca Indica*, n° 50 (Calcutta 1853), vol. XV, p. 89-118.

CHAPITRE PREMIER.
PREMIER VALLI.

1. Le fils de Vajasrava (Gautama), désireux d'obtenir le ciel, donna tout ce qu'il possédait. Il eut un fils nommé Nachikétas.

2. Lorsque les présents furent apportés, le jeune homme fut pénétré d'une anxiété filiale (au sujet du bien-être de son père). Ses pensées furent celles-ci :

3. (Un sacrificateur) qui donne (des vaches) qui ont bu leur eau, mangé leur herbe, donné leur lait et qui sont stériles, va certainement dans les mondes du malheur.

4. Il dit à son père : « O mon père, à qui me donneras-tu? » Il répéta cette question une seconde et une troisième fois. Le père (furieux) lui répondit : « Je te donnerai à la mort. »

5. Nachikétas pensa : « Parmi beaucoup de fils je suis le premier; parmi beaucoup d'autres je suis parmi les moyens, mais non parmi les méchants; y a-t-il quelque œuvre qu'Yama (le dieu de la mort) accomplira aujourd'hui par mon entremise? » Et Nachikétas dit :

6. « Souviens-toi comment agissaient les hommes d'autrefois (nos ancêtres); considère comment agissent les hommes de bien de l'époque actuelle. Les mortels mûrissent comme du blé; ils naissent derechef comme du blé.

7. Un homme Brahmane entre dans une maison comme Vaisvanara (le feu). C'est pour lui que l'homme de bien fait cette offrande pacifique. Prends l'eau, ô fils de Vivasvat (le soleil).

8. L'espoir, l'attente, la réunion (avec les gens de bien), les paroles amicales, les sacrifices, les dons pieux, les fils et le bétail, tout cela est perdu par l'homme de peu de sens dans la maison duquel un Brahmane séjourne sans prendre de nourriture.

9. (Yama dit :) « O Brahmane, puisque toi qui es un homme vénérable, tu as séjourné dans ma maison pendant trois nuits sans prendre de nourriture, salut à toi et qu'il ne m'arrive aucun mal; forme trois souhaits qui seront accomplis en revanche des trois nuits que tu as passées ici sans être reçu comme tu devais l'être. »

10. (Nachikétas dit) : O Mort, que l'esprit de Gautama se calme et que sa colère soit apaisée; que son irritation contre moi se dissipe et qu'il me salue, lorsque tu m'auras délivré, se rappelant que je suis son fils; c'est le premier vœu que je forme.

11. (Yama dit :) Grâce à ma bonne volonté, Auddalaka, fils d'Aruna, se souviendra (de toi avec amour); comme précédemment il dormira heureusement pendant la nuit; exempt de colère, il te reverra lorsque tu seras relâché de la bouche de la mort.

12. (Nachikétas dit :) Il n'y a dans le ciel de crainte d'aucune espèce; nul n'y craint de subir quelque mal. Affranchis de la faim et de la soif, à l'abri de tout chagrin, tous les habitants du ciel se livrent à la joie.

13. O Mort, tu as un souvenir du feu céleste; fais-le moi connaître aussi à moi qui ai la foi. Ceux qui résident dans le ciel jouissent de l'immortalité; c'est le second souhait que je forme.

14. (Yama dit :) Ecoute les paroles que je vais t'adresser. Je connais le feu céleste, ô Nachikétas. Apprends que le feu qui est la cause de l'acquisition de mondes infinis, et qui est le fondement (de l'univers) est placé dans la cavité du cœur. »

15. Il lui donna des explications sur ce feu qui est le premier des mondes, sur la nature des briques et sur leur nombre (296), et de quelle manière (doit s'accomplir le culte de ce feu). Nachikétas répéta ce qui lui était expliqué. Le dieu de la mort fut satisfait et reprit la parole.

16. Le magnanime dieu de la mort lui dit : « Je t'accorde encore un autre don. Ce feu sera désigné d'après ton nom. Prends aussi cette chaîne aux nombreuses couleurs.

17. Quiconque accomplit trois fois le sacrifice du feu Nachikétas après avoir reçu les avis de ses trois guides (son père, sa mère et son précepteur), et après avoir accompli trois œuvres (296*) domine la naissance et la mort. Quiconque connaît et apprécie ce feu qui est sorti de Brahma, qui est sage, qui est divin et digne de louanges, obtient la paix à jamais durable.

18. Quiconque fait trois offrandes auprès du feu Nachikétas, lorsqu'il connaît sa triple nature, laisse avant (la mort du corps) les chaînes de la mort, et, exempt de chagrin, se réjouit dans le séjour du ciel.

19. C'est le feu céleste que tu as choisi, ô Nachikétas, pour l'accomplissement du dernier de tes vœux. Les hommes désigneront désormais ce feu d'après ton nom. Choisis la troisième chose que tu demandes, ô Nachikétas.

20. (Nachikétas dit :) Il existe une difficulté : quelques-uns disent que l'âme existe après la mort de l'homme; d'autres qu'elle n'existe pas. Je voudrais, recevant tes instructions, savoir ce qui en est. C'est le troisième des souhaits que je forme.

21. (Yama dit :) Quant à cette question, elle a jadis été faite par les dieux eux-mêmes, car il n'est pas aisé de la comprendre; sa nature est subtile. Forme un autre souhait, ô Nachikétas; ne me force pas à te satisfaire à cet égard; dégage-moi de ma promesse.

22. (Nachikétas dit :) « Les dieux eux-mêmes ont vraiment posé cette question, et quant à ce que tu

---

(296) Les briques se déposent chaque jour après l'offrande du feu, on les compte au bout de l'année.

(296*) Ces trois œuvres sont l'offrande aux dieux, a lecture des Védas et l'exercice des œuvres de charité.

SECT. III. — LES UPANISHADS. — KATHA-UPANISHAD.

dis, ô Mort, qu'elle n'est pas facile à comprendre, il n'est personne qui puisse en parler comme toi, il n'est pas d'autre souhait que je puisse former.

23. (Yama dit :) « Demande des fils et des petits-fils qui vivent cent ans; demande des troupeaux, des éléphants, de l'or et des chevaux; demande la vaste étendue de cette terre, et que ta vie se prolonge aussi longtemps que tu voudras.

24. Si tu as quelque autre souhait à former, fais-le connaître; sois le roi de la vaste étendue de la terre; je te procurerai la satisfaction de tous tes désirs.

25. Demande au gré de ton envie toutes les choses qu'on peut désirer en ce monde, et qu'il est difficile d'obtenir; demande la société des belles habitantes du ciel avec leurs chars et leurs instruments de musique, créatures auxquelles l'homme ne peut atteindre, et qui formeront ton cortége. Je te donnerai ce que tu désireras, mais ne fais pas de question sur l'état des âmes après la mort. »

26. (Nachikêtas dit:) « Toutes ces puissances ne durent qu'un jour; elles sont passagères et ne satisfont que les sens; la vie est courte, et tu mets fin, ô roi de la mort, aux danses, aux chansons et à tous les plaisirs.

27. L'homme ne se repose pas satisfait de la possession de la fortune. Lors même que nous obtiendrions des richesses immenses, nous resterions soumis à la loi, et tu rendrais bien courte la possession de nos trésors. Le souhait que j'ai formé, je l'ai déjà dit.

28. Quel est l'homme vivant en ce bas monde qui peut trouver du charme en une longue existence lorsqu'il sait qu'en vieillissant et en mourant, il ira rejoindre les dieux et qu'il atteindra à la félicité suprême?

29. Dis-nous, ô Mort, ce qui concerne la grande question touchant l'autre monde que les dieux eux-mêmes ont posée. Nachikêtas ne réclame de toi que de savoir ce qui concerne l'âme, et ce qui est ignoré des mortels. »

DEUXIÈME VALLI.

1. (Yama dit:) « Autre chose est ce qui est bon, autre chose ce qui est agréable. Ces divers objets, tendant à des buts différents, enchaînent l'homme. Heureux le mortel qui, entre les deux, ne choisit que ce qui est bon. Celui qui choisit ce qui est agréable perd le dernier objet vers lequel doit tendre tout mortel.

2. Ce qui est bon et ce qui est agréable se saisissent de l'homme; le sage, les comprenant, distingue leur nature; le sage choisit ce qui est bon, parce qu'il excède en valeur ce qui est agréable, mais l'homme stupide choisit ce qui est agréable à obtenir et à garder.

3. Tu as, ô Nachikêtas, abandonné les objets que l'homme désire, soit qu'ils flattent nos penchants (tel qu'un fils), soit qu'ils aient une forme séduisante (comme les nymphes du ciel). Tu n'as pas choisi la route de la fortune, sur laquelle tant d'hommes périssent.

4. L'ignorance et la science sont bien éloignées l'une de l'autre et mènent à des buts bien différents. Je te regarde, ô Nachikêtas, comme avide de science, car de nombreux objets qui excitent les désirs des hommes ne t'ont pas séduit.

5. Ceux qui vivent au milieu de l'ignorance, mais qui se croient sages et instruits, tournent de côté et d'autre, égarant leurs pas errants comme un aveugle conduit par un aveugle.

6. La marche nécessaire pour arriver au monde céleste n'est point aperçue d'un jeune insensé que troublent les illusions de l'opulence. Il s'attache à l'existence de ce monde et il oublie l'autre, et il est, a diverses reprises, soumis à ma domination.

7. L'âme n'est pas acquise par beaucoup d'hommes, parce qu'ils n'en entendent pas parler, et beaucoup d'hommes ne la connaissent pas, quoiqu'ils en entendent parler; celui qui en parle est admirable, celui qui la reçoit est ingénieux, celui qui la connaît est admirable, lorsqu'ils sont instruits par un maître éclairé.

8. Cette âme, déclarée par un homme inférieur, n'est pas facile à connaître, et il faut y penser de diverses manières; ainsi lorsqu'elle est enseignée par un maître qui n'aperçoit pas de différence (ou dont l'âme n'est pas différente de l'âme universelle), il n'y a pas de doute à son égard; autrement l'âme étant plus subtile que ce qui est subtil ne peut être obtenue par la discussion (fondée sur notre propre intelligence).

9. La connaissance que tu as demandée, ô toi que je chéris, ne peut être obtenue par l'argumentation; mais il est facile de la comprendre lorsqu'elle est déclarée par un maître qui ne voit pas de différence. Tu es persévérant dans la recherche de la vérité. Puisse-t-il y avoir un autre mortel aussi désireux que toi de s'instruire!

10. Je sais que le bonheur de ce monde est passager, car ce qui est ferme ne peut être obtenu par ce qui n'est pas ferme. C'est ainsi que j'ai établi le feu, Nachikêtas, au moyen de choses qui ne font que passer; j'ai par lui obtenu le séjour constant d'Yama.

11. O Nachikêtas, quoique tu aies aperçu le fruit du sacrifice, le lieu éternel où tous les désirs sont accomplis, où toute frayeur cesse, qui est digne de louange, qui est d'une étendue considérable et qui est le séjour de l'âme, tu l'as abandonné, ô Nachikêtas, rendu sage par ta fermeté.

12. Le sage se dépouille à la fois du chagrin et de

la joie par le moyen de l'union de l'intelligence avec l'âme, en songeant à celui qu'il est difficile d'apercevoir, qui est inaccessible et qui est caché, qui est placé dans la cavité, dont la résidence est impénétrable et qui existe depuis les temps reculés.

13. Le mortel se réjouit lorsqu'il a entendu expliquer la nature de Brahma, lorsqu'il l'a comprise, ayant distingué l'âme douée de diverses qualités du corps, et lorsqu'il l'a obtenue dans sa nature subtile, il est en possession d'un juste sujet de joie. O Nachikêtas, je te regarde comme une maison dont la porte est ouverte (pour Brahma). »

14. (Nachikêtas dit :) « Fais moi alors connaître l'être que tu vois comme différent de la vertu, différent du vice, différent de cet ensemble d'effets et de causes, différent du passé, de l'avenir (et du présent). »

15. (Yama dit :) « La parole dont parlent tous les Védas, que proclament toutes les œuvres de pénitence, que les Brahmanes livrés à l'étude désirent comprendre, je te la dirai; c'est Om.

16. Ce son signifie Brahma; ce son signifie le Suprême. Quiconque connaît ce son obtient tout ce qu'il désire.

17. Ce mot a une signification suprême et d'une excellence sans égale; celui qui connaît cette signification est adoré dans le séjour du ciel.

18. L'âme douée de la science n'a point eu de naissance, et elle ne meurt pas; elle n'a point été produite par quelque objet; éternelle et exempte de toute vicissitude, elle n'est pas tuée, quoique le corps soit tué.

19. Si celui qui tue (le corps) pense qu'il tue; si celui qui est tué se regarde comme tué, ils se trompent tous deux. L'âme ne peut être tuée.

20. L'âme qui est plus subtile que ce qui est subtil, plus grande que ce qui est grand, est assise dans la cavité de l'être vivant. Celui qui est exempt de désir et de chagrin, contemple par la tranquillité de ses sens, la majesté de l'âme.

21. En calmant l'âme, on va loin; en l'endormant, on va en tout lieu. Qui donc, si ce n'est moi, est capable de comprendre le dieu qui réjouit et ne réjouit pas?

22. En regardant l'âme comme incorporelle parmi les corps, comme stable parmi les choses qui passent, comme grande et pénétrant partout, le sage se délivre de tout regret.

23. L'âme ne peut être gagnée par la connaissance, ni par l'entendement, ni par une science étendue. Elle peut être obtenue par l'âme qui la désire. L'âme (de celui qui désire connaître sa propre âme) révèle sa propre vérité.

24. Quiconque n'a pas renoncé aux voies mauvaises, qui n'est pas subjugué (dans ses sens), ou concentré (dans son intelligence), et qui n'est pas dompté en son esprit, n'obtient pas l'âme véritable, même par la connaissance (de Brahma).

25. Qui est donc en état de connaître ici cette âme dont la nourriture est à la fois le Brahmane et le Kshattra, et dont l'assaisonnement est la mort ?

TROISIÈME VALLI.

1. Les âmes suprêmes et inférieures, buvant la juste récompense de leurs œuvres en ce monde, entrent dans la caverne, le séjour le plus élevé de l'âme suprême. Ceux qui connaissent Brahma les appellent l'ombre et la lumière du soleil, ainsi que ceux qui accomplissent la cérémonie d'allumer cinq fois le feu et ceux qui sacrifient aux trois feux Nachikêta.

2. Nous sommes en état de comprendre le feu Nachikêta qui est le pont de tous les sacrificateurs (pour traverser l'infortune), et l'indestructible Brahma, le lieu où toute crainte disparaît, le refuge de ceux qui désirent traverser (l'océan du monde).

3. Regardez l'âme (qui anime le corps) comme celui qui est monté sur le char et le corps comme le char; regardez l'entendement comme le conducteur, et l'esprit comme les rênes.

4. On le dit, les sens sont les chevaux et les objets qu'ils se proposent sont les routes. L'âme douée du corps, des sens et de l'esprit, jouit de ce qui l'entoure; ainsi parlent les sages.

5. Tout homme dépourvu de sagesse et ne faisant pas usage des rênes, a des sens indomptés comme des chevaux fougueux qui emportent le char.

6. Mais le sage, dont l'esprit est toujours attentif, a ses sens subjugués comme les chevaux dociles que guide un conducteur.

7. Quiconque est dépourvu de sagesse et de vigilance, quiconque est toujours impur n'arrive pas au but, mais redescend dans le monde.

8. Mais quiconque est sage, vigilant, toujours pur, atteint le but et n'a point à naître de nouveau.

9. L'homme dont le char est dirigé par un sage conducteur et dont les rênes (de l'esprit) sont habilement dirigées, atteint le but placé à l'extrémité de la route, le séjour le plus élevé de Vishnou.

10. Leurs objets sont plus élevés que les sens, l'esprit est plus élevé que leurs objets, l'intelligence est plus élevée que l'esprit, la grande âme est plus élevée que l'intelligence.

11. L'âme non manifestée est plus élevée que la grande; l'âme (Pourousha) est plus élevée que l'âme non manifestée; le néant est plus élevé encore; c'est la dernière limite et le but le plus haut.

12. Étant la nature cachée de tous les êtres, il n'est pas manifesté, mais il est aperçu par l'intelligence attentive et subtile des hommes doués d'une vue subtile.

13. Que le sage dompte ses paroles par l'esprit; qu'il dompte son esprit par cette nature qui est la

connaissance (par l'intelligence); qu'il maîtrise sa connaissance dans la grande âme, qu'il la maîtrise aussi dans l'âme tranquille.

14. Levez-vous, éveillez-vous, allez auprès des grands professeurs et écoutez. Le sage dit que la route à suivre est aussi difficile à parcourir que si elle était semée de lames aiguës de rasoirs.

15. Quiconque a compris la nature de Brahma qui est dépourvu de sens, de forme et de tact; qui ne diminue pas, qui est éternel, qui est dépourvu de goût et d'odeur, qui n'a ni commencement ni fin, qui est plus élevé que la grande intelligence, et qui est assis sur des bases solides, échappe à la bouche de la mort.

16. Le sage qui dit et qui entend le récit éternel que Nachikêtas reçut, et que la Mort relata, est adoré dans le nom de Brahma.

17. Quiconque, étant pur d'esprit, explique cette œuvre dont le sens est profond dans l'assemblée des Brahmanes ou à l'époque du Sraddha (il ne doit pas en être question ailleurs), obtient par là un fruit infini, obtient par là un fruit infini.

CHAPITRE SECOND.

QUATRIÈME VALLI.

1. Celui qui existe par lui-même dompte les sens qui se tournent vers des objets extérieurs; l'homme voit ainsi les objets extérieurs, non les intérieurs, mais le sage tenant les yeux détournés des objets sensuels, et désirant la nature immortelle, contemple l'âme absolue.

2. Des jeunes gens insouciants suivent des désirs tournés vers les objets extérieurs, ils tombent dans le vaste filet qu'a tendu la Mort; le sage, qui suit éternellement ce qui est la nature immortelle, ne demande rien ici-bas des choses passagères.

3. Rien ne reste inconnu à l'âme par laquelle chacun a la connaissance de la forme, de l'odeur, des sons, de l'attouchement. Voilà ce que tu as demandé.

4. Le sage ne se livre pas à l'affliction, car il pense que l'âme, par laquelle il reconnaît ce qu'il y a en songe et ce qu'il y a après le réveil, est la grande âme qui pénètre partout.

5. Quiconque connaît cette âme comme consommant le fruit (297), comme étant chargée du fardeau de la vie, comme ce qui est toujours auprès (des mortels), comme dominant le passé, le futur et le présent, ne s'efforce point, par conséquent, de cacher cette âme.

6. Quiconque contemple le premier-né de la pénitence (de Brahma), qui fut créé avant les eaux, lorsqu'il est entré dans la caverne et qu'il y réside, voit ce Brahma (au sujet duquel tu t'es informé).

7. Quiconque voit Adéti, la nature de tous les dieux qui s'élança à travers la vie du Brahma suprême, et qui naquit en même temps que tous les êtres, lorsqu'elle fut entrée dans la caverne où elle réside, contemple ce Brahma au sujet duquel tu t'es enquis.

8. Comme le feu est caché dans les deux morceaux de bois, comme l'embryon est caché dans la mère, ainsi le feu est ce Brahma au sujet duquel tu t'es enquis, le feu qui doit recevoir chaque jour les louanges des hommes qui sont éveillés (*attentifs à remplir leurs devoirs*).

9. C'est de lui (*Brahma*) que sort le soleil lorsqu'il se lève, et c'est en lui qu'il entre lorsqu'il se couche; c'est en lui que tous les dieux sont entrés; nul n'est séparé de lui.

10. Ce qui est ici est également là, et ce qui est là est également ici. Il va de la mort à la mort celui qui voit de la différence (en Brahma).

11. Ce Brahma doit être obtenu par l'esprit, car il n'y a là aucune différence quelconque. Il va de la mort à la mort celui qui y voit de la différence.

12. L'âme (*Pourousha*) qui, dans la mesure d'un pouce, habite au milieu du corps, domine sur le passé, le présent et l'avenir. De là (*c'est-à-dire par suite de la possession de cette connaissance*) le sage ne désire pas cacher l'âme.

13. L'âme qui est comme la lumière sans fumée, la dominatrice du passé, du présent et de l'avenir, existe aujourd'hui et existera demain.

14. De même que l'eau, lorsqu'elle est tombée en pluie sur des hauteurs, coule en s'éparpillant dans les vallées, de même l'homme qui voit des attributs différents (de l'âme) court après une chimère.

15. De même que l'eau pure répandue sur un terrain pur reste la même, ainsi est, ô Gautama, l'âme du (sage) penseur qui sait (*que son âme est une avec le Brahma suprême*).

CINQUIÈME VALLI.

1. Le corps est comme une ville ayant onze portes de l'âme qui n'a point de naissance, et qui est d'une intelligence droite. Adorant (le maître suprême), le sage ne s'afflige pas; et délivré de l'ignorance, il devient libre.

2. Tel que Hansa (*le soleil*) l'âme réside dans les cieux; comme Vasou (*le vent*), elle habite dans l'atmosphère; comme celui qui invoque les dieux (*Agni*), elle habite dans l'intérieur de la terre; comme Soma, elle habite dans le vase qui a reçu le liquide; elle habite dans l'homme, elle habite dans la vérité, elle habite dans l'éther; elle est née dans les eaux (comme les animaux aquatiques), elle est née dans la terre (comme le riz et les autres plantes), elle est née dans le sacrifice, elle est née sur les montagnes (comme les rivières), elle est la vérité, elle est l'être, un, grand (et infini).

---

(297) C'est-à-dire comme l'âme renfermée dans le corps qui est sujette aux effets nécessaires de ses œuvres.

3. Le nain assis au milieu (de l'éther du cœur) qui exhale (du cœur) l'air vital qui s'élève, et qui absorbe l'air vital qui descend, c'est lui que tous les dieux (tous les sens) adorent.

4. Quand l'âme qui habite dans le corps s'en éloigne et s'en sépare, qu'y reste-t-il?

5. Nul mortel ne subsiste par l'air vital qui s'élève, par l'air vital qui descend (ou par quelqu'un des sens); ils vivent d'un autre principe sur lequel (les deux airs vitaux avec les sens) sont fondés.

6. Je te ferai connaître ce Brahma éternel qui doit être caché; écoute, ô Gautama, et apprends comment sa connaissance fait cesser toute préoccupation pour le monde, et aussi comment, en ne le connaissant point, l'ignorant, trouvant la mort, prend de nouveau un corps.

7. Quelques-uns rentrent dans le sein d'une femme, derechef après leur mort, pour reprendre un corps; d'autres vont dans l'intérieur d'un tronc (d'arbre), suivant leurs œuvres, suivant leur connaissance.

8. L'être parfait (*Pourousha*) qui, construisant désirs sur désirs, est éveillé en ceux qui sont endormis, est appelé le pur, est appelé Brahma, est appelé l'immortel. Tous les mondes sont fondés sur lui; rien ne devient différent de lui.

9. De même qu'un feu unique, en entrant dans le monde, convient à toute nature, ainsi l'âme unique étant de toute nature, est l'âme intérieure de tous les êtres; elle est aussi sans eux dans sa propre nature.

10. De même que l'air unique en entrant dans le monde convient à toute nature, ainsi l'âme unique étant de toute nature, est l'âme intérieure de tous les êtres, y est aussi sans eux dans sa propre nature.

11. De même que le soleil unique, l'œil du monde entier, n'est pas souillé par les défauts de l'œil ou des choses extérieures, ainsi l'âme, comme l'âme intérieure de tous les êtres, n'est pas souillée par l'infortune du monde.

12. Il est un, le dominateur, l'âme intérieure de tous les êtres, qui manifeste sa propre nature multiple. Les sages qui le contemplent, comme habitant en eux-mêmes, obtiennent un bonheur éternel; les autres ne l'obtiennent pas.

13. Les sages qui contemplent (l'âme) comme ce qui est éternel parmi les objets passagers, comme l'être intelligent parmi ceux qui sont intelligents, et qui, bien qu'unique, accomplit les désirs de beaucoup d'hommes (qui le contemplent) comme habitant en eux-mêmes; ceux-là obtiennent un bonheur éternel, les autres ne l'obtiennent pas.

14. Les sages pensent que la félicité suprême qui ne peut être décrite est cette âme individuelle. Comment la connaîtrai-je? Se manifeste-t-elle ou ne se manifeste-t-elle pas?

15. Ici (quant à Brahma) le soleil ne se manifeste pas, ni la lune et les étoiles; ces éclairs ne se manifestent pas non plus. Comment donc ce feu se manifesterait-il? Lorsqu'il est manifesté, tout est manifesté après lui; par sa manifestation, ce monde entier est manifesté.

SIXIÈME VALLI.

1. Le monde est comme un figuier éternel et saint dont la racine est élevée en l'air et dont les branches plongent dans la terre. Cette racine est appelée pure; elle est appelée Brahma (comprenant tout); elle est appelée immortelle, c'est sur elle que tous les mondes sont fondés. Rien ne devient différent d'elle.

2. Cet univers entier tremble dans la vie (*le Brahma suprême*); émanant de lui, l'univers se meut. Il (*Brahma*) est une grande (cause de) frayeur, comme la foudre levée; ceux qui le connaissent deviennent immortels.

3. C'est par l'effet de la crainte (qu'il inspire) que le feu brûle; c'est par l'effet de la crainte qu'il inspire que courent Indra, le vent et la Mort, comme le cinquième être.

4. Si, ici-bas (dans cette vie), quelqu'un est capable de le comprendre (*Brahma*) avant la mort du corps, il sera délivré de l'esclavage du corps; si quelqu'un n'est pas capable de le comprendre, il est destiné à prendre un corps.

5. De même qu'une figure se réfléchit dans un miroir, de même l'âme se réfléchit dans le corps; de même qu'elle se réfléchit dans un songe, elle se réfléchit dans le monde des ancêtres; de même qu'elle se réfléchit dans l'eau, elle se réfléchit dans le monde des Gandharvas; de même qu'elle se réfléchit dans un tableau et à la clarté du soleil, de même elle se réfléchit dans le monde de Brahma.

6. Considérant les différents états des sens qui sont produits de l'esprit l'un après l'autre, leur élévation et leur coucher, le sage ne s'afflige pas.

7. L'esprit est plus élevé que les sens et que leur objet; l'intelligence (*Sattvam*) est plus excellente que l'esprit; au-dessus de l'intelligence plane la grande âme; celle qui n'est point manifestée est plus excellente que la grande âme.

8. Mais au-dessus de l'âme non manifestée est l'âme (*Pourousha*) qui pénètre en tout lieu et qui est sans cause. Connaissant ces choses, l'homme devient émancipé et gagne l'immortalité.

9. La nature (*l'essence*) de l'âme n'est pas placée en ce qui est visible; nul ne la voit par l'œil, par le cœur; c'est par la pensée qu'elle se manifeste. Ceux qui savent ces choses deviennent immortels.

10. L'état qui résulte lorsque les cinq organes de la science restent (seuls) avec l'esprit, et que l'intelligence ne lutte pas, est appelé le but le plus élevé.

11. On appelle Yoga cette concentration qui est le ferme assujettissement des sens. A cette époque, (l'homme) devient soigneux, car la concentration a ses motifs de stimulation ainsi que ses obstacles.

12. L'âme ne doit pas être atteinte par des paroles, ni par l'esprit, ni par l'œil. Comment pourrait-elle être aperçue par un autre que celui qui déclare qu'elle existe?

13. L'âme doit être aperçue par (la notion de) l'existence; elle doit être aperçue par sa vraie notion, c'est-à-dire par l'une et par l'autre : la véritable nature de l'âme se manifeste lorsqu'elle a d'abord été aperçue par (la notion de) l'existence.

14. Quand tous les désirs cessent, qui avaient été chéris dans son cœur, alors le mortel devient immortel, alors il obtient ici Brahma.

15. Quand tous les liens du cœur sont brisés en cette vie, alors le mortel devient immortel; cela seul est l'instruction (de tous les Védas).

16. Il y a cent et une artères du cœur, une d'elles va au cœur. C'est par elle que, s'élevant au moment de la mort, une personne obtient l'immortalité : les autres suivent des cours divers.

17. L'esprit, l'âme intérieure, qui est de la grosseur d'un pouce, réside toujours dans le cœur des hommes; qu'un homme le sépare avec fermeté de son cœur comme un peintre sépare une fibre de sa brosse. — Qu'un homme connaisse ce qui est pur, ce qui est immortel : qu'un homme connaisse ce qui est pur, ce qui est immortel.

18. Nachikêta ayant gagné cette science déclarée par la Mort, ainsi que la règle entière de la concentration, obtint Brahma, et fut dès lors sans passion et immortel. Tout autre qui connaît de la même manière l'âme immuable obtiendra Brahma.

19. Puisse (l'Être suprême) nous protéger tous deux (*le disciple et son maître*), nous soutenir tous deux en même temps! Puissent l'un et l'autre de nous, en même temps, appliquer (notre) force; puisse notre lecture être illustre; puisse-t-il ne pas y avoir de haine (entre nous). Om! paix! paix! paix!

PRASNA UPANISHAD.

AVANT-PROPOS.

Le Prasna est un des Upanishads qui accompagnent l'Atharva-Véda; il est ordinairement divisé en six parties ou questions (*prasna*); quelques manuscrits conservent bien ces six sections, mais elles les répartissent en trois adhyayas, ayant chacun deux kandikas.

Cette composition a été traduite en latin par Anquetil Duperron (*Oupnekhat*, tom. II, p. 128-157), et en allemand par Weber (*Indische Studien*, tom. I, p. 439-445); une version anglaise fait partie du n° 50 de la *Bibliotheca Indica* (Calcutta, 1853, vol. XV, p. 119-141).

La première question montre la relation entre Prajapati (*le créateur*) et les créatures, la période de la création et la façon d'après laquelle Prajapati doit être adoré. Toute cette exposition porte un caractère mythologique et symbolique, et ne contient pas de pensées nettement définies. Prajapati reste un, quoique divisé; il est à la fois le créateur et la créature; il est la vie et la matière; la vie, ce qui consomme, ce qui a une forme, et la matière ou la nourriture, ce qui est sans forme. Il est alternativement le soleil et la lune; il est l'année dans ses deux portions égales, celle durant laquelle le soleil se dirige vers le nord et celle pendant laquelle il revient vers le sud; il est le mois solaire dans ses deux périodes, l'une de clarté, l'autre d'obscurité.

Les divers états de l'âme forment, dans l'Upanishad qui nous occupe, le sujet d'une théorie assez peu lucide; l'essence de Brahma, les méditations sur le mot Om, symbole verbal de la connaissance de Brahma, l'absorption de l'âme humaine dans l'essence divine, tels sont les autres sujets que discute l'écrivain sanscrit.

PREMIER PRASNA.

1. Sukesan, fils de Bharadvaja, Satyakama, fils de Siva, Gargya, descendant de la famille Garga, le petit-fils de Surya, Kausalya, fils d'Asvala, Bhargava (*descendant de la famille de Bhrigou*), fils de Vidarbhi, et Kavandhin, fils de Katya, tous dévoués à Brahma et fermes dans son culte, recherchant le Brahma suprême, s'approchèrent, ayant du lin sacré en leurs mains, de l'adorable Pippalada, pensant qu'il expliquerait fidèlement ce qu'ils voulaient savoir.

2. Le Rishi leur dit : « Passez une autre année dans l'austérité; appliquez-vous à la foi et aux devoirs d'un Brahmane voué à l'étude, et ensuite faites toutes les questions que vous voudrez. Si nous le pouvons, nous vous donnerons toutes les explications (désirables). »

3. Après l'expiration d'une année, Kavandhin,

fils de Katya, s'approcha du Sage, et lui dit : « D'où les créatures sont elles produites ? »

4. Il lui dit : « Prajapati (*le maître des créatures*) était désireux d'avoir des descendants. Il pratiqua des austérités. Ayant accompli des austérités, il produisit un couple (*la matière et la vie*) dans cette intention : « Ils produiront pour moi des rejetons de diverses manières. »

5. Aditya (*le soleil*) est vraiment la vie ; de même la lune est la matière ; la matière est tout ce qui a une forme et tout ce qui est contenu dans ce qui a une forme. De là vient que tout ce qui possède une forme est la matière.

6. Aditya pénètre dans la région de l'Orient ; ainsi il prend dans ses rayons les créatures à l'Orient. Comme il pénètre dans les régions du sud, de l'ouest et du nord, comme il pénètre au-dessous et au-dessus, comme il pénètre dans les régions intermédiaires, comme il manifeste toutes choses, il prend dans ses rayons toutes les créatures.

7. Cette vie, l'âme de toutes les créatures, la nature de toutes les sphères de l'univers, s'élève comme le feu. C'est annoncé dans le mantra (*l'oraison*) suivante du Rig-Véda.

8. Celui que le Sage connaît comme la nature de toutes choses, comme absorbant toutes choses, comme sachant tout, comme le soutien suprême, comme la lumière unique, comme se livrant à l'austérité, celui qui projette mille rayons, la vie résidant cent fois dans les créatures, le soleil se lève.

9. L'année (*le temps*) est vraiment Prajapati (297*). L'année a deux chemins : l'un mène vers le sud, l'autre vers le nord (298). Ceux qui l'adorent sous l'idée du travail (c'est-à-dire comme finie) par des offrandes et par des dons pieux, obtiennent la sphère de la lune ; ils reviennent. Ceux qui désirent le ciel et ceux qui désirent avoir de la postérité, obtiennent ainsi le chemin du midi (*la lune*). Cette nourriture est vraiment le chemin des ancêtres.

10. Ceux qui par leurs austérités, par l'accomplissement des devoirs imposés à l'homme qui étudie Brahma, par la foi et par la connaissance, arrivent à se comprendre eux-mêmes, arrivent, par le chemin du nord, à la sphère d'Aditya. Celui-là est vraiment le soutien des créatures, est immortel, est sans peur ; c'est le chemin suprême. De là nul ne retourne, car il n'y a pas d'exclusion. C'est ce que confirme le sloka (*distique*) suivant :

11. Quelques-uns l'appellent le père se mouvant avec cinq pieds, ayant douze formes diverses et

---

(297*) Prajapati, d'après les commentateurs sanscrits, est considéré comme l'union du soleil et de la lune, du consommateur et de la nourriture.

(298) La révolution annuelle du soleil, se dirigeant six mois vers le sud et six mois vers le nord.

possesseur d'une grande abondance de pluie, dans le lieu plus élevé que le ciel. D'autres l'appellent celui qui a toute sagesse et sur lequel le monde entier repose comme sur un char que traînent sept chevaux, et dont les roues ont six rayons.

12. Le mois est Prajapati ; sa moitié sombre est la matière ; sa moitié claire est la vie (*Aditya, le consommateur, le feu*). Ainsi ces Rishis présentent des offrandes dans la moitié éclairée ; d'autres dans la moitié sombre.

13. Le jour et la nuit sont Prajapati ; son jour est la vie, sa nuit est la nourriture. Ceux qui le jour se livrent à l'amour tarissent véritablement la vie ; ceux qui s'y livrent la nuit sont regardés comme accomplissant les devoirs de celui qui étudie la doctrine de Brahma.

14. La nourriture est véritablement Prajapati ; de là vient la semence ; de là la création de toutes les créatures.

15. Que tous les propriétaires de maisons fidèles au vœu de Prajapati, produisent un couple (*un fils et une fille*) ; ce monde de Brahma sera obtenu par ceux qui pratiquent l'austerité et les devoirs d'un étudiant Brahmane, et chez lesquels la vérité réside.

16. Ce monde de Brahma, qui est affranchi de poussière (*de décadence*) sera la part de ceux en qui il n'y a point de fausseté, de mensonge ni de tromperie.

DEUXIÈME PRASNA.

1. Alors Bhargava, fils de Vidarbhi, lui demanda : « O sage vénérable, combien de déités (*d'organes*) y a-t-il pour soutenir la créature (*le corps*) ? Combien d'entre eux manifestent-ils la grandeur qui leur appartient en propre ? Quel est le plus grand parmi eux ? »

2. Il répondit : « En vérité, ces déités sont l'éther, le vent, le fer, l'eau, la terre, la parole, l'esprit, l'œil et l'oreille (soutenant le corps). Manifestant leur pouvoir, ils disputeront entre eux, disant : C'est moi, moi seul qui, par mon appui, soutiens le corps. »

3. La vie principale leur dit : « Ne vous perdez-vous pas dans l'erreur. C'est moi qui, me divisant en cinq parties, soutiens ce corps par mon appui. »

4. Ils n'ont pas cru. Elle (*la vie principale*) sortit (du corps) par orgueil, comme si elle était sortie d'un lieu plus élevé. Lorsqu'elle sortit, tous les autres (sens) sortirent, et lorsqu'elle resta, tous les autres restèrent. De même que toutes les abeilles sortent lorsque leur roi sort, et de même qu'elles restent (dans leur ruche) lorsqu'il y reste ; ainsi agissent la parole, l'esprit, l'œil et l'œil. Satisfaits, ils louent la vie.

5. Cette vie brûle comme le feu, elle brille comme

le soleil, elle tombe en pluie comme Parjanya; elle règne comme Maghavan (*Indra*); elle est le vent; elle est la terre, la nourriture, le dieu (du monde entier), tout ce qui est et tout ce qui n'est pas; elle est immortelle.

6. De même que les rayons (de la roue) sont fixés sur le moyeu, de même tout (le corps) est basé sur la vie; elle est les moutons (*oraisons*) des Védas, du Rig, de l'Yajour et du Sama-Véda; elle est les offrandes, elle est le Kshatra et le Brahmane.

7. Quoique tu sois Prajapati, tu te meus dans le sein de ta mère, tu as reçu la naissance. C'est pour te rendre hommage, ô vie, toi qui habites avec les sens, que ces créatures te présentent des offrandes (*des aliments*).

8. Tu es le principal dispensateur (des offrandes) parmi les dieux. Tu es le premier aliment des ancêtres; tu es aussi le but réel des Rishis et des fonctions vitales qui sont l'essence des membres.

9. O vie, tu es Indra (*le dieu suprême*); tu es Rudra; tu es le préservateur. Tu te meus dans l'atmosphère comme le soleil; tu es la reine des splendeurs.

10. Lorsque, grâce à ta puissance (comme Parjanya), tu répands la pluie en abondance, ces créatures reçoivent la vie; elles se réjouissent alors dans l'attente qu'il y aura de la nourriture conformément à nos désirs.

11. Tu es un Vratrya, (*un Brahmane non initié*) ô vie, le seul Rishi, le consommateur, le bon maître du monde. Nous sommes ceux qui donnons la nourriture; ô Matarisva, tu es notre père.

12. Rends propice ton corps qui réside dans la parole, qui réside dans l'oreille, qui réside dans l'œil, et qui pénètre l'esprit. Ne t'éloigne pas.

13. Tout ce qui est ici sur la terre et tout ce qui réside dans le troisième ciel est placé sous la domination de la vie. Protége-nous comme une mère protége ses enfants; accorde-nous de la prospérité et de la sagesse.

TROISIÈME PRASNA.

1. Alors Kansalya, fils d'Asvala, lui demanda: « O sage vénérable, d'où est née cette vie? quand elle est née, comment entre-t-elle en ce corps? Quand elle y est entrée, comment y réside-t-elle? Comment sort-elle (du corps), comment maintient-elle ses relations (avec l'intérieur) et ses relations avec l'âme? »

2. Il lui répondit: « Tu fais des questions difficiles; tu t'informes avec zèle de ce qui concerne Brahma; je t'expliquerai donc ce que tu as demandé.

3. Cette vie est née de l'âme, de même que (le corps de) l'homme jette une ombre, de même cette vie s'étend sur Brahma (*la cause universelle*). Elle entre dans ce corps par l'action de l'esprit.

4. De même qu'un roi commande à ses officiers, (leur disant): « Gouverne ces villages-ci ou ceux-là, » de même la vie prescrit aux autres airs vitaux des travaux séparés.

5. L'air descend aux organes de l'excrétion et de la génération. La vie elle-même réside dans l'œil et l'oreille, dans le nez et la bouche, mais l'air qui égalise est un milieu, car il porte également partout ce qui a été offert (*ce qui a été bu et mangé*); c'est de cet air que procèdent ces sept flammes.

6. C'est pour l'éther du cœur qu'est véritablement cette âme. De là s'élèvent les cent-une principales artères; chacune d'elles se divise cent fois; les branches (secondaires) de chaque branche (principale) des artères sont au nombre de 72,000; c'est dans elle que se meut l'air qui circule.

7. L'air qui s'élève (de la plante des pieds au sommet de la tête) conduit par une des artères à l'endroit saint par des œuvres saintes; il mène à l'endroit du péché par le péché; il conduit par l'une et l'autre voie au monde de l'homme.

8. Aditya (*le soleil*) est l'air extérieur de la respiration, car il s'élève pour le profit de l'air, de la respiration qui est dans l'œil. La déité qui préside à la terre arrête l'air de l'homme lorsqu'il descend. L'éther qui est entre le ciel et la terre est l'air qui égalise. Le vent (*l'air commun extérieur*) est l'air circulant.

9. L'air qui s'élève est la splendeur; c'est pourquoi sa splendeur est domptée, l'homme obtient un autre corps en même temps que ses sens qui sont entrés dans l'esprit.

10. L'âme individuelle entre avec l'entendement dans la vie. La vie, unie à la splendeur ainsi qu'avec l'âme, conduit l'âme au monde qui lui est destiné.

11. Le descendant de celui qui, connaissant ces choses, connaît la vie, ne périt pas et, après sa mort, il devient immortel; c'est pourquoi on conserve dans sa mémoire ce vers.

12. « Quiconque connaît l'origine, l'entrée, la localité et le quintuple pouvoir de la vie, jouit de l'immortalité; quiconque connaît ces choses, jouit de l'immortalité. »

QUATRIEME PRASNA.

1. Alors Gargya, le petit-fils de Surya, lui demanda: « O sage vénérable, quels sont les organes qui sommeillent en ce corps? Quels sont ceux qui veillent? Quel est parmi eux le dieu (*l'organe*) qui voit les songes? A qui appartient ce bonheur? Sur qui sont fondés tous ces organes? »

2. Il lui répondit: « De même que tous les rayons du soleil couchant se réunissent dans ce disque lumineux, et de même qu'ils sont dispersés lorsqu'il se lève, de même tout (ce qui est produit par les organes et leurs objets) devient une chose unique

dans le dieu (*le sens*) le plus élevé, dans l'esprit, (au moment du sommeil.) » C'est pourquoi en ce moment l'âme ne voit, ni n'entend, ni ne sent, ni ne goûte, ni ne touche, elle ne parle pas, elle ne jouit pas d'elle-même, elle ne se meut pas, elle dort comme l'on dit.

3. Tant que les organes sont en repos, les feux des airs vitaux sont éveillés en cette ville. L'air qui monte est le feu du ménage parce que l'air de la respiration qui est comme le feu par lequel il est offert, est pris dans l'air qui monte, tout comme le feu du sacrifice est pris dans le feu du ménage ; l'air circulant est le feu méridional avec lequel les mets offerts en sacrifice sont préparés.

4. L'inspiration et l'exhalaison sont les deux offrandes ; l'air qui les distribue également est l'air qui égalise. L'esprit est le sacrificateur ; le fruit du sacrifice est l'air qui s'élève ; il conduit chaque jour le sacrificateur vers Brahma.

5. Alors ce dieu (*l'esprit*) jouit en songe de la puissance. Il revoit tout ce qui est vu ; il entend derechef tous les objets qui ont été entendus ; il jouit de nouveau de ce dont il a déjà joui dans d'autres pays. Ce qui est visible (dans la naissance présente) et invisible (dans une autre naissance), ce qui est entendu et n'est pas entendu, ce qui est goûté et ce qui n'est pas goûté, tout est contemplé, tout est contemplé par l'être unique qui est tout.

6. Lorsqu'il est inondé par la lumière, ce dieu (*l'esprit*) ne voit pas les rêves; alors le bonheur (d'un profond sommeil) s'empare du corps.

7. De même que les oiseaux se rendent vers un arbre afin d'y faire leur séjour, de même tout se rend vers l'âme suprême.

8. La terre et les éléments subtils de la terre, l'eau et les éléments subtils de l'eau, la lumière et les éléments subtils de la lumière, l'air et les éléments subtils de l'air, l'éther et les éléments subtils de l'éther, l'œil et les objets visibles, l'oreille et ce qui peut être entendu, l'odeur et les objets qui frappent l'odorat, le goût et ce qui peut être goûté, la peau et ce qui peut être touché, la parole et ce qui peut être dit, les mains et ce qui peut être saisi, les pieds et ce qui peut se mouvoir, l'esprit et les objets auxquels il s'applique, l'entendement et les objets sur lesquels il s'exerce, la pensée et ce qui peut être l'objet de la pensée, la lumière et tout ce qui peut être éclairé, la vie et tout ce qu'elle peut animer, tout cela se porte vers l'âme suprême.

9. Car elle est ce qui voit, ce qui touche, ce qui entend, ce qui sent, ce qui goûte, ce qui pense, ce qui est intelligent, ce qui possède la connaissance. Tout est fondé sur l'âme suprême, indestructible.

10. L'être suprême, indestructible est atteint. Quiconque connaît cet être qui est sans ombre, sans corps, sans couleur, et qui est brillant et indestructible, connaît tout. C'est ce que signifie ce sloka (*distique*).

11. « Quiconque connaît l'âme indestructible dont la nature est la connaissance sur laquelle les airs vitaux et les éléments sont fondés, ainsi que les dieux, connaît toutes choses, il pénètre toutes choses. »

CINQUIÈME PRASNA.

1. Alors Satyakama, fils de Siva, lui demanda : « Quel est le monde qui gagne celui qui, parmi les hommes, a incessamment médité sur le mot Om jusqu'à ce qu'il ait quitté cette vie? »

2. Il lui répondit : « O Satyakama, le Brahma suprême et l'inférieur sont tous deux le mot Om. De là le sage suit par ce soutien un des deux.

3. S'il médite sur une lettre, se trouvant ainsi éclairé, il reçoit promptement la naissance sur la terre. Les mantras du Rig-Véda l'apportent au monde de l'homme. Là consacré à l'austérité, à la foi et aux devoirs du Brahmane livré à l'étude, il jouit de la grandeur.

4. S'il médite en son esprit sur deux, les premières lettres du mot saint (AUM) il est élevé par les mantras de l'Yajour-Véda jusqu'à l'atmosphère, il obtient le monde de la lune. Ayant joui de la puissance en ce monde, il retourne (au monde de l'homme).

5. Celui qui médite derechef d'après les trois lettres du nom sacré, sur l'âme suprême, est produit dans la lumière, dans le soleil. De même que le serpent se dépouille de sa peau, il se dépouille du péché. Il est élevé par les mantras du Sama-Véda au monde de Brahma. Là, il est l'âme qui est plus grande que le grand total des âmes individuelles et qui pénètre tous les corps. C'est ce qu'enseignent les deux vers qui doivent être présents à la mémoire.

6. Il y a trois lettres (AUM) sujettes à la mort, destinées à la méditation de l'âme ; elles sont destinées à être réunies entre elles, ou à se prêter à la méditation sur des sujets particuliers. Quand les actions intérieures, extérieures et intermédiaires, sont pleinement dirigées vers leurs objets, alors le sage ne tremble pas.

7. Le sage obtient par les mantras du Rig-Véda le monde de l'homme ; par les mantras de l'Yajour-Véda l'atmosphère, par les mantras du Sama-Véda, il obtient le monde que les sages connaissent comme étant celui de Brahma ; par la parole Aum (Om) il obtient ce monde triple, et arrive au Brahma le plus sublime qui est sans rivalité et sans décroissance, qui est exempt de crainte et affranchi de la mort.

SIXIÈME PRASNA.

1. Alors Soukesa, fils de Bharadvaja, lui demanda: « O sage vénérable, Hiranyanabha, roi de Kosala, vint un jour vers moi et me fit cette question :

« Connais-tu, Bharadvaja, l'esprit de seize parties. »
Je répondis : « Je ne le connais pas. Si je le connaissais, pourquoi ne te le dirais-je pas ? Quiconque dit ce qui n'est pas vrai, est desséché dans sa racine ; je ne peux donc pas dire ce qui n'est pas vrai. » Étant en silence remonté sur son char, il partit. Je te demande où réside cet esprit.

2. Le sage répondit : « O jeune homme de mœurs douces, c'est dans ce corps intérieur que réside l'esprit dans lequel ces seize parties sont produites.

3. « Il réfléchit : quel est celui qui fera que je m'éloignerai lorsqu'il s'éloigne de mon corps et que je resterai lorsqu'il restera ?

4. « Il a créé la vie ; de la vie la foi, l'éther, l'air, la lumière, les eaux, la terre, l'organe (*c'est-à-dire, les cinq organes de l'intelligence et les cinq organes de l'action*, l'esprit), la nourriture, la vigueur, l'austérité, les prières, les œuvres, les mondes (*effet des œuvres*).

5. « De même que les rivières se rendant à la mer sont anéanties, lorsqu'elles y sont arrivées (car leurs noms et leurs formes périssent, et le nom de mer subsiste seul), ainsi les seize parties du témoin (*de l'âme*) qui se rendent à l'âme comme les rivières à la mer, sont anéanties, lorsqu'elles ont rejoint l'âme ; leurs noms et leurs formes périssent, et il ne reste que le nom de l'âme ; elle est donc sans parties, elle est immortelle. De là vient ce vers digne d'être conservé dans la mémoire :

6. « Que l'homme connaisse l'esprit qui doit être connu, et dans lequel les seize parties résident comme les rayons dans la roue, afin que la mort ne nous afflige pas. »

7. Il (*Pippalada*) dit à ses disciples : « C'est ce que je connais du Brahma suprême ; il n'est rien de plus élevé que lui. »

8. Ils lui rendirent hommage et ils dirent : « Tu es notre père qui nous transporte au delà de l'Océan sans bornes de notre ignorance. Salut aux Rishis suprêmes, salut aux Rishis suprêmes. »

MUNDAKA-UPANISHAD.

AVANT-PROPOS.

Cet Upanishad doit son titre au mot *mund*, raser ; c'est-à-dire celui qui comprend la doctrine qu'il expose, est rasé, délivré de l'ignorance et de l'erreur. (Une idée semblable a fait donner à un autre Upanishad le nom de *Kshurika*, le rasoir).

Celui qui nous occupe a passé à plusieurs reprises dans les langues de l'Europe. Anquetil Duperron l'a traduit en latin (*Oupnekhat*, tom. II. p. 375-394). Windishmann l'a placé en allemand dans l'ouvrage que nous avons déjà cité (avant-propos du Katha-Upanishad) ; il y occupe les pages 1698-1706. Une traduction anglaise fait partie du Tattvabodhini-Pattrika, t. I, p. 356-360 ; une autre, due au docteur Röer se rencontre dans la *Bibliotheca Indica*, n° 50 (Calcutta, 1853, tom. XV, p. 142-164) le docteur Weber en a parlé dans ses *Indische Studien*, vol. I, p. 279-280.

Trois parties composent le Mundaka-Upanishad : la première définit la science de Brahma et celle des Védas ; la seconde trace une esquisse de la science de Brahma, c'est-à-dire elle décrit Brahma dans sa propre nature et dans ses rapports avec le monde, et elle explique les moyens par lesquels on peut arriver à le connaître ; la troisième partie décrit plus amplement ces moyens et montre quels sont les résultats de cette science.

PREMIER MUNDAKA.

PREMIÈRE SECTION.

1. Brahma, le créateur de l'univers, le conservateur du monde, fut produit le premier parmi les dieux. Il enseigna la connaissance de Brahma, la base de toutes les sciences, à Atharva, son fils aîné.

2. Atharva révéla jadis à Angis la connaissance de Brahma, que Brahma lui avait révélée ; il l'expliqua à Satyavaha, de la famille de Bharadvaja, qui révéla à Angiras la science conservée traditionnellement par la succession des maîtres.

3. Le fils de Sanaka, le propriétaire de grands biens, s'approcha, selon les rites, d'Angiras, en lui demandant : « Quel est, ô sage vénérable, celui dont la connaissance fait que toutes choses sont connues ? »

4. Il lui dit : « Deux sciences doivent être connues ; dis-nous donc quels sont ceux qui connaissent Brahma, les supérieurs et les inférieurs. »

5. Les inférieurs comprennent le Rig-Véda, l'Yajour, le Sama et l'Atharva-Véda, l'accentuation, le rituel, la grammaire, le glossaire, la prosodie et l'astronomie. Les supérieurs se consacrent à la science qui fait qu'on comprend l'indestructible Brahma.

6. Il est l'être invisible et insaisissable, sans origine, sans distinction, sans yeux ni oreilles, sans mains ni pieds, l'éternel présent en tous lieux, l'être subtil et inépuisable que les sages regardent comme la source des éléments.

7. De même que l'araignée jette des filets et s'y retire, de même que les plantes croissent chaque année sur la terre vivante, de même que germent

les poils sur la tête et le corps de l'homme, ainsi l'univers est le produit de l'indestructible Brahma.

8. Brahma est concentré par la dévotion ; de là les aliments sont produits ; la vie, l'esprit, l'existence, les mondes (*les œuvres*), procèdent des aliments, et l'immortalité procède des œuvres.

9. C'est de lui, qui est parfaitement sage et qui sait tout, dont la dévotion a la nature de la connaissance, que sont produits ce Brahma, le nom, les formes et la nourriture.

SECONDE SECTION.

1. C'est la vérité ; les œuvres que les sages voient (ré élées) dans les Mantras, furent accomplies de diverses manières dans le Treta-Youga (*le sacrifice du feu*). Ainsi, vous qui désirez le juste fruit de vos œuvres, pratiquez-les maintenant et toujours. C'est la route que vous devez suivre pour obtenir le monde de vos actions.

2. Lorsque le feu qui porte le sacrifice est allumé, lorsque la flamme vacille, alors que le sacrificateur jette les offrandes entre les deux portions de beurre fondu ; l'offrande doit être faite avec foi.

3. Une personne est dépouillée des sept mondes par un sacrifice qui n'est pas accompagné des rites convenables, le jour de la nouvelle lune ou le jour de la pleine lune, ou tous les quatre mois, ou dans la saison d'automne, ou auquel il n'y a pas d'hôtes invités, ou qui ne s'accomplit pas au moment convenable, ou qui est accompli sans les rites en l honneur des Vasoudevas, ou qui a lieu contre les règles.

4. Les sept langues vacillantes du feu sont Kali (*la noire*); Karali (*l'effrayante*); Manojava (*rapide comme l'esprit*); Sulohita (*celle qui est du rouge le plus vif*); Sudhoumravarna (*celle de couleur pourpre*); Sphoulingini (*celle qui jette des étincelles*); et la déesse Visvaroupi (*ayant toutes les formes*).

5. Quiconque accomplit des œuvres lorsque ces langues brillent, et les accomplit en temps convenable, est absorbé par les offrandes dans la forme des rayons du soleil et porté en ce monde où réside le seul maître des dieux.

6. « Viens, viens, » disent les offrandes resplendissantes, en enlevant le sacrificateur au moyen des rayons du soleil, en l'honorant et en le saluant, lui adressant ces paroles favorables : « Voici le monde saint de Brahma, obtenu par tes mérites. »

7. Les dix-huit soutiens du sacrifice sur lequel il est dit qu'est basée l'œuvre inférieure, sont vraiment périssables et passagers. Les ignorants qui considèrent cette œuvre comme l'objet le plus élevé de l'homme, éprouvent derechef la décrépitude et la mort.

8. Au milieu de l'ignorance, des fous se regardant comme sages et instruits, tournent au hasard, oppressés par la misère, comme des aveugles conduits par un aveugle.

9. Vivant sur les divers chemins de l'ignorance, les jeunes gens se livrant à l'illusion disent : « Nous avons atteint notre but. » Ceux qui accomplissent des œuvres par attachement pour le monde, sont dépourvus de sagesse; aussi, frappés par le malheur, ils perdent le ciel lorsque le fruit de leurs œuvres est devenu le néant.

10. S'imaginant que les offrandes et les dons pieux conduisent à l'objet le plus élevé de l'homme, les insensés ne savent pas ce qui est la cause du bien. Ayant joui (du fruit de leurs œuvres) sur la place élevée du ciel qu'ils ont gagnée par leurs actions, ils rentrent en ce monde ou dans un qui est plus bas.

11. Ceux qui domptent leurs sens et qui s'appliquent à l'étude et à la pratique des devoirs d'un mendiant dans la forêt, et qui se livrent à l'austérité et à la foi, ceux-là, exempts du péché, vont, par la grâce du soleil, à l'endroit où réside cet esprit immortel dont la nature est inépuisable.

12. Que le Brahmane, après avoir examiné les mondes gagnés par les œuvres, renonce au monde en réfléchissant qu'il n'y a rien qui ne soit créé, parce que c'est l'effet de l'œuvre. Dans le but de connaître ce qui n'est pas créé, il s'approche, le bois sacré en sa main, d'un maître qui connaît les Védas, et qui est uniquement dévoué à Brahma.

13. Que le sage (maître) instruise l'élève qui s'est approché de lui selon les rites, dont l'esprit est en repos et dont les sens sont domptés ; qu'il lui expose, selon la vérité, la science de Brahma, par laquelle il connaît l'indestructible esprit véritable.

DEUXIÈME MUNDAKA.
PREMIÈRE SECTION.

1. Ceci est la vérité. De même que d'un grand feu sortent dans mille directions des étincelles semblables, ainsi l'indestructible Brahma produit des âmes vivantes de diverses espèces, et elles retournent à lui.

2. Il est vraiment lumineux, sans forme, un pur esprit ; il est au dedans et au dehors, sans origine, sans vie, sans esprit ; il est pur et plus grand que le grand indestructible.

3. La vie, l'esprit, et tous les organes, l'éther, l'air, la lumière, l'eau et la terre, soutien de toutes les créatures, sont des productions de ce Brahma.

4. Celui dont la tête est le feu, dont les yeux sont la lune et le soleil, dont les oreilles sont les régions (célestes), dont les paroles révélées forment les Védas, dont l'air vital est l'esprit, dont le cœur

est l'univers, dont les pieds ont donné naissance à la terre; celui-là est l'âme intérieure de tous les êtres.

5. C'est lui qui produit le feu que le soleil alimente; de lui dérivent la lune et les plantes qui croissent chaque année sur la terre; ces plantes nourrissent l'homme qui rend sa femme féconde; c'est ainsi qu'une multitude de créatures sont produites par l'esprit.

6. C'est de lui que sont émanés les mantras du Rig-Véda, de l'Yajour et du Sama-Véda, les rites initiatoires, les offrandes brûlées, tous les sacrifices, les donations, l'année ainsi que le sacrificateur, et les mondes dans lesquels le soleil et la lune se purifient.

7. C'est de lui qu'ont été produits, de diverses façons, les dieux, les Sâdhyas (*espèce de divinités*), les hommes, les quadrupèdes, les oiseaux, les airs vitaux qui montent et descendent, le riz et l'orge, la dévotion, la foi, la vérité, les devoirs du Brahmane étudiant et l'observation des règles.

8. De lui proviennent les sept sens, les sept flammes, les sept espèces de combustibles, les sept sacrifices, ces sept lieux dans lesquels se meuvent les airs vitaux qui dorment dans la cavité du cœur, et qui, toujours au nombre de sept, sont appliqués à tout homme vivant.

9. De lui proviennent toutes les mers et toutes les montagnes, les rivières de toute espèce, toutes les plantes qui croissent chaque année, et le suc qui, joint aux éléments, soutient le corps intérieur.

10. L'esprit seul est tout cela, les œuvres, l'austérité. Quiconque connaît ce suprême et immortel Brahma, résidant dans la cavité du cœur, brise les liens de l'ignorance.

SECONDE SECTION.

1. Ce Brahma est manifesté aux hommes; il est proche d'eux; il réside vraiment dans la cavité (*du cœur*); il est le grand but; sur lui est fondé tout ce qui se meut, respire et ferme les yeux. Vous le connaissez comme étant ce qui existe et ce qui n'existe pas, comme étant ce qui doit être adoré, comme étant au delà de la connaissance des créatures, comme le plus grand (*des êtres*).

2. Comme étant lumineux, comme étant plus subtil que ce qui est subtil; les mondes et leurs habitants sont fondés sur lui. C'est le Brahma indestructible, la vie, la parole et l'esprit; il est vrai, il est immortel; c'est lui que tu dois reconnaître comme le but que tu dois atteindre.

3. Que l'homme saisissant comme son arc l'arme puissante de l'Upanishad, y pose la flèche aiguisée par la dévotion, et qu'il maintienne sa pensée fixée sur Brahma. Sache que ce Brahma indestructible est le but.

4. Le mot sacré (OM) est appelé l'arc, la flèche c'est l'âme et Brahma est le but; il sera atteint par celui dont l'attention n'est pas détruite. Il sera alors de la même nature que lui (*Brahma*), de même que la flèche ne fait qu'un avec le but qu'elle a frappé.

5. Sur lui sont basés les cieux, la terre, l'atmosphère, l'esprit avec tous les organes. Vous le connaissez comme l'âme unique. Écartez tous les autres mots; c'est le point qui conduit à l'immortalité.

6. Il se meut dans l'intérieur du cœur où les artères entrent, comme les rayons d'une roue entrent dans le moyeu. Vous méditez sur lui en prononçant le mot Om. Qu'il vous seconde afin que vous puissiez traverser la mer de l'obscurité.

7. L'âme qui est entièrement sage, qui sait tout, et dont la gloire (*est manifestée*) dans le monde, est placée dans la cité divine de Brahma, dans l'éther (*du cœur*); elle est de la nature de l'esprit, qui est le maître de la vie et du corps, placé dans la nourriture. Le sage concentrant le cœur, aperçoit par la connaissance de Brahma que celui dont la nature paraît comme la félicité, est immortel.

8. Le lieu du cœur est brisé; tous les doutes disparaissent, ses œuvres cessent (*de porter du fruit*) lorsque (*l'être*) qui est suprême et non suprême, est aperçu.

9. Sous l'enveloppe la plus élevée, dorée et radieuse, ceux qui connaissent l'âme reconnaissent Brahma qui est sans lieu, sans partie, qui est pur, qui est la lumière des lumières.

10. Le soleil ne se manifeste pas ici, ni la lune et les étoiles; les éclairs ne se manifestent pas; comment donc ce feu se manifesterait-il? Quand il se manifeste, tout est manifesté après lui; ce monde entier devient manifeste par sa manifestation.

11. Ce Brahma immortel est Brahma devant, Brahma derrière, Brahma à droite et à gauche, au-dessus et au-dessous, il pénètre partout; Brahma est tout, il est ce monde infini.

TROISIÈME MUNDAKA.

PREMIÈRE SECTION.

1. Deux oiseaux, toujours unis, ayant le même nom, résident sur le même arbre. L'un d'eux jouit des doux fruits du figuier, l'autre regarde comme témoin.

2. Résidant sur le même arbre (*que l'âme suprême*) l'âme trompée (*l'âme individuelle*) plongée (dans les relations du monde) s'afflige du manque de puissance, mais quand elle voit, l'autre (âme), la donatrice adorée, exempte (de toutes les relations du monde) lorsqu'elle contemple sa gloire, alors son chagrin cesse.

3. Lorsque le contemplateur aperçoit l'auteur couleur d'or du monde, le seigneur, l'esprit,

source de Brahma, alors secouant la vertu et le vice, il obtient l'identité la plus élevée.

4. Cette vie jette un éclat comme tous les êtres; le sage qui connaît les choses ne parle de nulle autre; sa récréation est dans l'âme; son amour et son action sont dans l'âme; il est le plus grand parmi ceux qui connaissent Brahma.

5. L'âme doit en vérité être gagnée par la pratique constante de la véracité, de la dévotion, de la connaissance parfaite, et par l'accomplissement des devoirs d'un Brahmane étudiant. Celui que les hommes pieux exempts de péché contemplent, est vraiment au milieu du corps et de la nature de l'esprit; il est pur.

6. La vérité ne triomphe pas seule, ni la fausseté. La vérité ouvre la route des dieux; c'est celle que suivent les Rishis dont les désirs sont satisfaits et où se trouve la résidence suprême de la vérité réelle.

7. L'existence (de Brahma) est grande, divine, d'une nature que la pensée ne peut concevoir; elle est plus subtile que ce qui est subtil; elle brille de diverses manières; elle est plus éloignée que ce qui est éloigné, et elle est également proche en ce corps; elle habite ici même dans la cavité pour ceux qui la contemplent.

8. Elle n'est pas saisie par l'œil, ni par la parole, ni par les autres sens, ni par la piété ou les cérémonies, mais celui dont l'intelligence est purifiée par la lumière de la science, contemple par la méditation celui qui est sans parties.

9. Cette âme subtile doit être connue par la pensée dans laquelle est entrée la vie, cinq fois divisée. L'organe de la pensée de chaque créature est pénétré par les sens; l'organe étant purifié, l'âme se manifeste.

10. Purifié en intelligence, l'homme obtient ce monde et l'accomplissement des désirs qu'il forme en son esprit. Que l'homme qui désire la prospérité adore donc celui qui connaît l'âme.

SECONDE SECTION.

1. Il connaît ce Brahma suprême, le lieu qui sert de fondement au monde entier brillant avec gloire, lorsqu'il est établi sur cette base. Le sage qui, libre de désirs, adore l'homme (qui connaît ainsi l'âme) ne renaîtra point.

2. Quiconque désire des formes trompeuses, est, d'après ses désirs, destiné à naître ici et là, mais pour celui dont les désirs sont satisfaits et qui a reconnu l'âme, tous les désirs s'évanouissent.

3. L'âme ne peut être gagnée par la connaissance (des Védas), ni par une science étendue et diverse. Elle peut être obtenue par l'âme par laquelle elle est désirée. Son âme lui révèle sa propre vérité.

4. L'âme ne peut être obtenue par un homme sans vigueur, ni par l'insouciance, ni par la dévotion, ni par la connaissance que la dévotion n'accompagne pas, mais si le sage lutte avec ces soutiens, alors l'âme entre dans le séjour de Brahma.

5. Quand les Rishis qui sont satisfaits de la science, qui ont acquis la connaissance de l'âme, qui sont sans passion, et d'un esprit calme, l'ont obtenue, alors devenus sages et l'esprit concentré, comprenant partout l'âme qui pénètre toutes choses, ils entrent complétement (dans le séjour de Brahma).

6. Ceux qui ont vérifié la signification de la science dérivée des Védas, et qui, s'appliquant à la contemplation dégagée de tout intérêt mondain, s'efforcent d'arriver à l'émancipation, ceux dont l'intelligence est purifiée, jouissent au moment de la mort finale, de la plus haute immortalité dans les mondes de Brahma et deviennent entièrement libérés.

7. Alors les quinze parts du corps entrent dans leurs éléments, et tous les organes dans leurs divinités souveraines; alors les actions et l'âme qui ressemble à la science, devient une dans l'être qui est grand, qui est inépuisable, qui est toutes choses.

8. De même que les rivières atteignent leur terme dans la mer, en perdant leur nom et leur forme; ainsi, délivré du nom et de la forme, le sage se rend à l'âme divine dont la grandeur surpasse toutes les grandeurs.

9. Quiconque connaît ce Brahma suprême, devient lui-même un Brahma. Personne dans sa famille ne sera dans l'ignorance de Brahma; il surmonte le péché, il surmonte le chagrin, il devient immortel, étant délivré des liens de la caverne (du cœur).

10. C'est ce que rapporte le Rig (Véda). « Que le maître communique cette science de Brahma à ceux qui accomplissent les cérémonies, qui sont versés dans les Védas et dévoués à Brahma, qui font eux-mêmes avec foi des offrandes au Rishi unique (au feu) et qui ont accompli, selon le rite prescrit, l'obligation de porter du feu sur leurs têtes. »

11. Le Rishi Angiras a communiqué cette vérité au fils de Sanaka. Que personne ne lise ceci s'il n'a pas accompli la cérémonie du feu. Salut aux grands Rishis, salut aux grands Rishis.

MANDUKYA-UPANISHAD.

AVANT-PROPOS.

L'Upanishad qui nous occupe a été traduit en anglais par le docteur Röer dans la *Bibliotheca indica*, n° 50 (Calcutta, 1853, t. XV, p. 165), et en allemand par le docteur Weber (*Indische Studien*, t. II, p. 117-119). Sous une phraséologie abstraite, il renferme une théorie qu'il n'est pas difficile de suivre. Brahma, l'âme ou l'esprit, comprend toutes choses, celles qui sont accessibles à l'homme et celles qui ne le sont pas. Il a quatre modes d'existence : c'est dans celle qui correspond au sommeil qu'il devient créateur ; tout procède de lui et tout y revient. Le mot *Om* est le moyen par lequel on peut concevoir Brahma. Les lettres A, U, M qui le composent correspondent aux différents modes d'existence de Brahma, et le mot entier, dont les parties séparées ont disparu, correspond à Brahma dans sa nature absolue et infinie. En méditant sur cette dernière forme de Om, l'homme s'identifie avec Brahma.

Le Mandukya peut être considéré comme un des derniers Upanishads qui exposent les notions primitives des philosophes indiens sur l'esprit infini avant qu'elles ne fussent altérées par les idées des sectes qui surgirent plus tard. Il n'y a pas là de discussion, c'est une leçon adressée à un disciple soumis. L'introduction de nombreux termes techniques du Vedanta, sans autre objet que celui de rendre aussi complète que possible l'énumération des noms, indique que le rédacteur a puisé à plusieurs sources.

1. Om est l'immortalité. Son explication comprend toutes choses, ce qui était, ce qui est et ce qui sera ; le mot Om est véritablement toutes choses, et tout ce qui est au delà du temps triple est véritablement le mot Om.

2. Brahma qui est toute chose est représenté par Om ; cette âme est Brahma ; cette âme a quatre conditions.

3. La première condition est Vaisvanara, dont le séjour est dans l'état de veille, dont la connaissance comprend les objets extérieurs, qui a sept membres, qui a dix-neuf bouches, et qui jouit des objets matériels.

4. La seconde condition est Taijasa, dont le séjour est dans l'état de rêve, dont la connaissance comprend les objets intérieurs, qui a sept membres, qui a dix-neuf bouches, et qui jouit des objets subtils.

5. Quand l'homme endormi ne forme aucun désir, ne voit aucun songe, son sommeil est profond. La troisième condition est Prajna, dont la connaissance est seule uniforme, dont la nature est comme le bonheur, qui jouit du bonheur, et dont la bouche est la science.

6. Prajna est le maître de toute science ; il voit tout, il est le dominateur intérieur, il est la source de toutes choses, car il est l'origine et la destruction de tous les êtres.

7. On regarde comme la quatrième condition l'état de celui dont la connaissance n'est formée ni par les objets intérieurs, ni par les extérieurs, qui n'a pas de connaissance uniforme, qui n'est pas intelligent et qui n'est pas sans intelligence, qui est invisible, imperceptible, insaisissable, incapable de preuve, au delà de la pensée, celui qu'on ne peut définir, dont la seule preuve est la croyance de l'âme, dans lequel toutes les sphères ont cessé, qui est tranquille, heureux et sans dualité.

8. Cette âme dépend du mot Om, qui dépend de ses parties. Les conditions de l'âme sont des parties du Om (AUM) ; ces parties sont les lettres A, U et M.

9. Vaisvanara, qui habite dans l'état de veille, est la lettre A ; il est la première partie, parce qu'A est la première des lettres et elle pénètre partout (dans tous les mots). Il accomplit inévitablement tous les devoirs, et il est le premier qui connaît ainsi.

10. Taijasa, qui habite dans l'état de songe, est la lettre U, par la raison qu'elle est plus élevée ou parce qu'elle est au milieu (298*). Il élève véritablement la continuation de la science, et il devient le même (pour ses amis ou ses ennemis), et nul de ses descendants n'est dans l'ignorance au sujet de Brahma.

11. Prajna (*celui qui est doué d'une sagesse parfaite*), qui habite dans un profond sommeil, est la lettre M, la troisième partie, soit parce qu'elle est une mesure, soit parce qu'elle est d'une seule et même nature. Celui qui connaît ces choses mesure véritablement tous ces objets divins, et il devient de la même nature (que l'auteur du monde).

12. Le Om qui est sans partie est la quatrième (condition de Brahma), laquelle est imperceptible, en laquelle toutes les sphères ont cessé, qui est heureuse et sans dualité. Le Om, sujet ainsi de méditation, est l'âme seule. Celui qui connaît ces choses entre avec son âme dans l'âme (universelle).

(298*) On retrouve dans ces idées sur le sens mystique des lettres des rêveries analogues à celles de la Cabale.

TAITTARIYA-UPANISHAD.

AVANT-PROPOS.

Le Taittariya-Upanishad forme une partie du Taittariya-Aranyaka, c'est-à-dire de l'Aranyaka de l'Yajour-Véda noir, chapitres 7 à 9, et il se trouve aussi dans la collection des Upanishads de l'Atharva-Véda. Il est divisé en trois chapitres, que le texte original appelle *vallis* ou lotus. Le premier est le Siksha valli (*le lotus de la doctrine*), appelé dans quelques manuscrits l'Ananda valli (*le lotus de la félicité*); le second chapitre est le Brahmananda valli (*le lotus de la joie en Brahma*); le troisième est le Bhrigou valli.

Anquetil Duperron a traduit en latin cet Upanishad d'après le persan; Colebrooke en a fait passer quelques fragments en anglais (*Miscellanœus Essays*, vol. I, p. 76); une version complète en cette langue se rencontre dans le n° 41 de la *Bibliotheca indica* (Calcutta, 1852, t. XV, p. 1-25). Weber a donné en allemand le second et le troisième chapitre dans ses *Indische Studien*, t. II, p. 207-236.

PREMIER VALLI.

PREMIER ANUVAKA.

Que Mittra nous accorde le bien-être, que Varouna nous accorde le bien-être, que Aryamas nous accorde le bien-être, que Indra et Brihaspati nous accordent le bien-être, que Vishnou, qui, dans ses enjambées, embrasse un espace immense (299), nous accorde le bien-être. Salut à Brahma; salut à toi, ô Vajou; tu es le Brahma toujours visible. Je t'appellerai le Brahma toujours visible, je t'appellerai juste, je t'appellerai véridique. Puisse-t-il (*Brahma*) me préserver et préserver celui qui parle, me préserver et préserver celui qui parle!

Paix! paix! paix!

DEUXIÈME ANUVAKA.

Nous expliquerons le Siksha, la lettre, l'accent, la quantité, l'effort, la prononciation moyenne et la continuation, tels sont les contenus du chapitre du Siksha.

TROISIÈME ANUVAKA.

1. Puissions-nous tous deux (*le maître et le disciple*) être glorieux; puissions-nous avoir la lumière du Véda! Nous expliquerons ensuite l'Upanishad (*la méditation*) à l'égard du Sanhita, sur cinq points différents se rapportant aux mondes, aux splendeurs, à la science, à la postérité et à l'âme; c'est ce qu'on appelle les grands Sanhitas; ensuite ce qui se rapporte aux mondes. La terre est la première syllabe (*san*) du mot Sanhita, les cieux sont la dernière syllabe (*ta*), l'éther est l'intermédiaire (*hi*).

2. Le vent (*Vajou*), l'instrument de l'union, c'est le sujet qui se rapporte aux mondes, ensuite le sujet se rapportant aux splendeurs. Agni (*le feu*) est la première syllabe, Aditya (*le soleil*), la dernière syllabe; les eaux sont l'union, l'éclair est l'instrument de l'union; c'est le sujet se rapportant aux splendeurs. Ensuite vient le sujet se rapportant à la science; le maître est la première syllabe.

3. Le disciple est la dernière syllabe; la connaissance est l'union, le Véda est l'instrument de l'union; c'est le sujet qui se rapporte à la connaissance. Ensuite le sujet qui se rapporte à la postérité : la mère est la première syllabe, le père est la dernière syllabe, les enfants sont l'union; c'est le sujet qui se rapporte à la postérité.

4. Ensuite le sujet se rapportant à l'âme, la machoire inférieure est la première syllabe, la machoire supérieure est la dernière syllabe, la parole est l'union, la langue est l'instrument de l'union; c'est le sujet se rapportant à l'âme. Tels sont les grands Sanhitas. Quiconque connaît l'explication de ces grands Sanhitas est uni à la postérité, aux troupeaux, à la lumière des Védas, aux aliments et au ciel.

QUATRIÈME ANUVAKA.

1. Puisse Indra, qui s'est manifesté comme le premier des Védas, comprenant la nature de tous et étant plus immortel que les immortels Védas, me fortifier par l'intelligence! O Dieu! puissé-je être le vaisseau d'immortalité (*de la science de Brahma, la cause de l'immortalité*)! Que mon corps soit agile, et ma langue d'une douceur extrême; que mes oreilles entendent beaucoup de choses. Tu es comme la gaîne (*l'étui ou le fourreau*) de Brahma, enveloppé par l'intelligence ordinaire; conserve ce que j'ai entendu (*au sujet de la connaissance de Brahma*).

2. La prospérité (*Sri*), qui m'apporte rapidement des vêtements, augmente (*le nombre de*) mes vaches, et prépare toujours pour moi des aliments et des boissons; donne-moi (ô Dieu!) cette propriété,

---

(299) Il a déjà été question, dans les Pouranas, des trois pas que fit Vishnou déguisé en nain, et qui embrassèrent le monde entier.

riche en troupeaux couverts de laine et autres bestiaux. Swaha (500) ! Que les Brahmanes étudiants viennent auprès de moi ! Swaha !

3. Que je sois glorieux parmi les hommes, Swaha ! Que je sois supérieur aux plus riches, Swaha ! O toi ! qui es vénérable, laisse-moi entrer en toi (*pénétrer dans l'essence de Brahma*), Swaha ! O toi qui es vénérable, entre en moi, Swaha ! Je serai purifié en toi qui t'étends en mille branches, Swaha ! De même que les eaux descendent, que les mois sont absorbés dans la consommation des jours (*l'année*), de même que les Brahmanes livrés à l'étude s'approchent de moi de tous côtés, Swaha ! Toi qui es pour nous un refuge, éclaire-moi, rends-moi semblable à ta propre nature.

CINQUIÈME ANUVAKA.

1. Bhur, Bhuvar et Suvar, voilà véritablement les trois noms mystiques. Le fils de Mahachamasa, révélé comme le quatrième parmi eux, Maha (*le grand*) c'est Brahma, c'est l'âme, les autres déités sont ses membres ; Bhur est vraiment ce monde, Bhuvar est l'atmosphère, Suvar est un autre monde.

2. Maha Aditya (*le soleil*), car tous les mondes augmentent par (l'effet) d'Aditya. Bhur est vraiment Agni (*le feu*), Bhuvar est le vent, Suvar est Aditya (*le soleil*), Maha est la lune, car toutes les splendeurs augmentent par (l'effet) de la lune. Bhur est les mantras (*les oraisons*) du Rig-Véda, Bhuvar est les mantras du Sama, et Savar est les mantras de l'Yajour-Véda.

3. Maha Brahma, car tous les mondes augmentent par l'effet de Brahma. Bhur est vraiment la vie par laquelle la respiration est absorbée, Bhuvar est la vie qui descend, Suvar la vie qui égalise, Maha est la nourriture, car toutes les fonctions de la vie sont augmentées par la nourriture. Ces quatre noms sont véritablement quadruples : il y a quatre fois quatre noms mystiques. Quiconque les connaît connaît Brahma ; tous les dieux (*comme étant ses parties*) lui apportent de la puissance.

SIXIÈME ANUVAKA.

1. C'est dans l'éther résidant dans le cœur qu'est placée l'âme (*l'ourousha*), dont la nature est la science, qui est immortelle et radieuse comme l'or. L'artère appelée Sushama (*l'artère coronale*), qui part de la portion du cœur, se rend entre les deux artères du palais, et après avoir accompli son chemin à travers la tête et le crâne, elle se termine à l'endroit où se distribue la racine des cheveux : cette artère est le lieu de la naissance d'Indra. Par le nom mystique de Bhur, le sage y arrive aussi avec la divinité qui préside au feu.

2. Par le nom mystique de Bhuvar avec le vent, par le nom mystique de Suvar avec Aditya (*le soleil*), par le nom mystique de Maha avec Brahma, il obtient son royaume, il obtient le dominateur de l'esprit, il devient le souverain de la parole, le souverain de l'œil, le souverain de l'oreille, le souverain de la science. Il devient celui dont le corps est l'éther (*c'est-à-dire Brahma*), qui est l'âme réelle, qui se joue dans la vie, dont l'esprit est la joie, dont la paix est abondante et qui est immortel. C'est de cette manière, ô Prachinayogya (*nom d'un disciple*), que tu dois adorer Brahma.

SEPTIÈME ANUVAKA.

La terre, l'atmosphère, le ciel, les régions, les régions intermédiaires, le feu, le vent, le soleil, la lune, les étoiles, les eaux, les plantes, les arbres, l'éther, l'âme, tout cela est la sphère matérielle. L'air vital qui monte, l'air vital qui descend, l'air vital qui sort du centre, l'air vital qui va partout, l'œil, l'oreille, l'esprit, la parole, le toucher, la peau, la chair, les muscles, les os, la moelle, tout a été reconnu par un rishi qui a dit : « Toutes ces choses sont quintuples ; et par la sphère quintuple (*se rapportant à l'âme*), un homme peut compléter le quintuple (*monde extérieur*).

HUITIÈME ANUVAKA.

Om est Brahma ; Om est toutes choses ; Om commande, et ceux qui le connaissent partagent son pouvoir.

Les hymnes du Sama-Véda chantent Om ; les hymnes de louange célèbrent Om. C'est par la parole Om que le Brahma donne ses ordres ; c'est par cette parole qu'il reçoit les offrandes livrées aux flammes. « Om, » dit le Brahmane lorsqu'il commence à lire le Véda, « puissé-je obtenir Brahma (*l'âme suprême*) ! » et il obtient Brahma.

NEUVIÈME ANUVAKA.

La justice, la lecture et l'enseignement doivent être pratiqués. La vérité, la lecture et l'enseignement doivent être pratiqués. La pénitence, la lecture et l'enseignement doivent être pratiqués. L'assujettissement (des sens), la lecture et l'enseignement doivent être pratiqués. Les feux sacrés, la lecture et l'enseignement doivent être l'objet d'une attention soutenue. Les offrandes brûlées, la lecture et l'enseignement doivent être l'objet d'une attention persévérante. L'hospitalité, la lecture et l'enseignement doivent être pratiqués avec zèle. Les devoirs de l'homme, la lecture et l'enseignement ne doivent pas être négligés. Les soins de la famille, la lecture et l'enseignement doivent être pratiqués. Satyavachas (*ou le véridique*), de la famille de Rathitara, a expliqué le sens du mot justice ; Taponitya (*le pénitent constant*), de la famille de Pourousishti, a expliqué le sens du mot pénitence ; Naka, de la famille de Mudgalya, a expliqué ce qui

---

(500) Swaha, c'est l'exclamation faite avant l'offrande.

PART. I. — LIVRES SACRES DES HINDOUS.

regarde la lecture et l'enseignement; ce sont vraiment des œuvres d'austérité.

DIXIÈME ANUVAKA.

Je suis l'esprit (*le moteur*) de l'arbre (*l'arbre du monde qu'il faut abattre*). Ma renommée s'élève comme la cime d'une montagne. Je suis purifié en ma racine comme l'immortalité est glorieuse dans le nourricier (*le soleil*). Je suis la richesse brillante. Je suis intelligent, je suis immortel et ne puis décroître. C'est la parole de science de Trisankou.

ONZIÈME ANUVAKA.

1. Le maître, ayant enseigné le Véda à son disciple, l'instruit ainsi : « Dis la vérité. Marche conformément à tes devoirs. Que la lecture journalière ne soit point négligée. Ne néglige ni la vérité, ni l'accomplissement des devoirs, ni la prudence. Ne néglige pas la prospérité (*c'est-à-dire les actions qui peuvent augmenter la richesse*). Qu'il n'y ait de négligence ni pour la lecture, ni pour l'enseignement.

2. « Qu'il n'y ait pas de négligence des devoirs concernant les dieux et les ancêtres. Que ta mère soit (pour toi) un dieu. Que ton hôte soit (pour toi) un dieu. Toutes les œuvres qui sont irréprochables doivent être accomplies, à l'exclusion de toutes autres. Toutes les actions dignes de louanges que nous autres (*les maîtres*) accomplissons, doivent être adorées (*imitées*) à l'exclusion de toutes autres.

3. « Il faut que tes efforts tendent à procurer un siège aux Brahmanes qui sont meilleurs que nous. Les dons qui doivent être distribués doivent être donnés avec foi, avec prudence, avec modestie, avec affection. Si tu as quelque doute au sujet de la conduite à tenir ou des œuvres à faire,

4. « Alors observe comment agissent les Brahmanes qui sont dans ton voisinage, qui ont un jugement sobre, qui sont doux et appliqués à remplir leurs devoirs, et prends-les pour modèles. C'est la règle, c'est le conseil, c'est l'instruction, c'est la signification des Védas. C'est la marche que tu dois suivre. »

DOUZIÈME ANUVAKA.

Que Mittra nous accorde le bien-être. Que Varouna nous accorde le bien-être. Qu'Aryamas nous accorde le bien-être. Qu'Indra et Brihaspati nous accordent le bien-être. Que Vishnou qui, dans ses enjambées divines, embrasse un espace immense, nous accorde le bien-être. Salut, ô Brahma. Salut à toi, ô Vajou. Tu es le Brahma toujours visible. Je t'appellerai le Brahma toujours visible; je t'appellerai juste; je t'appellerai véridique. Puisse-t-il (*Brahma*) me préserver et préserver celui qui parle.

Paix, paix, paix!

DEUXIÈME VALLI.

Protégez-nous (ô dieux) tous deux (*le maître et le disciple*) en même temps; assistez-nous et donnez-nous à tous deux de la nourriture en même temps; puissions-nous tous deux appliquer en même temps notre force à l'acquisition de la science; que notre lecture soit illustre; qu'il n'y ait point de haine parmi nous. Paix, paix, paix !

PREMIER ANUVAKA.

1. Celui qui connaît Brahma, obtient le Brahma suprême. C'est par rapport à cette connaissance de Brahma que l'on récite la strophe du Rig-Véda : « Quiconque connaît Brahma, qui est l'existence, la connaissance et l'infinité, comme habitant dans la cavité (*du cœur, c'est-à-dire l'intelligence*) et dans l'éther infini, jouit de tout ce qu'il désire et est un avec Brahma, qui sait toutes choses. » De là viennent aussi ces vers enseignés dans la mémoire (*des sages*) : « C'est de cette âme (*Brahma*) qu'est réellement sorti l'éther; de l'éther est sorti l'air; de l'air le feu; du feu les eaux; des eaux la terre; de la terre les plantes; des plantes la nourriture; de la nourriture la semence; de la semence l'homme, car l'homme est vraiment l'essence de la nourriture. » Et c'est pourquoi il est dit : « Cette tête (*que je montre*) est sa tête (*la tête de l'âme qui est l'essence de la nourriture*); ceci est son bras droit; ceci est son bras gauche; ceci est son corps; ceci est sa queue (*c'est-à-dire la partie du corps depuis le nombril jusqu'aux pieds*). »

DEUXIÈME ANUVAKA.

Toutes les créatures qui vivent sur la terre doivent leur existence aux aliments. C'est par les aliments qu'elles subsistent, et c'est à eux qu'elles retournent (au moment de leur mort), car les aliments sont les plus anciens de tous les êtres; c'est pourquoi la nourriture est appelée l'herbe qui guérit et qui dompte la chaleur du corps et de toutes les créatures.

Tous ceux qui adorent Brahma comme étant la nourriture, obtiennent toute nourriture quelconque, car la nourriture est la plus ancienne de toutes les créatures; c'est pourquoi on l'appelle l'herbe qui guérit tous les maux. De la nourriture sortent tous les êtres; lorsqu'ils sont nés, ils grandissent par (l'effet de) la nourriture. Elle est mangée par toutes les créatures et elle mange toutes les créatures. Différente de cette (âme) qui est comme l'essence de la nourriture, est une (autre) âme intérieure qui consiste en l'air vital. La première (âme) est remplie par celle-ci, laquelle ressemble à la forme de l'homme. Sa tête est l'air vital qui s'élève (*la respiration*); son bras droit est l'air vital qui égalise; son bras gauche est l'air vital qui descend; l'éther est le corps; la terre est la queue, la base (du corps).

TROISIÈME ANUVAKA.

Les dieux, les hommes et les animaux respirent; la respiration est la vie de toutes les créatures; aussi l'appelle-t-on la vie de tous (les êtres). Tous ceux qui adorent la respiration comme étant Brahma, atteignent la dernière limite de la vie (*c'est-à-dire cent ans*), car la respiration est la vie de toutes les créatures. Cette vie elle-même est l'âme incarnée de l'enveloppe nutritive. Différente de cette (âme), qui consiste de l'air vital, est une (autre) âme intérieure qui consiste de l'esprit. Celle-ci remplit la première; elle ressemble à la forme de l'homme. Sa tête est l'Yajour-Véda; le Rig-Véda est son bras droit; le Sama-Véda est son bras gauche; l'instruction est son corps; l'Atharva-Véda est sa queue, sa base.

QUATRIÈME ANUVAKA.

Une personne qui connaît la félicité de Brahma, n'est jamais effrayée. Différente de l'âme qui consiste de l'esprit, est une autre âme intérieure qui consiste de la science. C'est celle-ci qui remplit la première; elle ressemble à la forme de l'homme. Sa tête est la foi; la justice est son bras droit; la vérité son bras gauche; la concentration (*Yoga*) est son corps; la grande (intelligence) est sa queue, sa base.

CINQUIÈME ANUVAKA.

La connaissance arrange le sacrifice et elle arrange aussi les œuvres. Tous les dieux adorent comme leur âme le Brahma qui est la connaissance. Une personne, qui connaît la science comme étant Brahma et qui ne s'en écarte pas, jouit de tout ce qu'elle désire après qu'elle a abandonné tous les péchés inhérents au corps. Différente de cette (âme) qui est la science, est une (autre) âme intérieure qui consiste de la félicité. C'est par celle-ci que la première est remplie. Elle ressemble à la forme de l'homme. Sa tête est ce qui est agréable; la joie est son bras droit; la réjouissance, son bras gauche; la félicité est son corps; Brahma est sa queue, sa base.

SIXIÈME ANUVAKA.

Si une personne connaît Brahma comme non existant, elle devient elle-même comme non-existante; si une personne connaît Brahma comme existant, alors ceux qui connaissent Brahma savent qu'il existe lui-même. Ce Brahma infini est l'âme incorporée du premier. De ce qu'il en est ainsi, dérivent les questions suivantes que fait le disciple au sujet de ce que lui a enseigné son maître: l'ignorant, quand il part de cette vie, va-t-il à ce monde (du Brahma suprême), ou n'y va-t-il pas? Le sage (qui connaît Brahma), lorsqu'il quitte cette vie, obtient-il ce monde ou ne l'obtient-il pas?

Il (*celui qui est l'âme suprême*) forma ce désir: « Laissez-moi me multiplier, laissez-moi naître. » Il accomplit des austérités (*ou bien il réfléchit sur la forme du monde qu'il voulait créer*). Ayant accompli des austérités, il créa tout ce qui existe. Lorsqu'il l'eut créé, il y entra. Quand il y fut entré, il fut doué de forme et dépourvu de forme, défini et non défini, avec base et sans base, doué de science et dépourvu de science, vrai et non vrai, tout ce qui était vrai (absolument), et c'est ainsi qu'il est appelé le véridique.

SEPTIÈME ANUVAKA.

Il était avant la créature, le non-existant (c'est-à-dire le contraire de toutes les différences manifestées de nom et de forme). De lui est sorti tout ce qui existe (*qui paraît exister*). L'immuable Brahma se créa lui-même; il est ainsi appelé celui qui s'est créé lui-même (ou le saint). Parce qu'il est saint, il est véritablement comme le goût, car quiconque obtient le goût éprouve une grande satisfaction. Si cette félicité (semblable à Brahma) n'était pas présente dans l'éther (du cœur), qui donc pourrait vivre? qui pourrait respirer? Car c'est lui (*l'Esprit suprême*) qui remplit de bonheur. Quand le sage place avec fermeté son point d'appui sur celui qui est invisible, incorporel et indéfinissable, alors il obtient d'être affranchi de toute crainte. Quand l'ignorant fait en lui un petit trou (*le considère comme présentant une différence quelconque*), alors la crainte est produite pour lui. Brahma est une (cause de) crainte pour celui qui connaît et qui ne croit pas (à la vraie nature de Brahma).

HUITIÈME ANUVAKA.

C'est par suite de la crainte qu'il inspire que se lève le vent, que se lève le soleil, qu'accourent Agni et Indra, et qu'en cinquième lieu vient la mort. Ici suit cette considération de bonheur (*qui est Brahma*). Qu'il y ait un jeune homme de mœurs douces, ayant lu les Védas, étant très ferme et très-fort, que le monde entier soit plein de richesses pour lui, le bonheur dont il jouira est une joie de l'homme. Cette joie de l'homme, multipliée cent fois, est une joie des hommes qui ont obtenu l'état des Gandharvas, ainsi que de ceux qui ont étudié les Védas et qui sont exempts de désirs. Cette joie des hommes qui ont obtenu l'état des Gandharvas étant multipliée au centuple, est une joie des Gandharvas divins, et de ceux qui ont étudié les Védas et qui sont exempts de désirs (301). Cette joie des divins Gandharvas, multipliée cent fois, est une joie des ancêtres dont le monde dure longtemps, et

---

(301) Cette répétition, qui se reproduit souvent dans l'énumération contenue en cette strophe, n'est pas fort logique, mais la liaison des idées, dans ces productions de la métaphysique mystique des Hindous, n'est nullement en rapport avec ce que nous connaissons en Europe.

de ceux qui ont étudié les Védas et qui sont exempts de désirs. Cette joie des ancêtres, dont le monde dure longtemps, multipliée cent fois, est une joie des dieux qui sont nés dans les cieux, et de ceux qui ont étudié les Védas et qui sont exempts de désirs. Cette joie des dieux qui sont nés dans le ciel, multipliée cent fois, est une joie des dieux des œuvres (*qui obtiennent la divinité par l'accomplissement des œuvres prescrites par les Védas*), et de ceux qui ont étudié les Védas et qui sont exempts de désirs. Cette joie des dieux multipliée cent fois, est une joie d'Indra, et de ceux qui ont étudié les Védas et qui sont exempts de désirs. Cette joie d'Indra, multipliée cent fois, est une joie de Brihaspati, et de ceux qui ont étudié les Védas et qui sont exempts de désirs. Cette joie de Brihaspati, multipliée cent fois, est une joie de Prajapati, et de ceux qui ont étudié les Védas et qui sont exempts de désirs. Cette joie de Prajapati, multipliée cent fois, est une joie de Brahma, et de celui qui a étudié Brahma et qui est exempt de désirs. Le Brahma suprême qui est dans Pourousha (*l'image réfléchie dans l'œil*) et dans Aditya (*le soleil*), est un et le même. Quiconque connaît ces choses, après avoir abandonné (les choses de) ce monde, s'approche de (*connaît entièrement*) cette âme qui consiste des aliments ; il s'approche de cette âme qui consiste de la vie, il s'approche de cette âme qui consiste de l'esprit, il s'approche de cette âme qui consiste de la science, il s'approche de cette âme qui consiste du bonheur.

NEUVIÈME ANUVAKA.

Celui qui connaît la félicité de Brahma, dont tous les mondes émanent, n'a rien à craindre. Il n'est point troublé de cette pensée : « Pourquoi ai-je omis ce qui est bon ? Pourquoi ai-je commis le péché ? » Une personne qui connaît ces choses, considère l'un et l'autre comme l'âme, car celui qui connaît ces choses, considère l'un et l'autre comme l'âme. C'est l'Upanishad (*la science de Brahma*).

TROISIÈME VALLI.

PREMIER ANUVAKA.

Hari! Om! Protége-nous tous deux en même temps, assiste-nous tous deux en même temps ; puissions-nous tous deux en même temps appliquer notre force ; puisse notre lecture être illustre ; qu'il n'y ait pas de haine entre nous ! Om ! paix, paix, paix !

DEUXIÈME ANUVAKA.

Bhrigou, le fils de Varouna, s'approcha de son père : « Enseigne-moi, dit-il, ô sage vénérable, ce qu'est Brahma ! » Varouna lui parla ainsi : « (Il est) la nourriture, la vie, l'œil, l'oreille, l'esprit et la parole. » Il dit de plus : « C'est de lui que tous les êtres sont nés ; c'est par lui qu'ils vivent, lorsqu'ils ont reçu la naissance ; c'est lui dont ils approchent ; c'est en lui qu'ils entrent ; c'est lui que tu désires connaître ; il est Brahma. » Il (*Bhrigou*) pratiqua l'austérité. Ayant pratiqué l'austérité :

TROISIÈME ANUVAKA.

Il connut ceci : la nourriture est Brahma, car c'est de la nourriture que sont vraiment nés tous ces êtres ; c'est la nourriture qui les fait vivre lorsqu'ils sont nés ; c'est de la nourriture qu'ils s'approchent ; c'est dans la nourriture qu'ils entrent. Ayant connu ces choses, il (*Bhrigou*) s'approcha derechef de son père Varouna, et dit : « Enseigne-moi, ô sage vénérable, ce qu'est Brahma ! » Varouna lui répondit : « Joins l'austérité au désir de connaître Brahma ; l'austérité est Brahma. » Il (*Bhrigou*) pratiqua l'austérité. Ayant accompli l'austérité :

QUATRIÈME ANUVAKA.

Il sut ceci : Brahma est la vie, car c'est de la vie que sont vraiment nés ces êtres ; c'est par la vie qu'ils existent, après avoir pris naissance ; c'est de la vie qu'ils s'approchent ; c'est dans la vie qu'ils entrent. Ayant connu ces choses, il (*Bhrigou*) s'approcha de nouveau de son père Varouna : « Enseigne-moi, ô sage vénérable, ce qu'est Brahma ! » Varouna lui répondit : « Joins l'austérité au désir de connaître Brahma ; l'austérité est Brahma. » Il (*Bhrigou*) pratiqua l'austérité. Ayant accompli l'austérité :

CINQUIÈME ANUVAKA.

Il sut ceci : l'esprit est Brahma, car c'est de l'esprit que sont vraiment nés ces êtres ; c'est par l'esprit qu'ils existent, après avoir pris naissance ; c'est de l'esprit qu'ils s'approchent ; c'est dans l'esprit qu'ils entrent. Ayant connu ces choses, il (*Bhrigou*) s'approcha de son père Varouna : « Enseigne-moi, ô sage vénérable, ce qu'est Brahma ! » Varouna lui répondit : « Joins l'austérité au désir de connaître Brahma ; l'austérité est Brahma. » Il (*Bhrigou*) pratiqua l'austérité. Ayant accompli l'austérité :

SIXIÈME ANUVAKA.

Il sut ceci : la science est Brahma, car c'est de la science que sont vraiment nés ces êtres ; c'est par la science qu'ils existent, après avoir pris naissance ; c'est de la science qu'ils s'approchent ; c'est dans la science qu'ils entrent. Ayant connu ces choses, il (*Bhrigou*) s'approcha de nouveau de son père Varouna : « Enseigne-moi, ô sage vénérable, ce qu'est Brahma ! » Varouna lui répondit : « Joins l'austérité au désir de connaître Brahma ; l'austérité est Brahma. » Il (*Bhrigou*) pratiqua l'austérité. Ayant accompli l'austérité :

SEPTIÈME ANUVAKA.

Il connut ceci : le bonheur est Brahma, car c'est du bonheur que sont vraiment nés ces êtres ; c'est par le bonheur qu'ils existent, après avoir pris naissance ; c'est du bonheur qu'ils s'approchent ; c'est dans le bonheur qu'ils entrent. C'est la science de

Bhrigou et de Varouna fondée sur l'éther le plus élevé (*l'éther du cœur*). Celui qui connaît cela est fondé sur le Brahma suprême ; il devient riche en aliments et consommateur d'aliments ; il devient grand par sa postérité, ses troupeaux et la splendeur de (sa connaissance de) Brahma ; il devient grand en renommée.

HUITIÈME ANUVAKA.

Que celui qui connaît Brahma n'insulte pas la nourriture, car c'est la règle qu'a établie (*Brahma*). La vie est vraiment la nourriture. Le corps consomme la nourriture ; le corps est fondé sur la vie ; la vie est fondée sur le corps. Quiconque connaît ces choses, est fondé sur la nourriture ; il devient riche en aliments, et consommateur d'aliments ; il devient grand par sa postérité, ses troupeaux et la splendeur de (sa connaissance de) Brahma ; il devient grand en renommée.

NEUVIÈME ANUVAKA.

N'abandonnez pas la nourriture, car c'est la règle qu'a établie (Brahma) Les eaux sont vraiment de la nourriture. La lumière consomme la nourriture, la lumière est fondée sur les eaux ; les eaux sont fondées sur la lumière. Quiconque connaît ces choses, est fondé sur la nourriture ; il devient riche en aliments, et consommateur d'aliments ; il devient grand par sa postérité, ses troupeaux et la splendeur de (sa connaissance de) Brahma ; il devient grand en renommée.

DIXIÈME ANUVAKA.

Multipliez la nourriture ; c'est la règle qu'a établie (Brahma). La terre est vraiment de la nourriture. L'éther consomme la nourriture, l'éther est fondé sur la terre, la terre est fondée sur l'éther. Quiconque connaît ces choses, est fondé sur la nourriture ; il devient riche en aliments, et consommateur d'aliments ; il devient grand par sa postérité, ses troupeaux et la splendeur de (sa connaissance de) Brahma ; il devient grand en renommée.

ONZIÈME ANUVAKA.

1. Ne refusez à personne de séjourner (avec vous) ; c'est la règle qu'a établie (Brahma). Que chacun donc travaille par tous les moyens à acquérir de la nourriture en abondance. Ils (*les propriétaires d'une maison*) adressent à l'étranger (qui vient chez eux) ces mots : « Les aliments sont préparés. » Si ces aliments sont donnés avec libéralité, des aliments sont de même donnés avec libéralité à celui qui exerce l'hospitalité (302). S'ils sont donnés avec parcimonie, ils lui sont de même donnés avec parcimonie (dans la vie nouvelle où il entrera après sa mort).

(302) La lecture des lois de Manou montre combien l'hospitalité était recommandée chez les anciens Hindous.

2. Celui qui connaît ces choses obtiendra la récompense promise. Comme conservateur (de ce qui est acquis, (Brahma) réside dans la parole ; comme acquéreur et conservateur, il réside dans l'air vital qui monte et dans l'air vital qui descend ; comme action, il est dans les mains ; comme mouvement, il est dans les pieds. Tels sont les (objets des) méditations des hommes pieux. Comme satisfaction, Brahma est dans la pluie ; comme puissance, dans l'éclair.

3. Comme renommée, il est dans le bétail ; comme lumière, dans les étoiles ; comme toutes choses, dans l'éther. Une personne qui l'adore dans la pensée qu'il est grand, devient grande. Une personne qui l'adore dans la pensée qu'il est l'intelligence, devient intelligente.

4. Une personne qui l'adore dans la pensée qu'il est vainqueur, dompte ses désirs. Une personne qui l'adore dans la pensée qu'il est Brahma, entre en possession de Brahma. Le Brahma suprême, qui est dans le Pourousha (*l'image réfléchie dans l'œil*) et dans le soleil, est un et le même.

5. Quiconque connaît ces choses, après avoir abandonné les désirs du monde, approche de (connaît pleinement) cette âme, qui consiste des aliments ; il s'approche de cette âme qui consiste de la vie ; il s'approche de cette âme qui consiste de l'esprit ; il s'approche de cette âme qui consiste de la science ; il s'approche de cette âme qui consiste du bonheur, et jouissant d'aliments (abondants), prenant diverses formes selon sa volonté, considérant ces mondes (par l'idée de l'âme), il chante ce chant de l'unité universelle : « O prodige ! ô prodige ! ô prodige ! »

6. Je suis la nourriture, je suis la nourriture, je suis la nourriture ; je suis le consommateur de la nourriture, je suis le consommateur de la nourriture, je suis le consommateur de la nourriture. Je suis le faiseur de leur unité, je suis le faiseur de leur unité, je suis le faiseur de leur unité.

7. Je suis le premier-né du vrai monde. J'étais avant les dieux le centre de l'immortalité. Quiconque me donne, me conserve. Si un autre ne me donne pas, moi (nourriture) je le consomme, celui qui consomme la nourriture. J'ai l'éclat du soleil. Quiconque connaît ces choses, obtient le Brahma suprême, c'est l'Upanishad.

8 Protége-nous tous deux en même temps ; assiste-nous tous deux en même temps ; puissions-nous tous deux en même temps appliquer notre force ; puisse notre lecture être illustre ; qu'il n'y ait pas de haine entre nous ! Om ! paix ! paix ! paix !

AITAREYA-UPANISHAD.

Cet Upanishad forme le second Aranyaka de l'Aitareya Brahmana du Rig-Véda où il constitue les chapitres 4, 5 et 6. Il a été traduit en anglais par Colebrooke (*Miscellaneous Essays*, vol. I. p. 47-53) et par Röer (*Bibliotheca Indica*, n. 41, Calcutta, 1852, tom. XV, p. 26-34.)

CHAPITRE PREMIER.

PREMIÈRE SECTION.

1. Salut à l'être suprême ! Hari ! Om !
Ce (monde) était vraiment avant (la création du monde) l'âme seule et nul autre objet actif ou non actif ; il réfléchit et dit : « Que je crée les mondes. »

2. Il créa ces mondes, savoir la sphère de l'eau, la sphère des rayons du soleil, la sphère de la mort, et la sphère des eaux. La sphère des eaux est au-dessus des cieux ; les cieux sont son soutien ; la sphère des rayons du soleil est l'atmosphère ; la terre est le monde de la mort ; les mondes qui sont au-dessous de la terre sont la sphère des eaux.

3. Il réfléchit : « Ces mondes sont créés, que je crée les protecteurs des mondes. » Retirant de l'eau un être de forme humaine, il le façonna. Il l'échauffa (par la chaleur de sa méditation). Lorsqu'il fut ainsi échauffé, la bouche sortit comme l'œuf (d'un oiseau) ; de la bouche sortit la parole ; de la parole, le feu (*Agni, le dieu qui préside à la parole*). Les narines parurent ; des narines sortit la respiration ; de la respiration sortit le vent (*Vayou, le dieu qui préside à la respiration*). Les yeux se montrèrent ; des yeux sortit la vue ; de la vue le soleil (*Aditya, le dieu qui préside à la vue*). Les oreilles se montrèrent ; des oreilles sortit l'ouïe ; de l'ouïe sortirent les (diverses) régions (*les divinités qui président à l'oreille*). La peau se montra ; de la peau sortirent les poils ; des poils sortirent les plantes et les arbres (*les divinités qui président à la peau*). Le cœur se montra ; du cœur sortit l'esprit ; de l'esprit sortit la lune (*divinité qui préside à l'esprit*). Le nombril se montra ; du nombril sortit l'air vital qui descend ; de l'air vital qui descend sortit la mort (*divinité qui préside à cet air*). Les organes de la génération se montrèrent ; d'eux sortit la semence ; de la semence sortirent les eaux (*les divinités qui président à la semence*).

DEUXIÈME SECTION.

1. Lorsqu'ils eurent été créés, ces dieux tombèrent dans le grand océan (303). Il (*l'âme suprême*) avait attaqué par la faim et la soif (*le premier homme, la cause des différents organes et des diverses divinités*). Ils (*c'est-à-dire, ses diverses parties, souffrant de la faim et de la soif*) lui dirent (*au premier homme*) : « Prépare-nous une sphère paisible où nous puissions résider et nous nourrir. »

2. Il leur amena la vache (après l'avoir ôtée de l'eau et formée) ; ils dirent : « Vraiment, ce n'est pas suffisant pour nous. » Il leur amena le cheval ; ils dirent : « Vraiment ce n'est pas suffisant pour nous. »

3. Il leur amena l'homme ; ils dirent : « En vérité, c'est bien ; l'homme seul est bien formé. » Il leur dit : « Entrez en lui, chacun de vous selon sa sphère. »

4. Le feu, devenant la parole, entra dans la bouche ; le vent, devenant la respiration, entra dans les narines ; le soleil, devenant la vue, entra dans les yeux ; les régions, devenant l'ouïe, entrèrent dans les oreilles ; les herbes, et les plantes, devenant les poils, entrèrent dans la peau ; la lune, devenant l'esprit, entra dans le cœur ; la mort devenant l'air vital qui descend, entra dans le nombril ; les eaux, devenant la semence, entrèrent dans les organes de la génération.

5. La faim et la soif lui parlèrent, disant : « Prépare pour nous (des places). » Il leur dit : « Je vous donnerai une part dans ces divinités ; je ferai que vous y preniez part. » Ainsi, à quelque divinité que soient faites des offrandes de beurre clarifié, la faim et la soif y prennent part.

TROISIÈME SECTION.

1. Il réfléchit : « Ces mondes et ces protecteurs de mondes ont été créés. Que je crée maintenant de la nourriture pour eux. »

2. Il échauffa l'eau (par la chaleur de sa réflexion). Un être doué d'une forme organisée, sortit des eaux lorsqu'elles furent échauffées. La forme qui sortit est vraiment la nourriture.

3. Lorsqu'elle eut été créée, elle poussa des cris (de frayeur) et voulut fuir. Il (*le premier né des hommes*) voulut la saisir par la parole. S'il l'avait saisie par la parole, tous les besoins (de l'alimenta-

---

(303) L'Océan du monde dont la dernière cause est l'ignorance. Les commentateurs sanscrits entrent à ce sujet dans des explications où nous n'avons pas à les suivre.

tion) auraient été satisfaits en prononçant le nom de la nourriture.

4. Il voulut la saisir par la respiration; il ne put la saisir par la respiration; s'il l'avait saisie par la respiration, tous les besoins de l'alimentation auraient été satisfaits en sentant la nourriture.

5. Il voulut la saisir par l'œil; il ne put la saisir par l'œil; s'il l'avait saisie par l'œil, tous les besoins de l'alimentation auraient été satisfaits en voyant la nourriture.

6. Il voulut la saisir par l'oreille; il ne put la saisir par l'oreille; s'il l'avait saisie par l'oreille, tous les besoins de l'alimentation auraient été satisfaits en entendant la nourriture.

7. Il voulut la saisir par le toucher; il ne put la saisir par le toucher; s'il l'avait saisie par le toucher, tous les besoins de l'alimentation auraient été satisfaits en touchant la nourriture.

8. Il voulut la saisir par l'esprit; il ne put la saisir par l'esprit; s'il l'avait saisie par l'esprit, tous les besoins de l'alimentation auraient été satisfaits en pensant à la nourriture.

9. Il voulut la saisir par l'air vital qui descend, il la saisit. C'est donc l'air vital qui prend la nourriture et qui la consomme.

10. Il réfléchit : « Comment ce corps pourrait-il exister sans moi (son souverain)? » Il réfléchit : « Comment (*par quelle voie*) y pénétrerai-je (*dans le corps*)? » Il réfléchit : « Si l'œil peut voir sans moi, si l'oreille peut entendre, si l'esprit peut penser, si tous les organes peuvent accomplir leurs fonctions, que suis-je alors? »

11. Faisant une ouverture à l'endroit où les cheveux (de la tête) se divisent, il pénétra par cette porte. Elle est appelée la porte de la division. C'est la porte de la réjouissance (parce que c'est la route qui mène au Brahma suprême). L'âme individuelle, étant entrée dans le corps, y possède trois résidences, trois états étant ressemblant au rêve. L'œil droit est une de ces résidences; l'esprit intérieur est une de ces résidences; l'éther du cœur est une de ces résidences.

12. L'âme individuelle, lorsqu'elle fut née, réfléchit par rapport aux éléments. Comment pouvait-elle désirer de déclarer quelque chose qui différât d'elle-même? (*c'est-à-dire, elle ne trouvait rien si ce n'est la réalité de l'âme.*) Elle vit ce Brahma qui réside dans le corps, qui pénètre partout, et elle pensa : « J'ai vu ce Brahma comme moi dans la nature. »

13. Le nom de l'âme suprême est Idandra (*ce qui voit, idam*); Idandra est vraiment son nom. Ceux qui connaissent Brahma le désignent sous un nom qui ne peut être reconnu (dans sa signification véritable), celui d'Indra, quoique son nom soit Idandra, car les dieux n'aiment pas à être connus sous leur vrai nom.

CHAPITRE TROISIÈME.
QUATRIÈME SECTION.

1. Cette âme individuelle existe d'abord comme un fœtus (dans la forme de la semence) dans l'homme. C'est la semence qui est l'essence (du corps) produite de toutes les parties. Il porte ce fœtus dans son propre corps, et il le produit quand la femme conçoit; c'est la première naissance (de l'âme individuelle) dans la forme de la science.

2. Sous cette forme elle (*l'âme individuelle*) obtient la même nature que la femme, dont elle est comme les membres; le fœtus ne fait donc point de tort à la femme; elle nourrit l'image (de son mari) entrée dans son sein.

3. Celle qui nourrit doit être nourrie (par son mari). La femme porte le fœtus; le père nourrit le fils avant et après la naissance. En nourrissant son fils avant et après la naissance, il nourrit sa propre individualité dans le but de la continuation de ces mondes, car c'est ainsi que se continuent ces mondes. C'est sa seconde naissance.

4. Cette individualité du père (*le fils*) est faite pour prendre sa place dans les œuvres sacrées. Après avoir transmis à son fils l'accomplissement de ses devoirs (à l'égard des dieux, des Rishis, et des ancêtres), le père quitte ce monde à un âge avancé, et l'ayant quitté, il naît derechef. C'est sa troisième naissance. Aussi le Rishi a dit :

5. « Dans le sein de ma mère, je connais bien toutes les naissances de ces dieux; des centaines de corps, forts comme du fer, me retenaient, en regardant en bas, comme un faucon, je serai parti en un instant, » ainsi s'exprime Vamadeva, lorsqu'il réside dans le sein (de sa mère).

6. Connaissant ces choses, Vamadeva, après la destruction de ce corps, étant élevé (au-dessus de ce monde), et ayant obtenu tous ses désirs dans le séjour du ciel, devint immortel.

TROISIÈME CHAPITRE.
CINQUIÈME SECTION.

1. De quelle nature est l'âme que nous adorons par les mots, cette âme, et laquelle des deux (l'universelle et l'individuelle) est-elle l'âme? Est-ce celle par laquelle l'âme voit la forme, par laquelle elle entend le son, par laquelle elle perçoit les odeurs, par laquelle elle émet la parole, par laquelle elle distingue ce qui a un bon goût et ce qui n'a pas un bon goût?

2. Le cœur et l'esprit, la connaissance de soi-même, la connaissance de sa puissance, la science (*Ajnanam, la connaissance des 64 sciences*), la science de ce qui doit se pratiquer à tel ou tel moment (*Prajnanam*), l'entendement, la perception, la pen-

sée, l'indépendance d'esprit, la sensibilité, le souvenir, la détermination, la persévérance, le désir, la soumission, toutes ces choses (et modifications) sont des noms désignant des attributs de l'âme dans ses modifications comme la vie, œuvre du Brahma inférieur, et non des attributs du Brahma suprême qui n'est d'aucune forme quelconque.

3. Cette (âme qui est comme la science) est (l'inférieur) Brahma; elle est Indra (*le roi des dieux*); elle est Prajapati (*l'homme premier-né*); elle est tous les dieux (*parties de Prajapati*) et les cinq grands éléments, savoir, la terre, le vent, l'éther, l'eau et la lumière; elle est tous ces derniers êtres mêlés à des portions plus petites des autres; elle est la cause d'une espèce et de l'autre espèce (*c'est-à-dire des êtres qui se meuvent et des êtres sans mouvement*); elle est ce qui est né des œufs, ce qui a reçu naissance dans le corps (des femelles), ce qui est né de la chaleur, elle est la cause des chevaux, des vaches, des éléphants, des hommes, de tout ce qui a vie, de tout ce qui se meut sur des pieds ou avec des ailes, et de tout ce qui est sans mouvement. Tout cela est amené à l'existence par la science, est fondé sur la science; le monde est amené à l'existence par la science; la science elle-même est la base; Brahma est la science.

4. Ayant quitté ce monde par l'effet de cette science, et ayant obtenu dans le séjour du ciel tout ce qu'il désirait, il (304) devint immortel, il devint immortel.

(304) Il s'agit de Vamadeva déjà désigné dans la sixième stance de la section précédente, ou de quelque autre sage qui avait atteint la connaissance de Brahma.

SWETASWATARA-UPANISHAD.

Cet Upanishad a de l'importance pour l'étude des doctrines religieuses métaphysiques de l'Inde ancienne. Il a été traduit en latin par Anquetil, *Oupnekhat*, vol. II, p. 94-127; et en anglais par le docteur Röer (*Bibliotheca Indica*, n. 41, Calcutta, 1852, vol. XV, p. 35. Une autre traduction anglaise avait déjà vu le jour dans le Tattwabodhini Pattrika, (vol. I, p. 395-396 et 475-479). Le docteur Weber l'a inséré presqu'en entier dans ses *Indische Studien*, tom. I, p. 421-439.

CHAPITRE PREMIER.

1. Ceux qui cherchent Brahma conversent ensemble (et disent): « Quelle cause est Brahma? D'où sommes-nous produits? Par qui vivons-nous et en qui résidons-nous définitivement? Par qui sommes-nous gouvernés, en suivant la voie du bonheur ou de l'infortune? Dites-le-nous, ô vous qui connaissez Brahma. »

2. Brahma est-il le temps (comme cause) ou la propre nature des choses, ou les conséquences nécessaires des œuvres, des accidents, ou de la nature, ou de l'âme? C'est ce qu'il faut considérer. Ce n'est pas l'union de ces diverses choses, car l'âme demeure; l'âme individuelle n'a pas la puissance (l'être l'auteur de la création), puisqu'elle est une cause du bonheur et du malheur (*c'est-à-dire des œuvres*).

3. Ceux qui s'appliquent à la méditation abstraite (*dhyana*) et à la concentration (*yoga*) ont vu (comme étant la cause de la création) le pouvoir (*sakti*) de l'âme divine caché par ses propres qualités; cette âme divine seule domine sur toutes ces causes dont le temps est la première et l'âme (individuelle) la dernière.

4. Nous la considérons (l'âme universelle) comme une roue qui a une circonférence couverte par trois enveloppes et qui a seize parties, ainsi que cinquante rayons et vingt contre-rayons; elle a aussi six fois huit clous et une corde de forme diverse; la route qu'elle suit est triple (304*).

5. Nous la considérons comme une rivière dont l'eau provient de cinq courants, qui suit un cours effrayant et tortueux; ses vagues sont les cinq airs vitaux; son origine est le producteur des cinq sens de l'intelligence; elle a cinq tourbillons, elle est poussée par la rapidité des cinq espèces de souffrance; elle est divisée par les cinq espèces de misère et elle a cinq tournants.

6. C'est dans cette roue de Brahma, qui est le soutien aussi bien que la fin de tous les êtres, et qui est infinie, qu'erre l'âme pèlerine, lorsqu'elle s'imagine différente du dominateur suprême; elle obtient l'immortalité, lorsqu'elle l'a (*le dominateur suprême*) pour soutien.

7. Le Brahma absolu dépourvu de toutes qualités, est véritablement le Brahma suprême. C'est en lui que se trouvent les trois êtres (l'âme finie ou qui jouit, les objets de sa jouissance, et le dominateur suprême); il est donc une base ferme et indestructible. Ceux qui connaissent Brahma, le connaissent dans cet univers comme en étant différent, devien-

(304*) Les commentateurs sanscrits entrent sur tout ceci dans de longues explications; M. Röer les a reproduites en partie.

nent affranchis de la naissance, lorsqu'ils sont absorbés dans Brahma et fermement appliqués dans la méditation abstraite.

8. L'âme absolue soutient cet univers qui, dans son union la plus étroite, est manifeste et non manifeste, destructible et indestructible, mais l'âme qui n'a pas la domination, est enchaînée par la condition d'un être qui jouit (des objets extérieurs); lorsqu'elle connaît le dominateur suprême, elle est délivrée de tous liens.

9. Ils sont l'un parfaitement sage et l'autre ignorant; tous deux sans naissance, l'un tout-puissant et l'autre sans puissance; la nature elle même est sans naissance et unie à celui qui jouit et aux objets de sa jouissance; l'âme est infinie; l'univers est la nature, et il est ainsi sans action. Lorsqu'un homme connaît ce Brahma comme étant ce triple (monde), alors il devient délivré.

10. La première nature (*Pradhana*) est périssable; le destructeur (*Hara, dieu qui, comme destructeur de l'ignorance*) est immortel et impérissable; lui, le dieu unique, gouverne la (nature) périssable et l'âme (individuelle). En méditant sur lui, en s'unissant avec lui (*le monde entier*), en y pensant sans cesse comme à la vérité, on obtient enfin la cessation de toutes les illusions (mondaines).

11. Par la connaissance de Dieu, tous les liens de l'ignorance, du malheur, etc., sont détruits; la naissance et la mort cessent. En méditant sur lui, le troisième état de Brahma, comme étant Virat ou la cause du monde dont la puissance égale l'univers, devient le partage de l'homme lorsqu'il quitte son corps. En méditant sur Brahma (considéré) dans sa nature indépendante (libre de toute relation avec le monde), un homme obtient tout ce qu'il désire.

12. La nature absolue de Brahma doit être envisagée comme éternelle et comme résidant dans l'âme de chacun; hors de lui, il n'y a rien à connaître. En connaissant celui qui jouit (*l'âme individuelle*), les objets de la jouissance, et le dominateur suprême; en connaissant ces trois objets comme étant Brahma, un homme obtient la délivrance (finale).

13. De même que la nature du feu n'est pas aperçue lorsqu'il est caché dans sa cause (*le bois*), et de même qu'elle se révèle par le frottement (*du bois*), de même l'âme est aperçue dans le corps par le mot sacré Om.

14. Ayant fait de son propre corps le morceau de bois de dessous et du mot sacré le morceau de bois de dessus, un homme, par la pratique de la méditation abstraite, qui sert comme un frottement, verra Dieu, tout comme le feu caché se manifeste par le frottement.

15. De même que l'huile contenue dans la graine de sésame se montre par la pression, de même que l'eau cachée dans le sol se révèle en le creusant, et que le feu caché dans le bois se manifeste par le frottement, de même l'âme absolue est aperçue en elle-même par une personne qui la contemple, par la vérité et par l'austérité (*caractérisée par la sujétion des sens et de l'esprit*):

16. Qu'il regarde comme l'âme qui pénètre partout, semblable au beurre contenu dans le lait, et comme la racine de la connaissance de l'âme et de l'austérité, ce Brahma sur lequel la dernière fin est basée, sur lequel la dernière fin est basée.

CHAPITRE DEUXIÈME.

1. Concentrant d'abord l'esprit et les sens sur Brahma, afin d'acquérir la vérité, puisse Savitri, après avoir eu le feu qui éclaire, l'apporter sur la terre!

2. Par la grâce du divin Savitri, efforçons-nous, en concentrant notre esprit, et selon notre pouvoir, d'arriver au ciel.

3. Ayant uni les sens au moyen desquels le ciel est gagné, avec l'esprit et avec l'intelligence, que Savitri fasse qu'ils manifestent la lumière infinie et divine.

4. De grandes louanges doivent être données à Savitri, infiniment sage et pénétrant partout; il connaît toutes les créatures intelligentes et il est le seul qui ait fixé les cérémonies des sacrifices à accomplir par les Brahmanes, qui ont concentré leur esprit, qui ont concentré leurs sens.

5. J'adore avec un juste respect notre antique Brahma; mes stances seront louées comme des hommes sages qui suivent une bonne route; tous les fils de l'immortel (*Prajapati, c'est-à-dire les dieux*) qui habitent les demeures célestes, les entendent.

6. L'esprit est attentif aux sacrifices où le feu est allumé, où le vent est bruyant dans les vases (employés aux cérémonies), où le jus du soma reste après qu'il a été versé dans la coupe du sacrifice.

7. Adorez l'antique Brahma par Savitri, le créateur; fais en lui ton entrée (*caractérisée par la concentration*), car ton œuvre précédente (*l'œuvre des cérémonies*) ne te lie pas.

8. En tenant élevées les parties supérieures (*du corps, c'est-à-dire, la tête, la poitrine et le cou*), en domptant dans l'intérieur du cœur les sens ainsi que l'esprit, que le sage traverse sur le radeau de Brahma (*le mot sacré Om*) tous les redoutables torrents (*du monde*).

9. En subjuguant les sens, en domptant ses désirs, et en respirant doucement par les narines, que le sage fasse une attention sérieuse à son esprit, comme le conducteur d'un char traîné par des chevaux vicieux.

10. Que l'homme applique son esprit à Dieu dans

un endroit uni, exempt de cailloux et de feu, où l'eau rend un son agréable, où il n'y ait rien de désagréable aux yeux, et où on puisse se retirer dans une grotte à l'abri du vent.

11. Ces apparences précèdent la concentration par laquelle la manifestation de Brahma s'effectue; Brahma prend la forme de la gelée, de la fumée, de l'air chaud, du vent, du feu, des mouches à feu, de l'éclair, du cristal et de la lune.

12. Lorsque dans le corps de l'ascète composé de la terre, de l'eau, de la lumière, de l'air et de l'éther, les cinq qualités qui marquent la concentration sont manifestées, alors il n'y a ni maladie, ni vieillesse, ni souffrance pour celui qui a obtenu le corps brûlant du feu de la concentration.

13. Lorsque le corps est léger et sans maladie, lorsque l'esprit est sans désir, la couleur brillante, la voix douce et l'odeur agréable, alors on dit que le premier degré de la concentration est atteint.

14. De même qu'une pièce d'or ou d'argent, couverte de terre, brille comme la lumière, lorsqu'elle a été nettoyée, de même l'âme renfermée dans le corps, et voyant sa propre nature, atteint son véritable but, et toute douleur cesse.

15. Lorsque absorbé en cette contemplation, l'ascète voit par la véritable nature de son être propre, qui se manifeste comme la lumière, la véritable nature de Brahma, qui n'a pas de naissance, qui est éternel et libre de tous les effets de la nature, il est dégagé de tous liens.

16. Car l'ascète est le dieu qui est né avant toutes les régions et les régions intermédiaires; il est vraiment dans le sein de sa mère; il est né, il naîtra; sous la forme de toutes choses, il réside en toutes les créatures.

17. Respect, respect au dieu qui est dans le feu, qui est dans l'eau, qui est entré dans l'univers, qui est dans les plantes et qui est dans les maîtres des forêts (*les arbres*).

CHAPITRE TROISIÈME.

1. Celui qui seul est unique gouverne par sa puissance, gouverne le monde entier par sa puissance; il se montre dans l'origine et la manifestation du monde. Ceux qui le connaissent deviennent immortels.

2. Il n'y a qu'un seul Roudra (*esprit suprême*), ceux qui reconnaissent Brahma n'en reconnaissent pas un autre; il gouverne le monde par sa puissance, il habite en chaque homme; ayant créé tous les mondes et étant leur protecteur, il s'irrite au moment de leur fin (*il les détruit*).

3. Il est l'œil de tous, la face de tous, le bras de tous et même le pied de tous. Lui, le dieu unique, en créant le ciel et la terre, a donné des bras à l'homme, des ailes à l'oiseau.

4. Que Roudra, le seigneur de l'univers, celui qui a produit les dieux et qui leur a donné la majesté, nous fortifie en nous accordant une intelligence heureuse!

5. O Roudra, ô toi, qui répands le bonheur du haut de la montagne, regarde-nous avec ta forme qui est favorable, qui n'est pas terrible, qui manifeste ce qui est saint, et qui est comblée de bonheur.

6. O toi, qui répands le bonheur du haut de la montagne, rends propice la flèche que tu tiens en la main pour la jeter sur les créatures. O gardien de la montagne. ne fais de mal ni à l'homme, ni au monde.

7. Ceux qui connaissent Brahma, qui est plus grand que l'univers, qui est le grand, l'infini, qui est caché dans tous les êtres, et qui pénètre seul l'univers entier, celui-là devient immortel.

8. Je connais cet esprit parfait, infini, qui est comme le soleil après les ténèbres. En le connaissant, l'homme triomphe de la mort; il n'y a pas d'autre route pour obtenir la délivrance (*finale*).

9. Il est répandu dans le monde entier, lui, que rien n'égale en grandeur, que rien ne surpasse en subtilité ou en ancienneté, lui, qui seul s'élève dans les cieux, comme un arbre inébranlable, et qui est l'esprit parfait.

10. Ceux qui le connaissent comme étant différent de la cause de ce monde, comme privé de forme et incapable de souffrance, deviennent immortels; le malheur est réservé aux autres.

11. Il est la face, la tête et le cou de tous; il réside dans la cavité (du cœur de tous les êtres); il pénètre tout; il est présent en tout lieu; sa gloire est infinie.

12. Il est le grand, le seigneur dans la vérité, le parfait, le moteur de tout ce qui est, le souverain du bonheur le plus parfait; il est la lumière, et il est éternel.

13. Il est l'esprit parfait ayant la dimension du pouce, l'âme intérieure qui réside toujours dans le cœur de chaque homme, le maître de la science qui est caché par le cœur et l'esprit. Ceux qui le connaissent deviennent immortels.

14. L'esprit parfait à mille têtes, à mille yeux et à mille pieds, répandu partout dans le monde, habite à dix doigts au-dessus du nombril (*dans le cœur*).

15. L'esprit parfait est le dominateur de tout ce qui a été, de tout ce qui est, de tout ce qui sera, de tout ce qui se soutient par les aliments, et même de tout ce qui est immortel.

16. Ayant partout ses mains et ses pieds, partout ses yeux et sa face, partout ses oreilles, il est répandu dans tout ce qu'il y a dans le monde.

17. Celui qui brille avec les qualités de tous les

sens, est dépourvu de tous les sens. On l'appelle le seigneur de tous les êtres, le maître de tous les êtres, le soutien infini.

18. Enfermée dans la ville aux neuf portes (*le corps*), l'âme se meut vers les choses extérieures, maîtrisant le monde entier, tout ce qui est doué de mouvement et tout ce qui est immobile.

19. Il (*l'esprit parfait*) avance sans pieds et prend sans mains; il voit sans avoir des yeux; il entend sans avoir des oreilles. Il connaît tout ce qui peut être connu, et personne ne le connaît. On l'appelle le grand, l'esprit suprême.

20. Il est plus subtil que ce qui est subtil, plus grand que ce qui est grand. Celui qui, par la grâce du créateur, contemple le seigneur glorieux comme dépourvu d'action, devient affranchi de toute souffrance.

21. Je le connais, celui qui est ancien, impérissable, l'âme de tous les êtres et qui, répandu partout, est présent en tous lieux, celui que ceux qui connaissent Brahma appellent sans naissance, celui que ceux qui connaissent Brahma appellent l'éternel.

CHAPITRE QUATRIÈME.

1. Celui qui seul et sans distinction, par son union avec de nombreuses puissances, crée des distinctions infinies selon leurs besoins et en qui le monde se dissout (à l'époque de la destruction universelle) est Dieu. Là il nous accorde une intelligence favorable.

2. Il est le feu, il est le soleil, il est le vent, il est la lune, il est les étoiles brillantes, il est Brahma, il est les eaux, il est Prajâpati (*l'âme universelle*).

3. Tu es la femme, tu es l'homme, tu es le jeune homme et la jeune fille, tu es le vieillard tremblant sur le bâton qui le soutient; tu es né; ta face est l'univers.

4. Tu es la noire abeille, l'oiseau vert aux yeux rouges (*le perroquet*), le nuage dans le sein duquel dort l'éclair; tu es les saisons et les mers; sans commencement tu embrasses tout; c'est toi qui as créé tous les mondes.

5. L'âme individuelle approche de la nature qui n'a pas de naissance et qui est rouge, blanche ou noire, qui n'a qu'une seule forme et qui produit des rejetons nombreux; l'autre qui n'a pas de naissance abandonne celle (*la nature*) dont il a joui.

6. Deux oiseaux (*l'âme suprême et l'âme individuelle*) toujours unis et égaux en nom, résident sur le même arbre (*le corps*); l'un (*l'âme individuelle*), jouit du doux fruit du figuier; l'autre (*l'âme suprême*) regarde comme un témoin.

7. Habitant sur le même arbre (que l'âme suprême) l'âme trompée (*l'âme individuelle*) plongée (dans les relations du monde) est affligée par le défaut de pouvoir, mais quand elle voit l'autre âme) la souveraine longtemps adorée, quand elle l'aperçoit comme séparée (de toutes les relations du monde), quand elle contemple sa gloire, alors son chagrin se dissipe.

8. De quel usage sont les hymnes du Rig pour celui qui ne le connaît pas, celui qui est la lettre immortelle du Rig (*ou le sens éternel du Rig*) l'éther le plus élevé qui est le séjour des dieux? mais ceux qui le connaissent obtiennent le but suprême.

9. Les mètres sacrés, les sacrifices, les offrandes, les expiations, ce qui a été, ce qui sera, ce que les Védas déclarent, tout procède de cette lettre immortelle, uni à l'illusion (*maya*) il crée l'univers; l'autre âme (*l'individuelle*) y est enchaînée par l'illusion.

10. Connaissez l'illusion (*maya*) comme la nature (*prakriti*); sachez que celui qui est uni à elle est le dominateur souverain (*maheswara*); ce monde entier est réellement pénétré par les puissances qui sont ses parties.

11. Quiconque comprend celui qui, unique et seul, dirige le premier producteur et les autres producteurs, celui en qui tout rentre et duquel tout sort (*c'est-à-dire qu'il détruit tout à l'époque de la destruction de l'univers et qu'il crée tout à l'époque de la création*), quiconque comprend le souverain qui accorde le désir (*ou la libération*) le dieu digne d'éloges, obtient une paix constante (et absolue).

12. Que Roudra, le maître de l'univers, celui dont la sagesse est sans bornes, celui qui a produit les dieux et qui leur a donné la majesté, nous fortifie en nous accordant une intelligence favorable.

13. Apportons une offrande au dieu qui est le maître des dieux, dans lequel les mondes trouvent leur soutien et qui règne sur les bipèdes et les quadrupèdes.

14. Quiconque connaît celui qui est plus subtil que ce qu'il y a de plus subtil, qui est le créateur de l'univers, qui a beaucoup de formes, et qui est répandu dans l'univers entier et qui possède toute félicité, obtient une paix constante.

15. Quiconque connaît celui qui, à l'époque convenable, est le conservateur de ce monde, qui, caché dans tous les êtres, est le maître de l'univers et avec lequel les déités sont unies par la concentration, coupe les liens de la mort.

16. Quiconque connaît le dieu qui, extrêmement subtil, est caché dans tous les êtres, comme la crème dans le beurre clarifié, et qui seul est répandu dans tout l'univers, est délivré de tous liens.

17. Ce Dieu dont l'univers est l'ouvrage, cette âme suprême qui réside toujours dans les cœurs de tous les êtres, est révélé par le cœur, par la distinction (*manisha*) et par la méditation (*manasa*). Ceux qui le connaissent deviennent immortels.

18. Lorsqu'il n'y a pas d'obscurité (*lorsque toute ignorance a disparu*), lorsqu'il n'y a ni jour, ni nuit,

ni existence, ni non-existence, alors le dieu suprême, source de tout bien, subsiste seul. Il est éternel, il doit être adoré par Savitri (*le dieu du soleil*); de lui seul s'est élevée l'antique connaissance (*de Brahma*).

19. Nul n'est capable de le comprendre dans l'espace au-dessus, dans l'espace au-dessous, ni dans l'espace intermédiaire. Il n'existe pas de comparaison pour lui dont le nom est la gloire de l'univers (*ou la gloire infinie*).

20. La forme ne réside pas dans la vue; nul ne le contemple par l'œil. Ceux qui, par le cœur (l'intelligence pure) et l'esprit, le connaissent tel qu'il habite dans le cœur, deviennent immortels.

21. Il n'y a pas de naissance, et à cette idée, quelqu'un troublé (par la misère du monde) peut faire cette prière : « O Rudra, que ta figure favorable me préserve à jamais! »

22. Ne fais pas de tort à nos enfants, à nos petits enfants, à nos existences, à nos vaches, à nos chevaux; ne détruis pas, dans ta colère, nos vaillants guerriers, car nous t'invoquons toujours, en te présentant des offrandes.

CHAPITRE CINQUIÈME.

1. Le Brahma immortel, infini, suprême, en qui la science et l'ignorance résident sans se manifester, l'ignorance vraiment mortelle, la connaissance vraiment immortelle, et qui règne sur la science comme sur l'ignorance, est différent (*de tous les autres êtres*).

2. Lui, être unique et seul, règne sur toute source de production et sur chaque forme de production; il doua son fils, le Rishi Kapila, au commencement de la création, de tous genres de science, et il le regarda (avec amour) quand il fut né.

3. Ce dieu, après avoir changé de diverses façons tous les principes existant dans ce champ (*ce domaine de l'illusion*), les détruit de nouveau. Après avoir créé des sages divins comme à d'autres périodes de la création, lui, le souverain, l'âme universelle, règne sur toutes choses en maître absolu.

4. De même que le soleil, se manifestant dans toutes les parties de l'espace, au-dessus, au-dessous et au milieu, brille avec splendeur, de même le dieu adorable et infiniment glorieux, règne sur tout ce qui existe.

5. Lui, la cause de l'univers, amène à maturité la nature de tous les êtres, les change, et seul gouverne l'univers entier, distribuant les qualités (aux choses auxquelles elles appartiennent).

6. Il est caché dans les Upanishads qui sont cachés dans les Védas. Brahma le connaît comme la source des Védas. Les anciens dieux et les sages qui le connurent, prirent part à sa nature; ils devinrent immortels.

7. L'âme individuelle qui, douée de qualités, accomplit des œuvres pour en obtenir le fruit, jouit aussi de ces mêmes actes. Possesseur de diverses formes, doué de trois qualités, choisissant entre trois routes, le maître de la vie marche de naissance en naissance par ses actions.

8. Celui qui, étant de la grandeur du pouce et ressemblant au soleil par sa splendeur, doué de détermination et de la connaissance de soi-même et ayant la qualité de l'intelligence et la qualité de son corps, est regardé comme distinct (de l'âme universelle quoiqu'il ne fasse qu'une avec elle), comme le crochet de fer placé à l'extrémité (d'un fouet).

9. L'âme revêtue d'un corps doit être envisagée comme la centième partie de l'extrémité d'un cheveu divisé en cent parties; elle est regardée comme infinie.

10. Il n'est pas un homme, il n'est pas une femme, il n'est pas hermaphrodite; il est maintenu par tout corps quelconque qu'il prendra.

11. De même que le corps grandit par l'usage de la nourriture et de la boisson, de même l'âme individuelle, par la volonté, le toucher, la vue et l'illusion, prend successivement des formes en conformité avec ses actions dans les divers lieux (de la production).

12. L'âme individuelle choisit (*prend*) par ses qualités (*par les impressions résultant de ses anciennes actions*) des formes diverses, les unes grossières, les autres subtiles. Par les qualités de ses actions et par les qualités de son corps, elle paraît, quoiqu'elle soit sans aucune différence, la cause de l'union avec ces forces.

13. Quiconque connaît le Dieu qui est sans commencement, ni fin, qui est le créateur de l'univers, qui possède une forme infinie et qui seul est répandu dans tout l'univers, devient délivré de tous liens.

14. Ceux qui connaissent le dieu qui doit être compris par la pensée, qui est incorporel, qui est la cause de l'existence et de la non-existence, qui réunit toutes les félicités et qui est la cause de l'origine des (seize) parties, abandonnent leurs corps.

CHAPITRE SIXIÈME.

1. Quelques sages disent en tombant dans l'erreur que la propre nature des choses (est la cause de l'univers), d'autres que c'est le temps, mais c'est la gloire de Dieu qui fait tourner cette roue de Brahma.

2. La création doit être regardée comme la terre, l'eau, le feu, l'air et l'éther; elle tourne gouvernée par celui qui la pénètre éternellement, qui possède toute sagesse et toute science, et qui est le seigneur du temps, possesseur de toutes les qualités.

3. Ayant créé cette œuvre (*ce monde*) et y pen-

sant de nouveau, il fait que le principe (l'âme) se joigne au principe (la nature) ou à un, deux, trois ou huit autres principes, ainsi qu'avec le temps et avec les qualités subtiles de l'intelligence.

4. Tout homme qui, après avoir accompli des œuvres douées de leurs qualités, les place, ainsi que toute son affection, sur Dieu (car si les œuvres n'existent pas, les effets cessent aussi), obtient, par la cessation des œuvres, ce qui est différent des principes de la nature (*c'est-à-dire, il devient tel que Brahma*).

5. Il est le commencement de toutes choses, l'origine des causes par lesquelles (le corps) est uni (à l'âme); au-delà du temps divisé d'une triple façon, il paraît sans temps. Quiconque adore en son esprit le Dieu suprême dont la nature est l'univers, qui est la véritable origine et qui réside en son propre cœur (obtient ce qui est différent des principes de la nature).

6. Lorsqu'un homme connaît celui qui est plus grand que les formes de l'arbre (*du monde*) et du temps, et qui diffère de l'un et de l'autre, celui sur lequel tourne cet univers, qui est le soutien de la vertu et le destructeur du péché, le seigneur de toute gloire qui réside en soi-même et qui est immortel, cet homme obtient ce qui est différent des principes de la création.

7. Nous le connaissons, le maître suprême de tous les maîtres, le dieu de tous les dieux, plus grand que tout ce qu'il y a de plus grand, le resplendissant et adorable dominateur des mondes.

8. Il n'y a pour lui ni effet, ni cause; on ne peut voir nul être qui lui soit supérieur ou qui lui soit semblable. Sa puissance suprême varie; elle dépend de lui-même, et elle agit selon sa connaissance et son pouvoir.

9. Il n'a dans le monde, ni maître, ni chef, ni cause; il est le souverain du souverain des causes; pour lui il n'existe ni producteur, ni souverain.

10. Que le dieu unique qui, tel que l'araignée, s'enveloppe de fils nombreux produits par la première cause (*Pradhana, la nature*) nous accorde de nous identifier avec Brahma.

11. Le dieu unique qui est caché en tous les êtres, qui est répandu partout, qui est l'âme intérieure de tous les êtres, le maître de toutes les actions, et qui habite en tous les êtres, le témoin qui est la pensée pure et dépourvu de qualités.

12. Lui seul ne dépend que de lui-même parmi la foule des âmes qui ne sont pas actives. Les sages qui l'aperçoivent comme placés en eux-mêmes, obtiennent le bonheur éternel; les autres ne l'obtiennent pas.

13. Il est l'éternel parmi ceux qui sont éternels, il est le seul qui donne des objets dignes de désirs. Quiconque connaît cette cause, le dieu qui est compris par le sage et par l'ascète, est délivré de tous liens.

14. Ici (bas) ni le soleil, ni la lune et les étoiles, ni les éclairs ne (nous) montrent Brahma; comment ce feu (terrestre) le montrerait-il? Lorsqu'il se montre lui-même, tout se montre après lui. En se manifestant, il manifeste ce monde tout entier.

15. Il est le seul Hama (le destructeur de l'ignorance et du mal) au milieu de ce monde; il est le feu qui est entré dans l'eau. En le connaissant, on est vainqueur de la mort; il n'est pas d'autre route pour arriver (à la fin dernière de l'homme).

16. Il a créé l'univers et il connaît l'univers; il est l'âme (de toutes choses) et l'origine (de toutes choses); il est le souverain du temps doué de (toutes les) qualités (de la perfection); il sait tout, il est le souverain de la première cause et de l'être revêtu de corps; il est le maître des trois qualités, la cause de la libération, de l'existence et de la servitude relativement au monde.

17. Il est tel que lui-même, immortel et résidant dans la forme du souverain d'une sagesse infinie, présent partout et conservateur de ce monde; il régit éternellement ce monde; il n'y a pas d'autre cause de dénomination (du monde).

18. Désirant la délivrance, j'approcherai de la protection de Dieu qui, manifestant la connaissance de lui-même, créa d'abord Brahma (au commencement de la création) et lui donna les Védas.

19. Qui est sans parties, sans action, qui est tranquille et exempt de blâme, qui est sans tache et le dernier pont vers l'immortalité, qui est brillant comme le feu lorsqu'il consume le bois.

20. Jusqu'à ce que l'homme soit capable de comprimer l'éther comme du cuir, il n'y aura nulle fin à la misère, si ce n'est par la connaissance de Dieu.

21. Le sage Swestawara, par la puissance de ses austérités et par la grâce de Dieu, a vraiment proclamé le plus excellent des quatre ordres, le Brahma suprême et saint, que tous les Rishis adorent comme étant tout en tout.

22. Le plus profond mystère du Vedanta ne doit pas être révélé à un fils ou à un élève dont (l'esprit ou les sens) ne sont pas domptés.

23. Les vérités déclarées en cet Upanishad se révèlent elles-mêmes, se révèlent elles-mêmes à l'homme dont l'esprit est élevé, et qui met une confiance absolue en Dieu et une semblable en son maître.

L'UPANISHAD

DU VAJASANEYA SANHITA.

Cet Upanishad est une des compositions de ce genre qui a le moins d'étendue. Il a été traduit plusieurs fois en anglais, d'abord par sir William Jones (*Posthumous Works*, tom. VI) ; ensuite par Ram Mohun Roy, Paley et un anonyme, dans le Tattwabodhini Pattrika (tom. I, p. 339-345); enfin par le docteur Röer, dans la *Bibliotheca Indica*, n° 41 ; Calcutta, 1852, tom. XV, p. 69-70.

CHAPITRE UNIQUE.

1. Tout ce qui existe en ce monde doit être enveloppé par (la pensée de) Dieu. En renonçant au monde, tu sauveras ton âme. Ne convoites pas les richesses d'autrui.

2. En accomplissant des œuvres sacrées, qu'un homme désire vivre cent ans. Si tu formes ce désir, ô homme, il n'est pas d'autre manière de t'exempter de la souillure de tes œuvres.

3. Tous ceux qui sont les meurtriers de leurs âmes, vont, en quittant ce monde, dans des mondes sans dieux, couverts d'épaisses ténèbres.

4. L'âme ne se meut pas ; elle est plus rapide que l'esprit ; les dieux (*les sens*) ne l'ont pas saisie; elle était partie avant. Quelle que soit la rapidité avec laquelle courent les autres dieux (*les sens*), elle les devance ; c'est dans elle que le maître de l'atmosphère soutient les actions vitales.

5. Il se meut et il ne se meut pas, il est près et il est loin, il est en toutes choses et hors de toutes choses.

6. Quiconque voit tous les êtres en l'âme seule et l'âme en tous les êtres, n'abaisse pas ses regards (sur une créature quelconque).

7. Lorsqu'un homme sait que tous les êtres sont l'âme même, lorsqu'il voit l'unité de l'âme, alors il n'y a pas d'illusion, pas de regret.

8. Il est répandu partout, brillant et sans corps, invulnérable, sans muscles, pur et exempt de la souillure du péché ; il est le souverain de l'esprit, au-dessus de tous les êtres, existant par lui-même et d'une sagesse infinie. Il a distribué les choses, selon leur nature, pour des années éternelles.

9. Ceux qui adorent l'ignorance entrent dans une sombre obscurité, ceux qui sont dévoués à la science dans une obscurité encore plus grande.

10. Ils disent : « Différent est l'effet de l'ignorance, différent l'effet de la science ; » c'est ce que nous avons appris des sages qui nous ont expliqué ces deux choses.

11. Quiconque connaît à la fin la science et l'ignorance, surmonte la mort par l'ignorance, et jouit de l'immortalité par la science.

12. Ceux qui adorent la nature non créée entrent dans une sombre obscurité ; ceux qui sont dévoués à la nature créée, dans une obscurité encore plus grande.

13. Ils disent : « Différent est l'effet d'adorer la nature non créée, différent l'effet d'adorer la nature créée. » C'est ce que nous avons appris des sages qui nous ont expliqué ces choses.

14. Quiconque connaît à la fin la nature créée et la destruction, surmonte la mort par la destruction, et jouit de l'immortalité par la nature créée.

15. Quant à moi dont le devoir est la vérité, ouvre-moi, ô Pushan (*le nourricier, un des noms du soleil*), l'entrée vers la vérité cachée par ton disque brillant, afin que je te contemple.

16. O Pushan, dispensateur de la justice, ô Soleil, rejeton de Prajapati, disperse tes rayons et réunis ta lumière ; que je voie ta forme heureuse, car je suis la même âme que celle qui est en toi.

17. Que mon étincelle vitale obtienne l'air immortel, et qu'alors ce corps soit consumé et réduit en cendres. Om ! ô mon esprit, souviens toi, souviens-toi de tes actes ; souviens-toi, ô mon esprit, souviens-toi, souviens-toi de tes actes.

18. Guide-nous, ô Agni, par la route du bonheur vers les jouissances (célestes) ; sois notre guide, ô Dieu, qui connais tous les actes ; détruis nos péchés tortueux, afin que nous puissions t'offrir nos plus dignes hommages.

LE TALAVAKARA UPANISHAD

DU SAMA-VÉDA.

C'est un des Upanishads qui font partie de la collection jointe à l'Atharva-Véda ; il appartient aussi au Pama-Véda. Anquetil l'a traduit en latin sous le titre de Kin (*Oupnekhat*, vol. II, p. 291-298). D'autres traductions ont été faites par Ram-Mohun-Roy et après lui par Poley ; on le trouve aussi en anglais dans les deux recueils que nous avons cités à plusieurs reprises (*Tattwabodhini Patrika*, t. I, p. 349-350, et *Bibliotheca Indica*, n° 41, vol. XV, p. 75-88). Windischmann en a donné une traduction allemande ; une a paru dans un recueil littéraire : *Magazin fur die Literatur des Auslandes*, 1833, n° 63. Weber a discuté quelques passages de cette composition (*Indische Studien*, vol. II, part. I, p. 181-195).

PREMIÈRE SECTION.

1. (Le disciple demande :) « Qui donne des ordres, qui fixe une direction à l'esprit se rendant à son œuvre ? Qui règle le cours de la première vie ? Qui préside à la manière dont la parole est prononcée ? Quel dieu assigne à l'œil et à l'oreille leurs fonctions ? »

2. (Le maître répond :) « Celui qui est l'oreille de l'oreille, l'esprit de l'esprit, la parole de la parole, est vraiment la vie de la vie, l'œil de l'œil. Le sage qui a abandonné (ces existences individuelles) devient immortel lorsqu'il quitte ce monde. »

3. Il (*le Brahma suprême*) n'approche pas de l'œil, de la parole ou de l'esprit. Nous ne reconnaissons pas Brahma (comme un objet que les sens puissent percevoir), ainsi nous ne pouvons pas expliquer sa nature. Il est différent de ce qui est connu (*de l'univers manifesté*), il est au-delà de ce qui n'est pas connu. C'est ce que nous avons appris des anciens maîtres qui nous ont enseignés.

4. Pensez à ce qui n'est pas manifesté par la parole et à ce qui sert à manifester la parole, comme étant Brahma, et non à ce qui est adoré comme lui (*comme un être individuel qui est perçu par les sens*).

5. Connaissez ce qui ne pense pas au moyen de l'esprit, et qui sert, à ce qu'on dit, de moyen pour que l'esprit pense ; connaissez-le comme étant Brahma et non comme étant adoré comme lui.

6. Connaissez ce qui ne voit pas au moyen de l'œil et au moyen de qui les yeux voient ; connaissez-le comme étant Brahma et non comme étant adoré comme lui.

7. Connaissez ce qui n'entend pas par l'oreille et au moyen de qui l'oreille entend ; connaissez-le comme Brahma et non comme étant adoré comme lui.

8. Connaissez ce qui ne respire pas par l'haleine et au moyen de qui l'haleine est produite, connaissez-le comme étant Brahma et non comme étant adoré comme lui.

DEUXIÈME SECTION.

1. Si tu penses que tu connais bien Brahma, (je dis que) ce que tu sais de la nature de Brahma (par rapport à l'âme) est vraiment peu de chose ; ce que tu connais de sa nature par rapport aux divinités est vraiment peu de chose. Brahma doit donc être l'objet de ta méditation. L'élève dit : « Je pense qu'il doit être connu (de moi) ; je ne pense pas que je le connaisse bien, mais je ne sais pas que je ne le connaisse pas. Quiconque parmi nous connaît cette parole : « Je ne sais pas que je ne le connais pas, » connaît Brahma.

2. Brahma est compris de celui qui pense que Brahma est incompréhensible ; celui qui pense que Brahma est compris, ne le connaît pas. Brahma est inconnu de ceux qui pensent le connaître, et il est connu de ceux qui ne pensent pas le connaître.

3. S'il est connu comme étant la nature de toute pensée, il est compris. Par sa connaissance, on gagne l'immortalité. Une personne obtient la puissance par l'âme et l'immortalité par la connaissance.

4. Si, dans ce monde, une personne connaît l'âme, alors la véritable fin (de toute inspiration humaine) est atteinte ; si une personne, en ce monde, ne connaît pas l'âme, il y aura de grandes calamités. Le sage qui discerne en toutes choses la nature unique de Brahma, devient immortel après avoir quitté ce monde.

TROISIÈME SECTION.

1. Brahma fut jadis victorieux pour la défense des dieux. Les dieux obtinrent la majesté par la victoire de Brahma ; ils pensèrent : « C'est à nous qu'appartient cette victoire, c'est à nous qu'appartient cette majesté. »

2. Il connut leur illusion, il se manifesta à eux ; ils ne le connurent pas, et ils se dirent l'un à l'autre : « Cet être est-il digne d'adoration ? »

3. Ils dirent à Agni : « Jataveda, assure-toi si cet être est digne d'adoration. » Il répondit : « Je ferai ce que vous demandez. »

4. Agni courut vers Brahma. Brahma lui dit : « Qui es-tu ? » Agni répondit : « Je suis vraiment Agni ; je suis vraiment Jataveda. »

5. Brahma lui demanda : « Quel pouvoir as-tu, toi qui est tel que tu le dis ? » Agni répondit : « Je puis brûler tout ce qu'il y a sur la terre. »

6. Il (*Brahma*) plaça un brin d'herbe devant lui (*devant Agni*), en lui disant : « Brûle ceci. » S'en approchant de toute sa force, il ne put le brûler. Il revint disant : « Je n'ai pu reconnaître si cet être était digne d'adoration. »

7. Ils dirent alors à Vajou : « Vajou, assure-toi si cet être est digne d'adoration » Il répondit : « Je ferai ce que vous me demandez. »

8. Il courut vers Brahma. Brahma lui dit : « Qui es-tu ? » Vajou répondit : « Je suis vraiment Vajou, je suis vraiment Matariswa. »

9. Brahma lui demanda : « Quel pouvoir as-tu, toi qui es tel que tu le dis? » Vajou répondit : « Je puis balayer tout ce qui est sur la terre. »

10. Brahma plaça un brin d'herbe devant lui, disant : « Balaye ceci. » S'en approchant de toute sa force, il ne put le balayer. Il revint disant : « Je n'ai pu reconnaître si cet être était digne d'adoration. »

11. Ils dirent alors à Indra : « Maghavan, reconnais si cet être est digne d'adoration » Il répondit : « Je ferai ce que vous désirez. » Il courut vers Brahma. Brahma disparut devant lui.

12. Il rencontra dans l'éther une femme avec des ornements précieux, Uma, fille d'Hemavat, il lui demanda : « Cet être (*Brahma*) est-il digne d'adoration ? »

QUATRIÈME SECTION.

1. Elle dit : « C'est Brahma, car vraiment en cette victoire de Brahma vous avez obtenu la majesté. » Et c'est ainsi que par la parole d'Uma, il (*Indra*) connut Brahma.

2. Ces dieux, Agni, Vajon et Indra, devinrent supérieurs en excellence aux autres dieux, car ils touchèrent de plus près Brahma ; ils connurent les premiers Brahma.

3. Indra devint supérieur en excellence à tous les autres dieux, car il toucha de plus près Brahma; il connut le premier Brahma.

4. C'est une déclaration pour le faire connaître ; il brilla comme la splendeur de l'éclair, il disparut comme le clignottement de l'œil : c'est la comparaison de Brahma par rapport aux divinités.

5. Ensuite vient une comparaison de Brahma par rapport à l'âme. L'esprit approche, pour ainsi dire, de ce Brahma ; on se souvient de lui par l'esprit, on s'assure derechef et de nouveau de son existence par l'esprit.

6. Il doit vraiment être adoré pour cette âme individuelle ; il doit être adoré par le nom de l'adorable. Tous les êtres adressent leurs prières à celui qui connaît ainsi ce Brahma.

7. L'élève dit : « O sage vénérable, expose l'Upanishad » Le professeur répond : « Cet Upanishad t'a été exposé; nous t'avons fait connaître l'Upanishad relatif à Brahma.

8. Les moyens pour l'obtenir sont : l'assujettissement des sens et le travail ; les Védas avec tous leurs membres sont sa base ; la vérité est son séjour.

9. Quiconque connaît l'Upanishad de cette manière, après avoir secoué tout péché, réside dans l'éternelle et glorieuse place du ciel, réside dans le ciel. »

BRIHAD-ARANYAKA-UPANISHAD.

Une traduction anglaise de cet Upanishad occupe les cahiers 27 et 38 de la *Bibliotheca Indica* (vol. II, par. III, p. 1-456), Calcutta, 1850-51. Elle est due au docteur Roer, qui a également traduit le commentaire dont Sankara-Acharya a accompagné cette traduction, commentaire beaucoup plus long que le texte.

CHAPITRE PREMIER.
PREMIER BRAHMANA.

1. Om ! la première lueur dans la vérité est la tête du cheval offert en sacrifice. Le soleil est l'œil, le vent est le souffle ; le feu, sous le nom de Vaiswanasa, est la bouche ouverte; l'année est le corps du cheval offert en sacrifice. Le ciel est son dos, l'atmosphère est son ventre, la terre est le sabot de ses pieds, les régions sont ses côtes, les régions intermédiaires sont les os de ses côtes, les saisons sont ses membres. Les mois et les quinzaines sont ses jointures ; le jour et la nuit sont ses pieds, les constellations sont ses os, le ciel est ses muscles, la nourriture demi-digérée est le sable, les rivières sont ses artères et ses veines, le foie et la bile sont les montagnes, les herbes et les arbres sont les diverses espèces de poils. Le soleil, aussi longtemps qu'il s'élève, est la partie antérieure du corps ; le soleil, aussi longtemps qu'il descend, est la partie postérieure de son corps. L'éclair est comme le bâillement, l'agitation des membres est comme le roulement du tonnerre, l'émission de l'urine est comme la chute de la pluie, sa voix est comme la parole.

2. Le jour est le Mahima placé devant le cheval (305) ; le lieu de sa naissance est la mer orientale; la nuit est l'autre Mahima placé derrière le cheval; le lieu de sa naissance est la mer occidentale; ces Mahimas sont placés autour du cheval. Sous le nom de Haya, le cheval porta les dieux ; sous le nom de Vaji, il porta les Gandharvas; sous le nom d'Arva,

(305) Mahima, coupes d'or et d'argent ; le jour est la coupe d'or, à cause de l'éclat du soleil et du métal. Sankara entre à cet égard dans de longues explications que le docteur Roer a cru devoir traduire, mais qui n'ont pas assez d'intérêt pour que nous les placions ici.

Il porta les Asuras, et sous le nom d'Aswa, il porta les hommes. La mer est sa compagne, la mer est le lieu de sa naissance.

DEUXIÈME BRAHMANA.

1. Il n'existait point ici quelque autre chose auparavant; il fut enveloppé par la mort, qui est la voracité, car la voracité est la mort. Il créa son esprit en formant ce désir : « Puissé-je avoir une âme ! » Il s'avança en adorant. C'est de lui que furent produites les eaux lorsqu'il était en adoration. Il réfléchit et se dit : « L'eau (*Ka*) fut produite par moi tandis que j'adorais. » Par la même raison, le feu reçut le nom d'Arka. Le bonheur est véritablement produit pour celui qui, de cette manière, connaît la nature d'Arka.

2. Les eaux sont l'Arka. L'écume qui était sur les eaux prit de la consistance ; elle devint la terre. Lors de cette création, il se trouva fatigué. La splendeur, la sueur qui sortit de son corps lorsqu'il fut fatigué, échauffé, fut répandue comme du feu.

3. Il se rendit triple; Aditya et Vayou furent ses autres parties. Son existence est partagée en trois : la région orientale est la tête ; les régions de chaque côté sont les bras ; la région occidentale est la queue ; les régions de chaque côté sont les cuisses ; le sud et le nord sont les flancs ; le ciel est le dos ; l'atmosphère est le ventre ; cette terre est la poitrine. Ce feu est placé dans les eaux. C'est ce qui résulte de la science des sages.

4. Il forma un désir : « Qu'un second moi-même soit produit. » Il créa par son esprit la parole ; il créa l'union, c'est-à-dire le dévorateur, la mort. La semence qui en jaillit devint l'année. Car l'année n'était pas avant lui ; il fut conçu pour l'espace d'un pareil temps. Après le temps qui est contenu dans l'espace d'une année, il le créa. Lorsqu'il fut né, il ouvrit sa bouche contre lui. Il cria. Ce fut ainsi que la parole fut produite.

5. Il réfléchit : « Si je le tue, je n'aurai que peu de nourriture. » D'après cette réflexion, il créa par cette parole en union avec cette âme, tous les autres objets quelconques, le Rig-Véda, l'Yajour-Véda, le Sama-Véda, les mètres, les sacrifices, la race humaine, les animaux.

6. Il résolut de détruire tout ce qu'il avait créé de cette manière, car il mange toutes choses ; c'est pourquoi il a le nom d'Aditi. Il mange cet univers entier ; tout cet univers est sa nourriture. Celui qui le connaît en sa nature comme étant Aditi, recevra la récompense de cette connaissance.

7. Il forma un désir : « Que j'accomplisse encore le grand sacrifice. » Il devint fatigué. Il accomplit des pénitences. Quand il fut fatigué, quand il eut accompli des pénitences, la gloire et la puissance s'éloignèrent ; la vie est la gloire, la puissance ; ainsi, quand la vie fut partie de son corps,

son corps prit un aspect enflé ; il y avait encore l'esprit en son corps.

8. Il forma un désir : « Que mon corps soit pur ; que j'obtienne une individualité par ce corps. » Il devint ainsi un cheval, parce qu'il était enflé. Et parce qu'il devint pur, la cérémonie reçut le nom de l'Aswamedha. Celui qui connaît ainsi l'Aswamedha le connaît aussi.

9. Il connaît l'Awamedha, celui qui le connaît de cette manière. L'ayant laissé sans entraves, il se considéra lui-même comme le cheval. Après un an, il le tua pour son propre profit, il abandonna les animaux aux dieux. C'est pourquoi on tue l'animal purifié représentant dans sa nature, comme Prajapati, toutes les déités. Il est l'Aswamedha qui brille. Son corps est l'année. Ce feu est Arka. Ces mondes sont des parties de son individu. De cette manière, ils sont Arka et Aswamedha. Ils sont aussi une seule divinité, la mort. Il est ainsi vainqueur de la seconde mort. La mort ne l'obtient pas. La mort devient son âme. Il devient une de ces déités.

TROISIÈME BRAHMANA, dit l'*Udgitha* (305*).

1. Double en vérité est la race de Prajapati, les dieux et les démons. Les dieux sont en petit nombre ; les démons sont très-nombreux. Ils furent rivaux en ces mondes. Les dieux dirent la vérité. Triomphons maintenant des démons en ce sacrifice, grâce à l'Udgitha.

2. Les dieux dirent à la parole : « Chante l'Udgitha pour notre avantage. » La parole ayant prononcé les mots : « Qu'il en soit ainsi, » chanta pour eux l'Udgitha.

Elle chanta devant les dieux toute la jouissance qu'il y a dans la parole. Ce qu'elle dit bien est pour elle-même.

3. Les démons connurent par cet Udgitha que les dieux triompheraient d'eux. C'est pourquoi, courant vers lui, ils le percèrent de leur péché. Voici quel est ce péché. Si quelqu'un prononce des paroles inconvenantes, c'est ce péché.

4. Ils dirent alors à la respiration : « Chante l'Udgitha pour nous. » La respiration ayant prononcé les mots : « Qu'il en soit ainsi, » chanta pour eux l'Udgitha.

Elle chanta devant les dieux toute la jouissance qu'il y a dans la respiration. Ce qu'elle sent est pour elle-même. Les démons connurent, par cet Udgitha, que les dieux triompheraient d'eux. C'est pourquoi, courant vers lui, ils le percèrent de leur péché. Quel est ce péché ? Si quelqu'un sent des odeurs inconvenantes, c'est ce péché.

5. Ils dirent alors à l'œil : « Chante l'Udgitha pour nous. » L'œil ayant prononcé les mots : « Qu'il

---

(305*) L'Udgitha est une portion du Sama-Véda (chapitre second), une sorte de cantique qui commence par la syllabe mystique *Om*, et que récite un prêtre nommé Udgata.

en soit ainsi, » chanta pour eux l'Udgitha.

Il chanta devant les dieux toute la jouissance qu'il y a dans l'œil. Ce qu'il voit est pour lui-même. Les démons connurent par cet Udgitha que les dieux triompheraient d'eux. C'est pourquoi, courant vers lui, ils le percèrent de leur péché. Quel est ce péché? Si quelqu'un voit des couleurs inconvenantes, c'est ce péché.

6. Ils dirent alors à l'oreille : « Chante l'Udgitha pour nous. » L'oreille ayant prononcé les mots : « Qu'il en soit ainsi, » chanta pour eux l'Udgitha. Elle chanta devant les dieux toute la jouissance qu'il y a dans l'oreille. Ce qu'elle entend est pour elle-même. Les démons connurent par cet Udgitha que les dieux triompheraient d'eux. C'est pourquoi, courant vers lui, ils le percèrent de leur péché. Quel est ce péché? Si quelqu'un entend des paroles inconvenantes, c'est ce péché.

7. Ils parlèrent alors à l'esprit : « Chante l'Udgitha pour nous. » L'esprit ayant prononcé les mots : « Qu'il en soit ainsi, » chanta pour eux l'Udgitha.

Il chanta devant les dieux toute la jouissance qui est en l'esprit. Les démons connurent que, par cet Udgitha, les dieux triompheraient d'eux; c'est pourquoi, courant vers lui, ils le percèrent de leur péché. Quel est ce péché? Celui qui a des notions qui ne sont pas convenables est aussi atteint de ce péché. C'est de la sorte que les dieux vinrent en contact avec le péché, furent percés du péché.

8. Les dieux parlèrent alors à cette vie dont le nom est Asanya, et dirent : « Chante pour nous l'Udgitha. » Cette vie ayant les mots : « Qu'il en soit ainsi, » chanta pour eux l'Udgitha. Les démons connurent que par cet Udgitha les dieux triompheraient d'eux ; c'est pourquoi courant vers la vie, ils voulurent la percer de leur péché. De même qu'un morceau de terre se brise en tombant sur un rocher, ils furent brisés. De là ils devinrent des dieux; les démons périrent. De cette manière, il devint tel que lui. C'est par l'âme que périt l'ennemi, le fils du frère de celui qui connaît ces choses.

9. Ils dirent : « Où était celui qui nous a établis? Il est dans la bouche; de là il est Ayasya. » Il est Angirasa, parce qu'il est l'essence des membres.

10. Le nom de cette déité est Doûr, car la mort est loin (Doûr) de lui. La mort est aussi et certainement loin de celui qui connaît ces choses.

11. Cette déité, après avoir détruit le péché des déités, c'est-à-dire la mort, la fit partir pour se rendre à l'extrémité des régions. C'est là qu'il fixa le séjour des péchés des déités. Que personne ne se rende donc aux gens de l'extérieur; que personne ne suive le péché, la mort.

12. Cette déité détruisit le péché, la mort de ces déités. Alors la vie, ayant triomphé de la mort, les sauva. La vie ayant triomphé de la mort, sauva la première parole. Quand la parole, ayant triomphé de la mort, fut délivrée, elle devint le feu. Ce feu étant devenu libre après sa séparation de la mort, brille avec éclat.

13. Alors la vie, ayant triomphé de la mort, sauva l'odorat. L'odorat, ayant triomphé de la mort, devint le vent. Ce vent, étant devenu libre après sa séparation de la mort, purifie.

14. Alors la vie, ayant triomphé de la mort, sauva l'œil. L'œil ayant triomphé de la mort, devint Aditya (le soleil). Aditya étant devenu libre après sa séparation de la mort, brûle.

15. Alors la vie, ayant triomphé de la mort, sauva l'oreille. L'oreille ayant triomphé de la mort, devint les régions. Les régions, après leur séparation de la mort, deviennent libres.

16. La vie, ayant triomphé de la mort, sauva l'esprit. Quand l'esprit, ayant triomphé de la mort, fut délivré, il devint la lune. La lune étant devenue libre après sa séparation de la mort, est resplendissante. De cette manière, cette déesse ayant triomphé de la mort, sauve le présent sacrificateur. Quiconque connaît ces choses, obtient sa juste récompense.

17. La vie alors fit par l'Udgitha l'éloge de la nourriture primitive, car toute nourriture qui est mangée, est mangée par la vie. C'est de là qu'elle subsiste.

18. Les dieux dirent : « Toute nourriture qui existe reçoit tes éloges pour ton propre avantage. Mangeons de cette nourriture. » La vie répondit : « Entrez en moi. » Ils répondirent : « Qu'il en soit ainsi ; » et entrèrent de tous côtés dans la vie. Ainsi, toute nourriture qui est mangée par la vie, les satisfait. Celui qui connaît ces choses est le conservateur de ce qui est à lui ; il est prédominant ; il marche devant, il consomme la nourriture, il est le seigneur suprême. Celui qui devient le rival de celui qui connaît ces choses, n'est pas en état de soutenir ceux qui dépendent de lui. D'un autre côté, quiconque suit celui qui connaît ces choses, et quiconque le suivant s'efforce de soutenir ceux qui dépendent de lui, est en état de pourvoir à leurs besoins.

19. Celui qui habite dans la bouche est Angirasa, car il est l'essence (rasa) des membres (anga). La vie est l'essence des membres, et la vie étant l'essence des membres, tout membre que la vie a abandonné devient desséché.

20. La vie est aussi Brihaspati. La parole se nomme Brihati. La vie est ce qui conserve (Pati) la parole (Brihati) ; de là le nom de Brihaspati.

21. Elle est aussi Brahmanaspati. La parole est Brahma. La vie est ce qui conserve la parole ; de là le nom de Brahmanaspati.

22. Elle est aussi Sama. La parole est Sama. Sama est Sa et Amas. Ainsi, Sama a la nature de

Sama. On l'appelle Sama, par la raison qu'il est comme une abeille, comme un moucheron, comme un éléphant, comme ces trois mondes, comme toutes ces choses. Celui qui connaît ce Sama, obtient l'unité de nature avec Sama ou l'unité de place.

23. Elle est aussi appelée Udgitha. La vie est *Ut*, car par la vie tout est élevé. La parole est Githa. De là le nom d'Udgitha.

24. Il y a un récit à cet égard : Brahmadatta, le petit-fils de Chikitana, en buvant le brillant suc du Sama, dit ces mots : « Que ce suc resplendissant tranche la tête de cet homme qui a accompli l'Udgitha par quelque autre moyen que celui-là. » Il accomplit ainsi l'Udgitha par la parole et la vie.

25. Celui qui connaît l'opulence de ce Sama, obtient son opulence. Les notes de musique sont sa richesse. Que celui qui doit accomplir les devoirs d'un Ritwig désire donc acquérir les notes de musique avec la parole. Qu'il accomplisse les rites du Ritwig avec cette parole qui a obtenu les notes musicales. Les hommes ont ainsi le désir de regarder, durant le sacrifice, celui qui récite mélodieusement l'Udgitha comme un homme possesseur de la richesse, car on aime à regarder ceux qui ont acquis de la richesse. Celui qui connaît de cette manière la richesse de ce Sama, obtient la richesse.

26. Celui qui connaît l'or, de ce Sama, obtient véritablement son or. Les notes de musique sont son or. Il obtient véritablement de l'or, celui qui, de cette manière, connaît l'or de ce Sama.

27. Celui qui connaît ici la résidence de ce Sama, y réside. La parole est sa demeure, car il est bien connu que cette vie réside véritablement dans la parole ; quelques-uns disent qu'elle réside dans la nourriture.

28. C'est ainsi que la cérémonie de l'Abhyaroha (*ascension, récitation de certaines prières*) est définie. Celui qui loue, loue véritablement le Sama. A l'endroit qu'il loue, qu'il récite ces Mantras (*oraisons*); « conduis-moi du non-réel au réel ; conduis-moi de l'obscurité à la lumière ; conduis-moi de la mort à l'immortalité (*c'est-à-dire rends-moi immortel*). » La lumière est l'immortalité ; l'obscurité est la mort. L'homme pieux peut, dans d'autres prières, choisir une bénédiction et former le vœu qu'il désire. Il exprime par la récitation de ces prières le vœu qu'il forme, soit pour lui-même, soit pour le sacrificateur. Cela assujettit vraiment les mondes. Celui qui connaît ce Sama est vraiment digne que les vœux qu'il forme dans les paroles qu'il prononce, s'accomplissent en sa faveur.

QUATRIÈME BRAHMANA.

1. Il était avant l'âme, ayant la forme de l'hom-

me. Regardant autour de lui, il ne vit rien que lui-même. Il dit d'abord : « Je suis moi. » De là vint le nom de moi. C'est pourquoi un homme lorsqu'il est interpellé, dit : « C'est moi, » et prononce ensuite le nom qui lui appartient. Et parce que, comme le premier de tous, il consuma par le feu tous les péchés, il est appelé Pouroucha. Celui qui s'efforce d'obtenir l'état de Prajapati et qui connaît ces choses, le consume véritablement.

2. Il fut effrayé, c'est pourquoi l'homme est effrayé quand il est seul. Il regarda autour de lui : « Puisque rien n'existe si ce n'est moi, de quoi serai-je effrayé ? » La peur le quitta, car qui craindrait-il, puisque la crainte est causée par un autre.

3. Il ne ressentit point de plaisir. Car nul être, s'il est seul, ne ressent de plaisir. Il désirait un compagnon. Il se divisa en deux ; de là le mari et la femme furent produits. Il n'était ainsi que la moitié de lui-même comme un pois coupé en deux parties. C'est ce que Yadnavalkya a déclaré. Ce vide fut complété par la femme. Il s'approcha d'elle. Ainsi les hommes naquirent.

4. Elle (*la femme*) réfléchit et se dit : « Comment peut-il s'approcher de moi, qu'il a produite de lui-même ? Je me cacherai. » Elle devint une vache, lui un taureau. Il s'approcha d'elle. De là naquirent les bêtes à corne. Elle devint une jument et ensuite une ânesse ; il devint un cheval et un âne. Il s'approcha d'elle. De là naquirent les animaux dont le pied est un sabot. Elle devint une chèvre et ensuite une brebis ; il devint un bouc et un bélier. Il s'approcha d'elle. » De là naquirent les chèvres et les moutons. Il créa de cette manière tous les êtres jusqu'aux fourmis.

5. Il réfléchit et se dit : « Je suis vraiment la création, car j'ai créé toutes les choses. » De là vient le nom de création. Vraiment celui qui connaît ces choses devient la création comme lui.

6. Alors il battit la matière comme on bat le lait pour faire le beurre. De sa bouche comme le lieu de la production, et de ses mains, il créa la fleur. C'est pourquoi la bouche et les mains n'ont point de poils à l'intérieur, car le lieu de la production n'a point de poils à l'intérieur.

7. On dit à cet égard cette parole : « Le sacrifice à l'un ou à l'autre dieu n'est pas convenable. » Cette création est réellement à lui, car il est réellement tous les dieux.

8. Tout ce qui est humide, il l'a créé de sa semence, et c'est le Sama. Cet univers entier est donc ou la nourriture ou celui qui mange la nourriture. Sama est la nourriture. Agni celui qui mange la nourriture. Telle est la création suprême de Brahma. Elle surpasse toutes choses parce qu'avec les meilleures parties, il créa les dieux, et parce que, immortel, créa les immortels. Celui qui con-

nal! ces choses devient, dans cette création suprême, semblable à Prajapati.

9. Celui qui existe n'était pas alors manifesté. Il se manifesta lui-même en prenant un nom et une forme, comme on dit habituellement : « Il a tel nom ou telle forme. » Il entra en ce monde.

10. Il est jusque dans les extrémités des ong'es comme un rasoir est placé dans sa boîte, ou comme Viswambhara dans la demeure de Viswambhara. Ils ne le voient plus, car lorsqu'il est incomplet, lorsqu'il n'est qu'inspirateur, il est appelé la vie; lorsqu'il parle, on l'appelle la parole; lorsqu'il voit, on l'appelle la vue; lorsqu'il entend, on l'appelle l'oreille; lorsqu'il pense, on l'appelle l'esprit. Ce sont les noms de ses actions. Quiconque adore un être spécial séparé de cette totalité, n'a pas de connaissance, car cette âme est incomplète; elle est déterminée par telle ou telle fonction individuelle. L'âme, considérant ces choses qu'un homme l'adore, car en elle toutes ces différences s'effacent, et il y a l'unité.

11. L'être doit être compris en l'être même, qui est l'âme; c'est par lui qu'on le connaît en entier. De même qu'on trouve des bestiaux en suivant la trace de leurs pieds, de même l'homme qui connaît ces choses, trouve de la renommée et la satisfaction de tous ses désirs.

12. Il est plus cher qu'un fils, plus cher que la richesse, plus cher que tout autre objet, plus cher que toutes choses, parce que cette âme est plus intérieure. Quiconque dit à un homme qui affirme qu'un autre objet quelconque est plus cher que l'âme : « Ce qui est cher, doit périr, » est le seigneur; il doit vraiment en être ainsi. Pour tout homme qui connaît le prix de l'âme, nul objet périssable n'a de valeur.

12*. C'est ce que les sages déclarent être la connaissance de Brahma par l'effet de laquelle les hommes pensent, et par laquelle nous deviendrons toutes choses. Quelle était donc la connaissance de Brahma par l'effet de laquelle il devint toutes choses?

13. Brahma était véritablement avant (la création); il connaissait donc l'âme, il se connaissait lui-même. Il dit : « Je suis vraiment Brahma. » C'est ainsi qu'il devint toutes choses.

14. Quiconque parmi les dieux comprenait ce (mystère), devenait aussi toutes choses; il en était de même de quiconque parmi les Rishis, de quiconque parmi les hommes, le comprenait.

15. Connaissant que celui-ci est celui-là, le Rishi Vamadeva obtint vraiment ces Mantras (prières), il put dire : « Je devins Manou, je devins le soleil. » Quiconque connaît aussi ce Brahma ou son temps de la même manière, dit : « Je suis Brahma. » Les dieux eux-mêmes ne sont pas capables de l'empê-

cher de posséder l'état de (l'identification avec) toutes choses.

16. Quiconque adore une autre divinité en disant : « Il est un autre (que moi); je suis un autre (que lui) » n'a pas la connaissance; il est au service des dieux comme une bête de somme. De même que des bêtes nombreuses fournissent aux besoins d'un homme, ainsi un grand nombre d'hommes fournissent aux besoins d'un dieu. Il est fâcheux pour un propriétaire qu'on lui enlève une seule tête de ses troupeaux; quel plus grand malheur n'est-ce donc pas si on lui en enlève beaucoup? Il est donc désagréable aux dieux que les hommes aient la connaissance.

17. Brahma était véritablement avant (toutes choses); il existait seul. Etant seul, il ne s'étendait pas. Il créa, par (l'effet de) sa puissance concentrée les Kshatras d'une nature élevée, savoir tous ces Kshatras qui sont les protecteurs parmi les dieux, Indra, Varouna, Sama, Roudra, Parjanya, Yama, la Mort et Ysana. Ainsi, rien n'est plus grand que le Kshatra; c'est pourquoi le Brahmane, subordonné au Kshatra, adore lors de la cérémonie Rajasouya. Le Kshatra seul lui donne sa gloire; Brahma est ainsi le lieu de la naissance du Kshatra. Ainsi quoique le roi obtienne la plus haute dignité, il se réfugie enfin dans Brahma comme dans le lieu de sa naissance. Quiconque le méprise détruit sa patrie, et il se rend coupable d'un très-grand péché comme un homme qui attaque un supérieur

18. Il ne s'étendit pas; il créa les Veets (les divinités). Il est tous ces dieux qui, selon leurs diverses classes, sont appelés Vasas, Roudras, Adityas, Viswadevas et Maruts.

19. Il ne s'étendit pas. Il créa la caste des Soudras comme donnant la nourriture. Cette terre est la nourrice des êtres, car elle leur donne à tous la nourriture.

20. Il ne s'étendit pas; il créa par (l'effet de) sa puissance concentrée la justice d'une nature éminente. Cette justice conserve les Kshatras. Il n'est rien de plus élevé que la justice. Le faible lui même a la confiance de triompher du puissant par la justice. La justice est vraie. Aussi dit-on d'une personne qui parle selon la vérité, qu'elle parle selon la justice, ou d'une personne qui parle selon la justice, qu'elle parle selon la vérité. De cette manière il (Brahma) est vraiment les deux (la vérité et la justice).

21. Telle est la création qu'opéra Brahma, les Kshatras, les Veets et les Soudras. Il était sous la forme d'Agni (le feu) parmi les dieux comme Brahma; il fut parmi les hommes sous la forme du Kshatra et du Soudra. C'est pourquoi parmi les dieux on aspire au lieu du bonheur (loka, le paradis) par l'intervention d'Agni, et parmi les hommes (ar

celle de Brahmana, parce que Brahma s'est manifesté en leurs formes.

22. Quiconque ne voit pas, à travers ce monde, le monde image de Brahma, n'a point sa protection lorsqu'il meurt, parce qu'il ne le connaît pas; de même que le Véda qui n'est pas lu ou l'œuvre qui n'est pas accomplie, reste sans efficacité. Toutes les œuvres grandes et saintes accomplies par l'homme qui ne connaît pas Brahma, périssent également. Que l'homme adore l'âme comme étant le séjour (de Brahma). Quiconque adore l'âme comme étant son séjour, est sûr que ses œuvres ne périront pas. Tout ce qu'il désire obtenir de l'âme, il l'obtient. Après l'âme, [il (*l'individu*) est vraiment le lieu où sont tous les êtres.

23. Il est le séjour des dieux, par ses offrandes et ses sacrifices; il est le séjour des Rishis, parce qu'il enseigne; il est le séjour des ancêtres, par ce qu'il leur donne et par ses efforts en faveur de sa race; il est le séjour des hommes, parce qu'il leur donne l'hospitalité et des aliments; il est le séjour des bestiaux, parce qu'il leur procure de l'herbe et de l'eau. Chacun désire que son séjour soit stable, tous les êtres font ainsi des souhaits pour le bien-être de l'homme qui a la connaissance (des choses diverses); c'est ce qu'attestent les sages.

24. L'âme seule existait avant les autres êtres; elle était seule. Elle forma des vœux : « Que j'aie une femme; que je naisse; que j'aie de la richesse; que j'accomplisse des œuvres. » Le désir est nécessaire pour que l'âme reçoive son intention. Quand un homme forme les désirs qui viennent d'être indiqués, il se regarde comme incomplet, s'ils ne sont pas satisfaits. Pour qu'il soit complet, il faut que son esprit soit son âme, et que la parole soit sa femme.

25. La vie est leur rejeton, l'œil est la richesse de l'homme; c'est par l'œil qu'on obtient, et par l'oreille qu'on entend la richesse des dieux. Le sacrifice est quintuple, l'animal est quintuple, l'homme est quintuple; tout ce qu'il y a ici est quintuple. Quiconque connaît qu'il en est ainsi, obtient toutes ces choses.

CINQUIÈME BRAHMANA.

1. Des sept provisions que le père créa par l'entendement et la pénitence, il en assigna une comme commune à tous les êtres; il en donna deux aux dieux; il en réserva trois pour lui-même, et il en donna une aux animaux, car c'est sur elle que tout est fondé, tout ce qui respire et tout ce qui ne respire pas. Pourquoi ne sont-ils pas détruits, quoique toujours consumés? Quiconque connaît la cause de la non-destruction, mange la nourriture principale; il va vers les dieux, il vit éternellement.

2. Il est dit : « Des sept provisions que le père créa par l'entendement et la pénitence, il en assigna une comme commune à tous. » Cette provision commune à tous, est celle qui est mangée. Quiconque l'adore ne se détourne pas du péché, car elle est mêlée. Il en assigna deux aux dieux, le sacrifice et l'offrande. D'autres disent qu'il faut entendre par là le sacrifice de la nouvelle et de la pleine lune. Ce n'est donc pas leur nature d'être associées avec les désirs. « Il en donna une aux animaux. » C'est le lait, car les hommes, ainsi que les animaux, ne subsistent que de lait après leur naissance. On nourrit l'enfant, lorsqu'il est né, avec du beurre fondu, ou bien sa mère lui donne à téter. On l'appelle le nouveau-né parce qu'il ne mange point d'herbe.

3. Tout ce qui respire et ne respire pas est donc fondé sur le lait. Il y a une sentence qui dit : « Une personne qui fait, durant toute l'année, des offrandes de lait, triomphe de la mort. » Que personne ne l'entende de cette manière. Le jour où un homme fait un sacrifice, ce même jour il triomphe de la seconde mort. Une personne qui a cette connaissance, triomphera de la seconde mort, le jour où il fait une offrande, car il donne aux dieux toute la nourriture qui est mangeable. Pour quelles raisons ne diminuent-ils pas, quoiqu'ils soient continuellement consumés? L'âme est véritablement la cause qu'ils ne diminuent pas, car elle produit et reproduit cette provision.

4. Quiconque connaît la cause pourquoi ils ne diminuent pas, sait que l'âme est la cause pourquoi ils ne diminuent pas, car il (*Brahma*) produit cette provision par l'intelligence et par les œuvres; s'il ne la produisait pas, elle décroîtrait véritablement. On dit : « Il mange la nourriture de la vraie manière; » vraie signifie principale; il mange donc de la nourriture de la manière principale; il va vers les dieux; il vit sur la force; c'est dit pour exprimer les louanges (dues à Brahma).

5. Il en fit trois pour lui-même, l'esprit, la parole et la vie. J'étais absent en esprit; je ne voyais pas; j'étais absent en esprit; je n'entendais pas. De cette manière, il est évident qu'une personne voit avec l'esprit, entend avec l'esprit. Le désir, la détermination, l'incertitude, la foi, l'incrédulité, la fermeté, la faiblesse, la honte, l'intelligence, la peur, tout cela est en l'esprit seul. Ainsi une personne, lorsqu'elle est touchée par derrière, le connaît par l'esprit. Tout son quelconque est la parole, car il s'étend aussi loin que l'extrémité, car ce n'est pas un objet de manifestation. L'air vital qui s'élève, l'air vital qui descend, l'air vital qui se répand partout et l'air vital qui égalise, tout cela est la vie (*prana*). Ainsi modifiée, l'âme est la modification de l'esprit, la modification de la parole et la modification de la vie.

6. La parole est ce monde-ci, l'esprit est ce monde

atmosphérique, la vie est ce monde-là; ainsi subsistent ces trois mondes.

7. La parole, l'esprit et la vie sont les trois Védas; la parole est le Rig-Véda; l'esprit est l'Yajour-Véda, et la vie est le Sama-Véda.

8. La parole, l'esprit et la vie sont les dieux, les ancêtres et les hommes; la parole est les dieux; l'esprit est les ancêtres, et la vie est les hommes.

9. La parole, l'esprit et la vie sont le père, la mère et l'enfant; la parole est la mère; l'esprit est le père, et la vie est l'enfant.

10. La parole, l'esprit et la vie sont ce qui est connu, ce qu'on désire connaître et ce qui est inconnu; tout ce qui est connu est de la nature de la parole, car la parole est connue; la parole étant d'une telle nature, préserve une personne.

11. Tout ce qu'on désire connaître est de la nature de l'esprit, car l'esprit inspire le désir d'être connu; l'esprit étant d'une telle nature, préserve une personne.

12. Tout ce qui n'est pas connu est de la nature de la vie, car la vie n'est pas connue; la vie étant d'une telle nature, préserve une personne.

13. La terre est le corps de cette parole, le feu est sa nature qui illumine. Ainsi, aussi loin que s'étend la parole, aussi loin s'étend la terre, aussi loin s'étend le feu.

14. Le ciel est aussi le corps de l'esprit; Aditya (*le soleil*) est sa nature qui illumine. Ainsi aussi loin que s'étend l'esprit, aussi loin s'étend le ciel, aussi loin s'étend Aditya. Ils s'unirent dans l'amour. De là, la vie fut produite. Elle est Indra, elle n'a point de rivale. Quiconque connaît ces choses, n'a point de rival.

15. Les eaux sont le corps de cette vie; la lune est sa nature qui illumine. Ainsi, aussi loin que s'étend la vie, aussi loin s'étendent les eaux, aussi loin s'étend la lune. Ils sont tous égaux entre eux, tous sont infinis. Quiconque les adore comme des êtres finis, fait la conquête d'un monde fini; quiconque les adore comme des êtres infinis, fait la conquête d'un monde infini.

16. Ce Prajapati, dans son image de l'année, se compose de seize parties (*Kala*). Les nuits sont de quinze parties; sa partie fixée est la seizième. Il grandit et il décroît d'après les nuits. Le jour de la nouvelle lune, lorsque la nuit entre avec cette seizième partie, dans tout ce qui est doué de la vie, il luit alors le lendemain au matin. Que personne en cette nuit ne prive alors de la vie tout être doué de vie, fut-ce même un caméléon; c'est recommandé en l'honneur de cette divinité.

17. Ce Prajapati qui, sous la figure de l'année, est en possession de seize parties différentes est

aussi *lui*. Lui est la personne qui connaît ces choses. Sa richesse forme les quinze parties; son rêve est la seizième. Il grandit et décroît par la richesse. L'âme est comme le moyeu d'une roue, la richesse est comme sa périphérie. Ainsi, lors même qu'il subit la perte de toutes choses, s'il vit, il est dépourvu de la périphérie, comme l'on dit.

18. Il y a vraiment trois mondes : le monde de l'homme, le monde des ancêtres et le monde des dieux. Le monde de l'homme doit être conquis par un fils et non par aucune autre œuvre (*ou connaissance*); le monde des ancêtres doit être conquis par l'œuvre; le monde des dieux par la science. Le monde des dieux est le meilleur des mondes. Aussi les hommes louent-ils la science.

19. Quand le père pense qu'il est près de mourir, il dit à son fils : « Tu es Brahma, tu es le sacrifice, tu es le monde. » Le fils répète : « Je suis Brahma, je suis le sacrifice, je suis le monde. » Brahma est l'identité de tout ce qui a été lu. Le sacrifice est l'identité de tous les sacrifices qui doivent être accomplis. Le monde est l'identité de tous les mondes qui doivent être conquis. Tout cela s'étend vraiment aussi loin. Toute cette multitude me préserve de ce monde. Ainsi on appelle L kia un fils qui est instruit; ainsi on l'instruit. Lorsque le père, connaissant ces choses, sort de ce monde, il entre alors dans la vie de son fils (*c'est-à-dire que la vie du fils continue celle du père, et que le père ne doit pas être regardé comme mort, à cause de la ressemblance que son fils a avec lui*). Si le père a par négligence laissé quelque chose d'incomplet, le fils l'en délivre. Le père continue (d'être) en ce monde par son fils; ces vies divines, immortelles, entrent en lui.

20. La parole divine (venant) de la terre et du feu entre en lui. Cette parole, par laquelle il exprime tout ce qui doit survenir, est vraiment divine.

21. L'esprit divin (venant) du ciel et du soleil, entre en lui. L'esprit qui le rend joyeux est vraiment divin; aussi il ne s'afflige pas.

22. La vie divine (venant) des eaux et de la lune entre en lui. Cette vie est vraiment divine, celle qui, soit qu'elle se montre, soit qu'elle ne se montre pas, ne connaît point la crainte, et qui ne peut se perdre. La personne qui connaît ces choses, devient l'âme de tous les êtres. Il est comme cette divinité. Comme tous les êtres préservent cette divinité, tous les êtres préservent aussi une personne qui a cette connaissance.

23. En tout chagrin que les enfants souffrent en commun avec leurs enfants, il (*Brahma, l'esprit suprême*) reste uni avec eux seuls; ce qui est saint s'approche de lui, car le péché n'approche pas des dieux.

LE CHANDOGYA-UPANISHAD

DU SAMA-VEDA.

Cet Upanishad a été traduit en anglais par un Hindou instruit, Rajendralal Mittra ; il forme le n° 78 de la *Bibliotheca indica*, Calcutta, 1854 ; cette traduction est accompagnée de longs extraits empruntés au Commentaire de Sankara Acharya.

CHAPITRE PREMIER.

PREMIÈRE SECTION.

1. Om, cette lettre (l'*Udgitha*), doit être adoré. Om doit être célébré.

2. La terre constitue l'essence de toutes les substances, l'eau est l'essence de la terre, les herbes annuelles sont l'essence de l'eau, l'homme forme l'essence des herbes annuelles, et la parole est l'essence de l'homme ; le Rig (Véda) est l'essence de la parole, le Sama (Véda) est l'essence du Rig, et l'Udgitha est l'essence du Sama.

3. L'Udgitha est la quintessence de toutes ces essences, c'est le suprême, l'adorable, le huitième.

4. Qu'est-ce que le Rig (Véda)? Qu'est-ce que le Sama (Véda)? Qu'est-ce que l'Udgitha? Voilà les questions qu'il faut poser.

5. Le Rig est la parole, le Sama est la vie, et Om est l'Udgitha. Celui-ci et celui-là, la parole et la respiration (*prana*), le Rig et le Sama forment un couple (*Mithuna*).

6. Le Mithuna s'unit à la lettre Om, comme des couples se réunissent pour satisfaire leurs désirs mutuels.

7. Celui qui, connaissant ces choses, adore l'Udgitha impérissable, obtient l'accomplissement de tout ce qu'il désire.

8. Om est vraiment une expression de commandement. Chaque fois qu'une chose est enjointe, Om est expressément répété ; c'est pourquoi cette injonction est appelée la prospérité. Elle devient vraiment ce qui satisfait les désirs et ce qui accomplit la prospérité de celui qui, connaissant toutes ces choses, adore l'impérissable Udgitha.

9. C'est par sa grandeur et ses effets que la triple connaissance est maintenue ; c'est pour adorer cette lettre qu'on récite Om, qu'on le prononce en criant, qu'on le chante.

10. Ceux qui sont versés dans la connaissance (des mystères) de cette lettre, et ceux qui ne le sont pas accomplissent également des cérémonies par son moyen. La science et l'ignorance sont bien différentes l'une de l'autre. Ce qui est accompli par la science, par la foi, par l'Upanishad, est plus effectif. Telle est vraiment la description de cette lettre.

DEUXIÈME SECTION.

1. Les Devas (*les dieux*) et les Asuras (*démons*), rejetons de Prasapati, furent en hostilité. Alors les Devas recueillirent l'Udgitha, disant : « Nous triompherons aussi des Asuras. »

2. Ils adorèrent la respiration comme l'Udgitha, les Asuras le souillèrent avec le péché ; c'est pourquoi il répand à la fois une odeur suave et une odeur fétide, ayant été souillé par le péché.

3. Ils adorèrent ensuite la parole comme l'Udgitha, les Asuras le souillèrent avec le péché ; c'est pourquoi elle exprime à la fois la vérité et le mensonge, ayant été souillée par le péché.

4. Ils adorèrent alors la vue comme l'Udgitha ; les Asuras la souillèrent avec le péché ; c'est pourquoi elle s'arrête sur des objets qui sont dignes d'attention et sur des objets qui en sont indignes, ayant été souillée par le péché.

5. Ils adorèrent alors l'ouïe comme l'Udgitha, les Asuras la souillèrent avec le péché ; c'est pourquoi elle entend ce qui est digne d'être entendu et ce qui en est indigne, ayant été souillée par le péché.

6. Ils adorèrent alors l'esprit comme l'Udgitha ; les Asuras le souillèrent avec le péché ; c'est pourquoi il veut le bien et le mal, ayant été souillé par le péché.

7. Ils adorèrent ensuite ce qui est le principal air vital comme l'Udgitha ; les Asuras s'en approchèrent et furent détruits comme est détruite une boule de terre contre un roc inexpugnable.

8. De même qu'une boule de terre qui frappe contre un roc inexpugnable est brisée, ainsi périt celui qui veut souiller avec le vice celui qui connaît le principal air vital ; ainsi périt celui qui l'attaque, car il est comme un roc inexpugnable.

9. Étant sans tache, il fait que l'homme ne respire pas d'odeurs, soit douces, soit puantes. Tout ce qu'il boit ou mange supporte le reste des pouvoirs vitaux. Au dernier moment, privés de soutien, ils s'éloignent, et font que l'homme bâille à l'époque de la mort.

10. Angira adora l'Udgitha, et c'est pourquoi il est appelé Angirasa, ou l'essence de tous les organes (*Angas*).

11. Brihaspati adora l'Udgitha, et c'est pourquoi il est appelé Brihaspati ; la parole est Brihati (*un rhythme d'une forme particulière*), et il en est la source (*pati*).

12. Ayasya adora l'Udgitha, et c'est pourquoi il est appelé Ayasya, ou ce qui procède de la bouche (*Asya*).

13. Vaka, fils de Dalbha, le connut et le glorifia pour l'accomplissement des désirs des sages de Naimisha, pour lesquels il officia comme chantre (*lu Sama Véda*).

14. Celui qui, connaissant ces choses, adore cet impérissable Udgitha, voit s'accomplir les souhaits qu'il forme. C'est l'adoration spirituelle.

TROISIÈME SECTION.

1. Ensuite vient ce qui concerne l'adoration de l'Udgitha comme ayant rapport aux dieux. Celui qui distribue la chaleur est l'Udgitha. Qu'il soit adoré! En se levant, il chante pour le bien-être de la création ; en se levant, il dissipe la crainte de l'obscurité. Celui qui le connaît ainsi devient le destructeur de la crainte de l'obscurité.

2. Vraiment celui-ci (*le soleil*) et celui-là (*l'air vital*) sont semblables, celui-ci est chaud aussi bien que celui-là ; celui-ci peut être appelé transitif ; celui-là est transitif et retransitif : qu'ils soient donc l'un et l'autre adorés comme l'Udgitha.

3. Que Vyana soit aussi adoré comme l'Udgitha. Cette fonction par laquelle l'haleine est expulsée se nomme *prana* ; celle par laquelle elle est aspirée se nomme *apana*, et l'intervalle des deux est *vyana*, c'est-à-dire la parole. La parole est donc articulée, indépendamment de l'aspiration et de l'expulsion.

4. Ce qui est la parole est le Rig ; aussi les hommes articulent le Rig sans aspirer et sans respirer. Ce qui est le Rig est le Sama ; c'est pourquoi il est chanté sans aspiration ou respiration ; ce qui est le Sama est l'Udgitha, c'est pourquoi il est chanté indépendamment de l'aspiration ou de la respiration.

5. De toutes les actions qui exigent de la force, comme la production du feu par le frottement, une course rapide ou la tension d'un arc s'accomplit indépendamment de l'aspiration ou de la respiration. Le Vyana est donc adoré comme l'Udgitha.

6. Que les lettres du mot Udgitha soient adorées comme l'Udgitha. La respiration (*prana*) est Ut, car les hommes obtiennent par la respiration la puissance de se lever ; la parole (*vak*) est Gi, car *vak* et *gira* sont regardés comme synonymes ; *tha* est l'aliment, car chaque chose est vraiment soutenue par l'aliment (*sthitam*).

7. Le ciel est Ut, l'atmosphère est Gi, et la terre est Tha. Le soleil (*Aditya*) est Ut ; le vent (*Vayou*) est Gi, et le feu (*Agni*) est Tha. Le Sama-Véda est Ut ; l'Yajour-Véda est Gi, et le Rig-Véda est Tha. La parole elle-même accorde sa richesse à celui qui, connaissant ces choses, adore les lettres de l'Udgitha comme l'Udgitha, et l'adorateur obtient des trésors de subsistance, ainsi que le pouvoir de les consommer.

8. Ce qui procure les objets dignes de désirs doit maintenant être exposé. Ce qui est digne de méditation doit ainsi être adoré ; l'hymne du Sama, par lequel l'adorateur doit glorifier, doit être recherché.

9. Les hymnes du Rig, dans lesquelles les hymnes du Sama se rencontrent, les sages qui les promulguèrent les premiers et les Devas glorifiés par ces hymnes, doivent aussi être l'objet de réflexions.

10. Le rhythme d'après lequel il doit glorifier, la louange qu'il convient de prononcer.

11. Et le côté de l'horizon vers lequel il convient de se tourner en prononçant les éloges, doivent être aussi le sujet de réflexions.

12. S'approchant de son esprit et réfléchissant avec calme sur un unique objet, qu'il prononce les louanges. Quel que soit l'objet pour lequel il chante, vraiment quel que soit l'objet pour lequel il chante, l'accomplissement de ses vœux suivra immédiatement.

QUATRIÈME SECTION.

1. Om ! cette lettre doit être adorée ; cette lettre est récitée.

2. Les Devas, craignant la mort, adoptèrent la triple connaissance. Ils se protégèrent avec des cantiques (comme avec des boucliers).

3. De même que les pêcheurs regardent le poisson, de même la mort les voit dans les hymnes du Rig, de l'Yajour et du Sama-Véda. En étant instruits, ils abandonnèrent les Védas et se réfugièrent dans l'asile de la voix (*soura*).

4. En récitant les hymnes du Rig, Om est articulé, ainsi que dans l'Yajour et le Sama ; cette lettre (*l'Udgitha*) est ainsi en possession de l'immortalité et de la sécurité ; les dieux, adoptant son appui, devinrent immortels et en sûreté.

5. Celui qui, connaissant ces choses, loue cette lettre, obtient la lettre immortelle et assurée (*soura*), et en l'obtenant, semblable aux Devas, il devient immortel.

CINQUIÈME SECTION.

1. Vraiment ce qui est Udgitha est Pranava, et le Pranava est l'Udgitha ; l'Aditya est vraiment l'Udgitha et le Pranava, car il s'avance en faisant entendre (le mot sacré) Om.

2. « J'ai vraiment chanté les louanges du soleil, » dit Kaushitaki à son fils, « c'est pourquoi je t'ai seul. Connais les rayons, et tu obtiendras une progéniture nombreuse. » C'est l'adoration de Om comme se rapportant aux puissances physiques.

3. Ensuite, ce qui a rapport à l'esprit. Vraiment la vie souveraine doit être adorée comme l'Udgitha, car elle avance en faisant entendre (le mot sacré) Om.

4. « J'ai vraiment chanté ses louanges (*celles de la vie souveraine*), » dit Kaushitaki à son fils. « Chante ses louanges en l'envisageant sous ses aspects multiples et en priant pour (obtenir) des descendants nombreux. »

5. Celui qui sait que l'Udgitha est le Pranava, et que le Pranava est l'Udgitha, répare, par les rituels de l'Hota, les erreurs de l'Udgata (*celui qui récite l'Udgitha*); il répare véritablement les erreurs de l'Udgata.

SIXIÈME SECTION.

1. Cette terre est véritablement le Rig, et le feu est le Sama. Le Sama repose sur le Rig, et c'est pourquoi celui qui chante le Sama-Véda appela le Rig le soutien du Sama. Vraiment la terre se nomme Sa et le feu Ama; de là le nom de Sama.

2. Vraiment le ciel est le Rig, et le vent est Sama. Le Sama repose sur le Rig, et c'est pourquoi celui qui chante le Sama-Véda appela le Rig le soutien du Sama. Vraiment la terre se nomme Sa et le feu Ama; de là le nom de Sama.

3. Vraiment le ciel (*Dviv*) est le Rig, et le soleil est Sama. Le Sama repose sur le Rig, et c'est pourquoi celui qui chante le Sama-Véda appela le Rig le soutien du Sama. Vraiment la terre se nomme Sa et le feu Ama; de là le nom de Sama.

4. Vraiment les étoiles sont le Rig, et la lune est Sama. Le Sama repose sur le Rig, et c'est pourquoi celui qui chante le Sama-Véda appela le Rig le soutien du Sama. Vraiment la terre se nomme Sa et le feu Ama; de là le nom de Sama.

5. La blancheur du soleil est le Rig, et l'obscurité est Sama. Le Sama repose sur le Rig, et c'est pourquoi celui qui chante le Sama-Véda appela le Rig le soutien du Sama. Vraiment la terre se nomme Sa et le feu Ama; de là le nom de Sama.

6. L'éclat du soleil, c'est-à-dire la lumière blanche du soleil, est Sa; celle qui est noire, très-noire, est Ama; de là vient le mot Sama; cet être aux cheveux et aux moustaches d'or, dont le corps, jusqu'à l'extrémité des ongles, est d'or, et que nous voyons dans l'intérieur du soleil;

7. Dont les yeux sont comme des lotus et rouges comme l'orbite du dieu du jour à son lever, se nomme Ut. Il est vraiment au-dessus de tout péché. Celui qui le connaît ainsi, s'élève vraiment au-dessus de tout péché.

8. Le Rig et le Sama (Véda) sont ses membres; c'est pourquoi il est l'Udgitha; ainsi, en chantant l'Udgitha, le chantre devient Udgata, car il chante les louanges de Ut. Il domine sur toutes les régions au-dessus du soleil et sur tous ceux qui desirent le séjour des dieux.

SEPTIÈME SECTION.

1. La parole est le Rig et la vie est Sama. C'est sur le Rig (*ou la parole*) que s'appuie le Sama (*ou la vie*); on dit ainsi que le Rig est le soutien du Sama. La parole est Sa et la vie est Ama; de là vient Sama.

2. Les yeux sont le Rig et leur réflexion est Sama. C'est sur le Rig (*ou les yeux*) que s'appuie le Sama (*ou la réflexion*); on dit ainsi que le Rig est le soutien du Sama. La parole est Sa et la vie est Ama; de là vient Sama.

3. Les oreilles sont le Rig et l'esprit est Sama. C'est sur le Rig (*ou les oreilles*) que s'appuie le Sama (*ou l'esprit*); on dit ainsi que le Rig est le soutien du Sama. La parole est Sa et la vie est Ama; de là vient Sama.

4. Ce qui est la lumière blanche des yeux est le Rig, et ses rayons d'un noir foncé sont le Sama. C'est sur le Rig (*ou sur la lumière blanche*) que reposent le Sama (*ou les rayons noirs*); on dit ainsi que le Rig est le soutien du Sama. La parole est Sa et la vie est Ama; de là vient Sama.

5. L'homme qu'on voit (figuré) dans l'intérieur de l'œil est le Rig et le Sama. Il est l'Yajour (Véda); il est Brahma. Sa figure est la figure de Brahma; les membres de l'un sont les membres de l'autre, et le nom de l'un est celui de l'autre.

6. Il est le seigneur de tout ce qui est dans le domaine des yeux, et de ceux qui aspirent à l'avancement en ce monde. Tous les hymnes qui sont récités avec l'accompagnement du Vina lui sont dus; il est le seigneur de la richesse.

7. Celui qui, connaissant ces choses, chante les louanges du Sama, chante vraiment les louanges de l'un et de l'autre. Par celui-là, il obtient ensuite les régions des dieux.

8. Et par celui-ci, il obtient toutes les régions au-dessous de sa vue et tout ce qu'on recherche en ce monde. Ainsi, si celui qui chante l'Udgitha et qui connaît ces choses, dit à ceux qui ne les connaissent pas:

9. « Dis quels sont tes souhaits; je prierai pour qu'ils soient accomplis. » Celui qui, connaissant toutes ces choses, chante les louanges du Sama, devient un souverain qui sollicite des dons.

HUITIÈME SECTION.

1. Vraiment, trois (personnes) furent instruites dans l'Udgitha, Silaka, fils de Salabat; Chakitayana, de la race de Dalbha, et Pravahana, fils de Jivala. Ils se dirent l'un à l'autre: « Nous sommes versés dans l'Udgitha et nous sommes prêts à révéler sa science. »

2. Disant cela, ils s'assirent. Pravahana, fils de Jibala, dit : « Maîtres vénérables, parlez les premiers, afin que j'entende les discours de Brahmanes tels que vous. »

3. Silaka, fils de Salabat, s'adressa ainsi à Chaikitayana, de la race de Dalbha : « S'il te plaît, » dit-il, « je t'adresserai quelques questions. » « Qu'il en soit ainsi, » dit l'autre.

4. Silaka demanda : « Quel est l'asile du Sama ? » « La voix, » répondit Chaikitayana. « Quel est celui de la voix ? — La respiration. — Qu'est celui de la respiration ? — L'aliment. — Quel est celui de l'aliment — L'eau. »

5. « Quel est celui de l'eau ? — Cette sphère. — Et quel est celui de cette sphère ? — Nous ne dépasserons pas les cieux, car c'est sur eux que nous faisons reposer le Sama, qui est comparé aux cieux dans les éloges qu'on lui décerne. »

6. Alors Silaka, fils de Salabat, s'adressa à Chaikitayana, de la race de Dalbha : « Vraiment, ton Sama manque de respect. O fils de Dalbha, lorsque tu dis qu'il est si auguste, si quelqu'un qui connaîtrait parfaitement ce dont il s'agit disait : « Que la tête tombe, » il en serait certainement ainsi.

7. « J'aimerais alors à recevoir de toi, maître vénérable, des idées plus exactes. — Qu'il en soit ainsi, » dit l'autre. « Quel est, dites vous, l'asile de cette sphère ? « C'est cette sphère, » dit Silaka en faisant allusion à la terre. « Et quel est l'asile de cette sphère ? — Nous ne devons pas dépasser ce réceptacle, car c'est sur lui que nous faisons reposer le Sama, et c'est de là qu'il est loué comme étant le réceptacle. »

8. Prabahama, fils de Jibala, lui dit : « Ton Sama est vraiment durable, ô fils de Salabat, et, quand tu le dépeins autrement, si quelqu'un disait : « Que la tête tombe en se séparant de ton cou, » elle tomberait aussitôt. Que j'apprenne donc de toi, ô maître vénérable. — Qu'il en soit ainsi, » dit l'autre.

NEUVIÈME SECTION.

1. « Quelle est l'extrémité de cette sphère ? — C'est le ciel, » dit l'autre ; et il continua, disant : « Toutes ces créations procèdent du ciel ; elles y trouvent leur terme. Le ciel est la plus ancienne de toutes ces choses ; c'est le grand réservoir commun. »

2. Il est l'Udgitha dont l'excellence est parfaite ; il est sans bornes. Celui qui, connaissant ces choses, adore le parfait Udgitha, arrive aux régions les plus parfaites, et sa vie devient d'une grande perfection. »

3. Atidhanva, fils de Saunaka, ayant ainsi expliqué l'Udgitha à Udarasandilya, observa : « La carrière de ceux de vos descendants qui auront cette connaissance de l'Udgitha, continuera d'être très-prospère en ce monde et dans la suite.

4. « Ainsi, la carrière de ceux qui, connaissant ces choses, adorent l'Udgitha, deviendra très-prospère en ce monde ainsi que dans les mondes à venir, vraiment dans les mondes à venir. »

DIXIÈME SECTION.

1. « Ushasti, fils de Chakra, accompagné de sa femme, vivait dans une grande détresse à Ibhyagrama (village habité par un conducteur d'éléphant).

2. Il demanda pour se nourrir quelques fèves de l'espèce la plus commune, au conducteur qui en mangeait ; celui-ci répondit : « Je n'en ai pas d'autres que celles que tu vois devant moi.

3. « Donne-m'en, » répondit Ushasti. Le conducteur lui en donna et lui offrit aussi à manger. Ushasti dit : « Si je prenais cette boisson, j'avalerais le reste de la boisson d'un autre homme. »

4. « Ceci n'est-il pas aussi une chose mise au rebut ? » répondit le conducteur en faisant allusion aux fèves. « Je ne puis vivre sans manger, » dit Ushasti, « mais je puis à mon gré commander à ma soif. »

5. En ayant mangé, il en présenta à sa femme. Elle en avait déjà pris une part ; de sorte que recevant la portion que lui donnait son mari, elle la mit de côté.

6. Le lendemain matin, en se levant, le mari s'écria : « Hélas ! si je pouvais avoir maintenant un peu de nourriture, je serais en état de gagner quelque chose. Un roi célèbre un sacrifice non loin d'ici ; il m'emploierait certainement afin d'accomplir les cérémonies nécessaires. »

7. Alors sa femme lui dit : « Voici des fèves ; prends-en, mange et rends-toi promptement au sacrifice. »

8. Lorsqu'il y fut arrivé, il s'assit à l'endroit du sacrifice devant les chantres de l'Udgitha, et parla ainsi à ceux qui chantaient les louanges (des dieux).

9. « O vous qui chantez les louanges (des dieux), si vous célébriez, sans connaître sa nature, celui qui est le dieu qui préside à toute louange, vos têtes seraient tranchées. »

10. Alors, se tournant vers les chantres de l'Udgitha, il dit : « O vous, qui chantez l'Udgitha, si vous chantiez les louanges de celui qui est le dieu qui préside à l'Udgitha, vos têtes seraient tranchées. »

11. Il s'adressa ensuite aux chantres du Pratihara et dit : « O vous, qui chantez le Pratihara, si vous chantiez, sans connaître sa nature, les louanges de celui qui est le dieu qui préside à tous les Pratiharas, vos têtes seraient certainement cou-

p..s. » Craignant de perdre leurs têtes, ils cessèrent leurs fonctions et s'assirent en silence.

ONZIÈME SECTION.

1. Alors l'instituteur du sacrifice lui dit : « Je désire connaître qui tu es, seigneur. — Je suis Ushasti, fils de Chakra, » répondit l'autre.

2. Le roi repartit : « Je te cherchais, seigneur, afin que tu vinsses officier à ce sacrifice, mais ne t'y trouvant pas, j'en ai engagé d'autres. »

3. « Célèbre, ô seigneur, les diverses parties de mon sacrifice. — Qu'il en soit ainsi, » répondit Ushasti; « que ces hommes, recevant mon autorisation, récitent les actions de grâce. Donne-moi la récompense que tu leur aurais donnée. — Qu'il en soit ainsi, » dit l'instituteur du sacrifice.

4. Ceux qui chantaient les louanges (des dieux) s'approchèrent alors de lui en disant : « Tu nous as dit, ô maître vénérable, que si nous célébrions celui qui est le dieu présidant à toutes les louanges, nos têtes seraient tranchées; veux-tu nous dire maintenant quel est ce dieu? »

5. « C'est la vie, » répondit Ushasti. « Vraiment tous ces objets créés se fondent dans la vie, et c'est d'elle qu'ils tirent leur développement; c'est la divinité qui préside sur toutes les louanges. Si vous l'aviez louée sans connaître sa nature, vos têtes auraient sûrement été coupées, comme je vous l'ai dit. »

6. Les Udyathas s'approchèrent ensuite de lui et lui dirent : « Tu nous as dit, ô maître vénérable, que si, en récitant l'Udgitha, nous chantions les louanges de celui qui est le dieu présidant à toutes les louanges, nos têtes seraient certainement tranchées. Dis-nous quel est ce dieu. »

7. « C'est le soleil (*Aditya*), » répondit Ushasti. « Vraiment tous les objets créés chantent les louanges du soleil, comme étant l'objet le plus élevé; c'est le dieu qui préside à l'Udgitha. Si vous chantiez l'Udgitha à sa louange, sans le connaître, vos têtes seraient certainement tranchées, comme je vous l'ai dit. »

8. Les Pratiharas vinrent ensuite vers lui et lui parlèrent ainsi : « Tu nous as dit, ô maître vénérable, que si nous chantions le Pratihara à la louange de celui qui est le dieu qui préside à tous les Pratiharas, et si nous ne connaissions pas en même temps sa nature, nos têtes seraient certainement tranchées; dis nous quel est ce dieu. »

9. « C'est l'aliment, » répondit Ushasti; « tous les êtres créés vivent par la consommation de la nourriture; c'est le dieu qui préside aux Pratiharas; si vous chantiez le Pratihara sans le connaître, vos têtes seraient certainement coupées, comme je vous l'ai dit. »

DOUZIÈME SECTION.

1. Ensuite vint l'Udgitha du chien (306). Vraiment Vaka, fils de Dalbha, (autrement dit) Glaba, fils de Mitra (307), était parti pour étudier les Védas.

2. Un chien blanc lui apparut; d'autres chiens s'approchèrent de celui-là et dirent : « O seigneur, prie pour qu'il y ait abondance de nourriture; nous voulons en faire usage. »

3. Le chien blanc leur dit : « Venez ici auprès de moi, demain matin. » Au moment fixé, Vaka, fils de Dalbha (autrement dit) Glaba, fils de Mitra, agit selon cette injonction.

4. De même que ceux qui veulent prier en récitant les hymnes, se réunissent et procèdent à leur occupation, de même les petits chiens vinrent, et prenant leurs places, ils aboyèrent, disant :

5. « Om! mangeons. Om! buvons. Que le soleil resplendissant qui verse sur nous la pluie et qui soutient tous les êtres animés, nous accorde des aliments. O seigneur, maître de la nourriture, daigne nous accorder de la nourriture, daigne nous accorder de la nourriture. »

TREIZIÈME SECTION.

1. Vraiment cette terre est la particule Hau (308), le vent est Haï, la lune est Atha, l'âme est Iha et le feu est I.

2. Le soleil est U, les hymnes de bienvenue sont E, les Viswadevas sont Auhoi; Prajapati est Hin, la vie est Suara, l'aliment est Ya, la parole est Virata.

3. Et, en treizième lieu, les Anirata ou les hymnes qui ne sont pas définitivement classées, sont la particule à peine articulée Hun.

4. Celui qui connaît, qui connaît véritablement cet Upanishad du Sama-Véda, tel qu'il est exposé ici, obtient les faveurs de la parole; il fait couler la parole et il devient le possesseur et le consommateur des aliments.

CHAPITRE DEUXIÈME.

PREMIÈRE SECTION.

1. Om! vraiment l'adoration du Sama entier est convenable. Tout ce qui est convenable est Sama, et tout ce qui n'est pas convenable n'est pas Sama.

---

(306) Ceci peut paraître bizarre à des lecteurs européens, mais les commentateurs sanscrits l'expliquent en disant que ce fut un dieu ou un sage qui prit la forme d'un chien.

(307) Vaka, ayant été adopté par Mitra, changea son nom pour celui de Dhalba. Tel est le motif qui fait qu'il est connu sous deux noms différents.

(308) Cette particule et celles qui suivent sont en usage lorsqu'on chante les hymnes du Sama-Véda, pour donner de la mélodie; lorsqu'il faut augmenter la mesure d'un des divers noms propres indiqués ci-dessus, on le fait suivre du monosyllabe correspondant.

2. De là vient ce qu'on dit généralement : « Il alla vers lui (*vers le roi*) avec Sama, » pour dire qu'il s'approcha d'une manière convenable ; on dit aussi : « Il vint sans Sama, » pour exprimer qu'il alla d'une manière qui n'était pas convenable.

3. On dit aussi, lorsqu'il arrive quelque bonheur : « Sama est arrivé parmi nous, » pour dire : « un bonheur nous est arrivé ; » et lorsqu'un malheur survient, on dit : « Asama est arrivé. »

4. Les actions les plus convenables et les pratiques pieuses deviennent faciles à celui qui, connaissant ces choses, adore le Sama, dont le caractère distinctif est la convenance.

DEUXIÈME SECTION.

1. Le Sama, à la forme quintuple, doit être adoré en l'identifiant avec les régions d'en bas en haut, de la manière suivante : la terre comme Hinkara ; le feu (*Agni*) comme Prastava ; l'éther comme Udgitha ; le soleil comme Pratihara ; les cieux comme Nidhana.

2. On l'adore aussi de la façon inverse, en procédant du haut vers le bas de la façon suivante : les cieux comme Hinkara ; le soleil comme Prastava ; l'éther comme Udgitha ; le feu comme Pratihara ; la terre comme Nidhana.

3. Ces régions, soit qu'on aille du haut en bas, ou d'en bas en haut, deviennent accessibles à celui qui, connaissant ces choses, adore le Sama aux cinq formes en l'identifiant avec ces régions.

TROISIÈME SECTION.

1. Le Sama aux cinq formes doit être adoré dans la pluie ; de la façon suivante, dans le vent qui souffle comme étant Hinkara, dans tout nuage qui se rassemble comme Prastava, dans la pluie elle-même comme Udgitha, dans l'éclair et le roulement des nuages comme Pratihara, et dans la cessation de la pluie comme Nidhana.

2. Celui qui, connaissant ces choses, adore le Sama à cinq formes en l'identifiant avec la pluie, peut à son gré, ordonner à la pluie de tomber, et la pluie répand pour lui ses trésors.

QUATRIÈME SECTION.

1. Le Sama à cinq formes doit être adoré dans les eaux de cette terre, dans les nuages qui se rassemblent en vapeurs épaisses comme Hinkara, dans l'eau qui tombe en gouttes comme Prastava, dans les eaux qui coulent à l'est comme Udgitha, dans celles qui coulent à l'ouest comme Pratihara, et dans l'Océan comme Nidhana.

2. Celui qui connaissant ces choses adore le Sama à cinq formes en l'identifiant avec les eaux, ne tombe pas dans l'eau et devient le maître de cet élément.

CINQUIÈME SECTION.

1. Le Sama à cinq formes doit être adoré dans les saisons ; le printemps comme Hinkara, l'été comme Pradura, l'automne comme Udgitha, la saison de la rosée comme Pratihara et l'hiver comme Nidhana.

2. Les saisons sont soumises à celui qui adore Sama ayant dans les saisons une forme quintuple, et il est le maître des saisons.

SIXIÈME SECTION.

1. Le Sama à cinq formes doit être adoré dans les bêtes des champs ; dans les chèvres comme Hinkara, dans les moutons comme Prastava, dans les vaches comme Udgitha, dans les chevaux comme Pratihara et dans l'homme comme Nidhana.

2. Les bêtes des champs appartiennent à celui qui, connaissant ces choses, adore dans les bêtes le Sama à cinq formes.

SEPTIÈME SECTION.

1. Le noble et vénérable Sama à cinq formes doit être adoré dans les airs vitaux, dans la respiration, (*prana*) comme Hinkara, dans la parole comme Prasteva, dans les yeux comme Udgitha, dans les oreilles comme Pratihara, et dans l'esprit comme Nidhana ; ils sont tous nobles et vénérables.

2. Vraiment celui qui, connaissant ces choses, adore, dans les airs vitaux, le noble et vénérable Sama à cinq formes, jouit d'une existence noble et vénérable et domine en triomphateur sur des régions nobles et vénérables. Voilà ce qui concerne le Sama aux cinq formes.

HUITIÈME SECTION.

1. Maintenant l'adoration de Sama à sept formes sera exposée. Le Sama à sept formes doit être adoré dans la parole ; la particule Hin est Hinkara, la préfixe Pra est Prastava ; le préfixe A est Adi.

2. La préfixe Ut est Udgitha ; la préfixe Prati est Pratihara ; la préfixe Upa est Upadriva ; la préfixe Ni est Nidhana.

3. La parole accorde ses trésors à celui qui, connaissant ces choses, adore le Sama ayant sept formes dans la parole il ;devient le maître et la consommateur de la nourriture

NEUVIÈME SECTION.

1. Vraiment le soleil là bas doit être adoré comme identifié avec le Sama à sept formes. Il est toujours égal (*en sanscrit Sama*), et c'est pourquoi on l'appelle Sama. Chacun dit : « Il regarde de mon côté ; il regarde de mon côté, » et c'est ainsi qu'également aperçu de tous les hommes, il est appelé Sama.

2. Sachez que de lui dépendent tous les objets visibles. Le moment où il va se montrer est Hinkara ; c'est de lui que dépendent tous les animaux, et c'est pourquoi il font entendre leur voix à cette heure. Ils sont avec le Sama, copartageants de l'Hinkara.

3. Ensuite, sa première montée au-dessus de l'horizon est Prastava. C'est d'elle que les hommes

dépendent, car ils ont le désir de la louange (*Prastuti*). Ils sont avec le Sama, copartageants du Prastava.

4. Ensuite vient l'heure de sa montée, où les vaches se trouvent avec les veaux (*c'est-à-dire à l'heure où après avoir trait les vaches, on les laisse nourrir leurs petits*); c'est Adi. C'est d'elle que dépendent les oiseaux qui volent dans les airs en louant l'esprit suprême. Ils sont, avec le Sama, copartageants de l'Adi.

5. Ensuite le temps où le soleil arrive à midi est Udgitha. C'est d'elle que dépendent les dieux (*devas*); aussi ces êtres bienfaisants, parmi les fils de Prajapati, sont, avec le Sama, copartageants de l'Udgitha.

6. Ensuite le temps où il passe au-dessous du méridien est Pratihara. De lui dépendent les Garbhas; c'est pourquoi ils sont attirés et ne tombent pas. Ils sont copartageants avec le Sama du Pratihara.

7. Ensuite la transition du midi vers le soir est Upadrava. C'est d'elle que dépendent les animaux sauvages, qui fuient l'aspect de l'homme et cherchent un abri dans les déserts. Ils sont, avec le Sama, copartageants de l'Upadrava.

8. Ensuite le premier crépuscule est Nidhana. Les Pitris y sont attachés, et c'est pourquoi on fait à cette heure des offrandes aux mânes. Ils sont, avec le Sama copartageants du Nidhana. Ainsi le Sama à sept formes doit être adoré comme identifié avec le soleil.

DIXIÈME SECTION.

1. Le Sama à sept formes, qui est au-dessus de la mort comme étant dans l'âme, doit être adoré. Hinkara comprend trois lettres. Prastava comprend aussi trois lettres; ils sont donc égaux.

2. Le mot Adi comprend deux lettres, et le mot Pratihara comprend quatre lettres : une lettre de ce dernier mot étant ajoutée au premier, ils deviennent égaux (309).

3. Le mot Udgitha comprend trois lettres, et le mot Upadrava quatre; trois lettres du dernier mot sont égales à trois lettres du premier, laissant de côté une lettre comme une redondance; les deux mots se trouvent ainsi égaux.

4. Le mot Nidhana comprend trois lettres, et il est ainsi égal aux autres. Ces expressions bien connues comprennent ainsi vingt-deux lettres.

5. La vingt-unième est le soleil, car c'est le vingt-unième être éloigné de cette terre (310). On peut,

par la vingt-deuxième lettre, triompher de ce qui est au-dessus du soleil ; c'est le ciel exempt de peine et de douleur.

6. Celui qui, connaissant ces choses, adore, adore réellement l'être à sept formes qui est au-dessus de la mort, et comme dans l'âme, effectue la conquête du soleil, et il effectue ce qui est au-dessus de la conquête du soleil.

ONZIÈME SECTION.

1. L'esprit est Hinkara, la parole est Prastava, les yeux sont Udgitha, les oreilles Pratihara, et la respiration est Nidhana. C'est ainsi que ce Gayatra Sama (311) est réuni à la vie.

2. Celui qui sait que le Gayatra Sama est ainsi réuni à la vie, devient possesseur de la vie, et jouit de la pleine limite de l'existence; sa carrière devient brillante; il compte de vastes troupeaux et des serviteurs nombreux, et il accomplit de nobles exploits; son devoir est de montrer une âme noble.

DOUZIÈME SECTION.

1. La génération du feu par le frottement est Hinkara; la fumée qui en sort est Prastava ; la flamme est Udgitha; tout le charbon qui se forme est Pratihara; le développement de la flamme est Nidhana, et son extinction complète est aussi Nidhana. C'est ainsi que le Rathoutara Sama (312) est en rapport avec le feu (*Agni*).

2. Celui qui sait que le Rathoutara Sama est ainsi en rapport avec le feu, obtient la gloire que procure l'étude des Védas et la pratique de leurs préceptes; il acquiert aussi une puissance supérieure pour digérer la nourriture, et jouit de la dernière limite de l'existence; sa carrière devient brillante; il a une postérité nombreuse et de nombreux troupeaux, et son devoir est de ne point manger ou cracher devant le feu.

TREIZIÈME SECTION.

(*Les deux vers dont elle se compose ne se trouvent pas dans les manuscrits.*)

QUATORZIÈME SECTION.

1. L'aurore est Hinkara; la montée du soleil est Prastava; le midi est Udgitha; l'après-midi est Pratihara, et la disparition du soleil est Nidhana. C'est ainsi que le Brihat (*Sama*) est en rapport avec le soleil (*Aditya*).

2. Celui qui sait que le Brihat Sama est ainsi en rapport avec le soleil, devient un puissant consommateur d'aliments ; il jouit de la limite entière de

---

(309) Tout ceci repose sur des subtilités grammaticales dont la connaissance du sanscrit peut seule donner une idée nette, et qu'obscurcissent les idées mystiques attachées aux divers mots qu'indique le texte.

(310) Un commentateur indien dit que les vingt-un êtres séparés de la terre sont d'abord les douze mois, puis les cinq saisons, les trois régions et enfin le soleil. Ce n'est pas ici qu'il peut être question de débrouiller cette cosmogonie fantastique.

(311) C'est un chapitre du Sama-Véda auquel on donne ce nom, parce que ses vers sont composés dans le mètre Gayatri.

(312) Le Rathoutara est un chapitre du Sama Véda, et l'on récite les hymnes qui le composent lorsqu'on frotte les deux morceaux de bois d'où sort le feu du sacrifice.

son existence; sa carrière devient brillante; il a une postérité nombreuse et de nombreux troupeaux; il accomplit de nobles exploits, et son devoir est de ne pas calomnier le soleil.

QUINZIÈME SECTION.

1. Les vapeurs se réunissant, c'est Hinkara; les vapeurs obscurcissant le ciel, c'est Prastava; il pleut, c'est Udgitha; l'éclair brille et le tonnerre roule, c'est Pratihara; l'élévation des vapeurs est Nidhana. C'est ainsi que le Vairaja Sama (*une forme des hymnes du Sama-Véda*) est en rapport avec les nuages.

2. Celui qui connaît le Vairaja Sama ainsi en rapport avec les nuages obtient à la fois des bestiaux aux formes régulières et aux formes disgracieuses; il atteint la dernière limite de l'existence; sa carrière devient brillante; il a une postérité nombreuse et de nombreux troupeaux; il accomplit de nobles exploits, et son devoir est de ne pas calomnier les nuages qui versent la pluie.

SEIZIÈME SECTION.

1. Le printemps est Hinkara, l'été est Prastava, l'automne est Udgitha, la saison de la rosée est Pratihara, et l'hiver est Nidhana. C'est ainsi que le Vairaja Sama est en rapport avec les saisons.

2. Celui qui sait que le Vairaja Sama est ainsi en rapport avec les saisons, devient possesseur de serviteurs nombreux et de troupeaux multipliés; il obtient la gloire que promettent les Védas; il jouit de la limite entière de son existence; sa carrière devient brillante; il a une postérité nombreuse et de nombreux troupeaux; il accomplit de nobles exploits, et son devoir est de ne pas calomnier les saisons.

DIX-SEPTIÈME SECTION.

1. La terre est Hinkara, l'espace est Prastava, le ciel est Udgitha, les côtés sont Pratihara, et l'Océan est Nidhana. C'est ainsi que les hymnes du Sakkari Sama sont en rapport avec les stations.

2. Celui qui sait que les hymnes du Sakkari Sama sont ainsi en rapport avec les stations, obtient la richesse de ces stations; il jouit de la limite entière de son existence; sa carrière devient brillante; il a une postérité nombreuse et de nombreux troupeaux; il accomplit de nobles exploits, et son devoir est de ne pas calomnier les saisons.

DIX-HUITIÈME SECTION.

1. Les chèvres sont Hinkara, les moutons sont Prastava, les vaches sont Udgitha, les chevaux Pratihara, et l'homme est Nidhana. C'est ainsi que les hymnes du Revatya Sama sont en rapport avec les animaux.

2. Celui qui sait que les hymnes du Revatya Sama sont ainsi en rapport avec les animaux, devient le seigneur des animaux; il jouit de la limite entière de son existence; sa carrière devient brillante; il a une postérité nombreuse et de nombreux troupeaux; il accomplit de nobles exploits, et son devoir est de ne pas calomnier les animaux.

DIX-NEUVIÈME SECTION.

1. Les poils qui sont sur le corps sont Hinkara, la peau est Prastava, la chair est Udgitha, les os sont Pratihara, et la moelle Nidhana. C'est ainsi que les hymnes du Yajna Yajniga (*partie du Sama*) sont en rapport avec le corps.

2. Celui qui sait que les hymnes du Yajna Yajniga sont ainsi en rapport avec le corps, obtient un corps parfait qui n'est jamais atteint par les infirmités; il jouit de la limite entière de son existence; sa carrière devient brillante; il a une postérité nombreuse et de nombreux troupeaux; il accomplit de nobles exploits, et son devoir est de ne pas manger de la viande pendant un an ou de ne pas manger du tout de viande.

VINGTIÈME SECTION.

1. Agni (*le feu*) est Hinkara, le vent est Prastava, le soleil est Udgitha, les étoiles sont Pratihara, et la lune est Nidhana. C'est ainsi que les hymnes du Rajana Sama sont en rapport avec les dieux.

2. Celui qui sait que les hymnes du Rajana Sama sont en rapport avec les dieux, obtient une habitation, une opulence et un corps semblables à ce qui appartient à ces dieux; il jouit de la limite entière de son existence; sa carrière devient brillante; il a une postérité nombreuse et de nombreux troupeaux; il accomplit de nobles exploits, et son devoir est de ne pas calomnier les Brahmanes.

VINGT ET UNIÈME SECTION.

1. La connaissance triple constitue l'Hinkara; les trois régions forment le Prastava; Agni, Vayou et Aditya sont l'Udgitha; les étoiles, la tribu des volatiles, et les rayons de la lumière forment le Pratihara, et la race des serpents compose les Gandharvas; les mânes (*des défunts*) sont Nidhana. C'est ainsi que le Sama est en rapport avec toutes choses.

2. Celui qui sait ainsi que le Sama est en rapport avec toutes choses, devient le maître de tout.

3. De là vient le vers : « Il n'y a rien de plus grand que les quintuples trois. »

4. Celui qui sait cela, comprend toutes choses; toutes les diverses régions (*de la terre*) lui payent tribut; son devoir, son devoir est de conserver la croyance que « je suis tout. »

VINGT DEUXIÈME SECTION.

1. Un chantre dit : « Je désire l'hymne du Sama dans le ton d'un taureau, le cantique d'Agni qui contribue au bien des animaux. » Les hymnes du ton *aniructa* appartiennent à Prajapati, celles du

ton niracta à Sama, celles du ton doux et suave à Vayou, celles du ton doux et élevé à Indra, celles du ton qui ressemble à la voix de la grue appartiennent à Brahaspati, et celles du ton qui ressemble à un morceau brisé de métal de cloche appartiennent à Varouna. Tous ces tons doivent être pratiqués ; il faut seulement éviter ceux qui sont rudes et rauques.

2. Les hymnes doivent être chantées avec ce désir : « Que je chante pour l'immortalité des dieux, pour la présentation des offrandes dues aux mânes, pour l'accomplissement des désirs de l'espèce humaine, pour assurer de l'herbe et de l'eau aux animaux ; que je chante pour ceux qui instituent le sacrifice, obtiennent le ciel, et pour que j'obtienne des aliments. » C'est avec ces pensées et ces préoccupations qu'il faut chanter les hymnes.

3. Les voyelles constituent le corps d'Indra, les lettres sifflantes celui de Prajapati, et les consonnes celui (du dieu) de la Mort. Si quelqu'un blâme l'homme qui récite (les paroles où entrent) les voyelles, qu'il dise : « Je réclame la protection d'Indra ; il te fera la réponse que tu mérites. »

4. Si quelqu'un le reprend au sujet des lettres sifflantes, qu'il dise : « J'invoque la protection de Prajapati ; il t'écrasera ; » et si quelqu'un le blâme au sujet des consonnes, qu'il dise : « J'invoque la protection (du dieu) de la Mort ; il te précipitera dans les flammes. »

5. Les voyelles doivent être récitées avec force et en les faisant résonner, et en disant : « Je prends la force d'Indra. » Les lettres sifflantes doivent être prononcées dans l'intérieur de la bouche, mais non tout haut, et cependant distinctement, en disant : « J'abandonne ma vie à Prajapati. » Les consonnes doivent être répétées lentement et distinctement, en disant : « Je dégage ma vie de la mort. »

VINGT-TROISIÈME SECTION.

1. La division du devoir est triple ; le sacrifice, l'étude et la charité forment la première division.

2. La pénitence constitue la seconde division, et la résidence auprès d'un Brahmane et dans la maison d'un autre forme la troisième. Tous ceux qui observent ces devoirs, arrivent à des régions vertueuses ; celui qui croit en Brahma est le seul qui atteigne à l'immortalité.

3. Prajapati réfléchit sur l'espèce humaine ; de cette réflexion procéda la triple science ; il réfléchit sur elle, et de cette réflexion procédèrent les trois lettres : Bhu, Bhuva et Sva.

4. Il réfléchit sur elles, et d'elle procéda Om. De même que les feuilles sont attachées à leurs tiges, de même la parole est réunie à Om. Vraiment tout ce qui est ici-bas est Om ; vraiment tout ce qui est ici bas est Om.

VINGT QUATRIÈME SECTION.

1. Ceux qui connaissent les Védas déclarent que les cérémonies du matin appartiennent aux Vashous, celles du midi aux Rudras, et celles de l'après-midi au soleil et aux Viswedevas.

2. Où est donc la région pour l'instituteur du sacrifice ? Comment celui qui ne connaît pas la réponse à faire à cette question peut-il accomplir les cérémonies ? Celui qui le sait est à même de les accomplir.

3. Avant la lecture du chant du matin, l'instituteur du sacrifice, s'asseyant derrière le feu allumé dans la maison et le visage tourné vers le nord, chante l'hymne du Sama Véda qui se rapporte aux Vashous.

4. Ouvre les portes de cette terre, afin que nous puissions te voir et acquérir ainsi la suprématie.

5. Il présente ensuite l'offrande au feu en disant : « Salut, ô Agni, le réceptacle de la terre et le soutien des régions. O (dieux) assurez-moi une résidence, à moi qui suis l'instituteur du sacrifice.

6. « Faites que je la possède sans obstacles après ma mort. Que cette offrande soit favorablement accueillie. Retirez les verroux. » Il se lève ensuite ; les Vashas accomplissent pour lui la cérémonie du matin.

7. Avant le commencement de la cérémonie du midi, étant assis derrière le feu et le visage tourné vers le nord, il chante le Sama à la louange des Rudras, disant :

8. « Ouvre les portes de la région qui est là-bas, afin que nous puissions te voir et assurer notre entière suprématie. »

9. Il présente ensuite l'offrande, disant : « Je salue les vents qui résident dans le ciel et qui sont le soutien des régions. O dieux, assurez-moi une résidence ; je suis l'instituteur du sacrifice. Cette région est véritablement réservée à l'instituteur du sacrifice ; je l'occuperai après ma mort.

10. Que cette offrande soit favorablement reçue. Ouvrez les verroux. » Il se lève ensuite ; les Rudras accomplissent pour lui la cérémonie de midi.

11. Avant le commencement de la cérémonie de l'après-midi, étant assis derrière le feu et le visage tourné vers le nord, il chante le Sama à la louange du soleil et des Viswedevas, disant :

12. « Ouvre les portes de cette région là-bas, afin que nous puissions te voir pour notre suprématie céleste. » Ceci s'applique au soleil.

13. Il dit ensuite à l'égard des Viswedevas : « Ouvre les portes de cette région là-bas, afin que nous puissions te voir pour notre suprématie absolue. »

14. Il fait ensuite l'offrande, disant : « Je salue le soleil et les Viswedevas qui habitent dans le ciel, et qui sont les sentiers des régions. Assurez-moi cette région, à moi qui suis l'instituteur du sacrifice.

15. « Cette région est véritablement réservée à l'instituteur du sacrifice ; je l'occuperai après ma mort. Que cette offrande soit favorablement reçue. Ouvrez les verrous. »

16. Le soleil et les Viswedevas accomplissent pour lui la cérémonie de l'après-midi. Celui qui connaît ces choses comprend le but véritable des cérémonies ; vraiment celui qui connaît ces choses comprend le but véritable des cérémonies.

CHAPITRE TROISIÈME.

PREMIÈRE SECTION

1. Hari. Om! vraiment le soleil est le miel des dieux. Les cieux sont le roseau courbé (duquel pend la lumière) ; l'atmosphère est comme une ruche ; les vapeurs qui y flottent sont les œufs.

2. Les rayons du soleil qui vont vers l'Orient, sont les cellules où est le miel, tournées du côté de l'Orient ; les hymnes du Rig fabriquent le miel ; les cérémonies prescrites par le Rig-Véda forment les fleurs, et les fluides (employés à la célébration du sacrifice), sont le nectar.

3. Vraiment ces hymnes du Rig-Véda se réfléchirent sur les cérémonies du Rig-Véda. De leur reflet procédèrent la renommée, la splendeur, les sensations, la puissance, les aliments et les autres essences de même genre.

4. Elles coulèrent et se reposèrent autour du soleil. Vraiment c'est de là que provient la rougeur du soleil.

DEUXIÈME SECTION.

1. Maintenant, ses rayons méridionaux sont vraiment les cellules du miel méridional ; les hymnes du Yajour y font le miel ; les cérémonies prescrites par l'Yajour-Véda forment les fleurs et les fluides employés dans leur accomplissement, sont les nectars.

2. Vraiment ces hymnes de l'Yajour-Véda se réfléchirent sur les cérémonies de l'Yajour-Véda. De leur reflet procédèrent la renommée, la splendeur, les sensations, la puissance, les aliments et les autres essences de même genre.

3. Elles coulèrent et se reposèrent autour du soleil. Vraiment c'est de là que provient la blancheur du soleil.

TROISIÈME SECTION.

1. Ses rayons occidentaux sont vraiment les cellules occidentales du miel ; les hymnes du Sama y font le miel ; les cérémonies prescrites par le Sama-Véda forment les fleurs et les fluides employés dans leur accomplissement, sont les nectars.

2. Vraiment ces hymnes du Sama-Véda se réfléchirent sur les cérémonies du Sama-Véda. De leur reflet procédèrent la renommée, la splendeur, les sensations, la puissance, les aliments et les autres essences de même nature.

3. Elles coulèrent et se reposèrent autour du soleil. Vraiment c'est de là que proviennent les rayons de couleur sombre du soleil.

QUATRIÈME SECTION.

1. Ses rayons septentrionaux forment vraiment les cellules septentrionales du miel ; les hymnes de l'Atharva-Véda y font le miel ; les cérémonies prescrites par l'Itihasa et le Pourana, forment les fleurs et les fluides (employés à la célébration des sacrifices), sont le nectar.

2. Les hymnes de l'Atharva-Véda se réfléchirent sur l'Itihasa et le Pourana. De leur reflet procédèrent la renommée, la splendeur, les sensations, la puissance, les aliments et les autres essences du même genre.

3. Elles coulèrent et se reposèrent autour du soleil. Vraiment c'est de là que proviennent les rayons de couleur très-sombre du soleil.

CINQUIÈME SECTION.

1. Les rayons qui s'élèvent sont vraiment les cellules supérieures du miel ; les prescriptions secrètes y font le miel ; Brahma est la fleur, et ses fluides sont le nectar.

2. Les prescriptions secrètes se réfléchirent sur Brahma. De leur reflet procédèrent la renommée, la splendeur, les sensations, la puissance, les aliments et les autres essences du même genre.

3. Elles coulèrent et se reposèrent autour du soleil. Vraiment de là procède le cercle brillant comme une opale qu'on croit voir au centre du soleil (313).

4. Les différents rayons du soleil sont les essences des essences ; les Védas sont les essences, et ils en sont les essences. Ils sont les nectars des nectars ; les Védas sont les nectars, et ils en sont les nectars.

SIXIÈME SECTION.

1. Le premier nectar est le partage réservé des Vashous, ayant Agni à leur tête. Vraiment les Devas ne boivent ni ne mangent de ce nectar ; ils ne font que jouir de sa vue.

2. Ils sont apaisés à l'aspect de ces rayons ; ils sont excités à l'aspect de ces rayons.

3. Celui qui connaît ainsi ce nectar, devenant l'un des Vashas et se réfléchissant sur le nectar avec

---

(313) Le traducteur anglais observe que ce passage est obscur et qu'on ne saurait affirmer qu'on en a bien saisi le sens.

Agni devant lui, jouit d'une grande satisfaction Il est apaisé par ces rayons, il est excité par eux.

4. Il obtient la domination entière qu'exercent les Vashous, et qui s'étend depuis le lieu de l'Orient, où se lève le soleil, jusqu'au lieu de l'Occident, où il se couche.

SEPTIÈME SECTION.

1. Le second nectar est le partage des Roudras, ayant Indra à leur tête. Vraiment les Devas ne boivent ni ne mangent de ce nectar; ils ne font que jouir de sa vue.

2. Ils sont apaisés à l'aspect de ces rayons; ils sont excités à l'aspect de ces rayons.

3. Celui qui connaît ainsi ce nectar, devenant l'un des Roudras et se réfléttant sur le nectar avec Indra devant lui, jouit d'une grande satisfaction. Il est apaisé par ces rayons, il est excité par eux.

4. Il obtient la domination qui appartient aux Roudras, et qui s'étend depuis le lieu du midi, où se lève le soleil, jusqu'au lieu du nord, où il se couche, et cette période est double de celle que décrit cet astre dans son parcours de l'Orient à l'Occident.

HUITIÈME SECTION.

1. Le troisième nectar est le partage des Adityas, ayant Varouna à leur tête. Vraiment les Devas ne boivent ni ne mangent de ce nectar; ils ne font que jouir de sa vue.

2. Ils sont calmés par cette apparence du soleil et ils sont excités par elle.

3. Celui qui connaît ainsi le nectar, devenant un des Adityas avec Varouna devant lui, jouit de la satisfaction. Cette apparence du soleil le calme, et par là il est excité.

4. Il obtient la domination entière des Adityas, qui s'étend depuis le lever du soleil derrière jusqu'à son coucher devant, et cette période est double de celle devant laquelle cet astre se lève au sud et se couche au nord.

NEUVIÈME SECTION.

1. Le quatrième nectar est le partage des Maruts, avec Sama à leur tête. Vraiment les Devas ne boivent ni ne mangent de ce nectar; ils ne font que jouir de sa vue.

2. Ils sont calmés par cette apparence du soleil, et ils sont excités par elle.

3. Celui qui connaît ainsi le nectar, devenant un des Maruts avec Sama devant lui, jouit de la satisfaction. Cette apparence du soleil le calme, et par là il est excité.

4. Il obtient la domination entière des Maruts, qui s'étend depuis le lever du soleil, au nord, jusqu'à son coucher, au midi, et cette période est double de celle durant laquelle cet astre se lève derrière et se couche devant.

DIXIÈME SECTION.

1. Le cinquième nectar est le partage des Sadhyas, ayant Brahma (Om) à leur tête. Vraiment les Devas ne boivent ni ne mangent de ce nectar; ils ne font que jouir de sa vue.

2. Ils sont calmés par cette apparence du soleil, et ils sont excités par elle.

3. Celui qui connaît ainsi le nectar, devenant un des Sadhitas avec Brahma devant lui, jouit de la satisfaction. Cette apparence du soleil le calme, et par là il est excité.

4. Il obtient la domination entière des Sadhyas, qui s'étend depuis le lever du soleil au-dessus, jusqu'à son coucher au-dessous, et cette période est double de celle dans laquelle cet astre se lève au nord et se couche au sud.

ONZIÈME SECTION.

1. Au delà de ces divers objets, apparaissant au-dessus, il ne se lève ni ne se couche, mais il reste seul au centre. C'est ce qu'exprime le vers :

2. « Vraiment, il n'y a pour lui ni lever, ni coucher. Soyez témoins, ô dieux, que je ne dis rien qui soit contraire à ce véridique Brahma. »

3. Pour celui qui possède cette connaissance de Brahma, il n'y a ni lever, ni coucher du soleil; il n'y a qu'un jour éternel.

4. Vraiment cette science fut exposée par Brahma à Prajapati; Prajapati l'enseigna à Manou, et Manou à ses descendants. Cette connaissance de Brahma fut expliquée à l'un des descendants, à Uddalaka Arouna, un fils aîné, par son père.

5. Un père doit vraiment exposer à son fils aîné ou à un disciple d'un mérite reconnu, cette connaissance de Brahma, mais il ne doit l'exposer à nul autre.

6. Si quelqu'un donnait à son précepteur cette sphère (terrestre) qu'entoure la mer, en échange de cette connaissance et tous les trésors qu'elle contient, celle-ci dépasserait en valeur, dépasserait de beaucoup le prix de cette sphère.

DOUZIÈME SECTION.

1. Vraiment toute cette création est Gayatri. La parole est Gayatri; toute cette création est décrite et préservée par la parole.

2. Gayatri est vraiment cette terre. Et sur cette terre toutes les créatures sont soutenues.

3. Ce qui est la terre est également le corps de la création animée. Dans ce corps, les fonctions animales sont soutenues.

4. Ce qui est le corps est également le cœur qui est en son intérieur. Les fonctions animales sont soutenues en lui.

5. Ce Gayatri est vraiment composé de quatre pieds et possède six (signes) caractéristiques. C'est à son égard que ce vers a été récité.

6. Les objets créés constituent les gloires du Gayatri, l'âme (*Pourousha*) lui est supérieure. Il a la création pour son premier pied, et son être immortel constitue les trois autres.

7. Ce Brahma (*c'est-à-dire l'être indiqué dans le Gayatri*) est véritablement l'espace qui entoure l'espèce humaine. Ce qui entoure l'espèce humaine est véritablement l'espace qui existe au dedans de l'humanité.

8. Ce qui existe au dedans de l'humanité est vraiment l'espace qui existe au dedans du cœur. Il est présent en tout lieu et éternel. Celui qui connaît ces choses acquiert des trésors éternels et suffisant à tout.

TREIZIÈME SECTION.

1. En cet espace qui est au-dedans du cœur, il y a cinq portes (qui mènent) vers le ciel. La porte orientale est la respiration, qui est la vision et qui est Aditya (*le soleil*). La respiration doit être adorée comme étant ce qui consomme les aliments et comme possédant une gloire entière. Celui qui connaît ces choses acquiert la gloire et devient un consommateur accompli d'aliments.

2. L'ouverture du sud est Vyana, qui est l'âme, et c'est la lune. Qu'elle soit adorée dans la croyance qu'elle est la prospérité et la renommée. Celui qui sait qu'il en est ainsi acquiert la renommée et la célébrité.

3. L'ouverture du sud est Ahana, c'est la parole qui est le feu (*Agni*). Qu'elle soit adorée dans la croyance que c'est la gloire appartenant aux Védas et l'alimentation. Celui qui sait qu'il en est ainsi, acquiert l'abondance et la gloire des Védas.

4. L'ouverture du nord est Samana, c'est l'esprit qui est le nuage. Qu'elle soit adorée dans la croyance que c'est la réputation et la beauté. Celui qui sait qu'il en est ainsi, acquiert la réputation et la beauté.

5. Ensuite l'ouverture du nord est Udana, c'est le vent qui est le ciel. Qu'elle soit adorée dans la croyance que c'est la force et la gloire. Celui qui sait qu'il en est ainsi, devient glorieux et puissant.

6. Ces cinq êtres vénérables sont les gardiens des portes du ciel. Des héros naissent dans la famille de celui qui sait que ces cinq êtres vénérables sont les gardiens des portes du ciel, et il obtient le ciel pour sa récompense.

7. Cet être qui brille avec gloire au-dessus du ciel, au-dessus de ce monde et au-dessus de tous les autres, grands ou petits, est le même que celui qui brille au dedans de l'homme. Il peut être touché de tous, car sa chaleur se sent en ce corps, dès qu'on le touche.

8. Il se fait entendre, car lorsque les oreilles sont closes, on l'entend comme le fracas d'un feu qui pétille, ou comme un char qui roule, ou comme un taureau qui mugit. Cette gloire qu'on peut toucher et entendre doit être adorée. Celui qui sait, vraiment celui qui sait ces choses, acquiert de la renommée et de la beauté.

QUATORZIÈME SECTION.

1. Tout cela est vraiment Brahma, car c'est de là qu'il procède, c'est là qu'il rentre, et c'est par là qu'il se maintient. Il convient de l'adorer avec un esprit calme et soumis. L'homme est une créature de réflexion : il devient plus tard ce qui a fait, durant sa vie, l'objet de sa réflexion ; c'est pourquoi il doit réfléchir sur Brahma,

2. En disant : « Ce qui n'est rien que l'esprit, dont le corps est sa propre vie, dont la figure est la gloire, dont la volonté est la vérité, et dont l'âme est comme l'espace, qui accomplit toutes choses et qui veut toutes choses, auquel toutes les odeurs suaves et tous les sucs agréables appartiennent, qui enveloppe la totalité de ce monde, et qui ne parle pas.

3. « C'est l'âme qui est au dedans de moi ; il est plus léger qu'un grain de blé, d'orge ou de moutarde. Une âme est en moi qui est plus grande que cette terre, et plus grande que le firmament, et plus grande que le ciel, et plus grande que toutes ces régions mises ensemble.

4. « Celui qui accomplit toutes choses et qui veut toutes choses, celui auquel appartiennent toutes les odeurs suaves et tous les sucs agréables, celui qui enveloppe la totalité de ce monde et qui ne parle point, c'est l'âme qui est au dedans de moi ; c'est Brahma ; je l'obtiendrai après que je serai sorti de ce monde. « L'homme qui croit ces choses et qui n'a pas d'hésitation, obtiendra vraiment le fruit de sa réflexion ; » c'est ce que dit Sandilya, le sage Sandilya. »

QUINZIÈME SECTION.

1. Le ciel est le ventricule, et la terre est la racine de cet épi (l'âme) ; il n'est pas sujet à la décadence ; les régions de l'univers sont ses coins, et le ciel est son ouverture supérieure ; c'est le réceptacle de la richesse, et c'est lui qui est le soutien de l'univers.

2. Chez lui le côté de l'est est appelé Jouhou, le côté du sud Sahamana, le côté de l'ouest Rajni et le côté du nord Soubhouta (314) ; les vents de ces cô-

---

(314) Voici l'explication de ces noms : en célébrant un sacrifice, ceux qui présentent les offrandes (*jouhati*) se tournent du côté de l'est ; de là le nom de jouhou. Les hommes vicieux reçoivent le châtiment (*sahante*) dû à leurs fautes dans les domaines d'Yama (*dieu de la mort*) placés au sud ; ce côté s'appelle ainsi Sahamana. L'ouest se nomme Rajni, parce que c'est l'empire du roi (*raja*) Varouna (*le dieu des eaux*), ou parce qu'au coucher du soleil, il acquiert une couleur rouge (*raga*). Des êtres opulents (*bhoutimat*) habitent, selon la cosmologie indienne, du côté du nord, et telle est l'origine du mot Soubhouta.

tés sont leur rejeton. Celui qui sait que les vents sont les rejetons de ces quartiers n'a jamais à regretter la perte de ses enfants. « Je sais que les vents sont le rejeton des côtés (de l'horizon); c'est ainsi que je n'ai jamais eu à déplorer la perte de mes enfants.

3. Réuni à tel, tel et tel, je prends pour asile cet enveloppe immortelle ; avec tel, tel et tel, je cherche l'abri de la vie; avec tel, tel et tel, je cherche l'abri de cette terre; avec tel, tel et tel, je cherche l'abri du firmament; avec tel, tel et tel, je cherche l'abri du ciel.

4. En employant les mots : « Je cherche l'abri de la vie », j'ai dit que je prends l'asile de l'existence universelle.

5. En disant : « Je cherche l'abri de la terre, » j'exprime que je prends l'abri de la terre, que je prends l'abri du firmament, que je prends l'abri du ciel.

6. En disant : « Je prends l'abri du firmament, » je veux dire que je cherche l'abri d'Agni (*le feu*), que je cherche l'abri de Vayou (*le vent*), que je cherche l'abri d'Aditya (*le soleil*).

7. En disant : « Je prends l'abri du ciel, » je veux dire : Je prends l'abri du Rig-Véda, je prends l'abri de l'Yajour-Véda, je prends l'abri du Sama-Véda.

SEIZIÈME SECTION.

1. Vraiment l'âme est Yajna (*le sacrifice*). Les vingt-quatre premières années de sa vie constituent le rituel du matin (*Pràtah-savana*). Le Gayatri comprend vingt-quatre lettres, et c'est par l'entremise du Gayatri que le rituel du matin est accompli. Les Vasous sont les déités qui président au crépuscule du matin, et les airs vitaux dans l'homme représentent véritablement les Vasous dans l'homme, car ils préservent (*vasayanti*) toutes choses.

2. A cet âge, si l'homme est affligé de quelque maladie, il doit dire : « O Vasous vitaux, c'est le moment de nos rites du matin; rattachez-les au sacrifice de midi, afin que moi, qui suis le sacrifice lui-même, je ne sois pas perdu pour les Vasous vitaux. » C'est ainsi qu'il échappe à la maladie et qu'il devient vraiment exempt d'affliction.

3. La période suivante, à la quarante-quatrième année de sa vie, constitue le rituel du milieu du jour. Le Tristupa comprend quarante-quatre lettres, et c'est par l'entremise du Tristupa que le sacrifice du milieu du jour est accompli. Les Rudras sont les déités qui y président. Les airs vitaux dans l'homme sont les Rudras, car ils causent les pleurs (*Rodayanti*).

4. A cet âge, si l'homme est affligé de quelque maladie, il doit dire : « O Rudras vitaux, c'est le moment de mes rites du milieu du jour, rattachez-les au sacrifice du soir, afin que moi qui suis le sacrifice lui-même, je ne sois pas perdu pour les Rudras vitaux. » C'est ainsi qu'il échappe à la maladie, et qu'il devient vraiment exempt d'affliction.

5. La période suivante, à la quatre-vingt quatrième année de sa vie constitue le rituel du soir. Le mètre Jagathi comprend quatre-vingt-quatre lettres, et c'est par le moyen du Jagathi que la cérémonie du soir est accomplie. Les Adityas sont les déités qui y président ; les airs vitaux dans l'homme sont les Adityas, car ils reçoivent (*adadati*) toutes choses.

6. A cet âge, si l'homme est affligé de quelque maladie, il doit dire : « O Adityas vitaux, c'est le moment de mes rites du soir; rattachez-les au terme complet de ma vie, afin que je ne sois pas perdu pour les Adityas vitaux. » C'est ainsi qu'il échappe à la maladie et qu'il devient vraiment exempt d'affliction.

7. Mahidasa, fils d'Itara, connaissant ces choses, dit : « Oh ! pourquoi est-ce que tu m'affliges, car tu ne me détruiras pas? » Il vécut cent seize ans. Vraiment celui qui connaît ces choses vivra cent seize ans.

DIX-SEPTIÈME SECTION.

1. La faim, la soif et le manque de plaisir (qui atteignent l'individu, type du sacrifice) constituent la peine qui suit l'accomplissement des cérémonies.

2. Tout ce qu'il mange, tout ce qu'il boit, tout ce dont il jouit, devient pour lui comme la récompense qui est profitable le jour de l'Upashad (*c'est-à-dire le jour où ceux qui célèbrent le sacrifice ont droit à une distribution de lait*).

3. Tout ce qui le fait rire, tout ce qu'il mange, tout ce dont il jouit, devient pour lui comme les louanges du Rig-Véda et de l'Yajour-Véda.

4. Sa pénitence, sa charité, sa sincérité, son défaut d'envie et sa véracité constituent sa récompense.

5. Lors de la naissance d'un enfant et lorsqu'on exprime le suc de la plante de la lune, en réponse à la question : « A-t-elle donné naissance? » il est répondu : « Oui, elle a donné naissance; » de même la mort est le terme de l'existence de l'homme (type du sacrifice), et la fin de la cérémonie porte également le nom de mort (*avabhritha*).

6. Ghora, fils d'Angira, ayant expliqué ce sujet à Krishna, fils de Devaki, dit : « Celui qui connaît ces choses devrait, au moment de sa mort, répéter ces trois prières extraites de l'Yajour-Véda (*en s'adressant à son âme identifiée avec le soleil*) : « O toi qui ne désires point, tu es immuable, tu es la véritable essence de la vie. » En entendant ces paroles, il perdit tout désir pour d'autres connaissances. C'est à ce sujet qu'il y a deux stances dans le Rig-Véda.

7. « Sages, contemplez la gloire de la cause première, comme enveloppant toutes choses de même

que le jour et comme versant la splendeur du haut du ciel. Ayant vu cette lumière admirable élevée au-dessus de toutes les ténèbres, et l'ayant vue aussi dans nos propres cœurs, nous arrivons à ce dieu des dieux et à cette créature la plus noble de toutes, le soleil, la plus noble de toutes les lumières. »

DIX-HUITIÈME SECTION.

1. L'esprit doit être adoré comme Brahma ; c'est le culte intellectuel. Ensuite en ce qui touche les dieux, le ciel doit être adoré comme Brahma. Ce sont les deux formes de culte, intellectuelle et théologique qui ont été prescrites par les sages.

2. Ce Brahma a quatre pieds. La parole est un de ses pieds, la vie est un de ses pieds, la vue est un de ses pieds, et l'ouïe est un de ses pieds. C'est ce qui concerne la partie intellectuelle ; quant à la partie théologique, le feu (*Agni*) est un de ses pieds ; le vent (*Vayou*) est un de ses pieds ; le soleil (*Aditya*) est un de ses pieds ; les coins de l'horizon sont un de ses pieds. C'est ainsi que ces deux formes de culte, l'intellectuelle et la théologique, ont été réglées.

3. La parole est vraiment un des quatre pieds de Brahma. La lumière et la chaleur rayonnent hors de lui par suite de la splendeur d'Agni. Celui qui connaît ces choses voit la chaleur et la lumière entourer de leurs rayons ses œuvres, sa renommée et sa gloire dérivée des Védas.

4. La respiration est vraiment un des quatre pieds de Brahma. La lumière et la chaleur s'en échappent en rayonnant par l'éclat de Vayou (*le vent*). Celui qui connaît ces choses voit la chaleur et la lumière entourer de leurs rayons ses œuvres, sa renommée et sa gloire dérivée des Védas.

5. La vision est vraiment un des quatre pieds de Brahma. La lumière et la chaleur rayonnent hors de lui par suite de la splendeur d'Aditya (*le soleil*). Celui qui connaît ces choses voit la chaleur et la lumière entourer de leurs rayons ses œuvres, sa renommée et sa gloire dérivée des Védas.

6. L'ouïe est vraiment un des quatre pieds de Brahma. La lumière et la chaleur rayonnent hors de lui par suite de la splendeur de *la terre*. Celui qui connaît ces choses voit la chaleur et la lumière entourer de leurs rayons ses œuvres, sa renommée et sa gloire dérivée des Védas.

DIX-NEUVIÈME SECTION.

1. Le soleil est décrit comme étant Brahma. Vraiment au commencement toutes les choses étaient sans existence ; cette non-existence devint l'existence ; elle se développa et devint un œuf ; il resta en repos pendant la période d'une année, et il se brisa ensuite en deux ; de là furent formées deux moitiés, l'une d'or et l'autre d'argent.

2. La moitié d'argent est la terre, et celle d'or est le ciel. La membrane épaisse intérieure de l'œuf devint les montagnes, et la membrane mince devint un brouillard nébuleux ; les vaisseaux sanguins devinrent les rivières et le fluide devint l'océan ; ce qui en naquit en dernier lieu est le soleil (*Aditya*).

3. A sa naissance s'élevèrent de grands cris, et tous les êtres vivants et leurs désirs s'élevèrent aussi. C'est pourquoi chaque fois que le soleil se lève, de grands cris s'élèvent ainsi que tous les êtres vivants et leurs désirs.

4. Il parvient à la gloire du soleil, celui qui, connaissant ces choses, adore le soleil comme étant Brahma, et des cris de satisfaction s'élèvent bientôt en sa faveur et contribuent à sa satisfaction ; vraiment ils contribuent à sa satisfaction.

CHAPITRE QUATRIÈME.

PREMIÈRE SECTION.

1. Om ! En vérité c'est ici que vivait Janasrouti, petit-fils du fils de Janasrouti, l'homme aux dispositions charitables, distribuant d'amples présents et préparant de grandes quantités de nourriture. Il bâtit en tout lieu des maisons, afin que l'on pût venir de tous côtés et s'y reposer.

2. Quelques oies passèrent une nuit au-dessus de sa maison, et celle qui était la dernière dit à celle qui volait la première : « O toi dont la vue est courte, la gloire de Janasrouti, petit-fils de Janasrouti, s'étend aussi loin que le ciel ; n'aie nulle affaire avec lui, afin que sa gloire ne te détruise pas. »

3. L'autre oie répondit : « Quel est celui que tu compares avec Rakvya du chariot ? — Et quel est ce Rakvya du chariot ? » demanda la première (qui avait parlé).

4. L'autre répliqua : « Je veux parler d'un être auquel les fruits de toutes les bonnes œuvres des mortels sont soumis de la même manière que tous les nombres inférieurs doivent céder à celui qui a gagné le Krita (*c'est-à-dire qui a amené, en jetant les dés, le plus élevé des nombres*), et ceux qui savent ce qu'il sait obtiennent la même récompense. »

5. Janasrouti, arrière-petit-fils de Janasrouti, entendit ces paroles. Le matin, en se levant, tandis que les poètes qui l'entouraient célébraient ses louanges, il s'adressa en ces termes à son héraut : « O enfant, pourquoi m'adresses-tu la parole comme si j'étais le Rakvya du char ? Je ne mérite pas un pareil éloge. Enfant, va et ne manque pas de dire au Rakvya du char que je désire le voir. » Le poète répondit : « Qu'est-ce que ce Rakvya du char ? »

6. Janasrouti répondit : « Je veux parler d'un être auquel les fruits de toutes les bonnes œuvres des mortels sont soumis de la même manière que tous les nombres inférieurs doivent céder à celui qui a gagné le

Krita (*c'est-à-dire qui a amené, en jetant les dés, le plus élevé des nombres*), et ceux qui savent ce qu'il sait obtiennent la même récompense. »

7. Le poëte se mit à chercher et revint en disant : « Je ne l'ai pas trouvé. » Janasrouti répondit : « Va et cherche dans les endroits où se trouvent ceux qui connaissent Brahma (*c'est-à-dire dans des endroits solitaires près des rivières et des étangs, sur les montagnes et dans les bois*). »

8. Il se mit en route, et rencontrant un homme assis près d'un char et grattant de ses ongles le mal qu'il y avait sur sa peau, il lui dit : « Seigneur, es-tu Rakvya du char? » Je le suis, répondit l'autre. — « J'ai trouvé ce que je cherchais, » dit le poëte en lui-même, et il se retira.

DEUXIÈME SECTION.

1. Alors Janasrouti, l'arrière-petit-fils de Janasrouti, prenant avec lui six cents têtes de bétail, un collier et un char attelé d'une paire de mules, se rendit auprès de lui et dit : « O Rakvya, voici un présent de six cents têtes de bétail, un collier et un char attelé d'une paire de mules ; accepte ces dons et daigne, seigneur, m'instruire au sujet de la divinité que tu adores. »

2. L'autre répondit : « Que ces bestiaux, que ce collier et ce char restent avec toi, ô Soudra. » Alors Janasrouti, arrière-petit-fils de Janasrouti, prenant mille têtes de bétail, un collier et un char attelé d'une paire de mules, et où il plaça sa fille, revint vers Rakvya.

3. Et il dit : O Rakvya, ce troupeau de mille vaches, ce collier, ce char attelé d'une paire de mules, cette jeune fille et ce village où tu demeures, voilà ce que je désire t'offrir ; accepte-les et daigne m'instruire. »

4. Rakvya répondit : « As-tu amené pour moi cette jeune fille? O Soudra, elle sera cause que je m'entretienne avec toi. » Et les villages où il vivait ont depuis été appelés Rakvyaparna. Il lui expliqua ensuite la nature de la divinité qu'il adorait.

TROISIÈME SECTION.

1. L'air (*Vayou*) est véritablement la fin dernière (*Sambarga, l'ultimatum*) de toutes choses. Lorsqu'un feu s'éteint, vraiment il s'absorbe dans l'air. Lorsque le soleil disparaît, il s'absorbe véritablement dans l'air ; la lune en fait de même lorsqu'elle se couche.

2. Quand les eaux se dessèchent, elles s'évanouissent dans l'air. L'air consume vraiment toutes choses. Voilà ce qui se rapporte aux objets célestes.

3. Passons ensuite à ce qui regarde l'individu. La vie est vraiment la fin dernière de toutes choses. Lorsque l'homme est endormi, la parole s'absorbe dans la vie. La vue s'absorbe aussi dans la vie, l'ouïe s'absorbe dans la vie, et l'esprit s'absorbe dans la vie. La vie consume vraiment toutes choses.

4. Telles sont véritablement les deux fins dernières : Vayou parmi les objets célestes et la vie parmi les fonctions animales.

5. Un jour, tandis que Saunaka, de la race de Kapi et Abhipratarin, fils de Kaksha-Sena, étaient à prendre leur repas, un Brahmane leur demanda l'aumône. Ils ne lui donnèrent rien.

6. Il dit : « Celui qui avale les quatre objets vénérables (315), et qui est le protecteur de la terre, est invisible aux yeux des mortels, ô fils de Kapi. Il existe sous diverses formes, ô Abhipratarin. C'est pour lui que la nourriture est préparée, et vous l'avez renié. »

7. Saunaka, descendant de Kapi, médita et répondit : « La vie est l'auteur des dieux et de la création, ses dents n'éprouvent aucun changement ; elle consomme beaucoup ; elle n'est pas dépourvue d'intelligence ; sa grandeur est représentée comme extrême ; nul ne peut la consommer et elle consomme tous les aliments. Tel est, ô Brahmane, le Brahma que nous adorons. » Alors, se tournant vers son serviteur, il dit : « Donne-lui quelque aumône. »

8. Le serviteur donna quelque aumône au Brahmine. Ces cinq et ces cinq (*les dix fins dernières*) font dix, et c'est un Krita, c'est-à-dire un nombre parfait. L'aliment dans toutes les régions différentes étant dix, est un Krita. Il (*le nombre complet*) est Virat, le consommateur de la nourriture. C'est par lui que tout ce qui est ici-bas devient visible. Celui qui connaît ces choses, vraiment celui qui connaît ces choses, jouit de la vue du monde entier, et il devient un grand consommateur de nourriture.

QUATRIÈME SECTION.

1. Satyakama-Jabala s'informa auprès de sa mère Jabala : « Je désire résider auprès d'un tuteur comme un aspirant Brahmane, de quelle tribu suis-je?

2. Elle répondit : « Je ne sais pas, enfant, de quelle tribu tu es. Durant ma jeunesse, lorsque je te conçus, j'étais occupée à servir une foule d'hôtes qui fréquentaient la maison de mon mari, et je n'eus pas occasion de prendre des informations à ce sujet. Je ne sais pas de quelle tribu tu es? Jabala est mon nom, et Satyakama est le tien ; ainsi si on te demande comment tu t'appelles, répond : « Je me nomme Satyakama, fils de Jabala. »

3. Il se rendit auprès de Haridrumata, de la tribu de Gautama, et dit : « Je m'approche de toi, maître vénérable, afin de recevoir tes instructions comme un aspirant Brahmane.

---

(315) Il s'agit de l'être suprême ou de l'âme universelle (*Prajapati*) qui engloutit Agni (*le feu*), Surya (*le soleil*), Chandra (*la lune*) et Apa (*l'eau*).

4. Le maître lui demanda : « De quel gotra es-tu, mon cher enfant? » Il répondit : « Je ne sais pas de quel gotra je suis. Je m'en informai auprès de ma mère, et elle dit : « Dans ma jeunesse, lorsque je t'enfantai, j'étais occupée à servir beaucoup de monde, et je ne sais pas de quel gotra tu es. » Jabala est mon nom et Satyakama est le tien; je suis ce Satyakama, fils de Jabala. »

5. Le sage dit : « Il n'y a qu'un Brahmane qui puisse parler ainsi. Tu ne t'es pas écarté de la vérité, et je t'investirai des rites Brahmaniques. Ramasse, enfant, le bois nécessaire pour le sacrifice. » Après lui avoir donné cet ordre, il choisit quatre cents vaches maigres et malingres, et il dit: « Enfant, tu auras soin de ce troupeau. » Satyakama dit en conduisant les vaches : « Je ne retournerai pas jusqu'à ce que ces animaux soient arrivés au nombre de mille. » Beaucoup d'années se passèrent jusqu'à ce que les animaux se furent multipliés jusqu'au nombre de mille.

CINQUIÈME SECTION.

1. Un taureau l'appela un jour disant : « O Satyakama ! » Il répondit : « Maître. » Le taureau dit : « Nous sommes maintenant arrivés au nombre de mille; ramène-nous auprès de ton maître.

2. Je te ferai part de quelque chose concernant Brahma. — Dis le-moi, s'il te plaît, » répondit Satyakama. Le taureau dit : « L'orient est une portion, l'occident est une portion, le sud est une portion, le nord est une portion, voilà les quatre portions d'un quatrième pied de Brahma. Il est appelé Prakasavan (*renommé*).»

3. Celui qui, connaissant ces choses, adore le Brahma divisé en quatre membres, devient célèbre dans le monde. Celui qui adore le pied de Brahma divisé en quatre membres subjugue toutes les régions célèbres.

SIXIÈME SECTION.

1. « Agni t'expliquera la nature de l'autre pied de Brahma. » Le lendemain matin, Satyakama revint vers son maître avec le troupeau. Lorsque la nuit arriva, il enferma le bétail, alluma le feu, et se plaça derrière, le visage tourné vers l'orient.

2. Agni lui dit : « O Satyakama. » Le jeune homme répondit : « Seigneur. »

3. « Enfant, » dit Agni « je t'expliquerai ce qu'est un des pieds de Brahma. — Explique-le-moi, maître, s'il te plaît, » répondit Satyakama. Agni dit alors : « La terre est une partie, le firmament est une partie; le ciel est une partie, l'océan est une partie, ces quatre parties, enfant, constituent le pied de Brahma appelé l'infini (*anantavan*). »

4. Celui qui, connaissant ces choses, adore comme étant infini le pied de Brahma divisé en quatre membres, devient lui-même infini, même dans ce monde (*c'est-à-dire sa postérité ne s'éteint jamais*); celui qui, sachant ces choses adore comme étant infini le pied de Brahma divisé en quatre membres, subjugue les régions des immortels.

SEPTIÈME SECTION.

1. « Le soleil t'expliquera la nature de l'autre pied de Brahma. » Le lendemain matin, Satyakama se remit en route vers la maison de son maître, et quand la nuit approcha, il enferma le bétail, il alluma du feu, et se plaça derrière, le visage tourné vers l'orient.

2. Le soleil s'approcha et lui dit : « O Satyakama. » Le jeune homme répondit : « Seigneur. »

3. « Je t'expliquerai ce que c'est qu'un des pieds de Brahma. — Explique-le-moi, » répondit le jeune homme. — Le soleil dit : « Agni (*le feu*) est une partie, Surya (*le soleil*) est une partie, Chandra (*la lune*) est une partie, l'éclair est une partie; ces quatre parties constituent le pied de Brahma appelé le radieux. »

4. Celui qui, connaissant ces choses, adore comme radieux le pied de Brahma divisé en quatre membres, devient radieux en ce monde; celui qui, connaissant ces choses, adore comme radieux le pied de Brahma divisé en quatre membres, subjugue la région des radieux (*des dieux*).

QUATRIÈME SECTION.
LIVRES DIVERS SE RAPPORTANT A LA RELIGION DES HINDOUS.

Après avoir parlé des Védas, des Pouranas, des Upanishads, des compositions regardées dans l'Inde comme révélées ou servant à l'interprétation des livres saints, il nous reste à faire mention des grandes épopées qui relatent les légendes et les traditions religieuses de l'Inde. Deux d'entre elles remontent à une haute antiquité; elles ont, depuis quelques années surtout, été l'objet de travaux perseverants. Ce sont le Mahabharata (dont un épisode remarquable le Bhagava-gita est digne d'une attention spéciale) et le Ramayana.

Il ne saurait être question ici de donner une version complète de ces longues compositions que l'Inde place d'ailleurs à un rang bien inférieur à celui des Védas; nous tenons seulement à en faire connaître le sujet, à en fournir une idée sommaire et à indiquer les principaux travaux entrepris sur ces remarquables productions.

§ Ier. — Le Mahabharata.

Le Mahabharata est un poëme-épique que les Hindous regardent comme inspiré. Il contient 125,000 distiques, et il a pour objet le récit de la grande guerre à la suite de laquelle la dynastie des Pandavas, détrônée par les Kourous, fut rétablie dans ses droits grâce au secours de Krishna. Ce dieu intervint ainsi dans les querelles de ces deux branches collatérales d'une même famille devenues ennemies irréconciliables. On fait remonter jusqu'au quatorzième siècle avant notre ère (316) la composition de cette épopée par Vyasa, ou plutôt (car Vyasa n'est qu'un surnom qui signifie compilateur) par Crichna-Dwepayana, l'un des monnis ou philosophes inspirés des anciens âges, théologien, philosophe et poëte. L'existence de ce personnage est problématique; peut-être ne faut-il y voir qu'une personnification de la secte religieuse et de l'école littéraire qui se sont rattachées à la prédominance du culte de Krishna. Quoi qu'il en soit, c'est en présence du roi Djanadnedjaya, fils de Parikchit, que le chantre inspiré raconte les infortunes et les travaux de la famille exilée que Vishnou, sous la forme de Krishna, vient secourir.

Un philologue célèbre, M. Bopp, observe avec raison que le Mahabharata est à lui seul une sorte d'encyclopédie mythologique, philosophique, poétique et historique; son immense étendue permet difficilement d'en donner une traduction complète. Cette étendue paraît d'ailleurs mesquine aux yeux des Hindous qui affirment que le Mahabharata des hommes n'est qu'un fragment du Mahabharata véritable composé par les dieux, et qui n'a pas moins de douze millions de stances.

Une édition du texte sanscrit en cinq volumes in-4° a commencé, en 1834, à paraître à Calcutta; elle a été terminée en 1839.

Signalons les *Selections from the Mahabharata*, edited by F. Johnson, Londres, 1842, in-8°; et *La légende des Pandavas, d'après le Mahabharata*, par C. Schoebel, Paris, 1853, in-8°.

Des extraits de l'épopée qui nous occupe se trouvent dans le *Catholique* publié par M. d'Eckstein (tom. VII), 1827.

Le Déluge ou l'épisode du poisson, traduit par G. Pauthier, fait partie de la *Revue de Paris*, 1re série, tom. XLII, pag. 205-210.

Striparva, épisode du Mahâbhârâta, traduit du sanscrit en français, par M. Foucaux, a été publié à Paris, 1842, in-8°.

Nala, épisode du Mahabharata, traduit par M. Emile Burnouf, a paru à Nancy, 1856. (Voir le *Journal de l'instruction publique*, n° du 17 avril 1856.)

Consultez aussi des articles de M. Pictet : *Bibliothèque universelle de Genève*, tome XVI (1838), et de M. Th. Pavie (*Revue des Deux-Mondes*, numéros du 15 avril et du 1er juin 1857).

Un philologue illustre, Guillaume de Humboldt, a composé un essai digne d'attention *sur l'épisode connu sous le nom de Bhagavat-gita* (voir les *Gesammelte Werke*, Berlin, 1841, t. I, p. 26-109, et p. 110-184 une lettre sur l'appréciation faite dans le *Journal asiatique* du travail de Schlegel (317).

Le dieu Krischna, la huitième et la plus parfaite des incarnations de Vischnou, accompagne Ardschouna, le troisième et le plus brave des Pandas (fils d'Indra) dans un combat contre les fils du roi Dhritaraschtras; il conduit son chariot. Ardschouna voit dans les rangs des ennemis, ses parents, ses amis, les maîtres qui lui ont enseigné la religion; il s'afflige, il se demande lequel est préférable pour lui, de vaincre ou d'être vaincu par ceux qui donnent seuls quelque prix à sa vie; il laisse tomber son arc et ses flèches, et demande conseil à Krischna. Le dieu l'encourage en lui développant des considérations philosophiques, et il s'engage entre eux en présence des deux armées un dialogue qui, partagé en dix-huit parties ou leçons, offre un système complet de philosophie.

Colebrooke dont les travaux sur la philosophie des Hindous sont d'une haute valeur, n'a point fait usage de cet épisode.

L'âme est éternelle, indestructible et immuable; les corps sont mortels et sujets à changements, ainsi que les éléments qui les composent. L'âme se réunit à de nouveaux corps de même que l'homme prend des vêtements nouveaux, et cela éternellement, sans commencement, ni fin : car la philosophie indienne pose comme un de ses principes fondamentaux l'impossibilité du néant à l'être et de l'être au néant (318). L'homme meurt pour renaître.

---

(316) Voir à ce sujet une note dans les *Nouvelles Annales des Voyages*, septembre 1849, pag. 262.

(317) Le travail de M. Guillaume de Humboldt avait d'abord paru sous forme de deux mémoires imprimés, l'un dans les *Mémoires de l'Académie de Berlin* (classe d'histoire et de philologie, 1822, 4°, p. 305-322); l'autre dans l'*Indische Bibliothek* de Schlegel. (Bonn, 1826, tom. II, p. 218-258 et 328 372.)

(318) « Et plures non scientes dicunt, quod mundus cum artifice primum non est, fuit et deinde a τω non est ens (existens) factus est. O purum desiderans, ex hoc non est ens quomodo possit fieri? Hoc o une primum ens

Le sage voit toutes choses avec une parfaite indifférence, la chaleur ou le froid, la peine ou le plaisir, le bonheur ou l'infortune, la victoire ou la défaite; la gloire ou la honte doivent être à ses yeux la même chose; il doit même rester impartial entre les amis et les ennemis, les bons et les méchants; la terre ou l'or, les cailloux ou les pierres précieuses doivent à ses yeux être du même prix.

Un détachement complet des choses au milieu desquelles il est placé est sa première vertu.

Krischna est une émanation de la divinité; Dieu est le principe éternel, invisible, immuable de toutes choses; il sait, il gouverne tout, il est infini, il est un. Sa demeure est au-dessus et en dehors de toute création; rien n'existe que par lui; il est tout et tout est en lui. Il est l'éclat des astres, la lumière de la flamme, la vie des vivants, la force des forts, la science des savants, la sainteté des saints.

F. de Schlegel s'est, un des premiers, occupé du *Bhagavat-gita* (voir son ouvrage: *Ueber d. Weisheit der Indien* (319), p. 284, et *Sämmtliche werke*, t. IX, p. 272-289), et il en a publié le texte sanscrit avec une traduction latine (320), qui a été traduite en vers allemands par Peiper, et accompagnée de notes, Leipzig, 1834, in-8°. (voir Langlès, *Monuments de l'Indoustan;* Bohlen, *Alt indien*, p. 353-459; Tennemann, *Geschichte der Philosophie*, p. 41.)

M. Burnouf, dans son *Mémoire sur le Bhagavata-Pourana* (*Journal asiatique*, VII, 199), rend justice à la traduction de Schlegel; Humboldt en vante la fidélité consciencieuse, la latinité exquise et la parfaite connaissance de l'objet traité.

(*Dieser uebertragung ist so meisterhaft und zugleich von so gewissenhafter Treue, von so geistvoller Behandlung der philosophischen gehaltes der gedichts und von so ächter latinität....*)

Une traduction française de cet épisode, accompagnée de notes, figure dans les Œuvres de Lanjuinais, t. I, p. 159-245.

Une traduction anglaise avait paru dès 1785, par les soins de Ch. Wilkins, avec des notes; Londres, in-4°. M. de Chézy la qualifie d'excellente, mais d'autres critiques sont loin d'avoir sanctionné ce jugement.

Une édition en trois langues (sanscrit, canara et anglais), donnée par M. Garrols, à Bengalore, 1848,

réunit à peu près tout ce qui a été écrit sur cet épisode. Tout récemment, il a paru en Angleterre le texte sanscrit, édité par M. Cockburn Thompson, et accompagné d'une traduction anglaise; Hertford, 1855, 1er vol., cxix et 155 p.; IIe vol., xii et 92 p. M. Edelestand du Méril a rendu compte de ce travail dans l'*Athenæum français*, n° du 13 octobre 1855.

§ II. — LE RAMAYANA.

Cette épopée est attribuée à Valmiki, le plus ancien et le plus illustre des poëtes de l'Inde, mais qui n'est plus connu que par son œuvre. Des traditions fabuleuses le représentent comme un des antiques *mounis* ou solitaires inspirés qui vivaient en communication avec les dieux; elles reportent son existence à des milliers d'années. Le Ramayana, son ouvrage réel ou supposé, débute, tel que nous le possédons aujourd'hui, par une introduction qu'on peut attribuer à une époque récente, et qui est relative à l'origine de cette épopée et à son auteur. C'est un dialogue entre Valmiki et Narada, richi ou saint des premiers âges, qui engage le pieux Brahmane à traiter le grand sujet des actions de Rama.

Ainsi que le remarque un critique judicieux, l'action principale à laquelle viennent se rattacher une foule d'épisodes, les uns touchants, les autres merveilleux, c'est la victoire du héros divin sur le géant Ravana, roi de Lanka ou Ceylan, et des Rakshasas ou mauvais génies. L'exécution et les détails, dans le développement de l'action, sont d'une variété, d'une richesse et d'un éclat qui peuvent soutenir la comparaison avec toute autre épopée. Rama y est peint comme le modèle de toutes les vertus, le législateur, le triomphateur par excellence, le bienfaiteur du monde. Rama est l'homme dans sa perfection, le type sacré du Brahmane et du Kchatryia, du prêtre et du guerrier tout à la fois. On entrevoit ici le caractère profondément moral et religieux de la poésie épique chez les Hindous. On dit que le Ramayana tout entier ne contient pas moins de vingt-quatre mille slokas ou distiques distribués en sept livres, dont chacun se divise en un grand nombre de sections. Quelle que soit l'époque réelle de la composition de cet immense ouvrage qu'on peut à juste titre nommer l'Iliade de l'Inde, et qui, pareil au chef-d'œuvre d'Homère, enfanta, pour ainsi dire, toute la poésie nationale, il est certain que cette époque doit remonter beaucoup au delà de notre ère, puisque dans le siècle qui précéda celle-ci, le poëte Calidasa fut chargé par le rajah Vikramaditya de restaurer le Ramayana et d'en faire une révision. Nul doute qu'il ne s'y soit glissé un grand nombre d'interpolations, soit avant, soit depuis cette édition nouvelle; mais l'on ne saurait y méconnaî-

unicum, sine simili fuit. » (*Oupnek'hat*, traduit par Anquetil Duperron, t. I, p. 16.)

(319) Il existe une traduction française de cet ouvrage remarquable (Paris, 1837, 8°). Elle est due à M. Mazure.

(320) *Bhagwat gita, id est Θεσπέσιον μέλος, sive almi Krishna et Arjuna colloquium de rebus divinis; textum recensuit, annotationes criticas et interpretationem latinam adjecit A. G. Schlegel;* Bonn, 1823, gr. 8°. Cette traduction est faite d'après un système rigoureux de fidélité littérale. M. Langlois en a rendu compte dans le *Journal Asiatique*, tom. IV.

tre, non plus que dans l'Iliade, une certaine unité vraiment épique, quoique la forme de l'épopée indienne soit encore plus favorable que celle de l'épopée grecque à ce genre d'altération. (Consulter l'article *Valmiki*, dans la *Biographie universelle*.)

M. Ampère, qui, dans la *Revue des Deux-Mondes* (1847, t. XX, p. 509), a consacré une notice au poëme qui nous occupe, l'apprécie en ces termes : « Les sentiments ont une noblesse et souvent une délicatesse qui étonnent, et qui rappellent plutôt les siècles de la chevalerie que l'âge héroïque de la Grèce. Rama pousse si loin ce respect pour les femmes, qu'il étend même ce sentiment à une affreuse géant. « Je ne puis me décider à la tuer, dit-il, protégée qu'elle est par le droit du sexe féminin. » Il est vrai qu'il se ravise ensuite, et qu'il la perce d'une flèche ; mais le droit du sexe féminin, proclamé par le divin guerrier, n'en est pas moins un fait remarquable. Rien ne respire une moralité plus élevée, rien n'exprime des émotions plus nobles et plus tendres que les paroles de Rama partant pour l'exil. Il n'éprouve pas la moindre irritation contre le frère qui lui est préféré, il n'a pour lui que des sentiments d'amour. Envers son père, sa soumission et son affection sont sans bornes. »

Le Ramayana, qui présente un tableau fidèle des idées indiennes, fait connaître l'opinion qu'on avait dès lors et qu'on a encore aujourd'hui des prérogatives attachées à l'état de Brahmane, des mérites de l'austérité, de la toute-puissance des macérations, au moyen desquels un solitaire peut s'élever jusqu'aux trônes célestes à force de pénitence, et, par un étrange droit de conquête, déposséder les dieux et les remplacer. Cette puissance se manifeste encore autrement, et par des prodiges bien étranges. Les mérites de la pénitence sont si grands, que celui qui les possède acquiert le pouvoir de créer des mondes. Le sage Viswamitra, par l'énergie de sa pénitence, a déjà augmenté le nombre des astres ; poursuivant le cours de son œuvre, il va créer de nouveaux dieux, quand les habitants du ciel qu'épouvante la terrible puissance de l'ascète entrent en pourparlers et en arrangement avec lui.

Deux Anglais, W. Carey et J. Marshman, entreprirent, après un long séjour dans l'Inde, de publier les premiers le texte sanscrit du Ramayana, en l'accompagnant d'une traduction anglaise et de notes. Leur travail parut à Sérampore, de 1806 à 1810, en trois volumes in-4° ; il en fallait six pour terminer ce labeur resté inachevé et qui est bien défectueux, au dire d'un juge parfaitement compétent (Eugène Burnouf). Il est juste de reconnaître aussi qu'à cette époque les études sanscrites étaient forcément bien au-dessous du point où elles ont été amenées. Une publication complète et critique du texte du Ramayana avec tous les éclaircissements nécessaires serait une œuvre immense, peut-être au-dessus des forces d'un seul homme, mais elle constituerait un immense service rendu aux études qui ont pour objet l'Inde ancienne.

Le premier livre publié par W. Carey et J. Marshman reparut à Londres ; il est divisé en soixante-quatre sections ou chapitres. C'est le récit de la vie de Rama, l'une des incarnations de Vishnou.

Le poëte débute par une invocation ainsi conçue :

« Je salue Rama, le beau, le frère aîné de Lakshmana, l'illustre Raghoo, le mari de Sita, le descendant de Kukootsha, plein de clémence, mer d'excellence, l'ami de Brahma, le vertueux, le souverain, dévoué à la vérité, le fils de Dasharatna, dont le corps est bleu, le bienfaisant, les délices de l'univers, la gloire de la race de Ruhgoo, Raghava, l'ennemi de Ravana (*un des chefs des démons*).

« Victoire à Rama, la gloire de la race de Rughoo, la félicité de Kousulia (*mère de Rama*), ce destructeur de l'être à dix têtes (*Ravana*) ; victoire à Dasharata dont l'œil est semblable au lis aquatique. Je salue Valmiki, le Kokila (*coucou*) de l'Inde, qui, perché sur la branche de la poésie, chante ce délicieux ramage : Rama, Rama, Rama. Salut au Seigneur des Mounis, au bienheureux, à l'ascète voué à la pénitence, au refuge de toute science. Salut à Valmiki. »

Cette salutation se prolonge longtemps. Les quatre premières sections de l'ouvrage ne sont qu'une sorte de préliminaire ; le quatrième ne contient guère que la table des chapitres de l'ouvrage. Il commence enfin par la description d'une ville superbe et riche, véritable paradis. Il n'y avait dans la cité d'Uyodhya ni avare, ni menteur, ni orgueilleux, ni méchant ; personne qui vécut moins de mille ans, personne qui n'eût une nombreuse postérité. Le roi de cet heureux séjour se nommait Dasharutha. Après avoir vécu plusieurs milliers d'années, il eut le désir d'avoir un fils, et, pour se rendre les dieux propices, il voulut célébrer le sacrifice nommé Ashwamedha, qui consistait à immoler un cheval avec des cérémonies et des dépenses extraordinaires. Après de grands obstacles, il accomplit son projet et il obtint quatre fils ; Vishnou s'incarnant simultanément dans le sein des trois épouses du roi, naquit à la fois sous la forme de quatre princes, dont l'un fut Rama, le héros du poëme.

Le monarque témoigna sa satisfaction en donnant aux Brahmanes un festin magnifique et en leur faisant de riches présents. Il voulait d'abord leur distribuer des terres, mais les Brahmanes refusèrent et dirent : « Le roi seul est digne de gouverner la terre ; notre intérêt n'est point lié à des possessions semblables, et nous ne sommes pas capables d'en prendre soin. O roi, nous sommes constamment appliqués à l'étude des Védas ; daigne donc nous faire un présent de peu d'importance, en pierres précieuses, en joyaux, en or, en vaches, ou en toute autre chose à ta convenance. Nous n'avons aucun besoin de posséder des provinces, ô le plus excellent des souverains. » Le seigneur des hommes ayant entendu ces paroles des Brahmanes, savants dans les Védas, leur donna un million de vaches, cent millions de pièces d'or et quatre fois autant de pièces d'argent. Après quoi, le roi accoutumé à commander à ses passions, donna de l'or aux hôtes qu'il n'avait pas invités. »

Il est ensuite question des expéditions de Rama contre les Rakshasas ou démons, contre des êtres surnaturels et redoutables. Le rôle du héros est celui de défenseur des Brahmanes, d'exterminateur des monstres, de héros libérateur et sauveur. Cette suite de combats est couronnée par un événement qui répand sur Rama un touchant intérêt. Illustre par ses exploits, objet de l'admiration universelle, il est au moment de partager le trône de son père; mais la plus belle et la plus jeune des épouses du vieux monarque réclame l'accomplissement d'une promesse imprudente qui lui a été faite; elle demande que ce soit son fils à elle qui soit associé à l'empire, et que Rama soit exilé pendant quatorze ans. Grande est l'affliction du roi et de ses sujets; mais le héros, donnant l'exemple d'un dévouement magnanime, console son père, sa mère, ses amis, et s'éloigne avec son épouse, la belle Sita, qui était née de la terre comme une fleur; ils se retirent ensemble au fond des forêts, où, pendant quatorze ans, ils se vouent à la pénitence. C'est durant cet exil auquel il s'est soumis, que Rama accomplit une foule d'exploits, et qu'il recueille de la bouche des solitaires une multitude de traditions relatives aux lieux où il s'arrête.

Une catastrophe, qui est le nœud du poëme, répand sur lui un intérêt presque romanesque. La tendre et fidèle épouse de Rama, la compagne de son exil, est enlevée par un géant et transportée dans l'île de Ceylan. Elle brave des périls dont sa constance triomphe, et après qu'elle a été délivrée de son ravisseur, sa vertu est solennellement manifestée par l'épreuve du feu. Le poëme finit par le triomphe de Rama, qui retourne au ciel après avoir souffert et triomphé sur la terre. L'exil du héros, l'histoire de Sita perdue et retrouvée, tel est le fait principal auquel se rattachent une multitude d'épisodes empreints d'un merveilleux qui paraît étrange aux idées modernes. Les animaux se mêlent aux dieux et aux hommes, le chef des vautours et le roi des singes sont les fidèles alliés de Rama.

Ce dernier monarque se nomme Sougriva, c'est une incarnation du soleil; son ministre Hanouman est tout aussi renommé pour sa valeur que pour son habileté. Ils ont pour auxiliaire l'armée des vents qu'amène Jambarata. C'est grâce à l'activité des singes que fut construit sur le bras de mer qui sépare Ceylan du continent, un pont de rochers qui livra passage à l'armée de Rama.

Les aventures de Rama, et surtout la guerre de Ceylan, sont le sujet d'une foule de peintures et de sculptures qui couvrent les temples et les monuments de l'Hindoustan; elles sont figurées, aux fêtes du dieu, dans les représentations scéniques, parmi les chœurs de danses et au bruit des instruments.

Deux traductions du Ramayana ont mis cette production du génie indien à la portée des lecteurs français : l'une a été entreprise par M. H. Fauche ; le tome premier a vu le jour en 1854; un journal littéraire qui a cessé de paraître, l'*Athenœum*, n° du 25 février 1854, en a rendu compte.

Un indianiste zélé, M. Parisot, avait de son côté, dès 1852, commencé à faire paraître une version du Ramayana; un orientaliste habile dont nous aurons l'occasion d'utiliser les travaux, M. Foucaulx, a consacré un article à ce travail, dans le journal que nous venons de citer (*Athenœum*, 25 juin 1853). Le traducteur a pris la sage précaution de séparer chaque distique en y joignant un numéro d'ordre ; des notes sont placées au bas des pages; la préface donne un aperçu général du *Ramayana* et des caractères qui le distinguent; puis l'auteur le compare rapidement à d'autres poëmes orientaux et enfin à l'Iliade. Cette préface, écrite d'un style trop coloré, est chargée d'expressions empruntées aux vocabulaires particuliers de la peinture, de la sculpture, de la chimie, de l'algèbre, etc. L'érudition de M. Parisot aurait gagné à se montrer sous une forme plus simple, et sa traduction, qui n'est pas toujours bien littérale, serait lue avec plus de plaisir s'il l'avait dégagée d'expressions un peu hasardées qui reviennent trop souvent, telles que *formule invitatoire, cérémonies sacrificatoires, érémitique manoir, cénobitique demeure, paroles bénissantes,* etc.

D'autres poëmes que le Ramayana sont consacrés au récit des exploits de l'héroïque Rama; en 1828, on a publié à Calcutta en 2 volumes in-8° le Bhatty-Kavia qui roule sur le même sujet, et qui, en cette édition, est accompagné des commentaires de Jayamanyala et de Bharatamallika. L'histoire de Rama est également narrée dans un drame sanscrit intitulé Maha-Vira-Charita, édité à Londres en 1848, par M. J. H. Trithen. Il y avait déjà un drame en sept actes, composé par Bhavabhati, sous le titre de Uttara-Rama-Cherita, publié à Calcutta en 1831.

Dès 1808, un littérateur célèbre, de Schlegel publia, dans son livre *Sur la sagesse des Indiens*, une traduction en vers allemands des deux premières sections du premier livre. En 1816, l'illustre Bopp, débutant dans la carrière qu'il devait parcourir avec succès, s'exerça sur le grand épisode des *Pénitences* de *Viswamitra*, emprunté au même livre et l'inséra à la suite de son traité sur le *Système des conjugaisons de la langue sanscrite*. Quatre ans plus tard, Schlegel donnait dans le premier cahier de l'*Indische Bibliotek* (Bonn, 1820, p. 50) une imitation en vers latins de la *Descente de la déesse Ganga sur la terre*, racontée dans le Ramayana, livre 1er, sections 52-35. Ce mythe singulier, présente, malgré l'étrangeté de quelques détails, un grand air de poésie. Il est trop étendu et ne rentre pas assez dans les livres religieux proprement dits des Hindous pour que nous l'insérions ici. Mais on peut consulter à son égard les notes jointes à la traduction française de l'ouvrage de Creuzer, sur les *Religions de l'antiquité*, t. I, p. 613 et suiv. et voir p. 638 pour ce qui concerne l'épisode de Viswamitra. On trouve dans la version de Schlegel une certaine gravité un peu archaïque, assez en harmonie avec le grandiose de l'épopée indienne.

F. de Chézy avait traduit le touchant épisode de Yadjnadatta-Badha (321), (Paris, 1814, 8°, reproduit en 1826 et en 1829 avec le texte sanscrit) et le *combat de Lakshmanas*. Paris, 1818.

Un savant italien, M. Gorresio, a entrepris de donner une édition complète du Ramayana en tête duquel il a mis une introduction en italien, et qu'il a accompagnée d'une traduction dans la même langue. Le premier volume a paru en 1843 à Paris, M. Burnouf en rendit compte dans le *Journal des Savants*, 1844.

§ III. — L'HARIVANSA.

Tel est le titre d'un poëme dont M. Langlois a publié en 1834-36 (Paris, Imprimerie royale), en deux volumes in-4°, une traduction française. L'original sanscrit peut être regardé comme un appendice du Mahabharata; Hari, ainsi que Krishna, est une des incarnations de Vishnou, et l'on a déjà trouvé ce nom dans le Vishnou-Pourana.

A cet égard nous ne saurions mieux faire que de signaler un *mémoire* de M. Langlois, *sur Krishna considéré comme personnage historique*, inséré dans les *Mémoires de l'Académie des inscriptions*, t. XVI (1850), p. 211 et suiv.

Ce savant pense que Krishna est un conquérant qui a réellement existé et dont on peut fixer la date vers le XIVe siècle avant notre ère; les âges suivants en firent un dieu. On ne saurait dire au juste à quelle époque son culte s'introduit dans l'Inde. Il est vraisemblable que ce fut après les persécutions dirigées contre les bouddhistes; les brahmanes comprirent que le culte des éléments ne parlait pas aux regards de la multitude, et que des images de dieux pris parmi les anciens héros, satisferaient mieux à la vanité nationale.

La renommée que Krishna avait laissée le désignait pour être le héros d'un poëme épique, et l'auteur du Mahabharata, s'il n'avait pas déjà été prévenu par l'habileté des brahmanes, ne pouvait que flatter l'orgueil national en le déifiant dans son épopée. Cependant il est vrai de dire qu'il a dénaturé le caractère historique de ce personnage qui ne fut qu'un guerrier entreprenant et fougueux, un chef heureux de partisans et nullement un philosophe religieux. « Ce caractère a subi encore bien d'autres modifications, à mesure que les siècles se sont écoulés; suivant le génie des différentes sectes, la physionomie grave du Krishna du Mahabharata s'est changée pour se prêter au mysticisme symbolique du Brahmavettarta-pourana; ou bien aux extatiques transports de Djaya-deva, ou bien encore à l'équivoque dévotion des Radhaballabhis. Ce culte s'est diversifié de manière à célébrer tous les genres de piété; dieu terrible ou tendre, Krishna est tantôt bienfaisant et armé comme un souverain, tantôt riant et entouré de bergères. Dans tous les endroits où il a laissé quelques souvenirs de sa vie mortelle, on l'honore par des offrandes de fleurs ou des pèlerinages; tel est l'enthousiasme qu'inspire encore son nom, que, dans le Bengale, il est adoré par les six dixièmes de la population. »

« Le mythe de Krishna, » ajoute le savant académicien que nous venons de nommer, « est un des plus importants de la religion des Hindous; Vishnou, voulant paraître sur la terre, s'incarna dans le sein de Devaki, femme de Vasoudeva et sœur du roi Kansa. Sa venue avait été prédite à ce géant cruel qui, pour se soustraire à la destinée dont le menaçait cette prédiction, massacrait de ses mains tous les enfants de sa sœur. Krishna miraculeusement préservé fut élevé au milieu d'une tribu de pasteurs dont il partageait les jeux pendant son enfance, en se distinguant par d'éclatants prodiges. Il enlevait sur son doigt des montagnes et mettait à mort des géants et des reptiles monstrueux. Plus tard, entouré de jeunes guerriers, amis comme lui des plaisirs et des combats, il marcha contre son oncle Kansa, le tua et délivra ses parents retenus dans une dure captivité. Un autre géant à cinq têtes s'était rendu exécrable par ses cruautés; Krishna le châtia également. Une guerre sanglante avait éclaté dans la famille de Bharata où Krishna avait pris naissance; il vint au secours de ses parents opprimés et leur assura

---

(321) Iadjnadatta est le fils unique d'un vieux brahme aveugle; il allait puiser au fleuve Saraiou de l'eau pour les sacrifices, lorsque Daçaratha le tua en croyant lancer son dard contre un éléphant. L'adolescent expira en recommandant à son meurtrier involontaire d'aller annoncer lui-même ce triste événement aux auteurs de ses jours.

la victoire. Ce fut son dernier exploit ; il mourut peu après ; les auteurs hindous disent qu'atteint d'une flèche, il expira sur un arbre, et qu'avant d'expirer il prédit les maux qui allaient fondre sur la terre. » Une autre tradition ajoute que son corps fut changé en un tronc de *Tchandana* (*Sandal*) et qu'il passa dans les eaux du Gange qui le déposèrent sur la côte d'Orissa ; il y est encore adoré dans le fameux temple de Jagrenat. Il serait inutile d'entrer dans de plus longs détails sur le récit que font les Pouranas de cette incarnation de Vishnou ; il suffit d'en donner une idée ; pour plus amples détails, nous renverrons à Polier, *Mythologie des Hindous*, chap. 5-11 ; à Creuzer, *Religions de l'antiquité*, traduction française, t. I, p. 205 ; à la *Biographie universelle* (partie mythologique, t. LIV, v. p. 545).

§ IV. — Livres philosophiques des Hindous.

La philosophie des Hindous se lie intimement avec leur théologie, de sorte que, pour avoir une idée exacte et approfondie des doctrines des Brahmanes, il est nécessaire de connaître les systèmes de métaphysique de leurs écoles.

Ce qui concerne la philosophie indienne a été l'objet des travaux déjà cités de Colebrooke et de quelques écrivains plus récents parmi lesquels on peut signaler les allemands Ritter et Windischmann, dans leurs ouvrages sur l'histoire de la philosophie, et M. Cousin, dans son *cours* de 1829 ; ces auteurs se sont appuyés sur ce qu'avait dit le savant anglais. Un autre anglais, M. Ward, a abordé le même sujet dans son grand travail sur la littérature et la mythologie indienne (*View of the history, litterature and mythology of the Hindoos*, Serampore, 1815-1818, 2 vol. in-4°) (322).

Quoique inférieures sous certains rapports aux tentatives de Colebrooke, les investigations de M. Ward ont un mérite réel. On l a reproché de ne pas savoir le sanscrit, d'avoir été forcé de s'en rapporter à des interprètes, de n'être pas remonté assez haut à des sources assez positives, mais il faut reconnaître chez lui le mérite d'avoir réuni des matériaux étendus et neufs.

Quant aux diverses écoles de philosophes indiens, quant aux chefs de ces écoles, Gotama, Kanada, Kapyla, etc., nous n'avons pas à nous en occuper ici ; nous renverrons aux travaux spéciaux de M. Barthélemy Saint-Hilaire (*Mémoires sur le Nyaya*, dans le recueil de l'Académie des sciences

(322) Une première édition, plus complète à certains égards de cet ouvrage important, avait vu le jour à Serampore en 1811 sous le titre de *Account of the writings religion and manners of the Hindoos*, 4 vol. 4°. Elle a reparu à Londres en 1822, 3 vol. 8°.

morales et politiques, tom. III, in-4°, et article sur la *Philosophie des Indiens* dans le *Dictionnaire des sciences philosophiques*, tom. III, p. 233-252.)

Les livres ascétiques des Hindous sont en assez grand nombre, mais ils sont fort peu connus des Européens et ils ne méritent guère de l'être. Ils ont pour sujet invariable le yoga (*jugum, jungere* en latin), c'est-à-dire l'union avec la divinité ; un ascète, nommé Patandjali, en a tracé toutes les phases avec une précision minutieuse ; on lui attribue un ouvrage intitulé *Yoga-sastra* ou *Yoga soûtra* (la *Règle* ou les *Aphorismes du yoga*). Cette production est partagée en quatre chapitres ou lectures qui traitent successivement de la contemplation, des moyens de s'y élever, des pouvoirs surnaturels qu'elle confère ici-bas, de l'extase. De nombreux commentateurs ont travaillé sur ce texte, mais il est resté jusqu'à présent inédit (nous le croyons du moins) ainsi que les explications dont il a été l'objet.

§ V. — L'Ezour-Vedam.

Il convient de dire ici quelques mots de l'*Ezour-Vedam*, production qui fit, dans la seconde moitié du siècle dernier, plus de bruit qu'elle n'en était digne. Un manuscrit en fut rapporté de l'Inde par un officier français, M. de Mandave ; la traduction en avait été faite en langue vulgaire par un Brahmane de la province d'Arcote.

L'ouvrage fut publié en français en 1777 par un savant helléniste, de Sainte-Croix ; il en existe une traduction allemande ; Berne, 1779, 2 vol. 8°.

Voltaire le représenta comme antérieur aux conquêtes d'Alexandre, et en parla avec admiration, mais ce qu'il ne soupçonna point, et ce qui est pourtant bien établi aujourd'hui, c'est que ce livre était l'œuvre d'un missionnaire qui l'avait composé au XVIIe siècle, et qui y avait placé la réfutation des doctrines indiennes consignées dans les *Vèdas*.

On ne sait pas au juste quel est l'auteur de l'*Ezour-Vèdam*, mais on pourrait l'attribuer à deux missionnaires, soit au P. Nobili, soit au P. Beschire qui, dans le cours de leurs travaux apostoliques, avaient acquis une connaissance approfondie du sanscrit.

La publication de Sainte-Croix fut faite sur une copie qu'avait possédée Anquetil Duperron et qui complétait celle déjà connue en Europe. L'éditeur s'efforça en vain d'établir l'authenticité de cet écrit, qu'il regardait d'ailleurs comme beaucoup moins ancien qu'on ne l'avait annoncé ; l'ouvrage resta suspect aux yeux de tous les hommes judicieux, et il tomba bientôt dans une obscurité dont il ne sortira plus.

CINQUIÈME SECTION.
LIVRES DE DIVERSES SECTES INDIENNES.

Indépendamment des nombreux sectateurs du brahmanisme, divisés eux-mêmes en adorateurs de Siva ou de Vishnou, et qui forment la très-grande majorité des Indiens non-musulmans, il existe, dans l'immense étendue de l'Inde, des sectes diverses qui ne sont encore que fort imparfaitement connues.

On trouvera à cet égard, dans les *Asiatic Researches*, t. *XXVI* (Calcutta, 1828, 4°), un mémoire de M. H. H. Wilson, pages 53 et suiv. Il parle des Kabir Panthis, sectateurs de Kabir, le plus célèbre des douze disciples de Ramanand; leurs doctrines sont exposées dans un grand nombre d'ouvrages regardés comme l'œuvre des disciples et des successeurs de Kabir, et qui affectent habituellement la forme d'un dialogue où Kabir prend la parole; ces écrits sont en vers, et il y en a d'une grande étendue. M. Wilson donne les titres de vingt d'entre eux; nous signalerons les suivants :

Rekhtas, 100 odes ou hymnes; *Jahlanas*, 500 hymnes; *Sabdavali*, contenant 5,000 *Sabdas* ou courtes expositions de doctrines; *Mangalas*, 100 poëmes courts; *Sakhis*, 5,000 stances; *Vijek*; ce dernier ouvrage, le plus important de tous, est partagé en 654 sections; il contient les révélations faites par Kabir lui-même au Rajah de Benarès; on en connaît deux rédactions diverses qui ne diffèrent, il est vrai, que parce que l'une est plus étendue que l'autre. Le troisième volume du recueil intitulé les *Mines de l'Orient* renferme un mémoire en italien sur les *Cabiristi*, c'est-à-dire sur un livre des Kabirs; ce mémoire qui faisait partie des archives de la congrégation de la Propagande à Rome a été publié par un érudit danois, Trilanter; ce texte obscur présente des théories qui s'écartent sensiblement de celles que les Kabir-Panthis professent actuellement. Parmi ces sectaires eux-mêmes, il y en a fort peu qui soient versés dans la connaissance de leurs livres religieux, dans lesquels, en dépit d'un anachronisme flagrant, Kabir se montre parfois comme disputant avec Mahomet lui-même.

Le *Vijek* fut compilé par Bhayodas, un des disciples immédiats de Kabir; il est écrit en vers très-harmonieux, et il révèle une habileté véritable; son style est cependant plus dogmatique qu'argumentatif; il attaque les autres systèmes bien plus qu'il n'explique le sien, et il est le plus souvent tellement dépourvu de clarté qu'il est extrêmement difficile d'en retirer un exposé satisfaisant de la théologie des Kabir-Panthis; les interprétations sur ces textes nébuleux diffèrent grandement parmi ces sectaires, et quelques-uns d'entre eux possèdent un petit ouvrage composé dans le but d'élucider les théories du *Vijek*, mais il ne saurait être bien utile, car il est presque toujours tout aussi obscur que l'original; les morceaux suivants donneront une idée de celui-ci :

« Ramaini 1. Dieu, la lumière, le père et une femme; c'est de là que sont sortis Hari, Brahma et Pripahari. Innombrables sont les emblèmes de Siva et de Bhavani qu'ils ont établis, mais ils ne connaissent pas leur propre commencement, ni leur fin; une habitation a été préparée pour eux; Hari, Brahma et Siva sont les trois chefs, et chacun a son propre village; ils ont formé les Khandas et l'œuf de Brahma, et ils ont inventé les six Dorsanas et les quatre-vingt-seize Pashandas; aucun n'a jamais lu les Védas dans le sein de sa mère, et aucun enfant n'est né membre de l'Islam. La femme, délivrée du fardeau de l'embryon, donna à sa personne l'ornement de toutes les grâces. Vous et moi sommes du même sang, et une seule vie nous amène tous deux; le monde est né d'une seule mère; quelle science est celle qui fait que nous nous séparions? personne ne connaît les variétés de cette descente, et comment une seule langue les déclarerait-elle? Une bouche eût-elle un million de langues, elle serait hors d'état d'accomplir cette tâche. Kabir a dit : J'ai élevé ma voix par attachement pour la race humaine; pour n'avoir pas connu le nom de Rama, le monde a été englouti dans la mort. »

Le premier passage de ce Ramaini présente une allusion aux doctrines de la secte touchant la création de l'univers; Dieu est appelé Anter ou Inner, celui qui était en tout et dans lequel tout était, l'être existant de soi-même et comprenant toutes choses. La lumière, *Jyotish*, est l'élément lumineux dans lequel il s'est manifesté; *Subda* est le feu, le mot primitif qui exprima son essence; la femme est *Maya* ou le principe de l'erreur. Le passage suivant a trait à l'impuissance des dieux secondaires; la femme dont il est question plus loin est Maya, fille de la première déité, et à la fois mère et femme de Brahma, de Vishnou et de Siva. Des allusions aux erreurs des autres sectes, des éloges donnés à la supériorité de la doctrine de Kabir, voilà ce qui remplit sans nulle méthode, la majeure partie du *Vijek*. Nous en traduirons d'autres passages d'après M. Wilson.

« Ramaïni 6. (Maya se définit elle-même ainsi que le premier être.) Quelle est sa couleur, sa forme et sa figure? quelle autre personne l'a vu? l'Omkara n'a pas été témoin de son commencement; comment donc puis-je l'expliquer? Pouvez-vous dire de quelle racine il est sorti; il n'est ni les étoiles, ni le soleil, ni la lune; il n'a ni père, ni mère; il n'est ni l'eau, ni la terre, ni le feu, ni l'air; quel nom puis-je lui donner? quelle description pourrai-je en faire? Pour lui, il n'y a ni jour, ni nuit, ni famille, ni caste; il réside sur le sommet de l'espace; une étincelle de sa substance se manifesta enfin; je fus l'épouse de cette émanation, l'épouse de cet être qui n'a pas besoin d'un autre.

« Sanda 56. Nous devons notre existence à Ali et à Rama, et nous devons ainsi montrer une pareille tendresse pour tous ceux qui vivent. Quel profit y a-t-il à raser votre tête, à vous prosterner sur la terre, ou à plonger votre corps dans le ruisseau? Tandis que vous versez le sang, vous vous proclamez pur, et vous vous vantez d'avoir des vertus que vous ne montrez jamais. Quel profit y a-t-il à nettoyer votre bouche, à compter vos grains (323), à accomplir des ablutions, et vous incliner dans les temples? Tandis que vous récitez vos prières, ou que vous faites le voyage de la Mecque ou de Médine, la perfidie est dans votre cœur. L'Hindou jeûne chaque onzième jour, le Musulman tout le Ramazan. Qui forma les autres nuits et les autres jours pour que vous n'ayez de la vénération que pour un seul? Si la création habite dans des tabernacles, de qui l'univers est-il la résidence? Qui est-ce qui a vu Rama assis parmi les images, ou qui est-ce qui l'a trouvé aux lieux où se rendent les pèlerins? La ville d'Hani est à l'est, celle d'Ali est à l'ouest; mais sondez votre propre cœur, car c'est là que sont Rama et Karim. Qui parle des mensonges des Veds et des Tebs? ceux qui ne comprennent pas leur essence. Ne voyez en tout qu'une seule chose; c'est la seconde qui vous égare. Chaque homme et chaque femme qui a jamais reçu la naissance est de la même nature que vous. Celui qui est le monde et à qui sont les enfants d'Ali et de Ram, il est mon *gourou* (mon maître). »

Voici un autre Sabda où se montre le style mystique et inintelligible qui se rencontre si souvent dans le *Vijek* ; les explications que nous plaçons sont empruntées au livre dont nous avons déjà parlé, mais on reconnaîtra qu'elles ne servent guère à l'élucidation du texte.

« Sabda 69. Quel est le magistrat (324) de cette ville (325); la viande (326) est exposée et le vautour (327) est assis et la garde; le rat (328) est converti en un bateau (329) et le chat (330) tient le gouvernail; la grenouille (331) est endormie et le serpent (332) se tient en sentinelle; le bœuf (333) porte et la vache (334) est stérile; le bélier (335) est trait trois fois par jour; le rhinocéros (336) est attaqué par le chakal (337); très-peu connaissent la stature (338) de Kabir (339). »

Les *Sakhis* de Kabir méritent qu'on en parle, ils sont répandus même parmi ceux qui n'appartiennent pas à cette secte, et ils renferment beaucoup de détails curieux ; on en compte plusieurs milliers ; le *Vijek* en comprend de trois à quatre cents ; il suffira d'en citer quelques-uns.

« Lorsque l'homme sort du ventre de sa mère, il est libre de tout souci ; passé seulement le sixième jour il ressent les douleurs de la séparation.

« Ma parole est du monde, écoutez-la ; ne vous égarez point, si l'homme désire connaître la vérité, qu'il recherche la parole.

« Ne pas entendre la parole, c'est rester dans une obscurité complète; l'homme qui ne trouve pas la route de la porte du monde, s'égarera toujours.

« Il y a beaucoup de paroles, mais sondez-en la profondeur; celui qui ne prend pas l'essence, dit Kabir, mènera une vie sans profit.

« Quelques-uns sont morts pour la parole, et d'autres ont abdiqué le pouvoir pour elle; celui qui a scruté la parole a accompli son œuvre.

« Amassez vos provisions et préparez votre chariot, car si votre nourriture vient à vous manquer et si vos pieds sont fatigués, votre vie est entre les mains d'un autre.

« Voici le moment de se préparer, car désormais le chemin est difficile, les voyageurs s'empressent d'acheter là où il n'y a plus ni commerce, ni marché.

---

(323) Les Hindous font usage d'une sorte de chapelet.
(324) Moun, l'orgueil de l'intelligence.
(325) Le corps.
(326) Les *Védas*, ou les écrits religieux qui enseignent la véritable nature de Dieu.
(327) Le *Pandit*, celui qui expose les vérités divines.
(328) L'intelligence.
(329) Le véhicule qui sert à répondre.
(330) *Maya*, l'illusion et l'erreur.
(331) Le *Siddha* ou saint.
(332) *Paramiswara*, l'Être suprême.
(333) Vishnou.
(334) Maya ou Dévy.
(335) Paramiswara, l'Être suprême.
(336) Un homme saint.
(337) L'orgueil intellectuel ou de la doctrine.
(338) La nature divine.
(339) Dieu identifié avec l'homme et la nature.

« Si vous savez comment les hommes passent leur vie, vous vivrez conformément à votre science; procurez-vous de l'eau pour votre boisson, et ne demandez pas aux autres de quoi boire.

« Les trois mondes forment une cage; le vice et la vertu étendent un filet; la vie est la proie, et le temps est l'oiseleur.

« La demeure de Kabir est sur le sommet d'une montagne, et un chemin étroit y conduit; une fourmi ne peut y mettre son pied, mais l'homme pieux peut y mener un bœuf.

« Le jeune homme fuyant hors de lui est tombé dans le torrent; comment l'animal proclamera-t-il son malheur? qui est-ce qui le saura?

« Kabir (l'homme) n'a point échapppé à l'erreur; il est saisi sous diverses formes; le cœur, sans la connaissance de son maître, ne sera qu'un amas de cendres.

« Ils n'ont point fait attention à de bons conseils, mais ils se sont déterminés par eux-mêmes; Kabir élève la voix et pousse des cris, le monde passe comme un rêve.

« Une goutte d'eau tombe dans l'océan, c'est ce que tous aperçoivent; mais que la goutte d'eau et l'océan ne font qu'un, c'est ce que peu d'hommes comprennent.

« Mettez un frein à la langue, ne parlez pas trop, fréquentez la société des sages, étudiez les paroles du professeur. Aucun acte de dévotion ne peut égaler la vérité, aucun crime n'est aussi détestable que la fausseté; c'est dans le cœur où réside la vérité qu'est ma demeure. »

M. Wilson mentionne, comme offrant un exposé des doctrines des *Kabir-Panthis*, un ouvrage intitulé *Sukh-Nidhan*, qui passe pour avoir été rédigé par Sriotgopal, le premier des disciples de Kabir, dans lequel Kabir lui-même s'adresse à Dhermadar, son disciple favori. Le savant orientaliste ne donne pas d'extrait de cette production.

La secte des Radha-Vallabhis a un culte spécial pour Radha, la maîtresse favorite de Krishna; ce culte ne remonte qu'à une date peu reculée. Les anciens écrits ne font pas mention de Radha, c'est dans le *Brahma-Vaivortha-Pourana* qu'on en trouve l'histoire. Suivant cet écrit, l'Être suprême se divisa en deux parties: celle de droite devint Krishna, et celle de gauche Radha; Radha est au fond l'*Ichcha sukti*, la volonté ou le désir de la divinité, dont la manifestation fut l'univers. Le récit embrouillé et absurde des aventures de cette divinité est étranger à notre sujet; nous donnons seulement, d'après la traduction que fait M. Wilson d'un passage du Pourana en question, la prière qu'adresse à Radha un de ses adorateurs qui lui présente des offrandes:

« Mère de l'univers, l'adoration que tu as offerte fournit une leçon à tous les mortels. Tu es de la même forme que Brahma, et tu résides sur le sein de Krishna. Tu es la déesse qui préside à la vie, et tu es plus chère que la vie à celui sur le lotus des pieds duquel méditent les dieux Brahma, Siva, Sesha et les autres, ainsi que Sunaka et d'autres puissants *mounis*, et les chefs des sages, et les saints, et tous les fidèles. Radha est la moitié gauche créée et Madhava la droite, et la grande Lakshmi, la mère du monde, fut faite de ton côté gauche. Tu es la grande déesse, la mère de toute richesse, et des Védas et du monde. Tu es toute cause et tout effet. Tu es la mère du monde. Le *Paramatma* Hari est le père; le *Gourou* est plus vénérable que le père, et la mère est plus vénérable que le *Gourou*. Le fou qui, dans ce pays saint, méprise Radhika, souffrira de la peine et des chagrins en cette vie, lors même qu'il adore tout autre dieu et même Krishna, la cause de toutes choses, et il sera condamné aux supplices de l'enfer aussi longtemps que dureront le soleil et la lune. Le précepteur spirituel enseigne la sagesse, et la sagesse est le fruit des rites mystiques et des prières secrètes; mais les prières dictées par la sagesse sont seulement celles qui inculquent la foi en Krishna et en vous. L'homme pieux ayant trouvé un asile à vos pieds ne les abandonne jamais pour un instant, et le destin ne l'en sépare pas. »

Notice sur un des Granthas ou livres sacrés de la secte Dadupanthi.

Cette secte répandue dans l'Indostan, et surtout à Bénarès, repousse les temples, les images et la plupart des dogmes de la mythologie indienne. Elle ne reconnaît d'autre déité que Rama, et le culte qu'elle lui rend se borne au *japa*, c'est-à-dire à la répétition de ce nom. Elle eut pour fondateur un tisserand, nommé Dadu, qui, se prétendant averti par une voix du ciel, se retira dans le désert à l'âge de trente-sept ans, et disparut quelque temps après sans laisser de traces. Ses disciples croient qu'il fut absorbé dans la divinité. Il vivait vers l'an 1600.

Les Dadupanthis se divisent en plusieurs castes; les *Viraktas* sont des religieux qui vont toujours nu-tête et n'ont qu'un seul vêtement; les *Nagas* se consacrent à la vie militaire, se mettant à la solde des princes; ce sont de bons soldats. Les *Bistherdaris* se livrent aux travaux ordinaires de la vie.

Ces sectaires brûlent ordinairement leurs morts au point du jour, mais les gens scrupuleux, craignant que l'incendie du bûcher ne détruise les insectes, prescrivent d'abandonner leurs cadavres dans quelques lieux écartés où ils deviennent la proie des bêtes sauvages et des oiseaux.

Les Dadupantis sont répandus en grand nombre dans diverses portions du Bengale et des contrées voisines. On les trouve souvent réunis à Bénarès. La ville de Naraina où se conservent des reliques de Dadu et les livres sacrés de la secte, est pour eux l'objet d'une vénération particulière.

M. Wilson, dans le seizième volume des Recherches asiatiques, est entré dans quelques détails au sujet des Dadupantis, et M. G. R. Siddons a inséré dans le *Journal de la Société asiatique* (Calcutta, juin 1837, p. 480 et suiv.) le texte sanscrit, accompagné d'une traduction anglaise, du chapitre *sur la foi*, emprunté à l'un des *Granthas* ou livres sacrés de cette secte. Nous ferons passer en français ce fragment.

« 1. Tout ce que veut Ram doit arriver sans la moindre difficulté; pourquoi donc vous tuer en vous livrant au chagrin, lorsque le chagrin ne peut vous servir à rien?

« 2. Dieu a fait tout ce qui a été fait. Dieu fera tout ce qui doit être fait. Dieu fait tout ce qui est. Pourquoi donc vous affligez-vous?

« 3. Dadu a dit: O Dieu, tu es l'auteur de toutes les choses qui ont été faites, et c'est de toi que toutes les choses qui doivent être faites tireront leur origine. Tu es le créateur et la cause de tout ce qui est créé. Il n'existe rien hors de toi.

« 4. Il est mon Dieu, celui qui a fait toutes les choses parfaites. Méditez sur celui dans les mains duquel sont la vie et la mort.

« 5. Il est mon Dieu, celui qui a créé le ciel, la terre, l'enfer et les choses intermédiaires, celui qui est le commencement et la fin de toute création et qui veille sur toutes choses.

« 6. Je crois que Dieu a fait l'homme, et qu'il a fait toutes choses. Il est mon ami.

« 7. Que la foi en Dieu caractérise toutes vos pensées, toutes vos paroles et toutes vos actions. Celui qui sert Dieu ne place point ailleurs sa confiance.

« 8. Si le souvenir de Dieu est en vos cœurs, vous serez en état d'accomplir des choses qui sont impraticables, mais ceux qui cherchent les sentiers de Dieu sont en bien petit nombre.

« 9. Celui qui sait exercer sa profession sans péché réussira dans sa profession, pourvu qu'il soit avec Dieu.

« 10. Si celui qui rend parfaite l'espèce humaine occupe une place dans vos cœurs, vous éprouverez intérieurement son bonheur; Ram est en toutes choses; Ram est éternel.

« 11. Insensés! Dieu n'est pas loin de vous: il est près de vous. Vous êtes ignorants, mais il sait toutes choses, et il est sage dans les bienfaits qu'il accorde.

« 12. La considération et le pouvoir appartiennent à Dieu qui sait tout. Efforcez-vous de conserver Dieu, et ne faites pas attention à autre chose.

« 13. L'inquiétude ne sert à rien: elle dévore la vie; les choses qui ont été ordonnées ont existé; celles que Dieu commandera arriveront.

« 14. Celui qui est la cause de la production de tous les êtres vivants, donne à leur bouche du lait, et entretient leur existence.

« 15. N'oubliez pas, mes frères, que le pouvoir de Dieu est toujours avec vous. Il y a en vous un passage formidable, et une multitude de mauvaises passions y accourent; attachez-vous donc à Dieu.

« 16. Louez les qualités que Dieu possède. Il vous a donné des yeux, des pieds, des mains, une tête, une bouche, la parole. Il est le Seigneur de la vie et du monde. »

LES
LIVRES SACRÉS
DE TOUTES LES RELIGIONS
SAUF LA BIBLE.

—

DEUXIÈME PARTIE.
LIVRES RELIGIEUX DES BOUDDHISTES.

—

PREMIÈRE SECTION
LE BOUDDHISME CHINGALAIS.

—

AVANT-PROPOS

§ 1er. — *Aperçu sur Bouddha et sa doctrine.*

Il faudrait bien des pages pour retracer l'origine et le développement du bouddhisme, de cette religion étrange qui compte dans l'Asie des centaines de millions de sectateurs. C'est une tâche que nous n'aborderons pas. Des travaux fort estimables (340) ont été publiés sur ce sujet si digne d'attention, mais

---

(340) Il faut mentionner en première ligne le savant ouvrage de M. Eugène Burnouf, *Introduction à l'histoire du bouddhisme indien*, Paris, 1844, in 4°, tom. 1er. Seul volume publié, la mort ayant empêché l'auteur de terminer ce grand travail dont il a été rendu compte dans le *Journal des Savants*, avril 1845 (article de M. Biot), dans la *Revue de bibliographie analytique*, 1845, p. 338, etc. Il est relatif au nord de l'Hindoustan, et il ne paraît pas que M. Burnouf 'ait commencé la rédaction de ce qui concerne le midi de la péninsule, bien que les matériaux eussent été réunis.

Cet érudit a également publié la traduction d'un ouvrage bouddhique fort important, le *Lotus de la bonne loi*; nous en reparlerons.

N'oublions pas *Bouddha et le bouddhisme*, travail de M. Schœbel inséré dans les *Annales de philosophie chrétienne*, 1856 et 1857.

Le Bouddhisme, son fondateur et ses écritures, par M. Félix Nève, Paris, 1854, 8°.

Le *Dharmahadam* ou le *Marchepied de l'autel de Bouddha* a été publié en pali (ou langue sacrée de Ceylan) avec une version latine et des notes par M. J. Taunsboll, Copenhague, 1855, in-8°. C'est le code de la morale bouddhique.

Il a paru à Leyde en 1850, in-folio, un ouvrage allemand dont le titre doit se traduire ainsi : le *Panthéon de Bouddha*, traduit de l'original japonais et accompagné de notes par le docteur F. Hoffman.

Il est juste d'accorder une mention spéciale aux deux ouvrages de M. Spence Hardy, longtemps établi à Ceylan, 1° *A manual of Budhism in its modern development*, Londres, 1853, 8° (XVI et 533 pages); fait d'après des traductions anglaises d'ouvrages pali ce livre expose d'une manière complète la doctrine aujourd'hui enseignée à Ceylan; 2° *Eastern monachism* (Londres, 1850, 8°, 443 p.) : l'organisation extérieure du bouddhisme, les prêtres, leur ordination, leurs vœux, leur manière de vivre, tels sont les sujets traités dans ce volume.

N'oublions pas les *Selections from the vernacular bodhist literature of Burmah*, by T. Latter, Moulmein, 1850, 4° (VIII et 199 p.); on trouve dans ce recueil trois opuscules en birman; le premier contient une collection d'anecdotes pieuses; le second, la vie et les discours de Sakiamouni; le troisième donne l'explication des termes techniques de la théologie; ces textes ne sont pas accompagnés de traduction.

Un Américain, M. Chaster Benett a donné dans le *Journal of the American oriental Society* (vol. III, p. 1-164), une

qui, dans l'état actuel des connaissances européennes, ne saurait être envisagé dans toute son étendue. Ce n'est que depuis peu d'années que les dogmes et les livres sacrés du bouddhisme ont commencé à être l'objet d'une appréciation approfondie et exacte. Il reste encore beaucoup à faire pour qu'une lumière complète se fasse.

Notre but est simplement de donner la traduction de quelques-uns des écrits des bouddhistes; mais pour les rendre intelligibles, il est nécessaire de les faire précéder de quelques éclaircissements succincts.

Le nom de Bouddha fut donné au fils d'un roi qui naquit dans le pays d'Oude, vers le vi^e siècle avant l'ère chrétienne, et qui fut connu sous le nom de Sakia ou Chakiamouni (le pénitent de la race de Sakia). Il quitta son épouse et ses Etats, afin de se livrer, dans la solitude, à la méditation et à la contemplation de l'essence divine; il y demeura dix ans, et des légendes d'une absurdité remarquable racontent ce qu'il accomplit de merveilleux pendant cette période. Il parcourut ensuite le monde suivi de cinq disciples, et prêchant sa doctrine. Ses disciples écrivaient sous sa dictée les prédications variées dans lesquelles il exposait son système religieux. Ces créations formèrent cent huit gros volumes, et prirent le nom de *Gandjour* ou instruction verbale (341). A l'âge de quatre-vingts ans, il quitta la terre et son enveloppe corporelle pour se réabsorber en Mahanatma (la grande âme, l'âme universelle). Des variantes innombrables rendent d'ailleurs très-confuse la biographie du réformateur, et l'histoire du bouddhisme est une des plus difficiles, une des plus compliquées qui puisse être entreprise.

On ne saurait aujourd'hui reconnaître quelle est la véritable doctrine que Bouddha enseignait à ses disciples, mais on ne saurait douter qu'elle n'ait subi diverses modifications, et qu'elle n'est plus ce qu'elle était à l'époque du réformateur et de ses disciples immédiats. Les écrivains bouddhiques les plus sérieux, ceux qui se sont préservés des extravagantes aberrations où sont tombés les légendaires du Thibet, se sont égarés dans les rêves de la métaphysique la plus subtile.

Des interprétations différentes ont d'ailleurs parfois été données aux mêmes textes; il en résulte diverses écoles ayant chacune leurs chefs. Colebrooke (*Philosophie des Hindous*, traduction française de M. Pauthier, 1837, p. 222) a distingué quatre de ces écoles dont il expose les diverses théories philosophiques; nous nous écarterions de notre sujet en entrant à cet égard dans des détails que l'on trouvera dans un article de M. Pauthier (*Dictionnaire des sciences philosophiques*, 1844, t. I, p. 366). D'autres systèmes plus modernes paraissent établis dans les régions centrales de l'Asie, ainsi que le montrent les travaux de M. Hodgson. (*Voy.* le *Nouveau Journal asiatique*, t. VI, p. 81.)

L'*Essai sur la philosophie des Hindous*, que nous venons de citer (traduction française, in-8°, p. 221), nous apprend que les doctrines des bouddhistes indiens avaient reçu le nom de Moukta-Katcha, terme qui fait allusion à une particularité de leur costume : l'habitude de porter l'ourlet ou la bordure inférieure du vêtement déchirée ou traînante; leurs adversaires les appellent aussi *Nastikos*, c'est-à-dire *Nieurs* d'un autre monde. Ils se partagèrent en plusieurs sectes qui furent expulsées de la péninsule.

On consultera aussi, p. 256, la note de M. Pauthier, qui donne, d'après un manuscrit de M. Hodgson (*Asiatic Researches*, t. XVI), un résumé des idées des diverses écoles bouddhistes du Thibet et du Népaul sur l'origine du monde, sur la nature d'une première cause et sur la destinée de l'âme.

Nous n'aborderons pas les questions abstraites sur lesquelles s'exerce l'intelligence de ces docteurs égarés dans de vaines rêveries; nous dirons seulement, pour donner un échantillon des subtilités sur lesquelles ils s'exercent, qu'ils distinguent dix-huit espèces de vides dont voici les noms, autant du moins qu'on peut rendre ces expressions difficiles à saisir : 1° vide ou vacuité intérieure; 2° vide extérieur; 3° vide intérieur ou extérieur; 4° vide des vides; 5° grand vide; 6° vide de ce qu'il y a de plus excellent; 7° vide de l'action; 8° vide de la non-action; 9° vide sans fin; 10° vide sans limites; 11° vide sans transformations et sans diversité; 12° vide de la nature primordiale; 13° vide de toutes les lois ou institutions; 14° vide de sa nature propre; 15° vide qui ne peut être atteint; 16° vide sans nature; 17° vide de sa nature propre; 18° vide sans nature de sa nature propre.

---

vie de Bouddha traduite du livre birman *Ma-la-len-ga-ro-wattoo*. Cette biographie, comme celles qui sont déjà connues, est noyée dans des flots de légendes et de mythologie; le personnage naturel de Bouddha y disparaît en grande partie.

(341) On annexa plus tard au Gandjour douze tomes de métaphysique destinés aux îles de la mer des Indes. Chaque volume du Gandjour est accompagné d'un volume pareil contenant le commentaire prononcé par la bouche de Sakia-Mouni; la collection sacrée augmentée de quatre tomes surnuméraires, forme une encyclopédie religieuse de deux cent trente-deux volumes qui est intitulée *Dandjour*. Cet immense corps d'ouvrages exige pour son transport plusieurs chameaux; il a été traduit de l'hindou en mongol par ordre de l'empereur Kian-loung.

SECT. I. — LE BOUDDHISME CHINGALAIS. — AVANT-PROPOS.

Dans les idées bouddhiques l'univers est animé par un esprit unique individualisé sous des formes infinies par la matière qui n'est qu'illusion.

Le Brahmanisme enseignait la transmigration, qui, après avoir fait traverser à l'homme toutes les formes de l'existence, le ramène par un cercle éternel aux misères de la condition humaine, et le frappe à chaque nouveau retour pour d'anciennes fautes. Ce fut contre ce système que s'éleva le bouddhisme; il ne nia pas l'éternité des transmigrations successives, idée qui avait pénétré trop profondément dans les croyances de l'Inde; il annonça que, par la pratique des vertus et par la pénitence, on pourrait se racheter des lois de la fatalité et obtenir le *Nirvana*, l'anéantissement, la libération finale. Les plus méritants l'obtenaient au moment de la mort, les autres ne pouvaient y arriver qu'après avoir reparu plusieurs fois sur la terre.

M. Burnouf distingue deux grandes écoles bouddhistes: quoique unies et souvent mêlées, elles diffèrent cependant sur bien des points de doctrine et d'histoire légendaire; l'école du nord se sert du sanscrit pour la rédaction de ses livres, l'école du midi emploie le pali. Burnouf, trouvant une confusion inextricable dans les commentaires et les légendes des docteurs, ne voulut s'en rapporter qu'aux documents les plus anciens et regardés comme émanant du Bouddha primitif. Les contradictions, les invraisemblances, les lacunes ne l'arrêtèrent pas; après un immense travail, il mit au jour, en 1844, le t. Ier de cette Introduction que nous avons déjà citée.

Pendant longtemps des discussions confuses ont embrouillé plutôt qu'éclairé ce sujet obscur; il était difficile de bien distinguer ce qui revenait au Bouddha des Brahmanes, neuvième incarnation de Vishnou, au Bouddha des Thibétains, dieu suprême, au réformateur Sakya-Mouni, à cette chaîne indéfinie de Bouddhas qui correspond à la série indéfinie des créations. On n'a pas encore réussi à faire la part de ces divers systèmes, et c'est un sujet qui sera peut-être toujours insoluble pour les Européens.

J. Klaproth a donné la légende de Bouddha, d'après des récits mongols, à la fin de son *Asia polyglotta*, Paris, 1823, in-4° (*Voir* aussi le *Journal asiatique*, t. IV, p. 9 et 65). On peut consulter d'ailleurs sur tout ce qui concerne le Bouddhisme: Moore, *Mythengeschichte*, p. 145; Abel Rémusat, *Journal des Savarts*, novembre 1816 et octobre 1819; Moore, *Hindu Pantheon*, art. Bouddha; Creuzer, *Religions de l'Antiquité*, traduction française, t. I, p. 285, et notes, p. 653.

Citons aussi les ouvrages de M. I. J. Schmidt: *Ueber die Verwandschaft... Sur l'affinité de la doctrine théosophique des Gnostiques avec les systèmes religieux de l'Orient, principalement avec le bouddhisme*, Leipsik, 1828, in-4°; de M. J. Bochinger, *La vie contemplative, ascétique et monastique chez les Hindous et chez les peuples bouddhistes*, Strasbourg, 1831, in-8°.

Quand le bouddhisme vint dans l'Inde prêcher la destruction des castes, il éprouva la plus vive résistance de la part des Brahmanes; la foi nouvelle fit de rapides progrès, mais des bras nombreux se levèrent contre elle, des guerres acharnées s'engagèrent, le nouveau culte fut proscrit, ses temples furent renversés; on voua aux partisans de Sakya-Mouni une guerre d'extermination. Le roi Koumaril Bhatta disait à ses soldats: « Que du pont de Rama (*Ceylan*) jusqu'à l'Himalaya blanchi par les neiges, quiconque épargnera les Bouddhas, enfants ou vieillards, soit lui-même voué à la mort. »

Ces guerres, qui arrosèrent l'Inde de sang et de ruines, se passèrent du IIIe au VIIe siècle de notre ère. Les Bouddhistes émigrèrent de toutes parts, et de cette période date le grand progrès de leur religion au nord, au sud et à l'orient. Expulsés du continent indien, ils se maintinrent à Ceylan; ils se répandirent au loin dans toutes les contrées au delà du Gange, et ils restèrent maîtres absolus des pays situés sur le versant septentrional de la gigantesque barrière des monts Himalaya.

Pour écrire l'histoire du bouddhisme indien, M. Burnouf trouva des ressources précieuses, et jusqu'alors inexplorées dans une collection de livres sanscrits que, vers la fin de 1837, la Société asiatique de Paris (542) reçut de M. Brian Houghton Hodgson, résidant anglais à la cour de Népal; ce zélé explorateur de la littérature indienne mit à profit sa position officielle et diplomatique pour réunir les documents originaux relatifs à des doctrines bien peu connues. Il en acquit un certain nombre, il en fit copier d'autres, et il se vit en possession d'une collection considérable de traités bouddhiques sanscrits dont l'existence n'était pas même soupçonnée avant lui.

Les *Recherches asiatiques* de Calcutta, les *Transactions* de la Société asiatique de Londres et le *Journal* de cette Société reçurent de lui d'intéressantes communications; en 1829, il donna dans les *Transactions*, t. II, p. 222, *Sketch of Buddhism from the Bouddha scriptures of Nepal*.

---

(542) *Voy.* le *Journal asiatique*, 3e série, t. III, p. 316 et 557, t. IV, p. 91. M. Hodgson donna en deux fois quatre-vingt huit ouvrages qu'il avait fait copier.

De 1824 à 1839, il envoya à la Société asiatique de Calcutta près de cinquante volumes en sanscrit, et quatre fois autant de thibétain.

Csoma de Koros, que des études poursuivies avec dévouement avaient rendu maître de la langue thibétaine, inséra dans les *Recherches* de la Société asiatique du Bengale, et dans le *Journal* de cette institution (313) des analyses exécutées et détaillées de la grande collection thibétaine dite Kah-gyar qui, ainsi que l'indique son titre de *Traduction des préceptes*, se compose de versions faites sur des ouvrages sanscrits qu'on retrouve presque tous dans la collection de M. Hodgson.

D'un autre côté, M. Schilling de Canstadt fit présent, en 1837, à l'Institut de France d'une belle collection de livres mongols et thibétains; elle renferme la traduction mongole de quelques traités sanscrits du Népal. On peut citer entre autres le *Pradjna-Paramita* en 25,000 stances dont la version mongole forme deux forts volumes 8°, le *Savarna prabhasa* dont la version mongole est citée par M. Schmidt sous le titre d'*Altan-gerel* (Mongol. gramm. pag. 142) le *Vadjra tchhédika* dont on doit à M. Schmidt une traduction faite sur le thibétain (*Mém. de l'Acad. des sciences de Saint-Pétersbourg* t. IV, p. 126); *Cat. man. de la collection de Schilling*, n. 86), et deux recueils de petits traités ou formules d'une moindre importance (Cat. Schilling, n. 84, 85). M. Schmidt, qui a extrait des livres mongols de si précieux renseignements sur le bouddhisme de l'Asie centrale, affirmait, dès 1830, que, parmi les 218 ouvrages bouddhiques dont M. Hodgson donnait la liste, la plupart avaient été traduits en mongol (*Ueber einige Grundlehre der Buddhism*, dans les *Mémoires de l'Acad. des sciences de Saint-Pétersbourg*. t. I. p. 92).

Divers livres bouddhiques ont aussi été traduits en chinois, nous en parlerons plus loin.

Une tradition généralement répandue chez les Bouddhistes fait monter à quatre-vingt-quatre mille traités l'ensemble des livres de la loi, mais s'il était vrai qu'il eût jamais existé une aussi volumineuse collection, on serait forcé de la représenter comme renfermant des ouvrages de proportion très-diverse, depuis un traité proprement dit jusqu'à une simple stance.

Les livres qui subsistent aujourd'hui se divisent en trois classes, nommées collectivement *Tripitaka*, c'est-à-dire les trois corbeilles ou recueils. Ces trois classes sont le *Sutra pitaka* ou les discours de Bouddha, le *Vinaya pitaka* ou la discipline, et l'*Abhidharma pitaka*, ou les lois manifestées, c'est-à-dire la métaphysique.

Les *Tantras* sont des traités d'un caractère spécial que les Thibétains mettent de côté dans la classification la plus générale qu'ils font de leurs livres religieux; ce sont des écrits sur le culte de dieux, ou de déesses bizarres ou terribles s'alliant au système monothéistique, et aux autres développements du bouddhisme septentrional. Ces personnages sont dans les Tantras l'objet d'un culte dont ces livres tracent minutieusement les règles, et plusieurs de ces traités ne sont que des recueils d'instructions faites pour expliquer l'art de tracer et de disposer les cercles, et les autres figures magiques (*Mandala*) destinées à recevoir les images de ces divinités. Ils renferment tous des formules magiques, véritables charmes qui ont la vertu de sauver des plus grands périls celui qui est assez heureux pour les posséder et les répéter.

M. Burnouf s'arrête peu sur cette partie de la collection du Népal, la plus moderne de toutes, et dont l'importance pour l'histoire des superstitions indiennes ne rachète pas la médiocrité et le vide. Il donne cependant, p. 529, une analyse de celui de ces livres qui paraît le plus célèbre de tous, le *Savarna Grabkasa*, c'est-à-dire l'*Éclat de l'or*; il en existe une traduction thibétaine qui est plus développée que le texte sanscrit. M. Schmidt a fait également des emprunts à une traduction mongole. L'ouvrage, divisé en dix-neuf chapitres, forme un long et fastidieux dialogue. Çakia en est le principal interlocuteur. Médiocre et vide, écrit en prose et en vers comme toutes les compositions du second âge du bouddhisme, il porte tous les caractères d'un traité qui a dû être composé à loisir dans quelque monastère au temps où le bouddhisme s'était complètement développé. La partie philosophique est très brève et maigrement traitée.

La section II, p. 70 et suiv. de l'*Introduction* de M. Burnouf est consacrée aux Sutras ou discours de Çakya. C'est le nom de la race (branche de la caste militaire) à laquelle appartenait le jeune prince Siddharthi de Kapilavasta, qui, ayant renoncé au monde, fut appelé Çakya Mouni, le solitaire des Çakyas et qui, parvenu à la perfection de science qu'il s'était proposée comme idéal, prit le titre de Bouddha, l'éclairé, le savant. Le mot Bouddha doit être précédé de l'article, parce que ce terme est, à proprement parler, un titre.

Il existe plusieurs espèces de Sutras: quelques-uns s'appellent Maha vaipulia Sutras ou Sutras de grand

---

(313) *Abstract of the contents of the Dul-va*, dans *Journal of the Asiatic Society of Bengal*, t. I, p. 1; *Analysis of the Kah-gyar*, ibid. p. 375; *Analysis of the Dul va* dans les *Asiatic Researches*, t. XX, p. 41; *Analysis of the Star-Chin*, ibid., t. XX, p. 552.

développppement; le *Lotus de la bonne loi* est l'un d'eux; on n'a publié aucun Sutra ordinaire à l'exception du *Vadjra tchhidika* que M. Schmidt a traduit sur le texte thibétain (*Mém. de l'Acad. des Sciences de Saint-Pétersbourg*, t. IV p. 126.)

M. Burnouf donne, p. 99-102, une analyse succincte d'un des Sutras de grand développement, le Sukhaveti-vyaha, c'est à-dire la constitution de Sakhavati, terre fabuleuse et fortunée qu'habite le Buddha divin Anitabha. M. Csöma de Koros a aussi parlé de ce Sutra (*Asiatic researches*, t. XX, p. 439.)

Il traduit, p. 162 et suiv., un Sutra relatif aux miracles de Çakya, morceau curieux reproduit avec quelques variantes dans le recueil thibétain dont Schmidt a publié une traduction allemande (*Der Weise* und *der Thor* p. 71 et suiv.

Entre autres extraits que M. Burnouf tire d'ouvrages thibétains, nous mentionnerons, p. 199, une des légendes que renferme l'*Avadana cataka* et dont l'objet est de promettre la dignité de Bouddha parfaitement accompli à des hommes qui auront donné à Çakya des témoignages de respect.

Le Samvaradaya-Tantra ou le *Livre du mystère* recommande une foule de prières et de formules magiques; dans quelques-unes de ces cérémonies, les substances que l'on emploie sont des cheveux ramassés dans les cimetières, et des poils de chameau, d'âne et de chien. La superstition la plus grossière domine dans cet ouvrage; il renferme un chapitre sur les signes qui annoncent la mort, un autre sur les quatre Yugas ou âges du monde, un autre sur les quatre îles ou continents, une sur la préparation du feu pour le sacrifice, et sur le Toma ou offrande au feu. On trouve le moyen de se débarrasser d'un ennemi en traçant son image d'une certaine manière et avec des formules déterminées. A la fin de l'ouvrage est un chapitre plein de pratiques obscènes; il est contraire à la description du culte qu'on doit rendre à un yogéni, c'est-à-dire à une femme chargée de représenter la divinité femelle qu'on y adore.

Le Mahakala-Tantra se trouve également traduit dans la collection thibétaine du Kah-gyar. Mahakala est, on le sait, un des noms les plus connus de Siva. On trouve dans ce livre une explication de la valeur mystique des lettres dont se compose le nom de Mahakala; on y enseigne les moyens de découvrir les trésors cachés, de parvenir à la royauté, d'obtenir la femme qu'on veut pour épouse; on enseigne la recette de plusieurs compositions dont l'une a la propriété de rendre invisible celui qui s'en frotte les yeux. Laissons au lecteur à deviner de quelle substance se compose cet onguent dans lequel figure en première ligne le fiel de chat.

Il importe de remarquer parmi les Tantras le Kala tchakara, ou la *Roue du temps* dont Csoma a donné une analyse détaillée, mais qui ne se trouve pas à Paris. Les sujets traités dans ce livre sont la cosmographie, l'astronomie, la chronologie, à laquelle est jointe la description de quelques dieux. Il est moderne, mais il renferme des traditions qui peuvent ne pas avoir laissé de traces dans des livres plus anciens.

Le même genre de mérite recommande l'Arya-mandjacri-mala tantra, traité attribué, ainsi que tous les autres, à Çakya-Mouni, renfermé sous forme de prédictions.

La section sixième de l'*Introduction* de M. Burnouf est consacrée aux ouvrages portant des noms d'auteur; ils sont peu nombreux, mais ils ne sont pas sans valeur ni sans intérêt; l'Avadana-kalpa-lata rédigé par Kchiendra est une collection de vingt-six légendes écrites en vers sanscrits et relatives aux anciennes existences des Bouddhas et de leurs principaux disciples; l'auteur en a emprunté le sujet à des récits plus anciens. C'est encore une légende ancienne qui fait le fond du Sapta-Kumarka, ou l'histoire des sept filles d'un roi fabuleux qui voulait embrasser la vie religieuse.

La section septième (p. 574 et suiv.) est consacrée à l'histoire de la collection du Népal.

§ II. — *Bouddhisme de Ceylan.*

L'île de Ceylan peut être regardée comme une forteresse où le bouddhisme violemment refoulé hors de l'Inde s'est établi d'une manière solide. C'est surtout dans l'intérieur du pays, dans les vallées profondes, qu'entourent de hautes montagnes et d'épaisses forêts, qu'il garde de fervents adeptes. Séparés des Malabars, leurs voisins, par un bras de mer, et encore plus par la différence des doctrines religieuses, les Chingalais forme un peuple à part; les prêtres bouddhistes sont nombreux parmi eux, mais ils ne font point, comme les Brahmanes, une aristocratie sacerdotale; ils se recrutent indifféremment dans toutes les classes de la société, et ne faisant point de vœux, ils peuvent, à leur gré rentrer dans le monde pour le quitter de nouveau. On trouvera à cet égard d'amples et intéressants détails dans un article de M. Théodore Pavie (*Les religieux bouddhistes de l'île de Ceylan* : Revue des Deux-Mondes, n. du 1ᵉʳ janvier 1854, p. 125-159.)

PART II. LIVRES RELIGIEUX DES BOUDDHISTES.

Les bouddhistes de Ceylan possèdent de nombreux livres sacrés; les principaux d'entre eux sont le Mahawansee et le Rajavali; ils renferment l'histoire légendaire des prédications de Bouddha dans l'île qu'il aimait, et des merveilles qui s'y accomplirent. Ils offrent aussi une relation des règnes des divers monarques qui embrassèrent la religion bouddhique. Ces écrits ont été traduits en anglais par M. Edouard Upham (Londres, 1833, 3 vol. in-8); nous les faisons passer pour la première fois dans la langue française.

Parmi les ouvrages chingalais qui se rattachent aux croyances répandues dans cette île, il ne faut pas oublier un poëme dont il a été publié, en 1829, à Londres une traduction anglaise (in-8°, xi et 64 pages). Cet écrit, intitulé *Yakkun Nattannawa*, roule sur le culte grossier et primitif des démons ou esprits malfaisants, culte qui subsiste à côté du Bouddhisme, et qui est encore plus général au sein des populations indigènes. On ne saurait dire si (chose d'ailleurs probable) ce culte est antérieur à l'arrivée du bouddhisme à Ceylan, s'il est un reste du culte brahmanique altéré, ou bien s'il faut y voir les débris d'une religion ancienne propre à l'île de Ceylan et peut-être au sud de l'Inde, et n'ayant avec le brahmanisme de commun que l'emploi de quelques noms.

Quoi qu'il en soit, l'ouvrage chingalais dont il s'agit a la forme d'une composition dramatique, et quoique adorateur des démons, l'auteur place son œuvre sous l'invocation des objets qui sont les plus vénérés par les bouddhistes. Le texte débute par ces mots : « Au Bouddha suprême, surnommé Lowtura, à sa doctrine et à ses prêtres je rends obéissance. » M. Eugène Burnouf, à qui nous empruntons ces détails, pense (*Journal des Savants*, octobre 1832) que le mot *Lowtura* est une altération du sanscrit *Lokottara*, « le supérieur des mondes. » Les trois objets invoqués dans les mots ci-dessus sont les *trois joyaux*, selon l'expression bouddhique, le *Triratna* ou *Thrisharatna*, c'est-à-dire Bouddha, Dharma (la loi) et Samg'ala (l'assemblée des prêtres). Ces trois mots sont en tête de tous les ouvrages répandus dans l'île de Ceylan et dans le pays d'Ava, et le savant dont nous venons de parler, mentionne un traité de métaphysique intitulé *Atthasalini*, lequel offre deux vers qui doivent se traduire ainsi : « Ayant vénéré les pieds de ce bienheureux Sumbouddha, ayant adoré son excellent Dharma, et ayant fait *andjali* (mains jointes) au Samgha. »

Le titre que nous venons de transcrire se compose de deux mots chingalais altérés du sanscrit, et signifie représentation dramatique ou danse des *Yakkha*. Le mot *Yakcha* est le nom d'une classe de génies supérieurs à l'homme, qui, dans les légendes indiennes, se montrent sous un aspect tantôt terrible, tantôt bienveillant, mais qui, à Ceylan, ne sont envisagés qu'à un point de vue redoutable. On célèbre en leur honneur des espèces de drames, et les individus qui jouent un rôle dans ces singulières représentations se nomment *yakkha douro* ou danseurs des démons; ils vendent au peuple des formules mystérieuses écrites sur des feuilles de palmier.

Le *Kakkun Nattannawa* traduit par M. Callaway débute par une invocation au Bouddha suprême qui est appelé Lowtura, vient ensuite l'énumération des personnages : en premier lieu, des déesses appelées *Pattinees* (du mot sanscrit *patni*, maîtresse), ensuite les dieux Ridee, Garanda, Mangirre, Oddy, la déesse Omawanganawa, divinités diverses à l'égard desquelles l'Europe ne possède pas de renseignements exacts, et qui dans le poëme chingalais, sont représentées sous un aspect sauvage et extraordinaire. Elles sont douées d'une puissance surnaturelle, et leur pouvoir ne s'exerce que pour faire le mal, effrayer les hommes, sucer le sang qui coule de la poitrine déchirée de celui qui les invoque. Ce qui est digne de remarque, c'est la place qu'occupe dans ces scènes grossières la religion de Bouddha, et l'espèce de tolérance qu'elle accorde à ceux qui célèbrent le culte des démons. Deux vers montrent le démon sanguinaire comme « effrayant les hommes de ses regards, après avoir reconnu préalablement le pouvoir de Bouddha. » Plus loin, l'auteur, appelant sur la scène ce génie homicide, lui adresse ainsi la parole : « Comme il a été dit autrefois par Bouddha dans sa doctrine, et comme le pouvoir t'a été donné par Mahabamboo, sur le sein doré, tu as la puissance de t'ébattre sur ma poitrine; viens donc sur ma poitrine pour le jeu du sang. » Le personnage le plus formidable de ce pandémonium, le grand démon des cimetières, est mentionné comme n'ayant, suivant la doctrine prêchée par Bouddha, pour égal aucun des génies qu'il y ait dans le monde.

A la suite du *Yakkun Nattannawa* le traducteur anglais a placé la version d'un autre petit poëme, lequel renferme une courte description des pratiques et enchantements d'un prêtre *capua* (prêtre des génies malfaisants). L'auteur, qui est un bouddhiste, suppose que le parent d'un malade va consulter le prêtre du démon, et le prier de venir danser chez ce malade pour le guérir. Après diverses préparations, le cap"a commencé ce traitement bizarre, et il danse pendant trente et une heures, conformément aux trente et une règles. Le bouddhiste qui donne cette description, y entremêle quelques traits malins ; et le résultat des efforts du capua est qu'il laisse le patient plus malade qu'il ne l'avait trouvé. Pour plus amples détails sur ces productions qui jettent du jour sur le système religieux des Chingalais, mais qu'il était inutile de reproduire ici, on peut d'ailleurs recourir à un article de M. Burnouf, *Journal des savants*, octobre 1832.

Ajoutons que ce qui concerne le bouddhisme des habitants de Ceylan et le culte rendu aux démons, reste de l'ancienne religion du pays, est l'objet d'un ouvrage curieux dû à M. Upham : *The history and doctrine of Buddhism, popularly illustrated, wit notices of the Kappooism, or demon-worship and of the Bali or planetary incantations of Ceylon, embellished wit 43 lithographie prints*, Londres, 1828, 4°.

MAHAWANSEE.

CHAPITRE PREMIER.

Ayant salué le très-saint, gracieux, miséricordieux Boudhou, l'auteur raconte l'histoire d'un ouvrage appelé Mahawansée, sans en faire un abrégé et sans l'amplifier.

Dans les temps anciens, quelques-uns des auteurs de cet ouvrage l'amplifièrent ou l'abrégèrent ; mais cet auteur, laissant de côté toutes les formes inutiles du discours et les répétitions inutiles de mots, etc., compléta cet ouvrage dans un style simple, doux et coulant pour qu'il fût reçu dans le monde moderne.

Dans les temps anciens, notre gracieux Boudhou, qui a surmonté les cinq péchés mortels, ayant vu le Boudhou Deepankowa, exprima le désir d'atteindre à l'état de Boudhou, afin de sauver les êtres vivants comme vingt-quatre Boudhous subséquents l'avaient fait (344). Ayant obtenu son assentiment, et ayant accompli des actes charitables de diverses espèces, il devint sanctifié et possesseur de leur science universelle ; c'est le Boudhou, le très-haut seigneur Guâdma, qui racheta les êtres vivants de toutes leurs misères. Ce personnage, dans son existence comme roi Wessantara, continua à professer la charité et la piété, et, à l'expiration de sa carrière, il fut amené dans la vie, dans le ciel appelé Toosepoura, où, ayant joui d'un bonheur extrême pendant une prodigieuse période de temps (un *kali* d'années), tandis qu'il était dans cet état, il résolut, d'après la prière des êtres divins appelés Dewas et Brachmas de dix mille Sakwalas (mondes ou univers), et apercevant qu'il était temps d'entrer dans l'état de Boudhou, et en considération de ce que la royauté de Capilawastoopura sous Mad'ha Desaya, dans le Jambudweepa, était à cette époque d'une dignité supérieure, et observant que la reine Mahâmâdewe devait vivre sept mois et dix jours, il s'incarna dans le sein de ladite reine Mahâmâdewe, épouse du roi Sudhodana ; il naquit, et ayant atteint sa seizième année, il fut marié à la princesse Bimbawdawe, etc.

Le jour que son fils Rahula naquit, il abdiqua son autorité royale, monta sur le cheval Kalukanam, et il devint prêtre sur les bords de la rivière Nerangaranam, se revêtant de la robe sacerdotale qui lui fut apportée par le dieu Maha-Cambahu. Il resta dans cet état pendant six ans, vivant d'aumônes, et la septième année il devint Boudhou, le mardi, le jour de la pleine lune, dans le mois Wasak, et pendant le cours de la constellation Wesah, après qu'il fut monté sur un trône de pierre transparente qui sortit du sein de la terre.

Ce bienheureux Boudhou se rendit à Issipatana à la prière des dieux Brachmas, où il prêcha le sermon Suttra-desanâwa, sanctifia un nombre immense de Brachmas et d'autres, et consacra plusieurs personnes comme prêtres.

Ensuite il vint avec une suite de milliers de personnes dans les ordres saints à la ville de Rajgaha Nawara, ayant ainsi égard à la prière que lui avait

(344) Un texte consulté par M. Burnouf donne les noms de ces vingt-quatre Boudhas, accompagnés, pour la plupart, d'épithètes qu'il n'est pas toujours facile de distinguer des noms propres, parce que ces noms eux-mêmes comme les épithètes qui les déterminent, sont significatifs dans la langue chingalaise. Les voici tels que les donne (*Journal des Savants*, 1834, p. 21) ce célèbre indianiste : « Le Boudha parfait Kondanna, le solitaire Mangala, Sumana, Revata et le grand solitaire Sobhita, le Boudha parfait Anomadassi, Pudma, le Boudha Narada, le Boudha parfait Padmottara, le Tathagata Sumedha, Sudjetha et Priyadharci, le précepteur Archadarci, Dharmadarci, Siddharta, Tichva, le Djina Pachya, Vipacgi, le Boudha parfait Cikhi, le Boudha parfait le souverain Vicvabhis, Krakutchhanda, le Boudha parfait Konayamana et le Souyata Kacyapa ; ce grand homme obtint leur assentiment pour parvenir à la suprême sagesse. »

Cette énumération se retrouve dans d'autres ouvrages chingalais, et on peut la considérer comme représentant l'ensemble des notions que l'on possède à Ceylan sur les Boudhas antérieurs à Çakyamouni.

adressée le roi Binsâra ; il prononça un sermon en présence du roi et de cent vingt mille personnes, et il sanctifia le roi et cent dix mille autres.

Le neuvième mois après qu'il fut arrivé à l'état saint de Boudhou, il vint à Lakdiwa (*Ceylan*), dans le cours de la constellation Poosa, le jour de la pleine lune, dans le mois Durootu ; et apparaissant dans le ciel, il fit un grand bruit aussi bien dans le ciel que sur la terre, et il produisit une obscurité accompagnée de tonnerre et de pluie. Ayant ainsi effrayé les démons, il leur apparut et il prit son siège, étendant une nuée sur la foule des démons, et il fit jaillir du feu de cette nuée obscure. Ce feu la traversa en des directions différentes, et tous les démons furent ainsi rejetés vers le rivage de la mer, d'où ils furent bannis dans l'île Yakgiriduwa. Et après avoir accompli ces choses, il adressa un sermon au dieu Maha-Saman-Dewe et à beaucoup d'autres déités qui s'assemblèrent en cette occasion, leur indiquant la voie qui mène au Nirwana ; en même temps, il donna à Maha-Saman-Dewe une poignée de ses cheveux, et il se rendit à Urootanawa.

Dans la cinquième année de ce bienheureux Boudhou il s'aperçut qu'un grand nombre de serpents étaient tués dans une guerre entre deux frères, les rois des serpents appelés Chulodâra et Mahodâra, à cause d'un bijou appelé Minipalanga. Il fut ému de compassion à leur égard, et il se rendit à la résidence des serpents ; là, se montrant dans le ciel, il leur adressa un sermon par lequel il les apaisa ; il amena des milliers d'entre eux à une vie pieuse, et il se rendit à Dawran-Wahara.

La huitième année, après que notre Boudhou obtint l'état sacré, il se rendit, avec une suite composée de cinq cents prêtres, dans la contrée populeuse de Soonaparattaka, à la prière du grand prêtre Soonaparatakanam Maha Teroonawahanse. Là, il fixa sa résidence dans un monastère à Mâhalunam Arâmaya, et il convertit beaucoup de monde. De là il se rendit à Nammadanam-Ganga ; il adressa un sermon au roi des serpents appelé Nammadanam-Naraja, qui résidait en ce lieu ; il convertit beaucoup de serpents, et imprima en cet endroit la marque de son pied. Il vint à la montagne de Sadatandaka ; il mit, à la prière du roi, la marque de son pied sur le sommet de la montagne, ainsi qu'à la prière du prêtre Sadabandakanam Teroonawahanse, qui réside en cet endroit.

Comme notre Boudhou est supérieur même à Agazika-Muni, Annagarika-Muni, Asseka-Muni, Aragatta-Muni et Pracyeka-Muni, il porte le nom e Mahâ Muni ; il descend de la famille royale de Mahâsammata. En voici la généalogie : au temps appelé le premier Antaka'pa (e Mahâbaddra, il y avait un roi appelé Mahâsammata, le fils du soleil, qui vint au monde par l'opération appelée Opapatika ; il fut élu roi par l'assentiment général du peuple ; il avait le pouvoir de traverser l'air ; une odeur de sandal s'exhalait de sa personne, et s'étendait jusqu'à une distance de quatre gows ; de sa bouche sortait l'odeur de la fleur Mahanel qui atteignait à la distance d'un yodun.

Ce roi régnait sur toute cette partie du monde appelée Jambudweepa ; sa domination s'écoula dans une prospérité entière, dans le bonheur et dans le repos pendant la période d'un assankaya d'années. A cette époque, tous les êtres vivaient pendant un assankaya d'années ; il n'y avait pas de péché dans le monde ; l'immensité (*la grande durée*) de leur vie leur faisait oublier leur naissance et leur mort ; ils ne connaissaient pas les infirmités de la vie ou aucun des autres malheurs du monde ; ils se moquaient même des divinités, comme si elles n'étaient pas assez heureuses pour vivre durant une aussi longue période de temps, de sorte que la vie à cette époque, dans le monde de l'humanité, surpassait celle des dieux. Les animaux dépourvus de raison avaient aussi des rois à cette époque, et la narration de ces faits paraîtra dans les anciennes histoires.

Succédant au roi Mahâsammata, son fils Rojanam-Raja régna durant un assankaya d'années ; son fils Wararojanam-Raja régna pendant le même nombre d'années ; son Mahâmandatoo Chackrawaty-Raja eut un grand pouvoir et fut puissant ; il frappa de sa main droite sur la terre, il regarda le ciel et il s'écria : « O dieux ! je ne suis pas satisfait du bonheur de ce monde des mortels ; donnez-moi le bonheur des dieux si je le mérite. » Là-dessus, les dieux firent tomber l'or comme de la pluie, sur une circonférence de trente-six yoduns, jusqu'à la hauteur du genou ; et ce roi, ayant joui d'un grand bonheur dans le monde de l'humanité, monta de l'état de la vie humaine au monde des dieux, où il jouit de la félicité des dieux durant le temps de cent vingt neuf kalis et soixante mille années ; il descendit ensuite dans le monde de l'humanité, et il y régna pendant un assankaya d'années.

Son fils Waramandatanam raja régna un assankaya d'années.

Son fils Charanam raja régna aussi un assankaya d'années.

Son fils Upacharanam raja régna aussi un assankaya d'années.

Son fils Chatiyanam raja régna aussi un assankaya d'années.

Ce roi résolut d'élever à l'emploi de conseiller suprême du roi le brahme Corakambakanam-Camoona, qui était un de ceux qui avaient été élevés à la même école que lui, en le trompant par une fausseté comme étant plus âgé que le conseiller du roi, Capilanam-Purohitayan, cette résolution du roi s'étant répandue dans le royaume, les habitants accoururent de tous côtés, disant : « Nous verrons aujourd'hui quelle est la fausseté, si elle est blanche, noire, rouge ou bleue. » A cette occasion, le prophète Capilanammaha-Irshan intervint pour prévenir l'exécution de la résolution du roi, mais ce fut en vain; de sorte que la fausseté s'introduisit dans le monde, et le roi et sa cité furent engloutis par la terre.

Ce roi eut cinq fils, et par le pouvoir de Capilanam-Irshan, un d'eux régna dans la région d'Hastipura, un dans l'Awapura, un dans le Sinhapura, un dans le Dandarapura, et l'autre dans le Panchala-Nuwara; leur histoire se trouve dans le livre appelé Chatiya-jatakaya, et sachez que depuis cette époque, toute la malice et la fausseté s'introduisirent dans le monde, et depuis ce temps les rois ont perdu l'assistance divine.

Aloowalanam-raja, le fils aîné du roi Chatiya-raja qui succéda à son père, effrayé des malheurs de son père, régna pour la prospérité et le bonheur public, de sorte que son règne dura un assankaya d'années. Son fils Moochalindanam-raja régna aussi un assankaya d'années. Son fils Sagaranam-raja régna un assankaya d'années; il eut près de soixante mille fils qui, ayant partagé entre eux l'empire de Jambudweepa, chacun d'eux régna dans des villes différentes, et après un grand nombre d'années, leurs descendants devinrent inconnus les uns aux autres, ce qui fit qu'il s'éleva parmi eux diverses familles royales, mais au commencement tous les rois étaient de la classe royale appelée Mahâsammata.

Le roi Sagara, qui était l'aîné parmi les soixante mille rois, régna durant un assankaya d'années; son fils, le roi Bharata régna aussi pendant un assankaya d'années; son fils Bageerata régna le même nombre d'années; son fils Roochy régna le même nombre d'années; son fils Sooroochy régna le même nombre d'années; son fils Purtapa régna le même nombre d'années; son fils Maha-Purtapa régna le même nombre d'années. Ce roi ordonna de tuer son propre fils, le prince Dampal, à l'âge de sept mois, à cause que la reine, ayant son enfant dans ses bras, ne se leva pas lorsque le roi entra, et immédiatement après, la terre s'entr'ouvrit, et le roi fut englouti et précipité dans l'enfer, et depuis cette période, le crime du meurtre a prévalu dans le monde, et comme les crimes semblables étaient toujours autrefois évités par les rois, ceux-ci n'eurent pas leur âge diminué, mais depuis ils ont perdu leur beauté corporelle.

Le roi Panawla, le fils du roi Maha-Purtapa régna un assankaya d'années; son fils Maha-panada régna aussi un assankaya d'années; son fils Soodarsana régna le même nombre d'années; son fils Maha-Soodarsana régna le même nombre d'années; il fut un roi Chakrawarty et fit élever une grande cité s'étendant sur un espace de douze yoduns; son fils, le roi Neyroo, régna un assankaya d'années; son fils, le roi Maha-Neyroo régna le même nombre d'années, et son fils, le roi Aswat, régna le même nombre d'années, ainsi que Mahasammata, Rojaya, Wararojaya, Calianaya, Wara-calianaya, Upostava, Mandhatooya, Wara-mandhatooya, Charaya, Upacharaya, Cheytiya, Aloochalindaya, Moouhalaya, Saharaya, Sagaraya, Bharataya, Bageerataya, Roochiya, Sooroochiya, Purtapaya, Maha-Purtapaya, Panadaya, Maha-Panadaya, Soodarsanaya, Maha-Soodarsanaya, Nerooya, Maha-Nerooya et Aswamatta.

Ces vingt-huit rois régnèrent un assankaya d'années chacun; leur résidence continuelle fut dans les trois grandes cités appelées Cusawaty-Nuwara, Rajayaha-Nuwara et Meynloo-Nuwara. Les rois suivants virent diminuer par degrés la durée de leur carrière et leur beauté.

Les fils et petit-fils du roi Asmat mentionné en dernier lieu, n'atteignirent pas l'âge d'un assankaya, mais ils atteignirent celui d'un kali. Le premier cheveu gris se montra sur lui; en le voyant il remit le trône à son fils Makhadewa, et se retira dans un ermitage situé dans la forêt appelée Makhadanam huyana, où il resta durant quatre-vingt-quatre mille ans, et de là il se rendit dans le ciel appelé Brahma-Lokaya, et, depuis ce temps, le titre royal de Mahasammata fut changé en celui de Makhadewa.

Ce titre de Makhadewa fut porté par quatre-vingt-quatre mille rois tous descendant les uns des autres et qui tous, voyant le cheveu gris, se retirèrent dans un ermitage suivant la coutume de leurs prédécesseurs, et ils émigrèrent ensuite dans le ciel Brahma-Lokaya, après avoir été vivants, chacun d'eux, durant une période de 330,000 ans (343), mais les rois suivants ne se retirèrent pas dans un ermitage, quoiqu'ils sentissent dans un plus grand degré l'infirmité de la vieillesse, et le titre de Makhadewa fut changé en celui d'Assoka; le fils du dernier roi, Calaranjanaka fut Assoka; son fils porta le titre d'Okkaka; depuis ce temps la génération royale fut appelée la tribu d'Okkaka.

Le premier roi de cette tribu fut notre gracieux Boudhou dans son existence ancienne comme roi Cusa; après lui, cent mille rois de cette tribu nommés Dilipaya, Ragooya, Anjaya, Assarathaya ramaya, etc., régnèrent sous ce titre, quelques-uns pendant cinquante mille ans, d'autres pendant quarante mille ans, quelques-uns trente mille ans, et ainsi de suite par périodes décroissantes.

Après ces rois vint le règne du roi Biteesadakkata; ses successeurs furent cent mille rois nommés Udayabhaddaya Damanjaya, Corawyaya Wedageya,

---

(343) Quatre-vingt-quatre mille rois régnant chacun 330,000 ans, 27,720,000,000 années.

Sanjaya, Wessantara, Shinghawahanaye, etc.; leur âge fut de dix mille ans et au-dessous.

A la fin du règne de ces rois, Ambatta, fils du roi Soojata, monta sur le trône avec le titre de Treetiya Okkaka. Ce roi eut cinq femmes, nommées Hasta, Chittra, Jantoo, Jalinee et Wisaka; la reine Hasta eut quatre fils appelés Ulkamooka, Coolandooka, Hastini et Sirineepura, et elle eut aussi cinq filles appelées Priya, Supriya, Nanda, Wijita et Wijitasana. Cette reine, ayant eu ces neuf enfants, quitta cette vie; et le roi choisit à sa place une autre belle femme qui, ayant été délivrée d'un fils, l'apporta devant le roi et dit : « Voici ton fils, ô roi; vois combien il est beau. » Alors le roi, en témoignage de sa joie, dit à la reine de lui demander l'objet qu'elle désirerait, quel qu'il fût et qu'il le lui donnerait. La reine répondit qu'elle le lui demanderait lorsqu'elle en aurait l'occasion. Lorsque ce fils dont le nom était Jantoo eut atteint l'âge convenable, la reine s'adressa au roi en lui rappelant sa promesse et lui demanda de faire de son fils un roi, mais il fut très-irrité de l'inconvenance de cette demande parce qu'il avait quatre fils plus âgés qui étaient bien en mesure de remplir cette dignité; il engagea la reine à réfléchir à sa méprise, et il se retira dans sa chambre à coucher.

Quelque temps après, la reine rappela derechef au roi sa parole, se plaignant en même temps de ce qu'il manquait à sa promesse. Le roi, étant convaincu de son erreur, appela ses quatre fils aînés, leur communiqua son engagement et la nécessité où il était de l'accomplir, et il les engagea à prendre avec eux autant de ses sujets et de ses richesses qu'ils le désireraient, et à chercher une autre résidence, ce qu'ils firent.

Les cinq filles du roi, en recevant la nouvelle du départ de leurs frères, quittèrent aussi le pays et se joignirent à leurs frères ainsi qu'un grand nombre de personnes de différents rangs et de diverses classes, de sorte que l'endroit où ils campèrent avait le premier jour quatre lieues de circonférence, le second jour huit lieues et le troisième jour douze lieues.

Ces princes, ayant parcouru un espace de quelques yodums avec cette réunion immense d'hommes, conférèrent ensemble au sujet de leur pouvoir et de la possibilité de conquérir quelque cité que ce fût appartenant à tout roi dans le Jambudweepa, et sur le manque de convenance de prendre possession d'une autre ville; ils se décidèrent ainsi à élever une cité nouvelle en un endroit solitaire, ce qu'ils firent en effet en un lieu qui fut indiqué par notre bien-aimé Boudhou, durant son existence, comme ermite sous le nom de Capila, et cette cité fut nommée Capila. Alors les princes ayant résolu de se marier, pensèrent que, comme il n'y avait pas de tribu égale à la leur et par conséquent comme ils ne pouvaient trouver de maris pour leurs sœurs, ils devaient regarder leur sœur aînée comme leur mère, et que les quatre autres sœurs, devaient, suivant leur âge, épouser chacun d'eux; ces mariages ayant été célébrés, chacune des princesses eut huit fils et huit filles, de sorte qu'ils eurent tous ensemble soixante-quatre enfants. Ces personnages royaux changèrent leur illustre nom d'Okkaka pour celui de Sakkirjawarseya, et de cette race il y eut successivement 222,771 rois, après lesquels il y eut un roi nommé Sinhahaneo, le fils du roi Jayesau et le grand-père d'un Boudhou.

Ce roi eut de la reine Casesin, cinq fils appelés Suddodana, Amitodane, Dotodane, Suckodane et Gattitodane, et deux filles appelées Amita et Paurely. A la mort du roi, le prince Sud'odana monta sur le trône, et sous son règne, notre gracieux Boudhou, qui était en ce temps dans le ciel appelé Toositepura, résolut, à la prière des dieux, de venir dans le monde des mortels, et considérant quelle tribu était convenable pour sa naissance, il dit que la tribu de Mahasammata, descendant du soleil, était supérieure à toutes les autres; il reconnut aussi que, du roi Mahasammata jusqu'à lui, il y avait 707,787 rois et que cette tribu conviendrait pour sa naissance; de plus il avait lui-même appartenu à cette tribu dans ses existences antérieures et il avait régné comme roi, savoir une fois sous le nom du roi Mahasammata, une fois sous le nom de Mahamandatoo Chackrawarti, une fois sous celui de Mahasoodarsena, une fois sous celui de Mahabadawa, une fois sous celui de Timy, une fois sous celui de Cusa, une fois sous celui de Raioma, une fois sous celui du roi Udayebhaddujé, une fois sous celui du roi Mahinsaka, une fois sous celui du roi Cantahary, etc., et enfin qu'il avait été le roi Wessantara, et que, comme tel, ayant été charitable et pieux à un degré élevé, il avait émigré dans le monde divin appelé Toosita, où il avait été un prince divin; il aperçut aussi que le roi qui régnait à cette époque et qui se nommait Suddodana, était de la tribu royale de Mahasammata, et que, dans ses existences antérieures, ayant été très-charitable et très-vertueux, il avait désiré devenir le père d'un Boudhou et qu'il en était digne; il jeta ensuite les regards sur le monde humain pour voir s'il y avait une femme qui eût mérité d'être, pendant une période de 100,000 kalpas, l'objet de désirs tendant à ce qu'elle devînt la mère d'un Boudhou, étant une personne de la meilleure famille et exempte, depuis le jour de sa naissance, des cinq péchés; notre Boudhou, reconnut que la fille de Mahasupprabudda, roi de la ville de Coliya et nommée Maha-Maya-Dewe, qui était à cette époque l'épouse du roi Suddodara, était une personne qui, ayant les qualités ci-dessus mentionnées, méritait de devenir sa mère.

La génération de Mahamayadewe est comme suit : après les trois générations ci-dessus indiquées appelées Mahasammata, Makahadawa et Ockawka, il y eut la tribu appelée Sackujawansaya; de cette tribu fut Ockawka le troisième, qui était roi dans le Capilapura et qui avait quatre fils; ces quatre frères soutinrent leurs sœurs, et pendant qu'ils passaient leurs jours sans avoir égard à leur tribu, leur sœur aînée Priya devint lépreuse, et tout son corps devint aussi blanc que les fleurs du Kobolicla, alors les princes se concertèrent ensemble et pensèrent que cette maladie était d'une nature telle qu'elle infecterait tous ceux qui auraient compagnie avec elle. Effrayés de cette idée, ils proposèrent à la princesse d'aller s'amuser avec eux à leur maison de campagne, et ils l'emmenèrent dans une voiture couverte, et ils la conduisirent au milieu d'un désert et ils la laissèrent dans une caverne souterraine avec des provisions de toutes espèces et tout ce qui était nécessaire à son existence; ils recouvrirent la caverne convenablement, et les princes se retirèrent avec des larmes dans leurs yeux.

Tandis que cette princesse vivait dans cette situation, un roi de Jambudweepa nommé Rawna, fut atteint de la même maladie; là-dessus ses femmes et les autres membres de sa famille le prirent en haine, ce qui irrita le roi; il abdiqua son autorité en faveur de son fils, et, livré au désespoir, il se retira dans le désert.

Le roi errant dans le désert, se mit à manger des fruits, des feuilles, de l'écorce et des racines de tous les arbres qu'il trouvait; par suite de l'effet de cette nourriture, le roi fut guéri, et son corps devint aussi brillant que l'or; alors le roi, cherchant un abri, trouva une cavité dans le tronc d'un grand arbre appelé kolon, où il séjournait la nuit au milieu du bruit du rugissement de toutes espèces de bêtes sauvages. Un matin, tandis que le roi était dans son asile ordinaire, un tigre qui cherchait sa proie, vint à la caverne où était la princesse, et reconnaissant l'odeur d'un être humain, il enleva la terre avec ses pattes, il enleva les planches, il vit la princesse et il l'effraya par ses rugissements; alors la terreur qu'éprouva la princesse fit qu'elle jeta des cris, et la frayeur naturelle qu'inspire aux bêtes la voix humaine, fut cause que le tigre prit la fuite. Après le lever du soleil, le roi se rappelant qu'il avait entendu le rugissement du tigre et qu'en même temps une voix humaine procédait d'une certaine direction du désert, descendit de l'arbre, et avançant dans cette direction, il aperçut la retraite où était la princesse et, en regardant par l'ouverture faite par le tigre, il vit dans la caverne une créature humaine. Le roi lui demanda qui elle était; elle dit qu'elle était une femme; alors le roi l'engagea à monter, mais elle refusa, disant qu'elle était la princesse Priya, la fille aînée du roi Ockawka, et que, dût-elle perdre la vie, elle ne souffrirait pas que sa tribu fût déshonorée. Le roi répondit qu'il était Rawna, le roi de Barenas, de sorte qu'ils étaient à l'égard l'un de l'autre comme l'eau de la rivière et l'eau de la pluie; alors la princesse dit qu'elle était atteinte d'une maladie lépreuse que nul homme ne devait voir, et qu'elle était ainsi hors d'état de sortir de sa retraite; en réponse, le roi l'informa qu'il avait été frappé de la même maladie et qu'il avait ensuite été guéri; il fit une échelle qu'il descendit dans le souterrain et fit ainsi sortir la princesse.

Le roi conduisit alors la princesse à l'endroit où il résidait, et lui faisant faire usage des mêmes herbes médicinales qu'il avait employées, il la guérit en peu de temps; et alors l'apparence du corps de la princesse devint aussi belle que la fleur Kinihery. Ces deux personnes royales, lorsqu'elles eurent été ainsi guéries, se regardèrent l'une l'autre avec affection; elles s'unirent ensemble et engendrèrent deux fils, et par des naissances successives de jumeaux, elles eurent ainsi trente-deux fils dans une période de seize ans.

Un certain jour, un homme de Barenas, ayant vu le roi, en traversant le désert, s'approcha de lui, et il lui demanda s'il le connaissait; le roi ayant répondu que non, l'homme fit la description de sa personne; là-dessus le roi lui demanda des nouvelles de son fils et de l'état de son royaume; pendant que l'homme satisfaisait à la réponse du roi, les trente-deux princes survinrent, et leur vue étonna l'homme; il demanda au roi qui ils étaient, lorsqu'il fut informé qu'ils étaient les enfants du roi, il fit observer au roi combien il était dommage de résider dans un désert avec de tels enfants, et il pria le roi de retourner dans sa capitale.

Le roi ayant refusé, l'homme s'éloigna et informa le fils du roi, qui était alors sur le trône, de ce qui était arrivé à son père; là-dessus le fils entra dans le désert avec une multitude de ses sujets, afin d'aller chercher son père, et, l'ayant trouvé, il se prosterna devant le vieux roi, et il le pria de retourner dans son royaume, et de reprendre la direction du gouvernement, mais le vieux roi repoussa la prière de son fils: là-dessus le roi fit construire, par ses géants, une grande ville pourvue de toutes choses nécessaires; il plaça une forte garde dans chaque direction; et se retira dans sa propre cité. La nouvelle ville ayant été élevée sur le lieu où était placé l'arbre appelé coliya, fut appelée la ville de Coliya, et comme les trente-deux princes étaient nés dans l'habitation sur l'arbre coliya, leur tribu fut appelée Coliya-wanseya.

Pendant que les princes passaient leurs jours dans cette ville, la reine appela une fois ses fils, et leur dit que les quatre rois qui régnaient sur le pays appelé Capilapoora étaient leurs oncles, et qu'à eux quatre, ils avaient trente-deux filles que ses enfants pouvaient demander en mariage s'ils le voulaient. Là-dessus les trente-deux princes envoyèrent, chacun de leur côté, des messagers avec des présents auprès de leurs oncles, demandant les princesses en mariage, mais ces rois repoussèrent la demande, reprochant aux princes d'être des personnages de basse extraction, et d'être nés dans le creux d'un arbre. Là-dessus les princes, s'étant mis en communication secrète avec les princesses, les déterminèrent à se rendre à un certain endroit où ils devaient les attendre; de sorte que les princesses ayant, sous prétexte d'aller se baigner, obtenu la permission de leurs pères, rejoignirent les princes et se retirèrent à la ville de Coliya; depuis cette époque l'union des princes des deux pays resta stable.

Ces trente-deux princes ayant bâti trente-deux palais munis de portes et de toutes choses nécessaires, et ayant ainsi élevé la ville de Coliya à un haut degré de splendeur, eurent chacun trente-deux enfants, de sorte qu'après des milliers de générations de cette tribu royale de Coliya, naquit un prince dont le nom était Annoosawkya-nammaren Iraya, fils du grand roi Dendaraje, qui fut le grand-père d'un Boudhou. Le roi Annoosawkya ayant pour épouse la princesse Mahayasodarawdawe, la fille du roi Subhabaoo, eut deux fils nommés Supprabu Idaye et Dandapaniya, ainsi que deux filles nommées Mahamaya lewe et Maha prajapetiya. Ces deux princesses étaient aussi belles que des déesses. Elles ne disaient jamais de mensonge, même en plaisantant; elles n'aimaient pas même à voir ceux qui boivent du toddy; elles n'enviaient pas les propriétés des autres; elles ne tuaient pas même un pou, et elles avaient pris la résolution de ne pas voir un homme jusqu'à ce qu'elles en eussent trouvé un digne d'être reçu d'elles. Il était prédit que ces deux princesses enfanteraient deux princes dont l'un deviendrait un roi Chackrawarty, et l'autre un Boudhou. Ces nouvelles s'étant répandues dans tout le pays de Jambudweepa, les rois de soixante-deux mille royaumes continuèrent d'envoyer des présents, et le roi de Suddodana en étant informé, résolut que les deux princesses qui étaient de sa famille ne seraient données à aucun autre prince; ainsi il les épousa toutes deux, et il en fit les reines supérieures.

La reine Maha-mayadewe était dans l'habitude d'observer les cinq commandements; elle était vertueuse et très-affable. Dans le temps du Boudhou Wipassy, après avoir offert à Boudhou du sandal rouge de la meilleure espèce, elle désira de venir la mère d'un Boudhou.

A cette époque, notre seigneur béni, qui se tient debout sur les prières des dieux, et des brachmas de dix mille mondes, jeta les yeux sur le monde humain, et s'aperçut que Maha-mayadewe, l'épouse du roi Suddodana, était une femme bénie, et il résolut de devenir son fils, ce qu'il exécuta.

Lorsqu'il fut né, il fut nommé le prince Siddarta; il était estimé comme la couronne des fleurs qui sont posées sur la tête de tous les autres princes; il épousa la princesse Yasodaradawy, la fille du roi Suppraoulla, et il vécut en cet état de mariage pendant une période de vingt-neuf ans. Ce prince vécut dans une grande amitié avec le roi Bimbisawra. Quand le prince Rahula naquit pour notre seigneur, il se retira pour se livrer à la pénitence et aux austérités, et ayant demeuré en cet état pendant six ans, il arriva par degrés à la sagesse de Boudhou, et fixa sa résidence chez le roi Bimbisawra, dans la ville de Rajegaha-noowara. A cette époque, le roi Binsara, dans une période de quinze ans, arriva au trône à la mort de son père, et régna avec beaucoup de prospérité. La seizième année du règne de ce roi, notre seigneur Boudhou fit son sermon. Ce roi régna cinquante-deux ans, et dans la trente-septième année de son règne, il lui naquit un fils dont le nom était Ajassat; il assassina son père et régna trente-deux ans. La huitième année du règne de ce roi, notre seigneur Boudhou quitta cette vie.

CHAPITRE II.

Le second chapitre de la tribu de Mahasammata dans le Mahawansée.

Après que notre seigneur eut acquis la sagesse de Boudhou, il vécut quarante-cinq ans; durant ce temps ayant complété les actions d'un Boudhou, il se retira à la ville de Coosinara-nuwara, et là il quitta cette vie. A cette occasion, il se réunit une multitude innombrable de dieux, de brachmas, etc., de milliers de mondes, ainsi que des sattrias, des bramines, des wraissias, des soudras, et sept cent mille prêtres. Quelques-uns de ces prêtres, ainsi assemblés et dont la conduite n'était pas vertueuse, ayant enveloppé le corps dans de la soie fine, le placèrent sur un bûcher de bois de sandal, et alors les rois qui se chargèrent de ce soin, travaillèrent durant sept jours à allumer le feu avec des milliers d'éventails précieux, mais en vain. Là-dessus le prêtre nommé Maha-cassiyapasta-wira, s'étant approché du côté des pieds de notre seigneur, se prosterna pour l'adorer; alors il advint que ses pieds apparurent comme deux pierres précieuses fixées dans une muraille d'or; le prêtre Maha-sopterunwahansa, prenant ces pieds dans ses bras, prononça sept *gathas* ou vers à leur louange. Alors une flamme sortit du milieu du bûcher. Et ce feu ne détruisit pas la vie du plus petit des insectes qui étaient sur les arbres près de ces lieux. A l'extrémité de cette flamme, les oiseaux se jouaient comme l'oiseau Diyakawa joue sur l'eau fraîche, et les feuilles, et les fleurs des arbres près de ce feu ne furent pas flétries.

Tandis que la foule regardait ces prodiges, en poussant des cris de joie, le prêtre Maha-cassiyapasta-wira se retira, et en retournant de la ville d'Awtoomanan à la ville de Coosinawra, il raconta qu'un prêtre méchant et malicieux qui était irrité contre le Boudhou, parce que celui-là lui avait une fois reproché d'accepter des aumônes qui ne lui étaient pas destinées, s'était réjoui en apprenant la mort du Boudhou, et en même temps, s'approchant de chacun des prêtres qui déploraient la mort du Boudhou, il leur dit : « Eh bien ! prêtre, pourquoi te lamentes-tu maintenant? Nous sommes à présent délivré de ce prêtre qui nous tourmentait tous, en disant : « Ceci peut être accepté; ceci ne peut pas être accepté; ceci est autorisé et cela ne l'est pas; ceci est un fait et cela ne l'est pas. » Donc, nous pouvons faire maintenant ce qui nous plaît; nous devons ainsi nous réjouir au lieu de nous affliger. » En conséquence de cela, sept jours après la mort du Boudhou, le grand prêtre Cassiyapastawira exprima le souhait de priver de leurs robes d'aussi méchants prêtres, et de les expulser de la société, mais il dit ensuite qu'il ne serait pas convenable de le faire aussi peu de temps après la mort du Boudhou, et il ajouta qu'il prendrait les mesures qui deviendraient nécessaires. « En même temps il est indispensable, dit Cassiyapastawira, que ce qui est écrit dans la langue pali soit mis en lieu sûr pour que les méchants prêtres ne puissent pas le détruire; si on néglige l'Ecriture, la malice ira en croissant et la vertu en diminuant; la science décroîtra et l'ignorance sera en force. »

En entendant ces raisons, les personnes engagées dans les ordres saints s'adressèrent à Cassiyapastawira, et dirent : « S'il est ainsi, que l'Ecriture soit mise en sûreté, en la divisant en plusieurs parties. » Dans ce but, Cassiyapastawira choisit quatre cent quatre-vingt-dix-neuf prêtres, et dit qu'aussitôt que le prêtre Anandastawirayan aurait obtenu le pouvoir de disparaître, il faudrait le comprendre au nombre de ces prêtres. Il fixa la ville de Rajegahanuwera comme l'endroit où ils devraient se réunir. Alors des milliers de rois préparèrent tout ce qui était nécessaire pour déposer le dawtoo (316) en élevant pour cet objet un édifice au milieu de la ville, en l'ornant de toutes sortes de fleurs et de fruits, d'étoffes de soie et de lin.

Les reliques du Boudhou étant enveloppées dans des centaines d'étoffes et placées sur l'éléphant du roi, autour duquel étaient rangés des éléphants portant des milliers de parasols, furent portées à la ville au son des instruments de musique de tout genre; ces reliques ayant ensuite été placées dans le temple magnifique élevé à cette intention, des gardes armés se placèrent à l'entour; ensuite venait un cercle d'éléphants, un de chevaux et un de géants, de sorte que le cercle ainsi formé s'étendait à la distance d'un yodun, et la multitude du peuple réuni à l'endroit où étaient les reliques sera exprimée dans l'ouvrage appelé Toopawrama Cawtawa.

La huitième année du règne du roi Ajassat, et la troisième semaine après la mort du Boudhou, les prêtres assemblés quittèrent la ville de Cusinanaw, et se rendirent à celle de Rajegaha. Ils informèrent le roi Ajassat de leur arrivée, et de leur intention de le voir, et de prononcer un sermon, en demandant en même temps qu'on leur donnât un logement. En recevant cette nouvelle, le roi se livra à une joie extrême, et il ordonna qu'on préparât une résidence sur la montagne de Wabahara-parkwateye; après avoir fait peindre les murailles avec magnificence, et les avoir fait arroser de diverses sortes d'eaux de senteur, il fit élever une chaire au milieu de la salle, et ayant placé une garde imposante composée d'éléphants, de chevaux et d'hommes munis d'armes de diverses espèces, le roi s'adressa aux prêtres en disant : « Seigneur, l'habitation qui doit vous servir de résidence est prête; veuillez donc en faire usage selon votre désir. » Là-dessus les quatre cent quatre-vingt-dix-neuf prêtres, y compris leur chef Cassiyapastawirayan, entrèrent dans la salle, et prirent place selon leur ancienneté, laissant un siège vacant, et quand on demanda le motif de cette manière d'agir, il fut répondu que ce siège était réservé pour le prêtre Anandastawirayan.

Ce jour-là, Anandastawirayan ayant obtenu le pouvoir de voler en l'air, songea à le faire connaître à l'assemblée des prêtres réunis dans la salle; ainsi, au milieu de la salle, le sol d'une façon extraordinaire s'étant entr'ouvert, le prêtre Anandastawirayan sortit par cette ouverture et prit place sur le siège qui lui avait été réservé. Le prêtre Cassiyapastawirayan ayant vu que Anandastawirayan avait obtenu la faculté de voler, dit : « Si Boudhou était encore vivant, il aurait poussé un cri de triomphe pour saluer Anandastawirayan; faisons donc ce qu'il aurait fait. » Et quand il eut parlé ainsi, les prêtres poussèrent un cri qu'ils réitérèrent trois fois.

Alors Maha-Cassiyapastawirayan demanda à l'assemblée par quelle partie de l'Ecriture elle jugeait à propos de commencer; il fut répondu que la per-

---

(316) Le mot dawtoo signifie une relique du Boudhou, une portion de ses os ou de ses cheveux. Le plus célèbre de ces dawtoos est une dent dont l'histoire forme l'objet d'un écrit spécial intitulé *Dhatâdhâtouramsa*, qui existe encore aujourd'hui et qui, continué d'âge en âge, va jusqu'au milieu du siècle dernier. Après bien des pérégrinations, cette dent fut déposée dans un temple à Kandy, et en 1837, c'était Turnour, auteur d'ouvrages estimés sur Ceylan, qui l'avait sous sa garde, au nom du gouvernement anglais.

tion de l'Écriture qui a le nom de Winna-pittaka est la vie et la doctrine de Boudhou, et que si elle est observée, les préceptes auront toute leur force ; il fut ainsi décidé qu'on commencerait par le Winna-pittaka. Là-dessus Maha-Cassiyapastawiran exprima le désir de savoir quelle serait la personne qui commencerait la première à expliquer le Winna-pittaka. L'assemblée répondit en disant que, durant sa vie, le bienheureux Boudhou avait confié au prêtre Upalistawira le soin d'expliquer le pali, et qu'il était ainsi la personne désignée pour cette fonction. Cette proposition étant faite, Upalistawira prit congé de l'assemblée, monta sur la chaire qui était au milieu de la salle, et expliqua tous les passages dans le Winna-pittaka ; Cassiyapastawirayan les remit aux prêtres en leur recommandant de les observer ponctuellement, et de les faire observer par leurs disciples.

Alors le prêtre Maha-Cassiyapastawirayan s'adressa à l'assemblée afin d'expliquer les passages dans cette partie de l'Écriture appelée Soottra-pittaka, et le prêtre Anandastawira ayant été recommandé dans ce but, Cassiyapastawirayan l'interrogea sur des points qui expliquent des passages dans le Soottra-pittaka. Tandis qu'Anandastawira s'occupait d'expliquer d'une manière admirable la doctrine de Boudhou, au grand étonnement de tous les assistants, un des dieux qui étaient présents en cette circonstance, parmi la multitude des dewas et des brachmas, pensa en lui-même : « Cet Anandastawira est un personnage de la tribu de Sackiyawanseya ; il est le frère cadet du Boudhou Loutooru, il a été signalé, dans la vie du Boudhou, comme une personne versée dans la langue pali ; il est instruit et charitable, et il est recommandable en sa profession ; il faut donc qu'il ait obtenu la sagesse du Boudhou, et il annonce maintenant la doctrine au milieu des prêtres. »

Anandastawira connut par inspiration les pensées du dieu, et se trouvant indigne de semblables louanges, il déclara, en présence de l'assemblée de tous les dieux, qu'il n'avait pas atteint l'état de Boudhou, qu'il était un élève de Boudhou, et qu'il avait été élevé dans les sciences par Boudhou. Il déclara de plus qu'une fois le bienheureux Boudhou, étant dans l'édifice élevé à Jatawaneye, qui avait été élevé par le prince Jatawane, avait prononcé un discours sur le Soottra-pittaka. A cette époque, y ayant assisté, il avait entendu ce qu'il répétait maintenant, mais il n'avait pas obtenu l'état de Boudhou ; ainsi il écartait tous les doutes en présence des dieux. Cette déclaration fit grand plaisir aux dieux et aux prêtres ; en conséquence, ils poussèrent tous un cri. Il advint ensuite qu'il tomba une pluie d'eau parfumée au son d'instruments de musique, et qu'il s'accomplit beaucoup d'autres choses miraculeuses ».

Le prêtre Anandastawira expliqua ainsi tous les passages qui lui étaient soumis par Maha-Cassiyapastawirayan, et il composa ainsi les volumes qui ont le titre de Dierganikawye, formés de soixante-deux Bana-Wara (547), en trente-quatre soottras des trois sortes de règles.

CHAPITRE III.

Le troisième chapitre du livre appelé Perterne-Darmesangeety du livre Mahawansée, fait pour le repentir des hommes justes.

Ensuite le Maldimenikaya ou livre des sermons de Boudhou, formant une partie du Soottra-pittaka, prêché aux hommes, et contenant vingt-mille Bana-wara (*vingt millions de vers*), fut compilé et arrangé, et il fut exprimé le vœu qu'il fût confié à la mémoire du premier disciple de Damsenewisserint-Maha-Teroonwahansey.

Ensuite le Saninktenikaya, une partie du livre des sermons de Boudhou appelé Sootra Pittaka, contenant cent Bana-wara, ayant été compilé et arrangé dans un ordre convenable, il fut exprimé le vœu qu'il fût confié à la mémoire de Maha-Cassepastawirayan et de tous ses disciples.

Ensuite l'Angotternikaya, une partie du livre des sermons de Boudhou appelée Soottra-pittaka, contenant deux mille Bana-wara, ayant été arrangé dans un ordre convenable, il fut exprimé le vœu qu'il fût confié à la mémoire d'Anuruddasta-Wireyan et de son premier élève.

Ensuite fut compilé le livre appelé Abidarma-pittaka qui fut prêché aux dieux, et qui fut rangé dans un ordre convenable par cinquante prêtres de Boudhou.

Enfin, furent compilés et rangés dans un ordre convenable les livres d'un rang inférieur prêchés par tous les prêtres, et qui sont : le Sutternipata, le Darmepadeya, l'Ittiuttekaya, le Wimane-Wastuwe, le Pretewastuwe, le Theregahta, l'Yateka, le Nirdeesa, le Pertisambidaw, l'Apedawne, le Buddewanse, le Chariya-Pittaka, etc., que prêchent tous les prêtres.

Ces diverses lois furent compilées et complétées en sept mois par Maha-Cassiyapastawira, aidé de cinq cents des principaux prêtres, et elles doivent être en vigueur pendant cinq mille ans.

Ledit Maha-Cassiyapastawira, le chef des prêtres, et tous les autres prêtres qui, tels que des pierres précieuses, brillaient de sagesse, quittèrent ensuite graduellement cette vie, et devinrent comme des lampes éteintes.

C'est ainsi que les sages ne doivent pas penser aux vaines jouissances du monde, et différer d'exercer la charité qui leur est profitable tant en ce monde que dans l'autre.

(547) La Bana-Wara se compose de 250 *gahtas* ou vers.

CHAPITRE IV.

Le quatrième chapitre appelé Dewenisangeety du livre Mahawansee, qui fut fait pour le repentir des hommes justes.

Le roi Uddeyabadde, le fils du susdit roi Ajassat, le parricide, tua aussi son père et régna aussi seize ans.

Le roi Anurudde, le fils dudit Uddeyabadde, ayant tué son père, s'empara du royaume.

Le roi Anurudde fut tué par son fils Mudda, qui s'empara du royaume de son père; l'un et l'autre de ces rois régna dix-huit ans.

Le roi Nagadaseka, ayant tué son père Mudda, régna vingt-quatre ans. Tandis que ces rois régnaient ainsi en tuant leurs pères, les habitants se soulevèrent et bannirent le roi du royaume, déclarant en même temps que la tribu de ces rois était des parricides. Le peuple choisit ensuite pour roi Susanaga, un ministre qui était un homme juste; il fut proclamé roi et il régna dix-huit ans.

Le fils dudit Susanaga, nommé Ca'asoka, succéda à son père et régna vingt-huit ans.

Ensuite régna un roi nommé Ajatesestroo, qui résida dans la ville de Pateleputta. Cette ville fut bâtie au village de Pately, situé près du bord de la rivière Ganga, par un brahmine appelé Wassekarn, dans l'intention de conquérir la ville de Wisalamaha, où régnèrent sept mille sept cent sept rois descendants de Brahmedatte, roi de Barenas. Après la mort de ce roi, six rois régnèrent l'un après l'autre: ils se nommaient Uddeyabadde, Anurudde, Mudda, Nagadasaka et Susunaga Daseka. Après eux vint le roi Calasoka, et la dixième année de son règne correspondait exactement à cent ans après la mort du Boudhou.

Cette année-là, il y avait un prêtre de Boudhou appelé Cacan laputra-Yassa, qui parcourait les villages, les cités, les villes, et allait d'endroit en endroit dans le pays de Watjy, et il apprit que les prêtres de Boudhou résidant dans le temple de Mahawanne, dans la ville de Wisalah, se livraient à une pratique contraire à la loi de Boudhou, celle d'acquérir des propriétés pour eux-mêmes, en prétendant que la loi l'autorisait. Ce prêtre se rendit alors accompagné d'un grand nombre de prêtres au temple de Mahawanne, afin de soumettre les pervers qui y résidaient. Là-dessus, un habitant du pays de Watjy, un prêtre alla vers le roi Calasoka et s'adressa à lui de la façon suivante : « O roi, le prêtre Wassa vient avec un grand nombre d'autres prêtres de Boudhou au temple de Mahawanne, où nous résidons, afin de s'opposer à nous; qu'il plaise à ta majesté d'empêcher leur venue. » D'après ces supplications, le roi, qui était fort ignorant en fait de religion, envoya son armée avec l'ordre d'empêcher le prêtre Yassa et ceux qui étaient avec lui d'entrer dans sa ville; cette armée fut, par le pouvoir des déités, menée sur une fausse route. La nuit qui suivit ce jour, le roi rêva qu'il était jeté, corps et âme, dans l'enfer de Lohocumi oo, ce qui fit qu'il se réveilla, et il ne put se rendormir jusqu'au matin. Le jour suivant, le roi rencontrant sa sœur Jestebaginy, une prêtresse, lui fit part de son rêve, et elle lui expliqua les fâcheuses conséquences d'ajouter foi à de pareils imposteurs qui s'égaraient et qui agissaient contre la loi de Boudhou, et qui vivaient sans observer la loi, chacun agissant selon son plaisir. Elle dit de plus que celui qui fait ces choses est sujet, conformément à ce que dit Boudhou, aux peines de l'enfer Lohocumboo dans la vie future, et que, même dans celle-ci, il est comme quelqu'un qui est dans cet enfer. Elle exhorta le roi à éviter la cruauté, la colère et la crainte, et à encourager les prêtres qui sont pieux et qui travaillent à répandre la religion de Boudhou, laquelle doit durer cinq mille ans. Elle l'engagea à se livrer à des actes de charité afin qu'il pût obtenir le bonheur dans ce monde et dans l'autre pendant la durée d'un kalpa.

Le même jour, le roi se rendit à la ville de Wisalah, et il empêcha ces imposteurs (qui étaient au nombre de dix mille) d'accomplir des fonctions religieuses, et parmi douze lacs de prêtres de Boudhou appelés Rahatoons, qui s'assemblèrent en cet endroit, le roi invita Sabbe Camy, un prêtre d'un rang élevé, le prêtre Yassa, et divers autres prêtres, au nombre de sept cents, qui s'assemblèrent à l'endroit appelé Walucaw-Rame dans la cité de Wisalah, où le roi fit une enquête auprès de ces prêtres touchant la loi Istewirrewade et Wineya, et les fit mettre par écrit dans l'espace de huit mois. A cette époque, ces imposteurs, qui étaient repoussés par les prêtres pieux, erraient dans divers autres pays, cherchant des secours, et ils trouvèrent le roi Mandelica qui ne connaissait pas les devoirs moraux et qui fut disposé à les assister. Là dessus ils se concertèrent ensemble pour briser les lois du prêtre pieux et pour en adopter d'autres; ils arrêtèrent ainsi des lois, et ils les proclamèrent comme si elles étaient des lois de Boudhou. Ces lois, appelées Hamewatta, Rajegiry, Sidda tecaya, Purwesayly, Astera-Saily et Wajeriya Wady, étaient au nombre de vingt-quatre, et furent rédigées dans l'espace de cent ans. De cette manière, ils détournèrent les hommes de la vertu, les amenant au vice, comme si les fruits empoisonnés appelés kinnam, qui sont aussi doux que du miel, étaient donnés à un aveugle pour qu'il en mangeât. Alors prévalurent dans l'île de Ceylan deux Nicayes ou fausses doctrines appelées Darmerutchya ou Sagalihya; mais la doctrine de Boudhou appelée Istewirrewade a toujours prévalu depuis la mort de Boudhou jusqu'à ce jour, les hommes et les dieux s'y ralliant. Elle c. t exempto de mélange avec toute fausse doctrine quelconque, et elle est sainte et aussi pure que le courant de la rivière Ganga, que la pierre précieuse appelée Jatirangay et que les rayons de la pleine lune.

CHAPITRE V.

Le cinquième chapitre appelé Tritiya-Sangety du livre Mahawanse fait pour le repentir des hommes vieux.

Il y eut dix fils du roi Calasoka ; ils se nommaient Baddesenah, Corandewarne, Mangureya, Sarwatnega, Jaluka, Ubeca, Satcheya, Corawa, Nandiwardene et Pantchewakeya, et ils régnèrent vingt deux ans.

Ensuite vinrent les rois ci-après : Uggasenah-Nandeya, Panducah-Nandeya, Panducagaty-Nandeya, Bupala-Nandeya, Rattepale-Nandeya, Govisanah-Nandeya, Dasesittica-Nandeya et Danepala-Nandeya ; ils régnèrent vingt-deux ans ; le dernier de ces rois fut tué par Chandragutta, prince de la ville appelée Moriya, par le moyen d'un brahmine appelé Chanacca ; ce roi était un rejeton d'un des princes de la famille royale appelée Sacca, qui vint de la ville de Capilewastoe, et il régna trente-quatre ans. A sa mort, son fils, le prince Bindusara fut proclamé roi de la ville de Pellelup, il eut cent enfants et il régna vingt-huit ans ; ce roi, durant le cours de sa vie, nomma son fils aîné, le prince Sumana pour être roi avec lui ; il avait un autre fils, le prince Priyadase qu'il avait d'une de ses femmes, appelée Darmah, laquelle était un rejeton de la famille royale appelée Chory ; cette reine avait aussi un autre fils appelé Tissa, et son mari, le susdit roi, résidait à Awantiyerra. Etant envoyé par son père, il se rendit à la ville appelée Wettisa qui était à une distance de cinquante yoduns de la ville de Pellelup où résidait le prince de la famille royale de Sacca qui s'était enfui de Widudamba Sangrawma et qui était marié à la princesse appelée Wettisa (laquelle était aussi belle qu'une femme céleste) ; il devint roi de la ville d'Udeny, et il eut de son épouse, la reine Wettisa, un fils et une fille. Comme ce roi réussissait en toutes choses, il fut appelé le prince Asoca. Un jour, ce roi ayant appris que son père était infirme, partit immédiatement et vint à la ville de Pellelup où il vit son père, et il vécut à la cour de son père et il l'assista. Pendant cette période, ce prince fut à sa demande proclamé par son vieux père roi de Cusumepura qui appartenait à Pellelup. Le prince Samana qui était le second roi de la ville de Pellelup, ayant reçu ces nouvelles fit la guerre au nouveau roi appelé Asoca, et Asoca fut vainqueur.

Ce conquérant devint souverain de tout le Jambudi-Dweepa, et il proclama son frère Tissa second roi. Quatre-vingt-quatre mille rois couronnés payèrent tribut à ce roi. Il avait seize mille femmes et une d'elles, nommée Asandinimittrah, était la première reine et dominait sur toutes les autres. Il est dit que ce roi recevait des présents même des dieux et qu'il était servi par les bêtes et par les oiseaux ; six mille prêtres païens étaient, sous son règne, habituellement nourris chaque jour à son palais, comme cela avait eu lieu à l'époque de son grand-père et de son père. Un jour le roi voyait par une fenêtre ces païens dont les façons étaient grossières ainsi que le langage ; ils étaient assis pour leur repas et poussaient des cris ; le roi eut l'idée de connaitre quelles étaient les conséquences de cette distribution d'aumônes ; il envoya donc chercher ses ministres et leur commanda de conduire à la ville ces païens qu'ils nourrissaient ordinairement, parce qu'il avait le désir de leur distribuer lui-même des aumônes ; chacun des ministres amena donc les différents prêtres imposteurs, sales et repoussants qu'il nourrissait et les présenta au roi comme si c'étaient les prêtres appelés Rahatoons, qui donnent aux hommes le bonheur et la félicité en détruisant leur péché ; là-dessus, le roi plaça pour eux divers sièges en son palais, et il leur ordonna de s'asseoir comme ils le voudraient ; alors sans faire aucune différence entre les différences d'âge et de distinction entre eux, ces païens s'assirent les uns sur des sièges élevés, d'autres sur des sièges bas, et quelques-uns s'assirent sur le plancher, en étendant dessus leurs vêtements ; le roi, après leur avoir donné de la nourriture en abondance, les renvoya, et le lendemain il en fit autant. Ce jour-là, le roi observa que ceux qui s'étaient assis la veille sur des sièges élevés, étaient maintenant assis sur des sièges bas et que ceux qui s'étaient assis sur des sièges bas avaient pris place sur des sièges élevés, et d'après la rudesse de leur conduite, il conclut qu'ils n'étaient que des imposteurs. Le roi qui cherchait des prêtres pieux, voyant quelques jours après un prêtre de Boudhou, nommé Niggrode de l'ordre de Samenère qu'il vint à rencontrer sur son chemin, et observant sa conduite décente et son aspect plein de douceur, fut charmé de le voir. Ce Niggrode avait été, dans une vie antérieure, frère dudit roi Asoka, à savoir : « dans une existence antérieure, il y avait trois frères dans la ville de Barènes qui étaient des marchands de miel et qui par ce commerce, avaient soutenu leurs diverses familles ; l'aîné était dans l'usage d'aller dans l'intérieur du pays et d'acheter le miel de divers habitants pour le revendre ; le second frère était dans l'habitude de porter à la ville le miel qu'avait réuni l'aîné et de remettre cette provision au plus jeune qui en effectuait la vente avec bénéfice. En ce temps-là, un certain Passe-Boudhou qui résidait dans une caverne appelée Gandemaderre, étant affligé d'un ulcère ; un autre Passe-Boudhou vit qu'il pouvait être guéri avec du miel ; il descendit la montagne, en marchant en l'air et vint à la porte de la ville ;

là il mit pied à terre et traversa les rues pour aller chez les marchands de miel; une servante qui passait avec un vase pour porter de l'eau, ayant rencontré ce Passe-Boudhou, elle s'arrêta sur l'un des côtés de la rue et se prosterna devant lui, et lui demanda ce qui l'avait amené; il répondit et dit : « Sœur, je suis venu ici parce que j'avais besoin de miel. » Là-dessus, elle lui montra le marché au miel en le lui indiquant avec la main, et tandis qu'il s'y rendait pour demander du miel, la femme restait à le regarder, pensant que s'il n'obtenait pas de miel au marché, elle en achèterait pour lui, fût-ce en vendant l'étoffe qui la couvrait.

Quand le Passe-Boudhou vint au marché où se tenait le marchand de miel, celui-ci se leva aussitôt et s'approcha du Passe-Boudhou; et s'étant prosterné devant lui, il prit sa tasse, et la plaçant par terre, il apporta un pot de miel et le versa dans la tasse; elle fut complètement remplie, de sorte qu'une partie du miel tomba par terre. Le marchand, voyant cela, fut rempli de joie et pria ainsi : « Que par la vertu de l'acte de charité que je fais en remplissant cette tasse, je sois, dans ma prochaine existence, le souverain du royaume de Dambedwipa, qui a une étendue de dix mille yodans, et de même que le miel a débordé et s'est répandu par terre, ainsi puisse mon influence prévaloir jusqu'à la distance d'un yodun dans le ciel et jusqu'à une égale distance sur la terre. » Ensuite le marchand remit avec beaucoup de vénération la tasse au Passe-Boudhou; le Passe-Boudhou bénit le marchand et s'éloigna.

La servante qui avait indiqué le marchand au Passe-Boudhou pensa en elle-même que, puisqu'il avait obtenu du miel, elle devait lui offrir l'étoffe qu'elle avait, et elle lui demanda, en lui donnant les marques habituelles de respect, quelle était la prière du marchand. Lorsque le Passe-Boudhou l'en eut informée, elle le pria d'avoir compassion d'elle et de s'arrêter un instant à l'endroit où il était. Elle courut immédiatement à sa maison; elle quitta l'étoffe dont elle était vêtue, couvrant son corps d'un vieux haillon; elle lava l'étoffe dont elle s'était dépouillée, et la porta au Passe-Boudhou, le priant de l'accepter pour la placer sous la tasse, et, en agissant ainsi, elle pria pour qu'elle pût, dans sa prochaine existence, être la femme du roi futur de Dambedwipa, qui était alors marchand de miel. Le Passe-Boudhou dit à la femme : « Qu'il en soit de toi selon ta prière; » et ensuite le Passe-Boudhou monta au ciel tandis qu'elle le suivait du regard, et il vint dans un instant à la montagne de Gandemaderre aussi vite que si un oiseau appelé Swarnakiera s'était envolé, emportant à son bec le fruit du Jambé, et avec ce miel il guérit l'ulcère de l'autre Passe-Boudhou.

Ensuite, un certain jour, les trois frères qui étaient marchands de miel se réunirent et s'occupèrent de régler leurs comptes, et les deux aînés, trouvant qu'il manquait un pot de miel, demandèrent au plus jeune ce qu'en était devenu le montant. Le plus jeune répondit et dit qu'il en avait fait l'offre à un Passe-Boudhou qui était venu demander du miel, et que s'ils voulaient partager avec lui les bénédictions que devait amener cet acte de charité, ils le pouvaient, qu'autrement il leur en payerait la valeur ou qu'il leur remettrait un autre pot de miel en place de celui-là. Là-dessus les deux aînés dirent : « Frère, nous ne voulons pas te priver de la valeur du miel que tu as employé; mais si tu avais vendu le miel que nous t'avons remis, cela aurait été profitable pour toi comme pour nous; ce que nous désirons savoir de toi, c'est à quelle personne tu as offert ce miel. » Le plus jeune frère répliqua et dit : « Vous ne devez pas avoir d'hésitation à cet égard, car je l'ai donné à un vieux Passe-Boudhou qui avait une robe jaune. » L'aîné répondit : « Frère, des hommes d'une basse classe vont aussi vêtus de robes jaunes, et je pense que tu as bien pu donner le miel à un personnage de cette sorte. » L'autre frère dit avec colère : « Montre-nous donc quels étaient les signes du mérite de ce Passe-Boudhou dont tu parles. Jette-le au-delà de la mer. » Alors le frère cadet leur parla doucement pour les apaiser; il les entretint des récompenses qu'on obtenait en accomplissant des actes de charité, et des conséquences funestes qu'entraîne le péché dans la vie future; il les pria de ne pas adresser d'injures au Passe-Boudhou, et il dit aussi que ceux qui outragent les hommes pieux vont en enfer. Alors les deux frères se repentirent, et ils eurent part à la récompense du plus jeune.

Ces trois marchands de miel qui étaient frères ayant quitté cette vie, passèrent par diverses transmigrations dans le ciel et en ce monde, par suite de la récompense donnée à l'acte de charité du plus jeune d'entre eux; et enfin, l'an de Poudhou 218, le plus jeune naquit dans le Dambedwipa et devint le roi Damarsoca. La femme qui indiqua au Passe-Boudhou le marché au miel devint la reine Nandimittrah, femme dudit Damasoca, ainsi qu'elle l'avait demandé. Un des frères aînés, qui avait proposé de jeter le Passe-Poudhou dans la mer, ne fut que roi de Ceylan, en punition du péché qu'il avait commis en s'exprimant de la sorte : son nom fut Tissa le second. L'autre frère, qui avait employé les mots de basse caste, fut puni de ce péché en naissant, sous un arbre Naga, dans un village de basse classe près de la ville de Pellelup; il fut appelé Niggroda et fut fils de Sumana, le second roi qui fut frère du roi Asoka, et les choses se passèrent ainsi.

A la mort du roi Bindusalara, ci-dessus nommé,

le second roi Sumana voulut s'emparer de son royaume, et il périt dans une bataille. Quand la reine Sumane, qui était alors enceinte, apprit cette nouvelle, elle s'enfuit saisie de frayeur, et elle arriva près d'un arbre naga qui était à côté de la maison du chef des troupeaux, dans le village où demeuraient les gardiens des troupeaux. Lorsqu'elle vint ainsi, la déité qui habitait dans cet arbre, l'appela par son nom et lui dit d'approcher, parce que l'enfant qu'elle avait conçu était béni. La reine, ayant entendu la voix de la déité, s'approcha de l'arbre, et la déité fit, par un effet de sa puissance, paraître en cet endroit une maison toute construite, et elle engagea la reine à y habiter. Cette même nuit, la reine enfanta un fils dans cette maison sous l'arbre naga ; et cet enfant, étant né dans la maison construite à côté de l'arbre naga, fut appelé le prince Niggrodda. Le chef des pasteurs ayant vu la reine, l'assista en toutes choses, et depuis cette époque il la servit comme s'il avait été son esclave, lui fournissant aussi tous les objets nécessaires à la vie. Elle passa ainsi sept années dans ce séjour, lorsqu'un prêtre de Boudhou appelé Mahawaruna amena dans son temple le prince Niggrodda. Là, le prêtre rasa la tête du prince et en fit un prêtre de Boudhou ; le même jour, le prêtre Niggrodda atteignit l'état de rahat. Un certain matin, Niggrodda, ayant accompagné son précepteur suivant l'usage ordinaire, se revêtit de la robe jaune, et prenant en sa main une tasse à aumônes, il partit avec l'intention d'aller à la maison de la reine sa mère. Il devait entrer dans la ville de Pellelup par la porte méridionale, et marchant, le long de la rue, il passa par la porte orientale afin d'aller trouver sa mère. Tandis qu'il traversait la ville, chacun de ceux qui le voyaient étaient charmés à son aspect, parce qu'il était d'un caractère doux, marchant à petits pas, sans jeter les yeux pour voir les objets qui pouvaient être éloignés de la longueur d'une charrue, car c'est la distance à laquelle un prêtre est autorisé à promener les yeux autour de lui, non au delà. Le prêtre Niggrodda en marchant de la sorte fut aperçu par le roi Chandasoka, qui se promenait dans une chambre élevée de son palais, et ce roi pensa que beaucoup de gens parvenus à l'âge mûr ne se conduisaient pas avec autant de convenance que ce petit jeune homme ; on ne doit pas s'attendre à autant de sagesse dans un enfant de cet âge ; il doit donc être l'objet d'une bénédiction. Le roi l'aima donc, et il envoya un de ses ministres appeler le prêtre. Quand le prêtre vint, le roi le pria de s'asseoir sur le siège dont il ferait choix. Le prêtre regardant autour de lui, et ne voyant aucun prêtre d'un rang élevé si ce n'est lui, s'assit sur le siège le plus haut, et remettant sa tasse aux mains du roi, il monta soutenu par la main du roi et s'assit.

Le roi qui observait cela, pensa en son cœur que le prêtre devenait, dès ce jour, le premier personnage de son palais, et ensuite le roi ordonna à ses serviteurs de prendre des plats sur sa propre table et de les porter au prêtre. Lorsque le prêtre eut fini de manger, le roi lui demanda avec bonté s'il connaissait les lois morales de Boudhou, et il répondit : « Oui, mais pas complètement ; car il y a peu de temps que je suis devenu prêtre. » Le roi le pria de dire quelque chose de ce qu'il savait. Le prêtre pensa en lui-même quelle exhortation il devait adresser au roi ; il songea d'abord à lui reprocher qu'il n'était pas assez miséricordieux et qu'il n'avait pas de regret à tuer des animaux ; il jugea convenable de lui prêcher la doctrine appelée Appermadawarga, et quand il eut récité seulement les deux premiers vers, le roi fut satisfait, et il dit au prêtre de ne pas se fatiguer en prêchant davantage et de finir. Le prêtre, après avoir prêché, se retira ; et le lendemain il vint avec trente-deux prêtres, et ils furent nourris par le roi. Quand les prêtres eurent fini de manger, à la conclusion de la bénédiction qu'ils prononçaient suivant l'usage, le roi et l'assemblée furent convertis, et tout disposés à observer les cinq commandements de Boudhou. Ce fut ainsi que le roi devint un croyant fervent dans la religion de Boudhou.

Le roi ayant rendu tous les témoignages ordinaires de respect au prêtre Niggrodda, l'invita, avec les trente-deux autres prêtres, à revenir le lendemain parce qu'il voulait les nourrir, et depuis ce temps le roi contracta l'habitude journalière de donner des aumônes aux prêtres de Boudhou, et il cessa de distribuer des aumônes aux soixante mille imposteurs, et de cette manière le roi fit constamment distribuer des aumônes dans son palais au prêtre Niggrodda et aux autres prêtres de Boudhou, dont le nombre était de soixante mille. Le roi fit construire pour ces soixante mille prêtres un temple appelé Asokabrahma ; ensuite le prêtre Niggrodda atteignit sa vingtième année et obtint le degré de prêtrise appelé Uppesampedah. Depuis la conversion du roi, il fut appelé du nom de Darmasoca, et ce roi Darmasoca avait l'habitude de distribuer chaque jour pour le bien de la religion une somme de cinq lacs.

Le Dampedwipa, ou la partie du monde qui est sous la domination de ce roi, a une étendue de 10,000 yodhins, et elle contient 84,000 royaumes, 56 villages où il y a des mines d'or, 99,000 droue-moukka et 96 kellelaes de villages. Indépendamment du revenu qu'on y ramassait chaque jour, on y recevait chaque jour cinq lacs en numéraire, savoir : aux quatre portes de la ville de Pelleluh, on reçoit chaque jour quatre lacs, et un dans la cour de justice qui est au milieu de la cité. Le lac recueilli dans la cour de justice était appliqué au service médical des prêtres de Bouddhou; un des quatre lacs recueillis aux portes de la ville servait à procurer les fleurs de riz et le luminaire offert à Bouddhou ; un lac était employé à acheter des vivres aux principaux prêtres, un autre servait au même usage pour les prêtres d'un rang inférieur ; enfin un autre lac était employé à fournir au prêtre Niggroda les objets suivants, à savoir : on lui offrait de grand matin, chaque jour, trois siwoorus ou robes jaunes, cinq cents ammonams de parfums et cinq cents caisses de fleurs, qui sont chargées sur des éléphants et apportées avec grande pompe ; et de la même façon, une fois à midi et une fois le soir, des offrandes sont faites au prêtre Niggroda.

Le roi Darmasoca avait l'habitude de changer de vêtements trois fois par jour, et chaque fois lorsqu'il changeait de vêtements, il ne manquait jamais de demander si l'on avait envoyé des robes jaunes au prêtre Niggroda. Les robes jaunes que le prêtre recevait ainsi et dont il changeait trois fois par jour étaient gardées à part, et il les donnait aux prêtres qui venaient le visiter, et de cette manière presque tous les prêtres de Bouddhou dans le Dambedwipa portaient dans ce temps des robes jaunes que le prêtre Niggroda leur donnait par charité et il pourvoyait aussi à la subsistance de beaucoup de prêtres.

Dans la quatrième année du règne du roi Darmasoca, son frère cadet Tissa, le second roi et le prince Aggibrahma, le mari de Sangamitrawa, avec un grand nombre d'autres personnes, se revêtirent de robes jaunes et devinrent des prêtres rahats.

Un certain jour, le roi ayant réuni ses courtisans, leur dit : « Si j'étais né dans les jours de Bouddhou, je lui aurais offert tout le pays appelé Dambedwipa, et si j'avais été le roi des dieux, je lui aurais offert le Nirwana ; mais comme je ne suis pas né à son époque, je désire pouvoir obtenir les bénédictions en voyant sa personne. » Alors les courtisans répondirent et dirent qu'il ne pouvait exister personne ayant vu Bouddhou, puisqu'il s'était écoulé 221 ans depuis la mort de Bouddhou, mais qu'il y avait un serpent à chaperon appelé Maha-calla, résidant au-dessous de l'endroit appelé Manjerica-nagabawéna et dont l'existence remontait à un grand nombre de siècles ; il avait vu tous les quatre derniers Bouddhous de ce calpa, et il avait aussi le pouvoir de montrer, s'il le voulait, la forme des personnes des divers Bouddhous.

Le roi désirant que le serpent à chaperon lui fît voir la forme de Bouddhou, ordonna de fabriquer une chaîne d'or qu'il prit dans ses mains, et il dit : « Aussi vrai que je suis ferme dans la foi de Trivideratue (348) que cette chaîne d'or immédiatement

amène ici le roi Maha-cala, le roi des serpents, » et, en parlant ainsi, le roi plaça la chaîne d'or sur le sol. La chaîne d'or perça immédiatement la terre, elle vint jusqu'au serpent, et elle toucha ses pieds. Alors le roi des serpents voyant de ses yeux célestes, comprit le désir du roi, et aussitôt le roi des serpents, avec une grande escorte, partit de Nagabawena, et vint et se montra devant le roi en son palais.

Le roi, voyant le roi des serpents avec sa suite, lui demanda qui il était ; le roi des serpents répondit qu'il était le monarque appelé Maha-cala. Le roi fut charmé de cette réponse et il demanda au roi des serpents s'il avait vu Bouddhou ; le roi des serpents répliqua qu'il avait vu tous les quatre Bouddhous de ce calpa. Le roi fut aussi content que s'il avait pris possession d'un autre royaume ; et il pria le roi des serpents de s'asseoir sur le trône, et, après lui avoir offert des parfums, il le pria de lui montrer l'image de Bouddhou. Alors le roi des serpents dit : « J'ai des passions, mais Bouddhou est sans passions ; je suis sujet à être blâmé, mais il est exempt de tout blâme ; je puis me tromper, et il est infaillible ; j'ai de l'orgueil, et il est sans orgueil ; j'ai de mauvais penchants, il est sans mauvais penchants ; je suis pécheur, il est vertueux. C'est par ce motif que représenter la forme de Bouddhou est une chose au-dessus de mon pouvoir et de celui d'un Maha-brachnah qui a la faculté de donner la lumière à dix mille mondes à la fois en élevant ses dix doigts ; toutefois si la chose n'est pas outrageante pour le caractère de Bouddhou, elle peut s'accomplir. » En parlant ainsi, il se transforma immédiatement, prenant les traits du premier Bouddhou de ce calpa qui avait quarante coudées de hauteur, et il se montra au roi comme si le Bouddhou était dans les airs avec quarante mille Rahatans à sa suite. Alors le roi, plein d'allégresse de voir la forme du Bouddhou, s'écria Sadoo (349), et dit qu'il avait la plus grande récompense qu'il pût demander en cette vie. Ensuite le roi des serpents prit la forme du second Bouddhou appelé Coanabgamra qui avait trente coudées de hauteur, et il se montra au roi comme si le Bouddhou était au-dessous de l'arbre appelé bô, suivi de trente mille assistants ;

trois choses précieuses, savoir : Bouddha, sa loi et les prêtres bouddhistes.

(349) Le mot Sadou ou saint est employé par les Bouddhistes dans leurs assemblées religieuses, afin d'exprimer la satisfaction la plus complète qu'ils puissent ressentir en entendant ce que dit le prêtre. Lorsque dans une réunion, le prêtre récite les commandements de Bouddha, tous les assistants portent, après chaque précepte, leurs mains devant leur visage, et s'inclinant vers l'enceinte carrée placée au milieu du temple et qu'occupent les prêtres seuls, ils s'écrient Sadou. Ce mot ne s'emploie d'ailleurs comme signe d'assentiment que dans les cérémonies religieuses ; en d'autres occasions, les Chingalais disent *honda* ou *bohoma honda*, bon, très-bon.

(348) On entend par l'expression de Trivideratue les
LIVRES SACRÉS. II.

là-dessus le roi et le peuple s'écrièrent derechef en disant Sadoo.

Ensuite le roi des serpents prit la forme du troisième Boudhou appelé Cassepa, qui avait vingt coudées de haut, et il se montra au roi comme s'il était dans les airs avec vingt mille rahats ou prêtres bouddhistes. Le roi et le peuple voyant cela s'écrièrent Sadoo ! Enfin le roi des serpents se transforma sous les traits du quatrième ou dernier Boudhou, Goudama, qui avait dix-huit coudées de haut, et il se montra au roi comme s'il était assis sur le siége Watjrasena, appuyant son dos contre l'arbre bô, lorsqu'il était au moment de devenir un Boudhou.

Le roi fut si charmé qu'il offrit tout le pays de DamLedwêpa entier au Boudhou, et, de même que seize mille de ses femmes, il contempla avec grand respect, durant sept jours, la forme du Boudhou. Ensuite le roi des serpents se retira à Nagabawena où il réside. Le roi qui, de cette manière, faisait chaque jour de nouveaux progrès dans la foi de Boudhou, vint un certain jour, dans la quatrième année de son règne, à Asôcà-râhma où résidaient soixante mille prêtres de Boudhou, et après leur avoir offert diverses choses, il vint au milieu des prêtres et leur demanda avec le respect ordinaire, quel est le nombre de maximes que contient la doctrine de Boudhou. Les prêtres répondirent et dirent que la doctrine appelée Sapariyaptica Nawoloôcottra Saddarma qui était prêchée à l'égard des choses qui doivent arriver dans l'avenir, est divisée en neuf parties appelées Anga, et qu'elle est subdivisée en 84,000 parties appelées Darma-Skanda. Le roi pensa en son cœur qu'il ferait bien d'élever un wiara ou temple pour chacun des Darma Skanda, et dans un même jour il dépensa quatre-vingt-seize kellis en or et construisit 84,000 temples dans chaque ville des 84,000 royaumes du pays de DamLedwipa.

Le roi, ayant vu que ces 84,000 temples étaient régulièrement desservis par les efforts infatigables des prêtres qui vivaient au temple d'Asôcà-râhma, demanda aux prêtres quelle était la personne qui eût jamais fait la plus grande offrande en faveur de la religion de Boudhou. Le prêtre Moggally-PutteTissa-Istewira dit : « Tu es le plus grand parmi les auxiliaires qui servent la cause de la religion de Boudhou. » Le roi répondit : « Si je ne suis qu'un auxiliaire, je ne fais pas partie de la société des prêtres de Boudhou. » Le prêtre dit : « O roi, tu n'en fais pas partie. » Le roi ayant reçu cette réponse du prêtre, désira apprendre de lui quel homme pouvait être compté dans la société des prêtres de Boudhou, lorsqu'il en était exclu, lui qui avait tout fait pour la cause de la religion et qui etait un fervent adepte. Le prêtre répliqua et dit au roi que quiconque fait entrer un de ses enfants, mâle ou femelle, dans l'état sacré du sacerdoce, fait partie de la société des prêtres de Boudhou.

Le roi, désireux de faire partie de la société, jeta les yeux sur son fils Mihidou qui était âgé de vingt ans et lui demanda s'il avait la volonté d'entrer dans le sacerdoce. Le prince dit qu'il l'avait et qu'il avait toujours ressenti ce désir depuis que son oncle Tissa, qui était le second roi, avait embrassé la prêtrise. Alors le roi fit pareille question à sa fille Sangamittrah qui avait dix-huit ans, et elle fit la même réponse que son frère, disant aussi qu'elle avait le désir de devenir prêtresse, depuis que son mari, le prince Aggri-Brahma, était entré dans le sacerdoce. Le roi ressentit une grande joie de ces réponses, et il demanda aux prêtres de faire ses deux enfants prêtres de Boudhou, afin qu'il pût lui-même être admis au nombre de ceux qui appartiennent au sacerdoce de Boudhou.

Les prêtres, ayant accueilli la demande du roi, choisirent le prêtre appelé Moggaly Putte-TisseMahastewra qui était un upaddia ou scribe, et le prêtre appelé Mahawdewa-Mahastewire, pour être les maîtres du prince, et ils en firent un prêtre de Boudhou. Et ensuite ils désignèrent le prêtre appelé Matjantica-Mahastewire pour être le précepteur du prince, et il en fit un prêtre uppesampedah, et dans la salle où le prince fut créé uppesanpedah, le même jour le nouveau prêtre atteignit la dignité de rahat. Et la princesse fut faite prêtresse de la même manière ; son uppadia fut la prêtresse appelée Ayopâla-Mahânehemy, et elle eut pour maîtresse la prêtresse appelée Darmepaly Biksoe, et ensuite la jeune princesse Sangamittrah devint une prêtresse uppesampelah et atteignit la dignité de rahat. Ce fut ainsi que le jeune prince et la princesse furent admis au sacerdoce de Boudhou, la sixième année du règne du roi Darmasoca, et après que ces deux personnes furent entrées dans le rang des prêtres de Boudhou, elles étudièrent les lois de Boudhou contenues dans les deux Sangayana, et elles en acquirent une connaissance parfaite, grâce à l'aide de leurs divers uppadias. C'est ainsi qu'ayant acquis une connaissance approfondie du Darma et du Winneya, elles devinrent les premières parmi un millier de prêtres inférieurs sous l'uppadia.

Mais à cette époque, il y avait beaucoup de prêtres qui n'embrassaient le sacerdoce que dans la vue du profit à en obtenir, parce qu'ils avaient vu les grandes offrandes que faisait le peuple aux temples de Boudhou, et ces prêtres étant remplis de convoitise, commencèrent à acquérir des propriétés et à faire ce qui leur convenait, contrairement aux lois de Boudhou. Le roi Darmasoca, ayant appris cela, blâma 60,000 prêtres de ce qu'ils souillaient la pureté de la religion de Boudhou, et il aida le prêtre appelé Moggaly Putte-Tisse-Mahstewira à expulser des ordres saints ces imposteurs et à les renvoyer parmi les laïques. Après qu'il eut ainsi purifié la religion, le roi s'adressa au prêtre Moggaly-Putte-Tisse-Mahastewira qui était le premier parmi 60,000 lacs de prêtres lesquels étaient réunis et parmi mille autres prêtres rahats, et il lui demanda qu'il fût fait une nouvelle édition des lois de Boudhou. Et à la demande du roi, les mille prêtres, résidant dans la ville de Pellelup, préparèrent cette édition nouvelle et la terminèrent dans l'espace de neuf mois. Ensuite la troisième édition fut complétée dans l'an de 235 de Boudhou et sous le règne du roi Darmasoca, le dix-septième.

CHAPITRE VI.

Le sixième chapitre du livre Mahawanse, fait pour le repentir des hommes justes appelés Wijeya-Gamma.

Dans les temps anciens, une certaine princesse, fille du roi Calingoo, appartenant au sang royal du roi Calingoo-Sakritty, du pays de Calingo, dans le Damle-Dwipa et qui était femme du roi Wangoo, accoucha d'une fille. Cette fille, ayant grandi et étant de mœurs corrompues, s'éloigna et errait en pays étranger lorsqu'elle fit la rencontre d'un marchand qui se rendait au pays de Magande, et elle s'en alla avec lui. Pendant qu'ils cheminaient à travers le désert du pays de Làda, elle fut enlevée par un lion, et elle vécut avec lui, et elle donna au lion un fils appelé Sinhabahoo et une fille appelée Sinhawally. Ensuite le prince Sinhabahoo prit pour femme sa propre sœur Sinhawally, et il vécut dans une ville nouvelle appelée Sinhapara, construite au milieu du désert du pays de Làda. Cette princesse eut seize fois deux jumeaux et elle accoucha ainsi de trente-deux enfants ; l'aîné, Wijeya Rajah, vint avec 700 guerriers à Lacdiway en Ceylan, le jour de la mort de notre Boudhou.

CHAPITRE VII.

Le septième chapitre du livre Mahawanse, appelé Wijeya-bisaca.

Le roi Wijeya, qui vint à Ceylan, était protégé par le dieu Upulwan, auquel Boudhou en avait donné l'ordre, et grâce à l'assistance du démon Couweny, ce roi détruisit tous les démons qui résidaient dans l'île de Ceylan, et il donna à cette île le nom de Sinhala. Ensuite il bâtit une ville du même nom dans le désert de Tammanah, et il envoya des ambassadeurs au Jambu-dwipa qui ramenèrent de Daccina-Madura la fille du roi Pandy et sept cents autres filles de différents chefs de cette contrée avec une suite d'hommes de dix-huit classes différentes et cinq différentes classes d'ouvriers. Le roi épousa ensuite la princesse, fille du roi Pandy, il fut couronné et régna paisiblement dans la ville de Tammanah pendant une période de trente-huit ans.

CHAPITRE VIII.

Le huitième chapitre du livre Mahawanse appelé Panda-wasadewahbiseke.

A la mort du roi Wijeya, il n'y avait personne du sang royal pour gouverner le pays; le peuple choisit pour souverain un upetissa qui avait été ministre du dernier roi; il quitta la ville de Tammanah et bâtit une autre ville appelée Upetissa du côté du nord d'Anurahde-purah, et il y résida et y régna un an. Après sa mort, le prince Panduwasdewe qui était le plus jeune des trois fils de Sumitta, le frère du feu roi Wijeya, et qu'il avait eu de sa femme, fille du roi Meidoe, vint de la ville de Sinha dans le Jambu-dwipa, avec une suite de trente-deux ministres et, arrivant à Lacdiway, ou Ceylan, il vint dans la ville d'Upetissa et prit possession du royaume; mais comme il n'y avait aucune femme du sang royal qui pût être reine, il ne fut pas couronné et il régna trente ans sans être couronné. A cette époque le roi Panduwasa, du sang royal de Sacca, qui était fils d'Amitodenne, roi de la tribu de Sacca, et qui était oncle de notre Boudhou, quitta la ville de Capilewastoo, et alla de l'autre côté de la rivière où il bâtit une ville appelée Morepura, et il y résida. Sa femme lui donna sept enfants, et l'un d'eux, la princesse Bandekassein, ayant par suite de quelque mécontentement, changé de séjour, vint à Lacdiway ou Ceylan, accompagnée de trente-deux filles de divers chefs, et elles virent le roi de Ceylan, Panduwas. Le roi, ayant vu cette princesse, l'épousa et il fit épouser les trente-deux filles qui étaient avec elle aux trente-deux ministres qui étaient avec lui lorsqu'il arriva à Ceylan, et à cette occasion, le roi fut couronné avec une grande solennité, et il vécut paisiblement.

CHAPITRE IX.

Le neuvième chapitre du livre Mahawanse, appelé Abeyabiseke.

Tandis que le roi de Ceylan, Panduwas, et la reine vivaient ainsi ensemble dans le bonheur et la tranquillité, il arriva à Ceylan six princes qui étaient frères de la reine Bandekassein; ils furent reçus avec une grande satisfaction par le roi Panduwas et par leur sœur, et ils bâtirent ensuite diverses villes en différents endroits qui furent de leur goût, et ils y vécurent. Une de ces villes où résidait le prince Rama, fut appelée Ramegona ; la ville où séjournait le prince Rohanna fut appelée Ruhunnoe; la ville où vivait le prince Diga fut appelée Digamaaduloe; la ville où vivait Urrowella fut appelée Mahawelligam; la ville où vivait le prince Wijitta fut appelée Wijitte-Pura ; la ville où vivait le prince Anuhrade fut appelée Anurahde-Pura. A cette époque la reine Bandekasssein avait donné au roi Panduwas dix fils et une fille; le fils aîné fut appelé Abeye et la fille Unmatsit. Cette fille eut un fils nommé Panduka-Abeye dont il sera question plus tard. Le roi Panduwas mourut après un règne de trente ans; ensuite son fils aîné, le prince Abeye, fut couronné et régna vingt ans.

CHAPITRE X.
Le dixième chapitre du livre Mahawanse, appelé Panducah Bayabiseca.

La princesse Unmatsit, fille du roi Panduwas, avait été mariée au prince Digamany, fils de son oncle Diga; leur fils, Panduca-Abeye, ayant atteint l'âge convenable, épousa la princesse Ratpal, fille du roi Haracanda, et fut couronné dans sa trente-septième année. Ce roi avait fait bâtir la ville d'Anuralide, vers le côté nord de l'endroit où s'élève l'arbre sacré bô; il fit aussi creuser le lac Bayah, et il fit bâtir diverses maisons en cette ville pour l'usage des étrangers, et des hommes de diverses classes, et il régna soixante-dix ans.

CHAPITRE XI.
Le onzième chapitre du livre Mahawanse, appelé Dewahtampiija-Tissabiseca.

Après la mort des deux derniers rois Panducah-Abeye et son oncle Abeye, le frère du dernier roi Abeye appelé Ganne-tisse, régna dix-sept ans. Et après, le fils du feu roi Panducah-Abeye, appelé Muttesiewe, régna soixante ans; il construisit le jardin appelé Mahameoonah.

Le fils du feu roi Muttesiewe, appelé Petisse, devint roi de l'île de Ceylan; il fut un roi heureux. Le jour que ce roi fut couronné, beaucoup de choses précieuses furent miraculeusement produites dans l'île. La mer produisit huit sortes de perles. Et dans un bosquet de bambous, trois bambous furent produits, l'un appelé Latahyasty, un autre Cusoomasty, et le troisième Sacoonasty; chacun d'eux avait une grosseur égale à la circonférence de la roue d'un carrosse; le premier était blanc comme de l'argent, et toutes ses feuilles étaient comme si elles avaient été peintes; le second était d'une couleur d'or étincelante; le troisième était d'une couleur bleue comme un saphir, et il était si beau que les oiseaux qui le regardaient, ne pouvaient plus en détourner leurs yeux. Ces divers objets précieux furent envoyés par le roi de Ceylan à Darmasoca, roi de Jambu-dwipa, car ces deux rois vivaient dans une grande union et s'aimaient mutuellement. Le roi Damasoca avait aussi envoyé au roi de Ceylan divers présents, et l'eau consacrée appelée pi-ritpeu, et en même temps Darmasoca écrivit au roi de Ceylan qu'il était un fidèle observateur des commandements de Boudhou, et qu'il était alors sous la protection de Toonuruwan, c'est-à-dire de Boudhou, de son monde et de ses prêtres, et il engagea le roi de Ceylan à en faire de même. A cette époque, la ville d'Anuralide était comme le Dewa-Loka (*le paradis*), et la ville contenait alors quatre-vingt-six lacs de maisons, et elle était ornée d'éléphants, de chariots, de chevaux et de diverses sortes de musique.

CHAPITRE XII.
Le deuxième chapitre du livre Mahawanse, appelé Nahuahdesepersahde.

A cette époque, le chef des prêtres déjà nommé, Moggaly-Tisse-Maha qui résidait dans le temple d'Assôcah-rahme, construit pour lui par le roi Darmasoca, après avoir complété la troisième copie des lois de Boudhou, appela parmi dix mille prêtres dix des plus célèbres prédicateurs d'entre eux, ayant le pouvoir de marcher dans les airs et d'accomplir des miracles; il leur annonça que de même que dans l'avenir, le pays de Maddia-Mandella doit être livré à la désolation, tandis que les pays inférieurs seront fleurissants, de même ils ne devaient pas croire qu'ils eussent déjà échappé aux périls du monde, et atteint le bonheur du Nirwana, mais qu'ils devaient aller dans divers pays et y établir la religion de Boudhou, la prêchant dans le monde entier.

Alors un de ces prêtres, nommé Matjantica-Maha-Terrunnanse, se rendit au lac Arahwala que possédait le roi des serpents appelé Arawahla, et situé dans le désert d'Ilimable-wanna, et les pays de Casmira et de Gandare; lorsqu'il fut parvenu au bord de ce lac, il se mit à marcher en long et en large sur le lac. Le roi des serpents le vit et se dit en lui-même : « Quel est ce prêtre, revêtu d'une robe jaune, qui se promène sur mon lac, et qui, par la poussière de ses pieds, souille l'eau pure de mon lac? » Il fut donc très-irrité, et il commença à souffler vers le prêtre une fumée empoisonnée, et il fit pleuvoir sur lui du feu et de l'eau empoisonnée, et il le tourmenta autant qu'il le put, mais quand il vit qu'il ne pouvait triompher du prêtre, et que le prêtre avait le pouvoir de marcher en l'air et d'accomplir de grands miracles, alors le roi des serpents pensa en son cœur que ce prêtre pouvait être un très-puissant rahat, dont il ne pouvait triompher; il pensa aussi que le grand roi des serpents, encore plus puissant que lui, appelé Nandopanande, avait combattu contre des prêtres rahats, tels que celui-ci, et avait été ignominieusement vaincu, le prêtre l'ayant, par son pouvoir, transformé en un ver de terre; le roi des serpents pensa qu'il était à propos, au lieu de s'exposer à des revers en combattant le prêtre, de lui demander pardon de ce qu'il avait fait contre lui; il fit alors par son pouvoir, apparaître un trône sur lequel il fit asseoir le prêtre; ensuite le roi des serpents se prosterna devant le prêtre, et se tint devant lui avec tous les serpents de sa suite dans une attitude humble et respectueuse. Alors le prêtre, étant assis sur le trône comme un Boudhou, prêcha et convertit 80,000 serpents, et un million de démons et d'esprits; il convertit aussi le roi des démons appelé Pandeke et la diablesse appelée Bâhrety avec ses cinq cents enfants. Ensuite le prêtre reçut les offrandes annuelles que les habitants des pays, appelés Casmiera et Gandara, avaient coutume de donner au roi des serpents; 84,000 hommes furent convertis, et un lac d'hommes furent faits prêtres, et ensuite le prêtre établit la religion de Boudhou dans ce pays de Casmiera et de Gandara.

Il se rendit ensuite au pays de Mahimandelle, et il prêcha ce qu'avait dit Boudhou, et il amena quarante mille hommes à se faire prêtres de Boudhou.

Un autre prêtre, nommé Racsita Maha-Terrunnanse alla au pays de Wannewahse, et il monta au ciel en présence de la foule qui le contemplait, et se tenant debout dans les airs, il prêcha la doctrine de Boudhou, et soixante-dix mille hommes se firent prêtres de Boudhou, et il construisit cinq cents grands temples.

Le quatrième prêtre, nommé Yoneke-Darmeracsite-Maha-Terrunnanse, alla dans la province d'Aperanta; il prêcha la doctrine de Boudhou, et mille hommes et mille femmes du sang royal devinrent prêtres de Boudhou.

Le cinquième prêtre, nommé Mahadarmeracsite, alla dans la province de Rawstra, et il prêcha la doctrine de Boudhou, et treize mille hommes devinrent prêtres de Boudhou.

Le sixième prêtre, appelé Maharacsita, se rendit dans le pays appelé Yonacca, et dix mille habitants des marais se firent prêtres de Boudhou, et des milliers de temples furent construits dans ce pays.

Le septième prêtre Majjime-Maher alla dans la province d'Hemmewanta, et il prêcha, et cinq cent mille hommes devinrent prêtres et rahans.

Le huitième prêtre, appelé Sonneke-Maha, se rendit au pays de Swarnewarna, où il vit que la diablesse, qui avait coutume de dévorer tous les enfants du sang royal qui naissaient dans ce pays, venait dévorer un petit prince qui était né ce même jour; il chassa la diablesse et il protégea le prince, et il établit la religion de Boudhou d'une manière telle qu'aucun démon ne pouvait nuire aux hommes, et il prêcha la doctrine de Boudhou, et trois mille cinq cents hommes et femmes devinrent prêtres de Boudhou.

CHAPITRE XIII.

Le treizième chapitre du livre Mahawanse, appelé Mahnidawgame.

Le neuvième prêtre, appelé Mihidou-Maha, obéissant aux instructions de son maître, et suivi de cinq prêtres d'un rang supérieur et de son neveu Sonmenaw, âgé de sept ans, et d'un autre neveu appelé Bandouka, prit avec lui les présents que son père avait envoyés au roi de Ceylan, et qui consistaient en objets de piété et en livres sacrés expliquant la religion de Boudhou; il monta ensuite dans les airs et se rendit à l'île de Ceylan. Et quand il y fut descendu avec ses compagnons, ils s'assirent rangés en bon ordre sur une pierre qui était au-dessous d'un arbre mango. Ce fut dans l'année 236 de notre Boudhou, la dix-huitième année du règne du roi Darmasoca, le quinzième jour du mois Poson.

CHAPITRE XIV.

Le quatorzième chapitre du livre Mahawanse, appelé Nagurappreweesena.

Le roi Petissa qui avait décoré la ville, et qui avait donné à beaucoup de monde une fête qui avait duré sept jours avant l'arrivée des prêtres à Ceylan, eut, le jour de leur arrivée, le désir d'aller chasser le daim, et il vint, avec une suite de 40,000 hommes, dans le désert où étaient les prêtres. Le démon qui résidait sur la montagne, désirant de rapprocher le roi du grand prêtre, prit la forme d'un daim, et se montra au roi comme s'il broutait de l'herbe. Le roi lui lança une flèche au moment où il prit la fuite. Le démon évita le trait, et il disparut quand il fut arrivé sur un rocher où était le prêtre. Le roi qui poursuivait le daim devança toute son escorte, et étant arrivé où le démon avait disparu, il regardait autour de lui, lorsque le grand prêtre, voyant le roi, pensa en son cœur que le roi, qui n'avait jamais vu de prêtres revêtus de robes jaunes, serait surpris s'il les voyait tous à la fois, et, pour ce motif, le grand prêtre exprima en son cœur le désir qu'il fût lui seul vu du roi; il se montra alors au roi et l'appela, disant: « Tisse, viens auprès de moi. » Le roi regarda le prêtre et fut très-irrité, car il n'y avait personne dans toute l'île de Ceylan, qui osât l'appeler ainsi; et il dit au prêtre: « O toi, homme chauve et à dents blanches, vêtu d'une robe jaune, qui es-tu? » Alors le prêtre, le regardant avec compassion, lui dit qu'il ne devait pas faire usage de semblables expressions, et il lui adressa un discours qui amena les déités du village à pousser un cri de joie; ensuite le prêtre dit au roi qu'il le plaignait, et qu'il était venu de Jambudwipa à Ceylan, et qu'il était un enfant de Boudhou; il dit aussi qu'un morceau d'étoffe avec lequel le dernier prêtre de Boudhou s'était essuyé les pieds, était devenu la couronne du dieu Maha Brahma, du temps de Boudhou. Le roi fut rempli d'allégresse en entendant ces paroles; il laissa tomber l'arme qu'il avait à la main, et il adora le grand prêtre. Bientôt après les 40,000 hommes qui composaient la suite du roi survinrent, et quand les six autres prêtres apparurent devant eux, le roi demanda au grand prêtre d'où étaient venus ces six prêtres. Le grand prêtre répondit qu'ils étaient venus avec lui, et qu'ils avaient été présents tout le temps, quoique le roi ne pût les voir. Le roi, frappé de ce miracle, demanda au prêtre s'il n'y avait pas un plus grand nombre de prêtres dans le pays de Jambudwipa, et le grand prêtre répondit qu'il y en avait en quantité innombrable doués de la faculté de marcher à travers les airs. Le roi demanda au grand prêtre s'il était venu à Ceylan par terre ou par eau, et le grand prêtre répondit qu'il n'était venu ni par terre ni par eau. Quand le roi eut compris qu'il était venu à travers les airs, le prêtre parla ensuite au roi par paraboles afin de connaître sa capacité. Les deux paraboles que le prêtre dit sont les suivantes :

Le prêtre regardant l'arbre mango qui était en cet endroit, dit : « O roi, quelle espèce d'arbre est-ce ? » Le roi répondit : C'est un mango.

Le prêtre. Y a-t-il d'autres arbres mango que celui-là ?

Le roi. Il y en a beaucoup.

Le prêtre. Y a-t-il d'autres arbres que le mango ?

Le roi. Il en existe une quantité innombrable.

Le prêtre. Outre ces différents arbres et les autres mangos, y a-t-il d'autres arbres?

Le roi. Oui, ce mango est l'un d'eux.

La seconde parabole.

Le prêtre. As-tu ou non des parents ?

Le roi. J'en ai beaucoup.

Le prêtre. Y a-t-il des gens qui n'appartiennent pas à ta parenté ?

Le roi. Il y en a, et ils sont bien plus nombreux que mes parents.

Le prêtre. Outre tes parents et les autres, qui est-ce qui est ici ?

Le roi. J'y suis.

Ensuite le prêtre sachant que le roi était capable de comprendre le Darma-wineya, lui expliqua les paroles de Boudhou, et les 40,000 hommes qui accompagnaient le roi, se convertirent. Ensuite le roi invita le prêtre à venir avec lui à son palais, ce que le prêtre refusa, parce qu'il voulait cette nuit créer la personne appelée Banduke, et qui est un prêtre, ainsi le prêtre passa cette nuit dans la solitude.

Le roi retourna à son palais, priant le prêtre de venir le rejoindre le lendemain matin, et promettant de lui envoyer un chariot; en même temps le roi apprit du Banduke, qu'il avait consulté en secret, que le prêtre Mihidumaha était le frère de Sangamitta qui était du sang royal de Sacca et fille de Chatiya-Maha, la première femme de Damasoca, et le roi en éprouva une grande satisfaction. Peu de temps après, le roi s'en alla, le soleil se coucha et la lune se leva. Quand le prêtre eut rasé les cheveux du Banduke, il en fit un prêtre qui obtint immédiatement la dignité de rahat; ensuite le grand prêtre appela le prêtre Summena-Samenera, et lui dit d'appeler les dieux pour qu'ils entendissent sa prédication. Alors le prêtre Samenera demanda au grand prêtre s'il devait se faire entendre des dieux de 1000 sakwelles, ou de 100 sakwelles, ou d'un magul-sakwelle qui a, en circonférence, 56 lacs, 10,350 yodons, ou de l'île de Silaediwe, ou de Ceylan qui a 100 yodons de circonférence. Le grand prêtre lui répondit qu'il ne devait appeler que de façon à être entendu par les dieux de Ceylan. Quand le prêtre Summena eut appelé trois fois de manière à être entendu dans l'île entière de Ceylan, il vint un grand nombre de divinités. Le grand prêtre fit un sermon emprunté à des paroles prononcées par Boudhou, et il fit que des divinités au nombre d'un assankaye obtinrent le Nirwana, et un grand nombre de serpents et autres animaux se convertirent à cette occasion.

Quand le lendemain, vint le matin, le prêtre, sans monter dans le chariot que le roi lui avait envoyé, dit au conducteur de prendre les devants, et mettant sa robe jaune et prenant sa tasse en sa main, il monta à travers les airs en compagnie de six autres rahats, et il descendit à l'endroit appelé Colombhottote, laissant derrière lui le chariot et son conducteur; de là il se rendit vers la porte orientale de la ville. Le roi, qui en était informé, vint à la rencontre des prêtres, et il les conduisit ensuite à son palais avec la cérémonie ordinaire. Le prêtre, après avoir fini de manger, s'assit sur un trône somptueusement orné et fit un sermon, et, en l'entendant, la reine Anoulah Deva, et cinq cents autres femmes du roi, se convertirent ; le prêtre vint ensuite à Hastisalawe, et le soir, on érigea une chaire, et il prêcha, et 1,000 hommes embrassèrent la foi de Boudhou.

CHAPITRE XV.

Le quinzième chapitre du livre Mahawanse, appelé Mahawiharepertiggrahane.

Le prêtre vint ensuite à l'endroit appelé Nandaw Ooyenne ; c'est un jardin situé au sud de la ville, et il fit un sermon emprunté au livre Upperipannawseye, qui fut prêché par Boudhou, et mille femmes de haute naissance obtinrent le degré de perfection appelé sohan. Le prêtre passa la nuit en cet endroit, et le lendemain matin, le roi lui fit don de cette localité, et après que le prêtre eut montré au roi beaucoup de miracles, le roi fut converti, et de là le prêtre vint à l'arbre palol, qui s'élevait à l'endroit appelé Rawsey Mawleke, et la volonté des dieux fut qu'un grand nombre de prêtres se réunît en cet endroit; de là il vint à Dantawdarenne, qui est un lieu saint, et de là à l'endroit où l'arbre sacré bô devait être planté; de là au grand arbre Mahamidel, de là à Chatoussawle où beaucoup de prêtres rahats trouvaient leur nourriture; de là il alla à l'endroit sacré appelé Ratnemawl Lestawna, qui était consacré aux différents Boudhous, et il y fit une offrande de fleurs de jasmin. Alors la terre rugit trois fois, et ensuite le prêtre raconta au peuple les divines histoires des quatre différents Boudhous qui étaient les Boudhous de ce calpa, e qui se nommaient Caws nlé, Conawgamme, Cawsepa et Goutama ; il dit comment ils étaient autrefois venus à Ceylan, et il fit un grand nombre de miracles en présence du peuple, et il retourna au palais du roi où il prit ses aliments ; ensuite il fit un sermon et il amena mille hommes à obtenir l'Etat de Sohan, et il prêcha ainsi pendant sept jours de suite. La première maison qui fut bâtie pour le prêtre dans le jardin de Mahamewoonah fut ensuite appelée Calupawpiriwenne, et ce nom lui vint de ce que les murailles, étant nouvellement bâties, étaient humides, et qu'étant séchées au moyen du feu, la fumée les rendit noires (350).

Le roi fit bâtir une grande salle aux deux endroits appelés Bodistawneye et Lowamahawyast wneye, et il fit élever, en divers lieux, un grand nombre de temples consacrés à Boudhou, d'auberges, de maisons de repos, et il fit creuser des étangs et des puits ; le temple construit à l'endroit où le grand prêtre avait l'usage de se laver fut appelé Nahanne-Piriwenah ; le temple construit à l'endroit où il avait l'habitude de se promener fut appelé Sackman-Piriwena ; le temple construit à l'endroit où il s'appuyait habituellement fut appelé Palagga-Piriwena ; le temple construit à l'endroit où beaucoup de divinités vinrent servir le prêtre fut appelé Marrugane-Piriwona.

CHAPITRE XVI.

Le seizième chapitre du livre Mahawanse, appelé Cheetiya Parwetta.

Le grand prêtre, après avoir séjourné durant vingt-six jours dans le temple qui était somptueusement décoré, vint au palais du roi le treizième jour du mois d'Esfalla ; il y dîna et fit un sermon, et il vint ensuite au rocher de Meentalaw, et de là auprès de l'étang de Nawga-Chatucka, où il adressa un discours au roi Wassupenawyickandi ; le neveu du roi, Aritta, le premier ministre et ses frères, et d'autres personnages, au nombre de cinquante, furent, sur le lieu même, créés prêtres par le grand prêtre, et ils obtinrent immédiatement le degré de rahat ; le roi fit creuser une caverne dans le rocher de Meentalaw, près du cône appelé Carandeke, et après l'avoir fait décorer de peintures de diverses couleurs, le roi l'offrit au grand prêtre le jour de la pleine lune du mois d'Esfalla. Le grand-prêtre divisa ensuite la caverne en trente-deux compartiments, et dans la salle qui était l'une de ces divisions, il éleva au rang d'Upesampedah les cin-

(350) *Callu* en chingalais signifie noir.

quante nouveaux prêtres. Le grand prêtre Mihiloomaha, et soixante-deux prêtres rahats résidaient dans cette caverne et étaient dans l'usage de prêcher au roi et aux autres ; mais les divinités, les hommes et les femmes habitant dans l'île de Ceylan avaient acquis de grands bienfaits de la part du grand prêtre.

CHAPITRE XVII.

Le dix septième chapitre du livre Mahawanse, appelé Dawtoo-Awgama.

Le roi Patisse envoya à Jambudw'pa le prêtre Sumena Samanera, qui rapporta de la part du roi Darmasoca, la tasse de Bouhou, faite de pierres et remplie de reliques ou ossements de Boudhou, et qui était dans la possession du roi Darmasoca ; ce prêtre apporta aussi l'os de Boudhou appelé Dakunoo Accudawtoo, qui était en la possession du roi Sekkraia ; ensuite le roi Patisse fit construire un édifice conique appelé Poupawrahme, dans lequel cet os fut déposé.

Et le jour que cette cérémonie eut lieu, le roi fit décorer toute la ville, et, mettant ses vêtements royaux, il vint avec une grande foule de peuple au temple deva, et lorsque l'os était déposé, et l'os monta de lui-même au ciel et brilla comme le soleil et effectua le même miracle appelé ymamahpllehare, que Boudhou avait effectué à l'arbre appelé gandebb dans la ville de Sawat ; cet os descendit ensuite du ciel sur la tête du roi Patisse, et le roi poussa un cri de joie et le déposa dans l'édifice en forme de cône. Aussitôt que l'os eut été déposé, la terre se souleva et rugit, et en même temps il commença à tomber du ciel une pluie de nectar, et les divinités et les hommes poussèrent un cri en disant : Sa'oo (saint. Le frère du roi, appelé Matthabeya, qui avait vu le miracle accompli ce jour, se fit prêtre, ainsi que mille hommes, et ils obtinrent le rang de rahat, et de même 30,000 hommes de la cité et des faubourgs se firent prêtres. Un temple fut aussi construit à l'endroit où l'os avait été déposé.

CHAPITRE XVIII.

Le dix-huitième chapitre du livre Mahawanse, appelé Bodiggrahanna.

La première reine Anulah et cinq cents autres reines se revêtirent de robes jaunes, après s'être rasé la tête (351), et le roi leur donna une portion séparée de la ville pour y résider ; le bâtiment construit pour elles dans cette partie de la ville fut appelé Upawsicka-Vihari. Le roi, pour satisfaire au désir de la reine Anulah, envoya son neveu Aritta à Jambulwipa, afin d'apporter une branche de l'arbre sacré Bô et d'en ramener la prêtresse S. neamittrah ; lorsqu'Aritta arriva à Jambuwipa, le roi Darmasoca fit décorer la route depuis la ville de Pelfe-

(351) C'est à dire, elles se firent prêtresses.

lup jusqu'à l'arbre sacré, et il se rendit auprès de l'arbre avec une grande foule de peuple et de prêtres de Boudhou, et il y avait alors 84,000 rois rassemblés en cet endroit. Le roi Darmasoca, ayant fait entourer l'arbre sacré d'un paravent, monta sur l'échelle d'or qui était placée contre l'arbre, et traça avec un pinceau d'or une raie de vermillon sur la branche du côté droit; alors la branche se sépara de l'arbre comme si elle avait été tranchée par une scie. Cette branche de l'arbre saint fut placée dans un vaisseau d'or qui avait cinq coudées de profondeur et neuf coudées de circonférence, et son épaisseur était égale à la dimension de la trompe d'un jeune éléphant; aussitôt que la branche eut été placée dans ce vase, elle prit racine, et à l'aspect de ce miracle, les dieux, les hommes, les bêtes et la terre elle-même poussèrent tous le cri de Sadoo. Il sortit ensuite de la branche de l'arbre saint trois rayons de couleur différente, et le roi l'apporta en grande cérémonie dans la ville de Pellelup.

CHAPITRE XIX.
Le dix-neuvième chapitre du livre Mahawanse, appelé Bodiagama.

Le roi Darmasoca envoya à Ceylan la branche de l'arbre saint dans un navire avec la prêtresse Sangamittrah, et avec onze autres prêtresses et avec une suite d'hommes de dix-huit différentes castes, afin d'être au service de l'arbre saint. Le navire qui apportait la branche de l'arbre saint arriva en sûreté à Ceylan par le pouvoir de la princesse Sangamittrah.

Le roi Patisse se rendit à l'endroit où fut débarquée la branche de l'arbre saint, et il l'emporta, et la princesse Sangamittrah, accompagnée de sa suite, se rendit en grande procession au jardin de Mahaméonah dans la ville d'Anuradhe. Le jour que la branche devait être plantée dans un endroit qu'on avait préparé, elle sortit d'elle-même du vase d'or où elle était et monta en l'air à une hauteur de quatre-vingt coudées, et elle lança des rayons de diverses couleurs, qui répandirent la lumière jusqu'au ciel appelé Brachme-Loka (352), et elle resta ainsi jusqu'au coucher du soleil. Parmi les témoins de ce miracle, mille se convertirent, devinrent prêtres de Boudhou et obtinrent l'état de rahat. Peu après le coucher du soleil, la branche de l'arbre saint descendit du ciel, et se plaça d'elle-même à l'endroit qui avait été préparé dans le jardin de Mahaméonah, au temps de la constellation appelée Rehenna. A cette occasion la terre se souleva et mugit, et beaucoup d'autres miracles se manifestèrent. Ensuite cinq branches de cet arbre sacré produisirent cinq fruits; lorsqu'ils furent tombés, ils furent plantés et arrosés avec l'eau consacrée appelée Peritpeu; chacun de ces cinq fruits produisit huit rameaux, et ces quarante rameaux furent plantés en autant d'endroits différents et adorés. A cette époque, la reine Anulah et mille autres femmes furent faites prêtresses par la prêtresse Sagamittrah et obtinrent le rang de rahat; le neveu du roi, Aritta et cinq cents autres hommes furent créés prêtres de Boudhou par le prêtre Mihidu-Maha, et le temple construit à l'endroit où ils résidaient fut appelé Iserre-Samenecka.

Ensuite il fut construit un temple de la couleur de l'or, et de chaque côté il y avait trois petits palais, ou douze en tout, et on bâtit d'un côté de la ville où est le bois appelé Colon qui sert de séjour à l'éléphant royal, une tombe appelée Hastawlhacke, où furent déposés quelques os de Boudhou, parce qu'on comprit que l'éléphant désirait qu'il en fût ainsi, et auprès de la tombe on éleva un temple qui servit de résidence à la princesse Sangamittrah.

CHAPITRE XX.
Le vingtième chapitre du livre Mahawanse appelé Terrepahry-Nirwana.

Le roi Patisse fit construire dans l'île de Ceylan divers monuments éloignés d'un yodun l'un de l'autre et qui partaient de l'édifice conique, élevé sur le rocher de Meentalaw où était déposé l'os de Boudhou; les autres os de Boudhou que le prêtre Sumena-Sameneera avait apportés dans la tasse y furent déposés, et la tasse fut conservée dans le palais du roi et adorée.

Le roi Darmasoca, après un règne de quarante-quatre ans, quitta ce monde; il avait d'abord combattu ses ennemis et régné quatre ans sans avoir été couronné; après son couronnement il avait pendant trois ans assisté 60,000 imposteurs; la quatrième année après son couronnement, il fut converti par le grand prêtre Niggroda et il embrassa la religion de Boudhou, et il fit ordonner prêtres de Boudhou son frère Tissa et son neveu Aggribrahma; il avait envoyé chercher le roi des serpents, appelé Mahakella qui lui avait montré la forme de Boudhou, et il avait commencé la même année à bâtir 84,000 temples en y dépensant quatre-vingt-seize kelles en or, et il avait achevé ces temples dans l'espace de trois ans. La sixième année après son couronnement, il fit admettre au sacerdoce son fils Mihidu et sa fille Sangamittrah. La huitième année qui suivit son couronnement, il avait célébré les obsèques des deux grands prêtres Tasseya et Sumitta en brûlant leurs corps. La dix-septième année, il avait fait ré-

---

(352) D'après la cosmogonie indienne, les trois mondes sont portés par une tortue qui repose elle-même sur un serpent gigantesque. Ces mondes forment trois grandes régions subdivisées chacune en sept sphères, zones ou contrées que l'on suppose rangées en spirales ou en cercles concentriques. La région supérieure est composée des sept *Swargas* (ou *Lokas*) à la fois domicile des planètes et résidences des dieux; le premier de ces *Lokas* est le *Satya-Loka* ou *Brahma-Loka*, domicile de *Sani* (Saturne) et résidence de *Brahma*.

diger les lois de Boudhou et les avait ramenées à leur pureté primitive. La dix-huitième année, il avait envoyé à Ceylan le rameau de l'arbre sacré. La deuxième année suivante, il célébra la cérémonie funèbre de la reine Asandimittrah en brûlant son corps. La quatrième année suivante, il prit une nouvelle et jeune épouse appelée Tissah-raccah. La troisième année ensuite, cette reine perça l'arbre sacré afin de le faire mourir, et le roi ne régna ensuite que pendant quatre ans.

Le roi de Ceylan, Patisse, avait régné quarante ans et était mort, et, pendant son règne, il avait entrepris la construction du grand temple de Mahame-oona. Selon les instructions du grand prêtre Mihidu, il avait fait construire les maisons ou cavernes dans le rocher de Meentalaw; il avait élevé le temple de Poupawramay, il avait planté la branche de l'arbre saint, il avait fait construire par son frère appelé Moolahabeye le monument de Mayihanganna qui est de trente coudées de haut et dans lequel était déposée une des reliques de Boudhou, le Griwah-dawtoe ou os du cou; il avait construit le temple appelé Isserrasamenecka; il fit construire la chaussée du lac appelé Tisah, il fit élever les temples de Wessegrie, d'Upawsicah, de Hattawlhacke, et la salle appelée Mahapawly, afin de distribuer des vivres aux hommes de toute sorte qui sont dans le besoin; il éleva aussi d'un yodun à l'autre, à travers l'île entière de Ceylan, un monument et un Sangawrahma, faisant en tout 84,000 monuments et 84,000 Sangawrahmas. Il éleva aussi, la première année qui suivit son couronnement, les trois temples de Kirripalloc-Vihari, de Damboolutotta et de Goorwahrama; il fit conférer le sacerdoce de Boudhou à des milliers d'hommes et de femmes du rang le plus élevé, et il répandit ainsi la religion de Boudhou dans l'île entière de Ceylan. Le roi avait reçu du grand prêtre Mihidumaha les 84,000 Darmascande qui furent prononcées par Boudhou, et le grand prêtre avait dicté le tout au roi, comme un trésor de science précieuse.

Le roi Patisse, par suite d'un péché qu'il avait commis dans une de ses existences antérieures en s'écriant qu'il fallait jeter le Passe-Boudhou pardessus la mer, ne pouvait avoir reçu naissance par son existence actuelle, dans le pays de Jambudwipa, mais s'en étant repenti au même moment et prenant part avec son frère à la bénédiction du Passe Boudhou, il était né dans l'île de Ceylan et il en devint le roi.

Après la mort du roi Patisse, son frère Oottiya monta sur le trône; il avait célébré la cérémonie funèbre du corps du grand prêtre Mihidumaha qui mourut après avoir complété sa soixantième année, et il avait aussi célébré la cérémonie funèbre de la princesse Sangamittrah qui avait passé sa soixante-unième année. L'endroit où fut brûlé, selon l'usage, le corps du prêtre Mihidumaha, fut, depuis ce temps, appelé Issibumagarray; les restes de ses os, après avoir été brûlés, furent ramassés; la moitié fut déposée dans une tombe que le roi fit élever en ce lieu; le reste des os fut déposé dans tous les temples où des tombes avaient été élevées. Le roi fit construire un monument à l'endroit où le corps de la prêtresse Sangamittrah fut brûlé. Pendant la durée du règne de ce roi, le grand prêtre Aritta, et cinq autres grands prêtres, et des milliers de prêtres rahats, et douze grandes prêtresses, y compris la prêtresse Sangamittrah, et des milliers de prêtresses rahats, quittèrent cette vie et allèrent jouir du bonheur du Nirwana. Ce roi Oottiya régna paisiblement pendant dix années.

CHAPITRE XXI.

Le vingt-unième chapitre du livre Mahawanse, appelé Pancha-Rawjeke.

A la mort du roi Oottiya, son frère nommé Mahasiewe, régna dix ans pareillement.

Après le roi Mahasiewe, un Surretisse monta sur le trône, il avait construit le temple Nilgirri-Vihari et cinq cents autres temples; il était pieux et ami du peuple, et il vécut soixante ans.

L'île de Ceylan fut ensuite gouvernée pendant vingt-deux ans par deux Malabars.

Ces deux rois furent tués par Assel qui monta sur le trône et régna dix ans, et qui résida dans la ville d'Anuhrade; et du temps de ce roi, il vint un Malabar, appelé Ellawre, du pays de Soley (353) qui tua le roi Assel et régna quarante-quatre ans dans la ville d'Anurahde, située dans le royaume de Pihity qui est un des trois royaumes de l'île de Ceylan. Durant le règne de ce roi, quoiqu'il n'eût pas connaissance de la destinée de Boudhou, comme il était ami de la justice, il eut en son palais une cloche à laquelle était attachée une longue corde, afin qu'elle pût être sonnée par quiconque réclamerait que justice lui fût rendue.

Le roi avait un fils et une fille. Comme le fils du roi se rendait un jour dans un chariot au lac Tisah, la roue de ce chariot passa par hasard sur le cou d'un veau qui se promenait auprès de sa mère sur l'un des côtés de la rue et le tua; alors la mère courut et sonna la cloche. Le roi, après avoir fait quelque recherche, apprit de quoi il était question, et il tua son propre fils avec les roues du chariot, de la même manière que le veau avait été tué. Il y avait une fois, dans un nid sur un palmier, un jeune oiseau qui fut dévoré par un serpent; la mère de l'oiseau vint et sonna la cloche; là-dessus le roi donna ordre d'ouvrir le ventre du serpent et en retira le petit oiseau. Une autre fois, le roi, re-

(353) La côte de Coromandel.

venant du temple appelé Situlpawoe, retournait à son palais ; la roue du chariot où il était frappa par accident contre le cône construit en cet endroit et en brisa un côté ; ses courtisans lui dirent qu'il avait brisé un édifice conique. Le roi descendit aussitôt de son chariot, et, se couchant sur la route, il demanda à ses courtisans de lui briser le cou avec la roue qui avait frappé par accident l'édifice conique ; les courtisans dirent et répondirent au roi qu'il réparerait l'édifice et qu'il obtiendrait le pardon de ses péchés. Alors le roi donna quinze mille pièces de monnaie appelées cahawanoo, afin d'acheter des matériaux pour cet objet. Une autre fois, une vieille femme avait exposé du riz au soleil pour le faire sécher ; mais une pluie intempestive étant venue à tomber, le riz fut mouillé. Alors la vieille femme le prit et sonna la cloche, et le roi ayant été informé de la plainte de la vieille femme, se coucha sur son lit et y resta sans manger, disant qu'il ne devait pleuvoir que dans la saison régulière. Alors la divinité qui avait soin du roi instruisit de cette circonstance les quatre divinités apelées Siwoowaran, et elles vinrent toutes vers Sakkraia, le roi des divinités, lequel ordonna à Pajjoetta, le roi de la pluie, de ne laisser tomber la pluie que dans la saison convenable. Le roi fut informé de cela par la déité qui avait soin de lui, et depuis ce temps il n'est pas tombé de pluie dans ce royaume hors des époques fixées.

CHAPITRE XXII.

Le vingt-deuxième chapitre du livre Mahawanse appelé Garomeniecoomawresooty.

Ensuite le roi Ellware fut tué, et le roi Dustegawneny monta sur le trône, et l'histoire de ce roi est celle-ci : la reine, épouse du feu roi Patisse, fils du roi Mutte-Siewa, avait de l'inimitié contre le prince Maha-Naga, frère cadet du roi qui était le second roi à cette époque, car elle pensait que s'il survivait au roi, ce serait lui et non son fils à elle qui monterait sur le trône. C'est pour cela que, lorsque le frère du roi faisait construire la chaussée appelée Trarasaah, elle lui envoya une fois des fruits du mango dans un vase, et les fruits qui étaient placés pardessus étaient empoisonnés. Quand ces fruits furent apportés, le fils de la reine, qui était ce jour-là avec son oncle, en mangea aussitôt que le vase fut ouvert et mourut immédiatement. Le second roi, témoin de cette mort, eut peur de la reine et de son frère, et il se retira avec sa femme à Ruhuna, sans revenir dans la capitale ; et la femme de ce second roi, étant en route pour Ruhuna, mit au monde un fils, au temple appelé Yatawla. Le père de l'enfant lui donna le nom de son frère et celui du temple, et l'appela Yatawletissa Quand ils vinrent à Ruhuna, ils résidèrent au village de Mawgam, et ce second roi régna sur le royaume de Ruhuna ; il bâtit le temple de Nahgamaha et beaucoup d'autres.

A la mort de ce roi, son fils Yatawletissa monta sur le trône ; il construisit le temple de Boudhou et il fut un des soutiens de la religion de Boudhou.

Après sa mort, son fils Gotawbeya monta sur le trône; son fils, Cawna-Tissa, régna après lui. Comme ce roi comprenait le langage des corbeaux, il en reçut le nom et il régna en paix. Son épouse était la reine Viharimaha-Deewy. L'histoire suivante montre comment elle avait reçu ce nom. Il y avait un roi à Calany, dans l'île de Ceylan, qui se nommait Calany-Tissa ; son frère, Oottiya, était son premier ministre. Il fut élevé par un prêtre qui résidait à Calany, et il eut des relations intimes avec la femme de son frère ; le roi l'ayant appris ordonna qu'il fût mis en prison. Oottiya, informé de cet ordre, s'enfuit et vécut dans un village de l'intérieur ; il avait envoyé une lettre secrète à la femme de son frère par les mains d'un jeune garçon, qui s'était revêtu d'une robe jaune comme s'il eût été un prêtre de Boudhou. Ce garçon vint à la porte du roi, et se tint debout comme un prêtre de Boudhou qui serait venu demander l'aumône. Peu de temps après, le prêtre de Calany vint au palais du roi, comme à l'ordinaire. En entrant par la porte où se tenait le prétendu prêtre, il ne fit pas attention à lui, pensant que c'était un de ces prêtres qui venaient pour solliciter l'aumône ; les portiers ne s'en occupaient pas non plus, et crurent qu'il était entré avec le prêtre, de sorte qu'il franchit la porte et qu'il entra avec le prêtre. Quand ces prêtres furent entrés dans le palais, le roi et la reine vinrent vers eux ; et après leur avoir donné des aliments, selon l'usage, le roi et la reine se retournèrent pour s'en aller. Le prétendu prêtre laissa tomber la lettre par terre dans l'idée qu'elle ne serait vue que de la reine qui marchait après le roi ; mais le roi ayant entendu le bruit qu'avait occasioné la chute de cette lettre, se retourna et la ramassa. L'écriture étant comme celle du prêtre de Calany, le roi ordonna de le faire périr en le mettant dans un vase d'huile bouillante. De cette manière, le roi fit périr le prêtre de Calany et le faux prêtre, et leurs corps furent jetés dans la mer. Le prêtre de Calany étant un homme pieux, les dieux furent irrités de cette action du roi, et ils se mirent à agiter la mer afin qu'elle se soulevât au point d'inonder l'île de Ceylan et de faire périr le roi et tous ses sujets. La mer se souleva donc, et elle engloutit neuf îles situées autour de l'île de Ceylan, et trente-cinq mille villages furent inondés, avec une multitude de champs et de jardins.

A cette époque, la mer était à sept mille chingalais de Calany ; et quand la mer se fut approchée jusqu'à un mille de Calany, le roi en fut informé et aaisi d'effroi, et ne sachant que faire, il envoya chercher un vase, où il plaça sa fille, âgée de douze ans, et quelques vivres ; et après avoir fermé le couvercle, il le poussa dans la mer comme une offrande aux dieux de la mer. On plaça aussi dans le vase une plaque d'or sur laquelle il était gravé que cette enfant était la fille du roi Calany-Tissa, et alors les dieux furent apaisés. Le vase dans lequel la fille du roi avait été enfermée fut poussé par les flots de la mer, et par le pouvoir des dieux dans une baie appelée Rahanootette. Quelques pêcheurs ayant trouvé le vase, allèrent en donner avis au roi de Ruhuna, qui vint en cet endroit, et qui recueillit la fille du roi Calany et la plaque d'or qui lui apprit qui elle était. Le roi l'épousa ensuite, et il fit construire un temple dans la baie où elle avait abordé, et, pour ce motif, on l'appela Vihari Maha-Deewie. Depuis ce temps, le roi Cawantisse devint pieux, et il fit construire les temples de Tissemaha, de Situlpaha, etc., et les divers temples qu'il construisit étaient au nombre de soixante quatre.

Un jour, le roi Cawantisse, accompagné de la reine, vint au temple de Tissemaha, où le grand prêtre qui était dans un des appartements appartenant au temple, avait prêché. En s'entretenant avec le roi et la reine, le prêtre leur dit que le grand bonheur dont ils jouissaient dans cette vie venait de ce qu'ils avaient fait beaucoup d'actes de charité dans une existence antérieure, et qu'ils devaient continuer d'agir ainsi afin d'obtenir des bénédictions de tout genre, et d'arriver plus tard à la félicité du Nirwana. Là-dessus, la reine répondit et dit qu'elle n'avait point besoin de sa fortune entière, puisqu'elle n'avait point d'enfants. Alors le grand-prêtre conseilla à la reine de se rendre auprès du prêtre Samenera qui était étendu malade dans son lit, dans l'appartement intérieur, ayant été apporté du temple de Kellepahu au temple de Tissemaha, et de lui demander, comme il était au moment de mourir, que son âme pût venir se rejoindre à celle de la reine. La reine alla donc et fit au prêtre la demande que le grand prêtre lui avait recommandée ; mais le mourant fit d'abord quelques difficultés, car il aspirait, en raison de sa piété, pouvoir arriver au bonheur du Nirwana ; toutefois il se rendit aux instances de la reine.

Comme le roi et la reine revenaient dans leur chariot, la reine sentit en route une grande pesanteur en son corps ; elle pensa alors qu'elle avait conçu, et elle envoya immédiatement un messager afin de savoir si le prêtre était mort ; et ensuite elle retourna au temple avec le roi, et, après avoir célébré la cérémonie funèbre du prêtre, elle revint au palais.

Aussitôt que le prêtre fut conçu dans le sein de la reine, elle éprouva le désir d'avoir un rayon de miel de la longueur de cent coudées et d'en manger, après en avoir donné à manger à douze mille prêtres de Boudhou ; elle eut aussi le désir de boire l'eau qui avait lavé l'épée avec laquelle avait été décapité le chef des vingt guerriers du roi malabare Ellawre, qui régnait dans la ville d'Anurahde, et en même temps d'avoir sous ses pieds la tête de ce guerrier lui-même, de se parer avec les fleurs appelées Mahanel, apportées, sans être flétries, du jardin du roi malabare d'Anurahde, de se laver dans de l'eau apportée du lac Tissa et d'en boire. Comme ces choses étaient impossibles, la reine n'en parla à personne. Cependant, comme ses désirs ne s'accomplissaient pas, elle commença à être faible et souffrante, et après que le roi lui eut demandé plusieurs fois pourquoi elle dépérissait ainsi, elle lui en révéla la cause. Le roi fit alors proclamer, au son des tambours, que quiconque trouverait un rayon de miel de la longueur de cent coudées recevrait une grande récompense. Comme celui qui était conçu dans le sein de la reine était une créature bénie, quelques abeilles firent leur miel dans un bateau pêcheur qui gisait la quille en l'air au bord de la mer. Un villageois l'ayant trouvé, vint et en informa le roi ; alors le roi s'y rendit avec la reine, et après y avoir fait construire une vaste salle en cet endroit, douze mille prêtres y furent invités, et la reine satisfit son désir en leur distribuant le miel.

Afin d'accomplir les autres désirs de la reine, le roi demanda s'il y avait quelqu'un qui pût accomplir ce qu'elle souhaitait, et il se trouva un héros nommé Weelusumane qui entreprit de le faire. Il alla en sa maison, se fit raser la tête, et traça des raies sur tout son corps, comme s'il avait reçu des coups de fouet de la main d'un ennemi ; ensuite, prenant avec lui un sac plein de vivres, il se mit de grand matin en route, et il vint d'abord à l'endroit appelé Digamadulle, où il déjeuna, et de là il se rendit à la rivière Mawilly où il arriva le soir, et qu'il traversa sans prendre garde aux Malabares qui y étaient postés, et il parut devant le roi Ellawre.

Le roi lui demanda pourquoi il était venu, et il répondit qu'il était venu de Mogam, parce qu'il avait été puni par le roi Cawantisse, et exilé pour avoir dit du bien du roi Ellawre qui était un ennemi du susdit roi. Le roi lui demanda quelle était sa profession ; il répondit qu'il était cavalier et qu'il entendait l'art de la guerre, et il ajouta qu'en peu de temps il amènerait le roi Cawantisse prisonnier, et qu'il ferait du roi Ellawre le seul monarque de l'île de Ceylan.

Le roi fut très-satisfait de Weelusumane, et le nomma chef de ses cavaliers. Après avoir été élevé à cet emploi, ce guerrier prit le meilleur des chevaux, et quelques jours après il alla dans la rue des Potiers, et il y acheta un pot et le porta au lac

Tissa, et il apporta de l'eau du lac, et il cacha le pot près d'un ruisseau appelé Colonoya. Le lendemain, il vint dans un champ où croissaient des fleurs Mahanel, et il en ramassa quelques-unes qu'il cacha au même endroit. Le lendemain, il monta sur le dos du meilleur cheval qu'on appelait Ranemaddeme, et il traversa la principale rue de la ville; et quand il eut franchi la porte orientale de la ville, il dit à voix haute, et de façon à être entendu par tous les assistants, que lui, le guerrier Weelusumane, monté sur l'excellent cheval Ranemaddeme, et emportant avec lui tels et tels objets, retournait vers son roi, et qu'on pouvait en donner avis au roi Ellawre; il ajouta que ceux qui voudraient le retenir n'avaient qu'à essayer. Ensuite il piqua le cheval de ses éperons, et il vint à l'endroit où il avait caché le pot d'eau et les fleurs. Lorsqu'il les eut prises, et qu'il fut arrivé à Meentalah, il laissa le cheval aller à pas lents. Le roi Ellawre, instruit de ces circonstances, donna ordre au chef de ses guerriers, nommé Meeldawa, de partir avec cent autres guerriers, de poursuivre Weelusumane, de le tuer et de ramener le cheval. Ils montèrent à cheval et se mirent à la poursuite de Weelusumane. Lorsqu'ils furent arrivés près de Meentalah, Weelusumane, qui les vit venir, lança son cheval au galop de façon à soulever une poussière telle qu'ils ne pouvaient plus le voir; ensuite il arrêta son cheval, et se plaça d'un côté de la route, près d'un bois, son épée à la main étendue sur la route, et la tête du chef des guerriers du roi Ellawre tomba par terre tranchée d'un seul coup, lorsqu'il arrivait au galop. Weelusumane saisit la tête par les cheveux et la plaça sur le dos de son cheval, et continuant sa route, il arriva avant le milieu du jour à la rivière de Mawilly où il combattit un millier de soldats placés en cet endroit et il les tua tous. Il passa ensuite la rivière et combattit un officier nommé Wademana, qui était posté de l'autre côté avec mille soldats malabares, en tua quelques centaines, et arriva le soir à Magam, où il descendit de cheval à la porte du palais du roi, et il remit tout ce qu'il apportait, et le désir de la reine se trouva ainsi accompli.

Le roi envoya alors chercher des devins, et leur demanda de lui expliquer ce que signifiaient les désirs de la reine, et ils lui dirent que la reine aurait un fils très-puissant et heureux, qui subjuguerait la puissance des Malabares, et qui deviendrait le seul monarque de l'île entière de Ceylan, et ils dirent de plus qu'il serait aussi pieux que le roi de Jambudwipa, Darmasoca.

La reine, ayant complété les mois de sa grossesse, accoucha d'un fils, et comme cet enfant était l'objet des bénédictions des dieux, un éléphant femelle de l'espèce Uposatte descendit du ciel le jour de la naissance de l'enfant, et apporta un petit éléphant blanc près de l'étang appelé Titty-Wille et disparut. Une jument de l'espèce appelée Wallehaka, étant aussi descendue du ciel, mit bas une pouliche au village de Gonegamma, et disparut également. Il arriva aussi soixante navires chargés de trésors, et ils s'échouèrent au bord de la mer; et un arbre d'or, de la grosseur d'un palmier et de seize coudées de haut, sortit de terre près d'Aturruwaddemanpanwe. Un brahmine appelé Dickhunna, du village de Gonnegamma, fut la première personne qui vit la pouliche et il en donna avis au roi, et un pêcheur qui allait prendre du poisson dans le lac de Titty-Wille fut le premier qui vit le jeune éléphant. Le roi qui avait donné à manger à tous ses sujets et aux prêtres durant les sept jours qui avaient suivi la naissance de son fils, demanda au grand-prêtre de donner un nom à l'enfant, et il fut appelé Gameny-Abeya. La reine accoucha par la suite d'un second fils, et il fut nommé Tissa.

Un jour, les deux enfants ayant douze et dix ans, le roi, pour les éprouver, partagea leurs aliments en trois portions, et leur dit d'en manger une, en prenant en même temps sur elle l'engagement de ne jamais nuire à des prêtres de Boudhou, et de ne rien faire contre la doctrine de Boudhou. Les enfants ayant pris cet engagement, le roi leur dit de manger la seconde portion en s'engageant à ne jamais être mal ensemble, et il leur demanda enfin de manger la troisième portion en promettant de ne jamais faire la guerre au roi Elawre. Là-dessus le prince Tissa laissa tomber le morceau de nourriture qu'il avait en sa main et s'éloigna; le prince Gameny-Abeya en fit de même, et se retira en sa chambre où il s'étendit par terre en croisant ses jambes et ses bras. Sa mère, la reine, lui ayant demandé ce qu'il avait, il répondit qu'il ne pouvait étendre ses jambes et ses bras, parce qu'il y avait des Malabares de l'autre côté de la rivière et de ce côté de la mer. Quand le roi Cawantisse apprit ces choses, il s'en réjouit, et apprit à ses deux fils les diverses façons de combattre.

CHAPITRE XXIII.

Le vingt-troisième chapitre du livre Mahawanse.

Quand le prince Gameny eut seize ans, le roi son père lui donna le puissant éléphant Candoula et dix guerriers renommés pour l'accompagner. Voici les diverses histoires de chacun de ces guerriers.

Première histoire, ou celle du guerrier Nandimittra.

Il y avait un courtisan du roi Ellawre nommé Mit; une sœur de ce courtisan avait vécu avec son mari dans le village de Caddereddaw, et lui avait donné un fils robuste : ses parents lui donnèrent le nom de son oncle Mit. Cet enfant, à peine en état de marcher, suivait ses parents partout où ils allaient. Les parents, pour le retenir, prirent une corde et ils en lièrent un des bouts autour de son corps, l'autre autour de la meule d'un moulin : toutefois, lorsqu'ils sortirent, il marcha après eux, traînant la meule avec soi et ensuite il brisa la corde. Alors les parents prirent une corde plus forte et ils l'attachèrent à une pierre plus pesante, mais il en fit encore autant. Un jour, allant travailler à leur champ, ils prirent l'enfant avec eux, puisqu'ils ne pouvaient plus le faire rester au logis, et ils le placèrent à l'ombre d'un bosquet de bambous, mais il ne voulut pas y rester, et il interrompit ses parents dans leur besogne. Ils l'attachèrent à un bois de bambous ; mais il arracha tout le bois, et il y avait assez de bambous pour en charger soixante chariots, et cet enfant, ayant ainsi rompu toutes ses attaches, fut appelé Nandimittreya. Ayant grandi, il avait la force de dix éléphants. Dès qu'il eut l'âge de douze ans, il alla servir son oncle Mit, à la ville d'Anurade-pura. En servant son oncle, il observa que les Malabares avaient souillé les saints temples de Boudhou et le saint arbre bô planté dans la ville, et qu'ils insultaient les prêtres et les images de Boudhou. Le jeune héros en fut très-offensé, et, comme il était robuste, il se mit à tuer la nuit tous les Malabares qu'il trouvait en ces endroits sacrés. Les Malabares informèrent le roi Ellawre que leur nombre diminuait sensiblement ; le roi ordonna alors de placer la nuit des gardes afin de se saisir des meurtriers.

Le héros, ayant appris cela, pensa qu'il ne lui était pas possible de tuer à lui seul tous les Malabares et de s'emparer de la ville, et il eut l'idée d'aller rejoindre le roi de Ruhuna, qui est de la religion de Boudhou, et de faire avec lui la guerre aux Malabares pour l'aider à conquérir toute l'île de Ceylan et à y établir la religion de Boudhou. Ensuite Nandimittreya vint trouver ses parents au village de Caddereddaw, et il alla avec eux à Ruhuna et se présenta devant le roi Cawantisse ; et lorsque le roi fut informé de son courage, il lui donna le village appelé Cumbubatga, avec une maison dans la grande rue pour lui servir de demeure et mille pièces d'argent par jour, et le roi fit aussi de grands présents à ses parents.

Seconde histoire ou celle du héros Suranirmala.

Il y avait, dans l'île de Ceylan, au village de Caddewitty, un personnage opulent nommé Sanga-Calembieput, qui était le père de ce héros. Ses parents le nommèrent Nirmala ; il était puissant et il avait la force de dix éléphants. A cette époque, le roi Cawantisse avait placé son fils, le prince Diegabeya, à un bac appelé Casatotte, avec ordre de faire bonne garde sur les bords de la rivière Mahawilly, et d'empêcher tout Malabare de la passer. Le prince donna ordre à tous les gens d'un rang élevé établis dans un rayon de six yoduns autour de Casatotte de fournir une personne par famille pour faire la garde. Et quand cet ordre parvint à Sanga-Calembieput, il appela ses sept fils, et leur demanda lequel d'entre eux irait remplir ce service. L'aîné dit que le plus jeune de tous, Nirmala, ne faisait rien et restait oisif à la maison, tandis que les autres travaillaient, et que, pour ce motif, c'était lui qu'il convenait d'envoyer ; le père engagea alors Nirmala à partir. Nirmala, fort mécontent de son frère aîné, partit de très-grand matin, et se présenta devant le prince avant le lever du soleil, ayant parcouru une distance de douze milles.

Le prince qui savait quelle distance il y avait entre Casatotte et la maison du père de Nirmala, lui demanda quand est-ce qu'il était parti, et il fut fort étonné quand le jeune homme lui répondit qu'il s'était mis en marche le matin même. Pour l'éprouver, il lui donna une lettre pour un brahmine nommé Cundella, qui habitait dans le village de Dwaremandela, près de Sagrey. Le prince le chargea de rapporter quelques parfums, produit de la côte de Malabar, et quelques vêtements que le brahmine devait lui remettre. Le héros partit aussitôt, arriva avant le milieu du jour auprès du brahmine et lui remit la lettre. La distance à parcourir était de neuf yoduns. Le brahmine fut saisi d'étonnement en apprenant que le héros était parti ce même matin de Casatotte, et dit au héros d'aller au lac pour s'y laver avant de prendre son repas, selon l'usage des brahmines. Le héros, qui ne savait pas qu'il y eût un lac à côté de ce village, alla au lac de Tissa, dans la ville d'Anurahde, se lava dans le lac, fit le tour de la ville, et ayant pris quelques fleurs Mahadel dans le jardin de cette ville, il revint vers le brahmine.

Quand le brahmine apprit ce qu'avait fait le héros, il pensa qu'il était bien fait pour servir le roi Cawantisse, et que si le roi Ellawre venait à le connaître, il voudrait le prendre à son service ; c'est pourquoi il valait mieux le renvoyer directement au prince qui l'avait envoyé. Le brahmine lui remit donc quelques parfums, et une pièce d'étoffe avec une lettre à porter au prince, et le héros remit au prince ces divers objets dans la soirée du même jour. Le prince Abeya fut très-satisfait en lisant la lettre, et il ordonna à ses serviteurs de donner au héros mille masurans ; les serviteurs répondirent qu'il en méritait plus de 1000 ; alors le prince ordonna d'en donner 10,000. Ensuite le prince lui donna l'étoffe qu'avait envoyée le brahmine ; il lui fit don de son propre lit évalué 10,000 masurans, et lui accorda l'autorisation de manger à sa propre table. Nirmala, ayant reçu ces présents, les porta tous à ses parents le même jour ; il donna le lit à sa mère, et les autres objets à son père, et il retourna au poste où il devait veiller la nuit. Le matin, le prince, instruit de ce qu'avait fait le héros, lui donna encore 10,000 masurans, lui fit d'autres cadeaux et l'envoya au roi Cawantisse. Nirmala alla d'abord vers ses parents, leur donna tout ce qu'il venait de recevoir et, le même jour, il se rendit à Magam, et il parut devant le roi Cawantisse qui était alors dans la boutique d'un forgeron où un grand nombre d'ouvriers travaillaient à fabriquer des armes ; les ouvriers entendant dire que Nirmala était un héros, le raillèrent et demandèrent comment ce petit garçon pouvait être un héros. Le roi Cawantisse lui remit pour être aiguisées seize épées qui avaient chacune quatre coudées de long, seize doigts d'épaisseur, et trente-deux doigts de largeur ; le héros les prit et les rendit très-aiguës et très tranchantes avant que le roi n'eût eu le temps d'aller jusqu'à l'extrémité de la boutique et de revenir ; ensuite le héros, irrité des moqueries qu'avaient faites les forgerons, prit l'extrémité d'une épée brisée et la leur lança, et telle était sa vigueur que cinq cents forgerons furent transpercés et moururent sur le coup. Le roi lui fit de grands présents, et lui donna une maison pour lui servir de résidence, et il lui alloua un salaire de 1000 masurans par jour.

Troisième histoire ou celle du héros Sona.

Ce héros était le fils d'un Kelemby appelé Tissa qui était père de sept fils, et qui habitait le village de Callemburukanna dans le royaume de Rahuna dans l'île de Ceylan.

A l'âge de sept ans, il pouvait arracher de jeunes palmiers hauts de sept coudées ; à seize ans, il pouvait arracher de grands palmiers, et il était d'une grande beauté ; à vingt ou trente ans, il était aussi fort que dix éléphants. Sa renommée s'était répandue dans toute l'île de Ceylan. Le roi Cawantisse envoya des présents à son père, et lui donna de grandes terres, et il appela le fils auprès de lui, lui donna une maison et de nombreux serviteurs et lui fit beaucoup de cadeaux. Sa paye était de 1000 masurans par jour, et le roi désira que ce héros fût attaché à la personne de son fils Gameny.

Quatrième histoire ou celle de Goteimbera.

Ce héros était fils de Mahanaga-Kelemby, personnage opulent qui résidait au village de Nittulivitty, dans le royaume de Ruhuna. Il avait six frères aînés. Il était très-petit de taille, mais il avait la force de dix éléphants, et, malgré sa vigueur, il ne voulait pas travailler. Les autres frères coupaient des arbres afin de déblayer un terrain sur lequel ils voulaient planter du grain, et ils avaient laissé une portion de terrain pour que leur frère le défrichât. Goteimbera arracha tous les arbres avec autant de facilité qu'un homme mettrait à arracher des légumes ; il en prévint ses frères qui se mirent à rire, et ne voulurent pas le croire, mais quand ils l'eurent vu, ils furent frappés d'étonnement. Le roi Cawantisse ayant appris la vigueur de Goteimbera, l'attacha à son service, lui donna une maison, lui accorda une paye de 1000 masurans par jour, et fit de grands présents à son père.

Cinquième histoire ou celle de Terreputtaveya.

Ce héros était le fils d'un homme riche, nommé Rohenna-Sitano qui résidait dans le village de Ketty, dans le royaume de Ruhuna. A dix ans il avait la force de dix éléphants. Il s'amusait avec des pierres que quatre ou cinq hommes n'auraient pu soulever, et il les lançait au loin comme des enfants le font avec de petits cailloux. Il avait seize ans quand son père fit une barre de fer longue de seize coudées et ayant trente-huit doigts de circonférence, et la lui donna, et il s'en servait pour abattre des palmiers et des cocotiers. Le père de ce héros, ayant entendu la prédication du prêtre appelé Mahasamena, éprouva le désir de se faire prêtre, et il se fit, ainsi que son fils, prêtre de Boudhou, et le père obtint, en peu de jours, l'état de rahat. Le fils résidait dans un temple à côté duquel il avait planté, pour l'usage des prêtres, un grand bois de cocotiers. Un jour, il était sorti pour quelque affaire, lorsque le héros Goteimbera, dont il a été parlé, vint au temple où résidait Terreputtabeya, en se rendant à Magam auprès du roi Cawantisse ; les hommes qui accompagnaient Goteimbera voulant boire du jus de coco, le héros alla dans le bois et commença à secouer les arbres pour faire tomber les jeunes fruits, afin que ses gens en bussent ; cela fait, ils jetèrent autour du temple les noix de coco, et ils allèrent se reposer dans le temple. Terreputtabeya vit à son retour ce qui avait été fait, et pour montrer à Goteimbera qu'il y avait d'autres héros que lui, il alla à l'endroit où Goteimbera était couché, et prenant entre les deux doigts de son pied gauche la jambe de Goteimbera, il se mit à le traîner sur le sol. Goteimbera essaya de se dégager, mais ne pouvant y réussir, il demanda pardon au prêtre héros, et les hommes qui étaient avec Goteimbera en firent autant, et les prêtres qui étaient dans le temple, prièrent Terreputabeya de lâcher son adversaire, ce qu'il fit à condition que Goteimbera l'indemniserait du dommage fait aux cocotiers, et qu'il planterait pour lui un bois de cocotiers. Ils furent depuis amis intimes. Un jour le roi demanda à Goteimbera s'il y avait d'autres hommes aussi robustes que lui ; le héros répondit qu'il y avait un prêtre, nommé Terreputabeya, qui était bien plus robuste. Le roi le pria d'aller le chercher et de l'amener à la cour. Goteimbera partit alors emportant beaucoup de présents que le roi envoyait aux temples ; il les distribua et il engagea le prêtre héros à venir auprès du roi; celui-ci fit des objections, disant qu'il était prêtre, mais enfin, sur les instances de Goteimbera, et aussi comme il n'y avait pas d'autre moyen de servir la religion de Boudhou qu'en détruisant les Malabares, il consentit à ce qu'on lui demandait; il quitta sa robe jaune, et demeura dans la maison de Goteimbera jusqu'à ce que ses cheveux furent repoussés; ensuite ils vinrent tous deux vers le roi et se présentèrent à lui. Le roi fut très-satisfait; il donna au prêtre héros une maison pour lui servir de demeure, et un salaire égal à celui des autres héros.

Sixième histoire ou celle du héros Maha-Barrena.

Ce héros fut fils de Coomahre-Kelemby et naquit au village de Cappandoura, dans le royaume de Ruhuna, et au moment qu'il vint au monde, ses parents eurent le bonheur de découvrir un trésor caché. Lorsqu'il eut grandi, il avait l'habitude de saisir à la chasse les daims et les sangliers par les pattes de derrière, et il les tuait en les frappant contre la terre. Le roi Cawantisse ayant appris quelle était sa vigueur, le prit à son service, et lui accorda les mêmes avantages qu'aux autres héros.

Septième histoire ou celle du héros Weelusumena.

Ce héros était le fils de Wassembe-Kelemby qui résidait au village de Kellembigane, et qui avait deux amis intimes, l'un nommé Weelou et l'autre Sumena. Ayant appris la naissance de l'enfant, les deux amis vinrent trouver le père, lui apportèrent de grands présents, et ils donnèrent au fils leurs deux noms réunis. Ils l'emmenèrent avec eux dans leur village lorsqu'il eut grandi Weelou avait un cheval si méchant que nul ne pouvait le dompter, et frappé un jour de la dextérité avec laquelle il vit le héros se maintenir sur le dos de ce cheval, il pensa que c'était un personnage propre au service du roi. Il l'envoya donc au roi Cawantisse qui fit un très-bon accueil au héros, et qui lui accorda les mêmes présents et le même salaire qu'aux autres.

Huitième histoire ou celle du héros Canjedewa.

Ce héros avait pour père Abeya-Kelemby qui avait sept fils et qui habitait le village de Meedeny, dans le royaume de Ruhuna. Il était très-robuste, et lorsqu'il allait à la chasse, il prenait des buffles sauvages par les jambes, et il les tuait en les frappant contre la terre. Il était très-expert dans le maniement de l'épée. Le roi Cawantisse le prit à son service, et fit de grands présents à ses parents.

Neuvième histoire ou celle du héros Pusa-Deewa.

Le père de ce héros, Utpala Kelemby, habitait le village de Goddigommou, dans le royaume de Ruhuna. Comme il était né sous la constellation Pusa, on lui en donna le nom. A sept ans, il vint au temple avec quelques autres enfants qui avaient joué avec lui; il prit un coquillage et souffla dedans avec tant de force qu'il rendit un son comme celui du tonnerre, et les autres enfants qui étaient avec lui devinrent comme des fous, et les bêtes et les oiseaux qui étaient dans le voisinage tombèrent en faiblesse; depuis ce temps il fut connu sous le nom du héros Pusa-Deewa. Lorsqu'il eut douze ans, son père lui enseigna à manier des armes de toute espèce. Il devint bientôt d'une habileté consommée dans tous les exercices; il était capable de percer d'un coup de flèche des chariots chargés de sable, ou cent peaux appliquées l'une sur l'autre, ou des planches en bois de dimbal, épaisses chacune de huit doigts, ou des plaques de cuivre d'une épaisseur de six doigts. Quand le roi Cawantisse apprit les prouesses de ce héros, il envoya de grands présents à ses parents, et il prit ce héros pour le placer au service de son fils Gameny, et il lui accorda les mêmes avantages qu'il avait donnés aux autres héros.

Dixième histoire ou celle du héros Labiya-Wasemba.

Ce héros était fils de Matta-Kelemby, homme riche qui résidait au village de Werreweddy, dans le royaume de Ruhuna. Il était d'une grande beauté, parce qu'il avait observé les cinq commandements dans son existence antérieure. A l'âge de vingt ans, il avait la force de dix éléphants, et il était très-habile dans le maniement de l'épée. Il travaillait une fois à construire une digue autour d'un champ de riz, et il porta lui seul autant de terre que vingt ou trente hommes réunis auraient pu en porter. Le roi, informé de sa vigueur, le prit à son service, et lui accorda, indépendamment de ce qui avait été donné aux autres héros, la digue qu'il avait construite; il le plaça ensuite auprès de son fils.

Le roi Cawantisse envoya une fois chercher les dix héros, et il exprima le désir que chacun d'eux cherchât de son côté dix héros, ce qu'ils firent, amenant ainsi devant le roi cent autres héros auxquels le roi demanda également de chercher chacun d'eux dix héros, et quand ces mille héros se furent présentés devant le roi, il leur demanda d'en faire de même de leur côté. Il eut donc ainsi 10,000 héros qui tous avec les dix grands héros étaient sous les ordres du prince Gameny.

CHAPITRE XXIV.

Le vingt-quatrième chapitre du livre Mahawanse, appelé Dastegameny Wijaya.

Le prince Gameny résidait avec le roi son père, et le prince Tissa fut envoyé par son père à Digamadulou, afin d'encourager l'agriculture en ce pays. Un jour le prince Gameny, ayant passé son armée en revue, eut le désir de faire la guerre aux

Malabares; le roi Cawantisse désapprouva cette idée; quelque temps après, le prince Gameny proposa de nouveau à son père de déclarer la guerre au roi Malabare, ce qu'il désapprouva encore, disant que le succès était incertain, et que l'armée du roi de Malabare était plus puissante que la sienne, et que le royaume de Ruhuna, de ce côté de la rivière Muhawilly leur suffisait, sans prétendre aux territoires du roi Malabare. De cette manière, le roi désapprouva trois fois la proposition du prince Gameny qui en fut extrêmement mortifié et qui écrivit enfin à son père qu'il n'était pas digne de porter l'habit d'un homme, mais qu'il devait prendre celui d'une femme, et, en même temps il lui envoya des habits de femme. Le roi manifesta l'intention de charger son fils de chaînes d'or, et le prince, en étant informé, s'enfuit secrètement et résida à Cotmala dans le royaume de Maya.

À cette époque, le roi Cawantisse avait élevé un édifice conique, appelé Nugula-Mahasaiya, où il déposa quelques os de Boudhou, et à cette fête, il assembla 14,000 prêtres de Boudhou, au milieu desquels il fit prêter par les dix grands héros le serment que si, après sa mort, il y avait des querelles entre ses deux fils au sujet de sa succession, ils ne prendraient le parti ni de l'un ni de l'autre. Ce roi avait construit soixante-quatre temples, et il mourut après un règne de soixante-quatre ans. Le prince Tissa, ayant appris que son père était mort, vint de Digamadulle et célébra les funérailles, et emmena avec lui (sans en donner aucune nouvelle à son frère aîné Gameny) sa mère, la reine Vihara-Maba, l'éléphant Cadol, etc. Quelques-uns des courtisans du roi qui résidaient à Magam, informèrent le prince Gameny de ce qui s'était passé; alors le prince vint de Cotmala à Guthalla, et de là à Magam où il fut couronné; ensuite il envoya prévenir son frère Tissa qu'il eût à lui renvoyer sa mère, l'épouse de leur père, et l'éléphant Cadol, mais Tissa s'y refusa. Il en résulta, entre les deux frères, une dispute qui donna lieu à une guerre, et Gameny fut le vainqueur.

Ce roi, ayant subjugué la puissante armée des rois Malabares, mit l'île entière de Ceylan sous sa domination; il fut ensuite investi de la couronne, et il récompensa magnifiquement ses géants. Un jour, étant de loisir, le roi, voyant la prospérité constante qui l'avait accompagné, pensa qu'il en était redevable aux actes de charité et de bienfaisance qu'il avait accomplis dans son existence antérieure, et se souvenant en même temps qu'il avait tué des milliers de Malabares, il fut très-affligé, pensant que c'était un obstacle à ce qu'il entrât dans la félicité du Nirwana. Ce sentiment du roi fut deviné par le rahatoonwahanse qui était à Pongoodiwayenah, par un effet de sa sagesse divine, et il envoya huit rahatoons pour consoler le roi. Ces rahatoons arrivèrent au palais du roi qui, les ayant reçus avec toutes les marques de respect, leur demanda la cause de leur arrivée; en ayant été informé, il leur fit part de l'inquiétude que lui causait la mort des Malabares. Alors les rahatoons répondirent au roi que, quoiqu'il eût tué des milliers de Malabares, ce ne serait pas un obstacle à ce qu'il obtînt la félicité céleste, parce que, parmi tous ces Malabares, il n'y avait pas un seul homme qui vécût dans la piété, et que même le péché de tuer cet homme, s'il existait, ne pourrait retomber sur le roi, puisqu'il avait fait d'immenses charités, dont la récompense serait qu'il devait être transporté au monde divin de Toosita, où il jouirait du bonheur divin pendant un temps immense; ensuite il reviendrait dans le monde humain où il serait le Boudhou Maitri. Là-dessus le roi fut consolé, et les rahatoons le quittèrent.

CHAPITRE XXV.
Le vingt-cinquième chapitre du livre Mahawanse, appelé Dustagameny-Miriwatty.

Le roi, ayant vaincu tous ses ennemis, entreprit de récompenser ses géants, parmi lesquels il y en eut un, nommé Terreputtabeya qui n'accepta pas les récompenses qui lui étaient offertes. Le roi désira connaître les motifs de ce refus; le géant dit que c'était parce qu'il existait encore des ennemis, et invité à les désigner, il dit : « Ces ennemis sont les passions des hommes. » Le roi, comprenant son intention, lui permit d'entrer dans les ordres saints; il devint ainsi un prêtre et ensuite un rahatoon, et il fixa sa résidence dans le temple appelé Gathalaan-jalipanwa, avec une suite de cinq cents rahatoons.

Le roi Dootoogameny fit bâtir le temple appelé Mirisawetiniharaya, où il réunit ensuite un grand nombre de prêtres et leur fit des offrandes; il éleva aussi autour du temple une vaste salle où il donna des sièges à des milliers de prêtres et de prêtresses, leur fournissant des aliments de toute espèce; il leur donna des robes, et fit beaucoup d'actes de charité.

CHAPITRE XXVI.
Le vingt-sixième chapitre du livre Mahawanse, appelé Sohaprasawda-Maha.

Le roi Dootoogameny vit un jour, parmi les papiers de ses ancêtres, une prédiction faite à son grand-père le roi Dawanipœtissa par le prêtre Mihidumala-Tarunwahanse, qui déclarait que ce roi Dawanipœtissa aurait un fils très-puissant qui érigerait un daggoba de la hauteur de 120 coudées, et lui donnerait le nom de Ruwanwely-daggoba, et qui élèverait aussi, pour la sanctification des prêtres, une maison de neuf étages de haut. Le roi fut très-satisfait de voir qu'il avait été ainsi l'objet de la prédiction du prêtre Mihidumala-Tarunwahanse

Il se rendit ainsi le lendemain à Mahamenna-Uyuna et, ayant vu les prêtres, il leur dit que son intention était d'élever, pour la sanctification des prêtres, un édifice ressemblant à celui qui est dans le monde divin, et il leur demanda d'envoyer quelques rahatoons dans le monde divin, afin de lui fournir un modèle du palais céleste.

Là-dessus, les rahatoons envoyèrent huit d'entre eux qui se rendirent dans le monde divin appelé Tootisa Dewa-Lôka où ils virent le palais de la déesse appelée Beerany, qui par un acte de charité qu'elle avait accompli dans son existence antérieure, en préparant des vivres pour les pauvres, y avait été transportée, et dont la taille avait une hauteur de trois lieues. Elle portait une couronne d'or de la hauteur d'une lieue, et était vêtue d'une étoffe divine d'une longueur de quarante-huit lieues. Le palais d'or de cette déesse est aussi d'une hauteur de quarante-huit lieues, et comprend mille appartements. Les rahatoons prirent un plan du palais et le remirent au roi qui en fut très-satisfait, et qui ordonna qu'on bâtit un palais conformément à ce plan. Cet édifice avait une longueur de cent coudées, et il avait aussi cent coudées de haut; il contenait neuf étages, et dans chaque étage il y avait cent chambres.

CHAPITRE XXVII.
Le vingt-septième chapitre du livre Mahawanse, intitulé Toopasadana-Lawba.

Le roi Dootoogameny, ayant ensuite fait une précieuse offrande à l'arbre saint, appelé Bodinwahanse, pensa que ses sujets avaient beaucoup souffert de la guerre avec les Malabares, et qu'il ne pourrait pas sans les opprimer, obtenir la quantité de briques nécessaire pour bâtir la grande tour de Maha-Daggoba. Ce sentiment du roi fut aperçu immédiatement par la déesse qui aimait le parasol blanc du roi, et elle répéta le sentiment du roi, et passant de l'un à l'autre, il parvint enfin au monde divin où le dieu Sakkraia en fut informé; il envoya alors chercher le dieu Wism karma-Dewaputtraya, et l'informant des sentiments du roi, il le pria de former un grand tas de briques à une distance de quatre lieues de Anurahdepura-Nuwara, ce qui fut fait. Le lendemain un chasseur, ayant aperçu ce tas de briques, en donna avis au roi qui éprouva une vive allégresse et qui récompensa le chasseur; le lendemain, il se rendit avec une suite nombreuse, à l'endroit où l'on avait trouvé ces briques. En même temps, le roi fut informé qu'au village d'Anowitty, à douze lieues environ d'Anurahdepura-Nuwara, il était tombé de la pluie pendant la nuit, et le matin on y trouva un bois d'arbres d'or; le plus haut était élevé d'un empan, et le plus petit avait quatre doigts de longueur. Il vint ensuite d'autres hommes qui informèrent le roi que, dans le village de Tambewittigamina, ils avaient vu une mine de cuivre. Bientôt après des villageois vinrent vers le roi et lui dirent que près du canal appelé Samantawanewawe, à douze lieues environ d'Anurahdepura-Nuwara, ils avaient vu un endroit où une immense quantité de pierres précieuses avait été produite; ils en montrèrent en même temps une quantité. Tandis que le roi les écoutait, il arriva d'autres hommes qui dirent qu'ils avaient trouvé une mine d'argent dont ils avaient pris possession pour le roi. Ensuite des pêcheurs informèrent le roi qu'une grande quantité de perles avait été jetée sur le rivage près du village de Pattoonoogama. On annonça aussi au roi que sur le bord de la rivière près du village de Pallawapinam₀ana, il y avait quatre pierres précieuses, chacune d'une coudée et demie de long. Le roi obtint ainsi toutes ces richesses aussitôt qu'il eut résolu d'élever la grande tour; il se détermina donc à les employer toutes à l'usage de la tour.

CHAPITRE XXVIII.
Le vingt-huitième chapitre du livre Mahawanse, appelé Tooparamba.

Le roi se prépara à bâtir la tour, et ayant fixé un jour pour cet objet, il en fit donner connaissance à ses sujets, leur demandant de se rendre auprès de lui ce jour-là; en même temps il ordonna à deux de ses ministres d'embellir l'endroit où la tour devait être élevée, et il leur ordonna de réunir aux quatre portes de la ville toutes sortes d'aliments, de parfums et de vêtements, pour l'usage de ceux qui venaient assister à la construction de la tour, et ayant ainsi magnifiquement réglé toutes choses, il mit ses vêtements royaux, et se rendit avec une nombreuse suite à l'endroit qui avait été fixé. A cette occasion, il vint un grand nombre de prêtres de divers endroits, à savoir : de Rajegahanoowarah arriva le grand-prêtre Endagutta accompagné de 80,000 rahatoons qui arrivèrent à travers les airs; de Barenasnoowara vinrent 12,000 rahatoons avec le grand-prêtre Darmasena; de Sawatnoowara, il arriva 60,000 rahatoons en compagnie du prêtre Piyadassi; 80,000 rahatoons arrivèrent de Wisalamahanoowara en compagnie du prêtre Buddaraekita; 50,000 vinrent de Rosa Canoowara avec le prêtre Dammaraekita; il arriva du pays appelé Udaniratta. 40,000 rahatoons en compagnie du prêtre Maha-Dammaraekita; il en vint de Palelupnoowara 101,000 à la tête desquels était le prêtre Mittinna; il vint de Casmiragan laraye 180,000 rahatoons ayant à leur tête le grand-prêtre Attima; de Pallawabonam-ratta, il en vint 460,000 à la tête desquels était le grand-prêtre Mahadewa.

Le roi se mit alors à jeter les fondements de la tour en leur donnant une très-grande étendue, mais le grand-prêtre Siddarta l'arrêta en disant que si elle était trop vaste, il ne serait pas possible, dans l'avenir, de la maintenir en bon état. Là-dessus le roi pria le prêtre de déterminer une circonférence pour la tour, ce qui fut fait; le roi y plaça huit vases d'or et huit vases d'argent entourés de beaucoup d'autres vases. Il y fit placer huit briques d'or entourées chacune d'une grande quantité de briques d'argent, et l'anachorète, appelé Suppratista-Camoona, plaça sur la principale brique un amas de parfums; le grand-prêtre Soomana célébra l'offrande des fleurs, et aussitôt un tremblement de terre eut lieu.

Ensuite le roi fut salué par tous les rahatoons qui étaient présents, et le grand-prêtre Piyadassynam-Mahatarun-Wahanse, prononça un sermon, et, en entendant ce pieux discours, bien des milliers d'hommes obtinrent des priviléges divins de diverses espèces.

Le roi Dootoogameny, s'adressant à l'assemblée des prêtres, les pria de rester auprès de lui jusqu'au jour où la tour serait achevée, s'engageant à les nourrir tous; leur nombre était de quatre-vingt-seize Kala de rahatoons, et d'un nombre immense de prêtres d'un rang inférieur; cette demande ayant été rejetée, le roi les pria de rester pendant dix ans, et ce chiffre fut abaissé par degrés jusqu'à ce qu'il fut réduit à dix jours; pendant ce temps le roi leur fournit des aliments de la meilleure qualité. En même temps, le roi envoya chercher 500 maçons, et demanda à chacun d'eux comment il pourrait faire marcher les travaux de la tour; chacun répliqua qu'aidé de cent hommes, il pourrait façonner en un jour dix ammonams de terre. Le roi répondit qu'en ce cas, sa tour ne serait qu'un amas de terre qui périrait bientôt; alors un jeune maçon dit qu'il convenait mieux de ne pétrir par jour qu'un ammonam de terre après l'avoir lavée et préparée. Cet avis convint au roi, et il demanda au maçon quelle était la forme qu'il fallait donner à la tour. Le maçon inspiré par le dieu Wismakarma-Dienwaputtraya, demanda un pot d'or plein de liquide, et prit ensuite un autre liquide qu'il versa sur celui qui était dans le pot; il en résulta une bulle, et il dit que c'était la forme à donner à la tour.

Le roi le récompensa en lui donnant une paire de pantoufles dorées de la valeur de mille pièces d'or; il lui donna de plus 12,000 pièces d'or, un beau cheval et un champ cultivé; il songea ensuite au moyen qu'il faudrait employer pour faire apporter les briques nécessaires à la construction de la tour sans opprimer son peuple; les dewetas connaissant ses pensées, lui fournirent chaque nuit autant de briques qu'il fallait pour l'ouvrage de la journée, et les apportèrent aux quatre portes du palais.

Le roi Dootoogameny, étant informé de cette circonstance, mit un grand nombre de travailleurs à l'œuvre et fit placer, pour leur usage, à chaque porte du palais 16,000 pièces d'or, des vêtements, des vivres, de la boisson, des fleurs, de l'eau parfumée et du bétel, et des épiceries de cinq espèces différentes; il ordonna qu'aucun travailleur ne quittât l'ouvrage sans profiter de tous ces objets et sans recevoir ses gages.

Un des prêtres désirant participer avec le roi dans le mérite d'élever la tour, s'entendit avec quelques ouvriers, et donna aux faiseurs de brique une quantité d'argile semblable à celle que le roi fournissait, et il n'en reçut pas de payement, mais le roi informé de cette ruse, le trompa de la même manière, en lui donnant des fleurs de jasmins et des parfums pour qu'il les offrît au Bodhimahowe, et il ne savait pas pourquoi il faisait cette offrande, mais le roi l'informa que c'était en rémunération de l'argile qu'il avait donnée; et le prêtre fut très-affligé de ce que la bonne œuvre qu'il avait accomplie avec beaucoup de peine demeurait inutile. Un autre prêtre suivit le même exemple en donnant une brique pareille à celles qui servaient à construire la tour sans recevoir de payement; le roi l'ayant appris le récompensa de même en lui donnant une pièce d'une étoffe fine valant 1,000 pièces d'or, un châle de la même valeur, une paire de pantoufles, une bouteille d'huile parfumée, un parasol et d'autres articles utiles à un prêtre; le prêtre, instruit du motif qui portait le roi à lui faire ce cadeau, fondit en larmes, étant désolé de ce que sa bonne œuvre était devenue stérile. Ainsi les gens qui firent une œuvre semblable, et qui obtinrent à leur mort le Dewa-Loka par le mérite qu'ils avaient mis à travailler à la tour, furent innombrables.

A cette époque, une déesse qui était née dans le royaume céleste de Toutisabawemic, apercevant sa gloire sans limite, et reconnaissant qu'elle l'avait acquise par l'ouvrage qu'elle avait accompli avec un esprit pur en bâtissant la tour de Ruanwelly-Saya, prit aussitôt des fleurs célestes, des parfums et des étoffes célestes, elle descendit la nuit et les déposa auprès de la tour que faisait construire le roi. Le prêtre Maha-Leewe vit sa gloire et lui demanda : « Quelle bonne œuvre as-tu accomplie pour avoir obtenu cette beauté, et pour que ton corps ait un éclat tel qu'il illumine l'île entière de Lack-dive? » Elle répondit : « Seigneur, ce n'est point par ma richesse que j'ai acquis cet état, mais c'est par le travail que j'ai consacré à cette tour, » ajoutant que les bonnes œuvres faites avec une pureté d'esprit dans la religion de Boudhou étant toutes récompensées par le bonheur céleste, les hommes devraient toujours faire leurs offrandes à Ruanwelly-Saya, sans laisser échapper la moindre occasion.

Quand le roi Dootoogameny eut achevé la construction des trois prawasawe de la tour, un rahatoon, animé de l'intention de donner plus de force à l'édifice, fit qu'il s'enfonçât jusqu'à se trouver de niveau avec la surface de la terre; la tour ayant été rebâtie, cela se répéta neuf fois consécutives. Le roi, ignorant le dessein de ce rahatoon et étant mécontent de ce qui survenait, invita les prêtres à se réunir, et ils vinrent au nombre de 80,000; après s'être incliné devant eux, le roi leur demanda quelle était la signification du fait qui s'était produit en ce que le dôme qu'il avait bâti et qui était surmonté de trois étages, s'était trois fois enfoncé en terre; cela était-il un présage de destruction pour l'édifice ou pour la vie du roi? La masse des prêtres répondit et dit : « Seigneur, c'est l'œuvre d'un rahatoon qui a voulu que le dôme eût une longue durée et résistât aux calamités qui l'atteindront dans une période future à cause des mécréants. » Le roi fut charmé de cette réponse et il répondit aux prêtres : « J'ai recommencé la coupole et les trois étages qui la surmontent, et j'y ai employé dix kelles de briques. » Les prêtres s'adressèrent alors à deux des rahatoons Samenera, appelés Oottra-Soomanas et dirent : « Allez au Puransula Ootoora-Ruroo-Dewinwe, et apportez ici six piliers en pierre de couleur vaporeuse, de forme carrée et ayant quatre-vingts coudées de long. » Quand ils l'eurent fait, on plaça un des piliers à plat sous le dôme; quatre autres furent mis aux quatre côtés, et le sixième fut enseveli dans le sable à l'est du dôme à côté de la muraille.

Le roi Dootoogameny fit fabriquer, pour être placé au milieu du dôme, un délicieux arbre banian, ayant un tronc semblable au corail; les branches et les feuilles étaient d'or, et il était orné de trois rangées de pierres précieuses, ayant la première la forme d'une fleur, la seconde celle d'un quadrupède et la troisième celle du *hamza* (oiseau aquatique). L'arbre avait seize coudées de hauteur; il projetait cinq rameaux de seize coudées de long chacun et ayant des feuilles formées d'émeraude; au-dessus de cet arbre était étendu un voile blanc orné de broderies faites de perles et que soutenaient des chaînes d'or embellies de pierres précieuses; les poteaux qui le soutenaient étaient ornés de sept rangs de perles et de figures d'or représentant le soleil, la lune, les étoiles, et diverses espèces de fleurs. Sur le sol, à côté de l'arbre, était étendue une étoffe d'or, décorée de pierres précieuses et sur laquelle étaient placées des perles grosses comme le fruit de l'embooloo; dessus, étaient rangés, dans un ordre régulier, des pots d'or, remplis d'eau parfumée et dans lesquels trempaient des fleurs d'or. A l'est de l'arbre, le roi fit placer un trône d'or sur lequel il éleva une statue en or du Boudhou, de grandeur naturelle; les vingt ongles et le blanc des yeux étaient formés de la pierre précieuse appelée iatis-patuke-manukeye; la paume des mains, la plante des pieds et les lèvres étaient faites de corail; les cheveux, les sourcils et la portion noire des yeux étaient faits avec la pierre appelée indrewecle-monekye. Le roi fit aussi des images des divinités suivantes comme si elles étaient dans l'action de rendre hommage : Brahma Saban-pati, tenant le parasol d'argent; Sakkraya, soufflant dans la conque Sayetoora; Panche-Sike, jouant de l'instrument appelé Willowe-pandoo; le serpent Maha-Kelé-nayeraye, accompagné par les femelles de sa suite et louant Boudhou, et Wasewarty-mara, ou l'adversaire de Boudhou, montant sur l'éléphant Giremekela, accompagné de dix bimberas de son armée et dans l'état d'humiliation auquel il est réduit après de grands mais inutiles efforts pour détruire le Boudhou.

Les trois autres côtés furent terminés de la même manière que celui de l'est; les trônes et les images du Boudhou coûtèrent un kelle.

En face de l'arbre, le roi plaça un siège d'argent de la valeur d'un kelle orné de diverses pierres précieuses, et il fit placer des statues du même métal représentant le seigneur Boudhou durant les sept jours qu'il passa sans fermer les yeux après avoir été élevé au rang de Boudhou; il était représenté assis et prêchant sur la maison Ruangay ou maison d'or; assis sur la queue du serpent Mackelinda; assis au-dessous de l'arbre Ajepalle-Niggrodch; assis au-dessous de l'arbre Kere-pallos-gaha; recevant du miel et du riz des deux marchands Passookgulas; recevant quatre tasses des quatre déités Satorewaran Rajas et les transformant en une seule par sa puissance divine; prêchant à la demande de Maha Brahma; conférant la prêtrise à trente-deux princes de la tribu royale de Baddra, et à mille ermites; reposant dans le jardin Lattiwo, où il fut visité par le roi Bimisara; recevant le temple Welowena Rama et les deux grands prêtres De-age-Sauwan ou les associés de ses mains droite et gauche, accompagnés de quatre-vingts Maha-Sauwan ou prêtres d'un rang supérieur et de cinq cents autres prêtres; son voyage à la demande du prêtre Calodasi-Maha, jusqu'à la ville de Kimboolwatpoore, accompagné de 20,000 rahatoons.

On le voyait aussi réprimandant les princes de la tribu de Sakkia qui, par orgueil, refusaient de s'incliner devant lui, mais qui, en voyant sa marche miraculeuse, l'adorèrent avec son père le roi Suddadana; la conversion à la prêtrise du prince Rahula et du prince Nande; le miracle fait au-dessous de l'arbre mango appelé Gandembe; son ascension en trois pas au royaume céleste de Toutisa; on voyait aussi Moozelan-maha, le grand-prêtre, entrant, à la demande des hommes, dans le rocher de Maha-merou, le traversant, en sortant à côté des prêtres du Boudhou et l'adorant; on voyait Boudhou prêchant ses doctrines et subjuguant le démon Alewake, le brahmine Bakebraghma, et le démon Peresala; on voyait aussi le Boudhou rendant sa vie à la déesse Mareya (la mort), recevant de la viande de porc, recevant une étoffe de pourpre, buvant de l'eau pure et mourant pour arriver au Nirwana, ou à l'extinction éternelle.

On voyait aussi le prêtre Amde Maha allant à la ville de Cosmara et apportant la nouvelle de la mort du Boudhou; la douleur du roi en l'apprenant; le corps apporté au cercueil d'or; les divinités et les hommes présentant des offrandes; le cercueil apporté sur un bûcher de bois de Sandal haut de 120 coudées, le corps consumé par le feu, et la distribution faite par le brahmine Drona du dawtoo ou produit des restes de Boudhou.

Enfin on voyait retracé le récit fait dans le Pan-sya-panas-Jatika de la reproduction de la forme du Boudhou opérée 550 fois, de sa naissance dans le corps du roi Wessantara, de sa mort et de sa naissance dans le royaume céleste de Toosite-bawene, de l'invitation à lui adressée par les divinités de mille mondes pour monter à la dignité de Boudhou; de sa conception dans le sein de sa mère, la reine Mahamayahe, de sa naissance dans le jardin de Lamberne; des oblations faites par sa mère et lui dans deux ruisseaux descendus du ciel; des sept pas qu'il fit immédiatement vers le nord, ses pieds reposant sur l'ata ou le sommet de la tête de l'ermite Caledusa; il était aussi représenté assis sur un trône suspendu dans le ciel; élevant trois palais différents propres aux trois saisons; interrompu dans sa promenade vers le jardin de plaisance par l'apparence de trois dewatas transfigurés sous les traits d'un homme malade, d'un infirme et d'un mort; on le voyait aussi monté sur le dos du cheval Kantika; adoré par les déités de 10,000 mondes; recevant le sacerdoce sur les bords de la rivière Anoma; allant demander l'aumône dans la ville de Rajegaha; assis et mangeant à l'ombre du rocher Pandewa; l'arrivée en cet endroit du roi Bimsera qui lui offre son royaume; recevant le riz apprêté avec du lait que lui donne au pied de l'arbre Ajepawlenuge, Sujatah, la fille d'un bourgeois; mangeant cet aliment au bord de la rivière Neranjura et faisant flotter contre le courant le plat dont il s'était servi; passant sa journée dans un lieu solitaire et recevant huit poignées de l'herbe Cusatana que lui donne le Brahmine Soottiye; montant sur le trône de quatorze coudées qui sortit en ce moment de la terre.

Le roi fit exécuter en or toutes ces images; il fit également fabriquer avec le même métal les images des prêtres Mihindu Maha et Meentalla et du roi Dewene-Patisse, se rencontrant dans le jardin de Maha-meuna; l'offrande des soixante-quatre appartements creusés dans le rocher Meentala; les quatre princes deweta Saterewaran montant la garde avec des épées nues; les trente-deux déesses tenant des torches allumées; les vingt-huit princes des démons Yak-Senewu; des dewetas tenant leurs mains croisées au-dessus de leurs têtes, des dewetas tenant des fleurs d'or, d'autres tenant des pots d'or, d'autres dansant, d'autres frappant sur des tambours, d'autres jouant de la flûte, d'autres tenant les instruments de musique appelés tantry et ahwanty, d'autres tenant des miroirs de dix coudées de long; 100,000 dewetas tenant des rameaux chargés de fleurs; des dewetas portant des lunes, des dewetas portant des soleils; des dewetas portant des caisses en or remplies de fleurs, des dewetas portant des caisses en argent remplies de fleurs; des dewetas portant des drapeaux et des parasols, des dewetas prêchant, d'autres portant des armes, d'autres tenant sur leurs têtes des lampes allumées de cinq coudées de haut et remplies d'huile parfumée. Le roi Dootoogameny fit faire toutes ces images en or massif.

De plus, le roi fit faire, dans l'intérieur de la tour, et aux quatre coins, quatre ornements appelés agae; chacun d'eux était surmonté d'une pierre précieuse de la grosseur d'un melon; il fit de plus mettre dans les quatre coins un grand tas d'or, d'argent, de perles, de coraux, de diamants et de pierres précieuses; il y fit aussi placer les images des Nagemanikawas ou des six serpents femelles, tenant des fleurs bleues; ces images étaient d'or massif et d'une hauteur de cinq coudées; les travaux innombrables faits dans l'intérieur de la tour furent accomplis sous la direction de l'habile grand prêtre Indegoepte.

CHAPITRE XXIX.

Le roi Dootoogameny, ayant terminé la construction de la tour, se rendit au temple le quatorzième jour de l'accroissement de la lune et envoya des invitations aux prêtres pour qu'ils se réunissent, et 30,000 d'entre eux se rassemblèrent.

Le roi Dootoogameny les ayant adorés dit : « J'ai terminé la construction de la tour, afin que les reliques de Boudhou puissent être déposées demain au moment propice de l'Oottrasala-nekete, étant le jour de la pleine lune du mois Esfala; votre seigneurie (554) doit savoir où les trouver, » et confiant ainsi ce soin aux prêtres, le roi se rendit à la ville.

Les prêtres, cherchant parmi eux une personne propre à trouver le dawtoo (ou *reliques de Boudhou*), reconnurent que Sonuttera-Sama, qui avait atteint la dignité de rahat, convenait à cette mission; ils

(554) La qualification de seigneur (*Bara*) est un des titres qu'on donne constamment aux prêtres de Boudhou.

la lui confièrent et il dit : « Où est-ce que je dois trouver le dawtoo ? » La réunion générale des prêtres répondit : « Sonutera, notre seigneur Boudhou, à son lit de mort, attendant le Nirwana ou l'extinction éternelle de sa vie, envoya chercher le roi des Dewetas, Sakkraya, et lui prédit qu'un des huit dronas de son dawtoo serait apporté à la ville de Couliye et qu'il y serait adoré par la princesse de cette ville, et que de là il serait apporté à Nageloka ou au monde des serpents et qu'il y serait adoré, et qu'ensuite il serait apporté à Lakdiva (Ceylan) et déposé dans le daggoba ou tour de Ruanwelly ; en conséquence, après le décès de Boudhou, son dawtoo fut divisé en huit parties et distribué aux huit rois par le brahmine Dropa ; ils l'emportèrent dans leurs capitales respectives et le déposèrent dans des daggobas qu'ils firent élever, lui rendant tous les honneurs qui étaient en leur pouvoir ; ensuite la daggoba qui avait été bâtie par la princesse de la ville de Couliye, au village de Rama-grama étant détruite par une inondation, la boîte dans laquelle était le dawtoo fut emportée dans la mer, et elle gisait sur le sable brillant, l'éclairant de ses rayons de six couleurs différentes ; alors Maha-Kelenage-raja ou le prince du monde des serpents, vint avec une suite de dix lacs de serpents (2,500,000) et emporta ces reliques en leur rendant tous les honneurs convenables, et il fit bâtir une daggoba d'or où il les déposa.

Le grand-prêtre Mahasop-maha Terrunnanse, en faisant placer par le roi Ajasat, les reliques de Boudhou dans une daggoba, lui donna les sept autres parties de ces reliques, la huitième étant déposée à Rama-grama. Plus tard, le roi Darmasoca consulta les prêtres à cet égard, et ils lui répondirent que la portion qui était à Rama-grama, serait transportée à Ceylan et déposée dans la daggoba de Ruanwelly.

Sonutera reçut alors la mission d'aller à Nagebawana, d'exposer toutes ces choses à Mahakelenage-rajah et de rapporter le dawtoo, ce dont il se chargea avec joie.

Le roi Dootoogameny fit annoncer dans toute la ville, au son du tambour, que le dawtoo serait déposé le lendemain dans la daggoba, et que tous les habitants devaient y assister, revêtus de leurs plus beaux vêtements et portant avec eux des fleurs odoriférantes.

Le roi des dewetas, Sakkraia, envoya chercher le dewetа Wisma-Karma, et lui dit que les reliques de Boudhou devaient être déposées le lendemain dans la grande daggoba, et qu'il devait ainsi se rendre à Lakdiva et décorer l'île entière d'une façon convenable.

Wisma Karma accomplit le lendemain ce qui lui était commandé ; il abaissa les collines et les rochers, comb la les endroits creux, et rendit l'île entière, sur une étendue de cent yoduns, unie comme la surface d'un tambour ; il répandit dessus du sable blanc comme de l'argent, et il plaça tout autour de l'île une multitude de fleurs.

L'île entière fut décorée comme la salle de réunion du ciel appelée Soodharma ; un voile fait d'étoffe blanche ornée des fleurs célestes qui se tiennent dans l'air sans soutiens, la couvrait en entier ; la mer devint aussi calme qu'un vase de lait de bufle bouilli avec du sucre ; ses eaux s'adoucirent et se couvrirent de fleurs. Le monde entier fut orné par la puissance des reliques de Boudhou. Les habitants de Lakda, dociles aux ordres du roi Dootoogameny, enlevèrent les immondices qui étaient dans les rues ; ils répandirent du sable blanc ressemblant à la poudre de perles, jonchèrent la terre de fleurs, et ornèrent les rues de tapisseries décorées de diverses figures. Des arcs furent élevés et ornés d'étoffes, de fleurs et de lampes. Aux quatre portes du palais furent déposés des vivres destinés à être distribués aux pauvres, et consistant en dix-huit sortes de gâteaux, diverses espèces de boissons, de l'eau parfumée, du beetl, etc.

Le roi, ayant revêtu des vêtements riches et élégants, monta sur un beau chariot traîné par quatre chevaux blancs et précédé de l'éléphant Cadoll, somptueusement harnaché. Le roi était placé sous le parasol blanc, et il portait sur sa tête la boîte d'or ; il était accompagné de seize mille femmes parées de bijoux et somptueusement vêtues ; elles étaient égales en beauté aux épouses de Sukkraia, et elles étaient suivies de dix-huit mille hommes et d'autant de femmes portant des boîtes pleines de fleurs, des torches allumées et des tapisseries de cinq couleurs différentes.

Le roi se mit en route vers l'endroit où les reliques devaient être déposées, avec une pompe et une magnificence égales à celles que déploie le dieu Sakkraia lorsqu'il se rend au paradis céleste de Nandena.

Le départ du roi pour cette cérémonie fut accompagné d'acclamations, de danses et de chants, et d'un grand bruit d'instruments de musique et de tambours, ainsi que du mugissement des éléphants, du hennissement des chevaux et du craquement des roues des chariots qui résonnèrent dans tout l'univers, comme le bruit de la mer auprès du grand rocher de Jugandare.

CHAPITRE XXX.

Le jeune prêtre Sonuttera, âgé de seize ans, était un rahaton qui vivait à Pundojirawana, et lorsqu'il apprit, par le bruit des tambours, le départ du roi, il se rendit au monde des serpents, en passant à travers la terre comme un oiseau aquatique plonge dans une rivière, et il parut devant le roi des serpents Maha-Kella, qui lui demanda : « Seigneur, d'où viens-tu ainsi dans notre monde? » Le prêtre lui dit : « O grand roi, je suis venu de l'île de Lanka. » Maha-Kella lui ayant demandé pour quel motif il était venu, il répondit : « Le grand roi de Lanka, Dootoogameny, ayant érigé une daggoba appelée Ruwanwelly, a confié le soin d'y déposer les reliques de Boudhou aux prêtres qui, s'étant réunis au nombre de trente mille, m'ont informé qu'une portion des reliques destinées à cette daggoba se trouve en la possession de Maha-Kella. Il m'a envoyé vers toi, me disant : Tu peux aller vers lui l'informer de ce que tu as appris de nous, et apporter les reliques ; et c'est pourquoi je suis venu vers toi. »

Mala-Kella, entendant ces paroles, pensa qu'il ferait mieux de garder les reliques pour les offrir lui-même, afin qu'il pût ainsi obtenir la rémission des fautes commises en sa vie mondaine, et arriver, dans l'avenir, au bonheur du Nirwana ; mais considérant que Sonuttera possédait une grande puissance et qu'il était assez puissant pour l'expulser et pour s'emparer des reliques, il jugea à propos de les mettre en sûreté. Voyant le serpent Wasooladhanta, qui était son neveu et qui se tenait parmi une multitude de serpents, il lui fit un signe pour lui notifier son dessein. Là-dessus Wasooladhanta entra immédiatement dans la daggoba, prit et avala la boîte contenant les reliques; et étant parvenu au pied du rocher Maha-merah, il se transfigura, prenant une dimension colossale de douze cents gows de longueur et quatre cents de circonférence, et ayant bien des millions de têtes. Cet immense serpent s'étendit sur le sable brillant, à côté de Maha-merah, répandant une fumée empoisonnée, et étant accompagné de milliers de serpents aussi gros que lui.

A cette occasion un grand nombre de dewetas et de serpents se réunirent pour voir le combat entre Sonuttera et Maha-Kella, et pour savoir à qui resterait la victoire.

Maha-Kella sachant que son neveu cacherait les reliques, dit à Sonuttera : « Seigneur, je n'ai pas de reliques en ma possession. Tu peux aller et dire aux prêtres ce que je t'ai répondu. »

Sonuttera répondit à Maha-Kella en lui exposant de quelle manière les reliques avaient, depuis une époque très-reculée, passé de main en main, et il finit en disant : « Les reliques sont positivement en ta possession ; remets-les moi sans délai. »

Maha-Kella, connaissant la puissance de Sonuttera, pensa qu'il était expédient de le renvoyer sans les reliques au moyen d'un stratagème ; il le conduisit à la daggoba et à l'édifice qui l'entourait, et, s'arrêtant sur le seuil, il dit : « Seigneur, quelle serait la valeur de cette daggoba et des édifices qui l'entourent? » Sonuttera répondit : « Je ne puis fixer cette valeur, et toutes les gommes qu'il y a dans l'île de Lanka, dont la circonférence est de cent yoduns, fussent-elles amenées ici, elles ne pourraient balancer la valeur de ce seuil qui est sous nos pieds. » Maha-Kella dit : « Seigneur, s'il en est ainsi, il n'est pas à propos d'enlever les reliques d'un endroit supérieur à tous égards pour les transporter à un endroit inférieur. » Sonuttera dit : « Notre seigneur Sammyat-Samy Boudhou n'évaluait pas la richesse au-dessus de la doctrine Saddharma. Ainsi, lors même que tu serais en état de construire un édifice aussi vaste que l'univers, de le remplir de trésors, et de l'offrir aux reliques, tu ne serais pas capable de répandre la connaissance de la doctrine de Dharma. Notre grand roi Dootoogameny s'apprête aujourd'hui même à déposer les reliques, et tu ne dois pas différer de me les remettre. »

Mais Maha-Kella ne se soumettant pas aux paroles de Sonuttera, et pensant que son neveu avait caché les reliques, dit : « Seigneur, tu me demandes les reliques sans savoir si elles sont ou non dans ma daggoba. Je ne refuse pas de les donner ; pourquoi parles-tu donc en vain ? Si tu les trouves, tu es maître de les emporter. »

Sonuttera fit répéter trois fois ces paroles à Maha-Kella, et immédiatement il créa une main invisible qui s'étendit jusqu'à la bouche du neveu du roi des serpents, étendu au pied du Maha-merah, et qui prit la boîte où étaient les reliques. Alors Sonuttera dit : « O roi des serpents, j'ai accompli le projet pour lequel j'étais venu, et tu peux rester ici. » Il retourna ainsi à Purdopirewana, traversant si rapidement la terre, que la flamme mise à une toile d'araignée ne l'aurait pas consumée avec autant de promptitude.

Quand Sonuttera se fut retiré, Maha-Kella éprouva une grande joie, et dit aux gens de sa suite : « Je l'ai trompé ; allez vers mon neveu, et apportez-lui les reliques avec les honneurs qui lui sont dus. » Ils allèrent vers Wasooladhanta et lui rapportèrent les paroles de son oncle ; mais celui-ci découvrit que les reliques qu'il avait cachées en son ventre n'y étaient plus. Il vint se lamentant de cette perte, et il tomba aux pieds de son oncle, disant : « Les reliques m'ont été enlevées par une puissance invisible. »

Maha-Kella en entendant ces paroles se mit à se lamenter et à dire : « Je ne savais pas qu'il en fût ainsi, et je croyais avoir trompé ce prêtre. » Et tous les autres serpents prirent part à son chagrin.

Les dewetas et les serpents, qui s'étaient assemblés pour voir le combat entre Sonuttera et Maha-Kella, furent très-joyeux de la victoire qu'avait remportée Sonuttera, et ils le suivirent jusqu'au temple. La multitude de serpents qui était dans le monde des serpents vint aussi, et ils versaient des larmes et se livraient à l'affliction, en disant à Sonuttera au milieu de tous les prêtres : « Nous sommes profondément affligés de ce que tu as emporté les reliques sans avoir compassion de nous. »

Ils dirent ensuite à Sonuttera : « Seigneur, si tu n'avais pas employé la force pour enlever les reliques, nous aurions pu, en raison de nos mérites, les adorer perpétuellement sans causer de préjudice à personne. Pourquoi donc est-ce que tu t'opposes à notre félicité éternelle ? » Et ils se lamentèrent amèrement et excitèrent la compassion des prêtres. L'assemblée des prêtres, touchée de pitié, leur donna ainsi une parcelle des reliques de Boudhou, et les ayant reçues, ils les transportèrent avec grand plaisir à leur monde, et les placèrent dans leur daggoba avec de somptueuses cérémonies.

Le dieu Sakkraia ayant appelé Wismakarma, le pria d'élever un édifice construit avec du sattrowan (*sept différentes espèces de gomme*) à l'endroit où Sonuttera était sorti, avec les reliques, de la terre qu'il avait traversée. Lorsque cela eut été fait, Sakkraia, suivi par tous les dewetas des deux royaumes célestes, prit un trône d'or et une boîte d'or ; il vint à cet édifice, il y plaça le trône et la boîte, et il mit dans celle-ci la boîte de reliques qu'il avait reçue de Sonuttera. Maha-Brahma tint en même temps au-dessus de la boîte de reliques un parasol blanc ayant douze gows de circonférence et quarante-huit gows de hauteur ; les dewetas Santo-Sita faisait mouvoir les éventails, Soujuma tenait un éventail de pierres précieuses ; Sakkraia soufflait dans la conque dite jayetoora de cent vingt coudées de long ; les quatre princes dewetas Satura-Waras, accompagnés de deux lacs et de quatre-vingt mille démons et de vingt-huit princes des démons, veillaient sur les reliques en tenant des épées nues, afin d'empêcher tout ennemi d'approcher. Les trente-deux grands dewetas, dont la puissance est grande, offraient dans des boîtes d'or les fleurs célestes para-suttae et madara ; les trente-deux déesses portaient des lampes ; le deweta Panche-Sieka jouait de l'instrument appelé waylowapandao, ayant trois gows de long, muni de sept cordes, faisant entendre dans le monde entier quatre mille quatre-vingt-dix tons différents et agréables à l'oreille ; le prince des Ghandarwas, Timberoo, faisait des offrandes au son des tambours ; cinquante mille groupes de déesses, chaque groupe composé de soixante-huit mille personnes, battaient du tambour et chantaient en dansant devant les reliques, et en faisant des offrandes au Boudhou ; trois lacs et vingt mille princes (770,000) et autant de princesses dewetas étaient là apportant des lampes ; Maha-Kella, accompagné de huit kelas de milliers de femmes, adorait les reliques en poussant de grands cris de joie ; une foule de dewetas accompagnait les reliques en jouant de la trompette.

Le grand-prêtre Endagupta voulant essayer de déjouer les efforts de Wassa-warthy, s'il essayait de renverser les offrandes, créa une ombrelle de métal de l'étendue du Sackwalla-yalla, qui s'étendait sur une surface de trente-six lacs et dix mille trois cent cinquante yoduns de circonférence. Le prêtre Panche-Kaieka, accompagné de soixante kelas de rahatoons, s'assit en cinq endroits différents, et prononça la prière appelée pirit. Le grand roi Dootoogameny, étant arrivé en cet endroit, tira les reliques de la boîte où elles étaient déposées, et les plaça dans la boîte qu'il portait sur sa tête, et quand il eut offert de la poudre parfumée et des fleurs, il se mit en adoration, regardant les reliques avec des yeux étincelant de joie ; et il s'aperçut que le parasol blanc tenu au-dessus des reliques était visible, et le Maha-Brahma qui le tenait était invisible. Les lampes et les éventails étaient visibles, et les dewetas qui les tenaient étaient invisibles aux yeux des hommes ; les sons des instruments de musique parvenaient aux oreilles, mais les dewetas qui les faisaient entendre étaient invisibles.

Alors le roi dit au grand-prêtre Endagupta : « Seigneur, notre roi Boudhou a-t-il à sa disposition les parasols des dieux et des hommes ? » Endagupta dit : « O grand roi, notre Boudhou a non-seulement ce parasol, mais il porte aussi le parasol éminent des quatre vertus différentes ; il reçut la couronne de sagesse, et régna sur dix mille sackwallas (*mondes*). »

Le roi ayant entendu ces paroles fit hommage de l'île de Lanka aux reliques de Boudhou, répétant trois fois : « J'offre cette île de Lanka qui est ma propriété, et dont l'étendue est de cent gows. »

Tandis que les dewetas et les hommes faisaient aux reliques de Boudhou des offrandes de parfums célestes et de fleurs, et tandis que les sons et les chants d'une musique céleste se faisaient encore entendre, le roi sortit du temple, accompagné de quatre-vingt-seize lacs de rahatoons, et il s'approcha de la daggoba de Ruamwelly, dont il fit trois fois le tour, et il y entra, du côté de l'est, suivi de tous les rahatoons qui se rangèrent en bon ordre. Il pensait à placer sur le trône d'argent la boîte de reliques qui était sur sa tête ; mais soudain cette boîte monta au ciel, et là les reliques prirent la forme naturelle de Boudhou, d'une hauteur de dix-huit coudées, et lançant des rayons de six couleurs différentes : bleu, brun, rouge, pourpre, blanc et vert. Les quatre-vingt-neuf qualités appartenant à Boudhou se formèrent autour de lui dans la forme d'un cercle dont la splendeur s'étendit de l'est à l'ouest des dix mille sackwallas (*mondes*). Parmi les personnes des deux sexes qui assistèrent à cette miraculeuse transfiguration de Boudhou, douze k t'is d'entre elles atteignirent l'état très-saint de Siwpilli-Simbiapat-Rahat, et les autres atteignirent les états sacrés de Sowan, de Sedegamy et d'Anagamy.

CHAPITRE XXXI.

L'image de Boudhou, après avoir fait paraître des visions miraculeuses, telles que des rayons de lumière, des courants d'eau, etc., s'évanouit, et les reliques se replaçant dans la boîte d'or, descendirent du ciel et se posèrent de nouveau sur la tête du roi, lequel, rempli d'allégresse, dit en lui-même : « J'ai obtenu le fruit de la vie humaine ; les actions charitables de mes existences passées n'ont pas eu lieu en vain. » Il se rendit alors, portant la boîte de reliques, et suivi du grand-prêtre Endagupta et d'une grande multitude d'autres prêtres et des seize mille reines, au trône d'argent, et il plaça la boîte dans une autre boîte faite d'un bois précieux. Lavant ensuite ses mains dans de l'eau parfumée et les frottant avec une substance parfumée appelée saudeganga, il ouvrit la boîte, et prenant les reliques en ses mains, il exprima en son cœur les vœux et les espérances suivantes : « Si ces reliques sont destinées à durer cinq mille ans sans que personne les trouble, et à rendre des services à tous les hommes, que la chose se manifeste en ce que ces reliques prennent la figure de Boudhou étendue sur ce trône, comme Boudhou, au moment de sa mort, se plaça entre deux arbres appelés Sall, plaçant sa tête du côté du nord, ses pieds du côté du sud, son dos vers l'est, et sa face vers l'ouest. »

En disant ces mots, le roi plaça les reliques sur le trône, et aussitôt elles prirent la forme de Boudhou, éclairant le monde entier et faisant la joie de tous les habitants du monde, et c'est ainsi que les reliques furent déposées dans la daggoba, le jour de la pleine lune, premier jour du mois d'Essala.

A cette occasion, la terre trembla avec un bruit aussi fort que si un grand nombre de bassins de métal étaient frappés avec un bloc de fer ; le rocher Mahamera s'inclina comme en signe de respect, les sept rochers Saptakoola tremblèrent et se broyèrent l'un l'autre ; les sept grands étangs appelés Satmaha se couvrirent de fleurs; la mer devint aussi douce qu'un vase de lait de buffle mêlé avec du sucre; les dewetas et les brahmas des cieux poussèrent une acclamation de joie ; le ciel fut traversé par des éclairs et tous les dix mille sackwallas (mondes) furent agités.

Le roi Dootoogameny fut dans une grande allégresse en voyant ces miracles. Il fit une offrande de son parasol blanc avec un manche d'or, et offrit derechef toute l'île de Lanka durant sept jours; il prit ensuite des bijoux d'une grande valeur et il les offrit aux reliques, et cet exemple fut suivi par les seize mille reines, par les ministres, par dix grands guerriers, tels que Nandimittra, etc. (355), par un grand nombre d'hommes et de femmes, de dewetas et de brahmas, de *nagas* (ou *de serpents*), de supernas (*animaux monstrueux ailés*), de démons, de raxes (*anthropophages*) et de Sidhawidhyadaras (magiciens).

Le devoir de chacun est donc de faire des offrandes à ces reliques en leur présentant des lampes, des fleurs, etc., car si quelqu'un fait une offrande à une relique de Boudhou, cette relique ne fût-elle pas plus grosse qu'une graine de moutarde, son mérite est aussi grand que s'il avait fait une offrande au Boudhou vivant, auquel les trois mondes entiers furent offerts.

Le roi Dootoogameny ayant offert aux quatre-vingt-seize kelas de rahatoons des vêtements et des médicaments, tels que du sucre et du ghee, et se tenant dans une humble posture, les mains croisées au-dessus de sa tête, leur dit : « Seigneurs, adressez à ces reliques, durant toutes les trois veilles de la nuit, sans interruption, la prière pirit. » Et les rahatoons prièrent pendant toute la nuit, selon la demande du roi.

Le lendemain, le roi fit proclamer dans toute la ville, au son des tambours, que tous les habitants devaient continuer de venir adorer les reliques, apportant des fleurs odoriférantes, des parfums et des lampes allumées avec de l'huile parfumée. Le grand prêtre Endagupta aida le roi, en formant le vœu solennel que tous les hommes et les femmes habitant dans l'île entière de Lanka fussent purifiés, et qu'ils devinssent ainsi capables de comprendre la doctrine de Boudhou, d'adorer les reliques, et de retourner à leurs demeures respectives après avoir entendu la doctrine, accomplissant tout cela dans un même jour, sans que leur venue et leur retour leur fissent éprouver la moindre fatigue.

Le roi ayant distribué de grandes aumônes pendant sept jours à quatre-vingt seize kelas de rahatoons, s'adressa à l'assemblée des prêtres, et dit : « Seigneurs, j'ai accompli toutes les choses nécessaires à la construction de la daggoba, vous pouvez donc en fermer la porte. » L'assemblée des prêtres dit alors à deux jeunes rahatoons : « Vous pouvez fermer la porte de la daggoba avec le rocher de couleur bleu céleste que vous avez apporté autrefois. » Ils apportèrent donc le rocher qui était resté caché dans la salle, et ils l'employèrent à fermer la porte. Alors les quatre-vingt-seize kelas de rahatoons firent tous le vœu solennel que l'eau parfumée dans cette daggoba ne séchât point, que les fleurs offertes demeurassent sans se flétrir, que les lampes allumées avec de l'huile parfumée ne s'éteignissent pas, que les offrandes apportées dans cette

(355) *Voy.* ci-dessus, chap. 23.

daggoba n'éprouvassent aucune altération. Le rocher couleur bleu de ciel en ferma alors si exactement la porte qu'un cheveu n'aurait pu passer entre lui et la porte, et le rocher ne put être, pendant cinq mille ans, aperçu par des ennemis de Boudhou. Beaucoup de gens qui avaient des reliques en leur possession, ayant été informés par le roi d'avoir à les placer sur le sommet du rocher bleu céleste, firent des boîtes d'or et d'argent selon leurs moyens, et les déposèrent sur le sommet de ce rocher. Et le nombre des reliques qui furent ainsi apportées s'éleva à mille.

Le roi fit ensuite élever, sur l'édifice qui contenait les reliques, un autre bâtiment qui le couvrait, et qui avait la forme d'une bulle d'eau (356) placée sur un lit carré.

CHAPITRE XXXII.

Avant que le roi Dootoogameny eût pu achever les travaux de la daggoba, il fut affligé d'une maladie mortelle, et ayant envoyé chercher son frère, le prince Tissa, il passa sa main sur sa tête, le fit asseoir près de lui, et dit : « Frère, la faveur de ce monde est chose futile et passagère; ceux que nous aimons le mieux, tels que nos parents et nos amis, doivent nous aider à obtenir le bonheur de l'autre monde. Fais donc, avant que je ne meure, achever la daggoba, afin que je puisse la voir et être consolé. »

Le prince Tissa, entendant son frère parler de la sorte, fut rempli de douleur, et dit en lui-même : « Mon frère est extrêmement faible, la construction de la daggoba ne peut être achevée avant qu'il ne meure; il est donc nécessaire d'avoir recours à quelque artifice pour le satisfaire. » Il fit alors apporter des étoffes, il les fit blanchir, et il fit façonner une daggoba complétement achevée, haute de cent vingt coudées, et que les peintres peignirent de diverses couleurs; il y fit ajouter un clocher surmonté d'un parasol, et il dit au roi : « Seigneur, j'ai terminé les travaux de la daggoba. »

Le roi fut extrêmement satisfait, et dit : « Frère, est-ce que mes yeux pourraient la voir ? » Le prince amena le roi dans un chariot d'or et lui montra l'édifice, et il fit placer le roi sur un lit préparé sur le tapis près de la porte méridionale. Le roi se tournant du côté droit, adora la daggoba, et se tournant du côté gauche, il vit le temple Lowamaha élevé de neuf étages, et soudain il fut entouré par quatre vingt-seize kelas de rahatoons et par une troupe innombrable de prêtres. Les premiers vinrent à travers les airs de diverses parties du monde, et tous accoururent, lorsqu'ils furent informés de la maladie du roi, se disant les uns aux autres :

« Il faut que nous allions rendre visite à notre roi Dootoogameny qui a rendu tant de services à la loi et au monde de Boudhou. » Ils se tenaient donc autour du roi, prêchant et priant. Le roi désira savoir si le grand prêtre Tairaputtabeya était dans l'assemblée, et ce prêtre, qui était alors en compagnie de cinq mille rahatoons à la montagne d'Angeluka, près du lac de Kirindy, connut la pensée du roi, par suite de la faculté qu'ont les rahatoons de connaître les pensées des autres hommes, et il vint à travers les airs accompagné de cinq mille rahatoons; et il apparut devant le roi, qui, rempli de joie, le fit asseoir devant lui, et qui dit : « Seigneur, fort de ton secours et de celui des dix grands yadhos, j'ai livré bataille aux vingt grands yadhos qui accompagnaient les envahisseurs malabares; je suis maintenant seul à combattre la mort, ennemi dont je ne suis pas en état de triompher; je te prie de m'instruire de ce que je dois faire. »

Les prêtres qui entendirent le roi dirent : « O grand roi, sois sans crainte, car tu as détruit les ennemis, même la malice, mais tu ne peux vaincre la mort. Le monde entier est soumis aux lois de la nature; il est sujet à l'infirmité et à la vieillesse et il est subjugué par la mort. » Et, pour montrer la vanité du monde, ils ajoutèrent : « O roi, les mérites de tes bonnes œuvres dans les existences passées étant épuisées, tu fus privé du bonheur que tu avais dans le royaume céleste, et étant descendu dans le monde humain, tu es né dans la caste royale, et tu as fait beaucoup de bonnes œuvres en l'honneur de Boudhou, et tu peux ainsi mentionner sans hésitation toutes les bonnes œuvres que tu as accomplies jusqu'à ce jour. »

Le roi étant ainsi consolé par les paroles des prêtres, commanda aux écrivains de lire le récit des bonnes œuvres qu'il avait accomplies, et c'est ce qu'ils firent de la façon suivante : « O seigneur, tu as bâti, depuis ta naissance jusqu'à ce jour, cent temples, parmi lesquels le temple Merissewaty t'a coûté vingt kelas, le temple Lowamaha trente kelas, la daggoba Ruanwelly mille kelas. Tu as accordé aux prêtres et aux prêtresses qui vinrent de tous côtés à l'inauguration de ces temples, de grandes aumônes, des vivres et des vêtements. Tu as fait présenter des offrandes en vingt-quatre temples différents chaque fois que le mois de Wesack est revenu, et cela pendant vingt-quatre fois consécutives; tu as distribué aux prêtres et aux prêtresses de l'île de Lanka des vêtements et des tasses (357); tu as fait des offrandes à Boudhou cinq fois différentes durant sept jours de suite chacune, dans tout ton royaume; tu as offert en douze endroits

---

(356) La forme d'une bulle d'eau ou d'une cloche est toujours celle qu'on donne aux daggobas ou aux temples de Boudhou et aux coffrets dans lequels ses reliques sont déposées.

(357) C'est-à-dire des vases aux aumônes (*paterns*); ils doivent être en argile ou en fer, et ils sont l'objet de prescriptions minutieuses dans les règles imposées aux religieux bouddhistes.

mille lampes constamment alimentées de beurre de vache; tu as élevé en dix-huit endroits des hôpitaux et salarié des médecins pour le service des malades auxquels on fournissait des remèdes et des aliments sortis des magasins royaux d'après les prescriptions des docteurs; tu as, en quarante-quatre endroits fourni constamment au peuple du miel et du riz, en quarante-quatre autres endroits du lait et du riz et en autant d'autres endroits du riz et des gâteaux faits dans du beurre; tous les temples de Lanka ont été approvisionnés de lampes et d'huile. En chaque endroit tu as établi des cours pour distribuer une justice impartiale; tu as fourni à toutes les femmes enceintes du riz et du sel, et à leurs sages-femmes des vêtements provenant des magasins royaux; tous les bœufs employés au travail durant le jour dans l'île entière de Lanka, sont, grâce à tes soins, pourvus de paille trempée dans du riz lorsqu'ils sont, pendant la nuit, tourmentés par la faim; sachant enfin que le mérite de prêcher la doctrine de Boudhou est plus grand que toutes les autres charités, tu t'es rendu au milieu de quatre-vingt-seize kelas de rahatoons qui étaient au temple de Lowa-maha, en t'asseyant dans une chaire, tu t'es mis à lire le livre Mangalla-Soottra, mais, voyant des prêtres autour de toi, tu es descendu de la chaire sans être en état de finir ta lecture, par suite de ton grand respect pour eux, et parce que tu pensais que la prédication offrait de très-grandes difficultés; depuis tu as placé dans chaque village un prédicateur convenablement rétribué, afin que la population entière de Ceylan puisse entendre la doctrine de Boudhou; tu as donné à chacun d'eux par mois quatre mesures de beurre de vache, quatre mesures d'huile, une certaine quantité de sucre et autres aliments; tu as ainsi distribué dans l'île entière le bienfait de l'instruction. Tu as offert aux cinq prêtres Xeenacks-rawas un sac de riz bouilli; lorsque tu étais hors d'état de remporter la victoire dans la bataille livrée à ton frère à Yoodhaganapitty, tu as été te cacher sur le bord de la rivière Satpandooro, et tu as pensé à donner des aumônes de riz provenant de ton propre plat de riz et à manger ensuite, et ayant appelé ton ministre afin que quelqu'un vînt près de toi, tu vis un rahatoon qui traversait les airs en ce moment, et tu lui donnas ton plat de riz sans rien en réserver pour ton usage. »

Le roi, entendant le récit de ses actes de charité, fut rempli de joie; il récompensa les écrivains, leur donnant des terres et des richesses immenses, et il dit : « Je ne suis pas satisfait de toutes les choses que j'ai faites durant mon règne, mais j'estime par-dessus tout les actes de charité que j'ai accomplis lorsque j'étais dans la détresse. »

Le prêtre Tairaputtabeya dit : « O roi, ces actes de charité ont été d'autant plus méritoires qu'ils ont amené d'autres actes de charité; le prêtre Maliyadewa étant un de ceux qui reçut de toi du riz, apporta sa portion aux rochers de Samanta-Koota et la distribua à neuf cents rahatoons qui étaient en cet endroit; un autre prêtre Pathawy-manckedham-magoopla porta la sienne au temple de Calany et la partagea avec cinq cents prêtres; Dhammadenna porta la sienne à l'île de Puango et la partagea avec douze mille rahatoons; Mahanamasytissa porta sa portion au temple de Kayilasa-Koota et la partagea avec soixante mille rahatoons; Maha-Sangha porta la sienne au temple de Ocka-nagarah et la partagea avec sept cents rahatoons. »

Ces paroles du prêtre Tairaputtabeya firent grand plaisir au roi qui dit alors : « Seigneur, j'ai régné vingt-quatre ans et je me suis rendu favorable aux prêtres et je désirerais que mon corps leur fût utile; fais que mon corps soit brûlé à la salle de Poya-malloo où les prêtres célèbrent leurs cérémonies, près de la daggoba de Ruanwelly. »

Il appela ensuite son frère, le prince Tissa et dit : « Mon frère, lorsque tu auras achevé les travaux de la daggoba, fais-y chaque matin et chaque soir des offrandes de fleurs et de lampes allumées, et trois fois par jour, fais entendre de la musique; ne néglige pas les actes de charité que je pratiquais; n'oublie pas tous les devoirs nécessaires à l'égard des grands prêtres; ne fais pas de tort au peuple de Lanka et gouverne ce royaume selon l'équité. » Après avoir parlé ainsi, le roi se coucha silencieusement, tandis que les quatre-vingt-seize kelas de rahatoons continuaient à prêcher et à prier.

En ce même temps, les dewetas des six royaumes célestes vinrent avec six chariots et se tinrent dans les airs rangés en bon ordre et chacun d'eux invita le roi, disant : « O roi, notre seigneur est glorieux et possède une plus longue vie; viens ici, viens ici; » le roi étendit sa main droite et pria les dewetas, disant : « Souffrez qu'aussi longtemps que je serai en cette vie, j'entende la prédication de la doctrine de Boudhou. » Les prêtres voyant le mouvement du roi, cessèrent de prêcher, il leur dit alors : « Pourquoi cessez-vous de prêcher? » Ils répondirent : « O roi, c'est parce que tu nous as fait, de la main, signe de nous arrêter. » Le roi dit : « Seigneurs, je ne vous ai pas fait signe de vous arrêter, mais les dewetas des six Dewa-Loka sont venus avec six chariots, et chacun d'eux m'a invité à venir dans son monde, et je les priais de me laisser entendre la prédication aussi longtemps que je resterai en cette vie. » Un des assistants, entendant les paroles du roi, crut qu'il s'exprimait ainsi sous l'impression de la terreur de la mort et dit : « Il n'y a personne qui ne craigne la mort. »

Le prêtre Tsirapultabeya, connaissant leurs pensées, pria le roi de faire jeter en l'air quelques guirlandes de fleurs, afin que le peuple pût être convaincu de la vérité. Les guirlandes se suspendirent d'elles-mêmes aux chariots, et ceux qui virent ce miracle, ne conservèrent plus aucun doute en leur esprit.

Le roi demanda au prêtre : « Seigneur, quel est le meilleur des six cieux ? » Il répondit : « O grand roi ! le royaume céleste de Toutissa est le meilleur ; c'est là que réside Maïtri qui attend la dignité de Boudhou. »

Le roi l'ayant entendu, fixa son désir sur le ciel appelé Toutissa, et il s'étendit le visage tourné vers la daggoba de Ruanwelly qu'il avait bâtie et il expira.

Il fut immédiatement emporté par le chariot venu de Toutissa, comme si un homme se réveillait d'un profond sommeil, et pour montrer au peuple la gloire dont il jouissait et qui dérivait des mérites de ses actions charitables, il se décora d'une quantité de bijoux suffisante pour charger soixante chariots, et il se tint debout sur le chariot, et en présence d'une grande foule, il descendit et adora trois fois la daggoba, et il prit congé des quatre-vingt-seize kelas de rahatoons en leur témoignant un profond respect, et il donna des conseils à son frère le prince Tissa et à ses compatriotes, disant : « Ne différez pas de faire de bonnes œuvres, en voyant la gloire céleste que j'ai obtenue, » et il monta ainsi au ciel.

Les seize mille femmes du roi, apprenant sa mort, laissèrent leurs cheveux tomber sur leurs épaules et pleurèrent.

Une grande multitude d'hommes se rassembla à l'endroit où le corps du roi fut brûlé, et ils pleurèrent sa perte, mettant leurs mains au-dessus de leur tête.

CHAPITRE XXXIII.

Le roi Dootoogameny avait un fils appelé Sally-rajah, à la naissance duquel il tomba sur l'île entière de Lanka une pluie de riz parfumé, et, en ce moment tout le riz qui cuisait dans les fours et tout le riz qui était dans les greniers furent changés en riz de cette qualité supérieure, et tous les greniers qui étaient vides se trouvèrent remplis. Ce miracle se reproduisait également aux fêtes célébrées dans le troisième, le septième et le neuvième mois de la naissance et aux fêtes qui eurent lieu la première fois qu'il mangea du riz, lorsqu'on lui perça les oreilles et lorsqu'on l'éleva à la vice-royauté, et toutes les herbes ordinaires qui croissaient dans l'île furent aussi en cette occasion, changées en herbes de qualité supérieure.

Le prince Sally vit augmenter par degrés sa richesse à mesure qu'il acquit des années ; il avait les signes d'une grande prospérité ; un air majestueux, une grande bravoure, une sagesse extraordinaire, une figure aimable, une conversation agréable, une générosité égale à celle de l'arbre caprook (357*) il était puissant comme le deweta Baladewa ; tendre comme une mère, insatiable dans le désir de distribuer des aumônes, et faisant chaque jour d'amples largesses aux pauvres.

Son père, le roi Dootoogameny, charmé des qualités de son fils, l'éleva à la dignité de vice-roi et fit bâtir pour lui un splendide palais dans la rue méridionale de la ville d'Anuradhapura, et, pendant le temps qu'il séjourna en ce palais, le revenu perçu dans les villages des provinces méridionales lui fut apporté.

Le roi fit alors construire pour lui un autre palais dans la rue occidentale et le prince alla y loger et reçut les revenus perçus dans les provinces occidentales, et il les distribua comme précédemment aux pauvres.

Le prince Sally s'étant un jour habillé avec pompe, se rendit, accompagné d'une grande foule, aux jardins de plaisance, et il vit des princes qui jouaient et se promenaient dans ces beaux jardins ; il s'approcha d'eux et il aperçut un arbre assoka orné de fleurs sur lequel une jeune fille, nommée Dewie, fille du chef des Chandalls (358) du village d'Hallollie, grimpait pour cueillir des fleurs ; l'éclat de son corps brillait à travers le feuillage comme la pleine lune à travers de sombres nuages. Les divers princes la voyant et étant surpris et charmés de sa beauté, se mirent à lui parler, lui disant : « Qui es-tu, et d'où viens-tu ? Es-tu la fille d'un homme ou d'un dewetas ? Nous n'avons jamais vu chez une femme de beauté égale à la tienne. Dis-nous qui sont tes parents et si tu es mariée ou non. « Elle répondit : Seigneurs, je suis la fille du chef du village d'Hallollie, et je suis de la caste des Chandalls. » Le prince Sally, l'ayant entendue, l'aida à descendre de l'arbre et dit : « Les perles et les pierres précieuses ne sont jamais rejetées quoiqu'elles se rencontrent dans un tas d'immondices ; cette jeune fille, dont la beauté est accomplie, est donc digne d'être accueillie, quoiqu'elle soit née dans la caste des Chandalls. » Il la conduisit ainsi dans un palanquin et la nomma Asoka-malla, du nom de l'arbre sur lequel il l'avait trouvée ; nulle femme, dans l'île de Lanka, ne la surpassait en beauté. L'éclat qui sortait de son corps s'étendait à une distance de quatre coudées lorsqu'elle était dans une chambre noire, et sa bouche produisait une odeur douce comme celle des fleurs mahanel.

Dans une existence antérieure, cette jeune fille, ayant insulté sa mère en l'appelant fille de Chandalls,

---

(357*) Arbre fabuleux qui donne tout ce qu'on lui demande.

(358) La caste des Chandalls est la plus basse de toutes.

avait été condamnée à naître dans la caste des Chandalls, mais elle acquit sa beauté par le mérite des bonnes œuvres qu'elle avait accomplies en balayant et nettoyant le bomallowa ou le parquet établi au pied d'un arbre sacré, et le mérite d'autres bonnes œuvres lui fit obtenir de devenir l'épouse du prince Sally.

Asoka-Malla ayant été conduite au palais, il se répandit dans toute la ville le bruit que le prince avait choisi pour sa femme la fille d'un Chandall. Cette nouvelle parvint aux oreilles du roi Dootoogameny; il fut très-courroucé, et appelant une de ses favorites, il lui dit : « Va trouver mon fils, et dis-lui : « Seigneur, ton père désire choisir pour ton épouse une princesse du sang royal ou de la caste des brahmines; et en même temps il veut te faire couronner et proclamer roi; renonce donc à cette fille de la caste des Chandalls, et ne ternis pas la gloire de la caste royale. »

La femme ayant fait ce qui lui avait été commandé, le prince Sally répondit : « Une femme enceinte ne serait pas satisfaite si on lui donnait des bananes, lorsqu'elle a envie de grenades; je ne serais donc pas satisfait de recevoir pour épouse même une déesse, et je ne veux d'autre femme que celle-là; les fleurs s'ouvrent quand le soleil brille, et jamais à la clarté de la lune. » Il énonça ainsi diverses comparaisons exprimant son amour inaltérable. Alors le roi envoya chercher des brahmines experts dans l'art de la divination et il leur dit : « Allez vers Assoka-Malla, et voyez si elle possède les indices d'une destinée heureuse; si elle ne les possède pas, nous verrons alors ce qui nous reste à faire. »

Les brahmines allèrent vers Assoka-Malla, et ils trouvèrent qu'elle possédait soixante-quatre indices de beauté et de bonheur; ils furent très-surpris, et ils revinrent vers le roi, chantant comme s'ils avaient été enivrés par la vue de sa beauté, et disant : « O roi, Assoka-Malla, la femme du prince Sally, a le corps de la couleur de l'or, deux grands yeux ressemblant aux pétales de la fleur bleue du mahanel; les plantes de ses pieds sont comme les pétales roses d'une fleur aquatique; sa chevelure brille comme un parasol bleu; ses mains sont grasses et potelées; la déesse Sriya-Kantha est assurément propice à une personne pareille; elle possède de grands et heureux indices qui la rendraient propre à être la première des épouses de Sakkraia. » Le roi, entendant les paroles des brahmines, eut le désir de voir Assoka-Malla, et il fit prévenir le prince Sally qu'il allait venir lui rendre visite.

Alors le prince appela Assoka-Malla, et lui dit : « Le roi doit venir aujourd'hui en ce palais; je pense que c'est pour te voir; hâte-toi donc de faire les préparatifs nécessaires. »

Assoka-Malla prépara alors des aliments délicieux et des boissons, du riz, du poisson et des gâteaux pour le roi, les ministres et leur suite; ils arrivèrent tous en grande pompe au palais du prince Sally qui s'avança avec sa femme pour recevoir le roi, et tous deux lui témoignèrent le plus grand respect, et se tinrent devant lui dans une humble posture. Le roi voyant la beauté qui éclairait Assoka-Malla, laquelle était pareille à une déesse descendant du ciel, lui dit : « Es-tu cette heureuse jeune fille qu'on appelle Assoka-Malla? » Et elle répondit : « Oui, seigneur. »

L'haleine embaumée, semblable au parfum des fleurs mahanel qui sortit de sa bouche lorsqu'elle prononça ces mots, remplit aussitôt le palais entier; le roi, charmé de cette circonstance, alla s'asseoir sur un trône qui était préparé pour lui, tandis qu'Assoka-Malla, lui ayant présenté des plats qu'elle avait apprêtés elle-même, le servit pendant son repas. Le roi se repentit alors du projet qu'il avait eu de séparer son fils de cette personne accomplie, sans avoir examiné ses mérites, et il reconnut qu'elle était douée de qualités admirables; il appela alors son fils et la jeune fille, et après leur avoir donné les avis nécessaires pour leur conduite future, il les fit asseoir sur un tas d'or, et après avoir célébré la cérémonie des noces, il revint à son palais. Assoka-Malla, ayant également distribué des aliments aux ministres et à leur suite, ils se retirèrent en célébrant ses louanges.

Depuis ce temps la princesse Assoka-Malla vécut heureusement avec le prince Sally, et ils continuèrent de faire de grandes charités jusqu'à ce que le roi les eut transférés dans un palais élevé pour eux au nord de la ville; le prince recevait continuellement de la part des dewetas et des hommes, des dons qu'il distribuait en aumônes, selon son usage.

Il arriva un jour que le prince s'étant rendu au village d'Asmandella, près d'Hallollie, et se trouvant en possession d'une grande quantité de vivres, pensa que, le jour n'étant pas très-avancé, le moment était venu où les rahatoons demandaient l'aumône; il fit donc annoncer qu'il les invitait à venir auprès de lui, et il en arriva cinq cents qui résidaient sur les rochers de Roohoonotaladahr, et ils se tinrent autour de lui comme une masse de fleurs rouges. Le prince prit leurs plats, et il les fit asseoir; il leur distribua des aliments délicieux, leur fournit des vêtements et d'autres objets nécessaires, et il leur demanda : « Seigneurs, d'où êtes-vous venus? » Ils répondirent : « Nous sommes venus des rochers de Roohoonotaladahr. » Alors le prince leur dit que c'était à une très grande distance, et il fit bâtir pour eux un temple qu'il nomma Raje-Maha, et il le leur offrit, et il resta dans son palais du nord jusqu'à ce que le roi eût fait bâtir pour lui un palais à l'est de la ville, et il continua d'y distribuer aux prêtres les quatre sortes d'aumônes appelées Sew-Pasa.

Le roi, un jour appela le prince Sally et lui dit : « Mon fils, tu p ux succéder à mon trône lorsque je serai mort, et régner en protégeant le monde et la religion. » Mais le prince, préférant à la royauté la princesse Asoka-Malla, refusa, ce qui détermina le roi à céder la couronne à son frère cadet, le prince Tissa; lequel acheva les travaux du dôme Ruanwelly qui était resté sans être terminé, et qui y fit de grandes offrandes; il fit aussi construire le temple Lowa-Maha qui coûta quatre-vingt-dix lacs, et il fit élever un temple à chaque yodun de distance entre la ville d'Anuradha et le temple de Dega-Nakha; il construisit ensuite le temple de Diga-Nakha-Chyttha en forme de coupole, d'une hauteur de cent quatre-vingts coudées, et il le couvrit d'ornements d'or, et il plaça à chaque étage des fleurs en or ou de la hauteur de la roue d'un chariot; il fit creuser beaucoup de citernes pour l'usage de l'agriculture, et ayant ainsi rendu de grands services au monde et à la religion, il parvint au monde de Brachma-Loka, dans la dix-huitième année de son règne.

Ensuite un nommé Siloopittool fut proclamé roi, mais il ne régna qu'un mois et dix jours, le fils aîné du roi Tissa, nommé Lamatissa, lui succéda et bâtit trois temples, et construisit un mur autour du temple de Ruanwelly, rendant ainsi de grands services à la religion. Il régna neuf ans et eut pour successeur son frère Callona qui fit élever trente-deux appartements très-élégants pour le temple de Lowa-Maha, et qui rendit aussi de grands services à la religion. Il régna six ans; son frère Walakhan-Abha lui succéda, lorsque quatre cent quarante et un ans, neuf mois et dix jours s'étaient écoulés depuis la mort de Boudhou.

Le cinquième mois du règne de Wulakhan-Abha, sept dhamilas, accompagnés de sept armées et venant du pays de Sollie (*la côte de Coromandel*) envahirent son royaume, en débarquant dans sept ports de l'île dont ils se rendirent maîtres après avoir expulsé le roi; un d'eux s'empara de la tasse de Boudhou, un autre de la femme du roi, la reine Soma, et les cinq rois continuèrent de régner sur l'île pendant treize ans et sept mois, mais le roi qui avait été, pendant tout ce temps dans la province de Maya, revint avec une grande armée, extermina les dhamilas et reprit possession du trône.

Depuis le roi Dewenepa-Tissa jusqu'à ce roi, les préceptes de la religion avaient été conservés par la tradition, mais les grands-prêtres comme Capalista et autres qui les possédaient dans leur mémoire, reconnurent qu'ils ne se conserveraient pas dans leur pureté en se transmettant à l'avenir par la bouche de prêtres ignorants; le roi Wulakha-Abha les fit donc mettre par écrit par 500 rahatoons qui vivaient dans la caverne d'Alloo au village de Meetala; il fit aussi détruire le temple païen de Thierthaka, et il y fit bâtir un dôme de 180 coudées de haut, et il éleva douze autres temples de 120 coudées de haut, et il fit creuser des centaines de cavernes dans les rochers; après avoir rendu de grands services à la religion, il mourut ayant régné douze ans et cinq mois.

CHAPITRE XXXIV.

Ensuite Maha-Choola fut proclamé roi, et sachant que les actes de charité étaient très-méritoires, il se déguisait en indigent et louait son travail comme moissonneur; il fit ainsi de grandes aumônes, et il distribua des vêtements à trois mille prêtres et à douze mille prêtresses; il fit bâtir deux grands temples, et après beaucoup de bonnes œuvres, il mourut ayant régné treize ans.

Le fils du roi Walika-Abha, nommé Chora Naga, lui succéda et commença à commettre de grands péchés et à renverser dix-huit temples, mais dans la douzième année de sa tyrannie, il fut mis à mort par les habitants de Lanka, et il renaquit sous la forme d'un prayetha (559), et souffrit beaucoup de maux.

Le fils du roi Maha-Choola, appelé Koodatissa, lui succéda et régna trois ans; il fut empoisonné par la reine, veuve du roi Chora-Naga qui était devenue épouse du chef des portiers, nommé Balawa, et qui le fit proclamer roi; elle demeura avec lui un an et deux mois, ensuite elle devint amoureuse d'un charpentier, nommé Watocka, qu'elle fit roi, et elle l'empoisonna ensuite, ainsi que ses deux successeurs, Darobhatika-Tissa et Nilya, et elle demeura un an et deux mois avec chacun d'eux. Elle voulut ensuite régner seule, mais au bout de quatre mois, le second fils de Maha-Choola, Kalckamritissa, après avoir vécu quelque temps caché sous un habit de prêtre, se mit à la tête d'une armée, tua la méchante reine et monta sur le trône. Il fit bâtir des temples, et creuser des citernes et des étangs et régna vingt-deux ans. Son fils Bhatie lui succéda, et il alla adorer Boudhou au temple de Ruanwelly où il vit toutes les images qu'avait fait faire le roi Dootoogameny, et dont nous avons déjà parlé; il en éprouva une grande joie, et il fit couvrir le temple de Ruanwelly de deux étoffes de soie, dans toute sa hauteur qui était de 120 coudées; il employa les habitants à planter des parterres tout autour, les exemptant de la taxe due au roi, et quand les fleurs furent venues, il fit moudre le bois de sandal déposé dans les magasins royaux, et il en fit une pâte dont il fit enduire tout le temple; cette couche qui avait quatre pouces d'épaisseur, fut ensuite toute revêtue de fleurs, et cette offrande dura une semaine.

(559) Esprit impur dont l'existence est des plus misérables.

Les fleurs s'étant considérablement multipliées dans les parterres, il fit une autre fois élever un grand tas de fleurs à chaque porte du temple, et ces fleurs montaient jusqu'aux clochers du dôme; une autre fois il fit brûler dix mille chariots remplis de perles, et avec la cendre, il fit une pâte dont il enduisit le temple jusqu'à une hauteur de 120 coudées, la recouvrant d'un tissu d'or, orné de grains de corail; il offrit ensuite des fleurs d'or de la grandeur de la roue d'un chariot; il fit successivement arroser le temple de miel, de vif-argent, de vermillon et d'eau parfumée. Il fit de plus distribuer aux pauvres des aumônes de toute sorte, et il fit bâtir les temples de Minninapow, de Koombobunda, de Moodoon, de Suloonapow, de Mahanoo; il offrit à ce dernier temple des terres d'une étendue de deux gows, et après avoir acquis de grands mérites par ses bonnes œuvres et avoir régné vingt-deux ans, il alla dans le monde des dieux.

Son frère Mahadalia lui succéda. Il bâtit le temple de Saigirie, planta des parterres, et fit de grandes offrandes de fleurs; il fit placer une rangée de bateaux flottant sur cette île tout autour de la mer à une grande distance du rivage, et dressant sur les bateaux des tentes élégamment ornées, il y conduisit vingt-quatre mille prêtres auxquels il distribua le matin de la nourriture, et le soir des objets utiles; pendant les trois veilles de la nuit, il entretint autour de l'huile une rangée de lampes éclairées avec du beurre de vache; ayant ainsi favorisé grandement la religion durant douze ans, il vint au monde des dieux.

CHAPITRE XXXV.

Son fils Adagomoney lui succéda, et il fit de l'île entière de Lanka comme une citerne remplie de l'eau bienheureuse appelée Ama, en faisant proclamer au son du tambour, la défense de tuer aucun animal, et en enjoignant aux hommes de renoncer à leur folie et à leurs mauvaises actions, et d'accomplir de bonnes œuvres. Il éleva un mur tout autour du temple de Ruanwelly, et le fit surmonter d'un parasol, et après avoir rendu de grands services à la religion pendant un règne de neuf ans et huit mois, il alla au monde des dieux. Il fut mis à mort par son frère Kinibiridala qui régna ensuite tyranniquement pendant trois années.

Soolooabha, fils du roi Adagomoney, lui succéda et bâtit le grand temple de Sooloogalo, au bord du lac Dedoroo; il mourut la première année de son règne, et il eut pour successeur Seehewallie, sœur d'Adagomeney, qui ne régna que quatre mois et qui mourut.

Le roi Ellowena, son successeur, étant au pouvoir des ennemis, la reine remit son fils encore au berceau à la nourrice, et lui dit de porter l'enfant à l'écurie des éléphants, de le placer devant l'éléphant royal, d'instruire l'éléphant de la détention du roi, et de lui dire de tuer l'enfant, pour lequel mieux valait mourir de cette façon que de la main de l'ennemi. La nourrice fit ce que la reine lui avait ordonné, mais l'éléphant royal étant ému de pitié, brisa aussitôt la chaîne qui le retenait, entra dans le palais en fracassant la grande porte, prit le roi sur son dos, et l'amena au port de mer de Mahawattoo-Totta, le délivrant de l'ennemi; le roi s'embarqua pour la côte de Malaya et de là, après trois ans, il revint avec de grandes forces, et reprit possession de son royaume, et voyant avec une extrême satisfaction que son bienfaiteur, l'éléphant royal, était encore en vie, il lui accorda de grandes récompenses, et lui fit don d'un vaste pays. Ce roi bâtit les temples de Maha et Deamoot, il fit creuser de nombreux étangs, et après avoir accompli des œuvres d'une grande utilité, il mourut dans la sixième année de son règne.

Son fils Sandigamonal lui succéda; il fit creuser le grand étang de Minihirigam, et mourut dans la troisième année de son règne, après avoir accompli beaucoup de bonnes œuvres.

Son fils Gayababoo fit élever un grand nombre de temples, et ayant appris que quantité de ses sujets étaient en esclavage dans la ville de Cawery dans le pays de Solly, il fut ému de colère, et marcha contre cette ville, prenant en sa main une massue, appelée Yakanda, qui réclame pour être soulevée, le concours de cinquante hommes robustes. En divisant l'eau de la mer par le mérite de sa propre foi, sans mouiller ses pieds et en déployant sa grande puissance, il ramena ses sujets dans son île, rapportant avec lui des reliques et la tasse de Boudhou, et après avoir accompli beaucoup de bonnes œuvres, il alla dans le monde des cieux la vingt-deuxième année de son règne.

Son successeur Mahalo-Mana régna six ans, et bâtit sept temples.

CHAPITRE XXXVI.

Son fils, Bhatia-Tissa, construisit une muraille autour du grand temple, et il fit creuser le lac Mahagemina et l'offrit au temple; il construisit aussi le grand étang de Ratmalakada pour l'usage des prêtres de Wéda, et il régna vingt-quatre ans.

Son frère Mula Tissa lui succéda, il construisit divers temples, et mourut après avoir accompli beaucoup de bonnes œuvres durant un règne de dix-huit ans.

Siriniga lui succéda et régna vingt-un ans.

Sous le règne de son fils, le prince Tissa, un brahmine nommé Vytullya, imitateur des chiens et des renards qui préfèrent les objets en putréfaction aux parfums, renonça à la doctrine de Boudhou, se joignit aux païens, et défigura la vraie doctrine en l'altérant; le roi, ne pouvant souffrir le tort fait à la religion, fit expulser tous les mauvais prêtres qui avaient embrassé le paganisme, et chargea un de ses ministres, nommé Kapila, très-instruit dans toutes les sciences et dans la véritable doctrine de Boudhou, de faire recueillir tous les livres de Vytullya, et de les livrer aux flammes, et il protégea ainsi la religion de Boudhou durant un règne vertueux de vingt-deux ans.

A sa mort son frère Abha-Tissa monta sur le trône, et il fit beaucoup d'œuvres méritoires; son règne fut de huit années; ensuite vint le roi Sangha-Tissa qui décora le clocher de Ruanwelly avec un filet orné de diamants, et qui établit au-dessus un magnifique parasol ayant à chacun de ses coins une pierre précieuse de la valeur d'un lac (*de roupies*) chacune; il distribua des vêtements à quarante mille prêtres qui s'étaient rassemblés pour cette fête, et il mourut après avoir régné quatre ans.

Il eut pour successeur Sirisanghabo sous le règne duquel l'île de Lanka fut frappée d'une grande famine par suite du manque de pluie; le roi alors se coucha à terre à la porte du temple de Ruanwelly faisant le vœu de ne pas en bouger jusqu'à ce qu'il fût soulevé par les eaux de la pluie; alors la pluie tomba sur l'île entière en une telle abondance que le roi fut en effet soulevé, et ses ministres furent obligés de venir à son secours.

Apprenant que le pays était rempli de voleurs, ce roi les appela tous un jour en sa présence, et les engagea à renoncer à leurs méfaits; il les renvoya ensuite en secret et à leur place, il fit apporter quelques cadavres auxquels on fit subir le châtiment dû aux voleurs, et ce spectacle donna satisfaction au peuple. Plus tard, apprenant qu'un raxa (*géant anthropophage*) dévorait les habitants de l'île, le roi fut ému de compassion; il se coucha sur le parquet de sa chambre, et il fit vœu de ne pas se lever jusqu'à ce que le raxa fût venu devant lui; le raxa vint aussitôt par le pouvoir de la foi du roi, et le roi l'exhortant et le convertissant, mit un terme au fléau qui ravageait l'île. Après un règne de deux ans, ce roi alla au monde des dieux, se coupant la tête et l'offrant par motif de charité, et désirant de devenir un Boudhou dans une vie future.

Ensuite Ghota-Abaya fut proclamé roi de Lanka; il construisit le temple d'Atwanagalla, et de nombreuses habitations à l'entrée pour l'usage des prêtres, et il leur donna des terres, des jardins, et mille esclaves pour les servir; il répara tous les temples qui étaient en mauvais état, et il donna des vêtements aux trente mille prêtres qui habitent le temple de Mairoanabaya.

A cette époque la doctrine erronée de Vytullya fut de nouveau prêchée par quelques prêtres pervers qui altéraient ainsi la vérité de la doctrine de Boudhou; le roi fit alors venir tous les prêtres, et trouvant que soixante d'entre eux étaient partisans de cette doctrine corrompue, il les fit marquer sur le dos d'un fer brûlant, et il les bannit de l'île, et leurs livres furent brûlés. Après avoir acquis de grands mérites par d'innombrables bonnes actions, ce roi alla, dans la treizième année de son règne, au monde des dieux.

Son fils Detle-Tissa lui succéda; il embellit le temple de Lowa-Maha, et lui offrit un précieux rubis; il en offrit deux autres au temple de Ruanwelly, et il fit élever divers temples et creuser des étangs durant son règne de dix années.

CHAPITRE XXXVII.

Le roi Mahasana monta ensuite sur le trône huit cent dix-huit ans, neuf mois et vingt-cinq jours après la mort de notre Boudhou. Ce roi, ayant élevé à la prêtrise son précepteur qui était un étranger, adopta ses opinions et détruisit divers temples, et fit du tort à la religion de Boudhou; mais le premier ministre du roi, Magawarna-Abeya, l'ayant éclairé sur l'irrégularité de sa conduite, il revint à la vraie doctrine, et il fit mettre à mort ceux qui l'avaient égaré.

Le roi fit élever beaucoup de temples, et désireux de favoriser l'agriculture, il fit creuser des étangs par les hommes et par les démons, et fit de nombreuses choses pour le bien de son peuple, et il régna vingt-sept ans.

Il était fort lié avec Goohasiha, roi de Calingoo-Ratta, dans le pays de Jambu-Dwipa, et il lui envoya des pierres précieuses, des perles et de riches cadeaux, afin d'obtenir de lui le Dalada-wahansa (*ou dent de Boudhou*). Le roi Goohasiha envoya cette relique à Ceylan, la confiant au soin de son gendre, le prince Danta; dans l'intervalle, le roi Mahasana mourut; son fils, le roi Kiertissry-Magawarna, se réjouit extrêmement de voir la relique, et l'enveloppa dans des centaines de pièces d'étoffe, et et l'a monta au ciel où elle parut comme l'étoile Ansady, répandant de tout côté une splendeur éclatante. A la vue de ce miracle, tous les habitants de l'île se mirent à faire des sacrifices et à adorer Boudhou, et le roi fit relever tous les temples qui avaient été détruits, et il régna vingt-huit ans.

Après lui, son frère, le roi Datta-Tissa, régna neuf ans, et rendit de grands services à la religion et à son peuple. Il eut pour successeur son fils Buddaduwsa; il était charitable et regardait chacun de ses sujets avec l'affection qu'un père a pour ses enfants; il avait l'habitude de guérir les maladies. Ayant un jour vu un serpent qui avait une grave maladie, il le guérit en un instant, ce qui fit grand plaisir au roi des serpents, lequel, en témoignage de reconnaissance, donna au roi une pierre précieuse d'une grande valeur, et le roi en fit faire une image de Boudhou. Ce roi établit dans chacun des villages de Ceylan un medecin, un astrologue et un prédicateur ; il entretint 500 prêtres, et il fit bâtir un magnifique temple à Anurahdapura, et il régna vingt-neuf ans.

Son fils Upatissa lui succéda. Il évita les dix sortes de péchés et pratiqua les dix sortes de charité. Sous son regne, il y eut une peste, et le peuple était livré à une extrême frayeur. Le roi demanda aux prêtres s'il y avait quelque moyen de secourir le peuple. D'après la réponse du grand prêtre, le roi fit faire une image de Boudhou en or, la plaça sur un chariot, et l'accompagna avec sa cour et une grande multitude dans une procession qui se fit autour de la ville pendant trois nuits consécutives. Alors il tomba une grande pluie et l'épidémie disparut.

Sous le règne de ce roi, il advint qu'un prêtre du temple appelé Atwanagaloo-Wihari obtint le pouvoir de marcher dans les airs; et le jour qu'il obtint ce pouvoir, il y eut un tremblement de terre. Alors le roi fit bâtir un temple magnifique, et l'offrit à ce prêtre; il fit aussi bâtir divers temples, et rendit de grands services à son peuple, et il régna quarante-deux ans.

Son frère Maha-Nawma fut aussi très-charitable; il régna vingt-deux ans, et, sous son règne, il vint du pays de Jambu-dwipa un prêtre fort instruit, dont le nom était Buddagosa, et le roi l'employa à mettre par écrit un grand nombre des sermons de Boudhou.

CHAPITRE XXXVIII.

Le roi Mitsannam lui succéda, et un jour, après avoir rendu hommage aux reliques de Boudhou, il voulut revenir du son palais, et il ordonna de lui amener son éléphant, on lui répondit qu'il n'était pas prêt. Alors le roi irrité se tourna vers la statue d'un éléphant qui était près de là, faite de pierres et de chaux, et lui dit : « Ne me présenteras-tu pas ton dos pour que je monte dessus ? » Soudain, la statue s'anima, vint vers le roi, et s'agenouillant devant lui, elle le prit sur son dos et le porta au palais. Ce miracle fut la récompense de ce que le roi avait fait hommage à Boudhou d'une fleur dans son existence antérieure.

Après le règne de ce roi qui dura un an, cinq princes malabares régnèrent sur Ceylan pendant vingt-quatre ans et neuf mois, dévastant le pays et détruisant la religion. Le prince Dawtoosana vint ensuite avec une armée, extermina les Malabares, et répara tout ce qu'ils avaient détruit en y consacrant des sommes énormes.

Il régna dix-huit ans, et il eut pour successeur son fils Siegirika, qui monta sur le trône après avoir tué son père, et qui régna dix-huit ans avec cruauté ; il fut ensuite jeté dans l'enfer appelé Awichy-Mahanara-Kaya, où les châtiments durent un calpaya d'années.

CHAPITRE XXXIX.

Son frère Moogalayen lui succéda ; il fut charitable et secourut les prêtres, et il construisit et répara divers temples, et régna dix-huit ans.

Le roi Ambuharansala monta ensuite sur le trône ; il détruisit tous les méchants prêtres et brûla leurs livres, et régna treize ans.

CHAPITRE XL.

Ensuite vinrent les rois Dapooloosan, Dalamaloogam, Coodakitsiry et Akloo. Puis vint le roi Moogalayen, qui donna des robes à tous les prêtres de l'île de Ceylan, et qui fut mis à mort la sixième année de son règne. Assibiahaka lui succéda ; il fut généreux, répara les temples qui étaient désolés, et transporta au pays de Jambu-dwipa cent méchants prêtres.

CHAPITRE XLI.

Le roi Sirisangabo et le roi Dattatissa suivirent l'exemple de leurs prédécesseurs, et firent des dons aux temples et aux prêtres ; mais le roi Dalapitissa dépouilla les temples de leurs richesses, prenant les images de Boudhou en or et les fleurs d'or. Il fit aussi beaucoup de choses contraires à la justice, mais plus tard il se repentit, et, pour expier ses fautes, il fit élever un grand temple.

CHAPITRE XLII.

Le roi Dapooloo vint ensuite ; il régna neuf ans, et éleva cent vingt temples.

Les rois Sirisangabo, Walpittywasidatta et Hoonannaroopujan firent aussi beaucoup de charités. Le roi Sulemewan-Mihida distribuait des aumônes, même aux animaux, en leur abandonnant le blé de mille champs lorsqu'il était mûr.

Le roi Madiakbo eut un soin particulier de sa mère, et régna onze ans.

Le roi Cuda-dawpooloo éleva un édifice autour de l'arbre sacré à Anuralhde-para, et fit en or une image de Boudhou. Le roi Moogalayensan vint ensuite, et il empêcha les habitants de commettre des péchés ; il fit assembler les pauvres au son du tambour, et il leur distribua de l'or pendant trois jours.

Le roi Mahasen fut pieux ; ses richesses étaient sans bornes. Il remplit de perles mille vases d'or, et il posa une pierre précieuse sur chaque vase, et il les distribua à mille brahmines. Son frère Udujarah lui succéda ; il fit creuser des étangs et accomplit beaucoup d'œuvres de charité.

CHAPITRE XLIII.

Le roi Casoop fut pieux et instruit ; il fit réparer des temples qui étaient dégradés, et il fit graver sur des plaques d'or le livre appelé Abidarma-pittakaia et il le décora de pierres précieuses ; il régna dix ans et passa dans le monde divin.

Le roi Dawpoloo accorda quelques villages aux temples et suivit l'exemple de ses prédécesseurs ;

le roi Udaw-rajah fut de même libéral et vertueux.

L'an 1362 après la mort de notre Boudhou, Matwalesen devint roi de l'île; il était un prince habile, il regardait avec affection ses ennemis aussi bien que ses amis, il expliquait la doctrine sainte assis dans le temple de Lowamahapaye, et il vécut trois ans. Son successeur, le roi Mahayensan fut puissant; il eut une grande armée et détruisit tous ses ennemis, et il convertit tous ceux qui suivaient des religions différentes; il distribua des aumônes aux prêtres; il ordonna aux médecins de donner leurs soins aux prêtres qui étaient malades, et il leur fournit des remèdes de tout genre; il fit construire de vastes salles pour distribuer des aliments au peuple. Ce roi régna seize ans. Le roi Salamewan réunit une armée de Malabares; il était puissant et consacra son règne au bien public; mais ensuite, fréquentant la mauvaise compagnie, il s'habitua à faire usage de boissons fortes, ce qui amena sa mort dans la dixième année de son règne, dans un âge peu avancé. C'est le cinquante-quatrième chapitre appelé Tirajaka du livre Mahawansee.

Le roi suivant, Mihida, était frère de son prédécesseur. Dans la trente-septième année de son règne, un grand nombre de natifs du Malabar, de la côte de Soliratte, vinrent à Ceylan, se saisirent du roi et de la reine, et les envoyèrent au roi de Soliratte avec toutes sortes de pierres précieuses, de bijoux et des trésors très-précieux. Ils enlevèrent aussi tout l'or et l'argent, toutes les images d'or et tous les trésors qui étaient dans les temples; et le roi de Soliratte, ayant été informé que le fils du roi Mihidu, nommé le prince Casoop, était aimé et estimé des habitants de Ceylan, et qu'il avait atteint sa douzième année, envoya une armée pour se saisir de la personne de ce prince. Les ministres d'État, nommés Kierty et Budha, réunirent une nombreuse armée, firent, durant six mois, la guerre aux habitants de Soly et les battirent. Vers cette époque, le roi Mihidu mourut, après avoir passé quarante-huit ans dans le pays de Soliratte.

Le prince Casoop monta sur le trône avec le titre de Wickramabahoo. Il ramassa de grands trésors, et il satisfit ses soldats en leur annonçant son intention de combattre les Malabares; mais étant tombé malade, il mourut dans la douzième année de son règne.

Le roi qui lui succéda se nommait Kierty. Après avoir régné trois ans, il fut vaincu dans une bataille contre le roi de Soly et il mit fin à son existence. A cette époque, les richesses de Ceylan furent envoyées au roi de Soly. Le roi Wickramapawdy ayant sa résidence à Ruhoonoo, ne régna qu'un an. Le roi Jagatpawla le tua, et régna à Ruhoonoo durant quatre ans; il fut tué par les gens de Soly, qui transportèrent dans leur pays la reine, les princesses et toutes les richesses. Le roi Pawrackramapawdy succéda à Jagatpawla, et fut tué par les gens de Soly dans la seconde année de son règne.

Ce fut ainsi que la famille royale fut détruite par les Malabares, et comme elle était presque éteinte, un ministre nommé Lokanam régna six ans, ayant sa résidence à Ruhoonoo.

Depuis le règne du roi Moonga-layensan, dont il a été question, le peuple malabare avait continuellement troublé l'île de Ceylan; mais Mahaloo-Wijayaba, qui devint roi, défit tous les Malabares qui avaient été maîtres du pays pendant soixante-six ans; il vint à Annurahde-poura, et pacifia toute l'île.

Ce roi réunit un grand nombre de géants et de soldats; il nomma des ministres et d'autres officiers, leur donna des richesses et établit un gouvernement régulier.

Il fortifia la ville de Polonnoroo-noowara, où il résidait autrefois, et la mit en état de défense contre les ennemis. Il résolut ensuite de relever la religion qui avait été renversée par les Malabares durant une période de quatre-vingt-six ans, et, dans ce but, il voulut instituer des prêtres; mais à son grand regret, il se trouva qu'il n'y avait pas dans le royaume entier cinq prêtres qui fussent instruits des devoirs de la religion. Alors le roi envoya cent mille perles ou pierres précieuses à son ami Anooroudda, un roi étranger, et il fit apporter des livres et venir vingt prêtres, observateurs fervents des devoirs de la religion de Boudha. Le roi fit consacrer par ces prêtres d'autres prêtres de l'ordre appelé Upesanpadaw, et il éleva ainsi à des milliers le nombre des prêtres, et il fit réparer les temples qui étaient tombés en ruines. Il régna cinquante ans, et il atteignit enfin le monde divin.

Après le règne de ce monarque, il y eut quatre rois qui régnèrent à Ceylan, savoir : Werabahoo, Jayebahoo, Wejayebahoo et Wickramabahoo. Ils furent toujours en guerre et livrés à des hostilités les uns contre les autres, ce qui fit beaucoup souffrir les habitants de Ceylan.

Le roi Wickramabahoo subjugua les trois autres rois; il régna avec une grande prospérité, mais il finit par se croire malheureux parce qu'il n'avait pas de fils. Quelques mois après, il advint qu'étant endormi, il rêva qu'un être divin, magnifiquement vêtu et brillant comme le soleil, lui apparaissait, disant : «O roi, tu auras un fils qui sera charitable, puissant, sage, instruit, et qui fera prospérer la religion et le bonheur public.» Là-dessus le roi s'éveilla, et, le matin, il fit part de son rêve à la première des reines et aux autres reines, et leur dit qu'il pouvait attendre un fils.

Quelque temps après, la reine eut aussi un songe où elle vit un jeune éléphant ayant en leur potion tous les bons signes de sa race, d'une blancheur éclatante, ayant deux belles défenses longues de six pouces : cet animal vint affectueusement vers elle et se plaça sur son sein. La reine s'éveilla alors et ressentit une grande joie. Le matin étant venu, elle instruisit le roi de son rêve, et le roi lui répondit qu'il avait, de son côté, vu en songe un jeune éléphant qui était monté sur son lit et l'avait caressé. Ils furent pleins d'allégresse; le roi se mit à accomplir de grands actes de charité, et étant informé que la première des reines était enceinte, il donna une grande fête.

A l'expiration de la période ordinaire de la grossesse, la reine mit au monde, à une heure heureuse, un jeune prince d'une beauté admirable ; en même temps, une jument mit bas un jeune cheval ; il s'éleva un vent parfumé, et l'on entendit les cris des éléphants et des chevaux. Toutes ces merveilles frappèrent d'étonnement le roi et les spectateurs. Le roi envoya chercher des devins, et leur demanda quelle serait la destinée du prince ; ils dirent au roi qu'il gouvernerait non-seulement l'île de Ceylan, mais le pays de Jambu-dwipa tout entier, et qu'il aurait une longue vie, et ce prince fut nommé Parackramabahoo.

Lorsque le prince eut acquis des connaissances étendues, le roi l'envoya faire des voyages, accompagné d'une suite nombreuse ; et le roi Wickramabahoo, vainqueur des trois autres rois, régna vingt et un ans.

Le prince Parackramabahoo devint très-instruit dans une foule de sciences ; il devint un maître dans la religion de Boudha, dans la logique, la grammaire, la poésie, la musique, l'art d'élever les chevaux et les éléphants. Tandis qu'il faisait ainsi des progrès, le roi eut un autre fils qu'il nomma Kitsirymawan. Le prince Parackramabahoo, ambitieux de devenir le seul monarque de l'île entière, pensa qu'il lui serait impossible de faire partager ses vues aux trois rois ses oncles, car l'île de Ceylan, riche en pierres précieuses, en perles, en trésors d'un grand prix, et possédant les reliques de Boudhou, est d'une valeur immense. Il réfléchit aussi qu'après la mort de son père, qui a été très-âgé, il deviendrait maître de ses Etats, et il résolut ainsi de cacher ses vues et de marcher secrètement à son but.

Il quitta donc clandestinement le palais, et aussitôt qu'il fut sorti, il entendit des bruits que ses connaissances dans la science des augures lui firent regarder comme étant d'un heureux présage. Il s'éloigna à une distance de cinq lieues, et il vint à un village où il ordonna à tous les habitants de se réunir et de prendre les armes, ce qu'ils firent. Il se rendit ensuite à Badalattaliya, où le gouverneur le reçut avec de grands honneurs, mais, en même temps, il envoya des émissaires chargés d'instruire le roi de la conduite de son fils. Le prince en fut informé, et dans sa colère, il fit mettre le gouverneur à mort comme ennemi de ses projets.

Aussitôt que le bruit de la mort du gouverneur se fut répandu, tous les autres officiers, chefs et habitants furent effrayés, et se soumirent au prince. Il alla d'un endroit à un autre, les subjuguant tous, et après avoir mis en déroute une armée que le roi son père avait envoyée contre lui, il sortit des Etats de son père et entra sur le territoire du roi Yajebahoo, qui le reçut avec beaucoup de distinction, le fit placer sur son éléphant, et le conduisit avec pompe à son palais. Le prince y établit sa résidence, et envoya ensuite une ambassade pour demander la princesse Baddrawaty, avec laquelle il fut uni et vécut heureux.

Il arriva un jour que lorsque le prince Parackramabahoo cheminait sur une grande route, une bête féroce vint en courant vers lui. Toute sa suite prit la fuite, le laissant seul ; mais le prince avança courageusement vers l'animal, et l'effraya si fort par le son de sa voix semblable à celle d'un lion, que la bête se mit à courir d'un autre côté, tuant toutes les créatures qu'elle rencontrait. Ce trait de bravoure du prince surprit tous ceux qui en furent témoins ou qui en entendirent parler, et fit une grande réputation au prince; mais le roi Gajebahoo n'en fut pas satisfait, car il pensa que le courage et la résolution de ce prince lui feraient des adhérents et qu'il effrayerait ses ennemis. Le prince s'étant aperçu du mécontentement du roi, lui communiqua son projet de quitter le pays sous prétexte de rendre visite à son père, ce qu'il fit en effet. Le vieux monarque reçut son fils avec une vive affection; il envoya chercher tous ses ministres, et leur ayant fait part de la faiblesse à laquelle son âge le réduisait, il leur enjoignit d'être à l'avenir soumis à son fils. Peu de temps après il mourut, et le prince, ayant accompli les cérémonies funéraires, fut proclamé roi, ce qu'il fit savoir au roi Gajebahoo.

Le roi Parackramabahoo résolut alors de rétablir la prospérité dans ses Etats et de relever la religion; il éleva ses partisans à divers emplois selon leur mérite; il mit des gardes à la frontière de ses Etats, il fit creuser des canaux et des étangs; il éleva des temples, fortifia diverses villes, fit des plantations, et améliora si bien son royaume que ses sujets ne pouvaient plus souffrir de la disette.

Le roi résolut de soumettre l'île entière à un seul gouvernement. Il appela ses généraux, et il leur ordonna de réunir des milliers de géants et de guerriers pourvus d'armes de toutes sortes, il recommanda à ses officiers de se tenir prêts avec leurs hommes, et il fit enfin tous les préparatifs nécessaires pour proclamer une guerre générale.

Après avoir passé en revue toutes ses troupes, le roi Parackramabahoo fut très-satisfait, et il dit qu'il était en mesure de conquérir non-seulement l'île de Ceylan entière, mais encore tout le pays de Jambu dwipa. Il entreprit alors l'exécution de son plan, envoyant ses troupes dans diverses parties de l'île où elles furent victorieuses, et délivrèrent les habitants de l'oppression où les retenaient les gens du pays de Maleya-Daseja. Il déclara ensuite la guerre au roi Gajebahoo, et ayant conquis une portion de ses États, il entra dans la ville d'Anuradhepoura; et ayant gagné une grande bataille, il mit en déroute Gajebahoo et son armée. Alors la fille du roi s'enferma dans le palais, et les géants étant entrés dans le palais trouvèrent le roi et ses deux fils nommés Chelagangoya et Wickrantababoya, qu'ils firent prisonniers, et ils en donnèrent de suite avis à Parackramabahoo. Ce monarque ordonna que les prisonniers fussent pourvus de tout et traités comme lui-même, et il différa de les voir jusqu'à ce qu'il eût trouvé le moment d'une constellation favorable. En même temps, les ministres du roi lui dirent que tant que Gajebahoo vivrait, il ne serait pas possible de réduire ses sujets à une soumission complète, et qu'il était à propos de le mettre à mort. Le roi Parackramabahoo envoya alors chercher les chefs du district de Sanaman, et les ayant informés de l'opinion des ministres, il leur dit que son désir n'était pas de faire périr le roi; mais de contribuer à la prospérité du pays, qu'ils pouvaient donc se rendre à l'endroit où était Gajebahoo et le garder en sûreté. Quelques habitants se mirent alors à se livrer au pillage, ce qui fit que la ville entière alarmée s'adressa au roi Mahabarana, offrant de remettre le royaume en ses mains s'il prêtait son appui contre les malfaiteurs. Le roi Mahabarana, sous prétexte de relâcher le roi Gajebahoo, se rendit à la ville, et ayant détruit les ennemis il se montra au roi Gajebahoo, et prétendit, durant quelques jours, être son ami afin d'écarter tout soupçon; mais enfin il tua tous les partisans du roi Gajebahoo, arrêta le roi lui-même et s'empara de tous ses trésors.

Ce monarque n'étant pas encore satisfait de ce qu'il avait fait, résolut de mettre à mort le roi Gajebahoo lui-même, et, dans ce but, il eut recours à des moyens secrets parce qu'il avait peur du peuple. Le roi Gajebahoo informé du danger qui le courait, et irrité de la détention rigoureuse à laquelle il était soumis, implora la protection du roi Parackramabahoo. Ce monarque envoya promptement son armée qui défit l'ennemi et remit en liberté le roi Gajebahoo; la femme, les fils et la mère du roi Mahabarana furent faits prisonniers, et tous ses trésors enlevés. Informé de ce malheur, le roi Mahabarana devint furieux, et entrant de nuit dans la ville, il livra une grande bataille, délivra sa femme et sa mère, et s'enfuit avec elles à Rohouna.

Alors le roi Parackramabahoo, qui venait de délivrer le roi Gajebahoo, se rendit au village de Tamaroo où se trouvaient le plus grand nombre de ses géants, et il y établit sa résidence. Les guerriers de Gajebahoo continuèrent les hostilités, ce qui irrita Parackramabahoo qui envoya son armée contre eux, et Gajebahoo reconnaissant son danger, et voyant qu'il n'était pas possible d'échapper aux mains de son ennemi, s'adressa au collège des prêtres à Polonnaro, et les pria d'intercéder pour sa sûreté. Les prêtres, émus des lamentations du roi Gajebahoo, se rendirent devant le roi Parackramabahoo, et lui exposèrent ce qu'enseignent les livres sacrés sur les malheurs qui sont la suite de la guerre et sur la vertu d'une vie consacrée à la paix et à l'harmonie. Le roi répondit qu'il n'avait point de fils ni de frères, qu'il était vieux et parvenu à la dernière période de sa carrière, que son intention était de contribuer au bien du pays et de la religion, qu'il ferait ce que désiraient les prêtres, et que ceux-ci pouvaient ainsi se retirer dans leur temple. Alors le roi Parackramabahoo abandonna le pays qu'il avait conquis avec beaucoup de peine, et se retira en son pays.

Le roi Gajebahoo prit alors les rênes du gouvernement, et le roi Manabarana lui envoya des messagers, lui proposant de vivre ensemble en bonne harmonie; mais le roi Gajebahoo s'y refusa. Il alla au temple de Mandeli-Kagiry, et il fit graver sur une pierre que son royaume serait donné au roi Parackramabahoo, et il mourut ensuite après avoir régné vingt-deux ans. Les ministres annoncèrent la mort de ce monarque au roi Manabarana, qui vint avec une armée à Condasawraya afin de se rendre maître du royaume; mais en même temps, le roi Parackramabahoo, ayant été informé de la mort du roi Gajebahoo, arriva à Polonnaro, où il reçut la nouvelle de l'arrivée du roi Manabarana. Alors le roi Parackramabahoo envoya ses guerriers afin d'empêcher l'ennemi de franchir la rivière Mawilly-Ganga. A cette occasion, les ministres s'adressèrent au roi Parackramabahoo, et le prièrent d'accomplir la cérémonie du couronnement, disant que l'usage constant parmi les anciens rois était de célébrer cette cérémonie à l'époque de la guerre. Ils ajoutèrent que sa génération était aussi pure que le lait, qu'il descendait en ligne droite de la tribu royale de Maha Samattra, qu'il devait ainsi, pour le bonheur du pays, se faire couronner un jour heureux. Parackramabahoo donnant son adhésion à ces paroles, et se revêtant d'ornements royaux, fut couronné le jour fixé par les astrologues. Peu de temps après, ayant été informé que le roi Manabarana avait traversé la rivière et envahi ses États, il se rendit à l'arsenal royal, et, après avoir fait mettre les armes en bon état, il retourna en grande pompe au palais, après avoir, courageux comme un lion, fait le tour de la ville. Il marcha ensuite contre le roi Manabarana qui était à la tête d'une nombreuse armée, et livrant divers combats, il mit l'ennemi en déroute après en avoir tué un grand nombre, ce qui obligea Manabanara à se retirer dans le pays de Rohouna.

Le roi Parackramabahoo ayant envoyé de grandes forces sous le commandement de quatre de ses ministres, elles s'avancèrent avec une bravoure indomptable vers le pays de Rohouna, et battant l'ennemi en plusieurs rencontres, elles en firent un grand carnage, et s'emparèrent d'une grande étendue de pays. Parackramabahoo, instruit que le gouverneur de la ville d'Anouradhe avait offert son secours à Manabarana, et qu'il s'était joint à lui avec des forces considérables dans le but de s'emparer du royaume entier, fit marcher son armée composée de braves soldats afin de détruire l'ennemi ; ils livrèrent donc de rudes combats, faisant pleuvoir sur leurs adversaires une telle multitude de traits que ces dards se choquant les uns contre les autres, faisaient jaillir du feu. Ils furent donc toujours vainqueurs et à la dernière bataille, Manabarana entendant un bruit terrible et semblable à celui de la mer, en conclut que le roi son ennemi avait joint l'armée en personne, et ne jugea pas prudent d'attendre au même endroit jusqu'au lendemain, craignant d'être pris par l'ennemi ; il s'enfuit donc dans ses États, en traversant pendant une nuit sombre et pluvieuse, la rivière de Mahanally par un gué très-peu fréquenté, et en abandonnant son fils Siriwallambha ; il prit ce parti sans en donner connaissance à ses adhérents, et il éprouva beaucoup de difficultés pendant son voyage.

Parackramabahoo voyant des milliers de soldats ennemis dispersés, et avec les signes du découragement, en conclut que Mahabarana s'était enfui ; il marcha donc contre l'ennemi cette même nuit, ayant des milliers de torches allumées, et faisant faire un grand bruit par ses soldats qui frappaient des mains. Arrivé au camp de l'ennemi, il tua des milliers de soldats, et il fit prisonniers le prince Siriwallambha et les ministres, s'emparant aussi d'un grand butin, et de plusieurs milliers d'armes, d'éléphants et de chevaux ; poursuivant l'ennemi jusqu'au gué de la rivière Mahanally, il en fit un grand carnage.

Le roi était résolu de ne point prendre de repos jusqu'à ce qu'il eût fait Manabarana prisonnier, même en le poursuivant jusqu'au rivage de la mer ; mais étant informé par une lettre qu'il ne serait pas prudent de pousser plus loin, il retourna à la ville de Polonnaro, emmenant avec lui son captif, le prince Siriwallambha, et remplissant l'air des sons harmonieux de son triomphe comme le dieu roi Sakkraia entrant dans le royaume céleste, après avoir vaincu le roi des démons.

Manabarana ayant le cœur blessé de la douleur que lui occasionnaient ses revers, se coucha au milieu de ses guerriers qui déploraient son infortune ; il appela ensuite le prince Ketsiri-Mewan, et les ministres, et les voyant qui pleuraient et gémissaient, il leur dit : « J'ai péché en pillant les trésors qui étaient la propriété des prêtres, et en m'emparant des offrandes faites aux reliques par des hommes pieux. Je suis tombé pour ne plus me relever. Je ne connais nul moyen de me racheter ; prenez donc garde d'éprouver le même sort que moi, mais allez vers Parackramabahoo, et obéissez-lui. »

Après avoir ainsi parlé, il expira. Lorsque la fatale nouvelle de la mort de Manabarana fut apportée à Parackramabahoo par les soldats qu'il avait envoyés pour s'emparer de ce roi, il reçut le prince Ketsiri-Mewan.

Le roi Parackramabahoo, conformément à l'invitation de l'assemblée générale de ses ministres, se réinvestit de la couronne, à une heure propice fixée par les astrologues ; la chose eut lieu avec de grandes cérémonies, et une telle pompe que le son harmonieux des instruments de musique fut aussi bruyant que la mer lorsqu'à l'époque de la destruction du monde elle est agitée par une tempête universelle ; le ciel fut presque couvert par les tapis, les parasols, etc. d'or et d'autres étoffes ; toute la ville fut ornée d'arcs de triomphe et de fleurs ; les habitants chantaient des vers à la louange du roi, et lui souhaitaient une longue vie ; le ciel fut obscurci par la fumée odorante ; les éléphants étaient décorés d'ornements somptueux ; les maisons étaient ornées d'or et de pierres précieuses qui brillaient comme des étoiles au firmament ; le monarque et la reine, couverts d'ornements magnifiques, assis sur deux trônes d'or placés sur des éléphants, et portant des couronnes faites de pierres précieuses, revinrent au palais brillant comme le soleil qui se lève, et charmant les habitants qui versaient des larmes de joie. C'est ainsi que le second couronnement de Parackramabahoo, seul roi de Lanka, fut célébré dans la seconde année de son règne.

La cérémonie étant finie, le roi se rappelant la conduite des anciens rois qui se livraient à des penchants coupables, et qui négligeaient leurs devoirs envers l'État et la religion, nomma des hommes respectables pour remplir les places devenues vacantes par la mort de personnes honorables et zélées pour la religion fort corrompue, et avilie alors par une multitude de ces prêtres trompeurs et hypocrites qui étaient partisans du paganisme, et qui ne font usage de la robe sacerdotale que pour se procurer les moyens de pourvoir à leurs besoins.

Le roi fit distribuer chaque année des aumônes à tous les mendiants, et à tous les pauvres qu'il rassemblait par des ordres envoyés dans le royaume entier; il réunit les prêtres qui possédaient la connaissance des trois préceptes de la doctrine de Boudhou, et les savants bien instruits dans cette même doctrine; et il les chargea d'examiner jour et nuit la conduite des prêtres, de découvrir les prêtres infidèles qui se couvraient du masque de la sainteté pour miner la véritable religion, de confirmer les fidèles et de rejeter les infidèles. C'est ainsi qu'il purgea la religion de Boudhou de tous les abus qui l'infestaient depuis le temps du roi Malakam-Abha, agissant ainsi comme un médecin qui guérit les malades qui peuvent être sauvés, et qui rejette les incurables, et il se donna sous ce rapport deux fois autant de peine qu'il en prit pour gouverner l'île tout entière.

Ce roi fit construire de vastes salles carrées au milieu de la ville; il fit distribuer chaque année aux pauvres des aliments de tout genre; il établit aux quatre portes de la ville des bureaux de secours où l'on donnait des couvertures, des vêtements, des ustensiles de ménage en cuivre, et des vaches laitières; il fit planter des jardins remplis d'arbres fruitiers pour l'usage de plusieurs milliers de prêtres, de brahmanes et de pèlerins qui s'y rendaient des quatre coins du monde: de grands hôpitaux furent disposés pour loger les malades auxquels on fournissait des remèdes, des vivres, de jeunes esclaves des deux sexes pour les servir, et que d'habiles médecins soignaient nuit et jour; le roi les visitait en personne changeant son costume royal à chacun des quatre *poho* ou jours sacrés de chaque mois; il venait lui-même accompagné de ses ministres, et comme il était fort instruit dans la science médicale, il donnait des conseils aux médecins, il s'informait de la santé des malades; il fournissait à ceux qui étaient guéris des vêtements et d'autres objets nécessaires, et il partageait ainsi les mérites des médecins qui soignaient les malades.

Il arriva un jour qu'un corbeau qui souffrait d'un abcès à la gorge, vint à cet hôpital, et s'étendit sur un lit comme s'il avait été pris dans un piège et avait perdu ses ailes, restant sans mouvement et poussant des cris lamentables; le roi le fit soigner par des médecins en état de comprendre son mal, et quand cet oiseau fut guéri, le roi le fit promener dans la ville sur le dos d'un éléphant, et lui rendit ensuite sa liberté. On ne vit jamais un monarque aussi compatissant, et dont la miséricorde s'étend jusque sur les oiseaux.

Le roi fit construire trois remparts élevés autour de la ville de Polonnaro; il fit percer des rues nombreuses, et il bâtit au milieu de la cité un château entouré de neuf murailles, et un vaste palais d'une grande beauté, nommé Vyjayunthou; il était élevé de sept étages, renfermait quatre mille chambres, que décoraient des centaines de colonnes de pierre; tout autour étaient des enceintes extérieures construites en pierre, et dont la forme était ovale; toute la maçonnerie était ciselée en forme de fleurs et de plantes, et décorée avec des milliers d'ornements de perle, d'or et d'argent qui, agités par le vent, rendaient des sons harmonieux comme pour célébrer le mérite des bonnes œuvres du roi.

Parackramabahoo fit aussi élever un édifice pour servir d'école aux enfants, et un autre où l'on prêchait la doctrine de Boudhou; il éleva un temple contenant de nombreuses images de Boudhou, et il y fit placer des tentures d'étoffes fines, des fleurs et des lampes garnies d'huile odoriférante, afin que la doctrine de Boudhou y fût continuellement prêchée.

Le roi célébra ensuite la fête de faire peindre en noir les yeux des images, et il entendit les discours qui furent prononcés à cette occasion. Cette fête fut remarquable par les chants des jeunes danseuses dont la voix harmonieuse était telle qu'on pouvait croire que c'étaient les déesses qui chantaient; la grande salle du palais décorée d'ornements d'or et de sculptures, d'une grande beauté, ressemblait au palais du dieu roi Sakkraia; d'autres salles étaient ornées de pierres précieuses, et de meubles d'un travail exquis, de sorte que le palais entier était semblable à la couronne de la reine Lanka.

Le roi fit construire un autre palais soutenu par un seul pilier comme s'il était sorti de la terre; il érigea des jardins qui ressemblaient au paradis du dieu-roi Sakkraia, y plantant toutes sortes d'arbres qui donnaient des fleurs odoriférantes et des fruits exquis, et qu'il peupla d'oiseaux au ramage mélodieux. Il fit aussi creuser un vaste bassin ressemblant à l'étang céleste de Nanda, et beaucoup d'autres édifices.

Ce roi infatigable n'était jamais satisfait des actes de charité qu'il accomplissait, de même que la mer n'est pas satisfaite de l'eau des fleuves innombrables qu'elle reçoit; aidé du grand prêtre Mahinda qui obtint sa faveur en maintenant la religion, et en faisant observer les quatre-vingt-quatre mille préceptes de la doctrine de Boudhou, il fit construire beaucoup de chapelles et un palais aux portes d'or, réunissant toutes les beautés des autres palais et somptueusement décoré; la reine Roopawattee, la première des femmes du roi, était accomplie en toutes sortes de vertus, et remarquable par sa beauté, sa grande douceur, ses sentiments de bienveillance, sa piété, sa sagesse et son instruction dans la doctrine de Boudhou, ainsi que par son talent pour la danse et le chant. Considérant la vanité du monde et le danger de l'avenir éternel, elle résolut, puisqu'il n'y avait pour détourner ce danger d'autres moyens que l'accomplissement des bonnes œuvres, de bâtir une grande coupole d'or au milieu de la ville, et ce fut une œuvre si méritoire que cette construction aurait pu, comme un navire, transporter la reine au delà de la mer de l'éternité malheureuse, appelée Sansara, jusque dans la région céleste du Niwarna. Le roi fit élever aussi des centaines de maisons, hautes de plusieurs étages, et qu'il garnit de tout ce qui était nécessaire; il fit aussi arranger de nombreuses rues garnies de boutiques, et remplies de marchandises diverses; il éleva aussi les trois temples de Walowana, d'Essipatana et de Russina, chacun haut de trois étages, et il les orna somptueusement; il fonda trois villes nommées Rajawesie Chujanga, Raje-Roolanthaka et Wejettah; il éleva d'autres temples chacun à deux ou trois gows de distance l'un de l'autre, et avec des images de Boudhou; il fonda beaucoup de temples pour les prêtres qui de tous les pays se rendaient dans ses Etats, et auxquels des aliments excellents étaient fournis dans chaque temple.

La ville de Polonnaro fut entourée d'une muraille de neuf gows de longueur et de quatre de largeur, et le roi y résidait comme le dieu-roi Sakkraia, ayant en très-peu de temps acquis de très-grandes richesses, car il était extrêmement heureux. Cette ville avait quatorze portes, et ce fut ainsi que cette cité, ruinée par des guerres fréquentes, fut réparée et embellie par ce monarque, et devint aussi éclatante que le ciel de Toutissa ou le séjour du dieu roi Sakkraia.

Le roi Parackramabahoo, fut frappé de la sainteté de la ville d'Anouradhe, car elle était sanctifiée par l'empreinte des pieds de Boudhou; elle est l'endroit où est plantée la branche méridionale du saint bananier, et elle possède aussi les plus précieuses reliques de Boudhou; il envoya un de ses ministres chargé de faire réparer tout ce qui était tombé en ruines dans les fossés, dans les temples et dans les autres édifices qui avaient été endommagés par les ennemis venus de la côte de Coromandel. Ce ministre remit bientôt toutes choses dans un état aussi parfait qu'au moment de leur construction; le roi fit aussi restaurer la grande coupole de Ruanwelly, le grand temple de Lowa-Maha, ainsi que d'autres temples, et un palais pour lui servir de demeure, et comprenant tous les appartements nécessaires; ce fut un grand sujet de satisfaction pour tous les hommes pieux.

Le roi fit de plus élever une autre ville appelée Parakrama, et la fit entourer de fossés et de remparts, y plaçant des portes, des rues, des boutiques et des jardins pour servir de résidence à de pieux prêtres; il l'éleva sous le rapport de la population et de la richesse au même degré que la ville du dieu roi appelé Alikamadoe; il défendit de tuer tous les animaux habitant la terre ou les eaux dans le territoire entier de Lanka, et il donna surtout des ordres formels pour qu'ils ne fussent pas molestés pendant les quatre *pohos* ou jours saints du mois.

Il arriva que le royaume de Rohouna tomba dans un grand désordre après la mort du roi Manabarana, car les habitants de cette ville ne connaissaient pas les dispositions de Parackramabaloo, étaient saisis d'effroi en pensant à leurs anciennes guerres contre lui. S'encourageant mutuellement, et mettant leur confiance dans leurs fortifications et dans leurs grandes forces, ils disaient que mieux valait vivre un seul jour dans leur patrie que la quitter pour une autre région; ils consolèrent la mère de Manabarana et sa femme Soubhala en disant : « Ne vous attristez pas de la mort de Manabarana; nous vivons et nous défendrons avec succès cette ville contre tout ennemi. » Ils creusèrent de profonds fossés autour de leurs retranchements, et aux limites de leur territoire, et ils rendirent impraticables toutes les routes qui menaient à leur pays, en les obstruant par des arbres coupés de sorte que les éléphants même n'auraient pu y passer; ils remplirent aussi les fossés d'épines.

La reine Soubhala qui était une femme dénuée de raison, et d'un caractère ambitieux, encouragea les habitants en leur donnant des perles, des pierres précieuses, et autres objets de grand prix qui lui appartenaient; elle leur distribua aussi des trésors qui appartenaient aux reliques de Boudhou, et elle prodigua les titres honorifiques et les autres faveurs.

Le roi Parackramabahoo, instruit de ce qui se passait, envoya des troupes nombreuses contre ses ennemis, et les mit sous le commandement d'un de ses généraux nommé Raekha qui était très-habile dans l'art de la guerre, et qu'il chargea de mettre fin à ces troubles et de pacifier le pays; ce général, ayant pris congé du roi, marcha avec son armée vers le royaume de Rohouna, et arriva à un endroit appelé Barabballa où il campa. Les habitants du royaume ayant appris cette nouvelle, furent très-irrités, et s'avancèrent en masse contre le camp, décidés à empêcher l'invasion de leur pays; les deux armées étant en présence se livrèrent, de jour et de nuit, des combats terribles pendant plusieurs mois; enfin Raekha mit l'ennemi en déroute et força ses retranchements, en tuant beaucoup de monde, mais la sédition continuant d'agiter diverses parties du royaume, le roi fut obligé d'envoyer des renforts sous le commandement d'un autre général nommé Bhoutha qui, rejoignant Raekha, poursuivit la guerre avec une vigueur nouvelle, et livra de nombreux combats où il se fit un grand carnage; ils reçurent alors une dépêche du roi qui les prévenait que les ennemis voulaient s'enfuir au-delà de la mer emportant les reliques et l'écuelle de Boudhou, et qui leur recommandait de s'emparer, par-dessus tout, de ces objets et de les lui envoyer, autrement tous les efforts qu'il avait faits pour amener la propriété de l'île de Lanka seraient sans résultat. Kierthy, le général qui porta cet ordre, amena aussi de nouveaux renforts, et il bloqua étroitement les ennemis, les enfermant si bien qu'il leur était impossible de recevoir du dehors aucune provision ou de faire échapper un seul homme, ils prirent enfin le parti désespéré de livrer un dernier combat où ils succombèrent, et ils furent obligés de livrer les reliques et l'écuelle de Boudhou ; les troupes du roi, en revenant en triomphe avec ces trésors furent attaquées en route en maint village, mais ils triomphèrent de ces obstacles, et traversant le territoire ennemi, ils retournèrent en sûreté à Dheergawapie-Mandella.

Le roi fut rempli d'allégresse lorsqu'il apprit ces succès et l'arrivée de ses généraux ; il se baigna et se purifia aussitôt ; puis se revêtant du costume royal, et suivi de ses ministres et de beaucoup de princes, de même que la lune est entourée d'étoiles, il alla les rejoindre, méditant pendant tout le chemin sur l'étude du bonheur auquel il était parvenu ; il adressa aux vainqueurs des remerciments, et manifesta toute sa joie, et il offrit aux reliques qu'il plaça d'abord sur sa tête, des trésors, comme des perles et des pierres précieuses ; il les montra au peuple, et il ordonna que chacun fît des offrandes selon ses moyens, et il revint ensuite au palais avec autant de pompe que le dieu Brahma arrivant à son séjour céleste.

Le roi fit construire une chapelle dans la ville, à un yodun de distance du palais, afin d'y déposer les reliques ; il la fit orner avec une magnificence digne du palais de Soudkarma, et il fit rendre uni comme la main le chemin qui y menait du palais ; il le décora d'arcs de triomphe, de tapis, et le fit border d'arbres fruitiers donnant des odeurs suaves ; il plaça les reliques dans une boîte creusée dans une pierre précieuse, et il la déposa dans une boîte d'or ; il mit aussi l'écuelle sacrée dans une grande boîte d'or, et il la déposa sur un trône couvert d'un riche tapis, et élevé dans la grande salle du palais, qui était ornée de pierres précieuses et qui brillait comme le soleil levant. Des personnes du rang le plus élevé étaient en cercle tout autour du trône, tenant en leur main des parasols, et des jeunes filles, supérieures en beauté aux déesses appelées Chandarwas, chantaient et dansaient, tandis que des centaines de musiciens richement vêtus jouaient de toutes sortes d'instruments. Le roi offrit alors de l'encens et des fleurs, et des milliers de lampes allumées répandaient une clarté éblouissante.

Le roi, revêtu des ornements royaux, monta sur le dos d'un éléphant, et ayant un parasol d'or au-dessus de sa tête, se rendit alors accompagné de sa cour à la chapelle pour y déposer les reliques. Le cortége marcha avec une grande pompe et avec un grand bruit causé par le mugissement des éléphants, les hennissements des chevaux, les cris et les applaudissements du peuple et le son des instruments de musique.

Soudain le ciel se couvrit d'un nuage épais, accompagné d'éclairs et de tonnerre, un arc-en-ciel se montra et la pluie commença à tomber, ce qui troubla grandement les gens de la suite du roi ; mais le monarque, connaissant bien l'immense pouvoir de Boudhou, leur dit que c'était une tentative de Wara-Warthy ou l'ennemi de Boudhou pour troubler cette auguste cérémonie, et il leur dit : « Ne craignez rien, il ne peut rien contre nous ; restez donc tranquilles. »

La puissance de Boudhou se manifesta alors d'une manière éclatante, car il ne tomba pas une seule goutte de pluie à l'endroit où se faisait la cérémonie, tandis que tout à l'entour la pluie tomba en torrents tels que les rivières et les étangs débordèrent. Les habitants témoins de ce miracle furent remplis de joie, et s'écrièrent : « Notre roi possède une grande puissance ; son mérite l'a fait roi de Lanka, et il mérite bien toute la splendeur dont il jouit. » Et ils s'empressèrent de présenter des offrandes aux reliques.

Le roi envoya ensuite ses troupes dans la province de Dheerga-wapie-mandella et en fit la conquête, après beaucoup de combats et après un grand carnage des ennemis. Il envoya alors de nombreux ouvriers avec des surintendants, afin de rebâtir le palais où avaient résidé les anciens rois. Les ennemis, qui s'étaient retirés au village de Hoyalla, furent effrayés, pensant que Parackramabahoo exerçait une puissance aussi redoutable que la tempête universelle qui s'élève à la fin du monde. Ils réfléchirent que les puissants rois de Jambu-dwipa n'avaient pas été en mesure de lui résister, et que les deux puissants monarques, Gajoubha et Manabarana, aussi braves que des lions, avaient été abattus à son approche, de même que les vers luisants qui perdent leur lumière à l'approche du soleil ; ils résolurent donc de pourvoir à leur propre défense, et, excitant tous les gens du pays à se soulever, ils établirent de grands retranchements, et prirent position en face du territoire de Galle.

C'est là que les généraux du roi les attaquèrent, et après un grand combat, ils les obligèrent à se retirer et à joindre un autre corps posté à Wahigam. Poursuivi avec vivacité, l'ennemi se fuit comme les serpents à l'aspect des animaux appelés Guroolos, ou comme les cerfs à l'aspect des tigres. Les généraux du roi, pensant que l'ennemi devait être fatigué de cette guerre désastreuse, résolurent de faire connaître les dispositions pacifiques du roi, et firent proclamer dans tout le pays que les habitants qui viendraient faire leur soumission seraient bien traités. Il y en eut qui vinrent avec ce qu'ils possédaient, mais d'autres refusèrent ; les troupes du roi tombèrent sur eux et les détruisirent comme des éléphants détruisent un jardin ; ceux qui furent pris vivants furent envoyés dans la région orientale du pays, et ils reçurent pour les gouverner des hommes propres à cet emploi.

Lorsque les ennemis entendirent le bruit terrible des instruments de musique et le fracas de l'armée, les uns moururent de peur, les autres prirent la fuite. Des troupes furent dirigées contre eux et les attaquèrent, nuit et jour, dans tous les endroits où ils s'étaient dispersés, en lançant une grêle de flèches, et en faisant briller par le choc des armes les unes contre les autres un feu semblable à l'éclat que répandent les étoiles au ciel ; il y eut un si grand nombre d'ennemis tués que les corbeaux et les grues trouvèrent la plus ample pâture. Les vainqueurs étant ensuite arrivés avec une grande splendeur devant la ville de Mahanaga Kella qu'ils avaient prise, s'y arrêtèrent plusieurs jours.

Les généraux du roi Parackramabahoo tinrent ensuite un conseil, et résolurent de détruire ce qui restait d'ennemis et de capturer la reine Soubhala, veuve du feu roi Manabarana ; mais les ennemis, instruits de cette détermination et saisis de frayeur, s'enfuirent dans la partie la plus reculée du désert. Les troupes du roi les y bloquèrent, et leur livrèrent une bataille où elles en tuèrent douze mille environ. Parmi ceux qui furent faits prisonniers, les uns furent empalés, d'autres broyés, d'autres réduits en cendres, et la victoire remportée par les troupes du roi fut annoncée dans un jour heureux et dans toute l'étendue du royaume, au son des instruments de musique.

Les généraux envoyés dans le royaume de Rohouna s'établirent à Cumbo-gam et livrèrent des combats acharnés, de sorte que les champs furent semés d'ossements ; ils vinrent ensuite à Hawithakewatha, résolus à se saisir de la reine Soubhala et des autres chefs des ennemis, et de mettre ainsi fin à la guerre. Après avoir conquis diverses villes, ils parvinrent au village de Kottawanna, où ils rencontrèrent la reine accompagnée de troupes nombreuses. Après avoir livré une bataille aussi terrible qu'un tremblement de terre, et après avoir couvert la terre des cadavres des ennemis, ils firent la reine captive et l'emmenèrent avec beaucoup d'autres prisonniers, mettant des gens pour veiller sur ses propriétés, et ils rétablirent ainsi la paix dans le pays.

Ils s'occupèrent alors de punir les traîtres et les rebelles et de récompenser ceux qui avaient été fidèles au roi, ce qu'ils effectuèrent d'une façon équitable et légitime, en infligeant aux méchants des supplices et en les tourmentant pour les forcer d'avouer, et en récompensant les sujets fidèles, auxquels il fut accordé, selon les circonstances, des richesses et des emplois.

Le roi Parackramabahoo, informé de ce qui s'était passé, éprouva une grande joie, et envoya à ses généraux l'ordre suivant : « Envoyez-moi avec soin la reine Soubhala et ses ministres faits prisonniers, et après avoir pris toutes les mesures nécessaires afin que des personnes convenables soient chargées d'administrer le pays, d'y rendre la justice, et d'y maintenir la tranquillité, revenez vers moi avec tous les prêtres saints qui étaient dans le pays, et paraissez en ma présence à un jour et à une heure propice. » Partant de Rohouna, les généraux retournèrent en triomphe à la ville de Polonnaro, et, se rendant au palais, ils présentèrent leurs hommages à leur puissant monarque.

Ce fut ainsi que le roi Parackramabahoo, distingué pour sa valeur, sa sagesse et sa bravoure, apaisa toutes les disputes et les révoltes qui existaient dans le royaume de Rohouna, et y fit régner la paix.

Les malheurs des habitants de Rohouna n'étaient pas finis ; car, dans la huitième année du règne de ce puissant monarque, ils se soulevèrent de nouveau. Le roi, instruit de leur révolte, fit marcher des forces très-nombreuses sous le commandement de ses plus habiles généraux ; et après avoir défait les insurgés dans plusieurs grandes batailles, il rétablit derechef l'ordre dans ce pays. Et dans la seizième année de son règne, il comprima aussi une révolte qui avait éclaté dans le pays de Matoura.

Il fit équiper des centaines de navires, et mettant à bord des soldats et des munitions de tout genre, il les expédia pour conquérir diverses parties du Jambu-dwipa ou du continent. Plusieurs de ces bâtiments abordèrent aux îles Kakha, et y débarquèrent les troupes qu'ils portaient. Ces îles furent conquises après un rude combat, et nombre de naturels furent pris et amenés au roi. Cinq de ces navires se rendirent au pays d'Aramana, et débarquant leurs forces au port de Koosuma, il s'ensuivit une grande bataille où des milliers de guerriers ennemis périrent ; le roi du pays fut tué et ses États furent conquis. Le commandant en chef des forces du roi Parackramabahoo visita cette ville, monté sur un éléphant, et fit proclamer que tous les habitants devaient reconnaître le roi de Lanka pour leur souverain.

Quelques centaines de navires se rendirent à Madhoura-poura, et trouvèrent l'ennemi retranché sur le rivage et disposé à s'opposer à un débarquement, mais il s'effectua, au moyen d'un grand nombre de bateaux, au port de Talatchilla, dans le royaume de Pandy, malgré une grêle de flèches lancées par l'ennemi. Cinq grands combats furent livrés, mais enfin les troupes du roi mirent l'ennemi en déroute, avec un grand carnage, et s'emparèrent d'une grande quantité de chevaux. Elles occupèrent ensuite la ville de Ramiswer, et l'ennemi ayant reçu des renforts, dix batailles terribles furent livrées, et, dans la dernière, l'ennemi fut mis en fuite avec une perte de plusieurs milliers de morts, et le royaume fut ainsi conquis.

Le roi Parackramabahoo ayant résolu de faire réparer par les Dhamilas tous les temples de Lanka qu'ils avaient détruits, en fit venir un grand nombre à Lanka, et les employa à restaurer le temple de Ruanwelly. Quand ce travail fut achevé, il se rendit avec ses ministres à Anouradepoura; il fit assembler une foule de prêtres, et il leur fournit tout ce qui leur était nécessaire, puis il ordonna qu'un jour de la pleine lune la ville fut élégamment décorée, et que les habitants se rendissent au temple avec des fleurs, des parfums et des offrandes.

Le jour venu, le roi, magnifiquement vêtu comme un dieu, et suivi de ses ministres, de toute sa cour, et d'un grand nombre de femmes richement habillées comme des déesses, se mit à la tête d'un cortège qui traversa les rues de la ville remplies d'éléphants et de chevaux, encombrée d'une foule immense et retentissante des cris de joie et du son des instruments de musique. Il arriva au temple qui était entouré de centaines de prêtres, formant comme une muraille de corail. Le roi fit placer sur le temple une boule d'or qui jetait un grand éclat, et après avoir fait de riches offrandes, il retourna à sa capitale de Polonnaro.

Il fit ensuite élever dans le pays de Jambu-dwipa une ville à laquelle il donna son nom, et il la fit entourer de trois murailles de vingt quatre mille coudées, percées de douze portes, et solides comme des rochers; il fit creuser autour trois fossés vastes comme des mers, et il fit construire un vaste palais ayant quatre grandes salles, et il y établit sa résidence.

Le roi Kulesekara Pandia avait fait marcher, à cinquante reprises différentes, des forces très nombreuses contre le roi Parackramabahoo, et n'avait triomphé dans aucune des grandes batailles qui avaient été livrées; ses soldats avaient été mis en fuite avec des pertes énormes, et en abandonnant beaucoup d'éléphants, de chevaux et de trésors. Ce roi se décida alors à venir en personne, et il livra un combat terrible où il fut encore vaincu; il se réfugia avec ses généraux dans un château dont toutes les portes furent fermées, mais les soldats du roi de Lanka, enfonçant les portes et forçant les remparts, pénétrèrent dans le château en faisant un grand carnage de ses défenseurs. Alors, le roi Kulesekara, saisi d'effroi, s'enfuit par la porte orientale, laissant aux mains des vainqueurs qui poussaient des cris de joie un butin considérable. Ce fut ainsi que le peuple de Lanka, distingué par sa bravoure et sa sagesse, vit ses entreprises réussir et prospérer comme la lune qui s'accroît.

Le roi Kulesekara s'était réfugié dans le fort de Tondama, bâti sur un rocher, et ayant réuni de nouveau une puissante armée, il marcha contre Lanka; mais il fut vaincu derechef et poursuivi jusque dans le pays de Soly, où les troupes de Lanka livrèrent une bataille terrible à leurs ennemis campés, sur une ligne de trois gows, entre Tirippottoro et Amarawaty. Elles donnèrent ensuite l'assaut à cette ville, et ayant mis le feu à une maison haute de trois étages et à beaucoup d'autres maisons, ainsi qu'à deux bateaux, elles subjuguèrent tout le pays, et le réduisirent à obéir au roi Parackramabahoo, faisant frapper la monnaie à son effigie, et envoyant à Lanka un grand nombre de chevaux et d'éléphants; et le roi donna, pour célébrer sa victoire, une grande fête aux brahmanes appelés Sarwatiahka.

Après avoir ainsi rétabli l'ordre et fait régner la paix, Parackramabahoo, désireux de travailler en faveur de la religion de Boudhou, réunit dans sa capitale tous les prêtres qui avaient une connaissance exacte des trois degrés de la doctrine de Boudhou; il les examina sous le rapport de l'étendue et de l'exactitude de leur savoir, le grand prêtre Causypa présidant à cet examen. Les prêtres méchants et infidèles qui furent reconnus pour tels furent bannis, ou dépouillés de leurs robes et relégués dans la classe ordinaire. Le roi rassembla tous les prêtres qui, depuis le roi Abhaya, étaient divisés en plusieurs sectes, et, les réconciliant avec beaucoup de difficultés, il chargea les plus habiles d'entre eux de résoudre, sous la direction du grand prêtre Kaxapa, les dissentiments qui pouvaient s'élever. Il chassa les coupables et récompensa les fidèles, et réforma ainsi la religion en se donnant beaucoup de peine. Les prêtres des temples d'Abhayagirre et de Jaytawana qui avaient abandonné la vraie religion pour embrasser la fausse doctrine de Wytoolyawada furent convertis; et le roi, accompagné de sa cour, réunissant tous les prêtres dans d'élégants pavillons élevés sur des bateaux placés au milieu du fleuve, fit célébrer la cérémonie appelée Upasampeda (*le brûlement des corps des divers prêtres dont les cendres sont réunies en forme de boules et conservées comme des reliques*).

Le roi distribua ensuite aux prêtres des robes précieuses, et d'autres objets utiles; il porta le temple de Mahawahari à un degré de magnificence égale à celle du temple de Jaytawana; il fit élever, pour servir d'habitation aux prêtres qui le desservaient, huit belles maisons hautes de trois étages et il en fit construire une très belle pour le grand prêtre Sairie-Puttra; il fonda aussi soixante-quinze habitations hautes de deux étages, cent soixante dix-huit maisons moins grandes, deux bibliothèques, une grande chapelle, taillée dans un rocher, ornée de colonnes et de portes, disposée pour recevoir des reliques, et décorée de sculptures représentant des fleurs, des oiseaux, des sirènes, etc. Il érigea aussi trois salles pour la prédication, et huit grands réfectoires.

Purifiant, par le secours d'une foi sincère, les ordures intérieures des prêtres hypocrites, le roi fit aussi construire huit bains pour leur purification extérieure, et les fit entourer de murailles; il fit aussi élever à Jetewana cinq cent vingt maisons qu'il assigna pour demeure aux prêtres et à leurs serviteurs; il construisit aussi une maison à trois étages pour l'usage du grand prêtre, deux temples entourés d'une double muraille, et beaucoup d'édifices de tout genre. Il résolut aussi d'ériger un édifice haut de douze étages, et destiné à diverses cérémonies, et il traça avec une charrue, au milieu d'une grande foule de peuple qui se livrait à la joie, et au son des instruments de musique, le contour de cet édifice qui fut donné aux prêtres lorsqu'il fut achevé, et qui renfermait tout ce qui leur était nécessaire.

Le roi fit de plus élever dans un jardin, au midi de la ville, vingt-deux maisons à deux étages pour les prêtres, trois chapelles creusées dans le roc, et qui renfermaient l'image de Boudhou assis ou couché, et un temple haut de treize cents coudées surpassant tous les autres temples, et rivalisant le grand rocher de Mahanera (lequel soutient le royaume céleste de Sakkraia); ces édifices furent construits par les captifs faits à la guerre. Enfin ce monarque éleva une multitude d'édifices dont le détail serait trop long, et en répara beaucoup qui avaient été détruits dans le cours de la guerre, et dont l'emplacement était couvert de bois qui n'étaient fréquentés que par les bêtes fauves, telles que les tigres et les ours.

Le roi Parackramabahoo, dans le but de préserver ses Etats de la famine, fit planter un grand nombre de jardins fruitiers. Il en fit planter un qu'il appela Unwartha, et qui contenait un lac (250,000) d'arbres de chaque espèce, et il le donna aux prêtres pour leur usage, leur donnant aussi deux grands étangs afin qu'ils pussent s'y baigner dans la saison des chaleurs. Il fit construire un grand nombre de magasins pour loger les étrangers, et creuser de nombreux étangs, entre autres celui de Parackrama Samodraya qui est aussi grand que la mer. Il fit barrer le cours de la rivière Caura, afin que l'eau se répandant dans diverses directions, arrosât tout le pays et y portât la fertilité.

C'est ainsi que ce roi fidèle dans la religion de Boudhou, éminent dans les pratiques des bonnes œuvres, et dont la renommée s'étendit au loin comme la lumière de la lune, embellit et fit prospérer toute l'île de Lanka. Il mourut dans la trente-troisième année de son règne, et il revint au monde dans la personne d'un deweta, appelé Naradwa, au désert d'Himmalla, afin de posséder une vie prolongée durant un Kalpa entier ou pendant l'existence de l'univers.

Le sage prince Pandita-Wijeya-Chako, neveu du vieux roi Parackramabahoo, succéda à ce monarque et devint roi de Lanka; il relâcha tous les prisonniers que son oncle avait réduits à la captivité; il leur rendit leurs terres et leurs biens; sous sa domination, la ville de Polonnaro devint aussi belle que la cité d'Amarawatie, capitale du dieu-roi Sakkraia, ou que la capitale du prince des démons Wassamaoona; il composa des poëmes dans la langue pali où il était fort instruit; il fit la paix avec les rois voisins, et il protégea la religion de Boudhou, en fournissant aux prêtres de Lanka ce qui leur était nécessaire; il administra la justice sans révoquer les anciens usages, et il se montra favorable aux bons et sévère pour les méchants. Il se montra toujours pieux et doux, traitant les prêtres avec respect. Après avoir, par ses bonnes œuvres, rendu de grands services au monde et à la religion, il ne régna que pendant la courte période d'une année, et il fut mis à mort par un roi nommé Killenkisda-Mahindo qui usurpa le trône, mais qui, cinq jours après, subit le juste châtiment qu'il méritait, tout le pays s'étant soulevé contre lui; la couronne passa à Kheerti-Nissanka, natif de Calinga. Il fit bâtir dans une période de soixante heures une élégante chapelle pour contenir des reliques; il donna une plus grande hauteur à la tour Ruanwelly, et il fit construire, en son nom, un temple composé de cent appartements qu'il offrit aux prêtres. Il répara aussi le temple de Dambala en faisant couvrir les murailles de plaques d'or et d'argent, et le toit de tuiles d'or, et en y plaçant soixante-treize images de Boudhou toutes couvertes de plaques d'or.

Le roi se rendit ensuite avec les quatre corps de son armée compris de soldats à pied, à cheval, montés sur des éléphants ou sur des chariots, afin d'adorer la trace des pieds de Boudhou à Samantha-Koota; il fit planter des jardins fruitiers, et élever des auberges pour recevoir gratuitement les voyageurs dans toutes les parties du pays de Lanka, et accomplissant ainsi beaucoup de bonnes œuvres, il régna neuf ans.

Il eut pour successeur son fils Weera-Chako qui ne régna qu'une nuit; après sa mort malheureuse, son frère Weckrama-Chako lui succéda, et mourut au bout de trois mois.

Son frère Ramedagung ne régna que neuf mois;

SECT. I. — LE BOUDDHISME CHINGALAIS. — MAHAWANSEE.

le vice-roi le détrôna, lui arracha les yeux et mit à sa place la reine Leela-Wathie qui avait été la première des femmes du roi Parackramabahou; elle régna sans interruption pendant trois ans; le trône passa alors au roi Sauhasu-Malla, de la tribu de Ockakee, qui était courageux comme un lion, mais dans la seconde année de son règne, son ministre le détrôna, et il eut pour remplaçant la reine Keelanka Wathie qui avait été la femme favorite du roi Keerthenissunka; elle régna six ans, et fit construire plusieurs temples dans lesquels elle plaça des prêtres auxquels elle donna des champs, des jardins, des esclaves, et tout ce qui leur était nécessaire.

Ensuite un prince enfant nommé Darma-Soca, couronné au troisième mois de sa naissance, régna un an, mais il fut mis à mort par Mankunga, roi des Dhamilas qui vint du pays de Soly avec de grandes forces pour envahir le pays; dix-sept jours après, il fut mis à mort, et le trône fut rendu à la reine Leela-Wathie qui avait déjà régné. Ses Etats furent attaqués par un roi étranger nommé Loukissoura qui conquit toute l'île de Lanka, mais les sujets de la reine résistèrent avec courage, et délivrèrent son royaume dans l'espace de neuf mois.

Sept mois s'étaient à peine passés qu'un autre roi étranger Parackramapandou envahit Lanka, et, par la supériorité de ses forces, conquit l'île entière en expulsant Leela-Wathie; il régna paisiblement pendant trois ans.

Le peuple de Lanka se livra alors à la superstition et à l'infidélité, et oublia ses divinités protectrices. Un roi du pays de Kaulingo, nommé Magha, envahit Lanka à la tête de vingt-quatre mille Dhamilas, et se mit à ravager le pays, et à détruire la religion; renversant les temples, donnant à ses soldats les jardins et les maisons qui appartenaient aux prêtres, bouleversant les castes, réduisant les nobles en servitude, propageant le paganisme, et tourmentant cruellement les habitants en les mutilant. Il fit prisonnier le roi Parackramapandou, lui fit arracher les yeux, s'empara de tous ses trésors, et établit la tyrannie sur tout le pays, s'appropriant tout ce qui était la propriété de Boudhou et des prêtres. Il régna ainsi vingt-six ans, commettant beaucoup de péchés abominables.

Mais enfin les dieux favorables aux habitants de Lanka, suscitèrent un prince nommé Kalingu Wejeya qui réunit dans le royaume de Maya de grandes forces et qui, semblable à un trait de feu qui se montre au milieu des ténèbres, avança contre les ennemis, les poursuivant de village en village, et, tuant tous ceux qu'il rencontrait, il les obligea à se retirer dans le royaume de Pihitty.

Le roi Kalingu-Wejeya fit ensuite bâtir une ville appelée Jambu-Dewa où il établit sa résidence. Les prêtres qui avaient été dispersés pendant la période calamiteuse, s'empressèrent de venir autour de ce monarque qui leur fournit ce dont ils avaient besoin.

Les grands prêtres avaient soustrait les reliques de Boudhou et son écuelle à la rage des Dhamilas en les emportant au sommet d'une montagne qui avait été protégée par des palissades et par un fossé; pensant ensuite que ces objets sacrés n'étaient pas en sûreté, ils les enfouirent dans la terre, et se réfugièrent sur le continent. A leur retour, le roi apprit que les reliques étaient sauvées; il en eut une joie extrême, et il alla, accompagné d'une foule immense, les chercher et les rapporter avec pompe dans la capitale, en leur faisant faire des offrandes dans chaque village, et aussi content que s'il avait gagné l'empire du monde; afin qu'elles ne fussent plus exposées à un pareil danger, il les fit déposer dans une chapelle, creusée au sommet d'un roc tout entouré de murailles, et il la fit revêtir de plaques d'or, de sorte qu'elle était comme un palais divin descendu du ciel; il fit construire tout autour des maisons pour loger les prêtres auxquels il fournit des terres, des vivres et tout ce qui était nécessaire à l'existence, leur recommandant d'accomplir chaque jour les cérémonies.

Il fit aussi bâtir et réparer beaucoup de temples et, convoquant tous les prêtres de l'île, il célébra avec eux une fête qui dura huit jours, et il prit les mesures nécessaires pour rétablir la connaissance des livres saints qui s'était effacée pendant les guerres; la doctrine de Boudhou, d'abord apprise par cœur par les prêtres, avait été mise en écrit du temps du roi Walagambaha, mais les livres avaient ensuite été mis en oubli, comme une chose enfermée dans un vase, et finalement ils avaient été détruits, laissant les esprits comme un jour sans soleil ou une nuit sans lune. C'est ainsi que des prêtres stupides qui ne connaissaient pas les préceptes de la religion, et des gens ignorants qui erraient comme des animaux, encoururent les peines de l'autre monde.

Le roi parlant ainsi de la doctrine de Boudhou au prêtre qui était attaché à sa personne, dit : « O Anunda-maha, lors même qu'un homme construirait un édifice en or d'une étendue égale au Sackwalla qui a trois millions six cent dix mille trois cent cinquante yoduns de circonférence, et s'élevant jusqu'au point culminant du ciel de Brahma, lors même qu'il y ferait asseoir les Boudhous, les Passe-Boudhous et les rahatoons, et qu'il leur présenterait toute sorte d'offrandes, il n'acquerrait pas la seizième partie du mérite qu'on obtient en prêchant ou en faisant prêcher un seul vers de la doctrine en vers pali, doctrine qui est de trois degrés différents, l'un ayant rapport aux dieux,

Le roi veilla à la conservation des quatre-vingt-quatre mille préceptes de la doctrine de Boudhou en la faisant copier dans des livres, et en payant aux copistes pour leurs salaires la somme énorme de quatre-vingt-quatre mille masurans (*pièces d'or*); il employa aussi des prêtres pour instruire à ses frais les prêtres jeunes et ignorants, leur fournissant chaque jour tout ce qui leur était nécessaire.

Le roi avait deux fils Parackramabahoo et Bhuwaneka Chako; le premier était prédestiné, selon le jugement des astrologues, à jouir d'un bonheur parfait, à triompher de ses ennemis, à exercer une grande puissance sur l'île de Lanka dont il se serait rendu l'unique souverain, et à faire fleurir la religion de Boudhou; le roi fit donc venir ses deux fils et, après les avoir fait asseoir auprès de lui, il les embrassa, en versant des larmes de joie, et comme ils étaient instruits dans toutes les sciences, il fit de Parackramabahoo le souverain de Lanka, après lui avoir donné de sages avis, et en confiant à sa protection l'assemblée des prêtres réunie sous la présidence du grand prêtre Raxapa, il lui recommanda aussi les reliques et l'écuelle de Boudhou, et tous les habitants de Lanka, et il passa dans le monde de Dewa-Loka, après avoir régné quatre ans.

Après l'heureux couronnement de Parackramabahoo qui était habile dans les dix-huit arts appelés Silpa, dans toutes les sciences, et qui conquit les trois royaumes de l'île de Lanka, ce monarque s'établit dans la ville de Jambod-drohna, nommant vice-roi son frère Bhuwaneka Chako, et lui donnant la moitié de ses États.

Ce grand prince résolut de mettre un terme à la tyrannie et à l'oppression des Dhamilas; mais voulant d'abord célébrer une fête en l'honneur des reliques de Boudhou, il les fit apporter de l'endroit où elles avaient été déposées dans le rocher, et elles furent conduites sur un chemin garni de tapis jusqu'à la chapelle qu'il avait élevée près de son palais; il les déposa dans une boîte faite d'une pierre précieuse, laquelle fut mise dans une boîte d'or de la valeur de cinq lacs, celle-ci fut placée dans une boîte d'argent d'une dimension de deux coudées faite avec trente mille pièces d'argent.

Le roi s'appliquait aux exercices religieux, célébrant les *pohos* ou jours saints de chaque semaine, distribuant quatre fois par mois des aumônes aux prêtres, écoutant durant la nuit la prédication de la doctrine de Boudhou, et entretenant quatre lampes toujours allumées avec de l'huile d'espèce différente, et qui devaient brûler pendant douze ans; il offrait chaque jour un lac de fleurs de toute espèce, et il faisait distribuer des vivres en quatre endroits différents; il fit célébrer la fête des reliques durant trois mois par tous les habitants. Il se baigna ensuite dans de l'eau parfumée, et, offrant un lac de lampes allumées avec du camphre, il posa les reliques de Boudhou sur les paumes de ses mains qui ressemblaient aux pétales des fleurs, et il pria pour qu'un miracle se manifestât. Aussitôt les reliques montèrent d'elles-mêmes vers le ciel et formèrent l'image de Boudhou, éclairant le royaume entier avec des rayons de six couleurs différentes, bleue, verte, rouge, pourpre, jaune, et la sixième était un mélange de toutes les couleurs. Après une période de sept heures et demie, elles revinrent aux mains du roi, reprenant leur forme originale, et le peuple entier, rempli de joie et d'allégresse à la vue de ce prodige, fit retentir de ses cris la ville entière, tandis que le roi, qui était aussi livré à une satisfaction extrême, élevait la voix comme un lion, et disait : « Les fruits de ma vie ont été obtenus, et les mérites de mes bonnes œuvres se sont aujourd'hui révélés à tous. » Et faisant durant sept jours de grandes offrandes aux reliques, il les replaça avec grandes cérémonies dans leur boîte.

Depuis cette époque, les habitants de Lanka, qui avaient vu la piété et la vertu du roi, se montrèrent animés du plus profond respect pour lui, et les rois de divers peuples étrangers, sachant qu'ils ne pourraient plus résister à sa puissance, lui envoyèrent des présents.

Ce monarque désirant voir dans ses États une population nombreuse, abolit les lois qui établissaient une pénalité sévère, et y substitua des châtiments plus doux; il décida que ceux qui méritaient la mort ou l'amputation d'un membre subiraient l'emprisonnement, que ceux qui méritaient l'emprisonnement ou le bannissement seraient condamnés à l'amende, et que ceux qui méritaient d'être mis à l'amende seraient seulement réprimandés.

Après avoir organisé ses forces militaires, le roi Parackramabahoo commença la guerre contre les Dhamilas, qui avaient si cruellement opprimé durant quarante ans les habitants de Lanka; il défit et tua des milliers d'ennemis qui étaient campés en quinze endroits différents, et qui furent détruits comme des éléphants chassés par des lions ou des serpents par des Guroolos. Douze combats successifs furent livrés aux Dhamilas, qui avaient en ligne une armée de quarante mille hommes armés de flèches empoisonnées, et qui, après leur défaite, se retirèrent dans la ville de Polonnaro. Leurs chefs y tinrent un conseil, et reconnaissant qu'il ne leur était pas possible de lutter contre Parackramabahoo, car nul être au monde n'était en mesure de résister à sa puissance, et ses ennemis se dispersaient à sa vue comme les vers luisants à l'aspect du soleil. Ils résolurent alors de s'enfuir, emmenant avec eux leurs femmes, emportant leurs bijoux, leurs vête-

...ments de soie et autres objets précieux, mais leur projet fut déjoué par l'habilité du roi Parackramabahoo, car lorsqu'ils sortaient par la porte occidentale de la ville au lieu de sortir par la porte orientale, les troupes chingalaises qui avaient été postées par l'ordre du roi, les surprirent et s'emparèrent de leurs trésors, et ce fut ainsi que l'île entière fut soumise au roi Parackramabahoo.

Dans la onzième année du règne de ce monarque, une autre invasion fut effectuée par un roi nommé Chundra-Chano, qui vint avec une grande armée et se mit à dévaster le pays; le roi envoya contre l'ennemi son neveu Weera-Chako, qui avança à la tête de troupes imposantes avec autant de bravoure que le dieu Rawho avance pour engloutir la lune. Les adversaires se rencontrant, il s'ensuivit un combat terrible, et Weera-Chako, le neveu du roi, mit les ennemis en fuite, les renversant comme un bois de roseaux est détruit par le souffle d'une tempête. L'île entière fut ainsi rendue au roi, dont la renommée se répandit ainsi dans tout le pays de Jambu-dwipa et dans les autres parties du continent qui lui envoyèrent des offrandes.

Le roi s'étant ensuite rendu au temple de Downuwana, où est situé le temple de Vishnou, adora ce dieu en célébrant une grande fête, et construisit beaucoup d'édifices; il revint en son palais dans sa capitale de Jambol-dhrona, après avoir triomphé de ses ennemis.

Le roi rétablit ensuite tous les propriétaires légitimes dans la possession de leurs biens et de leurs terres dont ils avaient été privés par les fréquentes invasions des ennemis; il rendit aux prêtres leurs jardins et leurs domaines, et il enrichit les habitants, réparant les ruines des temples, expulsant les prêtres méchants et pervertis, et faisant venir du pays de Solly des prêtres pieux qui connaissaient les trois degrés de la doctrine de Boudhou; il appela aussi près de lui un grand prêtre nommé Dhourmakeerthy, qui était un rahatoon, et auquel il fit de riches offrandes, le recevant avec toutes les marques de respect et d'allégresse.

Le roi fit aussi reconstruire les édifices élevés ou projetés par les anciens souverains pour l'éducation de ceux qui se consacraient à l'étude de la doctrine et de toutes les sciences; il fit planter des jardins remplis de fleurs et de fruits qu'il donna aux prêtres, faisant construire pour eux d'élégantes maisons avec des appartements convenablement installés pour y passer le jour ou la nuit.

Il fournit ensuite aux prêtres qui résidaient dans des villages les moyens d'aller vivre dans des déserts, en leur procurant ce dont ils avaient besoin; il fit venir des livres du Jambu-dwipa pour servir à l'enseignement de la religion et de toutes les sciences; il enseigna à son frère Bhuwaneka-Chako la doctrine des trois degrés; il célébra huit grandes fêtes en huit occasions différentes, savoir : la troisième, la sixième, la onzième, la douzième, la dix-septième, la vingt-unième, la vingt-septième et la trentième année de son règne; il fit alors construire une vaste salle soutenue par soixante piliers et tendue d'étoffes blanches, et il y réunit les prêtres, leur faisant chaque jour de grandes offrandes; il fit élever au rang d'Upesampada les Samaneras ou prêtres d'un rang inférieur, et il fit parvenir au rang de grand-prêtres beaucoup de prêtres pieux et savants.

Le roi construisit, pour y déposer les reliques de Boudhou, un grand temple dans la ville de Serewurdhuna, et il le fit entourer d'une muraille élevée, percée de beaucoup de portes. Tout autour étaient des chapelles, des jardins et des maisons d'une construction très soignée; le sol fut aplani et couvert de sable blanc, et des tapis furent élevés au-dessus afin d'intercepter les rayons du soleil. Le roi mit autour de la ville des tapisseries blanches ayant la forme de la lune et d'autres formes, comme si les déesses dansaient dans l'air; il éleva un rang circulaire de salles ornées de pierres transparentes et de figures représentant les unes des dieux, les autres des génies tenant en leurs mains des éventails, les autres des éléphants, de sorte que le tout offrait un spectacle très agréable aux yeux du peuple.

Le roi fit ensuite ranger tous les habitants de Lanka des deux côtés de la route qui menait à la ville, et ils poussèrent des cris de joie, tandis que le monarque, revêtu du costume royal, monté sur un char somptueux, portant en ses mains les reliques et l'écuelle de Boudhou, et suivi d'une foule de prêtres et de personnes pieuses tenant des fleurs, conduisit les reliques au temple, et plaça la boîte des reliques sur un trône qu'il avait fait élever dans le temple; il offrit un si grand nombre de lampes allumées avec de l'huile parfumée, que tout l'espace autour du temple était comme le ciel illuminé d'étoiles. Beaucoup d'habitants dansaient, chantaient et jouaient des instruments de musique, tandis que d'autres écoutaient la prédication que les prêtres faisaient, et s'écriaient à la fin de chaque sentence : « Gloire à Boudhou! honneur à Boudhou! O prêtres, disciples de Boudhou, que vous nous êtes chers! » La fête continua ainsi durant sept jours avec une grande magnificence.

Le frère du roi, imitateur de ses bonnes œuvres, fit élever dans la ville de Seriwardhana un temple, auquel il donna son nom, et qui était d'une grande étendue; il en fit la dédicace avec beaucoup de solennité. Le roi fit aussi réparer le grand temple de Calany, haut de cinq étages, et qui avait été construit par un monarque nommé Yatala-Tissa; il y fit une fois par semaine des offrandes de vivres, de fleurs et autres objets, et il fit planter auprès un bois de cocotiers pour fournir l'huile nécessaire à l'éclairage des lampes. Il rebâtit également une tour élevée de deux étages que le roi Abha, qui était sourd, avait construite près du temple d'Attanagalla, en mémoire du roi Sree Sungabo qui se coupa la tête, et l'offrit en cet endroit à un pauvre qui l'implorait. Le roi Parackramabahoo en fit une maison dorée haute de trois étages; il bâtit un autre grand temple à l'endroit où le corps de son père, le roi Kalinga-Wijeyabahoo avait été réduit en cendres, et il érigea aussi une salle octogone contenant les images de Boudhou sculptées en pierre.

Le roi apprenant ensuite que la robe jaune que Boudhou avait portée durant sa vie, et qu'une relique, une dent du grand prêtre Raxapa, se trouvaient dans le temple de Pas-yodon, s'y rendit avec les prêtres, et, accompagné des quatre corps de son armée, il célébra une fête qui dura trois jours, et il fit les offrandes ordinaires. Il se rendit ensuite à l'endroit où est situé le temple de Deweta-Oopulwan et il y éleva un temple aussi splendide que le palais du dieu-roi Sakraia. La ville qui était en cet endroit fut abondamment pourvue de toutes choses, et le roi fit, chaque année, célébrer une fête en l'honneur de ce dieu; de là se rendant à la ville de Jambod-drohna, où son père avait élevé le temple de Wijaye-Soondra, il bâtit tout autour une haute muraille percée de nombreuses portes, et un édifice élégant haut de trois étages pour recevoir des reliques. Il célébra à cette occasion une grande fête qui dura sept jours, et étant animé du désir d'avoir constamment sous les yeux l'image de Boudhou vivant, il en fit faire une image très-soignée; et réunissant les prêtres et les principaux habitants, il célébra une fête qui dura sept jours, selon l'ancien usage. Informé des grands avantages qui résultaient de l'exercice de la charité, le roi fit beaucoup d'actes de générosité; il nourrit à certains jours tous les prêtres de l'île. Il fit aussi avec beaucoup de pompe hommage de son royaume à Boudhou, et se rendant avec toute sa cour à la montagne appelée Samanta-Kootaye, il accomplit ses adorations à l'endroit où est la trace des pieds de Boudhou, endroit respecté et adoré par tous les dieux.

Le roi Parackramabahoo ayant résolu ensuite de ne rien épargner pour le bien de ses sujets, se mit à examiner quel était celui de ses ministres qui pouvait le mieux le seconder en ce but. Il se rappela que le ministre nommé Dawapati-raja était un homme pieux qui avait une fois planté un cocotier, et qui ayant formé le désir de voir trois rejetons sortir des trois trous de la noix de coco, vit aussitôt ses souhaits accomplis; une autre fois, ayant rencontré un pauvre, il lui donna de grands trésors avec le désir de devenir un Boudhou. Le roi envoya chercher ce ministre, et lui dit que la route qui menait à la montagne de Samentakootaye était aussi mauvaise que si elle avait été faite par le dieu Wasawarthymareya (*dieu puissant et ennemi déclaré de Boudhou*), et qu'il en résultait de grands inconvénients pour la population de dix-huit pays qui s'y rendaient pour adorer. Le roi lui dit aussi que le roi Upatissa avait élevé, au village d'Attenagalle, un temple qui était tombé en ruines et qu'il fallait rebâtir.

Le ministre accepta la commission du roi. Il se rendit d'abord à Ganganypooraye, où il fit faire avec une extrême magnificence une image du dieu appelé Soomena-Nom-Dewa-raja ; il fit ensuite porter avec lui, non sans beaucoup de peine, cette image à la montagne de Samantakootaye, faisant construire en divers villages des ponts qui avaient de trente à quarante coudées de long, et qui étaient assez solides pour que des éléphants et des chevaux pussent y passer. Il fit aussi élever le long de la route des habitations dans lesquelles il plaça des prêtres, et le roi, informé de ce qu'avait accompli son ministre, en témoigna son entière satisfaction.

Le ministre restaura ensuite, selon les désirs du roi, le temple d'Attenagalle, et l'offrit au grand prêtre Anomadarsy; de là il se rendit à l'endroit appelé Bimatirpa-patoona, où il fit jeter un pont de quatre vingt-six coudées. Il fit aussi cultiver plusieurs terres au profit du roi, et, dans l'une d'elles, il éleva un temple auquel il donna le nom du roi. Il revint ensuite auprès du roi, qui le reçut avec beaucoup de joie et le récompensa généreusement; il le conduisit ensuite dans l'appartement où était le *dawtoo* (*reliques de Boudhou*) et au milieu des prêtres, afin de témoigner sa satisfaction, il consacra le ministre, sa femme et ses enfants à la garde du *dawtoo*.

Sous le règne de ce monarque, il y eut une grande sécheresse dans l'île, et toutes les plantes souffraient beaucoup, de sorte qu'on était menacé d'une terrible famine. Tous les habitants de l'île étaient livrés à l'effroi, mais le roi Prackramabahoo ayant offert de grands sacrifices au nom de Boudhou et des autres dieux, pria pour qu'il y eût de la pluie; d'épais nuages chargés d'éclairs et de pluie se montrèrent de tous les côtés de l'île, et il tomba une quantité considérable d'eau, et le peuple se mit à louer Boudhou et le roi.

Ce monarque, ayant longtemps exercé le pouvoir pour le bien de ses sujets, appela enfin son neveu Wierabahoo, fils de sa sœur, et ses quatre fils, Wijayabahoo, Boowenakabahoo, Tricoowanamallayan et Boowenakajayebahoo, et il s'adressa à eux, disant : « Il y a dans ce monde des enfants de trois espèces appelées awajata (contre nature), anoojata (selon la nature) et atiejata (très-conformes à la nature). Un adage ancien dit que celui qui dissipe tous les biens qu'ont amassés ses ancêtres et qui est comme un singe est un awajata ; celui qui fait un usage convenable de la fortune de ses pères et qui maintient son rang est un anoojata; celui qui, par son industrie, accroît ce que lui ont légué ses aïeux est un atiejata. Mon père ne me laissa en mourant que le pays appelé Majaratta ; j'ai maintenant acquis les deux autres royaumes qui sont dans l'île de Lanka, j'ai subjugué tous les habitants de Malabar, ce que mon père n'avait pas accompli, de sorte que les princes étrangers me rendent hommage et ma renommée s'étend sur tous les pays ; j'ai acquis un nombre immense de pierres précieuses, et je suis ainsi devenu un atiejata. Imitez mon exemple, ô mes fils. Souvenez-vous que jadis il y avait soixante mille princes de la tribu d'Ookakawanse, dans le Jambu-dwipa ; ils partagèrent le pays en soixante mille portions et vécurent tous en paix. Partagez l'île entière entre vous, mes fils, et gouvernez-la en maintenant entre vous la paix et l'harmonie, et en prenant bien garde d'ouvrir une voie à des ennemis étrangers. »

Après avoir ainsi parlé aux princes, le roi assembla les prêtres et les citoyens, et leur demanda qui ils jugeaient propre à avoir la direction de l'État. Les prêtres répliquèrent que tous les princes étaient égaux en sagesse, en valeur et en habileté; mais que Wijayabahoo, le fils aîné du roi, s'était, dès son enfance, dévoué à Boudhou, a sa doctrine et aux prêtres ; qu'il avait toujours été ami de la vérité et plein de bienveillance, et que ses qualités étaient universellement connues.

Le roi fut plein d'allégresse en entendant les prêtres tenir ce langage; il appela le prince Wijayabahoo et lui recommanda de terminer tout ce qu'il trouverait d'inachevé et de nature à favoriser le bien public; il lui dit de rebâtir la tour de Ruwanwelly qui avait été détruite par les ennemis, de ramener à son ancien degré de splendeur la ville de Polonnaropura, et d'élever un bâtiment magnifique pour y placer les reliques de Boudhou. Après avoir donné ces instructions au prince, le roi lui confia l'administration du royaume, et lui remit le soin des autres princes, des prêtres et des reliques.

Mille huit cent neuf ans après la mort de notre Boudhou, et sous le règne du roi Parackramabahoo, plusieurs parties des livres sacrés furent traduites par plusieurs grands-prêtres. Le roi Wijabayabahoo, obéissant à la volonté de son père, prit la direction du royaume. Voulant s'attacher un ami et un compagnon, il fit choix du fils de la sœur de son père, le prince Wierabahoo, qui était aimable, instruit dans toutes les sciences, plein de zèle pour le bien public et de sagesse. Il résolut ensuite de réparer l'édifice destiné à recevoir les reliques de Boudhou, et rassemblant un grand nombre d'ouvriers, il l'acheva et le porta à un haut degré de splendeur. Il rebâtit aussi tout ce qui était tombé en ruines dans la ville de Polonnaropura, et il fit construire sur le sommet du mont Watagiry un palais où il déposa tous les trésors qu'il avait reçus de son père ; il répara aussi un grand nombre de temples et fit bâtir des maisons qu'il offrit aux prêtres.

Sur ces entrefaites, le prince Chandabrahoo, qui avait été expulsé dans les guerres précédentes, débarqua à l'endroit appelé Mahatta avec une grande armée de Malabares des pays de Pandy et de Soly. Les Chingalais habitant les districts de Pady, de Runda et autres, se joignirent à lui et le déclarèrent roi. Il fit élever des retranchements sur le mont de Soobayapauwe, et envoya des messagers pour demander d'être reconnu roi et pour demander que les reliques de Boudhou lui fussent cédées, menaçant, en cas de refus, de déclarer la guerre.

Ce message ayant été porté au roi Wijayabahoo, il consulta le prince Wierabahoo, et ayant réuni une armée nombreuse, ils attaquèrent de tous côtés les forces de Chandrabahoo, les obligeant à fuir et à demander la vie. Chandrabahoo se sauva avec beaucoup de peine, laissant ses femmes, ses éléphants et ses armes au pouvoir du roi Wijayabahoo. Celui-ci fit bâtir à l'endroit où il avait remporté la victoire un palais qu'il entoura de retranchements élevés, et il fit aussi construire des habitations pour les prêtres.

Le roi se rendit ensuite au royaume d'Anurahde; il fit abattre les bois qui croissaient autour du lieu sacré de Pupareewine et de quelques autres ; il fit construire une citadelle et divers ponts, et achever la tour de Ruwanwelly que son père avait commencée. Pendant le temps que dura ce travail, le grand prêtre Seenahnata Parewenastewira et d'autres furent entretenus à ses frais. Les rois du pays de Wanny vinrent lui apporter de grands présents, et le roi leur fit aussi de riches cadeaux, les renvoyant très-satisfaits. Il s'occupa ensuite de rebâtir la ville de Polonnaro, où il voulait se faire couronner roi, et, dans ce but, il réunit une multitude d'ouvriers de tout genre, et rendit la ville aussi splendide que la capitale de Sakkraia, le roi des dieux.

Lorsque ce travail fut achevé, le roi Wijayabahoo fit venir son vieux père Parackramabahoo, qui, depuis son abdication, vivait dans la ville de Dambedeny ; la fête du couronnement dura sept jours. Le roi se rendit ensuite avec son père à la ville de Jambod-Drohna afin de rapporter les deux tasses dont Boudhou se servait lorsqu'il était en vie. Ces reliques furent déposées avec beaucoup de pompe, et dans un jour propice, à l'endroit qui avait été préparé pour elles. A cette occasion, la ville fut somptueusement décorée, et il y eut une fête qui dura trois mois. Le roi voulut ensuite élever au rang d'Upesampeda tous les prêtres qui voulurent être promus à cette dignité, ce qu'il fit après s'être concerté avec le grand-prêtre Maddenie-Nawekewarre, et après avoir réuni à Dahastotte tous les prêtres qu'il y avait dans l'île de Ceylan. Cette fête dura quinze jours, et tous les rois des pays environnants les Etats de Wijayabahoo y assistèrent et furent traités avec de grands honneurs.

Le vieux roi Parackramabahoo ayant acquis beaucoup de mérite par ses œuvres charitables, mourut après un règne de trente-cinq ans. Son fils devint ainsi le seul souverain de l'île de Ceylan, mais un de ses courtisans nommé Mittra, voulant usurper le trône, gagna une esclave qui tua le roi pendant la nuit. Le roi Buwenakebahoo, frère du roi défunt, ayant appris cette mort fut effrayé et s'enfuit dans un chariot couvert. Neuf prêtres le suivirent, et frappèrent de leurs armes le chariot qui fut brisé. Le roi se jeta par terre, et se réfugia dans le village de Callugallegame, où il y avait une maison où des éléphants étaient gardés ; il prit un éléphant, monta sur son dos, traversa la rivière de Mahapujacollenbun, et se sauva ainsi. Mittra se rendit au palais de la ville de Dambedeny, et, se revêtant des habits royaux, il s'assit sur le trône. Les autres courtisans qui étaient ses amis se soumirent à lui. Il advint que les personnes employées à distribuer la solde aux troupes du roi composées de Chingalais et d'étrangers, offrirent d'abord le payement aux étrangers, qui refusèrent de l'accepter jusqu'à ce que les Chingalais eussent reçu le leur. Quand les Chingalais eurent été payés, les étrangers, persistant à refuser de toucher ce qui leur revenait, dirent qu'ils voulaient expliquer devant le roi les motifs de leur conduite ; ils entrèrent dans le palais au nombre de sept cents, et se présentèrent devant le roi comme s'ils voulaient lui porter quelque plainte. Le roi était assis sur son trône, et un de ces soldats nommé Taccurake tira son sabre et abattit d'un seul coup la tête du roi. La ville fut alors dans une grande agitation, et les soldats chingalais accoururent et demandèrent aux étrangers pourquoi ce meurtre avait été commis. Ils répondirent que c'était par l'ordre du roi Buwenakebahoo, qui résidait à Subeparwetta. Les Chingalais se joignirent aussitôt à eux, et allant chercher le roi Buwenakebahoo, ils le conduisirent à la ville de Dambedeny où il fut couronné. Il subjugua divers peuples du Malabar et pacifia l'île entière de Ceylan. Après avoir résidé quelque temps à Dambedeny, il fit élever un palais dans la ville de Subamalepoura, et il y fixa son séjour. Il fut un roi pieux, et ayant fait transcrire toutes les lois de Boudhou, il en distribua des copies dans tous les temples de l'île ; il fut très-charitable, et il faisait chaque jour des offrandes au nom de la dent sacrée de Boudhou ; il propagea la loi de Boudhou, il célébra la fête appelée Upesampada, et il régna tranquillement pendant onze ans.

Après sa mort, un général nommé Ariyacharwarty, envoyé par le roi de Malabar, vint avec une puissante armée et débarqua dans l'île de Ceylan. Il détruisit la religion de Boudhou, entra dans la ville de Sunderragirri, et emportant la dent de Boudhou et les trésors qui étaient dans le pays, il remit le tout à un roi de Pandy nommé Kulesekara. A cette époque, le prince Parackramabahoo, fils du roi Wijayabahoo, devint roi de Ceylan. Désireux de rentrer en possession de la dent de Boudhou, il vint, comme un ami, trouver le roi de Pandy qui lui rendit cette relique. Le roi la rapporta dans la ville de Polonnaro, et la déposa dans un temple somptueux qu'il fit élever. Il envoya des bourreaux pour arracher les yeux au prince Buwenakebahoo, qui résidait à Subamalepoura, et qui était fils du roi de ce nom, craignant qu'il n'aspirât au trône. Ce monarque fut couronné un an après, et, à cette occasion, il distribua de grandes aumônes aux prêtres. Il fit bâtir une tour haute de trois étages, et somptueusement ornée d'or, d'argent, de pierres précieuses, de perles, de riches étoffes ; au centre, on plaça un trône, sur lequel fut déposée une boîte contenant la dent de Boudhou et une autre boîte renfermant la tasse dont Boudhou se servait pendant sa vie pour prendre sa nourriture, et le roi avait l'habitude de célébrer chaque jour en ce lieu le service divin.

Ce roi avait eu pour précepteur un prêtre instruit dans diverses langues, et il acquit la connaissance des trois cent cinquante jutakas ou histoires relatées par Boudhou. Il les fit traduire de l'idiome pali en chingalais, elles furent ensuite révisées par des prêtres habiles, et publiées dans toute l'île de Ceylan. Le roi donna au grand-prêtre Mandancarra la copie qu'il possédait des trois cent cinquante histoires en chingalais, et il lui donna aussi les villages de Moremandeca, de Labujemandeca et plusieurs autres.

Il fit aussi construire au village de Tiertlagrawme un bâtiment de trente coudées de long et élevé de deux étages, et il en fit don au grand-prêtre Cayesatti-Mahaterra. Il lui donna également une maison élevée au village de Salagrawme, sur le bord de la rivière Uppeseema, et il y fit planter un jardin contenant cinq cents cocotiers. Il donna aux prêtres de Boudhou un grand édifice élevé près du temple construit au village de Wallegrawme, et il donna au prêtre Mahistewera, son précepteur, une maison construite dans le village de Subewiddruma, près de la ville de Rajegrawmepoura. Enfin, il bâtit une ville dans le royaume de Mayadanan, et il construisit un temple élevé, où il plaça l'image du dieu Utpalewarne-Dewera ou Wishnou et il fit des offrandes.

RAJA RATNACARI.

CHAPITRE PREMIER.

L'histoire de Boudhou racontée par Mihidu Maha, un prêtre qui vint du pays de Jambu-Dwipa dans l'île de Ceylan. Avant la venue de Boudhou et avant que sa religion ne fût promulguée, l'île était la résidence des démons, mais elle devint le séjour de Boudhou lorsque la religion fut observée, et ce livre montre comment les démons furent chassés. Quelques Boudhous entreprirent cette œuvre, bien qu'ils ne sortissent pas en personne du pays de Jambu-dwipa, mais ils chassèrent, par leur pouvoir, les démons de Ceylan, comme les rayons du soleil pénètrent les ténèbres les plus épaisses ; d'autres Boudhous vinrent en personne et firent de l'île de Ceylan un lieu propre au séjour des hommes, en déposant dans des endroits consacrés le *dawtoo*, c'est-à-dire les os de Boudhou, et la branche qui croît au côté de l'arbre Bogaha ; c'est ainsi que l'île de Ceylan devint un grand magasin des choses les plus précieuses, en possédant le dawtoo, l'arbre Bogaha et la religion de Boudhou, d'où il suit que cette île ne peut jamais être gouvernée par un roi qui n'est pas de la religion de Boudhou. Et si un roi d'une autre religion montait par force sur le trône, il en serait bientôt expulsé par la même puissance qui a chassé les diables ; c'est pourquoi des rois professant la religion de Boudhou, continuent de siéger sur le trône de Ceylan, et pourquoi ils sont fidèlement attachés à la religion.

Premier Boudhou. — Du temps du premier Boudhou, appelé Cookoosanda, l'île de Ceylan portait le nom d'Ojadeep ; l'endroit qui est aujourd'hui appelé Anaradhe-pura se nommait alors Abaya-pura, et le roi qui régnait alors était appelé Abaya Rajooroowo (*le roi sans peur*).

Le jardin qu'on appelle maintenant Mahawmaywoo-naw s'appelait alors Mahatirtawawa, et la ville de Peyal-cooloo était auprès, du côté de l'est : l'endroit appelé Meheentalawgala s'appelait alors Daywekoota, et tous ces endroits étaient abondants en toutes choses ; mais, par suite d'une fièvre pestilentielle qui éclata dans l'île entière, toute chair commença à mourir, et les démons, flairant l'odeur des cadavres, entreprirent de rentrer dans l'île ; ils en furent empêchés par la puissance du Boudhou Cookoosanda, de sorte qu'ils restèrent dans la mer autour de l'île, la regardant avec envie ; telle fut la pitié qu'inspira à Boudhou qui était alors dans le pays de Jambu-dwipa, la situation déplorable des habitants de Ceylan qu'il prit son vol à travers les airs accompagné de quarante mille disciples et, semblable à la pleine lune qu'entourent les étoiles, il descendit sur la montagne de Daywa Coota, brillant d'une gloire éclatante, et tandis que des rayons de six couleurs différentes émanaient de sa personne, et se répandaient sur les dix parties du monde, il s'écria : « Que tous les habitants de cette île me contemplent, et que toute maladie soit bannie de quiconque me contemple, de même que l'obscurité disparaît devant le soleil, et que tout chagrin soit éloigné de ceux qui s'attachent à moi. »

Boudhou n'eut pas plutôt descendu sur la montagne que sa glorieuse figure, semblable à la pleine lune, attira les yeux et l'attention de tous ; à cet aspect, les malheureux habitants de l'île recouvrèrent la force ; ceux qui gisaient dans la poussière se relevèrent et accoururent autour de leur grand libérateur. Le roi, les princes et les ministres, ayant adoré Boudhou avec le plus profond respect, l'invitèrent à se rendre au jardin appelé Maha-Tirtu, où un somptueux édifice avait été élevé pour sa réception ; ils y avaient aussi placé un magnifique trône et des sièges pour quarante mille disciples. Et après avoir fait hommage de cette résidence à Boudhou, un tremblement de terre attesta qu'il l'acceptait ; ensuite les arbres du jardin furent entièrement couverts de fleurs, quoique la saison fût contraire ; un banquet formé des aliments les plus délicieux fut offert à Boudhou et à ses disciples ; ensuite Boudhou prêcha en s'adressant à la foule, et telle fut la force de ses discours que quarante mille personnes renoncèrent au monde. Le soir Boudhou, quittant cet endroit, arriva au lieu où croissait l'arbre Bogaha, et étendant la main vers l'endroit du pays de Jambu-dwipa où il était devenu Boudhou, il demanda que la grande-prêtresse Roochinandanam parût tenant la branche du côté droit de l'arbre Bogaha qui était sorti de terre lorsqu'il devint un Boudhou.

Ce vœu ayant été accompli, la grande-prêtresse monta à travers les airs et se trouva immédiatement dans la ville de Kaymanwatinam au pays de Jambu-Dwipa ; n'étant pas autorisée elle-même à briser la branche de l'arbre, elle prit avec elle le roi de cette ville qui fit avec une certaine peinture jaune nommée hériyail, un cercle autour de cette branche, laquelle fut brisée sans difficulté, et qui, montant d'elle-même au ciel et en descendant, fut reçue dans un vase d'or qui avait été préparé dans ce but; la grande prêtresse, accompagnée de cinq mille autres prêtresses, l'emporta à travers les cieux au milieu des offrandes et des félicitations des dieux, et elle arriva à Bomade où résidait Boudhou.

Le vase d'or et la branche de l'arbre Bogaha furent placés du côté droit de Boudhou, et Boudhou vit alors le visage du roi Abaya Rajooroowo, et il lui dit : « O roi, le privilége des anciens rois a été de planter le rameau de l'arbre Bogaha pour d'autres Boudhous; plante donc celui-là pour moi. » Après avoir fait cette recommandation au roi, Boudhou reprit son vol à travers les airs, et arriva à l'endroit qui était alors nommé Sirimawlaka, mais qui s'appelle maintenant Lowaw Maha Pawya, et il y prêcha, convertissant par sa prédication dix mille de ses auditeurs, et les détournant des désirs du monde. De là, il reprit son vol et descendit à Widatoo Pawrawma; il prêcha et convertit mille personnes, et prenant un de ses vêtements, il le présenta à la foule, et il recommanda qu'il fût enfermé dans un monument, afin que ce lieu devînt un endroit de pèlerinage et de sanctification, et il laissa en ce lieu la grande-prêtresse Roochinandanam avec les cinq mille prêtresses d'un rang inférieur et dix mille prêtres.

Boudhou se rendit ensuite au lieu appelé Dagwa coota où un monument avait été élevé en l'honneur d'un ancien Boudhou; il y séjourna quelque temps et enseigna tous les habitants de Ceylan, et tandis que les yeux de tout le peuple étaient tournés vers lui, il monta au ciel et revint dans le pays de Jambu-dwipa. Et depuis ce temps tous les rois de Ceylan ont obtenu d'être élevés au Niwarna par leur attachement aux trois choses les plus précieuses qui existent, savoir, Boudhou, sa doctrine et les prêtres.

Second Boudhou. — Au temps du second Boudhou dont le nom était Cowawgermanam, l'île de Ceylan se nommait Waradeipa; la ville à la droite du grand jardin d'Anoma Uyuna s'appelait Waddamanakupura, et le roi qui régnait dans cette ville gouvernait avec sagesse. A cette époque les quatre castes remplissaient l'île de richesses par le moyen de leurs vaches et de leurs buffles; mais tandis qu'elles vivaient ainsi dans l'abondance, il survint une sécheresse qui occasionna une extrême famine; pour chasser ces fléaux et détruire la puissance des démons, Boudhou, accompagné de trente mille prêtres, vint en volant à travers les airs et descendit sur le sommet du pic où se voyait l'empreinte de la trace des pieds de l'ancien Boudhou; regardant de là vers les différents points de l'horizon, il émit le désir que les citernes vides et les fontaines desséchées de l'île fussent remplies d'eau. Ce désir n'eut pas plutôt été formé en son esprit que cent mille nuages commencèrent à flotter dans le ciel, et que le tonnerre se mit à proclamer la louange de celui auquel les éléments obéissent; et, comme si Sakkraia avait voulu rendre hommage à Boudhou, mille arcs-en-ciel déployèrent au firmament leurs couleurs variées, et les éclairs se montrèrent en mille directions différentes, et la pluie se mit à tomber comme si les dieux avaient arraché les cheveux de leurs têtes et les avaient jetés sur la terre. Lorsque les champs et les habitants altérés furent suffisamment rafraîchis, Boudhou, exerçant le pouvoir qui avait fait descendre la pluie, la suspendit, et tandis que la foule réunie autour de lui l'adorait, il l'invita à le suivre au jardin appelé Anoma Uyana. Quand il y fut arrivé, il produisit un tremblement de terre, et après avoir accepté les offrandes du peuple, et pris part au banquet qui avait été préparé pour lui, il commença à prêcher, et il convertit trente mille âmes; le soir, il forma le désir que la branche de l'arbre Bogaha fût coupée, et rapportée de la même façon que la chose avait eu lieu du temps du Boudhou antérieur, et la chose s'accomplit exactement.

Boudhou se rendit ensuite à l'endroit appelé maintenant Lowaw Mahawpaw, et qui portait alors le nom de Nangamawlake; il y prêcha et convertit vingt mille âmes; il alla ensuite s'asseoir à l'endroit appelé Toopawrawma; là il prêcha aussi et convertit dix mille âmes; il prit alors la ceinture qu'entourait ses reins, et la donnant à la grande prêtresse Dantawnam, aux cinq mille prêtresses, au grand-prêtre nommé Suddarmanam Mahastawirayan et à ses dix mille prêtres, il les engagea à rester à Ceylan; il alla ensuite à l'endroit appelé alors Suddasa Mawlaka et aujourd'hui Maha Saya, et ayant exhorté le peuple, il s'envola vers le pays de Jambu-dwipa, et durant son règne, tous les rois et tout le peuple reçurent, grâce à lui, le Nirwana.

Troisième Boudhou. — Le nom du troisième Boudhou était Cawsyapa. De son temps l'île de Ceylan était appelée Maddadeepa; l'endroit appelé Mahamawnaw était appelé Mahasawgarana, et la ville au sud de cet endroit s'appelait Wisawlawpura; le roi de cette ville se nommait Jayantanam-Soumana; les habitants de Ceylan étaient alors divisés en deux partis, qui, se faisant la guerre et cherchant mutuellement à se détruire, faisaient une mer du sang de l'un et de l'autre. Boudhou voyant ce carnage fut ému de compassion, et partant du pays de Jambu-dwipa, il monta dans les airs accompagné de trente mille prêtres sanctifiés (appelés en chingalais rahatoons), il monta dans les airs et descendit sur le sommet du mont Subakoota; de là, il couvrit la terre de ténèbres, et quand il vit que, malgré le châtiment, les habitants ne s'humiliaient pas, et qu'ils ne renonçaient pas à leur inimitié, il se transforma en éléments déchaînés et couvrit l'île d'éclairs ; alors les habitants, saisis d'effroi, crurent que la fin du monde était venue, et les guerriers commençaient à se dire : « Quel est le résultat de nos combats? N'est-ce pas pour obtenir la domination? Mais où dominer maintenant? Notre pays est en flammes, nos propriétés menacent d'être consumées ; nos femmes, nos enfants et nous, sommes au moment de périr victimes d'un feu dévorant. Pourquoi songerions-nous davantage à la guerre? »

Les plus hardis combattants, frappés de la crainte de la mort, jetèrent leurs armes, et les adversaires qui s'étaient livrés à une lutte acharnée, se réconcilièrent et s'embrassèrent, et de même qu'un clou est chassé par la pointe d'un autre, Boudhou, en déchargeant parmi les combattants des volées de feu, subjugua le feu de leur colère et les amena à devenir amis. Après avoir calmé leur irritation, il parut sur le sommet du mont Sabakoota, se montrant aux habitants de Ceylan comme la lune dans le firmament du ciel. Ils furent remplis de joie, et tandis qu'ils l'adoraient avec admiration, ils lui demandèrent : « Qui es-tu? es-tu le dieu du soleil, toi, dont la face paraît comme la pleine lune et aussi fraîche que la rosée du matin? d'où vient qu'un être qui a la figure aussi douce et aussi pacifique lance des flammes terribles? Le froid et la chaleur, le feu et l'eau habitent-ils ainsi ensemble? Nous savons maintenant que tu es Boudhou, le souverain de toute la terre, » et ils reconnurent ainsi sa grandeur avec une joie extrême.

Boudhou fit alors, selon l'usage des anciens Boudhous, connaître sa puissance par un tremblement de terre, et après qu'il eut pris part au banquet qui lui était offert, il prêcha ; et de même que la fleur Coomoodua déploie ses feuilles à la clarté de la lune, les cœurs du peuple s'ouvrirent pour recevoir la vérité.

La première chose que fit faire Boudhou fut la transplantation de l'arbre qui sortit de terre lorsqu'il fut fait Boudhou ; il se trouva être un Nugaha, et Boudhou le fit apporter du pays de Jambu-dwipa par cinq cents prêtresses, de la même manière qu'avaient fait les autres Boudhous ; il le fit planter dans l'endroit ordinaire par le roi Jayantanam qui régnait alors à Ceylan. Boudhou s'arrêta d'abord à l'endroit qu'on appelle maintenant Lowawmahawhaw, qui était alors appelé Asocamaloca ; il y prêcha et convertit mille âmes ; de là il alla à Tuppawrawma, et il y prêcha, enseignant à mille âmes la voie à la vie éternelle; donnant un de ses vêtements à cinq cents prêtresses et à mille prêtres, il leur recommanda de rester à Ceylan et d'élever un monument à sa mémoire ; de là il vint à Ruan-welly qui s'appelait alors Mahalia, et ce fut de cet endroit qu'après avoir conversé avec ses disciples, il monta au ciel, se montrant comme la lune et les étoiles aux spectateurs étonnés ; il retourna ainsi au Jambu-dwipa, et pendant son règne, qui dura 20,000 ans, le Nirwana fut obtenu, grâce à son nom. Voilà ce qui concerne les trois premiers Boudhous qui exercèrent l'autorité à Ceylan après la création du monde.

Quatrième Boudhou. — Nous avons maintenant à parler de notre Boudhou, le quatrième, dont le nom est Goutama, et qui, le neuvième mois après qu'il eût été créé Boudhou, commença un certain jour à lire et à examiner les livres du destin, et en particulier quelle partie du monde adhérerait à sa religion après l'époque de son épreuve sur la terre. Trouvant que l'endroit où sa doctrine serait suivie et son nom respecté serait surtout l'île de Ceylan, il reconnut que ce pays était infesté de démons et de fantômes, et il résolut de s'y rendre afin de chasser les démons et de jeter les germes de sa sainte religion. Le jour de la pleine lune, en ce même mois de Doorootoo (*correspondant à janvier*), il vint donc à l'endroit appelé Manibabanam-Danana, dans le territoire de Kandi, et il y trouva une telle multitude de démons, que douze lieues de terrains en étaient couvertes. Le jardin autrefois délicieux de Mahatirta, appelé aujourd'hui Nanganam, en fourmillait au point qu'il n'y avait pas la moindre place pour passer entre eux ; mais Boudhou produisit un terrible tremblement de terre et des éclairs si effroyables, que les démons furent remplis d'une frayeur inexprimable. Ensuite Boudhou se montra à eux, et leur demanda permission d'entrer et de s'asseoir, mais les démons répondirent : « Ce jardin étant trop petit pour nous, nous avons été forcés de contracter et de rapetisser nos corps autant que possible, et toutefois nous sommes étroitement serrés les uns contre les autres ; comment pourrions-nous donc faire de la place pour toi? » Boudhou fit alors sortir de ses vêtements des nuages de fumée qui incommodaient extrêmement les démons, et, tenant conseil entre eux, ils dirent : « C'est un être très-puissant, et si sa colère s'enflamme, nous serons tous réduits en cendres ; faisons-lui donc place. » Se serrant donc fortement, ils firent une place ayant en largeur la peau d'un animal, et ils dirent : « O seigneur, assieds-toi, et que ta colère se détourne de nous. » Boudhou prenant alors un de ses vêtements, et le pliant en quatre, le posa par terre et s'assit dessus. Tournant ensuite son visage vers l'orient, il se transforma en l'élément du feu, et deux grandes colonnes de flammes commencèrent à briller parmi la bande des esprits impurs ; ils furent tellement épouvantés, que se retirant à la hâte et en désordre, ils lui laissèrent libre un espace de douze lieues où était le jardin; ils cherchèrent un abri dans la terre, dans les fentes des rochers et dans les forêts impénétrables de l'île, mais les flammes qui les poursuivaient étaient si perçantes qu'il ne restait pas un espace large comme la main où un seul des démons pût demeurer tranquille et exempt de crainte, de sorte que, dans leur trouble inexprimable, ils furent forcés de se jeter à la mer. Boudhou fut touché de compassion à cet aspect, et faisant sortir de l'eau l'île Yak Giridawa (*l'île de pierre des démons*), il les préserva d'une destruction totale, et il leur permit de prendre possession de ce séjour. Ensuite le dieu résidant à Subakoota vint et reconnut Boudhou, et les serviteurs de ce dieu vinrent aussi et rendirent avec la plus profonde vénération hommage à notre Boudhou, lequel prêcha et sauva cent mille dieux.

Alors le dieu appelé Sawawa Nawoo-Saman adora Boudhou, et pria avec ferveur pour que Boudhou ne permît pas que l'île de Ceylan redevînt le séjour des démons, et pour que les habitants eussent quelque relique du corps de Boudhou afin qu'ils lui rendissent continuellement hommage. Boudhou frappa alors de ses mains rouges comme des rubis, et prenant une poignée de ses cheveux, il la présenta à ce dieu, qui la déposa dans un vase précieux qu'il plaça sur un support en or, et qu'il enferma dans un autre vase haut de sept pieds et fait de saphir. Il lui rendit ensuite hommage, lui offrant des parfums et des fleurs. Boudhou partit alors, ayant donné à l'île de Ceylan pour la protéger une portion de son corps, laquelle a toujours été justement adorée.

Le dernier jour du mois de Bak, et la cinquième année de son existence comme Boudhou, Boudhou était, le jour de la pleine lune, occupé à envisager l'avenir; il vit un trône fait de pierres précieuses qui sortit de terre à la limite des frontières de deux rois-serpents qui étaient frères, et qui se nommaient Choulodara et Mahodara. Chacun prétendant avoir droit à la possession de ce trône, ils se firent la guerre, et Boudhou vit que ces hostilités faisaient périr un grand nombre de serpents.

Boudhou, se trouvant alors dans le temple appelé Dawooraa-Wayhaysan, fut touché de compassion, et sortit du temple afin de les sauver; et comme il sortait par la porte de la façade, le dieu appelé Sameda-Samana, qui vivait sur un arbre venant à côté de cette porte, déracina cet arbre, et le tint au-dessus de la tête de Boudhou, lui fournissant ainsi un parasol à l'ombre duquel Boudhou, tel que la reine de la nuit au-dessous d'un nuage, parut avec une majesté extrême. Traversant les cieux jusqu'à ce qu'il fût arrivé à l'endroit où les serpents se faisaient la guerre, il se rendit visible et opéra beaucoup de miracles. Il calma par ses prédications et par la fraîcheur de la pluie, la colère des serpents, et rétablit la concorde entre eux; ils firent hommage à Boudhou du trésor qui avait été la cause de leur querelle, et ils lui présentèrent des aliments délicieux qu'ils avaient préparés. Boudhou prêcha une seconde fois, et ramena cent mille d'entre eux à une bonne manière de penser, et, comme souvenir de sa visite, il leur confia l'arbre qui avait été déraciné et le trône de pierres précieuses; il revint ensuite au pays de Jambu-Dwipa, et assurément l'être qui opéra en fort peu de temps une pareille conversion parmi les serpents doit être puissant.

Dans la huitième année de son règne, Boudhou se rendit dans le pays de Jambu-dwipa, accompagné de cinq cents prêtres qui s'assirent sur cinq sièges qu'avait préparés le dieu-roi Sakkraia; il monta dans l'air et descendit au village de Maloohoolooman, où un temple de bois de sandal avait été bâti pour lui faire hommage. Il y passa quelques jours, prêchant devant une foule qui l'écoutait avec joie. De là, il vint à la rivière Nairmanda, où le roi des serpents appelé Nairmadawnam-Dewa-Naga lui offrit un bouquet; il prêcha ensuite et exhorta ses auditeurs à pratiquer le bien. A la prière de ce roi des serpents, il laissa l'empreinte de son pied sur le bord de la rivière au delà des eaux, marquant ainsi l'endroit où le roi pouvait aller adorer. Il se rendit ensuite au sommet d'un rocher appelé Sachababaddy-parwata, où vivait un prêtre nommé Tooroomansy, à la prière duquel Boudhou laissa sur ce rocher l'empreinte de son pied et d'autres marques qui étaient comme des empreintes faites dans de la cire.

A la prière du beau-père du roi-serpent Mahodara, le jour de la pleine lune, au mois de mai, Boudhou se rendit de là à l'endroit où est maintenant le grand temple de Calany, et lorsqu'il se fut assis, ces serpents offrirent à Boudhou et à ses prêtres un banquet composé d'aliments exquis, et tels que ceux dont les dieux font usage. Ensuite, Boudhou prêcha; et à la prière du roi des serpents, il laissa l'empreinte de son pied au fond de la rivière Calany. Après avoir converti à sa religion trois fois quatre mille serpents, qui lui offrirent une infinité de présents et d'actions de grâce, le dieu appelé Saman-Dewa-Raja, témoin du haut du mont Sabakooto de ce qui se passait ainsi, se réjouit et dit: « Maintenant Boudhou est venu à Ceylan, et ce que je désirais est accompli. » Aussitôt, il se présenta devant Boudhou accompagné de sa suite de dieux inférieurs, et il l'adora, disant: « O Boudhou, vois cette haute montagne qui se montre comme un rocher de saphir, et dont la cime est constamment en contact avec les nuages qui passent; c'est sur son sommet que plusieurs Boudhous ont laissé des reliques qui conservent encore leur mémoire. Daigne, toi qui es puissant, y ajouter un trésor en laissant l'empreinte de ton pied qui sera pour l'île un sujet de bonheur. »

Boudhou, tournant ses yeux vers l'orient, vit la cime de la montagne. Il semblait que la femme personnifiant l'île de Ceylan se tenait la tête élevée, regardant avec anxiété si son seigneur venait vers elle; deux fois privée du bonheur qu'elle espérait, puisque Boudhou était venu deux fois à Ceylan sans avoir visité ce lieu sacré, elle semblait avoir fait sortir de ses yeux deux rivières de larmes, c'est-à-dire les rivières Calany et Mahawelle; elle s'était dépouillée de tous ses bijoux, et les avait dans son désespoir jetés autour d'elle (de là vient que dans le voisinage il se trouve d'innombrables mines d'or et de pierres précieuses).

Boudhou lui dit : « Je te consolerai aujourd'hui, ô femme de Ceylan, ainsi que l'ont fait les autres Boudhous : » et montant dans les airs, accompagné de cinq cents de ses disciples, brillant comme des colonnes d'or, le rocher sur lequel était l'empreinte des autres Boudhous se détacha de sa base, et s'éleva de lui-même pour recevoir l'empreinte du pied gauche de notre Boudhou; il redescendit ensuite à l'endroit où il est maintenant, et l'île qui avait été si longtemps accablée d'affliction, se livra à l'allégresse. Une grande pluie qui tomba dans la saison où l'on ne devait pas attendre la pluie, la mit à même d'oublier ses chagrins, et elle se vêtit des couleurs brillantes qui sortaient du corps de Boudhou.

La bonté du dieu fit pleuvoir de l'or, des fleurs odoriférantes, et toutes sortes de parfums; la mer éleva la voix et mugit de joie, faisant un bruit qui fut comme un accompagnement de cymbales pour ce jour heureux; toutes sortes de musiques furent fournies par le bourdonnement des brangaya (*insectes du genre de l'abeille*); la terre et les cieux frappèrent des mains de concert, les arbres des champs se couvrirent de fleurs, et toute la nature poussa des cris de joie.

C'est ainsi que Boudhou consola la femme de Ceylan en appliquant l'empreinte de son pied sur cette montagne; il se rendit ensuite au jardin de Mahamayunaw Uyana, au milieu duquel était l'arbre Bogaha; il alla ensuite à l'endroit Lawmaha Pawy, ensuite au lac de Danta-Dawroonam, et en cinq autres endroits, tous les huit ayant été consacrés par notre Boudhou qui s'y était assis. C'est ainsi que notre Boudhou, en visitant ces endroits et en s'y asseyant, les rendit encore plus sacrés, et, à chaque endroit, il prêcha et donna le Nirwana à un grand nombre de dieux.

Il alla ensuite à l'endroit appelé Ruwan-Giri-Piriti, où, dans le temple de Damboollay, se trouve maintenant une haute statue de Boudhou; de là il se rendit au temple de Ruhanoo-Digawnaka, et c'est ainsi que les endroits où s'assit Boudhou, y compris les trois fois qu'il vint à Ceylan, sont au nombre de seize; il les laissa comme sauvegardes de l'île, et il partit ensuite pour le temple de Dewaraw-Vihari, dans le pays de Jambu-dwipa.

Quelle doit être la grandeur de celui qui s'étant assis en seize endroits, les a sanctifiés, au point qu'ils sont jusqu'à ce jour l'objet de la vénération des dieux et des hommes !

CHAPITRE II.

Dans le pays de Wangou Rata vivait un roi qui avait une fille; elle s'échappa de chez son père, erra dans le désert, et fut, dans le pays de Lawda-Daisa, enlevée par un lion avec lequel elle vécut, et auquel elle donna un fils. Ce fils vécut dans ce pays jusqu'à ce qu'il eût passé sa seizième année, et il fonda une ville qui fut appelée Sinha-Nuwara, c'est-à-dire la ville du lion. Pendant qu'il y régnait, il fut père de trente-deux fils; l'aîné était beau et doux, et il fut nommé Wijeya; et lorsque Boudhou dut quitter ce monde, il prophétisa que le fils d'un lion appelé le prince Wijeya irait du pays de Jambu-dwipa à l'île de Ceylan, et qu'il en deviendrait le roi; et lorsque son dernier jour fut venu, Boudhou confia l'île de Ceylan au dieu Sakkraia (le roi de tous les autres dieux), qui ordonna au dieu Wishnu d'accorder, à ce prince quelque eau sacrée ou quelques autres talismans. Ce prince en étant muni, s'embarqua avec sept cents géants, et arriva à Ceylan. Pendant leur voyage dans l'île, ces géants se trouvèrent extrêmement fatigués, ils s'assirent dans la poussière pour se reposer, et ils s'aperçurent que la poussière qui couvrait leurs mains avait la couleur du cuivre; ils bâtirent une ville à cet endroit, et l'appelèrent Tawmbra-Pawnce-Nuwara, c'est-à-dire la ville couleur de cuivre.

Le roi Wijeya régna trente-huit ans, et, après sa mort, son premier ministre appelé Upetissa devint roi, et gouverna le pays jusqu'à ce que Panduwas, fils du roi Sumitta, frère cadet du roi Wijeya, fut amené du Jambu-dwipa; il fut fait roi et régna trente ans. Ensuite l'île de Ceylan fut dix-sept ans sans monarque, et pendant ce temps les habitants devinrent turbulents et ingouvernables, et le pays fut un théâtre de cruauté et d'oppression. Il vint ensuite un roi nommé Ganne-Tisse qui gouverna l'île; il eut pour successeur le roi Panducca-Abaya. Ce fut lui qui bâtit la ville d'Anurahdo qui avait seize lieues de tour; il partagea l'île en une foule de villages, de champs et de jardins; il fit clore le lac de Baiaw-Waiwa, et il régna pendant soixante-dix-sept ans.

Il eut pour successeur le roi Mootoo-Siwa, qui fit planter le jardin Maha-Maywoonaw-Uyana, et qui régna soixante ans. Ensuite son fils appelé Dewani-Patisse devint roi, et de concert avec le fameux prêtre Mihindoomaha, il établit la religion de Boudhou avec beaucoup de zèle.

Considérant que Boudhou avait prophétisé qu'il y aurait dans l'île de Ceylan une longue succession de rois, et que c'était ainsi leur devoir et leur intérêt d'établir et de soutenir la religion de Boudhou, il convient d'instruire succinctement ceux qui désirent être informés à cet égard de la manière dont ces monarques agirent : Notre Boudhou ayant, dans le cours d'une période de quatre-vingt-cinq ans, achevé tout l'ouvrage qu'il avait été chargé de faire, alla au jardin du roi des Mallas, qui vivait dans la ville de Cooscenawra : ce jardin était appelé Upawanta, et contenait principalement les arbres appelés Dalgas. Il y entra en possession du Nirwana et reçut la récompense de ses travaux ; et sept jours ensuite, il vint sept cent mille grands-prêtres pour entrer dans le corps de feu de leur maître. Un de ces prêtres, nommé Soul adra, fit usage de mots irrévérencieux pour la religion de Boudhou ; les autres, en l'entendant, furent saisis d'un vif chagrin, et se dirent l'un à l'autre : « Comment pourrons-nous alors établir la religion de Boudhou ? » Ils se rendirent alors à la ville appelée Rajagaha Nuwara, et ils s'adressèrent au roi Ajasat qui y régnait, et il fit bâtir dans cette ville un fort bel édifice en pierres, et il le fit orner de peintures variées. Cet édifice fut appelé Sapta-Parnou, et était comparable à une maison élevée par les dieux. Le roi y fit placer une statue de Boudhou haute de douze coudées, et faite d'or pur ; il désigna aussi cinq cents prêtres d'élite pour y célébrer le service, et il les chargea d'expliquer les *banas* (*sermons ou discours*) de Boudhou qui se rapportaient aux dieux, aux prêtres et au peuple. Lorsque cela fut fait, le rocher fut fendu par un tremblement de terre, et les fleurs parfumées des dieux tombèrent en pluie. Ensuite le roi Ajasat-Rajah régna dans le pays appelé Magada, et il eut pour successeur Udeyabadda, après lequel vint Anurudde, que remplaça Mahan-Samoodda, qui eut pour successeur Nagadasa, qui fut remplacé par Susanaga. Après la mort de ces six rois, un septième roi appelé Calaw-Soka monta sur le trône, et ce fut cent ans après que Boudhou eut quitté le monde.

A cette époque, vivaient, dans le temple de la ville appelée Wisawlaw-Maha-Nuwara, dix mille prêtres corrompus qui s'étaient écartés de la pureté de la religion de Boudhou; toutefois il restait alors en ce monde douze cent mille prêtres fidèles à Boudhou. Les dix mille méchants prêtres corrompirent la religion, mais le roi les supprima et donna leurs biens aux prêtres fidèles. Vingt-un rois régnèrent successivement après Kalaw-Soka, ce furent Baddasayna, Candanye, Mangoora, Jawlaka, Ubayaka, Sangya, etc., et lorsque le dernier mourut, il y avait deux cent dix-huit ans que Boudhou avait quitté ce monde.

Il s'éleva ensuite un roi qui s'appelait Darmah-Soka Maha-Rajah ; il gouverna tout le pays de Jambudwipa, et sa renommée s'étendit d'une mer à l'autre, et sa puissance fut reconnue à de grandes distances au-dessus et au-dessous de la terre. De même que le grand dieu Dewaindra dont les ordres sont exécutés par les dieux inférieurs, ce grand roi, dont la puissante épée s'appelait Parantawpa-Cadua, détruisit tous ses ennemis dans un espace de quatre cents lieues alentour ; quatre-vingt-quatre mille puissants rois lui obéirent. Ce monarque, attaché à la religion de Boudhou, fit élever dans ses Etats quatre-vingt-quatre mille temples pour l'exercice de cette religion, et non content d'avoir fait bâtir ces temples, il fit consacrer prêtre son fils aîné, le prince Mihindou, lorsqu'il eut l'âge de vingt ans ; il fit aussi une prêtresse de sa fille, la princesse Sammitta, lorsqu'elle eut dix huit ans. Chaque jour, il dépensait cinq laks (500,000 *pièces d'argent*) pour soutenir la religion de Boudhou qu'il encourageait de tous ses moyens.

Il advint ensuite qu'il n'y avait pas moins de neuf mille prêtres et prêtresses, qui, bien qu'ils eussent coupé leurs cheveux et portassent des robes jaunes, n'étaient pas dignes de remplir leur ministère, mais étaient des gens corrompus qui ne recherchaient que leur propre avantage, et qui, s'éloignant de la vraie et pure religion de Boudhou, enseignaient d'après des livres hérétiques, et n'étaient à côté des bons prêtres que ce que le ver-luisant est à côté du soleil. Ce bon roi les expulsa tous de la communauté des disciples de Boudhou, et donna ce qu'ils possédaient aux prêtres vertueux ; mille de ces prêtres, ayant à leur tête Maggalla-Putta Tessa, se réunirent et purgèrent la doctrine de Boudhou des erreurs qui s'y étaient glissées.

Après que le roi Darma Soca eut régné dix-huit ans dans le pays de Jambu Dwipa, et deux cent trente-six ans après que Boudhou eut quitté le monde, il advint qu'après la mort de six rois de Ceylan dont les noms étaient Wijaya Rajah, Upatissa Panduwasa, Abay Raja, Gana Tissa, Pandooocawbaya et Moota Suwa, un roi appelé Dewainy Paetissa monta sur le trône de Ceylan ; il y avait alors parmi les prêtres de l'île un qui s'appelait Mihindumaw, et qui avait mené à la gloire (au Nirwana) plusieurs millions d'hommes ; il était venu à Ceylan un jour de la pleine lune au mois de juin, et de concert avec le roi Dewainy Paetissa, il établit la religion de Boudhou ; il fit apporter du pays de Jambu-dwipa une branche de l'arbre Bogaha qui fut plantée à l'endroit convenable, et il fit apporter une des mâchoires de Boudhou qui fut déposée dans un grand monument élevé en son honneur à l'endroit appelé T pawrama. On y plaça aussi une pierre précieuse percée d'une cavité qui tournait huit fois dans l'intérieur ; le dieu Sakkraia l'avait donnée au roi appelé Coosa, et elle avait été transmise d'un roi à l'autre jusqu'à ce qu'elle fut venue dans les mains de Darma Soca. Le roi inséra dans cette pierre la touffe de cheveux qui venait au milieu du front de Boudhou, et il donna la pierre à son fils le grand prêtre Mihindumaw qui la déposa sur le rocher appelé Jacgiri Parwata, faisant élever alentour un monument en pierre. Il rapporta aussi un vase rempli d'ossements de Boudhou, et d'accord avec le roi Dewainy Paetissa, il fit bâtir dans l'île de Ceylan quatre-vingt-quatre mille temples, à une distance de quatre lieues l'un de l'autre, et il déposa dans chacun d'eux des parcelles de ces ossements; il fit une enceinte autour du lac consacré, et il nomma beaucoup de prêtres. Après avoir fait de grandes choses pour la religion et pour le bien public, ce roi mourut après un règne de quarante ans, et alla au ciel de Toisite (360).

Le roi qui succéda à Dewainy Paetissa fut appelé Wootia Raja. Pendant son règne, le grand prêtre Mihindumaw et la grande-prêtresse Sanga Mittasia moururent l'un et l'autre; le roi fit enduire leurs corps des parfums les plus précieux des six cieux; ils furent ensuite mis dans des cercueils d'or que l'on déposa dans une caisse de bois de sandal, et ils furent ensevelis au milieu des offrandes du peuple ainsi que des dieux qui firent tomber des fleurs célestes du haut des six cieux. Et ce roi mourut après un règne de soixante ans.

Ensuite deux rois de Malabar occupèrent le trône de Ceylan; ils furent l'un et l'autre mis à mort et remplacés par un roi nommé Asale qui fut bientôt tué, l'île se partagea alors en trois provinces qui avaient chacune un roi différent; le plus puissant de tous était un roi malabare dont le nom était Elala, et le siége de son gouvernement était dans la ville d'Anurahde; il régna pendant quatre ans. Pendant ce temps, le roi Yataulatissa Rajah gouvernait la province de Rouhounou Rata; il était le frère cadet de Dewainy Paetissa; ce fut lui qui fit bâtir le grand monument qui s'élève maintenant au temple de Calany, près de Colombo; il lui fit présent de terres considérables, et il assista beaucoup les prêtres qui y étaient attachés. Son fils Goluwangaw lui succéda, et il eut à son tour pour successeur Cawantissa qui fut un bon roi et qui protégea les prêtres avec zèle; il fit élever à la mémoire de Boudhou deux monuments appelés l'un Tissamaw Vihari et l'autre Sittoulpawoo Vihari; il fit de plus construire soixante-quatre grands temples et beaucoup de petits; il ordonna que les prêtres fussent toujours pourvus des aliments qui leur étaient nécessaires; il fit encore les lacs consacrés, et durant son règne de soixante-quatre ans, il s'occupa avec ardeur du bien de ses sujets; il eut pour successeur son fils Dootoogameny Raja.

Il advint pendant son règne que la belle et sainte cité d'Anurahde et son temple furent convertis pour ainsi dire en un sépulcre et remplis d'ordures et de corruption; le monument fut entièrement détruit, et l'endroit consacré devint un réceptacle d'impuretés. Les temples saints furent nonseulement détruits, mais encore souillés, les images de Boudhou furent brisées, et les dévastateurs impies qui commirent ces ravages se ravalèrent au niveau des bêtes sauvages. Lorsqu'ils rencontraient les prêtres, ils crachaient sur leurs vêtements, ils leur arrachaient leurs écuelles et les brisaient en morceaux; il est certain que ceux qui commettent de semblables abominations sont, après leur mort, métamorphosés en animaux.

Le roi Dootoogameny apprenant tous les outrages que commettaient les Malabares, résolut d'en tirer vengeance; il prit à son service dix géants très-puissants et un grand nombre de braves guerriers, et il attaqua les Malabares à l'endroit où ils avaient commis tant d'abominations; il en mit à mort huit millions, et le roi Ellena fut du nombre des tués; ce roi réunit sous sa domination toute l'île de Ceylan, et il favorisa la religion de Boudhou en construisant quatre-vingt-dix-neuf grands temples, et entre autres le monument appelé Mirisawete Vihari; il y déposa des richesses infinies, et il employa à cette dépense cent mille millions de danu. Il rebâtit aussi le temple appelé Lowawmaha Pawya, et il le décora avec des ornements d'or, d'argent et de perles. Ce temple était établi sur quarante fois quarante piliers et il fut élevé de neuf étages; le roi y déposa des trésors tels qu'on ne peut les évaluer, et de plus il employa aux dépenses qu'occasionna cet édifice 300,000,000,000 de danu. Il fit aussi rebâtir le monument de Ruanwelly Maha Saya où il déposa des richesses considérables, et il consacra 1000 kala de danu pour soutenir cet édifice. (Un kala est 100 laks, ou 10,000,000,000).

Après avoir élevé ces temples magnifiques, le roi réunit autour de lui les prêtres qui vinrent de toutes les contrées du monde, de sorte qu'il n'y en eut pas moins de quatre-vingt-seize kalas qui furent ainsi rassemblés, et ils furent entretenus aux frais du roi pendant une période de six jours. Ce monarque donna de plus à tous les prêtres qui se trouvaient dans l'île trois habillements complets, et, le septième jour, il fit à cinq reprises différentes offrande à Boudhou de l'île de Ceylan; il fit élever dans tous les temples des hôpitaux pour recevoir les pauvres, les malades et les infirmes; il ordonna qu'ils fussent pourvus de remèdes, d'une nourriture

---

(360) Le quatrième ciel, appelé toisite, étant le séjour du cinquième Boudhou que l'on attend, tous ceux qui sont nés dans ce ciel, paraîtront sur la terre avec ce Boudhou et obtiendront le *nirwana*.

saine et de tout ce dont ils avaient besoin ; de plus dans chaque district de seize villages, il installa un médecin, un astronome et un prêtre qu'il entretint à ses frais, et après avoir ainsi, durant vingt-quatre ans, fait le bonheur de ses sujets, il quitta ce monde et alla au ciel appelé Toisite.

Le plus jeune frère de ce roi se nommait Paedaetissa, il monta après lui sur le trône, et, indépendamment de toutes les richesses et la splendeur que son frère avait prodiguées au temple de Lowaw Maha Pawya, il employa au même objet quatre-vingt-dix laks de danu ; il fit aussi élever une suite de temples éloignés de quatre lieues l'un de l'autre sur toute la route d'Anurahde jusqu'à l'endroit appelé Degawnaka ; il construisit spécialement le temple de Nawka dont il fit couvrir le dôme d'un filet d'or semé de fleurs d'or ; chacune d'elles était aussi grande que la roue d'un chariot. Ce roi fit partager la doctrine de Boudhou en quatre-vingt-quatre parties, et il rendit à chacune d'elles les honneurs divins ; il fit enclore un grand nombre de lacs, ce qui fut très-utile au pays, et après avoir régné dix-huit ans, il mourut et alla au ciel.

Ensuite un homme nommé Tulla monta sur le trône, et il eut pour successeur Laementissa ; celui-ci employa plusieurs laks de danu à l'élévation du temple de Tirmbaroop ; il fit construire également trois monuments en pierre, et il fit entourer d'un mur le monument auprès du temple de Ruanwelly. Après avoir ainsi travaillé pour la cause de la religion et pour le bonheur du monde pendant neuf ans, il quitta ce monde.

Son frère Caloomaw devint roi après lui, et entre autres œuvres qu'il accomplit, il fit ajouter trente-deux belles chambres au temple de Lawawmapawya : après avoir soutenu la religion et travaillé au bonheur de son peuple, il mourut après un règne de six ans.

Après la mort de Calooman, son frère puîné nommé Wallagambaw, devint roi, six cent quarante-trois ans neuf mois et dix jours après que Boudhou eut quitté ce monde. Après qu'il eut régné cinq ans, sept princes malabares vinrent du pays de Soly Rata à la tête de sept armées, et ayant débarqué à Ceylan, ils expulsèrent le roi de son trône ; un de ces sept princes s'empara du vase où étaient les ossements de Boudhou et s'en alla. La tradition concernant la tasse de Boudhou porte que lorsqu'il devint Boudhou, il était nécessaire qu'il eût un vase d'une espèce particulière où il pût boire ; les quatre dieux qui président aux quatre différentes parties du monde, firent chacun un vase et le portèrent à Boudhou ; il leur dit qu'un suffisait, mais puisqu'ils en avaient chacun fait un, il les pria de les mettre les uns au-dessus des autres. Cela fut fait et les quatre vases n'en formèrent qu'un. Il est composé de saphir, et il doit durer pendant le règne entier de Boudhou, c'est-à-dire pendant cinq mille ans, et les Chingalais affirment que, bien que le prince Malabare emportât le vase, il est encore entier et intact. Un autre de ces Malabares enleva la reine dont le nom était Sobina ; les cinq autres régnèrent l'un après l'autre pendant quatorze ans ; à l'expiration de cette période, il y avait six mois que le dernier d'entre eux exerçait le pouvoir, mais le roi Wallagambaw, sortant de sa retraite, réunit des troupes, attaqua le prince malabare, le mit à mort et reconquit la souveraineté.

Depuis le roi Dewainy Paetissa jusqu'au roi Walagambaw, la religion de Boudhou fut seulement transmise par une tradition orale, mais il y eut alors trente-six prêtres fort instruits qui tinrent conseil ensemble, et qui pensèrent que, dans la suite des temps, il pourrait s'élever des prêtres de peu de capacité ; ils réunirent donc cinq cents prêtres, d'accord avec le roi, et s'étant assemblés à l'endroit appelé Mattoula, ils commencèrent à écrire des livres. Le roi fit de plus détruire un temple qui appartenait à un prêtre infidèle appelé Gire, et il fit élever, au même endroit, douze temples consacrés à Boudhou et se joignant l'un l'autre ; au milieu, il fit élever un monument immense, et il en fit don au prêtre Tissa qui avait été son ami durant sa retraite dans le désert. Il fit aussi bâtir le temple de Dambooloo, et il éleva cinq autres temples et un monument haut de quarante coudées ; il fit élever des centaines de maisons en pierre, et il fit beaucoup d'autres travaux d'utilité publique.

Après lui, son fils Choranganam monta sur le trône, mais ce fut un roi méchant, et il ne craignit pas de faire raser les fondements de dix-huit temples ; il exerça douze ans une tyrannie cruelle et fut tué par les habitants de Ceylan ; il alla dans l'enfer appelé Endiri Maha Naraka où il reçut le nom de Cawla Canjaknam Maha Prétaya (*l'âme extrêmement misérable*), et il est condamné à souffrir jusqu'à la fin du monde.

Après Choranganam, vinrent sept rois appelés Coodawtissa, Balawan, Siltoo, Wattooka, Porohitou, Wawsuki, Bailatissa et Anilaw ; après leur mort, le roi Calante monta sur le trône ; il avait été obligé de fuir sous le règne de son prédécesseur et de se déguiser, en prenant l'habit d'un prêtre. Plus tard, il jeta de côté ses vêtements jaunes, réunit ses nombreux partisans et se saisit du pouvoir. Il fit bâtir un grand temple à Sagria, ainsi qu'un vaste monument de pierre ; il fit aussi bâtir le monument qui est à Hailagam et enclore le lac d'Upoot ainsi que divers autres lacs ; pendant un règne de vingt-deux ans, il travailla au bien de la religion et au bonheur de ses sujets.

Son fils appelé Bawtia lui ayant succédé alla adorer Boudhou à la *daggoba* (*temple*) de Ruanwelly ;

quand il fut arrivé, il entendit la voix d'un prêtre qui sortait de l'intérieur de la daggoba ; il éprouva une vive curiosité de voir cet édifice, et il résolut, dût-il mourir sur place, de ne point s'éloigner sans avoir satisfait son désir ; alors par l'effet des bonnes œuvres de ce roi, le trône du grand dieu Sakkraia devint brûlant, et ce dieu, descendant des régions célestes, ordonna aux prêtres saints qui étaient dans l'intérieur de la daggoba de laisser entrer le roi, et de lui montrer ce que contenait l'intérieur de l'édifice. Ce roi put donc entrer, et il vit des figures en or qui représentaient les cinq cent-cinquante histoires du roi Dootoogamny ; il vit aussi les figures des dieux qui venaient des dix mille mondes, et qui priaient Boudhou de naître en ce monde afin qu'il devînt Boudhou ; il vit de plus les emblèmes des principales choses que Boudhou prit en considération et envisagea, lorsque les dieux le prièrent de devenir Boudhou, savoir, une époque convenable, un peuple propre à le recevoir dans le monde, des parents dont il pût convenablement descendre, et un pays où il fût convenable qu'il naquît.

Le roi vit aussi des figures représentant la vie de Boudhou depuis le moment où il naquit de la reine Maha Maya, femme de Sudodana, roi de Jambudwipa ; des images le représentaient régnant comme roi dans trois palais appropriés aux saisons de l'année ; d'autres représentaient quarante mille belles femmes qui l'accompagnaient, d'autres représentaient les cent mille dieux qui vinrent du monde appelé Wassewarte Dewa-Loka pour faire la guerre à Boudhou et pour l'empêcher de devenir Boudhou. On voyait aussi Boudhou prêchant son premier sermon à la demande du roi Maha Brama dans la ville de Baraness (*Benarès*) et dans le temple d'Isapatana ; son image pendant qu'il remplissait, durant quarante-cinq ans, les fonctions de Boudhou, il était représenté quittant ce monde et laissant son corps derrière lui dans le jardin de Salwainy ; on voyait aussi l'image du grand et sage Brahmane qui fut envoyé pour faire une juste répartition des os de Boudhou entre les dieux et les rois de la terre. Toutes ces figures étaient d'or pur et hautes de cinq coudées ; il y avait aussi une image en argent de l'arbre Bo, haute de dix-huit coudées, au-dessus de l'arbre était un trône d'or, de la valeur d'un million de pièces d'or telles que celles qui circulaient autrefois à Ceylan, et la figure de Boudhou, haute de douze coudées et faite d'or pur, y était assise.

Le roi vit aussi la figure de Boudhou en or, haute de douze coudées, étendue sur un lit d'argent, et représentant l'état dans lequel il sera à la fin de son règne, étant tombé dans le *nirwana* ; il vit de plus quatre lampes remplies d'huile parfumée et arrangées pour brûler pendant une période de cinq mille ans, jusqu'à la fin du règne de Boudhou. Après avoir vu toutes ces choses, le roi fut très-satisfait, et, ému par un sentiment de reconnaissance, il fit couvrir la daggoba d'étoffes de soie, et du sommet à la base, elle avait cent-vingt coudées. Il fit aussi élever des vergers et des jardins à quatre lieues de distance les uns des autres dans toute l'île ; après avoir fait broyer une grande quantité de bois de sandal, il en fit couvrir la daggoba jusqu'à l'épaisseur de quatre doigts, et il y fit placer les fleurs que donnaient les jardins qu'il avait fait faire. Ayant ensuite amené au moyen d'une machine hydraulique l'eau du lac de Tissawiwewa, il lava la daggoba depuis le sommet du dôme jusqu'aux fondements, et il reproduisit cette cérémonie sept jours respectifs. Il en fit autant sept autres jours avec l'eau du lac Bayaw Wewa.

Le roi fit aussi brûler dix mille colliers de perles, et il ordonna qu'on enduisit la daggoba avec la cendre délayée dans de l'eau qu'on obtint ainsi. Il fit faire un filet d'or orné de corail et décoré de fleurs d'or grandes comme la roue d'un chariot. Il fit verser du miel comme de la pluie sur la daggoba pendant sept jours ; pendant sept autres jours il fit verser de l'eau parfumée, et pendant sept autres jours du vif-argent ; pendant sept jours de plus il versa du vermillon ; pendant sept jours il jeta des fleurs tout autour de la daggoba ; pendant sept jours il fit répandre alentour du sucre et du beurre jusqu'à une distance considérable, et pendant sept jours aussi il fit brûler de l'huile de diverses sortes. Il prescrivit que trois fois par jour on sonnât dans des conques marines autour de la daggoba, et il consacra à son entretien un grand nombre de villages, de champs et de jardins. Il plaça mille prêtres au temple de Saegiri et les entretint constamment, et il fournit à beaucoup d'autres prêtres tout ce qui leur était nécessaire. Il fit élever le temple de Mini Nawpaye, le temple de Coombae Binda, le temple de Maedoun, le temple de Sienawpa, le temple de Mahanou et beaucoup d'autres ; il affecta au temple de Mahanou le tribut que devaient payer au roi tous les villages à deux lieues alentour ; de plus il fit chaque année des offrandes libérales pour assister la religion, et, ayant ainsi, durant un règne de douze ans, procuré à la race humaine de grands bienfaits, il mourut et alla au Dewa-Loka.

Ensuite son fils Maha Dlia monta sur le trône. Il fit rebâtir le temple de Saegiri, il fit établir des jardins où beaucoup de fleurs étaient cultivées, et lorsque ces fleurs étaient réunies, elles couvraient en entier le temple de Saegiri et la daggoba de Ruanwelly ; il fit placer des navires tout le long de la côte de Ceylan à une lieue de distance les uns des autres, et dans ces navires il reçut vingt-quatre mille prêtres; il les nourrit et leur fournit les moyens d'entretenir des lumières toute la nuit dans ces navires en brûlant du beurre fait du lait de vaches. Après avoir encouragé la religion et régné comme un bon roi pendant douze ans, il alla au Dewa-Loka.

Il eut pour successeur son fils Adagameny. Ce monarque s'occupa des moyens d'augmenter la fertilité de l'île; il rendit des ordres positifs défendant de tuer tout animal quelconque; il enjoignit au peuple de ne commettre aucun péché et d'accomplir au contraire des œuvres de charité; il éleva une muraille autour de la daggoba de Ruanwelly, et il fit bâtir une tour à son sommet. Après avoir fait beaucoup de bien au monde et à la religion, il alla au ciel. Son fils appelé Malkenehere-dalla lui succéda, mais ce fut un méchant roi, et il gouverna injustement le pays; il mourut et alla en enfer. Son fils appelé Sullu Abaw monta alors sur le trône; pendant son règne il fit bâtir le temple de Salougalou sur le bord de la rivière Dedooroo.

Après lui régnèrent Schawallie et Elannaw Raja. Ce dernier roi fut pris par ses ennemis et réduit en captivité. Lorsqu'il était en prison, la reine prit son jeune fils, l'héritier présomptif de la couronne, le revêtit de riches ornements et le remit à la nourrice en disant : « Va et mets le prince dans l'écurie de l'éléphant de parade du roi ; il vaut mieux qu'il soit mis à mort par l'éléphant que s'il était tué par l'ennemi. » La nourrice ayant jeté le prince aux pieds de l'éléphant, celui-ci, loin de le tuer, le regarda avec pitié et sembla comprendre la cause de ses malheurs. Il brisa la lourde chaîne qui le retenait, se rendit à l'endroit où le roi était détenu, et, enfonçant les portes, ne s'arrêta que lorsqu'il fut arrivé auprès de son maître qu'il plaça sur son dos; dispersant ensuite ses ennemis, il se dirigea vers le bord de la mer auprès de Matoura; le roi se réfugia à bord d'un navire, et l'éléphant, pénétrant dans la forêt épaisse, échappa à la colère de ceux qui le poursuivaient. Trois ans après, le roi revint à Ceylan avec une puissante armée et reconquit ses États. L'éléphant retourna alors auprès de son maître qui le revit avec une grande joie, et qui assigna un village à son entretien. Le roi fit ensuite construire les temples de Make Viari et de Diamoot, il fit encore deux lacs, il protégea efficacement la religion et le peuple. Puisque ce monarque montra autant de reconnaissance pour un animal qui lui avait sauvé la vie, quelle ne doit pas être la gratitude des hommes à l'égard de leurs bienfaiteurs?

Le fils d'Elannaw Raja succéda à son père; son nom étant Sandagemoonoo Raja. Il fit, dans le cours de son règne, encore le grand lac de Meniherigama, dont les eaux servirent à cultiver beaucoup de champs; il fit une offrande au temple de Jaoroonoo et, à beaucoup d'autres égards, il aida le peuple et encouragea la religion.

Après lui vint le roi Sabawalataw qui fit bâtir en pierre le temple de Rajaswabaw-piriwaina, indépendamment des temples de Weel Nedagam et d'Ekderel, et il servit aussi les intérêts du peuple et de la religion.

Le roi Wahap Raja monta ensuite sur le trône; les astrologues lui prophétisèrent que son règne ne durerait que douze ans, ce qui fit qu'il devint extrêmement triste; il envoya chercher les prêtres les plus savants et leur demanda ce qu'il fallait faire pour obtenir une plus longue vie; ils répondirent que le moyen de prolonger son existence était d'abord de donner aux prêtres des étoffes (au travers desquelles ils tamisent l'eau dont ils se servent), et autres objets de ménage, de leur fournir des aliments et des remèdes aux malades, d'honorer et d'assister les vieillards et de réparer les temples qui étaient détruits. Ils ajoutèrent : « De même, ô roi, que tu as un vif désir de conserver et de prolonger ta vie, toutes les créatures qui existent éprouvent un semblable désir; ne tue donc aucun être vivant, mais observe avec gratitude les cinq commandements de Boudhou. »

Le roi résolut d'obéir aux prêtres; il leur fit distribuer pendant trois ans ce dont ils avaient besoin; il distribua du riz aux prêtres en trente-deux endroits différents, et il distribua en soixante-quatre endroits des aumônes aux pauvres de toute espèce; il bâtit dix grands édifices nouveaux et répara les temples qui avaient souffert dans l'île entière, et il affecta huit mille champs à l'entretien des temples. Il fit encore seize lacs et il observa religieusement les cinq commandements de Boudhou. Son règne fut ainsi prolongé jusqu'à quarante-quatre ans, et ensuite il mourut et alla au Dewa-Loka. Son fils, Mahaludaw, fut alors fait roi; il éleva les temples de Palawlawand, de Kilapawoo et cinq autres.

Après Mahaludaw, son jeune frère appelé Waknabees, devint roi, et après lui son fils appelé Gayawbahu. Il apprit que les habitants de Ceylan quittaient leur pays et allaient servir parmi les Malabares; il en fut très-irrité, il s'informa de ce qui s'était passé du temps de son père et, réunissant son armée, il marcha vers le rivage. Il prit avec lui la barre de fer qui réclamait, pour être soulevée, la force de cinquante géants, et il s'en servit, pour frapper les eaux de la mer ; alors la mer s'ouvrit, de sorte que le roi et ses soldats passèrent sans mouiller la plante de leurs pieds. Etant arrivé au pays appelé Solou Rata, il y déploya sa puissance, il prit tous les naturels de Ceylan qu'il put trouver et les ramena à leur pays. Il découvrit aussi quelques-uns des os de Boudhou et la tasse dont Boudhou se servait pour boire, et qui avait été enlevée par un des rois de Malabar qui avait envahi Ceylan; il rapporta ces reliques et amena aussi un grand nombre de Malabares qu'il établit à l'endroit appelé depuis Allout Coorcorle; étant revenu de ces conquêtes, il accomplit beaucoup d'œuvres de charité et encouragea ses sujets, et après sa mort il alla au Dewa-Loka.

Son successeur, Mahalomana Raja, fit bâtir le grand temple d'Abaturaw et beaucoup d'autres. Son fils Bawtia Tissa fit élever des digues autour du lac de Mahaminia wewa, et il donna à un temple qu'il fit élever le profit qui en résulta. Son frère Mulatissa Rajah, étant aussi devenu roi, fit bâtir et embellit des temples, et il fit de grandes libéralités aux prêtres. Le roi Coohumaw fit élever un escalier de pierre autour des quatre côtés de l'arbre Bogaha, et il protégea avec zèle la religion.

Le roi Vawahawra Tissa vint ensuite; ce fut lui qui établit les lois civiles et religieuses. Il commença à régner sept cent cinquante deux ans, quatre mois et dix jours après que Boudhou eut quitté le monde. Il assista constamment les prêtres de Medel Patiny, il fit élever une chaire d'or au temple de Maha Vihari, il fit construire des maisons pour loger les prêtres, et il distribua chaque jour pour les assister mille pièces d'or, et leur donna des vêtements; il fit élever des murailles autour de leurs temples, et il employa trois cent mille pièces d'or à assister les prêtres qui vivaient dans la solitude.

Ce fut sous son règne qu'il advint que les parfums les plus précieux furent changés en matières fétides et impures, c'est-à-dire que la sainte religion de Boudhou fut corrompue par un Brahmine nommé Wytulya qui l'altéra par ses ruses et par ses intrigues, et y substitua ses doctrines, mais le roi détruisit ces nouveautés coupables; il fit brûler tous les livres des hérétiques et fit fleurir derechef la religion de Boudhou.

Le roi Tissa Raja vint après et, dans son zèle pour la religion, il fit faire un pavé de marbre autour de l'arbre Bogaha, et il accomplit beaucoup de bonnes œuvres. Le roi Sanga Tissa fit couvrir le temple de Ruanwelly d'une étoffe toute parsemée de diamants, et au-dessus il fit établir un parasol d'or pur aux quatre coins duquel il fit placer une pierre précieuse valant cent mille pièces d'or. Il chargea quarante mille prêtres de faire le service en cet endroit; il distribua à chacun des vêtements et des vivres, et il se distingua par de bonnes œuvres de toute sorte.

Le roi Serisangabo lui succéda. Il y eut de son temps une grande sécheresse accompagnée de famine; le roi alla au temple de Ruanwelly, et, se prosternant la face contre terre, il fit vœu de ne pas se lever jusqu'à ce que la pluie vînt arroser la terre; il ne remua pas en effet jusqu'à ce que la pluie, qui tomba en abondance sur toute l'île, vînt soulever son corps; ses ministres le soulevèrent alors et le mirent sur ses pieds. Plus tard, il advint que ce roi apprit que l'île était infestée de voleurs; il les fit arrêter, leur reprocha leurs méfaits, et dans l'espoir qu'ils se corrigeraient, il les renvoya secrètement; puis, afin de satisfaire le peuple, il fit apporter des corps morts et leur fit subir les supplices qui auraient dû être infligés aux voleurs.

Ce fut aussi à cette époque que le pays fut dévasté par un géant appelé Ratess qui se nourrissait de chair humaine. Le roi fit alors le vœu de ne pas se lever jusqu'à ce qu'il eût vu ce géant, et son vœu fut exaucé. Ratess vint trouver le roi, écouta ses avis et renonça à toute sa férocité, l'île fut ainsi délivrée d'une grande calamité. Ce bon roi se soumit ensuite à avoir la tête tranchée, dans le dessein d'obtenir le rang de Boudhou, et il alla au ciel.

Son frère, le roi Ghotabaya, fit bâtir sur le mont Attunagalla, en l'honneur de ce roi, un édifice qu'il entoura de murs, et auquel il affecta mille esclaves chargés de l'entretien. Il établit tout alentour des maisons pour y loger les prêtres, et il construisit beaucoup de temples. Les doctrines qui pervertissaient la religion de Boudhou, y introduisant la superstition et la malice, provoquèrent son zèle; il manda auprès de lui les prêtres de cinq temples, et leur demanda qui étaient les promoteurs de ces hérésies; il fit arrêter soixante prêtres qui prêchaient ces erreurs, et les ayant privés des privilèges et des habillements sacerdotaux, il les bannit et fit brûler leurs livres; il fit élever auprès du Bogaha trois édifices en pierre; dans chacun d'eux fut placé Boudhou assis. Ce roi fit distribuer des vêtements à trente mille prêtres, et il fit ériger une vaste salle où il fit asseoir six cent quarante prêtres auxquels on distribua des aliments pendant vingt-un jours. Après s'être distingué par beaucoup d'actes de charité et de piété, il mourut et alla au ciel.

Son fils Dettetissa Raja consacra cent laks à l'entretien du temple de Lowaw-maha-pawya; il le fit élever de sept étages, et il donna, pour éclairer ce temple, six cent mille rubis. Il fit rebâtir les temples de Moolgiri, de Badulu, et beaucoup d'autres, et il fit entourer de digues les lacs d'Elugama, d'Alamba-gama et quatre autres. Son successeur, le roi Mahasen Rajah, était son frère, et il monta sur le trône de Ceylan, huit cent quarante quatre ans neuf mois et vingt jours après la mort de Boudhou. Il avait acquis une grande instruction dans les lettres pendant sa jeunesse au point qu'il était devenu un *gooroonansy* (un professeur), et après être devenu roi, il fit porter à tous les prêtres qui venaient des pays étrangers des vêtements jaunes comme ceux que portaient les prêtres de Ceylan ; mais s'attachant à la religion des étrangers et abandonnant celle de Boudhou, il se fraya lui-même un chemin vers l'enfer. Il détruisit le temple de Lowaw maha-pawya, ainsi que trois cent soixante-quatorze autres temples, dont il ne laissa pas une pierre ; il fit labourer le terrain sur lequel ils s'élevaient, et y fit semer du grain ; en agissant ainsi, il changea la clarté en ténèbres, brisant le pouvoir de Boudhou qui règne sur l'enfer et qui en préserve ses disciples ; sa carrière coupable fut arrêtée par les avis de son premier ministre qui était un homme vertueux et qui lui dit : « Quiconque profane une chose sacrée se rend coupable d'un affreux péché et sera très-certainement puni avec rigueur. »

Le roi, profitant de cet avis, embrassa avec zèle la religion de Boudhou ; il fit mettre à mort son conseiller Solonoo qui l'avait égaré et le prêtre Sanga Mitria qui l'avait trompé ; il répara un grand nombre de temples et en bâtit d'autres ; un dieu lui apporta du ciel la ceinture de Boudhou, il la déposa sur un trône placé à un endroit où un Boudhou s'était jadis tenu assis pendant une heure, et il éleva un temple haut de cent quarante coudées, y attachant un grand nombre de prêtres. Il employa les hommes et les démons qui étaient sous ses ordres à creuser le lac de Minihiri, et avec l'eau de ce lac, il rendit cultivables 80,000 *ammonams* de terre, affectant tous les produits de ces terres au temple en question, et procurant deux repas par jour aux prêtres. Il fit aussi creuser les lacs de Sokooram, de Salluraw et autres au nombre de vingt-huit, afin de rendre plus abondantes les récoltes de riz ; il distribua des habits aux prêtres trois fois par an, et il régna pendant vingt-sept ans, favorisant la religion et faisant du bien à ses sujets. Sa renommée parvint au pays de Jambudwipa, et une grande amitié s'établit entre lui et le roi du pays de Calingu-Rata, quoiqu'ils ne se fussent jamais vus, et comme la dent de l'œil du côté droit de la mâchoire supérieure de Boudhou était alors au pouvoir du roi de Calingu-Rata, le roi de Ceylan prépara un présent magnifique formé de perles, de diamants et autres objets précieux, et l'envoya avec des ambassadeurs au roi, afin d'obtenir la dent de Boudhou. Le roi de Calingu Rata chargea son neveu, appelé Danta Cumara d'apporter à Ceylan cette dent et d'autres présents, et il écrivit une lettre en ces termes : « Au roi Mahasen, mon très-cher ami : Je t'envoie cette dent et ces bijoux, conformément à ce que notre Boudhou avait prophétisé jadis et annoncé avec certitude. »

Le prince partit pour Ceylan, mais, pendant qu'il était en voyage, le roi Mahasen mourut ; il eut pour successeur Meghawarna Keertisree, et ce roi ayant reçu la dent de Boudhou, prit un vase d'or en forme de *daggoba* (pagode) et y déposa cette dent en l'entourant d'une étoffe d'or repliée cent fois sur elle-même ; la relique de Boudhou, perçant tous ces voiles, monta d'elle-même vers le ciel et prit l'aspect de la planète Braspaty (*Jupiter*) lançant des rayons de six couleurs différentes ; ce fut pour le peuple et pour le roi le sujet d'une vive satisfaction, et le roi fit à la relique hommage de l'Ile entière de Ceylan. Il mourut ensuite, et il eut pour successeur son frère appelé Dattatissa qui avait une extrême vénération pour Boudhou, dont il multiplia les images en ivoire et en bois de sandal ; il répara beaucoup de temples et fit beaucoup de bien à son peuple.

Son fils, appelé Beyas Rajah, attacha à chaque district de seize villages un astrologue et un prédicateur ; il fit bâtir un temple haut de cinq étages qui fut appelé le temple du paon à cause des couleurs brillantes qui décoraient les murailles, les piliers et le pavé ; il distribua chaque jour des aliments à cinq cents prêtres, et rendit les plus grands services à la religion et à ses sujets.

Son fils appelé Upatissa régna ensuite, et de son temps un prêtre du temple d'Attanagalla fut un jour transformé en être divin et doué de pouvoirs surnaturels ; cette circonstance fut accompagnée d'un tremblement de terre dont le roi demanda la cause ; l'ayant apprise, il alla vers ce temple et fit élever un édifice haut de cinq étages, couvert de tuiles en cuivre doré, et orné de superbes peintures, de sorte qu'il était égal en beauté à l'une des demeures du paradis où résident les dieux ; quand cet édifice fut achevé, le roi en fit hommage au prêtre dont le rang était ainsi élevé, et il attacha un grand nombre de prêtres au service de ce temple, leur donnant des champs et des jardins. Il fit aussi construire d'autres temples et enclore divers lacs, notamment celui de Topaw-wewa.

Le roi Mahanawma vint ensuite, et sous son règne, le prêtre appelé Boudhou-gosha vint du pays de Jambu-dwipa, et ajouta aux trois livres qui contenaient deux cent cinquante-sept mille deux cent cinquante discours de Boudhou, trois cent soixante mille cinq cent cinquante discours de plus en langue pali.

Le roi qui monta ensuite sur le trône s'appelait Sangotnam Rajah ; il eut pour successeur le roi Missanam Rajah ; un jour ce roi ayant été adorer les reliques de Boudhou et voulant retourner à son palais, ordonna de lui amener son éléphant, ce qui ne put se faire aussitôt ; les ministres prièrent le roi d'avoir un peu de patience, mais il se mit en colère, et apercevant à la porte du temple une statue faite de briques et de chaux, et représentant un éléphant, il lui demanda si elle voulait le prendre sur son dos; aussitôt l'éléphant vint vers le roi qui monta sur son dos, et qui fut ainsi porté à son palais à travers toute la ville; le prêtre qui avait été élevé au ciel, déclara que ce miracle était arrivé pour donner une preuve de la vertu du roi, lorsqu'il avait précédemment habité le monde, et spécialement parce qu'il avait offert des fleurs à Boudhou.

Il advint ensuite que six rois malabares firent une descente dans l'île de Ceylan, changèrent la religion du pays, s'emparèrent du gouvernement et dominèrent l'île pendant vingt-sept ans.

L'héritier du trône, nommé Eladawsen Kelinam se dépouilla, par suite de la crainte qu'inspiraient les Malabares, de tout indice de la royauté, et se cacha sous l'habit d'un prêtre jusqu'à ce qu'il fût arrivé à l'âge mûr; alors, renonçant à son déguisement, il leva une immense armée et s'opposa aux Malabares; il les détruisit et monta sur le trône; il fit creuser le grand lac de Calaw-Malabov et dix-huit autres grands lacs; il fit bâtir dix-huit temples, il leur fit dix-huit grandes offrandes, et il régna comme un bon roi. Il eut pour successeur son fils Sigirika Casaoboo qui fut un roi méchant et qui ne suivit pas les traces de ses ancêtres; ceux-ci n'étaient pas offensés de l'aspect des mendiants, des pèlerins et des malades. Il fut l'ennemi de toute vertu, et il se fraya un chemin vers le trône en faisant périr son propre père; il régna tyranniquement pendant dix-huit ans, et après sa mort, il tomba en enfer pour y souffrir des tourments jusqu'à la fin du monde, et c'est le sort qui attend tous les impies et tous ceux qui ne distinguent pas le bien du mal.

Le roi qui vint après s'appelait Moogalaynen; il fit rebâtir le temple d'Attanagalla qui avait jadis été formé de trois étages, mais qui était tombé en ruines; il le fit élever jusqu'à la hauteur de trois étages, et il le donna aux prêtres; il fit bâtir un temple pour y placer l'image et les reliques de Boudhou, et il bâtit beaucoup de sanctuaires pour les prêtres.

Quatre autres monarques, nommés Coomawradase, Kiertisena, Madisiwoo et Lamatee, Uatissa régnèrent ensuite sur Ceylan. L'an 1088 après la mort de Boudhou, il vint un roi nommé Ambaharana Salamewan qui détruisit tous les sectateurs des autres religions, brûla leurs livres et protégea la religion de Boudhou. Ce fut la troisième fois que les rois de Ceylan avaient brûlé les livres des mécréants. Les rois Dapulusane, Dala-Moogalana, Coodawkeet-Sirewana, Sinewi et Lamatee-Singha se succédèrent ensuite; après eux vint le roi Agra Bodee qui fit creuser le lac de Cooroondoo et beaucoup d'autres, et qui éleva un grand nombre de temples. Le roi Cudaw-Akbo l'imita dans son zèle pour la religion, et il fit creuser quatorze grands lacs. Sept autres rois gouvernèrent ensuite, le huitième fut le roi Dawpoolooo qui fit élever dix-neuf grands temples. Les rois Datta-Patissa, Pesoolooo, Sirisanga, Walpitwisiddawtia, et Mahalac-Paney, furent aussi des protecteurs de la religion ainsi que plusieurs de leurs successeurs.

Le roi Cudaw Sulanam fit élever un édifice à côté de l'arbre Bo à Anurahde, et il fit faire en or une image de Boudhou. Sous son règne, les Malabares envahirent derechef l'île de Ceylan; ils enlevèrent de la capitale le tambour qu'on battait les jours de fête, et ils emportèrent la coupe sacrée de Boudhou, mais le frère puîné de ce roi, nommé Moogalayceu-Sane étant venu au trône, poursuivit les Malabares dans leur pays, défit le roi de Madoura, et reprit les trésors qui avaient été enlevés. Il fit défricher le terrain autour du temple de Lowaw-maha-pawya, fit faire une figure de Boudkou en or pur, et fut l'ami du peuple et de la religion.

Le roi Udaw fit bâtir le temple de Toombarooh, et le fit couvrir de feuilles d'or et d'argent; le roi Casoop fit élever le grand temple de Bagiree Nakhaw, et fit placer au dessus une couverture en or ayant la forme d'un parasol. Plusieurs rois lui succédèrent, et l'an 1362 après la mort de Boudhou, du temps du roi Matwalessen, il vint à Ceylan, du pays de Jambu-dwipa, un homme habillé en prêtre qui fixa sa résidence dans le jardin royal. Ce roi était un homme pervers, et le prêtre le détourna de la religion de Boudhou; et de même qu'une sauterelle, croyant que la lumière d'une lampe est de l'or, se jette dans la flamme, de même ce roi rejeta par ses œuvres ce qui était bon et choisit ce qui était mal; il s'écarta des principes enseignés par Boudhou et il adopta d'autres doctrines; il livra le pays aux Malabares, et il se retira dans la ville de Polonnaro, où il mourut.

Le roi Madisa Sennam, son successeur, engagea les prêtres de Boudhou à rétablir leur religion; il s'opposa à l'hérésie dans tous ses États; il fit garder avec soin les côtes de l'île pour empêcher l'approche des ennemis de Boudhou, et il régna comme un bon roi, mais malgré toutes ses précautions, c'était comme si on entourait de barrières un champ de blé après y avoir laissé entrer des bœufs disposés à manger, car un grand nombre de mécréants étaient déjà dans l'île, et sous le roi qui vint après et qui se nommait Coomara-Daw, un prêtre qui vivait dans le temple de Sango-Mittra, et qui n'était ni sage, ni zélé pour la religion de Boudhou, avait l'habitude de se revêtir la nuit d'habillements bleus et d'aller chez une femme de mauvaise vie pour en revenir le matin. Ses disciples lui ayant demandé quel était le motif de ce déguisement, il leur dit qu'il approuvait les vêtements bleus et les préférait aux jaunes. Ses disciples se mirent à l'imiter, et ce fut ainsi que la vraie religion et que la vertu furent méprisées, et que la malice prévalut, semblable au débordement des grandes eaux et aux ténèbres les plus épaisses. Le roi, informé enfin de l'audace de ces pervers, fit saisir leurs livres et les examina, et il prononça que leur système était digne de réprobation, et qu'il ne procédait ni des dieux, ni de Boudhou; irrité contre ces impies qui avaient adopté une doctrine qui n'était pas meilleure que l'eau mêlée avec du sel, il fit enfermer le prêtre en question avec ses disciples et leurs livres dans une maison, et il livra le tout aux flammes.

Le roi Midel-Rajah vint après et défit quatre-vingt-quinze mille Malabares qui avaient envahi Ceylan; plus tard, sous le règne du roi Wicrama Pawndia, une autre armée de Malabares attaqua les Chingalais, les battit et ils abolirent, autant qu'ils le purent, la religion et les lois de Boudhou. Le roi ayant péri dans cette guerre, les Malabares régnèrent comme maîtres du pays; pendant le règne de dix-neuf autres monarques, ils furent toujours en hostilités avec les Chingalais, et ils occupèrent toutes les villes et tous les villages de l'île. Mais alors il s'éleva un roi appelé Wijaya Bahu qui leva une armée, expulsa les Malabares, et fit de nouveau fleurir la religion, mais, par suite de la longue guerre à laquelle elle avait été en proie, il n'y avait pas cinq bons prêtres dans toute l'île, et le roi très-affligé adressa de riches présents de perles et de diamants au roi du pays d'Aramana, en le priant d'envoyer à Ceylan vingt-neuf prêtres bien instruits avec leurs livres; ils vinrent, et des milliers d'autres prêtres furent ordonnés, et les temples de Boudhou relevés et réparés dans toute l'île.

Ce roi ne faisant rien de contraire aux lois, mais s'appliquant au contraire à faire le bien et à favoriser la religion, régna pendant quarante-quatre ans. Ensuite vinrent trois autres rois, Jaya Bahu, Wijaya et Wicrama, et après eux, l'an 1696 après la mort de Boudhou, un roi nommé Sree Parackrama prit le titre de roi des rois et de splendeur du soleil Il fixa d'abord son séjour dans la belle cité de Polonnaro, dite la ville d'or. Ses vertus le rendirent bientôt fameux sur toute l'étendue de la terre; il reprit tout le pays occupé par les Malabares, et devint seul maître de Ceylan. Sa colère se dirigea contre les princes infidèles qui avaient entrepris de détruire la religion de Boudhou, et ayant formé le projet d'aller au Jambu-dwipa pour y renverser ses ennemis, il rassembla dans l'île de Ceylan vingt-sept mille hommes d'élite qui s'engagèrent à rester auprès du roi et à exécuter ses ordres, sans retourner à leurs villages; il y joignit neuf cent quatre-vingt-quinze mille soldats ordinaires, et il se prépara à se rendre au Jambu-dwipa avec ces forces imposantes, mais ce projet étant venu aux oreilles des prêtres, ceux-ci lui conseillèrent de renoncer à son entreprise; le roi écouta leur conseil, mais il choisit dans son armée un homme sur dix, et forma ainsi une armée de cent vingt-cinq mille géants qu'il envoya contre ses ennemis. Ces géants chingalais commencèrent leurs conquêtes en subjuguant les pays de Solee et de Pawndia, dont les rois furent faits captifs; de là ils allèrent subjuguant tout devant eux, jusqu'au pays d'Aramana; les captifs menacés d'être envoyés à Ceylan, furent saisis de crainte comme s'ils avaient eu à rencontrer un lion, et demandèrent en grâce à demeurer en leur pays: cette faveur leur fut accordée, et le roi de Ceylan publia ses ordres et donna des lois au pays qu'il avait conquis. Ce roi s'acquit aussi une grande renommée en faisant faire à Ceylan trois grands lacs dont le premier fut appelé Maha Samoodra (la grande mer), le second Baeno Samoodra (allié à la mer), et le troisième Made Sawgaria (la mer moyenne). Il fit bâtir quatre grands temples en dehors de la capitale et aux quatre côtés de l'horizon, et il fit élever un grand nombre d'autres temples, y attachant des prêtres auxquels il fournit tout ce qui leur était nécessaire. Il fit construire trois cent soixante maisons pour recevoir la figure de Boudhou et pour faire des offrandes; il fit enfin offrande de sa capitale pour le soutien de la religion. Il répara les temples détruits par les Malabares et les fit surmonter d'une tourelle d'or. Il releva tous les édifices de la ville d'Anuradhe qui étaient détruits, il déblaya les environs des lieux sacrés, faisant enlever les bois, les herbes et les racines qui les entouraient; chaque année il fit les offrandes appelées Moloecam Poojawa (augmentant le nombre des prêtres et leurs revenus); il fit aussi chaque année les offrandes aux reliques de Boudhou, et pendant un règne de vingt-trois ans, il se signala par des actes innombrables de générosité, et il purifia la religion de la corruption qui s'y était glissée.

Ce roi ayant appris que des centaines de prêtres infidèles qui résidaient dans les temples de Darma Roochia, de Sawgalikia et de Wytoolya-wawdia, avaient eu l'audace d'établir un faux système de religion, et de blasphémer contre la religion de Boudhou, déclara, que sous la domination d'un prince tel que lui, maître du cercle entier de la terre, quiconque s'écarterait de la religion de Boudhou ou la corromprait, irait certainement en enfer, et que, pour lui, il serait le serviteur de cette religion qui devait durer cinq mille ans. Ajoutant ensuite aux autres vertus dont il était doué celle de la clémence, il envoya chercher tous les prêtres infidèles et les réunit en un endroit; il fit aussi assembler tous les prêtres fidèles à Boudhou et, se plaçant au milieu d'eux, il demeura une nuit entière sur ses pieds, écoutant la prédication des deux partis ; il maintint dans leur emploi ceux qui prêchaient la religion de Boudhou, et il dépouilla de leurs robes jaunes ceux qui adhéraient à une doctrine contraire ; il leur en fit mettre de blanches, il les renvoya, et il purifia ainsi la religion de Boudhou. Après avoir quitté cette vie, ce roi se trouva sur le sommet d'une montagne d'argent dans le désert d'Himala, pays qui contient quatre-vingt quatre mille montagnes d'or et d'argent, ayant de soixante à cent lieues de hauteur. Il devint le monarque de ce pays, et il y régnera jusqu'à la fin du monde.

Le roi qui monta ensuite sur le trône fut appelé Pandita Wijaya Bahu Rajah ; il eut pour successeur Kilencasedaw Mihindoo ; après lui vint un roi du pays de Calinga dont le nom était Kierti Missanca ; il rebâtit le temple de Ruanwelly, il y éleva une tour dorée, et il fit placer tout autour dans l'espace d'un jour et d'une nuit un pavé en pierres tellement grosses qu'il aurait fallu la force de deux cents hommes ordinaires pour soulever chacune d'elles. Ce travail fut cependant accompli en aussi peu de temps, grâce au concours d'un géant. Le roi, accompagné d'une multitude de peuple, se rendit sur le mont Somrou et adora la trace des pieds de Boudhou ; il fit aussi construire sur toute l'étendue de l'île des logements pour les prêtres et des ustensiles pour les voyageurs ; il fit élever au temple de Dambooloo trente-trois grandes figures de Boudhou couvertes d'or ; après avoir ainsi rendu de grands services à la religion, il mourut et il eut pour successeurs douze rois dont le premier se nommait Wiera Bawhu et le dernier Prawerama Pawndia.

Après la mort de ces souverains, les habitants de Ceylan se livrèrent à de telles iniquités que les dieux leur retirèrent leur protection, et les vices des méchants prévalurent à un degré tel que, par une punition céleste, un roi de Malabar, nommé Magha-nam, vint du pays de Calinga avec une armée de vingt-quatre mille hommes qui répandit la désolation dans l'île entière et détruisit la religion. Le temple de Ruanwelly fut détruit, ainsi que beaucoup d'autres édifices somptueux ; les demeures sacrées des prêtres et les chapelles sanctifiées par les images de Boudhou servirent d'asile aux soldats malabares. Ils déshonorèrent les femmes les plus respectables, ils réduisirent à la condition d'esclaves les hommes du rang le plus distingué ; ils dépouillèrent les riches de tous leurs trésors, coupant les mains et les pieds à ceux qui ne livraient pas aussitôt leur avoir ; ils désolèrent ainsi et subjuguèrent le pays.

L'île était alors comme une maison livrée aux flammes ou remplie de voleurs ; chaque village et chaque demeure était la proie de l'insolence des soldats malabares, mais enfin les dieux daignèrent jeter derechef un regard de compassion sur Ceylan ; car un descendant du roi Sirisanga Bowanga, qui apporta du pays de Jambu-dwipa l'arbre Bo, avait échappé aux mains tyranniques du roi Malabare, dont le nom était Calinga Wijaya Baha. Depuis son enfance, il avait été caché dans la province de Matura. Lorsqu'il fut arrivé à l'âge mûr, il se fit connaître au peuple, et il parut comme une lueur éclatante au milieu d'une nuit obscure ; il réunit une armée de vaillants Chingalais, et massacra tous les Malabares répandus dans le pays, ceux qui purent échapper à la mort s'enfuirent dans la province appelée Pihitee Rata ; tout le reste de l'île fut complètement affranchi de la présence des Malabares, et gouvernée par ce roi intrépide qui, après ses victoires, fonda la ville de Damba Dewa où il établit sa résidence ; les prêtres qui avaient été persécutés avec acharnement par les Malabares et qui avaient perdu tous leurs livres, trouvèrent en lui un protecteur zélé ; pendant la tyrannie des étrangers, l'écuelle dont Boudhou se servait pour ses repas avait été enlevée de la ville de Polonnaro et emportée dans les forêts impraticables du pays de Cotmala, où elle avait été enfouie en terre ; le roi la fit rapporter avec beaucoup de pompe, ainsi que la dent de Boudhou ; le cortège traversa en triomphe une foule de villages où de grandes offrandes furent faites.

Afin que les reliques de Boudhou demeurassent à jamais en sûreté, le roi fit bâtir sur le grand rocher appelé Beligala un temple à la manière des édifices qui sont dans le Dewa-Loka (le paradis), et là, dans un lieu où nul ne pouvait avoir accès, excepté ceux qui étaient en état de monter au ciel, il y déposa les reliques, leur fit de grandes offrandes et prépara des bâtiments pour les prêtres qui devaient veiller sur ces trésors et les garder ; il pourvut ainsi aux besoins de ces prêtres ; il fit bâtir des temples nouveaux et réparer ceux que les Malabares avaient endommagés. Il rappela les prêtres qui s'étaient cachés, de peur des Malabares, et il leur procura tout ce dont ils avaient besoin.

Depuis le temps du roi Dewenee Petissa, les prêtres n'avaient pas de livres, mais ils gardaient dans leur mémoire toutes les leçons et leur science ; de même qu'un trésor enfermé dans la terre, échappe à tous les yeux, de même la science des prêtres, n'étant pas communiquée aux hommes, était sans utilité pour le monde ; sous le règne de Walgam Abha, les prêtres, par ordre du roi, se mirent à mettre leur science par écrit, et le roi actuel ayant appris que les livres sacrés avaient été détruits par les Malabares, jugea que, sans la promulgation de la religion de Boudhou, le monde serait enveloppé dans les ténèbres spirituelles, de même que le jour sans soleil est triste et sombre, et que la nuit, sans la lune, est triste et effrayante. Faute de livres propres à leur enseigner leurs devoirs, les prêtres avaient oublié de distinguer le bien du mal, et beaucoup d'hommes étant devenus semblables à des bêtes, étaient menacés de l'enfer; Boudhou a dit à ses disciples que quatre-vingt-quatre mille de ses discours étaient comme quatre-vingt-quatre mille Boudhous, et le roi, ému de charité, voulut remédier à tant de maux. En prêchant au dieu Sakraia, Boudhou a dit qu'une ligne extraite de ses trois compositions et récitée par un homme à un autre, serait d'une valeur supérieure à celle d'une montagne d'or et de pierres précieuses qui remplirait le monde entier, et qui dépasserait le ciel appelé Bamhalowa (*le plus élevé des vingt-deux cieux qui servent de séjour à Brahma*); le roi résolut donc de multiplier dans tout le pays les quatre-vingt-quatre mille discours de Boudhou; il fit donc, en dépensant quatre-vingt-quatre mille pièces d'argent, placer dans chaque village une copie des discours de Boudhou, et il établit en chaque village une école, en recommandant aux prêtres de ne rien demander à ceux qu'ils enseignaient, et promettant de les rétribuer lui-même; chaque jour une multitude de prêtres étaient à la porte du roi, et recevaient du riz et des vêtements en dédommagement de la peine qu'ils prenaient en enseignant; quant aux prêtres d'un rang plus élevé qui ne quittaient pas leurs temples, le roi ordonna qu'on leur envoyât des vivres et tout ce dont ils avaient besoin; il examina les progrès faits par les élèves et, selon leur mérite, il leur promit qu'ils seraient élevés à la prêtrise; il assigna aux plus distingués d'entre eux des places où ils pouvaient prêcher. Après avoir amené ainsi la religion et la science à un degré florissant, le roi exhorta ses sujets de tout rang à persévérer, et il encouragea ainsi grandement la religion.

En récompense de ses bonnes œuvres, ce roi, après sa mort, renaquit dans le ciel, et son fils fut fait roi et régna à sa place. Le jeune prince était très-versé dans les dix-huit sciences qui sont l'éloquence, la grammaire, la poésie, la science des langues, la connaissance de la nature, l'art de donner des conseils, la connaissance des moyens pour obtenir le *Nirwana*, la connaissance des bonnes et des mauvaises actions, l'art de tirer de l'arc, la science de ce qui est relatif aux éléphants, le discernement des pensées, le discernement des choses invisibles, la science des mots, la science de l'histoire, la jurisprudence, la rhétorique, la médecine. Indépendamment de sa connaissance dans ses diverses sciences, il était instruit dans tous les arts qu'il y a au monde, et, étant semblable à un autre soleil levé sur la terre, il fut fait roi du pays de Jambu-dwipa et devint grand et puissant. Décidé à exterminer les Malabares, il leva une armée de Chingalais. Il était si clément qu'il ne voulait infliger à aucun coupable, quelque flagrant que fût le crime, la peine de mort ou celle de l'amputation des membres, mais il jetait en prison les criminels qui avaient mérité la mort ou tout autre châtiment sévère, et il se bornait à chasser ceux auxquels d'autres rois auraient infligé des amendes.

Le roi fit élever quinze forts et, pendant quarante ans, il fit la guerre aux Malabares qui lui opposaient constamment une immense armée et qui étaient munis d'armes de toute sorte, et surtout de flèches innombrables. Ces flèches étaient toutes trempées dans du poison de serpent et autres animaux venimeux, de sorte qu'il n'y avait nul moyen de sauver ceux qui en étaient atteints. Quoique les Malabares combatissent ainsi comme une armée de serpents, l'armée des Chingalais leur tint tête, et livra au roi malabare Tambalingama douze batailles rangées. Le roi chingalais, plein de zèle pour la religion de Boudhou, résolut de redoubler d'efforts, et il réussit à tout conquérir devant lui, jusqu'à ce que l'île entière fût soumise à sa domination. Sa renommée se répandit ainsi dans beaucoup de contrées dont les rois lui envoyèrent leurs filles et de magnifiques présents.

Lorsqu'il eut pacifié l'île, son premier soin fut de faire apporter à Jamboddrohna, où il résidait, les reliques de Boudhou; il les déposa dans un édifice qu'il fit bâtir, et il fit placer sur un trône la dent de Boudhou qui fut enfermée dans une boîte faite de diamants. Le roi prodigua dans cet édifice les ornements les plus magnifiques en or, en argent et ornés de pierres précieuses; il se consacra à la piété, évitant tout péché, et quatre fois par mois, il célébra une grande fête à laquelle les prêtres étaient invités; les nuits de ces fêtes étaient employées à entendre des sermons. Les lampes placées dans l'édifice étaient éclairées avec de l'huile faite avec du beurre de vache et avec de l'huile de camphre; des approvisionnements furent faits pour éclairer ces lampes avec ces huiles précieuses pendant chaque nuit durant l'espace de douze ans; chaque jour il fut fait offrande de cent mille fleurs, et durant trois mois, tous les habitants de Ceylan ne cessèrent chaque jour de faire leurs offrandes, et de rendre leurs hommages aux reliques de Boudhou. Afin de témoigner sa vénération pour elles, le roi se lava dans des eaux parfumées, fit une offrande de cent mille lampes garnies d'huile de camphre, et fit les huit vœux (*de ne pas tuer, de ne pas dérober, de ne point commettre d'adultère, de ne point mentir, de ne point boire de liqueurs fortes, ne pas manger pendant le jour, ne point aller à des parties de plai-*

sir, ne pas s'orner la tête avec des fleurs ou se parfumer le corps).

Le roi bâtit la ville de Sreewardanam Poora, maintenant appelée Candy ; il fournit aux prêtres des demeures pourvues de tout ce qui leur était nécessaire, vêtements, meubles, remèdes, etc. Un jour il fit fabriquer des vêtements pour quatre-vingts prêtres, le coton ayant été cueilli sur l'arbre le matin et livré aux ouvriers, et les vêtements étant prêts avant le coucher du soleil. Ce roi répara beaucoup de temples et leur donna des esclaves, des vaches et des buffles ; il fit réparer les routes qui menaient à la montagne où se voit l'empreinte du pied de Boudhou, et jeter des ponts sur les rivières, de sorte que des éléphants purent arriver au sommet de la montagne. Il adora avec une joie inexprimable l'empreinte laissée par Boudhou, et il fit bâtir des asiles pour les voyageurs. Il éleva aussi sur le bûcher de son père, au lieu appelé Attonagala, un vaste temple avec une maison pour les offrandes, haut de trois étages, et un bâtiment à deux étages capable de recevoir mille prêtres ; il renvoya tous ceux qui n'adhéraient pas aux préceptes de Boudhou, et après avoir rendu les plus grands services à la religion et s'être rendu propre à devenir lui même un Boudhou, il arriva au Niwarna, et tous ceux qui suivront son exemple recueilleront un bonheur abondant pendant leurs différents états de transmigration dans les royaumes célestes.

Ce roi eut pour successeur son fils Bosat Wijaya Bahu, qui transporta avec beaucoup de pompe les reliques de Boudhou à la ville de Polonnaro ; il fit de grands présents aux prêtres et gouverna pour le bien de la religion et du peuple.

Son frère Loki Kabahou Bouwanaika monta ensuite sur le trône ; il régna sur les trois Etats entre lesquels l'île était divisée ; il fit de grandes offrandes aux prêtres et aux reliques de Boudhou, et se distingua par sa piété et son humanité.

Après la mort de ce roi, les cinq frères du roi de la côte de Coromandel envoyèrent une armée à Ceylan, et se mirent à ravager l'île et à détruire la religion ; ils s'emparèrent des reliques et les envoyèrent au roi Coola Secara, mais celui-ci les rendit au fils du dernier roi de Ceylan nommé Parawacrama-Bawhou, qui les déposa, dans la ville de Polonnaro, en un endroit consacré, et qui leur fit de grandes offrandes ; il fut aussi très-généreux pour les prêtres et très-zélé pour la religion, et tous ceux qui pratiquent comme lui de semblables œuvres de charité iront certainement au paradis.

Un autre fils du roi, nommé Wathine Bouhawanaika, régna ensuite ; il fit des offrandes immenses aux reliques de Boudhou, et il rendit un edit contre un usage qui s'était répandu parmi les prêtres, lesquels quittaient leurs robes jaunes et allaient voir leurs amis ; il voulut que les prêtres ne pussent renoncer à leur profession, et que leurs biens, après leur mort, passassent à leurs parents ; il en augmenta le nombre, veilla à ce qu'ils fussent instruits dans la connaissance de la religion et des lois, et il avança ceux qui se distinguèrent par leur savoir ; il observa la coutume de fournir chaque mois aux prêtres des vêtements faits avec du coton cueilli et tissé le même jour ; il donna à tous les prêtres de ses Etats une écuelle pour manger leur riz ; et ayant régné vingt-quatre ans, il mourut après avoir fait vingt-quatre promotions parmi les prêtres et avoir porté vingt-quatre couronnes.

Le roi qui vint ensuite se nommait Pandia-Prawerama-Bahu. Il était le petit-fils du monarque précédent, et il tint sa cour dans la ville d'Hastila ; il fit chaque jour des offrandes aux reliques de Boudhou et des distributions journalières aux prêtres, et il accomplit beaucoup d'œuvres de charité dans le but de devenir un Boudhou.

Le roi Bouwanaika monta ensuite sur le trône ; il défit les Malabares, et resta souverain de deux cent cinquante-six mille villages dans la province de Matoura, de quatre cent quatre-vingt-quinze mille dans la province de Jaffna, et de sept cent quatre-vingt-dix mille dans celle d'Uwa. Il fit élever en l'honneur des reliques de Boudhou un édifice haut de trois étages, et il leur fit des offrandes ; il distribua, selon l'usage de ses prédécesseurs, des vêtements aux prêtres une fois par an, et il fit de grandes largesses à tous les prêtres qui étaient dans ses Etats. Il éleva à Pepiliyawna un temple auquel il fit don de beaucoup de villages et de jardins, et, en certaines occasions, il nourrit pendant trois jours consécutifs tous les prêtres des trois provinces, faisant en même temps expliquer la doctrine et les lois de Boudhou, et mettre par écrit ces explications ; il donna aussi des terres à ceux qui écrivaient ces livres. Dans le cours de cinquante-deux ans, il fit présent à tous les prêtres de vingt-six mille cent quarante-deux vêtements complets, sans compter trois mille quatre cent trente-deux vêtements qu'il fit fabriquer avec du coton cueilli, teint et ouvré dans une journée ; il fit aussi des aumônes incalculables, et il encouragea la religion en travaillant au bonheur du peuple.

Son successeur, le roi Jaya-Bahou, l'imita en ses vertus, ainsi que les quatre autres rois qui vinrent après lui. Ensuite, deux mille quatre-vingt-cinq ans après la mort de Boudhou, un descendant de Sree-Sangala-Wangoo, qui apporta à Ceylan l'arbre bo, ceignit la couronne, et voici son histoire. Son ancêtre était le premier roi qui gouverna après la création du monde ; il avait été procréé par le soleil et par la planète Vénus. Il avait été fait roi par le consentement unanime de tout le peuple. Ses descendants régnèrent après lui jusqu'à ce qu'ils furent expulsés de leurs Etats par le roi Widoudabou, et ils vinrent s'établir près de la rivière Morcanampoora. Le prince Chandra Gooshta fut fait roi, et il eut un fils nommé Bindoo-Sawra, qui épousa une princesse nommée Dharma dont il eut deux fils. L'aîné, nommé Asoka, devint roi de la ville de Pellaloop, d'où dépendaient soixante-trois mille autres villes, et il observa les dix commandements qui regardent un monarque. En même temps, le descendant du Soleil nommé Deweny Paetissa, qui était doué des vertus de Boudhou, devint roi de Ceylan et régna dans la ville d'Anurahde Poura. Le roi Asoka, qui était lié d'amitié avec lui, fournit des logements et des vivres à soixante mille prêtres, il bâtit quatre-vingt-quatre mille temples, et fit fabriquer autant d'images de Boudhou dont les yeux furent terminés tous au même moment. Tandis qu'il gouvernait ainsi comme un fidèle adorateur de Boudhou, les prêtres lui dirent : « O roi, lorsque Boudhou vivait encore, il déclara qu'un temps viendrait où un monarque portant ton nom apparaîtrait dans le pays de Jambu-dwipa, et que sous le règne de ce roi, la branche du côté droit de l'arbre Bo serait apportée à Ceylan, et que les vertus de cet arbre étaient tellement puissantes, que lui, Boudhou, étant assis le dos appuyé contre cet arbre, avait repoussé la force de dix bembaras (361) de dieux qui s'opposaient à ce qu'il devînt Boudhou. »

Il ajouta que, grâce à la vertu de cet arbre, il avait été délivré de tous les désirs de ce monde, qu'il avait fait disparaître tous les dieux des dix mille mondes comme s'ils avaient été emportés par un ouragan, et que ne pouvant faire d'autre offrande à cet arbre, il avait passé la durée entière de la seconde semaine qui suivit le moment où il devint Boudhou à le contempler sans fermer ni détourner ses yeux une seule fois. Il promit que, pendant le reste de son règne, c'est-à-dire pendant cinq mille ans, cet arbre servirait de protecteur et de soutien à tous les dieux, à savoir : aux dieux des quatorze cieux de Brahma, aux dieux appelés Garanla, aux dieux appelés Gawndara, aux dieux appelés Naga, aux dieux appelés Suparna, aux dieux appelés Sidhyawdara, aux dieux appelés Wedhyawdara ; il leur procurerait l'accomplissement de tous leurs désirs conformes à la vertu.

Le roi, entendant ces paroles, résolut aussitôt d'accomplir la prophétie et de se rendre à Ceylan avec une nombreuse escorte de fantassins et de guerriers montés sur des éléphants, sur des chariots et sur des chevaux, et avec la branche du côté droit du roi de tous les arbres. S'étant donc

(361) On entend par bembara, soit le chiffre d'un million, soit un nombre égal à tous les êtres créés qui, à divers moments, adorent le Boudhou.

revêtu de riches vêtements et ayant fait les offrandes convenables, il monta sur l'arbre au moyen d'une échelle d'or, et se servant d'un pinceau de peintre trempé dans de la couleur jaune, il traça une marque autour de la branche du côté droit de l'arbre : aussitôt la branche se sépara du tronc, et sans aucune intervention humaine se trouva placée dans un vase d'or qui avait été préparé par les dieux. Le fils du ciel appelé Wiswa-Karma, ayant pris l'apparence d'un orfèvre, apporta cette branche à l'endroit indiqué par Boudhou. Ce vase d'or avait cinq coudées de diamètre, neuf coudées de hauteur, huit doigts d'épaisseur, et son orifice ressemblait à la trompe d'un éléphant ; il contenait un terreau formé de matières odoriférantes, comme du bois de santal, etc. Dès que cette branche se fut placée dans le vase, cent racines poussèrent en diverses directions, et la branche, montant au ciel, émit des rayons d'une splendeur telle qu'elle ressemblait à un autre soleil placé dans le firmament. Le roi Dharma Soka contempla avec admiration ce prodige, et s'écria : « Moi, qui ne suis qu'un homme par ma naissance, je suis l'objet de bien grandes faveurs ! »

Pendant la durée d'une semaine, le roi fit des offrandes innombrables, et tous les habitants du pays de Jambu-dwipa rendirent hommage à l'arbre Bo. Alors le roi résolut d'envoyer la branche sacrée à l'île de Ceylan ; il prit la détermination de la faire accompagner par quelques membres de sa famille, par huit princes d'autres familles et par sa fille appelée Samittra, qui était devenue prêtresse et qui mena avec elle beaucoup de prêtresses ; il leur dit : « Portez cette branche dans la ville d'Anurahde, dans l'île de Ceylan, et présentez-la à mon ami le roi Deweny-Paetissa : informez-le qu'à trois reprises différentes j'ai fait hommage de tout le pays de Jambu-dwipa à l'arbre Bo, et dites-lui d'agir de la même manière. »

Ayant ensuite mis la branche à bord d'un navire, le roi Dharma-Soka, ayant le cœur plein de regrets et les yeux baignés de larmes, l'adora et dit : « O toi, qui as été l'appui de Boudhou, daigne te rendre à Ceylan. » Lorsqu'il eut dit ces mots, les eaux resplendirent d'une grande clarté et de rayons de six couleurs différentes, et quand cet éclat se fut dissipé, le navire partit et, sans voiles, se dirigea avec une rapidité extrême vers Ceylan. Tous ceux qui furent témoins de cette ascension miraculeuse et de ces divers prodiges, savoir, les Yakshas ou les démons, les Rahsnas ou géants, les Brahmas ou habitants des cieux les plus élevés, les Suryas ou les dieux qui résident dans les six cieux inférieurs, les Asuras qui vivent au-dessous des cieux dans un endroit qui leur est assigné, et qui sont toujours en lutte avec les dieux, les Vrangas ou serpents, les Garoudas ou oiseaux qui ont la faculté de changer de formes, les Gawndaras ou dieux de la musique, les Sidhyawadaras ou êtres qui ont le pouvoir de voler à travers les airs par suite des charmes opérés au moyen de certaines plantes, les Widhyawdaras ou êtres qui ont le même pouvoir par suite de leurs enchantements, tous ces êtres rendirent hommage et adoration à Boudhou et à l'arbre Bo.

L'arbre, semblable à un calpay weerksha (*un arbre qui donne tout ce que l'on souhaite*) préparé par le dieu Surapaty, arriva aux rivages de Ceylan, pays qui contient neuf sortes de pierres précieuses, et il monta derechef dans les airs, et il descendit à Anubrade Pura, à l'endroit où l'arbre Bo avait été planté par les anciens Boudhous, et il resta élevé à neuf coudées au-dessus de la terre ; ce miracle attira l'attention du peuple qui prépara un autel orné de fleurs odoriférantes et qui adora. Alors la prêtresse royale et les autres personnes qui avaient accompagné la branche de l'arbre, mais qui s'étaient embarquées sur des navires différents, débarquèrent au même endroit. Le roi Deweny Paetissa n'eut pas plus tôt appris l'arrivée de ces étrangers qu'il en éprouva une grande joie et il alla à leur rencontre. Il les conduisit au palais de l'arbre Bo, en disant : « Mon ami chéri, le roi Dharma Soka, m'a envoyé ce présent miraculeux, qui réjouit mon cœur, et je fais hommage de l'île entière de Ceylan au rameau de l'arbre Bo. » Et le roi, voulant montrer le respect qu'il avait pour ce présent, resta en personne une semaine entière auprès de cet arbre.

Il conduisit ensuite la prêtresse royale Sumittra à la ville, et il la traita avec les plus grands égards ; il donna en mariage à six princesses de sa famille six des princes qui étaient venus du pays de Jambu-dwipa et dont les noms étaient Bogot, Samit, Dewogoot, Damgot, Heroogot, Sangagot et Gotama ; le plus distingué de tous, le prince Bodi-goota, fut marié à la prêtresse Sunam Dawnam qui avait accompagné le rameau de l'arbre Bo, mais qui ne s'était point mortifiée au point de renoncer au monde. Elle appartenait à la famille de Boudhou, et elle était fille de Bodhi Mittrasta, prêtresse du temple d'Hastalagalacaw Ramia. Cette prêtresse, avant son mariage, avait mis de côté sa robe jaune et était vêtue de blanc, et ornée de bijoux précieux de toute sorte ; la route depuis le temple dont elle sortit jusqu'au palais du roi était décorée avec soin. Elle fut introduite dans les appartements royaux et remise au prince Bodi-goota, et le roi leur fit fournir sur son trésor, les sommes qui leur étaient nécessaires ; il advint plus tard que les descendants qui sortirent de cette union furent appelés Mehina Warawangsa (*la famille de la prêtresse*).

Parmi les princes qui étaient venus du pays de Jambu-dwipa, il y en avait un fort distingué qui se nommait Suria Gottra. Le roi Deweny Paetissa le logea dans son palais, lui témoignant beaucoup d'affection. Il arriva ensuite qu'un Brahmine extrêmement riche qui vivait dans le village de Caloogam Piasa, dans le royaume de Mayaw, ayant enfoui ses trésors dans la terre, mourut ; sa fille mourut aussi, mais elle était fort avare et très-attachée à l'argent de son père ; elle renaquit dans le corps d'une poule près de ce village, et elle pondit un œuf au-dessus du trésor et le garda. Un habitant de ce village, ayant passé par ce chemin, aperçut un objet semblable à un petit pot de terre qui se trouva être un œuf ; en l'examinant il reconnut que la coquille de l'œuf était transparente, on voyait au dedans l'image d'un petit enfant ayant la couleur de l'or ; l'homme se décida aussitôt à porter cet œuf au roi et à lui en faire présent. Le même soir, il le remit en effet au roi Deweny Paetissa ; à peine le roi eut-il reçu l'œuf qu'il l'ouvrit, et une petite princesse s'assit sur le genou du monarque. Le roi, très-surpris de ce miracle, célébra une fête somptueuse, et fit proclamer dans toute la ville qu'il adoptait cette enfant, à laquelle il donna le nom de Maywrawatie (*la fille de la poule*) ; il l'éleva avec la plus grande tendresse, et comme si elle eût été sa fille, jusqu'à ce qu'elle eût grandi ; il lui donna alors des vêtements magnifiques et des bijoux de soixante-quatre espèces différentes, et il la fit épouser au prince Suria Gottra ; il donna ensuite aux nouveaux époux une très-grande quantité d'or et d'argent, des esclaves des deux sexes, des bœufs et des buffles, ainsi que des terres et des villages.

Une plante appelée Batoo sortit de l'endroit où le trésor avait été caché, et cette plante qui naturellement ne s'élève qu'à une hauteur de quatre pieds, n'avait pas moins de trente pieds de hauteur ; le village où avait surgi cette plante extraordinaire fut donné au nouveau ménage ; le roi leur donna en outre les villes de Nawn-Dooroo, de Goeda, de Rammoon et un grand nombre de villages, et l'acte de donation fut gravé sur une pierre et remis aux nouveaux époux.

Plus tard Maywrawatie ayant eu des filles, le roi leur accorda aussi des villages ; une d'elles reçut le nom de Sebala, qui fut changé plus tard en celui de Sawooloowa ; il advint que le descendant de Maywrawatie, du côté de la mère, étant devenu roi, fut appelé Jaya Maha Senaw Sawooloo-pracrama ; sa fille épousa la fille d'un roi Bhoota Wicrama ; ce fils se nommait Mehina Warawangra et descendait de la 11ème famille, du côté de son père ; ces époux eurent un fils qui dut ainsi son origine à des parents dont la noblesse était éclatante, puisqu'ils étaient l'un et l'autre descendants du soleil.

Ce roi fut toujours un fervent disciple de Boudhou; il devint le plus grand de tous les hommes et le chef de tous les rois ; sa renommée s'étendit en tous lieux, et sa personne était d'une grande beauté ; le siége de son gouvernement fut établi dans la ville de Soukhandanam Sree, qui était pourvue de tout ce qu'on pouvait désirer. Elle contenait de très-belles maisons rangées régulièrement et construites en pierres ressemblant à celles qu'on appelle pierres d'argent ; il s'y trouvait plusieurs temples, de nombreux édifices ornés des images de Boudhou, des promenades et de belles rues où se pressaient des hommes de tous les pays ; elle abondait en richesses et était défendue par une enceinte d'épines. La cour du roi consistait en conseillers sages et prudents qui, profondément versés dans la politique, savaient discerner quel devait être le résultat d'une entreprise et d'une négociation, et ce roi, entouré d'une armée nombreuse, régnait ainsi dans cette ville.

Il advint alors, comme il est mentionné dans l'histoire appelée Unrawdaw, que cent quatre-vingts millions d'hommes se rendirent au pays de Jambu-dwipa pour faire la guerre contre le roi Chootoni Brahma Datta qui régnait dans la ville de Miyooloo ; ayant investi cette ville, ils furent mis en fuite par la sagacité et par la sagesse de Maha Usa, qui était le personnage qui devint ensuite Boudhou ; ce roi, avec le secours de ses habiles conseillers et des soldats chingalais et malabares qui étaient alors sous ses ordres, et qui étaient vaillants comme des lions, mit en fuite tous ses ennemis, et leur fit redouter sa puissance.

Une grande armée de Chingalais et de Malabares marcha un jour contre ce roi, et, s'étant munis d'armes de différentes sortes, ils vinrent avec fureur dans le dessein de le combattre; mais, grâce à la valeur de son bras et à la sagesse de ses conseils, il sortit victorieux, et de même que le roi Dootoogamony et d'autres rois de Ceylan avaient, de temps à autre, vaincu les armées des Malabares, de même ce roi fut en son temps vainqueur de tous ses ennemis; il les renversa, semblable à la force irrésistible du débordement des grandes eaux, de sorte que sa renommée s'étendit aux dix points de l'univers. Il était d'une telle bienveillance que les poëtes s'empressèrent de célébrer ses louanges, et de vanter sa charité et son humanité : vertus qu'il pratiquait avec le plus grand zèle, dans le but de concourir au bien de son âme.

Entre autres œuvres méritoires que ce roi accomplit, il fit enterrer auprès de la ville où il régnait quelques-uns des os de Boudhou, et il éleva à grands frais, un temple au-dessus de cet endroit, et il fit élever alentour un grand nombre de colonnes. Il bâtit un édifice ayant la forme d'une image de Boudhou et qui coûta une très-forte somme ; il fit construire auprès une maison destinée à recevoir tous les prêtres, et il en décora les murailles avec luxe. De plus, il fit bâtir en divers endroits quatre-vingt-six maisons destinées à loger les prêtres ; il y plaça ceux qui étaient connus pour leur piété et la régularité de leur vie, et il leur fournit tout ce qui leur était nécessaire. Ce roi, ayant appris qu'écrire un seul caractère relatif à la religion de Boudhou était une œuvre aussi méritoire que de faire une figure de Boudhou, se mit à l'œuvre et fit transcrire une copie complète de tous les sermons et discours de Boudhou, lesquels se composent de quatre-vingt-quatre parties et contiennent 29,368,000 caractères ; il fit transcrire le tout, accompagné d'une traduction en pali et en chingalais, dans 30,000 volumes, et pour compléter cet ouvrage, il dépensa 30,000 pièces d'argent. Et de même qu'il renfermait en son cœur comme un trésor la religion de Boudhou, de manière à devenir lui-même Boudhou à une époque ou à une autre, de même il fit faire une caisse où il déposa tous les livres qu'il avait fait transcrire.

Le roi, ayant appris que faire entendre des sermons au peuple était une œuvre très-méritoire, ordonna de décorer avec pompe le pavillon de son palais où il donnait audience ; il fit aplanir et orner la route qui conduisait du palais à l'habitation des prêtres, et il invita les prêtres à venir à ce pavillon où il leur avait fait préparer un trône ; là, il fit réciter des sermons devant une grande assemblée de peuple, et cela pendant toute la nuit, faisant assister à toutes ces prédications toutes ses femmes et leur suite ; afin de dédommager les prêtres de leur peine, il leur donna toutes les étoffes qui décoraient ce lieu. De plus, ce bon roi accueillit avec le plus grand empressement un prêtre qui était très-instruit et très-habile prédicateur, et qui vint d'un autre pays avec une suite de trente-cinq personnes ; il fit bâtir pour eux un temple, il y joignit un endroit pour se baigner, un puits et une citerne ; il leur fournit tout ce qui leur était nécessaire, et il fit donner à des centaines de prêtres, par ce prêtre étranger, des leçons dans les lois de Boudhou et dans la langue pali. Ayant appris que le roi Cawantissa et d'autres monarques avaient fait de grandes largesses aux prêtres qui vivaient dans la solitude, il suivit leur exemple, et il fournit à trois prêtres qui étaient retirés dans le désert et qui étaient fameux pour la sainteté de leur vie, tout ce dont ils pouvaient avoir besoin pendant longtemps. Étant près de mourir, il dépensa de grandes sommes en œuvres de charité, et il fit tout cela dans l'attente de devenir un jour roi de Jambu-dwipa.

Ce monarque ayant appris également comment d'anciens rois et des nobles avaient travaillé à purifier la religion de Boudhou, et à régulariser la situation des prêtres, voulut aussi marcher sur leurs traces à cet égard; il rassembla donc tous les prêtres, s'informa avec soin de leur caractère, et promut à des emplois élevés ceux qui furent reconnus pour vertueux; mais ceux qui furent accusés de mener une conduite immorale furent dépouillés de leurs robes jaunes et privés du rang du sacerdoce. Le roi fit de plus bâtir un édifice haut de deux étages et élégamment décoré au dehors et au dedans, et il le fit élever auprès de la rivière Maha Welly Ganga, qui est comparée à un collier de perles placé autour du cou de la reine de Ceylan (*parce que cette rivière tourne autour de la ville de Candy*); il fit aussi alentour nombre d'édifices pour loger cinq cents prêtres des diverses provinces de l'île; le prêtre étranger qui était venu dans l'île ordonna, à la prière du roi, trois cent cinquante-cinq prêtres du premier ordre, c'est-à-dire ayant le degré de teroonancy; les prêtres de cet ordre, selon les paroles de Boudhou, n'ont pas moins de quatre-vingt-dix millions cinq cent mille trente-six injonctions à accomplir, et tout cela fut fait pour le bien de la religion.

Il arriva que ce bon roi vint un jour à pied au mont Sumana Coota; il y adora l'empreinte du pied de Boudhou, et il fit offrande de fleurs faites avec de l'or, de l'argent, des perles et des pierres précieuses. Il fut frappé de la difficulté que les pèlerins qui arrivaient de tous côtés trouvaient à gravir cette montagne; il fit jeter des ponts sur la rivière, il répara la route et fit tailler sept cent quatre-vingts degrés dans le rocher, afin que l'on pût monter facilement; il fit aussi construire des maisons pour que les voyageurs pussent se reposer en route. Il fit aussi fabriquer un très-grand flambeau qui devait contenir cent pots d'huile, et il le fit allumer comme un phare au sommet de la montagne, afin que ces œuvres fussent aperçues du monde entier, et c'est ainsi que ce roi accumula une masse immense de mérites.

Il entendit aussi parler de la grande vertu qu'il y avait à se rendre au temple de Mahisangana; car de même qu'un roi puissant remporte la victoire sur ses ennemis par la puissance de ses armes, de même, en allant à ce temple, on obtient la victoire sur les ennemis spirituels, c'est-à-dire sur les désirs mondains et charnels; afin de rendre son triomphe encore plus certain, le roi se rendit à pied à ce temple: il y fit offrande d'une bannière d'or et d'argent qui devait toujours être déployée, et il donna aussi du camphre et des parfums précieux.

A cette même époque, Maharen Rajah qui régnait à Pallaloop Nuwara, dans le pays de Jambu dwipa, ne se contentant pas de faire subsister chaque jour mille prêtres, alla seul et incognito à la ville d'Utteramadoura; il y travailla comme un journalier et donna ses gages pour soutenir les prêtres; le roi de Ceylan, apprenant ce fait, résolut de l'imiter ou bien de le surpasser; il fit planter de riz un vaste champ dont il distribua les produits aux prêtres; ce pieux monarque fit également fabriquer trois grandes images de Boudhou et trente-huit petites; il fit élever un édifice de trois étages couvert de tuiles, et il fit décorer les murs au dedans et au dehors de figures d'éléphants et de chevaux.

Le roi ordonna aussi de célébrer dans toute l'étendue de ses États une grande fête en l'honneur de Boudhou; il fit élever des arcs de triomphe faits avec des branches d'arbres et des étoffes, il ordonna qu'on déployât les bannières, il fit des offrandes de riz bouilli et de fleurs, il planta beaucoup d'arbres et se mit à la tête d'une grande procession formée d'une foule immense d'hommes, d'éléphants, de chariots et de chevaux, avec des danses et des chants, imitant ainsi la fête qui aura lieu dans le Dewa-Loka (*paradis*) parmi les dieux et les brahmas, lorsque ce roi deviendra un Boudhou. Il voulut que cette fête fût célébrée dans chaque ville pendant trente jours entiers. Ce monarque ayant appris également quel acte méritoire c'était que de fournir aux prêtres des vêtements fabriqués dans l'espace d'un jour avec le coton recueilli sur l'arbre, eut soin d'en faire autant; il fit construire deux cent vingt-cinq maisons où les prêtres devaient loger; il leur fournit cinq cents lits et autant de chaises, et il donna aux prêtres mille quatre cent soixante pièces d'étoffes pour faire des rideaux et pour orner leurs maisons. Il distribua aux prêtres des pioches, des haches, des rasoirs et des aiguilles; il leur donna des pots de cuivre, des éventails, des torches et des vases à mettre l'huile; il leur donna également des vases à boire, des parasols blancs et une foule d'autres objets; il leur distribua des éléphants, des chevaux, des vaches, des buffles et autres animaux utiles; il donna aussi à tous les teroonancies (*prêtres du premier rang*) qui se trouvaient parmi huit cent soixante-dix-neuf prêtres qui vinrent des diverses parties de l'île tout ce dont ils pouvaient avoir besoin. Il donna également dix éléphants et dix chevaux aux personnes attachées au service des reliques de Boudhou, afin de les assister dans leur ministère.

Ce monarque voulut également secourir les seize sortes de mendiants, et dans ce but, il fit construire dans chaque rue une maison où l'on distribuait aux pauvres des vivres et des vêtements de la façon la plus libérale. Il fit fabriquer une image de Boudhou en cuivre et de grandeur naturelle, et il fit faire cent quatre-vingt dix autres figures de Boudhou. Il fit confectionner cent quarante et une boîtes d'or pour renfermer la dent de Boudhou, et il donna une autre fois soixante-deux éléphants et chevaux, et quatre cents buffles et vaches.

Ce roi, ayant appris le grand mérite qu'il y avait à offrir des fleurs, ordonna de fabriquer jusqu'à six mille trois cent vingt fleurs d'or et d'argent, et il n'offrit pas moins de six millions quatre cent quatre-vingt mille trois cent vingt fleurs odoriférantes. Informé du grand mérite qu'il y avait dans les offrandes de lampes, il offrit cent vingt-cinq mille trois cent cinquante lampes et de grandes quantités de camphre et d'huile parfumée ; il donna une autre fois deux mille cent quatre-vingt-deux vêtements aux prêtres de Boudhou, dont la religion est comme une mine d'inappréciables trésors. Il donna aussi vingt mille pièces d'argent pour réparer le temple de Bentotte où se conservait une dent du vertueux prêtre Maha Cawsia Pastawiraya-wahansey qui, après la mort de Boudhou, resta sur la terre comme son représentant et accomplit beaucoup de miracles. Il dépensa en outre non moins de cinq cent quatre-vingt-sept mille massas pour orner divers temples et pour accomplir des œuvres de charité, et il fut le bienfaiteur du monde et de la religion.

C'est ainsi que depuis l'époque où Maha Summata Rajah devint roi du pays de Jambu-dwipa jusqu'au temps actuel, il ne régna pas moins de sept cent sept mille sept cent quatre-vingt-dix-neuf rois ; trois cent trente-quatre mille cinq cent quatre-vingt-onze seulement d'entre eux furent régulièrement couronnés ; ensuite vint un roi nommé Ajarat Rajah, et il régna dans la ville de Pelaloop Nuwara ; depuis ce temps jusqu'au règne de Dharma Soka, deux cent cinquante rois régnèrent, furent régulièrement couronnés, et étant tous de la famille du soleil, ils jouirent d'une puissance éclatante. Ce roi de Ceylan fut à l'égard de son peuple comme le soleil pour les fleurs d'une citerne ; de même que les fleurs recevant l'influence salutaire du soleil, élèvent leurs têtes et s'épanouissent à l'air ; de même les habitants de Ceylan regardaient avec la plus grande satisfaction ce roi dont la bonté faisait que leurs cœurs étaient pleins de joie ; de même que les rayons du soleil dispersent et chassent les nuages et les ténèbres, la religion de Boudhou fut, par l'intervention de ce roi, purifiée de toute erreur et brilla d'une beauté parfaite ; le soleil, après avoir achevé sa course, devient invisible à nos yeux et nous laisse dans l'obscurité, et de même ce monarque, après avoir jeté son dernier éclat, fut transporté dans la région des ténèbres, et laissa Ceylan plein de regrets et de deuil.

Après avoir donné en détail l'histoire de tant de rois, il convient d'observer que, lorsqu'un prêtre est reconnu comme étant corrompu, il n'est pas à propos de le renvoyer immédiatement, de peur que la cause de la religion ne souffre de son expulsion ; le cultivateur, en découvrant de mauvaises herbes mêlées avec le riz, ne les arrache pas aussitôt, de peur de nuire à sa récolte ; il attend que les plantes aient poussé assez pour que les mauvaises herbes se distinguent facilement, et alors il les détruit ; de même le mauvais prêtre doit être laissé seul jusqu'à ce que ses œuvres le signalent et le condamnent, et alors il faut l'expulser afin que les bons prêtres restent entourés de respect et la religion honorée. Puissent les hommes jouir du bonheur en conservant entre eux la paix et l'affection fraternelle, et puissé-je, moi, l'auteur de ce livre, être heureux dans le cours de mes naissances futures ; je prie surtout pour renaître dans le monde où réside Maitri Boudhou, et pour rester en ce monde avec lui ; après l'avoir adoré et lui avoir fait des offrandes, puissé-je obtenir moi-même la félicité d'un Boudhou !

EXPOSÉ DE LA DOCTRINE BOUDDHISTE.

HISTOIRE DE LA CONSTRUCTION DE LA PAGODE DE MULGIRRI-GALLE (362).

Les puissants dieux Satagierre et Assoere, les quatre dieux qui sont les maîtres suprêmes et les protecteurs de tous les mondes, le dieu Sakkraia qui gouverne six cieux, et Maha-Brahma qui éclaire tous les mondes, se sont, avec plusieurs autres dieux, approchés de Boudhou et, s'inclinant devant lui, l'ont prié de vouloir bien leur adresser un discours.

Boudhou est un roi lorsqu'il s'agit de la prédication, et un maître puissant pour le gouvernement des trois mondes, le Brahma-Loka qui est au dessus des cieux, le Dewe-Loka qui est le ciel, et le Maneispe-Loka qui est le séjour des hommes ; il préserve du mal les habitants des trois mondes et il est très-grand et très-beau ; lorsque les autres dieux et les habitants des mondes s'approchent de lui, toutes

---

(362) Cet ouvrage inséré dans l'ouvrage d'Upham sur les livres sacrés des Chingalais, fut remis en 1766 au gouverneur hollandais de Ceylan, Willem Falck par le grand-prêtre Sue Randare Metankere Samenere Samewahause, résident au temple de Mulgirri-Galle.

leurs beautés, leur puissance et leurs autres qualités sont éclipsées et comme éteintes, et elles éclatent en lui avec une telle splendeur que les autres déités s'en réjouissent. Avant de venir à l'état de Boudhou, il avait renoncé à toutes ses richesses et montré toute la mansuétude possible; il mourut ensuite plusieurs fois, et étant revenu à la vie, il rencontra le Boudhou nommé Bragmedewe, et désireux de devenir aussi un Boudhou, il tomba à ses pieds. Depuis, marchant durant des années innombrables avec une intention sincère en son cœur, il trouva un second Boudhou appelé Gauteme, et il l'adora avec un désir semblable.

Se flattant ensuite d'un pareil espoir durant des années innombrables, il resta sous la direction du Boudhou Diepankerenan qui, tel qu'une lumière brillante, était le plus élevé des souverains des trois mondes dans la ville d'Ammerawetie. Né d'une famille distinguée parmi les Brahmanes, et appelé le prince Soomedenam, il conçut une aversion pour les richesses temporelles et, d'un autre côté, il conçut le désir de se consacrer au sacerdoce; il se rendit ainsi auprès du roi de ce pays, et il l'informa que, possesseur de tous les trésors accumulés par ses ancêtres depuis sept générations, il avait l'intention de les distribuer aux pauvres. Le roi fut très-satisfait lorsqu'il connut le projet du prince; il le loua grandement et il fit convoquer tous les pauvres, auxquels le prince distribua ses trésors; il se retira ensuite dans des bois au fond desquels il trouva un rocher surmonté d'un édifice semblable à un palais appelé Porne, lequel ainsi que tout ce qu'il contenait avait été produit en un clin-d'œil par Wiskemaka, favori du dieu Sakkraia, et par ordre de cette divinité. Le prince se couvrit des vêtements qu'il y trouva, et il eut la ressemblance d'un pèlerin; planant ensuite dans les airs, il vit que les routes qui mènent à la ville de Ram-Jenam étaient embellies et décorées par les habitants, et il leur demanda pourquoi ces préparatifs avaient été faits. Ils répondirent que c'était pour la venue du Boudhou Diepankerenan, qui, avec quatre cent mille rahatoons, était attendu, et ils lui demandèrent s'il n'en avait point entendu parler. Il descendit alors sur la terre, et en la frappant, il produisit un bruit aussi terrible que celui que causerait la chute d'une boucle d'oreille du dieu Sakkraia, et il demanda aux habitants s'ils ne pouvaient pas lui donner aussi un terrain à déblayer. Ils lui donnèrent alors une vallée à combler. Le prince pensa qu'il pourrait faire descendre du ciel la terre nécessaire, mais il considéra aussi qu'il valait mieux que la chose se fît par son travail; il prit donc un panier dont il se servit pour porter la quantité de terre, et il combla la vallée. Au milieu de son travail il advint que le Boudhou Diepankerenan, accompagné de plusieurs autres dieux et des quatre cent mille rahatoons, vint en cet endroit avec beaucoup de pompe et de splendeur; la vallée n'était pas entièrement comblée, et le pèlerin pensa qu'il n'était pas à propos de faire passer d'aussi illustres personnages par cette vallée à demi comblée; il étendit donc un drap au-dessus d'elle, et il se coucha dans l'intention de faire servir son corps à une espèce de pont sur lequel ces éminents individus pourraient passer. Le Boudhou vint et s'arrêta auprès de la tête du prince, et il dit à ceux qui le suivaient: « O gens heureux, voyez ce pèlerin qui, après des années innombrables, arrivera aussi au rang de Boudhou comme moi, et qui vous procurera à tous l'état du Nirwana. »

Le Boudhou prédit également dans quelle ville le prince renaîtrait comme Boudhou, qui seraient ses parents, sa femme et ses enfants, et par quelles épreuves il passerait; il annonça aussi qu'il serait appelé Guadma Boudhou; il fit trois jours avec joie le tour du corps du pèlerin, et il jeta sur lui huit poignées de fleurs; il s'éloigna ensuite avec toute sa suite; le pèlerin se releva alors et s'assit sur un tas de fleurs apportées en cet endroit pour servir d'offrande; il distribua tous ses biens aux pauvres, il fut charitable, courageux, sincère, juste, zélé, et il mourut dans l'exercice des vertus. Il naquit de nouveau sous le nom de Wesantara, et mourut, après avoir distribué tous ses trésors aux pauvres; plus tard, étant né derechef dans le ciel appelé Tosite, tous les dieux qui étaient dans le ciel le prièrent, lorsqu'il était dans la gloire de son existence, de venir dans le monde des hommes et d'accepter la dignité de Boudhou; c'est ainsi qu'ayant été conçu dans le sein de la femme légitime du roi Suddodarna appelée Mahamaarie, il naquit d'elle au bout de dix mois.

Il grandit comme la lune en sa croissance, et devint le monarque des quatre parties du monde; ensuite, après avoir vécu durant trente ans avec la princesse nommée Jasodera et quarante mille concubines, il vit trois signes qui le décidèrent à se rendre à sa maison de campagne; là, Wismakarme se montra à lui, par ordre de mille dieux, sous la forme d'un homme qui ne le quitta pas; il lui donna des vêtements d'où pendaient mille pointes, il lui fit don de divers bijoux, il posa sur sa tête mille coiffures célestes, et le couronna avec un diadème de pierres précieuses; le roi, informé ensuite qu'un fils lui était né, le nomma Rahulla, et sortit aussi joyeux que Sakkraia revenant après avoir triomphé de ses ennemis les Asuras (*les démons*).

Sur sa route, il rencontra une femme nommée Kisagooteme qui lui récita une chanson représentant le bien et le mal qui arrivent aux hommes pendant leur existence; il en fut si charmé qu'ôtant une chaîne d'or qu'il avait autour de son cou, il la donna à cette femme ; il vint ensuite dans son palais qui était aussi brillant que celui de Sakkraia, et lorsqu'il se fut assis dans son appartement, quelques femmes vinrent pour le divertir, mais il n'y eut aucun goût, et s'approchant de la porte, il pensa que, s'il voyait sa femme et ses enfants, ils ne le laisseraient pas devenir Boudhou. Il alla donc trouver un de ses courtisans, nommé Tjannenam, qui était endormi et qu'il éveilla ; il lui ordonna de seller le cheval appelé Kantekenan qui avait dix-huit coudées de long et une hauteur proportionnée ; il le monta, et la grande porte qui était ouverte ou fermée par l'effort réuni d'un millier d'hommes, s'ouvrit d'elle-même devant ce monarque, en considération de ce qu'il avait jadis toujours maintenu sa porte ouverte pour le pauvre ; il sortit comme la lune qui se préserve, en fuyant, d'être avalée lors d'une éclipse, et dégagé de tous les objets de ce monde, il arriva au bord de la rivière Anomanam, et mit pied à terre après avoir parcouru une distance de cent vingt milles. Ensuite prenant son épée d'or de la main gauche et ses cheveux de la main droite, il en coupa une bonne partie qu'il jeta vers le ciel ; Sakkraia la recueillit et la déposa dans une boîte d'or.

Maha Brahma Rajah lui apporta alors les vêtements d'un prince ; il s'en revêtit et resta, rempli d'allégresse, trois jours en cet endroit ; il traversa ensuite la rivière, et, étant arrivé à la ville de Rayegahanoewere, il mendia une poignée de riz, et s'assit auprès d'une pierre pour la manger. Il vint ensuite dans la ville du roi Binsere qui lui demanda pourquoi il mendiait, puisqu'il était le fils du roi Suddodarna et un roi lui-même. Il répondit qu'il en agissait ainsi pour devenir un Boudhou, et qu'il avait le projet de venir bientôt en cette qualité dans cette même ville. Ensuite il passa sept années dans de grands embarras, et étant un jour auprès de la rivière de Neranjene, il reçut d'une vierge appelée Socyata, du riz bouilli avec du lait de cocotier ; il en fit quarante-neuf boulettes qu'il mangea ; assis ensuite sur le sable, il jeta dans la rivière le vase d'or dans lequel il avait reçu le riz, et qui valait 100,000 larins (*somme égale à 900,000 francs environ*), pensant que, s'il devait devenir Boudhou, ce vase flotterait contre le courant, ce qui arriva en effet.

Il se rendit ensuite dans un bois où il resta tout le jour, et la nuit il suivit une route qui avait été frayée par les dieux, et sur laquelle il rencontra un brahmine qui lui donna huit poignées du grain appelé Kusatane ; il le répandit auprès de l'arbre ; la terre s'ouvrit, et il en sortit un trône de la hauteur de quatorze coudées sur lequel il s'assit ; alors tous les dieux se montrèrent à lui, et lui ayant adressé leurs louanges, une grande clarté se montra en ce lieu. Il vit alors sur un éléphant colossal, et de la taille d'une montagne, un dieu appelé Wassewarti-mara, accompagné d'une foule innombrable armée de piques et d'épées ; il tenait lui-même une épée qui aurait pu fendre le ciel, voulant ainsi effrayer le Boudhou et les autres dieux, et s'emparer du trône ; il fit aussi, dans le même but, tomber neuf fois de la pluie, mais rien ne put épouvanter le Boudhou ; au contraire, ayant rappelé à sa mémoire les dix actions vertueuses qu'il avait accomplies, tous ses ennemis furent chassés comme s'ils étaient mis en déroute par dix géants, et, en raison du bien qu'il avait fait depuis le temps du Boudhou Bragme-dewe, il obtint le pardon de ses péchés et devint Boudhou, sous le nom de Guadma.

Ensuite, à la prière de Maha Brahma Rajah, s'étant rendu à la ville de Barennas (*Benarès*), il y prêcha dans la grande salle appelée Issipattène ; après ce sermon un grand-prêtre appelé Anjakendanje et d'innombrables personnes se convertirent ; beaucoup d'aveugles recouvrèrent la vue, et beaucoup de miracles s'opérèrent. Neuf mois ensuite, il vint dans l'île de Ceylan et se rendit auprès des démons qui étaient dans le palais de Nangeweno-denneje, long de douze milles et large de quatre ; planant dans les airs, il fit que la terre fut couverte d'épaisses ténèbres ; il effraya ainsi tellement les démons qu'ils se retirèrent ; il descendit alors sur la terre, dont il sortit un trône sur lequel il s'assit, et il fit jaillir du feu des quatre coins, ce qui augmenta l'effroi des démons ; il les rassura et il fit, par son pouvoir, venir à l'endroit où il était, un bois qui en était d'abord éloigné ; il y exila les démons, et fit que ce bois retourna à sa place primitive. Il édifia ensuite par son sermon les dieux qui étaient assemblés à Mayjanginne, et les délivra de l'enfer ; il indiqua cette île comme devant servir de demeure aux hommes, et il donna une poignée de ses cheveux au roi Samandiwe qui la déposa dans une boîte ornée de pierres précieuses.

Telles sont les choses que notre Boudhou accomplit la première fois qu'il se rendit à Ceylan. Cinq ans après il sortit de la pagode Telewanne, et il fit cesser le combat que se livraient deux dieux ayant la forme de serpents appelés Tchulodere et Magodère ; ils se tenaient sous la terre, et étaient en hostilités à cause de la possession d'une mine de pierres précieuses ; il les édifia par sa doctrine, et il convertit également leurs innombrables sujets. Les deux serpents, ne voulant pas que leur querelle se renouvelât, offrirent à Boudhou le gisement de pierres précieuses, et ils lui présentèrent des vivres qu'ils firent venir par un effet de leur puissance. Boudhou, après avoir mangé, leur remit un arbre appelé Keriepalloe, dont le dieu Sammandewa s'était servi comme d'un parasol lorsqu'il

SECT. I. — LE BOUDDHISME CHINGALAIS. — EXPOSE DE LA DOCTRINE BOUDDHISTE.

sortit de la pagode ci-dessus nommée ; il leur donna aussi le siège sur lequel il s'était placé, leur recommandant d'adorer les dieux, afin d'obtenir le Niwarna, et il revint ensuite à la pagode.

Lorsqu'il retourna dans cette île, dans le cours de la huitième année, à la demande du serpent Mannickeyeram, il s'assit sur ce siège splendide, il mangea les mets que lui apporta ledit serpent, et il convertit par ses discours beaucoup de personnes. Après être resté quelque temps dans la pagode appelée Balance avec cinq cents rahatoons, il se montra, à la demande du dieu Sammandewa Rajah, sur le rocher appelé Sammantekoete, tel que la lune qui se lève à l'orient ; les dieux se réunirent autour de lui, et pour témoigner leur joie, firent pleuvoir des fleurs et des pierres précieuses, et il laissa ensuite sur ce rocher la marque de son pied. Il se rendit ensuite en divers endroits, tels que Srimahabode, Wonnissakenani, etc., où il resta quelque temps à chaque, prêchant devant les dieux qui y étaient réunis ; il revint après à la pagode, où il séjourna pendant quarante-cinq ans, prêchant et accomplissant de bonnes œuvres.

Il se rendit ensuite à la cour du roi Mallele, et il voulut coucher dans l'un des hamacs qui étaient placés dans les deux salles du palais ; il réfléchit sur la question de savoir en quelle partie du monde ses lois et sa religion seraient le mieux observées ; le monde a en étendue trois mille six cents fois cent dix mille trois cent cinquante yoduns ; il se divise en quatre parties : Poerewewideseje ayant sept mille yoduns ; Jambu-dwipa dix mille ; Appeperego-janege sept mille yoduns et Oetoeroek croediweine huit mille yoduns ; il y a aussi deux mille petites îles. Sachant, par son omniscience, ce qui devait arriver en ce pays cinq mille ans au plus tard, il appela le dieu Sakkraia et il lui dit qu'il avait trois fois visité l'île de Ceylan, et qu'il en avait expulsé les démons, et que ses lois y seraient mieux suivies ; il lui recommanda de protéger Ceylan et ses habitants. Sakkraia se prosterna et se chargea sur sa tête de l'exécution de cet ordre, et il remit ensuite au dieu Wisnou qui l'accompagne le soin d'exercer cette protection.

Boudhou Guadna mourut après avoir édifié par ses sermons tous les dieux et les habitants du ciel le plus élevé ; son corps fut mis dans un coffre d'or et brûlé sur un bûcher fait de bois de santal, et haut de cent cinquante coudées, par les dieux qui vinrent de dix mille mondes, et qui firent ensuite des sacrifices pendant trois semaines.

Les bonnes œuvres de ce Boudhou sont aussi grandes que l'étendue du monde est vaste, que la mer est profonde et que le ciel est élevé ; il ne tua jamais une créature douée de la vie ; il ne se rendit jamais coupable de larcin, de fornication, de mensonge et de calomnie ; il ne prononça point de paroles indécentes, il s'abstint de manger la nuit, de danser, de chanter, de jouer, de sentir des fleurs ni des parfums ; il ne désira ni or, ni argent, ni éléphants, ni chevaux, ni vaches, ni buffles, ni autres animaux domestiques, ni jardins, ni terres ; il ne vendit point à faux poids ou à fausse mesure, il ne falsifia point des métaux précieux et ne dépouilla personne ; il fut exempt de toute indécence, et il accomplit toutes les choses qui sont bonnes comme les prêtres qui observent les lois de Boudhou, en s'abstenant de toute action criminelle.

Voici maintenant l'exposé de la doctrine du Boudhou qui est le seigneur des trois mondes, et qui plusieurs fois, renonçant à sa splendeur, descendit dans le monde comme un mendiant et qui, ému de compassion pour les hommes, et ayant enduré beaucoup de souffrances, est arrivé à cet état.

Les habitants du monde ont reçu cette instruction, chacun en son langage particulier et d'une façon intelligible, le bien ou le mal leur étant en même temps signalé, mais ce qui en est dit ici, n'est que comme une goutte d'eau sortie de la mer.

1. Quiconque tue ou fait tuer, doit souffrir, même dans cette vie, des châtiments rigoureux, et ensuite renaître dans l'enfer ; après y avoir subi sa peine, il pourra renaître en ce monde et avoir son origine dans une bonne famille, mais il aura beaucoup de maux à souffrir.

2. Quiconque vole est puni en cette vie ; il a les mains et les pieds coupés et subit d'autres châtiments, et ensuite il tombe dans l'enfer ; après y avoir beaucoup souffert, il peut renaître en ce monde, mais il est obligé de mendier, sans rien avoir pour remplir son estomac ou pour couvrir sa nudité, et sans pouvoir trouver un abri.

3. Quiconque a pour les femmes une inclination coupable souffrira beaucoup de peines en ce monde, et renaîtra ensuite dans l'enfer ; après y avoir demeuré longtemps, il pourra renaître cent fois en ce monde sous les traits d'une femme, mais nul homme ne la regardera, parce qu'une semblable femme n'aura que l'apparence d'un être humain, et elle aura à endurer beaucoup de peines et de malheurs.

4. Quiconque dit des mensonges mourra chargé de ses péchés et renaîtra en enfer ; après y avoir longtemps souffert, il pourra renaître en ce monde, mais il sera dépourvu d'une figure agréable et d'une belle voix ; il aura au contraire une haleine puante et deux langues comme les serpents ; lorsqu'il dira la vérité, on ne le croira pas, et dans toutes ses pensées, actions ou paroles, il sera, quoique innocent, regardé comme coupable.

5. Celui qui s'enivre, perd la raison et devient l'objet de la haine générale. L'ivrogne traite ses

parents avec injustice, et dans son voyage vers le ciel, il rencontrera toutes sortes d'obstacles; ses mauvaises pensées le conduiront à sa perte et se développeront de plus en plus. Tuer des bestiaux, commettre le vol et l'adultère, mentir, calomnier, dire des choses inutiles, désirer la richesse de son voisin et en être jaloux, prétendre qu'il n'existe ni péché, ni salut éternel, toutes ces choses qui sont le résultat de l'ivresse, sont défendues par le Boudhou, et quiconque meurt souillé de semblables péchés renaîtra dans l'enfer et souffrira beaucoup; revenant plus tard à la vie en ce monde, il sera aliéné et atteint de maladies incurables. Celui qui cherche des bénéfices sordides en vendant des liqueurs, du bœuf, des bestiaux vivants, des flèches, des armes à feu ou toute arme pouvant servir à tuer des oiseaux, doit cesser ce métier et s'appliquer à s'enrichir par un travail utile, comme la culture des champs; il doit donner aux pauvres avec joie, songer à Boudhou, maintenir la bonne doctrine, être charitable envers tous les hommes, honorer ses parents et ses maîtres, faire le bien selon ses moyens, enseigner aux autres la doctrine selon l'étendue de sa connaissance, l'écouter attentivement et y ajouter une foi constante. Celui qui pratique ainsi le bien et qui y persévère, ira, après cette vie, au ciel de Brahma, et après avoir joui de toute la félicité qu'on y trouve, il obtiendra le Nirwana.

Quiconque fait en ce monde de bonnes œuvres pour plaire à Boudhou aura la force du soleil; quiconque estime sa doctrine obtiendra une sagesse égale à l'étendue du monde; quiconque honore ses adhérents obtiendra de l'or, de l'argent, des pierres précieuses, des villages et des terres, suivant la promesse de Boudhou, et quiconque s'écarte du mal et s'attache à la pratique des bonnes œuvres obtiendra le Nirwana.

Quand Boudhou résidait dans la pagode de Jetewanenaha, dans la ville de Sewas, il embrassa de son regard le monde entier par un effet de son omniscience, et il vit qu'il y avait beaucoup de gens d'une grande piété; afin de les rendre heureux, il sortit de la pagode et alla vers eux: le même jour, le roi de ce pays, nommé Kosol, vint à la pagode avec une grande suite; ne trouvant pas le Boudhou, il pensa que la pagode était abandonnée, et que celui qui était si bienveillant pour les hommes était perdu; il en fut très-affligé, et déposant dans la grande salle tous les trésors qu'il avait apportés avec lui, il retourna dans sa capitale, mais le Boudhou revint peu après.

Le lendemain, le roi Kosol, prenant avec lui une foule nombreuse et de grands trésors, revint à la pagode; il vit le Boudhou qui était assis, et, tombant à ses pieds, il lui dit qu'il était venu la veille, mais que, ne l'ayant pas trouvé, il s'était retiré fort affligé; il lui demanda ensuite la permission de reproduire son image, afin de satisfaire les hommes. Le Boudhou lui répondit que son intention était fort bonne, et il lui donna la permission qu'il réclamait; alors le roi, tombant aux pieds du Boudhou et l'adorant, lui demanda comment il convenait de faire cette image. Le Boudhou répondit qu'elle pouvait être faite, à son gré, de bois, de pierre, de terre, de métal, de fer, de cuivre, d'or ou de pierres précieuses, grande ou petite, longue ou courte, et il dit en même temps qu'il serait possible de remplir de grains de sable l'étendue de ce monde (laquelle est de 10,000 yoduns), et ensuite de compter ces grains un à un, mais que le bonheur de ceux qui font de semblables images échappe à toute évaluation. Le roi fut très-satisfait d'entendre cette exhortation, et retournant au palais avec sa suite, il fit prendre dans son trésor une pièce de bois de santal rouge, et il en fit faire une image à la ressemblance du Boudhou; il la fit ensuite vêtir d'une robe jaune et déposer dans un endroit convenable, et tous ceux qui la virent éprouvèrent une grande allégresse.

Le roi Kosol se rendit ensuite, avec une suite nombreuse qui portait des fleurs et des lampes allumées, auprès du Boudhou, et il l'adora, en le prévenant que l'image était finie. Il revint à son palais, et il y fit élever une salle ornée d'or et de pierres précieuses de toutes sortes, couverte de toile d'or et garnie de rideaux et d'étoffes somptueuses; il fit ériger un autel du côté du sud, et il y plaça l'image; il fit aussi réparer les routes qui menaient de là à la pagode, les faisant couvrir de sable fin, et décorer d'arcs-de-triomphe illuminés au moyen de lampes pleines d'huile parfumée; ensuite, suivi de tout son peuple, il se rendit à la pagode au son des instruments de musique, et il pria Boudhou de venir avec lui. Boudhou se revêtit aussitôt d'une robe jaune, et, brillant comme le soleil, accompagné de cinq cents rahatoons et marchant sur des fleurs qui sortirent spontanément de la terre, il se dirigea vers le palais, à la grande joie de tous. Lorsqu'il y fut arrivé, l'image qui avait été faite par le roi et son peuple fut consacrée à Boudhou et à ses rahatoons, et quand Boudhou entra dans la salle, l'image de bois de santal fit quelques mouvements sur l'autel, comme si elle jugeait qu'il n'était pas convenable qu'elle restât en un lieu élevé lorsque le Boudhou venait, et comme si elle voulait descendre. Le Boudhou s'en aperçut, et dirigeant vers elle sa main droite, il dit que, comme il avait l'intention de se plonger bientôt dans l'état du Nirwana, la mémoire de son nom se conserverait durant cinq mille ans en raison de cette image; il ne lui permit donc pas de descendre, et afin que, pendant cette période, tous les dieux et les hommes fissent volontiers des sacrifices à cette image, il prit huit poignées de fleurs et il en fit une offrande ; les rahatoons offrirent également des fleurs de toute espèce, aussi bien que tous les Brahmanes, les princes et environ quatre mille femmes du roi; tous les habitants de la ville vinrent avec des fleurs et des trésors; le roi fit placer le Boudhou sur un trône élevé dans cette salle d'or, et rangeant les rahatoons alentour, il leur offrit durant sept jours des aliments choisis.

Ensuite, s'excusant de son ignorance auprès du Boudhou, il désira savoir quels avantages une personne qui fait des images peut attendre en ce monde, comment, en quittant cette vie, elle se rendra au ciel et quelle félicité elle obtiendra. Le Boudhou, le louant de son zèle, lui répondit qu'il serait instruit de ce qu'il voulait savoir et qu'il en conserverait le souvenir en son cœur. Le prêtre Anneda-mahaterowahanse, lui demanda alors quel bien l'individu qui écrirait ses discours pourrait obtenir. Le Boudhou répondit qu'il était aussi bien aise de cette question, et il fit les réponses suivantes :

1. Celui qui, selon sa capacité, fait une image ou met par écrit des sermons, ne renaîtra jamais dans l'enfer.

2. Il ne reviendra à la vie que dans l'enceinte de la circonférence de ce monde.

3. Il n'aura point pour mère une esclave, mais il sortira d'une famille respectable, et il observera fidèlement les lois de Boudhou.

4. Il ne renaîtra point comme une femme ; il ne sera point sujet à l'épilepsie ou à la frénésie, il ne sera ni muet, ni sourd, ni difforme, mais au contraire, il sera comme une image d'or avec des dents de tigre.

5. Il ne sera point effrayé par des bêtes sauvages, tels que les tigres ou les ours ; il obtiendra une opulence qui ira en augmentant, de même que la lune s'accroît après s'être montrée, et la famille où il naîtra ne recevra point d'affront.

6. Il possédera en abondance des perles, des pierres précieuses, du riz, de somptueuses étoffes, des esclaves, des éléphants, des chevaux, des buffles, des vaches, des voitures et des palanquins.

7. Il renaîtra dans le ciel, et avec mille femmes célestes ; il vivra dans une habitation d'un éclat inexprimable, obtenant tout ce qu'il désirera.

Le Boudhou ayant ainsi expliqué le bonheur de ceux qui font son image et qui écrivent ses discours, ce qu'il dit fut écouté avec joie par tous les auditeurs, qui le retinrent dans leurs cœurs, et c'est depuis cette époque que la fabrication des images et la rédaction des sermons furent introduites en ce monde par le roi Dharma-Ska qui commandait à quatre vingt-quatre mille autres monarques;

il fit élever un pareil nombre de pagodes où des sacrifices étaient offerts selon les lois de Boudhou, le roi de Ceylan, nommé Dootoogameny fit de son côté élever quatre-vingt-dix-neuf pagodes, et il y fit célébrer de grands sacrifices ; ses successeurs firent également élever des centaines de temples, et ils obtinrent ainsi le ciel. Un autre roi de l'île, nommé Dieweni patissa, qui résidait dans la ville d'Anuradhe-poura, fit élever avec magnificence la pagode de Mullegirri, et avec le consentement de tout le pays voisin, il fit célébrer de grands sacrifices, et depuis ce temps, elle est restée dans le même état.

Liste des livres religieux palis et cingalais contenus dans les temples de Mulgirri Galle, de Matura et de Bentotte dans l'île de Ceylan.

Digsangiya. — *Maidum-Sangiya*, etc. Dix-neuf ouvrages en pali contenant chacun de 4 à 800 feuillets. — *Wisuddi-Magge-Pela.* — *Pariwara-Patte,* etc. Vingt-trois ouvrages en pali, contenant chacun 250 à 300 feuillets. — *Parajika.* — *Mangala-Dipaninan-atuwa.* Ces deux livres, apportés du pays de Camboya, sont dans le langage de cette contrée ; ils contiennent chacun 200 ou 300 feuillets. — *Pansiya-Panas-Jateke.* Ce livre écrit en Chingalais contient 1500 feuillets. — *Puja-Waliya.* — *Sararta-Sangrahe,* etc. Six livres en Chingalais contenant chacun de 500 à 600 feuillets. — *Amawatura.* — *Paritcheda,* etc. Treize livres en Chingalais contenant chacun 100 à 200 feuillets. — *Salaya-Suttra-Sanne.* — *Kudusika-Sanne,* etc. Seize livres en Chingalais contenant chacun 60 à 70 feuillets. — *Sadu-Charitode.* — *Cudu-Sika,* etc. Six livres en pali contenant 50 à 60 feuillets. — *Abidane.* — *Amara-Sinhe,* etc. Douze livres en pali contenant 100 à 200 feuillets.

M. Upham donne tout au long les titres de quatre-vingt dix-huit livres religieux qui sont dans les temples du district de Matura, et de quatre-vingt-treize livres conservés dans le temple de Galapata (au district de Bentotte).

Tous ces livres sont en pali, et contiennent de 400 à 800 feuillets.

Une autre liste renferme vingt-quatre ouvrages en pali de 250 à 300 feuillets ; un dernier catalogue ne comprend pas moins de cent trente-six livres en Chingalais de 500 à 600 feuillets. Nous jugeons inutile de reproduire ces longues séries de titres insignifiants.

Le *Suddharma-Alancaraya* contient l'explication des écrits authentiques qui ont rapport aux trente-deux majestueuses perfections corporelles réunies en Boudhou, à ses quatre-vingts perfections simples et à ses deux cent seize signes naturels ; il traite des mérites que font avoir en l'autre monde le respect et l'hommage rendus en celui-ci à Boudhou et aux prêtres; il expose le bien qui résulte de l'observation de la religion de Boudhou, et le mal qui frappe ceux qui la violent; il trace enfin le tableau des peines et des récompenses de la vie future.

Le *Dampigawa* contient des sermons adressés par Boudhou à ses prêtres et à d'autres personnes, et des préceptes de conduite.

Le *Brasmalaja-Sastraya* montre comment les prêtres doivent observer les commandements de Boudhou et s'abstenir de péché; il expose aussi la fausseté des soixante-quatre autres religions.

Le *Saddarma-Lankare* renferme l'histoire de Ceylan, et d'une partie du Jambu-dwipa.

Le *Nidana-Pata* a pour but de démontrer la vérité de la religion de Boudhou.

L'*Yantra-Pota* est une collection de figures parmi lesquelles il faut en choisir une qu'on copie, et qu'on attache sur le corps d'une personne atteinte d'une maladie dont on attribue la cause à un esprit malin.

L'*Amara-Pura-Warna-Nawa* raconte comment les habitants d'Amara-pura embrassèrent la religion de Boudhou.

Le *Brachmagahle-Locha* est un dialogue entre un prêtre de Boudhou et un Brahmine; ce dernier finit par se convertir.

Le *Sariputtra* indique l'art de construire les images de Boudhou en indiquant la longueur, la largeur, la circonférence et la forme de chaque partie, depuis la tête jusqu'au pied, et le *Roopamatawa* indique les manières, les formes et les couleurs auxquelles il faut se conformer pour faire les images des différentes déités, des démons et des animaux.

Pansya Pana Jutakas. — Ce livre, célèbre parmi les boudhistes de Ceylan, contient le récit des incarnations du Boudhou Guadma; il est fort rare d'en trouver des exemplaires complets, mais chaque pagode en possède des portions plus ou moins étendues. Une copie de l'ouvrage entier se trouve dans la bibliothèque de la Société asiatique. Le Boudhou s'y trouve représenté sous la forme de cinq cent cinquante personnages différents. Il suffira de reproduire deux de ces récits.

« Un marchand peu judicieux partit un jour pour un voyage avec cinq cents chariots chargés de marchandises et un nombre convenable de serviteurs. En arrivant au milieu d'un vaste désert sablonneux qu'il avait à traverser, il fut accosté par quelques démons qui s'étaient déguisés, et qui, par leurs artifices, l'amenèrent à jeter toute sa provision d'eau; cette imprudence fit que lui et ses gens tombèrent au pouvoir des démons qui les dévorèrent. Peu de temps après, un marchand sage et expérimenté suivit la même route; il rencontra aussi les démons, mais sa sagacité fit qu'il devina leurs projets sanguinaires, et il les déjoua. Il prit ensuite possession d'objets précieux appartenant à son infortuné prédécesseur, et qu'il trouva dans le désert, et il continua sa route.

« Il y avait un marchand fort avide qui faisait le commerce d'anneaux et de bracelets fabriqués avec de la terre vernissée. En voyageant avec sa marchandise, il vint à une maison où était caché un plat d'or d'une très-grande valeur, sans que les personnes qui résidaient en cette demeure en connussent le prix. Ces personnes étaient une pauvre vieille veuve et une petite fille, seuls débris d'une famille jadis puissante. La petite fille alla vers le marchand et lui offrit le plat d'or en échange de quelques-uns de ses bracelets; il dit que le plat n'avait aucune valeur, et qu'il ne voulait absolument rien donner en retour; il s'éloigna ensuite, dans l'idée de revenir bientôt, et d'avoir le plat comme il l'espérait. Sur ces entrefaites vint un autre marchand, auquel la petite fille fit la même offre; celui-ci, qui était honnête, l'informa de la grande valeur qu'avait le plat, et l'emporta après avoir donné en payement mille pièces, c'est-à-dire tout l'argent qu'il avait sur lui. L'autre marchand revint bientôt, et quand il apprit ce qui s'était passé, son chagrin fut tel qu'il tomba mort sur la place.

« Un homme d'un rang élevé et d'une grande fortune, voyant un rat mort qui gisait dans la rue, dit tout haut que si un homme voulait prendre ce rat et le mettre en vente, il s'élèverait à une position élevée. Un pauvre homme, ayant entendu ces paroles, prit le rat, et avec l'argent qu'il retira de cette vente, il jeta la base d'une fortune qui s'éleva ensuite à cent mille pièces d'or. Après avoir acquis cette somme, il épousa la fille de celui qui l'avait ainsi encouragé, et il devint héritier de ses biens. »

Le *Makha-diwa-Jutaka* raconte l'histoire d'un roi qui, observant sur sa tête un cheveu gris, renonça au monde et se fit prêtre, quoiqu'il eût encore quatre-vingt-quatre mille années à vivre.

Le *Khandina-Jutaka* expose qu'un cerf, frappé d'admiration de la beauté d'une biche, la suivit aveuglément, et fut frappé d'une flèche lancée par un chasseur qui s'était mis en embuscade. Bodi-Sat, qui était alors un arbre, observant le destin du cerf, en prit l'occasion de s'élever contre les suites fatales qu'entraîne la sensualité, et il fit retentir de ses remontrances toute la forêt.

Dans le *Maluta-Jutaka*, on raconte le récit d'une discussion élevée entre un lion et un tigre; l'un soutenait que le froid se faisait surtout sentir de la nouvelle à la pleine lune; l'autre affirmait que c'était de la pleine à la nouvelle lune. Bodi-Sat vint vers eux, et prononça que c'était le vent qui était la cause du froid, décision qui mit d'accord les deux antagonistes.

L'*Ayachithab-Hatta-Jutaka* rapporte l'histoire d'un homme qui mit à mort un certain nombre d'animaux, afin de faire avec les ossements un sacrifice à une divinité qu'il voulait se rendre propice. Bodi-Sat, ou l'arbre-dieu, auquel ce sacrifice était offert, manifesta combien cet acte de cruauté lui était odieux, et il prescrivit, en présence d'une foule nombreuse d'auditeurs, de ne rien faire de semblable à l'avenir.

Dans le *Nalapana-Jataka*, on lit le récit de la façon dont Bodi-Sat, qui était alors un singe, s'y prit, avec quatre-vingt mille de ses compagnons, pour étancher leur soif dans une citerne où résidait un démon. Ils firent usage de roseaux qu'ils avaient rendu complétement creux au moyen de leur haleine, et ils aspirèrent ainsi l'eau. En mémoire de cet événement, les roseaux qui entouraient cette citerne poussèrent, durant un kalpa entier, sans avoir de nœuds.

RÉCIT DE LA TRANSLATION D'UNE BRANCHE DE L'ARBRE BOGAHA A ANURHADHE-PURA PAR ORDRE DU ROI PATISSA LE SECOND.

Le roi Patissa second, ayant construit des navires, fit venir un grand nombre de rahatoons (prêtres boudhistes qui peuvent traverser les airs), et s'embarquant avec eux, il aborda, après une navigation de sept mois, au pays appelé Bodimandella. Le roi de ce pays, nommé Sribodi-Rajah, sortit de son palais, et après avoir fait asseoir ces rahatoons, il leur demanda pourquoi ils venaient. Le roi Patissa dit qu'ils venaient chercher l'arbre sacré appelé Bodinwahansa; Sribodi Rajah répondit qu'il ne le souffrirait pas. Alors le roi Patissa étendit une main vers le ciel et l'autre vers la terre, et dit : Que notre Bodinwahansa soit à nous et qu'il soit notre témoin, si vous avez compassion de Cinhala (*Ceylan*).

Le Bodinwahansa mugit alors comme le tonnerre, et Sribodi-Rajah épouvanté consentit à ce qu'on enlevât l'arbre ; mais les prêtres dirent au roi Patissa que personne ne pouvait l'emporter excepté une *bickshou*, c'est-à-dire une vierge vouée à la solitude et de la famille royale de Sakka-Coola. Les prêtres virent par leurs regards surnaturels que cette personne était la sœur du prêtre Mihidoomaha, et qu'elle vivait dans une caverne sur le mont de Sayagriparwetta. Les deux prêtres Malliyamaha et Mihidoomaha se rendirent à cette montagne en un espace de temps moindre que celui qui s'écoulerait pour qu'une toile d'araignée, atteinte par la flamme à une de ses extrémités, fut noircie à l'autre. Après avoir appelé cette vierge, ils lui recommandèrent de ne se nourrir que de fruits, en s'abstenant de tout aliment préparé, et de changer de vêtements trois fois par jour après s'être baignée dans de l'eau parfumée. Les deux prêtres se rendirent au ciel, et les dieux Sakkraia, Brahma, etc., ayant élevé deux trônes chacun de quatorze coudées de haut, les y firent asseoir, et leur offrirent le Dassawidde-ratnah (c'est-à-dire les dix choses précieuses, à savoir : des perles, des pierres précieuses, de l'or, de l'argent, etc.); ils écoutèrent ensuite leur prédication. Les prêtres prièrent ensuite les dieux de leur céder, pour en faire hommage à Boudhou, deux vêtements célestes et seize pots d'or. Après les avoir reçus et donné leur bénédiction aux dieux, ils vinrent, accompagnés de seize femmes célestes, au lac d'Anotatta-Willah ; après avoir pris dans ce lac seize pots d'eau parfumée, ils retournèrent à la montagne Sayagriparwetta, et ils recommandèrent à la vierge de se laver avec cette eau et de se revêtir des vêtements célestes. A peine les eut-elle pris qu'elle obtint le pouvoir de monter dans les airs et elle partit aussitôt accompagnée des femmes célestes et des prêtres.

Arrivés au pays de Bodimandella, ils se présentèrent devant le roi, et ayant envoyé chercher les fleurs de l'arbre Dambagassa (*arbre dont le tronc, les feuilles et les fleurs sont de l'or le plus pur*), ces fleurs qui sont d'or furent broyées et mêlées avec du mercure, et ce mélange remis à la prêtresse.

Une échelle d'or ayant été dressée, elle y monta tenant un pinceau d'or, et, sous l'inspiration du ciel et de la terre, elle traça avec le mélange d'or et de mercure une ligne sur l'arbre Bodinwahansa, disant : « Bodinwahansa, viens dans notre île de Ceylan. » Aussitôt l'arbre tomba coupé à l'endroit où la ligne était tracée, comme s'il avait été fendu par une scie d'or ; il s'éleva vers le ciel, et redescendit se plaçant lui-même sur un char qui avait été préparé. Il sortit du sang des deux extrémités de l'arbre qui étaient ainsi tranchées ; mais la vierge y ayant appliqué le vêtement céleste qu'elle portait, le sang s'arrêta. Sribodi-Rajah permit aux deux prêtres d'emporter le Bodinwahansa, et il leur donna trois plaques d'or pour qu'elles fussent placées en son nom à l'endroit où il se fixerait de lui-même.

Dans l'espace de sept jours, le Bodinwahansa vint à Mahatotta, de là à Samanalla-Sripada, et ensuite à Maihangana. Mais les habitants de Ceylan, ne sachant où était le Bodinwahansa, commencèrent à gémir et à pousser des cris qui retentirent comme le tonnerre dans tout le pays de Jambudwipa. Sribodi-Rajah, ayant entendu ces cris, se rendit à la montagne de Maihangana, et pria le Bodinwahansa de reprendre sa route. L'arbre divin se rendit à l'endroit appelé Santaneya, où des offrandes lui furent présentées; de là il se rendit à la montagne appelée Yabahoo, appartenant au prêtre Yama, et de là au village Nalligamma, où il laissa tomber un morceau d'écorce. Il alla ensuite à la montagne d'Allegalla, où il séjourna quelque temps, et par un effet de sa puissance, ceux qui étaient dans la caverne de cette montagne furent obligés d'en sortir, et ils furent changés en pierres sur la place. L'Upasakka (*homme religieux*) de ce village, voyant cela, prit une coupe d'or remplie de miel et l'offrit au Bodinwahansa, en le priant de descendre. L'arbre sacré laissa tomber dans cette coupe une branche avec toutes ses feuilles, et il s'enfonça dans la terre à une profondeur de cent coudées.

Le Bodinwahansa se rendit ensuite à la montagne de Demmetedenny, et après y avoir placé un arbre de bois de sandal, il alla à Calamy ; de là il alla à Bopittiya, où il laissa tomber un morceau d'écorce, et il se rendit au bois de Mahatal-himay ; il y fit faire avec des haies faites de l'arbre Sal un retranchement au milieu duquel fut placée une branche couleur d'or avec des feuilles ; il se rendit ensuite au bois de Nitipatma-Unnewanney, près du village de Mahadaiwa-gamma, où il resta sept semaines entières élevé dans les airs au-dessus de la terre.

Le roi Patissa fit assembler les dieux et les hommes ; il réunit quatre-vingt-seize kelles de Maharahatoons ou prêtres de Boudhou, neuf kelles et neuf lacs d'hommes, sept kelles de géants (ou guerriers) ; il envoya chercher le forgeron Drowah et à une heure heureuse, il fit fabriquer des instruments, tels que marteaux, enclumes, barres de fer, etc. ; il fit aussi préparer pour le Bodinwahansa un emplacement ayant cent coudées de circonférence et trente-deux coudées de haut. On y plaça un pot d'or de sept coudées, et l'arbre, descendant du ciel, s'approcha de la terre le jour de la pleine lune au mois d'assalla (*juillet*) ; mais il ne voulut pas entrer dans le pot d'or, et il s'enfonça en terre auprès de l'emplacement qui avait été préparé. Le prêtre Sonattra perça de ses regards divins l'intérieur de la terre et il s'y plongea, ramassant sept espèces de sable précieux qu'il mit dans une extrémité de son vêtement ; il sortit ensuite de la terre qu'il fendit, et, après avoir jeté le sable sur l'emplacement qui avait été préparé, il s'écria : « Sadu ! » Les dieux répondirent avec un fracas qui fit trembler la terre, et dirent : « La vertu du Bodinwahansa durera d'ici à cinq mille ans, » et ils donnèrent à l'île le nom de Sri-Lanka.

Le roi Patissa second donna diverses terres aux prêtres pour les récompenser de l'habileté qu'ils avaient montrée ; il mourut ensuite. Alors les terres, en commençant à la ville de Pandoohas, devinrent une dépendance de Malacca, et les autres terres, y compris la ville d'Anurahde-pura, passèrent dans les mains des Heddy-Demallos (peuple du Malabar). Elles restèrent cent vingt ans en leur possession. Ensuite le roi Dootoogameny détruisit les Heddy-Demallos près leurs retranchements, enleva les fortifications de Bomaluwa (l'endroit où est l'arbre Bodinwahansa) qui étaient de métal et hautes de dix-huit coudées, et après avoir conquis l'île entière de Lanka, il y régna en paix.

Ce roi demanda aux prêtres : « Ai-je commis un péché en tuant ces Malabares ? » Les prêtres répondirent : « O roi, tu ne peux être absous du péché d'avoir tué certains personnages au nombre de quatre. » Le roi leur demanda alors ce qu'il devait faire pour expier cette faute. Les prêtres répondirent qu'il devait faire creuser un temple et y placer les reliques du Boudhou Loutoorah. Le roi fit réparer et décorer la caverne appelée Ratnamali, qui avait cent vingt coudées en longueur et en largeur ; il en fit peindre les quatre murailles, il fit étendre des nattes sur le parquet, et il y fit placer des images de Brahma, de Sakkraia et d'autres dieux ; elles étaient en or et d'une valeur de six laks. A la porte orientale était placé un degré demi-circulaire fait d'une pierre précieuse, et qui avait la valeur de trois mondes, à savoir, le ciel, le monde des humains et le monde des serpents. L'image du Boudhou Loutoorah était faite d'or pur ; elle était sur un trône de saphir. Une boîte en perles de sept coudées de long fut faite, et le prêtre Sonattra fut envoyé au monde des serpents afin de rapporter les reliques ou ossements de Boudhou. Il demanda aux serpents ces reliques ; mais ceux-ci refusèrent de les donner. Alors les prêtres se retirèrent, disant : « Que notre volonté soit faite ! » et la boîte contenant les reliques, et qui était dans le ventre du roi des serpents appelé Mutchalinda, sortit d'elle-même. Les serpents vinrent à l'endroit que le roi avait fait préparer pour déposer les reliques et les réclamèrent ; les prêtres disputèrent entre eux, et, pendant ce temps, les princes de Malawa emportèrent la boîte à Ramag-gramaya, et la déposèrent dans une caverne sur laquelle ils bâtirent un clocher ; il s'écroula du côté de la mer, et la boîte tomba dans les eaux. Les serpents la retrouvèrent, et on leur donna en récompense de leur peine la boîte de perles et les mesures qui servent à mesurer les reliques de Boudhou ; ils firent ensuite hommage des mesures, et se retirèrent.

Les reliques de Boudhou furent mises dans une nouvelle boîte, et quand celle-ci eut été fermée, les princes de Malawa la portèrent sur leurs têtes au roi Dootoogameny et la lui remirent. Le roi réunit les dieux des deux mondes, et une multitude de prêtres et d'hommes ; il se couvrit d'un vêtement d'or comme le roi Wessamooni, le souverain des démons, et il entra dans la caverne, y menant une procession au son de la musique, qui faisait un bruit comme celui de la mer, et il plaça les reliques de Boudhou sur un trône. Lorsqu'il fut sorti, il fit venir des charpentiers et des forgerons ; il fit fermer la caverne ; elle fut recouverte de terre, et des murs furent élevés alentour. L'espace entouré par ces murs fut rempli de beurre et d'huile de graine de sésame ; après y avoir fait piétiner des éléphants pendant sept jours et naviguer des bateaux, le roi fit écouler le liquide et nettoyer la place.

Le roi demanda ensuite au grand-prêtre comment il fallait construire la tour qui devait s'élever au-dessus. Des tuiles furent apportées sur un plateau d'or, et du mortier fut préparé, et le roi commença à bâtir la tour. Avant qu'elle fût finie, le roi prévit que sa mort approchait, et il demanda comment il fallait placer le dôme. On fit un dôme en étoffe afin que le roi le vit, et, en le regardant, il lui sembla voir le char céleste envoyé vers lui pour le retirer de ce monde. Il en fit part à ceux qui étaient auprès de lui, mais ils ne voulurent pas le croire. Il fit alors apporter quatre guirlandes de fleurs qu'il prit entre ses mains et qu'il jeta sur le char, et elles y demeurèrent suspendues. La foule poussa alors de grands cris lorsque le roi quitta ce monde pour aller au ciel; son éléphant, appelé Cadol, rompit la chaîne qui le retenait, et alla vers le lac de Saddantawilla, et l'île de Ceylan fut remise au prince Tissa.

Ensuite, un peuple appelé Cakamukkoroo vint et débarqua dans l'île; leur roi s'appelait Nalla Modeley, et il s'empara d'une partie de l'île de Ceylan. Le prince Tissa ne pouvant lutter contre ce monarque, s'adressa au pays d'Aiotty-Pattelam, et il vint vingt-quatre mille neuf cent cinquante Malabares de neuf classes différentes. Ils débarquèrent à Kuddira Malla. Le roi de Ceylan les ayant passés en revue, ordonna qu'on leur comptât leur solde. Ils demandèrent : « Qu'est-ce que nous recevrons si nous gagnons la bataille ? » Le roi répondit : « Je vous donnerai en mariage des femmes de ce pays. » Après un combat qui dura sept jours, les Malabares s'emparèrent du fort de Nallewa-Cottoowah; ils allèrent ensuite au palais du roi et lui parlèrent. Le roi, fort satisfait d'eux, fit préparer des aliments et les engagea à manger. Il leur demanda s'ils voulaient avoir des femmes en mariage, ils répondirent qu'ils n'en voulaient pas; et après avoir mangé, ils demandèrent de nouveau ce que le roi leur donnerait. Le roi leur commanda de se battre contre Nalla-Modeley, et de reprendre le pays dont il s'était emparé. Ils attaquèrent l'ennemi, tuèrent Nalla-Modeley et tous ses gens, et s'emparèrent de ses forts. Le roi leur donna des terres où ils s'établirent; mais, après sa mort, une grande famine se déclara; les Malabares, quittant l'île de Ceylan, retournèrent en leur pays, et les habitants de l'île se retirèrent dans les bois, mangeant des feuilles et l'écorce des arbres.

Il vint ensuite à cette île un roi nommé Buwanaika-Bahu; et, vers cette époque, le roi Mallawah, du pays de Mallawa-Rata, étant mort en laissant sept fils, ce pays fut occupé par un autre roi qui était ennemi du monarque défunt. Ainsi les sept princes restèrent cachés dans un temple; ils s'embarquèrent ensuite et vinrent à Ceylan, et ils offrirent des présents au roi qui leur donna des terres. (*Suit une longue et minutieuse énumération de ces terres et de leurs limites; nous la laissons de côté, car elle ne présente aucun intérêt quelconque.*)

RELATION DU MONDE DE L'ESPÈCE HUMAINE ET DE LA DIVISION DES CASTES D'APRÈS D'ANCIENS AUTEURS BOUDDHISTES.

Le livre appelé *Dergha Nekha*, le livre appelé *Angotra Nekha Jutaka*, le livre appelé *Sawrasangraya* et la parole de Boudhou lui-même enseignent que ce monde, ayant été anéanti, fut formé de nouveau, il était dépourvu d'habitants et plongé dans les ténèbres; mais de même que les arbres produisent leurs fleurs et donnent leurs fruits dans la saison convenable, de même, à l'époque voulue, Brahma descendit du ciel le plus élevé qui n'est sujet à aucune décadence; il illumina l'abîme avec l'éclat de son propre corps, et formant ainsi le monde, il marcha dans les cieux, plein d'allégresse de la possession de sa gloire.

Dans le livre appelé *Sumangala Wilasina* et dans le Tikawa ou commentaire qui l'accompagne, il est écrit que, de cette façon, un Brahma et ensuite un autre descendirent de temps à autre, et grâce à la vertu attachée à ces Brahmas, ce monde devint aussi doux que le miel.

Il advint qu'un des Brahmas, voyant la terre, se dit à lui-même : « Qu'est-ce que cet objet ? » il toucha la terre du bout de son doigt qu'il porta à sa langue, et il reconnut qu'elle était d'une douceur délicieuse; depuis cette époque, tous les Brahmas, charmés de la douceur de la terre, en mangèrent pendant un espace de soixante mille ans. Ayant convoité la possession de ce monde, ils commencèrent à se dire l'un à l'autre : « Cette partie est à moi, » et « celle-ci est à toi; » fixant ainsi des limites à leurs possessions respectives, ils partagèrent la terre entre eux. En punition de ce que les Brahmas s'étaient rendus coupables de cette avidité, la terre perdit sa douceur, et il advint qu'elle produisit des champignons (*parputuka*); les Brahmas en mangèrent pendant l'espace de quinze mille ans et ayant derechef convoité les parties de la terre qui produisaient ces champignons, ils se mirent à les partager entre eux, et la terre cessa alors de produire des champignons.

Ensuite la terre produisit une sorte de plante rampante appelée Badralataw; les Brahmas en firent usage pendant trente-cinq mille ans et ensuite, comme précédemment, la terre cessa de produire cette plante.

La terre produisit ensuite une sorte d'arbre appelé Calpa Warkshia; les Brahmas en jouirent pendant deux millions deux cent mille années, et ensuite, comme précédemment, la terre cessa de produire ces arbres.

La terre produisit alors une espèce de riz d'une qualité parfaite ; les Brahmas en firent usage pendant trente-cinq mille ans et alors la terre cessa de produire ce riz. La terre produisit ensuite une autre espèce de grain dont les Brahmas se nourrirent durant soixante mille années ; elle cessa ensuite de le produire à cause de leur avidité.

Il est écrit dans les livres anciens appelés *Janamansa* et *Soottoottara*, que les fils des Brahmanes, s'étant grandement accrus, se mirent à faire usage d'aliments substantiels et grossiers ; alors la lumière qui brillait autrefois en leurs corps fut éteinte ; ils furent soumis aux propriétés de la matière, et les passions charnelles se développèrent chez eux.

Quelques Brahmas, plus portés à la vertu, furent choqués de la corruption générale, et s'éloignant des autres, ils se retirèrent dans le désert : de là vint la caste qu'on appelle celle de Brahma ou des Brahmanes ; elle fut, dans le cours du temps, partagée en trois autres castes, et comme elle était dans l'origine descendue du ciel de Brahma et qu'elle avait conservé sa pureté, on l'appelle encore la caste de Brahma ou Brahmanes.

Les trois castes dans lesquelles elle se partagea furent appelées : 1° Soama Brahmas qui, par la supériorité de leur sagesse, l'étendue de leurs connaissances et leur vie vertueuse, obtinrent la faveur et l'estime des rois et des grands, qui les choisissent pour leur instruction ; 2° les Waida Brahmas, qui se consacrent à l'étude des mystères de la religion, qui recherchent les sympathies et les charmes, et qui guérissent ainsi les maux qui affligent les malades ; enfin les Paisakawra Brahmas sont ceux qui portent des vêtements précieux et des étoffes d'or et de soie. Ces Brahmas étant descendus du ciel, illuminèrent les ténèbres par la splendeur de leurs corps, mais s'étant corrompus, ils cessèrent d'être dieux et devinrent des hommes ; ils finirent par être plongés dans les ténèbres, et ils se mirent alors à déplorer leur chute et à désirer le retour de la lumière ; le soleil commença alors à exister.

Le même jour où le soleil commença à briller, il naquit un vertueux Brahma qui fut appelé le fils du soleil ; après avoir brillé durant trente heures (*indiennes*) le soleil se coucha et la nuit revint. Alors les Brahmas désirèrent posséder une autre lumière, et la lune fut créée.

Les Brahmas se rendirent par leurs actions vertueuses dignes des faveurs des dieux, et ils obtinrent de grandes richesses par leur ardeur à se livrer à l'agriculture et aux autres travaux. Mais il advint qu'ils commencèrent à convoiter les biens les uns des autres et à les dérober ; il en résulta des querelles et des disputes, et quelques-uns des plus sages d'entre eux s'assemblèrent et tinrent conseil pour voir comment ils remédieraient à ces maux ; ils représentèrent au peuple assemblé que ces discordes arrivaient parce qu'il n'y avait pas de chefs, et il fut ainsi résolu qu'il fallait choisir un chef qui protégerait les bons et punirait les méchants.

Le fils du soleil étant regardé comme le plus vertueux de tous, fut élu pour roi, et depuis l'époque où les Brahmas descendirent dans ce monde inférieur jusqu'à cette élection, il s'était écoulé quatre cent trente millions et vingt mille années.

Les livres anciens disent que l'île de Ceylan fut longtemps un désert et le séjour des démons. Il advint qu'un roi du pays de Jambu-dwipa, nommé Sinhahan Rajah, avait un fils nommé Wijaya qui se mit à tourmenter et vexer le peuple ; son père l'ayant appris, le fit embarquer avec sept cents géants (*guerriers*) qui étaient nés le même jour que ce prince et l'envoya à Ceylan. Wijaya y débarqua et envoya des présents au roi du pays de Pawndy Rata ; il en obtint une princesse qu'il épousa, et sept cents femmes qu'il distribua parmi ses compagnons. Il fit venir beaucoup de Brahmanes du pays de Jambu-dwipa, et il leur donna des éléphants, des chariots, des chevaux, des parasols, de l'or, des perles, des pierres précieuses et des terres d'une grande étendue ; il les éleva au pouvoir, et, après un règne de trente-huit ans, il quitta ce monde.

Ses successeurs ont depuis occupé le trône de Ceylan ; le second roi fut Deweny Paetissa auquel le roi de Jambu-dwipa envoya l'arbre bo et cent Brahmanes auxquels il avait donné en présents des perles, des pierres précieuses, des chevaux, des éléphants, etc. Le roi de Ceylan les reçut avec beaucoup de joie, il leur donna des présents d'une valeur double de ceux qu'avait distribués le roi de Jambu-dwipa et il leur accorda des terres.

Les autres rois en firent aussi venir et se montrèrent constamment très-généreux à leur égard.

DEUXIÈME SECTION
LE BOUDDHISME THIBÉTAIN.

AVANT PROPOS.

Le Thibet est le centre de la religion bouddhique ; c'est là qu'elle s'est maintenue avec le plus de rigidité, et en conservant le plus de vestiges de son origine primitive ; c'est là qu'elle exerce un empire absolu sur les institutions sociales, et qu'elle est le gouvernement lui-même. On trouvera d'ailleurs des renseignements du plus haut intérêt dans les voyages d'un missionnaire devenu célèbre, le Père Huc. Nous ne pouvons mieux faire que d'y renvoyer nos lecteurs. Nous avons déjà eu l'occasion de dire quelques mots des vastes collections connues sous le nom du *Gandjour* et du *Djanjour*; la Bibliothèque impériale à Paris les possède en partie, mais il est douteux que cette immense production soit jamais traduite en entier dans une langue européenne.

Les empereurs de la Chine ont, il n'y a pas fort longtemps, fait réimprimer à Pékin dans le format in-folio oblong, toutes les anciennes traductions thibétaines et chinoises des livres bouddhiques, et ils les ont fait traduire en mongol et en mandchou afin de les rendre accessibles aux sujets du Céleste Empire qui parlent ces deux langues. La collection des ouvrages qui composent le *Gandjour* forme, dans chacune des quatre langues, cent huit volumes in-folio oblong, et la seconde collection, le *Djanjour*, deux cent quarante volumes (les quatre traductions, 1392 volumes).

On possède le catalogue des ouvrages formant la collection thibétaine ; il a été publié à Calcutta par Csoma de Koros dans le XX° volume des *Asiatic Researches*, et en Russie en un volume in-4° lithographié, mais l'édition thibétaine réimprimée à Pékin, est classée dans un autre ordre.

C'est du Thibet qu'est venu un des principaux ouvrages de la religion bouddhique, le *Lotus de la bonne loi*, traduit du sanscrit, par M. E. Burnouf, Paris, 1852, in-4°, imprimerie impériale ; nous avons déjà signalé cet important travail, qui est un des titres d'honneur de l'érudition française. La traduction du texte remplit 283 pages ; une mort prématurée n'a pas permis à l'auteur de placer une Préface en tête de cette œuvre importante ; les notes occupent les pages 285 à 434. Un Appendice (pag. 435-867) est occupé par vingt-un mémoires sur divers points des doctrines bouddhistes.

M. Théodore Pavie a consacré dans l'*Athenœum français* (numéros du 29 janvier et du 5 février 1853) deux articles à l'examen de cet ouvrage, où la poésie se mêle aux dissertations dogmatiques, la légende à la métaphysique ; l'enseignement se poursuit à travers le récit, les invocations et les élans du mysticisme ; rien n'est réel quant à l'action et aux personnages.

M. Barthélemy Saint-Hilaire, dont nous avons signalé les travaux sur les Védas, a rendu compte dans le *Journal des Savants* (mai, juin, juillet, août et septembre 1854) du travail de M. Burnouf, et il en a profité pour entrer dans de longs détails sur le bouddhisme.

Nous n'avons point le droit de reproduire ici la traduction française du *Lotus de la bonne loi* et des notes qui l'accompagnent ; le tout occuperait d'ailleurs un espace énorme ; nous nous bornerons à donner l'énumération des vingt-sept chapitres qui composent l'ouvrage bouddhique, et la liste des vingt et une dissertations que M. Burnouf a placées à la fin du volume en question et dans lesquelles il a déposé les résultats des recherches les plus persévérantes.

I. — *Liste des chapitres.*

I. Le sujet.
II. L'habileté dans l'emploi des moyens.
III. La parabole.
IV. Les inclinations.
V. Les plantes médicinales.
VI. Les prédictions.
VII. L'ancienne application.
VIII. Prédiction relative aux cinq cents religieux.
IX. Prédiction relative à Ananda, à Rahula et aux deux mille religieux.
X. L'interprète de la loi.
XI. L'apparition du Stupa.
XII. L'effort.
XIII. La position commode.

XIV. Apparition des Bodhisattvas.
XV. Durée de la vie du Tathagata.
XVI. Proportion des mérites.
XVII. Indication du mérite de la satisfaction.
XVIII. Exposition de la perfection des sens.
XIX. Le religieux Sadaparibhuta.
XX. Effet de la puissance surnaturelle du Tathagata.

XXI. Les formules magiques.
XXII. Ancienne méditation du Bhaichadjyaradja.
XXIII. Le Bodhisattva Gadgadasvara.
XXIV. Le récit parfaitement heureux.
XXV. Ancienne méditation du Çubhavyuha.
XXVI. Satisfaction de Samantabhadra.
XXVII. Le dépôt.

II. — Liste des dissertations.

I. Sur le terme de *Bhikchu samgha*.
II. Sur la valeur du mot *Kleça*.
III. Sur le Bodhisattva Mandjuçri.
IV. Sur le mot *Dhatu*.
V. Sur les quatre vérités sublimes.
VI. Sur l'enchaînement mutuel des causes.
VII. Sur les six perfections.
VIII. Sur les trente-deux signes caractéristiques d'un grand homme.
IX. Sur la valeur du mot *Avenika*.
X. Sur *Anyatra* et sur quelques passages des édits religieux de Piyadasi.

XI. Sur les dix forces d'un Buddha.
XII. Sur le mot *Bodhyanga*.
XIII. Sur les quatre degrés du *Dnyana*.
XIV. Sur les cinq *Abhidjana*.
XV. Sur les huit affranchissements.
XVI. Sur les ténèbres des *Lokantarika*.
XVII. Sur la valeur du terme *pratisamvid*.
XVIII. Sur les montagnes fabuleuses de la terre.
XIX. Sur la valeur du mot Prithagdjana.
XX. Sur le nombre dit Asainkhyeya.
XXI. Comparaison de quelques textes sanscrits et pâlis.

L'extrême obligeance d'un orientaliste distingué nous permet d'enrichir notre recueil d'autres travaux fort importants sur les livres bouddhiques du Thibet.

M. Ph. E. Foucaux, membre de la société asiatique de Paris, et professeur de thibétain à l'école des langues orientales vivantes, a traduit en français quelques-uns des principaux ouvrages que lisent sans cesse les Lamas. La difficulté de donner une interprétation satisfaisante d'écrits si obscurs pour les Européens, et rédigés dans une langue des moins connues, se révèle d'elle-même; M. Foucaux s'est acquitté avec un plein succès de l'œuvre ardue qu'il avait entreprise. Il a accompagné ses traductions de Préfaces et de notes indispensables en pareille matière, et où se montre une science aussi étendue que judicieuse. Avec la libéralité qui caractérise tous les véritables érudits, il a bien voulu nous autoriser à reproduire les fruits de ses veilles laborieuses; nous nous sommes empressés de mettre à profit sa générosité.

Nous allons donc placer ici successivement la traduction d'une parabole formant un épisode remarquable du *Lotus de la bonne loi*, et une *Histoire du Bouddha Çakya-Mouni* écrite d'abord en sanscrit et mise ensuite en thibétain.

Les détails donnés par le savant traducteur au sujet de ces deux ouvrages nous dispensent de toute explication à leur égard.

PARABOLE DE L'ENFANT ÉGARÉ,

FORMANT LE CHAPITRE IV DU *LOTUS DE LA BONNE LOI*,

PUBLIÉE POUR LA PREMIÈRE FOIS EN SANSCRIT ET EN THIBÉTAIN, LITHOGRAPHIÉE A LA MANIÈRE DES LIVRES DU THIBET, ET ACCOMPAGNÉE D'UNE TRADUCTION FRANÇAISE D'APRÈS LA VERSION THIBÉTAINE DU KANJOUR.

PAR PH. ED. FOUCAUX,

Membre de la Société asiatique de Paris, Professeur à l'École de thibétain impériale et spéciale des langues orientales vivantes

INTRODUCTION.

Le *Lotus de la bonne loi* est l'un des livres les plus répandus parmi ceux qui composent la volumineuse littérature des Bouddhistes, et la vénération dont il est l'objet s'explique aisément par le point de doctrine qu'il est principalement employé à éclaircir, c'est-à-dire l'unité fondamentale des *trois véhicules* ou moyens d'arriver à la délivrance finale.

Entre les paraboles que l'auteur met dans la bouche du Bouddha, celle de *la maison embrasée*, qu'il raconte pour bien faire comprendre cette unité des trois moyens d'arriver à la délivrance, est, avec celle que nous publions, l'une des plus remarquables du livre.

La maison d'un père de famille est subitement embrasée, tandis que ses enfants, occupés à jouer dans l'intérieur, ne s'aperçoivent même pas de l'incendie. Cette maison n'a qu'une seule porte, et le père effrayé appelle à la hâte ses enfants, qui, ne comprenant pas l'imminence du danger, ne se pressent pas de fuir. Afin de les attirer au dehors,

SECT. II. — LE BOUDDHISME TIBÉTAIN. — L'ENFANT ÉGARÉ.

« père leur promet des jouets de diverses espèces, tels que de petits chars attelés de bœufs, de chèvres et d'antilopes, qu'il dit avoir mis pour eux à la porte de sa maison. Les enfants se précipitent aussitôt pour obtenir ces jouets, sans s'attendre les uns les autres ; ils se poussent mutuellement en disant : Qui arrivera le premier, qui arrivera avant l'autre ? Mais au lieu des jouets qu'ils attendaient, les enfants ne trouvent que de véritables chars attelés de bœufs, et en y montant, ils sont frappés de surprise.

Le Bouddha explique alors à ses disciples que, comme le père de famille, en désignant trois espèces de chars, n'a pas pour cela dit un mensonge, mais qu'il a seulement employé un moyen adroit pour sauver ses enfants : il en est de même pour lui, quand il dit à ses disciples qui sont aussi ses enfants : Ne vous amusez pas dans le monde qui est semblable à une maison embrasée ; trois moyens de transport vous sont offerts pour en sortir : le véhicule des *Çravakas* (auditeurs convertis et instruits), celui des *Pratyeka Bouddhas* (Bouddhas qui n'ont pas atteint la perfection complète), et celui des *Bodhisattvas* (personnages déjà avancés dans la sainteté et destinés à devenir des Bouddhas) ; qu'en s'exprimant ainsi, il ne fait que se conformer à l'intelligence et aux goûts de ses auditeurs ; mais qu'en réalité, il n'y a, sous des noms différents, qu'un seul véhicule, la méditation qui produit les bonnes œuvres, comme il n'y avait qu'une seule espèce de char à la porte de la maison en feu.

Outre les nombreuses paraboles qu'il contient, le *Lotus de la bonne loi* est rempli de prédictions relatives aux Bouddhas qui doivent successivement paraître dans le monde ; mais la lecture des noms de ces êtres privilégiés, dont un seul remplit souvent une ligne entière, fatigue bien vite le lecteur européen, qui ne songe pas, comme le dévot bouddhiste, à choisir un protecteur parmi ces saints personnages, dont la science est sans borne et le pouvoir illimité.

En confiant à ses disciples ce merveilleux livre qui a toutes les qualités, le Bouddha ne leur dissimule pas combien il est difficile de le comprendre, d'y avoir foi, de l'expliquer ; et il emploie, pour les préparer à toutes les difficultés d'une pareille tâche, une suite de comparaisons dans le genre de celle-ci :
« Celui qui ferait tenir sur le bout de son ongle la totalité de la terre et la lancerait devant lui jusqu'au bout du monde de Brahma ne ferait pas une chose aussi difficile que celui qui, lorsque je serai entré dans le Nirvana complet, viendrait réciter ce livre, ne fût-ce que pendant un instant. » (Trad. de E. Burnouf, page 154.)

L'enseignement de la doctrine, à part les difficultés du sujet en lui-même, était loin en effet d'être une tâche facile et sans danger, s'il faut s'en rapporter au témoignage du livre qui nous occupe, et dans lequel se trouvent ces mots écrits sans doute au souvenir des persécutions récentes que les Brahmanes avaient fait endurer aux disciples du Bouddha : « Si celui qui enseigne est, pendant qu'il parle, attaqué avec des pierres, des bâtons, des piques, des injures et des menaces, qu'il souffre tout cela en pensant à moi. » (Trad., page 144.)

Dans le préambule qui précède la *Parabole de l'enfant égaré* et dans les réflexions qui la suivent, on aperçoit des traces de la fatigue que causait aux auditeurs du Bouddha l'attention soutenue qu'exigeait l'intelligence de sa loi, et du découragement qui s'emparait parfois de ses disciples les plus fervents. Que leur importait, en effet, d'atteindre un degré plus ou moins élevé de sainteté si, à partir d'un degré même inférieur, ils se croyaient assurés du *Nirvana*, cette récompense suprême dont la nature n'a pas encore été bien définie, et sur laquelle plane un vague auquel il est difficile de substituer une idée claire et précise ? La plupart des interprètes ont vu dans ce terme, ou l'affranchissement complet de la misère humaine, ou l'extinction de l'individualité et par suite le néant. Mais comment, si c'était le néant, le Bouddha lui-même viendrait-il dire : « Pour moi, j'enverrai de nombreux prodiges au héros qui, lorsque je *serai entré dans le Nirvana complet*, expliquera ce livre ; lorsqu'il sera occupé à sa lecture, je *lui montrerai ma forme lumineuse, ou je rétablirai de ma propre bouche* ce qui lui aura échappé par erreur dans sa lecture, » etc. (Trad., page 144.)

On le voit, un des termes les plus importants de la doctrine bouddhique n'est pas encore nettement défini, et peut-être ne le sera-t-il jamais, car il n'est pas impossible que le maître, en se servant d'un terme susceptible d'interprétations diverses, ait voulu laisser à chacun de ses sectateurs le soin de se créer l'idéal de bonheur qui le satisferait davantage.

La lecture de la *Parabole de l'enfant égaré* fera songer à celle de l'Enfant prodigue, et l'on a déjà remarqué entre les deux récits une ressemblance qui est plutôt apparente que véritable. Le fils égaré du texte bouddhique n'a conservé aucun souvenir de son père qu'il ne reconnaît pas quand il le retrouve. Il avait quitté ce dernier avant qu'il fût riche, et lorsque lui-même était trop jeune pour avoir la conscience de ce qu'il faisait. Enfin, il n'a pas, comme l'Enfant prodigue de l'Evangile, dissipé son bien dans les désordres, et c'est le hasard seul et non le repentir qui le ramène vers son père. M. Théodore Pavie a donc eu raison de dire : « N'a-t-on pas remarqué dès le début une différence essentielle entre la donnée bouddhique et le récit de l'Evangile ? Dans la première, le fils n'a point péché contre son père ; le hasard seul, et non de folles passions, l'a éloigné de lui. On sait déjà que le *maître de maison* n'aura pas à pardonner comme le *père de famille*. Si la curiosité du lecteur est tenue en éveil, il n'y a plus à compter sur un dénoûment pathétique....

« Cette parabole est sans contredit l'un des morceaux les plus remarquables de la littérature bouddhique, et forme le plus important comme le plus curieux chapitre du *Lotus de la bonne loi*. Son défaut capital, c'est d'exprimer des sentiments particuliers à une secte et qui ne sont pas ceux de l'humanité tout entière. Etrange doctrine que celle qui met en présence et un fils éloignés l'un de l'autre depuis *cinquante ans*, séparés par l'abîme qui s'interpose entre la misère abjecte et l'opulence, sans que leurs cœurs se fondent de joie, sans qu'une larme mouille leurs paupières ! Tout reste donc glacé dans ce monde bouddhique où ne rayonne point la face du Dieu vivant... » (Compte rendu du *Lotus de la bonne loi* ; Athenæum franç., 1853, pages 120-121.)

En traduisant de nouveau la *Parabole de l'enfant égaré*, je n'avais rien de mieux à faire que de prendre pour guide l'excellente traduction qu'en a donnée M. E. Burnouf, d'après le texte original sanscrit ; mais je ne pouvais adopter son travail sans nuire à mon but, qui est de faciliter l'étude de la langue thibétaine. Pour cela il était indispensable de refaire une traduction aussi conforme que possible au texte thibétain. Je prie donc les personnes qui compareront la traduction nouvelle au texte sanscrit, de vouloir bien se rappeler que le génie de la langue thibétaine est complétement opposé à celui de la langue sanscrite ; elles expliqueront ainsi, à l'égard du texte indien original, un manque d'exactitude apparent qui, en réalité, porte bien plus sur la forme que sur le fond. Le texte sanscrit qu'accompagne la traduction est copié sur un *seul* manuscrit qui appartient à la Société asiatique de Paris ; et comme M. E. Burnouf ne signale dans ses notes relatives à ce texte que deux ou trois variantes peu importantes prises sur d'autres manuscrits qu'il avait à sa disposition, il faut en conclure que le manuscrit de la Société asiatique est généralement correct.

La version thibétaine est empruntée au tome VII de la section *mdo* du *Kanjour*, qui appartient à la Bibliothèque impériale. On verra dans les notes que ce texte, qui laisse peu à désirer pour la correction, a pu cependant, dans quelques cas, être rectifié par l'original sanscrit, lequel de son côté a pu être éclairci par la version thibétaine. Toutefois, je suis loin de me flatter d'être arrivé à une correction complète de ce double texte, surtout en éditant la partie sanscrite qui est le premier morceau qui ait été publié en Europe dans la langue partie aux *soutras* bouddhiques. Quand l'éditeur européen, habitué au sanscrit classique, n'a à transcrire que la prose des livres bouddhiques, il n'est pas trop dépaysé ; mais quand il arrive aux parties versifiées, il est tenté à chaque instant de faire des corrections qui sont autant de piéges à éviter. Ici ce sont des voyelles longues mises pour des brèves, ou réciproquement ; là des lettres d'un ordre employées pour celles d'un autre ordre ; ailleurs des transpositions de lettres qui rendent certains mots méconnaissables. Je ne parle pas de quelques barbarismes qui exciteraient l'indignation des Brahmanes puristes, si le mépris qu'ils ont pour tous les livres bouddhiques, sans exception, leur permettait d'en lire seulement quelques pages.

Tel qu'il est, et en l'absence du mémoire que M. E. Burnouf avait promis sur la langue des livres sanscrits du Népâl, notre double texte pourra servir à commencer l'étude du dialecte sanscrit des *gâthas* ou parties versifiées des livres bouddhiques, dans lesquelles on voit la poésie accepter la première les formes populaires du langage, tandis que la prose garde encore sa couleur antique, au lieu de céder à cette décomposition qui va, en passant par le Pracrit, le Hindi et le Hindoui, donner naissance aux langues modernes de l'Inde.

PARABOLE DE L'ENFANT ÉGARÉ.

Ensuite le respectable Soubhouti, le respectable Maha Katyayana, le respectable Maha Kaçyapa et le respectable Maha Maudgalyayana ayant entendu (de la bouche) de Bhagavat cette loi qu'ils n'avaient pas entendue auparavant, (ainsi que) la prédiction (annonçant l'arrivée) de Çaripouttra à l'état suprême de Bouddha parfait et accompli, frappés d'étonnement et de surprise, et remplis de la plus grande joie, s'étant levés en ce moment même de leurs siéges, se dirigèrent vers la place où se tenait Bhagavat, et là, rejetant sur une épaule leur vêtement supérieur, posant le genou droit à terre, s'inclinant en joignant les mains du côté où était Bhagavat, le regardant en face, le corps incliné en avant, le corps très-incliné, le corps complétement incliné, adressèrent ce discours à Bhagavat.

Nous sommes vieux, ô Bhagavat, âgés, cassés, nous sommes respectés comme Sthaviras dans cette assemblée de religieux. Accablés par l'âge, nous nous disons : « Nous avons obtenu le Nirvana ; » nous ne pouvons plus faire d'efforts, ô Bhagavat, pour (arriver à) l'état suprême de Bouddha parfaitement accompli ; nous sommes impuissants, nous sommes incapables de faire un effort. Quand Bhagavat expose la Loi, que Bhagavat reste longtemps assis et que nous assistons à cette exposition de la loi, alors, ô Bhagavat, assis pendant longtemps et pendant longtemps occupés à honorer Bhagavat, nos membres et les portions de nos membres éprouvent de la douleur. A cause de cela, ô Bhagavat, pendant que Bhagavat enseigne la loi, et que nous démontrons que tout est à l'état de vide, sans cause et sans objet, nous ne concevons pas l'espérance (soit d'atteindre) à ces lois du Bouddha, (soit d'habiter) dans ces demeures (qu'on nomme) champs de Bouddha, (soit de nous livrer) aux jeux de Bodhisattvas ou aux jeux des Tathâgatas. Pourquoi cela ? C'est que, ô Bhagavat, attirés en dehors (de la réunion) des trois mondes, nous nous imaginant être arrivés au Nirvana, nous sommes (en même temps) accablés par l'âge ; c'est pourquoi, ô Bhagavat, au moment où d'autres Bodhisattvas ont, par une prophétie, été instruits par nous qu'ils arriveraient à l'état suprême de Bouddha parfaitement accompli, alors, ô Bhagavat, pas une seule pensée d'espérance (relative à cet état) n'a été conçue par nous. Après avoir appris de Bhagavat lui-même que « La prédiction de l'état futur de Bouddha parfaitement accomplie s'applique aussi aux Çravakas, » nous sommes frappés de surprise et d'étonnement. Aujourd'hui (même), ô Bhagavat, aussitôt que nous avons entendu cette parole du Tathâgata que nous n'avions pas entendue auparavant, nous avons obtenu un grand avantage ; nous avons obtenu un grand joyau ; nous avons obtenu un joyau incomparable. (Oui), Bhagavat, il n'était ni attendu, ni recherché, ni imaginé, ni espéré par nous, ce joyau précieux que nous avons obtenu. Voilà ce qu'il nous semble, ô Bhagavat; voilà ce qu'il nous semble, ô Sougata !

O Bhagavat, c'est, par exemple, comme si un homme venait à s'éloigner de la présence de son père, et que s'en étant éloigné, il allât dans une autre partie du pays. Qu'il passe en tel ou tel endroit beaucoup d'année s; vingt, trente, quarante ou cinquante ans. Que le (père) devienne dans la suite un grand personnage, et que lui, au contraire, soit pauvre et allant chercher sa subsistance. Que pour (trouver) de la nourriture et des vêtements il parcoure les dix points de l'espace, et qu'il se rende dans une autre partie de la contrée. Que son père se soit retiré dans un autre pays et soit devenu possesseur de beaucoup de richesses, de coris, de trésors et de greniers; qu'il ait en sa possession de l'or et de l'argent (travaillés), des joyaux, des perles, du lapis-lazuli, des conques, du cristal, du corail, de l'or et de l'argent (natifs). Qu'il ait à son service beaucoup d'esclaves des deux sexes, d'ouvriers et de serviteurs; qu'il possède un grand nombre d'éléphants, de chevaux, de chars, de bœufs et de moutons; qu'il ait de nombreux clients et possède des biens dans une grande étendue de pays; qu'il ait (à percevoir) des revenus et des intérêts considérables, et (à diriger) de grandes entreprises d'agriculture et de commerce.

Qu'ensuite, ô Bhagavat, cet homme pauvre, parcourant, pour trouver sa nourriture et des vêtements, les villages, les bourgs, les villes, les provinces, les royaumes et les résidences royales, arrive enfin à la ville où habite (son père), cet homme possesseur de beaucoup de richesses, de coris, de trésors et de magasins de grain; que cependant, ô Bhagavat, le père de cet homme pauvre, possesseur de beaucoup de richesses (etc., *comme ci-dessus*), qui habite dans cette ville, se rappelle sans cesse ce fils perdu depuis cinquante ans, qu'il se désole seul en lui-même, sans en rien dire à quelque autre que ce soit, et qu'il réfléchisse ainsi : Je suis âgé, vieux, cassé; j'ai beaucoup de coris, d'or, de trésors, de grains, de greniers et de maisons, et je n'ai pas un (seul) fils ! si je venais à mourir, tout cela ne périrait-il pas sans que quelqu'un en jouît ? Qu'il se souvienne ainsi de son fils à plusieurs reprises : Ah ! si mon fils pouvait jouir de cette masse de richesses, je serais au comble du bonheur.

Qu'ensuite, ô Bhagavat, cet homme pauvre, cherchant des vêtements et de la nourriture, arrive enfin à l'endroit où se trouve la demeure de cet homme riche possesseur de beaucoup de coris (etc.) Que le père de cet homme pauvre se trouve à la porte de sa maison entouré d'une foule de Brahmanes, de Kchattriyas, de Vaiçyas et de Çoudras dont il reçoit les hommages, assis sur un grand trône que soutient une estrade ornée d'or et d'argent; qu'il soit occupé à des affaires de centaines de mille de kotis de coris, éventé par un chasse-mouche, sous un dais dressé sur un terrain jonché de fleurs fraîches, auquel sont suspendues des guirlandes de pierreries, jouissant de tous les avantages de l'opulence. Que cet homme pauvre, ô Bhagavat, voie son propre père assis à la porte de sa maison, au milieu de cet appareil de l'opulence, environné d'une foule nombreuse de gens, occupé aux affaires d'un maître de maison; et qu'après l'avoir vu, effrayé (alors), agité, inquiet, sentant ses poils se hérisser, hors de lui, il réfléchisse ainsi : C'est le roi ou le ministre du roi que je viens de rencontrer tout à coup; je n'ai rien à faire ici; allons-nous-en donc là où est la demeure des pauvres, c'est là que j'obtiendrai de la nourriture et des vêtements sans beaucoup de peine. Je suis resté ici (assez) longtemps; puissé-je n'être pas arrêté ou mis en prison, ou encourir quelque autre disgrâce !

Qu'ensuite, ô Bhagavat, le pauvre homme, en proie aux frayeurs qui se succèdent dans son esprit, ne reste pas là et s'éloigne à la hâte. Qu'en ce moment l'homme riche assis à la porte de sa maison sur un trône, aussitôt qu'il a vu son fils, soit rempli d'étonnement, et qu'à cette vue, il soit satisfait, content, ravi, plein de joie et se mette à penser : Celui qui doit jouir de cette grande fortune en coris, en or, en joyaux, en grains, en greniers et en maisons, le voilà donc trouvé ! Moi qui suis vieux, âgé, cassé, j'étais sans cesse occupé à songer à lui, et le voici lui-même qui est venu ici ! C'est vraiment une grande merveille !

Qu'ensuite, ô Bhagavat, cet homme tourmenté du désir de (voir) son fils, en ce moment, en cet instant même, envoie des coureurs rapides, en leur disant: (Mes) amis, allez, amenez-moi bien vite cet homme. Qu'alors, ô Bhagavat, ces hommes courant tous rapidement atteignent le pauvre homme. Qu'en ce moment, le pauvre homme effrayé, agité, troublé, sentant ses poils se hérisser, hors de lui, pousse un cri d'effroi, et se désole en disant : « Je ne vous ai fait aucun tort. » Que ces hommes entraînent de force le pauvre homme malgré ses cris. Qu'ensuite le pauvre effrayé (etc., *comme ci-dessus*) fasse cette réflexion : Puissé-je ne pas être mis à mort ! Que se trouvant mal, il tombe par terre privé de connaissance. Que son père soit à côté de lui, et qu'il dise à ces hommes : Vous qui conduisez ce pauvre homme, sans aller (plus loin) jetez lui de l'eau froide (au visage (363). Et qu'après avoir prononcé ces paroles, il ne dise pas autre chose. Pourquoi cela ? (C'est que) ce maître de maison connaît le grand pouvoir qu'il possède, et (connaît aussi) les incli-

---

(363) Le texte sanscrit donne : « Ne tirez pas ainsi ce pauvre homme, et que lui ayant jeté de l'eau froide, il n'en dise pas davantage. »

nations misérables de ce pauvre homme, en même temps qu'il reconnait ce fils à lui le maître de la maison.

Qu'alors, ô Bhagavat, ce maître de maison, grâce à son habileté dans l'emploi des moyens, ne dise à personne : Cet homme est mon fils. Qu'ensuite, ô Bhagavat, ce maître de maison dise à un autre homme : Va, ami, et dis à ce pauvre homme : Tu es libre, va-t-en où tu voudras. Que cet homme réponde, après avoir entendu : Maître, j'agirai suivant vos ordres. Qu'il se rende à l'endroit où est le pauvre homme, et, y étant arrivé, qu'il lui dise : Tu es libre, va-t-en où tu voudras. Qu'ensuite le pauvre, après avoir entendu ces paroles, soit rempli d'étonnement et de surprise ; que s'étant levé, (il s'éloigne), de cet endroit pour se rendre à la demeure des pauvres afin d'y chercher des vêtements et de la nourriture. Qu'ensuite le maître de maison, afin d'attirer le pauvre, use d'un moyen adroit. Qu'il envoie pour cela deux hommes grossiers et de basse extraction : Allez tous les deux, faites vous-mêmes, en parlant à cet homme qui est venu ici, les conditions du salaire de chaque jour (364), et amenez-le ici, dans ma maison, pour y travailler. Et s'il vous dit : Quel ouvrage y a-t-il à faire ? répondez-lui : Il faut nettoyer avec nous le lieu où se trouvent les ordures. Qu'alors ces deux hommes s'étant mis à la recherche du pauvre l'emploient à cet ouvrage. Qu'en conséquence, ces deux hommes, avec le pauvre recevant un salaire de l'homme riche, nettoient dans la maison l'endroit où l'on met les ordures, et qu'ils fassent leur demeure dans une hutte de chaume auprès de la maison (365) de l'homme aux grandes richesses. Qu'ensuite l'homme fortuné regarde par une petite fenêtre ou un œil-de-bœuf son propre fils nettoyant les ordures, et qu'en le voyant il soit (de plus en plus) frappé d'étonnement.

Qu'ensuite le maître de maison s'étant dépouillé de ses guirlandes et de ses parures, ayant quitté ses grands vêtements beaux et doux pour prendre des vêtements sales, descende de sa demeure, tenant à la main gauche (366) un panier, et après avoir couvert son corps de poussière, parlant de loin, qu'il se rende à l'endroit où est son fils, et y étant arrivé, s'exprime ainsi : Sans vous arrêter, portez les paniers, enlevez les ordures ; et que par ce moyen il parle à son fils, et lui adresse ces paroles : Fais ici même ton travail, ô homme ! désormais ne va plus ailleurs ; je te donnerai un salaire suffisant pour subsister. Tout ce dont tu as besoin, que ce soit la valeur d'une bouteille, d'un petit pot, d'un vase de terre, d'un (morceau) de bois ; que ce soit du sel, de la nourriture ou un vêtement, ô homme ! si tu en as besoin, demande-le-moi, je te le donnerai. Tout ce dont tu auras besoin en fait d'ustensiles, je te le donnerai. Sois heureux, ô homme ! regarde-moi comme ton propre père. Pourquoi cela ? (C'est que) je suis vieux et que tu es jeune, et que tu as fait pour moi beaucoup d'ouvrage en nettoyant l'endroit où l'on met les ordures, et qu'en faisant cet ouvrage tu n'as donné et ne donnes aucune preuve de mensonge, de fausseté, de fraude, d'orgueil, d'hypocrisie. Tandis que les autres hommes, pendant qu'ils faisaient l'ouvrage, se sont montrés pleins de défauts, tu es le seul, ô homme ! en qui je ne vois aucune de ces fautes ; tu es désormais pour moi comme si tu étais mon propre fils chéri.

Qu'ensuite, ô Bhagavat, le maître de maison donne ainsi à ce pauvre homme le nom de fils, et que le pauvre homme, de son côté, reconnaisse son père dans le maître de maison. Que de cette manière, ô Bhagavat, le maître de maison, altéré du désir de voir son fils, lui fasse, pendant vingt ans, nettoyer l'endroit où l'on jette les ordures. Qu'au bout de vingt ans, le pauvre homme ait assez de confiance pour aller dans l'intérieur de la demeure du maître de maison, et qu'il continue à demeurer dans sa hutte de chaume. Qu'ensuite, ô Bhagavat, le maître de maison s'étant affaibli, et voyant que le moment de sa mort approche, parle ainsi à ce pauvre homme : Approche, ô homme ! cette grande fortune que j'ai en coris, en or, en joyaux, en grains, en greniers, en maisons, (aujourd'hui que) je suis dangereusement malade, je désire la donner à quelqu'un qui l'accepte, qui la conserve. Reconnais donc le tout (comme ton bien). Pourquoi cela ? (C'est que) de même que je suis maître de cette fortune, tu l'es aussi toi-même. Puisses-tu ne rien laisser perdre de mon bien ! — Que de cette manière, ô Bhagavat, le pauvre homme étant reconnu propriétaire de la grande fortune de ce maître de maison, consistant en coris, etc., n'ait lui-même aucun goût pour ce (bien), qu'il n'en demande absolument rien, pas même la valeur d'une pleine mesure de farine (367), qu'il continue à demeurer dans la hutte de chaume en conservant les mêmes pensées de pauvreté !

Qu'ensuite, ô Bhagavat, le maître de maison ayant reconnu que son fils est (devenu) capable de conserver (son bien, qu'il est) parfaitement mûr, que son esprit est (suffisamment) fait ; qu'à la pensée de sa grandeur et en songeant à sa pauvreté

---

(364) Le sanscrit a ici : *Engagez-le pour un double salaire*. Il est possible que le mot thib. *Ni, jour*, se trouvant à côté de *nis, deux* (V. st. 22), la ressemblance de ces deux mots en ait fait passer un.

(365) Le sanscrit a : « Une hutte de chaume située dans le district qui paye tribut à l'homme riche maître de maison. »

(366) Le sanscrit a : « la main droite (dakchinena panina). »

(367) En sanscrit *prastha* ou 48 doubles poignées.

première, il était étourdi, honteux et se méprisait (lui-même ; que le père, dis-je) au moment de sa mort, ayant fait venir ce pauvre homme, après avoir convoqué un grand nombre de ses parents, en présence du roi, du ministre (du roi) et devant les habitants de la province et du village, fasse entendre ces paroles : Ecoutez tous, celui-ci est mon fils chéri ; c'est moi qui l'ai engendré. Il y a cinquante ans passés qu'il a disparu de telle ville ; il se nomme un tel, et moi j'ai tel nom. Afin d'aller à sa recherche, je suis venu de cette ville jusqu'ici. Cet homme est mon fils et je suis son père. Ce que j'ai de revenu et de bien, je le donne en entier à cet homme ; tout ce que j'ai de fortune m'appartenant en propre, cet homme la connaît (la possède). Qu'alors, ô Bhagavat, ce pauvre homme, entendant en ce moment ces paroles, soit frappé d'étonnement et de surprise, et qu'il fasse cette réflexion : Ainsi me voilà tout-à-coup en possession de coris, d'or, de joyaux, de grains, de greniers et de maisons en grand nombre ?

De la même manière, ô Bhagavat, nous sommes comme les fils du Tathagata, et le Tathagata nous parle ainsi : Vous êtes mes fils, comme (disait) ce maître de maison. O Bhagavat, nous sommes tourmentés par les trois (espèces de) douleurs. Quelles sont ces trois espèces ? Ce sont : la douleur de la souffrance, la douleur des idées et la douleur du changement. Et parce que, dans le monde de la transmigration, nous avons des inclinations misérables, Bhagavat nous a fait réfléchir à un grand nombre de lois mauvaises, pareilles à l'endroit où l'on jette les ordures. Après être entrés dans ces (lois, et) avoir travaillé avec ardeur, ô Bhagavat, nous n'avons cherché et demandé que le seul Nirvâna comme salaire de (notre) journée ; aussi sommes-nous satisfaits, ô Bhagavat, d'avoir obtenu ce Nirvâna, et nous faisons cette réflexion : entrés dans ces lois par l'entremise du Tathagata, nous avons beaucoup acquis, après avoir travaillé avec ardeur.

Le Tathagata sait que nous avons de l'inclination pour les choses misérables. A cause de cela, Bhagavat nous dédaigne, il ne s'explique pas, il ne dit pas : Vous aussi, vous arriverez à ce trésor de la science du Tathagata. (Mais) par son habileté dans l'emploi des moyens, Bhagavat nous établit les héritiers du trésor de la science du Tathagata (368). Et nous, ô Baghavat, nous n'avons pas l'espérance de ce (trésor). Aussi, de ce que, par l'entremise du Tathagata, nous avons obtenu le Nirvâna comme salaire de notre journée, nous avons reconnu que c'était déjà beaucoup. Commençant, ô Bhagavat, pour les Bodhisattvas Mahasattvas, par (l'explication de) la science du Tathagata, nous expliquons la loi abondante ; nous développons, nous démontrons la science du Tathagata, et même en la démontrant, ô Bhagavat, nous sommes sans espérance pour ce (bien). Pourquoi cela ? (C'est que) le Tathagata, par son habileté dans l'emploi des moyens, connaît parfaitement nos inclinations, et nous, nous ne savons pas, nous ne comprenons pas. Bhagavat a dit que nous étions les vrais fils de Bhagavat ; il nous fait souvent que nous sommes appelés à l'héritage du Tathagata. Pourquoi cela ? C'est que, tout en étant les vrais fils du Tathagata, nous avons cependant de misérables inclinations. Si Bhagavat voyait la force de notre désir, il aurait prononcé pour nous le nom de Bodhisattva. Nous sommes employés par Bhagavat à remplir un double rôle : en présence de ces Bodhisattvas nous sommes appelés des gens à inclinations misérables, tandis qu'ils sont introduits (par nous) dans la science abondante de l'état de Bouddha. Voilà ce que Bhagavat a dit, après avoir reconnu la force de notre désir. C'est de cette manière, ô Bhagavat, que nous disons : Sans l'avoir espéré, ni recherché, ni désiré, ni attendu, ni demandé, nous avons tout à coup, et comme des fils du Tathagata, obtenu le joyau de l'omniscience.

Ensuite le respectable Maha Kacyapa prononça dans cette occasion les stances suivantes :

1. Ainsi, quand tout à coup aujourd'hui nous avons entendu la voix qui va au cœur du Guide (du monde), nous avons été, au son de cette voix, remplis de joie, de surprise et d'étonnement.

2. De grands amas de joyaux précieux, sans qu'ils aient été attendus ni jamais demandés, ont été, en un moment, acquis aujourd'hui (par nous) ; et quand nous en avons entendu (parler), nous avons été tous remplis d'étonnement.

3. C'est comme si un homme eût été, dans sa jeunesse, entraîné par une troupe d'enfants ; qu'il se fût (ainsi) éloigné de l'endroit où se trouvait la demeure de son père, et qu'il fût allé très-loin dans un autre pays.

4. En cherchant son fils perdu, le père alors se désole, et pendant cinquante ans au moins se désole en cherchant à tous les points de l'espace.

5. Cherchant ainsi ce fils, il arrive dans une autre grande ville ; et là, livré aux cinq qualités du désir (369), il y bâtit des maisons et y fixe sa demeure.

6. Il y acquiert de l'or, des coris, des richesses, des grains, du cristal et du corail, des éléphants, des chevaux, des gardes à pied, du bétail, des bœufs et des moutons en grand nombre.

---

(368) La rédaction sanscrite ajoute ici la phrase : *Nous virons dans la science du Tathagata*, qui n'a pas de correspondante dans l'édition thibétaine de la Bibliothèque impériale.

(369) C'est-à-dire les désirs qu'on éprouve pour satisfaire les cinq sens.

7. Des intérêts, des revenus, ainsi que des terres; des esclaves des deux sexes et une foule de serviteurs; il reçoit les respects de milliers de Kotis (370) d'êtres vivants; il est toujours le favori du roi.

8. Les habitants de la ville et ceux qui demeurent dans les villages tiennent devant lui leurs mains réunies en signe de respect; après avoir bien réglé de nombreuses affaires, beaucoup de marchands viennent auprès de lui.

9. De cette manière, cet homme possesseur de richesses devient vieux, âgé, cassé; il passe constamment les jours et les nuits à penser au chagrin (que lui cause la perte) de son fils.

10. « Voilà cinquante ans qu'il s'en est allé, ce fils inconsidéré; j'ai une grande fortune, et voilà que le moment de ma fin approche. »

11. Cependant ce fils insensé, toujours pauvre et misérable, s'en va, pour chercher de la nourriture et des vêtements, errer de village en village.

12. Tantôt il obtient quelque chose en cherchant, tantôt il n'obtient rien. Ce malheureux se dessèche de maigreur dans la maison des autres; son corps se couvre de gale et d'éruptions cutanées.

13. Cependant il vient dans la ville où son père est établi; et tout en cherchant de la nourriture et des vêtements, il arrive enfin à l'endroit où se trouve la maison de son père.

14. Cet homme riche, possesseur de grands biens, est assis à la porte sur un trône, entouré de plusieurs centaines d'êtres vivants, au-dessus (de lui) un dais est suspendu dans l'air.

15. Des hommes dignes de confiance sont autour de lui; quelques-uns comptent ses biens et ses coris; d'autres écrivent des lettres; d'autres perçoivent des revenus et des intérêts.

16. A la vue du maître de maison et de sa maison si bien ornée, le pauvre homme se dit : Comment suis-je venu aujourd'hui ici? Cet homme est le roi ou le ministre du roi.

17. Puissé-je ne pas avoir commis de faute (en venant) ici ! Puissé-je ne pas être pris et mis en prison ! et à cette pensée, cet homme se met à courir en demandant partout le chemin des pauvres.

18. Le riche, assis sur son trône, est rempli de joie en voyant son fils. Il envoie à sa poursuite pour l'arrêter : Amenez-moi ce pauvre homme.

19. Aussitôt il est saisi; mais à peine est-il pris qu'il tombe en défaillance. Certainement (se dit-il) ce sont les exécuteurs qui s'approchent de moi. Qu'ai-je affaire de nourriture ou de vêtements?

20. A la vue de son fils, le riche prudent se dit : Cet (homme) ignorant, à l'esprit faible, aux inclinations misérables, ne compte pas sur cette fortune qui est à moi, il ne se dit pas : Cet homme est mon père.

(370) Le *Koti* vaut dix millions.

21. Le (riche) envoie alors des hommes misérables, mal vêtus, bossus, boiteux, estropiés (en ' ur disant) : Cherchez bien cet homme qui est un ouvrier.

22. L'endroit où l'on jette ici les ordures (de ma maison) est infect, rempli d'excréments et d'urine; travaille à le nettoyer, je te donnerai double salaire (dit le riche au pauvre).

23. Le pauvre homme ayant entendu ces paroles, vint et nettoya l'endroit (indiqué) et établit sa demeure dans une hutte de chaume auprès de la maison

24. Le riche, qui sans cesse regarde cet homme par l'ouverture d'un œil de bœuf (se dit) : Celui-ci, qui a des inclinations misérables, c'est mon fils qui nettoie l'endroit où l'on jette les ordures.

25. Puis il descend, prend un panier et se couvrant de vêtements sales, il s'approche du (pauvre) et lui adresse ce reproche : Tu ne fais pas (ton) ouvrage.

26. Je te donnerai double salaire et une double portion d'huile pour frotter tes pieds; je te donnerai des aliments assaisonnés avec du sel; je te donnerai une (tunique de) toile et des légumes.

27. C'est ainsi qu'il le réprimande en ce moment; mais ensuite cet homme prudent l'embrasse (en disant) : Fais bien ton ouvrage ici ; tu es certainement mon fils, il n'y a à aucun doute.

28. (De cette manière) il le fait peu à peu s'établir dans la maison; pendant l'espace de vingt années complètes, il fait faire bien des travaux à cet homme, et peu à peu lui inspire de la confiance.

29. Le (riche cependant) cache dans sa maison le cristal, les coris et les perles; il compte et calcule tout cela et pense à sa fortune, à toutes ses richesses.

30. Mais l'(homme) ignorant qui, en dehors de la maison, habite tout seul dans sa hutte de chaume, se dit : Je n'ai aucune jouissance de cette espèce; et il (ne) conçoit (que) des idées de pauvreté.

31. Le fils ayant (dans la suite) conçu des idées de grandeur, et le (père) s'étant aperçu de pareilles dispositions, réunit toute la foule de ses parents et de ses amis (et leur dit) : Je vais donner tous mes biens à cet homme.

32. Après avoir réuni les habitants de la ville royale et ceux des villages ainsi qu'un grand nombre de marchands, il parla ainsi au milieu de l'assemblée : Celui-ci est mon fils qui depuis longtemps était perdu.

33. Il s'est passé d'abord cinquante années complètes (depuis cet événement), et de plus il y en a vingt depuis que je l'ai revu. C'est dans telle ville que je l'ai perdu, et c'est en le cherchant que je suis venu ici.

34. Il est le maître de toute ma fortune; tous ces biens sans exception, je les lui abandonne; qu'il fasse usage de la fortune de son père; je lui donne toutes ces propriétés.

35. En songeant à son ancienne pauvreté, à ses inclinations misérables et à la grandeur de son père, cet homme est rempli d'un grand étonnement; (il se dit): Par la possession de cette fortune, (me voilà donc) heureux aujourd'hui!

36. De la même manière le Guide (du monde), qui connaît nos misérables inclinations, ne nous a pas fait entendre ces paroles: Vous deviendrez des Bouddhas, car vous êtes des Çravakas, mes propres enfants.

37. Le chef du monde nous dit: A ceux qui sont entrés dans l'état suprême et excellent de l'intelligence (bodhi), que Kaçyapa enseigne la voie qu'il faut se représenter à l'esprit pour devenir Bouddha; la voie à laquelle nulle n'est supérieure.

38. C'est pourquoi, par l'ordre du Sougata, nous avons, à l'aide de myriades de Kotis d'exemples et de motifs, enseigné la voie suprême à de nombreux Bodhisattvas doués d'une grande énergie.

39. Après nous avoir entendus, les fils du Djina comprennent cette voie excellente de l'intelligence (bodhi), et aussitôt cette prédiction leur est faite: Vous deviendrez des Bouddhas dans ce monde.

40. En gardant bien ce trésor de la loi et en l'expliquant aux Djinas, (nous agissons) comme des hommes de confiance de cet homme (riche) et faisons une œuvre de même genre pour le Guide (du monde).

41. Absorbés dans nos pensées de pauvreté, nous donnons (aux autres) ces trésors du Bouddha. Pendant que nous expliquons la science du Djina, nous ne comprenons pas le sens de cette science du Djina.

42. Nous concevons pour nous un Nirvana personnel, mais il ne (nous) vient pas d'autre science que celle-là; et après avoir entendu parler de ces demeures (qu'on nomme) champs de Bouddha, nous n'avons jamais éprouvé de joie.

43. Toutes ces lois sont sans imperfection et (conduisent à) la quiétude, complétement à l'abri des entraves et de la naissance; et cependant (tu dis): Il n'y a là réellement aucune loi. En réfléchissant à ce langage nous n'avons pu y ajouter foi.

44. Nous sommes depuis longtemps sans espoir de (parvenir à) la science suprême de Bouddha; nous n'avons jamais le désir d'y (arriver). C'est cependant là le terme suprême indiqué par le Djina.

45. Depuis cette existence (dernière) dont le Nirvana est le terme, le vide (des lois) a été longtemps médité. Complétement affranchis des douleurs des trois mondes, nous avons accompli les commandements du Djina.

46. Quand (nous) instruisions bien les fils du Djina qui sont parvenus à l'intelligence suprême, quelle que soit la loi que (nous) leur exposons, il n'y a là, pour nous, aucune espérance.

47. (Mais) le précepteur du monde, celui qui existe par lui-même, nous dédaigne en attendant le moment convenable; après avoir bien examiné nos dispositions, il n'explique pas le véritable sens caché de ses paroles.

48. Mettant en œuvre son habileté dans l'emploi des moyens, comme (fit) dans le temps l'homme maître d'une grande fortune qui dompta bien les misérables inclinations de son fils, et lui donna sa fortune après les avoir domptées.

49. En développant son habileté dans l'emploi des moyens, en disciplinant ses fils dont les inclinations sont misérables, et en leur donnant la science du Bouddha, quand il les a disciplinés, ce Chef du monde fait une chose très-difficile.

50. Nous qui, sous cet enseignement du Bouddha, avons obtenu une récompense excellente, accomplie et la première de toutes, comme des pauvres qui trouveraient un trésor, nous sommes aujourd'hui subitement frappés de surprise.

51. Parce que, sous l'enseignement de celui qui connaît le monde, nous avons longtemps observé toutes les règles de la morale, ô Guide, nous obtenons aujourd'hui le fruit de notre ancienne fidélité à remplir les devoirs de la morale.

52. Parce que nous avons bien suivi les préceptes excellents et purs de la conduite religieuse, sous l'enseignement du Guide (des hommes), nous en obtenons aujourd'hui le fruit (qui donne le) calme, éminent, abondant, accompli.

53. C'est aujourd'hui, ô chef, que, devenus des prêcheurs, nous proclamerons l'état éminent de Bodhi; nous expliquerons le (sens du) mot Bodhi; (intelligence suprême), car nous sommes comme des prêcheurs redoutables.

54. Aujourd'hui, ô Chef, nous sommes devenus dignes des respects du monde entier formé de la réunion des dieux, des démons et des (habitants du séjour de) Brahma, en un mot dignes des offrandes de tous les êtres.

55. Dans ce monde des hommes, où est celui qui, en faisant des choses difficiles entre les difficiles, quand même il ferait des efforts pendant plusieurs Kotis de Kalpas, serait capable de rivaliser avec toi ?

56. Ce serait pour la tête, les mains et les pieds, un travail pénible et très-difficile, même (en s'y appliquant) pendant des kalpas nombreux comme les sables du Gange; quelle tête, quelle épaule le supporterait?

57. (Qu'un homme) donne de la nourriture, des aliments, des boissons, des vêtements, des lits, des

siéges et de grandes couvertures ; qu'il fasse construire avec du bois de sandal des Viharas où il étend des étoffes épaisses pour tapis.

58. Qu'il offre sans cesse, pour honorer le Sougata, plusieurs espèces de médicaments pour guérir les malades ; quand même il en donnerait pendant des Kalpas aussi nombreux que les sables du Gange, il ne pourrait jamais rivaliser (avec toi).

59. Doué d'une force sans égale, possesseur d'une grande loi, ferme dans l'énergie de la patience, habile aux transformations surnaturelles, le Bouddha est un grand roi, un Djina sans défaut qui supporte de pareilles choses (de la part) de ses enfants.

60. A ceux qui reviennent ainsi sans cesse successivement et présentent des signes (favorables), il enseigne la loi. Il est le Seigneur de la loi, le maître de tous les mondes, le grand souverain, le maître des guides du monde.

61. Parce qu'il connaît exactement les situations de tous les êtres, il montre à chacun plusieurs espèces d'objets à obtenir ; parce qu'il connaît leurs inclinations diverses, il expose la loi de cent mille manières.

62. Parce que le Tathagata connaît parfaitement la conduite de tous les êtres et l'intérieur des âmes, quand il expose cet état suprême de l'intelligence, il emploie beaucoup de moyens pour enseigner la loi.

Tel est dans le *Lotus de la bonne loi* le chapitre intitulé : les inclinations, le quatrième.

RGYA TCH'ER ROL PA,

OU

DÉVELOPPEMENT DES JEUX,

CONTENANT

L'HISTOIRE DU BOUDDHA ÇAKYA-MOUNI,

TRADUIT SUR LA VERSION THIBÉTAINE DU BKAHHGYOUR, ET REVU SUR L'ORIGINAL SANSCRIT (LALITAVISTARA,)

PAR PH. ED. FOUCAUX,

Membre de la Société asiatique de Paris.

INTRODUCTION.

1.

Il y a environ dix-huit ans qu'un voyageur pauvre et inconnu descendait des montagnes de l'Himalaya et se dirigeait vers Calcutta, apportant avec lui les matériaux du dictionnaire et de la grammaire, qui devaient enfin donner à l'Europe la clef de l'idiome du Thibet. Ce voyageur était Alexandre Csoma. Né au village de Koros en Transylvanie, ses premières études avaient été dirigées vers la médecine qu'il étudia à Goettingue, où il prit le degré de docteur. « On prétend qu'un mot prononcé dans un cours, par M. Blumenbach, sur la possibilité de retrouver en Orient l'origine des Hongrois, donna à Csoma l'idée de ses voyages. Ce qui est certain, c'est qu'il quitta la Transylvanie peu de temps après son retour de Goettingue, et qu'il se mit en route pour l'Orient, dénué de toutes ressources, voyageant à pied, vivant quelquefois de sa pratique médicale, mais le plus souvent de charités, et accomplissant par la force de sa volonté seule, une entreprise à l'exécution de laquelle les moyens les plus considérables auraient paru indispensables. » (*Journal Asiatique*, juin 1842, rapport de M. J. MOHL, p. 492.)

C'est ainsi qu'il se rendit à Constantinople, traversa l'Egypte, la Syrie, la Perse, et arriva à Lahore en compagnie de deux officiers français de Runjet Sing, les généraux Allard et Ventura, qu'il avait rencontrés sur sa route, et qu'enfin il obtint, avec leur protection, la permission de visiter le Kachemire. Il était parvenu, à travers ce dernier pays, jusqu'à Leh, capitale du Ladak, lorsqu'il fit la rencontre de Moorcroft, qui l'aida de son influence, et l'engagea à reprendre l'étude de la langue thibétaine. Il alla ensuite s'établir dans le monastère bouddhique de Kanoum, dans la vallée du haut Setledge, où il resta quatre ans, pour achever, à l'aide d'un savant Lama, ses études bouddhiques.

Le Dictionnaire et la Grammaire publiés à Calcutta en 1834, ainsi qu'une analyse du *Kah gyour*, insérée dans le tome XX des *Asiatic Researches*, prouvent avec quelle ardeur et en même temps avec quel succès il s'était livré à ces études. Toutefois, quoique les encouragements ne lui aient pas manqué dans l'Inde ; quoique l'idiome du Thibet soit d'une utilité incontestable comme langue vivante, particulièrement pour les Anglais qui résident au Népal,

SECT. II. — LE BOUDDHISME THIBETAIN. — RGYA TCH'ER ROL PA.

cette branche de la philologie n'en a pas moins été négligée par ces derniers; et sans partager l'étonnement naïf de Csoma au sujet de ce dédain pour l'objet de ses travaux favoris, il est à regretter que ses études n'aient pas été continuées par ceux qui peuvent le plus facilement se procurer des livres et des renseignements sur le pays du monde qui est resté jusqu'à présent le moins connu.

Csoma est mort au mois d'avril 1842 à Darjiling dans le Népal, au moment où il se disposait à retourner au Thibet pour y continuer ses études sur l'histoire du pays et sur la littérature bouddhique. Fondateur de l'étude du thibétain, et le seul Européen qui s'en soit occupé dans l'Inde, il n'a pas eu le temps de voir les fruits que ses travaux ont produits en Europe. Dès l'année 1837, avec le secours de son Dictionnaire et de sa Grammaire, M. I. J. Schmidt donnait à Saint-Pétersbourg le texte et la traduction allemande d'un traité bouddhique sur la *Sagesse transcendante*; puis une Grammaire thibétaine en allemand [1839], suivie d'un Dictionnaire thibétain-allemand [1841], et enfin du texte thibétain d'un recueil de légendes accompagné de la traduction allemande (*Der Weise und der Thor*, 1843), qui a été son dernier ouvrage.

Ainsi l'étude sérieuse des textes thibétains appartient en propre à notre époque. Non pas que dès le milieu du xiii° siècle il ne se soit trouvé des voyageurs ou des missionnaires qui aient séjourné au Thibet; mais les uns n'ont pas cherché à faire part de la connaissance qu'ils avaient pu acquérir de la langue du pays; les autres n'ont pas réussi à transmettre, avec toute la précision désirable, les documents qu'ils avaient recueillis sur ce sujet.

Déjà en 1253 saint Louis envoyait comme ambassadeur à l'empereur des Mongols, le Flamand Ruysbroek, plus connu sous le nom de Rubruquis. Quoique l'objet de son voyage, qui était de se rendre à Karakorum, l'entraînât beaucoup plus au nord que le Thibet, il a cependant fait de ce pays l'objet de quelques recherches.

Celui qui a le premier vraiment fait connaître la haute Asie est Marco Polo, parti de Venise vers 1272 avec son père qu'il accompagnait. L'empereur des Mongols, Koubilaï, auprès duquel Marco jouit d'une grande faveur, l'employa dans des ambassades et des affaires importantes. Il avait appris à parler et à écrire les quatre langues usitées chez les Mongols et leurs voisins (371). Marco Polo a consacré quelques pages à la description du Thibet.

De tous les voyageurs (372) qui se sont succédé dans cette partie de l'Asie, depuis le xiii° siècle jusqu'au xviii°, pas un ne s'est occupé de nous en faire connaître la langue. Il faut arriver jusqu'à Dominique de Fano, dont la Bibliothèque nationale possède un vocabulaire latin-thibétain (373), et jusqu'aux PP. Horace de la Penna et Cassiano, pour avoir des détails exacts sur l'idiome et l'écriture du Thibet; et encore les documents transmis par ces derniers ont été si malheureusement mis en œuvre par le P. Georgi, dans l'*Alphabetum Thibetanum*, qu'ils n'ont pu servir ni à Déshauterayes (374), ni à Abel Rémusat (375), pour arriver à une connaissance même médiocre de la langue. Le meilleur conseil qu'on puisse donner à ceux qui commencent l'étude du thibétain est de mettre l'ouvrage de Georgi complétement de côté.

Le dictionnaire thibétain-anglais, publié à Sérampore en 1826, sous le nom de Schrœter, n'est pas l'œuvre de ce dernier. Ce missionnaire allemand n'avait fait que copier un manuscrit du livre rédigé en italien, et qui depuis a été traduit par M. Marshman. (Voy. la Préface de ce Dictionnaire.) Ce dictionnaire, composé probablement par les missionnaires catholiques qui visitèrent Lhassa au commencement du xviii° siècle, est peut-être le vocabulaire contenant trente-trois mille mots, qui se trouvait au Népal, dans la maison des PP. capucins, suivant Georgi, qui regrettait ce livre et désespérait de le ravoir jamais. (*Alphabetum Thibetanum*, Préface, p. lviii.) Une courte grammaire, rédigée par Schrœter, précède le dictionnaire qu'il nous a transmis, mais elle est trop incomplète pour être véritablement utile.

Ainsi qu'on l'a vu, la Russie a été la première en Europe à encourager l'étude de la langue thibétaine. Elle y a été conduite naturellement par la position du Thibet qui touche à ses frontières d'Asie, et peut-être aussi par une sorte de prédilection pour l'Orient.

En France, quelques savants ont depuis longtemps compris tout le parti qu'on pouvait tirer de la connaissance de cet idiome. Il suffit de citer les noms d'Abel Rémusat et Klaproth, et ceux de MM. E. Burnouf et Stanislas Julien. Mais on est généralement si peu familier avec ce qui concerne les littératures de l'Asie, on se préoccupe si peu de l'intérêt qu'elles peuvent offrir, que bien des personnes, sans doute, se demandent quelle utilité peut avoir la connaissance de la langue des Lamas. Il est vrai que depuis Georgi, qui noya dans un amas d'érudition déplacée le petit nombre de documents authentiques qu'il tenait des missionnaires, jusqu'aux plaisanteries dédaigneuses des lettres de Jacquemont, personne, excepté Csoma de Koros, n'a donné une juste idée de la littérature du Thibet. Que dire, en effet, des rêveries de Bailly (*Lettres sur l'origine des sciences*, par Bailly; Paris, 1777. — *Lettres sur l'Atlantide*, par le même, 1779), religieusement adoptées vingt ans plus tard par Langlès (*Voyages de Thunberg au Japon*, in-8° t. III, p. 262), sur le pays des Atlantes, ce prétendu peuple

---

(371) Probablement le mongol, le mandchou, le chinois et le thibétain.
(372) Voyez la *Géographie moderne* de Pinkerton et Walkenaer, Paris, in 8°, 1811, t. V, p. 25 et suiv.; la Préface des *Voyages au Thibet*, publiés par Parraud et Billecoq, Paris, an IV, in-18, p. vi et suiv.; le *Nouveau Journal Asiatique*, t. X, p. 321; l'*Alphabetum Thibetanum*, in-4°, p. 45 i.
Parmi les voyageurs qui ont visité le Thibet depuis vingt-cinq ans, il faut citer MM. Moorcroft et Trebeck, qui résidèrent dans le Ladak vers 1822. La relation de leur voyage a été publiée à Londres par M. Wilson, sous le titre de *Travels in the Himalayan provinces of Hindustan*, etc., 2 vol. in-8°.
Je ne dois pas oublier non plus deux prêtres de la mission française des Lazaristes, MM. Huc et Gabet, qui en 1846 ont pénétré dans le Thibet par la Mongolie, et sont restés environ un mois à Lhassa. Nous avons dû profiter du séjour que le dernier a fait à Paris, pour recueillir des renseignements curieux sur cette partie de l'Asie. L'une des choses qui avaient le plus frappé M. Gabet en traversant le Thibet, était la présence de longues inscriptions qui couvrent les murs des monuments publics, ou sont gravées sur les rochers.
(373) *Recherches sur les langues tartares*, tom. I, pag. 356.
(374) Dissertation sur les langues, dans la *Bibliothèque des artistes ou des amateurs*, Paris, 1776, in-4°. tom II, partie ii.
(375) *Recherches sur les langues tartares*, p. 330 et suiv.

primitif et savant, qui en descendant du plateau du Thibet serait aller porter les sciences et les arts dans les plaines de la Chine et de l'Inde et jusque dans l'Égypte ?

Cette manière de traiter les questions historiques a conduit les savants que je viens de citer à des hypothèses si peu d'accord avec la vérité, et l'histoire de la littérature bouddhique, la seule, à peu d'exceptions près, qui ait fleuri au Thibet et dans la haute Asie, est si peu connue, qu'on me permettra d'en donner ici une esquisse rapide.

Vers le milieu du VII° siècle, le brahmanisme ayant prévalu dans l'Inde, les Bouddhistes, appelés par les rois des pays voisins ou chassés par la persécution, se retirèrent à Ceylan, dans les vallées de Kachemire, dans les montagnes du Thibet, chez les Birmans (376), et enfin dans la Chine, où leur croyance était déjà établie depuis plus de cinq cents ans.

Les livres de la loi bouddhique, que les missionnaires du culte persécuté commencèrent à traduire du sanscrit aussitôt après leur arrivée au Thibet, ne sont pas, comme on pourrait le croire, exclusivement consacrés à des abstractions mystiques ou métaphysiques. Le contenu en est au contraire très-varié. La collection complète se compose de deux parties bien distinctes : la première (le *Kah gyour*, « traduction de commandements (377) »), qui est aussi la plus ancienne, passe pour être la parole même du Bouddha, recueillie par ses principaux disciples ; la seconde (le *Stan gyour*, « instructions traduites (378) »), au contraire, n'a pas ce caractère de tradition directe. C'est un mélange beaucoup plus volumineux d'ouvrages de tout genre, qui souvent sont les commentaires de ceux de la première partie.

Le Kah gyour commence par la discipline religieuse ou éducation des personnes des deux sexes qui se destinent à l'état religieux. Malgré la sévérité du sujet, l'imagination indienne n'a pu se resserrer dans les bornes ordinaires. A côté de discours sur les devoirs en général et de règles particulières pour la nourriture, le jeûne, la confession ; à côté de prescriptions minutieuses pour les vêtements, et la manière dont les lits des religieux doivent être préparés, on rencontre l'histoire de personnages de toutes les conditions qui vivaient au temps de Çakya-Mouni.

Cette tendance à s'écarter du sujet principal vient de ce que, pour mieux faire ressortir l'utilité de ses préceptes, le maître rapporte une foule de légendes où se trouvent en action les événements qui lui ont fait reconnaître la nécessité des lois qu'il impose.

---

(376) Les langues birmane et thibétaine, outre l'analogie de leur système grammatical, ont assez de racines communes pour qu'on puisse établir leur affinité, mais elles diffèrent trop pour dériver de la même souche. Il est probable que la langue birmane primitive, qui semble tenir au chinois, n'a fait que recevoir du Nord le nombre assez limité de racines thibétaines qu'elle renferme, de même qu'elle a adopté les locutions Palies, qui lui sont venues de l'Ouest avec les dogmes du bouddhisme.

(377) En 100 volumes in-fol. oblongs, contenant 1083 traités. Cette première partie a été envoyée, en 1853, à la Société asiatique de Paris par celle du Bengale. Elle est maintenant à la Bibliothèque impériale.

(378) 225 volumes pareils aux précédents, renfermant près de 4000 traités, d'après l'index qui se trouve à la Bibliothèque impériale. Cette partie qui, je crois, a été apportée l'an dernier à Saint-Pétersbourg, nous manque à Paris.

Nous devons, à ce besoin de raconter, les détails les plus circonstanciés sur les mœurs des diverses classes de la société bouddhique, et l'on peut dire aussi de la société brahmanique, au commencement de notre ère, puisque la rédaction de la plupart des ouvrages a précédé l'époque de la dissidence des disciples des deux religions, alors que leurs habitudes n'avaient pas eu le temps de varier sous l'influence d'institutions et de climats différents. Les noms de rois et de dynasties cités à chaque page dans le cours de l'ouvrage ne peuvent manquer d'apporter de nombreux éclaircissements à l'histoire de l'Inde, si on les rapproche des noms qu'on a déjà recueillis à l'aide des inscriptions et des médailles trouvées dans le nord de l'Hindoustan. C'est un fait reconnu d'ailleurs que l'histoire de l'Inde ne commence à s'éclaircir qu'à l'époque où apparaît le Bouddhisme.

La deuxième division du Kah gyour est appelée *Sagesse transcendante*. C'est le livre fondamental de la loi. Il y est traité des notions métaphysiques enseignées par le Bouddha lui-même ; on n'y trouve guère que des spéculations religieuses et morales.

Les cinq dernières divisions qui complètent l'ouvrage sont remplies de légendes, de préceptes, d'un grand nombre de traités de morale et de métaphysique mêlés de détails sur des personnages adonnés aux arts, tels que la médecine, l'astrologie, etc. Beaucoup de légendes y sont racontées par le Bouddha, en vue de la métempsycose, et pour montrer la cause des vicissitudes auxquelles ont été exposés les personnages dont il raconte l'histoire, dans des séries d'existences où il les a rencontrés lui-même, par suite de ses naissances répétées.

On trouve dans la dernière partie l'exposé des doctrines orthodoxes et hétérodoxes, des lois morales et civiles, la cosmogonie et la cosmographie, d'après le système des Bouddhistes ; le moyen d'obtenir la délivrance finale ; des prières, des hymnes, et enfin des traités d'astronomie, de chronologie, etc.

La seconde partie de la collection, appelée *Bstan hgyour* (instructions traduites), contient, dans ses deux dernières divisions, des traités sur la formation de figures magiques, sur la cure des maladies par les charmes, sur le culte des mauvais esprits, sur l'acquisition de facultés surnaturelles, sur le secret d'enchanter les autres et de se préserver de leurs enchantements.

Ici la pensée se reporte naturellement sur l'histoire de la démonologie et de la magie au moyen âge ; et quand on sait que dans l'Inde, la Chine et la Tartarie, le système des incantations est postérieur à la plus grande partie des rites du culte bouddhique, et que son introduction au Thibet ne semble dater du XI° siècle, on se demande si les superstitions de l'Europe au moyen âge ne touchent pas par quelques points à celles de l'Asie. Au moins est-il intéressant d'examiner en quoi elles se ressemblent, et de retrouver encore en vigueur, sous une forme du culte public de populations nombreuses, ces étranges doctrines, dont l'Europe plus heureuse est parvenue à se débarrasser.

Le plus grand nombre des volumes du Bstan hgyour, loin d'être exclusivement bouddhiques, appartiennent tout entiers à la littérature brahmanique ; et c'est des caractères distinctifs des Bouddhistes d'admettre sans difficulté les livres de leurs adversaires, tandis que ceux-ci rejettent avec horreur tout ce qui se rapporte à la religion du Bouddha. C'est ainsi qu'outre ces considérations de diverses écoles philosophiques, on trouve à la fin du Bstan hgyour plusieurs ouvrages sur la logique, la rhétorique et la grammaire ; des dictionnaires et la traduction du *Nuage messager*, poëme de Kalidasa, l'auteur de *Çakountala*. L'ouvrage est terminé par des livres sur la médecine et les arts mécaniques, par un système de gouvernement civil, et enfin par plusieurs grammaires et vocabulaires du langage usuel.

Tel est, en abrégé, le contenu de la grande collection bouddhique conservée en manuscrit au Thibet jusqu'en 1728, année où l'on commença à l'imprimer pour la réunir sous la forme qu'elle a aujourd'hui.

Pour compléter l'énumération des livres qui composent la littérature thibétaine, il faut ajouter aux ouvrages qui précèdent les livres qui appartiennent en propre au Thibet, tels que ceux qui contiennent l'histoire de ce pays et de ses rois, et ceux où se trouve l'exposé de la religion de *Pon* ou *Bon*, laquelle dominait dans ses montagnes avant l'introduction du bouddhisme.

Quant aux codes qui contiennent les lois et la manière de les appliquer, comme nous ne les possédons pas, nous ne pouvons dire s'ils ont été primitivement rédigés au Thibet, ou s'ils ont été traduits d'ouvrages indiens et chinois.

II.

Le Lalita vistara (*Rgya tch'er rol pa*) fait partie du deuxième volume de la cinquième section du Bkah hgyour. C'est un des *neuf Dharmas*, c'est-à-dire des neuf recueils de la loi par excellence que les Bouddhistes détachent de la grande collection de leurs livres sacrés. Comme tous les ouvrages primitifs du Bouddhisme, le Lalita vistara passe pour avoir été rédigé par l'un des principaux disciples du Bouddha, immédiatement après la mort de ce dernier, et d'après le récit qu'il avait fait lui-même des événements de sa vie. Il est probable, en effet, que l'un des premiers besoins des nouveaux convertis au bouddhisme fut de connaître quelle avait été la vie du fondateur de leur religion, soit pour se prévaloir de la perfection du maître, soit pour imiter ses vertus. La première rédaction du Lalita vistara ne peut donc être éloignée de la mort de Çakyamouni, d'autant mieux que le livre parle en plusieurs endroits des *quatre vérités*, sujet qui revient le plus souvent dans les traités considérés comme les plus anciens. Malheureusement les Bouddhistes proposent un grand nombre de dates pour la mort de Çakya (579), et il n'est guère possible d'établir avec certitude celle qui doit être préférée. En admettant avec l'auteur de l'Introduction à l'histoire du Bouddhisme indien que la date de 610 avant J.-C. semble la plus conforme à la vérité en ce que la tradition du Nord et celle du Sud s'accordent pour la fixer, on devra reporter la rédaction primitive du Lalita vistara à l'époque du premier concile qui eut lieu aussitôt après la mort du Bouddha, c'est-à-dire à une antiquité de 2,400 ans environ. J'ai dit la rédaction primitive, parce que le Lalista vistara, tel qu'il nous est parvenu, présente des traces évidentes d'un travail postérieur à sa composition première. Au lieu d'être un récit simple, et d'un style uniforme, le livre que nous avons est un mélange de deux langues bien distinctes. A côté d'une prose sanscrite peu altérée et généralement assez facile, on trouve un dialecte versifié qu'un grand nombre de formes insolites rendent obscur.

Ce qui caractérise ces morceaux en vers, c'est qu'à peu d'exceptions près ils répètent ce qui vient d'être dit en prose, en le développant avec surabondance dans un langage qui s'éloigne notablement de la grammaire classique (580).

La rédaction sanscrite du Lalita vistara, telle que nous la possédons sous une forme évidemment développée, ne doit donc pas appartenir au premier des trois conciles qui eurent lieu, à diverses époques, après la mort de Çakya, mais au second ou au troisième. Pour déterminer auquel de ces derniers elle doit être attribuée, je ne puis mieux faire que d'emprunter à M. E. Burnouf les considérations suivantes qui me paraissent concluantes ; elles contiennent d'ailleurs des renseignements curieux qui trouvent naturellement leur place ici, et prouveront quel secours peut donner, pour résoudre des questions difficiles, l'emploi d'une critique savante et éclairée.

« A la fin de la section de la discipline, qui ouvre la collection du Kah gyour, on trouve des détails d'un grand intérêt sur le fait si important dans la question qui nous occupe, de la rédaction des livres dépositaires de l'enseignement de Çakya. Ces détails manifestement conservés par la tradition, nous apprennent qu'il y eut, à trois époques diverses, trois rédactions successives des écritures bouddhiques, rédactions faites par des religieux rassemblés en concile, et investis, à ce qu'il semble, par l'assentiment public, de l'autorité nécessaire pour cette œuvre capitale. La première rédaction eut lieu immédiatement après la mort de Çakya-Mouni, non loin de Radjagriha, par les soins de cinq cents religieux qui avaient pour chef Kaçyapa. La tâche de rassembler les paroles du maître fut répartie entre trois de ses principaux disciples, dont on voit les noms figurer à tout instant dans les légendes.

« Ce fut Kaçiapa qui rédigea l'Abhidharma ou la métaphysique ; Ananda compila les Sutras, et Upali le Vinaya. La seconde rédaction des livres sacrés eut lieu cent dix ans après la mort de Çakya, au temps d'Açoka, qui régnait à Petaliputtra. La discorde s'était introduite entre les religieux de Vaïçali, et sept cents Arhats sentirent la nécessité de se réunir pour rédiger de nouveau les écritures canoniques. Enfin, un peu plus de quatre cents ans après Çakya, au temps de Kanichka, que l'on dit avoir été roi dans le nord de l'Inde, les Buddhistes s'étaient séparés en dix-huit sectes qui se groupaient

---

(579) Voici les quatorze dates qui se trouvent dans les livres thibétains : avant Jésus-Christ, 2422, 2148, 2135, 2139, 1310, 752, 653, 546, 880, 837, 576, 884 1060 882. (Csoma, *Thibetan grammar*, p. 199-201.)

Les Chinois nous donnent les suivantes : 1130, *Tch'ao-chi* cité par *Ma-touan-lin*, Annales des Soui, liv. CXXXVI, fol. 1. — 767, *Ma touan-lin*, ibid. fol. 6. — 949 *Chin-i-tien*, liv. LXXVII, § 1, fol. 10.

Il y a d'autres dates ; mais comme elles ne diffèrent de ces dernières que d'une année ou deux ou même de quelques mois, nous les omettons. (Note communiquée par M. Stan. Julien.)

(580) Les difficultés que présente le dialecte dont il est question sont particulières à la rédaction sanscrite, la seule dont l'appréciation critique puisse nous guider dans la recherche d'une date. Ces difficultés ont disparu dans la version thibétaine, à l'aide de laquelle on peut reconnaître et traduire sans peine des formes assez éloignées de leur origine pour embarrasser celui qui ne pourrait profiter du travail des interprètes thibétains.

sous quatre grandes divisions principales, et dont Csoma nous a conservé les noms. Ces discordes donnèrent lieu à une troisième compilation des écritures, qui fut la troisième et la dernière dont parlent les Thibétains. (*Asiat. Researches*, t. XX, p. 92 et 297.)

« Quelque brefs que soient ces détails, quelques difficultés qu'ils fassent même naître, si on les compare à ceux que nous ont conservés les Chinghalais sur des événements analogues, ils sont déjà, pris en eux-mêmes, féconds en conséquences précieuses pour l'histoire de la collection buddhique du Nord. On en doit conclure d'abord que des trois rédactions dont la tradition nous a conservé le souvenir, nous ne possédons que la dernière ; ou pour m'exprimer avec une réserve indispensable, vu le silence des écrivains buddhiques, on peut dire que les livres que nous avons actuellement sous les yeux sont ou des ouvrages anciens appartenant aux rédactions antérieures, mais remaniés sous l'influence de la dernière, ou des ouvrages tout à fait nouveaux et sortis exclusivement du travail de la troisième assemblée... Je crois que la vérité se trouvera dans l'adoption simultanée de ces deux hypothèses, savoir, que nous possédons à la fois et d'anciens livres émanés soit de la première, soit de la seconde rédaction, mais modifiés par la révision des religieux contemporains de Kanichka, et des livres tout à fait nouveaux introduits par l'autorité souveraine de ce dernier concile.

« Deux considérations donnent à cette manière d'envisager la question un très-haut degré de vraisemblance ; la première, c'est que l'autorité du dernier concile, quelque grande qu'on la suppose, n'a pu aller jusqu'à détruire les livres antérieurs pour leur en substituer de tout à fait différents.

« .... Il ne s'agissait donc pas, pour les conciles qui se rassemblaient dans le dessein de faire cesser des divisions funestes, de rédiger des livres nouveaux, mais de faire prédominer l'interprétation des anciens livres.

« .... La seconde considération m'est fournie par l'examen que j'ai fait plus haut de la collection du Nord, et elle vient entièrement à l'appui de la première.

« .... J'ai pu avancer sans exagération, que sous le nom de *Buddhadharma*, « la loi du Buddha, » la collection du Népal nous avait conservé plusieurs buddhismes, trois buddhismes, si je puis m'exprimer ainsi ; celui des Sutras simples, où ne paraît que le Buddha humain, Çakya-Mouni ; celui des Sutras développés et Mahayanas, où se rencontrent, à côté du Buddha humain, d'autres Buddhas et Bodhisattvas fabuleux ; celui des Tantras enfin, où au-dessus de ces deux éléments est venu se placer le culte des divinités femelles du Çivaïsme.

« .... Si les Sutras primitifs sont l'œuvre du premier concile, successivement remaniée par les deux conciles suivants, et si l'examen de leur contenu exclut l'idée qu'ils aient pu être rédigés en même temps que les Mahayanas, il ne nous reste que le second et le troisième concile auxquels nous devions attribuer la compilation des Sutras les plus développés. Il est peu probable qu'ils émanent du second ; la date de ce concile est trop rapprochée de celle de Çakya pour que sa doctrine ait eu le temps de subir une transformation aussi considérable que celle dont témoignent les Mahayana sutras. C'est donc du troisième concile qu'ils émanent ; et en effet la haute estime dont ils jouissent encore dans le Nord, où ils passent, comme je l'ai dit ailleurs, pour renfermer la parole même du Buddha, est, jusqu'à un certain point, un argument en faveur de ce sentiment. J'ajoute que c'est dans ces Sutras que se trouvent ces morceaux poétiques étendus, dont le sanscrit est si fautif ; circonstance qui coïncide d'une manière tout à fait remarquable avec la tradition qui place dans le Kachemire et sous un roi d'origine étrangère, la réunion et le travail du troisième concile. Ce sont là, on le voit, de simples rapprochements où le raisonnement a autant de part que les faits. J'ose dire toutefois que la suite de ces recherches doit pleinement les confirmer. » (*Introduction à l'histoire du Buddhisme*, t. I, p. 578-585.)

D'après ce qui précède, et puisque le Lalita vistara, dont la traduction thibétaine insérée dans le Kah gyour est la copie fidèle, présente tous les caractères qui distinguent les Soutras développés, il s'ensuit qu'il faut attribuer la rédaction que nous avons entre les mains au troisième concile qui eut lieu quatre cents ans viron après la mort du Bouddha, ce qui assigne à ce livre la date de deux mille ans, et cela en choisissant, comme je l'ai fait, l'époque la plus rapprochée entre celles que nous fournit la chronologie bouddhique.

La date de la version thibétaine, qui ne remonte pas au delà du VIᵉ siècle de notre ère, n'est ici d'aucun secours pour prouver ce que j'ai cherché à établir ; mais les renseignements que nous donnent les Chinois sur la première traduction du Lalita vistara dans leur langue, exécutée, suivant eux, vers l'an 76 de Jésus-Christ, viennent à l'appui de l'opinion que j'ai émise, en reportant le livre à une antiquité de mille huit cents ans au moins. L'existence de quatre traductions chinoises que nous fait connaître la note qu'on vient de lire, prouve l'empressement qu'on a mis dans tous les temps à répandre le livre. Nous n'avons malheureusement aucune de ces traductions, qui présenteraient un grand intérêt, comme confrontation de textes, et de plus ne pourraient manquer d'être d'un grand secours pour l'interprétation des passages difficiles, si elles étaient accompagnées d'un commentaire, comme il arrive le plus souvent pour ces sortes de livres.

On verra dans les notes de la traduction française combien sont peu nombreux les passages où le texte thibétain diffère du texte sanscrit, ce qui prouve avec quel soin religieux la lettre des livres sacrés a été conservée. J'ai cherché à être aussi fidèle que les interprètes thibétains, tout en m'efforçant de rendre ma traduction plus claire que ne l'est quelquefois la leur. Pour cela je me suis aidé constamment de la lecture de l'original sanscrit, dont il existe à Paris plusieurs copies. J'ai cru devoir conserver partout les dénominations sanscrites, parce qu'il m'a semblé préférable de donner le terme original plutôt que l'équivalent thibétain qui n'en est que la traduction, parfois même assez inexacte, en vertu d'un système commun aux Bouddhistes du Nord et du Midi. Je n'ai fait, en conservant l'expression originale, que suivre la méthode adoptée par tous les traducteurs européens pour les noms propres, et qui consiste à transcrire simplement le nom étranger. Au reste, comme la table alphabétique donne, à la suite du nom sanscrit, l'expression thibétaine correspondante, la présence du terme original, sans inconvénient pour le lecteur qui suivra sur le thibétain la traduction française, aura, pour ceux qui peuvent avoir accès aux traductions du Lalita vistara en chinois, en mandchou et en mongol, l'avantage de remettre toujours sous les yeux l'expression primitive non altérée par le passage d'une langue dans une autre.

Premier traducteur du Lalita vistara dans une langue d'Europe, je ne me suis point dissimulé la difficulté de rendre avec clarté et précision des idées aussi nouvelles pour nous que celles des Bouddhistes indiens. Dans les ouvrages du genre de celui qu'on va lire, le traducteur est arrêté tantôt par l'obscurité du langage, tantôt par l'obscurité de l'idée, et dans bien des cas par les deux à la fois.

Tout en reconnaissant mon insuffisance pour résoudre sans exception les difficultés que j'ai rencontrées, je n'ai pas cru devoir interrompre la tâche commencée, persuadé que ce qui importait, quant à présent, c'était de donner le moyen d'étudier, à l'aide d'un livre canonique, une religion encore peu connue. Aidé de ma traduction, qui, je l'espère, aplanira les premières difficultés, aidé aussi par les progrès que la science ne peut manquer de faire, qu'un autre vienne et fasse mieux, je m'applaudirai de lui avoir frayé le chemin.

RGYA TCH'ER ROL PA

(LALITAVISTARA),

OU

DÉVELOPPEMENT DES JEUX.

CHAPITRE PREMIER.

SUJET DU DISCOURS.

Ananda rapporte comment, se trouvant dans la ville de Çravasti, en même temps que le Bouddha, en compagnie de douze mille religieux et de trente-deux mille Bodhisattvas, il a entendu le Bouddha raconter les événements qui font le sujet de ce livre; comment les dieux étant venus prier le Bienheureux de leur enseigner la loi autrefois enseignée par les précédents Bouddhas, le Maître consentit à les satisfaire, par bonté pour les dieux et pour le monde.

Dans la langue sanscrite (381) : Arya Lalitavistara mahayana soutra.

Dans la langue du Bod (382) : Hphags pa rgya tch'er rol pa jes bya va theg pa tch'en pohi mdo (383).

A tous les Bouddhas et Bodhisattvas (384), salut.

---

(381) Littéralement, *dans la langue de la plaine blanche*; l'Inde étant appelée ainsi en thibétain, par opposition au nom de la Chine, désignée par le nom de *plaine noire*, probablement à cause de l'aspect que présentent les deux pays vus des hauteurs du Thibet. Je dois dire cependant que dans les curieux fragments arabes et persans relatifs à l'Inde, traduits par M. Reinaud (*Journal Asiatique*, septembre 1844, p. 248), on trouve le passage suivant : « On aperçoit, du haut (du Thibet), l'Inde à travers les nuages, sous l'image d'une terre noirâtre..... pour le sol du Thibet et de la Chine, il est rouge. »

(382) C'est-à-dire : *Le vénérable développement des jeux*, tel est le nom de ce Soutra du grand véhicule. Par véhicule les Bouddhistes entendent le secours que donne la méditation des livres sacrés pour arriver à la perfection morale. Les Soutras sont les écritures fondamentales de la loi bouddhique, la parole des Bouddhas.

(383) C'est le nom que les Thibétains donnent à leur pays. Suivant Klaproth, le nom de *Thibet* serait d'origine turque, et celui de *Tanggout* viendrait des Chinois. Quant à la dénomination de *Boutan*, elle vient certainement du sanscrit *Batanga*, c'est-à-dire contrée de Bôd. Voyez *Journal Asiatique*, septembre 1834, p. 177 et suivantes.

(384) Le Bodhisattva, ou « l'être uni à l'intelligence, » est celui qui ne s'écarte plus de la voie qui mène à l'état suprême d'un Bouddha parfait et accompli.

Ce discours a été une fois entendu par moi (385): Bhagavat (386) se trouvait à Çravasti (387), à Djetavana (388), dans le jardin du fils du roi Anatha pindada (389), avec une grande réunion de Bhikchous (390), au nombre de douze mille, tels qu'Ayouchmat (391), Adjnanakaundinya, Ayouchmat Açvadjit, Ayouchmat Vachpa, Ayouchmat Maha Nama, Ayouchmat Bhadrika, Ayouchmat Yaçodeva, Ayouchmat Vimala, Ayouchmat Soubahou, Ayouchmat Pourna, Ayouchmat Gavampati, Ayouchmat Ourouvilva Kaçyapa, Ayouchmat Nadi Kaçyapa, Ayouchmat Gaya Kaçyapa, Ayouchmat Çaripoutra, Ayouchmat Maha Maudgalyayana, Ayouchmat Maha Kaçyapa, Ayouchmat Maha Katyayana, Ayouchma Kaphina, Ayouchmat Kaundila, Ayouchmat Tchounandana, Ayouchmat Pourna Maitrayaṇipoutra,

---

(385) C'est Ananda qui parle. Cousin et disciple de Çakya Mouni, il est supposé avoir écrit toute la classe des écritures bouddhiques connues sous le nom de Soutras, qu'il avait recueillies de la bouche de Çakya lui-même. Son nom est le dernier dans la liste qui suit. Ananda était né la même nuit où le Boudha obtint l'intelligence suprême.

(386) Épithète des Bouddhas, employée souvent seule pour les désigner. Les Thibétains traduisent toujours ce mot par « celui qui a été victorieux. »

(387) Capitale du royaume de Koçala, située non loin de Fyzabad ou de l'Aoude des modernes. (*Introduction à l'histoire du Bouddhisme*, t. I, p. 22.)

(388) « Bois du victorieux. » Ce nom désigne le monastère et le temple le plus célèbre de la province de Koçala ; il était situé près de Çravasti. (*Introduction à l'histoire du Bouddhisme*, t. I, p. 22.)

(389) « Il y a peu de personnages plus célèbres chez les Bouddhistes que ce maître de maison, qu'on appelle aussi Anathapindika. Son nom n'est, à proprement parler, qu'un titre qui exprime sa libéralité. Les Chinghalais et les Chinois le connaissent sous le nom de Soudatta. » (*Introduction à l'histoire du Bouddhisme*, t. I, pag. 24.)

(390) Religieux mendiants ne vivant que d'aumône. Ce sont les *Gélongs* des Thibétains.

(391) « Qui a la vie, » épithète qui précède souvent le nom des disciples du Bouddha.

Ayouchmat Anirouddha, Ayouchmat Nandika, Ayouchmat Kachphila, Ayouchmat Soubhouti, Ayouchmat Revata, Ayouchmat Khadiravanika, Ayouchmat Amogharadja, Ayouchmat Maha Paranika, Ayouchmat Vakoula, Ayouchmat Nanda (392), Ayouchmat Rahoula (393), Ayouchmat Svagata, Ayouchmat Ananda, et d'autres Bhikchous jusqu'à douze mille;

Et de trente-deux mille Bodhisattvas, tous assujettis à une seule (et dernière) naissance, tous vraiment parvenus à l'état de Bodhisattvas arrivés à l'autre rive (394), tous déployant la science supérieure des Bodhisattvas, tous ayant acquis les facultés des Bodhisattvas, tous ayant acquis l'énergie des Bodhisattvas, tous ayant obtenu l'accomplissement des prières des Bodhisattvas, tous ayant parfaitement pesé et compris la science des Bodhisattvas, tous ayant acquis l'empire de la méditation des Bodhisattvas, tous ayant bien rempli les terres (395) des Bodhisattvas, comme, par exemple,

(392) Frère du Bouddha.
(393) Fils du Bouddha, né en même temps qu'Ananda, la nuit où son père arriva à l'Intelligence suprême (Doul va IV, f. 5.)
(394) C'est-à-dire arrivés à une perfection morale telle, qu'ils sont toujours délivrés de la transmigration
(395) On trouve dans le *Bkahhgyur*, mdo V, f. 59 b, l'explication suivante des terres ou degrés de perfection des Bodhisattvas, lesquelles sont au nombre de dix et précèdent la terre d'un Bouddha, qui est la onzième :
« La première terre, dont les grands fruits ne sont pas à demander, et qui est, parce qu'elle a acquis un esprit qui a dépassé le monde, en possession de la joie, de la plus grande des joies, est dite Grande joie.
« La deuxième terre, parce qu'elle est exempte de toutes les taches d'une conduite fautive, b. amable et incertaine, est dite Intacte.
« La troisième terre, parce qu'elle est en possession de la méditation profonde et de la tradition, et parce qu'elle est la demeure de la science aux lumières illimitées, est dite Lumineuse.
« La quatrième terre, parce qu'elle a brûlé l'arbre de la corruption, parce que s'exerçant dans une doctrine d'accord avec la région de l'Intelligence (*Bodhi*), elle en est venue à resplendir du feu de la sagesse, est dite Resplendissante.
« La cinquième terre, à cause de la difficulté de surpasser cet exercice (de la terre précédente obtenue) par le moyen de ces doctrines, qui sont d'accord avec les régions de l'Intelligence, est dite Difficile à dépasser.
« La sixième terre, parce qu'elle est évidemment parvenue à pénétrer les agrégations, et parvenue à se bien mettre dans l'esprit ce qui est invisible (sans signes), est dite Évidemment parvenue.
« La septième terre, parce qu'en se mettant dans l'esprit ce qui est invisible, elle y pénètre au loin, sans obstacle et sans interruption, et aussi à cause de sa liaison intime avec la terre vraiment pure (la deuxième ?), est dite la Voie qui va loin.
« La huitième terre, à cause de sa création spontanée dans l'invisible, et parce qu'elle n'est pas ébranlée par les corruptions nées de tous côtés, est dite Inébranlable.
« La neuvième terre, parce qu'elle a, dans son pouvoir d'enseigner la Loi par tous les moyens, obtenu un entendement sans défaut et très-large, est dite Bon entendement.
« La dixième terre, parce qu'elle entoure le corps enlevé à un séjour mauvais et devenu pareil à l'éther,

Maitréya Bodhisattva Mahasattva, Dharaniçvararadja Bodhisattva Mahasattva, Sinhaketou Bodhisattva Mahasattva, Siddhartha ati Bodhisattva Mahasattva, Praçantatcharitamati Bodhisattva Mahasattva, Pratsamvimprapta Bodhisattva Mahasattva, Mahakarounatchandri Bodhisattva Mahasattva, et d'autres jusqu'à trente-deux mille.

En ce temps-là, Bhagavat se trouvait donc dans la grande ville de Çravasti, respecté, vénéré, honoré, comblé d'offrandes par les quatre assemblées, par les rois, les fils de rois, les grands conseillers du roi, les princes du royaume, les serviteurs du roi, les Kchattriyas, les Brahmanes, les domestiques, les habitants de la ville, les paysans, les Tirthikas (396), les Çramanas (397), les Mimansakas (398), et les Parivradjakas (399). Et quoique Bhagavat eût des mets préparés, savoureux et abondants, des vêtements de religieux, des aumônes, des lits de repos, des remèdes pour les maladies, et des ustensiles convenables, quoique Bhagavat eût acquis des biens excellents et une renommée excellente, comme un lotus que l'eau n'enveloppe plus, il était détaché de tout.

En ce temps-là Bhagavat, à la première veille de la nuit, fut plongé dans la méditation calme appelée arrangement des ornements de Bouddha; et à peine y fut-il plongé, qu'une excroissance s'étant élevée au sommet de sa tête, elle le fit se souvenir exactement de tous les Bouddhas antérieurs ; et la lumière de la science sans passion étant produite, il éclaira avec elle toutes les demeures des dieux Çouddavasas (400), et exhorta le fils d'un dieu Mahéçvara, ainsi que tous les autres innombrables fils des dieux. Puis des réseaux de la lumière du Tathagata (401) sortirent ces stances d'exhortation:

comme un grand nuage enveloppe la foule des objets, est dite Nuage de la Loi.
« La onzième terre, parce qu'elle a abandonné les ténèbres très-blâmables de ce qui est appelé la corruption, et à cause de l'Intelligence (*Bodhi*) qui a rempli tous les degrés de ce qui est dit l'absence de passion, est dite Terre de Bouddha. »
(396) « Qui vont le pèlerinage des étangs sacrés. » C'est le nom donné par les Bouddhistes aux religieux brahmaniques en général. (Voy. *Introduction à l'histoire du Bouddhisme*, t. I. p. 158 et 315.)
(397) « Ascètes qui domptent leurs sens. » Nom appliqué plus particulièrement aux religieux bouddhistes, quoique les Brahmanes l'emploient aussi. (*Ib.*, p. 78 et 271.)
(398) « Philosophes qui suivent la doctrine de la Mimânsa. » Au lieu de ce dernier mot, le sanscrit a « es Brâhmatcharis » ou religieux qui ont fait vœu de continence ; ce serait en thibétan : *th'hangs spyod pa.*
(399) « Errants en tous lieux. » C'est le nom d'une classe de religieux mendiants et sans demeure fixe.
(400) « Dieux à demeure pure. »
(401) « Ce titre est un des plus élevés de ceux qu'on donne à un Bouddha ; le témoignage unanime des Soûtras et des légendes veut que Çakya Mouni l'ait pris lui-même dans le cours de son enseignement. » (*Introduction a l'histoire du Bouddhisme*, t. I, p. 75.) Ce mot signifie littéralement : « qui va comme (son prédécesseur.) »

« Venez vous joindre à celui qui possède le rayon de la science, à celui qui produit le rayon vainqueur des ténèbres, qui a de beaux rayons, une splendeur pure et sans tache, un corps très-calme, un cœur pur et apaisé, au Mouni Çakia Sinha (402). Ayez foi en l'Océan de la science, pur, à la grande force, au seigneur de la Loi, connaissant tout, maître des Mounis, adoré des hommes et des dieux; dieu au-dessus des dieux, existant de soi-même dans la loi, et exerçant l'empire. Quiconque s'est rendu maître de son esprit difficile à dompter, quiconque a le cœur délivré complètement des piéges du démon, que celui-là, ne laissant pas ici sa vue et son ouïe inutiles, vienne auprès de celui qui a le repos de la délivrance complète, de celui qui s'est manifesté dans la loi sans égale, de celui qui dissipe les ténèbres, qui enseigne la bonne règle, qui connaît le calme d'un Bouddha, qui est incommensurable. Venez auprès de lui avec la foi la plus grande. Il est le roi des remèdes qui dispense l'Amrita (403); il est le héros de la parole, destructeur des troupes des méchants. Parent de la Loi, il en connaît le meilleur sens, il est le guide qui montre la meilleure route. »

Ces fils des dieux Çouddhavasakayikas (404) étant frappés par ce rayon visible de la science sans passion, qui fait souvenir des Bouddhas antérieurs, ne furent pas plutôt exhortés par des Gathas (405), telles que celles-ci, que, s'étant éveillés dans le calme de la méditation profonde, ils se rappelèrent par la puissance de Bouddha, les Bouddhas Bhagavats des Kalpas (406) du passé, incalculables, immenses. Tout ce qui constitue les qualités des champs du Bouddha, de chacun de ces Bouddhas Bhagavats, tous les cercles de leurs assemblées, tous leurs enseignements de la Loi, ils se rappelèrent exactement tout.

Cependant, cette même nuit, pendant le sommeil des hommes, les fils des dieux Çouddhavasakayikas, nommés Içvara, Maheçvara, Nandana, Sounandana, Tchandana, Mahita, Praçanta, Viniteçvara, et bien d'autres, tous d'une beauté surpassant la plus grande beauté, après avoir éclairé d'une splendeur divine le Djetavana tout entier, et s'être rendus là où était Bhagavat, saluèrent ses pieds avec leur tête, et se tenant d'un seul côté, lui adressèrent ce discours :

« Bhagavat! cette partie de la Loi qui a nom Lalitavistâra, ce Soutra très-développé, qui découvre la racine de la vertu des Bodhisattvas et la Loi incommensurable d'un Bouddha, lequel a été enseigné par les Tathagata antérieurs, tels que les Bhagvats Padmottara, Dharmaketou, Dipankara, Gounaketou, Mahakara, Richideva, Çritedjas, Satyaketou, Vadjrasanhata, Sarvabhibhou, Hemavarna, Abhyoutchagami, Pravatasagara, Pouchpaketou, Vararoupa, Soulotchana, Richigoupta, Djinavaktra, Ounnta, Pouchpita, Ournitedjas, Pouchkala, Souraçmi, Mangala, Soudarçana, Mahasinhatedjas, Sthitaboudhidatta, Vaçantaganthin, Satyadharmavipoulakirti, Tichya, Pouchya, Lokasoundara, Vistinabheda, Ratnakirti, Ougratedjas, Brahmatedjas, Soughocha, Soupouchpa, Soumanojnaghocha, Soutchechtaroupa, Prahasitanetra, Gouanraci, Meghasvara, Soundaravarna, Ayoustedjas, Salilagadjagami, Lokabhilachita, Djitaçatrou Sampoudjita, Vipaçyi, Cikhin, Viçvabhou, Krakoutch'anda et Kanakamouni; (ce Soutra) qui a été aussi enseigné autrefois par Kacyapa Tathagata Ahrat, Bouddha parfait et accompli, que Bhagavat l'explique de nouveau aujourd'hui, pour le secours d'un grand nombre d'hommes, pour leur bien et par amour pour le monde, en vue de la grande multitude des créatures, en faveur des hommes et des dieux, pour leur aide et leur bien-être; qu'il redise ce grand Véhicule, qui met un terme à toutes les discussions, qui soumet tous les démons, qui instruit tous les Bodhisattvas, qui fait naître l'activité dans l'âme de tous les Bodhisattvas qui sont dans le Véhicule, qui sont dans la bonne Loi, qui empêche l'extinction de la famille des Trois précieux (407); (que Bhagavat) afin de faire connaître complètement et en détail l'œuvre du Bouddha, daigne nous l'expliquer maintenant! »

Bhagavat, pris de compassion pour ces fils des dieux, pour les dieux et pour le monde, consentit par son silence. Ces fils des dieux ayant compris, par le silence de Bhagavat, qu'il avait consenti, se livrèrent aux transports de la plus vive allégresse, et animés par la joie, saluèrent avec la tête les pieds de Bhagavat, tournèrent trois fois autour de lui (408) en présentant le côté droit, puis répandant des poudres de santal et d'aloès, et jetant des fleurs de Mandarava, ils disparurent en ce lieu même.

(402) « Lion des Çakyas, » l'un des noms du dernier Bouddha.
(403) *Nourriture des dieux* et aussi *immortalité*.
(404) « Qui font partie de la suite des dieux Çouddhavasas; » littéralement, « qui font corps avec eux. »
(405) Espèce de stances, qui sont un des caractères des Soutras développés.
(406) « Durée d'une période du monde. » La notion des kalpas est commune aux Bouddhistes et aux Brahmanes. (*Intr. à l'hist. du Bouddh.* t. I, p. 75.) Pour les diverses espèces de kalpas et leur durée, voy. un Mémoire spécial d'A. Rémusat. (*Journ. des sav.* 1831, p. 716 et suiv.), et l'*Exposé de la théorie des kalpas*, par M.

Schmidt (*Mémoires de l'Académie de Saint-Pétersbourg*, t. II, p. 58 et suiv.).
(407) Bouddha, la loi (*dharma*), l'assemblée des fidèles (*samgha*).
(408) On trouve au chapitre XXIV de *Waverley* : « Après avoir fait trois fois le tour de sa couche, en se dirigeant de l'est à l'ouest, suivant le cours du soleil... ce qu'on appelait faire le *deasil*. » Et dans une note de W. Scott : « Les plus vieux d'entre les montagnards font encore le *deasil* autour de ceux à qui ils veulent du bien. Faire le tour d'une personne en sens opposé, ou *wither-shins*, passe pour une espèce de maléfice. »

Ensuite Bhagavat, à la fin de cette nuit, s'étant rendu au champ de la culture des bambous, entouré d'une foule de Bodhisattvas et en présence de la réunion des Çravakas (409), s'assit sur un siége préparé, et dit aux Bhikchous :

C'est ainsi, Bhikchous, que les fils des dieux Çoudhavasakayikas, nommés Içvara, Maheçvara, Nandana, Sounandana, Tchandana, Mahita, Praçanta, Viniteçvara, et bien d'autres fils des dieux, qui étaient hier ici auprès de moi, disparurent en ce lieu même, comme il a été dit précédemment.

Alors ces Bodhisattvas et ces Maha-Çravakas (410) s'étant inclinés, et joignant les mains devant Bhagavat, lui adressèrent ce discours :

Que Bhagavat veuille bien nous enseigner cette partie de la Loi nommée Lalitavistara, qui, secours de nombreuses créatures, bonheur de nombreuses créatures, agissant miséricordieusement en faveur du monde, sera, pour la grande multitude des créatures, des dieux, des hommes et des Bodhisattvas Mahasattvas présents et futurs, le but, le remède et le bonheur !

Ils parlèrent ainsi; et par compassion pour ces Bodhisattvas Mahasattvas, ces Maha-Çravakas, les dieux, les hommes, les Asouras (411) et le monde, Bhagavat, par son silence, y consentit.

Ainsi donc, Bhikchous, le Soura développé, dont le but est de venir en aide au monde entier, et qui a été enseigné par tous les Tathagatas antérieurs ; ce grand sujet de discours, écoutez-le ici tout entier !

Chapitre appelé « Sujet du discours, » le premier.

CHAPITRE II.
CHANGEMENT DE SÉJOUR.

Commencement du récit.—Le Bouddha parle de son séjour dans le ciel des dieux Touchitas, où ses mérites l'avaient conduit au pouvoir suprême. Honneurs que lui rendaient alors les millions de Bouddhas, les dieux et les génies.—Dans son désir d'arriver à l'intelligence suprême, il se prépare à descendre du rang des dieux et à naître parmi les hommes.

Et maintenant, Bhikchous, qu'est-ce que cette partie de la Loi, le grand Soutra très-développé nommé Lalitavistara ?

Bhikchous, le Bodhisattva demeurait alors dans le séjour excellent du Touchita (412), adoré de ceux qu'on adore, ayant reçu solennellement le pouvoir suprême; honoré, respecté, comblé de louanges par cent mille dieux; arrivé à la méditation profonde, éminemment élevé par ses prières, ayant bien l'intelligence qui pénètre la Loi de tous les Bouddhas, ayant l'œil de la science très-développé et complétement pur; ayant le souvenir, l'intelligence, la prudence, la modestie et la science (*bouddhi*) abondante, échauffée par le contentement. Ayant (fait) le don, en possession de la bonne conduite, de la patience, de l'activité, de la méditation, de la sagesse, de la science des grands moyens et du passage suprême à l'autre rive (413). Habile et connaissant parfaitement la voie de Brahma, la grande mansuétude, la grande commisération, la grande indifférence (mystique); vraiment par une intelligence supérieure, à la science qui voit sans obscurité et sans passion. Ayant bien acquis le souvenir, l'abnégation complète, les fondements de la puissance surnaturelle, les organes des sens, la force, les membres (degrés) de l'intelligence (*Bodhi*), la (véritable) voie, et arrivé au terme de toutes les doctrines parfaites et accomplies de la région de l'intelligence. Ayant le corps bien paré des signes et des proportions (résultant) de l'union de la science et des vertus sans limites, suivant depuis longtemps la même direction, agissant comme il parle, indiquant clairement la route d'une parole sans détour; ayant un esprit droit, sans fraude et sans artifice, que rien n'entrave; ayant mis de côté tout orgueil, toute fierté, toute envie, toute crainte et tout abattement; ayant un esprit égal pour tous les êtres; honorant de respect des millions incommensurables de Bouddhas, regardé en face par des millions incommensurables de Bouddhas, et ayant la figure de ceux-ci qui le regardent; réjoui par les glorifications de Çakra (414), Brahma (415), Maheçvara (416), des gardiens du monde (417), des dieux, des Nagas (418), des Yakchas (419), des Gandhas, (420), des Asouras (421), des Garoudas (422), des superposés au-dessus de la terre, dont l'ensemble forme le monde des désirs. (*Ibid.*, p. 109.)

(413) C'est-à-dire les moyens d'arriver, par la méditation et les bonnes œuvres, à la délivrance finale; passer à l'état de perfection morale qui affranchit pour jamais de la transmigration.
(414) Ou Indra, chef des dieux inférieurs du Svarga ou Élysée.
(415) Dieu suprême des Indous, mais que les Bouddhistes, en l'adoptant, ont soumis à Bouddha, avec tous les autres dieux de la mythologie brahmanique.
(416) Ou Çiva, le dieu de la destruction.
(417) Qui résident aux quatre points cardinaux du Mérou, la montagne sacrée où sont étagés les cieux des Bouddhistes. On les verra, au chapitre xv, venir rendre hommage au Bodhisattva, accompagnés de la suite innombrable des génies auxquels ils commandent.
(418) Demi-dieux à figure humaine et à queue de serpent, habitant sous terre et dans les eaux.
(419) Demi-dieux gardiens des trésors.
(420) Musiciens du Svarga, ou ciel d'Indra.
(421) Géants de premier ordre, ennemis des dieux.
(422) Ce nom, qui dans la mythologie brahmanique ne

(409) Auditeurs du Bouddha.
(410) « Grands auditeurs, » appelés sans doute ainsi à cause des fruits qu'ils avaient retirés d'une longue assiduité aux conférences du Bouddha.
(411) « Qui ne sont pas dieux. » Démons ou géants ennemis des dieux
(412) « Séjour où l'on est joyeux. » C'est la demeure privilégiée où vient renaître, pour descendre un jour parmi les hommes, celui qui n'a plus qu'une existence à passer sur la terre, et qui est prédestiné à devenir un Bouddha parfaitement accompli. (Voir *Introd. à l'hist. du Bouddh*, t. I, p 606.) C'est le quatrième des six cieux

Kinnaras (423), des Mahoragas (424) et des Rakchas (425); expert dans l'enseignement de la division de tous les mots, dans la connaissance illimitée des détails, dans la science des incarnations: parvenu à retenir ce qu'ont enseigné tous les Bouddhas; ayant acquis le vaisseau sans trouble de la mémoire et une puissance surnaturelle infinie et sans bornes; ayant mis des êtres innombrables, infinis dans la voie du Svarga et de la délivrance; désirant se revêtir de l'Intelligence parfaite et accomplie d'un Bouddha; borné à une seule (et dernière) existence.

Puis, de ce séjour excellent du Touchita, où il demeure sous le nom de Çvetaketou (étendard blanc), noble fils d'un dieu, après avoir émigré avec les troupes des dieux et être né dans le monde des hommes, il ne sera pas long à se revêtir de l'Intelligence parfaite et accomplie d'un Bouddha.

Chapitre appelé « Changement de séjour, » le deuxième.

CHAPITRE III.

PURETÉ COMPLÈTE DE RACE.

Le Bodhisattva, excité par le temps de la loi, instruit les dieux Touchitas. — Les fils des dieux apprenant que dans douze ans le Bodhisattva entrera dans le sein d'une mère, vont dans l'Inde sous la figure de Brahmanes, consulter les Védas. Ils y voient que le Bodhisattva sera doué en naissant de trente-deux signes, et sera nécessairement roi ou Bouddha. — Attributs de la royauté. Les sept trésors par excellence. En apprenant ces nouvelles, un grand nombre d'ermites s'élèvent dans les cieux jusqu'à la région du feu, et sont consumés. — Avant de descendre du ciel, le Bodhisattva se livre aux quatre grands examens, pour savoir où il doit naître. — Les fils des dieux passent alors en revue seize familles royales de l'Inde; mais trouvant que toutes ont des défauts, ils interrogent le Bodhisattva, qui énumère les signes auxquels on reconnaîtra la famille privilégiée. — Celle des Çakyas réunit toutes les conditions.

Ainsi, Bhikchous, le Bodhisattva, bien excité par ce temps de la Loi, sortit de la grande demeure céleste, et s'étant arrêté au lieu où était le grand palais Dharmotchaya, il enseignait la Loi aux dieux du Touchita. Puis le Bodhisattva étant entré dans ce palais, s'assit sur le siége du lion (le trône) appelé Bonne loi.

Cependant tous les fils des dieux qui partagent la fortune du Bodhisattva, et se tiennent dans le même Véhicule, entrèrent aussi dans le palais. Rassemblés des dix horizons, les Bodhisattvas qui se livrent au même exercice que le Bodhisattva et ces fils des dieux, étant, tandis que se retiraient les troupes d'Apsaras (426) et les dieux inférieurs, entrés dans ce palais, et formant une assemblée unie dans une pensée de profond recueillement, au nombre de soixante-huit mille Kotis (427) de personnes, s'assirent, comme il convenait, chacun sur son siége de lion.

C'est alors, Bhikchous, qu'il fut dit : Dans douze ans le Bodhisattva entrera dans le sein d'une mère.

Cependant les fils des dieux Çouddhavasakayikas étant allés dans le pays du Djambou (428), et ayant fait disparaître leur couleur divine sous l'habit de Brahmanes, parcouraient les Védas (429) et les Brahmanes (430) : Quelle que soit la figure de celui-ci, quand il entrera dans le sein (d'une mère), il sera doué des trente-deux signes du grand homme. S'il en est doué, sa voix sera double et non triple (431). Si celui-ci demeure au milieu de sa maison, ce sera un roi Tchakravartin (432), victorieux chef d'une armée de quatre corps de troupes (433), attaché à la Loi, roi de la Loi, possédant les sept choses précieuses, qui sont : le trésor de la roue (434), le trésor de l'éléphant, le trésor du cheval, le trésor de la femme, le trésor de la perle, le trésor du maître de maison, et le trésor du conseiller, qui est le septième (435).

De quelle manière le roi Tchakravartin est-il en possession du trésor de la roue?

Pour le roi Kchattriya, dont le front a reçu la consécration royale, qui a lavé sa tête le quinzième jour de la lune, destiné à la pénitence, qui a jeûné, qui est allé sur les terrasses du palais, environné de la suite de ses femmes, le trésor de la roue divine apparaît dans la région orientale avec mille rais, une circonférence et un moyeu, toute d'or, non fabriquée par un charron, et de la hauteur de sept arbres Talas.

---

s'emploie qu'au singulier, pour désigner l'oiseau fabuleux qui sert de monture à Vichnou, est ici le nom d'une classe de demi-dieux.

(423) Demi-dieux et musiciens représentés avec la tête d'un cheval.

(424) « Grands dragons » qui habitent sous terre. Le nom de ces génies, ainsi que celui des Kinnaras, manque au thibétain.

(425) Ou Rakchasas, esprits malfaisants, vampires.

(426) Nymphes du ciel d'Indra.
(427) Le koti vaut dix millions.
(428) « Djambou, Djamboudvipa ou Djamboudhvadja » est l'un des quatre continents en forme d'îles dont les Brahmanes et les Bouddhistes croient la terre composée; c'est le nom de la presqu'île de l'Inde.
(429) Les plus anciens livres de la loi brahmanique.
(430) Partie des Védas contenant les préceptes religieux et la théologie.
(431) C'est-à-dire qu'il doit être roi ou Bouddha.
(432) « Qui tourne la roue. » Suivant Wilson (*Dict. sanscr.* p. 513), ce mot signifie : « Qui habite un royaume, souverain d'un royaume. » Cette différence de sens vient de ce que *tchakra*, roue, a aussi la signification de « royaume, » et *vartin*, celle de « habitant. » Le même vague se trouve dans l'expression de *Dharmatchakra*, « roue de la loi, » ou « royaume de la loi. »
(433) Ou de chars, d'éléphants, de chevaux et de fantassins, ce qui constitue une armée complète.
(434) Voy. note 432.
(435) Il y a une autre énumération des sept choses précieuses, convenables pour tout le monde : le trésor de l'éléphant, du cheval, de l'homme esclave, de la femme esclave, de l'ouvrier, du champ, du ménage.

Aussitôt que le roi Kchattriya, dont le front a reçu la consécration royale, a vu cette précieuse roue divine, il lui vient à la pensée : J'ai appris que pour le roi Kchattriya, dont le front a reçu la consécration royale, qui a lavé sa tête le quinzième jour de la lune destiné à la pénitence, qui a jeûné, et est allé sur les terrasses du palais environné de ses femmes, le trésor de la roue divine apparaît dans la région orientale, et que c'est ainsi qu'il sera un roi Tchakravartin. La précieuse roue divine étant venue près de moi, je sais que je suis roi Tchakravartin. Et le roi Tchakravartin, dont le front a reçu la consécration royale, ayant rejeté son manteau sur une épaule, et mis le genou droit à terre, de la main droite pousse cette roue divine, en disant : Tourne, vénérable et divin trésor de la roue, avec la Loi, et non sans la Loi !

Cependant cette roue divine, mise en mouvement par le roi Kchattriya, dont le front a reçu la consécration royale, s'avance en faisant naître des apparitions dans l'atmosphère orientale. Le roi la suit avec sa puissante armée de quatre corps de troupes; et à tous les points de la terre où s'arrête cette roue divine, le roi Kchattriya s'arrête avec son armée. Et tous les rois de la région orientale, prenant ou une coupe d'argent remplie de poudre d'or ou une coupe d'or remplie de poudre d'argent, vont au-devant du roi Tchakravartin, en disant : Seigneur, vous êtes ici le bien-venu. Seigneur, daignez vous approcher. Seigneur, ce royaume qui s'accroît, qui est heureux, prospère, agréable, qui a une population nombreuse, qui est rempli d'hommes, habitez-le, Seigneur, c'est votre domaine, il vous appartient.

Après qu'on (lui) a parlé ainsi, le roi Kchattriya, dont le front a reçu la consécration royale, répond à ces rois Mandalins : Faites que chacun de vos royaumes agisse avec la Loi, et non sans la Loi. Ne tuez pas d'êtres animés; ne prenez pas sans qu'on vous donne; que le désir ne vous fasse pas commettre d'adultère ; ne dites pas de mensonges ; [ne dites pas d'injures ; ne faites pas de discours trompeurs ; ne dites pas de paroles de dédain ; ne vous laissez pas aller à l'égoïsme; ne vous laissez pas aller à des pensées de cruauté; n'adoptez pas des vues fausses ; ne soyez pas indulgents pour qui ôte la vie ; ne vous laissez pas aller aux pensées de ceux qui ont des vues fausses ;] de sorte que, dans mon domaine, il ne s'élève rien contre la Loi, et que vous ne soyez pas indulgents pour ceux qui agissent contre la Loi.

Après avoir fait ces exhortations, le roi Kchattriya, dont le front a reçu la consécration royale, demeure ainsi vainqueur des régions orientales, et après les avoir soumises, entre dans l'océan oriental; et après y être entré, le traverse, puis s'avance à travers le ciel dans les régions méridionales, au milieu d'apparitions surnaturelles. Le roi Tchakravartin s'avance, suivi de sa puissante armée de quatre corps de troupes, et, comme devant, il soumet la région du sud, et, de même que celle du sud, celle du couchant et celle du nord ; et ayant entièrement soumis celle du nord, il entre dans l'océan du nord, le traverse, et par des transformations surnaturelles à travers l'atmosphère il regagne sa capitale, et s'arrête au-dessus de l'appartement des femmes sans être fatigué.

C'est de cette manière que le roi Kchattriya, dont le front a reçu la consécration royale, est possesseur du trésor de la roue.

De quelle manière le roi Tchakravartin possède-t-il le trésor de l'éléphant?

Pour le roi Tchakravartin, dont le front a reçu la consécration royale, le trésor de l'éléphant est produit comme devant. Il est tout blanc, bien appuyé sur sept membres (456); il a le sommet de la tête orné d'or, il a un étendard d'or, est couvert de parures d'or, enveloppé d'un réseau d'or; il est doué de puissances surnaturelles ; il va au travers des cieux, et connaît bien la loi des transformations. C'est pourquoi ce roi des éléphants s'appelle Bodhi (Intelligence).

Au temps où le roi Kchattriya, dont le front a reçu la consécration royale, est désireux d'éprouver ce trésor de l'éléphant, il le monte à l'heure où le soleil se lève, parcourt de tous côtés cette grande terre entourée par l'océan, limitée par l'océan ; et étant revenu à sa capitale, chacun goûte la douceur de son gouvernement.

C'est ainsi que le roi Tchakravartin est possesseur du trésor de l'éléphant.

De quelle manière le roi Tchakravartin, dont le front a reçu la consécration royale, possède-t-il le trésor du cheval?

Pour le roi Kchattriya, dont le front a reçu la consécration royale, le trésor du cheval est produit comme devant. Il est tout gris, a la tête noire, la crinière nattée ; il est respectueux quand on le monte, a un étendard d'or, des parures d'or, est enveloppé d'un réseau d'or, est doué de puissances surnaturelles, va au travers des cieux, et connaît la loi des transformations. C'est pourquoi ce roi des chevaux s'appelle Balohaka.

Quand le roi Kchattriya, dont le front a reçu la consécration royale, est désireux d'éprouver ce trésor du cheval, il le monte à l'heure où le soleil se lève, parcourt de tous côtés cette grande terre entourée par l'océan, limitée par l'océan ; puis étant revenu à sa capitale, chacun goûte la douceur de son gouvernement.

---

(456) Les quatre pieds, les défenses et la trompe.

C'est ainsi que le roi Tchakravartin est possesseur du trésor du cheval.

De quelle manière le roi Tchakravartin est-il en possession du trésor de la perle?

Pour le roi Kchattriya, dont le front a reçu la consécration royale, le trésor de la perle (*Mani*) est produit comme devant. Elle est toute bleue, a les huit nuances du lapis-lazuli, est très-pure. Par l'éclat de ce trésor de la perle, tous les alentours de l'appartement des femmes sont éclairés. Et lorsque le roi Kchattriya, dont le front a reçu la consécration royale, est désireux d'éprouver ce trésor de la perle, à minuit, au milieu des ténèbres, après avoir attaché ce trésor de la perle au sommet d'un étendard, il sort pour aller voir la belle terre du parc royal. Par l'éclat de ce trésor de la perle, l'armée de quatre corps de troupes tout entière est éclairée jusqu'à la distance d'un Yodjana (437). Les hommes qui demeurent dans le rayon du trésor de la perle, éclairés par cette lumière, se voient les uns les autres, se reconnaissent entre eux et se disent l'un à l'autre : Amis, levez-vous ; mettez un terme à vos travaux pour étaler vos marchandises ; on voit bien au jour que le soleil s'est levé.

C'est ainsi que le roi Kchattriya, dont le front a reçu la consécration royale, est possesseur du trésor de la perle.

De quelle manière le roi Tchakravartin, dont le front a reçu la consécration royale, est-il en possession du trésor de la femme?

Pour le roi Kchattriya, dont le front a reçu la consécration royale, le trésor de la femme est produit comme devant. Elle est convenable, née de race Kchattriya ; pas trop grande, pas trop petite, pas trop grasse, pas trop maigre, pas trop blanche, pas trop noire ; très-belle, bienveillante, agréable aux yeux, d'une belle couleur, et parfaitement proportionnée. De tous ses pores s'échappe un parfum de santal ; sa bouche exhale le parfum du lotus bleu. Elle est douce au toucher comme un vêtement de Katchalindi. Au temps du froid son corps est chaud au toucher ; au temps de la chaleur il est frais. A l'exception du roi Tchakravartin, elle n'excitera le désir dans l'esprit d'aucun autre, encore moins dans les sens.

C'est ainsi que le roi Tchakravartin est en possession du trésor de la femme.

De quelle manière le roi Tchakravartin est-il en possession du trésor de maître de maison?

Pour le roi Kchattriya, dont le front a reçu la consécration royale, le trésor du maître de maison est produit comme devant. Il est savant, éclairé, prudent. Il a un œil divin, et avec cet œil divin il voit, dans la circonférence d'un Yodjana, les trésors cachés qui ont un maître et ceux qui n'ont pas de maître ; et de tous les trésors qui n'ont pas de maître, il fait nécessairement la propriété du roi Tchakravartin.

C'est ainsi que le roi Tchakravartin est possesseur du trésor de maître de maison.

De quelle manière le roi Tchakravartin est-il en possession du trésor du conseiller?

Pour le roi Tchakravartin, le trésor du conseiller est produit comme devant. Il est sage, éclairé, prudent ; et aussitôt que le roi a pensé à faire un choix, il choisit les armées qu'il faut choisir.

C'est ainsi que le roi Tchakravartin possède le trésor du conseiller.

C'est ainsi qu'il possède ces sept trésors ; et mille fils lui étant nés, héros, courageux, doués de la plus grande beauté, vainqueurs des armées des ennemis, il habite cette grande terre que borne l'océan, tout entière sans épines ; sans l'exposer à des périls, sans employer le châtiment ni les armes, après l'avoir bien soumise par la Loi.

Mais si (le Bodhisattva) sortant de sa demeure, s'en va errer en religieux, sans asile, il deviendra Bouddha ; et ayant mis de côté les désirs des passions, il sera, sans qu'un autre le guide, le précepteur des dieux et des hommes. C'est ainsi qu'ils (les dieux) interprètent le Rig-Véda.

Cependant d'autres fils des dieux étant allés dans le pays du Djambou (438), exhortaient les Pratyeka-Bouddhas (439), en disant : O vénérables, dans douze ans le Bodhisattva entrera dans le sein d'une mère ; préparez ce champ de Bouddha.

Bhikchous, en ce même temps, dans la grande ville de Radjagriha sur le mont Goligoula, demeurait un Pratyeka-Bouddha nommé Matanga. Ayant entendu cette voix, il s'arrêta comme l'oiseau sur une pierre enduite d'argile. Puis il s'éleva dans le ciel à la hauteur de sept arbres Talas, et en s'élevant ainsi il entra dans la région du feu, et comme un brandon il fut délivré de la misère. Ce qu'il avait de bile, de flegme, de fibres et de nerfs, d'os, de chair et de sang, tout cela disparut, complètement consumé par le feu ; les reliques pures seules tombèrent à terre, et aujourd'hui encore ces traces de pas sont reconnues pour les traces du Richi (440).

Bhikchous, dans ce même temps, près de Varanasi (Benarès), dans le Mrigadava (441), à Richipatana (442), cinq cents Pratyeka-Bouddhas qui y

---

(437) Neuf milles selon les uns, et cinq milles selon d'autres (Wilson, *Sanscr. Dict.*)

(438) L'Inde, mais surtout la partie où abonde l'arbre djambou, *Eugenia jambolana*.
(439) « Bouddhas qui ne s'occupent point des créatures, mais seulement d'eux-mêmes. »
(440) Ascète solitaire.
(441) Bois de gazelles. » C'est là que Çakya Mouni commencera sa prédication. *Voy.* chap. 26.
(442) Chute des Richis.

demeuraient, ayant entendu cette voix, s'élevèrent dans les cieux à la hauteur de sept arbres Talas, et étant entrés en s'élevant dans la région du feu, comme des brandons ils furent complétement délivrés de la misère. Ce qu'ils avaient de bile, de flegme, de fibres et de nerfs, d'os, de chair et de sang, tout cela disparut, complétement consumé par le feu ; les reliques pures seules tombèrent à terre. Et parce que les Richis étaient tombés là de cette manière, on a, depuis ce temps, donné à ce lieu le nom de Richipatana ; et comme depuis cette époque les gazelles y demeurent avec sécurité, on lui a donné aussi le nom de Mrigadava.

Cependant, Bhikchous, le Bodhisattva, durant son séjour dans l'excellente demeure du Touchita, se livrait aux quatre grands examens. Lesquels, au nombre de quatre ? L'examen du temps, l'examen des continents, l'examen des pays, l'examen des familles.

Pourquoi, Bhikchous, le Bodhisattva se livrait-il à l'examen du temps ? (Parce que) les Bodhisattvas, au premier développement du monde, lors du rassemblement des êtres, n'entrent pas dans le sein d'une mère. Mais quand le monde s'est manifesté tout entier, et que sont apparues la vieillesse, la maladie, la mort, c'est alors que les Bodhisattvas entrent dans le sein d'une mère.

Pourquoi, Bhickchous, le Bodhisattva se livra-t-il à l'examen des continents ? (Parce que) les Bodhisattvas ne naissent pas dans un continent de la frontière (443), ne naissent pas dans le Pourvavideha, dans le Aparagodani, dans le Outtarakourou, mais bien dans le continent du sud, celui du Djambou-Dwipa.

Pourquoi, Bhikchous, le Bodhisattva se livra-t-il à l'examen des pays ? (Parce que) les Bodhisattvas ne naissent pas dans les pays de la frontière, parmi des hommes stupides, aux sens lourds, d'une nature muette, comme des moutons, et incapables de distinguer le bon enseignement du mauvais ; mais les Bodhisattvas naissent dans le pays du milieu même.

Pourquoi, Bhikchous, le Bodhisattva se livra-t-il à l'examen des familles ? (Parce que) les Bodhisattvas ne naissent pas dans une famille abjecte, dans celle d'un Tchandala (*Paria*), d'un joueur de flûte, d'un charron ou d'un domestique (*Pouchkasa*). Ils naissent certainement dans deux familles, celle des Brahmanes et celle des Kchattriyas. Quand c'est la famille des Brahmanes qui est respectée, ils naissent dans une famille de Brahmanes ; quand c'est la famille des Kchattriyas qui est respectée, ils naissent dans une famille de Kchattriyas. Aujourd'hui, Bhikchous, la famille des Kchattriyas est respectée, c'est

(443) Par rapport à l'Inde, en dehors de laquelle tous les hommes étaient regardés comme des barbares.

po r cela que les Bodhisattvas naissent dans une famille de Kchattriyas. C'est en s'appuyant sur cette force de la raison que le Bodhisattva, pendant son séjour dans la demeure excellente du Touchita, se livrait aux quatre grands examens, et après s'y être livré, il resta silencieux.

Alors ces fils des dieux et ces Bodhisattvas se demandèrent l'un à l'autre : Dans quelle perle des familles le Bodhisattva naîtra-t-il ? dans le sein de quelle mère entrera-t-il ?

Et là quelques-uns dirent : La famille de Vaidêhi, dans le pays de Magadha, qui a prospéré et s'est accrue dans le bien-être, est celle qui convient pour que le Bodhisattva y entre et demeure dans le sein d'une mère.

D'autres dirent : Elle n'est pas convenable ; et pourquoi ? (Parce qu') elle n'est pure ni par la descendance de la mère, ni par la descendance du père. Elle a produit peu de mérites religieux, et ne s'est pas signalée par leur grandeur. Elle est sauvage, inconstante et mobile. Cette contrée est remplie d'épines : il ne s'y trouve guère de jardins, de lacs et d'étangs ; elle est posée comme un rocher sur la limite de la frontière, elle ne convient donc pas.

D'autres dirent : La famille de Koçala, qui a une suite nombreuse, beaucoup de chars et de grands richesses, voilà celle qui convient pour que le Bodhisattva y entre et demeure dans le sein d'une mère.

D'autres dirent : Celle-là ne convient pas non plus ; pourquoi ? (Parce que) la famille de Koçala est issue de la race des Matangas (Parias). Elle n'est pure ni par le père, ni par la mère ; elle est abjecte et sans considération. Ce n'est pas une famille élevée, en possession de biens, de diamants et de trésors sans nombre de toutes sortes ; elle ne convient donc pas.

D'autres dirent : La famille du roi Vadsa, qui a prospéré et s'est accrue dans le bien-être, est celle qui convient pour que le Bodhisattva y entre et demeure dans le sein d'une mère.

D'autres dirent : Cette famille ne convient pas non plus ; pourquoi ? (Parce que) la famille du roi Vadsa est vulgaire, violente, et ne s'est pas éclairée de sa splendeur. Elle tire son origine d'hommes étrangers. Ni le père, ni la mère ne l'ont illustrée par l'éclat des œuvres ; le roi y parle de destruction. Celle-là, non plus, ne convient donc pas.

D'autres dirent : La grande cité de Vaiçali, riche et étendue, heureuse et dans le bien-être, délicieuse, animée par une population nombreuse, toute remplie d'hommes ; embellie par ses pavillons, ses portiques, ses colonnes, ses œils-de-bœuf, ses salles d'été, ses terrasses, ses palais, remplie de toutes parts de guirlandes de fleurs de ses jardins et de ses bois, semblable au séjour des dieux, est celle qui convient pour que le Bodhisattva y entre et demeure dans le sein d'une mère.

D'autres dirent : Elle ne convient pas non plus ; pourquoi ? (Parce qu') on ne s'y accorde pas dans les entretiens ; on n'y observe pas la Loi ; on n'y respecte ni supérieur, ni homme mûr, ni vieillard, ni chef. Chacun y pense à part soi, Je suis roi ! Et en pensant, Je suis roi ! nul ne veut se soumettre à la discipline, nul ne se soumet à la Loi. Celle-là ne convient donc pas non plus.

D'autres dirent : Dans la cité d'Oudjayani, la famille de Pradyota, qui a une grande armée et de grands chars, qui a vaincu l'ennemi en bataille rangée, est celle qui convient pour que le Bodhisattva y entre et demeure dans le sein d'une mère.

D'autres dirent : Celle-ci ne convient pas non plus ; pourquoi ? On y est violent, emporté, cruel, impétueux, irascible, sans égard pour les actions. Elle ne convient donc pas pour que le Bodhisattva y entre et demeure dans le sein d'une mère.

D'autres dirent : La ville de Mathoura, riche, étendue, florissante, et animée par une population nombreuse, toute remplie d'hommes ; ce palais du roi Soubahou, maître d'une armée, convient pour que le Bodhisattva y entre et demeure dans le sein d'une mère.

D'autres dirent : Elle ne convient pas non plus ; pourquoi ? Parce que ce roi est né dans une famille où les vues fausses sont héréditaires, et qu'il règne sur des hommes pareils aux barbares. Il n'est pas convenable qu'un Bodhisattva qui en est à sa dernière existence, entre dans une famille qui a des vues fausses. Celle-là, non plus, ne réunit donc pas les conditions convenables.

D'autres dirent : Dans la cité d'Hastinapoura, la famille de ce roi, qui est issue de la famille des Pândavas (444), de ce héros puissant, doué de la plus grande beauté, vainqueur des armées ennemies, cette famille convient pour que le Bodhisattva y entre et demeure dans le sein d'une mère.

D'autres dirent : Elle ne convient pas non plus ; pourquoi ? Parce que ceux qui sont nés dans la famille des Pandavas ont rempli de confusion leur généalogie (445), en appelant Youdichthra (446),
fils de Dharma (447), Bhimasena (448), fils de Vayou (449), Ardjouna (450), fils d'Indra (451), Nakoula et Sahadéva (452), fils des deux Açvins (453). Cette famille ne convient donc pas non plus, pour que le Bodhisattva y entre et demeure dans le sein d'une mère.

D'autres dirent : La ville de Mithila, où abondent le bien-être et le plaisir, cette terre qu'habite le roi Soumitra, qui possède des éléphants, des chevaux, des chars, des troupes de soldats et des armées nombreuses ; qui a en abondance de l'or, de l'argent, des perles, des diamants, du lapis-lazuli, des conques, du cristal, du corail, de l'or natif, des biens et des ustensiles ; redoutable par sa force invincible aux rois et à leurs conseillers, vainqueur des ennemis, entouré d'amis, attaché à la Loi, c'est là qu'est la famille qui convient pour que le Bodhisattva y entre et demeure dans le sein d'une mère.

D'autres dirent : Elle ne convient pas non plus ; pourquoi ? (Parce que) ce roi Soumitra, qui possède de pareilles qualités, est si vieux, qu'il est incapable d'engendrer un fils ; et comme il a des fils nombreux, cette famille ne convient pas non plus pour que le Bodhisattva y entre et demeure dans le sein d'une mère.

C'est ainsi que les Bodhisattvas et ces dieux, après avoir examiné dans les seize grands royaumes du Djamboudvipa toutes les plus nobles d'entre les familles royales qui s'y trouvaient, virent que toutes tant qu'elles étaient, avaient des défauts.

Tandis qu'ils faisaient ces réflexions, le fils d'un dieu nommé Djnanaketoudhvadja (454), que rien ne détourne de l'intelligence (*Bodhi*) qui est ferme dans le grand Véhicule, parla ainsi à cette réunion de Bodhisattvas et à cette grande assemblée de dieux : Amis, venez. Allons auprès du Bodhisattva lui-même, et nous lui demanderons dans quelle perle des familles, douée de qualités de toutes sortes, le Bodhisattva qui arrive à l'existence finale, doit naître.

C'est bien ! dirent-ils. Et tous, joignant respectueusement les mains, étant allés auprès du Bodhisattva, l'interrogèrent : Excellent Pouroucha (455)! dans quelle perle des familles, douée de qualités de toutes sortes, le Bodhisattva qui arrive à l'existence finale, naîtra-t-il ?

---

(444) Ou fils de Pandou. Ce sont eux qui soutinrent contre les Kauravas, leurs cousins, la guerre qui fait le sujet du grand poëme indou, le Mahabharata, et qui finirent par triompher.

(445) Le texte dit qu'ils ont rempli de confusion leur généalogie, parce que les cinq frères, qui passaient pour les fils des dieux, étaient en réalité, les trois premiers, fils de Kounti, et les deux derniers, fils de Madri, toutes deux femmes de Pandou. Ces cinq princes épousèrent la même femme, Draupadi. Remarquons, à ce sujet, qu'aujourd'hui encore, au Thibet, il est assez commun de voir plusieurs frères épouser la même femme.

(446) L'aîné des Pandavas.

(447) Ou Yama, dieu des enfers.
(448) Le deuxième des Pandavas.
(449) Dieu du vent.
(450) Le troisième des Pandavas.
(451) Roi du ciel (*Svarga*) et dieu de la foudre.
(452) Jumeaux, les derniers des cinq frères.
(453) Jumeaux, fils du soleil, et médecins du ciel.
(454) « Qui a pour étendard le signe de la science. »
(455) Le mot *homme*, dans un sens fort élevé, auquel ce mot correspond ordinairement, ne peut s'employer ici, puisque le Bodhisattva est au nombre des dieux Touchitas. C'est à peu près la notion de *personnage* qu'il faut en tirer.

Alors, après avoir considéré cette grande assemblée de Bodhisattvas et de dieux, le Bodhisattva dit : Amis, la famille dans laquelle le Bodhisattva qui en est à son existence finale, doit naître, est douée de soixante-quatre signes. Lesquels ? Cette famille est noble, bien connue de toutes, ni méprisée, ni portée au meurtre; elle est d'une descendance accomplie; accomplie du côté maternel; elle est la réunion de Pourouchas accomplis; elle a été dans le passé la réunion de Pourouchas accomplis; elle est la réunion de nobles Pourouchas accomplis; la réunion de Pourouchas accomplis bien connus de tous; la réunion de Pourachas accomplis célèbres par la grandeur de leur pouvoir. Cette famille abonde en Pourouchas, abonde en femmes; elle est libre de crainte. Elle n'est ni abaissée, ni abattue. Elle n'est pas ambitieuse; elle a des mœurs pures. Cette famille a la sagesse. Eclairée par ses conseillers, elle use de ses richesses. Abandonnée aux arts utiles, elle emploie ses richesses. Elle est constante dans son amitié; elle épargne la vie des êtres qui demeurent dans la condition des animaux. Cette famille sait ce qu'elle fait; elle connaît ses devoirs; elle ne se conduit pas par le désir, par la passion, par l'ignorance, par la crainte Cette famille est sans crainte, parce qu'elle n'a aucun vice; elle ne reste pas dans l'ignorance. Cette famille est très-libérale; elle apprécie les actes, apprécie l'abnégation, apprécie le don, distingue les actions viriles. Cette famille est ferme dans son héroïsme; elle est forte; c'est la plus éminente parmi les fortes. Elle honore les Richis, elle honore les dieux, elle honore les Tchaityas (456), elle honore les mânes, elle ne conserve pas d'inimitiés. Cette famille est renommée aux dix points de l'espace; elle a une suite nombreuse; une suite qui ne peut être divisée; une suite que nulle ne surpasse. Cette famille est la première des familles; elle a obtenu le pouvoir sur les autres familles; elle est célèbre par sa grande puissance; elle connaît son père, elle connaît sa mère; elle connaît les Çramanas, elle connaît les Brahmanes. Cette famille possède de nombreux trésors en grains et en choses précieuses; elle possède en abondance des richesses, de l'or, des diamants, des perles, du lapis-lazuli, des conques, du cristal, du corail, de l'or natif, de l'argent, des biens et des ustensiles. Cette famille possède en abondance des éléphants, des chevaux, des chameaux, des bœufs et des moutons; cette famille a un très-grand nombre d'hommes et de femmes esclaves, d'ouvriers et d'intendants; cette famille est difficile à vaincre; cette famille est parfaite en tout; cette famille est née dans la race des (rois) Tchakravartins; cette famille est produite par les amis de la vertu antérieure; cette famille est issue d'une famille noble entre celles des Bodhisattvas; cette famille, dans le monde et des dieux et des démons et de Brahma, ainsi que dans la réunion des Çramanas et des Brahmanes, est pure de toute tache qu'on appelle défaut de race.

Amis, la famille où doit naître le Bodhisattva qui en est à sa dernière existence, possède ces soixante-quatre espèces de signes.

Amis, la femme dans le sein de laquelle le Bodhisattva qui en est à sa dernière existence, doit entrer, est douée de trente-deux espèces de qualités. Lesquelles, au nombre de trente-deux ? les voici :

Le Bodhisattva qui en est à sa dernière existence, entre dans le sein d'une femme qui est bien connue de tous; bien reconnue de tous, qui ne laisse pas un devoir inaccompli; elle est d'une famille accomplie; d'une descendance maternelle accomplie, d'une beauté accomplie; elle a un nom accompli, la taille d'une proportion accomplie; elle n'a pas encore enfanté, elle a des mœurs accomplies; elle est d'une négation accomplie; elle a le visage riant, reçoit avec bonté; elle est sage, soumise, sans timidité, très-expérimentée, savante, sans détours, sans artifices, sans colère, sans envie, sans jalousie, sans rudesse, sans légèreté; elle n'est pas babillarde; elle est patiente et véridique, modeste et rougissante; elle est sans passion, sans dégoût; la part de l'ignorance est petite en elle; elle est exempte des défauts des femmes; elle est dévouée à son mari.

C'est dans le sein d'une femme douée de toutes ces qualités accomplies, que le Bodhisattva qui en est à sa dernière existence, entrera. Amis, la femme dans le sein de laquelle le Bodhisattva qui en est à sa dernière existence entre, est en possession de ces trente-deux espèces de qualités. Amis, le Bodhisattva n'entre pas dans le sein d'une mère pendant une quinzaine noire; le Bodhisattva qui en est à sa dernière existence, pendant la quinzaine claire, et le quinzième jour, celui de la pleine lune, au temps de la conjonction du Pouchya Nakchatra (457), entre dans le sein d'une mère pendant qu'elle se livre à la pénitence.

Cependant ces Bodhisattvas et ces fils des dieux, ayant appris du Bodhisattva qu'elle était la pureté complète de la famille, quels étaient les signes complétement purs de la mère, se prirent à penser : L'homme pur qui présente de pareils signes et possède de pareilles qualités, dans quelle famille se trouve-t-il ? Et après avoir réfléchi et être demeurés dans la méditation, ils se dirent : La ville des

---

(456) Monuments consacrés par les dépôts qu'ils renferment, tels que des reliques ou des objets qui ont été à l'usage d'un Bouddha ou d'un saint. Voy. *Introduct. à l'hist. du Bouddh.* t. I, p. 548 et suiv.

(457) Le huitième astérisme lunaire, décembre janvier. (Wilson.)

Çakyas (458) est prospère, grande, heureuse, florissante, délicieuse; sa population est nombreuse; elle est remplie d'hommes. Le roi Çouddhodana (459) est d'une descendance pure par sa mère, pure par son père; il possède une femme pure, il ne s'est pas corrompu dans la fin de ses œuvres; il est bien fait, très sage; il a l'éclat des mérites religieux; il est né dans une famille très-illustre, il est né dans une famille issue de rois Tchakravartins, il possède des richesses, des trésors et des biens immenses de toute espèce; il apprécie les œuvres, et n'a pas de vues mauvaises. Dans tout le pays des Çakyas il est le seul roi qui soit encore honoré, respecté des chefs des marchands, des maîtres de maison, des conseillers et de tous les gens de sa suite. Il est gracieux et beau; pas trop vieux, pas trop jeune; son beau corps est doué de toutes les qualités. Il connaît les arts, il connaît le temps, il se connaît, il connaît les rites, il connaît l'esprit, il connaît le monde, il connaît les signes. Roi de la Loi, il commande d'après la Loi. Cette grande ville de Kapilavastou est le séjour des êtres qui produisent la racine de la vertu; tous ceux qui y sont nés ont une part semblable. L'épouse du roi Çouddhodhana est Maya Devi, fille du roi des Çakyas, Souprabouddha (460); elle est jeune, dans la fleur des années, et sa beauté est accomplie. Elle n'a pas encore enfanté; elle n'a ni fils ni fille; elle est belle comme les descriptions d'un livre, semblable à une déesse parée de tous les ornements, exempte des défauts des femmes et véridique. Elle n'est ni violente, ni dédaigneuse, ni inconsidérée, ni vicieuse; sa voix n'est ni aigre, ni bruyante, mais douce, agréable et allant au cœur. Elle est vraiment sans tache, sans colère, sans fierté, sans folie, sans orgueil, sans emportement et sans envie; elle parle en temps (convenable), elle fait le don d'une manière accomplie; vertueuse, contente de son mari, dévouée à son mari, n'ayant pas une pensée pour un autre que son mari. Sa tête, son nez, ses oreilles sont bien proportionnées; sa chevelure a la belle couleur de l'abeille noire. Elle a un beau front et de beaux sourcils qu'elle ne fronce jamais. Elle a le visage riant, parle avec justesse; elle a la parole douce et mesurée. Elle reçoit avec grâce; elle est juste, sans détours, sans feinte, sans artifice, modeste et rougissante; sans rudesse, sans légèreté, elle ne dit pas d'injures et ne prononce pas de paroles sans suite. Elle n'a ni passion ni dégoût, ignore peu de choses; elle est douce et patiente. Ses pieds, ses mains, ses yeux, son esprit sont bien gardés, ses pieds et ses mains sont délicats; elle est douce au toucher comme un vêtement de Katchalindi. Comme la feuille nouvelle du lotus, son œil est parfaitement pur. Son nez, bien formé, est agréablement coloré. Ses bras sont très-fermes et s'arrondissent comme l'arc-en-ciel; ses membres et leurs jointures sont bien développés et d'une forme irréprochable. Ses lèvres sont rouges comme le Bimba; elle charme la vue. Son cou est placé symétriquement; elle a de belles parures, les dents très-pures comme la fleur de la Soumanâ et du Varchika. Elle a les épaules bien proportionnées, et ses bras s'y joignent avec grâce; sa taille est déliée comme la poignée d'un arc; ses flancs ne sont pas amaigris; elle a le nombril profond, les hanches doucement déployées, fermes et arrondies. Solide comme le diamant, tout son corps est incomparable. Ses cuisses, égales et bien faites, sont comme la trompe de l'éléphant; ses jambes sont comme celles de l'antilope Enaya. La paume de ses mains et (la plante) de ses pieds ressemblent au suc de la laque rose. Elle plaît à l'œil des créatures. Le sens de sa vue n'est pas affaibli; elle ravit le cœur et les yeux; c'est la perle des femmes que distingue la supériorité de sa beauté. Elle n'a point d'égale; et comme elle est dans un corps qui semble le produit de l'illusion (*maya*), on lui a donné le nom significatif de Maya. Habile dans les arts, semblable à une Apsara (461) du Nandana (462), elle demeure dans l'appartement des femmes du grand roi Çouddhodana. C'est elle qui réunit les conditions convenables pour être la mère du Bodhisattva. C'est là la famille pure désignée par le Bodhisattva; elle apparaît dans la famille même des Çakyas, et non dans une autre. Et ici il est dit:

L'être pur, dans le palais Dharmotchaya, est assis sur le trône de la bonne Loi. Le Richi est entouré de Bodhisattvas d'une grande renommée, et de dieux qui ont une fortune égale. Pendant qu'ils sont là, il leur vient dans la pensée: Quelle famille est assez pure, assez complètement instruite pour convenir à la naissance du Bodhisattva? Quel père et quelle mère auront une nature assez pure? Et après avoir examiné dans tout ce pays du Djambou tout ce qu'il y avait de familles royales de race Kchattriya, ils ont trouvé que toutes avaient des défauts, excepté la famille de Çakya. Çouddhodana descend d'une race de rois qui commande aux hommes, vraiment pure, prospère, grande, sans confusion, dont les membres sont attachés à la bonne Loi qu'ils révèrent. Les autres êtres de la

---

(458) Ou *Kapilavastou* (sol jaune). C'est la plus célèbre de toutes les villes qui sont citées dans les livres bouddhiques. Elle était la résidence de Çouddhodana, roi des Çakyas; et c'est dans un jardin de plaisance qui en dépendait que Çakya Mouni vint au monde. Klaproth a établi qu'elle devait être située sur les bords de la rivière Rohini, l'un des affluents de la Rapti, non loin des montagnes qui séparent le Népal du district de Gorakpour. (*Introd. à l'hist. du Bouddh.*, I, 143.)
(459) « Qui a une nourriture pure. »
(460) « Celui qui juge très-bien. »
(461) Nymphe de l'Élysée d'Indra.
(462) Élysée d'Indra.

ville de Kapila ont tous aussi des pensées très-pures et sont attachés à la Loi. Embellie de parcs, de jardins et de Viharas (463), la terre natale (du Bouddha) brille dans la ville de Kapila. Tous les grands personnages y ont une grande force, la force de deux ou trois éléphants. Ils excellent dans l'art de lancer des flèches, et cependant ne frappent pas un autre en vue de (leur) vie. La femme de Çouddhodana, l'unique, la plus pure des femmes, la première entre mille, au corps ravissant, comme un produit de l'illusion (*Maya*), a le nom de Maya Devi. Sa beauté est comme celle d'une jeune déesse, son corps est bien proportionné, ses membres sont sans défauts. Il n'y a pas un dieu, pas un homme, qui à la vue de Maya ne soit satisfait. Elle est sans passion, sans haine, sans envie; sa parole est flatteuse, agréable et juste. Elle n'est ni moqueuse, ni emportée, mais douce; son visage riant ne s'assombrit jamais. Rougissante et modeste, elle observe la Loi. Elle est sans fierté, sans orgueil et sans rudesse; sans jalousie, sans détours et sans artifice. Elle se plaît à donner; elle est remplie de bienveillance, apprécie les œuvres, a abandonné le mensonge, demeure dans la vérité, et veille sur son esprit et son corps. On ne trouve en elle aucun des défauts nombreux des femmes de la terre. Dans le monde des hommes, dans le monde des Gandharbas, dans le monde des dieux, Maya Devi n'a pas d'égale; où (donc est celle) qui la surpasse? C'est elle qui convient pour être la mère du grand Richi. Pendant cinq cents générations (464), partout et toujours elle a été la mère du Bodhisattva, et c'est Çouddhodana qui a été le père de celui-ci. Elle est donc la mère qui convient par les qualités qu'elle possède. Livrée aux austérités, elle s'impose des privations, et en s'y soumettant elle observe toujours la Loi. Du consentement du roi, elle a obtenu la faveur de ne pas céder au désir (465) pendant trente deux mois. En quelque lieu qu'elle soit assise ou debout, couchée ou marchant, ce lieu, par l'éclat de son application aux œuvres vertueuses, s'illumine des rayons d'une grande splendeur. Dieux, Asouras, hommes, quels qu'ils soient, ne peuvent

la regarder avec une pensée de désir. Douée qu'elle est de qualités élevées de la voie religieuse, tous la regardent comme une mère et une fille. A cause des actions vertueuses de Maya Devi, le grand domaine du roi s'augmente. Ne violant pas le territoire des rois, sa renommée et sa gloire royale s'accroissent. De même que Maya Devi est devenue un vase convenable, de même aussi l'être pur brille éminemment. Tous deux possédant des qualités supérieures, et celui-ci devenant un fils, celle qui convient pour être sa mère est Maya Devi, qui possède des qualités supérieures. A moins d'avoir la force de dix mille éléphants, il n'y a ici, dans le Djamboudhvadja (466), aucune femme capable de porter ce premier des hommes.

C'est ainsi que ces magnifiques fils des dieux et ces Bodhisattvas à la grande sagesse désignent Maya comme celle qui sera bien la mère de celui qui fera la joie de la famille des Çakyas.

Chapitre de la Pureté complète de race, le troisième.

CHAPITRE IV.

PORTES ÉVIDENTES DE LA LOI.

Après avoir reconnu la famille dans laquelle il doit naître, le Bodhisattva continue d'enseigner la loi aux dieux. — Nombre incommensurable de Bodhisattvas venus des dix points de l'espace, et rendus visibles aux dieux par la bénédiction du Bodhisattva. — Les cent huit portes évidentes de la loi enseignées aux fils des dieux par le Bodhisattva. Fruits qu'un grand nombre de ceux-ci retirent de cet enseignement. Dernières recommandations du Bodhisattva aux dieux. Il les engage à le suivre pour arriver avec lui à la délivrance finale.

Ainsi, Bhikchous, le Bodhisattva ayant examiné avec attention la famille où il doit naître, assis à l'endroit où se trouve la grande demeure céleste du Touchita (467), dont l'étendue est de soixante-quatre Yodjanas, il enseignait la Loi aux dieux Touchitas, sous le nom d'Outchadhvadja (468).

Le Bodhisattva monta donc dans cette grande demeure céleste, et y étant arrivé, il dit à tous les fils des dieux Touchitakayikas: Rassemblez-vous ici, et la Loi qu'on dit bien ordonnée, (la Loi) de celui (*du Bodhisattva*) qui émigre (de cette demeure), la Loi qu'il faut se rappeler de préférence, enseigner de préférence, la Loi entendue pour la dernière fois, apprenez-la du Bodhisattva.

Après avoir entendu ces paroles, tous les fils des dieux Touchitakayikas, accompagnés d'une

---

(463) Édifices où sont rassemblés et ou demeurent les religieux bouddhistes. Ce mot désigne à peu près ce que nous appelons *séminaire*, *couvent*.

(464) C'est-à-dire que dans les cinq cents dernières migrations de l'âme du Bodhisattva, que cette âme ait passé dans le corps d'un homme ou d'une femme de toutes conditions, ou même dans celui d'un animal (*voy.* le ch p. 13), Maya a toujours été la mère de l'être que son fils animait, ayant pris d'avance un corps de l'espèce dont il devait faire partie. Même remarque pour Çouddhodana.

(465) Ce qui semble indiquer que Maya a déjà cédé au désir, et qu'elle n'est plus vierge. J'insiste sur cette circonstance, d'accord avec l'soma (*As. Research* t. XX, p. 299), qui dit n'avoir trouvé nulle part, dans les livres du Thibet, que la mère du Bouddha fût vierge; opinion qui, selon lui, viendrait des Mongols.

(466) Synonyme de *Djamboudvipa*, l'Inde.
(467) Voyez le commencement du chap 2. Les dieux Touchitas sont les habitants du Touchita: les fils des dieux Touchitakayikas sont leurs fils, de la même race qu'eux.
(468) « Étendard élevé » Il est appelé « étendard blanc » à la fin du chapitre 2 et « étendard de la lune » au chapitre 13.

SECT. II. — LE BOUDDHISME THIBÉTAIN. — RGYA TCH'ER ROL PA.

foule d'Apsaras se réunirent dans cette grande demeure céleste.

Là le Bodhisattva ayant imposé sa bénédiction jusqu'à la limite de la circonférence où s'étend l'horizon du monde compris dans les quatre grands continents, ceux-ci s'embellissant à l'instant même, furent à l'instant même agréables à la vue, à l'instant même se parèrent d'ornements, à l'instant même devinrent délicieux ; de sorte que les fils des dieux Kamavatcharas (469) et Roupavatcharas (470,) tous au milieu de leurs demeures, eurent l'idée d'un cimetière.

Le Bodhisattva s'assit en ce lieu sur un trône complètement orné par la stabilité bien mûre de ses mérites, à la base garnie de plusieurs pierres précieuses, couvert de plusieurs étoffes divines, imprégné de plusieurs parfums divins, enduit de substances odorantes exquises, parsemé de fleurs aux couleurs divines, étincelant de l'éclat de cent mille perles précieuses, couvert de plusieurs réseaux précieux, réseaux à clochettes précieuses, dont le son réjouit lorsqu'elles résonnent par centaines de mille ; (sur le trône) loué par les chants de cent mille filles des dieux, dansant et se réjouissant ; exalté partout pour cent mille qualités ; bien gardé par cent mille gardiens du monde, adoré par cent mille Çakras, salué par cent mille Brahmas ; supporté par cent mille millions de Bodhisattvas ; sujet des méditations de la foule immense de cent mille millions de Bouddhas des dix horizons ; produit de la stabilité complètement mûre des mérites parvenus à l'autre rive, et accumulés pendant le temps incommensurable de cent mille millions de Kalpas ; c'est sur ce trône qu'il est assis.

Ainsi, Bhikchous, le Bodhisattva s'étant assis sur ce grand trône qui a de pareilles qualités, dit à ces grandes assemblées de dieux : Amis, regardez le corps du Bodhisattva, bien orné des signes de cent mérites religieux. Regardez à l'orient, au midi, au couchant, au nord, au zénith, au nadir, aux dix horizons, les Bodhisattvas se tenant dans les demeures pures du Touchita, tous tournés vers celui qui en est à sa dernière existence, entourés de troupes de dieux ; eux qui, en signe de migration (du Touchita), enseignèrent clairement les portes évidentes de la Loi qui réjouit les dieux, (voyez-les) en nombre incommensurable et dépassant tout calcul.

Puis toute cette assemblée des dieux, par l'effet de la bénédiction du Bodhisattva, étant venue à apercevoir ces Bodhisattvas, et à cette vue ayant joint les mains à l'endroit où était le Bodhisattva, et enfin l'ayant salué par la prostration des cinq membres, ils dirent : Ainsi, aussitôt que nous avons regardé, nous avons vu tout ce qu'il y a de Bodhisattvas. La bénédiction du Bodhisattva ne peut être comprise par la pensée. C'est bien ! Telles furent les paroles qu'il prononcèrent.

Ensuite le Bodhisattva s'étant adressé de nouveau à ces grandes assemblées de dieux, dit : Amis, comme ces Bodhisattvas les ont toutes enseignées à ces fils de dieux, en signe de migration, écoutez (quelles sont) les portes évidentes de la Loi, qui sont au nombre de cent huit, que le Bodhisattva, au temps où arrive le temps de sa migration, doit certainement enseigner clairement à l'assemblée des dieux. Lesquelles au nombre de cent huit ? Les voici : Amis, la foi est une porte évidente de la Loi; elle rend la pensée indivisible. La pureté est une porte, etc.; elle rend pur l'esprit souillé. La grande joie est une porte, etc.; le corps en est beaucoup embelli. La gaieté est une porte, etc.; elle rend l'esprit vraiment pur. La retenue du corps est une porte, elle efface complètement les trois espèces de vices du corps. La retenue de la parole est une porte, etc.; elle fait abandonner complètement les quatre vices de la parole. La retenue de l'esprit est une porte, etc.; elle fait abandonner la convoitise, la méchanceté et les vues fausses. Le souvenir dominant du Bouddha est une porte, etc.; la vue du Bouddha conduit à la pureté complète. Le souvenir dominant de la Loi est une porte, etc.; l'enseignement de la Loi conduit à la pureté complète. Le souvenir dominant de l'assemblée (des fidèles) est une porte, etc.; elle fait entrer dans l'intégrité. Le souvenir dominant du don est une porte, etc.; elle conduit à l'abandon sans réserve de toutes les richesses. Le souvenir dominant de la morale est une porte, etc.; elle conduit au parfait accomplissement de la prière. Le souvenir dominant des dieux est une porte, etc.: elle conduit à agrandir l'esprit. La bienveillance est une porte, etc.; elle surpasse toute la réunion des bonnes œuvres produites par la richesse. La pitié est une porte, etc.; elle conduit à s'abstenir toujours de nuire. Le plaisir est une porte, etc.; elle guérit de toutes les tristesses. L'indifférence mystique est une porte, etc.; elle conduit au mépris du désir. La distinction de l'instable est une porte, etc.; elle conduit à dépasser sans retour le désir, ce qui a une forme, et l'entraînement vers ce qui est sans forme. La distinction de la douleur est une porte, etc.; elle conduit à interrompre entièrement la prière. La distinction de ce qui n'est pas soi est une porte, etc.; elle conduit à être sans projet pour soi-même. La distinction du calme est une porte, etc.; elle conduit à ne pas être brûlé par la passion. La honte est une porte, etc.; elle conduit au vrai calme intérieur. La modestie est une porte, etc.; elle conduit au vrai calme extérieur. La vérité est une porte, etc.; elle conduit à ne tromper ni les dieux ni les hommes.

(469) « Dieux du désir. »
(470) « Dieux de la forme. »

L'existence est une porte, etc.; elle empêche de se tromper soi-même. La pratique de la Loi est une porte, etc.; elle consiste à se réfugier dans la Loi. L'action d'aller en refuge vers la triade est une porte, etc.; elle conduit à s'affranchir, sans retour, des trois maux. La reconnaissance est une porte; etc.; elle conduit à ne pas détruire la racine des bonnes œuvres accomplies. La connaissance de ce qu'on a fait est une porte, etc.; elle conduit à ne pas mépriser les autres. La connaissance de soi-même est une porte, elle conduit à ne pas se louer soi-même. La connaissance des êtres est une porte, etc.; elle conduit à ne pas blâmer les autres. La connaissance de la Loi est une porte, etc.; elle conduit à s'appliquer à la Loi et aux conséquences de la Loi. La connaissance du temps est une porte, etc.; elle rend la vue utile. La victoire sur l'orgueil est une porte, etc.; elle conduit à l'accomplissement de la science. L'esprit affranchi de haine est une porte, etc.; elle conduit à bien garder soi et les autres. L'éloignement de la colère est une porte, etc.; elle prévient le repentir. Le respect est une porte, etc.; elle conduit à écarter le doute. La distinction de ce qui n'est pas beau est une porte, etc.; elle conduit à abandonner les raisonnements du désir. L'absence de méchanceté est une porte, etc.; elle conduit à abandonner les raisonnements de la méchanceté. L'absence de trouble est une porte, etc.; elle conduit à bien guérir toute ignorance. La possession du sens de la Loi est une porte, etc.; elle conduit à se réfugier en ce sens. Le désir de la Loi est une porte, etc.; elle conduit à obtenir la Loi évidente. La recherche de la tradition est une porte, etc.; elle conduit à examiner la loi depuis l'origine. Un motif vraiment pur est une porte, etc.; elle conduit à faire un effort pur. La connaissance complète du nom et de la forme est une porte, etc.; elle conduit à dépasser entièrement tous les désirs. La victoire complète sur la cause et la vue est une porte, etc.; elle conduit à obtenir l'affranchissement complet de la science. L'abandon de la passion et de la colère est une porte, etc.; elle conduit à n'avoir ni un esprit de hauteur ni un esprit de bassesse. La science des agrégations est une porte, etc.; elle conduit à la connaissance complète de la douleur. La conformité des éléments est une porte, etc.; elle conduit à abandonner tout ce qui est produit. La répression des organes des sens est une porte, etc.; elle conduit à l'intelligence de la (bonne) voie. La patience de ce qui n'est pas né est une porte, etc.; elle conduit à mettre ouvertement obstacle (à la naissance). La mémoire qui est allée dans le corps est une porte, etc.; elle conduit à isoler le corps. La mémoire qui est allée dans la perception est une porte, etc.; elle conduit à interrompre toute perfection. La mémoire qui est allée dans l'esprit est une porte, etc.; elle fait distinguer ce qui est comme une illusion dans l'esprit. La mémoire qui est allée dans la loi est une porte, etc.; elle conduit à une science sans obscurité. Les quatre abandons complets sont une porte, etc.; elle conduit à l'abandon de toutes les doctrines qui ne viennent pas de la vertu, et à la perfection complète de toutes les doctrines de la vertu. Les quatre fondements des facultés surnaturelles sont une porte, etc.; elle rend le corps et l'esprit légers. L'organe de la pureté est une porte, etc.; elle conduit à ne pas être sous la domination d'autrui. L'organe de l'application est une porte, etc.; elle conduit à la possession d'une science qui juge bien. L'organe de la mémoire est une porte, etc.; elle conduit à faire de bonnes œuvres. L'organe de la méditation profonde est une porte, etc.; elle conduit à l'émancipation complète de l'esprit. L'organe de la sagesse est une porte, etc.; elle conduit à la connaissance de ce qui est évident. La force de la foi est une porte, etc.; elle conduit à surpasser entièrement la force du démon. La force de l'application est une porte, etc.; elle conduit à ne pas revenir (dans le monde). La force de la mémoire est une porte, etc.; elle conduit à ne pas dérober. La force de la méditation profonde est une porte, etc.; elle conduit à abandonner toute incertitude. La force de la sagesse est une porte, etc.; elle conduit à éviter la folie. Les degrés du souvenir uni à l'intelligence parfaite sont une porte, etc.; elle fait bien connaître la Loi telle qu'elle est. Les degrés de l'analyse de la Loi unie à l'intelligence parfaite sont une porte, elle conduit à l'entier accomplissement de toute Loi. Les degrés de l'application unie à l'intelligence parfaite sont une porte, etc.; elle conduit à un excellent jugement. Les degrés de la joie unie à l'intelligence parfaite sont une porte, etc.; elle conduit à atteindre la méditation profonde. Les degrés de la purification unie à l'intelligence parfaite sont une porte, etc.; elle conduit à faire ce qu'il faut faire. Les degrés de la méditation profonde unie à l'intelligence parfaite sont une porte, etc.; elle conduit à comprendre l'égalité de toutes les substances. Les degrés de l'indifférence mystique unie à l'intelligence parfaite sont une porte, elle conduit au mépris de toute naissance. La vue pure est une porte, etc.; elle conduit à entrer dans ce qui n'est pas vicieux. Le jugement pur est une porte, etc.; elle conduit à l'abandon de tous doutes, incertitudes et indécisions. La parole pure est une porte, etc.; elle conduit à comprendre la parité des lettres, des sons, des discours, du chemin de la parole et de l'écho. La fin d'une œuvre pure est une porte, etc.; elle conduit à ne pas mûrir entièrement ce qui n'est pas une œuvre. Le moyen pur de subsistance est une porte, etc.; elle interrompt toute recherche. L'effort pur est une porte, etc.; elle conduit à l'abord de l'autre rive. Le souvenir pur est une porte, etc.; elle empêche l'esprit de perdre la méditation des souvenirs. La méditation profonde pure est une porte, etc.; elle conduit à atteindre la méditation profonde d'un esprit sans trouble. La pensée de l'intelligence est une porte, etc.; elle conduit à ne pas diviser la famille des Trois précieux. La réflexion est une porte, etc.; elle conduit à ne pas désirer un Véhicule défectueux. La réflexion profonde est une porte, etc., elle rend plus évidente la Loi développée du Bouddha. L'action est une porte, etc., elle conduit à l'accomplissement parfait de toutes les doctrines de la vertu. L'abord à l'autre rive, de l'aumône, est une porte, etc., qui, purifiant complétement les signes, les marques secondaires et le champ du Bouddha, conduit à une maturité complète les êtres envieux. L'abord à l'autre rive, des bonnes mœurs, est une porte, etc., qui, délivrant de l'inquiétude et de toutes les voies mauvaises, conduit à une maturité complète les êtres de mauvaises mœurs. L'abord à l'autre rive, de la patience, est une porte, etc., qui, faisant abandonner la méchanceté, la malice, la passion, l'orgueil, la fierté et l'arrogance, conduit à une maturité complète les êtres à l'esprit méchant. L'abord à l'autre rive, de l'application, est une porte, etc., qui, s'emparant de toutes les semences languissantes de vertu, conduit à une maturité parfaite les êtres indolents. L'abord à l'autre rive, de la réflexion, est une porte, etc., qui, produisant toutes les réflexions et les connaissances supérieures, conduit à une maturité parfaite les êtres d'un esprit flottant. L'abord à l'autre rive, de la sagesse, est une porte, etc., qui, abandonnant les ténèbres de l'ignorance et la vue des objets, conduit à une maturité complète les êtres à fausse sagesse. La science des moyens est une porte, etc., qui montrant, au gré du désir, la voie estimable des êtres, conduit à obtenir toutes les lois du Bouddha. Les quatre sujets de réunion sont une porte, etc., qui, rassemblant tous les êtres, conduit, par l'acquisition de l'Intelligence (*Bodhi*), à comprendre la Loi. L'œuvre de la maturité complète des êtres est une porte, etc., qui, faisant négliger son propre bien-être, conduit à être sans chagrin. La compréhension complète de la bonne Loi est une porte, etc.; elle conduit à éloigner entièrement les misères de tous les êtres. La réunion des bonnes œuvres est une porte, etc.; elle produit une subsistance prête pour tous les êtres. La réunion des sciences est une porte, etc.; elle conduit au complément des dix forces. La réunion des quiétudes est une porte, etc.; elle conduit à acquérir la méditation profonde du Tathâgata. La réunion des vues profondes est une porte, etc.; elle fait obtenir l'œil de la sagesse. L'entrée dans une science variée est une porte, etc.;

elle produit l'œil parfaitement pur du Bouddha. L'acquisition de formules magiques est une porte, etc.; elle conduit à retenir tous les commandements du Bouddha. L'acquisition du courage est une porte, etc.; elle réjouit tous les êtres par un bon enseignement. La patience conforme à la Loi est une porte, etc.; elle conduit à se conformer à toutes les lois du Bouddha. La soumission à la Loi non encore produite est une porte, etc.; elle conduit à obtenir des prophéties. La terre d'où l'on ne revient plus (en ce monde), est une porte, etc.; elle conduit au parfait accomplissement de toute la Loi du Bouddha. La connaissance de ce qui surgit sur la terre est une porte, elle produit l'initiation à la connaissance de toutes les sciences. La terre de l'initiation est une porte, etc.; elle conduit à l'entrée dans le sein (d'une mère), à la naissance, à l'apparition dans le monde, à la mortification, à la marche vers Bodhimanda, à la soumission du démon, au revêtissement complet de l'Intelligence (*Bodhi*), à l'action de la roue de la Loi, et à l'enseignement du grand et entier affranchissement de la misère.

Amis, telles sont les cent huit portes évidentes de la Loi, que le Bodhisattva, au temps de sa migration, doit enseigner certainement à l'assemblée des dieux.

Bhikchous, au temps où le Bodhisattvas enseignait le chapitre des portes évidentes de la Loi, quatre vingt-quatre mille d'entre les fils des dieux de cette assemblée de dieux produisirent leur pensée dans l'intelligence (*Bodhi*) parfaite et accomplie, et trente-deux mille fils des dieux, auparavant complétement purifiés, acquirent la soumission à la Loi qui n'était pas encore produite. Trente-six millions de fils des dieux eurent, pour les lois, l'œil de la Loi, sans passion, sans tache, et parfaitement pur. Toute la demeure du Touchita fut couverte de fleurs divines, environ jusqu'à la hauteur du genou.

Alors, Bhikchous, les Bodhisattvas, afin de causer une grande joie à cette assemblée de fils de dieux, leur adressa ces Gâthas (stances) :

Au moment où, de la demeure excellente du Touchita, émigre le guide, lion des Pourouchas, il parle en ces termes aux dieux : « Évitez-bien toute immodestie, dit-il ; tout ce qu'il y a d'espèces de plaisirs divins, nés de l'esprit et du cœur, purs, résultent tous de la cause d'une œuvre vertueuse, sont le fruit d'une œuvre vertueuse. Ainsi souvenez-vous de vos actions. Pour avoir manqué d'amasser ces vertus antérieures, vous allez aujourd'hui là où, loin du bien-être, on éprouve des misères, là où viennent des maux. Comme vous m'avez montré du respect, ces lois, que vous avez entendues, pratiquez-les bien avec application, et vous obtiendrez un bien-être illimité. Tout désir n'est ni durable, ni constant, ni stable, mais pareil à un songe, pareil au mirage, à une illusion, pareil à l'éclair, à l'écume. Les qualités du désir sont telles, que, par la jouissance, comme si l'on avait bu de l'eau salée, il n'est pas satisfait. Tous ceux qui sont sans passion, et possèdent la sagesse qui a dépassé le monde, ceux-là sont satisfaits. La société des Apsaras, les concerts, le spectacle de la danse, ne sont-ils pas égaux et pareils à la vague? Et, par exemple, les réunions sur des tapis, n'est-ce pas aller l'un vers l'autre, comme pour l'accomplissement du désir? Celui qui a pratiqué les œuvres de la vertu et continue de marcher d'après elle, sans exception, n'est pas un compagnon de ces assemblées, il n'a ni amis, ni parents, ni société. Agissez donc ensemble, avec accord ; agissez dans un esprit de bienveillance réciproque, avec un esprit de secours. Observez les pratiques de la Loi ; à qui observe bien les pratiques, il n'arrive aucun mal. Aimant la tradition, la morale, l'aumône, soyez d'une patience et d'une pureté accomplies. Souvenez-vous du Bouddha, de la Loi, de l'assemblée (des fidèles), ainsi que de la modestie. Toutes ces substances sans conscience de la douleur qui ne dure pas, changeant par la possession de la cause et de l'effet, ne s'appartenant pas à elles-mêmes, et devenues insensibles, examinez-les depuis l'origine. Tout ce que vous voyez en moi de puissance surnaturelle, de facultés, de science et de pouvoir, tout cela est produit par l'œuvre de la vertu qui en est la cause, et vient de la tradition, de la morale et de la modestie. C'est en vue des êtres, pour les secourir et par bienveillance (que j'ai acquis) ce que j'ai de (science de la) tradition, de moralité, de modestie, d'aumônes (faites), de douceur et de retenue parfaite. Vous aussi, agissez avec cette retenue parfaite. Ce n'est ni par des sentences, ni par des cris, ni par des sons, qu'on peut atteindre la doctrine de la vertu. Acquérez-la en agissant dans l'essence de l'application. Comme vous parlez, agissez. N'empêchez pas les occasions d'entretien des autres. Que des efforts continuels soient faits par vous. Il n'y a pas de don pour tous ceux qui ont agi; mais qui n'agit pas, n'obtient rien. Les misères d'autrefois, pendant l'existence émigrante, tout ce que vous avez éprouvé, souvenez-vous-en. Dans le mensonge, vous n'obtiendrez certainement pas la délivrance (Nirvriti) et l'absence des passions. C'est pourquoi, après avoir trouvé le loisir, un docteur, un lieu convenable pour y habiter, et la meilleure audition de la Loi, apaisez les passions et le reste des misères humaines. Abandonnez l'orgueil, la fierté et l'arrogance. Toujours doux, et ne déviant jamais de la droiture, faites diligence dans le chemin du Nirvana. Exercez-vous à l'examen de la voie (du salut), et éclairez complètement toutes les ténèbres du trouble de l'ignorance avec la lampe de la sagesse. Débarrassez-vous du filet des fautes que le repentir accompagne, avec la foudre de la science. Qu'est-il besoin d'en dire davantage? La Loi est remplie de sens et de pureté; ne restez pas ici ; ici il n'y a pas de vicissitudes par la Loi. Au temps où l'Intelligence (*Bodhi*) aura été obtenue par moi, au temps où tombera la pluie de la Loi qui mène à l'immortalité, en possession d'esprits complètement purs, venez pour entendre la Loi par excellence.

Chapitre des Portes évidentes de la Loi, le quatrième.

CHAPITRE V.
DESCENTE (DU CIEL) TOUCHITA.

En voyant partir le Bodhisattva, les dieux embrassent ses pieds en pleurant. — Il les console en leur disant qu'après lui le Bodhisattva Maitreya leur enseignera la loi. — Il investit Maitreya du pouvoir suprême, et lui annonce qu'il lui succédera comme Bouddha. — Le Bodhisattva demande sous quelle forme il doit entrer dans le sein de sa mère. — Plusieurs figures de dieux et de génies lui sont proportionnées; mais un dieu venant dire que le Rigveda indique la figure d'un éléphant, c'est celle qu'il adopte. — Huit signes apparaissent dans le parc du roi des Oakas. — La reine demande au roi la permission de se livrer aux austérités, et le prie de faire des aumônes abondantes. Le roi ordonne de faire tout ce qu'elle désire. — Les dieux et les Bodhisattvas s'apprêtent de tous côtés à accompagner le Bodhisattva. — Splendeur qui éclaire tous les mondes, au moment où le Bodhisattva commence à s'éloigner du ciel. Tremblement de terre. — Pas un être n'éprouve de frayeur ni de souffrance. — Des millions de dieux soutiennent le char du Bodhisattva.

C'est ainsi, Bhikchous, que le Bodhisattva enseigna bien à cette grande assemblée de dieux cette énumération relative à la Loi; il la leur fit bien comprendre, et en fit bien l'éloge. Il les encouragea bien, et après les avoir rendus joyeux, rendus patients, il dit à cette assemblée remplie de bénédictions : Compagnons, je vais dans le Djamboudvipa. C'est pour moi le temps d'accomplir l'œuvre des Bodhisattvas d'autrefois, en invitant les êtres au banquet, par les quatre sujets de réunion : le don, les douces paroles, la production des biens, la conformité des biens. Compagnons, il ne serait pas convenable que je ne me revêtisse pas maintenant de l'Intelligence parfaite et accomplie de Bouddha, et que je ne reconnusse pas ce qui a été fait.

Cependant ces fils des dieux Touchitakayikas tenant embrassés en pleurant les pieds du Bodhisattva, parlèrent ainsi: Noble Pouroucha, si tu n'y restes pas, ce séjour du Touchita ne brillera plus.

Alors le Bodhisattva répondit à cette grande assemblée de dieux : Celui ci, Maitreya (471) Bodhisattva vous enseignera la Loi. Et le Bodhisattva

(471) Meitraya est en effet le Bouddha qui doit venir prêcher la Loi, quand le monde aura perdu tout souvenir de la doctrine de Çakya Mouni.

ayant ôté de dessus sa tête la tiare et le diadème, les mit sur la tête du Bodhisattva Maitreya en disant : Noble Pouroucha, c'est toi qui, après moi, te revêtiras de l'Intelligence parfaite et accomplie de Bouddha.

Cependant, Bhikchous, le Bodhisattva ayant ainsi consacré le Bodhisattva Maitreya dans le séjour excellent du Touchita, parla encore à cette grande assemblée de dieux : Compagnons, sous quelle forme entrerai-je dans le sein d'une mère ? Alors quelques-uns dirent : C'est sous la forme d'un Brahmane enfant qu'il convient d'y entrer. D'autres dirent: sous la forme de Cakra. D'autres dirent : sous la forme de Brahma. D'autres dirent : sous la forme d'un grand roi. D'autres dirent : sous la forme de Vaiçravana (472). D'autres dirent : sous la forme de Rahou (473). D'autres dirent : sous la forme d'un Gandharba (474). D'autres dirent : sous la forme d'un Kinnara (475). D'autres dirent : sous la forme d'un Mahoraga. (476). D'autres dirent : sous la forme d'Içvara. D'autres dirent : sous la forme de Tchandra (477). D'autres dirent : sous la forme de Sourya (478). D'autres dirent : sous la forme du maître des Garoudas (479).

Alors l'un des fils des dieux Brahmakayikas nommé Ougratedjas (splendeur terrible), qui autrefois avait émigré (du corps) d'un Richi, qui ne s'éloignait plus de l'Intelligence parfaite et accomplie, parla ainsi : Par les livres des Brahmanas, des Mantras, et du Rig-Véda, il est dit sous quelle forme il convient que le Bodhisattva entre dans le sein d'une mère. Et quelle est cette forme ? Il prendra le corps du plus beau des éléphants, armé de six défenses, couvert d'un réseau d'or, à la tête rouge et superbe, à la mâchoire ouverte, et d'une forme majestueuse. Telle est l'espèce indiquée par un Brahmane savant dans les livres du Rig-Véda. Il sera en possession de trente-deux signes, et accomplira en tout point la prédiction.

Ainsi, Bhikchous, le Bodhisattva ayant reconnu le temps de sa naissance, pendant qu'il était dans le séjour excellent du Touchita, fit apparaître huit signes dans la demeure du roi Çouddhodana. Lesquels (au nombre de huit) ? Les voici : Cette demeure fut sans herbe, sans troncs d'arbres (brisés), sans épines, sans gravier, sans sable, sans ordures, bien arrosée çà et là, bien purifiée de toute malpropreté, sans tourbillons poudreux, sans obscurité, sans poussière, sans mouches, sans guêpes, sans moustiques, sans papillons, sans serpents venimeux, remplie de fleurs, unie comme la paume de la main. Tel est le premier signe précurseur.

Les oiseaux qui demeurent sur l'Himavat (Himalaya), le roi des montagnes, Patragouptas, perroquets, geais, Kokilas, cygnes, paons, oies, Kounalas, Kalabingkas, faisans, et bien d'autres aux ailes bariolées de belles couleurs, au chant agréable, étant venus là en troupes, dans la demeure pure du roi Çouddhodana, se posent sur les terrasses, les balustrades, les arceaux, les œils-de-bœuf, les galeries et les toits du palais ; et pleins de joie et s'ébattant, ils témoignent leur allégresse, chacun par son chant. Tel fut le second signe précurseur.

Dans tous les jardins de plaisance, les parcs et bois de plaisance du roi Çouddhodana, les arbres à fleurs et à fruits qui viennent dans les saisons diverses, tous à la fois se couvrent de fleurs épanouies. Tel est le troisième signe précurseur.

Les étangs, dont l'eau sert à l'usage du roi Çouddhodana, et tous les autres, sont remplis de lotus aux mille feuilles, de la grandeur de la roue d'un char. Tel est le quatrième signe précurseur.

Dans la demeure pure du roi Çouddhodana, le beurre, l'huile, le miel, le jus de la canne, le sucre, et toutes les espèces de mets, quels qu'ils soient, quoiqu'on les emploie en abondance, paraissent toujours entiers. Tel est le cinquième signe précurseur.

Dans la demeure excellente et pure du roi Çouddhodana, au milieu des appartements des femmes, les grands tambours, les tambours de terre (cuite), les tambours d'airain, les luths, les harpes, les flûtes, les théorbes, les cymbales, et tous les instruments sans exception, rendent, sans être touchés, des sons doux et mélodieux. Tel est le sixième signe précurseur.

Dans la demeure pure et excellente du roi Çouddhodana, les vaisseaux où sont l'or, l'argent, les diamants, les perles, les lapis-lazulis, la nacre, le cristal, le corail et le reste des trésors, sans exception, s'étant ouverts, apparaissent purs, brillants et pleins. Tel est le septième signe précurseur.

Cette demeure fut éclairée de tous côtés par une lumière parfaitement pure, effaçant les clartés du soleil et de la lune, et produisant le bien-être dans le corps et l'esprit. Tel est le huitième signe précurseur.

Maya Devi s'étant baignée, et ayant parfumé son corps, couvert ses bras de divers ornements, et revêtu les vêtements les plus beaux, les plus précieux et les plus fins; remplie de contentement, de joie et de bonheur, entourée et précédée de dix mille femmes, entra dans le palais du roi Çouddhodana,

---

(472) Ou Kouvera, dieu des richesses.
(473) Ce nom manque au sanscrit. C'est le dragon qui cause les éclipses.
(474) Musicien céleste.
(475) Demi-dieu attaché à Kouvera.
(476) Grand dragon à forme humaine et à queue de serpent.
(477) La lune, ou plutôt *Lunus*.
(478) Le soleil.
(479) Classe de demi-dieux.

qui retentit de chants, et où il demeure dans la joie ; puis s'étant assise au côté droit, sur un siége d'honneur, orné d'un réseau précieux, avec un visage gai, riant et sans nuage, elle adressa ces Gâthas au roi Çouddhodana : O roi, seigneur de la terre, daignez m'écouter avec bonté. Ce que je vous demande, quelle est la pensée que j'ai dans l'esprit, pourquoi j'ai de la joie, apprenez-le en m'écoutant avec bonté et plaisir. Je demande, seigneur, à me livrer au jeûne et aux austérités, et, par amour pour les créatures, à me livrer à la prostration de huit membres. Evitant de nuire aux êtres animés, ayant une pensée toujours pure, comme je suis bonne pour moi-même, je le serai pour les autres. Complétement délivrée de pensées de vol, de désir et de fierté, je ne céderai pas à un désir illicite. Demeurant dans la vérité, évitant de blesser par des reproches ou des injures, j'éviterai aussi toute parole mauvaise ou vulgaire. Ayant abandonné la méchanceté, l'envie, l'ignorance, le trouble et la convoitise, je serai satisfaite de ma fortune. Agissant avec pureté, évitant la flatterie et l'envie, je parcourrai la voie des dix œuvres vertueuses. C'est avec une grande joie que je m'engage à ces pratiques et aux austérités. Seigneur des hommes, ne contrariez pas mon envie. O roi, ne restez pas longtemps sans bonnes œuvres. Consentez à ce que je jeûne et fasse pénitence, accordez-moi promptement ce que je désire. Dans le palais où se trouve le salon d'été, fréquenté par les cygnes, sur la couche semée de fleurs, douce, moelleuse et parfumée, toujours entourée de mes compagnes, je me reposerai dans le bien-être et la joie. Je ne veux près de moi ni hommes, ni eunuques, ni pages, ni femmes vulgaires. Que je n'entende que des sons doux et harmonieux. Qu'il n'y ait où je suis, ni figure, ni bruit, ni odeur désagréable. Je désire que ceux qui sont enchaînés ou en prison soient tous délivrés. Faites que ceux qui recherchent les richesses soient riches. Pendant sept jours, afin que le monde soit dans le bien-être, faites don de nourriture, de breuvages, de vêtements, de chars, de palanquins et de voitures. Dans ce palais, que les hommes, les enfants et les femmes, tous tant qu'ils sont, évitent les querelles et les paroles de colère ; qu'ils aient un cœur bienveillant les uns pour les autres, qu'ils aient l'esprit calme et apaisé ; faites qu'ils égalent en bien-être les dieux qui demeurent dans le Nandana. Que, sans être retenus par (la crainte) de grands châtiments et de remontrances du roi, sans chercher à se battre et à se blesser, tous agissent réciproquement avec des pensées de bienveillance. O roi, regardez tous les hommes comme un seul fils.

Le roi, après avoir écouté ces paroles avec la plus grande joie, dit : Que tout se fasse comme tu le désires. Tout ce que tu as résolu dans ta pensée, la grâce que tu demandes, je t'accorde tout sans réserve. Et le meilleur des rois dit à sa suite : Préparez tout dans les appartements hauts du plus beau palais. Semez des fleurs fraîches, et répandez-y les parfums les plus suaves. Préparez des parasols, des bannières ornées de guirlandes de Talas. Que vingt mille hommes courageux, diversement armés, prennent des flèches, des lances, des piques, des javelots ; qu'une suite à la voix douce comme celle des cygnes entoure la reine, afin que bien gardée, elle demeure sans crainte. Qu'après s'être baignée et parée des plus beaux vêtements imprégnés de parfums, la reine environnée de ses femmes, semblable à une fille des dieux, monte au milieu des chants et du son joyeux de mille instruments, et, comme une déesse, demeure sur sa couche aux pieds incrustés de perles divines d'un grand prix. Sur cette couche préparée avec un grand nombre de vêtements agréables et précieux, qu'elle détache en arrivant son précieux diadème, et qu'elle y reste comme une déesse du (jardin) Miçraka.

Cependant, Bhikchous, les quatre grands rois (480), et Çakra, le seigneur des dieux, les fils des dieux Souyamas, Santouchitas, Sounirmitas, Paranirmitavaçavartins ; le fils d'un démon Sarthavaha, Brahma, le maître des créatures, Brahmottara-Pourohita, Soubrahma-Pourohita, Prabhavyouha, Bhasvara, Maheçvara-Çouddhavasakayika, Nichthagata, Akanichtha, et bien d'autres dieux par milliers, s'étant rassemblés, se dirent l'un à l'autre : Compagnons, si nous laissions partir le Bodhisattva seul, sans second, ce serait de notre part ne pas reconnaître ce qui a été fait, et ce n'est pas notre intention. Compagnons, quel est celui d'entre vous qui, dès le commencement, quand le Bodhisattva se rendra dans le sein de sa mère, quand il y séjournera, quand il naîtra, quand il grandira, quand il jouera au milieu des enfants, quand il demeurera dans l'appartement des femmes, et regardera leurs jeux ; quand il s'en ira par le monde, quand il pratiquera des austérités, quand il se rendra à Bodhimanda, quand il vaincra le démon, quand il se revêtira de l'Intelligence parfaite et accomplie de Bouddha, quand il tournera la roue de la Loi, et quand il enseignera le grand Parinirvana avec une pensée secourable, une pensée de satisfaction, une pensée de bienveillance, une pensée de miséricorde, une pensée d'amour (quel est celui de vous qui), partout et toujours, désire s'établir au service du Bodhisattva (481) ?

(480) Ils demeurent aux quatre côtés du mont Mérou, la montagne sacrée par excellence. Voici leurs noms : Dhritarachtra, roi des Gandharbas ; Viroutaka, roi des Koumbhandas ; Viroupakcha, roi des Nagas ; et Kouvera, roi des Yakchas.

(481) Dans un long discours que j'ai omis, parce qu'il ne contient guère que l'énumération des événements de

SECT. II. — LE BOUDDHISME THIBETAIN. — RGYA TCH'ER ROL PA.

Ensuite, Bhikchous, au temps de la migration du Bodhisattva, partis de l'horizon de l'est, des centaines de mille de Bodhisattvas, assujettis à une seule (et dernière) naissance, et demeurant dans le séjour excellent du Touchita, dans le but de faire un sacrifice au Bodhisattva, se rendent à l'endroit où il est. De même, de chacun des dix horizons, des centaines de mille de Bodhisattvas, assujettis à une seule naissance, et demeurant dans le séjour excellent du Touchita, dans le but de faire un sacrifice au Bodhisattva, se rendent à l'endroit où il est. Du milieu des dieux Tchatourmaharadjakayikas, quatre-vingt-quatre millions d'Apsaras, conduisant des chœurs et des chants de toutes sortes, dans le but de faire un sacrifice au Bodhisattva, se rendent à l'endroit où il est. De même, du milieu des (dieux) Trayastrimçats, Yamas, Touchitas, Nirmanaratis et Paranirmitavaçavartins, quatre-vingt-quatre millions d'Apsaras, conduisant des chœurs et des chants de toutes sortes, dans le but de faire un sacrifice au Bodhisattva, se rendent à l'endroit où il est.

Cependant le Bodhisattva s'étant, dans la grande galerie du palais, posé sur le sein fortuné (de sa mère), bien purifié par toutes les bonnes œuvres, à la vue de tous les dieux, entouré de tous côtés par des Bodhisattvas et des centaines de millions de divinités, commença à s'éloigner de la demeure du Touchita. Et au moment, Bhikchous, où il commençait ainsi à descendre, les trois mille grands milliers de régions du monde furent, par le Bodhisattva, illuminées au loin et de tous côtés par une immense splendeur auparavant inconnue, et dépassant beaucoup la splendeur des dieux. Dans tous les espaces du monde, obscurcis par le vice, enveloppés par les ténèbres, sans aucune clarté, où le soleil et la lune, malgré la force et l'étendue de leur rayonnement, malgré leur puissance, ne donnent ni lumière, ni couleur, ni jour, ni éclat, ni splendeur; où les êtres qui y sont nés ne voient pas même leurs propres mains qu'ils étendent, en ces lieux mêmes, ces êtres, en ce moment, étant enveloppés de cette grande splendeur, en se voyant les uns les autres, en se reconnaissant les uns les autres, disent: Holà, compagnons! d'autres êtres sont nés ici certainement. Oui, compagnons, d'autres êtres sont nés ici certainement, et c'est de leur corps que s'échappe cette lumière.

Au même instant les trois mille grands milliers de régions du monde furent ébranlées (482), avec six phénomènes et dix-huit grands signes, furent fortement ébranlées, fortement ébranlées de tous côtés; tremblèrent, tremblèrent fortement, tremblèrent fortement de tous côtés; s'agitèrent, s'agitèrent fortement, s'agitèrent fortement de tous côtés; résonnèrent, résonnèrent fortement, résonnèrent fortement de tous côtés; retentirent, retentirent fortement, retentirent fortement de tous côtés; à l'extrémité s'abaissèrent, au milieu s'élevèrent; au milieu s'abaissèrent, à l'extrémité s'élevèrent; à l'orient s'abaissèrent, au couchant s'élevèrent; au couchant s'abaissèrent, à l'orient s'élevèrent; au sud s'abaissèrent, au nord s'élevèrent; au nord s'abaissèrent, au sud s'élevèrent. En ce moment des cris de joie, de plaisir, de bonheur, d'allégresse et d'actions de grâces, dignes d'être entendus, dignes d'être loués, sans pareils, mélodieux, et éloignant toute crainte, furent entendus. En ce moment aucun être n'éprouva de mal, de crainte, de frayeur ni d'épouvante. En ce moment la splendeur du soleil, de la lune, de Çakra, de Brahma, des gardiens du monde, disparut. Les êtres plongés dans l'enfer, ceux qui étaient nés à la condition des bêtes, ceux du monde de Yama, tous en ce moment furent délivrés de leurs souffrances, et tous remplis de bien-être. Aucun être ne fut tourmenté par le désir, ne fut tourmenté par le dégoût, ne fut tourmenté par le trouble, l'envie, la jalousie ou l'orgueil; ne fut tourmenté par l'hypocrisie, la fierté, la colère, la malice ou la cruauté. Tous les êtres, en ce moment, eurent des pensées affectueuses et secourables, eurent les uns pour les autres les sentiments d'un père et d'une mère. La musique des dieux et des hommes, cent millions d'instruments, sans être touchés, firent entendre leurs accords agréables. Des centaines de millions de dieux, avec les mains, avec les épaules, avec la tête, soutiennent et portent ce grand char (du Bodhisattva). Cent mille Apsaras conduisant des chœurs de musique, en avant, en arrière, à droite, à gauche, chantent les louanges du Bodhisattva.

Chapitre de la Descente (du Touchita), le cinquième.

CHAPITRE VI.

ENTRÉE DANS LE SEIN D'UNE MÈRE.

Le Bodhisattva descend dans le sein de sa mère sous la forme d'un jeune éléphant blanc. Il entre par le côté droit de sa mère pendant qu'elle dort et voit en songe ce qui se passe. — La reine se lève ensuite, et remplie d'un bien-être inconnu, va dans un bois voisin où elle fait appeler le roi. Celui-ci, en voulant entrer dans le bois, sent son corps si pesant qu'il ne peut marcher. — Explication du songe de la reine par les Brahmanes, qui lui annoncent qu'elle aura un fils qui sera roi ou Bouddha. — Joie du roi. — Les dieux offrent leurs demeures pour que la reine y reste sans être troublée. — Le roi fait faire un palais exprès pour elle. — Étonnement de quelques fils des dieux en voyant le Bodhisattva entrer dans le sein d'une femme. — Interruption du récit par Ananda, pour l'explication de ce fait. — Description de l'exercice du Bodhi-

l'existence que le Bodhisattva va passer sur la terre, les dieux disent qu'ils le serviront et le protégeront partout.

(482) Les tremblements de terre ont lieu quand les Bodhisattvas entrent dans le sein de leur mère, quand ils en sortent, quand ils deviennent Bouddhas, et quand ils entrent dans le Nirvana. Voy. aussi *Foë koué ki*, p. 217, note 12.

sattva. — Son occupation pendant qu'il était dans le sein de sa mère....

Ainsi, Bhikchous, l'hiver étant passé, au temps du dernier mois de printemps, quand paraît la constellation Viçakha (483), à l'époque de la plus belle des saisons, où les feuilles des arbres se développent, où les fleurs s'épanouissent dans leur beauté; où délivré du froid et de la chaleur, du brouillard et de la poussière, le sol de la terre produit une verdure nouvelle dont il se revêt, le seigneur des trois mondes, adoré de l'univers, ayant vu que le temps marqué était arrivé, au quinzième jour de la lune, alors qu'elle est en son plein, à l'époque de l'astérisme du Pouchya (484), le Bodhisattva descendit de l'excellent séjour du Touchita dans le sein d'une mère livrée au jeûne, se rappelant ce qu'il avait appris, semblable à un jeune éléphant blanc à six défenses, à la tête de la couleur de la cochenille, aux dents brillantes comme l'or, parfait dans tous ses membres, sans défaut dans ses organes, il entra par le flanc droit de sa mère. Et après y être entré, il s'appuya du côté du flanc droit, et ne s'appuya jamais du côté du flanc gauche. Maya Devi, endormie doucement sur sa couche, vit en songe ceci : Un éléphant blanc comme la neige et l'argent, à six défenses, aux pieds, à la trompe superbes, à la tête rouge, à la démarche agréable, aux membres forts comme le diamant, le plus beau des éléphants entrait en elle, et jamais elle n'avait vu, ni entendu (dire) qu'on éprouvât un pareil bien-être. Son corps étant dans le bien-être, et son esprit y étant aussi, un calme profond s'empara de sa pensée. Ensuite Maya Devi s'étant revêtue de parures et de vêtements flottants qu'elle rattacha, ayant le corps et l'esprit dans le bien-être, remplie de joie, d'allégresse et de bonheur, se leva de cette couche excellente, puis entourée et précédée de la foule de ses femmes, descendit de l'appartement haut du palais, et se rendit au bois d'Açokas. Et s'étant assise à l'aise dans ce bois, elle envoya un messager au roi Çouddhodana : « O roi, veuillez venir, la reine désire voir votre personne. » Il parla ainsi, et le roi ayant entendu ces paroles, fut rempli de joie, agita son corps, se leva de son siège excellent, et entouré et précédé des conseillers, des citoyens, de sa suite et de ses parents, il se rendit au bois d'Açokas. Mais en allant il sentit son corps extrêmement lourd, et ne pouvant entrer dans le bois, il s'arrêta à la porte; et après avoir réfléchi un moment, il récita ces Gathas : Lorsque dans le combat je me suis trouvé à la tête des guerriers, je ne me souviens pas d'avoir, comme aujourd'hui, senti une telle pesanteur de corps. Je ne puis pas même, en ce moment, marcher dans ma propre demeure. Qu'est ce donc que cela, et à qui le demanderai-je ?

Les fils des dieux Çouddhavasakayikas, qui se tenaient dans l'atmosphère, s'étant montrés à mi-corps, adressèrent ces Gathas au roi Çouddhodana : Riche d'austérités, de mérites et de qualités, adoré des trois mondes, doué de bonté et de miséricorde, initié à la science des œuvres saintes, le magnanime Bodhisattva, descendu de la demeure du Touchita, ô roi, est devenu ton fils, est entré dans le sein de la reine Maya.

Alors secouant la tête et joignant la paume de ses mains et ses dix doigts, le roi, devenu plein de respect, entra dans le bois. Puis mettant de côté l'orgueil et la fierté, et regardant le visage de la reine Maya ; Que ferai-je pour vous ? de quoi s'agit-il ? dites-le-moi.

La reine dit : Pareil à la couleur de la neige et de l'argent, surpassant l'éclat du soleil et de la lune, aux pieds, à la trompe superbes, très-bien proportionné, à six défenses, magnanime, le plus beau des éléphants, aux membres solides comme le diamant, au beau corps, est entré dans mon sein. Veuillez écouter ce récit : J'ai vu les trois mille régions brillantes et dégagées de ténèbres ; et pendant que j'étais endormie, des millions de divinités me louaient. Alors il n'est resté en moi ni sentiment de colère, ni dégoût, ni trouble ; j'ai été livrée à une pensée de quiétude et en possession d'une méditation douce. Si ce rêve que j'ai fait est heureux ou malheureux pour la famille ; si ce rêve que j'ai fait contient une prédiction véritable, ô roi, veuillez, (pour le savoir), faire appeler ici promptement des Brahmanes savants dans le Rig-Véda, experts dans l'explication des songes et connaissant les rites des planètes.

Le roi, ayant entendu ces paroles, fit à l'instant même venir des Brahmanes très-habiles à expliquer le sens du Rig-Véda et des Çastras. Quand Maya fut en leur présence, elle dit : J'ai fait un rêve, écoutez-en le récit. Les Brahmanes dirent : Que la reine veuille parler et nous expliquer ce qu'elle a vu en songe ; et après l'avoir entendu, nous l'expliquerons. La reine dit : Pareil à la couleur de la neige et de l'argent, surpassant l'éclat du soleil et de la lune, aux pieds, à la trompe superbes, très-bien proportionné, à six défenses, magnanime, le plus beau des éléphants, aux membres solides comme le diamant, au beau corps, est entré dans mon sein ; écoutez ce récit. Après avoir entendu ces paroles, les Brahmanes parlèrent ainsi : Il n'y a pas là de malheur pour la famille. Vous serez comblé de la plus

---

(483) Seizième astérisme lunaire (avril-mai), et le premier mois du calendrier indou.
(484) Ce nom, qui revient au commencement du chapitre vu, au moment de la naissance du Bouddha, est, suivant Wilson, celui du huitième astérisme lunaire (décembre-janvier). Comment se trouve-t-il ici en même temps que celui de Viçakha, qui ne paraît que deux mois plus tard ?

grande joie. Il vous naîtra un fils avec des membres ornés de signes, un noble descendant de la race des rois, un magnanime Tchakravartin. S'il abandonne les désirs, le royaume et sa résidence, pour s'en aller, par amour pour tous les mondes, errer, exempt de passions, à l'état de religieux, il deviendra digne des offrandes des trois mondes, et sera le Bouddha qui, par le goût délicieux de l'Amrita (185), donnera la joie à tous les mondes.

Après avoir proclamé en ces mots cette heureuse prédiction, après avoir pris des aliments dans le palais du roi et reçu des présents, les Brahmanes se retirèrent.

C'est ainsi, Bhikchous, que le roi Çouddhodana, après avoir entendu ce discours des Brahmanes habiles à connaître les signes, à les expliquer, et savants dans l'interprétation des songes, fut rempli de contentement, de plaisir et de la joie la plus grande, et que, dans sa joie et sa satisfaction, ayant rassasié ces Brahmanes en leur donnant des mets délicats, des breuvages et des aliments savoureux en abondance, il leur fit des présents et les congédia.

En même temps, aux quatre portes de la ville de Kapilavastou, la grande cité, partout, dans les places et les carrefours, il fit distribuer des aumônes, afin d'honorer le Bodhisattva; des aliments à ceux qui désirent des aliments; des breuvages à ceux qui désirent des breuvages; des vêtements à ceux qui désirent des vêtements; des voitures à ceux qui désirent des voitures; des parfums à ceux qui désirent des parfums; des guirlandes, des aromates, des lits, des asiles, des moyens de subsistance, il en donne à ceux qui en désirent.

Ensuite, Bhikchous, il vint à la pensée du roi Çouddhodana : Comment, en restant dans cette demeure, la reine Maya pourra-t-elle être calme et sans inquiétude ?

Au même instant les quatre grands rois s'étant approchés du roi Çouddhodana, lui dirent : O roi, ne te mets pas en peine et reste en repos; nous préparerons la résidence du Bodhisattva.

Alors Çakra, le maître des dieux, dit au roi Çouddhodana en s'approchant de lui : La grande demeure des (quatre grands rois) gardiens (du monde) ne vaut rien, celle des Trayastrimçats est bonne. Je donne au Bodhisattva une demeure pareille au Vaidjayanta.

Ensuite le fils d'un dieu Souyama s'étant approché de Çouddhodana, lui dit : En voyant ma demeure, des millions de Çakras ont été remplis d'étonnement; la demeure fortunée de Souyama, je la donne aux fils du victorieux.

Alors le fils d'un dieu Santouchita s'étant approché du roi Çouddhodana, lui parla ainsi : Ce séjour du Touchita, où le très-glorieux demeura naguère, ce séjour, pur et délicieux, je le donne au fils du victorieux (486).

Alors le fils d'un dieu Sounirmita étant venu auprès du roi Çouddhodana, lui dit : Cette demeure fortunée, pareille à un rêve de l'esprit (487), de la nature des perles, je la donne au Bodhisattva pour l'honorer, ô prince.

Puis le fils d'un dieu Paranirmitavaçavartin étant venu trouver le roi Çouddhodana, lui parla ainsi : Toutes ces demeures (488), quelles qu'elles soient, qui changent de place au gré du désir, quoique belles, voient, auprès de ma demeure, pâlir leur éclat et leur couleur. C'est pourquoi, ô bienheureux, dans le but de faire un sacrifice au Bodhisattva, j'offre cette demeure de la nature des perles. Prends-la, ô roi; elle est toute remplie de fleurs divines; elle exhale des parfums divins, la demeure spacieuse que je donnerai pour que la reine y fasse son séjour.

C'est ainsi, Bhikchous, que les maîtres des dieux Kamavatchatas, dans le but d'honorer le Bodhisattva, vinrent, dans la grande ville de Kapila, la première des cités, offrir leurs propres demeures. Mais le roi Çouddhodana fit préparer une demeure dépassant l'ouvrage des hommes, sans égaler celui des dieux; et là le Bodhisattva, par le pouvoir du grand exercice de la méditation profonde, fit apparaître en même temps Maya Devi dans toutes les autres demeures (offertes par les dieux).

Pendant le temps que le Bodhisattva demeura dans le sein de Maya Devi, il resta toujours du côté du flanc droit, assis les jambes croisées. Et tous les maîtres des dieux reconnaissent, chacun à part soi, que c'est dans leur demeure qu'est assise la mère du Bodhisattva, et pas ailleurs. Et ici il est dit :

En demeurant dans l'exercice de la méditation profonde, par l'accomplissement de transformations surnaturelles et incompréhensibles, il a rempli l'attention de tous les dieux, et satisfait de même le désir du roi.

Ensuite quelques-uns des fils des dieux de cette assemblée de dieux pensèrent : Puisque les dieux de la famille des quatre grands rois évitent la souillure d'un corps humain, qu'il en est de même des autres dieux Trayastrimçats ou Yamas, et à plus forte raison des fils des dieux Touchitas, comment le Bodhisattva pur et exempt de toute tache, bien élevé au-dessus de tous les mondes, le plus précieux de tous les êtres, descendu de la famille des dieux du Touchita, demeurera-t-il dans le sang impur d'une mère, dans un corps humain à l'odeur désagréable ?

---

(185) Ce mot, qui signifie *immortalité*, et se prend le plus souvent pour exprimer la nourriture des dieux, a aussi le sens de *délivrance finale* C'est à ces diverses significations que les Brahmanes font allusion.

(186) Le sanscrit a : « je la donne au Bodhisattva. »
(487) S. *Manomaya*.
(188) S. *Vimana*.

En ce moment, par une inspiration du Bouddha, Ananda (489) parla ainsi à Bhagavat : Que Bhagavat soit entré dans le sein d'une femme exposée aux passions, comme l'enseigne le Tathâgata, cela est bien étonnant. Que Bhagavat, bien élevé au-dessus de tous les mondes, qui a été autrefois Bodhisattva, et qui est ainsi descendu du Touchita, demeure dans le sein d'une mère, dans un corps humain, appuyé sur le côté du flanc droit, il est, en vérité, bien étonnant qu'on dise cela. Bhagavat, je désire qu'on ne dise pas que Bhagavat en a agi ainsi autrefois.

Bhagavat dit : Veux-tu, Ananda, voir tout ce qu'a fait le Bodhisattva, ce qu'on appelle l'exercice précieux qui fut l'occupation du Bodhisattva demeurant dans le sein de sa mère? Ananda dit : Bhagavat, que cela soit dès à présent! Sougata (490), que cela soit dès à présent! Que le Tathâgata nous montre toute l'occupation du Bodhisattva, et après l'avoir vue, nous nous réjouirons.

Alors Bhagavat fit apparaître les signes de l'espèce que voici : Brahma, le maître des créatures, accompagné de soixante-huit mille Brahmas, étant disparu du monde de Brahma, vint en présence de Bhagavat, salua ses pieds avec sa tête, tourna trois fois autour de lui, et joignant les mains en s'inclinant, se tint à côté.

Alors Bhagavat l'ayant reconnu lui parla ainsi : Brahma! mon exercice de Bodhisattva, alors qu'autrefois je suis resté dix mois dans le sein d'une mère à l'état de Bodhisattva, l'as-tu conservé? Brahma dit : Il en est ainsi, Bhagavat. Il en est ainsi, Sougata. Bhagavat dit : Où est-il maintenant? Montre-le. Brahma dit: Bhagavat, il est dans le monde de Brahma. Bhagavat dit : Eh bien! montre-nous ici cet exercice du Bodhisattva pendant dix mois, afin qu'on sache comment il s'est achevé.

Alors Brahma, le maître des créatures, dit aux dieux Brahmas: Tenez-vous de manière à ce que nous apportions ce précieux exercice de l'œuvre du Bodhisattva.

En même temps Brahma, le maître des créatures, ayant salué avec la tête les pieds de Bhagavat, disparut de sa présence, arriva à l'instant même dans le monde de Brahma, et dit à Soubrahma, le fils d'un dieu : Ami, va! Et au-dessous de le monde de Brahma, fais entendre d'en haut ces paroles dans la demeure des dieux Trayastrimçats : « Nous montrerons, en présence du Tathâgata, le précieux exercice de l'œuvre du Bodhisattva. Que ceux d'entre vous qui désirent le voir, viennent promptement. » Fais entendre cet avertissement.

(489) Cette interruption d'Ananda est bien postérieure aux événements généraux du récit; elle eut lieu quand le Bouddha racontait sa vie à ses disciples, dans la ville de Çrâyasti, et pour amener un éclaircissement sur cette circonstance de son incarnation, qui étonnait les dieux.

(490) *Bien venu*, surnom du Bouddha.

Alors Brahma, le maître des créatures, accompagné de quatre-vingt-quatre centaines de mille de Niyoutas de Kôtis de divinités, ayant pris le précieux exercice de l'œuvre du Bodhisattva, après l'avoir placé dans la grande demeure de Brahma, au delà (d'une hauteur) de trois cents Yodjanas, descendit dans le Djamboudvipa, environné de tous côtés par cette foule de millions de divinités.

En ce moment pour servir Bhagavat, il y eut une grande réunion de dieux Kamavatcharas. Et ce précieux exercice de l'œuvre de Bodhisattva fut environné de vêtements divins, de guirlandes divines, de parfums divins, de fleurs divines, des accords d'une musique divine, de richesses divines amassées, et escorté de tous côtés par les dieux les plus puissants et les plus illustres.

Le maître des dieux, Çakra, qui se tient au milieu du grand océan (regardant) de loin, en abritant son visage avec sa main, tourne la tête, et, quoi qu'il regarde, ne peut rien voir. Pourquoi cela? C'est que parmi les dieux les Brahmas ayant la grande puissance, les dieux Vrayastrimçats, les Yavas, Touchitas, Nirmanaratis, et Paranirmitaçavartins, qui près des premiers sont inférieurs, et à plus forte raison le maître des dieux (de son ordre), Çakra lui-même, (ne peuvent voir.)

Cependant Bhagavat fit cesser un moment les accords de la musique des dieux. Pourquoi cela? C'est qu'en les entendant, les hommes du Djamboudvipa deviennent fous.

Alors les quatre grands rois étant allés trouver Çakra, le roi des dieux, lui parlèrent ainsi: Maître des dieux, ce précieux exercice de l'œuvre du Bodhisattva, nous ne pouvons le voir; comment ferons-nous? Celui-ci répondit : Amis, moi même que ferais-je? car moi aussi je ne puis le voir. Cependant, amis, quand on l'apportera en présence de Bhagavat, peut être en ce moment le verrons-nous. Ceux-ci dirent : Eh bien! roi des dieux, fais donc en sorte que promptement nous arrivions à le voir. (Çakra) dit : Amis, attendez un instant que ces fils des dieux éminents parmi les éminents, arrivés en présence du Bodhisattva, l'aient réjoui par leurs paroles.

Alors ceux-ci se rangeant d'un côté et tournant la tête, s'arrêtèrent à côté du Bodhisattva en le regardant.

En ce moment Brahma, le maître des créatures, accompagné de ces quatre vingt-quatre centaines de mille de Niyoutas de Kôtis de dieux, portant ce précieux exercice de l'œuvre du Bodhisattva, le déposa à l'endroit où était le Tathâgata.

Ce précieux exercice de l'œuvre du Bodhisattva est bien proportionné, agréable, beau à voir, quadrangulaire, appuyé sur quatre piliers bien ornés en dessus d'une galerie. Sa mesure est, en étendue, comme, par exemple, pour contenir un enfant né depuis six mois. Et au milieu de cette galerie, le siège qui est préparé est, par exemple, comme un tabouret pour asseoir un enfant de six mois. Telle est la couleur et la forme de ce précieux exercice de l'œuvre du Bodhisattva, qu'il n'y en a aucun qui ait une couleur et une forme pareilles, dans le monde des dieux et dans celui des hommes. A sa vue, l'œil des dieux fut ébloui et rempli d'étonnement, tant il brille, étincelle et resplendit glorieusement, quand il est déposé en présence du Tathagata. Ainsi, par exemple, l'or fondu par le joaillier devient un or pur et exempt de toute souillure; de même resplendit ce palais et sa galerie.

Dans l'intérieur de cet exercice du Bodhisattva, un siège est préparé; et dans le monde des dieux, nul, à l'exception du Bodhisattva, n'a des lignes d'heureux augure au cou (491); nul n'a une forme et une couleur pareilles (à lui). Et quoique recouvert d'étoffes par le grand Brahma, ce siège du Bodhisattva ne brille plus auprès de lui, et ressemble à la peau d'une gazelle noire, battue par les vents et la pluie.

Ce palais est fait de l'essence de sandal des Ouragas; un seul grain de sa poussière ne peut être égalé en prix par la région des mille mondes, tant il est entouré de tous côtés de l'essence de sandal des Ouragas.

Pareille à cette galerie, une seconde est contenue dans la première, dont elle est détachée et qu'elle ne touche pas. Dans cette galerie elle-même, il y en a une troisième encore, pareille à la seconde, à laquelle elle ne touche pas, et dont elle est détachée. C'est dans l'intérieur de cette troisième galerie de parfums qu'est placé le siège, et qu'un tapis est étendu. Le genre de couleur de cette essence de sandal des Ouragas est, par exemple, comme celle du lapis-lazuli le plus pur. Autour de cette galerie de parfums, des fleurs, surpassant l'œuvre des dieux, quelle qu'elle soit, naissent spontanément, et c'est par la maturité complète de la racine de la vertu antérieure du Bodhisattva qu'elles naissent dans cette galerie.

Cet exercice précieux de l'œuvre du Bodhisattva est de la nature du diamant, solide, ferme et indestructible, doux au toucher comme un vêtement de Katchalindi. Et tout ce qu'il y a de séjours où s'exercent les dieux Kamavatcharas, apparaissent dans ce précieux exercice de l'œuvre du Bodhisattva.

La nuit où le Bodhisattva entra dans le sein de sa mère, cette nuit même un lotus sortant du sein des eaux inférieures, et ouvrant la grande terre dans une étendue de soixante-huit millions de Yodjanas, s'éleva jusqu'au milieu du monde de Brahma. Et ce lotus, le plus pur des hommes et leur guide (le Bodhisattva), avec Brahma, qui commande à un million (d'êtres), sont les seuls qui le voient, et pas d'autres. Tout ce qu'il y a dans les trois mille grands milliers de mondes, de vitalité, d'essence, de liqueur génératrice, s'est rassemblé en gouttes de rosée dans ce grand lotus. Le grand Brahma l'ayant prise (la rosée) avec une belle coupe de lapis-lazuli, et l'ayant présentée au Bodhisattva, le Bodhisattva la prit, et rempli de bienveillance pour le grand Brahma, il la but. Et en buvant cette goutte d'essence génératrice, à l'exception du Bodhisattva qui en est à sa dernière existence, du Bodhisattva qui a rempli complètement toutes les terres des Bodhisattvas (492), il n'y a pas un être dans le séjour des êtres, qui pût la diriger avec une parfaite aisance. Et par la maturité complète de quelle œuvre une pareille goutte d'essence génératrice est-elle introduite dans le Bodhisattva? Pendant le temps que le Bodhisattva a, dans de longues périodes antérieures, rempli les devoirs d'un Bodhisattva, le remède a été donné aux êtres malades, l'espoir des êtres confiants dans leur espoir a été bien rempli; ceux qui sont venus en refuge n'ont pas été abandonnés, et toujours les prémices des fleurs, les prémices des fruits, les prémices des mets (493) ayant été données aux Tathagatas, à leurs Tchaityas (494), aux assemblées des auditeurs des Tathagatas, aux pères et aux mères; lui-même enfin en a joui aussi sans réserve.

C'est par l'effet de la maturité complète de cette œuvre que le grand Brahma offre au Bodhisattva cette goutte de rosée. Et dans cette galerie, autant il y a de joie et de plaisir réunis (495), éminents entre les plus éminents, tous y apparaissent par l'effet de la maturité complète de l'œuvre antérieure du Bodhisattva.

Dans ce précieux exercice de l'œuvre du Bodhisattva, apparaît un assortiment de vêtements (496) nommé cent-mille-vêtements. Son apparition est pour le Bodhisattva qui en est à sa dernière existence; excepté lui, il n'a lieu pour aucun être, quel qu'il soit, dans la famille des êtres. Forme, son, odeur, goût et toucher parfaitement purs, quels qu'ils soient, il n'en est pas qui ne se trouve dans cette galerie. En dehors, en dedans, cette galerie est également bien achevée, également parfaite et accomplie. Ainsi, par exemple, elle est douce au

---

(491) Ce sont trois lignes comme celles qui sont sur les coquilles, et regardées comme le signe d'une grande fortune. (Wilson, *Diction. sanscr.*, au mot Kamb...)

(492) Voy. la note 395.
(493) Litt. *des goûts*.
(494) Voy. note 456.
(495) Le sanscrit a de plus : *et de qualités de l'illusion*.
(496) En sansc. *vasoyouga*; en thibétain, *gos phrougs* (ou *hphrougs*) *gtchig*. Ce composé manque dans les lexiques.

toucher, comme la soie du pays de Kalinga (497); dès qu'on la fait voir, nulle ne lui est comparable. Elle a été produite par la pensée d'une prière antérieure du Bodhisattva. Sans nul doute, pour un Bodhisattva Mahasattva naissant dans le monde des hommes, et qui, après être allé par le monde, et s'être revêtu de l'intelligence parfaite et accomplie de Bouddha, tournera la roue de la loi, une pareille galerie et l'exercice précieux seront d'abord produits au côté droit du sein maternel, quelle que soit la mère dans le sein de laquelle il naîtra. Et ensuite le Bodhisattva étant descendu du Touchita, il apparaîtra dans cette galerie, assis les jambes croisées, sans que le corps du Bodhisattva qui en est à sa dernière existence soit celui d'un embryon débile, faible et engourdi; mais avec des membres et des articulations doués de tous les signes accomplis, comme il convient. C'est, en réalité, la figure du grand éléphant, sous laquelle Maya Devi l'a vu venir en songe.

Tandis qu'il est ainsi, Çakra, le maître des dieux, les quatre grands rois, les vingt-huit grands chefs des Yakchas, et celui qu'on nomme Gouyaka (498), d'où est sortie la race des Yakchas Vadjrapanis (499), tous ayant appris que le Bodhisattva était entré dans le sein d'une mère, ne laissent pas un instant d'aller à sa suite. Quatre déesses sont auprès du Bodhisattva pour le servir: Oukhouli, Moukhouli, Dhvadjapati et Prabhavati, tels sont leurs noms. Toutes quatre elles ont appris que le Bodhisattva est dans le sein de sa mère, et elles le gardent sans cesse. Çakra, le maître des dieux, accompagné de cinq cents fils des dieux, ayant appris que le Bodhisattva est entré dans le sein d'une mère, ne cesse pas d'aller à sa suite.

Le corps du Bodhisattva entré dans le sein de sa mère, était, comme au milieu de la nuit noire et ténébreuse, un grand feu sur le sommet de la montagne, qu'on voit à la distance d'un Yodjana, et même à celle de cinq Yodjanas; de même le corps accompli du Bodhisattva, entré dans le sein de sa mère, était brillant, bien proportionné, beau et agréable à la vue. Au milieu de cette galerie, où il est assis les jambes croisées, il est extrêmement beau, comme l'or embelli de lapis-lazuli. La mère du Bodhisattva aussi le voyait pendant qu'il était dans son sein. Comme, par exemple, du milieu d'un grand amas de nuages l'éclair s'échappe et répand d'immenses clartés, de même le Bodhisattva, pendant qu'il est dans le sein de sa mère, par sa majesté, son éclat et sa splendeur, illumine cette première galerie précieuse; et après l'avoir illuminée, illumine la seconde galerie des parfums; et après la seconde, illumine la troisième; et après ces trois galeries, illumine tout le corps de sa mère; et, de même, illumine tout siége où elle se repose, puis toute la demeure; et après avoir illuminé tout entière, répandant une grande clarté au-dessus de cette demeure, il illumine l'orient, le midi, le couchant, le nord, le zénith, le nadir; aux dix points de l'espace, à la distance d'un Kroça à chacun des points de l'espace tout resplendit de la majesté, de l'éclat, de la splendeur du Bodhisattva entré dans le sein de sa mère.

Cependant, Bhikchous, afin de voir ce Bodhisattva, de le saluer, de lui rendre hommage, et afin d'écouter la loi, les quatre grands rois, les vingt-huit grands chefs des Yakchas, accompagnés d'environ cinq cents Yakchas, étant venus au temps de la matinée, et le Bodhisattva ayant vu qu'ils étaient venus, étendit la main droite, et du doigt leur montra des siéges. Ces gardiens du monde et les autres, après s'être assis sur les siéges préparés, ayant vu que le Bodhisattva, tout en étant dans le sein de sa mère, remue sa main pareille à l'or; l'élève, l'agite, la déplace, furent remplis de la joie la plus grande, et dans leur allégresse adressèrent leurs hommages au Bodhisattva.

Le Bodhisattva les ayant vus ainsi rassemblés, les instruisait par les discours de la loi qu'il leur enseignait et leur faisait comprendre. Il les comblait d'honneurs, et les remplissait de joie. Et quand ils furent désireux de partir, ayant connu leur pensée par sa pensée, il étendit sa main droite, et leur donna le signal du départ. Et en étendant ainsi la main droite pour leur donner le signal du départ, et en la retirant, il ne blessa pas sa mère.

En ce moment les quatre grands rois pensèrent: Nous sommes congédiés par le Bodhisattva. Et tournant trois fois, en présentant la droite, autour du Bodhisattva et de sa mère, ils se retirèrent.

Si le Bodhisattva, durant la nuit, sans se livrer au sommeil, a étendu la main droite, et après l'avoir étendue l'a retirée, l'a retirée en ayant le souvenir et la conscience, telle est la cause de cette main étendue, tel est l'effet.

Et encore, au moment où un homme, une femme, un jeune homme, une jeune fille, quels qu'ils soient, viennent pour voir le Bodhisattva, c'est lui qui d'abord les réjouit par ses paroles, et après lui la mère du Bodhisattva qui les réjouit.

Bhikchous, c'est ainsi que le Bodhisattva, pendant qu'il était dans le sein de sa mère étant devenu, dès le commencement, habile à réjouir par ses paroles, pas un dieu, pas un Naga, pas un Yakcha, pas un homme ou tout autre, ne pouvait le premier dire une parole agréable au Bodhisattva, et toujours il

---

(497) Les Pouranas donnent ce nom au pays situé sur la côte de Coromandel, depuis Cuttack jusqu'aux environs de Madras.
(498) Chef des Yakchas, demi-dieux gardiens des trésors de Kouvera, le dieu des richesses.
(499) Porte-foudre ou porte diamant.

est le premier à le réjouir par ses paroles ; et après lui, sa mère.

Ensuite le temps de la matinée étant passé et l'heure de midi arrivée, Çakra, le maître des dieux, et parmi les fils des dieux Trayastrimçats, les plus éminents entre les plus éminents, vinrent pour voir le Bodhisattva, l'honorer, le servir et entendre la loi. Le Bodhisattva les ayant vus venir de loin, et étendant son bras droit couleur d'or, reçut avec bienveillance Çakra, le maître des dieux, et les dieux Trayastrimçats, et du doigt leur montra des siéges. Alors, Bhikchous, Çakra, le maître des dieux, ne pouvant refuser l'invitation du Bodhisattva, s'assit, ainsi que les autres fils des dieux de l'autre ordre, sur ces siéges préparés. Quand le Bodhisattva vit qu'ils étaient assis, il les instruisit par des discours de la loi; il la leur expliqua, la leur fit comprendre, la rendit claire, et les combla de joie.

Partout où le Bodhisattva étendait la main, là aussi était visible sa mère.

Cependant ces dieux pensèrent : Le Bodhisattva nous adresse des paroles agréables. Puis chacun d'eux pensait : Le Bodhisattva me parle à moi seul, c'est à moi que le Bodhisattva adresse des paroles agréables.

Dans cette galerie apparaît l'image réfléchie de Çakra, le maître des dieux, et des dieux Trayastrimçats. Et nulle part ailleurs un pareil exercice, complètement purifié du Bodhisattva entré dans le sein de sa mère, ne se rencontre.

Bhikchous, au moment où Çakra, le maître des dieux, et les autres fils des dieux d'un autre ordre, eurent le désir de se retirer, le Bodhisattva connaissant parfaitement dans son esprit le fond de leur pensée, étendit la main droite pour donner le signal du départ, et, après avoir donné ce signal, la retira. Et déplaçant sa main avec souvenir et connaissance, il ne blessa pas sa mère.

Alors Çakra, le maître des dieux, et les autres fils des dieux Trayastrimçats pensaient : Le Bodhisattva nous permet de partir ; et à cette pensée, ils firent trois fois le tour du Bodhisattva et de sa mère, et s'éloignèrent.

Bhikchous, l'heure du midi étant passée et l'après-midi étant venue, Brahma, le maître des créatures, entouré et précédé de cent mille fils des dieux et portant cette goutte d'essence du pays des dieux, s'approcha du lieu où était le Bodhisattva, afin de le voir, de le saluer, de l'honorer et d'entendre la loi.

Bhikchous, le Bodhisattva connaissant que Brahma, le maître des créatures, s'approchait avec sa suite, étendit de nouveau son bras droit couleur d'or, parla avec bienveillance à Brahma, le maître des créatures, et aux fils des dieux Brahmakayikas, puis du doigt leur montra des siéges. Bhikchous, Brahma, le maître des créatures, ne pouvant refuser l'invitation du Bodhisattva, s'assit sur les siéges préparés, ainsi que les fils des dieux Brahmakayikas. Le Bodhisattva les ayant vous assis, les instruisit par des discours de la loi ; il la leur expliqua, la leur fit comprendre, la leur rendit claire, et les combla de joie. Là où le Bodhisattva étendait la main, de ce côté là aussi était visible Maya Devi.

Puis ces dieux pensèrent : Le Bodhisattva nous adresse un discours agréable. Et chacun pensait en lui-même : C'est à moi seul que le Bodhisattva parle, à moi seul qu'il adresse des paroles agréables.

Bhikchous, lorsque Brahma, le maître des créatures, et ces fils des dieux Brahmakayikas eurent le désir de s'en aller, le Bodhisattva ayant complétement pénétré avec son esprit le fond de leur pensée, étendit la main droite, et leur donna le signal du départ, et après leur avoir donné le signal du départ, il retira sa main. En déplaçant sa main avec souvenir et connaissance, il ne blessa pas sa mère.

Au même instant, Brahma, le maître des créatures, et ces fils des dieux Brahmakayikas pensèrent : Le Bodhisattva nous permet de partir. Et après avoir tourné trois fois autour du Bodhisattva et de sa mère, ils s'en allèrent. Le Bodhisattva, avec souvenir et connaissance, déplaça sa main.

Bhikchous, de l'orient, du midi, du couchant, du nord, du zénith, du nadir et de tous les points des dix horizons, des centaines de mille de Bodhisattvas vienrent pour voir ce Bodhisattva, pour le saluer, l'honorer, entendre la loi, et faire une conférence complète de la loi. Tandis qu'ils venaient, ayant fait jaillir des rayons de son corps, et l'essence de ces rayons s'étant changée en siéges de lions (trônes), il fit, sur ces siéges ainsi produits, asseoir ces Bodhisattvas. Et les voyant assis, il les interroge sur le développement et la proportion de ce grand véhicule lui-même (500); et tandis qu'ils délibèrent, excepté les dieux qui ont une destinée égale (à la leur), nul ne les voit.

Bhikchous, si le Bodhisattva, pendant la nuit, sans se livrer au sommeil, fait jaillir des rayons de son corps, telle est la cause, tel est l'effet.

Bhikchous, la reine Maya, pendant le temps que le Bodhisattva demeura dans le sein de sa mère, ne sentit pas son corps pesant, mais au contraire léger, à l'aise et dans le bien-être, et n'éprouva aucune douleur dans ses entrailles. Elle ne fut nullement tourmentée par les désirs de la passion, ni par le dégoût, ni par le trouble, et n'eut pas d'irrésolution contre le désir, pas d'irrésolution contre

---

(500) Le *Lalitavistara* étant considéré comme un livre dont la méditation est un grand véhicule vers la délivrance finale ou Nirvana.

pensée du mal ou du vice. Elle n'éprouva la sensation ni du froid, ni du chaud, ni de la faim, ni de la soif, ni du trouble, ni de la passion, ni de la fatigue, elle ne vit rien dont la forme, le son, l'odeur, le goût et le toucher ne parussent pas agréables. Il ne lui arriva pas d'avoir de mauvais rêves. Les ruses des femmes, leur inconstance, leur jalousie, les défauts des femmes et leurs faiblesses ne furent point son partage.

En ce temps-là la mère du Bodhisattva ayant pris les cinq bases de l'étude, et ayant une conduite pure, demeura dans la voie des dix œuvres de la vertu. La mère du Bodhisattva n'eut jamais la pensée d'un désir pour aucun homme, pas plus qu'aucun homme ne sentit naître de désir pour la mère du Bodhisattva.

Dans la grande cité de Kapila et dans les autres contrées, hommes, femmes, jeunes gens, jeunes filles, quels qu'ils fussent ; dieux, Nagas, Yakchas, Gandharbas, autant qu'il y en avait de tourmentés par les Bhoutas (501), aussitôt qu'ils eurent vu la mère du Bodhisattva, furent guéris et recouvrèrent la mémoire. Et ceux qui n'étaient pas des hommes, allèrent promptement dans une autre condition (d'existence). Tous les êtres atteints de diverses maladies et tourmentés par les maux nés de l'union du vent, de la bile et du flegme, ceux qu'avaient attaqués le mal d'yeux ou le mal d'oreilles, le mal du nez, le mal de la langue, le mal des lèvres, le mal de dents, le mal de gorge, les ulcères, l'enflure, le cancer, la lèpre, la consomption, la perte de la mémoire, les épidémies, le goître, les plaies, la brûlure, l'ulcère du pied ou d'autres maux, tous, aussitôt que la mère du Bodhisattva eut étendu la main droite sur leur tête, furent délivrés de leur souffrance, et s'en retournèrent chacun dans sa demeure. Enfin, Maya Devi, ayant enlevé quelques poignées d'herbe de la surface du sol, les donna aux êtres malades, et aussitôt qu'ils les eurent prises, ils se sentirent soulagés et délivrés.

Lorsque Maya Devi regardait son côté droit, elle y voyait le Bodhisattva dans le sein de sa mère, comme par exemple, sur la circonférence très-pure d'un miroir on aperçoit le tour du visage; et à cette vue, son cœur était rempli de satisfaction, de joie, de bonheur et d'allégresse.

Bhikchous, par la bénédiction du Bodhisattva demeurant dans le sein de sa mère, nuit et jour, sans interruption, retentirent les accords de la musique des dieux ; il tomba une pluie de fleurs divines. La pluie tomba en temps favorable, le vent souffla à propos, les astres de la saison accomplirent régulièrement leurs révolutions ; le royaume fut dans le bien-être et l'abondance, sans trouble et sans ennemi. Dans cette grande ville de Kapila, la famille de Çakya et les autres êtres qui s'y trouvaient, mangeaient, buvaient, s'amusaient, se réjouissaient, faisaient des aumônes et de bonnes œuvres; et pendant quatre mois, comme au temps de l'automne, tous ne cessaient de se livrer aux jeux, à la joie et au plaisir. Quant au roi Çouddhodana, vivant en Brahmatchari (502), ayant mis de côté les affaires de la royauté, comme celui qui s'en va vivre purement en pénitent dans la forêt, il se livrait avec bonheur aux pratiques de la loi.

Bhikchous, le Bodhisattva demeurant dans le sein de sa mère, y resta en manifestant des transformations et des apparitions surnaturelles de cette espèce.

En ce moment, Bhagavat dit à Ayouchmat Ananda : Ananda, vois-tu le précieux exercice de l'œuvre du Bodhisattva, qu'il fit autrefois quand il demeurait dans le sein de sa mère? (Ananda) dit : Bhagavat, je le vois; Sougata, je le vois.

Quant le Tathagata l'eut fait voir à Ayouchmat Ananda, à Çakra, le maître des dieux, aux quatre gardiens du monde, aux autres dieux et aux hommes, tous alors furent remplis de satisfaction, de joie et d'allégresse. Brahma, le maître des créatures, l'emporta, à cause de cela, dans le monde de Brahma, pour (lui bâtir) un Tchaitya, et l'y déposa.

Alors Bhagavat adressa de nouveau la parole aux Bhikchous : C'est ainsi que, pendant les dix mois que le Bodhisattva demeura dans le sein de sa mère, trente-six millions d'hommes furent mûris dans les trois véhicules.

Chapitre de l'Entrée dans le sein (d'une mère), le sixième.

CHAPITRE VII.

NAISSANCE.

Trente deux signes apparaissent, au temps de la naissance du Bodhisattva, dans le parc de son père.— Sur la demande de la reine, le roi la conduit en grande pompe au jardin de Loumbini. Elle s'avance jusqu'à un arbre qui s'incline et la salue ; la reine saisit une de ses branches, et au même instant le Bodhisattva sort par son côté droit sans la blesser. — Indra et Brahma le reçoivent dans leurs bras.— Il descend aussitôt à terre, et prédit ce qu'il fera. — Phénomènes qui accompagnent ces événements. — Prophétie du Bouddha sur les ennemis futurs de sa doctrine.— Naissance d'un grand nombre d'enfants et d'esclaves des deux sexes destinés au service du Bodhisattva. Mort de la reine. Pourquoi elle meurt.— Le roi, avec son fils, visite cinq cent Çakyas avant de rentrer au palais. — La tante du jeune prince est chargée de l'élever. Il est soigné par trente-deux nourrices. — Un ermite vient de l'Himalaya à travers les cieux pour voir l'enfant — Le roi le conduit près du jeune prince. L'ermite

---

(501) Esprits malins, vampires habitant les cimetières, et se plaisant à tromper et à dévorer les hommes.

(502) Ce mot désigne ordinairement un jeune Brahmane étudiant le Véda et les livres sacrés ; ici il signifie un homme qui a fait vœu de continence, et qui se livre aux austérités.

lui baise les pieds, le prend dans ses bras, et tout à coup se met à pleurer. Le roi inquiet l'interroge. L'ermite lui répond qu'il pleure parce qu'étant vieux, il ne verra pas l'enfant devenir Bouddha. — *Visite des dieux qui prédisent au roi que son fils sera Bouddha.*

Ainsi, Bhikchous, dix mois étant passés, et le temps de la naissance du Bodhisattva étant venu, trente-deux signes précurseurs apparurent dans le parc du roi Çouddhodana. Quels étaient ces trente-deux signes? Toutes les fleurs ouvrant leurs calices ne s'épanouissaient pas ; dans les étangs, les lotus bleus, les lotus jaunes, les lotus rouges, les lotus blancs, ouvrant leurs calices, ne s'épanouissaient pas ; de jeunes arbres, à fleurs et à fruits s'étant élevés du sol, entr'ouvrirent leurs boutons qui ne s'épanouissaient pas ; huit arbres précieux naquirent ; deux cent mille grands trésors apparurent ouverts, et restèrent ainsi ; dans l'intérieur de la maison même, des germes précieux se développèrent ; des eaux de senteur, tièdes, imprégnées de parfums suaves, se mirent à couler ; des flancs du mont Himavat, les petits des lions étant venus joyeux à Kapila, la meilleure des villes, et ayant tourné autour, s'arrêtèrent aux portes sans faire de mal à aucun être. Cinq cents jeunes éléphants blancs étant venus, touchèrent les pieds du roi Çouddhodana avec leurs trompes et demeurèrent ; les enfants des dieux, parés de ceintures, apparurent dans l'appartement des femmes du roi Çouddhodana, allant et venant de côté et d'autre ; les femmes des Nagas, portant les divers ustensiles du sacrifice, et laissant voir la moitié de leurs corps, apparurent s'agitant dans les airs ; dix mille filles des dieux, tenant à la main des éventails de queue de paon, apparurent arrêtées dans le ciel ; dix mille urnes pleines apparurent faisant le tour de la grande cité de Kapila ; dix mille filles des dieux, tenant sur leurs têtes des vases d'or arrondis, remplis d'eau de senteur, apparurent immobiles ; dix mille filles des dieux, portant des parasols, des étendards, des bannières, apparurent immobiles ; cent mille filles des dieux, portant des conques, des tambours, des tambours de terre (cuite), des tambours d'airain suspendus à leur cou, apparurent immobiles et dans l'attente ; tous les vents restèrent sans souffle ; tous les fleuves, tous les ruisseaux s'arrêtèrent et ne coulèrent plus ; le soleil et la lune, les immenses demeures (célestes), les planètes, la foule des étoiles cessèrent de se mouvoir ; on était dans la conjonction de Pouchya (503). La demeure du roi Çouddhodana fut

(503) Huitième astérisme lunaire (déc.-janv.). Il est dit, au commencement du ch. VI, que le Bouddha descendit dans le sein de sa mère dans l'astérisme de Pouchya, au temps où apparaît la constellation *Viçakha* (avril-mai). Il y a deux difficultés ; car en supposant que le Bouddha eût été dans ce même mois qu'il s'est incarné, il aurait été un an dans le sein de sa mère, et puis l'apparition au même instant des deux constellations *Pouchya* et *Viçakha* reste inexplicable. Le Pouchya est cité dans Manou, liv. IV, s. c. 96.

couverte d'un treillage précieux ; le feu ne brûlait plus ; aux galeries, aux palais, aux terrasses, aux arceaux des portes apparurent suspendues des perles et des pierres précieuses ; des magasins d'étoffes blanches, des magasins de choses précieuses de toutes sortes apparurent leurs portes ouvertes ; les corneilles, les hiboux, les vautours, les loups, les chakals cessèrent leurs cris ; il ne s'éleva que des sons agréables ; tous les hommes virent le terme de leur travail ; les points hauts et bas de la terre se nivelèrent ; les carrefours, les places, les rues, les marchés apparurent avec un sol uni comme la paume de la main, remplis et ornés de fleurs fraîches ; toutes les femmes enceintes accouchèrent très-heureusement ; tous les dieux des bois de Salas, sortant à demi leur corps du feuillage, apparurent immobiles et inclinés. Tels furent les trente-deux signes précurseurs qui apparurent.

Cependant, la reine Maya, par l'effet de la puissance et de la splendeur du Bodhisattva lui-même, connaissant que le temps de sa naissance était venu, étant, à la première veille de la nuit, allée auprès du roi Çouddhodana, lui adressa ces Gathas :

Ma pensée tout entière, veuillez, ô roi, l'écouter. Il y a déjà bien longtemps que l'idée d'un jardin m'est venue.

Si vous ne le désapprouvez pas, si vous n'avez ni dégoût, ni trouble, il faut aller promptement à la terre de mon jardin de plaisance.

Appliqué aux pensées de la loi, livré à l'exercice des austérités, vous êtes pris de tristesse peut-être ; pour moi, je porte un être pur, depuis longtemps déjà.

La tige du Sala, le plus beau des arbres, s'est couverte de fleurs épanouies ; il convient de se rendre maintenant au jardin, ô roi.

La plus belle des saisons, le printemps, doit être pour les femmes une occasion de se parer. Errant dans les bois, les Kokilas et les paons font entendre leurs cris réjouissants.

Pure et brillante voltige la poussière odorante de toutes sortes de fleurs. Allons maintenant sans retard, seigneur ; veuillez donner l'ordre.

Le maître des rois, ayant entendu ces paroles de la reine, fut rempli de la plus grande joie, et dit à sa suite :

Préparez des chevaux et des éléphants rapides et vigoureux ; ornez le jardin de Loumbini qui a toute espèce d'agréments :

Sellez promptement vingt mille éléphants pareils à des collines bleues ou de la couleur des nuages ;

Les rois des éléphants, à six défenses, aux flancs enveloppés de belles clochettes, bien parés d'or et de perles, et revêtus d'un réseau d'or.

Que la monture du roi ait, comme le vent, la légèreté et la force. Que vingt mille chevaux excellents, de la couleur de l'argent et de la neige, à la belle crinière tressée, soient sellés promptement; suspendez à leurs flancs des clochettes et des grelots d'or. Que des guerriers courageux, aimant les armes et se plaisant aux combats, armés de l'épée, de l'arc et des flèches, du javelot et du cimeterre acéré, au nombre de vingt mille, se préparent sans retard, et qu'ils gardent avec respect Maya et sa suite. Parez le jardin de Loumbini d'ornements d'or et de perles; décorez tous les arbres d'un grand nombre de vêtements rouges de toute espèce; de même que le Nandana des dieux, qu'il soit rempli de toutes sortes de fleurs. Qu'ainsi tout soit préparé promptement suivant mes ordres.

Les serviteurs ayant entendu ces paroles, toutes les montures furent apprêtées, et le jardin de Loumbini décoré.

Et les serviteurs crièrent : Gloire ! gloire ! puisse votre vie, ô roi ! se conserver longtemps ! Comme il a été ordonné, tous ont obéi à temps; seigneur, regardez.

Alors l'illustre maître des hommes, s'étant livré à des pensées de joie, et entrant dans le meilleur des palais, dit aux femmes :

Vous toutes qui voulez m'être agréables et désirez me plaire, conformez vous à mon ordre, et parez vos personnes de tous vos ornements; les vêtements les plus gracieux, imprégnés des plus doux parfums et teints de couleurs de toutes sortes, légers et ravissant le cœur, prenez-les avec un esprit joyeux. Parez-vous d'écharpes et de perles suspendues sur votre poitrine ; montrez-vous toutes aujourd'hui parées de vos ornements. Préparez des tambours d'airain, des luths, des flûtes, des harpes, des tambourins et cent mille clochettes au son agréable. Faites qu'en écoutant ces accords une grande joie s'empare des dieux, et que les déesses elles-mêmes se plaisent à vous entendre. Que la reine Maya demeure toute seule dans le meilleur des chars; qu'aucun homme, qu'aucune femme autre qu'elle n'y monte; que ce char soit traîné par des jeunes filles aux vêtements variés; qu'on ne fasse pas entendre des sons désagréables ou discordants.

Au moment où la reine Maya, sortant du palais, arriva à la porte, les chevaux, les éléphants, les chars, les soldats, toute cette heureuse armée, quand elle fut à la porte du roi, fit éclater un grand bruit, pareil à celui de l'océan agité. Au même instant, en signe de bénédiction, cent mille clochettes résonnèrent. Le char, diversement orné par le roi, fut, ainsi que le siège divin, bien préparé par des milliers de dieux, et quatre arbres précieux se couvrirent de feuilles et de fleurs.

Les paons, les cigognes et les cygnes firent entendre leurs cris réjouissants. Des parasols, des étendards, des bannières, grands et petits, furent déployés de tous côtés. Les déesses regardent du haut du ciel ce char couvert de vêtements divins et de clochettes suspendues aux plus beaux réseaux. De leurs voix divines, elles font entendre un concert mélodieux de louanges; et à l'instant où la reine Maya s'assit sur le siège de lion, cette terre des trois mille mondes fut ébranlée fortement de six manières. Les dieux agitant les plis de leurs vêtements, répandirent des fleurs de toute espèce. Aujourd'hui, ici même, dans le Loumbini, le plus pur des êtres va naître. Les quatre gardiens du monde conduisent ce char, le meilleur de tous. Indra, maître des (dieux) Trayastrimçats, purifie la route; Brahma tenant en respect les gens grossiers, marche en avant. Cent mille dieux, les mains jointes, s'inclinent. Le roi, rempli de la plus grande joie, considère ce spectacle, et il lui vient à la pensée : Celui-ci est bien le dieu des dieux, que les quatre gardiens du monde, que Brahma, Indra, et les dieux réunis entourent de si grands respects; celui-ci sera bien véritablement Bouddha. Dans les trois mondes, un dieu, un Naga, Indra, Brahma, les gardiens du monde, pas un être enfin ne souffrirait une pareille adoration sans que les autres ne lui brisassent la tête et ne le privassent de la vie. Mais, celui-ci, parce qu'il est plus pur que les dieux, souffre toutes ces adorations.

Alors, Bhikchous, la reine Maya fut entourée de quatre-vingt-quatre mille chars attelés de chevaux, de quatre-vingt-quatre mille chars attelés d'éléphants, tous parés d'ornements de toute espèce. Elle fut accompagnée de quatre-vingt-quatre mille soldats au courage héroïque, aux membres bien proportionnés, bien armés de boucliers et de cuirasses; soixante mille femmes des Çakyas la précédaient. Quarante mille parents du roi Çouddhodana, aussi de la famille des Çakyas, vieux, jeunes et d'un âge mûr, la protégeaient. Soixante mille serviteurs du roi Çouddhodana, chantant et faisant un concert d'instruments, frappant des tambours, des clochettes, des cymbales, ou conduisant des chœurs, l'entouraient de tous côtés. Puis quatre-vingt-quatre mille femmes des dieux, quatre-vingt-quatre mille femmes des Nagas, quatre-vingt-quatre mille femmes des Gandharbas, quatre-vingt-quatre mille femmes des Kinnaras, quatre-vingt-quatre mille femmes des Asouras, couvertes de toutes sortes de parures de fête, et chantant des airs et des hymnes de toute espèce, venaient à la suite. Tous les bosquets du Loumbini, arrosés d'eaux de senteur, furent jonchés de fleurs divines; et tous les arbres, dans l'intérieur du plus pur des jardins, produisirent, quoique ce ne fût pas la saison, des feuilles, des fleurs et des fruits. Ce jardin avait été décoré avec soin par les dieux eux-mêmes, comme par exemple, le jardin de Miçraka bien orné par les dieux.

Cependant la reine Maya étant entrée dans le jardin de Loumbini, et étant descendue du meilleur des chars, entourée des femmes, des hommes et des dieux, elle allait d'un arbre à un autre, de bosquet en bosquet, regardant un arbre vert, puis un autre, et successivement enfin un arbre très-précieux, se distinguant entre tous, aux branches très-étendues, aux belles feuilles et aux beaux rejetons, et aux fleurs divines et terrestres bien épanouies, chargé de vêtements aux nuances variées, imprégnés de parfums de l'odeur la plus suave, étincelant de l'éclat de la perle Mani et de toutes sortes de choses précieuses des espèces les plus variées ; la racine, la tige, les branches et les feuilles sont parfaitement ornées de toute espèce de richesses, et ses longues branches s'étendent au loin. Sur cet endroit de la terre où est ce Plakcha, c'est le nom (de cet arbre), uni comme la paume de la main, très-agréable, large, un gazon vert comme le cou des paons s'est élevé. Assis sur le sol doux au toucher comme un vêtement de Katchalindi soutenu par la mère du précédent victorieux, célébré par des chants divins, pur et exempt de toute tache, loué par des milliers de dieux Çouddhavasas à l'esprit apaisé, à la chevelure nattée, à la tête penchée, dont ils ont détaché le diadème, c'est auprès de ce Plakcha qu'il (le Bodhisattva) est venu.

Alors, par l'éclat et la puissance du Bodhisattva, ce Plakcha s'inclina paisiblement et salua. Puis la reine Maya ayant étendu son bras droit, pareil à une guirlande d'éclairs brillant dans les cieux, saisit le Plakcha par une branche, et regardant le ciel avec grâce, fit un bâillement et resta immobile.

Au même instant, du milieu des dieux Kamavatcharas soixante mille Apsaras étant venues, s'approchèrent de la reine Maya pour l'honorer et la servir.

Pendant le temps que le Bodhisattva demeura dans le sein de sa mère, il fut environné de transformations et d'apparitions surnaturelles de l'espèce de celle-ci.

Enfin, à l'accomplissement des dix mois, il sortit du côté droit de sa mère, ayant le souvenir et la science, sans être souillé par la tache du sein (de la mère) ; non comme un autre, car pour les autres on dit la tache du sein (de la mère), et il n'en fut pas de même.

Alors aussi, Bhikchous, Indra le roi des Dieux, Brahma le maître des créatures, se tenaient tous deux devant Tous les deux, inspirés du plus profond respect, au vêtement divin de Kaçi (Bénarès) qui l'enveloppe, à son corps et à tous ses membres, reconnaissant et se rappelant le Bodhisattva, le prennent (dans leurs bras) (504).

(504) Dans l'Abhinichkramana, Indra est seul auprès

Dans le temps que le Bodhisattva était dans la galerie et dans le sein de sa mère, Brahma le maître des créatures et les dieux Brahmakayikas l'avaient enlevé dans le monde de Brahma, pour lui bâtir un Tchaitya et lui faire un sacrifice. Et c'est ainsi que ce Bodhisattva venu parmi les hommes n'avait pas été porté par l'un d'eux, mais porté par les dieux mêmes.

Le Bodhisattva, aussitôt sa naissance, descendit à terre. Il ne fut pas plutôt descendu à terre qu'un grand lotus perçant cette terre, apparut.

Les rois des Nagas, Nanda et Oupananda, se montrant tous les deux à mi-corps dans le ciel, font apparaître deux courants d'eau froide et chaude, et baignent le corps du Bodhisattva. Indra, Brahma, les gardiens du monde et bien d'autres fils des dieux au nombre de cent mille, aussitôt que le Bodhisattva est né, avec toutes sortes d'eaux de senteur, avec des fleurs fraîches, baignent et couvrent son corps. Du haut de l'atmosphère descendent deux Tchamaras et un parasol précieux.

Et lui, assis sur le grand lotus, considère attentivement les quatre points de l'espace, avec le coup d'œil du lion, avec le coup d'œil du grand homme.

En ce moment le Bodhisattva, avec l'œil que rien n'arrête produit par l'œuvre complètement mûre de la racine de la vertu antérieure, vit les trois mille grands milliers de régions des mondes, les villes, les villages, les provinces, les palais des rois, les royaumes tous ensemble, les dieux et les hommes à la fois. Il connut parfaitement la nature de la pensée de tous les êtres, et l'ayant connue : Par les mœurs, par la méditation profonde, par la sagesse, par l'exercice de la vertu, y a-t-il quelqu'un qui soit semblable à moi? se dit-il en regardant attentivement. Et en ce moment le Bodhisattva, dans les trois mille grands milliers de régions du monde, ne vit pas un seul être égal à lui.

Alors, comme un lion, libre de crainte et de terreur, sans faiblesse et sans effroi, se rappelant une pensée bonne, et par cet examen attentif en étant venu à connaître la pensée et la conduite de tous les êtres : Sans être soutenu par personne, moi, Bodhisattva, je marcherai le premier de toutes les entités (procédant) de la racine de la vertu, dit-il ; et il fit sept pas du côté des régions orientales.

Partout où le Bodhisattva faisait ainsi des pas, naissaient des lotus. Je serai digne des offrandes des dieux et des hommes, dit-il ; et il fit sept pas du côté des régions méridionales.

de Maya quand le Bodhisattva naît. « Le maître des dieux connaissant que la reine va mettre un fils au monde, se dit : Je serai le premier à recevoir le Bodhisattva. Puis pensant que la reine Maya serait honteuse d'accoucher devant lui : Je trouverai un moyen. Et il prit la figure d'une vieille femme... Mais quand le Bodhisattva fut né, Indra ne put le saisir, et resta tout tremblant. Kauçika, laisse-moi, laisse-moi ! lui dit le Bodhisattva ; et le roi des dieux le laissa. » (Fol. 14 a et b.)

Il fit sept pas du côté du couchant, et s'arrêtant au septième : Je marche au premier rang dans le monde; c'est là ma dernière naissance! Je mettrai un terme à la naissance, à la vieillesse, à la maladie, à la mort, s'écria-t-il avec joie, comme un lion.

Au milieu de tous les êtres je serai sans supérieur, dit-il, et il fit sept pas du côté des régions septentrionales.

Je vaincrai le démon et l'armée du démon; en faveur des êtres plongés dans les enfers et dévorés par le feu de l'enfer, je verserai la pluie du grand nuage de la loi, et ils seront remplis de joie et de bien-être, dit-il; et il fit sept pas vers les régions inférieures.

Je regarderai au-dessus de tous les êtres, dit-il; et il fit sept pas vers les régions supérieures, et regarda d'en haut.

Aussitôt que ces paroles eurent été prononcées par le Bodhisattva, les trois mille grands milliers de mondes furent bien informés par cette voix, et connurent clairement que la Loi elle-même était née de la maturité complète de cette œuvre du Bodhisattva.

Au moment où un Bodhisattva qui en est à sa dernière existence vient à naître, et au moment où il se revêt de la qualité parfaite et accomplie de Bouddha, des transformations et des apparitions surnaturelles de cette espèce ont lieu.

Alors, Bhikchous, tous les êtres pleins de joie sentiront leurs pores frissonner. Dans le monde, la terre éprouva un grand ébranlement, très-effrayant et faisant frisonner les pores. Les instruments de musique des hommes et des dieux, sans être touchés, se firent entendre d'eux-mêmes. Au même instant, dans les trois mille grands milliers de régions du monde, tous les divers arbres de la saison se couvrirent d'une profusion de fleurs et de fruits purs. Du haut des cieux se fit entendre le bruit des nuages. Puis, du ciel, dégagé de nuages, se mirent à tomber doucement en pluie légère, avec la couleur du pays des dieux, des fleurs, des vêtements, des parures et des poudres odorantes, mêlés ensemble. Des brises caressantes et parfumées des odeurs les plus suaves se mirent à souffler. Tous les horizons, se dégageant des ténèbres, de la poussière, de la fumée et du brouillard, prirent un aspect riant et lumineux. Du haut de l'atmosphère le grand bruit de Brahma, invisible, prolongé, se fit entendre. Toutes les splendeurs du soleil et de la lune, d'Indra, de Brahma et des gardiens du monde furent éclipsées. Une lumière de cent mille couleurs d'un contact extrêmement agréable et produisant le bien-être dans le corps et l'esprit des êtres, se répandit de toutes parts du monde supérieur sur toutes les régions des trois mille grands milliers de mondes qu'elle remplit.

Aussitôt la naissance du Bodhisattva, tous les êtres furent remplis de bien-être et de la plus grande joie. La passion, la haine, l'ignorance, l'orgueil, la tristesse, l'abattement, la crainte, le désir, l'envie, la jalousie furent tous éloignés, et tous les actes qui ne viennent pas de la vertu furent abandonnés. La souffrance des êtres malades fut calmée. Des êtres pressés par la faim et la soif, la faim et la soif furent apaisées. Les gens enivrés et égarés par le vin cessèrent d'être ivres. La mémoire fut retrouvée par les insensés, la vue recouvrée par les aveugles, les sourds entendirent les sons. Ceux dont les membres étaient imparfaits, eurent des organes sans imperfection. Les pauvres obtinrent des richesses. Les prisonniers furent délivrés de leur prison. Tous les êtres plongés dans l'Avitchi, ainsi que tous les autres êtres infernaux, sentirent en ce moment toutes leurs souffrances interrompues. La misère des êtres réduits à la condition des bêtes et se dévorant les uns les autres, ainsi que leurs autres maux, furent apaisés. La faim, la soif et le reste des souffrances du monde de Yama furent aussi apaisées.

Au moment où le Bodhisattva, après avoir éprouvé bien des vicissitudes pendant le temps incommensurable de dix milliards cent mille millions de Kalpas, doué d'une grande énergie et d'une grande force, aussitôt sa naissance, s'avança de sept pas après avoir obtenu l'entité (*dharmata*), à ce moment même, les Bouddhas Bhagavats qui demeurent aux dix horizons du monde, afin qu'en ce moment ce point de la terre ne fût pas anéanti, lui donnèrent par leurs bénédictions la nature du diamant.

Bhikchous, doué de l'énergie d'une force pareille, le Bodhisattva, aussitôt sa naissance fit sept pas. Tous les points du monde furent au même instant remplis d'une grande splendeur. Il se fit un grand bruit de musique, il se fit un grand bruit de danse. Au même instant des nuages de fleurs, de poudres odorantes, de parfums, de guirlandes, de perles, de parures, de vêtements, tombèrent en profusion comme la pluie, et tous les êtres furent remplis de la plus grande joie. Dans un court intervalle, au temps où le Bodhisattva bien élevé au-dessus de tous les mondes naquit en ce monde, des actions incompréhensibles s'accomplirent (505).

Alors Ayouchmat Ananda s'étant levé de son siège, ayant rejeté son manteau sur une épaule et mis le genou droit à terre, s'inclina du côté de Bhagavat en joignant les mains, et lui dit : Bhagavat Tathagata a été un sujet d'étonnement pour tous les êtres. Le Bodhisattva lui-même ayant pris posses-

---

(505) Le passage qui suit, et interrompt le récit, se rapporte à l'instant où Ananda entendait raconter à Çakya Mouni l'histoire de sa vie. Il est introduit ici par le disciple, pour avoir occasion de parler des prédictions du Bouddha sur l'avenir de sa doctrine.

sion d'une essence (*dharma*) merveilleuse, aujourd'hui qu'il est vraiment revêtu de la qualité suprême, parfaite et accomplie de Bouddha, que demander de plus? Bhagavat, cela étant ainsi, je viens quatre fois, cinq fois, dix fois, cinquante fois, cent fois, cent mille fois chercher un refuge en Bouddha Bhagavat.

Après qu'Ayouchmat Ananda eut parlé ainsi, Bhagavat lui dit : Ananda, dans un temps à venir il paraîtra certains Bhikchous avec des corps incompréhensibles, des esprits incompréhensibles, des mœurs incompréhensibles, une sagesse incompréhensible, ignorants, inhabiles, fiers, orgueilleux, arrogants, sans frein, à l'esprit mobile, enveloppés de désirs, sceptiques, sans foi, devenus la honte des Çramanas, et menant une conduite sans rapport avec celle des Çramanas. Ceux-là ayant appris que le Bodhisatva est descendu parfaitement dans le sein d'une mère, ne le croiront pas, et après s'être réunis d'un seul côté, se diront l'un à l'autre : Voyez donc quelle chose inconvenante : le Bodhisattva demeurant dans le sein d'une mère mêlé à des excréments impurs, a cependant une pareille puissance. Au temps de son apparition, il est sorti du flanc droit de sa mère, sans être souillé par la tache du sein (maternel). Comment cela peut-il s'accorder? Et en parlant ainsi, ces hommes insensés ne s'apercevront pas que, pour les êtres aux actions bonnes, le corps ne se forme pas d'excréments impurs. Bhikchous, l'entrée de tels êtres purs dans le sein maternel, et le séjour qu'ils y font, sont vraiment bons. Les Bodhisattvas naissent par commisération pour les êtres dans le monde des hommes. Venu à la condition d'un dieu, il (le Bodhisattva) n'eût pas fait tourner la roue de la Loi. Pourquoi cela? Ananda, les êtres tombant dans le découragement, et un Bhagavat Tathagata Arhat véritablement Bouddha parfait et accompli naissant dans la condition d'un dieu, et nous au contraire restant parmi les hommes, nous ne pourrions atteindre à cette condition (de dieu), et nous tomberions dans le découragement à cause de sa venue. Ces hommes insensés qui en sont venus au vol de la doctrine, ne penseront pas : Celui-ci ne peut être compris par la pensée, sa mesure ne peut être saisie par nous. Ananda, ces hommes venant, en ce temps-là, à ne pas ajouter foi aux miracles du Bouddha, à bien plus forte raison (ne croiront pas) aux miracles du Bodhisattva devenu un Tathagata Bodhisattva. Ananda, ces hommes insensés, esclaves du gain, des honneurs et de la renommée, plongés dans la fange, vaincus par les respects; ces hommes vils et grossiers qui abandonnent la Loi du Bouddha, vois combien d'imaginations déréglées ils conçoivent.

Ananda dit : Il paraîtra dans l'avenir de pareils Bhikchous, rejetant l'excellence d'un pareil Soutra, et parlant pour qu'on ne l'écoute pas.

Bhagavat dit : Des gens de cette sorte, ô Ananda, rejetant un pareil Soutra et ne cessant de parler pour qu'on ne l'écoute pas, accumulant et accumulant encore toute espèce de vices, et ne cherchant nullement à remplir les devoirs des Çramanas, paraîtront certainement.

Ananda dit : Bhagavat, de quelle sorte sera la voie de tels hommes sans vertu? Leurs générations en disparaissant que deviendront-elles?

Bhagavat dit : Ceux-là ayant nié l'intelligence (*Bhodi*) du Bouddha, iront dans la voie de ceux qui n'ayant pas écouté les Bouddhas Bhagavats passés, futurs et présents, les ont méprisés.

Alors Ayouchmat Ananda ayant senti ses poils frissonner, s'écria : Adoration au Bouddha! Et il dit à Bhagavat : En apprenant quelle doit être la conduite de ces êtres sans vertu, ô Bhagavat, je suis devenu comme hors de moi-même.

Bhagavat dit : Ananda, la conduite de ceux-ci n'étant pas égale, ces êtres seront mis avec ceux qui n'ont pas une conduite égale.

Ananda, par cette conduite déréglée, ils tomberont dans l'Avitchi, le grand enfer. Pourquoi cela? Ananda, les Bhikchous ou Bhikchounies (506), Oupasakas ou Oupasikas (507), quels qu'ils soient, qui ayant écouté de pareilles divisions des Soutras, ne les respecteront pas, n'y auront pas foi et les abandonneront, seront, aussitôt après leur mort, précipités dans l'Avitchi, le grand enfer. Ananda, ne mesure pas le Tathagata. Pourquoi? Ananda, le Tathagata est incommensurable, profond, immense et difficile à pénétrer. Ananda, quels que soient ceux qui ayant entendu une pareille division des Soutras, auront de la joie, beaucoup de joie et de la foi, il sera heureux pour eux de l'avoir connue ; leur existence sera fructueuse, leur vie d'homme sera fructueuse, leur conduite sera bonne, ils recueilleront l'essence (de ce Soutra), seront délivrés des trois maux (508), deviendront les fils du Tathagata, et obtiendront tout ce qui est nécessaire ; la foi qu'ils auront obtenue sera fructueuse, ils se nourriront bien de la nourriture du royaume (509). Ils auront des égards pour les êtres purs, ils briseront les chaînes du démon, et auront dépassé le désert de la vie émigrante. Ils pousseront les gémissements de la misère humaine, (mais) ils obtiendront le sujet de la plus grande joie. Ils ont bien pris la voie du refuge, et sont dignes des offrandes et des hommages. Ils sont rarement produits dans le monde, et méritent dans le monde d'emporter les offrandes.

(506) Religieux et religieuses mendiants.
(507) Dévots et dévotes.
(508) La naissance, l'existence, la mort (?).
(509) Sanscrit, *rachtra*. Ce terme vague semble indiquer tout ce qui est du domaine de la Loi.

Pourquoi cela? c'est que la loi du Tathâgata est en désaccord avec tous les mondes, et qu'ils ont foi à une pareille (Loi). Ananda, ces êtres n'étant pas de ceux qui ont une racine mauvaise de la vertu, et étant, ô Ananda, unis à la même race que moi, ils sont mes amis. Pourquoi cela? Ananda, celui-ci plaît dès qu'on l'a entendu dont l'aspect ne plaît pas. Celui-là plaît à la vue, et déplaît après qu'on l'a entendu. Il y en a, Ananda, qui plaisent quand on les voit, et plaisent aussi quand on les écoute. Ananda, ceux quels qu'ils soient qui vus ou entendus gagnent le cœur, tu peux juger certainement de ce qu'ils sont de la même famille que moi et mes amis. Ceux-là le Tathâgata les voit, ceux là le Tathâgata les délivrera; ceux-là ont une part égale des qualités du Tathâgata; ceux là vont en refuge vers le Tathâgata, ceux-là le Tathâgata les accueillera. Ananda, autrefois, alors que je menais la vie d'un Bodhisattva, les êtres quels qu'ils fussent qui s'approchaient, talonnés par la crainte et implorant la sécurité, je donnais la sécurité à ces êtres qui désiraient s'affranchir de la crainte; et à plus forte raison aujourd'hui que je suis revêtu de la qualité parfaite et accomplie de Bouddha (ferais-je de même). Ananda, applique-toi à la foi, cela le Tathâgata le commande. Ananda, tout ce que tu as à faire, le Tathâgata l'a fait. L'aiguillon de l'orgueil a été émoussé par le Tathâgata. Ananda, dès qu'on apprend des nouvelles d'un ami, on doit aller (le trouver) jusqu'à la distance de cent yodjanas; et quand on l'aura écouté, on aura de la joie. En voyant un ami qu'on n'avait pas vu auparavant, il en sera de même à plus forte raison. Quels qu'ils soient, ceux qui me soutiendront et feront naître la racine de la vertu, ceux-là, Ananda, les futurs Tathâgatas Arhats véritablement Bouddhas parfaits et accomplis les connaîtront. Les êtres qui ont été autrefois les amis des Tathâgatas sont aussi nos amis, telle est ma pensée. Pourquoi cela? Ananda, tout ami et ce qui est agréable à cet ami gagne le cœur; tout compagnon qui est agréable à cet ami, est aussi agréable et gagne le cœur. C'est pourquoi, Ananda, fais attention et comprends: ayez seulement la foi, et je vous conduirai aux futurs Tathâgatas Arhats véritablement Bouddhas parfaits et accomplis; et vous ayant fait connaître en disant: « Ceux-ci sont mes amis, » ils combleront vos désirs. C'est ainsi, par exemple, Ananda, que si un homme avait pris en affection un fils, et que cet homme eût beaucoup d'amis, quand même ce père serait surpris par la mort, les amis du père accueilleraient très-bien ce fils, qui ne deviendrait pas pauvre. De même, Ananda, quels qu'ils soient, ceux qui ont foi en moi, je les accueille, car ils sont mes amis, ils viennent chercher un refuge vers moi. Le Tathâgata a beaucoup d'amis, et ces amis du Tathâgata parlent sincèrement et ne disent pas de mensonges. Ces amis du Tathâgata qui parlent sincèrement, il leur sera donné de suivre les futurs Tathâgatas Arhats véritablement Bouddhas parfaits et accomplis. Ananda, applique-toi à la foi; cela je te le commande (510).

C'est ainsi, Bhikchous, que le Bodhisattva naquit, et qu'au même instant il y eut, à cette occasion, une abondante distribution de présents.

Cinq cents fils de famille naquirent aussi. Yaçovati (511), ainsi que dix mille filles, huit cents filles d'esclaves, Tch'andaka, ainsi que cinq cents fils d'esclaves, dix mille cavales, Kantaka, ainsi que dix mille coursiers, cinq cents éléphants femelles et cinq cents éléphants mâles, naquirent aussi; et tous, marqués d'un grand nombre de peintures diverses, furent, par le roi Çouddhodana, donnés à son jeune fils pour son amusement.

Pour être la possession du Bodhisattva et par sa propre puissance, du centre des quatre cent mille Kotis de continents, s'éleva de la terre la tige d'un Açvattha, et dans les petits continents naquit un bois de sandals. De même pour être la possession du Bodhisattva, alentour de la ville se formèrent aussi cinq cents jardins. Cinq mille trésors souterrains s'étant ouverts à la surface du sol, montrèrent leurs portes. Ainsi toutes les choses qui étaient dans les desseins du roi Çouddhodana étant accomplies sans exception, le roi Çouddhodana pensa: Quel est le nom que je donnerai à cet enfant? puis réfléchissant: Aussitôt la naissance de cet enfant, tous mes desseins ont été accomplis; je lui donnerai donc le nom de Sarvarthasiddha (tout dessein accompli). Et le roi ayant donné de grandes marques de respect pour le Bodhisattva: Que le nom de cet enfant soit Sarvarthasiddha. Et c'est ainsi que ce nom lui fut donné.

Ainsi, Bhikchous, le Bodhisattva était né sans que le côté droit de sa mère fût brisé, sans qu'il fût blessé, de même qu'autrefois (quand il y était entré).

Alors des puits à trois abreuvoirs se formèrent, ainsi que des étangs d'huile parfumée.

Ensuite cinq mille Apsaras, portant des huiles d'une odeur suave et imprégnées de parfums divins, étant venues auprès de la mère du Bodhisattva, lui demandèrent: Cette naissance a-t-elle été heureuse? N'a-t-elle pas laissé de fatigue à votre corps?

(510) Ici se termine le dialogue amené par l'interruption d'Ananda, et le récit reprend sans transition. Cette absence de liaison, fréquente dans les livres bouddhiques, est peut-être plus sensible ici, parce que les événements de la vie du Bouddha y sont mêlés sans ordre et sans égard aux époques.

(511) Ou Yaço hara, « illustre, » l'une des femmes du Bouddha. Suivant Csoma, elle serait souvent confondue avec Gopa (*As. Res.*, XX, 290), ou même ces deux noms appartiendraient à la même personne. (*Tib. Gramm.* 164, en note.)

Puis cinq mille autres Apsaras, apportant des onguents divins bien préparés, étant venues auprès de la mère du Bodhisattva, lui demandèrent : Cette naissance a-t-elle été heureuse, n'a-t-elle pas laissé de fatigue à votre corps ?

Cinq mille autres Apsaras, portant des urnes remplies d'eaux de senteur divines, étant venues auprès de la mère du Bodhisattva, lui demandèrent : Cette naissance, etc.

Cinq mille autres Apsaras, portant des vêtements des enfants des dieux, étant venues auprès de la mère du Bodhisattva, lui demandèrent : Cette naissance, etc.

Cinq mille autres Apsaras, portant des parures des enfants des dieux, étant venues auprès de la mère du Bodhisattva, lui demandèrent : Cette naissance, etc.

Et enfin cinq mille Apsaras, conduisant des chœurs de musique, étant venues auprès de la mère du Bodhisattva, lui demandèrent : Cette naissance, etc.

Et là, dans le Djamboudvipa, tout ce qu'il y avait des Richis du dehors, doués de cinq connaissances supérieures, étant venus à travers les cieux, et s'étant arrêtés en présence du roi Çouddhodana : Puisse le roi prospérer ! telles furent les paroles qu'ils firent entendre.

Ainsi, Bhikchous, le Bodhisattva étant né, pendant sept jours, dans le jardin de Loumbini, il fut honoré par la musique des hommes et des dieux. Le Bodhisattva fut entouré de respects, entouré d'hommages, entouré d'offrandes. Des aliments, des mets préparés et délicats furent distribués. Toute la foule des Çakyas s'étant rassemblée, ils firent entendre des cris d'allégresse, donnèrent des présents et firent de bonnes œuvres. Trente-deux mille Brahmanes furent rassasiés chaque jour, et tout ce qu'ils désiraient leur fut donné. Çakra et Brahma, au milieu de cette réunion de Brahmanes, ayant pris la figure de jeunes Brahmanes et s'étant assis à la première place, prononcèrent ces Gathas de bon augure :

Puisque les maux sont apaisés, puisque tout l'univers est dans le bien-être, le bonheur est fixé dans l'univers, un artisan de bonheur est né enfin. Puisque, par des splendeurs dégagées de ténèbres, les splendeurs des dieux, du soleil et de la lune, ne brillent plus et sont surpassées, celui qui a l'éclat des bonnes œuvres est venu certainement. Puisque les aveugles mêmes voient, puisque les sourds entendent les sons et les insensés eux-mêmes retrouvent la mémoire, il sera honoré de Tchaityas (512) dans le monde. Puisque les misères n'accablent plus, puisque les êtres ont des sentiments de bienveillance, il deviendra, sans nul doute, digne des sacrifices de dix millions de Brahmas. Puisque les Çalas ont leurs fleurs épanouies, et que la terre elle-même s'est aplanie, il sera honoré de tous les mondes, et tous les êtres le connaîtront certainement. Puisque tout le monde est sans trouble, puisque le grand lotus est apparu, certainement celui-ci rempli d'une grande gloire, sera le guide du monde. Puisque de douces brises embaumées de senteurs divines se sont mises à souffler, puisque les maladies des êtres ont été guéries, celui-ci sera le roi des remèdes. Puisque les cent dieux (513), qui demeurent dans la région de la forme, sont délivrés de leurs passions et s'inclinent les mains jointes, celui-ci sera digne d'offrande. Puisque les hommes voient les dieux, et que les dieux voient les hommes, sans se nuire les uns aux autres, celui-ci sera le grand conducteur (des êtres vivants). Puisque les feux sont éteints et tous les fleuves sans mouvement ; puisque la terre est doucement ébranlée, c'est qu'en lui on voit le plus pur.

Ensuite, Bhikchous, sept jours étant passés depuis la naissance du Bodhisattva, la reine Maya arriva au temps de sa mort. Quand elle fut morte, elle naquit de nouveau au milieu des dieux Trayastrimçats. Bhikchous, pensez-vous que c'est à la faute du Bodhisattva que Maya Devi arriva au temps de sa mort ? Vous ne devez pas voir ainsi. Pourquoi cela ? Parce que c'était le dernier terme marqué pour sa vie. Bhikchous, les Bodhisattvas du passé aussi, sept jours après leur naissance, virent arriver la mort de leur mère. Pourquoi cela ? Parce que le Bodhisattva ayant grandi et ses organes s'étant complètement développés, au moment où il irait errer en religieux, le cœur de sa mère viendrait à se briser.

Ainsi, Bhikchous, sept jours étaient passés depuis que Maya Devi, sortie de la grande cité de Kapilavastou, avec tant de pompe, était entrée dans le jardin de plaisance, accompagnée d'une suite de cent mille Kotis de personnes, lorsque le Bodhisattva entra dans la grande cité de Kapilavastou. Pendant qu'il entrait, on portait devant lui cinq mille urnes remplies d'eau de senteur. Cinq mille jeunes filles, portant à la main des éventails de queue de paon, marchaient en avant. Cinq mille autres portaient des branches de l'arbre Tala ; cinq mille portant des vases d'or arrondis remplis d'essences parfumées, arrosaient le chemin et marchaient en avant. Cinq mille, portant de longues guirlandes de fleurs fraîches et variées du jardin, marchaient en avant. Cinq mille, ayant pris les plus beaux ornements,

---

(512) Le premier sens de ce mot est celui de « figuier sacré, » objet de la vénération d'un village. Ce mot a servi ensuite à désigner un lieu consacré aux sacrifices, et enfin un petit temple, une chapelle bouddhique. (*Introd. à l'hist. du Buddh.*, t. I, p. 348 et 350).

(513) Le mot que le thibétain traduit ici par « dieu, » est le sanscrit *Marout*.

purifiaient la route et marchaient en avant. Cinq mille portant des sièges excellents, marchaient aussi en avant. Cinq mille Brahmanes, portant des clochettes, faisaient entendre un son de bon augure et marchaient en avant. Cinq mille éléphants, parés de tous leurs ornements, marchaient en avant. Vingt mille chevaux, couverts d'ornements d'or et complétement parés, marchaient en avant. Quatre-vingt mille chars, des parasols, des étendards et des bannières déployés et rehaussés de réseaux avec des clochettes, marchaient derrière le Bodhisattva. Des fantassins fiers et courageux, au corps bien proportionné, armés de cuirasses, marchaient au nombre de quarante mille derrière le Bodhisattva. Les fils très-glorieux des dieux Kamavatcharas et Roupavatcharas, au nombre immense de cent mille millions de Kotis, par des évolutions de toutes sortes, dans l'étendue des cieux, rendaient hommage au Bodhisattva en le suivant. Le char dans lequel le Bodhisattva était placé, fut bien décoré par l'assemblée nombreuse des dieux Kamavatcharas. Vingt mille Apsaras parées de toutes sortes d'ornements, et portant des colliers de perles, traînaient ce char. Au milieu de deux Apsaras était une femme des hommes; au milieu de deux femmes, une Apsara. Par la puissance du Bodhisattva, les Apsaras ne s'aperçurent pas de l'odeur peu agréable des femmes; et les femmes, en voyant la beauté des Apsaras, ne furent pas humiliées.

Bhikchous, dans la grande ville de Kapilavastou, cinq cents maisons furent, en vue du Bodhisattva, bâties par cinq cents Çakyas, qui au moment où le Bodhisattva entra dans la ville, se tenant chacun sur le seuil de la maison qu'il avait bâtie, joignant les mains et s'inclinant pleins de respect, disaient : O Sarvarthasiddha, daignez entrer ici! Dieu au-dessus des dieux, daignez entrer ici! Etre pur, daignez entrer ici! O le meilleur des guides, daignez entrer ici! Cause de joie, de plaisir et de bonheur, daignez entrer ici! O vous qui avez une gloire irréprochable, daignez entrer ici! O vous qui avez un œil universel, daignez entrer ici! Egal de ce qui n'a pas d'égal, possédant l'éclat de qualités incomparables, qui avez un corps embelli par des signes et des marques secondaires, daignez entrer ici! Telles étaient leurs paroles.

Alors le roi Çouddhodana, afin de les accorder tous entre eux, ayant fait entrer le Bodhisattva dans chacune de ces maisons, au bout de quatre mois il le fit entrer dans sa propre demeure. Et là le Bodhisattva demeura dans le grand palais appelé Nanaratnavyouha (*arrangement des divers trésors*).

Les plus anciens parmi les vieillards de la famille de Çakya s'y étant rassemblés et délibérant : Qui donc, avec l'envie de lui être utile, avec un esprit rempli de qualités de la bienveillance et de la douceur, est capable de garder le Bodhisattva, de le purifier, d'en prendre soin?

Alors cinq cents femmes des Çakyas dirent, chacune de son côté : C'est moi qui donnerai au jeune enfant les soins convenables. C'est moi qui lui donnerai les soins convenables. A cela les plus anciens de la famille des Çakyas répondirent : Toutes ces femmes, jeunes et étourdies, fières et enivrées de leur jeunesse et de leur beauté, ne peuvent rendre en temps convenable des soins au Bodhisattva. Maha Pradjapati Gautami, tante maternelle de l'enfant, est celle qui peut l'élever avec les égards et les soins convenables, et venir en aide au roi Çouddhodana.

Tous s'étant accordés sur ce point, et ayant mis leur confiance en Maha Pradjapati Gautami, elle fut chargée d'élever l'enfant.

En même temps trente-deux nourrices furent choisies pour s'occuper du Bodhisattva. Huit nourrices furent pour le porter, huit pour l'allaiter, huit pour l'accompagner dans ses jeux, et huit pour le laver.

Ensuite le roi Çouddhodana ayant convoqué l'assemblée entière des Çakyas, on se demanda : Cet enfant sera-t-il un roi Tchakravartin, ou bien ne le sera-t-il pas? S'en ira-t-il au dehors errer en religieux?

En ce temps-là, sur le flanc de l'Himavat (*Himalaya*), le roi des montagnes, un grand Richi, nommé Asita (*noir*), possédant les cinq sciences transcendantes, demeurait avec le fils de sa sœur appelé Naradatta (*donné par un homme*). En voyant, à l'époque de la naissance du Bodhisattva, un grand nombre d'apparitions merveilleuses; en voyant dans l'étendue des cieux les fils des dieux en foule, récitant le chant de Bouddha, agitant leurs vêtements et allant joyeux de côté et d'autre, il pensa : N'examinerai-je donc pas tout cela? Et avec son œil divin considérant tous les pays du Djambou, il vit dans la grande ville de Kapilavastou, dans la demeure du roi Çouddhodana, l'enfant qui brillait de l'éclat des œuvres pures, adoré de tous les mondes; celui qui vient de naître avec un corps bien orné des trente-deux signes du grand homme. Et à cette vue il dit au fils du Brahmane, à Naradatta : Fils de Brahmane, sache que dans le Djamboudvipa le grand diamant est apparu. Dans la grande cité de Kapilavastou, dans la demeure du roi Çouddhodana, un enfant est né qui brille de l'éclat des œuvres pures, adoré de tous les mondes et doué des trente-deux signes du grand homme. S'il reste à la maison, chef d'une armée de quatre corps de troupes, il sera un roi Tchakravartin, toujours victorieux, possédant la Loi, roi de la Loi, maître de la force des empires, et en possession des sept choses précieuses qui sont : le trésor de la roue, le trésor de l'éléphant, le trésor du cheval, le trésor de la perle, le trésor de la femme, le trésor du maître de maison, le trésor du conseiller. Il aura mille fils héroïques, belliqueux, beaux, bien faits, et vainqueurs des armées des ennemis. Ce cercle de la grande terre, ainsi que l'Océan qui l'entoure, sans employer le châtiment, sans employer les armes, il le soumettra, d'accord avec la loi, par l'éclat de sa force ; il régnera par l'autorité de sa puissance.

Si, sortant de la maison, il s'en va errer sans asile comme les religieux, il deviendra Tathagata Arhat, vraiment Bouddha parfait et accompli, instituteur et guide ne relevant d'aucun autre, et sera très-glorieux dans le monde. C'est pourquoi viens de ce côté, allons !

Alors le grand Richi Asita, accompagné de son neveu Naradatta, à la manière du roi des cygnes, s'élevant à travers les cieux, se dirigèrent vers la grande ville de Kapilavastou ; et arrivés là, ils cessèrent leur voyage magique, et marchant à pied, s'approchèrent de la demeure du roi Çouddhodhana, et s'arrêtèrent à la porte. Là, Bhikchous, le Richi Asita vit, près de la porte de la demeure du roi Çouddhodhana, cent mille êtres vivants qui s'étaient rassemblés. Alors le Richi Asita s'étant approché du garde de la porte, lui parla ainsi : Ami, va, et dis au roi Çouddhodhana qu'un Richi est arrêté à sa porte. Le garde répondit : Je vais le faire ; et suivant cette promesse il se rendit auprès du roi Çouddhodhana, et joignant respectueusement les mains, il dit : Seigneur, permettez qu'on (vous) apprenne qu'un Richi très-vieux et très-cassé se tient à votre porte. Je désire, a-t-il dit, voir la personne du roi.

Alors le roi Çouddhodhana ayant fait préparer un siège pour le Richi Asita, dit à cet homme : Qu'on fasse entrer le Richi. Et celui-ci sortant du palais, alla dire au Richi Asita : Venez dans l'intérieur.

Cependant le Richi Asita s'étant avancé jusqu'à la place où était le roi Çouddhodhana, se tint debout en sa présence, et lui dit : Soyez victorieux, grand roi ! soyez victorieux ! et puissiez-vous vivre longtemps en gouvernant suivant la Loi !

Ensuite le roi fit au Richi Asita une offrande d'Argha (514) et d'eau pour laver ses pieds, et l'entourant de respect et d'égards, il l'invita à s'asseoir. Quand il le vit placé à l'aise sur son siège, il lui parla ainsi avec déférence et respect : O Richi, je ne me souviens pas de vous avoir déjà vu. Qui vous amène ici, et que désirez-vous ? Le Richi Asita répondit au roi Çouddhodhana : Grand roi, il vous est né un fils, et je suis venu ici pour le voir. Le roi dit : Grand Richi, l'enfant sommeille : attendez un peu qu'il soit levé de son lit. Le Richi dit : Grand roi, de pareils grands hommes ne sommeillent pas longtemps. C'est en restant éveillés que ces hommes purs sont vertueux.

Ensuite, Bhikchous, le Bodhisattva, par bienveillance pour le Richi Asita, fit voir qu'il était éveillé ; et le roi Çouddhodhana prenant doucement dans ses bras le jeune Sarvarthasiddha, l'apporta près du Richi. Celui-ci ayant vu qu'il possédait les trente-deux signes du grand homme, que son corps était bien doué des quatre-vingts marques secondaires et surpassait ceux du Çakra, de Brama et des gardiens du monde, qu'il avait un éclat supérieur à celui de cent mille soleils, qu'enfin tous ses membres étaient parfaits : Certes, un merveilleux génie est apparu dans le monde ! un merveilleux génie est apparu en vérité ! Après avoir prononcé ces paroles, il se leva de son siège, joignit les mains, baisa les deux pieds du Bodhisattva, et après avoir tourné autour de lui, il le prit sur sa poitrine et resta pensif. Il considéra les trente-deux signes du grand homme marqués sur le corps du Bodhisattva : pour l'âme du grand homme doué de ces signes, il y a deux voies et pas d'autres. S'il reste dans sa demeure, il sera roi Tchakravartin, chef d'une armée de quatre corps de troupes. Comme il a été dit, il régnera par l'autorité de sa puissance. Si, sortant de sa demeure, il s'en va sans asile errer en religieux, il sera un Tathagata, puis deviendra un Bouddha illustre et accompli, le guide que nul ne conduit. Après avoir vu cela, (le Richi) laissa couler des larmes et poussa un long soupir. En le voyant pleurer et soupirer, le roi Çouddhodhana, effrayé et contrarié, se hâta de dire au grand Richi : O Richi, pourquoi répandez-vous ainsi des larmes, en poussant de longs soupirs ? Est-ce que cet enfant a quelque vice ? Ainsi interrogé, le grand Richi Asita dit au roi Çouddhodhana : Grand roi, ce n'est pas à cause de cet enfant que je pleure, il n'y a pas en lui le moindre vice, en vérité. C'est sur moi-même que je pleure. Pourquoi cela ? Grand roi, je suis vieux et cassé ; et ce jeune Sarvarthasiddha se revêtira certainement de l'intelligence parfaite et accomplie de Bouddha, et fera tourner la roue de la Loi sans supérieure ; ce que ni un Çramana, ni un Brahmane, ni un dieu, ni un démon, ni Brahma, ni qui que ce soit n'a pu faire dans le monde, il le fera. Pour le secours et le bien-être des dieux et du monde, il enseignera la Loi ; et la Loi qu'il enseignera sera celle des Brahmatcharis, au commencement, celle de la vertu, au

---

(514) Offrande de plusieurs substances mêlées, qu'on faisait à un dieu ou à un Brahmane, telles que de l'eau, du lait, des pointes de l'herbe Kouça, du lait caillé, du beurre clarifié, du riz, de l'orge et de la moutarde blanche. Voy. le *Meghaduta*, trad. de Wilson, p. 5 et suiv., édit. de Londres.

milieu celle de la vertu, à la fin celle de la vertu, au but excellent, bien exprimée, sans confusion, bien complète, parfaitement pure, arrivée au dernier terme de la pureté. Les êtres, observant la loi de leur naissance, après avoir appris de lui cette Loi, seront complétement délivrés de la naissance. Et de même les êtres devenus vieux, les malades, les mourants, les affligés, ceux qui se lamentent, ceux qui souffrent, se désolent et se troublent, s'ils observent la Loi, seront complétement délivrés de tous ces maux. Aux êtres que dévore le feu de la passion, de l'envie et du trouble, il rendra le calme avec la pluie de la Loi pure. Les êtres enveloppés par les ténèbres de toutes sortes de vues mauvaises, et qui s'égarent dans la route de l'erreur, il les conduira par une route droite au Nirvana. Les êtres retenus dans les filets et la prison de la vie errante, et qui sont resserrés dans les liens de la corruption naturelle, il les délivrera complétement de leurs entraves. Chez les êtres dont les yeux sont obscurcis par la taie des ténèbres profondes de l'ignorance, il fera naître l'œil de la sagesse. Aux êtres tourmentés par les flèches de la corruption naturelle, il retirera les flèches qui les pénètrent. De même, grand roi, que la fleur de l'Oudoumvara apparaît bien rarement dans le monde de même aussi, après des Kalpas écoulés par centaines de millions de Kotis, les Bouddhas Bhagavats apparaissent quelquefois dans le monde. Cet enfant se revêtira certainement de l'Intelligence (*Bodhi*) parfaite et accomplie de Bouddha; et après s'en être revêtu, et être devenu Bouddha, il fera passer sur l'autre rive de l'océan de la vie émigrante des centaines de mille de millions d'êtres, et les conduira sans retour à l'immortalité. Et moi je ne verrai pas cette perle des Bouddhas! Guéri de la maladie, je ne serai pas délivré par lui des passions! Grand roi, voilà pourquoi je pleure, et dans ma tristesse je pousse de longs soupirs. Le voici, grand roi, tel qu'il est désigné par nos Çastras. Le jeune Sarvarthasiddha ne restera pas dans le palais. Pourquoi? C'est que le jeune Sarvarthasiddha est doué des trente-deux signes du grand homme. Quels trente-deux signes? Les voici, ô grand roi : Le jeune Sarvarthasiddha a une excroissance qui couronne sa tête, et c'est le premier signe du grand homme dont il est doué. Sa chevelure, ô grand roi, brillante de reflets azurés comme le cou des paons, tressée et nattée, est rassemblée à droite. Il a le front large et uni. Entre les sourcils du jeune Sarvarthasiddha, ô grand roi! est né un cercle de poils de la couleur de la neige et de l'argent. Grand roi, le jeune Sarvarthasiddha a les cils comme ceux de la génisse, l'œil grand, blanc et noir ; il a quarante dents égales, solides et très-blanches. Grand roi, le jeune Sarvarthasiddha a le son de voix de Brahma, le sens du goût excellent, la langue longue et effilée, la mâchoire pareille à celle du lion, l'épaule bien arrondie; il a sept protubérances ; il a le dessus de la main large, la peau fine et de la couleur de l'or; quand il est debout, et sans qu'il se penche, sa main arrive à son genou. La partie supérieure de son corps est comme celle du lion. Grand roi, le jeune Sarvarthasiddha a le corps arrondi comme la tige du Nyagrodha ; ses poils naissent un à un; les poils de ses membres supérieurs sont tournés de droite en haut; ce qu'il faut cacher, est rentré et caché ; sa cuisse est bien arrondie; sa jambe est comme celle de l'Aînaya, roi des gazelles; ses doigts sont longs; il a le talon gros, le dessus du pied relevé, la plante du pied et (la paume) de la main unies. Les doigts de ses pieds et de ses mains sont réunis par une membrane. Grand roi, sous la plante de chacun des deux pieds du jeune Sarvarthasiddha, une belle roue s'est produite, aux mille raies retenues dans la circonférence et le moyeu. Grand roi, le jeune Sarvarthasiddha se tient parfaitement droit sur ses pieds égaux.

Grand roi, tels sont les trente-deux signes dont le jeune Sarvarthasiddha est doué; et de pareils signes, ô grand roi, ne paraissent pas sur un roi Tchakravartin, ils ne paraissent que sur les Bodhisattvas.

Grand roi, sur le corps du jeune Sarvarthasiddha sont aussi les quatre-vingts marques secondaires qui annoncent qu'il ne voudra pas rester dans le palais, et que sans nul doute il s'en ira errer dans le monde à l'état de religieux. Grand roi, quels sont ces quatre-vingts marques secondaires?

C'est, ô grand roi, que le jeune Sarvarthasiddha a les ongles relevés, de la couleur du cuivre rouge et luisants; il a les doigts arrondis, longs et effilés; il a les veines invisibles, la cheville invisible, les articulations invisibles, les pieds égaux sans inégalité aucune; il a le talon gros. Grand roi, le jeune Sarvarthasiddha a les lignes de la main symétriques, a les lignes de la main brillantes, a les lignes de la main profondes, a les lignes de la main non tortueuses, a les lignes de la main très-régulières. Il a les lèvres rouges, comme le (fruit du) Bimba; le son de sa voix est sans rudesse; sa langue douce et souple a la couleur du cuivre rouge. Il a le cri de l'éléphant et la voix du tonnerre, et cependant il est agréable de l'entendre. Grand roi, les marques secondaires du jeune Sarvarthasiddha sont parfaites et accomplies. Il a le bras long; tous les vêtements de son corps sont purs. Son corps est beau ; son corps est insensible à la crainte; son corps est exempt d'abattement; son corps est bien régulier; son corps est remarquable par sa vigueur; son corps est bien proportionné; la rotule de son genou est grande, large et bien pleine. Grand roi, le corps du jeune Sarvarthasiddha est arrondi, très-gracieux sans

SECT. II. — LE BOUDDHISME THIBÉTAIN. — RGYA TCH'ER ROL PA.

imperfection, développé avec symétrie. Son nombril est profond, sans difformité et régulier. Comme un Richi (le jeune prince) fait des œuvres pures ; il est agréable de tous points ; il répand de tous côtés une lumière visible, claire, parfaitement pure et sans aucun nuage. Grand roi, le jeune Sarvarthasiddha a la démarche majestueuse de l'éléphant, les manières et la démarche du lion, les manières et la démarche du taureau, les manières et la démarche du cygne, le port agréablement incliné du côté droit ; il a le côté arrondi, le côté bien fait, le côté sans défaut. Il a le ventre arrondi en arc. Son corps est exempt de taches bleues ou noires. Grand roi, le jeune Sarvarthasiddha a les dents arrondies, les dents incisives, les dents bien rangées ; il a le nez élevé avec grâce, l'œil brillant, l'œil sans tache, l'œil riant, l'œil long, l'œil grand et de la couleur du lotus bleu. Grand roi, le jeune Sarvarthsiddha a le poil des sourcils égal ; il a le poil des sourcils épais ; il a les sourcils noirs, les sourcils toujours joints, les sourcils bien dessinés ; il a le cou gros, le cou sans inégalité, le cou sans défaut. Son aspect n'annonce ni la menace ni la colère ; il a les sens parfaitement domptés. Grand roi, ce jeune Sarvarthasiddha porte vraiment sur le front le cheveu parfaitement accompli. Son visage et son front s'accordent bien ensemble. Sa tête est complètement développée. Sa chevelure est noire, égale, parfumée, non mêlée, bien en ordre et nattée. Grand roi, le jeune Sarvarthasiddha a au milieu de la chevelure un Çrivatsa, un Swastika, un Nandyavarta et un Vardhamana.

Grand roi, ce sont là les quatre-vingts marques secondaires du jeune Sarvarthasiddha. Et parce qu'il les possède, il ne restera pas dans le palais, mais sans nul doute il s'en ira dans le monde afin d'errer à l'état de religieux.

Alors le roi Çouddhodana, après avoir entendu cette prédiction du grand Richi Asita concernant le jeune enfant, se livra aux transports de la plus grande joie, et se levant de son siège, salua les deux pieds du Bodhisattva, et lui adressa ces Gathas :

Toi que révèrent tous les dieux, qu'adorent tous les Richis, à qui le monde élève des Tchaityas, moi aussi je te salue !

Puis, Bhikchous, le roi Çouddhodana ayant, selon la coutume, offert des aliments au grand Richi Asita et à son neveu Naradatta, et leur ayant, après qu'ils eurent mangé, donné des habits, il les salua en tournant autour d'eux.

Alors le grand Richi Asita, par des moyens magiques, retourna à sa demeure à travers les cieux. Et là le grand Richi Asita dit au fils du Brahmane Naradatta : Naradatta, quand tu entendras dire : « Le Bouddha est apparu dans le monde, » va, et

fais toi religieux à sa prédication ; ce sera pour toi une longue cause de secours et de bien-être.

Ainsi, Bhikchous, aussitôt après la naissance du Bodhisattva, le fils d'un dieu Maheçvara ayant appelé les fils des dieux Çouddhavasakavikas, leur parla en ces termes : Compagnons, le Bodhisattva Mahasattva, qui pendant le temps incommensurable de cent mille Niyoutas de Kotis de Kalpas s'est livré à l'exercice d'œuvres parfaitement pures, de l'aumône, des bonnes mœurs, de la patience, de l'héroïsme, de la méditation, de la sagesse transcendante, des moyens (de perfection), de la tradition, des observances (prescrites), des privations, des pénitences, des bonnes œuvres ; (qui s'est livré à l'exercice) d'une grande bienveillance, d'une grande miséricorde ; qui est en possession d'une grande joie et d'une intelligence élevée par l'indifférence (mystique) ; qui s'empresse de secourir tous les êtres ; qui est bien revêtu de la cuirasse solide de l'héroïsme ; qui est apparu par l'effet de la racine de la vertu des précédents Djinas, vraiment paré des signes de cent mérites religieux ; en possession de belles actions certainement accomplies ; complètement vainqueur des armées des ennemis, doué d'une pensée pure et sans aucune tache ; ayant l'étendard signe de la grande science ; ayant mis à bout la force du démon, grand guide des trois mille (mondes) ; adoré des hommes et des dieux, ayant fait l'offrande du grand sacrifice ; en possession d'une multitude de mérites religieux les plus parfaits ; comprenant la raison de sa venue ; mettant un terme à la naissance, à la vieillesse, à la maladie, à la mort ; né par une heureuse naissance ; faisant entrer les êtres dans l'intelligence (Bodhi) complète ; descendant de la famille royale d'Ikchvakou, apparu dans le monde des hommes, se revêtira bientôt de l'Intelligence (Bodhi) parfaite et accomplie, et deviendra Bouddha. Venez donc ! allons le saluer, lui présenter nos hommages, l'adorer et le louer ; et les autres fils des dieux que dominent l'orgueil et l'arrogance, mettant de côté la fierté, viendront eux-mêmes saluer le Bodhisattva et lui rendre hommage ; ce qui, pour ces fils des dieux, sera une longue cause de secours, d'aide, de bien-être et d'acheminement vers l'immortalité. La gloire et la puissance du roi Çouddhodana seront proclamées. Allons de nouveau trouver le Bodhisattva, et prédire ce qu'il sera.

Après avoir parlé ainsi, le fils d'un dieu Maheçvara entouré et précédé de douze cent mille fils des dieux remplissant d'une grande lumière toute la grande cité de Kapilavastou, se rendit à l'endroit où était la demeure du roi Çouddhodana, et l'ayant fait prévenir par le portier, sur l'invitation du roi, il entra dans le palais. Il salua les pieds du Bodhisattva avec la tête, rejeta son manteau sur une épaule, et après avoir tourné cent mille fois autour du Bodhisattva, il le prit sur sa poitrine, et pour être agréable au roi Çouddhodana, parla ainsi : Grand roi, livre-toi à la joie la plus pure. Pourquoi cela? Parce que, grand roi, le corps du Bodhisattva est bien orné de signes et de marques secondaires, et parce que le jeune homme surpasse par sa couleur, son éclat, sa gloire et sa majesté le monde des dieux, des hommes et des Asouras. Grand roi, sans nul doute le Bodhisattva après avoir obtenu l'intelligence parfaite et accomplie, deviendra véritablement Bouddha.

Ainsi, Bhikchous, le fils d'un dieu Maheçvara, accompagné d'un grand nombre de fils des dieux Çouddhavasakayikas, après avoir adoré le Bodhisattva, lui avoir adressé des hommages et prédit ce qu'il serait, s'en retourna à sa demeure...

Chapitre de la Naissance, le septième.

CHAPITRE VIII.

VISITE AU TEMPLE DES DIEUX.

Quatre-vingt mille jeunes filles sont données au Bodhisattva pour l'entourer et le servir. — Les plus anciens des Çakyas conseillent au roi de conduire l'enfant au temple des dieux. — Grands préparatifs à ce sujet. — Pendant que la tante du jeune prince le couvre d'ornements, il lui demande où on va le conduire, et en l'apprenant se met à sourire. — Il s'étonne qu'on le mène au temple des dieux, quand tous ceux-ci, dès sa naissance, l'ont reconnu pour le dieu des dieux. — Le char du Bodhisattva est traîné par cent mille dieux ; et dès qu'il pose le pied dans le temple, toutes les statues se lèvent et le saluent.

Ainsi, Bhikchous, la même nuit que le Bodhisattva naquit, dans les familles des Kchattriyas, des Brahmanes, des maîtres de maison, ainsi que dans celles des Mahasalas, naquirent vingt mille filles, qui toutes furent données par leurs pères et mères au Bodhisattva, pour l'entourer et le servir. Le roi Çouddhodana donna aussi vingt mille jeunes filles pour l'entourer et le servir. Les amis, les conseillers, les parents du côté du père, ceux du côté de la mère donnèrent de même au Bodhisattva vingt mille jeunes filles, pour l'entourer et le servir. Et enfin les assemblées des conseillers donnèrent aussi vingt mille jeunes filles au Bodhisattva pour l'accompagner et pour le servir.

Alors, Bhikchous, les plus anciens des vieillards de la famille de Çakya s'étant rassemblés, parlèrent ainsi au roi Çouddhodana: Seigneur, veuillez faire savoir que ce jeune enfant sera conduit solennellement au temple des dieux.

Le roi dit: Il est bien que l'enfant y soit conduit; c'est pourquoi faites décorer la ville. Que les rues, les carrefours, les places, les marchés soient ornés. Que ceux qui ne sont pas d'un bon augure et estropiés, que les aveugles, les sourds, les muets; que ceux qui sont difformes ou défigurés, et ceux dont les sens sont imparfaits, soient éloignés. Qu'on rassemble ceux dont l'aspect est de bon augure. Qu'on batte le tambour des cérémonies pures; qu'on sonne les cloches en signe de bénédiction; que les portes de la ville excellente soient ornées avec soin; qu'on fasse entendre les accords des instruments les plus agréables, qu'on rassemble tous les rois du pays; qu'on réunisse à la fois les chefs des marchands, les maîtres de maison, les conseillers, les gardes des portes et les serviteurs; qu'on prépare les voitures des femmes; qu'on apporte des urnes pleines; que les brahmanes qui récitent les prières s'assemblent; qu'on fasse décorer avec soin les temples des dieux.

Bhikchous, tout fut donc exécuté selon l'ordre du roi. Puis le roi Çouddhodana étant allé dans son palais, il appela Maha Pradjapati Gautami, et lui parla ainsi : Qu'on porte solennellement l'enfant au temple des dieux, et qu'on le pare de beaux ornements.

Après avoir entendu le roi et lui avoir répondu: C'est bien! Maha Pradjapati Gautami couvrit l'enfant d'ornements. Quand il fut couvert de toutes ses parures, avec un visage souriant et sans traces d'impatience, avec une voix qui allait droit au cœur, l'enfant dit à sa tante: Mère, où me conduit-on? Au temple des dieux, mon fils, lui dit-elle.

Alors l'enfant se mit à rire, et adressa ces Gathas à sa tante:

Quand je suis né, ces trois mille (mondes) ont été ébranlés ; Çakra, Brahma, les Asouras, les Maharagas, Sourya (le soleil), Tchandra (la lune), Vaiçravana et Koumara abaissant leur tête à mes pieds, m'ont rendu hommage. Aujourd'hui, où ma mère va-t-elle me conduire ? Y a-t-il un autre dieu qui soit élevé au-dessus de moi ? de moi qui suis le dieu des dieux, plus élevé que tous les dieux. Où est-il le Dieu semblable à moi, ou qui me surpasse ? Bien plus, dans toutes les révolutions du monde où je serai, en voyant mes transformations miraculeuses, les nations seront remplies de joie, et m'entoureront d'hommages et du plus grand respect. Dieux et hommes s'accorderont à dire: Celui-ci est le dieu des dieux.

Bhikchous, lorsque dans la grande ville les chars du jeune prince eurent été préparés et couverts d'ornements, et toutes les bénédictions préparées, le roi Çouddhodana portant l'enfant sur sa poitrine, entouré des Brahmanes, des villageois, des chefs des marchands, des maîtres de maison, des conseillers, des rois du pays, des gardes des portes, des serviteurs, des parents du côté du père et de la mère, se mit en marche au milieu des rues, des carrefours, des places, des marchés couverts d'une profusion d'ornements, exhalant l'odeur des plus agréables parfums, et jonchés de fleurs fraîches; au milieu de la foule des chevaux, des éléphants, des chars et des soldats; au milieu des parasols, des étendards, des bannières déployées, et au son des instruments de toute espèce.

Au même instant cent mille dieux traînèrent le char du Bodhisattva. Des centaines de millions d'Apsaras firent pleuvoir du haut des cieux une pluie de fleurs, et firent résonner le son des instruments.

Ainsi, Bhikchous, le roi Çouddhodana, avec cette grande pompe royale, cette grande cérémonie royale, ce grand appareil royal, entra dans le temple des dieux en portant le jeune enfant.

Dès que le Bodhisattva eut posé son pied droit dans le temple, tout ce qu'il y avait d'images inanimées des dieux, telles que celles de Skanda, (515), Narayana (516), Kouvera (517) Tchandra (518), Sourya (519), Vaiçravana (520) Çakra, Brahma, des gardiens du monde et le reste; toutes ces images s'étant levées de leurs places, saluèrent les pieds du Bodhisattva.

En ce moment des centaines de mille de dieux et d'hommes jetèrent de grands cris d'admiration et de plaisir. La grande cité de Kapilavastou, la première des villes, tout entière, trembla de six manières; il tomba une pluie de fleurs divines; et cent mille instruments divins, sans être touchés, firent entendre leurs accords.

Et tous les dieux dont les images se trouvaient là, ayant monté leurs propres images, prononcèrent ces Gathas :

Le meilleur des monts, le mont Merou, roi des montagnes, ne s'incline jamais devant le sénevé. L'Océan, demeure du maître des Nagas, ne s'incline, jamais devant l'eau (contenue) dans le pas d'une vache. Le soleil, la lune, qui donnent la lumière, ne s'inclinent pas devant le ver luisant. Celui qui sort d'une famille sage et vertueuse, qui est rempli de qualités, ne s'incline pas devant les dieux quels qu'ils soient. Pareil au sénevé, à l'eau dans le pas d'une vache, au ver luisant, est, dans ces trois mille (mondes), le dieu ou l'homme quel qu'il soit, qui persiste dans l'orgueil. Semblable au Merou, à l'Océan, au soleil, à la lune, Svayambhou (521) est le premier du monde: et le monde qui lui rend hommage obtient le ciel et le Nirvritti.

(515) Ou Kartikeya, dieu de la guerre.
(516) Nom de Vichnou, mais, comme dit initié, existant avant tous les mondes.
(517) Dieu des richesses.
(518) La lune ou Lunus.
(519) Le soleil.
(520) Ce nom est donné par Wilson comme un synonyme de Kouvera ; mais ce dernier étant déjà nommé, ce doit être un autre dieu dont j'ignore le vrai nom.
(521) *Existant par soi même.* C'est dans la religion brahmanique, le nom de Brahma et des deux autres personnes de la triade suprême, Vichnou et Çiva. Les Bod-

C'est ainsi que le Bodhisattva étant entré dans le temple des dieux pendant qu'on parlait ainsi, cent trente deux mille fils des dieux tournèrent leurs pensées vers l'acquisition de l'Intelligence parfaite et accomplie.

Bhikchous, si le Bodhisattva, au moment où on le portait au temple des dieux, resta indifférent, voilà la cause, voilà l'effet.

Chapitre de la Visite au temple des dieux, le huitième.

CHAPITRE IX.

ORNEMENTS (DU BODHISATTVA).

Le roi, d'après le conseil de cinq cents Brahmanes, fait faire cinq cents espèces d'ornements par cinq cents des Çakyas Ceux ci demandent à les attacher eux-mêmes à la personne du jeune prince. Mais ces ornements, à peine posés sur lui, deviennent comme une goutte d'encre sur de l'or.

Cependant, Bhikchous, un Brahmane Pourohita, nommé Oudayana, père des Oudayanas, allà, entouré de cinq cents Brahmanes, au temps où l'astérisme du Hasta étant passé, on arrive à celui de Tchitra, trouver le roi Çouddhodana, et lui dit : O roi, daignez nous faire connaître s'il convient de faire à présent des ornements pour le jeune enfant. Le roi répondit : C'est bien : qu'on en fasse faire. Et en ce moment le roi Çouddhodana fit faire cinq cents espèces d'ornements par cinq cents des Çakyas ; tels que des ornements pour les mains, des ornements pour les pieds, des ornements pour la tête et le cou ; des anneaux, des boucles d'oreilles, des bracelets, des ceintures d'or, des tissus d'or, des réseaux avec des clochettes, des réseaux de perles, des chaussures ornées de perles, des écharpes ornées de toutes sortes de pierreries ; des anneaux pour les jambes, des colliers et des diadèmes. Et tout cela étant achevé, au temps de l'astérisme du Pouchya, ces Çakyas étant venus auprès du roi Çouddhodana, lui dirent : Seigneur, nous demandons que le jeune enfant soit paré. Le roi dit : Que l'enfant soit paré et honoré par vous, puisque j'ai fait faire pour lui tous ces ornements. Ceux ci dirent : Nous désirons attacher ces ornements (qui viennent) de nous, au corps du jeune prince, pendant sept jours et sept nuits ; si vous nous accordez cette grâce, le travail fait par nos mains sera fructueux.

En ce moment la nuit finissant, et le soleil s'étant levé, le Bodhisattva entra dans le jardin appelé Vimalavyouha (arrangement sans tache) et ce fut Maha Pradjapati Gautami qui l'apporta dans ses bras. Puis quatre-vingt mille femmes ayant reçu solennellement le Bodhisattva, s'arrêtèrent à considérer son visage. Dix mille jeunes filles vinrent aussi

dhistes ont donc été amenés naturellement à donner ce nom au chef de leur religion.

au-devant de lui pour voir son visage, ainsi que dix mille d'entre les Çakyas. Cinq mille Brahmanes s'étant aussi approchés, s'arrêtèrent à considérer le visage du Bodhisattva. Alors on attacha à son corps tous les ornements que le roi fortuné des Çakyas avait fait faire. Ils ne furent pas plus tôt attachés à son corps, qu'ils furent obscurcis par la splendeur du corps du Bodhisattva, et devinrent sans éclat, sans lustre, sans brillant, comme par exemple, au milieu de l'or des fleuves du Djambou (l'Inde), une goutte d'encre qui tombe, n'a ni lustre ni éclat. De même tous ces ornements en contact avec la splendeur du corps du Bodhisattva s'obscurcirent comme la goutte d'encre qui tombe au milieu de l'or des fleuves du Djambou.

Alors la déesse du jardin, appelée Vimala (sans tache), ayant montré sa taille majestueuse et s'étant avancée, adressa ces Gathas au roi Çouddhodana et à la famille des Çakyas :

Si ces trois mille terres, avec leurs villes et leurs villages tout entiers entourés d'or, étaient devenus purs et sans tache, ils seraient éclipsés par un seul grain de sable d'or des fleuves du Djambou, car un autre or est sans noblesse et ne brille pas. Ces terres, quoique enveloppées de l'or du Djambou, seraient éclipsées par l'éclat qui jaillit d'un seul pore de ce noble guide. Sans lustre, sans éclat, sans splendeur, elles seraient effacées. A côté du secourable Sougata, elles deviendraient comme de l'encre. Rempli de centaines de qualités, celui-ci est paré de son propre lustre; ce n'est pas sa parure qui embellit un corps vraiment sans tache. La lumière du soleil et de la lune, les feux des étoiles et de (la perle) Mani, l'éclat de Çakra et de Brahma, quoique noble et agréable, pâlit devant lui. Tout son corps porte les signes des fruits de la vertu antérieure, que lui fait donc à lui la parure vulgaire faite par les autres? Mettez de côté ces ornements; vous qui n'avez pas la sagesse, ne troublez pas le sage ; celui qui rend prudent par excellence, n'a pas besoin d'ornements artificiels. Ce Désiré est né dans le palais du roi dont il est le fils. Recherchez avec empressement les parures vraiment belles de la pureté, et la famille de Çakya deviendra très-florissante, et les Çakyas s'étonneront et se réjouiront de leur félicité.

En disant ces mots, la déesse après avoir couvert le Bodhisattva de fleurs divines, disparut en ce lieu même.

Chapitre des Ornements, le neuvième.

CHAPITRE X.
L'ÉCOLE D'ÉCRITURE.

Le jeune prince, ayant un peu grandi, est conduit à l'école d'écriture par dix mille femmes et dix mille enfants, au milieu d'une foule immense.—Il étonne le maître de l'école par l'énumération qu'il lui fait de soixante-quatre espèces d'écritures, dont celui-ci ne connaît pas même les noms.

Ensuite, Bhikchous, l'enfant ayant un peu grandi, comblé de cent mille bénédictions, fut, par dix mille enfants et dix mille femmes, qui le précédaient et l'entouraient, conduit à l'école d'écriture. Dix mille chars étaient remplis de provisions de bouche, de mets agréables et savoureux ; dix mille chars étaient remplis d'or, d'argent et d'autres richesses. Dans la grande ville de Kapilavastou tous les coins des rues, des places, des marchés furent nettoyés et purifiés. Des instruments se firent entendre par centaines de mille, et une grande pluie de fleurs fut répandue. Du haut des terrasses, des portes, des balcons, des œils-de-bœuf, des belvédères, des galeries et des palais, cent mille femmes couvertes de toutes sortes de parures regardaient le Bodhisattva, et le couvraient de fleurs. Huit mille femmes des dieux superbement parées, portant des choses précieuses et purifiant la route, se mirent à marcher devant le Bodhisattva. Les dieux, les Nagas, les Yakchas, les Gandharbas, les Asouras, les Garoudas, les Kinnaras, les Mahoragas se montraient à mi-corps, suspendirent dans l'étendue des cieux des guirlandes de fleurs et de soie. Et toute la multitude des Çakyas précédant le roi Çouddhodana, marchaient devant le Bodhisattva ; et c'est entouré d'une pareille pompe que le Bodhisattva fut conduit à l'école d'écriture. Il n'y fut pas plus tôt entré, que le maître de l'école, appelé Viçvamitra, ne pouvant soutenir l'éclat et la gloire du Bodhisattva, tomba prosterné la face contre terre. En le voyant ainsi prosterné, un fils des dieux Touchitakayikas nommé Çoubhanga (aux beaux membres) le prit par la main droite, le releva ; et après l'avoir relevé, se tint dans l'étendue des cieux, et adressa ces Gathas au roi Çouddhodana et à cette grande multitude :

Dans ce monde des hommes, que ce qu'il y a de Çastras (522) de nombres (sangkhya), d'écritures, de calculs, de charmes des éléments (dhatoumantra), de branches innombrables d'arts du monde, celui-ci les connaît tous depuis des millions de Kalpas. Bien plus, il fait l'accord des créatures entre elles ; il mûrit de nombreux enfants pour le meilleur Véhicule. Afin de préparer des milliers d'autres êtres à l'immortalité, afin de leur donner l'instruction la plus élevée, il est entré dans l'école d'écriture. Il connaît la méthode de la voie des quatre vérités (523) qui dépassent le monde ; il sait aussi comment les produire, en s'appuyant sur la cause. De même qu'il s'est recueilli, et que, délivré d'entraves

---

(522) Règle, traité concernant une science, un art, etc.
(523) Ces quatre vérités sont : l'existence de la misère (humaine) ; sa présence partout ; l'empêchement de cette misère ; le moyen de l'empêcher. (Voy. chap. 26.)

SECT. II. — LE BOUDDHISME THIBÉTAIN. — RGYA TCH'ER ROL PA.

et devenu calme, il connaît la méthode, à plus forte raison il connaît les Çastras de l'écriture quels qu'ils soient. Dans les trois mondes, nul précepteur n'est au dessus de lui ; il est lui-même le maître au milieu des dieux et des hommes. Ce qu'il a appris déjà d'écritures dans les millions de Kalpas écoulés, le nom même de ces écritures, vous ne le savez pas. Les pensées des créatures, leurs desseins divers, à mesure qu'ils naissent, il les connaît à l'instant même. S'il connaît aussi imparfaitement le mode de ce qui n'a pas de corps et est invisible, à plus forte raison (connaît-il) les formes de l'écriture (qui sont) visibles et apparentes.

Après avoir parlé ainsi, le fils d'un dieu jeta sur le Bodhisattva une profusion de fleurs, et disparut en ce lieu même.

Alors les nourrices et la suite des esclaves s'étant assises, le roi Çouddhodana et tous les autres Çakyas sortirent.

Ensuite le Bodhisattva ayant pris une feuille à écrire faite d'essence de sandal des Ouragas, enduite d'une couleur divine, parsemée de paillettes d'or, ornée tout autour de pierres précieuses, parla ainsi au précepteur Viçvamitra :

Eh bien, maître, quelle écriture m'apprendras-tu ? l'écriture de Brahma ? l'écriture de Kharosti ? l'écriture de l'essence du lotus ? l'écriture d'Anga ? l'écriture de Manga ? l'écriture du pays de Magadha ? l'écriture de ceux qui ont la bénédiction ? l'écriture de ceux qui ont des doigts ? l'écriture de Çakani ? l'écriture de Yavana ? l'écriture de Baglep ? l'écriture de Paroucha ? l'écriture des êtres volants ! l'écriture des Kiratas ? l'écriture de l'horizon du Su !? l'écriture d'Ougra ? l'écriture des nombres (*sangkhya*) ? l'écriture à tête renversée ? l'écriture régulière ? l'écriture de Darada ? l'écriture de Kouça ? l'écriture de Tchina ? l'écriture de Ph'ouna ? l'écriture de Houna ? l'écriture moyenne ? l'écriture grosse ? l'écriture de Pouchya ? l'écriture des dieux ? l'écriture des Nagas ? l'écriture des Yakchas ? l'écriture des Gandharbas ? l'écriture des Kinnaras ? l'écriture des Mahoragas ? l'écriture des Asouras ? l'écriture des Garoudas ? l'écriture des bêtes fauves ? l'écriture du cercle ? l'écriture de ceux qui savent le langage des corneilles ? l'écriture des dieux qui président à la terre ? l'écriture des dieux de l'atmosphère ? l'écriture des régions d'Outtarakourou ? l'écriture d'Aparagodani ? l'écriture de Pourvavideha ? l'écriture d'Outkchepa ? l'écriture de Nikchepa ? l'écriture de Vikchepa ? l'écriture de Prakchepa ? l'écriture de l'Océan ? l'écriture de la foudre ? l'écriture d'une lettre d'avis et de la réponse ? l'écriture cursive ? l'écriture posée ? l'écriture tournante des Çastras ? l'écriture tournante des calculs ? l'écriture tournante d'Outkchepa ? l'écriture tournante de Nikchepa ? l'écriture tracée avec le pied ? l'écriture du Sandhi (liaison) d'un mot répété deux fois ? l'écriture du Sandhi d'un mot répété dix fois ? l'écriture de Madhyaharini ? l'écriture de tous les sons réunis ? l'écriture de la science méthodique ? l'écriture de la science confuse ? l'écriture des Richis livrés à l'exercice de la pénitence ? l'écriture certaine des dieux ? l'écriture visible de la terre ? l'écriture visible du ciel ? l'écriture par ordre de tous les remèdes ? l'écriture de la collection complète de toutes les essences ? l'écriture de la réunion de la voix de tous les êtres ? Eh bien, maître, de ces soixante-quatre écritures, laquelle enseigneras-tu ?

Alors Viçvamitra, le précepteur des enfants, fut rempli d'admiration. Puis, avec un visage riant, et faisant taire l'orgueil et l'envie, il récita ces Gathas :

L'être pur et admirable, versé dans la science de tous les Çastras, venu dans le monde à cause des révolutions du monde, est entré dans l'école d'écriture. Je ne connais pas même le nom de toutes ces écritures, et c'est ici que cet être pur est venu à l'école d'écriture ! En regardant sa figure, la noble couronne (naturelle) de sa tête n'est-elle pas visible ? Comment on arrive à cette perfection de la science de l'écriture, à cette habileté, je l'apprendrai. Ce dieu, le dieu le plus grand des dieux, le plus savant de tous les dieux, se distingue éminemment, sans égal. C'est le génie incomparable du monde. Et moi, par sa propre puissance, par le moyen de sa sagesse, j'apprendrai en détail cette science, qui pour le monde entier est un lien....

Ainsi, au temps où ces enfants apprenaient l'alphabet, eux et bien d'autres, par la puissance du Bodhisattva, produisirent les cent mille portes incommensurables de la loi.

Pendant que le Bodhisattva était présent à l'école d'écriture, trente-deux mille enfants furent, par degrés, entièrement mûris dans l'intelligence parfaite et accomplie. Telle est la cause, tel est l'effet de l'entrée du Bodhisattva devenu savant à l'école d'écriture.

Chapitre de la leçon d'écriture, le dixième.

CHAPITRE XI.
VILLAGE DE L'AGRICULTURE.

Le jeune prince va avec d'autres enfants visiter le village de l'agriculture, et s'avance ensuite tout seul dans un bois. Il s'assied sous un arbre, et arrive par degrés jusqu'à la quatrième méditation. — Cinq ermites qui faisaient un voyage magique à travers les cieux, sont comme repoussés en passant au-dessus de ce bois. Une déesse leur apprend ce qui les arrête. — Ils s'approchent alors du jeune prince, et en apprenant qui il est, se mettent à le louer et s'éloignent. — Cependant le roi inquiet envoie de tous côtés chercher son fils. Un de ses conseillers l'aperçoit bientôt qui médite sous un arbre ; et remarquant que l'ombre, au lieu de tourner, a continué d'abriter le prince, il court cher-

cher le roi, qui en voyant la splendeur du Bodhisattva, récite des stances à sa louange.

Bhikchous, l'enfant ayant encore grandi, alla une autre fois avec d'autres enfants et des fils de conseillers voir le village de l'agriculture. Et après avoir vu le village, il entra dans un bois, à l'extrémité des champs cultivés. Là le Bodhisattva, tout seul, sans second, après avoir un peu erré de côté et d'autre, ayant vu un arbre Djambou beau et agréable à voir, s'assit sous son ombrage les jambes croisées. Quand il fut assis, le Bodhisattva fixa sa pensée sur un seul point; et l'y ayant fixée, il atteignit la première méditation isolée des doctrines vicieuses et corrompues, accompagnée du jugement, accompagnée d'action, douée de la joie et du bien-être nés de la solitude; (et ayant atteint cette méditation,) il y demeura.

Puis écartant le jugement et l'action, tout entier à l'intérieur, ramenant son esprit à l'unité, il atteignit la seconde méditation accompagnée de la joie et du bien-être nés de la méditation profonde, sans jugement et sans action; (et l'ayant atteinte,) il y demeura.

Par l'affranchissement du désir des plaisirs, il demeura dans l'indifférence (mystique), ayant le souvenir et la conscience, et goûtant le bien-être avec son corps; ayant le souvenir de tout ce qui appartient aux gens respectables, il demeura dans le bien-être appelé indifférence, et ayant atteint la troisième méditation dénuée de joie, il y demeura.

Puis ayant laissé le bien-être, et ayant laissé de même la souffrance antérieure; ayant mis un terme à la satisfaction de l'esprit et à l'inquiétude de l'esprit, il atteignit la quatrième méditation, comprenant l'indifférence et le souvenir parfaitement purs, sans bien-être et sans souffrance, et il y demeura.

En ce temps-là cinq Richis de l'extérieur bien connus, possédant l'art des transformations, se rendaient à travers le ciel, de l'horizon du midi du côté de l'horizon du nord. Arrivés au-dessus de ce bois, ils furent comme repoussés sans pouvoir avancer. Mécontents et irrités, ils prononcèrent cette gatha :

Nous qui sommes parvenus ici en traversant le sommet de perles et de diamants du Merou, le mont le plus élevé et le plus compacte, comme l'éléphant s'avance au milieu des branches vertes de l'Amra et des taillis qu'il renverse et écarte; nous, que n'a pas arrêtés jusqu'ici la demeure d'un dieu; qui avons traversé les cieux au-dessus de la demeure des Yakchas et des Gandharbas, en arrivant à ce bois nous sommes abattus ! Quel est donc celui dont la puissance détourne la force de la magie?

Alors une déesse qui demeurait dans ce bois, adressa cette Gatha aux Richis :

Né dans la famille d'un roi puissant, propre fils d'un roi de la race de Çakya, resplendissant de l'éclat du soleil levant, souverain du monde, savant, au visage de lune, aussi beau que les couleurs de la fleur du lotus épanouie, le seigneur des dieux et des Nagas, adoré des Yakchas et des Gandharbas, est entré dans ce bois où il est livré à la méditation. Ayant, dans cent millions d'existences, augmenté ses mérites, c'est par sa puissance qu'est détournée la force de la magie.

Alors ils regardèrent de tous côtés au-dessous d'eux, et ayant vu un jeune homme brillant d'éclat et de majesté, ils pensèrent : Quel est celui qui demeure ainsi? N'est-ce pas Vaiçravana le maître des richesses? ou bien Mara le dieu de l'amour? ou encore le maître des Mahoragas? N'est-ce point Indra qui porte la foudre? ou Roudra le seigneur des Koumbhandas? ou Krichna à la grande énergie? ou Tchandra fils d'un dieu? ou encore Sourya (*le soleil*) aux mille rayons? ou bien enfin n'est-ce pas un roi Tchakravartin? Qui donc est-ce? Et ils récitèrent cette Gatha :

Ce jeune homme a le corps plus beau et plus resplendissant que Vaiçravana. Est-ce Rahou ? Est-ce le corps de celui qui porte la foudre? Est-ce le corps de Sourya et de Tchandra? Est-ce le corps du dieu puissant de l'amour? Est-ce le corps de Roudra ou de Krichna? Ou bien, comme il est marqué sur ses membres des signes de la majesté, ce sera peut être un Bouddha sans tache?

Alors la déesse du bois adressa de nouveau cette Gatha à ces Richis :

Quelque splendeur qu'il y ait en Vaiçravana, en Sahasrakcha (*Indra*), et dans les quatre gardiens du monde; quelque splendeur qu'il y ait dans les Asouras, en Brahma le maître des créatures ou dans les planètes, cette splendeur, mise auprès de la majesté de ce fils de Çakya, ne soutiendrait pas son éclat.

Ces Richis ayant entendu les paroles de la déesse, descendirent sur la terre; et en voyant le Bodhisattva qui réfléchissait, avec un corps inégalable et étincelant comme un foyer, ils louèrent par des gathas le Bodhisattva qui méditait.

L'un d'eux dit : Dans le monde dévoré par le feu de la corruption ce lac étant apparu, c'est par lui qu'on obtiendra la Loi qui réjouira le monde.

Un autre dit : Dans le monde obscurci par l'ignorance ce flambeau étant apparu, c'est par lui qu'on obtiendra la Loi par laquelle les êtres seront éclairés.

Un autre dit : Dans les périls de l'Océan de la misère humaine ce plus pur des vaisseaux étant apparu, c'est par lui qu'on obtiendra la Loi par laquelle les créatures seront sauvées.

Un autre dit : Pour ceux qui sont enchaînés dans les liens de la corruption ce libérateur étant apparu, c'est par lui qu'on obtiendra la Loi par laquelle les créatures seront délivrées.

Un autre dit : Pour ceux que tourmentent la vieillesse et la maladie ce plus pur des remèdes étant apparu, c'est par lui qu'on obtiendra la Loi par laquelle un terme sera mis à la vieillesse et à la mort.

Puis ces Richis après avoir ainsi loué le Bodhisattva par ces Gathas, et avoir tourné trois fois autour de lui, s'en allèrent à travers les cieux.

Cependant le roi Çouddhodana ne voyant pas le Bodhisattva, et inquiet de son absence, demanda : Où est allé l'enfant? je ne le vois pas. Et alors une grande foule de gens s'en allèrent de tous côtés chercher l'enfant.

Bientôt l'un des conseillers aperçut le Bodhisattva à l'ombre de l'arbre Djambou, assis les jambes croisées et se livrant à la méditation.

En ce moment l'ombre de tous les arbres avait tourné; mais celui-ci en voyant que l'arbre du Djambou ne quittait pas le corps du Bodhisattva, tout rempli d'étonnement, et la plus grande joie s'empara de son esprit. Puis tout joyeux, vite, vite, et en grande hâte, il se rendit auprès du roi Çouddhodana, et lui récita ces gathas :

O roi, venez voir le jeune homme qui médite à l'ombre d'un Djambou. Semblable à Çakra et Brahma, il brille par sa splendeur et sa majesté. L'ombre de l'arbre sous lequel est assis celui qui est doué des meilleurs signes, cette ombre ne l'a pas quitté, et continue d'abriter le meilleur des hommes livré à la méditation.

Le roi Çouddhodana se rendit donc où était l'arbre Djambou, et en voyant le Bodhisattva brillant de splendeur et de majesté, il récita ces Gathas :

En le voyant pareil à la flamme qui brûle au sommet de la montagne, pareil à la lune au milieu de la foule des étoiles, et, tandis qu'il médite, pareil à un flambeau par son éclat, tout mon corps a tressailli.

Après avoir parlé ainsi, il salua les pieds du Bodhisattva, et récita ces Gathas :

Mon fils, de même qu'au temps où tu es né, maintenant que plein d'éclat tu te livres à la méditation, ô guide, deux fois je salue tes pieds, ô chef suprême.

En ce moment des enfants qui traînaient une petite chaise firent du bruit. Les conseillers leur dirent : Ne faites pas de bruit, ne faites pas de bruit. Et les enfants demandèrent : Quel mal y a-t-il? Les conseillers répondirent : Le fils du roi, Sarvarthasiddha qui possède les signes les plus beaux, les meilleurs et les plus purs de la vertu, (qui est) doué d'un éclat immense, (qui est) inébranlable comme une montagne, à présent qu'il médite, et quoique le disque du soleil ait avancé (l'astre) restant voilé (pour Sarvarthasiddha), il continue d'être abrité, bien que l'ombre de l'arbre ne le couvre plus.

Chapitre du Village de l'agriculture, le onzième.

CHAPITRE XII.
ÉPREUVE DE L'HABILETÉ DANS LES ARTS.

On s'occupe, dans l'assemblée des Çakyas, de chercher une femme au jeune prince. Le roi veut que son fils soit consulté, et celui-ci fait une liste des qualités qu'il exige en celle qui sera sa femme. Le roi envoie un Brahmane à la recherche avec cette liste, en lui disant de ne pas regarder à la famille de la jeune fille qui aura de pareilles qualités. Après avoir longtemps cherché, le Brahmane revient dire au roi qu'il a trouvé la jeune fille qui convient. — Le roi la fait demander à son père, qui répond que c'est une loi de sa famille de ne donner leur fille qu'à un homme habile dans les arts. — Le jeune prince est donc appelé à prouver son habileté. — Sa supériorité sur tous ses concurrents. — La jeune Gopa lui est accordée. — Vers qu'elle récite contre l'usage du voile.

Ensuite, Bhikchous, le jeune homme ayant encore grandi, le roi Çouddhodana, une autre fois, était assis dans la salle du conseil, au milieu de l'assemblée des Çakyas. Quelques uns des plus anciens vieillards d'entre les Çakyas dirent au roi Çouddhodana : O roi, daignez nous faire connaître ce qu'ont annoncé de ce jeune Sarvarthasiddha les Brahmanes qui connaissent les signes, et les dieux nombreux dont l'intelligence est sûre; (faites nous connaître) si ce jeune homme s'en ira par le monde et deviendra Tathâgata Arhat vraiment Bouddha parfait et accompli, ou bien s'il ne s'éloignera pas et sera roi Tchakravartin, victorieux chef d'une armée de quatre corps de troupes, roi de la Loi, en possession de la Loi ainsi que des sept choses précieuses qui sont : le trésor de la roue, de l'éléphant, du cheval, de la perle, de la femme, du maître de maison et du conseiller; si des fils, héros courageux, aux membres et aux corps les mieux proportionnés, vainqueurs des armées des ennemis, lui naîtront au nombre de mille; si, sans châtiment et sans employer les armes, et seulement à l'aide de la loi, il gouvernera cet empire de la terre, et s'il restera seul (maître). A cause de cela, il faut faire prendre une femme au jeune homme; de cette manière, entouré partout d'une multitude de femmes et jouissant des plaisirs, il ne s'en ira pas par le monde; et s'il en est ainsi, la race des Tchakravartins ne sera pas interrompue. Nous ne serons pas bravés, mais respectés par tous les rois des forteresses (Koddaradja).

Alors le roi Çouddhodana dit : S'il en doit être ainsi, voyez donc quelle est la femme dont le caractère convient au jeune homme.

Au même instant chacun des cinq cents Çakyas dit : Ma fille est celle dont le caractère convient le mieux au jeune homme, ma fille est celle qui lui convient le mieux.

Le roi dit : Le jeune homme est très-difficile. Il faut que vous lui demandiez à lui-même quelle est la femme qu'il veut.

Tous donc s'étant rassemblés dirent au jeune homme ce dont il était question.

Le jeune homme dit : D'ici à sept jours vous entendrez ma réponse.

Et le Bodhisattva se mit à penser : Les maux du désir, je le sais, sont illimités ; ils sont les racines des combats et des inimitiés, des chagrins et des misères ; ils sont pareils à la feuille vénéneuse qui inspire la peur, pareils au feu, pareils au tranchant de l'épée. Je n'ai point de goût pour les propriétés du désir, et je ne me plais point au milieu d'une troupe de femmes. C'est dans les bois que, silencieux, je dois demeurer, l'esprit dans le calme de la réflexion et de la méditation profonde.

Puis ayant réfléchi en déployant la science des moyens, et ayant pensé à produire la maturité complète des êtres, il fut pris d'une grande compassion, et récita ces Gathas :

Au milieu de la végétation confuse des marais grandissent les lotus ; au milieu de la foule des hommes le roi reçoit les hommages. Le temps où un Bodhisattva a obtenu le meilleur entourage, c'est lorsque des centaines de milliers d'êtres ont été instruits pour l'immortalité. Ce qu'il y a eu de savants Bodhisattvas antérieurs se sont tous montrés avec des femmes, des fils et une suite ; et cependant ils n'ont pas été agités par le désir, leurs méditations et leur bien-être n'en ont pas souffert. J'imiterai, moi aussi, les perfections de ceux-ci. Toute femme vulgaire, qui n'a ni une conduite parfaite, ni qualités, ni le langage de la vérité, ne peut convenir à mon caractère. Celle qui réjouit vraiment mon esprit, est modeste et vraiment pure de corps, de race et de famille.

Et ayant écrit en Gathas une liste de qualités : S'il y a une femme qui ait des qualités semblables, donnez-la-moi. Il ne me serait pas agréable d'être uni à une créature vulgaire et sans retenue. S'il y en a une qui ait les qualités que j'ai dites, donnez-la-moi : jeune, belle, et sans orgueil de sa beauté ; ayant un esprit de douceur comme celui qui est en une sœur ou en une mère ; se plaisant dans l'abnégation, accoutumée à donner aux Çramanas et aux Brahmanes. S'il y a une semblable femme, mon père, donnez-la-moi : sans orgueil, ni arrogance, ni aigreur ; éloignée de la ruse, de l'envie, de l'artifice ; habituée à la droiture. Que pas même en songe elle n'ait eu de désir pour un autre homme, et que satisfaite de son mari, elle soit toujours modeste et soumise ; qu'elle ne soit ni fière, ni hautaine, ni présomptueuse, mais égale. Qu'elle ait, comme une

esclave, mis de côté tout orgueil. Qu'elle n'ait pas de passion pour la musique, les parfums, les festins, la danse ni le vin. Qu'exempte d'ambition et de convoitise, elle soit satisfaite de sa propre fortune, ferme dans la vérité et sans coquetterie, revêtue des vêtements de la pudeur, jamais fière ni hautaine ; sans passion pour les dieux et leurs fêtes, et toujours appliquée à la Loi ; toujours pure en ce qui regarde son corps, ses discours et sa pensée ; n'aimant ni le sommeil ni la paresse, (qu'elle ne soit) ni fière ni indolente, (mais) remplie de jugement, et toujours faisant de bonnes actions ; respectant son beau-père et sa belle-mère, tous deux à l'égal d'un précepteur spirituel ; montrant un visage bienveillant à tous les esclaves des deux sexes. Comme une courtisane, qu'elle soit savante dans les rites prescrits par les Çastras. Qu'elle dorme la dernière, et soit la première levée ; empressée dans sa bienveillance comme une mère, sans affectation. S'il y a une femme pareille à celle-là, mon père, donnez-la-moi.

Alors, Bhikchous, le roi Çouddhodana ayant entendu ces Gathas, dit au Pourohita (524) : Grand Brahmane, va dans la grande cité de Kapilavastou, et entrant dans toutes les maisons, examine les jeunes filles, quelles qu'elles soient. S'il s'y trouve une jeune fille ayant des qualités telles que celles-ci. qu'elle soit de race Kchattriya (*royale*), de race brahmanique, de race vaicya (*marchand*), ou de race çoudra (*domestique*), amène-la ici. Pourquoi ? C'est que le jeune homme ne regarde pas à la famille, ne regarde pas à la race ; le jeune homme regarde seulement aux qualités.

Et en ce moment il récita ces Gathas :

Que la jeune fille soit de race royale ou brahmanique, de race vaicya ou çoudra, c'est la même chose. La femme qui possédera ces qualités, amène-la ici. Mon fils n'est ébloui ni par la famille ni par la race ; les qualités vraies et la moralité, voilà ce qui plaît à son cœur.

Alors, Bhikchous, le Pourohita ayant pris cette liste en Gathas, s'en alla dans la grande cité de Kapilavastou. Et là il entrait de maison en maison, cherchant à voir une jeune fille douée de qualités semblables ; et n'en voyant pas une qui en fût douée, il arriva successivement jusqu'à la demeure de Dandapani, de la famille des Çakyas. Arrivé là, il aperçut une jeune fille gracieuse et belle, charmant la vue et gagnant le cœur ; embellie des plus fraîches couleurs ; pas trop grande, pas trop petite ; pas trop grasse, pas trop maigre ; pas trop blanche, pas trop noire ; dans la première fleur de la jeunesse, et apparaissant comme la perle des femmes. Elle toucha les deux pieds du brahmane Pou-

---

(524) Brahmane qui préside et ordonne les cérémonies religieuses d'une famille.

rohita, et lui parla ainsi : Grand brahmane, qu'y a-t-il pour votre service ?

Le brahmane Pourohita lui répondit par cette Gatha :

Le fils de Çouddhodana, qui est doué de la plus grande beauté, doué de trente deux signes et de l'éclat des vertus, a écrit une liste des qualités des femmes. Celle qui a ces qualités lui convient pour épouse.

Et en parlant ainsi il lui remit la liste.

La jeune fille ayant parcouru cette liste en Gathas, montra un visage souriant, et répondit au brahmane Pourohita par cette Gatha :

Brahmane, j'ai en moi toutes ces qualités. Que ce beau jeune homme soit mon seigneur. Si le jeune homme le désire, pourquoi tarder et ne pas faire ce qu'il a demandé ? quand même la famille viendrait à se trouver cent fois vulgaire.

Ensuite le brahmane Pourohita étant retourné auprès du roi Çouddhodana, lui dit ce qui était arrivé : Grand roi, j'ai vu une femme qui convient au caractère du jeune homme.

Le roi lui dit : A qui appartient-elle ? Seigneur, c'est la fille du Çakya Dandapani.

Alors le roi Çouddhodana pensa : Le jeune homme est difficile à égaler à cause de ses qualités supérieures. Les femmes n'ont pas ordinairement tant de qualités ; c'est sur elles-mêmes qu'on peut s'assurer qu'elles les ont. Je ferai donc faire des ornements agréables, et je les ferai donner par le jeune homme à toutes les femmes. Celle d'entre les jeunes filles sur laquelle le jeune homme attachera ses yeux avec plaisir, c'est celle que je lui donnerai.

Cependant le roi Çouddhodana ayant fait faire de belles parures d'or, d'argent, et de toutes sortes de choses précieuses, fit sonner les cloches dans la grande cité de Kapilavastou :

Dans sept jours d'ici le jeune homme, à la vue de tous, distribuera aux jeunes filles des parures agréables. Que toutes les jeunes filles se réunissent donc dans la salle d'assemblée.

Telle fut sa proclamation.

Puis, Bhikchous, le septième jour étant venu, le Bodhisattva se rendit à la salle d'assemblée, et s'y assit sur le siége du lion (*le trône*).

En même temps le roi Çouddhodana ayant placé des espions, leur dit : Celle des jeunes filles sur laquelle l'œil du jeune homme s'arrêtera avec plaisir, faites-la moi connaître.

Ainsi, Bhikchous, tout ce qu'il y avait de jeunes filles dans la grande cité de Kapilavastou, vinrent dans la salle d'assemblée à l'endroit où se trouvait le Bodhisattva, pour le voir et recevoir de belles parures :

Alors, Bhikchous, le Bodhisattva distribua des parures agréables à toutes ces jeunes filles qui étaient venues ainsi. Et toutes ces femmes ne pouvant supporter l'éclat et la majesté du Bodhisattva, s'en allèrent promptement, emportant leurs belles parures.

Cependant la fille du Çakya Dandapani appelée Gopa, entourée et précédée de ses esclaves, arriva à la salle d'assemblée, et s'approchant de l'endroit où était le Bodhisattva, le regarda sans cligner les yeux, et s'arrêta à côté de lui. En ce moment les belles parures avaient déjà été distribuées par le Bodhisattva. Alors elle s'approcha de lui avec un visage riant, et lui parla ainsi : Jeune homme, quelle offense t'a été faite par moi, que tu me dédaignes ainsi ?

Il dit : Je ne te dédaigne pas, en vérité, mais tu es arrivée bien tard.

Et étalant par centaines de mille des anneaux et des bracelets, il les lui donna.

La jeune fille lui dit : Convient-il, ô jeune homme, que je reçoive de toi de pareilles choses ?

Il répondit : Puisque ces parures et bien d'autres encore sont à moi, emporte-les.

Elle lui dit : Jeune homme, n'ayant pas de parures, je ne m'étais pas parée ; maintenant que j'en ai, je vais le faire.

Et en parlant ainsi la jeune fille se retira.

Alors les hommes que le roi Çouddhodana avait placés comme espions, étant allés le trouver, lui rapportèrent ces nouvelles en disant : Seigneur, la fille du Çakya Dandapani appelée Gopa, est celle sur laquelle se sont fixés les regards du jeune homme ; il y a même eu un instant d'entretien (entre eux).

Le roi ayant entendu ces paroles, envoya au Çakya Dandapani le brahmane Pourohita comme messager : Tu as une fille, donne-la à mon fils. Tel était le message.

Dandapani dit : Le noble jeune homme a vécu dans la mollesse au milieu du palais, et c'est une loi de notre famille de donner notre fille à un homme habile dans les arts, jamais à celui qui leur est étranger. Ce jeune homme n'excelle pas dans les arts ; il ne connaît ni l'escrime, ni l'exercice de l'arc, ni le pugilat, ni les règles de la lutte : comment donnerais-je ma fille à celui qui n'est pas habile dans les arts ?

Ces paroles ayant été rapportées au roi, il pensa : Deux fois, à cause de lui, j'ai été exposé au même reproche. Lorsque j'ai dit : Pourquoi les fils des Çakyas ne viennent-ils pas rendre leurs devoirs au jeune homme, et qu'alors il a été répondu : Pourquoi irions-nous rendre hommage à un jeune indolent ? Aujourd'hui encore il en est de même. Et il demeura immobile et pensif.

Le Bodhisattva ayant appris ce qu'on disait, se

rendit auprès du roi Çouddhodana, et lui dit : Quel mal y a-t-il, pour que vous restiez ainsi avec un visage sombre? Le roi lui dit: Mon enfant, à quoi sert de le demander?

Le jeune homme reprit: Seigneur, ne convient-il donc pas de le demander? et trois fois le Bodhisattva interrogea le roi Çouddhodana.

Enfin le roi raconta au Bodhisattva tout ce dont il s'agissait, et le Bodhisattva dit: Seigneur, y en a-t-il ici, dans la ville, un seul qui puisse rivaliser avec moi pour la dextérité dans les arts?

Alors le roi Çouddhodana souriant, parla ainsi au Bodhisattva : Peux-tu, mon fils, montrer ton habileté dans les arts? Seigneur, je le puis, bien certainement. Qu'on fasse assembler tous ceux qui excellent dans les arts, et en leur présence je montrerai mon savoir.

Le roi Çouddhodana fit donc sonner les cloches dans la grande ville de Kapilavastou.

D'ici à sept jours le jeune Sarvarthasiddha montrera sa dextérité dans les arts. Que tous ceux qui excellent dans les arts se rassemblent ici. Telle fut sa proclamation.

Les sept jours étant passés, cinq cents jeunes Çakyas se réunirent, et la fille de Dandapani, Gopa, fut promise pour récompense au vainqueur : « Celui qui ici, à l'escrime, à l'exercice de l'arc, au pugilat et à la lutte sera vainqueur, c'est à lui qu'elle appartiendra. »

Alors, en tête de tous les autres, le jeune Devadatta sortit de la ville. Au même instant on amenait à la ville un éléphant blanc de très-grande taille, destiné à porter le Bodhisattva. En le voyant, le jeune Devadatta, par envie, par orgueil d'être un Çakya, et enivré aussi par l'orgueil de sa force, saisit cet éléphant de la main gauche par la trompe, et le tua de la main droite d'un seul coup.

Après lui sortait le jeune Soundarananda. En voyant ce grand éléphant tué à la porte de la ville, il demanda qui l'avait tué. On lui dit : C'est Devadatta. Il répondit : Devadatta n'a pas fait là une belle action. Et prenant l'éléphant par la queue, il l'attira en dehors de la porte de la ville.

Après lui parut le Bodhisattva monté sur son char. Il aperçut l'éléphant qui avait été ainsi tué, et en le voyant demanda qui l'avait tué. On lui dit que c'était Devadatta. Il répondit : Devadatta n'a pas fait là une belle action. Et qui l'a attiré en dehors de la porte de la ville? On lui dit que c'était Soundarananda : Soundarananda a bien agi en le faisant; car cet être qui a un grand corps, en se décomposant, remplirait toute la ville d'une mauvaise odeur.

Alors le Bodhisattva debout sur son char, allongeant un seul pied à terre, après avoir saisi cet éléphant avec le bout de son pied, et avoir dépassé successivement sept fossés et sept remparts, le jeta au delà de la ville à la distance d'un Kroça.

Et à l'endroit même où tomba cet éléphant, une grande excavation s'étant faite, on l'appela Hastigarta (fosse de l'éléphant). En ce moment les dieux et les hommes, par centaines de mille, jetèrent des cris d'admiration et de plaisir, et agitèrent des vêtements et des éventails. Du haut des cieux les fils des dieux prononcèrent ces Gathas :

Marchant plein de force, comme le roi des éléphants, il a, avec la pointe de son pied, traîné le roi des éléphants, et après avoir traversé les sept fosses et les sept remparts, il l'a jeté bien loin en dehors de cette ville. Sans nul doute, doué de la plus grande science, par la force de sa sagesse, il rejettera bien loin de la cité de la vie émigrante, les êtres doués de corps qui se sont élevés par la force de l'orgueil.

Ensuite, Bhikchous, cinq cents jeunes Çakyas étant sortis de la ville, s'avancèrent de tous côtés, pour montrer leur dextérité dans les arts. Le roi Çouddhodana, les plus anciens des vieillards d'entre les Çakyas et la multitude, réunis pour voir l'habileté dans les arts du Bodhisattva et des autres jeunes Çakyas, vinrent au même endroit.

Puis, pour commencer, les jeunes Çakyas, habiles à l'écriture et en connaissant les principes, se présentèrent pour disputer au Bodhisattva (le prix de) l'écriture; et le précepteur Viçvamitra fut pris pour juge par les Çakyas : Examine quel est celui d'entre les jeunes gens, qui dans les lettres séparées ou dans les lettres liées se distingue éminemment par sa supériorité.

Alors le précepteur Viçvamitra, qui avait bien vu que le Bodhisattva était savant dans l'écriture, se mit à sourire et prononça ces Gathas :

Dans le monde des hommes ou dans le monde des dieux, dans le monde des Asouras ou dans le monde des Gandharbas, autant il y a d'écritures pour tous les mondes, cet être pur est arrivé à leur perfection. Ni vous ni moi ne connaissons même le nom des écritures et des ligatures que connaît cet astre des hommes. J'en suis parfaitement sûr, il sera vainqueur.

Les Çakyas dirent : Puisque ce jeune homme est placé au premier rang pour la science de l'écriture, il faut qu'il se distingue aussi par son savoir dans l'arithmétique.

Alors un Çakya nommé Ardjouna, grand calculateur et arithméticien, arrivé au terme de la science des nombres, fut établi juge.

Examine lequel de ces jeunes gens se distingue par sa supériorité dans la science des nombres, lui dit-on.

Au même instant, le Bodhisattva proposa un calcul, et un jeune Çakya calcula, mais il ne put égaler le Bodhisattva.

Ensuite deux jeunes Çakyas, trois, quatre, cinq,

d'x, vingt, trente, quarante, cinquante, cent d'entre les cinq cents Çakyas, en calculant ensemble, ne purent égaler le Bodhisattva.

Alors le Bodhisattva dit : Proposez vous-mêmes un calcul, et je l'exécuterai. Et l'un des jeunes Çakyas en ayant proposé un, il ne put arrêter le Bodhisattva. Puis deux jeunes Çakyas, trois, quatre, cinq, dix, vingt, trente, quarante, cinquante, cent d'entre les cinq cents Çakyas proposèrent ensemble un calcul au même instant, mais ils ne purent égaler le Bodhisattva dans la solution du calcul.

Le Bodhisattva dit : Après cette épreuve en faut-il une autre? Mettez-vous tous ensemble pour proposer un calcul, et je l'exécuterai. Et les cinq Çakyas, d'un commun accord, ayant proposé un calcul qu'on n'avait jamais proposé auparavant, et le Bodhisattva, sans s'être troublé, l'ayant exécuté, tous ces jeunes Çakyas furent ainsi poussés à bout sans que le Bodhisattva eût été poussé à bout lui-même.

En ce moment, le grand arithméticien Ardjouna, rempli d'admiration, récita ces Gathas :

En possession d'une intelligence excellente, celui-ci, qu'on interroge, est devenu promptement assez savant pour que même cinq cents Çakyas ne puissent tous l'atteindre dans la science des nombres. Sa science est telle que, possédant avec cette science l'application et la mémoire, cet océan de la connaissance des calculs raisonne aujourd'hui en maître.

Alors toute la multitude des Çakyas fut remplie d'étonnement, et, entraînés par un sentiment d'admiration, tous d'une seule voix s'écrièrent : Victoire ! victoire à toi, jeune Sarvarthasiddha ! Puis tous, se levant de leurs sièges et joignant leurs mains, s'inclinèrent devant le Bodhisattva, et adressèrent ces paroles au roi Çouddhodana : Grand roi, c'est pour toi un grand bonheur qui t'arrive que la possession d'un fils qui, comme celui-ci, est habile à répondre, prompt, vif, alerte, et doué d'une pareille facilité.

Ensuite le roi Çouddhodana parla ainsi au Bodhisattva : Peux-tu, mon fils, rivaliser avec le grand arithméticien Ardjouna pour la science des calculs? Seigneur, je le puis. Eh bien ! calculez (tous les deux).

Alors le grand arithméticien Ardjouna parla ainsi au Bodhisattva : Jeune homme connais-tu le mode de la numération parvenue au dessus de cent Kotis (525)? Le Bodhisattvas répondit : Je le connais.

Eh bien, comment faut il entrer dans le mode de la numération parvenue au-dessus de cent Kotis?

Le Bodhisattva dit : De cent Kotis le nom est Ayouta; de cent Ayoutas le nom est Niyouta; de cent Niyoutas le nom est Kankara; de cent Kan-

(525) C'est-à-dire, au-dessus de cent fois dix millions.

karas le nom est Vivara; de cent Vivaras le nom est Akchobya; de cent Akchobyas le nom est Vivaha; de cent Vivahas le nom est Outsanga; de cent Outsangas le nom est Bahoula; de cent Bahoulas le nom est Nagabala; de cent Nagabalas le nom est Titilambha; de cent Titilambhas le nom est Vyavasthanapradjnapti; de cent Vyavasthanapradjnaptis le nom est Hetouhila; de cent Hetouhilas le nom est Kalahous; de cent Kalahous le nom est Hetvindrya; de cent Hetvindryas le nom est Samaptalambha; de cent Samaptalambhas le nom est Ganagati; de cent Ganagatis le nom est Niravadya; de cent Niravadyas le nom est Madrabala; de cent Madrabalas le nom est Sarvabala; de cent Sarvabalas le nom est Visandjnagati; de cent Visandjnagatis le nom est Sarvasandjna; de cent Sarvasandjnas le nom est Vibhoutagama; de cent Vibhoutagamas le nom est Tallakchana : à l'aide de cette numération appelée Tallakchana, il est possible de dissoudre le Merou, le roi des montagnes, en le prenant pour sujet de calcul. Au-dessus de celle-ci est la numération appelée Dhvadjagravati; à l'aide de cette numération, il est possible de dissoudre tous les sables de la rivière Ganga, en les prenant pour sujet de calcul. Encore au-dessus de celle-ci est la numération appelée Dhvadjagranicimani. Et encore au-dessus de celle-ci la numération appelée Vahanapradjnapti. Et encore au-dessus de celle-ci la numération appelée Ingga. Et encore au-dessus de celle-ci est la numération appelée Koutoutavi. Et encore au-dessus de celle-ci la numération appelée Sarvanikchepa, à l'aide de laquelle il est possible de dissoudre les sables de dix rivières Gangas, en les prenant pour sujet de calcul. Et encore au-dessus de celle-ci est la numération appelée Agrasara, à l'aide de laquelle on peut dissoudre les sables de cent Kotis de rivières Gangas, en les prenant pour sujet de calcul. Et encore au-dessus de celle-ci est la numération dite parvenue à pénétrer les atomes les plus subtils. Cette numération, excepté les Tathagatas, qui se tiennent dans la plus pure essence de l'intelligence (Bodhi), et les Bodhisattvas qui ont pris solennellement possession de toute la Loi, nul être revêtu d'un corps ne la connaît, si ce n'est moi, ou ceux qui, comme moi, sont arrivés à leur dernière existence, et nul autre que les Bodhisattvas qui ne sont pas encore allés hors de leurs maisons errer en religieux.

Ardjouna dit : Jeune homme, comment peut-on entrer dans la numération parvenue à pénétrer dans les atomes les plus subtils?

Le Bodhisattva dit : Dans sept grains d'atomes subtils, il y a un grain de poussière fine; dans sept grains de poussière fine, il y a un petit grain de poussière; dans sept petits grains de poussière, il y a un grain de poussière (éclairée) du soleil; dans sept grains de poussière du soleil, il y a un grain de poussière (éclairée) de la lune; dans sept grains de poussière de la lune, il y a un grain de poussière (soulevée par le pied) d'un mouton; dans sept grains de poussière de mouton, il y a sept grains de poussière de vache; dans sept grains de poussière de vache, il y a une lente; dans sept lentes, il y a un grain de sénevé; dans sept grains de sénevé, il y a un grain d'orge; dans sept grains d'orge, il y a (la longueur d') un doigt; dans douze doigts, il y a un empan; dans deux empans, il y a une coudée; dans quatre coudées, il y a un arc; dans mille arcs, il y a un Kroça (du pays) de Magadha; dans quatre Kroças, il y a un Yodjana. Et maintenant, quel est celui d'entre vous qui sait combien il y a d'atomes subtils dans un Yodjana?

Ardjouna dit : Jeune homme, moi-même je suis dans l'étonnement, à plus forte raison les autres qui sont peu instruits. C'est pourquoi, jeune homme, daigne nous apprendre combien il y a d'atomes subtils dans un Yodjana.

Le Bodhisattva dit : Dans un Yodjana, il y a d'atomes subtils un Niyouta d'Akchobyas, trois millions de Niyoutas de Kotis, soixante mille Kotis, trente-deux Kotis, cinq Niyoutas et douze mille. Et d'après cette entrée (dans la numération des atomes subtils), il y a ici dans le Djamboudvipa, sept mille Yodjanas; dans le pays d'Aparagodana, huit mille Yodjanas; dans le pays de Pourvavideha, neuf mille Yodjanas; dans le pays d'Outtarakourou, dix mille Yodjanas.

Ainsi, d'après cette entrée (dans la numération des atomes subtils), telles sont ces divisions des quatre continents du monde; et pour les autres, tels que les cent Kotis de divisions du monde des quatre grands continents, (ce sont :) les cent Kotis de grands Océans; les cent Kotis de Tchakravalas et de Maha Tchakravalas; les cent Kotis de Soumerous, roi des monts; les cent Kotis de dieux Tchatour Maharadjikas; les cents Kotis de Trayastrimçats; les cent Kotis de Yamas; les cent Kotis de Touchitas; les cent Kotis de Nirmanaratis; les cent Kotis de Paranirmitavaçavartins; les cent Kotis de Brahmakayikas; les cent Kotis de Bramapourohitas; les cent Kotis de Bramaparchadyas; les cent Kotis de Mahabrahmas; les cent Kotis de Parittabhas; les cent Kotis d'Apramanabhas; les cent Kotis d'Abhasvaras; les cent Kotis de Parittaçoubas; les cent Kotis d'Apramanaçoubhas; les cent Kotis de Çoubhakritsnas; les cent Kotis d'Anabhrakas; les cent Kotis de Pounyaprasavas; les cent Kotis de Vrihatphalas; les cent Kotis d'Asandjnisattvas; les cent Kotis d'Avrihas; les cent Kotis d'Atapas; les cent Kotis de Soudriças; les cent Kotis de Soudarçanas, et les cent Kotis de dieux Akanichtas, ce qui est dit la région des trois grands milliers de mondes,

large et étendue. Et dans cette région, ce qu'il y a de Yodjanas, ce qu'il y a de cent Yodjanas, de mille Yodjanas, de Kotis de Yodjanas, d'Ayoutas de Yodjanas, de Niyoutas de Yodjanas, comme il a été dit, en arrivant jusqu'au calcul de l'essence de Yodjanas, c'est ce qu'on appelle le calcul de ce qu'il y a d'atomes subtils; et ce calcul et cette numération étant dépassés, il est dit que le reste ne peut être compté. Ainsi donc telle est la quantité des atomes subtils vraiment innombrables, qui sont dans les régions des trois mille grands milliers de mondes.

Pendant que le Bodhisattva expliquait ce chapitre de la numération, le grand arithméticien Ardjouna et toute la foule des Çakyas furent remplis de joie, de plaisir et d'admiration; et tous, chacun de son côté, ayant déposé des vêtements, offrirent au Bodhisattva les vêtements et les parures qu'ils avaient déposés.

Ensuite le grand arithméticien Ardjouna récita ces Gathas : Ainsi il connaît la voie des centaines de Kotis, des Ayoutas, des Niyoutas, des Kangkaras, ainsi que celle des Akchobyas et des Vivahas, à laquelle ma science, mise à bout, est inférieure. Il a donc une connaissance supérieure et incomparable des calculs. Et sans doute, ô Çakyas, il pourrait supputer, de même que la poussière des trois mille mondes, les brins d'herbe, les arbustes, les simples et les gouttes d'eau, dans le temps qu'on mettrait à dire houm! De ces cinq cents (Çakyas) lequel est plus merveilleux à voir?

Alors les dieux et les hommes, par centaines de mille, jetèrent des cris d'admiration; et du haut du ciel les fils des dieux récitèrent ces Gathas : Des êtres sans exception, quels qu'ils soient, placés dans les trois temps, toutes les intelligences et les idées produites par ces intelligences, de même que les jugements, bornés ou étendus, il les connaît tous parfaitement par une seule évolution de son esprit.

Ainsi, Bhikchous, tous ces jeunes Çakyas ayant été surpassés, le Bodhisattva fut le seul à se distinguer par sa supériorité. Après cela, pour le saut, la natation, la course, et tout le reste, le Bodhisattva ayant continué à se distinguer par sa supériorité, du haut du ciel les fils des dieux prononcèrent ces Gathas :

Par les mérites de la dévotion, des austérités et de la continence, par la force de la patience, de la douceur et de la mansuétude, durant des millions de Kalpas, il a rendu vraiment légers son corps et son esprit. Ecoutez quelle est son impétuosité : Ce premier des êtres, vous l'avez vu entrer ici dans la ville; et cependant, dans toutes les régions des mondes des dix horizons, au même instant, avec des offrandes de toute espèce de diamants et d'or, il s'en va faisant des sacrifices aux innombrables Djinas.

Il a acquis un tel pouvoir de transformations surnaturelles, que vous ne connaissez ni sa venue ni son départ. Toutes les évolutions qu'il connaît, qui les accomplirait ici? Incomparable, il fait naître le respect.

C'est ainsi que le Bodhisattva tout seul se distingua par sa supériorité.

Ensuite les Çakyas dirent: Que le jeune homme se distingue aussi en employant sa force.

Alors le Bodhisattva s'étant mis d'un côté, les cinq cents jeunes Çakyas, tous ensemble, se tinrent prêts à lutter. Et d'abord trente-deux s'étant réunis, s'apprêtent à entrer en lice avec le Bodhisattva. Du milieu d'eux s'avancent Nanda et Ananda; et tous deux s'étant approchés du Bodhisattva dans le dessein de lutter de force avec lui, ne furent pas plus tôt touchés par la main du Bodhisattva, que tous les deux, incapables de soutenir sa force et sa majesté, ils tombèrent à la renverse sur le sol.

Aussitôt après, le jeune Çakya Devadatta, fier et enflé de l'orgueil de sa force, et de l'orgueil (d'être un) des Çakyas, se hasardant contre le Bodhisattva, et tournant tout autour de l'arène, sauta en se jouant sur le Bodhisattva.

Alors le Bodhisattva, sans se troubler et sans se presser, ayant pris doucement le jeune Devadatta avec sa main droite sans pensée de lui nuire, et seulement pour abaisser son orgueil, le fit, dans sa bonté, tourner en l'air, puis le remit sur la terre, sans que son corps eût souffert.

Puis le Bodhisattva dit: Il suffit d'avoir ainsi terrassé ceux-ci; venez tous à la fois lutter.

Et tous, emportés par l'orgueil, vinrent attaquer le Bodhisattva. Mais il ne les eut pas plus tôt touchés, qu'incapables de soutenir la noblesse, la majesté et la force de son corps, ils tombèrent aussitôt renversés sur le sol.

En ce moment les dieux et les hommes par centaines de mille poussèrent de grands cris d'admiration; et les fils des dieux, qui se tenaient dans les airs, firent tomber une grande pluie de fleurs, et récitèrent en chœur ces Gathas:

Tout ce qu'il y a d'êtres dans les dix régions, quand même ils auraient la grande force d'un grand lutteur, s'ils venaient à la fois attaquer ce premier des hommes, seraient renversés à terre (en étant) à peine touchés par lui. Le mont Merou ou le Soumerou, les monts Tchakravalas de diamants ou toute autre montagne qui se trouve dans les dix régions, en les touchant de la main, il les bouleverserait. Y a-t-il là une grande merveille pour un corps qui n'a rien de l'essence humaine? Celui-ci, près du meilleur roi des arbres, est un lutteur terrible. Les démons, leur armée et leurs étendards, ainsi que les alliés de Krichna, il les renversera par la force de la mansuétude, et atteindra le calme de l'Intelligence (*Bodhi*) sans supérieure d'un Bouddha.

C'est ainsi que le Bodhisattva fut le seul à se distinguer par sa supériorité.

Alors Dandapani a adressé ces paroles aux jeunes Çakyas: Ces choses ayant été éprouvées et examinées, qu'il nous montre maintenant son art à lancer les flèches.

Au même instant Ananda, à la distance de deux Kroças, mit pour but un tambour de fer. Après lui, Devadatta mit pour but un tambour de fer à la distance de quatre Kroças; après lui, Soundarananda mit un tambour de fer à la distance de six Kroças.

Après lui, le Çakya Dandapani mit pour but un tambour de fer à la distance de deux Yodjanas. Puis le Bodhisattva après avoir, à dix Kroças, mit pour but un tambour de fer, arrangea auprès sept arbres Talas, et à la suite une machine de fer de la figure d'un sanglier.

Aussitôt Ananda atteignit le tambour mis pour but à la distance de deux Kroças; mais il ne put atteindre au delà.

Devadatta atteignit le tambour mis pour but à quatre Kroças, sans pouvoir atteindre au delà.

Soundarananda atteignit le tambour mis pour but à six Kroças, sans pouvoir atteindre au delà.

Dandapani atteignit le tambour mis pour but à deux Yodjanas, et parvint à le percer, sans pouvoir faire davantage.

Alors le Bodhisattva après avoir brisé successivement, sans exception, tous les arcs qu'on lui présentait, dit: Y a-t-il dans cette ville quelque autre arc, qui tendu par moi, résiste à la force de mon corps et soutienne mon effort?

Le roi dit: Mon fils, il y en a un. Le jeune homme dit: Seigneur, où se trouve-t-il? Le roi dit: Il y a eu ton grand-père nommé Sinhahanou (*mâchoire de lion*), dont l'arc, maintenant suspendu dans le temple des dieux, au milieu des parfums et des guirlandes, n'a jamais pu être soulevé, et par conséquent tendu par personne.

Le Bodhisattva dit: Seigneur, faites-le apporter, je l'essayerai.

L'arc fut donc détaché et apporté; et tous les jeunes Çakyas, quoique faisant les plus grands efforts, ne purent le soulever, ni à plus forte raison le tendre.

Ensuite le Çakya Dandapani, quoiqu'il y employât toute la force de son corps, parvint seulement à le soulever sans pouvoir le tendre.

Cet arc fut enfin donné au Bodhisattva; et lui, ayant saisi cet arc sans se lever de son siège, et restant les jambes à moitié croisées, le saisit de la main gauche, et le tendit avec un seul doigt de la main droite.

Au moment où cet arc fut ainsi tendu, le son en retentit dans toute la grande cité de Kapilavastou, et tous les habitants effrayés se demandaient l'un à l'autre ce que c'était qu'un pareil bruit. Puis l'on se disait que le jeune Sarvarthasiddha avait tendu l'arc de son grand-père, et que c'était de là que venait ce bruit.

Ensuite les dieux et les hommes par centaines de mille jetèrent de grands cris d'étonnement et d'admiration, et du haut du ciel les fils des dieux adressèrent ces Gâthâs au roi Çouddhodana et à cette grande multitude de peuple.

Sans se lever de sa place, sans aucun effort, s'il a, par sa vigueur, tendu un arc semblable, sans nul doute, après avoir accompli ses desseins, il sera bientôt le Mouni vainqueur de l'armée des démons.

Ainsi, Bhikchous, le Bodhisattva ayant pris une flèche, la posa sur l'arc en le tendant. Par la force de la projection il perça le tambour mis pour but d'Ananda, le tambour mis pour but de Devadatta, le tambour mis pour but de Soundarânanda, le tambour mis pour but de Dandapâni, et après les avoir traversés tous, il perça, à la distance de dix Krocas, le tambour de fer que lui-même avait mis pour but, dépassa les sept arbres Talas; et enfin, après avoir transpercé la machine figurant un sanglier, la flèche entra dans la terre, et disparut en s'y enfonçant. A l'endroit où cette flèche était entrée dans la terre en disparaissant, il se forma un puits, qui encore aujourd'hui a nom Çarakoupa (*puits de la flèche*).

Au même instant les dieux et les hommes par centaines de mille poussèrent de grands cris d'étonnement et d'admiration, et toute la foule des Çâkyas émerveillés se disaient: Sans avoir fait aucune étude, celui-ci déploie une pareille connaissance de l'art! C'est vraiment une grande merveille.

Les fils des dieux aussi, rangés dans l'étendue des cieux, parlèrent ainsi au roi Çouddhodana et à cette grande multitude de gens:

Pourquoi ce grand étonnement, et quelle en est la cause? Celui-ci, assis sur l'essence (526) de la terre, à la place des Bouddhas antérieurs, prenant l'arc de la tranquillité, et vainquant avec les flèches du Çounya (527), [qui est] sans conscience de lui-même, l'ennemi de la corruption, et déchirant le réseau de la vue, obtiendra l'Intelligence (*Bodhi*) pure, calme, sans trouble et sans misère.

Après avoir parlé ainsi, les fils des dieux jetèrent sur le Bodhisattva une profusion de fleurs, et s'en allèrent.

De la même manière, pour le saut, l'écriture, la manière de joindre les mains (en priant), le calcul, l'arithmétique, la lutte, l'art d'atteindre de loin, la course, la natation, l'art de lancer les traits, l'équitation sur le cou de l'éléphant, sur le dos du cheval, la conduite des chars, le maniement de la flèche et de l'arc, la solidité, la force, le courage, la gymnastique, la conduite (de l'éléphant) avec le crochet de fer, l'art des pièges, le départ, la sortie, le détour; l'art (de se servir) des poings, des pieds, de la tête; l'art de couper, de déchirer, de percer, d'éprouver, de fendre, de frapper sans qu'on s'en aperçoive, de frapper au point essentiel, de frapper en faisant entendre le bruit; (l'art) des coups violents; le jeu de dés, la poésie, la grammaire, la peinture; le corps, les exercices du corps, l'essai de la méthode, l'entretien du feu sacré, les accords de musique, la voix, la danse, le chant; le déchiffrement de l'écriture, le discours, la plaisanterie, le jeu, la mimique, la vanterie, la disposition des guirlandes, le maniement de l'éventail, la teinture des pierres précieuses, la teinture des vêtements, les rites de la magie, l'explication des songes, le langage des oiseaux, (l'art de connaître) les signes des femmes, les signes des hommes, les signes des éléphants, des chevaux, des taureaux, des chèvres, des béliers, des chiens, la clarté de la science, la composition des vocabulaires, la conclusion du syllogisme, les Pourânas les Itihâsas, le Rgvéda, les prophéties, le Niroukta, l'écriture pesante, la poésie, les rites du sacrifice; la méthode de l'astronomie, de l'arithmétique, de la (méditation) Yoga; la réunion des cérémonies religieuses, la méthode des Vaïçéchikas, la connaissance des substances, la morale, les rites de l'eau et des Asouras, le langage des oiseaux, le langage des animaux; la science des syllogismes, l'arrangement des filets, les ouvrages de cire, la couture, la ciselure, la coupure des feuilles, le mélange des parfums, (en toutes ces choses) et dans tout le reste des arts au monde, le Bodhisattva surpassant l'ouvrage des dieux et des hommes, s'est, lui seul, distingué éminemment par sa supériorité.

Alors le Çâkya Dandapâni présenta sa fille Gopâ au Bodhisattva; et le roi Çouddhodana l'ayant ensuite reçue comme fiancée, la présenta au Bodhisattva.

Ensuite le Bodhisattva, afin d'agir selon les usages du monde, demeura au milieu de quatre-vingt-quatre mille femmes, et se livra aux jeux et aux plaisirs. Parmi ces quatre-vingt-quatre mille femmes, Gopâ, de la famille de Çâkya, fut solennellement reconnue pour la première épouse.

Cependant Gopâ, la jeune femme de Çâkya, en

---

(526) Le traducteur thibétain avait sous les yeux ou a lu *mande*, « essence, » au lieu de *mandale*, « orbe, » que donnent nos deux manuscrits sanscrits, d'après lesquels il faut traduire : *assis sur l'orbe de la terre*.

(527) Par *çounya* et *çounyatâ*, mots qui reviennent à chaque instant dans les livres bouddhiques, il faut entendre le *vide* de la nature avant la création ou milieu où l'univers a pris naissance et s'est développé. Les bouddhistes distinguent dix-huit espèces de vide. (Voy. *Asiat. Res.*, XX, 599.)

présence de son beau-père et de sa belle-mère et des gens de la maison quels qu'ils fussent, ne voilait pas son visage. Et ceux-ci se disaient, en la blâmant avec sévérité : Ne conviendrait-il pas de reprendre cette jeune femme qui n'est jamais voilée?

Gopa, de la famille de Çakya, ayant entendu ce discours, récita ces gathas en présence des gens de la maison :

Assis, debout ou marchant, les gens respectables, quoique découverts, sont beaux. Le diamant précieux et brillant brille encore davantage au sommet d'un étendard. Celui qui est respectable est beau quand il part, est beau quand il arrive; qu'il soit debout ou assis, il est toujours beau quand il parle, est beau même quand il se tait. C'est ainsi que le kalabingka plaît, soit qu'on le voie, soit qu'on l'entende. Celui qui est couvert d'un vêtement de Kouça, quoique son vêtement soit mauvais et son corps amaigri, n'en brille pas moins de sa propre dignité. Celui qui a des qualités est paré de ces qualités. Celui auquel on ne connaît pas de vice est vénéré partout à cause de sa vertu. L'ignorant qui fait le mal, quelle que soit sa parure, n'est pas beau. Ceux qui, avec le vice dans le cœur, parlent un doux langage, sont comme une coupe de poison recouvert de nectar; leur intérieur est rude comme la fente du rocher, c'est comme si l'on touchait la gueule d'un serpent. Partout où ils vont, les gens purs sont honorés, comme l'escalier des étangs sacrés (utile à la) subsistance de tous les êtres. Les gens respectables sont toujours comme une coupe remplie de lait; c'est une bénédiction de voir une pareille vertu accomplie. Tous ceux qui depuis longtemps ont abandonné des amis vicieux, pour s'attacher seulement à l'amitié précieuse des parents vertueux, abandonné tout vice pour s'appliquer à la doctrine du Bouddha, c'est une bénédiction pleine de fruits que de voir des gens semblables. Ceux qui ont dompté le corps, et vraiment réprimé les défauts du corps; ceux qui, maîtres de leur parole, ne sont pas cependant devenus trompeurs; ceux qui, réprimant leurs sens, les ont domptés et ont un esprit pur, qu'ont-ils besoin de se voiler le visage ? Quand même ils se couvriraient le corps de mille vêtements, ceux qui ont l'esprit corrompu, sans pudeur et sans modestie, et qui, sans aucune de ces qualités, n'ont que des paroles menteuses, ceux-là s'en vont par le monde plus découverts que ceux qui sont nus. Celles qui, maîtrisant leurs pensées et domptant toujours leurs sens, satisfaites de leur mari, ne pensent jamais à un autre, apparaissent, (étant) sans voile comme le soleil et la lune. A quoi sert qu'elles se voilent le visage? D'ailleurs le suprême et magnanime Richi qui connaît les pensées des autres, ainsi que la foule des autres dieux, connaissent ma pensée, mes mœurs, mes qualités, ma retenue et ma modestie; pourquoi donc me voilerais-je le visage?

Bhikchous, le roi Çouddhodana ayant entendu ces gathas qui montraient la sagesse de Gopa, la jeune femme de la famille de Çakya, fut rempli de satisfaction et de plaisir; et dans sa joie ayant couvert Gopa, la jeune femme de la famille de Çakya, d'une couple de belles robes blanches semées de pierres précieuses, d'un collier de perles de la valeur de cent mille kotis de Palas, et d'une guirlande d'or incrustée de belles perles rouges, il prononça ces mots : Mon fils étant doué de qualités semblables, et ma belle fille (douée) des qualités qu'elle a bien dites, l'union de ces deux êtres purs est comme le mélange de la crème et du lait.

Chapitre de l'épreuve de l'habileté dans les arts, le douzième.

CHAPITRE XIII.

EXHORTATION.

Pendant que le jeune prince demeure dans l'appartement des femmes, les dieux, afin de l'engager à se faire religieux, changent les accords des concerts en exhortations. Ils lui rappellent les belles actions qu'il a faites dans ses naissances précédentes, ainsi que sa promesse de délivrer le monde de la douleur et de la mort. — Vanité des plaisirs. — Les causes et les effets. — Le vide est partout. Ainsi exhorté, le Bodhisattva pense à atteindre l'intelligence suprême, et, quoique au milieu des femmes, n'est pas privé d'entendre la loi.

Bhikchous, pendant que le Bodhisattva était au milieu de l'appartement des femmes, les dieux, les Nagas, les Yakchas, les Gandharbas, les Asouras, les Garoudas, les Kinnaras, les Mahoragas, Çakra, Brahma et les gardiens du monde désireux de lui offrir un sacrifice, vinrent en foule lui exprimer leur joie par leurs chants.

Puis, Bhikchous, une autre fois il vint à la pensée des dieux, des Nagas, des Yakchas, des Gandharbas, des Asouras, des Garoudas, des Kinnaras, des Mahoragas, de Çakra, de Brahma et des gardiens du monde : Si cet être pur était retenu trop longtemps au milieu de l'appartement des femmes, les êtres qu'il a depuis longtemps parfaitement mûris par les quatre objets d'attraction (qui sont) : le don, les douces paroles, la production des biens, la conformité des biens; tous ces êtres après avoir reçu de lui parvenu à l'intelligence (Bodhi) l'enseignement de la loi, et avoir été placés dans le vaisseau de la loi, venant à disparaître; lorsque ensuite le Bodhisattva, s'en allant errer en religieux, se revêtira de l'intelligence parfaite et accomplie de Bouddha, ne peut-il pas arriver qu'il reste seul? Telle fut leur pensée.

Ensuite, pleins de respect et de vénération, après avoir joint les mains et salué le Bodhisattva : Quand donc verrons-nous ce Bodhisattva noble et pur par excellence errer en religieux, et après avoir erré en religieux et s'être assis auprès du grand roi des arbres, vaincre le démon et son armée, puis se revêtir de l'intelligence parfaite et accomplie de Bouddah? (Quand le verrons-nous) en possession des dix forces d'un Tathagata, en possession des quatre sécurités d'un Tathagata, en possession des dix-huit substances non mêlées de Bouddha, et faisant tourner trois fois la meilleure roue de la loi marquée de douze signes, puis, par les grands jeux de Bouddah, réjouir dans sa sollicitude le monde des dieux, des hommes et des Asouras par ses belles paroles? Et à cette pensée ils s'arrêtèrent.

En ce moment, Bhikchous, le Bodhisattva, après avoir supporté une quantité innombrable de Kalpas, en restant longtemps et sans cesse au milieu des substances du monde et de celles au delà du monde, sans subir l'influence d'un autre, pratiquait toutes les vertus, devenu lui-même un précepteur spirituel. Depuis longtemps, connaissant le temps, connaissant la proportion, connaissant l'instant favorable, sans être troublé par cette science supérieure, il était doué des cinq sciences supérieures, et se jouait avec les fondements de la magie. Il connaissait les pensées des êtres et leurs organes; il connaissait le temps et ce qui n'est pas le temps; il considérait le temps, et, comme le grand Océan, ne dépassait pas la limite atteinte. Parce qu'il possède la force de la science des connaissances supérieures, c'est pour lui le temps de bien comprendre, c'est pour lui le temps de bien saisir, c'est pour lui le temps de bien rassembler, c'est pour lui le temps de restreindre, c'est pour lui le temps d'entrer dans l'indifférence (mystique), c'est pour lui le temps de sortir de sa demeure, c'est pour lui le temps d'errer en religieux, c'est pour lui le temps de parler à haute voix, c'est pour lui le temps de se graver la règle dans l'esprit, c'est pour lui le temps d'être dans une solitude complète, c'est pour lui le temps d'aller à l'assemblée des Kchattriyas, c'est pour lui le temps d'aller à l'assemblée des Brahmanes et des maîtres de maison; c'est pour lui le temps d'aller à l'assemblée des dieux, des Nagas, des Yakchas, des Gandharbas, des Asouras, des Garoudas, des Kinnaras, des Mahoragas, de Çakra, de Brahma, des gardiens du monde, des Bhikchous, des Bhikchounies (527*), des Oupasakas et des Oupasikas (528); c'est pour lui le temps d'enseigner la loi; c'est pour lui le temps de pénétrer complétement, parce qu'il connaît par lui-même tout ce qu'il faut faire. Le Bodhisattva, dans tous les temps, connaît très-bien le temps, considère le temps.

Bhikchous, quoiqu'il ait obtenu la loi elle-même, il doit, ainsi que les Bodhisattvas qui en sont à leur dernière existence, et qui demeurent dans l'appartement des femmes, être, par les Bouddhas Bhagavats qui se tiennent aux dix points des horizons du monde, bien exhorté par le son des chœurs et des instruments et toutes les autres semblables portes de la loi. Et ici il est dit :

Les premiers d'entre les êtres qui se tiennent aux dix horizons du monde, par leur puissance, font entendre ces gathas au milieu des sons harmonieux des instruments, et exhortent bien le meilleur entre les hommes purs :

Après avoir vu les êtres assaillis par cent misères, tu seras le chef, le refuge et l'asile des créatures, leur meilleur secours, leur allié. Autrefois tu as prononcé un vœu, alors que tu étais un héros de vertu : « Je serai le secours des créatures! » Rappelle-toi ce vœu, puisque voilà aujourd'hui ton temps arrivé. Premier des Richis, montre-toi dans le monde; Bouddha disciplinant les dieux et les hommes, toi le premier du monde, sois doué de cent qualités. C'est pour cela que tu as autrefois donné ta tête, tes pieds, tes mains, et tout ce qu'il y avait de meilleur dans tes richesses. Tu as, par ta bonne conduite, pratiqué les vertus et les austérités. Par ta patience, viens en aide à la création. Par ton application, tu as acquis cent qualités; par la méditation et la sagesse, nul dans les trois mondes ne t'égale. Ceux que tourmente la colère, ceux, en grand nombre, qui sont entachés de malice, ceux-là, ô Sougata, enveloppe-les de ta mansuétude. De ceux qui sont privés des qualités de la vertu et égarés, des ignorants si nombreux, enveloppe le corps avec la vertu de la science de ce qui est bon. Resplendis, dans ta méditation profonde et sans trouble; brille au milieu de ces dix horizons, semblable à la lune sans nuage et sans tache. Ceux-ci et d'autres, par de nombreux concerts, par le son des instruments, par le chant des Djinas, t'annoncent que le temps est venu pour toi de paraître dans le monde. Les dieux et les hommes t'adressent cette exhortation, à toi qui es digne de sacrifices.

Bhikchous, le Bodhisattva était dans cette demeure excellente entre les meilleures, garnie d'ustensiles de toute espèce, favorablement disposée pour un bien-être tel que le conçoit la pensée, pareille à la demeure des immortels, bien entremêlée de vestibules, de bancs, d'œils-de-bœuf, de belvédères, de terrasses, de palais; embellie de toutes sortes d'ornements précieux disséminés avec art; décorée avec profusion de parasols, d'étendards, de bannières déployées; bien ornée de nombreux treillages avec des cloches et des clochettes précieuses; tendue de franges de soie par centaines de mille, ainsi que de guirlandes enrichies de toutes sortes

---

(527*) Religieuses mendiantes du même ordre que les Bhikchous.
(528) Dévots et dévotes.

de pierres précieuses; embellie par des ponts de bois précieux de toute espèce; tendue d'une profusion de guirlandes de fleurs et de bouquets; imprégnée du parfum des cassolettes, et abritée par des tentes de soie; parsemée de fleurs de toutes les saisons, (telles que) la fleur des étangs, le lotus blanc et le lotus jaune s'épanouissant en foule dans la demeure des eaux; résonnant du chant d'un grand nombre d'oiseaux, (tels que) des patragouptas, des perroquets, des geais, des kokilas, des cygnes, des paons, des oies, des kounalas, des kalabingkas, des perdrix, et beaucoup d'autres faisant entendre la diversité de leurs chants. Revêtu de lapis-lazuli, le sol de la terre qu'on y foulait réfléchissait l'image de tous les corps. La vue ne se rassasiait pas dans cette demeure délicieuse, la meilleure et la plus pure, qui faisait naître la meilleure et la plus pure des joies.

Le Bodhisattva demeurait donc dans ce grand et magnifique palais; sans tache, à l'abri de toute tache, avec des membres sans tache; sans déposer les guirlandes et les parures; le corps parfumé des essences les plus précieuses et les plus agréables, et ayant pour couvrir son corps un vêtement blanc et beau, sans tache et parfaitement pur. Son lit était garni d'un tissu divin, beau, fin, et doux au toucher comme un vêtement de katchalindi. C'est là, sur ce lit excellent, embelli par la pureté de ses membres, qu'il se tenait au milieu de la foule de ses femmes semblables à des déesses, complétement irréprochable, agréable à voir et bien paré de ses bonnes actions. Pendant qu'il était ainsi au milieu de cet intérieur charmant, les conques, les tambours, les timbales, les tambours d'airain, les harpes, les luths, les tambourins, les cymbales et les flûtes faisaient entendre les sons agréables de leurs accords, les sons variés et retentissants de leurs symphonies; et la troupe des femmes à la voix flexible, douce et allant au cœur, récréaient le Bodhisattva avec des concerts et les accords de mélodies enchanteresses cependant. Les Bouddhas Bhagavats qui demeurent aux dix horizons, font, par leur bénédictions, sortir du milieu de ces concerts ces gathas d'exhortation au Bodhisattva :

Pendant que ces femmes à l'esprit joyeux, aux idées riantes, font résonner les ravissants accords de la musique et des voix, par la puissance des suprêmes Djinas des dix horizons, ces gathas variées se font entendre :

Après avoir vu cet univers complétement privé de chef, tu as dit : « Devenu Bouddha, revêtu de la dignité suprême, sans misère et sans trouble, je le délivrerai de la naissance, de la vieillesse et des autres misères. »

Héros, voilà le vœu que tu as prononcé autrefois. C'est pourquoi, ô excellent, sors promptement de cette ville pure; en marchant sur les traces des Richis d'autrefois, sur ce point de la terre désolée; après avoir acquis la science sans égale des Djinas, et être devenu Bouddha, toi qui autrefois as donné toutes tes richesses, tes pieds, tes mains, ton précieux corps, grand Richi, c'en est aujourd'hui le temps, distribue aux créatures le fleuve sans limite de la loi. Tes mœurs n'ont pas cessé d'être pures, ta vertu (d'être) sans tache. Toujours orné, dans le passé, de ce qui est bon par excellence, ô grand Richi, nul ne t'égale en vertu. Délivre les créatures de leurs nombreuses espèces de misères; exerce ta patience à l'égard de cent mondes; supporte avec patience de nombreuses paroles mauvaises de la part des créatures, toi qui supportes avec patience, devenu, en te domptant, maître de toi-même. Seigneur de ceux qui ont deux pieds, va au milieu du monde, accomplis ton dessein. Ton héroïsme constant, ferme et inébranlable, ô Sougata, a été immense du commencement à la fin. Après avoir vaincu le démon artificieux et son armée, taris les trois maux. A ce temps mauvais et brûlé par les misères de la corruption, en vue duquel tu t'es livré aux bonnes œuvres et aux austérités, verse la pluie de l'Amrita, et désaltère ceux qui depuis longtemps sont sans chef et altérés.

« Parvenu à l'état de Bouddha immortel sans misère, je désaltérerai avec l'Amrita ceux que la soif tourmente. » Voilà ce que tu as dit; rappelle-toi cette excellente parole que tu as prononcée autrefois. Sors promptement de cette ville pure, toi qui es habile à user de la plus excellente sagesse; toi, dont la science illimitée est sans tache et grande. Pour les ignorants qui demeurent dans la voie du doute, fais briller le pur éclat de la sagesse. Exerce ta mansuétude envers des centaines de mondes. La miséricorde, qui est la principale des joies, et l'indifférence (mystique), tu les as pratiquées dans toute leur pureté. Distribue aux créatures sans exception cette pratique elle-même.

Par (l'effet de) la majesté des Djinas des dix horizons, ces gathas, rappelant toutes les fleurs des qualités, exhortent ce jeune homme assis sur son lit, pendant que résonnent toutes sortes d'instruments mélodieux, pendant que des femmes charmantes le réjouissent en faisant entendre les accords d'une musique ravissante. Cependant les Djinas des dix horizons, qui disciplinent les dieux et les hommes, continuent à faire entendre, à l'aide de ces accords, ce discours excellent qui ne peut être trop long :

Toi qui, doué de qualités nombreuses, viens en aide aux créatures; qui, au temps où tu changeais d'existence, as possédé naturellement les qualités des Djinas, souviens-toi, souviens-toi des pratiques religieuses et des austérités que tu as accomplies autrefois. Va promptement auprès du meilleur des arbres, acquiers une immortelle dignité. Aux dieux et aux hommes altérés, privés des qualités des Djinas, ô toi qui possèdes une très-grande force, donne pour toujours la saveur de l'Amrita. Toi qui as la meilleure saveur des dix forces, honoré de sacrifices par les savants, seigneur des hommes, distribue promptement de tous côtés cet Amrita. Doué des qualités des Djinas, ô toi qui te réjouis de venir en aide aux créatures, tu as, dans une existence d'autrefois, donné les biens, les diamants, l'or; ton épouse, ton fils chéri, tes villes, tes villages, ta tête, tes yeux, tes mains et tes pieds. Lorsque autrefois, ô le plus excellent des hommes, tu étais un roi vertueux, un homme étant venu en ta présence t'adressa ces paroles : « Ces villes, ces villages et cette terre, donne-les moi. » Tu fus tout réjoui et nullement troublé. Au temps où tu étais le Brahmane vertueux d'un roi, et quand le peuple t'honorait comme un Gourou (529), tu ne méprisais pas les autres, et tu affermissais dans la vertu les Brahmanes purs et les populations nombreuses. Puis tu sortis de l'existence terrestre pour renaître au séjour des dieux. Lorsque autrefois tu étais fils de roi tu étais devenu un Richi vertueux, un mauvais roi s'étant mis en colère te fit couper les membres; et toi, sans avoir l'âme troublée, tu accomplis l'heure de la mort, et alors il coula du lait de tes pieds et de tes mains. Au temps où tu étais le Richi appelé Syama, habitant la meilleure des montagnes, te plaisant aux œuvres pieuses et dans la société des Gourous, un prince des hommes t'ayant percé avec des flèches empoisonnées, sans que ton cœur fût troublé, tu pardonnas à ce roi. Autrefois, quand tu étais le roi des antilopes, doué de qualités, et que tu retiras un homme du grand torrent de la montagne, tu le déposas secourablement dans la plaine, sans avoir l'esprit troublé, tandis que tu transportais ton ennemi. Ô le plus excellent des hommes, lorsque autrefois tu étais le fils d'un Brahmane, quand ton trésor tomba dans les profondeurs du grand Océan, tu fis écouler le grand Océan, et tu recouvras ton trésor, ô chef des hommes à la force puissante. Ô le plus excellent des hommes, lorsque tu étais autrefois un Richi pur, un Brahmane vint près de toi en disant : Sois mon refuge, ô le plus pur des Brahmanes, sauve-moi d'un ennemi ! tu donnas ton propre corps, et ce Brahmane ne donna pas le sien. Autrefois, étant allé auprès du Richi Syama, qui avait un arbre pour demeure, après qu'il t'eût dit : « Je désire que tu comptes les feuilles de cet arbre, » après avoir bien compté et en ayant reconnu ce qu'il y avait de feuilles, tu lui en donnas, selon son désir, le compte sans aucune erreur. Autrefois, quand tu étais un

(529) Précepteur spirituel, le lama des Thibétains.

perroquet doué de qualités, et demeurant sur un arbre, quoiqu'il vint à périr, tu songeas à un ancien bienfait, et tu ne l'abandonnas pas. Le seigneur des dieux, réjoui au souvenir de tes qualités, et parce que cet arbre excellent t'avait été agréable, l'a rendu vénérable. Tes œuvres pieuses et ta pratique des austérités sont sans égales. Toi qui e doué de qualités, en parcourant la voie des qualités, tu as eu des qualités nombreuses. Aujourd'hui ton temps est venu. Abandonne la terre avec ses villes. Établis promptement les créatures dans la pratique des qualités des Djinas.

Pendant que des femmes belles et bien parées des vêtements les plus beaux et les plus précieux faisaient résonner les plus ravissants accords des instruments, alors aussi, par la puissance des Djinas des dix horizons, des gathas variées se firent entendre au milieu des accords de ces instruments et de ces chants :

« Pour les mondes qui sont la proie de la vieillesse et de la mort, je serai un refuge. » Lampe du monde, ce vœu a été fait par toi, il y a de cela un grand nombre de Kalpas. Lion des hommes, rappelle-toi ce vœu que tu as fait autrefois ; maître de ceux qui ont deux pieds, c'est aujourd'hui le temps de paraître dans le monde. Ici, dans des millions d'existences, tu as fait des dons multipliés : biens, trésors, or, beaux vêtements enrichis de pierreries, tes pieds, tes mains, tes yeux, ton fils chéri, ton royaume prospère, tu as tout donné ; et tu n'as eu, en donnant, ni dépit ni envie contre ceux qui demandaient. Maintenant, Çaciketou (étendard de la lune), prince aux belles dents, tu es devenu calme, ton esprit est devenu miséricordieux et compatissant ; tu brilles comme la lune ou un diamant au sommet de la tête. Ô roi, héros inébranlable aux beaux yeux, tu as fait toutes ces choses et bien d'autres. Ô roi qui te plais à faire des millions de présents, tu as accompli toutes ces transformations toi-même. Sougata, durant de nombreux Kalpas tu as pratiqué la vertu ; et la vertu est devenue comme un diamant précieux, sans tache et parfaitement pur. Comme le parfum du Tchamara (le conserve), de même tu as conservé la vertu en agissant. En te plaisant dans la vertu, tu as rendu ici de nombreux services aux créatures. Quand tu étais le meilleur des éléphants, et alors qu'un chasseur ennemi te perça d'une flèche, pris de pitié pour cet ennemi cruel, tu l'aidas ; plein de bonté, tu abandonnas tes belles dents, mais non la vertu. Ces transformations de vertu et bien d'autres, tu les as toutes accomplies. En te plaisant dans la patience, tu as supporté (de la part) des êtres le manque de secours, mille persécutions, les injures, les meurtres et les emprisonnements multipliés. Toi qui autrefois entourais tous les hommes de bien-être et d'égards, quoique ensuite ils soient devenus tes bourreaux, tu leur as pardonné. O maître, dans le temps que tu étais une ourse, demeurant sur le meilleur des monts, un homme fut rempli d'épouvante par les torrents de l'eau des neiges ; tu le pris, et lui donnant des racines et des fruits en abondance, tu l'entouras de toutes sortes de soins. Mais bientôt il revint amenant des gens pour te tuer, et tu lui pardonnas. Afin de rechercher l'Intelligence (*Bodhi*), dans la connaissance des diverses qualités du dévouement et des austérités, tu es toujours resté ferme dans ton héroïsme, solide, inébranlable. Soumis lui-même, le démon est, par toi, devenu sans force à cause de la force de ton héroïsme. Lion des hommes, le moment est venu pour toi de te montrer ici dans le monde. Lorsque autrefois, ici, tu étais le meilleur des chevaux de la couleur de la neige, la pitié s'étant emparée de toi, tu allas rapidement à travers les cieux dans le pays des Rakchas, puis prenant ces hommes misérables, tu les établis dans le bien-être. Ces transformations héroïques, et bien d'autres, tu les as accomplies. Après avoir dompté l'esprit frivole, prompt à changer et se plaisant dans le pays des chimères, surmonte les misères humaines, ô maître, par la contemplation, la discipline, la pureté, et le calme (des passions). Ici, en te plaisant dans la contemplation, tu as, par tes qualités, rendu service aux créatures. Aujourd'hui, ô le plus excellent des êtres, c'est pour toi l'instant d'opérer plusieurs transformations surnaturelles par la méditation profonde, toi qui fus autrefois un Richi se plaisant dans la méditation profonde, et y demeurant. Privés de roi, les hommes te désignent pour t'investir solennellement de la royauté. Etablis les créatures dans la voie de Brahma et des dix vertus ; et au temps où elles (les créatures) disparaîtront d'entre les hommes, qu'elles aillent toutes dans le séjour de Brahma. Dans la connaissance des points de l'espace et de leurs intermédiaires, des nombreuses espèces de voies et des rites, tu es le plus habile. Tu connais la conduite et la voie des autres, le langage des créatures et leurs organes. Tu as dépassé la méthode, la discipline, l'intelligence et les pratiques variées et nombreuses. Fils de roi, c'est ici pour toi le temps de te montrer dans le monde. Autrefois, ayant vu les hommes tomber dans de faux principes et enveloppés par la vieillesse, la mort, les misères et les douleurs de toute sorte, tu leur as toi-même fait comprendre quelle était la droite voie de ce monde de destruction ; et vainqueur des ténèbres, tu as rendu le plus grand service aux mondes.

C'est par cette série de gathas, belles et remplies de qualités, qu'au milieu des accords des instruments, par (l'effet de) la majesté des Djinas, le héros est exhorté.

Toi qui possèdes la plus excellente des intelligences, le moment est venu pour toi de paraître dans le monde. A la vue de ces hommes remplis de misère ne reste pas dans l'indifférence.

Pendant que, parées de vêtements, de diamants, d'écharpes et de guirlandes parfumées de toute espèce, les femmes à l'esprit enjoué, qui font naître l'affection et se livrent au plaisir, récréent par les accords mélodieux de leurs concerts le meilleur des êtres ; par la puissance des Djinas, (du milieu) de ces concerts s'élèvent ces gathas :

Le temps, en vue duquel, afin de secourir les créatures, tu as, durant de nombreux Kalpas, abandonné ce qui était difficile à abandonner, pratiqué la vertu, la patience et l'héroïsme, (en vue duquel) tu t'es livré aux pensées de la méditation profonde et de la sagesse, il est venu maintenant. O guide, songe promptement à ton dessein de paraître dans le monde, ne tarde pas. Autrefois un précieux trésor, de l'or, de l'argent, des ornements ont été abandonnés (par toi). A des créatures de toutes sortes tu as fait un grand nombre d'offrandes de tout genre. Tu as donné ta femme, ton fils, ta fille, ton corps, ton royaume et ta vie. En vue de l'Intelligence (*Bodhi*), des choses difficiles à abandonner ont été abandonnées sans nombre par toi. O roi sans faiblesse, tu t'es rendu glorieux par l'éclat de belles actions. (Toi qu'on nomme) Nimindhara, Nimi, Krichna, Brahmadatta, Keçari, Sahasradjna, Dharmatchinti, Artchimat, Dritadhana, après avoir bien médité sur le but, tu as abandonné aux êtres abattus des choses difficiles à abandonner. O Soutasoma, brûlant d'héroïsme, brillant de l'éclat des bonnes œuvres, qui as (fait) tant de grands abandons, tu as été reconnaissant. Richi des rois, au corps (pareil à celui) de Tchandra, héros qui fais prospérer la vérité, roi qui recherches les belles paroles, devenu attentif, bon et chaste, qui brilles de l'éclat de Tchandra, et te distingues dans ta marche ; qui es devenu maître de la poussière et des horizons ; héros du don, roi de Kaçi (*Bénarès*) au précieux diadème, proclamant le calme, que tu aies été parmi ceux-ci ou d'autres, seigneur des hommes, tu as abandonné des choses difficiles à abandonner. De même que tu as versé une pluie de dons, verse la pluie de la loi. Tu as vu, il y a longtemps, que l'essence des êtres était semblable aux sables de la Ganga. Afin de délivrer les êtres, et en recherchant l'Intelligence (*Bodhi*), (ô le) premier des (êtres) purs, tu as fait aux Bouddhas des offrandes innombrables et que la pensée ne peut embrasser. Héros, le temps est venu aujourd'hui de sortir de cette ville excellente. Tu as, d'abord, fait une offrande de fleurs de Sala à Amoghadarci ; tu as regardé quelques instants Vairotchana avec une pensée bienveillante. Tu as présenté une graine d'Aroura à Doundoubhisvara. En voyant Tchandana, tu as pris un flambeau de gazon, et tu l'as porté dans sa demeure. En voyant Renou entrer dans la ville, tu lui as jeté une poignée de poudre (d'or). Tu as donné un encouragement à Dharmeçvara pendant qu'il enseignait la loi, en lui disant, Bien! En voyant Samantadarci, tu t'es écrié, Adoration! adoration! Tu as jeté avec joie une guirlande d'or à Mahartchiskandi. Pendant que tu offrais des franges à Dharmadhvaja, tu donnais à Nirodha de la laine et des fèves. Tu as offert des fleurs d'Açoka à Djnanaketou, à Sarathi un breuvage, à Ratnacikhin des lampes, à Padmayoni des médicaments; tu as offert des colliers de perles à Sarvabhibou, à Sagara des lotus, à Padmagarbha des tentures, à Sinha des tentes pour la pluie; tu as offert de la crème à Salendraradja, à Pouchpita du lait. Tu as offert à Yaçodatta des fleurs de Kourounda, à Satyadarci des mets préparés. Tu as abandonné ton corps à Djnanamerou; tu as donné des vêtements de religieux à Nagadatta; tu as donné à Abhyoutchagami, à Tchandanagra et à Bhona une poignée de sel pour chacun. Tu as offert à Mahavyouha des lotus; des perles à Raçmiradja. Tu as offert à Çakya Mouni une poignée de Souvarnas, et tu as adressé des louanges à Indraketou. Tu as offert à Souryanana des pendants d'oreilles (en forme?) de fleurs, à Soumati un diadème d'or. Tu as offert à Nagabhibhou une pierre précieuse, à Pouchpa une tente de toile blanche. Tu as offert à Bhaichadyaradja un précieux parasol, à Sinhaketou un tapis pour s'asseoir, à Gounagradhara un précieux réseau, à Kacyapa toutes sortes de concerts.

En offrant des fleurs à Artchiketou, tu as toujours offert les fleurs aux plus suaves parfums. Tu as offert à Akchobyaradja une guirlande à étages, à Lokapoudjita une guirlande. Tu as offert ton royaume à Tagaracikhin, à Deurdjaya toutes sortes de parfums, Tu t'es offert toi-même à Mahapradipa. Tu as offert des parures à Padmottara, à Dharmaketou des fleurs variées, à Dipankara des lotus bleus. En faisant toutes sortes d'offrandes des espèces les plus différentes les unes des autres, tu as fait des offrandes à d'autres encore qu'à ces premiers des êtres. Rappelle-toi les Bouddhas du passé, leurs enseignements et tes sacrifices. Ne dédaigne pas les êtres sans guide; et plein de misère, montre-toi dans le monde. Aussitôt que tu as vu Dipankara, tu as atteint la plus grande patience, et successivement les cinq sciences transcendantes et durables. Puis, après avoir pris plaisir, durant d'innombrables Kalpas et dans toutes les parties du monde, à faire à chacun des (précédents) Bouddhas des sacrifices que la pensée est incapable d'embrasser, ces Kalpas innombrables se sont écoulés, ces Bouddhas sont allés dans le Nirvana; et tous ces corps qui furent à toi, ces noms mêmes, où sont-ils? Il appartient à la loi de mettre fin à toutes les substances; ce qui est assemblé n'est pas durable. Désir, empire, richesses ne sont pas durables; sors de cette ville excellente. Au temps où s'achève un Kalpa, comme le feu qui brille de splendeurs terribles et effrayantes, s'approchent la vieillesse, la maladie et la mort, accompagnées d'une frayeur qu'on ne peut supporter. Il appartient à la loi de mettre fin à toutes les substances; ce qui est composé n'est pas durable. Regarde les êtres extrêmement misérables. Toi qui es doué de qualités, va au milieu du monde.

Pendant que le (fils du) roi se repose sur sa couche fortunée, et que des troupes de femmes font entendre les accords des flûtes, des téorbes et des instruments de toute espèce, du milieu de ces concerts se font entendre ces exhortations:

Les trois mondes (530) sont brûlés par les douleurs de la vieillesse et de la maladie, dévorés par le feu de la mort et privés de guide. Les créatures, au milieu de ce que produit l'univers, sont toujours insensées, comme un essaim d'abeilles entrées dans un vase. Les trois mondes sont instables et pareils au nuage d'automne. La naissance et la mort d'une créature sont semblables à la vue de la danse. La vie d'une créature est pareille à l'éclair des cieux; comme le torrent qui coule de la montagne, elle passe avec une grande vitesse. Par le fait de l'existence, du désir et de l'ignorance, les créatures dans le séjour des hommes et des dieux, sont dans la voie des trois maux. Les ignorants roulent dans cinq voies, de même que tourne la roue du potier: la forme qui se distingue par la beauté la plus séduisante, les sons agréables, les parfums suaves, la meilleure saveur, et ce qui est le plus doux au toucher, tels sont les dangereux pièges du temps, où s'embarrassent les créatures, comme dans le piège du chasseur s'embarrasse un jeune singe. Les qualités du désir sont la douleur et les vexations nombreuses, toujours accompagnées de craintes, d'inimitiés et de misères; elles sont semblables au tranchant de l'épée, pareilles à la feuille d'un arbre vénéneux; comme un vase impur, elles sont abandonnées par l'homme respectable. Les qualités du désir, accompagnées de la crainte, accompagnées de la misère, produisent toujours l'oubli, pareilles aux ténèbres; elles produisent toujours des causes de crainte, racines de douleurs qui font croître la liane des désirs de la vie. Comme une fosse, où le feu brûle, inspire la crainte, c'est ainsi que les gens respectables considèrent ces désirs, pareils à un grand marais, à l'épée restée dans sa blessure, au tranchant de l'épée enduit de miel. Comme une tête de serpent,

(530) Des dieux, des Asouras et des hommes.

comme un vase impur, voilà comment les gens respectables regardent ces désirs. Ils sont pareils à la chair d'un oiseau, au Soura, à une potence ; et, comme pour les chiens un corps sans vie, ils amènent les querelles. Ces qualités du désir sont pareilles à la lune dans l'eau. Comme une image réfléchie, comme un écho, comme un éblouissement et la vue de la danse, comme un songe, voilà comment les gens respectables les considèrent. Les qualités du désir sont comme un discours vain et futile, comme la magie et le mirage, remplies de fausseté, vides comme l'écume et la bulle d'eau. Tel est le jugement des sages, après avoir examiné avec soin. Au commencement de la vie, quand il a pris sa forme la plus gracieuse, l'ignorant est aimé et approuvé dans ses actions. Quand la vieillesse et la maladie ont effacé l'éclat de son corps, on l'abandonne sans retour, comme les gazelles (abandonnent) une rivière desséchée. Au temps où, doué de force, il a en abondance des trésors, des grains, et les biens les plus précieux, l'ignorant est aimé et approuvé dans ses actions. Sa fortune diminue-t-elle pour faire place à la misère, on l'abandonne sans retour comme un désert. Comme l'arbre qui porte des fruits et l'arbre qui porte des fleurs, celui qui aime à donner plaît aux hommes ; si sa fortune diminue, si accablé de vieillesse il mendie, il devient alors désagréable comme un vautour. Au temps où il avait les biens et la beauté, on aimait à le rencontrer comme un chef qui flatte les sens. La vieillesse, la maladie, les misères sont venues, sa richesse a passé, il devient alors désagréable comme le seigneur de la mort qui nous déplaît. Il est appesanti par la vieillesse, sa jeunesse a été fanée ; (il est) comme un arbre abattu par la foudre. Miné par la vieillesse, il est redouté comme une maison en ruine. O Mouni, dis promptement comment échapper à la vieillesse. Femmes et hommes, en foule, sont desséchés par la vieillesse, comme un bois épais de Salas par les replis de la liane Malou. La vieillesse ravit le courage, l'énergie et la vigueur, comme si l'homme était plongé dans un marais. La vieillesse change la beauté en laideur ; la vieillesse ravit l'éclat, ravit la puissance et la force ; la vieillesse ravit le bien-être, et amène le dédain ; la vieillesse amène la mort ; la vieillesse ravit le lustre du visage. Les êtres sont tourmentés par des centaines de maladies, de souffrances et de misères qui les enveloppent, comme les gazelles (sont tourmentées) par les hommes. Regarde le monde vaincu par la vieillesse et la maladie ! enseigne promptement comment sortir de la misère (humaine). Comme, pendant l'hiver, le vent et les grandes neiges ravissent leur lustre aux gazons, aux branches des arbres, aux bois et aux plantes médicinales, de même la maladie ravit aux créatures leur lustre, et fait décliner les sens, le corps et les forces ; elle amène la fin des richesses et des biens. La maladie amène toujours le dédain, elle blesse et menace ce qui est agréable ; elle brûle comme le soleil à travers les cieux. C'est elle qui amène le temps de la mort, de la transmigration et des changements d'existence. La créature agréable et aimée disparaît pour toujours ; elle ne revient plus pour qu'on la rencontre, pareille à la feuille et au fruit tombés de l'arbre, au courant du fleuve. La mort rend impuissant le puissant ; la mort entraîne, comme le fleuve (entraîne) le pin. L'homme, sans second, sans compagnon, tout seul, s'en va, impuissant par la possession du fruit de ses œuvres. La mort saisit les êtres par centaines, comme le monstre des mers saisit des êtres en foule, comme un Garouda (saisit) un Ouraga, (comme) un lion (saisit) un éléphant, comme le feu saisit une foule d'êtres, de racines et de plantes. « Je délivrerai les êtres de ces centaines d'imperfections : » telle est la prière que tu as faite autrefois ; rappelle-toi ta conduite. Le temps est venu pour toi de paraître dans le monde.

(C'est ainsi qu') au temps où les troupes de femmes récréaient le grand Mouni par leurs concerts, au milieu des accords des instruments, par la puissance des Soutagas, diverses gathas se faisaient entendre :

Tout ce qui est composé est bientôt détruit, et, comme l'éclair dans le ciel, ne dure pas longtemps. Voici que ton temps est venu, ô Souvrata. Le moment est arrivé de paraître dans le monde. Ce qui est composé n'est jamais stable, comme un vase d'argile abondonné est fragile par lui-même, comme la fortune empruntée à un autre ; comme une ville de sable qui ne se soutient pas longtemps, ce qui est composé n'est pas durable, comme la graisse qui fond pendant l'été, comme le bord sablonneux des fleuves. Dépendant d'une cause, et d'une nature faible et défectueuse, ce qui est composé est pareil à la flamme d'une lampe ; surgissant promptement, c'est une substance destructible comme le vent, ne demeure pas longtemps ; qui, comme l'écume, est défectueuse, faible et sans essence. Ce qui, étant composé, est insensible, c'est le vide (Çounya), semblable, quand on l'examine, à une touffe de plantes Kadalis, pareil à la magie qui jette le trouble dans l'esprit, pareil au vide renfermé dans (le creux de) la main, et qui trompe un enfant. Tout ce qui est composé, sort certainement de causes et d'effets. Une cause est produite par une autre, et naît en s'y appuyant. Les hommes ignorants ne comprennent pas cela. C'est ainsi, par exemple, que (l'herbe) Valvadja, ayant pour appui (l'herbe) Moundja, est changée en corde par l'effet de l'art ; que la machine qui retient le seau est jointe à la roue, quoique ni l'une ni l'autre ne soit préparée pour le mouvement. C'est ainsi que tous les membres de l'univers sont préparés, en s'appuyant les uns sur les groupes des autres, et que chacun de son côté est préparé au mouvement. La limite de ce qui précède ou de ce qui suit n'est pas sensible; comme dans la semence est le germe, quoique la semence ne soit pas le germe lui-même: D'où (il suit que) l'une n'étant pas, celle-ci n'est pas non plus. C'est ainsi que, sans être durable, la substance elle-même n'a pas d'interruption. L'ignorance est une cause d'agrégation, mais l'agrégation en elle-même n'est vraiment pas. Cette ignorance et cette agrégation ayant pour nature le vide, sont immuables. C'est par le (moyen du) sceau que l'empreinte est visible; le sceau effacé, il ne paraît plus rien. Nul n'existe donc qu'il ne vienne d'un autre; et c'est ainsi que ce qui est composé, sans être durable, n'est pas interrompu. Si l'œil s'appuie sur la forme, la science parfaite de l'œil est alors produite. Si l'œil ne s'appuie pas sur la forme, il n'y a pas passage de la forme à l'œil. Les substances qui ne sont pas homogènes, sont jugées désagréables par leur nature; celles qui sont homogènes sont jugées agréables. L'erreur est reconnue n'être pas bonne, et pourtant c'est d'elle que la science parfaite de l'œil provient. La science parfaite naissant de l'entrave, le sage voit clairement la naissance et la destruction. Le Yogui voit le vide, qui ne va nulle part, et n'est venu de nulle part, semblable à une magie. Ainsi, par exemple, le bois qu'on frotte, celui avec lequel on frotte, et l'effort fait avec les mains, voilà trois choses réunies, sur lesquelles en s'appuyant naît le feu, et après être né, il ne tarde pas à être entravé. De là quelque sage se dit, après avoir réfléchi: D'où est-il venu? où est-il allé? Et regardant les points cardinaux et leurs intermédiaires, de tous côtés, il ne s'aperçoit ni de son arrivée, ni de son départ. La cause des agrégations et des sièges des sens, c'est l'ignorance, le désir et les œuvres. Quoique de ces choses rassemblées on dise, « C'est l'être, » leur vrai but n'est pas apparent. En s'appuyant sur les lèvres, le gosier et le palais, le son des lettres naît par le mouvement de la langue; et si, en s'appuyant sur le gosier, il n'existe pas, il n'existe pas (non plus) par le palais (seul), et la lettre n'est apparente pour personne. En s'appuyant sur cette union (des lèvres, du gosier et du palais), naît la parole, par le pouvoir du jugement de l'esprit. L'esprit et le discours étant invisibles et sans corps, invisibles au dedans et au dehors, les sages ont reconnu très-bien la naissance et la destruction de la parole, de la voix, du son et des accords; ils ont vu alors que tout discours était comme un écho, et qu'à lui seul le langage était sans essence. Ainsi, par exemple, en s'appuyant sur le bois et les cordes, et en se servant de la main, voilà trois choses par le concours desquelles le luth, la flûte et le reste rendront un son. Et là quelque sage se dira, après avoir réfléchi: D'où est-il venu? où est-il allé? Et après avoir examiné les points cardinaux et leurs intermédiaires, de tous côtés, il ne s'aperçoit ni de la venue, ni du départ du son. Ainsi de causes et d'effets naissent toutes les agrégations, et le Yogui, en les voyant, s'aperçoit que les agrégations sont le vide qui est immuable. Les agrégations et les sièges des sens, au dedans sont vides, au dehors sont vides; tous par eux-mêmes étant isolés, n'ont pas de fixité, laquelle est la marque de la loi, la propriété de l'éther. Cette marque de la loi, telle qu'elle est, (ô Çakya Mouni,) quand tu as vu Dipangkara, tu l'as comprise; de la même manière elle a été ensuite comprise par nous. Fais-la comprendre également aux dieux et aux hommes réunis. Blessant, quoique n'existant pas (réellement) pour qui les examine, telles sont les passions et les jalousies par lesquelles le monde est tourmenté. Fais tomber du nuage de la miséricorde l'eau rafraîchissante du calme, ô guide, ainsi que le ruisseau de l'Amrita. « Après avoir atteint l'Intelligence (*Bodhi*) suprême, je rassemblerai les êtres vivants par le plus grand des trésors: » voilà ce que tu as dit. Pandit, la cause pour laquelle, pendant des millions de Kalpas, tu as fait des dons, rappelle-toi-la, ainsi que ta conduite d'autrefois. Par le plus grand des trésors, ô guide, ne dédaigne pas les êtres misérables et souffrants, et rassemble-les par le plus grand des trésors. « Le mal est venu, entravant la voie de la terre; mais je montrerai aux millions d'êtres la plus excellente porte de l'immortalité du Svarga: » voilà ce que tu as dit. Toi qui as toujours bien suivi la morale, qui as obtenu une pensée en possession de la morale, rappelle-toi cette conduite d'autrefois. Brise la porte de la terre où les trois maux sont venus, ouvre la porte de l'immortalité du Svarga. « Détruisant la colère des êtres animés, et les retirant de l'océan de la création, je les établirai dans le calme, le bien-être et l'exemption des maladies: » voilà ce que tu as dit. Toi, qui as toujours été patient et réservé, rappelle-toi cette conduite d'autrefois. Ne néglige pas les êtres dont la conduite est troublée par les inimitiés et l'envie de se nuire; établis-les dans la terre de patience. « Après avoir bien préparé le vaisseau de la Loi, je ferai traverser aux êtres l'océan de la création, et je les établirai dans le calme et l'exemption des maladies, » as-tu dit. Dans quel but tu t'es livré à l'application, rappelle-toi-le, ainsi que ta conduite d'autrefois. Les êtres entraînés par quatre courants, les êtres sans chef, retire-les promptement par la force de l'application et l'effort de la diligence.

« Hors des pensées semblables à celles d'un singe, (nées du trouble) des sens, des sens grossiers, je les établirai dans le séjour du calme : » voilà ce que tu as dit. O guide, pourquoi tu as conçu la pensée de vaincre la corruption, rappelle-toi-le, ainsi que ta conduite d'autrefois. Ne néglige pas les créatures embarrassées par le réseau de la corruption, et détruisant cette corruption, établis-les dans la meilleure des méditations. « En faisant voir aux créatures, obscurcies par les ténèbres de l'ignorance profonde, des centaines de lois, je leur donnerai l'œil qui voit clairement; » voilà ce que tu as dit. Toi qui autrefois t'adonnas avec ardeur à la sagesse, rappelle-toi cette conduite d'autrefois ; donne aux créatures, obscurcies par les ténèbres de l'ignorance profonde, le beau rayon de la pure sagesse et l'œil de la Loi, sans tache et sans corruption.

C'est ainsi qu'au milieu des concerts de femmes, de pareilles gathas se font entendre. Après les avoir entendues, (Bodhisattva) abandonnant complétement l'orgueil, appliqua sa pensée à la plus pure, à la plus excellente Intelligence (*Bodhi*).

Ainsi, Bhikchous, le Bodhisattva, alors qu'il demeurait au milieu de l'appartement des femmes, ne fut pas privé d'entendre la loi, ne fut pas privé de graver la loi dans son esprit. Pourquoi cela ? Bhikchous, (c'est que) le Bodhisattva entourait depuis longtemps de respect la loi et les prédications de la loi ; retenait le sens de la loi par le lien de la méditation ; désirait la loi ; se rejouissait des grandes joies de la loi ; ne connaissait pas de satiété en recherchant la loi, et expliquait bien la loi comme il l'avait apprise ; était devenu maître des grands dons de la loi suprême ; prédicateur désintéressé de la loi, il n'avait pas de regret en donnant la loi, et ne faisait pas difficulté de prêter les livres d'un précepteur spirituel. Ayant obtenu la loi et ce qui se rattache à la loi ; héros dans la recherche de la loi ; demeurant dans la loi, réfugié dans la loi, auxiliaire de la loi ; ayant foi dans la loi ; vraiment initié à la loi par la patience de l'esprit ; il pratiquait la sagesse transcendante, et par la science des moyens était arrivé à un jugement sûr.

Alors, Bhikchous, le Bodhisattva, avec une grande science des moyens, se livrait aux jeux, entouré de respect par tous ceux de l'appartement des femmes, enseignait la voie honorable ; il se conformait à l'essence de la loi qui convient au monde, (celle) des Bodhisattvas antérieurs, qui ont complétement dépassé les régions du monde. Ayant depuis longtemps bien reconnu tous les vices du désir, par le pouvoir de mûrir complétement les êtres, il enseignait en tout l'usage du désir. Par la force évidente de l'accumulation des bonnes œuvres, racines incommensurables de vertu, montrant en tout un empire sans égal sur le monde, possédant abondamment l'essence qui a de beaucoup dépassé l'œuvre des dieux et des hommes, montrant ce qu'est le bien-être du désir et de la jouissance qui donne la plus grande joie, par les modifications diverses de la forme, du son, de l'odeur, du goût et du toucher, il enseignait à se rendre maître de son esprit, sans être retenu dans toutes les régions du désir et de la jouissance. Par la force d'une prière antérieure, devenu le compagnon (des êtres) et restant l'égal de ceux qui ont accumulé les racines de la vertu, après les avoir complétement mûris, sans que son esprit fût nullement enveloppé par toutes les taches de la corruption du monde, il demeura dans l'appartement des femmes, considérant le moment convenable pour mûrir complétement les régions des êtres invités au banquet (de la délivrance).

En ce moment le Bodhisattva se rappela très-exactement ses vœux d'autrefois, et manifesta la loi et le Bouddha. Il s'empara de la puissance de la prière, répandit sur les êtres une grande miséricorde, et songea à leur délivrance entière. Il vit que la limite de toute prospérité était le déclin, et vit aussi, dans la vie émigrante, les maux et les frayeurs si nombreuses qui l'accompagnent. Il coupa complétement les liens du démon et du péché, se délivra lui-même des liens de la transmigration, et se donna sans réserve à la pensée du Nirvana.

Ainsi, Bhikchous, pendant que le Bodhisattva était au milieu des appartements intérieurs, quatre-vingt-quatre mille femmes et cent mille dieux, qui s'y trouvaient rassemblés, furent complétement mûris par lui dans l'Intelligence (*Bodhi*) suprême, parfaite et accomplie.

Ensuite le Bodhisattva étant arrivé au temps de son apparition dans le monde, le fils d'un dieu Touchitakayika, nommé Hrideva (*dieu de la modestie*), ne s'écartant pas de l'Intelligence parfaite et accomplie, au milieu de la nuit et pendant le sommeil des hommes, entouré et précédé de cent mille trente-deux fils des dieux, se rendit au palais où était le Bodhisattva, et là, se tenant dans le ciel, il lui adressa ces gathas :

La transmigration a été bien montrée, la vie aussi a été montrée par le lion des hommes ; il l'a fait voir même à l'assemblée des femmes. Tu as causé la révolution du monde, et après avoir obtenu la loi du monde, tu as fait mûrir complétement dieux et hommes en grand nombre. Pour celui qui a la pensée d'apparaître dans le monde, c'est aujourd'hui le temps et l'heure. Celui qui n'est pas délivré ne peut délivrer ; l'aveugle ne peut montrer la route ; (mais) celui qui est libre peut délivrer ; celui qui a ses yeux peut montrer la route. Aux êtres, quels qu'ils soient, brûlés par le désir, attachés à leur maison, à leurs richesses, à leurs fils et à leurs femmes, après qu'ils auront été instruits par toi, fais désirer d'aller dans le monde (errer en religieux).

Chapitre de l'Exhortation, le treizième.

CHAPITRE XIV.
SONGES.

Le roi voit en songe le Bodhisattva entouré d'une foule de dieux et se faisant religieux. Inquiété par ce songe, il fait garder le palais de son fils par cinq cents hommes. — Visite du Bodhisattva au jardin de plaisance. Il rencontre un homme vieux et décrépit. — Ses questions sur la vieillesse. Deuxième visite au jardin. — Rencontre d'un mort. Réflexions du Bodhisattva sur les misères de l'homme. Il prend la détermination de délivrer l'humanité. — Quatrième visite au jardin. — Rencontre d'un religieux. — A la vue du calme de cet homme, le Bodhisattva se promet de suivre son exemple et de travailler à secourir les créatures. — Cependant le roi, apprenant quelles rencontres son fils a faites, ordonne de le garder étroitement. — Il recommande en même temps de le distraire par tous les moyens. — Rêve de Gopa, où elle voit la nature en désordre. Elle s'éveille effrayée, et interroge son époux, qui la rassure en lui expliquant son rêve.

Ainsi, Bhikchous, aussitôt que le fils d'un dieu eut exhorté le Bodhisattva, il suscita ce songe au roi Çouddhodana : Le roi Çouddhodana vit en songe, pendant son sommeil, le Bodhisattva, qui la nuit ne dormait pas, était environné d'une foule de dieux, et s'en allait errer dans le monde, et qui après être parti, se faisait religieux errant, et se revêtait d'un vêtement rougeâtre. Puis s'étant éveillé, vite, vite, il interrogea un eunuque :

Le jeune homme est-il dans l'appartement des femmes ? Celui-ci répondit : Seigneur, il y est.

Alors le roi Çouddhodana pensa : Sans aucun doute il s'en ira dans le monde, puisque de pareils signes précurseurs se montrent. Et à cette pensée son cœur fut percé des flèches de la douleur. Puis il pensa encore : Mon fils n'ira certainement jamais à la terre du jardin de plaisance. Au milieu d'une foule de femmes qui l'entourent de plaisirs, il se plaira ici même, et ne s'en ira pas par le monde. Telle fut sa pensée.

Alors le roi Çouddhodana, afin que le jeune homme en eût la jouissance, fit bâtir trois palais pour les saisons du printemps, de l'été et de l'automne. Celui de printemps fut frais et chaud tempéré ; celui d'été fut très-frais ; celui d'hiver fut préparé pour être d'une nature chaude. Et à chaque coin de ce palais sont des escaliers, où sont montés et établis cinq cents hommes, placés de manière que le jeune homme ne puisse sortir sans être aperçu par quelqu'un ; et le bruit de ceux-ci est entendu jusqu'à un demi-Yodjana. Cependant tous ceux qui connaissent les présages et les signes,

ont prédit que le jeune homme s'en irait dans le monde par la porte de Bénédiction.

Alors le roi fit faire de grands battants pour la porte de Bénédiction. Il fallait cinq cents hommes pour ouvrir et fermer chaque battant, et le bruit en retentissait à un demi-Yodjana.

C'est là qu'il (*le Bodhisattva*) jouit des qualités sans égales du désir, et qu'il est entouré sans cesse de jeunes femmes qui conduisent des chœurs de musique et de chant, et se livrent à la danse.

Cependant, Bhikchous, le Bodhisattva dit à son cocher : Vite, attelle le char, je vais aller à la terre du jardin de plaisance.

Le cocher alla trouver le roi Çouddhodana, et lui dit : Seigneur, le jeune homme sort pour se rendre à la terre du jardin de plaisance.

Alors le roi pensa : Le jeune homme n'est jamais allé avec moi à la terre du jardin de plaisance ; si, pour lui faire voir cette belle terre, il venait avec moi à ce jardin, entouré d'une foule de femmes et se livrant à la joie, il ne s'en irait pas dans le monde. Telle fut sa pensée.

Et le roi Çouddhodana, dans sa tendresse et sa sollicitude pour le Bodhisattva, fit publier à son de cloche dans la ville : Dans sept jours le jeune homme doit sortir pour aller voir la terre excellente du jardin de plaisance ; écartez donc d'ici tout ce qui pourrait ne pas flatter l'œil du jeune homme ou lui être désagréable. Que tous les lieux soient agréables et inspirent la joie.

Le septième jour toute la ville fut donc ornée ; le jardin de plaisance aussi fut décoré, paré d'étoffes aux nuances variées, de tentures suspendues, de parasols, d'étendards et de bannières. Toute la route où devait passer le Bodhisattva fut arrosée de tous côtés d'eau de senteur et parsemée de fleurs fraîches, remplie de parfums, embellie d'urnes pleines et de rangées de Kadalis. Divers tissus de soie furent tendus en dais ; des réseaux ornés de clochettes précieuses, des guirlandes, des bouquets furent suspendus. Une armée de quatre corps se prépara, et les serviteurs ainsi que les femmes des appartements intérieurs s'empressèrent de se parer.

Alors le Bodhisattva, avec cette suite nombreuse, par la porte orientale de la ville, se dirigea vers la terre du jardin de plaisance. En ce moment, par la puissance du Bodhisattva lui-même, un homme vieux, cassé et décrépit, aux veines et aux nerfs saillants sur le corps, aux dents branlantes, le corps couvert de rides, chauve, penché, courbé comme la solive d'un toit, abattu, appuyé sur un bâton, à la force épuisée, à la jeunesse fanée, articulant du gosier des sons désagréables, le corps tout incliné sur son bâton, tous les membres et les articulations tremblants, fut montré sur cette route par les dieux Çouddhavasakayikas.

Le Bodhisattva, en l'apercevant, dit à son cocher, Qu'est-ce, cocher, que cet homme sans force et de petite taille, aux chairs et au sang desséchés, aux muscles collés à la peau, à la tête blanchie, aux dents branlantes, au corps amaigri, qui appuyé sur un bâton, marche avec peine et en trébuchant? Le cocher dit : Seigneur, cet homme est accablé par la vieillesse, ses sens sont affaiblis, la souffrance a détruit son énergie, il est dédaigné par ses proches et sans guide; inhabile aux affaires, il est abandonné dans la forêt comme un tas de bois. Le Bodhisattva dit : Est-ce la loi de sa famille, ou bien la loi de toutes les créatures du monde? Parle, dis promptement ce qu'il en est. Après avoir appris ce que cela signifie, je réfléchirai sur l'origine (de ces choses). Le cocher dit : Seigneur, ce n'est ni la loi de sa famille, ni la loi du royaume. En toute créature la jeunesse est vaincue par la vieillesse. Votre père, votre mère, la foule de vos parents et de vos alliés finiront par la vieillesse; il n'y a pas d'autre issue pour les créatures. Le Bodhisattva dit : Ainsi donc, cocher, la créature faible et ignorante, au jugement mauvais, fière de sa jeunesse qui l'enivre, ne voit pas la vieillesse. Pour moi, je m'en vais. Détourne promptement mon char. Moi qui suis aussi la demeure (future) de la vieillesse, qu'ai-je à faire avec le plaisir et la joie? Et le Bodhisattva ayant détourné le meilleur des chars, rentra dans la ville.

De même, Bhikchous, une autre fois le Bodhisattva, avec une suite nombreuse, se dirigeant vers la terre du jardin de Plaisance par la porte du midi de la ville, aperçut sur la route un homme atteint de maladie, brûlé par la fièvre, le corps amaigri, souillé de ses excréments, sans guide, sans asile, respirant avec une grande difficulté et manquant de souffle. Après l'avoir vu, le Bodhisattva dit au cocher avec intention : Qu'est-ce, cocher, que cet homme au corps dégoûtant et livide, dont tous les sens sont affaiblis, qui respire si difficilement; dont tous les membres sont desséchés, l'estomac troublé et affaibli; qui reste souillé de ses excréments? Le cocher dit : Seigneur, cet homme est attaqué d'une maladie grave, la frayeur du mal l'obsède, et il s'approche de la mort. Il n'a plus ni santé, ni lustre, et sa force l'a abandonné. Sans protection, sans pays, sans asile, il n'a plus d'amis. Le Bodhisattva dit : La santé est donc comme le jeu d'un rêve, et la crainte du mal a donc cette forme insupportable? Quel est l'homme sage qui, ayant vu ce qu'elle est, pourra avoir l'idée de la joie et du plaisir? Et, Bhikchous, le Bodhisattva ayant détourné le meilleur des chars, rentra dans la ville.

Une autre fois encore, ô Bhikchous, le Bodhisattva, accompagné d'une grande suite, se rendait par la porte de l'ouest de la ville à la terre du jardin de plaisance. Sur la route il vit un homme qui était mort, placé dans une bière et recouvert d'un poêle de toile, entouré de la foule de ses parents, tous en pleurs, se lamentant et poussant des gémissements, s'arrachant les cheveux, couvrant leur tête de poussière, et se frappant la poitrine en jetant des cris. Le Bodhisattva ayant compris, dit à son cocher : Qu'est-ce, cocher, que cet homme placé dans une bière? Qu'est-ce que ces hommes qui s'arrachent les cheveux et se couvrent la tête de terre, qui jettent des cris de toutes sortes et se frappent la poitrine; qui l'entourent de tous côtés et l'emportent? Le cocher dit : Seigneur, cet homme, qui est mort dans le Djamboudvipa, ne verra plus son père, sa mère, sa maison, ses enfants. Il a abandonné ses richesses, sa demeure, ses parents et une foule de ses amis; il est allé dans un autre monde, et ne verra plus ses parents. Le Bodhisattva dit : Ah malheur à la jeunesse qui est détruite par la vieillesse! ah malheur à la santé que détruisent toutes sortes de maladies! ah malheur à la vie où le sage ne reste pas longtemps! ah malheur à l'homme sage qui s'attache à la vieillesse! S'il n'y avait ni vieillesse, ni maladie, ni mort, ou encore, si les cinq agrégations, supports de grandes misères, (si) la vieillesse, la maladie, la mort, étaient pour toujours enchaînées! Retournons en arrière, je songerai à accomplir la délivrance. Et, Bhikchous, le Bodhisattva ayant détourné le meilleur des chars, rentra dans la ville.

Bhikchous, une autre fois encore le Bodhisattva se rendait, par la porte du nord de la ville, à la terre du jardin de plaisance; et par le pouvoir du Bodhisattva, l'un des fils des dieux apparut sous la figure d'un Bhikchou. Le Bodhisattva aperçut ce Bhikchou, calme, discipliné, retenu, (voué aux pratiques d'un) Brahmatchari, (ayant) les yeux baissés, ne considérant que le joug qui le retient, ayant une conduite digne et accomplie; digne en venant et en s'en allant; regardant d'une manière digne en avant, à droite, à gauche; digne en se ramassant (sur lui-même) ou en s'étendant; portant avec dignité le vêtement et le manteau de religieux, ainsi que le vase aux aumônes. Le Bodhisattva l'ayant aperçu sur la route et ayant compris, dit à son cocher : Qui est-ce, cocher, que cet homme à l'esprit si calme, qui marche les yeux baissés, ne songeant qu'au joug qui le retient, revêtu de vêtements rougeâtres, et d'une conduite si parfaitement retenue? Il porte un vase aux aumônes, et n'est ni orgueilleux, ni hautain. Le cocher dit : Seigneur, cet homme est de ceux qu'on nomme Bhikchous. Il a abandonné les joies du désir, et mène une vie très-austère. Il s'efforce de se calmer lui-même, et s'est fait religieux. Sans passion, sans envie, il s'en va cherchant des aumônes.

Le Bodhisattva dit : Cela est bon et bien dit, et excite mon désir. L'entrée en religion a toujours été louée par les sages ; elle sera mon secours et le secours des autres créatures, et deviendra à la fois un fruit de vie, de bien être et d'immortalité.

Puis le Bodhisattva ayant détourné le meilleur des chars, rentra dans la ville.

Alors, Bhikchous, le roi Çouddhodana ayant appris que le Bodhisattva avait vu de pareils objets d'exhortation, fit bâtir des clôtures d'une grande étendue pour le bien garder. Il fit creuser des fossés et construire des portes solides, établit une garde, fit venir des soldats, leur fit préparer des chars et revêtir des cuirasses. Et afin de garder le Bodhisattva, il plaça dans les carrefours et les rues conduisant aux quatre portes de la grande ville, de nombreux détachements, en disant : De cette manière le Bodhisattva venant à sortir, ils seront là pour le garder. Dans l'appartement des femmes il donna des ordres : N'interrompez pas un seul instant vos chants et vos concerts, livrez-vous à tous les plaisirs et à tous les jeux. Afin que le jeune homme, charmé, n'entre pas en religion, enivrez-le, en déployant toutes les séductions des femmes.

Et ici il est dit : Des hommes aimant les combats, portant à la main l'épée et l'arc, ont été placés à la porte. Des hommes couverts de cuirasses, des chevaux, des éléphants, des hommes montés sur des chars, et une rangée d'éléphants ont été mis (de garde) ; on a fait faire des fossés, des palissades et des parapets élevés. On a fait poser des portes solides dont le bruit retentit à un Krôça. On fait veiller jour et nuit toutes les troupes des Çakyas inquiets, et le grand tumulte de cette grande armée retentit au loin. Si cet être pur s'en allait, la ville troublée sonnerait l'alarme. Si ce descendant de la race des Çakyas partait, cette race ne serait-elle pas interrompue ? Et dans cette pensée, on a fait cette recommandation aux jeunes gens et aux femmes : Ne cessez jamais vos jeux et vos concerts ; entourez-le de jeux, de plaisirs et d'égards ; réjouissez son esprit, entourez-le de toutes les séductions des femmes, afin que cet être pur, bien gardé, soit empêché de partir. Cocher, les signes de la sortie dans le monde de cet (être) excellent sont ceux-ci : Les oies, les cigognes, les paons, les geais et les perroquets perchés sur les palais, sur les œils-de-bœuf, les balustrades superbes et les terrasses, tristes, affligés, sans joie et baissant la tête, ne feront pas entendre leurs chants. Les lotus des réservoirs et des étangs se faneront et se sécheront ; les arbres desséchés avec leurs branches prêtes à fleurir, ne donneront plus de fleurs. Les harpes, les flûtes, les (luths) à trois cordes couverts d'ornements se briseront alors tout à coup ; les tambours et les tambourins, frappés avec la main, se briseront sans rendre aucun son ; et toute cette ville, remplie de trouble, sera vaincue par le sommeil ; et nul n'aura l'esprit à la danse, aux chants, ni aux plaisirs. Le roi lui-même, profondément abattu, sera livré à de sombres pensées. Ah ! malheur à la race de Çakya ! pourvu que ces grandes apparitions surnaturelles ne le consument pas !

Pendant que Gopa et le fils du roi dormaient dans le même lit, au milieu de la nuit, Gopa vit en songe ceci : Toute cette terre fut ébranlée avec les montagnes et leurs pics ; les arbres secoués par le vent furent déracinés et renversés à terre. Le soleil, la lune et les étoiles qui leur servent d'ornements, tombèrent ensemble du ciel sur la terre. Elle vit sa chevelure mêlée par sa main gauche, et son diadème tombé. Elle se vit avec les mains coupées, les pieds coupés et toute nue. Elle vit ses colliers de perles, ses parures et ses chaînes d'or brisés. Elle vit les quatre pieds de sa couche brisés et soi-même dormant sur le sol. Elle vit la poignée magnifiquement ornée du parasol du roi brisée, et tous ses ornements dispersés et entraînés par l'eau. Les ornements de son mari, ses vêtements et son diadème, elle les vit de même dispersés sur la couche. Elle vit des feux sortir de la ville plongée dans les ténèbres, et rêva que les beaux grillages faits de matières précieuses étaient brisés. Puis les colliers et les parures étant tombés, le trouble se mit dans le grand Océan ; et au même instant elle rêva que le roi des monts, le Mérou, était ébranlé dans ses fondements.

La fille des Çakyas, après avoir fait un pareil rêve, s'éveilla les yeux baignés de larmes, et parla ainsi à son époux : Seigneur qu'arrivera-t-il de ce que j'ai vu de pareilles choses en rêve ? Jites le souvenir m'en agite, mes yeux se troublent, et mon cœur est accablé de chagrin.

Après avoir entendu ces paroles, le Bodhisattva, d'une voix douce et pure comme la voix du Kalabingka, dit à Gopa : Réjouis-toi, car il n'y a pas là de faute. Les êtres qui ont autrefois accompli de bonnes œuvres ont seuls de pareils songes. Celui qui a commis des fautes nombreuses a fait de pareils songes, où est-il ? Puisque tu as vu en songe la terre fortement ébranlée, les montagnes et leurs pics tombés ensemble sur la terre ; puisque tu as rêvé que les troupes des dieux, des Nagas, des Rakchas et des Bhouthas te rendaient tous hommage comme à une souveraine ; puisque tu as vu en songe les arbres déracinés, et rêvé que ta chevelure était mêlée par ta main gauche, bientôt, Gopa, le réseau de la corruption étant coupé, le réseau de la vue sera écarté de ce qui est organisé. Puisque tu as rêvé que le soleil et la lune étaient tomlés à terre, que les étoiles aussi étaient tombées, bientôt, Gopa, après avoir vaincu l'ennemi corrupteur, tu seras louée et honorée dans le monde.

Puisque tu as rêvé que tes colliers et tes parures étaient dispersés, que tout ton corps était coupé, et que tu étais nue, bientôt, Gopa, tu abandonneras ton corps de femme, et tu renaîtras avant peu dans le corps d'un homme. Puisque tu as rêvé que les pieds de la couche était brisés, que le manche précieusement orné du parasol était brisé, bientôt, Gopa, tu me verras, dépassant les quatre courants, devenir l'unique parasol du monde. Puisque tu as rêvé que les ornements étaient entraînés par les eaux, que mon vêtement et mon diadème étaient sur ma couche, bientôt, Gopa, tu me verras, moi qui suis orné de signes, loué par tous les mondes. Puisque tu as rêvé que des millions de lumières sortaient de la ville plongée dans les ténèbres, bientôt, Gopa, les ténèbres de l'ignorance et de l'aveuglement seront, dans le monde entier, éclairées par la sagesse. Puisque tu as rêvé que les colliers de perles étaient brisés, ainsi que les ornements d'or, bientôt, Gopa, le réseau de la corruption étant coupé, la science soulèvera la trame de ce qui est organisé. Gopa, parce que tu m'as toujours honoré et entouré du plus grand respect, il n'y a pour toi ni mauvaise voie ni douleur. Bientôt tu te réjouiras, comblée de la plus grande joie. Autrefois des dons ont été faits avec plaisir par moi; conservant des mœurs pures, j'ai toujours eu un esprit de patience. C'est pourquoi ceux qui ont foi en moi obtiendront tous une grande joie. Pendant les incommensurables Kalpas d'une vie émigrante, j'ai complètement purifié la meilleure voie de l'Intelligence (*Bodhi*); c'est pourquoi ceux qui ont foi en moi détruiront les trois maux sans exception. Sois joyeuse, et ne te fais pas de chagrin; mais au contraire livre-toi à la plus grande allégresse. Les présages de tes songes sont heureux, ô Gopa, dors. Celui qui autrefois a bien accumulé les œuvres de la vertu, quand vient le temps où apparaissent les premiers d'entre les hommes, rêve de ces signes rassemblés par l'éclat des bonnes œuvres, et qui ont pour essence ce noble éclat. Celui-ci voit en rêve les eaux des quatre grands océans troublés par ses pieds et sa grande main, cette terre tout entière devenue un lit de pièces diverses, et le meilleur des monts, le Mérou, devenu un oreiller. Il rêve qu'une lumière vive, en se répandant dans le monde, dissipe entièrement les ténèbres profondes; qu'un parasol sortant de la terre enveloppe les trois mondes, et que, par son éclat et son contact, les misères et les calamités sont complètement apaisées. Des animaux blancs et noirs, au nombre de quatre, lèchent ses pieds; des oiseaux de quatre couleurs s'étant approchés deviennent d'une seule couleur. Il rêve qu'en gravissant une montagne formée des plus repoussantes ordures, il marche sans être aucunement souillé. Il rêve que des millions d'êtres vivants ont été entraînés par les eaux d'un fleuve qui en est rempli; (et que) devenu (lui-même) vaisseau, il fait passer les autres, et les dépose dans la plaine excellente où il n'y a plus de misère. Dans ce songe, à ceux qui sont atteints de maladies nombreuses, privés d'éclat et de santé, et dont les forces sont affaiblies, il donne en abondance des racines médicinales, et devenu médecin, délivre des millions d'êtres attaqués de maladies. Assis sur le flanc du mont Mérou, (comme sur un) siége de lion (*trône*), il rêve que les précepteurs (spirituels), les mains jointes, s'inclinent ainsi que les dieux, et que, lui-même étant vainqueur du combat, les dieux, du haut des cieux, font entendre de tous côtés des chants d'allégresse. Tels sont les rêves que, dans l'accomplissement parfait de leurs bénédictions et de leurs vertus religieuses, font les Bodhisattva.

Après avoir entendu ces paroles, les dieux et les hommes furent réjouis et pensèrent : Avant peu celui-ci deviendra le dieu des dieux et des hommes.

Chapitre des Songes; le quatorzième.

CHAPITRE XV.

ENTRÉE DANS LE MONDE.

Le Bodhisattva, avant de se faire religieux, demande l'autorisation à son père, qui combat son désir et le fait garder à vue. — Les dieux et les génies s'entendent pour plonger la ville dans le sommeil et ouvrir les portes au jeune prince. — Le Bodhisattva monte à minuit sur le haut du palais, et aperçoit les dieux qui l'attendent. Au même instant, l'astre qui a présidé à sa naissance se lève. Reconnaissant à ces signes que l'heure est venue, le prince demande son cheval à son écuyer. Celui-ci cherche à dissuader son maître, en opposant les délices d'un palais aux austérités de la vie religieuse, mais tout est inutile. — Les dieux, remplis de joie, plongent dans le sommeil la ville tout entière. Tout obstacle disparaît devant le Bodhisattva; conduit par les dieux, il est déjà loin quand le jour paraît. Il congédie alors les dieux et renvoie son écuyer avec son cheval. — Cependant les femmes, en s'éveillant, ne voyant pas le prince, jettent de grands cris. — Le roi envoie des courriers à la poursuite de son fils. — Ils rencontrent l'écuyer, et reviennent avec lui. — Douleur du roi et de Gopa en apprenant ce qui s'est passé.

Cependant, Bhikchous, le Bodhisattva eut cette pensée : Il ne me conviendrait pas de faire mon entrée dans le monde sans prévenir le grand roi Çouddhodana, sans y être autorisé par mon père.

Et dans cette pensée, la nuit, pendant le sommeil des hommes, il sortit du palais où il faisait sa résidence, et se rendit au palais du roi Çouddhodana. Le Boddhisattva n'y fut pas plutôt entré que tout le palais resplendit de clarté. Le roi, s'étant éveillé, aperçut cette clarté, et interrogea à la hâte un eunuque : Holà! eunuque, est-ce que le soleil s'est levé, qu'on est éclairé d'une pareille lumière? L'euruque dit : Seigneur, la moitié de la nuit n'est pas encore écoulée ; d'ailleurs la lumière du soleil ne paraît pas plutôt sur les arbres et sur les murs, que déjà elle fatigue le corps par la chaleur qu'elle répand. Au matin, les cygnes, les paons, les perroquets, les Kokilas, les Tchakravakas font entendre leurs chants. Cette lumière (que vous remarquez) est agréable et douce pour les dieux et les hommes; elle rafraîchit et ne cause aucune fatigue; elle frappe les arbres et les murs sans qu'il y ait d'ombre. Sans doute, un être pur et rempli de qualités est arrivé ici aujourd'hui.

Le roi inquiet regarda aux dix points de l'espace, et ayant vu cet être pur aux yeux de lotus, il voulut se lever de son lit ; mais il ne le put pas. L'être à l'intelligence la plus pure, plein de respect pour son père, quand il fut en présence du roi, lui parla ainsi : Seigneur, le temps de mon apparition dans le monde est arrivé, n'y faites pas obstacle, et ne soyez pas contrarié. Ô roi, souffrez, ainsi que votre famille et votre peuple, que je m'éloigne.

Le roi, les yeux remplis de larmes, lui répondit : Que faut-il pour te faire changer? dis-moi le don que tu désires, je te donnerai tout. Moi-même, ce palais, ces serviteurs, ce royaume, prends tout.

Alors le Bodhisattva répondit d'une voix douce : Seigneur, je désire quatre choses, accordez-les moi. Si vous pouvez me les donner, je resterai près de vous, et vous me verrez toujours dans cette demeure, je ne m'en irai pas.

Que la vieillesse, Seigneur, ne s'empare jamais de moi; que je reste toujours en possession des belles couleurs de la jeunesse ; que, sans pouvoir sur moi, la maladie ne m'attaque pas; que ma vie soit illimitée, et qu'il n'y ait pas de déclin.

Le roi, en écoutant ces paroles, fut accablé de chagrin. Ô mon enfant, ce que tu désires est impossible, et je n'y puis rien. Au milieu du Kalpa où ils se sont trouvés, les Richis n'ont jamais échappé à la crainte de la vieillesse, de la maladie, de la mort, ni à leur déclin.

Si je ne puis éviter la crainte de la vieillesse, de la maladie et de la mort, ni mon déclin, Seigneur; si vous ne pouvez m'accorder ces quatre choses principales, veuillez du moins, ô roi, m'en accorder une autre principale que je demande : faites qu'en disparaissant d'ici-bas, je ne sois plus sujet aux vicissitudes de la vie émigrante.

Quand il eut entendu ces paroles du premier des hommes, le roi s'opposa au désir de son fils ; puis, après avoir combattu ce désir : Toi, qui mets ta joie à secourir et à délivrer les êtres, accomplis donc les desseins que tu médites.

Cependant, Bhikchous, le Bodhisattva étant retourné à sa demeure, s'assit sur son lit. Qu'il aille ou qu'il vienne, il n'est pas perdu de vue.

A l'issue de cette nuit, le roi Çouddhodana ayant rassemblé toute la foule des Çakyas, leur apprit ces nouvelles : Si le jeune homme va au dehors, que ferons-nous? Les Çakyas dirent : Seigneur, nous ferons la garde; pourquoi? (Parce que) la troupe des Çakyas est nombreuse; et comme il est tout seul, il ne peut avoir de moyen pour s'en aller au dehors.

Alors ces Çakyas et le roi Çouddhodana placèrent à la porte orientale de la ville cinq cents jeunes Çakyas connaissant la loi des combats, habiles aux exercices de l'arc et revêtus du pouvoir des grandes dignités. Et afin de garder le Bodhisattva, chacun des jeunes Çakyas avait pour escorte cinq cents chars, et chaque char avait pour escorte cinq cents fantassins.

De même, afin de garder le Bodhisattva, à la porte du midi, du couchant et du nord de la ville, furent placés cinq cents jeunes Çakyas connaissant la loi des combats, habiles aux exercices de l'arc et revêtus du pouvoir des grandes dignités ; et chacun des jeunes Çakyas était escorté de cinq cents chars, et chaque char de cinq cents soldats. Les plus anciens d'entre les vieillards de la race de Çakya furent placés, en grand nombre, dans tous les carrefours, les places et les grandes routes. Le roi Çouddhodana lui-même, entouré et précédé de cinq cents jeunes Çakyas montés sur des chevaux et des éléphants, faisait sentinelle à la porte de sa demeure.

Maha Pradjapati Gautami dit à la foule de ses femmes esclaves : Ranimez tous les feux purs, placez toutes les perles aux sommets des étendards; suspendez des colliers de perles et des guirlandes; faites que ce séjour resplendisse partout de lumière. Faites résonner la musique et les chants; faites sans relâche une garde attentive, de sorte que le jeune homme ne puisse s'éloigner sans être aperçu. Revêtez des armures, tenez à la main des lances, des épées, des javelots, des piques à deux pointes, afin de garder ce fils chéri ; toutes faites les plus grands efforts. Fermez toutes les portes, affermissez les battants avec des barres solides, et ne les ouvrez pas hors de saison, car cet être pur s'enfuirait certainement. Prenez des parures de diamants et des parures de perles, des fleurs, des croissants, des chaînes pour ornement, des ceintures, des bagues, des boucles d'oreilles, et des anneaux à vos pieds; parez-vous avec le plus grand soin. Si, marchant comme un éléphant superbe, ce secours des dieux et des hommes allait s'éloigner aujourd'hui; faites donc de grands efforts, afin qu'il n'éprouve aucun ennui. Que toutes les femmes prennent des javelines, s'assemblent et demeurent autour de la couche pure, de sorte qu'il ne s'éveille pas de son sommeil. Comme un papillon, surveillez le des yeux ; et afin de garder ce fils du roi, entourez ce séjour de piécieux grillages. Faites résonner les flûtes, préservez aujourd'hui cette demeure de trouble. Appelez vous à votre aide les unes les autres; et maintenant, sans dormir, gardez-le étroitement. Si, après avoir abandonné la royauté et ce pays, il allait hors de sa maison errer en religieux, dès qu'il serait parti, tout ce palais royal serait livré à la tristesse; et la race du roi qui dure depuis longtemps, la race du roi serait interrompue.

Ensuite, Bhikchous, précédés des cinq chefs principaux de l'armée des Yakchas (531), vingt-huit grands chefs de l'armée des Yakchas et cinq cents fils d'Ariti s'étant rassemblés, parlèrent ainsi : Aujourd'hui, compagnons, le Bodhisattva va s'en aller dans le monde. Empressez-vous donc de lui offrir l'œuvre du sacrifice.

Les quatre grands rois étant entrés dans le palais d'Adakavati, dirent à cette grande assemblée de Yakchas : Compagnons, aujourd'hui le Bodhisattva va s'en aller par le monde; faites-le sortir en soulevant sa monture avec vos pieds et vos mains.

L'assemblée des Yakchas dit : Le corps de Narayana (532) est fort, indivisible, solide comme le diamant, et pesant. Cet être, le premier de tous, possède le courage et la force, il est inébranlable. Le premier des monts, le grand Merou soulevé de ses fondements, pourrait être emporté dans le ciel, que ce pesant Merou de qualités d'un Djina, demeurant dans la vertu et la science, ne pourrait être porté par personne.

Vaiçravana dit : Pour tout homme enflé d'orgueil, le maître est pesant. Ceux qui demeurent dans la joie et le respect ont la perception facile. Par l'effet de la réflexion agissez avec empressement, et à l'aide du respect vous apprendrez qu'il est léger comme un morceau de chair (enlevé) par un oiseau. Pour moi je marche en avant. Vous, portez sa monture. Au moment où le Bodhisattva s'en va par le monde, amassez beaucoup d'œuvres vertueuses.

Cependant, Bhikchous, le maître des dieux, Çakra, dit aux dieux Trayastrimçats : Aujourd'hui, compagnons, le Bodhisattva va s'en aller dans le monde; empressez-vous donc tous de lui offrir l'œuvre du sacrifice.

Alors un fils des dieux nommé Çantasoumati (bon esprit apaisé) parla ainsi : Dans la grande cité de Kapilavastou j'endormirai les hommes, les femmes, les jeunes gens et les jeunes filles sans exception.

Un fils des dieux nommé Lalitavyouha (exercice

(531) Demi-dieux, gardiens des trésors de Kouvera, dieu des richesses.
(532) C'est le nom de Vichnou, considéré comme le dieu existant avant tous les mondes. Il s'applique ici à Çâkya Mouni, et il est à remarquer que les bouddhistes semblent s'être appliqués à transporter sur le chef de leur religion tous les attributs des principales divinités du culte brahmanique.

des jeux) parla ainsi : Je rendrai imperceptible le bruit des chevaux, des éléphants, des ânes, des chameaux, des bœufs, des buffles, des hommes, des femmes, des jeunes gens et des filles.

Un fils des dieux nommé Vyouhamati (pensée de l'exercice) parla ainsi : Pour moi, dans l'étendue des cieux, faisant une escorte avec un grand char aux sept estrades précieuses; faisant étinceler l'éclat d'un miroir de diamant; déployant un parasol, un étendard et une bannière; semant toutes sortes de fleurs, répandant avec mon encensoir des parfums de toute espèce, je m'établirai sur le chemin par lequel doit sortir le Bodhisattva.

Le roi des Nagas nommé Airavana parla ainsi : Pour moi, après avoir, dans mon propre domaine, bâti un palais de trente-deux Yodjanas, j'y mettrai des Apsaras habiles à conduire la musique et les chœurs; et avec de grands concerts d'instruments et de voix, j'irai y rendre mes hommages et mes respects au Bodhisattva.

Le maître des dieux, Çakra lui-même, parla ainsi : J'ouvrirai les portes, et je montrerai la route.

Le fils d'un dieu (nommé) Dharmatchari (qui pratique la loi) parla ainsi : Je lui ferai voir sous un aspect désagréable la foule de ses femmes.

Le fils d'un dieu (nommé) Santchodaka (qui excite) parla ainsi : Je ferai lever le Bodhisattva de la couche où il sommeille.

Alors le roi des Nagas, Varouna; le roi des Nagas, Manasvin; le roi des Nagas, Sagara; le roi des Nagas, Anavatapta; et les deux rois des Nagas, Nanda et Oupananda, parlèrent ainsi : Pour nous, afin d'offrir un sacrifice au Bodhisattva, et pour nous conformer à la circonstance, nous ferons apparaître un nuage de poudre de sandal, et nous ferons tomber une pluie de poussière d'essence de sandal des Ouragas.

Ainsi, Bhikchous, dieux, Nagas, Yakchas, Gandharbas, étaient tous parfaitement d'accord dans leur pensée.

En ce moment le fils d'un dieu, Dharmatchari, et les fils des dieux Çouddhavasakayikas transformèrent la troupe des femmes d'une manière désagréable; et montrant au Bodhisattva leurs corps difformes et repoussants, ils se tinrent dans l'étendue des cieux, et lui adressèrent des gathas.

Ensuite les fils des dieux Maharchis dirent à celui qui a de grands yeux de lotus : Comment peut-il y avoir de la joie pour toi, tandis que tu demeures ici au milieu d'un cimetière?

Prévenu par les seigneurs des dieux, le Bodhisattva regarde et examine un instant l'appartement des femmes, et s'aperçoit que celles-ci sont difformes. « Je suis vraiment dans un cimetière, » pensa-t-il, et il considéra la troupe entière des femmes. Quelques-unes ont leurs vêtements tombés, quelques-unes leurs cheveux arrachés; quelques unes ont leurs parures dispersées, quelques-unes leurs diadèmes tombés; quelques-unes ont les épaules meurtries; quelques-unes ont le corps tout en désordre; quelques-unes ont des visages repoussants, quelques-unes les yeux contournés; quelques-unes laissent couler leur salive; quelques-unes se plaignent; quelques unes toussent, quelques-unes rient, quelques-unes délirent, quelques-unes grincent des dents; quelques-unes ont le visage décoloré, quelques-unes ont le corps difforme; quelques-unes ont les bras tirés, quelques-unes les pieds détachés; quelques-unes ont la tête étirée, quelques-unes la tête branlante; quelques-unes ont les traits du visage contournés, quelques-unes le corps mutilé; quelques-unes ont le corps nu, quelques-unes le corps crispé; quelques-unes, tenant des tambours, sont renversées la tête en bas; quelques-unes ont les mains étendues sur des luths et des harpes; quelques-unes serrent des flûtes avec les dents; quelques-unes, en habit de fête, font résonner des cymbales, des tambours, des tambourins et des cloches d'airain; quelques-unes clignent leurs yeux entr'ouverts, et quelques-unes ont le visage contracté.

En voyant à terre la foule des femmes ainsi défigurées, le Bodhisattva se fit l'idée d'un cimetière. Et ici il est dit :

Ce guide du monde les ayant vues, il lui est venu au cœur un grand élan de miséricorde, et il a dit : Hélas! les créatures sont tombées dans la misère. Comment, au milieu des troupes de Rakchasis, trouver de la joie? On prend pour des qualités les qualités du désir, qui n'en sont pas; complétement enveloppé de l'épaisseur des ténèbres, le jugement est mauvais. Ainsi l'oiseau entré dans un filet ne peut parvenir à trouver une issue.

Cependant, Bhikchous, le Bodhisattva, le cœur affligé, ayant acquis la certitude, ferme dans son dessein, rempli de bénédictions, sans plus tarder, allongea ses jambes (qui étaient) croisées, et au milieu du palais où résonnaient des chants, il tourna les yeux vers l'horizon oriental; puis écartant avec la main le précieux treillis, il alla sur le haut du palais, et joignant les dix doigts de ses mains, il songea à tous les Bouddhas, salua tous les Bouddhas; et regardant l'étendue des cieux, il aperçut au milieu des airs le maître des dieux, Daçaçatanayana (555), entouré de cent mille dieux tenant des fleurs, des parfums, des guirlandes, des essences, des poudres parfumées, des vêtements, des parasols, des étendards, des bannières, des pendants d'oreilles pareils à des fleurs, et des colliers de perles. Il les vit le corps penché, s'inclinant devant

(555) « Qui a dix fois cent yeux. » Surnom d'Indra

(lui) le Bodhisattva. Les quatre gardiens du monde, les Yakchas, les Rakchasas, les Gandharbas, entourés des troupes des Nagas, revêtus de cuirasses solides et de cottes de mailles, tenant à la main l'épée, l'arc et les flèches, le javelot, la lance à deux pointes et la lance à trois pointes; il les vit, déposant, en signe de bénédiction, leurs diadèmes de diamant et leurs couronnes, et s'inclinant devant (lui) le Bodhisattva. Il vit aussi, debout à droite et à gauche, Tchandra (*dieu de la lune*) et Sourya (*dieu du soleil*), fils des dieux. Il vit l'astre Pouchya, le roi des étoiles, qui se levait à minuit. Dès qu'il l'eut vu, le Bodhisattva dit à Tch'andaka : La bénédiction qui est en moi a atteint sa perfection; cette nuit, sans nul doute, elle a atteint sa perfection. Tch'andaka, pourquoi tarder encore? Donne-moi, sans hésiter, le roi des chevaux paré d'ornements.

Tch'andaka ayant entendu ces paroles, le cœur affligé, parla ainsi : Lion des hommes aux longs sourcils, aux yeux pareils au lotus épanoui, (qui êtes) semblable à la pleine lune d'automne, au visage gracieux comme les fleurs du lotus nouvellement épanoui au milieu d'un étang; qui avez l'éclat de l'or pur, du soleil levant, de la lune à l'éclat sans tache; qui resplendissez comme le feu (du sacrifice) aspergé de beurre clarifié, comme le diamant et l'éclair; qui possédez la force d'un éléphant superbe, la force du taureau chef du troupeau et la démarche glorieuse du roi des gazelles et du cygne, où irez-vous?

Le Bodhisattva dit : Tch'andaka, le calme et la bénédiction de l'Intelligence (*Bodhi*), (en vue desquels) j'ai autrefois donné mes mains, mes pieds, mes yeux, ma tête et mon corps; donné mes épouses et mon royaume chéri, mes richesses, mes vêtements d'or, mes chars pleins de choses précieuses, mes éléphants rapides comme le vent et mes coursiers les mieux dressés; (en vue desquels) j'ai, depuis des millions de Kalpas, observé la morale, gardé la patience, et fixé ma pensée sur l'héroïsme, la force, la méditation profonde et la sagesse, aujourd'hui que je les ai obtenus, ce calme et cette bénédiction de l'Intelligence (*Bodhi*), le temps est venu pour moi de délivrer complétement les êtres tombés dans les pièges de la vieillesse et de la mort.

Tch'andaka dit : Maître, j'ai entendu dire qu'aussitôt votre naissance, ayant été, afin d'être examiné, montré à des Brahmanes habiles à connaître les signes, ils dirent de vous, en présence du roi Çouddhodana : Seigneur, il accroîtra votre royale maison : telle fut leur prédiction. Et lui (leur) dit : De quelle manière? Ils répondirent : Cet enfant a les signes de cent vertus; votre fils a, en naissant, l'éclat des plus grandes vertus. Il sera souverain de quatre Dvipas et (roi) Tchakravartin; en possession des sept choses précieuses. S'il considère les misères du monde, et s'il abandonne la foule de ses femmes, pour errer dans le monde, il obtiendra l'Intelligence exempte de vieillesse et de mort, et désaltérera les créatures avec l'eau de la loi. Maître, que cette prédiction soit ou ne soit pas et reste sans effet, veuillez écouter mes paroles (à moi) qui désire vous être utile. Qu'est-ce donc ? Tch'andaka dit : Seigneur, dans le même but qu'ici même quelques-uns se livrent à des pénitences et à des austérités nombreuses, s'habillent de peaux de gazelle, n'ont qu'une seule mèche de cheveux, ont des vêtements d'herbe et d'écorce, laissent croître leurs ongles, leurs cheveux et leur barbe, tourmentent leur corps et le tourmentent de nouveau de toutes les manières ; nous aussi, irons-nous, cherchant cette perfection des dieux et des hommes, nous livrer à des pénitences et à des austérités terribles ? Maître, vous avez acquis la perfection, vous possédez ce royaume étendu, florissant, prospère et rempli d'une multitude d'habitants ; et ces jardins, les plus beaux de tous, embellis de fleurs et de fruits de toute espèce, où les oiseaux de toutes sortes font entendre leurs chants réjouissants ; où des étangs brillent de l'éclat des fleurs des lotus bleus, jaunes, rouges et blancs, au milieu desquels retentissent les cris des cygnes, des paons, des Kokilas, des Tchakravakas, des cigognes, des oies, et dont les bords sont entourés des fleurs de l'Amra, de l'Açoka, du Tchampka, du Kouravaka, du Kesara et de toutes sortes d'autres espèces, et qu'embellissent les guirlandes de l'arbre de corail ; (ces jardins) où de tous côtés sont disposés des échiquiers entourés de tables précieuses et abrités de précieux treillages ; où, suivant la saison, l'on peut se promener et demeurer dans le bien-être, que ce soit l'hiver, l'été, l'automne ou le printemps. Et ces grands palais égalant le Vaidjayanta (534) par leurs matières excellentes, par le plaisir et l'absence d'inquiétude, et semblables à des nuages d'automne ou au mont Kailaça (535) ; ces pavillons, ces portiques, ces portes, ces œils-de-bœuf, ces galeries, ces belvédères ornés de balustrades ; et ces treillis précieux ornés de clochettes retentissantes ; et cette foule de femmes ; et ces habits de fête, ces (luths) à une corde, ces téorbes, ces tambourins, ces flûtes, ces tambours retentissants, ces cymbales, ces voix, ces danses, ces chœurs de chant et de musique mêlés avec art et bien exécutés ; ces jeux, ces plaisirs, ces bénédictions, vous les possédez, seigneur ; votre jeunesse est intacte ; vous êtes jeune, élancé, dans la fleur de la jeunesse ; votre corps est gracieux et charmant, votre chevelure est noire, et

(534) Palais d'Indra.
(535) Résidence de Kouvera, dieu des richesses, souvent visité par Çiva.

vous n'avez pas joué avec les désirs. Comme Daçaçatanayana (*Indra*), le maître des Tridaças (*dieux*), livrez-vous quelque temps au plaisir ; plus tard, quand vous aurez vieilli, allez errer dans le monde.

Et en ce moment il récita ces Gathas :

Comme le maître des immortels dans le monde des Tridaças, vous qui connaissez les rites des plaisirs, livrez-vous au plaisir. Plus tard, quand vous aurez vieilli, vous commencerez à vous occuper d'austérités et de pénitences.

Le Bodhisattva dit : Tch'andaka, c'est inutile : ces désirs ne sont ni durables, ni constants, ni éternels ; de nature changeante, ils s'en vont vite, semblables, pour la rapidité, au torrent qui coule dans la montagne. Comme une goutte de rosée, ils ne demeurent pas longtemps. Comme le vide enfermé dans la main qui trompe un enfant, ils sont sans essence ; comme l'essence de la plante Kadali, ils sont sans force ; comme des vases d'argile, ils se brisent quand on les donne ; comme des nuages d'automne, ils paraissent un instant et ne sont plus ; comme l'éclair du ciel, ils ne durent guère ; comme un vase où se trouve du poison, ils amènent des changements de misère ; comme la liane Malouta, ils apportent la souffrance. Ce qui fait l'objet du désir des esprits ignorants est, comme la bulle d'eau, de nature très-changeante. L'idée venue de l'erreur est pareille à l'illusion ; la pensée résultant de l'erreur est pareille au mirage ; la vue fausse est pareille à un songe, et passe de même. Comme l'Océan difficile à remplir, on ne peut les satisfaire (*les désirs*) ; comme l'eau salée, ils produisent la soif ; comme la tête d'un serpent, il est difficile d'y toucher. Ils sont évités avec soin par les gens instruits, comme un grand précipice. Les sages qui les savent accompagnés de craintes, accompagnés de querelles, accompagnés de fautes, accompagnés de vices, les abandonnent sans retour. Réprouvés par les gens instruits, repoussés par les gens respectables, blâmés par les gens sensés, ils sont accueillis par les insensés et entretenus par les ignorants. Et en ce moment il récita ces Gathas :

Évités par les sages comme la tête d'un serpent, abandonnés sans retour comme un vase d'un usage impur, ô Tch'andaka, les désirs, je l'ai reconnu, sont destructeurs de toute vertu ; j'ai connu les désirs, et je n'ai plus de joie.

Alors Tch'andaka, comme percé d'une flèche, gémissant et répandant des larmes abondantes, accablé de douleur, parla ainsi : Seigneur, dans le même but qu'ici même quelques-uns s'exerçant à des austérités de toutes sortes, s'habillent de peaux de gazelle, laissent croître leurs cheveux, leurs ongles et leur barbe, ou encore vêtus d'écorce, dessèchent leurs membres, et demeurant dans les austérités affaiblissent leurs désirs, se nourrissent de millet, ou comme quelques autres qui restent la tête en bas, livrés à leurs mortifications; nous aussi, ô maître éminent des créatures, le premier des nobles Tchakravartins, comme les gardiens du monde, comme Çakra qui porte la foudre, comme Yama le maître des dieux et Nirmita, rechercherons-nous le bien-être de la méditation profonde du monde de Brahma? O le plus pur des hommes, ce royaume qui vous appartient, florissant, étendu, prospère; ces jardins délicieux et ces parcs; ces palais élevés semblables au Vaidjayanta; ces femmes qui se livrent aux danses et aux jeux, au son des luths et des flûtes, aux accords de la musique et des chants, jouissez-en, ainsi que de tous les plaisirs. O excellent! ne partez pas.

Le Bodhisattva dit : Tch'andaka, écoute. A cause du désir, dans de précédentes générations, pendant que j'étais lié à des naissances (successives), des coups, des menaces et des misères par centaines ont été endurés par moi, et dans ces conditions mon esprit n'a pas été abattu. Tombé d'abord au pouvoir de l'immodestie, au milieu du trouble de l'ignorance, enveloppé par le réseau de la vue et devenu aveugle, je sortis de cette ignorance de la loi, je retins en moi la science, et je dépassai la perception (ordinaire). Toutes les substances sont mobiles, changeantes et instables comme les nuages, pareilles à l'éclair, pareilles à la goutte de rosée, vaines, sans essence, sans conscience d'elles-mêmes, complétement vides. Puisque mon cœur ne se plaît pas dans leur domaine, Tch'andaka, donne-moi Kantaka, roi entre les meilleurs chevaux. Par l'accomplissement de la bénédiction de mes pensées antérieures, je serai le vainqueur de tous, le seigneur de toute loi, le Mouni roi de la loi.

Tch'andaka dit : Celle-ci aux yeux pareils au lotus épanoui, parée de toutes sortes de colliers et de guirlandes précieuses, pareille à l'éclair qui jaillit des nuages amoncelés, ne la regarderez-vous pas, si belle sur sa couche? Ces flûtes, ces tambours au son si agréable, ces instruments et ces chœurs de musique; les Tchakoras, les paons, et les Kalahingkas qui font entendre leurs chants; cette demeure semblable à celle des Kinnaras, les abandonnerez-vous? Le jasmin, le lotus bleu, l'aloès, le Tchampaka et les guirlandes de fleurs aux odeurs les plus suaves, les aloès noirs répandant les parfums les plus doux et les plus purs, vous ne les regarderez plus? Les mets odorants aux saveurs les plus flatteuses, les mieux apprêtés avec des épices délicieuses; les breuvages si bien préparés avec du sucre, vous ne les regarderez pas? Seigneur, où irez-vous? Ces excellents vêtements de Kaci (*Bénarès*), en si grand nombre, réchauffés dans la saison froide, et au temps des chaleurs imprégnés de l'essence de sandal des Ouragas, vous les laisserez aussi? Seigneur, où irez-vous? Dans les pays des dieux, les dieux eux-mêmes jouissent (par les sens) des cinq qualités du désir. En possession de la joie et du bien-être, livrez-vous au plaisir, et dans la suite que le premier des Çakyas s'en aille dans la forêt.

Le Bodhisattva dit : Dans les Kalpas indéfinis et innombrables, j'ai satisfait toutes les espèces de désirs divins et humains (nés) de la forme, du son, de l'odorat, du goût et du toucher, et je n'ai pas été satisfait. Au temps où devenu le premier des fils d'un roi exerçant l'empire, j'ai été roi Tchakravartin de quatre Dvipas, en possession des sept choses précieuses, j'ai vécu au milieu des femmes. J'ai été ensuite le maître des dieux (Tridaças), j'ai commandé aux dieux Souyamas; et après avoir émigré du milieu d'eux, j'ai, parmi les dieux Nirmitas, joui autrefois d'une prospérité grande et pure. Dans le séjour des dieux (Souras) j'ai, maître du pouvoir, exercé l'empire de Mara, j'ai accompli sans réserve mes plus grands désirs, et je n'ai pas été satisfait. Maintenant donc, déchu que je suis et gardé ici, comment serais-je satisfait? Ce n'est pas là une demeure. D'ailleurs Tch'andaka ayant vu ces créatures rester pleines de misères, enveloppées des douleurs du désert de la vie émigrante, troublées par le poison de la corruption, toujours talonnées par l'inquiétude, sans chef et sans refuge, dans les ténèbres de l'erreur et de l'ignorance, poursuivies par les frayeurs de la vieillesse, de la maladie, de la mort, persécutées de tous côtés par les misères de la naissance et par des ennemis, c'est moi qui, ici, donnerai le vaisseau excellent de la loi, après avoir réuni et assemblé une multitude d'arbres doués de la force des vertus, des austérités, de la patience et de l'héroïsme, fortement liés par la méditation profonde, dont l'essence est pareille au diamant. Monté dans ce vaisseau, après avoir passé moi-même, je retirerai les créatures innombrables des eaux de la vie émigrante, qui ont pour courant la colère, troublées par les ennemis tels que les passions et les Grahas, qui les entourent, et difficiles à traverser. Telle est la pensée qui m'occupe. C'est pourquoi ayant moi-même traversé cet océan des êtres rempli d'ennemis, en proie à la crainte des Grahas et des Rakchas, après avoir passé moi-même, j'établirai les êtres innombrables sur la plaine tranquille exempte de vieillesse et de mort.

Alors Tch'andaka parla ainsi en gémissant : Seigneur, est-ce là la détermination que vous avez prise?

Le Bodhisattva dit : Tch'andaka, écoute ce que j'ai résolu afin de délivrer les êtres et de travailler à les secourir. L'immobile n'est pas heurté par l'immobile. Comme le Merou le roi des monts, ce qui est ferme est immobile.

Tch'andaka dit : Quelle est la détermination de mon seigneur ?

Le Bodhisattva dit : Une pluie de tonnerres, de haches, de piques, de flèches, de fers enflammés comme une multitude d'éclairs étincelants et le sommet tout embrasé d'une montagne, tomberaient sur ma tête, que je ne renaîtrais pas avec le désir d'avoir une maison.

En ce moment les fils des dieux, qui se tenaient dans le ciel, firent entendre cent mille cris de joie, firent tomber une pluie de fleurs, et prononcèrent ces Gathas :

Être pur, sans attachement pour les royaumes, rempli de commisération et de tendresse pour les êtres, qui possèdes la plus haute intelligence, gloire à toi ! gloire à toi ! chef qui donnes la sécurité aux créatures, et dont le cœur est détaché du (monde), comme les comètes au ciel sont détachées de l'obscurité et des ténèbres, ô le premier des hommes, exempt de fautes, tu n'es pas retenu par le bien-être de ton domaine, semblable (en cela) au lotus qui s'élève au-dessus des eaux.

Alors, Bhikchous, les fils d'un dieu Çantamati (*esprit apaisé*) et Lalitavyouha (*exercice des jeux*) ayant connu la détermination du Bodhisattva, plongèrent dans le sommeil tous les hommes, les femmes, les jeunes gens et les jeunes filles de la grande cité de Kapilavastou, et firent cesser tous les bruits.

Au même instant, Bhikchous, le Bodhisattva ayant reconnu que tous les habitants de la ville étaient plongés dans le sommeil, ayant reconnu que l'heure de minuit était venue, que l'astre Pouchya, le roi des étoiles, paraissait, et que c'était bien le temps de s'en aller par le monde, il dit à Tch'andaka : Tch'andaka, maintenant ne m'attriste plus, mais pare mon cheval Kantaka, et sans retard donne-le-moi.

Aussitôt que le Bodhisattva eut prononcé ces mots, les quatre grands rois qui avaient entendu les paroles du Bodhisattva sortirent de leurs demeures, et afin d'accomplir l'œuvre du sacrifice au Bodhisattva, vinrent, chacun avec ses préparatifs, et en se hâtant, dans la grande ville de Kapilavastou.

En ce moment le grand roi des Gandharbas, Dhritarachtra, accompagné de millions de Gandharbas conduisant des chœurs d'instruments de musique et des chants de toutes sortes, arriva par la porte orientale. Dès qu'il fut arrivé, il tourna autour de la grande ville de Kapilavastou, puis s'arrêtant du côté même de l'horizon oriental, salua le Bodhisattva et s'assit.

Le grand roi Viroutaka étant venu du côté du midi avec des millions de Koumbhandas tenant dans leurs mains toutes sortes de colliers de perles et de diamants, et de vases remplis d'eau de senteur de toute espèce, tourna autour de la grande ville de Kapilavastou, puis s'arrêtant à l'horizon du midi, salua le Bodhisattva et s'assit.

Le grand roi Viroupakcha étant venu du côté du couchant avec des millions de Nagas, portant dans leurs mains toutes sortes de colliers de perles et de diamants et des poudres parfumées, et faisant souffler des brises embaumées d'un nuage de fleurs, tourna autour de la grande ville de Kapilavastou, puis s'arrêtant à l'horizon du couchant, salua le Bodhisattva et s'assit.

Le grand roi Kouvera étant venu par l'horizon du nord avec des millions de Yakchas portant des diamants brillants comme des étoiles, tenant à la main des flambeaux et des torches enflammés, armés d'arcs et de flèches, d'épées, de javelots, de lances à deux et à trois pointes, de disques, de piques à une pointe et d'armes de toute espèce, et revêtus de fortes cuirasses, tourna autour de la grande ville de Kapilavastou, et s'arrêtant à l'horizon du nord, salua le Bodhisattva et s'assit.

Le maître des dieux, Çakra lui-même, accompagné des dieux Trayastrimçats, portant des fleurs divines, des parfums, des guirlandes, des essences, des poudres parfumées, des habits, des parasols, des étendards, des bannières, des pendants d'oreilles (en forme) de fleurs et d'autres parures, étant venu, tourna autour de la grande ville de Kapilavastou, et s'étant arrêté au milieu des cieux avec sa suite, salua le Bodhisattva et s'assit.

Cependant, Bhikchous, Tch'andaka ayant entendu les paroles du Bodhisattva, les yeux remplis de larmes, lui adressa ces paroles : Maître qui connaissez le temps, qui connaissez le moment, qui connaissez la proportion, serait-ce donc aujourd'hui le temps et le moment de partir ? Pourquoi donnez-vous cet ordre ?

Le Bodhisattva dit : Tch'andaka, c'est maintenant que le temps est venu.

(Tch'andaka) dit : Maître, de quoi le temps est-il venu ?

Le Bodhisattva dit : Dans la recherche (que j'ai faite) du bien des êtres, j'ai dit il y a longtemps : Après avoir obtenu de demeurer dans l'Intelligence (Bodhi) exempte de vieillesse et de mort, je délivrerai les créatures. Telle est la prière que j'ai prononcée. Le temps de son accomplissement est venu. En cela est la loi elle-même.

Et ici il est dit : Les gardiens de la terre et de l'atmosphère, Çakra le maître des dieux avec (ceux) de sa résidence, les dieux Yamas, les dieux Touchitas, Nirmitas et Paranirmitavaçavartins se sont empressés. Varouna, roi des Nagas, Manasvin Anavatapta, ainsi que Sagara, au temps où le prémier des hommes va sortir, se sont empressés de lui offrir un sacrifice. Tous les dieux Roupavatcharas, Praçantatcharis et Divyanago charas sont venus avec empressement offrir un sacrifice à ce meilleur des hommes digne des sacrifices des trois mondes (556); et les Bodhisattvas qui autrefois ont accompli leur mission, devenus ses compagnons, sont venus aux dix horizons, et en voyant le Victorieux s'en aller par le monde, pensent à lui offrir un sacrifice, comme il convient.

Le maître magnanime des Gouhyakas (557) portant un foudre allumé se tient dans l'étendue des cieux, le corps revêtu d'une cuirasse, doué de force, d'énergie et de courage, suivi des Gouhyakas ayant à la main les foudres allumés. Les fils des dieux Tchandra et Sourya se tiennent assidûment à droite et à gauche, et joignant les dix doigts des mains, considèrent attentivement celui qui va s'en aller par le monde. L'astre Pouchya, accompagné de sa suite, fait paraître son corps plus grand, et s'avançant en avant du plus pur des hommes, fait entendre des paroles qui vont au cœur.

L'astre Pouchya étant sur l'horizon, le moment est venu de partir. Maintenant tu as obtenu toutes les vertus et bénédictions. Moi aussi j'irai avec toi, apaisant les passions. Il ne s'élèvera pas d'obstacles. Les fils des dieux t'ont encouragé par leur exhortation. Eminent par la force et le courage, lève-toi promptement. Délivre tous les êtres frappés par les douleurs. C'est maintenant que le temps d'aller dans le monde est venu.

Des millions de divinités s'approchent en répandant une pluie de fleurs délicieuses; et lui assis les jambes croisées de la manière la plus gracieuse, entouré des dieux, resplendit dans sa beauté d'une manière éclatante. Dans la ville, hommes, femmes, jeunes gens, jeunes filles, tous tant qu'ils sont, l'esprit appesanti, sommeillent, fatigués de leurs fonctions. Les chevaux, les éléphants, les bœufs, les perroquets, les cigognes, les paons, les geais, tous appesantis et plongés dans le sommeil, n'aperçoivent plus de formes. Ceux des fils de Çakya qui portant des lances à deux pointes solides comme le diamant, ont été placés en sentinelle près des principales portes extérieures, sur des éléphants, des chevaux et des chars, se sont endormis. Tous les gens du fils du roi ont aussi cédé au sommeil. Les troupes des femmes dorment toutes nues sans aucun vêtement et privées de sentiment. Et lui, avec les accents mélodieux de Brahma et la voix douce du Kalabingka, l'heure de minuit étant passée parla

(556) Le ciel, la terre et l'enfer, ou peut-être les trois mille mondes, qui composent l'univers, suivant les Bouddhistes.
(557) Demi-dieux, gardiens des trésors de Kouvera, dieu des richesses.

ainsi à Tch'andaka : Tch'andaka, donne-moi mon excellent cheval Kantaka, après l'avoir équipé avec soin. Si ton intention est de m'être agréable, ne fais pas d'objections, donne-le-moi promptement.

Tch'andaka ayant entendu ces paroles, les yeux remplis de larmes, dit à son maître : O le meilleur guide des êtres, où irez-vous, et qu'avez-vous affaire d'une monture? Vous qui connaissez le temps, qui connaissez le moment et observez la loi, ce n'est pas le temps d'aller quelque part que ce soit. Vos portes sont fermées avec des barres solides; aucun portier ne viendra vous les ouvrir.

Mais en voyant que par la puissance de la pensée de Çakra, les portes avaient été ouvertes, Tch'andaka qui se réjouissait redevint triste et versa des larmes. Ah malheur! qui sera avec moi? Comment faire? de quel côté courir? pensait-il. Çakra sul a entendu les paroles terribles de cet être majestueux. Cette forte armée de quatre corps de troupes, que fait-elle ici? Ces gens mêmes du roi et de ce fils du roi ne l'aperçoivent pas. La foule des femmes sommeillent, et les dieux ont endormi Yaçovati. Ah malheur! qu'il accomplisse donc tous les vœux qu'il a faits autrefois.

Les dieux par millions disent à Tch'andaka : Donne de bonne grâce Kantaka le meilleur des chevaux, ô Tch'andaka; ne contrarie pas le guide (des créatures). Les dieux et les Asouras ont fait entendre un bruit de tambours, de conques et d'instruments de musique par milliers; et cependant endormie par les dieux, cette meilleure des villes ne s'est pas éveillée. Tch'andaka, vois l'atmosphère resplendir d'une lumière divine, claire et pure; vois les millions de Bodhisattvas venus pour le sacrifice; vois Çakra, l'époux de Satchi, entouré d'une armée qui se tient majestueusement à la porte; vois tous les troupes des dieux, des Asouras et des Kinnaras, venus aussi pour le sacrifice.

Tch'andaka ayant entendu ces paroles des dieux, parla au cheval Kantaka : Le meilleur cocher des êtres va partir; toi, ne manque pas de hennir. Puis, après avoir orné d'or les sabots, couleur des nuages pluvieux, du cheval, le cœur rempli de tristesse, il le présenta pour monture à celui qui possède un océan de qualités. Vous qui possédez les meilleurs signes et qui êtes secourable, voici votre monture excellente et de bonne race. Le vœu que vous avez médité autrefois, accomplissez-le, partez donc. Apaisez tous ceux qui vous feront obstacle, et accomplissez les austérités méditées. Donnez à toutes les créatures le bien-être et le calme du Svarga.

Au moment où il se leva de sa couche, cette terre tout entière fut ébranlée de six manières. Il monta sur l'excellent roi des chevaux, pareil au disque de la pleine lune, conduit par la main parfaitement pure et semblable au lotus sans tache des gardiens du monde. Çakra et Brahma, tous les deux devant lui, montrent la route, en disant: C'est (par) ici. Par la lumière pure et éclatante qui s'échappe de lui, les terres resplendissent de clarté. En ce moment tous les maux sont apaisés; les êtres, remplis de bien-être, ne sont plus tourmentés par les misères. Il tombe une pluie de fleurs, des milliers d'instruments se font entendre, les dieux et les Asouras le louent. Tous, remplis de joie, après avoir tourné autour de Kapila, la meilleure des villes, s'éloignent. Le grand homme étant parti, le dieu de la ville excellente, l'esprit abattu, est venu; arrivé en sa présence, le dieu, avec un cœur rempli de tristesse et d'ennui, parla ainsi à celui qui a le visage pareil au lotus: Privée de toi, cette terre est nue et sans beauté, la ville tout entière s'est enveloppée de ténèbres. Aujourd'hui que tu as quitté ce séjour, il n'y reste rien pour mon bonheur. Désormais le chant des troupes d'oiseaux, les bruits sans fin qui t'éveillaient, les accords harmonieux de l'appartement des femmes, les douces voix et les chants de bénédiction, tu ne les entendras plus. Vainqueur de la corruption, si tu t'en vas, je ne verrai plus les dieux et les Siddhas t'honorer jour et nuit de sacrifices. Je ne respirerai plus de parfums divins. Comme la guirlande qu'on y avait attachée, quand le jour a été passé, tu as, le soir, abandonné le palais; toi parti, il n'a plus ni gloire ni splendeur. C'est pour moi comme la vue de la danse. Tu as ravi la splendeur et la force de la ville entière; pareille à un désert, elle ne brille plus. La prédiction des Richis est aujourd'hui devenue fausse, qui annonçait que tu serais ici, sur cette terre, un Tchankrabala. Grand arbre de vertus, si tu t'en vas, la force des Çakyas n'est plus une force sur cette terre, la famille du roi est ici frappée et détruite, la pensée de cette foule de Çakyas complétement abaissée. Pur et exempt de toute tache, où vas-tu? moi aussi j'irai avec toi. Une fois encore, avec amour et regret, daigne jeter un regard sur ce palais.

Le sage ayant regardé cette demeure, prononça ces mots d'une voix douce: Avant d'avoir obtenu la fin de la naissance et de la mort, je ne rentrerai pas dans la ville de Kapila, ni avant d'avoir obtenu la demeure suprême exempte de vieillesse et de mort, ainsi que l'intelligence pure. Quand j'y reviendrai, la ville de Kapila sera debout, et non appesantie par le sommeil.

Lorsque le Bodhisattva maître du monde sortit, les Apsaras, parcourant les cieux, le louaient.

Cependant, Bhikchous, le Bodhisattva ayant fait son entrée dans le monde, traversa le pays des Çakyas et le pays des Kautas; puis ayant dépassé le pays des Mallas et la ville de Meneya du pays appelé Anouvaineya, le Bodhisattva était parvenu à la distance de six Yodjanas quand le jour parut. Alors il descendit de son cheval Kantaka, et debout à terre il congédia la grande foule des dieux, des Nagas, des Garoudas, des Kinnaras et des Mahoragas. Quand il les eut congédiés, il pensa: Je remettrai entre les mains de Tch'andaka ces ornements et Kantaka, puis je le renverrai. Et le Bodhisattva appelant Tch'andaka, lui parla ainsi: Tch'andaka, va; emmène ces ornements et le cheval Kantaka, retourne sur tes pas.

A cet endroit de la terre où Tch'andaka retourna sur ses pas, un Tchaitya fut bâti, et aujourd'hui encore ce Tchaitya est connu sous le nom de Tch'andakanivartana (*retour sur ses pas de Tch'andaka*).

Le Bodhisattva pensa encore: Que faire de la touffe de mes cheveux, à présent que je suis devenu religieux errant? Et coupant ses cheveux avec son épée, il les jeta au vent. Les deux Trayastrimçats les ayant recueillis dans le but de les honorer, célèbrent encore aujourd'hui la fête de la touffe de cheveux. Là aussi un Tchaitya ayant été bâti, aujourd'hui encore on lui donne le nom de Tchoudapratigraha (*touffe de cheveux recueillis*).

Le Bodhisattva pensa encore: Après m'être fait religieux, comment des vêtements de Kaçi (Bénarès) conviendraient-ils? Si je trouvais le vêtement convenable pour demeurer dans la forêt, ce serait bien.

Alors il vint à la pensée des dieux Çouddhavasakayikas: Des vêtements rougeâtres sont devenus nécessaires au Bodhisattva. Et en ce moment l'un des fils des dieux faisant disparaître sa forme divine, se présenta, sous la figure d'un chasseur revêtu de vêtements rougeâtres, au Bodhisattva, qui lui dit: Ami, si tu me donnais ces vêtements rougeâtres, je te donnerais, moi, ces vêtements de Kaçi. Celui-ci dit: Ces habits vous sont bons, et ceux-là sont bons pour moi. Le Bodhisattva dit: Je te demande. Alors le fils d'un dieu sous la figure d'un chasseur, ayant donné au Bodhisattva les vêtements rougeâtres, prit ceux de Kaçi. Au même instant ce fils d'un dieu plein de respect, prenant ces vêtements avec les deux mains, les posa sur sa tête, et dans le but de les honorer et de leur rendre hommage, il se rendit dans le monde des dieux. Et cela ayant été vu de Tch'andaka, un Tchaitya fut bâti en ce lieu, et aujourd'hui encore il porte le nom de Kachayagrahana (*prise des vêtements rougeâtres*).

Lorsque le Bodhisattva après avoir coupé la touffe de ses cheveux, revêtit les vêtements rougeâtres, cent mille fils des dieux firent éclater la joie la plus grande, et se livrant aux transports de la plus vive allégresse: Compagnons, le jeune Siddharta s'est fait religieux. Après avoir atteint l'Intelligence (*Bodhi*) suprême, parfaite et accomplie d'un Bouddha, il fera tourner la roue de la Loi. Les êtres innombrables, soumis par leur nature à la naissance, il les délivrera complétement de la naissance. Après avoir délivré complétement les êtres de la vieillesse, de la mort, de la maladie, de la corruption, du désespoir, des misères, des inquiétudes et du trouble, après les avoir fait passer au delà de l'océan de la vie émigrante, il les établira dans la région d'une nature impérissable, heureuse et sans crainte, exempte de misères et de douleurs, calme, sans passion et sans mort.

Après avoir parlé ainsi, ils poussèrent des acclamations et de grands cris d'allégresse; et ce bruit passant de l'un à l'autre, retentit jusqu'au séjour des Akanichtas.

Cependant les femmes de l'appartement intérieur ne voyant pas le jeune homme, cherchaient dans les palais d'hiver, de printemps et d'été, dans ses lits de repos, dans ses appartements; et ne le trouvant nulle part, elles s'empressèrent, et toutes ensemble se mirent à pousser des cris comme une volée de Kouraris. Quelques-unes de ces femmes, accablées de douleur, crient en pleurant : Ah mon fils ! Quelques-unes crient : Ah mon frère! Quelques-unes crient : Ah mon époux! Quelques-unes crient : Ah mon seigneur! Quelques-unes prononcent toutes sortes de paroles de tendresse. Quelques-unes se frappent le corps, et pleurent. Quelques-unes s'écorchent la tête. Quelques-unes se regardent au visage en pleurant. Quelques-unes, les yeux égarés, pleurent. Quelques-unes se frappent les cuisses avec la main, et pleurent. Quelques-unes se frappent la poitrine en pleurant. Quelques-unes se frappent les bras avec les mains en pleurant. Quelques-unes se frappent la tête, et pleurent. Quelques-unes jettent de la terre sur leur tête, et pleurent. Quelques-unes arrachent leurs cheveux en pleurant. Quelques unes mêlent leur chevelure en pleurant. Quelques-unes le louent (le Bodhisattva) en levant les bras, et poussent des gémissements. Quelques-unes, comme des gazelles percées de flèches empoisonnées, errent de tous côtés en pleurant. Quelques-unes se cachent le visage avec leurs vêtements et pleurent. Quelques-unes, comme des plantes Kadalis secouées par un ouragan, le corps tout en désordre, pleurent. Quelques-unes, renversées à terre, n'ont plus qu'un souffle. Quelques-unes, comme des poissons tirés de l'eau, se roulent à terre et pleurent. Quelques-unes, comme des arbres déracinés, gisent renversées à terre et pleurent.

Cependant le roi ayant entendu ce bruit, dit aux Çakyas : Pourquoi, dans l'appartement des femmes, ce grand bruit se fait-il entendre? Les Çakyas l'ayant appris dirent : Grand roi, le jeune homme n'est pas dans l'appartement des femmes. Le roi dit : Promptement fermez les portes de la ville, et cherchez le jeune homme dans l'intérieur.

Ils cherchèrent au dehors et au dedans; mais comme ils ne le trouvaient pas, Maha Pradjapati Gautami se jeta à terre en poussant des gémissements, et dit au roi Çouddhodana : O grand roi, veuillez me faire rendre promptement mon fils.

Alors le roi expédia de quatre côtés des courriers à cheval : Allez; et si vous ne trouvez pas le jeune homme, ne revenez pas.

Les devins et ceux qui connaissent les signes ayant averti que le Bodhisattva était sorti par la porte de Bénédiction, ces courriers s'en allèrent par cette porte, et au milieu de la route ils virent la pluie de fleurs qui était tombée, et il leur vint à la pensée : Le jeune homme est sorti par ce chemin. Et après s'être un peu avancés, ils aperçurent le fils d'un dieu qui s'en allait portant sur sa tête les vêtements de Kaçi du Bodhisattva, et ils pensèrent : Si ce sont là les vêtements de Kaçi du jeune homme, n'est-ce point à cause de ces vêtements que celui-ci l'a tué, pour les emporter? Puis ayant vu derrière lui Tch'andaka conduisant le cheval Kantaka et emportant les ornements, ils se dirent l'un à l'autre : Voilà Tch'andaka, qui vient emmenant Kantaka; avant de l'interroger, pas de violence. Ils interrogèrent Tch'andaka : N'est-ce point à cause de ces vêtements de Kaçi que cet homme a privé le jeune homme de la vie? Tch'andaka dit : Il n'en est rien. Celui-ci a offert au jeune homme des vêtements rougeâtres, et le jeune homme lui a donné les vêtements de Kaçi.

Cependant ce fils d'un dieu, dans le but de les honorer, ayant pris ces vêtements avec les deux mains, les mit sur sa tête, et s'en alla dans le monde des dieux.

Les courriers demandèrent encore à Tch'andaka : Qu'en penses-tu? Si nous allions jusqu'au jeune Çakya, pourrions-nous le ramener? Celui-ci dit : Vous ne le pourrez pas. Le jeune homme est ferme dans son courage et dans ses promesses. « Avant d'avoir atteint l'Intelligence suprême, parfaite et accomplie, avant d'être Bouddha, je ne retournerai pas dans la grande cité de Kapilavastou. » Voilà ce qu'il a dit, et il ne reviendra pas sur ses paroles; et comme il l'a dit cela arrivera. Pourquoi? (C'est que) le jeune homme, ferme dans son courage et ses promesses, ne variera pas.

Alors Tch'andaka conduisant Kantaka avec les ornements, arriva au milieu des gens de l'appartement des femmes. Ces ornements longtemps portés par le jeune Çakya, beau, au grand nom, magnanime, irrésistible; ces ornements de celui qui est fort comme Maha Narayana (558), fort comme

(558) Nom de Vichnou, considéré comme le dieu existant avant tous les mondes.

Ardha Narayana, ceux-ci ne peuvent les soulever. Pendant ce temps-là Maha Pradjapati Gautami pensa : Tant que je verrai ces ornements, le chagrin sera dans mon cœur. Je vais les jeter dans un étang. Et en même temps Maha Pradjapati Gautami jeta ces ornements dans un étang. Et aujourd'hui encore cet étang est connu sous le nom d'Abharanapouchkari (*étang des ornements*).

Et ici il est dit : Au moment où le Bodhisattva, sage et courageux, est parti, les habitants de Kapilavastou s'éveillaient, et tous pensaient en eux-mêmes : Le jeune homme est endormi sur sa couche. Et tout joyeux, ils s'en félicitaient, et se le disaient l'un à l'autre.

Gopa, ainsi que toute la suite des femmes, s'étant éveillée, regarda le lit, et ne voyant pas le Bodhisattva : Hélas! suis-je trompée? où donc est allé le Bodhisattva? Et elle remplit le palais de ses gémissements.

Le roi ayant entendu ce bruit se laissa tomber à terre, en disant : Hélas! ô mon fils unique! Et il sanglotait. On le baigna en versant l'eau d'un vase, et les Çakyas en foule le firent revenir à lui.

Gopa s'est laissée tomber de sa couche à terre; elle arrache ses cheveux et disperse ses parures : la séparation d'avec celui qui a tous les agréments a été prompte. Le meilleur des guides me l'avait dit autrefois, hélas! (trop) bien dit! Beau, très-beau, embelli par les proportions sans défaut de tes membres, brillant, parfaitement pur, gagnant le cœur des créatures, loué par les gens vertueux, digne des offrandes des dieux et des hommes, après m'avoir abandonnée sur ma couche, où es-tu allé? Tant que je ne verrai pas le Bodhisattva (qui est) rempli de qualités, je ne veux pas de breuvage, je ne prendrai pas de nourriture. Couchée sur la terre, je porterai mes cheveux nattés (comme les pénitents). J'abandonnerai l'usage du bain, et me livrerai à l'exercice de la pénitence et des austérités. Tous les jardins n'ont plus ni feuilles, ni fleurs, ni fruits. Les rangées de perles les plus pures, sombres et fanées, ressemblent à des débris poudreux. O le plus pur entre les premiers des hommes, depuis que tu les as abandonnées, les habitations de cette ville ne sont plus belles, et ressemblent à un désert. Chants mélodieux des voix les plus douces, suite de femmes parées de robes flottantes, jour voilé par des treillis d'or, privés de celui qui a toutes les qualités, je ne prendrai plus garde à vous.

La tante (*Gautami*), quoique accablée d'une douleur profonde, lui dit : Fille de Çakya, ne pleure pas. Et elle sanglotait. « Je mettrai fin dans les mondes à la vieillesse et à la mort, » a dit autrefois ce premier des hommes. Ce grand Richi, qui a pratiqué mille vertus, était parvenu, à minuit, à la distance de six Yodjanas. Il a donné à Tch'andaka que voici, son cheval excellent et les ornements : Tch'andaka, prends-les, a-t-il dit, va à la ville de Kapila, et à mon père et à ma mère réponds par ces paroles de moi : Le jeune homme est parti, ne vous affligez pas davantage. (Quand il sera) devenu Bouddha (doué) de l'Intelligence, il reviendra ici. Écoutez les lois, et vos esprits seront calmés.

Tch'andaka dit encore au guide (des créatures) : Si l'on me demande : Tch'andaka, où a été conduit l'excellent Bodhisattva? la foule de parents du meilleur des hommes me frapperont, et je n'aurai ni le pouvoir, ni la force de résister. Le Bodhisattva a dit encore : Tch'andaka, ne crains rien; la foule de mes parents sera satisfaite aussi. Ils t'accorderont toujours la science d'un instituteur; et comme ils sont bienveillants pour moi, ils seront bienveillants pour toi.

Tch'andaka emmena le meilleur des chevaux avec les ornements, et se rendit au jardin du meilleur des hommes purs. Le garde du jardin, dans l'élan de sa joie, dit aux Çakyas l'heureuse nouvelle : Le cheval excellent du jeune homme et Tch'andaka sont arrivés au jardin, ne vous désolez plus.

Le roi ayant entendu ces paroles, entouré des Çakyas, s'empressa, dans l'élan de sa joie, de se rendre au jardin. (Mais) Gopa, qui connaissait l'esprit ferme du Bodhisattva, n'ajouta pas foi à ce discours, et ne donna pas de signes de joie. Pourquoi, sans avoir atteint l'Intelligence, le jeune homme serait-il revenu sur ses pas jusqu'ici? Non, il n'est pas dans cette demeure.

Le roi, en voyant le cheval excellent et Tch'andaka, poussa de longs soupirs, et tomba à la renverse à terre. Ah! mon fils, habile au chant et à la danse, après avoir abandonné tout royaume, où es-tu allé? Tch'andaka, dis-moi bien ici où est allé le Bodhisattva, ce qu'il veut faire. Par qui la porte a-t-elle été ouverte? Par qui a-t-il été conduit? Comment l'offrande lui a-t-elle été faite par les troupes de dieux?

Tch'andaka dit : Seigneur des rois, écoutez-moi. A minuit, pendant que dans la ville jeunes et vieux dormaient, le Bodhisattva à la voix mélodieuse m'a parlé ainsi : Tch'andaka, donne-moi promptement le roi des chevaux. Tel a été l'ordre. Et moi je voulus éveiller les troupes d'hommes et de femmes; (mais) comme ils dormaient d'un sommeil profond, ils n'entendirent pas mes paroles. Je lui amenai, en pleurant, le roi des chevaux. Secours des êtres, où vous plaît-il d'aller? lui dis-je.

Les portes munies de machines furent ouvertes par Çakra. Les quatre gardiens du monde tenaient les pieds du cheval. Le héros étant monté, les routes des trois mille mondes furent ébranlées. Au milieu du ciel immense où il s'avançait, les ténèbres de la nuit étaient dissipées par une lumière resplendissante. Des fleurs tombaient, des instruments mélodieux résonnaient par centaines, les dieux et les Apsaras le louaient. Il s'avança à travers le ciel, entouré des troupes des dieux.

(Cependant) Tch'andaka emmenant le meilleur des chevaux, était arrivé, en pleurant, à l'appartement des femmes. Gopa, en voyant Tch'andaka et le cheval excellent, tomba à la renverse, évanouie sur la terre. Toutes les femmes s'empressèrent à l'envi, et prenant de l'eau en baignèrent la fille de Çakya, qui de douleur en était venue à s'approcher de la mort. Deux êtres qui s'aimaient en sont venus à se séparer, pensait-elle. (Puis) la fille de Çakya, désolée, ayant fait un effort, prit par le cou le meilleur entre les rois des chevaux, et se rappelant les joies et les plaisirs d'autrefois, elle fut accablée de chagrin, et le témoigna par toutes sortes de paroles : Ah celui qui faisait ma joie ! Ah (mon époux, le) premier des hommes, au visage pareil à la lune sans tache ! Ah mon (époux) doué de la plus belle forme, aux signes les plus beaux, à l'éclat sans tache ! Ah mon (époux) aux membres sans défauts, noble et bien né d'une succession de gens respectables et sans égaux ! Ah mon (époux) doué des plus grandes qualités, honoré des dieux et des hommes, et le plus compatissant de tous ! Ah mon (époux) puissant et fort comme Narayana, vainqueur des troupes d'ennemis ! Ah mon (époux) à la voix douce comme celle du Kalabingka, aux accents harmonieux comme ceux de Brahma ! Ah mon (époux) à la gloire immense, riche de cent œuvres méritoires et de qualités sans tache ! Ah mon (époux) digne de louanges, embelli par une foule innombrable de qualités, joie des troupes de Richis ! Ah mon (époux) né, heureusement né dans le jardin de Loumbini, où résonne le bourdonnement des abeilles ! Ah mon (époux) grand arbre de science, honoré de sacrifices par les dieux et les hommes ! Ah mon (époux) des saveurs la plus pure, aux lèvres rouges comme (le fruit du) Bimba, aux yeux de lotus, (à la peau) couleur d'or ! Ah mon (époux) aux dents parfaitement pures, et pareilles (pour la blancheur) au lait et à la gelée matinale ! Ah mon (époux) au beau nez, aux beaux sourcils au milieu desquels est le signe Ourna sans tache ! Ah mon (époux) à l'épaule bien arrondie, au ventre en arc, aux jambes d'Ena, à la taille arrondie ! Ah mon (époux) aux cuisses pareilles à la trompe de l'éléphant, aux mains et aux pieds purs, aux beaux ongles ! Et voilà ses ornements, produits par une action pure, et qui causaient tant de joie au roi ! Ah mon (époux) à la voix pure et mélodieuse ! O ma plus belle saison, embaumée des plus belles fleurs ! Ah parfum de mes fleurs, et vous qui, en jouant des instruments, faisiez la joie de l'appartement des femmes ! Ah Kantaka (coursier) de notre race, toi qui étais le compagnon de mon époux, où l'as-tu conduit ? Ah Tch'andaka sans pitié, au moment où le plus pur des hommes partait, tu n'as donc pas osé réveiller en appelant ? Aujourd'hui, quand s'éloignait de cette ville excellente le compatissant et secourable guide des hommes, pourquoi, en ce moment, n'as-tu pas dit ces seules paroles : Celui qui est notre secours s'en va ? Comment celui qui donne le secours est-il parti ? Par qui a-t-il été conduit hors de ce palais ? De quelque côté qu'il se soit dirigé, une déesse des bois sera sa compagne fortunée. Tch'andaka, pareil à celui qui après avoir montré un trésor, arrache l'œil, à moi que l'affliction accable, rends l'œil. Tch'andaka, un père et une mère doivent toujours être loués et honorés par tous les Djinas ; s'il est parti en les abandonnant, à plus forte raison (a-t-il négligé) le plaisir d'être avec une femme. Ah ! maudite soit la séparation de ceux qui s'aiment ! C'est comme la vue de la danse dont la nature est l'instabilité. Les ignorants, pris par leurs pensées, abusés par la vue, demeureront soumis à la naissance et à la vie émigrante. Il l'a enseigné autrefois : Pour les agrégations soumises à la vieillesse et à la mort, il n'y a plus d'amis. (O mon époux) quand tu auras accompli ton projet et obtenu la plus pure Intelligence auprès du premier des arbres, quand tu seras devenu un Bouddha parfait et exempt de trouble, daigne revenir ici dans la meilleure des villes.

Tch'andaka ayant écouté ces paroles de Gopa avec la plus grande tristesse, répondit en gémissant : Gopa, écoutez attentivement mes paroles. A l'heure de minuit, toutes les troupes des femmes étaient profondément endormies, seul alors, en ce moment, celui qui se distingue par cent vertus, me dit : Donne moi Kantaka. Aussitôt que j'eus entendu ces mots, je vous regardai, endormie sur votre couche. Au moment où votre bien-aimé s'éloignait, je criai à haute voix : O Gopa, levez-vous. Les dieux étouffèrent ce cri, et pas même une seule des femmes ne s'éveilla. J'amenai, en pleurant, le roi des chevaux, paré de ses ornements, au meilleur des hommes. Kantaka s'avance avec une splendeur terrible, le bruit de ses pas retentit à la distance d'un Kroça, et cependant, dans la ville plongée dans le sommeil par les dieux, personne ne s'éveille. Sur la terre couverte d'or, d'argent et de perles, les pieds de Kantaka frappent fortement ; il s'en élève un son solennel et doux, et cependant pas un des hommes ne s'éveille. En ce moment l'astre Pouchya était apparent, la lune et les étoiles brillaient au ciel. Du haut du ciel des millions de dieux, joignant les mains en s'inclinant, l'oraient. Près d'eux se tenaient les troupes des Yakchas et des Rakchas, et les quatre gardiens du monde, habiles aux transformations surnaturelles, qui de leurs mains pures comme la tige du lotus sans tache, soutenaient les pieds de Kantaka. Celui qui se distingue par l'éclat de cent bonnes œuvres, monte sur ce (cheval), semblable au lotus rouge et au Varchika. Cette terre est ébranlée fortement de six manières, les champs de Bouddha sont enveloppés de splendeurs pures. Çakra, Gourou des dieux et époux de Satchi, ouvre lui-même les portes en ce moment; et lui, entouré et précédé de millions de dieux, s'avance, adoré des dieux et des Nagas. Aussitôt qu'ils s'aperçoivent que Kantaka porte solennellement à travers le ciel le chef du monde, les troupes des dieux et des Danavas, accompagnés d'Indra, marchent en même temps que Sougata s'avance. Les Apsaras, habiles à chanter, célèbrent les qualités du Bodhisattva; elles donnent du courage à Kantaka et font entendre des chants doux et harmonieux : Kantaka, vite, vite, emporte le guide du monde. Ne sois ni abattu, ni triste. Puisque tu fais plaisir au chef du monde, tu ne peux ni craindre, ni rencontrer de mal, ni suivre de mauvaise route. Chacun des dieux, à part soi, se réjouit (en pensant) : Le chef du monde est porté par moi. Et cet endroit de la terre n'est nullement foulé par les pieds de millions de dieux. Vois, Kantaka, dans l'étendue du ciel, cette belle route qui s'étend, ornée de tous côtés, où se trouvent les tables précieuses, (qui est) décorée (d'ornements) de toutes sortes, embaumée des parfums des plus suaves essences divines. Kantaka, pour cette bonne action, très-heureusement transformé dans le séjour des dieux Trayastrinçats, entouré et précédé d'Apsaras, et regardé par elles, tu jouiras de tous les plaisirs désirés des dieux.

Ainsi donc, ô Gopa, ne vous lamentez plus; mais livrez-vous à la plus grande joie. Bientôt vous verrez le meilleur des hommes, ayant obtenu l'Intelligence, précédé des dieux. O Gopa, les hommes qui ont fait de bonnes œuvres ne doivent jamais se lamenter. Puisqu'il s'est distingué par l'éclat de cent bonnes œuvres, réjouissez-vous au lieu de vous lamenter. Tout l'appareil des sacrifices déployé par les dieux et les hommes, quand le prince est sorti, cet appareil, ô Gopa, quand même je parlerais pendant sept jours, je ne pourrais le décrire complètement. En rendant hommage à celui qui apporte le secours et la délivrance, vous acquerrez le plus grand des biens, incompréhensible pour la pensée; et, à mon avis, vous serez aussi semblable qu'on peut être semblable au plus pur des hommes.

Chapitre de l'Entrée dans le monde, le quinzième.

CHAPITRE XVI.

VISITE DE VIMBASARA.

Le Bodhisattva, après s'être revêtu d'habits de religieux, visite en passant plusieurs personnages, et arrive à la ville de Vaiçali. Il se met sous la direction d'Arata Kalama; mais s'apercevant bientôt qu'il n'a plus rien à apprendre de ce maître, il s'en va dans la capitale du pays de Magadha. — Un homme du palais va dire au roi qu'il est arrivé un personnage extraordinaire. Le roi va visiter le Bodhisattva, et charmé de son entretien lui offre la moitié de son royaume. — Le Bodhisattva le remercie, et va s'établir sur les bords de la rivière Nairanjana.

C'est ainsi, Bikchous, que par la bénédiction du Bodhisattva, Tch'andaka fit ce récit, propre à consoler la douleur du roi Çouddhodana, celle de Gopa, la fille des Çakyas.

Ainsi donc, Bhikchous, le Bodhisattva ayant donné au fils d'un dieu qui avait la figure d'un chasseur les vêtements de Kaci, et lui ayant pris les vêtements rougeâtres, se fit lui même religieux errant, par sympathie pour le monde, par commisération pour les créatures, et en vue de la maturité complète des êtres.

Le Bodhisattva se rendit ensuite à l'endroit où était la demeure du brahmane Çakya, qui l'invita à rester et à prendre de la nourriture.

Le Bodhisattva alla ensuite à la demeure du Brahmane Padma, qui l'invita aussi à rester et à prendre de la nourriture.

Il alla ensuite à la demeure du Brahmarchi Raivata, qui l'invita de même à rester et à prendre de la nourriture.

De même Radjaka, fils de Trimadandika, invita le Bodhisattva à prendre de la nourriture.

Ainsi, Bhikchous, le Bodhisattva arriva successivement à la grande ville de Vaiçali.

En ce temps là aussi Arata Kalama, accompagné d'une grande réunion de Çravakas et de trois cents disciples, avait établi sa demeure dans la ville de Vaiçali, et enseignait à ses disciples la doctrine qui consiste dans la pauvreté et la restriction des sens. Quand il vit de loin le Bodhisattva qui s'avançait, il fut rempli d'étonnement, et dit à ses disciples : Regardez donc la beauté de celui-ci.

Ceux-ci dirent : Nous la voyons bien; c'est vraiment une grande merveille.

Alors, Bhikkhous, je m'approchai de l'endroit où était Arata Kalama, et lui parlai ainsi : Arata Kalama, c'est par toi que je serai initié à l'état de Brahmatchari.

Il me répondit : O Gautama (539), fils d'une famille pure, en l'exerçant sans réserve (cet état), déploie, dans l'enseignement d'une pareille doctrine, toute la science (que tu as) acquise avec peu de peine.

Puis, Bhikchous, il me vint à la pensée : J'ai en moi l'intention, j'ai aussi l'empressement; j'ai le souvenir, j'ai aussi la méditation profonde, j'ai la sagesse. J'obtiendrai donc la doctrine elle-même : et afin de l'éclaircir, je resterai tout seul, chaste et retenu dans la solitude.

(539) Surnom du Bouddha, emprunté au chef de sa race.

Et dans cette pensée, Bhikchous, tout seul, chaste et retenu, après être resté dans la solitude, j'éclaircis la doctrine que j'avais eu peu de peine à comprendre.

Ensuite, Bhikchous, je me rendis à l'endroit où était Arata Kalama, et lui dis : Ainsi donc, ô Arata, toute cette doctrine a été comprise et éclaircie par toi. Il me répondit : Cela est ainsi, Gautama. Je lui dis : Moi aussi je l'ai éclaircie cette doctrine, après l'avoir comprise. Il répondit : O Gautama, de même que je connais cette doctrine, toi aussi tu la connais; et tout ce que tu en sais, je le sais aussi; de sorte que tous les deux nous l'avons enseignée à cette foule de disciples.

Ensuite, Bhikchous, Arata Kalama m'honora d'une offrande pure, et me chargea de faire comprendre aux disciples le sens (de la doctrine).

Puis, Bhikchous, il me vint à la pensée : Cette doctrine d'Arata n'est vraiment pas libératrice; la pratiquer n'est pas une vraie libération, un épuisement complet de la misère; mais j'y parviendrai par elle, en faisant de plus grandes recherches.

Ensuite, Bhikchous, après être resté aussi longtemps qu'il m'avait plu dans la ville de Vaiçali, je m'avançai dans le pays de Magadha. Après m'être avancé sur ce territoire, jusqu'à la grande cité où était la résidence du roi de Magadha, et être arrivé jusqu'au Pandava, le roi des monts, je m'établis sur le penchant de cette montagne, tout seul, sans aucun compagnon, gardé par des centaines de mille de divinités. Et ayant, le matin, pris la robe et le vêtement de religieux, et portant un vase aux aumônes, j'entrai par la porte de l'eau chaude, dans la ville de Radjagriha. (J'étais) beau en me retournant, en regardant en avant, en regardant à droite et à gauche, en me ramassant sur moi-même, en m'étendant; beau en portant le manteau long, le Bada, le vase aux aumônes et le vêtement religieux, sans avoir les sens agités; et, comme (il appartient à) celui qui est transformé, sans avoir l'esprit occupé du dehors. Comme celui qui tient un vase d'huile, et ne regardant que le joug (de la morale?), j'entrai (dans la ville) pour les aumônes.

Les hommes de Radjagriha m'ayant vu, furent remplis d'étonnement. Quel est celui-ci? Brahma ou Çakra, le maître des dieux, ou bien Vaiçravan, ou quelque dieu de la montagne? Telle était leur pensée.

Et ici il est dit : Celui qui possède un éclat illimité et sans tache, le Bodhisattva lui-même, s'est fait religieux errant. L'esprit apaisé, la conduite bien réglée, il demeure sur le flanc du Pandava, le roi des monts. Le Bodhisattva ayant vu que le matin était venu, s'est revêtu de sa robe la plus belle à la vue; il a pris son vase aux aumônes, et avec un esprit humble il est entré à Radjagriha pour (demander) l'aumône, bien purifié comme un lingot d'or natif, et revêtu de la cuirasse des trente-deux signes. Au milieu de la foule d'hommes et de femmes qui le regardent, nul ne se rassasie de le voir. Les rues sont ornées de vêtements précieux et de riz. Cet être, par la puissance duquel la ville tout entière est embellie, et qu'on n'avait pas encore vu, qui est-il? se dit-on. Le peuple l'entoure, et va après lui. Des milliers de femmes sont montées sur le haut du palais, ou remplissent les portes, les fenêtres et les rues, et après avoir déserté leurs maisons. On regarde ce premier des hommes, qui ne ressemble à aucun autre; et pendant qu'on admire sa beauté sans égale, il ne se fait ni achats ni ventes, il ne se boit ni liqueurs ni vin, et l'on ne se réjouit ni dans les rues ni dans les maisons.

Aussitôt un homme alla au palais, et tout joyeux dit au roi Vimbasara : Brahma lui-même est venu dans cette ville demander l'aumône. Seigneur, vous avez obtenu la plus grande faveur. Quelques-uns ont dit que c'était Çakra, le roi des dieux; d'autres que c'était Souyama, le fils d'un dieu, ou bien un (dieu) Santouchita Nirmita. D'autres ont dit : C'est le fils d'un dieu Sounirmita. Ceux-ci ont dit : C'est Souria ou Tchandra; ceux-là : C'est Rahou, Bali ou Vematchitri; d'autres enfin ont dit que c'était celui qui demeurait sur le Pandava, le roi des monts.

Le roi fut rempli de joie en entendant ce discours; il se mit à la fenêtre, et vit l'être par excellence, le Bodhisattva brillant dans sa splendeur comme l'or le plus pur. Le roi Vimbasara dit à cet homme (qui l'avait averti) : Donne-lui une aumône, et regarde où il va. Celui-ci le vit qui montait sur la meilleure des montagnes, et quelques-uns lui dirent qu'il demeurait sur le penchant du mont.

Vimbasara s'apercevant que le matin était venu, le seigneur des hommes, entouré d'une grande foule, se rendit auprès du Pandava, le roi des montagnes, et voyant ce mont resplendissant de lumière, il descendit de son palanquin et marcha à pied. Il considéra avec un profond respect le Bodhisattva inébranlable comme le mont Mérou, assis les jambes croisées sur un tapis de gazon. Le roi, après avoir salué ses pieds avec la tête, et l'avoir entretenu de toutes sortes de sujets, lui dit : Je te donne la moitié de tout mon royaume; obéis aux qualités du désir, ne t'en va pas.

Le Bodhisattva lui répondit d'une voix douce : Seigneur de la terre, puisses-tu vivre longtemps! moi-même j'ai abandonné un beau royaume; mettant de côté l'espérance afin d'être calme, je me suis fait religieux. Arrivé au moment de la jeunesse où l'on a en partage la beauté du corps, la grâce et la vigueur, j'ai désiré de grandes richesses et des troupes de femmes, et j'ai, au milieu de mon royaume, satisfait mes désirs.

Le roi de Magadha répondit au Bodhisattva : Je me réjouis beaucoup de t'avoir vu ; gouverne conjointement avec moi tout ce beau royaume, je t'en offre la possession ; satisfais tes désirs. Ne demeure plus dans les forêts désertes, ne reste plus désormais sur la terre couverte de gazon, quand ton corps est dans la fleur de la jeunesse. Reste ici dans mon royaume.

Le Bodhisattva lui répondit avec douceur et sincérité par ces paroles bienveillantes : O roi, que la bénédiction t'accompagne toujours ! Je ne veux plus des qualités du désir. Le désir est pareil au poison et accompagné de fautes innombrables. Les êtres tombés dans les enfers, les Pretas (tombés) à l'état de bêtes, sont secourus par les sages. Les gens respectables n'ont pas de désir. J'ai rejeté le désir comme la morve impure. Le désir tombe comme les fruits de l'arbre ; il va comme le nuage, comme le nuage pluvieux. Inconstant comme le vent, il s'en va dispersant toutes les vertus et trompe. De même qu'un désir non accompli tourmente, de même celui qu'on est arrivé à satisfaire ne rassasie pas davantage. Quand on n'a pu s'en rendre maître, c'est alors que le désir engendre des malheurs terribles. O roi, quel que soit le désir d'un dieu, quelque bon que soit le désir d'un homme, tous ces désirs, si un homme les satisfait, au lieu d'en être rassasié, il en est encore altéré. O roi, tous ceux qui sont calmes, retenus, sans s'écarter de ce qui est respectable, remplis de science par (la connaissance) de la loi, avancés dans la sagesse, arrivent à un contentement parfait. La propriété du désir est de ne pouvoir aucunement être satisfait. En se laissant aller à ses désirs, un roi les voit d'avance s'accumuler sans limite. Comme les hommes qui ont bu de l'eau salée, si on se laisse aller au désir, la soif s'augmente encore. O roi, regarde le corps faible, sans essence, machine de douleurs, dégouttant toujours par neuf ouvertures. O roi, je n'ai plus les élans du désir. J'ai abandonné bien des désirs, ainsi que des milliers de femmes qui charmaient les yeux. Dans le désir d'arriver à l'Intelligence, qui est la plus grande des félicités, dégoûté de la vie, je me suis éloigné.

Le roi dit : De quel côté es-tu venu, ô Bhikchou ? Où es-tu né ? Ton père et ta mère, où demeurent-ils ? Es-tu Kchattriya ou Brahmane ? Es-tu roi ? Es-tu un Bhikchou pour qui la science n'est pas un fardeau ?

Le Bodhisattva dit : O roi, as tu entendu parler de la ville de Kapila des Çakyas, riche et étendue ? Le nom de mon père est Çouddhodana ; et moi, à cause des propriétés du désir, je me suis fait ici religieux.

Le roi dit : T'avoir vu, c'est avoir été favorisé d'une heureuse rencontre. Quel que soit celui dont tu es né, nous serons ses disciples. (Toi qui es) délivré de l'entraînement du désir, invité avec empressement, daigne avoir pour moi un sentiment de bienveillance. Quand tu auras acquis l'intelligence, fais-moi prendre part à la distribution de la loi. Être existant par toi-même, qui demeures dans mon pays, c'est pour moi un grand bonheur de t'avoir rencontré.

Puis, ayant de nouveau salué ses pieds, et tourné autour de lui avec respect, le roi, entouré de tous côtés par ses hommes, s'en retourna à Radjagriha. Le guide du monde, après être entré dans la ville de Magadha, y être demeuré autant qu'il lui plut, avec un esprit calme, et s'être occupé des dieux et des hommes, s'en alla sur le bord de la rivière Nairanjana.

Chapitre appelé Visite de Vimbasara, le seizième.

CHAPITRE XVII.

PRATIQUE DES AUSTÉRITÉS.

Le Bodhisattva va trouver Roudraka, et s'entretient avec lui sur quelques points de doctrine. Il a bientôt épuisé le savoir de ce maître, et se dispose à le quitter. En voyant la facilité du Bodhisattva à comprendre la doctrine de Roudraka, cinq disciples de ce dernier le quittent, et suivent le Bodhisattva à Gaya. — Les trois comparaisons auparavant inconnues. — Le Bodhisattva passe en revue les pratiques de toutes sortes par lesquelles les ascètes croient arriver au bonheur, et s'apercevant qu'ils font fausse route, il prend la résolution de n'en imiter aucun. — Austérités du Bodhisattva pendant six ans. Il devient si maigre et si abattu, que les dieux craignent qu'il ne meure. — Ils préviennent sa mère, qui se rend près de lui. — Le Bodhisattva reconnaît à peine sa mère, tant il est affaibli ; cependant il la console et la renvoie. — Les gens du voisinage, en voyant le corps amaigri du Bodhisattva, le prennent pour un esprit des cimetières.

Bhikchous, en ce temps-là le fils de Rama, Roudraka, ayant établi sa demeure dans la grande ville de Radjagrika, y demeurait avec une foule de disciples au nombre de sept cents. Il leur enseignait la doctrine d'accord avec la restriction des sièges des qualités sensibles, (que ceux-ci soient) dénués d'idées ou non dénués d'idées.

Bhikchous, le Bodhisattva vit Roudraka le fils de Rama, accompagné d'une nombreuse assemblée ; en le voyant, il lui vint à la pensée : Ce Roudraka, fils de Rama, est accompagné d'une nombreuse assemblée dont il est le précepteur ; il est grandement désireux de renommée, honoré de beaucoup d'hommes, connu de tous les savants ; si donc étant allé près de lui, avant de me livrer aux austérités et aux mortifications, il ne produisait pas en moi une idée éminemment distincte, résultant d'une science évidente ; et (si) les choses composées, les choses qui se décomposent, les conceptions, les réflexions, les méditations profondes, l'indifférence (mystique) n'étaient pas réfutées, c'est alors que les domaines de la réflexion, les objets de l'indifférence étant montrés, j'en viendrais à enseigner que les méditations profondes sur les choses du monde ne sont pas l'issue (des misères humaines). Telle est la méthode que j'enseignerais. J'irai donc auprès de Roudraka, fils de Rama; et en vue de l'enseignement clair des propriété de la méditation profonde propre (à chacun), m'engageant comme son disciple, j'enseignerai que la méditation profonde sur les choses composées est sans essence.

Alors, Bhikchous, le Bodhisattva prenant possession de ce projet se rendit à l'endroit où était Roudraka fils de Rama, et lui parla ainsi :

Ami, quel est ton précepteur ? De quel précepteur sachant tout as-tu appris cette doctrine ?

Roudraka, fils de Rama, répondit ainsi au Bodhisattva : Ami, je n'ai aucun précepteur; c'est de moi-même que j'ai bien compris tout cela.

Le Bodhisattva dit : Qu'est-ce qui a été compris par toi ?

Celui-ci dit : La voie qui mène à l'indifférence des sens pour ce qui est inconcevable et ce qui n'est pas inconcevable.

Le Bodhisattva dit : Je désire obtenir de toi, dans nos entretiens, l'enseignement de la voie de cette méditation profonde.

Celui-ci dit : Qu'il en soit ainsi, dans les entretiens que j'ai à donner.

Alors le Bodhisattva se mettant d'un côté, croisa ses jambes et s'assit. Il ne fut pas plutôt assis, que par l'effet de la distinction de la vertu, de la distinction de la sagesse, de la distinction du fruit des bonnes œuvres antérieurement, par l'effet de la distinction de toutes les méditations profondes interrogées et du pouvoir exercé sur l'esprit, la méditation profonde et le reste de toutes les cent mille espèces d'entrées dans l'indifférence des choses du monde ainsi que leurs différences, lui apparurent clairement.

Alors le Bodhisattva, avec le souvenir et la science, s'étant levé de son siège, s'approcha de l'endroit où était Roudraka le fils de Rama, et lui parla ainsi :

Ami, au delà de la voie des sens pour ce qui est inconcevable et ce qui est concevable, y en a-t-il une autre qui soit supérieure ?

Celui-ci dit : Il n'y en a pas.

Alors le Bodhisattva pensa : Roudraka n'a pas à lui seul la foi, le courage, le souvenir, la méditation profonde et la sagesse. Moi aussi j'ai la foi, le courage, le souvenir, la méditation profonde et la sagesse.

Puis le Bodhisattva parla ainsi au fils de Rama, Roudraka : Ami, où tu (as compris) cette doctrine qui t'apparaissait, moi aussi je l'ai comprise.

Celui-ci dit : Eh bien, viens donc. Toi et moi nous enseignerons d'après elle à cette multitude.

Et en parlant ainsi, il installa à cette intention le Bodhisattva dans une demeure d'instituteur.

Le Bodhisattva dit : Ami, cette voie ne conduit pas à l'indifférence (des objets du monde), ne conduit pas à l'affranchissement de la passion, ne conduit pas à l'empêchement (des vicissitudes de l'être), ne conduit pas au calme, ne conduit pas à la science supérieure, ne conduit pas à l'intelligence parfaite, ne conduit pas à l'état de Çramana, ne conduit pas au Nirvana.

Alors le Bodhisattva, Roudraka et ses disciples étant rassemblés, dit : Maintenant en voilà assez. Et en parlant ainsi, il s'éloigna.

En ce temps-là cinq (personnages) de bonne caste exerçaient les pratiques de Bramatchari, (dirigées) par Roudraka, fils de Rama. Il leur vint à la pensée : Pourquoi donc nous, qui depuis longtemps cherchons des efforts, n'avons-nous pu comprendre la fin et le but, tandis que le Çramana Gautama le comprend et l'explique sans peine, et sans même le désirer ? S'il va au delà dans ses recherches, sans nul doute il sera le précepteur du monde, et nous fera part de ce qu'il aura rendu évident. Après avoir murmuré ainsi, ces cinq (personnages) de bonne caste s'éloignèrent de Roudraka, fils de Rama, et suivirent le Bodhisattva.

Ainsi, Bhikchous, le Bodhisattva étant demeuré autant qu'il lui avait plu à Radjagriha, retourna dans le pays de Magadha, accompagné des cinq (personnages) de bonne caste.

En ce temps-là à Radjagriha et sur le mont Gaya, une autre compagnie célébrait une fête. Le Bodhisattva, ainsi que les cinq (personnages) de bonne caste, furent invités par cette compagnie à s'arrêter et à prendre part au festin.

Cependant, Bhikchous, le Bodhisattva étant arrivé dans le pays de Magadha, auprès du mont Gaya, il demeura sur le sommet de cette montagne, en vue du renoncement; et pendant qu'il y demeurait, trois comparaisons auparavant ignorées et inconnues se présentèrent. Lesquelles (au nombre de) trois ? (Les voici :)

Les Çramanas ou Brahmanes, quels qu'ils soient, qui ne tiennent pas leur corps isolé des désirs, qui ne tiennent pas leur esprit isolé des désirs, qui se plaisent dans le désir, se nourrissent de désir, s'enivrent dans le désir, sont altérés de désir, sont consumés de désir, ceux-là n'ont aucun repos. Ils se frappent eux-mêmes, et en tourmentant leur corps, éprouvent une sensation de douleur aiguë, cuisante et insupportable, et pourtant, parvenus au-dessus de la doctrine humaine, ils ne peuvent expliquer clairement la différence qui distingue la science vénérable. Ainsi, par exemple, si un homme qui désire du feu a pris un morceau de bois vert pour être frotté et un morceau de bois vert pour le frotter, et les a mis dans l'eau, il ne pourra, en frottant, faire sortir du feu. De même aussi les Çramanas ou Brahmanes qui ne tiennent pas leur corps isolé des désirs, qui ne tiennent pas leur esprit isolé des désirs, qui se plaisent dans les désirs, qui se nourrissent de désirs, qui s'enivrent de désirs, qui sont altérés de désirs, consumés de désirs, n'ont aucun repos. Ils se frappent eux-mêmes, et en tourmentant leur corps, éprouvent une sensation de douleur aiguë, cuisante et insupportable; et pourtant, parvenus au sommet de la doctrine humaine, ils ne peuvent expliquer clairement la différence qui distingue la science vénérable. Telle fut la pensée du Bodhisattva, et la comparaison qui se présenta à lui la première.

Et il lui vint encore à la pensée: Ces Çramanas ou Brahmanes quels qu'ils soient, qui tiennent leur esprit isolé des désirs, si d'ailleurs ils se sont déjà plu au désir, ainsi que dans la recherche du feu, tout se passera comme précédemment. Celui qui a pris un morceau de bois vert pour être frotté, et l'a mis dans un lieu ouvert, n'arrivera pas à obtenir du feu en le frottant avec un autre morceau de bois vert. C'est ainsi que pour ces Çramanas ou Brahmanes, tout se passant comme précédemment, quoique parvenus bien au-dessus de la doctrine humaine, ils ne peuvent expliquer clairement la différence qui distingue la science vénérable. Telle fut sa pensée, et la seconde comparaison, auparavant ignorée et inconnue, qui se présenta.

Et encore: Ces Çramanas ou Brahmanes quels qu'ils soient, qui tiennent leur corps et leur esprit isolés des désirs, si d'ailleurs ils se sont déjà plu aux désirs, tout se passant comme précédemment, mais le repos leur étant venu, s'ils se frappent eux-mêmes, ils éprouvent, en tourmentant leur corps, des douleurs aiguës, cuisantes et insupportables, et arrivés aussi bien au-dessus de la doctrine humaine, ils pourront expliquer clairement la différence qui distingue la science vénérable. Ainsi, par exemple, si un homme désirant du feu et de la lumière, se met à les chercher, il prend, pour être frotté, un morceau de bois sec, puis le mettant à l'air et frottant un autre morceau de bois, il peut obtenir du feu et faire briller de la lumière. De même ces Çramanas ou Brahmanes, quels qu'ils soient, éprouvant les sensations dites précédemment, et étant parvenus aussi bien au-dessus de la doctrine humaine, pourront expliquer clairement la différence qui distingue la science vénérable. Telle fut sa pensée, et la troisième comparaison, auparavant inconnue et ignorée.

Ensuite, Bhikchous, ceci vint à la pensée du Bodhisattva: Moi aussi, maintenant que je tiens mon corps isolé des désirs, que je tiens mon esprit isolé des désirs, m'étant d'ailleurs déjà plu dans mon désir, tout se passant comme précédemment, et, étant arrivé au calme, si je me frappe moi-même, en tourmentant mon corps et en éprouvant les mêmes douleurs et les mêmes sensations qu'il a été dit précédemment, parvenu moi même bien au-dessus de la doctrine humaine, je pourrai expliquer clairement la différence qui distingue la science vénérable.

Ainsi, Bhikchous, le Bodhisattva étant resté, autant qu'il lui plut, à Gaya, au sommet du mont Gaya, traversa le pays à pied, et étant arrivé à Ourouvilva, le village en chef, il aperçut l'eau pure de la rivière Nairanjana aux abords faciles, embellie par des arbres et des arbrisseaux au beau feuillage. A la vue de cette contrée, de ce village et de ses environs, l'esprit du Bodhisattva fut charmé, et il lui vint à la pensée: Oh! vraiment cette partie de la terre est unie et délicieuse, elle convient pour qu'on s'y fixe; pour un fils de famille dont le but est le renoncement, il suffit de ce pays; et mon but étant le renoncement, je demeurerai donc ici même.

Bhikchous, cette pensée vint à l'esprit du Bodhisattva: Arrivé ici au temps de la cinquième dégénération, dans le Djamboudvipa qui accueille les êtres infirmes, qui est rempli de Tirthikas, de gens qui ont toutes sortes de vues; de gens qui ramassent leur corps en boule quand vient le moment du désir; insensés, qui en se frappant de toutes les manières recherchent la pureté, et enseignent, par exemple, à user des charmes, à lécher les mains (?), à ne pas amasser, à ne pas parler, à manger beaucoup de racines, à ne manger ni chair ni poisson, à ne pas sortir l'été, à abandonner tout usage de liqueurs, de paille et d'eau; à demander de la nourriture dans une maison, ou dans trois, cinq, sept (maisons); à prendre pour nourriture et pour breuvage des racines, des fruits, de la valisnérie, de l'herbe Kouça, des feuilles, de la fiente de vache, de l'urine de vache, du fromage, du lait, du beurre, de la mélasse, des gâteaux; à manger, après l'avoir lavé, ce qui ayant été mordu par les oies et les pigeons en a été rejeté, à trouver sa subsistance dans les villages ou les déserts; à imiter, dans leurs austérités, les vaches, les gazelles, les chiens, les sangliers, les singes et les éléphants; à rester debout et silencieux, à se tenir comme un lutteur; à manger une bouchée, à manger sept bouchées; à manger une fois dans (le jour); à manger une fois dans un jour et une nuit; à manger de temps en temps, de quatre, cinq, en six jours; à manger une fois dans un demi-mois ou dans un mois; à regarder la lune, à porter des plumes de vautour ou de hibou; à se vêtir d'éclisses, d'herbe Mounja, d'écorce d'Asana, d'herbe Darbha, d'herbe Valvadja, d'une tunique de poil de chameau, d'une tunique de poil de chèvre, d'une tunique de cheveux, d'un vêtement de cuir, à avoir pour habit la nudité ; à se coucher sur des planches ou dans l'eau, à se coucher sur des cendres, sur des pierres, sur le sable, sur des éclisses, sur des épines, sur l'herbe, sur un pilon ; à dormir la tête appuyée sur une pointe ; en se tenant accroupi dans une plaine ; à se couvrir d'un vêtement, de deux vêtements, de trois, de quatre, de cinq, de six, de sept ou d'un (plus) grand nombre de vêtements ; à se baigner, à ne pas se baigner ; à porter longs les cheveux, les ongles et la barbe ; à porter les cheveux nattés ; à manger un seul grain de Kola, de sésame ou de riz ; se frotter le corps de cendre, d'encre, de suie, de poussière noire, d'ordures et de vase. En portant des poils, des crânes d'homme, des cheveux, des ongles, de l'argile, des ossements, et un vêtement inférieur de petits morceaux de bois ; en buvant de l'eau chaude, de l'eau de riz non filtrée dans une peau de gazelle, ou bouillie dans un chaudron ; en saisissant des charbons ardents, en portant des peintures (sur leur corps?), des habits rougeâtres et trois bâtons ; en se rasant la tête, en portant un vase (pour l'eau), un crâne humain et la massue, les insensés vont cherchant la pureté. En respirant (dans) la fumée, en respirant (dans) le feu, en regardant le soleil, en pratiquant le Pantchatapas, en tenant élevés un seul pied et une seule main, en se tenant sur un seul pied et dans une même posture, ils pratiquent les austérités. Ils entrent dans la paille ou dans les charbons ardents, dans des vases brûlants, dans des pierres brûlantes, dans le feu qui pétille ; ils ne prennent pas de nourriture ; ils vont au fond des déserts, aux étangs consacrés, et c'est par la mort qu'ils recherchent la voie du bonheur. Ils disent : Aum (540) ! ils disent : Vachat ! ils disent : Svadha ! ils disent : Svaha ! (541) en faisant des prières, des hymnes, des offrandes brûlées, des aspersions (?), des récitations de Mantras (542), la lecture des livres sacrés et le Dharana, (543) ils cherchent la pureté, et se croyant purs, ceux sur lesquels ils s'appuient, sont, par exemple : Brahma, Indra, Roudra (Civa), Vichnou, Devi (544), Koumara (545), Matri (546), Katyayani

(547), Tchandra, Aditya (548), Yaiçravana (Kouvera), Varouna, les Vasous (549) et les Açvins, les Nagas, les Yakchas, les Gandharbas, les Asouras, les Garoudas, les Kinnaras, les Mahoragas, les Rakchasas, les Bhoutas (550), les Koumbhandas (551), les Pretas (552), les Parchadas (553), les Ganas (554), les Pitris (555), les Piçatchas (556), les Devarchis (557), les Radjarchis (558), les Brahmarchis (559), auxquels ils rendent hommage. C'est en eux qu'ils mettent l'idée d'essence (560).

Ils prennent aussi pour appui la terre, l'eau, le feu, le vent et l'atmosphère, les montagnes, les vallées, les fleuves, les sources d'eau, les lacs, les étangs, les réservoirs, la mer, les bassins, les puits, les fossés, les arbres, les arbustes, les lianes, les herbes, les troncs d'arbres, les parcs (au bétail), les cimetières, les carrefours, les chemins et les sentiers. Ils rendent hommage aux maisons, aux piliers, aux pierres, aux pilons, aux épées, aux arcs et aux épieux, aux lances, aux piques, aux armes à trois pointes ; ils prennent comme (signe de) bénédiction la crème, le beurre (clarifié), le sénevé, l'orge, les guirlandes du cotonnier, l'herbe Dourba (561), les perles, l'or, l'argent et bien d'autres choses. C'est ainsi que ces Tirthikas, par crainte de la vie émigrante, se reposent sur toutes ces sortes d'actions. Et il y en a quelques-uns qui se disent : Des choses telles que celles-ci nous préparent le ciel et la délivrance. Ils s'en vont dans une fausse route, prenant pour refuge ce qui n'est pas un refuge, prenant pour bénédiction ce qui n'est pas la bénédiction, prenant pour pur ce qui n'est pas pur. Pour moi, afin que tous les contradicteurs soient confondus, je montrerai les actions et les œuvres des êtres anéantis et le non-anéantissement des actions et des œuvres. Et (c'est) en montrant la différence de la méditation des dieux Roupavatcharas (562), ou Dhyanagotcharas (563), et en me livrant à ma fantaisie, (que) j'obtiendrai une différence (dans la pratique) d'austérités et de mortifications semblables.

(540) Interjection mystique que les Indous prononcent avant toutes leurs prières.
(541) Ces trois expressions sont, selon Wilson, des exclamations usitées, la première dans les sacrifices en général, la seconde dans les offrandes aux mânes, la troisième dans les offrandes aux dieux : mais il n'en explique pas le sens. La traduction thibétaine donne : *Que la race ne décroisse pas! Que la race soit conservée! Que la race prenne consistance!*
(542) Formules d'invocation à une divinité, ou formules magiques, supposées d'un grand effet.
(543) Qui consiste à avoir l'esprit absorbé dans la méditation, la respiration suspendue, etc.
(544) Ou *Dourga*, épouse de Civa et mère du dieu de la guerre. C'est une déesse d'un caractère cruel.

(545) Ou *Kartikeya*, dieu de la guerre.
(546) L'énergie d'un dieu ou sa femme, et, dans un sens figuré, la mère des dieux et des hommes.
(547) Autre nom de Dourga.
(548) Personnification du soleil en chaque mois, ce qui fait qu'on en compte douze.
(549) Demi-dieux au nombre de huit.
(550) Sortes d'esprits malins.
(551) Demi-dieux attachés à Civa.
(552) Personnification de l'avarice et de la misère.
(553) Divinités inférieures.
(554) Divinités inférieures.
(555) Mânes des ancêtres.
(556) Sorte de démons.
(557) Richis des dieux.
(558) Richis des rois.
(559) Richis de Brahma.
(560) Sanscrit, *Techou tcha sarasandnino bhavanti.*
(561) Espèce de graminée, *panicum dactylon.*
(562) Qui agissent dans la forme ou le corps.
(563) Qui agissent dans le domaine de la pensée.

Bhikchous, c'est ainsi que le Bodhisattva, après avoir réfléchi, se mit à pratiquer avec zèle, pendant six ans, des mortifications et des austérités terribles, des plus difficiles à pratiquer, des plus difficiles entre les plus difficiles.

Pourquoi a-t-il été appelé Douskaratcharya (*qui fait des choses difficiles*)? C'est qu'en effet il a fait des choses difficiles qui l'ont fait nommer ainsi. Excepté un Bodhisattva qui en est à sa dernière existence et plongé dans le calme de la méditation profonde qui embrasse l'immensité, nul, dans la région des êtres, homme ou non, n'est capable de pratiquer de pareilles austérités.

Pourquoi (cette méditation) est-elle appelée « Qui embrasse l'immensité? » (C'est que) la première fois qu'il (*le Bodhisattva*) entra dans le calme de la quatrième méditation profonde, il intercepta, et intercepta complètement l'aspiration et l'expiration. Cette méditation ne peut être jugée, ne peut nullement être jugée, est inébranlable sans vitalité, immuable, pénètre partout, est indépendante de tout. Celui qui a été autrefois disciple, celui qui ne l'a pas été, un Pratyeka-Bouddha, ne peut entrer dans le calme de cette méditation dans l'exercice de laquelle entre le Bodhisattva.

Ce qu'on nomme immensité étant le ciel, enveloppant sans être enveloppé, et ne se dispersant d'aucune manière parce qu'il enveloppe tout, et cette méditation profonde étant égale au ciel, on l'a, à cause de cela, appelée, « Qui embrasse l'immensité. »

Cependant, Bhikchous, le Bodhisattva afin d'instruire complètement les mondes dont il est la merveille, (afin) d'abaisser l'orgueil des Tirthikas, de confondre les contradicteurs ; (afin) d'accomplir le désir des dieux, (en vue) des êtres détruits ou (de ceux) parlant toujours, en vue des œuvres et des actions anéanties, des œuvres et des actions qui s'accomplissent, (afin d') énumérer les fruits de la vertu et enseigner complètement quels sont les fruits de la science, (en vue) de l'analyse des divisions et de la méditation, pour bien montrer la force et l'énergie du corps, et produire l'héroïsme complet de l'esprit, s'assit les jambes croisées sur la terre non nettoyée, et après s'être assis, il dompta son corps par son esprit, et le tourmenta.

Alors, Bhikchous, après avoir ainsi, pendant huit nuits d'hiver, dompté et tourmenté mon corps, des sueurs sortaient et coulaient de mes aisselles, sortaient et coulaient de mon front, et tombant à terre divisées en gouttes, s'échauffaient et s'évaporaient en fumée. De même qu'un homme doué de vigueur saisit par le cou un homme très-faible, et l'étouffe, de même, Bhikchous, tandis que je domptais mon corps avec mon esprit, et le tourmentais, des sueurs sortaient et coulaient de mes aisselles, des sueurs sortaient et coulaient de mon front, et tombant à terre comme la rosée, s'échauffaient et s'évaporaient en fumée.

Ensuite, Bhikchous, il me vint à la pensée : Je me livrerai à la méditation profonde qui embrasse l'immensité. Et tandis que je me livrais à cette méditation, ayant intercepté l'aspiration et l'expiration de la bouche et du nez, il sortit des deux ouvertures de mes oreilles un son formidable et fort, comme par exemple lorsqu'on agite le soufflet d'une forge, il sort un son formidable et fort. Bhikchous, en interceptant mon souffle d'aspiration et d'expiration par la bouche et le nez, de l'ouverture de mes deux oreilles sortit un son formidable et fort.

Ensuite, Bhikchous, il me vint à la pensée : Je me livrerai encore à la méditation profonde qui embrasse l'immensité. Et je me bouchai la bouche, le nez et les oreilles. Et quand je les eus bouchés, le vent alla frapper le crâne au sommet de la tête. Et de même, par exemple, Bhikchous, qu'un homme percerait d'une lance aiguë le crâne de la tête, de même, Bhikchous, ma bouche, mon nez et mes oreilles ayant été bouchés, le souffle de mon aspiration et de mon expiration alla frapper au sommet de ma tête.

En ce moment un fils des dieux ayant vu cette gêne du Bodhisattva, parla ainsi : Oui vraiment ce jeune Sarvarthasiddha en est à l'heure de la mort. Un autre dit : Non, il n'en est pas à l'heure de la mort ; mais telle est la coutume des Arhats qui se livrent à la méditation profonde.

Alors ils récitèrent ces Gathas :

Le fils du Çakya seigneur des hommes, sans avoir accompli son dessein, sans avoir atteint son but, laissant les trois mondes (564) misérables et sans guide, ne mourra pas ici dans ce désert. Essence des êtres, fidèle à tes promesses, chef qui autrefois dans le Touchita (565) nous as appelés au sacrifice de la loi pure, où donc est ta promesse, être pur?

Puis ces dieux étant allés au milieu des dieux Trayastrimçats (566), ils dirent à Maya Devi : Le jeune homme est arrivé à l'heure de sa mort.

Alors Maya Devi, entourée des troupes d'Apsaras, au milieu de la nuit, s'étant rendue sur le bord de la rivière Nairanjana, à l'endroit où était le Bodhisattva, le vit qui avait le corps desséché et comme approchant de l'heure de la mort. A cette vue, suffoquée par les sanglots et les larmes, elle récita ces Gathas :

(564) Le ciel, la terre, l'enfer.
(565) L'un des cieux, habité par les dieux du même nom.
(566) Ce mot, qui signifie *trente-trois*, semble indiquer que ces dieux ne dépassaient pas ce nombre. On a vu, chapitre VII, que Maya Devi, morte sept jours après la naissance de son fils, était allée renaître parmi eux. C'est de là qu'elle redescend sur la terre.

Lorsque dans le jardin appelé Loumbini tu es né de moi, ô mon fils, et que, comme un lion, sans être soutenu, tu fis sept pas en avant; ces belles paroles : « C'est là ma dernière naissance, » que tu prononças en regardant les quatre points de l'espace, ne viendront-elles pas à s'accomplir pour toi? La prédiction du Richi Asita, « il sera Bouddha dans le monde, » est donc fausse et sans fondement. Il n'avait pas (bien) vu. Ô mon fils, tu n'as pas non plus joui de la gloire et du bonheur des Tchakravartins. Avant d'avoir atteint l'Intelligence, tu vas mourir dans la forêt. Au-devant de quelle douleur ai-je été, à cause d'un fils près duquel je suis venue! Qui donc redonnera à mon fils un peu du souffle de vie ?

Le Bodhisattva dit : Quelle est cette femme qui pleure si amèrement, les cheveux épars et sans souci de sa beauté? Qui éclate en sanglots à cause de son fils, et se tient là debout sur la terre ?

Maya Devi : Pendant dix lunes je t'ai, comme un diamant, porté dans mon sein. Ô mon fils, c'est ta mère qui exhale sa profonde douleur.

Alors le Bodhisattva consolant sa mère, dit : Toi qui t'inquiètes pour ton fils, ne crains rien, tes fatigues seront (rendues) fructueuses. Afin de devenir Bouddha, un renoncement complet est nécessaire. J'accomplirai vraiment la prédiction du Richi Asita ; j'accomplirai de même celle de Dipangkara. La terre viendrait à se diviser en cent pièces, le précieux sommet du mont Merou nagerait dans les eaux, le soleil, la lune, la foule des astres tomberaient à terre, les hommes mourraient l'un après l'autre, que je ne mourrais pas. Ainsi donc ne te livre pas ici à la douleur ; il ne se passera pas longtemps avant que tu voies l'Intelligence du Bouddha.

Maya Devi ne l'eut pas plustôt entendu, que remplie de la plus grande joie et frémissante de plaisir, elle couvrit le Bodhisattva de fleurs de Mandarava, et après avoir tourné trois fois autour de lui, elle se retira à sa demeure au son d'une musique divine.

Bhikchous, il me vint à la pensée : Il y a des Çramanas et des Brahmanes qui croient qu'avec peu de nourriture on est pur. Moi aussi je m'appliquerai à (prendre) peu de nourriture. Cela reconnu, Bhikchous, je ne mangeai qu'un seul grain de Kola, et pas un second ; et si c'est votre pensée, Bhikchous, que le Kola de ce temps-là était plus gros, ne voyez pas ainsi. En ce temps-là le Kola était le même. En ne mangeant ainsi qu'un seul grain de Kola, et pas un second, mon corps dépérit et devint extrêmement maigre. Par exemple, Bhikchous, mes membres et mes articulations devinrent semblables aux nœuds de la plante Asitaki, ou aux nœuds du Kalka. Mes côtes devinrent apparentes comme celles du crabe, ou encore comme une étable, comme l'étable en ruine de l'éléphant, laquelle trouée des deux côtés laisse voir le ciel à travers les solveaux. De même des deux côtés de mes flancs apparaissaient mes côtes. De même que le tissu d'une tresse est haut et bas, égal et inégal, de même aussi mon épine dorsale devint haute et basse, égale et inégale. De même qu'une gourde coupée jeune se fane, se fane encore et se dessèche entièrement, de même ma tête se fanait, se fanait encore, se desséchait entièrement. De même qu'au dernier mois de l'été les (images des) étoiles se sont abaissées dans les puits, de même les prunelles de mes yeux s'étaient enfoncées par l'effet de la grande souffrance. De même que les pieds de la chèvre ou les pieds du chameau devinrent mes épaules, mon ventre, ma poitrine et le reste. Alors, Bhikchous, quand je touchais mon ventre avec la main, je croyais toucher l'épine dorsale elle-même. Et quand je me suis dit : « Je me lève, » et que je me suis levé, j'étais devenu tellement courbé, que je suis tombé à la renverse. Quand je me suis relevé sur la plaine sablonneuse, et que j'ai frotté avec ma main mon corps couvert de poussière, tous les poils corrompus s'en sont détachés, et tout ce que j'avais autrefois de couleurs belles et brillantes, m'abandonnèrent en se fanant et disparurent. Et les gens du voisinage qui demeuraient dans la ville de mon district, pensaient de moi : Ah! vraiment le Çramana Gautama est noir. Ah! vraiment le Çramana Gautama est bleuâtre. Ah! vraiment le Çramana Gautama a la couleur du poisson Madgoura. Cette belle et brillante couleur qu'il avait autrefois s'est éclipsée.

Bhikchous, il me vint à la pensée : Je m'appliquerai donc à (prendre) très-peu de nourriture. Et cela reconnu, je ne pris pour nourriture qu'un seul grain de riz sans en manger un second. Bhikchous, si vous pensez que les grains de ce temps-là étaient gros, il n'en est pas ainsi. Les grains de ce temps-là étaient les mêmes qu'à présent. Bhikchous, en ne mangeant qu'un seul grain de riz, mon corps fut bientôt comme j'ai dit. Ah! vraiment le Çramana Gautama a la couleur du poisson Madgoura. Cette belle et brillante couleur qu'il avait autrefois s'est éclipsée. Voilà ce qu'on se disait.

Bhikchous, je me mis à penser ; je m'appliquerai encore à (prendre) très-peu de nourriture. Et cela reconnu, je ne pris qu'un seul grain de sésame, et pas un second ; et cette couleur agréable (de mon corps) s'éclipsa comme il est dit.

Bhikchous, je pensai encore : Il y a des Çramanas et des Brahmanes qui pensent que ne pas prendre de nourriture, c'est être pur. En tout lieu, à tout moment, je m'appliquerai à ne pas prendre de nourriture. Et alors, Bhikchous, je restai sans prendre de nourriture. Par ce manque de nourriture mon corps devint excessivement sec, maigre et sans force. C'est ainsi, par exemple, que mes membres et mes jointures devinrent deux fois, trois fois, quatre fois, cinq fois, dix fois plus maigres que les nœuds de la plante Asitaki ou les nœuds du Kalika. Les côtes devinrent comme celle du crabe, comme une crèche; mon épine dorsale devint comme le tissu d'une tresse, le crâne de ma tête comme une gourde, la prunelle de mes yeux comme l'étoile (réfléchie au fond) d'un puits. Et, Bhikchous, quand je me dis, « Je puis bien me lever, » et que je soulevai mon corps, il s'affaissa, et je tombai à la renverse. Je me relevai sur la plaine sablonneuse; et quand je frottai avec ma main mon corps couvert de poussière, tous les poils corrompus se détachèrent, et tout ce que j'avais autrefois de couleurs belles et agréables s'étaient fanées, m'avaient abandonné, étaient disparues. Et les gens du voisinage qui demeuraient dans la ville de mon district, se disaient : Ah! vraiment le Çramana Gautama est noir. Ah! vraiment le Çramana Gautama est bleuâtre. Ah! vraiment le Çramana Gautama a la couleur du poisson Madgoura; la couleur belle et brillante qu'il avait autrefois s'est éclipsée.

En ce temps-là le roi Çouddhodana envoyait chaque jour un messager auprès du Bodhisattva.

Ainsi, Bhikchous, le Bodhisattva, comme plus haut, afin de montrer au monde des œuvres admirables, afin d'énumérer les actions des êtres anéantis, celles des êtres agissants, et l'accumulation des bonnes œuvres; afin de montrer les grandes qualités de la science et bien distinguer les divisions de la méditation profonde, (le Bodhisattva) ne prit qu'un grain de sésame, qu'un grain de Kola, qu'un grain de riz, montrant, pendant six années, la pratique des austérités sans que son esprit baissât. Le Bodhisattva, pendant l'espace de six ans, resta les jambes croisées de la même manière, sans faiblir dans sa conduite. Atteint par le soleil, il n'alla pas à l'ombre, et de l'ombre n'alla pas au soleil. Il ne chercha d'abri contre le vent, le soleil, ni la pluie. Il ne chassa ni les mouches, ni les moustiques, ni les serpents. Il ne rendit ni excréments, ni urine, ni crachat, ni morve; ne se ramassa, ni ne s'allongea; ne se tint pas couché sur le côté, ni étendu sur le ventre ou sur le dos. Les grands nuages, les grandes ondées, la pluie, la grêle, l'automne, le printemps, l'hiver, ne font rien au corps du Bodhisattva, qui à la fin ne s'abritait pas même de la main. Il ne combat plus ses sens; il ne comprend plus leur domaine. Et tous ceux du village qui viennent là, jeunes gens ou jeunes filles, les pasteurs de vaches ou d'autres bêtes, ceux qui ramassent l'herbe, le bois ou la fiente de vache,

pensant que le Bodhisattva est un esprit des cimetières, le raillent et le couvrent de terre.

En ce temps-là le Bodhisattva avait, par ces six années, rendu son corps tellement chétif, faible et maigre, qu'en mettant dans ses oreilles de l'herbe ou du coton, ils sortaient par les ouvertures de ses narines; et qu'en les mettant dans ses narines, ils sortaient par les ouvertures de ses oreilles; qu'en les mettant dans les oreilles, ils sortaient par la bouche; qu'en les mettant dans la bouche, ils sortaient par les oreilles; qu'en les mettant dans le nez, ils sortaient par les oreilles et la bouche.

Les dieux, les Nagas, les Yakchas, les Gandarbhas, les Asouras, les Garoudas, les Kinnaras, les Mahoragas, tous, à la vue des perfections du Bodhisattva, demeurent nuit et jour auprès de lui, lui offrent des sacrifices, et lui adressent des prières. Le Bodhisattva ayant ainsi, pendant six ans, montré quelles austérités il pratiquait, douze millions de dieux et d'hommes furent tous complétement mûris dans les trois Véhicules.

Chapitre appelé Pratique des austérités, le dix-septième.

CHAPITRE XVIII.

LA (RIVIÈRE) NAIRANJANA

Pendant que le Bodhisattva se livre aux austérités, le démon cherche sans cesse à le tenter, sans pouvoir y réussir. Cependant le Bodhisattva s'apercevant que l'épuisement où il est n'est pas la voie qui conduit à l'intelligence suprême, se prépare à prendre une nourriture abondante. — Ses cinq disciples le quittent alors. — Dix jeunes villageoises lui donnent à manger. — Il reprend son embonpoint et sa beauté. — Il déterre un linceul, et s'en fait un vêtement de religieux. — Une des jeunes filles du village prépare un potage pour le Bodhisattva avec le lait de mille vaches. — Signes qui apparaissent sur le lait. — Le Bodhisattva se baigne dans la Nairanjana. — Les dieux jettent sur lui toutes sortes de fleurs et de parfums, et recueillent avec respect l'eau qui a touché son corps.

Bhikchous, durant les six années pendant lesquelles le Bodhisattva se livra à la pratique des austérités, le démon Papiyan (très-méchant) se tenait derrière lui, cherchant une occasion, épiant le moment favorable; (mais) il ne trouva jamais la moindre occasion. Et ne l'ayant pas trouvée, il s'en alla découragé et mécontent.

Et ici il est dit : Dans les solitudes délicieuses et les bois aux rameaux silencieux, à l'est (du village) d'Ourouvilva, à l'endroit où coule la rivière Nairanjana, tandis qu'il s'applique au renoncement, et s'efforce d'être toujours ferme et inébranlable; (tandis) qu'en vue de la perfection et du bonheur, il persévère dans son héroïsme, le démon à la voix douce vint lui adresser des paroles flatteuses. Chère créature, il faut vivre. C'est en vivant que tu pratiqueras la Loi. Tout ce qu'on fait durant la vie doit être fait sans douleur. Tu es amaigri, et tes couleurs ont pâli : tu marches vers la mort. Mille moyens sont pour la mort, un seul est pour la vie. Fais sans cesse des offrandes, fais brûler des offrandes dans le feu du sacrifice : quelque grands que soient d'ailleurs les mérites, que résultera-t-il du renoncement ? La voie du renoncement c'est la souffrance ; la victoire sur l'esprit est difficile à obtenir.

Telles furent alors les paroles que le démon adressa au Bodhisattva, qui lui répondit :

Papiyan, allié de (tout) ce qui est dans le délire, tu es donc venu à cause de moi ? Quoique mes mérites soient petits, le but n'en est pas connu, ô démon. Il convient de dire ici quel est le but de ces mérites.

La fin inévitable de la vie étant la mort, je ne songe pas à éviter la mort. Par mon application aux pratiques d'un Brahmatchari je ne reviendrai plus (dans ce monde). Le vent dessécherait les eaux courantes des rivières, pourquoi donc ne dessécherait-il pas aussi le sang de celui qui a renoncé (à tout) ? Le sang étant venu à se dessécher, la chair se desséchera après lui ; et la chair étant venue à se dessécher, l'esprit deviendra d'autant plus pur ; l'intention, l'application et la méditation profonde demeureront d'autant plus. Et pour moi, demeurant ainsi, et parvenu à éprouver des sensations pures, sans regarder à mon corps et à ma vie, vois quelle sera la puissance et la pureté de mes austérités. J'ai l'intention, le courage et la sagesse, et je ne vois dans le monde personne qui puisse ébranler mon courage. La mort qui tranche la vie étant de beaucoup dominante, n'est-ce pas là une triste existence ? La mort dans le combat est belle ; le vaincu est comme s'il ne vivait pas. Le timide ne triomphe pas des armées, mais bien le héros qui ne s'enorgueillit pas de la victoire. Démon, bientôt je triompherai de toi. Les désirs sont tes premiers soldats, les ennuis sont les seconds, les troisièmes sont la faim et la soif ; les passions sont les quatrièmes ; l'indolence et le sommeil sont les cinquièmes ; les craintes sont, dit-on, les sixièmes ; les doutes (qui viennent) de toi sont les septièmes ; la colère et l'hypocrisie sont les huitièmes ; l'ambition, les panégyriques, les respects, la fausse renommée acquise, la louange de soi-même et le blâme des autres, voilà, parmi tes noirs alliés, les soldats du démon déchu. Il y a des Çramanas et des Brahmanes que l'occasion entraîne. Tes soldats subjuguent les dieux ainsi que ce monde ; (mais) comme l'eau (détruit) un vase d'argile, je les détruirai par la sagesse. Le souvenir étant bien établi, la sagesse bien comprise, j'agirai selon la science ; (et alors,) esprit malin, que feras-tu ?

Quand le Bodhisattva eut parlé ainsi, le démon Papiyan contrarié, confus, l'esprit abattu, humilié, disparut en ce lieu même.

Alors, Bhikchous, ceci vint à la pensée du Bodhisattva : Les Çramanas ou Brahmanes qui dans le temps passé, à venir ou présent, se frappent eux-mêmes, par des souffrances aiguës, cuisantes et insupportables, se font éprouver des sensations douloureuses, et se livrent à la plus grande misère.

Et, Bhikchous, il me vint (encore) à l'esprit : Par ce que j'ai fait et acquis, j'ai de beaucoup surpassé la Loi humaine, mais je ne suis pas arrivé à distinguer clairement la vénérable sagesse. Ce n'est pas là la voie de l'Intelligence. Cette voie ne mettra un terme dans l'avenir ni à la naissance, ni à la vieillesse, ni à la mort. La voie de l'Intelligence, qui dans l'avenir doit conduire à leur terme la naissance, la vieillesse, la mort et la souffrance, est autre que celle-là.

Bhikchous, il me vint encore à la pensée : C'est par moi, qui assis dans le jardin de mon père, à l'ombre d'un Djambou, après être arrivé de la première méditation profonde, isolée des désirs, isolée des doctrines vicieuses et corrompues, accompagnée du jugement, accompagnée d'action, remplie de joie et de bien-être, née de la solitude, jusqu'à la quatrième méditation profonde où je demeurai (c'est par moi), qu'est cette voie de l'Intelligence qui met un terme aux misères qui viennent de la naissance, de la vieillesse et de la mort. C'est là la voie de l'Intelligence, pensai-je, et il s'ensuivit pour moi une connaissance claire.

Je pensai encore : Être épuisé ainsi, n'est pas la voie pour arriver à l'Intelligence accomplie. Si, pendant que mon corps est ainsi chétif et affaibli, j'arrivais, par la force de la science et de la sagesse, au trône de l'Intelligence, dans cette dernière naissance je ne déploierais pas de miséricorde ; cela encore n'est pas la voie de l'Intelligence. Je prendrai donc une nourriture abondante, la force de mon corps renaîtra, et alors j'arriverai au trône de l'Intelligence.

En ce moment, Bhikchous, tous les fils des dieux respectueux pour un être affaibli, ayant, par leur Intelligence, parfaitement compris mon dessein, vinrent à l'endroit où j'étais, et me dirent : Homme pur, ne prends pas une nourriture abondante, nous te ferons pénétrer de la vigueur par les pores.

Bhikchous, il me vint à la pensée : Certes je pourrais jurer que je ne mange pas ; et les habitants voisins, qui demeurent dans la ville de mon district, sauraient que le Çramana Gautama ne mange pas, tandis que respectueux pour un être affaibli, ces fils des dieux feraient pénétrer de la vigueur dans mes pores. Mais ce serait de ma part un grand mensonge.

Alors le Bodhisattva, afin d'éviter un mensonge, n'écouta pas les paroles de ces fils des dieux, et revint à son idée de prendre une nourriture abondante.

C'est ainsi, Bhikchous, que le Bodhisattva, pendant six ans de mortifications et d'austérités, s'était amaigri. Alors se levant de son siége, il dit : La nourriture abondante, telle que de la mélasse, du jus de pois et de Youga, du jus d'Harenouka, de la bouillie et du riz bouilli mélangés, voilà ce que je mangerai.

Cependant, Bhikchous, les cinq (personnages) de bonne caste pensaient : Le Çramana Gautama, par cette voie et ces moyens, ne pourra montrer clairement la science vénérable élevée bien au-dessus de la doctrine humaine. Il prend une nourriture abondante. Au milieu des aumônes dont il se nourrit, est-ce qu'il est devenu un insensé sans jugement? A cette pensée ils s'éloignèrent du Bodhisattva, et s'étant rendus à Bénarès, ils se retirèrent à Richipatana, dans le bois des gazelles (Mrigadava).

Aussitôt que le Bodhisattva avait commencé à pratiquer ses austérités, dix jeunes filles du village étaient venues pour le voir et le saluer. Les cinq (personnages) de bonne caste l'entouraient de soins, et lui présentaient le grain de Kola, le grain de riz, ou le grain de sésame. Ces dix jeunes filles du village se nommaient Bala, Balagoupta, Soupriya, Vidjayasena, Atimouktakamala, Soundari, Koumbakari, Oulouvilika, Djatilika et Soudjata.

Ces jeunes filles du village ayant préparé pour le Bodhisattva plusieurs espèces de mets, les lui offrirent tous. Le Bodhisattva les mangea; et comme dans la suite il alla régulièrement dans le village du district pour les aumônes, il reprit ses couleurs, sa beauté et sa force; et depuis on appela le Bodhisattva le beau Çramana, le grand Çramana.

Cependant, Bhikchous, depuis le premier moment où le Bodhisattva avait commencé à pratiquer des austérités, jusqu'à celui où il avait interrompu ses pratiques religieuses et ses macérations, dans le but de reprendre son embonpoint, Soudjata, la jeune fille du village, distribuait chaque jour des aliments à huit cents Brahmanes, en disant : Puisse le Bodhisattva, après avoir pris de moi des aliments, se revêtir de la qualité parfaite et accomplie de l'intelligence et devenir Bouddha! Telle était la prière qu'elle prononçait.

Bhikchous, six années s'étant écoulées, il me vint à la pensée : Si je trouvais quelque toile pour couvrir ce qu'il faut cacher, ce serait bien.

Dans ce même temps une esclave de la jeune villageoise Soudjata, nommée Radha, étant morte, je la vis enveloppée d'une toile de Çana dans le cimetière, où on la laissa après l'avoir couverte de terre. Afin de reprendre ce linceul, je creusais la terre avec le pied gauche, et me penchant, j'étendais la main droite.

Alors les dieux qui président à la terre firent entendre ce cri aux dieux de l'atmosphère : Compagnons, quelle chose étonnante et merveilleuse! le fils d'une grande famille royale, après avoir abandonné la royauté d'un Tchakravartin, a l'idée de se baisser vers un linceul.

Les dieux de l'atmosphère ayant entendu le cri des dieux qui président à la terre, firent entendre leur cri aux Tchatour Maha Radjakayikas, les Tchatour Maha Radjakayikas aux Trayastrimçats, les Trayastrimçats aux Yamas, les Yamas aux Touchitas, les Touchitas aux Nirmanaratis, les Nirmanaratis aux Paranirmita-Vaçavartins, les Paranirmita-Vaçavartins aux Brahmakayikas. En un clin d'œil, en un moment, en une seconde, ce ne fut qu'un seul cri, un seul retentissement jusqu'aux Akanichtas : Compagnons, quelle chose étonnante et merveilleuse! le fils d'une grande famille royale, après avoir abandonné la royauté d'un Tchakravartin, a l'idée de se baisser vers un linceul.

En ce moment le Bodhisattva pensa : A présent que j'ai trouvé ce linceul, si je trouvais de l'eau, ce serait bien.

Et sur le lieu même, un dieu frappant la terre avec sa main, fit apparaître un étang. Et maintenant encore, cet étang est appelé Panihata (frappé par la main).

Le Bodhisattva pensa encore : A présent que j'ai trouvé de l'eau, si je trouvais une pierre plate pour laver cette (toile) couverte de terre, ce serait bien.

Et à l'instant même Çakra ayant apporté une pierre plate en cet endroit, le Bodhisattva lavait dessus le linceul.

Alors Çakra, le maître des dieux, parla ainsi au Bodhisattva : Homme pur, donne-le moi, je le laverai.

Mais le Bodhisattva, afin de faire voir par lui-même ce que doit faire un religieux, sans le donner à Çakra, le lava lui-même. Après avoir reposé son corps fatigué, il pensa à sortir de l'étang; mais le démon Papiyan possédé de la doctrine de l'envie, exhaussa par magie le bord pierreux de l'étang. Il y avait sur le bord de cet étang un grand arbre du nom de Kakoubha. Le Bodhisattva, afin d'agir suivant l'usage du monde, parla ainsi à la déesse de cet arbre, pour réclamer son aide : Déesse, abaissez les branches de cet arbre. Et celle-ci ayant abaissé les branches, le Bodhisattva s'y appuya et sortit. Et étant sorti, il cousait auprès de cet arbre le linceul qu'il façonnait en vêtement de religieux. Aujourd'hui encore ce lieu s'appelle Pançoukoulasivana (couture du linceul).

Ensuite un fils des dieux Çouddhavasakayikas,

nommé Vimalaprabha (*éclat sans tache*), offrit au Bodhisattva des vêtements divins teints de la nuance rouge qui convient, et conformes à la condition d'un Çramana. Le Bodhisattva les prit, et s'étant, dans la matinée, revêtu de sa robe et de ses habits de religieux, il se dirigea vers le village du district.

En ce moment les dieux, au milieu de la nuit, parlèrent ainsi à Soudjata, la fille du chef du village d'Ourouvilva, appelé Nandika : Celui à cause duquel tu as fait des sacrifices, après s'être épuisé par ses austérités, les a interrompues, et il se dispose à prendre une nourriture saine et abondante. Que ce vœu qui autrefois avait été fait par toi s'accomplisse : « Puisse le Bodhisattva, après avoir mangé de mes aliments, se revêtir de la qualité parfaite et accomplie de l'intelligence et devenir Bouddha ! »

Alors, Bhikchous, la fille du villageois Nandika, Soudjata, ayant entendu les paroles de ces dieux, promptement, promptement, prit le lait de mille vaches, en retira sept fois la crème la plus pure, puis versant cette crème et le riz le plus frais et le plus nouveau dans un pot de terre neuf, et l'ayant mis sur un réchaud neuf, elle prépara ce mets. Pendant qu'elle le préparait, ces signes précurseurs apparurent : Au milieu de ce lait, un Crivatsa, un Svastika, un Nandyavarta, un lotus, un Vardhamana, et d'autres signes de bénédiction se montrèrent.

Alors celle-ci pensa : Puisque de pareils signes apparaissent, nul doute que le Bodhisattva, après avoir pris cette nourriture, ne parvienne à l'Intelligence. Le prophète connaissant l'Océan, connaissant les rites, est arrivé en ce lieu, et il a annoncé la possession de l'Amrita.

Soudjata, ayant ensuite mis ce potage sur un Sthandila, l'entoura de fleurs, le parfuma d'eau de senteur, le plaça avec soin sur un tapis, et dit à une esclave appelée Outtara :

Va, Outtara, invite le Brahmane ; je veillerai à cette soupe de lait au miel. Maîtresse, c'est bien, répondit l'esclave ; et se dirigeant du côté de l'Orient, elle aperçut le Bodhisattva ; de même en se dirigeant vers le sud, elle aperçut le Bodhisattva ; de même (encore) en se dirigeant vers le couchant ou le nord, ici ou là, elle aperçut toujours le Bodhisattva. En ce moment, en effet, les fils des dieux Çouddhavasakayikas ayant dispersé tous les Tirthikas, pas un seul ne paraissait. Celle-ci s'en retourna donc, et dit à sa maîtresse : En quelque lieu que j'aie été, à l'exception du beau Çramana, il n'y a aucun autre Çramana ni Brahmane.

Soudjata dit : C'est lui qui est le Bhramane, c'est pour lui que ceci a été préparé. Va, Outtara, invite-le. Maîtresse, c'est bien, dit-elle ; et retournant auprès du Bodhisattva, elle se mit à ses pieds et lui dit : Celle qu'on nomme Soudjata vous invite.

Alors, Bhikchous, le Bodhisattva étant allé dans la demeure de Soudjata la fille du villageois, s'assit sur un tapis. Puis Soudjata ayant rempli un grand vase de cette soupe de lait au miel, le présenta au Bodhisattva.

En ce moment le Bodhisattva pensa : Quand j'aurai pris cette nourriture, qui m'est offerte aujourd'hui par Soudjata, sans nul doute je me revêtirai de l'intelligence parfaite et accomplie, et je deviendrai Bouddha.

Cependant le Bodhisattva ayant pris cette nourriture, dit à Soudjata la fille du villageois : Ma sœur, que faut-il faire de ce grand vase d'or? Celle-ci répondit . Prenez-le.

Le Bodhisattva dit : Un pareil vase ne me convient pas. Soudjata dit : Faites-en ce que vous voudrez. N'ayant plus de vase, je ne donnerai plus de nourriture à qui que ce soit.

Le Bodhisattva emporta cette nourriture, et sortant d'Ourouvilva, arriva le matin sur le bord de la rivière Nairanjana. Puis, mettant d'un côté sa nourriture et ses vêtements, il entra dans la rivière afin de rafraîchir son corps.

Bhikchous, pendant que le Bodhisattva se baignait, des milliers de fils des dieux, dans le but d'accomplir l'œuvre du sacrifice au Bodhisattva, répandaient dans les eaux de la poudre divine d'aloès et de sandal, des essences et des fleurs divines de toutes couleurs, de sorte qu'en ce moment la grande rivière Nairanjana coulait toute pleine de parfums divins et de fleurs. Les fils des dieux, au nombre de cent mille, recueillirent toute cette eau parfumée où le Bodhisattva s'était baigné, et pour lui bâtir un Tchaitya et lui offrir des sacrifices, l'emportèrent dans leur demeure. Quant à ses cheveux et à ses moustaches, Soudjata, la jeune fille du village, pensant qu'ils étaient une (cause de) bénédiction, les emporta pour leur bâtir un Tchaitya et leur faire des sacrifices.

Le Bodhisattva étant sorti de l'eau et désirant s'asseoir, regardait le rivage. Alors une fille des Nagas de la rivière Nairanjana s'élevant de dessous terre, offrit au Bodhisattva un siége de lion (trône). Le Bodhisattva s'y étant assis, se rappela avec une grande affection la jeune fille du village, Soudjata, et mangea à loisir la soupe de lait au miel. Quand il l'eut mangée, sans se mettre en peine du grand vase d'or, il le jeta dans l'eau. Il ne l'eut pas plutôt jeté, que le roi des Nagas, Sagara, plein de respect et de foi, le prit en disant : Il est digne de sacrifices. Et il s'en alla dans sa demeure.

Cependant Daçaçatanayana (*Indra*) qui détruit les villes, ayant pris la figure d'un Garouda, la foudre au bec, cherchait à reprendre ce grand vase d'or au roi des Nagas ; mais ne pouvant y parvenir, il le prit avec courtoisie, sous sa propre figure, et l'emporta dans le séjour des Trayastrimçats pour lui bâtir un Tchaitya et lui offrir des sacrifices. Il établit la fête du grand vase (célébrée) par l'assemblée des fidèles, et aujourd'hui encore les dieux Trayastrimçats font chaque année la fête du grand vase.

Le trône fut emporté par la fille des Nagas elle-même, pour lui bâtir un Tchaitya et lui offrir des sacrifices.

Bhikchous, aussitôt que le Bodhisattva eut pris une nourriture abondante, par la force de ses mérites, par la force de sa sagesse, reparurent au même instant sur son corps ses belles couleurs, son embonpoint d'autrefois, les trente-deux signes du grand homme, les quatre-vingts signes secondaires, et tout l'éclat qui les accompagne.

Chapitre appelé Nairanjana, le dix-huitième.

CHAPITRE XIX.

MARCHE VERS BODHIMANDA.

Aussitôt que le Bodhisattva s'est baigné et a pris de la nourriture, la vigueur de son corps revient pour qu'il triomphe du démon. — Départ pour Bodhimanda. — Grands préparatifs des dieux sur la route. — Pendant la marche du Bodhisattva, il s'échappe de son corps une lumière qui apaise toutes les souffrances du monde. — Arrivée à Bodhimanda. — Le Bodhisattva se rappelant que ses prédécesseurs se sont assis en ce lieu, sur un tapis de gazon, en demande une poignée à un marchand d'herbes, et façonne un tapis de gazon. Puis se tournant vers l'Orient, il fait vœu de ne pas se lever de son siége avant d'être arrivé à l'intelligence suprême.

Ainsi, Bhikchous, le Bodhisattva s'étant baigné dans la rivière Nairanjana, et ayant pris de la nourriture, la vigueur de son corps revint, afin qu'il triomphât complétement du démon, et alla au point de la terre doué de seize formes, auprès du roi des arbres (l'arbre) de la grande intelligence (*Bodhi*), en suivant la voie forte du grand homme, la voie qui n'est pas ébranlée, la voie du sacrifice de la tige des sens, la voie ferme comme le Merou le roi des monts; la voie qui n'est pas sans splendeur, la voie qui n'est pas tortueuse, la voie qui n'est pas malfaisante, la voie qui n'est pas courte, la voie qui n'est pas lente, la voie qui n'est pas troublée, la voie infaillible, la voie qui ne rudoie pas, la voie sans abattement, la voie qui ne tarde pas, la voie qui n'est pas agitée, la voie qui n'est pas précipitée, la voie de bénédiction, la voie sans tache, la voie de la vertu, la voie sans envie, la voie sans ignorance, la voie sans passion, la voie du lion, la voie du roi des cygnes, la voie du roi des Nagas, la voie de Narayana (*Vichnou*), la voie qui ne touche pas la terre, la voie qui imprime sur la terre l'image d'une roue à mille rais, la voie qui joint comme un réseau les doigts qui ont des ongles (rouges) comme le cuivre, la voie du son qui sort de terre, la voie qui frappe la montagne, la voie de la plante du pied qui égalise ce qui est haut et bas; la voie qui en répandant hors du réseau l'éclat de la lumière amène le bien-être à la portée des êtres; la voie qui porte ses pas sur le lotus sans tache, la voie du mouvement dans la vertu antérieure bien pratiquée, la voie pour aller sur le siége de lion des Bouddhas antérieurs, la voie de la pensée ferme et indestructible comme le diamant, la voie qui détourne l'arrivée des maux et des malheurs, la voie qui produit tous les biens, la voie qui montre le chemin de la délivrance, la voie qui fait que la force du démon n'est pas une force, la voie qui, par l'accord avec la Loi, confond les oppositions des troupes des méchants, la voie qui guérit la taie de l'ignorance et la corruption humaine, la voie qui fait que les régions de la transmigration ne sont pas des régions; la voie qui surpasse Çakra, Brahma, Maheçvara et les gardiens du monde; la voie de l'unique héros des trois mille grands mille mondes, la voie non surpassée de Svayambhou, la voie qui mène à la connaissance de la science universelle, la voie du souvenir et du jugement, la voie qui conduit au bien-être, la voie qui adoucit la vieillesse et la mort, la voie calme et sans trouble, exempte des craintes du démon qui conduit à la cité du Nirvana. C'est par une telle voie que le Bodhisattva se rend à Bodhimanda.

Bhikchous, depuis la rivière Nairanjana jusqu'à Bodhimanda, la route fut nettoyée par les fils des dieux qui président aux vents et aux nuages, arrosée d'eau de senteur par les nuages pluvieux, et parsemée de fleurs. Et dans les trois mille grands milliers de régions du monde, tout ce qu'il y avait d'arbres inclinèrent leurs tiges du côté où se trouvait l'arbre de l'intelligence. Tous les enfants nés ce jour-là sommeillaient la tête tournée du côté de Bodhimanda. Dans les trois mille grands milliers de régions du monde, le Merou et tout le reste des montagnes s'inclinèrent du côté de Bodhimanda. A partir de la rivière Nairanjana jusqu'au site du Bodhimanda, les dieux Kamavatcharas préparèrent avec soin les côtés de la route jusqu'à la distance d'un Kroça. Sur les bords de cette route, à droite et à gauche, ils firent apparaître sur des piédestaux ornés de sept choses précieuses (567): sept arbres Talas (568) élevés, recouverts d'un réseau précieux, bien ornés de parasols divins, d'étendards et de bannières. De chaque côté, à la portée d'une flèche, tous les arbres Talas qui avaient été élevés par magie sur des piédestaux aux sept choses précieuses, furent réunis par des guirlandes précieuses. De deux Talas en deux Talas, des étangs tout pleins d'eau de senteur, avec un fond de sable d'or,

---

(567) Il faut sans doute entendre une autre série d'objets précieux au nombre de sept que celle du chapitre 3, pag. 583, à moins qu'il ne soit question ici de la représentation de ces objets.

(568) Espèce de palmier, *borassus flabelliformis*.

remplis de lotus bleus, jaunes, rouges et blancs, étaient entourés de piédestaux précieux embellis d'escaliers précieux de perles et de lapis-lazuli. Des grives, des grues, des cygnes, des oies, des cigognes, des paons chantaient sur ces étangs; et sur cette route quatre-vingt mille Apsaras répandaient de l'eau parfumée, quatre-vingt mille Apsaras jetaient des fleurs fraîches aux senteurs divines; et sur le devant de chacun des arbres Talas elles établirent des estrades (569) précieuses, sur lesquelles elles déposèrent des poudres de sandal et d'aloès qu'elles avaient apportées, et pour cette circonstance quatre-vingt mille cassolettes furent placées. Et sur toutes ces estrades cinquante mille Apsaras se mirent à chanter des chœurs divins.

Alors, Bhikchous, le Bodhisattva ébranlant fortement les champs, en fit sortir cent millions de rayons. Cent mille cloches résonnèrent, et une grande pluie de fleurs tomba. Des vêtements furent étalés par centaines de mille, on battit les grands tambours par milliers. Les chevaux, les éléphants et les buffles jetèrent des cris; les perroquets, les geais, les Kokilas, les Kalabingas, les Djivandjivas, les cignes, les oies, les cigognes, les paons l'entourèrent (le Bodhisattva) par centaines de mille en le comblant de toutes sortes de bénédictions, et c'est sur la route (remplie) de toutes ces évolutions que le Bodhisattva s'avança vers Bodhimanda.

Le soir même que le Bodhisattva eut le désir de se revêtir de la qualité parfaite et accomplie de l'Intelligence, ce soir là même le seigneur des trois mille grands milliers (de mondes) qu'on nomme Brahmavaçavartin, ayant réuni la grande assemblée de Brahma, parla en ces termes : Compagnons, sachez que le Bodhisattva Mahasattva (570), revêtu d'une grande armure, ne renonce pas à sa promesse. Revêtu d'une armure solide, l'esprit nullement ébranlé, il mène à fin toutes les pratiques d'un Bodhisattva; il a dépassé tous ceux qui sont arrivés sur l'autre bord; il a obtenu l'empire sur toutes les terres des Bodhisattvas; il connaît parfaitement toutes les intentions des Bodhisattvas; il a pénétré dans les organes de tous les êtres; il a pénétré tous les secrets des Thathagatas; il a dépassé entièrement toutes les voies de l'œuvre du démon; pour toutes les racines de la vertu, personne ne l'a surpassé; il a été béni par tous les Thathagatas; il enseigne à tous les êtres la voie de la parfaite délivrance; il est devenu le grand guide; il accomplit la destruction de tous les domaines du démon; il est devenu l'unique héros des trois mille (mondes); préparateur de tous les remèdes de la Loi, et grand roi des remèdes, il a trouvé le moyen d'être complètement délivré; grand roi de la Loi, il répand la grande lumière de la sagesse; roi du grand étendard, il n'est pas enveloppé par les huit doctrines du monde, comme le lotus (571); il n'a pas oublié les fondements de toute Loi; il est pareil au grand Océan, délivré de l'entraînement des passions et de la colère, ferme, inébranlable, semblable au Merou, sans aucune tache, parfaitement pur, possédant un discernement excellent, il est pareil à une grande perle, exerçant l'empire sur toutes les Lois, ayant l'esprit propre aux œuvres. Pareil au grand Brahma, le Bodhisattva, qui est désireux de se revêtir de la qualité parfaite et accomplie de l'intelligence, et de réunir complètement les dix forces, les quatre sécurités et les dix-huit substances sans mélange de Bouddha, de tourner la grande roue de la Loi, de faire retentir la grande voie du lion, de faire venir le repentir chez tous les êtres par le son de la Loi, de purifier l'œil de la Loi dans tous les êtres, de confondre et ramener à la Loi tous ceux qui parlent contre elle, de montrer l'accomplissement tout entier de la promesse d'autrefois, et d'arriver à exercer l'empire sur toutes les Lois, (le Bodhisattva) s'avance vers Bodhimanda. Ici, compagnons, empressez-vous de faire un sacrifice au Bodhisattva, et de lui rendre toutes sortes d'hommages.

Alors le grand Brahma, qui exerce l'empire, prononça ces Gathas :

Celui par les mérites, la gloire et la splendeur duquel la douceur, la miséricorde, la joie, l'indifférence mystique, la méditation profonde, la science supérieure et la voie de Brahma sont apparues, (celui-là) après avoir traversé les épreuves de mille Ka'pas, s'est dirigé vers l'arbre de l'Intelligence. Faites à ce Mouni (572) le sacrifice qui fait accomplir les bonnes œuvres projetées. En allant en refuge vers lui, on n'éprouve ni la crainte de la mauvaise route, ni inquiétude. Après avoir, au milieu des dieux, obtenu le bonheur qu'il désirait, il ira dans les vastes demeures de Brahma. Après avoir, pendant six ans, pratiqué des austérités, il se rend à l'arbre de l'Intelligence. Tous donc, le cœur rempli de joie, faisons-lui un beau sacrifice. Il est le roi pur des trois mille (mondes) exerçant l'empire, le maître souverain de la Loi. Dans les cités de Çakra, de Brahma, de Sourya (*le soleil*) et de Tchandra (*dieu de la lune*), nul n'est égal à lui, à la naissance duquel des millions de champs furent ébranlés fortement de six manières. Aujourd'hui, afin de triompher des armées du démon, il se rend vers le grand arbre excellent de l'Intelligence. A lui, dont je ne

---

(569) Sanscrit, *ryomaka*.
(570) « Grand être, » épithète qui accompagne souvent le titre de Bodhisattva.

(571) C'est-à-dire : « comme le lotus s'isole de l'eau en s'élevant au-dessus. » J'ignore quelles sont les huit doctrines ou substances, sanscrit *dharma*.
(572) Sage qui par la méditation et les austérités s'est rapproché de la nature divine.

puis regarder le front, quoique (je sois) habitant du séjour de Brahma, à celui dont le corps est bien orné des trente deux signes excellents, à celui dont la parole va au cœur, dont la voix douce flatte l'oreille comme les accents de Brahma; à celui dont le cœur est bien apaisé et sans colère, allons offrir un sacrifice. Que ceux dont la pensée, dans le séjour de Çakra et de Brahma, veut dépasser la méditation profonde par le bien-être et couper tous les réseaux des lianes de la corruption, que ceux-là n'en écoutent pas d'autre, s'ils désirent obtenir l'Intelligence, le calme et l'immortalité des Pratyeka-Djinas. S'ils désirent (la présence du) Bouddha lui-même au milieu des trois mondes, qu'ils offrent un sacrifice au guide (des créatures). Celui qui a abandonné sans retour (l'empire de) la terre qu'entoure l'Océan, ainsi que ses richesses innombrables, ses palais aux balcons, aux œils-de-bœuf et aux belvédères nombreux, animés par des attelages et des voitures, embellis par des guirlandes de fleurs brillantes, et par des jardins délicieux, (celui qui a abandonné) jusqu'à ses pieds, ses mains, sa tête et ses yeux, le voilà qui va à Bodhimanda.

Ensuite, Bhikchous, le grand Brahma de ces trois mille mondes s'étant, en ce moment, rendu à ce point (*Bodhimanda*) des trois mille grands milliers de mondes, s'arrêta en ce lieu uni comme la paume de la main, sans gravier et sans pierre, qu'entourent les perles et les diamants, le lapis-lazuli, les conques, le cristal, le corail, l'or, l'argent et un gazon vert formant des Nandyavartas tournés à droite, et doux au toucher comme un vêtement de Katchalindi. En ce moment toutes les grandes mers furent (solides?) comme la terre, et aucun des êtres qui se meuvent dans les eaux ne fut blessé. Et ayant, des dix points de l'espace, aperçu cet endroit du monde ainsi orné, Çakra, Brahma, les gardiens du monde, dans le but d'offrir l'œuvre du sacrifice au Bodhisattva, décorèrent les cent mille champs de Bouddha.

(De même,) dans le but d'offrir l'œuvre du sacrifice au Bodhisattva, les Bodhisattvas, surpassant de beaucoup l'œuvre des dieux et des hommes par leurs préparatifs de sacrifices, décorèrent les champs incommensurables des Bouddhas des dix horizons. Et tous ces champs de Bouddha, décorés par ces préparatifs de toute espèce, semblaient ne faire qu'un seul champ de Bouddha. Les êtres disséminés dans le monde, les montagnes noires, les Tchakravalas et les grands Tchakravalas devinrent invisibles. (Et au contraire) tous ces champs de Bouddha, par l'éclat du Bodhisattva, parurent resplendissants.

Pour bien garder Bodhimanda il y eut seize fils des dieux, qui furent : le fils d'un dieu nommé Outkali, le fils d'un dieu nommé Moutkali, Pradjapati, Çourabala, Keyourabala, Soupratichthita, Mahindhara, Avabhasakara, Virmala, Dharmeçvara, Dharmaketou, Siddhapatra, Apratihatanetra, Mahavyouha, Cilaviçoudhanetra et Padhmaprabha. Ces seize fils de dieux, gardiens vigilants de Bodhimanda, parvenus à une patience que rien ne peut altérer, dans le but d'offrir un sacrifice au Bodhisattva, décorent Bodhimanda. Aux alentours, jusqu'à quatre-vingts Yodjanas, ils l'environnent symétriquement de sept tables précieuses, de sept arbres Talas avec des guirlandes, de sept réseaux avec des clochettes précieuses, de sept guirlandes de perles, le parent de toutes les précieuses feuilles d'or des fleuves du Djambou, de franges d'or, et le couvrent des lotus d'or des fleuves du Djambou. Ils l'arrosent des essences les plus précieuses, et l'abritent d'un réseau précieux. Et aux points les plus opposés des dix horizons du monde, les arbres divers qui s'élèvent et qu'on y révère, qu'ils soient du pays des dieux ou du pays des hommes, tous apparaissent à Bodhimanda. Aux dix horizons, ce qu'il y a d'espèces diverses de fleurs, nées dans l'eau ou dans la plaine, toutes apparaissent là à Bodhimanda. Dans les régions les plus opposées des dix horizons du monde, tout ce qu'il y a de Bodhisattvas qui, par le déploiement de leurs mérites et les trésors illimités de la sagesse, font l'ornement de Bodhimanda, ceux-là aussi apparaissent à Bodhimanda.

Tels furent les préparatifs surnaturels que firent à Bodhimanda les fils des dieux qui le gardaient. En les voyant, les dieux, les Nagas, les Yakchas, les Gandharbas, les Asouras commencèrent à trouver leurs demeures comme un cimetière, et saisis d'une grande admiration à la vue de ces préparatifs, ils s'écrièrent : Ah ! certes, c'est bien là le résultat complètement mûr des bonnes œuvres que la pensée ne peut comprendre.

Les quatre divinités de l'arbre de l'Intelligence sont : Venou, Valgou, Soumana, Odjopati. Dans le but d'offrir au Bodhisattva l'œuvre du sacrifice, ces quatre divinités entourent l'arbre de l'Intelligence aux racines accomplies, à la tige accomplie, aux branches, aux feuilles, aux fleurs, aux fruits accomplis, d'une grosseur et d'une circonférence accomplies, beau, agréable à la vue, touffu, s'élevant à la hauteur de sept Talas, bien proportionné, gracieux, agréable à la vue, plaisant au cœur ; (elles l'entourent) avec symétrie de sept tables aux sept choses précieuses, de sept arbres Talas précieux avec des guirlandes, de sept réseaux précieux avec des clochettes et des guirlandes de perles, et les yeux ne se rassasient pas de voir cet arbre pareil au Paridjata et au Kovidara. Tout endroit où le Bodhisattva s'est arrêté, alors qu'il désirait se revêtir de la qualité parfaite et accomplie de l'Intelligence, cet endroit de la terre, prenant la solidité du diamant des régions des trois mille grands milliers de mondes, est (devenu) une essence indivisible conservant la nature du diamant.

Bhikchous, dans la marche du Bodhisattva vers Bodhimanda, il s'échappa de son corps une lumière d'une espèce telle, que par cette lumière tous les maux furent apaisés, toutes les inquiétudes détruites, tous les sentiments de la mauvaise voie anéantis. Tous les êtres aux organes imparfaits en obtinrent de tout à fait complets. Ceux qui étaient attaqués de maladies furent guéris. Tous les infortunés obtinrent le bien-être, ceux que tourmentait la crainte furent rassurés, ceux qui étaient retenus par des liens furent délivrés de leurs liens. Les êtres qui mendiaient obtinrent des biens; ceux que tourmentait la misère de la corruption furent délivrés de leurs souffrances. Les affamés furent rassasiés, ceux qui avaient soif furent désaltérés. Les femmes enceintes accouchèrent heureusement. Les (êtres) affaiblis et languissants retrouvèrent toute leur vigueur, et en ce moment aucun être ne fut tourmenté par les passions, l'envie, l'ignorance, la colère, la convoitise, le dégoût, la méchanceté ou la haine. En ce moment, pas un être ne mourut, n'émigra (dans un autre corps), ne naquit. Tous les êtres furent remplis de sentiments de bienveillance, de sentiments secourables les uns pour les autres, comme ceux d'un père et d'une mère.

Cependant, Bhikchous, le roi des Nagas Kalika (noirâtre) ayant vu sa demeure éclairée par cette lumière échappée du corps du Bodhisattva, parfaitement pure, sans tache, réjouissant le corps et l'esprit et faisant naître la joie, adoucissant toutes les misères, apportant aux êtres la joie, le bien-être, la pureté et l'allégresse, le roi des Nagas, en présence de sa suite, prononça ces Gathas :

D'où vient ma demeure est ainsi resplendissante des rayons d'une lumière dorée, comme si Kakoutchanda (573) au doux éclat était visible, comme si était visible Kanakahvaya (574), comme si était visible la splendeur pure et sans tache de Kaçyapa (575), roi de la Loi. Un protecteur aux signes excellents, ayant la lumière de la science, est apparu sans nul doute. Dans ma demeure, qui était toute remplie de ténèbres à cause des fautes que j'avais commises autrefois, dans cette demeure ce n'est pas la lumière excellente du soleil et de la lune qui brille. Ce n'est ni la clarté du feu, ni celle de la perle (mani), ni celle de l'éclair pur et sans tache, ni celle des étoiles, ni celle de Çakra, ni celle de Brahma, ni celle des Asouras. Aujourd'hui cette demeure est éclairée par l'éclat de la vertu, pareil à celui du soleil. L'esprit est réjoui, le corps est dans le bien-être, le corps est rafraîchi. Le sable chaud même, qui tombe sur le corps, nous apporte de la fraîcheur. Celui qui a traversé des millions de Kalpas, resplendit dans sa marche vers Bodhimanda. Vite, prenez les fleurs brillantes des Nagas, des vêtements aux odeurs suaves, des colliers de perles, des parures, des anneaux, des poudres parfumées ; exécutez des chœurs de musique et de danse, et chantez des airs de toute espèce. Frappez les tambours et les tambourins, allez offrir un sacrifice à celui qui est digne des sacrifices des premières de toutes les créatures, (à celui) qui apporte le secours.

Et s'étant levé, accompagné des femmes des Nagas, il considéra les quatre points (de l'espace), et vit la marche de celui qui est semblable au mont Merou, bien paré de ses splendeurs, entouré de dieux et de Danavas (576), de Brahmendriyas (577) et de Yakchas, qui, avec un esprit joyeux, lui offraient un sacrifice et lui montraient la route, en disant : C'est ici.

Ce roi des Nagas, rempli de joie après avoir offert un sacrifice au meilleur du monde, et salué ses pieds avec respect, se tint devant le Mouni. Les femmes des Nagas aussi, avec un esprit joyeux, s'empressent d'offrir un sacrifice au Mouni, de jeter des fleurs, de l'encens et des parfums, et de faire résonner les instruments.

Alors le roi des Nagas joignant les mains dans sa joie, le louait de ses qualités véritables : O guide, le plus grand du monde, au visage pareil à la pleine lune, il est doux de te voir. Le signe des Richis d'autrefois que j'ai vu, toi, tu as le pareil. Aujourd'hui, après avoir vaincu les armées du démon, tu obtiendras le rang désiré, en vue duquel autrefois, empressé à te priver et à donner, tu as abandonné toutes les richesses ; en vue duquel tu as marché dans la discipline, dans les bonnes œuvres, dans la mansuétude, la miséricorde et la patience ; en vue duquel tu as été ferme dans l'héroïsme, réjoui par la méditation, éclairé par la sagesse. Toutes les prières ayant été entièrement accomplies, tu seras vainqueur aujourd'hui. Puisque les arbres avec leurs feuilles, leurs fleurs et leurs fruits s'inclinent devant l'arbre de l'intelligence, puisque mille urnes pleines d'eau sont rangées en cercle autour de toi, puisque des troupes d'Apsaras, joyeuses, font entendre leurs chants mélodieux, puisque des troupes de cygnes et de cigognes s'en vont par les cieux en se jouant et en (t') environnant avec joie, (toi) le Richi (par excellence), aujourd'hui tu deviendras Arhat. Puisque tu marches au milieu de cent champs resplendissants de la couleur de l'or, puisque tu as

---

(573) Le quatrième Bouddha avant Çakya Mouni.
(574) Le cinquième Bouddha avant Çakya Mouni, nommé aussi *Kanakamouni*.
(575) Le sixième Bouddha avant Çakya Mouni.

(576) Ou Asouras, d'ordre inférieur aux dieux.
(577) Organes de Brahma.

apaisé des maux nombreux, tu mettras fin aux misères des créatures. Puisque les demeures du soleil et de la lune ont été arrosées d'une pluie continue accompagnée d'un vent frais, aujourd'hui, dans les trois mondes, ô guide, tu mettras un terme à la naissance et à la vieillesse. Puisque les dieux, abandonnant les joies du désir, viennent t'offrir un sacrifice, puisque Brahma et les Porohitas de Brahma, ainsi que les dieux, ont renoncé aux douceurs de la méditation, (puisque) tous ceux qui, dans les trois mondes, exercent un empire pur, sont accourus ici, tu seras aujourd'hui dans les trois mondes le roi des remèdes qui met un terme à la naissance et à la vieillesse. Puisque la route où tu marches a été purifiée par les dieux, (cette route) où marchèrent Bhagavat Kakoutchanda, Kanakahvaya et Kaçyapa ; puisque des lotus beaux et sans tache, perçant le sol de la terre, sont apparus ; ici, doué d'une grande force, après avoir fait quelques pas, tu deviendras aujourd'hui Arhat. Aussi nombreux que les millions de sables de la Ganga, les démons ne pourront ni t'ébranler, ni t'éloigner de l'arbre de l'Intelligence. Des milliers de sacrifices de toutes sortes, aussi nombreux que les sables de la Ganga, ont été faits par toi pour venir en aide aux créatures; aussi tu resplendis en ces lieux. Les planètes avec la lune, les étoiles avec le soleil, viendraient à tomber du ciel sur la terre ; la première, la plus haute des montagnes (le Merou), soulevée de sa place, viendrait à tomber dans l'Océan desséché; tout ce qu'il y a d'hommes savants pourraient enseigner de chacun des quatre horizons, que toi, arrivé auprès du roi des arbres, (tu) ne resterais pas arrêté, sans obtenir l'Intelligence. Tu as vu, ô guide, combien de sacrifices ont été accomplis, combien de qualités proclamées, combien, dans le désir de l'Intelligence, de biens et de trésors ont été amassés. Moi et mes fils, ainsi que les femmes des Nagas, tous, délivrés de ce séjour (où l'on est) assujetti à la naissance, par toi qui t'avances avec la démarche fière d'un éléphant, et (par l'effet de) cette démarche nous irons (avec toi).

Alors, Bhikchous, l'épouse excellente du roi des Nagas Kalika, nommée Souvarnaprabha (*brillante comme l'or*), entourée et précédée d'un grand nombre de femmes des Nagas, portant toutes sortes de parasols précieux, toutes sortes d'instruments de musique, toutes sortes de colliers de perles, toutes sortes de pierres précieuses, toutes sortes de guirlandes divines et humaines, et toutes sortes d'encensoirs, conduisant des chœurs de chant et de musique de toutes sortes, répandaient une profusion de fleurs précieuses partout où le Bodhisattva s'avançait et le louaient par des Gathas.

Ensuite, Bhikchous, le Bodhisattva se mit à penser : Sur quoi s'étaient assis les Tathagatas antérieurs, pour se revêtir de la qualité parfaite et accomplie de l'Intelligence, et devenir Bouddhas ? Et il pensa encore : C'est sur un tapis de gazon qu'ils étaient assis.

Alors cent mille dieux Çouddhavasakayikas qui se tenaient dans l'atmosphère, ayant parfaitement compris par l'esprit cette pensée du Bodhisattva, lui adressèrent ces paroles : Cela est ainsi, excellent homme, cela est ainsi. Ces Tathagatas antérieurs, assis sur un tapis de gazon, se sont revêtus de la qualité parfaite et accomplie de l'Intelligence et sont devenus Bouddhas. Et, Bhikchous, le Bodhisattva vit sur le côté droit de la route un marchand d'herbes nommé Svastika, qui était à couper une herbe verte, douce, très-tendre, agréable, nattée en tresses, tournée à droite, pareille au cou du paon, douce au toucher comme un vêtement de Katchalindi, à l'odeur très-suave et nuancée. A sa vue le Bodhisattva quittant la route, et s'approchant de l'endroit où était le marchand d'herbe Svastika, lui adressa ce discours d'une voix douce, ce discours qui fait tout connaître, qui fait parfaitement connaître, parfaitement clair, non-interrompu, qui produit l'affection, mélodieux et agréable, digne d'être entendu, conciliant, qui fait comprendre, qui exhorte, qui rend satisfait, qui rend joyeux, qui est sans rudesse, sans hésitation, sans fausseté, sans passion, doux, harmonieux, agréable à l'oreille, ravissant et le corps et l'esprit, apaisant le désir, l'envie, le trouble, les querelles et la confusion, pareil au chant du Kalabingka, du Kounala, du Djivandjiva et d'autres (oiseaux) chanteurs ; ayant le son d'un grand tambour et des accords de la musique; ne fatiguant pas; véridique, clair, vraiment pur; pareil à la voix sonore et harmonieuse de Brahma, au bruit de l'Océan agité, au bruit des montagnes qui se choquent; loué par le maître des dieux et le maître des Asouras ; profond et d'une profondeur difficile à mesurer; rendant sans force la force du démon; triomphant des paroles des contradicteurs ; pareil à la voix impétueuse du lion, à la voix du cheval et de l'éléphant, pareil à la voix des Nagas, pareil à la voix du tonnerre, remplissant au loin tous les champs des Bouddhas des dix horizons, remplissant de contentement tous les êtres soumis ; (ce discours) sans précipitation, sans dureté, sans hésitation, convenable, digne, opportun, non surpassé par le temps, ayant bien enchaîné (dans ses phrases) cent mille lois; calme, irrésistible, doué d'une énergie que rien n'arrête, par un seul langage exprimant tous les langages, faisant connaître toutes les pensées, produisant tous les bien-êtres, enseignant la véritable voie de la délivrance, indiquant la multitude de chemins, ne s'éloignant pas de l'assemblée, satisfaisant toutes les assemblées, égal à celui qu'ont prononcé tous les Bouddhas.

C'est dans un langage de cette nature que le Bodhisattva adressa ces Gathas au marchand d'herbe Svastika :

Svastika, donne-moi vite des herbes, car aujourd'hui j'ai grand besoin d'herbe. Après avoir vaincu le démon et son armée, j'atteindrai le calme suprême de l'Intelligence, à cause duquel j'ai, pendant mille Kalpas, pratiqué l'aumône, la pénitence, les austérités et le renoncement, les vertus et les œuvres pieuses difficiles à accomplir, je l'obtiendrai aujourd'hui. La force de la patience ainsi que la force de l'héroïsme, la force de la méditation profonde ainsi que la force de la sagesse, la force de la vertu et de la science supérieure qui délivre complètement, seront produites en moi aujourd'hui. La force de la sagesse et la force des moyens, la force des incantations et de la bienveillance sans passion, la force de la connaissance distincte et de la vérité, seront produites en moi aujourd'hui. En me donnant aujourd'hui de l'herbe, tu auras en toi la force illimitée des vertus, qui éloignera de toi les causes mauvaises, et tu seras un instituteur sans supérieur.

Svastika ayant entendu ce discours plein de douceur du guide (du monde), le cœur rempli de la plus grande joie, prit une poignée de gazon nouveau, tendre et agréable au toucher, et s'étant avancé, l'esprit tout joyeux, prononça ces paroles : Si avec du gazon est obtenue la voie des précédents Victorieux (*Djinas*), qui mène à la dignité de l'Intelligence pure, impérissable, suprême, calme et difficile à contempler, toi qui as la gloire sans borne d'un océan de grandes qualités, prends-le. C'est moi qui d'abord ferai que tu sois investi de la dignité pure et impérissable de Bouddha.

Le Bodhisattva dit : Sans accomplir pendant de nombreux Kalpas des œuvres méritoires et beaucoup d'austérités difficiles à accomplir, ô Svastika, avec le meilleur des tapis de gazon, on n'obtiendrait pas cette Intelligence. Lorsque celui qui a de la prudence s'élève par le moyen de la vertu et de la sagesse, c'est alors que les Victorieux Mounis ont prédit qu'il sera exempt de trouble. Svastika, si l'Intelligence pouvait être donnée à un autre homme, et, comme une pâture, donnée aux êtres animés, par scrupule n'en mange pas. Quand on dira que l'Intelligence a été obtenue par moi, et que je distribue l'Amrita, viens et écoute la Loi pure, et tu seras exempt de trouble.

Et le guide du monde ayant pris une poignée d'herbe la plus douce, partit avec la démarche du lion et du cygne. La terre trembla fortement ; les troupes des dieux et des Nagas, les mains jointes et pleins d'allégresse, pensaient : Aujourd'hui vainqueur en ce lieu de l'armée du démon, il est parvenu à atteindre l'Amrita.

Bhikchous, tandis que le Bodhisattva s'approchait ainsi de l'arbre de l'Intelligence, les fils des dieux et des Bodhisattvas qui pensaient : « Après s'être assis aujourd'hui ici, le Bodhisattva revêtu de la qualité parfaite et accomplie de l'Intelligence, deviendra Bouddha, » ornèrent quatre-vingt mille arbres de l'Intelligence. Quelques-uns de ces arbres de l'Intelligence formés de fleurs ont la hauteur de cent Yodjanas ; quelques-uns de ces arbres de l'Intelligence formés de parfums ont la hauteur de mille Yodjanas ; quelques-uns de ces arbres de l'Intelligence formés de sandal ont la hauteur de cent mille Yodjanas ; quelques-uns de ces arbres de l'Intelligence formés de vêtements ont la hauteur de cinq cent mille Yodjanas ; quelques uns de ces arbres de l'Intelligence formés de perles ont la hauteur d'un million de Yodjanas ; quelques-uns de ces arbres de l'Intelligence formés de toutes sortes de choses précieuses, ont la hauteur de dix millions de Niyoutas de Yodjanas. Auprès de tous ces arbres de l'Intelligence ont été préparés, comme il convient, des sièges de lion (*trônes*) couverts d'étoffes divines de toutes sortes. Près de quelques-uns de ces arbres de l'Intelligence, des sièges de lotus ont été préparés ; auprès de quelques-uns sont des sièges parfumés ; auprès de quelques-uns sont des sièges précieux de toutes sortes.

Le Bodhisattva s'étant livré au calme de la méditation profonde appelée Lalitavyouha (*exercice des jeux*), n'y fut pas plutôt plongé, qu'à l'instant même, en un clin d'œil, le Bodhisattva apparut sur tous les sièges de lion placés près des arbres de l'Intelligence, avec un corps bien orné des (trente-deux) signes du Bodhisattva et des (quatre-vingts) signes secondaires.

Les Bodhisattvas et les fils des dieux avaient chacun dans l'esprit : Le Bodhisattva est assis sur mon propre trône, et non sur un autre, livré au calme de la méditation. Et tandis qu'ils avaient cette idée, par la puissance de cette même méditation profonde du Bodhisattva, appelée Lalitavyouha, les êtres de l'enfer, ceux réduits à naître parmi les bêtes, tous ceux du monde de Yama, tous les dieux et les hommes, tous les êtres nés dans toutes les conditions, voyaient le Bodhisattva assis sur le siège de lion, auprès de l'arbre de l'Intelligence.

Pendant qu'il en était ainsi, le Bodhisattva, dans le but de satisfaire complètement la pensée des êtres affectueux pour les infortunés, ayant pris une poignée de gazon, et s'étant avancé jusqu'à l'endroit où était l'arbre de l'Intelligence, tourna sept fois autour, puis étendant lui-même à (terre) la pointe du gazon en dedans et la racine en dehors, et faisant de tout côté un excellent tapis de gazon, comme un lion, comme un héros, fort, ferme, courageux, vigoureux ; comme un éléphant, comme

Içvara, comme Svayambhou, comme un savant, comme celui qui est sans supérieur, vraiment éminent, évidemment élevé, illustre, éloquent, libéral, vertueux, patient, courageux, méditatif, sage, instruit, riche en bonnes œuvres, en sa qualité de vainqueur des arguments du démon, et (vraiment) accompli, il croisa ses jambes, s'assit sur le tapis de gazon, regardant du côté de l'Orient, debout et le corps droit, puis prononça ce vœu, en le gravant bien dans sa mémoire : Ici, sur ce siége, que mon corps se desséche, que ma peau, mes os et ma chair se dissolvent, si avant d'avoir obtenu l'Intelligence difficile à obtenir dans l'espace de nombreux Kalpas, je soulève mon corps de ce siége.

Chapitre de la Marche vers Bodhimanda, le dix-neuvième.

CHAPITRE XX.

ÉVOLUTIONS DE BODHIMANDA.

Pendant que le Bodhisattva est assis à Bodhimanda, il répand une lumière qui illumine, aux dix points de l'espace, les innombrables champs de Bouddha. Excités par cette lumière, des Bouddhas arrivent de tous côtés, et font apparaître toutes sortes de choses précieuses qu'ils offrent au Bodhisattva. Les dieux se joignent à eux, et font tomber du ciel une grande pluie qui produit la joie et le bien-être.

Bhikchous, pendant que le Bodhisattva était assis à Bodhimanda, six dieux Kamavatcharas, ne songeant nullement à faire obstacle au Bodhisattva, s'arrêtèrent du côté de l'Orient. De même au couchant et au nord les horizons furent bien gardés par les dieux.

Bhikchous, dans le temps que le Bodhisattva était assis à Bodhimanda, il répandit cette lumière qu'on appelle Exhortation du Bodhisattva ; et par cette lumière, aux dix points de l'espace, de toutes parts, les innombrables et incommensurables champs de Bouddha, entourés des éléments des substances (*dharmas*), enveloppés par la limite du ciel, furent tous illuminés.

Alors, à l'horizon oriental, dans la région sans tache du monde, (qui est celle) du Tathagata Vimalaprabha (*éclat sans tache*), dans le champ de Bouddha, un Bodhisattva Mahasattva nommé Lalitavyouha (*exercice des jeux*), excité par cette lumière, entouré et précédé d'une foule de Bodhisattvas dépassant le calcul, s'étant approché de l'endroit où était Bodhimanda et de la place où se trouvait le Bodhisattva, exécuta en ce moment, en vue de l'œuvre du sacrifice au Bodhisattva, des transformations surnaturelles de telle sorte, que, par l'exécution de ces transformations, il fit voir tous les champs de Bouddha entourés des dix points de l'espace par la limite du ciel, dans la mesure d'un cercle unique fait de lapis-lazuli d'un bleu sombre et pur. Il fit voir aux êtres nés dans les cinq conditions de l'existence le Bodhisattva assis en leur présence à Bodhimanda. Et ces êtres se montraient l'un à l'autre avec un doigt le Bodhisattva, en disant : Quel est cet être gracieux et doué d'une pareille beauté ? Quel est cet être si parfaitement accompli ? Et en présence de ces êtres le Bodhisattva fit apparaître d'autres Bodhisattvas dont les figures prononcèrent ces Gathas :

Celui qui a rejeté tout ce qu'il y a de passion, de colère, de trouble et d'entraînements ; celui par l'éclat du corps duquel les lumières des dix points de l'espace ont été obscurcies ; celui par lequel ont été accumulés, pendant de nombreux Kalpas, des trésors de vertu, de méditation et de science ; ce Çakya Mouni, le premier des grands Mounis, éclaire tous les horizons.

Ensuite, du côté du midi, dans la région du monde où sont déployées les choses précieuses, (région) du Tathagata Ratnartchicha (*éclat des choses précieuses*), dans le champ de Bouddha, un Bodhisattva Mahasattva nommé Ratnatch'atrakoutasandarçana (*qui montre le trésor du parasol précieux*), excité par cette lumière, entouré et précédé d'une foule de Bodhisattvas dépassant le calcul, s'étant approché de la place où était Bodhimanda et du lieu où se trouvait le Bodhisattva, en vue de l'œuvre du sacrifice au Bodhisattva, abrita avec un parasol précieux la mesure tout entière du cercle (de lapis-lazuli).

Alors Çakra, Brahma et les gardiens du monde se dirent l'un à l'autre : Pourquoi donc un pareil déploiement d'un parasol précieux se voit-il ? de quelle chose est-il le fruit ?

Au même instant, de ce parasol précieux cette Gatha se fit entendre : Celui par qui des parasols précieux et parfumés ont été donnés par mille Kotis de Niyoutas, avec un esprit de bienveillance sans égale, à celui qui était existant ou à celui qui était dans le Nirvriti, celui-ci, qui possède les meilleurs signes, qui vient en aide, qui a la force de Narayana (*Vichnou*), qui doué de qualités s'est avancé près de l'arbre de l'Intelligence, c'est à lui que cette offrande est faite.

Ensuite, du côté du Couchant, dans la région du monde qui a la couleur de la fleur du Tchampaka, (région) du Tathagata Pouchpabalivanaradjikousoumitabhudjna (*qui connaît les guirlandes de fleurs des bois fleuris*), dans le champ de Bouddha, un Bodhisattva Masattva appelé Indradjali (*réseau d'Indra*) excité par cette lumière, entouré et précédé d'une foule de Bodhisattvas dépassant le calcul, s'approcha de Bodhimanda et du lieu où était le Bodhisattva en vue de lui offrir l'œuvre du sacrifice, et entoura d'un réseau précieux la mesure tout entière du cercle (de lapis lazuli).

Alors les dieux, les Nâgas, les Yakchas, les Gandharbas des dix points de l'espace se disaient entre eux: Pour qui donc est le développement d'une pareille splendeur? Et du milieu du réseau précieux se fit entendre cette Gâtha:

Mine de diamants, étendard précieux, joie des trois mondes, le plus précieux des trésors, précieuse renommée, joie dans la Loi, précieuse trinité (578) qui a obtenu un héroïsme constant, qui obtiendra l'Intelligence suprême, c'est pour lui qu'est cette offrande.

Ensuite, du côté du nord, dans la région du monde où ne tourne pas le soleil, celle du Tathâgata Tchandrasouryadjichanikaraprabha (*qui a un éclat obscurcissant le soleil et la lune*), dans le champ de Buddha, un Bodhisattva Mahâsattva nommé Vyouharadja (*roi des évolutions*), excité par cette lumière, entouré et précédé d'une foule de Bodhisattvas dépassant le calcul, s'étant approché de Bodhimanda et du lieu où était le Bodhisattva, en vue de lui offrir l'œuvre du sacrifice, fit voir dans la mesure du cercle (de lapis-lazuli) l'évolution de tout ce qu'il y a de qualités dans les champs de Bouddha des dix points de l'espace du monde. Et alors quelques Bodhisattvas disaient: Pour qui donc une pareille évolution?

Et du milieu de toutes ces évolutions cette Gâtha se fit entendre:

Celui qui a parfaitement purifié son corps par la science et des vertus nombreuses ; qui a purifié son corps par des austérités difficiles à accomplir et par la Loi véritable; celui qui a purifié son corps par la modestie, la soumission et la mansuétude; celui-là même qui est venu près du roi des arbres, ce chef des Çâkyas, c'est à lui que cette offrande est faite.

Ensuite, du côté du sud-est, dans la région du monde où la source des qualités, celle du Tathâgata Gounaradjaprabhâsa (*qui a la splendeur du roi des qualités*), dans le champ de Bouddha, un Bodhisattva Mahâsattva appelé Gounamati (*intelligence des qualités*), excité par cette lumière, entouré et précédé d'une foule de Bodhisattvas dépassant le calcul, s'étant approché de Bodhimanda et du lieu où était le Bodhisattva, en vue de faire l'œuvre du sacrifice au Bodhisattva, fit apparaître dans la mesure du cercle (de lapis-lazuli) le grand palais qui renferme toutes les évolutions des qualités; et du milieu de ce grand palais cette Gâtha se fit entendre :

Celui à cause des qualités duquel les dieux, les Asouras, les Yakchas et les Mahoragas proclament les mérites, celui qui rempli de qualités est né d'une race de rois doués de qualités, l'océan de qualités est arrivé à l'arbre de l'Intelligence.

———

(578) C'est-à-dire le chef, la cause de la trinité bouddhique, qui se compose de Bouddha, de la loi et de l'assemblée des fidèles.

Ensuite, du côté du sud-ouest, dans la région du monde qui produit les choses précieuses, (celle) du Tathâgata Ratnayachti (*bâton précieux*), dans le champ de Bouddha, un Bodhisattva Mahâsattva appelé Ratnasambhava (*qui produit les choses précieuses*), excité par cette lumière, entouré et précédé d'une foule de Bodhisattvas dépassant le calcul, s'étant approché de Bodhimanda et de l'endroit où était le Bodhisattva, en vue de l'œuvre du sacrifice au Bodhisattva, fit apparaître dans la mesure du cercle (de lapis-lazuli) de précieux Vyomakas innombrables, incommensurables; et de ces précieux Vyomakas cette Gâtha se fit entendre:

Celui qui a abandonné la terre ainsi que l'Océan et toutes sortes de richesses; des palais avec des œils-de-bœuf, des galeries, des demeures superbes, embellis par des attelages, des chars et des Vyomakas; des lieux d'assemblée ornés de guirlandes de fleurs, des jardins de plaisance, et (jusqu'à) ses pieds, ses mains, sa tête et ses yeux, le voilà assis à Bodhimanda.

Ensuite, du côté du nord-ouest, dans la région du monde qui contient les nuages, (celle) du Tathâgata Megharadja (*roi des nuages*), dans le champ de Bouddha, un Bodhisattva Mahâsattva nommé Meghakoutabhigardjiteçvara (*maître des nuages orageux amoncelés*), excité par cette lumière, entouré et précédé d'une foule de Bodhisattvas dépassant le calcul, s'étant approché de Bodhimanda et de l'endroit où était le Bodhisattva, en vue de l'œuvre du sacrifice au Bodhisattva, fit apparaître un nuage d'aloès accompagné de sandal noir, et fit tomber dans la mesure du cercle (de lapis-lazuli) une pluie de poussière de l'essence de sandal des Ouragas; et du milieu de ce cercle de nuage d'aloès cette Gâtha se fit entendre :

Après avoir enveloppé tous les trois mondes avec le nuage de la science et de la Loi lumineuse et vraiment libératrice, il versera la pluie de l'immortalité de la bonne Loi exempte de passion, qui fit obtenir le Nirvâna. Tous les replis de la liane du désir et de la corruption humaine qui nous enlacent, il les coupera. Il donnera la foi qui vient du pouvoir surnaturel de la méditation profonde et de la fleur épanouie des organes (*indriya*).

Ensuite, du côté du nord-est, dans la région du monde entourée d'un treillis d'or, (celle) du Tathâgata Ratnatch'atrabyoungatavabha (*brillant avec un parasol précieux élevé*), dans le champ de Bouddha, un Bodhisattva Mahâsattva appelé Hemajâlalangkrita (*orné d'un treillis d'or*), excité par cette lumière, entouré et précédé d'une foule de Bodhisattvas dépassant le calcul, s'étant approché de Bodhimanda et du lieu où était le Bodhisattva, en vue de l'œuvre du sacrifice au Bodhisattva, fit apparaître dans tous les grands palais et dans les précieux temples (ryomakas), les images du Bodhisattva bien ornées des trente-deux signes, tenant des guirlandes de fleurs des dieux et des hommes, lesquelles s'étant inclinées du côté où était le Bodhisattva, suspendirent ces guirlandes de fleurs et prononcèrent cette Gatha :

Nous saluons de la tête celui qui a loué cent millions de Bouddhas ; celui dont la soumission a produit une grande foi ; celui qui parle avec l'harmonie de la voix de Brahma, et qui est venu à Bodhimanda.

Ensuite, au nadir, dans la région du monde où l'on voit de tous côtés, (celle) du Tathagata Samantadarci (qui voit de tous côtés), dans le champ de Boudha, un Bodhisattva Mahasattva appelé Ratnagarbha (précieux calice), excité par cette lumière, entouré et précédé d'une foule de Bodhisattvas dépassant le calcul, s'étant approché de Bodhimanda et de l'endroit où était le Bodhisattva, en vue de lui offrir l'œuvre du sacrifice, fit apparaître dans la mesure du cercle de lapis-lazuli les lotus d'or du continent du Djambou. Dans les calices de ces lotus, des femmes montrant la moitié de leur corps, accomplies de forme et de couleur, parées de toutes sortes d'ornements, portant des bracelets au bras droit et gauche, des anneaux, des bracelets au haut du bras, des colliers d'or et de perles, des écharpes et toutes sortes de parures, suspendirent des guirlandes de fleurs et de soie, et inclinant leur corps du côté où était le Bodhisattva et Bodhimanda, prononcèrent cette Gatha :

Rendez hommage à celui qui a toujours honoré les Bouddhas, les Çravakas, les Pratycka-Djinas et les Gourous (Lamas) ; qui s'est toujours plu dans les bonnes mœurs, qui est sans orgueil et rempli de qualités.

Ensuite, au zénith, dans la région du monde des meilleures assemblées, (celle) du Tathagata Ganendra (maître des assemblées), dans le champ de Boudha, un Bodhisattva Mahasattva appelé Angananganja (trésor du ciel), excité par cette lumière, entouré et précédé d'une foule de Bodhisattvas dépassant le calcul, s'étant approché de Bodhimanda et de l'endroit où était le Bodhisattva, en vue de lui offrir l'œuvre du sacrifice, aperçut, pendant qu'il se tenait dans l'étendue des cieux, dans tous les champs de Boudha des dix points de l'espace, comme il n'en avait jamais vu, ni entendu parler auparavant, des fleurs, des parfums, des essences, des guirlandes, des poudres parfumées, des cassolettes, des vêtements, des parures, des parasols, des étendards, des bannières, des palais divins, des pierres précieuses, des perles, de l'or, de l'argent, des colliers, des chevaux, des éléphants, des chars, des soldats, des chariots, des arbres, des feuilles, des fleurs, des fruits, des jeunes gens, des jeunes filles, des dieux, des Nagas, des Yakchas, des Gandharbas, des Asouras, des Garoudas, des Kinnaras, des Mahoragas, Çakra, Brahma, les gardiens du monde, les hommes et les (êtres qui ne sont) pas des hommes, faisant tous tomber du haut du ciel une grande pluie produisant la joie et le bien-être sans blesser ni effrayer aucun être.

Chapitre appelé Évolutions de Bodhimanda, le vingtième.

CHAPITRE XXI.

DÉFAITE DU DÉMON.

Le Bodhisattva, assis à Bodhimanda, se rappelle qu'il ne peut arriver à l'Intelligence suprême sans avoir provoqué le démon, et aussitôt il fait jaillir de ses sourcils un rayon qui éclaire les demeures des démons des trois mille mondes. Le chef des démons, sous l'influence de ce rayon, fait trente-deux espèces de rêves qui lui annoncent sa défaite. Il s'éveille inquiet, rassemble tous ses compagnons, et les exhorte au combat, contre l'avis de l'un de ses fils. — Armée du démon. — Elle cherche à effrayer le Bodhisattva, mais rien ne peut le troubler. — Conseil tenu par les démons. — Ils attaquent le Bodhisattva. Les projectiles lancés contre lui se changent en fleurs. — Colère du démon à cette vue. — Il interpelle le Bodhisattva, mais s'enfuit bientôt avec les siens à l'aspect de la déesse de la Terre. — Il envoie ses filles pour séduire le Bodhisattva. — Celles-ci, sans même le regarder, les avertit que leurs efforts sont inutiles. — Huit déesses glorifient le Bodhisattva, tandis que les fils des dieux rabaissent le démon. Fureur du démon. — Il attaque de nouveau le Bodhisattva, mais les génies malfaisants s'enfuient épouvantés par le bruit que fait la terre frappée par la main du Bodhisattva.

Ainsi, Bhikchous, afin d'offrir au Bodhisattva l'œuvre du sacrifice, les Bodhisattvas exécutèrent à Bodhimanda toutes sortes d'évolutions. Le Bodhisattva lui-même fit apparaître tout ce qu'il y a de développements d'ornements de Bodhimanda dans tous les champs de Boudha des Bouddhas Bhagavats passés, futurs et présents, des dix points de l'espace.

Ensuite, Bhikchous, pendant que le Bodhisattva était assis à Bodhimanda, il lui vint à la pensée : Si je n'appelle pas ici le démon Papiyan (très-mauvais), le souverain maître qui gouverne cette région du désir, je n'arriverai pas à l'Intelligence parfaite et accomplie et à la qualité de Bouddha. Je provoquerai donc Papiyan, de sorte que, par la victoire complète, tous les dieux Kamavatcharas (qui suivent le désir) et les autres seront tous liés. Bien plus, dans l'assemblée des démons, les fils des dieux Marakayikas (de la race du démon) qui ont empêché la production de la racine de la vertu antérieure, en voyant mes divers jeux de lion, tourneront leur pensée vers l'Intelligence suprême, parfaite et accomplie.

Bhikchous, tandis que le Bodhisattva avait cette pensée, du milieu de ses sourcils, de la touffe Ourna, il lança un rayon appelé Sarvamaramandalavidhvansanakari (*qui opère la destruction de tous les domaines du démon*) ; et par ce rayon toutes les demeures des démons des trois mille grands milliers de mondes tout entiers ayant été illuminées, ayant été éclipsées, furent ébranlées fortement. En même temps toutes les régions des trois mille grands milliers de mondes furent enveloppées d'une grande splendeur.

Le démon Papiyan entendit les accents qui sortaient de ce rayon : Que l'être très-pur, qui a traversé de nombreux Kalpas, (que) le fils de Çouddhodana qui a abandonné sans retour des royaumes, qui vient en aide, qui est parti dans le désir de l'Amrita, parvenu à l'arbre de l'Intelligence, fasse aujourd'hui un effort! Après avoir lui-même abordé, qu'il délivre aussi les êtres! Après s'être affranchi lui-même, qu'il affranchisse les autres! Après avoir respiré lui-même, qu'il fasse respirer les autres! Complétement délivré des misères (*parinirvrita*), qu'il délivre aussi les autres des misères! Il rendra au vide (579), sans exception, les trois maux ; il remplira les villes des dieux et des hommes. Cet (être) secourable, après avoir obtenu l'Amrita, distribuera le meilleur Amrita de la science supérieure (née) de la méditation. Quand cet être existant par lui-même répandra la pluie de la Loi, il rendra ta ville déserte, allié de Krichna (580). Rendu sans force par un être sans force, abandonné de ton armée, ton asile n'étant plus un asile, tu ne sauras quoi faire et où aller.

Bhikchous, le démon Papiyan ainsi excité par ces Gathas, fit trente-deux espèces de rêves. Quelles trente-deux espèces? Il vit en songe sa demeure enveloppée de ténèbres. Il vit sa demeure remplie de poussière, remplie de sable et de gravier. Il rêva que talonné par la crainte, il courait lui-même à chacun des dix points de l'espace. Il rêva que son diadème et ses pendants d'oreilles étaient tombés. Il rêva que ses lèvres, sa gorge, son palais étaient desséchés. Il rêva que son cœur était pressuré. Il rêva que les feuilles, les fleurs et les fruits de son jardin étaient dévastés. Il rêva que les étangs étaient desséchés et sans eau ; que les cygnes, les cigognes, les paons, les Kalabingkas, les Kounalas, les Djivanjivas et les troupes des autres oiseaux avaient les ailes tachées. Il vit en songe les tambourins, les conques, les tambours (de terre cuite), les tambours d'airain, les (luths) à une corde, les téorbes (*vinas*), les (luths) à trois cordes, les cymbales et tous les instruments de musique mis en pièces et dispersés

sur la terre. Il se vit abandonné des gens qu'il aimait à voir autour de lui, le visage sombre retiré à l'écart et soucieux. Il vit la plus belle de ses femmes, parée d'une guirlande, tombée de sa couche à terre, frappant sa tête avec ses deux mains. Il vit tous les fils des démons les plus courageux, les plus forts, les plus brillants et les plus sages, s'inclinant devant le Bodhisattva assis à Bodhimanda (lieu) pur entre tous. Il rêva que ses filles criaient en sanglotant : Mon père! ah! mon père! Il rêva qu'il couvrait son corps d'un vêtement souillé. Il vit sa tête couverte de poussière, toute blanchie, sans force et dépouillée de sa splendeur. Il vit les galeries, les palais, les fenêtres, les arcades couverts de poussière et tombant en ruine. Il vit les chefs de son armée et les maîtres des Yakchas, des Rakchas, des Koumbhandas et des Gandharbas qui tous, la tête baissée, s'enfuyaient en pleurant et en criant. Il vit tous les maîtres des dieux Kamavatcharas, tels que Dhritarachtra, Viroutaka, Viroupakcha, Vaiçravana, Çakra, Souyama, Santouchita, Sounirmita, Vaçavartin et le reste, tournés sans égard pour lui, en vers le Bodhisattva. Il se vit au milieu d'un combat, incapable de tirer son épée du fourreau, et poussant des cris de malédiction. Il rêva qu'il était abandonné de sa suite. Il vit renversées à sa porte des coupes de bénédiction (qui étaient) pleines. Il vit en songe le Brahmane fils de Narada poussant des cris de malédiction. Il vit le portier Anandita poussant des cris de douleur. Il vit l'étendue des cieux enveloppée de ténèbres. Il vit la déesse Çri, qui demeure dans le séjour de Kama, tout éplorée. Il rêva que sa puissance n'était plus une puissance. Il rêva que son armée n'était plus une armée. Il vit les treillis de diamants et de perles coupés, disjoints et muets. Il rêva que la demeure toute entière du démon était fortement ébranlée. Il vit les arbres coupés, les murs d'appui tombés, et toute l'armée du démon renversée la tête en bas au milieu de ses évolutions.

Bhikchous, telles furent les trente-deux espèces de songes qu'eut le démon Papiyan. Il s'éveilla ; et tremblant, épouvanté, il rassembla tous ses serviteurs ainsi que son armée et sa suite, les chefs et les gardes des portes ; et s'étant assuré que tous étaient présents, il leur adressa ces Gathas. Ce démon était abattu par les songes qu'il avait eus. Il parla donc au chef de son armée Sinhahanou, à ses fils et à ses serviteurs, interpellant ainsi tous ces alliés de Krichna.

Un (fils) né dans la famille de Çakya lequel porte les meilleurs signes sur ses membres, et qui pendant six années s'est livré aux austérités les plus rudes et les plus terribles, est arrivé près de l'arbre de l'Intelligence. Faites donc un grand effort. Aujourd'hui on entend dans les airs le chant des hym-

---

(579) *Çounya*. Les Bouddhistes paraissent entendre par ce mot le vide de la nature avant son développement dans la création, et dans lequel tout doit retourner.

(580) Est ici le nom de l'un des démons *noirs* ennemis du Bouddha, que les démons *blancs* cherchent à détourner de leurs mauvais desseins contre lui.

nes. Ce Bodhisa'tva lui-même étant devenu Bouddha accompli, donnera l'intelligence à des millions d'êtres. Au moment où ayant obtenu l'Amrita, il atteindra la nature froide, il rendra déserte ma demeure toute entière. Allons donc vers lui, accompagnés d'une grande armée; frappons le Çramana assis auprès du roi des arbres. Rassemblez promptement les armées de quatre corps de troupes. Si vous ne mettez aucun retard à faire ce que je désire, le monde, quoique rempli d'Arhats et de Pratyeka-Bouddhas, ne se plongera pas dans le Nirvana, et ma force ne deviendra pas faiblesse. Si à lui seul il était vainqueur, il serait le roi de la Loi, et la succession de la famille des innombrables Djinas (*victorieux*) ne serait pas interrompue.

Ensuite, Bhikchous, un fils du démon nommé Sarthavaha (*qui conduit la caravane*) adressa cette Gatha à Papiyan :

O mon père, pourquoi as-tu le visage sombre et décoloré? Pourquoi ton cœur palpite-t-il? Pourquoi tous tes membres tremblent-ils? Qu'as-tu entendu? Qu'as-tu vu? Vite, parle : après y avoir pensé nous connaîtrons ce qu'il y a à faire.

Le démon, mettant de côté l'orgueil, dit : Mon fils, j'ai fait un mauvais rêve insupportable. Si en ce moment je le disais tout entier à cette assemblée, vous tomberiez à la renverse privés de sentiment.

Sarthavaha dit : Si le temps du combat est arrivé, il n'y a pas de faute dans la victoire; c'est d'être vaincu qui est une faute. Si tu as vu en songe de pareils présages, le meilleur est de céder, et tu ne se pas méprisé sur le champ de bataille.

Le démon dit : L'homme qui déploiera de l'habileté sera glorieux dans le combat; si nous appuyant sur la fermeté, nous agissons bien, nous vaincrons. En me voyant, moi et ma suite, il se lèvera et ne pourra manquer de saluer mes pieds avec sa tête.

Sarthavaha dit : Qu'une armée soit grande et sa force petite, s'il se trouve un seul guerrier (contre elle?), il sera vainqueur dans le combat. Quand même les trois mille (mondes) seraient remplis de vers luisants, le soleil tout seul les éclipserait, et leur lumière disparaîtrait. De plus, celui qui a de l'orgueil et de la passion sans raisonnement et n'agit pas selon la sagesse, celui-là ne peut être guéri.

Cependant, Bhikchous, le démon Papiyan n'ayant pas écouté les paroles de Sarthavaha, prépara son armée de quatre corps de troupes, forte et courageuse dans le combat, formidable, faisant dresser les cheveux, que les hommes et les dieux n'avaient jamais vue auparavant, et dont ils n'avaient jamais entendu parler; (son armée de démons) changeant de visage, ayant la faculté de se transformer de cent millions de manières; ayant les pieds et les mains enlacés de cent mille serpents; portant l'épée, l'arc et les flèches, des piques, des javelots, des haches, l'(arme) à trois pointes menaçant le visage, des cailloux, des pilons, des massues, des chaînes, des bâtons, des disques, des foudres, des foudres à une pointe; ayant le corps bien revêtu de cuirasses, (ayant) la tête, les pieds, les mains et les yeux contournés; la tête, les yeux et le visage flamboyants, le ventre, les pieds et les mains d'une forme hideuse, le visage étincelant d'une splendeur terrible; des visages tout difformes des dents énormes, des défenses effroyables et énormes, la langue épaisse, grosse et pendante, la langue rugueuse et pareille à un tissu grossier, les yeux rouges et enflammés comme ceux du serpent noir rempli de venin. Il y en a qui vomissent le venin du serpent. Quelques-uns, comme des Garoudas, s'élevant de la mer, mangent du venin de serpent placé dans le creux de leur main; quelques-uns mangent de la chair humaine, du sang, des pieds et des mains, des têtes, des foies, des entrailles, des excréments et le reste. Quelques-uns ont le corps livide, noirâtre, bleu, rouge ou jaune, avec toutes sortes de formes effrayantes. Quelques-uns ont des yeux crevés, pareils à des trous, (ou) les yeux comme creusés; les yeux flamboyants, les yeux louches et désagréables; quelques-uns ont les yeux tournés, étincelants et difformes. Quelques-uns portant des montagnes enflammées, s'en vont fièrement gravir d'autres montagnes. Quelques-uns ayant arraché des arbres avec leurs racines, s'en vont rôder à côté du Bodhisattva. Les oreilles de quelques-uns sont comme des oreilles de porc ou comme celles des Souparnas, comme les oreilles des éléphants, pendantes comme des oreilles de porc. Quelques-uns sont sans oreilles; quelques-uns transformés en squelettes, ont le corps maigre, le ventre gros, le nez brisé, le ventre pareil à une cruche, les pieds comme le crâne de la tête, la peau, la chair et le sang desséchés; les oreilles, le nez, les pieds et les mains, les yeux et la tête coupés. Quelques-uns, altérés de sang, se coupent la tête les uns aux autres; quelques-uns font entendre des cris rauques et désagréables, effrayants et sauvages; ils crient : hou! hou! ils crient : tchout! ils crient : houlou! houlou! et font entendre un grand bruit. Ce Çramana Gautama, l'arbre et la Loi, arrachez-les! jetez-les de côté! chassez les! expulsez-les! liez-les! saisissez-les! coupez-les! mettez-les en pièces! dispersez-les! précipitez-vous sur eux! disent-ils. Quelques-uns ont des têtes de renard, de chacal, de porc, d'âne, de bœuf, d'éléphant, de cheval, de chameau, d'âne sauvage, de buffle, de lièvre, de yak, de rhinocéros, de gazelle, de cigale, et de toutes sortes de formes effrayantes inspirant le dégoût et la terreur. Quelques-uns ont des corps pareils à celui d'un lion, d'un tigre, d'un sanglier, d'un ours, d'un singe, d'un léopard, d'un chat, d'une chèvre, d'un mouton, d'un serpent, d'un rat, d'un poisson, d'un Makara, d'un marsouin, d'un crapaud, d'un milan, d'un vautour, d'un hibou et d'un Garouda (581). Quelques-uns sont difformes; quelques-uns n'ont qu'une tête, ou depuis deux têtes jusqu'à cent mille têtes, quelques-uns sont sans tête; quelques-uns ont depuis un bras jusqu'à cent mille bras, quelques-uns n'ont pas de bras. Quelques-uns ont depuis un pied jusqu'à cent mille pieds, quelques-uns n'ont pas de pieds. Quelques-uns, du nez, de la bouche, des oreilles, des yeux et du nombril, distillent du venin de serpent; quelques-uns ont des épées, des arcs et des flèches, des lances, des (armes) à trois pointes, des épieux, des disques, des javelots, des foudres à une seule pointe, des foudres, des cailloux et toute espèce d'instruments de meurtre qu'ils brandissent en se jouant et en menaçant le Bodhisattva. Quelques-uns ont coupé des doigts d'homme qu'ils portent après en avoir fait des guirlandes. Quelques-uns portent pour guirlandes des ossements et des crânes; quelques-uns enduisent leur corps de venin de serpent; quelques-uns portant des chaudrons sur la tête, sont montés sur des éléphants, des chevaux, des chameaux, des bœufs, des ânes et des buffles; quelques-uns, la tête renversée en bas, ont le poil comme les aiguilles. Quelques-uns ayant des poils de bœuf, d'âne, de sanglier, de rat, de chèvre, de mouton, de chat, de singe, de chacal, de loup, vomissent du venin de serpent, avalent des boules de fer, vomissent du feu, et répandent une pluie de fer et de cuivre brûlants, lancent les éclairs et la foudre, font tomber une pluie de sable et de fer enflammé, amoncellent des nuages noirs, font élever des rafales avec de la pluie et du vent, amoncellent des flèches qu'ils font retomber en pluie. Ils produisent les ténèbres, et rôdent autour du Bodhisattva en poussant des cris. Quelques-uns déroulent des chaînes, font écrouler de grandes montagnes, et troublent le grand Océan. En sautant d'une grande montagne, ils escaladent le Merou, le roi des monts. Errants et en désordre, ils jettent leurs membres et leurs corps çà et là. Ils poussent de grands éclats de rire, se frappent la poitrine, se frottent la poitrine, secouent la tête, hérissent leurs cheveux brûlants sur leurs têtes, se poursuivent avec emportement les uns les autres, et avec leurs yeux pareils à ceux du renard, effrayent le Bodhisattva. De vieilles femmes s'approchent en pleurant du Bodhisattva en disant : « Mon fils! ah mon fils! lève-toi, lève-toi! vite, sauve-toi! » Des figures de Rakchasis, des figures de Piçatchîs, des Pretas aveugles, boiteux, amaigris, épuisés par la faim, étendant les bras; le visage défait, éplorés, effarés, inspirant la crainte, ils s'en vont rôder devant le Bodhisattva.

Par cette armée de démons de pareille espèce rassemblés, un espace de quatre-vingts Yodjanas était rempli tout alentour, et, comme par un seul démon, les trois mille grands milliers (de mondes) étaient remplis par les cent Kotis de soldats de Papiyan, de côté et au-dessus.

Et ici il est dit : ils déchaînent les vents et versent la pluie; cent mille éclairs brillent; le bruit du tonnerre retentit et ébranle les arbres, mais il n'agite pas les feuilles de l'arbre de l'Intelligence. La pluie tombe par torrents, le vent siffle, les rivières s'enflent et remplissent la terre d'eau. Au milieu de cet effroi la nuit est venue, et pendant cette nuit les arbres (qui sont) insensibles sont renversés. Après avoir vu tous ces arbres à figures hideuses, difformes et effrayantes, celui qui a l'éclat des qualités et des signes (du Bouddha), pareil au mont Merou, n'eut pas l'esprit ébranlé. Il regarde comme illusion, comme un rêve, comme une nuée, tous les éléments (*dharmas*), et en jugeant ainsi le caractère des éléments, il demeure ferme dans la méditation profonde, ferme dans la Loi. (Il se dit:) Tout ce qui est en moi et ce qui pense en moi, (ce qui) dans la substance et le corps désire fortement; ce qui est resté sous la prise de l'ignorance, en voyant, a été effrayé, et j'ai été fortement troublé. Le fils de Çakya est né en s'appuyant sur les éléments, (mais) il juge que sa personnalité elle-même est sans substance, et vraiment en possession d'un esprit pareil au ciel, quoiqu'il voie ce trompeur et son armée, il n'est pas troublé.

Ensuite, Bhikchous, mille d'entre ces enfants du démon Papiyan, Sarthavaha et d'autres qui avaient foi dans le Bodhisattva, se placèrent à la droite du démon. Ceux qui composaient l'armée du démon se placèrent à la gauche de Papiyan.

Alors Papiyan parla ainsi à ses enfants : par quelles forces soumettrons-nous le Bodhisattva?

Et à droite, le fils du démon appelé Sarthavaha adressa cette Gatha à son père: Celui qui veut réveiller de son sommeil le roi des Nagas, celui qui veut réveiller de son sommeil le roi des éléphants, celui qui veut réveiller de son sommeil le roi des gazelles, celui-là veut (aussi) réveiller le roi des hommes qui repose?

A gauche, le fils du démon Dourmati (*mauvais esprit*) parla ainsi : Aussitôt qu'on me voit, les cœurs se fendent; dans les mondes l'essence des grands arbres se divise. A mon aspect, à mon toucher, les créatures sont comme touchées par la

---

(581) Ce passage rappelle la tentation de saint Antoine et les figures étranges sculptées sur les cathédrales gothiques.

mort: quelle force pour vivre restera donc à celui-ci?

A droite, celui qu'on appelle Madhouranirghocha (*à la voix douce*) parla ainsi: Toi qui dis: A mon aspect les arbres se fendent; parmi les hommes qui supporte mon effort? Quand même par ton regard tu fendrais le mont Mérou, tu ne pourrais pas même ouvrir l'œil en sa présence. Bien plus, l'homme qui, désirant dessécher l'Océan avec ses deux mains, pourrait en aspirant avaler ses eaux, en présence du visage sans tache de celui-ci et en le voyant, ne serait plus qu'une grande misère, je vous le dis.

A gauche, celui qu'on appelle Çatabahou (*cent bras*) dit: Mon corps a cent bras; seul, je lance cent flèches. Je percerai le corps de ce Çramana. O mon père, sois tranquille, marche sans retard.

A droite, celui qu'on appelle Soubouddhi (*bonne Intelligence*) dit: Pourquoi les poils ne sont-ils pas (comptés comme) des bras? Et quelle différence y a-t-il entre cent bras (et eux)? Quoiqu'à chaque bras il y ait une flèche, pourquoi ne peut-on rien contre lui avec elles? (C'est que) par lui sont représentés les Maitreyas (582) qui ont dépassé le monde. Dans le corps de ce Mouni doué de mansuétude, ni le poison, ni le fer, ni le feu ne pénètre; tous les traits lancés deviennent des fleurs. Bien plus, dans le ciel, sur la terre, dans l'eau, quiconque est doué de force, homme ou Yakcha, portant l'épée ou la lance, en arrivant près de ce roi des hommes qui a la force de la patience, quelque grande que soit la force dont il est doué, verra toute cette force disparaître.

Du côté gauche, celui qu'on appelle Ougratedjas (*splendeur terrible*) dit: Pour moi, pénétrant dans le corps excellent de celui-ci, je le brûlerai, comme le feu du désert dessèche l'arbre et le tronc.

Du côté droit, Sounetra (*qui a de beaux yeux*) dit: Quand même, pénétrant la terre du mont Mérou, tu pourrais la brûler tout entière; quand même tu serais doué de l'impétuosité de la foudre, multiple comme les sables de la Ganga, tu ne pourrais le brûler. Bien plus, quand même on pourrait remuer toutes les montagnes, quand on pourrait tarir le grand Océan; quand même on pourrait faire tomber à terre le soleil et la lune, quand on pourrait dissoudre cette terre elle-même; celui qui a travaillé pour le bien du monde, qui a tenu toutes ses promesses, ne pourrait, avant d'avoir obtenu l'Intelligence, être écarté du grand arbre.

Du côté gauche, Dirghabahourgarvita (*fier de ses longs bras*) dit: Tout en restant ici dans ta demeure, je broierai avec mon bras toutes les demeures du soleil, de la lune et des étoiles; j'enlèverai en me jouant l'eau des quatre grands Océans. O mon père, je saisirai ce Çramana, et je le lancerai par delà l'Océan. O mon père, dispose cette armée, et ne sois pas abattu par un grand chagrin; j'irai près de cet arbre de l'Intelligence, et avec ma main je le disperserai à tous les horizons.

Du côté droit, Prasadapratilabdha (*qui a acquis la pureté*) dit: Quand même, enflé d'orgueil, tu disperserais avec ta main les dieux, les Asouras, les Gandharbas, la terre, les montagnes et l'Océan, mille comme toi, fussent-ils aussi multiples que les sables de la Ganga, ne pourraient remuer un seul cheveu de ce Bodhisattva qui a la sagesse.

Du côté gauche, Bayangkara (*qui produit la peur*) dit: Quand tu es au milieu d'une armée, ô mon père, pourquoi cette grande crainte? Ses compagnons d'armes, où sont-ils? Pourquoi donc as-tu ici cette grande crainte?

Du côté droit, Ekagramati (*l'esprit fixé sur un seul point*) dit: Dans les mondes, il n'y a pas d'armées de soleils et de lunes, il n'y a pas non plus d'armées de Tchakravartins et de lions. Ce Bodhisattva n'est pas une armée; cependant à lui seul il est capable de vaincre le démon.

A gauche, Avataraprekchi (*qui épie l'occasion*) dit: Puisqu'il n'a ni lance, ni arme à trois pointes, ni massue, ni épée, ni chevaux, ni éléphants, ni chars, ni soldats, pendant qu'il est tout seul le Çramana, je le frapperai aujourd'hui sans aucune crainte.

A droite, Pounyalangkrita (*paré de la vertu*) dit: Comme Narayana (*Vichnou*), doué d'un corps invulnérable et indestructible, armé des forces de la patience, muni de l'épée et des flèches solides de l'héroïsme, avec les trois Véhicules de la libération et l'arc de la sagesse, ô mon père, par la force de ses vertus, il triomphera de l'armée du démon.

A gauche, Anivarti (*qui n'est pas détourné*) dit: De même que le feu du désert ne se détourne pas de l'herbe qu'il brûle; de même que la flèche lancée par un habile (archer) ne se détourne pas; de même que la foudre qui tombe du ciel ne se détourne pas, tant que le fils de Çakya ne sera pas vaincu, pour moi point de repos.

A droite, Dharmakama (*désir de la loi*) dit: En rencontrant de l'herbe humide, le feu recule; en frappant le sommet du rocher, la flèche recule; la foudre tombant à terre, où va-t-elle ensuite? Avant d'avoir obtenu le calme et l'immortalité, il ne se détournera pas. Pourquoi? O mon père, quand même on pourrait tracer des figures dans l'atmosphère, et réduire à une seule les pensées de tous les êtres quels qu'ils soient, quand même, ô mon père, on pourrait lier avec des chaînes le so-

---

(582) « Miséricordieux. » *Maitreya* est le nom du Bouddha qui doit venir quand le monde aura épuisé les fruits de la venue de Çakya Mouni. Ce nom est appliqué ici, en général, à ceux qui l'ont précédé, à cause de leur caractère miséricordieux.

leil, la lune et le vent, on ne pourrait écarter le Bodhisattva de Bodhimanda.

A gauche, Anoupaçanta (*non apaisé*) dit : Par le grand poison de ma vue je brûlerai le mont Mérou, je réduirai en cendres les eaux mêmes des grands océans. Aujourd'hui je les réduirai tous les deux en cendres, le Çramana et son Intelligence, regarde, ô mon père.

A droite, Siddhartha (*qui a atteint le but*) dit : Quand même tout rempli de poison, (celui-ci) le meilleur des trois mille (mondes) brûlerait, cette mine de qualités n'aurait pas plutôt regardé que le poison ne serait plus poison. Dans les trois mondes, le poison le plus terrible, l'emportement, l'envie, l'ignorance, tout cela n'est ni dans le corps ni dans l'esprit de celui-ci, de même que dans le ciel il n'y a ni argile, ni poussière. Son corps, ses préceptes, son cœur sont parfaitement purs. Il a un cœur miséricordieux pour tous les êtres. Ni les armes, ni le poison ne le blessent. C'est pourquoi, ô mon père, fais-les retirer tous, je t'en prie.

A gauche, Ratilola (*agitation du plaisir*) dit : Pour moi je ferai résonner mille instruments, et avec des filles des dieux parées de cent mille ornements, en excitant la passion, je m'emparerai de la meilleure des cités, et par la joie du désir je la mettrai sous ton empire.

A droite, Dharmarati (*plaisir de la Loi*) dit : Celui qui est là se plaît toujours dans le plaisir (585) de la Loi. Il se plaît dans la méditation, il se plaît dans la recherche de l'Amrita, il se plaît dans l'accomplissement de la délivrance des êtres et dans la mansuétude, il ne se plaît nullement au plaisir des passions.

A gauche, celui qu'on appelle Vatadjava (*impétuosité du vent*) dit : Par mon impétuosité je dévorerais le soleil et la lune ; en déchaînant le vent à travers le ciel, aujourd'hui, ô mon père, je saisirai le Çramana, et je l'emporterai comme la paille (est emportée) par le vent.

A droite, le fils du démon appelé Atchalamati (*esprit inébranlable*) parla ainsi : Quand même les dieux et les hommes pourraient avoir une vitesse et une impétuosité terribles comme la tienne, et tous ensemble ne faire qu'un, ils ne pourraient nuire à cet incomparable homme intérieur.

A gauche, Brahmamati (*esprit de Brahma*) dit : Quand même un pareil rassemblement terrible aurait lieu, il ne pourrait nullement dompter ton orgueil. Toutes les actions réussissant par le grand nombre, à lui tout seul que fera-t-il contre toi ?

A droite, Sinhamati (*esprit du lion*) dit : il n'a pas jusqu'ici paru sur la terre de troupes de lions, de troupes au regard empoisonné, de troupes de (héros) glorieux qui triomphent par la vérité, ni de troupes d'hommes éminents.

A gauche, celui qu'on appelle Sarvatchan'ala (*tout à fait de basse caste*) dit : Les paroles brûlantes que prononcent les enfants courageux, impétueux et forts, ne les as-tu pas entendues ? Allons vite frapper ce Çramana.

A droite, celui qu'on appelle Sinhana li (*cri du lion*) dit : Dans les détours de la forêt, bien des chacals font entendre leurs cris en l'absence du lion ; mais s'ils entendent le rugissement formidable du lion, ils fuient épouvantés à chacun des dix points de l'horizon. De même tous ces enfants ignorants du démon, tant qu'ils n'entendent pas la voix du premier des hommes, s'en vont relevant la tête et criant victoire. A la voix du lion des hommes ils prendront la fuite.

A gauche, Oupatchittatchinti (*qui a une pensée sous la pensée*) dit : Si celui-ci comprend sur-le-champ tout ce que j'ai dans la pensée, comment ne voit-il pas toutes ces légions ? Pourquoi ne s'est-il pas levé et enfui promptement ? Il est insensé et sans prévoyance ?

A droite, celui qu'on appelle Soutchintitartha (*au dessein bien médité*) dit : Il n'est pas insensé, mais invincible. C'est vous qui êtes insensés et sans aucun frein. Vous ne savez pas quelle est son adresse et sa force. Par la puissance de sa sagesse tout est vaincu. Fils du démon, (fussiez-vous) nombreux comme les sables de la Ganga, vous seriez incapables de remuer un seul cheveu de cet (être) adroit et fort. N'ayez donc pas la pensée de le tuer, ne songez donc pas à lui nuire ; ayez plutôt un esprit de respect et de foi. Il sera roi dans les trois mondes ; ne combattez donc pas, retirez-vous.

Ainsi se termina le conseil, après que les fils du démon du parti noir et du parti blanc, au nombre de mille, eurent tous, chacun à son tour, adressé des Gathas au démon Papiyan.

Ensuite un chef de l'armée de Papiyan, nommé Bhadrasena (*bonne armée*), adressa ces Gathas à Papiyan : Tous ceux qui marchaient à ta suite, Çakra, les gardiens du monde et la foule des Kinnaras, les maîtres des Asouras, les maîtres des Garoudas, tous, joignant les mains, s'inclinent devant celui-ci ; à plus forte raison ceux qui ne marchaient pas à ta suite, les fils des dieux Brahmabhasvaras et les dieux Çouddhavassakayikas inclinés devant lui, présentent leurs hommages. (Ceux de) tes fils qui sont sages, forts et attentifs, d'accord selon le cœur avec le Bodhisattva, le saluent. Cette armée de démons et de Yakchas, qui remplit quatre-vingts Yodjanas, celui qui est sans péché la regarde avec un esprit parfaitement tranquille. A la vue de ces transformations effrayantes et terribles, et de toute cette multitude redoutable, irrésistible, il n'est pas éton-

---

(585) Je laisse ce pléonasme du texte.

né, il est sans abattement. Certainement il sera vainqueur aujourd'hui. Partout où s'arrête cette armée, les chacals et les hiboux font entendre leurs cris; quand la corneille et l'âne font entendre leurs voix, il convient de se retirer promptement. Regarde Bodhimanda: les Patakountas, les cygnes, les Kokilas et les paons l'entourent; certainement il sera vainqueur aujourd'hui. Partout où s'arrête cette armée, il tombe une pluie de poussière et d'encre; à Mahimanda, il tombe une pluie de fleurs. Selon mon avis il convient de se retirer. Partout où s'arrête cette armée, tout devient haut et bas et rempli d'épines; Mahimanda s'est changé en or pur. Pour ceux qui sont sages, il convient de s'en retourner. Si tu ne te retires pas, les choses que tu as rêvées, tu les verras se réaliser devant toi. Comme les Richis réduisent une contrée (en cendres), il réduira ton armée en cendres. Alors qu'il s'avançait en roi, ce meilleur des Richis, ayant été irrité par Brahmadatta, il brûla la forêt de Dandaka, et pendant un grand nombre d'années il n'y poussa pas d'herbe. Les Richis qui se sont adonnés aux bonnes œuvres et aux austérités dans le monde, tous tant qu'ils sont, il les surpasse. Il ne fait de mal à aucune créature, lui sur le corps duquel brillent des signes. Il est sorti de sa demeure, et sera ici Bouddha, après avoir vaincu toutes les misères. N'en as-tu pas déjà entendu parler? C'est en vue du sacrifice que les fils des Djinas ont fait apparaître des richesses telles que celles-ci. Parce qu'il est vraiment le premier des êtres, on lui portera la plus pure des offrandes brûlées. La touffe de ses cheveux est pure, et brille dans des millions de champs. Nous serons éclipsés par lui; il triomphera de cette armée de démons, sans nul doute. Puisque les dieux qui demeurent au sommet du monde ne peuvent apercevoir sa tête, certainement, sans être instruit par les autres, il obtiendra la science universelle. Puisque le Mérou, les Tchakravalas, le soleil, la lune, Indra, Brahma, les arbres et les plus hautes montagnes s'inclinent tous devant Mahimanda, sans nul doute celui-ci, qui a la force de la vertu, la force de la sagesse, la force de la science, la force de la patience et la force du courage, rendra sans force les bataillons du démon. Comme l'éléphant brise un pot de terre, comme le lion terrasse un chacal, comme le soleil (obscurcit) le ver luisant, Sougata vaincra cette armée.

En entendant ce discours, un autre fils du démon, plein de rage et l'œil enflammé, s'écria : Toi seul tu fais de celui-ci un éloge d'une longueur sans fin; mais à lui tout seul que peut-il faire? Cette grande armée redoutable, tu ne la vois donc pas?

Ensuite, du côté droit, un fils du démon nommé Pramardaka (*qui broie*) dit : On ne donne pas dans le monde d'égal au soleil, à la lune, au lion, à un Tchakravartin; on ne peut donc trouver d'égal au Bodhisattva qui est bien établi dans l'Intelligence.

Cependant, le Bodhisattva, afin d'affaiblir la force du démon, agitait son visage pareil au lotus à cent feuilles épanoui. En le voyant, le démon qui pensait : Mon armée doit se diriger vers la face du Bodhisattva, prit la fuite. Tout en fuyant, il se dit: Il n'y a personne; et il revint accompagné de sa suite, lançant toutes sortes de projectiles au-dessus du Bodhisattva. Ils lancent au-dessus de lui des montagnes aussi hautes que le Mérou, lesquelles, comme un dais de fleurs, restent suspendues et se changent en demeures célestes. Ceux-ci lancent le poison de leurs yeux, le poison le plus subtil, le poison de leur souffle et des flammes formant un cercle de feu, qui, pour le Bodhisattva, demeure comme un cercle de gloire.

En ce moment le Bodhisattva se frappa le front avec la main droite; et le démon, ayant vu que le Bodhisattva portait une épée à la main, s'enfuit du côté du midi. Puis songeant qu'il n'y avait personne, il revint, et lança sur le Bodhisattva toutes sortes d'armes terribles : des épées, des arcs et des flèches, des lances, des javelots, des haches, des cailloux, des pilons, des foudres à une pointe, des massues, des disques, des marteaux, des arbres déracinés, des maillets, des chaînes et des boules de fer, qui ne sont pas plutôt lancés qu'ils demeurent changés en guirlandes de fleurs ou en dais de fleurs. Devenues des fleurs fraîches, elles sont répandues sur la terre ou suspendues en guirlandes de bouquets, et font l'ornement de l'arbre de l'Intelligence. A la vue de ces évolutions qui s'accomplissent pour le Bodhisattva, le démon Papiyan, le cœur dévoré de colère et d'envie, dit au Bodhisattva : Fils de roi, lève-toi, lève-toi ; jouis de la royauté. Quel est le nombre de tes bonnes œuvres, par lesquelles tu es arrivé à la délivrance?

Alors le Bodhisattva, d'une voix ferme, profonde, retentissante, douce et agréable, répondit en ces termes au démon Papiyan :

Papiyan, par un seul sacrifice non interrompu, tu es arrivé à l'empire du désir; et moi j'ai fait des centaines de mille de sacrifices non interrompus, dans lesquels j'ai coupé, pour les donner à des malheureux, mes mains, mes pieds, mes yeux et ma tête même. En vue de la délivrance des êtres, maisons, richesses, provisions, lits, habits, jardins, parcs de toutes sortes, ont été distribués en grand nombre aux malheureux.

Alors Papiyan adressa cette Gatha au Bodhisattva: Autrefois, un sacrifice très-pur et non interrompu a été fait par moi, tu en es ici témoin; et comme il n'y a ici pour toi aucun témoin, qui que ce soit pour appuyer (ta) parole, tu es vaincu.

Le Bodhisattva dit : Papiyan, cette terre est mon

témoin. Et le Bodhisattva ayant enveloppé Papiyan et sa suite, avec un esprit de bienveillance et de mansuétude qui va au-devant, comme un lion, sans crainte, sans frayeur, sans terreur, sans faiblesse, sans abattement, sans trouble, sans émotion, sans que la crainte fasse dresser ses cheveux, (lui qui) a dans la paume de la main la marque d'une conque, d'un étendard, d'un poisson, d'une coupe, d'un Svastika, d'un crochet de fer et d'un disque (*tchakra*), (lui) dont l'intervalle des doigts est réuni par une membrane, qui a de beaux ongles de la couleur du cuivre rouge, ce jeune homme dans la fleur de sa jeunesse, qui, pendant d'innombrables Kalpas, a accumulé les racines de la vertu, après avoir touché partout son corps avec la main droite, frappa la terre en signe de bénédiction, et en même temps prononça cette Gatha :

Cette terre étant la demeure de toutes les créatures, et égalant (*comprenant*) ce qui est mobile et immobile, est impartiale, elle témoignera que je ne mens pas. Prends-la ici à témoin pour moi.

Aussitôt que cette grande terre fut touchée par le Bodhisattva, elle trembla de six manières, trembla fortement, trembla fortement de tous côtés; retentit, retentit fortement, retentit fortement de tous côtés. De même, par exemple, que résonne un vase de métal du pays de Magadha, de même cette grande terre rendit un son prolongé, aussitôt qu'elle eut été touchée par le Bodhisattva avec la main.

Alors, à ce point des trois mille grands milliers de mondes, la grande déesse de la terre appelée Sthavara (*solide*), qui a une suite de cent millions de déesses de la terre, ayant ébranlé toute la grande terre, et ouvert le sol dans un endroit très-peu éloigné du Bodhisattva, montra la moitié de son corps paré de tous ses ornements, puis, le corps incliné et les mains jointes, lui parla ainsi : Il en est, grand homme, il en est ainsi. Il en est bien comme tu l'as dit, nous voici là pour l'attester. De plus, Bhagavat lui-même est devenu le témoin des dieux ainsi que du monde, il est devenu la meilleure autorité.

La grande déesse de la terre, Sthavara, ayant par ces paroles complétement déjoué les menées du démon, après avoir loué le Bodhisattva et manifesté diversement sa propre puissance, disparut en ce lieu même avec sa suite.

Le trompeur et son armée ayant entendu cette voix de la Terre, comme les chacals dans les bois au son de la voix du lion, comme les corneilles s'enfuient sur les rocs élevés, épouvantés et le cœur serré prirent tous la fuite.

Cependant Papiyan, triste, soucieux, abattu, humilié et dominé par l'orgueil, ne s'en alla pas, ne se détourna pas, ne prit pas la fuite, et regardant en arrière ses soldats, il leur dit : Vous que voici rassemblés, demeurez quelques instants. La destruction d'un être précieux de cette espèce ne peut s'accomplir soudainement. Il nous faut donc essayer s'il est possible ou non de l'ébranler par les caresses.

Alors Papiyan dit à ses filles : Jeunes filles, allez; et vous étant rendues à Bodhimanda, assurez-vous si le Bodhisattva est susceptible de passion ou s'il en est exempt; s'il est fou ou sage, s'il est aveugle ou s'il connait les points de l'espace, s'il n'a point d'allié, s'il est faible ou ferme.

Après avoir entendu ces paroles, les Apsaras se rendirent à Bodhimanda, à l'endroit où était le Bodhisattva, et s'étant placées devant lui, lui montrèrent les trente-deux espèces de magie des femmes. Quelles trente-deux espèces? Ainsi, quelques-unes d'entre elles se voilent la moitié du visage; quelques-unes montrent leur sein ferme et arrondi; quelques-unes, en souriant, montrent la guirlande de leurs dents ; quelques-unes étendent les bras en bâillant, et montrent le trou de leur coude ; quelques-unes montrent leurs lèvres rouges comme le fruit du Bimba; quelques-unes regardent le Bodhisattva avec leurs yeux à demi ouverts, et après l'avoir regardé se mettent tout d'un coup à sourire ; quelques-unes montrent leur sein à demi-couvert ; quelques-unes dénouant leurs vêtements, montrent la ceinture d'or qui entoure leur taille; quelques-unes, vêtues d'un tissu de soie transparent, montrent leur taille entourée d'une ceinture d'or; quelques-unes font résonner les anneaux de leurs pieds; quelques-unes montrent un bouquet au milieu de leur sein; quelques-unes laissent voir leurs cuisses à moitié découvertes; quelques-unes montrent des perroquets, des Patragouptas et des geais (posés) sur leur tête et sur leurs bras; quelques-unes jettent sur le Bodhisattva des regards de côté; quelques-unes, quoique avec de beaux vêtements, en font comme de mauvais vêtements; quelques-unes agitent leur taille et leurs ceintures d'or; quelques-unes, comme se trompant et se ravisant, jouent ou se promènent avec leurs compagnes; quelques-unes dansent; quelques-unes chantent; quelques-unes rient, puis, comme honteuses, se ravisent; quelques-unes remuent leurs jambes comme des Kadalis agités par le vent; quelques-unes jettent de grands cris de joie; quelques-unes, vêtues de mousseline, serrent leurs ceintures d'or garnies de clochettes, et se promènent en riant; quelques-unes après avoir jeté à terre leurs vêtements et leurs parures, comme honteuses les reprennent; quelques-unes montrent toutes leurs parures cachées et brillantes; quelques-unes montrent leurs bras parfumés d'essences; quelques-unes montrent leurs joues parfumées et leurs pendants d'oreilles; quelques-unes se voilent la tête et le visage, puis tout à coup les montrent découverts; quelques-unes, qui tout à l'heure riaient, se réjouissaient et jouaient entre elles, se rappellent à elles-mêmes, et sont comme honteuses; quelques-unes présentent l'apparence de jeunes filles, (d'autres) l'apparence de jeunes femmes qui n'ont pas été mères, (d'autres enfin) l'apparence de femmes d'un âge mûr; quelques-unes remplies de désir, attendent le Bodhisattva; quelques-unes jettent sur le Bodhisattva des fleurs fraîches, et debout devant lui, cherchent à deviner sa pensée en regardant son visage : Celui-ci regarde-t-il avec des sens émus? Son œil regarde-t-il au loin? Est-il agité ou non? Et en parlant ainsi, elles considèrent le visage pur et sans tache du Bodhisattva, pareil au disque de la lune délivrée de Rahou, pareil au soleil qui se lève, pareil au pilier d'or du sacrifice, pareil au lotus à cent feuilles épanoui, pareil au feu du sacrifice aspergé de beurre clarifié, inébranlable comme le Mérou, éminent comme les (monts) Tchakravalas, aux sens parfaitement gardés, à l'esprit bien dompté comme l'éléphant.

Ensuite ces filles du démon, afin d'exciter davantage les désirs du Bodhisattva, lui adressèrent ces Gathas, en chantant et en dansant :

La plus belle des saisons, le printemps étant venu, réjouissons-nous au milieu des fleurs. Toi, dont le corps est un corps charmant et gracieux, embelli de signes, nous sommes en ton pouvoir. Nous sommes nées, bien nées et bien préparées pour donner du plaisir aux dieux et aux hommes. L'Intelligence est difficile à atteindre, mets-en de côté la pensée. Lève-toi promptement, jouis de la belle jeunesse. Ces femmes des dieux, bien parées, bien ornées, qui sont venues à cause de toi, regarde-les. Qui donc, en voyant leur beauté, son corps fût-il insensible comme le bois vermoulu, ne ressentirait le désir et ne le satisferait pas? Leur chevelure est imprégnée des plus suaves parfums; elles ont des diadèmes, des pendants d'oreilles, et des visages épanouis comme les fleurs. Elles ont le front poli, le visage bien fardé; leurs yeux sont grands et beaux comme le lotus épanoui, leurs figures arrondies comme la pleine lune, leurs lèvres rouges comme le fruit du Bmba. Elles ont les dents blanches comme les coquilles, le jasmin et la neige. Vois, elles sont agréables et passionnées. Regarde leur sein ferme, élevé et arrondi, (regarde) ces trois plis charmants à leur taille et leurs hanches larges et gracieusement arrondies. Regarde-les, seigneur, ces jeunes filles remplies de grâce; leurs cuisses sont pareilles à la trompe de l'éléphant, leur bras est partagé par le bracelet qu'il remplit, leur taille est ornée d'une belle ceinture d'or. Elles sont tes esclaves, seigneur, regarde-les. Elles ont la démarche du cygne, et marchent doucement; elles parlent avec grâce le langage doux et flatteur de l'amour; elles ont toutes sortes de belles parures; elles sont très-savantes dans les voluptés divines, et très-habiles à conduire les chœurs de chants et de danses. Elles sont nées avec de beaux corps dans le but du plaisir. Si tu ne veux pas des joies du désir, tu t'abuses étrangement dans ces mondes, semblable à l'homme insensé qui méconnaît le bonheur de la richesse et s'encourt, après avoir vu un trésor. Toi aussi, ignorant des désirs, qui dédaignes ces jeunes filles, tu es comme lui.

Alors, Bhikchous, le Bodhisattva, sans remuer l'œil, sans sourire, et avec un visage agréable, sans avoir aucunement les sens troublés, le corps tranquille, majestueux, calme, sans passion, sans agitation, inébranlable comme le roi des monts, sans être abattu, sans changer, sans être ébranlé, bien ferme dans ses desseins, et afin d'abandonner complètement toutes les corruptions, d'une voix (qui est la) porte d'une science indépendante, douce et agréable comme les grands accents de Brahma, mélodieuse comme le chant du Kalabingka, flatteuse et allant au cœur, adressa de nouveau ces gathas aux filles du démon :

Les désirs rassemblent bien des misères, et sont la racine des misères. Pour les ignorants ils anéantissent la méditation, les forces surnaturelles et les austérités. La propriété du désir (qu'on a) des femmes, c'est, ont dit les sages, qu'il ne peut être satisfait. Mais moi je satisferai les ignorants avec la sagesse. Si l'on nourrit le désir, il grandit et augmente, comme la soif d'un homme qui a bu de l'eau salée. Pour qui s'y complaît il n'y a de but ni pour soi ni pour les autres. Mais moi je désire (atteindre) mon but, et (que) les autres (atteignent) leur but. Votre corps est pareil à des bulles d'eau, pareil à l'écume et comme les couleurs de l'illusion, mon esprit a bien su le reconnaître. Comme le plaisir fugitif et passager des songes, les pensées des insensés et des ignorants sont toujours troublées. L'œil est pareil à une bulle d'eau recouverte de peau. La chair est du sang et de la vapeur affermis et condensés, et comme le fruit de la maladie pour ainsi dire, le ventre est un réceptacle très-impur d'excréments, machine de douleurs, produit des œuvres (antérieures) et de la corruption. Les insensés à l'esprit troublé s'imaginent faussement que tout corps est agréable; ceux-là ne sont pas sages. Liés à la racine de la corruption, ils tournent bien longtemps dans l'existence émigrante, parmi les êtres infernaux, éprouvant un grand nombre de souffrances insupportables. De la ceinture s'échappent bien des courants fétides; les cuisses, les jambes, les pieds sont comme des machines. Quand je vous considère, vous me paraissez une illusion. Vous êtes nées par l'effet d'une cause fausse. En voyant, par la voie de la science vénérable, l'erreur et la fausseté, (en voyant) que pareilles au feu, à la feuille vénéneuse, pareilles à un grand serpent furieux, les qualités du désir ne sont pas des qualités, sont privées de qualités, (j'ai compris que) les ignorants qui y cherchent la notion du bien-être tombent épuisés. Tout homme qui, par l'effet du désir, est devenu l'esclave des femmes, qui a abandonné les joies de la Loi, pour faire sa joie du désir, celui-là, enivré de ses joies, détourné de la voie de la vertu, détourné de la voie de la méditation, privé de sens, demeure bien loin de la science. Je ne demeure point en la compagnie de la passion et de l'envie ; je ne fais point ma demeure en compagnie de ce qui se perpétue, de ce qui plaît, ni de moi-même ; je ne demeure point en compagnie de la tristesse ni de la joie. Mon esprit parfaitement affranchi, est pareil au vent dans le ciel. Quand même tout serait plein ici d'êtres semblables à vous, quand même durant un Kalpa, je demeurerais en compagnie de celles-ci, parce que je suis sans fin, je serais sans passion et sans trouble, parce que le cœur des Victorieux (djinas) est pareil au ciel. Les dieux et les déesses sont très-purs ; ils n'ont ni sang ni os, et sont très-beaux. Cependant ils demeurent dans une grande crainte, parce que, (quoique) étrangers à la matière qui se perpétue, ils ne sont point éternels.

Alors les filles du démon, très-habiles dans la magie des femmes, furent prises d'une grande passion, de colère et d'orgueil. Après avoir déployé tous leurs efforts, paré leur corps et déployé leurs ruses de femmes, elles ont cherché à séduire le Bodhisattva. Et ici il est dit :

Les plus séduisantes d'entre les femmes qui se plaisent aux joies du désir, toutes ensemble, envoyées par le démon ; se sont hâtées de venir en se jouant. Comme les tiges flexibles de jeunes arbres agités par le vent avec leurs feuilles, elles dansent et cherchent à séduire le fils du roi assis auprès de l'arbre : C'est maintenant la plus belle, la plus charmante des saisons, la saison du printemps. Hommes et femmes se livrent au plaisir, chassant la tristesse et les soucis. Les Kokilas, les cygnes et les paons font entendre leurs chants, tout est rempli de troupes d'oiseaux. C'est maintenant le temps de se laisser aller à goûter les joies qui accompagnent le désir. Pendant mille Kalpas, tu t'es plu à la pratique des vertus et des austérités, inébranlable comme le roi des monts, toi dont le corps est pareil au soleil levant. Avec la belle voix du nuage orageux, avec une voix pareille à celle du roi des gazelles, toi qui viens en aide aux créatures, tu as prononcé des paroles pleines de sens. Effroi des désirs, des querelles, des inimitiés, des combats et de la corruption, entretenus par les ignorants, toujours évités par les savants, tu es arrivé au temps où les Sougatas obtiennent l'Amrita. Aujourd'hui tu as été vainqueur du démon, et tu seras un Arhat doué des dix forces. Après que la magie des femmes a été déployée, daigne écouter (nos) paroles, toi qui as un visage pareil au lotus. Tu seras roi, le premier seigneur des rois, le maître puissant de la terre. Quand une foule des plus belles femmes font résonner des milliers d'instruments, que fais-tu de l'accoutrement d'un Mouni ? Laisse-le, et l'abandonne au plaisir.

Le Bodhisattva dit : Je serai le seigneur des trois mondes, honoré de sacrifices par les dieux et les hommes. Marchant avec la roue de la Loi, je serai roi, fort des dix forces. Les disciples, et les fils de ceux qui ne sont pas (mes) disciples, s'inclineront sans cesse par millions devant moi. Par (l'effet du) plaisir de la Loi, mon esprit ne se plaît point dans le domaine du plaisir (des sens).

Celles-ci dirent : Puisque tu es jeune, et que ta première jeunesse n'est pas écoulée ; puisque tu n'es ni vieux ni atteint de maladie, et que nous aussi, dans la fleur de la jeunesse, nous sommes pour être tes jeunes compagnes, prends aujourd'hui un visage riant, et abandonne-toi aux joies du désir.

Le Bodhisattva dit : Puisque j'ai aujourd'hui acquis une quiétude pure, immortelle, rare ; puisque j'ai laissé dans la cité des dieux et des Asouras les misères de l'inquiétude ; puisque je n'ai pas été troublé par les atteintes de la vieillesse, de la maladie et de la mort, je parcourrai maintenant la meilleure route qui va à la cité exempte de craintes.

Celles-ci dirent : Dans la demeure des dieux (devenu) maître des Tridaças, entouré par les Apsaras, dans la ville de Yama, de Souyama, de Santouchita et du démon, loué par le meilleur des immortels, cédant à l'empire des femmes, livre toi aux joies du désir et aux divertissements ; goûte avec nous des plaisirs sans fin.

Le Bodhisattva dit : Le désir est comme la goutte de rosée sur la pointe de l'herbe, rapide comme le nuage d'automne, comme la femme irritée d'un Naga, qui inspire une grande crainte. Çakra, Souyama, et les dieux Santouchitas, sont tombés au pouvoir de Namoutchi (le démon) : qui donc se plaît en cet état, désiré de ceux qui ne sont pas respectables, et rempli de misères ?

Celles-ci dirent : Ces arbres, les plus beaux de tous, garnis de feuilles nouvelles, se sont couverts de fleurs épanouies. Vois les Djivanjivas et les Kokilas qui font entendre leurs chants, les abeilles qui bourdonnent ; de la terre a poussé un gazon vert, moelleux, gras et épais ; dans le bois fréquenté par la foule des premiers des hommes, livre-toi au plaisir avec les jeunes filles.

Le Bodhisattva dit : C'est par la force de la sason que se sont épanouies les fleurs de ces arbres couverts de feuilles. C'est la faim et la soif qui ont fait approcher les abeilles, et (les ont fait) venir dans les fleurs. Au temps où le soleil aura desséché ce qui est né de la terre, je jouirai ici de l'Amrita, dont les précédents Djinas ont joui.

Les filles du démon dirent : Regarde ces femmes au visage pareil à la lune, à la bouche pareille au lotus nouveau, à la voix douce et ravissante, aux dents pareilles à la neige et l'argent. Si de pareilles à elles sont rares dans le séjour des dieux, où les trouveras-tu dans le séjour des hommes, elles qui sont sans cesse l'objet du désir des premiers des dieux ?

Le Bodhisattva dit : Je vois le corps rempli de matières impures et d'une famille de vers, assailli bientôt par la destruction et les infirmités. (Pour moi,) apportant le bien-être suprême aux créatures animées ou inanimées, j'arriverai à être le modèle délivré de la transmigration honoré des hommes savants.

Celles-ci essayant les soixante-quatre magies du désir, faisant résonner les ornements de leurs pieds et de leurs ceintures d'or, et laissant tomber leurs vêtements, frappées par les flèches de l'amour, enivrées et souriantes, parlèrent ainsi : Seigneur, quelle faute (ont-elles) donc commise envers toi, que tu ne les embrasses pas ?

Celui qui a reconnu toutes les fautes du monde et qui est sans trouble, dit : Le désir est pareil à une épée, à une lance, à un trident, à un rasoir enduit de miel. J'ai reconnu que le désir est pareil à la tête d'un serpent, à un brasier. Les qualités des femmes étant d'entraîner, j'ai abandonné les troupes des femmes.

Lorsque, par ces mille espèces de manœuvres féminines, elles n'eurent pu séduire celui qui a la démarche d'un jeune éléphant, elles furent remplies de honte ; puis saluant les deux pieds du Mouni, et redevenues joyeuses, elles louèrent celui qui apporte le secours.

Pareil au calice sans tache du lotus, au visage semblable à la lune d'automne ; pareil au feu brillant du sacrifice, où brûle l'offrande du beurre clarifié ; pareil à une montagne d'or, (toi) qui as parcouru cent mondes, puisses-tu accomplir ton dessein et le vœu prononcé ! Après t'être délivré toi-même, daigne délivrer les créatures en proie aux misères.

Après avoir donné toutes sortes de louanges à celui qui est pareil aux arbres Karnikara et Tchampaka, et avoir tourné (avec respect) autour de celui qui est devenu le premier (de tous, qui est) inébranlable comme une montagne, elles s'en retournèrent, et saluant avec leur tête les pieds de leur père, elles lui dirent : Père, le Gourou des dieux et des hommes a bien abandonné l'inquiétude. Il regarde avec un visage devenu riant, avec un œil pareil aux feuilles du lotus ; il ne regarde pas les créatures avec passion, et ne fronce pas le sourcil. Au milieu du Mérou ébranlé, de la mer desséchée, du soleil et de la lune tombés (du ciel), il survivrait encore. Il voit les fautes des trois mondes, et ne tombera pas au pouvoir des femmes.

Le démon Papiyan, ayant entendu ces paroles, fut accablé de chagrin et de dépit, et plein de mécontentement parla ainsi à ses filles : Eh quoi ! l'ignorant et le fou n'a-t-il pas vu votre beauté et vos actions ? S'il en est ainsi on ne peut l'éloigner de Bodhimanda.

Alors les filles du démon adressèrent de nouveau ces Gathas à leur père :

Il parle avec douceur et agrément, et n'est point ému ; il considère les grands mystères, et n'a point d'emportement. Il regarde la conduite et la manière d'agir, et n'est point troublé. Il juge sans le corps, et sa pensée est très-profonde. Il juge sans hésiter que le péché des femmes s'étend loin. Doué d'un esprit isolé du désir, la passion ne l'agite point. Dans le pays des dieux, dans le pays des hommes, nul dieu et nul homme ne connaît complètement sa pensée et sa conduite. En lui montrant tout ce qu'il y a de magie féminine, ô père, toute la passion qui aurait dû amollir son cœur, il les a vues, et pas une fois sa pensée n'a chancelé. Comme le roi des monts, il est inébranlable. Né de l'éclat de cent vertus, l'éclat de ses qualités est accompli. Durant des millions de Kalpas il s'est livré aux bonnes œuvres et aux austérités. Les dieux, Brahma et les êtres dont l'éclat est le plus pur, le saluent en touchant ses pieds avec leur tête. Après avoir vaincu les démons et leur armée, il obtiendra certainement la plus pure intelligence qu'ont désirée autrefois les Djinas. Ô père, il ne s'est point engagé dans un combat et une querelle avec nous. Doué de force et pur, il est très-difficile à atteindre et à saisir. Ô père, dans le ciel, avec leurs diadèmes de pierres précieuses, des millions de Bodhisattvas accomplis se tiennent avec respect (tournés vers lui) ; munis de choses précieuses, les membres parés de guirlandes de fleurs, doués des dix forces, vois-les, déposant leurs offrandes pour le sacrifice (au Bodhisattva) Tout ce qui a une âme, tout ce qui n'a pas d'âme, les maîtres des arbres, des montagnes et des dieux, les maîtres des Yakchas et des Garoudas sont tous prosternés devant cette montagne de qualités. Ô père, le mieux est de changer de côté aujourd'hui. Bien plus, celui qui ne va pas de l'autre côté (le sien), il ne le renversera pas ; celui qui se détourne pas sur sa racine, il ne l'arrachera pas. Rempli de patience pour chacun, il ne sera pas troublé, il ne fera rien pour que qui que ce soit soit affligé.

Alors, Bhikchous, au même instant, huit déesses de l'arbre de l'Intelligence, savoir : Cri, Vriddhi, Tapa, Çreyasi, Vidou, Odjobala, Satyavadini et Samangini, ayant offert un sacrifice au Bodhisattva, exaltèrent le Bodhisattva par ces seize glorieuses remarques, en proclamant ces louanges : Premier des êtres, tu brilles comme la lune pendant la quinzaine claire. Toi qui as une intelligence parfaitement pure, tu resplendis comme le soleil levant. Premier des êtres, tu es épanoui comme le lotus au milieu des eaux. Premier des êtres, ta voix retentit comme celle du lion errant dans les bois et les forêts. Premier des êtres, tu brilles comme le roi des montagnes au milieu de l'Océan. Premier des êtres, tu t'élèves et te distingues comme le mont Tchakravala. Premier des êtres, comme la mer remplie de trésors, tu es difficile à sonder. Guide du monde, tu es comme le ciel, illimité, et l'étendue de ta pensée est grande. Être parfaitement pur, comme le sol de la terre qui fournit la subsistance de tous les êtres, ta pensée est très-ferme. O le premier des êtres, comme le lac Manasa, ton esprit toujours calme n'est jamais agité. Premier des êtres, comme un Marout, sans préférence pour aucun lieu du monde, ta pensée n'a pas de demeure. Premier des êtres, comme le roi de la splendeur, ayant abandonné toute pensée d'orgueil, tu es difficile à atteindre. Premier des êtres, comme Narayana (Vichnou), tu es fort et difficile à vaincre. Guide du monde, qui ne t'éloignes pas de Bodhimanda, tu es ferme dans les vœux (que tu as) faits. Premier des êtres, comme la foudre lancée par la main d'Indra, tu ne reviens pas sur toi-même. Premier des êtres, puisque, sans avoir été arrêté longtemps, tu es parvenu à posséder les dix forces, tu obtiendras bien ce que tu désires.

Ainsi, Bhikchous, ces déesses de l'arbre de l'Intelligence exaltèrent le Bodhisattva par ces seize glorieuses remarques.

Et là, Bhikchous, les fils des dieux Çouddhavasakayikas attristèrent le démon par ces seize remarques. Quelles seize remarques ? Celles-ci : Papiyan, comme une vieille cigogne, tu as l'esprit triste et rêveur. Papiyan, comme un vieil éléphant tombé dans un bourbier, tu es sans force. Papiyan, comme un guerrier qui s'est engagé et vaincu, tu es resté seul. Papiyan, comme un malade abandonné dans la forêt, tu es sans second. Papiyan, comme le jeune taureau accablé sous le fardeau, tu es sans force. Papiyan, comme l'arbre renversé par le vent, tu es abattu. Papiyan, comme le voyageur égaré, tu es dans une mauvaise route. Papiyan, comme le mendiant endetté, tu es l'humilié des humiliés. Papiyan, tu radotes comme une corneille impudente. Papiyan, comme l'indiscipliné et l'ingrat, tu es possédé d'orgueil. Papiyan, comme le chacal chassé par la voix du lion, tu t'enfuiras aujourd'hui. Papiyan, comme l'oiseau emporté par le souffle des vents, tu seras secoué aujourd'hui. Papiyan, comme le mendiant exténué par ses pratiques religieuses, tu ne connais pas le temps. Papiyan, comme un pot brisé, rempli de poussière, tu seras aujourd'hui abandonné sans retour. Papiyan, comme sous (l'empire d') un charme, un héros s'en va vers un serpent ; tu seras saisi aujourd'hui. Papiyan, comme l'homme à qui l'on a coupé les pieds et les mains, tu es privé de toute force.

Ainsi, Bhikchous, les dieux Çouddhavasakayikas, par ces seize remarques, rendirent sans force le démon Papiyan.

En ce moment, Bhikchous, les fils des dieux qui rendaient hommage à l'Intelligence accablèrent Papiyan par ces seize remarques. Quelles seize (remarques) ? Celles-ci : Papiyan, comme l'armée des ennemis est vaincue par un héros, tu seras aujourd'hui défait par le Bodhisattva. Papiyan, comme un faible lutteur que rencontre un lutteur puissant, tu seras saisi aujourd'hui par le Bodhisattva. Papiyan, comme un ver luisant que rencontre le disque du soleil, tu seras éclipsé aujourd'hui par le Bodhisattva. Papiyan, comme une poignée de paille que rencontre un grand vent, tu seras dispersé aujourd'hui par le Bodhisattva. Papiyan, comme le chacal que rencontre un lion, tu seras terrifié aujourd'hui par le Bodhisattva. Papiyan, comme un grand Sala coupé par la racine, tu seras renversé aujourd'hui par le Bodhisattva. Papiyan, comme une ville ennemie que rencontre un grand roi, tu seras ruiné aujourd'hui par le Bodhisattva. Papiyan, comme l'eau dans les pas d'une vache, exposée à l'ardeur du jour, tu seras complètement desséché par le Bodhisattva. Papiyan, comme un voleur condamné à mort, qui s'est échappé, tu seras poursuivi aujourd'hui par le Bodhisattva. Papiyan, comme un essaim d'abeilles par la chaleur du feu, tu auras aujourd'hui la tête renversée par le Bodhisattva. Papiyan, comme le roi de la justice dépouillé de son royaume, tu seras aujourd'hui accablé de chagrin par le Bodhisattva. Papiyan, comme une vieille cigogne aux ailes coupées, tu seras rendu aujourd'hui profondément rêveur par le Bodhisattva. Papiyan, comme celui qui au milieu du désert a épuisé ses provisions de route, tu seras réduit à l'indigence par le Bodhisattva. Papiyan, comme celui qui sur le grand Océan a sa barque brisée, tu seras forcé aujourd'hui, par le Bodhisattva, à jeter des cris de détresse. Papiyan, comme les herbes et les bois (sont consumés) par un Kalpa embrasé, tu seras consumé aujourd'hui par le Bodhisattva. Papiyan, comme le sommet de la montagne frappé par la foudre, tu seras déchiré aujourd'hui par le Bodhisattva.

C'est ainsi, Bhikchous, que les fils des dieux qui rendent hommage à l'Intelligence, ayant par ces seize remarques engagé Papiyan à se retirer, celui-ci cependant ne s'en retourna pas.

Et ici il est dit : Quoiqu'il eût entendu cette exhortation des troupes des dieux, le démon, loin de se retirer, parla ainsi : Rassemblez-vous : abattez, renversez celui-ci, et n'allez pas lui accorder la vie; car après s'être dégagé lui-même, il affranchirait les autres de ma domination. Levez-vous et courez (tous) sans exception, anéantissez ce Çramana et pas un autre, (vous) dis-je.

Le Bodhisattva dit : Le roi des monts, le Mérou, serait ébranlé de sa base; tous les êtres animés seraient anéantis; la lune avec toute la foule des étoiles tomberait du ciel à terre; on réduirait à une les pensées de tous les êtres; le grand Océan serait desséché, qu'un (être) tel que moi ne serait nullement écarté d'auprès du roi des arbres.

Le démon dit : Je suis le seigneur du désir, le maître de ce monde entier. Les dieux, la foule des Danavas, les hommes et les bêtes, assujettis par moi, sont tous tombés en mon pouvoir. Venu dans mon domaine, lève-toi et parle en conséquence.

Le Bodhisattva dit : Si tu es le seigneur du désir, tu ne l'es pas de la lumière. Regarde-moi, je suis bien le seigneur de la Loi. Si tu es le seigneur du désir, ne va donc pas dans la mauvaise voie. Impuissant que tu es, c'est à ta vue que j'obtiendrai l'Intelligence.

Le démon dit : Bhikchou, de toi-même, tout seul que feras-tu? Ce que tu recherches n'est pas facile à atteindre. Brigou, Angiras, et bien d'autres, quoiqu'ils aient pratiqué bien des austérités, n'ont pas atteint ce modèle suprême; à plus forte raison, toi qui es né parmi les hommes.

Le Bodhisattva dit : Ceux-ci, l'esprit dominé par la colère, désirant le pays des dieux, demeurant dans la pensée qu'en eux était le mobile et l'immobile, demeurant dans la pensée que la délivrance était dans la région où ils allaient et demeuraient, pratiquaient des austérités inconnues auparavant aux Richis. Complètement dénués de sens, ils disaient à l'homme, l'un : Le contenant et l'espace (contenu) sont un; l'autre : Ils sont éternels. Selon qu'on a un corps ou qu'on n'a pas de corps, on a des qualités ou pas de qualités, on est actif ou inactif, disaient d'autres. (Pour moi,) assis sur ce siège, vainqueur de l'orgueil ainsi que de ton armée, après l'avoir défait et avoir obtenu ici l'Intelligence exempte de trouble, je montrerai à cet univers l'origine et la production, ainsi que l'état de calme du Nirvana qui apaise la douleur.

Le démon, plein de dépit, de colère et de rage, prononça encore ces paroles ironiques : Prenez-le, ce Çramana venu tout seul dans la solitude en ma présence. Prenez-le, allez, et promptement donnez-lui l'empire. Allez vite dans ma demeure, mettez en pièces les liens de bois, les liens de fer et les portes. Faites que je me voie moi-même assailli de misères, poussant de longs gémissements, et que je sois l'esclave des dieux.

Le Bodhisattva dit : On pourrait dessiner des tableaux de toute espèce dans le ciel, y tracer çà et là des lignes et des figures diverses ; le vent impétueux, qui va d'un point à l'autre de l'horizon, pourrait bien être lié avec des chaînes par un homme; on pourrait rendre le soleil et la lune obscurs ou lumineux, et les faire tomber du ciel sur la terre, que tes pareils, dépassant tout calcul, ne pourraient m'écarter d'auprès de cet arbre.

La puissante armée du démon s'étant levée, cria ha! en faisant en même temps retentir un grand bruit de conques et de tambours. Quelques-uns, à la vue de cette terrible armée du démon, dirent : Ah! mon cher fils! n'es-tu pas perdu? toi, semblable à l'or des fleuves du Djambou, jaune comme le calice (de la fleur) du Tchampaka, si jeune, loué par les dieux et les hommes et digne de sacrifices. Vaincu aujourd'hui dans le grand combat, comme un Asoura par Indra, tu tomberas au pouvoir du démon.

Avec sa voix (pareille à celle) de Brahma et au chant du Kalabingka, Sougata répondit à ces troupes de Yakchas et de Rakchas : Tout ignorant désirant jeter l'effroi dans les cieux, désirant éloigner un (être) tel que moi du meilleur des arbres; celui qui ayant détruit les trois mille grands mille mondes, compterait (les grains de) leur poussière; celui qui ferait passer l'eau de l'Océan par l'ouverture d'un pore, qui en un moment éparpillerait une montagne de diamant, celui-là même ne pourrait me nuire, pendant que je suis assis auprès de cet arbre.

Le démon, l'esprit irrité, tandis qu'il est ainsi subjugué, ayant pris dans sa main une épée tranchante tirée du fourreau, (dit :) Çramana, lève-toi promptement, va selon ma pensée : sinon, comme la tige d'un roseau vert, je te coupe aujourd'hui.

Le Bodhisattva dit : Quand même ces trois mille grands milliers de terres seraient tout pleins de démons, et que dans la main de tous ceux-ci il y aurait une épée (grande) comme le Mérou, le plus grand des monts, ils seraient incapables de remuer un seul de mes cheveux, bien loin de me blesser. Ne raisonne pas plus longtemps. Tout à l'heure je t'attacherai et je te déchirerai, toi si fort.

(Alors) les têtes de chameau, de bœuf et d'éléphant aux yeux effroyables ; les serpents au venin rapide, aux yeux pareils à un poison insupportable, lancent des montagnes avec leurs pics de la couleur des flammes, lancent des arbres avec leurs racines, (lancent) du cuivre et du fer. S'élevant comme un nuage, ils remplissent de tumulte les quatre points de l'espace. Ils font pleuvoir les carreaux de la foudre et des globes de fer; ils font pleuvoir des épées, des javelots acérés, des haches empoisonnées; ils percent la terre et détruisent les arbres. Ceux-ci avec leurs cent bras lancent cent flèches, vomissent des serpents venimeux et des flammes; ils retirent de l'Océan où ils sont nés des Makaras et d'autres (monstres). Ceux-là se changent en Garoudas et lancent des reptiles. Quelques-uns, furieux, lancent des globes de fer (gros) comme le Mérou avec ses pics, couleur de feu, qui en tombant à terre y jettent le plus grand désordre, et troublent complètement l'eau des sources qui se trouvent au-dessous. Quelques-uns tombent devant lui (le Bodhisattva) ou derrière lui, à droite, à gauche, en criant : Ah! mon fils! Ils ont les pieds et les mains à l'envers et la tête enflammée; de leurs yeux en feu il sort comme des foudres.

A la vue de cette armée du démon, horrible dans ses transformations, l'être pur juge que c'est l'effet de l'illusion; qu'il n'y a là ni démon, ni force, ni univers, ni de soi-même; que comme (l'image) de la lune dans l'eau roulent les trois mondes; qu'il n'y a ni œil, ni homme, ni femme, ni personnalité. L'ouïe, l'odorat, le goût et le toucher, ainsi que le créateur de cette substance (universelle, tous) privés de perception, sont nés en s'appuyant (sur une cause). Au dedans est le vide, au dehors le vide.

Par qui la parole vraie « qu'ici toute substance (*dharma*) est tout à fait vide, » a-t-elle été dite?

Tout ce qu'il y a de Yakchas soumis et d'accord avec la discipline, qui ont vu les armes de leurs mains changées en guirlandes de fleurs, ont dit : C'est par celui qui dit toujours la vérité que cette parole vraie a été prononcée; par celui qui avec la paume de la main gauche, dont les ongles couleur de cuivre rouge et très-beaux sont ornés d'une membrane, marqués d'une roue à mille raies, pareils à l'or brillant des fleuves du Djambou, sanctifiés par les bonnes œuvres et les vertus, (c'est par lui) après s'être touché (avec la paume de la main gauche), selon la règle, de la tête aux pieds, et avoir étendu son bras pareil à l'éclair à travers le ciel, qu'ont été dits ces mots : Cette terre est mon témoin; autrefois des millions de sacrifices ont été faits pour moi; et quand j'ai eu la pensée de ne pas donner au pauvre, ce n'est pas sans raison que je n'ai pas donné. L'eau, le feu, le vent sont mes témoins. Brahma Pradjapati (*maître des créatures*), le soleil, la lune avec les étoiles, et tout ce qu'il y a de Bouddhas qui demeurent aux dix horizons; ma conduite, mes austérités, les degrés vénérables de l'Intelligence sont mes témoins. Mes offrandes, ma bonne conduite, ma patience sont mes témoins. Mon application ainsi que ma méditation profonde et ma sagesse sont mes témoins. Les quatre immensités (*apramana*) sont mes témoins, de même que la science supérieure. Tous ceux qui ont possédé successivement l'Intelligence sont mes témoins. De tout ce qu'il y a d'êtres animés aux dix horizons du monde, les vertus, les bonnes œuvres, la science, les sacrifices non interrompus qu'ils ont faits, tout cela ensemble n'approche pas de (ce qui est tombé comme) la pluie de cent de mes pores.

Il a (*le Bodhisattva*), selon la règle, frappé la terre avec la main; et, comme un vase d'airain, la terre a résonné. Le démon en écoutant ce bruit est tombé à terre à la renverse, et a entendu cette voix : Écartez, saisissez les alliés de Krichna.

Le corps couvert de sueur, déchu de sa splendeur et le visage décoloré, le démon s'est vu lui-même (comme) accablé de vieillesse. Il se frappe la poitrine, pousse des gémissements, et talonné par la crainte il reste sans guide. L'esprit du démon étant ainsi troublé, le vertige s'empare de sa pensée. Chevaux, éléphants, chars et chariots sont renversés à terre. Les Rakchas, les Koumbhandas et les Piçatchas épouvantés s'enfuient; effarés, ils ne retrouvent plus leur route; ils n'ont ni demeure, ni refuge. Ils s'en vont comme des oiseaux qui voient la forêt embrasée au souffle du vent. Pères, mères, fils, sœurs et frères se demandent : Où regardez-vous? où allez-vous? A cause de celui-ci, ils se battent et se querellent entre eux : Nous sommes tombés dans la misère, et il n'y a point de refuge pour notre vie.

Cette armée du démon, (naguère) nombreuse et inébranlable, est tout entière complétement en désordre et dispersée. Sept jours se passeraient qu'ils ne se rallieraient pas les uns aux autres, et ne se diraient pas en se revoyant : Je me réjouis de ce que vous vivez.

En ce moment, une déesse de l'arbre (de l'Intelligence) touchée de pitié pour eux et prenant un vase d'eau, en jeta sur les alliés de Krichna (en disant :) Vite, levez-vous, ne tardez pas, allez en hâte. Pour n'avoir pas écouté les paroles du Gourou, voilà ce qui est arrivé.

Le démon dit : Pour n'avoir pas écouté la parole douce et sage de mes fils et m'être mis en hostilité avec cet être très-pur, j'ai rencontré la misère, l'effroi, l'indigence, le malheur et l'humiliation, et j'ai été chercher moi-même un cri de malédiction et de mépris.

La déesse dit : Tout ignorant qui a fait du mal à l'innocent recueillera le mal, la misère, l'indigence, les cris de malédiction, le mépris, le meurtre, l'esclavage et tous les maux en grand nombre. Les maîtres des dieux, des Asouras, des Garoudas, des Kinnaras, Brahma, Çakra, les Paranirmitas ainsi que les Akanichtas, après qu'une telle armée du démon a été vaincue par toi, (ô Bodhisattva,) chantent la victoire remportée par celui-ci en disant : Héros du monde, victoire ! Ils offrent des guirlandes, des bouquets, des lunes, des parasols, des étendards, des bannières, et font pleuvoir des fleurs et de la poudre d'Agourou, de Tagara et de sandal. Ils font résonner les instruments de musique, et disent : Ô héros, les armées victorieuses de l'ennemi t'ont enveloppé; ici, sur le meilleur des sièges, toi qui as par ta bienveillance complètement défait les troupes immenses du démon astucieux, ô héros, tu obtiendras aujourd'hui l'Intelligence. Possédant les dix forces, connaissant distinctement et sans confusion, tu obtiendras aujourd'hui tous les domaines d'un Bouddha. La défaite du démon ayant été achevée ici dans le grand combat, la force d'un Bodhisattva accompli a été vue par ceux qui font (aussi) des efforts ; et ceux-là (au nombre de) trente-six Kotis (584) et vingt-quatre Nayoutas (585), désirent dans leur cœur l'Intelligence suprême du Bouddha.

Chapitre appelé Défaite du démon, le vingt et unième.

CHAPITRE XXII.
REVÊTISSEMENT DE L'INTELLIGENCE PARFAITE ET ACCOMPLIE.

Après avoir vaincu le démon, le Bodhisattva arrive par degrés jusqu'à la quatrième méditation. Puis, son esprit étant devenu parfaitement net et lumineux, il se rappelle exactement les milliers de naissances et de conditions diverses par lesquelles lui et les autres ont passé. — Il remonte aux causes de la maladie et de la mort, et trouve moyen d'y mettre fin. — Il obtient l'intelligence suprême. — Bien-être qui remplit tous les mondes à cet instant. — La terre tremble de six manières. — Les Bodhisattvas et les dieux des dix points de l'espace poussent des cris de joie.

Ainsi, Bhikchous, le Bodhisattva après avoir vaincu l'opposition du démon, dompté l'ennemi et complétement triomphé sur le champ de bataille, entouré de parasols, d'étendards et de bannières déployés, ayant complétement atteint la première méditation profonde, isolée des désirs, isolée des doctrines du péché et du vice, accompagnée du jugement, accompagnée des œuvres, douée du bien-être de la joie née de la solitude, il y demeura.

En supprimant le jugement et les œuvres, ayant parfaitement purifié l'intérieur, la nature de l'esprit étant devenue une, il atteignit complétement la seconde méditation profonde, sans le jugement, sans les œuvres, douée du bien-être de la joie née de la contemplation, et il y demeura.

En supprimant la passion du plaisir, et en se plongeant dans la réflexion, ayant le souvenir et la science, goûtant le bien-être avec le corps, se rappelant et possédant tout ce qui (est dit) par les (gens) respectables, demeurant dans le bien-être et l'état appelé contemplation, il atteignit complétement la troisième méditation profonde et y demeura.

Par l'abandon du bien-être, l'abandon de la souffrance antérieure, (par) le déclin du contentement et du mécontentement, sans être dans le bien-être, sans être dans la souffrance, la contemplation et le souvenir étant parfaitement purs, il atteignit complétement la quatrième méditation profonde, et il y demeura.

Cependant l'esprit du Bodhisattva ainsi entré dans la réflexion étant parfaitement net, parfaitement pur, radieux, sans corruption, dégagé de la corruption du péché, souple, convenablement occupé de (son œuvre), et arrivé à l'absence d'émotion ; à la première partie de la nuit, afin de produire la connaissance de la science qui voit avec l'œil divin, (le Bodhisattva) prépare son esprit et le dirige. Puis avec l'œil divin parfaitement pur, dépassant beaucoup l'œuvre des hommes, le Bodhisattva voit la migration des êtres, leur naissance, leur caste bonne, leur caste mauvaise, et s'ils sont bons ou mauvais ; et distinguant clairement les êtres marchant suivant leurs œuvres. Ah ! vraiment ces êtres-ci font de leur corps un emploi coupable, font de la parole et de la pensée un emploi coupable ; jettent le blâme sur les gens respectables, et ont des vues fausses. Ceux-ci, afin de bien saisir l'œuvre de leur vue fausse, détruisent le corps, et après la mort le mal vient, ils tombent égarés dans la mauvaise voie, et s'en vont renaître parmi les êtres infernaux. Ces êtres-là (au contraire), qui font un bon usage de leur corps, qui font un bon usage de la parole et de la pensée, qui ne jettent pas de blâme sur les gens respectables, et ont la vue très-juste, ceux-là, afin de bien saisir l'œuvre de leur vue juste, ayant détruit leur corps, le bonheur vient, et ils s'en vont renaître dans le monde du paradis, au milieu des dieux.

C'est ainsi qu'il connaît clairement ce qui doit arriver ; c'est ainsi qu'avec l'œil divin parfaitement pur, dépassant de beaucoup l'œuvre des hommes, il voit les êtres qui émigrent, qui naissent et qui meurent, leur caste bonne, leur caste mauvaise, ceux qui vont dans le bien, ceux qui vont dans le mal, s'ils sont bons ou mauvais, et marchant suivant leurs œuvres.

Ainsi, Bhikchous, le Bodhisattva, à la première veille de la nuit, manifesta la connaissance, détruisit l'obscurité, et produisit la clarté.

Puis l'esprit du Bodhisattva ainsi absorbé par la

---

(584) Dix millions.
(585) Cent mille millions ; un nombre immense et indéfini.

réflexion étant devenu parfaitement net, parfaitement pur, lumineux, sans corruption, dégagé de la corruption du péché, souple, convenablement fixé dans son œuvre, et exempt d'émotion, à la veille du milieu de la nuit, afin de bien produire la connaissance (qui résulte) de la science qui voit et se rappelle exactement les demeures antérieures, (le Bodhisattva) prépare son esprit et le dirige. Il se rappelle exactement les nombreuses espèces de demeures antérieures de lui et des autres êtres, comme par exemple : une naissance, deux, trois, quatre, cinq, dix, vingt, trente, quarante, cinquante naissances, cent naissances, mille naissances, cent mille naissances, plusieurs centaines de mille de naissances, un Koti de naissances, cent Kotis de naissances, mille Kotis de naissances, cent mille Kotis de naissances, cent mille Nayoutas de Kotis de naissances, plusieurs centaines de Kotis de naissances, plusieurs centaines de milliers de Kotis de naissances, un Kalpa de destruction, un Kalpa de reproduction, un Kalpa de destruction et de reproduction, plusieurs Kalpas de destruction et de reproduction :

Venu en tel endroit, mon nom a été celui-ci, ma race celle-ci, ma famille celle-ci ; ma caste a été telle, la nourriture que j'ai prise telle ; voici la mesure de vie que j'ai remplie, et la longueur du temps pendant lequel je suis resté vivant ; tels ont été le bonheur et le malheur que j'ai éprouvés. Ensuite ayant changé d'existence, je suis né ici.

C'est ainsi qu'il se rappelle exactement les nombreuses espèces de demeures antérieures de tous les êtres et de lui, en même temps que la situation des pays.

Puis l'esprit du Bodhisattva ainsi absorbé par la réflexion étant devenu parfaitement net, parfaitement pur, lumineux, sans corruption, dégagé de la corruption du péché, souple, convenablement fixé dans son œuvre, et exempt d'émotion, à la dernière veille de la nuit, au temps où apparaît l'aurore, environ à l'heure de la nuit où l'on bat le tambour, (le Bodhisattva,) afin de bien produire la connaissance (qui résulte) de la science qui détruit toute imperfection, qui fait décliner la douleur et sa production, prépare son esprit et le dirige.

Il lui vint à la pensée : Hélas ! ce monde est ainsi fait, qu'exposé par la naissance à (d'autres) naissances, à la vieillesse, à la maladie, à la mort, au changement d'existence, il est tombé dans une grande misère. Mais il ne sait quel est le moyen de sortir de cette grande accumulation de misères, telles que la vieillesse, la maladie, la mort et le reste. Hélas ! vieillesse, maladie, mort et le reste, toute cette grande accumulation de misères, si l'on savait au moins comment y mettre fin !

Et alors le Bodhisattva pensa : De quelle chose existante viennent la maladie et la mort ? Quelle est la cause de la maladie et de la mort ? Et il pensa : La vieillesse et la mort venant de ce que la naissance existe, la cause de la vieillesse et de la mort c'est la naissance (djâti).

Puis le Bodhisattva pensa encore : De quelle chose existante vient la naissance ? Quelle est la cause de la naissance ? Et il pensa : La naissance venant de ce que l'être existe, la cause de la naissance, c'est l'être (Bhava).

Le Bodhisattva pensa encore : De quelle chose existante vient l'être ? Quelle est la cause de l'être ? Et il pensa : L'être venant de ce que la conception existe, la cause de l'être c'est la conception (oupadana).

Le Bodhisattva pensa encore : De quelle chose existante vient la conception ? Quelle est la cause de la conception ? Et il pensa : La conception venant de ce que le désir existe, la cause de la conception c'est le désir (trichna).

Le Bodhisattva pensa encore : De quelle chose existante vient le désir ? Quelle est la cause du désir ? Et il pensa : Le désir venant de ce que la sensation existe, la cause du désir c'est la sensation (vedana).

Le Bodhisattva pensa encore : De quelle chose existante vient la sensation ? Quelle est la cause de la sensation ? Et il pensa : La sensation venant de ce que le toucher existe, la cause de la sensation c'est le toucher (sparça).

Le Bodhisattva pensa encore : De quelle chose existante vient le toucher ? Quelle est la cause du toucher ? Et il pensa : Le toucher venant de ce que les six sièges existent, la cause du toucher ce sont les six sièges (chadayatana).

Le Bodhisattva pensa encore : De quelle chose existante viennent les six sièges ? Quelle est la cause des six sièges ? Et il pensa : Les six sièges venant du nom et de la forme, la cause des six sièges ce sont le nom et la forme (namaroupa).

Le Bodhisattva pensa encore : De quelle chose existante viennent le nom et la forme ? Quelle est la cause du nom et de la forme ? Et il pensa : Le nom et la forme venant de la connaissance, la cause du nom et de la forme c'est la connaissance (vidjnana).

Le Bodhisattva pensa encore : De quelle chose existante vient la connaissance ? Quelle est la cause de la connaissance ? Et il pensa : La connaissance venant de l'idée, la cause de la connaissance c'est l'idée (sanskara).

Le Bodhisattva pensa encore : De quelle chose existante vient l'idée ? Quelle est la cause de l'idée ? Et il pensa : L'idée venant de ce que l'ignorance existe, la cause de l'idée c'est l'ignorance (avidya).

De là le Bodhisattva pensa : A cause de l'ignorance sont venues les idées ; à cause des idées, la connaissance ; à cause de la connaissance, le nom et la forme ; à cause du nom et de la forme, les six sièges (des qualités sensibles) ; à cause des six sièges, le toucher ; à cause du toucher, la sensation ; à cause de la sensation, le désir ; à cause du désir, la conception ; à cause de la conception, l'être ; à cause de l'être, la naissance ; à cause de la naissance, la vieillesse, la mort, la misère, les lamentations, la douleur, l'inquiétude et le trouble. C'est ainsi que tout ce grand amas de misères vient à se produire. Telle fut sa pensée.

Bhikchous, en méditant dans son esprit et en méditant longtemps, avec ordre, sur des matières auparavant inconnues : La production ! la production ! s'écria le Bodhisattva, et pour lui la science naquit, l'œil (divin) naquit, le savoir naquit, la grande science naquit, l'attention naquit, la sagesse naquit, la lumière apparut.

Alors le Bodhisattva pensa : Par l'absence de quelle chose cesseront la vieillesse et la mort? Par l'anéantissement de quelle chose empêcher la vieillesse et la mort ? Et il pensa : La naissance n'étant pas, la vieillesse et la mort ne sont pas ; par l'anéantissement de la naissance la vieillesse et la mort sont anéanties.

Le Bodhisattva pensa encore : Par l'absence de quelle chose cessera la naissance? Par l'anéantissement de quelle chose la naissance sera-t-elle anéantie? Et il pensa : L'être n'existant pas, la naissance n'existe pas ; par l'anéantissement de l'être la naissance est anéantie.

Et le Bodhisattva pensa encore : (depuis : par l'absence de quelle chose, et comme il a été expliqué en détail, jusqu'à :) l'idée cessera-t-elle? Par l'anéantissement de quoi l'idée sera-t-elle anéantie? Et il pensa : L'ignorance n'existant pas, l'idée n'existe pas ; en anéantissant l'ignorance, l'idée est anéantie ; en anéantissant l'idée, la connaissance est anéantie, (et comme il a été expliqué, jusqu'à :) par l'anéantissement de la naissance sont anéantis la vieillesse, la mort, la misère, les lamentations, les douleurs, l'inquiétude et le trouble. C'est ainsi que tout ce grand amas de douleurs sera anéanti.

Ainsi, Bhikchous, en méditant dans son esprit et en méditant longtemps avec ordre et sur des matières auparavant inconnues, la science du Bodhisattva fut produite, l'œil (divin) produit, le savoir produit, la grande science produite, l'attention produite, la sagesse produite, et la lumière apparut.

Bhikchous, en ce moment je dis : Ceci est la douleur, et je la reconnus très-bien telle qu'elle était. Ceci est la production de la corruption, ceci est l'anéantissement de la corruption, ceci est la voie qui conduit à anéantir cette corruption ; voilà ce que je reconnus très-bien tel que c'était. Ceci est la corruption du désir, ceci est la corruption de l'existence, ceci est la corruption de l'ignorance, ceci est la corruption de la vue. C'est ici que la corruption est anéantie sans exception. C'est ici que, sans exception, la corruption disparaîtra, s'éteindra. Ceci est l'ignorance ; ceci est la production de l'ignorance, ceci est l'anéantissement de l'ignorance, ceci est la voie qui conduit à anéantir l'ignorance ; voilà ce que je reconnus bien tel que c'était. C'est ici que l'ignorance, sans exception, venant à disparaître, s'éteindra. Et ainsi qu'il a été expliqué. Ce sont là les idées, voilà la production des idées, voilà l'anéantissement des idées, voilà la voie qui conduit à anéantir les idées ; c'est ce que je reconnus très-bien tel que c'était. Ceci est la connaissance, ceci est la production de la connaissance, ceci est l'anéantissement de la connaissance, ceci est la voie qui conduit à anéantir la connaissance ; voilà ce que je reconnus très-bien tel que c'était. Voici le nom et la forme, ceci est la production du nom et de la forme, ceci est l'anéantissement du nom et de la forme, ceci est la voie qui conduit à anéantir le nom et la forme ; voilà ce que je reconnus très-bien tel que c'était. Ce sont là les six sièges (des sens), ceci est la production des six sièges, ceci est l'anéantissement des six sièges, ceci est la voie qui conduit à anéantir les six sièges ; voilà ce que je reconnus très-bien tel que c'était. Voici le toucher, voici la production du toucher, voici l'anéantissement du toucher, voici la voie qui conduit à anéantir le toucher ; voilà ce que je reconnus très-bien tel que c'était. Ceci est la sensation, ceci est la source de la sensation, ceci est l'anéantissement de la sensation, ceci est la voie qui conduit à anéantir la sensation. Ceci est le désir, ceci est la production du désir, ceci est l'anéantissement du désir, voici la voie qui conduit à anéantir le désir. Ceci est la conception, ceci la source de la conception, ceci l'anéantissement de la conception, ceci la voie qui conduit à anéantir la conception. Voici l'existence, voici la production de l'existence, voici l'anéantissement de l'existence, voici la voie qui conduit à anéantir l'existence. Voici la naissance, voici la source de la naissance, voici l'anéantissement de la naissance, voici la voie qui conduit à anéantir la naissance. Voici la vieillesse, voici la production de la vieillesse, voici l'anéantissement de la vieillesse, voici la voie qui conduit à anéantir la vieillesse. Voici la mort, voici la production de la mort, voici l'anéantissement de la mort, voici la voie qui conduit à anéantir la mort. Voici les misères, les lamentations, les douleurs, les troubles ; (et depuis : c'est ainsi qu'est produit ce grand amas de douleurs, jusqu'à :) qui conduit à l'anéantir. Voilà ce que je reconnus très-bien tel que c'était. Voici la douleur, voici la production de la douleur, voici l'anéantissement de la douleur, voici la voie qui conduit à anéantir la douleur; voilà ce que je reconnus très-bien tel que c'était.

Ainsi, Bhikchous, le Bodhisattva, à la dernière veille de la nuit, au moment du lever de l'aurore, à l'instant où l'on bat le tambour, en sa qualité d'homme éminent, d'homme bon, d'homme excellent, de grand homme, de taureau des hommes, d'éléphant des hommes, de lion des hommes, de meilleur homme des hommes, de héros des hommes, de brave entre les hommes, de savant parmi les hommes, de lotus des hommes, de lotus blanc des hommes, d'homme portant un lourd fardeau, d'homme conducteur suprême, doué par sa science élevée de ce qu'il faut savoir, de ce qu'il faut comprendre, de ce qu'il faut obtenir, de ce qu'il faut voir, de ce qu'il faut manifester, tout cela par l'effet de la sagesse, résultat instantané d'une pensée; (le Bodhisattva) s'étant revêtu de la qualité de Bouddha accompli et de celle de l'Intelligence parfaite et accomplie, il atteignit la triple science (trividya).

Alors, Bhikchous, les fils des dieux dirent : Compagnons, Bhagavat étant vraiment devenu Bouddha accompli, jetez des fleurs. Mais tous les fils des dieux qui avaient vu les Bouddhas antérieurs, s'étant rassemblés, dirent à ceux-ci : Compagnons, les Bouddhas antérieurs vraiment accomplis ayant fait un signe, et l'ayant fait ostensiblement, puisque Bhagavat n'a pas encore fait de signe, ne jetez pas de fleurs.

Cependant, Bhikchous, le Tathagata ayant connu le scrupule qu'avaient ces fils des dieux, s'éleva visiblement dans le ciel environ à la hauteur de sept arbres Talas, et se tenant là, intercepta le passage de la route, et apaisa tout à fait la poussière (radjas). Les ruisseaux desséchés ne coulaient plus, on ne passait plus sur la route interceptée. « C'est ainsi que je mettrai fin à cette douleur (du monde), » telles furent les paroles qu'il prononça.

Alors ces fils des dieux ayant couvert le Tathagata de fleurs, il y eut une litière de fleurs divines jusqu'à la hauteur du genou.

Ainsi, Bhikchous, le Tathagata étant vraiment devenu Bouddha accompli, exempt d'obscurité et de ténèbres ; ayant purifié le désir, changé la vue ; ayant secoué les corruptions, écarté le chagrin, défait le nœud ; ayant renversé l'étendard de l'orgueil et déployé l'étendard de la Loi, ayant détruit les (sujets? de) repentirs, connaissant la nature propre de la Loi, ayant bien compris la vraie limite, connaissant complétement l'étendue de la Loi, ayant bien établi les régions des êtres, ayant loué l'agrégation qui est certainement dans le vrai, et blâmé l'agrégation qui est certainement dans le faux ; ayant complétement saisi l'agrégation de l'incertain, et clairement vu les organes des êtres ; connaissant complétement la conduite des êtres, ayant compris la cure des maladies des êtres, ayant obtenu l'usage du remède de l'Amrita, étant apparu comme roi des médecins, parvenu à opérer la délivrance de toutes les douleurs, arrivé à faire entrer dans le bien-être du Nirvana, assis sur le grand siége (qui est la) matrice d'un Tathagata, d'un Tathagata roi de la Loi ; ayant trouvé le moyen de délivrer complétement, entré dans la cité de l'omniscience, mêlé véritablement à tous les Bouddhas, ayant compris l'étendue de la Loi, il est devenu indivisible.

Ainsi, Bhikchous, moi le Tathagata je suis venu ici mettre fin aux douleurs sans commencement de la naissance, de la vieillesse et de la mort.

C'est ainsi que durant la première semaine je demeurai à Bodhimanda même.

Bhikchous, aussitôt que le Bodhisattva eut obtenu l'omniscience, à l'instant même tous les êtres des dix points de l'espace de toutes les régions du monde, en ce moment, en un clin d'œil, à cette heure, furent remplis du plus grand bien-être. Toutes les régions du monde ayant été éclairées d'une grande splendeur, les espaces du monde enveloppés de la malédiction du vice et ténébreux furent aussi éclairés. Aux dix points de l'espace toutes les régions du monde tremblèrent de six manières, tremblèrent fortement, tremblèrent fo. tement de tous côtés ; furent agitées, agitées fortement, agitées fortement de tous côtés ; furent troublées, furent troublées fortement, troublées fortement de tous côtés ; résonnèrent, résonnèrent fortement, résonnèrent fortement de tous côtés ; retentirent, retentirent fortement, retentirent fortement de tous côtés.

Et tous les Bouddhas ayant donné leur approbation au Tathagata devenu vraiment Bouddha accompli, envoyèrent les ombrages de la Loi ; et par ces ombrages de la Loi, en cet endroit, les régions des trois mille grands mille mondes furent enveloppées d'un précieux parasol ; et de ce précieux parasol il sortit un réseau lumineux t l, que par ses rayons, aux dix points de l'espace, les innombrables régions du monde ayant été éclairées à l'infini, les Bodhisattvas des dix points de l'espace et les fils des dieux poussèrent des cris d'allégresse : Le lotus du Pandit des êtres est sorti du lac de la science, il est apparu dégagé des substances (dharma) du monde. Faisant élever le grand nuage de la compassion, et l'ayant fait envelopper de la région du domaine de la Loi, il fera tomber la pluie de la Loi, remède des gens soumis, qui fait naître les jets de toutes les semences de la racine de la vertu, qui fait grandir tous les jets de la foi, et fait éclore les fruits de la délivrance complète. Tels sont les discours qu'ils prononcèrent.

Chapitre appelé Revêtissement de l'Intelligence parfaite et accomplie, le vingt-deuxième.

CHAPITRE XXIII.

LOUANGES.

Les dieux de toutes les classes viennent les uns après les autres saluer le Bouddha assis à Bodhimanda, lui faire des offrandes et lui adresser des louanges.

Ensuite les fils des dieux Çouddhavasakayikas ayant tourné autour du Tathagata assis à Bodhimanda, et ayant fait tomber une pluie de poudre de sandal divin, le louèrent suivant la règle par ces Gathas.

Celui qui illumine les mondes est apparu, le protecteur du monde qui produit la lumière, qui donne au monde devenu aveugle l'œil pour éviter la corruption. Tu as été victorieux dans le combat. Ton dessein est accompli par (l'effet de) tes bonnes œuvres. Accompli par tes doctrines pures, tu rassasieras les créatures. Exempt de vices, sorti du bourbier, Gautama est debout sur la terre ferme. Il délivrera les autres êtres entraînés par le courant. Grand sage, tu es éminent et sans égal dans les mondes. Tu n'es pas pénétré par la substance du monde, comme le lotus (pur) au milieu des eaux (bourbeuses). Ce monde depuis longtemps endormi et offusqué par l'épaisseur des ténèbres, réveille-le avec la lampe de la sagesse. Dans le monde des créatures, depuis longtemps tourmenté par les eaux de la corruption, celui qui délivre de toutes les maladies, le roi des médecins est apparu. Protecteur du monde, par ton apparition les inquiétudes s'évanouiront, les dieux et les hommes seront remplis de bien-être. Chef éminent des hommes, ceux qui viendront te voir, pendant des milliers de Kalpas, n'iront jamais dans la voie mauvaise. Tous ceux qui auront entendu la Loi seront sages et sans maladies ; devenus profonds et ayant épuisé l'individualité, ils arriveront à la sécurité. Après avoir coupé les liens de la corruption, tous, affranchis de la conception, seront promptement délivrés complètement, et obtiendront le fruit de la vertu suprême. Comme ils seront dignes des offrandes du monde, et acceptant à bon droit les offrandes, ces dons ne seront pas vains, mais seront la cause du Nirvana pour tous.

Ainsi, Bhikchous, les fils des dieux Çouddhavasakayikas après avoir loué le Tathagata, se placèrent d'un côté, les mains jointes et inclinés.

Alors le fils des dieux Abhasvaras, ayant offert au Tathagata assis à Bodhimanda des fleurs, des essences, des parfums, des guirlandes, des poudres odorantes, des étendards, des bannières de toutes sortes, selon les rites, tournèrent trois fois autour de lui, et le louèrent par ces Gathas :

Mouni à l'esprit profond, à la parole très-douce, prince des Mounis, aux accents pleins de charmes comme la voix de Brahma, tu as atteint l'intelligence suprême et vraiment pure. Salut à toi, qui prends tous les accents, qui es arrivé au terme ! Tu es le refuge, tu es la terre ferme, tu es le secours, tu es le protecteur du monde, rempli d'une tendre sollicitude. Le meilleur des médecins, tu enlèves la souffrance. Tu es le premier de ceux qui guérissent et viennent en aide. Aussitôt que tu as vu Dipankara, tu as préparé le réseau du nuage de la bienveillance et de la mansuétude. O guide, répands la pluie du ruisseau de l'Amrita, et apaise les souffrances des dieux et des hommes. Tu es dégagé du contact des trois mondes, comme un lotus (de l'eau où il s'élève). Tu es ferme et inébranlable comme le Mérou. Ta pensée est solide comme le diamant. Tu es doué de toutes les qualités suprêmes, (toi qui es) pareil à la lune.

Bhikchous, les dieux Abhasvaras ayant ainsi loué le Tathagata, joignirent les mains en s'inclinant, et se tinrent d'un côté.

Ensuite, Bhikchous, précédés des dieux Soubrahmas, les dieux Brahmakayikas ayant abrité le Tathagata assis à Bodhimanda, avec un réseau précieux, orné de centaines de millions de perles précieuses, et ayant tourné trois fois (autour de lui), le louèrent suivant la règle par ces Gathas :

Vertu sans tache, sagesse claire et majestueuse, douée des trente-deux signes excellents, qui possèdes la mémoire, le jugement et la science, qui ne ressens point de fatigue, nous te saluons avec la tête. Pur des trois taches, sans tache, exempt de tache, célébré dans les trois mondes, ayant obtenu la science triple (*trividya*), qui donnes l'œil des trois moyens purs de délivrance, et qui as le triple coup d'œil sans tache, salut! Tu écartes les troubles des temps mauvais avec ton esprit parfaitement apaisé. Eminent par ta bonté et ta sollicitude, tu fais les affaires des créatures. Mouni éminent par ta sérénité, au cœur parfaitement calme, qui délivres des doutes et te plais dans la quiétude, éminent par les austérités et les œuvres pieuses, qui fais les affaires des créatures, parfaitement pur dans ta conduite, tu es arrivé à l'autre rive par l'effet de la bonne conduite. Instituteur des quatre vérités, qui te plais dans la délivrance entière, délivré, tu assures la délivrance des autres créatures. Doué de force et d'énergie, le démon est venu ici ; (mais) par l'énergie de la sagesse, ainsi que par la bienveillance, tu as triomphé (de lui), et tu as atteint la dignité par excellence et immortelle. Vainqueur des armées du trompeur, salut !

Ainsi, Bhikchous, les fils des dieux Soubrahmas et les autres dieux Brahmakayikas ayant loué le Tathagata, par ces Gathas, joignirent les mains en s'inclinant, et se placèrent d'un côté.

Alors les fils du démon du côté blanc étant venus

à l'endroit où était le Tathâgata, et l'ayant abrité d'un parasol précieux et de grandes tentures, le louèrent selon la règle par ces Gâthâs :

En présence de nous et des forces immenses et redoutables du démon, tu as en un moment vaincu cette terrible armée du démon sans te lever, sans remuer ton corps, sans même prononcer de parole. Mouni Sarvarthasiddha, honoré des offrandes des trois mondes, nous te saluons. Des millions de filles du démon aussi nombreuses que les sables de la Ganga, ont été incapables de te troubler, de t'écarter de l'arbre excellent de l'Intelligence. Après avoir offert des sacrifices par millions et aussi nombreux que les sables de la Ganga, assis auprès de l'arbre de l'Intelligence, tu resplendis à cause de cela aujourd'hui. Au temps où tu cherchais l'Intelligence et faisais des œuvres pures, (tu as donné :) épouse bien-aimée, fils chéri, hommes et femmes esclaves, jardins, villes, campagnes, provinces, royaumes, appartement des femmes et éléphants ; ta tête, tes yeux, ta langue et tes pieds, tu as tout donné, aussi tu resplendis aujourd'hui. « Pour moi, devenu Bouddha, revêtu de l'armure de l'intelligence surnaturelle de la méditation, je délivrerai, à l'aide du vaisseau de la Loi sainte, les millions d'êtres emportés par l'océan des misères. » Ces paroles si souvent prononcées par toi, ce vœu que tu faisais s'est accompli, et tu délivreras les êtres animés. Chef de ceux qui parlent, qui donnes la vue au monde, par ces vertus pures que nous louons en toi, nous tous, remplis d'allégresse dans notre cœur, nous adressons une prière à l'omniscience. Après avoir obtenu l'Intelligence parfaite et sans égale tant louée par les Bouddhas (antérieurs), après avoir ainsi triomphé du démon et de sa suite, puisses-tu arriver à l'omniscience d'un Bouddha.

Ainsi, Bhikchous, les fils du démon, après avoir loué le Tathâgata, joignirent les mains en s'inclinant, et se tinrent d'un côté.

Ensuite un fils des dieux Paranirmitavaçavartins, précédé et entouré de cent mille fils des dieux, ayant couvert le Tathâgata de lotus d'or des fleuves du Djambou, s'avança devant lui et le loua par ces Gâthâs :

Ta parole est sans défaut, sans erreur, sans aucun trouble ; exempte d'obscurité et de passion, elle est entrée dans la pensée de l'immortalité. Tu es digne qu'on te rende des honneurs infinis dans le monde des dieux, dans le monde des hommes. Intelligence étincelante, nous te saluons avec la tête. Tu causes la joie, et délivré de la corruption, tu guéris la passion et l'impureté. Par ta parole qui comble de joie, tu réjouis les dieux et les hommes. Par la possession d'un corps excellent répandant la lumière, parfaitement pur de toute souillure, de même que le maître des dieux et des hommes, tu es le vainqueur de cet univers. Tu as dompté la foule de ceux qui sont sur l'autre rive, habile à connaître la conduite des autres. Joie du royaume des dieux et des hommes, qui corriges la pensée des autres, très-savant, doué de pénétration, tu scrutes la conduite des autres. Parcours ici en tous sens la voie de celui qui s'avance doué des dix forces. Devenu maître de l'univers, maître des douleurs et de l'erreur, rejette-les au loin, en les guérissant, conduis l'esprit des dieux et des hommes d'après la discipline. Comme la lune, tu parcours en tous sens les quatre points du ciel. Dans ces trois mondes, sois l'œil merveilleux qui vient en aide. Joie du monde des dieux et des hommes, que rien ne trouble ton empire. Délivré des désirs de la volupté, tu te plais dans la joie de la vertu. Prédicateur de l'assemblée, il n'y a pas, dans les trois mondes, de pareil à toi. Tu es ici le guide des créatures, leur refuge, leur secours.

Ainsi, Bhikchous, les fils des dieux Vaçavartins ainsi que les fils des dieux Paranirmitavaçavartins ayant loué le Tathâgata, joignirent les mains en s'inclinant, et se tinrent de côté.

Ensuite un fils des dieux Sounirmitas, entouré et précédé d'une foule de dieux Sounirmitas, ayant abrité le Tathâgata avec des tentures de soie, s'avança devant lui, et le loua par ces Gâthâs :

Délivré des trois espèces d'impuretés, tu t'es montré la lumière de la Loi. Vainqueur du trouble, de la vue et de l'ignorance, grand par ta modestie et ta majesté, établis dans l'immortalité ces créatures qui se plaisent dans la voie de l'erreur. Apparu ici dans le monde, honoré de Tchaityas par ceux du pays des dieux et ceux du pays des hommes, tu connais le remède qui guérit, tu dispenses le remède de l'Amrita. Le repentir d'autrefois (qui venait) de la vue, de la corruption et de l'ignorance réunies, tous les maux de ceux qui ont un corps, tu les guéris par la méthode des précédents Victorieux (Djinas) ; aussi tu es le meilleur des remèdes, ô guide. Quand tu parcours la terre de tous côtés, l'éclat du soleil et de la lune, le feu, les étoiles ainsi que le trésor de la perle (mani), les splendeurs de Çakra et de Brahma s'effacent à ton aspect et ne brillent plus. Sagesse qui produis ce qui est visible (loka), qui produis la lumière, entourée d'une grande majesté, venus en présence de ta science merveilleuse, nous te saluons de la tête. Guide universel à la parole agréable, qui montres (ce qui est) le vrai et (ce qui n'est) pas le vrai, esprit dompté et serein, aux sens domptés, à l'âme sereine, maître qui vas instruire l'assemblée des dieux et des hommes, salut ! Possédant la science et doué de la meilleure parole de la science, donnant le savoir aux trois mondes, délivré des trois impuretés, enseignant la triple science (*traividya*) et les trois délivrances. Mouni, qui dans ton intelligence disciplinée connais parfaitement ce qui est heureux et ce qui est malheureux, devenu la merveille des trois mondes, honoré des dieux et des hommes, je te salue.

Ainsi, Bhikchous, le fils d'un Dieu Sounirmita avec sa suite ayant loué le Tathagata, joignit les mains, et se tint de côté.

Ensuite le fils d'un dieu Santouchita, accompagné des dieux Touchitakayikas, étant venu à l'endroit où était le Tathagata, et ayant abrité le Tathagata assis à Bodhimanda, avec un grand réseau de vêtements divins, s'avança devant lui, et le loua par ces Gathas :

Quand tu étais dans le séjour du Touchita, tu as expliqué en détail la Loi; les préceptes de cette Loi enseignée par toi, les fils des dieux n'ont pas cessé de les suivre jusqu'à ce jour. Nous ne nous rassasions pas de te voir, nous ne nous rassasions pas d'entendre la Loi. Océan de qualités, flambeau du monde, nous te saluons de la tête et du cœur. Quand tu as émigré du séjour du Touchita, toutes les inquiétudes (y) avaient été calmées par toi. Au moment où tu t'es assis auprès de l'arbre de l'Intelligence, les misères de toutes les créatures ont été soulagées. Puisque tu as atteint l'intelligence immense que tu désirais et vaincu le démon, puisque tes vœux sont accomplis entièrement, tourne promptement la roue immense (de la Loi). Ceux qui désirent la Loi crient pour entendre la Loi ; des milliers d'êtres animés sont là qui attendent. Daigne tourner promptement la roue immense ; daigne délivrer de l'existence des milliers de créatures.

Ainsi, Bhikchous, le fils d'un dieu Santouchita, accompagné de sa suite, ayant bien loué le Tathagata, joignit les mains en s'inclinant, et se plaça d'un côté.

Ensuite le fils d'un dieu Souyama, précédé des dieux Yamas, étant allé où était Bhagavat, et ayant honoré avec des fleurs, des parfums et des guirlandes de toute espèce le Tathagata assis à Bodhimanda, s'avança devant lui, et le loua par ces Gathas :

Celui qui t'égale par ses mœurs, sa méditation et sa sagesse, n'existe pas ; où (trouver) qui te surpasse? Tathagata respectable et habile à délivrer complètement, nous te saluons avec la tête. Nous avons vu la pompe que les dieux ont déployée à Bodhimanda ; nul autre que toi n'est digne de pareils sacrifices de la part des dieux et des hommes. Il ne reste pas sans résultat ton avènement, en vue duquel tu as pratiqué de nombreuses austérités, puisqu'après avoir triomphé du trompeur et de son armée, tu as obtenu la suprême Intelligence. Tu as illuminé les dix points de l'espace. Avec le flambeau de la sagesse tu as éclairé les trois mondes. Tu chasseras les ténèbres, et donneras aux créatures l'œil suprême. Pour toi ne suffiraient pas des louanges chantées pendant un Kalpa, quand même elles égaleraient le nombre de tes pores. Océan de qualités, célébré par tout le monde, ô Tathagata, nous te saluons avec la tête.

Ce fils d'un Dieu Souyama, accompagné des dieux Souyamas, ayant ainsi loué le Tathagata, joignit les mains, et s'inclinant devant lui, se tint d'un côté. Alors le maître des dieux, Çakra, accompagné des dieux Trayastrimçatkayikas, ayant honoré le Tathagata avec des offrandes de fleurs, de parfums, de guirlandes, d'essences, de parasols, d'étendards et de bannières, le loua par ces Gathas :

Mouni sans trouble et sans tache, toujours bien assis comme le Mérou, célébré aux dix points de l'espace pour l'éclat de ta science, doué de la majesté des vertus, tu as, ô Mouni, fait autrefois aux Bouddhas des sacrifices innombrables et purs ; et c'est dans ce pays à lui (le démon), et par cela même auprès de l'arbre de l'Intelligence, que tu as triomphé de l'armée du démon. Tu es la mine de la vertu, de la tradition, de la méditation et de la sagesse, l'étendard de la science. Vainqueur de la vieillesse et de la mort, tu es le meilleur des remèdes, tu donnes la vue aux mondes. O Mouni, tu t'es purifié des trois impuretés et du vice, tes sens sont apaisés, ton cœur apaisé. Chef des Çakyas, roi de la Loi pour les créatures, nous nous réfugions vers toi. Toi qui par la force de ton héroïsme es parvenu à l'exercice illimité de la vénérable Intelligence, tu as la force de la sagesse, la force des moyens et de la douceur, les forces de la vertu. Ces forces, ô Bhagavat, du moment que tu es entré dans l'Intelligence, étant illimitées, aujourd'hui que doué de ces forces tu sièges à Bodhimanda, tu es arrivé à la possession des dix forces. A la vue des troupes innombrables (de démons), tous les dieux remplis d'effroi disaient : Le roi des Çramanas assis à Bodhimanda ne sera-t-il pas abattu ? Mais tu n'as pas été effrayé des Bhoutas, et ton corps n'a pas même tressailli. Tu as triomphé de l'armée du démon, ébranlée de tous côtés, frappée de tes mains, pesant fardeau. Et comme ceux qui autrefois ont obtenu l'Intelligence pure sur le siège du lion, de même tu es après eux devenu Bouddha, leur égal, leur pareil, sans aucune différence ; égal par le cœur, égal par la pensée, tu as obtenu de toi-même l'omniscience. C'est pourquoi tu es le plus pur du monde, existant par toi-même, le champ des vertus des créatures.

Ainsi, Bhikchous, Çakra, le maître des dieux, accompagné des dieux Trayastrinçats, ayant loué le

Tathâgata, joignit les mains en s'inclinant, et se tint d'un côté.

Ensuite les quatre grands rois, accompagnés des fils des dieux Tchatourmaharadjakayikas, étant allés à l'endroit où était le Tathâgata, portant des guirlandes et des bouquets de fleurs d'Atimouktaka, de Tchampaka, de Soumana, de Varchika et de Dhanouchkari, et environnés de cent mille Apsaras chantant des airs divins, firent l'offrande au Tathagata, et selon la regle le louèrent par ces Gathas :

Toi dont la parole est très-douce, agréable, allant au cœur, comme la lune qui amène le calme, ton esprit est pur, tu as le visage riant, la langue grande. Prince des Mounis, qui donnes la joie, nous te saluons. Toutes les voix du monde quelles qu'elles soient, qui font la joie des dieux et des hommes, aussitôt que résonne ta parole pleine de charme, toutes les voix du monde sont éclipsées. Elle (ta parole) apaise les passions, l'envie, le trouble, la misère, et produit dans les (êtres qui ne sont) pas des hommes la joie la plus pure. Ceux qui, sans être troublés, ont écouté la Loi avec leur cœur, obtiendront tous la vénérable et complète délivrance. Tu ne dédaignes pas ceux qui ne sont pas instruits, et tu n'es jamais orgueilleux de l'orgueil de la science. Tu n'as ni fierté, ni abattement, comme la première des montagnes s'élevant du milieu de l'Océan. Puisque tu es apparu dans le monde à de pareils êtres, le profit des hommes a été un grand profit. Comme le noble lotus qui donne les richesses, fais au monde entier le don de la Loi.

Les quatre grands rois précédés des dieux Maharadjakayikas ayant ainsi loué le Tathagata assis à Bodhimanda, joignirent les mains, et s'inclinant, se tinrent d'un côté.

Ensuite les dieux de l'atmosphère s'étant réunis autour du Tathagata en vue de l'œuvre du sacrifice à l'Intelligence accomplie, et les dieux montrant la moitié de leur corps ayant pris dans toute l'atmosphère des réseaux précieux, des réseaux à clochettes, des parasols précieux, des bannières précieuses, des diamants, des franges de soie, des pendants d'oreilles précieux (en forme) de fleurs, des colliers de perles, des guirlandes de fleurs précieuses de toutes sortes, bien parés de croissants, les présentèrent au Tathagata, puis vinrent devant lui le louer par ces Gathas :

Mouni, pendant que nous étions dans le ciel, (nous) qui voyons clairement telle qu'elle est la conduite des créatures, ô être pur, après avoir examiné ta conduite, nous n'avons pas trouvé une âme aussi sereine que la tienne. En vue du sacrifice, tout ce qu'il y a de Bodhisattvas, ces guides des hommes, remplissent le ciel de telle sorte, qu'avec leurs corps célestes ils ne heurtent pas les demeures immenses (des dieux). Par la pluie de fleurs jetée du haut de l'atmosphère, le grand millier (de mondes) est rempli tout entier. Ceux-ci se sont prosternés sans exception devant ta personne, comme le cours des fleuves incliné vers l'Océan. Nous voyons des parasols, des pendants d'oreilles (en forme) de fleurs, des guirlandes de fleurs, des bouquets de fleurs de Tchampaka, des guirlandes d'ornements, des disques, des croissants, qui jetés par les dieux ne se mêlent pas. Toute l'atmosphère est remplie par les dieux, et il n'y reste pas même la place d'un cheveu. Quoiqu'on te fasse des sacrifices, prince de ceux qui ont deux pieds, tu n'es ni fier ni étonné.

Les dieux de l'atmosphère ayant ainsi loué le Tathagata assis à Bodhimanda, joignirent les mains en s'inclinant, et se tinrent d'un côté.

Alors les dieux de la terre, en vue de l'œuvre du sacrifice au Tathagata, ayant bien nettoyé et purifié toute la surface de la terre, l'ayant arrosée d'eau de senteur et couverte partout de fleurs, tendirent un dais de toile blanche, et après l'avoir offert au Tathagata, le louèrent par ces Gathas :

Il a dit : « Dans les trois mille (mondes), fort et indestructible comme le diamant, quand même ma peau, ma chair, mes os et mes pieds se dessécheraient, je ne me lèverais pas d'ici sans avoir atteint l'Intelligence. » Et par sa solidité de diamant, le voilà assis à Bodhimanda. Si, ô lion des hommes, tous les trois mille (mondes) n'avaient pas été bénis par toi, les millions de champs, qu'avec la plante de leurs pieds ont foulés dans la grandeur de leur élan les Bodhisattvas quand ils sont venus, auraient été détruits sans exception. A tous les points de la terre où le plus pur des êtres a marché, le profit des dieux de la terre a été un immense profit. Tout ce qu'il y a de (grains de) poussière dans le monde ont été illuminés par toi. Les trois mille (mondes) sont devenus un Tchaitya, et à plus forte raison ton corps. Les cent mille masses d'eau souterraine, tous les êtres vivants qui se meuvent sur la surface de la terre, les trois mille terres tout entières, nous les avons pris pour te les offrir tous ; uses-en selon ton plaisir. Partout où tu te reposeras, te promèneras ou dormiras, que les Çravakas fils (spirituels) de Gautama Sougata prononcent les discours de la Loi. Que ceux, quels qu'ils soient, qui l'écouteront, fassent reverdir toutes les racines de la vertu en vue de l'Intelligence.

Les dieux de la terre ayant ainsi loué le Tathagata assis à Bodhimanda, joignirent les mains, et s'inclinant, restèrent auprès du Tathagata.

Chapitre appelé Louanges, le vingt-troisième.

CHAPITRE XXIV.
TRAPOUCHA ET BHALLIKA.

Après que le Bodhisattva a passé sept jours auprès de l'arbre de l'Intelligence, les fils des dieux re-

SECT. II. — LE BOUDDHISME THIBÉTAIN. — RGYA TCH'ER ROL PA.

viennent le visiter.— Occupation du Bouddha pendant les quatre dernières semaines qu'il passe à Bodhimanda. — Nouvelle visite du démon, qui encore une fois est confondu par le Bodhisattva. Trois filles du démon, contre l'avis de leur père, essayent de séduire le Bouddha, qui, sans même prendre garde à elles, les change en vieilles décrépites. — Elles reviennent prier leur père de faire disparaître la décrépitude de leur corps. — Le démon leur dit que le Bouddha seul peut leur rendre leur première forme. — Elles retournent vers lui, confessent leur faute, et reçoivent leur pardon. — Les Nagas enveloppent de leur corps la personne du Bouddha, pour le garantir du froid. — Pendant que le Bodhisattva est au pied de l'arbre de l'Intelligence, deux marchands arrivent dans le voisinage. — Tous les harnais de leurs chariots se brisent. — Une déesse leur dit d'avancer sans crainte, et leur montre le Bouddha. Reconnaissant à ses habits que c'est un religieux, ils lui offrent de la nourriture. — Vases apportés par les quatre grands rois pour la contenir. Les deux marchands préparent un mets avec le lait de mille vaches. Le Bouddha le reçoit en leur souhaitant toutes sortes de prospérités.—Première prédiction du Bouddha.

Ainsi, Bhikchous, devenu Bouddha parfait et accompli, le Tathagata loué par les dieux, sans cesser d'avoir les jambes croisées, regardant le roi des arbres sans cligner de l'œil, goûtant le bien-être en se nourrissant de méditation et de joie, passa sept jours auprès de l'arbre de l'Intelligence.

Puis, sept jours étant passés, les fils des dieux Kamavatcharas ayant pris dix mille vases d'eau de senteur, vinrent à l'endroit où était le Tathagata. Les fils des dieux Roupavatcharas ayant aussi pris dix mille vases d'eau de senteur, et s'étant rendus à l'endroit où était le Tathagata, arrosent d'eau de senteur l'arbre de l'Intelligence et le Tathagata. Des dieux, des Nagas, des Yakchas, des Gandharbas, des Asouras, des Garoudas, des Kinnaras, des Mahoragas sans nombre se frottent le corps avec cette eau de senteur qui a touché la personne du Tathagata; et ils produisent des pensées dans (le sens de) l'Intelligence parfaite et accompli. Puis tous ces fils des dieux et les autres rentrés dans leurs demeures, et encore en possession de cette eau de senteur, ne forment pas le désir d'avoir d'autre parfum. Et par les transports de joie et d'allégresse nés dans leur cœur du respect pour le Tathagata, ils ne s'écartent pas de l'Intelligence parfaite et accomplie.

Cependant, Bhikchous, un fils des dieux nommé Samantakousouma, s'étant approché de cette assemblée, après avoir touché les pieds du Tathagata, joignit les mains, et lui parla ainsi : Bhagavat, cette méditation profonde, par la possession de laquelle le Tathagata est resté sept jours sans cesser d'avoir les jambes croisées, quel nom faut-il lui donner ?

Ainsi interrogé, Bhikchous, le Tathagata répondit à ce fils d'un dieu :

Fils d'un dieu, le nom de cette méditation profonde devra être : Exercice de la nourriture de la joie; (de) cette méditation par la possession de laquelle le Thatagata est resté sept jours sans cesser d'avoir les jambes croisées.

Alors cet astre des hommes s'étant levé lentement de son siège, désireux de la grande consécration, s'assit sur le siége du lion (trône). Les troupes des dieux portant des vases précieux avec diverses eaux parfumées, baignent d'en haut le corps du parent du monde, doué des dix forces, parvenu au dernier degré des qualités. Des milliers de dieux avec des milliers de déesses, au son des instruments (qui résonnent) de tous côtés, font d'innombrables sacrifices.

C'est ainsi, fils des dieux, que pendant sept jours, à Dharanimanda, le croisement de jambes des Djinas n'est pas interrompu, lié (qu'il est) à la cause, lié à l'effet, lié à la base.

C'est ainsi, Bhikchous, que moi le Tathagata, Bouddha revêtu de l'intelligence parfaite et accomplie, je suis devenu véritablement Bouddha revêtu de l'Intelligence parfaite, vraiment accomplie et sans supérieure; que j'ai ici mis fin aux douleurs sans commencement de la naissance, de la vieillesse et de la mort, pendant la première semaine, et assis sur le siége même.

Au temps de la deuxième semaine, le Tathagata, au milieu des régions des trois mille grands mille mondes, fit au loin de longues pérégrinations.

Au temps de la troisième semaine, moi le Tathagata, ici même, revêtu de l'Intelligence parfaite, accomplie et sans supérieure, devenu véritablement Bouddha accompli, j'ai mis fin aux douleurs de la naissance, de la vieillesse et de la mort. Et en parlant ainsi, il regarde (le site de) Bodhimanda sans cligner l'œil.

Au temps de la quatrième semaine, le Tathagata s'avance avec majesté et sans lenteur de la mer d'orient à la mer d'occident.

Ensuite le démon Papiyan étant venu trouver le Tathagata, lui adressa ces paroles : Bhagavat, le temps de la délivrance complète étant arrivé maintenant, que Bhagavat jouisse de la délivrance complète, que Sougata jouisse de la délivrance complète.

Bhikchous, telles furent ses paroles; et le Tathagata répondit en ces termes au démon : Papiyan, tant que mes Bhikchous ne seront pas très-fermes, disciplinés, éclairés, purs, sans peur, expérimentés, attachés à la Loi et à ses règles, reconnus eux-mêmes pour instituteurs, devenus dans leur foi capables de couper court, à l'aide de la Loi, à toutes les objections élevées çà et là, et enfin capables d'enseigner une Loi accompagnée de miracles, je ne jouirai pas de la délivrance complète. Papiyan, tant que la voix du Bouddha, de la Loi et de l'assemblée des fidèles ne sera pas établie par moi dans le monde; tant que les innombrables Bodhisattvas ne prophétiseront pas dans l'Intelligence sans supérieure, parfaite et accomplie, je ne jouirai pas de la délivrance complète. Papiyan, tant que mes quatre suites ne seront pas disciplinées, éclairées, pures, sans peur et parvenues à enseigner une Loi accompagnée de miracles, je ne jouirai pas de la délivrance complète.

Le démon Papiyan ayant entendu ces paroles, fut rempli de chagrin et de dépit : il se retira dans un coin à l'écart, la tête baissée; et traçant avec une flèche des figures sur la terre, il se mit à penser : Mon empire est dépassé.

Cependant les trois filles du démon, Rati (*plaisir*), Arati (*déplaisir*), et Trichna (*désir ardent*), adressèrent ces Gathas à Papiyan : Pourquoi, ô père, ton cœur est-il ainsi attristé? Apprends-nous le sujet de ta tristesse, et après avoir lié celui-ci avec la chaine de la passion, nous l'amènerons comme un éléphant ; et après l'avoir attiré, nous le mettrons promptement en ton pouvoir : de sorte qu'au milieu de cet abattement de ton cœur renaîtra une grande joie.

Le démon dit : Sougata est le Vénérable (*Arhat*) du monde, il ne tombera pas au pouvoir du désir, il dépasse de beaucoup mon empire; de là mon grand chagrin.

Mais celles-ci ignorant le pouvoir du Tathagata et ce que le Bodhisattva avait fait auparavant, en femmes étourdies, et sans écouter les paroles de leur père, se changèrent en femmes ayant été une fois mères et dans la fleur de la jeunesse; puis sans remuer les yeux, afin de mieux accomplir leur dessein, elles se rendirent auprès du Tathagata.

Le Tathagata, sans prendre garde à elles, les changea en vieilles décrépites.

Celles-ci étant retournées vers leur père, lui dirent : Ce que tu nous a dit, ô père : « Il n'est point conduit par la passion, il a dépassé mon empire; de là vient mon grand chagrin : » c'est la vérité. Si ce Gautama eût regardé la figure que nous avions prise pour le charmer, elle eût pénétré son cœur. Ô père, ce corps cassé de vieillesse que nous avons, daigne le faire disparaître.

Le démon dit : L'homme capable de changer ce qui a été transformé par les paroles toutes-puissantes du Bouddha, je ne le vois pas dans le monde du mobile et de l'immobile. Allez vite confesser au Mouni la faute que vous avez commise; il vous rendra, selon votre désir, votre corps d'autrefois.

Celles-ci étant donc retournées : Nous qui avions pensé : « Il faut détruire la personne de Bhagavat : » ô Bhagavat, daigne prendre notre faute, à nous pécheresses, comme celle de femmes ignorantes, folles, étourdies, sans savoir, et ne connaissant pas le champ (de Bouddha?) ; ô Sougata, daigne nous recevoir, pécheresses que nous sommes. C'est ainsi qu'elles demandent au Tathagata de pardonner.

Le Tathagata leur répondit par ces Gathas : Celui qui laboure la montagne avec l'ongle, celui qui travaille le fer avec les dents, celui qui creuse la montagne avec la tête, veut mesurer une profondeur sans mesure. Aussi, femmes, je vous relève de votre faute. Pourquoi? (C'est que) quiconque ayant vu que sa faute était une faute, l'avoue, si dans la suite il s'en abstient, celui-là grandira dans la discipline de la Loi vénérable.

Bhikchous, pendant la cinquième semaine, au temps de la mauvaise saison, le Tathagata demeurait dans la maison de Moutchilinda, le roi des Nagas. Alors Moutchilinda sortit de sa maison, en disant : Le corps de Bhagavat est exposé aux rigueurs du froid et du vent. Et de son corps il enveloppa sept fois la personne du Tathagata, et l'abrita de ses crêtes de serpent.

Le corps de Bhagavat est exposé aux rigueurs du froid et du vent, dit-il ; et du côté de l'est d'autres rois des Nagas étant venus en grand nombre, enveloppèrent sept fois de leur corps la personne du Tathagata, et l'abritèrent de leurs crêtes de serpent.

Et de même que du côté de l'est, ayant dit : Le corps du Tathagata est exposé aux rigueurs du froid et du vent, des rois des Nagas s'étant rassemblés du côté du sud, du couchant et du nord, enveloppèrent sept fois de leurs corps la personne du Tathagata, et l'abritèrent de leurs crêtes de serpent. Et cet assemblage de corps des rois des Nagas resta élevé comme le Mérou, le roi des montagnes. Pendant les sept jours et les sept nuits qu'ils restèrent en contact avec la personne du Tathagata, le bien-être de ces rois des Nagas fut tel qu'il n'avait jamais été auparavant.

Puis, sept jours étant écoulés, ces rois des Nagas s'apercevant que le mauvais temps était passé, ayant déroulé leur corps (d'autour) de la personne du Tathagata, ayant salué ses pieds avec leur tête, et tourné trois fois (autour de lui), s'en retournèrent dans leurs demeures.

Le roi des Nagas Moutchilinda ayant aussi salué avec sa tête les pieds du Tathagata, et tourné trois fois (autour de lui), rentra dans sa demeure.

Au temps de la sixième semaine, le Tathagata, de la demeure du roi des Nagas Moutchilinda, se rendit auprès du Nyagrodha du berger des chèvres. Entre la demeure de Moutchilinda et le Nyagrodha du berger des chèvres, sur le bord de la (rivière) Naïranjana, des Tcharakas, des Parivradjakas, de vieux Çravakas, des Gautamas, des Nirgranthas, des Djivakas et d'autres encore ayant vu le Tathagata, lui dirent : Bhagavat Gautama a-t-il passé dans le bien-être cette semaine de la mauvaise saison ?

Puis, Bhikchous, au même instant le Tathagata formula cette pensée : Celui qui a entendu la Loi, celui qui voit, celui qui se plaît dans la solitude est heureux ; lié (à l'existence) au milieu des créatures vivantes, et ne faisant pas de mal, il est heureux dans le monde. Parvenu à se mettre au-dessus des vices, exempt de passions, il est heureux dans le monde. Celui qui a dompté l'égoïsme et l'orgueil est parvenu à la suprême félicité.

Bhikchous, le Tathagata considéra le monde tout brûlé, tout consumé par la naissance, la vieillesse, la maladie, la misère, les lamentations, la douleur, le chagrin, l'inquiétude, et en ce moment Bhagavat formula cette pensée :

Ce monde est affligé de tous côtés par l'ouïe, le toucher, le goût, la forme (la vue) et l'odorat ; et quoique effrayé de l'existence, dans son désir d'exister, il s'applique à la prolonger.

Pendant la septième semaine, le Tathagata demeura aux pieds du Tarayana.

En ce temps-là deux frères du pays du nord, marchands habiles et instruits, nommés Trapoucha et Bhallika, ayant acquis de grands biens et emportant beaucoup d'espèces de marchandises, allaient de la région du sud vers la région du nord, accompagnés d'une grande caravane et de cinq cents chariots tous remplis. Ils avaient deux taureaux excellents, nommés Soudjata et Kirti, tous les deux sans crainte des obstacles ; et là où les autres taureaux auraient été empêchés, eux s'avançaient. Partout où, en avant, se manifeste de la crainte, tous deux ensemble s'y portent les premiers. Les deux frères les dirigeaient tous deux, non avec le fouet, mais avec une poignée de fleurs de lotus et une guirlande de fleurs de Soumana.

Quand ils furent dans le voisinage du Tarayana, une déesse qui demeurait dans un bois de Kchirikas ayant prononcé des paroles douées de force, tous les chars n'avancèrent plus, les courroies et le reste des harnais des chariots furent coupés et mis en désordre ; les roues des chariots s'enfoncèrent en terre jusqu'au moyeu ; et malgré les efforts prolongés de tous, les chariots n'ayant pas avancé, quelques-uns furent étonnés et effrayés. Quelle est donc la cause pour laquelle ces chariots sont arrêtés dans une plaine ? Quelle peut en être la cause ? Qu'est-ce que ce contre-temps ? Telle était leur pensée. Ils attelèrent les deux taureaux Soudjata et Kirti ; mais quoique conduits par la poignée de lotus et la guirlande de fleurs de Soumana, ils ne purent avancer. Alors ils pensèrent : Pour que tous

deux aussi n'aient pas avancé, quelque sujet de crainte existe en avant sans nul doute. Et ils envoyèrent en avant des messagers à cheval. Les messagers étant revenus, dirent qu'il n'y avait rien du tout à craindre.

Cependant la déesse ayant fait voir sa personne, leur dit en les encourageant : Ne craignez rien. Et les deux taureaux ayant traîné leurs chars auprès du Tathagata, ils l'aperçurent brillant comme le feu, bien orné des trente-deux signes du grand homme, resplendissant de la majesté du soleil qui vient de se lever. Frappés d'étonnement à sa vue, ils pensaient : Qui est celui-ci ? est-ce Brahma descendu ici-bas, ou Çakra le maître des dieux ? est-ce Vaiçravana, Sourya (*le soleil*), ou Tchandra (*dieu de la lune*) ? est-ce un dieu de la montagne, ou bien un dieu des fleuves ?

Alors le Tathagata leur montra ses vêtements rougeâtres, et ils dirent : Celui-ci étant un religieux vêtu d'habits rougeâtres, nous n'avons rien à craindre. Puis ayant obtenu la foi, ils se dirent l'un à l'autre : Ce doit être pour ce religieux le temps de manger. Y a-t-il quelque chose ? On répondit qu'il y avait du miel, des gâteaux et des cannes à sucre pelées. Ils prirent donc du miel, des gâteaux et des cannes à sucre pelées, les apportèrent à l'endroit où était le Tathagata, saluèrent ses pieds avec la tête, tournèrent trois fois autour de lui, puis se tenant d'un côté, lui parlèrent ainsi : Que Bhagavat après avoir conçu de la bienveillance pour nous, daigne prendre ce qui est devant ses yeux.

En ce moment, Bhikchous, le Bodhisattva pensa : Si je prenais ceci avec la main, cela ne serait pas bien, puisque les précédents Bouddhas parfaits et accomplis l'ont pris avec un vase. Voilà ce qu'il reconnut très-bien dans sa pensée.

Alors, Bhikchous, connaissant que c'était pour le Bodhisattva le moment favorable (pour manger), à l'instant même, des quatre points de l'espace, les quatre grands rois s'approchèrent, apportant quatre vases d'or qu'ils offrirent au Tathagata en disant : Que Bhagavat ayant conçu de la bienveillance pour nous, daigne prendre ces quatre vases d'or.

Mais ayant réfléchi qu'ils n'étaient pas le partage d'un Çramana, le Tathagata ne les prit pas. Il en fut de même de quatre autres faits d'argent, ou de lapis-lazuli, ou de verre, ou de cristal, ou de pierre précieuse, présentés quatre par quatre. Ils apportèrent ainsi à la fois quatre vases de toutes sortes de matières précieuses, qu'ils offrirent au Tathagata. Mais réfléchissant qu'ils n'étaient pas le partage d'un Çramana, le Tathagata ne les prit pas.

Cependant Bhikchous, le Tathagata pensa : Avec des vases de quelle espèce les précédents Tathagas ont-ils pris de la nourriture ? Et il reconnut qu'ils l'avaient prise avec des vases de pierre.

Le Tathâgata ayant eu cette pensée, le grand roi Vaiçravana dit aux trois autres grands rois : Compagnons, quatre vases de pierre nous furent donnés par les fils des dieux Nîlakâyikas, et alors nous eûmes la pensée de nous en servir. Mais un fils des dieux Nîlakâyikas, Vairotchana, c'est son nom, nous parla ainsi : Ne vous servez pas de ces vases, conservez-les ; ils seront (l'objet d') un Tchaitya célèbre. Le Victorieux du nom de Çâkya Mouni étant né, vous lui offrirez ces vases. Compagnons, c'est maintenant pour nous le temps d'offrir ces vases à Çâkya Mouni. Au milieu des chants et des accords des instruments, après avoir fait un sacrifice, nous offrirons les vases. La nature de la substance de ces vases est indestructible. Il convient de prendre ces vases dont la nature est la pierre. Sans permettre qu'un autre y touche, allons maintenant les prendre.

Alors les quatre grands rois, accompagnés de leur suite et de leurs serviteurs, avec des fleurs, des parfums, des essences, des guirlandes, au bruit des instruments, des cymbales et des concerts, ayant pris eux-mêmes ces vases dans leurs mains, se rendirent à l'endroit où était le Tathâgata ; et après lui avoir fait un sacrifice, remplirent ces vases de fleurs divines, et les lui offrirent.

Cependant, Bhikchous, le Bodhisattva pensa : Ces quatre grands rois croyants et purs m'ont offert quatre vases de pierre, mais il ne me convient pas d'en avoir quatre. Si je n'en prends que de l'un d'eux, les trois autres seront mécontents. Je prendrai ces quatre vases, et j'imposerai ma bénédiction sur un seul. Telle fut sa pensée.

Et Bhikchous, le Tathâgata ayant tendu la main droite, adressa ces Gâthâs au grand roi Vaiçravana: Offre un vase au Sougata, et tu seras dans le vaisseau du meilleur véhicule. Celui qui donne un vase à mes pareils, ne voit jamais faiblir sa mémoire ni son jugement.

Alors, Bhikchous, le Tathâgata, avec une pensée de bienveillance, prit le vase du grand roi Vaiçravana, et après l'avoir pris, dit au grand roi Dhritarâchtra : Quiconque offre un vase au Tathâgata, ne verra jamais faiblir sa mémoire ni sa sagesse, de sorte qu'il obtiendra la dignité de la nature froide qui traverse le temps (en passant) de bien-être en bien-être.

Ensuite, Bhikchous, le Tathâgata, avec une pensée de bienveillance, prit le vase du grand roi Dhritarâchtra, et après l'avoir pris, adressa ces Gâthâs au grand roi Viroûtaka : Donne au Tathâgata à l'esprit très-pur un vase parfaitement pur, et ton esprit deviendra promptement pur et digne de louanges, dans le monde des dieux et des hommes.

Puis, Bhikchous, le Tathâgata, avec une pensée de bienveillance, prit le vase du grand roi Viroûtaka, et après l'avoir pris, adressa ces Gâthâs au grand roi Viroûpâkcha : Offre avec un esprit sans tache et plein de foi, un vase sans tache au Tathâgata aux mœurs sans tache, aux actions sans tache, et ton offrande produira des vertus sans tache.

Ainsi, Bhikchous, le Tathâgata, avec une pensée de bienveillance, prit le vase du grand roi Viroûpâkcha ; et l'ayant pris, par la force de sa dignité, il imposa sa bénédiction à un seul vase.

En ce moment il formula cette réflexion : J'ai, dans une existence antérieure, donné de belle vaisselle, après l'avoir parée en la remplissant de fruits; c'est pourquoi ces quatre vases d'une belle forme m'ont été donnés par ces quatre dieux, grands magiciens.

Et ici il est dit : Celui-ci méditant sa résolution ferme et pure, après avoir, pendant sept jours, considéré l'arbre excellent de l'Intelligence, ce lion des hommes, avec la démarche du lion, s'est levé en faisant trembler la terre de six manières. Comme le roi des éléphants, qui partout s'avance avec calme, il s'est approché de l'arbre Tarâyana, et, comme le Mérou, restant inébranlable, le Mouni s'est livré aux méditations profondes. Dans le même temps les deux frères Trapoucha et Bhallika, avec la troupe de marchands et les chariots remplis de richesses, étaient arrêtés dans un bois de Sâlas en fleurs. Par la splendeur du grand Richi, les roues s'enfoncèrent en un moment dans la terre jusqu'au moyeu. En les voyant ainsi arrêtées, la troupe des marchands conçut une grande crainte ; puis prenant des épées, des arcs et des flèches, et comme des gazelles dans un bois, épiant qui c'était, ils aperçurent le Victorieux lançant comme des milliers de rayons sans nuages, au visage pareil à la lune d'automne, ayant abandonné la colère et exempt d'orgueil. Et après l'avoir salué avec la tête: Qui est celui-ci ? demandaient-ils. Et du haut du ciel une divinité prononça ces paroles : Celui-ci est le Bouddha qui vient aider et conduire le monde. Sept jours et sept nuits il n'a pris ni nourriture ni breuvage, absorbé dans ses pensées de compassion (pour le monde). Si vous désirez apaiser vos misères, préparez un repas à celui-ci (dont vous aviez) perçu en imagination le corps et le cœur. Ceux-ci ayant entendu ces douces paroles, saluèrent le Victorieux en tournant autour, et remplis de joie, eux et leurs compagnons, s'occupèrent à préparer un repas au Victorieux.

En ce moment, Bhikchous, le troupeau de vaches des deux marchands Trapoucha et Bhallika se trouvait dans un district voisin. Quand on eut fini de traire ces vaches, la crème vint à paraître. Les bergers l'ayant prise, la portèrent à l'endroit où étaient les deux marchands Trapoucha et Bhallika, et saluant selon la coutume : Seigneur, instruisez-nous. Quand on a eu fini de traire toutes vos vaches, la crème est apparue (aussitôt); (le lait) a-t-il donc quelque vertu, ou n'en a-t-il pas?

Et là les Brahmanes remplis du désir de manger dirent : Il n'y a là nulle vertu; il convient de faire une grande offrande aux Brahmanes.

En ce temps-là, Bhikchous, et au temps des marchands Trapoucha et Bhallika, un Brahmane nommé Cikhandi, qui dans une naissance antérieure avait été (un homme appelé) Içalohita, était né (de nouveau) dans le monde de Brahma. Il prit la figure d'un Brahmane, et adressa ces Gathas à ces marchands :

Vous avez autrefois fait cette prière : Puisse le Tathagata, après avoir obtenu l'Intelligence, accepter de nous un repas, et tourner la roue de la Loi! Cette prière a été exaucée, le Tathagata a obtenu l'Intelligence. Offrez-lui donc de la nourriture, et après l'avoir prise, il tournera la roue de la Loi. C'est sous un astre très-favorable que la crème du lait de vos vaches a paru, c'est par la force des vertus de ce grand Richi. Après avoir ainsi exhorté les marchands, Cikhandi retourna dans sa demeure.

Celui qui avait nom Trapoucha et les autres furent remplis de joie; et ayant réuni, sans exception, tout le lait de mille vaches, et recueilli la crème qui surnageait, ils en firent un mets avec le plus grand soin. Le précieux vase appelé Aboutchandra, capable de contenir cent mille Palas, ayant été bien nettoyé, lavé et purifié, ils le remplirent de ce mets jusqu'au bord. Puis emportant du miel et le vase précieux, ils allèrent auprès de l'arbre Tarayana, et dirent au précepteur (du monde) : Seigneur, prenez. Soyez notre secours et notre soutien. Daignez accepter le rafraîchissement de cette nourriture.

Rempli de bienveillance pour les deux frères, et connaissant leur pensée d'autrefois, (aujourd'hui qu'il est) parvenu à l'Intelligence, le précepteur prit la nourriture et la mangea. Et après l'avoir prise, il jeta le vase dans les airs. Un fils des dieux nommé Soubrahma, ayant pris ce vase précieux par excellence, il est encore aujourd'hui, dans le monde de Brahma, honoré de sacrifices par lui et les autres dieux ses compagnons.

Ensuite le Tathagata remplit d'une grande joie les marchands Trapoucha et Bhallika par ces paroles : Que la bénédiction des dieux qui conduit au but et rend les horizons favorables, vous fasse atteindre votre but. Que tout soit promptement en harmonie; et, comme la guirlande reste posée sur la tête, que le bonheur soit avec votre main droite, que le bonheur soit aussi avec votre main gauche. Que le bonheur soit avec tous vos membres. Marchands qui, à la recherche des richesses, allez aux dix horizons, puissiez-vous obtenir de grands profits, et puissent-ils vous donner le bonheur! Pour quelque affaire que vous alliez du côté de l'orient, quel que soit le pays où vous demeuriez, que les astres vous protègent. Qu'ils vous gardent en tout lieu. Soyez heureux en partant, soyez heureux en revenant. Heureux de voir vos parents, heureux d'en être vus. Que le grand roi des Yakchas (Kouvera) avec Indra, vainqueurs de l'ennemi et miséricordieux, vous accompagnent partout de leurs bénédictions et vous fassent obtenir le bonheur de l'Amrita. Que Brahma et Vasava (Indra), sans défaut et complètement délivrés, que les Yakchas et les Nagas vous gardent toujours avec bonté. Qu'ils vous conservent pendant le cours de cent automnes.

Le vrai guide, le maître sans égal du monde, prononça, par égard pour eux, l'éloge de l'offrande qu'ils lui avaient présentée : Par cette œuvre vertueuse de votre part vous serez les Victorieux (Djinas) Madhousambhavas. C'est là la première prédiction exempte de passion du Victorieux, vrai guide du monde. Dans la suite les innombrables Bodhisattvas ne reviendront pas sur ces prédictions.

Quand ils eurent entendu cette prédiction du Victorieux, leurs cœurs furent remplis d'allégresse; et les deux frères, ainsi que tous leurs compagnons, allèrent en refuge dans la Loi du Bouddha.

Chapitre appelé Trapoucha et Ballika, le vingt-quatrième.

CHAPITRE XXV.

EXHORTATION.

Le Bouddha se demande s'il doit enseigner sa loi, si profonde, qu'il se fatiguera peut-être en vain pour la faire comprendre. Les dieux devinant son incertitude, vont le prier d'enseigner la loi. — Par trois fois, les dieux essayent en vain de déterminer le Bouddha à prêcher sa doctrine. — Enfin, touché de pitié pour le monde, il consent à enseigner la loi. — Joie des dieux. — Le Bouddha annonce qu'il prêchera à Bénarès.

Ainsi, Bhikchous, le Tathagata demeurait auprès de l'arbre Tarayana, (arrivé) pour la première fois (à l'état de) Bouddha parfait et accompli, tout seul, marchant dans la solitude. Après s'être recueilli en lui-même, il lui vint à la pensée, à cause de ceux qui agissent selon le monde : Certes elle est profonde cette loi que j'ai atteinte, celle d'un Bouddha parfait et accompli. Elle est calme, très-calme, vraiment calme, satisfaisante, difficile à voir, difficile à comprendre, impossible à examiner, hors de la portée du jugement, vénérable, accessible (seulement) aux savants et aux sages. Ainsi elle abandonne toute individualité, elle empêche la connaissance, la connaissance qui juge ainsi que toutes les sensations; elle a le meilleur but, est sans demeure fixe, elle a la nature froide, elle ne reçoit pas, ne conçoit pas, n'a pas la connaissance, ne produit ni la connaissance ni l'idée, est au-delà des six siéges (des qualités sensibles), n'hésite pas, n'hésite nullement, est indicible, est sans voix, ne peut être articulée par la voix, ni enseignée; (elle est) irrésistible et a dépassé tout ce qui est visible; (elle) coupe au moyen de la tranquillité; est invisible parce qu'elle est le vide même; empêche le désir, (est) exempte de passions, est l'empêchement (de toute sensation) et arrivée au Nirvana. Si j'enseigne aux autres cette Loi, et qu'ils ne la comprennent pas, ce sera pour moi de la fatigue et d'inutiles efforts, puisque la Loi enseignée sera sans effet. Je resterai donc silencieux dans mon peu de miséricorde. Et au même instant il récita ces Gathas :

J'ai atteint la Loi de l'immortalité, profonde, calme, exempte de trouble, lumineuse, en dehors de l'idée; quand même je l'enseignerais, les autres ne la comprendraient pas. Silencieux, je demeurerai à l'ombre des bois, sans être entraîné dans la voie de ceux qui sont privés de la parole, dans la substance de ma propre nature, comme le ciel, bien affranchi de la délibération de l'esprit et du cœur, connaissant ce qu'il y a d'excellent, de plus merveilleux, de grand, de pur. Cette suite des causes, ce n'est pas par les écritures qu'on peut la connaître, mais elle est connue des sages. Les êtres qui ont rendu leurs devoirs aux précédents Victorieux, après avoir écouté cette Loi, y auront foi. Ici-bas aucune substance n'existe. Tout ce qui n'a pas de manière d'être n'est pas. Pour qui connaît la cause et l'effet successifs, il n'y a ni être ni néant. Dans l'espace incommensurable de cent mille Kalpas que j'ai traversés à côté des précédents Victorieux, jamais là où je n'ai pas eu la personnalité, l'être, la vie, ma patience n'a été éprouvée. Au temps où ici-bas il n'y aura ni naissance ni mort, au temps où aura été obtenue par moi cette patience de toutes ces substances (parvenues à être) sans individualité, alors s'accomplira la prédiction (à propos) de moi, du Bouddha Dipankara. Avec une miséricorde sans bornes pour le monde entier, je ne ferai pas attendre (l'objet de) la prière (qui me sera) adressée par les autres. Ces créatures ayant foi en Brahma, qu'il fasse, à leur demande, tourner la roue (de la Loi). Si Brahma, incliné à mes pieds, prononçait cette requête : « Tout ce qu'il y a d'êtres vraiment bons en sont venus à le désirer, explique la Loi exempte de trouble et calme, » il deviendra ainsi digne de comprendre cette Loi à moi.

Alors Bhikchous, de la touffe de poils du milieu de ses sourcils, le Tathagata fit jaillir un éclat par lequel les espaces des trois mille grands mille mondes furent enveloppés d'une grande splendeur.

Ensuite le maître des trois mille grands mille (mondes), le grand Brahma qui porte une touffe de cheveux, ayant, par la puissance du Bouddha, connu par la pensée les incertitudes de l'esprit du Tathagata, et que Bhagavat, dans son peu de miséricorde, inclinait à ne pas enseigner la Loi, se mit à penser : Moi-même j'irai certainement engager le Tathagata à faire tourner la roue de la Loi.

Puis Brahma qui porte une touffe de cheveux, dit aussitôt aux autres fils des dieux Brahmakayikas : Compagnons, le Tathagata revêtu de la qualité parfaite et accomplie de l'Intelligence et vraiment Bouddha accompli, inclinant ainsi, dans son peu de miséricorde, à ne pas enseigner la Loi, ce monde ne durera pas. Compagnons, ce monde ne durera vraiment pas. Allons donc trouver le Tathagata Arhat vraiment Bouddha parfait et accompli, et engageons-le à tourner la roue de la Loi.

Alors, Bhikchous, le grand Brahma qui porte une touffe de cheveux, entouré et précédé de cent mille soixante-huit Brahmanas, se rendit à l'endroit où était le Tathagata, et ayant salué ses pieds avec sa tête, joignit les mains et lui parla ainsi : Si le Tathagata, quoique revêtu de la qualité suprême et accomplie de l'Intelligence, et devenu un Bouddha accompli, incline, dans son peu de miséricorde, à ne pas enseigner la Loi, certes, ô Bhagavat, ce monde ne durera pas. Sans nul doute, Bhagavat, ce monde ne durera vraiment pas. Il y a des êtres très-bons et faciles à instruire, capables de saisir le sens des enseignements de Bhagavat et d'y prendre part. C'est pourquoi, Bhagavat, daigne nous bien enseigner la Loi. Sougata, daigne nous enseigner la Loi.

Et en ce moment il récita ces Gathas : Toi qui as parcouru le cercle de la plus grande sagesse, qui as fait rayonner la lumière aux dix horizons, lotus des hommes, ouvre ta bouche d'où rayonne la science. Soleil des orateurs, pourquoi aujourd'hui restes-tu dans l'indifférence? Après avoir convié les êtres à (partager) une vénérable richesse, après avoir consolé des millions de créatures vivantes, pourquoi restes-tu silencieux et indifférent pour l'univers? Parent du monde, cela ne te convient pas. Daigne battre le grand tambour de la Loi pure, daigne faire promptement résonner la conque de la Loi pure, daigne faire préparer le grand pilier du sacrifice de la Loi, daigne faire allumer le grand flambeau de la Loi, daigne faire tomber la pluie excellente de la Loi, daigne délivrer ceux qui demeurent dans l'Océan de l'existence, daigne affranchir ceux-ci des maladies et des douleurs, daigne soulager ceux que brûle le feu de la douleur, daigne montrer la route sûre du calme, du bien-être et du bonheur sans revers et sans misère. Pour ceux qui, privés de guide, ne vont pas dans la voie du Nirvana et demeurent dans une fausse voie, ô guide, sois miséricordieux. Daigne ouvrir largement les portes de la délivrance complète, daigne enseigner la conduite religieuse que rien ne trouble. Pour les hommes qui sont devenus aveugles, ô guide, daigne purifier l'œil de la Loi. Astre des hommes et leur guide, excepté toi, il n'y a personne qui guérisse de la naissance et de la vieillesse (qui sont le partage) des mondes, ni dans le monde de Brahma, ni dans le monde des dieux, ni dans le monde des Yakchas, des Gandharbas et des hommes. Après que tous les dieux ont fait respectueusement leur requête, moi aussi, ô roi de la Loi, je viens t'implorer. A cause de cette œuvre pieuse, puissé-je faire que tu tournes promptement la roue de la Loi pure!

Bhikchous, le Tathagata ayant eu une pensée de miséricorde, et décidé à s'occuper du monde des hommes et des Asouras, accorda par son silence (sa demande) au grand Brahma qui porte une touffe de cheveux.

Et le grand Brahma qui porte une touffe de cheveux, ayant connu le consentement du Tathagata à son silence, répandit sur lui de la poudre de sandal divin et de la poudre d'aloès; puis rempli de la plus grande allégresse, il disparut en ce lieu même.

Ensuite Bhikchous, le Tathagata ayant fait naître le respect du monde pour la Loi, et le grand Brahma qui porte une touffe de cheveux, l'ayant exhorté à plusieurs reprises, le Thatagata, afin de faire grandir la racine de la vertu et à cause de la profondeur de la Loi, s'en alla tout seul dans la solitude, et y étant resté dans la contemplation, il méditait ainsi dans son cœur : La Loi qui vient de moi est profonde, déliée, lumineuse, difficile à comprendre; elle échappe à l'examen, elle est hors de la portée du raisonnement, accessible (seulement) aux savants et aux sages; elle est en opposition avec tous les mondes, elle est difficile à apercevoir. Ayant abandonné toute individualité, apaisant toutes les idées, interrompant par la voie du calme, invisible en son essence de vide, ayant épuisé le désir, exempte de passion, empêchant (toute production de l'être), et conduisant au Nirvana. Si, devenu Bouddha vraiment accompli, j'enseigne cette Loi, les autres ne la comprendront pas, et elle m'exposera à des insultes. Je resterai certainement ainsi dans mon peu de miséricorde. Telle fut sa pensée.

Cependant, Bhikchous, par la puissance du Bouddha, le grand Brahma qui porte une touffe de cheveux, ayant encore connu dans sa pensée cette délibération de l'esprit du Tathagata, se rendit à l'endroit où se trouvait Çakra le maître des dieux, et lui adressa ces paroles : Kauçika, sache que le Tathagata Arhat véritablement Bouddha parfait et accompli, dans son peu de miséricorde, incline à ne

pas enseigner la Loi. S'il en est ainsi, Kauçika, ce monde ne durera pas. Kauçika, ce monde ne durera certainement pas, mais il sera plongé dans les ténèbres profondes de l'ignorance. Pourquoi n'allons-nous donc pas exhorter le Tathagata Arhat véritablement Bouddha parfait et accompli? Pourquoi n'allons-nous pas, lorsque, sans être exhorté, le Tathagata ne tournera pas la roue de la Loi?

Ami, c'est bien. Et en parlant ainsi, Çakra, Brahma, les dieux qui président à la terre, ceux de l'atmosphère, les Tchatourmaharadjakayikas, les Trayastrimçats, les Yamas, les Touchitas, les Nirmanaratis, les Paranirmitavaçavartins, les Brahmakayikas, les Abhasvaras, les Vrihatphalas, les Çoubhakritsnas, les fils des dieux Çouddhavasakayikas, par centaines de mille, de couleurs charmantes, à la fin de la nuit, ayant éclairé les alentours de l'arbre Tarayana d'une couleur divine, d'un éclat divin, comme pendant le jour, et s'étant approchés de l'endroit où était le Tathagata, saluèrent ses pieds avec la tête, et après avoir tourné autour de lui, se tinrent d'un seul côté.

Alors Çakra le maître des dieux s'étant approché du Tathagata en joignant les mains et en s'inclinant, le loua par ces Gathas :

Semblable à la pleine lune délivrée de l'éclipse, ton esprit est parfaitement libre. Vainqueur du combat, daigne te lever. Daigne faire éclore dans le monde obscurci la lumière de la sagesse.

Il parla ainsi, et le Tathagata resta silencieux.

Ensuite le grand Brahma qui porte une touffe de cheveux parla ainsi à Çakra le maître des dieux : Kauçika, ce n'est pas comme tu l'as fait, qu'on adresse aux Tathagatas Arhats véritablement Bouddhas parfaits et accomplis, la prière de tourner la roue de la Loi.

Et alors le grand Brahma qui porte une touffe de cheveux ayant rejeté son manteau sur une épaule, mis le genou droit à terre, et s'étant incliné en joignant les mains du côté du Tathagata, le pria par ces Gathas :

Vainqueur du combat, daigne te lever. Daigne faire éclore dans le monde qui est obscurci la lumière de la sagesse. Toi qui es arrivé à tout connaître, ô Mouni, daigne enseigner la Loi.

Bhikchous, après qu'il eut parlé ainsi, le Tathagata répondit au grand Brahma qui porte une touffe de cheveux : Brahma, elle est profonde, déliée et lumineuse, cette Loi qui vient de moi Bouddha vraiment parfait accompli, et elle m'exposera à des insultes graves, etc., comme plus haut; Brahma, ces Gathas me sont toujours présentes. Ma voie qui va s'opposant au courant, est profonde et difficile à voir; ceux qu'aveugle la passion ne la voient pas. Il n'est donc pas utile de l'enseigner. Les créatures sont liées dans les désirs, elles sont entraînées par le courant. Cette (Loi) a été obtenue par moi à grand'peine, il est donc inutile de l'enseigner.

Ensuite, Bhikchous, le grand Brahma qui porte une touffe de cheveux, et Çakra le maître des dieux, voyant que le Tathâgata restait silencieux, tristes et le chagrin dans le cœur ainsi que les fils des dieux, disparurent en ce lieu même.

Par trois fois le Tathâgata céda à son peu de miséricorde.

Bhikchous, en ce temps-là les hommes du pays de Magadha en étaient venus à avoir des vues mauvaises et coupables. C'est ainsi que quelques-uns disaient : Les vents ne souffleront plus. Quelques-uns : Le feu ne brûlera plus. Quelques uns : La pluie ne tombera plus. Quelques-uns : Les rivières ne couleront plus. Quelques-uns : les moissons ne naîtront plus. Quelques-uns : Les oiseaux ne voleront plus dans le ciel. Quelques-uns : Les femmes enceintes n'enfanteront plus sans être malades. Voilà ce qu'ils disaient.

Cependant, Bhikchous, le grand Brahma qui porte une touffe de cheveux, ayant connu cette délibération de l'esprit du Tathâgata, et ayant appris à quelles pensées en étaient venus les hommes du pays de Magadha, à la fin de la nuit, éclaira d'une couleur charmante, d'une splendeur divine, tous les alentours de l'arbre Tarayana ; et s'étant rendu à l'endroit où était le Tathâgata, salua ses pieds avec la tête, rejeta son manteau sur une épaule, mit le genou droit à terre, et s'inclinant devant le Tathâgatha en joignant les mains, lui adressa ces Gâthâs :

Autrefois il y a eu au Magadha une loi impure, des paroles nées d'une pensée entachée de souillures ; à cause de cela, ô Mouni, daigne ouvrir la porte de l'immortalité. Il en est qui écoutent la Loi du Bouddha sans tache. Toi même tu as fait ce qu'il fallait que tu fisses, tu es arrivé à la puissance. Tu es purifié des taches accumulées de la misère humaine. Tes vertus se sont augmentées sans qu'aucune diminue. Tu es parvenu ici au plus haut point de la Loi. Mouni, il n'en est pas de pareil à toi dans ce monde. Grand Richi, ton supérieur où est-il ? Resplendissant au milieu de ces trois mondes, tu es comme une montagne dans le séjour des Asouras. Daigne prendre en grande pitié les créatures misérables, il ne convient jamais à un (être) tel que toi de rester dans l'indifférence. Toi qui possèdes la force du courage, agis pour la délivrance complète des créatures. Que les Asouras, les Çramanas, les Brahmanes, avec toutes ces créatures qui sont depuis longtemps dans la souffrance, soient délivrés de la contagion des maladies ; c'est là leur refuge, il n'y en a pas d'autre. Cette Loi ayant été approfondie par le Victorieux (Djina), il n'enseignera pas à demi ce qu'elle est. Par l'effet d'une pensée vertueuse, atteignant le but (qui est) l'immortalité, les dieux et les hommes seront bientôt délivrés à cause de toi. C'est pour cela qu'on t'implore (toi qui es) habile et fort. Corrige les êtres, depuis longtemps (égarés) hors de leur route dans leurs pensées mauvaises ; ils désirent entendre des sujets complétement inconnus ; ils sont bien affaiblis, comme ceux qui désirent ardemment. De même qu'un nuage (arrose) la terre desséchée, ô Guide, désaltère-les avec la pluie de la Loi. A ces hommes depuis longtemps languissants dans le monde, obscurcis par des vues mauvaises, errants dans les épines, après qu'ils auront obtenu l'immortalité à laquelle ils aspirent, daigne enseigner la voie droite et sans épines. Ces aveugles tombés dans le précipice et qui sont sans guide, nul autre ici ne peut les en retirer. Chef du troupeau, rempli de sagesse, daigne, dans ta sollicitude, entretenir ceux qui sont tombés dans le grand précipice. Mouni, depuis longtemps tu es toujours absent ; comme la fleur de l'Oudoumvara, très-rarement les Guides victorieux apparaissent sur la terre. Maître, puisque tu en as le loisir, daigne délivrer les êtres. « Après avoir passé moi-même, je ferai passer (les autres), » as-tu dit. Telle est la pensée qui t'est venue dans une existence antérieure. Aujourd'hui que tu es vraiment arrivé à l'autre bord, toi qui as la force de la vérité, rends ce vœu une vérité. Mouni, avec le flambeau de la Loi, éloigne l'obscurité. Déploie l'étendard du Tathâgata ; le temps de celui qui donne d'agréables préceptes est venu. Daigne faire retentir le son du tambour, comme le roi des gazelles.

Alors, Bhikchous, le Tathâgata, avec l'œil du Bouddha, en examinant le monde tout entier, vit que les êtres, qu'ils fussent infimes, médiocres, satisfaits, élevés, abjects, moyens, très-bons, très-faciles à purifier, très-mauvais, très-difficiles à purifier, d'une intelligence pénétrante, doués d'une parole exercée, étaient un assemblage d'êtres triple : un (tiers) certainement dans le faux, un (tiers) certainement dans le vrai, un (tiers) certainement dans l'incertitude. C'est ainsi, Bhikchous, qu'un homme qui se tient au bord d'un étang voit des lotus qui ne sont pas sortis de l'eau, d'autres de niveau avec l'eau, d'autres enfin élevés au-dessus de l'eau. Bhikchous, c'est de cette manière que le Tathâgata, avec l'œil du Bouddha, aperçut dans le monde tout entier l'assemblage des êtres divisé en trois.

Ensuite, Bhikchous, il vint à la pensée du Tathâgata : Que j'enseigne ou que je n'enseigne pas la Loi, cet assemblage qui est certainement dans le faux ne connaîtra pas cette Loi. Que j'enseigne ou que je n'enseigne pas la Loi, cet assemblage qui est certainement dans le vrai connaîtra cette Loi. Cet assemblage qui est dans l'incertitude, quel qu'il soit, si j'enseigne la Loi, la connaîtra ; si je ne l'enseigne pas, il ne la connaîtra pas.

Alors, Bhikchous, le Tathagata éprouva une grande pitié pour cet assemblage d'êtres plongés dans l'incertitude. Puis le Tathagata arrivé de lui-même à la possession de cette connaissance claire, et ayant présente l'exhortation du grand Brahma qui porte une touffe de cheveux, adressa ces Gathas à celui-ci :

Brahma, pour tous les êtres du Magadha ayant des oreilles, arrivés à avoir la foi et à la notion de ne pas nuire, par (l'effet de) l'audition de la Loi, pour ceux-là j'ouvre la porte de l'immortalité.

Le grand Brahma qui porte une touffe de cheveux ayant connu que le Tathagata consentait, fut rempli dans son cœur de joie, de bonheur et d'allégresse, et saluant avec la tête les pieds du Tathagata, disparut en ce lieu même.

En ce moment, Bhikchous, les dieux qui président à la terre annoncèrent hautement cette nouvelle aux dieux de l'atmosphère : aujourd'hui, compagnons, le Tathagata Arhat véritablement Bouddha parfait et accompli consent à tourner la roue de la Loi. Il sera le secours des nombreuses créatures ; il sera le bienfaiteur des nombreuses créatures. Dans sa miséricorde pour le monde, il sera le bienfaiteur secourable de la grande réunion des créatures, des dieux et des hommes. Compagnons, la classe des Asouras disparaîtra complétement, la classe des dieux se perfectionnera complétement, et dans le monde les êtres nombreux s'en iront dans le Nirvana complet.

Après avoir appris ceci des dieux qui président à la terre, les dieux de l'atmosphère le redirent aux dieux Tchatourmaharadjakayikas, ceux-ci aux dieux Trayastrimçats, Yamas, Touchitas, Nirmanaratis et Paranirmitavaçavartins, et ceux-ci le redirent en ces mots aux dieux Brahmakayikas : Compagnons, aujourd'hui le Tathagata Arhat véritablement Bouddha parfait et accompli consent à tourner la roue de la Loi. Il sera le secours des nombreuses créatures, le bienfaiteur des nombreuses créatures. Dans sa miséricorde pour le monde, il apportera à la grande réunion des créatures, des dieux et des hommes, le secours, le bonheur. Compagnons, la classe des Asouras disparaîtra complétement, la classe des dieux s'augmentera, et dans le monde les êtres nombreux s'en iront dans le Nirvana complet.

C'est ainsi, Bhikchous, qu'en cette circonstance, en un moment, en un clin d'œil, depuis les dieux qui président à la terre, jusqu'aux Brahmakayikas, ce discours : « Compagnons, le Tathagata Arhat véritablement Bouddha parfait et accompli consent à tourner la roue de la Loi, et le reste comme plus haut, » se fit entendre en un moment.

Ensuite Bhikchous, quatre divinités de l'arbre de l'Intelligence, appelées Dharmaroutchi, Dharmakama, Dharmamati et Dharmatchari, toutes les quatre s'étant jetées au pied du Tathagata, parlèrent ainsi : Où Bhagavat fait-il tourner la roue de la Loi ?

Elles parlèrent ainsi, Bhikchous, et le Tathagata répondit par ces mots à ces divinités : C'est dans la ville de Varanasi, dans le bois des gazelles (*Mrigadava*) de Richipatana.

Ceux-ci dirent : Bhagavat, la foule des habitants de la ville de Varanasi sont chétifs, l'ombrage des arbres du bois des gazelles est chétif. Bhagavat, il y a d'autres grandes grandes villes, riches, opulentes, heureuses, où le plaisir abonde, remplies d'hommes et de créatures nombreuses, embellies de jardins, de bois et de bosquets. Que Bhagavat daigne faire, dans l'une d'elles, tourner la roue de la Loi.

Le Tathagata répondit : Ne parlez pas ainsi, ô vous dont le visage est gracieux. Pourquoi ? (C'est que) là soixante Nayoutas de Kotis de sacrifices ont été faits par moi ; là soixante Nayoutas de Kotis de Bouddhas ont été honorés de sacrifices. Varanasi, la (ville) pure, a été la demeure des précédents Richis. Cette terre, célébrée par les dieux et les Nagas, s'est toujours appliquée à la Loi, et je me rappelle les quatre-vingt-onze Kotis de Bouddhas antérieurs, qui dans ce bois excellent des Richis ont fait tourner la meilleure roue, calme, vraiment calme, parvenue à la méditation profonde, toujours honorée par les gazelles. A cause de cela, je tournerai la meilleure roue dans le bois excellent qu'on appelle (bois) des Richis.

Chapitre appelé Exhortation, le vingt-cinquième.

CHAPITRE XXVI.
ACTION DE TOURNER LA ROUE DE LA LOI.

Le Bouddha se demande à qui, en premier lieu, il enseignera la loi, et pense d'abord à Roudraka, puis à Arata Kalama ; mais reconnaissant qu'ils sont morts depuis quelques jours, il les plaint d'avoir cessé de vivre sans entendre la Loi. — Il se rappelle alors ses cinq disciples ; et après s'être assuré, avec l'œil du Bouddha, qu'ils sont à Bénarès, il part pour aller les retrouver. Parvenu au bord du Gange, et ne pouvant payer le péage, il passe à l'autre rive à travers les cieux. — Arrivé à Bénarès, le Bouddha se dirige vers le bois des gazelles, où demeurent ses anciens disciples. — Ceux-ci le voient de loin, et se concertent pour le recevoir avec froideur ; mais à mesure qu'il s'approche, ils sont convaincus par sa majesté, et le comblent de respects. — Le Bouddha projette une lumière qui éclaire les trois mille mondes. — Tremblement de terre. — Le Bouddha enseigne à ses disciples les quatre vénérables vérités. — Origine de la douleur. — Moyen d'y mettre fin. — La roue de la loi ; sa puissance.

Ainsi, Bhikchous, le Tathagata ayant fait ce qu'il fallait faire, faisant ce qu'il faut faire, ayant vraiment coupé tout lien, purifié toute corruption, effacé les taches et la corruption, ayant vaincu l'opposition du démon, étant entré dans toutes les règles de la Loi d'un Bouddha, connaissant tout, apercevant tout, doué des dix forces, ayant acquis les quatre sécurités, ayant bien rempli les dix-huit conditions, sans mélange d'un Bouddha, doué des cinq yeux, ayant, avec l'œil de Bouddha que rien n'arrête, considéré le monde entier, il se mit à penser: Auquel, tout d'abord, enseignerai-je la Loi? à quel être pur, très-bon, facile à discipliner, facile à instruire, facile à purifier, ayant peu de passion, d'envie et d'ignorance, très-savant, et ne restant pas caché, qui n'a écouté aucune Loi, mais en a été complétement privé? A quel (être) pur, tout d'abord, enseignerai-je la Loi? Quel est celui à qui j'enseignerai la Loi, lequel, après l'avoir connue, ne me fera pas d'injure? Telle fut sa pensée.

Alors, Bhikchous, le Tathagata pensa: Le fils de Rama, Roudraka est pur, très-bon, facile à instruire, facile à purifier, a peu de passion, d'envie et d'ignorance, est très-savant et ne reste pas caché; il n'a écouté aucune Loi, mais en a été complétement privé. Il enseignerait aux Çravakas la doctrine d'accord avec la restriction des sièges des qualités sensibles, (que ceux-ci soient) dénués d'idées ou non dénués d'idées. Où est-il maintenant? Et en réfléchissant, il connut que le temps de sa mort était, en ce moment, dépassée de sept jours.

Alors les dieux s'étant prosternés aux pieds du Tathagata, parlèrent ainsi: Bhagavat, cela est ainsi. Sougata, cela est ainsi. Il y a sept jours que le fils de Rama, Roudraka n'est plus.

Bhikchous, il me vint à la pensée: Eh quoi! ce fils de Rama, Roudraka, sans avoir entendu cette Loi excellente, a ainsi atteint le temps de la mort dans une si grande privation! S'il avait entendu cette Loi, il l'aurait apprise, c'est à lui que je l'eusse enseignée tout d'abord, et il ne m'eût pas fait injure.

Bhikchous, le Tathagata pensa encore: Quel est l'autre être pur, facile à discipliner, (etc. comme plus haut,) qui ne me fera pas d'injure à cause de ma Loi enseignée, (etc. comme plus haut).

Alors, Bhikchous, le Tathagata pensa: Arata Kalama est pur, (etc., comme plus haut, jusqu'à:) et ne me fera pas d'injure à cause de ma Loi enseignée par moi. Où est-il à présent? Et en réfléchissant, le Tathagata connut que le temps de sa mort était passé depuis trois jours.

Les dieux Çouddhavasakayikas confirmèrent cette nouvelle au Tathagata: Bhagavat, cela est ainsi. Sougata, cela est ainsi. Arata Kalama n'est plus depuis trois jours.

Et le Tathagata pensa: Eh quoi! Arata Kalama, sans avoir entendu cette Loi excellente, est mort dans une si grande privation!

Bhikchous, le Tathagata pensa encore: Quel est l'autre être pur, vraiment bon, (etc. comme plus haut, jusqu'à:) qui ne tournera pas en dérision l'enseignement de ma Loi?

Bhikchous, le Tathagata pensa: Les cinq (personnages) de bonne caste, très-bons, faciles à discipliner, faciles à instruire, faciles à purifier complétement, ayant peu de passion, d'envie et d'ignorance, très-savants et ne se cachant pas, qui n'ont pas entendu la Loi, mais en ont été complétement privés, m'ont, pendant que je pratiquais des austérités, entouré de soins. Si j'enseigne la Loi, ils l'apprendront, et ne me feront pas injure.

Alors, Bhikchous, le Tathagata pensa: J'enseignerai certainement d'abord la Loi à ces cinq (personnages) de bonne caste.

Puis le Tathagata pensa: Où sont maintenant ces cinq de bonne caste? Et examinant le monde tout entier avec l'œil du Bouddha, il les vit, qui étaient dans la ville de Varanasi, dans le bois des gazelles de Richipatana. En les voyant, il pensa: Certainement j'enseignerai tout d'abord la Loi à ces cinq de bonne caste, et ils comprendront tout d'abord la Loi que je leur enseignerai. Pourquoi cela, Bhikchous? C'est qu'ils sont faits à des pratiques, c'est qu'ils ont complétement acquis les Lois pures, c'est qu'ils sont évidemment tournés vers la route de la délivrance et affranchis des obstacles.

Ensuite, Bhikchous, le Tathagata ayant ainsi réfléchi, se leva de Bodhimanda, et après avoir parcouru les régions des trois mille grands milliers de mondes, il traversa enfin le pays de Magadha, et arriva au pays des Kaçikas.

Cependant, sur le mont Gaya, auprès de Bodhimanda, un autre Adjivaka vit le Tathagata qui venait de loin; et aussitôt qu'il l'eut vu, il se rendit à l'endroit où il était, et là se tint d'un côté. Puis, Bhikchous, cet Adjivaka après avoir entretenu le Tathagata de beaucoup de sujets agréables, lui parla ainsi:

Ayouchmat Gautama, tes sens sont parfaitement purifiés. La couleur de ta peau est devenue jaune, parfaitement pure, complétement achevée. C'est ainsi, par exemple, que la couleur du genièvre d'automne se change en une brillante nuance d'or. De même, Gautama, tes sens étant complétement purs, le tour de ton visage est complétement pur. Ainsi, par exemple, que le fruit mûr du Tala, aussitôt qu'il est détaché du pédoncule, se revêt d'une nuance dorée, est complétement pur, complétement achevé; de même, Gautama, tes sens sont complétement purs, le tour de ton visage est complétement pur, complétement achevé, comme, par exemple, l'or natif des fleuves du Djambou, qui sort collier de la fournaise, bien façonné par le fils habile de l'orfèvre, parfaitement pur, dégagé de son enveloppe rougeâtre, coloré, parfaitement épuré, parfaitement achevé, et brillant de sa couleur jaune. De même, Gautama, tes sens étant très-bien purifiés, la couleur de ta peau est parfaitement pure, et le tour de ton visage parfaitement pur. Ayouchmat Gautama, par qui as-tu été exercé à l'état de Brahmatchari?

Bhikchous, telles furent ses paroles, et le Tathagata répondit à cet Adjivaka par ces Gathas: Je n'ai eu aucun précepteur; personne n'est semblable à moi; moi seul je suis le Bouddha accompli, devenu calme et sans défaut.

Celui-ci dit: Gautama, me promets-tu que je serai Arhat?

Le Tathagata dit: C'est moi qui suis l'Arhat du monde, moi qui suis l'instituteur sans égal. Parmi les dieux, les Asouras ou les Gandharbas je n'ai pas d'égal.

Celui-ci dit: Gautama, me promets-tu la victoire?

Le Tathagata dit: Tous ceux qui sont parvenus à effacer (leurs) fautes, seront comme moi reconnus Victorieux (*djinas*). Je suis vainqueur de la Loi mauvaise, et par conséquent vainqueur de qui marche dans le vice.

Celui-ci dit: Ayouchmat Gautama, où vas-tu maintenant?

Le Tathagata répondit: Je vais à Varanasi, et après être allé dans la ville des Kacinas, je répandrai une lumière sans égale dans le monde qui est comme aveugle. Je vais à Varanasi, et après être allé dans la ville des Kacinas, je frapperai pour le monde qui est comme sourd le grand tambour de l'immortalité. Je vais à Varanasi, et après être allé dans la ville des Kacinas, je ferai tourner la roue de la Loi qui n'est pas tournée dans le monde.

Cet Adjivaka dit: Il en sera ainsi, Gautama, il en sera ainsi. Et il s'en alla du côté du midi, et le Tathagata se dirigea du côté du nord.

Ensuite, Bhikchous, le Tathagata fut invité par le roi des Nagas Soudarçana du mont Gaya, à s'arrêter et à prendre un repas.

Le Tathagata se rendit après cela à Rohitavastou, puis à Ourouvilvakalpa, puis à Anala, puis dans la ville de Sarathi; et dans tous ces lieux aussi, des maîtres de maison l'invitèrent à s'arrêter et à prendre un repas. Enfin il arriva sur le bord de la grande rivière Ganga.

En ce moment, Bhikchous, la grande rivière Ganga était extrêmement rapide et coulait à pleins bords. Le Tathagata, afin de passer de l'autre côté, s'approcha d'un batelier qui lui dit: Gautama, veuillez payer le passage. Ami, je n'ai pas de quoi le payer. Et en parlant ainsi, le Tathagata passa d'une rive à l'autre à travers le ciel. En voyant cela, le batelier tout chagrin se dit: Celui que je n'ai pas fait passer est vraiment digne d'offrandes. Quelle chose merveilleuse il a faite! Et en parlant ainsi, il tomba à terre tout étourdi.

Ensuite le batelier alla rapporter cet événement au roi Vimbasara: Seigneur, le Çramana Gautama, à qui je demandais le péage, m'a répondu qu'il n'avait pas de quoi le payer. Et en disant cela, il s'en est allé d'une rive à l'autre à travers le ciel. Tel fut le rapport de celui-ci.

Quand il eut entendu ces paroles, le roi Vimbasara abolit pour la suite le péage du pont pour tous les religieux.

Ainsi, Bhikchous, le Bodhisattva allant d'un pays à un autre, arriva enfin à la grande ville de Varanasi. Après y être entré, il revêtit une robe et un vêtement de religieux, prit un vase aux aumônes, et parcourut la grande ville de Varanasi pour les aumônes. Quand il eut demandé l'aumône, recueilli la nourriture qu'on lui donna, et achevé son repas, il se dirigea vers le bois des gazelles de Richipatana et vers le lieu où se trouvaient les cinq de bonne caste. Ceux-ci virent de loin le Tathagata qui venait, et en le voyant ils dirent: Vous qui avez le don d'une longue vie, voilà le Çramana Gautama qui vient, ce relâché, ce gourmand, gâté par la mollesse. C'est lui qui autrefois, par des pratiques difficiles à remplir s'était élevé bien au-dessus de la Loi des hommes, mais qui n'ayant pu se donner le discernement de la vue de la science vénérable, mange à présent beaucoup de nourriture, et par conséquent s'occupe à ramasser une grande quantité d'aumônes. Il est relâché et gourmand; il ne faut rien avoir de commun avec lui; il ne faut ni aller au-devant de lui avec respect, ni se lever; il ne faut prendre ni son vêtement de religieux, ni son vase aux aumônes; il ne faut lui donner ni tapis, ni breuvage préparé, ni où placer ses pieds. A l'exception de ce qui dépasse de ces tapis (qui nous servent de siéges), Ayouchmat Gautama, comme il n'y a pas d'autre place, asseyez-vous, si vous le désirez, sur ce qui dépasse de ces tapis. C'est ainsi qu'ils se concertèrent ensemble.

Ayouchmat Kaundinya ne s'étant pas engagé dans sa pensée ne désapprouva pas cependant par ses paroles.

Bhikchous, à mesure que le Tathagata s'avançait ainsi vers l'endroit où étaient les cinq de bonne caste, ceux-ci, de plus en plus mal à l'aise sur leurs siéges, voulaient se lever. C'est ainsi, par exemple, qu'un oiseau entré dans une volière, étant brûlé par un feu derrière cette volière, veut s'envoler, vite, vite, à cause du feu qui le tourmente. De même, à mesure que le Tathagata s'approchait de ces cinq personnages, ils étaient de plus en plus mal à l'aise sur leurs siéges et voulaient se lever. Pourquoi cela? C'est qu'en voyant le Tathagata, il n'y en a pas, dans la multitude des êtres, un seul qui ne veuille se lever.

Ainsi, à mesure que le Tathagata s'avance vers les cinq de bonne caste, ceux-ci ne pouvant supporter la majesté et la gloire du Tathagata, s'agitent sur leurs siéges, et rompant leurs conventions, se lèvent. Les uns lui témoignent leur respect, les autres vont au-devant de lui, et prennent sa tunique, son vêtement de religieux, son vase aux aumônes; les uns étendent un tapis, les autres y arrangent ses pieds, ceux-ci préparent de l'eau pour ses pieds, et disent : Ayouchmat Gautama, vous êtes le bien-venu ; daignez vous asseoir sur ce tapis.

Bhikchous, le Tathagata s'étant assis sur ce tapis, ces cinq de bonne caste après l'avoir entretenu de sujets propres à le réjouir, nombreux et très-intéressants, se placèrent d'un seul côté près de lui; et tandis qu'ils étaient ainsi placés à côté de lui, ils adressèrent ces paroles au Tathagata : Les sens d'Ayouchmat Gautama sont parfaitement purifiés, la couleur de sa peau est parfaitement pure (*et tout le reste comme plus haut*). Ayouchmat Gautama, y a-t-il en vous, élevé bien au-dessus de la loi humaine, le discernement de la vue de la science vénérable?

Bhikchous, telles furent leurs paroles, et le Tathagata répondit ainsi à ces cinq de bonne caste : Bhikchous, ne donnez pas au Tathagata le titre d'Ayouchmat. Longtemps je vous ai nui, et je ne vous ai donné ni secours, ni bien-être. Bhikchous, je suis arrivé à voir clairement l'immortalité, et la voie qui conduit à l'immortalité. Bhikchous, je suis Bouddha, je connais tout, je vois tout, je suis devenu calme, j'ai effacé les fautes, je suis maître en toutes Lois. Bhikchous, afin que je vous enseigne la Loi, venez, écoutez, soyez empressés, prêtez l'oreille attentivement. Je vous instruirai en vous conseillant. Et quand j'aurai complétement expliqué et complétement enseigné, vous aussi effacerez les fautes ; et votre esprit étant entièrement délivré par la destruction des fautes, la sagesse étant entièrement délivrée dans cette vie même, par la connaissance claire et manifeste de vous-mêmes et par votre application, vous achèverez vos naissances, vous arriverez à être Brahmatcharis, vous aurez fait ce qu'il faut faire, et vous ne connaîtrez plus d'autre existence après celle-ci. Voilà ce que vous apprendrez. Bhikchous qui avez le don de vie, vous avez dit : Voici Gautama qui vient, ce relâché, ce gourmand, qui s'est gâté par sa mollesse, etc., s'il le veut qu'il s'asseye (*et tout le reste comme plus haut*). Ne le pensez vous pas? Bhikchous, ne tenez pas ce langage, leur dit-il. Et en eux les signes des Tirthikas, les étendards des Tirthikas, quels qu'ils fussent, disparurent tous en ce moment. Ils furent munis des trois habits de religieux et du vase aux aumônes, et leurs cheveux furent coupés. C'est ainsi, par exemple, qu'ils devinrent semblables pour la conduite à un Bhikchou qui aurait pendant cent ans, accompli le noviciat. Pour eux le noviciat fut accompli, il en fit des religieux, et ils arrivèrent à la condition de Bhikchou.

Ensuite, Bhikchous, ces cinq Bhikchous étant tombés aux pieds du Tathagata et confessant leur faute, reconnaissent en Tathagata l'instituteur, et sont remplis d'amour, de foi et de respect. Puis en baignant respectueusement le corps du Tathagata dans un étang couvert, ils accomplissent une œuvre parfaitement pure.

Bhikchous, le corps du Tathagata étant rafraîchi, et tandis qu'il sortait du (bain), il lui vint à la pensée : Partout où les Bouddhas parfaits et accomplis d'autrefois se sont arrêtés, ils ont tourné la roue de la Loi. Bhikchous, en quelque lieu de la terre que les Tathagatas d'autrefois aient tourné la roue de la Loi, des centaines de mille (de groupes) de sept choses précieuses sont apparues en ce lieu.

Ensuite le Tathagata, afin de rendre hommage aux Tathagatas antérieurs, ayant tourné autour de trois siéges, comme un lion, sans crainte, il s'assit sur un quatrième siége, les jambes croisées ; les cinq Bhikchous ayant salué les pieds du Tathagata avec leur tête, s'assirent devant lui.

En ce moment, Bhikchous, le Tathagata fit jaillir de son corps une lumière telle, qu'elle enveloppa d'une grande splendeur les régions des trois mille grands milliers de mondes. Par cette splendeur les régions du monde enveloppées de toutes sortes de vices, obscurcies par les ténèbres, où le soleil et la lune, avec leur grande expansion, avec leur grande puissance, ne peuvent tous les deux faire pénétrer la couleur avec la couleur, la lumière avec la lumière, la splendeur avec la splendeur, et ne rayonnent pas ; là où tous les êtres qui y sont nés, ne voient pas même leurs bras étendus, ces régions furent en ce moment illuminées d'une grande splendeur. Tous les êtres qui y étaient nés ne furent pas plus tôt éclairés par cette lumière, que se voyant les uns les autres, ils dirent : Ah! d'autres êtres sont nés ici ; certainement d'autres êtres sont nés ici.

Les trois mille régions de ces grands milliers de mondes ressentirent diversement six tremblements dans l'espace de dix-huit grands Nimitas. Ils furent remués, remués fortement, remués fortement de tous côtés ; ébranlés, ébranlés fortement, ébranlés fortement de tous côtés ; secoués, secoués fortement, secoués fortement de tous côtés ; troublés, troublés fortement, troublés fortement de tous côtés ; résonnèrent, résonnèrent fortement, résonnèrent fortement de tous côtés; retentirent, retentirent fortement, retentirent fortement de tous côtés; s'abaissèrent à leur extrémité, au milieu s'élevèrent; s'abaissèrent au milieu, à l'extrémité s'élevèrent; du côté de l'orient s'abaissèrent, du côté du couchant s'élevèrent; du côté du couchant s'abaissèrent, du côté de l'orient s'élevèrent; du côté du nord s'abaissèrent, du côté du midi s'élevèrent; du côté du midi s'abaissèrent, du côté du nord s'élevèrent. En ce moment furent entendus des sons joyeux, ravissants, délicieux, produisant le contentement, indicibles, harmonieux, dignes d'être loués, qu'on ne peut assez louer, dont on ne peut se rassasier, uniformes, et n'inspirant point de crainte. En ce moment aucun être ne fut blessé, inquiété, effrayé ou épouvanté; en ce moment la splendeur même du soleil et de la lune, de Çiva, de Brahma et des gardiens du monde fut éclipsée; les êtres infernaux, les êtres réduits à la condition de bête et ceux qui sont nés dans le monde de Yama, tous, en ce moment, furent exempts de douleurs et remplis de bien-être. Dans tous les êtres la passion, le dégoût, le trouble, l'envie, la jalousie, la vanité, l'hypocrisie, l'orgueil, la colère, la malveillance et la méchanceté furent détruits. En ce moment tous les êtres eurent les uns pour les autres une pensée de bienveillance, une pensée de charité, et les sentiments d'un père et d'une mère.

Et du milieu de ce jet de lumière se firent entendre ces Gathas : Celui qui est descendu de la région du Touchita, après être entré dans le sein d'une mère, est né dans le jardin de Loumbini; il a été reçu par l'époux de Çatchi (*Indra*). C'est lui qui avec l'énergie et la démarche du lion, après avoir fait sept pas, sans être étonné, a dit : Je suis le seigneur du monde. Et les accents de Brahma se firent entendre. Afin de venir en aide à tous les êtres, il a abandonné quatre Dvipas; et après avoir accompli des pratiques difficiles, il s'est avancé vers Bodhimanda. Après avoir vaincu le démon et son armée, il a obtenu l'Intelligence pour venir en aide au monde. Il est venu à Varanasi et fait tourner la roue de la Loi. C'est là que Brahma avec les dieux l'exhortent en disant : Tourne la roue égale. Et se sentant pris de pitié pour le monde, le Mouni a donné son consentement. Persévérant dans sa pitié, il est venu à Varanasi dans le bois des gazelles (*Mrigadava*), où il tourne la roue sans égale, entouré de merveilles et de gloire. Que celui qui désire entendre la Loi que le Victorieux a obtenue par son passage (dans) des millions de Kalpas, vienne promptement afin d'entendre la Loi. L'apparition d'un homme Bouddha est difficile à obtenir, la foi aussi est très-difficile à obtenir; l'affranchissement des huit (conditions) sans repos est difficile à obtenir. L'audition de la Loi est ce qu'il y a de meilleur. (Toi qui es) arrivé à l'état de Bouddha, après avoir obtenu la foi, l'audition de la bonne Loi, le calme et tout le reste, après avoir abandonné sans exception toute espèce d'immodestie, puisque depuis des millions de Kalpas on n'a pas entendu la Loi, aujourd'hui que tu as obtenu cette existence et abandonné sans exception toute espèce d'immodestie, ô guide, viens vite faire tourner la roue de l'immortalité.

Pendant que les dieux qui président à la terre et ceux des régions de Brahma étaient exhortés par ces paroles, tous les dieux, au son de cette grande voix, au même instant, abandonnèrent toutes leurs richesses divines, et vinrent auprès du Bouddha.

Alors, Bhikchous, les dieux qui président à la terre développèrent dans la ville de Varanasi, dans le bois des Gazelles de Richipatana, afin que la roue de la loi fut tournée, la grande enceinte (surnaturelle) du cercle du Tathagata, élégante, agréable à la vue, large, étendue, de la dimension de sept cents Yodjanas. Les hauteurs du ciel furent décorées par les dieux de parasols, d'étendards, de bannières et de tentures; les fils des dieux Kamavatcharas et Roupavatcharas ayant offert au Tathagata quatre-vingt-quatre mille sièges de lion (trônes), lui disent : Que Bhagavat, rempli de pensées de miséricorde pour nous, après s'y être assis aujourd'hui, daigne tourner la roue de la Loi.

Puis, Bikchous, au même instant, de l'orient, du midi, du couchant, du nord, du zénith, du nadir, de tous les points de l'espace, des milliers de Bodhisattvas ayant (le souvenir de) la prière d'autrefois, s'étant jetés aux pieds du Tathagata, l'exhortèrent à tourner la roue de la Loi. Et tous ceux qui sont de cette région des trois mille grands milliers de mondes, Çakra, Brahma, les gardiens du monde et bien d'autres fils des dieux qui ont un grand pouvoir, qui sont renommés pour leur grand pouvoir, tous ayant salué les pieds du Tathagata avec la tête, lui (dirent :) Tathagata, pour venir en aide aux nombreuses créatures, pour le bien-être des nombreuses créatures, par miséricorde pour le monde, en faveur de la grande assemblée des créatures, des dieux et des hommes, en vue de leur bien-être, ô Bhagavat, daigne tourner la roue de la Loi. Bhagavat, daigne faire l'offrande de la Loi. Daigne faire tomber la grande pluie de la Loi. Daigne déployer le grand étendard de la Loi. Daigne faire résonner la grande conque de la Loi. Daigne battre le grand tambour de la Loi. C'est ainsi qu'ils exhortent à tourner la roue de la Loi.

Et ici il est dit : de ces trois mille (mondes) étant venus Brahma le seigneur des dieux, et les nombreux gardiens (du monde), ils ont dit, après s'être jetés aux pieds du Victorieux : Grand Mouni, rappelle-toi la promesse que tu as faite autrefois :

« Je suis le seigneur suprême ; je mettrai fin aux misères des créatures. » O Mouni, pendant que tu étais auprès de l'arbre de l'Intelligence, tu as dompté le démon et son armée. Revêtu de l'Intelligence pure et calme d'un Bouddha, tu as renversé le tronc de (l'arbre de) la corruption. La pensée que tu médites depuis cent Kalpas, est accomplie tout entière. En voyant les êtres qui sont sans guide, daigne tourner la meilleure des roues. Avec la lumière d'un Sougata, illumine cent mille champs. Les cent fils du Bouddha sont venus, par l'effet d'une puissance surnaturelle. Après avoir fait au Sougata de grands sacrifices de toute sorte, et avoir loué les qualités du Tathagata, ils exhortent le miséricordieux : Le nuage de la miséricorde, l'éclair de la sagesse, la vue surnaturelle sont pareils au vent. Durant mille Kalpas, tous les êtres animés ayant été invités au banquet par le tonnerre, apaise la soif des êtres avec le ruisseau de la pluie qui se divise en huit. Fais croître la moisson de la pensée vraiment délivrée de l'empire des sens. Pendant mille Kalpas, ayant bien compris le vide, tu es resté dans ta nature propre. Toi qui as obtenu le remède produit par la Loi, tu connais la conduite des êtres. Ces créatures tourmentées par cent espèces de douleurs, daigne les délivrer en tournant la roue excellente, remède des Victorieux. Toi qui es arrivé depuis longtemps à l'autre rive, fais croître les six trésors (586). Accumule les richesses de la Loi sans égale, immuable, accomplie. Après avoir regardé toutes les créatures sans guide, pauvres, sans chef, partage les richesses en sept parts, et daigne tourner la roue. Toi qui, pour la recherche de l'Intelligence des Victorieux, as abandonné avec un visage riant les richesses, les biens, la fortune, l'or, les beaux vêtements, les fleurs, les parfums, les essences, les poudres odorantes les plus pures, les palais superbes, la foule des femmes, la royauté et un fils chéri, ô Bouddha, daigne tourner la roue excellente de la Loi. Toi qui, pendant cent Kalpas, as conservé également tes mœurs intactes et sans mélange, toujours patient, occupé de bonnes pensées, zélé, sans abattement, ô Mouni qui possèdes la meilleure méditation profonde, la science complète, la sagesse et la vue surnaturelle, qui as un esprit accompli, qui es exempt de maladie, daigne tourner la roue de la Loi.

Alors, Bhikchous, aussitôt que le Bodhisattva Mahasattva eut la pensée de tourner la roue de la Loi, faite de l'or des fleuves du Djambou, ornée de toutes les choses précieuses, embellie par toutes les choses précieuses, parée de toutes sortes d'ornements, composée de mille rais, lançant mille rayons, avec un moyeu, avec une circonférence, avec des guirlandes de fleurs, avec un réseau d'or, avec des cloches et des clochettes, avec des parfums figurant les lignes de la main, avec une urne pleine, avec un Nandikavartta, avec l'ornement d'un Svastika, décorée de vêtements divins de toutes couleurs, parfumée de l'odeur de fleurs divines, d'essences, de guirlandes ; couverte de tout ce qu'il y a de plus précieux, conquise par les prières antérieures, parfaitement purifiée par la méditation du Bodhisattva. devenue pour les Tathagatas digne de sacrifices, comprise par tous les Tathagatas, non troublée par les paroles solennelles de tous les Bouddhas, cette roue de la Loi, qui a été reçue et tournée autrefois par les précédents Tathagatas Arhats, véritablement Bouddhas parfaits et accomplis, est, pour être tournée, présentée (par les Bodhisattvas et les dieux). Et après l'avoir présentée, ils joignent les mains et louent hautement le Tathagata par ces Gathas :

Tu seras le lion entre les lions des hommes, ô Bouddha. Quand tu as été prédit par Dipangkara, ô être pur, tu as, au même instant, fait la prière que voici : Après avoir obtenu l'Intelligence parfaite, je prêcherai la Loi en l'expliquant. Des dix horizons sont venus ici tout ce qu'il y a d'êtres purs ; ils ne peuvent tous entrer en si grand nombre. Penchés, les mains jointes et s'inclinant devant tes pieds, pour que tu fasses tourner la roue de la Loi, ils t'exhortent, ô joie de la race de Çakya. Toutes les évolutions exécutées à Bodhimanda par les dieux, les évolutions exécutées par tous les fils des Victorieux, toutes ces richesses déployées ici, l'ont été pour faire tourner la roue de la Loi, afin que, le Kalpa étant complètement achevé, la parole ne soit pas sans accomplissement. Le ciel des trois mille mondes est rempli des troupes des dieux, le sol de la terre est couvert d'Asouras, de Kinnaras et d'hommes. En ce moment nul bruit importun ne se fait entendre. Tous, l'esprit très-attentif, considèrent le Victorieux.

Ainsi Bhikchous, le Tathagata, passa la première veille de la nuit sans rien dire. A la veille du milieu de la nuit, il prononça des discours allant au cœur, et à la dernière veille de la nuit, il appela les cinq (personnages) de bonne caste et leur adressa ces paroles : Bhikchous, ces deux extrêmes ne sont pas ce qui fait entrer en religion :

1° Quiconque pour les désirs amasse des aumônes, est vulgaire, grossier, de basse naissance, n'est pas prévenant pour les (gens) vénérables, est porté au mal ; (celui-là) ne devient pas dans la suite Brahmatchari, ne devient pas humble, ne devient pas exempt de toute passion, n'arrive pas à être sans entrave, ne devient pas vraiment savant,

---

(586) Les six vertus principales (?) : la charité, les bonnes mœurs, la patience, l'application, la méditation, la sagesse (?).

n'arrive pas à l'Intelligence accomplie, n'arrive pas au Nirvana.

2° Et quiconque n'est pas dans la voie du milieu, use mal de son corps, est un misérable et porté au mal, dans cette vie de douleurs et dans celle qui suit, mûrit toujours la douleur.

Bhikchous, après avoir abandonné ces deux extrêmes, le Tathagata enseigne la Loi par la voie qui tient le milieu (entre eux), comme par exemple la vue parfaite, le jugement parfait, le discours parfait, la fin de l'œuvre parfaite, (le mode de) la subsistance parfaite, l'application parfaite, le souvenir parfait et la méditation profonde parfaite.

Bhikchous, voici quelles sont les quatre vénérables vérités : la douleur, l'origine de la douleur, l'empêchement de la douleur, le moyen d'arriver à empêcher la douleur.

Et maintenant, qu'est-ce que la douleur ? C'est la douleur de la naissance, de la vieillesse, de la maladie, de la mort; l'union avec ce qu'on n'aime pas et la séparation d'avec ce qu'on aime. Tout désir non accompli est une douleur. En un mot, la réunion des cinq conceptions, voilà la douleur; c'est là ce qui est dit la douleur. Et maintenant, quelle est l'origine de la douleur ? C'est cette soif de l'être, c'est d'avoir la passion du plaisir, c'est le plaisir goûté çà et là. Voilà ce qui est l'origine de toute douleur. Et maintenant, qu'est-ce qui est l'empêchement de la douleur ? C'est d'être sans retour détaché de cette soif de renaître, (détaché) de toute passion qu'on a du plaisir, et du plaisir goûté çà et là ; (c'est d'être détaché du désir) de la procréation et de toute passion sans exception, pour ce qui est acquis ; voilà l'empêchement de la douleur. Et maintenant, quelle est la voie qui conduit à empêcher la douleur ? C'est la vénérable voie qui a huit branches, depuis la vue parfaite jusqu'à la méditation profonde parfaite. C'est là la voie qui conduit à empêcher la douleur, et qui est dite la vénérable vérité. Bhikchous, ces quatre choses sont appelées vénérables vérités.

Bhikchous, dans des sujets auparavant inconnus, j'ai dit : Voilà la douleur. Et partant de l'origine, en méditant dans mon esprit et en méditant longtemps, la science a été produite, l'œil (surnaturel) produit, la connaissance produite, la science abondante produite, la sagacité produite, la sagesse produite, la lumière est apparue.

Bhikchous, dans des sujets auparavant inconnus, j'ai dit : Voilà l'origine de la douleur. Et partant de l'origine, en méditant dans mon esprit et en méditant longtemps, la science a été produite, l'œil (surnaturel) produit, la connaissance produite, la science abondante produite, la sagacité produite, la sagesse produite, la lumière est apparue.

Bhikchous, dans des sujets auparavant inconnus, j'ai dit : Voilà l'empêchement de cette douleur. Et dès le commencement, en méditant dans mon esprit et en méditant longtemps, la science a été produite, etc.

Bhikchous, dans des sujets auparavant inconnus, j'ai dit : Voilà la voie qui conduit à empêcher la douleur; et depuis ces mots jusqu'à « la lumière est apparue, » le reste comme plus haut.

Bhikchous, j'ai dit : Je reconnaîtrai parfaitement la douleur; et depuis ces mots jusqu'à « la lumière est apparue, » le reste comme plus haut.

Bhikchous, dans des sujets auparavant inconnus, j'ai dit : J'écarterai cette origine de la douleur; et depuis ces mots jusqu'à « la lumière, » tout (le reste) comme plus haut.

Bhikchous, j'ai dit : Je produirai cet empêchement de la douleur; et depuis ces mots jusqu'à « la lumière, » comme plus haut.

Bhikchous, j'imaginerai cette voie qui conduit à empêcher la douleur; et depuis ces mots jusqu'à « la lumière, » comme plus haut.

Bhikchous, dans des sujets auparavant inconnus, j'ai dit : Je connais parfaitement cette douleur; et le reste comme plus haut.

Bhikchous, dans des sujets auparavant inconnus, j'ai dit : J'ai écarté cette origine de la douleur; et le reste comme plus haut.

Bhikchous, dans des sujets auparavant inconnus, j'ai dit : J'ai produit cet empêchement de la douleur; et le reste comme plus haut.

Bhikchous, dans des sujets auparavant inconnus, j'ai dit : J'ai imaginé cette voie qui conduit à empêcher la douleur. Et partant de l'origine, en méditant dans mon esprit et en méditant beaucoup, la science a été produite, l'œil (surnaturel) produit, la connaissance produite, la science abondante produite, la sagacité produite, la sagesse produite, la lumière est apparue.

C'est ainsi, Bhikchous, qu'en réfléchissant, à partir de l'origine, sur ces quatre vénérables vérités, et en y revenant trois fois, tant que la vue de la science qui roule sur douze spécifications ne fut pas produite, je ne fis pas alors de promesse, en disant : Je deviendrai Bouddha, revêtu de l'Intelligence parfaite et accomplie. Et la vue de la science ne fut pas produite en moi.

Bhikchous, dans la suite, après que j'eus répété trois fois de même ces quatre vérités, la vue de la science qui roule sur douze spécifications étant produite, l'esprit ayant été parfaitement délivré par moi, la sagesse parfaitement délivrée et rendue complètement exempte de trouble, dans la suite, Bhikchous, j'ai fait une promesse, en disant : Je deviendrai Bouddha, revêtu de l'Intelligence parfaite et accomplie. Ma vue de la science a été produite, j'ai achevé (la série de) mes connaissances, j'ai exercé l'état de Brahmatchari, j'ai fait ce qu'il fallait faire, et je ne connais plus d'autre existence que celle-ci.

Et ici il est dit : Célébré par les chants de Brahma et les discours des Kinnaras, (devenu) éminent par (ses naissances en) mille Nayoutas de corps, ayant toujours, pendant dix millions de kalpas, médité attentivement la vérité, existant par lui-même, Çakya Mouni a dit à Kaundinya : L'œil, l'oreille, le nez, n'étant ni durables, ni solides ; la langue, le corps, l'esprit, la douleur, n'ayant pas conscience d'eux-mêmes, sont vides. Inanimés de leur nature, ils sont insensibles comme de l'herbe ou un mur. Là où le nom n'a pas conscience de lui-même, l'existence n'est pas. Toutes ces substances sont produites en s'appuyant sur une cause. (Si elles sont) privées de la vue du limité et de l'illimité, elles sont pareilles aux (espaces des) cieux. L'agent n'étant pas, il n'y a, par cela même, plus de sensation ; l'œuvre accomplie par la vertu et le vice s'efface. C'est donc en s'appuyant sur les agrégations que la douleur est produite, et considérablement augmentée dans sa production par l'eau du désir. A l'aide de la recherche, quand on a bien vu la parité de toutes les substances, d'immenses dépérissements sont empêchés par l'épurement des substances. Par l'effet d'un jugement résultant d'un examen qui ne remonte pas à l'origine, l'ignorance est produite, et il n'y a plus alors d'agent producteur (reconnu). La cause de l'idée (sanskara) étant enlevée, il n'y a plus de transmigration. (En effet,) en s'appuyant sur la transmigration, la connaissance complète est produite ; de la connaissance complète naissent le nom et la forme ; du nom et de la forme naissent les six sens. Dans la réunion de ces sens est, dit-on, le toucher. Du toucher naissent trois espèces de sensations. Toute sensation, quelque petite qu'elle soit, s'explique par le désir. C'est du désir que naît tout l'amas des douleurs. De la conception viennent toutes les existences ; à cause de l'existence vient la naissance. Du point d'appui de la naissance viennent la vieillesse, la maladie, la douleur, le réseau de l'existence, et cette variété de naissances nombreuses. Telle est la cause de la production de toutes ces créatures. Pas une intelligence émigrante, quelle qu'elle soit, n'est (par) elle-même. Là où il n'y a ni doute ni indécision, est, dit-on, (la connaissance de) l'origine ; partout où l'on remonte à l'origine, il n'y a aucune ignorance. L'ignorance étant empêchée, les branches de l'existence sont toutes épuisées, purifiées, et par l'épuisement empêchées. C'est cette cause que le Tathagata a comprise ; c'est pourquoi, existant par lui-même, il s'est lui-même prédit. Excepté celui qui est Bouddha jugeant les causes, on ne dit pas : Les régions des sens réunis sont Bouddha. Ici les Paratirthikas sont sans base fixe. Dans une pareille composition de la substance, une discussion est vide. Les êtres véritablement très-purs qui ont accompli autrefois l'œuvre d'un Bouddha, ont en partage la connaissance de la Loi (dharma), de sorte que la roue de la Loi a été bien tournée de douze manières. Par Kaundinya, qui connaît tout, ont été découvertes les trois raretés principales : Bouddha, la Loi, l'assemblée (des fidèles) ; telles sont les trois raretés principales. De même que dans la cité séjour de Brahma un son s'en va à travers l'espace, de l'un à l'autre, la roue (de la Loi), exempte de poussière (radjas), a été bien tournée par le guide protecteur du monde. Toutes les fois que sont apparues les trois raretés principales, elles ont été très-rares dans le monde. Kaundinya et les autres (c'est-à-dire) les cinq Bhikchous (de bonne caste), puis les six cents millions de dieux, ont parfaitement purifié l'œil de la Loi ; et pendant que la roue de la Loi était tournée, les dieux Roupadhatoukas et d'autres, au nombre de huit cents millions, purifièrent complètement (en eux-mêmes) l'œil (de la Loi). Quatre-vingt-quatre mille d'entre les humains s'étant approchés, et eux aussi ayant purifié complètement l'œil (de la Loi), furent tous délivrés de la mauvaise voie. Au même instant, du fond des dix horizons, les accents de Bouddha se font entendre :

Celui-ci, le meilleur des Çakyas, doué des dix forces, après être allé à Richipatana, a tourné à Varanasi la roue excellente de la Loi, et pas d'autre.

Et ces accents allant au cœur, et de bon augure, furent proclamés dans toute l'étendue de l'atmosphère. Aux dix horizons, tout ce qu'il y a de Bouddhas restèrent silencieux. Tous ceux qui servent avec respect ces Mounis victorieux leur demandèrent : Pourquoi, après avoir entendu ces accents, ceux qui ont les dix forces ont-ils interrompu les discours de la Loi ? Pourquoi restent-ils silencieux ? Qu'ils daignent promptement dire de belles paroles.

(Ceux-ci dirent :) Cent mille Bodhisattvas ont autrefois, par la force de l'application durant cent existences, obtenu l'Intelligence, et se sont arrêtés là. Puis celui qui vient en aide, parfaitement purifié, ayant obtenu le bonheur de l'Intelligence, la roue (de la Loi) ayant été bien tournée de trois manières par celui-ci, ils sont restés silencieux.

Après avoir entendu les paroles de ces Mounis, des milliards d'êtres, la force de la bienveillance étant produite, demeurèrent dans le bonheur de l'Intelligence pure. Nous aussi, (dirent-ils, aidés) par ce Mouni, nous nous sommes élevés par la force de l'application, après avoir été bien instruits. Donnons promptement au monde l'œil de la meilleure Loi du monde.

Ensuite le Bodhisattva Mahasattva Maitreya adressa ces paroles à Bhagavat : Bhagavat, ces Bodhisattvas Mahasattvas rassemblés des dix horizons du monde désirant apprendre de Bhagavat (quelles sont) les différentes espèces de transformation de la roue de la Loi tournée, que Bhagavat Tathagata, à cause de cela, (dise) de quelle espèce est la roue de la Loi bien tournée; que le Tathagata Arhat, véritablement Bouddha parfait et accompli, veuille nous le bien expliquer.

Bhagavat dit : Maitreya, cette roue de la Loi est profonde, parce qu'elle est insaisissable. Cette roue, parce qu'elle est sans seconde, est difficile à voir. Cette roue, parce qu'elle ne peut être soumise à l'esprit par un effort de l'esprit, est difficile à comprendre. Cette roue, parce qu'elle juge dans une égalité de science, et de science qui distingue, est difficile à bien connaître. Cette roue, parce qu'elle obtient une délivrance complète (*vimokcha*) sans obscurité, n'est pas troublée. Cette roue, parce qu'elle est sans juxtapositions (étrangères), est déliée. Cette roue, parce qu'elle est obtenue par une science pareille à la foudre, est une essence. Cette roue, parce qu'elle n'est pas sortie d'une limite antérieure, est indivisible. Cette roue, parce qu'elle est exempte de toutes les taches (causées par) des préoccupations, est sans préoccupation. Cette roue, parce qu'elle a très-bien atteint le but, est sans désordre. Cette roue, parce qu'elle est égale au ciel, pénètre partout. Maitreya, cette roue de la Loi qui enseigne complètement la nature et l'essence de toutes les substances, est la roue de la destruction. C'est une roue sans naissance, sans entrave, sans origine. C'est une roue sans cause première. C'est une roue qui comprend la règle de la Loi incompréhensible, vraiment incompréhensible. C'est la roue du vide même. C'est la roue sans signe. C'est la roue sans désir. C'est la roue en dehors de l'idée formulée. C'est la roue de la solitude. C'est la roue sans passion. C'est la roue de la restriction. C'est la roue approfondie par le Tathagata. C'est la roue non mêlée aux régions de la substance. C'est la roue nullement troublée de la limite pure. C'est la roue sans désir et sans obscurité. C'est la roue qui a vraiment dépassé la vue double en traversant l'appui (où elle pose). C'est la roue sans fin et sans milieu des régions de la Loi, complètement exempte d'agitation. C'est la roue qui n'interrompt jamais l'acte spontané du Bouddha. C'est la roue qui ne se manifeste pas, ne se développe pas. C'est la roue tout à fait invisible. C'est la roue qu'on ne prend pas, qu'on ne jette pas. C'est la roue ineffable. C'est la roue pareille à la nature visible. C'est la roue qui pénètre également toutes les substances d'un objet. C'est la roue qui, en vue de la discipline des êtres, n'est pas détournée par les conjurations. C'est la roue sans seconde, sans lieu qui l'arrête, entrée dans la règle au sens le plus pur. C'est la roue qui rassemble vraiment dans la région de la Loi. Cette roue, bien au delà de toute mesure, est incommensurable. Cette roue, dépassant tout calcul, est incalculable. Cette roue, bien au delà de la voie des êtres, n'est pas comprise par la pensée. Cette roue, dépassant toute comparaison, est sans égale. Cette roue, dépassant tout mode du langage et de la parole, est ineffable. Immense, sans pareille, dénuée de pareille, égale et semblable au ciel, sans coupure, non immobile, pénétrant l'appui (où elle repose) sans le briser, calme, calme au plus haut point, réalité de la nature elle-même, exempte d'erreur, n'étant pas autre et ne devenant pas autre, parlant dans la langue de tous les êtres, subjuguant les démons, vainquant les Tirthikas, ayant bien dépassé les séjours de la transmigration, entrée dans la région de Bouddha, parfaitement connue des vénérables hommes intérieurs (*Poudgalas*), comprise par les Pratyeka Bouddhas, bien portée par les Bodhisattvas, et non divisée par tous les Tathagatas.

Chapitre appelé Action de tourner la roue de la Loi, le vingt-sixième.

CHAPITRE XXVII.
CONCLUSION.

Les fils des dieux qui s'étaient rassemblés au temps où le Bouddha tournait la roue de la Loi, expliquent aux autres fils des dieux tous les avantages qui résultent de la propagation et de l'étude du Lalita vistara. — Fruits qu'on retire des sacrifices aux Bouddhas. — Mérite de celui qui communique le présent livre aux étrangers. — Noms de ceux qui ont traduit ce livre du sanscrit en thibétain.

Cependant les fils des dieux qui étaient venus adresser au Tathagata la prière d'expliquer ce développement de la Loi, Maheçvara, Nandana, Sounandana, Tchandana, Mahita, Çanta, Praçanta, Viniteçvara et tous les autres au nombre de dix-huit mille, qui s'étaient rassemblés au temps où le Tathagata tournait la roue de la Loi, étant présents, Bhagavat parla ainsi à Maheçvara et aux autres fils des dieux Çouddhavasakayikas :

Amis, cette partie des Soutras, appelée Lalitavistara, grande, étendue, (qui a pour sujet) les jeux du Bodhisattva entré en se jouant dans la région d'un Bouddha, et racontée par le Tathagata en vue de lui-même, portez-la, retenez-la, récitez-la, enseignez-la bien en détail aux assemblées ; car c'est ainsi que l'observance de ma loi s'étendant, les hommes intérieurs (*Poudgalas*) qui ont le Véhicule du Bodhisattva, ayant entendu ce développement de la Loi, arriveront au plus ferme héroïsme de l'Intelligence sans supérieure, parfaite et accomplie. Les êtres qui lui porteront un grand respect, feront naître l'impétuosité de la pluie de la grande Loi. Les troupes du démon seront complétement détruites ; tous ceux qui raisonnent contre (ce Soutra) ne trouveront plus l'occasion (de raisonner). Pour vous qui (m') avez exhorté à expliquer la Loi, la racine de la vertu produira un grand effet, un grand fruit, un grand secours. Amis, celui, quel qu'il soit, qui s'inclinera les mains jointes devant ce Lalitavistara, développement de la Loi, obtiendra les huit choses (*dharma*) excellentes. Quelles huit (choses)? Par exemple, il obtiendra un corps excellent, une force excellente, une suite excellente de serviteurs, un courage excellent, des conditions d'existence excellentes, un esprit pur par excellence, une méditation profonde, accomplie et excellente, l'éclat par excellence de la sagesse. Telles sont les huit choses excellentes qu'il obtiendra.

Amis, celui, quel qu'il soit, qui étend un tapis de la Loi au prédicateur de la Loi, qui désire enseigner ce développement de la Loi, le Lalitavistara, aussitôt que le tapis aura été étendu obtiendra la connaissance de huit tapis. Quels huit (tapis)? Par exemple, il obtiendra le tapis du chef des marchands, le tapis du chef de maison, le tapis du Tchakravartin, le tapis de Çakra, le tapis du Vaçavartin, le tapis de Brahma, le siége du lion vainqueur des oppositions du démon, qui est allé à Bodhimanda, (lieu) excellent et pur, (du lion) qui est devenu un Bodhisattva qui ne renaît plus ; il obtiendra la connaissance du tapis de celui qui s'est revêtu de la qualité sans supérieure, parfaite et accomplie de l'Intelligence, et est devenu Bouddha accompli, de celui qui tourne la roue de la Loi sans supérieure. Tels sont les huit tapis dont il obtiendra la connaissance.

Amis, celui, quel qu'il soit, qui donnera son approbation en disant: C'est bien! au prédicateur expliquant cette partie de la Loi, le Lalitavistara, obtiendra les huit œuvres parfaitement pures de la parole. Quelles huit (œuvres)? Par exemple : L'action conforme à la parole, en ce que l'œuvre de la parole est, en se conformant à la vérité, parfaitement pure ; la parole facile à retenir, parce qu'elle domine une assemblée ; la parole facile à accepter, parce qu'elle ne violente pas ; la parole douce et agréable, parce qu'elle n'est pas blessante ; la parole semblable à la voix du Kalabingka, parce qu'elle apaise le corps et l'esprit ; la parole agréable, parce qu'elle rassemble les êtres ; la parole semblable à celle de Brahma, parce qu'elle domine toutes les voix ; la parole semblable à la voix retentissante du lion, parce qu'elle n'est pas dominée par toutes les oppositions, et qui, parce qu'elle apaise complétement les sens de tous les êtres, est la voix de Bouddha. Telles sont les huit œuvres de la parole, parfaitement pures, qu'il obtiendra.

Amis, celui, quel qu'il soit, qui écrira en volume cette partie de la Loi, le Lalitavistara, ou la portera, ou la lira, ou la respectera, ou la vénérera, ou lui rendra hommage, ou lui fera des sacrifices, et avec une pensée exempte d'envie, répétera ses louanges aux quatre horizons (en disant) : Venez, mettez par écrit cette partie de la Loi, portez-la, lisez-la, méditez-la, récitez-la; celui qui agira ainsi, obtiendra les huit grands trésors.

Quel huit (grands trésors)? Le trésor de la mémoire, en n'oubliant pas; le trésor de la prudence, en analysant parfaitement avec l'intelligence ; le trésor du jugement, en comprenant très-bien le sens particulier de tous les Soutras ; le trésor de l'aptitude, en saisissant tout ce qu'il aura entendu ; le trésor de l'énergie, en apaisant tous les êtres en expliquant le bien ; le trésor de la Loi, par l'observance parfaite de la bonne Loi ; le trésor de l'esprit de l'Intelligence, par (le fait de) la non-interruption de la famille des trois raretés principales ; le trésor de l'avancement, en acquérant la patience des substances qui ne naissent plus. Tels sont les huit grands trésors qu'il obtiendra.

Amis, celui, quel qu'il soit, qui, l'enseignant bien, portera cette partie de la Loi, le Lalitavistara, complétera les huit collections. Quelles huit (collections)?

Ainsi, avec un esprit exempt d'envie, il complétera entièrement la collection du don; par l'entier accomplissement de toutes les pensées de la vertu, il complétera entièrement la collection des bonnes œuvres; afin d'acquérir la sagesse exempte de passion, il complétera entièrement la collection de la tradition ; afin de faire vraiment toutes les entrées dans la méditation profonde et dans l'indifférence (mystique), il complétera entièrement la collection des séjours du calme; afin de très-bien compléter la connaissance de la triple science (*trividya*), il complétera entièrement la collection de la vue surnaturelle; afin de purifier entièrement le signe, la bonne proportion et l'ornement du champ de Bouddha, il complétera entièrement la collection des bonnes œuvres, afin de contenter tous les êtres avec les égards convenables, il complétera entièrement la collection de la sagesse ; afin de conduire à une entière maturité et rendre sans tache tous les êtres, il complétera entièrement la collection de la miséricorde. Telles sont les huit collections qu'il complétera entièrement.

Amis, celui, quel qu'il soit, qui, ayant un esprit tel que, par exemple, après avoir pensé à la manière dont ces êtres obtiendront de pareilles choses, il expliquerait bien en détail aux autres cette partie de la Loi, le Lalitavistara, obtiendra par cette racine de vertu les huit grandes qualités pures. Quelles huit (grandes qualités pures)? Ainsi il obtiendra d'être roi Tchakravartin, c'est la première des grandes qualités pures. Il exercera l'empire sur les dieux Tchatourmaharadjkayikas, c'est la deuxième des grandes qualités pures. Il deviendra Çakra le maître des dieux, c'est la troisième des grandes qualités pures. Il deviendra Souyama, fils d'un dieu, c'est la quatrième des grandes qualités pures. Il sera un dieu Santouchita, c'est la cinquième des grandes qualités pures. Il sera un Sounirmita, c'est la sixième des grandes qualités pures. Il sera un roi Vaçavartin des dieux, c'est la septième des grandes qualités pures. Il arrivera à la pureté du grand Brahma, c'est la huitième des grandes qualités pures; et enfin il sera un Tathagata Arhat Bouddha parfait et accompli, ayant abandonné toutes les doctrines du vice, et possédant toutes les doctrines de la vertu. Telles sont les huit grandes qualités pures qu'il obtiendra.

Amis, celui qui écoutera d'une oreille attentive l'explication de cette partie de la Loi, le Lalitavistara, obtiendra les huit puretés de l'esprit. Quelles huit (puretés)? Ainsi, afin de dompter toutes les passions, il obtiendra la bienveillance; afin de rejeter toutes les malices, il obtiendra la pitié; afin d'éloigner toutes les tristesses, il obtiendra la joie; afin de rejeter les colères et les emportements, il obtiendra l'indifférence (mystique); afin d'exercer l'empire sur toutes les régions du désir, il obtiendra les quatre méditations; afin d'exercer l'empire sur l'esprit, il obtiendra les quatre entrées dans le calme (résultant) de l'absence du corps; afin de faire aller et arriver à l'autre champ de Bouddha, il obtiendra les cinq sciences véritables; afin d'avoir la méditation profonde qui s'avance héroïquement, il obtiendra de dominer complétement toutes les régions de la terreur. Telles sont les huit puretés de l'esprit qu'il obtiendra.

Amis, dans le village, la ville, le faubourg, la contrée ou partie de contrée déserte, la promenade, le Vihara, quels qu'ils soient, où cette partie de la Loi, le Lalitavistara, aura été pratiquée, excepté (les craintes qui résultent de) la maturité complète des œuvres antérieures, les huit craintes ne naîtront plus. Quelles huit (craintes)? Ainsi la crainte du trouble causé par le roi ne naîtra plus; la crainte du trouble des voleurs ne naîtra plus; la crainte du trouble des serpents ne naîtra plus; la crainte du trouble de la famine dans un désert ne naîtra plus; la crainte du trouble des querelles réciproques, des disputes, des divisions, des vexations, ne naîtra plus; la crainte du trouble des dieux ne naîtra plus; la crainte du trouble des Nagas ne naîtra plus; la crainte du trouble des Yakchas et le reste ne naîtra plus. Telles sont, amis, les huit craintes, qui, excepté (celles qui résultent de) la maturité complète des œuvres antérieures, ne naîtront plus.

En un mot, amis, quand même le Tathagata, en demeurant dans la vie l'espace d'un Kalpa, dirait sans interruption les louanges de cette partie de la Loi, le Lalitavistara, les louanges de cette partie de la Loi n'arriveraient pas à leur terme, et l'énergie du Tathagata ne serait pas épuisée.

Amis, telles sont les mœurs pures du Tathagata, sa méditation profonde, sa sagesse, sa libération parfaite, la vue incommensurable, illimitée de sa science entièrement émancipée, qu'aussi, amis, des êtres, quels qu'ils soient, qui parviendraient à retenir cette Loi développée, à saisir cette partie de la Loi, à la porter, à la lire, à l'écrire en manuscrit, à la faire écrire en manuscrit, à s'y identifier entièrement, à l'enseigner clairement en détail au milieu d'une assemblée, auraient des qualités illimitées.

Ensuite Bhagavat adressa ces paroles à Ayouchmat Maha Kacyapa, à Ayouchmat Ananda et au Bodhisattva Mahasattva Maitreya : Amis, l'Intelligence suprême, parfaite et accomplie que j'ai acquise complétement dans l'espace incommensurable de cent mille millions de Kalpas, je la dépose en vos mains, je la dépose par un dépôt suprême. Vous-mêmes, prenez cette partie de la Loi, enseignez-la bien en détail aux autres.

Bhagavat parla ainsi, et, en même temps, afin de faire un dépôt large et complet de cette partie de la Loi, il prononça ces Gathas.

Aux êtres que j'ai vus avec mon regard de Bouddha, lesquels, comme les fils de Çari, sont devenus Arhats, si quelques-uns des sacrifices aussi nombreux que les sables de la Ganga, pendant des millions de Kalpas; si quelques-uns, pendant une nuit et un jour, avec la plus grande joie, font aux Pratyeka-Bouddhas une offrande de guirlandes, ainsi que de toutes sortes de choses excellentes, ils s'élèveront beaucoup par l'accomplissement de cette bonne œuvre.

Quiconque à tous les êtres (qui sont) devenus d'eux-mêmes des Victorieux fera un sacrifice modestement, en distribuant, pendant de nombreux Kalpas, de la nourriture, des breuvages et des habits, des fleurs, des parfums et des essences; quiconque fait au Tathagata seul et unique une salutation avec un esprit pur, en disant ces paroles : Salut à l'Arhat! aura, à cause de cela, le plus grand de tous les mérites.

Quiconque fera à tous les êtres qui ont obtenu d'être Bouddhas un sacrifice comme plus haut, pendant de nombreux Kalpas, en offrant toutes sortes de fleurs divines et ce qu'il y a de meilleur chez les hommes; quiconque, au temps où la bonne Loi est complétement détruite, abandonne son propre corps ainsi que sa vie, et, dans l'espace d'un jour, comprend ce Soutra, par cela même élèvera beaucoup ses mérites.

Quiconque désire faire un sacrifice aux véritables guides, aux Victorieux qui le sont par eux-mêmes, ainsi qu'aux Çravakas, celui-là ayant fait naître sûrement la pensée de l'intelligence, comprendra toujours bien ce Soutra. De tous les beaux discours de tous les Tathagatas qui sont apparus, celui-ci est le roi. Toute maison où cette perle des Soutras se trouve, le Tathagata y demeure toujours.

Quiconque donne ce Soutra aux étrangers, en ne disant qu'un mot, celui-là, pendant des millions de Kalpas, par les fruits de cette parole, par son sens incorruptible, ne se corrompra pas, obtiendra une énergie et une vertu infinies.

Quiconque ayant écouté cette Loi s'y identifiera entièrement, ne sera, à l'exception du Guide des hommes, inférieur à personne, il n'y aura pas un seul être semblable à lui; comme l'Océan, il ne connaîtra pas de déclin.

Bhagavat ayant parlé ainsi, les fils des dieux Mahêçvaras et le reste des dieux Çouddhavasakayikas, Maitreya et tous les autres Bodhisattvas Mahasattvas, Maha Kaçyapa et le reste des Maha Çravakas, Ayouchmat Ananda, les mondes des dieux, des hommes, des Asouras et des Gandharbas se réjouirent, et louèrent hautement les enseignements de Bhagavat.

Chapitre appelé Conclusion, le vingt-septième.
Le vénérable Soutra du grand Véhicule, appelé Lalitavistara, est achevé.

Les savants Indiens Djinamitra, Danacila, Mounevarma, et le maître interprète correcteur (thibétain) Ye-ches-de l'ont traduit, corrigé, rédigé en langue (thibétaine) moderne, et mis en ordre (587).

(587) Ceci ne regarde que la version thibétaine, la rédaction sanscrite supposée recueillie de la bouche du Bouddha lui-même ayant dû rester intacte

LES LIVRES SACRÉS DE TOUTES LES RELIGIONS

SAUF LA BIBLE.

TROISIÈME PARTIE.

LIVRES RELIGIEUX DES PARSIS.

SECTION UNIQUE.

MYTHOLOGIE.

AVANT-PROPOS.

§ 1. — *Aperçu sur Zoroastre et sur ses écrits.*

Nous n'avons pas ici à discuter ni même à exposer avec détail les opinions controversées entre de nombreux érudits au sujet de l'existence de Zoroastre, de l'époque où il a vécu, des doctrines qu'il a enseignées.

Parmi les divers travaux qu'on peut consulter afin de posséder sur le personnage de Zoroastre, sur ses doctrines et le système religieux dont on lui attribue l'origine, des notions développées qui ne sauraient trouver place ici, nous mentionnerons l'article Zoroastre dans la *Biographie universelle*, tom. LII, le livre de M. J. Menant, *Essais sur la philosophie religieuse de la Perse*, 1845, in-8° (Voy. le *Journal des Savants de Normandie*, 1844, p. 865-869); le *Dictionnaire des sciences philosophiques*, tom. V (Article *Doctrine des Perses*).

N'oublions pas les écrits de MM. Pastoret: *Zoroastre, Confucius et Mahomet comparés comme sectaires, législateurs et moralistes*, Paris, 1787, in-8°, et A. Hoelty : *Zoroaster und sein Zeitalter*: Lunebourg, 1836, in-8°.

Nous n'avons pas eu l'occasion de rencontrer deux dissertations académiques qui, publiées à l'étranger, sont très-peu répandues en France ; G. O. Moberger : *Dissertatio de Zoroastre et codice qui vulgo ei tribuitur Zend-Avesta*, Lund. 1807 ; T. P. Bergsma : *Dissertatio de Zoroastris quibusdam placitis cum doctrina christiana comparatis*, Lugd. Batav. 1825.

Des écrits relatifs à Zoroastre, la plupart antérieurs au xix° siècle et devenus aujourd'hui d'un bien faible secours, sont énumérés dans la *Bibliographie biographique* de M. OEttinger, Bruxelles, 1854, col. 1940; il serait inutile d'en reproduire les titres.

Le nom de Zoroastre est une forme occidentale donnée au mot zend *Zarathastra*; plus tard on en fit zarathust, zarduscht ; on a dit qu'il signifiait étoile d'or.

Lorsqu'après les conquêtes d'Alexandre, l'Orient se mêla à la Grèce, il se forma une doctrine composée des anciennes croyances de la Perse, de superstitions diverses, de philosophie grecque, et elle produisit des écrits qui portèrent le nom de Zoroastre. Ce fut surtout à Alexandrie qu'ils circulèrent.

Hermippe de Smyrne, dans ses écrits sur les sciences occultes, avait, au dire de Pline, reproduit la substance d'un bien grand nombre de vers composés par Zoroastre (*vicies centum millia versuum à Zoroastre condita*).

Il existait sous ce nom des ouvrages sur l'astrologie, sur la physique, sur les pierres, ainsi que le témoignent Suidas et Pline. Eusèbe (*Prépar. évang.*, l. 1, c. 42) les cite également.

On répandit comme l'œuvre du prophète persan de prétendus oracles qui sont regardés aujourd'hui comme composés par un certain Julien surnommé *Theurgus*; ils se trouvent dans l'édition donnée par Obsopœus des *Oracula sibyllina*, 1599, et dans celle de Galle, 1689, dans l'*Historiæ litterariæ Prodromus* de Lambecius, dans l'*Historia philosophiæ* de Stanley (Leipzig, 1711, in-4°, p. 1178); François Patrizzi en donna une édition spéciale, Ferrare, 1591; Venise, 1593. Consulter aussi à cet égard Brucker, *Historia critica philosophiæ*, t. I, p. 152: Fabricius, *Bibliotheca græca*, t. I, p. 307, édit. de Harles ; Roeth, *Geschichte der abendlandischen Philosophie*, t. I, p. 362.

Les doctrines des Védas dont nous avons déjà fait mention se retrouvent en certains points du système des Parsis. Ceux-ci adoraient le soleil sous le nom de *Mitra*, nom que les plus anciens hymnes sanscrits donnent à cet astre ; le *Soma*, dont nous avons déjà longuement parlé, se reconnaît dans le *hom*, cet élément mystérieux du culte des sectateurs de Zoroastre.

Le Zend-Avesta, nom donné aux écrits qui forment le code religieux des Parsis ou sectateurs de Zoroastre, signifie *parole vivante*; ces livres forment une série de services liturgiques propres aux diverses occasions du culte et de l'existence civile. Ils se partagent en cinq portions : le *Vendidad-Sadé*, base de la loi ; l'*Izeschné*, élévation de l'âme ; c'est un recueil de prières ; le *Vispered* qui énumère les êtres principaux ; l'*Yeshté Sadez*, réunion de fragments ; le *Siroz* ou les trente jours, recueil de prières adressées aux génies qui président à chaque jour.

La doctrine présentée dans le Zend-Avesta est basée sur l'existence d'un premier principe souverain de l'univers, et n'ayant ni commencement ni fin. Cet être, que la raison ne saurait comprendre, est l'auteur des deux grands principes actifs qui exercent leurs influences sur le monde, Ormuzd, le principe de tout bien, Ahriman, le principe de tout mal.

Nous n'avons pas l'intention de placer ici une longue exposition du système religieux des anciens Perses, tel qu'il s'est reproduit dans les livres attribués à Zoroastre. On sait que le culte du feu, l'adoration de la lumière en forme un des principaux éléments. Deux principes se combattent sans cesse : le bon principe Ormuzd ou Ahura, auteur du jour et de la lumière, Ahriman, auteur de la nuit et des ténèbres; sous la figure d'un serpent, s'élançant du ciel sur la terre, il a pénétré jusqu'à son centre et il a souillé tout ce qu'elle contenait.

Chacun de ces grands génies ou principes supérieurs a son royaume ; le royaume d'Ahura mazda renferme une multitude d'êtres célestes ou terrestres partagés en différentes classes ; l'une d'elle, celle des Izeds, a été créée pour verser les bénédictions sur le monde et pour veiller sur le peuple des purs.

Dans le royaume d'Ahriman se trouvent une multitude de Daevas ou démons ennemis des hommes. Un homme est-il mort, à l'instant les Daevas cherchent à s'emparer de son âme; elle devient leur proie s'il a fait le mal, mais s'il a été droit et pur, les Izeds le défendent. L'âme se présente au grand pont *Tchinevad*, qui forme la barrière entre ce monde et l'autre. Là elle est jugée par Ahura-mazda, et selon ses œuvres, et leur justice, ou elle est conduite au delà du pont par les Izeds dans une terre de bonheur, ou elle reste en deçà pour expier ses crimes. Ce pont est au-dessus du monstrueux abîme *Douzakh*, royaume primitif d'Ahriman.

On trouve dans le grand travail de F. Creuzer sur les *Religions de l'antiquité*, traduit et refondu par M. Guigniaud (Tom. I, p. 667) des détails étendus sur le système théologique des Parsis et sur les livres qu'ils vénèrent; nous emprunterons à ce savant résumé quelques aperçus que nous ne saurions exprimer aussi bien :

Le Zend-Avesta forme deux parties bien distinctes, écrites dans deux dialectes différents, le zend et le pehlvi. Les livres zends sont les suivants : Vendidad (pour le combat contre Ahriman ou le mal); Izeschne (*élévation de l'âme*); Vipered (*chefs des êtres*). Ces trois livres ont chacun leurs subdivisions, et composent le Vendidad-Sadé, espèce de bréviaire que les prêtres devaient avoir récité chaque jour avant le lever du soleil.

Il y a de plus l'Ieshts-Sadé recueil qui contient, outre les Ieschts beaucoup d'autres prières de noms différents (en zend, en pehlvi et en parsi), et le Siroz (*les trente jours*), sorte de calendrier liturgique.

Le Boundehesch (*ce qui a été créé dès le principe*) est un livre pehlvi qui vient immédiatement après les livres zends dans l'estime des Perses et qui est tout à la fois une cosmogonie et une sorte d'encyclopédie scientifique renfermant des notions sur la religion, le culte, l'astronomie, les institutions civiles, l'agriculture, etc. On ne peut y voir qu'une compilation faite en partie sur les anciens livres sacrés, de fragments d'époques et d'auteurs différents.

Il ne faut pas confondre le Boundehesch pehlvi avec le Sadder-Boundehesch qui est en parsi aussi bien que les deux autres Sadder (dont le dernier en vers, a été traduit par Hyde et publié dans son traité *De religione veterum Persarum*, Oxford, 1704, in-4°).

Les textes zends sont décorés d'un nom célèbre, celui de Zoroastre; mais on ne s'accorde ni sur la personne de ce législateur, ni sur l'époque de sa mission, ni sur sa patrie.

Platon, qui le premier des auteurs anciens a parlé de lui, l'appelle fils d'Oromare; Plutarque le nomme Zaratus. Un érudit allemand, M. Rhode, a prétendu qu'il était antérieur à Moïse ; ce paradoxe n'a pas trouvé de partisans. Un grand nombre de savants de diverses nations, Hyde, Anquetil, Herder, J. de Muller et bien d'autres, ont placé la venue de Zoroastre vers la fin du sixième siècle avant notre ère ; c'est également l'opinion d'un des plus célèbres orientalistes modernes, M. de Hammer, qui l'a fortifiée de preuves nouvelles.

Quelques auteurs ont pensé qu'il pourrait être question, chez les anciens, de divers Zoroastres; le dernier aurait vécu au temps de Darius, fils d'Hystape; le premier, appartenant au domaine de la mythologie, s'enfoncerait dans les ténèbres de la légende, au delà des temps historiques.

Quant à Ahriman, ou mauvais principe, on peut voir l'article de M. Parisot dans la *Biographie universelle*, t. LIII ou t. 1er de la partie mythologique, p. 144-158. Dans sa lutte contre Ormuzd, il suspend le cours des eaux, la naissance des arbres ; il s'unit aux efforts de son *dev* chéri Echom ou Eghetèche, génie de l'hiver qui glace les eaux, qui frappe d'inertie la séve des végétaux.

En tête de son introduction d'une des parties du Zend-Avesta, M. Spiegel a placé quelques considérations que nous ne pouvons, faute d'espace, traduire en entier, mais dont nous pourrons du moins extraire et analyser quelques passages.

Le dieu suprême s'appelle dans les plus anciennes traditions de la Perse Auramazda ou Aura ; nom qui est le même que celui d'Ahura ou Ahura-mazda dans les textes attribués à Zoroastre (*Ormusd* dans la traduction d'Anquetil). Il est partout signalé comme le maître des dieux, le directeur du ciel et de la terre ; les autres dieux ne sont indiqués que fort succinctement ; ils sont appelés Baga, nom qui se retrouve dans l'Avesta. Les noms d'Yazata et d'Amescha-çpenta, fréquents dans les livres zends, ne se rencontrent pas dans les inscriptions. Dans une inscription d'une date moins ancienne et de l'époque d'Artaxerce II, on trouve le nom de Mithra, dieu dont il est également fait mention dans l'Avesta.

La traduction huzvaresch telle qu'elle est parvenue dans les manuscrits offre une langue toute semblable à cette inscription et aux légendes des médailles des premiers Sassanides.

Il est évident que bien des points sont restés obscurs pour le traducteur ; on voit son embarras dans ses explications forcées, dans le parti qu'il prend parfois de reproduire divers mots en caractères zends.

Parmi les ouvrages d'une antiquité moins reculée que le Vendidad-Sadé, on distinguera, outre le Boundehesch dont nous venons de parler, l'Arda-Virafnâme, sorte de traduction de *l'Ascension d'Isaïe*. Cet écrit mérite une mention spéciale. Un vieillard, nommé Viraf, s'endort en présence de sept sages persans avec lesquels il s'entretient au sujet de la loi ; son âme est enlevée au ciel ; elle parcourt dans l'espace de sept jours le ciel et la terre, et, le huitième, elle rentre dans le corps qu'elle a quitté ; alors Viraf se réveille. Il raconte tout ce qu'il a vu et son récit est mis par écrit. Un des Yazatas, Serosch, l'a conduit dans les sept cieux et lui en a montré toutes les merveilles. Il visite d'abord l'Hamestegan, ou lieu dans lequel se tiennent ceux dont les bonnes et les mauvaises actions se trouvent parfaitement égales, de sorte qu'ils ne peuvent entrer ni dans le paradis, ni dans l'enfer. Ensuite il passe dans les divers paradis appelés Ctar-paya, Mah-paya et Qorsed-paya, de là dans le Gorothman, demeure d'Ahura-mazda, ensuite dans les cieux Aser Rosni et Anagra Rosni. Serosch lui montre alors toutes les horreurs de l'enfer. Ahura-mazda lui recommande de faire part aux hommes de tout ce qu'il a appris. L'idée générale du récit et divers détails attestent une parenté incontestable avec l'*Ascension* du prophète que nous avons rappelée ; l'ouvrage chrétien semble toutefois le premier en date. La doctrine de l'existence des sept cieux n'est pas une idée des Parsis ; ils n'en reconnaissent que trois, au-dessus desquels est le *Gorothman*, le séjour d'Ahura-mazda.

Citons aussi le Minokhired, ou dialogues d'un sage parsis avec les intelligences célestes ; cet écrit renferme de vives attaques, parfois acrimonieuses, contre les autres religions et les doctrines philosophiques ; il ne les nomme pas, mais il qualifie d'œuvre du démon toute doctrine qui n'est pas celle de Zoroastre. On peut attribuer à une époque relativement assez moderne cette composition dont la bibliothèque impériale à Paris possède un manuscrit.

Les Parsis de l'Inde avaient, vers la fin du xive siècle, perdu les manuscrits du Vendidad qu'ils avaient apportés de Perse. Un Destur (un prêtre), nommé Ardeschir, apporta un manuscrit nouveau, et c'est celui qui a servi de type à tous ceux qui sont aujourd'hui répandus dans l'Inde. Quant aux autres parties de l'Avesta, les copies disséminées dans l'Orient présentent entre elles très-peu de différences. Parmi les manuscrits que possède l'Europe ceux qui remontent à la date la plus reculée se trouvent à Copenhague et à Londres ; ils peuvent être attribués au commencement du xive siècle, vers l'an 1320 à 1330.

Il existe une traduction sanscrite de quelques-uns des écrits des Parsis ; elle est l'œuvre de deux Guèbres établis dans l'Inde, Neriosengh, fils de Dhaval et Ormuzdiar, fils de Ramyar. On peut assigner le xve siècle comme époque de son exécution, et elle est un témoignage du zèle qui animait les Parsis pour faire connaître leurs doctrines hors du cercle étroit de leur communauté.

Faite surtout d'après la traduction huzvaresch, la version sanscrite comprend la plus grande partie du Yaçna, le Minokhised, quelques Yeshts et de petits fragments. Les six premiers chapitres du Vendidad ont seuls été traduits ; il ne paraît pas que, sous cette forme, ils soient encore venus en Europe.

N'oublions pas une autre traduction en Guzerati, ou dialecte de la province de Guzerate ; les copies n'en sont pas rares dans les régions du nord-ouest de l'Inde, et parfois elles renferment la version sanscrite à côté du texte en guzerati. Ce texte revu par un savant parsi, Framji Aspendrarji, se trouve dans une édition lithographiée de l'Avesta, publiée à Bombay, 1842-43.

L'expression Zend-Avesta n'est pas fort ancienne ; elle est vraisemblablement postérieure à l'invasion des Musulmans. Le mot avesta, ou dans sa forme la plus ancienne *apestak*, signifie le texte ; c'est celui qu'emploient les Parsis pour désigner leurs livres sacrés ; ils ne se servent pas du mot loi (*din*) auquel ils donnent un sens plus restreint. On rencontre aussi à une période reculée l'expression *manthro çpento*, la sainte parole, pour désigner les livres sacrés, expression qui, en se modernisant, devient *manserçpent*.

M. Spiegel déclare avoir rendu sa traduction aussi fidèle que possible ; elle suit le texte mot pour mot ; aussi parfois est-elle obscure, mais c'est la faute de l'original. La traduction huzvaresch lui a été souvent utile pour dissiper l'obscurité du texte primitif ; parfois aussi cet appui lui a fait défaut.

La division en versets, utile pour les recherches et pour l'intelligence d'une composition si éloignée des idées actuelles, ne se trouve pas dans la version d'Anquetil Duperron, mais elle se rencontre dans les manuscrits, où elle est d'ailleurs très-loin d'être uniforme. Nous nous sommes empressés de la conserver.

§ II. — *Bibliographie des écrits qui portent le nom de Zoroastre.*

Longtemps ignorés en Europe ou connus seulement par des aperçus vagues et insuffisants, les livres sacrés des Parsis furent enfin mis au jour, grâce au zèle et au dévouement d'Anquetil Duperron. Après un pénible séjour dans l'Inde, après bien des fatigues et des privations, ce savant laborieux mit au jour, en 1771, 3 vol. in-4° intitulés : *Zend-avesta, ouvrage de Zoroastre, traduit sur l'original zend*. Le *Journal des savants*, novembre 1771, janvier et mai 1772, rendit compte de ce grand travail, qu'un orientaliste anglais, William Jones, critiqua assez amèrement dans une *lettre* publiée en 1771, et qui fut traduit en allemand, mais avec des changements assez considérables, par J. F. Kleuker, Riga, 1776-77, 3 vol. in-4°.

Pauvre, sans appui, soutenu par le seul enthousiasme de la science, Anquetil Duperron rapporta du Guzarate et déposa à la bibliothèque du roi les livres à l'interprétation desquels il s'était voué. La science a progressé depuis lui ; on lui a reproché d'avoir travaillé, non sur le texte zend, mais sur une version persane écrite au XVII° siècle par des Mahométans. On peut aujourd'hui faire mieux que lui, mais il est juste de reconnaître le courage avec lequel il a ouvert la voie.

Un érudit allemand, aujourd'hui établi en France , M. J. Mohl, avait, il y a une trentaine d'années, conçu le projet, de concert avec M. Olshausen, professeur à l'université de Kiel, de publier tout ce qui, dans la littérature persane, se rapporte à la religion de Zoroastre et à son histoire; ce plan ne fut pas exécuté, mais les morceaux recueillis pour former la première livraison de cette collection furent publiés à part en un livre intitulé : *Fragments relatifs à la religion de Zoroastre*, Paris, 1829, in-8°. Ces fragments, dont l'éditeur n'a donné que le texte persan, sont au nombre de trois, deux en prose, un en vers; M. Silvestre de Sacy en a parlé dans le *Journal des Savants*, 1832, p. 33. Le premier expose les dogmes principaux de la religion de Zoroastre sous la forme de réponses faites par un Perse à des questions que lui adressent des docteurs musulmans. Il présente de grandes obscurités. Le second morceau est une nomenclature des vingt et un *nosks* (parties) dont le Zend-Avesta se composait primitivement, selon la tradition des Parsis, et dont un seul a été conservé. Le troisième morceau est une réunion de quelques fragments du *Schah-Nameh* ou *Livre des rois*, épopée persane qui ne rentre pas dans la classe des écrits religieux. Un autre érudit allemand, M. Vullers, jugea, non sans raison, qu'il était à propos de joindre une traduction et un commentaire à des textes persans peu intelligibles. Son travail parut à Bonn, en 1832; M. Silvestre de Sacy en a également rendu compte dans le journal déjà cité ; il s'attache surtout au premier fragment traduit en partie par Anquetil Duperron d'une façon peu exacte et rendu par M. Vullers d'une façon qui peut être critiquée.

Citons quelques lignes de l'article de l'orientaliste français :

« Dans la religion de Zoroastre, il est évident qu'à l'exception du temps, tout le reste a été créé; le créateur c'est le temps , car le temps n'a point de bornes ; il n'a ni hauteur, ni racine (ou fondement, c'est-à-dire qu'il n'a aucune dimension) ; il a toujours été et il sera toujours. Quiconque a du bon sens ne demandera pas d'où le temps est venu (c'est à-dire quelle est son origine). Malgré ces excellentes prérogatives que possédait le temps, il n'y avait personne qui lui donnât le nom de créateur. Pourquoi cela ? parce qu'il n'avait rien créé. Ensuite il créa le feu et l'eau, et quand il les eut mis en contact, Ormuzd reçut l'existence. Alors le temps fut et créateur et seigneur, à cause de la création qu'il avait exercée.

Le temps fixa la durée de la divinité d'Ormuzd (ou du dieu Ormuzd), c'est-à-dire la durée de son règne ou de son activité), et sa mesure est de douze mille ans. Il fit le firmament, le ciel (supérieur) et les principales étoiles qui y sont attachées (c'est-à-dire, les constellations), et assigna mille ans à chacun des douze signes qui sont dans le firmament. Pendant la durée de mille ans, l'œuvre spirituelle (c'est-à-dire la production des êtres spirituels ou célestes) fut achevée ; c'étaient alors le bélier, le taureau et les gémeaux qui dirigeaient l'ordre (du monde), à raison de mille ans pour chaque signe. »

M. Eugène Burnouf, toujours infatigable dans ses travaux sur les productions de l'Orient, fit lithographier à Paris (1829-1832, in-fol.) le texte zend du Vendidad-Sadé, d'après les manuscrits de la bibliothèque impériale. Cette édition, tirée à 100 exemplaires seulement, devait être accompagnée d'une traduction, d'un commentaire et d'un mémoire sur la langue zend, mais en dehors du texte, il n'a paru qu'un échantillon, malheureusement bien court, du travail de l'illustre professeur : *Extrait d'un commentaire et d'une traduction nouvelle du Vendidad-Sadé* (Paris, imprimerie royale, 1829, in-8°, 32 pages)

M. Burnouf publia quelques années plus tard son *Commentaire sur le Yaçna*, l'un des livres religieux des *Parsis, ouvrage contenant le texte zend expliqué pour la première fois, les variantes des quatre manuscrits de la Bibliothèque royale et la version sanscrite inédite de Neriosengh* (Paris, imprimerie royale, in-4°, CLII, 592 et CXCVI pages). C'est un trésor d'érudition ; les notes, imprimées en petit texte, renferment un grand nombre de passages zends tous inédits. Malheureusement, et par suite de la fatalité qui semble s'être attachée aux travaux que Burnouf entreprenait avec une ardeur au-dessus des forces d'un seul homme, cet important ouvrage est resté inachevé, tout comme l'édition du *Bhagavata-Pourana*, tout comme l'*Introduction à l'histoire du Bouddhisme*; il n'en a paru que le premier volume. De nombreux matériaux réunis pour sa continuation n'ont pu être mis en œuvre (588).

M. Brockhaus a publié à Leipsig, 1850, in-8° (xiv et 416 p.) une nouvelle édition du Vendidad-Sadé; elle reproduit en lettres latines l'édition de M. Burnouf et elle y ajoute les variantes de l'édition de Bombay. Ce texte est suivi d'un index complet de tous les mots, et d'un glossaire qui réunit les explications que MM. Burnouf, Lassen, Bopp et autres ont données des mots zends.

Une partie du Vendidad en caractères zends a été publiée à Bonn par M. Lassen pour les besoins de ses cours.

M. Spiegel a mis au jour en 1851 à Leipsig une grammaire du dialecte auquel il donne le nom de parsi (dénomination qui a été critiquée), et qui portait autrefois le nom barbare de puzend. C'est un des dialectes provinciaux dont les Zoroastriens se sont servis pour l'interprétation de leurs livres sacrés lorsque le zend fut devenu langue morte. On possède dans ce dialecte des glosses, des traductions de quelques livres du Zend-Avesta et de quelques autres ouvrages religieux; il forme, après le pehlvi, la principale ressource que les Persans eux-mêmes nous fournissent pour la connaissance de leurs traditions postérieures à Zoroastre.

Le Zend-Avesta a été édité par M. Westergaard, Copenhague, 1854, in-4° t. I, 26 et 343 p. Le texte zend est accompagné de nombreuses variantes.

Le second volume contiendra une traduction et des notes; un troisième, une grammaire et un dictionnaire.

M. Spiegel, après avoir inséré des *Studien ueber das Zend-Avesta* dans le *Journal de la Société orientale allemande*, vol. IX, p. 174, a publié à Munich en 1854 (in-4°, 176 pages) sur un des chapitres du Vendidad, une dissertation que M. J. Mohl (*Journal de la Société asiatique*, 3° série, t. VI, p. 64), qualifie d'excellente (*Der neunzehnte Fargard der Vendidad*).

M. Martin Haag a publié une traduction accompagnée de notes du chapitre 44 du Yaçna dans ses *Zendstudien* (même journal, t. VII et VIII) et un travail sur le Boundehesch et la langue pehlvi (Gottingue, 1854, in-8°, 46 pages).

M. J. Thonnelier a entrepris à Paris, en 1855, une reproduction lithographiée du Vendidad-Sadé traduit en langue huzvaresch ou pehlwie. Ce volume in-folio doit former une quinzaine de livraisons de 20 pages chacune, et, tiré à cent exemplaires seulement, il coûtera 300 francs.

Des éditions des livres zends ont eu lieu en Orient et sont venues multiplier des ouvrages qui, sous forme de manuscrits, ne pouvaient obtenir une circulation bien étendue. Nous connaissons en ce genre :

L'Yaçna en langue zend mais en caractères guzarates avec une traduction paraphrasée en guzarate et un commentaire rédigé selon les interprétations traditionnelles des Parsis, par Aspandiarji, Bombay, 1843, 2 vol. in-8°.

Le Vendidad-Sadé, texte zend avec titre persan et commentaire guzarate, autographié à Bombay, par les soins de Manakehi Carsetji, d'après l'édition de M. Burnouf, volume tiré à petit nombre.

A peine trois ou quatre exemplaires de ces ouvrages sont-ils parvenus en Europe.

Avant les travaux de l'érudition contemporaine, on ne connaissait des écrits attribués à Zoroastre que le Sadder, dont Thomas Hyde (*Historia religionis veterum Persarum* Oxford, 1700, in-4°) a donné, p. 431-487, une traduction latine.

Cet ouvrage était divisé en cent portes; afin d'en donner une idée, nous reproduisons littéralement quatre de ces portes ou chapitres :

I. *Præcipitur nunc, o vir liberalis, sapiens et beatus, ut sis Zerdushti religionis assecla, et omni dubitatione ac fluctuatione e corde sublata, oportet sequi religionem Espintamân quia ad Zerathustum venit pro certo. Hanc esse omnium religionum optimam. Nam omnia quæ dixit sunt certe vera, et hæc est religio quam Deus misit. Et quando homines in hanc religionem credunt omnibus dubiis sepositis, quæcunque merita*

(588) Parmi les manuscrits laissés par M. Eugène Burnouf et signalés dans un article de M. Barthélemy Saint-Hilaire (*Journal des Savants*, septembre 1852, p. 566), on remarque un Index contenant tous les mots zends du Vendidad Sadé, un Index des variantes du même ouvrage collationné sur les manuscrits de Paris, d'Oxford, de Londres et sur l'édition des Parsis de Bombay : d'autres tables des mots zends renfermés dans les *Jeschts*, les *Neaeschs* et le *Minokered*.

in 7 (ou) *septem terræ climatibus homines habuerint (cum omnibus particulis quas fecerint) omnes, sigillatim talium remunerationem invenient; nam sic est mandatum justissimi Dei ut omnes secundum opera sua bona aut mala judicentur. Et quando quarto mane ventum erit ad Pontem Tchinavar, ibi Mihr Izad et Reshn-Izad computabunt quid fecerit, omnesque ejus actiones in bilancibus justitiæ et æquitatis ponderabunt, quod si ejus merita peccatis præponderaverint, ad paradisum iturus erit, ubi anima ejus cum bonis ac beatis in luce habitabit. At si de ista religione dubitaverit, nulla meritorum ejus ratio habebitur, nec quidquam ei proderunt. Hæc enim religio nullam admittit dubitationem, sed requirit fiduciam et certitudinem, quæ colentis animam a tormento gehennæ liberabunt, nec a diabolo timendi locus relinquetur; nam quando aliquis certior factus est hanc esse religionem optimam, exeunte dubitatione intrat certitudo.*

XIII. *Patris et matris animam charam habeto, et quando commodum erit tempus (sive sit post mensem, sive post annum) pro posse tuo instruatur convivium et epulæ dicta Aphrinaghan (sc. Parentalia), nam in religione certum est quod hoc præstantes futuri sint felices 900,000,099 annos (id est, in perpetuum). Hoc quoque faciant a longa via longoque itinere domum redeuntes, invitando eos qui liberaliter impertiunt portiones de mensa sua. Et factis hujusmodi convivio et epulis, incolarum ejusdem domus animæ erunt quietæ et lætitiam agent. (Tales, inquam, epulæ) benedictiones etiam impertient matri familias et patrifamilias et benedictionem afferent omnibus liberis qui eodem modo in gaudium cedent. Si autem tales epulas et convivium non fecerint, in domo sua mœsti consident, ab hoc mane ad alterius auroræ diem domi manebunt, exspectantes solatium. Sperandum enim quod eos in memoriam revocando, animas etiam suas in gaudium adducant, at si obliviscendo non recolunt, erunt quasi obviam euntes sagittæ in pleno cursu suo. Dicent (Parentes): O omnipotens Deus, quare isti hoc modo negligentes sunt? Nonne sciunt hic futuram esse habitationem suam, in hoc regno futurum esse locum suum? Nonne omnes multum desiderant esse in isto loco, cum in mundo non mansurus sit aliquis? Si tempus nostrum bene observarent, calamitates eis non supervenirent; nos enim eis indigemus, ut ii abhinc multa requie fruituri sint. Sed cum nostri non meminerint, miseria illis superventura est. Sic loquentur (parentum animæ) incedentes mœstæ de domesticis suis non contentæ; huic domo abunde maledicent, nec quemquam ibi a noxa immunem relinquent: ideoque oportet te quovis modo conari ut de te contentæ sint animæ patris et matris, et avi, et consanguineorum omnium, de te omnes sint contenti et læti, uro familia orantes; tibi in altero mundo benedicentes et Deum orantes ut postea bene sit tecum; nec tibi maledicant propter pervicaciam ut ita tibi sit usque ad resurrectionem.*

XVII. *Tam ad religiosos-laicos quam ad Destûr spectat, ut quamprimum e lecto surrexerint, cingulum statim induant. Cingulo enim non induto, per unum gressum prodire non debes; ne hoc facto teipsum in diaboli protestatem submisisse videaris; nam uno gressu submisisse, peccatum est, sed si quatuor sunt gressus, id excisum vocato. Sane 1200 Direm solvere debet qui 4 gressus absque cingulo incesserit. Te itaque custodias a peccato, et cingulum adhibe ubicunque fueris; nec omnino sine cingulo esto; id enim in hac religione tibi diserte dico.*

XCVI. *Salutatio ad solem necessariam esse scito; quicunque est religionis et prudentiæ particeps, ter quovis die ei salutationem faciat. Et si adhuc semel fecerit ex abundanti, tanto erit exuberantia meriti ejus; si bis, duplum; si ter, triplum erit meritum ipsius. At si semel in die non fiat salutatio, tibi erit peccatum ponderis trium Sitir (id est sex Direm cum dimidio). Peccatum quoque augebitur, quavis vice qua salutationem non feceris. Et eodem modo erit Igni et Lunæ salutationem isto more faciendo.*

VENDIDAD-SADE.

AVANT-PROPOS.

Il n'est pas inutile de faire précéder le Vendidad-Sadé d'une analyse de chacun de ses *fargards* ou chapitres; nous nous sommes servis, pour ce sommaire raisonné, du travail du traducteur allemand.

Premier Fargard. — L'idée qui a présidé à la composition de ce chapitre ne présente point d'obscurité. Ahura-Mazda énumère devant Zoroastre les divers pays qu'il a créés; il en nomme seize: tous étaient parfaits dans l'origine, car Ahura-Mazda ne peut rien créer que de très-bon. Mais quand Ahura-Mazda a créé quelque chose de bon, alors son antagoniste, Agra-Mainyus, le mauvais principe, cherche à détruire le mérite de cette création; il apporte dans tous les pays qui sont l'œuvre d'Ahura-Mazda, des fléaux destinés à y exercer de grands ravages.

L'importance de ce récit est réelle pour l'histoire des populations indo-germaniques en général, et pour celle de la Perse en particulier. Divers savants allemands (589) ont reconnu dans ce passage du Vendidad la trace de connaissances moitié historiques, moitié mythologiques, destinées à fournir d'utiles données sur les connaissances géographiques à l'époque de la composition de l'Avesta.

Mais si, au point de vue de l'idée d'ensemble, ce chapitre est exempt de difficultés, il en est tout autrement quand on examine les détails. Les noms des localités indiquées ont disparu; retrouver les pays auxquels ils s'appliquent est une tâche des plus épineuses. Les ressources de l'étymologie sont ici en défaut; les Parsis ne peuvent fournir aucune explication à cet égard; les explications des rédacteurs de la traduction huzvaresch montrent qu'ils étaient dans l'ignorance sur le véritable sens de ces mots. A l'aide du sanscrit et des anciens classiques, on a cherché la résolution du problème et l'on a pensé, non sans vraisemblance, qu'il y avait un certain ordre dans cette énumération géographique, et qu'elle partait de l'Orient pour se diriger vers l'Occident, indiquant les lieux d'après leur plus ou moins de distance avec le point de départ.

Deuxième Fargard. — Ce chapitre, de même que le premier, ne paraît pas avoir fait partie du Vendidad primitif; il n'est pas douteux que le but du Vendidad ne soit de formuler des prescriptions légales contre l'impureté; le chapitre qui nous occupe est, tout comme le premier, entièrement étranger à cet objet; il est vraisemblablement un fragment de quelque ancien ouvrage mythologique ou historique qui s'est conservé au milieu de la perte générale des anciens écrits des Perses, et qu'on a joint au Vendidad, ne sachant où le placer.

Ce débris des antiques légendes héroïques de la Perse est d'ailleurs d'une importance véritable pour l'histoire primitive de l'Inde et de la Perse. Il a attiré toute l'attention des érudits allemands que nous venons de nommer, et de quelques autres encore, tels que Ritter (*Asien*, VIII, 27) et Bopp (*Nalus*, p. 205). Ses rapports avec les légendes de l'Inde ont été discutés avec soin. On a jugé, avec vraisemblance, qu'il était formé lui-même de la réunion de deux ou trois fragments différents.

Troisième Fargard. — Après deux chapitres historiques ou légendaires, vient celui-ci, qui se rapproche davantage de la législation. A-t-il, dans l'origine, fait partie du Vendidad, ou bien n'est-ce qu'un fragment de quelque production ancienne et relative surtout à l'agriculture? C'est ce qu'il est impossible de décider. Tel qu'il se présente à nous, ce chapitre n'offre pas de difficulté au point de vue général. En réponse aux questions de Zoroastre, Ahura-Mazda lui révèle quelles sont les cinq choses qui lui sont le plus agréables sur la terre, quelles sont les cinq choses qui lui sont le plus désagréables, quelles sont les cinq choses qui contribuent le plus à la satisfaction de la terre. Entre ces questions sont placées diverses observations qui en brisent le fil et qui se retrouvent en partie dans d'autres endroits du Vendidad, où elles sont mieux à leur place.

(589) Voy. Heeren, *Ideen zur Geschichte*; Lassen, *Indische Alterthumskunde*; Rhode, *Die heilige sage des Zendvolks*.

On rencontre aussi dans le Minokhired l'énumération des choses agréables ou désagréables; mais elle est plus étendue, car au lieu de cinq actions diverses elle en fait connaître dix, et elle renferme aussi à ce sujet divers changements.

Quatrième Fargard. — On peut ranger ce chapitre parmi ceux qui présentent le plus de difficultés. Il y est longuement parlé de divers péchés et de leur expiation; il donne d'abord l'énumération des péchés qui, du moins selon la tradition, portent le nom de Mithra-Drujas, ou, dans le dialecte plus récent, de Mihiran-Drujas, et qui sont souvent mentionnés comme des fautes graves, sans être toutefois expressément spécifiées. Les conséquences de ces péchés atteignent non-seulement leurs auteurs, mais encore leurs parents. La peine qu'ils font encourir va de trois cents à mille coups, et elle est d'autant plus forte que, dans le reste du Vendidad, deux cents coups sont regardés comme une peine très-sévère, et qu'elle est rarement dépassée. Viennent ensuite (v. 53 à 115) des peines relatives à divers délits.

Depuis le verset 115 jusqu'à la fin on rencontre des fragments fort obscurs et parmi lesquels il y a tout au moins de fortes interpolations.

On a pensé que ce *fargard*, formant une espèce de code pénal, devait faire partie de quelque recueil de loi. Chez les Perses comme chez les autres peuples orientaux, la jurisprudence était intimement liée à la théologie; il n'y aurait donc rien d'étonnant à ce que des prescriptions légales se trouvassent dans un livre sacré. Il faut d'ailleurs observer que les peines stipulées dans le chapitre qui nous occupe ne sont pas précisément des châtiments infligés à un coupable, mais des moyens employés pour purifier l'âme qui a été souillée par des actions immorales.

Cinquième Fargard. — Ce chapitre aborde enfin le principal sujet traité dans le Vendidad, la souillure occasionnée par des corps morts et les moyens de s'en délivrer. Vient d'abord l'indication de diverses éventualités qui ne font point encourir de souillure, bien qu'on eût le droit de supposer le contraire. L'auteur explique ensuite que le feu et l'eau ne tuent personne; ils ne font qu'attirer vers eux les parties qui appartiennent à Ahura-Mazda. Il est ensuite question de la conduite à tenir avec les corps morts, en été et en hiver (v. 35-49); de la purification de l'eau qui a coulé auprès d'un cadavre (v. 50-64); épisode sur la haute valeur du Vendidad (v. 65-82); sur la souillure qui résulte de la mort d'un être humain ou d'un animal, pour les personnes vivant avec lui (v. 83-122); sur ce qu'il faut faire du feu en cas de mort (v. 123-135); comment il faut agir à l'égard des femmes qui mettent au monde un enfant mort, et à l'égard des accouchées (v. 136-160); sur l'usage des vêtements qui sont devenus impurs (v. 161-178).

Sixième Fargard. — Continuation de la discussion entamée dans le chapitre précédent, sur la souillure qui résulte des cadavres. De la conduite à tenir à l'égard de la terre sur laquelle a été trouvé un corps mort (v. 1-15); peines encourues par ceux qui souillent à dessein une pièce de terre en y déposant un corps mort (v. 16-51); conduite à tenir lorsqu'on rencontre un cadavre qu'emporte l'eau (v. 52-63); purification de l'eau qui a été souillée (v. 64-82), et de l'Haoma devenu impur (v. 83-90); conduite à suivre au sujet des corps morts (v. 91-106).

Septième Fargard. — Continuation du précédent; il traite surtout de ce qui a rapport aux cadavres et des objets qui sont en contact avec eux. La purification des vêtements et du bois souillé est aussi l'objet de quelques détails. L'impureté de la terre où des cadavres sont ensevelis, la conduite à tenir à l'égard des femmes qui accouchent avant terme, forment de plus le sujet de diverses recommandations. Au milieu de tout ceci est intercalé (versets 94 à 121) un long passage qui n'a point de rapport avec ce qui précède ni avec ce qui suit. Zoroastre s'informe de la façon dont doivent agir les hommes qui se consacrent à l'art de guérir, et de la récompense qu'ils obtiendront.

Huitième Fargard. — Ce chapitre, le plus long de tous, traite des mêmes objets que les précédents, mais il est coupé par quelques additions qui interrompent le cours des explications, et qui semblent avoir été placées là par suite de quelque erreur. La conduite à l'égard des maisons où sont déposés des corps morts, qu'il est parfois impossible d'enlever de suite à cause du mauvais temps; le mode de purification à employer par ceux qui portent le cadavre ou qui se sont tenus près de lui; la purification du feu qui a été souillé : tels sont les objets sur lesquels ce fargard s'étend longuement.

Neuvième Fargard. — Il est ici amplement question d'un objet déjà indiqué, mais plus sommairement, dans le chapitre précédent, c'est-à-dire des cérémonies nécessaires pour la purification de ceux qui ont été en contact avec des cadavres. Vient ensuite l'indication des récompenses auxquelles ont droit les prêtres nécessaires pour cette cérémonie. Comme elle est d'une haute importance dans la religion des Parsis, et comme le texte du Vendidad est souvent obscur, nous croyons fort à propos d'insérer ici la description qu'Anquetil Duperron a donnée de ce rite. On observera quelques différences entre les prescriptions du Vendidad et le récit de l'orientaliste français, mais elles ne méritent pas de nous arrêter.

Dixième Fargard. — Ce chapitre peu étendu est consacré à développer un point traité dans le chapitre précédent. Il indique les prières qui sont efficaces pour chasser les démons, et qu'il faut réciter avant la cérémonie de la purification décrite au chapitre IX. Ces prières, écrites dans un dialecte autre que le Vendidad, se retrouvent dans le Yaçna (deuxième partie); d'autres formules de conjuration viennent ensuite; elles appartiennent à une époque plus récente, et ne faisaient sans doute pas partie du texte primitif.

Onzième Fargard. — Même sujet que le précédent; indication de prières extraites du Yaçna, et signalées comme puissantes pour la purification des habitations, du feu, de la terre, des arbres, des troupeaux, des astres, etc. Il y a lieu de croire que ce chapitre a été interpolé; l'idée de la souillure des corps célestes, par suite d'un cadavre, ne semble pas avoir fait partie des idées primitives du magisme; c'est une opinion de date plus récente.

Douzième Fargard. — Il est encore question ici des purifications des habitations, ainsi que des prières qu'il convient de faire pour des parents décédés. Observons que ce chapitre se trouve dans tous les manuscrits du Vendidad, mais qu'il manque dans toutes les traductions, si ce n'est dans le manuscrit de Copenhague, n° 2, lequel renferme une version en huzvaresch bien défectueuse et incomplète. Cette circonstance montre que les traductions procèdent d'un manuscrit unique, mais elle n'établit point que ce chapitre ne fasse point partie du véritable texte du Vendidad.

Treizième Fargard. — Ce chapitre débute par une explication au sujet d'un animal du genre du chien, dont les hommes méconnaissent l'utilité et auquel ils donnent un nom injurieux. D'après la tradition, il s'agirait du porc-épic (ou du hérisson) qui devrait être rangé parmi les créatures du dieu bon, mais ses piquants, caractère des êtres formés par le mauvais principe, le placent dans une autre catégorie. L'auteur lui oppose un autre animal, vraisemblablement le mulot ou quelque animal analogue. Tuer le premier est un acte digne de châtiment; donner la mort au second est un fait qui mérite récompense. La majeure partie de ce fargard (v. 21-159) concerne la conduite à tenir à l'égard des chiens; l'utilité de ces animaux pour la garde des troupeaux était grande dans les pays montagneux et peuplés d'un grand nombre de loups, tels que ceux où le Vendidad fut composé. Ce long passage aurait d'ailleurs été mieux à sa place dans le troisième fargard. On a signalé le chapitre qui nous occupe comme rempli de détails insignifiants et comme indigne de faire partie du Vendidad; mais on tomberait dans une très-grave erreur en voulant apprécier d'après les idées de l'Europe moderne et de notre civilisation, ce qui s'écrivait, il y a bien des siècles, au fond de l'Asie.

Quatorzième Fargard. — Continuation de ce qui a été avancé à la fin du chapitre précédent au sujet du chien aquatique. Peines à infliger à ceux qui contreviennent à ces lois.

Quinzième Fargard. — Enumération de cinq péchés qui rendent l'homme éminemment coupable. Au sujet du dernier de ces péchés, l'auteur entre dans des détails sur la conduite à tenir au sujet des enfants nés hors du mariage. Il passe ensuite au traitement des jeunes chiens, sujet sur lequel il s'étend longuement.

Seizième Fargard. — Il est entièrement relatif aux femmes atteintes de la période critique.

Dix-septième Fargard. — Règles que doit observer celui qui se coupe les cheveux et les ongles.

Dix-huitième Fargard. — Ce chapitre diffère de la marche habituelle du Vendidad; on l'a regardé comme n'en ayant point fait primitivement partie. On remarque d'abord qu'Ahura-Mazda, qui répond, dans les autres fargards, aux questions qui lui sont posées, fait dans celui-ci des questions. Souvent ce n'est pas Ahura-Mazda qui parle, c'est Craosha qui s'entretient avec un *Drukhs* (voir versets 68-117). Ce fragment est évidemment une intercalation; elle ne remonte peut-être pas à une date bien ancienne. Le texte de ce fargard présente d'ailleurs des traces nombreuses de désordre, et son sujet principal, les cérémonies extérieures, ne le rattache guère à l'endroit du livre où il est placé.

Dix-neuvième Fargard. — Celui-ci ne se rattache point non plus par un lien bien étroit au but principal du Vendidad; il n'a de rapport ni avec le chapitre qui le précède, ni avec celui qui le suit; il n'en forme pas moins une portion importante du livre qui nous occupe. Il débute par mentionner une tentative d'Agra-Mainyus pour faire périr Zoroastre, dont il connaît les hautes destinées; ses efforts restent impuissants; ses émissaires s'enfuient avec effroi devant la prière sainte que Zoroastre récite, et ils avouent leur insuccès (v. 1-9). Zoroastre, qui voit les mauvaises intentions d'Agra-Mainyus à son égard, prend de son côté le parti de l'attaquer avec les armes qu'il a reçues d'Ahura-Mazda (v. 10-19). L'esprit mauvais, ayant reconnu qu'il n'obtiendra rien par force, veut avoir recours à la ruse; il offre à Zoroastre des biens terrestres s'il consent à manquer de fidélité envers Ahura-Mazda. Zoroastre déjoue cette combinaison, et non content d'avoir repoussé les assauts du mauvais principe, il veut le combattre dans ses créatures. Il adresse donc à Ahura Mazda une série de questions qui se rapportent surtout aux diverses lois sur la purification et à l'état des âmes pieuses après la mort. Les Daevas, entendant ces demandes, sont plongés dans un trouble extrême; désespérant de nuire à Zoroastre, ils s'enfuient dans l'enfer.

On peut regarder ce fargard comme la base du *Zertuscht-Name*, composition destinée à retracer les efforts des Daevas pour détruire Zoroastre, et qui ne recule pas devant le merveilleux le plus étrange.

On ne saurait douter, d'ailleurs, que ce chapitre n'ait subi des interpolations nombreuses. Il en est qui ne se rencontrent pas encore dans la version huzvaresch, mais qui se sont glissées dans les traductions plus récentes. Les invocations (v. 42-57) ont été sans doute ajoutées après coup; le passage (v. 113-139) brise le fil du récit. On trouve en deux endroits (v. 50 et 141) que c'est Zoroastre qui répond, comme si Ahura-Mazda parlait lui-même dans ce fargard, ce dont il n'y a pas d'ailleurs la moindre trace.

Vingtième Fargard. — On y trouve quelques détails sur Thrita, qui le premier pratiqua l'art de guérir; ils sont accompagnés de diverses invocations qui sont incontestablement d'une époque relativement récente.

Vingt et unième Fargard. — Ce dernier chapitre est encore un fragment dont l'origine paraît la même que celle du chapitre XX. Il est bien facile, d'ailleurs, d'y reconnaître une composition d'une date postérieure. Agra-Mainyus a envoyé sur la terre les maladies; Ahura-Mazda veut y opposer des remèdes. Il s'adresse d'abord à Manthra-Çpenta, la sainte parole, mais celle-ci proclame son incapacité. Ahura-Mazda envoie alors Nairyo-Çagha (qui paraît être sa parole incarnée) à Airyama, en lui demandant d'effectuer la guérison en produisant des créatures utiles. Airyama se soumet à cet ordre, et le livre se termine brusquement; c'est une circonstance dont il ne faut pas s'étonner, lorsqu'on songe que le Vendidad et les autres écrits des Parsis ne nous sont parvenus que sous forme de fragments souvent bien décousus. Du reste, dans ce fargard comme dans le précédent, Ahura-Mazda semble subordonné à la volonté d'êtres qu'il a créés, et cette circonstance suffit pour indiquer une origine relativement moderne.

VENDIDAD-SADÉ.

PREMIER FARGARD

1. Ahura-Mazda dit au saint Zarathustra.

2. J'ai créé, ô saint Zarathustra, un lieu, une création de délices; rien qui en approche n'a pu être créé;

3. Car si je n'avais pas, ô saint Zarathustra, créé un lieu, une création de délices dont rien de ce qui existe ne peut approcher,

4. Le monde entier qui est doué de corps aurait été transporté à Airyana-Vaêja.

5. J'ai créé les premiers et les meilleurs des lieux et des endroits, moi qui suis Ahura-Mazda.

6. L'Airyana-Vaêja (589*) de la bonne création.

7. Ensuite Agra-Mainyus, qui est plein de mort, créa un antagoniste.

8. Un grand serpent et l'hiver que les Daevas avaient créé.

9. Les mois d'hiver y sont au nombre de dix, les mois d'été de deux.

10. Et ceux-ci sont froids sur l'eau, froids sur la terre, froids sur les arbres.

11. Ensuite c'est au milieu de la terre, c'est au cœur de la terre.

12. Que pénètre l'hiver; c'est alors que survient le comble du mal.

13. J'ai créé le second et le meilleur des lieux et des endroits, moi qui suis Ahura-Mazda.

14. Gaû, la demeure de Sughdha.

15. Alors Agra-Mainyus qui est plein de mort lui suscita un antagoniste,

16. Une guêpe qui est pleine de mort pour les troupeaux et pour les champs.

17. Je créai le troisième et le meilleur des lieux et des endroits, moi qui suis Ahura-Mazda,

18. Mouru, le saint, le sacré.

(589) Ce pays doit être placé à l'extrémité orientale du plateau Iranien, vers les sources de l'Oxus et du Jaxartes. (*Voy.* Lassen, *Indisch. Alterthumsk.* I, 527.) Plus tard on fit de l'Airyana-vaêja un pays fabuleux. D'après le *Minokhired*, les hommes y vivent trois cents ans, les vaches quatre, les bestiaux cent cinquante ans. Les mortels n'y sont point sujets à la maladie, ils ignorent le mensonge et la convoitise; les hommes peuvent manger ensemble et avec satisfaction d'un même pain; tous les quarante ans, il naît un enfant d'un homme et d'une femme, et la loi d'Ahura-Mazda règne sans opposition en ce pays.

19. Alors Agra-Mainyus qui est plein de mort lui créa un antagoniste,
20. De mauvais discours.
21. Je créai le quatrième et le meilleur des endroits, moi qui suis Ahura-Mazda,
22. Bakhdhi, la belle (cité) avec des drapeaux élevés (590).
23. AlorsAgra-Mainyus, qui est plein de mort, lui créa un antagoniste,
24. Des animaux féroces et carnassiers.
25. Je créai le cinquième et le meilleur des endroits, moi qui suis Ahura-Mazda,
26. Niça, qui est entre Mouru et Bakhdhi (591).
27. Alors Agra-Mainyus, qui est plein de mort, lui créa un antagoniste,
28. Le doute (c'est-à-dire l'incrédulité).
29. Je créai le sixième et le meilleur des endroits, moi qui suis Ahura-Mazda,
30 Haroyu, qui est riche en maisons (592).
31. Alors Agra-Mainyus, qui est plein de mort, lui créa un antagoniste,
32. La paresse et la pauvreté.
33. Je créai le septième et le meilleur des lieux et des endroits, moi qui suis Ahura-Mazda,
34. Vaêkereta, la demeure de Dujak.
35. Mais Agra-Mainyus qui est plein de mort lui créa un antagoniste,
36. Une Pairika, Khnanthaiti, qui s'attacha à Kereçapa (593).
37. Je créai le huitième et le meilleur des lieux et des endroits, moi qui suis Ahura-Mazda,
38. Urva, qui est rempli de champs de froment (594).
39. Mais Agra-Mainyus qui est plein de mort, lui créa un antagoniste,
40. La souillure fatale.
41. Je créai le neuvième et le meilleur des endroits, moi qui suis Ahura-Mazda,
42. Khnenta, la demeure de Vehrkana (595).

43. Mais Agra-Mainyus, qui est plein de mort, lui créa un antagoniste,
44. Des vices infâmes et contre nature.
45. Je créai le dixième et le meilleur des endroits, moi qui suis Ahura-Mazda,
46. Haraqaiti, la belle cité (596).
47. Mais Agra-Mainyus, qui est plein de mort, lui créa un antagoniste,
48. Des pratiques coupables et répréhensibles, l'ensevelissement des cadavres.
49. Je créai le onzième et le meilleur des endroits, moi qui suis Ahura-Mazda,
50. Haetumat, la (ville) brillante, éclatante (597).
51. Mais Agra Mainyus, qui est plein de mort, lui créa un antagoniste,
52. Le péché des Yâtus (598).
53. C'est le signe auquel on le reconnaît.
54. C'est l'indice par lequel il se manifeste.
55. Partout où ils viennent, les Yâtus donnent la mort.
56. Ils promettent de donner tout ce qu'on désire.
57. Mais ce sont des imposteurs qui ne viennent que pour donner la mort
58. Et pour frapper le cœur.
59. Je créai le douzième et le meilleur des lieux et des endroits, moi qui suis Ahura-Mazda,
60. Ragha, qui consiste de trois bourgades (599).
61. Mais Agra-Mainyus qui est plein de mort, lui créa un antagoniste,
62. Le doute coupable et plein d'orgueil.
63. Je créai le treizième et le meilleur des lieux et des endroits, moi qui suis Ahura-Mazda,
64. Chakhra, la forte (600).
65. Mais Agra-Mainyus qui est plein de mort lui créa un antagoniste,
66. Des pratiques coupables et répréhensibles, le brûlement des morts.

(590) C'est aujourd'hui la ville de Balkh.
(591) On pourrait voir dans Niça la ville de Nesaya que mentionne Strabon (l. xi, ch. 7) et qui était située dans l'Hyrcanie ; il est vrai qu'alors sa situation ne serait plus conforme à celle qu'indique notre texte. Anquetil Duperron suppose qu'il a pu exister deux villes portant le nom de Niça ou Nesâ, Ritter (*Asien*, t. VIII, p. 567) regarde la difficulté comme ne pouvant être tranchée. Il existait dans la Médie une ville appelée Nisaya.
(592) Harova ou Hariva, selon les inscriptions cunéiformes, l'Areya des anciens auteurs grecs, est sans doute la vil e d'Herat devenue fameuse depuis une vingtaine d'années par suite du rôle qu'elle a joué dans les événements politiques dont l'Asie centrale a été le théâtre. On l'appelle encore Heri, et une rivière qui traverse son territoire, porte le nom d'Her.-Sud, bien peu éloigné de celui d'Haroya.
(593) Allusion à d'antiques croyances peu connues.
(594) On ignore quelle est la localité qu'il faut découvrir sous le nom d'Urva.
(595) Vehrkano se retrouve dans le Gurgân (le Djordan des Arabes). Les Iraniens substituaient la syllabe *gu* au *v*.

(596) On doit voir dans Haraqaiti l'*Arachosia* des Grecs ; dans les inscriptions cunéiformes, ce nom est écrit *Harauwatis*.
(597) Il est difficile de déterminer la situation d'Haetumat. La traduction huzvaresch rend ce nom par celui d'Itomand, et, d'après le Boundehesch, c'est celui d'une rivière dans le Seïchestan.
(598) Yâtus, magiciens. C'est du moins l'opinion d'Anquetil Duperron, qui traduit ainsi ce passage obscur : « La magie, art très-mauvais, fait paraître tout ce qu'on désire ; elle donne tout. Lorsque le magicien arrive, lorsqu'on le voit, ma magie paraît quelque chose de grand, mais lorsqu'elle se présente avec le plus d'empire, elle ne vient que du mauvais principe, du chef des maux. » M. Spiegel regarde le sens du mot yâtu comme incertain. Le verset 58 lui a paru tellement corrompu, qu'il n'a pas tenté de le traduire. Les Parsis paraissent croire que le péché d'Yâtu est d'avoir fait une blessure qui n'est pas guérie au bout de cinq jours.
(599) Ragha est une ville de Médie ; elle est indiquée chez d'anciens géographes, comme étant la plus considérable des cités de ce pays, et comme étant près du *Mons Caspius*. Son nom moderne est Rei.
(600) On ignore la situation exacte de Chakhra.

67. Je créai le quatorzième et le meilleur des lieux et des endroits, moi qui suis Ahura-Mazda,

68. Varena aux quatre coins (601).

69. C'est pour elle que naquit Thraetaono qui étrangla le serpent Dahaka (602).

70. Mais Agra-Mainyus, qui est plein de mort, lui créa un antagoniste,

71. Des signes funestes et des maux fâcheux en ces lieux (603).

72. Je créai le quinzième et le meilleur des lieux et des endroits, moi qui suis Ahura Mazda,

73. Hapta-Hendu (604).

74. Mais Agra-Mainyus, qui est plein de mort, lui créa un antagoniste,

75. Des signes funestes et une chaleur mauvaise.

76. Je créai le seizième et le meilleur des lieux et des endroits, moi qui suis Ahura-Mazda,

77. A l'occident de Ragha (605),

78. Où le peuple se gouverne sans rois.

79. Mais Agra-Mainyus, qui est plein de mort, lui suscita un antagoniste,

80. L'hiver, qui fut créé par les Daevas (et la gelée qui souille le pays).

81. Il y a encore d'autres lieux, d'autres endroits; des plaines et des pays.

DEUXIEME FARGARD.

1. Zarathustra demanda à Ahura-Mazda : Ahura-Mazda, toi saint et très-sacré créateur de tous les êtres corporels, et très-pur,

2. Quel est le premier des hommes avec lequel tu t'es entretenu, toi qui es Ahura—Mazda,

3. Si ce n'est avec moi Zarathustra ? à qui as-tu enseigné la loi qui vient d'Ahura et qui est celle de Zarathustra ?

4. Alors Ahura-Mazda répondit : C'est avec le bel Yima, celui qui était à la tête d'un rassemblement digne d'éloges, ô pur Zarathustra (605').

5. C'est avec lui que je me suis entretenu pour la première fois avec un homme moi qui suis Ahura-Mazda.

6. Avant de m'entretenir avec lui, ô Zarathustra, je lui ai enseigné la loi qui provient d'Ahura, celle de Zarathustra.

7. Car je lui parlai, ô Zarathustra moi qui suis Ahura-Mazda.

8. Sois moi soumis, ô Yima, le beau, fils de Vivaghao : c'est toi qui dois méditer et porter ma loi.

9. Alors Yima le beau me répondit, ô Zarathustra :

10. Je ne puis être celui qui enseigne, celui qui médite, celui qui porte la loi.

11. Alors je lui parlai, ô Zarathustra, moi qui suis Ahura-Mazda.

12. Si tu ne veux pas m'obéir, Yima, et devenir celui qui enseigne et qui porte la loi,

13. Alors veille sur les mondes qui sont à moi : rends mes mondes fertiles. Obéis-moi en ta qualité de protecteur des mondes; nourris-les et veille sur eux.

14. Alors Yima le beau me répondit : ô Zarathustra :

15. Je veillerai sur les mondes qui t'appartiennent, je rendrai tes mondes fertiles, je t'obéirai comme le protecteur des mondes, chargé de les nourrir et de veiller sur eux.

16. Mais que pendant ma domination il n'y ait ni vent froid, ni chaleur, ni corruption, ni mort.

17. Alors je lui apportai les armes de la victoire, moi qui suis Ahura-Mazda.

18. Une lance d'or et un coutelas fabriqué avec de l'or.

19. Yima est en état de porter (le fardeau de) la souveraineté.

20. Trois cents pays furent donnés à Yima pour sa part de domination.

21. Cette terre pleine de bestiaux, d'animaux sauvages, d'hommes, de chiens, d'oiseaux et de feux rouges et brûlants fut à lui.

22. Les bestiaux, les animaux et les hommes n'y trouvèrent pas de place pour eux.

23. Alors six cents pays furent cédés à Yima, pour qu'il y régnât.

---

(601) C'est-à-dire carrée. Les érudits ne sont pas d'accord sur la situation de cette ville. Lassen l'identifie avec la ville qu'un écrivain chinois appelle Fa na la, et la place dans le Caboul. Roth croit pouvoir la rapporter au sud-est du pays des Ariens. La tradition des Parsis la place dans le Taberistan.

(602) Thraetano ou Thrita inventeur de l'agriculture et des arts. Au lieu des deux noms que M. Spiegel met d'après le texte zend, Anquetil Duperron écrit : « Feridona qui a frappé Zohak. »

(603) Le texte est obscur ; Anquetil Duperron, se conformant à l'idée des Parsis, a cru pouvoir le rendre plus explicite : « Il produisit les règles des femmes dans tous les villages habités qui en dépendaient. »

(604) Les sept Indes; cette désignation s'explique lorsqu'on se rappelle que dans les hymnes des Védas, le nom de *Sapta Sindhavas*, les sept fleuves, désigne le pays des Indiens. Anquetil Duperron observe que, selon la glose pehlvie, l'*Hapté-Heanda* était un pays divisé en sept parties soumises à un seul roi. Comme la chaleur y est très-forte, les femmes y ont de bonne heure les marques de la nubilité.

(605) On a cru que la localité ainsi désignée devait être dans la partie de l'Assyrie qui touche l'Arménie ou dans le Khorazan. La question reste fort incertaine. Au lieu de Ragha, la traduction huzvaresch lit Rûm. Anquetil Duperron traduit : « La grande Rendheiao, ce pays était couvert de cavaliers qui ne reconnaissaient pas de chefs. »

(605') Au lieu d'Yima, Anquetil Duperron lit : « Djemchid, chef des peuples et des troupeaux. » Ce monarque, tige des ancêtres de Zoroastre, joue un rôle très important dans les traditions des Parsis.

24. Cette terre pleine de bestiaux, d'animaux sauvages, d'hommes, de chiens, d'oiseaux et de feux rouges et brûlants, fut à lui.

25. Les bestiaux, les animaux et les hommes ne trouvèrent pas de place pour eux.

26. C'est pourquoi neuf cents pays furent donnés à Yima pour qu'il y régnât.

27. Cette terre, pleine de bestiaux, d'animaux sauvages, d'hommes, de chiens, d'oiseaux et de feux rouges et brûlants, fut à lui. Les bestiaux, les animaux et les hommes ne trouvèrent pas de place pour eux.

28. Alors je parlai à Yima, et je dis : « Yima, le beau, fils de Vivaghao (606),

29. Cette terre est pleine de bestiaux, d'animaux sauvages, d'hommes, de chiens, d'oiseaux et de feux rouges et brûlants.

30. Les bestiaux, les animaux et les hommes ne trouvèrent pas de place pour eux.

31. Alors Yima s'éleva jusqu'aux étoiles, vers le midi, sur la route que suit le soleil.

32. Il frappa cette terre avec sa lance d'or.

33. Il la fendit avec le coutelas.

34. Et il parla ainsi : « O Çpenta Armaiti (*nom de la terre*), exécute avec amour ce que je te dirai ;

35. Va en avant, sors et va de côté, selon mon ordre,

36. Toi qui portes (*qui enfantes*) les bestiaux, les animaux et les hommes. »

37. Yima marcha sur cette terre qu'il avait rendue fertile ; elle fut d'un tiers plus considérable qu'auparavant.

38. Sur cette troisième partie nouvelle s'étendirent les bestiaux, les animaux et les hommes.

39. Yima marcha sur cette terre qu'il avait rendue fertile, et elle fut d'un tiers encore plus considérable qu'auparavant.

40. Sur cette troisième nouvelle partie s'étendirent les bestiaux, les animaux et les hommes.

41. D'après son vœu et sa volonté, car sa volonté s'accomplit toujours.

42. Le créateur Ahura-Mazda porta l'assemblée (*des êtres vivants*) avec le concours des Yazatas (606*) célestes ; il est célèbre dans l'Airyana-Vaeja (607) créé pur.

43. Le brillant Yima réunit l'assemblée des hommes les plus vertueux dans le célèbre Airyana-Vaêja, créé pur.

44-45. A cette réunion vint le créateur Ahura Mazda avec les Yazatas célestes qui sont renommés dans l'Airyana-Vaeja.

46. Alors Ahura-Mazda parla à Yima : Yima, le beau, fils de Vivaghao.

47. Les maux de l'hiver peuvent frapper les créatures revêtues d'un corps,

48. C'est pourquoi un hiver rude et pernicieux survient.

49. Les maux de l'hiver peuvent frapper les créatures revêtues d'un corps,

50. C'est pourquoi la neige pourrait tomber en grande abondance,

51. Sur les cimes des montagnes, sur le penchant des hauteurs.

52. O Yima, écarte les bestiaux de trois endroits.

53. Lorsqu'ils se trouvent dans les lieux où le danger est grand.

54. Lorsqu'ils sont sur le sommet des montagnes.

55. Lorsqu'ils sont dans les profondeurs des vallées.

56. Conduis-les dans des demeures plus sûres.

57. Avant cet hiver, le pays a porté des moissons.

58. En haut coulent les eaux, en bas est la fonte de la neige.

59. Des nuages, ô Yima, pourraient couvrir un lieu habité par des êtres doués de corps,

60. Où l'on ne voit que les pieds du grand et du petit bétail.

61. Trace donc une enceinte ayant, sur chacun de ses quatre côtés, la longueur de la course d'un cheval.

62. Apportes-y les germes des bestiaux, des animaux et des hommes, des chiens, des oiseaux et du feu rouge et ardent.

63. Trace une enceinte semblable pour servir de demeure aux hommes.

64. Trace une enceinte semblable pour servir de demeure aux vaches qui donnent du lait,

65. Rassembles-y les eaux sur une étendue d'un hathra (*mesure de longueur dont la dimension est incertaine*),

66. Fais-y habiter les oiseaux,

67. Sur le lieu qui est toujours couleur d'or.

68. Fixes-y ta demeure.

69. Places-y des colonnes, des cours, des étages.

70. Apportes-y les germes de tous les hommes et de toutes les femmes,

71. Ceux qui sont sur cette terre les plus grands, les meilleurs et les plus beaux.

72. Portes-y les germes d'animaux de toute espèce,

73. De ceux qui, sur cette terre, sont les plus grands, les meilleurs et les plus beaux.

---

(606) Ou Vivenghâm, le premier qui, ayant invoqué le prophète et monarque Hom, en obtint un fils.
(606*) Yazata, en sanscrit yajata, le vénérable, en persan moderne ized. Les Musulmans de la Perse se servent de ce nom pour désigner Dieu.
(607) Le pays de l'Iran, le séjour des Mages et des sectateurs de Zoroastre. Quant au sens exact du titre honorifique que présente l'expression : « célèbre dans l'Airyana-Vaeja, » la doctrine des Parsis n'est pas assez connue pour qu'il n'y ait pas à cet égard quelque incertitude.

74. Portes-y les germes de toutes sortes d'arbres,

75. De ceux qui sont sur cette terre les plus élevés et les plus savoureux.

76. Portes y les germes de tous les aliments,

77. De ceux qui sont sur cette terre les plus doux et les plus savoureux.

78. Places-les tous par couples et qu'ils soient inépuisables,

79. Jusqu'à ce que les hommes soient réunis dans cette enceinte (608).

80. Qu'il n'y ait là ni discorde, ni contestation (609).

81. Ni antipathie, ni inimitié.

82. Ni misère, ni fausseté.

83. Ni pauvreté, ni maladie.

84. Ni dents dépassant la mesure (*ni dent cruelle*).

85. Ni difformité corporelle.

86. Aucun autre des signes qui sont les signes d'Ahra-Maynius, et dont il a frappé les hommes.

87. Construis neuf ponts dans les localités (*villages*) considérables.

88. Six dans les moyennes, trois dans les petites.

89. Sur les ponts supérieurs apporte les germes de mille hommes et femmes.

90. Sur ceux du milieu, les germes de six cents; sur ceux d'en bas, les germes de trois cents.

91. Conduis-y avec la lance d'or ceux qui sont dans l'enceinte.

92. Élève une haute tour et fais-y une fenêtre qui s'éclaire toujours d'elle-même.

93. Yima dit alors : « Comment puis-je tracer un cercle, conformément aux recommandations que m'a faites Ahura Mazda ? »

94. Ahura-Mazda dit alors à Yima : «Yima, le beau, fils de Vivaghao,

95. Foule cette terre avec tes talons, frappe-la avec les mains.

96. De même que les hommes le feront sur la terre habitée. »

97. Yima traça alors une enceinte ayant, sur chacun de ses quatre côtés, l'étendue d'une course de cheval.

98. Il y apporta les germes des bestiaux, des animaux de trait, des hommes, des chiens, des oiseaux et du feu rouge et ardent.

99. Yima fit ensuite une autre enceinte semblable pour la demeure des hommes.

100. Il en fit une autre semblable pour la demeure des vaches qui fournissent du lait.

101. Il y réunit les eaux sur une étendue d'un hathra.

102. Il fit habiter les oiseaux en cet endroit.

103. Sur le lieu constamment de couleur d'or,

104. Il éleva une habitation,

105. Des colonnes, des tours, des étages, et des clôtures à l'entour.

106. Il y apporta les germes de tous les hommes et de toutes les femmes,

107. De ceux qui, sur la terre, sont les plus grands, les meilleurs et les plus beaux.

108. Il y apporta les germes de toutes espèces d'animaux,

109. De ceux qui, sur la terre, sont les plus grands, les meilleurs et les plus beaux.

110. Il y apporta les germes de tous les arbres,

111. De ceux qui, sur cette terre, sont les plus élevés et les plus savoureux.

112. Il y apporta les germes de tous les aliments,

113. De ceux qui, sur cette terre, sont les plus doux et les plus savoureux.

114. Il les y apporta tous par couples, et de manière à ce qu'ils ne pussent périr.

115. Parmi les hommes qui étaient dans cette enceinte,

116. Il n'y avait ni querelle, ni dissension,

117. Ni antipathie, ni inimitié,

118. Ni misère, ni fourberie,

119. Ni pauvreté, ni maladie,

120. Ni dents dépassant la mesure,

121. Ni difformité corporelle,

122. Ni aucun des signes qui sont les signes d'Agra-Mainyus, et qu'il a faits sur les hommes.

123. Il fit neuf ponts dans les localités considérables.

124. Six dans les moyennes, trois dans les petites.

125. Il apporta sur les ponts supérieurs les germes de mille hommes et femmes,

126. Sur les ponts du milieu, les germes de six cents, et sur ceux d'en bas les germes de trois cents;

127. Il y apporta ceux qui sont dans l'enceinte qu'il avait tracée avec la lance d'or.

128. Il fit autour de cette enceinte une muraille élevée, une tour et une fenêtre qui donnait de la lumière à l'intérieur.

129. Créateur des êtres pourvus de corps et purificateur,

130. De quelle espèce sont les lumières, ô saint Ahura-Mazda, qui éclairent l'enceinte que Yima a tracée ?

131. Ahura-Mazda répondit : Ce sont des lumières créées spontanément, et des lumières créées, le tout dans un ordre régulier.

---

(608) Les hommes qui habitent l'enceinte tracée par Yima, ne sont pas regardés comme immortels. D'après les Parsis modernes, leur vie est de trois cents ans.

(609) C'est ainsi que traduit M. Spiegel, mais il reconnaît que la signification des deux mots placés dans le texte (*Irakavv* et *apakavv*) est incertaine. D'après la traduction huivaresch, on pourrait mettre : « ni élévation, ni abaissement. »

132. On voit les étoiles, la lune et le soleil suivre ensemble le même cours (610).

133. Ils comptent pour un jour ce qui est une année.

134. Tous les quarante ans, il naîtra, de ces deux hommes, deux créatures humaines; un couple, un enfant mâle et une enfant femelle.

135. Il en sera de même des espèces des animaux.

136. Ces hommes mènent la vie la plus belle dans l'enceinte qu'Yima a faite.

137. Créateur des êtres doués de corps, purificateur,

138. Qui a développé la loi mazdayanite dans cette enceinte qu'Yima a faite?

139. Ahura-Mazda répondit : O saint Zarathustra, c'est l'oiseau Karschipta (611).

140. Créateur des êtres doués de corps, purificateur,

141. Quel est ce seigneur et ce législateur?

142. Ahura-Mazda répondit :

143. C'est Urvatat-Naro (612) et toi, ô Zarathustra.

TROISIÈME FARGARD.

1. Créateur des êtres doués de corps, ô purificateur,

2. Quelle est la chose qui est le plus agréable à cette terre?

3. Ahura-Mazda répondit : C'est lorsqu'un homme saint marche sur elle, ô saint Zarathustra,

4. Le bois du sacrifice dans la main, le bereçma (613) dans la main, la tasse dans la main, le mortier dans la main;

5. Prononçant ces mots en conformité avec la loi : j'invoquerai Mithra, qui donne la fertilité, et Rama-Qaçtra.

6. Créateur des êtres doués de corps, purificateur,

7. Qu'y a-t-il, en second lieu, de plus agréable à cette terre?

8. Ahura-Mazda répondit : C'est lorsqu'un homme saint se construit une demeure

9. Pourvue de feu, pourvue de bétail, où il y a une femme, des enfants et de bons troupeaux.

10. Car il y a en cette maison abondance de bestiaux, abondance de droiture, abondance de fourrages, de chiens, de femmes, de jeunes gens, de feu, de tout ce qui appartient à une vie heureuse.

11. Créateur des êtres doués de corps, purificateur,

12. Qu'y a-t-il, en troisième lieu, de plus agréable à cette terre?

13. Ahura-Mazda répondit : C'est l'endroit où la culture de la terre a fait venir, ô saint Zarathustra, des grains, des fourrages et des arbres fruitiers,

14. Où l'homme arrose la terre aride ou ôte l'eau à des terres trop humides.

15. Créateur des êtres doués de corps, purificateur,

16. Qu'y a-t-il, en quatrième lieu, de plus agréable à cette terre?

17. Ahura-Mazda répondit : C'est l'endroit où il naît le plus de bestiaux et d'animaux de trait.

18. Créateur des êtres doués de corps, purificateur,

19. Quel est l'objet qui vient au cinquième rang parmi ceux qui sont le plus agréables à cette terre?

20. Ahura-Mazda répondit : C'est l'endroit où il a le plus de bestiaux et d'animaux de trait qui y laissent leur fumier.

21. Créateur des êtres doués de corps, purificateur,

22. Quelle est la première chose qui soit désagréable à cette terre (et qui l'empêche d'être favorable)?

23. Ahura-Mazda répondit : C'est lorsqu'elle devient le séjour de la violence (614), ô saint Zarathustra,

24. Lorsque les Daevas sortent des cavernes avec les Drujas (615).

25. Créateur des êtres doués de corps, purificateur?

26. Quelle est la seconde chose qui est le plus désagréable à cette terre?

---

(610) Le sens de ces deux versets n'est pas très-clair; on peut l'interpréter ainsi : toutes les lumières (ou astres) qui n'ont point eu de commencement éclairent d'en haut ; celles qui ont été créées éclairent d'en bas. Quant au verset 132, il signifie que pour les bienheureux qui résident dans l'enceinte tracée par Yima, les distinctions, de jour et de nuit ne subsistent plus. Anquetil Duperron traduit : « Toute la lumière première, élevée, brillante, a été donnée (au commencement), cette lumière qui brille en elle même, (en une fois) en même temps et par laquelle voient les astres, la lune et le soleil. » Il n'est pas certain que l'orientaliste français ait saisi la véritable signification du texte, mais sa méprise, si méprise il y a, est des plus excusables, car il est presque impossible de saisir nettement et de rendre avec fidélité des idées aussi obscures, exprimées dans un idiome bien imparfaitement connu.

(611) Il n'est point question de cet oiseau dans la traduction d'Anquetil Duperron; elle nomme à sa place Pazchoutan, qui fut le second fils du roi Gustasp, devint immortel et fut chargé de porter la loi dans le Vadjemguerd. Le Bound-Dehesch mentionne l'oiseau Karespat comme prononçant l'Avesta.

(612) Oraueted Nero, l'homme fort, selon Anquetil. Il fut le premier fils de Zoroastre par sa seconde femme, et le chef des laboureurs.

(613) Le berecma ou barsom est un faisceau de branches d'arbre qui joue un rôle important dans le culte des Parsis ; il ne doit être coupé que par l'homme pur ; le nombre des branches dont il se compose (vingt-trois ou trente-cinq), varie selon l'office qu'on célèbre : en priant on doit le tenir de la main gauche.

(614) Le texte est ici obscur ; nous suivons le sens que lui a donné Anquetil Duperron ; M. Spiegel a mis la prise, l'action de saisir Arézura, mot qui lui semble un nom propre et qui diffère peu d'ailleurs d'autres expressions signifiant envie, jalousie. Ce savant est d'avis que le texte pourrait faire allusion au commerce des Daevas et des Druas, d'où résulterait la naissance d'êtres impurs.

(615) Ou Daroudjs, esprits malins et impurs créés par le mauvais principe ; ils désolent le monde et y répandent la mort.

27. Ahura-Mazda répondit : C'est l'endroit où il y a le plus de chiens morts et d'hommes morts ensevelis.

28. Créateur des êtres doués de corps, purificateur,

29. Quel est le troisième objet sur la terre qui est le plus désagréable ?

30. Ahura-Mazda répondit : C'est l'endroit où il se construit le plus de Dakhmas (616), où l'on expose les corps des morts.

31. Créateur des êtres doués de corps, purificateur ?

32. Quelle est la quatrième chose qui est le plus désagréable à la terre ?

33. Ahura-Mazda répondit : C'est celle où il y a le plus de cavernes creusées par les bêtes qu'Arihman a créées.

34. Créateur des êtres doués de corps, purificateur ?

35. Quelle est la cinquième chose qui est le plus désagréable à la terre ?

36. Ahura-Mazda répondit : C'est, ô saint Zarathustra, celui où la femme ou le fils d'un homme saint s'éloigne du droit chemin,

37. Et qu'ils vont et viennent, se couvrant la tête de poussière, pleurant et se plaignant (616*).

38. Créateur des êtres doués de corps, purificateur,

39. Quel est celui qui fait, en premier lieu, éprouver à cette terre le plus de satisfaction ?

40. Ahura-Mazda répondit : Celui qui déterre les cadavres de chiens et d'hommes enfouis dans la terre.

41. Créateur des êtres doués de corps, purificateur,

42. Quel est celui qui, en second lieu, fait éprouver à cette terre le plus de satisfaction ?

43. Ahura-Mazda répondit : C'est celui qui aplanit et façonne la terre après avoir détruit les Dakhmas (616*) qui étaient construits dessus, et où des cadavres étaient exposés.

44. Un homme seul ne doit jamais porter un mort.

45. Si un homme seul porte un mort,

(616) Le sens de ce verset n'est pas bien clair. On peut y voir une défense de pleurer les morts. Elle existait chez les divers peuples sémitiques, et on la retrouve chez les Parsis. On trouve dans le Sadder, traduit par Hyde, et dont nous avons déjà parlé avec quelques détails : *Si quis ab hoc mule mundo discedit, nemo debet flere proter illum.*
Le Minokhired énumère les dix choses qui sont le plus désagréables et odieuses à la terre : 1° l'endroit où est l'enfer ; 2° l'endroit où un homme pur est mis à mort ; 3° le lieu où les Daevas et les Drujas se réunissent ; 4° l'endroit où est élevé un temple consacré aux idoles ; 5° l'endroit où un homme méchant fixe sa demeure ; 6° l'endroit où des cadavres sont enterrés ; 7° l'endroit où les Kharfisters creusent leurs trous ; 8° l'endroit où l'on se détourne du bien pour faire le mal ; 9° l'endroit où la terre cultivée est devenue un désert ; 10° l'endroit où des cheveux et des ongles coupés ont été jetés.

(616*) Ou Dakhmè, cimetière.

46. Le haçus le rend impur, le saisissant par le nez, par les yeux, par la langue, par le visage, par le derrière.

47. Le haçus (Drukhs) (617) jaillit des ongles de ceux qui commettent ces péchés,

48. Et ils sont impurs à jamais, perpétuellement et pour toujours.

49. Créateur des êtres doués de corps, purificateur,

50. Quelle est la place réservée à l'homme qui porte les morts ?

51. Ahura-Mazda répondit : Elle sera la plus dépourvue d'eau et d'arbres qu'il y ait sur la terre,

52. La plus sèche et la plus aride,

53. Où les bestiaux et les animaux de trait peuvent le moins subsister,

54. Et le feu d'Ahura-Mazda et le Bereçma qui est réuni dans la sainteté et l'homme saint.

55. Créateur des êtres doués de corps, purificateur,

56. A quelle distance du feu, à quelle distance de l'eau, à quelle distance de Bereçma, à quelle distance des hommes purs ?

57. Ahura-Mazda répondit : A trente pas du feu, à trente pas de l'eau, à trente pas du Bereçma qui y est mis, à trois pas des hommes purs.

58. Les Mazdayaçnas doivent, sur cette terre, faire un abattis d'arbres (618).

59. Ils doivent y apporter des aliments ainsi que des vêtements.

60. Les plus mauvais,

61. Les plus communs.

62. Ils doivent manger ces aliments, ils doivent revêtir ces habits,

63. En se tenant à la distance prescrite, en se tenant loin du mort.

64. Celui qui mange près du mort, ou qui revêt ses habits près de lui, tombera malade ; il vieillira et n'aura pas de postérité.

65. Les Mazdayaçnas doivent, de force et promptement, le conduire dans les montagnes.

66. Ils lui couperont la tête selon la largeur du cou ; le corps sera abandonné aux créatures vora ces de Çpenta-Mainyus, aux oiseaux qui se nourrissent de chair et aux Kahrkaças.

67. Mais s'il dit qu'il se repent pour tout ce qu'il a commis de coupable en pensées, en paroles et en actions ;

68. S'il avoue humblement le mal qu'il a fait,

(617) Ou, comme traduit Anquetil, le Daroudj Neresch. Aussitôt qu'un homme est mort, cet esprit impur passe dans son cadavre et souille tous ceux qui le touchent.

(618) Le passage formé des versets 58 à 71 est obscur, et paraît avoir été intercalé non sans avoir subi des altérations. Les versets 58 et 59 se retrouvent dans le septième fargard ; les versets 66 et suivants dans le neuvième, et ils y sont mieux à leur place. Les versets 60 et 61 ne sont traduits que d'après une conjecture.

69. La peine est effacée par le repentir.
70. S'il ne se repent pas de ses actions coupables,
71. Elles restent à jamais sans être expiées.
72. Créateur des êtres doués de corps, purificateur :
73. Quel est celui qui, en troisième lieu, cause le plus d'allégresse à la terre?
74. Ahura-Mazda répondit : C'est celui qui comble le plus de cavernes creusées par les créatures d'Agra-Maynius.
75. Créateur des êtres doués de corps, purificateur,
76. Quel est celui qui, en quatrième lieu, cause le plus de satisfaction à la terre?
77. Ahura-Mazda répondit : C'est celui qui fait venir le plus de productions de la terre et d'arbres portant du fruit, ô saint Zarathustra !
78. Ou qui procure de l'eau à des terrains arides, ou qui délivre la terre d'une eau surabondante.
79. La terre qui n'est pas cultivée n'est pas satisfaite,
80. Lorsqu'elle peut recevoir les semis du cultivateur.
81. Car elle est bonne pour servir de demeure aux hommes.
82. Le bétail qui demeure longtemps sans se reproduire est d'une bonne croissance.
83. Et la terre est bonne pour les animaux mâles (619).
84. Celui qui travaille à la terre à droite et à gauche avec le bras droit et avec le bras gauche, ô saint Zarathustra,
85. Reçoit de la terre son opulence véritable.
86. De même qu'un ami généreux envers un ami qu'il chérit, elle lui donne de la postérité ou des richesses.
87. Celui qui cultive cette terre, ô saint Zarathustra, à droite et à gauche, avec le bras droit et avec le bras gauche,
88. Cette terre lui parle ainsi : Homme, si tu me consacres ton travail à droite et à gauche, avec le bras droit et avec le bras gauche,
89. Je te soutiendrai toujours et je viendrai à toi.
90. Je t'apporterai toutes sortes d'aliments.
91. Celui qui ne cultive pas cette terre, ô saint Zarathustra, à droite et à gauche, avec le bras droit et avec le bras gauche,
92. La terre lui adresse ces paroles : Homme, si tu ne me consacres pas ton travail à droite et à gauche, avec le bras droit et avec le bras gauche,
93. Tu seras toujours errant devant les portes d'autrui, afin de mendier des aliments.
94. On t'apportera des vivres tandis que tu te tiendras au dehors en pleurant.
95. Ceux qui vivent dans l'abondance te feront ainsi part de leurs richesses.
96. Créateur des êtres doués de corps, purificateur.
97. Quand est-ce que se manifeste la croissance de la loi mazdayanique?
98. Ahura-Mazda répondit : Lorsque l'on cultive avec zèle les terres qui donnent du grain, ô saint Zarathustra.
99. Celui qui cultive les productions de la terre, cultive la pureté.
100. Il accomplit la loi mazdayanique.
101. Il développe la loi mazdayanique.
102. Sur une étendue de cent Paitistanas,
103. Sur une étendue de mille Paitidaranas,
104. Sur une étendue de dix mille Yaçna-kerétas (619*),
105. Où il y a des fruits les Daevas frémissent.
106. Où il y a des semailles les Daevas toussent.
107. Où il y a des épis les Daevas pleurent.
108. Où il y a des moissons abondantes les Daevas s'enfuient.
109. C'est dans les endroits où se trouvent les récoltes que les Daevas sont le plus rudement frappés.
110. Ils vont dans l'enfer, se liquéfient comme du fer brûlant.
111. Alors on récite ce manthra :
112. Personne, s'il ne mange rien, n'est capable d'agir,
113. Et n'a la force d'accomplir de bonnes œuvres.
114. Il n'est pas capable de travailler avec vigueur à la culture de la terre.
115. Car tous les êtres doués de corps vivent de la nourriture qu'ils prennent ; s'ils ne mangent pas, ils meurent.
116. Créateur des êtres doués de corps, purificateur,
117. Qui est-ce qui, en cinquième lieu, cause à la terre le plus de satisfaction ?
118. Ahura-Mazda répondit : ô saint Zarathustra, c'est celui qui travaille sur cette terre pour l'homme saint.
119. On le jettera loin de cette terre dans les ténèbres,
120. Pour qu'il soit livré aux souffrances, pour qu'il soit jeté dans le lieu de la désolation,
121. Et jeté sur des herbes aigües (620).
122. Créateur des êtres doués de corps, purificateur,

---

(619) Les versets 81-83 sont assurément interpolés dans le texte. Leur laconisme dans le texte original les rend obscurs. M. Spiegel a suivi le sens que donne la version huzvaresch.

(619*) On ignore le sens exact de ces divers mots.
(620) Ce passage paraît interpolé ou corrompu.

123. Si l'on ensevelit en cette terre des chiens morts et des hommes morts, et qu'on ne les déterre pas dans l'espace de la moitié d'une année,

124. Quelle peine doit-on subir?

125. Ahura-Mazda répondit : Le coupable doit recevoir cinq coups de courroies de cheval, cinq cents coups de craosho-churana (621).

126. Créateur des êtres pourvus de corps, purificateur,

127. Si l'on ensevelit en cette terre des chiens morts et des hommes morts, et qu'on ne les déterre pas d'une année entière,

128. Quelle peine doit-on subir?

129. Ahura-Mazda répondit : Que le coupable reçoive mille coups de courroies de peau de cheval, mille coups de craosho-churana.

130. Créateur des êtres doués de corps, purificateur,

131. Si l'on ensevelit en cette terre des chiens morts et des hommes morts et qu'on reste deux ans sans les déterrer,

132. Quelle peine doit-on subir?

133. Quelle doit être l'expiation?

134. Quelle est la purification?

135. Ahura-Mazda répondit : Il n'y a pas de peine, il n'y a pas d'expiation, il n'y a pas de purification.

136. Ces actions sont à jamais inexpiables.

137. Celui qui les a commises doit agir de la manière suivante :

137*. Qu'il écoute et qu'il observe la loi des Mazdayaçnas.

138. S'il n'écoute pas et n'observe pas la loi mazdayanique,

139. La loi n'effacera-t-elle pas les péchés de ceux qui sont coupables, comme elle le fait pour ceux qui se repentent,

140. S'ils ne retombent plus dans des actions mauvaises?

141. La loi mazdayanique, ô saint Zarathustra, délivre l'homme qui l'observe des liens dont il était entouré

142. Elle fait disparaître la tromperie.

143. Elle efface le meurtre d'un homme pur.

144. Elle efface l'ensevelissement des morts.

145. Elle efface les actions pour lesquelles il n'y a pas d'expiation.

146. Elle efface les dettes considérables que le pécheur a contractées.

147. Elle efface tous les péchés que l'homme commet.

148. La loi des Mazdayaçnas, ô saint Zarathustra, emporte loin d'un homme pur toutes les pensées, les actions et les paroles coupables, de même que le vent rapide et fort purifie le ciel.

149. Heureux, ô Zarathustra, celui qui a fait de bonnes actions.

150. La loi Mazdayanique enlève entièrement tous les châtiments.

QUATRIÈME FARGARD.

1. Celui qui n'exauce pas la prière de l'homme qui l'implore

2. Est un voleur de la prière, puisqu'il repousse de force la prière.

3. Le jour et la nuit il en fait sa propriété ou sa demeure (622).

4. O créateur, quel est le nombre de tes Mithras, et ceux d'Ahura-Mazda? (*Mithra-Daroudj, péchés inspirés par le Daroudj, ennemi de Mithra.*)

5. Ahura-Mazda répondit : Il y en a six, ô saint Zarathustra.

6. Le premier, quand on donne sa parole.

7. Le second, quand on frappe des mains l'une dans l'autre.

8. Le troisième a rapport à la récompense due à une tête de bétail.

9. Le quatrième a rapport à la récompense due à une bête de trait.

10. Le cinquième a rapport à la récompense due à l'homme (qui instruit).

11. Le sixième a rapport à la récompense due à un village,

12. A un village qui donne des produits abondants, qui est étendu et fertile.

13. On commet le premier Mithra en donnant sa parole sans la tenir.

14. On le commet en mettant sans bonne foi les mains l'une dans l'autre.

(621) Nous faisons comme M. Spiegel ; nous reproduisons l'expression qui se trouve dans le texte et dont le sens n'est pas bien connu. Les Parsis eux-mêmes l'ignorent aujourd'hui : Anquetil Duperron pense qu'on peut rendre ce mot par courroies de peau de chameau, et que ces coups pouvaient se racheter par le paiement d'un nombre égal de *dermis* ou *derhems*, poids et monnaie employés en Asie. Mais il est douteux qu'à cette époque reculée, le principe du rachat d'une peine corporelle au moyen d'une amende eut encore été admis, et nulle part, dans le *Vendidad*, on ne rencontre d'allusions à l'existence de la monnaie. Quant au premier mot, nous suivons l'interprétation d'Anquetil ; M. Spiegel écrit *Pferde-stachel*; le mot zend est *astra* que quelques Parsis expliquent comme signifiant un instrument aigu, et qui se rapproche fort du sanscrit, ash rà, aiguillon pour presser le bétail.

(622) Le texte des versets 1 à 3 est des plus obscurs. Les efforts des interprètes pour lui donner quelque clarté n'ont pas toujours eu grand succès. On a pensé qu'il pouvait être question ou de sommes prêtées et retenues injustement, ou de témoignages d'honneur qu'on ne pourrait, sans une faute grave se refuser à rendre. D'après une traduction anglaise de ce passage, faite par un Parsi de Bombay, le sens serait que si un homme contracte une dette avec l'intention de ne pas s'acquitter, et s'il dit : « l'homme qui m'a prêté cette somme ne s'en rappelle pas, » il est un voleur de premier ordre, il est aussi coupable que s'il s'emparait du bien d'autrui. D'après le fait que les Draujs (ou *démons femelles*) sont rendues fécondes, et le coupable est regardé comme tel nuit et jour.

15. On le commet en mettant les mains avec intention de tromper.
16. On le commet en promettant une récompense à une tête de bétail,
17. Et lorsqu'on la retient avec injustice.
18. On le commet en promettant une récompense à un animal de trait,
19. Et lorsqu'on la retient avec injustice.
20. On le commet en promettant une récompense à l'homme qui instruit,
21. Et lorsqu'on la retient avec injustice (623).
22. On le commet lorsqu'on promet une récompense aux villages,
23. Et lorsqu'on la retient avec injustice.
24. Créateur, quelle sera la peine de ceux qui commettent ce péché en ne tenant pas leur parole?
25. Ahura-Mazda répondit : La punition sera de trois cents châtiments (*trois cents ans passés en enfer*) ou une offrande proportionnée à ce temps que feront les parents du coupable.
26. Créateur, quelle sera la peine de ceux qui mettent les mains l'une dans l'autre, et manquent ensuite à leurs engagements?
27. Ahura-Mazda répondit : La punition sera de six cents châtiments (*six cents ans passés en enfer*) ou une offrande proportionnée à ce temps que feront les parents du coupable.
28. Quelle sera la peine de ceux qui refuseront à une tête de bétail la récompense qui lui est due?
29. Ahura-Mazda répondit : La punition sera de sept cents châtiments (*sept cents ans passés en enfer*) ou une offrande proportionnée à ce temps que feront les parents du coupable.
30. Créateur, quelle sera la peine de ceux qui refuseront à un animal de trait la récompense qui lui est due?
31. Ahura-Mazda répondit : La punition sera de huit cents châtiments (*huit cents ans passés en enfer*) ou une offrande proportionnée à ce temps que feront les parents du coupable.
32. Créateur, quelle sera la peine de ceux qui refuseront à l'homme qui enseigne la récompense qui lui sera due?
33. Ahura-Mazda répondit : La punition sera de neuf cents châtiments (*neuf cents ans passés en enfer*) ou une offrande proportionnée à ce temps que feront les parents du coupable.
34. Créateur, quelle sera la peine de ceux qui refuseront à un village la récompense qui lui sera due?
35. Ahura-Mazda répondit : la punition sera de mille châtiments (*mille ans passés en enfer*) ou une

offrande proportionnée à ce temps que feront les parents du coupable.
36. Créateur, si quelqu'un trompe par ses paroles,
37. Quelle est sa peine (*en ce monde*)?
38. Ahura-Mazda répondit : Trois cents coups avec les courroies de peau de cheval, trois cents avec le craosho-charana.
39. Créateur, si quelqu'un met les mains l'une dans l'autre et s'il est de mauvaise foi,
40. Quelle est sa peine?
41. Ahura-Mazda répondit : Qu'on lui donne six cents coups avec les courroies de peau de cheval, six cents avec le craosho-charana.
42. Créateur, si quelqu'un refuse à une tête de bétail la récompense qui lui est due,
43. Quelle est sa peine?
44. Ahara-Mazda répondit : Qu'on le frappe sept cents fois avec les courroies de peau de cheval, sept cents fois avec le craosho-charana.
45. Créateur, si quelqu'un refuse à une bête de trait la récompense qui lui est due,
46. Quelle est sa peine?
47. Ahura-Mazda répondit : Qu'on le frappe huit cents fois avec les courroies de peau de cheval, huit cents fois avec le craosho-charana.
48. Créateur, si quelqu'un refuse à l'homme (qui instruit) la récompense qui lui est due,
49. Quelle est sa peine?
50. Ahura-Mazda répondit : Qu'on le frappe neuf cents fois avec les courroies de peau de cheval, neuf cents fois avec le craosho-charana.
51. Créateur! si quelqu'un refuse à un village la récompense qui lui est due,
52. Quelle est sa peine?
53. Ahura-Mazda répondit : Qu'on le frappe mille fois avec les courroies de peau de cheval, mille fois avec le craosho-charana.
54. Si quelqu'un se dispose à frapper un homme, il commet l'Agerepta.
55. S'il le renverse, il commet l'Avaoirista.
56. Si la vengeance a excité son esprit, il commet l'Aredus (624).
57. Au cinquième des péchés de l'Aredus, l'homme accomplit son corps (625).

(623) Nous avons suivi dans tout ce passage l'interprétation d'Anquetil Duperron ; le texte tel que le l'offre M. Spiegel est si laconique et si obscur, qu'il est très-difficile d'y trouver un sens satisfaisant.

(624) Les trois mots qu'emploie le texte pour indiquer les fautes dont il s'agit, peuvent se rendre par entreprise ou tentative, action, mauvaise intention. L'*Avaoirista* est une blessure faite dans un moment de colère et sans préméditation, tandis que l'*Aredus* est une attaque calculée et préposée à l'avance. D'après Anquetil Duperron avoir le dessein de frapper quelqu'un avec un sabre, c'est l'*agueretté*; frapper et blesser, c'est l'*eourereshté*, blesser de manière que la plaie ne soit guérie qu'au bout de deux jours, c'est l'*aredosch*. M. Spiegel ne croit pas que l'explication des deux derniers mots telle que la donne l'orientaliste français soit bien exacte.

(625) M. Spiegel pense que ceci signifie que lorsqu'un homme a commis cinq fois le péché de l'aredus, c'est-à-dire un crime avec préméditation contre la personne

58. Créateur, lorsqu'un homme a encouru l'Agerepta,
59. Quel est son châtiment?
60. Ahura-Mazda répondit: Qu'on le frappe cinq fois avec les courroies de peau de cheval cinq fois avec le craosho-charana.
61. La seconde fois qu'on le frappe dix fois avec les courroies de peau de cheval, dix fois avec le craosho-charana.
62. La troisième fois qu'on le frappe quinze fois avec les courroies de peau de cheval, quinze fois avec le craosho-charana.
63. La quatrième fois qu'on le frappe trente fois avec les courroies de peau de cheval, trente fois avec le craosho-charana.
64. La cinquième fois qu'on le frappe cinquante fois avec les courroies de peau de cheval, cinquante fois avec le craosho-charana.
65. La sixième fois qu'on le frappe soixante-dix fois avec les courroies de peau de cheval, soixante-dix fois avec le craosho-charana.
66. La septième fois qu'on le frappe quatre-vingt-dix fois avec les courroies de peau de cheval, quatre-vingt-dix fois avec le craosho charana.
67. S'il accomplit pour la huitième fois cet acte, sans que les fautes antérieures soient expiées,
68. Quelle est sa peine?
69. Ahura-Mazda répondit: Qu'on donne à ce corps coupable deux cents coups avec les courroies de peau de cheval, deux cents avec le craosho-charana.
70. Créateur, si un homme a encouru l'Agerepta, et s'il n'a rien expié.
71. Quelle est sa peine?
72. Ahura-Mazda répondit: Que l'on frappe son corps coupable deux cents fois avec les courroies de peau de cheval, deux cents avec le craosho-charana.
73. Créateur, si un homme a commis l'Avaoirista,
74. Quelle est sa peine?
75. Ahura-Mazda répondit: Qu'on le frappe en lui donnant dix coups avec les courroies de peau de cheval, et dix coups avec l'aiguillon et quinze coups avec le craosho-charana. La seconde fois quinze coups. La troisième trente. La quatrième cinquante. La cinquième soixante et dix. S'il tombe une septième fois dans cette faute, sans avoir expié les précédentes, qu'on frappe son corps coupable deux cents fois avec les courroies de peau de cheval, deux cents fois avec l'aiguillon, deux cents fois avec le craosho-charana.

76. Créateur, si un homme a encouru l'Avaoirista, et s'il n'a rien expié,
77. Quelle est sa peine?
78. Ahura-Mazda répondit: Que l'on frappe son corps coupable deux cents fois avec les courroies de peau de cheval, deux cents avec le craosho-charana.
79. Créateur, si un homme en frappe un autre, commettant ainsi l'Aredus,
80. Quelle est sa peine?
81. Ahura-Mazda répondit: Qu'on le frappe en lui donnant dix coups avec les courroies de peau de cheval, et dix coups avec l'aiguillon et quinze coups avec le craosho-charana. La seconde fois quinze coups. La troisième trente. La quatrième cinquante. La cinquième soixante et dix. S'il tombe une septième fois dans cette faute, sans avoir expié les précédentes, qu'on frappe son corps coupable deux cents fois avec les courroies de peau de cheval, deux cents fois avec l'aiguillon, deux cents fois avec le craosho-charana.
82. Créateur, si un homme en frappe rudement un autre par derrière, et s'il n'expie pas sa faute,
83. Quelle est sa peine?
84. Ahura-Mazda répondit: Qu'on le frappe trente fois avec les courroies de peau de cheval, trente fois avec le craosho-charana.
85. La seconde fois, qu'on le frappe cinquante fois avec les courroies de peau du cheval, cinquante fois avec le craosho-charana.
86. La troisième fois, soixante-dix coups, et la quatrième quatre-vingt-dix. S'il commet une cinquième fois cette faute, sans avoir expié les précédentes, quelle est la peine? Ahura-mazda répondit: Qu'on frappe son corps coupable deux cents fois avec les courroies de peau de cheval, deux cents fois avec le craosho-charana.
87. Créateur, si un homme qui a frappé rudement un autre ne se repent pas de sa faute,
88. Quelle est sa peine?
89. Ahura-Mazda répondit: Qu'on frappe son corps coupable deux cents fois avec les courroies de peau de cheval, deux cents fois avec le craosho-charana.
90. Créateur, si un homme fait à un autre une blessure telle que le sang coule,
91. Quelle est sa peine?
92. Ahura-Mazda répondit: Qu'on le frappe cinquante fois avec les courroies de peau de cheval, cinquante fois avec le craosho-charana. La seconde fois qu'on lui donne soixante-dix coups. La troisième quatre-vingt-dix.
93. S'il commet pour la troisième fois cette faute, sans avoir expié les précédentes,
94. Quelle doit être sa peine?
95. Ahura-Mazda répondit: Qu'on frappe son corps coupable deux cents fois avec les courroies

d'un autre, il n'est pas sujet à aucun châtiment corporel ; de pareilles fautes attaquent l'âme. D'après la traduction huzvaresch, un pareil coupable encourt le tanafour ou pesótensaô ; c'est-à-dire, le corps (est) au delà ; une semblable action empêche de passer le pont de Tchinevad.

de peau de cheval, deux cents fois avec le craosho-charana.

96. Créateur, si un homme fait à un autre une blessure faisant couler du sang et s'il n'expie pas sa faute,

97. Quelle est sa peine?

98. Ahura Mazda répondit : Qu'on frappe son corps coupable deux cents fois avec les courroies de peau de cheval, deux cents fois avec le craosho-charana.

99. Créateur, si quelqu'un en frappe un autre de manière à briser un os,

100. Quelle est sa peine?

101. Ahura-Mazda répondit : Qu'on le frappe soixante-dix fois avec les courroies de peau de cheval, soixante-dix fois avec le craosho-charana. La seconde fois qu'on le frappe quatre-vingt-dix fois.

102. S'il commet cette faute une troisième fois sans avoir expié les précédentes, quelle est sa peine?

103. Ahura-Mazda répondit : Qu'on frappe son corps coupable deux cents fois avec les courroies de peau de cheval, deux cents fois avec le craosho-charana.

104. Créateur, si un homme qui a donné à un autre un coup tel qu'un os en a été brisé, n'expie pas sa faute, quelle doit être sa peine?

105. Ahura-Mazda répondit : Qu'on frappe son corps coupable deux cents fois avec les courroies de peau de cheval, deux cents fois avec le craosho-charana.

106. Créateur, si un homme fait à un autre une blessure qui met la vie en danger,

107. Quelle doit être sa peine?

108. Ahura-Mazda répondit : Qu'on le frappe quatre-vingt-dix fois avec les courroies de peau de cheval, quatre-vingt-dix fois avec le craosho-charana.

109. S'il commet cette faute une seconde fois sans avoir expié les précédentes,

110. Quelle doit être sa peine?

111. Ahura-Mazda répondit : Qu'on frappe son corps coupable deux cents fois avec les courroies de peau de cheval, deux cents fois avec le craosho-charana.

112. Créateur, si celui qui a fait à un autre une blessure capable de mettre la vie en danger, n'expie pas sa faute,

113. Quelle doit être sa peine?

114. Ahura-Mazda répondit : Qu'on frappe son corps coupable deux cents fois avec les courroies de peau de cheval, deux cents fois avec le craosho-charana.

115. Ensuite ses actions seront effacées.

116. Il faut marcher sur le chemin de la pureté (626).

117. D'après le commandement de la pureté.

118. Si des hommes viennent ici, des frères ou des amis, en conformité avec la loi,

119. Désireux d'expier leurs fautes, et de régler ce qui regarde leurs biens ou leurs femmes ;

120. Celui qui doit purifier les fautes d'un homme s'approchera et recueillera son bien.

121. Il prendra soin de sa femme, lui fournissant les moyens de subsister.

122. Il chargera le prêtre de réciter le manthra-çpenta,

123. Pendant la première et la seconde partie du jour, pendant la première et la seconde partie de la nuit (627),

124. Pour le développement de l'intelligence qui s'éloigne de la pureté,

125. Par la pureté et la prière pour le développement de l'intelligence afin qu'elle y demeure constamment,

126. Jusqu'au milieu du jour et dans la nuit, sans s'endormir ni le jour, ni la nuit.

127. Jusqu'à ce qu'ils aient prononcé toutes les paroles qu'ont prononcées les anciens Herbeds (628).

128. Qu'ils ont faites avec de l'eau bouillante pour les hommes, ô Zarathustra,

129. Ne dites pas qu'il ne faut lui donner ni à manger, ni des habits.

130. Quant à ce qui concerne l'homme marié, je le nomme, ô saint Zarathustra,

131. Avant celui qui n'est pas marié.

132. Celui qui entretient un ménage avant celui qui n'en a pas, le père de famille avant l'homme qui n'a pas d'enfants,

133. Le riche avant le pauvre.

134. Celui qui favorise la multiplication du bétail est, de tous les hommes, celui qui combat le plus Vohumano ; il est au dessus de celui qui ne rend pas un pareil service.

135. Lorsqu'il est mort,

136. Il est de la valeur d'un Açperena, de la valeur d'une petite tête de bétail, de la valeur d'une tête de trait, de la valeur d'un homme (629).

---

(626) M. Spiegel observe que depuis le verset 115 jusqu'à la fin, le quatrième fargard est un des passages les plus difficiles du Vendidad ; il lui a été à peu près impossible d'en donner une traduction un peu intelligible. Le texte se compose de fragments rapprochés sans beaucoup d'ordre ; le premier d'entre eux finit au verset 118 ; les copistes ont altéré les textes, et nous ne possédons qu'une connaissance fort imparfaite de ces sujets obscurs. Ce passage se rapporte à l'expiation des péchés opérée au moyen de la lecture de l'Avesta.

(627) C'est-à-dire au lever du soleil, à midi, au coucher du soleil et à minuit.

(628) L'Herbed est un membre du dernier ordre de la hiérarchie des Parsis. Nous avons reproduit exactement le sens que M. Spiegel assigne aux versets 127 et 128. Anquetil Duperron la traduit ainsi : « d'abord l'Herbed récite (ma parole) sur l'homme mort, ô Zarathustra, avec une rapidité semblable à celle de l'eau qui coule. »

(629) Le sens de ce verset est fort obscur. Selon la traduction de Harvares h, ces objets doivent être offerts en don.

157. Car cet homme combat l'Açto-vithotus (630).

158. Il combat contre l'Ishus Rathakhto.

159. Il combat contre Zemaka (*le démon de l'enfer*) (630') et lui enlève un vêtement.

140. Il combat contre le cerveau de l'homme méchant.

141. Il combat contre Ashemaogho, l'impur, qui n'a pas mangé (631).

142. Lorsqu'il a pour la première fois entrepris cette action, non pour la seconde fois.

143. Si les hommes habitant le monde des êtres doués de corps ne se conduisent pas selon la loi,

144. Qu'on leur coupe le corps avec un couteau de fer,

145. Qu'on leur coupe le corps de bas en haut.

146. Si les hommes habitant le monde des êtres doués de corps ne se conduisent pas selon la loi,

147. Qu'on lie leur corps avec des chaînes de fer;

148. Qu'on les lie de bas en haut.

149. Si les hommes habitant le monde des êtres doués de corps ne se conduisent pas selon la loi,

150. Chacun d'eux précipite sans le vouloir cent hommes dans l'enfer,

151. A cause de ses rapports avec les habitants de ce monde des êtres doués de corps,

152. Si les hommes habitant le monde des êtres doués de corps ne se conduisent pas selon la loi :

153. Chacun d'eux commet, sans le savoir, un grand péché.

154. Si les hommes habitant le monde des êtres doués de corps ne se conduisent pas selon la loi,

155. C'est comme si chacun d'eux entrait frauduleusement et en sachant ce qu'il faisait dans l'eau jaune bouillante, et qu'il commit ainsi le péché contre Mithra (631*).

156. Créateur, Si un homme entre en fraude dans l'eau jaune bouillante comme s'il disait la vérité, mais s'il trompe Mithra,

157. Quelle doit être sa peine?

(630) Ou Astouiad, le dew, le démon de la mort. Il enlève les âmes et ferme la bouche des mourants. Nous aurons occasion d'en reparler (fargard V, verset 26.).

(630*) Anquetil Duperron fait saisir par sa traduction le sens de ce verset : « il frappera l'hiver, et l'homme n'aura pas besoin de se couvrir de tant d'habits. »

(631) Ou bien : « il frappera l'impur Aschmogh (et ce démon sera affaibli comme un homme) qui n'a pas mangé. »

(631*) Il est fort difficile de donner un sens satisfaisant à ce passage très-obscur. M. Spiegel pense qu'il pourrait être question d'une sorte d'ordalie par le jugement de Dieu. Anquetil Duperron traduit : « Celui qui promet de faire couler (sur ma terre) l'eau brillante et féconde d'un fleuve, et qui ment à sa parole avec connaissance de cause, commet le Mithra-Daroudj. »

158. Ahura-Mazda répondit : Qu'on lui donne sept coups avec les courroies de peau de cheval, sept coups avec le craosho-charana.

CINQUIÈME FARGARD.

1. Un homme meurt dans les gouffres de la vallée.

2. Les oiseaux descendant des cimes des montagnes accourent dans les gouffres de la vallée.

3. Ils se jettent sur le corps du mort et le déchirent.

4. Les oiseaux revolent ensuite des gouffres des vallées vers les cimes des montagnes.

5. Ils se perchent sur un arbre, soit flexible, soit tenace.

6. Ils le souillent de leur salive et de leurs excréments ; ils jettent sur lui les lambeaux du cadavre.

7. Un homme monte des gouffres des vallées vers les cimes des montagnes.

8. Il s'approche de l'arbre où est cet oiseau ; il veut du bois pour allumer du feu.

9. Il frappe cet arbre, il le fend, il l'abat, il le livre au feu.

10. Quelle est sa peine?

11. Ahura-Mazda répondit : Nul cadavre qui est emporté par les chiens, les oiseaux, les loups, les vents ou les mouches, ne souille un homme.

12. Si les cadavres qui sont emportés par les chiens, les oiseaux, les loups, les vents et les mouches rendaient les hommes impurs,

13. Tous les objets qu'il y a dans le monde doué de corps, jouiraient de bien peu de pureté ; ils seraient coupables du Khraodjat-Urva et du Pesho-Tanus (632),

14. A cause de la foule des cadavres de ceux qui sont morts sur cette terre.

15. Créateur, un homme répand de l'eau sur un champ de blé ;

16. L'eau coule sur ce champ pour la seconde, pour la troisième fois ;

17. Après la quatrième fois, le chien, la panthère et le loup apportent un cadavre sur ce champ.

18. Quelle est la peine?

19. Ahura-Mazda répondit. (*Répéter le verset 11*).

20, 21 et 22 (*Répéter les versets 12, 13 et 14.*)

23. Créateur, l'eau frappe-t-elle un homme (*le tue-t-elle*)?

24. Ahura-Mazda répondit : L'eau ne frappe point un homme,

(632) Il faut expliquer ces deux mots ; le pesho-tanus ou tanafour est le nom des fautes graves que peuvent commettre les Mazdayaçnas, et qui entraînent des punitions sévères ; le Khraodjt Urva ou dureté de cœur, est encore une faute plus criminelle.

25. Mais voici ce qui se passe à son égard.

26. Aço-Vidhotus (632*) le lie ; les oiseaux l'emportent lorsqu'il est lié.

27. L'eau le mène en avant, l'eau le mène en arrière, l'eau le lave.

28. Les oiseaux le dévorent.

29. Il vient par hasard en avant et en arrière.

30. Créateur, le feu frappe-(tue-) t-il l'homme ?

31. Ahura-Mazda répondit : Le feu ne frappe aucun homme.

32. Aço-Vidhotus le lie ; les oiseaux emportent celui qui est lié.

33. Le feu consume ses os et sa force vitale.

34. Il vient par hasard en avant et en arrière.

35. Créateur ! Lorsque l'été est passé, lorsque l'hiver est venu,

36. Comment les Mazdayaçnas doivent-ils se conduire ?

37. Ahura-Mazda répondit : En chaque maison, en chaque village, ils doivent élever trois Katas pour celui qui est mort.

38. Créateur ! comment ces Katas pour les morts doivent-ils être construits ?

39. Ahura-Mazda répondit : Ils ne doivent pas toucher la tête placée dans une position élevée.

40. Ils ne doivent pas s'élever au-dessus des mains et des pieds.

41. Car c'est le Kata tel que le prescrit la loi pour un corps mort.

42. Ils doivent y placer les corps privés de vie durant deux nuits, durant trois nuits ou pendant un mois,

43. Jusqu'à ce que les oiseaux s'envolent, que les arbres croissent,

44. Que les êtres pernicieux (*les Daevas, les démons*) s'éloignent, et que le vent sèche la terre.

45. Lorsque les oiseaux s'envolent, que les arbres croissent, que les êtres pernicieux s'éloignent et que le vent sèche la terre,

46. Alors ces Mazdayaçnas doivent exposer chaque corps au soleil,

47. Quand ces Mazdayaçnas n'exposent pas chaque corps au soleil,

48. Alors écris cette peine pour la longueur d'une année, comme elle est déjà écrite pour le meurtre d'un homme pur,

49. Jusqu'à ce que le cadavre soit purifié, l'impureté effacée, et que les oiseaux aient dévoré le cadavre.

50. Créateur, toi qui es Ahura-Mazda, fais tu descendre l'eau

51. De la mer de Vouru Kasha (633) avec le vent et les nuées ?

52. L'amènes-tu au cadavre, toi qui es Ahura-Mazda ? l'amènes-tu à l'impureté, toi qui es Ahura-Mazda ? la répands-tu sur les os, toi qui es Ahura-Mazda ?

53. Rapportes-tu ces choses à la mer de Puitika ? (633*)

54. Ahura-Mazda répondit : Il en est comme tu dis, ô Zarathustra, toi qui es pur.

55. Je fais, moi qui suis Ahura-Mazda, descendre l'eau de la mer de Vouru-Kasha avec le vent et les nuages.

56. Je l'amène au cadavre, moi qui suis Ahura-Mazda ; je l'amène à l'impureté, moi qui suis Ahura-Mazda ; je la répands sur les os, moi qui suis Ahura-Mazda.

57. Je rapporte ces choses à la mer de Puitika ; elles sont bouillantes au milieu de la mer.

58. Les eaux purifiées coulent de la mer de Puitika à la mer de Vouru-Kasha,

59. Jusqu'à l'arbre Hvapa.

60. Mes arbres de toute espèce croissent alors.

61. Je fais tomber ces eaux en pluie, moi qui suis Ahura-Mazda.

62. Comme nourriture pour l'homme pur, comme fourrage pour la vache de bonne race.

63. L'homme peut manger les fruits de la moisson ; le fourrage est pour la vache.

64. C'est là ce qui est bon ; c'est là ce qui est beau, comme tu le dis, toi qui es pur.

65. Le pur Ahura-Mazda réjouit par ces paroles le pur Zarathustra.

66. La pureté est, après la naissance, ce qu'il y a de meilleur pour l'homme.

67. Il possède la pureté, ô Zarathustra, et observe la loi mazdayanique,

68. Celui qui se conserve pur par des pensées, des paroles et des actions louables.

69. Créateur ! quelle est la grandeur, la bonté et la beauté dont cette loi, qui a été donnée contre les Daevas, surpasse toutes les autres paroles, quelques grandes, bonnes et belles qu'elles soient ?

70. Ahura-Mazda répondit : O saint Zarathustra, cette loi donnée contre les Daevas surpasse en grandeur, en bonté et en beauté, toutes les autres paroles.

(632*) Nous avons déjà rencontré dans le fargard précédent le nom d'Açtovidhôtu. C'est l'Açta vahat ou l'Açtahyat de la mythologie des Parsis. Il est représenté comme défendant la cause d'Agra-Mainyu (*ou du mauvais principe*) dans le jugement auquel sont soumises les âmes qui ont à passer le pont Chinvat. Le nom d'Aço-vidhôta signifie « celui qui broie les os. »

(633) Le lac ou fleuve Vourokescheh, comme l'écrit Anquetil. On a supposé qu'il s'agissait du lac d'Erivan en Arménie, mais c'est fort douteux.

(633*) On a pensé qu'il pouvait être question du Phase, mais ce n'est qu'une conjecture.

71. Comme la mer de Vouru-Khasa surpasse toutes les autres eaux,

72. Comme les grands cours d'eau absorbent les petits,

73. Comme les grands arbres recouvrent les petits,

74. Comme le ciel entoure cette terre.

75. Il a été dit par le Ratu, il a été dit par le Craoshavaréza (634),

76. Que celui qui a péché le récite, et s'il ne prend pas sur lui de faire réciter (le Vendidad) qu'on l'abandonne.

77. S'il ne veut pas donner ce qui est prescrit (pour cet objet), qu'on ne lui donne rien à manger.

78. S'il ne charge le Ratu (*le prêtre*) de cet office, qu'on ne prenne pas soin de lui.

79. Ce Ratu a le pouvoir de le punir trois fois.

80. S'il a commis d'autres actions coupables,

81. La peine est ainsi remise.

82. S'il n'a pas commis d'autres actions coupables, elles sont remises pour toujours.

83. Créateur ! si des hommes sont ensemble dans la même maison, dans la même chambre ou sur la même natte,

84. Auprès de l'un deux autres,

85. Ou cinq, ou cinquante, ou cent avec les femmes;

86. Si l'un de ces hommes meurt, sur combien de ces hommes tombe le Drukhs-Naçus, avec les choses impures, la corruption et la putréfaction (dans lesquelles tombe le cadavre) ?

87. Ahura-Mazda répondit : S'il y a un prêtre, le Drukhs-Naçus court au milieu de ces personnages.

88. S'il se pose sur le onzième, il souille le dixième (635).

89. S'il y a un guerrier, le Drukhs-Naçus court au milieu de ces personnages, ô saint Zarathustra.

90. S'il se pose sur le dixième, il souille le neuvième.

91. S'il y a un cultivateur, le Drukhs-Naçus court au milieu de ces personnages, ô saint Zarathustra.

92. S'il se pose sur le neuvième, il souille le huitième.

93. S'il y a un chien qui appartient aux troupeaux, ce Drukhs-Naçus court au milieu de ces personnages, ô saint Zarathustra.

94. S'il se pose sur le huitième, il souille le septième.

95. S'il y a un chien qui appartient à un village, ce Drukhs-Naçus court au milieu de ces personnages, ô saint Zarathustra.

96. S'il se pose sur le septième, il souille le sixième.

97. S'il y a un chien qui aille à la piste du sang, ce Drukhs-Naçus court au milieu de ces personnages, ô saint Zarathustra.

98. S'il se pose sur le sixième, il souille le cinquième.

99. S'il y a un jeune chien, ce Drukhs-Naçus court au milieu de ces personnages, ô saint Zarathustra.

100. S'il se pose sur le cinquième, il souille le quatrième.

101. S'il y a un chien qui ne voit pas encore, ce Drukhs-Naçus court au milieu de ces personnages, ô saint Zarathustra.

102. S'il se pose sur le quatrième, il souille le troisième.

103. S'il y a un chien qui vient justement de naître, ce Drukhs-Naçus court au milieu de ces personnages, ô Zarathustra.

104. S'il se pose sur le troisième, il souille le deuxième.

105. S'il y a un chien qui vient précisément de recevoir la vie, ce Drukhs-Naçus court au milieu de ces personnages, ô saint Zarathustra.

106. S'il se pose sur le deuxième, il souille le premier.

107. S'il y a un chien qui est encore sans vie, ce Drukhs-Naçus court au milieu de ces personnages, ô Zarathustra.

108. S'il se pose sur le premier, il souille le premier.

109. Créateur, là où est le chien Urupis (636),

110. Combien de créatures de Çpenta-Mainyus souille immédiatement ce chien Urupis et en souille-t-il médiatement ?

111. Ahura-Mazda répondit : Ce chien Urupis ne souille les créatures de Çpenta-Mainyus ni médiatement, ni immédiatement.

112. Excepté celui qui le frappe ou tue,

113. Il s'attache à lui pour toujours.

114. Créateur, lorsqu'il y a (au milieu des hommes) un serpent à deux jambes (*un lézard*) plein de malice, très-nuisible et impur (637),

115. Combien souille-t-il directement de créa-

(634) Ratu ou Rotvi, ou Rospi, nom qui désigne le ministre du prêtre parsi qui officie ; le Craoshavaréza est aussi ou prêtre, mais on ne sait pas bien exactement quelles étaient ses fonctions.

(635) Si les matières putrides qui sortent du cadavre touchent un homme, ce qui se trouvera près de lui deviendra impur. Les Parsis distinguent deux sortes d'impuretés : la première est celle que produit l'attouchement d'un être impur par lui-même ; on devient alors souillé (hamrid) ; la seconde espèce est celle qui est communiquée par une personne devenue *hamrid*.

(636) Ou Uropesch. Anquetil Duperron croit qu'il s'agit d'une sorte de renard.

(637) Anquetil suppose avec raison qu'il s'agit ici du serpent infernal d'Aschmugh.

tures de Çpanta-Mainyus? combien en souille-t il indirectement (638)?

116. Ahura Mazda répondit : De même qu'un lézard dont la rapidité est desséché et qui est mort depuis un an,

117. Souille quand il est vivant,

118. Il souille indirectement les créatures d'Ahura-Mazda,

119. Il les souille directement.

120. Vivant il souille l'eau ; vivant il éteint le feu ; vivant il conduit le bétail dans la mauvaise voie ; vivant il frappe l'homme pur d'un coup qui nuit à la force vitale et à la connaissance.

121. Ce reptile à deux pattes, si nuisible et si impur, est tout aussi pernicieux lorsqu'il est vivant, ô saint Zarathustra.

122. Vivant il éloigne de l'homme pur des aliments, des épis, des arbres, des buissons, du fer ; il n'en fait plus autant quand il est mort.

123. Créateur ! nous apportons, ô pur Ahura-Mazda, dans les habitations placées sur ce monde doué de corps, le feu, le berecma, la tasse, l'haoma et le mortier.

124. Si ensuite, dans cette demeure, un chien ou un homme vient à mourir,

125. Comment ces Mazdayaçnas doivent-ils se conduire?

126. Ahura-Mazda répondit : Ils doivent, ô saint Zarathustra, emporter hors de cette demeure le feu, le berecma, la tasse, l'haoma et le mortier.

127. Ils doivent aussi emporter le mort au dehors,

128. Ainsi qu'un homme doit, d'après la loi, être emporté après sa mort et consumé.

129. Créateur, comment les Mazdayaçnas doivent-ils rapporter le feu à la demeure où cet homme est mort?

130. Ahura-Mazda répondit : Ces Mazdayaçnas doivent attendre pendant neuf nuits, si c'est en hiver, et pendant un mois, si c'est en été.

131. Ces Mazdayaçnas peuvent ensuite rapporter le feu à la demeure où cet homme est mort.

132. Créateur, si ces Mazdayaçnas rapportent le feu à la demeure où cet homme est mort

133. Avant que neuf nuits se soient passées, avant qu'un mois se soit écoulé,

134. Quelle est la peine?

135. Ahura-Mazda répondit : Qu'on frappe ce corps coupable deux cents fois avec les courroies de peau de cheval, deux cents fois avec le craoshocharana.

136. Créateur ! si dans cette demeure des Mazdayaçnas une femme devient enceinte,

137. Après un mois, deux mois, trois, quatre, cinq, six, sept, huit, neuf ou dix mois,

138. La femme met au monde non un enfant, mais quelque chose privé de vie,

139. Comment ces Mazdayaçnas doivent-ils se conduire?

140. Ahura Mazda répondit : Ils doivent porter cette femme à l'endroit qui est le plus pur dans cette demeure mazdayanique,

141. A l'endroit qui est le plus sec,

142. Qui sert le moins de chemin aux bestiaux et aux bêtes de somme,

143. Et le feu d'Ahura-Mazda, le Berecma qui est réuni dans la sainteté, et l'homme pur.

144. Créateur ! à quelle distance du feu, à quelle distance de l'eau, à quelle distance du Berecma qui est réuni avec, à quelle distance de l'homme pur?

145. Ahura-Mazda répondit : A trente pas du feu, à trente pas de l'eau, à trente pas du Berecma, à trois pas de l'homme pur.

146. Ces Mazdayaçnas doivent tracer une enceinte sur cette terre.

147. Ils doivent y apporter cette femme, avec des aliments et avec des vêtements.

148. Créateur ! quels sont les aliments que cette femme doit manger d'abord?

149. Ahura-Mazda répondit : De la cendre avec de l'urine de vache ;

150. Trois gouttes, ou six, ou neuf.

151. Elle chasse ainsi les Dakhmas qui sont dans l'intérieur des femmes fécondes.

152. Qu'elle ait recours ensuite au doux lait des juments, des vaches, des brebis ou des chèvres,

153. A des fruits petits et gros,

154. A de la viande cuite sans eau, à du froment pur sans eau et à du vin sans eau.

155. Créateur ! combien de temps les femmes accouchées doivent-elles attendre avant de faire usage de viande, de froment et de vin?

156. Ahura-Mazda répondit : Elles doivent attendre trois nuits ; il faut attendre trois nuits avant qu'elles ne fassent usage de viande, de blé et de vin.

157. Après trois nuits, que l'accouchée se lave le corps nu avec de l'urine de vache et de l'eau, ensuite elle sera pure.

158. Créateur ! combien de temps après ces trois nuits les accouchées doivent-elles attendre, combien faut-il attendre jusqu'à ce qu'elles soient purifiées à l'égard de leur demeure, de leurs aliments

---

(638) Pour comprendre ceci, il faut se rappeler que d'après les idées des Parsis, lorsque Agra Mainyus (le mauvais principe) ou un de ses démons tue une créature pure, c'est pour lui une victoire ; il s'empare du cadavre et il diminue le nombre des hommes purs qui sont sur la terre. Plus le défunt tenait un rang élevé dans la hiérarchie des Parsis, plus la souillure est grande, mais la mort d'une des créatures d'Agra-Mainyus ne souille pas, puisque cette mort est un triomphe pour Ahura-Mazda, pour le bon principe.

et de leurs vêtements, et qu'elles se retrouvent avec les autres Mazdayaçnas?

159. Ahura-Mazda répondit : Elles doivent attendre neuf nuits ; il faut attendre neuf nuits après les trois nuits, pour qu'elles soient purifiées à l'égard de leur demeure, de leurs aliments et de leurs vêtements, et qu'elles rejoignent les autres Mazdayaçnas.

160. Après neuf nuits, elles peuvent se laver, avec de l'urine de vache et de l'eau, le corps nu ; alors elles sont pures.

161. Créateur ! quand est-ce que ces vêtements, après la purification et le lavage, sont de nouveau purifiés,

162. Pour le Zaota, pour l'Havanan, pour l'Atarevaksha, pour le Frabereta, pour l'Aberet, pour l'Açnata, pour le Raethwiskara, pour le Craoshavareza (659), pour le prêtre, pour le guerrier, pour le cultivateur ?

163. Ahura-Mazda répondit : Ces vêtements ne sont pas purifiés de nouveau après la purification et le lavage,

164. Pour le Zaota, pour l'Havanan, pour l'Atarevaksha, pour le Frabereta, pour l'Aberet, pour l'Açnata, pour le Raethwiskara, pour le Craoshavareza, pour le prêtre, pour le guerrier, pour le cultivateur.

165. Lorsque, dans cette demeure des Mazdayaçnas, une femme est affligée de la menstruation,

166. Ou lorsque son fruit a été frappé (*blessé*), ou que la maison est souillée par une blessure,

167. Lorsque cette femme habite (selon l'usage) un lieu écarté, qu'elle prenne ses vêtements,

168. Et que les tenant de sa main, en rendant louange (à Ahura-Mazda), elle s'en serve,

169. Car Ahura-Mazda ne veut pas que d'autres personnes emploient les moindres fragments de vêtements,

170. Pas de la longueur d'un fil, pas de la longueur de celui

171. Qui provient (d'un écheveau) dévidé sur un rouet.

172. Si ces Mazdayaçnas mettent une parcelle de ces vêtements sur un mort,

173. Fût-ce de la longueur et de la grosseur d'un fil,

(659) Ces divers noms désigne les prêtres parsis dans l'exercice de leurs fonctions ; Zaota, celui qui tient le zour, (objet consacré, tels que lait, eau, viande, etc.) Havanan, celui qui porte l'Havan, (espèce de sabre) Atarevaksha, celui qui prépare le feu, Frabereta, celui qui porte les divers objets nécessaires, Aberet, celui qui porte l'eau, Açnata, celui qui dirige les ablutions, Raethwiskara, celui qui expie les impuretés ; le Craoshavareza est peut-être celui qui détermine les peines. — Le sens de ce passage est que ni les prêtres, ni les personnages énumérés dans ce verset ne peuvent porter ou toucher les vêtements de la femme impure, même après qu'ils auront été lavés.

174. L'homme n'est pas pur en sa vie ; après sa mort il n'a point de part au paradis,

175. Mais il remplit le lieu qui est destiné pour les méchants,

176. Lieu qui vient des ténèbres

177. Et où les ténèbres les plus épaisses s'étendent.

178. C'est vous qui faites ce lieu, vous qui êtes méchants ; par vos propres actions et vos propres lois, vous tombez dans le séjour le plus désolé.

SIXIÈME FARGARD.

1. Combien de temps faut il laisser sans culture la terre sur laquelle meurent des chiens et des hommes?

2. Ahura-Mazda répondit : La terre sur laquelle meurent des chiens et des hommes doit rester un an sans culture, ô saint Zarathustra.

3. Les Mazdayaçnas ne doivent pas, avant qu'un an soit révolu, travailler la terre sur laquelle des chiens ou des hommes meurent, ou jeter de l'eau sur elle.

4. Ils peuvent, à leur gré, cultiver les autres terres et répandre de l'eau sur elles.

5. Si les Mazdayaçnas, avant qu'un an soit révolu, travaillent la terre sur laquelle des chiens ou des hommes sont morts, et s'ils jettent de l'eau sur elle,

6. Ils commettent le péché de l'ensevelissement des morts auprès de l'eau, de la terre, et des arbres.

7. Créateur ! quand les Mazdayaçnas cultivent la terre sur laquelle des hommes et des chiens sont morts, avant qu'une année ne soit révolue, quand ils y jettent de l'eau,

8. Quelle est la peine ?

9. Ahura-Mazda répondit : Qu'on frappe ce corps coupable deux cents fois avec les courroies de peau de cheval, deux cents fois avec le craosho-charana.

10. Créateur ! si les Mazdayaçnas veulent creuser des ruisseaux pour arroser la terre et la cultiver,

11. Comment doivent-ils faire ?

12. Ahura-Mazda répondit : Ces Mazdayaçnas doivent examiner cette terre, afin de voir s'ils n'y trouveront pas des cheveux, des ongles, des choses impures et du sang encore fluide.

13. Créateur ! s'ils n'examinent pas cette terre afin de voir s'ils n'y trouvent pas des cheveux, des ongles, des choses impures et du sang encore fluide,

14. Quelle est la peine ?

15. Ahura-Mazda répondit : Qu'on frappe leur corps coupable deux cents fois avec les courroies de peau de cheval, deux cents fois avec le craosho-charana.

16. Créateur ! si en jetant sur la terre un os

d'un chien mort ou d'un homme mort, quand même il ne serait pas plus gros que la phalange supérieure du petit doigt,

17. Et qu'il en sorte de la graisse ou de la moelle,

18. Quelle est la peine?

19. Ahura-Mazda répondit : Qu'on lui donne trente coups avec les courroies de peau de cheval, trente avec le craosho-charana.

20. Créateur! si quelqu'un jette sur la terre un os d'un chien mort ou d'un homme mort,

21. Aussi gros que la phalange supérieure du doigt du milieu,

22. Et qu'il en sorte de la graisse ou de la moelle,

23. Quelle est la peine?

24. Ahura-Mazda répondit : Qu'on le frappe cinquante fois avec les courroies de peau de cheval, cinquante fois avec le craosho-charana.

25. Créateur! si quelqu'un jette sur la terre un os d'un chien mort ou d'un homme mort,

26. Aussi gros que la phalange supérieure du doigt le plus gros,

27. Et qu'il en sorte de la graisse ou de la moelle,

28. Quelle est la peine?

29. Ahura-Mazda répondit : Qu'on lui donne soixante-dix coups avec les courroies de peau de cheval, soixante-dix avec le craosho-charana.

30. Créateur! si quelqu'un jette sur la terre un os d'un chien mort ou d'un homme mort,

31. De la longueur d'un doigt, de la grosseur d'une côte,

32. Et qu'il en sorte de la graisse ou de la moelle,

33. Quelle est la peine?

34. Ahura-Mazda répondit : Qu'on le frappe quatre-vingt-dix fois avec les courroies de peau de cheval, quatre-vingt-dix fois avec le craosho-charana.

35. Créateur! si quelqu'un jette sur la terre un os d'un chien mort ou d'un homme mort,

36. De la longueur de deux doigts, de la grosseur de deux côtes,

37. Et qu'il en sorte de la graisse ou de la moelle,

38. Quelle est la peine?

39. Ahura-Mazda répondit : Qu'on frappe son corps coupable deux cents fois avec les courroies de peau de cheval, deux cents fois avec le craosho-charana.

40. Créateur, si quelqu'un jette sur la terre un os d'un chien mort ou d'un homme mort,

41. De la longueur d'un bras, de la grosseur de la hanche,

42. Et qu'il en sorte de la graisse ou de la moelle,

43. Quelle est la peine?

44. Ahura-Mazda répondit : Qu'on le frappe quatre cents fois avec les courroies de peau de cheval, quatre cents fois avec le craosho-charana.

45. Créateur, si quelqu'un jette sur la terre un os d'un chien mort ou d'un homme mort,

46. Aussi gros que la tête d'un homme,

47. Et qu'il en sorte de la graisse ou de la moelle,

48. Quelle est la peine?

49. Ahura-Mazda répondit : Qu'on le frappe six cents fois avec les courroies de peau de cheval, six cents fois avec le craosho-charana.

50. Créateur, si quelqu'un jette le corps entier d'un chien mort ou d'un homme mort,

51. Et qu'il en sorte de la graisse ou de la moelle,

52. Quelle est la peine?

53. Ahura-Mazda répondit : Qu'on le frappe mille fois avec les courroies de peau de cheval, (640) mille fois avec le craosho-charana.

54. Créateur, lorsque les Mazdayaçnas, allant à pied ou en bateau, n'importe de quelque manière que ce soit, rencontrent un cadavre qui nage sur l'eau,

55. Comment doivent-ils agir?

56. Ahura-Mazda répondit : Après avoir déposé leurs chaussures, après avoir quitté leurs vêtements,

57. Ils doivent s'arrêter, ô Zarathustra.

58. Entrant dans l'eau ils doivent en retirer le mort, ô Zarathustra.

59. Ils doivent entrer dans l'eau jusqu'aux pieds, jusqu'aux genoux, jusqu'au milieu du corps, jusqu'à la hauteur d'un homme,

60. Jusqu'à ce qu'ils parviennent auprès du cadavre.

61. Créateur, quand ces cadavres sont pourris et puants,

62. Comment les Mazdayaçnas doivent-ils se conduire?

63. Ahura-Mazda répondit : Tout autant qu'ils peuvent saisir le corps avec leurs deux mains, ils doivent le retirer de l'eau et le déposer sur la terre sèche.

64. Ils se rendraient criminels en laissant dans l'eau des os, des cheveux, des ongles, des matières impures et du sang fluide.

65. Créateur, si l'eau d'un étang est atteinte par les matières impures qui proviennent d'un cadavre, jusqu'à quelle distance le Drukhs-Naçus pourra-t-il l'obséder?

(640) La punition est d'autant plus forte que le crime est plus grand, et celui-ci ainsi, que le remarque Anquetil, est proportionné à la quantité de matière qui, sortant du cadavre, souille la terre; il en sort plus du corps entier que d'une simple portion. D'ailleurs le corps étant entier, il est plus aisé d'empêcher ces écoulements.

66. Ahura-Mazda répondit : Six pas dans chacune des directions.

67. L'eau est impure et ne doit pas être employée jusqu'à ce que le cadavre soit enlevé.

68. Ils doivent aussi retirer le cadavre de l'eau et le déposer sur la terre sèche.

69. Ils doivent retirer de l'étang la partie de l'eau qui est souillée, la moitié, le tiers, le quart ou le cinquième,

70. Lorsque la chose est possible; si elle est impossible, l'eau restera impure.

71. Lorsque le cadavre a été retiré, lorsqu'il a été ôté de l'eau, elle est pure et elle peut servir à l'usage des hommes et des animaux, à leur gré et tout comme auparavant.

72. Créateur, si l'eau des puits et des sources qui sort de terre est atteinte par les matières impures qui proviennent d'un cadavre, jusqu'à quelle distance le Drukhs Naçus pourra-t-il l'obséder ?

73. Ahura-Mazda répondit : Cette eau est impure et ne peut être employée jusqu'à ce que ce cadavre ait été retiré.

74. Créateur, si l'eau qui provient de la fonte de la neige et de la glace est atteinte par les matières impures qui proviennent d'un cadavre, jusqu'à quelle distance le Drukhs Naçus pourra-t-il l'obséder ?

75. Ahura-Mazda répondit : Trois pas dans la direction de chacun des quatre points cardinaux.

76. Créateur, si l'eau d'un étang est atteinte par les matières impures qui proviennent d'un cadavre, jusqu'à quelle distance le Drukhs Naçus pourra-t-il l'obséder ?

77. Ils doivent aussi retirer le cadavre de l'eau et le déposer sur la terre sèche.

78. Quand le cadavre a été retiré, quand l'eau n'est plus gelée, cette eau est pure et elle peut servir à l'usage des hommes et des animaux, à leur gré et tout comme auparavant.

79. Créateur, si une eau courante est atteinte par les matières impures qui proviennent d'un cadavre, jusqu'à quelle distance le Drukhs Naçus pourra-t-il l'obséder ?

80. Ahura-Mazda répondit : Très-peu en aval, très-peu en amont, six pas sur les côtés.

81. Cette eau est impure et ne peut être employée jusqu'à ce que ce cadavre ait été retiré.

82. Ils doivent aussi retirer le cadavre de l'eau et le déposer sur la terre sèche.

83. Quand le cadavre a été retiré, quand la pluie est tombée trois fois sur lui, alors cette eau est pure et elle peut servir à l'usage des hommes et des animaux, à leur gré et tout comme auparavant.

84. Créateur, si l'on a porté sur le Haôma un chien mort ou un homme mort, quelle est la portion de cet arbre qui reste pure, ô pur Ahura-Mazda ?

85. Ahura-Mazda répondit : Il est pur, ô pur Zarathustra.

86. Le Haôma pressé n'a ni décomposition, ni mort.

87. Mais il ne faut pas faire usage du jus de la portion sur laquelle a reposé le cadavre.

88. On peut faire usage du jus de la portion qui est à une distance de quatre doigts.

89. Il faut le déposer par terre au milieu de l'habitation,

90. Jusqu'à ce qu'un an se soit écoulé.

91. Après l'expiration d'une année, il peut être employé par les hommes purs, à leur gré, tout comme auparavant.

92. Créateur, où devrons nous porter les corps des morts, ô Ahura-Mazda, où devrons-nous les déposer ?

93. Ahura-Mazda répondit : Sur les lieux les plus élevés, ô saint Zarathustra;

94. Où les chiens et les oiseaux qui dévorent les chairs les découvriront le mieux.

95. Les Mazdayaçnas doivent lier les morts par leurs pieds et leurs cheveux,

96. Avec du fer, de la pierre ou du plomb.

97. S'ils n'agissent pas ainsi, les chiens et les oiseaux qui dévorent les chairs emporteraient de ces os dans les eaux et sur les arbres.

98. Créateur, s'ils ne le lient pas et si les chiens et les oiseaux qui dévorent les chairs emportent de ses os dans l'eau et sur les arbres,

99. Quelle est la peine ?

100. Ahura-Mazda répondit : Qu'on frappe ce corps coupable deux cents fois avec les courroies de peau de cheval, deux cents fois avec le craosho-charana.

101. Créateur, où devons-nous apporter les corps des morts, ô Ahura-Mazda, où devons-nous les apporter ?

102. Ahura-Mazda répondit : On doit les poser sur un lieu élevé

103. Au-dessus des chiens, au-dessus des panthères, au-dessus des loups (641),

104. De sorte qu'ils ne puissent pas être mouillés par l'eau pluviale.

105. Si les Mazdayaçnas le peuvent, ils doivent déposer le corps sur des pierres, des tapis ou des mortiers.

S'ils ne le peuvent pas, ils doivent le déposer sur son propre lit ou sur sa natte, exposé à la lumière et étendu sur le sol, à l'abri du soleil.

SEPTIÈME FARGARD.

1. Zarathustra demanda à Ahura Mazda : Ahura-Mazda, céleste et très-saint créateur des mondes doués de corps, ô toi qui es très-pur !

(641) C'est-à-dire assez haut pour que ces animaux voraces ne puissent pas atteindre le cadavre.

2. Comment ce Drukhs Naçus se jette-t-il sur les hommes morts?

3. Ahura-Mazda répondit : Avec la mort, ô saint Zarathustra, survient la perte de tout sentiment de la vie.

4. Ce Drukhs Naçus accourt des régions du nord sous la forme d'une mouche aux attaques malfaisantes, poussant des cris, exerçant un démembrement sans bornes pour les Khrafçtras les plus détestables.

5. Créateur, lorsque ces corps auront été frappés par les chiens, par les loups, par les sorciers, par des maladies, par des accidents, par des hommes, par la violence, par la frayeur; après combien de temps ce Druks Naçus se jette-t-il sur eux?

6. Ahura-Mazda répondit : Après la division du jour la plus prochaine.

7. Créateur, quand plusieurs hommes sont réunis dans le même lieu, se trouvent sur une même natte, ou dans une même chambre,

8. Soit qu'il y en ait ainsi deux en présence d'un troisième,

9. Ou cinq, ou cinquante, ou cent avec les femmes,

10. Si un de ces hommes meurt, combien de ces hommes atteindra le Drukhs Naçus avec la décomposition, la pourriture et l'impureté du cadavre?

11. Ahura-Mazda répondit : Si c'est un prêtre qui est mort, ce Drukhs Naçus accourt, ô saint Zarathustra.

12. S'il se jette sur le onzième de ces hommes, il souille le dixième.

13. Si c'est un guerrier, ce Drukhs Naçus accourt, ô saint Zarathustra.

14. S'il se jette sur le dixième, il souille le neuvième.

15. Si c'est un cultivateur, ce Drukhs Naçus accourt, ô saint Zarathustra.

16. S'il se jette sur le neuvième, il souille le huitième.

17. Si c'est un chien appartenant à la maison, ce Drukhs Naçus accourt, ô saint Zarathustra.

18. S'il se jette sur le huitième, il souille le septième.

19. Si c'est un chien, ce Drukhs Naçus accourt, ô saint Zarathustra.

20. S'il se jette sur le septième, il souille le sixième.

21. Si c'est un chien, ce Drukhs Naçus accourt, ô saint Zarathustra.

22. S'il se jette sur le sixième, il souille le cinquième.

23. Si c'est un jeune chien, ce Drukhs Naçus accourt, ô saint Zarathustra.

24. S'il se jette sur le cinquième, il souille le quatrième.

25. Celui-ci n'a avec les autres qu'une même chambre et qu'une même natte, qui lui sert de couverture (642).

26. Créateur, lorsque plusieurs tapis et plusieurs nattes sont étendus dans la chambre (*où est un mort*) et qu'ils viennent à être atteints par les matières impures et la décomposition (*qui sortent du cadavre*), combien sont-ils atteints par le Drukhs Naçus?

27. Ahura-Mazda répondit : C'est le tapis extérieur, celui sur lequel repose le corps, que le Drukhs Naçus atteint avec les impuretés (*qui sortent du cadavre*).

28. Créateur, comment les vêtements qui ont touché le corps d'un chien mort ou d'un homme mort peuvent-ils redevenir purs, ô pur Ahura-Mazda?

29. Ahura-Mazda répondit : Ils redeviendront purs, ô pur Zarathustra,

30. De la manière suivante :

31. Lorsqu'ils auront été souillés par l'humidité, par de l'ordure,

32. Les Mazdayaçnas doivent déchirer et enterrer ces vêtements.

33. Lorsqu'ils ne sont pas souillés par l'humidité, par de l'ordure,

34. Les Mazdayaçnas doivent laver ces vêtements avec de l'urine de vache.

35. Quand ces vêtements sont composés de crins, il faut les laver trois fois avec de l'urine de vache, les frotter trois fois avec de la terre, les laver trois fois avec de l'eau, les laisser suspendus à la fenêtre de la maison pendant trois mois et exposés à l'air.

36. S'ils sont formés de peaux de bêtes, il faut les laver six fois avec de l'urine de vache, les frotter six fois avec de la terre, les laver six fois avec de l'eau, les laisser suspendus à la fenêtre de la maison pendant six mois et exposés à l'air.

37. L'eau qui s'appelle Ardvi Çura, ô saint Zarathustra, purifie mes vaisseaux.

38. Elle purifie les semences des hommes.

39. Elle purifie les fruits du corps des femmes.

40. Elle purifie le lait des femmes (643).

41. Créateur, comment ces vêtements pourront-ils servir de nouveau après avoir été purifiés et lavés,

42. Pour le Zaota, pour l'Havanan, pour l'Atarevakhs, pour le Fraberetâ, pour l'Aberet, pour

---

(642) Ce verset paraît une glose introduite dans le texte et confirmant ce qui a été dit au verset 7.

(643) Les versets 37 à 40 sont une interpolation qui rompt le fil des idées. Voici comment Anquetil Duperron a rendu ce passage : « Elle (l'étoffe) sera purifiée par l'eau Ardouisons, cette eau qui est à moi, ô Zoroastre, qui donne la semence au jeune homme, qui rend la femme féconde, et donne le lait à celle qui a reçu le germe. »

l'Açnata, pour le Raethwiskara, pour le Craoshavareza (644), pour le prêtre, pour le guerrier, pour le cultivateur?

43. Ahura-Mazda répondit : Ces vêtements, après avoir été lavés et purifiés, ne pourront servir,

44. Ni pour le Zaota, ni pour l'Havanan, ni pour l'Ataverakhs, ni pour le Frabereta, ni pour l'Aberet, ni pour l'Açnata, ni pour le Raethwiskara, ni pour le Craoshavareza, ni pour le guerrier, ni pour le cultivateur.

45. Si dans cette demeure mazdayanique une femme est saisie du flux menstruel,

46. Ou si son fruit a été frappé et qu'une blessure souille la maison.

47. La natte dont elle se couvre est souillée,

48. Jusqu'à ce qu'elle étende ses mains pour prier et célébrer les louanges.

49. Ahura-Mazda ne veut pas que des parcelles de ses vêtements soient employées par d'autres personnes.

50. Pas de la grosseur d'un fil.

51. Pas de la grosseur d'un fil qui est tiré d'un paquet de coton,

52. Si les Mazdayaçnas mettent sur un mort une parcelle de ces vêtements,

53. Fût-elle de la grosseur d'un fil qui est tiré d'un paquet de coton,

54. Ils ne sont point purs pendant leur vie, et, après leur mort, ils ne prennent point part au paradis.

55. Ils remplissent le lieu qui est destiné pour les méchants,

56. Le lieu qui est ténébreux et qui sort des ténèbres,

57. Qui est les ténèbres mêmes.

58. Vous, qui êtes méchants, c'est vous qui, par vos actions et votre loi, faites de ce lieu le séjour de la douleur.

59. Créateur, les hommes qui ont mangé du cadavre d'un chien mort ou d'un homme mort, sont-ils purs, ô pur Ahura-Mazda?

60. Ahura-Mazda répondit : Ils sont impurs, ô pur Zarathustra.

61. Ces hommes sont faits pour l'enfer.

62. Lors même qu'on ôterait à ces hommes le blanc de l'œil,

63. Le Drukhs-Naçus se jetterait sur leurs ongles (645).

64. Ils sont ainsi impurs à jamais.

65. Créateur! les hommes qui, dans leur défaut de jugement, portent avec impureté un cadavre à l'eau ou au feu, sont-ils purs, ô pur Ahura-Mazda?

66. Ahura-Mazda répondit : Ils sont impurs, ô pur Zarathustra.

67. Les méchants qui se sont souillés avec des cadavres sont les premiers assistants du chien Madhakha (646).

68. Ceux qui se sont souillés avec les cadavres sont le plus grand appui (*la principale cause*) de la sécheresse qui détruit les épis.

69. Ceux qui se sont souillés avec les cadavres sont le plus grand appui de l'hiver que les Daevas ont créé, qui tue les troupeaux, qui est plein de neige.

70. Le Drukhs-Naçus se jette sur leurs ongles.

71. Ils sont impurs à jamais.

72. Créateur, le bois sur lequel a été porté le cadavre d'un chien ou d'un homme est-il pur, ô pur Ahura-Mazda?

73. Ahura-Mazda répondit : Il est pur, ô pur Zarathustra,

74. De cette manière :

75. Quand ce cadavre n'a pas encore été déchiré par les chiens ou par les oiseaux de proie,

76. Ils doivent prendre de ce bois de la longueur d'un vitasti, s'il est sec ; de la longueur d'un frarathné (647), s'il est humide.

77. Ils doivent le poser sur la terre, dans la direction des quatre points cardinaux, et verser sur lui de l'eau une fois ; alors il est pur.

78. Lorsque ce cadavre a déjà été déchiré par les chiens et par les oiseaux de proie (648),

79. Ils doivent prendre de ce bois de la longueur d'un frarathné, s'il est sec ; de la longueur d'un frabaza, s'il est humide.

80. Ils doivent le poser sur la terre, dans la direction des quatre points cardinaux, et verser sur lui de l'eau une fois ; alors il est pur.

81. Ils doivent, quant au bois sec, et quant au bois humide,

---

(644) Nous reproduisons l'interprétation de M. Spiegel. Anquetil-Duperron traduit ainsi ce passage : « Sera-ce à celui qui tient le zoar, ou à celui qui porte l'hisvan, ou à celui qui prépare le feu, ou à celui qui porte (tout ce qui est nécessaire), ou à celui qui porte l'eau, ou au disciple distingué (par son intelligence), ou au grand, ou au maitre, ou au fidèle qui fait des œuvres méritoires, ou à l'Athorné, ou au militaire, ou au laboureur ? »

(645) « Cet homme a beau fondre en pleurs, devenir jaune (de douleur) ; quand la membrane (nommée conjonctive) lui sortirait de l'œil, cela n'empêcherait pas le Daroudj Nerosch de s'en emparer depuis la tête jusqu'aux pieds. » (*Traduction d'Anquetil-Duperron.*)

(646) Passage obscur qu'Anquetil-Duperron traduit ainsi : « Celui qui aide lui-même un chien à porter un mort à l'eau est darvand (*adorateur d'Ahriman, damné*). » M. Spiegel dit qu'il n'a nulle part trouvé que que éclaircissement sur le chien Madhaka. Les paragraphes suivants renferment des traditions mythologiques dont il est bien difficile de se faire une idée exacte.

(647) D'après Anquetil-Duperron, le *frarathné* est double du *vitaschté* ou *vitasti*, et celui-ci est égal à douze doigts.

(648) Anquetil traduit : « Si le chien l'a frappé d'en haut (de sa vue), » mais un cadavre qui a été aperçu par un chien n'est pas plus impur que s'il n'avait pas été vu par cet animal.

82. Et quant au bois dur, le poser sur la terre, dans la direction des quatre coins cardinaux, l'arroser une fois avec de l'eau, et il est ensuite pur.

83. Créateur, comment faut-il purifier les grains et les fourrages, ô pur Ahura-Mazda, sur lesquels le cadavre d'un chien ou d'un homme a été porté?

84. Ahura-Mazda répondit: Il est purifié, ô pur Zarathustra,

85. De cette manière:

86. Lorsque ce cadavre n'a pas encore été déchiré par les chiens ou par les oiseaux de proie,

87. Ils doivent prendre de ces objets de la longueur d'un frarathné, s'ils sont secs; de la longueur d'un frabaza, s'ils sont humides,

88. Les poser sur la terre, dans la direction des quatre coins cardinaux, arroser le corps une fois avec de l'eau, et il est ensuite pur.

89. Mais si ce cadavre a déjà été déchiré par les chiens et par les oiseaux de proie,

90. Ils doivent en prendre de la longueur d'un frabaza, s'ils sont secs; de la longueur d'un vibaza, s'ils sont humides,

91. Les poser sur la terre, dans la direction des quatre coins cardinaux, l'arroser une fois avec de l'eau, et il est ensuite pur.

92. Ils doivent en faire ainsi pour les fruits secs, et pour ceux qui sont humides,

93. Pour ceux qui sont cultivés, pour ceux qui ne le sont pas, pour ceux qui sont coupés et pour ceux qui ne sont pas coupés, pour ceux qui ont des coques et pour ceux qui n'ont pas de coques.

94. Créateur, si les Mazdayaçnas se font médecins,

95. Qui doivent-ils guérir les premiers, les Daevayaçnas ou les Mazdayaçnas?

96. Ahura-Mazda répondit: Ils doivent chercher à donner la guérison aux Daevayaçnas plutôt qu'aux Mazdayaçnas.

97. Si le médecin traite pour la première fois un Daevayaçna (649) et que celui-ci meure, s'il traite pour la seconde fois un Daevayaçna et que celui-ci meure, s'il traite pour la troisième fois un Daevayaçna et que celui-ci meure,

98. Il est à jamais incapable de guérir.

99. Il ne doit plus rien tenter sur les Mazdayaçnas, il ne doit plus traiter les Mazdayaçnas, il ne doit plus faire sur eux des opérations.

100. S'il tente quelque chose sur les Mazdayaçnas, s'il les traite, s'il fait sur eux quelque opération,

101. Il doit expier les blessures des blessés, en subissant la peine du Baodho-Varsta (650).

102. S'il opère pour la première fois sur un Daevayaçna et que celui-ci en réchappe, s'il opère pour la seconde fois sur un Daevayaçna et que celui-ci en réchappe, s'il opère pour la troisième fois sur un Daevayaçna et que celui-ci en réchappe.

103. Il est à jamais capable (*d'exercer son art*).

104. Il peut à son gré traiter les Mazdayaçnas; il peut à son gré guérir les Mazdayaçnas en opérant sur eux; les Mazdayaçnas peuvent, à leur volonté, recourir à lui.

105. Qu'il guérisse un prêtre pour une pieuse bénédiction.

106. Qu'il guérisse le chef d'une maison pour le prix d'une petite bête de trait.

107. Qu'il guérisse le chef d'un village pour le prix d'une bête de trait de taille moyenne.

108. Qu'il guérisse le chef d'une ville pour le prix d'une bête de trait de grande taille.

109. Qu'il guérisse le chef d'une province pour le prix d'un attelage de bœufs.

110. Lorsqu'il guérit la femme du propriétaire d'une maison, qu'une ânesse soit sa récompense.

111. Lorsqu'il guérit la femme du chef d'un village, qu'une vache soit sa récompense.

112. Lorsqu'il guérit la femme du chef d'une ville, qu'une jument soit sa récompense.

113. Lorsqu'il guérit la femme du chef d'une province, qu'une chamelle soit sa récompense.

114. Qu'il guérisse le fils du chef d'un village pour le prix d'une bête de trait de grande taille.

115. Qu'il guérisse une bête de trait de grande taille pour le prix d'une moyenne.

116. Qu'il guérisse une moyenne pour le prix d'une petite.

117. Qu'il guérisse une petite bête de trait pour le prix d'une pièce de gibier.

118. Si un grand nombre de médecins sont réunis, ô saint Zarathustra,

119. Des médecins avec le couteau, des médecins avec des plantes, des médecins avec des paroles de bénédiction,

120. Celui d'entre eux qui guérit le mieux est celui qui emploie comme moyen de guérison le Manthra-Çpenta (651).

122. Créateur, combien de temps, lorsque le

---

(649) Adorateur des Daevas ou Dinivas; un méchant, un impie.

(650) M. Spiegel regarde ce mot comme désignant un péché commis de propos délibéré. Anquetil-Duperron lui donne un autre sens; il le rend par bodoveresté, soit beodo vereschthéo, les jointures coupées, c'est-à-dire qu'on coupera par morceaux les membres du coupable.

(651) M. Spiegel n'ayant pu trouver aucun sens au verset 121 tel que le donnent des manuscrits évidemment corrompus a pris le sage parti de ne pas le traduire. Il est vraisemblable qu'il existe là une lacune dans le texte.

mort gît sur la terre exposé à la lumière et aux regards du soleil, la terre est-elle pure?

123. Ahura-Mazda répondit : Le mort peut rester gisant sur la terre, exposé à la lumière et aux regards du soleil, sans que la terre cesse d'être pure.

124. Créateur, combien de temps le corps d'un homme peut-il rester enseveli dans la terre, jusqu'à ce que la terre soit pure?

125. Ahura-Mazda répondit : Le corps d'un homme, ô saint Zarathustra, peut rester cinquante ans dans la terre, jusqu'à ce qu'elle soit pure.

126. Créateur, combien de temps les cadavres des hommes peuvent-ils être exposés sur les Dakhmas, jusqu'à ce que la terre soit pure?

127. Ahura-Mazda répondit : Elle n'est pure, ô saint Zarathustra, qu'après que cette poussière s'est mélangée.

128. Anime, ô saint Zarathustra, tout homme dans le monde doué de corps, à détruire ces Dakhmas.

129. Celui qui détruit de ces Dakhmas autant qu'il est en son pouvoir,

130. Expie en pensées, en paroles et en actions,

131. Tous les péchés qu'il peut avoir commis en pensées, en paroles et en actions (652).

132. Les deux puissances célestes ne se livreront pas à un combat à cause de cet homme,

133. Lors de sa marche vers le paradis.

134. Les étoiles, la lune et le soleil le louent, ô Zarathustra.

135. Je le loue, moi qui suis Ahura-Mazda, le créateur.

136. Salut à toi, homme qui es venu des régions périssables aux impérissables.

137. Créateur, où sont les Daevas, où sont les adorateurs des Daevas, où est le lieu où les Daevas accourent, où est le lieu où les Daevas se réunissent, où viennent-ils de cinquante côtés, de cent côtés, de mille côtés, de dix mille côtés, d'un nombre infini de côtés?

138. Ahura-Mazda répondit : Dans ces Dakhmas qui sont élevés sur la terre, où l'on place les cadavres des hommes, ô saint Zarathustra.

139. Là sont les Daevas; c'est là que sont les adorateurs des Daevas, c'est là le lieu où les Daevas accourent, c'est là le lieu où les Daevas se réunissent, c'est là le lieu où viennent les Daevas de cinquante côtés, de cent côtés, de mille côtés, de dix mille côtés, d'un nombre infini de côtés.

140. Les Daevas se réunissent, ô saint Zarathustra, autour des Dakhmas, et ils s'y accouplent.

141. Lorsque dans le monde des êtres doués de corps, vous mangez, ô hommes, des aliments préparés et de la viande cuite,

142. Vous prenez plaisir, ô hommes, à ce que vous mangez.

143. De même la joie des Daevas est grande,

144. Lorsqu'ils s'emparent des corps livrés à la putréfaction.

145. Car dans ces Dakhmas résident la décomposition, la maladie, l'impureté, la fièvre, le frisson.

146. Dans ces Dakhmas, les hommes sont le plus exposés à la mort.

147. Selon le Hufrashmo-Daiti,

148. Ceux qui ont peu de jugement ne portent pas envie à ceux qui en ont beaucoup (653)

149. Jannaya tient la troisième partie de cette décomposition,

150. Avec les reins, les mains et le gaeçus (654).

151. Créateur, si dans cette demeure des Mazdayaçnas une femme devient enceinte (655),

152. Après un mois, deux mois, trois, quatre, cinq, six, sept, huit, neuf ou dix mois,

153. La femme met au monde, non un enfant, mais quelque chose privé de vie,

154. Comment ces Mazdayaçnas doivent-ils se conduire?

155. Ahura Mazda répondit : Ils doivent porter cette femme à l'endroit qui est le plus pur dans cette demeure mazdayanique,

156. A l'endroit qui est le plus sec,

157. Qui sert le moyen de chemin aux bestiaux et aux bêtes de somme,

158. Et le feu d'Ahura-Mazda, le Bereçma, qui est réuni dans la sainteté et l'homme pur.

159. Créateur, à quelle distance du feu, à quelle distance de l'eau, à quelle distance du Bereçma qui est réuni avec, à quelle distance de l'homme pur?

(653) Nous suivons ici l'interprétation de M. Spiegel. Ce savant remarque d'ailleurs que les versets 147 à 150, corrompus dans les manuscrits, sont à peu près inintelligibles. Anquetil-Duperron traduit : « Les Dews veulent détruire dans ces Dakmes les corps des hommes, mais par la protection de (l'oiseau) Houfrasmodad, ils n'osent manger ni les petits corps, ni les grands. » Dans le Izeschné (t. II, p. 223), Anquetil a déjà parlé de cet oiseau, qui est le coq céleste. — M. Spiegel donne une tout autre interprétation au mot Hu-frashmo-daiti, il pense qu'il peut signifier le lever du soleil. La traduction huzvaresch et la version sanscrite se bornent à reproduire textuellement ce mot sans en donner l'interprétation.

(654) Passage dont le sens nous échappe ; on peut y voir une interpolation défigurée par les copistes. Le mot gaecus, dont la véritable signification est peu connue, se retrouve dans l'Yacna (chap. 9) ; on croit qu'il désigne une arme. Anquetil-Duperron a rendu ainsi ce passage : «Le Dew-dje (veut) détruire les trois endroits souillés ; il faut que l'âme se trouve dans le monde dans ces trois endroits »

(655) Nous suivons l'exemple de M. Spiegel en répétant tout ce passage qu'on a déjà remarqué dans le cinquième fargard.

(652) Ce précepte signifie qu'il y a un grand mérite à détruire les Dakhmas élevés sur de la terre propre à la culture; il faut les placer dans des lieux arides et déserts.

160. Ahura-Mazda répondit : A trente pas du feu, à trente pas de l'eau, à trente pas du Bereçma, à trois pas de l'homme pur.

161. Ces Mazdayaçnas doivent tracer une enceinte sur cette terre.

162. Ils doivent y apporter cette femme avec des aliments et avec des vêtements.

163. Créateur, quels sont les aliments que cette femme doit manger d'abord ?

164. Ahura-Mazda répondit : De la cendre avec de l'urine de vache,

165. Trois gouttes, ou six, ou neuf.

166. Elle chasse ainsi les Dakhmas qui sont dans l'intérieur.

167. Qu'elle ait recours ensuite au doux lait des juments, des vaches, des brebis ou des chèvres.

168. A des fruits petits et gros.

169. A de la viande cuite sans eau, à du froment pur sans eau et à du vin sans eau.

170. Créateur, combien de temps les femmes accouchées doivent-elles attendre avant de faire usage de viande, de froment et de vin ?

171. Ahura-Mazda répondit : Elles doivent attendre trois nuits, il faut attendre trois nuits, avant qu'elles ne fassent usage de viande, de blé et de vin.

172. Créateur, si elle est atteinte de la fièvre tandis que son corps est impur,

173. Si elle est frappée de deux maux fâcheux, la faim et la soif,

174. Cette femme doit-elle boire de l'eau ?

175. Ahura-Mazda répondit : Elle doit en boire.

176. Et si cette eau lui est de la plus grande utilité, elle purifie sa vie

177. En récitant une prière parmi les prières qui sont connues des hommes sages et purs.

178. Mais si elle boit l'eau avec ses mains,

179. Elle fait tomber une peine sur vous, qui êtes des Mazdayaçnas.

180. (Cette peine est effacée par la récitation du ratu et du craoshovareza.)

181. Quelle est cette peine ?

182. Ahura-Mazda répondit : Pour punir ce corps coupable, qu'on le frappe deux cents fois avec l'aiguillon, deux cents fois avec le craosho-charana.

183. Créateur, comment redeviennent purs les vaisseaux dont on se sert pour manger et ceux qui ont servi à porter le cadavre d'un chien ou d'un homme ?

184. Ahura-Mazda répondit : Ils sont purifiés, ô saint Zarathustra :

185. De la manière suivante :

186. S'ils sont d'or, qu'on les lave une fois avec de l'urine de vache, qu'on les frotte une fois avec de la terre, qu'on les lave une fois avec de l'eau et ils sont purs.

187. S'ils sont d'argent, qu'on les lave six fois avec de l'urine de vache, qu'on les frotte six fois avec de la terre, qu'on les lave six fois avec de l'eau, et ils sont purs.

188. S'ils sont de terre, de grès ou de plomb, ils restent impurs à jamais.

189. Créateur, comment les bêtes qui ont mangé du cadavre d'un chien ou d'un homme sont-elles purifiées ?

190. Ahura-Mazda répondit : Elles sont ainsi purifiées, ô pur Zarathustra :

191. Qu'on n'apporte pas, durant une année, de leur chair, ni de leur fromage en sacrifice pour le Bereçma.

192. Après un an elles peuvent, comme auparavant, servir à l'usage des hommes purs.

193. Quel est l'homme, ô pur Ahura-Mazda, qui, étant pur dans ses pensées et dans ses désirs, détruit toutefois la pureté ; qui est pur dans ses pensées, qui est pur dans ses désirs, et qui cependant favorise les Drujas ?

194. Ahura-Mazda répondit : Celui, ô pur Zarathustra, qui est pur dans ses pensées et dans ses désirs, mais qui cependant favorise les Drujas,

195. C'est celui qui porte, sans qu'elle ait été purifiée, de l'eau souillée par l'impureté d'un cadavre.

196. Celui qui porte sans purification de l'eau dans les ténèbres de la nuit.

HUITIÈME FARGARD.

1. Si à l'ombre d'un arbre ou sous le couvert d'un buisson,

2. Un chien ou un homme vient à mourir.

3. Comment doivent se conduire les Mazdayaçnas ?

4. Ahura-Mazda répondit. Ils doivent former un dakhma et l'élever.

5. Lorsqu'ils croient que le cadavre est susceptible d'être transporté,

6. Ils doivent l'apporter à leur habitation et ils doivent quitter leur habitation.

7. Ils doivent purifier la maison en y brûlant de l'Urvaçna, du Vohu-Gaona, du Vohu-Kereti, de l'Hadha-Naepata et toutes sortes d'arbres aromatiques.

8. Lorsqu'ils croient que leur demeure peut être transportée,

9. Ils doivent transporter la demeure et y laisser le mort (656).

10. Ils doivent purifier la maison en y brûlant de l'Urvaçna, du Vohu-Gaona, du Vohu-Kereti de l'Hadha-Naepata et toutes sortes d'arbres aromatiques.

(656) A l'époque où le Vendidad fut rédigé, les Parsis demeuraient sous des tentes, c'est ce qui explique le sens de ce verset.

11. Créateur, si un chien ou un homme meurt dans cette demeure mazdayanique,

12. Et qu'il pleuve, ou qu'il neige, ou qu'un vent violent souffle, ou que l'obscurité se soit étendue et qu'elle empêche de travailler ce jour-là,

13. Que doivent alors faire les Mazdayaçnas?

14. Ahura-Mazda répondit : A l'endroit où, dans cette demeure mazdayanique, la terre est la plus sèche et la plus pure;

15. A l'endroit qui est le même sur le chemin des bestiaux et des bêtes de somme, où se trouvent le feu d'Ahura-Mazda, le Bereçma, qui est réuni dans la pureté et l'homme pur.

16. Créateur, à quelle distance du feu, à quelle distance de l'eau, à quelle distance du Bereçma qui y est réuni, à quelle distance des hommes purs?

17. Ahura-Mazda répondit : A trente pas du feu, à trente pas de l'eau, à trente pas du Bereçma qui y est réuni, à trente pas des hommes purs.

18. C'est là que les Mazdayaçnas doivent creuser une fosse en cette terre.

19. Cette fosse sera profonde d'un demi-pied dans la terre dure, et, dans la terre molle, sa profondeur sera égale à celle de la moitié de la taille d'un homme.

20. Ils doivent apporter dessus la poussière de briques, de pierres, ou la terre sèche.

21. Ils doivent y laisser pendant deux nuits, trois nuits ou un mois, le corps privé de vie,

22. Jusqu'à ce que les oiseaux s'envolent, que les arbres croissent, que les méchants s'éloignent, que le vent sèche la terre.

23. Quand les oiseaux seront envolés, quand la terre sera séchée,

24. Alors les Mazdayaçnas doivent partager cette demeure.

25. Deux hommes purs et robustes doivent prendre le mort,

26. Nu et sans vêtements, posé sur des briques, de la pierre ou du mortier,

27. Ils doivent le déposer sur cette terre,

28. Où il sera plus facilement aperçu des chiens carnassiers et des oiseaux de proie.

29. Ceux qui portent le mort doivent alors s'asseoir à trois pas du corps,

30. Alors que le pur Ratu parle ainsi aux Mazdayaçnas : Mazdayaçnas !

31. Que l'on apporte ici l'urine avec laquelle ceux qui ont porté le corps doivent laver leurs cheveux et leurs corps.

32. Créateur, comment doit être, ô pur Ahura-Mazda, l'urine

33. Avec laquelle ceux qui ont porté le corps doivent laver leurs cheveux et leurs corps?

34. Doit-elle être l'urine de bétail, ou de bêtes de trait, ou d'hommes ou de femmes?

35. Ahura-Mazda : Elle doit être l'urine de bétail ou de bêtes de trait, mais non celle d'hommes ni de femmes,

36. A l'exception des parents mâles ou femelles.

37. Ceux-ci peuvent fournir l'urine avec laquelle ceux qui ont porté le corps peuvent se laver les cheveux et le corps.

38. Créateur, si l'on a fait passer sur un chemin des chiens morts ou des hommes morts,

39. Comment doivent passer sur ces chemins les bestiaux, les bêtes de somme, les hommes et les femmes, le feu qui est fils d'Ahura-Mazda et le bereçma qui lui est réuni dans la sainteté.

40. Ahura-Mazda répondit : Le passage sur ce chemin doit être interdit aux bestiaux, aux bêtes de somme, aux hommes et aux femmes, au feu qui est le fils d'Ahura-Mazda, et au bereçma qui lui est réuni dans la sainteté.

41. Un chien jaune avec quatre yeux (657) ou un chien blanc avec des oreilles jaunes,

42. Doivent être conduits trois fois sur ce chemin.

43. Ainsi, ô saint Zarathustra, si l'on conduit un chien jaune avec quatre yeux ou un blanc avec des oreilles jaunes,

44. Ce Drukhs Naçus s'enfuit alors vers les régions septentrionales.

45. Sinon, que l'on conduise six fois sur ce chemin, ô saint Zarathustra, un chien jaune avec quatre yeux ou un blanc avec des oreilles jaunes.

46. Car ce Drukhs Naçus s'enfuit vers les régions septentrionales, ô saint Zarathustra, si l'on conduit un chien jaune avec quatre yeux ou un blanc avec des oreilles jaunes.

47. Sinon, que l'on conduise neuf fois sur ce chemin un chien jaune avec quatre yeux et non un blanc avec des oreilles jaunes.

48. Et par là, ô saint Zarathustra, ce Drukhs Naçus s'enfuit vers les régions septentrionales.

49. Un prêtre doit d'abord parcourir ce chemin en prononçant les paroles de bénédiction : Yatha, ahu, vairyo (658).

50. De la sainteté du Vohu-mano.

51. La souveraineté appartient à Ahura.

52. Quel protecteur Ahura-Mazda a-t-il donné à moi et à mes égaux (*à mes disciples*),

53. Lorsque les méchants cherchent à me nuire,

54. Si ce n'est toi, le feu et le Vohu-mano, lorsque je marche selon tes actions, ô saint Ahura? viens donc à mon secours.

55. Enseigne-moi ta loi par ce Destur.

(657) C'est ainsi que M. Spiegel traduit littéralement le texte zend, *ein Hund mit vier Augen*. Anquetil-Duperron met : « un chien qui a les deux sourcils et les deux yeux jaunes, » et présente ainsi un sens qui détruit ce que le texte littéral aurait d'absurde.

(658) Cette prière fait partie de l'Izeschné. Anquetil-Duperron le traduit ainsi : « C'est la prière qui amène l'accomplissement des désirs de l'homme pieux. »

56. Qui combat et triomphe, grâce à ton appui et à ta doctrine.
57. Fais connaître pour moi dans l'un et l'autre lieu un Ratu pour la loi.
58. Craosha pourrait venir ainsi que Vohu-mano.
59. O Mazda! puisse mon vœu réaliser ce qui est le vœu de tous !
60. Qu'Ahura-Mazda et Çpenta-Armaiti nous protégent contre nos ennemis !
61. Je repousse les Daevas-Druckhs, je repousse ce qui vient des Daevas, je repousse ce qu'ils ont fait et créé.
62. Je repousse le Drukhs; fuyez loin d'ici, ô Drukhs. Je repousse le Drukhs; qu'il s'enfuie vers les régions du nord et qu'il ne tue pas les êtres doués de corps.
63. Alors les Mazdayaçnas peuvent à leur gré passer sur ces chemins, ainsi que les hommes, les femmes, les bestiaux, les bêtes de somme, le feu, fils d'Ahura-Mazda, le bereçma qui lui est réuni dans la sainteté.
64. Les Mazdayaçnas peuvent alors à leur gré préparer dans cette demeure leur nourriture avec de la viande et du vin; ils seront purs et sans souillure comme auparavant.
65. Créateur, si quelqu'un jette sur un mort un vêtement fait de laine, ou de peaux de bêtes, ne serait-il pas plus grand que le pied d'un homme,
66. Quelle est sa peine?
67. Ahura-Mazda répondit : Qu'on le frappe quatre cents fois avec l'aiguillon, quatre cents fois avec le craosho-charana.
68. Créateur, si quelqu'un jette sur un mort un vêtement fait de laine, ou de peaux de bêtes, ne serait-il pas plus grand qu'une chaussure,
69. Quelle est la peine?
70. Ahura-Mazda répondit : Qu'on le frappe six cents fois avec l'aiguillon, six cents fois avec le craosho-charana.
71. Créateur, si quelqu'un jette sur un mort un vêtement de laine ou de peaux de bêtes, aussi grand que le vêtement d'un homme,
72. Quelle doit être la peine ?
73. Ahura-Mazda répondit : Qu'on le frappe mille fois avec l'aiguillon, mille fois avec le craosho-charana.
74. Créateur, si quelqu'un laisse involontairement écouler sa semence.
75. Quelle est la peine?
76. Ahura-Mazda répondit : Qu'on le frappe huit cents fois avec l'aiguillon, huit cents fois avec le craosho-charana.
77. Créateur, si quelqu'un laisse volontairement écouler sa semence,
78. Quelle est la peine?
79. Quel est son péché?

80. Quelle est la purification?
81. Ahura-Mazda répondit : Il n'y a pas de peine, il n'y a pas de purification
82. Pour ces actes qui sont à jamais inexpiables.
83. Mais pour ceux qui peuvent être expiés, il faut agir de la manière suivante :
84. Si quelqu'un vénère et écoute la loi mazdayanique,
85. Ou s'il ne vénère ni n'écoute la loi ;
86. La loi effacera ces péchés de ceux qui vénèrent la loi mazdayanique.
87. S'ils ne commettent plus d'actions coupables.
88. La loi délivre de ses liens, ô saint Zarathustra, l'homme qui la vénère.
89. Elle efface la tromperie.
90. Elle efface le meurtre d'un homme pur.
91. Elle efface l'ensevelissement des morts.
92. Elle efface les actions inexpiables.
93. Elle efface la dette la plus considérable.
94. Elle efface tous les péchés que l'homme a commis.
95. La loi, ô saint Zarathustra, emporte tout ce qu'il y a de mauvais dans les pensées, les paroles et les actions d'un homme pur, de même que le vent rapide et fort purifie le ciel.
96. Il y a de bons résultats, ô saint Zarathustra, si l'on a fait de bonnes actions.
97. La loi de Mazdayaçna supprime entièrement toutes les peines.
98. Créateur, qu'est-ce qu'un Daeva, qu'est-ce qu'un adorateur des Daevas?
99. Quel est le compagnon des Daevas? quel est celui qui sert de demeure aux Daevas?
100. Qu'est-ce que la concubine d'un Daeva ? quel est celui qui est lui-même un Daeva?
101. Qui est un Daeva entier ? qui devient avant sa mort un Daeva ? qui est après sa mort un Daeva incorporel ?
102. Ahura-Mazda répondit : Celui qui a avec des hommes un commerce illicite ou qui s'y soumet de leur part, ô saint Zarathustra,
103. C'est un Daeva, c'est un adorateur des Daevas; c'est un compagnon des Daevas ; c'est un vase (*ou demeure*) des Daevas ;
104. C'est un Daeva lui-même, c'est un Daeva entier.
105. Il est avant sa mort un Daeva ; il sera après sa mort un Daeva incorporel,
106. S'il se livre avec un autre homme à des actions infâmes.
107. Créateur, comment seront purifiés les hommes, ô saint Ahura-Mazda, qui se seront tenus auprès du cadavre desséché d'un homme mort depuis plus d'un an?
108. Ahura-Mazda répondit : Ils sont purs, ô pur Zarathustra.

109. Car ce qui est sec ne s'attache pas à ce qui est sec ; s'il en était autrement,

110. Tous les êtres doués de corps qui sont dans le monde, dont je suis souverain, seraient bientôt dépourvus de pureté et verraient leurs corps souillés de péchés, à cause de la multitude de ceux qui sont morts sur cette terre.

111. Créateur, comment deviennent purs, ô pur Ahura-Mazda,

112. Ceux qui ont rencontré le cadavre d'un chien ou d'un homme mort ?

113. Ahura-Mazda répondit : Ils deviennent purs, ô pur Zarathustra,

114. De la manière suivante :

115. Si ce cadavre a déjà été déchiré par les chiens carnassiers ou par les oiseaux de proie,

116. Ils peuvent purifier leurs corps avec de l'urine de vache et de l'eau, et ils redeviennent purs.

117. Mais si ces cadavres n'ont pas encore été dévorés par les chiens carnassiers et par les oiseaux de proie,

118. Ces Mazdayaçnas doivent, pour la première fois, creuser trois trous en cette terre.

119. Ils doivent ensuite purifier leurs corps avec de l'urine de vache, pas avec de l'eau.

120. Ils doivent porter devant eux les chiens ; il ne faut pas les porter derrière, ni les porter dès le commencement (*avant la première ablution*).

121. A la seconde fois les Mazdayaçnas doivent creuser trois trous en cette terre.

122. Ils doivent ensuite purifier leur corps avec de l'urine de vache, pas avec de l'eau.

123. Ils doivent porter devant eux les chiens ; il ne faut pas les porter derrière, ni les porter dès le commencement (*avant la première ablution*).

124. Ils doivent attendre jusqu'à ce que la pointe des cheveux qui sont sur le sommet de la tête soit sèche.

125. A la troisième fois, ces Mazdayaçnas doivent creuser trois trous en cette terre, à trois pas de ceux déjà faits.

126. Ils peuvent alors purifier son corps avec de l'eau, non avec de l'urine.

127. Ils doivent d'abord lui laver les mains.

128. Si les mains ne sont pas lavées, tout le corps reste impur.

129. Quand les mains ont été lavées trois fois, alors avec les mains lavées,

130. Qu'on arrose par-devant le sommet de sa tête.

131. Créateur, lorsque l'eau pure arrose par-devant le sommet de sa tête,

132. Où se retire le Drukhs Naçus ?

133. Ahura-Mazda répondit : Le Drukhs Naçus se retire entre les sourcils de cet homme.

134. Créateur, lorsque l'eau pure vient entre les sourcils de cet homme,

135. Où ce Drukhs Naçus se retire-t-il ?

136. Ahura-Mazda répondit : Ce Drukhs Naçus se retire sur sa nuque.

137. Créateur, lorsque l'eau pure vient sur la nuque,

138. Où ce Drukhs Naçus se retire-t-il ?

139. Ahura-Mazda répondit : Ce Drukhs Naçus se retire sur ses joues.

140. Créateur, lorsque l'eau pure vient sur ses joues,

141. Où ce Drukhs Naçus se retire-t-il ?

142. Ahura-Mazda répondit : Ce Drukhs Naçus se retire sur son oreille droite.

143. Créateur, lorsque l'eau pure vient sur son oreille droite,

144. Où ce Drukhs Naçus se retire-t-il ?

145. Ahura-Mazda répondit : Le Drukhs Naçus se retire sur son oreille gauche.

146. Créateur, lorsque l'eau pure vient sur son oreille gauche,

147. Où ce Drukhs Naçus se retire-t-il ?

148. Ahura-Mazda répondit : Ce Drukhs Naçus se retire sur son épaule droite.

149. Créateur, lorsque l'eau pure vient sur son épaule droite,

150. Où ce Drukhs Naçus se retire-t-il ?

151. Ahura-Mazda répondit : Ce Drukhs Naçus se retire sur son épaule gauche.

152. Créateur, lorsque l'eau pure vient sur son épaule gauche,

153. Où ce Drukhs Naçus se retire-t-il ?

154. Ahura-Mazda répondit : Ce Drukhs Naçus se retire sur sa hanche droite.

155. Créateur, lorsque l'eau pure vient sur sa hanche droite,

156. Où ce Drukhs Naçus se retire-t-il ?

157. Ahura-Mazda répondit : Ce Drukhs Naçus se retire sur sa hanche gauche.

158. Créateur, lorsque l'eau pure vient sur sa hanche gauche,

159. Où ce Drukhs Naçus se retire-t-il ?

160. Ahura-Mazda répondit : Ce Drukhs Naçus se retire sur la partie supérieure de sa poitrine.

161. Créateur, lorsque l'eau vient sur la partie supérieure de sa poitrine,

162. Où ce Drukhs Naçus se retire-t-il ?

163. Ahura-Mazda répondit : Ce Drukhs Naçus se retire sur son dos.

164. Créateur, lorsque l'eau vient sur son dos,

165. Où ce Drukhs Naçus se retire-t-il ?

166. Ahura-Mazda répondit : Ce Drukhs Naçus se retire sur son mamelon droit.

167. Créateur, lorsque l'eau pure vient sur son mamelon droit,

168. Où ce Drukhs Naçus se retire-t-il?
169. Ahura-Mazda répondit : Ce Drukhs Naçus se retire sur son mamelon gauche.
170. Créateur, lorsque l'eau pure vient sur son mamelon gauche,
171. Où ce Drukhs Naçus se retire t-il?
172. Ahura-Mazda répondit : Ce Drukhs Naçus se retire sur sa côte droite.
173. Créateur, lorsque l'eau vient sur sa côte droite,
174. Où ce Drukhs Naçus se retire-t-il ?
175. Ahura-Mazda répondit : Ce Drukhs Naçus se retire sur sa côte gauche.
176. Créateur, lorsque l'eau pure vient sur sa côte gauche,
177. Où ce Drukhs Naçus se retire-t-il ?
178. Ahura-Mazda répondit : Ce Drukhs Naçus se retire sur sa hanche droite.
179. Créateur, lorsque l'eau pure vient sur sa hanche droite,
180. Où ce Drukhs Naçus se retire-t-il ?
181. Ahura-Mazda répondit : Ce Drukhs Naçus se retire sur sa hanche gauche.
182. Créateur, lorsque l'eau pure vient sur sa hanche gauche,
183. Où ce Drukhs Naçus se retire-t-il?
184. Ahura-Mazda répondit : Ce Drukhs Naçus se retire sur son bas-ventre.
185. Si c'est un homme, arrose-le d'abord par derrière, ensuite par devant.
186. Si c'est une femme, arrose-la d'abord par devant, ensuite par derrière.
187. Créateur, lorsque l'eau vient sur le bas-ventre,
188. Où ce Drukhs Naçus se retire-t-il?
189. Ahura-Mazda répondit : Ce Drukhs Naçus se retire sur sa cuisse droite.
190. Créateur, lorsque l'eau vient sur sa cuisse droite,
191. Où ce Drukhs Naçus se retire-t-il ?
192. Ahura-Mazda répondit : Ce Drukhs Naçus se retire sur sa cuisse gauche.
193. Créateur, lorsque l'eau vient sur sa cuisse gauche,
194. Où ce Drukhs Naçus se retire-t-il?
195. Ahura-Mazda répondit : Ce Drukhs Naçus se retire sur son genou droit.
196. Créateur, lorsque l'eau vient sur son genou droit,
197. Où ce Drukhs Naçus se retire-t-il ?
198. Ahura-Mazda répondit : Ce Drukhs Naçus se retire sur son genou droit.
199. Créateur, lorsque l'eau vient sur son genou droit,
200. Où ce Drukhs Naçus se retire-t-il?
201. Ahura-Mazda répondit : Ce Drukhs Naçus e sretire sur l'os de sa jambe droite.

202. Créateur, lorsque l'eau vient sur l'os de sa jambe droite,
203. Où ce Drukhs Naçus se retire-t-il ?
204. Ahura-Mazda répondit : Ce Druckhs Naçus se retire sur l'os de sa jambe gauche.
205. Créateur, lorsque l'eau vient sur l'os de sa jambe gauche,
206. Où ce Drukhs Naçus se retire-t-il ?
207. Ahura-Mazda répondit : Ce Drukhs Naçus se retire sur son pied droit.
208. Créateur, lorsque l'eau vient sur son pied droit,
209. Où ce Drukhs Naçus se retire-t-il?
210. Ahura-Mazda répondit : Ce Drukhs Naçus se retire sur son pied gauche.
211. Créateur, lorsque l'eau vient sur son pied gauche,
212. Où ce Drukhs Naçus se retire t-il?
213. Ahura Mazda répondit : Ce Drukhs Naçus se retire sur la cheville du pied droit.
214. Créateur, lorsque l'eau pure vient sur la cheville du pied droit,
215. Où ce Drukhs Naçus se retire-t-il ?
216. Ahura-Mazda répondit : Ce Druckhs Naçus se retire sur la cheville du pied gauche.
217. Créateur, lorsque l'eau pure vient sur la cheville du pied gauche,
218. Où ce Drukhs Naçus se retire-t-il ?
219. Ahura-Mazda répondit : Il sera relégué sous la plante des pieds comme les ailes d'une mouche.
220. Alors en étendant les doigts de son pied, en relevant son talon,
221. Tu dois arroser la plante de son pied droit.
222. Alors ce Drukhs Naçus se retirera à la plante du pied gauche.
223. Tu dois alors arroser son pied gauche.
224. Alors ce Drukhs Naçus se retirera sous les doigts du pied comme l'aile d'une mouche.
225. Alors en étendant les doigts de son pied, en relevant son talon,
226. Tu dois arroser les doigts de son pied droit.
227. Alors ce Drukhs Naçus se retirera aux doigts du pied gauche. Etends alors les doigts de son pied gauche,
228. Alors ce Drukhs Naçus sera expulsé vers les régions septentrionales, sous la forme d'une mouche.
229. Créateur, lorsque les Mazdayaçnas, allant à pied, ou en bateau, ou sur un animal, ou portés de quelque manière que ce soit,
230. Arrivent auprès d'un feu où brûlent des cadavres,
231. Où l'on brûle, ou bien où l'on dispose des cadavres pour les brûler,
232. Comment doivent-ils se conduire ?

233. Ahura-Mazda répondit: Ils doivent frapper sur ce feu qui dévore les cadavres.

234. Ils doivent frapper dessus.

235. Ils doivent enlever le bûcher.

236. Ils doivent enlever le mort.

237. Qu'on allume du feu avec du bois nouveau,

238. Des arbres qui contiennent des germes de feu,

239. Ou avec des arbres qui brûlent promptement et qui donnent au feu de la force.

240. Qu'on éparpille ces arbres sur le feu,

241. Afin qu'il se consume d'autant plus vite.

242. Celui qui apporte le premier paquet de bois doit le poser sur la terre,

243. A un vitaçti du feu qui a brûlé le cadavre.

244. Et il doit éparpiller ce bois sur le feu, afin qu'il se consume d'autant plus vite.

245. Que l'on pose sur la terre le second, le troisième, le quatrième, le cinquième, le sixième, le septième, le huitième et le neuvième paquet à un vitaçti du feu qui consume le cadavre.

246. Si l'on y porte du bois dans la pureté, ô saint Zarathustra,

247. Du bois de l'Urvaçni, du Vohu-Gaona, du Vohu-Kereta, du Hadha-Naepata ou de quelque autre arbre aromatique,

248. De quelque côté que le vent répande l'odeur du feu,

249. De là le feu d'Ahura-Mazda vient comme étant capable de mettre à mort,

250. Un millier de Daevas invisibles qui sortent des ténèbres, un millier de méchantes créatures d'Yatus et de Pairikas (659).

251. Créateur, si quelqu'un apporte dans sa demeure ordinaire du feu qui a dévoré un cadavre,

252. Quelle sera la récompense de cet homme, lorsque le corps et l'âme se seront séparés.

253. Ahura-Mazda répondit: Elle sera égale à celle qu'il aurait s'il avait apporté en sa demeure dix mille tisons allumés du feu ordinaire (660).

254. Créateur, si un homme éteint le feu de l'injustice, s'il porte (à sa demeure) le feu avec lequel on cuit dans les fours les vases de terre, s'il porte le feu avec lequel on travaille les minéraux, le feu d'un atelier où l'or est travaillé, le feu d'un atelier où l'argent est travaillé, le feu d'un atelier où le fer est travaillé, le feu d'un atelier ou la pierre est travaillée, le feu d'un atelier de fondeur ; s'il emporte le feu loin des troupeaux, loin des chemins où passent les bestiaux, loin du camp, loin des habitations,

255. Quelle sera la récompense reservée à cet homme, lorsque l'âme et le corps se séparent?

256. Ahura-Mazda répondit: Elle sera égale à celle qu'il aurait s'il avait apporté en sa demeure mille tisons allumés du feu ordinaire.

257. Comme s'il avait porté au lieu convenable, cinq cents brasiers allumés.

258. Comme s'il avait porté au lieu convenable quatre cents brasiers allumés.

259. Ahura-Mazda répondit: Autant il y a de verres, autant il apporte de feux au lieu convenable.

260. Autant il y a d'arbres, autant il apporte de feux au lieu convenable (661).

261. Il apporte au lieu convenable cent feux.

262. Il apporte au lieu convenable quatre-vingt-dix feux.

263. Il apporte au lieu convenable quatre-vingts feux.

264. Il apporte au lieu convenable soixante-dix feux.

265. Il apporte au lieu convenable soixante feux.

266. Il apporte au lieu convenable cinquante feux.

267. Il apporte au lieu convenable quarante feux.

268. Il apporte au lieu convenable trente feux.

269. Il apporte au lieu convenable vingt feux.

270. Ahura-Mazda répondit: Sa récompense sera égale à celle qu'il aurait, si, dans le monde des êtres doués de corps, il apportait dix feux au lieu convenable.

271. Créateur, comment sera purifié un homme, ô pur Ahura-Mazda, qui se sera trouvé auprès d'un mort dans un lieu désert et éloigné de toute demeure ?

272. Ahura-Mazda répondit: Ils seront purifiés, ô pur Zarathustra,

273. De la façon suivante:

274. Quand le cadavre a déjà été déchiré par un chien carnassier ou par des oiseaux,

275. Alors il peut laver son corps avec de l'urine de vache.

276. Qu'il se lave trente fois, qu'il se frotte trente fois les mains,

277. En se lavant aussi la tête.

278. Quand le cadavre n'a pas encore été déchiré par un chien carnassier ou par des oiseaux,

---

(659) Anquetil'-Duperron rend de la façon suivante ce passage assez obscur : « Que l'odeur du feu d'Ormuzd se répande vers les (différentes) parties (du monde), de mille côtés, et détruisent les Dews cachés (dans le crime), germes de ténèbres, les Durvands à deux pieds, les Magiciens et les Parsis. »

(660) Anquetil traduit ainsi : « Elle sera la même que si, dans le monde qui existe par ma puissance, il portait promptement au Dâdgâh dix mille feux brûlants, » et il ajoute : « Le mérite de cette action est proportionné au degré de souillure dont on délivre le feu, et à la difficulté qu'il peut y avoir à le porter au Dâdgâh, occasionnée par l'éloignement du Dâdgâh. »

(661) Le sens des versets 259 et 260 est fort obscur; le texte est corrompu et presque inintelligible.

279. Qu'il se lave quinze fois, qu'il se frotte quinze fois.
280. Qu'il parcoure l'étendue du premier Hathra. (*Voy. au sujet de cette mesure itinéraire le fargard 11, vers. 65.*)
281. Qu'il se hâte de courir devant lui,
282. Jusqu'à ce que quelqu'un du monde doué de corps vienne à sa rencontre, alors qu'il élève hautement la voix,
283. Disant : Je suis venu auprès d'un corps mort sans désirer en pensées, en paroles ou en actions.
284. Mon souhait est la purification.
285. S'il court, et s'il rencontre ainsi un homme ;
286. Si cet homme ne le purifie pas, il aura pour sa part la troisième partie de l'acte.
287. Qu'il parcoure l'étendue d'un second Hathra.
288. Lorsqu'il l'a parcourue et qu'il a rencontré une seconde personne,
289. Si on ne le purifie pas,
290. On se rend coupable de la moitié de l'acte.
291. Qu'il parcoure l'étendue du troisième Hathra.
292. Et s'il rencontre ainsi une troisième personne,
293. Si l'on ne le purifie pas, on se rend responsable de l'acte entier.
294. Qu'il continue de s'avancer rapidement,
295. Jusqu'à ce qu'il rencontre la première demeure, village ou bourg ; alors qu'il élève la voix,
296. Disant : Je suis venu auprès d'un corps mort sans le désirer en pensées, en paroles ou en actions.
297. Mon souhait est la purification.
298. S'il court, et s'il rencontre ainsi un homme;
299. S'ils ne le purifient pas, qu'il purifie son corps avec de l'urine de vache et de l'eau, et il est pur.
300. Créateur, lorsque l'eau est en dedans du chemin,
301. Et que celui qui est impur entre dans cette eau, ce qui mérite châtiment,
302. Quelle est la peine ?
303. Ahura-Mazda répondit : Quatre cents coups avec l'aiguillon, quatre cents avec le craosho-charana.
304. Créateur, si des arbres sont en dedans du chemin,
305. Ou du feu, et que celui qui est impur y aille,
306. Quelle est la peine ?
307. Ahura-Mazda répondit : Quatre cents coups avec l'aiguillon, quatre cents avec le craosho-charana.
308. C'est la peine, c'est l'expiation,
309. Que l'homme pur doit accomplir; s'il ne l'accomplit pas,
310. Il viendra dans la demeure des Drujas.

NEUVIÈME FARGARD.

1. Zarathustra demanda à Ahura-Mazda : Ahura-Mazda! céleste et très-saint créateur des êtres doués de corps,
2. Comment les hommes qui sont dans le monde des êtres doués de corps doivent-ils se conduire,
3. Afin de purifier le corps de celui qui est devenu impur parce qu'il a touché un corps mort ?
4. Ahura-Mazda répondit : Ils doivent se diriger, ô saint Zarathustra, vers un homme pur,
5. Qui prononce des paroles vraies et qui récite le Manthra (l'*Avesta*),
6. Qui connaît le mieux la loi des Mazdayaçnas.
7. Il coupera les arbres sur la longueur de cette terre ;
8. Sur une longueur de neuf vibazu, et sur chacun des quatre côtés,
9. A l'endroit qui, sur cette terre, est le plus dépourvu d'eau et d'arbres, où le pays est très-pur et sec ;
10. Où sont les chemins, où se trouvent le moins les bestiaux, les bêtes de trait, le feu d'Ahura-Mazda, le bereçma qui est uni dans la sainteté et l'homme pur.
11. Créateur, à quelle distance du feu, à quelle distance de l'eau, à quelle distance du bereçma, à quelle distance de l'homme pur ?
12. Ahura-Mazda répondit : A trente pas du feu, à trente pas de l'eau, à trente pas du bereçma, à trois pas de l'homme pur.
13. Tu dois creuser un premier trou profond de deux doigts si l'été est écoulé, profond de quatre doigts si l'hiver est écoulé.
14. Tu dois creuser un second trou, un troisième, un quatrième, un cinquième, un sixième, chacun à un pas l'un de l'autre.
15. Quelle doit être l'étendue de ce pas ? — Trois pieds.
16. Tu dois creuser trois autres trous,
17. Profonds de deux doigts, si l'été est écoulé, profonds de quatre doigts, si l'hiver est écoulé.
18. A quelle distance des premiers ? — A trois pas.
19. Quelle étendue doivent former ces trois pas ?
20. L'étendue de neuf pieds.
21. Trace un sillon avec un outil pointu et en métal.
22. A quelle distance des trous ? — A trois pas.
23. Quelle étendue doivent former ces trois pas ?
24. L'étendue de neuf pieds.
25. Fais ensuite douze sillons.

26. Trois séparés et renfermés l'un dans l'autre.
27. Trois séparés et renfermés dans les précédents.
28. Trois séparés et placés entièrement au-dessus, trois séparés et placés entièrement au-dessous (662).
29. Apporte trois pierres dans l'espace des neuf pieds qui auront formé les trois pas.
30. Du çafa, ou du dadru, ou du zao-varcta ou quelque espèce de terres dures (663).
31. Ensuite que celui qui est souillé s'approche de ces trous.
32. Alors place-toi, ô Zarathustra, à côté du sillon extérieur.
33. Récite ces mots : Nemaçcha ya armaitis yjacha (664).
34. Que l'homme souillé répète : Nemacha ya armaitis ya cha.
35. Ce Druks sera privé de toute force par chacun de ces mots.
36. Pour la défaite du méchant Agra-Mainyus ;
37. Pour la défaite d'Aeshma dont l'attaque est violente.
38. Pour la défaite des Daevas nazaniens.
39. Pour la défaite de tous les Daevas.
40. Il faut alors jeter de l'urine de vache dans un vase de fer ou de plomb.
41. Tu dois la répandre ; tu dois prendre un bâton à neuf nœuds.
42. Tu dois placer ce vase de plomb au-devant du bâton.
43. Qu'on lave d'abord les mains à celui qu'il s'agit de purifier.
44. Si ses mains ne sont pas d'abord lavées,
45. Tout son corps devient impur.
46. Quand ses mains ont été lavées trois fois,
47. Alors avec les mains lavées,
48. Arrose-le sur le sommet de la tête.
49. Alors le Drukhs Naçus tombe dans l'intervalle entre les sourcils de cet homme,
50. Arrose ses sourcils.
51. Alors le Drukhs Naçus tombe sur la nuque,
52. Arrose la nuque.
53. Alors le Drukhs Naçus tombe sur la mâchoire,
54. Arrose la mâchoire.
55. Alors le Drukhs Naçus tombe sur l'oreille droite,
56. Arrose l'oreille droite.
57. Alors le Druckhs Naçus tombe sur l'oreille gauche,
58. Arrose l'oreille gauche.
59. Alors le Drukhs Naçus tombe sur l'épaule droite,
60. Arrose l'épaule droite.
61. Alors le Drukhs Naçus tombe sur l'épaule gauche,
62. Arrose l'épaule gauche.
63. Alors le Drukhs Naçus tombe sur l'aisselle droite,
64. Arrose l'aisselle droite.
65. Alors le Drukhs Naçus tombe sur l'aisselle gauche,
66. Arrose l'aisselle gauche.
67. Alors le Drukhs Naçus tombe sur la partie supérieure de sa poitrine,
68. Arrose la partie supérieure de sa poitrine.
69. Alors le Drukhs Naçus tombe sur le dos :
70. Arrose le dos.
71. Alors le Drukhs Naçus tombe sur le mamelon droit,
72. Arrose le mamelon droit.
73. Alors le Drukhs Naçus tombe sur le mamelon gauche,
74. Arrose le mamelon gauche.
75. Alors le Drukhs Naçus tombe sur le côté droit,
76. Arrose le côté droit.
77. Alors le Drukhs Naçus tombe sur le côté gauche,
78. Arrose le côté gauche.
79. Alors le Drukhs Naçus tombe sur la cuisse droite,
80. Arrose la cuisse droite.
81. Alors le Drukhs Naçus tombe sur la cuisse gauche,
82. Arrose la cuisse gauche.
83. Alors le Drukhs Naçus tombe dans le bas-ventre,
84. Arrose le bas-ventre.
85. Si c'est un homme, arrose-le d'abord derrière, ensuite devant.
86. Si c'est une femme, arrose-la d'abord devant, ensuite derrière.
87. Alors le Drukhs Naçus tombe sur l'os de la jambe droite,
88. Arrose l'os de sa jambe droite.
89. Alors le Drukhs Naçus tombe sur l'os de la jambe gauche,
90. Arrose l'os de sa jambe gauche.
91. Alors le Drukhs Naçus tombe sur le genou droit,
92. Arrose son genou droit.

---

(662) Anquetil-Duperron a jugé à propos d'expliquer par une figure, ces prescriptions un peu compliquées. Voir planche XII, n. 1.

(663) M. Spiegel, ne sachant de quels genres de pierre il s'agit ici, a pris le parti de reproduire les mots qui sont dans le texte.

(664) Cette prière se trouve dans la seconde partie de l'Yaçna. Anquetil-Duperron la traduit ainsi : « J'adresse ma prière à la douce terre ; que mon roi (qui est) intelligent, marche (longtemps) sur elle. »

93. Alors le Drukhs Naçus tombe sur le genou gauche,
94. Arrose le genou gauche.
95. Alors le Drukhs Naçus tombe sur le cou-de-pied droit,
96. Arrose le cou-de-pied droit.
97. Alors le Drukhs Naçus tombe sur le cou-de-pied gauche,
98. Arrose le cou-de-pied gauche.
99. Alors le Drukhs Naçus tombe sur le pied droit,
100. Arrose son pied droit.
101. Alors le Drukhs Naçus tombe sur le pied gauche,
102. Arrose le pied gauche.
103. Alors le Drukhs Naçus tombe sur le talon droit,
104. Arrose le talon droit.
105. Alors le Drukhs Naçus tombe sur le talon gauche,
106. Arrose le talon gauche.
107. Alors le Drukhs Naçus tombe sous la plante des pieds comme les ailes d'une mouche,
108. Alors en étendant les doigts de son pied, en relevant son talon,
109. Arrose la plante du pied droit.
110. Alors le Drukhs Naçus se place sous la plante du pied gauche,
111. Arrose la plante du pied gauche.
112. Alors ce Drukhs Naçus se place sous les doigts des pieds, comme l'aile d'une mouche ;
113. Alors en étendant les doigts de son pied, en relevant son talon,
114. Tu dois arroser les doigts du pied droit.
115. Alors ce Drukhs Naçus se retire sous les doigts du pied gauche,
116. Arrose les doigts du pied gauche.
117. Alors ce Drukhs Naçus sera expulsé dans les régions septentrionales sous la forme d'une mouche.
118. Tu dois alors réciter ces mots qui sont d'une grande puissance : Yatha, ahu, vaizyo.
119. Au premier trou, l'homme sera délivré du Naçus.
120. Tu dois prononcer les mêmes mots au second, au troisième, au quatrième, au cinquième et au sixième trou. L'homme souillé doit s'asseoir sur le milieu d'un trou, dans l'intérieur de l'espace que forment les autres trous,
121. A une distance de quatre doigts.
122. Qu'il se purifie avec de la terre en se lavant complétement.
123. On doit quinze fois le frotter avec de la terre.
124. Il faut attendre jusqu'à ce que les cheveux placés sur le sommet de sa tête soient séchés.
125. Jusqu'à ce que son corps soit sec, jusqu'à ce que la poussière soit sèche.
126. Alors l'homme souillé doit venir vers les autres trous.
127. Au premier trou, il doit se laver une fois avec de l'eau; il purifie son corps.
128. Au second trou, il doit se laver deux fois avec de l'eau; il purifie son corps.
129. Au troisième trou, il doit se laver trois fois avec de l'eau; il purifie son corps.
130. Alors qu'on fasse sur lui des fumigations avec l'Urvaçni, le Vohu-Gaona, le Vohu-Kereti, l'Uadha-Naepata (665) ou tout autre arbre aromatique.
131. Il doit se ceindre ensuite de son vêtement.
132. L'homme souillé doit ensuite se retirer en sa demeure.
133. Au lieu de l'impureté, il doit se coucher au milieu de la demeure, éloigné du reste des Mazdayaçnas.
134. Il ne doit s'approcher ni du feu, ni de l'eau, ni des bestiaux, ni des arbres, ni des hommes purs, ni des femmes pures,
135. Jusqu'à ce que trois nuits soient écoulées.
136. Après trois nuits, il doit laver son corps nu avec de l'urine de vache et de l'eau, alors il est pur.
137. Il doit se coucher au milieu de la demeure, éloigné du reste des Mazdayaçnas.
138. Il ne doit s'approcher ni du feu, ni de l'eau, ni des bestiaux, ni des arbres, ni des hommes purs, ni des femmes pures,
139. Jusqu'à ce que six nuits soient passées.
140. Après six nuits, il doit laver son corps nu avec de l'urine de vache et de l'eau, alors il est pur.
141. Au lieu de l'impureté, il doit se coucher au milieu de la demeure, éloigné du reste des Mazdayaçnas.
142. Il ne doit s'approcher ni du feu, ni de l'eau, ni des bestiaux, ni des arbres, ni des hommes purs, ni des femmes pures,
143. Jusqu'à ce que neuf nuits soient passées.
144. Après neuf nuits, il doit laver son corps nu avec de l'urine de vache et de l'eau, alors il est pur.
145. Il peut alors s'approcher du feu, de l'eau, des bestiaux, des arbres, des hommes purs et des femmes pures.
146. On purifie un Athrana (ou Athorné, un prêtre) pour une pieuse bénédiction.
147. On purifie le chef d'une province pour un chameau mâle de grande taille.
148. On purifie le chef d'une cité pour un cheval de grande taille.

(665) On ne saurait dire avec quelque certitude quels sont les noms français des arbres dont nous prenons le parti de reproduire les désignations en zend.

149. On purifie le chef d'un village pour un taureau de grande taille.

150. On purifie le chef d'une maison pour une vache.

151. On purifie sa femme pour une vache.

152. On purifie un villageois, s'il a des biens, pour une vache qui porte des fardeaux.

153. On purifie un petit enfant pour une petite pièce de volaille.

154. Lorsque les Mazdayaçnas le peuvent, ils doivent donner au purificateur une tête de bétail ou un animal de trait.

155. Lorsqu'ils ne peuvent pas lui donner une tête de bétail ou un animal de trait, ils doivent lui donner d'autres objets,

156. Jusqu'à ce que le purificateur s'éloigne de leur demeure content et sans haine.

157. Si le purificateur s'éloigne de ces maisons mécontent et avec haine,

158. Alors, ô saint Zarathustra, le Drukhs Naçus se jette sur les hommes impurs, les attaquant par le nez, l'œil, la langue, le derrière.

159. Ce Drukhs Naçus se jette sur les ongles de celui qui a fait le mal.

160. Et il est impur à jamais.

161. C'est à regret, ô saint Zarathustra, que le soleil éclaire les impurs, que la lune ou les étoiles les éclairent.

162. Mais le purificateur qui éloigne le Drukhs Naçus de l'homme souillé fait plaisir au soleil et aux astres.

163. Il est un motif de satisfaction pour le feu, pour l'eau, pour la terre, pour les bestiaux, pour les arbres, pour l'homme pur, pour la femme pure.

164. Zarathustra demanda : Créateur des êtres doués de corps, purificateur,

165. Quelle est la récompense qu'obtient, lorsque son âme est séparée du corps, celui qui éloigne le Naçus d'un homme souillé?

166. Ahura-Mazda répondit : On promet à cet homme pour récompense dans l'autre monde l'entrée du paradis.

167. Zarathustra demanda : Créateur des êtres doués de corps, purificateur,

168. Comment dois-je combattre ce Drukhs qui se jette sur les vivants? Comment dois-je combattre ce Naçus qui, des morts, vient souiller les vivants?

169. Ahura-Mazda répondit : Prononce les mots que l'on appelle Bishamruta.

170. Prononce les mots que l'on nomme Trishamruta; prononce les mots que l'on nomme Chathrushamruta (666).

171. Le Naçus est expulsé alors, ô saint Zarathustra, comme frappé d'une flèche décochée; il faut un an pour que l'herbe desséchée recouvre de nouveau la terre, et de même le Naçus ne pourra, pendant un an, se mêler aux hommes.

172. Créateur, si un homme veut se faire purifier, et que le purificateur n'ait pas appris à connaître ce qu'ordonne la loi,

173. Comment dois-je combattre ce Drukhs qui se jette des morts sur les vivants?

174. Comment dois-je combattre ce Naçus qui, des morts, vient souiller les vivants?

175. Ahura-Mazda répondit : Ce Drukhs Naçus devient alors encore plus mortel qu'il ne l'était auparavant.

176. Il répand les maladies et la mort tout comme auparavant.

177. Créateur, quelle est la peine?

178. Ahura-Mazda répondit : Les Mazdayaçnas doivent le lier.

179. Ils doivent d'abord lui lier les mains, ils doivent lui arracher ses vêtements.

180. Ils doivent lui couper la tête, selon la largeur du dos (667).

181. Qu'on livre son corps aux créatures carnassières du Çpenta-Maynos, aux oiseaux qui dévorent les corps et aux Kahrkaças.

182. Si l'on dit : Cet homme fait pénitence de toutes pensées, paroles et actions coupables,

183. S'il a commis d'autres mauvaises actions,

184. La peine est alors expiée par sa pénitence.

185. S'il a commis d'autres actions coupables et qu'il ne s'en repente pas,

186. Elles sont expiées à jamais.

187. Quel est celui, ô Ahura-Mazda, qui apporta la maladie, qui apporta la mort?

188. Ahura-Mazda répondit : Ce fut, ô saint Zarathustra, l'impur Ashemaogha.

189. Lorsque dans le monde des êtres doués de corps on administre les purifications, et que le purificateur ne sait pas ce que la loi ordonne,

190. Alors, ô saint Zarathustra, les aliments qui engraissent et fortifient, l'abondance et la fertilité, la santé, le bien-être, les productions des grains et fourrages, abandonneront ces lieux.

191. Créateur, quand reviendront en ces lieux les aliments qui engraissent et fortifient, l'abondance et la fertilité, la santé, le bien-être, la production des grains et fourrages?

192. Ahura-Mazda répondit : On ne verra point revenir en ces lieux, ô saint Zarathustra, les aliments qui engraissent et fortifient, l'abondance et

---

(666) Anquetil-Duperron traduit ainsi ce passage : « Prononcez, dites clairement la parole qu'il faut prononcer deux fois; prononcez, dites clairement la parole qu'il faut prononcer trois fois; prononcez, dites clairement la parole qu'il faut prononcer trois fois ! »

(667) Verset fort obscur que Spiegel a traduit littéralement en donnant au mot *Kameredha* le sens de tête ou de crâne. Anquetil-Duperron a cru qu'il s'agissait de *Kamera*, ceinture, et a traduit ainsi : « On lui arrachera la peau de la largeur (en commençant par) la ceinture »

la fertilité, la santé, le bien-être, la production des grains et des fourrages.

193. Jusqu'à ce que cet impur Ashemaogha reste vaincu et terrassé.

194. Où jusqu'à ce qu'en ces lieux on célèbre, durant trois jours et trois nuits, le saint Craosha.

195. Sur un feu brûlant, avec le Bereçma réuni, avec l'Haoma élevé (668).

196. Alors reviennent dans ces lieux les aliments qui engraissent et fortifient, l'abondance et la fertilité, la santé, le bien-être, la production des grains et des fourrages.

DIXIÈME FARGARD.

1. Zarathustra demanda à Ahura-Mazda : Ahura-Mazda, céleste et très-saint créateur des êtres doués de corps,

2. Comment dois-je combattre ce Drukhs qui se jette des morts sur les vivants? Comment dois-je combattre ce Naçus qui, des morts, vient souiller les vivants?

3. Ahura-Mazda répondit : Prononce les paroles qu'on nomme Bishamruta (669).

4. Prononce les paroles qu'on nomme Thrishamruta.

5. Prononce les paroles que l'on nomme Chathrushamruta.

6. Prononce les paroles que l'on nomme Bishamruta, Thrishamruta, Chathrushamruta.

7. Créateur, quelles sont les paroles que l'on nomme Bishamruta?

8. Ahura-Mazda répondit : Voici les paroles que l'on nomme Bishamruta.

9. Prononce deux fois ces paroles : Abya, yaça; humatananm.

10. Ashahya, at, çairi humain, thwa, içem.

11. Je combats Agra-Maynius et l'expulse de cette demeure, de ce village, de cette ville, de ce pays, de l'homme souillé, de la femme souillée, du chef de la maison, du village, de la ville, de la province; je l'expulse de toute créature pure.

12. Je combats le Naçus, je combats la souillure médiate, je combats la souillure immédiate, l'expulsant de la maison, du village, de la ville, de la province, de l'homme souillé, de la femme souillée, du chef de la maison, du village, de la ville, de la province; je l'expulse de toute créature pure.

13. Créateur, quels sont les mots que l'on nomme Thrishamrata?

14. Ahura-Mazda répondit : Voici les mots que l'on nomme Thrishamrata.

15. Répète-les trois fois.

16. Ashem (670).

17. Je combats Indra, je combats Çoura, je combats le Daeva Naoghaiti, l'expulsant de cette demeure, de ce village, de cette ville, de ce pays.

18. Je combats Tauru, je combats Zaixicha (671), l'expulsant de cette demeure, de ce village, de cette ville, de ce pays.

19. Créateur, quels sont les mots que l'on nomme Chathrushamrata?

20. Ahura-Mazda répondit : Voici les mots que l'on nomme Chathrushamrata.

21. Prononce-les quatre fois.

22. Yatha (672).

23. Je combats le Daeva Aeshma plein de malice, je combats le Daeva Akatasha, l'expulsant de cette maison, de ce village, de cette ville, de ce pays.

24. Je combats le Daeva de la pluie, je combats le Daeva du vent, les expulsant de cette maison, de ce village, de cette ville, de ce pays.

25. Ce sont les paroles qui sont dans les Gathas Bishamratha, Thrishamrata et Chathrushamrata.

26. Ce sont les paroles qui triomphent d'Ayra-Mainyas.

27. Ce sont les paroles qui triomphent d'Aeshma plein de malice.

---

(668) « On récitera dans cette contrée l'Iescht, on priera Serosch pendant trois jours et pendant trois nuits. On allumera pour cela le feu, on boira le Barrom, on mettra le Hom (sur la pierre Arvis). » Telle est la traduction d'Anquetil Duperron pour les deux versets 194 et 195. Craosha ou Serosch est un des principaux Izeds, et il joue un grand rôle dans la doctrine des Parsis. Il est le roi du monde et il le parcourt trois fois chaque jour et chaque nuit. Il protége les hommes et veille sur ceux qui sont purs.

(669) Anquetil-Duperron traduit ainsi cette prière qui fait partie du *Izeschné* : « Que ma prière faite avec des mains pures vous soit agréable, Ormuzd, première excellence, qui avez fait tout ce qui est pur. Penser purement, parler purement, agir purement : c'est ce que j'entreprends; je l'enseigne aux hommes; que cela me soit bon. Celui qui est pur de paroles, qui est pur d'action, donnez-lui les purs bonheurs. Accordez-moi, ô Ormuzd, de penser, de dire, de faire ce qui est bon, moi qui marche dans la pureté. Moi qui suis pur, ordonnez, Ormuzd, que mes désirs soient remplis; moi qui vous obéis continuellement et avec zèle, faites arriver ce que je désire. »

(670) O bienfaisant Ormuzd qui avez créé la terre, qui donnez l'abondance au monde et au roi qui est pur de cœur, parlez-moi, prenez soin de moi, exaucez-moi d'en haut. — Le roi qui est pur (saint), et élevé comme moi, je lui donnerai (ce qu'il désirera), j'aurai soin de lui comme étant à moi (qui suis) Ormuzd saint et célèbre. (*Traduction d'Anquetil-Duperron.*)

(671) C'est le désir d'Ormuzd que le chef (de la loi) fasse des œuvres pures et saintes. Bahman donne (l'abondance) à celui qui agit saintement dans le monde. Vous établissez roi, ô Ormuzd, celui qui soulage et nourrit le pauvre. O Ormuzd qui me parlez avec pureté, qui m'apprenez ce que je dois faire, à marcher avec pureté de cœur, je vous invoque avec sainteté; ô vous, roi, accomplissez publiquement les désirs purs.

(672) Les Daevas nommés dans ce verset et dans le précédent, sont les chefs des satellites d'Agra-Mainyus. Le *Boundchesch* dit qu'Ahrimane créa de la matière des ténèbres, d'abord Akuman et Andor, ensuite Çaura et Nukait, enfin Tarij et Zarij.
Il est remarquable de voir Indra et Çaura ou Çaurva (Siva), c'est-à-dire deux des principales divinités de la mythologie indienne, rangées chez les Parsis, au nombre des démons.

28. Ce sont les paroles qui triomphent des Daevas mazaniens.

29. Ce sont les paroles qui triomphent de tous les Daevas.

30. Ce sont les paroles qui sont les ennemis du Drukhs et du Naçus qui se jette des morts sur les vivants.

31. Ce sont les paroles qui sont les ennemis du Drukhs et du Naçus qui, sortant des morts, souille les vivants.

32. Tu dois ainsi, ô Zarathustra, faire neuf trous,

33. A l'endroit où la terre est le plus dépourvue d'eau et d'arbres,

34. Où elle n'offre point d'aliments pour les hommes et les bestiaux.

35. La pureté est, après la naissance, ce qu'il y a de meilleur pour l'homme.

36. La pureté, ô Zarathustra, c'est la loi des Mazdayaçnas.

37. Celui qui se maintient pur par de bonnes pensées, paroles et actions,

38. Arrive non-seulement à se purifier lui-même, mais encore à purifier les autres hommes dans ce monde des êtres doués de corps.

39. Tel est celui qui se maintient pur par de bonnes pensées, paroles et actions.

ONZIÈME FARGARD.

1. Zarathustra demanda à Ahura-Mazda : Ahura-Mazda, céleste et très-saint créateur des êtres doués de corps,

2. Comment dois-je purifier la maison?

3. Comment dois-je purifier le feu ou l'eau, ou la terre, ou le bétail, ou les arbres, ou l'homme, ou la femme, ou les étoiles, ou la lune, ou le soleil, ou les lumières qui n'ont point de commencement? comment dois-je purifier tous les biens qu'Ahura-Mazda a créés et qui ont une origine pure?

4. Ahura-Mazda répondit : Tu dois réciter la prière de purification, ô Zarathustra.

5. Alors ces demeures deviendront pures.

6. Et tu purifieras de même le feu, l'eau, la terre, le bétail, les arbres, l'homme, la femme, les étoiles, la lune, le soleil, les lumières qui n'ont point de commencement.

7. Tu dois réciter cinq Ahuna-Vairyas (673), Yatha, ahu, vairyo (c'est le désir d'Ormusd, que le chef de la loi fasse des œuvres pures et saintes).

8. L'Ahuna-Vairya qui protège le corps : Yatha, ahu, vairyo (c'est le désir d'Ormusd, etc.);

9. Disant : Je purifie cette demeure et je prononce ces paroles.

10. At, ma, etc. (O vous, Ormusd, qui êtes mon dieu, veillez sur moi, afin que je me venge des Dews qui me veulent du mal; protégez-moi, ô dieu, avec le feu, afin que je puisse faire le bien.)

11. Je purifie ce feu et je prononce ces paroles :

12. Ahya, thwa, athio. (O vous, feu agissant dès le commencement, je m'approche de vous, principe d'union entre Ormusd et l'être absorbé dans l'excellence; venez, feu, qui êtes dans l'homme qui marche sur la terre, feu d'Ormusd appelé la vie de l'âme, venez à la prière de ceux qui vous invoquent.)

13. Je purifie cette eau, et je prononce ces paroles :

14. Apo, at, yazamaidé (je fais iz schné [j'offre mes hommages] à l'eau, j'ai soin de l'entretenir pure).

15. Je purifie cette terre et je prononce ces paroles :

16. Imaam, aut, zanno (je fais iz eschné à cette terre visible, chef des femelles).

17. Je purifie ces bestiaux, et je prononce ces paroles :

18. Gavé, adais (je recommande de donner aux troupeaux ce dont ils ont besoin; celui qui agira ainsi ira au behechst [au séjour d'Ormusd]).

19. Je purifie ces arbres, et je prononce ces paroles :

20. At, aqya, asha (maintenant, ô saint Ormusd, faites croître ces arbres en abondance dans le monde).

21. Je purifie cet homme, je purifie cette femme, et je prononce ces paroles :

22. A, airiéma (dans cet Ariéma qui désire (la loi), les plaisirs se présenteront aux hommes et aux femmes, ô Zarathustra).

23. Vagheus, rafedrai (c'est la récompense que Bahman accordera à la pureté de leur cœur, et au désir qu'ils ont de la loi).

24. Ashahya, yaça (qu'ils soient encore plus purs et plus zélés pour la loi, et ils seront aimés du grand Ormusd).

25. Prononce huit Ahuna-Vairyas :

26. Je combats Aeshma, je combats Naçu.

27. Je combats la souillure, l'immédiate et la médiate.

28. Je combats Bushyançta le jeune (674).

29. Je combats Bushyançta daregho-yare (le démon menteur).

30. Je combats le Pairikia qui obsède le feu, l'eau, la terre, le bétail et les arbres.

31. Je combats l'impureté qui obsède le feu, l'eau, la terre, le bétail et les arbres.

---

(673) M. Spiegel s'est borné à indiquer le texte zend de ces diverses prières; nous y joignons l'interprétation d'Anquetil-Duperron.

LIVRES SACRÉS. II.

(674) Bushyançta, le démon du sommeil; ou, comme dit Anquetil-Duperron, Boschapp, le dieu qui endort.

32. Je te combats, ô méchant Agra-Mainyus, t'expulsant de la demeure du feu, de l'eau, de la terre, du bétail, des arbres, de l'homme pur, de la femme pure, des étoiles, de la lune, du soleil, de la lumière qui n'a point de commencement, de tous les biens qu'Ahura-Mazda a créés et qui ont une origine pure.

33. Prononce quatre Ahuna-Vairyas : Yatha, ahu, vairyo.

34. Tu as combattu l'Aeshma, tu as combattu le Naçu.

35. Tu as combattu l'impureté médiate et l'immédiate.

36. Tu as combattu Bushyancta le jeune.

37. Tu as combattu Bushyancta daregho-yava (*le démon menteur*).

38. Tu as combattu le Pairaïkia qui obsède le feu, l'eau, la terre, le bétail et la terre.

39. Tu as combattu l'impureté qui obsède le feu, l'eau, la terre, le bétail et les arbres.

40. Tu as combattu le méchant Agra-Maynyus, l'expulsant de la demeure, du feu, de l'eau, de la terre, du bétail, des arbres, de l'homme pur, de la femme pure, des étoiles, de la lune, du soleil, de la lumière qui n'a point de commencement, de tous les biens qu'Ahura-Mazda a créés et qui ont une origine pure.

41. Tu dois réciter quatre fois la prière : Mazda at moi, et cinq Ahuna-Vairyas.

DOUZIÈME FARGARD.

1. Quand le père ou la mère meurt,

2. Combien les enfants doivent réciter de prières pour eux, le fils pour le père, la fille pour la mère ?

3. Combien pour les personnes pieuses, combien pour les pécheurs ?

4. Ahura-Mazda répondit : Trente pour les purs, soixante pour les pécheurs.

5. Créateur, comment dois-je purifier les demeures ? comment deviendront-elles pures ?

6. Ahura-Mazda répondit : Qu'on lave trois fois les corps, qu'on lave trois fois les vêtements, qu'on récite trois fois les Gathas.

7. Qu'on célèbre le feu, qu'on lie le Bereçma, qu'on porte l'eau pure, le Zaothra.

8. Alors les demeures deviendront pures, l'eau pourra y couler à son gré, les arbres pourront y croître à leur gré, les Amesha-Çpenta pourront y aller à leur gré, ô saint Zarathustra.

9. Quand un fils meurt ou une fille,

10. Combien faut-il faire de prières pour eux, le père pour le fils, la mère pour la fille ?

11. Combien pour les purs, combien pour les pécheurs ?

12. Ahura-Mazda répondit : Trente pour les purs, soixante pour les pécheurs.

13. Comment dois-je purifier les demeures ? comment deviendront-elles pures ?

14. Ahura Mazda répondit : Qu'on lave trois fois les corps, qu'on lave trois fois les vêtements, qu'on récite trois fois les Gathas.

15. Qu'on célèbre le feu, qu'on lie le Bereçma, qu'on porte l'eau pure, le Zaothra.

16. Alors les demeures deviendront pures, l'eau pourra y couler à son gré, les arbres pourront y croître à leur gré, les Amesha-Çpenta pourront y aller à leur gré, ô saint Zarathustra.

17. Quand un frère ou une sœur meurt,

18. Combien faut-il faire de prières pour eux, le frère pour la sœur, la sœur pour le frère ?

19. Combien pour les purs, combien pour les pécheurs ?

20. Ahura Mazda répondit : Trente pour les purs, soixante pour les pécheurs.

21. Créateur, comment dois-je purifier les demeures, comment deviendront-elles pures ?

22. Ahura-Mazda répondit : Qu'on lave trois fois les corps, qu'on lave trois fois les vêtements.

23. Qu'on célèbre le feu, qu'on lie le Bereçma, qu'on porte l'eau pure, le Zaothra.

24. Alors les demeures deviendront pures, l'eau pourra y couler à son gré, les arbres pourront y croître à leur gré, les Amesha-Çpenta pourront y aller à leur gré, ô saint Zarathustra.

25. Lorsque le chef d'une maison meurt ou lorsque sa femme meurt,

26. Combien de prières faut-il faire pour eux, combien pour les purs, combien pour les pécheurs ?

27. Ahura-Mazda répondit : Pendant six mois pour les purs, pendant douze mois pour les pécheurs, les jeunes filles et même les petits garçons (675).

28. Créateur, comment dois-je purifier les demeures ? comment deviendront-elles pures ?

29. Ahura-Mazda répondit : En lavant trois fois le corps, en lavant trois fois les vêtements, en récitant trois fois les Gathas. Qu'on célèbre le feu, qu'on lie le Bereçma, qu'on porte l'eau pure, le Zaothra.

30. Alors ces demeures deviendront pures, l'eau pourra y couler à son gré, les arbres pourront y croître à leur gré, les Amesha-Çpenta pourront y aller à leur gré, ô saint Zarathustra.

31. Quand un grand-père ou une grand-mère meurt, combien faut-il faire de prières ?

32. Combien pour les purs, combien pour les pécheurs ?

---

(675) M. Spiegel regarde les versets 25 à 27 comme probablement étrangers au texte primitif ; il n'est pas dit qui doit prier pour ces chefs d'une maison, et la durée de ces prières fixée en mois, ce qui ne se trouve point ailleurs, paraît une addition étrangère au texte primitif.

33. Ahura-Mazda répondit : Vingt-cinq pour les purs, cinquante pour les pécheurs.

34. Créateur, comment dois-je purifier les demeures? comment deviendront-elles pures?

35. Ahura Mazda répondit : En lavant trois fois le corps, en lavant trois fois les vêtements, en récitant trois fois les Gathas. Qu'on célèbre le feu, qu'on lie le Bereçma, qu'on porte l'eau pure, le Zaothra.

36. Alors les demeures deviendront pures, l'eau pourra y couler à son gré, les arbres pourront y croître à leur gré, les Amesha-Cpenta pourront y aller à leur gré, ô saint Zarathustra.

37. Lorsqu'un petit-fils meurt ou une petite-fille, combien doit-on faire de prières pour eux, le grand-père pour le petit-fils, la grand-mère pour la petite-fille?

38. Combien pour les purs, combien pour les pécheurs?

39. Ahura-Mazda répondit : Vingt-cinq pour les purs, cinquante pour les pécheurs.

40. Créateur, comment dois-je purifier les demeures? comment deviendront-elles pures?

41. Ahura-Mazda répondit : En lavant trois fois le corps, en lavant trois fois les vêtements, en récitant trois fois les Gathas. Qu'on célèbre le feu, qu'on lie le Bereçma, qu'on porte l'eau pure, le Zaothra.

42. Alors ces demeures deviendront pures, l'eau pourra y couler à son gré, les arbres pourront y croître à leur gré, les Amesha-Cpenta pourront y aller à leur gré, ô saint Zarathustra.

43. Quand un oncle ou une tante meurt, combien faut-il faire de prières pour eux, combien pour les purs, combien pour les pécheurs?

44. Ahura-Mazda répondit : Vingt pour les purs, quarante pour les pécheurs.

45. Créateur, comment dois-je purifier les demeures, comment deviendront-elles pures?

46. Ahura-Mazda répondit : En lavant trois fois le corps, en lavant trois fois les vêtements, en récitant trois fois les Gathas. Qu'on célèbre le feu, qu'on lie le Bereçma, qu'on porte l'eau pure, le Zaothra.

47. Alors ces demeures deviendront pures, l'eau pourra y couler à son gré, les arbres pourront y croître à leur gré, les Amesha Cpenta pourront y aller à leur gré, ô saint Zarathustra.

48. Lorsqu'un neveu ou une nièce meurt, combien faut-il faire de prières pour eux? combien pour les purs, combien pour les pécheurs?

49. Ahura-Mazda répondit : Quinze pour les purs, trente pour les pécheurs.

50. Créateur, comment dois-je purifier les demeures, comment deviendront-elles pures?

51. Ahura-Mazda répondit : En lavant trois fois le corps, en lavant trois fois les vêtements, en récitant trois fois les Gathas. Qu'on célèbre le feu, qu'on lie le Bereçma, qu'on porte l'eau pure, le Zaothra.

52. Alors ces demeures deviendront pures, l'eau pourra y couler à son gré, les arbres pourront y croître à leur gré, les Amesha-Cpenta pourront y aller à leur gré, ô saint Zarathustra.

53. Quand un parent ou une parente au quatrième degré meurt, combien faut-il faire de prières pour eux, combien pour les purs, combien pour les pécheurs?

54. Ahura-Mazda répondit : Dix pour les purs, vingt pour les pécheurs.

55. Créateur, comment dois-je purifier les demeures? comment deviendront-elles pures?

56. Ahura Mazda répondit : En lavant trois fois le corps, en lavant trois fois les vêtements, en récitant trois fois les Gathas. Qu'on célèbre le feu, qu'on lie le Bereçma, qu'on porte l'eau pure, le Zaothra.

57. Alors ces demeures deviendront pures, l'eau pourra y couler à son gré, les arbres pourront y croître à leur gré, les Amesha Cpenta pourront y aller à leur gré, ô saint Zarathustra.

58. Lorsqu'un parent ou une parente au cinquième degré meurt, combien faut-il faire de prières pour eux, combien pour les purs, combien pour les pécheurs?

59. Ahura Mazda répondit : Cinq pour les purs, dix pour les pécheurs.

60. Créateur, comment dois-je purifier les demeures? comment deviendront-elles pures?

61. Ahura-Mazda répondit : En lavant trois fois le corps, en lavant trois fois les vêtements, en récitant trois fois les Gathas. Qu'on célèbre le feu, qu'on lie le Bereçma, qu'on porte l'eau pure, le Zaothra.

62. Alors ces demeures deviendront pures, l'eau pourra y couler à son gré, les arbres pourront y croître à leur gré, les Amesha-Cpenta pourront y aller à leur gré, ô saint Zarathustra.

63. Lorsqu'il meurt quelqu'un de la famille ayant une autre foi,

64. Combien souille-t-il d'une manière immédiate de créatures de Cpenta-Mainyus, combien en souille-t-il d'une manière médiate?

65. Ahura-Mazda répondit : Comme le lézard qui, après sa mort, est desséché, et qui revit après un an,

66. De même, ô saint Zarathustra, le serpent (*infernal*) à deux pattes, très-perfide et impur (676), lorsqu'il est vivant,

---

(676) Ce passage est obscur; Anquetil-Duperron le traduit par : l'ancienne couleuvre infernale qui a deux pieds, l'Asmogh impur.

67. Souille immédiatement les créatures de Çpenta-Mainyus;

68. Il les souille de toutes les manières.

69. Vivant, il frappe l'eau; vivant, il éteint le feu, il égare les bestiaux; vivant, il frappe l'homme pur d'un coup qui est funeste à la force vitale.

70. Car il est vivant, ô saint Zarathustra, ce reptile pernicieux à deux pattes, dangereux et impur.

71. Vivant, il frappe l'homme pur, il le prive du monde, des aliments, des moissons, des fruits, des arbres et du fer; il ne peut plus en faire autant lorsqu'il est mort.

TREIZIÈME FARGARD.

1. Quelle est la créature que Çpenta-Mainyus a créée parmi les créatures que Çpenta-Mainyus a créées,

2. Qui, chaque matin au lever du soleil, vient comme donnant la mort à mille créatures d'Agra-Mainyus?

3. Ahura-Mazda répondit: C'est le chien dont la gueule et la tête sont affilées, le chien Vaghapara, auquel les hommes au mauvais langage donnent le nom de Dujaka.

4. C'est la créature que Çpenta-Mainyus a créée parmi les créatures que Çpenta-Mainyus a créées,

5. Qui, chaque matin au lever du soleil, vient comme donnant la mort à mille créatures d'Agra-Mainyus.

6. Celui qui tue, ô saint Zarathustra, le chien dont la tête et la gueule sont affilées, le chien Vaghapara auquel les hommes au mauvais langage donnent le nom de Dujaka,

7. Il tue son âme jusqu'au neuvième membre.

8. Le pont Chivat est pour lui difficile à atteindre,

9. Si pendant sa vie il n'expie pas son action avec des Craoshas (c'est-à-dire avec des coups de Craosho-charana).

10. Créateur, si quelqu'un tue le chien dont la gueule et la tête sont affilées, le chien Vaghapara auquel les hommes au mauvais langage donnent le nom de Dujaka,

11. Quelle est la peine?

12. Ahura-Mazda répondit: Qu'on le frappe, lui donnant mille coups avec l'aiguillon, mille avec le Craosho-charana.

13. Quelle est la créature qu'Agra-Mainyus a créée parmi les autres créatures qu'Agra-Mainyus a créées,

14. Qui, chaque matin au lever du soleil, vient comme donnant la mort à mille créatures de Çpenta-Mainyus?

15. Ahura-Mazda répondit: Le Daeva Zairimyagura (677), que les hommes au mauvais langage appellent du nom de Zairimyaka, ô saint Zarathustra,

16. C'est la créature d'Agra-Mainvus parmi les créatures qu'Agra-Mainyus a créées.

17. Qui, chaque matin au lever du soleil, vient comme donnant la mort à mille créatures de Çpenta-Mainyus.

18. Celui qui tue, ô saint Zarathustra, le Daeva Zairimyagura, que les hommes au mauvais langage appellent Zairimyaka, ô saint Zarathustra,

19. Expie ainsi tout ce qu'il a commis de coupable en pensées, en paroles et en actions.

20. Il obtient ainsi le pardon de tout ce qu'il a commis de coupable en pensées, en paroles et en actions.

21. Celui qui frappe un de ces chiens qui appartiennent au village ou au troupeau, ou un de ceux qui vont à la piste du sang et qui sont expérimentés,

22. Son âme passe accablée de chagrin et de peine, de ce monde dans celui qui est au-dessus de la terre,

23. Comme un loup qui cherche à blesser dans une grande forêt.

24. Nul ne prêtera secours à son âme à cause de sa cruauté et de sa misère.

25. Les chiens qui écartent le danger et qui gardent les ponts ne lui prêteront point secours, à cause de sa cruauté et de sa misère.

26. Celui qui fait une blessure à un chien qui appartient à un troupeau,

27. Ou qui lui coupe les oreilles ou les pieds;

28. Si un voleur ou un loup vient auprès des parcs et qu'il enlève quelque bétail,

29. Il doit être responsable de la perte.

30. Qu'il expie les blessures du chien par la peine du Baodhovarsta.

31. Si quelqu'un fait une blessure à un chien qui appartient à un village,

32. Ou qu'il lui coupe les oreilles et les pieds;

33. Si un voleur ou un loup vient auprès des parcs et qu'il enlève quelque bétail,

34. Il doit être responsable de la perte.

35. Qu'il expie les blessures du chien par la peine du Baodhovarsta.

36. Créateur, si quelqu'un fait à un chien une blessure dangereuse qui mette sa vie en danger,

37. Quelle est la peine?

38. Ahura-Mazda répondit: Qu'on le frappe huit cents fois avec le Craosho-charana.

---

(677) Zeerénienghré, selon Anquetil, qui explique ce nom par deux mots zends signifiant faiblesse et péché. Les docteurs parsis prétendent que ce *dew* ou démon paraît sous la forme de la tortue. A minuit il se présente pour combattre Ahura-Mazda. M. Spiegel donne un autre sens au mot zairimiagura; il croit qu'il signifie mangeant dans les ténèbres ou dans un lieu profond, et qu'il s'agit ici du hamster ou de quelque animal semblable.

39. Créateur, si quelqu'un fait à un chien qui appartient au village une blessure dangereuse qui mette sa vie en danger,

40. Quelle est la peine?

41. Ahura-Mazda répondit : Qu'on le frappe sept cents fois avec le Craosho-charana.

42. Créateur, si quelqu'un fait à un chien une blessure dangereuse qui mette sa vie en danger,

43. Quelle est la peine?

44. Ahura-Mazda répondit : Qu'on le frappe six cents fois avec le Craosho-charana.

45. Créateur, si quelqu'un fait à un jeune chien une blessure dangereuse qui mette sa vie en danger.

46. Quelle est la peine?

47. Ahura Mazda répondit : Qu'on le frappe cinq cents fois avec le Craosho charana.

48. Qu'il en soit de même pour le Jajus, le Vijus, le Çukuruna, ainsi que pour le Urupis aux dents aiguës, le Raopis robuste, ainsi que pour toutes les bêtes de l'espèce du chien de Çpenta-Mainyus, à l'exception du chien aquatique.

49. Créateur, quelle est la place où doit se tenir le chien qui appartient à un troupeau?

50. Ahura-Mazda répondit : A un Yujyesti des parcs : c'est l'endroit où il peut rencontrer le voleur ou le loup.

51. Créateur, quelle est la place où doit se tenir le chien qui appartient à un village?

52. Ahura-Mazda répondit : A une distance d'un hathra des villages où il peut rencontrer le voleur ou le loup.

53. Créateur, quelle est la place qui convient à un chien qui va à la piste du sang?

54. Ahura-Mazda répondit : Elle est à côté de celui qui veut avoir un chien pour protéger son corps.

55. Créateur, si quelqu'un donne de mauvais aliments à un chien qui appartient à un troupeau, de quel péché se souille-t-il?

56. Ahura-Mazda répondit : Sa faute est aussi grande que s'il donnait de mauvais aliments au maître d'une grande maison dans le monde des êtres doués de corps.

57. Créateur, si quelqu'un donne de mauvais aliments à un chien qui appartient à un village, de quel péché se souille-t-il?

58. Ahura-Mazda répondit : Sa faute est aussi grande que s'il donnait de mauvais aliments au maître d'une moyenne maison dans le monde des êtres doués de corps.

59. Créateur, si quelqu'un donne de mauvais aliments à un chien qui va à la piste du sang, de quel péché se souille-t-il?

60. Ahura-Mazda répondit : Sa faute est égale à celle dont il se souillerait s'il donnait de mauvais aliments à un homme qui viendrait en sa demeure et qui aurait en lui les signes qui le feraient reconnaître pour un Atharva.

61. Créateur, si quelqu'un donne de mauvais aliments à un jeune chien, de quel péché se souille-t-il?

62. Ahura-Mazda répondit : Sa faute est égale à celle qu'il commettrait s'il donnait de mauvais aliments à un jeune homme pur.

63. Créateur, si quelqu'un donne de mauvais aliments à un chien qui appartient au troupeau,

64. Quelle est la peine?

65. Ahura-Mazda répondit : Qu'on frappe son corps coupable, lui donnant deux cents coups avec une courroie de cheval, deux cents avec le Craoshocharana.

66. Créateur, si quelqu'un donne de mauvais aliments à un chien qui appartient au village,

67. Quelle est la peine?

68. Ahura-Mazda répondit : Qu'on frappe son corps coupable, lui donnant quatre vingt-dix coups avec une courroie de cheval, quatre-vingt-dix avec le Craosho charana.

69. Créateur, si quelqu'un donne de mauvais aliments à un chien qui va à la piste du sang,

70. Quelle est la peine?

71. Ahura-Mazda répondit : Qu'on frappe son corps coupable, lui donnant soixante-dix coups avec une courroie de cheval, soixante-dix avec le Craosho-charana.

72. Créateur, si quelqu'un donne de mauvais aliments à un jeune chien,

73. Quelle est la peine?

74. Ahura-Mazda répondit : Qu'on frappe son corps coupable, lui donnant cinquante coups avec une courroie de cheval, cinquante avec le Craoshocharana.

75. Car, dans le monde des êtres doués de corps, celle des créatures de Çpenta-Mainyus qui arrive le plus tôt à la vieillesse, c'est le chien, ô saint Zarathustra.

76. Qui se trouve parmi ceux qui mangent, sans recevoir lui-même de quoi manger.

77. Devant les chiens qui veillent pour que rien ne soit enlevé,

78. On doit placer du lait, avec de la graisse et de la viande,

79. Comme étant la nourriture convenable à un chien.

80. Créateur, si dans la demeure des Mazdayaçnas un chien n'aboie pas, et s'il est dépourvu de jugement,

81. Comment les Mazdayaçnas doivent-ils agir?

82. Ahura-Mazda répondit : Ils doivent placer sur sa tête un morceau de bois fendu.

83. Ils doivent attacher à sa gueule ce morceau de bois, qui doit être de la grosseur d'un os, si le bois est dur; du double, s'il est mou.

84. Ils doivent l'attacher.

85. Ils doivent le lier.

86. S'il n'en est pas ainsi, et si ce chien qui n'aboie pas et qui est dépourvu de jugement blesse une bête ou un homme,

87. Il faut que les blessures faites s'expient par la peine du Baodho-varsta.

88. S'il mord une bête pour la première fois, s'il blesse un homme pour la première fois, on doit lui couper l'oreille droite.

89. S'il mord une bête pour la seconde fois, s'il blesse un homme pour la seconde fois, on doit lui couper l'oreille gauche.

90. S'il mord une bête pour la troisième fois, s'il blesse un homme pour la troisième fois, on doit lui couper le pied droit.

91. S'il mord une bête pour la quatrième fois, s'il blesse un homme pour la quatrième fois, on doit lui couper le pied gauche.

92. S'il mord une bête pour la cinquième fois, s'il blesse un homme pour la cinquième fois, on doit lui couper la queue.

93. Ils doivent l'attacher.

94. Ils doivent le lier.

95. S'il n'en est pas ainsi, et si ce chien qui n'aboie pas et qui est dépourvu de jugement blesse une bête ou un homme,

96. Il faut que les blessures faites s'expient par la peine du Baodho-varsta.

97. Créateur, si dans la demeure des Mazdayaçnas un chien n'est pas dans son jugement,

98. Comment les Mazdayaçnas doivent-ils agir?

99. Ahura-Mazda répondit : Ils doivent avoir recours pour lui aux mêmes remèdes que pour un homme pur.

100. Créateur, s'il ne veut pas les souffrir,

101. Comment les Mazdayaçnas doivent-ils agir?

102. Ahura-Mazda répondit : Ils doivent attacher à sa gueule ce morceau de bois qui doit être de la grosseur d'un os, si le bois est dur; du double, s'il est mou. Ils doivent l'attacher; ils doivent le lier. Sinon, si ce chien qui n'a pas de jugement et d'instinct tombe dans une citerne, une source, un précipice, une rivière ou dans une eau courante,

103. Et qu'il éprouve ainsi quelque mal,

104. S'il se blesse ainsi,

105. Les Mazdayaçnas se trouveront coupables d'un grand péché.

106. J'ai créé le chien, ô Zarathustra, avec ses propres vêtements et ses propres chaussures,

107. Avec un odorat pénétrant et des dents aiguës.

108. Je l'ai fait le compagnon de l'homme, pour la protection des parcs,

109. Car j'ai créé le chien, moi qui suis Ahura Mazda,

110. Et lui ai donné les moyens de mordre et d'attaquer l'ennemi.

111. S'il est en bonne santé, s'il veille autour des parcs,

112. S'il fait bien entendre sa voix, ô saint Zarathustra,

113. Un voleur ou un loup ne peut venir au village et enlever sans être aperçu.

114. Le loup meurtrier, le loup qui cherche à dérober, le loup qui épie sa proie.

115. Créateur, quelle est l'espèce de loups qui est la plus pernicieuse, celle qui est engendrée d'un chien avec une louve, ou d'un loup avec une chienne?

116. Ahura-Mazda répondit : De ces deux espèces de loups, ô pur Zarathustra, celle qui est engendrée d'un chien avec une louve est plus pernicieuse que celle qui est engendrée d'un loup avec une chienne.

117. La préférence doit être donnée aux chiens qui gardent le bétail, qui gardent les villages, qui vont à la piste du sang et qui sont expérimentés.

118. Quand les loups viennent pour attaquer les parcs,

119. Ceux qui doivent leur origine à un chien

120. Sont plus meurtriers, plus redoutables, plus funestes pour les parcs que les autres.

121. Quand les loups viennent pour attaquer les parcs,

122. Ceux qui doivent leur origine à une louve,

123. Sont plus meurtriers, plus redoutables, plus funestes pour les parcs que les autres.

124. Un chien a huit caractères.

125. Il est comme un Athrava, comme un guerrier, comme un cultivateur, comme un villageois, comme un voleur, comme une bête carnassière, comme une femme de mauvaise vie, comme un enfant.

126. Il mange ce qui se trouve devant lui comme un Athrava.

127. Il est satisfait comme un Athrava

128. Il est patient comme un Athrava.

129. Il n'a besoin que d'un peu de pain, comme un Athrava.

130. Telles sont les propriétés qu'il a en commun avec un Athrava.

131. Il va en avant comme un guerrier.

132. Il frappe la vache (en la conduisant), comme un guerrier.

133. Il est devant et derrière la maison, comme un guerrier.

134. Telles sont les propriétés qu'il a en commun avec un guerrier.

135. Par sa vigilance, il ne se livre pas au sommeil et veille comme un cultivateur.

136. Il est devant et derrière la maison, comme un cultivateur.

137. Il est derrière et devant la maison, comme un cultivateur.

138. Telles sont les propriétés qu'il a en commun avec un cultivateur.

139. Il est hospitalier comme un villageois.

140. Il s'étonne à l'aspect de ce qui l'approche, comme un villageois.

141. La maison et la nourriture sont ce qui lui tient le plus au cœur, comme à un villageois.

142. Telles sont les propriétés qu'il a en commun avec un villageois.

143. Il aime les ténèbres, comme un voleur.

144. Il rôde dans la nuit, comme un voleur.

145. Il est exposé à manger des aliments non préparés, comme un voleur.

146. Il est adonné au larcin, comme un voleur.

147. Telles sont les propriétés qu'il a en commun avec un voleur.

148. Il aime l'obscurité, comme une bête de proie.

149. Il rôde dans la nuit, comme une bête de proie.

150. Il est exposé à manger des aliments non préparés, comme une bête de proie.

151. Il est adonné au larcin, comme une bête de proie.

152. Telles sont les propriétés qu'il a en commun avec une bête de proie.

153. Il est affable, comme une femme de mauvaise vie.

154. Il s'étonne de ce dont il approche, comme une femme de mauvaise vie.

155. Il se trouve sur les chemins, comme une femme de mauvaise vie.

156. La maison et la nourriture sont ce qui lui tient le plus au cœur, comme à une femme de mauvaise vie.

157. Telles sont les propriétés qu'il a en commun avec une femme de mauvaise vie.

158. Il aime le sommeil comme un enfant.

159. Il est caressant comme un enfant.

160. Il a une longue langue comme un enfant.

161. Il court en avant comme un enfant.

162. Telles sont les propriétés qu'il a en commun avec un enfant.

163. Si deux chiens viennent à ma demeure, il ne faut les retenir.

164. Si ce sont des chiens pour la garde des troupeaux ou pour celle du village.

165. Car les habitations ne pourraient se maintenir avec fermeté sur la terre créée par Ahura, si les chiens n'existaient pas.

166. Si un chien qui n'engendre plus de petits et qui n'a plus la faculté de se reproduire meurt, où va l'esprit de sa vie?

167. Ahura-Mazda répondit : Il va à la demeure de l'eau, ô saint Zarathustra ; deux chiens d'eau y viennent aussi.

168. Un couple composé d'un mâle et d'une femelle ; des milliers de chiens et des milliers de chiennes proviennent de lui (678).

169. Celui qui tue un chien d'eau, cause une chaleur qui est funeste aux moissons.

170. Jadis, ô saint Zarathustra, les aliments nourrissants, l'abondance et la fertilité, la santé, le bien-être, la profusion des grains et des fourrages, se trouvaient en ces lieux.

171. Créateur, quand reviendront en ces lieux les aliments nourrissants, l'abondance et la fertilité, la santé, le bien-être la profusion des grains et des fourrages?

72. Ahura-Mazda répondit : On ne verra point, ô saint Zarathustra, revenir en ces lieux les aliments nourrissants, l'abondance et la fertilité, la santé, le bien-être, la profusion des grains et des fourrages,

173. Jusqu'à ce que celui qui a frappé le chien d'eau soit frappé à son tour, ou que, pour son âme pieuse, il ne célèbre un sacrifice durant trois jours et trois nuits.

174. Avec un feu brûlant, avec le Bereçma lié, avec l'Haoma élevé ; alors reviendront en ces lieux les aliments nourrissants, l'abondance et la fertilité, la santé, le bien-être, la profusion des grains et des fourrages.

QUATORZIÈME FARGARD.

1. Zarathustra demanda à Ahura-Mazda : Ahura-Mazda, céleste et très-saint, créateur des mondes des êtres doués de corps, purificateur,

2. Si quelqu'un frappe l'Udra qui est dans l'eau, qui descend d'un millier de chiens, d'un millier de chiennes, et s'il lui fait une blessure mortelle qui lui ôte la force de la vie,

3. Quelle est sa peine?

4. Ahura-Mazda répondit : Qu'on le frappe dix

(678) D'après Anquetil, ce passage obscur signifie que si un chien vient à mourir et que sa femelle meure aussi sans avoir été fécondée, la race de ces animaux ne périra pas, parce que, comme tout vient de l'eau et retourne à l'eau, ils deviendront des chiens aquatiques, c'est-à-dire que leur germe se réunira à l'eau d'où sortiront des milliers de chiens mâles et de femelles.

mille fois avec la courroie de cheval, dix mille fois avec le Craosho-charana.

5. Qu'on donne pour le feu d'Ahura-Mazda, comme expiation pour son âme, dix mille charges de bois dur, bien coupé et bien sec.

6. Qu'on donne pour le feu d'Ahura-Mazda, comme expiation pour son âme, dix mille charges de bois mou, d'Urvaçni, de Vohu-Gaona, de Vohu-Kereti, d'Hadha-Naépata, ou de quelque autre bois odoriférant.

7. Qu'on lie dix mille paquets de Bereçma.

8. Qu'on donne dix mille Zaothras avec de l'Haoma et de la chair pure et bien examinée, purifiée avec l'arbre que je nomme Hadna-Naépata; c'est ce qu'il doit donner dans la pureté, comme expiation de son âme.

9. Qu'il tue dix mille serpents qui rampent sur le ventre.

10. Qu'il tue dix mille serpents qui ont les corps de chiens.

11. Qu'il tue dix mille tortues.

12. Qu'il tue dix mille lézards qui respirent (c'est-à-dire qui peuvent vivre sur la terre).

13. Qu'il tue dix mille lézards qui ne peuvent vivre que dans l'eau.

14. Qu'il tue dix mille fourmis qui enlèvent du grain.

15. Qu'il tue dix mille fourmis parmi les pernicieuses qui suivent une mauvaise route.

16. Qu'il tue dix mille souris qui vivent dans l'ordure.

17. Qu'il tue dix mille mouches pernicieuses.

18. Qu'il comble sur cette terre dix mille trous qui sont pleins d'impureté.

19. Qu'il donne aux hommes purs deux fois sept objets ayant rapport au feu comme expiation pour son âme, dans la pureté et la bonté,

20. Des objets qui vont au feu,

21. Qui purifient le feu et répandent la chaleur,

22. Qui entretiennent le feu et qui dessèchent,

23. Qui sont larges d'en bas et étroits d'en haut.

24. Une hache qui coupe rapidement et qui brise (679), un marteau qui coupe rapidement, qui brise rapidement, c'est ce qu'il doit donner avec pureté aux hommes purs pour l'expiation de son âme.

25. Avec ces outils les Mazlayçnas pourront se procurer le bois nécessaire pour le feu d'Ahura-Mazda.

26. Qu'il donne avec pureté aux hommes purs pour l'expiation de son âme tous les objets nécessaires à un prêtre.

27. Ces objets sont ceux-ci :

28. L'aiguillon, le tranchoir, le paiti-dana (l'étoffe que les Parsis placent devant leur bouche lorsqu'ils récitent l'Avesta.)

(679) C'est-à-dire une hache bien affilée qui coupe bien (pour le service du feu).

29. L'arme avec laquelle on frappe les Khrafçtras, ce qui a lieu avec le Craosho-charana.

30. La tasse qui purifie l'impur.

31. Le mortier qui est fait selon les prescriptions de la loi, la tasse pour l'Haoma, le Bereçma.

32. Qu'il donne avec pureté aux hommes purs pour l'expiation de son âme tous les objets nécessaires à un guerrier.

33. Ces objets sont ceux-ci :

34. D'abord une lance, ensuite un couteau, troisièmement une massue,

35. Quatrièmement un arc,

36. Cinquièmement un carquois avec trente flèches à pointe de fer,

37. Sixièmement une fronde et trente pierres.

38. Septièmement une cuirasse, huitièmement une armure pour le cou,

39. Neuvièmement le paiti dana, dixièmement le casque.

40. Onzièmement la ceinture, douzièmement l'armure pour les jambes.

41. Qu'il donne avec pureté aux hommes purs pour l'expiation de son âme tous les objets nécessaires à un cultivateur.

42. Ces objets sont ceux-ci :

43. Un instrument pour semer le blé,

44. Un attelage bien disposé,

45. Des fouets pour exciter les animaux,

46. Des pierres pour écraser,

47. Un moulin à main dont le sommet écrase,

48. Une courroie qui retienne les animaux et qui soit forte,

49. Une sonnette d'argent, une sonnette d'or.

50. Créateur, quelle doit être la valeur de celle qui est d'argent?

51. Ahura-Mazda répondit : Elle doit être égale à celle d'un cheval.

52. Créateur, quelle doit être sa valeur lorsqu'elle est d'or?

53. Ahura-Mazda répondit : elle doit être comme le prix d'un chameau.

54. Qu'il donne avec pureté aux hommes purs pour l'expiation de son âme une source d'eau courante.

55. Créateur, quelle doit être la grandeur de cette source ?

56. Ahura-Mazda répondit : De la longueur d'un pied, de la largeur d'un pied.

57. Qu'il donne avec pureté aux hommes purs pour l'expiation de son âme une terre qu'on puisse travailler.

58. Créateur, comment doit être cette terre?

59. Ahura-Mazda répondit : L'eau doit s'y montrer lorsqu'on l'a travaillée deux fois.

60. Qu'il donne avec pureté aux hommes purs pour l'expiation de son âme une habitation avec une étable qui renferme neuf espèces d'herbes.

61. Créateur, quelle doit être la grandeur de cette maison?

62. Ahura Mazda répondit : Elle doit avoir douze vitara dans sa partie supérieure, neuf au milieu, six en bas.

63. Qu'il décore cette maison avec une belle natte et qu'il la donne avec pureté aux hommes purs pour l'expiation de son âme.

64. Qu'il donne avec pureté à un homme pur, pour l'expiation de son âme, une jeune fille qui soit saine et qui n'ait encore connu aucun homme.

65. Créateur, comment doit être cette jeune fille?

66. Ahura-Mazda répondit : Qu'il la marie après sa quinzième année à un homme pur; elle doit être sa sœur ou sa fille, posséder un nom estimé et être en possession de pendants d'oreilles.

67. Qu'il donne avec pureté aux hommes purs, pour l'expiation de son âme, quatorze pièces de petit bétail.

68. Qu'il élève quatorze jeunes chiens.

69. Qu'il fasse quatorze ponts sur l'eau courante.

70. Qu'il cultive et qu'il fasse rendre des produits alimentaires à dix-huit terrains incultes et qui ne produisaient rien.

71. Qu'il purifie quatorze chiennes des bêtes mauvaises, impures, hideuses, qui s'attachent aux chiens.

72. Qu'il rassasie de chair ou d'autres aliments avec de l'hura (ou vin) dix-huit hommes purs.

73. Voilà sa peine, voilà son expiation.

74. Telle que l'homme pur doit l'accomplir; s'il ne l'accomplit pas,

75. Il tombera dans la demeure des Drujas (des zakh ou esprits réprouvés.)

QUINZIÈME FARGARD.

1. Combien y a-t-il de péchés, dans le monde des êtres doués de corps,

2. Qui font, lorsqu'ils ont été connus et qu'ils n'ont pas été expiés,

3. Que l'homme devient un pécheur et coupable du Pesho-tanus?

4. Ahura-Mazda répondit : Il y en a cinq, ô pur Zarathustra.

5. Le premier de ces péchés qui existe parmi les hommes est :

6. Lorsque quelqu'un parle en termes de mépris d'un homme pur auprès d'un homme d'une autre foi;

7. Il pèche ainsi sciemment contre sa propre raison;

8. Il devient par là un pécheur et coupable du Pesho-tanus.

9. Le second de ces péchés que commettent les hommes est :

10. Lorsque quelqu'un donne des os qui ne peuvent être brisés ou des aliments trop chauds à un chien qui appartient à un troupeau ou à un village,

11. Si ces os rompent les dents du chien, ou s'enfoncent dans son gosier,

12. Si ces aliments chauds lui brûlent la gueule ou la langue,

13. Si le chien est ainsi blessé,

14. Et s'il éprouve quelque mal,

15. L'homme devient par là un pécheur et coupable du Pesho-tanus.

16. Le troisième de ces péchés que commettent les hommes est :

17. Si quelqu'un frappe une chienne pleine, s'il l'effraie, s'il la fait enfuir ou s'il frappe des mains derrière elle,

18. Et si cette chienne tombe dans un trou, une source, un précipice, une rivière ou dans de l'eau courante,

19. Si elle est ainsi blessée,

20. Et si elle éprouve quelque mal,

21. L'homme devient par là un pécheur et coupable du Pesho tanus.

22. Le quatrième de ces péchés que commettent les hommes est :

23. Si quelqu'un a commerce avec une femme.

24. Il devient par là un pécheur et coupable du Pesho-tanus.

25. Le cinquième de ces péchés que commettent les hommes est :

26. Si quelqu'un a commerce avec une femme enceinte, ou une femme qui a du lait, ou une femme qui n'a encore jamais eu de lait,

27. Et que par là elle éprouve du mal,

28. Et qu'elle éprouve quelque fâcheux effet,

29. Il devient par là un pécheur et coupable du Pesho-tanus.

30. Celui qui s'approche d'une jeune fille,

31. Qui est encore à l'époque de son incommodité périodique ou qui ne l'est plus,

32. Qui est fiancée ou qui ne l'est pas, et qui la rend enceinte,

33. Cette fille ne doit pas s'approcher de l'eau et des arbres, comme s'il n'y avait rien dont elle dût avoir honte devant les hommes (*c'est-à-dire, elle doit s'écarter des endroits habités et se retirer dans l'endroit réservé aux femmes impures.*)

34. Mais si elle s'approche de l'eau et d'un arbre, comme s'il n'y avait rien dont elle dût avoir honte devant les hommes,

35. Elle commet un péché.

36. Celui qui s'approche d'une jeune fille qui est encore à l'époque de son incommodité périodique ou qui ne l'est plus, qui est fiancée ou qui ne l'est pas, et qui la rend enceinte,

37. Cette fille ne doit pas, cédant à un sentiment de honte devant les hommes, faire tort à son fruit,

38. Si cette fille, cédant à un sentiment de honte devant les hommes, fait tort à son fruit,

39. Elle commet un péché, et si ses parents la voient, ils la châtieront, ils la puniront de sa faute, ils lui infligeront la peine du Baodho-varsta.

40. Celui qui s'approche d'une fille

41. Qui est à l'époque de son incommodité périodique ou qui ne l'est plus, qui est fiancée ou qui ne l'est pas, et qui la rend enceinte ;

42. Si la fille dit : « L'enfant a été engendré par cet homme », et si cet homme dit : « Cherche une vieille femme qui t'assiste et consulte-la ; »

43. Si cette fille cherche une vieille femme qui l'assiste et si elle la consulte,

44. Et que cette vieille femme apporte du Baga ou du Schaéta ;

45. Ou du Ghnana ou du Fraçpata ou de quelque autre arbre,

46. Disant : « Cherche à tuer cet enfant ; »

47. Et si la fille cherche à tuer l'enfant :

48. Ils sont tous également dignes de châtiment, la fille, l'homme et la vieille femme.

49. Si quelqu'un s'approche d'une fille,

50. Qui est encore à l'époque de son incommodité périodique ou qui ne l'est plus, qui est fiancée ou qui ne l'est pas, et qui la rend enceinte,

51. Il doit la soutenir jusqu'à ce que l'enfant soit né.

52. S'il ne lui fournit pas les aliments nécessaires et si par là l'enfant éprouve quelque mal,

53. Il doit expier le tort qu'il a fait, en subissant la peine du Baodho-varsta.

54. Créateur, si la jeune fille est en couches,

55. Duquel des Mazdayaçnas doit-elle recevoir sa nourriture ?

56. Ahura-Mazda répondit : Celui qui s'approche d'une jeune fille

57. Qui est encore à l'époque de son incommodité périodique, ou qui ne l'est plus, doit lui servir de soutien jusqu'à ce que l'enfant soit né.

58. S'il n'apporte pas de nourriture,

59. Alors toute naissance de la créature à deux pieds et de celle à quatre pieds retombe sur lui.

60. De la créature à deux pieds, c'est-à-dire de la jeune fille; de la créature à quatre pieds, c'est-à-dire de la chienne (680).

61. Créateur, lorsque cette chienne met bas,

62. Duquel des Mazdayaçnas doit-elle recevoir sa nourriture ?

63. Ahura-Mazda répondit : Celui qui a élevé la maison la plus prochaine d'où elle reçoit sa nourriture,

64. Doit l'entretenir jusqu'à ce que les jeunes chiens puissent sortir.

65. S'il ne lui apporte point d'aliments;

66. Si ces chiens souffrent du manque d'une nourriture convenable,

67. Il doit expier le tort qu'il a fait, en subissant la peine du Baodho-varsta.

68. Créateur, si cette chienne met bas dans les étables des chameaux,

69. Duquel des Mazdayaçnas doit-elle recevoir sa nourriture ?

70. Ahura-Mazda répondit : Celui qui a construit cette étable

71. Doit entretenir cette bête,

72. Et être son protecteur jusqu'à ce que les jeunes chiens puissent sortir.

73. S'il ne lui apporte point d'aliments,

74. Si ces chiens souffrent du manque d'une nourriture convenable,

75. Il doit expier le tort qu'il a fait, en subissant la peine du Baodho-varsta.

76. Créateur, si cette chienne met bas dans une écurie,

77. Duquel des Mazdayaçnas doit-elle recevoir sa nourriture ?

78. Ahura Madza répondit : Celui qui a construit cette écurie

79. Doit entretenir cette bête,

80. Et être son protecteur jusqu'à ce que les jeunes chiens puissent sortir.

81. S'il ne lui apporte point d'aliments,

82. Si ces chiens souffrent du manque d'une nourriture convenable,

83. Il doit expier le tort qu'il a fait en subissant la peine du Baodho-varsta.

84. Créateur, lorsque cette chienne met bas dans l'étable des vaches,

85. Duquel des Mazdayaçnas doit-elle recevoir la nourriture ?

86. Ahura-Mazda répondit : Celui qui a construit cette étable,

87. Doit entretenir cette bête,

88. Et être son protecteur jusqu'à ce que les jeunes chiens puissent sortir.

89. S'il ne lui apporte point d'aliments,

90. Si ces chiens souffrent du manque d'une nourriture convenable,

91. Il doit expier le tort qu'il a fait, en subissant la peine du Baodho-varsta.

92. Créateur, lorsque cette chienne met bas dans les parcs de bestiaux,

93. Duquel des Mazdayaçnas doit-elle recevoir la nourriture ?

94. Ahura-Mazda répondit : Celui qui a construit ces parcs

---

(680) Anquetil remarque que les textes originaux sont ici fort obscurs. Le sens paraît être celui-ci : « L'homme dont une fille a un enfant, est obligé de la nourrir. A son refus, il faut la mener au chef le plus proche du lieu où elle se trouve, et il est ordonné à ce chef de la nourrir et d'avoir soin de l'enfant, de même que celui qui commande dans un endroit doit avoir soin de la chienne qui y a mis bas, c'est-à-dire de tous les animaux utiles. »

95. Doit entretenir cette bête,
96. Et être son protecteur jusqu'à ce que les jeunes chiens puissent sortir.
97. S'il ne lui apporte point d'aliments,
98. Si ces chiens souffrent du manque d'une nourriture convenable,
99. Il doit expier le tort qu'il a fait en subissant la peine du Baodho-varsta.
100. Créateur, si cette chienne met bas dans les meules de foin,
101. Duquel des Mazdayaçnas doit-elle recevoir la nourriture ?
102. Ahura-Mazda répondit : Celui qui a élevé ces meules
103. Doit entretenir cette bête,
104. Et être son protecteur jusqu'à ce que les jeunes chiens puissent sortir.
105. S'il ne lui apporte point d'aliments,
106. Si ces chiens souffrent du manque d'une nourriture convenable,
107. Il doit expier le tort qu'il a fait, en subissant la peine du Baodho-varsta.
108. Créateur, si cette chienne met bas dans une cuve,
109. Duquel des Mazdayaçnas doit-elle recevoir la nourriture ?
110. Ahura-Mazda répondit : Celui qui a creusé cette cuve
111. Doit entretenir cette bête,
112. Et être son protecteur jusqu'à ce que les jeunes chiens puissent sortir. S'il ne lui apporte point d'aliments, si ces chiens souffrent du manque de nourriture convenable, il doit expier le tort qu'il a fait, en subissant la peine du Baodho-varsta.
113. Créateur, si cette chienne met bas dans du fourrage,
114. Duquel des Mazdayaçnas doit-elle recevoir sa nourriture?
115. Ahura-Mazda répondit : Celui qui possède ce fourrage
116. Doit la nourrir aussi longtemps,
117. Et l'apporter à sa demeure,
118. Jusqu'à ce que les chiens puissent sortir.
119. S'il ne lui apporte point d'aliments,
120. Si ces chiens souffrent du manque de nourriture convenable,
121. Il doit expier le tort qu'il a fait en subissant la peine du Baodho-varsta.
122. Créateur, quand est-ce que les chiens ont ce qui leur est nécessaire et leur pain ?
123. Ahura-Mazda répondit: Lorsque ces chiens peuvent courir autour de deux fois sept maisons.
124. Ils vont à leur gré de l'avant en hiver comme en été.
125. On doit veiller sur les chiens pendant six mois, sur les enfants pendant sept ans.

126. Sur le feu, fils d'Ahura-Mazda, autant que sur la femme.
127. Créateur, lorsque les Mazdayaçnas veulent accoupler un chien en chaleur avec sa femelle,
128. Comment ces Mazdayaçnas doivent-ils se conduire ?
129. Ahura-Mazda répondit : Ils doivent creuser une fosse dans la terre au milieu des parcs au bétail,
130. De la profondeur d'un demi-pied dans la terre, de la hauteur de la moitié de la taille d'un homme dans la terre molle.
131. Ils doivent d'abord éloigner les enfants et le feu, fils d'Ahura-Mazda.
132. On doit veiller sur lui, de peur qu'un autre chien s'approche.
133. S'il en vient d'autres, il faut les chasser pour qu'ils ne blessent pas le chien.
134. Créateur, s'il y a une chienne qui étant pleine, a eu trois petits, s'il fait couler son lait s'il la fait maigrir, ou s'il lui enlève ses petits ?
135. Créateur, si quelqu'un frappe cette chienne qui étant pleine, a eu trois petits, s'il fait couler son lait, s'il la fait maigrir, ou s'il lui enlève ses petits ?
136. Quelle est la peine ?
137. Ahura-Mazda répondit : Qu'on le frappe en lui donnant sept cents coups avec la courroie de cheval, sept cents coups avec le craosho-charana.

SEIZIÈME FARGARD.

1. Créateur, si dans cette demeure des Mazdayaçnas, une femme a ses règles,
2. Comment ces Mazdayaçnas doivent-ils agir?
3. Ahura-Mazda répondit : Les Mazdayaçnas doivent choisir un chemin
4. Eloigné des arbres qui donnent du bois à brûler.
5. Ce lieu sera couvert de poussière desséchée.
6. On le fera un peu plus élevé que les autres demeures :
7. De la moitié, d'un tiers, d'un quart, d'un cinquième.
8. Si cela ne se faisait pas, la femme pourrait voir le feu ou la lumière du feu.
9. Créateur, à quelle distance du feu, à quelle distance de l'eau, à quelle distance du Bereçma qui est attaché, à quelle distance des hommes purs ?
10. Ahura-Mazda répondit : A quinze pas du feu, à quinze pas de l'eau, à quinze pas du Bereçma, à trois pas des hommes purs.
11. Créateur, à quelle distance d'une femme qui a ses règles doit se tenir celui qui lui apporte ses repas ?
12. Ahura-Mazda répondit: Celui qui apporte ses repas à une femme qui a ses règles doit se tenir à trois pas.
13. Comment doit-il lui apporter ses aliments, comment doit-il lui apporter sa nourriture ?
14. Sur du fer, du plomb ou des métaux de peu de valeur.

15. Combien doit-il lui apporter d'aliments, combien de fruits ?

16. Deux danaré de ce qui provient d'un être vivant, un danaré de fruits.

17. Si cela ne se fait pas, la femme pourrait périr par suite d'écoulement.

18. Si un enfant vient au monde,

19. Il faut d'abord lui laver les mains.

20. On peut ensuite laver le corps entier de l'enfant.

21. Si une femme répand du sang, si trois nuits sont passées, elle peut alors s'établir au lieu de l'impureté jusqu'à ce que quatre nuits soient passées.

22. Si elle répand du sang, si quatre nuits sont passées, elle doit s'établir au lieu de l'impureté jusqu'à ce que cinq nuits soient passées.

23. Si elle répand du sang, si cinq nuits sont passées, elle doit s'établir au lieu de l'impureté jusqu'à ce que six nuits soient passées.

24. Si elle répand du sang, si six nuits sont passées, elle doit s'établir au lieu de l'impureté jusqu'à ce que sept nuits soient passées.

25. Si elle répand du sang, si sept nuits sont passées, elle doit s'établir au lieu de l'impureté jusqu'à ce que huit nuits soient passées.

26. Si elle répand du sang, si huit nuits sont passées, elle doit s'établir au lieu de l'impureté jusqu'à ce que neuf nuits soient passées.

27. Si une femme répand du sang lorsque neuf nuits sont passées, alors les Daevas ont exercé sur elle leur influence, et il faut les combattre.

28. Ces Mazdayaçnas doivent chercher alors un chemin

29. Eloigné des arbres qui donnent du bois à brûler.

30. Les Mazdayaçnas doivent creuser en cette terre trois fosses.

31. Ils doivent en laver deux avec de l'urine de vache, une avec de l'eau.

32. Ils doivent tuer les bêtes nuisibles, deux cents fourmis qui enlèvent les grains en été.

33. Ils doivent tuer en hiver les bêtes pernicieuses qui procèdent d'Açra-mainyus.

34. Il faut ainsi expier les signes de cette femme.

35. Créateur, quelle est la peine ?

36. Ahura-Mazda répondit : Qu'on donne deux cents coups avec la courroie de cheval, deux cents coups avec le craosho-charana.

37. Créateur, si quelqu'un agissant avec sa liberté entière, souille son corps avec une femme qui a ses règles,

38. Dans le temps que ses marques sont manifestes,

39. Quelle est la peine ?

40. Ahura-Mazda répondit : Qu'on le frappe trente fois avec le craosho-charana.

41. S'il s'en approche une seconde fois, qu'on le frappe, lui donnant cinquante coups de courroie de cheval, cinquante coups avec le craosho-charana.

42. S'il s'en approche une troisième fois, qu'on le frappe, lui donnant soixante-dix coups avec la courroie de cheval, soixante dix coups avec le craosho-charana.

43. Si quelqu'un a commerce avec une femme qui a ses règles,

44. Il commet une action aussi répréhensible que s'il brûlait le corps impur de son fils unique, et s'il jetait dans le feu des immondices impures.

45. Tous les méchants sont des Drujas incarnés qui ne respectent pas la foi.

46. Tous ceux qui n'écoutent pas la foi, ne la respectent pas.

47. Tous ceux qui sont impurs ne l'écoutent pas.

48. Tous ceux qui sont pécheurs sont impurs (681).

DIX-SEPTIÈME FARGARD.

1. Zarathustra demanda à Ahura-Mazda : Ahura-Mazda, céleste et très-saint créateur des êtres doués de corps, purificateur :

2. Quels sont les péchés qui méritent la mort, comme si l'homme adorait les Daevas ?

3. Ahura-Mazda répondit : C'est celui, ô pur Zarathustra,

4. Que commet l'homme qui, en rangeant ses cheveux, coupe ses cheveux, rogne ses ongles (682),

5. Qui arrache ses cheveux ou sa barbe.

6. Les Daevas se réunissent sur ce lieu de la terre qui est ainsi souillé,

7. Les Khrafçtras se réunissent sur ce lieu de la terre qui est ainsi souillé,

8. Ces Khrafçtras que les hommes nomment poux,

9. Qui rongent les grains et les vêtements et qui les souillent.

10. Ainsi, ô Zarathustra, arrange tes cheveux dans le monde des êtres doués de corps, coupe les cheveux, taille les ongles.

11. Porte-les à dix pas de distance des hommes purs,

12. A vingt pas du feu, à trente pas de l'eau, à cinquante pas du Bereçma.

(681) Ces quatre derniers versets sont regardés comme une intercalation; ils se trouvent aussi à la fin du dix-septième fargard.

(682) La coupe des cheveux, celle des ongles se fait chez les Parsis en suivant diverses cérémonies. Voici celles qui s'observent à l'égard des ongles. On commence par l'ongle du petit doigt; on rogne ensuite avec un couteau destiné à cet usage, l'ongle près du grand digt, on finit par le pouce. On partage en deux chaque morceau d'ongle avec le même couteau, en récitant une prière. On pose ensuite sur une pierre dure ou sur une terre inculte et bien sèche, tous ces morceaux d'ongle enveloppés dans du papier, ou bien on les met dans un trou en tournant au nord l'extrémité opposée à l'endroit où la division a été faite. Puis, avec un couteau tout de métal, on trace autour de la pierre ou du trou trois sillons en rond à un doigt de distance l'un de l'autre. Pendant tout cela, on récite diverses formules. (*Voy.* ANQUETIL DUPERRON, *Zend-Avesta*, t. II, p. 117.)

13. Creuse là un trou profond d'un disti dans la terre dure, d'un vitaçti dans la terre molle.

14. Apportes-y les cheveux ou les ongles.

15. Prononce ensuite les paroles suivantes qui donnent la victoire, ô Zarathustra.

16. At, aqya (maintenant, ô saint Ormusd, faites croître les arbres en abondance dans le monde).

17. Avec un couteau, trace des cercles, trois, six ou neuf.

18. Prononce l'Ahuna-vairya trois, six ou neuf fois.

19. Creuse avec les ongles des deux mains un trou en arrière de la maison,

20. De la grosseur de la phalange supérieure du doigt le plus gros.

21. Déposes-y les cheveux et les ongles.

22. Prononce ensuite les paroles suivantes qui donnent la victoire, ô Zarathustra.

23. Asha, vohu (ô Ormusd, je t'invoque avec sûreté).

24. Avec un couteau, trace des cercles, trois, six ou neuf.

25. Prononce l'Ahuna-vairya trois, six ou neuf fois.

26. C'est à toi, ô oiseau Asho-zusta, que je voue ces ongles.

27. Je te consacre ces ongles.

28. Que ces ongles, ô oiseau Asho-zusta, soient tes lances, tes épées, tes arcs, tes flèches, ton poignard, les pierres de ta fronde qui doivent être lancées contre les Daevas mazaniens.

29. Si on n'invoque pas l'oiseau Asho-zusta, si on ne lui offre pas ces ongles, ils deviendront des lances, des épées, des arcs, des flèches, des poignards, qui serviront d'armes aux Daevas.

30. Tous ceux qui ne respectent pas la foi sont des Drujas méchants et incarnés.

DIX-HUITIÈME FARGARD.

1. Ahura-Mazda dit : Lorsqu'un grand nombre d'hommes, ô pur Zarathustra,

2. Portent un paiti-dana sans être ceints selon la loi,

3. C'est par fraude qu'ils se donnent le nom d'Atrhava.

4. Ne donne pas à un de ces hommes le nom d'Athrava, ô Zarathustra.

5. Ils prétendent en vain donner la mort aux khrafç'ras sans être ceints selon la loi,

6. C'est par fraude qu'ils se donnent le nom d'Athrava. Ne donne pas à un de ces hommes le nom d'Athrava, ô Zarathustra.

7. Ceux qui portent du bois (le Bereçma) sans être ceints selon la loi,

8. C'est par fraude qu'ils se donnent le nom d'Athrava. Ne donne pas à un de ces hommes le nom d'Athrava, ô Zarathustra.

9. Ceux qui portent le couteau recourbé comme un serpent (et dont on se sert pour fendre la terre) sans être ceints selon la loi,

10. C'est par fraude qu'ils se donnent le nom d'Athrava. Ne donne pas à un de ces hommes le nom d'Athrava, ô Zarathustra.

11. Celui qui reste étendu pendant toute la nuit, sans louer ou sans écouter,

12. Sans réciter, sans travailler, sans apprendre, sans enseigner,

13. C'est par fraude qu'il se donne le nom d'Athrava. Ne donne pas à un de ces hommes le nom d'Athrava, ô Zarathustra.

14. J'appelle un Athrava, ô Zarathustra, dit Ahura-Mazda,

15. Celui qui, pendant la nuit entière, consulte avec pureté l'intelligence céleste,

16. L'intelligence qui purifie des péchés, qui fortifie le cœur et qui soutient les hommes pieux sur le pont Chinavat ;

17. Qui nous fait atteindre le séjour de la pureté et le bonheur du paradis.

18. Demande-moi, ô purificateur,

19. A moi le créateur, le très-saint, qui répond volontiers lorsqu'il est interrogé,

20. Tu profiteras grandement, tu parviendras à la pureté, si tu m'interroges.

21. Zarathustra demanda : Quel est celui qui doit mourir et disparaître ?

22. Ahura-Mazda répondit : Celui qui enseigne une doctrine réprouvée, ô saint Zarathustra :

23. Qui durant le cours de trois nuits, ne prend pas la ceinture ;

24. Qui ne récite pas les Gathas, qui ne loue pas les eaux pures ;

25. Qui lorsque je l'ai pris et serré (comme un homme) s'est débarrassé et se montre plus fier,

26. Qui ne veut faire aucune bonne œuvre, quand même on lui trancherait la tête dans la largeur du cou.

27. Les paroles de bénédiction sont une arme qui frappent l'homme méchant et impur qui fait le mal.

28. Deux ont une langue, trois n'en ont pas, quatre poussent des cris (683).

29. Celui qui donne à un être impur et méchant de l'Haoma purifié,

30. Ou du Myazda consacré,

31. Il ne fait aucune meilleure œuvre que s'il tuait mille chevaux, s'il assassinait les habitants d'un village de Mazdayaçnas, s'il conduisait les vaches dans un chemin qui ne fût pas le bon.

32. Demande-moi, ô purificateur, à moi le créateur et le très-saint, qui répond volontiers lorsqu'il

---

(683) Verset inintelligible et que M. Spiegel regarde avec raison comme ayant été complètement défiguré par les copistes. Il serait superflu de chercher à lui rendre un sens raisonnable.

est interrogé ; tu profiteras grandement, tu parviendras à la pureté, si tu m'interroges.

33. Zarathustra demanda : Quel est le craoshavaréza de Craosha, le saint, le fort, dont le corps est le Manthra?

34. Ahura-Mazda répondit : C'est l'oiseau qui porte le nom de Parôdars (684), ô saint Zarathustra.

35. Et que les hommes au mauvais langage qualifient du nom injurieux de Kahrkataç.

36. Cet oiseau élève la voix chaque matin.

37. Levez-vous, ô hommes, louez la pureté, chassez les Daevas.

38. Le Daeva Bushyançta-daregho-gava vous menace.

39. Il plonge dans le sommeil, lorsqu'il est réveillé, tout le monde des êtres doués de corps.

40. Un long sommeil, ô homme, ne vaut rien pour toi.

41. Ne vous détournez pas des trois meilleures choses, des bonnes pensées, paroles ou actions.

42. Détournez-vous des trois mauvaises choses, des mauvaises pensées, paroles et actions.

43. Pendant le premier tiers de la nuit, le feu, fils d'Ahura-Mazda, réclame l'assistance du maître de la maison : « Lève-toi, ô chef de la maison.

44. Couvre-toi de tes vêtements, lave tes mains, cherche du bois à brûler et rapporte-le-moi; fais-moi briller en allumant avec tes mains lavées du bois pur.

45. Azis, créé par les Daevas et qui paraît pour m'arracher le monde, pourrait s'approcher de moi (685).

46. Pour le second tiers de la nuit, le feu, fils d'Ahura-Mazda, réclame l'assistance du cultivateur, disant : O cultivateur plein d'activité, lève-toi,

47. Couvre-toi de tes vêtements, lave tes mains, cherche du bois à brûler et rapporte-le-moi : fais-moi briller en allumant avec tes mains lavées du bois pur. Azis, créé par les Daevas et qui paraît pour m'arracher le monde, pourrait s'approcher de moi.

48. Pour le troisième tiers de la nuit, le feu réclame l'assistance du saint Craosha, disant : O saint Craosha,

49. Apporte-moi auprès du bois à brûler et pur que tu as réuni avec les mains lavées.

50. Azis, créé par les Daevas et qui paraît pour m'arracher le monde, pourrait s'approcher de moi.

51. Ce saint Craosha éveille, ô saint Zarathustra, l'oiseau qui porte le nom de Parodars,

52. Que les hommes au mauvais langage qualifient du nom injurieux de Kahrkataç. Cet oiseau élève la voix chaque matin. Levez-vous, ô hommes, louez la pureté, chassez les Daevas. Le Daeva Bushyançta-daregho-gava vous menace. Il plonge dans le sommeil, lorsqu'il est réveillé, tout le monde des êtres doués de corps. Un long sommeil, ô homme, ne te convient pas. Ne vous détournez pas des trois meilleures choses, des bonnes pensées, paroles et actions. Détournez-vous des trois mauvaises choses, les mauvaises pensées, paroles et actions.

53. Il dit alors à ceux qui sont étendus : Ami, lève-toi.

54. Tiens toi debout, il fait jour.

55. Celui qui se lève le premier, entre en paradis.

56. Celui qui le premier apporte au feu, fils d'Ahura-Mazda, du bois pur avec des mains lavées.

57. Le feu le bénira ; il sera satisfait et rassasié.

58. Puisses-tu élever une foule de troupeaux,

59. Et une multitude d'hommes!

60. Puissent les événements s'accomplir selon le vœu de ton esprit, selon le vœu de ton âme !

*61. Développe-toi , et vis durant tout le temps alloué à ton existence.

62. Telle est la bénédiction du feu pour celui qui lui apporte du bois à brûler sec et vieux,

63. A cause de la bénédiction de la pureté pour les purs.

64. Celui qui me donne ces oiseaux, un couple, un mâle et une femelle dans la pureté et la bonté, ô saint Zarathustra,

65. Qu'il croie avoir accompli le don d'une maison,

66. Avec mille colonnes, mille solives, dix mille fenêtres, cent mille tourelles.

67. Celui qui donne de la viande à mon oiseau Parodars (686),

68. Je ne lui adresserai pas une seconde question, moi qui suis Ahura-Mazda,

69. Pour son acheminement vers le paradis.

70. Le saint Craosha demanda au Drukhs,

71. En mettant de côté sa massue :

72. Drukhs, toi qui ne manges pas et qui ne travailles point.

73. Es-tu la seule des créatures dans ce monde des êtres doués de corps qui conçoive sans avoir de commerce?

74. Le Drukhs répondit : Craosha, saint et excellent,

75. Je ne suis pas la seule des créatures dans ce monde des êtres doués de corps qui conçoive sans avoir de commerce.

---

(684) Cet oiseau, qui est aussi mentionné au verset 51, est le coq ou la poule, qui porte aussi le nom de Kahrkataça (en sanscrit Krikavaka), où l'on reconnaît facilement une onomatopée.

(685) Le Daeva ou démon Azis est l'humidité qui tend à éteindre le feu.

(686) Anquetil-Duperron rend ainsi ce passage obscur: Si quelqu'un donne de la viande à mon oiseau Poroderesch (ou coq qui le représente sur la terre), qui a le corps grand et que j'ai (produit).

76. Il y a quatre hommes semblables à moi.

77. Ils ont commerce avec moi comme les autres hommes ont commerce avec les femmes.

78. Le saint Craosha demanda au Drukhs en mettant de côté sa massue : Drukhs, toi qui ne manges, ni ne travailles ; quel est le premier de ces hommes ?

79. Le Daevi Drukhs lui répondit : Craosha, saint et excellent,

80. Voici le premier de ces hommes.

81. C'est celui qui ne donne pas à un homme pur des restes de vêtements sans valeur lorsqu'il en est prié.

82. Cet homme a commerce avec moi comme les autres hommes ont commerce avec les femmes.

83. Le saint Craosha demanda au Drukhs en mettant de côté sa massue : Drukhs, toi qui ne manges, ni ne travailles ; quelle est l'expiation ?

84. Le Daevi Drukhs lui répondit : Craosha, saint et excellent,

85. Telle est l'expiation qui doit s'accomplir.

86. Qu'un homme donne à un homme saint, sans en être prié, des vêtements usés,

87. Il détruit ma grossesse comme si un loup à quatre pattes arrachait un enfant du corps de sa mère.

88. Le saint Craosha demanda au Drukhs en mettant de côté sa massue : Drukhs, toi qui ne manges, ni ne travailles ; quel est le second de ces hommes ?

89. Le Daevi Drukhs lui répondit : Craosha, saint et excellent,

90. Voici le second de ces hommes.

91. Si un homme ayant un pied posé sur l'autre pied laisse tomber son arme,

92. Il a commerce avec moi comme les autres hommes ont commerce avec les femmes.

93. Le saint Craosha demanda au Drukhs en mettant de côté sa massue : Drukhs, toi qui ne manges, ni ne travailles ; quelle est l'expiation ?

94. Le Daevi Drukhs lui répondit : Craosha, saint et excellent,

95. Telle est l'expiation qui doit s'accomplir.

96. Si un homme après s'être lavé et après avoir fait trois pas,

97. Récite trois fois Ashem-vohu, deux fois Humatananm, trois fois Hukhshathrotemai, quatre fois Ahuna-vairya, et qu'il prononce la prière Yeghehatanm,

98. Il détruit ma grossesse comme si un loup à quatre pattes arrachait un enfant du corps de sa mère.

99. Le saint Craosha demanda au Drukhs en mettant de côté sa massue : Drukhs, toi qui ne manges, ni ne travailles ; quel est le troisième de ces hommes ?

100. Le Daevi Drukhs lui répondit : Craosha, saint et excellent,

101. Le troisième de ces hommes est celui qui en dormant laisse couler sa semence.

102. Il a commerce avec moi comme les autres hommes ont commerce avec les femmes.

103. Le saint Craosha demanda au Drukhs en mettant de côté sa massue : Drukhs, toi qui ne manges, ni ne travailles ; quelle est l'expiation.

104. Le Daevi Drukhs lui répondit : Craosha, saint et excellent,

105. Telle est l'expiation qui doit s'accomplir.

106. Si un homme, après son réveil, récite trois fois la prière Ashem-vohu, deux fois Humatananm, trois fois Hukhshathrotemai, quatre fois Ahunavairya, et qu'il prononce la prière Yeghehatanm.

107. Il détruit ma grossesse comme si un loup à quatre pattes arrachait un enfant du corps de sa mère.

108. Il s'adressera ensuite en ces termes à Cpentaarmaiti : Cpenta-armaiti !

109. Je te livre cet homme ; garde-le pour moi,

110. Jusqu'au temps de la résurrection.

111. Instruit dans les Gathas, instruit dans le Yaçna, dans le Manthra (parole) qui sert de règle.

112. Donne-lui un nom tel que : « donné par le feu, provenant du feu, ville du feu, pays du feu, » ou tout autre nom donné par le feu.

113. Le saint Craosha demanda au Drukhs en mettant de côté sa massue : Drukhs, toi qui ne manges, ni ne travailles ; quel est le quatrième de ces hommes ?

114. Ce Daevi Drukhs lui répondit : Craosha, saint et excellent,

115. Lorsqu'un homme âgé de plus de quinze ans commet des impuretés, sans avoir de Kosti et de lien ; après le quatrième pas, nous lui ôtons les paroles et l'embonpoint.

116. Ensuite ils s'efforcent de combattre, comme des magiciens et des meurtriers, les hommes purs dans le monde des êtres doués de corps.

117. Le saint Craosha demanda au Drukhs en mettant de côté sa massue : Drukhs, toi qui ne manges, ni ne travailles ; quelle est l'expiation ?

118. Le Daevi Drukhs lui répondit : Craosha, saint et excellent,

119. Il n'y a pour lui aucune expiation.

120. Si un homme, ayant passé sa quinzième année a commerce avec une femme de mauvaise vie, sans Kosti et sans lien,

Lorsqu'il a fait quatre pas, nous autres Daevas nous lui ôtons les paroles et l'embonpoint ;

121. Il peut alors s'efforcer de combattre, comme des magiciens et des meurtriers, les hommes purs dans le monde des êtres doués de corps.

122. Demande-moi, ô purificateur, à moi le créa-

teur et le très-saint qui répond volontiers lorsqu'il est interrogé ; tu profiteras grandement, tu parviendras à la pureté, si tu m'interroges.

123. Zarathustra demanda : Ahura-Mazda, céleste et très-saint créateur du monde des êtres doués de corps, purificateur, qui est-ce qui te fait l'injure la plus grave, qui est-ce qui t'inflige le tort le plus grand, à toi qui es Ahura-Mazda?

124. Ahura-Mazda répondit : Celui qui entremêle la race des hommes pieux avec celle des impies, la race de ceux qui adorent les Daevas avec celle de ceux qui n'adorent pas les Daevas, la race des pécheurs avec celle de ceux qui ne sont pas pécheurs.

125. Il peut dessécher par sa faute, ô Zarathustra, un tiers de l'eau qui est la plus rapide et la plus abondante.

126. Il arrête par sa faute, ô Zarathustra, la croissance d'un tiers des arbres qui s'élèvent les plus beaux et chargés de fruits d'or.

127. Il anéantit par sa faute, ô Zarathustra, un tiers de la couverture de Çpenta-armaiti (*c'est-à-dire des plantes et des herbes qui recouvrent la surface de la terre*).

128. Il anéantit par sa désobéissance, ô Zarathustra, un tiers des hommes purs qui sont excellents en leurs pensées, leurs paroles et leurs actions, qui sont forts, victorieux et très-purs.

129. C'est pourquoi je te dis, ô saint Zarathustra, qu'il faut les tuer de préférence à des serpents venimeux.

130. Comme des loups aux griffes aiguës.

131. Comme une louve qui se met en chasse et qui parcourt le monde.

132. Comme un lézard qui est formé de mille sécheresses lorsqu'il monte pour atteindre l'eau.

133. Demande-moi, ô purificateur, à moi le créateur et le très-saint, qui répond volontiers lorsqu'il est interrogé ; tu profiteras grandement, tu parviendras à la pureté, si tu m'interroges.

134. Zarathustra demanda : Ahura-Mazda, céleste et très-saint créateur du monde des êtres doués de corps, purificateur, lorsqu'un homme a de son plein gré commerce avec une femme dans le temps de ses règles.

135. Quelle doit être son expiation, quelle doit être sa peine, et comment cette peine doit-elle s'accomplir?

136. Ahura-Mazda répondit : Si quelqu'un a commerce avec une femme dans le temps de ses règles,

137. Il doit tuer mille têtes de petit bétail.

138. De préférence à tout autre bétail, qu'il amène avec pureté et bonté le petit bétail en sacrifice au feu.

139. Il doit avec le bras apporter l'eau pure.

140. Il doit apporter au feu avec pureté et bonté mille charges de bois dur, bien coupé et bien sec.

141. Qu'il apporte au feu avec pureté et bonté mille charges de bois tendre, d'Urvaçni, de Vohu-Gaona, et d'Hadha-Naepata ou de quelque autre bois odoriférant.

142. Qu'il attache ensuite mille paquets de berçma.

143. Qu'il prépare mille zaothras avec du haoma et avec de la viande pure et bien éprouvée, et qu'il les apporte avec pureté, et avec le bois de l'arbre que je nomme Hadha-Naepata.

144. Qu'il tue mille serpents qui rampent sur le ventre et deux mille autres.

145. Qu'il tue mille lézards qui vivent sur la terre, et deux mille lézards d'eau.

146. Qu'il tue mille fourmis qui emportent le grain, et deux mille autres.

147. Qu'il place trente ponts sur l'eau courante.

148. Qu'il frappe mille coups avec la courroie de cheval, mille avec le craosho-charana.

149. C'est là sa pénitence, c'est là son expiation, c'est l'œuvre qui efface sa faute.

150. Quand il l'a effacée, il vient au séjour des purs.

151. Quand il ne l'a pas effacée, il vient au séjour qui est destiné aux méchants,

152. Qui est le lieu des ténèbres et qui procède des ténèbres.

DIX-NEUVIÈME FARGARD.

1. De la région du nord, des régions du nord, se précipita Agra-mainyus qui est plein de mort, le Daeva des Daevas.

2. Agra-mainyus, qui est plein de mort et de mauvaises intentions, parla ainsi :

3. Drukhs, accours, tue le pur Zarathustra.

4. Le Drukhs accourut autour de Zarathustra ; le Daeva Buiti, celui qui est périssable, celui qui trompe les mortels se jeta vers lui.

5. Zarathustra récita la prière Ahuna-vairya, yatha, ahu, vairyo.

6. Le Drukhs troublé s'enfuit loin de lui ; le Daeva Buiti, celui qui est périssable, celui qui trompe les mortels s'éloigna.

7. Le Drukhs répondit à Agra-mainyus : Agra-mainyus, toi qui tourmentes,

8. Je ne vois pas la mort sur lui, sur le saint Zarathustra.

9. Le pur Zarathustra est plein de splendeur.

10. Zarathustra vit en esprit : les méchants Daevas, animés d'intentions malignes, cherchent à me donner la mort.

11. Zarathustra se leva, Zarathustra s'avança,

12. Sans être troublé par les demandes très-fâcheuses d'Aka-manas.

13. Tenant des pierres en sa main, elles sont de la grosseur d'un kata.

14. Il les a reçues, le pur Zarathustra, du créateur Ahura-Mazda,

15. Pour les tenir sur cette terre qui est vaste, ronde, difficile à parcourir, d'une hauteur escarpée, demeure de Pourushaçpa (687).

16. Zarathustra s'adressa à Agra-mainyus : Agra-mainyus qui es versé dans la connaissance du mal :

17. Je frapperai la création qui a été formée par les Daevas ; je frapperai le Naçus que les Daevas ont formé.

18. Je frapperai les Paris que l'on invoque jusqu'à ce que soit né Caoshyanç (688) (*c'est-à-dire l'utile*), celui qui remporte la victoire, sortant de l'eau Kançaoya.

19. Sortant de la région orientale, sortant des régions orientales.

20. Agra-mainyus, qui a créé les créatures mauvaises, lui répondit :

21. Ne tue pas mes créatures, ô pur Zarathustra.

22. Tu es le fils de Pourushaçpa et tu as reçu la vie d'une mère mortelle.

23. Maudis la bonne loi des Mazdayaçnas, obtiens la félicité comme l'a obtenue Vadhaghna, le souverain des régions.

24. Le saint Zarathustra lui répondit :

25. Je ne maudirai jamais la bonne loi des Mazdayaçnas,

26. Pas même lorsque mes membres, mon âme et mon corps se sépareraient l'un de l'autre.

27. Agra-mainyus qui a créé les créatures mauvaises, lui répondit :

28. De qui sera la parole dont tu te serviras pour frapper, de qui sera la parole dont tu te serviras pour anéantir, de qui seront les armes dont tu te serviras pour combattre mes créatures?

29. Le saint Zarathustra lui répondit :

30. Les mortiers, les tasses, l'haoma et les paroles qu'Ahura-Mazda a prononcées.

31. Ce sont mes meilleures armes.

32. C'est au moyen de ces paroles que je combattrai, c'est au moyen de ces paroles que j'anéantirai, c'est au moyen de ces armes que je vaincrai les créatures, ô malicieux Agra-mainyus.

33. Ce qu'a créé Çpento-mainyus (*c'est à dire Ahura-Mazda*) il l'a créé dans le temps sans bornes.

34. Ce qu'ont créé les Amesha-çpenta, les bons souverains, les sages.

35. Zarathustra dit à Ahuna-vairya : Yatha, Ahu, Vairyo.

36. Le pur Zarathustra parla ainsi : Voici ce que je demande, dis-moi ce qui est juste, ô Seigneur.

37-39. Comment dois-je les protéger contre ces Drukhs, contre le malicieux Agra-mainyus

40. Comment dois-je expulser de cette demeure des Mazdayaçnas la souillure individuelle, la souillure opérée par d'autres? Comment dois-je chasser le Naçus ?

41. Comment dois-je purifier l'homme pur ? Comment dois-je apporter la purification à la femme pure?

42. Ahura-Mazda répondit : Loue, ô Zarathustra, la bonne loi des Mazdayaçnas ;

43. Loue, ô Zarathustra, ces Amescha-Çpenta qui règnent sur la terre composée de sept Keshvars ;

44. Loue, ô Zarathustra, le firmament créé de soi-même, le firmament, l'air qui agit dans les hauteurs ;

45. Loue, ô Zarathustra, le vent rapide qui a créé Ahura-Mazda, Çpenta-Armaiti, la fille d'Ahura-Mazda, douée d'une grande beauté ;

46. Loue, ô Zarathustra, mes Fravashis,

47. Les plus grands, les meilleurs, les plus beaux, les plus forts, les plus intelligents, les plus élevés en sainteté,

48. Ceux dont l'âme est la parole sainte.

49. Célèbre, ô Zarathustra, cette création d'Ahura-Mazda.

50. Zarathustra me dit en me répondant :

51. Je célèbre Ahura-Mazda, le créateur de la création pure.

52. Je célèbre Mithra qui a un vaste empire, le victorieux, le plus éclatant des vainqueurs, le vainqueur des victorieux.

53. Je célèbre Craosha le saint et l'excellent, qui tient dans les mains, au centre, la tête des Daevas.

54. Je célèbre la parole sainte qui brille du plus vif éclat.

55. Je célèbre le ciel créé par soi-même, le temps qui est infini, l'air qui opère en haut.

56. Je célèbre le vent rapide qu'a créé Ahura-Mazda, Çpenta-Armaiti, la fille d'Ahura-Mazda, douée d'une grande beauté.

57. Je célèbre la bonne loi mazdayaçna, la loi contre les Daevas de Zarathustra.

58. Zarathustra demanda à Ahura Mazda. Créateur de ce qui est bon, ô Ahura Mazda,

---

(687) Ce nom signifie celui qui assiste, qui rend service ; il désigne le monarque que les Parsis regardent comme devant venir à la fin du monde pour être le chef d'un empire où se maintiendra une félicité sans nuages. Ce nom a été aussi regardé comme désignant tout prophète envoyé de Dieu. Anquetil traduit : « Les Parsis et leurs desseins seront anéantis par celui qui naîtra de la source, par Sosiosch le vainqueur (qui sortira de l'eau Kansé). » Selon les Parsis, cette eau est du côté du midi, et Sosiosch est le troisième fils posthume de Zoroastre ; sa mère est Houo La dernière année qu'il sera en ce monde, l'homme ne mangera plus, et cependant ne mourra pas ; il fera revivre les morts. Les Paris sont des démons mâles et femelles. »

(688) Ou Poroschasp. C'est le père de Zoroastre ; il obtint la faveur d'Ahura-Mazda auquel il rendait un culte sincère.

59. Par quelle invocation dois je célébrer, par quelle invocation dois-je louer cette création d'Ahura-Mazda ?

60. Ahura-Mazda répondit : Va aux arbres qui croissent, ô saint Zarathustra.

61. A ceux qui sont beaux, élevés, forts, et prononce ces paroles :

62. Louange à toi, arbre bon et pur, créé par Ahura.

63. Il lui apportera le Beresma d'une longueur égale à sa largeur.

64. Tu ne dois jamais couper et abattre le Berecma du côté droit, les hommes saints doivent le tenir en la main gauche.

65. En louant Ahura-Mazda, en louant Amesha-Çpenta.

66. Je te célèbre, ô Haoma, la plus précieuse et la plus excellente offrande que puissent présenter les hommes bons et saints créés par Ahura-Mazda.

67. Zarathustra demanda à Ahura-Mazda: Ahura-Mazda, toi qui sais toutes choses.

68. Tu es sans sommeil (689), tu es sans ivresse, toi qui es Ahura-Mazda.

69. Vohu-mano (*l'homme*) se souille d'une manière immédiate, Vohu-mano (*l'homme*) se souille d'une manière médiate ; comment purifiera-t-il le corps que les Daevas auront frappé ?

70. Ahura-Mazda répondit : Cherche l'urine d'un bœuf, ô Zarahustra ; cherche en ce but un jeune bœuf.

71. Apporte la purifiée à la terre qui a éé donnée par Ahura-Mazda.

72. Que l'homme qui purifie trace un sillon.

73. Qu'il récite cent prières saintes : Ashem, vohu, etc.

74. Qu'il récite deux cents fois l'Ahuna vairya : Yatha ahu vairyo.

75. Qu'il se lave quatre fois avec l'urine d'une vache, deux fois avec de l'eau, avec celle qu'Ahura-Mazda a donnée.

76. Ainsi son Vohu-mano sera pur, ainsi l'homme sera pur.

77. Qu'il élève le vêtement avec le bras gauche et le droit, avec le bras droit et le gauche ;

78. Qu'il invoque les astres qu'Ahura-Mazda a créés et qui donnent la lumière,

79. Jusqu'à ce que neuf nuits soient passées.

80. Après neuf nuits qu'il apporte le Zaothra pour le feu, qu'il apporte du bois dur pour le feu, qu'il apporte des aromates divers pour le feu ;

81. Que Vohu mano (*l'homme*) fumige le vêtement.

82. Le vêtement est purifié, l'homme est purifié.

83. Qu'il élève le vêtement avec le bras gauche et le droit, avec le bras droit et le gauche ;

84. Qu'il dise : Gloire à Ahura-Mazda, gloire à Amesha-Çpenta, gloire aux astres qui sont purs.

85. Zarathustra demanda à Ahura-Mazda : Ahura-Mazda, toi qui sais toutes choses,

86. Dois je interpeller l'homme saint, dois-je interpeller la femme sainte, dois-je interpeller les hommes saints pour qu'ils se séparent des pécheurs qui adorent les Daevas ?

87. Doivent-ils étendre sur la terre l'eau courante, les fruits qui mûrissent ? doivent-ils étendre d'autres richesses sur celles-là ?

88. Ahura-Mazda répondit : Tu peux les appeler, ô saint Zarathustra.

89. Créateur, où sont les jugements, où se tiennent les jugements, comment se font les jugments qui atteignent l'âme des hommes décédés dans ce monde des êtres doués de corps ?

90. Ahura-Mazda répondit : Après que l'homme est mort, après que l'homme est trépassé, les méchants Daevas, instruits dans la connaissance du mal, travaillent à l'égarer.

91. Dans la troisième nuit, après la venue de l'aurore,

92. Et quand le victorieux Mithra se place sur les montagnes resplendissant d'un pur éclat,

93. Et que le soleil éclatant se retire,

94. Alors le Daeva, dont le nom est Vizaresho, amène liées, ô saint Zarathustra, les âmes des hommes méchants qui ont vécu dans le péché, les âmes des hommes qui ont adoré les Daevas.

95. Il arrive aux chemins qui ont été créés dès le temps, il y en a un pour les impies et un pour les saints.

96. Il arrive au pont de Chinvat qui a été créé par Ahura-Mazda, et où l'âme est interrogée sur ses actions,

97. Et sur les choses qui se sont passées dans le monde des êtres doués de corps.

98. L'âme des justes arrive belle, rapide, excellente,

99. Avec le chien, avec décision, avec le bétail, avec force, avec vertu (690).

100. L'envoyé d'Ahura-Mazda conduit les âmes des purs sur l'Haraberezaiti.

101. Il amène sur le pont Chinvat l'armée des Yazatas célestes.

102. Ahura-Mazda descend de son trône d'or et vient au-devant de Vohu-mano (*l'homme*).

103. Vohu-mano dit : Comment, ô purificateur, es-tu venu ici

104. Passant du monde périssable au monde impérissable ?

---

(689) Les Parsis regardent le sommeil comme un état fâcheux, et comme l'ouvrage d'Agra-mainyus. Voilà pourquoi Ahura-Mazda est signalé comme ne dormant point.

(690) Le texte paraît ici corrompu, mais comment le restituer avec quelque probabilité ?

105. Les âmes pures sont contentes.
106. Vers Ahura Mazda, vers le trône d'or d'Amesha-Çpenta,
107. Vers le Garo-Nemana (691), la demeure d'Ahura-Mazda, la demeure d'Amesha Çpenta, la demeure des autres purs,
108. L'homme pur qui a été purifié, après sa mort les Daevas méchants et instruits dans la science du mal le reconnaissent à son odeur et le craignent.
109. Comme un troupeau entouré de loups a peur du loup.
110. Les hommes purs sont avec lui.
111. Nairyoçangha est avec lui.
112. Nairyoçangha est un envoyé d'Ahura-Mazda.
113. Célèbre, ô Zarathustra, cette création d'Ahura-Mazda.
114. Zarathustra me fit cette réponse :
115. Je loue Ahura-Mazda qui a créé les créatures pures ;
116. Je loue la terre qu'Ahura-Mazda a créée, l'eau qu'Ahura-Mazda a créée et les arbres purs ;
117. Je loue la mer Vouru-Kasha ;
118. Je loue le ciel éclatant ;
119. Je loue les lumières qui n'ont pas de commencement et qui se sont créées elles-mêmes ;
120. Je loue le séjour le plus heureux réservé aux purs, éclatant, brillant d'une splendeur entière ;
121. Je loue le Garo-Nemano, la demeure d'Ahura-Mazda, la demeure d'Amesha-Çpenta, la demeure des autres purs ;
122. Je loue le monde du milieu créé de lui-même et le pont Chinvat qu'Ahura-Mazda a créé ;
123. Je loue Çaoka le bon qui possède quatre yeux ;
124. Je loue les puissants Fravashis des purs qui sont utiles à toutes les créatures ;
125. Je loue le Verethraghna qui a été créé par Ahura, celui qui porte la lumière, qui a été créé par Ahura-Mazda ;
126. Je loue l'étoile Tistar (692), splendide et éclatante, qui a le corps d'un taureau et des ongles (cornes) d'or ;

127. Je loue les Gathas, les saints et les jours qui gouvernent les temps ;
128. Je loue le Gatha Ahunavaiti, je loue le Gatha Ustavaiti, je loue le Gatha de Çpenta-Mainyeus, je loue le Gatha de Vohu Kshshathrem, je loue le Gatha de Vahistoitois (693) ;
129. Je loue les sept Karshvares qui portent les noms d'Arezahé, de Çavahé, de Frada'hafshu, de Vidadhafsu, de Vourubarsti, de Vourujarsti, de Qaniratha bami (694) ;
130. Je loue Haetumat, brillant et splendide ;
131. Je loue Ashi-vaguhi, je loue la sagesse équitable ;
132. Je loue l'éclat des régions aériennes, je loue l'Yima Khshaeta qui est abondant en bons troupeaux.
133. Le saint Çraosha, lorsqu'il est loué, est satisfait et reçoit avec amour les hommages qui lui sont rendus ; le saint Çraosha est d'une croissance heureuse, il est victorieux.
134. Apportez du Zaothra pour le feu, apportez du bois dur pour le feu, apportez divers parfums pour le feu.
135. Louez le feu Vazizta qui triomphe du Daeva Çpenjaghra (695) ;
136. Apportez des mets cuits bien à point et brûlants.
137. Louez le saint Çraosha.
138. Que Çraosha triomphe des Daevas Kunda, Banga et Vibanga.
139. C'est lui qui attaque la vie coupable des hommes qui s'attachent aux Drujas, et qui sont les adorateurs impies des Daevas.
140. Agro-Mainyus, instruit dans la science du mal et qui est plein de mort, parla ainsi : Qu'est-ce que les méchants Daevas instruits dans la science du mal apporteront sur la tête d'Arezura ?
141. Les méchants Daevas instruits dans la science du mal,
142. Les méchants Daevas instruits dans la science du mal qui regardent avec un œil mauvais, c'est ce que nous apporterons sur la tête d'Arezura.
143. Le pur Zarathustra est né dans la demeure de Pourushaçpa.
144. Comment devons-nous lui donner la mort ?

(691) Le garo-nmana, séjour d'Ahura Mazda, et le paradis paraissent avoir, dès une époque fort reculée, constitué aux yeux des Parsis, deux séjours différents. L'idée de trois paradis, celle de sept cieux se répandirent plus tard.
(692) L'étoile Tistar ou Tistria (Sirius) joue un rôle important dans la mythologie des Parsis, quoiqu'il n'en soit pas fait mention dans les plus anciens monuments. Un Yesht ou génie spécial lui est attribué. C'est l'astre de la pluie, rôle qu'il exerce alternativement avec un autre corps céleste, nommé Çataveço ou Çitvis. Il en est souvent fait mention dans les livres zends qui lui attribuent des actions merveilleuses. (Voy. la table du Recueil d'Anquetil Duperron, t. III, p 787, au mot Taschter.)

(693) Ces cinq prières font partie de la seconde partie de l'Yaçna ; elles correspondent chacune à cinq têtes fort en honneur chez les Parsis.
(694) Les Karshvares sont, d'après les Parsis, les sept parties de la terre qui se montrèrent au-dessus de l'inondation que l'étoile Tistar avait causée par de fortes pluies, afin de tuer les Khrafstras qu'Agra mainyus avait répandus sur la terre. Ces sept parties de la terre se retrouvent dans les sept dwipas ou continents des Hindous.
(695) Nom qu'Anquetil écrit Sapotjegner et qu'il regarde comme celui d'une montagne habitée par des Devas ennemis de la pluie et selon quelques Parsis ; M. Spiegel croit qu'il s'agit d'un Daeva ou démon.

Il est l'arme avec laquelle on combat les Daevas, il est l'antagoniste des Daevas.

145. Il enlève au Drukhs sa puissance; il met en fuite les méchants adorateurs des Daevas.

146. Le Naçus que les Daevas ont créé s'enfuit au loin, ainsi que le mensonge et la fausseté.

147. Les méchants Daevas, instruits dans la science du mal, s'enfuient dans les profondeurs de l'enfer sombre et désolé.

VINGTIÈME FARGARD.

1. Zarathustra demanda à Ahura-Mazda : Ahura-Mazda, très-saint et céleste créateur des êtres doués de corps, purificateur, quel est le premier des hommes dans l'art de guérir,

2. Des hommes habiles,

3. De ceux dont la puissance est illimitée,

4. Des opulents,

5. Des brillants,

6. Des forts,

7. De ceux qui établirent la domination?

8. Quel est celui qui fit que la maladie cessa d'être la maladie, et qui arrêta la mort?

9. Quel est celui qui retint Vazemno-açti (696)?

10. Qui éloigna la chaleur du feu du corps des hommes?

11. Ahura-Mazda répondit : Thrita (697) fut, ô saint Zarathustra, le premier des hommes, le premier des hommes instruits dans l'art de guérir, des hommes habiles, de ceux dont la puissance est illimitée, des opulents, des brillants, des forts, de ceux qui établirent la domination. C'est lui qui fit que la maladie cessa d'être la maladie et arrêta la mort; c'est lui qui retint Vazemno-açti, et qui éloigna la chaleur du feu du corps des hommes.

12. Il connaissait des secrets qui étaient un don de Khshatra-vairya,

13. Pour s'opposer à la maladie, pour s'opposer à la mort, pour s'opposer à la douleur, pour s'opposer à la chaleur de la fièvre,

14. Pour combattre la puanteur et la décomposition qu'Agra-Mainyus a introduites dans le corps de l'homme.

15. Alors j'apportai, moi qui suis Ahura-Mazda, les arbres qui guérissent,

16. Beaucoup de centaines, beaucoup de milliers, beaucoup de dizaines de milliers,

17. Ainsi que le Gaokerena (698).

18. Nous le louons tous, nous le célébrons tous, nous le glorifions tous, pour ses effets sur le corps de l'homme.

19. Maladie, je te maudis; mort, je te maudis; souffrance, je te maudis; fièvre, je te maudis.

20. Infirmité, je te maudis.

21. Par la croissance de quel être frappons-nous le Druj? Nous frappons le Druj par la croissance de l'être,

22. Dont l'empire est plein de force bienfaisante pour nous, ô Ahura (699).

23. Je combats la maladie, je combats la mort, je combats la souffrance, je combats la fièvre.

24. Je combats la puanteur et la décomposition, œuvre d'Agra-Mainyus, qu'il a introduites dans le corps de l'homme.

25. Je combats toute maladie et toute mort, tous les Yatus et Pairikas, tous les Daevas pleins de malice.

26. Que par là l'Airyema désiré puisse venir pour la joie des hommes et des femmes de Zarathustra.

27. Pour la joie du Vohu-Mano, qui s'efforce d'obtenir la récompense promise à celui qui observe la loi.

28. Je désire l'heureuse pureté des purs. Grand soit Ahura-Mazda.

29. Qu'Airyama, digne de nos souhaits, triomphe de toute maladie et de toute mort, de tous les Yatus et Pairikas, de tous les Daevas pleins de malice.

VINGT ET UNIÈME FARGARD.

1. Louange à toi, ô taureau sacré; louange à toi, vache excellente; louange à toi qui multiplies; louange à toi qui fais grandir; louange à toi, don du créateur, pour les meilleurs des purs, pour les purs qui ne sont pas encore nés,

2. Que Jahi a tués, l'homme très pernicieux, impur et méchant, l'impie.

3. Il rassemble et disperse les nuages.

4. Il répand en abondance l'eau en bas, il la répand en haut.

---

(696) On ignore le sens de ce verset. Tous les manuscrits offrent d'ailleurs en cet endroit un texte uniforme. M. Spiegel croit que Vazemno-Acti est un nom propre.

(697) Thrita est un personnage mythologique qu'on rencontre chez les Indiens tout comme chez les Perses. Son nom se présente aussi dans le neuvième chapitre de l'Yaçna. Anquetil l'identifie avec Feridoun qui est un des rois les plus célèbres de l'époque fabuleuse de l'histoire des Perses; cet ancêtre de Zoroastre régna cinq cents ans, et soutint contre les démons de longues luttes dont il sortit vainqueur. Il y a là sans doute une allusion à des guerres que les habitants de l'Iran eurent avec les nomades possesseurs du désert. Feridoun joue un grand rôle dans le poème de Ferdousi, le *Chahnameh*, l'*Iliade* de la Perse. (*Voy.* la *Biographie universelle*, section mythologique, t. LIV, p 265.)

(698) La traduction huzvaresch qu'Anquetil Duperron a suivie, rend par Haoma blanc ce mot qui ne se rencontre pas ailleurs. Le Haoma blanc est fréquemment mentionné dans les livres des Parsis. D'après le Boundehesch, il croît dans la fontaine d'Ardusur, celui qui en mange devient immortel. Tous les hommes en prendront leur part lors de la résurrection, et ils échapperont ainsi à la loi du trépas Selon le Minokhired, cet arbre vient dans la mer de Var-Kasch; le poisson Khar-mahi tourne sans cesse autour de lui afin d'écarter les crapauds et autres créatures impures, formés par Agra-mainyus et qui s'efforcent de nuire à cet arbre.

(699) M. Spiegel convient qu'il est bien difficile de trouver un sens raisonnable aux versets 21 et 22 qui paraissent corrompus.

5. Ordonne, ô saint Zarathustra (700), que la pluie tombe en mille ondées, en dix mille ondées,

6. Pour chasser la maladie, pour chasser la mort.

7. Pour chasser la maladie qui frappe (tue) ; pour chasser la mort qui frappe.

8. Pour chasser la langueur (701).

9. S'il tue le soir, elle (la pluie) peut guérir au grand jour.

10. S'il tue au grand jour, elle peut guérir dans la nuit.

11. S'il tue dans la nuit, elle peut guérir au lever de l'aurore.

12. La pluie est donc un grand bienfait,

13. Car c'est par la pluie qu'il existe

14. Une eau nouvelle, une terre nouvelle, de nouveaux arbres, de nouveaux remèdes, de nouvelles ressources à l'homme.

15. Comme la mer Vouru-Kasha, qui est la réunion de l'eau,

16. Elève-toi, monte de l'air vers la terre ;

17. De la terre vers l'air.

18. Elève-toi, monte,

19. Toi qui es cause qu'Ahura-Mazda a créé l'air, afin de favoriser ta naissance et ta croissance.

20. Sors, ô soleil étincelant, avec tes chevaux rapides ; monte sur l'Hara-Berezaiti et éclaire le monde.

21. Elève-toi aussi, car tu es digne d'adoration.

22. Suis le chemin qu'Ahura-Mazda a créé ; monte dans l'air que les Baghas ont créé (702).

23. Alors se fit entendre devant chacun la parole sainte :

24. Je purifierai ta naissance et ta croissance.

25. Je purifierai ton corps et ta force.

26. Je te rendrai riche en enfants et riche en lait,

27. En activité, en lait et en postérité.

28. Je te purifierai mille fois.

29. Je te donnerai l'opulence en troupeaux, qui donne la nourriture pour les enfants.

30. Comme la mer Vouru-Kasha, où se rassemblent les eaux, élève toi, monte de l'air vers la terre ; de la terre vers l'air. Elève-toi, monte, toi qui es cause qu'Ahura-Mazda a créé l'air, afin de favoriser ta naissance et ta croissance.

31. Lève-toi, ô lune, qui contiens les semences des troupeaux.

32. Lève-toi sur l'Hara-Berezaiti et éclaire les créatures ; élève-toi aussi, car tu es digne d'adoration. Suis le chemin qu'Ahura-Mazda a créé ; monte dans l'air que les Baghas ont créé.

33. Alors Manthra-Çpenta parla devant tous : Je purifierai ta naissance et ta croissance. Je purifierai ton corps et ta force. Je te rendrai riche en enfants et riche en lait ; en activité, en lait et en postérité. Je te purifierai mille fois. Je te donnerai l'opulence en troupeaux, qui donne la nourriture pour les enfants.

34. Levez-vous, étoiles cachées qui renfermez les semences des eaux.

35. Levez-vous sur l'Hara-Berezaiti et éclairez les créatures ; élevez-vous aussi, car vous êtes dignes d'adoration ; suivez le chemin qu'Ahura-Mazda a créé ; montez dans l'air que les Baghas ont créé.

36. Levez-vous pour tourmenter Kaquji, pour tourmenter Ayehie, pour tourmenter Jahi, qui est alliée avec Yatus (703).

VINGT-DEUXIÈME FARGARD.

1. Ahura-Mazda parla au saint Zarathustra.

2. Moi qui suis Ahura-Mazda, moi qui suis le dispensateur des biens,

3. Lorsque je créai cette demeure, belle, brillante, digne d'être vue,

4. (Disant) je sortirai, je monterai sur la hauteur,

5. Alors le serpent (Agra-Mainyus) m'aperçut (704).

6. Et le serpent Agra-Mainyus, qui est plein de mort, forma contre moi neuf maladies et quatre-vingt-dix, et neuf cents, et neuf mille, et dix-neuf mille maladies.

7. Tu pourrais me guérir, Manthra-Çpenta, qui es très-brillant.

8. Je te donnerai en rémunération mille chevaux rapides et à l'allure légère.

9. Je te célèbre, ô Çaoka bon et pur, créé par Ahura-Mazda.

---

(700) Ces mots sont dans le texte zend et dans la traduction huzvaresch, mais c'est évidemment une interpolation qui brise le sens.

(701) On lit ici deux noms *gadha* et *apaqadha* ; ils désignent des maladies que nous ne saurions indiquer spécialement.

(702) Ce verset est fort obscur ; M. Spiegel s'est attaché à le rendre d'après la traduction huzvaresch qui n'est guère plus claire que l'inintelligible texte zend. Les divers noms qu'on y trouve peuvent être considérés comme désignant Agra-mainyus, mais il vaut peut-être mieux y voir les noms d'astres regardés comme exerçant une influence funeste.

(703) Baghô, dieu dont il est rarement fait mention dans l'Avesta, mais qui est fréquemment signalé dans les inscriptions cunéiformes et dans celles des premiers Sassanides. Anquetil-Duperron traduit ainsi ce verset obscur : « Il domine sur le (monde) qui est la voie des deux destins, sur les grains donnés en abondance et sur l'eau. » Cet orientaliste rend les mots *Beghô Bakthem*, par destin, ou deux destins, c'est-à-dire le bonheur destiné au juste et le malheur qui attend le méchant.

(704) Il n'est pas étonnant que le mot serpent soit ici employé comme désignant Agra-mainyus qui, dans les livres des Parsis, et surtout dans le Boundehesch, est signalé comme ayant pris cette forme.

10. Je te donnerai en rémunération mille chameaux, aux

11. Je te célèbre, ô Çaoka bon et pur, créé par Ahura-Mazda.

12. Je te donnerai en rémunération mille taureaux dont les corps n'ont pas encore atteint toute leur croissance.

13. Je te célèbre, ô Çaoka bon et pur, créé par Ahura Mazda.

14. Je te donnerai en rémunération mille pièces de petit bétail engraissé et de toutes espèces.

15. Je te célèbre, ô Çaoka bon et pur, créé par Ahura-Mazda.

16. Je te bénirai en prononçant de pieuses et belles bénédictions, de pieuses et aimables bénédictions.

17. Celui qui parfait ce qui manque,

18. Et qui fait déborder ce qui est plein,

19. Qui lie l'âme et qui consolide le lien,

20. Manthra-Çpenta, dont la splendeur est extrême, répondit :

21. Comment dois-je te guérir, comment dois-je écarter les maladies qui sont au nombre de neuf, de quatre-vingt-dix, de neuf cents, de neuf mille, de dix-neuf mille?

22. Le créateur Ahura-Mazda fit dire à Nairyo-Cagha (705) : Nairyo-Cagha, toi qui rassembles,

23. Hâte-toi, vole à la demeure d'Airyaman; rapporte-lui ces paroles : C'est ainsi qu'a parlé Ahura-Mazda le pur.

24. Moi qui suis le dispensateur des biens, lorsque je créai cette demeure, belle, brillante, digne d'être vue, (disant) je sortirai, je monterai sur la hauteur, alors le serpent (*Agra-Mainyus*) m'aperçut. Et le serpent Agra-Mainyus, qui est plein de mort, forma contre moi neuf maladies, et quatre-vingt-dix, et neuf cents, et neuf mille, et dix-neuf mille maladies. Tu pourrais me guérir, Manthra-Çpenta, qui es très-brillant.

25. Tu pourrais me guérir, ô Airyama très-désirable,

26. Je te donnerai en rémunération mille chevaux rapides et à l'allure légère.

27. Je te célèbre, ô Çaoka bon et pur, créé par Ahura-Mazda.

28. Je te donnerai en rémunération mille chameaux rapides, aux

29. Je te célèbre, ô Çaoka bon et pur, créé par Ahura-Mazda.

30. Je te donnerai en rémunération mille taureaux dont les corps n'ont pas encore atteint toute leur croissance.

(705) On Neriosengh, l'ized ou génie du feu qui anime les rois, il protège les justes et joue un rôle assez important dans la mythologie des Parsis.

31. Je te célèbre, ô Çaoka bon et pur, créé par Ahura-Mazda.

32. Je te donnerai en rémunération mille pièces de petit bétail engraissé et de toutes espèces.

33. Je te célèbre, ô Çaoka bon et pur, créé par Ahura-Mazda.

34. Je te bénirai en prononçant de pieuses et belles bénédictions, de pieuses et aimables bénédictions.

55. Tu es celui qui parfait ce qui manque,

56. Et qui fait déborder ce qui est plein,

57. Qui lie l'âme et qui consolide le lien.

38. Nairyo-Cagha recueillit les paroles d'Ahura-Mazda; il se hâta et vola vers la demeure d'Airyama, et il parla ainsi à Airyama : Ahura Mazda le pur m'a commandé de te rapporter ces paroles :

39. Moi qui suis le dispensateur des biens, lorsque je créai cette demeure, belle, brillante, digne d'être vue, (*disant*) je sortirai, je monterai sur la hauteur, alors le serpent (*Agra-Mainyus*) m'aperçut. Et le serpent Agra-Mainyus, qui est plein de mort, forma contre moi neuf maladies, et quatre-vingt-dix, et neuf cents, et neuf mille, et dix-neuf mille maladies. Tu pourrais me guérir, Manthra-Çpenta, qui es très-brillant.

40. Je te donnerai en rémunération mille chevaux rapides et à l'allure légère.

41. Je te célèbre, ô Çaoka bon et pur, créé par Ahura-Mazda.

42. Je te donnerai en rémunération mille chameaux rapides, aux

43. Je te célèbre, ô Çaoka bon et pur, créé par Ahura-Mazda.

44. Je te donnerai en rémunération mille taureaux dont les corps n'ont pas encore atteint toute leur croissance.

45. Je te célèbre, ô Çaoka bon et pur, créé par Ahura-Mazda.

46. Je te donnerai en rémunération mille pièces de petit bétail engraissé et de toutes espèces.

47. Je te célèbre, ô Çaoka bon et pur, créé par Ahura-Mazda.

48. Je te bénirai en prononçant de pieuses et belles bénédictions, de pieuses et aimables bénédictions.

49. Tu es celui qui parfait ce qui manque,

50. Et qui fait déborder ce qui est plein,

51. Qui lie l'âme et qui consolide le lien.

52. Presque en même temps, peu de temps après, l'agile et fort Airyama, qui désire la loi, accourut

53. A la montagne sur laquelle les saintes demandes s'accomplirent, à la hauteur où les saintes demandes s'accomplirent.

54. O vous, chef élevé, amenez neuf espèces de

chevaux mâles à Airyama, qui aspire après la loi.

55. Amenez neuf espèces de chameaux mâles à Airyama, qui aspire après la loi.

56. Amenez neuf espèces de bœufs mâles à Airyama, qui aspire après la loi.

57. Il amena neuf espèces de petits bestiaux mâles.

58. Il apporta neuf espèces de fourrages; il traça neuf cercles (706).

(706) Le mot que nous avons rendu par fourrages et qu'on pourrait aussi interpréter par bois, est d'un sens peu connu. Le Vendidad finit brusquement et de manière à faire croire que la suite a péri. Anquetil-Duperron a ajouté à ce chapitre une demi-page pour lui donner une fin moins choquante pour les lecteurs européens, mais il aurait dû laisser le texte tel qu'il le trouvait.

REMARQUES SUR LE BOUN-DEHESCH.

L'édition lithographiée du Boun-Dehesch qu'a donnée M. N. H. Westergaard (1851, in-4°, 84 pages) reproduit exactement ligne pour ligne le manuscrit précieux que possède la bibliothèque de Copenhague. Ce manuscrit rapporté de l'Inde par le savant Erasme Rask, a été transcrit vers l'an 700 de l'hégire (1330 de l'ère chrétienne); il paraît qu'on n'en connaît en Europe que deux autres exemplaires et un fragment du Boun Dehesch; un de ces exemplaires, et le fragment se trouvent également à Copenhague; celui qu'Anquetil-Duperron a rapporté de l'Inde et sur lequel il a fait sa traduction, est conservé à la bibliothèque impériale de Paris. Le manuscrit qui a servi de modèle pour le texte lithographié n'est pas toujours correct, et les signes diacritiques destinés à distinguer une lettre d'une autre sont parfois indiqués d'une manière erronée. M. Martin Haag annonçait une édition critique du Boun-Dehesch; il voulait accompagner le texte pehlvi d'une transcription en lettres hébraïques, et y joindre une traduction, des notes, un glossaire complet et une grammaire. Ce travail serait d'autant plus utile qu'on ne possède presque rien de récent sur le pehlvi; le mémoire de J. Muller dans le *Journal asiatique*, 1829, ne concerne que l'alphabet, et pour entreprendre cette étude, avec des moyens insuffisants dont on dispose, il faut une patience à toute épreuve et une sagacité exercée.

Le pehlvi paraît avoir une origine sémitique, on lui donne aussi le nom d'*huzaresh* ou d'*huzvaresch*; mot qui s'écrirait plus correctement huzaorthra, en zend, bon sacrifice; c'est une indication que ce langage était consacré au culte et aux cérémonies religieuses. On a généralement signalé l'époque de la dynastie des Sassanides comme celle où le pehlvi fut parlé en Perse. M. Westergaard élève toutefois dans sa préface quelques objections à cet égard et, comme preuve que les Sassanides se servaient d'un autre langage que celui de la traduction pehlvi des livres attribués à Zoroastre, il cite deux inscriptions assez longues qui portent le nom du roi Schapur I, fils d'Ardeschir et qu'il a trouvé gravées sur le mur d'une caverne non loin d'Hagiabad, village près de Persépolis. Ces inscriptions, d'une interprétation difficile, donnent un idiome qui est très-rapproché du pehlvi, mais qui est mêlé de flexions et de particularités grammaticales, appartenant aux langues sémitiques et iraniennes.

M. Haag entre au sujet de la grammaire de l'huzvaresch, dans des détails assez circonstanciés que nous laisserons de côté comme étant étrangers au plan que nous nous sommes tracé. Il s'occupe ensuite de donner une idée du Boun-dehesch. Cet ouvrage se compose de trente-quatre chapitres d'après la division adoptée par Anquetil-Duperron. Il présente un tableau complet de la doctrine religieuse des Parsis et il est bien précieux sous ce rapport, car il est formé de fragments d'anciens écrits religieux qui ne sont point parvenus en entier jusqu'à notre époque. Il fut sans doute primitivement écrit en zend, car les traces nombreuses indiquent à un œil attentif l'œuvre d'un traducteur. On ne saurait fixer avec quelque certitude la date de sa composition, mais elle est assurément bien plus récente que les autres portions du Zend-avesta venues jusqu'à nous, et on pourrait avec vraisemblance la fixer au premier siècle de l'ère chrétienne; la traduction fut probablement faite vers la fin du règne des Sassanides et même après l'envahissement de la Perse par les Arabes, si du moins la dernière phrase du livre où la venue des Arabes est signalée, n'est pas une interpolation.

M. Haag donne, p. 51-43, une traduction des trois premiers chapitres, nous l'avons rapprochée de celle d'Anquetil-Duperron; elle ne présente pour le sens aucune différence sensible; on remarque seulement quelques variations dans la transcription de divers noms propres (*Gah* au lieu de *Dje*: *Cpendemnai* au lieu de *Sapandomad*) et quelques changements dans la signification donnée à certains mots. Par exemple, Anquetil écrit (chap. 3) « que de maux je vais verser sur l'homme pur, » et la traduction allemande dit : « que de poison je répandrai en cette guerre sur les hommes purs ! »

Les trois premiers chapitres roulent sur l'origine d'Ormuzd et d'Ahriman; sur la création de la lumière; sur les attaques de l'ennemi (l'esprit du mal) contre les créatures; M. Haag donne ensuite les sommaires des 31 chapitres suivants; nous les placerons ici, car on les chercherait en vain dans le travail d'Anquetil-Duperron.

Chap. IV. — De Goschurum, l'âme du taureau.
Chap. V. — Des étoiles, des planètes, des comètes et de la marche du soleil autour du mont Alburz.
Chap. VI. — Du combat d'Ahriman contre Ormuzd, combat dans lequel le Ciel lui-même lutte contre Ahriman.
Chap. VII. — De l'eau que l'étoile Faschat recueille et verse et qui forme la mer appelée Ferakh Kant.
Chap. VIII. — De la sortie des montagnes hors du mont Alburz.

Chap. IX. — De la sortie des divers arbres hors de l'arbre primitif.
Chap. X. — Sur le taureau primordial qui fut tué par Ahriman, et de la semence duquel sortiront les plantes utiles et les animaux.
Chap. XI. — Division de la terre en sept *keskvar* (ou zones); leur description.
Chap. XII. — Des montagnes; leurs noms et leur description.
Chap. XIII. — De la mer appelée Ferakh-Kant; des autres mers et des fleuves.
Chap. XIV. — Des cinq sortes d'animaux; énumération d'un grand nombre de bêtes diverses; indication de leurs propriétés.
Chap. XV. — De la création de l'homme, de son état primitif et de sa chute par suite de la déception d'Ahriman.
Chap. XVI. — De la génération.
Chap. XVII. — Des cinq sortes de feu; leur description.
Chap. XVIII. — De l'arbre Gokart sans lequel la résurrection n'est pas possible.
Chap. XIX. — De l'âne à trois pieds dans la mer de Ferakh-Kant, du taureau Hazecosch, de l'oiseau Tschamrosch et de divers autres animaux.
Chap. XX. — Des fleuves.
Chap. XXI. — Des sept sortes d'eau; leur description.
Chap. XXII. — Des Var (sources d'eau visibles).
Chap. XXIII. — De l'origine des singes (Kupık).
Chap. XXIV. — Des chefs ou des individus principaux dans chaque race.

Chap. XXV. — Des Gah-Gabanbar (ou six périodes de la création du monde); des divisions de l'année et du jour.
Chap. XXVI. — Quelques mots sur les diverses mesures de longueur (le hésar, le farsang, le gani, le vetust).
Chap. XXVII. — Sur les diverses sortes de plantes; énumération de plusieurs d'entre elles.
Chap. XXVIII. — On ne saurait dire le sujet de ce chapitre, car un feuillet manque dans ce manuscrit; cette lacune en présence de laquelle s'est trouvé également Anquetil-Duperron réduit à quelques mots le chapitre en question.
Chap. XXIX. — Des Darugs ou démons, esprits méchants compagnons d'Ahriman.
Chap. XXX. — Des Keskvars ou parties du monde; énumération de divers lieux et de divers héros qui, tels que Cico, Tuç, Çam, Feridum, se retrouvent dans le *Shah-nameh*.
Chap. XXXI. — De la résurrection des morts, de l'incendie de la terre causée par le choc de la comète Garzcher et de l'anéantissement définitif des méchants.
Chap. XXXII. — Liste des Kajanides; détails généalogiques.
Chap. XXXIII. — Sur la famille de Zoroustra.
Chap. XXXIV. — Tableau chronologique; durée de la souveraineté de Genshid, de Teridua, de Minacehr; à la fin indication du règne d'Alexandre le Grand, des Sassanides et leur renversement par les Arabes.

LES
LIVRES SACRÉS
DE TOUTES LES RELIGIONS
SAUF LA BIBLE.

QUATRIÈME PARTIE.
LIVRES RELIGIEUX DE LA CHINE.

AVANT-PROPOS.

Le volume publié en 1843 par M. Pauthier, a mis sous les yeux du public les ouvrages célèbres attribués en partie à Confucius; on y trouve le *Chou-King*, traduit par le père Gaubil, et les *Sse-chou* ou les quatre livres de philosophie morale et politique.

Ces divers écrits ont reparu en 1847 en un volume grand in-18 publié à la librairie Charpentier.

Nous n'avons point à revenir ici sur ces livres qui ont ainsi déjà été l'objet de détails très-étendus;

nous nous bornerons à consigner quelques indications bibliographiques propres à compléter celles que M. Pauthier a réunies.

Nous signalerons un article consacré à Confucius (*forme latine donnée au nom de Khoung fou-tseu*) dans le *Dictionnaire des sciences philosophiques*, t. I, p. 517-532.

L'édition anglaise publiée à Serampore par J. Marshman, Serampore, 1809, grand in-4°, a été l'objet d'un article d'Abel-Remusat dans le *Moniteur* (5 février 1814), reproduit dans le second volume des *Mélanges asiatiques* de ce savant. Un autre article judicieux se rencontre dans le tome XI du *Quarterly Review*.

La traduction allemande des Œuvres de Confucius et de ses disciples, par M. Schott (Halle 1826 et Berlin, 1832, in-8°), qu'indiquent le *Manuel du Libraire* et M. Pauthier (p. 29) est signalée par des bibliographes d'Outre-Rhin comme étant une imposture littéraire (*eine literarische Betrügerei*).

L'Y-King que M. Jules Mohl a fait paraître à Stuttgard (707) a été l'objet d'un travail de M. Piper dans le 5° volume (1851) du *Journal de la Société orientale allemande*.

M. Mohl a également donné à Stuttgard en 1830 une édition de la traduction latine du Chi-King par le père La Charme. Consulter sur cette publication le *Bulletin* de Ferussac, *Sciences historiques*, tom. XVI, p. 259.

Le Tchoung-Yong (l'*Invariable milieu*, ou l'*Invariabilité dans le milieu*) composé par Tsu-ssc, a été publié par M. Abel Remusat avec une version latine, une traduction française et des notes dans le tome X du recueil connu sous le nom de *Notices et extraits des manuscrits de la Bibliothèque du roi*; il a été également mis au jour, Scharement, 1817, in-4°. M. Klaproth, dans les *Annales des Voyages*, 2° série, tom. II, M. Chezy, dans le *Journal des Savants*, octobre 1817, p. 88-93, ont rendu compte de ce travail.

On sait qu'un sinologue des plus instruits, M. Stanislas Julien, membre de l'Institut, a mis au jour à Paris, en 1822-29, le texte chinois de Meng-tseu accompagné d'une traduction latine. Entre autres savants qui ont parlé en détail de cette publication dont le mérite est universellement reconnu, nous pouvons signaler M. Landresse (*Bulletin* de Ferussac, *Sciences historiques*, tom. III, p. 1-6) et Abel Rémusat (*Journal des Savants*, février 1825, et *Mélanges asiatiques*, tom. II). Mencius ou Meng-tseu est l'objet d'un article inséré dans le *Dictionnaire des sciences philosophiques*, tom. IV, p. 211-215.

(707) *Y-King, antiquissimus Sinarum liber quem ex latina interpretatione P. Regis aliorumque e societate Jesu, edidit J. Mohl*, 1854-39, 2 vol. pet. in-8°.

CATÉCHISME DES SHAMANS,

OU

LOIS ET REGLEMENTS DES PRETRES DE BOUDDHA EN CHINE.

AVANT-PROPOS.

Malgré le grand nombre d'ouvrages qui existent sur la Chine, on connaît peu en Europe ce qui concerne le bouddhisme dans cet empire; nous avons donc saisi avec empressement l'occasion de jeter quelque clarté sur cette question, en profitant du travail d'un Allemand qui a fait un long séjour à Canton.

M. Ch. Fried. Neumann, en s'occupant de recherches dans les bibliothèques de divers monastères bouddhistes, trouva, parmi une masse de livres religieux, un court exposé des devoirs des Shamans ou prêtres de Bouddha. Cet écrit lui parut digne d'attention; il en fit une traduction qu'il fit imprimer à Londres, en 1831, dans la collection des ouvrages mis au jour aux frais d'une Société qui s'occupait de livrer au public des versions d'ouvrages orientaux.

Le texte original, composé par le Shaman Chouhung et revu par le Shaman Hung-tsan, fut imprimé en 1763 près de Canton, et il a reparu souvent, accompagné de notes plus ou moins étendues. Nous nous sommes contenté d'en emprunter un très-petit nombre. On trouvera d'ailleurs dans cette production, selon les habitudes de l'esprit chinois, des préceptes moraux et non des enseignements dogmatiques. Quant aux modifications profondes qui séparent le bouddhisme, tel qu'il existe dans le Céleste-Empire, des doctrines qui ont cours, sous le même nom, dans les autres régions de l'Asie, nous n'avons pas à nous en préoccuper ici; c'est d'ailleurs un sujet qu'il serait prématuré d'aborder dans l'état actuel de la science en Europe.

M. Neumann n'a pas jugé à propos de traduire un autre écrit relatif à la partie dogmatique du Bouddhisme, et qui, souvent réimprimé, est intitulé: *Fo shwo se she url chang*; les quarante-deux soutras ou brefs aphorismes de Bouddha. C'est le premier livre qui fut traduit du sanscrit en chinois, et il passe pour contenir les réponses que Sakya-Mouni, absorbé dans la méditation, fit aux questions que lui adressaient ses disciples; on regarde ainsi ces sentences comme contenant l'essence des doctrines bouddhiques. Il ne faut pas les considérer comme l'œuvre du célèbre réformateur; elles exposent un système métaphysique fort obscur. Après avoir signalé les devoirs, les vertus, les différents rangs et les privilèges des prêtres, elles traitent des dix vertus et des dix vices de l'âme et du corps, elles s'étendent sur la cause des causes ou sur la cause de tous les effets. Il suffira de citer un passage d'un de ces Soutras (le dix-septième) :

« Bouddha dit : Ma religion ou ma loi consiste à penser la pensée inconcevable; ma religion consiste à suivre la voie sur laquelle on ne peut passer; ma religion consiste à prononcer la parole ineffable; ma religion consiste à pratiquer la pratique impraticable. »

Un travail de M. Stanislas Julien, inséré dans le *Journal asiatique* (novembre 1849, 4ᵉ série, t. XIV, p. 353), et intitulé : *Concordance sinico-sanscrite d'un nombre considérable de titres d'ouvrages bouddhiques recueillis dans un catalogue chinois de l'an 1306*, fait connaître des ouvrages répandus parmi les bouddhistes, et qui se trouvent dans quelques-unes des grandes bibliothèques de l'Europe, surtout à Saint-Pétersbourg. Le catalogue en question donne les titres de quatorze cent quarante ouvrages différents. Nous citerons entre autres :

Histoire de la tradition du flambeau de la doctrine bouddhique, en 12 volumes, publiés vers l'an 1006;

Résumé des cinq ouvrages où est exposée la tradition du flambeau de la doctrine bouddhique, 20 volumes publiés vers l'an 1207.

Les livres sacrés (*King* en chinois, *Soutras* en sanscrit) sont en fort grand nombre :

On compte 897 soutras, contenant ensemble 2,980 livres, et se rapportant au *Mahayana* (Grand Véhicule);

Le Recueil de règlements disciplinaires se rapportant au même objet, forme 28 ouvrages, contenant 56 livres;

Le Recueil de règlements se rapportant au Petit Véhicule (*Hinayana*) forme 69 ouvrages, contenant 504 livres;

Les Traités philosophiques ou *Çastras* sont au nombre de 155; 117 d'entre eux se rattachent au Grand Véhicule.

Nous renvoyons, d'ailleurs, au Mémoire de M. Julien pour les détails plus spéciaux qui ne seraient point ici à leur place.

Le Bouddhisme, dès qu'il fut connu en Chine, y fut accueilli avec faveur : sa métaphysique excita l'enthousiasme, sa religion s'étalit plus lentement; c'est vers le commencement du Vᵉ siècle de notre ère que ce culte s'étendit et se propagea dans l'empire; l'histoire, telle que l'écrivent les bouddhistes, est d'ailleurs toujours pleine de prodiges, et rien n'y suit le cours habituel des choses; la philosophie des lettrés, pleine d'axiomes moraux excellents mais abstraits, ne pouvait lutter avec avantage chez les mas es que les livres des bouddhistes se lisaient par leur extravagance même. (Voir un travail de M. Bazin *Sur les ordres religieux dans l'empire chinois*, *Journal asiatique*, août 1856.)

LIVRE PREMIER. — LOIS DES SHAMANS.

DÉFINITION DU MOT SHAMAN.

Shama est un mot de la langue sanscrite (708) qui signifie sentiment de compassion, c'est-à-dire de regret affectueux à l'égard de ceux qui suivent une mauvaise foi, disposition à regarder le monde avec bienveillance, à ressentir une charité universelle, et à renouveler toutes les créatures. Ce mot signifie aussi s'observer soi-même avec la plus extrême vigilance et s'efforcer d'atteindre le néant. Nous avons dix lois et plusieurs règles.

Voici la règle de Bouddha pour les prêtres : jusqu'à la cinquième lune avant le solstice d'été, que leurs esprits soient attentivement dirigés vers les lois et les règles; à partir de la cinquième lune, qu'ils écoutent les instructions de leurs maîtres, et qu'ils s'adonnent aux exercices religieux.

Avant que la tête et la barbe soient rasées, ils reçoivent les dix lois suivantes, et ils montent ensuite à l'autel, où ils reçoivent toutes les autres lois. Dès ce moment, ils sont réellement Shamans, car ces lois sont la base de notre doctrine. Mais quand ils reçoivent d'abord ces lois, ni l'homme stupide, par suite de son manque de jugement, ni l'homme indolent, par suite de son insouciance, ne peut arriver à en avoir une intelligence convenable. Si le cours régulier de l'étude est une fois troublé, vous ne pouvez espérer d'arriver à la dignité d'un Bhaga ou d'un Bodhisattva, ce qui est une grande calamité. J'ai donc pris en main ce sommaire des dix lois, et j'ai écrit ce commentaire afin qu'il puisse servir à instruire l'ignorant, et afin qu'il répande la lumière dans toutes les directions. Celui qui désire

---

(708) En sanscrit et en bengali le mot *Sha-mun* ou *Sha-me* signifie *tranquillité, calme, indifférence*. Dans l'Inde ultra-gangétique les jeunes gens destinés à la prêtrise sont, dès l'âge de sept ans conduits à un monastère, et jusqu'à treize ans, ils portent le nom de Kew-woo Shamans; *Shamans qui chassent les corbeaux* des champs de riz ou de blé; ce nom indique que ces enfants sont en liberté et n'ont qu'à veiller sur les récoltes. De quatorze à dix-neuf ans, ils portent le nom de Fa-Shamans, (*Shamans de la loi*); ils sont sous la direction du supérieur du monastère et doivent se livrer à l'étude. De vingt à soixante-dix ans, ils sont des Shamans réguliers et ils sont assujettis à l'accomplissement des dix lois énoncées plus loin. Observons que les Bouddhistes chinois ont un grand respect pour le sanscrit et que leurs prières sont en général en cette langue, mais écrites en caractères chinois. Des auteurs chinois disent qu'il y a dans le monde soixante langues ou manières d'écrire, mais que le premier rang revient au *Fan*, c'est-à-dire au sanscrit.

devenir un prêtre doit accorder une obéissance implicite à ce sommaire; il doit être sincère et éloigné de toute malice, c'est ainsi qu'il arrivera aux degrés qui conduisent à un Bhaga, et même plus haut, à l'élévation au rang d'un Bodhisatva. Il est aisé de voir que le chemin de la perfection est rendu facile à reconnaître, si les instructions relatives à la loi sont claires et distinctes, et si l'esprit du prêtre est attentif. C'est pour ceux qui désirent être éclairés que j'ai pris la peine de ranger dans un certain cadre les divers préceptes dispersés dans beaucoup de livres. J'ajouterai que les dix lois suivantes sont contenues dans le livre sacré des dix lois des Shamans comme décrétées par Bouddha lui-même, qui les révéla au fils de Sariraja, et elles furent publiées par Lohla (709).

PREMIÈRE LOI.
Tu ne tueras aucune créature vivante (710).

Commentaire.

Nulle créature vivante ne doit être tuée, soit qu'elle appartienne à la classe plus relevée des êtres, comme un Bouddha, un homme parfait, un professeur, un prêtre, un père ou une mère, soit qu'elle appartienne à la classe inférieure des êtres, telle qu'une sauterelle ou que le plus petit des insectes; en un mot, tu ne tueras rien de ce qui a la vie. Qu'un homme tue de ses propres mains, ou qu'il commande à un autre de tuer, ou qu'il voie seulement avec plaisir l'acte de tuer, tout cela est également défendu par cette loi, ainsi que beaucoup d'autres choses qui ne peuvent être énoncées une à une. Il est dit, dans l'Ecriture, que Bouddha, à la saison de l'hiver, cacha un peu dans le trou d'un arbre, qu'il l'enveloppa avec de la soie, et lui donna la meilleure nourriture qu'il put trouver, de crainte que le froid et la faim ne détruisissent cet animal; il filtrait l'eau à plusieurs reprises afin de ne pas avaler un insecte, tant il ressentait de compassion pour tous les êtres. S'il prenait tant de soin à l'égard des plus petites créatures, vous pouvez imaginer comment il agissait à l'égard des grandes. Si un homme marche ainsi dans les voies de la perfection, est-il possible qu'il fasse avec intention tort à quelque créature? L'Ecriture dit aussi : « Tu seras bon et bienveillant pour tous les êtres, tu étendras la paix dans le monde, et tu le renouvelleras par la loi ; s'il arrive que tu voies tuer quelque être, ton âme sera émue de pitié et de compassion. Ah ! que nous devons être vigilants sur nous-mêmes. »

SECONDE LOI.
Tu ne déroberas pas.

Commentaire.

Tu ne prendras nul objet à autrui, que ce soit de l'or ou de l'argent, un ustensile, une aiguille ou une plante ; tu ne mettras la main sur aucun objet qui ne t'aurait pas été donné : soit qu'il appartienne au monastère ou qu'il ait été remis en dépôt, soit qu'il appartienne aux prêtres, aux magistrats, au peuple ou à une personne quelconque, soit qu'il ait été pris par force ou par ruse, tout cela appartient à l'action de dérober, ainsi que de donner moins ou que de prendre plus que le montant exact des taxes publiques. Il est dit dans l'Ecriture qu'un Shaman prit sept fruits appartenant au monastère, un autre quelques gâteaux appartenant aux prêtres, et un autre un petit morceau de miel appartenant aux prêtres, et ils tombèrent tous dans l'enfer (711). L'Ecriture nous recommande aussi de nous couper la main plutôt que de dérober quelque chose qui ne nous appartienne pas. Ah ! avec quel soin devons-nous veiller sur nous-mêmes.

TROISIÈME LOI.
Tu ne te livreras pas à la débauche.

Commentaire.

Dans les cinq lois des laïques, il est commandé de ne point nourrir des désirs illégitimes, et les dix lois des prêtres proscrivent tout désir quelconque ; le moindre commerce d'un sexe avec l'autre est une violation de ces lois. Il est dit dans le livre *Ling yen Keng* (712) qu'une religieuse nommée Pao leen Heang (713), souilla son corps en secret et dit en son esprit : « En souillant mon corps, je ne tue ni ne dérobe ; ainsi, ma faute ne sera point réélée ; » mais s'étant levée pour éteindre du feu, elle tomba vivante dans l'enfer. Si les hommes du monde se tuent eux-mêmes et ruinent leur famille

---

(709) Sariraja avait pour mère, à ce que disent les commentateurs chinois, une femme d'une beauté extraordinaire, nommée Sarimini. Son père était un brahmane nommé, chez les Chinois, Te-han-lun-sze, Lohla (ou Lohow-lo) est le fils de Bouddha lui-même, et il doit la vie à une conception miraculeuse. Sariraja et Lohla sont du nombre des dix premiers disciples de Shakia, si souvent mentionnés dans les livres bouddhistes. On représente Lohla comme ayant divisé les prêtres en diverses classes.

(710) Divers auteurs anciens mentionnent la loi imposée aux Indiens de ne tuer nul être vivant ; c'était également un précepte de l'école pythagoricienne, cel e qui se rapproche le plus des idées de l'Orient. Mégasthène, cité par Strabon (liv. xv), dit que les Brahmanes vivaient dans le célibat et ne mangeaient nul e créature vivante, ce qui n'est pas tout à fait exact ; ces deux préceptes ne se trouvent que chez les Bouddhistes.

(711) Selon les Brahmanes et les Bouddhistes chinois, le monde est formé de sept différents *dwipas* (régions, îles ou continents) ; un de ces dwipas forme le séjourde la race humaine ; les six autres sont les divers degrés de l'enfer.

(712) Il existe divers ouvrages sous ce titre ; ils sont traduits du sanscrit et ils jouissent d'une grande réputation parmi les Bouddhistes qui les représentent comme enseignant à mépriser les sens, à ne diriger son attention que sur un seul objet et à parvenir au Nirvana.

(713) Ce nom signifie ; beau lis odorant. C'était le nom de religion de la *bhagni* ou religieuse. Les Bouddhistes, hommes et femmes, prennent, en entrant dans un monastère, un nom différent de celui qu'ils portaient dans le monde.

par de tels désirs, comment ceux qui ont laissé le monde et qui appartiennent à la vie religieuse pourraient-ils transgresser cette loi? Ce désir est la base à la fois de la vie et de la mort; aussi l'Ecriture nous enseigne que la liaison entre l'homme et la femme est la source de la vie, mais que la mort en est la conséquence s'il y a quelque chose d'impur. Ah! avec quelle vigilance devons-nous veiller sur nous-mêmes!

QUATRIÈME LOI.
Tu ne feras point de mal par ta bouche.
Commentaire.

Il y a quatre manières de commettre du mal en parlant. La première, c'est de mentir en disant une chose qui n'est point vraie, comme si vous dites qu'une chose est lorsqu'elle n'est pas, ou qu'elle n'est pas lorsqu'elle est; si vous dites que vous n'avez pas eu une chose que vous avez eue, ou que vous n'avez pas vu ce que vous avez vu; en un mot, c'est d'affirmer une chose qui n'est pas. La seconde manière consiste en des paroles oiseuses et vaines, c'est-à-dire de s'exprimer par des mots affectés et pompeux, ou de proférer des chants passionnés et indécents qui excitent des désirs impurs, qui conduisent au péché et qui troublent l'esprit. La troisième manière consiste en un langage grossier et vulgaire, et à mal parler des gens d'une façon directe ou indirecte. La quatrième manière est la duplicité, parler d'une façon à une personne et d'une façon différente à une autre; tenir un langage différent à des amis et à des parents, en causant ainsi des inimitiés; louer les gens en leur présence, et dire d'eux du mal lorsqu'ils sont partis; dire ce qui est vrai lorsqu'ils sont présents, et le contraire lorsqu'ils n'y sont pas; accuser quelqu'un sans avoir la certitude que les reproches sont fondés, ou cacher ses bonnes qualités; telles sont les manières de faire du mal par la bouche (714). Chacun peut, en gouvernant sa langue, s'élever aux quatre degrés (715) et devenir un homme parfait; une faute de cette nature est d'autant plus grande qu'elle se répand sur le monde entier.

Il est des exceptions où la ruse et la tromperie sont permises, si c'est pour empêcher un crime énorme, si c'est avec une intention de pitié et de commisération pour renouveler le monde, en ces cas, ce n'est pas un crime (716).

Si les hommes regardaient autrefois le précepte de ne pas faire le mal par la bouche comme un résumé de toute bonne conduite, combien cette règle ne doit-elle pas être plus forte pour ceux qui ont été instruits et qui ont laissé le monde (717)!

Il est dit dans l'Ecriture qu'un jeune Shaman se moqua un jour d'un vieux Bagha, en disant que, lorsqu'il lisait les Livres saints, il aboyait comme un chien. Le vieux Bagha, qui se trouva être un Arhan (718), fit que ce jeune Shaman se repentit sur-le-champ de ce qu'il avait dit, afin de ne pas tomber dans l'enfer et être transformé en chien. Telles furent les conséquences énormes d'un seul mot condamnable. Aussi est-il dit dans les Livres saints que les gens du monde ont dans la bouche une hache avec laquelle ils détruisent leur corps. Ah! avec quel soin devons-nous veiller sur nous-mêmes!

CINQUIÈME LOI.
Tu ne boiras pas de liqueurs fortes.
Commentaire.

Cette loi nous commande de ne boire aucune liqueur enivrante. Il y en a de beaucoup d'espèces dans les pays de la frontière occidentale, comme des boissons faites avec des cannes à sucre, des raisins et beaucoup d'autres plantes; dans ce pays (la Chine), c'est une habitude générale de faire avec du riz une liqueur forte; tu ne dois faire usage d'aucune de ces boissons, sauf la seule exception que tu serais malade et que rien autre ne pourrait te rendre la santé, et il faut alors que tous ceux qui te voient sachent que tu bois de liqueurs fortes. Ainsi, si ce n'est dans le cas d'un motif très-puissant, tu ne toucheras de tes lèvres aucune liqueur; tu n'en approcheras point de ton nez pour en sentir l'odeur, et tu ne t'assiéras point dans une taverne ou avec des gens qui boivent des spiritueux (719).

Yu fut très-affligé lorsque E et Ho inventèrent le vin (720), et Chow ruina l'empire en faisant des

---

(714) D'après les Bouddhistes du Népaul, les mauvaises actions sont de dix espèces; 1° le meurtre; 2° le vol; 3° l'adultère; 4° le mensonge; 5° la médisance secrète; 6° l'injure; 7° rapporter entre deux personnes des paroles qui les engagent à se quereller; ces quatre dernières fautes sont appelées vachaka, c'est-à-dire dérivées du langage.

(715) Selon les moralistes bouddhistes, il y a quatre degrés qu'il faut monter pour devenir un homme parfait; les noms de ces degrés sont sanscrits et signifient affranchissement de tout désir observation de soi-même, etc.

(716) Les commentateurs chinois, en expliquant cette doctrine, disent qu'on peut, par exemple, mentir en parlant à un chasseur afin de l'empêcher ainsi de tuer un animal.

(717) C'est-à-dire qui ont reçu la doctrine de Bouddha.

(718) Le nom d'Arhan se donne au prêtre du premier ordre; il vient du sanscrit arh, ayant du mérite. Les Bouddhistes de la Chine ont traduit dans l'idiome du céleste empire une multitude d'ouvrages sanscrits, mais ils ont laissé de côté les Védas qui, dans quelques livres chinois, sont mentionnés succinctement comme contenant des doctrines hérétiques.

(719) Les Chinois donnent ce nom à diverses contrées que leurs géographes ne distinguent pas toujours d'une façon bien précise, mais où l'on peut reconnaître les régions septentrionales de l'Hindoustan, le Cachemire, la Boukharie.

(720) Allusion à des passages dans le Chou-King.

étangs de vin (721) ; un prêtre ne doit-il donc pas s'abstenir de boire du vin?

Il y avait une fois un certain Yew-po-han qui, en violant cette loi, transgressa aussi toutes les autres et commit les trente-six péchés ; vous pouvez voir par là que boire du vin n'est pas une petite faute. Il y a dans l'enfer une région à part remplie de boue et d'ordures (722), et destinée à ceux qui transgressent cette loi ; ils reviendront à la vie comme des gens stupides et insensés, privés de sagesse et d'intelligence. Il y a des démons qui troublent la raison, et des herbes qui donnent le délire, mais les boissons spiritueuses causent dans l'esprit des désordres encore plus grands que tout autre poison. L'Ecriture nous recommande aussi de boire du cuivre fondu plutôt que de violer cette loi et de boire des liqueurs spiritueuses. Ah! avec quel soin devons-nous veiller sur nous-mêmes!

SIXIÈME LOI.

Tu ne parfumeras pas les cheveux sur le sommet de la tête ; tu ne peindras pas ton corps.

Commentaire.

C'est la coutume dans l'Inde de se parfumer avec des fleurs les cheveux sur le sommet de la tête ; les habitants de ce pays attachent leurs cheveux avec des fleurs, afin de donner de la grâce et de la dignité à la tête. Ils font aussi usage de diverses couvertures de tête ornées d'or, de pierres précieuses et de broderies de soie ou de coton. Les hommes éminents, dans l'Inde, se peignent aussi le corps ; ils font usage d'une plante odorante en grande réputation ; ils la répandent sur le vêtement intérieur près du corps ; ils portent aussi avec eux de l'encens et des cosmétiques de divers genres. Comment un prêtre pourrait-il faire usage de pareilles choses ? Celui qui, selon les préceptes de Bouddha, n'a que trois vêtements faits avec un tissu grossier de chanvre, et qui, obéissant à un sentiment de compassion, s'abstient de détruire quoi que ce soit, pourrait-il faire usage des poils d'un animal ou du produit d'un insecte? Il n'y a qu'un vieillard de soixante-dix ans, ayant la tête chauve et voulant éviter le froid, qui peut faire usage d'un bonnet ; tout autre doit s'en abstenir (723).

Yu, le fondateur de la dynastie d'Hea, portait un vêtement d'étoffe grossière, ainsi que Yoote, de la dynastie de Han ; convient-il donc à de petits rois, à des ministres, et je dirai même à des hommes doués d'intelligence, de rechercher des ornements, de vouloir des parfums et d'orner leurs corps? Il y avait autrefois un Kaou-Sang (grand prêtre) qui fit usage, durant trente ans entiers, du même cordon pour attacher ses souliers ; qu'est-ce que les hommes d'une condition ordinaire ne doivent donc pas faire? Ah! avec quel soin devons-nous veiller sur nous-mêmes!

SEPTIÈME LOI.

Tu ne verras point ou tu n'entendras point des chansons, des pantomimes et des comédies, et tu n'y prendras point toi-même un rôle.

Commentaire.

Le mot *ko* désigne toute chanson que fait entendre la voix humaine ; le mot *woo* veut dire les postures et les gestes que l'on accomplit avec le corps entier ; le mot *chang ke* signifie des comédies accompagnées de diverses sortes d'instruments. Vous ne ferez rien de semblable, et vous n'irez point voir ou entendre d'autres personnes qui le feront. Autrefois, il y avait un Seen (724) dont l'esprit se corrompit en entendant les chants des jeunes filles, en écoutant des voix douces et mélodieuses ; si des êtres pareils peuvent être corrompus par ce qu'ils voient et ce qu'ils entendent, combien ne devez-vous pas prendre soin de vous-mêmes!

Il y a de notre temps des hommes stupides qui chantent des chansons indécentes et licencieuses, en s'accompagnant du *Peipa* et du *Naou* (725) ; ne renonceraient-ils pas à une semblable musique si la loi de la Chine (la doctrine de Confucius), pouvait être universellement régénérée par tous les Bouddhas? Les personnes qui sont élevées pour un monastère bouddhiste, qui sont instruites dans l'observation de la loi et dans l'accomplissement du service divin, pourraient-elles faire des choses semblables? La mort et la vie, voilà la différence entre les laïques et les prêtres ; comment serait-il possible que le clergé pût oublier ses fonctions sublimes, et qu'il courût après une musique dissipée. Le jeu des échecs (726) et des dés, et les au-

---

(721) Allusions à des passages du *Chou-King*. Voir la traduction de ce livre par le P. Gaubil.

(722) Les Bouddhistes de la Chine représentent l'enfer comme partagé en huit divisions auxquelles ils donnent des noms sacrits.

(723) Les relations de voyages attestent qu'on voit souvent dans les pays de l'Indo-Chine, les prêtres bouddhistes marcher tête nue en dépit d'une chaleur excessive.

(724) Les Seen sont regardés comme des êtres surnaturels, comme des espèces d'archanges ou de séraphins. Selon quelques auteurs chinois, ce sont des esprits qui prennent la forme humaine, mais qui ne meurent pas ; ou en compte dix classes différentes.

(725) Le naou est une sorte de trompette ; le peipa un instrument à trois cordes dans le genre de la guitare : la musique est fort cultivée en Chine ; mais comme elle manque d'harmonie et de variété, elle paraît détestable à des oreilles européennes.

(726) Le jeu des échecs doit avoir été connu en Chine depuis une antiquité bien reculée, car il en est fait mention dans les écrits de Meng-tseu

tres divertissements semblables, détournent aussi l'âme du droit chemin et la plongent dans des fautes et des crimes. Ah! avec quel soin nous devrions veiller sur nous-mêmes!

HUITIÈME LOI.

Tu ne t'assiéras pas et tu ne te coucheras pas sur un lit élevé et large.

Commentaire.

Le lit doit être conforme aux règles de Bouddha; la couche de celui qui règne maintenant sur le monde n'avait pas plus de huit *che* (727) de haut; dépasser cette mesure est un crime. Il n'est pas convenable de faire usage de nattes de soie ou de planches qui soient vernies, ornées de fleurs ou ciselées avec art. Autrefois les hommes étaient dans l'usage de s'asseoir sur l'herbe, et la nuit ils se couchaient sous un arbre; maintenant que nous avons des lits et des chaises, il ne faut pas les faire élevés et larges afin de contenter la sensualité du corps.

Hee tsun (728) ne s'assit jamais sur une natte.

Kao fung sheao chen sse, le maître de la contemplation élevée, sublime et abstraite, se tint debout pendant trois ans, et ne demanda jamais un lit ni une chaise.

Un prêtre, dans le monastère de Woo ta (l'entendement sublime), fut détruit par l'encens sur son siège qui n'avait que deux coudées de trop. Puisque un tel homme a été malheureux, comment serait-il possible que nous ne veillions pas sur nous-mêmes avec grand soin?

NEUVIÈME LOI.

Tu ne mangeras point après le temps.

Commentaire.

Après le temps signifie après midi; un prêtre ne doit pas manger passé cette heure. Les esprits célestes mangent le matin, les Bouddhas à midi, les bêtes le soir, les démons la nuit; il convient donc que les prêtres imitent Bouddha, et qu'ils ne mangent pas après midi. Les démons affamés entendent dans l'enfer le bruit du battant de bois (qui appelle les moines à dîner); ils ouvrent la bouche, et leur gorge est alors remplie de feu; c'est pour cette raison que nous devons nous abstenir de manger à midi, et surtout après cette heure.

Autrefois, il y avait un grand prêtre qui versait secrètement des pleurs en voyant la fumée sortir après midi de la cheminée de la demeure d'un prêtre relogé près de lui, tant il ressentait vivement la violation de la loi de Bouddha. Mais notre génération est faible et sujette à beaucoup de maladies; les hommes ne peuvent aujourd'hui soutenir le poids de cette loi, et ils ont besoin de manger bien des fois dans la journée. C'est pourquoi nos maîtres ont permis aux prêtres de prendre le soir une certaine quantité d'herbes, afin de prévenir la maladie. Étant ainsi sujets à transgresser les lois de Bouddha, vous ressentirez de la honte et du chagrin; vous adresserez vos prières aux démons misérables et affamés; vous serez pénétrés de pitié et de compassion; vous ne ferez pas de repas amples et délicats, et vos pensées ne s'attacheront pas à ce que vous mangez. Si vous n'agissez pas ainsi, vos crimes seront grandement accrus. Ah! avec quel soin devrions-nous veiller sur nous-mêmes!

DIXIÈME LOI.

Tu n'auras point en ta possession particulière de figure en or, en argent ou en métal, et tu n'auras aucun objet précieux.

Commentaire.

Par objet précieux, on entend une des sept choses qui ont de la valeur (729).

Tous les hommes avares et cupides s'éloignent du droit chemin; c'est pourquoi, durant la vie de Bouddha, tous les prêtres mendiaient pour vivre; ils n'avaient pas besoin de se procurer des vêtements ou une demeure, ou d'allumer du feu. Bouddha dit que l'or et l'argent sont des productions de la terre dont vous ne devez faire aucun usage, et celui qui suit exactement ce précepte arrivera à la science parfaite.

S'il en est ainsi, les hommes qui suivent Confucius peuvent-ils appeler mendiants les disciples de Sakia-Mouni, nous qui nous procurons de la nourriture et des objets nécessaires en quantité suffisante, et qui ne nous occupons d'avoir ni or, ni instruments d'agriculture?

Dans notre temps, il n'est pas toujours possible de se procurer en mendiant la nourriture dont on a besoin, soit que l'on se trouve dans une ville, ou que l'on parcoure la campagne, ou que l'on voyage dans un pays étranger; dans ces divers cas, il est permis de se munir d'or et d'argent. Mais étant forcés de transgresser sciemment la loi de Bouddha, vous ressentirez de la honte et du chagrin, et vous aurez toujours votre esprit dirigé vers la pauvreté.

Si vous êtes contraints d'errer dans le pays, vous ne vous arrêterez pas dans quelque auberge publique; vous n'entasserez pas de la nourriture; vous re

---

(727) Un *che* ou *tan-che* est la dix-neuvième partie d'une coudée, ou *chak*.

(728) Les auteurs chinois disent que Hee-tsun était né dans l'Inde, et que son nom était Nan-Seng, celui qui est né avec difficulté; entre autres circonstances fabuleuses sur son compte, ils prétendent qu'il était resté soixante ans dans le sein de sa mère. Il est le huitième ou le neuvième des vingt-huit patriarches bouddhistes qui énumérèrent les livres du bouddhisme indien.

(729) Ces sept choses sont l'or, l'argent, les perles et diverses pierres précieuses.

vous livrerez à aucune affaire commerciale, et, en général, vous ne porterez avec vous aucune étoffe précieuse et aucun objet de valeur. Si vous le faites, votre faute sera fort augmentée. Ah! avec quelle vigilance devrions-nous veiller sur nous-mêmes!

LIVRE SECOND. — LES REGLEMENTS.

Suivant les lois qui régissent les prêtres de Bouddha, tout Shaman, ayant complété sa vingtième année, et voulant connaître toutes les lois qui lui restent à savoir, n'est pas admis à en prendre connaissance, s'il ne peut répondre à toutes les questions qui lui sont faites au sujet des devoirs d'un Shaman. Supposé que quelqu'un pût être reçu sans connaître les devoirs, les manières et les usages des prêtres, il serait difficile pour les Shamans d'en être instruit.

Il est nécessaire d'être d'abord pleinement instruit de ces devoirs, afin qu'après avoir reçu les lois, vous puissiez marcher facilement dans la voie de Bouddha, et accomplir sans peine ce qui convient à un Shaman; c'est pourquoi l'examen commence par les lois.

J'ai recueilli les règles, tant anciennes que nouvelles, qui concernent les usages et les mœurs des prêtres, et je les ai réunies en cet abrégé afin que le jeune prêtre puisse facilement les comprendre et se préparer lui-même à devenir un Bhaga (730). Je trouvai ce mode d'instruction très-utile, car les hommes dont l'esprit n'est pas entièrement livré à la loi sont paresseux et désirent s'amuser. Un gros livre les rebuterait, mais ils ne s'effrayeront pas d'un petit. Voyant qu'il n'existe rien de semblable, j'ai préparé ce second livre afin de satisfaire aux besoins de tout homme, qui, voulant être parfaitement éclairé, trouvera ici l'instruction nécessaire.

Section I. — *Du respect à avoir pour un Shaman supérieur.*

Vous n'appellerez pas un Shaman supérieur par son nom.

Vous ne surveillerez pas secrètement ses paroles.

Vous ne vous entretiendrez pas de ses fautes.

Vous ne resterez pas assis lorsque vous l'apercevrez, sauf le cas d'une des cinq circonstances suivantes : si vous récitez des prières, si vous êtes malade, si vous vous rasez, si vous mangez ou si vous êtes occupé pour le monastère.

Les novices sont consacrés après la cinquième lune du solstice d'été, lorsqu'ils sont élevés à la dignité d'*achar* (731); après la dixième lune du solstice d'été, ils sont élevés à la dignité d'*ho shang*.

(730) Nous avons déjà dit qu'un Bhaga est, dans la hiérarchie bouddhiste, un personnage éminent par son mérite.

(731) C'est un mot sanscrit : acharya, celui qui prie;

Section II. — *Des devoirs envers un précepteur (Guru).*

Vous devez vous lever de bonne heure, et frapper ou appeler trois fois avant d'entrer dans la chambre de votre maître. Si vous êtes réprimandé par un achar ou par un ho-shang, il ne faut pas le contredire; vous devez regarder un ho-shang ou un achar comme Bouddha lui-même.

De même que vous ne cracheriez pas en un vase propre, vous ne devez pas souiller votre cœur par la colère et le dépit.

A l'égard des visites, il faut observer de ne pas en rendre à votre maître lorsqu'il est absorbé dans une méditation contemplative.

Si votre maître est au moment de sortir, il ne faut pas lui rendre visite.

Si votre maître mange, s'il lit les Ecritures, s'il lave ses dents, s'il prend un bain, ou s'il se livre à quelque occupation d'esprit, il ne faut, en aucune de ces occasions, lui rendre visite.

Si le précepteur ferme sa porte, vous ne resterez pas dehors à l'attendre jusqu'à ce qu'il sorte, mais vous frapperez trois fois, et si la porte n'est pas ouverte, vous vous retirerez.

Si votre maître mange ou boit, vous lui présenterez la nourriture de vos deux mains; lorsqu'il aura fini, vous ôterez les vases dont il se sera servi, et vous les mettrez en ordre.

Vous ne vous tiendrez pas très-loin de votre maître, ni en un endroit plus élevé que lui; il convient que vous parliez en sa présence à voix basse, mais cependant distincte et de manière qu'il vous entende sans effort.

Si vous demandez à votre maître de vous expliquer l'origine et les principes de la loi de Bouddha, vous irez le voir revêtu de vos meilleurs habits, vous joindrez ensemble la paume de vos mains, et vous vous agenouillerez; si le maître commence à parler, vous serez absorbé dans l'attention que vous mettrez à l'entendre.

Si vous allez vers votre maître en lui demandant quelque chose pour votre entretien, il n'est pas nécessaire de s'agenouiller; vous vous tiendrez de

il se traduit en chinois par l'expression *maître de la doctrine*, et il s'applique aux prêtres qui sont capables d'instruire les très-jeunes Shamans. Il y a cinq classes d'*achars*, mais cette organisation et son origine sont assez imparfaitement connues en Europe.

côté ou en face de lui, et vous expliquerez clairement la nature de votre demande.

Si votre maître est fatigué, soit de corps, soit d'esprit, et qu'il vous demande de vous retirer, vous sortirez sans témoigner ni joie, ni mécontentement.

Si vous avez commis quelque faute, vous ne devez pas la cacher ou craindre qu'on ne la découvre; au contraire, vous devez aller immédiatement vers votre maître lui en faire l'aveu avec honte et regret, et demander votre pardon. Si le maître vous pardonne, votre honte et votre regret disparaîtront; vous pouvez alors vous montrer gai et tranquille.

Si le maître dit quelque chose qui n'est pas exact, vous ne le contredirez pas.

Vous ne devez ni vous asseoir dans la chaise vide de votre maître, ni vous coucher sur son lit, ni vous habiller avec ses vêtements.

Si votre maître vous envoie porter une lettre, vous ne l'ouvrirez pas en cachette, et vous ne la donnerez pas à quelque autre personne pour qu'elle voie ce qu'il y a dedans. Après avoir porté la lettre à sa destination, vous demanderez si vous devez attendre une réponse; si l'on vous répond que non, vous prendrez congé d'une manière polie, et vous retournerez sans délai auprès de votre maître.

Si votre maître reçoit un visiteur, vous vous tendrez de côté, ou derrière lui, et vous ne ferez usage de vos oreilles et de vos yeux que pour chercher ce dont il aurait besoin.

Si votre maître est malade, vous vous appliquerez avec ardeur à lui procurer tout ce qui lui serait nécessaire; vous aurez soin de sa maison, vous lui apporterez les remèdes.

Vous ne devez ni vous asseoir devant votre maître sans sa permission, ni vous appuyer contre la muraille.

Chaque jeune frère dans un monastère doit faire choix d'un maître éclairé et le suivre longtemps; mais si le maître n'est pas réellement un homme éclairé, il convient alors que vous vous en sépariez et que vous marchiez vous-même dans la voie de la vertu.

Si vous achetez quelque chose pour votre maître, il ne faut pas faire un profit sur ce marché, comme les hommes du monde ont l'habitude de le faire, car c'est un péché.

SECTION III. — *De la sortie avec le maître.*

Vous ne visiterez aucune maison sans votre maître; vous ne vous arrêterez pas dans un endroit public où les hommes se rassemblent ; vous ne regarderez ni à droite, ni à gauche ; vous marcherez derrière votre maître, la tête courbée vers la terre.

En entrant dans une maison avec votre maître, vous vous tiendrez debout près de lui jusqu'à ce qu'il vous dise de vous asseoir, alors vous vous assiérez.

En entrant dans la salle publique d'un monastère, où le maître ou quelque autre personne adresse ses prières à Bouddha, vous ne vous promènerez pas de côté et d'autre, et vous ne ferez aucun bruit.

Si le maître monte sur une monture, vous devez porter avec vous quelque chose qui lui serve à s'asseoir, et vous ne resterez pas à une grande distance en arrière.

Si le maître voyage sur l'eau, vous devez vous tenir près de lui afin de le soutenir ; vous devez être grave et courageux quand l'eau est profonde et agitée, comme lorsqu'elle est tranquille.

Si, en cheminant avec lui, vous arrivez à un passage étroit, vous devez passer le premier.

Si le maître jeûne, vous devez vous tenir auprès de lui, et tenir préparé ce dont il aura besoin quand le jeûne sera fini.

SECTION IV. — *Règles générales de conduite.*

Vous ne devez jamais avoir de querelle à l'égard d'un siège.

Vous ne devez pas converser à voix haute ou rire avec une personne éloignée de vous.

Vous ne devez parler ni de ce qui a pu vous arriver d'heureux, ni de votre propre mérite.

En vous lavant, vous ne sauriez faire usage d'une trop grande quantité d'eau.

Si vous crachez par terre, vous devez baisser la tête, et prendre garde de cracher sur quelqu'un. Il ne faut cracher ni dans un endroit public, ni dans une chambre, ni dans de l'eau pure, mais il faut se retirer dans un endroit écarté.

Vous ne devez pas vous moucher avec bruit.

Il ne faut pas présenter le thé avec une seule main.

Dès que vous entendrez le bruit de la cloche de Lois (placée dans chaque monastère, et qui appelle les moines à la prière), vous joindrez ensemble les paumes de vos deux mains, et vous vous mettrez en prière, en dégageant votre esprit de tout chagrin et de toute préoccupation, et en vous appliquant uniquement à la sagesse, afin d'obtenir la connaissance de la loi, afin d'être délivré de la prison terrestre, et d'échapper au gouffre enflammé. Vous désirerez que la loi de Bouddha puisse se répandre sur le monde entier.

Vous ne rirez point trop haut, ni trop longtemps, et s'il vous arrive de bâiller, vous tiendrez sur votre bouche les manches de votre vêtement.

Vous ne marcherez point avec précipitation; vous ne prendrez point pour votre usage particulier les lanternes de Bouddha; vous manierez la lanterne de manière que nul être vivant, oiseau ou insecte, n'en éprouve de mal.

Personne ne doit sentir l'odeur des fleurs cueillies dans le jardin du monastère, et destinées à être placées devant Bouddha, si ce n'est ceux qui sont chargés de ce soin; ils doivent veiller à ne pas marcher sur une feuille laissée par terre; ils doivent ramasser toute feuille tombée par terre et la porter en un endroit particulier.

Si on vous appelle, vous ne devez pas répondre au gré de votre caprice; vos réponses doivent toujours avoir quelque rapport aux prières adressées à Bouddha.

Si vous trouvez quelque objet qui aurait été perdu, vous le remettrez de suite au prêtre directeur du monastère.

Vous ne contracterez pas d'amitié avec un jeune élève aspirant à la prêtrise.

Vous n'aurez ni plus ni moins de trois vêtements; si vous en avez davantage, vous devez les donner.

Vous ne devez rien réparer, nettoyer ou laver en public, de peur d'être raillé par vos connaissances.

Vous ne porterez point de vêtements dont la couleur est passée, et vous n'aurez point d'habits ornés selon la mode qu'observeront les laïques.

Vous ne toucherez point vos vêtements avec des mains sales.

En entrant dans la salle publique, vous devez attacher vos vêtements, et ne montrer aucune négligence.

Vous ne devez parler ni trop haut ni trop bas.

Vous ne devez pas rester assis, regardant de côté et d'autre, tandis que les autres travaillent, et vous ne devez pas souffrir de demeurer dans l'oisiveté.

Vous ne devez rien emporter en cachette dans votre cellule, ni bois, ni fleurs, ni végétaux, ni ustensiles, ni aliments quelconques.

Vous ne prononcerez pas un mot, soit en bien, soit en mal, au sujet du gouvernement, des magistrats et des officiers publics. Il faut laisser aux laïques l'habitude de médire de tout le monde, des grands et des petits.

Si l'on vous appelle, vous répondrez avec deux mots tirés de votre profession de foi; vous ne direz pas *moi* ou *le petit prêtre*.

Vous ne consacrerez pas de grands efforts à amener à un résultat une chose qui est sans grande importance. Si elle est importante, vous pouvez faire tout ce qui dépendra de vous, mais en conservant toujours votre bonne humeur. Si vous voyez que la chose est impossible, renoncez à vous en occuper. Se mettre en colère est indigne d'un prêtre.

SECTION V. — *Concernant le repas.*

Aussitôt que le signal aura été donné par le marteau de bois, vous vous préparerez à venir au repas.

Vous vous conduirez avec décence lors des prières avant et après le repas.

Le dîner d'un prêtre consiste en sept mesures de riz mêlé avec de la farine, le dixième d'une coudée de pâtisserie, et un poids à peu près égal de pain. Manger plus est cupidité, manger moins est

parcimonie, manger des végétaux de quelque espèce que ce soit en sus de ces plats est chose interdite.

Le prêtre prendra les aliments en sa main gauche; il priera et dira : « O vous, esprits bons et mauvais, je vous offre ces mets; puissent-ils être répandus, pour les esprits bons ou mauvais, dans toutes les dix régions du monde! »

Chaque prêtre répétera avant dîner cinq prières :

1° Pour toutes les choses favorables qui lui sont arrivées dans la journée;

2° Afin qu'il puisse suivre la voie de la vertu et être éloigné de toute malice;

3° Afin que son cœur soit loin de tout péché d'impureté ou de cupidité;

4° Afin qu'il ne fasse usage des aliments que comme d'un remède dans le but de fortifier son corps;

5° Afin de prendre ses repas dans le seul but d'être à même de se perfectionner dans la doctrine sacrée.

Vous ne devez point parler de votre dîner, soit en bien, soit en mal.

Vous ne devez point manger vos aliments en cachette, ni les dérober comme un chien.

Vous ne parlerez point lorsque vous viendrez vous mettre à table, ou lorsque vous vous en retirerez; vous saluerez seulement avec la main.

Vous ne vous gratterez point la tête pendant le dîner, et en respirant vous ferez attention à ne point incommoder vos voisins.

Vous ne parlerez point la bouche pleine.

Vous ne rirez pas et vous n'élèverez pas trop haut la voix.

En nettoyant vos dents, placez quelque chose devant votre bouche.

S'il vous arrive de trouver un insecte dans vos aliments, vous le cacherez; vous ne le montrerez pas à votre voisin, ce qui créerait du doute et de l'incertitude en son esprit.

Lorsque vous aurez pris une place, vous ne la changerez pas pour une autre.

Vous n'enlèverez, durant le dîner, rien de dessus la table.

Vous ne serez ni trop lent, ni trop pressé à dîner.

Si, lorsque vous arrivez, le repas n'est pas prêt, vous ne montrerez aucune impatience.

Si vous avez besoin de quelque objet, vous ne le demanderez point en élevant la voix, mais vous le montrerez en silence et vous le prendrez.

Vous ne ferez aucun bruit à table.

Vous ne vous lèverez pas seul lorsque vous aurez terminé votre repas.

Quiconque entend le signal donné par l'instrument de bois et ne se rend pas à table, viole les règements imposés aux prêtres, et doit être privé de son repas.

Vous ne goûterez pas les plats avant de manger, cela éveille le désir et fait que l'on mange d'une manière indécente.

Vous ne mangerez pas seul ce qui a été servi pour tous.

Section VI. — *Sur la prière et les salutations.*

Vous n'entrerez pas au milieu du temple pour prier ; vous vous placerez sur un des sièges.

Si quelqu'un adresse des prières à Bouddha, vous ne passerez pas auprès de lui de peur de le troubler.

Vous plierez votre main en baissant les doigts, de sorte qu'ils seront réunis sur la paume de la main ; vous ne porterez point vos doigts à votre nez. Tenant la tête élevée, vous dirigerez vos regards vers la terre.

Vous ne prierez point avant l'heure fixée, lors même que vous le désireriez ; vous attendrez le moment convenable.

Pour prier vous vous placerez derrière votre supérieur et à une petite distance.

Vous ne saluerez personne au moment où vous rendrez cet hommage à votre supérieur.

En sa présence vous ne saluerez point vos égaux et vous ne recevrez pas leurs salutations.

En vous adressant à quelqu'un, vous ne toucherez de votre main ni les Ecritures ni les images.

Vous vous rendrez constamment à la prière avec un cœur pur et un esprit absorbé dans la méditation. Vous observerez en tout temps les sept règles concernant les salutations.

Section VII. — *Ce qu'il faut faire en allant entendre la loi.*

Aussitôt que la tablette sera suspendue dans la grande salle, vous vous y rendrez et vous attendrez que le signal soit donné.

Vous tiendrez vos vêtements d'une manière convenable et laisserez votre esprit s'absorber dans la méditation ; vous vous avancerez et vous assiérez gravement ; vous ne devez ni parler ni bâiller.

Aussitôt que vous entendrez le son qui appelle pour entendre la loi, vous cesserez toute conversation concernant les affaires de ce monde, et vous ne penserez qu'à votre perfection morale.

Tout ce qui entre dans votre oreille ne doit pas sortir sans réflexion de votre bouche ; vous ne direz que ce qui peut être avancé devant l'assemblée.

Les prêtres qui n'ont pas atteint l'âge convenable et qui n'ont pas encore la connaissance parfaite des préceptes, ne quitteront pas leurs études et ne courront pas avant le moment voulu pour entendre exposer la loi.

Section VIII. — *De la manière d'étudier.*

Il est nécessaire d'étudier d'abord les lois, ensuite le Shaster ; vous ne devez pas sortir de la voie régulière.

Chaque livre doit être lu en entier et parfaitement compris avant que vous ne passiez à un autre.

Il ne faut pas tousser sur les Ecritures.

Il ne faut pas, en lisant, prendre une tasse de thé ou tout autre rafraîchissement.

Tout homme qui veut étudier les Ecritures ne se livrera à cette étude qu'après s'y être préparé par une conduite irréprochable.

Si un livre est avarié, il faut le réparer sans délai.

Il n'est permis d'étudier les livres profanes, tels que ceux qui concernent la philosophie, l'histoire ou les lois de l'Etat, qu'après avoir terminé les études spéciales auxquelles un prêtre doit se livrer.

Vous ne devez pas étudier lorsque le moment est venu de prier ou d'aller à l'autel.

Il ne faut pas étudier des livres faux ou supposés.

Vous n'étudierez point des livres sur la divination et sur la physionomie, ni des ouvrages relatifs à la médecine ou à l'art militaire ; vous ne vous occuperez pas des livres sur les pronostics, l'astronomie, la géographie ni les enchantements, tels que la *Fournaise de Hwangpih* et autres écrits semblables concernant des esprits merveilleux et des démons extraordinaires (752).

Vous n'étudierez pas les différentes explications des Ecritures.

Vous n'étudierez les livres des religions ou des usages des étrangers qu'au point de vue de la sagesse qu'ils peuvent contenir. Celui qui veut obtenir une connaissance parfaite de la profondeur et de la vanité de la doctrine secrète ou divulguée peut considérer à diverses reprises les idées et les instructions de celui qui est dans le Nirvana.

Vous ne lirez ni ouvrages en vers ni romans.

Vous n'appliquerez pas votre esprit à apprendre à former les caractères avec l'habileté qui convient à un maître d'écriture ; il suffit qu'on sache écrire avec correction.

Vous ne toucherez point un livre avec les mains sales.

Lorsque vous étudiez les Ecritures, considérez-vous comme étant en présence de Bouddha ; il ne faut ni plaisanter ni rire.

Vous ne laisserez pas le livre en désordre sur la table.

Vous ne lirez pas assez haut pour troubler d'autres personnes. Vous rendrez le livre qui vous aura été prêté et vous prendrez grand soin de ne pas l'endommager.

(752) Ces livres appartiennent à la secte du Tao ; il est difficile de se les procurer et on en demande des prix exorbitants.

Section IX. — De l'entrée dans la grande salle du monastère.

Quiconque franchit la porte du monastère ne prendra pas le passage du milieu, mais il se dirigera vers une des deux entrées latérales, soit celle de droite, soit celle de gauche, suivant que l'une ou l'autre s'offrira la première à lui.

Vous ne monterez pas dans la grande salle (733) et vous n'y marcherez pas sans quelque motif particulier.

Vous ne monterez pas dans la tour sans nécessité.

En entrant dans la grande salle ou en montant dans la tour, vous vous tournerez à droite; vous ne devez pas tourner à gauche.

Lorsque vous serez dans la grande salle et dans la tour, vous ne devez ni verser des larmes, ni répandre de la salive.

En montant dans la tour, vous compterez trois, sept, dix et cent degrés (734) de l'escalier tournant; vous devez savoir combien de circuits vous avez faits.

Vous ne frapperez point avec un bâton ou avec quelqu'autre objet les murailles de la grande et belle salle.

Section X. — Comment vous devez vous conduire en allant à l'autel ou lorsque vous êtes dans votre cellule.

Quand vous serez auprès de l'autel, vous devez veiller à ce que vos habits ne fassent point de bruit ou de vent, et vous devez aussitôt commencer à prier.

En vous couchant, vous répéterez en silence vos prières, et du matin au soir vous devez rester graves et calmes, car tous les hommes qui agissent ainsi et qui sont maîtres d'eux-mêmes rentrent dans les régions heureuses (735) après la destruction de leur corps.

Vous ne crierez pas et vous ne parlerez pas à voix haute.

Vous ne laisserez pas traîner vos souliers de manière à ce qu'ils fassent du bruit.

(733) La salle où sont placées les statues des dieux et des esprits.
(734) Ceci veut dire probablement que le Shaman doit s'arrêter après avoir monté trois, sept, dix et cent degrés.
(735) D'après les idées des Bouddhistes, l'univers se compose d'abord des régions célestes qui sont d'écrites comme situées au sommet d'un roc carré d'une hauteur et d'une étendue immenses; ses flancs sont formés d'émeraude, de cristal, de rubis et de saphir. C'est là que réside l'Être suprême (Sambha); les hommes vertueux sont admis, après leur mort, en se séour; ils y trouvent des vêtements, des provisions et tout ce qu'ils peuvent désirer. A moitié hauteur se trouve la région du soleil et de la lune; ces deux astres placés sur les côtés opposés de la montagne, en font perpétuellement le tour, afin de distribuer le jour et la nuit au monde qui est au pied de la montagne et qui est formé d'une mer immense d'où sortent sept continents qui entourent le rocher comme autant de bandes; quelques îles sont jetées dans les intervalles; ces terres forment le séjour des mortels.

Vous ne ferez aucun bruit, ni en riant, ni en chuchotant.

Étant auprès de l'autel, vous ne direz à l'oreille de votre voisin rien qui regarde les affaires du monde.

Si vous rencontrez un compagnon ou un ami avec lequel vous désirez converser, vous n'entretiendrez pas avec lui une longue conversation dans la salle publique, mais vous vous rendrez tous deux sous les arbres ou près de l'eau, et là vous parlerez ensemble. Durant le temps de la prière, vous conserverez le corps droit et l'esprit pur ; vous vous tiendrez dans le silence et sans faire de bruit. Le matin, après le second coup de la cloche de bois, il est convenable que vous vous rendiez dans la salle publique.

En prenant votre siège, vous direz vos prières en tenant le corps droit; vous ne laisserez pas flotter vos idées ; vous désirerez que toutes les créatures vivantes puissent arriver à l'état du Bodhi ou de la science, et que la vie trouve un terme définitif.

Vous marcherez lentement en allant vers l'autel ou lorsque vous en reviendrez ; vous n'interromprez pas vos prières.

Vous n'écrirez pas des caractères sur l'autel, si ce n'est au moment de l'instruction générale.

Vous ne vous réunirez pas auprès de l'autel pour boire du thé, pour passer la nuit et pour vous livrer à la conversation.

Vous ne raccommoderez pas vos vêtements sur l'autel, vous ne vous coucherez pas auprès de l'autel, soit pour vous reposer, soit pour converser.

Section XI. — Vous serez économe de tout ce qui appartient à la communauté.

Si quelqu'un désire que vous lui enseigniez quelque chose que vous savez, vous ne vous y refuserez pas.

Avant de faire bouillir des légumes dans un pot, vous le nettoyerez trois fois avec de la cendre.

Avant de tirer de l'eau, vous vous laverez les mains, et avant de boire, vous examinerez l'eau afin de voir s'il s'y trouve ou non quelque insecte; si vous en apercevez un, vous filtrerez l'eau avant de la boire. En hiver, vous ne filtrerez pas l'eau de grand matin, et vous attendrez que le soleil se soit monté.

En faisant bouillir de l'eau ou des aliments, vous ne ferez pas usage de bois sec (*parce qu'il pourrait s'y trouver quelque insecte*).

Vous ne prendrez point vos aliments avec des ongles sales.

Vous ne répandrez point de l'eau sale sur un grand chemin ou en élevant les mains, mais vous vous écarterez un peu de la route et vous verserez l'eau avec lenteur.

Vous ne balayerez pas la terre dans une direction opposée au vent, et vous ne laisserez point les balayures devant la porte.

Avant de laver votre chemise, vous en ôterez la vermine.

En été, vous devez regarder avec attention le vase qui contient l'eau dont vous allez faire usage, parce qu'en cette saison beaucoup d'insectes croissent dans l'eau.

Vous ne préparerez point vos aliments sur la terre nue.

Quels que soient les aliments que vous ayez, du riz, des légumes ou des fruits, vous ne les jetterez point et vous ne les dissiperez point étourdiment, mais vous en ferez usage avec soin et avec économie.

SECTION XII. — *Des bains.*

Si vous vous rendez dans un bain public, vous vous laverez convenablement, en commençant par les parties les plus élevées du corps et en descendant vers les plus basses.

Vous ne jouerez pas dans l'eau et vous ne la ferez pas jaillir de façon à mouiller les gens qui sont près de vous.

Quand vous serez dans le bain, vous n'adresserez la parole à personne et vous ne rirez pas. Il est dit dans le *Précieux Miroir du ciel et de l'homme*, qu'un prêtre qui se livrait dans le bain à des plaisanteries inconvenantes, fut immédiatement puni, en étant précipité dans les eaux bouillantes de l'enfer.

Vous ne changerez point de place dans le bain.

Si quelqu'un a un ulcère sur le corps, il se baignera le dernier, car il est à craindre qu'il n'en infecte d'autres, et si son mal est fort dégoûtant, il se baignera dans un endroit fort éloigné.

Vous ne resterez pas trop longtemps pour votre plaisir, en empêchant ainsi les autres de se laver.

Vous marquerez avec soin, avant d'entrer dans l'eau, les vêtements qui vous appartiennent.

Vous vous promènerez un peu avant d'entrer dans le bain et vous n'y descendrez que lorsque tout sera préparé.

SECTION XIII. — (*Elle se rapporte aux besoins naturels*; le traducteur anglais l'a jugée trop dégoûtante et trop éloignée des idées de l'Europe pour en donner une traduction.)

SECTION XIV. — *Du sommeil.*

Dormir sur le côté droit procure un sommeil favorable; vous ne devez pas vous retourner dans la nuit pour dormir sur le côté gauche.

Vous ne coucherez pas dans la même chambre ou sur le même lit que votre précepteur; il y a pourtant des occasions où vous pouvez coucher deux dans la même chambre, mais jamais sur le même lit.

Vous devez suspendre vos habits de manière à ce qu'ils n'incommodent la tête de personne.

Vous ne dormirez pas en conservant sur vous vos vêtements de dessous.

Lorsque vous serez au lit, vous ne devez ni rêver, ni parler à haute voix.

Vous ne répandrez pas de l'eau en face de quelque image des saints ou en face de la salle où la loi est expliquée.

SECTION XV. — *Comment il faut se tenir auprès du feu.*

Vous ne placerez pas vos têtes à côté les unes des autres, et vous ne parlerez pas à l'oreille de vos camarades.

Vous ne jetterez pas dans le feu des ordures ou de la graisse.

Vous ne ferez pas sécher au feu vos chaussures ou vos bas, et vous ne vous tiendrez pas longtemps devant le feu de manière à en écarter ceux qui seront arrivés après vous. Retirez-vous un moment; vous vous en rapprocherez ensuite.

SECTION XVI. — *De la conduite à suivre dans le dortoir.*

Si le gardien qui fait la ronde dans la nuit vous adresse quelque question, vous lui ferez des réponses satisfaisantes.

Si vous avez besoin d'une lampe pour une période plus longue que le temps fixé, vous le ferez savoir aux personnes qui sont dans la même chambre, en disant : « J'ai besoin d'avoir de la lumière. » Avant d'éteindre la lumière, vous vous informerez si quelqu'un en a besoin.

Vous ne soufflerez point la lumière avec bruit et vous ne réciterez point vos prières à trop haute voix.

Si quelque personne se trouve malade, vous la soignerez en cédant à un sentiment de compassion.

Si vos camarades dorment, vous ne ferez point de bruit, vous ne parlerez pas à voix haute et vous ne rirez point aux éclats.

Vous ne sortirez point pendant la nuit de la chambre où vous dormez si ce n'est pour quelque raison particulière.

SECTION XVII. — *Des visites à rendre à un couvent de religieuses.*

S'il y a dans la chambre un siége séparé, vous pouvez vous asseoir; sinon, vous ne le pouvez pas.

Vous ne parlerez point à une religieuse au moment qui ne serait pas convenable.

En revenant d'un couvent de religieuses, vous ne direz point que celle-ci ou celle-là est bonne ou méchante, jolie ou laide.

Vous ne lirez point de livres avec une religieuse et vous ne lui emprunterez rien.

Vous ne raserez pas la tête d'une religieuse.

Vous ne vous placerez pas derrière un rideau dans un couvent de religieuses.

Deux personnes peuvent aller ensemble dans un couvent; une ne le peut pas; elles n'apporteront aucun présent.

Vous n'irez pas mendier de compagnie avec une religieuse; vous n'irez pas avec elle dans quelque maison pour lire les Ecritures ou pour réciter des prières.

En faisant une visite à vos parents, vos sœurs ou vos amis, vous n'irez point avec une religieuse.

Section XVIII. — *De la conduite à suivre dans les maisons des laïques.*

S'il y a un siège séparé dans la maison, vous pouvez vous asseoir, mais vous ne devez pas prendre place entre deux laïques.

Si l'on vous interroge à l'égard des Ecritures, vous devez considérer ce qu'il convient de dire ou de ne pas dire en tel ou tel endroit, en tel ou tel moment.

Vous ne devez pas rire souvent.

Si le maître de la maison vous présente des aliments, vous les accepterez, quoiqu'il n'appartienne pas à l'Eglise; vous ne devez pas agir d'une façon contraire aux règles de la politesse.

Vous ne transgresserez pas la loi en sortant pendant la nuit.

Vous n'entrerez pas dans une chambre dans laquelle personne ne se trouve; vous ne resterez pas assis auprès d'une femme et vous ne parlerez point avec elle.

Vous ne lirez point avec une femme et vous n'emprunterez d'elle aucun objet.

Si vous allez en ville voir quelqu'un de vos parents ou une personne de votre connaissance, en entrant dans la maison, vous commencerez par aller dans la grande salle et vous rendrez hommage à Bouddha ou aux images des saints. Ensuite vous vous tiendrez droit et vous vous informerez de la santé de toutes les personnes de la maison, en commençant par votre père et votre mère.

Vous ne parlerez point à votre père de votre maître, de la loi ou de la règle de votre monastère; un prêtre doit toujours rester grave et dans le silence lorsqu'il est question de semblables objets; vous pouvez parler de la religion de Bouddha et dire que ceux qui lui seront fidèles seront heureux.

Vous ne resterez pas trop longtemps avec un enfant appartenant à des laïques; vous ne jouerez pas et ne badinerez pas avec lui; vous ne demanderez point s'il est bon ou s'il est méchant.

S'il advient que vous ayez à passer la nuit dans un lieu public, vous resterez seul sur un lit, vous dormirez peu et vous dirigerez toute votre attention sur Bouddha. Lorsque vous aurez terminé vos affaires, vous reviendrez sans retard au monastère.

Vous ne regarderez ni à droite ni à gauche des gens corrompus; vous ne parlerez point d'une voix douce, comme c'est l'usage lorsqu'on parle à des femmes; vous ne parlerez point à voix basse ou en particulier; vous ne parlerez pas beaucoup.

Vous prendrez grand soin de ne pas faire l'hypocrite en affectant un air de gravité et de piété.

Vous veillerez spécialement à ne rien dire qui puisse nuire à la religion de Bouddha et vous répondrez avec prudence si quelqu'un vous interroge à cet égard.

Vous éviterez de vous donner un air d'importance en parlant beaucoup.

Vous ne ferez pas usage des compliments que l'on échange, selon l'usage des laïques, en buvant pendant un repas.

Vous ne vous hasarderez pas à entrer dans la maison d'un magistrat.

Lorsque vous sortirez pour voir votre père, votre mère, vos frères, vos sœurs ou vos tantes, vous ne ferez pas, par la même occasion, des visites à d'autres laïques.

Vous ne parlerez pas des défauts que peuvent avoir les prêtres.

Section XIX. — *De la conduite à suivre en allant mendier.*

Vous sortirez avec un vieux prêtre ayant l'expérience de la loi; si personne ne peut vous accompagner, vous devez dire à quel endroit vous allez.

Si vous arrivez devant la porte d'une maison, vous veillerez soigneusement à ne pas violer les règles de la civilité.

Vous n'entrerez point dans une maison où il ne se trouverait aucun des hommes qui font partie de la famille.

Avant de vous asseoir, vous regarderez avec attention autour de vous, afin de voir s'il n'y a pas quelque couteau ou quelque arme, quelque objet de grande valeur ou quelque partie du costume d'une femme; dans tous ces cas, vous ne vous asseyerez pas.

Si vous récitez des prières, observez ce qui convient au moment et à la circonstance.

Vous n'invoquerez pas la bénédiction du ciel sur les habitants d'une maison, parce qu'ils vous auront donné de la nourriture.

Vous ne mendierez pas d'une manière lamentable et propre à exciter la pitié, et vous ne parlerez pas trop des objets célestes, de peur de les profaner.

Vous ne témoignerez pas une satisfaction outrée si vous obtenez beaucoup, et vous ne montrerez pas de la vexation si vous ne recevez que peu.

Vous vous tournerez avec respect vers le maître

de la maison, et, avec des sentiments de reconnaissance, vous apporterez les aliments au monastère.

Section XX. — *De la conduite à tenir hors du monastère.*

Vous ne sortirez jamais, à moins que ce ne soit absolument nécessaire.

Vous ne vous mettrez pas à courir lorsque vous vous promènerez.

Vous n'étendrez pas, en promenant, vos mains hors de vos vêtements.

Vous ne vous arrêterez pas d'une manière oisive, vous amusant à regarder telle ou telle personne, tel ou tel objet.

Un Shaman ne doit jamais, dans ses promenades, parler à un enfant ou rire avec lui.

Vous n'irez pas de compagnie avec une femme ou avec une religieuse.

Vous vous abstiendrez de même d'aller avec des ivrognes ou avec des gens sans raison.

Vous ne jetterez point vos regards derrière vous et vous ne regarderez pas une femme du coin de l'œil.

Si vous rencontrez un membre de votre famille ou un ami, vous vous arrêterez et vous demanderez à lui parler.

Si vous rencontrez des acteurs qui jouent une pièce ou une pantomime, ou qui amusent la foule, vous ne vous arrêterez pas pour leur parler, mais vous continuerez votre chemin en tenant votre corps droit.

Si vous rencontrez un terrain bas et rempli d'eau, vous n'y passerez pas, s'il y a quelque autre chemin qui vous mette à même de le tourner ; s'il n'y en a pas, vous pouvez le traverser.

Vous ne monterez jamais à cheval, à moins que vous ne soyez malade ou très-pressé, et même en cette circonstance, vous ne fouetterez point le cheval de manière à le faire courir, pour vous donner du plaisir.

Si vous rencontrez quelque officier public, vous ne vous arrêterez pas pour lui parler, mais vous vous détournerez et vous prendrez un autre chemin.

Si vous rencontrez des gens qui se querellent, vous ne vous arrêterez pas pour les regarder, mais vous vous éloignerez.

De retour au monastère, vous ne raconterez pas des merveilles de toutes les belles choses que vous aurez vues au dehors.

Section XXI. — *De l'achat d'un objet quelconque.*

Vous ne marchanderez point et ne disputerez pas, mais vous direz de suite le prix que vous donnerez pour tel ou tel objet.

Vous ne vous assiérez pas dans la boutique d'une femme.

Si un marchand vous demande un prix trop élevé, vous vous retirerez sur-le-champ et vous ne vous arrêterez pas à discuter avec lui.

Si, après avoir fait un achat, vous trouvez que l'objet empleté ne vaut pas le prix, vous ne le refuserez pas ; vous payerez et vous serez en colère contre vous-même.

Vous devez être sur vos gardes, ne pas faire crédit sans motifs et ne rien prêter à de mauvais débiteurs.

Section XXII. — *De la convenance de ne rien faire sans autorisation.*

Vous ne sortirez jamais sans avoir demandé la permission de votre maître.

Avant de vous procurer un nouveau costume monastique, vous demanderez la permission de votre maître, et avant de mettre vos vêtements neufs, vous l'en préviendrez.

Avant de vous raser la tête, vous demanderez la permission de votre maître.

Vous en ferez autant avant de conclure une affaire qui regarde la communauté.

Avant de prendre quelque objet pour votre usage personnel, vous demanderez la permission de votre maître.

Avant de lire les Ecritures, vous demanderez sa permission.

Vous agirez de même avant de recevoir ou de donner quelque objet.

Vous devez aussi avoir sa permission avant de prêter ou d'emprunter.

Dans tous ces cas, si le maître vous accorde sa permission, vous ferez ce que vous avez en vue ; s'il la refuse, vous y renoncerez sans murmurer.

Vous direz à votre maître tout ce que vous aurez vu ou entendu d'important en dehors du monastère, soit que cela regarde la communauté ou non ; vous ne tiendrez pas ces choses connues de vous seul.

Section XXIII. — *Des voyages.*

Nos ancêtres ont eu des opinions diverses au sujet d'un voyage entrepris pour visiter un ami qui vit dans un pays éloigné ; mais il est certain que vous ne devez pas réclamer la permission de votre maître, si vos amis ou vos parents sont à une distance qui excède mille *le* (736).

Un jeune homme qui n'est pas encore parfaitement au fait de la loi, reçoit rarement de son maître la permission de voyager au loin, et il n'a cette

---

(736) Le *le* est une mesure itinéraire qui se compose ordinairement de 1800 pieds chinois. Elle a varié sous les diverses dynasties qui ont gouverné l'empire, et elle n'est pas la même dans toutes les provinces.

autorisation qu'à la condition d'être avec un ami qui l'accompagne.

Vous demanderez à votre maître quelle route vous devez suivre et ce que vous devez vous attendre à trouver sur la route; suivez ensuite votre chemin et vous ne vous arrêterez pas à regarder les montagnes ou les rivières pour votre plaisir.

Lorsque vous serez arrivé à l'endroit de votre destination, vous vous rendrez dans votre chambre, et, avant de faire aucune visite, vous placerez en ordre les objets qui vous servent en voyage; si quelqu'un vient pour vous voir, vous pouvez le recevoir, causer avec lui et retarder, jusqu'à ce qu'il soit parti, de vous livrer à vos occupations.

REMARQUES SUR LE LI-KI ou MEMORIAL DES RITES, ETC.

Les livres canoniques attribués à Confucius se trouvent dans le volume des *Livres sacrés de l'Orient* publié par M. Pauthier en 1844; nous n'avons donc pas à revenir sur leur compte.

Mais il existe quelques autres ouvrages regardés en Chine comme canoniques et jouissant d'une grande autorité; c'est de ceux-là qu'il convient de parler ici.

D'abord se présente le *Li-Ki* ou *Mémorial des rites*; il a été traduit pour la première fois en français par M. J.-M. Callery, membre de l'Académie des sciences de Turin, et publié à Turin (imprimerie Royale, in-4°, 1853, xxxii et 197 p., non compris le texte chinois (737).

Cette version est accompagnée de notes, et elle a obtenu le suffrage de juges compétents. Nous regrettons de ne pouvoir la faire connaître, du moins par quelques extraits, mais la reproduction, même partielle, est interdite.

Tel qu'il est parvenu jusqu'à nous, le Li-Ki remonte à la fin du 1ᵉʳ siècle avant notre ère; il est l'œuvre de plusieurs mains, et les commentateurs chinois ont bien su en signaler les défauts; divers chapitres présentent de la confusion dans les idées, du désordre dans la phraséologie, et sont dénués d'utilité pratique. Dans quelques endroits, on rencontre une doctrine sublime et pure, telle qu'un sage de premier ordre peut l'enseigner; mais, en revanche, d'autres chapitres sont des productions vulgaires, et cette inégalité incontestable de pensées, ainsi que de style, révèle une compilation formée de traités divers appartenant à des époques assez éloignées l'une de l'autre.

Le Li-Ki compte à lui seul plus de mille commentateurs dans ses vingt siècles d'existence. La plupart de ces œuvres sont tombées dans l'oubli, mais il reste au moins trois cents explications de ce livre, toutes imprimées avant notre siècle, et jouissant d'un véritable crédit.

Trois de ces commentateurs se sont élevés au dessus de tous les autres par la lucidité et la justesse de leurs travaux. Nommons d'abord Wai, qui vivait vers l'an 1000 de l'ère chrétienne, et dont l'explication du *Mémorial des rites*, divisée en cent soixante livres, jouit, chez les Chinois, de la plus grande estime. Ensuite, vers le XIVᵉ siècle, vint Chen-Hao, dont le travail fut désigné officiellement par un édit rendu en 1403, comme la base des examens publics; il fut même interdit d'admettre, sur les textes controversés, aucune explication qui fût contraire aux siennes. Plus tard, il est vrai, cet édit fut rapporté, et les écrits de Chen-Hao ont perdu leur autorité. Enfin, le troisième commentaire en renom est celui du philosophe Chen, qui vivait sous l'empereur Kan-hi. Profitant des efforts de ses devanciers, il leur emprunta ce qu'ils avaient dit de mieux, et il forma une paraphrase où le texte est développé d'une manière suivie; elle se recommande par sa clarté et sa concision.

Le *Mémorial des rites* avait besoin de ces explications, car son obscurité inhérente aux sujets abstraits qu'il aborde souvent, est augmentée par le style antique dans lequel est écrit le texte original. Le Li-Ki, tel que M. Callery l'a fait connaître au public européen, est divisé en trente-six chapitres; il serait fort superflu de transcrire leurs désignations chinoises. Les cinq premiers se rapportent à des rites divers; le sixième concerne les attributs des mois; le huitième roule sur les phases du cérémonial; le titre du neuvième pourrait se traduire par *Ustensiles des rites*. Plusieurs chapitres n'ont d'autres titres que des caractères empruntés à la première phrase qu'ils offrent au lecteur. Voici ceux qui suivent le douzième, et dont les titres présentent un sens précis;

Chap. XIII.—Grande tradition.
Chap. XIV.—Règle de conduite des jeunes gens.
Chap. XV.—Memorial des études.
Chap. XVI.—Mémorial de la musique (c'est le plus long de tous; il occupe trente et une pages dans la traduction française).
Chap. XVII.—Mélanges (très-court dans certaines éditions, fort étendu dans d'autres, il a principalement rapport aux funérailles, et remplit d'aversion pour tout ce qui est triste et de fâcheux présage; les Chinois l'ont habituellement laissé de côté).
Chap. XVIII.—Lois des sacrifices.
Chap. XIX.—Sens des sacrifices.
Chap. XX.—Généralités sur les sacrifices.
Chap. XXI.— Sens général des livres canoniques.
Chap. XXII.—Questions de Gai-Kun (seigneur de l'Etat de Lu; ces questions sont adressées à Confucius).
Chap. XXIII.—Loisirs de Chun-ni.
Chap. XXIV.—Loisirs de Confucius.
Chap. XXV.—Memoire sur les digues.
Chap. XXVI.—Memoire sur l'exemple.
Chap. XXVII.— L'habit noir (titre n'ayant point

(737) M. Callery a prouvé l'étendue de ses connaissances dans la langue chinoise par diverses publications importantes, notamment par son *Systema phoneticum grammaticae Sinicae*, Macao, 1841.

de rapport au sens général du chapitre ; on y cite une pièce de vers où il est question d'un vêtement noir, mais c'est une figure qui indique un haut fonctionnaire appartenant à une classe où d'ordinaire une robe noire était adoptée.

Chap. XXVIII. — Signification de l'habit appelé Xen-i.
Chap. XXIX.— Conduite du philosophe.
Chap. XXX. — Signification de la prise du chapeau viril.
Chap. XXXI. — Signification du rite du mariage.
Chap. XXXII.—Signification du rite de boire du vin dans les districts (c'est-à-dire dans les six districts de la province centrale dont l'empereur se réservait l'administration immédiate).
Chap. XXXIII.—Signification (du rite) de tirer de l'arc.
Chap. XXXIV.—Signification du rite des festins.
Chap. XXXV.—Signification du rite des visites.
Chap. XXXVI.—Rite du deuil (réduit à une seul phrase qui ne renferme aucune idée se rapportant à son titre primitif.)

Une secte nombreuse répandue à la Chine a pour livre canonique le *Tao-te-King* ou *Livre de la voie et de la vertu*, composé, au vi° siècle avant notre ère, par le philosophe Lao-Tseu; M. Stanislas Julien l'a traduit en français, et publié avec le texte chinois et un ample commentaire (Paris, 1842, in-8°, xlv et 703 p.). Ce savant sinologue a souvent éclairci les quatre-vingt-un chapitres du texte par les ressources qu'offrent les commentateurs chinois, et il y a joint une introduction ou notice historique sur l'auteur et sur sa légende fabuleuse, ainsi que des observations sur les soixante-quatre éditions chinoises du Tao-te-King. Observons, pour faire sentir les difficultés de cette entreprise, que ce livre, le plus ancien et l'un des plus célèbres monuments de la philosophie chinoise, est fort mal aisé à comprendre: les plus habiles lettrés du Céleste-Empire reconnaissent qu'on est souvent très-embarrassé pour saisir le sens des passages les plus abstraits de ce texte révéré, si recommandable par sa profondeur et son élévation. Dans un mémoire inséré au tome VII du Recueil de l'Académie des inscriptions, M. Abel Rémusat signalait les obscurités de cet antique ouvrage et les obstacles qu'il opposait aux efforts d'un traducteur. Ce savant s'est également occupé de ce sujet dans le *Journal asiatique*, juillet 1823 (*Voy.* aussi ses *Nouveaux mélanges asiatiques*, t. I, p. 58); M. Neumann a donné, à Munich, en 1836, in-8°, une traduction allemande d'un des principaux ouvrages de la secte fondée par Lao-Tsee : *Lehrsaal des Mittelreichs* (*Enseignements de l'empire du milieu, contenant l'Encyclopédie de la jeunesse chinoise et le Livre de l'Esprit éternel et de la Matière éternelle.*) Les ouvrages qui portent le nom de Lao-Tseu ont, d'ailleurs, subi de grandes altérations ; les missionnaires jésuites n'en avaient traduit aucun.

On peut consulter, pour plus amples détails, Guignes, *Histoire des Huns*, t. V, p. 340; *Mémoires de l'Académie des inscriptions*, t. XXXVIII; Du Halde, *Description de la Chine*, t. III, p. 26; la *Biographie universelle*, t. XXIII, p. 583; Grosier, *La Chine* (1819), t. IV, p. 435; les importantes recherches de M. G. Pauthier, dans la *Description de la Chine*, t. I, p. 110; t. II, p. 349 (dans l'*Univers pittoresque*, publié par la maison Firmin Didot); l'article que le même savant a consacré à Lao-Tseu dans le *Dictionnaire des sciences philosophiques*, ainsi que son *Mémoire sur l'origine et la propagation de la doctrine du Tao en Chine*, 1831. En 1838, M. Pauthier avait fait paraître la première livraison du *Tao-te-King ou le Livre révéré de la raison suprême et de la vertu*, texte chinois avec une traduction française et une latine.

LES
LIVRES SACRÉS
DE TOUTES LES RELIGIONS

SAUF LA BIBLE.

CINQUIÈME PARTIE.

LIVRES RELIGIEUX DE DIVERS PEUPLES.

AVANT-PROPOS.

Nous nous bornerons, dans la dernière partie du long travail que nous avons entrepris, à donner quelques renseignements sur les livres religieux de divers peuples de l'Orient ou de l'antiquité.

Faire connaître par une traduction entière les divers ouvrages dont nous allons nous occuper, serait une tâche au-dessus de nos forces, et beaucoup trop étendue ; ces productions offrent, d'ailleurs, moins d'intérêt que celles que nous avons cru nécessaire de mettre à la portée du public français, et qui, à l'exception des livres thibétains, n'avaient jamais passé dans notre langue.

Nous allons dire quelques mots des livres religieux des Mandchoux et des peuples de l'extrême Orient; nous rapprochant ensuite de l'Europe, nous donnerons un aperçu de quelques ouvrages persans, et des livres que vénère un petit peuple qui existe encore dans les montagnes de la Syrie. Nous consacrerons quelques paragraphes à un écrit émané de l'antique Egypte et à des débris du culte des premiers Romains; nous transportant ensuite dans les climats glacés du nord de l'Europe, nous donnerons un aperçu des livres où s'est conservée la trace des croyances des anciens Scandinaves.

LIVRES SACRÉS DES MANDCHOUX.

La littérature des Mandchoux, ces conquérants de la Chine, compte un grand nombre d'ouvrages religieux, mais ils sont à peine connus en Europe, nous pouvons toutefois citer en ce genre le *Rituel des Tatars mantchoux rédigé par l'ordre de l'empereur Kien-Long et précédé d'un discours préliminaire composé par ce souverain; ouvrage traduit par extraits et accompagné des textes en caractères originaux* par L. Langlès, Paris, 1804, in-4°.

Ce mémoire de 74 pages est accompagné de dix planches représentant les principaux ustensiles et instruments du culte chamanique; il fait partie du tom. VII, p. 241-308, des *Notices et Extraits des manuscrits de la bibliothèque du Roi*. L'ouvrage original forme six volumes renfermés dans une enveloppe de carton jaune.

Le mémoire de M. Langlès commence par quelques détails sur le bouddhisme et sur le chamanéisme qui en est une corruption ; les pratiques de piété recommandées par les docteurs bouddhistes y sont remplacées par des actes d'une superstition grossière et compatibles avec la vie errante que mènent les peuplades de l'Asie centrale chez lesquelles le chamanéisme s'est établi. (Ce nom dérive du nom de *Shaman* ou *Saman* que portent les prêtres.) A son tour le chamanéisme a été grossièrement altéré et défiguré par des hordes de Tatars grossiers et vagabonds ; c'est pour justifier quelques-unes de ces altérations et en prévenir de plus considérables que l'empereur Kien-Long fit composer sous ses yeux un *Rituel* convenant non-seulement aux Mantchoux, mais encore à toutes les peuplades tatares professant le même culte.

Tous les objets, toutes les cérémonies de ce culte annoncent des peuples simples et nomades; leurs temples ne sont pas de vastes édifices, mais une enceinte plantée d'arbres où sont disposées des espèces de tentes ou tabernacles pour les offrandes et les sacrifices; beaucoup de hordes font leurs dévotions en pleine campagne, sur le bord des rivières ou sur les éminences. Les offrandes consistent surtout en poissons, en vin et en pain. On peut y joindre tous les quadrupèdes (excepté les pourceaux), les oiseaux, les fourrures, les cornes, etc. Les Sibériens sacrifient même des chiens ; les branches de pin sont particulièrement consacrées à la mer, aux rivières, aux lacs et aux montagnes. Les Mandchoux offrent aussi des bandes et des monnaies de papier que l'on suspend dans une sorte de sanctuaire.

Ils adorent un Dieu tout-puissant, qui sait tout et qui est trop grand pour être blessé ou offensé. Tous les chamanistes croient à l'existence après la mort, mais ils n'ont là-dessus que des idées vagues et mal définies. Ils admettent une foule de dieux secondaires bons ou méchants qui s'occupent des détails de l'administration des choses de ce monde et qu'ils craignent bien plus que l'Etre suprême. Ils ont des idoles dans leurs maisons ou sous leurs tentes; ils leur adressent des prières et leur font des offrandes et des sacrifices le matin, le soir et surtout la nuit à la lueur d'un feu allumé exprès. Ils ont chez eux une petite table en forme d'autel où ils déposent leurs offrandes et font leurs dévotions journalières ; ils font aussi deux grands sacrifices chaque année, l'un au printemps, l'autre en automne. Ce sacrifice remonte à une très-haute antiquité ; c'est le principal acte de cette religion. L'année commence au printemps ; les offrandes se font avec les primeurs des troupeaux et du gazon ; le sacrifice d'automne ou de la fin de l'été a lieu avec moins de solennité. De plus amples détails à cet égard seraient superflus; occupons-nous du *Rituel* dont nous avons transcrit le titre en français. Il est, comme les livres chinois, imprimé avec des planches de bois; les cinq premiers volumes renferment le texte, le sixième est rempli de gravures en bois représentant les cérémonies du culte.

Dans un discours préliminaire l'Empereur fait connaître qu'avec le temps des différences se sont introduites dans la manière de réciter les prières, de prononcer les formules usitées dans les sacrifices ; il a donc ordonné d'écrire avec le plus grand soin les paroles dont on se sert dans les sacrifices faits dans l'intérieur du palais, afin que la doctrine des anciens Mandchoux désormais et dans les temps les plus reculés ne soit ni rejetée, ni altérée. L'Empereur nomme ensuite un grand nombre de princes et de mandarins qui ont pris part à ce travail.

M. Langlès n'a point traduit le rituel lui-même ; il a pensé qu'une version de ce texte aurait peu d'intérêt pour les Européens, mais il a indiqué quels étaient les objets traités dans chacun des cinq livres.

Le premier est partagé en quinze sections ou chapitres. Il débute par deux discours, l'un sur les oblations et les sacrifices, l'autre sur les discours pour évoquer l'esprit en offrant les choses nouvellement acquises (ou les prémices). On trouve ensuite le mémorial des cérémonies qui s'observent le premier jour de l'an, ou lorsqu'on invite les ancêtres à entrer dans la chapelle ; les paroles qu'on récite à l'occasion de ces offrandes et de ces rites sont exposées tout au long.

Le second livre est consacré aux cérémonies qui s'observent aux quatre saisons (afin de remercier des biens reçus et d'en demander de nouveaux), et à celles qui ont lieu lorsqu'on lave l'idole de Fo (ou Bouddha). Autrefois, après avoir placé l'effigie de Fo sur l'autel, après lui avoir fait des offrandes et lui avoir donné les témoignages d'un profond respect, on la brûlait, mais cet usage est aujourd'hui généralement abandonné.

Quant au troisième livre, il est occupé par les prescriptions relatives aux cérémonies qui s'observent pendant les petits sacrifices préparatoires et pendant les offrandes qui se font deux jours de suite avant le grand sacrifice. Il est ensuite question des cérémonies qui ont lieu lorsqu'on élève le mât pour signal du grand sacrifice, de celles qui accompagnent les grands sacrifices et enfin de celles qui signalent le second jour des grands sacrifices.

Passons au quatrième livre ; il est partagé en vingt-six sections, et il contient les paroles qui se disent pendant les cérémonies de la prière pour le bonheur, les paroles que l'on récite pendant qu'on offre un poussin, celles qui accompagnent l'offrande d'une oie, celles qui se disent lorsqu'on offre un poisson, celles qu'on récite au moment de l'offrande d'un faisan, celles qui se disent pour les offrandes de choses nouvellement acquises de quelque espèce qu'elles soient, celles enfin qui se récitent le premier et le second jour des offrandes pour les chevaux.

Le cinquième volume présente le catalogue des instruments, ustensiles et autres objets employés dans les offrandes et les sacrifices. La représentation de ces objets, et des principales pièces du costume sacerdotal des Samans remplit les 118 gravures qui composent le sixième tome. M. Langlès a reproduit soixante-cinq de ces objets tels que coupe, armoire, glaive dont le saman se sert pour faire ses évolutions aux sacrifices du matin ; tambour, tablier, instruments de musique, tapis brodés, etc.

LIVRES SACRÉS DES SIAMOIS.

Les Siamois possèdent un grand nombre de livres relatifs au bouddhisme ; la collection des livres sacrés, désignée sous le nom de *Pra traï pidok*, les *trois véhicules*, se divise en trois séries principales, savoir *Pra-vinçaï*, les *règles sacrées* des religieux, *Pra-sont*, les sermons et les narrations ou récits historiques, *Pra-baramat*, la morale et la philosophie sacrée. (*Revue de l'Orient*, 1856, p. 217.)

Une analyse du système bouddhiste tirée des livres sacrés des Siamois se trouve dans le curieux ouvrage de Mgr Pallegoix, évêque de Mallos, vicaire apostolique de Siam : *Description du royaume Thaï ou Siam*, Paris, 1854, 2 vol. in-12. (T. I, p. 416.)

Les Siamois ont un ouvrage en soixante volumes intitulé : *Traï-phum* (les trois lieux) ; il embrasse tout le système des bouddhistes. Cet ouvrage fut composé par ordre d'un roi de Jathia, l'année de *Phra-Khodom* 2345 par d'illustres docteurs qui le corrigèrent ensuite avec le plus grand soin et le rédigèrent d'après les livres sacrés. Il se divise en trois parties : la première traite de l'univers en général et de la terre en particulier ; la seconde expose le système des cieux et la troisième décrit les enfers.

La cosmographie siamoise est toute fantastique ; la terre est supportée sur les eaux, et à chaque point de l'horizon sont placés dix millions de millions de mondes. Chaque monde a un soleil et une lune qui tournent autour du roi des monts situé au milieu.

La destruction des mondes est successive et graduelle ; elle s'opère tantôt par le feu, tantôt par l'eau, et même par le vent.

Tous les Bouddhas qui ont paru successivement jusqu'à nos jours (et ils sont en plus grand nombre que les grains de sable de la mer), tous ceux qui paraîtront dans la suite à l'infini, ont tous pris naissance dans notre monde. L'imagination orientale s'est donné carrière dans la description des merveilles que les Siamois racontent de notre monde et de quelques autres. Ils savent qu'il existe des éléphants de quinze pieds de hauteur; des arbres élevés de cent lieues et dont les fruits se changent en or, lorsqu'ils viennent à tomber; des êtres supérieurs à l'homme et dont la vie a une durée de cinq cent soixante-seize millions d'années; des démons dont le corps est très-gros et dont la bouche est aussi petite que le trou d'une aiguille, de sorte qu'ils souffrent une faim continuelle. Sur tous ces détails et sur l'idée que les Siamois se font de Bouddha, nous ne saurions mieux faire que de renvoyer à l'ouvrage de Mgr Pallegoix.

Les livres bouddhistes répandus chez les Birmans, au Tonquin, dans le Camboge et dans la Cochinchine sont encore inconnus en Europe.

LIVRES SACRÉS DES JAPONAIS.

Les Japonais possèdent un grand nombre de livres religieux où les doctrines des bouddhistes et celles de la Chine se retrouvent avec quelques variations. Nulle étude sérieuse n'a encore été tentée à cet égard, mais l'érudition européenne abordera sans doute avant longtemps ce terrain inexploré.

Les annales des Japonais sont d'ailleurs un tissu de rêveries. La première période de leur histoire fut, selon eux, remplie par le règne de sept grands esprits célestes; chacun d'eux fut en possession du pouvoir durant un nombre d'années immense mais indéterminé. Vinrent ensuite vingt dieux terrestres ou demi-dieux qui régnèrent 2,342,467 ans. Les auteurs japonais déterminent avec précision la durée du règne de chacun de ces monarques. Ils savent que Nini Ki No Mikotto gouverna 318,533 ans, Fiko Vo Demi No Mikitto 637,892 et Fuki Awa Se Dsuno Mikotto 836,042 ans.

Kæmpfer dans sa *Description du Japon* cite un livre intitulé Odaiki lequel s'exprime en ces termes au sujet de l'origine du monde : « Au commencement de l'ouverture de toutes choses, le chaos flottait comme les poissons nagent dans l'eau pour leur plaisir. De ce chaos sortit quelque chose semblable à une épine qui est susceptible de mouvement et de transformation. Cette chose devint une âme ou un esprit, et cet esprit est appelé Kunitokoda Tsno Nicotto. »

LIVRES SACRÉS DES JAVANAIS.

La nombreuse population qui habite Java possède des ouvrages religieux qui, depuis quelques années, ont été l'objet de recherches intéressantes. On distingue surtout le *Kanda*, poëme Kawi qui remonte à une date reculée, mais dont il ne reste aujourd'hui qu'une traduction en langue vulgaire (738). On y trouve une exposition de la cosmogonie javanaise avec un mélange de doctrines bouddhiques. Le triomphe des idées hindoues sur la civilisation javanaise explique pourquoi le *Kanda* montre les divinités indigènes dans un état de subordination et d'infériorité; la majeure partie du récit est occupée par la légende du dieu Watou Gounong, et ce nom qui signifie *Pierre de la Montagne*, fut donné à ce personnage parce qu'en faisant pénitence sur une montagne, il était resté immobile comme une pierre pendant de longues années; la rigueur de ses austérités lui mérita la force et le pouvoir surnaturels dont il fut doué et le privilège d'être invulnérable. La narration de ses bizarres aventures montre qu'il devint roi, qu'il épousa sa mère sans la connaître, qu'il en eut vingt-sept enfants, et qu'ayant demandé une autre épouse choisie parmi les déesses, il éprouva un refus. Il déclara alors la guerre aux dieux et leur fit éprouver plusieurs défaites, mais Vishnou découvrit le secret magique qui rendait Watou Gounong invulnérable, et il parvint à lui ôter la vie. Les vingt-sept fils du héros javanais ne devaient pas lui survivre, Vishnou décida que tous les sept jours il donnerait la mort à l'un d'eux jusqu'à ce qu'ils eussent tous péri.

Un autre poëme cosmogonique, le *Maneck-maya*, est exempt des exagérations nombreuses qui abondent dans le Kanda; il procède presque entièrement du dogme bouddhique et reproduit sans doute les doctrines de ce système religieux telles qu'elles étaient professées à Java dans les premiers siècles de notre ère.

Ce poëme basé sur une symbolique encore très-obscure pour les Européens dans l'état des connaissances actuelles, s'ouvre par le tableau de la création de l'univers. Le Tout-Puissant (Sang

---

(738) Nous empruntons les détails que nous consignons ici à un très-intéressant Mémoire de M. Edouard Dulaurier *Sur les langues et la littérature de l'archipel d'Asie*, Paris, 1843, in-8°.

Twang Wisesa) existait avant que les cieux et la terre fussent créés ; il avait sa demeure au centre de l'univers. Au milieu d'un conflit terrible de tous les éléments, il vit un globe suspendu au-dessus de sa tête ; il le prit et le sépara en trois parties, l'une servit à faire les cieux et la terre, l'autre le soleil et la lune ; la troisième fut l'homme ou Man-k-mayo. Le Tout-Puissant lui dit : « Tu t'appelleras Sang Iwan Gourou (*l'instructeur, le maître par excellence, le Bouddha*) ; je te livre la terre et toutes ses productions pour en disposer selon ta volonté. » A la prière de l'homme, Sang Iwan Wisesa lui accorda neuf fils et cinq filles qui naquirent sans avoir de mère.

Les neuf fils de Sang Iwang Gourou président aux diverses parties de la sphère ; les cinq premiers occupent le rang le plus élevé ; chacun d'eux épouse une de ses sœurs, reçoit pour demeure un palais d'un métal particulier (argent, cuivre, or, fer ou airain), et domine sur une mer dont les flots sont ou de lait de noix de coco, ou de sang, ou de miel, ou d'indigo, ou d'eau bouillante. Chacun d'eux a pour emblème un oiseau spécial et préside à l'un des cinq jours de l'antique semaine javanaise.

On ne saurait ranger dans les livres religieux proprement dits un autre poëme épique javanais intitulé : Brata youdha (*la guerre sainte, ou la guerre du malheur*). Le sujet en est emprunté à une célèbre épopée sanscrite dont nous avons déjà parlé, le *Mahabharata* ; la composition remonte vraisemblablement au viie siècle de notre ère ; le sujet est la guerre que les cinq fils de Pandou font à leurs cousins, les fils de Kourou, au nombre de cent, pour rentrer en possession de l'héritage paternel dont ils ont été dépouillés. Pandou est l'un des fils d'Abiasa, roi d'Astina ; il succède à son père, mais après sa mort, son frère Kourou usurpe le pouvoir et le transmet à ses fils. Le dieu incarné Krishna favorise la cause du fils de Pandou, mais en vain a-t-il réclamé un partage égal de l'empire, toutes ses propositions d'arrangement sont rejetées et il faut recourir aux armes. M. Dulaurier a traduit quelques fragments du *Brata-youdha*, mais il convient que nulle version ne saurait rendre toutes les beautés de cette poésie Kawi dont la langue a tant de richesse et d'énergie, dont le mètre est si savant et si varié, le rhythme si harmonieux et si grandiose.

LIVRES RELIGIEUX DES PERSANS.

En dehors des croyances musulmanes aujourd'hui dominantes en Perse, il existe quelques ouvrages qui se rattachent à d'anciennes doctrines se rapprochant sur divers points des doctrines attribuées à Zoroastre, mais toutefois ne devant pas être confondus avec elles. Le plus remarquable de ces ouvrages est le *Desatir* qui a été mis au jour à Bombay en 1818 avec une version anglaise. Voici la traduction du titre de cette publication : *Desatir, ou les écrits sacrés des anciens prophètes persans dans la langue originale, avec l'ancienne traduction persane et le commentaire du cinquième Sasan publié par Mulla Firuz Bin Kaus, qui y a joint un glossaire étendu des mots persans vieillis ou techniques. De plus une traduction anglaise du Desatir et un commentaire (par M. Erskine)*. Bombay, 1818, in-8 (759).

Donné d'abord comme un livre pehlvi, M. Silvestre de Sacy (740) a établi 1° qu'il dut être écrit dans l'Inde ou au voisinage de ce pays et sous la double influence de sa religion et du mahométisme ; 2° que l'auteur de la traduction et du commentaire en persan est très-probablement aussi l'auteur du texte écrit non en pehlvi, ni dans aucune des langues de la Perse antérieure à la destruction de la dynastie des Sassanides, mais dans un langage artificiel inventé par une secte pour son usage.

M. de Hammer a pris dans les *Annales d'Heidelberg*, 1823, la defense du *Desatir* qu'il croit beaucoup plus ancien du moins en quelques parties et composé dans un très-ancien dialecte du parsi.

L'absence presque complète de mots arabes dans le *Desatir* a donné lieu de supposer que cet ouvrage remonte du moins au premier ou au plus tard au second siècle de l'hégire ; c'est ce qu'ont admis des critiques anglais qui ont pensé que le *Desatir* avait été écrit au septième siècle de notre ère, à l'occasion de l'introduction de la religion musulmane dans la Perse. On avait voulu l'opposer à l'Alcoran, et on lui avait supposé une origine céleste afin qu'il exerçât plus d'influence sur l'esprit des peuples. La mention qui y est faite de Mahomet et de l'invasion de la Perse par les Arabes ne permet pas de lui assigner une antiquité plus éloignée.

M. Silvestre de Sacy n'admet pas même que le *Desatir* remonte si haut ; il pense qu'il a été rédigé vers le sixième siècle de l'hégire, c'est-à-dire vers

---

(759) Cette édition de Bombay se compose de deux volumes de 216 et 203 pages. Le père de l'éditeur fit vers 1773 l'acquisition à Ispahan d'une copie du texte original, et la traduction anglaise est l'œuvre, partie de cet éditeur, partie de M. Duncan. L'impression laisse beaucoup à désirer et la lecture est pénible.

(740) Voir les articles que cet illustre orientaliste a consacrés au Desatir dans le *Journal des Savants*, cahiers de janvier et février 1821. Consulter aussi l'*Asiatic Journal* de Calcutta, janvier 1819 et novembre 1820.

le treizième siècle de notre ère; peut-être les premiers livres ont-ils été écrits deux ou trois siècles avant les derniers.

Quoiqu'apocryphe et n'étant nullement ce qu'il s'annonce, cet ouvrage est très-loin d'être indigne d'attention. Il fait connaître que le sabéisme ou culte des astres joint à la croyance d'un premier être immatériel, immuable, incompréhensible, auteur de tout ce qui existe hors de lui, a été longtemps et est peut-être encore aujourd'hui la religion d'une partie des habitants de la Perse et de l'Inde septentrionale. Il nous fait voir alliée à cette croyance une sorte de mysticisme qui, née peut-être dans l'Inde, se retrouve dans la doctrine des sofis au sein de l'islamisme, de cette religion qui, dans son principe, semble la plus éloignée du spiritualisme. Bien qu'il ne puisse prétendre à la haute antiquité qu'il s'attribue à lui-même, le *Desatir* contient d'anciennes traditions dont une critique judicieuse pourrait profiter en les séparant des idées plus modernes qui en ont changé la face et qui sont peut-être dues au mélange des doctrines et des traditions anciennes.

Observons enfin que le second volume des *Mémoires* de la société de Bombay renferme sur le *Desatir* une notice de M. W. Erskine. Ce savant assigne à l'ouvrage en question une date encore moins éloignée que celle que M. Silvestre de Sacy avait cru pouvoir fixer; il ne lui accorde que deux cents ou trois cents ans d'antiquité et il pense qu'il a été écrit dans l'Inde.

Il nous reste à signaler succinctement les sujets traités dans la composition qui nous occupe.

Le *Desatir*, c'est-à-dire la *Parole du Seigneur* ou le *Livre céleste*, est, si l'on en croit l'éditeur oriental, un recueil de quinze livres envoyés du ciel à quinze prophètes; le premier est Mah-Abad, c'est-à-dire le grand Abad, le dernier est Sasan qui vivait au temps de Kosroa-Parwiz, contemporain d'Héraclius. Zoroastre n'occupe entre ces prophètes, dans l'ordre chronologique, que la treizième place. Un fragment en persan du *Desatir* avait paru en 1789 dans les *Nouveaux Mélanges asiatiques* à Calcutta; l'ouvrage a été publié à Bombay en 1818 par Moulla Firouz Ben Kaous; il est rédigé dans une langue à part qui diffère du zend, du pehlvi, du persan moderne et de toutes les langues connues; il serait impossible d'en comprendre un seul mot sans la traduction littérale faite en Persan par Sasan que nous venons de nommer et qui suit, ligne par ligne, le texte original; le traducteur a joint à sa version un commentaire où il déploie une métaphysique subtile et raffinée. L'édition de Bombay donne également la traduction de ce commentaire.

La chronologie du *Desatir* est tout aussi fantastique que celle des livres boudhiques et brahmaniques. Le premier des personnages qu'il met en scène, Mah-Abad, est le père, le législateur de l'espèce humaine qui recommence avec lui après avoir péri à la fin d'une période précédente. Mah-Abad a eu pour successeurs treize apôtres et princes de sa race; le nombre des années *mah-abadiennes* qui exprime la durée de cette dynastie, est un 6 suivi de vingt-trois zéros, et chaque jour de l'année *mah-abadienne* correspond à trente années solaires. On voit ainsi dans quels nombres immenses nous nous trouvons plongés.

La famille du second prophète, Dje-Afran, est bien dégénérée; elle n'a régné qu'un million d'années mah-abadiennes, et cette infériorité se perpétue sous les dynasties qui viennent ensuite.

Le premier livre du *Desatir* est le plus important de tous, puisque c'est là qu'on trouve l'exposition d'un système religieux.

Dieu ou l'Être suprême y est mentionné sous un grand nombre de noms dont on ne peut pas bien apprécier la valeur, faute de connaître suffisamment la signification de ces mots. L'origine ou plutôt l'essence de Dieu est incompréhensible; il réunit en lui-même toutes les perfections; il est exempt de tout défaut; sa science embrasse simultanément toutes choses. Par un effet de sa pure bonté, il a créé antérieurement à toute autre chose, une substance libre, exempte de tout lien et de toute dépendance, de toute matière, de toute forme, de tout temps, de tout ce qui est corporel. Cet être se nomme *Bahman*; c'est le chef des anges et des esprits célestes, la première intelligence. Dieu créa ensuite *Awschan*, la seconde âme ou la seconde intelligence, *Manistar* ou *Revambed*, c'est-à-dire le chef des âmes et *Tanistar* ou *Ténambed*, le chef des corps. Ces deux derniers sont l'âme et le corps du ciel le plus élevé.

Dieu créa alors *Famscham*, *Férardjum* et *Azham*, c'est-à-dire l'intelligence, l'âme et le corps du second ciel; chacun des neuf cieux a aussi son intelligence, son âme et son corps.

De même que les sphères des planètes, chacune des étoiles fixes a une intelligence, une âme et un corps; chacune de ces parties de l'univers possède ainsi la vie et la connaissance et se dirige elle-même dans sa marche.

Quiconque approche des anges, c'est-à-dire des intelligences et des âmes des sphères célestes, voit l'essence divine. Les transports de ravissement que cause cette contemplation ne sauraient être comparés à aucune des joies de ce bas monde; l'œil ne peut les voir, la langue les exprimer, l'oreille les entendre. Ce bonheur n'est pas d'ailleurs exclusivement spirituel. Dieu donne aux bienheureux un corps inaccessible à la destruction et à la douleur, et ils goûteront tout ce qui flatte les sens.

Toutes les influences et tous les pouvoirs des sphères supérieures sont concentrés en *Fernousch*, l'intelligence de la sphère de la lune, et *Vernousch*, la mère de la sphère lunaire, donne les formes aux corps. Les quatre éléments ont leur place dans le monde sublunaire; un ange préside à chacun d'eux. Les êtres formés des éléments ont chacun des intelligences chargées de les garder; ceux qui n'ont que des formes fugitives, comme les nuées, le brouillard, etc , aussi bien que ceux qui ont des formes permanentes, comme les végétaux, les minéraux et les animaux.

L'homme est doué d'une âme dont l'excellence le rapproche des anges, tandis que par son corps il tient aux substances élémentaires ; il a reçu de Dieu le libre arbitre ; ses œuvres bonnes ou mauvaises décident s'il est digne du paradis ou de l'enfer.

Au nombre des vertus les plus recommandées, est celle de ne faire aucun mal aux animaux qui ne sont pas malfaisants. En tuer un, est un crime égal à l'homicide ; il ne faut point maltraiter ceux qui rendent service à l'homme, comme le bœuf et le cheval, mais on peut tuer les animaux dangereux.

Les biens ou les maux que l'homme éprouve ici-bas, sont la récompense ou le châtiment des œuvres bonnes ou mauvaises qu'il a accomplies dans une existence antérieure. Selon les divers degrés de mérite des gens vertueux, ils seront admis dans le séjour des anges et ils y jouiront de la vue de Dieu, ou bien ils reviendront dans le monde inférieur, afin d'y être rois, princes, puissants et riches.

Les animaux malfaisants ont été des hommes puissants et tyranniques ; ceux auxquels ils donnent la mort sont ainsi punis pour leur avoir prêté leur ministère. Les végétaux et les minéraux renferment aussi des âmes humaines qui expient sous ces diverses formes leurs fautes antérieures.

Les hommes doués de science et de talent, et qui ont tenu une mauvaise conduite, sont cruellement tourmentés par leurs inclinations perverses, qui se changent en feu, en neige, en serpents et en dragons.

L'existence de l'univers est divisée en grandes révolutions ou périodes, à la fin de chacune desquelles il ne reste qu'un seul homme avec sa compagne pour renouveler le genre humain dans la période suivante. Voici comment est déterminée la durée de ces périodes. Au commencement de chacune d'elles, une étoile fixe gouverne seule et sans associés l'univers pendant mille ans ; ce temps écoulé, elle s'associe un autre astre pendant mille autres années. Tous les astres, soit planètes, soit étoiles fixes, deviennent ainsi, à tour de rôle, les associés de l'astre qui a d'abord gouverné seul ; le dernier qui parvient à cette association, est la lune. La durée du gouvernement de chaque associé avec le premier gouverneur de l'univers est de mille ans. Quand ce premier astre a eu successivement tous les autres pour associés dans le gouvernement de l'univers, il cède la place à l'astre qui le premier lui a été associé ; celui-ci gouverne de même, d'abord mille ans seul, puis mille ans en société avec chacun des autres astres. Le gouvernement passe ainsi à tous les astres successivement, et quand cette succession est totalement épuisée, le genre humain périt et une nouvelle période commence.

A côté de ces rêveries, on trouve des règles de morale, des lois sur le partage des successions, une disposition pénale relative à l'adultère, qui doit, à l'égard de l'homme et en cas de récidive, être puni par la mutilation ; des préceptes concernant la prière, le culte des planètes, les fêtes, les naissances, les funérailles.

Il est recommandé de mettre les cadavres dans un vase rempli d'eau forte, ou dans le feu, ou dans la terre, et le commentaire ajoute que la première pratique est la plus estimée. Le corps mort est d'abord lavé dans une eau pure, puis revêtu de beaux habits parfumés ; l'eau forte dans lequel il a été dissous est répandue par terre dans un lieu éloigné de la ville. Après avoir orné le cadavre, on peut aussi le brûler ou le placer dans un cercueil.

Entre autres pratiques de piété, il est recommandé de faire des figures de toutes les planètes et de leur rendre un culte, de lire le *Desatir*, de faire des aumônes aux serviteurs de Dieu, afin de procurer aux défunts la jouissance de la béatitude. On doit aussi lire le *Desatir* et faire des aumônes à la naissance d'un enfant.

Nous n'analyserons point ici les divers livres du *Desatir* ; ce travail n'offrirait point un intérêt puissant et exigerait des notes multipliées pour devenir intelligible à un lecteur européen. Nous dirons seulement que le quatrième livre n'est qu'une sorte de litanie où tous les attributs et les perfections de Dieu sont passés en revue.

Le cinquième livre n'offre guère de remarquable que des rites prescrits pour les ablutions avec l'eau et pour la prière. Le commentaire est ici bien plus développé que le texte, et on remarque dans ces cérémonies de grands rapports avec les pratiques musulmanes.

Signalons une circonstance assez singulière : si le fidèle est dans l'impossibilité de pratiquer réellement les ablutions et les cérémonies qui doivent accompagner la prière, il y supplée en imaginant qu'il exécute ces actes.

Indépendamment des prières qu'on a dresse directement à Dieu, on doit en adresser aussi aux astres et au feu. On prie en présence du feu et de l'eau ; enfin il est recommandé de révérer les quatre éléments, et le commentaire, en expliquant en quoi consiste ce culte des éléments, se rapproche beaucoup des pratiques des Parsis.

Les livres suivants, abandonnant le domaine de la fiction pure, abordent celui de l'histoire mythologique des Persans. Chacun d'eux porte le nom d'un prince différent, et chacun de ces princes rend un culte particulier à une planète.

Cayoumarth honore Saturne, et Siamek Jupiter; Mars reçoit les hommages de Houschem, et le Soleil ceux de Tamourath. C'est à Vénus que s'adresse le culte de Djemschid. Féridoun adore Mercure, et Minotcher la Lune.

Il y a bien peu de choses à tirer de ces livres, qui ne sont guère que des formules de louanges ou de prières. Parfois le commentaire peut fournir le sujet de quelques observations critiques. Par exemple, dans le livre de Djemschid, Dieu lui dit : « Ma lumière est sur ton visage, » et le commentateur, développant cette idée, ajoute : « La lumière donnée de moi est sur ton visage, afin que quiconque la verra sache qu'elle provient de mes forces et connaisse la lumière de mon unité. » Ceci rappelle la lumière prophétique de Mahomet, dont il est question dans le Coran ; elle avait d'abord reposé sur Adam, puis sur tous les prophètes, et l'origine de cette fable vient sans doute de ce que l'Ecriture raconte de l'éclat surnaturel dont brillait le visage de Moïse après son entretien avec Dieu.

Après ces divers livres, vient celui qui est consacré à la religion de Zoroastre.

Beaucoup plus long que les précédents, il ne jette point de jour, comme on aurait pu le supposer, sur les rapports qui peuvent exister entre la doctrine du *Desatir* et celle du Zend-avesta, entre le sabéisme ou le culte des astres, et le magisme ou culte des Parsis. Il est recommandé à Zoroastre de se conformer au *Desatir*. Dieu lui annonce qu'un sage de la Grèce viendra pour conférer avec lui, et il lui suggère toutes les réponses qu'il devra lui faire. Un Sarma de l'Inde doit venir pour le même objet; Zoroastre reçoit aussi les réponses qu'il aura à lui donner. La suite de ces conférences sera la conversion de ces sages, étrangers à la religion de Zoroastre. Celui-ci apprend par révélation quelles seront les conquêtes d'Alexandre, fils de Darius, et conformément à un ordre de Dieu, il écrit pour ce prince un livre d'avis; ce livre est inséré dans le *Desatir*, à la suite de la révélation de Zoroastre.

Un des épisodes les plus remarquables de cette composition, c'est la dispute des animaux contre l'homme, auquel ils contestent la supériorité; il se trouve dans une des réponses que Zoroastre doit faire au philosophe indien. Le philosophe doit demander au prophète persan l'histoire de l'assujettissement des animaux à l'homme et le récit de leur conférence avec lui. Dans ce dialogue, qui est fort long, les orateurs des diverses classes d'animaux discutent les différents titres sur lesquels l'homme fonde sa supériorité, et ils soutiennent qu'il n'y a aucun des talents, aucune des qualités physiques ou morales dont l'homme se prévaut, qui ne se trouve dans un degré égal ou même supérieur dans les autres animaux; ils se plaignent aussi de la tyrannie cruelle que l'homme exerce sur eux. La conférence se termine par l'engagement que prend, au nom du genre humain, le sage Ghilschah, de ne plus tuer d'animaux, pourvu que les animaux malfaisants renoncent de leur côté à tuer ceux qui ne font aucun mal.

Cette condition est acceptée et le traité est conclu. Il a été exécuté jusqu'au temps du tyran Dhohak. Celui-ci ayant renouvelé l'usage de verser le sang des animaux, les animaux malfaisants sont rentrés aussitôt dans l'exercice de leurs droits contre leurs semblables et contre l'homme. Très-célèbre dans tout l'Orient et sans doute d'origine indienne, cette conférence des animaux a été mise sous divers titres en hébreu, en persan, en arabe, en turc (741).

Revenons au livre de Zoroastre faisant partie du Dabistan. Il prétend que Zoroastre fut le premier des prophètes persans qui apporta quelques changements à la doctrine du grand Abad ; mais au moyen de diverses explications, les Yezdaniens, ou sectateurs de la doctrine mah-abadienne font concorder avec les dogmes d'Abad.

Arrivons enfin au dernier livre du *Desatir*. Il porte le nom du prophète Sasan, et il débute par l'énoncé de quelques propositions relatives à la nature de Dieu, à son essence, à ses attributs, à la notion des diverses classes d'êtres. Ces propositions, énoncées en termes très-concis, sont accompagnées d'un commentaire fort étendu, rempli de discussions métaphysiques; nous n'avons pas à nous y arrêter, mais nous ferons observer que, sous la forme de prophéties, ce livre contient le récit des principaux faits de l'histoire de la Perse sous la dynastie des Sassanides et postérieurement à cette dynastie. Les conférences de Manès avec le

---

(741) Un pareil sujet fait l'objet d'un petit ouvrage assez ingénieux composé, dit-on, en espagnol au commencement du xv siècle et, qui, traduit en français sous le titre de *Disputation d'un asne contre frere Arselme Turmeda sur la nature et dignité des animaux*, a été imprimé en 1544, en 1548, en 1606.

r i Sapor, la venue de Mahomet, la destruction du culte des astres à La Mecque, les conquêtes des Musulmans, les sectes qui déchirèrent l'islamisme, la venue des Turcs ou Tartares qui ravirent la puissance des sectateurs du prophète, tout cela est signalé sous la forme de prédictions.

Ces récits, que personne ne sera tenté d'attribuer à une divination surnaturelle, n'ont pu être écrits qu'après coup et après l'accomplissement des faits qu'ils relatent. Plusieurs circonstances, qu'il serait inutile de détailler, montrent à quelle époque écrivait l'auteur qui a bien pu, se posant en prophète, annoncer ce qui s'était passé avant lui, mais qui a gardé, comme de juste, un profond silence sur ce qui devait survenir ensuite. Il n'indique d'ailleurs les faits historiques que d'une manière vague, et les noms propres sont tellement défigurés, même ceux dont l'origine persane est bien connue, que sans la traduction on aurait peine à les reconnaître. Assez souvent le même nom est altéré de diverses manières.

M. Silvestre de Sacy, excellent juge en pareille matière, repousse l'idée que le *Desatir* ait été écrit dans une des langues de la Perse antérieurement à la dynastie des Sassanides et à la formation de la langue persane moderne; loin de là, il affirme que le langage dans lequel ce livre est écrit n'est qu'un idiome artificiel, inventé pour donner du crédit à l'imposture, et ce prétendu texte a été calqué sur le texte persan au lieu d'en être une traduction. C'est ce que l'illustre orientaliste démontre, en entrant dans des considérations grammaticales qui ne sauraient trouver place ici. Il ne doute pas d'ailleurs que l'idiome factice dans lequel est écrit le *Desatir*, n'ait été adopté par une secte pour cacher aux profanes la connaissance de ses dogmes; il n'a donc point été inventé uniquement par l'auteur de cet ouvrage et pour ce seul ouvrage. C'est ainsi que, parmi les Musulmans, les sofis ou mystiques ont composé avec un artifice admirable, pour l'usage de leur secte, une langue dont on possède la grammaire et le dictionnaire. Plusieurs livres de cette doctrine mystique ont été écrits en ce langage que les Orientaux appellent l'idiome *balaïbalam*. (Dans le tome IX des *Notices et Extraits des manuscrits de la Bibliothèque du Roi*, M. Silvestre de Sacy a donné de longs détails sur cette langue factice.)

Ajoutons que suivant l'auteur du *Dabistan*, autre ouvrage dont nous parlerons bientôt, les partisans des doctrines prêchées dans le *Desatir* conviennent eux-mêmes que ce langage est un idiome divin et céleste, différent de tous ceux qu'on a jamais parlés sur la terre. Voici comment il s'exprime :

« Dieu envoya à Abad un livre nommé *Desatir*, qui comprenait toutes les sciences et toutes les langues. Ce livre formait plusieurs tomes, et il y avait en chaque langue plusieurs volumes ; parmi cela, il y avait une langue qui ne ressemblait à aucune des langues des habitants de ce bas-monde : on l'appelle *la langue céleste*. Le grand Abad ayant donné à chaque nation une langue, il envoya (chaque livre) à un lieu convenable, comme le parsi, le grec, l'indien et autres semblables. »

Peut-être le langage qu'offre le *Desatir* n'est-il pas le seul idiome factice dont cette secte ait fait usage. En effet, l'auteur du commentaire cite un ouvrage intitulé *Haneijour*, qui est considéré comme une portion du *Desatir* et qui est écrit en langue *Simrani*. Cette langue, d'après cette manière de s'exprimer, paraît devoir différer de la langue céleste.

Terminons ce que nous avions à dire du *Desatir*, en rapportant le jugement qu'en porte M. Matter dans son *Histoire du gnosticisme*, t. III, p. 145.

« La doctrine de cet ouvrage en est d'autant plus curieuse qu'elle est plus pure. Ce n'est pas une copie altérée du zoroastrisme ou de la Gnose que nous offre le *Desatir*, c'est une réforme de l'ancien système de l'Orient et une réforme d'une nature très-remarquable.

« Planant, vers le x° siècle de notre ère, au-dessus des sectes qui avaient agité l'Orient, ce système établi par des théosophes que persécutait le mahométisme, rejette à égale distance le zoroastrisme, le judaïsme, le gnosticisme et le nasoréisme, et cependant il s'accorde avec la partie la plus essentielle de la théologie et de la pneumatologie de ces systèmes.

« Dieu y est un être dont l'origine n'est connue de personne et qui peut seul se comprendre.

« La théorie de l'émanation y est enseignée. Behnam et Amschan, la première et la seconde intelligence, y produisent une série d'autres intelligences douées à la fois d'un corps et d'une âme, gouvernant les astres depuis le soleil jusqu'à la dernière des étoiles.

« La théologie et la morale du *Desatir* sont si pures, si supérieures aux doctrines des Mendaïtes, des Manichéens et des Gnostiques, qu'on se laisse entraîner avec plaisir à travers ce nouvel ensemble de spéculations théosophiques, après avoir parcouru celles des diverses branches de la Gnose. »

A côté du *Desatir*, on peut placer le *Dabistan*, ou l'*Ecole des mœurs*.

L'auteur Mohsen-Fani (on n'est pas tout à fait d'accord sur son véritable nom) est un Persan de la secte des soufis, qui, né en 1615, passa la plus grande partie de sa vie à voyager dans l'Inde, étudiant les doctrines des sectes répandues en ce vaste pays. Son livre offre une analyse faite sans art, mais importante à plusieurs égards. En ce qui concerne la religion des anciens Perses, il ne fait guère que répéter le Desatir et le Zend-Avesta. Les systèmes religieux des Hindous, les sectes hétérodoxes de l'islamisme, sont l'objet de détails étendus. Le chapitre consacré aux Thibétains n'occupe que quatre pages.

Longtemps ignoré en Europe, le Dabistan attira en 1787 les regards de William Jones, et (742), en

(742) *Recherches asiatiques*, t. II. — *Voy*. aussi GORRES, *Mythengeschichte*, p. 40, 267, etc.; GLADWIN, *New Asiatic Miscellany*, 1789, p. 89-136.

1809, le texte persan fut imprimé à Calcutta, mais d'une manière fort défectueuse; quelques fragments traduits en anglais virent le jour dans les *Asiatic Researches*. Une autre édition lithographiée avec beaucoup de soin a été exécutée à Bombay, il y a peu d'années.

Une traduction anglaise entreprise par MM. David Shea et Anthony Troyer, accompagnée de notes, a été mise au jour à Paris en 1843, 3 volumes in-8°, aux frais du Comité de traductions orientales.

LIVRES RELIGIEUX DES DRUSES.

Les Druses sont une peuplade qui habite une portion de la Syrie; ils sont établis sur le versant occidental du Liban et sur l'Anti-Liban; leur nombre est évalué à cent cinquante mille. Jadis complètement indépendants, ils payent maintenant à la Turquie un léger impôt. Leur caractère belliqueux et les difficultés du pays hérissé de montagnes qui leur sert de séjour, leur ont permis de conserver jusqu'ici leur indépendance. Leur langue est l'arabe; leur religion est une doctrine mystérieuse encore imparfaitement connue, quoiqu'elle ait été l'objet des travaux consciencieux d'un orientaliste de premier ordre, M. Silvestre de Sacy. (Voir les *Mémoires de l'Académie des Inscriptions*, nouvelle série, t. IX et X, et l'*Exposé de la religion des Druses, tiré des livres religieux de cette secte, et précédé d'une introduction et de la vie du khalife Hakem-Biahr-Allah*, 1838, 2 vol. in-8° (743).

Des idées panthéistes et la croyance à la migration des âmes, ainsi qu'à des incarnations de la divinité, jouent un grand rôle dans cette religion; on y trouve aussi des vestiges de l'ancien culte oriental de la nature mêlé d'une façon bizarre à des lambeaux de doctrines judaïques, chrétiennes et mahométanes.

(743) Cet ouvrage, publié peu de temps avant la mort de M. de Sacy, est le fruit de plus de cinquante années d'études. Il comprend l'exposé de la religion des Druses à son origine; quant aux croyances actuelles de ce peuple, M. de Sacy se proposait d'en faire la matière d'un troisième volume qui n'a point vu le jour. En 1827, il avait inséré dans le *Journal Asiatique* des *Observations sur une pratique superstitieuse attribuée aux Druses*. En 1788, le baron de Bock avait fait imprimer à Metz un petit volume intitulé : *Œuvres diverses*; à la suite d'un *Essai sur l'histoire du Sabéisme*, on y trouvait un *Catéchisme contenant les principaux dogmes de la religion des Druses*, mais ce travail, très-impartial, est resté au-dessous de l'état actuel de la science. Un orientaliste, mort en 1725, Venture, avait traduit quelques écrits des Druses; c'est sur son travail, resté inédit, qu'a été faite une version anglaise publiée à Londres en 1786, dans un volume intitulé : *Appendix to the Memoirs of baron de Tott*, qui laisse fort à désirer. Le petit volume allemand de J. C. Worb, *Histoire et description du pays des Druses*, 1799, n'a aucune valeur.

Chez les Druses, il n'y a pas de prêtres, mais simplement des initiés et des profanes. Les initiés, dits *akal*, forment un ordre mystérieux ayant plusieurs degrés, seul en possession des livres saints, et qui, pour célébrer le culte, se réunit en assemblées secrètes.

La bibliothèque impériale de Paris possède plusieurs manuscrits en langue arabe; ils renferment les ouvrages que les Druses regardent comme sacrés. Un de ces manuscrits est en 4 vol. in-4°. Ils furent apportés de Syrie en France en 1701; le titre peut se traduire par : *Le livre des témoignages des mystères de l'unité*; Petit de la Croix en fit une traduction française, conformément à l'ordre de M. de Pontchartrain. Ces quatre volumes portent les n°s 1580, 1581, 1582 et 1583 du fond arabe. Un autre manuscrit, qui appartenait jadis à la bibliothèque de l'Oratoire, contient vingt-six lettres ou traités, les mêmes qu'on lit dans le n° 1581.

Un volume de la bibliothèque impériale de Vienne renferme dix-neuf pièces ou traités qui se trouvent tous dans les manuscrits de Paris. Un manuscrit du Vatican, deux de la bibliothèque de Leyde, deux de la bibliothèque Bodleyenne à Oxford, ne renferment rien de nouveau.

Le n° 1580 contient quatorze pièces; il y en a vingt-six dans le n° 1581, quinze dans le n° 1582, treize dans le n° 1583. M. Silvestre de Sacy a donné une énumération raisonnée de tous ces écrits. Il signale aussi quarante-trois autres pièces qui se trouvent dans un manuscrit de la bibliothèque Bodleyenne (différent des deux que nous avons mentionnés); on arrive ainsi à un total de cent vingt-trois pièces diverses.

M. de Sacy a exposé, avec autant d'étendue que de clarté, quelle fut la doctrine établie du vivant de Hakem par Hamza, et quelle fut celle qu'enseigna, après celui-ci, son disciple Moktana ou Beha-Eddin. Il a puisé dans les livres de ces adorateurs du tyran le plus barbare et le plus insensé dont la mémoire ait souillé les annales du mahométisme.

Reconnaître un seul Dieu, croire que la Divinité s'est fait voir, au commencement du ve siècle de l'hégire, sous la figure de Hakem-Biahr-Allah; que c'est la dernière de ses manifestations, que Hakem a disparu en l'an 411 de l'hégire, pour éprouver la foi de ses serviteurs; que dans peu il va reparaître plein de gloire; croire que l'*Intelligence universelle* est la première des créatures de Dieu; qu'elle a paru du temps de Hakem, sous la figure de Hamsa, fils d'Ahmed; que c'est par son ministère que toutes les autres créatures ont été produites; que Hamza est celui à qui Hakem confiera son glaive; confesser que toutes les âmes ont été créées par l'*Intelligence universelle*; que le nombre des hommes est toujours le même, et que les âmes passent successivement dans différents corps; pratiquer les sept commandements de la religion de Hamza (véracité, charité, résignation, abstinence, pureté, soumission, secret) tel est en abrégé la doctrine enseignée dans les livres des Druses, et dont les sectateurs sont nommés *Unitaires*.

Le célèbre orientaliste que nous avons déjà nommé a inséré dans sa *Chrestomathie arabe*, 3 vol. in-8° (t. II, p. 352-368), la traduction de onze pièces extraites des livres des Druses. Voici comment commence l'une d'elles :

« Le lieutenant de Dieu, l'émir des croyants (sur qui soit la paix de Dieu), a laissé tous les mortels abandonnés à eux-mêmes, s'enfonçant et se jouant dans les déserts et dans l'aveuglement qu'ils ont préféré à la direction dans la voie droite, comme Moïse a laissé son peuple, en sorte que la ruine est près de tomber sur eux sans qu'ils le sachent. Il est sorti du milieu d'eux, et ils ne savent que penser à son sujet; ils en ont différentes opinions, et ils flottent dans l'incertitude; mais ils n'obéissent point à la vérité, et ne reviennent point au lieutenant de Dieu. Dieu a dit : S'ils consultaient sur cela Dieu, son apôtre et leurs chefs, ils en seraient instruits par ceux auxquels ils se seraient adressés pour éclaircir leurs doutes.

« O hommes ! la parole de Dieu est la plus puissante des prédications, et elle ne peut vous donner un avertissement plus efficace que celui-là pour vous faire sentir le besoin que vous avez de réclamer le pardon de Dieu et l'indulgence de son lieutenant, le prince des fidèles; la paix de Dieu repose sur lui avec bien plus d'abondance que sur nous. L'oubli conduit à l'assoupissement, l'assoupissement à la rebellion, la rebellion à une perte sans ressource.

« Le Dieu béni et très-haut a dit : Si, après s'être fait tort à eux-mêmes par leurs péchés, ils viennent et demandent pardon à Dieu, et que son apôtre sollicite leur pardon, ils trouveront en lui un Dieu indulgent et miséricordieux. Ce Dieu a dit aussi : Ceux-là seulement seront sauvés qui feront pénitence, qui croiront et feront de bonnes œuvres, car Dieu aime ceux qui font pénitence, et il aime ceux qui se purifient. Le Dieu béni et très-haut a dit encore : Si mes serviteurs vous interrogent à mon sujet, (dites leur que) je suis proche, et que j'exauce les prières de ceux qui m'invoquent. Vite donc ! vite donc ! ô hommes ! si vous vous tenez dans ces lieux déserts et incultes, vos yeux parcourront le commencement de cette route dans laquelle a marché l'émir des croyants au moment où il s'est caché; rassemblez-vous-y donc avec vos enfants; purifiez vos cœurs; rendez vos intentions pures devant Dieu, le maître de l'univers; convertissez-vous à lui par une sincère conversion; employez auprès de lui la médiation la plus puissante pour qu'il vous pardonne, qu'il use d'indulgence envers vous, qu'il vous fasse miséricorde en vous accordant le retour de son lieutenant; que son cœur se laisse toucher de compassion pour vous et pour toutes les créatures, comme le Dieu béni et très-haut l'a dit lui-même à son apôtre : Nous ne vous avons envoyé que pour être une miséricorde pour les humains. »

Un édit contre l'usage du vin et des boissons enivrantes n'offre rien qui s'éloigne de la doctrine et des formes habituelles du mahométisme. Une autre pièce intitulée la *Destruction cachée* est la première où soit nettement formulée la doctrine de Hamza, ou, comme il l'appelle, la doctrine unitaire. Il doit être attribué à Hamza lui-même, et il se termine par la formule suivante : « Cet écrit a été présenté à la divine majesté au mois de Safar de l'an 408 de l'hégire, qui est la première des années de l'apparition du serviteur et de l'esclave de Notre Seigneur, du directeur des fidèles qui tire vengeance des polythéistes par le glaive de ce Seigneur qui n'a point de compagnon, et hors lequel il n'y a point d'autre être adorable. »

Le titre de *Destruction cachée* vient de ce que cet écrit a pour objet d'enseigner aux initiés, d'un côté que, par la manifestation de la nouvelle doctrine, tous les préceptes fondamentaux de l'islamisme sont abolis, et de l'autre que cette nouvelle doctrine doit encore pour quelque temps être tenue secrète. Voici un passage tiré du préambule :

« Société des unitaires, c'est à vous que s'adresse cet écrit... Vous avez déjà été instruits de l'abolition, antérieurement à cette lettre, par la dispense qui vous a été accordée du précepte de la dîme; car la dîme renferme la loi tout entière. Je vais maintenant vous exposer dans cette lettre la destruction de toute la loi, en en prenant les préceptes fondamentaux l'un après l'autre, tant par rapport aux obligations intérieures (c'est-à-dire au sens allégorique) que par rapport aux devoirs extérieurs (c'est-à-dire au sens littéral), et je vous ferai voir que ce n'est ni par l'extérieur de la loi, ni par l'intérieur qu'on peut parvenir au salut. Vous avez aussi ouï dire que ce que vous regardiez jusqu'ici comme l'intérieur de la loi allait présentement en devenir l'extérieur; que ce qui en était l'extérieur disparaîtrait, et que le sens pur et exact de cette loi serait manifesté dans toute sa vérité.

« Le moment en est venu ; il est temps d'en développer l'explication, mais aux unitaires seulement et non aux polythéistes, jusqu'à l'heure où le glaive paraîtra et où la vérité se montrera à découvert et sans voile, pour soumettre les hommes de gré ou de force, et où les Musulmans, comme les polythéistes, seront assujettis à une capitation semblable à celle que payent aujourd'hui les Juifs et les Chrétiens. Ce temps est proche, s'il plaît au Seigneur, de qui dépend le succès. »

L'auteur ramène ensuite tous les préceptes de sa doctrine à reconnaître la divinité exclusive de Hakem, à se soumettre à toutes ses volontés et à renoncer sans réserve à toute autre croyance.

Un autre écrit est intitulé : *Commencement de la doctrine de l'Unité*; il a certainement pour auteur Hamza, qui commence par rappeler ce qu'il a déjà dit de l'abrogation des préceptes de la religion musulmane, tant dans leur sens littéral que dans leur sens allégorique ; il expose ensuite les sept préceptes de la religion unitaire; on remarquera les paroles par lesquelles il termine et qui annoncent la prochaine manifestation de la nouvelle doctrine et son triomphe :

« Société des fidèles, qui confessez l'unité de Notre Seigneur, le temps approche de la manifestation de la vérité, de la destruction du polythéisme et de l'iniquité, et de l'abolition de toutes les religions et de toutes les sectes. Préparez-vous donc à massacrer les partisans de l'erreur, à mettre dans les fers les *Zindjes* (*c'est-à-dire les ennemis de la vraie religion*), à emmener captifs les femmes et les enfants, et à exterminer tous les hommes d'entre ces gens-là par le glaive de Notre Seigneur haut et très-haut..... au moment de la manifestation salutaire qui s'opérera par le ministère de son serviteur, le chef de ce siècle, qui enseigne d'une manière claire qui conduit à la vraie foi, qui tire vengeance des polythéistes et des rebelles, par le glaive de Notre Seigneur et la force de sa seule puissance. »

Dans un autre écrit intitulé : le *Pacte ou l'Engagement des femmes*, Hamza expose les devoirs que la religion impose aux femmes, tant sous le point de vue de la croyance que sous celui de la conduite; la chasteté, la fidélité à leurs époux, l'attention à éviter jusqu'à l'apparence du mal, leur sont fortement recommandées. Il est prescrit de ne lire cet écrit que devant des femmes sincèrement attachées à la doctrine, et de prendre, dans les relations qu'on a avec elles, toutes les précautions propres à écarter toute familiarité et à ne donner lieu à aucun soupçon.

Voici enfin comment ce sectaire s'exprime dans un de ces livres que M. Silvestre de Sacy a jugés dignes d'attention :

« Dieu est l'Eternel, l'Ancien, le Seigneur plein de libéralité, le Maître miséricordieux. Il est unique, sans être sujet à aucun des attributs des êtres uniques ; il est seul, mais sans ressembler aux êtres dont on dit qu'ils sont seuls (*c'est à-dire qu'il n'est pas seul par privation*). Il est beaucoup trop élevé pour être désigné par des nombres ou par des ressemblances, beaucoup trop grand pour qu'on lui attribue une femme ou des enfants. Aucun homme ne peut le définir d'une manière qui réponde à son essence; les yeux de ceux qui le regardent ne peuvent le saisir ; son essence ne peut être comprise par la réflexion et la méditation la plus profonde... A lui seul appartient la divinité.

« Dieu ne peut être défini par aucune des qualités qui conviennent aux êtres créés, en sorte qu'il ait quelque rapport de genre avec les êtres qui semblent être du même genre que lui ; les esprits et les imaginations ne peuvent le comprendre; il est fort élevé au-dessus du *comment* et du *où* ; il est trop magnifique pour être vu par les yeux ou les regards les plus pénétrants, ou pour qu'on lui attribue le mouvement et le repos... »

« Bientôt Notre Seigneur va manifester son glaive par ma main ; il perdra les rebelles, il dévoilera les apostats, et les exposera aux yeux de tous les hommes. Ceux d'entre eux qui échapperont à l'épée, il les assujettira à un impôt qui les couvrira de honte, et ils seront vêtus, malgré eux, d'un habit auquel on les reconnaîtra. Ils seront partagés en trois classes distinguées par différentes marques extérieures et par la quotité de leurs taxes; elles seront exigées des vieillards, des jeunes gens, des femmes, des enfants et des petits enfants encore au berceau, et quiconque désobéira aura la tête tranchée... Les lois anciennes seront entièrement abolies ; la religion éternelle sera manifestée; Notre Seigneur sera adoré dans toutes les langues, et on le reconnaîtra sous tous les noms et toutes les dénominations. Alors on criera à haute voix dans toutes les régions de la terre et en tout lieu : A qui appartient le royaume aujourd'hui et en tout temps ? Et l'on répondra : A Notre Seigneur Hakem, le victorieux, le puissant, le fort ; il est digne des louanges et au-dessus de toute description. Chacun sera traité suivant ses mérites et sans aucune injustice ..

« Le véritable apôtre, c'est l'iman, serviteur de Notre Seigneur qui dirige les hommes vers lui et qui reçoit ses ordres pour les transmettre à ses serviteurs. Les religions des polythéistes, ce sont les soixante-douze sectes musulmanes qui associent un autre culte à celui qui est dû à Notre Seigneur. Notre Seigneur fera triompher d'elles toutes son serviteur ; il en tirera vengeance, ainsi que de tous les polythéistes, par le glaive du prince des fidèles, s'il plaît à Notre Seigneur, de qui vient le succès en toute chose. »

LIVRES SACRÉS DES ÉGYPTIENS.

Nous emprunterons les détails que nous allons placer ici à un travail très-intéressant de M. François Lenormant, *Les livres chez les Egyptiens*, inséré dans le *Correspondant*, n° du 25 février 1857.

Les livres religieux des Egyptiens sont en très-grande partie perdus. On ne possède rien en original des célèbres *livres d'Hermès*, souvent cités dans les textes égyptiens, et objet de fréquentes mentions chez les auteurs grecs. On ne peut en juger que par l'imitation grecque intitulée *Pimander*, le Pasteur des hommes, et qui mériterait une édition nouvelle avec le secours de la critique moderne (744).

On connaît du moins le *Rituel funéraire*, ainsi que l'appelle Champollion, ou le *Livre des morts*, comme l'intitule le docteur Lepsius, qui l'a publié d'après un manuscrit conservé au musée de Turin, et le plus complet de tous (*Das Todtenbuch der Ægypter*).

Le cahier du *Correspondant* que nous venons d'indiquer renferme (p. 258 et suiv.) des détails étendus sur cet ouvrage, « vaste encyclopédie de la religion et de la philosophie égyptienne. Il en existe des centaines de copies; pas une collection qui n'en contienne, car chaque mort en portait une sur lui, plus ou moins développée ou abrégée, faite avec plus ou moins de soin, selon le prix qu'on avait pu y mettre. »

Il ne saurait être question ici de reproduire l'analyse pleine d'intérêt que le jeune érudit, dont nous avons écrit le nom, a tracé de cette composition remarquable ; nous dirons toutefois d'après lui, que le *Rituel funéraire* s'ouvre par une grande scène dialoguée qui se passe au moment même de la mort, lorsque l'âme vient de se séparer du corps. « Le mort, s'adressant à la divinité infernale, énumère tous ses titres à sa faveur, et lui demande de l'admettre dans son empire. Le chœur des âmes glorifiées intervient, comme dans la tragédie grecque, et appuie la prière du défunt. Le prêtre, sur la terre, prend à son tour la parole, et joint sa voix pour implorer aussi la clémence divine. Enfin, Osiris répond, en s'adressant au mort : « Ne crains rien en m'adressant ta prière pour l'éternelle durée de ton âme, pour que j'ordonne que tu franchisses le seuil. » Rassurée par cette parole divine, l'âme du défunt pénètre dans l'*Amenti* (l'enfer égyptien), et recommence ses invocations.

Le défunt pénètre dans la région infernale, et, à son entrée, il est ébloui de l'éclat du soleil qui se manifeste à lui, pour la première fois, dans l'hémisphère inférieur. Il entonne un hymne de louanges au soleil sous forme d'invocation et de litanies entremêlées. C'est là un des plus beaux morceaux de ce qu'on pourrait appeler la poésie lyrique égyptienne. Les diverses péripéties des migrations du défunt dans l'hémisphère inférieur remplissent ensuite un grand nombre de chapitres. Des monstres effroyables veulent le dévorer; il reste vainqueur et force le passage ; du haut de l'arbre de vie, la déesse Netphé lui verse une eau salutaire qui le rafraîchit ; il atteint la première porte du ciel ; là, s'engage un dialogue entre l'âme et la lumière divine : c'est un des passages les plus beaux et les plus grandioses du *Rituel*.

Le mort entre alors dans une série de transformations où il s'élève peu à peu, revêtant la forme et s'identifiant avec les symboles divins les plus élevés. Il se change successivement en épervier, en lotus, en héron, en grue, en oiseau à tête humaine, en hirondelle, en serpent, en crocodile.

Après une série d'épreuves nouvelles, le mort traverse le fleuve infernal ; il prend terre sur l'autre rive, franchit le labyrinthe, et arrive enfin devant Osiris, le juge suprême, qui, assis sur son trône, est entouré de ses quarante-deux redoutables assesseurs. C'est là que sera prononcée la sentence qui admettra le mort dans la béatitude ou qui l'en exclura pour jamais. Un interrogatoire solennel a lieu : on examine la science et la conduite du défunt. Chacun des quarante-deux juges portant un nom mystique le questionne ; il faut qu'il énonce la signification de ce nom. Le mort déclare ensuite qu'il n'a pas commis telle ou telle action coupable, et cette déclaration montre que l'Egypte avait une doctrine morale fort supérieure à celle de tous les autres peuples de l'antiquité. La débauche, sous toutes ses formes, est sévèrement condamnée ; on rencontre des préceptes presque sans exemple au milieu du paganisme, et où se montre l'étendue de la charité évangélique. « Je n'ai pas fait de mal à mon esclave en abusant de ma supériorité. J'ai donné à manger à celui qui avait faim; j'ai donné à

---

(744) Il est question du *Pymander* et de l'*Asclépiade*, mis à tort sous le nom d'Hermès ou de Mercure Trismégiste dans le *Dictionnaire des apocryphes*, t. II, col. 261.

boire à celui qui avait soif; j'ai fourni des vêtements à celui qui était nu. »

Lorsque le défunt s'est justifié, lorsque son cœur, mis dans la balance avec la justice, n'a pas été trouvé plus pesant, il est l'objet d'une sentence favorable et il entre dans la béatitude. Là commence la troisième partie du *Rituel*, plus obscure que les autres; elle montre le défunt identifié avec le soleil, parcourant avec lui et comme lui les diverses demeures du ciel et le lac de feu, source de toute lumière.

Complet, le livre religieux des Egyptiens est un texte énorme dont la copie devait coûter un prix élevé. Aussi il est fort rare d'en trouver un exemplaire où toutes les parties soient réunies. Il est le plus souvent réduit aux chapitres les plus essentiels, et, même en cet état, son étendue est considérable. De là ces textes nombreux qui n'en sont, pour ainsi dire, que le sommaire et l'abrégé. Le plus important d'entre eux a été publié et traduit par M. Brugsch, à Berlin, en 1851, in-4°, sous le titre de *Livre des migrations* (*Sai un sinsin*); il résume en quelques pages les doctrines du Rituel et les idées des Egyptiens sur les pérégrinations et le sort de l'âme. Il existe des textes encore plus succincts, et qui n'ont même qu'une seule page, comme le papyrus démotique du temps de Néron, traduit également par M. Brugsch (*Sammlung demotischer Urkunden*, Berlin, 1850, in-4°), et celui qu'on trouva sur une momie rapportée au cabinet des médailles de la bibliothèque impériale à Paris, par le voyageur Cailliaud, et qui a fourni à Champollion le sujet d'un fort remarquable mémoire.

« Il y avait, » ajoute M. François Lenormant, « d'autres livres religieux chez les Egyptiens, en dehors des *Livres d'Hermès* et du *Rituel*. Ce dernier texte les cite quelquefois; il mentionne les *Matériaux pour les tombeaux des rois*, d'où est tiré son cent unième chapitre, dans lequel la navigation du mort sur le fleuve infernal est montrée comme n'étant pas au fond différente de celle du soleil dans le ciel. Nous ne possédons sur papyrus qu'un fragment de ce livre conservé au musée du Louvre; mais, en revanche, il est gravé presque en entier sur les parois des tombeaux des rois à Thèbes et sur quelques sarcophages d'un travail très-recherché et d'une somptueuse exécution. C'était un rituel réservé aux personnages de race royale, plus mystique, et surtout plus astronomique que celui qui servait d'ordinaire, et le sujet principal était l'identification des migrations de l'âme avec la course du soleil.

« Il est un autre livre religieux cité par le Rituel et dont la perte est fort regrettable. Hérodote raconte que les deux rois constructeurs des grandes pyramides, Cheops et Chephren (*Schrofou* et *Schafré* sur les monuments), avaient été des princes impies, maltraitant le peuple et méprisant les dieux. Leur successeur, Mycérinus (*Menkéré*), après un commencement de règne analogue au leur, pendant lequel il avait bâti la troisième pyramide, s'était converti, avait rouvert les temples et établi partout la justice. Manéthon attribue la conversion au constructeur même de la grande pyramide, et il ajoute qu'il écrivit un livre sur les matières religieuses. Nous ne savons s'il existait des écrits de Chéops, mais il est certain que les Egyptiens possédaient un *Livre du chemin du soleil du roi Menkéré*, d'où est tiré presque en entier le soixante-quatrième chapitre du *Rituel*, le dialogue entre la mort et la lumière divine. Espérons qu'une découverte nouvelle nous rendra ce texte, et que nous pourrons un jour étudier le plus ancien de tous les livres connus. »

LIVRES SACRÉS DES ROMAINS.

Les livres religieux des premiers temps de la république romaine ne sont plus connus que par un petit nombre de fragments échappés aux ravages du temps. Le plus remarquable de ces débris est le chant des frères Arvales; il remonte au temps de Romulus. Ces frères étaient un collège de douze prêtres, qui tous les ans, lorsque le printemps revenait, promenaient une truie pleine dans les champs pour obtenir des dieux des récoltes abondantes; ils récitaient alors les vers suivants, regardés comme sacrés :

Enos lases invate (*ter*)
Neve luer ve marmar sins incurrere in pleoris
Satur fufere, Mars limen sali sta berber :
Semunis alternei advocapit conctos.

Enos, Marmor, invato :
Triumpe, triumpe, triumpe, triumpe !

Mis en latin ordinaire cela peut se traduire ainsi :

Nos, Lares, juvate,
Neve luem (anciennement luerem), Mamers, sinas incurrere in pleoris
Satur fufere, Mars, limen solis sta perpes :
Dæmones alternei advocate cunctos.
Nos, Mars, juvato,
Triumphe !

Ce chant fut trouvé, en 1778, gravé sur une pierre que l'on a découverte en creusant auprès des fondations de l'église Saint-Pierre à Rome.

En examinant le texte ci-dessus, on remarque la substitution de l'r à l's dans quelques mots et réciproquement, les anciennes inscriptions en offrent des exemples nombreux.

Ve marmar signifie *Mars le jeune*, comme on disait *Vejovis*, Μικρὸς Ζεὺς, *Parvus Jupiter* (Voir les interprètes d'Ovide, *Fastes*, l. III, vers 447 et suiv.); *sin's* pour *sinas*; *satur* pour *sator*. La mutation de l'*u* en *o*, et réciproquement, est chose des plus fréquentes : *Fufere, semen ferens, sali* pour *salis*; *Berber* peut se rendre par *perpes, perpetuum*; *semunis* semble mieux expliqué par *dæmones* que par *semihomines*; *Marmor*, au cinquième vers, est le nom de Mars répété pour la troisième fois; c'est le nombre que recommandait l'école pythagoricienne comme représentant la fin, le milieu et le commencement. Aristote observe qu'on faisait usage du nombre trois dans le culte des dieux.

M. de Gournay, qui a inséré dans les *Mémoires de l'Académie de Caen*, 1845, un mémoire sur le *Chant des frères Arvales*, propose la traduction suivante :

« O Lares, protégez-nous ! (*trois fois*)

« Et toi, ô jeune Mars, ne permets pas que les fléaux se répandent sur les campagnes;

« Divin père, toi qui portes les germes féconds, Mars, reste à jamais à la porte d'entrée du soleil;

« Alternativement invoquez tous les dieux.

« O Mars, protège-nous !

« Victoire ! » (*cinq fois*)

Un laborieux érudit, M. Edelestand du Méril, s'est occupé du chant en question dans son recueil de *Poésies populaires latines antérieures au XIIe siècle* (Paris, 1843, p. 103-105); il propose quelque différence dans la constitution du texte, et il le traduit ainsi :

« O Lares, protégez-nous !

« Ne permets pas à la nielle, ni aux inondations d'envahir les campagnes;

« Nourris les semences, ô Mars, sois la digue de la mer, ô très-haut;

« Dieux inférieurs, qui protégez l'agriculture, intercédez pour nous.

« O Mars, viens à notre aide, » etc.

Il existe un ouvrage fort étendu de Gaetano Marini : *Gli Atti e Monumenti de' Fratelli Arvali*, Rome, 1795, 2 vol. in-4°. Le fragment en question a été réimprimé dans l'*Anthologia latina* de Burmann (édit. de Meyer, Leipzig, 1835, t. I, p. 4). Lanzi en a donné une explication que quelques savants ont contestée (*Saggio di lingua etrusca*, t. I, p. 142, éd. de 1789; p. 108, édit. de 1824).

Les Allemands se sont surtout occupés de l'interprétation de ces vieux débris. L'ouvrage de R.-H. Klausen, *De carmine fratrum Arvalium*, Bonn, 1836, in-8°; celui de Zell, *Ferienschriften*, t. II, p. 109 et 210; les grammaires latines de Ramshorn, p. 1100, et de Grotefend, t. I, p. 166, t. II, p. 286, renferment de patientes recherches à ce sujet.

Après tout, ainsi que l'a judicieusement observé M. Egger, les efforts de la philologie moderne n'ont pas encore amené une solution définitive et satisfaisante du chant des frères Arvales.

On pourrait ranger parmi les livres religieux des anciens Romains les lois de Numa, qui avaient à la fois un caractère sacerdotal et juridique, mais il n'en reste que quelques fragments :

Sei hemonem fulmen jobis ocisit nei supera cenua tolidod; hemo sei fulmined ocisus escit olve iousta nula fieri oportetod.

C'est-à-dire : *Si hominem fulmen Jovis ocurit, ne supra genua tolleto. — Homo si fulmine occisus est, illi justa nulla fieri oportet.*

Sei cuips hemonem loebesom dolo sciens mortei duit pariceidad estod; sei im imprudens se dolo malod ocisit pro capited occisei et nateis, eiius endo concioned arietem subicitod.

C'est-à-dire : *Si quis hominem liberum dolo sciens morti dederit, parricida esto. Si eum imprudens sine dolo malo occiderit, pro capite occisi et natis ejus in concione arietem subjicito.*

Pelecs asam junonis nei tancidod sei tancod iunonei crinibus demisceis acnom feminam ceditod

C'est-à-dire : *Pellex aram Junonis ne tangito; si tangerit Junonis crinibus demissis agnum feminam cædito.*

Ces fragments et quelques autres du même genre, connus sous le nom de *Leges regiæ*, ont été l'objet des travaux de divers érudits. Les ouvrages de C.-F. Ursini, *Leges regiæ* (Rome, 1583, in-4°), et de A.-C. Sylvius (Dubois), *Comment. ad leges regias et XII tabularum* (Paris, 1603, in-4°), sont aujourd'hui bien arriérés. On consultera avec plus de profit l'écrit de Scheibner, *Excursus ad Tacit. Annal. III, 26, seu de legibus Romanorum regiis*, Erfurt, 1824, in-8°, et les recherches de Dirksen, *Aperçu sur les lois des anciens rois de Rome*, dans ses *Essais* (en allemand) *pour servir à la critique et à l'exposition des sources du droit romain*, p. 254-358.

Quant à Numa, on sait que, d'après d'anciens auteurs, le sénat fit brûler les livres qu'avait laissés ce monarque; c'est ce qui a été l'objet d'une dissertation spéciale de C. G. Ivecher : *De Numæ Pompilii libris publica auctoritate Romæ combustis*, Leipzig, 1753, in-4°; voir aussi J. Meyer, *Delineatio vitæ gestorumque Numæ Pompilii*, Bâle, 1765, in-8°.

N'oublions pas les hymnes que chantaient les prêtres saliens à l'époque de Numa Pompilius et dont ce monarque était regardé comme l'auteur (745). A l'époque d'Auguste, ces poésies passaient pour des modèles de rudesse et d'obscurité. « Celui qui vante les

---

(745) Jam dederat Saliis, a Saltu nomina ductа
Armaque, et ad certos verba canenda modos.
(Ovid. *Fastes*, l. III.)
Il existe une dissertation de Gutherleth, *De Saliis, Martis sacerdotibus* dans le *Thesaurus antiquitatum* de Poleni, t. V, p. 795; elle a paru séparément à Francfort en 1704, in-8°.

vers saliens de Numa qu'il ne comprend pas plus que moi, veut seul paraître savant. » Ainsi s'exprimait Horace (Epist. II, vers. 86) et Quintilien dit que les prêtres ne comprenaient plus ces chants. Varron (*De lingua latina*) en a conservé quelques passages sur lesquels l'érudition moderne a trouvé matière à s'exercer.

  Cozolauloidoseso, omina enimvero
  Ad patula' ose' misse Jani cusiones;
  Duonus Cerus eset, dunque Janus vévet,
  ..... Melios eum regum.....

Un érudit allemand, connu par d'importants travaux sur la linguistique, a donné à ce fragment une explication que nous reproduisons ici :

  Chorolaulidosero; omina enimvero
  Ad patulas aures misere Jani curiones,
  Bonus Cerus (creator) erit, donec Janus vivet,
  Melior eorum regum.

Cette explication laisse à désirer l'interprétation des trois premiers mots de la strophe. M. de Gournay les explique par :

  Choro aulœdus ero, etc.

Avec cette interprétation, le fragment dont il s'agit peut se traduire d'une manière satisfaisante :

« En chœur, je vais chanter sur la flûte, car les prêtres de Janus ont envoyé de bons présages à nos oreilles attentives. Nous avons un dieu favorable, tant que vivra Janus, le meilleur des rois. »

Le second fragment rapporté par Varron, s'applique encore à Janus que saint Augustin (*Cité de Dieu*, l. VII), suppose être le monde, et qu'il place au-dessus de Jupiter. D'autres érudits ont cru que ce dieu était l'emblème du soleil.

  Divom empete cante
  Divom dio supplicate

ou bien :

  Divum impetu canite,
  Divûm deo supplicate.

« Chantez avec enthousiasme, suppliez le dieu des dieux. »

Quant au troisième et dernier fragment, les Allemands eux-mêmes l'ont regardé comme presque inexplicable. Il est intitulé : *Numa in saliari carmine*. Toutefois, il ne renferme pas un mot qui, à l'exception d'un seul, n'appartienne à la bonne latinité.

  Cume ponas Leucesiæ prætexere monti quolibet
  Cunei de his cum tonarem.

M. de Gournay observe que *cume* doit se rendre par comam. Lacerie est le nom d'une tribu romaine (*Laceres coloni*, Properce, IV, 1, 31). Le nom de *cunei* était donné aux bataillons parce qu'ils se rangeaient en forme de coins. En partant de ces données, les deux vers ci-dessus se traduisent par :

« Coupe une chevelure ; les bataillons couvraient une des montagnes de Lucérie (Rome) lorsqu'à leur occasion, je lançais la foudre. »

Et lorsqu'on se rappelle les cérémonies usitées chez les Romains et appelées : *Lustratio fulminum* et *Armilustrium*, ce passage s'explique sans peine.

LIVRES SACRÉS DES SCANDINAVES.

L'EDDA.

La réunion des livres religieux et mythiques des Scandinaves a sa source dans l'Islande : elle porte le nom d'*Edda* ; malgré de longues discussions, ce mot reste encore inexplicable; selon l'opinion la plus commune il signifie la science mère, la sagesse ; on attribue la formation de ce recueil à Sœmund Sigfusson, surnommé Frodr, ou le docte ; c'était un prêtre chrétien qui fit de longs voyages et qui vint, à ce qu'on croit, en France; né vers l'an 1056, il mourut vers 1134. L'ancienne Edda qu'il recueillit est en vers ; les divers poëmes qu'on y rencontre exposent le système théogonique et cosmogonique, non-seulement des Islandais, mais encore de toutes les races scandinaves.

La seconde Edda, connue sous le nom de nouvelle ou jeune Edda, est l'ouvrage de Snorro Sturleson. Sa rédaction eut lieu moins d'un siècle après la première partie de l'œuvre. Ce recueil est en prose et forme le commentaire de l'*Edda* poétique.

On y trouve des légendes historiques, des traités de grammaire, de rhétorique, de poésie.

Les poésies de la première Edda se rattachent toutes à l'ancienne religion des Scandinaves ; les unes racontent la création du monde et l'histoire des dieux ; les autres célèbrent des héros que leur origine ou leurs aventures rangent parmi des intelligences supérieures à la nature humaine ; on constate partout un caractère mystique qui établit, avec les chants historiques, une distinction tranchée.

Tous les chants mythiques ne font pas partie du recueil de Sœmund ; la religion chrétienne était prêchée en Islande depuis un siècle seulement, et une prudence facile à comprendre s'attachait à détruire les souvenirs du paganisme, à faire disparaître les chants qui conservaient des croyances erronées ; la mémoire de ces vieilles poésies s'était donc, sinon effacée, du moins obscurcie et altérée. On ne connaît plus que de nom quelques poèmes qui faisaient partie de l'ancienne collection ; leur perte a détruit l'ensemble des événements ; des épisodes se trouvent privés de commencement ou de fin ; d'autres n'ont pas de suite. Le compilateur de l'Edda les cite ; il connaissait donc leur existence ; s'il ne les a pas transcrits, c'est parce qu'il a été dans l'impuissance de se les procurer.

Parmi les chants qui n'ont pas péri en totalité, il en est qui sont mutilés dans leurs parties les plus importantes ; d'autres laissent à désirer soit les premières strophes soit les dernières ; dans presque tous on trouve des passages qui portent des traces évidentes d'altérations dans le texte.

Cet état d'imperfection atteste la circonspection, la bonne foi que le collecteur a apportées dans son travail ; il est vraisemblable cependant qu'il s'est parfois laissé aller à retoucher le texte et qu'il ne l'a point écrit tel qu'il était resté dans les souvenirs populaires. L'influence des idées chrétiennes se fait reconnaître dans quelques strophes où il est difficile de ne pas sentir l'empreinte d'une main plus moderne.

Des preuves multipliées attestent que les diverses parties de l'Edda ne sont pas l'œuvre d'un seul auteur ; on remarque sans peine des répétitions dans les faits, des contradictions dans les idées. Deux systèmes cosmogoniques différents se montrent tour à tour dans les chants mythiques. Parfois le monde est expliqué par le règne végétal ; un frêne personnifie l'univers, et un des rameaux de cet arbre produit le premier homme. Ailleurs c'est le règne animal qui domine ; la terre est la chair d'un géant, les flots de son sang remplissent l'abîme des mers, le genre humain est sorti d'un rocher de sel fondu sous la langue d'une vache. L'absence d'unité et de système se manifeste ainsi dans des idées incohérentes. Un des poëmes (l'*Ægis-Drecka*) semble même une attaque contre les idées religieuses énoncées dans le reste du recueil ; ce n'est pas qu'il y ait trace de christianisme, mais on y remarque au milieu de beaucoup de précautions oratoires, la pensée d'un esprit qui, choqué des absurdités des mythes scandinaves, voudrait mettre plus de moralité dans l'histoire des habitants du ciel, plus de vrai on dans les allégories.

Il est impossible de ranger les odes de l'Edda dans un ordre chronologique, en s'attachant à les classer d'après la nature des sujets qu'elles traitent. Un érudit laborieux, M. Ed. du Méril, est entré dans de longs détails au sujet de l'Edda dans son *Histoire de la poésie scandinave* (Paris, 1838, in-8°); il a dressé la classification suivante des divers écrits qui forment ce recueil : Poésies mythiques 9 ; mythico-prophétiques 4 ; mythico-morales 3 ; mythico-historiques 19 ; mythico-politiques 1.

Nous allons donner l'énumération de ces poëmes en suivant l'ordre dans lequel les présente l'édition de Copenhague et en indiquant succinctement le sujet sur lequel ils roulent (746) :

Le *Voluspa* ou la prophétie de Vola (volva, nom générique de toutes les magiciennes qui prédisaient l'avenir).

L'*Hava-mal* ou chant de l'élévation, attribué à Olin lui-même et d'un caractère purement moral.

Le *Grimnir-mal*, ou chant de Grimnir, lutte pour la suprématie.

Le *Vafthrudnis-mal*, ou débat sur la sagesse religieuse entre Odin, Othin et le géant Wafthradnir.

L'*Hraffnu gallrd Othins*, où les dieux, agités par de sinistres pressentiments, envoient consulter les prophétesses sur l'avenir du monde.

Le *Vegtams Quitha*, ou le chant de Vegtamt. Odin, tourmenté par les songes douloureux de son fils Balder, descend aux enfers sous le nom de Vegtam afin de consulter une prophétesse ensevelie depuis longtemps et qu'il fait sortir de l'asile des morts.

L'*Ægis drecka*, c'est-à-dire le repas chez Ægis, morceau en prose appelé aussi le *Lokasenna* (la colère de Loki) : c'est le récit d'une querelle survenue entre Loki et les autres dieux, assis à un joyeux festin. Loki, l'esprit du mal, est irrité du spectacle de cette gaîté. Il provoque les dieux, les insulte, se rit de leurs menaces et, pour se dérober à leur colère, il se métamorphose en saumon et disparaît dans un fleuve.

L'*Hymyrs-quida*, le chant d'Hymir : géant, auquel Thor et Tyr ont enlevé une énorme chaudière où Ægis doit préparer la bière destinée à figurer au banquet des dieux.

Le *Thrryms-quida*, le chant de Thrymr, ou l'Hamarsheim (la caverne du marteau); Thor, déguisé sous les traits de Freya, recouvre son marteau que le géant Thrymr avait soustrait.

L'*Harbarthstiod*, le chant d'Harbarth, querelle de Thor avec le batelier Harbarth dont il ne peut être vainqueur.

L'*Alvis-mal*, le chant d'Alvis ou de l'être doué de toute sagesse ; le nain Alvis, amant de la fille de Thor, lui explique comment les créatures célestes, terrestres et souterraines forment le monde.

Foer Skirnis, le voyage de Skirnir ; le dieu Freyr, épris d'une jeune fille d'une beauté admirable, envoie Skirnir la demander en mariage, et pour l'y décider, il lui fait don d'une épée magique qui frappe et tue d'elle-même.

Fiolsvinns-mal, le chant de celui qui sait beau-

---

(746) Une énumération semblable, mais beaucoup plus développée, et à laquelle nous renverrons les personnes désireuses d'étudier ce que nous ne pouvons qu'indiquer, se trouve p. 88 et suiv. d'un volume consacré à la littérature islandaise (Paris, 1843, in-8°) et faisant partie du *Voyage en Islande et au Groenland exécuté durant les années 1835 et 1836, sur la corvette la Recherche, et publié par ordre du roi.*

coup; l'entretien du héros Saipdagr (qui, pour rester inconnu, prend le nom de Fiolsvithr, celui qui sait beaucoup) avec le gardien du château où est renfermé son amante Menglid, lequel lui barre le passage.

Hyndla lyoth, le chant d'Hyndla ou Voluspa hin skamma (la petite Voluspa); Freya se fait expliquer par la géante Hyndla la généalogie des héros qui descendent des dieux.

Solar liod ou le chant du soleil, morceau qui n'appartient pas à l'Edda proprement dit; c'est une composition chrétienne mêlée d'idées empruntées à la mythologie payenne (Il en existe une traduction anglaise : *The Song of the sun, from the Edda with notes by J. Beresford*, London 1805, 8°.)

A la suite de ces divers écrits (747) viennent des chants épiques destinés à célébrer les anciens héros scandinaves; ils sont au nombre de vingt-cinq et ils ont peu d'étendue, car ils n'occupent que 63 pages dans l'édition latine de Copenhague; on y remarque les chants d'Helgi (au nombre de quatre), ceux de Sigurd, de Gudrun, de Grottis, de Biarki, de Rigs. Le Volundar-quida ou chant de Volundr est relatif au forgeron Velint ou Weland, espèce de Dedale qui joue un assez grand rôle dans les légendes du moyen-âge (748).

L'Edda rédigé en islandais par Snorro Sturleson, a été publié avec une double traduction latine et danoise par Jean Resenius à Copenhague, 1665-1673, in-4°; ce volume est très-rare.

L'Edda de Sœmund a été mis au jour avec une version latine, des notes et un glossaire à Copenhague, t. I, 1787; t. II, 1818, t. III, 1828; ce travail très-estimé est l'œuvre d'une commission d'érudits; M. Finn Magnusen a pris une large part aux derniers volumes (749).

(747) Il existe des éditions ou des versions isolées de quelques-uns des poèmes qui composent l'Edda; la Voluspa a été publiée pour la première fois en latin et en islandais par P. J. Resenius, Copenhague, 1665, in-4°; Graeter l'a également donné en latin (Leipzig, 1818, in-8°) et Ettmuller, en allemand (Leipzig, 1830, in-8°). L'Hava-mal a été joint par Resenius à son édition de la Voluspa; le Vafthrudnis-mál a été mis au jour en latin par G. F. Thorkelin, Copenhague, 1779, in-4°. Il serait facile de signaler d'autres travaux de ce genre, mais ils n'offrent pas assez d'intérêt pour que nous les enregistrions ici.

(748) Voir à cet égard l'ouvrage déjà cité de M. Ed. Du Méril, p 561-576, et la notice sur les traditions populaires concernant l'armurier forgeron Vélant, dans les *Mémoires de la Société des antiquaires*, t. V, p. 217, ainsi que la dissertation de MM. Depping et Francisque-Michel, *Velant le forgeron*, Paris, 1833, in 8°.

(749) On trouve des détails sur la bibliographie de l'Edda dans le *Manuel du libraire* de M. J. Ch. Brunet, 1841, t. II, p. 165, dans le *Dictionnaire bibliographique* d'Ebert (en allemand), et surtout dans l'ouvrage de M. Graesse : *Cours d'histoire littéraire universelle*, Dresde, t. II, seconde section (1842), p 910 et suiv. Voir aussi la *Dissertatio academica de Eddis* par V. Nordlings, Upsal, 1765, in-8°, l'*Introduction à l'histoire de Normandie* par Depping, l'*History of the Northmen* par H. Wheaton, l'*Histoire du paganisme dans le Nord* par Mone (*Geschi-*

Cet érudit a de plus fait paraître à Copenhague en 1824-1826, 4 vol. in-8° intitulés *Edda laren* (dogmes de l'Edda); c'est un tableau complet et très-savant des anciennes traditions religieuses scandinaves de l'Edda comparées à celles des Grecs, des Perses et des autres peuples.

Il existe de l'Edda une traduction danoise par F. Magnusen, Copenhague, 1821-23, 4 vol. 8°, et une suédoise par Afzelius, Stockolm, 1818, 8°. L'Edda a été publié en allemand par F. Kuhs (avec une introduction sur la poésie et la mythologie septentrionales); Berlin, 1812; par Von der Hagen, Berlin, 1812-14, 2 vol. 8°; par les frères Grimm, Berlin, 1815, 8° (tome Ier seulement); par F. Majer, Leipzig, 1818, 8°; par J. L. Heiberg, Schleswig, 1820, 8°.

Une version française des Edda a été mise au jour par P. H. Mallet, Copenhague, 1756, 4° ou Genève, 1787, in-12; elle n'est nullement estimée.

Un travail bien plus important a paru sous le titre de *Poëmes islandais tirés de l'Edda publiés avec une traduction, des notes et un glossaire* par F. G. Bergmann, Paris, 1838, 8°, xvi et 506 pages (750). Ces

chte des Heidenthums im nordischen Europa), les sources du Nord antique (*Fund-Gruben des alten Nordens*) par Legis, Leipzig, 1829; les *Lettres sur l'Islande* par M. Marmier, une notice de M. Ampère dans l'ouvrage de cet académicien intitulé : *Littérature et voyages*; des articles de M. d'Eckstein dans les *Annales de la littérature et des arts*, t IX, une notice de M. V. de Vateville dans le *Journal de l'Instruction publique*, 15 mai 1855, etc.

(750) Sur trente-six poèmes environ dont se compose l'Edda de Sœmund, M. Bergmann n'en donne que trois, et ces poèmes ne forment qu'une faible portion du volume qu'il a publié. Le commentaire qu'il y a joint occupe près des cinq-sixièmes de l'ouvrage Une introduction générale, formant 145 pages, est consacrée à l'étude de l'origine des idiomes scandinaves, de l'ancienne littérature et de la mythologie islandaise, de la versification employée par les poètes qui ont fait usage de cet idiome.

La seconde partie du volume en question renferme les trois poëmes que nous avons nommés ci-dessus; chacun d'eux est précédé d'une introduction contenant des discussions sur l'origine, le but, l'antiquité et la division de ce poëme. Le texte, accompagné de la traduction, arrive ensuite : chaque poëme est suivi d'une double série de notes, la première est relative à l'explication du langage, la seconde est consacrée à l'interprétation des mythes. Enfin, dans une troisième partie, l'auteur développe un système nouveau de glossaire et l'applique à la langue islandaise comparée à d'autres langues tant de l'Orient que de l'Occident. Il y a dans ces divers travaux une vaste érudition, mais on peut dire que le texte de l'Edda disparait au milieu de ces introductions et de ces explications. M. Depping, dans un article consacré au travail de M. Bergmann (*Journal des Savants*, septembre 1858), fait l'éloge de la traduction qui est aussi fidèle que possible et qui a exigé beaucoup de peine pour donner l'équivalent d'expressions quelquefois très-difficiles à rendre en français. Quelques passages pourraient cependant donner lieu à des observations. Quand M. Bergmann écrit « l'homme en colère ne craint pas le diable », il commet un anachronisme, en parlant du diable. — « Fregh est le meilleur de tous les preux chevaliers »; cette dernière expression rappelle trop la chevalerie chrétienne pour pouvoir convenir à la mythologie scandinave. Ailleurs l'expression *orbites éternelles* suppose des idées astronomiques que les Scandinaves ne possédaient pas. Ce sont là d'ailleurs des tâches légères en présence des grandes difficultés que M. Bergmann a eu à vaincre pour rendre les expressions islandaises en français sans s'é-

poëmes sont la Voluspa, la Vafthrudnismal, le Lokasenna.

Il existe aussi un *Essai* de traduction d'une partie de l'*Edda* par Mlle Puget, Paris, 1842.

M. Ed. Du Méril a fait passer en français 1° la Voluspa, qu'il appelle le chant de la Sibylle, et à laquelle il a joint des notes savantes beaucoup plus longues que le texte ; 2° le troisième chant de Helgi, meurtrier de Hunding (poëme historique un des plus vieux et des plus importants de l'Edda ; malheureusement c'est aussi un des plus corrompus) ; 3° le troisième poëme de Sigurth, chant que sa forme, beaucoup plus épique que celle de la plupart des poëmes de l'Edda, paraît faire remonter à une haute antiquité, mais il est impossible de ne pas reconnaître la trace de remaniements modernes (751) ; 4° le premier chant de Gudrun, un des plus beaux poëmes de l'Edda, mais auquel on ne peut attribuer la même antiquité qu'à beaucoup d'autres ; 5° le chant de Kraka, ode qu'une mère récitait à ses enfants pour les engager à venger leur père ; 6° le Rachat de la tête, poëme qu'un héros tombé au pouvoir de ses ennemis récita devant eux, les amenant ainsi à lui laisser la vie ; 7° le chant funèbre de Hakon ; 8° le chant de Harold le vaillant.

La Voluspa est une des compositions poétiques les plus remarquables qui soient venues du Nord ; c'est celle qu'on a le plus souvent traduite ou imitée (752) ; son nom, écrit de diverses manières (Volospa, Volouspa, etc.), vient de Volou, nom générique des sibylles ou magiciennes douées de l'esprit prophétique et qui sont souvent mentionnées dans les livres scandinaves.

Ce chant retrace la vision d'une prophétesse qui, en termes souvent douteux, et en phrases pleines d'allusions mythologiques et dont les transitions échappent fréquemment, célèbre l'origine du monde, la création de l'espèce humaine, les travaux des dieux, l'arrivée du génie du mal, la perversité des hommes qui en est la suite, le renouvellement futur de l'univers, et le rétablissement de la justice. On ne saurait méconnaître dans une pareille production un sujet éminemment poétique, un document important pour l'histoire de la cosmographie et de la mythologie du Nord.

Des opinions bien diverses ont été mises en avant sur cette composition. Quelques savants ont cru pouvoir attribuer à la Voluspa une très-haute antiquité et y voir l'écho des accents prophétiques d'une sibylle grecque ou les débris des doctrines théosophiques de l'Orient ; d'autres ont cru y reconnaître des traces d'idées chrétiennes et devoir admettre que ce poëme est de la fin du paganisme ou que du moins des interpolations chrétiennes s'y sont glissées.

M. Bergmann se prononce pour l'authenticité entière de la Voluspa ; il croit voir dans le fond et dans la forme de ce poëme la preuve que c'est un des plus anciens monuments de la littérature scandinave et que sa composition remonte à une époque où le paganisme du nord était dans toute sa vigueur.

Plusieurs érudits ont pensé que ces paroles mystérieuses, qui semblent prédire l'avenir, ont été proférées dans une grande solennité religieuse, celle qui se célébrait au solstice d'été ; la prédiction du dépérissement du monde s'unit à une allégorie relative au dépérissement de la chaleur et du jour, qui commence après le solstice d'été. C'est là une conjecture qui repose sur la supposition que la religion scandinave était surtout allégorique, fait qui est très-contesté.

La Voluspa ou prophétie de la Vola est, selon M. Ampère, « un fragment, ou mieux, la réunion de plusieurs fragments qui contiennent le sommaire des principaux mythes scandinaves, plutôt rappelés que retracés, par quelques grands traits d'une poésie souvent obscure, toujours bizarre, quelquefois sublime. »

« Les traditions sur lesquelles repose ce poëme appartiennent à la plus ancienne époque de la mythologie scandinave. Ici les dieux sont des êtres cosmiques et non des personnages héroïques. Le poëme que nous possédons est évidemment un débris d'une cosmogonie perdue ; il offre de grandes lacunes, de grandes obscurités ; quelques parties sont de sèches énumérations de noms mythiques. Tout cela indique, non pas un poëme primitif, mais un abrégé, un résumé incomplet de traditions, et probablement de chants qui remontent à une antiquité encore plus reculée.

« Le cadre du poëme est celui de plusieurs chants mythologiques de l'Edda. C'est un personnage de la race des géants, ou une prophétesse ou *vola* qui raconte aux dieux réunis les destinées de l'univers. Tout ce qui a trait au grand combat qui doit amener la fin et le renouvellement du monde est développé avec la complaisance d'un prophète qui menace ses ennemis. »

Dans le second poëme qu'a traduit M. Bergmann, on trouve le récit d'un entretien entre le Jöte ou géant Vafthradnir et le dieu Odin. Celui-ci descend chez le géant sans se faire connaître, lui demande l'hospitalité et lui propose une lutte de science. La proposition est acceptée avec la condition rigoureuse que celui qui succombera perdra sa tête. Le géant adresse à l'étranger des questions mythologiques qui sont promptement résolues par le dieu

---

loigner du sens ainsi que du génie de l'idiome scandinave.

(751) Sur soixante six strophes qui forment ce chant, le traducteur n'a rendu que les trente-huit premières.

(752) Un célèbre écrivain allemand, Herder, a donné de ce poëme une version un peu libre dans ses *Chants populaires* (Volkslieder), Leipzig, 1779, t. II, p. 185.

déguisé. A son tour, Odin propose des énigmes que le géant devine toutes à l'exception de la dernière, dans laquelle il reconnaît le savoir d'Odin : aussi est-il forcé d'avouer sa défaite.

On a reproché avec raison à ce poëme de l'uniformité, de la monotonie, mais il faut se souvenir qu'il a été vraisemblablement composé au dixième siècle, époque ou les règles de la composition littéraire étaient peu suivies ; son mérite consiste dans les renseignements qu'il renferme sur la mythologie scandinave ; c'est ce qui le place parmi les monuments les plus curieux de l'ancienne littérature islandaise.

Le poëme de Lokasenna, le dernier de ceux sur lesquels M. Bergmann s'est exercé, raconte comment, tous les dieux étant rassemblés à un festin, Loke, le génie du mal, arrive et se plaît à apostropher rudement les dieux et les déesses ; chacun est l'objet d'un reproche ou d'une méchanceté ; Thor, le dieu puissant, met fin à ce scandale, en menaçant Loke de son marteau redoutable. Dans cette composition singulière, on trouve une malice grossière mais non complétement dépourvue d'esprit. Attribuée aux dernières années du dixième siècle, cette production date sans doute de l'époque où le paganisme islandais allait disparaître.

Le Hava-Mal, ou discours sublime d'Odin, offre la réunion de divers fragments qui contiennent la partie morale de la doctrine d'Odin et des enseignements magiques. C'est Odin qui prend la parole dans la première partie de cette composition, et cette partie a donné son nom au tout. Sous une forme sentencieuse, on y trouve les idées que se faisaient les anciens Scandinaves de la supériorité intellectuelle et morale. Les vertus les plus recommandées sont la prudence, la libéralité, l'hospitalité ; quelques pensées touchantes se rencontrent au sujet de l'amitié ; quelques mots sublimes à l'égard de la gloire. De temps à autre, quelques reflexions naïvement satiriques, quelques passages empreints d'une expression irréfléchie de férocité, forment avec le ton grave et sage de l'ensemble, un contraste frappant mais facile à expliquer. Presque aucune sentence ne recommande la bravoure. Il était inutile d'en parler : elle était trop profondément entrée dans les mœurs et dans les idées des Scandinaves. Signalons sans choisir quelques-uns des préceptes moraux que renferme l'Hava-Mal :

« Ne vous fiez ni à la glace d'un jour, ni à un serpent endormi, ni à une épée rompue, ni au fils d'un homme puissant, ni à un champ nouvellement ensemencé. — Il n'y a point de maladie plus cruelle que de n'être pas content de son sort. — Si vous avez un ami, visitez-le souvent ; le chemin se remplit d'herbes, les arbres le couvrent bientôt si on n'y passe sans cesse. — Ne riez point du vieillard ; il sort souvent des paroles pleines de sens des rides de la peau. »

Afin de donner une idée des chants de l'Edda, nous placerons ici la traduction de quelques fragments, et nous l'emprunterons au travail déjà cité de M. Marmier, sur la poésie islandaise. Présentons d'abord le début de la Voluspa.

« J'invite à l'attention tous les êtres sacrés, les enfants de Heimdall grands et petits. Je veux raconter les mystères du père suprême ; je me rappelle les choses antiques.

« Je me souviens des Jotes, les premiers-nés. Ce sont eux qui m'ont donné des leçons. Je connais neuf mondes, neuf cieux et l'arbre magnifique planté sur la terre.

« C'était au commencement du temps. Ymer régnait. Il n'y avait ni sable, ni mer, ni vagues fraîches. Nulle part on ne trouvait la terre ni le ciel élevé. Il y avait le gouffre béant et point d'herbe.

« Les fils du Bur élevèrent le firmament. Ils bâtirent le superbe Midguard. Le soleil éclaira du midi les murailles de la demeure. La terre se couvrit de plantes vertes.

« Le soleil du sud répand ses faveurs sur la lune, à la droite de la porte du ciel. Le soleil ne savait pas où était sa demeure. Le soleil ne savait pas où étaient leurs places. La lune ne savait pas quel était son pouvoir.

« Alors toutes les puissances allèrent sur les siéges élevés. Les dieux saints délibérèrent. Ils donnèrent un nom à la nuit et au premier quartier de la lune. Ils en donnèrent au matin et au milieu du jour, au crépuscule et au soir, pour mesurer l'année.

« Les Ases se rencontrent dans la vallée d'Ida. Ils bâtissent un sanctuaire et une enceinte élevée. Ils établissent des fourneaux, forgent des minéraux précieux, fabriquent des tenailles et des ustensiles.

« Ils jouent aux dés dans leur enceinte et sont joyeux. L'or ne leur manque pas. Alors arrivèrent trois jeunes filles puissantes du monde des Jotes.

« Les dieux sacrés, les grandeurs s'en vont sur leurs siéges élevés et tiennent conseil pour décider qui formerait la race des nains de la chair de Brimir, des os du géant livide…

« Je connais un frêne que l'on nomme Ygdrasul, arbre chevelu humecté par une brume blanche. De là vient l'humidité (la pluie et la rosée) qui tombe dans la vallée. Il reste toujours vert sur la source d'Urd.

« Là viennent les vierges qui savent beaucoup. Elles viennent de la source qui est près de l'arbre. L'une se nomme Urd (passé), l'autre Verdandi (présent). Elles gravent des tablettes. La troisième est Skuld (avenir). Elles donnent des lois, elles déterminent la vie et fixent la destinée des enfants des hommes.

« Je me rappelle la première guerre du monde, quand ils percèrent Galdveigr avec des piques et la brûlèrent dans la demeure du Très-Haut. Trois fois brûlée, trois fois elle revint. Souvent brûlée de nouveau, elle vit encore.

« On l'appelle Heidur (richesse, argent) dans la maison où elle entre. Elle méprise la science de la prophétesse. Elle connaît la magie, elle joue avec la magie et fait toujours les délices des méchants...

« Vala sait que le corps de Heimdall est caché sous la voûte du ciel, sous l'arbre sacré. Elle voit le fleuve écumant qui se précipite de l'œil du père suprême. En savez-vous plus ? Quoi ! Elle était assise seule lorsqu'il s'approcha, le vieux, le plus avisé des Ases ; elle le regarda dans les yeux. Pourquoi m'interroger ? pourquoi me mettre à l'épreuve ? Je sais tout, Odin. Je sais où ton œil est caché dans la source de Mimer. Chaque matin, Mimer boit la bière dans le vase du père suprême. En savez-vous plus ? Quoi !

« Le père des armées choisit pour elle des anneaux et des bijoux, les riches chants de la sagesse et l'esprit de prophétie. Alors sa vue plongea au long et au large dans chaque monde.

« J'ai vu la destinée réservée à Balder, victime sanglante, fils d'Odin. Dans une belle vallée s'élevait et grandissait un gui faible mais beau. De cette tige si tendre en apparence provient le trait dangereux et fatal que Hoder lança.

« Le frère de Balder venait de naître. Agé d'une nuit, ce fils d'Odin prit l'arme du combat. Il ne se lava pas les mains, il ne se peigna pas la chevelure avant qu'il eût porté au bûcher l'adversaire de Balder. Mais Frigg pleure dans Fensalir le malheur du Valhalla. En savez-vous plus ? Quoi !

« Vala voit auprès de Hverahund un méchant corps, l'affreux Loki. En vain il secoue les funestes liens de Vali. Elles sont trop fortes, ces cordes de boyaux. Au-dessus de son mari est assise Sigya, qui n'est pas réjouie.

« Un fleuve tombe à l'est dans la vallée du Venin, un fleuve de fange et de limon. On l'appelle Slidur (cruel). Vers le nord, dans les champs de Nida (obscurité), s'élève la race d'or de Sindri. A Okolnir, s'élève la salle de banquet du géant qui s'appelle Brimir.

« Elle voit une autre salle située au Narstrand (rivage des morts), loin du soleil. Les portes en sont tournées du côté du nord. Des gouttes de venin y tombent par chaque ouverture. La salle est formée de dos de serpent.

« Elle voit se traîner dans les eaux épaisses les parjures, les meurtriers, et celui qui séduit la femme d'un autre. Nidhorgg suce les cadavres de ceux qui descendent là. Le loup les déchire. En savez-vous plus ? Quoi !

« A l'orient elle est assise, la vieille, dans le Jarnvid (les champs de fer) et nourrit la progéniture de Fenris. Un des êtres de cette race, sous la forme d'un monstre, engloutira la lune.

« Il se repaît de la vie des lâches ; il tache de gouttes rouges le siége des dieux. La lumière du soleil s'obscurcit à la fin de l'été ; le vent et la brise deviennent des tempêtes. En savez-vous plus ? Quoi ! »

Le colloque entre Gangrad (c'est-à-dire Odin) et le géant Vafthrudnir fait connaître divers points des croyances cosmologiques des Scandinaves :

« Le cheval qui apporte chaque matin le jour aux hommes s'appelle Spinfaxi. Il passe pour le meilleur des coursiers ; sa crinière reluit éternellement.

« Le cheval qui apporte de l'Orient la nuit propice aux dieux s'appelle Hrimfaxi. Chaque matin il laisse tomber l'écume de son mors ; c'est de là que vient la rosée des vallons.

« Le fleuve qui partage le sol entre les dieux et les fils des géants s'appelle Ifling ; il coulera librement dans tous les temps ; jamais il ne sera couvert de glace.

« La plaine où Sutur et les dieux bons se rencontreront pour combattre, elle a cent journées de marche de longueur et de largeur. Voilà le lieu qui leur est assigné.

« Si tu veux savoir comment ont été formés à l'origine des choses la terre et le ciel, la terre a été formée avec les os du géant, les montagnes avec ses os, le ciel avec le crâne de ce géant, la mer avec son sang.

« Le père du jour se nomme Delling ; la nuit est fille de Norvi. Les dieux bienfaisants ont créé la nouvelle lune et le premier quartier pour donner aux hommes la mesure de l'année.

« Le père de l'hiver se nomme Vindsvale, et celui de l'été Svasuda. Toute l'année ils alterneront jusqu'à ce que les dieux succombent.

« Du fleuve d'Elivagi sortirent des gouttes de venin qui se coagulèrent, et il en sortit un géant. C'est de là que vient toute notre race.

« Sous le bras du vieux géant un garçon et une fille se formèrent ensemble, dit on ; son pied enfanta un fils qui avait six têtes.

« A l'une des extrémités du ciel, il y a un géant nommé Hraesvelg, qui porte un plumage d'aigle. De ses ailes provient, dit-on, le vent qui souffle vers les hommes. »

Le chant d'Harald le vaillant se rattache à des

traditions historiques; il est remarquable par son caractère romanesque.

« Mon navire a fait le tour de la Sicile; nos armes étaient resplendissantes; le noir navire, chargé de guerriers, sillonnait la mer au gré de notre espoir. Je me réjouis de combattre, et pourtant une blonde fille de la Russie me dédaigne...

« Je suis né dans le pays où l'on entend résonner la corde des arcs. Mes navires qui bravent les écueils sont l'effroi des cités. Avec mes navires, j'ai sillonné la mer loin des habitations des hommes, et cependant une blonde fille de la Russie me dédaigne... »

Le Grimnismal, ou chant de Grimner, mériterait une mention spéciale. Nous devons nous borner à en signaler le sujet.

Odin, sous le nom de Grimner, se rend auprès de Geirrod, géant puissant qui, prenant le dieu pour un sorcier, le fait mettre en deux bûchers ardents où Odin passa huit jours sans aliment et sans boisson. Enfin Agnur, fils de Geirrod, ému de pitié, apporta à Odin une coupe en corne pour le désaltérer. Odin, reconnaissant, lui promet l'empire des Goths et entonne un chant où il parle de la demeure des dieux, du séjour des héros, de l'arbre Ygdrusil, et à la fin de son chant, il révèle son nom à son hôte cruel. Geirrod effrayé, tombe sur une épée et expire. Agnur devient roi des Goths, conformément à la promesse d'Odin.

TABLE ALPHABÉTIQUE
DES NOMS PROPRES [753].

A

AGNI, dieu du feu chez les Hindoux, 23 *et passim* dans les Védas.
AGRA-MAYNIUS, le bon principe, 725 *et passim* dans le Vendidad Sadé.
AHURA-MAZDA, interlocuteur de Zoroastre, 725 *et passim* dans le Vendidad-Sadé.
ANGIRAS, fils de Brahma, 24.
ARAHWALU, roi des serpents, 488.
ARISHTA, démon tué par Khrishna, 331.
ARVALES (les frères), leur chant, 809.
ASHOMAIO ou ASTOUIAD, démon de la mort chez les Parsis.
ASOCA, roi de Ceylan, 481.
ASOKKA-MALLA, épouse du prince Sally, 512.
ASWAMEDHA, sacrifice du cheval, 102, 518.
ASWINS, déités adorées chez les Indiens, 25 *et passim* dans les Védas.
ATRI, un des dieux secondaires des Indiens, 47.

B

BALAKHILYAS sages nains, 248.
BERGMANN (F. G.), ses travaux sur l'Edda, 813.
BHAGAVATA-POURANA, poëme religieux des Indiens, 396.
BHARADWAJA, sage indien, 75.
BODHISATTVA, aspirant à la dignité de Bouddhou, 795 *et suiv.*
BOGAHA, arbre sacré, 561.
BOUDDHA, 467, 475, 579 *et passim* dans les livres bouddhistes.
BRAHMA, le créateur et le maître du monde, 28 *et passim* dans les livres indiens.
BRAHMANAPATI, sage indien, 30.
BRICOU, sage indien, 50.
BURNOUF (Eugène), ses travaux, 470.

C

CALASOKA, roi de Ceylan, 481.
COADDODANA, roi indien, 638 *et suiv.*
CPENTHA-ARMAITI, nom de la terre chez les Parsis, 726.

D

DABISTAN, livre religieux des Persans, 804.
DADAPANTHIS, sectaires indiens, leurs livres, 463.
DADHYANCU, sage indien; sa légende, 59, 78, 154, 183.
DAKSHA, sage indien, son sacrifice, 241.
DAWTOO, relique de Bouddha, 479.
DESATIR, livre religieux des Persans, 800.
DHENOWKA, démon détruit par Krishna, 216.
DHROUVA, sa légende, 248.
DOOTOOGAMENY, roi de Ceylan, 500 *et suiv.*
DRUJAS ou DARVADS, esprits impurs selon les Parsis, 728.

DRUSES, leur doctrine, leurs livres, 805.
DU MÉRIL (Ed.), ses travaux sur la littérature scandinave, 812.

E

EDDA, livre religieux des Scandinaves, 811.
EGYPTIENS, leurs livres sacrés, 808.
ELLAWRE, roi de Ceylan, 493.
ENFERS des Indiens, 279.

G

GANDHARVA, nom du soleil ou d'Agni, 32.
GHOSHA, femme d'un sage indien, 79.
GOTAMA, sage indien, 62.
GOTAMA, sage indien, 119, 125.
GRITSAMADA, sage indien, 113.

H

HAKEM, caliphe adoré par les Druses, 805.
HAMSA, législateur des Druses, 805.

I

ILA, déesse vénérée chez les Indiens, 28.

J

JACMINI, sage indien, 383.
JAMBU-DWIPA, l'Inde, sa description, 273.
JAPONAIS, leurs livres sacrés, 799.
JAVANAIS, leurs livres sacrés, 799.

K

KABIR, chef de la secte des Kabir-Panthis, ses livres, 463.
KAH-GYOUR, ouvrage sacré chez les Bouddhistes, 576.
KAKSHIVAR, roi indien, 85.
KANARA, sage indien, 38.
KANDA, livre sacré des Javanais, 798.
KANDOU, sage indien; sa légende, 256.
KESIN, tyran, tué par Krishna, 332.
KRISHNA, nom d'une des incarnations de Vishnou, 327 *et suiv.*, 359 *et suiv.*
KUSIKA, monarque indien, 27.
KUTSA, sage indien, 112.

L

LAKSHMI, sa légende, 244.
LAO-TSEU, philosophe chinois, 796.
LENORMAND (François), ses travaux sur les livres sacrés des Egyptiens, 808.
LI-KI, ou livre des rites, ouvrage chinois, traduit par M. Caillery, 795.
LOKAS ou mondes, selon les Hindous, 238, 280.
LOPAMUDRA, femme d'un sage indien, 113.
LOTUS DE LA BONNE LOI, livre sacré des Thibétains, 565.
LUNE (La), idées des Hindous à son égard, 284.

M

MACHAVAN, un des noms d'Indra, 60, 69, 90.
MAHA-CALLA, roi des serpents, 487.

---

[753] Nous n'avons pas compris dans cette table une foule de noms propres portés par des personnages qui, dans les livres indiens et chingalais, ne jouent qu'un rôle fort insignifiant. Une énumération très-longue et sans le moindre intérêt, ne devait pas trouver place ici.

TABLE ALPHABETIQUE DES NOMS PROPRES.

Mahawanser, livre sacré des Chingalais, 473.
Mahi, déesse vénérée chez les Indiens, 28.
Maitreya, un des interlocuteurs dans le Vishnou-Pourana, 250.
Mandchoux, leur rituel, 797.
Manusha, femme de Prachetrasas. Sa légende, 256.
Markandeya-Pourana; poème religieux des Indiens, 384.
Maruts, dieux des vents vénérés chez les Indiens, 24 et passim dans les Védas.
Merou (Le mont), 274.
Mitra, un des dieux de la religion védique, 24 et passim dans les Védas.

N

Nahusha, sage indien, 37.
Narada, prince indien, 288.
Naraka, tyran tué par Krishna, 363.
Narayana (Vishnou) se montre sous la forme d'un sanglier, 255, crée les castes, 257.
Nasikitas, fils de Rajasrava, 404.
Numa, ses lois, 810.

P

Parabole de l'enfant égaré, fragment d'un livre sacré des Thibétains, 566.
Parackramabahoo, roi de Ceylan, 528.
Parviti, sage indien, 127.
Patisse, roi de Ceylan, 488 et suiv., 564.
Pauchajana, dieu marin, 358.
Persans, leurs livres sacrés, 800.
Pouranas (Les), poèmes religieux des Hindous, 214.
Prachetaras, sa légende, 255.
Pradyoumana. Sa légende, 361.
Prahlamba, fils d Horanyakasipou, sa légende, 260.
Pralamba, démon tué par Krishna, 347.
Pra-thaï-pidok, livre sacré des Siamois, 798.
Prithivi, la terre, 234.
Prithou, roi indien, fils de Véna.
Pursuhittama, un des noms de Vishnou, 232.
Pushan, sage indien, 56, 45.

R

Raja-Ratnacari, livre religieux et historique des Chingalais, 553.
Raka, roi indien, 156.
Rama, frère de Krishna, 344 et suiv.
Ravala, prince indien, 312.
Rawma, roi de Ceylan, 477.
Roja-tcher-rol-pa, ou déve'oppement des jeux, livre sacré des Thibétains, 575.
Rituel funéraire des anciens Egyptiens, 809.
Rohia, fils de Brahma, 51, 288.
Romains, leurs livres sacrés, 809.
Roudra, rejeton de Brahma, 259.

S

Sacy (Silvestre de), ses travaux sur les livres des Druses, 805.
Sadder, livre religieux des Parsis, traduit en latin par Hyde, 719.

Sakti, fils de Vasistha, 231.
Saliens (Prêtres), leurs hymnes, 810.
Sally, prince de l'île de Ceylan, 501.
Sama ou Soma, 116.
Sambara, un des Assuras ou démons, 89.
Saraswati, déesse de la parole, 24 et passim.
Satadhanou, roi indien, son histoire, 310.
Savitri (le soleil), 31, 40.
Scandinaves, leurs livres sacrés, 811.
Sesha, serpent qui soutient le monde, 278.
Shamans, prêtres bouddhistes chinois, leur catéchisme, 781.
Siamois, leurs livres sacrés, 798.
Soleil (le); idées des Hindous à son égard, 236.
Soma, liqueur acide extraite de la sarcostema viminalis et personnifiée chez les Indiens comme une divinité, 64 et passim dans les Védas.
Sunahsepas, fils d'un roi, 33.

T

Trita, sage indien, 78.
Tugra, roi indien, 78.
Twastri, le charpentier des dieux, 28, 31, 37, 48, 52, 102.

U

Upanishads, livres de métaphysique religieuse chez les Indiens, 402 et suiv.
Usha, l'aurore, 45 et passim dans les Védas.

V

Vaiswanara, sage indien, 51.
Vala, chef des Asuras ou démons, 28, 48.
Varoum, déité du vin, 346, 24 et passim.
Varuna, un des dieux de la religion védique, 24 et passim dans les Védas.
Vasistha, sage indien, 47.
Vayu, un des dieux de la religion védique, 24 et passim.
Vedas, livres sacrés des Indiens, 7 et suiv.
Vena, sa légende, 252.
Vendidad-Sade, livre sacré des Parsis, 720.
Vishnou, un des trois dieux de la religion indienne, 229 et passim.
Voluspa, poème scandinave, 814.
Vritra, ennemi d'Indra, 25 et passim dans le Vishnou-Pourana.

W

Wijobayabahoo, roi de Ceylan, 494.

Y

Yakka, roi de Ceylan, 472.
Yama, dieu de la mort chez les Hindous, 296, 404.

Z

Zend-Avesta, livres sacrés des Parsis, 715 et suiv.
Zoroastre ou Zarathustra, législateur des Parsis, 713 et suiv.

TABLE DES MATIERES

CONTENUES DANS CE VOLUME.

PREMIÈRE PARTIE.

LIVRES SACRÉS DES INDIENS.

Section I. — *Les Védas.*

Avant-propos. — Origine et caractère des Védas. Leur doctrine religieuse. Bibliographie.	7 18
Le Rig-Véda.	21
Le Soma-Véda.	116

Section II. — *Les Pouranas.*

Avant-propos.	214
Le Vishnou Pourana.	250
Le Markandeya-Pourana.	384
Le Bhagavata-Pourana.	396

Section III. — *Les Upanishads.*

Avant-propos.	402
Le Katha-Upanishad.	403
Le Prasna-Upanishad.	409
Le Mundaka-Upanishad.	413
Le Mandukya-Upanishad.	417
Le Taittariya-Upanishad.	418
L'Aitareya-Upanishad.	425
Le Swetaswatara-Upanishad.	426
Le Talavakara-Upanishad.	434
Le Brihad-Aranyaka-Upanishad.	434
Le Chandoogya-Upanishad.	441

Section IV. — *Livres divers.*

Le Mahabharata.	457
Le Ramayana.	454
Le Harivansa.	461

DEUXIÈME PARTIE.

LIVRES RELIGIEUX DES BOUDDHISTES

Section — *Bouddhisme cingalais.*

Le Mahawansée.	473
Le Rajna-Ratnacari.	555

Section II. — *Bouddhisme thibétain.*

La Parabole de l'enfant égaré.	566
Avant-propos.	566
Traduction (754).	564
Le Rgya tch'er rol pa (ou le développement des jeux).	575
Introduction.	575
Traduction.	579

TROISIÈME PARTIE.

LIVRES RELIGIEUX DES PARSIS

Section unique. — *Mythologie.*

Avant-propos.	711
Le Vendidad-Sadé.	720

QUATRIÈME PARTIE.

LIVRES RELIGIEUX DES CHINOIS.

Le Catéchisme des Shamans.	781
Le Li-ki ou Mémorial des Rites.	793
Le Tao-Té-king.	796

CINQUIÈME PARTIE.

LIVRES RELIGIEUX DES DIVERS PEUPLES

Avant-propos.	796
Rituel des Mandchoux.	797
Livres des Siamois.	798
Livres des Japonais.	799
Livres des Javanais.	799
Livres des Persans.	800
Le Desatir.	800
Le Dabistan.	804
Livres des Druses.	804
Livres des Egyptiens.	808
Le Rituel funéraire.	808
Livres des Romains.	808
Les chants des frères Arvales.	809
Les hymnes des Saliens.	810
Livres des Scandinaves.	811
Les Eddas.	811

(754) Cette traduction, ainsi que celle de l'ouvrage suivant, est l'œuvre de M. Foucaux, professeur de thibétain à l'École impériale des langues vivantes.

FIN.

Paris. — Imprimerie J.-P. MIGNE

LIVRE DE MARIE ET DE SES ENFANTS, CONTENANT 13 VOLUMES. PRIX : 87 FRANCS.

Ériger des statues à la Sainte Vierge pour lui témoigner les sentiments de joie respectueuse qu'a fait naître la proclamation solennelle d'un Immaculée Conception, est sans doute un acte méritoire et touchant; lui élever, pour le même motif, des temples et des basiliques est chose plus méritoire et plus touchante encore; mais tout cela, bien que formé ou enrichi de ce que les hommes connaissent de plus précieux, savoir: le marbre et le bronze, l'or et le diamant, n'est, en résumé, que de la matière! Donc, dresser à la Reine des Anges et des Saints un Monument spirituel avec tout ce que la Tradition de l'Église, manifestée par ses Conciles, ses Papes, ses Docteurs, ses Pères, ses grands Théologiens et ses plus onctueux Ascétiques, nous a laissé sur elle pendant dix-huit siècles, est un fait d'une tout autre importance pour l'édification du prochain, l'exaltation de l'Église, l'honneur de Marie et la gloire de Dieu. Que comparer en effet de matériel à la reproduction exacte et intégrale de ce qui est sorti de la science de tant de Génies et de la bouche de tant de Saints! Serait-ce même trop s'avancer que de prétendre qu'il est humainement impossible de procurer à notre divine Mère plus d'honneur et plus de satisfaction que par la publication d'un tel livre; car ce livre recueillera par les éléments d'un Monument plus grandiose et plus autorisé? En conséquence, l'un des plus heureux jours de notre vie est celui où il nous est donné de faire connaître aux innombrables serviteurs de Marie l'achèvement de notre *Somme d'Or*. Quiconque nous favorisera la diffusion ne pourra lui être que très-agréable; mais heureux et trois fois heureux celui qui en nourrira son esprit et son cœur, la *Somme d'Or* étant bien plutôt le Livre de l'Église entière et de son Chef invisible que le travail d'un particulier! Aussi, au moment de paraître devant Dieu, oserons-nous répéter avec quelque confiance ce que Mgr de Salinis disait sur son lit de mort : « Au dernier jour, je présenterai mon *Livre de Marie à Jésus-Christ*, mon juge; et s'il manque quelque chose pour solder entièrement ma dette, la «Sainte Vierge fera l'appoint. »

Voici maintenant la teneur abrégée des ouvrages constituant cette incomparable publication en l'honneur de la Vierge des vierges :

PARS I. — *Proœmialis, ea complectens quæ sunt historia Marianæ.*

I. Mariæ SS. Vita ac gesta, per dissertationes descripta a J. C. Trombelli. — **II. Historia brevis Deiparæ V. M.** ad veritatem collecta et veterum PP. testimoniis comprobata, accurateque discussa per I. de Castro, S. J. — **III. De Virg. Mariæ Requiis**, auct. J. C. Trombelli, cum notis et ali. variorum. — **IV. De ædibus quas incoluit Virgo SS.**, ac præsertim de sacra Domo quam habitavit dum Nazareth cum Jesu et Josepho perstitit, atque imprimis de ea in qua Angelicum nuntium accepit. — **V. Iconographia Mariæ.** — a) Iconographia B. V. M. — b) Iconographia mysteriorum et festorum B. V. M.

PARS II. — *Ea complectens quæ pro B. Virgine gessit Deus omnipotens.*

I. Biblia Mariana ex pluribus divinarum Scripturarum commentariis excerpta per Jos. de S. Miguel et Barco, Ord. Prædic. — **II. Mundus Marianus.** — **III. De Immac. B. V. Mariæ Conceptione.** (*Vid.* Theol. Mar.)

PARS III. — *Ea complectens quæ in honorem B. Virginis gessit Ecclesia Christi.*

I. Liturgia Mariana. — a) Calendarium Marianum, seu Calendarium S. V. Deiparæ ex variis Syrorum, Æthiopum, Græcorum, Latinorum Breviariis, Menologiis, Martyrologiis et Historiis concinnatum, auct. G. Loivenerio, S. Theol. doctore. — b) De festis B. M. V., auct. Benedicto XIV. — c) SS. Patrum liturgica Mariana. (*Vid.* inssuper Patristica Mar.) — d) Excerpta ex antiquis Liturgiis. — e) De cultu publico ab Ecclesia B. Mariæ exhibito. — De oratione *Ave Maria*. — De prece quæ vulgo nuncupatur *Angelus*. — De libellis præcipuis quibus a fidelibus ornari solet B. M. — De Officio parvo B. V. M. — De officio S. Mariæ in Sabbato. — De Antiphonis Majoribus: *Salve Regina; Regina cœli,* etc. — De litanis B. V. M. — De sacris Canticleis quas *Sequentias* vocant. — De Missis quæ S. *Mariæ* appellantur. De more impendendi mulieribus, interdum viris, nomen Mariæ. — De promissis seu votis S. Mariæ factis. — De Sabbato Virginis honori dicato. — De cultu relativo Mariæ exhibito. — De SS. Nomine Mariæ.

II. Cultus Marianus. — a) Annus Marianus; Corona seu Marianæ SS. PP. sententiis, Reginæ cœli præconiis spirantibus, contexta per J. Thom. a S. Cyrillo, Ord. Carmel. Meditationes seu piæ lectiones pro singulis anni diebus. — b) Mensis Marianus. — 1. De vita et laud. Deiparæ B. V. M. Meditationes quinquaginta, auct. Fr. Castero, S. J. — 2. Piæ lectiones, Contemplationes idiotæ Raymundi Jordani de B. V. M. — 3. Sermones (*Vid.* Parænet.) — 4. Exempla et miracula (*Vid.* Miranda Mar.) — c) Quindena Mariana. — d) Novendialis exercitia pro vi. festis princip. B. M. V. juxta ordinem quo per annum occurrunt in Officio ecclesiastico, a P. Beda Seeauer, Ord. S. Bened. — e) Hebdomada Mariana, seu Opus septem dierum, vii complectens quæ exercitia in vii principalibus festis B. V. M. pro singulis hebdomadæ diebus. — **III. Pietas Mariana.** — a) De pietate ac devotione quibus B. V. Deipara a nobis est colenda, auct. Ant. Spinello, S. J. — b) Defensio B. V. M. et piorum cultorum illius contra libellum cui titulus : *Monita salutaria B. V. Mariæ ad cultores suos indiscretos*, auct. Nic. du Bois et Fr. Bona. — c) Jesu Christi monia maxime salutaria de cultu dilectissimæ Matri debite exhibendo. — **IV. Corona Mariana.** — a) Tractatus de Rosario Mirano, auct. Aria, S. J. — b) Rosaria vaide pia. — c) Rosetum Marianum. — d) De Rosario quod vulgo nuncupatur *Vivens*. — **V. Scapulare Marianum.** — a) Scapulare Marianum illustratum et defensum, a P. Th. Raynaud, S. J. — b) Scapulare cæruleum Immac. Conceptionis. — **VI. Numismata Mariana.** — De numis et numismatibus in honorem B. Mariæ cusis.

PARS IV. — *Ea complectens quæ Ecclesiæ Christi Pontifices, Doctores et Filii in honorem B. M. V. scripserunt, et egerunt.*

§ I. DOCTRINALIS. — **I. Theologia Mariana.** — a) Patristica. Testimonia Mariana SS. Patrum ordine temporum digesta. — b) Bullarium Marianum. — c) Conciliorum decreta Mariana. — d) Scholastica Mariana, sive theologia Mariana quæ quæstiones de gloriosissima Deiparante agitari solitæ stylo theologis speculativis proprio discutiuntur, congruis rationibus fulciuntur, et solutione occurrentium objectionum firmantur, auct. P. Virgil. Sedmayr, Benedictino, prof. S. Theol. — e) De XII Privilegiis B. M. V., auct. B. Alberto Magno, Ratisbon. epis. — f) De Immac. Conceptione B. M. V. — 1. De ortu et progressu cultus ac festi Immac. Conceptionis B. Dei Genitricis V. M., auct. M. A. Gravois, Ord. Minor. 2. Tractatus Theol. de Immac. Conceptione B. M. V. auctore Suarez, S. J. — 3. Historia dogmatica definitionis Immac. Conceptionis B. M. V., auctore J. B. Malou, Brug. episc. — 4. Enumeratio documentorum ad definitionem dogmaticam Immac. Conceptionis B. M. V. spectantium, auct. Dom. Sire, S. Theol. professore in Semin. S. Sulpitii Paris. — 5. Militia Immac. Conceptionis, in qua ordine alphabetico recensentur auctores antiqui et hodierni qui locuti sunt de Immac. B. M. V. Conceptu, congesta ac disposita a R. P. Alva, Ord. Minor. — g) Pietas Mariana Græcorum, a P. Sim. Wangnereck, S. J. — **II. Polemica Mariana.** — a) De Maria, Virgine incomparabili at Dei Gen. sacrosancta, libri v, auct. P. Canisio, S. J. — b) Polemica Mariana sex, auct. Mart. Delrio, S. J. — **III. Parænetica Mariana.** — a) Corona stellarum XII, sive Conciones duodena pro singulis via festis Mariani, auct. G. Reymayliero, S. Theol. doct. — b) Sermones aurei de B. M. V., auct. B. Jacobo de Vo-

ragine, archiep. Janeensi. — **IV. Euconia Mariana.** — a) Polyanthea Mariana, auct. Hipp. Maraccci. — b) Pontifices Mariani. — c) Antistites Mariani. — d) Reges Mariani. — e) Cæsares Mariani. — f) Principes Mariani. — g) Fundatores Mariani. — h) Historica Mariana. — i) Lilia Mariana. — **II. Confraternitates Marianæ.** — **IV. Regna, provinciæ, oppida sub patrocinio B. M. V.** — **V. Peregrinationes Marianæ.** — **VI. Atlas Marianus.** — **VI. De imitatione. B. M. V.**

PARS V. — *Complectens beneficia et mira intercedente B. V. M. Ecclesiæ ac Fidelibus concessa.*

Miranda Mariana, sive Mira ope Deiparæ circa mortales patrata.

www.ingramcontent.com/pod-product-compliance
Lightning Source LLC
Chambersburg PA
CBHW061722300426

44115CB00009B/1076